中国经济普查年鉴

China Economic Census Yearbook

第二产业卷｜上

国务院第二次全国经济普查领导小组办公室 编

(京)新登字041号

图书在版编目（CIP）数据

中国经济普查年鉴. 2008/ 国务院第二次全国经济普查领导小组办公室编. ——北京：中国统计出版社，2010.9

ISBN 978-7-5037-5948-2

Ⅰ.①中… Ⅱ.①国… Ⅲ.①经济－普查－中国－2008－年鉴 Ⅳ.①F123-54

中国版本图书馆CIP数据核字（2010）第096521号

中国经济普查年鉴—2008/ 第二产业卷（上）

作　　者/国务院第二次全国经济普查领导小组办公室
责任编辑/王振宇
封面设计/黄俊杰　李雪燕
出版发行/中国统计出版社
通信地址/北京市西城区月坛南街57号
邮政编码/100826
办公地址/北京市丰台区西三环南路甲6号
邮政编码/100073
网　　址/www.stats.gov.cn/tjshujia
电　　话/邮购（010）63376907　书店（010）68783172
印　　刷/河北天普润印刷厂
经　　销/新华书店
开　　本/880×1230毫米　1/16
字　　数/1000千字
印　　张/31.75
版　　别/2010年10月第1版
版　　次/2010年10月第1次印刷
书　　号/ISBN 978-7-5037-5948-2/F・2917
定　　价/990. 00元（全五册附光盘）

编辑委员会

第二产业卷（上） 目录

第一篇 工业企业生产经营及财务状况

A.行业部分

1-A-1 全部工业企业主要经济指标 …… 2
1-A-2 规模以上工业企业主要经济指标 …… 10
1-A-3 规模以上国有控股工业企业主要经济指标 …… 100
1-A-4 规模以上私营工业企业主要经济指标 …… 190
1-A-5 规模以上外商投资和港澳台商投资工业企业主要经济指标 …… 196
1-A-6 规模以下工业企业主要经济指标 …… 202

B.地区部分

1-B-1 全部工业企业主要经济指标 …… 206
1-B-2 规模以上工业企业主要经济指标 …… 210
1-B-3 规模以上国有控股工业企业主要经济指标 …… 216
1-B-4 规模以上私营工业企业主要经济指标 …… 222
1-B-5 规模以上外商投资和港澳台商投资工业企业主要经济指标 …… 228
1-B-6 规模以上采矿业工业企业主要经济指标 …… 234
1-B-7 规模以上煤炭开采和洗选业工业企业主要经济指标 …… 240
1-B-8 规模以上石油和天然气开采业工业企业主要经济指标 …… 246
1-B-9 规模以上黑色金属矿采选业工业企业主要经济指标 …… 252
1-B-10 规模以上有色金属矿采选业工业企业主要经济指标 …… 258
1-B-11 规模以上非金属矿采选业工业企业主要经济指标 …… 264
1-B-12 规模以上制造业工业企业主要经济指标 …… 270
1-B-13 规模以上农副食品加工业工业企业主要经济指标 …… 276
1-B-14 规模以上食品制造业工业企业主要经济指标 …… 282
1-B-15 规模以上饮料制造业工业企业主要经济指标 …… 288
1-B-16 规模以上烟草制品业工业企业主要经济指标 …… 294
1-B-17 规模以上纺织业工业企业主要经济指标 …… 300
1-B-18 规模以上纺织服装、鞋、帽制造业工业企业主要经济指标 …… 306
1-B-19 规模以上皮革、毛皮、羽毛(绒)及其制品业工业企业主要经济指标 …… 312
1-B-20 规模以上木材加工及木、竹、藤、棕、草制品业工业企业主要经济指标 …… 318
1-B-21 规模以上家具制造业工业企业主要经济指标 …… 324
1-B-22 规模以上造纸及纸制品业工业企业主要经济指标 …… 330
1-B-23 规模以上印刷业和记录媒介的复制工业企业主要经济指标 …… 336

1-B-24　规模以上文教体育用品制造业工业企业主要经济指标 …… 342
1-B-25　规模以上石油加工、炼焦及核燃料加工业工业企业主要经济指标 …… 348
1-B-26　规模以上化学原料及化学制品制造业工业企业主要经济指标 …… 354
1-B-27　规模以上医药制造业工业企业主要经济指标 …… 360
1-B-28　规模以上化学纤维制造业工业企业主要经济指标 …… 366
1-B-29　规模以上橡胶制品业工业企业主要经济指标 …… 372
1-B-30　规模以上塑料制品业工业企业主要经济指标 …… 378
1-B-31　规模以上非金属矿物制品业工业企业主要经济指标 …… 384
1-B-32　规模以上黑色金属冶炼及压延加工业工业企业主要经济指标 …… 390
1-B-33　规模以上有色金属冶炼及压延加工业工业企业主要经济指标 …… 396
1-B-34　规模以上金属制品业工业企业主要经济指标 …… 402
1-B-35　规模以上通用设备制造业工业企业主要经济指标 …… 408
1-B-36　规模以上专用设备制造业工业企业主要经济指标 …… 414
1-B-37　规模以上交通运输设备制造业工业企业主要经济指标 …… 420
1-B-38　规模以上电气机械及器材制造业工业企业主要经济指标 …… 426
1-B-39　规模以上通信设备、计算机及其他电子设备制造业工业企业主要经济指标 …… 432
1-B-40　规模以上仪器仪表及文化、办公用机械制造业工业企业主要经济指标 …… 438
1-B-41　规模以上工艺品及其他制造业工业企业主要经济指标 …… 444
1-B-42　规模以上电力、燃气及水的生产和供应业工业企业主要经济指标 …… 450
1-B-43　规模以上电力、热力的生产和供应业工业企业主要经济指标 …… 456
1-B-44　规模以上燃气生产和供应业工业企业主要经济指标 …… 462
1-B-45　规模以上水的生产和供应业工业企业主要经济指标 …… 468
1-B-46　规模以下工业企业主要经济指标 …… 474

第二篇　主要工业产品产量

2-A-1　2008年全国工业主要产品产量 …… 481
2-A-2　分地区工业主要产品产量 …… 485

附录　主要指标解释 …… 499

第 1 篇

工业企业生产经营及财务状况

A. 行业部分

1-A-1 全部工业企业

行业	企业单位数（个）	亏损企业	工业总产值（当年价格）	资产总计	固定资产原价
总计	**1903380**	**232700**	**543944.60**	**473048.28**	**267323.12**
在总计中：轻工业	776737	97212	159866.51	117978.60	58386.40
重工业	1126643	135488	384078.10	355069.68	208936.72
在总计中：大型企业	3188	512	169303.77	164286.13	102155.69
中型企业	37204	6618	149810.20	141042.71	77868.90
小型企业	1862988	225570	224830.62	167719.44	87298.53
按登记注册类型分组					
内资企业	1781237	195917	392597.32	356365.13	204998.23
国有企业	25702	6891	47191.56	69379.60	51946.04
集体企业	65541	10451	10020.83	6381.80	3345.57
股份合作企业	26115	3788	3744.44	2997.96	1401.58
联营企业	3293	532	1729.85	1798.06	1089.87
国有联营企业	419	93	1117.75	1346.52	836.65
集体联营企业	1535	209	206.48	133.34	81.92
国有与集体联营企业	476	111	151.18	169.30	97.93
其他联营企业	863	119	254.42	148.89	73.38
有限责任公司	145117	28475	110977.65	120684.92	65554.93
国有独资公司	1935	586	18393.84	30194.02	16096.52
其他有限责任公司	143182	27889	92583.81	90490.89	49458.41
股份有限公司	24586	3907	50652.88	51158.41	31760.64
私营企业	1457282	140004	165800.36	102249.96	49074.60
私营独资企业	714243	37892	40615.01	21704.66	12354.99
私营合伙企业	107893	7149	6378.40	3676.17	2195.14
私营有限责任公司	600421	90198	110226.87	71092.49	31904.69
私营股份有限公司	34725	4765	8580.10	5776.64	2619.78
其他企业	33601	1869	2479.75	1714.43	825.00
港、澳、台商投资企业	57354	17422	52045.31	41069.33	21537.65
合资经营企业(港或澳、台资)	15258	3846	18420.38	15462.77	8138.22
合作经营企业(港或澳、台资)	2389	663	1702.73	1380.95	1011.77
港、澳、台商独资经营企业	38411	12573	29825.49	22257.75	11230.23
港、澳、台商投资股份有限公司	1296	340	2096.72	1967.85	1157.42
外商投资企业	64789	19361	99301.98	75613.82	40787.24
中外合资经营企业	22936	5826	44087.37	34290.54	18615.07
中外合作经营企业	2173	628	2253.94	2121.13	1312.95
外资企业	38507	12626	49613.32	35307.93	18496.84
外商投资股份有限公司	1173	281	3347.35	3894.22	2362.38
按行业大类分组					
采矿业	**22643**	**2531**	**26134.52**	**33408.56**	**24868.49**
煤炭开采和洗选业	21317	2440	15492.33	20549.51	10440.10
石油和天然气开采业	1326	91	10642.19	12859.05	14428.39

注：“全部工业企业”指规模以上工业企业和规模以下工业企业的总和；“规模以上工业企业”指年主营业务收入在500万元以上的工业企业。

主要经济指标

单位：亿元

所有者权益合计	实收资本	国家资本	集体资本	法人资本	个人资本
204076.32	**122620.04**	**23986.69**	**2594.06**	**37427.65**	**29276.04**
55746.84	33072.14	2294.03	812.57	8586.01	10417.63
148329.48	89547.91	21692.65	1781.49	28841.64	18858.41
69059.63	32671.01	11978.82	392.09	13110.00	1974.84
58801.82	35864.22	8541.63	609.28	10517.80	4826.41
76214.87	54084.80	3466.24	1592.69	13799.84	22474.80
152039.07	85247.43	22600.46	2308.64	31558.65	27954.97
29055.83	16353.44	10710.95	85.08	5352.91	138.31
2851.87	1372.03	25.87	988.48	192.06	146.51
1273.74	711.23	30.88	96.55	249.24	327.08
686.89	422.97	79.83	31.43	280.10	26.17
501.91	303.25	58.42	0.36	237.95	2.49
67.58	41.98	6.10	20.09	6.52	8.90
58.35	40.85	11.61	8.30	18.63	2.23
59.03	36.89	3.71	2.68	17.00	12.55
46195.43	25027.00	6493.16	674.25	13215.19	4379.16
12777.51	5864.31	3470.37	2.92	2337.85	24.50
33417.93	19162.69	3022.80	671.33	10877.34	4354.68
24096.93	12695.87	5162.77	199.74	4863.22	2226.63
47132.68	28205.58	85.33	212.41	7249.55	20463.82
11720.25	7785.09	22.64	45.72	1578.83	6102.01
2066.04	1471.62	3.82	14.48	292.67	1156.32
30609.55	17430.09	49.06	129.51	4875.88	12236.54
2736.83	1518.77	9.81	22.70	502.16	968.95
745.70	459.28	11.67	20.70	156.39	247.29
18326.99	13303.37	417.52	105.87	1955.17	549.50
6320.73	4153.60	230.71	91.71	1405.51	375.66
646.07	465.73	44.16	8.20	92.02	19.98
10473.59	8169.22	110.46	3.44	312.05	93.07
886.60	514.82	32.19	2.54	145.59	60.79
33710.24	24069.24	968.70	179.54	3913.84	771.56
14644.03	9893.98	860.44	138.32	3186.28	553.79
933.21	684.63	45.09	20.72	129.43	31.23
16118.63	12641.61	10.63	11.85	421.58	123.04
2014.38	849.03	52.55	8.66	176.54	63.50
16430.68	**9530.21**	**4786.64**	**179.04**	**3542.20**	**899.45**
8607.23	4088.68	1710.09	161.67	1276.17	866.10
7823.44	5441.53	3076.55	17.37	2266.03	33.35

1-A-1 续表 1

行 业	企业单位数(个)	亏损企业	工业总产值(当年价格)	资产总计	固定资产原价
黑色金属矿采选业	16872	1381	4264.50	3714.51	1534.53
有色金属矿采选业	10191	1379	2945.91	2764.33	1270.63
非金属矿采选业	43838	1918	2851.32	2124.90	1359.79
其他采矿业	663	55	28.36	26.43	17.25
制造业	**1753074**	**217707**	**474541.92**	**358682.88**	**173722.00**
农副食品加工业	99799	6508	26010.28	12753.20	6494.07
食品制造业	40338	4298	8466.26	6059.49	3227.60
饮料制造业	33856	3038	6824.13	6687.64	3523.12
烟草制品业	236	13	4491.97	4433.01	1509.76
纺织业	103983	12295	23417.72	17278.34	9248.14
纺织服装、鞋、帽制造业	76038	11718	10854.19	6940.98	2916.07
皮革、毛皮、羽毛(绒)及其制品业	29422	3486	6477.78	3515.56	1403.24
木材加工及木、竹、藤、棕、草制品业	61252	4095	6056.04	3731.70	2317.99
家具制造业	34773	4239	3725.71	2543.04	1129.38
造纸及纸制品业	47062	5957	8743.42	8325.11	4926.31
印刷业和记录媒介的复制	51630	7316	3591.77	3557.48	2230.35
文教体育用品制造业	19235	2989	2850.87	1928.72	873.07
石油加工、炼焦及核燃料加工业	6181	1004	22783.75	12061.44	7623.71
化学原料及化学制品制造业	92812	11758	35564.93	29790.76	17047.02
医药制造业	14676	2828	8075.54	8504.02	3981.94
化学纤维制造业	4344	684	4043.55	3533.64	2104.54
橡胶制品业	20077	2519	4598.70	3662.09	2021.16
塑料制品业	94792	12307	11707.36	8698.48	4346.94
非金属矿物制品业	206303	14389	25293.64	21866.45	12920.55
黑色金属冶炼及压延加工业	18018	2894	45142.55	35621.52	20196.04
有色金属冶炼及压延加工业	20584	3381	21367.39	14671.03	7212.67
金属制品业	127108	16899	17435.73	12104.34	5383.35
通用设备制造业	175733	21300	27966.56	22719.59	8950.21
专用设备制造业	89087	14508	16104.56	15471.58	5821.34
交通运输设备制造业	76353	10409	34765.36	32884.28	12633.51
电气机械及器材制造业	89273	14229	31953.53	22622.38	7720.54
通信设备、计算机及其他电子设备制造业	43298	11091	44611.99	28423.25	12771.25
仪器仪表及文化、办公用机械制造业	22810	4923	5350.10	4329.51	1501.45
工艺品及其他制造业	46244	5832	4953.38	3258.83	1395.70
废弃资源和废旧材料回收加工业	7757	800	1313.14	705.42	290.98
电力、燃气及水的生产和供应业	**56099**	**7729**	**33178.08**	**72326.74**	**64550.39**
电力、热力的生产和供应业	36835	4697	30446.74	64782.33	59107.96
燃气生产和供应业	3023	395	1586.30	2373.05	1340.16
水的生产和供应业	16241	2637	1145.04	5171.36	4102.27

单位：亿元

所有者权益合计	实收资本				
		国家资本	集体资本	法人资本	个人资本
1967.72	936.52	195.34	19.72	317.65	387.06
1470.11	713.65	112.22	59.32	259.55	253.61
1151.54	739.12	46.68	29.14	190.52	439.50
14.33	12.25	0.43	0.23	4.44	6.65
155693.86	**92946.51**	**9774.24**	**1999.96**	**27007.27**	**26288.09**
5941.25	3439.20	145.55	98.02	1004.32	1558.77
2901.37	1879.58	74.92	45.31	489.79	601.53
3327.54	1847.21	139.63	46.22	519.91	539.93
3388.92	761.88	177.29	1.56	579.14	2.63
7282.18	4538.33	152.15	97.85	1043.18	1789.76
3235.30	2040.98	25.08	41.78	422.18	715.97
1656.67	1057.76	7.24	15.39	184.76	350.46
1925.01	1215.96	30.00	24.03	308.62	661.94
1186.12	840.78	10.39	10.35	166.80	349.72
3570.67	2380.42	155.94	77.16	621.25	636.84
1841.82	1251.26	115.10	54.26	337.89	486.17
914.28	673.45	12.52	10.63	92.41	163.04
4627.43	3792.27	1654.65	20.67	1468.52	397.53
13675.55	8476.30	1385.60	168.84	2770.59	1921.20
4413.20	2369.19	199.83	78.99	861.38	669.58
1450.93	1005.44	111.57	8.66	344.02	229.47
1559.56	993.26	48.48	19.92	215.22	265.60
3978.80	2768.98	48.60	67.45	569.95	974.44
10023.83	6672.12	438.17	234.80	1953.26	2856.41
13080.51	5640.52	1741.05	124.18	1994.23	1113.15
6230.45	3024.99	681.72	77.43	1109.16	683.56
5285.19	3431.75	105.69	96.90	818.34	1407.51
9384.78	5543.52	368.12	134.75	1412.95	2173.38
6495.60	3871.60	347.54	70.04	1118.63	1220.99
12607.97	7243.63	889.99	106.32	2834.20	1233.45
9729.35	5541.60	216.14	164.73	1471.46	1741.16
11937.42	8181.11	363.81	49.85	1714.53	750.15
2142.09	1266.94	84.43	19.96	327.04	333.93
1628.78	1000.47	26.96	25.32	197.47	384.74
271.29	196.03	16.08	8.58	56.09	75.07
27348.08	**17741.78**	**9071.16**	**306.63**	**6106.04**	**1001.66**
23729.10	15369.75	7903.92	222.63	5497.21	839.11
1061.41	713.98	211.08	12.80	282.65	49.78
2557.58	1658.04	956.15	71.20	326.19	112.78

1-A-1 续表 2

行业	港澳台资本	外商资本	主营业务收入	主营业务成本	主营业务税金及附加
总计	**10800.33**	**18522.27**	**535629.44**	**451895.42**	**6911.67**
在总计中：轻工业	4938.79	6023.32	155268.51	128054.29	3100.25
重工业	5861.54	12498.94	380360.93	323841.13	3811.43
在总计中：大型企业	1556.45	3658.82	172737.69	146003.86	3343.97
中型企业	4064.18	7291.62	146074.77	122929.36	1456.58
小型企业	5179.71	7571.82	216816.98	182962.21	2111.12
按登记注册类型分					
内资企业	360.95	450.80	387469.82	324705.95	6010.92
国有企业	41.59	24.61	48028.67	39981.63	1761.37
集体企业	14.85	4.28	9828.89	8158.42	115.71
股份合作企业	2.62	4.87	3651.39	3063.29	35.94
联营企业	3.99	1.45	1652.97	1462.45	15.69
国有联营企业	3.58	0.44	1047.65	946.42	10.53
集体联营企业	0.27	0.10	208.02	170.01	2.48
国有与集体联营企业	0.09	0.00	150.73	129.16	0.77
其他联营企业	0.06	0.90	246.57	216.86	1.90
有限责任公司	121.05	144.43	110962.76	92010.64	1705.76
国有独资公司	23.03	5.65	19315.10	15519.97	767.82
其他有限责任公司	98.02	138.77	91647.65	76490.66	937.94
股份有限公司	71.02	159.24	50809.92	42838.07	700.41
私营企业	95.83	98.67	160130.46	135190.34	1641.48
私营独资企业	21.32	14.57	39215.13	32154.88	604.23
私营合伙企业	3.27	1.06	6191.57	4972.08	116.23
私营有限责任公司	63.93	75.21	106513.13	91198.32	845.44
私营股份有限公司	7.31	7.84	8210.61	6865.05	75.57
其他企业	9.99	13.24	2404.78	2001.13	34.56
港、澳、台商投资企业	9673.26	601.99	50856.43	43857.43	245.75
合资经营企业(港或澳、台资)	1916.14	133.79	17756.00	15224.44	67.46
合作经营企业(港或澳、台资)	278.16	23.22	1653.30	1406.16	9.86
港、澳、台商独资经营企业	7214.78	435.44	29304.53	25235.72	152.20
港、澳、台商投资股份有限公司	264.16	9.55	2142.60	1991.11	16.22
外商投资企业	766.13	17469.47	97303.19	83332.04	655.00
中外合资经营企业	405.17	4749.99	43331.00	36739.34	484.17
中外合作经营企业	44.99	413.17	2197.45	1832.63	5.99
外资企业	289.65	11784.85	48577.76	42191.01	136.41
外商投资股份有限公司	26.32	521.46	3196.99	2569.06	28.44
按行业大类分组					
采矿业	**60.39**	**62.47**	**27233.30**	**15875.49**	**875.99**
煤炭开采和洗选业	13.91	60.74	16155.02	10892.72	305.49
石油和天然气开采业	46.48	1.73	11078.28	4982.77	570.50

单位：亿元

三项费用合计	利息支出	营业利润	本年应交增值税	本年应付工资总额加福利费	全部从业人员年平均人数（万人）
42357.50	**5863.43**	**36184.66**	**19006.56**	**31786.60**	**12007.33**
14117.65	1409.33	10415.99	5332.16	11154.73	4909.96
28239.85	4454.10	25768.67	13674.40	20631.86	7097.38
13147.21	1959.51	10883.01	6370.70	8833.49	1970.57
12609.55	2051.26	10006.73	5156.71	8610.92	2789.17
16600.75	1852.66	15294.92	7479.15	14342.19	7247.58
30334.13	4680.81	27299.49	15028.27	22598.27	9243.09
3952.53	845.80	2507.60	2480.31	3001.77	756.20
825.18	63.94	782.82	342.21	702.12	349.16
292.62	37.65	241.56	139.68	236.03	112.80
134.81	28.93	67.61	70.31	89.84	27.01
87.78	23.40	24.12	41.04	47.29	7.49
18.81	2.35	14.71	11.00	18.71	9.35
16.51	2.30	6.53	5.16	12.78	4.97
11.71	0.89	22.25	13.11	11.06	5.20
9980.04	1763.40	7927.93	4573.46	6126.26	2000.91
2052.02	358.60	1122.21	977.94	1414.59	311.10
7928.04	1404.79	6805.72	3595.52	4711.68	1689.82
4065.82	654.65	3280.54	1924.16	2200.89	594.83
10917.42	1263.42	12297.67	5412.73	10087.84	5305.00
2502.94	207.17	3881.15	1427.76	2853.81	1842.14
426.95	32.17	651.39	237.20	515.74	315.61
7397.48	952.23	7085.88	3477.07	6283.35	2951.58
590.04	71.85	679.24	270.70	434.95	195.67
165.68	23.02	193.78	85.40	153.52	97.17
3931.05	427.24	3262.51	1404.53	3805.75	1312.56
1396.19	224.39	1207.99	549.19	1010.29	331.48
107.64	14.98	142.14	53.90	123.01	46.92
2252.06	161.82	1936.72	746.14	2564.75	903.41
175.18	26.05	-24.34	55.30	107.71	30.76
8092.31	755.38	5622.65	2573.77	5382.58	1451.67
3650.61	407.60	2600.23	1315.91	1756.67	483.28
220.63	31.28	145.92	68.38	143.19	43.31
3870.74	266.57	2579.23	1058.72	3296.73	878.79
350.33	49.94	297.29	130.75	185.96	46.29
2950.94	**262.98**	**7298.82**	**2246.56**	**2617.33**	**687.56**
2383.79	216.77	2660.51	1208.45	2028.23	572.53
567.16	46.22	4638.31	1038.12	589.10	115.02

1-A-1 续表 3

行业	港澳台资本	外商资本	主营业务收入	主营业务成本	主营业务税金及附加
黑色金属矿采选业	11.48	5.27	4114.86	2889.58	73.35
有色金属矿采选业	5.71	23.27	2902.01	2169.43	35.04
非金属矿采选业	14.08	19.20	2765.94	2074.21	72.25
其他采矿业		0.49	26.41	19.52	0.70
制造业	**10193.62**	**17670.25**	**465020.92**	**398409.57**	**5650.53**
农副食品加工业	199.35	433.19	25583.51	22309.93	196.12
食品制造业	207.25	461.03	8175.79	6433.33	63.20
饮料制造业	180.99	420.52	6679.87	4833.28	253.11
烟草制品业	1.00	0.26	4262.67	1318.77	1840.43
纺织业	878.15	577.25	22704.76	19988.90	135.12
纺织服装、鞋、帽制造业	474.30	361.72	10469.17	8828.68	72.31
皮革、毛皮、羽毛(绒)及其制品业	267.03	232.89	6288.24	5382.24	45.36
木材加工及木、竹、藤、棕、草制品业	80.36	111.00	5856.39	4923.69	72.84
家具制造业	147.82	155.72	3638.91	3058.77	31.48
造纸及纸制品业	339.77	549.45	8351.57	7189.91	55.08
印刷业和记录媒介的复制	176.55	81.28	3477.36	2854.80	30.17
文教体育用品制造业	228.66	166.22	2759.41	2394.56	25.65
石油加工、炼焦及核燃料加工业	84.57	166.32	22783.78	22324.78	435.48
化学原料及化学制品制造业	563.62	1653.15	34870.62	29398.32	271.21
医药制造业	158.91	400.50	7590.65	5206.54	54.86
化学纤维制造业	156.31	155.41	3953.75	3645.60	9.46
橡胶制品业	125.76	318.29	4509.57	3881.00	29.01
塑料制品业	525.46	583.10	11399.31	9793.71	77.05
非金属矿物制品业	491.31	698.16	24539.81	20185.01	276.74
黑色金属冶炼及压延加工业	239.60	428.32	46065.42	41726.22	271.24
有色金属冶炼及压延加工业	193.05	280.07	21073.68	18888.86	138.77
金属制品业	449.38	553.91	16898.18	14567.25	128.15
通用设备制造业	348.68	1105.64	27019.67	22544.98	185.64
专用设备制造业	395.56	718.85	15647.02	12941.64	99.39
交通运输设备制造业	406.58	1773.10	34242.60	28949.96	532.39
电气机械及器材制造业	666.16	1281.92	30872.62	26069.46	147.10
通信设备、计算机及其他电子设备制造业	1795.96	3506.80	43886.36	39119.24	91.10
仪器仪表及文化、办公用机械制造业	178.02	323.56	5211.26	4345.40	26.33
工艺品及其他制造业	216.45	149.43	4879.40	4137.03	42.59
废弃资源和废旧材料回收加工业	17.02	23.19	1329.58	1167.69	13.16
电力、燃气及水的生产和供应业	**515.05**	**741.29**	**33566.03**	**30457.64**	**203.81**
电力、热力的生产和供应业	385.87	521.05	30792.56	28221.75	181.41
燃气生产和供应业	66.07	91.61	1670.81	1422.47	9.27
水的生产和供应业	63.11	128.63	1102.66	813.43	13.14

单位：亿元

三项费用合　计	利息支出	营业利润	本年应交增 值 税	本年应付工资总额加福利费	全部从业人员年平均人数(万人)
329.70	34.03	823.76	254.23	222.63	95.55
240.15	21.57	468.34	117.39	175.30	75.75
287.80	21.12	338.13	120.78	241.49	132.81
2.51	0.14	3.39	1.05	2.32	1.61
35949.37	**4146.72**	**26533.37**	**14427.66**	**26786.22**	**10621.47**
1404.90	207.60	1721.67	549.51	922.56	461.30
1025.08	72.43	645.09	317.65	491.74	219.07
986.20	62.07	657.59	328.23	387.02	165.47
401.75	-1.91	696.36	527.22	166.84	20.01
1399.32	286.61	1164.81	670.02	1687.07	825.01
941.74	63.10	623.94	339.26	1334.89	641.94
452.46	40.66	409.77	199.34	707.67	341.44
408.93	48.85	468.20	192.65	414.52	242.34
325.97	26.51	218.83	110.18	344.26	161.65
631.26	134.78	528.39	294.22	471.44	222.31
341.29	27.22	269.91	143.63	332.62	156.34
235.95	16.54	112.57	73.82	350.69	174.35
1114.07	196.74	-1104.38	632.90	349.62	94.20
3101.05	399.58	2294.88	1186.90	1612.41	565.35
1563.61	102.88	851.56	405.73	522.70	170.11
218.43	75.73	83.02	80.31	127.52	49.63
370.51	58.28	229.06	142.15	291.37	129.16
857.09	97.08	680.67	329.66	872.59	398.00
2043.81	276.21	2031.38	1041.58	1732.28	946.06
2171.17	573.04	2094.12	1498.44	1309.75	335.41
1013.39	228.98	1117.79	637.63	653.21	211.55
1213.27	132.26	1040.69	513.94	1191.55	514.95
2323.03	184.41	1949.34	874.40	1816.40	736.95
1571.36	126.71	1135.52	465.98	1173.27	436.37
2925.90	218.76	2199.10	1008.57	1864.27	589.07
2779.05	241.83	2005.23	901.83	1834.05	654.66
3142.31	181.35	1680.82	646.74	2882.76	753.12
533.91	25.93	333.83	134.12	437.68	152.75
382.42	33.27	307.66	143.05	448.45	228.22
70.13	9.19	85.96	38.00	55.03	24.69
2597.06	**1376.88**	**718.83**	**1838.93**	**1741.32**	**392.57**
2164.58	1295.83	575.92	1724.74	1477.72	302.57
158.53	22.10	122.40	67.07	89.13	22.47
273.95	58.94	20.51	47.12	174.47	67.53

1-A-2 规模以上工业

行　业	企　业单位数（个）	亏损企业	工业总产值（当年价格）	工业销售产值（当年价格）	出口交货值	资产总计
总　计	**426113**	**65393**	**507284.89**	**494733.65**	**82498.38**	**431305.55**
一、按登记注册类型分组						
内资企业	348266	44640	357490.72	348561.47	25281.06	319160.54
国有企业	9682	2871	46693.53	45122.77	1302.84	67101.56
中央企业	1644	455	27702.22	26424.09	629.90	41876.87
地方企业	8038	2416	18991.31	18698.68	672.93	25224.69
集体企业	11737	1717	8955.92	8777.98	476.72	4990.13
股份合作企业	5612	770	3288.73	3212.47	265.80	2369.81
联营企业	833	155	1673.26	1649.00	128.34	1687.94
国有联营企业	152	31	1111.52	1096.17	100.79	1326.88
集体联营企业	277	50	179.19	177.24	13.94	96.71
国有与集体联营企业	206	39	143.51	147.48	6.13	138.07
其他联营企业	198	35	239.03	228.10	7.47	126.28
有限责任公司	62835	11005	108570.72	106121.64	8318.04	115888.37
国有独资公司	1398	389	18374.03	18120.01	1215.33	29868.84
其他有限责任公司	61437	10616	90196.69	88001.62	7102.71	86019.52
股份有限公司	9422	1532	50204.13	49403.61	4154.99	50132.00
私营企业	245850	26332	136340.33	132571.15	10507.90	75879.59
私营独资企业	55784	3285	24975.28	24348.17	1102.63	10350.31
私营合作企业	10223	798	4035.55	3944.88	154.61	1697.22
私营有限责任公司	171150	21244	99414.27	96599.09	8535.95	58915.52
私营股份有限公司	8693	1005	7915.24	7679.01	714.71	4916.54
其他企业	2295	258	1764.10	1702.85	126.43	1111.14
港、澳、台商投资企业	35578	9469	51308.49	49803.23	19593.36	39129.24
合资经营企业(港或澳、台资)	11297	2467	18270.36	17708.38	4395.89	14954.88
合作经营企业(港或澳、台资)	1404	332	1673.71	1650.23	477.66	1303.01
港澳台商独资经营企业	22288	6529	29294.11	28374.56	14355.10	20960.70
港澳台商投资股份有限公司	589	141	2070.32	2070.06	364.71	1910.65
外商投资企业	42269	11284	98485.68	96368.95	37623.96	73015.77
中外合资经营企业	16130	3484	43806.33	42932.40	10586.75	33386.35
中外合作经营企业	1448	357	2228.53	2181.24	684.54	2043.01
外资企业	24028	7290	49119.60	47981.69	25469.34	33729.85
外商投资股份有限公司	663	153	3331.22	3273.63	883.33	3856.56
二、按经济组织类型分组						
独资企业	123519	21692	159038.43	154605.17	42706.62	137132.55
国有企业	9682	2871	46693.53	45122.77	1302.84	67101.56
集体企业	11737	1717	8955.92	8777.98	476.72	4990.13
私营独资企业	55784	3285	24975.28	24348.17	1102.63	10350.31
港澳台商独资经营企业	22288	6529	29294.11	28374.56	14355.10	20960.70
外资企业	24028	7290	49119.60	47981.69	25469.34	33729.85
合作、合伙企业	21815	2670	14663.88	14340.68	1837.39	10212.14
股份合作企业	5612	770	3288.73	3212.47	265.80	2369.81
国有联营企业	152	31	1111.52	1096.17	100.79	1326.88
集体联营企业	277	50	179.19	177.24	13.94	96.71
国有与集体联营企业	206	39	143.51	147.48	6.13	138.07
其他联营企业	198	35	239.03	228.10	7.47	126.28
私营合伙企业	10223	798	4035.55	3944.88	154.61	1697.22
合作经营企业(港或澳、台资)	1404	332	1673.71	1650.23	477.66	1303.01
中外合作经营企业	1448	357	2228.53	2181.24	684.54	2043.01
其他企业(内资)	2295	258	1764.10	1702.85	126.43	1111.14

企业主要经济指标

单位：亿元

流动资产合计				流动资产年平均余额	固定资产合计	固定资产原价	累计折旧
	应收账款	存货					
			产成品				
195681.75	**43933.82**	**54108.56**	**19518.95**	**187534.47**	**179191.72**	**245352.80**	**87059.54**
135341.56	26810.26	37307.34	13736.70	128551.15	137403.39	184912.12	64623.22
19645.11	2752.95	4941.60	1308.10	18660.67	36588.60	50580.54	19212.50
10931.31	1435.08	2898.23	665.89	10141.14	23136.41	32882.05	13135.08
8713.80	1317.87	2043.37	642.20	8519.54	13452.20	17698.49	6077.42
2690.70	681.37	639.63	267.25	2589.57	1799.20	2550.57	915.66
1210.45	320.15	323.63	155.46	1159.07	831.86	1100.19	365.57
583.85	102.71	175.76	51.95	585.22	748.87	1023.10	300.19
398.72	54.97	121.39	30.58	405.29	610.81	824.67	226.62
46.07	13.41	10.99	5.41	42.36	37.50	58.63	25.54
73.29	16.40	21.15	7.26	74.58	50.19	79.01	32.17
65.77	17.92	22.23	8.71	62.98	50.38	60.79	15.86
50371.58	9179.40	14026.32	4692.62	47747.02	48776.26	63487.98	21236.04
11643.92	1511.00	3077.42	764.38	10874.59	11907.03	16003.67	5756.06
38727.67	7668.40	10948.90	3928.23	36872.43	36869.23	47484.31	15479.98
19704.57	3275.82	5824.09	2081.93	19147.34	20950.98	31255.01	12698.47
40572.42	10375.76	11220.33	5115.35	38125.24	27317.51	34437.22	9757.66
4913.89	1320.59	1247.32	620.84	4669.78	4389.93	5451.98	1402.78
838.14	234.69	206.60	99.45	767.34	707.26	895.31	245.06
32282.91	8229.92	9017.09	4067.28	30313.42	20506.94	25920.56	7465.97
2537.48	590.56	749.32	327.78	2374.70	1713.38	2169.37	643.85
562.87	122.10	155.98	64.03	537.02	390.10	477.51	137.14
21448.97	6111.07	6055.26	2110.16	20962.91	14325.20	20676.41	7856.60
7912.12	1822.77	2185.00	899.61	7715.33	5645.32	7930.14	2854.22
675.30	162.09	176.73	52.36	666.61	550.87	966.35	478.55
11992.20	3962.87	3440.84	1086.00	11701.19	7479.18	10651.26	3983.36
869.35	163.34	252.69	72.20	879.78	649.83	1128.66	540.48
38891.21	11012.49	10745.96	3672.08	38020.40	27463.12	39764.27	14579.72
17394.33	4206.44	4734.84	1791.98	17161.27	12838.56	18270.28	6503.75
988.00	280.81	245.51	69.32	955.21	758.84	1263.84	554.49
18873.07	6199.75	5346.50	1652.65	18377.62	12424.05	17886.78	6475.51
1635.81	325.49	419.11	158.13	1526.31	1441.68	2343.37	1045.96
58114.97	14917.53	15615.88	4934.84	55998.83	62680.96	87121.13	31989.81
19645.11	2752.95	4941.60	1308.10	18660.67	36588.60	50580.54	19212.50
2690.70	681.37	639.63	267.25	2589.57	1799.20	2550.57	915.66
4913.89	1320.59	1247.32	620.84	4669.78	4389.93	5451.98	1402.78
11992.20	3962.87	3440.84	1086.00	11701.19	7479.18	10651.26	3983.36
18873.07	6199.75	5346.50	1652.65	18377.62	12424.05	17886.78	6475.51
4858.62	1222.55	1284.21	492.57	4670.47	3987.81	5726.29	2081.00
1210.45	320.15	323.63	155.46	1159.07	831.86	1100.19	365.57
398.72	54.97	121.39	30.58	405.29	610.81	824.67	226.62
46.07	13.41	10.99	5.41	42.36	37.50	58.63	25.54
73.29	16.40	21.15	7.26	74.58	50.19	79.01	32.17
65.77	17.92	22.23	8.71	62.98	50.38	60.79	15.86
838.14	234.69	206.60	99.45	767.34	707.26	895.31	245.06
675.30	162.09	176.73	52.36	666.61	550.87	966.35	478.55
988.00	280.81	245.51	69.32	955.21	758.84	1263.84	554.49
562.87	122.10	155.98	64.03	537.02	390.10	477.51	137.14

1-A-2 续表 1

行业	企业单位数(个)	亏损企业	工业总产值(当年价格)	工业销售产值(当年价格)	出口交货值	资产总计
股份有限公司	19367	2831	63520.91	62426.31	6117.74	60815.74
股份有限公司(内资)	9422	1532	50204.13	49403.61	4154.99	50132.00
私营股份有限公司	8693	1005	7915.24	7679.01	714.71	4916.54
港澳台商投资股份有限公司	589	141	2070.32	2070.06	364.71	1910.65
外商投资股份有限公司	663	153	3331.22	3273.63	883.33	3856.56
有限责任公司	261412	38200	270061.67	263361.49	31836.63	223145.12
国有独资公司	1398	389	18374.03	18120.01	1215.33	29868.84
私营有限责任公司	171150	21244	99414.27	96599.09	8535.95	58915.52
合资经营企业(港或澳、台资)	11297	2467	18270.36	17708.38	4395.89	14954.88
中外合资经营企业	16130	3484	43806.33	42932.40	10586.75	33386.35
其他有限责任公司	61437	10616	90196.69	88001.62	7102.71	86019.52
三、在总计中：亏损企业	**65393**	**65393**	**71660.79**	**69887.15**	**10140.30**	**81027.31**
在总计中：国有控股企业	21313	5839	143786.66	140959.59	8683.55	188811.37
在总计中：农村工业	9125	1168	7665.68	7529.83	858.68	4289.18
在总计中：轻工业	178536	28032	145429.08	141654.13	29147.63	103082.93
重工业	247577	37361	361855.81	353079.52	53350.75	328222.62
在总计中：大型企业	3188	512	169303.77	166026.11	34770.08	164286.13
中型企业	37204	6618	149810.20	145502.13	28445.47	141042.71
小型企业	385721	58263	188170.91	183205.40	19282.83	125976.71
四、按行业分						
采矿业	**20013**	**2330**	**33610.21**	**31921.74**	**456.05**	**39068.67**
煤炭开采和洗选业	9212	1045	14625.92	14372.34	160.99	19457.74
烟煤和无烟煤的开采洗选	8916	1021	13668.51	13440.46	152.32	18368.93
褐煤的开采洗选	262	21	941.14	915.51	8.67	1073.83
其他煤炭采选	34	3	16.27	16.37		14.97
石油和天然气开采业	299	38	10615.96	9486.11	240.79	12806.58
天然原油和天然气开采	124	12	8981.45	7902.64	209.38	10383.12
与石油和天然气开采有关的服务活动	175	26	1634.52	1583.47	31.41	2423.46
黑色金属矿采选业	3984	517	3760.65	3600.22	4.36	3179.97
铁矿采选	3675	483	3580.04	3426.65	1.71	2998.39
其他黑色金属矿采选	309	34	180.61	173.57	2.65	181.58
有色金属矿采选业	2539	439	2727.84	2634.33	12.85	2290.30
常用有色金属矿采选	1552	320	1328.54	1278.93	7.32	1292.02
铜矿采选	314	55	312.19	319.61	0.03	352.35
铅锌矿采选	839	212	684.25	641.46	0.27	716.96
镍钴矿采选	41	7	32.25	30.33		32.14
锡矿采选	49	7	31.98	31.43		41.16
锑矿采选	31	6	16.32	15.84	0.19	11.70
铝矿采选	52	2	109.76	107.39		55.51
镁矿采选	100	8	58.33	57.34	6.81	28.10
其他常用有色金属矿采选	126	23	83.47	75.54	0.02	54.11
贵金属矿采选	583	43	992.59	979.69	4.48	584.92
金矿采选	549	38	954.24	942.46	4.48	552.14
银矿采选	33	5	37.28	36.19		32.46
其他贵金属矿采选	1		1.07	1.03		0.32
稀有稀土金属矿采选	404	76	406.70	375.71	1.05	413.36
钨钼矿采选	321	63	349.89	323.16	1.02	348.65
稀土金属矿采选	26	2	21.85	21.23		11.31
放射性金属矿采选	9		7.54	7.90		20.67
其他稀有金属矿采选	48	11	27.42	23.43	0.03	32.73

单位：亿元

流动资产合计				流动资产年平均余额	固定资产合计	固定资产原价	累计折旧
	应收账款	存货					
			产成品				
24747.21	4355.22	7245.21	2640.04	23928.13	24755.87	36896.41	14928.76
19704.57	3275.82	5824.09	2081.93	19147.34	20950.98	31255.01	12698.47
2537.48	590.56	749.32	327.78	2374.70	1713.38	2169.37	643.85
869.35	163.34	252.69	72.20	879.78	649.83	1128.66	540.48
1635.81	325.49	419.11	158.13	1526.31	1441.68	2343.37	1045.96
107960.94	23438.53	29963.25	11451.48	102937.04	87767.08	115608.97	38059.97
11643.92	1511.00	3077.42	764.38	10874.59	11907.03	16003.67	5756.06
32282.91	8229.92	9017.09	4067.28	30313.42	20506.94	25920.56	7465.97
7912.12	1822.77	2185.00	899.61	7715.33	5645.32	7930.14	2854.22
17394.33	4206.44	4734.84	1791.98	17161.27	12838.56	18270.28	6503.75
38727.67	7668.40	10948.90	3928.23	36872.43	36869.23	47484.31	15479.98
30553.70	**6251.13**	**9674.83**	**3285.31**	**30216.69**	**41120.82**	**57284.59**	**21225.40**
65493.98	9660.68	18031.62	5094.67	63021.98	91883.64	129146.64	49055.00
2213.89	512.01	630.99	237.13	2138.72	1673.66	2204.12	676.93
54736.48	11956.48	16601.10	6604.46	52455.57	36736.91	50658.47	17921.08
140945.27	31977.34	37507.46	12914.49	135078.90	142454.80	194694.33	69138.46
68418.88	11780.87	19094.45	5599.19	66274.41	71048.15	102155.69	41054.25
64479.89	14899.03	17731.15	6628.07	61841.25	57272.44	77868.90	26661.93
62782.98	17253.92	17282.96	7291.69	59418.81	50871.13	65328.21	19343.36
13381.92	**2246.17**	**2070.72**	**823.48**	**12060.69**	**18659.78**	**27230.52**	**10531.92**
7983.66	1137.08	1019.79	433.66	6846.74	8014.97	9798.86	3112.68
7453.75	1004.36	933.16	409.37	6428.71	7608.19	9349.09	3012.77
524.10	131.74	84.66	22.65	413.38	398.14	440.66	98.76
5.81	0.98	1.96	1.64	4.66	8.64	9.11	1.16
2419.72	501.18	469.39	98.11	2435.71	8158.84	14390.27	6505.53
1286.36	119.73	230.53	79.57	1456.72	7108.25	13113.60	6040.71
1133.37	381.45	238.86	18.54	978.98	1050.58	1276.67	464.82
1469.97	339.43	251.67	134.88	1332.13	1025.36	1216.28	368.53
1406.67	322.62	236.11	126.05	1277.01	965.53	1144.56	345.47
63.30	16.81	15.55	8.83	55.11	59.83	71.72	23.05
980.42	145.15	223.95	93.44	951.05	883.24	1049.50	291.25
586.96	96.78	133.11	57.67	572.08	467.99	551.20	144.10
149.66	27.24	26.82	13.06	141.98	135.20	150.51	39.30
340.60	53.35	65.27	32.62	339.47	244.02	292.70	72.82
12.81	1.91	2.28	1.22	14.03	14.06	15.11	4.81
12.25	2.21	2.00	1.07	11.08	17.58	20.90	5.22
5.04	2.41	0.86	0.59	4.45	4.46	5.82	1.74
29.59	1.59	23.87	2.88	28.42	21.64	27.01	9.93
14.73	4.71	4.39	2.11	13.72	11.15	14.37	3.67
22.27	3.37	7.61	4.11	18.94	19.87	24.78	6.60
207.38	24.84	51.59	15.74	202.63	259.14	323.89	106.05
196.69	24.15	48.91	13.95	192.64	247.67	309.52	102.51
10.63	0.69	2.68	1.79	9.93	11.21	14.11	3.44
0.07				0.07	0.26	0.27	0.10
186.09	23.53	39.25	20.03	176.34	156.11	174.40	41.11
160.18	19.88	29.87	14.91	151.39	130.69	146.64	33.07
5.32	0.83	2.47	1.08	6.15	4.01	4.38	1.25
5.30	0.66	1.13	0.17	5.06	8.48	8.54	2.86
15.29	2.15	5.78	3.87	13.74	12.93	14.84	3.92

1-A-2 续表 2

行 业	企 业单位数（个）	亏损企业	工业总产值（当年价格）	工业销售产值（当年价格）	出口交货值	资产总计
非金属矿采选业	3953	288	1869.49	1818.51	37.00	1330.02
土砂石开采	2900	171	1168.88	1139.77	8.19	593.22
石灰石、石膏开采	737	59	266.93	262.71	0.09	159.90
建筑装饰用石开采	712	22	258.53	252.04	1.22	113.30
耐火土石开采	355	26	125.06	122.66	3.01	68.43
粘土及其他土砂石开采	1096	64	518.36	502.36	3.87	251.59
化学矿采选	343	49	191.65	184.11	2.61	263.21
采盐	209	18	253.17	246.22	5.34	344.22
石棉及其他非金属矿采选	501	50	255.78	248.42	20.86	129.37
石棉、云母矿采选	21	2	16.55	15.78	0.04	10.36
石墨、滑石采选	139	12	88.64	86.32	11.22	49.97
宝石、玉石开采	6		4.77	4.56		4.27
其他非金属矿采选	335	36	145.82	141.76	9.60	64.77
其他采矿业	26	3	10.35	10.23	0.07	4.07
制造业	**396950**	**60113**	**441358.35**	**430687.75**	**81941.55**	**323403.10**
农副食品加工业	22800	2318	23917.37	23373.92	1693.81	10977.17
谷物磨制	5633	259	3699.34	3636.64	26.22	1440.17
饲料加工	3293	344	3761.26	3684.57	31.87	1251.21
植物油加工	2205	304	4659.90	4612.01	41.84	1914.49
食用植物油加工	2078	285	4589.64	4544.85	41.18	1884.01
非食用植物油加工	127	19	70.26	67.15	0.67	30.48
制糖	318	117	627.80	568.01	4.03	800.97
屠宰及肉类加工	3593	402	4900.56	4806.60	175.41	2052.92
畜禽屠宰	2006	204	2805.50	2747.07	63.04	1042.05
肉制品及副产品加工	1587	198	2095.06	2059.54	112.37	1010.87
水产品加工	2341	339	2393.23	2306.98	829.73	1348.63
水产品冷冻加工	1560	219	1925.17	1851.88	713.05	1051.82
鱼糜制品及水产品干腌制加工	467	69	268.47	261.27	100.20	169.92
水产饲料制造	179	30	121.48	119.40	2.41	66.26
鱼油提取及制品的制造	6	1	0.99	0.95		1.41
其他水产品加工	129	20	77.12	73.49	14.06	59.22
蔬菜、水果和坚果加工	3112	309	1764.67	1707.33	418.05	921.36
其他农副食品加工	2305	244	2110.60	2051.77	166.66	1247.41
淀粉及淀粉制品的制造	969	115	1404.72	1369.72	53.09	820.51
豆制品制造	386	49	196.71	193.99	11.67	136.60
蛋品加工	148	8	70.93	69.39	1.11	31.09
其他未列明的农副食品加工	802	72	438.25	418.68	100.78	259.21
食品制造业	8108	1178	7716.54	7461.37	653.95	5244.05
焙烤食品制造	1320	164	812.59	798.79	31.32	499.81
糕点、面包制造	600	88	275.20	270.01	13.41	182.18
饼干及其他焙烤食品制造	720	76	537.39	528.77	17.91	317.64
糖果、巧克力及蜜饯制造	736	63	553.60	542.75	56.82	386.87
糖果、巧克力制造	402	46	402.96	397.42	40.57	298.03
蜜饯制作	334	17	150.64	145.33	16.25	88.85
方便食品制造	1201	165	1310.70	1275.28	50.51	778.45
米、面制品制造	549	50	337.30	330.56	11.82	151.40
速冻食品制造	297	71	266.70	258.67	26.54	209.64
方便面及其他方便食品制造	355	44	706.69	686.05	12.15	417.40
液体乳及乳制品制造	815	223	1490.71	1411.48	14.37	942.46
罐头制造	915	144	609.32	586.02	216.84	464.69

单位：亿元

流动资产合计	应收账款	存货	产成品	流动资产年平均余额	固定资产合计	固定资产原价	累计折旧
526.56	122.88	105.58	63.19	493.22	575.08	772.67	253.22
225.16	60.26	46.52	28.53	209.53	289.01	384.53	114.85
57.86	17.59	10.32	6.24	53.94	77.59	99.47	28.50
45.07	12.35	10.35	6.97	41.81	56.20	77.70	25.65
31.20	6.69	6.43	4.22	29.44	31.06	39.72	11.29
91.02	23.63	19.42	11.09	84.34	124.17	167.63	49.41
124.88	21.58	17.33	8.20	113.84	69.50	107.30	43.14
126.21	28.05	27.04	18.88	123.78	154.76	201.24	72.88
50.31	13.00	14.69	7.58	46.06	61.80	79.60	22.34
3.80	0.76	1.35	0.55	4.08	5.54	7.32	2.47
18.73	5.12	5.46	3.04	17.38	21.93	28.09	7.75
3.23	0.12	0.68	0.56	2.60	0.66	0.78	0.25
24.55	7.00	7.20	3.43	22.00	33.66	43.42	11.87
1.59	0.44	0.34	0.20	1.84	2.29	2.94	0.70
171520.59	**39914.58**	**51020.71**	**18643.22**	**165058.53**	**114126.13**	**155992.84**	**55643.96**
5593.26	891.03	1935.60	912.48	5422.06	4170.27	5393.07	1617.42
694.97	108.30	271.20	88.30	665.04	601.82	767.43	210.50
647.39	110.62	196.95	57.95	624.68	443.37	602.86	200.07
1199.74	109.91	440.17	206.58	1192.70	584.66	755.11	222.46
1183.58	105.97	434.80	203.54	1180.02	574.29	741.79	218.75
16.16	3.94	5.38	3.04	12.68	10.37	13.32	3.71
387.95	50.05	110.95	78.77	392.59	289.83	433.68	169.49
920.83	175.68	279.74	146.62	879.43	868.64	1118.97	345.79
433.36	87.08	123.81	77.17	406.40	484.57	578.02	142.49
487.48	88.59	155.93	69.45	473.03	384.07	540.96	203.30
737.44	138.13	273.24	148.52	711.07	462.06	587.32	174.71
570.52	101.14	215.95	117.12	548.74	372.89	467.02	134.80
92.90	19.75	38.46	22.37	90.41	56.40	75.18	23.30
39.86	13.05	10.43	2.95	38.96	18.08	25.96	10.25
0.68	0.10	0.17	0.08	0.50	0.63	0.78	0.15
33.49	4.09	8.23	6.00	32.47	14.06	18.37	6.21
462.26	89.81	166.49	83.71	440.81	351.30	442.67	125.39
542.68	108.53	196.87	102.02	515.75	568.59	685.03	168.99
319.32	62.86	117.10	58.38	303.29	406.09	483.75	114.89
70.68	10.06	18.63	7.53	67.64	53.52	63.67	15.62
14.20	2.84	4.77	2.68	13.09	14.38	18.61	5.46
138.49	32.77	56.37	33.42	131.73	94.60	118.99	33.02
2566.62	567.46	746.97	337.86	2381.80	2067.87	2759.64	890.82
233.51	57.90	62.09	21.36	220.37	215.68	298.57	97.84
86.81	21.31	20.34	6.39	80.21	76.43	96.85	28.41
146.69	36.59	41.74	14.97	140.16	139.25	201.72	69.43
207.81	54.52	62.18	29.74	186.14	151.94	209.93	71.78
161.05	43.64	45.12	23.09	140.68	121.37	172.30	60.97
46.77	10.88	17.07	6.65	45.46	30.57	37.63	10.81
366.93	86.68	99.15	39.73	350.24	321.46	441.01	154.29
67.50	11.90	21.61	9.03	64.04	69.48	88.15	23.79
99.87	28.32	37.28	18.35	91.10	75.77	93.59	26.69
199.55	46.46	40.26	12.35	195.10	176.21	259.27	103.81
438.32	95.38	117.67	54.35	408.98	355.64	484.03	158.28
255.67	53.41	112.45	63.20	232.08	153.28	193.09	57.34

1-A-2 续表 3

行业	企业单位数（个）	亏损企业	工业总产值（当年价格）	工业销售产值（当年价格）	出口交货值	资产总计
肉、禽类罐头制造	102	14	69.36	66.43	8.64	49.88
水产品罐头制造	45	6	33.59	33.35	9.28	28.27
蔬菜、水果罐头制造	694	111	460.42	440.57	195.75	359.19
其他罐头食品制造	74	13	45.94	45.67	3.17	27.35
调味品、发酵制品制造	1154	147	1156.34	1117.68	96.18	904.84
味精制造	109	27	335.50	331.75	7.60	260.43
酱油、食醋及类似制品的制造	466	65	298.13	297.53	10.13	231.71
其他调味品、发酵制品制造	579	55	522.71	488.40	78.45	412.70
其他食品制造	1967	272	1783.29	1729.36	187.91	1266.91
营养、保健食品制造	461	70	342.84	331.60	25.32	276.29
冷冻饮品及食用冰制造	263	44	166.58	163.79	1.88	92.44
盐加工	83	18	63.41	62.16	1.25	86.48
食品及饲料添加剂制造	822	94	1028.04	995.52	142.62	690.11
其他未列明的食品制造	338	46	182.42	176.29	16.84	121.59
饮料制造业	5411	720	6250.46	6068.51	184.11	5946.24
酒精制造	204	52	437.96	423.51	2.79	332.65
酒的制造	2485	350	3181.22	3095.07	40.82	3553.62
白酒制造	1441	121	1681.38	1599.11	16.86	1620.45
啤酒制造	584	182	1131.37	1142.66	19.83	1526.33
黄酒制造	111	10	83.02	78.91	2.61	107.60
葡萄酒制造	201	27	198.64	190.52	1.17	206.31
其他酒制造	148	10	86.81	83.87	0.36	92.94
软饮料制造	1599	224	2258.60	2201.25	96.94	1786.57
碳酸饮料制造	171	27	516.81	493.11	2.82	317.40
瓶(罐)装饮用水制造	523	50	308.52	301.63	2.75	259.63
果菜汁及果菜汁饮料制造	438	83	514.94	501.29	75.92	582.92
含乳饮料和植物蛋白饮料制造	220	22	330.70	322.89	3.69	226.55
固体饮料制造	102	17	192.49	194.81	7.87	134.88
茶饮料及其他软饮料制造	145	25	395.14	387.52	3.89	265.20
精制茶加工	1123	94	372.67	348.68	43.56	273.40
烟草制品业	156	7	4488.87	4440.62	21.23	4428.50
烟叶复烤	55	4	81.05	75.43	0.16	136.57
卷烟制造	65		4367.93	4326.37	18.21	4244.00
其他烟草制品加工	36	3	39.90	38.82	2.86	47.93
纺织业	33133	5079	21393.12	20908.03	4055.90	15336.57
棉、化纤纺织及印染精加工	14559	2170	11711.32	11448.38	1420.75	8338.29
棉、化纤纺织加工	12111	1733	9365.72	9154.26	934.34	6559.78
棉、化纤印染精加工	2448	437	2345.60	2294.12	486.41	1778.51
毛纺织和染整精加工	1658	298	1435.65	1392.81	228.53	1051.57
毛条加工	235	51	177.69	173.27	15.58	94.92
毛纺织	1110	192	1042.68	1015.82	153.79	797.77
毛染整精加工	313	55	215.28	203.72	59.15	158.89
麻纺织	356	69	234.04	226.83	21.97	200.72
丝绢纺织及精加工	2899	519	1259.92	1232.90	173.94	1043.17
缫丝加工	713	197	376.22	361.77	41.23	218.19
绢纺和丝织加工	1953	265	779.86	769.57	121.89	702.81
丝印染精加工	233	57	103.85	101.56	10.82	122.17
纺织制成品制造	5719	851	3185.72	3108.85	877.00	2203.13
棉及化纤制品制造	2563	378	1616.24	1588.59	524.48	1026.28
毛制品制造	244	32	170.59	163.46	57.53	117.91

单位：亿元

流动资产合计	应收账款	存货	产成品	流动资产年平均余额	固定资产合计	固定资产原价	累计折旧
20.34	4.25	9.90	4.90	21.00	21.67	25.73	6.42
14.28	2.30	4.65	2.43	13.28	11.91	13.16	3.05
206.35	42.36	93.41	53.97	184.94	111.81	141.74	43.01
14.71	4.51	4.48	1.90	12.86	7.89	12.46	4.86
419.90	87.87	128.63	52.08	388.24	386.30	517.74	169.53
114.62	33.84	27.56	9.02	104.17	110.76	150.04	48.78
122.11	17.18	40.10	12.78	117.81	88.25	113.22	36.75
183.17	36.85	60.97	30.28	166.25	187.29	254.48	84.00
644.47	131.69	164.79	77.40	595.75	483.58	615.27	181.75
169.14	34.63	42.76	22.50	156.54	69.46	89.17	30.02
36.39	6.58	12.83	4.87	34.89	49.42	70.45	25.37
29.35	9.28	6.11	2.97	27.63	42.61	59.35	20.25
346.01	61.61	83.88	38.80	316.79	275.72	336.43	85.88
63.58	19.59	19.21	8.26	59.91	46.37	59.86	20.23
2879.17	366.24	1014.28	359.55	2737.17	2321.85	3101.35	1139.26
137.87	15.16	53.25	20.24	127.60	168.81	195.67	42.14
1704.50	153.05	667.16	191.80	1636.43	1367.24	1838.21	744.76
916.47	75.84	336.50	112.80	844.70	511.58	636.34	209.66
545.05	52.56	226.53	34.35	565.07	735.01	1039.66	479.89
60.39	7.71	36.45	23.41	56.29	31.84	42.32	16.00
126.71	13.14	56.94	17.20	114.68	66.10	93.50	31.22
55.88	3.79	10.74	4.03	55.70	22.70	26.39	8.00
883.84	163.73	226.48	116.44	831.77	690.88	956.01	325.65
175.80	26.91	46.31	21.40	165.83	119.12	193.37	81.10
141.47	34.46	20.72	5.98	133.63	102.21	150.22	56.87
265.96	46.75	106.37	68.12	276.84	243.61	296.10	76.16
100.92	20.27	21.77	7.17	93.32	85.01	109.17	37.02
80.04	11.56	12.86	3.79	54.17	35.22	58.92	26.24
119.65	23.77	18.44	10.00	107.97	105.70	148.24	48.26
152.96	34.31	67.40	31.07	141.38	94.92	111.46	26.70
2941.58	137.69	1418.17	177.15	2866.17	867.34	1507.21	799.14
66.42	13.88	23.93	17.45	63.40	64.93	103.49	45.16
2851.23	117.68	1388.52	157.02	2780.77	782.20	1377.13	744.75
23.93	6.13	5.72	2.68	22.00	20.21	26.60	9.23
7915.72	1653.83	2507.19	1122.28	7700.47	5978.33	8287.58	2841.92
4049.76	759.54	1318.76	602.26	3975.55	3559.44	4900.71	1651.72
3150.32	546.06	1096.59	508.56	3106.75	2839.61	3825.95	1238.32
899.44	213.47	222.17	93.70	868.79	719.82	1074.76	413.40
563.53	111.00	227.79	100.04	563.28	345.58	528.29	216.14
57.37	11.12	21.31	11.74	56.05	31.75	45.32	18.13
414.54	76.12	168.79	69.90	413.98	254.97	384.39	154.10
91.62	23.76	37.70	18.40	93.26	58.86	98.58	43.90
110.33	28.09	48.11	28.70	104.11	73.14	96.31	28.87
597.90	129.41	168.73	80.44	567.88	349.41	479.99	157.50
122.59	19.23	55.09	24.32	118.47	72.52	99.67	32.43
418.63	96.15	103.23	52.34	394.09	229.48	314.44	101.39
56.68	14.03	10.41	3.78	55.32	47.42	65.87	23.68
1218.30	285.73	339.22	142.48	1165.62	780.04	1038.61	333.28
575.25	115.22	165.69	67.03	549.10	354.27	459.38	145.00
71.53	15.98	21.64	9.82	69.88	37.30	53.66	19.40

1-A-2 续表 4

行业	企业单位数（个）	亏损企业	工业总产值（当年价格）	工业销售产值（当年价格）	出口交货值	资产总计
麻制品制造	103	22	41.69	41.47	2.82	28.90
丝制品制造	283	52	136.68	133.48	46.99	104.86
绳、索、缆的制造	323	34	127.58	125.26	20.59	61.90
纺织带和帘子布制造	454	62	280.41	271.04	35.53	258.07
无纺布制造	890	115	440.70	424.49	72.65	326.01
其他纺织制成品制造	859	156	371.84	361.07	116.40	279.20
针织品、编织品及其制品制造	7942	1172	3566.47	3498.25	1333.71	2499.68
棉、化纤针织品及编织品制造	4708	702	2121.93	2069.31	819.45	1455.57
毛针织品及编织品制造	2176	320	1026.69	1022.10	401.07	737.75
丝针织品及编织品制造	511	68	203.36	198.55	54.18	153.93
其他针织品及编织品制造	547	82	214.49	208.30	59.01	152.44
纺织服装、鞋、帽制造业	18237	3320	9435.76	9161.78	3293.85	5655.88
纺织服装制造	17138	3138	8928.04	8668.62	3102.89	5429.37
纺织面料鞋的制造	732	106	362.75	349.91	121.20	151.07
制帽	367	76	144.97	143.25	69.77	75.44
皮革、毛皮、羽毛(绒)及其制品业	8622	1174	5871.43	5757.81	2130.66	3025.09
皮革鞣制加工	821	97	968.99	940.28	163.61	501.73
皮革制品制造	6780	938	4191.83	4124.32	1782.06	2160.56
皮鞋制造	3558	385	2676.54	2647.61	1113.42	1408.23
皮革服装制造	493	88	366.62	361.15	124.16	146.47
皮箱、包(袋)制造	2012	347	792.40	767.65	403.85	396.25
皮手套及皮装饰制品制造	370	58	146.27	142.00	72.53	59.48
其他皮革制品制造	347	60	210.00	205.92	68.10	150.14
毛皮鞣制及制品加工	503	52	306.48	299.26	63.69	133.53
毛皮鞣制加工	144	14	122.34	119.85	24.76	48.63
毛皮服装加工	124	18	85.35	83.02	17.90	44.00
其他毛皮制品加工	235	20	98.79	96.40	21.03	40.91
羽毛(绒)加工及制品制造	518	87	404.13	393.95	121.30	229.26
羽毛(绒)加工	237	41	166.87	162.02	17.26	65.08
羽毛(绒)制品加工	281	46	237.26	231.93	104.04	164.18
木材加工及木、竹、藤、棕、草制品业	10314	1054	4803.60	4662.56	596.56	2744.61
锯材、木片加工	1389	131	524.90	513.03	39.63	285.35
锯材加工	720	69	293.76	284.22	20.46	181.78
木片加工	669	62	231.14	228.81	19.17	103.57
人造板制造	5590	487	3041.55	2946.59	275.03	1785.86
胶合板制造	3462	219	1613.13	1565.11	157.69	639.34
纤维板制造	517	113	627.80	600.87	21.38	642.61
刨花板制造	287	32	166.84	162.68	1.89	132.25
其他人造板、材制造	1324	123	633.78	617.92	94.06	371.66
木制品制造	2245	353	898.26	873.48	185.74	515.71
建筑用木料及木材组件加工	1007	151	550.66	536.11	109.28	324.75
木容器制造	414	51	104.90	102.50	11.56	54.60
软木制品及其他木制品制造	824	151	242.70	234.87	64.90	136.36
竹、藤、棕、草制品制造	1090	83	338.89	329.46	96.16	157.70
家具制造业	5386	982	3072.80	3003.72	1109.88	1941.24
木质家具制造	3371	601	1734.03	1693.85	521.69	1152.59
竹、藤家具制造	85	20	33.61	32.68	10.82	21.68
金属家具制造	1138	205	784.70	767.06	347.52	453.55
塑料家具制造	95	19	42.68	40.83	14.00	26.45
其他家具制造	697	137	477.78	469.30	215.84	286.96

单位：亿元

流动资产合计	应收账款	存货	产成品	流动资产年平均余额	固定资产合计	固定资产原价	累计折旧
17.09	3.96	5.54	2.07	14.55	8.78	11.00	2.60
64.16	15.98	14.38	6.14	61.55	31.02	39.56	12.42
31.21	8.85	9.69	4.61	30.36	23.91	31.27	10.10
149.74	35.32	34.66	15.21	135.57	90.32	126.01	42.82
160.12	50.00	41.65	19.69	157.74	133.56	183.85	59.68
149.20	40.41	45.97	17.90	146.86	100.89	133.88	41.27
1375.89	340.06	404.59	168.36	1324.03	870.72	1243.67	454.42
811.56	203.88	226.16	96.99	774.68	520.09	746.45	286.28
409.13	98.71	138.00	53.63	400.19	226.42	318.18	104.71
77.85	16.41	19.38	8.98	75.30	57.90	84.34	30.10
77.35	21.06	21.05	8.76	73.86	66.30	94.70	33.33
3343.19	800.87	995.70	453.37	3145.74	1697.74	2321.00	785.96
3219.23	769.88	950.07	437.41	3024.13	1617.58	2212.58	751.22
79.29	20.17	29.62	10.90	77.47	53.81	70.14	21.00
44.68	10.82	16.02	5.06	44.14	26.35	38.29	13.74
1833.24	490.45	588.89	189.10	1738.90	854.91	1160.86	394.42
292.07	61.96	109.52	35.03	270.72	143.84	191.88	67.31
1295.38	366.04	396.77	122.94	1235.47	618.82	853.45	294.71
815.55	248.63	232.51	75.31	787.87	413.57	574.46	202.10
86.86	21.84	25.25	8.63	80.66	37.51	47.65	14.92
258.57	65.13	87.76	26.60	239.73	108.62	150.55	51.74
39.12	7.43	16.45	3.79	36.05	16.55	23.76	8.91
95.28	23.01	34.81	8.62	91.17	42.57	57.02	17.05
82.51	16.48	32.35	13.68	77.43	43.56	55.92	14.86
26.99	5.29	12.08	5.54	25.14	19.26	22.68	4.22
30.25	5.90	12.67	4.91	27.79	11.50	17.70	7.03
25.27	5.28	7.60	3.22	24.50	12.80	15.54	3.62
163.28	45.97	50.25	17.45	155.27	48.70	59.61	17.53
43.05	16.01	14.58	6.10	42.21	15.84	18.14	4.69
120.23	29.96	35.67	11.35	113.07	32.86	41.46	12.84
1314.19	250.97	496.47	211.98	1251.99	1132.71	1473.00	435.21
134.99	24.07	46.16	20.48	132.77	115.71	141.52	37.33
87.02	15.58	29.56	12.63	86.22	68.08	83.27	23.37
47.97	8.48	16.59	7.85	46.55	47.63	58.26	13.96
819.55	146.60	306.16	133.92	779.20	766.25	1012.87	309.45
320.22	74.57	119.41	54.60	294.79	277.62	357.84	101.34
262.19	33.85	94.22	40.91	254.13	275.28	372.68	118.94
52.38	8.50	17.23	8.74	51.80	64.87	91.39	34.14
184.77	29.68	75.30	29.67	178.47	148.48	190.96	55.03
278.94	61.12	116.52	44.41	264.80	191.71	247.93	71.96
171.37	29.68	78.82	30.72	164.22	124.05	161.62	47.38
33.23	13.31	8.95	2.90	31.29	15.13	19.77	5.87
74.34	18.13	28.75	10.79	69.30	52.53	66.54	18.71
80.71	19.18	27.63	13.18	75.23	59.05	70.68	16.47
1115.53	241.27	395.13	134.20	1051.31	638.59	836.00	260.26
621.08	121.47	245.07	86.04	583.15	402.55	529.33	166.98
11.61	2.48	5.88	3.52	10.49	8.13	10.66	3.05
286.41	68.83	80.87	24.24	274.87	134.60	177.30	54.89
16.43	5.39	5.57	1.99	15.00	8.09	10.75	3.28
179.99	43.09	57.74	18.40	167.81	85.22	107.96	32.07

1-A-2 续表 5

行 业	企业单位数（个）	亏损企业	工业总产值（当年价格）	工业销售产值（当年价格）	出口交货值	资产总计
造纸及纸制品业	10011	1642	7873.87	7651.68	536.24	7448.77
纸浆制造	149	31	273.15	262.13	34.31	609.02
造纸	3727	688	4582.19	4439.12	240.36	4859.30
机制纸及纸板制造	3083	589	4238.04	4101.88	209.36	4620.83
手工纸制造	27	4	9.45	9.07	0.75	6.18
加工纸制造	617	95	334.69	328.17	30.25	232.30
纸制品制造	6135	923	3018.53	2950.43	261.57	1980.45
纸和纸板容器的制造	4110	589	2028.74	1985.22	150.41	1324.60
其他纸制品制造	2025	334	989.79	965.21	111.16	655.85
印刷业和记录媒介的复制	6481	1035	2685.01	2627.34	261.60	2643.08
印刷	6084	952	2494.69	2438.72	230.20	2429.16
书、报、刊印刷	1562	333	612.06	602.95	63.55	689.21
本册印制	373	46	156.28	152.53	39.75	154.03
包装装潢及其他印刷	4149	573	1726.35	1683.25	126.90	1585.92
装订及其他印刷服务活动	288	55	107.03	106.85	10.39	99.76
记录媒介的复制	109	28	83.29	81.77	21.01	114.15
文教体育用品制造业	4797	994	2498.39	2429.68	1377.90	1595.33
文化用品制造	1104	199	431.14	413.76	190.51	299.87
文具制造	459	108	196.54	188.52	105.09	134.67
笔的制造	430	54	143.06	136.67	60.65	106.10
教学用模型及教具制造	88	16	46.86	46.20	4.46	27.86
墨水、墨汁制造	21	1	5.53	5.15	1.29	2.95
其他文化用品制造	106	20	39.14	37.22	19.02	28.27
体育用品制造	1297	315	715.34	701.59	396.81	468.58
球类制造	189	37	76.81	75.12	39.04	57.59
体育器材及配件制造	354	95	203.46	198.34	112.59	138.08
训练健身器材制造	355	89	236.57	232.20	129.12	145.51
运动防护用具制造	140	44	61.20	60.17	43.71	45.80
其他体育用品制造	259	50	137.30	135.77	72.33	81.59
乐器制造	320	65	172.51	170.70	71.37	140.75
中乐器制造	34	4	10.85	10.67	4.55	5.56
西乐器制造	171	37	101.77	100.38	40.22	102.80
电子乐器制造	37	7	33.62	33.31	20.91	16.65
其他乐器及零件制造	78	17	26.27	26.35	5.69	15.74
玩具制造	1910	385	1089.27	1055.88	685.26	609.08
游艺器材及娱乐用品制造	166	30	90.13	87.75	33.95	77.06
露天游乐场所游乐设备制造	86	15	58.87	57.45	22.23	50.29
游艺用品及室内游艺器材制造	80	15	31.26	30.30	11.72	26.77
石油加工、炼焦及核燃料加工业	2416	519	22628.68	22292.05	372.01	11698.91
精炼石油产品的制造	1454	267	18367.93	18177.44	287.57	7851.80
原油加工及石油制品制造	1407	260	18340.63	18150.78	287.57	7835.22
人造原油生产	47	7	27.30	26.66		16.58
炼焦	957	252	4212.52	4074.61	82.38	3737.04
化学原料及化学制品制造业	28224	3977	33955.07	33054.85	2843.88	27567.51
基础化学原料制造	6559	1166	9321.76	9085.49	604.22	8191.71
无机酸制造	639	110	569.11	559.17	53.49	392.35
无机碱制造	361	103	1096.11	1072.81	75.67	1374.63
无机盐制造	1471	293	1158.74	1123.02	69.26	887.18
有机化学原料制造	2541	390	5291.58	5167.90	341.97	4392.41
其他基础化学原料制造	1547	270	1206.23	1162.60	63.83	1145.14

单位：亿元

流动资产合计	应收账款	存货	产成品	流动资产年平均余额	固定资产合计	固定资产原价	累计折旧
3117.59	792.16	827.29	367.45	3012.11	3389.41	4473.60	1372.39
208.64	19.51	58.42	23.52	200.69	322.66	395.07	93.51
1845.64	383.90	513.09	243.47	1756.78	2339.97	3041.01	917.33
1726.29	349.47	479.81	229.95	1645.10	2238.50	2909.33	876.44
3.40	0.66	1.47	0.57	3.33	2.41	3.10	0.91
115.95	33.77	31.81	12.96	108.34	99.05	128.57	39.98
1063.30	388.76	255.77	100.46	1054.65	726.78	1037.53	361.54
716.02	265.47	163.30	59.88	721.31	479.75	693.54	246.82
347.28	123.28	92.48	40.58	333.34	247.04	343.99	114.72
1312.24	385.29	317.22	109.65	1253.86	1075.46	1662.09	683.40
1215.26	357.27	296.04	100.39	1160.15	979.27	1506.38	614.14
316.53	83.01	86.32	22.96	298.31	316.20	506.00	219.08
77.15	19.91	18.67	6.74	71.51	60.50	84.83	28.50
821.58	254.35	191.04	70.69	790.33	602.57	915.54	366.56
45.76	12.40	12.29	5.12	43.82	48.93	74.50	32.39
51.22	15.63	8.89	4.14	49.90	47.26	81.21	36.86
944.46	242.18	341.19	102.33	894.30	494.18	720.70	264.48
175.66	46.81	59.90	22.03	168.26	95.19	136.79	49.53
80.63	21.30	29.06	9.96	77.00	45.21	64.29	23.52
61.50	14.89	20.88	8.48	60.34	30.70	45.54	17.35
15.50	5.59	3.39	1.55	13.48	7.86	11.12	3.69
1.99	0.68	0.67	0.29	2.00	0.59	0.87	0.30
16.05	4.34	5.91	1.76	15.44	10.85	14.98	4.66
276.22	70.36	106.50	30.86	264.80	151.10	206.11	66.03
31.25	5.58	14.31	4.69	29.85	19.66	27.93	9.77
80.79	20.02	33.69	10.83	79.34	46.26	62.05	19.44
86.42	24.55	24.17	7.30	84.94	45.60	58.44	16.22
30.02	9.02	13.87	2.65	27.62	13.60	21.51	8.53
47.74	11.18	20.46	5.40	43.06	25.99	36.18	12.07
87.27	20.00	39.37	11.31	81.37	41.80	63.69	25.39
3.35	0.39	1.57	0.65	3.01	1.79	2.27	0.63
62.05	13.75	29.44	7.87	56.97	31.48	45.69	17.09
11.11	2.73	4.35	1.51	11.10	4.43	8.36	4.23
10.75	3.13	4.00	1.29	10.29	4.10	7.37	3.43
352.86	95.61	122.35	35.45	330.88	186.62	286.78	113.92
52.44	9.40	13.08	2.67	48.99	19.46	27.33	9.62
34.77	5.04	7.09	1.59	32.26	12.00	13.37	2.81
17.68	4.36	5.99	1.08	16.72	7.47	13.96	6.80
5028.68	572.64	1607.75	575.06	4929.26	4996.76	7518.53	3392.21
3104.52	291.77	1055.92	308.11	3137.38	3531.32	5843.27	2954.54
3097.48	290.46	1053.74	307.20	3130.66	3525.46	5836.72	2953.52
7.05	1.31	2.19	0.92	6.72	5.87	6.56	1.02
1855.50	279.65	504.81	254.77	1726.41	1425.60	1611.37	404.32
12249.10	2403.54	3306.90	1468.39	11939.42	11811.87	16012.17	5818.73
3061.09	472.48	772.06	318.22	3056.87	4169.63	5719.60	2069.40
184.31	32.32	54.68	23.12	173.41	155.15	227.46	86.38
486.35	53.40	94.05	35.65	476.62	677.41	896.36	350.60
392.60	68.52	104.79	53.72	380.62	393.44	475.76	152.55
1552.79	206.95	404.08	156.23	1600.96	2385.50	3370.04	1255.19
445.04	111.29	114.46	49.51	425.26	558.13	749.98	224.69

1-A-2 续表 6

行业	企业单位数(个)	亏损企业	工业总产值(当年价格)	工业销售产值(当年价格)	出口交货值	资产总计
肥料制造	2483	360	4433.51	4256.28	92.30	5026.19
氮肥制造	490	121	1793.94	1754.49	23.70	2864.63
磷肥制造	357	53	465.78	430.28	38.63	459.41
钾肥制造	81	19	174.54	143.91		412.87
复混肥料制造	1163	130	1794.84	1729.05	26.32	1169.02
有机肥料及微生物肥料制造	304	24	158.57	154.01	2.12	84.31
其他肥料制造	88	13	45.83	44.56	1.54	35.94
农药制造	965	118	1286.25	1237.72	331.02	975.96
化学农药制造	819	104	1158.24	1115.49	314.73	893.65
生物化学农药及微生物农药制造	146	14	128.01	122.23	16.30	82.31
涂料、油墨、颜料及类似产品制造	4375	575	2898.78	2824.30	302.81	2090.22
涂料制造	2646	306	1627.00	1588.83	134.05	1152.11
油墨及类似产品制造	412	69	210.76	204.78	26.74	168.17
颜料制造	462	82	349.98	337.98	43.26	260.33
染料制造	557	75	564.62	547.85	89.00	426.64
密封用填料及类似品制造	298	43	146.43	144.86	9.76	82.97
合成材料制造	2353	360	5712.48	5655.67	501.36	4462.46
初级形态的塑料及合成树脂制造	1562	240	3620.84	3559.37	392.25	2882.40
合成橡胶制造	271	36	364.42	360.83	34.08	273.24
合成纤维单(聚合)体的制造	188	37	1462.93	1473.68	45.90	1112.11
其他合成材料制造	332	47	264.28	261.78	29.13	194.71
专用化学产品制造	9717	1096	8144.49	7917.94	828.91	5305.71
化学试剂和助剂制造	3439	404	3151.18	3074.38	193.42	1743.37
专项化学用品制造	2499	253	2700.90	2618.21	234.96	1661.88
林产化学产品制造	583	114	236.24	226.69	23.70	128.67
炸药及火工产品制造	1480	59	724.04	712.41	142.23	534.00
信息化学品制造	365	78	603.49	576.22	141.67	694.82
环境污染处理专用药剂材料制造	180	32	87.22	84.71	20.91	54.54
动物胶制造	118	23	55.61	54.22	5.22	33.57
其他专用化学产品制造	1053	133	585.80	571.10	66.81	454.87
日用化学产品制造	1772	302	2157.80	2077.46	183.25	1515.26
肥皂及合成洗涤剂制造	455	78	936.20	892.31	29.15	601.66
化妆品制造	464	110	557.55	543.67	58.91	430.67
口腔清洁用品制造	56	13	94.06	88.38	14.22	98.76
香料、香精制造	412	49	331.16	320.86	55.95	241.59
其他日用化学产品制造	385	52	238.84	232.23	25.02	142.57
医药制造业	6524	1185	7874.98	7481.92	746.74	7881.96
化学药品原药制造	1175	210	1771.44	1679.34	391.30	1785.97
化学药品制剂制造	1284	304	2426.79	2289.32	108.94	2439.96
中药饮片加工	671	91	408.60	390.91	18.81	315.25
中成药制造	1479	331	1715.32	1626.42	47.70	1927.92
兽用药品制造	542	65	361.74	347.12	21.93	249.71
生物、生化制品的制造	746	118	776.88	743.92	91.66	846.04
卫生材料及医药用品制造	627	66	414.19	404.89	66.40	317.09
化学纤维制造业	2029	415	3970.16	3876.63	330.43	3366.01
纤维素纤维原料及纤维制造	260	53	479.44	466.82	34.27	526.91
化纤浆粕制造	87	11	129.50	126.18	6.43	92.86
人造纤维(纤维素纤维)制造	173	42	349.94	340.65	27.84	434.05

单位：亿元

流动资产合计	应收账款	存货	产成品	流动资产年平均余额	固定资产合计	固定资产原价	累计折旧
1973.96	139.95	660.15	301.35	1835.79	2339.66	2898.35	1104.39
918.54	48.76	217.88	86.57	880.29	1459.63	1789.11	687.31
211.03	14.54	108.13	66.66	188.84	187.09	233.82	97.25
193.38	15.00	43.99	13.10	136.62	191.72	121.00	15.68
596.54	49.22	272.36	126.03	577.93	448.80	690.89	287.14
39.64	9.52	11.99	6.19	36.93	36.64	45.93	11.52
14.83	2.91	5.80	2.80	15.18	15.77	17.60	5.49
496.45	86.65	159.77	85.92	477.98	317.45	426.34	148.68
457.96	78.89	144.45	76.88	441.02	284.54	381.40	134.18
38.49	7.75	15.32	9.04	36.96	32.91	44.94	14.50
1285.56	424.48	312.11	145.97	1227.48	609.69	847.71	313.15
744.58	264.35	159.61	71.86	696.29	297.59	406.02	143.42
109.13	43.67	27.00	10.92	105.64	47.15	73.91	29.85
122.65	28.69	43.35	22.29	121.33	111.61	154.98	61.56
259.12	69.96	67.89	35.02	257.04	127.12	176.05	64.94
50.08	17.81	14.26	5.87	47.17	26.22	36.74	13.38
1871.38	384.53	461.76	177.37	1916.30	1946.53	2899.58	1122.84
1184.49	268.09	308.52	121.61	1205.94	1191.99	1805.00	732.91
129.19	28.21	26.39	9.50	124.58	102.50	120.12	30.41
463.10	62.29	99.92	36.43	493.14	573.21	883.28	335.26
94.60	25.94	26.93	9.83	92.63	78.83	91.18	24.26
2625.59	678.55	712.77	323.68	2546.93	2019.64	2600.31	814.98
889.55	247.46	229.42	110.24	864.93	639.14	844.59	287.38
814.17	206.26	214.87	101.84	810.82	670.26	843.84	253.15
66.66	14.31	26.59	16.21	61.60	49.02	65.02	19.13
244.42	62.05	66.16	32.87	232.30	207.37	257.36	81.18
323.16	65.05	99.02	35.30	309.63	264.76	338.29	100.15
35.33	12.74	8.51	2.81	32.33	13.40	16.65	4.49
15.99	2.90	6.53	2.03	15.16	14.98	16.91	3.84
236.32	67.78	61.67	22.37	220.18	160.71	217.65	65.66
935.06	216.90	228.27	115.88	878.07	409.26	620.28	245.29
382.96	63.18	82.99	47.47	366.03	148.24	240.71	104.42
277.23	77.00	66.52	32.09	251.20	112.19	159.49	57.74
42.02	11.00	9.92	5.18	42.46	27.29	41.22	15.88
155.32	47.91	45.81	18.98	143.35	68.11	100.76	39.32
77.53	17.81	23.03	12.15	75.03	53.43	78.10	27.93
3992.19	931.95	1026.25	468.24	3804.66	2783.37	3732.35	1331.67
812.44	180.89	238.45	115.29	788.44	749.76	970.52	325.27
1313.04	325.69	311.75	147.55	1236.82	777.23	1150.24	468.13
166.10	48.53	52.22	23.89	156.97	109.68	134.38	40.65
1002.75	223.83	246.90	104.95	968.12	634.75	815.94	274.33
115.99	21.88	34.67	17.21	109.18	105.39	131.65	39.35
419.27	86.25	101.45	40.01	397.08	291.85	378.78	131.26
162.60	44.88	40.81	19.33	148.05	114.70	150.84	52.68
1523.31	191.90	396.39	181.53	1540.08	1421.86	2045.68	740.26
202.42	26.01	77.33	32.21	217.38	252.17	348.60	128.38
43.16	7.40	22.05	5.96	45.10	40.69	48.24	17.24
159.26	18.62	55.29	26.25	172.28	211.48	300.36	111.14

1-A-2 续表 7

行业	企业单位数（个）	亏损企业	工业总产值（当年价格）	工业销售产值（当年价格）	出口交货值	资产总计
合成纤维制造	1769	362	3490.72	3409.80	296.16	2839.10
锦纶纤维制造	217	38	385.56	374.42	31.91	338.83
涤纶纤维制造	706	192	2533.09	2483.33	223.57	1910.16
腈纶纤维制造	42	15	77.56	76.61	2.61	91.41
维纶纤维制造	12	3	48.46	47.17	11.11	103.93
其他合成纤维制造	792	114	446.04	428.27	26.95	394.77
橡胶制品业	4649	675	4228.61	4144.00	961.83	3303.23
轮胎制造	605	95	2150.57	2115.66	542.37	1940.35
车辆、飞机及工程机械轮胎制造	421	70	2052.27	2018.68	532.51	1868.42
力车胎制造	107	19	71.92	70.99	9.83	55.60
轮胎翻新加工	77	6	26.39	25.99	0.03	16.33
橡胶板、管、带的制造	955	119	513.99	497.96	48.97	339.74
橡胶零件制造	1042	135	395.99	386.92	73.54	316.85
再生橡胶制造	228	21	141.57	137.15	1.64	55.50
日用及医用橡胶制品制造	300	52	202.95	200.82	81.93	128.73
橡胶靴鞋制造	720	113	454.30	445.72	134.45	256.60
其他橡胶制品制造	799	140	369.23	359.77	78.92	265.46
塑料制品业	19484	3069	9897.17	9671.19	1977.78	7019.58
塑料薄膜制造	1976	318	1389.01	1355.74	228.72	1054.25
塑料板、管、型材的制造	3176	508	2115.15	2071.91	206.10	1626.60
塑料丝、绳及编织品的制造	2475	307	1050.40	1026.85	78.67	545.02
泡沫塑料制造	1166	161	490.58	482.13	48.18	309.15
塑料人造革、合成革制造	507	65	527.00	507.44	82.02	365.00
塑料包装箱及容器制造	2122	336	912.63	886.22	103.90	747.57
塑料零件制造	2209	398	967.26	941.37	324.71	772.21
日用塑料制造	2600	385	1084.72	1064.78	469.53	636.11
塑料鞋制造	646	58	279.79	276.70	144.12	123.57
日用塑料杂品制造	1954	327	804.93	788.09	325.41	512.54
其他塑料制品制造	3253	591	1360.42	1334.74	435.95	963.67
非金属矿物制品业	30524	4207	20943.45	20376.74	1442.70	17927.36
水泥、石灰和石膏的制造	5694	1239	5193.71	5098.14	43.69	6431.96
水泥制造	5156	1171	4961.19	4869.19	43.17	6316.00
石灰和石膏制造	538	68	232.52	228.94	0.52	115.96
水泥及石膏制品制造	4762	816	2985.98	2924.44	19.30	2454.19
水泥制品制造	3380	646	2092.18	2049.58	6.02	1822.13
砼结构构件制造	657	73	405.69	400.95	1.89	303.42
石棉水泥制品制造	99	12	121.02	118.78	0.60	40.03
轻质建筑材料制造	430	54	287.56	276.33	8.32	223.97
其他水泥制品制造	196	31	79.53	78.80	2.47	64.65
砖瓦、石材及其他建筑材料制造	8567	637	4610.69	4453.72	291.09	2565.33
粘土砖瓦及建筑砌块制造	3203	207	852.54	826.38	2.42	483.05
建筑陶瓷制品制造	1532	113	1775.22	1692.69	76.61	971.28
建筑用石加工	2255	133	1207.59	1174.25	180.78	576.82
防水建筑材料制造	494	38	346.18	340.78	5.63	223.55
隔热和隔音材料制造	412	41	154.49	150.81	9.63	106.04
其他建筑材料制造	671	105	274.67	268.81	16.02	204.59
玻璃及玻璃制品制造	4330	722	3455.12	3341.29	506.28	3468.97
平板玻璃制造	305	77	523.01	499.50	50.74	810.17
技术玻璃制品制造	752	142	745.91	738.06	115.78	827.48
光学玻璃制造	200	37	176.85	173.92	67.87	170.36
玻璃仪器制造	136	16	139.32	133.42	10.53	70.71

单位：亿元

流动资产合计	应收账款	存货		流动资产年平均余额	固定资产合计	固定资产原价	累计折旧
			产成品				
1320.88	165.89	319.06	149.31	1322.70	1169.69	1697.08	611.88
151.98	29.58	42.06	22.80	158.87	123.07	181.79	68.69
899.98	97.69	211.49	92.25	906.29	796.26	1132.25	396.38
53.50	2.92	10.71	6.28	45.88	30.44	73.77	43.58
30.47	4.71	8.50	3.61	29.88	38.84	57.65	24.64
184.95	30.99	46.28	24.38	181.78	181.07	251.62	78.59
1607.54	452.87	498.96	254.59	1574.80	1398.44	1839.65	621.62
817.35	197.10	278.00	153.80	825.58	944.35	1211.75	404.45
785.31	191.08	265.92	147.03	791.99	913.73	1172.09	389.91
24.31	3.96	9.94	5.73	24.75	23.15	32.92	12.63
7.72	2.05	2.14	1.05	8.84	7.46	6.74	1.92
190.60	68.86	49.61	27.77	181.42	117.28	159.44	54.22
191.34	67.70	49.51	21.01	175.71	104.82	154.87	57.55
25.91	9.70	8.84	3.89	24.22	23.38	32.12	10.58
68.93	20.20	20.76	9.87	66.71	48.90	65.87	23.42
153.68	35.98	50.80	20.70	148.52	79.24	111.13	38.36
159.74	53.33	41.44	17.54	152.64	80.48	104.48	33.05
3907.97	1178.84	1000.53	411.40	3763.50	2409.45	3511.53	1291.65
534.93	133.29	132.35	56.17	518.68	423.56	619.09	240.37
932.44	237.56	244.20	114.97	896.63	501.51	700.85	245.34
280.72	74.89	74.47	34.36	271.05	207.37	274.43	79.68
189.25	64.07	38.79	17.77	176.92	83.18	126.99	50.06
211.03	48.84	50.97	16.29	199.22	131.79	194.89	69.32
376.46	122.47	86.46	34.60	365.48	270.66	417.41	166.49
460.85	192.79	107.02	42.57	442.85	260.28	395.14	152.32
374.65	112.15	113.87	38.63	358.91	214.53	315.17	115.21
74.67	26.67	19.75	5.77	72.40	41.12	60.47	21.71
299.98	85.48	94.12	32.86	286.51	173.41	254.70	93.50
547.65	192.78	152.39	56.05	533.75	316.58	467.57	172.86
7845.11	1945.34	2171.69	984.42	7335.53	7968.89	10541.60	3320.57
2194.60	359.47	519.12	159.38	2071.28	3329.66	4317.22	1333.40
2145.08	340.24	509.16	154.93	2026.83	3275.98	4249.39	1315.37
49.51	19.23	9.97	4.46	44.44	53.68	67.83	18.03
1438.81	546.64	314.72	155.52	1305.12	801.36	1103.92	380.25
1126.38	456.97	228.44	109.31	1011.91	547.27	784.50	290.04
167.66	53.11	51.41	28.81	153.78	109.70	136.77	37.97
19.27	4.06	3.06	1.27	18.82	18.11	22.06	5.21
94.16	20.44	24.09	12.54	90.92	97.47	124.32	36.74
31.35	12.05	7.72	3.58	29.69	28.81	36.27	10.30
1155.20	257.46	407.55	210.11	1077.93	1156.44	1600.27	536.18
189.08	40.48	48.39	27.08	177.94	247.78	305.11	72.02
410.93	73.00	182.72	114.80	381.68	485.53	761.43	312.16
284.62	59.53	95.45	37.91	266.20	216.49	280.58	83.97
112.62	31.66	38.78	11.04	106.88	92.01	105.90	25.07
56.79	19.55	15.58	6.95	52.53	39.69	55.47	18.25
101.16	33.24	26.63	12.33	92.69	74.93	91.76	24.71
1459.38	305.75	429.21	218.12	1396.52	1574.68	2007.90	573.69
298.07	25.69	92.53	44.49	280.82	402.47	542.38	178.29
363.15	76.73	91.10	40.01	358.10	312.22	380.22	102.12
83.62	23.58	24.69	10.61	79.12	69.93	97.41	31.71
33.85	7.62	9.78	7.20	32.72	32.42	41.97	12.72

1-A-2 续表 8

行　　业	企　业单位数（个）	亏损企业	工业总产值（当年价格）	工业销售产值（当年价格）	出口交货值	资产总计
日用玻璃制品及玻璃包装容器制造	1199	224	704.97	677.11	81.95	451.16
玻璃保温容器制造	71	9	43.30	42.28	6.55	24.16
玻璃纤维及制品制造	773	92	601.84	570.76	117.91	724.14
玻璃纤维增强塑料制品制造	501	54	337.68	329.72	28.95	215.99
其他玻璃制品制造	393	71	182.24	176.51	26.00	174.80
陶瓷制品制造	2173	258	1219.87	1182.48	334.03	807.93
卫生陶瓷制品制造	315	44	243.34	234.69	68.48	193.36
特种陶瓷制品制造	599	50	377.47	368.57	61.79	248.93
日用陶瓷制品制造	934	134	491.87	474.37	133.69	305.65
园林、陈设艺术及其他陶瓷制品制造	325	30	107.19	104.85	70.07	59.99
耐火材料制品制造	2354	205	1702.15	1641.39	114.69	999.53
石棉制品制造	170	12	72.82	71.23	2.10	38.11
云母制品制造	64	4	33.37	32.21	1.61	11.63
耐火陶瓷制品及其他耐火材料制造	2120	189	1595.96	1537.94	110.98	949.79
石墨及其他非金属矿物制品制造	2644	330	1775.93	1735.29	133.62	1199.45
石墨及碳素制品制造	1040	127	870.55	851.25	63.66	620.39
其他非金属矿物制品制造	1604	203	905.37	884.04	69.96	579.05
黑色金属冶炼及压延加工业	8012	1772	44727.96	43925.06	3004.37	35197.00
炼铁	752	220	2236.32	2155.00	21.13	1497.15
炼钢	353	93	7682.01	7594.45	317.10	6588.44
钢压延加工	5246	995	32454.08	31883.47	2532.29	25803.69
铁合金冶炼	1661	464	2355.55	2292.14	133.84	1307.71
有色金属冶炼及压延加工业	8200	1759	20948.74	20345.16	1155.09	14130.88
常用有色金属冶炼	2124	587	8673.55	8381.14	238.09	7722.11
铜冶炼	358	82	2782.02	2748.54	28.21	1645.88
铅锌冶炼	638	198	1539.67	1434.31	61.52	1135.22
镍钴冶炼	104	34	650.71	643.13	36.94	644.52
锡冶炼	68	20	280.42	242.15	22.09	210.37
锑冶炼	83	17	79.80	74.71	9.28	50.57
铝冶炼	421	114	2868.89	2790.02	35.16	3719.77
镁冶炼	162	54	196.40	187.13	26.30	130.09
其他常用有色金属冶炼	290	68	275.64	261.14	18.58	185.69
贵金属冶炼	259	35	813.31	797.28	30.16	521.24
金冶炼	128	21	555.35	545.04	0.80	436.38
银冶炼	91	8	215.87	211.41	28.92	68.58
其他贵金属冶炼	40	6	42.09	40.83	0.44	16.27
稀有稀土金属冶炼	618	147	1046.74	1012.97	160.97	972.18
钨钼冶炼	211	69	531.58	509.76	94.79	555.34
稀土金属冶炼	210	31	305.56	302.02	36.68	243.38
其他稀有金属冶炼	197	47	209.60	201.19	29.50	173.47
有色金属合金制造	766	148	767.46	749.44	81.93	499.71
有色金属压延加工	4433	842	9647.68	9404.32	643.95	4415.63
常用有色金属压延加工	4073	798	8784.61	8569.90	614.17	4118.62
贵金属压延加工	124	17	586.91	583.71	6.01	153.88
稀有稀土金属压延加工	236	27	276.16	250.71	23.77	143.13
金属制品业	24547	3421	15029.61	14653.98	3092.37	9590.38
结构性金属制品制造	7718	1003	4833.04	4704.77	479.95	3266.88
金属结构制造	6039	800	3903.69	3783.01	309.40	2632.59
金属门窗制造	1679	203	929.36	921.76	170.54	634.30

单位：亿元

流动资产合计	应收账款	存货	产成品	流动资产年平均余额	固定资产合计	固定资产原价	累计折旧
216.15	49.84	80.41	46.08	209.46	194.04	270.19	93.63
11.59	2.22	4.74	2.67	10.89	9.52	12.78	4.04
247.62	62.11	76.14	43.27	234.58	405.98	467.67	91.94
129.51	37.75	29.33	14.66	122.77	68.11	89.12	27.21
75.81	20.21	20.49	9.14	68.05	79.99	106.17	32.02
402.16	93.17	135.11	69.41	383.45	330.60	501.55	191.55
94.34	18.60	31.00	15.02	90.54	84.76	147.98	66.46
130.10	38.32	36.89	17.16	126.20	97.85	154.24	62.20
145.54	28.50	56.67	31.27	136.13	124.91	166.53	51.40
32.18	7.75	10.56	5.97	30.58	23.08	32.80	11.48
545.70	205.14	146.27	80.24	510.41	344.26	449.75	131.10
18.38	6.14	6.38	3.42	18.21	16.16	19.91	5.21
5.26	1.72	1.81	0.65	4.93	5.26	7.74	2.86
522.06	197.28	138.07	76.18	487.27	322.83	422.10	123.03
649.26	177.70	219.70	91.63	590.82	431.89	560.99	174.41
344.84	85.24	120.96	46.57	307.79	219.65	283.51	88.28
304.42	92.46	98.74	45.06	283.03	212.24	277.48	86.13
15026.18	1419.37	5499.02	1650.20	14801.05	14973.82	19980.04	7052.71
732.65	117.58	283.80	103.61	667.03	554.43	667.94	189.61
2669.05	154.63	1035.97	252.25	2575.44	2933.58	3412.27	1247.89
10869.39	998.47	3856.70	1134.92	10869.88	11037.30	15369.94	5474.04
755.09	148.69	322.55	159.43	688.70	448.51	529.90	141.16
6766.23	1030.75	2255.81	679.96	6503.80	5635.37	6964.37	2102.72
3322.66	350.44	1294.43	311.55	3166.51	3427.84	4177.70	1177.14
952.35	68.58	339.75	49.88	990.98	503.49	640.19	209.27
583.62	56.68	247.07	77.22	536.15	390.35	480.37	144.46
325.53	24.27	200.39	59.78	305.92	203.82	279.40	83.95
97.18	11.35	53.40	10.81	88.32	73.75	87.04	23.51
25.98	3.12	12.83	6.01	25.62	21.53	21.15	7.27
1188.88	148.42	393.69	83.50	1079.73	2108.89	2531.11	680.04
60.04	13.11	19.90	10.54	54.73	54.38	61.96	13.43
89.08	24.90	27.39	13.80	85.07	71.63	76.49	15.21
261.40	17.46	69.87	25.45	223.35	109.51	142.41	50.88
215.68	9.79	49.44	15.81	179.19	81.73	112.45	44.75
38.56	6.21	18.00	8.96	37.43	20.86	22.18	4.88
7.16	1.46	2.43	0.68	6.74	6.92	7.77	1.26
530.94	77.74	125.87	52.95	511.71	318.20	294.63	87.62
309.79	37.21	50.16	18.97	309.98	184.69	128.55	34.63
129.20	28.72	40.52	20.55	121.04	75.99	98.73	31.56
91.95	11.81	35.19	13.42	80.68	57.52	67.36	21.43
291.51	84.56	91.81	31.63	282.23	152.64	194.93	56.65
2359.73	500.53	673.83	258.39	2320.00	1627.19	2154.69	730.43
2196.32	470.95	625.02	236.45	2174.06	1531.59	2024.17	682.99
85.84	12.81	21.40	10.56	70.96	51.14	74.44	29.42
77.56	16.78	27.40	11.38	74.97	44.47	56.08	18.01
5729.35	1650.70	1708.57	623.09	5490.08	2988.62	4136.93	1441.58
2000.00	565.10	594.65	226.35	1876.86	956.60	1250.72	391.31
1645.67	463.66	493.05	190.07	1530.40	737.47	976.95	322.73
354.33	101.44	101.60	36.28	346.46	219.13	273.77	68.57

1-A-2 续表 9

行业	企业单位数（个）	亏损企业	工业总产值（当年价格）	工业销售产值（当年价格）	出口交货值	资产总计
金属工具制造	2759	378	1199.88	1165.41	413.38	829.54
切削工具制造	735	111	383.45	371.05	91.10	335.16
手工具制造	759	95	270.62	263.44	109.72	158.75
农用及园林用金属工具制造	232	37	86.11	83.89	31.15	50.69
刀剪及类似日用金属工具制造	328	24	155.68	152.20	92.44	105.93
其他金属工具制造	705	111	304.03	294.83	88.97	179.00
集装箱及金属包装容器制造	1719	260	1640.69	1603.69	645.53	1097.59
集装箱制造	109	21	619.93	615.68	569.65	309.82
金属压力容器制造	580	73	403.97	382.80	36.52	312.92
金属包装容器制造	1030	166	616.78	605.21	39.36	474.86
金属丝绳及其制品的制造	1791	229	1396.37	1368.51	204.65	877.99
建筑、安全用金属制品制造	3091	457	1700.75	1658.54	491.62	999.64
建筑、家具用金属配件制造	1413	216	683.01	667.63	261.86	374.78
建筑装饰及水暖管道零件制造	1205	169	775.00	754.29	192.47	479.70
安全、消防用金属制品制造	264	41	107.93	105.34	19.45	66.17
其他建筑、安全用金属制品制造	209	31	134.80	131.28	17.83	78.98
金属表面处理及热处理加工	2139	273	1138.32	1117.52	55.58	698.85
搪瓷制品制造	254	35	159.80	156.86	34.14	109.40
工业生产配套用搪瓷制品制造	60	11	29.06	28.28	0.81	20.04
搪瓷卫生洁具制造	62	7	55.23	54.30	13.26	32.93
搪瓷日用品及其他搪瓷制品制造	132	17	75.51	74.29	20.06	56.43
不锈钢及类似日用金属制品制造	2779	438	1564.80	1519.34	511.19	879.40
金属制厨房调理及卫生器具制造	486	86	385.81	375.67	83.15	183.72
金属制厨用器皿及餐具制造	1070	170	643.56	625.81	294.09	384.30
其他日用金属制品制造	1223	182	535.43	517.86	133.95	311.38
其他金属制品制造	2297	348	1395.96	1359.34	256.33	831.08
铸币及贵金属制实验室用品制造	12	1	42.12	40.66	0.13	37.12
其他未列明的金属制品制造	2285	347	1353.84	1318.68	256.20	793.96
通用设备制造业	36919	4243	24687.56	23998.78	3450.11	19461.37
锅炉及原动机制造	1803	265	2553.17	2502.87	240.51	2969.75
锅炉及辅助设备制造	914	132	1031.59	1014.31	91.92	1240.66
内燃机及配件制造	667	104	899.65	887.61	88.35	858.70
汽轮机及辅机制造	116	13	494.30	483.04	49.35	757.00
水轮机及辅机制造	61	12	34.95	34.15	0.55	48.46
其他原动机制造	45	4	92.67	83.76	10.35	64.94
金属加工机械制造	3720	498	2289.27	2200.73	178.00	2080.22
金属切削机床制造	769	138	972.69	927.14	69.80	1114.23
金属成形机床制造	596	91	266.51	254.94	23.65	239.99
铸造机械制造	602	60	275.68	270.83	11.25	179.99
金属切割及焊接设备制造	444	50	194.75	187.41	33.01	158.42
机床附件制造	440	53	174.95	169.03	9.41	135.69
其他金属加工机械制造	869	106	404.68	391.37	30.88	251.90
起重运输设备制造	2114	298	2921.16	2852.44	595.31	2364.64
泵、阀门、压缩机及类似机械的制造	6150	620	3868.91	3752.25	685.62	2939.81
泵及真空设备制造	1634	164	901.42	865.64	151.90	742.66
气体压缩机械制造	505	81	645.12	629.50	107.23	563.28
阀门和旋塞的制造	2363	217	1258.51	1218.85	304.18	851.30
液压和气压动力机械及元件制造	1648	158	1063.86	1038.26	122.31	782.57

单位：亿元

流动资产合计	应收账款	存货	产成品	流动资产年平均余额	固定资产合计	固定资产原价	累计折旧
473.02	137.47	149.15	63.44	448.17	289.15	396.52	134.80
190.21	51.87	66.33	30.89	180.55	118.21	160.50	52.52
93.35	30.18	29.39	12.06	90.06	53.10	71.49	21.70
29.57	8.17	8.15	3.11	27.82	15.80	19.94	5.38
56.83	12.28	12.89	4.73	53.66	40.79	60.55	27.11
103.06	34.96	32.38	12.66	96.08	61.25	84.05	28.09
690.83	195.42	227.37	59.99	702.50	309.11	462.84	179.59
196.76	55.24	76.83	12.31	236.61	81.59	115.50	38.72
201.57	53.06	65.65	20.79	185.52	87.64	116.23	38.58
292.50	87.12	84.88	26.89	280.38	139.88	231.11	102.29
461.95	134.89	121.03	52.64	450.61	310.73	432.34	146.02
581.44	165.85	180.07	62.69	569.80	346.71	484.10	173.67
234.10	73.39	77.07	23.36	225.63	112.88	149.68	53.09
266.40	68.73	76.96	28.59	261.81	185.09	265.71	95.43
39.55	13.36	11.41	5.20	37.23	20.69	26.46	7.84
41.39	10.37	14.63	5.55	45.13	28.04	42.25	17.31
437.43	139.24	96.42	35.75	413.68	205.93	285.31	96.42
59.44	14.04	20.38	9.62	57.91	40.28	53.22	18.26
12.40	4.59	3.52	1.34	12.54	5.81	8.18	3.74
19.56	3.11	5.79	2.41	18.88	8.94	15.14	6.89
27.49	6.33	11.08	5.87	26.49	25.53	29.90	7.63
517.01	136.33	171.56	58.81	493.69	282.37	425.25	172.37
101.47	23.60	34.34	12.80	93.47	64.87	106.14	50.56
231.24	59.83	78.13	26.71	224.26	113.99	162.96	60.10
184.30	52.90	59.09	19.30	175.96	103.51	156.15	61.72
508.21	162.36	147.96	53.80	476.87	247.74	346.63	129.14
17.10	1.29	9.00	2.04	18.32	18.57	38.08	20.81
491.11	161.07	138.95	51.76	458.55	229.17	308.55	108.33
12130.30	3446.15	3994.27	1342.45	11429.26	5436.94	7453.95	2585.65
2252.38	522.67	819.19	121.35	2067.21	478.67	712.05	299.86
990.31	254.42	374.26	39.91	898.81	148.36	227.33	96.43
544.44	100.90	151.35	53.31	514.74	217.19	330.78	139.83
639.22	148.44	266.44	13.09	583.45	85.73	119.23	53.75
33.61	5.13	9.62	1.95	27.38	11.78	17.91	7.16
44.80	13.78	17.52	13.08	42.84	15.61	16.80	2.69
1166.33	303.22	429.52	165.79	1168.30	706.14	906.19	297.58
602.58	143.96	238.60	90.53	637.47	404.09	502.11	161.63
141.12	32.58	60.29	24.92	135.56	75.07	96.14	31.54
98.77	29.05	31.66	12.90	95.08	66.93	90.59	28.78
105.88	27.00	32.05	11.67	97.67	37.90	49.58	15.12
73.81	19.19	25.47	10.55	71.47	43.90	61.13	22.06
144.17	51.44	41.44	15.22	131.05	78.25	106.65	38.44
1603.44	382.69	586.68	163.82	1436.74	527.44	717.33	228.92
1804.52	595.96	556.61	215.68	1728.85	846.88	1165.76	404.60
464.93	165.79	137.92	55.25	435.22	213.05	281.47	91.32
330.33	101.00	103.63	42.33	342.07	170.01	275.58	114.29
545.02	190.22	154.77	59.04	510.72	228.91	292.61	91.70
464.25	138.96	160.30	59.06	440.84	234.91	316.09	107.28

1-A-2 续表 10

行　　业	企　业单位数（个）	亏损企业	工业总产值（当年价格）	工业销售产值（当年价格）	出口交货值	资产总计
轴承、齿轮、传动和驱动部件的制造	3446	353	1996.54	1932.82	329.60	1785.29
轴承制造	2145	221	1174.27	1139.71	218.11	1142.90
齿轮、传动和驱动部件制造	1301	132	822.27	793.11	111.49	642.39
烘炉、熔炉及电炉制造	303	37	132.13	128.76	16.00	103.40
风机、衡器、包装设备等通用设备	4593	603	3669.52	3547.61	664.36	2906.27
风机、风扇制造	672	70	488.64	459.84	59.53	452.15
气体、液体分离及纯净设备制造	602	68	422.12	405.28	35.96	325.32
制冷、空调设备制造	1055	176	1380.72	1347.52	227.97	1043.67
风动和电动工具制造	558	77	456.67	452.24	230.95	342.08
喷枪及类似器具制造	133	21	55.83	54.61	20.91	43.11
包装专用设备制造	304	41	160.00	154.13	24.29	158.11
衡器制造	217	36	110.12	108.00	25.75	71.96
其他通用设备制造	1052	114	595.41	565.97	39.01	469.85
通用零部件制造及机械修理	6725	721	2758.97	2693.58	398.26	1823.21
金属密封件制造	547	36	402.30	397.56	44.66	208.74
紧固件、弹簧制造	2273	264	938.76	916.51	235.76	655.10
机械零部件加工及设备修理	2796	305	952.85	927.40	50.57	655.30
其他通用零部件制造	1109	116	465.05	452.11	67.27	304.07
金属铸、锻加工	8065	848	4497.90	4387.73	342.46	2488.77
钢铁铸件制造	6022	671	3032.90	2960.43	239.38	1658.84
锻件及粉末冶金制品制造	2043	177	1465.00	1427.30	103.07	829.94
专用设备制造业	18685	2720	14521.30	14002.60	1891.33	13538.50
矿山、冶金、建筑专用设备制造	4247	460	5626.25	5418.42	517.37	5346.13
采矿、采石设备制造	1515	139	1334.02	1290.43	58.56	1235.27
石油钻采专用设备制造	804	83	1059.16	1002.39	158.15	1011.76
建筑工程用机械制造	875	107	2076.45	2035.27	228.72	1709.83
建筑材料生产专用机械制造	495	53	286.13	278.35	15.69	212.61
冶金专用设备制造	558	78	870.49	811.98	56.24	1176.65
化工、木材、非金属加工专用设备	4428	786	2166.90	2077.00	357.20	2110.97
炼油、化工生产专用设备制造	528	62	429.92	411.57	33.38	382.46
橡胶加工专用设备制造	213	33	126.90	114.08	14.92	115.42
塑料加工专用设备制造	546	118	267.36	251.89	59.45	286.78
木材加工机械制造	194	27	96.76	94.43	11.21	73.98
模具制造	2813	524	1178.35	1138.87	231.63	1206.34
其他非金属加工专用设备制造	134	22	67.62	66.16	6.62	45.99
食品、饮料、烟草及饲料生产专用设备制造	844	85	478.63	463.04	34.74	339.04
食品、饮料、烟草工业专用设备制造	413	37	222.41	214.99	19.32	185.42
农副食品加工专用设备制造	374	42	220.35	213.32	13.11	131.73
饲料生产专用设备制造	57	6	35.88	34.73	2.32	21.89
印刷、制药、日化生产专用设备制造	1205	197	560.28	530.35	75.16	520.52
制浆和造纸专用设备制造	296	48	162.93	155.60	9.40	141.06
印刷专用设备制造	387	80	179.25	170.27	35.66	202.94
日用化工专用设备制造	63	7	21.65	20.86	2.32	19.73
制药专用设备制造	168	17	55.48	52.92	5.62	49.68
照明器具生产专用设备制造	100	20	37.19	36.58	10.04	20.31
玻璃、陶瓷和搪瓷制品生产专用设备制造	123	19	70.99	62.68	7.54	60.74
其他日用品生产专用设备制造	68	6	32.80	31.43	4.58	26.07
纺织、服装和皮革工业专用设备制造	1674	332	875.30	849.87	170.94	912.15
纺织专用设备制造	1113	198	581.96	564.84	67.70	594.50
皮革、毛皮及其制品加工专用设备制造	55	13	21.10	20.22	0.89	18.01
缝纫机械制造	429	104	233.91	227.32	98.99	275.92
其他服装加工专用设备制造	77	17	38.34	37.49	3.35	23.73

单位：亿元

流动资产合计		存货		流动资产年平均余额	固定资产合计	固定资产原价	累计折旧
	应收账款		产成品				
1003.09	292.75	332.59	154.05	950.89	614.27	859.37	317.53
643.62	190.63	212.55	108.12	613.89	387.95	555.29	208.84
359.47	102.12	120.04	45.94	336.99	226.31	304.08	108.69
74.66	20.57	24.89	8.97	67.27	20.55	27.59	8.94
1868.83	569.43	540.55	203.42	1794.76	736.14	1052.90	386.64
285.56	90.71	70.14	32.83	291.72	127.91	178.32	59.16
219.60	68.07	60.86	21.01	208.12	64.91	86.80	29.93
694.87	222.85	190.49	76.17	670.94	245.43	362.54	143.32
191.58	51.57	57.38	17.78	184.86	103.58	168.02	70.53
25.98	8.57	7.31	2.71	25.08	14.25	17.78	4.52
94.77	23.33	33.70	13.29	93.56	35.74	51.40	21.29
45.79	16.40	13.34	4.47	45.24	20.16	28.25	10.55
310.69	87.93	107.33	35.16	275.26	124.17	159.79	47.34
1031.89	341.54	290.86	116.25	980.75	611.41	821.60	266.05
108.20	36.77	28.55	11.39	104.13	78.06	110.71	40.83
377.34	123.75	109.08	50.86	363.72	215.18	298.90	102.02
363.23	121.68	95.03	36.17	337.17	225.98	291.88	86.22
183.12	59.33	58.20	17.82	175.73	92.19	120.11	36.99
1325.16	417.32	413.39	193.13	1234.48	895.44	1191.15	375.53
875.96	280.95	280.00	135.71	821.37	611.90	817.82	259.91
449.21	136.37	133.39	57.41	413.11	283.54	373.33	115.62
8463.30	2314.82	2731.51	931.59	7861.41	3695.06	4921.08	1713.43
3560.29	1002.20	1186.47	419.69	3213.10	1207.64	1578.99	524.37
739.09	219.35	240.93	87.87	717.83	362.54	450.82	118.45
713.75	238.92	214.96	84.04	615.74	202.57	249.85	75.39
1140.01	296.73	389.84	177.04	1062.79	322.97	461.47	185.61
131.32	30.76	44.16	13.10	122.18	53.16	69.58	21.26
836.12	216.43	296.58	57.63	694.56	266.40	347.27	123.66
1230.46	374.12	404.19	128.83	1165.76	732.01	982.50	373.99
263.61	79.98	93.67	30.45	247.49	88.33	119.13	37.99
74.42	21.49	27.13	10.70	67.83	32.45	40.98	14.95
194.38	46.95	69.34	24.62	192.54	66.58	90.89	32.81
45.35	8.03	20.22	6.73	44.94	22.25	31.65	11.41
623.58	208.41	184.93	53.72	585.15	511.23	679.57	267.11
29.12	9.26	8.90	2.61	27.82	11.17	20.29	9.73
207.30	52.28	69.05	23.13	193.13	101.15	137.69	45.96
120.66	33.54	39.15	11.38	111.95	50.76	73.12	26.39
72.92	15.64	25.57	9.99	68.70	45.23	57.90	17.28
13.72	3.10	4.33	1.77	12.47	5.16	6.68	2.29
313.22	71.86	121.48	39.93	301.21	155.81	216.05	78.88
81.83	16.20	32.40	10.04	78.14	49.22	64.77	21.02
118.71	26.37	48.18	15.69	117.41	59.59	93.10	38.36
14.31	3.78	4.96	2.12	13.65	4.14	6.35	2.84
31.83	9.08	10.00	3.37	28.98	12.77	16.85	5.71
12.88	3.82	4.35	1.72	12.82	6.23	8.01	2.12
37.09	8.87	14.90	4.24	34.84	15.07	18.70	6.28
16.55	3.75	6.68	2.75	15.37	8.78	8.27	2.55
539.68	140.44	184.07	66.60	545.27	255.05	383.62	147.66
354.05	84.15	117.77	44.34	356.83	167.14	254.63	100.65
9.63	2.58	3.01	0.77	9.68	6.91	9.38	2.84
162.06	50.48	58.38	19.84	164.64	74.36	109.52	40.45
13.93	3.23	4.91	1.66	14.12	6.65	10.10	3.71

1-A-2 续表 11

行 业	企业单位数(个)	亏损企业	工业总产值(当年价格)	工业销售产值(当年价格)	出口交货值	资产总计
电子和电工机械专用设备制造	1200	197	1247.39	1196.57	213.59	1512.86
电工机械专用设备制造	410	57	227.37	219.47	24.01	190.83
电子工业专用设备制造	668	121	480.55	455.14	122.11	421.33
航空、航天及其他专用设备制造	56	8	57.16	56.46	7.14	89.64
农、林、牧、渔专用机械制造	1392	147	1353.00	1329.30	116.66	719.44
拖拉机制造	198	35	287.33	284.04	29.52	226.95
机械化农业及园艺机具制造	446	59	399.07	387.45	50.74	261.96
营林及木竹采伐机械制造	10	3	11.81	11.28	5.33	7.79
畜牧机械制造	39	4	26.90	26.71	14.72	9.09
渔业机械制造	30	4	11.96	11.77	1.98	5.39
农林牧渔机械配件制造	490	30	262.40	256.10	8.55	101.54
其他农林牧渔业机械制造及机械修理	179	12	353.53	351.96	5.81	106.71
医疗仪器设备及器械制造	1200	189	832.38	810.22	259.88	738.44
医疗诊断、监护及治疗设备制造	300	43	283.72	277.83	97.04	265.50
口腔科用设备及器具制造	43	9	14.62	13.80	3.22	11.94
实验室及医用消毒设备和器具的制造	62	7	35.31	33.05	2.20	31.85
医疗、外科及兽医用器械制造	364	58	274.88	268.37	101.34	219.18
机械治疗及病房护理设备制造	106	13	51.86	51.44	8.96	33.97
假肢、人工器官及植(介)入器械制造	77	13	33.61	32.17	13.53	34.41
其他医疗设备及器械制造	248	46	138.39	133.56	33.60	141.59
环保、社会公共安全及其他专用设备制造	2495	327	1381.16	1327.83	145.79	1338.94
环境污染防治专用设备制造	1087	108	580.92	559.15	18.75	551.47
地质勘查专用设备制造	38	6	22.69	22.62	0.41	27.11
邮政专用机械及器材制造	12	4	4.33	4.41	0.07	3.50
商业、饮食、服务业专用设备制造	41	15	23.13	22.00	6.68	20.90
社会公共安全设备及器材制造	275	33	194.11	186.59	55.78	188.49
交通安全及管制专用设备制造	74	10	21.52	21.07	0.60	20.18
水资源专用机械制造	151	19	73.90	70.13	2.59	75.26
其他专用设备制造	817	132	460.57	441.86	60.90	452.02
交通运输设备制造业	18808	2985	33395.28	32867.03	5088.70	31145.44
铁路运输设备制造	810	104	1354.25	1337.42	58.49	1449.19
铁路机车车辆及动车组制造	54	6	641.53	639.65	34.37	709.26
工矿有轨专用车辆制造	35	5	21.03	18.78	1.70	13.85
铁路机车车辆配件制造	346	44	306.44	301.83	14.99	297.23
铁路专用设备及器材、配件制造	281	29	239.13	232.00	4.50	244.65
其他铁路设备制造及设备修理	94	20	146.11	145.17	2.93	184.20
汽车制造	12291	2104	23354.52	23086.29	1870.87	19125.24
汽车整车制造	372	109	11776.80	11725.20	566.29	9801.75
改装汽车制造	505	118	1205.78	1182.82	88.40	921.25
电车制造	37	6	12.00	11.52	0.20	16.15
汽车车身、挂车的制造	320	58	285.44	286.37	23.27	178.49
汽车零部件及配件制造	10331	1664	9870.38	9679.95	1188.01	8010.36
汽车修理	726	149	204.12	200.43	4.71	197.23
摩托车制造	2114	271	2225.21	2181.98	446.44	1330.84
摩托车整车制造	226	47	1232.04	1209.45	353.01	662.19
摩托车零部件及配件制造	1888	224	993.17	972.53	93.43	668.65

单位：亿元

流动资产合计	应收账款	存货	产成品	流动资产年平均余额	固定资产合计	固定资产原价	累计折旧
823.04	223.57	242.53	77.32	786.10	540.18	709.81	247.66
111.76	33.26	30.05	11.58	105.13	53.79	58.01	17.90
242.14	76.42	67.82	25.03	228.11	130.63	189.42	67.64
61.46	22.15	18.15	2.58	60.54	21.33	27.61	10.74
403.44	74.75	136.62	54.91	392.68	229.18	320.79	110.28
137.77	23.97	45.93	17.20	135.40	61.48	94.96	40.36
146.09	26.63	49.50	22.87	141.77	81.25	105.52	31.40
4.77	1.49	2.12	0.69	4.31	2.23	3.20	1.03
5.94	1.58	2.46	1.00	5.57	2.85	3.17	0.69
2.83	0.73	1.07	0.51	2.97	2.02	2.83	0.98
52.85	12.30	18.31	7.90	48.31	37.63	50.93	15.60
53.17	8.04	17.22	4.74	54.35	41.71	60.18	20.23
439.47	106.85	118.32	42.18	404.76	202.48	264.07	85.87
163.97	38.61	40.98	13.13	149.15	67.15	87.12	26.37
7.59	1.86	2.72	1.06	7.02	3.99	4.70	1.59
21.05	4.77	7.46	2.75	19.11	7.31	11.46	4.72
122.52	34.29	32.45	13.03	113.03	75.05	100.20	33.97
21.24	4.42	6.42	2.54	20.05	8.73	9.93	3.41
23.14	7.04	6.50	2.38	21.62	8.68	11.56	3.89
79.97	15.87	21.79	7.28	74.78	31.58	39.11	11.92
946.41	268.75	268.78	78.99	859.40	271.55	327.56	98.76
392.20	114.91	102.99	28.83	362.37	106.11	119.52	35.00
18.34	3.99	7.63	4.05	14.94	6.93	9.89	4.29
2.77	0.91	1.05	0.14	2.45	0.51	1.21	0.70
15.83	4.82	4.93	1.61	15.15	3.69	5.88	2.64
131.10	37.52	40.22	11.32	113.63	36.45	45.46	12.02
15.62	4.00	3.60	1.31	13.99	3.10	3.64	1.22
52.67	14.19	14.61	4.76	44.11	12.14	16.19	5.19
317.90	88.42	93.77	26.98	292.75	102.62	125.77	37.70
17970.14	3484.76	4753.87	1481.68	17196.87	9200.18	11846.88	4188.55
928.10	264.25	307.24	57.16	862.57	330.33	423.77	155.81
466.64	93.19	161.11	13.04	433.24	163.37	204.94	76.24
9.59	3.15	3.10	1.36	8.44	3.08	3.82	1.04
192.54	78.97	51.22	19.33	176.56	68.51	91.02	29.60
175.51	62.70	60.94	20.93	163.86	44.50	57.85	22.57
83.82	26.23	30.88	2.50	80.47	50.89	66.13	26.35
10092.70	2224.67	2658.25	1140.05	9898.22	6136.64	8108.75	3000.67
4831.17	603.25	1242.73	601.93	4797.22	3103.52	3947.17	1571.17
539.15	134.30	174.74	56.32	529.52	251.17	316.56	90.05
7.58	2.36	2.34	1.17	6.74	4.78	4.61	0.78
101.91	21.31	34.83	12.31	100.22	55.64	71.40	23.74
4502.51	1447.57	1179.05	462.02	4361.67	2667.28	3690.07	1286.13
110.36	15.87	24.56	6.30	102.84	54.25	78.93	28.80
823.49	223.57	167.44	77.64	778.22	346.53	527.99	214.36
415.88	92.39	80.50	36.70	387.86	151.12	246.29	111.60
407.61	131.19	86.94	40.93	390.36	195.41	281.69	102.76

1-A-2 续表 12

行　业	企　业单位数(个)	亏损企业	工业总产值(当年价格)	工业销售产值(当年价格)	出口交货值	资产总计
自行车制造	1251	248	742.05	729.81	287.55	459.60
脚踏自行车及残疾人座车制造	780	170	506.03	496.67	257.90	320.02
助动自行车制造	471	78	236.02	233.14	29.65	139.58
船舶及浮动装置制造	1833	189	4312.24	4163.14	2182.15	6456.19
金属船舶制造	661	72	3121.32	3030.94	1668.06	5113.83
非金属船舶制造	56	10	40.79	39.20	10.26	37.25
娱乐船和运动船的建造和修理	67	12	19.24	17.66	7.09	28.80
船用配套设备制造	656	56	456.98	428.65	88.53	463.25
船舶修理及拆船	382	37	663.92	636.84	405.69	805.46
航标器材及其他浮动装置的制造	11	2	9.99	9.84	2.53	7.60
航空航天器制造	217	24	1199.12	1164.91	205.69	2205.44
飞机制造及修理	183	21	1123.88	1090.45	202.73	2036.14
航天器制造	23	2	69.42	68.73	0.10	162.55
其他飞行器制造	11	1	5.82	5.73	2.86	6.76
交通器材及其他交通运输设备制造	292	45	207.88	203.47	37.49	118.94
潜水及水下救捞装备制造	12	4	7.48	7.46	0.48	3.08
交通管理用金属标志及设施制造	137	22	63.15	63.29	2.78	47.89
其他交通运输设备制造	143	19	137.25	132.71	34.23	67.96
电气机械及器材制造业	25727	3863	30428.84	29643.84	6855.66	20747.85
电机制造	2974	390	3233.81	3124.74	743.31	2503.16
发电机及发电机组制造	716	90	1175.07	1120.32	172.48	1080.97
电动机制造	1171	136	1150.80	1120.25	246.57	853.41
微电机及其他电机制造	1087	164	907.95	884.17	324.26	568.77
输配电及控制设备制造	8124	1108	6795.05	6589.23	945.82	5744.92
变压器、整流器和电感器制造	2037	296	2251.22	2171.45	351.05	1958.29
电容器及其配套设备制造	423	53	245.86	233.89	57.27	277.21
配电开关控制设备制造	3158	368	2677.37	2591.59	184.31	2255.92
电力电子元器件制造	1521	261	952.13	938.09	292.57	705.22
其他输配电及控制设备制造	985	130	668.47	654.21	60.62	548.29
电线、电缆、光缆及电工器材制造	5554	862	7701.59	7501.99	735.97	4346.96
电线电缆制造	4478	708	6671.29	6492.42	592.03	3685.26
光纤、光缆制造	165	32	390.72	394.43	37.52	282.23
绝缘制品制造	504	64	353.09	344.00	69.10	194.72
其他电工器材制造	407	58	286.50	271.13	37.32	184.75
电池制造	1439	274	2788.28	2700.30	1108.95	2148.10
家用电力器具制造	3092	510	6915.48	6832.10	2302.65	4174.83
家用制冷电器具制造	264	57	1542.83	1558.81	373.80	1029.90
家用空气调节器制造	277	62	2314.56	2322.64	758.24	1382.60
家用通风电器具制造	256	35	303.57	287.75	136.60	159.21
家用厨房电器具制造	814	107	1244.17	1203.93	467.17	685.35
家用清洁卫生电器具制造	269	51	549.69	531.60	220.43	346.64
家用美容、保健电器具制造	164	29	169.34	158.43	109.17	90.87
家用电力器具专用配件制造	517	60	386.27	377.62	44.63	227.68
其他家用电力器具制造	531	109	405.06	391.32	192.60	252.58
非电力家用器具制造	648	75	574.57	559.21	132.96	316.23
燃气、太阳能及类似能源的器具制造	557	63	500.61	486.49	111.99	281.69
其他非电力家用器具制造	91	12	73.96	72.73	20.96	34.54
照明器具制造	3240	552	1864.68	1809.25	780.52	1190.08
电光源制造	819	139	536.34	525.93	188.57	353.52
照明灯具制造	1816	323	948.54	916.52	411.43	629.30
灯用电器附件及其他照明器具制造	605	90	379.81	366.80	180.52	207.25

单位：亿元

流动资产合计	应收账款	存货	产成品	流动资产年平均余额	固定资产合计	固定资产原价	累计折旧
296.61	94.34	91.27	31.34	286.78	119.34	173.64	66.00
209.20	72.87	68.33	23.03	207.15	78.57	126.67	54.95
87.41	21.47	22.94	8.31	79.63	40.77	46.97	11.04
4373.59	328.06	1040.37	92.66	4010.05	1614.55	1710.21	385.56
3572.59	202.66	793.47	54.85	3249.77	1186.48	1223.31	271.03
26.50	3.06	11.30	1.34	23.07	6.74	8.44	2.75
16.18	1.60	6.38	1.28	14.64	10.35	11.49	2.42
254.58	55.14	90.38	22.14	230.62	149.42	160.48	39.23
498.25	64.45	135.66	9.99	485.41	260.18	303.71	68.72
5.49	1.15	3.17	3.06	6.55	1.38	2.79	1.41
1390.11	331.29	470.79	77.16	1298.18	612.79	852.16	351.17
1294.65	316.84	434.85	75.87	1207.15	549.66	778.26	320.15
92.48	13.94	35.18	1.21	88.39	60.90	70.34	29.52
2.98	0.51	0.76	0.09	2.63	2.23	3.57	1.49
65.55	18.57	18.49	5.67	62.85	39.98	50.36	14.98
1.23	0.33	0.59	0.13	1.17	1.45	1.68	0.26
27.47	6.70	6.58	2.53	26.17	16.93	22.64	6.63
36.85	11.55	11.33	3.02	35.50	21.61	26.04	8.09
13386.58	4367.83	3380.74	1355.09	12712.08	4980.13	6976.95	2618.18
1720.43	491.65	507.02	156.59	1612.82	565.16	773.54	267.12
819.21	206.20	245.61	57.58	743.32	185.85	241.44	74.92
534.89	160.66	169.06	62.03	512.17	222.83	298.14	99.93
366.33	124.79	92.36	36.98	357.33	156.47	233.95	92.26
3735.33	1400.63	933.45	361.21	3545.17	1250.34	1665.06	578.36
1265.88	435.34	348.76	141.95	1183.46	411.06	534.10	172.24
136.67	49.71	32.35	10.91	129.03	64.09	101.40	44.82
1514.53	588.69	361.25	142.73	1442.45	455.60	572.78	195.35
428.33	164.74	101.89	35.54	424.18	213.82	304.57	104.96
389.93	162.15	89.19	30.08	366.05	105.77	152.21	60.99
2757.30	1050.14	568.41	267.51	2654.23	1088.53	1530.45	559.22
2331.23	904.46	476.42	228.24	2244.95	912.61	1248.06	434.58
193.49	54.05	31.34	13.56	189.60	65.87	127.17	68.57
124.49	51.68	30.70	12.99	120.80	56.78	88.40	37.22
108.09	39.94	29.94	12.72	98.88	53.27	66.81	18.84
1323.62	363.81	321.70	120.96	1173.76	591.88	728.70	207.66
2696.38	713.35	716.65	325.34	2625.13	978.16	1566.03	746.23
566.28	124.92	145.97	63.90	572.02	274.79	448.07	197.69
1004.66	231.63	271.39	150.68	973.31	253.68	410.79	229.26
99.27	26.48	38.98	15.60	95.51	45.37	75.83	33.76
463.64	167.47	115.48	41.03	442.42	158.14	270.84	144.63
210.13	55.44	47.10	21.25	203.09	83.61	130.09	55.14
56.28	15.57	15.75	3.62	53.75	25.52	37.74	13.94
137.28	44.94	30.96	14.38	133.35	70.67	96.75	34.74
158.84	46.89	51.01	14.89	151.69	66.37	95.91	37.06
197.72	39.10	66.51	20.14	184.65	86.97	108.57	37.67
182.21	34.55	60.93	18.38	170.02	75.28	93.37	32.93
15.51	4.54	5.58	1.75	14.63	11.69	15.20	4.74
747.65	241.82	204.51	71.65	714.62	329.86	479.88	180.94
208.61	71.14	54.17	22.18	197.64	110.85	158.78	59.45
407.48	129.26	106.95	35.56	389.80	164.67	240.92	92.04
131.57	41.42	43.39	13.91	127.18	54.35	80.18	29.45

1-A-2 续表 13

行 业	企 业 单位数 (个)	亏损企业	工业总产值 (当年价格)	工业销售产值 (当年价格)	出口交货值	资产总计
其他电气机械及器材制造	656	92	555.37	527.02	105.49	323.56
车辆专用照明及电气信号设备装置	272	32	248.09	231.01	39.88	147.79
其他未列明的电气机械制造	384	60	307.29	296.01	65.61	175.78
通信设备、计算机及其他电子设备	14347	3377	43902.82	42928.17	29179.46	27012.93
通信设备制造	1578	321	8382.69	8281.30	4919.47	5772.74
通信传输设备制造	385	72	546.39	526.76	186.69	543.43
通信交换设备制造	173	35	2174.73	2164.16	1280.67	2326.63
通信终端设备制造	251	70	573.61	547.49	349.56	524.27
移动通信及终端设备制造	347	78	4652.51	4620.21	2954.20	2017.86
其他通信设备制造	422	66	435.45	422.68	148.34	360.55
雷达及配套设备制造	60	10	153.78	150.42	20.25	316.69
广播电视设备制造	461	79	396.33	373.94	161.25	311.50
广播电视节目制作及发射设备制造	46	5	24.36	21.50	2.19	33.92
广播电视接收设备及器材制造	319	55	257.29	242.70	117.23	184.35
应用电视设备及其他广播电视设备	96	19	114.68	109.74	41.83	93.22
电子计算机制造	1476	380	15751.41	15430.61	12419.13	5454.81
电子计算机整机制造	175	42	9155.76	9026.19	7284.39	2614.76
计算机网络设备制造	165	29	424.34	425.89	166.12	251.74
电子计算机外部设备制造	1136	309	6171.32	5978.54	4968.63	2588.30
电子器件制造	2289	574	6350.77	6165.49	4329.30	5924.46
电子真空器件制造	166	37	545.10	530.06	243.31	654.71
半导体分立器件制造	422	94	551.24	529.64	266.52	665.33
集成电路制造	500	144	2342.68	2296.80	1903.12	2350.43
光电子器件及其他电子器件制造	1201	299	2911.75	2808.99	1916.36	2253.98
电子元件制造	6226	1451	8234.35	8055.19	4983.48	6336.82
电子元件及组件制造	5262	1176	6081.52	5942.30	3515.27	4241.31
印制电路板制造	964	275	2152.83	2112.89	1468.21	2095.51
家用视听设备制造	1182	366	3589.51	3479.98	1908.52	2065.88
家用影视设备制造	488	150	2558.14	2487.95	1153.35	1616.60
家用音响设备制造	694	216	1031.36	992.03	755.17	449.28
其他电子设备制造	1075	196	1043.97	991.25	438.05	830.04
仪器仪表及文化、办公用机械制造	5620	903	4984.49	4824.93	2082.09	3812.59
通用仪器仪表制造	2751	368	1907.90	1831.29	278.37	1735.49
工业自动控制系统装置制造	1204	161	1059.67	1010.12	81.30	961.47
电工仪器仪表制造	448	59	185.58	180.45	19.88	173.58
绘图、计算及测量仪器制造	231	35	91.99	87.05	27.66	82.51
实验分析仪器制造	286	50	124.46	121.09	43.13	115.12
试验机制造	88	12	44.26	42.76	5.80	51.78
供应用仪表及其他通用仪器制造	494	51	401.93	389.82	100.60	351.04
专用仪器仪表制造	958	127	631.76	610.31	140.52	620.09
环境监测专用仪器仪表制造	101	5	69.08	63.16	13.91	46.90
汽车及其他用计数仪表制造	195	26	162.55	157.81	28.11	160.17
导航、气象及海洋专用仪器制造	79	19	84.64	83.54	30.78	84.22
农林牧渔专用仪器仪表制造	9		4.03	3.74	0.17	2.02
地质勘探和地震专用仪器制造	53	8	57.99	57.20	3.62	68.87
教学专用仪器制造	79	2	37.97	37.43	15.53	26.64
核子及核辐射测量仪器制造	20	2	6.62	6.32	0.06	11.39
电子测量仪器制造	217	35	126.93	120.75	37.99	135.64
其他专用仪器制造	205	30	81.96	80.36	10.34	84.24

单位：亿元

流动资产合计				流动资产年平均余额	固定资产合计	固定资产原价	累计折旧
	应收账款	存货	产成品				
208.14	67.34	62.49	31.71	201.69	89.22	124.72	40.99
86.08	28.62	25.37	12.06	85.22	48.06	72.52	27.34
122.06	38.72	37.12	19.64	116.47	41.17	52.20	13.65
16675.09	6471.77	3864.65	1293.54	16614.75	7903.03	12295.97	5069.61
4477.08	1757.31	1025.09	386.35	4298.93	830.33	1382.24	692.31
366.89	124.77	93.31	34.25	358.50	96.27	140.08	62.51
1978.35	774.80	443.06	231.69	1867.99	212.35	367.34	196.95
388.49	117.09	71.98	16.18	351.00	60.46	118.31	62.76
1489.88	638.99	349.72	80.67	1485.07	398.34	660.33	332.65
253.46	101.67	67.03	23.57	236.38	62.91	96.18	37.44
174.67	35.86	51.35	4.38	157.39	117.86	141.24	37.94
213.83	79.96	59.63	19.64	207.91	66.21	89.20	30.32
24.44	6.91	7.10	1.51	20.95	5.81	6.94	2.78
124.05	48.25	36.57	12.07	124.01	42.61	57.14	18.32
65.33	24.80	15.96	6.06	62.95	17.80	25.11	9.21
3682.22	1613.74	800.27	198.36	3996.46	1296.80	2042.01	895.12
1781.88	801.85	379.26	67.98	1971.80	513.97	794.74	385.98
190.27	62.00	40.67	13.36	183.04	41.14	72.08	32.33
1710.07	749.90	380.35	117.02	1841.62	741.70	1175.19	476.81
2555.76	904.60	610.98	213.72	2570.78	2689.69	4421.60	1864.88
285.15	71.77	71.52	33.78	291.72	225.54	497.38	258.60
252.29	72.19	69.55	25.09	295.52	247.71	350.96	120.06
923.70	355.14	202.21	59.46	931.83	1233.78	2206.63	1033.13
1094.62	405.51	267.70	95.37	1051.72	982.65	1366.63	453.08
3649.16	1476.53	798.84	263.92	3533.23	2262.57	3311.31	1222.82
2430.52	1011.21	604.52	203.04	2470.51	1488.63	2199.35	821.36
1218.64	465.32	194.32	60.89	1062.72	773.95	1111.96	401.46
1444.61	425.51	401.52	170.09	1398.15	372.00	568.76	239.17
1134.79	318.59	301.15	140.30	1095.17	253.69	384.01	162.72
309.82	106.91	100.38	29.79	302.98	118.31	184.74	76.45
477.76	178.25	116.97	37.08	451.89	267.56	339.64	87.06
2511.51	779.03	639.80	197.72	2366.85	917.05	1306.04	483.29
1190.90	369.31	290.94	86.26	1108.94	347.35	452.05	148.45
667.31	198.93	172.16	41.76	624.02	181.27	236.41	76.50
120.91	48.62	28.44	10.80	111.51	32.65	45.26	15.65
51.03	12.70	17.88	7.78	48.25	23.05	33.38	11.79
81.09	26.87	19.97	4.97	77.48	24.69	33.73	11.64
29.30	7.36	7.80	3.62	28.99	12.90	17.35	5.66
241.26	74.83	44.70	17.34	218.69	72.80	85.91	27.22
400.91	123.48	98.02	33.49	371.03	153.55	209.56	71.18
31.70	8.64	9.16	2.69	29.26	11.64	14.06	4.05
101.41	29.80	22.26	9.40	99.14	40.52	55.02	17.80
49.54	13.57	16.26	5.00	46.07	24.66	36.13	13.59
1.08	0.17	0.34	0.15	1.01	0.78	0.92	0.23
46.37	15.75	10.77	2.87	39.65	14.80	22.95	8.66
18.47	8.54	3.02	1.20	17.05	5.83	7.51	2.62
5.62	0.92	1.86	0.68	5.00	3.24	3.06	1.12
89.16	28.71	19.59	6.45	80.98	31.80	42.67	14.96
57.56	17.37	14.73	5.05	52.86	20.28	27.25	8.14

1-A-2 续表 14

行业	企业单位数(个)	亏损企业	工业总产值(当年价格)	工业销售产值(当年价格)	出口交货值
钟表与计时仪器制造	426	111	199.50	193.95	117.29
光学仪器及眼镜制造	826	151	721.29	694.44	359.29
光学仪器制造	381	75	564.87	544.38	265.54
眼镜制造	445	76	156.42	150.06	93.75
文化、办公用机械制造	481	118	1460.69	1434.37	1175.63
电影机械制造	13	3	5.99	5.89	0.62
幻灯及投影设备制造	27	6	24.26	23.72	16.40
照相机及器材制造	143	43	639.86	629.37	575.64
复印和胶印设备制造	109	22	504.83	496.19	431.40
计算器及货币专用设备制造	110	16	237.13	231.50	125.88
其他文化、办公用机械制造	79	28	48.62	47.71	25.69
其他仪器仪表的制造及修理	178	28	63.35	60.56	10.99
工艺品及其他制造业	7692	1215	4088.63	3956.91	1546.35
工艺美术品制造	5295	849	2887.03	2786.06	1113.30
雕塑工艺品制造	645	122	229.03	222.29	68.54
金属工艺品制造	591	113	241.50	230.94	89.13
漆器工艺品制造	157	21	45.79	44.42	24.39
花画工艺品制造	285	48	103.31	101.77	55.82
天然植物纤维编织工艺品制造	623	64	245.02	240.07	134.60
抽纱刺绣工艺品制造	743	92	351.64	346.57	167.08
地毯、挂毯制造	385	58	229.69	221.71	67.37
珠宝首饰及有关物品的制造	498	114	895.12	845.50	211.34
其他工艺美术品制造	1368	217	545.92	532.78	295.03
日用杂品制造	1710	235	775.54	749.94	345.19
制镜及类似品加工	108	19	38.67	38.38	8.24
鬃毛加工、制刷及清扫工具的制造	382	49	171.51	166.97	78.74
其他日用杂品制造	1220	167	565.36	544.59	258.21
煤制品制造	108	18	55.26	54.29	0.06
其他未列明的制造业	567	113	369.04	364.93	87.80
废弃资源和废旧材料回收加工业	1087	305	1137.79	1096.91	4.99
金属废料和碎屑的加工处理	713	240	1012.29	973.69	2.89
非金属废料和碎屑的加工处理	374	65	125.50	123.22	2.10
电力、燃气及水的生产和供应业	**9150**	**2950**	**32316.32**	**32124.16**	**100.78**
电力、热力的生产和供应业	6242	2059	29897.14	29749.94	55.81
电力生产	3545	1189	10361.51	10259.53	54.80
火力发电	1296	679	8574.57	8482.09	9.11
水力发电	1998	458	1364.95	1358.60	0.78
核力发电	6		249.35	249.35	44.42
其他能源发电	245	52	172.64	169.49	0.48
电力供应	1688	359	18891.43	18854.67	1.00
热力生产和供应	1009	511	644.20	635.74	0.01
燃气生产和供应业	856	151	1506.55	1490.03	17.61
水的生产和供应业	2052	740	912.62	884.19	27.36
自来水的生产和供应	1765	672	748.43	722.42	5.14
污水处理及其再生利用	263	64	82.18	80.01	
其他水的处理、利用与分配	24	4	82.01	81.76	22.21

单位：亿元

资产总计	流动资产合计	应收账款	存货	产成品	流动资产年平均余额	固定资产合计	固定资产原价	累计折旧
146.30	88.24	21.85	38.93	12.78	81.61	38.40	69.01	33.33
580.25	309.66	95.10	83.56	30.62	302.64	212.73	298.46	110.32
412.95	219.33	70.24	53.66	18.76	214.74	150.81	214.76	80.19
167.29	90.32	24.86	29.90	11.86	87.90	61.92	83.70	30.13
672.17	483.91	159.00	119.26	31.87	468.01	149.61	256.07	112.34
7.35	3.69	1.19	0.74	0.28	3.51	1.80	2.78	1.02
12.35	9.03	3.23	1.47	0.43	8.69	2.22	4.39	2.30
247.32	167.68	49.91	38.61	8.01	163.34	69.07	122.93	56.86
192.58	140.47	53.48	35.90	10.87	141.90	40.41	74.78	35.54
160.18	128.33	44.36	33.82	8.67	117.52	23.48	33.23	10.72
52.40	34.71	6.83	8.72	3.62	33.05	12.63	17.95	5.89
58.30	37.89	10.29	9.09	2.70	34.63	15.40	20.90	7.67
2466.17	1475.97	378.78	475.58	197.90	1407.69	759.71	999.15	327.43
1473.63	885.76	202.34	308.36	151.49	842.82	433.01	568.38	176.76
115.27	56.71	10.73	17.96	8.24	54.75	46.06	55.63	14.75
129.13	77.80	16.92	26.05	11.38	74.21	41.63	52.07	14.42
40.43	17.06	3.51	5.18	2.31	16.50	18.78	22.58	6.01
48.42	23.60	5.75	7.69	3.52	23.05	21.42	33.46	13.26
78.30	37.81	11.34	9.60	5.17	36.94	32.13	40.56	9.97
214.04	115.21	26.60	28.02	10.12	113.20	79.08	104.68	32.88
166.24	81.93	18.57	31.50	14.26	81.53	58.73	81.49	27.83
390.25	296.93	68.36	125.54	78.41	273.45	49.08	73.50	30.58
291.55	178.71	40.56	56.81	18.09	169.20	86.10	104.42	27.05
515.27	316.53	85.72	91.22	27.99	301.98	154.87	211.39	67.88
33.76	16.90	3.82	4.46	1.61	16.94	12.43	16.23	4.60
76.49	46.51	11.53	18.84	4.93	44.20	24.04	30.13	8.64
405.02	253.12	70.37	67.93	21.45	240.84	118.40	165.03	54.64
45.71	16.40	3.86	3.29	1.60	14.98	23.79	37.49	17.05
428.20	255.45	86.60	71.61	16.81	245.99	146.75	180.14	65.21
548.95	355.27	74.10	124.32	68.94	331.56	156.93	213.84	59.43
462.64	314.20	62.06	115.98	65.02	292.36	120.47	167.45	47.03
86.31	41.07	12.05	8.34	3.92	39.20	36.47	46.39	12.40
68833.78	**10779.23**	**1773.07**	**1017.13**	**52.24**	**10415.25**	**46405.80**	**62129.44**	**20883.66**
62237.94	9027.23	1555.09	908.37	38.58	8764.08	42641.14	57357.24	19279.30
32716.58	4755.26	1088.80	636.62	26.99	4745.35	24116.10	31827.80	9892.91
19658.01	3360.08	881.15	535.47	23.67	3345.41	14432.90	20716.75	7284.58
10827.29	1013.14	152.41	20.57	2.47	1031.40	7979.56	9102.53	2072.06
1152.82	215.78	31.10	73.94		219.99	914.86	1233.84	454.63
1078.46	166.25	24.14	6.65	0.85	148.55	788.78	774.68	81.64
27526.01	3631.91	355.50	205.22	9.61	3448.64	17339.91	24077.82	8967.79
1995.35	640.06	110.79	66.52	1.99	570.09	1185.13	1451.62	418.60
2201.69	745.41	82.32	70.44	10.56	690.45	1040.12	1229.49	342.32
4394.16	1006.59	135.66	38.32	3.10	960.72	2724.55	3542.71	1262.05
3554.61	849.60	118.83	36.06	2.63	807.66	2297.42	3013.27	1095.81
547.31	98.24	14.42	1.73	0.45	91.75	360.56	374.36	64.55
292.24	58.75	2.40	0.54	0.03	61.31	66.57	155.08	101.69

1-A-2 续表 15

行业	固定资产净值	固定资产净值年平均余额	负债合计	流动负债合计	所有者权益合计
总计	**158293.26**	**151665.15**	**248899.38**	**190115.98**	**182353.38**
一、按登记注册类型分组					
内资企业	120288.90	114794.26	186068.38	137243.48	133046.17
国有企业	31368.04	30193.39	39009.84	24007.99	28076.92
中央企业	19746.97	18985.16	23276.75	13839.32	18597.33
地方企业	11621.07	11208.24	15733.09	10168.68	9479.60
集体企业	1634.91	1557.01	2758.97	2335.33	2230.34
股份合作企业	734.62	692.12	1379.68	1103.30	990.13
联营企业	722.91	682.92	1051.78	744.36	636.16
国有联营企业	598.05	563.54	835.14	566.77	491.73
集体联营企业	33.08	31.39	48.55	38.25	48.16
国有与集体联营企业	46.84	46.69	89.24	69.58	48.83
其他联营企业	44.93	41.30	78.85	69.75	47.43
有限责任公司	42251.94	40183.71	71916.87	51638.23	43945.15
国有独资公司	10247.61	9816.58	17188.38	11112.94	12654.12
其他有限责任公司	32004.33	30367.13	54728.49	40525.29	31291.04
股份有限公司	18556.54	17196.15	26475.63	19663.73	23655.16
私营企业	24679.56	23944.58	42825.30	37262.29	33051.48
私营独资企业	4049.20	3877.93	4883.68	3971.51	5466.63
私营合作企业	650.26	633.50	801.41	676.02	895.81
私营有限责任公司	18454.59	17988.23	34519.45	30419.07	24393.25
私营股份有限公司	1525.51	1444.93	2620.76	2195.69	2295.78
其他企业	340.37	344.37	650.31	488.25	460.83
港、澳、台商投资企业	12819.80	12622.74	22015.01	18738.82	17114.23
合资经营企业(港或澳、台资)	5075.92	4883.31	8928.57	7415.23	6026.31
合作经营企业(港或澳、台资)	487.80	495.21	701.04	517.70	601.97
港澳台商独资经营企业	6667.90	6654.03	11324.65	9931.43	9636.05
港澳台商投资股份有限公司	588.18	590.19	1060.76	874.46	849.89
外商投资企业	25184.56	24248.14	40815.99	34133.69	32192.97
中外合资经营企业	11766.53	11195.78	19260.60	15755.06	14125.54
中外合作经营企业	709.34	700.19	1157.75	837.21	885.27
外资企业	11411.27	11047.08	18538.92	16067.77	15190.96
外商投资股份有限公司	1297.41	1305.09	1858.73	1473.65	1991.21
二、按经济组织类型分组					
独资企业	55131.32	53329.44	76516.06	56314.03	60600.90
国有企业	31368.04	30193.39	39009.84	24007.99	28076.92
集体企业	1634.91	1557.01	2758.97	2335.33	2230.34
私营独资企业	4049.20	3877.93	4883.68	3971.51	5466.63
港澳台商独资经营企业	6667.90	6654.03	11324.65	9931.43	9636.05
外资企业	11411.27	11047.08	18538.92	16067.77	15190.96
合作、合伙企业	3645.30	3548.31	5741.97	4366.83	4470.17
股份合作企业	734.62	692.12	1379.68	1103.30	990.13
国有联营企业	598.05	563.54	835.14	566.77	491.73
集体联营企业	33.08	31.39	48.55	38.25	48.16
国有与集体联营企业	46.84	46.69	89.24	69.58	48.83
其他联营企业	44.93	41.30	78.85	69.75	47.43
私营合伙企业	650.26	633.50	801.41	676.02	895.81
合作经营企业(港或澳、台资)	487.80	495.21	701.04	517.70	601.97
中外合作经营企业	709.34	700.19	1157.75	837.21	885.27
其他企业(内资)	340.37	344.37	650.31	488.25	460.83

单位：亿元

实收资本							主营业务收入
	国家资本	集体资本	法人资本	个人资本	港澳台资本	外商资本	
104086.06	**22859.27**	**1890.72**	**33851.08**	**18574.12**	**9619.30**	**17278.27**	**500020.07**
69616.37	21515.34	1637.98	28301.06	17424.36	310.43	413.89	353406.45
15437.06	9942.64	73.61	5236.63	118.48	41.37	24.33	47556.59
10383.01	7109.39	6.74	3234.96	22.17	5.62	4.14	28301.08
5054.05	2833.25	66.87	2001.67	96.32	35.75	20.20	19255.51
867.12	12.94	599.45	149.44	90.66	11.32	3.32	8799.13
472.65	25.61	55.63	183.15	201.99	1.60	4.67	3211.15
377.42	68.99	17.42	270.63	15.28	3.70	1.40	1599.83
292.92	51.24	0.14	236.59	1.04	3.47	0.44	1041.80
24.47	5.75	9.38	4.33	4.78	0.18	0.05	182.36
34.04	9.76	6.27	16.88	1.13			143.72
25.99	2.25	1.63	12.83	8.33	0.05	0.90	231.94
23070.58	6282.12	576.42	12406.09	3556.74	110.64	138.57	108622.51
5761.53	3411.04	2.49	2295.79	23.56	23.03	5.62	19289.18
17309.05	2871.08	573.93	10110.30	3533.19	87.61	132.94	89333.33
12292.82	5125.80	170.51	4709.81	2045.13	69.94	158.32	50381.64
16883.02	50.26	135.07	5244.44	11306.54	67.24	79.46	131525.40
2840.81	8.62	21.43	875.25	1915.84	10.33	9.35	24108.16
484.70	1.16	4.08	129.07	348.85	1.33	0.21	3920.36
12427.03	33.12	91.53	3833.30	8355.04	49.16	64.87	95929.99
1130.47	7.35	18.03	406.82	686.81	6.43	5.04	7566.88
215.69	6.98	9.86	100.87	89.54	4.62	3.82	1710.20
11965.79	400.50	90.24	1843.23	469.94	8625.90	535.97	50110.64
3839.74	218.32	80.20	1329.50	331.40	1753.38	126.93	17605.85
413.33	43.51	5.21	85.30	16.37	241.01	21.92	1622.51
7237.77	110.28	2.44	286.00	66.01	6394.53	378.52	28766.63
474.95	28.39	2.40	142.42	56.16	236.97	8.61	2115.66
22503.90	943.42	162.49	3706.80	679.81	682.98	16328.40	96502.98
9382.05	839.67	123.65	3021.27	486.43	371.32	4539.71	43062.66
635.30	41.71	19.68	120.50	24.19	39.16	390.06	2170.04
11660.91	9.49	10.63	392.42	107.83	247.51	10893.03	48089.49
825.64	52.55	8.54	172.60	61.36	24.99	505.60	3180.80
38043.68	10083.96	707.56	6939.75	2298.81	6705.05	11308.55	157320.00
15437.06	9942.64	73.61	5236.63	118.48	41.37	24.33	47556.59
867.12	12.94	599.45	149.44	90.66	11.32	3.32	8799.13
2840.81	8.62	21.43	875.25	1915.84	10.33	9.35	24108.16
7237.77	110.28	2.44	286.00	66.01	6394.53	378.52	28766.63
11660.91	9.49	10.63	392.42	107.83	247.51	10893.03	48089.49
2599.10	187.98	111.88	889.52	696.22	291.42	422.08	14234.09
472.65	25.61	55.63	183.15	201.99	1.60	4.67	3211.15
292.92	51.24	0.14	236.59	1.04	3.47	0.44	1041.80
24.47	5.75	9.38	4.33	4.78	0.18	0.05	182.36
34.04	9.76	6.27	16.88	1.13			143.72
25.99	2.25	1.63	12.83	8.33	0.05	0.90	231.94
484.70	1.16	4.08	129.07	348.85	1.33	0.21	3920.36
413.33	43.51	5.21	85.30	16.37	241.01	21.92	1622.51
635.30	41.71	19.68	120.50	24.19	39.16	390.06	2170.04
215.69	6.98	9.86	100.87	89.54	4.62	3.82	1710.20

1-A-2 续表 16

行业	固定资产净值	固定资产净值年平均余额	负债合计	流动负债合计	所有者权益合计
股份有限公司	21967.65	20536.36	32015.87	24207.53	28792.04
股份有限公司(内资)	18556.54	17196.15	26475.63	19663.73	23655.16
私营股份有限公司	1525.51	1444.93	2620.76	2195.69	2295.78
港澳台商投资股份有限公司	588.18	590.19	1060.76	874.46	849.89
外商投资股份有限公司	1297.41	1305.09	1858.73	1473.65	1991.21
有限责任公司	77548.99	74251.03	134625.48	105227.59	88490.27
国有独资公司	10247.61	9816.58	17188.38	11112.94	12654.12
私营有限责任公司	18454.59	17988.23	34519.45	30419.07	24393.25
合资经营企业(港或澳、台资)	5075.92	4883.31	8928.57	7415.23	6026.31
中外合资经营企业	11766.53	11195.78	19260.60	15755.06	14125.54
其他有限责任公司	32004.33	30367.13	54728.49	40525.29	31291.04
三、在总计中：亏损企业	**36059.19**	**34958.50**	**55560.64**	**40592.34**	**25457.23**
在总计中：国有控股企业	80091.64	75926.53	111374.72	72749.16	77388.89
在总计中：农村工业	1527.19	1443.78	2218.23	1910.78	2070.95
在总计中：轻工业	32737.38	32127.87	55064.08	47313.04	48009.83
重工业	125555.88	119537.28	193835.30	142802.94	134343.55
在总计中：大型企业	61101.44	57773.09	95189.54	71634.69	69059.63
中型企业	51206.97	49223.30	82226.80	61718.89	58801.82
小型企业	45984.85	44668.76	71483.05	56762.40	54491.93
四、按行业分					
采矿业	**16698.60**	**15356.74**	**19725.25**	**13251.36**	**19343.42**
煤炭开采和洗选业	6686.18	6477.02	11483.10	7794.86	7974.63
烟煤和无烟煤的开采洗选	6336.32	6181.67	10929.73	7375.92	7439.21
褐煤的开采洗选	341.90	287.97	547.50	414.24	526.34
其他煤炭采选	7.95	7.38	5.88	4.70	9.09
石油和天然气开采业	7884.74	6867.23	5013.00	2877.16	7793.58
天然原油和天然气开采	7072.89	6063.30	3725.41	1769.45	6657.71
与石油和天然气开采有关的服务活动	811.85	803.93	1287.59	1107.71	1135.87
黑色金属矿采选业	847.76	819.91	1526.91	1266.23	1653.06
铁矿采选	799.09	767.06	1438.31	1216.48	1560.08
其他黑色金属矿采选	48.67	52.85	88.60	49.75	92.98
有色金属矿采选业	758.25	689.75	1048.75	829.82	1241.55
常用有色金属矿采选	407.11	373.09	595.09	473.76	696.93
铜矿采选	111.21	100.93	151.74	124.38	200.61
铅锌矿采选	219.89	198.13	320.63	245.88	396.33
镍钴矿采选	10.31	9.50	10.88	8.24	21.26
锡矿采选	15.68	15.79	22.56	10.95	18.59
锑矿采选	4.07	4.59	5.87	5.10	5.83
铝矿采选	17.08	17.25	32.42	30.30	23.09
镁矿采选	10.70	10.41	16.30	15.79	11.80
其他常用有色金属矿采选	18.18	16.49	34.69	33.11	19.42
贵金属矿采选	217.85	199.41	263.70	205.82	321.22
金矿采选	207.01	190.43	249.26	193.44	302.88
银矿采选	10.67	8.93	14.43	12.37	18.03
其他贵金属矿采选	0.17	0.06	0.01		0.31
稀有稀土金属矿采选	133.29	117.25	189.95	150.25	223.40
钨钼矿采选	113.57	98.91	148.41	123.81	200.24
稀土金属矿采选	3.13	3.07	7.17	6.45	4.14
放射性金属矿采选	5.67	4.18	17.02	4.75	3.65
其他稀有金属矿采选	10.92	11.10	17.36	15.23	15.37

单位：亿元

实收资本	国家资本	集体资本	法人资本	个人资本	港澳台资本	外商资本	主营业务收入
14723.88	5214.09	199.48	5431.66	2849.47	338.33	677.57	63244.98
12292.82	5125.80	170.51	4709.81	2045.13	69.94	158.32	50381.64
1130.47	7.35	18.03	406.82	686.81	6.43	5.04	7566.88
474.95	28.39	2.40	142.42	56.16	236.97	8.61	2115.66
825.64	52.55	8.54	172.60	61.36	24.99	505.60	3180.80
48719.40	7373.24	871.80	20590.16	12729.62	2284.50	4870.08	265221.00
5761.53	3411.04	2.49	2295.79	23.56	23.03	5.62	19289.18
12427.03	33.12	91.53	3833.30	8355.04	49.16	64.87	95929.99
3839.74	218.32	80.20	1329.50	331.40	1753.38	126.93	17605.85
9382.05	839.67	123.65	3021.27	486.43	371.32	4539.71	43062.66
17309.05	2871.08	573.93	10110.30	3533.19	87.61	132.94	89333.33
25595.78	**6000.13**	**384.90**	**8691.08**	**2555.09**	**2754.28**	**5210.28**	**70852.60**
43976.39	22250.85	182.41	18557.72	1190.89	358.98	1422.25	147507.90
965.28	14.59	321.75	191.87	232.97	101.18	102.93	7430.23
26434.34	1992.86	580.28	7409.86	6561.89	4352.94	5536.50	141207.10
77651.72	20866.40	1310.44	26441.22	12012.23	5266.36	11741.77	358812.97
32671.01	11978.82	392.09	13110.00	1974.84	1556.45	3658.82	172737.69
35864.22	8541.63	609.28	10517.80	4826.41	4064.18	7291.62	146074.77
35550.82	2338.82	889.35	10223.27	11772.88	3998.68	6327.82	181207.61
10485.64	**5089.87**	**222.96**	**3988.29**	**1038.60**	**79.88**	**66.04**	**34542.00**
3548.93	1683.61	124.08	1144.30	558.67	9.90	28.37	15315.15
3358.57	1636.54	122.28	1052.10	519.39	4.54	23.72	14354.49
184.36	47.08	1.79	90.90	36.13	5.35	3.10	944.39
6.01		0.01	1.30	3.15		1.54	16.26
5416.37	3074.87	16.65	2262.68	17.68	44.14	0.34	11052.97
4357.40	2732.74	0.88	1572.11	8.61	43.06		9284.94
1058.96	342.14	15.76	690.56	9.08	1.08	0.34	1768.03
664.12	187.70	13.87	249.85	197.37	10.47	4.86	3635.66
635.92	181.07	11.53	240.59	189.20	10.43	3.10	3451.39
28.20	6.63	2.34	9.27	8.17	0.04	1.75	184.27
513.55	102.83	52.04	203.49	134.54	4.00	16.65	2705.99
290.94	53.38	8.42	135.06	84.16	3.16	6.76	1323.33
78.43	17.76	4.25	40.61	13.59	1.69	0.53	323.26
149.17	15.83	3.14	77.70	48.04	0.74	3.72	684.75
9.12	0.47	0.02	4.77	1.58	0.01	2.27	29.53
9.75	1.71	0.12	2.54	5.06	0.32		31.02
3.66	0.36	0.09	1.87	1.31		0.04	16.00
20.47	12.67	0.62	4.80	2.38			106.82
7.00		0.17	0.37	5.98	0.28	0.21	56.22
13.34	4.58	0.01	2.42	6.22	0.12		75.73
132.65	32.03	39.33	31.07	19.75	0.74	9.73	1005.61
121.07	31.34	38.54	22.36	18.36	0.74	9.73	968.74
11.53	0.69	0.79	8.71	1.34			35.85
0.05				0.05			1.02
89.96	17.42	4.29	37.35	30.64	0.11	0.15	377.05
71.11	10.84	4.27	31.26	24.63	0.11		324.82
2.32	0.33	0.02	0.93	1.04			20.91
4.81	4.08		0.72	0.01			7.97
11.72	2.17		4.43	4.96		0.15	23.34

1-A-2 续表 17

行　业	固定资产净　值	固定资产净 值 年平均余额	负债合计	流动负债合　计	所 有 者权益合计
非金属矿采选业	519.45	500.63	651.66	481.65	678.36
土砂石开采	269.67	258.82	258.95	192.16	334.27
石灰石、石膏开采	70.97	68.80	75.97	61.16	83.92
建筑装饰用石开采	52.05	51.57	44.17	34.28	69.13
耐火土石开采	28.43	26.81	34.54	28.13	33.89
粘土及其他土砂石开采	118.22	111.64	104.27	68.59	147.32
化学矿采选	64.16	54.92	125.95	96.86	137.26
采盐	128.36	134.09	207.79	146.06	136.43
石棉及其他非金属矿采选	57.27	52.81	58.97	46.58	70.40
石棉、云母矿采选	4.85	4.59	5.21	3.92	5.15
石墨、滑石采选	20.34	18.14	19.77	15.99	30.20
宝石、玉石开采	0.53	0.34	2.97	2.83	1.30
其他非金属矿采选	31.54	29.74	31.02	23.84	33.75
其他采矿业	2.23	2.19	1.83	1.63	2.24
制造业	**100348.88**	**96489.04**	**185849.41**	**157036.00**	**137510.23**
农副食品加工业	3775.65	3663.14	6001.79	5049.71	4975.38
谷物磨制	556.92	545.75	703.10	570.47	737.06
饲料加工	402.79	392.54	631.13	537.33	620.08
植物油加工	532.64	510.44	1205.49	1105.25	709.01
食用植物油加工	523.03	501.13	1191.25	1092.58	692.76
非食用植物油加工	9.61	9.31	14.24	12.67	16.24
制糖	264.19	249.89	511.14	434.23	289.83
屠宰及肉类加工	773.18	742.56	1068.92	897.29	984.00
畜禽屠宰	435.53	416.51	536.17	435.70	505.88
肉制品及副产品加工	337.65	326.05	532.76	461.59	478.12
水产品加工	412.61	404.96	754.30	644.05	594.34
水产品冷冻加工	332.22	322.23	591.05	502.08	460.78
鱼糜制品及水产品干腌制加工	51.88	52.39	95.11	84.36	74.81
水产饲料制造	15.72	16.79	37.10	32.82	29.15
鱼油提取及制品的制造	0.63	0.39	0.58	0.52	0.84
其他水产品加工	12.16	13.16	30.45	24.27	28.77
蔬菜、水果和坚果加工	317.28	317.92	449.84	384.32	471.52
其他农副食品加工	516.03	499.07	677.87	476.77	569.54
淀粉及淀粉制品的制造	368.86	355.55	454.79	291.67	365.73
豆制品制造	48.05	46.01	70.62	61.31	65.97
蛋品加工	13.15	13.33	14.64	9.69	16.45
其他未列明的农副食品加工	85.97	84.19	137.82	114.10	121.39
食品制造业	1868.82	1855.48	2778.24	2346.89	2465.81
焙烤食品制造	200.73	194.26	234.55	204.84	265.26
糕点、面包制造	68.44	68.02	97.86	85.55	84.31
饼干及其他焙烤食品制造	132.29	126.24	136.69	119.29	180.95
糖果、巧克力及蜜饯制造	138.15	138.16	188.60	168.59	198.27
糖果、巧克力制造	111.32	111.96	145.51	131.19	152.52
蜜饯制作	26.83	26.20	43.09	37.41	45.75
方便食品制造	286.72	280.78	393.27	313.83	385.18
米、面制品制造	64.35	64.78	69.95	57.64	81.45
速冻食品制造	66.90	64.34	104.05	83.74	105.59
方便面及其他方便食品制造	155.46	151.66	219.26	172.45	198.14
液体乳及乳制品制造	325.75	317.11	533.04	457.17	409.42
罐头制造	135.75	139.67	267.11	233.50	197.58

单位：亿元

实收资本	国家资本	集体资本	法人资本	个人资本	港澳台资本	外商资本	主营业务收入
340.73	40.85	16.27	127.10	129.34	11.36	15.80	1822.50
182.69	8.54	7.91	60.99	90.74	6.31	8.20	1135.49
50.39	2.27	2.67	16.50	24.76	1.37	2.82	261.32
46.64	2.16	1.59	14.95	23.66	1.22	3.06	248.79
18.28	1.11	0.28	5.00	11.46	0.04	0.39	120.33
67.37	3.00	3.37	24.54	30.87	3.69	1.92	505.04
62.36	4.57	4.44	37.68	12.89	0.78	2.00	196.83
58.07	24.19	1.21	18.34	9.92	0.29	4.14	248.30
37.61	3.55	2.72	10.10	15.79	3.99	1.47	241.88
3.35	2.20	0.22	0.63	0.29			14.94
12.21	0.97	1.20	3.09	5.03	1.50	0.41	80.19
0.69		0.09	0.49	0.11			4.27
21.36	0.37	1.21	5.88	10.35	2.48	1.06	142.48
1.94	0.01	0.05	0.88	0.99		0.01	9.74
77446.87	**9158.57**	**1491.01**	**24106.60**	**17087.42**	**9077.83**	**16512.14**	**432759.97**
2630.44	116.92	75.44	865.22	984.22	182.44	406.20	23565.80
402.89	27.01	5.52	132.00	216.37	10.62	11.37	3632.71
314.73	6.35	6.00	105.89	126.52	19.14	50.83	3696.14
391.55	16.73	6.75	132.11	119.42	6.17	110.38	4675.09
382.25	14.21	6.38	130.07	115.34	6.01	110.24	4606.55
9.30	2.52	0.37	2.04	4.08	0.16	0.14	68.54
136.69	18.14	3.43	67.42	23.56	6.52	17.61	580.97
519.52	23.26	12.39	183.42	200.43	61.29	38.74	4977.96
252.23	12.26	5.23	95.78	116.91	11.62	10.44	2740.02
267.29	11.00	7.16	87.64	83.52	49.67	28.30	2237.94
306.27	5.00	26.91	84.51	97.51	32.86	59.49	2284.94
233.38	4.13	24.70	63.59	78.19	19.07	43.71	1838.57
43.62	0.23	0.64	11.93	11.00	8.08	11.73	253.82
17.69	0.16	0.59	5.87	4.92	3.80	2.35	119.54
0.58		0.06	0.33	0.18			0.96
11.00	0.49	0.91	2.78	3.22	1.90	1.70	72.05
239.12	4.45	3.46	62.70	99.37	22.42	46.73	1690.40
319.67	15.98	10.97	97.18	101.04	23.42	71.07	2027.59
195.71	14.22	9.10	55.92	54.12	14.50	47.84	1357.61
42.06	1.01	0.16	8.52	15.48	0.68	16.21	193.83
9.91	0.17	0.16	2.55	5.58	0.48	0.98	68.74
71.99	0.57	1.56	30.19	25.86	7.76	6.04	407.40
1494.69	61.65	36.34	415.25	380.47	180.33	420.65	7463.72
184.37	1.11	1.42	34.31	43.27	34.94	69.32	804.23
56.70	0.34	0.38	10.92	12.82	16.28	15.97	274.92
127.67	0.77	1.04	23.40	30.46	18.65	53.35	529.31
146.03	0.86	2.49	33.42	25.41	14.32	69.53	558.42
121.16	0.39	2.28	26.74	12.78	12.08	66.88	413.85
24.87	0.46	0.21	6.68	12.63	2.24	2.65	144.57
229.64	4.78	9.54	48.75	60.62	46.95	59.00	1267.80
44.71	1.17	2.15	11.78	20.82	5.09	3.70	325.46
58.72	0.82	1.68	11.51	17.24	5.70	21.77	257.58
126.21	2.79	5.71	25.46	22.56	36.16	33.53	684.76
251.37	11.84	6.39	108.94	50.29	6.71	67.19	1431.02
119.67	5.73	5.79	44.12	41.45	7.63	14.95	587.30

1-A-2 续表 18

行 业	固定资产净值	固定资产净值年平均余额	负债合计	流动负债合计	所有者权益合计
肉、禽类罐头制造	19.31	18.79	24.78	18.65	25.10
水产品罐头制造	10.11	10.20	15.72	10.56	12.54
蔬菜、水果罐头制造	98.73	103.02	213.32	192.58	145.88
其他罐头食品制造	7.60	7.66	13.30	11.71	14.06
调味品、发酵制品制造	348.21	355.61	489.58	406.19	415.26
味精制造	101.27	103.44	152.07	131.82	108.36
酱油、食醋及类似制品的制造	76.47	81.63	121.67	100.76	110.04
其他调味品、发酵制品制造	170.47	170.53	215.83	173.61	196.86
其他食品制造	433.52	429.89	672.08	562.78	594.84
营养、保健食品制造	59.15	56.86	132.07	122.30	144.22
冷冻饮品及食用冰制造	45.08	44.13	61.34	52.49	31.10
盐加工	39.10	36.71	55.76	37.10	30.72
食品及饲料添加剂制造	250.56	254.20	357.10	296.32	333.01
其他未列明的食品制造	39.63	37.99	65.80	54.56	55.79
饮料制造业	1962.09	1897.42	3019.69	2609.66	2926.55
酒精制造	153.52	145.83	215.32	170.99	117.33
酒的制造	1093.44	1055.47	1719.96	1489.59	1833.66
白酒制造	426.68	409.23	736.10	652.04	884.34
啤酒制造	559.77	543.13	759.05	650.35	767.28
黄酒制造	26.32	26.72	54.78	48.75	52.82
葡萄酒制造	62.28	57.74	117.73	90.17	88.58
其他酒制造	18.39	18.65	52.29	48.28	40.65
软饮料制造	630.36	613.43	949.27	837.22	837.30
碳酸饮料制造	112.27	105.86	189.13	173.16	128.26
瓶(罐)装饮用水制造	93.35	91.38	150.59	136.12	109.04
果菜汁及果菜汁饮料制造	219.94	213.54	316.16	260.49	266.75
含乳饮料和植物蛋白饮料制造	72.15	74.66	110.52	98.03	116.03
固体饮料制造	32.68	32.71	59.07	56.54	75.81
茶饮料及其他软饮料制造	99.98	95.28	123.79	112.87	141.40
精制茶加工	84.76	82.69	135.14	111.86	138.26
烟草制品业	708.07	696.58	1042.05	1006.76	3386.45
烟叶复烤	58.33	55.70	33.60	31.89	102.97
卷烟制造	632.38	625.41	987.66	957.37	3256.33
其他烟草制品加工	17.37	15.47	20.78	17.50	27.15
纺织业	5445.66	5403.91	8935.33	7727.03	6401.24
棉、化纤纺织及印染精加工	3248.99	3256.29	4942.35	4158.34	3395.94
棉、化纤纺织加工	2587.63	2590.64	3866.96	3192.14	2692.83
棉、化纤印染精加工	661.36	665.64	1075.39	966.20	703.11
毛纺织和染整精加工	312.16	307.64	569.20	506.71	482.38
毛条加工	27.19	26.47	51.85	48.51	43.07
毛纺织	230.29	227.18	428.34	377.12	369.42
毛染整精加工	54.68	53.99	89.00	81.08	69.89
麻纺织	67.44	66.04	120.81	95.60	79.91
丝绢纺织及精加工	322.49	306.94	674.62	608.26	368.55
缫丝加工	67.24	63.55	136.42	114.86	81.77
绢纺和丝织加工	213.06	203.11	454.74	417.91	248.07
丝印染精加工	42.19	40.28	83.45	75.49	38.71
纺织制成品制造	705.33	675.38	1241.92	1106.67	961.21
棉及化纤制品制造	314.38	300.21	571.79	523.78	454.48
毛制品制造	34.26	32.62	73.00	66.16	44.91

单位：亿元

实收资本							主营业务收入
	国家资本	集体资本	法人资本	个人资本	港澳台资本	外商资本	
19.20	3.49	4.03	5.90	2.77	0.15	2.86	65.80
10.42		0.13	3.88	5.10	0.54	0.77	33.97
79.96	1.77	1.60	30.42	32.37	4.55	9.25	445.36
10.08	0.47	0.02	3.93	1.21	2.38	2.07	42.17
228.32	22.96	3.06	45.16	67.33	42.56	47.25	1104.55
73.68	11.19	0.75	11.68	24.40	16.66	9.01	328.03
56.05	4.31	1.46	12.82	16.40	7.77	13.29	302.78
98.59	7.46	0.85	20.66	26.53	18.13	24.95	473.74
335.28	14.37	7.64	100.55	92.10	27.22	93.40	1710.40
79.75	1.02	1.28	23.39	22.74	11.11	20.21	318.02
47.45	2.16	0.35	7.30	13.84	2.06	21.73	166.44
20.62	6.55	0.20	8.13	5.74			59.18
145.94	4.34	5.27	50.33	38.69	8.91	38.39	989.09
41.52	0.31	0.53	11.41	11.08	5.13	13.07	177.68
1514.70	123.22	32.54	448.93	343.52	165.31	401.17	6137.61
70.45	4.43	2.36	22.81	33.12	2.50	5.23	390.00
855.92	99.22	18.09	261.10	202.32	80.67	194.53	3112.67
270.82	36.61	4.16	96.90	125.78	4.26	3.10	1644.84
499.91	53.78	11.85	139.46	49.88	68.29	176.65	1099.77
16.81	2.77	0.09	7.75	5.00	0.40	0.80	79.02
48.64	5.77	1.51	9.32	14.57	7.48	10.00	211.14
19.74	0.28	0.48	7.67	7.08	0.25	3.98	77.91
521.89	17.32	9.64	144.31	74.14	80.30	196.18	2287.54
80.59	2.70	0.90	23.83	3.39	15.05	34.73	510.24
77.64	2.23	2.05	28.70	15.48	12.30	16.89	394.56
183.69	4.88	3.79	44.87	29.19	26.47	74.49	502.92
64.58	0.92	2.69	17.54	14.81	8.41	20.20	311.65
46.77	5.54	0.02	13.31	4.85	0.75	22.30	189.68
68.63	1.04	0.20	16.06	6.43	17.32	27.58	378.49
66.45	2.26	2.45	20.71	33.95	1.85	5.23	347.39
760.24	177.16	1.40	578.45	1.97	1.00	0.26	4259.65
65.43	25.75	0.02	39.16	0.01	0.22	0.26	63.73
680.74	146.21	0.40	532.80	0.70	0.64		4157.92
14.07	5.20	0.98	6.48	1.26	0.14		38.00
3782.70	119.38	79.17	926.15	1329.87	794.67	533.47	20726.37
1940.47	86.77	43.31	468.45	761.38	352.67	227.89	11368.80
1478.18	85.39	33.51	382.56	621.40	213.11	142.20	9097.15
462.30	1.38	9.80	85.89	139.98	139.56	85.69	2271.65
275.27	14.29	5.49	77.34	85.75	63.60	28.79	1382.89
27.49	0.76	0.48	5.45	11.41	8.56	0.83	172.51
192.95	13.32	4.69	65.91	65.81	21.36	21.86	1010.02
54.82	0.21	0.33	5.99	8.53	33.67	6.10	200.37
43.10	0.86	1.10	17.14	16.93	3.31	3.76	222.00
226.87	4.51	4.95	67.60	83.77	45.99	20.05	1230.09
44.53	1.38	1.40	12.65	26.21	2.06	0.82	354.37
155.28	1.12	3.12	46.60	49.12	39.07	16.25	773.23
27.06	2.00	0.43	8.35	8.45	4.86	2.97	102.48
580.24	6.53	15.19	140.30	168.59	117.10	132.53	3067.81
241.18	2.18	8.11	69.07	74.83	37.44	49.54	1588.63
29.85	0.27	0.64	4.48	16.88	4.20	3.39	158.88

1-A-2 续表 19

行业	固定资产净值	固定资产净值年平均余额	负债合计	流动负债合计	所有者权益合计
麻制品制造	8.41	7.04	15.79	13.92	13.11
丝制品制造	27.14	27.36	62.39	56.21	42.47
绳、索、缆的制造	21.17	20.85	27.84	24.33	34.06
纺织带和帘子布制造	83.20	79.70	163.62	146.12	94.45
无纺布制造	124.17	116.34	176.02	149.85	150.00
其他纺织制成品制造	92.61	91.27	151.48	126.31	127.72
针织品、编织品及其制品制造	789.25	791.64	1386.43	1251.44	1113.25
棉、化纤针织品及编织品制造	460.18	464.36	819.19	745.28	636.39
毛针织品及编织品制造	213.47	215.26	421.07	379.11	316.68
丝针织品及编织品制造	54.23	53.44	71.43	61.89	82.50
其他针织品及编织品制造	61.36	58.58	74.75	65.17	77.69
纺织服装、鞋、帽制造业	1535.05	1505.90	3068.35	2752.44	2587.34
纺织服装制造	1461.36	1433.03	2946.89	2644.07	2482.28
纺织面料鞋的制造	49.15	48.31	80.96	71.81	70.11
制帽	24.54	24.55	40.49	36.55	34.94
皮革、毛皮、羽毛(绒)及其制品业	766.44	775.01	1622.73	1493.44	1402.36
皮革鞣制加工	124.57	113.44	271.64	244.87	230.09
皮革制品制造	558.74	577.92	1140.50	1053.55	1020.06
皮鞋制造	372.37	396.88	721.74	661.81	686.48
皮革服装制造	32.73	32.14	83.26	78.74	63.21
皮箱、包(袋)制造	98.81	96.43	230.64	216.49	165.61
皮手套及皮装饰制品制造	14.86	14.72	30.98	28.82	28.50
其他皮革制品制造	39.97	37.75	73.88	67.68	76.26
毛皮鞣制及制品加工	41.06	39.74	72.20	64.26	61.33
毛皮鞣制加工	18.46	16.95	24.27	22.51	24.36
毛皮服装加工	10.68	11.02	25.40	22.63	18.59
其他毛皮制品加工	11.92	11.77	22.52	19.12	18.39
羽毛(绒)加工及制品制造	42.07	43.90	138.38	130.77	90.88
羽毛(绒)加工	13.45	13.64	37.60	33.59	27.48
羽毛(绒)制品加工	28.62	30.26	100.78	97.17	63.40
木材加工及木、竹、藤、棕、草制品业	1037.79	1021.79	1345.63	1103.64	1398.98
锯材、木片加工	104.20	104.48	132.64	102.43	152.71
锯材加工	59.89	60.96	86.66	65.17	95.12
木片加工	44.30	43.52	45.98	37.26	57.59
人造板制造	703.42	697.00	859.03	697.60	926.83
胶合板制造	256.51	249.43	299.41	260.65	339.93
纤维板制造	253.73	243.22	324.45	245.17	318.16
刨花板制造	57.25	69.34	72.02	52.33	60.23
其他人造板、材制造	135.93	135.01	163.16	139.45	208.50
木制品制造	175.97	167.94	275.95	239.64	239.75
建筑用木料及木材组件加工	114.24	109.19	170.70	146.43	154.05
木容器制造	13.90	13.18	30.39	26.88	24.21
软木制品及其他木制品制造	47.83	45.56	74.86	66.32	61.49
竹、藤、棕、草制品制造	54.21	52.37	78.00	63.98	79.69
家具制造业	575.74	557.86	1075.22	969.37	866.06
木质家具制造	362.35	354.09	607.57	549.02	545.05
竹、藤家具制造	7.62	7.46	13.36	11.89	8.32
金属家具制造	122.41	116.85	270.84	248.50	182.71
塑料家具制造	7.48	7.55	15.56	13.68	10.89
其他家具制造	75.89	71.90	167.88	146.28	119.09

单位：亿元

实收资本	国家资本	集体资本	法人资本	个人资本	港澳台资本	外商资本	主营业务收入
7.21	0.06	1.01	2.13	2.62	1.33	0.06	40.00
23.67	0.15	1.04	4.50	10.87	4.86	2.25	130.20
15.14	0.33	0.32	2.96	4.88	3.00	3.66	116.59
62.73	1.05	0.27	17.42	18.52	12.82	12.65	267.53
102.25	1.95	2.47	20.96	23.20	21.84	31.83	412.23
98.20	0.54	1.32	18.78	16.80	31.62	29.14	353.75
716.75	6.42	9.11	155.31	213.45	212.00	120.45	3454.78
411.91	1.24	4.32	91.12	117.81	122.66	74.75	2046.61
196.39	4.23	3.41	46.19	58.11	57.26	27.19	1004.81
51.68	0.15	0.77	9.35	23.23	12.83	5.34	196.46
56.77	0.80	0.62	8.65	14.29	19.25	13.16	206.90
1478.66	19.14	27.05	334.00	389.88	399.03	309.56	9074.13
1406.66	18.76	26.00	319.23	374.60	381.44	286.63	8585.68
45.76	0.38	0.98	9.62	9.31	11.47	14.01	346.79
26.24		0.08	5.15	5.97	6.12	8.92	141.66
833.05	3.29	10.19	149.62	216.05	239.96	213.95	5692.84
122.31	0.53	3.71	27.90	37.52	21.82	30.82	926.77
616.33	1.83	4.58	96.11	141.16	207.65	165.00	4078.97
417.28	1.46	2.36	59.66	93.69	150.87	109.25	2614.90
28.03	0.23	0.10	7.02	13.83	2.44	4.41	355.57
112.97	0.09	1.06	19.22	19.32	39.73	33.55	763.81
19.55	0.01	0.15	2.73	5.32	6.09	5.25	142.06
38.51	0.05	0.92	7.48	9.00	8.52	12.54	202.63
35.42	0.81	0.25	8.80	15.91	3.22	6.42	295.66
14.37		0.07	3.49	6.53	0.50	3.77	116.37
10.51	0.81	0.14	3.18	3.34	1.71	1.34	82.51
10.54		0.04	2.13	6.05	1.02	1.31	96.78
58.99	0.12	1.64	16.80	21.46	7.27	11.71	391.44
16.30	0.10	0.07	5.08	8.82	1.84	0.40	161.66
42.69	0.01	1.57	11.73	12.64	5.43	11.31	229.78
773.98	23.31	14.27	232.51	340.81	67.96	95.10	4650.54
91.96	2.83	5.63	29.63	35.29	8.11	10.47	504.10
59.72	2.61	5.41	16.84	21.48	6.93	6.45	284.95
32.24	0.22	0.23	12.78	13.81	1.18	4.02	219.15
484.79	16.18	6.91	143.35	233.85	36.44	48.06	2950.05
192.90	2.17	3.02	54.18	106.05	13.71	13.76	1563.11
132.43	10.80	2.62	48.44	49.98	8.66	11.92	600.34
36.50	2.11	0.41	13.79	13.53	4.34	2.31	161.73
122.96	1.10	0.86	26.94	64.28	9.73	20.06	624.87
150.57	4.06	1.24	46.62	48.79	17.21	32.63	867.77
96.62	3.71	0.54	31.74	29.12	7.77	23.73	531.45
12.37		0.47	3.31	5.27	1.92	1.40	101.26
41.58	0.35	0.23	11.58	14.40	7.52	7.50	235.06
46.67	0.24	0.49	12.91	22.88	6.21	3.94	328.62
562.96	8.45	5.84	120.79	161.29	129.48	137.12	3001.28
348.36	8.13	3.57	84.76	103.74	74.58	73.59	1686.15
6.70	0.12	0.09	1.78	1.36	1.38	1.97	32.75
125.96	0.12	1.74	20.19	37.02	30.21	36.68	770.81
7.82		0.02	1.24	2.16	3.13	1.27	41.04
74.14	0.09	0.43	12.81	17.01	20.19	23.61	470.54

1-A-2 续表 20

行　　业	固定资产净　　值	固定资产净值年平均余额	负债合计	流动负债合　　计	所有者权益合计
造纸及纸制品业	3101.22	3040.97	4299.34	3259.94	3141.99
纸浆制造	301.55	308.05	371.25	229.36	237.77
造纸	2123.68	2071.42	2833.17	2035.93	2018.69
机制纸及纸板制造	2032.90	1971.68	2704.74	1940.03	1908.64
手工纸制造	2.19	1.91	3.12	2.51	3.06
加工纸制造	88.59	97.83	125.31	93.39	106.99
纸制品制造	675.99	661.50	1094.92	994.65	885.52
纸和纸板容器的制造	446.72	441.72	752.51	684.72	572.09
其他纸制品制造	229.27	219.78	342.42	309.92	313.43
印刷业和记录媒介的复制	978.69	952.03	1307.67	1136.22	1335.41
印刷	892.23	865.79	1209.64	1056.01	1219.52
书、报、刊印刷	286.92	277.42	362.76	302.15	326.45
本册印制	56.32	53.79	71.82	63.56	82.21
包装装潢及其他印刷	548.99	534.58	775.07	690.29	810.86
装订及其他印刷服务活动	42.10	40.60	37.18	31.76	62.58
记录媒介的复制	44.35	45.64	60.85	48.45	53.31
文教体育用品制造业	456.22	448.11	849.08	772.22	746.25
文化用品制造	87.26	86.79	154.08	142.56	145.79
文具制造	40.76	42.15	67.10	62.08	67.57
笔的制造	28.19	27.20	61.27	56.91	44.84
教学用模型及教具制造	7.43	6.50	8.45	7.65	19.42
墨水、墨汁制造	0.57	0.51	1.29	1.20	1.67
其他文化用品制造	10.32	10.43	15.97	14.72	12.31
体育用品制造	140.08	136.77	244.54	225.92	224.04
球类制造	18.16	17.12	27.62	25.65	29.96
体育器材及配件制造	42.61	41.56	72.22	67.08	65.86
训练健身器材制造	42.21	41.91	76.81	69.83	68.71
运动防护用具制造	12.98	12.53	28.40	25.80	17.41
其他体育用品制造	24.12	23.66	39.48	37.55	42.11
乐器制造	38.30	39.73	74.40	63.43	66.35
中乐器制造	1.64	1.61	2.20	1.90	3.35
西乐器制造	28.60	29.72	56.94	47.85	45.86
电子乐器制造	4.13	4.49	6.84	6.14	9.82
其他乐器及零件制造	3.93	3.91	8.42	7.54	7.31
玩具制造	172.86	167.27	324.78	292.41	284.30
游艺器材及娱乐用品制造	17.71	17.55	51.29	47.90	25.76
露天游乐场所游乐设备制造	10.55	9.79	35.51	33.75	14.78
游艺用品及室内游艺器材制造	7.16	7.76	15.79	14.15	10.98
石油加工、炼焦及核燃料加工业	4126.32	3926.03	7243.24	5816.92	4455.67
精炼石油产品的制造	2888.74	2770.56	4644.48	3676.66	3207.32
原油加工及石油制品制造	2883.20	2765.09	4635.88	3669.70	3199.35
人造原油生产	5.54	5.47	8.60	6.96	7.97
炼焦	1207.05	1135.86	2511.43	2066.38	1225.62
化学原料及化学制品制造业	10193.45	9892.96	15172.37	11453.87	12382.33
基础化学原料制造	3650.20	3587.34	4547.73	3162.79	3632.01
无机酸制造	141.08	133.44	205.10	169.25	187.26
无机碱制造	545.76	556.29	843.02	600.90	531.61
无机盐制造	323.22	315.14	523.15	407.95	364.03
有机化学原料制造	2114.85	2078.06	2369.44	1524.91	2011.00
其他基础化学原料制造	525.29	504.42	607.02	459.77	538.12

单位：亿元

实收资本	国家资本	集体资本	法人资本	个人资本	港澳台资本	外商资本	主营业务收入
2005.72	138.39	63.87	549.48	401.25	317.34	535.39	7501.23
215.50	48.07	0.13	92.63	18.01	38.58	18.08	261.09
1217.36	80.97	50.64	348.44	221.07	152.13	364.10	4320.55
1138.78	77.54	48.74	332.37	206.75	141.76	331.62	3982.71
2.17	0.32	0.01	1.34	0.33	0.11	0.05	9.04
76.41	3.10	1.90	14.72	13.99	10.26	32.43	328.80
572.86	9.35	13.10	108.41	162.17	126.62	153.21	2919.59
355.19	5.14	9.20	71.54	105.00	71.28	93.04	1957.84
217.67	4.21	3.90	36.88	57.17	55.34	60.17	961.75
812.86	98.65	28.84	255.05	198.94	156.79	74.59	2593.35
727.03	90.27	27.42	217.80	185.42	141.28	64.83	2407.95
210.87	46.70	6.40	64.38	41.22	44.12	8.05	592.59
40.35	2.63	2.40	8.20	12.41	8.45	6.25	148.44
475.81	40.94	18.62	145.22	131.79	88.70	50.53	1666.93
40.07	1.32	1.09	20.27	5.96	7.49	3.94	105.14
45.76	7.05	0.33	16.98	7.55	8.02	5.82	80.25
518.03	11.46	5.39	71.76	83.51	198.03	147.90	2414.04
90.12	1.34	0.60	21.06	20.42	20.64	26.06	421.82
44.78		0.27	8.45	8.08	13.46	14.51	190.83
29.30	1.23	0.11	8.67	7.54	4.20	7.54	137.26
6.02	0.10	0.22	2.27	2.11	0.37	0.95	46.08
0.96			0.22	0.42	0.13	0.20	5.13
9.05			1.45	2.27	2.48	2.85	42.52
172.61	3.71	0.91	21.90	23.74	57.40	64.94	692.15
25.10	0.61	0.06	3.81	4.13	8.71	7.78	75.12
51.88	1.32	0.30	6.03	6.58	18.01	19.64	195.22
49.32	0.26	0.23	7.76	8.25	13.71	19.11	227.32
17.12		0.22	1.37	1.12	8.59	5.82	59.29
29.19	1.52	0.10	2.93	3.66	8.38	12.60	135.21
45.06	6.16	0.68	7.37	4.45	3.51	22.89	169.76
1.83		0.09	0.52	0.43	0.02	0.78	11.01
33.63	6.14	0.42	5.55	2.78	2.06	16.69	100.45
4.88	0.03		0.73	0.50	1.08	2.54	31.96
4.71		0.16	0.57	0.74	0.36	2.88	26.35
193.84	0.08	2.75	19.29	27.89	112.88	30.96	1042.45
16.41	0.17	0.45	2.14	7.01	3.60	3.05	87.86
8.68	0.17	0.31	1.61	4.86	0.77	0.96	57.21
7.73		0.15	0.53	2.15	2.82	2.09	30.65
3649.44	1599.67	17.52	1448.18	352.01	74.80	157.26	22636.22
2881.75	1438.11	8.96	1138.37	126.38	55.85	114.09	18404.07
2875.50	1437.95	8.96	1136.69	124.56	53.64	113.70	18377.98
6.25	0.16		1.67	1.82	2.21	0.38	26.09
744.47	152.33	8.56	295.88	225.58	18.95	43.18	4186.88
7509.82	1302.49	130.87	2565.29	1423.66	512.44	1561.77	33308.53
2572.13	691.32	36.83	1003.42	335.80	78.79	412.67	9265.44
94.20	2.52	2.75	33.66	32.10	4.03	5.85	543.62
289.73	58.51	3.07	167.24	40.93	8.21	11.77	1065.90
208.41	16.17	9.21	99.84	63.00	9.57	10.63	1108.03
1531.32	412.88	10.47	626.75	143.23	40.15	297.82	5304.89
448.48	201.24	11.33	75.93	56.54	16.83	86.61	1243.00

1-A-2 续表 21

行业	固定资产净值	固定资产净值年平均余额	负债合计	流动负债合计	所有者权益合计
肥料制造	1793.96	1720.43	3019.24	2019.59	2006.94
氮肥制造	1101.80	1059.04	1730.55	1075.55	1134.08
磷肥制造	136.58	138.54	289.91	210.93	169.50
钾肥制造	105.32	80.50	213.62	127.40	199.25
复混肥料制造	403.74	395.44	727.58	560.55	441.44
有机肥料及微生物肥料制造	34.41	32.06	40.88	29.93	43.44
其他肥料制造	12.11	14.86	16.70	15.23	19.24
农药制造	277.66	259.24	548.07	465.93	427.89
化学农药制造	247.22	229.79	511.30	435.95	382.35
生物化学农药及微生物农药制造	30.44	29.46	36.77	29.98	45.54
涂料、油墨、颜料及类似产品制造	534.56	530.76	1058.02	966.27	1032.20
涂料制造	262.61	257.75	588.48	547.23	563.63
油墨及类似产品制造	44.06	44.75	75.14	69.87	93.04
颜料制造	93.42	88.71	138.86	116.06	121.46
染料制造	111.10	116.09	217.24	196.81	209.40
密封用填料及类似品制造	23.37	23.46	38.29	36.30	44.68
合成材料制造	1776.75	1754.73	2507.17	1877.53	1954.46
初级形态的塑料及合成树脂制造	1072.10	1061.35	1585.24	1166.43	1297.16
合成橡胶制造	89.71	81.33	157.03	131.58	116.21
合成纤维单(聚合)体的制造	548.02	542.39	669.73	511.18	441.56
其他合成材料制造	66.92	69.66	95.17	68.33	99.54
专用化学产品制造	1785.33	1674.07	2761.50	2283.92	2544.21
化学试剂和助剂制造	557.22	533.04	887.31	738.75	856.06
专项化学用品制造	590.69	566.43	926.04	771.55	735.84
林产化学产品制造	45.88	43.89	67.32	54.03	61.35
炸药及火工产品制造	176.18	169.88	270.59	205.64	263.41
信息化学品制造	238.14	222.70	319.74	254.75	375.07
环境污染处理专用药剂材料制造	12.16	11.03	25.31	23.89	29.23
动物胶制造	13.07	12.26	17.69	13.73	15.88
其他专用化学产品制造	151.99	114.86	247.50	221.59	207.37
日用化学产品制造	374.99	366.39	730.64	677.84	784.62
肥皂及合成洗涤剂制造	136.29	131.66	284.57	262.95	317.09
化妆品制造	101.75	101.54	237.91	227.36	192.76
口腔清洁用品制造	25.35	24.60	39.94	35.17	58.82
香料、香精制造	61.44	60.05	107.03	97.78	134.56
其他日用化学产品制造	50.16	48.53	61.19	54.58	81.38
医药制造业	2400.68	2315.12	3786.31	3229.92	4094.23
化学药品原药制造	645.25	595.80	949.52	786.08	836.25
化学药品制剂制造	682.11	664.70	1200.13	1071.84	1239.84
中药饮片加工	93.72	92.04	172.14	142.95	143.11
中成药制造	541.62	539.42	857.06	739.39	1069.64
兽用药品制造	92.30	90.53	108.20	87.49	141.52
生物、生化制品的制造	247.52	234.83	361.81	291.04	484.23
卫生材料及医药用品制造	98.16	97.80	137.45	111.13	179.64
化学纤维制造业	1305.43	1314.82	2008.85	1711.08	1357.15
纤维素纤维原料及纤维制造	220.22	237.34	297.85	221.90	229.05
化纤浆粕制造	31.00	32.04	57.18	47.74	35.68
人造纤维(纤维素纤维)制造	189.22	205.30	240.68	174.16	193.37

单位：亿元

实收资本							主营业务收入
	国家资本	集体资本	法人资本	个人资本	港澳台资本	外商资本	
990.93	261.74	16.99	471.73	195.97	13.38	31.13	4316.07
519.97	176.89	11.45	227.31	89.68	5.77	8.87	1796.67
107.28	53.57	1.36	36.89	14.67	0.08	0.71	456.24
81.25	6.04	0.14	65.93	3.87	4.00	1.28	148.10
248.72	22.80	3.94	129.22	73.59	2.15	17.02	1721.74
25.02	0.40	0.06	10.02	10.59	1.23	2.72	151.74
8.69	2.04	0.04	2.36	3.57	0.15	0.53	41.59
208.79	17.19	3.92	73.55	82.51	7.21	24.42	1235.93
184.16	16.74	3.11	61.48	74.83	5.96	22.04	1111.64
24.63	0.44	0.81	12.07	7.68	1.25	2.38	124.29
532.06	23.80	21.38	106.01	134.84	85.65	160.39	2819.82
284.12	8.35	15.63	56.77	69.77	50.46	83.15	1594.72
58.32	2.67	1.00	9.07	10.01	12.87	22.70	204.76
65.21	7.32	2.47	15.69	19.79	8.19	11.75	333.29
98.15	4.82	1.95	20.85	28.33	7.94	34.25	542.94
26.26	0.63	0.33	3.63	6.94	6.19	8.53	144.12
1351.81	190.42	15.78	432.63	211.83	129.62	371.53	5683.90
819.37	39.80	11.58	273.33	148.75	96.85	249.06	3569.97
78.15	2.16	0.64	6.65	42.09	7.67	18.94	364.88
390.49	145.41	2.01	138.45	11.70	13.67	79.25	1494.69
63.81	3.06	1.55	14.20	9.29	11.44	24.27	254.36
1403.17	101.99	31.33	397.56	386.25	113.97	372.06	7861.05
420.14	23.97	14.22	130.73	123.38	37.43	90.42	3060.00
419.55	20.46	8.41	113.90	107.28	37.25	132.25	2572.50
34.67	0.92	0.60	12.22	13.94	1.23	5.75	222.47
132.79	27.21	4.20	51.51	45.80	0.94	3.13	715.56
247.92	23.83	1.25	61.53	31.69	25.48	104.13	566.80
14.78	0.74	0.50	4.17	5.29	1.26	2.82	88.69
10.51	0.36	0.15	2.27	3.48	0.45	3.79	53.70
122.82	4.49	2.01	21.22	55.40	9.93	29.77	581.32
450.92	16.03	4.64	80.38	76.44	83.84	189.59	2126.31
160.40	9.09	1.78	22.37	28.78	56.24	42.15	948.56
140.44	4.21	1.03	23.38	16.44	17.09	78.30	533.81
24.85	1.16	0.17	12.04	3.31	0.73	7.45	94.84
65.74	1.11	1.45	12.61	12.35	6.64	31.57	320.12
59.50	0.46	0.20	9.99	15.57	3.15	30.12	228.99
2073.90	179.00	68.23	775.75	550.73	130.10	370.10	7402.33
424.06	53.67	9.48	154.98	104.42	31.71	69.80	1700.00
653.31	60.85	29.38	235.06	128.09	34.07	165.86	2284.65
76.63	3.06	2.35	29.66	32.77	4.60	4.19	388.44
503.97	41.28	20.29	215.37	166.85	25.22	34.96	1577.27
74.01	6.88	1.12	25.10	32.81	0.56	7.54	344.66
263.61	11.86	4.51	90.35	61.51	26.65	68.74	710.33
78.32	1.41	1.10	25.23	24.27	7.30	19.01	396.97
927.03	97.70	7.92	329.54	209.38	149.01	133.48	3883.84
120.68	23.05	0.42	41.99	26.31	4.13	24.78	456.53
16.65	1.82		8.40	3.28	0.61	2.54	126.89
104.02	21.23	0.42	33.59	23.02	3.52	22.24	329.63

1-A-2 续表 22

行业	固定资产净值	固定资产净值年平均余额	负债合计	流动负债合计	所有者权益合计
合成纤维制造	1085.20	1077.48	1711.00	1489.18	1128.10
锦纶纤维制造	113.10	111.64	186.21	163.29	152.63
涤纶纤维制造	735.87	724.09	1204.10	1048.33	706.06
腈纶纤维制造	30.19	34.52	45.27	40.75	46.14
维纶纤维制造	33.00	34.74	55.91	45.04	48.01
其他合成纤维制造	173.03	172.48	219.50	191.76	175.26
橡胶制品业	1218.03	1199.79	1951.42	1593.45	1351.81
轮胎制造	807.30	793.68	1245.19	961.21	695.17
车辆、飞机及工程机械轮胎制造	782.18	769.89	1206.29	933.48	662.13
力车胎制造	20.30	19.54	31.26	21.26	24.34
轮胎翻新加工	4.83	4.25	7.63	6.46	8.70
橡胶板、管、带的制造	105.22	102.56	177.28	151.93	162.46
橡胶零件制造	97.32	98.49	157.85	143.76	159.00
再生橡胶制造	21.54	22.60	25.37	21.78	30.14
日用及医用橡胶制品制造	42.45	40.87	70.25	60.61	58.47
橡胶靴鞋制造	72.77	71.35	137.39	124.65	119.21
其他橡胶制品制造	71.43	70.23	138.09	129.51	127.37
塑料制品业	2219.88	2202.43	3858.05	3364.97	3161.53
塑料薄膜制造	378.71	386.33	605.42	499.12	448.83
塑料板、管、型材的制造	455.51	455.59	914.91	780.87	711.70
塑料丝、绳及编织品的制造	194.76	194.00	260.04	222.64	284.98
泡沫塑料制造	76.93	77.19	179.52	161.97	129.63
塑料人造革、合成革制造	125.57	123.24	220.57	209.30	144.43
塑料包装箱及容器制造	250.92	245.23	386.24	331.42	361.33
塑料零件制造	242.82	237.83	426.99	394.68	345.22
日用塑料制造	199.96	200.45	357.78	324.37	278.33
塑料鞋制造	38.76	39.35	68.49	61.95	55.08
日用塑料杂品制造	161.20	161.10	289.30	262.42	223.25
其他塑料制品制造	294.71	282.55	506.58	440.60	457.09
非金属矿物制品业	7221.03	7055.58	10056.25	7891.73	7870.81
水泥、石灰和石膏的制造	2983.82	2910.89	3759.41	2639.83	2672.54
水泥制造	2934.03	2863.56	3694.00	2585.90	2622.00
石灰和石膏制造	49.79	47.33	65.42	53.92	50.54
水泥及石膏制品制造	723.66	713.08	1465.55	1319.88	988.64
水泥制品制造	494.46	490.96	1115.46	1032.13	706.67
砼结构构件制造	98.80	96.65	180.76	155.88	122.66
石棉水泥制品制造	16.86	16.41	18.39	12.90	21.64
轻质建筑材料制造	87.59	84.67	114.04	87.36	109.93
其他水泥制品制造	25.96	24.40	36.91	31.60	27.75
砖瓦、石材及其他建筑材料制造	1064.09	1075.27	1256.44	1050.42	1308.89
粘土砖瓦及建筑砌块制造	233.09	230.65	211.12	162.76	271.93
建筑陶瓷制品制造	449.28	465.27	514.95	435.21	456.33
建筑用石加工	196.61	198.44	241.51	210.42	335.31
防水建筑材料制造	80.84	78.51	134.08	106.31	89.47
隔热和隔音材料制造	37.23	36.71	50.09	44.61	55.95
其他建筑材料制造	67.05	65.68	104.69	91.12	99.90
玻璃及玻璃制品制造	1434.22	1374.94	1992.39	1538.65	1476.58
平板玻璃制造	364.09	364.68	526.30	408.50	283.87
技术玻璃制品制造	278.09	270.99	473.93	374.65	353.56
光学玻璃制造	65.70	61.66	84.62	68.30	85.75
玻璃仪器制造	29.25	27.46	33.36	27.94	37.35

单位：亿元

实收资本							主营业务收　　入
	国家资本	集体资本	法人资本	个人资本	港澳台资本	外商资本	
806.36	74.64	7.50	287.55	183.08	144.89	108.70	3427.31
94.29	11.93	0.56	28.71	24.35	19.27	9.45	377.56
456.61	50.71	6.61	122.03	122.76	102.52	51.98	2492.85
115.30		0.08	110.51	3.36	0.76	0.59	82.37
17.62	11.36		1.52	3.74	0.68	0.33	51.35
122.54	0.63	0.26	24.78	28.87	21.65	46.34	423.18
815.08	42.29	14.02	167.80	172.51	110.09	308.38	4149.86
427.16	31.47	3.41	91.38	50.03	43.36	207.50	2139.68
405.42	31.25	3.30	82.34	43.58	40.98	203.99	2042.35
16.28	0.03	0.08	6.13	4.74	2.26	3.05	71.04
5.45	0.19	0.04	2.91	1.71	0.12	0.47	26.28
92.14	4.00	1.48	21.54	39.53	5.17	20.41	498.11
94.05	3.27	1.42	18.30	25.65	14.56	30.86	373.70
14.10	0.01	0.69	3.78	7.41	1.51	0.69	136.72
36.01	0.62	0.54	7.88	7.96	9.68	9.33	196.74
70.50	2.15	1.47	10.17	20.67	23.95	12.09	439.31
81.12	0.77	4.99	14.75	21.27	11.85	27.50	365.62
2059.69	37.50	46.28	456.04	553.59	435.33	530.96	9623.96
315.08	9.48	6.72	62.00	76.71	59.50	100.67	1353.64
435.08	9.92	13.48	152.85	131.09	62.31	65.43	2064.25
158.40	4.58	8.15	38.91	85.54	8.29	12.93	1028.12
82.76	2.46	1.04	17.40	24.18	20.41	17.25	473.43
89.66	0.20	1.48	15.06	34.42	28.97	9.54	503.57
248.42	3.47	5.00	60.14	57.54	48.57	73.71	879.31
244.94	2.97	3.89	33.36	39.63	62.91	102.17	940.19
188.72	1.79	2.12	29.99	45.82	61.28	47.73	1055.75
42.79	0.37	0.59	10.22	11.54	14.42	5.64	275.33
145.93	1.41	1.53	19.77	34.27	46.86	42.09	780.43
296.64	2.63	4.40	46.32	58.67	83.09	101.54	1325.70
4811.77	383.12	162.19	1644.12	1518.87	447.23	656.24	20345.47
1624.15	209.07	68.85	668.27	376.97	138.66	162.31	5197.76
1594.27	207.01	65.66	661.06	361.79	137.26	161.49	4977.26
29.88	2.07	3.19	7.21	15.18	1.41	0.82	220.50
655.01	30.64	24.16	210.26	279.37	41.00	69.59	2900.72
477.58	23.25	17.95	153.87	212.58	31.84	38.08	2031.50
78.99	3.55	4.82	26.85	33.81	4.81	5.13	389.77
5.91	0.22	0.26	2.79	2.51		0.14	118.76
74.79	2.78	0.73	19.33	23.17	3.61	25.16	282.54
17.75	0.84	0.39	7.42	7.30	0.73	1.07	78.15
753.63	14.84	31.65	201.96	344.14	67.30	93.74	4429.81
162.34	7.45	6.65	47.64	93.41	1.06	6.13	827.40
229.66	0.71	10.31	53.97	103.09	30.96	30.62	1671.49
209.86	1.97	11.02	59.08	88.03	25.07	24.70	1175.92
48.62	0.47	2.16	15.33	21.02	2.62	7.01	347.52
40.29	0.30	0.35	9.17	11.84	1.07	17.56	150.67
62.85	3.94	1.15	16.77	26.76	6.52	7.72	256.81
980.92	79.08	14.53	331.90	214.34	139.61	201.48	3304.14
212.10	26.75	6.72	74.30	28.40	26.61	49.32	505.30
218.42	3.57	1.90	76.37	61.11	39.43	36.04	733.85
57.76	1.85	0.63	10.21	5.66	7.21	32.20	172.42
18.22	0.68	0.09	8.88	7.33	0.03	1.21	122.61

1-A-2 续表 23

行　业	固定资产净　值	固定资产净值年平均余额	负债合计	流动负债合　计	所有者权益合计
日用玻璃制品及玻璃包装容器制造	176.56	176.26	252.51	218.87	198.64
玻璃保温容器制造	8.74	8.70	14.51	10.83	9.65
玻璃纤维及制品制造	375.73	333.63	406.35	250.46	317.79
玻璃纤维增强塑料制品制造	61.91	63.56	114.97	102.33	101.02
其他玻璃制品制造	74.15	68.00	85.85	76.76	88.95
陶瓷制品制造	310.00	295.84	435.51	343.59	372.12
卫生陶瓷制品制造	81.52	81.67	110.76	84.73	82.60
特种陶瓷制品制造	92.03	88.78	117.51	91.91	131.12
日用陶瓷制品制造	115.13	102.68	178.82	141.49	126.82
园林、陈设艺术及其他陶瓷制品制造	21.32	22.71	28.42	25.47	31.57
耐火材料制品制造	318.66	306.44	520.81	469.75	478.72
石棉制品制造	14.70	13.24	19.53	15.04	18.58
云母制品制造	4.89	4.98	6.73	6.00	4.90
耐火陶瓷制品及其他耐火材料制造	299.07	288.22	494.56	448.72	455.24
石墨及其他非金属矿物制品制造	386.58	379.12	626.13	529.61	573.31
石墨及碳素制品制造	195.23	190.17	341.88	288.40	278.51
其他非金属矿物制品制造	191.35	188.95	284.25	241.21	294.80
黑色金属冶炼及压延加工业	12927.33	12196.05	22305.56	17614.54	12890.18
炼铁	478.33	431.77	955.26	862.30	541.89
炼钢	2164.37	2085.79	4419.74	3660.95	2168.70
钢压延加工	9895.90	9323.80	16078.37	12350.02	9724.06
铁合金冶炼	388.73	354.68	852.19	741.28	455.52
有色金属冶炼及压延加工业	4861.64	4543.24	8166.38	6504.02	5964.50
常用有色金属冶炼	3000.56	2786.07	4755.86	3642.29	2966.26
铜冶炼	430.92	404.21	964.55	784.33	681.34
铅锌冶炼	335.91	311.23	732.19	614.91	403.02
镍钴冶炼	195.45	151.82	329.50	268.06	315.02
锡冶炼	63.53	68.49	133.95	107.44	76.43
锑冶炼	13.88	18.24	26.43	20.72	24.13
铝冶炼	1851.07	1736.56	2380.26	1686.71	1339.51
镁冶炼	48.53	40.10	80.57	72.83	49.52
其他常用有色金属冶炼	61.28	55.41	108.41	87.30	77.28
贵金属冶炼	91.53	84.85	214.31	183.00	306.93
金冶炼	67.70	60.39	163.16	136.34	273.22
银冶炼	17.31	18.40	37.06	33.28	31.52
其他贵金属冶炼	6.51	6.06	14.08	13.38	2.19
稀有稀土金属冶炼	207.01	197.26	361.78	306.63	610.40
钨钼冶炼	93.92	90.77	143.09	127.75	412.25
稀土金属冶炼	67.17	62.03	121.49	107.81	121.89
其他稀有金属冶炼	45.92	44.47	97.20	71.07	76.27
有色金属合金制造	138.28	133.29	266.82	222.37	232.89
有色金属压延加工	1424.26	1341.78	2567.62	2149.74	1848.01
常用有色金属压延加工	1341.18	1262.79	2401.63	2019.10	1716.99
贵金属压延加工	45.01	41.55	80.62	66.91	73.27
稀有稀土金属压延加工	38.07	37.43	85.37	63.72	57.76
金属制品业	2695.35	2568.23	5468.64	4961.36	4121.74
结构性金属制品制造	859.42	815.24	1969.29	1812.00	1297.59
金属结构制造	654.22	633.94	1594.27	1464.70	1038.31
金属门窗制造	205.20	181.30	375.02	347.31	259.28

单位：亿元

实收资本	国家资本	集体资本	法人资本	个人资本	港澳台资本	外商资本	主营业务收　入
118.90	2.19	1.77	33.65	44.96	16.21	20.11	666.16
4.88		0.41	1.49	1.95	0.75	0.28	41.76
224.45	40.41	1.49	77.85	29.73	42.70	32.27	560.35
62.33	0.50	1.14	26.37	23.84	1.10	9.38	325.58
63.85	3.13	0.38	22.76	11.35	5.57	20.67	176.11
241.28	10.45	3.96	67.76	72.74	39.29	47.09	1169.94
59.76	0.67	0.66	13.17	7.50	16.38	21.37	232.94
82.58	4.18	1.03	21.73	32.81	5.29	17.55	364.72
76.49	5.42	2.22	28.31	26.25	9.39	4.89	467.55
22.45	0.17	0.05	4.55	6.17	8.23	3.29	104.72
255.94	12.20	9.62	59.84	125.96	8.62	39.71	1630.05
9.69	0.49	0.46	2.44	4.66	1.59	0.04	68.86
3.09	0.29	0.02	0.45	1.70	0.03	0.60	31.48
243.16	11.41	9.13	56.95	119.59	7.00	39.07	1529.71
300.84	26.85	9.43	104.13	105.36	12.75	42.32	1713.05
141.91	13.43	6.03	53.23	51.30	2.26	15.67	831.52
158.93	13.42	3.40	50.90	54.06	10.49	26.66	881.53
5469.21	1734.60	116.06	1962.31	1005.12	233.41	417.72	45658.70
363.78	61.66	7.94	175.67	93.93	2.82	21.76	2163.00
783.31	233.54	7.99	333.02	131.07	45.12	32.56	7852.87
4020.98	1412.96	93.47	1309.85	679.53	180.34	344.84	33337.03
301.14	26.44	6.66	143.77	100.58	5.12	18.56	2305.80
2795.87	669.71	70.91	1034.08	571.23	182.98	266.95	20666.94
1384.65	531.60	28.68	522.26	217.38	31.61	53.13	8739.99
293.55	186.16	2.69	64.30	29.03	4.78	6.58	2957.31
244.83	35.46	16.21	121.13	62.69	3.68	5.66	1422.77
113.86	45.40	2.53	45.80	10.65	5.94	3.54	784.69
30.78	21.27	0.02	3.12	4.68	0.82	0.88	262.94
13.96	5.47	0.39	4.98	2.37	0.13	0.61	72.48
609.98	235.17	5.95	247.34	77.03	13.82	30.68	2798.07
35.37	0.37	0.41	14.25	15.00	1.20	4.14	186.76
42.31	2.29	0.48	21.35	15.92	1.24	1.04	254.98
77.89	20.77	5.62	26.16	23.63	0.44	1.27	803.67
58.43	19.88	1.98	21.36	14.42	0.17	0.61	550.10
15.92	0.73	3.52	3.52	7.87	0.27	0.02	212.30
3.54	0.16	0.13	1.28	1.33		0.64	41.28
198.55	14.12	4.14	109.70	48.62	9.76	12.21	1002.05
100.52	6.24	1.08	68.06	21.75	2.87	0.53	513.82
60.02	5.77	2.33	21.41	18.34	5.22	6.96	293.54
38.00	2.11	0.73	20.23	8.54	1.67	4.73	194.68
148.74	13.18	2.42	50.13	28.27	13.87	40.86	740.25
986.04	90.05	30.05	325.82	253.33	127.31	159.49	9380.98
926.10	85.33	28.29	303.21	240.32	123.51	145.43	8556.72
23.31	3.69	0.33	9.01	5.28	1.87	3.13	579.30
36.62	1.03	1.43	13.60	7.72	1.92	10.92	244.96
2447.78	92.74	63.64	630.47	782.63	378.83	499.46	14547.59
773.10	31.88	20.90	228.71	321.32	70.07	100.23	4615.42
629.86	24.48	18.59	187.41	251.40	60.69	87.28	3781.80
143.24	7.39	2.31	41.30	69.91	9.38	12.95	833.62

1-A-2 续表 24

行业	固定资产净值	固定资产净值年平均余额	负债合计	流动负债合计	所有者权益合计
金属工具制造	261.73	242.85	430.93	384.65	398.61
切削工具制造	107.98	100.00	174.75	149.66	160.42
手工具制造	49.79	48.75	92.86	84.81	65.90
农用及园林用金属工具制造	14.56	14.03	26.04	24.26	24.65
刀剪及类似日用金属工具制造	33.44	27.07	41.86	36.86	64.07
其他金属工具制造	55.96	53.01	95.42	89.05	83.58
集装箱及金属包装容器制造	283.25	277.76	653.36	598.24	444.23
集装箱制造	76.78	76.45	199.47	185.02	110.35
金属压力容器制造	77.65	77.27	192.95	178.71	119.97
金属包装容器制造	128.82	124.04	260.94	234.51	213.92
金属丝绳及其制品的制造	286.32	267.01	469.94	396.85	408.05
建筑、安全用金属制品制造	310.43	284.38	523.59	476.35	476.05
建筑、家具用金属配件制造	96.59	101.12	222.75	199.23	152.03
建筑装饰及水暖管道零件制造	170.28	138.88	221.83	205.04	257.87
安全、消防用金属制品制造	18.61	18.87	32.91	30.95	33.26
其他建筑、安全用金属制品制造	24.94	25.50	46.11	41.12	32.88
金属表面处理及热处理加工	188.89	184.46	431.62	389.08	267.23
搪瓷制品制造	34.96	36.72	61.97	54.44	47.43
工业生产配套用搪瓷制品制造	4.44	4.45	12.54	11.52	7.50
搪瓷卫生洁具制造	8.25	9.73	20.69	19.63	12.25
搪瓷日用品及其他搪瓷制品制造	22.27	22.54	28.74	23.29	27.69
不锈钢及类似日用金属制品制造	252.88	246.78	475.50	434.45	403.90
金属制厨房调理及卫生器具制造	55.59	55.92	100.56	91.74	83.15
金属制厨用器皿及餐具制造	102.87	99.38	211.20	191.01	173.11
其他日用金属制品制造	94.43	91.48	163.74	151.70	147.64
其他金属制品制造	217.49	213.03	452.43	415.29	378.65
铸币及贵金属制实验室用品制造	17.27	17.72	9.08	9.00	28.04
其他未列明的金属制品制造	200.22	195.31	443.35	406.29	350.61
通用设备制造业	4868.30	4585.13	11626.95	10341.51	7834.42
锅炉及原动机制造	412.19	398.00	2153.05	2006.33	816.71
锅炉及辅助设备制造	130.90	131.10	956.84	916.19	283.82
内燃机及配件制造	190.95	183.54	526.68	454.24	332.02
汽轮机及辅机制造	65.48	60.96	589.22	560.29	167.77
水轮机及辅机制造	10.75	10.13	35.89	33.23	12.58
其他原动机制造	14.11	12.27	44.42	42.38	20.52
金属加工机械制造	608.61	533.83	1227.68	1003.20	852.55
金属切削机床制造	340.48	278.11	692.24	527.87	421.99
金属成形机床制造	64.60	60.24	141.64	127.76	98.35
铸造机械制造	61.81	59.74	99.78	82.90	80.21
金属切割及焊接设备制造	34.45	31.95	81.06	75.01	77.36
机床附件制造	39.06	38.68	67.90	59.53	67.80
其他金属加工机械制造	68.20	65.11	145.07	130.13	106.83
起重运输设备制造	488.41	445.72	1490.79	1343.94	873.85
泵、阀门、压缩机及类似机械的制造	761.16	732.61	1592.82	1452.17	1346.99
泵及真空设备制造	190.15	179.32	428.34	387.23	314.32
气体压缩机械制造	161.30	157.59	318.50	294.52	244.78
阀门和旋塞的制造	200.91	195.66	437.84	403.02	413.47
液压和气压动力机械及元件制造	208.81	200.04	408.14	367.39	374.43

单位：亿元

实收资本	国家资本	集体资本	法人资本	个人资本	港澳台资本	外商资本	主营业务收入
231.77	7.24	3.88	51.21	70.26	42.41	56.77	1169.16
104.15	6.26	2.82	22.53	34.46	10.96	27.12	366.92
37.99	0.27	0.30	10.63	13.77	6.93	6.09	263.98
16.28		0.25	2.99	6.05	3.77	3.23	83.30
23.66	0.24	0.07	5.83	5.15	2.65	9.70	157.31
49.69	0.47	0.43	9.23	10.84	18.10	10.62	297.64
287.23	14.97	7.83	79.37	56.91	63.26	64.88	1601.70
72.58	3.96	0.50	21.41	2.83	16.40	27.47	610.64
71.01	7.38	2.13	23.08	26.81	6.22	5.39	387.99
143.64	3.62	5.20	34.88	27.27	40.64	32.03	603.07
208.67	14.81	12.78	57.39	68.22	20.70	34.76	1379.35
277.51	3.48	6.15	53.78	91.88	47.91	74.30	1641.00
105.91	0.66	1.97	17.44	28.24	26.18	31.43	652.07
127.04	2.53	2.74	27.87	46.58	17.68	29.64	753.77
19.91	0.09	0.70	5.01	8.26	2.86	2.99	103.19
24.65	0.20	0.74	3.47	8.81	1.19	10.24	131.95
163.33	2.71	5.87	38.02	47.41	30.48	38.85	1101.54
25.86	0.52	1.25	9.30	6.23	1.07	7.50	155.10
4.35	0.45	0.27	2.48	1.02		0.13	28.63
11.55		0.13	2.58	2.36	0.57	5.92	54.21
9.97	0.07	0.86	4.25	2.85	0.50	1.44	72.27
254.04	3.50	1.29	53.84	64.67	67.78	62.97	1518.38
52.73	1.16	0.23	9.01	14.43	16.55	11.36	375.07
108.83	0.85	0.61	26.15	30.81	27.58	22.83	622.96
92.48	1.49	0.45	18.67	19.44	23.65	28.78	520.34
226.27	13.64	3.69	58.86	55.72	35.15	59.20	1365.95
18.73	6.99		11.33	0.11	0.30		40.37
207.54	6.65	3.69	47.53	55.61	34.85	59.20	1325.59
4261.38	325.08	87.02	1192.25	1326.03	302.93	1028.07	23837.78
412.77	89.64	9.64	170.40	79.34	10.86	82.88	2440.73
142.61	21.33	5.77	34.88	43.24	4.63	32.76	972.04
198.32	44.43	2.65	85.98	27.62	2.86	34.78	882.14
79.89	22.74	1.21	36.90	4.84	3.11	11.10	470.04
10.47	0.29	0.01	4.67	2.01	0.25	3.23	32.42
11.48	0.85		7.98	1.63	0.01	1.01	84.09
440.62	44.41	10.32	157.77	126.06	28.76	73.29	2212.02
204.32	32.67	2.98	92.62	38.71	9.56	27.78	941.35
62.81	2.38	0.99	17.64	19.29	4.77	17.75	253.44
37.97	0.74	2.11	9.72	15.40	4.15	5.86	270.75
38.77	0.12	0.84	11.15	15.02	2.43	9.20	186.80
33.02	1.46	1.37	11.27	11.15	3.60	4.18	167.38
63.72	7.04	2.04	15.37	26.50	4.24	8.53	392.30
441.33	53.12	5.92	118.85	136.86	27.05	99.53	2853.26
777.57	22.77	12.58	200.63	253.80	31.96	255.83	3731.01
168.93	9.55	4.73	41.15	72.93	3.89	36.69	863.13
158.57	4.57	1.51	47.76	19.30	12.10	73.32	630.96
244.17	2.34	4.38	60.63	109.45	9.20	58.17	1214.66
205.91	6.30	1.97	51.10	52.12	6.77	87.65	1022.25

1-A-2 续表 25

行业	固定资产净值	固定资产净值年平均余额	负债合计	流动负债合计	所有者权益合计
轴承、齿轮、传动和驱动部件的制造	541.84	522.73	951.26	817.08	834.03
轴承制造	346.45	335.26	593.75	500.35	549.15
齿轮、传动和驱动部件制造	195.39	187.47	357.51	316.73	284.88
烘炉、熔炉及电炉制造	18.65	17.97	66.50	64.20	36.90
风机、衡器、包装设备等通用设备	666.26	628.60	1691.58	1542.74	1214.68
风机、风扇制造	119.16	89.02	282.47	262.14	169.68
气体、液体分离及纯净设备制造	56.87	53.78	199.48	180.94	125.84
制冷、空调设备制造	219.22	221.44	593.29	544.48	450.38
风动和电动工具制造	97.49	100.50	182.16	157.42	159.93
喷枪及类似器具制造	13.26	12.46	26.10	24.34	17.01
包装专用设备制造	30.10	28.99	91.19	82.30	66.92
衡器制造	17.70	17.19	37.33	35.10	34.64
其他通用设备制造	112.45	105.23	279.57	256.03	190.29
通用零部件制造及机械修理	555.56	522.13	1009.84	890.67	813.37
金属密封件制造	69.88	66.31	109.46	87.10	99.28
紧固件、弹簧制造	196.88	188.08	351.75	318.38	303.35
机械零部件加工及设备修理	205.66	190.31	376.37	327.38	278.94
其他通用零部件制造	83.13	77.43	172.25	157.82	131.81
金属铸、锻加工	815.62	783.54	1443.44	1221.18	1045.34
钢铁铸件制造	557.91	536.86	979.50	827.22	679.34
锻件及粉末冶金制品制造	257.71	246.68	463.94	393.96	366.00
专用设备制造业	3207.65	3015.12	8087.24	7073.94	5451.26
矿山、冶金、建筑专用设备制造	1054.62	934.59	3462.48	3025.54	1883.64
采矿、采石设备制造	332.37	260.34	792.21	723.84	443.07
石油钻采专用设备制造	174.45	168.04	601.29	545.24	410.46
建筑工程用机械制造	275.86	260.47	1043.28	889.52	666.55
建筑材料生产专用机械制造	48.32	45.60	133.40	123.03	79.21
冶金专用设备制造	223.61	200.13	892.30	743.90	284.35
化工、木材、非金属加工专用设备	608.51	582.98	1200.95	1030.90	910.02
炼油、化工生产专用设备制造	81.14	74.05	247.44	229.48	135.02
橡胶加工专用设备制造	26.04	25.89	73.29	67.31	42.13
塑料加工专用设备制造	58.07	58.71	165.49	153.08	121.29
木材加工机械制造	20.24	19.67	44.89	41.13	29.09
模具制造	412.46	395.50	643.08	515.27	563.27
其他非金属加工专用设备制造	10.56	9.15	26.77	24.63	19.23
食品、饮料、烟草及饲料生产专用设备制造	91.74	87.86	180.82	162.47	158.22
食品、饮料、烟草工业专用设备制造	46.73	45.08	100.56	93.30	84.86
农副食品加工专用设备制造	40.61	38.91	66.84	57.05	64.88
饲料生产专用设备制造	4.39	3.86	13.41	12.12	8.48
印刷、制药、日化生产专用设备制造	137.16	133.83	291.07	259.48	229.45
制浆和造纸专用设备制造	43.75	40.29	90.74	78.86	50.32
印刷专用设备制造	54.75	53.80	101.63	91.82	101.31
日用化工专用设备制造	3.51	4.19	11.94	10.64	7.79
制药专用设备制造	11.14	11.09	29.40	26.23	20.28
照明器具生产专用设备制造	5.89	5.95	10.55	9.28	9.76
玻璃、陶瓷和搪瓷制品生产专用设备制造	12.42	12.72	33.06	29.67	27.67
其他日用品生产专用设备制造	5.72	5.78	13.74	12.98	12.33
纺织、服装和皮革工业专用设备制造	235.96	235.64	508.86	462.31	403.30
纺织专用设备制造	153.97	155.41	340.82	303.90	253.68
皮革、毛皮及其制品加工专用设备制造	6.53	6.71	10.50	9.80	7.51
缝纫机械制造	69.07	67.18	145.01	136.89	130.91
其他服装加工专用设备制造	6.39	6.33	12.53	11.72	11.20

单位：亿元

实收资本							主营业务收入
	国家资本	集体资本	法人资本	个人资本	港澳台资本	外商资本	
434.99	24.73	3.12	98.92	123.47	34.01	150.76	1909.70
286.45	15.18	1.70	53.63	75.77	18.71	121.46	1131.94
148.54	9.54	1.42	45.28	47.69	15.30	29.30	777.76
19.72	0.35	0.43	6.07	9.10	1.10	2.67	127.22
677.79	36.12	11.38	172.14	222.55	58.64	176.98	3523.12
73.48	3.49	1.79	24.15	25.44	6.81	11.79	455.75
66.52	0.90	1.08	24.22	24.07	1.57	14.68	395.81
285.34	17.44	3.29	67.52	95.74	24.67	76.68	1366.99
84.07	0.29	0.25	11.70	29.65	14.89	27.29	440.30
10.75		0.22	2.65	3.72	1.56	2.59	54.82
33.04	1.99	0.89	13.10	8.26	2.04	6.77	140.50
19.85	0.63	0.63	2.93	7.31	2.85	5.49	107.93
104.76	11.36	3.22	25.87	28.36	4.24	31.70	561.02
459.94	20.64	11.52	99.51	155.11	65.19	107.97	2687.81
48.60	0.67	1.10	9.63	21.07	2.92	13.21	392.07
192.68	4.03	2.27	36.19	49.84	41.10	59.27	918.16
153.53	14.84	6.53	38.01	58.99	14.08	21.07	929.29
65.13	1.10	1.63	15.68	25.21	7.08	14.42	448.30
566.66	33.31	22.10	167.97	219.74	45.37	78.16	4352.91
384.34	20.85	17.92	115.73	150.52	30.24	49.09	2949.10
182.32	12.47	4.18	52.24	69.23	15.13	29.07	1403.81
3007.17	316.83	48.48	967.04	719.45	324.73	630.63	14116.48
911.08	150.54	15.40	382.28	219.14	35.28	108.44	5509.46
214.94	52.47	4.50	77.80	60.69	4.09	15.39	1283.22
226.50	21.39	4.32	114.99	46.46	18.79	20.53	1048.06
262.74	26.61	3.28	102.07	64.97	9.96	55.85	2087.06
45.10	3.96	1.62	11.47	21.44	0.99	5.61	273.22
161.80	46.12	1.67	75.94	25.58	1.44	11.05	817.90
569.50	17.01	7.38	101.09	111.24	149.42	183.35	2061.20
72.23	9.94	2.15	23.56	26.86	2.17	7.55	401.76
19.89	2.71	0.53	6.04	3.85	2.24	4.52	119.34
56.19	0.14	0.91	5.88	14.87	19.63	14.76	247.78
20.36	0.99	0.77	4.21	5.13	3.53	5.73	93.68
388.97	2.63	2.37	55.27	58.64	121.01	149.05	1133.88
11.87	0.61	0.65	6.13	1.90	0.84	1.75	64.75
87.82	4.15	1.57	33.25	35.40	2.22	11.24	463.42
47.72	3.01	1.13	24.34	12.59	1.99	4.67	214.94
34.06	1.15	0.39	7.86	19.31	0.15	5.21	210.30
6.04		0.05	1.05	3.49	0.09	1.36	38.18
134.85	3.02	3.13	38.63	39.17	11.46	39.43	533.66
29.33	0.65	0.39	5.42	10.56	1.18	11.13	154.79
63.84	0.84	1.49	23.39	13.03	7.42	17.67	172.62
3.59		0.08	1.02	1.11	0.34	1.04	20.41
10.82	0.50	0.08	2.97	5.97	0.68	0.61	52.66
7.76	0.36	0.23	1.72	1.97	1.11	2.38	35.29
12.46	0.67	0.38	3.45	3.82	0.41	3.74	64.06
7.05		0.49	0.65	2.71	0.32	2.87	33.83
246.05	14.55	5.87	64.17	67.57	33.41	60.48	864.99
160.87	10.14	2.44	50.25	42.12	21.51	34.41	580.35
5.04		0.05	0.93	1.89	0.75	1.43	20.29
73.54	3.28	3.18	10.63	22.38	10.27	23.80	227.10
6.59	1.12	0.21	2.35	1.19	0.88	0.84	37.25

1-A-2 续表 26

行 业	固定资产净值	固定资产净值年平均余额	负债合计	流动负债合计	所有者权益合计
电子和电工机械专用设备制造	462.15	455.73	893.28	730.97	619.58
电工机械专用设备制造	40.12	40.62	104.40	94.95	86.43
电子工业专用设备制造	121.78	117.25	192.82	170.73	228.51
航空、航天及其他专用设备制造	16.87	16.01	60.99	50.62	28.64
农、林、牧、渔专用机械制造	210.50	199.77	417.34	366.62	302.10
拖拉机制造	54.60	52.46	160.65	135.59	66.30
机械化农业及园艺机具制造	74.12	75.12	141.71	127.80	120.25
营林及木竹采伐机械制造	2.16	2.11	4.59	4.40	3.20
畜牧机械制造	2.48	2.70	5.91	5.78	3.18
渔业机械制造	1.85	1.86	3.08	2.51	2.31
农林牧渔机械配件制造	35.33	34.10	54.85	46.90	46.69
其他农林牧渔业机械制造及机械修理	39.95	31.42	46.54	43.62	60.17
医疗仪器设备及器械制造	178.20	170.09	331.89	297.44	406.55
医疗诊断、监护及治疗设备制造	60.75	57.77	108.62	97.44	156.88
口腔科用设备及器具制造	3.10	3.34	6.27	5.80	5.66
实验室及医用消毒设备和器具的制造	6.74	6.49	15.47	13.79	16.39
医疗、外科及兽医用器械制造	66.23	62.04	105.12	94.53	114.05
机械治疗及病房护理设备制造	6.52	7.11	15.48	13.60	18.50
假肢、人工器官及植(介)入器械制造	7.67	7.35	15.47	14.72	18.94
其他医疗设备及器械制造	27.19	25.99	65.46	57.56	76.13
环保、社会公共安全及其他专用设备制造	228.80	214.64	800.54	738.20	538.40
环境污染防治专用设备制造	84.51	81.69	315.60	292.04	235.87
地质勘查专用设备制造	5.60	5.37	22.64	17.23	4.48
邮政专用机械及器材制造	0.50	0.50	2.69	2.67	0.82
商业、饮食、服务业专用设备制造	3.24	3.26	12.96	12.59	7.95
社会公共安全设备及器材制造	33.44	30.74	99.55	94.70	88.94
交通安全及管制专用设备制造	2.42	2.60	11.50	11.05	8.68
水资源专用机械制造	11.01	11.26	51.33	48.76	23.93
其他专用设备制造	88.08	79.21	284.28	259.16	167.74
交通运输设备制造业	7658.33	7014.84	19395.87	17110.91	11742.95
铁路运输设备制造	267.95	242.54	1013.38	887.85	435.81
铁路机车车辆及动车组制造	128.70	112.15	539.60	473.36	169.66
工矿有轨专用车辆制造	2.78	2.52	9.12	8.77	4.73
铁路机车车辆配件制造	61.42	57.53	191.07	170.64	106.16
铁路专用设备及器材、配件制造	35.28	34.38	156.11	150.61	88.54
其他铁路设备制造及设备修理	39.78	35.96	117.48	84.48	66.72
汽车制造	5108.08	4744.88	10613.43	9453.45	8505.18
汽车整车制造	2376.01	2124.49	5356.58	4774.98	4438.55
改装汽车制造	226.51	212.95	612.70	549.57	308.55
电车制造	3.83	3.67	10.19	9.31	5.96
汽车车身、挂车的制造	47.67	49.96	94.46	78.18	84.03
汽车零部件及配件制造	2403.93	2303.95	4423.73	3935.29	3586.62
汽车修理	50.14	49.86	115.76	106.13	81.47
摩托车制造	313.63	296.00	829.96	763.02	500.88
摩托车整车制造	134.70	124.59	437.44	410.64	224.75
摩托车零部件及配件制造	178.93	171.41	392.52	352.38	276.13

单位：亿元

实收资本	国家资本	集体资本	法人资本	个人资本	港澳台资本	外商资本	主营业务收入
343.97	69.39	2.63	148.58	38.70	28.72	55.95	1195.93
62.98	6.34	2.16	30.75	11.88	3.63	8.20	215.71
129.34	2.22	0.16	30.95	24.67	25.01	46.33	448.91
13.05	4.24	0.10	6.30	1.12		1.30	56.26
176.77	36.81	5.47	53.38	45.50	4.82	30.79	1356.50
60.59	27.99	0.19	16.56	8.66		7.20	317.03
70.24	5.29	2.15	20.70	20.20	3.64	18.25	380.28
2.17	0.42		0.40	0.40	0.95		10.93
2.72		0.01	1.48	0.76		0.47	26.53
1.51		0.03	0.41	0.35	0.15	0.57	12.11
21.02	0.90	1.66	4.64	10.68	0.03	3.11	258.46
18.52	2.20	1.42	9.19	4.46	0.04	1.20	351.16
228.95	4.54	2.00	51.03	54.88	37.84	78.65	795.40
85.83	1.24	0.70	23.03	18.55	17.64	24.66	278.00
2.99	0.31		0.64	0.68	0.29	1.06	13.17
9.07	0.32	0.04	3.45	1.99	0.09	3.19	32.91
66.08	0.74	0.07	13.28	17.64	5.67	28.68	265.97
8.30	0.01	0.49	1.08	4.36	1.07	1.29	49.16
9.55	1.24	0.08	0.89	1.17	1.59	4.58	32.70
47.13	0.69	0.62	8.66	10.49	11.49	15.18	123.49
308.19	16.82	5.03	94.64	107.85	21.57	62.29	1335.92
134.16	5.36	1.96	42.94	55.03	7.94	20.94	555.76
7.21	2.41	0.30	3.07	1.41		0.01	23.07
0.94	0.12		0.57	0.10		0.15	4.19
7.90		0.11	1.45	2.39	0.31	3.64	22.67
35.54	1.38	0.43	10.31	11.00	4.46	7.96	187.21
5.55	0.05		1.75	2.98	0.14	0.63	20.68
14.92	0.29	0.59	6.97	5.74	0.23	1.10	66.04
101.97	7.21	1.63	27.58	29.21	8.49	27.86	456.30
6483.76	845.72	79.68	2654.71	851.55	359.75	1692.36	32913.38
302.95	50.15	4.95	202.28	29.85	1.75	13.97	1355.68
136.25	13.13	0.10	116.52	1.59	0.19	4.71	646.24
4.21	1.85	0.01	1.43	0.72		0.21	17.62
66.70	13.83	2.39	28.07	16.02	1.36	5.04	304.65
44.28	8.05	1.81	22.95	8.04	0.17	3.25	235.84
51.51	13.28	0.65	33.31	3.48	0.03	0.76	151.32
4614.94	597.96	64.81	1758.01	543.59	229.03	1421.53	23365.59
2209.79	435.47	9.56	1061.95	139.04	34.96	528.81	11883.33
178.44	16.26	6.09	101.89	46.16	0.67	7.37	1159.91
4.63	0.35	0.02	2.06	0.97	0.84	0.41	10.99
48.32	5.62	1.17	18.85	13.54	1.93	7.22	281.89
2121.08	136.51	43.75	554.52	328.40	183.68	874.21	9795.91
52.68	3.74	4.23	18.74	15.48	6.96	3.52	233.56
268.53	17.59	4.33	89.37	90.68	24.94	41.61	2165.11
127.49	14.53	2.12	48.06	31.00	9.59	22.20	1197.85
141.04	3.07	2.22	41.30	59.68	15.35	19.41	967.26

1-A-2 续表 27

行 业	固定资产净值	固定资产净值年平均余额	负债合计	流动负债合计	所有者权益合计
自行车制造	107.65	109.58	272.57	257.80	187.03
脚踏自行车及残疾人座车制造	71.72	74.64	192.66	182.49	127.36
助动自行车制造	35.93	34.94	79.91	75.31	59.67
船舶及浮动装置制造	1324.65	1124.25	5186.38	4640.83	1269.81
金属船舶制造	952.28	786.06	4253.65	3824.01	860.18
非金属船舶制造	5.70	5.97	24.97	24.10	12.28
娱乐船和运动船的建造和修理	9.07	7.91	12.73	12.09	16.07
船用配套设备制造	121.25	114.80	306.38	253.04	156.87
船舶修理及拆船	234.99	208.12	582.57	521.57	222.89
航标器材及其他浮动装置的制造	1.37	1.38	6.09	6.02	1.51
航空航天器制造	500.99	466.10	1416.27	1049.87	789.17
飞机制造及修理	458.10	423.79	1301.89	971.74	734.25
航天器制造	40.82	40.16	111.02	74.95	51.52
其他飞行器制造	2.07	2.15	3.36	3.17	3.40
交通器材及其他交通运输设备制造	35.38	31.49	63.88	58.08	55.06
潜水及水下救捞装备制造	1.42	1.31	1.16	1.13	1.92
交通管理用金属标志及设施制造	16.01	15.50	24.75	23.68	23.14
其他交通运输设备制造	17.95	14.68	37.96	33.27	30.00
电气机械及器材制造业	4358.77	4178.11	11993.53	10926.94	8754.32
电机制造	506.42	480.41	1500.75	1400.29	1002.41
发电机及发电机组制造	166.52	155.65	684.99	642.21	395.99
电动机制造	198.21	184.44	501.37	459.44	352.04
微电机及其他电机制造	141.69	140.32	314.39	298.63	254.38
输配电及控制设备制造	1086.70	1000.25	3213.36	2869.49	2531.56
变压器、整流器和电感器制造	361.86	315.96	1157.77	1002.28	800.52
电容器及其配套设备制造	56.58	57.22	111.96	100.46	165.25
配电开关控制设备制造	377.43	350.66	1308.07	1200.22	947.85
电力电子元器件制造	199.61	191.34	352.08	306.48	353.13
其他输配电及控制设备制造	91.22	85.07	283.47	260.06	264.82
电线、电缆、光缆及电工器材制造	971.23	950.87	2371.92	2142.04	1975.04
电线电缆制造	813.48	792.66	2033.58	1837.36	1651.68
光纤、光缆制造	58.60	60.80	136.33	123.68	145.90
绝缘制品制造	51.18	51.45	101.34	91.37	93.38
其他电工器材制造	47.97	45.96	100.67	89.64	84.08
电池制造	521.04	463.99	1250.36	1081.84	897.73
家用电力器具制造	819.79	841.40	2635.99	2498.13	1538.85
家用制冷电器具制造	250.38	241.61	623.69	572.79	406.22
家用空气调节器制造	181.53	195.07	901.43	884.15	481.17
家用通风电器具制造	42.07	43.34	100.54	95.06	58.67
家用厨房电器具制造	126.21	147.21	460.97	436.06	224.38
家用清洁卫生电器具制造	74.95	73.21	193.78	179.41	152.86
家用美容、保健电器具制造	23.80	23.64	51.65	48.50	39.22
家用电力器具专用配件制造	62.01	61.36	149.00	138.50	78.68
其他家用电力器具制造	58.85	55.96	154.93	143.67	97.65
非电力家用器具制造	70.90	73.99	174.30	154.34	141.93
燃气、太阳能及类似能源的器具制造	60.45	64.50	151.36	140.54	130.33
其他非电力家用器具制造	10.46	9.49	22.94	13.80	11.60
照明器具制造	298.94	285.54	661.57	614.63	528.51
电光源制造	99.34	91.64	182.54	166.04	170.98
照明灯具制造	148.88	144.42	359.44	335.91	269.86
灯用电器附件及其他照明器具制造	50.72	49.48	119.58	112.68	87.67

单位：亿元

实收资本							主营业务收入
	国家资本	集体资本	法人资本	个人资本	港澳台资本	外商资本	
139.78	2.93	0.67	20.62	37.40	42.18	35.99	732.33
91.96	2.88	0.50	10.48	13.23	36.12	28.75	500.01
47.82	0.05	0.17	10.14	24.17	6.06	7.23	232.33
767.50	69.12	3.61	369.51	133.75	45.97	145.53	3931.37
525.10	46.34	1.88	269.61	94.95	23.07	89.26	2831.59
6.73	0.07	0.09	2.30	2.36	1.39	0.53	40.22
12.54	0.17	0.06	3.92	0.58	0.96	6.86	20.89
110.10	6.36	0.64	48.26	21.98	4.88	27.97	417.24
111.28	15.04	0.93	45.43	13.72	15.35	20.81	611.10
1.75	1.16			0.17	0.32	0.10	10.33
363.34	106.74	0.26	207.78	6.87	12.63	29.06	1162.04
343.58	98.58	0.25	199.05	5.73	12.63	27.34	1088.67
16.96	7.80	0.01	8.61	0.54			68.02
2.80	0.36		0.12	0.60		1.72	5.34
26.72	1.22	1.04	7.15	9.39	3.24	4.68	201.26
1.59	0.46		0.07	0.17	0.72	0.16	7.36
10.80	0.28	0.40	3.44	5.18	1.04	0.46	59.49
14.33	0.48	0.64	3.63	4.04	1.48	4.07	134.40
4685.12	188.54	127.98	1300.57	1265.21	602.15	1200.66	29374.91
511.11	36.72	11.41	151.73	123.16	46.33	141.76	3088.81
199.48	17.22	5.78	86.15	39.71	12.74	37.88	1108.69
164.89	18.58	1.68	43.20	47.32	9.27	44.83	1114.02
146.74	0.92	3.95	22.37	36.13	24.32	59.05	866.10
1320.24	66.35	34.82	385.97	430.03	134.30	268.77	6598.48
391.08	28.39	15.70	129.47	96.64	45.59	75.28	2232.28
67.38	1.30	1.29	11.12	16.05	8.32	29.30	230.92
519.39	29.80	12.52	179.36	204.90	28.08	64.73	2557.80
223.85	1.66	1.84	32.08	61.55	43.40	83.32	929.97
118.54	5.20	3.46	33.95	50.89	8.90	16.14	647.52
1067.85	36.06	35.07	290.39	420.34	89.64	196.35	7343.49
853.65	22.18	30.53	218.44	374.84	64.15	143.51	6358.59
114.62	9.81	1.01	51.84	22.12	6.32	23.52	393.17
52.58	2.03	2.38	11.11	9.73	12.16	15.16	336.82
47.00	2.04	1.15	8.99	13.65	7.01	14.16	254.91
528.10	15.66	3.20	129.31	75.07	84.67	220.19	2717.64
781.65	24.83	37.44	246.66	89.19	134.03	249.51	6772.33
172.60	9.05	13.84	48.22	13.90	10.51	77.08	1547.50
196.85	4.72	2.85	97.65	11.38	14.92	65.33	2335.36
36.18	0.40	0.10	12.33	6.31	12.94	4.10	279.96
138.13	1.50	13.21	36.13	17.20	39.87	30.21	1175.53
100.88	8.81	1.89	26.44	8.06	13.52	42.17	510.92
23.53		0.02	3.65	4.62	7.47	7.78	157.43
45.71	0.22	3.68	13.69	11.75	7.48	8.88	379.45
67.78	0.12	1.86	8.54	15.97	27.33	13.96	386.18
72.07	0.46	1.28	19.94	26.87	11.31	12.21	540.59
64.69	0.37	1.23	19.12	24.94	9.46	9.57	473.96
7.38	0.09	0.05	0.82	1.93	1.85	2.64	66.63
316.04	7.11	3.11	57.97	81.65	85.78	80.42	1799.58
90.31	1.27	0.62	19.36	20.90	21.98	26.18	525.82
170.68	0.97	2.33	30.17	51.32	48.73	37.17	903.88
55.04	4.87	0.15	8.45	9.43	15.08	17.07	369.88

1-A-2 续表 28

行业	固定资产净值	固定资产净值年平均余额	负债合计	流动负债合计	所有者权益合计
其他电气机械及器材制造	83.74	81.66	185.28	166.18	138.28
车辆专用照明及电气信号设备装置	45.19	44.00	78.04	72.82	69.75
其他未列明的电气机械制造	38.55	37.67	107.25	93.36	68.53
通信设备、计算机及其他电子设备	7226.36	7059.11	15760.85	13995.19	11238.83
通信设备制造	689.93	718.37	3661.88	3376.91	2110.86
通信传输设备制造	77.56	77.00	292.27	272.85	251.16
通信交换设备制造	170.39	165.10	1607.27	1416.66	719.36
通信终端设备制造	55.55	79.83	339.34	327.16	184.93
移动通信及终端设备制造	327.68	337.94	1227.04	1175.03	790.83
其他通信设备制造	58.74	58.51	195.97	185.21	164.58
雷达及配套设备制造	103.30	60.46	196.13	158.80	120.55
广播电视设备制造	58.88	58.89	185.92	162.72	125.58
广播电视节目制作及发射设备制造	4.16	4.56	25.28	23.14	8.64
广播电视接收设备及器材制造	38.82	38.00	108.51	99.97	75.84
应用电视设备及其他广播电视设备	15.91	16.33	52.13	39.61	41.10
电子计算机制造	1146.89	1144.07	3596.99	3298.81	1857.82
电子计算机整机制造	408.76	413.90	2000.88	1837.20	613.89
计算机网络设备制造	39.75	35.49	144.36	133.48	107.39
电子计算机外部设备制造	698.38	694.68	1451.76	1328.12	1136.54
电子器件制造	2556.72	2482.26	3011.65	2302.81	2899.55
电子真空器件制造	238.77	223.03	287.56	251.47	367.15
半导体分立器件制造	230.90	213.03	361.26	273.86	290.81
集成电路制造	1173.51	1181.14	1093.36	752.77	1257.07
光电子器件及其他电子器件制造	913.54	865.05	1269.47	1024.70	984.52
电子元件制造	2088.48	2029.07	3479.57	3174.58	2857.25
电子元件及组件制造	1377.99	1331.60	2199.37	2019.14	2041.94
印制电路板制造	710.50	697.47	1280.20	1155.44	815.31
家用视听设备制造	329.58	329.39	1238.18	1175.05	827.69
家用影视设备制造	221.29	221.55	975.31	930.41	641.28
家用音响设备制造	108.30	107.84	262.87	244.65	186.41
其他电子设备制造	252.57	236.59	390.52	345.52	439.52
仪器仪表及文化、办公用机械制造	822.74	792.44	1917.73	1740.91	1894.65
通用仪器仪表制造	303.59	291.94	889.67	816.67	845.82
工业自动控制系统装置制造	159.91	146.72	483.99	446.52	477.48
电工仪器仪表制造	29.61	29.62	91.10	82.66	82.48
绘图、计算及测量仪器制造	21.60	20.63	48.54	45.14	33.97
实验分析仪器制造	22.09	21.17	57.12	53.74	58.00
试验机制造	11.70	11.07	22.01	19.34	29.76
供应用仪表及其他通用仪器制造	58.69	62.73	186.90	169.27	164.14
专用仪器仪表制造	138.38	129.61	308.29	271.85	311.59
环境监测专用仪器仪表制造	10.01	8.09	20.31	19.26	26.59
汽车及其他用计数仪表制造	37.21	34.94	86.28	78.84	73.68
导航、气象及海洋专用仪器制造	22.53	21.88	43.08	38.60	41.14
农林牧渔专用仪器仪表制造	0.69	0.66	1.06	0.95	0.97
地质勘探和地震专用仪器制造	14.29	13.88	30.19	21.74	38.68
教学专用仪器制造	4.89	5.36	11.99	11.47	14.66
核子及核辐射测量仪器制造	1.94	2.18	7.17	4.74	4.22
电子测量仪器制造	27.70	24.73	74.05	63.86	61.59
其他专用仪器制造	19.11	17.90	34.17	32.38	50.07

单位：亿元

实收资本							主营业务收入
	国家资本	集体资本	法人资本	个人资本	港澳台资本	外商资本	
88.07	1.35	1.66	18.60	18.90	16.08	31.46	513.98
44.26	0.19	0.86	8.80	7.89	7.52	19.00	214.81
43.81	1.16	0.81	9.80	11.01	8.57	12.47	299.17
7491.25	338.24	37.90	1568.04	527.08	1673.11	3346.88	43177.95
1216.31	92.94	6.21	541.49	91.91	135.69	348.08	8190.38
123.67	28.20	1.66	39.38	16.49	13.02	24.93	528.75
467.93	48.78	1.38	355.07	9.15	3.24	50.32	2087.19
105.36	3.24	0.58	32.48	16.99	18.54	33.53	543.22
429.95	10.66	1.70	79.50	33.15	87.46	217.48	4617.37
89.40	2.06	0.89	35.07	16.14	13.43	21.82	413.86
43.00	20.57	0.11	20.67	1.40		0.24	162.59
74.19	3.38	0.26	25.48	19.15	11.53	14.40	382.46
8.91	2.53		2.62	3.01	0.26	0.50	25.30
41.71	0.63	0.25	14.47	10.60	6.76	9.00	244.27
23.57	0.23		8.39	5.54	4.50	4.90	112.90
1037.40	22.80	5.52	134.95	53.59	273.89	546.65	15768.06
294.18	13.10	2.30	61.26	16.95	55.09	145.47	9371.93
62.86	1.53	1.09	9.74	8.14	23.22	19.14	429.16
680.36	8.17	2.13	63.95	28.49	195.58	382.04	5966.97
2528.33	112.77	7.08	443.16	119.39	491.78	1354.15	6045.25
272.18	37.00	0.26	107.32	27.41	18.32	81.88	525.44
221.97	7.63	2.51	60.93	14.37	51.84	84.69	540.57
1177.65	12.76	1.15	92.91	28.08	220.54	822.21	2183.96
856.52	55.37	3.17	182.00	49.53	201.08	365.38	2795.28
1960.52	54.11	15.97	249.09	150.15	598.47	892.73	8044.23
1350.12	50.43	13.83	193.81	131.44	347.84	612.78	5949.49
610.41	3.69	2.15	55.28	18.71	250.63	279.95	2094.74
402.82	22.77	1.62	95.61	48.86	113.39	120.57	3587.76
271.01	20.53	0.79	81.09	36.35	65.07	67.19	2587.15
131.81	2.25	0.83	14.52	12.52	48.32	53.38	1000.61
228.67	8.89	1.14	57.59	42.63	48.37	70.06	997.22
1031.65	71.79	13.28	281.04	218.54	148.18	298.82	4850.64
407.79	27.00	7.68	132.66	131.50	30.71	78.24	1852.78
214.83	20.81	4.01	84.65	51.47	12.71	41.18	1031.47
47.59	1.26	1.01	13.30	20.06	4.33	7.61	180.72
21.42	1.02	0.58	2.93	5.57	4.47	6.86	85.03
32.82	0.53	0.49	10.22	7.24	2.67	11.67	122.69
10.28	0.32	0.28	3.85	4.36	0.12	1.35	41.61
80.85	3.06	1.30	17.71	42.79	6.41	9.58	391.26
172.29	17.98	1.45	70.66	37.57	11.29	33.35	610.41
13.89	0.16	0.17	2.98	3.73	1.87	4.97	65.51
36.35	0.52	0.61	10.47	12.01	1.91	10.83	157.71
15.49	3.41	0.05	7.41	3.28	0.53	0.81	82.22
0.41			0.10	0.31			3.65
38.10	0.63	0.04	32.36	1.39	0.86	2.81	50.74
8.03	0.25		1.48	4.92		1.37	36.80
2.19	0.33	0.04	1.45	0.33		0.04	5.93
30.06	2.82	0.27	8.41	5.74	5.37	7.45	126.29
27.78	9.86	0.28	5.98	5.85	0.74	5.06	81.56

1-A-2 续表 29

行业	固定资产净值	固定资产净值年平均余额	负债合计	流动负债合计	所有者权益合计	实收资本
钟表与计时仪器制造	35.67	35.85	78.79	70.46	67.51	48.58
光学仪器及眼镜制造	188.14	183.30	274.53	236.57	305.71	195.51
光学仪器制造	134.57	128.86	187.69	154.64	225.26	133.47
眼镜制造	53.57	54.44	86.84	81.93	80.45	62.04
文化、办公用机械制造	143.73	138.04	335.44	316.73	336.73	191.05
电影机械制造	1.75	2.08	5.16	4.76	2.19	1.68
幻灯及投影设备制造	2.10	2.67	5.82	5.64	6.53	5.29
照相机及器材制造	66.07	67.59	113.09	109.09	134.23	87.28
复印和胶印设备制造	39.24	33.40	90.42	86.28	102.16	46.51
计算器及货币专用设备制造	22.51	20.31	88.50	82.71	71.68	38.87
其他文化、办公用机械制造	12.06	11.99	32.45	28.24	19.94	11.43
其他仪器仪表的制造及修理	13.23	13.69	31.01	28.63	27.29	16.43
工艺品及其他制造业	671.73	683.83	1334.64	1139.81	1131.52	644.04
工艺美术品制造	391.62	389.05	762.34	653.25	711.29	387.82
雕塑工艺品制造	40.88	40.58	52.64	42.30	62.63	39.31
金属工艺品制造	37.65	37.20	67.62	61.44	61.51	35.35
漆器工艺品制造	16.57	16.68	20.04	17.20	20.39	9.47
花画工艺品制造	20.20	19.59	21.51	19.74	26.92	18.75
天然植物纤维编织工艺品制造	30.59	29.76	36.31	30.60	41.99	24.20
抽纱刺绣工艺品制造	71.79	70.89	113.35	99.13	100.70	51.56
地毯、挂毯制造	53.66	53.73	91.77	71.86	74.47	40.99
珠宝首饰及有关物品的制造	42.92	44.86	202.27	173.99	187.98	78.84
其他工艺美术品制造	77.37	75.76	156.83	136.99	134.72	89.35
日用杂品制造	143.50	144.24	271.95	256.56	243.32	146.30
制镜及类似品加工	11.63	11.95	15.77	13.80	17.99	10.55
鬃毛加工、制刷及清扫工具的制造	21.49	21.91	42.84	39.95	33.65	18.30
其他日用杂品制造	110.39	110.37	213.34	202.81	191.68	117.46
煤制品制造	20.44	20.58	33.67	23.06	12.04	9.46
其他未列明的制造业	114.93	128.76	265.33	205.75	162.87	99.40
废弃资源和废旧材料回收加工业	154.41	128.02	370.43	337.60	178.52	114.87
金属废料和碎屑的加工处理	120.42	96.16	323.53	299.99	139.11	89.92
非金属废料和碎屑的加工处理	33.99	31.86	46.91	37.61	39.40	24.95
电力、燃气及水的生产和供应业	**41245.78**	**39819.37**	**43324.73**	**19828.63**	**25499.72**	**16153.56**
电力、热力的生产和供应业	38077.94	36745.57	39817.33	17878.70	22411.28	14214.15
电力生产	21934.90	21047.25	22637.07	9065.62	10075.84	7984.66
火力发电	13432.17	12870.04	14393.49	6432.64	5260.85	4557.80
水力发电	7030.48	6728.45	6668.49	2081.81	4158.79	3009.93
核力发电	779.21	820.63	848.62	230.18	304.21	141.68
其他能源发电	693.04	628.13	726.47	320.99	351.99	275.25
电力供应	15110.03	14743.21	15802.10	7930.59	11723.90	5838.79
热力生产和供应	1033.02	955.11	1378.17	882.49	611.54	390.70
燃气生产和供应业	887.18	859.61	1227.79	791.43	973.90	639.73
水的生产和供应业	2280.66	2214.18	2279.61	1158.49	2114.55	1299.68
自来水的生产和供应	1917.46	1879.59	1805.74	1015.48	1748.88	1028.76
污水处理及其再生利用	309.81	282.59	287.79	117.72	259.51	211.92
其他水的处理、利用与分配	53.39	52.00	186.08	25.29	106.16	59.00

单位：亿元

国家资本	集体资本	法人资本	个人资本	港澳台资本	外商资本	主营业务收入
1.57	0.67	5.51	7.03	23.48	10.32	184.87
23.22	1.84	39.96	24.90	41.30	64.30	694.61
23.10	1.69	34.08	11.93	26.84	35.84	545.26
0.12	0.15	5.88	12.97	14.46	28.46	149.35
1.35	1.20	27.68	13.56	40.36	106.89	1445.78
0.24		1.03	0.16	0.25		5.64
		0.88	0.60	2.49	1.31	23.51
0.58	0.99	8.44	1.26	12.45	63.55	639.06
0.03	0.10	6.92	1.47	6.91	31.08	496.41
0.49	0.11	7.15	8.36	17.19	5.55	234.55
		3.26	1.71	1.07	5.40	46.61
0.68	0.45	4.57	3.98	1.04	5.71	62.18
21.30	13.76	140.57	182.83	166.53	119.04	4026.50
4.20	7.32	84.40	130.78	97.59	63.55	2873.76
0.13	0.39	6.79	14.61	11.58	5.80	221.78
1.17	0.55	7.74	10.57	7.16	8.16	230.35
	1.10	2.33	3.63	2.23	0.18	45.68
0.10	0.08	3.14	3.16	9.34	2.92	100.89
	0.85	6.95	13.33	1.71	1.36	239.81
0.06	0.65	10.63	20.43	9.83	9.96	343.70
2.20	1.67	8.42	11.92	5.66	11.12	227.70
0.27	1.06	23.07	14.27	27.59	12.59	928.40
0.27	0.98	15.32	38.85	22.47	11.46	535.45
0.27	0.91	21.84	35.28	49.86	38.14	737.87
	0.18	2.56	3.14	3.59	1.07	37.91
0.05	0.23	3.83	5.57	4.97	3.64	165.84
0.22	0.50	15.44	26.57	41.30	33.43	534.12
3.97	0.77	2.16	2.36	0.08	0.12	53.57
12.86	4.77	31.53	14.05	19.00	17.19	359.57
11.25	4.91	41.61	25.22	13.89	17.99	1158.33
10.22	2.66	34.17	18.70	9.25	14.92	1031.83
1.03	2.25	7.44	6.51	4.64	3.08	126.49
8610.82	**176.75**	**5756.20**	**448.10**	**461.59**	**700.09**	**32718.11**
7616.99	139.06	5223.17	392.11	345.31	497.50	30245.26
3410.50	121.22	3350.10	320.42	306.60	475.82	9992.18
1310.85	61.97	2359.42	149.68	266.00	409.87	8267.08
1950.32	51.70	808.96	148.62	14.41	35.92	1305.20
83.09		50.28		8.32		249.44
66.25	7.55	131.44	22.12	17.87	30.02	170.46
4031.75	8.27	1745.88	21.57	27.40	3.91	19566.59
174.73	9.57	127.20	50.12	11.31	17.76	686.48
195.36	10.92	261.98	23.92	61.78	85.77	1592.09
798.47	26.77	271.05	32.07	54.51	116.82	880.76
658.35	23.59	217.91	24.86	48.26	55.80	720.74
137.58	3.10	50.73	6.75	6.25	7.51	85.94
2.54	0.09	2.40	0.46	0.01	53.51	74.08

1-A-2 续表 30

行业	主营业务成本	主营业务税金及附加	营业费用	管理费用	税金
总计	**423295.75**	**6277.28**	**12893.31**	**20199.81**	**1047.78**
一、按登记注册类型分组					
内资企业	297364.13	5392.39	8034.62	14369.05	806.51
国有企业	39597.31	1752.65	622.95	2367.17	107.34
中央企业	23411.53	1435.74	275.59	1189.00	52.74
地方企业	16185.78	316.91	347.36	1178.17	54.59
集体企业	7347.69	93.16	233.02	405.48	15.98
股份合作企业	2708.22	28.17	81.20	126.85	7.32
联营企业	1421.27	14.41	26.10	75.25	3.45
国有联营企业	942.03	10.38	16.06	50.05	2.16
集体联营企业	150.07	1.88	4.20	9.69	0.49
国有与集体联营企业	123.42	0.61	3.06	9.63	0.53
其他联营企业	205.74	1.53	2.78	5.88	0.26
有限责任公司	90117.60	1669.89	2642.53	5170.40	269.80
国有独资公司	15498.48	767.48	337.35	1346.59	55.28
其他有限责任公司	74619.11	902.41	2305.19	3823.81	214.52
股份有限公司	42495.68	691.32	1313.31	2034.95	123.89
私营企业	112220.27	1123.38	3076.14	4135.60	276.00
私营独资企业	20145.45	294.91	592.78	640.95	50.91
私营合作企业	3190.33	60.25	103.71	123.35	9.25
私营有限责任公司	82533.03	705.21	2178.97	3136.81	201.84
私营股份有限公司	6351.45	63.01	200.68	234.49	13.98
其他企业	1456.11	19.41	39.36	53.34	2.74
港、澳、台商投资企业	43250.55	237.92	1449.99	1940.74	84.94
合资经营企业(港或澳、台资)	15099.96	65.90	488.30	646.35	32.33
合作经营企业(港或澳、台资)	1382.10	9.47	28.16	58.19	2.57
港澳台商独资经营企业	24798.98	146.75	873.81	1146.79	46.63
港澳台商投资股份有限公司	1969.51	15.79	59.73	89.41	3.40
外商投资企业	82681.07	646.97	3408.70	3890.02	156.33
中外合资经营企业	36521.80	481.67	1622.98	1604.35	72.50
中外合作经营企业	1811.33	5.62	84.72	104.06	3.37
外资企业	41791.91	131.46	1540.79	2036.78	75.45
外商投资股份有限公司	2556.03	28.22	160.21	144.83	5.02
二、按经济组织类型分组					
独资企业	133681.33	2418.93	3863.34	6597.17	296.31
国有企业	39597.31	1752.65	622.95	2367.17	107.34
集体企业	7347.69	93.16	233.02	405.48	15.98
私营独资企业	20145.45	294.91	592.78	640.95	50.91
港澳台商独资经营企业	24798.98	146.75	873.81	1146.79	46.63
外资企业	41791.91	131.46	1540.79	2036.78	75.45
合作、合伙企业	11969.37	137.33	363.26	541.04	28.69
股份合作企业	2708.22	28.17	81.20	126.85	7.32
国有联营企业	942.03	10.38	16.06	50.05	2.16
集体联营企业	150.07	1.88	4.20	9.69	0.49
国有与集体联营企业	123.42	0.61	3.06	9.63	0.53
其他联营企业	205.74	1.53	2.78	5.88	0.26
私营合伙企业	3190.33	60.25	103.71	123.35	9.25
合作经营企业(港或澳、台资)	1382.10	9.47	28.16	58.19	2.57
中外合作经营企业	1811.33	5.62	84.72	104.06	3.37
其他企业(内资)	1456.11	19.41	39.36	53.34	2.74

单位：亿元

财务费用	利息支出	营业利润	利润总额	应交所得税	亏损企业亏损总额	本年应交增值税	全部从业人员年平均人数（万人）
6021.81	**5664.16**	**32892.75**	**30562.37**	**4629.55**	**5295.59**	**17690.72**	**8837.63**
4987.99	4493.67	24003.98	22319.74	3573.70	3846.47	13773.84	6258.21
876.94	837.23	2494.36	2531.97	668.68	1008.89	2461.01	694.97
502.68	488.15	1568.89	1626.42	423.33	756.13	1531.48	277.35
374.26	349.08	925.47	905.55	245.35	252.75	929.54	417.62
74.58	58.83	687.41	617.37	82.05	30.03	300.04	217.76
42.32	35.30	203.29	194.88	23.64	16.94	121.49	73.68
26.86	28.39	62.11	56.15	15.10	15.09	68.19	20.95
20.63	23.22	23.73	21.01	9.78	11.59	40.71	6.73
2.44	2.14	11.76	10.65	1.85	1.67	9.99	6.35
2.22	2.26	6.10	6.51	1.03	1.24	4.90	4.24
1.57	0.77	20.52	17.99	2.44	0.59	12.59	3.64
1884.55	1743.90	7772.70	7215.07	1132.21	1066.74	4475.17	1793.67
361.23	357.34	1124.28	1150.99	265.00	177.10	976.71	308.09
1523.32	1386.56	6648.42	6064.09	867.21	889.64	3498.46	1485.59
670.47	650.30	3243.66	3306.46	514.07	1338.47	1907.37	553.35
1389.36	1119.68	9435.84	8302.06	1124.01	364.29	4378.36	2871.89
193.38	136.28	2112.96	1917.70	258.43	32.32	882.97	535.33
28.35	19.63	378.23	329.53	42.09	7.95	152.40	103.87
1074.20	895.91	6324.04	5497.62	750.24	306.67	3096.31	2094.84
93.43	67.86	620.60	557.22	73.25	17.36	246.67	137.85
22.90	20.04	104.62	95.78	13.95	6.02	62.20	31.94
400.14	422.79	3260.05	2976.38	367.60	506.12	1375.16	1205.89
233.65	222.19	1208.87	1137.09	139.92	138.72	543.21	317.44
15.51	14.80	141.51	71.97	14.83	30.47	52.86	41.21
128.72	159.91	1935.50	1768.73	221.31	234.62	724.73	820.09
22.26	25.89	-25.83	-1.42	-8.46	102.31	54.36	27.16
633.68	747.70	5628.71	5266.25	688.25	943.00	2541.73	1373.53
375.63	403.52	2595.02	2407.94	328.79	436.74	1305.25	462.13
26.99	30.89	144.65	139.18	21.17	16.67	67.21	40.28
188.21	263.41	2592.23	2422.82	303.93	465.73	1039.08	826.78
42.85	49.88	296.82	296.30	34.35	23.85	130.18	44.34
1461.84	1455.67	9822.46	9258.59	1534.40	1771.58	5407.84	3094.93
876.94	837.23	2494.36	2531.97	668.68	1008.89	2461.01	694.97
74.58	58.83	687.41	617.37	82.05	30.03	300.04	217.76
193.38	136.28	2112.96	1917.70	258.43	32.32	882.97	535.33
128.72	159.91	1935.50	1768.73	221.31	234.62	724.73	820.09
188.21	263.41	2592.23	2422.82	303.93	465.73	1039.08	826.78
162.94	149.05	1034.41	887.50	130.78	93.15	524.36	311.92
42.32	35.30	203.29	194.88	23.64	16.94	121.49	73.68
20.63	23.22	23.73	21.01	9.78	11.59	40.71	6.73
2.44	2.14	11.76	10.65	1.85	1.67	9.99	6.35
2.22	2.26	6.10	6.51	1.03	1.24	4.90	4.24
1.57	0.77	20.52	17.99	2.44	0.59	12.59	3.64
28.35	19.63	378.23	329.53	42.09	7.95	152.40	103.87
15.51	14.80	141.51	71.97	14.83	30.47	52.86	41.21
26.99	30.89	144.65	139.18	21.17	16.67	67.21	40.28
22.90	20.04	104.62	95.78	13.95	6.02	62.20	31.94

1-A-2 续表 31

行　　业	主营业务成　　本	主营业务税金及附加	营业费用	管理费用	税金
股份有限公司	53372.67	798.35	1733.93	2503.68	146.29
股份有限公司(内资)	42495.68	691.32	1313.31	2034.95	123.89
私营股份有限公司	6351.45	63.01	200.68	234.49	13.98
港澳台商投资股份有限公司	1969.51	15.79	59.73	89.41	3.40
外商投资股份有限公司	2556.03	28.22	160.21	144.83	5.02
有限责任公司	224272.39	2922.67	6932.78	10557.92	576.48
国有独资公司	15498.48	767.48	337.35	1346.59	55.28
私营有限责任公司	82533.03	705.21	2178.97	3136.81	201.84
合资经营企业(港或澳、台资)	15099.96	65.90	488.30	646.35	32.33
中外合资经营企业	36521.80	481.67	1622.98	1604.35	72.50
其他有限责任公司	74619.11	902.41	2305.19	3823.81	214.52
三、在总计中：亏损企业	**69028.87**	**624.17**	**1377.15**	**3411.96**	**161.62**
在总计中：国有控股企业	122504.18	3882.05	2753.09	7378.61	366.42
在总计中：农村工业	6187.34	59.75	157.83	280.78	10.75
在总计中：轻工业	116654.48	2865.32	5584.91	5751.40	318.86
重工业	306641.27	3411.96	7308.40	14448.41	728.93
在总计中：大型企业	146003.86	3343.97	4150.18	7071.31	356.08
中型企业	122929.36	1456.58	4338.47	6136.19	294.69
小型企业	154362.54	1476.73	4404.66	6992.31	397.01
四、按行业分					
采矿业	**21183.85**	**982.30**	**754.99**	**2481.27**	**139.40**
煤炭开采和洗选业	10284.61	278.33	507.54	1554.34	72.87
烟煤和无烟煤的开采洗选	9661.05	240.87	474.78	1489.69	70.04
褐煤的开采洗选	610.93	37.34	32.44	64.18	2.82
其他煤炭采选	12.63	0.12	0.32	0.46	0.01
石油和天然气开采业	4964.99	569.42	41.20	491.76	44.70
天然原油和天然气开采	3340.87	533.55	36.23	417.54	40.05
与石油和天然气开采有关的服务活动	1624.12	35.87	4.97	74.21	4.65
黑色金属矿采选业	2534.50	60.18	72.61	181.09	9.56
铁矿采选	2417.94	54.68	67.10	172.11	9.07
其他黑色金属矿采选	116.56	5.49	5.50	8.98	0.50
有色金属矿采选业	2021.01	29.12	43.78	154.56	6.31
常用有色金属矿采选	958.22	18.09	27.93	87.12	3.97
铜矿采选	216.15	4.32	6.43	25.92	1.25
铅锌矿采选	491.21	10.26	14.34	48.94	2.14
镍钴矿采选	20.42	0.17	0.48	1.91	0.06
锡矿采选	18.23	0.55	1.19	2.01	0.10
锑矿采选	12.28	0.15	0.34	0.85	0.04
铝矿采选	94.12	1.47	1.14	2.83	0.05
镁矿采选	47.95	0.35	1.71	1.23	0.20
其他常用有色金属矿采选	57.86	0.83	2.31	3.43	0.12
贵金属矿采选	798.73	5.42	13.18	45.75	1.57
金矿采选	775.88	5.08	13.00	43.30	1.55
银矿采选	22.19	0.33	0.17	2.43	0.01
其他贵金属矿采选	0.66	0.01	0.02	0.02	
稀有稀土金属矿采选	264.07	5.61	2.66	21.69	0.77
钨钼矿采选	224.07	4.63	1.71	18.03	0.59
稀土金属矿采选	16.95	0.65	0.38	0.46	0.03
放射性金属矿采选	5.50	0.04	0.06	1.00	0.05
其他稀有金属矿采选	17.54	0.28	0.52	2.19	0.10

单位：亿元

财务费用	利息支出	营业利润	利润总额	应交所得税	亏损企业亏损总额	本年应交增值税	全部从业人员年平均人数（万人）
829.02	793.93	4135.25	4158.55	613.21	1481.99	2338.58	762.69
670.47	650.30	3243.66	3306.46	514.07	1338.47	1907.37	553.35
93.43	67.86	620.60	557.22	73.25	17.36	246.67	137.85
22.26	25.89	-25.83	-1.42	-8.46	102.31	54.36	27.16
42.85	49.88	296.82	296.30	34.35	23.85	130.18	44.34
3568.02	3265.52	17900.63	16257.72	2351.16	1948.87	9419.94	4668.09
361.23	357.34	1124.28	1150.99	265.00	177.10	976.71	308.09
1074.20	895.91	6324.04	5497.62	750.24	306.67	3096.31	2094.84
233.65	222.19	1208.87	1137.09	139.92	138.72	543.21	317.44
375.63	403.52	2595.02	2407.94	328.79	436.74	1305.25	462.13
1523.32	1386.56	6648.42	6064.09	867.21	889.64	3498.46	1485.59
1471.03	**1401.40**	**-5005.20**	**-5295.59**	**10.98**	**5295.59**	**1952.74**	**1460.24**
2477.62	2500.76	8991.62	9063.59	1734.74	3434.90	6769.35	1794.10
63.52	51.84	679.38	606.32	72.86	21.39	237.91	162.49
1505.02	1335.19	9209.49	8467.94	1243.97	823.43	4849.05	3593.75
4516.79	4328.97	23683.26	22094.42	3385.59	4472.16	12841.67	5243.89
1925.72	1959.51	10883.01	10518.81	1649.75	2279.67	6370.70	1970.57
2134.89	2051.26	10006.73	9410.43	1518.80	1642.14	5156.71	2789.17
1961.21	1653.39	12003.01	10633.13	1461.00	1373.78	6163.31	4077.88
345.30	**324.49**	**8563.28**	**8226.85**	**1058.88**	**144.24**	**2617.53**	**784.70**
231.12	211.48	2536.47	2348.45	470.40	46.37	1156.79	502.38
223.84	204.30	2340.90	2172.92	438.70	45.26	1099.10	486.17
7.26	7.13	192.75	172.82	31.20	1.10	56.92	15.67
0.01	0.04	2.81	2.71	0.49	0.01	0.77	0.54
31.26	45.99	4634.66	4601.23	376.04	68.63	1037.54	112.76
18.46	40.35	4641.35	4588.77	364.67	18.80	945.87	63.24
12.79	5.64	-6.69	12.46	11.36	49.83	91.67	49.52
39.00	31.14	747.60	700.37	129.40	11.40	228.14	61.52
37.49	30.01	707.65	662.19	126.61	10.30	215.62	56.69
1.52	1.13	39.95	38.18	2.79	1.11	12.51	4.84
21.70	20.14	445.07	407.31	57.80	12.74	109.60	53.53
11.39	10.83	212.36	188.17	25.51	8.13	76.88	28.92
2.83	2.53	70.14	66.68	8.53	1.26	20.38	7.87
6.43	6.63	105.68	90.41	13.38	4.65	42.12	15.11
0.07	0.06	6.53	4.61	0.54	0.14	1.88	0.74
0.42	0.28	7.90	7.72	1.14	0.13	2.13	0.87
0.17	0.13	1.57	1.07	0.19	0.10	0.93	0.63
0.43	0.34	9.02	9.03	0.48	0.01	3.77	1.20
0.47	0.41	3.78	3.46	0.74	0.10	2.69	0.93
0.58	0.43	7.74	5.19	0.51	1.74	2.98	1.57
7.45	6.66	147.23	138.73	19.03	1.73	8.19	15.14
7.13	6.38	134.63	126.16	16.67	1.52	6.28	14.46
0.31	0.27	12.28	12.24	2.36	0.21	1.90	0.66
0.01	0.01	0.32	0.32			0.01	0.01
2.86	2.66	85.49	80.42	13.26	2.88	24.54	9.48
2.25	2.06	79.03	75.02	12.59	2.55	21.19	7.53
0.15	0.14	2.63	1.78	0.07		1.69	0.43
0.06	0.06	1.08	0.96	0.07		0.03	0.49
0.41	0.40	2.75	2.66	0.53	0.33	1.63	1.02

1-A-2 续表 32

行　业	主营业务成　本	主营业务税金及附加	营业费用	管理费用	税金
非金属矿采选业	1371.08	45.12	89.50	99.13	5.94
土砂石开采	883.81	30.04	47.31	44.28	3.15
石灰石、石膏开采	209.15	6.60	10.26	11.05	1.13
建筑装饰用石开采	195.61	5.22	8.27	9.14	0.62
耐火土石开采	91.68	1.92	6.22	4.85	0.25
粘土及其他土砂石开采	387.36	16.29	22.56	19.24	1.15
化学矿采选	127.75	4.96	8.89	20.06	0.94
采盐	169.79	6.95	19.39	22.65	1.04
石棉及其他非金属矿采选	189.73	3.17	13.91	12.14	0.80
石棉、云母矿采选	12.75	0.09	0.20	0.76	0.06
石墨、滑石采选	64.29	0.76	5.42	4.73	0.32
宝石、玉石开采	2.44	0.09	0.63	0.38	0.20
其他非金属矿采选	110.24	2.23	7.65	6.27	0.23
其他采矿业	7.66	0.13	0.36	0.40	0.02
制造业	**372280.59**	**5110.75**	**11962.43**	**16796.21**	**863.17**
农副食品加工业	20698.30	156.31	520.72	526.35	37.66
谷物磨制	3163.67	28.94	81.24	67.61	5.98
饲料加工	3241.93	32.57	83.59	96.79	5.14
植物油加工	4222.61	24.26	77.77	70.47	7.64
食用植物油加工	4163.81	23.22	76.34	68.88	7.37
非食用植物油加工	58.80	1.04	1.43	1.59	0.27
制糖	494.05	3.13	21.21	31.59	2.04
屠宰及肉类加工	4404.98	30.99	102.61	105.63	6.55
畜禽屠宰	2430.53	20.64	47.86	57.61	3.26
肉制品及副产品加工	1974.45	10.35	54.75	48.01	3.30
水产品加工	2011.14	14.34	40.03	58.43	3.37
水产品冷冻加工	1626.61	10.61	29.68	43.57	2.04
鱼糜制品及水产品干腌制加工	220.91	1.80	6.42	8.40	0.49
水产饲料制造	101.35	1.37	2.53	4.52	0.74
鱼油提取及制品的制造	0.78	0.01	0.02	0.10	0.01
其他水产品加工	61.49	0.55	1.38	1.84	0.09
蔬菜、水果和坚果加工	1419.34	10.71	54.66	48.45	2.88
其他农副食品加工	1740.58	11.38	59.61	47.39	4.05
淀粉及淀粉制品的制造	1178.68	6.74	35.06	25.43	2.37
豆制品制造	164.60	1.41	8.15	6.76	0.56
蛋品加工	56.88	0.53	2.51	2.06	0.15
其他未列明的农副食品加工	340.41	2.69	13.90	13.15	0.96
食品制造业	5872.90	49.00	589.52	291.91	16.04
焙烤食品制造	633.09	5.04	59.14	34.97	1.73
糕点、面包制造	206.20	1.74	26.36	14.77	0.65
饼干及其他焙烤食品制造	426.89	3.30	32.77	20.20	1.08
糖果、巧克力及蜜饯制造	408.87	2.18	58.72	27.19	1.05
糖果、巧克力制造	288.80	1.17	52.57	22.41	0.70
蜜饯制作	120.07	1.00	6.14	4.78	0.36
方便食品制造	1024.66	7.08	91.24	37.60	2.26
米、面制品制造	268.48	2.55	15.00	9.05	0.71
速冻食品制造	212.62	1.41	16.75	10.94	0.61
方便面及其他方便食品制造	543.56	3.12	59.49	17.61	0.94
液体乳及乳制品制造	1114.03	6.84	185.00	50.98	2.76
罐头制造	493.77	4.05	23.82	19.35	1.37

单位：亿元

财务费用	利息支出	营业利润	利润总额	应交所得税	亏损企业亏损总额	本年应交增值税	全部从业人员年平均人数(万人)
22.13	15.69	198.77	168.92	25.20	5.03	85.10	54.23
10.86	6.98	121.43	100.05	11.01	2.49	47.00	31.65
2.52	1.84	22.38	18.51	2.02	1.29	12.16	9.46
2.63	1.69	24.79	20.40	1.77	0.23	9.59	6.21
1.05	0.82	13.75	10.48	1.66	0.19	5.74	2.97
4.66	2.63	60.51	50.65	5.56	0.78	19.51	13.01
2.71	2.47	33.70	30.46	8.72	1.38	14.58	6.53
6.82	5.08	19.43	19.95	3.09	0.77	13.78	9.92
1.75	1.16	24.21	18.46	2.39	0.40	9.74	6.13
0.06	0.06	1.67	1.40	0.07	0.04	0.83	0.70
0.56	0.39	7.57	6.95	1.15	0.04	3.45	2.17
0.13	0.13	0.65	0.49	0.04		0.28	0.10
1.00	0.59	14.32	9.62	1.13	0.31	5.19	3.16
0.08	0.06	0.70	0.57	0.05	0.06	0.37	0.28
4297.59	**3986.60**	**23707.50**	**21674.39**	**3299.36**	**4176.58**	**13266.21**	**7731.57**
216.31	194.41	1485.24	1213.88	132.97	72.73	490.19	315.07
31.17	25.78	270.24	215.26	19.65	2.72	78.00	43.75
21.03	17.08	217.35	187.67	19.17	8.06	66.78	34.01
30.38	39.59	274.28	223.89	21.03	18.24	96.19	26.20
29.78	39.06	268.71	219.13	20.74	18.15	94.64	25.45
0.60	0.53	5.56	4.76	0.29	0.09	1.55	0.75
19.72	18.66	19.92	20.92	4.12	9.62	30.72	15.52
38.99	34.11	294.16	228.64	26.08	13.51	92.12	76.39
22.13	19.50	163.94	117.63	11.31	8.11	40.69	40.74
16.86	14.61	130.22	111.02	14.77	5.40	51.43	35.65
31.26	23.59	121.27	105.37	16.67	9.59	42.13	46.80
25.97	19.05	92.16	76.81	13.41	7.23	29.09	37.51
3.65	3.06	14.41	13.80	1.71	1.69	8.61	6.25
1.18	1.20	9.01	9.36	0.85	0.36	2.11	1.29
0.01	0.01	0.05	0.06	0.01	0.02	0.05	0.05
0.46	0.27	5.64	5.35	0.69	0.29	2.26	1.70
18.36	13.79	132.70	112.81	12.60	4.15	41.44	39.74
25.40	21.81	155.31	119.32	13.63	6.84	42.81	32.66
18.86	15.64	109.56	84.19	9.22	4.39	27.79	17.30
1.45	1.74	9.68	8.15	1.24	1.27	4.54	5.13
0.68	0.57	4.59	3.66	0.49	0.18	1.38	1.35
4.40	3.86	31.49	23.32	2.69	1.01	9.10	8.89
75.48	67.91	569.52	489.60	69.86	59.47	293.91	154.57
6.16	4.77	67.70	65.47	7.78	4.23	33.28	23.38
2.41	1.87	23.67	22.29	2.49	2.23	11.50	9.05
3.75	2.90	44.03	43.18	5.29	2.00	21.77	14.33
3.15	3.06	58.55	56.18	6.61	2.47	25.91	13.20
1.64	1.83	46.70	45.58	5.01	2.29	21.56	8.69
1.51	1.22	11.84	10.59	1.60	0.18	4.35	4.52
10.52	9.40	95.55	88.97	9.32	4.59	46.79	29.31
3.26	2.60	27.95	26.08	2.41	0.59	9.24	7.28
3.25	2.80	12.51	12.00	1.11	2.21	9.91	7.85
4.01	4.00	55.09	50.88	5.80	1.79	27.63	14.19
6.77	6.52	80.60	40.31	8.96	27.88	56.77	21.24
10.61	9.00	36.92	32.14	3.29	2.90	16.89	17.91

1-A-2 续表 33

行业	主营业务成本	主营业务税金及附加	营业费用	管理费用	税金
肉、禽类罐头制造	57.82	0.80	1.81	2.35	0.11
水产品罐头制造	29.29	0.26	1.04	1.21	0.06
蔬菜、水果罐头制造	373.81	2.84	19.00	14.07	1.10
其他罐头食品制造	32.85	0.14	1.96	1.71	0.10
调味品、发酵制品制造	903.23	6.95	53.35	43.72	2.78
味精制造	268.34	1.04	14.38	8.69	0.62
酱油、食醋及类似制品的制造	243.39	2.20	18.08	15.71	1.04
其他调味品、发酵制品制造	391.50	3.71	20.89	19.33	1.13
其他食品制造	1295.24	16.85	118.26	78.11	4.10
营养、保健食品制造	188.74	6.96	44.69	24.48	0.73
冷冻饮品及食用冰制造	129.70	1.08	14.42	9.04	0.55
盐加工	41.68	1.45	5.80	4.81	0.34
食品及饲料添加剂制造	785.94	6.05	45.71	31.80	1.80
其他未列明的食品制造	149.19	1.31	7.65	7.98	0.67
饮料制造业	4416.54	238.48	577.55	300.35	21.38
酒精制造	326.77	9.22	7.64	12.81	0.66
酒的制造	2098.51	215.46	286.52	187.97	15.81
白酒制造	1078.65	113.79	132.45	98.82	9.62
啤酒制造	771.95	86.58	110.84	70.57	5.14
黄酒制造	56.53	2.74	6.10	4.98	0.35
葡萄酒制造	137.95	9.50	26.98	10.01	0.48
其他酒制造	53.43	2.85	10.16	3.59	0.22
软饮料制造	1715.30	9.57	267.04	84.46	3.87
碳酸饮料制造	346.73	1.07	101.13	27.58	1.15
瓶(罐)装饮用水制造	317.14	3.90	36.79	11.28	0.79
果菜汁及果菜汁饮料制造	402.28	2.03	36.52	18.53	0.87
含乳饮料和植物蛋白饮料制造	238.27	1.07	20.55	11.50	0.42
固体饮料制造	147.49	0.77	17.95	6.28	0.17
茶饮料及其他软饮料制造	263.38	0.73	54.10	9.29	0.47
精制茶加工	275.96	4.23	16.35	15.11	1.03
烟草制品业	1316.73	1840.35	96.79	307.68	9.16
烟叶复烤	38.68	1.09	3.88	11.79	0.77
卷烟制造	1249.71	1838.87	92.11	291.87	8.30
其他烟草制品加工	28.34	0.38	0.80	4.02	0.09
纺织业	18318.83	108.66	321.99	629.25	42.32
棉、化纤纺织及印染精加工	10119.06	60.24	150.64	295.53	23.71
棉、化纤纺织加工	8094.46	49.28	122.53	222.97	19.36
棉、化纤印染精加工	2024.61	10.96	28.11	72.56	4.35
毛纺织和染整精加工	1224.14	5.41	14.20	35.21	2.15
毛条加工	149.28	0.73	1.69	2.89	0.27
毛纺织	892.88	4.15	10.75	26.11	1.45
毛染整精加工	181.99	0.53	1.77	6.21	0.43
麻纺织	194.50	1.77	4.49	8.16	0.50
丝绢纺织及精加工	1115.13	6.96	13.47	36.30	2.33
缫丝加工	317.43	3.40	3.90	10.42	0.80
绢纺和丝织加工	704.69	3.10	8.28	21.26	1.25
丝印染精加工	93.01	0.46	1.29	4.62	0.27
纺织制成品制造	2667.11	13.91	70.40	109.68	6.69
棉及化纤制品制造	1379.27	7.17	35.73	53.09	3.34
毛制品制造	139.64	0.55	3.42	4.82	0.31

单位：亿元

财务费用	利息支出	营业利润	利润总额	应交所得税	亏损企业亏损总额	本年应交增值税	全部从业人员年平均人数（万人）
0.99	0.73	3.28	2.86	0.33	0.44	2.65	1.83
0.56	0.48	1.91	1.30	0.23	0.26	1.14	1.09
8.77	7.51	26.49	23.31	2.21	1.70	11.87	14.23
0.29	0.27	5.24	4.67	0.53	0.51	1.23	0.76
17.15	14.95	86.05	80.92	12.21	6.58	44.90	20.30
5.41	4.97	35.37	27.37	3.13	2.67	14.96	5.23
2.77	2.46	22.62	19.68	3.56	1.71	14.02	6.67
8.97	7.52	28.05	33.86	5.51	2.20	15.92	8.40
21.12	20.22	144.16	125.63	21.69	10.82	69.37	29.22
2.43	2.23	43.30	42.35	7.40	1.53	21.24	5.56
2.43	1.39	9.05	4.38	1.09	2.84	5.42	4.16
1.85	1.65	3.28	3.70	0.65	0.36	2.89	2.39
13.08	13.58	76.39	66.15	11.01	4.91	33.96	12.38
1.32	1.38	12.15	9.05	1.55	1.18	5.86	4.73
58.55	58.02	592.35	558.85	101.04	54.06	309.16	113.04
9.05	8.55	32.76	22.52	2.63	3.64	10.13	4.89
28.20	29.12	334.68	318.52	70.84	32.61	187.22	67.45
12.34	10.91	231.77	218.50	51.70	8.84	99.12	36.38
11.41	14.45	61.19	61.03	12.71	21.86	68.23	25.09
1.95	1.87	7.48	6.81	1.45	0.12	4.80	1.93
1.52	1.13	25.85	25.04	4.42	1.68	11.12	2.37
0.98	0.76	8.39	7.13	0.56	0.10	3.95	1.69
15.73	15.91	192.37	188.48	24.30	16.59	98.40	31.18
1.89	2.76	29.53	28.33	6.01	2.46	31.38	6.33
1.63	1.26	25.50	22.93	3.25	2.42	13.68	5.88
8.22	7.39	36.20	32.58	4.03	7.30	14.72	6.83
1.29	1.22	37.00	38.64	3.74	2.55	13.04	4.83
1.55	1.49	15.47	16.32	2.61	0.26	6.02	3.38
1.14	1.80	48.68	49.68	4.65	1.60	19.56	3.92
5.57	4.44	32.54	29.33	3.27	1.23	13.41	9.52
-3.01	-1.92	695.73	712.99	179.11	1.19	527.04	19.77
-0.08	-0.01	11.26	11.12	3.07	0.73	9.33	2.65
-3.24	-2.15	680.05	697.37	175.24		515.06	16.19
0.31	0.24	4.42	4.50	0.80	0.46	2.65	0.93
304.58	275.97	1022.48	927.42	133.52	115.04	606.07	652.06
175.98	164.88	546.55	518.54	77.98	67.45	343.47	339.75
142.10	134.16	443.19	425.96	66.23	53.89	277.06	283.11
33.88	30.73	103.36	92.58	11.75	13.56	66.41	56.64
17.67	17.41	88.38	69.22	8.70	7.92	32.27	33.12
1.16	1.43	17.40	6.04	0.78	1.10	4.17	2.77
15.56	14.16	62.25	55.15	7.23	5.51	23.86	24.73
0.95	1.82	8.72	8.03	0.68	1.31	4.24	5.61
3.92	3.31	11.01	7.05	0.83	2.71	6.02	10.80
21.20	18.99	42.81	38.99	6.00	6.73	38.33	38.03
5.33	4.88	17.44	14.21	1.75	2.49	14.49	15.46
13.84	12.11	24.03	23.31	3.77	2.83	19.72	18.77
2.03	2.00	1.34	1.47	0.49	1.41	4.11	3.80
42.82	36.04	157.27	147.13	21.25	13.09	86.98	86.80
22.00	17.92	84.23	78.92	11.04	5.79	46.08	44.00
2.56	2.15	8.50	7.07	0.81	0.82	4.72	6.10

1-A-2 续表 34

行　业	主营业务成本	主营业务税金及附加	营业费用	管理费用	税金
麻制品制造	34.07	0.23	0.99	1.23	0.08
丝制品制造	111.33	0.43	3.37	6.56	0.50
绳、索、缆的制造	101.05	0.75	2.72	3.65	0.40
纺织带和帘子布制造	234.69	0.99	3.89	8.10	0.45
无纺布制造	358.04	1.87	9.90	15.66	0.99
其他纺织制成品制造	309.02	1.92	10.37	16.57	0.62
针织品、编织品及其制品制造	2998.89	20.36	68.78	144.38	6.95
棉、化纤针织品及编织品制造	1790.18	9.71	40.92	84.92	4.14
毛针织品及编织品制造	863.63	8.67	18.92	42.06	2.05
丝针织品及编织品制造	170.57	0.90	4.24	7.80	0.40
其他针织品及编织品制造	174.51	1.08	4.70	9.60	0.36
纺织服装、鞋、帽制造业	7695.13	50.14	301.25	419.70	18.38
纺织服装制造	7268.92	45.90	290.48	397.98	17.51
纺织面料鞋的制造	305.33	3.35	7.06	14.08	0.61
制帽	120.88	0.88	3.71	7.64	0.26
皮革、毛皮、羽毛(绒)及其制品业	4899.20	35.32	130.92	224.43	12.04
皮革鞣制加工	804.48	7.35	13.02	23.50	1.64
皮革制品制造	3500.04	21.95	107.00	185.61	9.29
皮鞋制造	2241.45	13.43	73.53	120.27	6.49
皮革服装制造	295.93	1.81	8.39	13.23	0.49
皮箱、包(袋)制造	665.13	4.57	18.01	37.78	1.52
皮手套及皮装饰制品制造	123.94	1.15	2.46	4.43	0.23
其他皮革制品制造	173.60	0.98	4.61	9.90	0.56
毛皮鞣制及制品加工	253.20	1.92	3.12	5.11	0.44
毛皮鞣制加工	98.17	0.98	1.14	1.73	0.16
毛皮服装加工	72.33	0.21	0.96	1.92	0.15
其他毛皮制品加工	82.69	0.72	1.01	1.46	0.13
羽毛(绒)加工及制品制造	341.47	4.10	7.78	10.20	0.67
羽毛(绒)加工	140.13	3.21	2.52	3.09	0.31
羽毛(绒)制品加工	201.34	0.89	5.26	7.11	0.35
木材加工及木、竹、藤、棕、草制品业	3957.98	46.52	125.82	145.88	10.44
锯材、木片加工	414.67	5.78	13.26	15.63	1.14
锯材加工	229.15	3.41	8.05	9.32	0.83
木片加工	185.52	2.37	5.21	6.31	0.31
人造板制造	2525.45	29.16	77.89	83.90	6.53
胶合板制造	1353.63	16.97	35.28	35.93	2.59
纤维板制造	511.04	4.52	17.77	22.83	2.28
刨花板制造	136.99	1.21	5.79	6.63	0.36
其他人造板、材制造	523.78	6.46	19.05	18.51	1.30
木制品制造	739.47	7.94	25.79	35.27	1.76
建筑用木料及木材组件加工	452.68	5.42	16.05	21.83	1.03
木容器制造	87.00	0.77	3.47	4.18	0.19
软木制品及其他木制品制造	199.79	1.74	6.27	9.26	0.54
竹、藤、棕、草制品制造	278.40	3.65	8.88	11.07	1.01
家具制造业	2549.19	19.30	107.52	134.43	6.82
木质家具制造	1425.33	11.19	58.02	78.43	4.26
竹、藤家具制造	27.75	0.32	1.21	1.59	0.19
金属家具制造	658.79	4.70	27.78	32.52	1.39
塑料家具制造	35.73	0.23	1.65	1.81	0.16
其他家具制造	401.59	2.86	18.86	20.08	0.82

单位：亿元

财务费用		营业利润	利润总额	应交所得税	亏损企业亏损总额	本年应交增值税	全部从业人员年平均人数（万人）
	利息支出						
0.41	0.28	3.74	3.21	0.39	0.15	1.77	1.57
2.46	2.03	6.86	6.54	0.98	0.48	3.69	4.10
1.28	0.86	5.55	5.53	0.80	0.22	3.63	3.92
5.60	5.37	12.11	11.23	2.17	0.78	6.21	6.70
5.02	4.26	21.61	21.38	3.08	1.99	11.36	8.80
3.49	3.18	14.67	13.26	1.97	2.86	9.51	11.62
42.99	35.35	176.46	146.50	18.76	17.14	99.00	143.55
25.13	21.03	96.99	84.48	12.03	8.75	57.02	78.61
13.00	10.52	56.96	41.95	4.25	5.52	30.90	48.67
2.99	2.65	9.78	8.57	1.46	1.13	5.46	7.43
1.87	1.15	12.73	11.50	1.02	1.74	5.62	8.84
76.95	57.79	529.53	487.34	63.11	44.85	288.85	458.70
73.46	56.04	505.91	461.02	59.54	41.38	275.10	430.21
2.59	1.12	15.79	20.29	2.79	2.34	8.98	19.07
0.90	0.63	7.84	6.04	0.78	1.12	4.77	9.42
43.94	38.36	359.32	333.12	41.78	18.21	178.85	273.30
9.49	9.22	66.84	62.27	7.83	2.06	23.93	19.27
26.97	23.35	240.24	223.11	25.92	14.59	131.09	239.34
14.29	13.08	155.30	146.17	18.56	8.10	89.00	167.03
5.94	4.81	30.65	26.69	1.22	0.85	11.70	8.62
4.89	3.24	32.75	30.39	3.47	3.92	19.04	48.04
0.62	0.74	8.27	7.60	0.76	0.44	4.61	7.68
1.23	1.47	13.27	12.26	1.91	1.28	6.74	7.98
1.85	1.66	28.32	27.54	4.78	0.66	10.97	6.15
0.45	0.55	13.96	13.88	2.19	0.06	4.20	1.97
0.74	0.57	5.87	5.76	1.28	0.37	1.67	2.27
0.66	0.53	8.49	7.90	1.31	0.23	5.10	1.92
5.63	4.14	23.92	20.21	3.25	0.89	12.86	8.53
1.46	0.92	12.34	9.78	1.78	0.31	6.03	2.52
4.17	3.22	11.59	10.43	1.46	0.57	6.83	6.01
52.87	41.95	333.61	294.64	35.81	18.32	152.57	131.30
4.78	3.56	49.61	34.67	3.72	2.09	15.77	14.44
2.70	2.12	32.69	20.96	2.31	0.99	8.69	8.24
2.09	1.44	16.93	13.71	1.41	1.11	7.07	6.20
34.83	28.57	208.45	196.03	24.07	9.98	103.11	77.44
13.29	9.90	114.65	101.46	12.59	2.65	52.06	44.52
11.77	11.06	32.72	34.91	4.22	4.07	26.54	12.49
2.44	2.09	10.29	10.86	0.89	0.70	6.38	4.51
7.33	5.52	50.78	48.80	6.38	2.56	18.12	15.92
9.38	6.89	52.95	43.88	6.24	5.78	23.07	26.11
6.25	4.48	32.98	27.01	4.14	3.50	12.14	12.98
0.66	0.49	6.00	4.86	0.81	0.62	3.46	2.86
2.47	1.91	13.97	12.01	1.29	1.66	7.46	10.27
3.87	2.94	22.60	20.05	1.78	0.46	10.63	13.31
28.03	23.20	156.75	139.88	19.55	19.49	87.78	104.41
14.89	12.65	90.22	78.89	11.52	12.54	52.27	62.91
0.38	0.39	1.46	1.49	0.14	0.29	1.11	1.74
7.52	6.37	40.24	37.00	5.42	3.92	22.52	23.92
0.42	0.33	1.48	1.49	0.18	0.14	1.08	1.50
4.81	3.46	23.36	21.01	2.30	2.60	10.81	14.34

1-A-2 续表 35

行　　业	主营业务成　本	主营业务税金及附加	营业费用	管理费用	税金
造纸及纸制品业	6488.90	41.77	193.07	246.74	17.58
纸浆制造	225.99	1.59	7.12	10.31	0.64
造纸	3744.82	22.53	105.24	127.18	10.48
机制纸及纸板制造	3453.18	20.33	94.74	115.76	9.71
手工纸制造	7.83	0.08	0.26	0.42	0.01
加工纸制造	283.82	2.11	10.24	10.99	0.76
纸制品制造	2518.08	17.66	80.71	109.25	6.46
纸和纸板容器的制造	1695.43	11.54	48.17	71.42	4.54
其他纸制品制造	822.66	6.11	32.54	37.83	1.91
印刷业和记录媒介的复制	2139.58	15.70	62.69	166.60	6.76
印刷	1990.29	14.91	57.46	152.82	6.26
书、报、刊印刷	501.63	4.12	12.43	45.08	1.75
本册印制	122.01	0.93	4.84	8.53	0.43
包装装潢及其他印刷	1366.65	9.87	40.18	99.20	4.07
装订及其他印刷服务活动	84.40	0.54	2.66	7.21	0.22
记录媒介的复制	64.89	0.25	2.57	6.57	0.28
文教体育用品制造业	2110.87	21.00	57.28	122.81	5.48
文化用品制造	362.69	1.78	12.54	23.06	0.84
文具制造	164.29	0.75	5.62	10.78	0.41
笔的制造	117.91	0.48	4.59	7.73	0.29
教学用模型及教具制造	38.92	0.18	1.20	1.73	0.06
墨水、墨汁制造	4.32	0.24	0.09	0.49	0.02
其他文化用品制造	37.25	0.13	1.05	2.32	0.06
体育用品制造	613.45	2.13	15.61	34.56	1.57
球类制造	65.70	0.31	1.85	4.21	0.20
体育器材及配件制造	171.00	0.59	4.62	9.54	0.45
训练健身器材制造	205.75	0.59	5.66	9.94	0.35
运动防护用具制造	53.71	0.16	1.25	3.93	0.10
其他体育用品制造	117.29	0.48	2.24	6.95	0.47
乐器制造	145.67	0.74	3.86	8.90	0.47
中乐器制造	8.94	0.10	0.33	0.54	0.02
西乐器制造	86.33	0.25	2.71	5.73	0.32
电子乐器制造	27.10	0.26	0.42	1.45	0.06
其他乐器及零件制造	23.30	0.13	0.40	1.18	0.07
玩具制造	915.03	15.30	22.89	51.75	2.28
游艺器材及娱乐用品制造	74.02	1.05	2.37	4.54	0.31
露天游乐场所游乐设备制造	47.70	0.98	1.44	2.35	0.23
游艺用品及室内游艺器材制造	26.31	0.07	0.94	2.19	0.08
石油加工、炼焦及核燃料加工业	22202.68	433.18	249.78	650.53	20.49
精炼石油产品的制造	18621.95	395.30	105.06	528.61	11.36
原油加工及石油制品制造	18599.18	395.21	104.75	527.99	11.34
人造原油生产	22.77	0.09	0.32	0.62	0.02
炼焦	3540.99	37.81	144.51	118.54	9.04
化学原料及化学制品制造业	28149.13	241.87	1134.42	1415.89	74.31
基础化学原料制造	8098.38	68.64	209.13	384.97	20.55
无机酸制造	451.74	5.31	12.54	19.39	1.63
无机碱制造	902.28	7.87	27.40	56.62	2.91
无机盐制造	933.93	8.45	38.77	46.41	2.91
有机化学原料制造	4779.07	35.02	91.64	198.11	9.74
其他基础化学原料制造	1031.35	11.98	38.77	64.44	3.35

单位：亿元

财务费用	利息支出	营业利润	利润总额	应交所得税	亏损企业亏损总额	本年应交增值税	全部从业人员年平均人数(万人)
121.37	130.93	457.68	434.80	56.65	49.97	263.68	151.92
9.78	11.21	9.36	9.15	0.65	4.88	10.68	4.44
83.83	96.35	273.14	260.43	34.50	29.59	155.82	76.32
80.54	93.23	252.58	243.38	32.16	26.59	145.71	69.41
0.12	0.10	0.45	0.46	0.08	0.09	0.38	0.34
3.17	3.02	20.11	16.59	2.26	2.90	9.73	6.57
27.76	23.37	175.18	165.22	21.49	15.50	97.18	71.16
19.53	16.52	116.36	110.14	13.65	7.24	65.29	47.81
8.23	6.85	58.82	55.08	7.85	8.27	31.89	23.35
26.68	23.66	196.94	200.67	30.66	16.53	110.78	82.03
24.64	21.90	181.40	185.92	28.90	14.64	103.89	76.60
5.72	5.76	28.00	29.22	4.48	6.19	23.72	24.40
1.06	1.09	11.91	11.61	1.40	0.36	5.53	5.21
17.86	15.05	141.50	145.09	23.02	8.09	74.63	46.99
0.71	0.59	10.21	10.11	0.92	0.47	5.05	3.86
1.33	1.17	5.34	4.64	0.84	1.43	1.84	1.57
19.64	15.09	90.49	78.20	13.48	21.53	62.20	132.72
5.05	3.75	16.10	14.68	2.75	3.53	10.15	17.34
2.31	1.69	5.46	4.45	0.79	2.05	4.59	8.66
2.14	1.64	4.98	4.80	0.86	0.88	3.13	6.07
0.33	0.24	3.70	3.60	0.79	0.20	1.46	0.98
-0.02	0.01	0.30	0.32	0.06	0.02	0.20	0.12
0.28	0.16	1.65	1.52	0.25	0.38	0.77	1.52
4.94	4.41	21.40	18.49	3.98	7.24	15.98	31.83
0.72	0.59	2.89	2.68	0.36	1.05	1.77	4.76
1.50	1.54	7.70	6.71	1.99	1.14	5.37	9.37
1.51	1.17	5.49	4.26	0.74	2.76	4.68	6.63
0.09	0.37	0.13	-0.07	0.19	1.41	1.19	4.65
1.12	0.74	5.19	4.91	0.71	0.88	2.97	6.43
1.63	1.26	7.42	8.45	1.13	1.49	4.51	7.60
0.08	0.07	1.07	1.04	0.16	0.02	0.38	0.48
1.21	1.01	3.73	3.70	0.61	1.11	2.78	4.88
0.10	0.05	1.74	2.85	0.19	0.19	0.78	1.24
0.23	0.13	0.88	0.86	0.16	0.16	0.56	1.00
6.70	4.61	40.50	32.31	4.85	8.45	29.30	72.99
1.32	1.07	5.08	4.27	0.77	0.83	2.26	2.95
1.02	0.84	4.16	3.38	0.63	0.24	1.52	1.21
0.31	0.23	0.92	0.89	0.15	0.59	0.74	1.74
201.02	195.79	-1115.94	-1003.14	64.46	1552.30	626.32	86.02
115.06	120.17	-1370.63	-1244.48	22.39	1516.11	347.24	43.80
114.95	120.06	-1372.87	-1245.92	22.18	1516.00	346.81	43.52
0.11	0.11	2.24	1.45	0.20	0.11	0.43	0.29
85.64	75.34	252.93	240.12	41.81	36.19	278.88	41.19
398.73	390.11	2155.52	1919.12	304.18	454.89	1127.70	429.64
122.13	126.36	386.58	279.37	63.55	257.28	351.34	111.14
7.42	6.13	47.73	42.97	6.82	3.61	23.94	7.99
21.34	20.42	49.61	43.32	7.18	13.94	45.82	18.53
15.23	11.98	73.95	67.04	8.58	6.88	50.60	22.86
61.34	72.81	137.48	53.15	28.73	202.19	176.74	43.36
16.80	15.01	77.81	72.89	12.25	30.66	54.25	18.40

1-A-2 续表 36

行业	主营业务成本	主营业务税金及附加	营业费用	管理费用	税金
肥料制造	3620.33	29.27	88.72	196.08	14.76
氮肥制造	1514.35	8.19	26.26	97.86	8.61
磷肥制造	380.76	5.76	12.21	26.46	1.39
钾肥制造	87.70	4.02	5.42	8.14	0.29
复混肥料制造	1473.92	9.41	39.84	58.17	3.96
有机肥料及微生物肥料制造	129.03	1.46	3.50	3.99	0.41
其他肥料制造	34.57	0.43	1.48	1.47	0.09
农药制造	989.53	5.48	35.88	53.78	2.82
化学农药制造	887.37	4.83	32.06	49.70	2.57
生物化学农药及微生物农药制造	102.16	0.65	3.82	4.08	0.26
涂料、油墨、颜料及类似产品制造	2316.39	13.67	133.29	145.39	5.21
涂料制造	1283.19	7.74	96.06	88.61	2.89
油墨及类似产品制造	165.27	0.71	8.34	12.28	0.51
颜料制造	287.49	1.83	9.08	14.56	0.72
染料制造	458.18	2.64	14.79	23.50	0.81
密封用填料及类似品制造	122.25	0.76	5.02	6.44	0.28
合成材料制造	5152.61	25.12	100.57	188.75	9.52
初级形态的塑料及合成树脂制造	3216.00	13.77	66.85	121.48	6.17
合成橡胶制造	309.50	0.87	11.89	15.61	0.54
合成纤维单(聚合)体的制造	1407.89	7.60	15.48	41.59	2.35
其他合成材料制造	219.21	2.87	6.35	10.07	0.47
专用化学产品制造	6618.93	63.21	206.88	311.55	16.98
化学试剂和助剂制造	2615.06	17.32	74.27	106.27	5.72
专项化学用品制造	2222.83	14.88	66.22	89.62	4.84
林产化学产品制造	191.26	1.43	5.11	6.49	0.63
炸药及火工产品制造	540.71	22.28	25.55	51.74	3.32
信息化学品制造	454.34	2.44	11.85	25.98	0.98
环境污染处理专用药剂材料制造	75.33	0.65	2.56	4.59	0.24
动物胶制造	45.13	0.33	1.33	2.71	0.09
其他专用化学产品制造	474.26	3.87	19.97	24.15	1.15
日用化学产品制造	1352.97	36.49	359.94	135.37	4.46
肥皂及合成洗涤剂制造	531.25	22.44	216.80	53.49	2.23
化妆品制造	337.51	10.76	94.72	49.07	0.79
口腔清洁用品制造	64.10	0.17	18.52	5.25	0.22
香料、香精制造	243.63	1.34	12.38	15.56	0.46
其他日用化学产品制造	176.48	1.77	17.53	12.00	0.76
医药制造业	5061.98	51.20	876.46	533.22	30.93
化学药品原药制造	1322.86	10.84	76.76	106.84	8.09
化学药品制剂制造	1384.74	12.48	405.60	184.42	8.20
中药饮片加工	309.79	3.26	21.38	17.76	1.21
中成药制造	982.86	13.42	269.68	128.47	8.13
兽用药品制造	261.56	3.69	17.11	18.57	1.13
生物、生化制品的制造	493.26	4.67	60.62	56.72	3.09
卫生材料及医药用品制造	306.91	2.84	25.31	20.44	1.08
化学纤维制造业	3586.43	8.73	34.35	104.02	17.65
纤维素纤维原料及纤维制造	403.96	1.79	7.83	19.42	1.28
化纤浆粕制造	113.01	0.72	2.73	4.23	0.42
人造纤维(纤维素纤维)制造	290.95	1.06	5.10	15.19	0.87

单位：亿元

财务费用	利息支出	营业利润	利润总额	应交所得税	亏损企业亏损总额	本年应交增值税	全部从业人员年平均人数(万人)
78.35	74.00	343.73	337.08	52.44	23.67	101.67	73.31
43.29	41.98	121.60	138.86	23.62	17.33	47.05	40.52
6.22	6.41	30.16	26.33	3.62	0.71	12.91	8.25
2.24	2.05	57.03	64.08	8.56	0.16	8.97	1.93
25.23	22.57	120.73	94.89	14.84	4.78	27.26	19.13
1.09	0.73	12.47	11.11	1.56	0.33	4.30	2.64
0.29	0.25	1.75	1.81	0.23	0.36	1.19	0.85
17.94	14.84	144.90	130.06	18.18	4.38	33.87	18.06
16.86	13.97	132.60	118.46	16.89	4.15	29.65	16.12
1.08	0.88	12.30	11.60	1.30	0.24	4.21	1.94
27.52	24.30	190.81	180.68	24.21	19.87	102.67	40.54
11.93	11.48	113.57	107.24	14.06	9.22	60.87	22.01
1.36	1.06	15.84	16.07	2.02	1.58	7.60	3.25
4.74	3.29	15.51	13.67	1.86	6.64	11.58	5.87
8.63	7.70	36.90	35.42	5.37	1.81	17.09	7.42
0.87	0.78	9.00	8.29	0.90	0.62	5.53	1.99
58.83	70.22	211.81	198.11	30.22	94.84	127.95	39.84
37.74	43.16	129.85	119.66	16.53	60.00	88.63	25.92
3.97	2.47	26.20	19.44	2.40	5.25	10.57	4.23
14.32	21.70	41.90	44.76	9.49	27.88	20.30	6.55
2.80	2.89	13.86	14.26	1.80	1.71	8.45	3.14
84.63	73.32	624.34	544.97	78.98	41.66	268.28	117.78
32.55	26.86	229.52	196.97	32.20	11.12	89.48	33.06
27.25	26.23	175.44	156.41	21.10	18.02	85.47	27.23
2.30	1.79	15.78	13.15	0.88	1.16	7.91	4.06
6.76	5.46	65.13	59.99	7.83	1.59	39.65	36.14
5.95	5.51	75.87	68.71	9.45	4.70	19.82	7.22
0.31	0.49	6.08	5.98	0.83	0.54	3.54	0.96
0.44	0.46	4.85	4.72	0.50	0.20	1.76	1.14
9.07	6.51	51.66	39.05	6.19	4.33	20.65	7.96
9.33	7.06	253.35	248.84	36.60	13.19	141.91	28.97
2.10	0.32	133.45	130.01	21.00	7.03	79.83	10.19
1.98	2.21	49.78	49.40	6.77	3.94	32.42	8.57
0.50	0.63	8.17	8.56	2.38	0.48	5.36	1.60
2.53	2.10	42.39	43.60	3.83	0.68	14.78	3.64
2.23	1.80	19.55	17.27	2.62	1.06	9.53	4.98
119.11	99.99	844.62	792.90	117.99	42.65	398.24	150.75
33.24	27.72	161.84	150.17	21.20	10.49	69.07	31.02
32.07	25.67	273.25	276.97	44.64	12.93	146.53	42.43
4.96	4.32	32.75	28.28	3.13	1.35	14.12	7.55
27.43	24.94	193.57	170.68	23.86	10.37	104.71	39.68
4.06	3.51	40.98	35.67	4.22	1.41	14.85	6.87
11.51	9.08	103.32	97.13	14.85	5.20	34.33	11.95
5.85	4.76	38.91	34.00	6.08	0.90	14.62	11.26
74.13	75.23	78.61	81.83	14.51	74.96	78.37	45.06
11.58	10.18	11.76	11.14	3.32	18.40	16.47	10.39
2.40	2.09	4.42	4.20	0.59	1.09	4.66	2.41
9.17	8.09	7.34	6.93	2.73	17.31	11.81	7.97

1-A-2 续表 37

行业	主营业务成本	主营业务税金及附加	营业费用	管理费用	税金
合成纤维制造	3182.47	6.94	26.52	84.59	16.37
锦纶纤维制造	345.83	1.05	3.55	9.72	0.64
涤纶纤维制造	2335.68	4.02	15.76	47.67	13.56
腈纶纤维制造	79.94	0.60	1.29	12.37	1.54
维纶纤维制造	44.83	0.27	1.08	3.14	0.07
其他合成纤维制造	376.18	1.01	4.85	11.69	0.56
橡胶制品业	3585.88	23.67	112.59	165.26	8.59
轮胎制造	1906.21	11.06	60.00	67.40	4.30
车辆、飞机及工程机械轮胎制造	1822.89	9.98	57.45	63.80	3.91
力车胎制造	60.87	0.74	2.00	2.77	0.35
轮胎翻新加工	22.45	0.33	0.54	0.83	0.04
橡胶板、管、带的制造	416.33	3.03	14.24	23.77	1.13
橡胶零件制造	303.23	2.28	11.41	25.37	1.05
再生橡胶制造	114.51	0.83	2.91	3.50	0.21
日用及医用橡胶制品制造	165.94	0.55	5.16	9.30	0.31
橡胶靴鞋制造	370.01	3.27	9.21	16.89	0.85
其他橡胶制品制造	309.64	2.66	9.66	19.02	0.74
塑料制品业	8323.26	53.05	220.60	382.69	19.81
塑料薄膜制造	1205.72	5.65	25.10	43.38	2.81
塑料板、管、型材的制造	1748.72	14.42	56.31	75.13	4.36
塑料丝、绳及编织品的制造	890.60	8.54	20.77	30.23	1.88
泡沫塑料制造	415.41	2.30	9.56	17.40	1.02
塑料人造革、合成革制造	451.66	1.91	6.43	15.53	1.04
塑料包装箱及容器制造	737.38	4.87	22.72	39.20	2.16
塑料零件制造	806.40	3.18	20.28	54.83	2.13
日用塑料制造	919.39	4.20	30.87	45.56	2.01
塑料鞋制造	247.05	1.26	5.78	10.62	0.50
日用塑料杂品制造	672.34	2.94	25.10	34.94	1.51
其他塑料制品制造	1147.98	7.99	28.55	61.44	2.39
非金属矿物制品业	16894.43	184.48	648.61	791.71	52.64
水泥、石灰和石膏的制造	4279.56	45.91	141.06	218.43	16.16
水泥制造	4094.44	43.16	133.61	210.16	15.24
石灰和石膏制造	185.12	2.75	7.45	8.27	0.92
水泥及石膏制品制造	2483.44	24.04	85.38	110.21	5.88
水泥制品制造	1753.68	16.19	58.87	78.16	3.96
砼结构构件制造	332.50	3.80	8.18	12.90	0.77
石棉水泥制品制造	97.48	0.49	3.07	3.56	0.08
轻质建筑材料制造	234.83	2.67	12.21	11.72	0.83
其他水泥制品制造	64.95	0.91	3.05	3.87	0.24
砖瓦、石材及其他建筑材料制造	3673.91	47.83	139.95	156.15	10.19
粘土砖瓦及建筑砌块制造	672.18	11.93	27.21	30.71	1.90
建筑陶瓷制品制造	1404.97	17.27	53.26	53.38	3.56
建筑用石加工	970.75	11.58	33.82	41.36	3.15
防水建筑材料制造	287.65	3.12	10.75	12.44	0.77
隔热和隔音材料制造	125.01	1.21	5.31	7.17	0.36
其他建筑材料制造	213.36	2.72	9.59	11.09	0.46
玻璃及玻璃制品制造	2758.10	23.28	101.78	140.86	8.78
平板玻璃制造	448.63	2.27	12.33	25.41	2.29
技术玻璃制品制造	611.96	3.66	23.41	31.33	1.43
光学玻璃制造	150.00	0.42	4.00	9.47	0.44
玻璃仪器制造	98.03	1.53	3.98	3.19	0.31

单位：亿元

财务费用		营业利润	利润总额	应交所得税	亏损企业亏损总额	本年应交增值税	全部从业人员年平均人数(万人)
	利息支出						
62.56	65.05	66.84	70.69	11.20	56.56	61.90	34.68
6.65	6.23	14.95	11.83	1.71	4.05	8.77	4.11
47.16	49.65	54.02	54.42	5.67	25.30	39.16	21.41
1.13	1.27	-27.67	-21.98	0.12	23.07	1.78	1.68
1.68	1.65	0.78	1.15	0.24	0.23	1.54	2.25
5.93	6.25	24.77	25.27	3.46	3.92	10.64	5.23
60.81	56.85	200.46	180.48	26.93	30.20	128.20	97.29
41.86	41.09	61.26	53.81	10.74	20.38	57.73	30.46
40.55	40.01	54.82	49.10	10.02	19.70	54.27	27.63
1.07	0.91	4.12	2.67	0.48	0.66	2.49	2.24
0.24	0.17	2.33	2.04	0.25	0.03	0.97	0.59
4.73	4.05	39.00	35.53	4.75	1.91	18.88	12.55
4.56	3.61	27.09	26.02	4.13	2.16	16.26	13.87
1.05	0.80	13.90	8.82	0.91	0.28	5.30	2.15
2.10	1.82	12.42	11.67	1.22	1.08	4.84	5.62
3.40	2.86	25.69	24.19	2.01	1.96	13.86	22.81
3.11	2.63	21.10	20.44	3.17	2.43	11.32	9.81
101.93	89.80	544.07	511.76	65.17	58.24	266.77	255.42
17.68	17.09	58.52	70.59	8.12	10.36	29.55	22.88
29.53	25.23	147.36	126.47	15.67	10.90	56.59	35.76
9.43	7.87	69.95	62.46	6.62	2.57	30.51	31.26
3.94	3.56	23.06	21.84	3.05	5.47	14.33	9.89
4.52	4.49	24.45	24.03	2.95	1.46	13.58	10.26
11.22	10.16	58.57	55.23	7.30	4.52	30.60	21.93
7.85	6.42	51.60	48.62	7.45	8.45	28.31	35.74
7.24	6.02	49.16	44.83	6.49	5.01	28.57	45.13
0.94	1.00	10.93	8.39	1.45	0.87	6.86	18.51
6.31	5.03	38.24	36.45	5.04	4.14	21.71	26.62
10.54	8.95	61.39	57.70	7.51	9.49	34.73	42.56
288.19	252.86	1517.10	1480.55	205.80	122.27	888.35	498.73
108.99	98.65	339.95	369.74	48.88	42.96	282.44	120.71
106.70	97.14	324.30	356.32	47.25	42.14	272.68	115.27
2.29	1.51	15.65	13.42	1.63	0.82	9.76	5.44
30.15	26.46	173.62	168.03	20.52	16.76	123.94	54.35
21.32	19.33	107.58	102.91	14.39	13.37	88.21	37.52
4.10	3.45	26.16	24.64	2.92	1.46	14.30	7.65
0.51	0.44	14.17	14.17	0.22	0.09	8.61	1.52
3.34	2.50	21.20	21.82	2.25	1.56	9.45	5.95
0.87	0.73	4.50	4.50	0.74	0.28	3.37	1.71
40.91	32.43	350.18	332.01	41.53	14.61	152.63	116.04
8.37	5.50	70.78	65.11	7.33	2.61	28.85	35.17
15.75	13.59	128.92	126.83	15.33	4.24	62.09	41.19
8.83	6.42	105.88	97.22	12.36	1.56	36.54	26.23
4.19	4.00	19.97	18.51	3.11	2.92	9.97	4.77
1.14	0.88	10.92	10.40	1.44	0.59	5.52	3.19
2.63	2.04	13.72	13.95	1.96	2.69	9.66	5.49
57.94	54.15	233.27	228.20	30.49	30.26	120.58	89.80
15.99	15.79	6.18	8.23	2.03	13.34	16.09	12.28
13.69	12.53	60.88	60.23	5.96	4.22	24.70	13.44
1.82	1.82	7.22	7.86	0.89	1.81	5.81	5.36
1.72	1.36	14.55	14.31	1.42	0.33	3.57	2.89

1-A-2 续表 38

行　业	主营业务成　本	主营业务税金及附加	营业费用	管理费用	税金
日用玻璃制品及玻璃包装容器制造	556.52	4.90	25.57	25.11	1.73
玻璃保温容器制造	35.98	0.70	1.07	1.58	0.07
玻璃纤维及制品制造	448.12	4.54	16.58	24.07	1.41
玻璃纤维增强塑料制品制造	265.77	3.55	8.58	12.13	0.63
其他玻璃制品制造	143.08	1.71	6.26	8.57	0.49
陶瓷制品制造	962.90	10.72	44.00	50.26	3.49
卫生陶瓷制品制造	190.70	2.66	10.81	9.43	0.57
特种陶瓷制品制造	292.21	2.91	12.94	16.33	0.82
日用陶瓷制品制造	393.26	4.22	16.47	17.92	1.63
园林、陈设艺术及其他陶瓷制品制造	86.73	0.93	3.77	6.58	0.47
耐火材料制品制造	1323.84	19.03	75.59	54.34	4.20
石棉制品制造	56.45	0.77	2.73	3.01	0.16
云母制品制造	26.18	0.20	0.71	0.76	0.07
耐火陶瓷制品及其他耐火材料制造	1241.22	18.06	72.15	50.57	3.97
石墨及其他非金属矿物制品制造	1412.68	13.66	60.84	61.45	3.94
石墨及碳素制品制造	681.30	6.71	33.33	30.63	1.97
其他非金属矿物制品制造	731.38	6.95	27.51	30.82	1.97
黑色金属冶炼及压延加工业	41378.28	265.26	462.20	1109.08	76.89
炼铁	1997.09	11.63	27.88	42.42	3.35
炼钢	7211.57	39.19	61.63	190.35	12.60
钢压延加工	30166.29	178.33	323.56	818.84	56.14
铁合金冶炼	2003.34	36.11	49.13	57.47	4.81
有色金属冶炼及压延加工业	18543.11	132.38	215.38	525.61	33.37
常用有色金属冶炼	7876.61	50.77	87.98	214.70	20.26
铜冶炼	2733.44	11.71	15.57	49.78	3.27
铅锌冶炼	1261.48	17.03	20.05	50.38	6.98
镍钴冶炼	696.11	2.51	3.55	23.48	1.39
锡冶炼	235.30	1.66	2.69	14.93	0.55
锑冶炼	61.77	0.81	0.96	2.53	0.30
铝冶炼	2500.84	12.29	36.21	60.96	6.79
镁冶炼	165.16	2.14	4.25	5.24	0.60
其他常用有色金属冶炼	222.52	2.61	4.71	7.40	0.38
贵金属冶炼	677.77	4.16	5.75	25.82	0.59
金冶炼	475.56	1.95	1.56	20.01	0.38
银冶炼	165.34	1.98	3.36	5.17	0.17
其他贵金属冶炼	36.86	0.23	0.83	0.63	0.04
稀有稀土金属冶炼	811.98	19.85	14.65	37.45	1.91
钨钼冶炼	405.90	12.77	4.91	19.45	0.64
稀土金属冶炼	238.76	4.22	4.69	10.47	0.62
其他稀有金属冶炼	167.32	2.86	5.04	7.53	0.66
有色金属合金制造	662.71	7.08	12.14	24.22	1.02
有色金属压延加工	8514.04	50.51	94.86	223.41	9.58
常用有色金属压延加工	7754.75	48.12	88.10	208.90	8.78
贵金属压延加工	542.00	1.03	2.55	7.30	0.32
稀有稀土金属压延加工	217.29	1.37	4.22	7.22	0.48
金属制品业	12635.42	95.05	323.71	545.16	32.22
结构性金属制品制造	3986.86	36.26	97.55	172.29	10.00
金属结构制造	3280.80	29.10	73.76	139.75	8.36
金属门窗制造	706.06	7.16	23.79	32.53	1.64

单位：亿元

财务费用	利息支出	营业利润	利润总额	应交所得税	亏损企业亏损总额	本年应交增值税	全部从业人员年平均人数（万人）
7.66	6.07	44.76	39.58	5.14	4.81	26.99	27.61
0.37	0.30	2.29	2.40	0.27	0.21	1.70	1.71
11.77	11.91	51.46	50.48	7.37	2.89	22.54	14.60
2.83	2.54	31.70	31.35	5.67	0.78	13.19	6.31
2.07	1.83	14.22	13.77	1.73	1.87	6.01	5.60
12.61	9.98	85.34	79.12	11.90	8.84	61.12	56.88
2.36	1.74	17.67	16.69	2.59	3.56	12.37	8.79
3.65	3.13	34.77	33.25	5.05	0.58	19.96	10.30
5.34	4.24	27.47	23.83	3.17	4.23	23.86	30.02
1.25	0.87	5.42	5.36	1.09	0.46	4.93	7.77
15.65	12.71	172.20	160.55	29.28	3.47	81.89	30.84
0.57	0.39	5.56	5.40	0.81	0.55	2.50	1.85
0.25	0.16	3.90	2.52	0.48	0.01	1.16	0.46
14.83	12.16	162.74	152.63	27.99	2.92	78.24	28.53
21.95	18.48	162.54	142.90	23.21	5.37	65.74	30.10
14.33	12.20	85.02	70.49	12.47	2.13	32.28	13.98
7.62	6.28	77.52	72.41	10.74	3.25	33.46	16.13
575.46	570.61	2063.64	1573.29	242.22	302.95	1481.90	313.50
17.98	16.46	69.94	58.08	15.38	30.07	83.65	26.23
101.70	94.89	306.11	220.97	30.65	49.94	244.46	55.21
431.20	440.31	1533.67	1171.79	183.07	204.36	1049.28	202.40
24.59	18.96	153.92	122.45	13.13	18.57	104.51	29.66
243.91	226.96	1092.01	848.21	132.56	204.44	623.09	185.18
137.60	133.17	355.28	272.57	51.71	135.59	313.60	87.17
30.98	31.69	128.93	50.94	14.85	52.53	93.45	15.44
27.14	25.39	23.81	21.59	4.83	35.58	64.70	20.86
6.05	6.47	62.09	52.05	8.75	4.55	19.01	7.26
5.76	4.92	2.37	3.47	0.51	1.58	11.09	5.10
0.87	0.78	3.92	2.98	0.37	0.27	3.54	1.63
61.88	60.17	114.93	124.22	20.11	34.83	104.58	27.67
2.16	1.70	5.70	5.65	0.87	2.60	8.69	5.12
2.77	2.05	13.54	11.67	1.41	3.65	8.55	4.09
5.78	5.72	97.69	72.21	12.36	2.01	14.42	6.46
3.59	4.49	56.26	55.16	10.86	1.26	4.67	5.22
2.00	1.07	39.36	15.90	1.32	0.25	7.83	0.92
0.20	0.16	2.08	1.14	0.19	0.50	1.91	0.32
9.26	6.53	122.04	115.73	20.51	4.09	51.44	11.60
2.57	0.63	77.24	72.51	15.41	1.91	25.73	4.27
4.12	3.98	31.68	31.14	3.79	0.76	15.17	3.68
2.57	1.92	13.12	12.07	1.31	1.43	10.55	3.65
8.00	7.86	33.38	30.69	3.55	6.08	21.76	9.63
83.26	73.69	483.62	357.01	44.44	56.67	221.88	70.32
78.48	69.53	449.27	325.63	39.92	53.57	203.41	64.81
2.75	2.12	24.34	21.34	3.46	0.98	7.88	2.49
2.03	2.03	10.01	10.04	1.06	2.12	10.59	3.03
141.40	122.91	850.41	749.79	103.19	58.27	428.50	327.17
48.66	41.00	285.68	243.57	33.76	15.00	128.93	93.97
39.84	34.21	228.03	196.97	27.02	13.04	103.52	74.13
8.82	6.79	57.65	46.60	6.73	1.96	25.41	19.84

1-A-2 续表 39

行　　业	主营业务成　　本	主营业务税金及附加	营业费用	管理费用	税金
金属工具制造	982.63	7.03	28.43	52.96	2.94
切削工具制造	301.32	2.39	10.17	18.59	1.10
手工具制造	229.20	1.30	6.31	11.66	0.61
农用及园林用金属工具制造	70.14	0.75	2.01	3.60	0.23
刀剪及类似日用金属工具制造	130.78	0.68	3.07	6.25	0.29
其他金属工具制造	251.20	1.90	6.87	12.86	0.72
集装箱及金属包装容器制造	1411.65	7.12	37.11	54.23	3.81
集装箱制造	556.09	1.58	12.93	13.61	1.01
金属压力容器制造	328.20	1.96	8.99	18.82	1.09
金属包装容器制造	527.36	3.59	15.19	21.80	1.71
金属丝绳及其制品的制造	1213.34	7.74	28.49	39.42	3.43
建筑、安全用金属制品制造	1419.54	9.06	43.05	67.78	3.49
建筑、家具用金属配件制造	573.35	3.47	16.71	29.26	1.18
建筑装饰及水暖管道零件制造	650.68	3.90	20.42	27.71	1.75
安全、消防用金属制品制造	85.16	0.88	3.59	5.63	0.29
其他建筑、安全用金属制品制造	110.35	0.81	2.34	5.18	0.27
金属表面处理及热处理加工	964.67	9.36	15.16	40.89	2.07
搪瓷制品制造	134.25	2.67	4.31	5.01	0.29
工业生产配套用搪瓷制品制造	24.49	0.13	0.79	1.43	0.05
搪瓷卫生洁具制造	48.08	2.01	1.85	1.53	0.06
搪瓷日用品及其他搪瓷制品制造	61.68	0.53	1.67	2.06	0.18
不锈钢及类似日用金属制品制造	1324.38	8.03	44.49	59.52	3.31
金属制厨房调理及卫生器具制造	332.72	1.91	10.92	12.74	0.81
金属制厨用器皿及餐具制造	535.79	3.28	21.40	24.08	1.41
其他日用金属制品制造	455.87	2.84	12.17	22.70	1.09
其他金属制品制造	1198.09	7.78	25.10	53.04	2.88
铸币及贵金属制实验室用品制造	30.55	0.27	0.13	4.09	0.15
其他未列明的金属制品制造	1167.54	7.51	24.97	48.95	2.73
通用设备制造业	19934.73	141.22	653.99	1179.77	58.28
锅炉及原动机制造	2032.01	12.91	52.04	152.20	5.47
锅炉及辅助设备制造	828.21	5.13	19.91	49.93	2.63
内燃机及配件制造	738.90	3.69	21.21	53.73	1.87
汽轮机及辅机制造	364.80	1.19	9.19	39.85	0.84
水轮机及辅机制造	27.03	0.23	0.72	2.49	0.10
其他原动机制造	73.06	2.67	1.02	6.21	0.03
金属加工机械制造	1814.88	12.92	73.77	133.18	7.88
金属切削机床制造	757.96	4.61	33.94	64.96	4.60
金属成形机床制造	210.98	1.46	8.67	16.46	1.08
铸造机械制造	224.02	1.94	8.86	13.70	0.70
金属切割及焊接设备制造	146.20	0.78	7.51	12.24	0.48
机床附件制造	139.46	1.32	4.35	9.12	0.32
其他金属加工机械制造	336.27	2.81	10.45	16.69	0.70
起重运输设备制造	2410.35	21.45	84.50	136.35	6.05
泵、阀门、压缩机及类似机械的制造	3057.18	19.13	135.21	207.84	10.20
泵及真空设备制造	694.48	5.02	37.91	52.03	2.37
气体压缩机械制造	532.30	1.60	20.42	35.10	1.60
阀门和旋塞的制造	998.23	6.17	45.81	63.39	2.89
液压和气压动力机械及元件制造	832.18	6.34	31.06	57.32	3.34

单位：亿元

财务费用	利息支出	营业利润	利润总额	应交所得税	亏损企业亏损总额	本年应交增值税	全部从业人员年平均人数（万人）
11.33	9.56	81.43	74.18	10.13	5.25	39.59	35.85
4.58	4.07	30.07	25.70	2.96	1.73	13.10	10.82
2.88	2.05	11.86	11.23	2.06	0.89	8.06	9.34
1.11	0.98	5.38	4.66	0.54	0.38	2.55	2.42
0.69	0.56	16.26	17.94	2.50	0.49	6.85	5.82
2.07	1.89	17.86	14.66	2.07	1.76	9.04	7.45
15.51	15.79	88.43	81.33	9.77	6.23	40.09	27.06
6.77	6.98	26.00	24.95	1.01	2.48	11.91	6.47
3.72	3.21	26.01	22.86	3.45	0.85	10.75	8.18
5.03	5.60	36.42	33.52	5.31	2.90	17.43	12.42
18.37	16.42	73.26	65.65	9.37	5.67	41.24	20.53
13.47	11.86	85.39	78.39	11.91	7.94	51.80	44.33
6.16	4.03	26.06	25.50	3.98	3.65	23.12	22.61
5.03	5.09	45.70	41.27	6.71	3.29	22.47	16.64
1.13	0.95	6.77	6.28	0.72	0.57	3.09	3.05
1.15	1.79	6.86	5.33	0.50	0.44	3.12	2.03
9.09	7.85	69.40	55.69	7.73	4.36	37.10	25.17
1.67	1.36	9.88	9.00	1.28	0.58	4.48	5.19
0.14	0.11	1.59	1.30	0.24	0.21	1.22	0.74
0.48	0.37	2.76	2.28	0.28	0.23	1.16	0.97
1.05	0.88	5.52	5.41	0.77	0.13	2.10	3.47
13.31	11.31	75.95	69.62	8.22	7.55	47.19	46.21
2.51	2.24	15.61	14.77	1.44	1.70	11.00	6.93
6.71	6.29	34.98	31.76	3.85	2.52	19.77	22.10
4.10	2.78	25.36	23.09	2.92	3.33	16.42	17.18
9.98	7.77	80.99	72.36	11.03	5.70	38.08	28.88
0.12	0.13	5.86	6.20	1.54		2.83	0.55
9.86	7.64	75.12	66.16	9.49	5.70	35.25	28.32
211.97	171.27	1690.07	1587.84	226.46	93.95	753.61	493.21
9.94	9.16	183.20	157.07	23.02	17.79	75.62	38.78
6.19	5.69	60.62	52.64	7.42	4.22	24.14	15.25
4.83	4.95	72.22	71.56	9.52	3.07	33.29	17.60
0.02	-0.45	41.77	25.07	5.58	10.33	13.89	4.43
0.11	0.27	2.85	2.00	0.13	0.12	1.10	0.93
-1.21	-1.31	5.73	5.81	0.37	0.05	3.20	0.57
23.46	19.19	151.60	144.01	19.58	9.89	75.93	53.02
11.68	10.80	61.35	58.12	8.74	4.20	30.07	21.47
3.30	2.56	14.86	15.21	2.15	2.31	8.41	7.11
2.07	1.63	20.92	20.59	2.03	0.94	11.54	6.13
1.74	1.19	19.46	19.40	2.19	0.36	6.38	4.10
1.08	0.82	12.19	10.84	1.38	0.76	4.96	5.09
3.60	2.19	22.82	19.83	3.09	1.31	14.57	9.11
15.31	11.71	193.07	192.38	29.00	9.39	63.78	38.76
39.58	32.04	268.86	263.69	38.81	12.74	118.83	82.80
9.38	7.61	59.96	58.76	8.62	2.69	26.76	20.90
7.41	6.43	37.16	37.15	6.48	3.39	16.33	10.95
13.61	10.28	90.25	86.29	12.17	4.12	42.90	29.46
9.18	7.72	81.49	81.49	11.55	2.54	32.84	21.49

1-A-2 续表 40

行　　业	主营业务成　本	主营业务税金及附加	营业费用	管理费用	税金
轴承、齿轮、传动和驱动部件的制造	1584.96	9.29	44.90	96.91	4.92
轴承制造	933.14	5.21	25.13	57.50	2.91
齿轮、传动和驱动部件制造	651.82	4.08	19.77	39.41	2.01
烘炉、熔炉及电炉制造	102.88	0.68	4.24	8.29	0.28
风机、衡器、包装设备等通用设备	2883.99	18.33	119.28	186.63	9.16
风机、风扇制造	373.85	2.58	14.74	28.59	1.91
气体、液体分离及纯净设备制造	321.92	1.99	13.41	20.49	0.84
制冷、空调设备制造	1127.21	6.27	46.18	67.20	2.64
风动和电动工具制造	362.11	2.07	10.80	19.87	1.45
喷枪及类似器具制造	45.47	0.24	2.10	3.91	0.12
包装专用设备制造	112.13	1.05	7.25	10.90	0.42
衡器制造	87.09	0.46	5.00	6.86	0.25
其他通用设备制造	454.21	3.66	19.81	28.82	1.53
通用零部件制造及机械修理	2295.02	15.66	58.16	121.14	5.95
金属密封件制造	327.43	2.54	10.24	16.48	0.69
紧固件、弹簧制造	793.53	3.72	22.16	40.10	1.95
机械零部件加工及设备修理	792.45	7.29	16.59	45.70	2.39
其他通用零部件制造	381.61	2.11	9.17	18.87	0.92
金属铸、锻加工	3753.47	30.85	81.89	137.22	8.37
钢铁铸件制造	2543.09	21.43	55.73	92.83	5.68
锻件及粉末冶金制品制造	1210.37	9.42	26.16	44.40	2.69
专用设备制造业	11709.10	76.76	441.88	823.64	38.84
矿山、冶金、建筑专用设备制造	4601.62	27.64	166.51	271.75	17.82
采矿、采石设备制造	1067.83	7.18	39.52	73.25	4.12
石油钻采专用设备制造	880.81	4.97	24.94	50.35	1.98
建筑工程用机械制造	1747.55	10.32	74.97	80.02	7.59
建筑材料生产专用机械制造	229.64	2.12	8.85	12.27	0.87
冶金专用设备制造	675.78	3.05	18.24	55.85	3.26
化工、木材、非金属加工专用设备	1690.04	10.77	57.63	133.42	5.07
炼油、化工生产专用设备制造	329.31	2.38	10.28	20.71	0.88
橡胶加工专用设备制造	95.70	0.80	3.53	8.10	0.37
塑料加工专用设备制造	200.52	0.84	12.72	17.88	0.59
木材加工机械制造	77.82	0.84	2.87	5.84	0.24
模具制造	932.18	5.36	26.48	77.27	2.67
其他非金属加工专用设备制造	54.51	0.55	1.75	3.61	0.31
食品、饮料、烟草及饲料生产专用设备制造	372.57	3.76	13.80	25.14	1.06
食品、饮料、烟草工业专用设备制造	167.51	1.62	6.24	15.65	0.54
农副食品加工专用设备制造	173.48	1.83	6.13	7.90	0.48
饲料生产专用设备制造	31.58	0.31	1.43	1.60	0.04
印刷、制药、日化生产专用设备制造	433.75	5.32	22.28	37.54	1.85
制浆和造纸专用设备制造	127.97	1.10	4.34	8.38	0.55
印刷专用设备制造	137.82	1.39	9.36	15.94	0.67
日用化工专用设备制造	15.72	0.10	1.15	1.59	0.06
制药专用设备制造	40.84	0.42	2.74	4.26	0.25
照明器具生产专用设备制造	30.66	1.06	0.74	2.24	0.08
玻璃、陶瓷和搪瓷制品生产专用设备制造	51.62	1.09	2.52	3.73	0.16
其他日用品生产专用设备制造	29.11	0.16	1.43	1.39	0.08
纺织、服装和皮革工业专用设备制造	738.01	4.85	24.36	54.81	2.52
纺织专用设备制造	495.80	3.68	16.78	36.95	1.80
皮革、毛皮及其制品加工专用设备制造	17.76	0.21	0.31	1.21	0.05
缝纫机械制造	193.32	0.85	6.26	15.07	0.62
其他服装加工专用设备制造	31.14	0.10	1.01	1.59	0.06

单位：亿元

财务费用	利息支出	营业利润	利润总额	应交所得税	亏损企业亏损总额	本年应交增值税	全部从业人员年平均人数(万人)
23.55	20.21	141.96	137.06	19.87	7.90	58.59	55.54
14.63	12.61	84.33	79.25	12.05	6.19	34.58	36.48
8.93	7.60	57.63	57.81	7.82	1.71	24.01	19.06
1.06	0.84	8.62	7.71	0.93	0.43	4.83	2.83
32.29	26.10	271.74	255.27	35.25	13.42	115.14	66.08
3.01	2.69	32.11	30.40	4.51	0.85	17.02	10.08
3.39	2.96	29.91	28.35	4.34	1.25	17.47	7.08
13.90	11.60	110.53	94.54	13.89	6.26	42.02	19.64
4.45	2.60	30.44	31.13	3.89	1.72	10.84	9.00
0.52	0.44	2.95	2.92	0.49	0.53	1.46	1.64
1.83	1.56	11.07	10.20	1.31	0.32	4.61	4.01
0.96	0.53	8.27	8.07	1.37	0.60	3.19	2.73
4.24	3.72	46.48	49.66	5.45	1.89	18.52	11.90
25.96	20.08	168.39	157.05	21.88	8.67	88.23	68.16
3.89	2.84	29.32	28.30	4.54	0.28	12.56	7.00
11.13	8.74	48.78	46.65	6.71	3.90	28.28	22.34
6.52	4.89	62.05	54.63	7.34	3.19	33.37	26.86
4.41	3.62	28.24	27.47	3.28	1.30	14.02	11.97
40.82	31.95	302.62	273.60	38.11	13.74	152.66	87.25
26.85	21.38	201.90	180.80	22.45	9.92	104.76	63.65
13.98	10.57	100.72	92.80	15.66	3.82	47.90	23.60
135.45	120.08	1023.44	1010.35	135.88	81.76	406.53	308.43
55.95	48.79	442.02	442.00	58.47	18.20	152.09	83.06
10.29	9.09	99.64	93.02	13.47	2.83	39.48	25.70
7.85	6.51	72.98	82.40	12.01	7.83	29.64	16.05
24.18	19.41	190.09	186.14	21.42	3.90	55.87	22.17
1.62	1.71	21.28	20.82	2.52	1.22	8.73	5.61
12.00	12.08	58.02	59.62	9.06	2.43	18.36	13.53
19.96	17.39	159.60	153.09	18.81	15.47	69.06	60.87
4.28	3.67	34.07	32.45	4.20	1.32	11.53	7.10
0.96	0.87	12.11	10.46	0.90	0.39	3.17	2.68
2.15	2.02	15.78	16.25	2.39	1.77	6.64	6.07
0.94	1.01	4.23	3.85	0.53	0.89	2.92	2.41
11.46	9.52	88.74	85.78	10.48	10.54	42.77	41.22
0.18	0.29	4.67	4.31	0.32	0.55	2.03	1.39
4.41	3.38	44.01	37.82	5.49	1.43	15.22	10.99
1.88	1.37	20.97	18.89	2.94	0.88	8.43	4.95
2.23	1.74	20.06	16.88	2.26	0.53	5.86	5.38
0.31	0.27	2.99	2.06	0.30	0.02	0.93	0.66
5.00	4.01	32.00	32.27	5.51	8.23	18.90	14.90
1.44	1.25	12.74	12.75	2.24	1.39	6.14	3.96
2.16	1.51	5.76	6.09	1.66	5.74	4.94	4.83
0.20	0.17	1.11	0.95	0.17	0.16	0.74	0.54
0.57	0.48	3.98	3.89	0.55	0.33	1.98	1.59
0.26	0.18	1.40	1.39	0.17	0.31	0.90	1.74
0.24	0.25	4.76	4.88	0.55	0.19	1.95	1.57
0.13	0.17	2.24	2.32	0.18	0.12	2.25	0.67
10.94	10.53	35.93	38.80	6.50	10.12	27.43	24.82
6.25	6.58	24.92	28.26	4.73	6.06	19.22	16.25
0.32	0.22	1.12	0.99	0.13	0.14	0.70	0.57
4.15	3.60	8.43	8.34	1.47	3.65	6.30	7.11
0.22	0.13	1.45	1.20	0.18	0.27	1.21	0.88

1-A-2 续表 41

行　　业	主营业务成　本	主营业务税金及附加	营业费用	管理费用	税金
电子和电工机械专用设备制造	996.24	5.38	28.72	98.63	3.59
电工机械专用设备制造	179.08	1.95	6.57	13.68	0.56
电子工业专用设备制造	364.43	2.19	12.00	28.31	1.54
航空、航天及其他专用设备制造	44.55	0.15	1.11	6.75	0.20
农、林、牧、渔专用机械制造	1206.97	6.90	32.07	47.27	1.96
拖拉机制造	297.60	1.67	8.65	17.09	0.57
机械化农业及园艺机具制造	323.76	2.19	11.64	13.90	0.64
营林及木竹采伐机械制造	8.67	0.03	0.42	0.90	0.03
畜牧机械制造	22.83	0.27	0.79	0.77	0.02
渔业机械制造	9.79	0.06	0.25	0.44	0.01
农林牧渔机械配件制造	222.32	1.41	5.15	7.68	0.34
其他农林牧渔业机械制造及机械修理	322.00	1.27	5.16	6.47	0.36
医疗仪器设备及器械制造	592.77	4.41	45.50	64.70	1.80
医疗诊断、监护及治疗设备制造	197.66	1.40	19.94	27.69	0.51
口腔科用设备及器具制造	9.98	0.10	0.82	1.14	0.02
实验室及医用消毒设备和器具的制造	23.46	0.17	2.81	3.11	0.13
医疗、外科及兽医用器械制造	214.03	1.21	9.13	16.75	0.68
机械治疗及病房护理设备制造	38.47	0.19	2.96	2.97	0.12
假肢、人工器官及植(介)入器械制造	20.41	0.05	3.30	4.13	0.08
其他医疗设备及器械制造	88.76	1.29	6.53	8.92	0.26
环保、社会公共安全及其他专用设备制造	1077.12	7.72	51.01	90.38	3.18
环境污染防治专用设备制造	455.37	3.52	16.96	32.93	1.45
地质勘查专用设备制造	18.38	0.11	1.03	2.81	0.10
邮政专用机械及器材制造	3.44	0.02	0.19	0.41	0.01
商业、饮食、服务业专用设备制造	17.20	0.05	2.31	1.88	0.06
社会公共安全设备及器材制造	145.87	1.03	7.34	13.70	0.24
交通安全及管制专用设备制造	15.99	0.22	0.88	1.52	0.04
水资源专用机械制造	53.74	0.63	3.51	4.30	0.12
其他专用设备制造	367.13	2.13	18.80	32.82	1.15
交通运输设备制造业	27878.95	511.59	955.51	1659.09	71.16
铁路运输设备制造	1144.51	8.16	27.80	101.96	3.97
铁路机车车辆及动车组制造	558.45	4.20	9.64	49.27	1.27
工矿有轨专用车辆制造	15.39	0.39	0.81	0.89	0.03
铁路机车车辆配件制造	251.34	1.54	8.46	21.24	1.24
铁路专用设备及器材、配件制造	189.13	1.65	6.91	16.73	0.71
其他铁路设备制造及设备修理	130.20	0.38	1.98	13.84	0.72
汽车制造	19699.33	457.69	779.10	1149.79	51.84
汽车整车制造	9949.31	401.10	508.61	531.45	23.11
改装汽车制造	1016.96	5.38	29.94	50.44	2.44
电车制造	9.20	0.27	0.40	1.10	0.03
汽车车身、挂车的制造	244.93	1.40	6.76	9.78	0.76
汽车零部件及配件制造	8284.33	46.54	224.68	539.20	24.88
汽车修理	194.61	3.00	8.71	17.83	0.62
摩托车制造	1875.18	23.14	63.51	84.54	4.54
摩托车整车制造	1030.98	17.93	43.02	42.82	1.85
摩托车零部件及配件制造	844.20	5.21	20.49	41.72	2.70

单位：亿元

财务费用	利息支出	营业利润	利润总额	应交所得税	亏损企业亏损总额	本年应交增值税	全部从业人员年平均人数（万人）
11.89	14.39	49.22	56.01	7.64	8.24	28.55	37.64
1.24	1.24	15.51	15.18	1.93	0.77	7.00	5.27
3.36	3.88	26.84	29.86	4.30	4.10	14.60	13.90
0.53	0.66	3.49	3.32	0.41	0.35	0.89	1.55
9.09	6.97	79.29	68.76	10.72	5.05	23.70	26.79
2.64	2.17	9.32	6.74	1.81	2.78	4.04	6.98
3.51	2.70	28.56	23.58	2.58	1.43	9.84	8.43
0.20	0.03	0.75	0.84	0.10	0.01	0.10	0.17
0.10	0.09	1.69	1.72	0.32	0.06	0.21	0.32
0.04	0.02	0.58	0.57	0.07	0.05	0.40	0.36
1.95	1.40	19.77	18.19	2.59	0.52	6.13	5.29
0.65	0.56	18.63	17.12	3.24	0.20	3.00	5.23
5.51	4.36	80.58	81.88	10.17	7.06	29.51	22.31
1.18	1.30	26.71	28.80	3.55	3.06	8.64	4.94
0.16	0.12	1.02	1.02	0.18	0.13	0.66	0.64
0.26	0.16	2.87	3.20	0.43	0.15	1.33	0.79
2.94	2.18	23.45	22.68	2.62	2.75	9.71	9.90
0.27	0.22	4.45	3.80	0.61	0.14	1.69	1.19
0.08	0.06	4.79	4.93	0.67	0.16	1.73	1.36
0.62	0.32	17.29	17.45	2.12	0.66	5.74	3.50
12.70	10.25	100.78	99.70	12.56	7.95	42.07	27.06
5.24	4.54	41.39	41.44	5.37	2.35	17.10	10.20
0.09	0.07	0.74	0.62	0.15	0.33	0.97	1.06
0.06	0.05	0.12	0.12	0.02	0.07	0.15	0.12
0.24	0.07	1.42	1.28	0.29	0.32	0.82	0.50
2.50	1.69	21.31	19.39	2.32	0.47	5.10	3.71
0.17	0.14	1.83	1.86	0.20	0.09	0.84	0.50
0.73	0.68	3.07	3.98	0.49	0.35	2.73	1.64
3.67	3.00	30.91	31.01	3.72	3.97	14.35	9.32
174.36	211.68	2091.78	2127.41	251.06	147.68	957.76	473.14
12.02	12.67	85.33	82.56	9.97	3.95	56.63	30.40
4.81	4.74	38.16	36.98	3.07	1.11	27.36	10.95
0.15	0.07	0.49	0.47	0.08	0.22	0.70	0.48
3.90	3.59	21.62	20.32	3.20	1.28	15.03	7.68
1.44	1.70	20.90	20.54	2.92	0.48	9.53	4.98
1.71	2.58	4.16	4.26	0.70	0.85	4.00	6.32
148.41	146.28	1404.32	1458.85	167.46	122.01	727.52	286.63
28.29	47.17	697.13	731.99	67.10	46.25	362.02	64.45
11.70	10.40	49.86	49.23	5.34	7.05	29.01	17.84
0.18	0.15	0.14	0.15	0.06	0.27	0.57	0.39
2.19	2.50	18.15	14.63	2.21	2.90	10.22	4.96
103.66	84.00	629.66	653.09	90.97	63.21	317.40	192.77
2.38	2.05	9.38	9.77	1.79	2.33	8.30	6.21
20.90	16.22	110.34	98.74	9.69	6.65	64.04	44.79
9.76	7.44	63.83	51.91	4.11	3.94	33.33	13.02
11.14	8.78	46.52	46.83	5.58	2.70	30.71	31.77

1-A-2 续表 42

行　业	主营业务成　本	主营业务税金及附加	营业费用	管理费用	税金
自行车制造	647.80	1.89	19.17	26.82	1.16
脚踏自行车及残疾人座车制造	445.69	0.90	12.80	18.82	0.71
助动自行车制造	202.11	0.99	6.37	8.01	0.45
船舶及浮动装置制造	3384.77	16.06	42.95	170.62	6.33
金属船舶制造	2482.78	11.88	18.70	112.72	4.14
非金属船舶制造	33.31	0.21	0.73	1.81	0.08
娱乐船和运动船的建造和修理	17.12	0.17	0.67	1.53	0.06
船用配套设备制造	355.90	1.79	9.04	22.90	1.17
船舶修理及拆船	487.66	2.00	13.67	31.25	0.88
航标器材及其他浮动装置的制造	8.01	0.01	0.13	0.41	0.01
航空航天器制造	951.66	3.43	18.96	118.89	2.99
飞机制造及修理	894.11	3.23	18.51	109.11	2.88
航天器制造	53.78	0.09	0.28	9.42	0.10
其他飞行器制造	3.77	0.10	0.17	0.36	
交通器材及其他交通运输设备制造	175.71	1.22	4.02	6.46	0.33
潜水及水下救捞装备制造	5.92	0.08	0.17	0.52	0.01
交通管理用金属标志及设施制造	48.85	0.62	1.31	2.32	0.08
其他交通运输设备制造	120.94	0.52	2.54	3.62	0.24
电气机械及器材制造业	24845.17	128.10	1085.02	1241.59	54.60
电机制造	2587.80	10.94	77.48	147.42	6.11
发电机及发电机组制造	895.54	4.17	31.30	54.26	1.84
电动机制造	948.91	4.42	28.75	49.62	2.50
微电机及其他电机制造	743.35	2.35	17.43	43.55	1.77
输配电及控制设备制造	5404.69	32.66	246.43	357.83	14.89
变压器、整流器和电感器制造	1852.60	11.11	80.70	102.19	5.40
电容器及其配套设备制造	195.10	1.00	7.74	13.03	0.48
配电开关控制设备制造	2052.28	12.77	106.03	144.93	6.16
电力电子元器件制造	777.00	3.56	28.92	59.27	1.63
其他输配电及控制设备制造	527.71	4.21	23.05	38.41	1.22
电线、电缆、光缆及电工器材制造	6396.72	27.77	191.87	204.37	11.15
电线电缆制造	5563.08	22.85	163.09	163.93	8.40
光纤、光缆制造	330.44	1.87	12.96	13.42	1.58
绝缘制品制造	291.66	1.50	7.79	13.61	0.65
其他电工器材制造	211.54	1.54	8.03	13.42	0.53
电池制造	2311.60	8.65	51.58	99.24	9.35
家用电力器具制造	5721.47	33.62	422.43	293.94	8.41
家用制冷电器具制造	1284.75	5.07	131.60	86.14	2.87
家用空气调节器制造	1971.56	11.01	163.76	75.57	1.82
家用通风电器具制造	236.87	1.87	15.46	11.79	0.36
家用厨房电器具制造	1010.86	4.62	51.93	52.76	1.22
家用清洁卫生电器具制造	415.41	4.08	39.91	24.68	0.78
家用美容、保健电器具制造	133.97	0.35	2.54	10.64	0.29
家用电力器具专用配件制造	328.24	3.01	6.16	15.27	0.54
其他家用电力器具制造	339.80	3.60	11.07	17.09	0.53
非电力家用器具制造	449.14	2.69	29.43	21.41	0.91
燃气、太阳能及类似能源的器具制造	392.24	2.29	28.17	19.09	0.79
其他非电力家用器具制造	56.91	0.40	1.26	2.32	0.11
照明器具制造	1541.82	9.06	51.51	91.79	3.11
电光源制造	451.96	3.97	12.30	23.81	0.80
照明灯具制造	772.99	3.48	29.18	47.34	1.72
灯用电器附件及其他照明器具制造	316.87	1.61	10.04	20.65	0.59

单位：亿元

财务费用	利息支出	营业利润	利润总额	应交所得税	亏损企业亏损总额	本年应交增值税	全部从业人员年平均人数（万人）
4.71	4.37	30.85	28.74	3.37	4.63	15.73	20.48
3.29	2.88	17.42	16.38	1.99	3.56	9.95	15.45
1.42	1.49	13.43	12.35	1.38	1.08	5.78	5.03
-29.53	15.17	386.17	371.73	48.35	7.91	75.95	56.02
-32.88	7.07	273.47	264.04	31.14	5.29	48.67	33.83
-0.14	0.36	4.59	3.67	0.47	0.12	0.79	0.77
0.25	0.30	0.72	0.87	0.09	0.57	0.49	0.84
3.71	3.55	26.60	26.84	3.84	1.25	14.51	9.71
-0.61	3.72	79.08	74.63	12.77	0.65	11.03	10.74
0.16	0.17	1.70	1.68	0.03	0.02	0.46	0.13
16.49	16.14	62.29	75.77	10.71	1.80	12.74	31.41
16.00	15.57	57.28	69.37	9.96	1.77	12.25	28.95
0.42	0.51	4.53	5.94	0.72		0.34	2.32
0.07	0.06	0.47	0.46	0.03	0.03	0.15	0.14
1.37	0.82	12.47	11.03	1.52	0.74	5.14	3.40
0.01		0.55	0.39	0.03	0.05	0.31	0.23
0.50	0.35	5.49	4.72	0.69	0.46	1.74	1.20
0.86	0.46	6.42	5.93	0.79	0.23	3.09	1.97
292.88	235.48	1906.65	1809.33	238.78	105.55	846.00	527.79
28.42	23.65	232.67	227.73	25.95	10.93	90.80	64.81
6.05	5.25	115.28	113.05	10.30	2.94	34.67	15.06
14.45	11.93	65.69	64.89	9.43	4.31	30.47	23.96
7.92	6.47	51.70	49.79	6.21	3.69	25.66	25.79
67.31	57.18	514.04	529.07	78.63	23.75	217.99	135.88
27.29	23.46	171.07	170.96	21.03	6.91	69.21	42.34
2.36	1.84	11.99	13.75	1.86	1.32	8.22	6.94
25.50	21.75	223.09	237.94	38.86	6.85	93.59	45.48
7.35	5.82	53.25	51.16	7.77	6.72	22.21	29.08
4.81	4.31	54.64	55.27	9.12	1.96	24.77	12.05
81.79	72.98	455.88	396.05	46.96	24.10	186.71	82.10
74.35	66.27	382.01	327.25	38.32	19.18	157.13	64.63
2.01	2.49	35.15	33.17	2.74	1.42	14.51	4.31
2.66	2.09	21.45	20.40	3.08	1.60	9.20	7.46
2.76	2.14	17.27	15.23	2.81	1.91	5.87	5.71
34.80	28.85	199.18	195.31	23.27	12.60	61.18	48.56
54.92	34.45	332.40	294.89	41.41	22.14	207.64	109.32
16.83	7.56	60.40	54.85	9.46	6.85	50.22	15.43
15.54	9.44	132.25	110.98	13.38	4.04	65.03	19.84
1.32	1.48	12.25	11.14	2.03	0.36	10.08	8.79
9.70	6.94	54.40	45.42	6.17	4.53	39.47	29.90
4.47	2.88	27.40	27.87	4.01	1.52	17.31	7.67
1.03	0.61	10.19	9.23	1.23	1.07	3.41	5.42
3.92	3.36	22.40	22.07	2.60	0.95	12.32	9.59
2.10	2.18	13.11	13.33	2.53	2.81	9.81	12.68
5.66	3.43	39.43	35.61	5.74	1.66	20.12	9.87
5.07	3.06	35.04	31.58	4.62	1.11	17.60	8.56
0.59	0.37	4.39	4.03	1.12	0.55	2.52	1.31
15.62	11.73	98.89	96.61	11.77	8.59	48.19	66.73
4.17	3.37	30.92	31.16	2.94	1.67	11.03	21.36
8.90	6.32	46.53	45.87	6.65	4.41	25.78	33.04
2.54	2.03	21.45	19.57	2.18	2.52	11.39	12.34

1-A-2 续表 43

行　业	主营业务成　本	主营业务税金及附加	营业费用	管理费用	税金
其他电气机械及器材制造	431.93	2.71	14.28	25.57	0.67
车辆专用照明及电气信号设备装置	178.14	0.41	6.99	14.26	0.36
其他未列明的电气机械制造	253.79	2.30	7.29	11.31	0.32
通信设备、计算机及其他电子设备	38545.74	81.93	1182.22	1663.89	50.02
通信设备制造	6945.73	21.61	417.40	432.36	13.00
通信传输设备制造	434.46	1.55	15.11	42.23	1.08
通信交换设备制造	1489.52	11.87	213.73	224.01	5.70
通信终端设备制造	466.58	1.22	25.50	24.84	0.63
移动通信及终端设备制造	4215.10	4.56	149.85	110.77	4.10
其他通信设备制造	340.07	2.41	13.21	30.52	1.49
雷达及配套设备制造	123.88	0.67	3.63	22.61	0.33
广播电视设备制造	320.89	1.28	12.33	25.08	0.65
广播电视节目制作及发射设备制造	18.86	0.23	1.19	2.76	0.12
广播电视接收设备及器材制造	210.27	0.71	6.08	13.13	0.36
应用电视设备及其他广播电视设备	91.77	0.34	5.05	9.19	0.17
电子计算机制造	14558.51	15.46	341.51	333.54	7.04
电子计算机整机制造	8691.71	6.14	232.95	160.41	2.24
计算机网络设备制造	350.55	0.93	25.07	28.65	0.32
电子计算机外部设备制造	5516.26	8.39	83.48	144.47	4.48
电子器件制造	5431.00	16.86	96.36	296.33	11.53
电子真空器件制造	462.03	0.74	29.13	30.65	1.01
半导体分立器件制造	457.38	0.92	7.25	31.56	0.81
集成电路制造	2006.88	6.41	20.01	109.70	2.62
光电子器件及其他电子器件制造	2504.71	8.79	39.98	124.41	7.08
电子元件制造	7158.78	15.32	129.20	347.64	12.22
电子元件及组件制造	5258.05	12.67	103.50	274.77	9.85
印制电路板制造	1900.73	2.65	25.70	72.87	2.37
家用视听设备制造	3168.09	7.41	153.88	146.48	3.77
家用影视设备制造	2263.95	5.54	140.31	109.71	2.78
家用音响设备制造	904.14	1.87	13.57	36.76	0.99
其他电子设备制造	838.85	3.32	27.91	59.86	1.48
仪器仪表及文化、办公用机械制造	4058.87	21.58	157.41	295.54	9.48
通用仪器仪表制造	1464.78	9.61	84.75	136.89	4.23
工业自动控制系统装置制造	813.83	5.67	44.88	74.76	2.01
电工仪器仪表制造	141.59	0.82	8.83	15.15	0.69
绘图、计算及测量仪器制造	66.72	0.39	4.45	7.23	0.37
实验分析仪器制造	90.75	0.60	7.29	14.02	0.39
试验机制造	33.56	0.14	2.04	3.61	0.19
供应用仪表及其他通用仪器制造	318.33	2.00	17.25	22.11	0.58
专用仪器仪表制造	477.86	2.98	23.69	51.16	1.41
环境监测专用仪器仪表制造	52.71	0.35	2.23	3.47	0.08
汽车及其他用计数仪表制造	125.29	0.84	5.14	12.77	0.40
导航、气象及海洋专用仪器制造	63.35	0.31	2.49	8.33	0.20
农林牧渔专用仪器仪表制造	2.93	0.02	0.17	0.25	0.01
地质勘探和地震专用仪器制造	40.32	0.29	1.47	3.87	0.11
教学专用仪器制造	31.38	0.22	1.68	1.80	0.06
核子及核辐射测量仪器制造	4.58	0.03	0.28	1.09	0.05
电子测量仪器制造	94.81	0.48	5.73	11.67	0.30
其他专用仪器制造	62.48	0.46	4.49	7.91	0.20

单位：亿元

财务费用	利息支出	营业利润	利润总额	应交所得税	亏损企业亏损总额	本年应交增值税	全部从业人员年平均人数（万人）
4.37	3.21	34.15	34.05	5.07	1.77	13.38	10.52
2.34	1.59	12.51	12.71	1.88	0.59	6.60	4.37
2.02	1.62	21.64	21.34	3.19	1.18	6.78	6.15
185.48	179.36	1657.25	1542.67	214.46	301.57	618.95	677.31
90.30	28.77	359.03	309.28	61.97	44.66	165.54	86.45
3.79	3.98	35.73	40.90	4.41	2.07	11.17	10.35
77.88	15.30	146.45	84.31	23.55	4.88	101.04	17.28
1.97	2.08	15.62	17.01	3.71	6.66	8.28	11.69
4.80	5.13	142.69	145.11	27.30	27.22	34.18	37.98
1.85	2.28	18.54	21.95	3.00	3.83	10.86	9.14
1.13	1.33	12.66	13.01	1.72	0.43	3.11	4.27
2.98	2.90	17.72	19.37	2.54	1.63	7.90	10.23
0.37	0.22	2.00	2.27	0.28	0.31	1.06	0.69
1.90	1.78	10.03	10.00	1.29	0.53	3.96	7.51
0.71	0.90	5.69	7.10	0.97	0.79	2.88	2.03
-9.06	30.73	510.50	483.55	48.67	28.17	129.08	154.09
-20.35	15.01	209.29	193.51	18.95	7.20	55.85	58.31
-0.63	0.87	40.25	39.18	4.21	0.67	8.98	5.75
11.92	14.85	260.95	250.85	25.51	20.31	64.25	90.02
43.33	54.76	189.74	192.22	35.27	129.13	86.02	105.60
6.62	7.54	-5.22	-1.69	3.18	18.59	10.42	8.84
4.30	4.78	43.90	45.33	11.02	5.22	14.86	11.18
10.51	18.47	47.46	49.56	8.26	48.88	24.97	31.34
21.90	23.98	103.60	99.03	12.81	56.44	35.77	54.24
38.06	39.58	389.57	359.06	47.36	65.64	140.67	230.67
25.79	26.52	289.33	268.72	36.01	46.32	106.23	182.71
12.27	13.06	100.24	90.34	11.35	19.32	34.44	47.95
14.72	16.32	119.17	105.45	10.02	24.58	64.98	57.92
13.29	13.99	73.75	71.73	5.88	19.41	52.08	27.68
1.42	2.33	45.42	33.72	4.14	5.17	12.90	30.25
4.03	4.97	58.86	60.74	6.92	7.33	21.64	28.09
26.85	24.47	316.20	326.09	44.46	23.79	119.55	116.48
15.97	13.81	150.94	162.38	21.08	7.44	67.15	36.50
7.02	6.23	91.97	99.54	12.30	3.76	38.63	16.66
1.39	1.50	14.12	14.78	2.21	1.22	6.48	4.82
1.18	0.83	4.97	5.06	0.72	0.45	2.82	3.52
0.50	0.19	9.72	10.38	1.27	0.96	4.06	3.02
0.39	0.28	1.93	2.13	0.35	0.26	1.43	1.13
5.49	4.77	28.23	30.49	4.24	0.79	13.72	7.36
4.06	3.50	59.09	61.60	8.62	2.92	21.59	15.30
0.25	0.18	6.57	6.64	0.97	0.11	2.54	1.53
1.96	1.56	15.27	14.99	2.36	0.78	6.11	3.71
0.29	0.24	8.36	8.33	0.64	0.52	1.60	2.21
0.03	0.03	0.24	0.23	0.04		0.13	0.11
0.08	0.10	5.60	5.35	0.67	0.15	3.21	1.14
0.37	0.26	1.63	1.51	0.30	0.15	0.97	0.82
0.02	0.01	0.28	0.44	0.07	0.07	0.29	0.28
0.81	0.74	14.00	14.27	2.15	0.86	3.85	3.35
0.26	0.38	7.14	9.83	1.42	0.28	2.88	2.17

1-A-2 续表 44

行　业	主营业务成　本	主营业务税金及附加	营业费用	管理费用	税金
钟表与计时仪器制造	159.68	0.69	5.73	13.02	0.72
光学仪器及眼镜制造	604.18	1.73	13.67	42.65	1.48
光学仪器制造	479.85	1.28	7.36	31.68	1.05
眼镜制造	124.33	0.45	6.31	10.96	0.43
文化、办公用机械制造	1308.05	6.13	26.05	45.20	1.47
电影机械制造	4.12	0.06	0.33	0.75	0.02
幻灯及投影设备制造	20.67	0.03	0.56	1.03	0.01
照相机及器材制造	588.72	5.12	7.14	16.86	0.56
复印和胶印设备制造	455.37	0.16	8.12	13.27	0.42
计算器及货币专用设备制造	199.88	0.60	7.70	10.47	0.32
其他文化、办公用机械制造	39.29	0.16	2.21	2.83	0.14
其他仪器仪表的制造及修理	44.33	0.44	3.52	6.62	0.18
工艺品及其他制造业	3455.01	28.57	102.58	164.39	8.47
工艺美术品制造	2474.04	22.33	72.48	99.73	5.57
雕塑工艺品制造	175.75	3.10	7.80	9.56	0.76
金属工艺品制造	191.98	1.53	9.20	11.42	0.52
漆器工艺品制造	36.59	0.37	1.30	2.47	0.14
花画工艺品制造	86.58	0.80	2.64	4.99	0.25
天然植物纤维编织工艺品制造	202.59	2.48	7.14	6.81	0.40
抽纱刺绣工艺品制造	295.57	2.62	5.91	12.22	0.70
地毯、挂毯制造	194.88	1.01	8.50	8.51	0.80
珠宝首饰及有关物品的制造	838.64	6.26	15.70	21.55	0.74
其他工艺美术品制造	451.44	4.13	14.29	22.20	1.25
日用杂品制造	634.64	4.07	18.40	34.28	2.04
制镜及类似品加工	32.20	0.32	0.87	1.80	0.06
鬃毛加工、制刷及清扫工具的制造	144.39	0.88	3.93	6.30	0.21
其他日用杂品制造	458.05	2.87	13.60	26.18	1.77
煤制品制造	42.87	0.60	2.21	3.99	0.05
其他未列明的制造业	302.42	1.54	9.41	26.17	0.80
废弃资源和废旧材料回收加工业	1028.29	9.58	20.64	29.00	1.37
金属废料和碎屑的加工处理	923.18	8.57	17.83	24.62	1.09
非金属废料和碎屑的加工处理	105.11	1.02	2.81	4.38	0.28
电力、燃气及水的生产和供应业	**29831.32**	**184.23**	**175.89**	**922.33**	**45.21**
电力、热力的生产和供应业	27818.00	167.79	75.68	712.34	33.42
电力生产	8780.40	67.65	27.16	329.16	22.39
火力发电	7806.01	45.61	17.20	232.71	18.41
水力发电	710.78	17.90	7.60	78.25	3.38
核力发电	135.54	2.69	0.35	9.32	0.19
其他能源发电	128.07	1.45	2.02	8.88	0.41
电力供应	18363.42	96.98	40.34	332.05	8.70
热力生产和供应	674.18	3.16	8.18	51.13	2.34
燃气生产和供应业	1365.62	7.85	49.82	78.60	3.74
水的生产和供应业	647.70	8.59	50.40	131.39	8.05
自来水的生产和供应	555.30	8.05	48.64	113.56	7.01
污水处理及其再生利用	67.87	0.41	1.09	8.79	0.40
其他水的处理、利用与分配	24.52	0.13	0.66	9.04	0.63

单位：亿元

财务费用	利息支出	营业利润	利润总额	应交所得税	亏损企业亏损总额	本年应交增值税	全部从业人员年平均人数（万人）
1.87	1.00	6.08	6.63	0.95	2.37	3.98	12.22
4.66	4.41	30.89	30.86	4.10	4.12	11.99	25.47
2.37	2.78	26.08	26.78	3.16	2.01	7.81	13.88
2.29	1.63	4.81	4.08	0.94	2.12	4.18	11.59
-0.41	1.21	63.99	59.77	9.31	6.23	12.47	25.30
0.05	0.05	0.38	0.34	0.05	0.03	0.21	0.35
-0.04	0.04	0.65	0.74	0.14	0.14	0.24	0.39
0.87	0.26	21.80	18.86	2.57	3.82	2.10	11.77
-1.05	0.13	21.51	20.86	3.68	0.96	4.25	6.51
-0.90	0.17	17.51	17.01	2.45	0.60	4.71	4.40
0.66	0.56	2.14	1.95	0.42	0.69	0.97	1.87
0.70	0.54	5.21	4.86	0.39	0.69	2.37	1.68
36.44	29.56	232.99	224.22	28.96	17.57	113.31	143.35
25.60	20.95	171.03	162.84	19.08	10.89	81.01	99.64
1.83	1.31	20.22	19.34	1.80	1.00	7.68	10.65
2.28	1.74	13.50	12.90	1.82	1.36	7.15	10.44
0.80	0.71	4.09	3.51	0.72	0.18	2.04	2.22
0.62	0.52	4.98	4.59	0.65	0.45	2.31	5.44
2.14	1.21	17.17	15.25	1.32	0.35	8.11	9.57
3.94	2.85	18.83	17.70	2.36	0.79	9.80	11.19
2.56	2.05	13.49	11.94	2.33	1.45	7.70	8.36
5.55	6.20	48.29	47.95	4.52	2.19	20.66	15.83
5.89	4.37	30.47	29.66	3.56	3.11	15.54	25.93
8.22	6.40	39.19	36.33	5.98	2.65	20.94	31.57
0.47	0.45	2.08	2.02	0.32	0.17	1.25	1.31
1.90	1.55	8.75	7.07	1.18	0.66	4.59	6.05
5.86	4.40	28.35	27.24	4.48	1.82	15.11	24.21
0.53	0.24	2.85	2.31	0.74	0.94	1.87	1.24
2.03	1.92	19.60	22.43	3.09	3.09	9.39	10.84
8.05	8.21	68.97	40.31	4.77	12.14	32.01	14.20
7.00	7.24	59.64	32.39	3.55	11.34	28.21	11.57
1.06	0.97	9.33	7.92	1.23	0.81	3.80	2.63
1378.93	**1353.08**	**621.97**	**661.12**	**271.31**	**974.78**	**1806.98**	**321.36**
1302.59	1277.94	511.59	508.69	243.05	907.61	1704.09	259.41
867.26	859.38	86.26	162.55	120.16	695.87	783.74	102.71
583.57	571.58	-295.06	-267.43	42.93	651.33	573.83	72.13
242.19	233.96	288.68	309.47	58.56	39.68	169.19	28.14
23.17	36.27	81.39	100.11	15.60		30.95	0.55
18.33	17.57	11.25	20.39	3.07	4.86	9.77	1.89
406.78	391.31	490.33	378.57	120.25	157.03	904.08	138.13
28.55	27.25	-65.01	-32.43	2.63	54.70	16.27	18.56
19.14	20.37	110.93	125.37	16.74	19.44	63.37	18.17
57.20	54.77	-0.55	27.07	11.52	47.73	39.52	43.78
43.87	37.47	-18.82	-1.22	7.53	44.23	37.25	41.56
7.60	6.32	1.93	4.98	0.93	3.41	1.72	2.03
5.74	10.98	16.34	23.31	3.05	0.09	0.55	0.19

1-A-3 规模以上国有控股

行业	企业单位数（个）	亏损企业	工业总产值（当年价格）	工业销售产值（当年价格）	出口交货值	资产总计
总计	**21313**	**5839**	**143786.66**	**140959.59**	**8683.55**	**188811.37**
在总计中:						
亏损企业	5839	5839	35252.10	34832.21	1051.58	43450.96
在总计中:						
轻工业	5892	1831	14493.82	14230.35	968.55	18902.12
重工业	15421	4008	129292.84	126729.24	7715.00	169909.25
在总计中:						
大型企业	1361	318	97222.65	95300.44	6239.77	116094.45
中型企业	6220	1602	33876.32	33222.56	2079.78	53622.37
小型企业	13732	3919	12687.68	12436.60	364.00	19094.55
采矿业	**1622**	**243**	**20548.41**	**19242.83**	**365.36**	**29584.79**
煤炭开采和洗选业	864	131	8645.79	8490.07	141.90	14696.76
烟煤和无烟煤的开采洗选	825	122	8368.76	8215.94	141.90	14158.67
褐煤的开采洗选	36	9	274.66	271.74		536.66
其他煤炭采选	3		2.37	2.39		1.44
石油和天然气开采业	112	21	10202.81	9096.49	216.44	12351.86
天然原油和天然气开采	71	6	8658.41	7599.47	185.03	10065.86
与石油和天然气开采有关的服务活动	41	15	1544.40	1497.02	31.40	2286.00
黑色金属矿采选业	132	8	681.42	655.95	0.02	1195.24
铁矿采选	114	6	631.93	608.00	0.02	1111.50
其他黑色金属矿采选	18	2	49.49	47.96		83.74
有色金属矿采选业	287	37	763.45	754.86	1.32	942.23
常用有色金属矿采选	115	20	388.92	393.21	0.19	564.17
铜矿采选	36	4	143.96	155.79		202.45
铅锌矿采选	50	12	164.56	159.02		277.81
镍钴矿采选	5	1	2.52	2.43		6.71
锡矿采选	6	1	8.13	8.15		14.76
锑矿采选	7		7.13	6.79	0.19	7.09
铝矿采选	5		55.64	54.70		39.32
镁矿采选						
其他常用有色金属矿采选	6	2	6.99	6.34	0.01	16.03
贵金属矿采选	108	11	267.28	262.63	0.08	230.99
金矿采选	102	10	264.70	260.08	0.08	227.90
银矿采选	6	1	2.58	2.56		3.09
其他贵金属矿采选						
稀有稀土金属矿采选	64	6	107.25	99.02	1.05	147.07
钨钼矿采选	37	3	81.49	74.25	1.02	111.70
稀土金属矿采选	8	2	9.29	8.86		3.76
放射性金属矿采选	8		7.09	7.49		20.61
其他稀有金属矿采选	11	1	9.38	8.42	0.03	11.01
非金属矿采选业	226	46	254.83	245.32	5.69	398.55
土砂石开采	107	23	62.97	62.52	0.16	60.72
石灰石、石膏开采	38	13	11.53	11.36		23.30
建筑装饰用石开采	20	3	8.22	8.11		8.95
耐火土石开采	14	1	8.63	8.64		5.77
粘土及其他土砂石开采	35	6	34.59	34.41	0.16	22.70

工业企业主要经济指标

单位：亿元

流动资产合计	应收账款	存货		流动资产年平均余额	固定资产合计	固定资产原价	累计折旧
			产成品				
65493.98	**9660.68**	**18031.62**	**5094.67**	**63021.98**	**91883.64**	**129146.64**	**49055.00**
12071.86	1895.69	3543.02	938.60	12119.46	26024.76	36948.81	14311.13
9301.24	1178.37	3191.04	950.04	9005.95	6686.16	9636.04	3998.05
56192.74	8482.31	14840.58	4144.63	54016.03	85197.48	119510.59	45056.95
42426.11	5359.45	12244.82	3247.98	40817.45	54101.74	78996.91	32914.59
17319.60	3028.98	4411.31	1346.99	16618.39	26370.01	35970.74	12288.91
5748.27	1272.25	1375.49	499.70	5586.14	11411.89	14178.98	3851.49
8904.72	**1222.05**	**1357.71**	**451.37**	**8066.49**	**15077.68**	**23067.33**	**9470.75**
5655.35	604.66	717.97	289.73	4840.46	6357.15	7974.50	2725.38
5473.73	577.27	689.74	285.42	4694.65	6061.67	7643.76	2646.24
181.32	27.36	28.05	4.14	145.05	294.36	329.53	78.96
0.31	0.03	0.18	0.17	0.76	1.12	1.21	0.18
2277.81	466.56	452.86	94.56	2309.58	7865.89	14039.17	6365.03
1208.86	113.20	218.17	76.57	1386.10	6877.95	12845.94	5924.17
1068.95	353.36	234.69	18.00	923.48	987.95	1193.23	440.86
417.65	68.11	57.95	19.95	369.87	349.21	423.08	176.79
404.66	65.68	56.18	18.97	356.00	320.70	388.18	163.37
12.99	2.43	1.77	0.98	13.87	28.51	34.90	13.42
400.93	53.64	97.11	28.97	400.31	345.20	406.81	126.79
239.60	32.84	57.12	16.63	244.24	203.30	230.85	67.33
80.53	14.93	15.76	7.44	77.67	79.09	80.00	21.29
122.26	14.43	16.15	5.85	131.14	92.55	111.16	31.16
1.80		0.38	0.27	2.97	4.02	1.84	0.61
4.80	0.98	0.74	0.45	4.22	2.78	4.36	1.79
3.72	1.99	0.49	0.32	3.32	2.83	4.08	1.39
23.71	0.18	22.47	1.83	22.60	14.34	19.08	8.05
2.78	0.32	1.12	0.47	2.31	7.69	10.33	3.05
100.39	13.78	28.57	8.23	98.18	92.06	121.07	47.35
98.69	13.53	28.14	8.00	96.59	91.06	119.32	46.53
1.69	0.24	0.44	0.23	1.60	1.00	1.76	0.81
60.95	7.02	11.41	4.12	57.89	49.85	54.89	12.12
48.38	5.35	7.16	2.39	46.01	35.72	38.55	6.58
2.26	0.36	1.52	0.59	2.47	1.17	1.32	0.39
5.24	0.62	1.12	0.17	5.02	8.48	8.54	2.86
5.06	0.69	1.61	0.96	4.39	4.48	6.49	2.28
152.86	29.09	31.79	18.12	146.15	160.21	223.74	76.74
20.63	6.24	4.05	1.77	18.33	32.21	44.33	14.89
6.86	2.47	1.23	0.56	4.93	11.29	16.63	6.23
4.26	1.74	0.39	0.23	4.30	3.83	4.72	1.41
1.54	0.47	0.46	0.21	1.53	3.92	5.58	1.88
7.97	1.56	1.97	0.76	7.58	13.17	17.40	5.38

1-A-3 续表 1

行业	企业单位数（个）	亏损企业	工业总产值（当年价格）	工业销售产值（当年价格）	出口交货值	资产总计
化学矿采选	34	7	58.46	53.18	0.85	112.52
采盐	67	12	114.34	110.47	2.27	209.82
石棉及其他非金属矿采选	18	4	19.06	19.15	2.41	15.49
石棉、云母矿采选	6	1	8.01	8.14	0.04	7.47
石墨、滑石采选	4	1	5.34	5.35	2.30	6.07
宝石、玉石开采						
其他非金属矿采选	8	2	5.71	5.66	0.07	1.95
其他采矿业	1		0.11	0.13		0.14
制造业	**14469**	**3714**	**94503.16**	**93104.47**	**8222.73**	**98708.57**
农副食品加工业	805	184	1313.64	1267.65	38.45	946.27
谷物磨制	265	39	228.47	226.10	6.06	178.52
饲料加工	73	18	93.93	93.20		45.01
植物油加工	80	20	437.65	417.87	0.77	219.45
食用植物油加工	79	20	432.95	413.11	0.58	214.85
非食用植物油加工	1		4.70	4.76	0.19	4.60
制糖	53	22	133.30	119.06	0.81	190.55
屠宰及肉类加工	223	50	296.43	295.34	4.57	113.77
畜禽屠宰	178	38	234.38	234.16	4.05	83.32
肉制品及副产品加工	45	12	62.05	61.18	0.51	30.45
水产品加工	39	13	40.59	39.23	20.04	76.55
水产品冷冻加工	31	10	35.83	34.52	17.86	74.16
鱼糜制品及水产品干腌制加工	4	1	1.87	1.90	1.57	0.99
水产饲料制造	1		1.87	1.87		0.17
鱼油提取及制品的制造						
其他水产品加工	3	2	1.02	0.95	0.60	1.23
蔬菜、水果和坚果加工	28	9	20.38	16.31	3.66	52.99
其他农副食品加工	44	13	62.89	60.54	2.53	69.43
淀粉及淀粉制品的制造	20	4	36.94	34.00	1.87	44.70
豆制品制造	9	6	7.76	9.64	0.60	9.43
蛋品加工	4		0.83	0.83	0.04	0.56
其他未列明的农副食品加工	11	3	17.36	16.07	0.02	14.74
食品制造业	384	113	686.59	668.28	52.96	707.08
焙烤食品制造	43	7	18.34	18.51	0.69	17.08
糕点、面包制造	30	3	12.33	12.62	0.38	10.25
饼干及其他焙烤食品制造	13	4	6.00	5.89	0.30	6.82
糖果、巧克力及蜜饯制造	9	3	4.19	4.00	0.10	5.60
糖果、巧克力制造	8	3	4.10	3.92	0.10	5.58
蜜饯制作	1		0.09	0.09		0.02
方便食品制造	41	13	31.95	31.78	1.82	24.14
米、面制品制造	17	4	14.52	14.45	0.41	6.84
速冻食品制造	12	7	7.19	6.98	0.43	5.91
方便面及其他方便食品制造	12	2	10.24	10.34	0.99	11.39
液体乳及乳制品制造	77	34	312.74	298.79	0.44	223.88
罐头制造	39	7	45.38	45.76	22.92	98.41
肉、禽类罐头制造	4	2	8.42	7.51	2.37	11.38

单位：亿元

流动资产合计	应收账款	存货	产成品	流动资产年平均余额	固定资产合计	固定资产原价	累计折旧
50.57	4.60	7.63	2.88	44.29	25.95	46.01	19.14
75.21	17.16	18.19	12.51	77.09	95.05	123.66	38.89
6.46	1.09	1.92	0.96	6.44	7.01	9.74	3.81
2.84	0.49	1.05	0.36	3.11	3.82	5.26	1.62
2.78	0.38	0.44	0.33	2.73	2.18	3.04	1.44
0.84	0.22	0.43	0.27	0.59	1.01	1.44	0.74
0.11		0.03	0.03	0.11	0.01	0.03	0.02
47966.26	**7059.37**	**15839.49**	**4609.51**	**46602.72**	**35650.69**	**50694.01**	**20728.65**
494.84	57.02	186.25	82.11	472.30	342.33	462.10	150.45
102.52	14.77	46.33	13.09	97.93	57.84	73.51	19.77
23.24	3.71	5.55	1.42	25.19	15.95	22.80	8.31
136.44	6.00	64.97	21.01	128.63	71.38	86.65	21.70
135.04	5.71	64.52	20.60	128.47	70.77	85.22	20.89
1.40	0.28	0.45	0.42	0.16	0.61	1.42	0.81
76.97	11.36	28.18	20.54	71.22	84.02	119.87	42.79
44.91	6.56	13.56	8.79	41.95	54.23	73.28	25.27
32.53	4.60	9.07	6.10	29.80	40.19	53.86	19.97
12.38	1.96	4.50	2.69	12.15	14.04	19.42	5.31
43.82	3.35	10.09	6.32	42.07	17.79	28.03	12.38
42.13	3.02	9.24	5.54	40.68	17.20	27.21	12.15
0.83	0.13	0.52	0.51	0.83	0.16	0.23	0.07
0.10	0.02	0.03	0.01	0.14	0.03	0.06	0.02
0.76	0.18	0.29	0.26	0.42	0.40	0.53	0.14
31.78	5.57	4.96	3.27	31.43	13.82	18.08	5.27
35.15	5.71	12.61	7.66	33.87	27.31	39.87	14.95
19.35	3.18	7.10	4.25	18.19	20.28	27.33	8.96
4.37	1.04	0.81	0.41	4.30	3.36	4.91	1.94
0.38	0.08	0.17	0.07	0.36	0.11	0.24	0.13
11.06	1.41	4.53	2.93	11.02	3.55	7.39	3.93
328.05	86.65	95.53	42.35	305.72	258.41	369.14	135.71
9.89	1.54	1.49	0.38	9.98	6.06	9.97	4.46
4.99	0.87	1.05	0.25	4.80	4.44	5.94	2.04
4.90	0.67	0.44	0.14	5.18	1.61	4.02	2.42
3.80	1.94	0.51	0.20	4.64	1.23	2.85	1.78
3.79	1.94	0.51	0.20	4.63	1.23	2.85	1.78
0.02		0.01		0.01			
10.98	3.54	2.91	1.66	10.91	11.33	18.37	7.30
3.77	0.91	1.38	0.82	3.75	2.54	3.82	1.41
2.08	0.34	1.18	0.71	2.28	3.39	5.15	1.81
5.13	2.29	0.35	0.13	4.88	5.39	9.40	4.08
101.40	27.51	28.16	12.35	92.92	64.18	98.40	37.09
56.30	17.20	16.11	10.63	44.52	27.53	34.63	12.14
5.48	0.75	3.66	2.02	5.67	4.64	5.12	1.36

1-A-3 续表 2

行业	企业单位数(个)	亏损企业	工业总产值(当年价格)	工业销售产值(当年价格)	出口交货值	资产总计
水产品罐头制造	3	1	2.23	2.21	0.21	7.90
蔬菜、水果罐头制造	26	3	31.86	32.96	19.55	76.30
其他罐头食品制造	6	1	2.88	3.08	0.79	2.83
调味品、发酵制品制造	69	21	199.08	196.38	19.65	229.76
味精制造	10	5	81.42	79.24	3.40	77.11
酱油、食醋及类似制品的制造	37	10	23.63	28.66	0.29	50.13
其他调味品、发酵制品制造	22	6	94.03	88.48	15.97	102.51
其他食品制造	106	28	74.91	73.05	7.33	108.21
营养、保健食品制造	15	3	5.90	5.10	0.02	6.33
冷冻饮品及食用冰制造	8	2	7.52	7.58	0.07	8.62
盐加工	45	12	36.47	36.05	0.47	61.74
食品及饲料添加剂制造	26	9	13.88	13.02	4.15	16.06
其他未列明的食品制造	12	2	11.13	11.30	2.62	15.46
饮料制造业	326	97	1174.75	1163.79	27.16	1612.39
酒精制造	12	6	70.70	68.03	1.84	68.55
酒的制造	206	66	1012.51	1007.33	19.42	1445.07
白酒制造	75	17	668.77	637.92	14.74	851.48
啤酒制造	104	40	273.41	300.83	2.96	477.18
黄酒制造	9		25.26	26.58	0.72	42.73
葡萄酒制造	13	8	42.55	39.73	0.88	71.65
其他酒制造	5	1	2.52	2.27	0.11	2.03
软饮料制造	67	18	75.84	74.97	5.78	83.25
碳酸饮料制造	7	5	22.51	23.72	0.40	20.00
瓶(罐)装饮用水制造	22	3	10.12	9.91	0.02	11.63
果菜汁及果菜汁饮料制造	27	6	33.03	31.97	5.12	43.39
含乳饮料和植物蛋白饮料制造	5	1	8.51	7.81	0.22	5.19
固体饮料制造	4	2	0.61	0.54	0.02	2.05
茶饮料及其他软饮料制造	2	1	1.06	1.01		0.99
精制茶加工	41	7	15.70	13.46	0.13	15.53
烟草制品业	119	6	4458.92	4411.61	20.82	4389.77
烟叶复烤	49	4	79.16	73.45	0.01	130.85
卷烟制造	56		4359.08	4317.81	18.21	4235.69
其他烟草制品加工	14	2	20.68	20.35	2.60	23.23
纺织业	486	186	672.26	659.45	106.29	937.67
棉、化纤纺织及印染精加工	248	121	468.09	455.35	68.68	688.71
棉、化纤纺织加工	215	104	408.96	397.44	45.53	618.38
棉、化纤印染精加工	33	17	59.12	57.90	23.14	70.33
毛纺织和染整精加工	33	6	41.37	42.62	5.98	36.67
毛条加工	4	1	1.26	1.40	0.21	1.83
毛纺织	29	5	40.11	41.23	5.77	34.84
毛染整精加工						
麻纺织	13	8	15.51	15.04	2.89	27.39
丝绢纺织及精加工	29	11	25.97	25.32	3.44	41.36
缫丝加工	14	4	11.56	10.96	1.38	14.16
绢纺和丝织加工	11	5	11.43	11.37	1.80	21.67
丝印染精加工	4	2	2.98	2.99	0.26	5.53

单位：亿元

流动资产合计	应收账款	存货	产成品	流动资产年平均余额	固定资产合计	固定资产原价	累计折旧
5.16	0.30	0.56	0.25	4.55	1.83	1.86	0.92
43.68	15.88	11.08	8.12	32.56	20.50	26.60	9.36
1.99	0.27	0.81	0.25	1.74	0.56	1.06	0.50
102.99	21.88	36.30	12.16	102.46	96.21	134.54	47.97
41.13	15.49	6.85	3.93	40.70	22.83	36.31	13.93
31.93	2.35	15.66	3.53	30.77	14.82	16.13	5.51
29.93	4.04	13.79	4.70	30.99	58.55	82.10	28.53
42.70	13.04	10.06	4.97	40.29	51.88	70.38	24.98
3.52	0.42	0.95	0.54	3.36	1.90	2.43	0.59
3.70	1.18	0.84	0.35	3.63	3.82	5.99	2.28
20.51	6.48	4.44	2.11	19.24	31.26	44.81	15.94
7.18	0.80	2.42	1.58	6.68	7.79	9.31	1.89
7.78	4.16	1.40	0.39	7.38	7.11	7.85	4.27
833.15	59.10	295.42	80.04	779.36	498.38	693.41	271.09
29.28	-2.05	10.42	3.46	25.53	32.92	39.53	10.35
749.86	51.18	270.10	67.74	697.22	434.84	609.25	243.12
506.37	28.70	165.35	41.66	461.22	244.30	307.91	113.45
167.15	15.49	65.97	8.06	167.52	158.07	251.35	109.51
24.23	2.87	15.21	11.78	24.63	13.09	19.33	8.71
50.71	3.99	22.93	6.01	42.57	18.90	29.70	10.98
1.40	0.14	0.64	0.23	1.28	0.49	0.96	0.47
46.59	8.75	11.72	7.36	49.35	23.82	35.93	14.66
13.44	1.56	2.49	1.16	13.27	3.57	7.83	4.79
6.16	0.60	0.70	0.12	5.94	4.62	6.29	1.95
22.96	5.44	7.47	5.76	26.28	12.50	15.80	4.66
2.86	0.64	0.85	0.27	2.31	2.16	4.65	2.82
0.80	0.44	0.18	0.04	1.18	0.35	0.47	0.17
0.36	0.08	0.03	0.02	0.37	0.62	0.88	0.26
7.43	1.22	3.19	1.49	7.26	6.80	8.71	2.96
2923.19	133.04	1414.43	175.38	2849.30	852.75	1485.50	791.03
65.05	13.54	23.75	17.33	62.10	61.64	98.69	43.25
2846.82	116.69	1387.30	156.32	2776.63	780.38	1372.65	742.06
11.32	2.81	3.39	1.74	10.58	10.73	14.16	5.72
422.74	61.05	157.96	89.00	427.29	393.55	574.01	258.59
289.49	38.57	110.38	62.27	295.48	309.19	436.15	195.11
258.53	33.49	100.54	55.76	264.87	278.81	399.00	181.87
30.96	5.08	9.83	6.50	30.62	30.38	37.15	13.24
19.08	2.94	7.70	3.78	20.33	14.10	31.33	17.35
0.59	0.02	0.15	0.06	0.59	0.87	1.23	0.36
18.48	2.92	7.55	3.72	19.75	13.23	30.10	16.98
12.30	1.88	5.29	3.73	12.69	10.95	14.30	4.23
22.11	3.37	4.65	2.60	22.19	11.33	16.76	7.24
8.98	1.63	3.21	1.86	8.53	2.40	3.85	1.58
12.14	1.57	1.34	0.71	12.44	5.14	6.39	2.35
0.99	0.17	0.10	0.03	1.22	3.79	6.52	3.31

1-A-3 续表 3

行业	企业单位数(个)	亏损企业	工业总产值(当年价格)	工业销售产值(当年价格)	出口交货值	资产总计
纺织制成品制造	87	21	49.33	48.43	10.40	70.46
棉及化纤制品制造	27	9	16.87	16.60	4.14	20.51
毛制品制造	7	1	2.17	2.24	0.74	2.25
麻制品制造	5	1	1.36	1.18	0.05	0.94
丝制品制造	5	1	2.40	2.40	0.68	4.97
绳、索、缆的制造	4		1.75	1.69	0.19	2.32
纺织带和帘子布制造	7	2	5.31	5.30	2.51	9.93
无纺布制造	18	3	9.72	9.44	0.50	13.59
其他纺织制成品制造	14	4	9.75	9.59	1.58	15.95
针织品、编织品及其制品制造	76	19	72.00	72.69	14.91	73.07
棉、化纤针织品及编织品制造	38	13	48.33	48.51	7.95	43.95
毛针织品及编织品制造	29	5	13.18	13.87	5.54	21.26
丝针织品及编织品制造	1		1.00	0.95	0.62	0.78
其他针织品及编织品制造	8	1	9.49	9.37	0.79	7.08
纺织服装、鞋、帽制造业	206	43	131.09	129.55	21.98	149.74
纺织服装制造	200	41	128.98	127.58	21.32	147.43
纺织面料鞋的制造	4	1	1.42	1.29		2.14
制帽	2	1	0.69	0.68	0.66	0.17
皮革、毛皮、羽毛(绒)及其制品业	35	7	48.35	47.51	5.09	47.83
皮革鞣制加工	4	2	1.75	1.98	0.11	2.10
皮革制品制造	25	4	39.84	39.27	3.17	41.11
皮鞋制造	14	2	14.40	14.03	2.45	10.97
皮革服装制造	1					0.09
皮箱、包(袋)制造	6	2	3.72	3.55	0.72	8.32
皮手套及皮装饰制品制造	1		0.21	0.22		0.11
其他皮革制品制造	3		21.51	21.46		21.61
毛皮鞣制及制品加工	3	1	3.78	3.87	1.81	3.68
毛皮鞣制加工						
毛皮服装加工	3	1	3.78	3.87	1.81	3.68
其他毛皮制品加工						
羽毛(绒)加工及制品制造	3		2.98	2.40		0.94
羽毛(绒)加工	1		0.14	0.14		0.03
羽毛(绒)制品加工	2		2.83	2.25		0.91
木材加工及木、竹、藤、棕、草制品业	170	52	139.98	131.04	12.23	180.72
锯材、木片加工	36	8	23.67	22.17	2.21	21.64
锯材加工	27	6	14.53	13.28	1.23	18.16
木片加工	9	2	9.14	8.89	0.98	3.47
人造板制造	94	30	97.33	90.83	3.08	132.46
胶合板制造	26	4	17.62	16.81	2.88	11.55
纤维板制造	39	17	51.50	47.26	0.13	78.63
刨花板制造	18	7	26.05	24.78	0.06	39.71
其他人造板、材制造	11	2	2.17	1.99		2.57
木制品制造	35	14	16.83	15.98	6.94	25.61
建筑用木料及木材组件加工	20	6	11.45	11.07	6.55	16.68
木容器制造	3	1	0.55	0.57		1.94
软木制品及其他木制品制造	12	7	4.83	4.35	0.39	7.00

单位：亿元

流动资产合计	应收账款	存货	产成品	流动资产年平均余额	固定资产合计	固定资产原价	累计折旧
35.45	6.38	10.32	5.17	33.43	25.81	39.68	17.79
10.89	1.61	3.85	2.13	10.98	7.26	11.46	5.17
1.34	0.29	0.41	0.23	1.25	0.48	1.32	0.88
0.74	0.12	0.25	0.12	0.61	0.18	0.24	0.12
2.95	0.78	0.29	0.11	2.96	2.01	1.03	0.60
1.01	0.17	0.55	0.29	0.96	1.19	1.58	0.39
5.26	0.82	1.53	1.03	3.18	3.27	7.29	4.03
5.58	1.57	1.26	0.80	6.29	5.77	7.88	2.54
7.68	1.01	2.17	0.45	7.20	5.65	8.87	4.07
44.32	7.92	19.62	11.46	43.15	22.16	35.79	16.87
25.74	5.18	9.16	5.77	25.52	14.02	21.04	10.26
13.02	2.06	7.02	3.61	12.79	5.99	11.55	5.53
0.51	0.13	0.31	0.01	0.60	0.20	0.53	0.33
5.04	0.54	3.13	2.07	4.25	1.94	2.67	0.76
98.87	13.95	33.37	21.68	91.87	39.68	60.28	24.64
97.25	13.60	32.83	21.45	90.81	39.11	59.43	24.36
1.49	0.27	0.51	0.23	0.93	0.54	0.78	0.24
0.14	0.08	0.03		0.13	0.02	0.06	0.04
39.48	3.90	11.14	5.69	38.41	7.34	11.79	5.51
1.36	0.07	0.66	0.14	1.18	0.74	1.72	1.03
34.64	3.60	8.63	4.88	33.76	5.46	8.41	3.75
7.82	0.66	4.37	2.82	7.60	2.65	4.69	2.40
0.09				0.09			
7.38	0.25	0.12	0.03	7.34	0.93	1.24	0.62
0.03	0.01			0.03	0.08	0.10	0.04
19.31	2.67	4.13	2.03	18.70	1.79	2.37	0.69
3.06	0.17	1.82	0.65	3.04	0.62	1.09	0.58
3.06	0.17	1.82	0.65	3.04	0.62	1.09	0.58
0.42	0.06	0.03	0.02	0.42	0.52	0.57	0.14
0.01				0.01	0.02	0.03	0.01
0.41	0.05	0.03	0.02	0.42	0.50	0.54	0.14
82.26	10.18	38.35	13.97	82.09	80.45	128.07	52.03
12.90	1.68	4.84	2.69	13.48	8.07	12.52	5.29
10.71	1.39	4.40	2.36	11.60	6.81	10.47	4.22
2.18	0.29	0.43	0.33	1.88	1.26	2.04	1.07
57.52	6.28	27.61	9.51	57.28	60.93	97.77	39.83
5.90	0.94	2.85	1.36	5.67	3.92	6.04	2.38
37.26	3.11	18.20	4.76	36.06	34.84	57.25	23.87
13.04	2.11	5.99	2.99	14.21	21.23	32.77	12.78
1.31	0.12	0.58	0.40	1.35	0.94	1.71	0.80
11.44	2.06	5.84	1.74	10.84	10.86	16.92	6.49
7.93	1.33	4.38	1.01	7.40	7.30	12.25	5.09
0.22	0.04	0.11	0.07	0.21	0.26	0.12	0.03
3.29	0.69	1.36	0.66	3.23	3.30	4.55	1.38

1-A-3 续表 4

行业	企业单位数（个）	亏损企业	工业总产值（当年价格）	工业销售产值（当年价格）	出口交货值	资产总计
竹、藤、棕、草制品制造	5		2.14	2.06		1.01
家具制造业	39	12	62.98	62.77	5.92	48.33
木质家具制造	27	10	11.01	10.90	1.74	18.91
竹、藤家具制造	1		1.60	1.53		0.30
金属家具制造	6	2	49.49	49.46	4.18	28.65
塑料家具制造						
其他家具制造	5		0.88	0.89		0.47
造纸及纸制品业	196	53	687.10	652.68	36.51	1333.26
纸浆制造	17	10	51.64	48.25	0.23	193.48
造纸	92	22	600.27	570.27	32.57	1111.12
机制纸及纸板制造	80	18	585.71	555.94	30.38	1096.57
手工纸制造	1		0.91	0.77	0.27	1.61
加工纸制造	11	4	13.66	13.55	1.92	12.95
纸制品制造	87	21	35.18	34.16	3.71	28.66
纸和纸板容器的制造	64	16	26.84	25.94	3.18	21.09
其他纸制品制造	23	5	8.34	8.22	0.53	7.57
印刷业和记录媒介的复制	589	163	376.47	367.28	2.86	516.99
印刷	545	150	337.40	328.61	1.77	462.73
书、报、刊印刷	378	123	162.65	159.85	0.48	253.10
本册印制	29	5	11.77	11.77	0.37	15.89
包装装潢及其他印刷	138	22	162.98	157.00	0.91	193.74
装订及其他印刷服务活动	19	4	24.83	24.41		27.90
记录媒介的复制	25	9	14.24	14.26	1.09	26.36
文教体育用品制造业	61	18	38.85	38.82	12.33	59.46
文化用品制造	18	4	7.32	7.19	2.96	16.15
文具制造	1		0.05	0.05		0.04
笔的制造	10	2	4.77	4.68	2.53	11.88
教学用模型及教具制造	5	2	1.47	1.48	0.43	0.81
墨水、墨汁制造	1		0.11	0.11		0.21
其他文化用品制造	1		0.91	0.87		3.20
体育用品制造	18	4	9.09	8.78	2.84	13.92
球类制造	7	1	4.17	4.08	0.97	5.39
体育器材及配件制造	7	1	3.51	3.17	0.86	5.47
训练健身器材制造	3	1	0.86	0.82	0.46	1.45
运动防护用具制造						
其他体育用品制造	1	1	0.56	0.71	0.54	1.60
乐器制造	10	6	14.19	14.71	2.60	26.34
中乐器制造						
西乐器制造	10	6	14.19	14.71	2.60	26.34
电子乐器制造						
其他乐器及零件制造						
玩具制造	14	4	7.52	7.45	3.66	2.46
游艺器材及娱乐用品制造	1		0.72	0.69	0.27	0.60
露天游乐场所游乐设备制造	1		0.72	0.69	0.27	0.60
游艺用品及室内游艺器材制造						

单位：亿元

流动资产合计	应收账款	存货		流动资产年平均余额	固定资产合计	固定资产原价	累计折旧
			产成品				
0.41	0.15	0.06	0.03	0.48	0.59	0.87	0.42
23.47	7.84	4.89	1.75	25.66	11.88	15.30	5.67
5.68	1.09	1.92	0.87	5.31	4.96	6.44	2.86
0.10	0.03	0.02	0.02	0.09	0.19	0.58	0.39
17.27	6.58	2.80	0.82	19.83	6.69	8.13	2.32
0.42	0.15	0.15	0.05	0.43	0.04	0.14	0.10
425.49	84.53	124.68	61.78	411.96	585.96	810.20	285.23
51.28	3.36	13.68	5.01	43.38	104.01	138.60	47.49
359.68	76.80	106.12	54.35	353.91	469.95	653.95	230.80
351.95	74.25	103.52	53.41	345.69	463.67	643.69	226.57
0.94	0.06	0.61	0.37	0.83	0.44	0.69	0.40
6.78	2.49	1.99	0.57	7.39	5.83	9.58	3.83
14.53	4.37	4.88	2.42	14.68	12.00	17.64	6.94
10.92	3.04	3.80	1.77	10.94	8.86	13.17	5.39
3.61	1.33	1.08	0.65	3.73	3.14	4.47	1.55
223.99	47.51	70.79	22.48	222.00	244.32	432.59	213.42
201.08	43.63	63.95	19.17	198.68	216.60	385.77	189.65
111.88	24.97	31.60	9.19	106.84	119.02	208.43	103.63
8.14	0.61	1.82	0.90	7.60	5.55	9.41	4.10
81.06	18.06	30.52	9.09	84.25	92.03	167.94	81.92
8.92	1.60	3.67	1.46	9.57	18.04	26.59	12.53
13.99	2.28	3.17	1.85	13.75	9.68	20.22	11.24
32.13	8.48	12.72	5.41	31.88	14.74	24.05	9.68
7.22	1.66	2.25	0.75	7.18	3.26	5.08	1.98
0.03	0.01	0.01		0.02	0.02	0.01	0.01
5.04	1.20	1.39	0.66	5.24	1.24	2.33	1.19
0.45	0.03	0.23	0.04	0.56	0.34	0.71	0.37
0.10	0.01	0.04	0.02	0.09	0.06	0.13	0.06
1.60	0.40	0.60	0.03	1.27	1.59	1.91	0.35
7.02	1.88	2.44	1.27	6.79	3.26	5.20	2.03
1.99	0.15	0.77	0.35	1.72	1.58	2.27	0.75
3.50	1.03	1.17	0.55	3.47	1.14	2.03	0.89
0.66	0.19	0.27	0.21	0.66	0.38	0.56	0.20
0.87	0.51	0.23	0.16	0.94	0.16	0.35	0.19
15.76	4.52	7.11	3.18	15.79	7.45	12.54	5.20
15.76	4.52	7.11	3.18	15.79	7.45	12.54	5.20
1.80	0.39	0.72	0.21	1.81	0.57	0.98	0.43
0.33	0.02	0.20		0.31	0.20	0.24	0.04
0.33	0.02	0.20		0.31	0.20	0.24	0.04

1-A-3 续表 5

行 业	企业单位数(个)	亏损企业	工业总产值(当年价格)	工业销售产值(当年价格)	出口交货值	资产总计
石油加工、炼焦及核燃料加工业	231	111	16379.98	16240.58	270.89	7609.64
精炼石油产品的制造	159	89	15517.60	15390.64	263.64	6553.39
原油加工及石油制品制造	158	88	15517.39	15390.42	263.64	6553.27
人造原油生产	1	1	0.21	0.22		0.12
炼焦	68	22	814.69	810.46	5.18	946.29
化学原料及化学制品制造业	1407	373	7818.55	7655.97	464.30	9686.00
基础化学原料制造	407	121	3563.11	3519.79	193.67	3886.96
无机酸制造	23	5	57.39	59.58	8.50	69.13
无机碱制造	61	17	704.18	692.66	58.92	959.85
无机盐制造	81	25	138.39	133.98	16.09	190.27
有机化学原料制造	153	49	2443.14	2421.85	90.47	2292.00
其他基础化学原料制造	89	25	220.01	211.72	19.69	375.71
肥料制造	252	62	1727.98	1644.13	75.32	2990.71
氮肥制造	109	33	830.47	813.91	16.95	1867.87
磷肥制造	35	7	231.00	208.05	36.79	327.50
钾肥制造	14		101.22	75.77		287.66
复混肥料制造	76	17	556.02	537.22	21.03	487.97
有机肥料及微生物肥料制造	10	2	4.51	4.30	0.42	3.38
其他肥料制造	8	3	4.76	4.88	0.13	16.33
农药制造	63	15	194.31	192.36	66.09	261.42
化学农药制造	56	15	191.73	189.86	66.09	259.09
生物化学农药及微生物农药制造	7		2.59	2.50		2.32
涂料、油墨、颜料及类似产品制造	110	35	116.06	114.63	6.46	166.82
涂料制造	51	11	68.34	67.95	0.22	82.12
油墨及类似产品制造	10	3	9.07	8.97	0.45	11.28
颜料制造	16	7	20.37	19.88	1.75	45.75
染料制造	25	12	14.99	14.52	3.37	25.87
密封用填料及类似品制造	8	2	3.29	3.31	0.66	1.80
合成材料制造	120	39	1398.63	1386.53	65.02	1379.59
初级形态的塑料及合成树脂制造	69	20	701.13	691.74	31.42	757.18
合成橡胶制造	12	3	46.47	46.43	2.27	46.21
合成纤维单(聚合)体的制造	25	11	631.95	629.68	29.43	555.55
其他合成材料制造	14	5	19.09	18.68	1.90	20.65
专用化学产品制造	398	80	730.73	712.56	50.58	868.37
化学试剂和助剂制造	117	24	168.83	160.07	14.72	154.82
专项化学用品制造	73	13	235.93	232.32	11.65	235.92
林产化学产品制造	20	3	17.96	16.94	1.42	14.90
炸药及火工产品制造	118	25	199.55	198.62	10.95	273.89
信息化学品制造	26	5	83.04	80.56	11.17	158.63
环境污染处理专用药剂材料制造	11	1	3.45	2.63	0.26	4.71
动物胶制造	2	1	0.36	0.36		1.83
其他专用化学产品制造	31	8	21.60	21.06	0.42	23.67
日用化学产品制造	57	21	87.73	85.97	7.16	132.14
肥皂及合成洗涤剂制造	24	12	35.86	34.91	1.02	55.79
化妆品制造	8	2	9.33	9.17	0.97	11.94
口腔清洁用品制造	5	2	18.39	17.73	2.72	47.32
香料、香精制造	13	4	10.97	11.58	2.44	7.90
其他日用化学产品制造	7	1	13.19	12.58	0.01	9.20

单位：亿元

流动资产合计				流动资产年平均余额	固定资产合计	固定资产原价	累计折旧
	应收账款	存货					
			产成品				
2963.44	250.63	1005.34	274.54	2967.58	3437.16	5770.07	2979.92
2493.55	180.24	868.48	223.13	2518.55	3048.93	5240.34	2781.37
2493.44	180.18	868.47	223.13	2518.44	3048.92	5240.32	2781.36
0.11	0.06			0.11	0.01	0.02	0.01
401.31	69.17	89.92	39.26	383.62	348.42	465.87	165.20
3430.37	329.50	949.68	398.21	3451.48	4725.52	6749.67	2841.33
1311.80	123.16	312.29	99.32	1361.39	2034.75	3090.97	1284.41
27.58	0.85	12.71	2.18	25.10	24.30	39.02	15.26
329.29	35.24	62.70	21.80	326.74	479.42	645.86	269.31
90.59	10.08	18.32	10.09	92.30	81.56	98.63	34.65
736.66	54.81	182.22	51.03	791.24	1280.64	2053.16	885.06
127.68	22.17	36.34	14.21	126.00	168.84	254.29	80.14
1040.61	54.45	337.92	159.44	974.10	1485.44	1762.77	722.16
543.27	25.01	125.36	52.49	533.56	973.41	1147.42	466.70
146.34	5.65	78.94	51.87	127.17	137.59	158.67	66.29
115.63	6.61	26.91	6.28	71.80	158.73	79.57	4.00
226.50	15.44	104.54	47.54	232.66	206.77	367.39	181.13
2.56	0.45	0.49	0.23	2.56	0.75	1.06	0.33
6.32	1.29	1.68	1.03	6.36	8.20	8.66	3.70
117.48	12.69	38.15	18.57	124.14	79.48	120.37	47.79
116.27	12.54	37.57	18.34	122.84	78.82	119.42	47.41
1.20	0.15	0.57	0.23	1.29	0.66	0.95	0.37
70.82	18.10	20.36	9.82	74.31	64.89	91.08	38.25
44.51	13.95	8.84	4.21	45.72	20.28	27.57	10.79
4.87	0.92	1.79	0.90	4.89	3.82	6.49	2.80
10.55	1.12	5.60	2.40	12.96	28.03	38.54	15.81
9.67	1.86	3.76	2.13	9.53	12.39	17.78	8.53
1.22	0.26	0.38	0.18	1.21	0.37	0.69	0.32
455.55	38.71	113.58	43.79	483.27	687.98	1193.04	581.24
206.60	20.95	52.60	21.38	234.39	386.04	673.10	333.87
16.38	2.61	3.72	1.72	17.84	19.09	21.83	6.68
225.48	13.31	55.34	19.67	222.51	277.20	487.37	237.24
7.09	1.84	1.92	1.03	8.53	5.65	8.74	3.45
376.79	67.50	111.42	60.37	377.51	336.12	427.80	138.31
72.34	17.51	28.76	16.26	72.08	64.01	84.16	31.02
114.31	11.90	30.02	22.62	118.47	82.67	100.31	30.96
7.02	1.34	2.73	1.63	6.78	7.21	9.67	2.59
118.72	24.11	29.61	11.50	114.59	110.01	139.66	48.33
47.76	6.60	15.62	6.11	50.03	60.63	79.69	21.39
3.18	0.91	0.67	0.11	2.73	1.47	1.54	0.25
0.81	0.17	0.25	0.20	0.79	0.84	0.98	0.43
12.65	4.95	3.78	1.94	12.07	9.27	11.80	3.33
57.33	14.89	15.96	6.89	56.76	36.86	63.63	29.17
26.46	7.55	7.42	3.19	26.11	19.37	35.81	17.46
6.75	2.67	2.04	0.51	5.16	2.95	4.87	1.91
14.77	3.02	2.45	1.20	15.89	8.33	12.56	5.08
4.98	1.27	2.29	0.87	5.11	2.19	3.24	1.58
4.37	0.38	1.76	1.12	4.50	4.03	7.16	3.15

1-A-3 续表 6

行业	企业单位数（个）	亏损企业	工业总产值（当年价格）	工业销售产值（当年价格）	出口交货值	资产总计
医药制造业	527	132	1215.80	1167.76	138.89	1861.30
化学药品原药制造	95	20	352.41	340.64	91.78	511.83
化学药品制剂制造	161	52	419.84	404.69	36.77	657.77
中药饮片加工	27	6	29.81	30.18	0.11	39.54
中成药制造	155	32	304.68	294.48	7.91	473.56
兽用药品制造	30	12	16.95	15.71	0.99	24.19
生物、生化制品的制造	49	9	77.96	68.33	1.00	140.06
卫生材料及医药用品制造	10	1	14.14	13.74	0.32	14.34
化学纤维制造业	60	29	485.41	476.06	40.22	668.49
纤维素纤维原料及纤维制造	21	9	215.90	209.17	14.72	271.87
化纤浆粕制造	8	3	19.55	18.34		17.60
人造纤维(纤维素纤维)制造	13	6	196.35	190.83	14.72	254.27
合成纤维制造	39	20	269.51	266.90	25.50	396.62
锦纶纤维制造	10	7	74.83	74.63	12.61	105.33
涤纶纤维制造	13	8	102.92	102.87	4.20	124.13
腈纶纤维制造	2	2	44.37	43.55		64.39
维纶纤维制造	5	1	43.40	42.19	7.95	99.11
其他合成纤维制造	9	2	3.98	3.67	0.73	3.67
橡胶制品业	122	39	555.00	548.67	141.52	588.06
轮胎制造	36	14	473.29	470.63	133.37	503.97
车辆、飞机及工程机械轮胎制造	30	11	466.37	463.70	131.69	491.66
力车胎制造	2	2	6.42	6.45	1.68	11.92
轮胎翻新加工	4	1	0.49	0.47		0.39
橡胶板、管、带的制造	21	7	16.08	14.21	0.03	19.60
橡胶零件制造	28	6	14.95	14.76	0.31	20.73
再生橡胶制造	3	1	0.39	0.37		0.30
日用及医用橡胶制品制造	10	3	13.04	13.01	5.27	14.52
橡胶靴鞋制造	17	6	33.44	32.01	2.49	22.14
其他橡胶制品制造	7	2	3.82	3.68	0.05	6.79
塑料制品业	320	82	396.00	389.26	23.54	488.62
塑料薄膜制造	49	16	107.63	103.27	7.82	121.80
塑料板、管、型材的制造	81	22	168.80	168.32	7.66	175.75
塑料丝、绳及编织品的制造	48	9	29.47	28.32	0.82	32.77
泡沫塑料制造	12	5	5.74	5.65	0.01	22.87
塑料人造革、合成革制造	2	2	1.53	1.52	0.76	0.81
塑料包装箱及容器制造	36	10	30.58	30.27	0.61	25.51
塑料零件制造	27	7	12.25	12.36	1.55	19.09
日用塑料制造	25	2	9.29	9.31	3.01	9.26
塑料鞋制造	2		0.52	0.57	0.49	0.41
日用塑料杂品制造	23	2	8.77	8.73	2.52	8.85
其他塑料制品制造	40	9	30.70	30.25	1.29	80.76
非金属矿物制品业	1413	366	2199.14	2144.32	122.69	3643.26
水泥、石灰和石膏的制造	549	148	1247.21	1222.01	20.26	2239.00
水泥制造	529	142	1241.17	1216.33	20.26	2231.33
石灰和石膏制造	20	6	6.05	5.69		7.66

单位：亿元

流动资产合计				流动资产年平均余额	固定资产合计	固定资产原价	累计折旧
	应收账款	存货					
			产成品				
920.66	198.12	242.78	94.73	918.58	646.80	882.73	342.02
219.56	51.08	61.01	27.54	221.06	224.58	297.82	110.02
339.47	81.31	80.69	33.87	332.62	209.35	315.07	131.38
22.88	5.55	10.34	1.91	23.03	9.40	12.31	5.14
254.63	43.33	63.81	19.78	258.31	138.45	175.01	63.75
12.29	2.75	3.64	1.88	11.74	10.32	10.66	3.14
64.60	12.26	20.49	8.09	65.19	49.51	64.67	26.38
7.23	1.83	2.79	1.66	6.63	5.20	7.19	2.22
262.54	28.50	77.82	32.05	263.90	278.59	471.16	224.54
101.68	10.97	42.56	18.01	108.69	136.76	202.15	85.08
8.34	1.62	5.44	1.01	10.29	6.28	7.81	2.68
93.34	9.34	37.12	17.00	98.40	130.48	194.33	82.39
160.85	17.54	35.26	14.04	155.21	141.83	269.01	139.46
43.45	7.97	7.02	4.09	45.94	16.10	40.64	24.55
50.52	3.67	13.03	3.08	50.71	63.45	106.97	50.06
37.70	1.48	5.94	2.79	29.57	23.07	62.95	39.88
27.23	4.25	8.22	3.52	27.06	37.80	56.00	23.81
1.95	0.17	1.05	0.56	1.94	1.41	2.45	1.16
306.12	62.89	97.76	60.31	288.72	213.93	305.21	116.49
256.90	52.74	80.46	50.02	241.67	190.24	263.83	97.09
251.48	51.85	79.42	49.43	235.56	186.33	257.23	93.73
5.14	0.72	0.98	0.57	5.88	3.80	6.43	3.28
0.28	0.17	0.06	0.03	0.23	0.10	0.18	0.07
12.58	3.00	3.79	2.33	11.68	4.07	9.35	5.95
10.93	2.62	3.13	1.75	11.06	7.43	12.66	5.71
0.20	0.08	0.07	0.01	0.18	0.10	0.13	0.04
6.70	2.44	2.32	1.03	6.46	3.71	6.78	3.14
14.92	1.89	7.51	4.93	13.96	5.63	9.43	4.16
3.88	0.12	0.47	0.24	3.71	2.76	3.03	0.41
242.27	47.46	59.13	26.72	241.70	161.25	259.68	109.79
56.93	10.89	11.97	6.90	56.44	55.18	90.80	43.03
104.22	21.09	27.75	12.44	103.29	56.44	87.83	33.99
13.30	4.32	3.91	1.70	12.55	9.27	15.69	6.52
13.35	0.63	2.18	0.67	11.11	4.38	6.81	2.64
0.48	0.16	0.13	0.03	0.50	0.29	1.03	0.74
11.15	3.78	3.42	0.87	10.58	11.56	22.08	10.70
9.52	2.76	2.88	1.51	9.37	7.57	11.65	4.27
6.03	0.95	2.72	1.07	6.37	2.57	4.59	2.07
0.32	0.14	0.09		0.31	0.09	0.19	0.10
5.71	0.81	2.62	1.07	6.05	2.48	4.40	1.97
27.27	2.89	4.17	1.53	31.49	13.99	19.21	5.83
1399.56	289.80	349.85	138.04	1327.38	1673.47	2183.46	686.74
717.67	102.29	157.51	37.78	693.25	1140.92	1473.91	448.36
714.30	101.38	156.91	37.49	690.06	1137.27	1468.20	446.28
3.36	0.91	0.60	0.29	3.19	3.66	5.71	2.08

1-A-3 续表 7

行　　业	企　业单位数（个）	亏损企业	工业总产值（当年价格）	工业销售产值（当年价格）	出口交货值	资产总计
水泥及石膏制品制造	288	59	321.11	316.11	0.92	363.89
水泥制品制造	211	42	233.96	232.04		223.81
砼结构构件制造	39	10	42.65	41.22	0.12	49.42
石棉水泥制品制造	2	1	0.79	0.79		1.45
轻质建筑材料制造	26	4	37.57	36.19	0.73	80.61
其他水泥制品制造	10	2	6.15	5.87	0.07	8.60
砖瓦、石材及其他建筑材料制造	207	48	92.25	90.28	5.00	122.28
粘土砖瓦及建筑砌块制造	121	24	30.10	28.45	0.05	56.69
建筑陶瓷制品制造	11	3	2.67	2.59		4.85
建筑用石加工	27	7	22.52	22.25	0.59	11.05
防水建筑材料制造	14	4	7.82	8.07	0.02	14.76
隔热和隔音材料制造	11	2	9.71	10.49	1.04	14.16
其他建筑材料制造	23	8	19.42	18.43	3.30	20.77
玻璃及玻璃制品制造	134	47	273.78	257.00	63.55	559.68
平板玻璃制造	22	13	81.61	77.69	5.67	180.77
技术玻璃制品制造	21	7	30.88	29.99	6.70	48.01
光学玻璃制造	11	4	25.05	24.54	11.75	49.17
玻璃仪器制造	6	2	3.37	2.63	0.04	3.68
日用玻璃制品及玻璃包装容器制造	22	9	14.14	13.79	1.75	18.64
玻璃保温容器制造	1		0.96	0.93		0.69
玻璃纤维及制品制造	28	5	88.21	79.45	36.80	220.99
玻璃纤维增强塑料制品制造	16	4	26.68	25.24	0.54	31.99
其他玻璃制品制造	7	3	2.89	2.74	0.30	5.74
陶瓷制品制造	67	21	46.66	44.57	11.93	78.95
卫生陶瓷制品制造	9	4	7.59	7.27	3.36	7.53
特种陶瓷制品制造	20	5	12.80	12.80	2.13	20.97
日用陶瓷制品制造	35	12	25.68	23.90	6.32	49.60
园林、陈设艺术及其他陶瓷制品制造	3		0.60	0.60	0.12	0.84
耐火材料制品制造	54	14	64.06	63.29	5.57	77.45
石棉制品制造	4	1	1.35	1.35		1.88
云母制品制造	3	1	5.79	5.70		0.93
耐火陶瓷制品及其他耐火材料制造	47	12	56.92	56.24	5.57	74.64
石墨及其他非金属矿物制品制造	114	29	154.05	151.04	15.47	202.00
石墨及碳素制品制造	40	9	70.75	68.52	9.45	102.63
其他非金属矿物制品制造	74	20	83.30	82.52	6.03	99.38
黑色金属冶炼及压延加工业	333	107	18581.09	18422.69	1779.81	21011.33
炼铁	34	11	496.89	494.70	0.30	485.26
炼钢	28	12	3878.75	3856.79	258.03	4559.92
钢压延加工	218	68	13948.83	13821.90	1485.06	15752.62
铁合金冶炼	53	16	256.63	249.30	36.42	213.53
有色金属冶炼及压延加工业	476	157	6203.69	6081.61	314.00	6293.10
常用有色金属冶炼	187	77	4219.66	4141.98	135.71	4468.91
铜冶炼	30	12	1631.14	1614.49	26.55	1254.90
铅锌冶炼	39	17	551.33	531.69	36.15	505.73
镍钴冶炼	14	6	445.67	447.67	21.15	498.80

单位：亿元

流动资产合计	应收账款	存货	产成品	流动资产年平均余额	固定资产合计	固定资产原价	累计折旧
214.03	91.63	42.82	21.44	191.47	108.16	151.95	53.55
155.53	78.13	29.18	14.65	136.41	51.30	83.58	35.37
22.97	6.85	6.46	3.20	21.60	18.10	22.17	6.05
0.79	0.07	0.11		0.82	0.38	0.45	0.09
32.17	5.79	6.47	3.20	30.18	32.95	39.77	11.46
2.58	0.79	0.60	0.38	2.46	5.43	5.97	0.58
58.71	16.15	13.77	7.42	53.95	48.75	69.76	23.73
22.45	3.60	4.81	2.76	19.72	24.58	32.82	9.27
1.92	0.40	0.60	0.39	1.86	2.09	2.92	0.98
5.79	1.43	1.22	0.58	5.77	5.07	6.33	1.99
8.56	4.00	1.74	1.16	8.14	5.70	8.47	2.94
9.60	3.86	2.62	1.03	9.36	3.20	6.94	4.02
10.39	2.86	2.77	1.49	9.10	8.10	12.28	4.54
223.62	35.59	66.62	37.68	213.34	256.72	317.52	95.31
77.85	5.01	22.06	11.89	74.43	74.92	110.45	45.17
18.37	4.32	7.75	3.89	17.51	22.10	29.14	9.70
24.82	4.61	6.94	4.43	23.28	14.70	21.45	7.12
1.57	0.33	0.64	0.71	1.50	1.92	2.84	0.97
6.52	1.95	3.12	2.12	6.49	6.38	10.69	4.60
0.55	0.13	0.33	0.16	0.43	0.15	0.39	0.25
68.62	14.45	19.09	11.47	66.80	127.77	129.69	22.44
22.93	4.30	5.91	2.61	20.29	6.15	8.67	3.09
2.39	0.48	0.77	0.39	2.60	2.64	4.21	1.97
38.67	7.28	15.28	10.40	38.95	25.54	34.74	13.48
4.10	0.77	2.24	1.26	4.28	2.90	4.63	1.82
12.03	3.97	4.11	2.41	12.51	6.63	9.56	4.17
22.25	2.50	8.88	6.71	21.88	15.70	20.04	7.29
0.29	0.05	0.05	0.02	0.28	0.30	0.50	0.20
43.91	13.75	13.12	7.13	40.85	26.71	33.88	11.69
0.69	0.11	0.33	0.17	0.69	1.11	1.47	0.38
0.37	0.11	0.21	0.07	0.37	0.30	0.46	0.21
42.85	13.53	12.58	6.88	39.79	25.30	31.96	11.10
102.95	23.11	40.73	16.20	95.57	66.69	101.70	40.60
49.17	7.11	22.76	7.30	44.35	37.71	57.21	21.13
53.78	16.00	17.98	8.90	51.22	28.98	44.50	19.47
7781.01	572.01	3003.48	665.15	7760.11	9323.72	13190.65	5188.20
202.55	20.16	93.14	16.41	166.38	143.93	194.77	64.83
1734.18	69.60	682.37	141.17	1630.71	1999.02	2369.28	952.74
5713.81	461.33	2168.28	483.94	5849.26	7121.95	10547.78	4144.90
130.47	20.92	59.69	23.63	113.76	58.81	78.82	25.73
2864.48	270.02	1083.61	231.05	2721.80	2562.49	3192.62	1076.00
1948.56	154.50	837.63	162.07	1858.99	1966.17	2557.36	840.81
730.66	46.44	262.66	34.05	748.97	370.01	495.39	184.90
242.23	18.15	104.56	25.20	221.36	179.21	227.70	78.01
244.75	12.81	170.85	45.25	229.43	158.22	228.29	72.39

1-A-3 续表 8

行业	企业单位数（个）	亏损企业	工业总产值（当年价格）	工业销售产值（当年价格）	出口交货值	资产总计
锡冶炼	6	2	148.61	136.32	21.11	173.26
锑冶炼	9	1	24.59	23.32	5.57	22.09
铝冶炼	65	30	1388.98	1360.99	20.81	1980.27
镁冶炼	5	1	3.36	3.22	1.88	2.86
其他常用有色金属冶炼	19	8	26.00	24.28	2.49	31.01
贵金属冶炼	48	6	375.73	367.71	0.34	346.15
金冶炼	40	3	360.65	353.04	0.01	339.80
银冶炼	4	1	6.48	6.42	0.33	4.09
其他贵金属冶炼	4	2	8.59	8.25		2.27
稀有稀土金属冶炼	56	17	373.85	366.00	84.76	567.84
钨钼冶炼	24	6	249.27	241.10	67.71	410.59
稀土金属冶炼	18	6	75.83	77.12	8.49	85.67
其他稀有金属冶炼	14	5	48.75	47.78	8.56	71.58
有色金属合金制造	38	9	131.69	125.76	31.37	156.44
有色金属压延加工	147	48	1102.75	1080.15	61.82	753.75
常用有色金属压延加工	125	46	803.85	781.97	58.01	692.79
贵金属压延加工	12	2	277.83	277.21	0.39	34.72
稀有稀土金属压延加工	10		21.07	20.97	3.42	26.24
金属制品业	510	108	981.99	971.90	222.91	836.42
结构性金属制品制造	198	39	260.56	260.19	24.90	271.20
金属结构制造	168	30	236.23	236.36	22.88	249.61
金属门窗制造	30	9	24.32	23.84	2.02	21.59
金属工具制造	49	8	50.84	47.55	4.23	68.11
切削工具制造	29	5	43.55	40.22	4.03	55.59
手工具制造	5	1	2.38	2.50		3.84
农用及园林用金属工具制造	1		1.21	1.21		0.45
刀剪及类似日用金属工具制造	3		0.65	0.64	0.01	5.74
其他金属工具制造	11	2	3.05	2.98	0.18	2.49
集装箱及金属包装容器制造	74	13	223.90	218.78	140.89	149.48
集装箱制造	16	2	129.61	129.91	126.20	61.60
金属压力容器制造	31	3	49.08	46.25	12.78	45.86
金属包装容器制造	27	8	45.21	42.62	1.91	42.02
金属丝绳及其制品的制造	36	15	222.14	225.09	35.89	162.83
建筑、安全用金属制品制造	37	7	35.81	35.38	7.27	35.27
建筑、家具用金属配件制造	11	1	8.26	7.94	2.30	5.71
建筑装饰及水暖管道零件制造	16	3	25.73	25.83	4.90	27.07
安全、消防用金属制品制造	2	2	0.36	0.36		0.50
其他建筑、安全用金属制品制造	8	1	1.46	1.24	0.06	1.99
金属表面处理及热处理加工	38	11	27.98	25.57	0.08	21.07
搪瓷制品制造	5	2	3.57	3.42	0.11	6.77
工业生产配套用搪瓷制品制造	3	2	2.61	2.60		6.24
搪瓷卫生洁具制造						
搪瓷日用品及其他搪瓷制品制造	2		0.96	0.82	0.11	0.52
不锈钢及类似日用金属制品制造	22	5	27.72	27.57	5.86	17.72
金属制厨房调理及卫生器具制造	4	1	3.30	3.30	0.32	2.30
金属制厨用器皿及餐具制造	7	2	5.79	5.81	3.85	3.39
其他日用金属制品制造	11	2	18.63	18.45	1.69	12.03

单位：亿元

流动资产合计				流动资产年平均余额	固定资产合计	固定资产原价	累计折旧
	应收账款	存货	产成品				
74.78	5.24	42.79	5.06	66.12	64.69	71.66	16.61
9.31	0.83	5.61	2.37	9.11	11.65	10.58	4.50
633.11	67.88	246.06	48.50	568.48	1166.24	1508.64	480.55
1.44	0.33	0.23	0.03	1.47	1.33	1.49	0.32
12.28	2.81	4.87	1.60	14.05	14.84	13.61	3.54
164.68	4.13	33.74	9.17	132.06	57.96	81.12	34.61
160.99	3.56	32.26	8.62	128.22	56.13	78.59	33.91
1.89	0.41	0.90	0.55	1.94	1.66	2.29	0.63
1.79	0.17	0.58		1.90	0.17	0.24	0.07
307.73	25.24	49.74	17.64	298.48	187.97	133.22	38.39
229.46	13.61	26.40	8.95	231.27	134.99	70.43	17.45
40.17	7.25	9.59	5.41	36.77	28.98	36.94	11.01
38.10	4.38	13.75	3.28	30.44	24.00	25.85	9.94
85.72	22.01	28.65	8.99	81.91	40.24	56.58	21.18
357.79	64.13	133.84	33.17	350.36	310.15	364.35	141.00
328.52	61.54	126.17	30.89	319.32	287.68	331.75	125.88
17.38	1.42	3.68	0.60	17.76	12.45	21.53	10.85
11.89	1.17	3.99	1.68	13.28	10.01	11.07	4.26
475.36	103.87	172.78	60.61	469.92	256.47	370.55	141.45
160.51	42.26	61.54	22.20	152.38	67.58	97.41	35.77
148.58	39.62	57.54	20.48	141.23	59.62	83.79	29.28
11.92	2.64	4.00	1.72	11.15	7.96	13.62	6.49
35.74	7.02	16.94	7.76	33.60	23.70	35.57	13.29
29.46	5.84	14.22	6.73	27.95	21.48	31.96	11.79
2.34	0.42	1.12	0.52	2.45	1.46	2.15	0.79
0.35		0.34		0.43	0.09	0.14	0.05
1.75	0.13	0.35	0.14	1.04	0.16	0.46	0.30
1.83	0.64	0.91	0.37	1.73	0.51	0.86	0.36
83.87	15.76	32.99	7.12	90.84	44.60	60.88	19.10
32.46	3.42	13.19	0.67	37.90	18.42	23.45	6.20
26.84	5.77	11.32	3.76	24.20	13.04	16.86	4.53
24.56	6.56	8.49	2.69	28.74	13.14	20.57	8.37
91.30	18.85	26.03	11.60	90.41	56.35	77.97	28.72
24.78	3.70	5.57	2.29	24.18	8.88	12.76	4.52
3.76	1.62	1.44	0.25	3.72	1.62	2.79	1.19
19.01	1.70	3.13	1.50	18.49	7.05	9.41	2.98
0.34	0.11	0.17	0.01	0.42	0.08	0.21	0.14
1.67	0.27	0.83	0.53	1.55	0.14	0.34	0.21
12.65	3.10	3.35	1.08	10.67	6.08	9.20	3.23
4.20	2.04	0.89	0.34	4.38	1.46	2.39	0.96
3.99	2.03	0.71	0.19	4.30	1.15	1.98	0.85
0.22	0.01	0.18	0.16	0.09	0.30	0.41	0.11
9.57	2.32	3.62	0.80	10.19	7.42	10.20	3.60
1.48	0.63	0.43	0.03	1.55	0.62	1.14	0.51
2.28	0.59	1.19	0.26	2.04	0.73	1.40	0.70
5.81	1.10	2.00	0.51	6.60	6.08	7.65	2.39

1-A-3 续表 9

行业	企业单位数(个)	亏损企业	工业总产值(当年价格)	工业销售产值(当年价格)	出口交货值	资产总计
其他金属制品制造	51	8	129.47	128.36	3.69	103.97
铸币及贵金属制实验室用品制造	5		41.10	39.65	0.09	36.44
其他未列明的金属制品制造	46	8	88.37	88.71	3.60	67.53
通用设备制造业	1202	263	4114.80	4023.91	562.90	5217.93
锅炉及原动机制造	148	35	1271.17	1254.13	135.28	1863.41
锅炉及辅助设备制造	44	13	441.86	440.51	61.87	670.61
内燃机及配件制造	73	16	415.20	410.57	26.72	502.09
汽轮机及辅机制造	19	4	398.17	387.34	46.58	667.45
水轮机及辅机制造	7	2	5.86	5.77	0.11	10.37
其他原动机制造	5		10.08	9.94		12.88
金属加工机械制造	208	50	509.03	485.48	33.06	700.47
金属切削机床制造	107	19	441.12	418.47	26.29	619.33
金属成形机床制造	24	3	23.01	21.75	2.49	24.92
铸造机械制造	13	8	6.99	7.30	0.63	7.67
金属切割及焊接设备制造	10	1	8.18	8.50	0.92	7.45
机床附件制造	25	9	13.95	13.63	2.21	17.89
其他金属加工机械制造	29	10	15.78	15.84	0.50	23.20
起重运输设备制造	110	29	910.36	905.58	304.32	975.87
泵、阀门、压缩机及类似机械的制造	168	35	276.55	268.60	19.76	354.59
泵及真空设备制造	62	12	81.86	78.62	3.71	119.89
气体压缩机械制造	25	9	89.14	90.38	10.82	106.95
阀门和旋塞的制造	33	6	36.79	35.63	2.65	44.83
液压和气压动力机械及元件制造	48	8	68.75	63.96	2.59	82.91
轴承、齿轮、传动和驱动部件的制造	103	19	243.22	241.04	21.33	295.65
轴承制造	60	12	165.39	165.17	14.20	213.11
齿轮、传动和驱动部件制造	43	7	77.83	75.87	7.13	82.54
烘炉、熔炉及电炉制造	6		7.33	6.89		8.93
风机、衡器、包装设备等通用设备	150	33	399.66	377.53	28.45	539.42
风机、风扇制造	28	4	151.02	133.57	4.51	218.43
气体、液体分离及纯净设备制造	15	3	41.27	39.69	1.78	51.72
制冷、空调设备制造	46	13	119.54	117.67	17.62	136.95
风动和电动工具制造	3	1	1.67	2.04	0.13	2.72
喷枪及类似器具制造	3		1.91	1.79	0.07	2.27
包装专用设备制造	9	2	18.25	18.12	1.11	33.50
衡器制造	10	4	2.66	2.68	0.19	5.34
其他通用设备制造	36	6	63.34	61.97	3.03	88.47
通用零部件制造及机械修理	168	25	210.16	199.60	2.59	186.11
金属密封件制造	9	2	14.09	13.53		7.01
紧固件、弹簧制造	34	5	40.16	38.90	1.43	33.98
机械零部件加工及设备修理	105	16	126.05	119.61	0.93	128.90
其他通用零部件制造	20	2	29.87	27.55	0.23	16.22
金属铸、锻加工	141	37	287.31	285.07	18.11	293.48
钢铁铸件制造	101	30	191.21	191.65	13.57	203.02
锻件及粉末冶金制品制造	40	7	96.10	93.41	4.54	90.46

单位：亿元

流动资产合计	应收账款	存货	产成品	流动资产年平均余额	固定资产合计	固定资产原价	累计折旧
52.74	8.82	21.85	7.41	53.27	40.41	64.17	32.27
16.55	1.16	8.85	2.04	17.80	18.44	37.90	20.77
36.19	7.66	13.00	5.38	35.47	21.97	26.27	11.50
3549.42	836.70	1329.86	333.33	3359.00	1189.69	1744.42	693.41
1537.15	329.15	566.78	38.29	1396.13	213.14	339.68	158.36
616.04	147.61	237.14	8.10	554.26	27.87	53.68	27.27
330.52	45.22	83.00	20.96	306.38	113.99	185.60	84.74
573.57	133.81	243.24	8.33	520.74	66.74	93.85	43.99
8.04	1.35	1.92	0.88	7.31	1.68	3.65	2.12
8.98	1.16	1.47		7.45	2.85	2.89	0.24
349.04	96.78	133.61	55.29	391.22	279.68	362.81	116.00
301.08	87.79	113.48	45.79	345.47	256.38	331.43	103.28
14.71	2.21	8.43	4.38	14.19	8.38	9.69	3.99
4.13	0.83	1.43	0.82	3.93	2.67	3.28	0.76
5.68	0.93	1.76	0.22	5.16	1.51	1.79	0.55
11.59	1.83	5.42	3.00	11.32	4.43	7.13	3.22
11.84	3.18	3.09	1.09	11.16	6.30	9.49	4.20
649.44	120.38	285.87	85.71	560.64	210.00	301.34	101.41
216.60	67.21	75.75	31.64	217.99	93.74	153.98	72.43
79.86	27.00	26.06	9.73	70.63	32.91	41.04	14.38
54.10	15.77	16.34	7.90	66.84	28.98	64.28	36.26
32.76	9.69	12.34	4.97	30.55	8.43	12.29	5.36
49.88	14.74	21.00	9.03	49.96	23.41	36.38	16.43
190.19	49.17	75.70	44.52	191.99	90.62	141.46	71.37
143.76	38.94	56.10	35.43	143.80	60.59	95.87	50.28
46.43	10.24	19.60	9.09	48.19	30.03	45.58	21.09
6.39	1.41	2.93	0.70	5.11	2.27	3.05	0.96
336.64	101.20	90.26	41.17	349.24	130.50	193.17	73.23
135.95	43.40	26.23	15.98	155.12	65.53	94.84	30.83
35.52	12.58	9.26	4.48	37.94	4.86	7.49	4.01
83.43	23.17	26.52	14.62	82.85	28.83	51.56	25.14
1.73	0.36	0.55	0.36	1.48	0.65	0.90	0.25
1.41	0.27	0.37	0.13	1.31	0.86	1.14	0.37
18.85	6.97	4.83	1.30	20.28	2.48	5.11	2.92
3.14	1.20	0.96	0.36	2.93	1.69	1.93	0.96
56.61	13.25	21.56	3.94	47.32	25.60	30.20	8.74
108.34	29.76	38.61	15.28	100.14	59.92	89.68	38.01
4.52	1.31	0.85	0.31	3.25	2.44	3.12	0.86
18.47	5.87	6.20	2.85	18.52	11.06	18.13	7.95
75.13	19.41	27.60	11.02	68.33	42.43	62.55	26.54
10.21	3.18	3.96	1.10	10.05	3.99	5.88	2.66
155.62	41.64	60.34	20.75	146.54	109.84	159.26	61.65
105.12	31.50	39.06	14.44	100.00	84.98	121.92	44.78
50.50	10.14	21.28	6.31	46.54	24.87	37.34	16.88

1-A-3 续表 10

行业	企业单位数(个)	亏损企业	工业总产值(当年价格)	工业销售产值(当年价格)	出口交货值	资产总计
专用设备制造业	1007	261	3544.64	3395.61	347.31	4670.76
矿山、冶金、建筑专用设备制造	336	74	2069.98	1965.83	203.55	2621.87
采矿、采石设备制造	118	28	523.29	504.78	32.52	726.64
石油钻采专用设备制造	61	9	375.96	347.09	43.34	428.88
建筑工程用机械制造	65	20	555.09	543.02	86.07	522.98
建筑材料生产专用机械制造	29	5	38.50	38.11	2.80	51.64
冶金专用设备制造	63	12	577.13	532.83	38.82	891.72
化工、木材、非金属加工专用设备	109	28	169.78	163.18	9.42	227.95
炼油、化工生产专用设备制造	38	10	91.93	85.55	1.81	123.48
橡胶加工专用设备制造	14	2	28.79	27.94	4.39	31.78
塑料加工专用设备制造	4	3	0.74	0.73	0.01	1.93
木材加工机械制造	5	3	3.83	3.89	0.71	6.87
模具制造	41	9	38.15	38.92	1.94	52.91
其他非金属加工专用设备制造	7	1	6.33	6.14	0.56	10.98
食品、饮料、烟草及饲料生产专用设备制造	40	7	58.03	58.76	1.11	68.97
食品、饮料、烟草工业专用设备制造	22	2	49.00	50.33	0.97	59.06
农副食品加工专用设备制造	17	5	8.32	8.14	0.15	9.29
饲料生产专用设备制造	1		0.70	0.29		0.63
印刷、制药、日化生产专用设备制造	51	22	44.96	41.74	6.64	89.68
制浆和造纸专用设备制造	12	5	4.79	4.47	0.08	11.86
印刷专用设备制造	23	11	26.37	25.69	6.38	60.40
日用化工专用设备制造						
制药专用设备制造	8	3	3.75	3.55	0.18	5.57
照明器具生产专用设备制造	1	1	0.11	0.10		0.44
玻璃、陶瓷和搪瓷制品生产专用设备制造	5	1	9.61	7.61		10.98
其他日用品生产专用设备制造	2	1	0.33	0.32		0.43
纺织、服装和皮革工业专用设备制造	62	28	98.28	95.12	16.57	203.35
纺织专用设备制造	50	22	81.32	78.59	12.89	162.09
皮革、毛皮及其制品加工专用设备制造						
缝纫机械制造	10	5	15.73	15.41	3.48	39.01
其他服装加工专用设备制造	2	1	1.23	1.12	0.20	2.25
电子和电工机械专用设备制造	129	27	599.03	572.86	73.62	990.05
电工机械专用设备制造	20	3	24.56	22.76	2.17	39.05
电子工业专用设备制造	31	9	52.97	45.96	9.16	67.82
航空、航天及其他专用设备制造	19	4	43.68	42.87	2.91	78.29
农、林、牧、渔专用机械制造	64	22	307.19	308.51	25.06	200.26
拖拉机制造	20	12	101.20	102.84	19.82	122.32
机械化农业及园艺机具制造	22	5	12.29	11.90	0.27	22.76
营林及木竹采伐机械制造	2	1	2.00	1.63	0.14	2.24
畜牧机械制造	1	1	0.16	0.27		0.40
渔业机械制造	2	1	0.14	0.15	0.01	0.26
农林牧渔机械配件制造	6		0.27	0.21		0.34
其他农林牧渔业机械制造及机械修理	11	2	191.12	191.51	4.82	51.93

单位：亿元

流动资产合计	应收账款	存货	产成品	流动资产年平均余额	固定资产合计	固定资产原价	累计折旧
3001.40	744.54	1057.75	342.95	2758.87	1194.58	1642.53	610.67
1801.34	456.84	664.89	219.54	1585.90	561.11	722.11	237.19
454.05	120.23	157.52	57.44	431.05	188.78	235.87	62.66
304.62	85.27	113.18	46.49	267.60	83.19	104.49	34.96
348.30	82.56	139.63	71.04	320.91	90.53	115.30	39.46
37.57	6.78	14.66	4.35	34.63	10.12	14.66	4.83
656.79	161.99	239.91	40.21	531.71	188.48	251.79	95.28
155.66	46.93	56.35	17.27	155.08	54.74	80.30	31.77
90.58	28.50	34.56	12.56	90.02	26.09	32.52	8.88
23.46	9.39	6.89	0.49	22.74	5.21	8.10	4.23
1.05	0.09	0.65	0.22	1.12	0.85	1.67	0.83
3.90	0.51	1.60	0.68	4.02	1.60	3.10	1.73
29.55	6.91	10.13	2.85	30.92	18.47	30.77	14.32
7.12	1.54	2.52	0.47	6.25	2.52	4.15	1.78
47.24	13.74	16.59	3.91	43.10	15.96	27.95	13.38
40.66	12.22	14.21	3.17	37.35	13.73	23.46	11.00
5.96	1.31	2.26	0.74	5.19	2.22	4.46	2.36
0.62	0.20	0.12		0.56	0.01	0.03	0.02
50.19	11.99	21.65	6.83	50.78	24.20	36.93	15.24
6.97	0.92	3.61	1.00	6.46	4.03	6.22	2.89
30.27	7.29	13.27	4.90	32.94	17.00	25.99	10.70
3.77	0.91	1.90	0.40	3.12	1.47	2.43	0.96
0.20	0.10	0.07	0.05	0.30	0.25	0.31	0.07
8.72	2.73	2.58	0.39	7.75	1.32	1.82	0.52
0.26	0.04	0.21	0.10	0.21	0.14	0.15	0.10
121.72	23.98	43.97	15.58	126.70	46.05	84.88	43.13
98.57	18.01	36.02	13.04	102.65	35.34	69.81	36.90
21.59	5.56	7.09	2.39	22.51	10.13	13.88	5.62
1.56	0.42	0.86	0.15	1.53	0.58	1.20	0.62
517.66	125.96	158.47	48.87	501.20	383.45	515.19	190.98
20.45	3.86	4.04	1.93	18.76	13.17	12.42	3.08
38.21	10.54	12.90	6.65	39.02	19.23	45.63	27.23
54.47	20.40	15.73	2.29	54.11	18.36	24.18	9.93
118.68	17.32	37.49	11.34	115.04	57.61	104.23	50.83
76.41	11.10	23.36	8.56	73.51	29.98	56.74	29.89
13.73	3.69	4.16	1.53	12.87	4.91	11.42	7.13
1.29	0.10	0.63	0.35	1.25	0.29	0.72	0.49
0.38	0.02	0.21	0.11	0.40	0.02	0.10	0.08
0.19	0.07	0.07	0.03	0.11	0.07	0.12	0.05
0.24	0.10	0.10	0.04	0.18	0.05	0.05	
26.43	2.24	8.96	0.71	26.72	22.30	35.09	13.19

1-A-3 续表 11

行业	企业单位数(个)	亏损企业	工业总产值(当年价格)	工业销售产值(当年价格)	出口交货值
医疗仪器设备及器械制造	66	21	40.82	38.64	4.31
医疗诊断、监护及治疗设备制造	18	7	14.55	13.71	2.12
口腔科用设备及器具制造	4	1	0.70	0.63	0.21
实验室及医用消毒设备和器具的制造	5	2	7.69	6.86	0.78
医疗、外科及兽医用器械制造	14	6	9.01	8.73	0.88
机械治疗及病房护理设备制造	2		0.42	0.42	
假肢、人工器官及植(介)入器械制造	16	4	2.02	2.15	0.31
其他医疗设备及器械制造	7	1	6.44	6.13	
环保、社会公共安全及其他专用设备制造	150	32	156.58	150.98	7.03
环境污染防治专用设备制造	38	6	39.38	38.34	1.56
地质勘查专用设备制造	18	4	11.64	12.42	0.29
邮政专用机械及器材制造	3	2	1.50	1.64	
商业、饮食、服务业专用设备制造	1		0.77	0.77	
社会公共安全设备及器材制造	15	4	5.37	5.30	0.41
交通安全及管制专用设备制造	4	1	2.56	2.53	
水资源专用机械制造	10	4	7.59	7.47	0.13
其他专用设备制造	61	11	87.75	82.50	4.64
交通运输设备制造业	1428	319	14968.99	14897.99	1927.23
铁路运输设备制造	182	25	946.42	940.67	38.49
铁路机车车辆及动车组制造	30	5	595.61	596.08	32.35
工矿有轨专用车辆制造	3	1	7.30	5.36	0.05
铁路机车车辆配件制造	54	12	103.82	105.02	2.93
铁路专用设备及器材、配件制造	56	2	119.69	114.68	1.94
其他铁路设备制造及设备修理	39	5	120.00	119.52	1.22
汽车制造	828	234	10694.98	10705.96	434.99
汽车整车制造	144	44	9060.89	9069.16	360.14
改装汽车制造	97	33	338.58	338.86	19.75
电车制造	1		0.45	0.45	
汽车车身、挂车的制造	23	10	57.40	59.67	13.14
汽车零部件及配件制造	444	114	1213.42	1214.42	41.95
汽车修理	119	33	24.24	23.40	
摩托车制造	55	12	309.81	308.75	56.40
摩托车整车制造	19	5	243.40	242.87	53.15
摩托车零部件及配件制造	36	7	66.41	65.88	3.24
自行车制造	20	5	12.98	12.87	4.21
脚踏自行车及残疾人座车制造	16	4	12.11	12.02	3.72
助动自行车制造	4	1	0.87	0.84	0.49
船舶及浮动装置制造	195	29	2007.68	1953.88	1290.47
金属船舶制造	83	12	1426.20	1400.36	919.38
非金属船舶制造	3	2	2.98	2.99	
娱乐船和运动船的建造和修理	4		1.56	1.50	0.37
船用配套设备制造	39	6	123.58	114.45	18.22
船舶修理及拆船	63	7	445.30	426.70	350.73
航标器材及其他浮动装置的制造	3	2	8.05	7.87	1.77
航空航天器制造	130	11	991.12	970.31	102.67
飞机制造及修理	110	10	922.68	902.56	102.57
航天器制造	19	1	68.38	67.69	0.10
其他飞行器制造	1		0.06	0.06	

单位：亿元

资产总计	流动资产合计				流动资产年平均余额	固定资产合计	固定资产原价	累计折旧
		应收账款	存货	产成品				
74.88	45.53	9.11	14.24	5.08	43.65	17.55	24.12	8.37
31.83	18.27	4.30	4.45	1.64	17.59	6.54	10.28	3.74
0.90	0.80	0.18	0.33	0.10	0.74	0.10	0.18	0.09
13.24	9.13	2.38	3.55	1.22	8.95	2.62	3.59	1.19
10.03	6.24	0.95	2.67	1.31	5.91	2.50	3.74	1.46
0.22	0.21	0.02	0.06	0.06	0.20	0.01	0.02	0.01
4.88	2.76	0.44	0.58	0.14	2.29	1.82	2.09	0.68
13.78	8.12	0.85	2.60	0.61	7.96	3.95	4.23	1.21
193.75	143.38	38.68	44.11	14.54	137.42	33.92	46.81	19.77
59.44	42.75	9.37	14.53	3.78	42.53	9.48	13.14	5.00
18.22	11.43	1.81	4.89	2.96	9.38	5.41	7.39	3.29
2.40	1.87	0.58	0.82	0.06	1.70	0.32	0.93	0.62
0.80	0.78	0.17	0.17	0.14	0.68	0.01	0.02	0.01
6.49	3.63	0.62	1.44	0.45	3.82	2.43	2.81	0.54
2.96	2.31	0.34	0.66	0.04	2.11	0.15	0.24	0.10
9.40	7.92	2.45	2.69	0.03	7.39	1.13	2.00	0.91
94.03	72.67	23.33	18.91	7.10	69.80	14.99	20.28	9.30
16450.96	9404.13	1280.85	2541.03	715.61	9109.62	4749.45	6147.01	2405.68
1053.87	644.02	171.26	229.18	35.39	611.68	250.39	327.55	128.19
622.56	395.36	88.38	135.55	10.21	378.04	151.88	190.49	72.81
6.74	5.63	1.53	1.70	0.67	4.94	0.85	1.27	0.51
118.99	65.75	28.89	16.68	6.59	62.41	31.03	43.77	15.86
143.55	106.96	31.64	47.51	15.78	98.87	20.68	32.32	14.67
162.03	70.33	20.83	27.73	2.15	67.42	45.96	59.69	24.34
9360.23	4597.06	638.65	1268.61	575.94	4654.12	3078.02	4030.79	1670.65
7633.76	3611.49	390.44	966.11	457.74	3682.27	2536.04	3209.24	1323.09
328.67	196.32	50.86	65.36	17.14	194.25	98.86	135.78	42.76
1.28	0.47	0.03	0.22		0.52	0.81	0.08	0.03
45.67	26.88	4.95	13.19	4.31	28.14	13.68	16.62	5.15
1305.48	738.85	189.97	218.76	96.02	728.18	414.35	646.83	290.92
45.36	23.05	2.40	4.96	0.73	20.77	14.28	22.25	8.70
258.46	151.24	32.36	29.91	15.12	153.11	72.53	118.90	53.02
191.53	109.09	21.60	21.58	10.89	107.53	53.96	89.10	41.37
66.93	42.15	10.76	8.33	4.23	45.58	18.57	29.80	11.65
14.16	6.11	1.09	1.49	0.69	6.77	1.73	3.00	1.36
13.72	5.74	1.00	1.29	0.65	6.40	1.67	2.89	1.31
0.44	0.37	0.09	0.19	0.05	0.36	0.07	0.11	0.05
3733.29	2709.83	131.96	576.41	20.02	2467.55	803.27	906.50	232.42
2932.02	2206.04	74.08	432.25	9.18	1971.76	557.75	619.01	162.69
2.98	1.83	0.32	0.33		1.58	0.69	0.73	0.19
1.27	0.76	0.09	0.44	0.06	0.77	0.45	1.00	0.55
181.31	101.04	17.61	37.23	4.06	90.12	54.31	59.93	14.94
609.41	395.61	39.08	103.17	3.76	397.44	188.92	223.39	52.76
6.31	4.55	0.78	2.99	2.97	5.89	1.13	2.43	1.30
2025.76	1292.01	304.14	434.49	68.15	1212.73	542.76	758.95	319.44
1863.41	1199.66	290.23	399.39	66.95	1124.43	481.90	688.64	289.91
162.29	92.32	13.90	35.10	1.20	88.28	60.83	70.26	29.51
0.06	0.03				0.03	0.03	0.05	0.02

1-A-3 续表 12

行 业	企 业 单位数 (个)	亏损企业	工业总产值 (当年价格)	工业销售产值 (当年价格)	出口交货值
交通器材及其他交通运输设备制造	18	3	6.01	5.56	0.01
潜水及水下救捞装备制造	3	1	0.82	0.78	0.01
交通管理用金属标志及设施制造	8	2	2.09	1.98	
其他交通运输设备制造	7		3.09	2.81	
电气机械及器材制造业	723	174	2569.20	2521.19	247.64
电机制造	116	23	487.94	453.77	24.94
发电机及发电机组制造	45	8	309.88	285.52	14.63
电动机制造	49	9	165.94	156.40	8.53
微电机及其他电机制造	22	6	12.12	11.84	1.77
输配电及控制设备制造	294	57	684.62	660.86	29.95
变压器、整流器和电感器制造	82	24	273.61	261.18	8.46
电容器及其配套设备制造	10		9.01	8.45	
配电开关控制设备制造	121	22	311.80	303.50	17.62
电力电子元器件制造	39	7	37.06	35.71	3.40
其他输配电及控制设备制造	42	4	53.14	52.02	0.48
电线、电缆、光缆及电工器材制造	145	43	430.98	414.86	10.47
电线电缆制造	101	29	306.03	296.77	8.77
光纤、光缆制造	16	6	48.36	51.97	0.94
绝缘制品制造	14	4	11.67	11.40	0.66
其他电工器材制造	14	4	64.91	54.73	0.10
电池制造	63	23	138.29	138.90	51.32
家用电力器具制造	43	10	724.91	750.37	120.06
家用制冷电器具制造	14	3	149.83	179.94	26.78
家用空气调节器制造	10	4	508.96	504.62	89.05
家用通风电器具制造	3		0.48	0.49	
家用厨房电器具制造	5		9.25	9.40	
家用清洁卫生电器具制造	4	1	30.84	29.82	0.60
家用美容、保健电器具制造					
家用电力器具专用配件制造	4	2	24.59	25.11	3.63
其他家用电力器具制造	3		0.97	1.00	
非电力家用器具制造	10	3	8.10	7.83	0.83
燃气、太阳能及类似能源的器具制造	9	3	6.72	6.87	0.83
其他非电力家用器具制造	1		1.38	0.96	
照明器具制造	30	7	22.45	21.77	5.92
电光源制造	6	2	6.51	6.22	0.50
照明灯具制造	14	2	4.68	4.30	1.16
灯用电器附件及其他照明器具制造	10	3	11.26	11.25	4.26
其他电气机械及器材制造	22	8	71.92	72.83	4.15
车辆专用照明及电气信号设备装置	5	2	28.25	29.80	3.80
其他未列明的电气机械制造	17	6	43.68	43.03	0.36
通信设备、计算机及其他电子设备	770	162	3860.19	3752.79	1240.07
通信设备制造	186	33	1041.17	1027.68	305.19
通信传输设备制造	64	13	118.60	118.77	7.56

单位：亿元

资产总计	流动资产合计	应收账款	存货	产成品	流动资产年平均余额	固定资产合计	固定资产原价	累计折旧
5.18	3.87	1.38	0.94	0.29	3.66	0.74	1.33	0.60
0.79	0.41	0.10	0.19	0.02	0.42	0.16	0.22	0.07
1.76	1.33	0.38	0.20	0.03	1.28	0.32	0.55	0.24
2.63	2.13	0.90	0.55	0.24	1.96	0.26	0.55	0.29
2899.82	1904.65	457.28	517.20	222.97	1754.25	526.81	686.64	265.82
664.37	502.04	108.47	172.11	49.29	462.53	109.19	155.02	63.51
449.98	364.08	73.79	126.23	27.80	335.57	62.87	91.28	37.48
201.59	129.55	33.13	43.62	20.61	118.81	43.33	59.47	24.15
12.80	8.41	1.54	2.27	0.88	8.15	2.99	4.27	1.88
949.17	655.19	200.17	169.74	61.63	594.71	170.52	183.31	63.44
441.91	289.74	74.66	74.90	27.84	254.64	66.43	71.81	21.74
9.32	7.74	3.41	1.97	1.14	7.15	1.24	2.08	0.85
379.29	274.30	89.90	76.85	27.76	254.55	81.65	80.61	32.25
52.30	36.71	7.64	5.33	1.80	36.45	13.97	18.52	4.93
66.34	46.70	24.57	10.69	3.09	41.91	7.22	10.29	3.67
418.04	215.19	72.52	50.06	27.67	213.65	75.70	125.18	63.03
288.58	116.69	47.69	32.40	19.31	121.05	54.75	73.79	30.12
69.21	54.89	7.71	5.32	2.56	52.81	11.76	37.71	26.77
9.30	6.24	2.30	2.29	0.86	6.02	2.00	3.75	2.13
50.95	37.38	14.82	10.05	4.94	33.78	7.20	9.93	4.01
170.53	103.38	16.32	28.24	14.93	93.84	53.61	61.48	16.86
627.01	389.91	49.02	84.53	64.29	350.79	99.16	131.55	47.08
147.51	47.27	14.54	14.75	9.42	46.16	23.22	43.75	22.76
411.76	301.67	28.67	60.88	50.01	268.48	57.66	66.21	15.96
0.85	0.29	0.09	0.13	0.06	0.22	0.54	0.83	0.30
4.68	2.68	1.89	0.51	0.30	2.34	1.36	1.70	0.35
34.88	20.71	2.38	4.63	1.94	16.82	6.44	9.02	3.77
27.16	17.16	1.43	3.60	2.54	16.65	9.88	9.82	3.76
0.17	0.12	0.02	0.04	0.02	0.12	0.06	0.22	0.17
7.18	4.56	1.10	1.07	0.32	3.92	2.26	2.63	0.51
6.56	4.04	1.03	0.79	0.32	3.55	2.16	2.45	0.43
0.62	0.52	0.07	0.28		0.37	0.11	0.18	0.08
30.95	16.31	4.60	5.08	2.57	16.46	5.94	9.77	3.89
4.83	3.43	1.32	0.76	0.47	3.41	1.11	1.30	0.22
3.79	2.99	1.23	0.94	0.41	2.91	0.66	1.40	0.76
22.34	9.89	2.06	3.38	1.69	10.14	4.17	7.07	2.91
32.56	18.06	5.07	6.36	2.26	18.34	10.43	17.71	7.51
17.59	8.85	3.01	2.75	1.79	9.34	7.29	12.80	5.74
14.96	9.21	2.06	3.62	0.47	9.01	3.14	4.91	1.77
4701.49	2837.26	838.87	705.45	349.26	2830.04	1057.93	1597.59	694.48
1587.96	1154.98	356.02	270.06	161.62	1131.52	175.52	293.47	161.45
265.92	169.16	38.32	44.68	15.19	167.94	41.12	58.58	29.98

1-A-3 续表 13

行　业	企　业单位数（个）	亏损企业	工业总产值（当年价格）	工业销售产值（当年价格）	出口交货值
通信交换设备制造	26	7	633.20	624.55	238.52
通信终端设备制造	28	5	38.70	37.97	6.09
移动通信及终端设备制造	29	3	200.03	197.61	51.78
其他通信设备制造	39	5	50.63	48.78	1.24
雷达及配套设备制造	35	6	140.94	137.57	19.95
广播电视设备制造	28	1	33.98	31.59	14.91
广播电视节目制作及发射设备制造	7	1	7.93	6.04	0.05
广播电视接收设备及器材制造	16		21.24	20.85	13.28
应用电视设备及其他广播电视设备	5		4.82	4.69	1.58
电子计算机制造	71	14	597.77	583.95	88.61
电子计算机整机制造	20	5	427.54	419.27	17.95
计算机网络设备制造	10	1	4.69	4.30	
电子计算机外部设备制造	41	8	165.53	160.37	70.66
电子器件制造	166	39	583.83	541.58	193.77
电子真空器件制造	25	9	193.55	183.18	56.83
半导体分立器件制造	35	7	38.42	35.16	5.83
集成电路制造	40	8	55.36	52.75	6.89
光电子器件及其他电子器件制造	66	15	296.50	270.48	124.22
电子元件制造	188	42	675.59	659.30	440.17
电子元件及组件制造	173	39	636.15	623.00	424.84
印制电路板制造	15	3	39.44	36.31	15.33
家用视听设备制造	45	17	721.24	708.43	165.54
家用影视设备制造	33	13	710.98	698.39	159.50
家用音响设备制造	12	4	10.26	10.04	6.04
其他电子设备制造	51	10	65.66	62.70	11.92
仪器仪表及文化、办公用机械制造	358	62	494.95	485.20	29.26
通用仪器仪表制造	185	26	274.32	267.29	6.59
工业自动控制系统装置制造	108	15	231.69	223.81	3.31
电工仪器仪表制造	21	4	12.69	12.99	0.32
绘图、计算及测量仪器制造	7	1	8.38	8.25	0.47
实验分析仪器制造	21	4	8.25	9.21	0.27
试验机制造	6		6.53	5.98	2.07
供应用仪表及其他通用仪器制造	22	2	6.78	7.06	0.15
专用仪器仪表制造	89	17	107.11	106.72	6.77
环境监测专用仪器仪表制造	8	1	3.66	3.55	
汽车及其他用计数仪表制造	11	2	15.59	15.75	4.31
导航、气象及海洋专用仪器制造	24	4	29.93	30.20	0.90
农林牧渔专用仪器仪表制造					
地质勘探和地震专用仪器制造	8	2	26.98	26.90	
教学专用仪器制造	5		1.00	1.00	
核子及核辐射测量仪器制造	3	1	2.14	1.93	
电子测量仪器制造	15	4	12.06	11.74	0.01
其他专用仪器制造	15	3	15.74	15.65	1.55
钟表与计时仪器制造	8	2	5.56	5.49	0.84
光学仪器及眼镜制造	46	10	78.34	77.49	8.79
光学仪器制造	45	9	78.25	77.39	8.79
眼镜制造	1	1	0.08	0.09	

单位：亿元

资产总计	流动资产合计	应收账款	存货		流动资产年平均余额	固定资产合计	固定资产原价	累计折旧
				产成品				
980.74	779.97	262.69	167.12	121.82	759.55	102.41	174.49	99.90
65.72	44.49	12.02	10.28	2.58	44.04	9.83	15.06	7.95
188.05	108.29	25.80	33.64	13.59	110.69	13.76	29.65	15.78
87.53	53.07	17.18	14.34	8.43	49.31	8.41	15.69	7.86
301.28	164.09	33.53	49.25	3.87	146.65	114.62	136.71	35.99
31.33	23.21	8.01	8.10	1.40	20.92	3.27	5.32	2.53
12.26	10.55	3.01	4.32	0.35	8.28	0.77	1.89	1.13
12.31	10.62	4.43	3.33	0.94	10.55	1.15	1.78	1.11
6.76	2.04	0.58	0.46	0.11	2.09	1.35	1.64	0.29
324.20	188.21	41.55	32.26	14.33	183.84	65.20	84.33	28.14
180.34	89.38	15.23	14.03	6.93	87.28	43.62	50.72	14.91
8.95	5.57	2.69	1.81	1.17	5.48	0.79	1.32	0.53
134.91	93.26	23.63	16.42	6.23	91.07	20.79	32.29	12.70
1066.43	424.19	105.04	124.74	58.36	463.41	436.72	683.96	282.05
321.60	128.61	33.83	37.16	21.12	130.13	81.72	178.94	99.04
95.54	46.98	14.08	14.44	7.15	45.35	32.72	39.65	12.32
146.26	74.34	13.19	19.02	8.98	78.29	57.32	51.74	17.67
503.03	174.26	43.94	54.12	21.11	209.64	264.96	413.63	153.02
589.03	368.69	192.15	74.81	28.55	395.59	140.30	226.04	112.56
556.93	352.81	185.16	70.56	26.31	379.14	125.73	203.08	104.09
32.10	15.89	6.98	4.26	2.24	16.45	14.57	22.95	8.47
684.72	457.48	86.23	138.43	78.63	438.01	88.80	126.82	62.14
676.25	451.73	84.49	136.86	77.93	432.71	87.08	122.85	59.67
8.47	5.75	1.73	1.57	0.70	5.30	1.72	3.97	2.47
116.53	56.41	16.35	7.78	2.49	50.09	33.50	40.96	9.62
740.20	462.92	122.04	123.74	42.34	429.49	169.83	240.36	88.47
367.24	250.28	70.49	68.15	21.02	234.05	57.50	79.60	30.34
295.88	204.21	58.90	52.29	13.26	187.97	45.07	59.90	22.27
18.55	13.28	4.31	5.24	2.60	12.17	3.20	4.59	1.54
11.34	8.36	1.65	4.55	2.88	8.34	2.11	4.48	2.47
13.53	8.40	1.57	2.84	0.83	9.07	1.83	3.50	1.69
20.13	9.83	1.67	1.41	0.44	10.50	3.97	5.05	1.55
7.81	6.20	2.40	1.83	1.02	6.00	1.31	2.08	0.81
169.58	97.84	25.65	27.07	8.38	90.78	49.39	75.09	29.56
3.77	3.45	0.81	1.04	0.24	3.24	0.19	0.39	0.22
13.50	7.86	2.81	1.63	0.73	9.26	3.10	6.70	3.82
57.50	31.72	8.08	10.50	3.22	30.19	18.82	27.93	10.50
39.63	23.23	6.92	5.32	1.84	19.89	10.18	16.74	6.77
0.86	0.52	0.13	0.13	0.05	0.47	0.16	0.12	0.05
8.47	3.93	0.46	1.42	0.62	3.36	2.55	2.38	0.88
24.41	13.85	3.18	2.77	1.10	13.44	8.43	11.07	3.52
21.45	13.28	3.27	4.26	0.57	10.93	5.95	9.76	3.81
7.79	5.36	0.54	2.34	0.45	5.04	1.41	3.20	1.79
153.73	78.64	19.55	17.31	7.09	74.09	56.63	75.21	24.20
153.37	78.31	19.55	17.19	6.99	73.76	56.61	75.12	24.14
0.36	0.34	0.01	0.12	0.11	0.33	0.02	0.09	0.07

1-A-3 续表 14

行业	企业单位数（个）	亏损企业	工业总产值（当年价格）	工业销售产值（当年价格）	出口交货值
文化、办公用机械制造	20	6	24.41	23.14	5.28
电影机械制造	4	2	2.22	2.11	0.31
幻灯及投影设备制造					
照相机及器材制造	3	1	0.74	0.58	
复印和胶印设备制造	4	1	5.17	4.96	3.54
计算器及货币专用设备制造	6	1	15.90	15.10	1.34
其他文化、办公用机械制造	3	1	0.38	0.39	0.08
其他仪器仪表的制造及修理	10	1	5.22	5.06	1.00
工艺品及其他制造业	126	28	229.00	223.76	6.96
工艺美术品制造	50	14	122.33	114.60	5.04
雕塑工艺品制造	5	2	1.54	1.55	0.76
金属工艺品制造	8	1	35.86	30.30	0.10
漆器工艺品制造	1	1	0.05	0.05	
花画工艺品制造	1		0.15	0.15	
天然植物纤维编织工艺品制造	2		0.16	0.16	0.11
抽纱刺绣工艺品制造	2	1	0.38	0.26	0.11
地毯、挂毯制造	12	5	10.49	10.33	3.86
珠宝首饰及有关物品的制造	11	1	72.92	71.05	
其他工艺美术品制造	8	3	0.78	0.76	0.10
日用杂品制造	7	2	1.95	1.92	0.53
制镜及类似品加工	1	1	0.08	0.10	
鬃毛加工、制刷及清扫工具的制造	3		1.15	1.10	0.51
其他日用杂品制造	3	1	0.72	0.72	0.02
煤制品制造	8	3	6.96	6.87	
其他未列明的制造业	56	9	96.56	99.20	1.39
废弃资源和废旧材料回收加工业	40	7	113.77	104.75	
金属废料和碎屑的加工处理	23	4	109.41	100.41	
非金属废料和碎屑的加工处理	17	3	4.36	4.34	
电力、燃气及水的生产和供应业	**5222**	**1882**	**28735.08**	**28612.29**	**95.46**
电力、热力的生产和供应业	3672	1241	27376.87	27288.14	52.89
电力生产	1687	672	8236.69	8187.77	51.88
火力发电	735	420	6807.92	6764.30	6.68
水力发电	824	223	1086.34	1082.83	0.77
核力发电	6		249.35	249.35	44.42
其他能源发电	122	29	93.08	91.29	
电力供应	1567	336	18773.61	18739.04	1.00
热力生产和供应	418	233	366.58	361.33	0.01
燃气生产和供应业	260	60	735.33	722.54	16.01
水的生产和供应业	1290	581	622.88	601.62	26.56
自来水的生产和供应	1199	543	551.91	532.01	4.35
污水处理及其再生利用	86	36	39.81	38.66	
其他水的处理、利用与分配	5	2	31.16	30.95	22.21

单位：亿元

资产总计	流动资产合计				流动资产年平均余额	固定资产合计	固定资产原价	累计折旧
		应收账款	存货	产成品				
38.22	27.68	4.93	8.09	5.25	22.75	4.51	6.17	1.96
3.46	1.39	0.36	0.32	0.20	1.14	0.80	1.17	0.40
2.95	1.74	0.16	0.44	0.23	1.73	0.51	0.67	0.37
8.41	4.31	0.69	0.72	0.31	4.34	1.54	2.36	0.84
22.83	19.85	3.61	6.41	4.38	15.15	1.53	1.81	0.28
0.57	0.39	0.10	0.20	0.12	0.39	0.13	0.17	0.07
3.64	3.12	0.89	0.79	0.16	2.78	0.40	1.10	0.62
292.02	166.75	44.13	57.29	15.75	159.41	104.06	128.28	52.26
47.86	35.64	3.30	18.50	11.18	30.87	6.47	11.52	5.25
0.76	0.55	0.10	0.18	0.11	0.40	0.14	0.25	0.13
10.02	9.00	0.50	4.28	4.03	8.10	0.86	1.11	0.24
0.04	0.02	0.01			0.02	0.01	0.01	0.01
0.21	0.10	0.03			0.13	0.10	0.25	0.15
0.15	0.07	0.02	0.03	0.02	0.06	0.06	0.07	0.02
0.52	0.21		0.12	0.11	0.23	0.23	0.38	0.17
8.67	3.47	0.41	1.60	1.06	3.60	3.55	5.96	2.49
24.29	20.08	2.18	11.52	5.25	16.17	1.04	2.81	1.81
3.21	2.14	0.05	0.76	0.60	2.15	0.46	0.68	0.23
2.08	1.43	0.26	0.28	0.19	1.22	0.57	0.84	0.28
0.11	0.11	0.08	0.02	0.02	0.11		0.01	0.01
1.02	0.55	0.12	0.25	0.17	0.51	0.41	0.48	0.07
0.95	0.77	0.07	0.01		0.61	0.16	0.35	0.20
25.25	5.43	0.82	1.15	0.20	5.43	17.23	29.22	14.76
214.49	122.76	39.52	36.27	4.19	120.32	79.07	85.69	31.69
119.65	66.24	8.88	19.40	4.22	53.02	49.15	61.94	8.33
112.11	62.08	8.44	19.04	4.08	49.33	47.39	62.26	7.30
7.54	4.15	0.44	0.36	0.14	3.68	1.76	2.68	1.03
60518.02	**8623.00**	**1379.26**	**834.42**	**33.79**	**8352.77**	**41155.28**	**55385.30**	**18855.60**
55742.58	7436.04	1234.76	758.63	27.84	7222.03	38328.44	51798.46	17628.95
27018.22	3441.24	819.65	519.19	17.64	3456.64	20246.91	26811.70	8386.87
16009.31	2433.07	668.62	424.40	15.68	2426.64	12061.97	17324.86	6056.91
9134.28	695.09	104.34	18.18	1.91	720.13	6728.69	7731.77	1825.49
1152.82	215.78	31.10	73.94		219.99	914.86	1233.84	454.63
721.80	97.30	15.59	2.67	0.05	89.88	541.40	521.24	49.84
27360.67	3586.31	347.40	201.17	8.95	3404.76	17235.14	23947.85	8935.23
1363.69	408.48	67.71	38.26	1.26	360.62	846.39	1038.90	306.85
1261.39	409.65	46.21	47.18	4.54	381.79	601.48	756.56	233.44
3514.05	777.31	98.29	28.62	1.41	748.95	2225.36	2830.28	993.21
2900.99	680.53	90.72	27.85	1.40	650.01	1895.70	2479.11	927.00
381.80	58.48	7.02	0.56	0.02	52.66	283.07	284.32	45.40
231.27	38.29	0.54	0.20		46.29	46.60	66.85	20.82

1-A-3 续表 15

行业	固定资产净值	固定资产净值年平均余额	负债合计	流动负债合计	所有者权益合计
总计	**80091.64**	**75926.53**	**111374.72**	**72749.16**	**77388.89**
在总计中:					
亏损企业	22637.68	21848.47	29849.55	19099.60	13592.97
在总计中:					
轻工业	5638.00	5616.08	8924.99	7074.08	9969.69
重工业	74453.64	70310.45	102449.73	65675.08	67419.20
在总计中:					
大型企业	46082.32	43409.03	66432.62	46709.13	49627.34
中型企业	23681.83	22636.35	31995.56	19065.83	21613.54
小型企业	10327.49	9881.16	12946.55	6974.20	6148.01
采矿业	**13596.58**	**12323.00**	**14939.52**	**9407.19**	**14645.26**
煤炭开采和洗选业	5249.12	5109.32	8971.49	5821.82	5725.27
烟煤和无烟煤的开采洗选	4997.52	4911.97	8711.29	5661.05	5447.37
褐煤的开采洗选	250.57	197.17	259.68	160.65	276.98
其他煤炭采选	1.03	0.18	0.52	0.12	0.92
石油和天然气开采业	7674.14	6580.80	4824.55	2741.50	7527.31
天然原油和天然气开采	6921.77	5833.38	3603.69	1694.91	6462.17
与石油和天然气开采有关的服务活动	752.37	747.43	1220.86	1046.60	1065.14
黑色金属矿采选业	246.30	239.11	486.31	354.47	708.93
铁矿采选	224.81	211.71	447.07	348.68	664.43
其他黑色金属矿采选	21.49	27.39	39.25	5.79	44.49
有色金属矿采选业	280.02	254.10	447.80	345.90	494.43
常用有色金属矿采选	163.52	150.00	253.50	191.91	310.68
铜矿采选	58.71	52.02	85.57	66.75	116.88
铅锌矿采选	80.00	74.27	112.74	74.79	165.07
镍钴矿采选	1.24	1.17	2.99	1.63	3.72
锡矿采选	2.56	2.55	9.72	6.92	5.05
锑矿采选	2.69	3.14	4.07	3.79	3.02
铝矿采选	11.03	10.98	25.13	24.77	14.19
镁矿采选					
其他常用有色金属矿采选	7.28	5.87	13.27	13.25	2.75
贵金属矿采选	73.73	69.73	119.63	100.91	111.36
金矿采选	72.78	68.83	117.64	99.95	110.26
银矿采选	0.94	0.90	1.98	0.96	1.10
其他贵金属矿采选					
稀有稀土金属矿采选	42.77	34.37	74.68	53.08	72.40
钨钼矿采选	31.97	25.29	50.17	41.52	61.53
稀土金属矿采选	0.92	0.78	2.81	2.72	0.95
放射性金属矿采选	5.67	4.18	16.97	4.71	3.63
其他稀有金属矿采选	4.20	4.11	4.72	4.13	6.29
非金属矿采选业	147.00	139.66	209.26	143.40	189.28
土砂石开采	29.44	28.70	25.17	20.81	35.54
石灰石、石膏开采	10.41	10.31	10.42	8.77	12.87
建筑装饰用石开采	3.31	3.15	3.20	3.11	5.76
耐火土石开采	3.70	3.35	2.42	1.91	3.34
粘土及其他土砂石开采	12.01	11.89	9.13	7.01	13.57

单位：亿元

实收资本							主营业务收入
	国家资本	集体资本	法人资本	个人资本	港澳台资本	外商资本	
43976.39	**22250.85**	**182.41**	**18557.72**	**1190.89**	**358.98**	**1422.25**	**147507.90**
12840.57	5844.71	59.83	6101.12	289.67	110.30	434.93	35919.63
4353.56	1803.34	25.79	2041.06	270.47	67.34	145.56	14585.53
39622.83	20447.51	156.62	16516.66	920.42	291.64	1276.69	132922.36
24440.84	11873.49	74.21	11055.85	680.41	111.98	644.90	101737.26
14694.05	8284.49	55.25	5209.93	376.38	144.44	610.27	34181.83
4841.50	2092.87	52.95	2291.94	134.11	102.55	167.08	11588.80
8487.15	**5066.21**	**46.01**	**3307.13**	**60.42**	**1.75**	**5.63**	**21785.16**
2579.98	1668.81	39.27	823.09	47.42		1.40	9279.06
2465.09	1621.75	39.01	760.85	42.08		1.40	9000.33
114.38	47.06	0.26	61.74	5.32			276.37
0.51			0.50	0.01			2.36
5317.80	3073.43		2243.32	0.78		0.27	10731.37
4293.47	2731.40		1561.52	0.55			9049.76
1024.33	342.03		681.80	0.23		0.27	1681.61
307.24	185.12	2.29	113.93	5.90			702.39
297.07	178.52	0.12	113.00	5.43			645.07
10.17	6.60	2.17	0.94	0.47			57.32
190.82	99.47	3.15	80.70	3.46	1.61	2.43	811.11
115.55	51.92	2.09	55.97	1.68	1.61	2.27	436.22
46.86	17.36	1.74	24.69	1.46	1.60		152.92
43.10	15.17	0.35	27.40	0.19			204.32
3.15	0.32		0.54		0.01	2.27	2.20
1.85	1.66		0.17	0.02			8.15
1.27	0.26		1.01				7.24
14.62	12.67		1.95				55.21
4.71	4.49		0.21	0.01			6.19
41.13	31.72	1.06	7.69	0.66			273.55
40.44	31.23	1.06	7.53	0.61			270.91
0.69	0.49		0.16	0.05			2.64
34.15	15.83		17.04	1.12		0.15	101.33
24.10	9.42		13.69	0.98			76.46
0.46	0.16		0.20	0.11			9.00
4.81	4.08		0.72				7.57
4.78	2.17		2.43	0.03		0.15	8.29
91.30	39.36	1.30	46.09	2.87	0.14	1.53	261.19
21.70	8.11	0.11	12.29	1.17	0.01		63.96
10.51	1.88	0.11	8.40	0.11			13.01
4.99	2.14		1.96	0.88	0.01		7.77
1.37	1.09		0.16	0.13			8.50
4.83	2.99		1.77	0.06			34.69

1-A-3 续表 16

行 业	固定资产净 值	固定资产净 值 年平均余额	负债合计	流动负债合 计	所 有 者权益合计
化学矿采选	26.86	22.19	49.35	31.95	63.17
采盐	84.76	83.28	127.12	84.97	82.69
石棉及其他非金属矿采选	5.94	5.49	7.61	5.67	7.88
石棉、云母矿采选	3.64	3.46	4.23	3.10	3.24
石墨、滑石采选	1.60	1.41	2.63	1.86	3.44
宝石、玉石开采					
其他非金属矿采选	0.69	0.62	0.75	0.71	1.19
其他采矿业	0.01	0.01	0.11	0.11	0.04
制造业	**29965.37**	**28365.10**	**58483.79**	**46354.95**	**40185.47**
农副食品加工业	311.64	300.09	620.17	558.18	326.10
谷物磨制	53.74	53.24	119.75	106.52	58.77
饲料加工	14.49	12.52	23.32	19.60	21.69
植物油加工	64.94	61.92	156.64	149.37	62.81
食用植物油加工	64.33	61.25	154.98	147.98	59.87
非食用植物油加工	0.61	0.66	1.66	1.39	2.94
制糖	77.08	70.01	113.14	104.26	77.41
屠宰及肉类加工	48.00	50.23	72.37	62.76	41.40
畜禽屠宰	33.89	35.81	53.39	46.31	29.93
肉制品及副产品加工	14.11	14.42	18.97	16.45	11.47
水产品加工	15.65	15.40	64.10	54.36	12.45
水产品冷冻加工	15.06	14.80	61.89	52.44	12.27
鱼糜制品及水产品干腌制加工	0.16	0.16	0.76	0.76	0.23
水产饲料制造	0.03	0.04	0.14	0.12	0.02
鱼油提取及制品的制造					
其他水产品加工	0.40	0.41	1.31	1.04	-0.08
蔬菜、水果和坚果加工	12.81	12.65	34.67	31.26	18.32
其他农副食品加工	24.92	24.14	36.18	30.03	33.25
淀粉及淀粉制品的制造	18.38	17.58	22.30	18.90	22.41
豆制品制造	2.97	3.00	5.06	2.96	4.37
蛋品加工	0.11	0.10	0.44	0.41	0.12
其他未列明的农副食品加工	3.46	3.45	8.38	7.76	6.36
食品制造业	233.43	237.62	446.88	377.77	260.20
焙烤食品制造	5.51	4.98	10.28	9.84	6.79
糕点、面包制造	3.90	3.60	7.13	6.74	3.13
饼干及其他焙烤食品制造	1.61	1.38	3.15	3.10	3.67
糖果、巧克力及蜜饯制造	1.07	1.28	3.62	2.77	1.98
糖果、巧克力制造	1.07	1.28	3.61	2.76	1.97
蜜饯制作			0.01	0.01	0.01
方便食品制造	11.07	11.23	14.50	9.66	9.64
米、面制品制造	2.41	2.55	4.81	4.15	2.03
速冻食品制造	3.34	3.29	4.38	3.32	1.53
方便面及其他方便食品制造	5.32	5.39	5.31	2.18	6.07
液体乳及乳制品制造	61.31	61.13	131.87	123.46	92.01
罐头制造	22.49	24.96	64.03	57.46	34.38
肉、禽类罐头制造	3.75	3.84	5.54	4.17	5.84

单位：亿元

实收资本							主营业务收入
	国家资本	集体资本	法人资本	个人资本	港澳台资本	外商资本	
30.25	4.39	1.17	23.49	0.67	0.02	0.50	68.07
35.27	23.41	0.02	9.89	0.91		1.03	110.79
4.08	3.45		0.41	0.11	0.11		18.36
2.20	2.20						7.75
1.09	0.93		0.04	0.02	0.11		4.92
0.78	0.31		0.37	0.09			5.69
0.01	0.01						0.04
21398.44	**8663.43**	**89.17**	**10302.43**	**972.68**	**229.93**	**1127.50**	**96535.45**
217.06	79.17	0.88	110.62	16.17	5.19	5.03	1320.39
38.96	21.26	0.23	8.71	7.98	0.32	0.46	241.79
10.54	3.58	0.22	5.69	0.32	0.34	0.38	95.89
46.98	13.97	0.04	29.61	0.70	0.70	1.95	445.21
44.15	11.46	0.04	29.54	0.45	0.70	1.95	440.45
2.84	2.51		0.07	0.26			4.76
27.93	13.12	0.14	10.32	3.80	0.56		119.54
45.12	11.86	0.01	30.53	1.23	0.35	1.14	296.36
20.21	8.26	0.01	10.23	0.77		0.93	233.76
24.92	3.60		20.30	0.45	0.35	0.21	62.60
11.83	4.29	0.04	5.69	1.45	0.11	0.25	41.59
11.14	3.78	0.04	5.60	1.40	0.11	0.20	36.88
0.17	0.05		0.08			0.05	1.90
0.01			0.01				1.87
0.51	0.46			0.05			0.95
8.92	2.95		5.58	0.29	0.06	0.04	18.39
26.78	8.14	0.20	14.49	0.40	2.74	0.81	61.61
18.33	6.86	0.20	7.90	0.40	2.69	0.28	35.71
3.60	0.85		2.22			0.53	9.93
0.10	0.07		0.02	0.01			0.89
4.74	0.35		4.34		0.05		15.08
160.84	53.04	1.32	69.63	19.58	6.71	10.55	687.27
6.03	0.50	0.10	1.71	0.16	0.11	3.44	17.25
1.84	0.32	0.10	1.07	0.11	0.11	0.13	11.29
4.19	0.18		0.64	0.06		3.32	5.96
2.84	0.18		2.65		0.01		4.55
2.81	0.15		2.65		0.01		4.46
0.03	0.03						0.09
8.49	2.67	0.05	3.60	0.24	0.46	1.47	33.04
2.39	0.77		1.35	0.19		0.08	15.32
0.79	0.59		0.11	0.03	0.02	0.04	7.01
5.32	1.32	0.05	2.14	0.02	0.44	1.34	10.71
56.68	10.65	0.24	30.77	6.49	3.66	4.87	320.35
21.95	5.05	0.21	14.22	1.97	0.29	0.20	54.75
5.77	3.48		2.10		0.11	0.08	7.73

1-A-3 续表 17

行业	固定资产净值	固定资产净值年平均余额	负债合计	流动负债合计
水产品罐头制造	0.94	0.91	5.31	2.32
蔬菜、水果罐头制造	17.24	19.73	50.81	48.63
其他罐头食品制造	0.56	0.49	2.38	2.34
调味品、发酵制品制造	86.57	90.37	152.39	123.73
味精制造	22.38	22.51	53.40	40.04
酱油、食醋及类似制品的制造	10.62	11.98	32.22	26.07
其他调味品、发酵制品制造	53.57	55.89	66.77	57.62
其他食品制造	45.40	43.67	70.18	50.85
营养、保健食品制造	1.84	1.76	2.91	2.53
冷冻饮品及食用冰制造	3.70	3.64	6.96	6.34
盐加工	28.87	27.22	41.24	25.66
食品及饲料添加剂制造	7.42	7.33	9.98	8.66
其他未列明的食品制造	3.57	3.72	9.09	7.66
饮料制造业	422.32	417.88	687.09	598.31
酒精制造	29.17	29.88	53.24	45.35
酒的制造	366.13	362.26	584.23	509.94
白酒制造	194.46	188.82	310.49	284.71
啤酒制造	141.84	144.59	206.05	177.19
黄酒制造	10.63	10.91	13.89	13.43
葡萄酒制造	18.72	17.45	52.34	33.39
其他酒制造	0.49	0.49	1.47	1.22
软饮料制造	21.27	21.00	39.80	36.39
碳酸饮料制造	3.04	3.08	7.40	7.32
瓶(罐)装饮用水制造	4.34	3.65	5.45	4.80
果菜汁及果菜汁饮料制造	11.14	11.31	22.00	19.52
含乳饮料和植物蛋白饮料制造	1.83	1.98	3.20	3.13
固体饮料制造	0.30	0.35	1.42	1.30
茶饮料及其他软饮料制造	0.62	0.62	0.33	0.33
精制茶加工	5.75	4.74	9.83	6.63
烟草制品业	694.47	683.83	1025.11	993.91
烟叶复烤	55.44	52.24	32.00	31.29
卷烟制造	630.60	623.71	983.84	953.61
其他烟草制品加工	8.43	7.89	9.27	9.01
纺织业	315.42	343.40	636.37	495.57
棉、化纤纺织及印染精加工	241.04	270.56	473.51	365.87
棉、化纤纺织加工	217.13	246.40	426.17	326.55
棉、化纤印染精加工	23.91	24.16	47.34	39.32
毛纺织和染整精加工	13.99	14.63	27.29	25.30
毛条加工	0.87	0.74	0.64	0.44
毛纺织	13.12	13.90	26.65	24.85
毛染整精加工				
麻纺织	10.08	8.65	16.53	10.08
丝绢纺织及精加工	9.52	9.38	26.70	23.89
缫丝加工	2.27	2.16	9.54	7.84
绢纺和丝织加工	4.04	3.97	14.56	14.06
丝印染精加工	3.21	3.26	2.60	2.00

单位：亿元

所有者权益合计	实收资本	国家资本	集体资本	法人资本	个人资本	港澳台资本	外商资本	主营业务收入
2.60	2.35			2.34			0.01	2.42
25.49	13.33	1.19	0.21	9.76	1.97	0.09	0.11	41.51
0.45	0.50	0.39		0.01		0.10		3.08
77.37	35.69	21.44	0.36	4.04	9.03	0.64	0.19	182.85
23.71	12.19	10.24	0.22	1.43	0.30			77.48
17.91	6.61	4.09	0.07	1.45	0.55	0.26	0.19	28.75
35.75	16.89	7.11	0.07	1.16	8.18	0.38		76.61
38.03	29.16	12.55	0.36	12.65	1.68	1.54	0.39	74.48
3.42	2.36	0.72		1.19	0.27	0.14	0.05	5.01
1.66	3.20	1.51		0.92	0.44	0.32		8.02
20.50	14.16	6.49	0.11	6.99	0.57			36.36
6.08	5.86	3.60	0.25	1.34	0.35	0.18	0.14	13.44
6.37	3.59	0.23		2.21	0.04	0.90	0.19	11.65
925.30	290.68	101.76	2.80	125.14	40.95	4.32	15.72	1251.27
15.31	5.73	4.19	0.75	0.77	0.01			64.91
860.84	256.99	87.07	0.67	113.30	39.33	3.40	13.22	1090.86
540.99	106.49	35.57	0.67	41.48	27.47	0.88	0.42	699.96
271.13	136.47	43.34		66.86	11.61	2.52	12.13	300.86
28.84	4.38	2.57		1.81	0.01			26.93
19.31	9.03	5.54		2.67	0.24		0.59	60.89
0.56	0.61	0.05		0.48			0.08	2.22
43.45	23.83	8.55	0.79	9.99	1.27	0.91	2.32	82.01
12.60	5.11	0.94		2.67		0.48	1.03	25.08
6.18	3.93	1.36	0.75	1.32	0.07		0.42	9.81
21.39	11.59	4.34	0.04	5.14	1.19	0.01	0.87	38.10
1.98	1.85	0.67		0.76		0.43		7.43
0.63	0.49	0.48		0.01				0.73
0.66	0.85	0.76		0.09				0.86
5.71	4.14	1.95	0.59	1.08	0.33		0.18	13.49
3364.66	749.07	175.81		572.14	0.01	0.86	0.26	4231.23
98.86	62.29	24.85		36.96		0.22	0.26	61.76
3251.84	679.48	146.21		532.63		0.64		4149.00
13.96	7.31	4.75		2.55	0.01			20.47
301.31	241.11	106.89	5.10	95.98	21.85	5.07	6.23	688.70
215.19	172.78	80.64	4.23	66.38	13.54	3.38	4.61	483.89
192.21	154.60	79.51	4.19	52.85	11.13	2.58	4.34	423.51
22.98	18.18	1.14	0.03	13.53	2.42	0.79	0.27	60.39
9.38	15.25	8.84		2.12	3.75	0.11	0.42	41.79
1.20	0.64	0.60		0.03	0.01			1.29
8.19	14.62	8.24		2.09	3.75	0.11	0.42	40.50
10.86	4.36	0.68	0.12	3.38	0.18			16.56
14.66	6.30	4.43	0.12	1.16	0.44	0.07	0.08	25.17
4.62	1.87	1.32	0.12	0.15	0.29			10.60
7.11	1.83	1.11		0.43	0.14	0.07	0.08	11.52
2.93	2.59	2.00		0.59	0.01			3.05

1-A-3 续表 18

行业	固定资产净值	固定资产净值年平均余额	负债合计	流动负债合计	所有者权益合计
纺织制成品制造	21.88	22.09	48.81	34.72	21.66
棉及化纤制品制造	6.29	6.00	13.69	8.94	6.83
毛制品制造	0.44	0.48	1.34	1.11	0.91
麻制品制造	0.12	0.12	0.86	0.77	0.08
丝制品制造	0.43	0.59	3.86	3.40	1.11
绳、索、缆的制造	1.19	1.22	1.14	0.75	1.18
纺织带和帘子布制造	3.26	3.29	8.83	7.10	1.10
无纺布制造	5.34	5.20	8.98	6.05	4.62
其他纺织制成品制造	4.81	5.19	10.11	6.60	5.83
针织品、编织品及其制品制造	18.92	18.09	43.52	35.70	29.55
棉、化纤针织品及编织品制造	10.78	10.02	29.19	22.53	14.76
毛针织品及编织品制造	6.02	6.17	9.21	8.16	12.04
丝针织品及编织品制造	0.20	0.21	0.39	0.36	0.39
其他针织品及编织品制造	1.91	1.69	4.73	4.65	2.35
纺织服装、鞋、帽制造业	35.64	33.47	96.81	89.87	52.93
纺织服装制造	35.08	33.00	95.45	88.60	51.98
纺织面料鞋的制造	0.54	0.44	1.25	1.19	0.89
制帽	0.02	0.03	0.11	0.09	0.05
皮革、毛皮、羽毛(绒)及其制品业	6.28	6.79	20.68	18.76	27.16
皮革鞣制加工	0.69	0.77	2.10	2.09	0.01
皮革制品制造	4.66	4.78	15.38	14.24	25.73
皮鞋制造	2.28	2.18	7.13	6.55	3.84
皮革服装制造			0.11	0.02	-0.02
皮箱、包(袋)制造	0.63	0.61	4.33	4.25	3.99
皮手套及皮装饰制品制造	0.06	0.06	0.05	0.02	0.06
其他皮革制品制造	1.68	1.92	3.75	3.40	17.85
毛皮鞣制及制品加工	0.51	0.64	2.44	1.67	1.24
毛皮鞣制加工					
毛皮服装加工	0.51	0.64	2.44	1.67	1.24
其他毛皮制品加工					
羽毛(绒)加工及制品制造	0.43	0.60	0.76	0.76	0.18
羽毛(绒)加工	0.02	0.02	0.01	0.01	0.02
羽毛(绒)制品加工	0.41	0.58	0.75	0.75	0.16
木材加工及木、竹、藤、棕、草制	76.05	84.61	115.73	83.35	64.99
锯材、木片加工	7.23	7.42	16.06	12.09	5.58
锯材加工	6.26	6.18	14.42	10.94	3.75
木片加工	0.97	1.24	1.64	1.15	1.83
人造板制造	57.94	65.99	80.20	55.24	52.26
胶合板制造	3.66	3.99	6.40	4.89	5.15
纤维板制造	33.38	32.97	47.36	33.43	31.27
刨花板制造	19.99	28.08	24.71	15.35	15.00
其他人造板、材制造	0.91	0.95	1.73	1.57	0.84
木制品制造	10.43	10.67	19.24	15.88	6.37
建筑用木料及木材组件加工	7.16	7.21	13.37	11.86	3.31
木容器制造	0.10	0.13	0.50	0.50	1.43
软木制品及其他木制品制造	3.17	3.34	5.37	3.51	1.63

单位：亿元

实收资本	国家资本	集体资本	法人资本	个人资本	港澳台资本	外商资本	主营业务收入
22.01	6.35	0.54	11.78	2.37	0.39	0.59	48.13
5.51	2.13		1.63	1.72	0.04		16.55
0.89	0.25		0.63	0.01			2.00
0.09	0.06		0.01	0.02			1.16
0.66	0.15		0.47	0.04			2.17
0.67	0.33		0.06		0.28		1.74
5.15	1.05		4.00	0.03		0.06	5.29
3.47	1.85	0.01	1.00	0.08	0.02	0.52	9.27
5.56	0.54	0.53	3.97	0.46	0.05	0.01	9.95
20.40	5.95	0.09	11.15	1.56	1.12	0.53	73.16
7.44	0.97	0.09	5.80	0.16	0.12	0.30	50.69
10.92	4.07		4.55	1.32	0.92	0.07	13.07
0.37	0.15		0.06	0.07	0.09		0.94
1.67	0.76		0.75	0.01		0.16	8.46
43.00	16.47	0.23	23.74	1.36	0.52	0.68	125.70
42.40	16.36	0.23	23.29	1.35	0.49	0.68	123.60
0.56	0.11		0.44				1.42
0.04			0.01		0.03		0.68
6.72	2.18	0.58	3.73	0.07	0.13	0.03	46.72
0.86	0.12		0.70		0.03	0.01	1.98
4.16	1.23	0.07	2.68	0.07	0.10		37.80
3.43	1.06	0.06	2.20	0.07	0.05		12.95
0.05	0.05						
0.38	0.09	0.01	0.23		0.05		3.42
0.01	0.01						0.11
0.29	0.03		0.26				21.32
0.83	0.81	0.01				0.01	4.23
0.83	0.81	0.01				0.01	4.23
0.87	0.02	0.50	0.35				2.71
0.02	0.02						0.14
0.85		0.50	0.35				2.57
46.20	20.07	0.74	18.13	3.86	1.33	2.06	145.08
4.84	2.80		1.93	0.11			21.24
3.96	2.59		1.29	0.08			13.75
0.88	0.22		0.63	0.03			7.49
32.25	13.91	0.74	12.38	3.19	0.97	1.06	104.23
3.90	2.06	0.08	1.52	0.09	0.15		16.52
19.21	9.15	0.60	5.49	2.16	0.77	1.03	58.46
7.92	1.91	0.01	5.06	0.93			27.24
1.22	0.79	0.04	0.30		0.05	0.03	2.01
8.86	3.14		3.82	0.54	0.36	1.00	17.55
7.37	2.81		2.84	0.54	0.36	0.82	11.72
0.06			0.06				0.57
1.44	0.33		0.92			0.18	5.26

1-A-3 续表 19

行　　业	固定资产净　　值	固定资产净值年平均余额	负债合计	流动负债合　　计	所有者权益合计
竹、藤、棕、草制品制造	0.45	0.53	0.22	0.14	0.78
家具制造业	9.62	7.86	28.03	22.94	20.30
木质家具制造	3.58	3.63	8.15	7.53	10.76
竹、藤家具制造	0.19	0.19	0.25	0.23	0.05
金属家具制造	5.81	3.99	19.40	14.96	9.25
塑料家具制造					
其他家具制造	0.04	0.04	0.24	0.22	0.23
造纸及纸制品业	524.97	531.45	797.50	429.68	528.32
纸浆制造	91.11	100.96	127.72	44.13	65.76
造纸	423.15	420.55	652.74	369.45	450.94
机制纸及纸板制造	417.12	414.19	642.91	362.42	446.21
手工纸制造	0.28	0.29	0.74	0.74	0.87
加工纸制造	5.75	6.07	9.09	6.29	3.86
纸制品制造	10.71	9.94	17.03	16.10	11.62
纸和纸板容器的制造	7.78	7.32	13.16	12.56	7.93
其他纸制品制造	2.93	2.61	3.88	3.54	3.69
印刷业和记录媒介的复制	219.17	213.63	214.92	176.36	302.07
印刷	196.12	189.77	194.71	157.87	268.02
书、报、刊印刷	104.80	104.69	128.36	102.71	124.74
本册印制	5.30	5.26	5.20	4.30	10.69
包装装潢及其他印刷	86.02	79.83	61.15	50.86	132.60
装订及其他印刷服务活动	14.06	14.04	6.42	5.85	21.48
记录媒介的复制	8.99	9.81	13.79	12.64	12.57
文教体育用品制造业	14.38	15.45	30.08	25.11	29.38
文化用品制造	3.10	3.12	5.33	5.03	10.82
文具制造			0.03	0.01	0.02
笔的制造	1.14	1.10	3.78	3.55	8.10
教学用模型及教具制造	0.34	0.35	0.46	0.40	0.35
墨水、墨汁制造	0.06	0.06	0.10	0.10	0.10
其他文化用品制造	1.55	1.60	0.96	0.96	2.25
体育用品制造	3.18	3.62	7.85	7.41	6.07
球类制造	1.52	1.65	3.19	3.16	2.20
体育器材及配件制造	1.14	1.44	3.08	2.97	2.39
训练健身器材制造	0.36	0.36	1.33	1.03	0.12
运动防护用具制造					
其他体育用品制造	0.16	0.17	0.24	0.24	1.36
乐器制造	7.35	8.13	15.24	11.16	11.10
中乐器制造					
西乐器制造	7.35	8.13	15.24	11.16	11.10
电子乐器制造					
其他乐器及零件制造					
玩具制造	0.55	0.56	1.42	1.28	1.04
游艺器材及娱乐用品制造	0.20	0.02	0.24	0.24	0.36
露天游乐场所游乐设备制造	0.20	0.02	0.24	0.24	0.36
游艺用品及室内游艺器材制造					

单位：亿元

实收资本							主营业务收入
	国家资本	集体资本	法人资本	个人资本	港澳台资本	外商资本	
0.24	0.22		0.01	0.02			2.06
12.79	8.06	0.03	3.15	0.11	1.20	0.23	65.56
9.42	7.82	0.03	1.14	0.07	0.18	0.18	11.16
0.07	0.07						1.50
3.02	0.10		1.86	0.04	1.02		51.99
0.28	0.07		0.16			0.05	0.90
296.32	124.75	1.35	120.56	28.85	6.46	14.36	658.26
68.76	47.33		11.05	10.38			47.80
217.55	73.21	1.29	105.03	17.42	6.41	14.19	576.54
211.64	69.90	1.29	103.61	17.42	5.27	14.14	561.17
0.32	0.32						0.78
5.58	2.98		1.41		1.13	0.05	14.59
10.02	4.21	0.06	4.48	1.05	0.05	0.16	33.92
6.21	2.19	0.06	2.85	0.98	0.05	0.09	25.18
3.80	2.02		1.64	0.07		0.08	8.74
193.60	89.60	3.00	87.74	5.85	4.31	3.10	367.65
170.05	82.31	2.92	72.14	5.77	4.25	2.65	330.45
75.86	44.56	0.62	27.20	1.76	1.01	0.71	158.46
3.81	1.78	0.90	0.79		0.03	0.31	11.55
90.37	35.97	1.40	44.15	4.01	3.21	1.63	160.44
12.92	0.84		11.93		0.05	0.09	23.81
10.63	6.45	0.08	3.67	0.09		0.35	13.40
21.11	11.12	0.42	8.79	0.22	0.22	0.33	43.93
5.07	1.16		3.71		0.10	0.10	11.07
0.01					0.01		0.05
4.22	1.07		2.96		0.09	0.10	6.07
0.25	0.10		0.16				1.48
0.09			0.09				0.11
0.50			0.50				3.35
5.67	3.67	0.26	1.59	0.09		0.05	9.40
1.74	0.58		1.15			0.01	5.02
2.09	1.32	0.26	0.41	0.07		0.04	2.88
0.32	0.26		0.04	0.03			0.81
1.51	1.51						0.68
9.42	6.04		3.16		0.07	0.14	15.68
9.42	6.04		3.16		0.07	0.14	15.68
0.63	0.08		0.32	0.13	0.05	0.05	7.13
0.33	0.17	0.16					0.65
0.33	0.17	0.16					0.65

1-A-3 续表 20

行 业	固定资产净值	固定资产净值年平均余额	负债合计	流动负债合计	所有者权益合计
石油加工、炼焦及核燃料加工业	2790.15	2641.90	4480.77	3559.89	3128.87
精炼石油产品的制造	2458.97	2342.33	3774.78	3015.38	2778.61
原油加工及石油制品制造	2458.96	2342.31	3774.66	3015.25	2778.61
人造原油生产	0.01	0.01	0.12	0.12	
炼焦	300.67	280.00	618.70	470.64	327.60
化学原料及化学制品制造业	3908.33	3853.78	5373.25	3553.74	4300.77
基础化学原料制造	1806.56	1829.68	2064.63	1374.50	1810.34
无机酸制造	23.77	22.87	25.71	22.81	43.42
无机碱制造	376.54	385.91	588.76	426.28	371.09
无机盐制造	63.98	61.51	105.37	84.41	84.91
有机化学原料制造	1168.10	1185.55	1157.04	715.38	1122.98
其他基础化学原料制造	174.16	173.84	187.75	125.62	187.95
肥料制造	1040.61	1002.60	1815.95	1056.00	1174.76
氮肥制造	680.72	658.37	1125.79	622.84	742.08
磷肥制造	92.38	97.50	212.74	146.53	114.76
钾肥制造	75.57	51.81	149.57	75.45	138.09
复混肥料制造	186.26	186.20	317.83	201.46	170.15
有机肥料及微生物肥料制造	0.72	0.76	1.50	1.30	1.88
其他肥料制造	4.96	7.97	8.52	8.41	7.81
农药制造	72.58	66.37	171.99	138.19	89.43
化学农药制造	72.00	65.71	171.06	137.27	88.03
生物化学农药及微生物农药制造	0.58	0.66	0.93	0.93	1.40
涂料、油墨、颜料及类似产品制造	52.83	51.36	82.45	73.06	84.37
涂料制造	16.78	15.66	37.54	34.54	44.58
油墨及类似产品制造	3.70	3.70	2.23	2.19	9.06
颜料制造	22.73	21.85	23.06	20.11	22.69
染料制造	9.25	9.78	18.45	15.10	7.41
密封用填料及类似品制造	0.37	0.37	1.17	1.12	0.63
合成材料制造	611.80	604.81	726.09	509.96	653.50
初级形态的塑料及合成树脂制造	341.23	350.32	415.07	270.10	342.11
合成橡胶制造	15.14	13.78	31.59	17.56	14.62
合成纤维单(聚合)体的制造	250.13	235.10	266.65	214.53	288.90
其他合成材料制造	5.30	5.61	12.78	7.77	7.87
专用化学产品制造	289.50	264.84	454.93	351.56	413.44
化学试剂和助剂制造	53.14	49.64	76.32	66.13	78.50
专项化学用品制造	69.35	67.50	141.36	111.26	94.56
林产化学产品制造	7.08	6.79	7.53	6.25	7.37
炸药及火工产品制造	91.33	86.76	150.70	109.78	123.19
信息化学品制造	58.29	45.04	63.30	45.29	95.33
环境污染处理专用药剂材料制造	1.29	0.81	1.95	1.72	2.76
动物胶制造	0.55	0.50	0.83	0.79	0.99
其他专用化学产品制造	8.47	7.80	12.93	10.34	10.74
日用化学产品制造	34.46	34.12	57.21	50.47	74.93
肥皂及合成洗涤剂制造	18.35	18.07	33.03	30.97	22.75
化妆品制造	2.95	2.60	3.46	3.37	8.48
口腔清洁用品制造	7.48	7.73	12.28	8.66	35.04
香料、香精制造	1.66	1.56	4.71	3.85	3.19
其他日用化学产品制造	4.01	4.17	3.72	3.63	5.48

单位：亿元

实收资本							主营业务收　入
	国家资本	集体资本	法人资本	个人资本	港澳台资本	外商资本	
2921.56	1593.42	2.47	1172.07	44.22	25.42	83.95	16452.71
2631.29	1436.89	0.70	1050.48	37.80	24.93	80.49	15552.21
2631.28	1436.89	0.70	1050.48	37.79	24.93	80.49	15552.02
0.01				0.01			0.19
267.09	147.29	1.77	107.65	6.43	0.49	3.46	855.74
2930.76	1259.14	9.79	1377.14	111.02	18.28	142.10	8017.02
1516.97	672.87	3.34	688.89	21.63	6.30	110.65	3710.84
23.66	1.78	0.02	5.02	3.18	0.06	0.30	55.84
200.84	56.58	0.05	133.18	10.47	0.56		695.01
61.35	13.45	1.43	44.06	1.79	0.47	0.17	133.95
1008.87	407.39	1.46	486.11	4.63	3.01	106.28	2556.62
222.25	193.67	0.39	20.53	1.56	2.20	3.90	269.42
605.03	259.54	4.39	313.05	25.50	0.03	2.52	1748.98
351.76	176.02	1.58	151.07	21.82		1.27	883.09
83.90	52.93		28.70	2.27			235.42
53.79	5.95		47.44	0.40			82.11
111.40	22.40	2.77	84.10	0.93	0.03	1.19	540.30
1.38	0.21		1.03	0.08		0.06	4.30
2.80	2.04	0.04	0.72			0.01	3.76
44.29	16.03	0.06	18.83	9.22	0.16		207.60
43.23	15.66	0.06	18.31	9.04	0.16		204.36
1.06	0.36		0.52	0.18			3.23
43.27	20.69	0.03	15.51	5.01	0.44	1.60	120.98
17.43	7.73		5.99	2.85	0.40	0.45	69.99
2.85	0.95		1.54	0.27	0.03	0.06	8.92
13.56	6.87	0.02	4.51	1.61		0.55	22.89
8.71	4.81	0.02	3.11	0.23	0.01	0.53	15.93
0.72	0.32		0.35	0.04			3.26
464.27	184.14	0.66	220.64	31.90	5.94	20.99	1410.79
241.57	35.19	0.07	157.32	25.10	5.49	18.39	701.08
6.81	2.01	0.50	2.73	1.55		0.01	47.14
207.13	144.18		55.15	4.90	0.45	2.45	645.11
8.76	2.75	0.09	5.44	0.33		0.14	17.46
213.09	92.02	1.10	98.87	13.48	4.44	3.18	726.78
45.63	21.79	0.56	18.47	1.20	1.90	1.72	171.96
52.70	17.64	0.17	26.54	5.94	1.61	0.79	224.60
2.92	0.62		2.20	0.10			16.06
51.05	25.84	0.22	22.95	2.04			207.41
50.95	21.72	0.09	26.05	2.16	0.93		83.60
1.73	0.68	0.01	0.54	0.02		0.48	3.09
0.49	0.33		0.12			0.04	0.50
7.61	3.40	0.04	2.00	2.01		0.16	19.57
43.84	13.85	0.22	21.35	4.29	0.97	3.16	91.05
19.44	8.19	0.05	6.19	3.93	0.88	0.19	37.99
6.00	3.95		0.33		0.09	1.63	9.07
12.23	0.83	0.16	10.85	0.19		0.19	19.61
1.70	0.47		1.05	0.17		0.01	11.76
4.48	0.40		2.93			1.15	12.62

1-A-3 续表 21

行业	固定资产净值	固定资产净值年平均余额	负债合计	流动负债合计	所有者权益合计
医药制造业	540.71	507.49	872.68	779.44	988.62
化学药品原药制造	187.80	157.97	247.39	213.27	264.45
化学药品制剂制造	183.69	185.44	355.94	335.42	301.83
中药饮片加工	7.17	7.57	21.36	20.67	18.18
中成药制造	111.26	107.66	175.07	154.94	298.50
兽用药品制造	7.52	7.65	10.22	7.71	13.97
生物、生化制品的制造	38.28	36.58	55.04	41.11	85.02
卫生材料及医药用品制造	4.97	4.62	7.67	6.32	6.67
化学纤维制造业	246.62	272.78	376.66	305.03	291.83
纤维素纤维原料及纤维制造	117.07	134.02	154.40	120.99	117.46
化纤浆粕制造	5.13	5.10	9.04	7.65	8.56
人造纤维(纤维素纤维)制造	111.94	128.92	145.37	113.34	108.90
合成纤维制造	129.55	138.76	222.25	184.04	174.37
锦纶纤维制造	16.09	15.78	59.05	53.50	46.28
涤纶纤维制造	56.90	60.84	81.07	62.91	43.07
腈纶纤维制造	23.07	26.99	27.77	24.13	36.61
维纶纤维制造	32.19	33.83	52.96	42.12	46.15
其他合成纤维制造	1.29	1.32	1.40	1.39	2.27
橡胶制品业	188.72	170.00	431.14	351.73	156.91
轮胎制造	166.75	148.89	376.65	303.82	127.32
车辆、飞机及工程机械轮胎制造	163.50	145.78	370.71	298.92	120.96
力车胎制造	3.14	3.00	5.60	4.58	6.32
轮胎翻新加工	0.10	0.11	0.35	0.32	0.04
橡胶板、管、带的制造	3.40	3.70	14.84	13.50	4.76
橡胶零件制造	6.95	6.86	10.21	9.37	10.53
再生橡胶制造	0.10	0.10	0.05	0.05	0.24
日用及医用橡胶制品制造	3.64	2.87	10.02	7.44	4.50
橡胶靴鞋制造	5.27	4.60	13.87	12.34	8.27
其他橡胶制品制造	2.61	2.97	5.51	5.22	1.29
塑料制品业	149.89	157.71	315.17	235.78	173.45
塑料薄膜制造	47.77	56.87	103.58	84.41	18.22
塑料板、管、型材的制造	53.84	53.81	100.41	79.64	75.34
塑料丝、绳及编织品的制造	9.17	8.79	15.97	12.11	16.80
泡沫塑料制造	4.17	4.45	19.80	14.62	3.07
塑料人造革、合成革制造	0.29	0.31	0.37	0.37	0.43
塑料包装箱及容器制造	11.38	11.28	13.16	11.87	12.35
塑料零件制造	7.38	7.31	12.28	10.47	6.81
日用塑料制造	2.52	2.64	4.86	4.66	4.39
塑料鞋制造	0.09	0.09	0.27	0.27	0.14
日用塑料杂品制造	2.43	2.55	4.59	4.38	4.26
其他塑料制品制造	13.38	12.25	44.73	17.62	36.03
非金属矿物制品业	1496.72	1439.45	2241.26	1623.03	1402.00
水泥、石灰和石膏的制造	1025.55	990.05	1341.12	902.97	897.87
水泥制造	1021.92	986.22	1336.29	899.28	895.04
石灰和石膏制造	3.63	3.83	4.83	3.69	2.83

单位：亿元

实收资本	国家资本	集体资本	法人资本	个人资本	港澳台资本	外商资本	主营业务收入
476.53	159.31	4.93	210.78	69.16	4.54	27.81	1274.03
131.90	50.58	1.03	51.21	25.79	1.31	1.97	366.68
174.68	54.41	0.81	85.75	11.55	0.65	21.51	451.68
6.80	2.20	0.06	3.36	0.16	0.72	0.30	34.00
113.37	35.66	2.82	45.94	23.95	1.42	3.58	321.69
9.62	6.17		3.14	0.27	0.04		17.11
36.20	9.52	0.20	18.27	7.45	0.39	0.38	69.72
3.96	0.76		3.12			0.08	13.15
273.93	92.87	0.48	155.55	13.69	0.75	10.59	493.09
57.39	21.02		23.30	5.37	0.59	7.11	201.45
4.51	0.87		3.64				18.40
52.88	20.15		19.66	5.37	0.59	7.11	183.04
216.55	71.85	0.48	132.25	8.32	0.15	3.48	291.64
26.74	11.93	0.48	11.73	2.24	0.07	0.28	75.15
65.13	48.54		11.20	2.11	0.08	3.20	119.22
106.90			106.90				47.35
15.85	11.36		0.80	3.69			46.33
1.93	0.01	0.01	1.63	0.28			3.59
95.77	25.80	1.83	48.77	9.92	0.33	9.12	597.38
79.63	18.31	1.25	42.93	9.00	0.21	7.94	515.48
75.51	18.22	1.23	38.92	9.00	0.20	7.94	508.32
3.99	0.03		3.95		0.01		6.69
0.14	0.07	0.02	0.05	0.01			0.47
4.55	3.58	0.08	0.38	0.48		0.02	18.57
5.49	1.15	0.09	2.80	0.28	0.06	1.10	14.67
0.07	0.01		0.01	0.05			0.38
2.29	0.55	0.35	1.37		0.01	0.01	12.00
3.24	1.99	0.05	1.01	0.09	0.04	0.05	32.51
0.50	0.21		0.27	0.02			3.77
120.92	32.86	2.10	62.62	13.79	4.59	4.96	395.16
37.43	9.16	0.18	18.50	6.24	1.85	1.50	105.98
34.74	8.69	0.10	17.90	5.30	0.33	2.43	169.50
9.23	4.35	0.68	3.44	0.56	0.17	0.02	27.66
3.80	2.44		1.28	0.04	0.04		7.03
0.48	0.20		0.13		0.15		1.52
9.35	2.92	0.26	4.55	0.46	0.80	0.36	29.89
4.69	1.68	0.80	1.38	0.24	0.57	0.02	12.97
2.77	0.93	0.06	1.05	0.38	0.33	0.03	9.07
0.06	0.03	0.01			0.02		0.58
2.70	0.89	0.04	1.05	0.38	0.31	0.03	8.49
18.43	2.50	0.02	14.38	0.56	0.37	0.60	31.53
926.97	325.56	5.27	509.74	45.25	10.96	30.19	2308.29
563.92	178.60	1.89	342.61	25.07	2.93	12.83	1366.39
561.47	177.17	1.89	342.04	24.64	2.93	12.80	1360.45
2.45	1.43		0.57	0.43		0.02	5.94

1-A-3 续表 22

行 业	固定资产净 值	固定资产净值年平均余额	负债合计	流动负债合 计	所有者权益合计
水泥及石膏制品制造	98.39	91.33	245.16	213.98	118.73
水泥制品制造	48.21	44.70	163.95	156.79	59.86
砼结构构件制造	16.12	15.27	31.37	22.02	18.05
石棉水泥制品制造	0.37	0.37	0.87	0.70	0.58
轻质建筑材料制造	28.31	25.95	44.59	30.27	36.02
其他水泥制品制造	5.40	5.05	4.38	4.20	4.22
砖瓦、石材及其他建筑材料制造	46.02	44.51	64.20	53.37	58.08
粘土砖瓦及建筑砌块制造	23.55	24.05	28.29	22.28	28.40
建筑陶瓷制品制造	1.94	1.71	5.05	3.98	-0.19
建筑用石加工	4.34	4.01	5.54	3.72	5.51
防水建筑材料制造	5.52	4.24	7.56	7.54	7.20
隔热和隔音材料制造	2.92	3.05	7.28	7.28	6.88
其他建筑材料制造	7.74	7.44	10.48	8.58	10.29
玻璃及玻璃制品制造	222.21	206.86	353.00	257.41	206.68
平板玻璃制造	65.27	64.64	129.17	111.47	51.60
技术玻璃制品制造	19.44	19.51	29.22	22.45	18.79
光学玻璃制造	14.33	14.13	23.64	15.19	25.53
玻璃仪器制造	1.87	1.96	2.70	2.65	0.98
日用玻璃制品及玻璃包装容器制造	6.09	5.79	13.91	11.03	4.73
玻璃保温容器制造	0.14	0.13	0.44	0.44	0.25
玻璃纤维及制品制造	107.24	92.52	133.58	77.54	87.41
玻璃纤维增强塑料制品制造	5.58	5.51	18.94	15.32	13.06
其他玻璃制品制造	2.25	2.66	1.40	1.31	4.33
陶瓷制品制造	21.26	21.90	60.28	44.93	18.68
卫生陶瓷制品制造	2.81	2.98	5.43	5.42	2.10
特种陶瓷制品制造	5.40	5.19	12.05	9.59	8.92
日用陶瓷制品制造	12.75	13.43	42.05	29.28	7.56
园林、陈设艺术及其他陶瓷制品制造	0.30	0.30	0.74	0.64	0.10
耐火材料制品制造	22.19	21.57	51.41	46.41	26.04
石棉制品制造	1.09	1.10	1.17	0.84	0.71
云母制品制造	0.24	0.23	0.32	0.24	0.61
耐火陶瓷制品及其他耐火材料制造	20.86	20.24	49.92	45.32	24.73
石墨及其他非金属矿物制品制造	61.10	63.23	126.09	103.97	75.91
石墨及碳素制品制造	36.07	36.47	69.61	54.61	33.02
其他非金属矿物制品制造	25.03	26.75	56.48	49.35	42.90
黑色金属冶炼及压延加工业	8002.46	7538.92	13073.56	9624.99	7937.78
炼铁	129.94	104.18	247.27	225.37	237.99
炼钢	1416.53	1353.62	2970.79	2397.81	1589.13
钢压延加工	6402.88	6031.39	9688.31	6847.08	6064.31
铁合金冶炼	53.10	49.73	167.17	154.73	46.35
有色金属冶炼及压延加工业	2116.62	1954.56	3671.44	2707.57	2621.66
常用有色金属冶炼	1716.54	1562.24	2859.46	2074.55	1609.45
铜冶炼	310.49	287.53	713.60	573.11	541.29
铅锌冶炼	149.69	148.33	354.35	290.20	151.38
镍钴冶炼	155.90	113.84	235.44	189.59	263.36

单位：亿元

实收资本	国家资本	集体资本	法人资本	个人资本	港澳台资本	外商资本	主营业务收入
70.48	21.34	0.64	39.63	6.02	1.64	1.20	310.67
42.37	14.63	0.64	23.74	2.05	0.70	0.61	225.68
10.42	3.05		6.48	0.29	0.58	0.02	40.75
0.22	0.22						0.72
15.39	2.65		8.52	3.57	0.36	0.29	38.17
2.08	0.79		0.90	0.11		0.28	5.36
40.77	12.40	0.89	22.25	2.48	0.71	2.04	89.43
16.17	7.01	0.28	7.41	1.01	0.06	0.40	27.91
0.84	0.59		0.01	0.09		0.15	2.65
3.69	1.34	0.57	0.59	1.09	0.04	0.06	20.15
6.03	0.44	0.03	4.69	0.07		0.80	9.38
5.22	0.30	0.01	4.18	0.06	0.61	0.07	10.78
8.81	2.72		5.36	0.16		0.57	18.56
155.81	68.27	1.28	65.42	4.82	3.43	12.59	269.37
46.66	23.56	0.02	16.51	2.42	1.09	3.05	89.42
12.90	0.87	0.84	8.94	0.30	1.80	0.14	30.78
10.81	1.76		6.98	0.64	0.04	1.38	28.94
1.17	0.13		1.00			0.04	2.62
4.64	1.78	0.03	2.47	0.02	0.02	0.32	13.12
0.16		0.08	0.08				0.93
66.27	39.08	0.08	18.35	1.25	0.46	7.05	76.37
9.50	0.36	0.24	8.49	0.03	0.02	0.35	24.18
3.71	0.73		2.59	0.15		0.24	3.02
19.04	9.29	0.10	5.31	2.02	2.21	0.11	40.66
2.56	0.24	0.01	0.55	0.02	1.68	0.06	6.87
5.79	3.72	0.09	1.91	0.02	0.06		12.74
10.52	5.16		2.85	1.98	0.47	0.06	20.47
0.18	0.17						0.58
19.29	11.30	0.24	6.10	0.90	0.02	0.74	76.46
0.70	0.48		0.10	0.12			1.47
0.34	0.29			0.05			5.72
18.26	10.53	0.24	6.01	0.73	0.02	0.74	69.27
57.67	24.37	0.23	28.42	3.94	0.03	0.68	155.31
24.17	11.93	0.08	10.47	1.70			71.50
33.49	12.44	0.15	17.95	2.24	0.03	0.68	83.80
3144.02	1706.78	5.02	1216.81	140.45	36.85	38.11	20054.03
197.28	61.14	0.01	129.20	6.57		0.38	491.55
487.74	231.54	0.68	220.87	25.51	9.14		4142.49
2410.75	1393.93	4.00	840.58	107.16	27.72	37.37	15154.42
48.24	20.17	0.34	26.17	1.21		0.37	265.57
1216.13	645.05	2.70	496.17	49.70	5.96	16.55	6507.38
807.36	515.18	1.64	251.95	28.02	1.13	9.44	4557.40
226.46	185.92	1.32	31.80	6.15	0.96	0.31	1840.36
95.42	29.70	0.28	60.30	5.14			514.77
86.86	45.38		39.84	0.99		0.65	577.18

1-A-3 续表 23

行业	固定资产净值	固定资产净值年平均余额	负债合计	流动负债合计	所有者权益合计
锡冶炼	55.05	60.58	113.67	88.16	59.59
锑冶炼	6.09	10.65	12.88	9.58	9.21
铝冶炼	1028.09	929.71	1410.20	908.05	570.07
镁冶炼	1.17	1.03	1.90	1.91	0.96
其他常用有色金属冶炼	10.07	10.58	17.42	13.95	13.59
贵金属冶炼	46.51	43.01	119.87	98.03	226.29
金冶炼	44.68	41.21	112.86	91.20	226.94
银冶炼	1.66	1.63	2.68	2.50	1.41
其他贵金属冶炼	0.17	0.16	4.32	4.32	-2.06
稀有稀土金属冶炼	94.83	87.50	149.88	118.92	417.95
钨钼冶炼	52.98	49.94	61.59	50.60	349.00
稀土金属冶炼	25.93	22.18	43.54	39.40	42.13
其他稀有金属冶炼	15.91	15.39	44.75	28.91	26.83
有色金属合金制造	35.40	35.80	81.77	56.43	74.68
有色金属压延加工	223.35	226.00	460.46	359.64	293.29
常用有色金属压延加工	205.87	208.28	425.03	331.11	267.76
贵金属压延加工	10.67	11.17	19.85	18.01	14.87
稀有稀土金属压延加工	6.80	6.56	15.59	10.52	10.66
金属制品业	229.10	230.48	491.60	439.21	344.83
结构性金属制品制造	61.64	61.80	172.52	153.52	98.68
金属结构制造	54.51	53.49	161.14	143.63	88.48
金属门窗制造	7.13	8.31	11.38	9.90	10.20
金属工具制造	22.28	20.25	32.72	27.35	35.38
切削工具制造	20.17	18.16	27.92	22.67	27.67
手工具制造	1.36	1.34	1.93	1.87	1.91
农用及园林用金属工具制造	0.09	0.09	0.37	0.37	0.08
刀剪及类似日用金属工具制造	0.16	0.16	1.30	1.25	4.43
其他金属工具制造	0.50	0.51	1.20	1.19	1.29
集装箱及金属包装容器制造	41.79	40.91	96.30	88.11	53.18
集装箱制造	17.25	16.86	42.27	39.71	19.34
金属压力容器制造	12.34	11.46	30.35	28.13	15.51
金属包装容器制造	12.20	12.59	23.69	20.27	18.34
金属丝绳及其制品的制造	49.26	50.51	92.85	81.82	69.98
建筑、安全用金属制品制造	8.24	7.79	19.76	18.66	15.51
建筑、家具用金属配件制造	1.61	1.62	2.78	2.66	2.93
建筑装饰及水暖管道零件制造	6.43	5.96	14.83	13.97	12.24
安全、消防用金属制品制造	0.07	0.07	0.57	0.50	-0.07
其他建筑、安全用金属制品制造	0.13	0.14	1.57	1.53	0.41
金属表面处理及热处理加工	5.97	5.94	14.74	14.07	6.34
搪瓷制品制造	1.43	1.29	4.67	3.97	2.10
工业生产配套用搪瓷制品制造	1.13	1.16	4.08	3.43	2.17
搪瓷卫生洁具制造					
搪瓷日用品及其他搪瓷制品制造	0.30	0.13	0.59	0.54	-0.06
不锈钢及类似日用金属制品制造	6.60	5.72	10.49	9.05	7.23
金属制厨房调理及卫生器具制造	0.63	0.64	0.93	0.83	1.37
金属制厨用器皿及餐具制造	0.71	0.62	1.91	1.80	1.47
其他日用金属制品制造	5.26	4.46	7.65	6.42	4.39

单位：亿元

实收资本	国家资本	集体资本	法人资本	个人资本	港澳台资本	外商资本	主营业务收入
22.00	21.27		0.04	0.70			152.99
7.06	5.47		1.56			0.03	22.87
362.75	225.81		113.60	14.78	0.12	8.44	1422.06
0.45	0.37	0.03			0.05	0.01	3.15
6.35	1.26	0.01	4.81	0.26			24.02
43.87	19.69	0.05	15.52	8.03		0.59	369.67
41.98	18.80	0.04	14.62	7.92		0.59	355.30
1.42	0.73	0.01	0.69				6.12
0.47	0.16		0.20	0.11			8.24
96.92	13.12	0.64	72.94	5.91	2.62	1.68	366.10
64.04	6.20		54.27	0.63	2.62	0.32	244.70
18.57	5.09		7.09	5.03		1.35	79.23
14.31	1.83	0.64	11.58	0.25			42.16
42.54	12.81	0.14	26.46	0.77		2.36	127.53
225.44	84.25	0.23	129.30	6.98	2.20	2.48	1086.68
214.83	79.55	0.23	124.41	6.58	2.20	1.85	789.25
5.14	3.69		1.27	0.17			275.40
5.48	1.01		3.62	0.22		0.63	22.03
226.47	81.24	2.00	120.16	8.29	5.18	9.59	997.05
71.56	29.92	0.34	34.21	3.30	0.70	3.08	266.99
58.61	22.54	0.30	29.75	3.10	0.41	2.52	243.23
12.95	7.39	0.04	4.46	0.21	0.30	0.56	23.77
18.02	6.84		9.64	0.97		0.57	49.61
15.35	6.17		8.10	0.59		0.49	41.96
0.83	0.20		0.63				2.84
0.09			0.05			0.04	1.21
1.04			0.76	0.28			0.70
0.71	0.47		0.11	0.10		0.03	2.90
39.23	10.68	0.34	19.93	0.81	2.19	5.27	222.94
14.98	3.07		6.56		1.31	4.05	128.01
12.27	4.80	0.13	5.96	0.75	0.63		51.78
11.98	2.81	0.21	7.41	0.06	0.25	1.22	43.15
38.45	12.52	0.29	23.18	2.23	0.20	0.02	237.71
5.99	3.06	0.72	1.26	0.02	0.74	0.19	35.63
1.57	0.63	0.01	0.01	0.01	0.74	0.17	8.14
4.06	2.15	0.69	1.20			0.03	25.80
0.15	0.08	0.02	0.04	0.01			0.29
0.21	0.20		0.01				1.40
6.34	1.88	0.02	3.92	0.13	0.31	0.09	27.57
1.67	0.46		1.12	0.09			3.38
1.60	0.40		1.11	0.09			2.60
0.07	0.07		0.01				0.77
5.62	2.87		2.33	0.10	0.33		29.18
1.16	1.04				0.12		2.78
1.32	0.41		0.69	0.02	0.20		5.69
3.14	1.41		1.63	0.08	0.01		20.71

1-A-3 续表 24

行 业	固定资产净值	固定资产净值年平均余额	负债合计	流动负债合计	所有者权益合计
其他金属制品制造	31.90	36.27	47.55	42.66	56.41
铸币及贵金属制实验室用品制造	17.13	17.58	8.69	8.61	27.75
其他未列明的金属制品制造	14.76	18.69	38.86	34.05	28.66
通用设备制造业	1051.01	907.55	3639.24	3205.70	1578.69
锅炉及原动机制造	181.32	173.55	1440.54	1344.91	422.87
锅炉及辅助设备制造	26.41	25.38	581.33	564.28	89.28
内燃机及配件制造	100.86	98.65	305.44	253.23	196.65
汽轮机及辅机制造	49.86	46.67	537.03	513.11	130.43
水轮机及辅机制造	1.53	1.64	7.27	6.28	3.10
其他原动机制造	2.65	1.21	9.47	8.00	3.41
金属加工机械制造	246.81	186.88	458.08	356.79	242.39
金属切削机床制造	228.15	168.04	406.91	315.67	212.42
金属成形机床制造	5.70	5.22	17.02	14.89	7.90
铸造机械制造	2.52	2.78	5.56	4.21	2.11
金属切割及焊接设备制造	1.25	1.48	3.80	3.68	3.65
机床附件制造	3.90	3.66	13.19	10.98	4.70
其他金属加工机械制造	5.29	5.70	11.59	7.36	11.61
起重运输设备制造	199.93	168.50	650.21	550.76	325.66
泵、阀门、压缩机及类似机械的制造	81.56	76.20	219.52	199.08	135.07
泵及真空设备制造	26.67	24.57	79.89	72.52	40.00
气体压缩机械制造	28.02	26.97	59.83	56.89	47.12
阀门和旋塞的制造	6.93	6.95	27.46	24.85	17.37
液压和气压动力机械及元件制造	19.94	17.70	52.33	44.83	30.58
轴承、齿轮、传动和驱动部件的制造	70.09	70.44	185.69	151.09	109.96
轴承制造	45.59	46.58	125.95	98.86	87.16
齿轮、传动和驱动部件制造	24.49	23.86	59.74	52.22	22.80
烘炉、熔炉及电炉制造	2.09	2.08	6.76	6.72	2.16
风机、衡器、包装设备等通用设备	119.94	89.62	364.01	328.38	175.41
风机、风扇制造	64.01	37.02	156.52	146.82	61.92
气体、液体分离及纯净设备制造	3.48	4.09	36.67	34.05	15.05
制冷、空调设备制造	26.42	26.27	78.55	69.23	58.40
风动和电动工具制造	0.65	0.50	1.48	1.48	1.25
喷枪及类似器具制造	0.76	0.78	0.93	0.54	1.34
包装专用设备制造	2.19	2.12	22.52	18.74	10.98
衡器制造	0.97	0.82	3.84	3.65	1.50
其他通用设备制造	21.46	18.03	63.50	53.87	24.97
通用零部件制造及机械修理	51.67	47.16	116.12	97.00	69.99
金属密封件制造	2.27	2.54	5.27	3.43	1.74
紧固件、弹簧制造	10.18	9.50	17.90	16.38	16.08
机械零部件加工及设备修理	36.00	31.80	83.13	68.87	45.77
其他通用零部件制造	3.23	3.33	9.82	8.32	6.40
金属铸、锻加工	97.60	93.13	198.31	170.98	95.17
钢铁铸件制造	77.14	72.62	148.30	130.02	54.73
锻件及粉末冶金制品制造	20.46	20.51	50.02	40.96	40.44

单位：亿元

实收资本	国家资本	集体资本	法人资本	个人资本	港澳台资本	外商资本	主营业务收入
39.59	13.00	0.30	24.57	0.63	0.72	0.37	124.05
18.47	6.99		11.18		0.30		39.35
21.12	6.01	0.30	13.39	0.63	0.42	0.37	84.70
796.95	303.77	10.89	393.68	32.43	4.54	51.65	3960.72
214.45	85.50	0.87	101.68	3.95	0.04	22.41	1201.46
33.31	20.75	0.33	9.54	1.68	0.03	0.98	407.85
113.25	42.29	0.44	55.50	1.79		13.24	403.88
62.68	21.33	0.10	32.69	0.38		8.19	374.29
1.66	0.29		1.36	0.01			5.67
3.54	0.85		2.60	0.09	0.01		9.77
129.10	42.27	1.16	74.94	7.55	1.37	1.81	480.99
102.21	30.91	0.60	63.26	5.65	1.37	0.42	415.89
6.33	2.33	0.12	3.18	0.50		0.20	21.08
1.36	0.54	0.01	0.72	0.07		0.03	6.47
3.40	0.10		2.01	0.23		1.06	8.70
3.34	1.44	0.03	1.69	0.10		0.09	12.30
12.46	6.94	0.41	4.09	1.01		0.01	16.56
112.82	51.51	0.15	51.15	3.39	1.01	5.62	892.71
83.50	19.50	0.27	49.64	4.95	0.36	8.78	278.51
18.13	7.85	0.21	7.95	1.47		0.66	75.58
36.60	4.20		23.48	1.38	0.10	7.45	91.59
10.14	1.88		6.72	0.85	0.05	0.63	43.53
18.63	5.57	0.06	11.50	1.25	0.21	0.04	67.81
51.98	23.25	0.33	20.94	6.83	0.14	0.49	245.96
34.61	14.41	0.09	13.97	5.64	0.06	0.43	168.54
17.37	8.84	0.23	6.98	1.18	0.08	0.06	77.42
0.92	0.27		0.62	0.03			7.07
86.24	34.84	0.98	42.58	1.80	0.65	5.39	367.69
16.09	3.28		12.23	0.58			130.38
10.38	0.90	0.05	9.34	0.08	0.01		38.37
36.97	16.87	0.17	13.98	0.16	0.64	5.16	116.58
0.91	0.22		0.57			0.12	1.80
0.40			0.32			0.08	1.75
5.12	1.79	0.65	2.40	0.29			14.11
0.90	0.58	0.01	0.06	0.24			2.97
15.48	11.20	0.09	3.70	0.45		0.04	61.72
44.60	18.91	0.34	21.38	1.19	0.77	2.01	202.36
1.08	0.67		0.33	0.07		0.01	14.31
15.53	4.01	0.01	10.12	0.10	0.69	0.60	40.95
23.67	13.38	0.16	8.10	0.68	0.07	1.30	119.67
4.32	0.86	0.18	2.84	0.34	0.01	0.11	27.43
73.33	27.72	6.80	30.75	2.75	0.19	5.13	283.96
51.53	17.53	6.70	20.85	1.75	0.05	4.65	195.67
21.80	10.20	0.09	9.89	1.00	0.14	0.48	88.29

1-A-3 续表 25

行　业	固定资产净　值	固定资产净值年平均余额	负债合计	流动负债合　计	所有者权益合计
专用设备制造业	1031.86	936.48	3154.77	2693.53	1515.99
矿山、冶金、建筑专用设备制造	484.93	410.06	1849.87	1596.89	772.00
采矿、采石设备制造	173.21	127.82	513.84	470.21	212.81
石油钻采专用设备制造	69.53	67.39	257.58	232.98	171.31
建筑工程用机械制造	75.84	70.78	328.08	269.64	194.90
建筑材料生产专用机械制造	9.82	7.63	43.63	41.82	8.02
冶金专用设备制造	156.52	136.45	706.75	582.23	184.97
化工、木材、非金属加工专用设备	48.53	45.24	158.67	142.66	69.29
炼油、化工生产专用设备制造	23.64	23.19	89.51	82.06	33.97
橡胶加工专用设备制造	3.87	3.60	25.41	22.77	6.37
塑料加工专用设备制造	0.83	0.68	2.30	1.37	-0.37
木材加工机械制造	1.37	1.44	5.43	5.29	1.44
模具制造	16.45	14.13	28.01	23.74	24.90
其他非金属加工专用设备制造	2.37	2.21	8.00	7.43	2.98
食品、饮料、烟草及饲料生产专用设备制造	14.57	14.20	39.11	35.97	29.86
食品、饮料、烟草工业专用设备制造	12.46	12.02	32.82	30.70	26.24
农副食品加工专用设备制造	2.10	2.18	5.76	4.74	3.53
饲料生产专用设备制造	0.01	0.01	0.53	0.53	0.10
印刷、制药、日化生产专用设备制造	21.69	22.06	48.65	43.07	41.03
制浆和造纸专用设备制造	3.33	3.41	12.59	11.37	-0.73
印刷专用设备制造	15.29	15.52	24.07	20.55	36.32
日用化工专用设备制造					
制药专用设备制造	1.48	1.51	4.61	4.29	0.97
照明器具生产专用设备制造	0.25	0.25	0.47	0.34	-0.03
玻璃、陶瓷和搪瓷制品生产专用设备制造	1.30	1.32	6.61	6.35	4.37
其他日用品生产专用设备制造	0.05	0.05	0.30	0.17	0.13
纺织、服装和皮革工业专用设备制造	41.75	40.07	111.16	94.47	92.18
纺织专用设备制造	32.91	31.34	95.98	80.13	66.11
皮革、毛皮及其制品加工专用设备制造					
缝纫机械制造	8.26	8.15	14.31	13.46	24.70
其他服装加工专用设备制造	0.58	0.58	0.88	0.88	1.37
电子和电工机械专用设备制造	324.21	318.57	637.14	500.84	352.91
电工机械专用设备制造	9.34	9.06	19.74	16.79	19.31
电子工业专用设备制造	18.40	15.17	31.31	27.11	36.51
航空、航天及其他专用设备制造	14.25	13.57	55.60	45.64	22.69
农、林、牧、渔专用机械制造	53.40	44.70	136.22	125.98	64.04
拖拉机制造	26.85	24.55	92.95	84.09	29.37
机械化农业及园艺机具制造	4.29	4.94	19.41	18.65	3.36
营林及木竹采伐机械制造	0.23	0.25	1.49	1.44	0.75
畜牧机械制造	0.02	0.02	0.34	0.34	0.06
渔业机械制造	0.07	0.07	0.12	0.12	0.13
农林牧渔机械配件制造	0.05	0.05	0.23	0.22	0.10
其他农林牧渔业机械制造及机械修理	21.90	14.82	21.67	21.10	30.26

单位：亿元

实收资本	国家资本	集体资本	法人资本	个人资本	港澳台资本	外商资本	主营业务收入
861.72	300.38	3.54	493.52	41.64	3.95	18.67	3553.14
425.14	145.64	0.81	250.47	18.50	0.78	8.95	2054.24
102.95	51.78	0.27	48.41	2.34	0.15		514.25
119.30	21.27	0.41	91.15	0.11	0.02	6.33	390.94
87.34	24.63	0.10	45.63	13.81	0.60	2.56	571.14
6.02	3.15		2.67	0.20			37.57
109.53	44.80	0.03	62.61	2.03		0.06	540.34
44.72	14.08	0.92	24.55	2.12	0.03	3.02	163.15
21.82	9.19	0.06	10.29	1.51		0.77	86.63
4.52	2.21		2.31				27.00
0.62	0.12		0.50				0.77
2.07	0.88	0.09	1.09				4.00
12.53	1.20	0.77	7.80	0.49	0.03	2.24	39.20
3.16	0.48		2.56	0.12			5.56
20.19	3.80	0.29	15.69	0.41			57.16
18.43	2.93	0.24	15.06	0.20			48.58
1.64	0.87	0.04	0.51	0.21			7.88
0.12			0.12				0.71
23.59	2.54	0.01	15.88	2.95	0.43	1.76	44.08
1.45	0.40	0.01	0.74	0.26	0.03		4.67
18.56	0.65		13.05	2.69	0.40	1.76	27.60
0.91	0.50		0.41				4.20
0.32	0.32						0.10
2.27	0.67		1.60				7.19
0.08			0.08				0.32
55.78	11.62	0.16	30.24	8.54	2.41	2.82	118.77
46.65	8.73	0.06	27.18	5.75	2.37	2.55	100.17
7.93	1.77	0.09	3.06	2.79		0.23	17.47
1.20	1.12				0.04	0.04	1.12
181.45	68.98	0.12	108.34	3.75	0.15	0.12	582.44
17.97	6.26	0.02	11.47	0.22			22.99
15.82	1.90		11.08	2.77	0.07		45.30
9.80	4.24	0.10	5.37	0.10			43.11
49.68	35.10	1.20	13.06	0.30		0.01	339.75
34.05	27.14	0.03	6.74	0.14			133.31
6.15	5.29	0.05	0.69	0.12			12.24
0.81	0.42		0.39				1.27
0.10			0.10				0.29
0.04			0.03			0.01	0.15
0.08	0.08						0.21
8.43	2.16	1.12	5.12	0.04			192.29

1-A-3 续表 26

行业	固定资产净值	固定资产净值年平均余额	负债合计	流动负债合计	所有者权益合计
医疗仪器设备及器械制造	15.74	15.01	31.23	27.72	43.65
医疗诊断、监护及治疗设备制造	6.53	5.63	12.45	11.22	19.38
口腔科用设备及器具制造	0.09	0.09	0.45	0.36	0.46
实验室及医用消毒设备和器具的制造	2.40	2.35	5.32	4.78	7.92
医疗、外科及兽医用器械制造	2.28	2.68	4.50	4.26	5.53
机械治疗及病房护理设备制造	0.01	0.01	0.03	0.02	0.19
假肢、人工器官及植(介)入器械制造	1.41	1.24	1.85	1.67	3.03
其他医疗设备及器械制造	3.01	3.01	6.64	5.42	7.14
环保、社会公共安全及其他专用设备制造	27.04	26.55	142.72	125.91	51.03
环境污染防治专用设备制造	8.14	8.67	40.43	36.99	19.01
地质勘查专用设备制造	4.10	4.11	17.77	13.01	0.44
邮政专用机械及器材制造	0.31	0.33	1.96	1.96	0.44
商业、饮食、服务业专用设备制造	0.01	0.01	0.39	0.39	0.41
社会公共安全设备及器材制造	2.28	1.87	3.39	3.10	3.10
交通安全及管制专用设备制造	0.14	0.14	1.85	1.73	1.10
水资源专用机械制造	1.10	1.10	8.18	7.96	1.22
其他专用设备制造	10.97	10.32	68.74	60.77	25.29
交通运输设备制造业	3741.33	3390.19	10367.27	8966.92	6077.06
铁路运输设备制造	199.36	179.78	760.63	649.60	293.24
铁路机车车辆及动车组制造	117.68	102.15	472.05	412.49	150.51
工矿有轨专用车辆制造	0.76	0.76	5.13	5.10	1.61
铁路机车车辆配件制造	27.92	27.45	76.80	60.53	42.19
铁路专用设备及器材、配件制造	17.65	17.60	100.82	97.83	42.74
其他铁路设备制造及设备修理	35.35	31.82	105.84	73.65	56.20
汽车制造	2360.14	2142.18	4946.80	4358.86	4406.81
汽车整车制造	1886.15	1687.30	3934.07	3456.49	3693.06
改装汽车制造	93.02	90.99	233.28	209.78	95.39
电车制造	0.05	0.03	0.55	0.25	0.74
汽车车身、挂车的制造	11.47	12.82	29.80	23.07	15.87
汽车零部件及配件制造	355.91	337.52	719.67	642.48	585.81
汽车修理	13.55	13.51	29.43	26.79	15.94
摩托车制造	65.87	63.01	159.68	143.62	98.78
摩托车整车制造	47.72	44.99	126.21	119.83	65.32
摩托车零部件及配件制造	18.15	18.01	33.47	23.80	33.46
自行车制造	1.64	1.74	8.56	8.32	5.61
脚踏自行车及残疾人座车制造	1.58	1.64	8.14	7.90	5.58
助动自行车制造	0.07	0.11	0.41	0.41	0.03
船舶及浮动装置制造	674.08	591.85	3158.27	2826.65	575.02
金属船舶制造	456.32	399.32	2557.52	2292.32	374.50
非金属船舶制造	0.54	0.56	2.22	2.04	0.75
娱乐船和运动船的建造和修理	0.45	0.46	0.65	0.53	0.61
船用配套设备制造	44.99	42.91	134.40	113.26	46.91
船舶修理及拆船	170.63	147.46	458.16	413.24	151.25
航标器材及其他浮动装置的制造	1.13	1.14	5.31	5.26	1.00
航空航天器制造	439.51	410.73	1330.56	977.12	695.20
飞机制造及修理	398.73	370.63	1219.66	902.30	643.75
航天器制造	40.75	40.08	110.87	74.81	51.42
其他飞行器制造	0.03	0.02	0.03		0.03

单位：亿元

实收资本	国家资本	集体资本	法人资本	个人资本	港澳台资本	外商资本	主营业务收入
24.61	3.15	0.01	16.29	3.39	0.13	1.63	40.27
11.79	0.14		9.14	2.50		0.01	14.29
0.44	0.30		0.10	0.01		0.03	0.82
3.03	0.32		2.09	0.12		0.50	7.46
3.54	0.60		2.77	0.11	0.06		8.80
0.02	0.01		0.01				0.42
1.47	1.24		0.10	0.01	0.08	0.05	2.56
4.32	0.55	0.01	2.08	0.65		1.04	5.91
36.55	15.46	0.03	19.00	1.68	0.03	0.35	153.28
8.13	4.61	0.01	3.11	0.36		0.04	39.84
5.10	2.32		2.78				12.42
0.66	0.12		0.52	0.03			1.46
0.08			0.06	0.02			0.86
2.00	1.28		0.50	0.22		0.01	5.32
0.88	0.02		0.66	0.18		0.01	2.35
1.49	0.29					0.01	7.37
18.21	6.83	0.01	10.18	0.87	0.03	0.29	83.64
3153.90	779.93	6.39	1718.22	140.50	47.35	461.51	15070.67
238.15	49.63	0.38	180.51	3.05	0.15	4.44	965.81
129.57	13.09		113.53		0.15	2.80	601.78
2.48	1.85		0.43	0.20			5.31
34.85	13.76		19.54	0.16		1.39	109.71
24.67	7.70	0.34	16.12	0.26		0.25	120.45
46.58	13.22	0.04	30.90	2.42			128.57
2193.26	546.53	5.05	1063.74	122.27	31.89	423.78	10962.39
1748.20	418.83	2.09	824.08	104.52	28.18	370.50	9210.22
62.17	15.10	0.84	42.02	3.87		0.34	330.83
0.25	0.25						0.45
15.18	5.36		6.76	0.30	0.24	2.51	54.52
356.16	103.69	2.07	183.47	13.28	3.36	50.29	1323.92
11.31	3.29	0.05	7.40	0.31	0.10	0.14	42.45
51.52	15.04	0.55	22.16	8.42		5.35	312.67
34.55	12.11		10.90	7.82		3.72	245.06
16.96	2.93	0.55	11.26	0.60		1.63	67.61
5.63	2.52	0.06	0.52	0.75	1.78		15.43
5.50	2.51	0.06	0.42	0.73	1.78		14.56
0.12	0.01		0.10	0.02			0.87
363.94	66.56	0.22	258.66	3.32	8.39	26.80	1832.21
246.71	44.60	0.04	188.61	2.81	2.91	7.73	1298.26
0.19	0.03		0.11			0.06	3.04
0.56	0.17	0.01	0.37			0.02	1.55
38.84	5.56	0.13	32.75	0.41			105.93
76.15	15.04	0.03	36.83	0.10	5.16	19.00	415.21
1.48	1.16				0.32		8.22
299.67	98.46	0.09	192.15	2.69	5.13	1.14	976.90
282.76	90.67	0.09	183.56	2.16	5.13	1.14	909.75
16.89	7.80		8.56	0.53			67.09
0.03			0.03				0.06

1-A-3 续表 27

行 业	固定资产净值	固定资产净值年平均余额	负债合计	流动负债合计	所有者权益合计
交通器材及其他交通运输设备制造	0.73	0.89	2.78	2.75	2.40
潜水及水下救捞装备制造	0.16	0.15	0.38	0.38	0.40
交通管理用金属标志及设施制造	0.31	0.32	0.87	0.87	0.89
其他交通运输设备制造	0.26	0.41	1.52	1.50	1.11
电气机械及器材制造业	420.82	363.57	1843.54	1614.74	1056.28
电机制造	91.51	81.60	456.35	424.02	208.03
发电机及发电机组制造	53.80	49.14	315.84	297.12	134.15
电动机制造	35.32	30.09	133.19	119.89	68.41
微电机及其他电机制造	2.39	2.37	7.32	7.02	5.48
输配电及控制设备制造	119.87	106.90	653.64	512.75	295.53
变压器、整流器和电感器制造	50.07	44.99	288.85	213.62	153.06
电容器及其配套设备制造	1.23	1.18	4.90	4.89	4.43
配电开关控制设备制造	48.36	43.87	285.09	243.74	94.20
电力电子元器件制造	13.60	10.25	33.37	15.85	18.94
其他输配电及控制设备制造	6.62	6.61	41.43	34.65	24.91
电线、电缆、光缆及电工器材制造	62.15	58.11	196.58	179.81	221.46
电线电缆制造	43.67	39.44	128.21	117.98	160.37
光纤、光缆制造	10.94	11.12	27.93	25.52	41.28
绝缘制品制造	1.62	1.84	6.66	5.79	2.63
其他电工器材制造	5.92	5.70	33.78	30.52	17.18
电池制造	44.61	39.90	100.33	71.88	70.21
家用电力器具制造	84.47	60.47	397.76	390.50	229.25
家用制冷电器具制造	20.99	19.88	66.44	63.58	81.07
家用空气调节器制造	50.25	29.23	290.57	289.78	121.19
家用通风电器具制造	0.53	0.18	0.62	0.57	0.24
家用厨房电器具制造	1.35	1.35	2.81	2.75	1.87
家用清洁卫生电器具制造	5.25	4.83	16.73	14.67	18.15
家用美容、保健电器具制造					
家用电力器具专用配件制造	6.06	4.94	20.46	19.07	6.70
其他家用电力器具制造	0.05	0.05	0.14	0.08	0.03
非电力家用器具制造	2.12	1.04	5.08	4.18	2.10
燃气、太阳能及类似能源的器具制造	2.02	0.94	4.53	3.69	2.03
其他非电力家用器具制造	0.11	0.11	0.55	0.50	0.07
照明器具制造	5.88	5.40	14.88	14.32	16.07
电光源制造	1.08	0.69	2.24	2.22	2.59
照明灯具制造	0.64	0.68	2.15	2.14	1.63
灯用电器附件及其他照明器具制造	4.16	4.04	10.49	9.96	11.85
其他电气机械及器材制造	10.19	10.14	18.92	17.28	13.64
车辆专用照明及电气信号设备装置	7.06	7.00	10.00	10.00	7.59
其他未列明的电气机械制造	3.14	3.14	8.92	7.29	6.04
通信设备、计算机及其他电子设备	903.11	853.48	2786.27	2299.14	1901.97
通信设备制造	132.01	128.22	1010.48	820.39	577.49
通信传输设备制造	28.60	28.46	144.04	131.68	121.88

单位：亿元

实收资本							主营业务收入
	国家资本	集体资本	法人资本	个人资本	港澳台资本	外商资本	
1.74	1.20	0.04	0.49				5.25
0.46	0.46						0.77
0.36	0.27	0.03	0.05				2.17
0.92	0.47	0.01	0.44				2.30
476.18	157.04	11.85	264.64	26.20	3.95	12.51	2507.40
107.67	34.47	0.72	64.41	6.15	0.02	1.90	455.42
71.86	16.20	0.34	51.26	3.04		1.03	283.47
32.94	17.47	0.07	11.66	2.99		0.76	160.19
2.87	0.80	0.32	1.50	0.12	0.02	0.12	11.76
116.75	56.35	7.33	44.50	5.23	1.25	2.08	675.83
51.51	24.25	6.45	18.31	1.50	0.10	0.91	293.16
1.41	0.58		0.43	0.06	0.17	0.18	8.37
44.04	27.17	0.38	14.21	1.75	0.17	0.36	284.53
9.67	1.58	0.07	5.33	1.76	0.82	0.11	40.22
10.12	2.78	0.43	6.22	0.17		0.53	49.55
90.29	31.74	1.84	48.01	6.48	0.10	2.11	382.09
44.49	20.34	1.60	18.23	2.93	0.06	1.34	281.94
36.62	7.67	0.21	27.84	0.14		0.75	50.92
2.75	1.69		1.05	0.01			10.01
6.43	2.04	0.03	0.89	3.41	0.04	0.02	39.22
55.33	11.93	0.05	38.35	2.70	0.60	1.71	150.16
86.70	14.72	1.83	62.04	4.78	1.85	1.49	738.12
23.81	5.16	0.13	12.86	3.85	0.68	1.14	144.39
45.32		1.69	41.86	0.61	1.16		534.02
0.21	0.17		0.04				0.52
1.42	1.38		0.02	0.03			9.36
12.41	7.78		4.01	0.27		0.35	22.33
3.51	0.22		3.27	0.01	0.01		26.59
0.02				0.01			0.91
0.82	0.28		0.54				8.11
0.73	0.19		0.54				7.15
0.09	0.09						0.96
10.93	6.56	0.05	3.15	0.83	0.10	0.23	24.20
2.54	0.99		1.23		0.09	0.23	6.23
1.47	0.92	0.05	0.42	0.07	0.01		4.40
6.92	4.66		1.51	0.76			13.57
7.69	0.99	0.03	3.63	0.03	0.03	2.99	73.48
5.07	0.02	0.01	2.54	0.02		2.48	29.68
2.62	0.97	0.02	1.09	0.01	0.03	0.50	43.80
1205.94	313.64	2.18	657.39	73.20	13.88	145.64	3809.94
421.31	89.82	0.06	287.80	5.05	1.75	36.83	892.48
53.47	27.71	0.03	20.15	3.12	0.09	2.38	128.33

1-A-3 续表 28

行　　业	固定资产净　　值	固定资产净值年平均余额	负债合计	流动负债合　　计	所有者权益合计
通信交换设备制造	74.60	73.69	685.97	525.29	294.77
通信终端设备制造	7.11	5.89	40.60	38.34	25.13
移动通信及终端设备制造	13.87	12.45	91.85	78.51	96.20
其他通信设备制造	7.84	7.73	48.02	46.57	39.52
雷达及配套设备制造	100.72	57.93	186.90	150.74	114.37
广播电视设备制造	2.79	2.66	27.07	26.21	4.26
广播电视节目制作及发射设备制造	0.76	0.72	15.12	14.43	-2.86
广播电视接收设备及器材制造	0.68	0.69	8.50	8.40	3.81
应用电视设备及其他广播电视设备	1.35	1.25	3.44	3.38	3.32
电子计算机制造	56.18	59.59	154.76	126.91	169.44
电子计算机整机制造	35.80	39.18	86.85	80.07	93.48
计算机网络设备制造	0.79	0.76	5.07	4.84	3.87
电子计算机外部设备制造	19.59	19.65	62.83	42.00	72.08
电子器件制造	401.90	378.15	588.19	420.43	464.99
电子真空器件制造	79.89	80.38	152.00	141.60	169.61
半导体分立器件制造	27.33	22.61	48.79	31.16	33.49
集成电路制造	34.07	35.62	90.82	55.00	55.44
光电子器件及其他电子器件制造	260.60	239.53	296.58	192.67	206.45
电子元件制造	113.48	128.62	364.54	332.97	224.50
电子元件及组件制造	98.99	114.25	347.95	320.24	208.98
印制电路板制造	14.49	14.37	16.58	12.72	15.52
家用视听设备制造	64.68	73.94	400.28	376.30	284.44
家用影视设备制造	63.18	72.18	395.78	371.88	280.48
家用音响设备制造	1.50	1.76	4.50	4.42	3.96
其他电子设备制造	31.34	24.38	54.06	45.18	62.48
仪器仪表及文化、办公用机械制造	151.89	138.48	360.04	304.94	380.16
通用仪器仪表制造	49.26	47.14	182.88	167.56	184.36
工业自动控制系统装置制造	37.63	35.69	143.81	132.75	152.07
电工仪器仪表制造	3.05	2.61	10.96	9.46	7.59
绘图、计算及测量仪器制造	2.01	1.98	11.86	11.05	-0.52
实验分析仪器制造	1.81	1.56	6.43	6.13	7.10
试验机制造	3.49	4.00	5.12	3.53	15.01
供应用仪表及其他通用仪器制造	1.27	1.30	4.71	4.63	3.10
专用仪器仪表制造	45.54	43.14	79.75	64.84	89.83
环境监测专用仪器仪表制造	0.17	0.17	1.80	1.79	1.96
汽车及其他用计数仪表制造	2.88	2.90	5.95	5.81	7.55
导航、气象及海洋专用仪器制造	17.43	16.95	29.10	25.88	28.40
农林牧渔专用仪器仪表制造					
地质勘探和地震专用仪器制造	9.97	9.74	18.41	10.50	21.22
教学专用仪器制造	0.07	0.07	0.38	0.28	0.49
核子及核辐射测量仪器制造	1.51	1.75	6.26	3.97	2.20
电子测量仪器制造	7.56	6.60	13.08	12.31	11.32
其他专用仪器制造	5.95	4.96	4.77	4.31	16.68
钟表与计时仪器制造	1.41	1.85	6.08	3.27	1.71
光学仪器及眼镜制造	51.00	41.80	71.66	50.49	82.07
光学仪器制造	50.99	41.78	71.42	50.26	81.95
眼镜制造	0.02	0.02	0.24	0.23	0.13

单位：亿元

实收资本	国家资本	集体资本	法人资本	个人资本	港澳台资本	外商资本	主营业务收入
284.53	47.97	0.02	207.19	0.16	0.21	28.98	475.49
23.70	3.24	0.02	19.22	0.83	0.27	0.12	39.45
36.50	9.02		22.43	0.41	0.74	3.89	202.57
23.11	1.87		18.81	0.53	0.44	1.46	46.64
39.87	20.43		19.25	0.18			150.21
8.25	3.13		4.36	0.50	0.18	0.08	34.33
3.44	2.46		0.73	0.23	0.03		9.08
3.39	0.63		2.39	0.27	0.03	0.08	20.58
1.42	0.05		1.25		0.12		4.68
58.93	20.30	1.22	24.15	6.48	2.14	4.66	576.87
26.28	13.10		10.49	2.69			422.20
1.98	0.60	1.09	0.18	0.05		0.06	4.69
30.67	6.60	0.13	13.47	3.74	2.13	4.60	149.99
408.36	105.94	0.14	200.30	24.90	0.83	76.24	555.62
125.05	36.93		55.87	17.15	0.46	14.64	180.48
22.46	7.42	0.01	12.30	2.09	0.01	0.64	40.20
30.68	8.72	0.02	20.26	0.86	0.33	0.48	70.59
230.18	52.87	0.11	111.88	4.81	0.03	60.48	264.35
152.89	45.64	0.74	64.35	15.36	3.45	23.35	668.05
139.12	43.11	0.09	58.88	15.36	1.03	20.63	634.32
13.77	2.52	0.65	5.46		2.41	2.72	33.73
78.11	19.96	0.01	40.18	11.48	5.38	1.11	863.33
74.43	18.38	0.01	38.54	11.40	5.06	1.05	853.34
3.68	1.58		1.64	0.08	0.32	0.06	9.99
38.21	8.42	0.01	17.01	9.24	0.16	3.38	69.04
217.85	66.66	0.86	125.88	13.30	6.07	5.08	491.12
96.38	25.01	0.55	53.65	8.47	5.39	3.32	275.57
77.04	19.69	0.13	44.77	4.47	5.17	2.80	230.18
4.29	1.06	0.27	1.77	0.97		0.21	14.04
2.07	0.91	0.07	1.09				8.40
4.10	0.46	0.01	3.39	0.22	0.01	0.02	9.96
5.20	0.14	0.08	2.20	2.65		0.13	5.87
3.68	2.74		0.42	0.16	0.20	0.15	7.13
64.35	17.30	0.07	44.38	1.68	0.18	0.75	101.80
1.06	0.15		0.86	0.02		0.03	3.51
4.13	0.40	0.01	2.95	0.08	0.02	0.67	16.39
9.16	3.40		5.27	0.33	0.15		28.15
30.94	0.14		30.79	0.01			21.20
0.24	0.22		0.01	0.01			0.82
1.22	0.33		0.90				1.75
5.85	2.80		2.80	0.20		0.05	14.12
11.74	9.86	0.06	0.80	1.02			15.86
1.74	0.79		0.31	0.50		0.14	5.34
45.52	22.77	0.12	20.71	0.99	0.27	0.66	79.58
45.48	22.77	0.12	20.66	0.99	0.27	0.66	79.28
0.05			0.05				0.30

1-A-3 续表 29

行　业	固定资产净　值	固定资产净 值 年平均余额	负债合计	流动负债合　计	所 有 者权益合计
文化、办公用机械制造	4.21	4.04	17.98	17.10	20.23
电影机械制造	0.77	0.67	3.35	2.97	0.11
幻灯及投影设备制造					
照相机及器材制造	0.29	0.35	2.12	2.10	0.83
复印和胶印设备制造	1.51	1.93	3.16	3.06	5.26
计算器及货币专用设备制造	1.53	1.00	9.06	8.85	13.77
其他文化、办公用机械制造	0.10	0.10	0.30	0.13	0.27
其他仪器仪表的制造及修理	0.48	0.50	1.68	1.68	1.96
工艺品及其他制造业	76.02	93.37	209.05	146.24	82.96
工艺美术品制造	6.27	7.18	31.20	30.64	16.66
雕塑工艺品制造	0.12	0.13	0.36	0.34	0.40
金属工艺品制造	0.86	0.82	6.21	5.93	3.81
漆器工艺品制造		0.01	0.04	0.04	
花画工艺品制造	0.10	0.11	0.10	0.10	0.10
天然植物纤维编织工艺品制造	0.06	0.05	0.12	0.09	0.04
抽纱刺绣工艺品制造	0.21	0.21	0.11	0.11	0.41
地毯、挂毯制造	3.47	3.61	4.15	4.08	4.51
珠宝首饰及有关物品的制造	1.00	1.75	18.15	18.02	6.14
其他工艺美术品制造	0.45	0.48	1.96	1.93	1.25
日用杂品制造	0.57	0.56	0.70	0.56	1.39
制镜及类似品加工		0.01	0.14	0.05	-0.02
鬃毛加工、制刷及清扫工具的制造	0.41	0.37	0.28	0.26	0.74
其他日用杂品制造	0.16	0.19	0.29	0.25	0.67
煤制品制造	14.45	14.64	23.04	13.28	2.21
其他未列明的制造业	54.00	70.28	153.17	100.82	61.31
废弃资源和废旧材料回收加工业	56.60	38.82	76.70	73.52	42.95
金属废料和碎屑的加工处理	54.96	37.21	74.02	71.05	38.09
非金属废料和碎屑的加工处理	1.65	1.61	2.67	2.47	4.86
电力、燃气及水的生产和供应业	**36529.69**	**35238.44**	**37951.40**	**16987.02**	**22558.15**
电力、热力的生产和供应业	34169.51	32929.35	35458.77	15688.70	20275.34
电力生产	18424.84	17600.79	18840.66	7291.77	8174.76
火力发电	11267.95	10720.10	11962.86	5140.41	4043.66
水力发电	5906.28	5634.79	5527.17	1697.22	3607.11
核力发电	779.21	820.63	848.62	230.18	304.21
其他能源发电	471.40	425.27	502.02	223.97	219.78
电力供应	15012.62	14654.05	15701.87	7858.40	11658.78
热力生产和供应	732.05	674.50	916.24	538.52	441.81
燃气生产和供应业	523.12	503.65	705.84	442.84	555.55
水的生产和供应业	1837.06	1805.44	1786.80	855.47	1727.26
自来水的生产和供应	1552.12	1543.36	1443.32	785.89	1457.67
污水处理及其再生利用	238.91	215.51	185.04	60.87	196.75
其他水的处理、利用与分配	46.03	46.56	158.44	8.71	72.83

单位：亿元

实收资本	国家资本	集体资本	法人资本	个人资本	港澳台资本	外商资本	主营业务收入
9.11	0.53	0.11	6.44	1.60	0.24	0.18	23.82
0.72	0.24		0.32	0.16			2.13
1.64	0.12		1.27		0.24		0.68
2.74			2.74				5.33
3.75	0.17	0.11	1.84	1.44		0.18	15.30
0.26			0.26				0.38
0.75	0.26		0.39	0.07		0.03	5.01
48.85	20.66	0.18	26.58	0.91	0.11	0.41	260.83
10.30	3.83	0.01	5.41	0.59	0.10	0.36	156.21
0.20	0.13		0.03	0.02		0.02	1.40
1.68	1.17		0.44	0.01	0.05	0.01	30.32
0.01		0.01					0.05
0.10	0.10						0.15
0.05				0.05			0.17
0.06	0.06						0.29
4.13	2.12		1.61	0.02	0.05	0.33	11.10
3.16	0.21		2.46	0.49			110.17
0.92	0.04		0.86	0.01			2.55
0.43	0.27		0.11		0.01	0.04	1.96
0.02			0.02				0.08
0.17	0.05		0.07		0.01	0.04	1.10
0.24	0.22		0.01				0.79
4.04	3.95		0.09				7.87
33.46	12.61	0.17	20.38	0.29		0.01	93.61
25.51	10.41	0.23	13.35	0.13	0.91	0.48	153.75
23.46	9.92	0.03	12.30	0.02	0.71	0.48	149.28
2.05	0.50	0.20	1.05	0.11	0.20		4.47
14090.79	**8521.21**	**47.23**	**4948.16**	**157.78**	**127.29**	**289.12**	**29187.29**
12608.44	7571.38	44.96	4555.12	150.49	96.33	190.16	27780.23
6553.39	3378.97	39.99	2746.70	130.93	71.87	184.94	7948.64
3622.81	1288.02	19.36	2021.93	84.57	54.03	154.91	6574.59
2608.92	1941.82	20.31	587.23	44.36	1.49	13.71	1034.72
141.68	83.09		50.28		8.32		249.44
179.98	66.04	0.32	87.27	2.00	8.03	16.32	89.90
5800.59	4030.48	2.70	1728.49	12.12	23.46	3.34	19449.74
254.46	161.93	2.28	79.94	7.44	1.00	1.87	381.85
403.98	179.92	1.08	189.44	2.42	17.81	13.30	799.66
1078.37	769.91	1.18	203.60	4.87	13.15	85.66	607.40
855.86	634.70	1.13	170.65	4.14	13.15	32.10	533.56
168.74	135.15	0.05	32.76	0.73		0.05	42.85
53.77	0.06		0.20			53.51	30.99

1-A-3 续表 30

行业	主营业务成本	主营业务税金及附加	营业费用	管理费用	税金
总 计	**122504.18**	**3882.05**	**2753.09**	**7378.61**	**366.42**
在总计中:					
亏损企业	36114.45	459.71	367.14	1490.12	76.69
在总计中:					
轻工业	9656.73	1965.68	745.45	1009.83	48.04
重工业	112847.44	1916.37	2007.64	6368.78	318.38
在总计中:					
大型企业	84407.86	3014.33	1794.59	4961.13	254.39
中型企业	28199.61	772.89	721.46	1805.65	82.91
小型企业	9896.70	94.83	237.05	611.82	29.12
采矿业	**12203.90**	**720.44**	**340.56**	**1849.31**	**99.19**
煤炭开采和洗选业	6168.53	139.97	260.89	1210.76	49.92
烟煤和无烟煤的开采洗选	6008.61	132.72	255.75	1165.24	47.89
褐煤的开采洗选	157.89	7.22	5.12	45.44	2.02
其他煤炭采选	2.03	0.02	0.02	0.08	
石油和天然气开采业	4833.82	553.54	38.88	479.89	43.88
天然原油和天然气开采	3278.81	519.92	34.49	411.63	39.89
与石油和天然气开采有关的服务活动	1555.01	33.63	4.39	68.27	3.99
黑色金属矿采选业	420.14	13.24	15.17	64.74	2.02
铁矿采选	392.03	9.96	14.68	62.86	1.85
其他黑色金属矿采选	28.11	3.27	0.49	1.88	0.17
有色金属矿采选业	605.43	7.42	9.97	63.36	2.11
常用有色金属矿采选	311.57	4.51	7.93	34.04	1.23
铜矿采选	91.28	1.68	3.90	14.71	0.53
铅锌矿采选	152.00	2.24	3.05	15.03	0.62
镍钴矿采选	1.36	0.01	0.08	0.34	
锡矿采选	4.35	0.09	0.05	0.89	0.01
锑矿采选	4.99	0.04	0.16	0.46	0.01
铝矿采选	52.10	0.42	0.16	1.28	0.03
镁矿采选					
其他常用有色金属矿采选	5.49	0.03	0.51	1.33	0.03
贵金属矿采选	223.27	0.80	1.38	22.13	0.58
金矿采选	221.85	0.78	1.33	21.60	0.58
银矿采选	1.42	0.02	0.05	0.53	
其他贵金属矿采选					
稀有稀土金属矿采选	70.58	2.11	0.67	7.19	0.30
钨钼矿采选	52.57	1.41	0.19	4.85	0.20
稀土金属矿采选	7.32	0.56	0.10	0.16	0.01
放射性金属矿采选	5.12	0.04	0.05	1.00	0.05
其他稀有金属矿采选	5.57	0.09	0.32	1.18	0.04
非金属矿采选业	175.95	6.27	15.66	30.54	1.25
土砂石开采	44.33	1.17	2.97	5.78	0.24
石灰石、石膏开采	9.58	0.54	0.54	1.70	0.14
建筑装饰用石开采	5.54	0.18	0.19	0.43	0.01
耐火土石开采	6.74	0.14	0.39	0.44	0.01
粘土及其他土砂石开采	22.47	0.31	1.84	3.20	0.08

单位：亿元

财务费用	利息支出	营业利润	利润总额	应交所得税	亏损企业亏损总额	本年应交增值税	全部从业人员年平均人数（万人）
2477.62	**2500.76**	**8991.62**	**9063.59**	**1734.74**	**3434.90**	**6769.35**	**1794.10**
870.08	840.03	-3466.50	-3434.90	-5.48	3434.90	1083.04	411.15
168.33	153.93	1157.18	1232.40	298.58	187.12	941.30	272.40
2309.29	2346.83	7834.44	7831.19	1436.16	3247.78	5828.05	1521.70
1277.33	1315.19	6305.47	6408.55	1128.64	2124.72	4607.57	1084.31
840.07	832.51	2231.72	2221.25	497.69	959.21	1630.26	506.55
360.22	353.06	454.43	433.79	108.40	350.96	531.53	203.25
225.45	**228.90**	**6241.06**	**6152.94**	**716.13**	**104.66**	**1857.90**	**485.20**
171.64	161.58	1450.77	1351.96	301.62	28.51	740.13	333.49
168.51	158.58	1396.08	1307.15	296.67	27.91	716.14	322.88
3.13	3.00	54.44	44.58	4.89	0.60	23.91	10.43
		0.26	0.23	0.06		0.08	0.18
28.65	44.50	4467.23	4491.73	351.29	68.29	1020.75	109.52
16.83	39.62	4481.64	4489.31	341.65	18.68	932.36	62.33
11.81	4.88	-14.41	2.41	9.64	49.61	88.39	47.19
12.45	9.65	173.87	164.99	36.86	1.66	47.70	13.41
12.20	9.46	156.05	147.14	36.16	1.62	44.21	12.88
0.26	0.18	17.82	17.86	0.70	0.04	3.49	0.53
7.76	8.65	122.68	118.06	18.81	3.78	34.03	16.88
4.08	5.06	74.24	72.16	9.49	2.47	24.70	7.58
1.87	1.91	40.98	41.28	4.75	0.30	10.24	2.96
1.92	2.88	29.25	27.00	4.13	0.70	11.00	3.09
0.01	0.01	0.47	0.68	0.04	0.04	0.17	0.07
0.12	0.13	2.54	2.53	0.42	0.05	0.81	0.26
0.08	0.08	0.98	0.65	0.09		0.41	0.36
0.05	0.05	1.20	1.22	0.05		1.88	0.51
0.01		-1.19	-1.22	0.01	1.38	0.18	0.33
2.81	2.71	26.64	26.79	6.16	1.07	2.75	5.84
2.77	2.67	26.07	26.21	6.05	1.07	2.58	5.65
0.04	0.04	0.58	0.58	0.11	0.01	0.18	0.19
0.87	0.88	21.79	19.12	3.16	0.24	6.57	3.46
0.61	0.62	18.93	16.47	2.83	0.23	4.76	2.33
0.07	0.07	0.59	0.57	0.03		1.16	0.24
0.06	0.06	1.07	0.95	0.07		0.02	0.49
0.13	0.13	1.20	1.12	0.23	0.01	0.63	0.40
4.96	4.53	26.50	26.20	7.54	2.41	15.29	11.90
0.77	0.46	9.01	8.82	1.47	0.83	3.13	2.92
0.18	0.15	0.94	0.98	0.11	0.62	0.69	0.77
0.07	0.04	1.19	1.17	0.15	0.02	0.38	0.18
0.04	0.04	0.87	0.87	0.08	0.01	0.37	0.25
0.48	0.22	6.01	5.80	1.14	0.19	1.69	1.72

1-A-3 续表 31

行 业	主营业务成本	主营业务税金及附加	营业费用	管理费用	税金
化学矿采选	43.71	1.57	2.40	9.24	0.29
采盐	74.14	3.44	9.06	14.32	0.69
石棉及其他非金属矿采选	13.77	0.08	1.22	1.21	0.03
石棉、云母矿采选	6.64	0.02	0.09	0.44	0.01
石墨、滑石采选	2.42	0.02	1.07	0.55	0.02
宝石、玉石开采					
其他非金属矿采选	4.71	0.04	0.07	0.22	
其他采矿业	0.03			0.01	
制造业	**83463.29**	**2994.65**	**2279.68**	**4767.57**	**232.43**
农副食品加工业	1187.65	6.25	31.51	40.05	3.50
谷物磨制	213.68	1.71	7.77	6.76	0.46
饲料加工	84.87	0.23	2.61	3.48	0.49
植物油加工	419.48	1.54	4.52	8.44	1.33
食用植物油加工	415.15	1.53	4.44	8.34	1.32
非食用植物油加工	4.33	0.01	0.08	0.09	0.01
制糖	102.28	0.65	4.49	8.07	0.25
屠宰及肉类加工	266.16	1.25	5.74	7.07	0.48
畜禽屠宰	212.31	1.16	4.21	4.99	0.35
肉制品及副产品加工	53.84	0.09	1.53	2.08	0.13
水产品加工	37.05	0.32	0.85	2.29	0.10
水产品冷冻加工	32.62	0.31	0.72	2.16	0.09
鱼糜制品及水产品干腌制加工	1.65	0.01	0.11	0.05	0.01
水产饲料制造	1.93			0.03	
鱼油提取及制品的制造					
其他水产品加工	0.86		0.02	0.05	
蔬菜、水果和坚果加工	13.29	0.17	1.60	0.82	0.02
其他农副食品加工	50.84	0.37	3.94	3.13	0.36
淀粉及淀粉制品的制造	29.82	0.25	2.17	1.47	0.06
豆制品制造	8.06	0.03	1.19	0.61	0.03
蛋品加工	0.84		0.03	0.04	
其他未列明的农副食品加工	12.12	0.09	0.54	1.01	0.27
食品制造业	556.83	4.16	69.92	34.84	1.51
焙烤食品制造	12.74	0.14	1.51	1.57	0.04
糕点、面包制造	8.03	0.11	1.12	1.11	0.02
饼干及其他焙烤食品制造	4.71	0.03	0.40	0.46	0.01
糖果、巧克力及蜜饯制造	4.01	0.02	0.36	0.26	0.01
糖果、巧克力制造	3.96	0.02	0.36	0.24	0.01
蜜饯制作	0.05			0.02	
方便食品制造	26.78	0.18	1.97	2.40	0.09
米、面制品制造	13.50	0.02	0.43	0.53	0.02
速冻食品制造	4.94	0.10	1.00	0.64	0.05
方便面及其他方便食品制造	8.33	0.06	0.55	1.23	0.02
液体乳及乳制品制造	259.32	1.29	47.71	11.58	0.46
罐头制造	42.65	0.18	3.58	2.06	0.12
肉、禽类罐头制造	7.01	0.01	0.22	0.41	0.01

单位：亿元

财务费用	利息支出	营业利润	利润总额	应交所得税	亏损企业亏损总额	本年应交增值税	全部从业人员年平均人数（万人）
1.03	1.01	10.96	9.93	4.69	0.78	4.81	2.13
3.11	2.99	4.18	5.73	0.91	0.76	6.18	6.18
0.04	0.07	2.35	1.71	0.47	0.04	1.17	0.67
0.03	0.05	0.81	0.55		0.03	0.38	0.34
	0.02	0.85	0.85	0.38		0.53	0.23
0.01	0.01	0.70	0.32	0.09		0.26	0.09
							0.01
1057.12	**1092.99**	**2313.20**	**2452.50**	**781.12**	**2473.42**	**3295.40**	**1034.59**
17.14	16.76	46.35	34.01	4.93	7.62	27.67	17.93
3.18	2.96	10.07	7.76	0.73	0.54	3.01	3.07
0.87	0.66	4.55	5.35	0.95	0.16	2.21	0.94
6.17	5.92	11.37	8.20	1.20	2.17	10.26	1.52
6.11	5.86	11.18	8.01	1.17	2.17	10.01	1.48
0.07	0.06	0.19	0.19	0.02		0.25	0.04
4.00	3.84	1.34	0.93	0.57	2.44	6.02	3.53
1.21	1.94	15.27	7.11	0.54	1.21	3.13	5.25
0.96	1.68	10.33	6.24	0.35	0.48	2.74	3.72
0.25	0.27	4.95	0.87	0.19	0.73	0.39	1.52
0.83	0.61	0.18	1.41	0.26	0.48	0.79	1.57
0.81	0.59	0.16	1.29	0.25	0.45	0.73	1.43
		0.09	0.09	0.01	0.01	0.06	0.04
0.01	0.01	-0.10	0.01				0.02
0.01	0.01	0.02	0.02		0.02		0.08
0.47	0.45	0.70	0.61	0.17	0.29	0.55	0.99
0.41	0.38	2.87	2.64	0.51	0.32	1.70	1.08
0.42	0.24	1.86	2.08	0.37	0.18	1.09	0.64
	-0.01		0.05	0.07	0.13	0.37	0.32
		-0.02	0.01			0.01	0.02
-0.01	0.14	1.03	0.50	0.07	0.01	0.23	0.09
12.50	11.35	21.55	20.77	5.30	13.06	25.78	14.24
0.03		1.43	1.24	0.34	0.14	1.09	0.78
0.01	0.02	1.11	0.96	0.25	0.09	0.76	0.59
0.02	-0.02	0.32	0.28	0.09	0.05	0.33	0.20
0.09	0.09	-0.55	-0.57	0.01	0.59	0.15	0.18
0.09	0.09	-0.56	-0.58	0.01	0.59	0.15	0.18
		0.01	0.01				
0.43	0.42	0.83	1.01	0.23	0.51	1.07	0.89
0.15	0.14	0.23	0.34		0.14	0.08	0.21
0.05	0.06	0.31	0.37	0.14	0.20	0.48	0.31
0.23	0.22	0.30	0.30	0.08	0.17	0.50	0.36
0.84	0.79	5.12	-0.16	1.07	9.58	10.87	4.24
2.50	2.39	4.44	4.59	0.13	0.39	1.22	1.29
0.11	0.11	0.02	-0.02	0.03	0.18	0.26	0.26

1-A-3 续表 32

行业	主营业务成本	主营业务税金及附加	营业费用	管理费用	税金
水产品罐头制造	2.02	0.02	0.30	0.26	0.02
蔬菜、水果罐头制造	31.11	0.14	2.83	1.21	0.07
其他罐头食品制造	2.51	0.01	0.23	0.18	0.01
调味品、发酵制品制造	157.30	1.16	7.99	9.58	0.44
味精制造	64.16	0.43	2.02	2.45	0.10
酱油、食醋及类似制品的制造	21.24	0.53	2.44	3.11	0.15
其他调味品、发酵制品制造	71.90	0.20	3.54	4.02	0.19
其他食品制造	54.05	1.20	6.80	7.40	0.36
营养、保健食品制造	3.27	0.05	0.53	0.62	0.02
冷冻饮品及食用冰制造	6.22	0.01	1.31	0.48	0.01
盐加工	24.97	1.07	3.92	3.73	0.26
食品及饲料添加剂制造	10.07	0.03	0.43	1.43	0.03
其他未列明的食品制造	9.51	0.04	0.61	1.13	0.04
饮料制造业	816.64	74.71	120.86	75.67	4.15
酒精制造	57.41	1.06	1.61	2.42	0.14
酒的制造	686.74	73.15	110.12	67.60	3.86
白酒制造	423.10	44.32	61.39	44.86	2.23
啤酒制造	209.23	25.01	32.65	17.02	1.39
黄酒制造	18.37	0.84	2.91	2.12	0.12
葡萄酒制造	34.73	2.78	12.94	3.37	0.13
其他酒制造	1.32	0.20	0.23	0.22	
软饮料制造	62.32	0.22	8.38	4.40	0.13
碳酸饮料制造	18.30		3.59	0.76	0.04
瓶(罐)装饮用水制造	6.78	0.05	1.70	0.62	0.02
果菜汁及果菜汁饮料制造	29.90	0.13	2.26	2.26	0.05
含乳饮料和植物蛋白饮料制造	6.05	0.02	0.67	0.68	0.01
固体饮料制造	0.61	0.01	0.05	0.04	
茶饮料及其他软饮料制造	0.68	0.01	0.11	0.04	
精制茶加工	10.17	0.28	0.75	1.25	0.03
烟草制品业	1296.49	1840.13	95.93	304.15	9.07
烟叶复烤	37.25	1.05	3.79	11.47	0.75
卷烟制造	1243.61	1838.81	91.81	290.57	8.27
其他烟草制品加工	15.63	0.27	0.33	2.11	0.06
纺织业	624.57	2.91	11.87	42.38	2.78
棉、化纤纺织及印染精加工	449.38	1.95	7.36	28.00	1.98
棉、化纤纺织加工	393.28	1.76	6.53	25.02	1.85
棉、化纤印染精加工	56.10	0.19	0.83	2.98	0.13
毛纺织和染整精加工	35.00	0.19	0.72	2.23	0.12
毛条加工	1.23		0.02	0.10	
毛纺织	33.77	0.19	0.70	2.13	0.12
毛染整精加工					
麻纺织	14.90	0.06	0.71	1.42	0.09
丝绢纺织及精加工	21.76	0.14	0.25	1.55	0.10
缫丝加工	9.41	0.07	0.08	0.31	0.02
绢纺和丝织加工	9.71	0.05	0.14	0.82	0.05
丝印染精加工	2.63	0.02	0.02	0.42	0.03

单位：亿元

财务费用	利息支出	营业利润	利润总额	应交所得税	亏损企业亏损总额	本年应交增值税	全部从业人员年平均人数（万人）
-0.06	-0.06	-0.05	-0.07	0.01	0.10	0.06	0.10
2.35	2.25	4.37	4.59	0.08	0.12	0.81	0.86
0.09	0.08	0.09	0.09	0.01		0.09	0.08
6.67	5.83	6.24	10.37	2.42	0.76	7.52	4.23
2.50	2.12	10.44	6.73	1.72	0.24	4.75	1.94
0.78	0.52	1.41	1.07	0.27	0.45	1.26	0.89
3.40	3.19	-5.60	2.58	0.43	0.07	1.51	1.40
1.93	1.84	4.05	4.29	1.10	1.08	3.87	2.62
0.04	0.03	0.65	0.61	0.11	0.13	0.37	0.17
0.08	0.08	0.22	0.20	0.03	0.01	0.23	0.16
1.47	1.39	1.51	1.87	0.42	0.29	2.08	1.68
0.29	0.28	1.35	1.29	0.46	0.59	0.53	0.33
0.05	0.06	0.32	0.33	0.08	0.07	0.67	0.28
10.01	10.07	178.72	180.79	45.60	7.65	79.99	22.97
2.59	2.57	-0.62	0.39	0.15	0.33	0.51	0.81
6.33	6.55	172.73	174.96	44.37	6.03	74.85	20.40
0.96	0.87	144.64	144.52	37.67	0.86	49.62	13.05
4.61	5.11	18.63	20.64	3.98	3.73	19.10	6.27
0.37	0.36	2.59	2.72	0.70		1.69	0.53
0.40	0.21	6.62	6.75	2.01	1.42	4.30	0.49
		0.25	0.32	0.01	0.03	0.14	0.06
0.90	0.77	5.85	4.90	1.02	1.22	3.61	1.19
-0.11	-0.11	2.37	1.87	0.39	0.20	1.05	0.27
-0.04	-0.02	0.81	0.89	0.16	0.02	0.63	0.29
1.00	0.85	2.69	2.14	0.43	0.66	1.57	0.36
0.05	0.05	-0.02		0.03	0.33	0.27	0.17
0.01	0.01	-0.01			0.01	0.04	0.08
		0.02	0.02		0.01	0.05	0.02
0.19	0.18	0.76	0.55	0.06	0.06	1.02	0.57
-3.49	-2.33	692.72	710.01	178.54	1.13	525.18	18.81
-0.09	-0.01	11.06	10.96	3.02	0.73	9.12	2.51
-3.45	-2.36	679.06	696.47	174.89		514.41	15.91
0.05	0.04	2.60	2.58	0.63	0.40	1.65	0.40
14.33	13.08	-3.60	1.37	2.19	19.61	22.63	40.29
10.86	9.92	-9.61	-5.18	1.33	15.91	16.50	29.50
9.89	9.20	-9.31	-4.88	1.33	14.96	15.58	27.39
0.97	0.73	-0.30	-0.30		0.95	0.92	2.11
0.81	0.79	2.97	3.05	0.17	1.01	1.00	1.83
		-0.03	-0.03		0.04	0.04	0.03
0.81	0.79	3.00	3.08	0.17	0.97	0.95	1.81
0.35	0.34	-0.75	-0.73	0.04	0.95	0.33	1.66
0.81	0.79	0.79	1.00	0.11	0.35	1.08	1.33
0.17	0.19	0.55	0.49	0.03	0.09	0.50	0.75
0.55	0.52	0.34	0.51	0.05	0.12	0.40	0.44
0.09	0.09	-0.10	-0.01	0.03	0.14	0.17	0.14

1-A-3 续表 33

行业	主营业务成本	主营业务税金及附加	营业费用	管理费用	
					税金
纺织制成品制造	39.21	0.23	1.39	3.63	0.28
棉及化纤制品制造	14.70	0.07	0.38	1.01	0.07
毛制品制造	1.67	0.01	0.12	0.20	
麻制品制造	1.04	0.02	0.02	0.06	
丝制品制造	1.81	0.01	0.01	0.43	0.01
绳、索、缆的制造	1.42	0.02	0.09	0.10	
纺织带和帘子布制造	2.35		0.10	0.22	
无纺布制造	7.67	0.04	0.39	0.82	0.17
其他纺织制成品制造	8.55	0.06	0.27	0.79	0.03
针织品、编织品及其制品制造	64.34	0.35	1.44	5.55	0.21
棉、化纤针织品及编织品制造	45.64	0.26	0.77	3.28	0.16
毛针织品及编织品制造	10.51	0.06	0.50	1.67	0.04
丝针织品及编织品制造	0.82		0.03	0.06	
其他针织品及编织品制造	7.36	0.02	0.13	0.54	0.01
纺织服装、鞋、帽制造业	101.36	0.64	4.08	11.84	0.27
纺织服装制造	99.77	0.62	4.04	11.66	0.27
纺织面料鞋的制造	0.97	0.01	0.03	0.16	
制帽	0.63		0.02	0.02	
皮革、毛皮、羽毛(绒)及其制品业	38.50	0.24	0.73	3.13	0.10
皮革鞣制加工	2.04			0.23	0.03
皮革制品制造	30.81	0.22	0.60	2.53	0.07
皮鞋制造	11.20	0.02	0.37	0.97	0.04
皮革服装制造					
皮箱、包(袋)制造	2.12	0.04	0.02	0.94	
皮手套及皮装饰制品制造	0.09			0.02	
其他皮革制品制造	17.40	0.16	0.21	0.59	0.02
毛皮鞣制及制品加工	3.61		0.09	0.26	
毛皮鞣制加工					
毛皮服装加工	3.61		0.09	0.26	
其他毛皮制品加工					
羽毛(绒)加工及制品制造	2.04	0.01	0.03	0.11	
羽毛(绒)加工	0.13				
羽毛(绒)制品加工	1.91	0.01	0.03	0.11	
木材加工及木、竹、藤、棕、草制品业	123.34	1.32	5.82	10.21	0.49
锯材、木片加工	16.78	0.27	0.66	1.78	0.04
锯材加工	11.04	0.20	0.40	1.23	0.03
木片加工	5.74	0.07	0.26	0.55	0.01
人造板制造	89.62	0.89	4.21	6.67	0.36
胶合板制造	14.25	0.28	0.42	0.60	0.06
纤维板制造	52.08	0.42	1.62	3.59	0.18
刨花板制造	21.65	0.19	2.12	2.36	0.11
其他人造板、材制造	1.65	0.01	0.06	0.13	
木制品制造	15.21	0.13	0.93	1.59	0.09
建筑用木料及木材组件加工	9.88	0.09	0.78	1.19	0.06
木容器制造	0.52		0.01	0.11	
软木制品及其他木制品制造	4.81	0.04	0.14	0.30	0.02

单位：亿元

财务费用	利息支出	营业利润	利润总额	应交所得税	亏损企业亏损总额	本年应交增值税	全部从业人员年平均人数（万人）
0.91	0.74	1.34	1.37	0.20	0.64	1.57	2.41
0.33	0.25	0.77	0.53		0.26	0.45	1.08
0.02		-0.01	0.02	0.01	0.02	0.10	0.12
0.02	0.01	0.05	0.05		0.01	0.11	0.10
0.02	0.01	-0.11	-0.03	0.01	0.11	0.11	0.16
0.08	0.07	0.09	0.09			0.08	0.11
0.15	0.13	0.03	0.03	0.01	0.03	0.05	0.31
0.16	0.16	0.27	0.44	0.04	0.08	0.38	0.27
0.13	0.11	0.26	0.25	0.12	0.13	0.30	0.25
0.61	0.50	1.66	1.87	0.34	0.75	2.16	3.57
0.38	0.37	0.82	0.86	0.21	0.61	1.52	1.70
0.16	0.10	0.44	0.53	0.02	0.10	0.50	1.25
0.03	0.02	-0.01				0.01	0.07
0.03	0.02	0.40	0.49	0.11	0.04	0.13	0.55
0.57	0.46	7.11	6.68	0.90	1.31	4.64	9.03
0.56	0.45	6.97	6.58	0.90	1.23	4.62	8.52
0.02	0.01	0.13	0.09		0.08	0.02	0.47
		0.01	0.01				0.04
-0.29	-0.07	4.80	5.02	1.09	0.27	2.79	1.46
-0.05	-0.05	-0.19	-0.07		0.08	0.12	0.04
-0.21	-0.02	4.24	4.34	1.00	0.13	2.60	1.15
0.07	0.07	0.40	0.48	0.18	0.12	0.34	0.64
-0.09	-0.09	0.53	0.53		0.01	0.34	0.19
		0.03	0.03			0.02	0.04
-0.19		3.29	3.29	0.82		1.91	0.28
-0.03		0.30	0.30	0.09	0.05	0.02	0.14
-0.03		0.30	0.30	0.09	0.05	0.02	0.14
0.01		0.46	0.46			0.05	0.12
0.01		0.46	0.46			0.05	0.12
3.19	2.72	2.77	4.74	0.81	3.39	6.14	6.10
0.19	0.12	1.24	1.28	0.08	0.75	1.19	1.25
0.13	0.10	1.03	1.20	0.07	0.24	0.66	1.09
0.06	0.02	0.21	0.08	0.01	0.51	0.54	0.15
2.63	2.35	1.67	3.69	0.61	1.83	4.55	3.93
0.17	0.14	0.92	0.70	0.08	0.07	0.39	0.60
1.58	1.51	0.47	1.78	0.42	1.44	2.63	1.84
0.82	0.64	0.17	1.20	0.12	0.30	1.45	1.29
0.06	0.05	0.12	0.02		0.02	0.08	0.20
0.35	0.24	-0.27	-0.33	0.11	0.80	0.29	0.84
0.27	0.17	-0.23	-0.13	0.09	0.46	0.16	0.49
		-0.06	-0.09		0.10	0.01	0.03
0.09	0.06	0.02	-0.11	0.01	0.24	0.12	0.32

1-A-3 续表 34

行　业	主营业务成　本	主营业务税金及附加	营业费用	管理费用	税金
竹、藤、棕、草制品制造	1.73	0.02	0.01	0.17	
家具制造业	56.09	0.07	0.88	4.29	0.15
木质家具制造	9.88	0.05	0.41	0.91	0.06
竹、藤家具制造	1.26		0.03	0.02	
金属家具制造	44.17	0.02	0.37	3.31	0.09
塑料家具制造					
其他家具制造	0.78		0.07	0.04	
造纸及纸制品业	566.74	3.21	19.40	30.77	3.31
纸浆制造	42.25	1.09	1.30	3.98	0.33
造纸	495.95	1.93	17.23	24.64	2.91
机制纸及纸板制造	482.65	1.90	16.95	23.80	2.88
手工纸制造	0.43	0.01	0.07	0.18	
加工纸制造	12.87	0.02	0.20	0.66	0.03
纸制品制造	28.53	0.19	0.87	2.15	0.07
纸和纸板容器的制造	21.37	0.12	0.66	1.51	0.05
其他纸制品制造	7.16	0.07	0.21	0.64	0.03
印刷业和记录媒介的复制	281.14	2.37	6.47	48.92	1.53
印刷	252.61	2.16	5.74	43.54	1.34
书、报、刊印刷	129.78	1.22	3.28	21.56	0.76
本册印制	8.08	0.09	0.33	1.20	0.04
包装装潢及其他印刷	114.75	0.85	2.12	20.78	0.54
装订及其他印刷服务活动	17.15	0.17	0.29	3.12	0.01
记录媒介的复制	11.38	0.04	0.44	2.26	0.18
文教体育用品制造业	35.92	0.17	1.83	4.70	0.25
文化用品制造	9.23	0.04	0.30	1.29	0.03
文具制造	0.04		0.01	0.01	
笔的制造	4.87	0.03	0.22	0.84	0.01
教学用模型及教具制造	1.33		0.02	0.15	
墨水、墨汁制造	0.08			0.05	
其他文化用品制造	2.91		0.06	0.24	0.02
体育用品制造	7.61	0.05	0.48	0.99	0.05
球类制造	4.13	0.02	0.26	0.47	0.03
体育器材及配件制造	2.23	0.02	0.17	0.33	0.01
训练健身器材制造	0.63	0.01	0.03	0.11	
运动防护用具制造					
其他体育用品制造	0.61	0.01	0.02	0.07	0.01
乐器制造	12.95	0.07	0.90	1.66	0.09
中乐器制造					
西乐器制造	12.95	0.07	0.90	1.66	0.09
电子乐器制造					
其他乐器及零件制造					
玩具制造	5.58	0.01	0.14	0.70	0.07
游艺器材及娱乐用品制造	0.55		0.01	0.06	
露天游乐场所游乐设备制造	0.55		0.01	0.06	
游艺用品及室内游艺器材制造					

单位：亿元

财务费用	利息支出	营业利润	利润总额	应交所得税	亏损企业亏损总额	本年应交增值税	全部从业人员年平均人数（万人）
0.01	0.01	0.13	0.10	0.02		0.10	0.08
0.33	0.19	5.82	5.68	0.94	0.25	1.66	1.00
0.17	0.13	0.09	0.05	0.02	0.23	0.36	0.44
		0.19	0.19			0.03	0.03
0.15	0.06	5.53	5.43	0.92	0.02	1.22	0.49
		0.02	0.02			0.04	0.04
21.31	24.41	31.74	32.31	7.69	11.05	27.14	11.73
1.54	2.37	-2.34	-2.00	0.16	3.74	2.51	1.25
19.49	21.81	31.61	32.18	7.09	6.83	23.24	8.89
19.09	21.50	30.65	32.30	7.04	6.27	22.86	8.58
0.02	0.02	0.08	0.11	0.03		0.07	0.12
0.38	0.29	0.87	-0.23	0.02	0.57	0.31	0.18
0.28	0.23	2.47	2.12	0.44	0.48	1.40	1.60
0.20	0.16	1.82	1.35	0.30	0.36	0.94	1.32
0.08	0.07	0.65	0.77	0.15	0.12	0.46	0.28
2.28	2.22	34.41	40.58	7.46	4.63	21.51	13.38
2.05	2.02	30.89	36.88	7.26	4.10	19.11	12.28
1.38	1.33	6.08	8.25	1.24	3.40	7.41	8.24
0.03	0.04	1.89	2.04	0.36	0.04	0.88	0.39
0.64	0.64	22.91	26.59	5.65	0.66	10.82	3.65
0.13	0.10	3.30	3.29	0.10	0.08	1.77	0.70
0.09	0.11	0.22	0.41	0.11	0.45	0.62	0.41
0.50	0.50	0.87	1.17	0.27	1.02	1.35	1.82
0.06	0.05	0.45	0.54	0.13	0.27	0.24	0.28
							0.01
0.08	0.06	0.29	0.38	0.08	0.26	0.17	0.21
		-0.01	-0.01		0.01	0.06	0.04
						0.01	0.01
-0.02	-0.01	0.17	0.16	0.05			0.01
0.12	0.09	0.19	0.36	0.03	0.23	0.30	0.47
0.09	0.07	0.12	0.28	-0.01	0.11	0.18	0.15
0.02	0.02	0.07	0.07	0.02	0.05	0.11	0.24
0.01		0.02	0.02	0.02	0.06	0.01	0.05
		-0.02	-0.02		0.02		0.03
0.29	0.36	0.05	0.11	0.08	0.50	0.68	0.51
0.29	0.36	0.05	0.11	0.08	0.50	0.68	0.51
0.03		0.13	0.11	0.01	0.02	0.13	0.54
		0.05	0.05	0.01			0.04
		0.05	0.05	0.01			0.04

1-A-3 续表 35

行业	主营业务成本	主营业务税金及附加	营业费用	管理费用	税金
石油加工、炼焦及核燃料加工业	16849.38	363.47	81.66	515.35	13.62
精炼石油产品的制造	16067.60	357.50	60.26	476.76	9.09
原油加工及石油制品制造	16067.41	357.50	60.25	476.76	9.09
人造原油生产	0.19		0.01		
炼焦	742.44	5.91	21.22	35.24	4.44
化学原料及化学制品制造业	7093.59	61.85	147.89	457.46	25.14
基础化学原料制造	3419.24	30.59	62.06	191.39	9.81
无机酸制造	46.44	0.28	0.77	2.84	0.16
无机碱制造	600.31	5.55	18.75	39.03	2.23
无机盐制造	114.54	1.23	4.61	10.51	0.57
有机化学原料制造	2417.53	19.91	31.68	116.40	5.50
其他基础化学原料制造	240.42	3.63	6.25	22.61	1.36
肥料制造	1430.84	15.20	31.03	114.14	7.95
氮肥制造	738.72	4.38	12.73	61.44	5.75
磷肥制造	194.37	4.33	5.45	17.67	0.67
钾肥制造	38.85	3.13	2.72	5.45	0.01
复混肥料制造	451.77	3.31	9.93	28.99	1.50
有机肥料及微生物肥料制造	3.51	0.05	0.14	0.22	
其他肥料制造	3.62		0.05	0.37	0.02
农药制造	170.97	0.69	5.89	11.28	0.55
化学农药制造	168.23	0.67	5.79	11.16	0.55
生物化学农药及微生物农药制造	2.74	0.03	0.11	0.11	
涂料、油墨、颜料及类似产品制造	104.88	0.71	4.25	11.26	0.42
涂料制造	58.90	0.48	2.65	5.54	0.16
油墨及类似产品制造	6.38	0.03	0.21	1.04	0.04
颜料制造	22.86	0.07	0.66	2.63	0.14
染料制造	13.83	0.12	0.60	1.91	0.07
密封用填料及类似品制造	2.91	0.01	0.13	0.14	
合成材料制造	1300.61	9.56	19.14	62.91	3.98
初级形态的塑料及合成树脂制造	654.82	2.91	9.81	27.80	2.19
合成橡胶制造	42.10	0.21	1.04	3.02	0.14
合成纤维单(聚合)体的制造	587.88	6.38	7.75	30.69	1.58
其他合成材料制造	15.81	0.06	0.54	1.39	0.07
专用化学产品制造	590.97	4.67	20.70	60.61	2.12
化学试剂和助剂制造	139.20	1.50	5.79	13.61	0.47
专项化学用品制造	202.50	1.44	4.46	10.12	0.46
林产化学产品制造	13.59	0.06	0.25	0.71	0.10
炸药及火工产品制造	160.02	1.12	7.35	27.45	0.85
信息化学品制造	57.78	0.48	1.75	7.03	0.19
环境污染处理专用药剂材料制造	2.23	0.02	0.15	0.42	0.01
动物胶制造	0.45		0.04	0.18	
其他专用化学产品制造	15.20	0.06	0.92	1.07	0.03
日用化学产品制造	76.08	0.42	4.83	5.87	0.31
肥皂及合成洗涤剂制造	33.66	0.16	1.62	2.54	0.12
化妆品制造	7.21	0.09	0.19	0.70	0.03
口腔清洁用品制造	15.43	0.07	2.71	1.61	0.11
香料、香精制造	9.11	0.04	0.18	0.56	0.02
其他日用化学产品制造	10.68	0.05	0.13	0.46	0.02

单位：亿元

财务费用	利息支出	营业利润	利润总额	应交所得税	亏损企业亏损总额	本年应交增值税	全部从业人员年平均人数（万人）
108.90	116.04	-1487.41	-1341.86	11.18	1520.57	331.82	42.85
87.07	94.97	-1505.62	-1361.68	6.20	1505.70	288.83	32.24
87.07	94.97	-1505.61	-1361.68	6.20	1505.69	288.83	32.24
		-0.01	-0.01		0.01		
21.52	20.79	16.54	18.69	4.76	14.87	42.81	9.59
130.99	136.92	187.53	156.02	68.64	289.32	245.55	102.04
50.63	59.76	-58.70	-113.02	17.41	222.32	131.57	37.34
1.64	1.64	3.88	4.10	0.57	0.89	2.29	0.77
14.92	14.71	17.65	14.43	3.49	10.61	30.32	12.37
2.58	2.36	2.88	5.54	0.87	2.30	7.30	3.67
25.69	35.61	-68.40	-126.70	9.95	183.89	80.95	16.33
5.80	5.43	-14.71	-10.39	2.54	24.62	10.71	4.20
44.04	43.54	142.93	152.82	27.26	15.13	38.01	28.25
27.01	26.95	51.32	59.85	12.26	12.06	19.50	18.79
4.27	4.74	12.21	9.08	1.85	0.19	5.11	3.44
1.69	1.65	44.75	50.90	6.95		5.88	1.23
10.97	10.13	34.62	32.81	6.14	2.72	7.37	4.47
0.04	0.01	0.18	0.24	0.05	0.01	0.09	0.12
0.06	0.06	-0.14	-0.07		0.15	0.06	0.20
5.43	4.97	16.41	13.27	2.47	1.18	4.75	3.44
5.41	4.96	16.10	13.12	2.46	1.18	4.67	3.39
0.02	0.01	0.31	0.15			0.07	0.05
2.14	1.99	-1.19	0.87	0.60	5.73	4.14	2.67
0.97	1.01	2.37	4.26	0.34	0.18	2.10	1.15
	0.02	1.32	1.50	0.19	0.02	0.50	0.15
0.72	0.68	-4.43	-4.50	-0.02	4.83	0.59	0.60
0.42	0.26	-0.50	-0.43	0.07	0.68	0.78	0.69
0.02	0.02	0.04	0.04	0.02	0.02	0.16	0.07
18.11	16.66	34.15	43.39	9.83	38.23	35.85	11.61
10.66	8.81	-1.00	-1.16	2.24	26.47	22.45	6.50
0.76	0.74	0.47	0.93	0.06	0.76	1.66	1.03
6.32	6.76	35.37	44.16	7.50	10.13	11.44	3.82
0.38	0.36	-0.69	-0.54	0.03	0.87	0.31	0.27
9.66	8.92	49.63	54.32	10.00	4.99	27.45	16.59
2.23	2.03	10.50	10.16	1.97	1.73	6.37	2.49
3.38	3.32	5.64	6.69	1.80	1.48	5.18	2.49
0.26	0.21	1.38	1.53	0.07	0.19	0.40	0.31
2.52	2.24	12.17	15.56	2.41	1.20	10.28	9.49
0.83	0.70	17.76	18.96	3.54	0.16	4.42	1.30
0.02	0.03	0.33	0.38	0.02	0.02	0.12	0.10
0.04	0.03	-0.15	0.01		0.01	0.06	0.04
0.36	0.36	2.01	1.03	0.19	0.20	0.63	0.37
0.98	1.07	4.31	4.37	1.08	1.75	3.79	2.15
0.84	0.81	-0.82	-0.97	0.05	1.31	1.40	1.30
0.05	0.02	0.74	0.76	0.10	0.07	0.48	0.15
-0.01	0.13	1.23	1.66	0.70	0.35	0.97	0.44
0.08	0.05	1.84	1.66	0.15	0.02	0.27	0.11
0.03	0.05	1.31	1.26	0.08		0.67	0.15

1-A-3 续表 36

行　业	主营业务成　本	主营业务税金及附加	营业费用	管理费用	税金
医药制造业	828.84	8.50	157.25	126.00	7.39
化学药品原药制造	269.36	2.07	25.41	30.51	3.58
化学药品制剂制造	296.62	2.73	53.33	46.73	2.18
中药饮片加工	26.95	0.33	1.86	2.39	0.10
中成药制造	184.97	2.51	64.14	30.61	1.11
兽用药品制造	10.34	0.09	1.67	2.61	0.06
生物、生化制品的制造	31.06	0.73	9.79	11.87	0.34
卫生材料及医药用品制造	9.54	0.04	1.06	1.27	0.01
化学纤维制造业	456.27	1.66	6.63	31.89	3.10
纤维素纤维原料及纤维制造	179.29	0.54	2.92	10.78	0.58
化纤浆粕制造	17.17	0.07	0.47	0.91	0.04
人造纤维(纤维素纤维)制造	162.12	0.47	2.45	9.87	0.54
合成纤维制造	276.97	1.12	3.71	21.11	2.52
锦纶纤维制造	71.34	0.09	0.80	2.52	0.21
涤纶纤维制造	114.96	0.37	1.06	3.60	0.74
腈纶纤维制造	47.71	0.47	0.76	11.70	1.50
维纶纤维制造	40.35	0.17	1.00	2.95	0.07
其他合成纤维制造	2.61	0.02	0.09	0.35	0.01
橡胶制品业	541.38	3.65	18.27	23.33	1.22
轮胎制造	472.96	3.18	15.10	17.05	1.01
车辆、飞机及工程机械轮胎制造	466.48	3.10	15.00	16.17	0.95
力车胎制造	6.03	0.08	0.10	0.85	0.06
轮胎翻新加工	0.46		0.01	0.03	
橡胶板、管、带的制造	15.23	0.07	0.66	1.58	0.06
橡胶零件制造	11.19	0.05	0.70	2.14	0.05
再生橡胶制造	0.38	0.01	0.01	0.01	
日用及医用橡胶制品制造	10.66	0.05	0.49	0.75	0.03
橡胶靴鞋制造	28.08	0.28	1.24	1.48	0.05
其他橡胶制品制造	2.88	0.03	0.08	0.32	0.01
塑料制品业	345.78	1.40	12.16	19.84	1.18
塑料薄膜制造	95.34	0.17	2.62	5.55	0.18
塑料板、管、型材的制造	147.03	0.47	6.38	6.69	0.53
塑料丝、绳及编织品的制造	24.56	0.19	0.45	1.14	0.07
泡沫塑料制造	7.19	0.03	0.15	0.66	0.11
塑料人造革、合成革制造	1.46		0.02	0.06	
塑料包装箱及容器制造	23.74	0.12	1.06	1.31	0.07
塑料零件制造	11.31	0.07	0.26	1.36	0.15
日用塑料制造	7.26	0.05	0.40	0.84	0.01
塑料鞋制造	0.53			0.03	
日用塑料杂品制造	6.73	0.05	0.40	0.81	0.01
其他塑料制品制造	27.89	0.30	0.81	2.23	0.06
非金属矿物制品业	1829.11	17.99	88.88	134.87	8.09
水泥、石灰和石膏的制造	1038.53	12.03	54.79	68.06	4.80
水泥制造	1033.77	11.96	54.60	67.44	4.77
石灰和石膏制造	4.75	0.06	0.19	0.62	0.03

单位：亿元

财务费用	利息支出	营业利润	利润总额	应交所得税	亏损企业亏损总额	本年应交增值税	全部从业人员年平均人数（万人）
25.58	21.69	129.67	144.26	26.38	8.79	75.60	29.70
9.28	6.97	28.65	31.06	4.10	2.61	15.57	8.17
9.39	8.29	43.69	51.56	13.21	4.21	26.22	11.08
0.59	0.51	1.91	2.31	0.25	0.28	1.44	0.54
4.70	4.31	35.53	37.84	5.55	0.89	25.95	7.42
0.13	0.12	1.76	1.72	0.41	0.46	0.99	0.57
1.40	1.40	16.72	18.07	2.72	0.28	4.74	1.67
0.08	0.09	1.41	1.70	0.13	0.06	0.71	0.25
12.25	11.29	-31.82	-23.94	3.29	43.64	14.22	11.90
7.49	6.60	1.92	2.48	2.24	14.37	7.82	5.39
0.34	0.31	-0.51	-0.42	-0.06	0.96	0.77	0.43
7.16	6.29	2.44	2.91	2.29	13.41	7.05	4.96
4.75	4.69	-33.75	-26.42	1.05	29.26	6.41	6.51
1.12	0.93	0.34	-0.22	0.72	0.66	0.94	0.96
1.78	1.76	-7.02	-5.16	0.03	5.80	2.56	2.31
0.23	0.44	-28.19	-22.57		22.57	1.31	0.94
1.60	1.54	0.60	0.98	0.23	0.23	1.44	2.19
0.03	0.02	0.52	0.55	0.07		0.15	0.11
13.21	12.66	-0.48	3.42	1.06	8.35	15.54	11.85
12.55	12.07	-2.24	0.98	0.81	7.42	12.57	7.82
12.43	11.96	-1.92	1.36	0.81	7.04	12.29	7.50
0.12	0.11	-0.32	-0.38		0.38	0.28	0.30
					0.01	0.01	0.02
0.06	0.06	0.55	0.60	0.04	0.17	0.58	0.86
0.19	0.19	0.80	0.82	0.09	0.17	0.81	0.58
		-0.02			0.02		0.03
0.22	0.18	0.02	0.24	0.03	0.05	0.35	0.60
0.16	0.14	0.09	0.45	0.06	0.43	1.11	1.81
0.03	0.02	0.32	0.34	0.04	0.10	0.11	0.13
9.49	9.06	15.71	24.50	2.17	5.51	12.25	7.80
2.93	2.73	-0.98	14.46	0.29	1.44	3.02	1.91
4.35	4.20	13.22	6.36	1.03	0.51	4.63	1.84
0.52	0.51	1.31	1.61	0.28	0.44	1.07	1.08
0.50	0.55	-1.40	-1.75	0.01	1.85	0.09	0.30
0.01	0.01	-0.04	-0.04		0.04	0.05	0.04
0.40	0.33	2.79	2.75	0.35	0.36	1.51	0.52
0.18	0.16	0.03	0.17	0.05	0.26	0.71	0.79
0.07	0.06	0.42	0.36	0.06	0.01	0.36	0.55
		0.01	0.01			0.04	0.06
0.07	0.06	0.41	0.36	0.05	0.01	0.33	0.49
0.53	0.52	0.36	0.57	0.11	0.59	0.80	0.76
61.44	54.72	106.13	137.22	21.91	30.81	117.90	54.43
40.60	35.84	76.20	99.68	14.35	14.48	78.34	24.02
40.55	35.81	75.90	99.37	14.27	14.36	77.97	23.74
0.05	0.03	0.29	0.31	0.08	0.12	0.37	0.29

1-A-3 续表 37

行　业	主营业务成　本	主营业务税金及附加	营业费用	管理费用	税金
水泥及石膏制品制造	272.00	2.58	7.63	16.82	0.74
水泥制品制造	202.08	2.03	4.51	11.34	0.41
砼结构构件制造	35.79	0.41	0.70	2.02	0.10
石棉水泥制品制造	0.59	0.01	0.03	0.13	
轻质建筑材料制造	29.61	0.11	2.29	2.77	0.22
其他水泥制品制造	3.93	0.02	0.10	0.57	0.01
砖瓦、石材及其他建筑材料制造	70.56	0.60	5.41	7.68	0.28
粘土砖瓦及建筑砌块制造	20.18	0.28	2.00	3.82	0.10
建筑陶瓷制品制造	2.31	0.07	0.11	0.17	0.02
建筑用石加工	16.42	0.11	1.21	0.50	0.04
防水建筑材料制造	7.39	0.03	0.40	1.36	0.05
隔热和隔音材料制造	9.06	0.02	0.45	0.71	0.02
其他建筑材料制造	15.21	0.09	1.23	1.11	0.04
玻璃及玻璃制品制造	224.77	1.08	9.32	22.18	1.14
平板玻璃制造	82.50	0.28	2.97	7.93	0.41
技术玻璃制品制造	26.86	0.05	0.88	2.36	0.13
光学玻璃制造	24.85	0.08	0.60	2.92	0.09
玻璃仪器制造	2.18	0.01	0.18	0.18	0.02
日用玻璃制品及玻璃包装容器制造	10.96	0.09	0.95	1.26	0.16
玻璃保温容器制造	0.84			0.08	
玻璃纤维及制品制造	56.49	0.38	2.80	5.02	0.22
玻璃纤维增强塑料制品制造	17.75	0.16	0.84	2.03	0.06
其他玻璃制品制造	2.34	0.01	0.08	0.41	0.04
陶瓷制品制造	32.86	0.50	2.60	4.66	0.34
卫生陶瓷制品制造	5.82	0.17	0.36	0.61	0.04
特种陶瓷制品制造	9.50	0.11	1.05	1.30	0.06
日用陶瓷制品制造	17.04	0.22	1.15	2.72	0.24
园林、陈设艺术及其他陶瓷制品制造	0.49	0.01	0.04	0.03	0.01
耐火材料制品制造	63.50	0.38	3.30	5.09	0.23
石棉制品制造	1.19	0.01	0.02	0.14	0.01
云母制品制造	5.15		0.02	0.04	
耐火陶瓷制品及其他耐火材料制造	57.16	0.37	3.25	4.91	0.21
石墨及其他非金属矿物制品制造	126.89	0.81	5.85	10.37	0.56
石墨及碳素制品制造	57.50	0.36	2.09	5.24	0.36
其他非金属矿物制品制造	69.38	0.45	3.76	5.13	0.21
黑色金属冶炼及压延加工业	18255.71	135.26	233.53	689.59	44.20
炼铁	478.74	1.44	5.14	8.78	1.10
炼钢	3793.91	20.27	41.91	127.11	9.15
钢压延加工	13748.33	108.18	181.49	544.40	33.60
铁合金冶炼	234.73	5.36	4.99	9.31	0.36
有色金属冶炼及压延加工业	5807.29	48.82	57.62	202.67	16.96
常用有色金属冶炼	4103.21	26.67	40.55	134.08	13.76
铜冶炼	1690.60	6.03	8.35	36.24	1.92
铅锌冶炼	453.24	9.28	6.11	25.46	5.31
镍钴冶炼	507.42	1.84	2.44	18.61	1.14

单位：亿元

财务费用	利息支出	营业利润	利润总额	应交所得税	亏损企业亏损总额	本年应交增值税	全部从业人员年平均人数（万人）
3.38	3.09	11.59	14.18	1.79	2.87	11.32	6.57
1.74	1.51	5.44	6.80	1.15	2.23	8.61	4.28
0.62	0.64	1.35	1.39	0.17	0.32	1.49	1.01
-0.01			-0.01		0.01	0.04	0.03
1.00	0.94	4.01	5.21	0.35	0.30	0.78	1.05
0.02	0.02	0.78	0.79	0.12	0.01	0.41	0.18
1.21	1.07	3.10	3.50	0.85	2.49	3.42	4.65
0.36	0.33	1.01	1.18	0.28	1.01	1.41	2.92
0.08	0.08	-0.08	-0.05	0.03	0.15	0.17	0.26
0.20	0.15	1.06	0.97	0.09	0.15	0.53	0.48
0.18	0.18	-0.07	-0.21	0.11	0.75	0.31	0.16
0.12	0.13	0.42	0.63	0.12	0.02	0.45	0.23
0.27	0.21	0.76	0.98	0.23	0.40	0.55	0.60
10.72	9.41	5.67	10.66	2.58	6.57	12.81	8.46
4.09	3.79	-6.28	-2.78	0.26	4.71	2.68	2.53
0.72	0.55	0.36	0.50	0.12	0.30	1.64	0.56
0.46	0.42	0.27	0.95	0.15	0.06	2.39	0.71
0.01	0.01	0.07	0.11	0.03	0.03	0.16	0.21
0.17	0.10	-0.26	-0.33	0.06	0.65	0.70	1.01
0.01	0.01	0.01	0.01			0.01	0.04
4.79	4.09	8.16	8.65	1.03	0.47	3.90	2.71
0.44	0.43	3.09	3.41	0.88	0.19	1.14	0.58
0.01		0.24	0.13	0.05	0.15	0.18	0.11
1.05	1.07	-0.83	-1.42	0.15	2.72	1.97	4.62
0.06	0.15	0.01	-0.05		0.17	0.34	0.63
0.19	0.18	0.54	0.63	0.07	0.08	0.65	0.76
0.80	0.74	-1.38	-2.01	0.08	2.47	0.96	3.16
0.01	0.01	0.01	0.01			0.02	0.07
0.80	0.61	3.11	3.11	0.48	0.48	3.60	2.15
0.02	0.02	0.10	0.12	0.03	0.02	0.07	0.06
0.05	0.03	1.11	0.50	0.08	0.01	0.19	0.03
0.73	0.56	1.90	2.48	0.37	0.45	3.34	2.05
3.68	3.62	7.30	7.52	1.71	1.20	6.44	3.96
2.81	2.77	4.03	3.93	0.93	0.53	3.02	1.84
0.87	0.84	3.27	3.59	0.78	0.67	3.42	2.12
326.68	332.08	407.43	329.58	113.49	186.24	726.25	130.18
1.92	2.46	2.24	3.47	4.31	7.99	13.34	4.04
71.67	68.92	84.74	87.88	16.23	26.62	142.62	29.82
249.37	257.24	313.27	231.73	89.97	148.29	560.94	92.83
3.71	3.46	7.18	6.50	2.97	3.34	9.34	3.49
106.52	106.94	269.13	211.21	55.03	103.15	206.90	61.62
84.82	86.29	137.89	79.33	25.49	89.74	156.39	43.61
22.51	25.03	75.45	16.07	11.47	39.52	50.59	10.34
15.72	15.35	-14.42	-12.44	-1.61	20.06	31.77	7.06
3.91	4.84	52.88	43.45	7.50	1.79	11.91	4.70

1-A-3 续表 38

行业	主营业务成本	主营业务税金及附加	营业费用	管理费用	税金
锡冶炼	129.80	1.42	2.04	13.07	0.45
锑冶炼	20.57	0.27	0.38	0.96	0.06
铝冶炼	1278.14	7.65	20.71	38.25	4.85
镁冶炼	2.70	0.03	0.02	0.13	
其他常用有色金属冶炼	20.73	0.16	0.49	1.39	0.03
贵金属冶炼	313.53	1.65	0.87	14.74	0.19
金冶炼	300.08	1.59	0.81	14.41	0.19
银冶炼	5.38	0.04	0.03	0.28	0.01
其他贵金属冶炼	8.07	0.02	0.02	0.06	
稀有稀土金属冶炼	260.21	13.05	3.78	19.96	0.77
钨钼冶炼	164.40	10.97	1.17	13.83	0.33
稀土金属冶炼	58.65	1.15	0.65	3.59	0.16
其他稀有金属冶炼	37.16	0.93	1.95	2.54	0.29
有色金属合金制造	103.97	3.85	3.74	8.00	0.29
有色金属压延加工	1026.38	3.60	8.69	25.88	1.93
常用有色金属压延加工	743.38	3.41	7.90	21.30	1.73
贵金属压延加工	263.68	0.11	0.43	3.64	0.15
稀有稀土金属压延加工	19.32	0.07	0.36	0.93	0.05
金属制品业	877.17	4.69	21.49	47.80	3.26
结构性金属制品制造	234.24	1.93	4.98	15.33	0.99
金属结构制造	212.02	1.76	4.55	14.29	0.94
金属门窗制造	22.22	0.17	0.42	1.04	0.05
金属工具制造	38.08	0.57	1.88	5.09	0.34
切削工具制造	31.53	0.51	1.69	4.17	0.32
手工具制造	2.31	0.02	0.10	0.42	
农用及园林用金属工具制造	1.13		0.01	0.06	
刀剪及类似日用金属工具制造	0.63		0.01	0.13	
其他金属工具制造	2.48	0.03	0.08	0.30	0.01
集装箱及金属包装容器制造	200.77	0.36	5.10	7.64	0.56
集装箱制造	117.82	0.06	2.53	2.50	0.38
金属压力容器制造	44.67	0.23	1.33	3.36	0.12
金属包装容器制造	38.28	0.07	1.23	1.78	0.06
金属丝绳及其制品的制造	214.32	0.86	5.54	6.37	0.29
建筑、安全用金属制品制造	29.05	0.30	1.10	2.23	0.39
建筑、家具用金属配件制造	6.82	0.09	0.15	0.54	0.05
建筑装饰及水暖管道零件制造	20.78	0.19	0.90	1.54	0.34
安全、消防用金属制品制造	0.27			0.03	
其他建筑、安全用金属制品制造	1.18	0.02	0.04	0.11	
金属表面处理及热处理加工	25.20	0.09	0.39	1.43	0.07
搪瓷制品制造	2.75	0.01	0.12	0.31	0.02
工业生产配套用搪瓷制品制造	2.19	0.01	0.10	0.27	0.01
搪瓷卫生洁具制造					
搪瓷日用品及其他搪瓷制品制造	0.56		0.02	0.04	0.01
不锈钢及类似日用金属制品制造	25.81	0.08	0.55	1.10	0.06
金属制厨房调理及卫生器具制造	2.23	0.02	0.13	0.17	
金属制厨用器皿及餐具制造	5.32	0.04	0.16	0.23	0.04
其他日用金属制品制造	18.26	0.03	0.25	0.69	0.01

单位：亿元

财务费用		营业利润	利润总额	应交所得税	亏损企业亏损总额	本年应交增值税	全部从业人员年平均人数（万人）
	利息支出						
5.46	4.50	0.66	1.86	0.20	0.51	7.87	4.11
0.38	0.35	0.54	0.64	0.12	0.01	1.28	0.75
36.47	35.82	23.29	30.27	7.71	25.64	51.75	16.03
0.02	0.01	0.27	0.28	0.05	0.13	0.23	0.14
0.36	0.39	-0.78	-0.79	0.05	2.08	1.00	0.48
2.25	3.44	46.07	45.35	9.08	1.16	3.72	3.20
2.01	3.21	45.69	45.26	9.04	0.56	3.30	3.09
0.15	0.14	0.38	0.48	0.03	0.14	0.12	0.07
0.09	0.09	-0.39	-0.39	0.01	0.45	0.30	0.04
1.74	0.50	70.09	70.68	16.76	1.04	26.16	3.65
-0.34	-1.51	57.26	56.03	14.52	0.47	16.57	1.89
1.18	1.32	12.11	12.89	2.08	0.31	4.98	0.83
0.89	0.68	0.71	1.77	0.16	0.26	4.61	0.93
2.38	2.13	7.32	7.55	0.77	0.64	6.85	2.01
15.33	14.58	7.77	8.30	2.93	10.57	13.78	9.15
14.58	13.90	-0.48	1.66	1.64	10.21	12.87	8.09
0.51	0.47	6.97	4.97	1.18	0.36	0.26	0.71
0.23	0.20	1.29	1.67	0.12		0.65	0.35
12.98	10.73	43.16	44.21	6.15	5.91	30.65	16.48
2.38	2.15	9.69	9.42	1.63	1.75	6.56	5.70
2.27	2.06	8.66	8.28	1.57	1.54	5.72	5.22
0.12	0.09	1.04	1.14	0.06	0.21	0.84	0.49
0.82	0.80	3.78	5.17	0.56	0.23	2.68	2.12
0.75	0.75	3.64	3.86	0.50	0.17	2.37	1.69
0.03	0.03	0.13	0.11	0.02	0.01	0.15	0.17
						0.02	0.03
0.01	0.01	-0.04	1.16	0.03		0.03	0.07
0.02		0.04	0.04	0.01	0.05	0.11	0.16
3.68	1.93	11.07	11.26	0.79	0.77	4.45	2.57
2.58	0.84	6.86	6.87	-0.05	0.14	2.07	1.13
0.51	0.44	2.12	2.27	0.34	0.10	0.98	0.94
0.59	0.66	2.09	2.12	0.50	0.53	1.40	0.51
4.38	4.36	6.74	6.92	0.55	0.71	10.31	2.35
0.29	0.33	2.90	2.18	0.36	0.49	0.65	0.63
0.11	0.01	0.63	0.60	0.11	0.02	0.19	0.18
0.17	0.32	2.16	1.52	0.23	0.46	0.42	0.36
			-0.01		0.01		0.04
		0.11	0.07	0.01	0.01	0.04	0.05
0.38	0.40	0.39	0.22	0.12	0.79	0.64	0.42
0.02	0.02	-0.08	-0.07	0.01	0.14	0.02	0.13
0.02	0.02	-0.14	-0.13		0.14	0.02	0.09
		0.05	0.05	0.01			0.04
0.34	0.05	0.79	0.88	0.13	0.18	1.03	0.63
0.02		0.26	0.26	0.03	0.01	0.20	0.06
0.04	0.02	0.12	0.10	0.03	0.01	0.11	0.19
0.29	0.03	0.41	0.51	0.07	0.16	0.73	0.38

1-A-3 续表 39

行业	主营业务成本	主营业务税金及附加	营业费用	管理费用	税金
其他金属制品制造	106.95	0.49	1.83	8.32	0.56
铸币及贵金属制实验室用品制造	29.67	0.25	0.09	4.05	0.14
其他未列明的金属制品制造	77.28	0.23	1.73	4.27	0.42
通用设备制造业	3295.39	13.07	94.43	274.33	13.10
锅炉及原动机制造	998.31	2.64	21.06	81.94	2.76
锅炉及辅助设备制造	363.76	0.64	4.07	18.44	1.22
内燃机及配件制造	333.46	1.36	9.13	28.53	0.82
汽轮机及辅机制造	287.68	0.60	7.49	33.61	0.66
水轮机及辅机制造	4.30	0.04	0.20	0.66	0.04
其他原动机制造	9.11		0.19	0.70	0.01
金属加工机械制造	377.59	1.92	16.92	40.28	3.26
金属切削机床制造	322.79	1.53	14.93	34.24	3.10
金属成形机床制造	17.84	0.15	0.65	2.14	0.09
铸造机械制造	5.69	0.06	0.17	0.61	0.02
金属切割及焊接设备制造	7.36	0.02	0.33	0.58	0.01
机床附件制造	9.64	0.05	0.52	1.43	0.01
其他金属加工机械制造	14.27	0.10	0.30	1.28	0.02
起重运输设备制造	766.87	2.76	14.84	42.99	2.49
泵、阀门、压缩机及类似机械的制造	228.17	0.85	12.28	26.53	1.12
泵及真空设备制造	59.69	0.28	4.69	8.88	0.33
气体压缩机械制造	81.32	0.12	2.66	6.18	0.15
阀门和旋塞的制造	34.12	0.13	2.27	3.77	0.08
液压和气压动力机械及元件制造	53.03	0.32	2.66	7.71	0.57
轴承、齿轮、传动和驱动部件的制造	194.58	0.85	7.49	17.64	0.86
轴承制造	129.32	0.54	5.64	10.76	0.50
齿轮、传动和驱动部件制造	65.26	0.31	1.85	6.87	0.36
烘炉、熔炉及电炉制造	5.68	0.11	0.12	0.74	0.01
风机、衡器、包装设备等通用设备	299.30	1.31	13.04	31.83	1.63
风机、风扇制造	106.10	0.49	4.28	11.84	1.07
气体、液体分离及纯净设备制造	31.61	0.16	1.47	2.93	0.12
制冷、空调设备制造	95.16	0.31	4.49	9.22	0.21
风动和电动工具制造	1.45	0.01	0.07	0.26	0.02
喷枪及类似器具制造	1.41	0.01	0.10	0.34	0.01
包装专用设备制造	9.90	0.05	0.33	2.21	0.05
衡器制造	2.13	0.02	0.40	0.44	0.01
其他通用设备制造	51.54	0.27	1.90	4.59	0.14
通用零部件制造及机械修理	176.09	1.55	4.29	14.99	0.43
金属密封件制造	10.32	0.58	0.77	1.10	0.02
紧固件、弹簧制造	35.21	0.08	1.21	3.39	0.13
机械零部件加工及设备修理	106.21	0.85	1.89	9.24	0.21
其他通用零部件制造	24.35	0.05	0.43	1.26	0.07
金属铸、锻加工	248.81	1.07	4.38	17.40	0.54
钢铁铸件制造	175.01	0.63	2.81	11.01	0.36
锻件及粉末冶金制品制造	73.80	0.45	1.57	6.39	0.18

单位：亿元

财务费用		营业利润	利润总额	应交所得税	亏损企业亏损总额	本年应交增值税	全部从业人员年平均人数（万人）
	利息支出						
0.69	0.67	7.88	8.25	2.01	0.85	4.29	1.92
0.11	0.13	5.83	6.18	1.54		2.80	0.50
0.58	0.54	2.04	2.07	0.47	0.85	1.49	1.42
21.08	19.69	253.63	240.44	38.77	25.13	112.16	67.87
-0.15	1.04	84.70	70.53	11.65	11.78	32.36	12.43
0.14	0.48	12.85	13.53	1.49	0.62	4.14	2.82
-0.14	0.91	39.09	41.25	5.82	1.61	17.31	6.52
-0.38	-0.48	31.29	14.42	4.24	9.53	9.93	2.70
0.05	0.06	0.45	0.46	0.05	0.02	0.28	0.33
0.18	0.07	1.01	0.87	0.05		0.70	0.07
5.48	5.43	32.18	30.58	4.85	2.07	17.27	12.94
4.89	4.96	29.97	28.11	4.42	1.22	15.01	10.32
0.32	0.24	0.47	0.72	0.10	0.13	0.56	0.66
0.04	0.02	-0.08		0.06	0.21	0.23	0.29
	0.04	0.45	0.48	0.09		0.29	0.11
0.12	0.10	0.73	0.45	0.11	0.19	0.50	0.79
0.11	0.07	0.64	0.81	0.07	0.31	0.69	0.78
2.01	1.26	67.17	70.01	10.63	1.85	15.49	7.24
3.13	3.01	8.72	11.64	1.77	2.96	9.14	7.75
0.88	0.70	2.32	4.69	0.46	0.37	2.85	2.43
1.04	1.16	0.03	0.28	0.25	1.75	2.14	1.81
0.49	0.47	2.79	2.92	0.41	0.18	1.29	1.09
0.72	0.68	3.59	3.74	0.65	0.65	2.85	2.41
3.17	2.81	13.83	14.82	3.25	1.74	8.60	8.55
2.05	1.73	10.68	11.76	2.82	1.61	6.92	6.66
1.11	1.08	3.15	3.06	0.44	0.13	1.68	1.89
0.07	0.07	0.34	0.34	0.07		0.18	0.15
3.51	3.19	23.06	24.19	3.65	1.61	12.91	6.51
0.27	0.26	7.46	7.79	1.25	0.01	4.93	1.68
0.15	0.32	2.42	2.62	0.55	0.40	1.06	0.79
1.61	1.16	7.89	8.01	1.22	0.78	3.90	1.90
0.02	0.02	0.01			0.01	0.08	0.05
0.01	0.02	0.08	0.14	0.01		0.12	0.06
0.16	0.17	2.27	2.34	0.16	0.03	0.25	0.39
0.04	0.04	0.02	0.16	0.02	0.06	0.16	0.16
1.25	1.22	2.90	3.12	0.43	0.32	2.42	1.48
0.86	0.73	9.74	8.29	1.23	0.85	7.20	6.12
0.12	0.08	1.57	1.59	0.48	0.05	0.61	0.23
0.22	0.15	1.32	1.42	0.32	0.20	1.20	0.87
0.39	0.43	5.65	4.05	0.46	0.59	4.93	4.51
0.14	0.08	1.20	1.23	-0.02	0.01	0.46	0.52
3.01	2.14	13.89	10.05	1.68	2.27	9.00	6.16
1.92	1.64	6.84	4.15	0.78	2.22	5.57	4.42
1.09	0.51	7.05	5.90	0.89	0.05	3.43	1.74

1-A-3 续表 40

行业	主营业务成本	主营业务税金及附加	营业费用	管理费用	税金
专用设备制造业	3026.13	14.31	100.85	267.28	15.33
矿山、冶金、建筑专用设备制造	1738.39	8.34	59.43	132.36	9.75
采矿、采石设备制造	434.81	1.79	13.03	38.47	1.84
石油钻采专用设备制造	351.47	1.51	7.54	22.68	0.91
建筑工程用机械制造	478.42	3.18	28.32	28.62	4.41
建筑材料生产专用机械制造	33.15	0.09	0.56	2.21	0.12
冶金专用设备制造	440.53	1.78	9.97	40.38	2.47
化工、木材、非金属加工专用设备	137.44	1.01	3.77	12.35	0.57
炼油、化工生产专用设备制造	73.25	0.28	1.86	5.24	0.29
橡胶加工专用设备制造	22.63	0.45	0.80	2.28	0.14
塑料加工专用设备制造	0.70		0.04	0.17	
木材加工机械制造	3.46	0.04	0.20	0.68	0.03
模具制造	32.48	0.21	0.65	3.42	0.08
其他非金属加工专用设备制造	4.92	0.03	0.21	0.56	0.02
食品、饮料、烟草及饲料生产专用设备制造	40.23	0.37	1.97	8.09	0.20
食品、饮料、烟草工业专用设备制造	33.46	0.35	1.70	7.21	0.17
农副食品加工专用设备制造	6.12	0.02	0.26	0.84	0.02
饲料生产专用设备制造	0.65			0.03	
印刷、制药、日化生产专用设备制造	36.71	0.47	2.96	5.95	0.26
制浆和造纸专用设备制造	4.21	0.33	0.08	0.57	0.05
印刷专用设备制造	22.96	0.07	2.40	4.18	0.18
日用化工专用设备制造					
制药专用设备制造	3.34	0.02	0.18	0.58	0.03
照明器具生产专用设备制造	0.09		0.01	0.07	
玻璃、陶瓷和搪瓷制品生产专用设备制造	5.84	0.05	0.27	0.49	
其他日用品生产专用设备制造	0.26		0.01	0.05	
纺织、服装和皮革工业专用设备制造	104.29	0.23	3.97	11.51	0.55
纺织专用设备制造	90.45	0.20	3.44	8.92	0.44
皮革、毛皮及其制品加工专用设备制造					
缝纫机械制造	12.90	0.03	0.41	2.45	0.10
其他服装加工专用设备制造	0.94		0.12	0.14	
电子和电工机械专用设备制造	493.39	1.55	12.34	62.04	2.57
电工机械专用设备制造	17.39	0.31	0.77	3.28	0.16
电子工业专用设备制造	36.59	0.17	1.97	4.17	0.95
航空、航天及其他专用设备制造	33.94	0.09	0.77	5.40	0.18
农、林、牧、渔专用机械制造	322.73	1.29	6.93	14.95	0.81
拖拉机制造	130.39	0.88	4.89	10.64	0.34
机械化农业及园艺机具制造	10.36	0.04	0.62	1.34	0.22
营林及木竹采伐机械制造	1.12		0.04	0.16	0.01
畜牧机械制造	0.31		0.01	0.02	
渔业机械制造	0.11		0.01	0.02	
农林牧渔机械配件制造	0.19			0.01	
其他农林牧渔业机械制造及机械修理	180.26	0.36	1.35	2.75	0.24

单位：亿元

财务费用		营业利润	利润总额	应交所得税	亏损企业亏损总额	本年应交增值税	全部从业人员年平均人数（万人）
	利息支出						
40.26	39.81	164.44	189.94	27.79	28.91	73.61	72.54
24.14	22.84	125.73	141.53	18.62	11.09	44.27	29.32
4.58	4.65	31.87	31.29	3.19	1.40	11.77	9.04
1.88	1.78	-0.81	8.00	3.38	6.37	9.58	6.75
7.89	6.47	54.43	58.99	5.37	1.96	11.98	5.17
0.15	0.17	1.50	2.23	0.34	0.23	0.49	0.82
9.64	9.77	38.73	41.03	6.35	1.13	10.45	7.54
1.94	1.95	9.29	9.08	1.39	1.59	5.19	3.62
0.98	0.98	5.85	6.32	0.98	0.63	2.63	1.41
0.40	0.34	1.87	0.90	0.12	0.04	0.75	0.56
0.01	0.01	-0.22	-0.20		0.20	0.05	0.09
-0.02	0.02	-0.43	-0.49		0.50	0.18	0.20
0.44	0.47	2.35	2.51	0.26	0.13	1.42	1.18
0.13	0.13	-0.14	0.04	0.02	0.09	0.16	0.19
0.63	0.48	6.27	6.55	1.18	0.70	3.50	1.45
0.54	0.38	5.57	6.06	1.15	0.57	3.28	1.13
0.09	0.09	0.69	0.48	0.03	0.13	0.22	0.30
0.01	0.01	0.01	0.02				0.02
0.74	0.66	-2.38	-1.75	0.15	4.17	1.13	1.70
0.07	0.07	-0.14	0.05	0.01	0.18	0.11	0.33
0.59	0.49	-2.81	-2.56	0.04	3.78	0.62	0.94
0.02	0.02	0.16	0.17	0.02	0.08	0.17	0.18
		-0.08	-0.06		0.06		0.04
0.06	0.07	0.49	0.65	0.08	0.06	0.22	0.18
			-0.01		0.01		0.03
0.89	0.88	0.55	2.37	0.54	3.02	3.07	4.24
0.67	0.68	-0.89	0.87	0.24	2.42	2.34	3.69
0.20	0.19	1.49	1.59	0.30	0.50	0.71	0.50
0.02	0.01	-0.05	-0.09		0.10	0.03	0.05
7.69	9.51	10.77	15.39	1.96	3.81	8.10	19.75
0.13	0.13	2.63	2.79	0.16	0.04	0.50	0.66
0.38	0.21	2.69	2.71	0.48	0.52	0.98	1.29
0.52	0.64	2.54	2.71	0.36	0.24	0.61	1.13
2.24	1.65	6.95	8.46	2.65	1.05	2.11	7.27
2.01	1.43	-0.66	0.02	0.74	0.71	1.31	3.89
0.06	0.06	0.14	0.68	0.04	0.16	0.14	0.55
0.05	0.02	-0.08	0.02			0.01	0.09
		-0.06	-0.06		0.06	0.02	0.01
		0.01	0.01			0.01	0.01
						0.01	0.01
0.12	0.14	7.60	7.78	1.87	0.11	0.60	2.71

1-A-3 续表 41

行　业	主营业务成本	主营业务税金及附加	营业费用	管理费用	税金
医疗仪器设备及器械制造	25.99	0.34	4.57	6.07	0.23
医疗诊断、监护及治疗设备制造	9.55	0.24	1.56	2.13	0.06
口腔科用设备及器具制造	0.54	0.01	0.13	0.15	
实验室及医用消毒设备和器具的制造	5.50	0.03	0.97	0.61	0.04
医疗、外科及兽医用器械制造	6.03	0.05	0.85	1.66	0.11
机械治疗及病房护理设备制造	0.34		0.02	0.04	
假肢、人工器官及植(介)入器械制造	1.74		0.26	0.59	0.01
其他医疗设备及器械制造	2.29		0.78	0.90	0.01
环保、社会公共安全及其他专用设备制造	126.97	0.69	4.91	13.96	0.40
环境污染防治专用设备制造	34.24	0.19	0.72	3.45	0.13
地质勘查专用设备制造	9.87	0.07	0.71	1.88	0.08
邮政专用机械及器材制造	1.11	0.01	0.08	0.30	0.01
商业、饮食、服务业专用设备制造	0.56	0.01	0.06	0.04	
社会公共安全设备及器材制造	3.80	0.03	0.31	0.53	0.01
交通安全及管制专用设备制造	1.88	0.04	0.24	0.13	
水资源专用机械制造	6.74	0.05	0.09	0.53	0.02
其他专用设备制造	68.76	0.30	2.71	7.10	0.14
交通运输设备制造业	12691.33	353.27	512.58	859.74	31.51
铁路运输设备制造	824.11	6.10	16.40	78.01	3.14
铁路机车车辆及动车组制造	519.87	4.16	9.18	47.15	1.16
工矿有轨专用车辆制造	4.64	0.01	0.32	0.44	0.02
铁路机车车辆配件制造	90.22	0.63	2.77	9.41	0.82
铁路专用设备及器材、配件制造	97.83	1.01	2.64	9.36	0.48
其他铁路设备制造及设备修理	111.55	0.29	1.49	11.65	0.66
汽车制造	9199.83	332.67	445.20	555.10	22.80
汽车整车制造	7694.10	326.37	397.36	432.82	17.85
改装汽车制造	291.74	0.95	10.03	18.43	0.77
电车制造	0.37			0.14	
汽车车身、挂车的制造	49.24	0.03	1.71	2.01	0.16
汽车零部件及配件制造	1127.51	5.08	34.48	96.91	3.82
汽车修理	36.88	0.25	1.62	4.79	0.20
摩托车制造	271.47	4.96	13.86	19.32	0.61
摩托车整车制造	211.87	4.77	12.71	14.70	0.36
摩托车零部件及配件制造	59.60	0.19	1.15	4.61	0.26
自行车制造	14.57	0.02	0.26	0.91	0.02
脚踏自行车及残疾人座车制造	13.77	0.02	0.24	0.89	0.02
助动自行车制造	0.80		0.02	0.02	
船舶及浮动装置制造	1572.74	6.90	21.14	101.45	2.91
金属船舶制造	1145.00	5.51	8.45	70.95	2.14
非金属船舶制造	2.65	0.06	0.04	0.22	
娱乐船和运动船的建造和修理	1.20	0.01	0.06	0.14	0.01
船用配套设备制造	89.04	0.55	1.58	7.74	0.22
船舶修理及拆船	328.57	0.76	10.99	22.11	0.54
航标器材及其他浮动装置的制造	6.28		0.02	0.29	0.01
航空航天器制造	804.48	2.56	15.63	104.27	2.02
飞机制造及修理	751.45	2.47	15.38	94.87	1.92
航天器制造	53.00	0.08	0.25	9.39	0.10
其他飞行器制造	0.04			0.02	

单位：亿元

财务费用	利息支出	营业利润	利润总额	应交所得税	亏损企业亏损总额	本年应交增值税	全部从业人员年平均人数（万人）
0.30	0.31	2.72	3.21	0.31	1.25	2.17	1.52
0.20	0.22	-0.02	0.18	0.10	0.78	0.63	0.51
		0.03	0.03	0.01	0.03	0.03	0.04
0.06	0.05	0.32	0.39	0.10	0.11	0.31	0.24
0.14	0.13	0.23	0.35	0.07	0.28	0.53	0.40
		0.02	0.02	0.01		0.01	0.01
0.01		0.09	0.21	0.01	0.01	0.09	0.16
-0.11	-0.09	2.04	2.04	0.02	0.05	0.57	0.16
1.67	1.55	4.53	5.10	0.99	2.22	4.07	3.67
0.71	0.67	0.05	0.24	0.21	0.73	0.57	0.74
0.04	0.04	-0.14	-0.14	0.04	0.31	0.63	0.78
0.03	0.03	-0.02	-0.02		0.02	0.07	0.07
		0.20	0.20	0.03		0.06	0.01
0.04	0.03	0.61	0.66	0.16	0.27	0.22	0.19
0.02		0.12	0.16	0.01	0.02	0.02	0.06
0.12	0.11	-0.12	-0.10	0.02	0.16	0.18	0.28
0.72	0.67	3.84	4.10	0.52	0.71	2.33	1.54
34.28	78.70	901.33	968.36	108.95	60.42	384.09	153.69
8.08	9.33	54.50	53.29	6.07	2.31	41.74	20.43
4.21	4.58	34.50	33.35	3.02	1.11	26.34	10.36
0.01	0.02	-0.12	-0.14	0.01	0.20	0.19	0.21
1.55	1.44	7.39	6.87	1.10	0.39	7.29	2.68
0.84	0.85	9.74	9.68	1.40	0.02	4.73	2.41
1.46	2.43	2.99	3.52	0.53	0.60	3.19	4.76
33.30	48.58	620.64	670.18	63.08	52.93	300.02	80.97
17.45	32.03	550.80	589.40	52.33	35.12	250.09	47.02
4.20	3.91	7.98	6.64	0.49	3.93	7.94	5.69
			0.05	0.01			0.01
0.27	0.86	1.89	0.17	0.06	2.26	1.14	0.85
11.18	11.61	59.96	73.35	10.07	10.91	39.77	26.05
0.21	0.17	0.01	0.57	0.13	0.71	1.09	1.34
3.21	2.86	3.65	6.37	0.87	1.07	11.89	5.42
2.88	2.41	1.50	3.53	0.44	0.78	9.78	3.59
0.34	0.45	2.15	2.83	0.43	0.29	2.11	1.83
0.17	0.14	-0.37	-0.34	0.01	0.38	0.13	0.27
0.16	0.14	-0.39	-0.36		0.38	0.12	0.26
0.01		0.02	0.02	0.01		0.01	0.02
-26.87	2.72	176.75	179.61	30.00	2.46	20.82	17.62
-23.85	0.62	107.04	114.35	18.26	1.93	10.51	12.15
-0.04	0.03	0.10	0.10	0.04	0.05	0.07	0.04
0.05	0.05	0.10	0.10	0.01		0.09	0.06
0.86	0.95	6.91	6.95	1.12	0.23	5.18	1.67
-4.03	0.90	61.00	56.54	10.56	0.22	4.57	3.65
0.14	0.17	1.58	1.57	0.01	0.02	0.41	0.06
16.34	15.06	45.96	59.06	8.90	1.25	9.25	28.76
15.92	14.55	41.51	53.15	8.19	1.25	8.98	26.46
0.42	0.51	4.45	5.90	0.72		0.27	2.30
							0.01

1-A-3 续表 42

行　业	主营业务成本	主营业务税金及附加	营业费用	管理费用	税金
交通器材及其他交通运输设备制造	4.14	0.06	0.09	0.67	
潜水及水下救捞装备制造	0.63			0.15	
交通管理用金属标志及设施制造	1.71	0.04	0.04	0.23	
其他交通运输设备制造	1.80	0.02	0.04	0.29	
电气机械及器材制造业	2084.23	13.66	131.67	139.92	6.72
电机制造	358.36	2.31	15.11	35.18	1.29
发电机及发电机组制造	220.22	1.57	9.19	21.10	0.64
电动机制造	128.36	0.69	5.55	12.84	0.63
微电机及其他电机制造	9.78	0.05	0.38	1.23	0.03
输配电及控制设备制造	537.46	4.61	38.57	50.24	1.98
变压器、整流器和电感器制造	241.69	1.18	10.88	15.81	0.47
电容器及其配套设备制造	6.37	0.11	0.68	0.78	0.02
配电开关控制设备制造	226.69	2.03	16.61	21.26	1.31
电力电子元器件制造	22.92	0.99	7.13	8.56	0.12
其他输配电及控制设备制造	39.79	0.30	3.28	3.83	0.06
电线、电缆、光缆及电工器材制造	337.96	1.81	12.55	18.15	2.12
电线电缆制造	256.77	0.65	7.56	11.01	0.70
光纤、光缆制造	42.05	0.98	1.71	2.87	1.25
绝缘制品制造	8.22	0.05	0.35	1.06	0.09
其他电工器材制造	30.92	0.14	2.92	3.21	0.08
电池制造	133.88	1.34	3.53	7.13	0.26
家用电力器具制造	626.19	2.41	58.32	22.63	0.93
家用制冷电器具制造	122.25	0.47	9.64	6.97	0.32
家用空气调节器制造	452.97	1.75	45.25	12.54	0.46
家用通风电器具制造	0.46		0.01	0.09	
家用厨房电器具制造	8.74	0.02	0.21	0.21	0.01
家用清洁卫生电器具制造	17.41	0.02	2.66	1.27	0.09
家用美容、保健电器具制造					
家用电力器具专用配件制造	23.54	0.06	0.53	1.53	0.05
其他家用电力器具制造	0.82	0.09	0.02	0.02	0.01
非电力家用器具制造	6.84	0.02	0.41	0.60	0.01
燃气、太阳能及类似能源的器具制造	5.97	0.02	0.41	0.52	0.01
其他非电力家用器具制造	0.87			0.08	
照明器具制造	20.47	0.11	1.43	2.27	0.06
电光源制造	5.66	0.01	0.32	0.40	
照明灯具制造	3.88	0.06	0.17	0.29	0.01
灯用电器附件及其他照明器具制造	10.93	0.04	0.94	1.59	0.05
其他电气机械及器材制造	63.06	1.04	1.75	3.73	0.06
车辆专用照明及电气信号设备装置	24.65	0.02	1.48	2.40	0.04
其他未列明的电气机械制造	38.41	1.02	0.27	1.33	0.03
通信设备、计算机及其他电子设备	3055.11	12.09	218.27	285.76	12.76
通信设备制造	709.02	4.68	75.48	82.30	6.67
通信传输设备制造	94.36	0.58	4.26	18.05	0.60

单位：亿元

财务费用	利息支出	营业利润	利润总额	应交所得税	亏损企业亏损总额	本年应交增值税	全部从业人员年平均人数（万人）
0.04	0.02	0.21	0.19	0.03	0.02	0.23	0.22
					0.01	0.02	0.03
		0.16	0.12	0.02	0.01	0.05	0.07
0.04	0.02	0.06	0.07	0.01		0.16	0.11
29.50	25.44	132.74	154.34	20.09	12.99	75.83	35.40
4.34	3.85	40.65	43.98	4.41	2.05	18.21	9.19
1.53	1.18	30.14	31.52	3.00	1.39	12.30	4.32
2.77	2.63	9.98	11.83	1.23	0.54	5.45	4.13
0.04	0.04	0.53	0.63	0.18	0.11	0.46	0.74
13.98	13.52	40.65	53.22	7.57	3.30	21.69	9.82
8.95	8.97	21.42	30.80	3.32	0.93	7.21	3.08
0.07	0.07	0.69	0.61	0.08		0.42	0.18
3.87	3.48	14.64	15.98	3.32	1.71	11.36	4.70
0.32	0.25	1.07	2.24	0.28	0.54	0.79	0.92
0.77	0.76	2.84	3.59	0.57	0.12	1.91	0.93
4.28	4.20	12.35	11.50	1.57	2.64	12.58	5.46
3.30	3.25	6.53	5.29	1.18	1.95	9.97	3.03
0.17	0.23	3.07	3.29	0.07	0.38	1.04	1.39
0.10	0.09	0.24	0.30	0.09	0.18	0.37	0.42
0.71	0.63	2.51	2.62	0.22	0.13	1.20	0.61
2.79	1.93	3.32	4.35	0.57	2.16	5.96	2.08
3.23	1.25	31.34	36.86	5.45	1.36	15.14	7.23
1.68	0.98	3.78	5.44	0.40	0.11	2.49	1.92
0.65	0.04	25.51	26.26	4.69	1.22	10.39	4.23
		0.05	0.05			0.02	0.04
0.04	0.04	0.19	0.19	0.01		0.17	0.08
0.13	0.12	1.31	2.30	0.21		1.24	0.22
0.73	0.07	0.47	2.60	0.14	0.02	0.82	0.74
		0.03	0.03			0.02	0.01
0.07	0.05	0.30	0.31	0.05	0.09	0.23	0.16
0.07	0.05	0.30	0.31	0.05	0.09	0.23	0.13
		0.01	0.01				0.03
0.27	0.23	0.23	0.26	0.17	1.01	0.84	0.94
-0.03	-0.01	-0.06	-0.05	0.01	0.12	0.11	0.34
-0.02	0.01	0.14	0.12	0.02	0.02	0.17	0.16
0.32	0.23	0.16	0.19	0.14	0.87	0.56	0.44
0.54	0.42	3.88	3.86	0.30	0.40	1.18	0.52
0.27	0.22	1.27	1.30	0.24	0.03	0.74	0.12
0.27	0.19	2.61	2.56	0.06	0.37	0.45	0.40
39.96	32.37	144.96	110.44	13.31	68.55	99.34	55.54
13.04	6.81	85.86	38.42	3.67	14.57	34.51	14.51
1.98	2.33	10.75	14.68	1.82	0.58	2.87	2.59

1-A-3 续表 43

行　　业	主营业务成　　本	主营业务税金及附加	营业费用	管理费用	税金
通信交换设备制造	377.31	2.84	52.21	35.70	5.45
通信终端设备制造	31.42	0.15	1.31	5.40	0.06
移动通信及终端设备制造	170.03	0.51	13.93	17.65	0.28
其他通信设备制造	35.90	0.60	3.77	5.51	0.29
雷达及配套设备制造	114.85	0.42	3.09	20.81	0.32
广播电视设备制造	29.74	0.15	0.97	2.27	0.03
广播电视节目制作及发射设备制造	7.39	0.09	0.32	0.86	0.01
广播电视接收设备及器材制造	18.60	0.05	0.59	1.11	0.01
应用电视设备及其他广播电视设备	3.76	0.01	0.06	0.30	0.01
电子计算机制造	329.76	1.32	19.30	32.74	0.40
电子计算机整机制造	202.82	0.67	13.95	22.63	0.21
计算机网络设备制造	3.98	0.03	0.26	0.40	
电子计算机外部设备制造	122.96	0.62	5.09	9.71	0.19
电子器件制造	472.68	1.45	32.33	55.87	3.35
电子真空器件制造	149.52	0.47	20.07	14.64	0.43
半导体分立器件制造	31.76	0.19	1.04	4.26	0.19
集成电路制造	52.49	0.34	2.58	8.26	0.12
光电子器件及其他电子器件制造	238.91	0.46	8.64	28.71	2.60
电子元件制造	611.25	1.09	9.70	31.93	0.64
电子元件及组件制造	581.86	1.03	9.18	30.19	0.61
印制电路板制造	29.39	0.06	0.53	1.74	0.03
家用视听设备制造	736.56	2.35	74.05	51.58	1.24
家用影视设备制造	727.46	2.33	73.80	50.93	1.21
家用音响设备制造	9.10	0.02	0.25	0.66	0.03
其他电子设备制造	51.25	0.65	3.34	8.27	0.12
仪器仪表及文化、办公用机械制造	380.80	2.58	19.33	57.07	1.32
通用仪器仪表制造	214.02	1.59	12.53	27.09	0.70
工业自动控制系统装置制造	179.94	1.36	9.30	20.90	0.50
电工仪器仪表制造	11.32	0.04	0.62	1.59	0.05
绘图、计算及测量仪器制造	5.64	0.04	0.71	1.58	0.08
实验分析仪器制造	6.99	0.07	0.96	1.63	0.03
试验机制造	4.87	0.03	0.22	0.51	0.02
供应用仪表及其他通用仪器制造	5.26	0.05	0.71	0.88	0.02
专用仪器仪表制造	78.30	0.60	2.68	15.89	0.32
环境监测专用仪器仪表制造	2.48	0.05	0.16	0.47	0.01
汽车及其他用计数仪表制造	12.11	0.04	0.43	2.52	0.03
导航、气象及海洋专用仪器制造	20.29	0.13	0.87	5.46	0.13
农林牧渔专用仪器仪表制造					
地质勘探和地震专用仪器制造	18.45	0.19	0.25	1.98	0.08
教学专用仪器制造	0.72		0.02	0.10	
核子及核辐射测量仪器制造	1.29	0.01	0.15	0.76	0.05
电子测量仪器制造	11.02	0.08	0.31	2.20	0.02
其他专用仪器制造	11.94	0.11	0.48	2.40	0.01
钟表与计时仪器制造	4.32	0.07	0.13	0.64	0.01
光学仪器及眼镜制造	63.89	0.13	1.85	10.33	0.19
光学仪器制造	63.72	0.13	1.75	10.27	0.19
眼镜制造	0.16		0.10	0.05	

单位：亿元

财务费用	利息支出	营业利润	利润总额	应交所得税	亏损企业亏损总额	本年应交增值税	全部从业人员年平均人数（万人）
6.76	0.76	70.56	15.56	0.59	1.96	25.80	7.48
0.61	0.68	0.77	2.28	0.41	0.52	0.73	0.97
2.81	2.16	2.35	2.47	0.56	10.96	3.10	2.32
0.87	0.87	1.44	3.42	0.29	0.55	2.01	1.14
1.04	1.27	11.75	12.21	1.61	0.38	2.69	3.86
0.37	0.27	1.07	1.45	0.19	0.26	0.86	0.77
0.21	0.09	0.28	0.33	0.10	0.26	0.35	0.37
0.06	0.09	0.33	0.34	0.04		0.36	0.33
0.10	0.10	0.45	0.78	0.05		0.15	0.07
3.63	3.42	19.14	23.66	2.58	1.04	7.41	4.87
3.15	2.85	7.47	9.56	0.58	0.45	3.72	1.74
0.02	0.01	0.17	0.18	0.03		0.19	0.12
0.45	0.56	11.50	13.92	1.98	0.59	3.50	3.01
14.07	12.18	-14.16	-9.32	3.22	40.14	11.40	10.02
3.44	3.69	-7.55	-5.90	0.54	9.60	4.47	3.54
0.86	0.71	4.48	5.01	0.44	0.16	1.28	1.17
1.20	0.40	8.88	9.68	1.42	0.46	2.55	1.09
8.57	7.38	-19.97	-18.10	0.82	29.92	3.09	4.22
1.90	4.24	20.54	20.27	3.11	5.64	13.63	12.72
1.39	3.86	18.86	18.39	2.84	5.28	12.49	11.61
0.52	0.38	1.68	1.87	0.27	0.36	1.14	1.11
5.77	3.92	13.63	16.61	-1.97	6.18	26.34	7.04
5.71	3.87	13.68	16.57	-2.00	6.01	26.14	6.50
0.05	0.05	-0.05	0.03	0.03	0.17	0.20	0.54
0.14	0.26	7.13	7.15	0.90	0.33	2.50	1.76
3.25	3.15	33.68	41.44	4.89	1.94	18.28	13.27
2.08	1.86	20.47	25.12	2.58	0.60	10.41	5.19
1.70	1.59	18.63	22.72	2.19	0.18	8.39	3.46
0.03	0.06	0.66	0.82	0.14	0.22	0.42	0.37
0.24	0.13	0.26	0.33	0.03	0.01	0.38	0.55
0.05	0.07	0.39	0.66	0.10	0.08	0.54	0.36
0.01	-0.02	0.28	0.32	0.03		0.28	0.12
0.06	0.03	0.25	0.28	0.08	0.12	0.39	0.34
0.20	0.28	5.96	7.27	1.28	0.70	5.12	3.47
0.03	0.03	0.39	0.39	0.07	0.06	0.14	0.07
0.08	-0.03	1.22	1.24	0.34	0.13	0.85	0.38
0.16	0.15	1.74	2.60	0.35	0.25	0.73	1.39
-0.04	0.05	0.49	0.53	0.10	0.09	2.25	0.61
		0.01	0.01			0.03	0.04
0.01	0.01	-0.05	0.14		0.05	0.10	0.18
-0.03	0.04	0.70	0.74	0.08	0.09	0.22	0.40
	0.03	1.46	1.61	0.34	0.02	0.81	0.41
0.01		0.34	0.48	0.07	0.03	0.15	0.33
0.85	0.85	3.12	4.20	0.56	0.20	1.51	3.43
0.83	0.84	3.13	4.21	0.56	0.20	1.48	3.41
0.01	0.01					0.02	0.02

1-A-3 续表 44

行　　业	主营业务成　　本	主营业务税金及附加	营业费用	管理费用	税金
文化、办公用机械制造	16.72	0.15	1.95	2.59	0.07
电影机械制造	1.43	0.02	0.21	0.40	0.01
幻灯及投影设备制造					
照相机及器材制造	0.70		0.04	0.19	0.01
复印和胶印设备制造	4.80	0.01	0.09	0.61	0.04
计算器及货币专用设备制造	9.44	0.12	1.58	1.35	0.02
其他文化、办公用机械制造	0.34		0.03	0.05	
其他仪器仪表的制造及修理	3.55	0.03	0.19	0.54	0.01
工艺品及其他制造业	228.53	0.74	4.99	18.82	0.33
工艺美术品制造	145.34	0.46	3.36	3.03	0.12
雕塑工艺品制造	1.06	0.01	0.06	0.11	0.01
金属工艺品制造	25.51	0.09	1.94	1.10	0.02
漆器工艺品制造	0.05				
花画工艺品制造	0.12			0.01	
天然植物纤维编织工艺品制造	0.14		0.01	0.01	
抽纱刺绣工艺品制造	0.21		0.03	0.06	
地毯、挂毯制造	9.23	0.02	0.48	0.62	0.06
珠宝首饰及有关物品的制造	106.81	0.33	0.73	0.87	0.03
其他工艺美术品制造	2.22	0.01	0.10	0.25	
日用杂品制造	1.13	0.01	0.03	0.56	0.01
制镜及类似品加工	0.08			0.01	
鬃毛加工、制刷及清扫工具的制造	0.75		0.03	0.12	
其他日用杂品制造	0.31	0.01		0.43	
煤制品制造	6.31	0.06	0.52	1.66	
其他未列明的制造业	75.05	0.19	1.04	13.39	0.19
废弃资源和废旧材料回收加工业	131.99	1.47	2.90	4.92	0.10
金属废料和碎屑的加工处理	128.82	1.39	2.84	4.54	0.08
非金属废料和碎屑的加工处理	3.17	0.08	0.05	0.38	0.01
电力、燃气及水的生产和供应业	**26836.99**	**166.95**	**132.85**	**761.73**	**34.80**
电力、热力的生产和供应业	25656.10	156.75	61.91	612.59	27.29
电力生产	7004.23	59.07	19.45	251.00	17.33
火力发电	6234.54	41.34	13.89	179.16	14.59
水力发电	565.36	14.31	4.74	58.63	2.37
核力发电	135.54	2.69	0.35	9.32	0.19
其他能源发电	68.80	0.73	0.48	3.89	0.17
电力供应	18263.17	96.08	37.82	326.67	8.43
热力生产和供应	388.70	1.60	4.64	34.92	1.53
燃气生产和供应业	713.70	4.04	29.88	45.31	1.52
水的生产和供应业	467.19	6.16	41.05	103.83	5.99
自来水的生产和供应	421.27	6.06	40.25	91.27	5.76
污水处理及其再生利用	37.94	0.08	0.45	4.64	0.16
其他水的处理、利用与分配	7.99	0.02	0.35	7.92	0.07

单位：亿元

财务费用	利息支出	营业利润	利润总额	应交所得税	亏损企业亏损总额	本年应交增值税	全部从业人员年平均人数（万人）
0.03	0.09	3.13	3.81	0.36	0.34	0.89	0.73
0.01	0.01	0.08	0.04		0.01	0.07	0.22
-0.01	-0.01	-0.18	-0.16		0.16	0.01	0.08
0.12	0.12	0.30	0.30	0.02	0.14	0.06	0.16
-0.08	-0.03	2.94	3.62	0.34	0.01	0.74	0.26
		-0.01			0.02	0.01	0.01
0.08	0.07	0.65	0.56	0.04	0.08	0.19	0.11
1.39	1.40	7.94	10.07	1.75	1.75	4.93	4.89
0.87	0.82	3.62	3.22	0.75	0.40	2.37	0.69
0.01		0.07	0.06	0.01	0.01	0.06	0.06
0.11	0.11	1.50	1.46	0.17		1.06	0.09
		0.01	0.01			0.02	0.01
		0.01	0.01			0.01	0.01
			0.01			0.01	0.03
0.07	0.06	0.62	0.20	0.11	0.26	0.21	0.20
0.67	0.64	1.35	1.44	0.45	0.12	0.95	0.17
0.01		0.06	0.02	0.01		0.05	0.13
0.02		0.23	0.20	0.03		0.18	0.14
							0.01
0.02	0.01	0.19	0.19	0.03		0.07	0.05
		0.04	0.01			0.10	0.08
0.07	-0.02	-0.73	-0.78		0.79	0.51	0.55
0.38	0.56	4.58	7.19	0.91	0.56	1.79	3.48
0.99	0.92	12.16	9.71	0.56	0.46	4.01	3.78
0.98	0.89	11.37	8.92	0.49	0.45	3.73	3.69
0.01	0.03	0.79	0.79	0.07	0.01	0.28	0.09
1195.05	**1178.88**	**437.36**	**458.15**	**237.49**	**856.82**	**1616.05**	**274.31**
1144.47	1127.42	447.96	424.63	224.12	799.60	1556.83	227.25
722.02	720.01	23.41	86.81	104.16	602.47	650.23	79.35
498.30	484.76	-300.61	-285.06	34.43	567.90	468.96	57.20
188.65	187.09	239.70	261.73	52.29	31.88	144.47	20.79
23.17	36.27	81.39	100.11	15.60		30.95	0.55
11.90	11.89	2.93	10.04	1.84	2.69	5.85	0.82
403.66	389.48	482.48	369.82	118.81	155.89	898.30	136.17
18.78	17.93	-57.94	-32.00	1.15	41.24	8.30	11.72
8.62	9.76	16.63	34.32	6.44	15.34	30.14	10.54
41.97	41.70	-27.23	-0.80	6.93	41.88	29.08	36.51
32.49	27.17	-33.42	-16.97	3.83	39.52	28.87	35.45
3.91	3.70	-3.12	-0.12	0.15	2.30	0.22	1.00
5.57	10.83	9.32	16.29	2.94	0.06		0.06

1-A-4 规模以上私营

行业	企业单位数（个）	亏损企业	工业总产值（当年价格）	工业销售产值（当年价格）	出口交货值
总　　计	**245850**	**26332**	**136340.33**	**132571.15**	**10507.90**
在总计中:					
大型企业	288	20	8145.65	7975.47	1133.64
中型企业	9738	978	31590.58	30532.17	3432.32
小型企业	235824	25334	96604.10	94063.51	5941.95
采矿业	**12128**	**1319**	**6836.90**	**6655.02**	**32.31**
煤炭开采和洗选业	5181	551	2870.59	2836.43	6.74
石油和天然气开采业	78	8	35.99	35.67	
黑色金属矿采选业	2955	373	2146.68	2055.51	3.20
有色金属矿采选业	1327	241	815.81	781.45	5.73
非金属矿采选业	2574	144	960.66	938.85	16.65
其他采矿业	13	2	7.17	7.10	
制造业	**232502**	**24710**	**129094.53**	**125511.52**	**10473.66**
农副食品加工业	14774	985	9953.49	9725.51	470.84
食品制造业	4371	368	2407.88	2336.99	164.80
饮料制造业	3029	233	1556.54	1496.85	34.65
烟草制品业	6		4.38	4.17	
纺织业	22559	2627	10803.37	10551.59	1391.95
纺织服装、鞋、帽制造业	9469	1229	3893.49	3797.47	867.45
皮革、毛皮、羽毛(绒)及其制品业	4826	386	2258.94	2214.77	484.80
木材加工及木、竹、藤、棕、草制品业	7789	474	3126.63	3035.80	227.30
家具制造业	3158	384	1427.19	1393.70	279.94
造纸及纸制品业	6191	819	2847.87	2777.51	43.06
印刷业和记录媒介的复制	3615	452	1027.32	1004.16	34.94
文教体育用品制造业	2286	247	775.65	753.16	237.04
石油加工、炼焦及核燃料加工业	1335	240	2575.69	2489.88	19.26
化学原料及化学制品制造业	16017	1611	9878.12	9590.76	541.28
医药制造业	2669	384	1813.20	1746.44	91.97
化学纤维制造业	1393	217	1421.40	1392.51	119.85
橡胶制品业	2679	230	1269.65	1233.05	108.11
塑料制品业	11601	1218	4325.47	4213.30	333.29
非金属矿物制品业	18694	1953	9951.03	9692.07	357.53
黑色金属冶炼及压延加工业	5318	1038	10130.67	9909.84	228.91
有色金属冶炼及压延加工业	4891	854	5985.74	5796.73	178.31
金属制品业	15290	1563	6805.80	6607.08	715.31
通用设备制造业	23755	2011	10119.45	9824.92	700.76
专用设备制造业	10334	1000	4378.34	4217.17	230.19
交通运输设备制造业	10089	1132	6232.40	6047.19	668.81
电气机械及器材制造业	13980	1521	8508.91	8232.92	875.90
通信设备、计算机及其他电子设备制造业	4982	741	2368.72	2271.45	424.05
仪器仪表及文化、办公用机械制造业	2551	248	1013.63	975.79	159.85
工艺品及其他制造业	4225	399	1736.50	1691.22	481.36
废弃资源和废旧材料回收加工业	626	146	497.07	487.50	2.17
电力、燃气及水的生产和供应业	**1220**	**303**	**408.91**	**404.62**	**1.93**
电力、热力的生产和供应业	859	243	297.84	294.03	1.90
燃气生产和供应业	181	27	76.52	76.65	0.03
水的生产和供应业	180	33	34.55	33.93	

工业企业主要经济指标

单位：亿元

资产总计	流动资产合计	应收账款	存货	产成品	流动资产年平均余额	固定资产合计	固定资产原价	累计折旧
75879.59	**40572.42**	**10375.76**	**11220.33**	**5115.35**	**38125.24**	**27317.51**	**34437.22**	**9757.66**
5795.66	3027.29	472.72	880.43	309.16	2925.37	1991.70	2516.54	769.76
20852.46	11393.63	2430.72	3198.47	1474.04	10702.12	6903.02	8803.46	2651.58
49231.47	26151.50	7472.32	7141.43	3332.16	24497.75	18422.79	23117.22	6336.31
4079.60	**1981.56**	**465.49**	**347.47**	**204.17**	**1779.29**	**1566.09**	**1866.20**	**447.81**
1745.13	850.83	201.71	115.49	64.80	740.99	654.86	755.12	159.32
43.30	17.52	5.72	2.00	0.91	16.16	22.71	30.64	9.86
1264.13	669.72	164.42	136.37	83.45	608.63	440.67	523.03	131.01
549.37	249.42	42.48	54.36	30.62	232.36	225.27	272.31	69.54
475.33	193.42	50.94	39.11	24.28	180.15	221.07	283.29	77.76
2.35	0.66	0.22	0.13	0.10	1.00	1.52	1.81	0.31
70664.94	**38264.10**	**9862.07**	**10850.65**	**4907.82**	**36052.81**	**25058.21**	**31788.76**	**9145.87**
3864.95	1855.78	330.83	647.56	326.63	1755.60	1647.12	2018.37	506.21
1353.77	629.39	115.86	198.14	93.88	566.84	579.11	688.82	170.31
1017.77	462.42	76.93	169.65	84.90	436.24	445.58	510.22	109.71
9.57	4.49	0.51	0.12	0.09	4.06	3.79	4.85	1.14
6434.45	3464.62	784.97	1016.79	492.62	3321.26	2432.26	3272.44	1017.28
1929.71	1107.97	257.44	340.78	171.41	1052.19	632.99	818.91	245.44
960.46	551.55	154.66	147.46	59.59	522.52	286.32	358.27	97.21
1369.21	636.00	142.79	235.27	112.82	602.23	615.83	750.45	183.85
765.40	406.88	81.88	124.61	53.41	377.88	272.29	332.36	86.00
1604.41	817.78	239.67	218.99	100.64	761.32	662.29	863.19	247.02
805.36	401.31	131.66	86.80	31.82	372.54	336.34	451.81	147.49
406.94	225.59	50.52	64.94	26.88	214.76	135.96	174.43	50.39
1630.28	805.29	121.57	247.93	127.72	735.99	640.46	703.21	156.04
5337.03	2670.27	654.71	741.07	359.51	2523.52	1919.48	2430.29	722.50
1323.98	605.26	148.86	167.17	86.46	587.64	529.99	676.17	210.58
939.35	496.21	63.89	118.53	50.29	477.32	340.08	459.71	143.29
701.46	363.14	115.40	98.35	49.47	348.83	264.62	320.92	79.83
2424.50	1346.99	415.52	323.58	148.85	1284.69	856.57	1125.12	345.86
6017.41	2726.08	711.66	760.71	364.33	2547.81	2674.84	3465.23	1001.12
4564.84	2471.40	362.74	840.67	379.01	2360.90	1728.02	2100.19	560.36
2351.87	1304.44	298.37	401.32	162.89	1269.40	827.61	1038.11	306.01
3769.69	2254.90	644.37	609.37	250.59	2107.33	1170.05	1549.27	497.21
5818.15	3335.85	1068.79	915.82	401.96	3111.89	1841.87	2377.79	718.44
2834.53	1659.99	500.03	460.97	182.98	1535.03	873.56	1090.61	305.83
4096.58	2432.56	625.69	654.61	253.53	2276.80	1165.50	1422.02	401.35
4874.16	3092.06	1118.59	714.58	300.50	2902.53	1241.81	1587.61	482.02
1623.69	997.06	335.49	246.65	101.72	931.93	435.64	581.27	185.46
838.25	533.56	155.17	121.80	43.58	492.03	203.77	247.19	68.81
824.53	491.86	124.52	141.98	74.45	464.91	250.08	309.18	79.46
172.65	113.42	28.98	34.47	15.29	106.86	44.38	60.72	19.66
1135.04	**326.75**	**48.20**	**22.21**	**3.36**	**293.14**	**693.21**	**782.26**	**163.98**
967.27	256.16	39.17	17.50	1.67	229.66	615.00	688.75	140.17
64.73	30.04	3.81	2.81	1.12	29.72	29.49	34.50	7.55
103.05	40.55	5.22	1.90	0.57	33.77	48.71	59.00	16.26

1-A-4 续表 1

行　业	固定资产净　值	固定资产净值年平均余额	负债合计	流动负债合　计	所有者权益合计
总　计	**24679.56**	**23944.58**	**42825.30**	**37262.29**	**33051.48**
在总计中:					
大型企业	1746.78	1661.75	3430.25	2985.27	2364.15
中型企业	6151.87	5934.89	12293.91	10709.41	8558.55
小型企业	16780.91	16347.95	27101.14	23567.62	22128.77
采矿业	**1418.40**	**1381.86**	**1988.84**	**1668.46**	**2090.76**
煤炭开采和洗选业	595.80	583.48	828.23	689.77	916.90
石油和天然气开采业	20.77	20.19	21.23	14.64	22.08
黑色金属矿采选业	392.02	386.03	671.99	591.11	592.15
有色金属矿采选业	202.77	194.52	250.21	208.95	299.15
非金属矿采选业	205.53	196.19	216.53	163.45	258.80
其他采矿业	1.51	1.45	0.66	0.54	1.69
制造业	**22642.89**	**21962.17**	**40079.84**	**35165.53**	**30583.15**
农副食品加工业	1512.17	1460.89	1835.00	1490.70	2029.95
食品制造业	518.51	515.35	653.16	521.86	700.61
饮料制造业	400.51	387.72	518.57	418.10	499.21
烟草制品业	3.71	2.77	3.15	1.03	6.42
纺织业	2255.16	2231.62	3926.37	3536.19	2508.08
纺织服装、鞋、帽制造业	573.46	553.65	1044.35	952.28	885.16
皮革、毛皮、羽毛(绒)及其制品业	261.07	258.25	521.74	476.71	438.72
木材加工及木、竹、藤、棕、草制品业	566.60	562.55	618.87	507.97	750.35
家具制造业	246.36	240.96	418.35	372.65	347.05
造纸及纸制品业	616.17	601.57	919.90	801.31	684.50
印刷业和记录媒介的复制	304.32	294.10	461.33	399.74	344.02
文教体育用品制造业	124.04	120.73	232.58	211.21	174.36
石油加工、炼焦及核燃料加工业	547.17	525.43	1036.32	883.64	593.95
化学原料及化学制品制造业	1707.80	1659.51	2801.00	2356.83	2536.02
医药制造业	465.59	455.63	673.17	536.84	650.62
化学纤维制造业	316.42	295.27	573.29	519.33	366.06
橡胶制品业	241.10	238.25	390.87	331.97	310.59
塑料制品业	779.26	766.37	1354.22	1192.21	1070.27
非金属矿物制品业	2464.10	2400.09	3192.49	2646.88	2824.62
黑色金属冶炼及压延加工业	1539.83	1477.58	3005.72	2692.90	1557.87
有色金属冶炼及压延加工业	732.09	694.55	1452.20	1253.08	899.67
金属制品业	1052.06	1004.67	2220.49	2041.54	1549.20
通用设备制造业	1659.36	1593.76	3319.64	2961.49	2498.51
专用设备制造业	784.78	754.74	1590.12	1434.92	1244.41
交通运输设备制造业	1020.67	966.94	2599.38	2329.33	1497.20
电气机械及器材制造业	1105.59	1084.57	2777.11	2552.47	2097.05
通信设备、计算机及其他电子设备制造业	395.81	381.96	906.54	806.47	717.15
仪器仪表及文化、办公用机械制造业	178.38	168.44	455.88	413.99	382.38
工艺品及其他制造业	229.72	226.49	455.17	412.83	369.36
废弃资源和废旧材料回收加工业	41.06	37.78	122.84	109.06	49.80
电力、燃气及水的生产和供应业	**618.28**	**600.56**	**756.61**	**428.30**	**377.57**
电力、热力的生产和供应业	548.58	532.12	655.14	359.74	311.27
燃气生产和供应业	26.95	26.11	36.83	27.35	27.90
水的生产和供应业	42.74	42.33	64.65	41.21	38.40

单位：亿元

实收资本	国家资本	集体资本	法人资本	个人资本	港澳台资本	外商资本	主营业务收入
16883.02	**50.26**	**135.07**	**5244.44**	**11306.54**	**67.24**	**79.46**	**131525.40**
802.22	4.56	24.20	292.42	449.87	12.44	18.72	7901.24
3760.98	13.97	40.35	1294.77	2360.71	24.08	27.11	30196.40
12319.82	31.73	70.53	3657.25	8495.96	30.72	33.63	93427.77
1012.44	**3.26**	**7.19**	**338.58**	**662.22**	**0.91**	**0.27**	**6662.22**
480.02	1.15	2.74	159.55	316.07	0.40	0.11	2877.24
11.72			5.01	6.70			34.57
240.39	0.48	1.13	83.91	154.77	0.07	0.01	2038.36
140.00	0.68	1.03	49.78	88.13	0.38		778.39
138.99	0.95	2.29	39.75	95.79	0.06	0.15	926.59
1.32			0.57	0.75			7.07
15615.03	**43.26**	**123.72**	**4792.60**	**10517.38**	**65.17**	**72.90**	**124458.96**
1012.75	9.86	11.38	339.36	640.16	2.97	9.02	9693.85
333.25	2.23	2.68	118.72	205.74	1.78	2.09	2308.72
264.52	0.81	2.86	92.08	166.45	0.46	1.86	1447.82
2.64			2.31	0.33			4.07
1355.35	2.42	4.52	383.06	944.28	11.64	9.42	10452.55
424.31	0.63	1.65	128.62	285.43	3.73	4.24	3767.40
214.01	0.16	0.52	53.71	157.50	1.25	0.88	2185.52
398.62	0.57	5.98	116.93	273.38	0.59	1.17	3030.82
196.92	0.10	0.21	68.96	126.04	0.79	0.81	1384.65
365.98	0.15	1.31	119.77	242.23	2.15	0.36	2758.86
196.27	0.69	1.72	59.15	132.79	0.67	1.25	988.86
88.40	0.04	0.18	29.03	58.15	0.53	0.47	748.86
281.70	0.08	1.13	85.32	194.02	0.80	0.35	2547.38
1208.11	2.45	16.33	408.90	770.89	4.59	4.94	9503.36
346.12	2.12	2.73	129.30	207.80	3.64	0.52	1704.16
166.58	1.27	1.05	36.39	126.51	0.77	0.59	1383.56
148.17	0.78	1.37	41.42	104.28	0.16	0.16	1223.34
550.92	0.32	3.29	159.06	384.43	1.98	1.84	4193.93
1542.85	5.01	26.45	488.54	1012.87	3.67	6.31	9555.35
825.82	1.52	5.76	256.89	554.92	2.60	4.12	9930.80
462.96	0.12	1.12	152.76	304.74	0.79	3.42	5752.85
816.62	1.00	7.98	238.58	566.38	1.14	1.56	6573.14
1224.53	1.38	4.28	357.08	853.06	4.20	4.52	9729.49
629.46	2.26	6.16	176.97	441.41	0.64	2.01	4159.42
697.94	4.55	4.18	226.28	457.35	1.37	4.21	5908.28
1105.39	1.55	4.37	305.85	783.14	8.23	2.24	8130.58
356.04	0.30	3.51	113.39	234.75	1.33	2.75	2255.21
185.93	0.57	0.74	44.73	139.20	0.43	0.26	970.93
185.02	0.31	0.20	50.84	130.67	2.23	0.78	1679.49
27.87		0.05	8.61	18.46	0.02	0.74	485.74
255.55	**3.74**	**4.16**	**113.26**	**126.94**	**1.16**	**6.29**	**404.22**
213.35	2.10	1.52	93.57	109.08	0.80	6.29	293.78
16.01	0.32	0.05	8.39	7.25			76.20
26.19	1.32	2.59	11.30	10.61	0.36		34.23

1-A-4 续表 2

行　业	主营业务成　本	主营业务税金及附加	营业费用	管理费用	税金
总　计	**112220.27**	**1123.38**	**3076.14**	**4135.60**	**276.00**
在总计中:					
大型企业	6830.37	46.90	155.58	191.61	20.18
中型企业	25627.23	226.51	766.18	933.20	55.96
小型企业	79762.68	849.96	2154.38	3010.79	199.86
采矿业	**4885.94**	**137.21**	**205.15**	**286.23**	**19.28**
煤炭开采和洗选业	2038.91	69.31	113.37	137.92	9.38
石油和天然气开采业	24.78	1.59	0.64	1.78	0.17
黑色金属矿采选业	1492.35	34.19	39.24	79.03	5.24
有色金属矿采选业	597.24	10.85	14.90	33.18	2.01
非金属矿采选业	727.07	21.17	36.76	34.10	2.46
其他采矿业	5.59	0.10	0.24	0.22	0.02
制造业	**107012.69**	**981.77**	**2863.09**	**3826.87**	**255.16**
农副食品加工业	8382.84	79.79	216.88	204.70	15.16
食品制造业	1877.34	22.83	93.75	74.13	5.74
饮料制造业	1134.65	44.13	63.14	47.58	3.73
烟草制品业	2.95	0.01	0.09	0.20	
纺织业	9205.04	64.43	152.87	266.03	19.92
纺织服装、鞋、帽制造业	3224.94	26.06	102.11	144.53	7.30
皮革、毛皮、羽毛(绒)及其制品业	1864.69	19.40	48.55	75.83	5.15
木材加工及木、竹、藤、棕、草制品业	2577.32	34.79	73.50	79.78	5.90
家具制造业	1154.24	11.74	53.10	54.14	3.38
造纸及纸制品业	2390.09	23.13	58.40	77.11	6.11
印刷业和记录媒介的复制	840.61	7.64	23.57	43.32	2.40
文教体育用品制造业	645.14	5.28	18.87	28.51	1.75
石油加工、炼焦及核燃料加工业	2192.77	25.27	68.91	55.57	2.78
化学原料及化学制品制造业	8044.35	86.38	242.38	303.24	19.79
医药制造业	1333.50	17.17	98.74	86.41	6.33
化学纤维制造业	1258.17	3.79	10.13	31.03	11.92
橡胶制品业	1046.61	10.41	27.26	39.19	2.18
塑料制品业	3620.30	30.44	90.60	133.52	8.48
非金属矿物制品业	7987.01	101.72	272.93	305.51	21.82
黑色金属冶炼及压延加工业	9052.94	57.73	88.27	147.15	14.45
有色金属冶炼及压延加工业	5183.44	34.53	67.78	108.85	7.02
金属制品业	5683.14	45.65	141.17	221.93	15.35
通用设备制造业	8254.53	72.00	232.94	367.53	21.08
专用设备制造业	3454.86	33.04	119.81	185.81	9.38
交通运输设备制造业	5088.51	42.44	127.64	206.37	12.34
电气机械及器材制造业	6936.50	44.31	220.95	296.83	14.45
通信设备、计算机及其他电子设备制造业	1904.78	12.02	60.12	120.44	4.68
仪器仪表及文化、办公用机械制造业	798.13	5.93	37.07	60.76	2.53
工艺品及其他制造业	1444.58	15.78	42.49	50.21	3.39
废弃资源和废旧材料回收加工业	428.71	3.93	9.09	10.67	0.65
电力、燃气及水的生产和供应业	**321.65**	**4.39**	**7.91**	**22.50**	**1.55**
电力、热力的生产和供应业	237.02	2.95	3.99	15.80	1.02
燃气生产和供应业	59.82	0.87	2.76	3.51	0.25
水的生产和供应业	24.81	0.58	1.16	3.20	0.28

单位：亿元

财务费用	利息支出	营业利润	利润总额	应交所得税	亏损企业亏损总额	本年应交增值税	全部从业人员年平均人数（万人）
1389.36	**1119.68**	**9435.84**	**8302.06**	**1124.01**	**364.29**	**4378.36**	**2871.89**
115.54	98.92	592.92	480.93	62.67	17.31	233.65	106.21
411.41	356.46	2285.38	2066.17	295.93	81.67	1008.91	616.14
862.41	664.30	6557.54	5754.97	765.40	265.31	3135.80	2149.54
53.32	**40.99**	**1051.50**	**938.17**	**146.40**	**22.89**	**392.56**	**164.06**
20.90	16.28	455.40	404.62	58.66	11.07	188.85	87.75
0.63	0.49	6.11	6.16	0.53	0.08	1.11	0.84
16.35	13.40	382.14	351.79	65.75	6.63	124.21	33.19
6.40	5.01	109.88	97.75	12.40	3.97	40.56	17.66
9.00	5.77	97.41	77.45	9.03	1.11	37.63	24.48
0.05	0.03	0.55	0.40	0.03	0.03	0.21	0.14
1310.94	**1056.52**	**8362.74**	**7337.78**	**973.13**	**329.08**	**3968.72**	**2698.27**
89.28	69.55	686.86	577.02	65.36	14.88	226.69	146.73
27.77	21.17	184.44	160.17	21.14	4.43	77.58	57.05
18.54	14.76	142.36	113.40	13.97	4.80	54.72	32.79
0.06	0.05	0.43	0.43			0.08	0.05
148.71	126.95	573.81	500.16	68.37	28.23	305.99	308.75
33.76	24.61	223.91	205.70	29.38	8.68	113.85	169.51
20.86	16.29	151.30	139.96	19.56	3.06	74.42	80.22
28.84	21.51	239.01	209.97	25.40	3.46	95.75	84.76
14.91	11.78	87.60	80.28	11.37	3.28	42.66	42.95
30.83	25.42	182.03	165.22	21.19	8.60	101.24	64.62
11.57	9.54	63.28	58.54	8.42	3.28	35.09	29.62
7.94	6.23	41.37	36.15	6.06	1.82	24.01	30.82
34.78	28.66	175.03	154.87	26.76	12.93	122.13	19.95
96.53	77.10	727.41	639.92	82.27	22.03	313.30	153.60
22.83	18.61	153.27	135.71	15.99	5.86	72.05	36.11
22.53	21.80	64.14	59.91	6.61	7.47	26.14	15.34
12.74	9.75	85.53	76.37	11.21	2.98	41.71	30.34
42.94	34.11	253.76	232.36	30.21	7.56	119.01	101.34
105.03	84.65	785.03	738.67	106.82	24.98	401.34	238.03
78.21	68.62	549.48	402.65	46.93	50.92	276.54	85.61
49.37	40.32	335.79	247.06	27.93	32.35	177.28	54.39
66.21	53.79	422.78	362.34	48.36	11.26	194.50	150.88
99.20	79.27	669.26	612.00	85.65	15.01	337.63	219.25
39.86	31.30	329.20	303.66	42.85	7.94	141.79	99.17
68.98	49.54	364.51	342.90	45.95	11.63	175.32	131.46
85.92	69.52	535.20	476.55	66.64	13.92	253.28	162.14
21.90	16.84	135.90	130.73	15.25	8.62	69.06	69.46
11.73	9.73	65.48	66.16	9.07	1.81	35.90	26.96
16.26	12.65	99.20	93.44	12.30	2.72	46.12	51.42
2.84	2.38	35.38	15.47	2.06	4.56	13.50	4.97
25.09	**22.16**	**21.60**	**26.12**	**4.47**	**12.33**	**17.07**	**9.56**
22.22	19.72	12.25	16.43	3.03	11.45	13.01	7.31
0.82	0.70	5.99	6.10	1.03	0.30	2.81	1.05
2.05	1.75	3.36	3.59	0.42	0.58	1.25	1.20

1-A-5 规模以上外商投资和港澳台商

行业	企业单位数(个)	亏损企业	工业总产值(当年价格)	工业销售产值(当年价格)	出口交货值
总　计	**77847**	**20753**	**149794.17**	**146172.18**	**57217.32**
在总计中:					
大型企业	1019	140	48621.99	47769.42	24610.89
中型企业	13557	3001	59044.02	57336.45	21166.05
小型企业	63271	17612	42128.16	41066.31	11440.38
采矿业	**325**	**42**	**1601.31**	**1525.23**	**108.05**
煤炭开采和洗选业	42	4	370.94	347.27	5.33
石油和天然气开采业	11		812.06	781.39	91.09
黑色金属矿采选业	46	8	104.58	96.45	1.08
有色金属矿采选业	75	10	179.50	169.93	0.85
非金属矿采选业	150	19	134.16	130.12	9.62
其他采矿业	1	1	0.07	0.07	0.07
制造业	**76674**	**20499**	**144911.02**	**141420.61**	**57031.45**
农副食品加工业	2621	560	6400.04	6308.82	871.40
食品制造业	1601	418	2839.85	2735.14	320.97
饮料制造业	807	197	2231.17	2208.17	103.33
烟草制品业	4		4.74	4.74	0.07
纺织业	5903	1537	4867.17	4736.57	1915.03
纺织服装、鞋、帽制造业	6659	1739	3981.89	3859.15	2031.98
皮革、毛皮、羽毛(绒)及其制品业	2838	679	2790.01	2739.39	1466.35
木材加工及木、竹、藤、棕、草制品业	1075	338	726.25	702.96	249.73
家具制造业	1436	490	1221.97	1197.10	738.94
造纸及纸制品业	1551	400	2643.06	2558.14	447.92
印刷业和记录媒介的复制	802	222	753.01	739.42	209.08
文教体育用品制造业	1996	658	1419.36	1381.41	999.58
石油加工、炼焦及核燃料加工业	221	43	3030.59	2978.98	222.84
化学原料及化学制品制造业	4293	1002	9114.43	8856.18	1379.11
医药制造业	1144	246	2133.45	1995.17	276.02
化学纤维制造业	356	117	1221.66	1184.25	122.61
橡胶制品业	1022	296	1639.17	1621.48	625.65
塑料制品业	4355	1323	3646.91	3582.91	1513.94
非金属矿物制品业	3154	740	3557.39	3449.14	746.48
黑色金属冶炼及压延加工业	616	163	6459.21	6247.76	542.20
有色金属冶炼及压延加工业	900	275	3329.76	3190.72	510.80
金属制品业	4308	1191	4649.24	4549.46	1997.86
通用设备制造业	4993	1084	6297.39	6124.47	1876.26
专用设备制造业	3772	962	3920.09	3800.42	1094.36
交通运输设备制造业	3642	902	14963.07	14782.19	2574.08
电气机械及器材制造业	5601	1500	10744.65	10455.03	4684.02
通信设备、计算机及其他电子设备制造业	6905	2225	35684.48	34950.58	26815.54
仪器仪表及文化、办公用机械制造业	1613	443	2855.22	2771.58	1818.61
工艺品及其他制造业	2307	653	1519.47	1459.99	874.21
废弃资源和废旧材料回收加工业	179	96	266.34	249.30	2.50
电力、燃气及水的生产和供应业	**848**	**212**	**3281.84**	**3226.33**	**77.82**
电力、热力的生产和供应业	489	160	2498.52	2457.36	44.61
燃气生产和供应业	223	33	627.05	615.05	10.99
水的生产和供应业	136	19	156.27	153.92	22.21

投资工业企业主要经济指标

单位：亿元

资产总计	流动资产合计	应收账款	存货	产成品	流动资产年平均余额	固定资产合计	固定资产原价	累计折旧
112145.01	**60340.18**	**17123.56**	**16801.22**	**5782.24**	**58983.31**	**41788.33**	**60440.68**	**22436.32**
30469.64	16399.68	4703.48	4126.13	1421.14	16382.05	10895.19	16191.43	6309.21
47184.53	25070.52	7142.35	7177.58	2405.55	24462.38	18275.18	26661.83	10048.48
34490.83	18869.98	5277.73	5497.51	1955.56	18138.88	12617.95	17587.42	6078.63
1509.39	**559.70**	**127.59**	**90.96**	**26.47**	**499.97**	**749.86**	**942.88**	**356.62**
502.56	240.32	77.50	31.52	6.60	191.20	177.92	157.97	31.86
476.09	89.99	11.28	18.15	4.61	80.33	369.15	542.30	258.76
97.32	51.23	15.87	8.10	4.64	51.57	36.07	38.27	6.03
307.43	130.60	10.53	23.35	6.66	133.47	102.71	114.60	21.37
125.80	47.46	12.40	9.83	3.96	43.30	63.90	89.55	38.50
0.19	0.09	0.01	0.01		0.09	0.09	0.19	0.10
103683.90	**58185.32**	**16663.31**	**16528.85**	**5750.05**	**56911.83**	**36612.34**	**52463.32**	**19173.72**
3074.38	1761.84	272.51	602.95	254.40	1768.68	1010.94	1465.73	549.67
2086.35	1102.91	267.00	295.66	129.87	1021.74	764.13	1108.78	418.38
2284.98	1029.93	161.81	320.82	101.82	1015.22	981.06	1416.51	620.65
9.63	4.83	0.60	0.28	0.04	4.85	4.47	9.30	4.96
4263.85	2277.59	516.29	712.31	293.16	2217.68	1616.76	2367.74	884.65
2620.72	1608.62	413.65	484.36	187.60	1507.41	781.93	1114.91	401.41
1649.33	1048.87	279.40	371.71	98.58	989.56	444.86	655.06	252.97
635.43	325.27	49.83	134.37	46.04	315.01	218.68	307.84	112.45
895.57	553.40	128.39	221.18	59.83	534.44	275.70	382.31	134.31
3403.42	1387.07	362.84	355.51	148.70	1367.42	1613.38	2167.53	665.89
832.64	455.34	147.90	106.35	36.99	443.85	309.42	507.52	216.23
978.97	611.84	164.49	242.54	61.45	578.15	300.73	464.67	185.54
1831.49	722.35	105.92	275.10	86.14	775.11	647.41	931.95	383.07
7669.51	3611.87	922.18	976.23	417.51	3623.68	3494.44	4708.99	1482.95
2104.60	1216.46	291.65	313.81	133.35	1128.61	692.16	950.38	347.65
1181.18	533.56	71.95	134.11	67.35	547.68	561.82	743.92	232.22
1502.82	680.17	213.62	238.11	110.24	685.60	724.15	951.04	324.74
3048.82	1748.86	551.22	483.43	174.81	1690.67	1091.21	1709.71	689.29
4129.54	1773.96	474.38	488.98	214.74	1689.23	1944.34	2641.15	848.50
4042.39	2004.29	226.16	719.23	242.08	1983.10	1709.34	2030.10	584.06
2324.44	1170.85	227.35	344.40	135.02	1148.91	865.32	1178.08	375.00
3255.14	1999.49	586.77	654.75	184.78	1961.01	1034.42	1513.26	572.89
5525.69	3591.15	1046.21	1196.50	360.35	3432.37	1535.98	2206.61	793.60
3707.29	2401.71	694.93	804.05	256.16	2266.65	1024.41	1430.15	492.24
11852.51	6715.01	1386.30	1718.53	617.55	6447.54	4072.61	5687.33	2012.09
7211.32	4661.73	1645.33	1229.25	424.11	4467.63	1931.30	2900.86	1133.03
18787.63	11341.73	4878.13	2539.47	706.30	11509.09	6212.28	9787.04	4020.97
1633.96	1124.31	388.15	310.94	82.30	1093.77	417.65	660.22	272.14
978.60	606.85	168.83	198.82	75.79	583.75	294.98	415.19	146.83
161.72	113.45	19.50	55.09	42.98	113.44	36.44	49.44	15.34
6951.72	**1595.16**	**332.66**	**181.40**	**5.72**	**1571.51**	**4426.13**	**7034.48**	**2905.98**
5375.51	1165.28	276.69	155.12	2.46	1164.96	3640.94	6044.94	2626.39
864.98	292.62	32.00	23.12	3.13	262.25	439.41	500.63	110.33
711.22	137.27	23.97	3.16	0.13	144.31	345.79	488.91	169.27

1-A-5 续表 1

行 业	固定资产净值	固定资产净值年平均余额	负债合计	流动负债合计	所有者权益合计
总 计	**38004.36**	**36870.89**	**62831.00**	**52872.51**	**49307.20**
在总计中:					
大型企业	9882.22	9358.31	18356.53	15822.43	12106.49
中型企业	16613.35	16229.50	26351.54	21895.46	20832.99
小型企业	11508.78	11283.08	18122.93	15154.62	16367.72
采矿业	**586.26**	**637.15**	**704.11**	**476.66**	**805.28**
煤炭开采和洗选业	126.11	112.13	306.89	220.60	195.67
石油和天然气开采业	283.54	356.51	172.31	95.83	303.78
黑色金属矿采选业	32.24	28.22	40.37	34.26	56.95
有色金属矿采选业	93.22	84.97	125.95	78.66	181.48
非金属矿采选业	51.05	55.22	58.38	47.16	67.42
其他采矿业	0.09	0.09	0.20	0.14	-0.02
制造业	**33289.60**	**32142.02**	**58022.90**	**50372.57**	**45654.20**
农副食品加工业	916.06	904.18	1831.55	1577.45	1242.83
食品制造业	690.40	682.60	1089.36	961.42	997.00
饮料制造业	795.86	768.70	1177.09	1030.16	1107.88
烟草制品业	4.34	4.36	2.26	2.26	7.37
纺织业	1483.10	1459.27	2191.71	1946.83	2072.14
纺织服装、鞋、帽制造业	713.51	708.50	1393.75	1277.45	1226.97
皮革、毛皮、羽毛(绒)及其制品业	402.09	422.10	889.92	835.68	759.41
木材加工及木、竹、藤、棕、草制品业	195.39	196.45	316.69	266.77	318.74
家具制造业	248.00	241.06	490.56	460.01	405.05
造纸及纸制品业	1501.64	1440.62	1955.90	1530.37	1447.52
印刷业和记录媒介的复制	291.28	283.40	363.33	328.00	469.31
文教体育用品制造业	279.13	274.82	511.96	473.02	467.01
石油加工、炼焦及核燃料加工业	548.88	560.66	1338.63	912.42	492.86
化学原料及化学制品制造业	3226.04	3140.49	4211.29	3151.44	3458.22
医药制造业	602.73	589.60	985.19	863.94	1119.41
化学纤维制造业	511.70	519.11	675.49	551.30	505.69
橡胶制品业	626.30	635.34	852.13	678.22	650.69
塑料制品业	1020.42	1007.83	1581.39	1430.24	1467.43
非金属矿物制品业	1792.64	1723.72	2229.93	1680.94	1899.61
黑色金属冶炼及压延加工业	1446.04	1421.80	2568.20	2063.86	1474.18
有色金属冶炼及压延加工业	803.08	750.39	1329.20	1095.94	995.24
金属制品业	940.37	905.07	1717.33	1571.84	1537.81
通用设备制造业	1413.01	1368.88	2972.60	2721.95	2553.09
专用设备制造业	937.90	877.42	1981.52	1819.20	1725.78
交通运输设备制造业	3675.23	3239.52	6882.35	6238.53	4963.54
电气机械及器材制造业	1767.84	1662.46	4011.28	3705.81	3200.03
通信设备、计算机及其他电子设备制造业	5766.07	5673.76	11098.75	9945.40	7688.88
仪器仪表及文化、办公用机械制造业	388.08	384.50	785.64	733.31	848.11
工艺品及其他制造业	268.36	265.44	476.56	419.26	502.04
废弃资源和废旧材料回收加工业	34.10	29.98	111.35	99.56	50.37
电力、燃气及水的生产和供应业	**4128.50**	**4091.72**	**4104.00**	**2023.28**	**2847.72**
电力、热力的生产和供应业	3418.55	3415.66	3267.53	1602.04	2107.99
燃气生产和供应业	390.31	374.43	473.38	296.49	391.60
水的生产和供应业	319.64	301.63	363.09	124.76	348.13

单位：亿元

实收资本	国家资本	集体资本	法人资本	个人资本	港澳台资本	外商资本	主营业务收入
34469.69	**1343.92**	**252.74**	**5550.02**	**1149.76**	**9308.88**	**16864.37**	**146613.62**
6703.74	347.63	33.90	1209.11	218.64	1421.96	3472.49	48183.36
14721.39	709.66	99.05	2393.33	395.69	3977.85	7145.80	57601.58
13044.56	286.63	119.78	1947.58	535.42	3909.07	6246.08	40828.68
325.94	**111.96**	**10.60**	**52.09**	**14.14**	**76.11**	**61.03**	**1629.78**
60.74	2.22	7.91	11.04	4.20	9.45	25.92	387.13
155.71	107.72		3.51		44.14	0.33	796.24
18.20		0.23	3.07	3.20	7.79	3.91	97.82
53.56	2.01	1.34	27.61	2.47	3.53	16.60	219.04
37.68		1.12	6.86	4.24	11.19	14.26	129.48
0.05				0.04		0.01	0.07
32123.51	**905.79**	**226.25**	**4908.76**	**1104.54**	**8812.77**	**16165.41**	**141803.54**
785.16	20.30	20.36	132.26	56.59	172.98	382.69	6474.67
731.79	5.96	3.71	95.76	39.33	175.40	411.63	2790.92
746.03	22.33	5.90	129.95	31.56	162.94	393.35	2267.21
4.83	2.26		0.89	0.42	1.00	0.26	4.74
1619.55	10.21	17.77	212.59	95.15	772.90	510.93	4679.60
832.39	1.63	8.75	87.50	42.00	390.81	301.69	3845.62
539.13	1.05	4.61	61.67	23.72	237.09	211.00	2709.09
228.29	5.50	1.32	48.92	12.77	66.70	93.08	697.50
306.42	0.54	2.68	33.23	7.66	126.09	136.23	1199.63
1151.06	25.79	9.96	239.54	32.03	313.30	530.43	2454.38
314.76	9.64	5.48	65.71	7.96	154.38	71.59	729.10
379.34	0.31	1.89	23.41	9.97	196.70	147.06	1361.43
445.03	82.05	2.13	110.73	23.74	69.86	156.52	2987.11
2622.79	58.39	17.77	416.90	104.00	494.64	1531.08	8838.07
648.20	28.05	6.54	115.48	31.44	110.00	356.68	1995.96
408.71	17.57	2.69	92.31	16.97	146.70	132.46	1202.16
491.33	16.03	2.10	49.00	10.26	109.80	304.14	1607.69
1163.39	8.13	16.15	145.81	39.92	429.13	524.25	3553.47
1458.69	41.91	13.73	270.15	65.80	436.59	630.52	3461.55
881.36	56.39	4.47	221.80	33.54	192.13	373.02	6243.53
613.40	39.57	2.65	115.81	28.14	175.71	251.51	3188.10
1100.71	17.16	10.70	149.64	51.59	374.75	496.86	4541.05
1716.68	38.25	13.81	244.22	105.11	295.64	1019.66	6188.83
1121.50	15.27	3.19	129.50	34.18	322.15	617.21	3854.68
3098.00	267.09	14.98	758.91	64.48	328.47	1664.08	14988.15
2156.03	32.23	17.18	292.72	57.84	575.97	1180.09	10344.48
5667.48	72.19	9.83	566.17	53.59	1660.68	3305.01	35044.35
515.38	8.65	3.82	52.27	9.98	143.25	297.41	2802.01
332.84	0.74	1.70	35.66	13.90	163.15	117.69	1492.37
43.22	0.59	0.38	10.26	0.86	13.87	17.25	256.09
2020.24	**326.17**	**15.88**	**589.17**	**31.08**	**420.00**	**637.93**	**3180.30**
1532.41	242.62	12.92	501.41	23.31	309.81	442.34	2407.53
238.61	38.08	2.52	49.03	5.56	60.34	83.07	621.56
249.22	45.47	0.45	38.73	2.20	49.85	112.52	151.21

1-A-5 续表 2

行　　业	主营业务成　　本	主营业务税金及附加	营业费用	管理费用	税金	财务费用
总　　计	**125931.62**	**884.89**	**4858.69**	**5830.77**	**241.27**	**1033.82**
在总计中:						
大型企业	42283.92	453.98	1700.50	1421.05	56.45	153.93
中型企业	48838.53	272.19	2021.83	2391.21	99.62	506.40
小型企业	34809.17	158.72	1136.36	2018.50	85.20	373.50
采矿业	**822.80**	**53.91**	**33.10**	**52.27**	**1.93**	**13.45**
煤炭开采和洗选业	263.87	9.32	12.49	14.78	0.58	5.91
石油和天然气开采业	238.26	40.50	1.23	8.96	0.03	3.81
黑色金属矿采选业	61.03	1.21	2.25	3.87	0.18	0.66
有色金属矿采选业	166.66	1.32	3.36	15.55	0.69	1.47
非金属矿采选业	92.91	1.56	13.76	9.09	0.45	1.58
其他采矿业	0.07		0.01	0.02		0.01
制造业	**122305.09**	**822.93**	**4802.27**	**5663.61**	**233.17**	**889.38**
农副食品加工业	5802.04	27.96	147.11	148.45	9.89	42.63
食品制造业	2061.23	10.44	357.51	122.10	5.11	15.04
饮料制造业	1588.68	62.53	320.38	110.42	5.26	11.44
烟草制品业	2.51		0.23	1.42	0.04	-0.03
纺织业	4145.67	12.86	86.39	196.36	11.01	56.06
纺织服装、鞋、帽制造业	3253.20	14.68	145.15	208.60	8.22	30.29
皮革、毛皮、羽毛(绒)及其制品业	2355.54	10.14	65.36	121.97	5.75	16.52
木材加工及木、竹、藤、棕、草制品业	601.69	3.59	25.54	30.51	1.77	9.75
家具制造业	1042.39	4.10	40.36	62.83	2.54	8.70
造纸及纸制品业	2118.35	5.41	84.21	93.52	5.20	42.04
印刷业和记录媒介的复制	587.09	1.01	20.82	47.20	1.47	5.82
文教体育用品制造业	1202.57	3.30	30.70	80.20	2.79	8.94
石油加工、炼焦及核燃料加工业	2857.76	46.27	54.42	60.02	3.19	31.41
化学原料及化学制品制造业	7135.18	43.19	559.47	383.30	13.87	79.66
医药制造业	1234.16	4.89	327.60	155.45	6.89	22.72
化学纤维制造业	1098.71	1.10	12.31	24.08	1.55	23.47
橡胶制品业	1398.28	4.30	51.58	74.87	3.61	23.68
塑料制品业	3079.63	7.81	87.88	176.66	7.11	31.77
非金属矿物制品业	2870.88	15.83	129.54	165.68	10.73	52.01
黑色金属冶炼及压延加工业	5610.59	18.27	55.82	111.26	7.56	63.75
有色金属冶炼及压延加工业	2849.01	13.61	33.59	69.78	4.52	39.28
金属制品业	3977.65	14.51	109.15	184.74	8.02	36.30
通用设备制造业	5040.51	21.64	212.61	368.07	13.37	43.49
专用设备制造业	3146.29	11.00	143.23	244.68	7.72	29.44
交通运输设备制造业	12331.38	378.21	518.30	707.72	26.45	14.51
电气机械及器材制造业	8772.16	31.97	342.46	473.83	22.18	86.32
通信设备、计算机及其他电子设备制造业	32202.27	38.33	723.81	1027.58	29.78	44.10
仪器仪表及文化、办公用机械制造业	2422.50	7.44	73.90	134.70	3.95	4.99
工艺品及其他制造业	1275.78	7.44	39.74	71.99	3.39	12.26
废弃资源和废旧材料回收加工业	241.40	1.09	3.13	5.61	0.27	3.04
电力、燃气及水的生产和供应业	**2803.73**	**8.05**	**23.32**	**114.89**	**6.17**	**131.00**
电力、热力的生产和供应业	2191.72	4.51	3.32	67.76	3.96	113.90
燃气生产和供应业	525.52	1.78	15.10	26.61	0.98	6.70
水的生产和供应业	86.48	1.76	4.90	20.52	1.22	10.40

单位：亿元

利息支出	营业利润	利润总额	应交所得税	亏损企业亏损总额	本年应交增值税	全部从业人员年平均人数（万人）
1170.49	**8888.77**	**8242.63**	**1055.85**	**1449.12**	**3916.89**	**2579.42**
268.85	2555.46	2445.85	275.21	216.22	1019.68	539.90
551.95	3844.99	3550.53	487.89	656.03	1681.86	1115.70
349.70	2488.32	2246.25	292.75	576.87	1215.35	923.82
12.36	**653.17**	**589.57**	**83.55**	**1.02**	**106.58**	**10.77**
6.70	87.82	88.33	12.15	0.10	22.14	4.06
0.61	491.84	430.74	65.39		61.99	0.40
0.96	28.95	29.00	1.41	0.20	7.14	1.31
3.12	31.48	30.48	3.31	0.20	8.80	2.38
0.97	13.12	11.06	1.29	0.49	6.51	2.62
0.01	-0.04	-0.04		0.04		0.01
1015.64	**8058.12**	**7439.25**	**935.50**	**1356.84**	**3615.40**	**2546.38**
49.95	329.77	290.89	33.01	34.28	120.10	65.98
16.82	231.95	204.07	32.44	33.88	137.74	47.36
17.11	181.35	186.70	26.97	30.04	124.36	29.54
	0.65	0.81	0.15		0.56	0.20
54.25	194.29	175.02	21.78	49.82	129.34	161.10
22.36	199.72	187.16	21.62	32.79	124.09	229.04
16.44	148.08	135.94	14.10	14.06	79.56	161.31
7.84	30.30	30.73	3.11	9.99	24.34	19.84
7.72	45.36	39.24	5.54	14.66	29.12	47.77
58.92	145.14	139.03	15.45	26.73	79.63	39.56
5.50	73.19	74.11	11.11	6.39	33.03	23.37
6.79	35.89	28.72	4.90	18.12	26.83	88.85
33.07	-69.54	-94.89	-9.37	186.75	60.88	8.74
108.91	695.20	591.15	77.21	146.31	369.30	63.68
18.26	269.02	260.10	39.40	13.48	129.91	31.77
26.25	47.42	47.37	5.36	14.17	22.65	9.39
25.10	63.17	51.93	7.43	17.84	47.23	38.29
31.70	182.15	169.28	22.42	40.72	86.98	109.90
55.18	259.07	262.44	25.61	42.38	147.53	75.50
61.74	433.16	298.41	30.52	49.95	176.04	27.99
39.03	212.33	163.25	21.36	33.08	82.68	24.11
35.22	243.66	220.51	29.00	33.86	118.83	97.59
34.33	521.04	508.55	67.91	44.83	169.73	99.19
25.85	322.16	316.09	38.70	41.07	104.00	76.52
60.05	1105.23	1112.86	121.21	67.17	497.06	132.63
65.69	694.79	648.84	79.56	64.94	249.44	212.27
112.99	1203.66	1136.49	155.22	255.41	353.46	499.79
5.29	171.09	168.76	24.11	17.09	41.43	57.68
9.55	85.72	83.74	9.07	11.54	44.77	65.55
3.72	3.10	1.95	0.60	5.51	4.80	1.87
142.49	**177.48**	**213.81**	**36.80**	**91.26**	**194.91**	**22.27**
118.20	84.46	115.36	25.04	86.89	156.44	13.81
9.20	68.63	66.63	6.66	3.15	33.22	5.30
15.09	24.39	31.82	5.10	1.22	5.25	3.16

1-A-6 规模以下工业

行　　业	企　业 单位数 (个)	亏损企业	工业总产值 (当年价格)	资产总计
总　　计	**1477267**	**167307**	**36659.71**	**41742.73**
采矿业	**74194**	**4934**	**2614.39**	**2970.05**
煤炭开采和洗选业	12105	1395	866.41	1091.77
石油和天然气开采业	1027	53	26.23	52.47
黑色金属矿采选业	12888	864	503.85	534.54
有色金属矿采选业	7652	940	218.07	474.03
非金属矿采选业	39885	1630	981.83	794.88
其他采矿业	637	52	18.01	22.36
制造业	**1356124**	**157594**	**33183.56**	**35279.73**
农副食品加工业	76999	4190	2092.91	1776.03
食品制造业	32230	3120	749.72	815.44
饮料制造业	28445	2318	573.67	741.40
烟草制品业	80	6	3.10	4.51
纺织业	70850	7216	2024.60	1941.77
纺织服装、鞋、帽制造业	57801	8398	1418.43	1285.10
皮革、毛皮、羽毛(绒)及其制品业	20800	2312	606.35	490.47
木材加工及木、竹、藤、棕、草制品业	50938	3041	1252.44	987.09
家具制造业	29387	3257	652.91	601.80
造纸及纸制品业	37051	4315	869.55	876.34
印刷业和记录媒介的复制	45149	6281	906.76	914.40
文教体育用品制造业	14438	1995	352.48	333.39
石油加工、炼焦及核燃料加工业	3765	485	155.07	362.53
化学原料及化学制品制造业	64588	7781	1609.86	2223.25
医药制造业	8152	1643	200.56	622.06
化学纤维制造业	2315	269	73.39	167.63
橡胶制品业	15428	1844	370.09	358.86
塑料制品业	75308	9238	1810.19	1678.90
非金属矿物制品业	175779	10182	4350.19	3939.09
黑色金属冶炼及压延加工业	10006	1122	414.59	424.52
有色金属冶炼及压延加工业	12384	1622	418.65	540.15
金属制品业	102561	13478	2406.12	2513.96
通用设备制造业	138814	17057	3279.00	3258.22
专用设备制造业	70402	11788	1583.26	1933.08
交通运输设备制造业	57545	7424	1370.08	1738.84
电气机械及器材制造业	63546	10366	1524.69	1874.53
通信设备、计算机及其他电子设备制造业	28951	7714	709.17	1410.32
仪器仪表及文化、办公用机械制造业	17190	4020	365.61	516.92
工艺品及其他制造业	38552	4617	864.75	792.66
废弃资源和废旧材料回收加工业	6670	495	175.35	156.47
电力、燃气及水的生产和供应业	**46949**	**4779**	**861.77**	**3492.95**
电力、热力的生产和供应业	30593	2638	549.60	2544.39
燃气生产和供应业	2167	244	79.75	171.36
水的生产和供应业	14189	1897	232.42	777.20

企业主要经济指标

单位：亿元

固定资产原　　价	所有者权益合计	实收资本	国家资本	集体资本	法人资本	个人资本
21970.32	**21722.94**	**18533.98**	**1127.42**	**703.34**	**3576.57**	**10701.92**
1820.18	**1690.96**	**1446.11**	**51.43**	**64.50**	**326.07**	**947.68**
641.24	632.60	539.75	26.48	37.59	131.87	307.43
38.12	29.86	25.16	1.68	0.72	3.35	15.67
318.25	314.66	272.40	7.64	5.85	67.80	189.69
221.13	228.56	200.10	9.39	7.28	56.06	119.07
587.12	473.18	398.39	5.83	12.87	63.42	310.16
14.31	12.09	10.31	0.42	0.18	3.56	5.66
17729.19	**18183.62**	**15499.65**	**615.65**	**508.97**	**2900.65**	**9200.67**
1101.00	965.87	808.76	28.63	22.58	139.10	574.55
467.96	435.56	384.89	13.27	8.97	74.54	221.06
421.77	400.99	332.51	16.41	13.68	70.98	196.41
2.55	2.47	1.64	0.13	0.16	0.69	0.66
960.56	880.94	755.63	32.77	18.68	117.03	459.89
595.07	647.96	562.32	5.94	14.73	88.18	326.09
242.38	254.31	224.71	3.95	5.20	35.14	134.41
844.99	526.03	441.98	6.69	9.76	76.11	321.13
293.38	320.06	277.82	1.94	4.51	46.01	188.43
452.71	428.68	374.70	17.55	13.29	71.77	235.59
568.26	506.41	438.40	16.45	25.42	82.84	287.23
152.37	168.03	155.42	1.06	5.24	20.65	79.53
105.18	171.76	142.83	54.98	3.15	20.34	45.52
1034.85	1293.22	966.48	83.11	37.97	205.30	497.54
249.59	318.97	295.29	20.83	10.76	85.63	118.85
58.86	93.78	78.41	13.87	0.74	14.48	20.09
181.51	207.75	178.18	6.19	5.90	47.42	93.09
835.41	817.27	709.29	11.10	21.17	113.91	420.85
2378.95	2153.02	1860.35	55.05	72.61	309.14	1337.54
216.00	190.33	171.31	6.45	8.12	31.92	108.03
248.30	265.95	229.12	12.01	6.52	75.08	112.33
1246.42	1163.45	983.97	12.95	33.26	187.87	624.88
1496.26	1550.36	1282.14	43.04	47.73	220.70	847.35
900.26	1044.34	864.43	30.71	21.56	151.59	501.54
786.63	865.02	759.87	44.27	26.64	179.49	381.90
743.59	975.03	856.48	27.60	36.75	170.89	475.95
475.28	698.59	689.86	25.57	11.95	146.49	223.07
195.41	247.44	235.29	12.64	6.68	46.00	115.39
396.55	497.26	356.43	5.66	11.56	56.90	201.91
77.14	92.77	81.16	4.83	3.67	14.48	49.85
2420.95	**1848.35**	**1588.22**	**460.34**	**129.88**	**349.84**	**553.56**
1750.72	1317.82	1155.60	286.93	83.57	274.04	447.00
110.67	87.51	74.25	15.72	1.88	20.67	25.86
559.56	443.03	358.36	157.68	44.43	55.14	80.71

1-A-6 续表

行　业	港澳台资本	外商资本	主营业务收　入	主营业务成　本
总　计	**1181.03**	**1244.00**	**35609.37**	**28599.67**
采矿业	**11.79**	**44.68**	**2500.50**	**1844.39**
煤炭开采和洗选业	4.01	32.37	839.87	608.11
石油和天然气开采业	2.34	1.39	25.31	17.78
黑色金属矿采选业	1.01	0.41	479.20	355.08
有色金属矿采选业	1.71	6.62	196.02	148.42
非金属矿采选业	2.72	3.40	943.44	703.13
其他采矿业		0.48	16.67	11.86
制造业	**1115.79**	**1158.12**	**32260.95**	**26128.96**
农副食品加工业	16.91	26.99	2017.71	1611.63
食品制造业	26.92	40.38	712.07	560.43
饮料制造业	15.68	19.35	542.26	416.74
烟草制品业			3.02	2.04
纺织业	83.48	43.78	1978.39	1670.07
纺织服装、鞋、帽制造业	75.27	52.16	1395.04	1133.55
皮革、毛皮、羽毛(绒)及其制品业	27.07	18.94	595.40	483.04
木材加工及木、竹、藤、棕、草制品业	12.40	15.90	1205.85	965.71
家具制造业	18.34	18.60	637.63	509.58
造纸及纸制品业	22.43	14.06	850.34	701.01
印刷业和记录媒介的复制	19.76	6.69	884.01	715.22
文教体育用品制造业	30.63	18.32	345.37	283.69
石油加工、炼焦及核燃料加工业	9.77	9.06	147.56	122.10
化学原料及化学制品制造业	51.18	91.38	1562.09	1249.19
医药制造业	28.81	30.40	188.32	144.56
化学纤维制造业	7.30	21.93	69.91	59.17
橡胶制品业	15.67	9.91	359.71	295.12
塑料制品业	90.13	52.14	1775.35	1470.45
非金属矿物制品业	44.08	41.92	4194.34	3290.58
黑色金属冶炼及压延加工业	6.19	10.60	406.72	347.94
有色金属冶炼及压延加工业	10.07	13.12	406.74	345.75
金属制品业	70.55	54.45	2350.59	1931.83
通用设备制造业	45.75	77.57	3181.89	2610.25
专用设备制造业	70.83	88.22	1530.54	1232.54
交通运输设备制造业	46.83	80.74	1329.22	1071.01
电气机械及器材制造业	64.01	81.26	1497.71	1224.29
通信设备、计算机及其他电子设备制造业	122.85	159.92	708.41	573.50
仪器仪表及文化、办公用机械制造业	29.84	24.74	360.62	286.53
工艺品及其他制造业	49.92	30.39	852.90	682.02
废弃资源和废旧材料回收加工业	3.13	5.20	171.25	139.40
电力、燃气及水的生产和供应业	**53.45**	**41.20**	**847.92**	**626.32**
电力、热力的生产和供应业	40.56	23.55	547.30	403.75
燃气生产和供应业	4.29	5.84	78.72	56.85
水的生产和供应业	8.60	11.81	221.90	165.73

单位：亿元

主营业务税金及附加	三项费用合计	利息支出	营业利润	本年应交增值税	本年应付工资总额加福利费	全部从业人员年平均人数（万人）
634.39	**3242.57**	**199.27**	**3291.91**	**1315.84**	**4199.87**	**3169.70**
75.03	**229.54**	**15.34**	**369.17**	**122.48**	**274.81**	**208.57**
27.16	90.79	5.29	124.04	51.66	98.06	70.15
1.08	2.94	0.23	3.65	0.58	3.14	2.26
13.17	37.00	2.89	76.16	26.09	41.97	34.03
5.92	20.11	1.43	23.27	7.79	27.02	22.22
27.13	77.04	5.43	139.36	35.68	102.96	78.58
0.57	1.67	0.08	2.69	0.68	1.67	1.33
539.78	**2893.13**	**160.13**	**2825.88**	**1161.42**	**3826.79**	**2889.91**
39.81	141.52	13.19	236.43	59.32	171.68	146.23
14.20	68.17	4.52	75.57	23.74	77.01	64.50
14.63	49.75	4.05	65.24	19.07	61.96	52.43
0.08	0.29	0.01	0.63	0.18	0.37	0.24
26.46	143.50	10.64	142.33	63.95	233.06	172.95
22.17	143.84	5.31	94.41	50.41	248.54	183.24
10.04	53.17	2.30	50.45	20.49	96.15	68.14
26.32	84.36	6.90	134.59	40.08	126.51	111.04
12.18	55.99	3.31	62.08	22.40	78.07	57.24
13.31	70.08	3.85	70.71	30.54	93.56	70.39
14.47	85.32	3.56	72.97	32.85	103.67	74.31
4.65	36.22	1.45	22.08	11.62	56.05	41.63
2.30	12.74	0.95	11.56	6.58	10.60	8.18
29.34	152.01	9.47	139.36	59.20	168.88	135.71
3.66	34.82	2.89	6.94	7.49	26.43	19.36
0.73	5.93	0.50	4.41	1.94	6.33	4.57
5.34	31.85	1.43	28.60	13.95	43.51	31.87
24.00	151.87	7.28	136.60	62.89	201.87	142.58
92.26	315.30	23.35	514.28	153.23	511.00	447.33
5.98	24.43	2.43	30.48	16.54	28.44	21.91
6.39	28.49	2.02	25.78	14.54	35.54	26.37
33.10	203.00	9.35	190.28	85.44	266.96	187.78
44.42	277.30	13.14	259.27	120.79	341.75	243.74
22.63	170.39	6.63	112.08	59.45	189.26	127.94
20.80	136.94	7.08	107.32	50.81	167.91	115.93
19.00	159.56	6.35	98.58	55.83	179.86	126.87
9.17	110.72	1.99	23.57	27.79	120.50	75.81
4.75	54.11	1.46	17.63	14.57	56.14	36.27
14.02	79.01	3.71	74.67	29.74	111.10	84.87
3.58	12.44	0.98	16.99	5.99	14.09	10.49
19.58	**119.90**	**23.80**	**96.86**	**31.95**	**98.26**	**71.21**
13.62	73.97	17.89	64.33	20.65	60.96	43.16
1.42	10.97	1.73	11.47	3.70	6.11	4.30
4.55	34.96	4.17	21.06	7.60	31.19	23.75

B. 地区部分

1-B-1 全部工业企业

地区	企业单位数（个）	亏损企业	工业总产值（当年价格）	资产总计	固定资产原价
全国	**1903380**	**232700**	**543944.60**	**473048.28**	**267323.12**
北京	29286	11353	10692.38	17732.21	6832.89
天津	36982	6748	13042.91	11158.27	5711.72
河北	84699	7028	25531.74	19361.17	11589.29
山西	29414	5130	10696.79	14601.19	8288.61
内蒙古	19846	1395	9281.75	10866.80	7066.77
辽宁	89610	14617	25948.18	24000.84	14691.76
吉林	27392	2343	9214.04	8555.19	5913.45
黑龙江	32286	3957	8242.26	8627.28	7089.06
上海	76342	20668	26063.48	24437.82	13689.82
江苏	266216	24189	72343.61	52704.59	28629.08
浙江	224585	29127	45338.91	40349.19	17287.50
安徽	55290	5231	12227.72	11327.25	6848.09
福建	65386	7011	16407.60	13248.75	6918.54
江西	40546	1579	9683.22	7500.74	5748.81
山东	178761	9215	66251.61	42350.68	25784.63
河南	112918	3948	28978.32	19548.92	11662.52
湖北	59366	4415	14347.53	16268.29	10477.86
湖南	67788	2566	12804.62	9871.01	5838.55
广东	194302	42396	68867.27	50039.46	26605.85
广西	23025	3565	6510.80	6496.44	3985.61
海南	2654	935	1139.65	1316.40	778.94
重庆	33480	2372	6610.54	6332.11	3500.60
四川	59137	5979	15693.13	16907.88	8726.80
贵州	13349	3338	3368.71	4984.01	2881.70
云南	20172	4405	5609.70	8152.12	4119.08
西藏	476	127	55.13	266.16	181.00
陕西	31707	2837	8056.09	10667.76	6382.59
甘肃	12674	1519	3929.60	4942.89	3217.14
青海	2600	637	1146.43	2182.82	1370.58
宁夏	4321	1133	1447.91	2193.77	1225.04
新疆	8770	2937	4412.99	6056.28	4279.26

注：“全部工业企业”指规模以上工业企业和规模以下工业企业的总和；“规模以上工业企业”指年主营业务收入在500万元以上的工业企业。

主要经济指标

单位：亿元

所有者权益合计	实收资本	国家资本	集体资本	法人资本	个人资本
204076.32	**122620.04**	**23986.69**	**2594.06**	**37427.65**	**29276.04**
9120.67	5803.24	2477.89	56.97	1980.30	441.37
4342.18	3391.54	945.20	59.45	925.75	406.65
7865.68	4418.34	898.06	125.15	1418.19	1442.66
4877.77	2839.95	982.72	131.80	932.44	650.02
4213.42	2416.94	660.22	46.05	990.20	548.60
10091.47	6163.38	2010.66	146.65	1692.32	1402.03
3857.55	2585.61	1057.22	35.38	767.37	517.45
3835.32	2388.75	679.99	50.67	1032.79	431.51
11490.01	7005.75	460.23	119.64	2173.25	855.69
22324.41	14247.97	877.13	205.13	2889.72	3808.12
15642.26	9162.82	497.31	118.93	2407.06	3700.62
4468.59	2717.56	611.76	62.17	810.21	878.59
6419.55	4377.37	421.40	60.14	895.53	1153.76
3520.41	2116.28	334.73	22.01	666.57	792.39
19464.19	8878.54	916.21	378.65	3308.93	2783.60
8936.15	5497.96	1102.87	202.47	1557.91	2361.82
7879.44	4512.60	1852.93	75.04	1339.59	824.01
4297.83	2451.47	399.96	59.58	914.36	895.61
21660.18	14226.13	1428.77	209.26	3722.32	1812.19
2447.00	1472.86	241.06	38.32	659.53	336.14
575.01	390.24	32.94	8.94	256.43	34.85
2645.18	1499.11	208.72	30.77	686.07	415.04
6979.94	3752.97	1038.10	75.91	1315.06	1072.40
1828.55	1084.12	360.58	25.15	366.28	271.82
3378.14	1645.76	309.40	58.34	819.66	355.51
203.04	111.57	45.85	20.65	32.81	9.22
4909.96	2786.32	1210.54	79.48	843.37	530.34
2243.52	1582.50	895.21	61.33	411.88	185.83
864.62	400.39	126.30	5.96	222.53	38.44
787.76	479.48	159.60	3.51	187.81	106.29
2906.51	2212.54	743.13	20.56	1201.41	213.51

1-B-1 续表

地区	港澳台资本	外商资本	主营业务收入	主营业务成本	主营业务税金及附加
全国	**10800.33**	**18522.27**	**535629.44**	**451895.42**	**6911.67**
北京	149.03	697.68	11561.85	10105.41	85.98
天津	206.14	848.37	13451.09	11669.76	106.21
河北	178.13	356.14	24893.51	21478.86	220.36
山西	44.60	98.36	10785.49	8587.62	138.66
内蒙古	48.13	123.75	9144.96	7083.53	141.58
辽宁	176.90	734.84	25504.12	22231.11	287.70
吉林	56.46	151.74	8810.61	7245.84	181.54
黑龙江	40.69	153.10	8800.93	6204.84	151.63
上海	780.39	2616.47	27075.34	23618.92	268.74
江苏	1861.73	4606.16	70891.04	61212.44	466.33
浙江	1033.26	1405.63	43990.86	38604.09	329.32
安徽	130.65	224.18	12014.89	10021.07	191.75
福建	912.90	933.63	15981.73	13651.23	179.17
江西	149.34	151.25	9673.75	8206.03	149.89
山东	311.91	1179.24	65229.62	55467.48	791.31
河南	123.48	149.41	28224.60	23508.67	422.22
湖北	96.11	324.93	13941.07	11390.31	325.57
湖南	74.60	107.34	12516.60	9902.16	435.81
广东	4058.74	2994.86	66862.89	56837.16	715.83
广西	93.92	103.89	6082.26	5187.99	88.84
海南	23.80	33.28	1114.28	924.92	24.26
重庆	54.70	103.81	6508.35	5332.66	99.02
四川	87.98	163.51	15186.87	12453.19	238.33
贵州	14.88	45.40	3174.24	2458.04	117.51
云南	27.89	61.75	5391.85	4087.33	397.90
西藏	0.14	2.90	51.03	37.33	0.91
陕西	36.97	85.62	7740.73	5763.97	155.49
甘肃	9.46	18.80	3976.99	3350.33	69.68
青海	2.84	4.32	1083.87	799.95	14.76
宁夏	0.87	21.39	1411.59	1197.57	12.26
新疆	13.70	20.53	4552.42	3275.57	103.07

单位：亿元

三项费用合计	利息支出	营业利润	本年应交增值税	本年应付工资总额和福利费	全部从业人员年平均人数（万人）
42357.50	**5863.43**	**36184.66**	**19006.56**	**31786.60**	**12007.33**
1147.95	105.91	471.42	308.16	584.09	149.69
868.69	104.48	749.14	301.70	503.16	188.42
1515.92	268.14	1794.30	864.84	1021.00	511.34
1348.25	233.50	741.61	708.73	794.29	284.97
757.46	158.43	1245.39	466.64	451.02	150.05
1863.41	234.87	1024.98	702.36	1362.70	478.48
819.69	87.68	611.79	246.16	462.72	183.53
693.57	64.70	1690.95	524.97	553.67	230.08
2540.49	171.37	822.17	646.81	1339.97	396.52
4791.07	704.85	4727.44	2326.87	4092.31	1463.63
3551.63	692.93	1708.34	1237.53	2488.27	1072.13
1044.56	162.45	894.12	483.91	761.69	301.87
1300.36	172.76	1053.53	444.49	1236.17	486.80
611.17	95.44	686.83	395.98	638.78	281.53
4451.89	663.40	4386.24	2055.22	2734.69	1205.24
1819.90	276.42	2732.38	1066.50	1173.44	643.20
1228.45	193.57	1097.24	580.23	833.45	329.59
1079.65	154.32	1086.93	637.21	957.39	344.73
5486.01	425.93	4049.60	2334.31	6018.99	1883.32
562.84	119.76	264.82	238.23	335.67	160.85
95.76	22.23	77.75	36.87	41.71	16.92
654.31	84.33	446.50	248.77	479.88	197.85
1492.03	205.45	1058.08	671.17	1101.26	390.36
391.50	77.13	207.06	178.20	246.43	103.21
558.91	103.19	328.22	321.28	310.87	126.69
8.77	0.35	3.87	4.68	7.78	3.02
732.13	103.17	1108.21	448.24	590.79	200.20
348.48	58.41	157.48	149.40	287.58	99.30
106.15	29.61	165.10	62.28	63.05	22.56
158.40	40.36	37.67	58.75	90.64	31.80
328.03	48.28	755.50	256.04	223.16	69.45

1-B-2 规模以上工业

地区	企业单位数(个)	亏损企业	工业总产值(当年价格)	工业销售产值(当年价格)	出口交货值	资产总计
全国	**426113**	**65393**	**507284.89**	**494733.65**	**82498.38**	**431305.55**
北京	7205	1782	10413.09	10304.16	1788.34	16802.42
天津	7950	2084	12503.25	12302.63	2458.67	10351.21
河北	12447	2124	23030.73	22408.10	1135.17	17261.75
山西	4415	1219	10023.87	9790.22	412.23	13452.67
内蒙古	3993	759	8576.81	8351.82	227.62	10089.30
辽宁	21876	3311	24769.09	24105.81	2844.92	22040.91
吉林	5257	761	8406.85	8220.00	224.23	7525.18
黑龙江	4392	851	7624.54	7494.84	191.72	7826.92
上海	18792	4579	25120.92	24800.47	8008.98	22750.35
江苏	65495	7449	67798.68	66537.70	15942.44	48321.94
浙江	58816	8918	40832.10	39717.51	9826.62	35550.76
安徽	11392	2054	11162.16	10875.85	705.63	10122.18
福建	17212	2481	15212.81	14838.96	3940.27	11694.91
江西	7367	572	8499.58	8376.92	715.81	6420.95
山东	42629	3134	62958.53	60731.24	6267.04	39224.51
河南	18700	1094	26028.41	25595.50	685.63	17316.86
湖北	12067	1729	13454.94	13146.93	674.02	15431.43
湖南	12391	965	11553.31	11402.12	577.13	8856.19
广东	52574	10856	65424.61	63547.23	23896.31	45750.15
广西	5427	1468	6071.98	5759.32	340.31	5981.12
海南	548	154	1103.07	1089.60	62.15	1207.77
重庆	6119	803	5755.90	5637.71	330.36	5551.03
四川	13725	1738	14761.86	14421.90	545.61	15589.47
贵州	2676	913	3111.13	2969.30	88.19	4566.10
云南	3320	1056	5144.58	4896.85	116.03	7185.11
西藏	88	20	48.19	44.26	0.04	223.87
陕西	4025	1023	7480.79	7254.63	280.90	9905.91
甘肃	1940	460	3667.52	3576.13	79.86	4497.49
青海	515	163	1103.10	1049.30	4.39	2092.67
宁夏	901	308	1366.46	1306.63	56.36	2061.86
新疆	1859	565	4276.05	4180.02	71.38	5652.57

企业主要经济指标

单位：亿元

流动资产合计	应收账款	存货	产成品	流动资产年平均余额	固定资产合计	固定资产原价	累计折旧
195681.75	**43933.82**	**54108.56**	**19518.95**	**187534.47**	**179191.72**	**245352.80**	**87059.54**
6481.20	1473.16	1521.93	502.21	5928.22	4890.78	6574.59	2425.03
5179.23	1099.89	1488.89	468.28	5065.78	3939.05	5357.97	2025.24
7228.64	1210.55	2208.49	868.99	6915.54	7844.79	10324.13	3355.77
5486.99	846.90	1426.85	584.21	4947.42	6062.56	7668.65	2489.65
3327.49	559.62	843.16	308.66	3053.07	5194.07	6514.17	1836.89
9757.30	2001.49	2701.72	924.80	9649.77	9705.40	13719.77	5084.22
2877.80	575.50	849.35	363.46	2699.38	3551.92	5092.02	1820.56
3282.31	659.75	971.60	328.85	3185.67	3909.25	6591.84	2972.06
11682.84	3351.09	3418.20	1016.92	11623.67	8109.47	13123.73	6087.38
25266.93	7239.07	6647.28	2484.95	24370.19	19144.21	26672.88	9358.98
19668.12	4677.61	4749.11	1990.03	19092.60	11887.99	15478.27	4869.92
4031.98	887.48	1151.30	397.00	3910.67	4785.98	6180.77	1896.02
5700.78	1419.39	1556.84	578.01	5539.85	4488.86	5994.98	1951.17
2477.93	446.02	746.69	273.27	2419.40	3390.15	4957.62	1801.57
17199.42	2779.55	4897.05	1964.78	16579.10	16953.17	23700.95	8328.30
6910.07	1228.58	1811.97	630.02	6616.93	8213.51	10325.21	2923.92
5515.44	968.14	1600.26	566.54	5223.28	7886.75	9916.98	3458.72
3396.94	686.54	1055.61	362.42	3258.74	4096.42	5194.97	1701.73
24753.29	7466.22	6961.07	2289.21	23719.59	16002.09	24529.17	10227.23
2349.86	419.17	782.51	344.65	2250.94	2907.16	3651.87	990.76
471.43	79.18	125.16	38.76	473.48	585.58	731.24	202.89
2480.78	503.29	691.09	269.11	2362.88	2404.27	3025.44	942.54
6458.42	1234.96	1867.05	612.79	5949.63	6251.91	8042.60	2753.96
1642.82	287.05	486.37	168.44	1485.62	2299.26	2624.32	841.70
2907.12	389.53	940.69	259.64	2778.93	2757.89	3676.02	1230.97
59.54	8.67	8.90	2.75	58.88	131.00	150.45	38.65
4087.89	740.95	1038.77	389.69	3706.22	4626.96	5999.40	2071.92
1769.89	231.90	661.76	199.05	1695.01	2117.66	2935.45	1120.04
618.57	77.02	156.57	40.07	536.84	1260.26	1315.94	389.82
755.40	125.48	245.40	115.61	685.45	1065.61	1170.32	354.20
1855.34	260.07	496.91	175.80	1751.73	2727.70	4111.08	1507.72

1-B-2 续表 1

地　区	固定资产净　值	固定资产净值年平均余额	负债合计	流动负债合　计	所有者权益合计	实收资本
全　国	**158293.26**	**151665.15**	**248899.38**	**190115.98**	**182353.38**	**104086.06**
北　京	4149.56	3926.11	8085.01	5554.29	8717.41	5391.38
天　津	3332.73	3161.22	6290.53	5251.56	4060.68	3102.41
河　北	6968.35	6534.16	10525.99	8084.03	6730.11	3456.92
山　西	5179.00	5209.04	9023.63	6420.17	4429.04	2433.45
内蒙古	4677.28	4496.47	6306.51	3595.73	3782.79	2039.82
辽　宁	8635.54	7943.58	12878.51	9772.18	9162.40	5313.82
吉　林	3271.46	3086.67	4090.51	2881.94	3421.41	2247.47
黑龙江	3619.78	3244.82	4363.89	3455.51	3455.59	2061.26
上　海	7036.35	7142.16	12078.65	10069.84	10671.52	6296.30
江　苏	17313.90	16463.95	28447.89	24462.68	19874.05	12186.86
浙　江	10608.35	10438.59	22014.49	18996.57	13524.09	7520.54
安　徽	4284.75	4004.41	6337.25	4321.57	3784.93	2134.25
福　建	4043.82	3952.27	6282.32	4843.81	5412.59	3459.88
江　西	3156.05	3044.82	3506.62	2477.22	2905.93	1564.63
山　东	15372.65	14925.40	21576.63	16657.49	17647.01	7620.73
河　南	7401.29	6943.99	9777.98	7242.92	7536.85	4322.45
湖　北	6458.27	6006.07	8059.50	5755.28	7371.94	4059.00
湖　南	3493.24	3490.69	5145.44	3305.84	3710.75	1931.19
广　东	14301.94	14527.73	26278.20	21787.00	19471.95	12177.98
广　西	2661.11	2491.81	3832.24	2629.55	2148.87	1205.39
海　南	528.34	523.87	694.33	489.85	513.43	335.74
重　庆	2082.90	1992.76	3332.96	2470.52	2218.07	1165.62
四　川	5288.63	5015.59	9241.79	6228.80	6347.68	3218.82
贵　州	1782.62	1645.22	3001.74	1775.62	1564.36	855.34
云　南	2445.05	2315.63	4168.36	2755.31	3016.76	1347.15
西　藏	111.80	99.82	52.83	34.85	171.04	80.99
陕　西	3927.48	3743.14	5445.13	3807.72	4460.78	2382.65
甘　肃	1815.41	1745.52	2499.16	1653.17	1998.33	1363.45
青　海	926.13	878.85	1289.08	698.77	803.59	346.57
宁　夏	816.11	768.20	1337.08	855.92	721.98	417.16
新　疆	2603.36	1902.57	2935.13	1780.27	2717.44	2046.87

单位：亿元

国家资本	集体资本	法人资本	个人资本	港澳台资本	外商资本	主营业务收入
22859.27	**1890.72**	**33851.08**	**18574.12**	**9619.30**	**17278.27**	**500020.07**
2467.32	34.60	1814.77	279.84	131.22	663.63	11275.82
903.19	42.45	858.80	290.00	191.06	816.92	12914.20
866.58	95.18	1183.03	832.72	161.49	317.91	22474.08
948.93	93.78	800.18	459.67	41.98	88.91	10130.61
629.31	34.80	885.46	355.45	45.63	89.17	8470.30
1853.02	73.99	1669.03	899.11	151.94	666.74	24372.24
1013.09	27.71	673.64	334.82	52.39	145.83	8119.17
653.84	34.14	955.48	240.24	37.84	139.71	8212.36
431.21	88.85	2036.12	515.77	722.10	2502.25	26058.02
842.80	164.88	2618.39	2562.06	1677.08	4321.65	66481.84
462.77	85.57	2206.90	2562.02	930.38	1272.89	39630.60
558.81	34.83	695.04	537.23	112.90	195.44	10980.44
397.97	30.28	724.73	671.41	798.91	836.57	14816.17
311.03	11.90	557.90	401.62	137.82	144.37	8526.41
888.21	340.12	2981.71	2009.13	290.17	1111.38	62034.19
1058.57	173.84	1507.15	1345.64	97.54	139.71	25389.80
1807.49	48.91	1206.59	586.03	88.68	321.30	13081.90
379.41	36.73	822.21	516.28	71.39	105.16	11285.44
1310.05	140.51	3353.73	1043.08	3555.14	2775.47	63371.65
214.18	24.98	577.01	205.76	83.97	99.48	5668.99
22.41	3.18	237.78	18.39	22.45	31.54	1077.81
171.63	17.90	589.88	238.86	47.67	99.69	5667.61
1000.97	56.46	1178.03	739.98	84.49	158.89	14286.43
333.59	14.35	313.68	142.44	8.75	42.52	2922.35
283.32	41.67	731.28	201.45	24.15	51.97	4961.12
26.90	19.48	28.12	4.59		1.90	45.20
1159.20	57.72	794.35	262.84	30.35	78.20	7194.60
871.93	48.85	334.43	83.45	8.92	15.87	3752.44
113.64	2.72	205.32	20.84	0.04	4.01	1044.94
153.32	2.51	161.64	79.25	0.75	19.69	1334.19
724.57	7.83	1148.70	134.18	12.10	19.49	4439.14

1-B-2 续表 2

地 区	主营业务成本	主营业务税金及附加	营业费用	管理费用	税金	财务费用
全 国	**423295.75**	**6277.28**	**12893.31**	**20199.81**	**1047.78**	**6021.81**
北 京	9866.68	84.29	435.74	531.90	13.70	105.20
天 津	11218.80	100.90	303.39	418.99	16.62	104.38
河 北	19490.50	173.43	402.98	687.54	34.59	276.83
山 西	8069.28	123.65	376.08	652.79	24.57	245.92
内蒙古	6617.43	123.64	248.57	288.85	23.64	165.84
辽 宁	21329.86	264.81	466.31	1040.68	78.13	242.32
吉 林	6727.46	163.78	246.03	407.47	18.59	101.89
黑龙江	5732.17	136.91	176.88	401.36	30.70	65.95
上 海	22833.10	257.80	912.57	1321.83	28.37	146.80
江 苏	57465.89	426.41	1441.63	2343.09	119.56	662.41
浙 江	34893.58	286.99	898.24	1566.73	80.14	707.65
安 徽	9184.24	173.43	295.99	501.29	29.72	169.41
福 建	12727.46	151.51	423.91	575.46	42.39	183.61
江 西	7301.09	121.81	166.53	269.83	27.46	98.90
山 东	52900.34	739.19	1301.01	2146.44	117.45	732.70
河 南	21309.71	358.05	618.90	712.13	39.06	314.81
湖 北	10732.57	301.75	396.04	565.84	59.12	191.56
湖 南	8987.03	388.88	328.71	488.80	37.58	168.52
广 东	54036.01	669.56	1967.90	2625.13	83.50	423.67
广 西	4858.75	78.93	159.45	241.16	11.58	124.64
海 南	894.66	23.70	29.80	37.06	1.25	22.05
重 庆	4711.41	81.10	190.58	304.69	13.63	80.63
四 川	11748.93	215.29	454.09	720.06	39.51	237.69
贵 州	2271.65	108.71	102.25	177.93	7.02	76.34
云 南	3739.17	389.51	133.66	275.17	11.72	102.31
西 藏	33.33	0.68	2.71	4.09	0.06	0.34
陕 西	5351.48	141.67	196.78	401.41	28.27	90.76
甘 肃	3179.20	64.09	70.61	199.46	9.10	57.42
青 海	769.72	14.01	24.43	44.48	1.89	31.49
宁 夏	1130.73	11.33	33.12	76.44	4.96	41.27
新 疆	3183.48	101.45	88.39	171.69	13.91	48.48

单位：亿元

利息支出	营业利润	利润总额	应交所得税	亏损企业亏损总额	本年应交增值税	全部从业人员年平均人数(万人)
5664.16	**32892.75**	**30562.37**	**4629.55**	**5295.59**	**17690.72**	**8837.63**
104.71	490.75	557.00	106.37	187.29	298.57	123.38
103.14	707.05	752.79	142.85	208.73	290.11	133.12
257.84	1542.67	1369.84	200.98	228.85	751.96	316.85
227.12	682.33	634.25	170.44	149.66	670.35	214.93
152.88	1104.62	771.44	121.53	94.30	442.00	104.57
230.30	925.78	781.58	201.26	571.72	664.76	366.23
84.01	517.41	396.23	59.90	212.27	227.33	126.99
62.00	1633.68	1581.69	55.14	119.47	503.49	155.99
167.95	818.58	967.24	175.00	423.40	607.94	304.01
687.22	4443.80	3972.93	493.78	397.91	2175.35	1104.06
661.08	1468.29	1634.20	286.28	305.71	1080.41	814.55
155.93	788.32	606.73	94.59	81.64	451.94	210.80
166.78	948.51	896.11	109.55	112.86	409.36	380.06
88.80	543.47	507.96	62.01	70.51	357.06	178.56
642.59	4070.18	3923.56	746.62	342.63	1942.87	912.70
261.74	2317.41	2287.78	355.43	192.54	958.30	417.36
189.73	985.37	909.03	128.60	110.53	550.69	235.90
146.45	909.18	663.56	72.83	91.32	588.82	225.55
416.41	3837.23	3272.60	500.65	496.39	2194.53	1493.38
116.89	222.11	231.14	33.76	77.65	224.50	114.60
21.98	78.04	80.74	9.12	11.51	35.74	12.61
78.23	318.68	308.68	32.87	26.67	211.93	132.13
197.80	956.53	844.56	131.44	175.98	642.49	297.54
73.52	180.85	181.83	45.05	77.72	162.99	73.53
98.33	297.79	310.14	66.80	99.67	305.87	84.34
0.32	3.65	4.50	0.76	4.04	4.48	1.79
99.20	1025.79	1008.99	103.30	104.26	427.65	131.83
55.43	125.66	109.46	32.13	154.04	140.09	69.13
29.22	161.98	177.17	14.87	6.65	60.90	17.42
39.54	34.92	39.13	4.06	31.00	56.51	25.89
47.02	752.12	779.52	71.59	128.68	251.72	57.84

1-B-3 规模以上国有控股

地区	企业单位数(个)	亏损企业	工业总产值(当年价格)	工业销售产值(当年价格)	出口交货值	资产总计
全国	**21313**	**5839**	**143786.66**	**140959.59**	**8683.55**	**188811.37**
北京	1116	301	4967.91	4922.99	198.69	12218.51
天津	884	269	4772.99	4706.40	376.67	5422.18
河北	810	275	6659.72	6572.66	225.54	8235.07
山西	650	223	5199.80	5120.58	259.55	8364.84
内蒙古	481	126	3377.10	3322.85	115.44	6129.29
辽宁	1046	315	9699.81	9545.74	1233.57	11899.99
吉林	416	115	4063.85	4027.56	62.89	4484.24
黑龙江	543	176	5145.11	5088.88	131.40	5466.69
上海	1189	311	8967.33	8922.23	1174.72	10936.37
江苏	921	219	7698.86	7669.52	608.06	8297.84
浙江	736	190	5308.87	5269.14	231.58	5557.97
安徽	632	169	4834.94	4800.90	263.97	5998.81
福建	540	124	2111.42	2090.60	144.50	3125.81
江西	577	128	2611.10	2593.71	129.39	2859.97
山东	1358	370	13163.09	11965.90	609.54	12969.11
河南	970	215	6987.91	6925.43	268.78	8300.01
湖北	887	206	5974.90	5905.16	241.75	9774.35
湖南	854	196	3899.19	3852.22	238.70	4714.61
广东	1487	405	11144.50	11009.09	1313.90	11897.96
广西	627	187	2276.73	2200.52	110.87	3096.47
海南	109	31	274.86	275.12	6.27	434.83
重庆	520	123	2412.60	2378.22	84.54	3067.72
四川	1006	229	4712.85	4627.41	207.28	8515.93
贵州	530	195	1878.69	1812.85	62.77	3476.32
云南	539	163	2963.51	2884.91	72.23	4767.92
西藏	36	13	21.38	19.99		177.43
陕西	685	219	5001.13	4924.87	196.49	7681.95
甘肃	426	132	2890.07	2857.06	60.17	3484.97
青海	146	44	748.27	712.64	2.50	1618.28
宁夏	106	32	665.09	646.85	10.15	1350.33
新疆	486	138	3353.09	3307.56	41.63	4485.58

工业企业主要经济指标

单位：亿元

流动资产合计	应收账款	存货	产成品	流动资产年平均余额	固定资产合计	固定资产原价	累计折旧
65493.98	**9660.68**	**18031.62**	**5094.67**	**63021.98**	**91883.64**	**129146.64**	**49055.00**
3447.17	557.97	653.65	189.65	3014.36	3763.06	4933.42	1786.89
2065.60	284.96	553.93	189.79	1969.65	2431.85	3266.53	1249.19
2797.17	372.54	826.03	244.32	2630.33	4161.73	5826.52	2135.03
3021.41	385.78	717.60	233.04	2676.18	4021.78	5406.75	1951.85
1629.56	289.13	402.16	107.94	1499.69	3664.80	4814.59	1462.62
4986.31	654.07	1420.67	356.96	4932.45	5655.92	8422.56	3480.07
1556.54	223.15	460.89	207.55	1483.03	2190.04	3365.13	1345.18
2092.91	386.41	576.74	160.92	2087.25	2949.66	5393.54	2620.77
4463.42	764.07	1394.25	375.16	4578.32	4581.91	7545.95	3835.59
2942.50	432.36	776.10	207.71	2929.84	4533.30	6606.26	2571.68
1691.66	219.09	441.18	103.19	1740.42	3297.95	4492.03	1639.31
1856.13	277.30	527.00	116.45	1858.31	3268.13	4256.40	1334.31
877.10	130.63	244.72	64.19	846.02	1497.36	2002.52	723.68
1213.54	163.95	364.84	84.56	1185.87	1392.56	2124.32	850.55
4903.64	572.68	1231.87	411.58	4755.03	6042.41	9680.34	4093.04
2854.23	414.86	778.16	207.08	2705.60	4149.21	5659.81	2033.09
2724.15	383.55	837.64	219.26	2621.24	5770.10	6810.55	2108.98
1602.27	259.00	545.85	133.72	1546.57	2341.64	3104.17	1119.41
4135.90	798.05	986.43	337.68	4194.60	5451.84	8327.10	3263.88
905.45	128.97	309.08	100.79	873.33	1812.65	2345.37	624.05
119.63	8.66	30.27	7.04	130.60	248.44	321.77	114.87
1216.82	180.07	340.00	109.25	1209.02	1471.91	1921.75	644.94
3098.43	529.41	925.83	198.05	2870.56	3565.29	4606.00	1671.43
1121.17	175.34	338.98	106.11	1016.04	1909.92	2188.12	728.59
1787.85	169.38	614.25	108.99	1733.09	1762.80	2458.08	888.34
34.81	4.40	4.24	1.06	36.11	115.90	131.84	34.06
2983.74	508.70	706.12	224.69	2714.44	3887.65	5050.65	1778.25
1313.11	142.04	508.95	123.88	1265.31	1702.02	2420.41	952.83
392.15	41.69	90.26	14.78	352.52	1082.00	1143.46	354.67
391.26	53.19	107.27	45.82	350.14	810.72	857.61	271.86
1268.35	149.29	316.64	103.49	1216.04	2349.09	3663.10	1385.98

1-B-3 续表 1

地区	固定资产净值	固定资产净值年平均余额	负债合计	流动负债合计	所有者权益合计	实收资本
全国	**80091.64**	**75926.53**	**111374.72**	**72749.16**	**77388.89**	**43976.39**
北京	3146.53	2942.60	5474.49	3161.95	6744.01	4134.20
天津	2017.34	1848.86	3424.54	2630.13	1997.65	1586.95
河北	3691.50	3394.27	5302.47	3693.99	2926.95	1596.24
山西	3454.90	3492.85	5648.59	3649.08	2716.25	1476.53
内蒙古	3351.97	3238.81	4061.47	1914.25	2067.83	1242.21
辽宁	4942.49	4492.59	7519.30	5483.89	4380.68	2937.65
吉林	2019.94	1900.66	2507.68	1738.29	1963.31	1465.45
黑龙江	2772.76	2463.14	2954.88	2303.48	2504.37	1470.19
上海	3710.35	3935.50	5388.01	4174.36	5548.36	2355.81
江苏	4034.58	3871.02	5156.25	3729.81	3141.59	1837.10
浙江	2852.72	2792.39	3482.15	2044.31	2063.84	1026.77
安徽	2922.09	2681.52	3982.87	2289.97	2015.95	1033.45
福建	1278.84	1249.54	1883.81	1018.79	1242.00	701.18
江西	1273.77	1227.38	1803.72	1264.43	1049.61	473.78
山东	5587.30	5517.41	7578.69	5266.78	5390.42	2529.62
河南	3626.72	3345.10	5411.65	3892.63	2888.36	1710.49
湖北	4701.57	4297.95	5034.82	3327.27	4739.53	2532.44
湖南	1984.77	1971.41	3047.94	1741.58	1666.67	770.09
广东	5063.21	5051.32	6616.85	4210.90	5281.11	3322.87
广西	1721.33	1597.87	2114.02	1277.66	982.44	568.80
海南	206.90	203.48	191.01	113.90	243.83	95.35
重庆	1276.81	1238.80	1876.82	1309.83	1190.90	633.54
四川	2934.58	2858.80	5401.06	3214.03	3114.87	1773.02
贵州	1459.53	1336.78	2353.68	1281.62	1122.64	593.31
云南	1569.74	1485.01	2619.69	1653.49	2148.23	885.47
西藏	97.79	85.44	37.35	22.31	140.08	63.27
陕西	3272.40	3112.60	4345.11	2884.54	3336.85	1810.68
甘肃	1467.58	1402.61	1961.58	1237.74	1523.39	1067.91
青海	788.78	746.27	1019.19	509.12	599.09	250.76
宁夏	585.75	548.84	885.26	476.82	462.27	257.58
新疆	2277.11	1595.74	2289.77	1232.20	2195.82	1773.67

单位：亿元

国家资本	集体资本	法人资本	个人资本	港澳台资本	外商资本	主营业务收入
22250.85	**182.41**	**18557.72**	**1190.89**	**358.98**	**1422.25**	**147507.90**
2460.91	1.14	1496.45	58.37	15.75	101.58	5500.31
878.45	11.97	617.16	24.40	5.36	49.62	5175.97
838.22	9.50	680.69	37.36	8.35	22.13	6849.31
935.50	7.69	478.79	37.78	0.49	16.27	5380.17
619.95	0.63	512.05	71.81	23.03	14.75	3375.23
1815.67	2.12	984.71	62.01	8.42	64.72	9847.98
984.48	1.43	391.65	44.82	1.71	41.37	4052.06
645.36	1.94	777.97	17.46	0.22	27.22	5732.45
399.05	3.98	1494.81	86.23	58.94	312.80	9757.75
762.83	6.93	926.13	25.75	21.70	93.77	7798.44
445.08	3.50	529.64	14.00	8.08	26.46	5357.21
548.21	2.93	377.23	70.04	19.76	15.27	5056.60
382.42	2.74	212.15	22.51	9.78	71.58	2096.24
305.73	0.13	150.74	13.82	1.26	2.10	2725.41
841.56	32.43	1411.24	123.69	37.87	82.83	13566.25
1018.28	25.37	602.82	45.70	11.33	6.98	7124.95
1783.95	5.61	595.19	90.38	1.48	55.83	6002.87
351.67	3.65	366.31	24.18	5.91	18.38	3842.74
1266.05	6.57	1634.56	63.77	82.12	269.80	11045.88
197.41	5.02	329.08	23.40	2.48	11.42	2187.95
21.26	0.02	67.48	0.81	2.02	3.75	276.98
164.79	1.52	393.64	26.94	6.24	40.41	2415.55
975.97	7.69	697.85	77.01	4.13	10.37	4765.38
329.68	1.32	228.88	13.10	0.59	19.73	1803.40
269.09	7.45	534.66	35.43	6.29	19.26	2918.64
26.46	17.46	19.34	0.01			21.27
1148.95	6.08	605.56	29.36	8.02	12.70	4919.56
857.64	4.15	184.46	11.20	6.39	4.06	3019.91
112.76	0.22	134.73	2.20		0.85	718.21
143.92		104.29	8.70		0.67	652.34
719.53	1.23	1017.45	28.65	1.26	5.56	3520.90

1-B-3 续表 2

地 区	主营业务成本	主营业务税金及附加	营业费用	管理费用		财务费用
					税金	
全 国	**122504.18**	**3882.05**	**2753.09**	**7378.61**	**366.42**	**2477.62**
北 京	4988.71	73.79	109.30	233.44	7.13	82.81
天 津	4390.03	71.46	46.77	164.86	7.66	57.74
河 北	6026.68	87.23	79.83	315.22	13.45	132.96
山 西	4228.85	66.00	184.89	424.45	15.58	147.22
内蒙古	2706.58	46.35	82.30	119.49	7.09	109.62
辽 宁	8986.81	143.23	145.16	496.48	36.67	115.45
吉 林	3415.75	119.86	101.17	210.90	8.11	50.81
黑龙江	3697.51	113.85	81.69	302.45	23.77	38.81
上 海	8648.57	241.23	178.86	472.70	14.36	64.98
江 苏	6761.51	209.89	120.81	381.10	12.27	116.22
浙 江	4893.36	153.12	50.42	163.16	6.24	104.41
安 徽	4233.54	118.27	90.13	287.66	12.22	99.08
福 建	1805.81	80.51	36.70	93.06	5.47	50.06
江 西	2391.53	57.18	51.76	120.93	10.50	51.01
山 东	11148.23	426.48	254.61	857.09	37.93	218.43
河 南	6149.19	187.09	93.18	355.07	17.40	144.50
湖 北	4902.84	202.28	129.17	272.67	26.03	111.83
湖 南	2991.69	246.76	83.99	190.58	12.07	91.94
广 东	9026.61	262.98	238.55	360.96	12.79	131.21
广 西	1868.78	55.10	49.23	104.02	4.83	74.91
海 南	217.86	10.38	3.66	11.47	0.33	5.17
重 庆	1991.18	58.69	94.42	157.76	5.41	42.45
四 川	3874.58	110.67	130.93	317.73	12.19	117.20
贵 州	1396.11	89.52	44.84	113.47	4.61	60.98
云 南	2054.54	372.05	68.38	171.67	7.30	60.78
西 藏	18.44	0.48	0.44	1.99	0.05	0.22
陕 西	3613.92	109.73	83.69	300.03	22.21	63.88
甘 肃	2593.12	54.13	44.99	167.10	6.29	44.11
青 海	519.43	10.44	11.88	30.19	1.37	26.21
宁 夏	529.69	7.57	9.84	52.03	2.75	26.61
新 疆	2432.71	95.72	51.52	128.89	12.35	36.01

单位：亿元

利息支出	营业利润	利润总额	应交所得税	亏损企业亏损总额	本年应交增值税	全部从业人员年平均人数（万人）
2500.76	**8991.62**	**9063.59**	**1734.74**	**3434.90**	**6769.35**	**1794.10**
78.75	209.80	255.54	49.80	117.26	158.80	46.58
58.40	425.65	434.01	90.46	143.02	158.63	39.21
129.73	224.92	276.82	58.15	151.83	295.00	92.89
137.37	335.30	320.84	100.70	98.24	336.50	114.56
101.34	327.95	231.42	42.74	61.76	221.91	40.77
134.00	-59.16	-60.40	69.14	486.03	298.86	116.03
41.87	169.29	170.83	30.85	183.76	134.60	52.66
38.94	1424.64	1420.06	31.45	95.13	389.32	88.84
83.90	224.35	335.25	62.26	227.99	288.22	50.02
120.23	249.43	245.76	78.22	161.13	329.69	70.62
112.63	16.80	89.33	39.14	109.88	206.01	32.46
97.82	280.89	203.65	43.41	53.76	236.69	73.75
51.61	72.10	83.30	24.73	41.49	94.59	24.11
46.08	59.79	58.35	21.39	54.80	107.58	43.29
213.85	834.97	929.75	273.75	250.38	589.04	155.47
130.30	274.22	292.17	96.25	152.82	292.10	119.13
121.42	428.60	466.96	81.79	78.50	272.57	72.50
91.68	197.57	185.42	35.77	71.76	248.31	59.32
166.16	945.31	782.48	178.33	191.97	631.27	77.84
71.88	53.95	63.99	13.32	43.96	104.06	34.41
5.10	33.18	34.65	3.81	6.40	13.75	3.75
45.05	100.68	108.97	12.03	12.61	108.57	41.30
94.58	245.46	198.13	44.65	136.85	218.32	87.08
61.02	95.94	94.79	29.70	57.66	105.39	39.66
60.30	157.91	160.21	47.61	68.71	202.68	33.21
0.23	-0.79	-0.05	0.59	3.74	2.41	1.11
75.95	787.06	788.03	77.05	83.91	315.93	78.13
43.24	62.25	49.56	24.75	147.38	111.71	42.60
26.39	121.37	131.70	10.18	3.45	46.71	10.60
25.42	16.94	14.80	1.46	21.37	34.44	12.93
35.51	675.24	697.26	61.28	117.33	215.71	39.26

1-B-4 规模以上私营工业

地 区	企 业单位数（个）	亏损企业	工业总产值（当年价格）	工业销售产值（当年价格）	出口交货值	资产总计
全 国	**245850**	**26332**	**136340.33**	**132571.15**	**10507.90**	**75879.59**
北 京	2354	481	649.91	633.88	39.67	703.07
天 津	3532	647	1859.19	1844.80	123.41	1027.91
河 北	7555	921	8044.14	7820.52	194.10	3538.45
山 西	1593	411	1651.07	1596.38	42.18	1523.71
内蒙古	1857	280	1900.47	1847.62	24.74	1089.96
辽 宁	13637	1464	7596.22	7328.53	252.87	4173.15
吉 林	2928	271	1813.63	1748.83	40.15	1051.55
黑龙江	2132	317	921.36	892.57	12.63	772.83
上 海	8975	1644	2995.47	2918.97	258.17	2329.66
江 苏	43827	3297	21713.26	21197.07	1856.40	12075.51
浙 江	40320	5058	16817.25	16317.66	3790.46	13398.10
安 徽	7509	1178	2885.42	2777.91	157.88	1692.53
福 建	8332	931	3827.97	3718.81	553.90	2162.87
江 西	4073	208	2971.58	2914.22	177.63	1602.83
山 东	26993	946	20730.81	20316.85	911.60	7863.20
河 南	11623	277	9829.87	9648.25	128.29	3592.01
湖 北	6432	701	2652.34	2562.53	105.84	1503.18
湖 南	8066	385	4232.44	4179.30	159.11	1719.71
广 东	21658	2974	10705.08	10321.96	1302.52	5356.38
广 西	2938	739	1507.22	1402.93	52.38	865.19
海 南	113	27	76.12	71.76	8.79	80.04
重 庆	4804	506	2400.06	2342.66	168.40	1473.87
四 川	7960	807	4928.91	4796.15	74.68	2707.68
贵 州	1267	395	536.98	506.30	12.23	421.02
云 南	1740	539	1176.26	1085.66	16.44	1105.67
西 藏	22	4	7.77	7.44	0.04	13.53
陕 西	1387	266	767.94	716.32	5.60	727.42
甘 肃	730	153	273.48	253.58	7.49	311.23
青 海	157	52	104.90	95.34	0.49	166.88
宁 夏	568	212	358.58	332.55	17.38	338.74
新 疆	768	241	404.64	373.80	12.43	491.70

企业主要经济指标

单位：亿元

流动资产合计	应收账款	存货	产成品	流动资产年平均余额	固定资产合计	固定资产原价	累计折旧
40572.42	**10375.76**	**11220.33**	**5115.35**	**38125.24**	**27317.51**	**34437.22**	**9757.66**
481.29	134.80	167.78	68.16	436.71	150.76	179.68	56.63
669.66	136.32	195.70	67.45	636.61	279.78	328.41	86.07
1695.95	338.20	547.33	264.59	1620.73	1565.68	1899.11	468.03
765.04	143.38	244.81	129.41	700.41	604.02	662.82	147.97
521.25	100.53	139.09	65.93	469.97	393.56	451.86	100.64
1834.21	505.81	493.26	258.97	1775.44	1755.28	2233.12	604.79
439.32	114.65	143.04	62.49	417.75	524.77	640.27	153.49
393.74	97.84	129.47	59.10	351.11	315.53	384.01	113.98
1525.61	519.69	424.28	157.14	1416.73	593.10	753.49	228.28
7252.30	2267.27	1872.49	828.47	6771.83	3855.11	5093.85	1584.51
8236.95	2148.76	1879.39	852.10	7868.35	3586.94	4561.59	1327.71
892.77	249.98	273.88	131.02	826.95	628.65	756.77	183.89
1180.31	321.42	342.63	161.46	1106.17	781.21	934.31	213.03
566.10	125.82	174.77	97.83	566.82	926.19	1313.20	434.78
3467.59	655.69	1046.01	522.42	3324.46	3436.37	4228.95	1127.07
1605.21	299.68	368.55	150.46	1525.58	1704.63	1875.77	260.15
719.96	152.70	236.22	109.28	671.70	619.67	862.09	323.97
709.63	180.12	225.22	106.32	675.11	774.72	898.78	231.38
3266.97	958.56	963.84	377.13	3015.34	1677.02	2579.26	1052.15
467.10	92.55	171.07	86.76	433.39	288.08	334.10	81.95
43.50	10.82	10.36	5.60	39.23	25.14	28.82	7.72
785.30	208.00	222.29	102.96	694.40	531.69	620.47	164.14
1247.65	259.79	387.92	190.33	1162.71	1103.40	1418.06	444.95
215.63	48.38	56.38	27.33	188.01	156.35	180.89	41.87
574.26	95.66	172.98	87.87	535.58	401.13	485.59	135.83
7.28	2.12	1.07	0.47	6.82	3.79	4.10	0.91
317.95	68.60	89.97	43.68	273.12	209.89	241.58	56.35
147.46	28.16	56.91	26.77	134.85	122.74	142.64	44.74
87.36	11.33	22.76	7.49	69.90	56.71	61.18	11.12
193.56	43.16	75.26	34.29	173.16	107.04	123.13	29.45
261.51	55.98	85.60	32.08	236.31	138.57	159.34	40.12

1-B-4 续表 1

地 区	固定资产净 值	固定资产净 值 年平均余额	负债合计	流动负债合 计	所 有 者权益合计	实收资本
全 国	**24679.56**	**23944.58**	**42825.30**	**37262.29**	**33051.48**	**16883.02**
北 京	123.06	120.16	434.66	409.75	268.41	158.71
天 津	242.33	237.78	680.82	633.46	347.10	242.17
河 北	1431.08	1378.41	2002.72	1739.18	1535.73	774.01
山 西	514.84	496.83	974.79	844.78	548.92	294.53
内蒙古	351.22	347.24	644.43	518.19	445.53	240.38
辽 宁	1628.33	1549.63	2065.96	1626.72	2107.19	898.48
吉 林	486.78	474.51	524.50	375.91	527.05	270.34
黑龙江	270.03	256.29	440.77	347.76	332.07	196.32
上 海	525.22	521.28	1445.01	1349.33	884.65	515.70
江 苏	3509.34	3337.19	7444.67	6953.74	4630.84	2471.73
浙 江	3233.88	3212.27	8759.29	8173.81	4638.62	2424.35
安 徽	572.87	548.73	944.37	839.00	748.16	456.85
福 建	721.29	713.20	1090.79	944.92	1072.08	654.49
江 西	878.42	860.00	754.27	537.03	846.80	463.02
山 东	3101.89	3028.42	3643.05	2912.95	4219.28	1797.57
河 南	1615.62	1528.22	1334.75	1025.71	2257.26	1301.57
湖 北	538.12	538.38	799.14	629.28	704.04	436.16
湖 南	667.39	678.13	797.33	595.05	922.38	540.87
广 东	1527.12	1528.09	3247.64	2891.33	2108.74	951.94
广 西	252.15	242.83	518.78	435.64	346.41	161.48
海 南	21.10	20.52	42.39	32.72	37.65	23.50
重 庆	456.33	427.42	851.37	696.06	622.50	285.10
四 川	973.11	903.36	1430.49	1144.02	1277.19	539.17
贵 州	139.02	132.24	225.22	184.84	195.80	118.33
云 南	349.76	332.12	677.46	529.20	428.21	191.14
西 藏	3.19	3.24	3.58	2.97	9.96	6.97
陕 西	185.23	182.52	293.25	243.41	434.18	156.96
甘 肃	97.89	95.60	163.79	134.29	147.44	83.92
青 海	50.06	46.58	97.12	72.83	69.76	37.11
宁 夏	93.67	88.53	219.10	195.22	119.64	80.17
新 疆	119.22	114.88	273.78	243.19	217.92	110.01

单位：亿元

						主营业务收入
国家资本	集体资本	法人资本	个人资本	港澳台资本	外商资本	
50.26	**135.07**	**5244.44**	**11306.54**	**67.24**	**79.46**	**131525.40**
	0.09	41.64	116.95		0.04	664.43
1.25	1.93	64.35	173.35	0.99	0.28	1871.19
0.41	0.82	217.46	553.67	0.26	1.39	7708.52
1.45	0.62	99.51	191.00	0.80	1.13	1654.23
0.06	5.14	99.27	130.19		5.71	1858.26
5.01	8.42	259.78	613.82	3.83	7.61	7311.86
1.82	4.00	89.48	170.90	3.19	0.94	1713.32
1.35	1.71	64.09	123.47	0.21	5.49	932.88
1.12	1.43	185.43	327.56		0.16	2940.98
2.63	6.57	506.06	1915.99	15.54	24.94	21099.89
1.38	4.24	640.43	1757.57	11.54	9.18	16132.24
1.23	2.11	125.25	326.62	1.04	0.59	2718.48
1.05	1.29	180.03	464.19	7.16	0.77	3701.23
1.05	1.39	199.72	260.62	0.19	0.05	2933.59
4.45	23.64	688.93	1068.53	4.27	7.75	20045.72
2.75	22.26	441.51	831.69	1.45	1.92	9433.29
1.93	4.94	166.10	261.30	1.37	0.52	2508.40
4.05	8.46	188.79	335.75	2.70	1.12	4118.82
1.64	6.73	366.55	561.61	9.72	5.69	10329.11
0.37	3.08	61.92	95.50	0.51	0.09	1360.30
	0.30	17.67	5.53			73.79
0.90	0.86	95.20	184.77	1.46	1.91	2330.45
10.02	3.86	159.07	363.99	0.42	1.80	4716.85
0.17	0.75	29.46	87.95			499.19
0.83	10.61	70.16	109.53			1104.83
0.03	0.16	3.84	2.95			7.38
2.49	3.30	42.74	107.79	0.42	0.23	693.03
0.22	5.98	42.18	35.53	0.01		247.73
0.06	0.08	28.24	8.72			91.13
0.07	0.09	29.12	50.70	0.04	0.15	346.68
0.45	0.21	40.43	68.78	0.13		377.59

1-B-4 续表 2

地 区	主营业务成本	主营业务税金及附加	营业费用	管理费用	税金	财务费用
全 国	**112220.27**	**1123.38**	**3076.14**	**4135.60**	**276.00**	**1389.36**
北 京	552.89	2.88	37.14	51.62	0.85	4.71
天 津	1737.32	3.70	21.93	36.91	1.24	14.97
河 北	6659.56	53.94	151.56	148.28	8.63	64.30
山 西	1364.62	22.41	70.60	58.58	2.06	29.57
内蒙古	1492.60	26.70	37.47	53.32	7.74	15.91
辽 宁	6206.73	71.69	140.19	239.77	19.21	60.19
吉 林	1380.30	17.77	51.81	77.91	4.64	21.45
黑龙江	783.93	8.90	23.52	29.99	1.49	7.86
上 海	2572.48	7.60	82.19	163.57	2.77	25.14
江 苏	18377.16	114.65	369.90	665.47	49.02	231.74
浙 江	14219.92	80.31	327.13	618.53	36.09	304.89
安 徽	2299.87	26.21	83.98	84.57	8.11	28.21
福 建	3166.39	34.91	97.27	134.77	9.86	41.77
江 西	2479.64	34.47	61.00	68.65	7.28	23.51
山 东	17159.60	169.85	399.09	443.78	36.13	172.79
河 南	7682.55	112.87	289.92	145.38	11.29	69.88
湖 北	2073.86	45.16	81.43	90.42	10.38	29.30
湖 南	3289.98	86.75	133.59	158.20	15.07	40.52
广 东	8833.76	75.63	271.65	406.65	15.81	63.45
广 西	1194.48	8.90	32.71	43.75	1.84	14.61
海 南	48.90	0.93	1.60	5.10	0.14	0.59
重 庆	1970.64	17.76	58.60	89.56	6.08	24.35
四 川	3951.01	59.89	134.59	169.79	12.17	51.46
贵 州	377.97	12.51	21.60	33.88	1.34	5.93
云 南	927.70	9.41	27.20	50.38	2.22	16.34
西 藏	4.55	0.07	0.56	0.63		-0.06
陕 西	509.56	10.54	30.37	27.84	1.75	8.50
甘 肃	197.36	2.76	9.06	9.41	1.14	5.25
青 海	74.76	0.77	2.87	3.08	0.30	0.92
宁 夏	310.86	1.49	12.22	9.34	0.76	6.75
新 疆	319.32	1.92	13.38	16.46	0.59	4.57

单位：亿元

利息支出	营业利润	利润总额	应交所得税	亏损企业亏损总额	本年应交增值税	全部从业人员年平均人数(万人)
1119.68	**9435.84**	**8302.06**	**1124.01**	**364.29**	**4378.36**	**2871.89**
4.08	20.22	23.97	4.16	6.46	17.63	17.77
13.71	44.44	45.35	6.13	11.19	25.53	28.74
54.88	655.87	556.43	74.26	28.85	215.50	110.62
26.23	111.43	83.56	19.01	17.03	120.48	31.15
14.23	248.94	139.79	19.11	8.32	71.56	25.84
41.56	521.17	463.47	68.64	18.91	188.64	126.40
15.04	163.49	93.95	10.66	6.90	37.13	33.83
6.43	81.50	58.46	7.20	5.38	41.64	26.31
19.46	108.58	118.59	21.22	19.05	74.74	75.46
202.70	1421.10	1220.29	150.83	41.29	752.33	455.51
262.79	644.02	663.40	118.92	54.66	428.38	419.43
23.58	208.18	169.22	21.19	10.22	87.07	70.92
33.45	245.20	217.40	25.28	10.19	97.59	115.42
20.06	248.03	227.89	17.69	5.23	133.80	68.67
119.83	1438.26	1338.67	208.28	11.92	605.78	331.87
50.22	1196.69	1183.95	162.26	4.32	372.76	151.85
23.35	217.03	155.24	15.25	8.52	93.72	68.83
26.99	410.74	256.95	19.38	3.74	182.23	99.69
45.68	621.59	523.49	53.96	22.79	350.63	303.16
11.78	57.23	48.31	4.75	10.47	41.74	35.12
0.42	16.25	16.24	2.77	0.35	4.88	2.06
19.47	153.90	136.46	14.93	5.81	74.76	71.38
42.04	326.85	283.20	41.55	10.91	206.85	111.39
4.63	39.34	39.31	7.94	9.77	29.45	18.20
14.67	81.38	84.46	11.00	14.63	55.70	28.78
-0.07	1.68	1.62	0.03	0.15	0.49	0.24
6.85	91.67	88.93	11.20	4.27	32.22	16.64
4.45	20.90	19.56	2.00	2.40	8.55	10.29
0.80	8.88	9.75	1.00	1.29	3.14	2.05
6.18	6.40	7.54	1.20	5.15	9.85	6.09
4.19	24.90	26.62	2.19	4.12	13.58	8.15

1-B-5 规模以上外商投资和港澳台商

地区	企业单位数(个)	亏损企业	工业总产值(当年价格)	工业销售产值(当年价格)	出口交货值	资产总计
全国	**77847**	**20753**	**149794.17**	**146172.18**	**57217.32**	**112145.01**
北京	1522	491	4353.92	4301.97	1541.93	3248.22
天津	2384	882	5657.56	5566.96	1933.48	3566.69
河北	1142	302	4074.32	3900.14	513.86	3000.53
山西	177	56	626.42	606.92	79.92	816.72
内蒙古	208	69	883.21	845.25	62.89	1034.66
辽宁	3199	893	5139.41	5003.98	1446.36	4266.98
吉林	396	88	2190.21	2128.63	102.08	1250.35
黑龙江	293	90	691.39	668.15	41.53	852.44
上海	6737	2333	14992.19	14808.06	6781.16	11036.08
江苏	14162	3201	28102.35	27579.39	12606.05	21168.76
浙江	9353	2476	11075.29	10720.44	4343.03	9880.75
安徽	835	250	1475.86	1414.33	183.85	1161.05
福建	5831	1117	7935.32	7744.46	3097.66	5805.83
江西	787	78	1279.16	1261.96	356.58	1172.30
山东	6071	1077	11861.90	11572.94	3432.83	7401.01
河南	592	129	1829.56	1790.26	138.68	1530.21
湖北	866	178	3048.18	2985.77	242.17	2873.53
湖南	627	88	1010.83	1002.22	79.97	1165.68
广东	20258	6295	37795.72	36627.34	19673.01	25094.46
广西	573	180	1327.03	1280.72	122.15	1094.44
海南	105	31	581.60	577.65	40.11	498.95
重庆	286	74	1110.74	1097.74	64.67	1018.14
四川	664	133	1254.36	1253.61	211.91	1367.03
贵州	106	37	115.77	105.33	11.19	152.31
云南	232	79	317.48	309.84	21.76	401.55
西藏	2		4.06	3.64		6.77
陕西	231	59	624.36	590.56	60.81	604.61
甘肃	55	14	94.06	89.33	1.49	165.80
青海	24	7	154.62	149.98	2.83	288.24
宁夏	45	15	99.16	95.85	13.40	107.31
新疆	84	31	88.14	88.79	9.95	113.60

投资工业企业主要经济指标

单位：亿元

流动资产合计	应收账款	存货	产成品	流动资产年平均余额	固定资产合计	固定资产原价	累计折旧
60340.18	**17123.56**	**16801.22**	**5782.24**	**58983.31**	**41788.33**	**60440.68**	**22436.32**
1970.18	590.93	544.66	173.91	1936.19	1003.37	1590.12	640.11
2161.76	611.66	644.40	171.34	2209.22	1217.96	1771.67	691.22
1446.51	234.77	434.41	156.54	1414.15	1290.70	1694.26	565.72
325.27	79.41	86.85	42.70	316.60	403.29	552.84	206.08
372.66	50.55	111.05	53.85	346.85	531.58	552.23	112.39
2201.46	553.02	613.30	205.46	2282.81	1657.76	2391.29	847.92
649.98	114.83	230.16	145.04	553.57	513.79	780.19	301.64
428.41	92.48	136.26	55.63	395.90	357.05	512.61	182.85
6255.16	2146.88	1788.74	532.52	6320.86	3663.54	6218.68	2753.46
11197.57	3677.90	2917.19	1024.32	10942.25	8574.11	11963.38	4118.73
5766.84	1330.07	1505.99	612.95	5621.16	3269.02	4183.63	1165.85
573.06	173.35	162.09	65.47	572.90	482.45	655.25	215.21
3204.89	851.87	856.01	303.08	3193.66	1862.64	2705.87	968.09
490.16	88.01	110.23	43.79	439.84	591.74	816.85	253.96
3565.95	738.72	1078.02	417.32	3455.20	2979.05	4208.89	1525.84
666.67	147.28	179.34	59.89	663.17	679.76	886.26	256.62
1300.62	234.34	284.87	125.96	1215.94	1238.48	1699.50	689.07
358.01	81.66	94.29	34.81	339.90	622.09	810.37	239.28
14646.61	4800.49	4209.79	1229.74	14131.29	8474.73	13262.27	5682.79
544.68	112.73	168.29	83.11	521.72	441.95	560.45	159.68
203.23	38.49	57.15	13.98	204.75	257.37	301.04	52.15
456.86	87.26	157.47	56.45	471.55	482.05	643.22	202.99
712.09	142.01	163.79	62.85	623.49	442.18	589.70	210.52
79.00	10.57	20.88	6.91	71.57	41.73	49.28	15.39
184.44	32.34	61.94	23.58	170.52	180.08	272.49	104.81
3.20	0.02	0.53	0.02	3.10	3.40	4.37	0.96
302.49	61.94	101.06	52.22	293.48	254.81	375.29	140.13
58.77	9.89	16.29	5.59	51.05	84.22	132.91	52.92
109.08	9.27	25.35	3.69	111.74	93.65	137.37	47.27
50.04	9.15	22.88	10.99	54.61	44.99	57.63	14.14
54.54	11.66	17.95	8.52	54.29	48.78	60.81	18.54

1-B-5 续表 1

地 区	固定资产净值	固定资产净值年平均余额	负债合计	流动负债合计	所有者权益合计	实收资本
全 国	**38004.36**	**36870.89**	**62831.00**	**52872.51**	**49307.20**	**34469.69**
北 京	950.01	931.13	1769.24	1575.26	1478.97	1090.97
天 津	1080.46	1074.41	1878.25	1697.47	1688.44	1262.18
河 北	1128.54	1082.45	1736.41	1336.88	1264.12	705.58
山 西	346.76	362.51	503.41	362.72	313.31	236.30
内蒙古	439.83	418.19	629.85	410.73	404.81	210.08
辽 宁	1543.37	1426.66	2381.01	2000.42	1885.98	1185.85
吉 林	478.55	417.92	705.30	543.07	545.05	319.77
黑龙江	329.76	312.67	492.64	439.74	359.80	227.37
上 海	3465.22	3358.97	6150.55	5265.53	4885.36	4026.72
江 苏	7844.65	7523.52	11891.32	10186.58	9277.45	6903.53
浙 江	3017.78	2928.46	5754.25	5153.83	4126.49	2896.03
安 徽	440.04	427.49	686.83	570.58	474.23	366.91
福 建	1737.78	1694.00	3085.49	2556.09	2720.35	1972.67
江 西	562.89	561.55	540.91	400.03	624.76	385.45
山 东	2683.05	2584.77	3936.41	3190.50	3464.60	2017.03
河 南	629.64	600.74	908.73	685.12	621.49	365.53
湖 北	1010.43	751.79	1465.44	1157.44	1408.08	725.53
湖 南	571.09	551.57	727.88	404.35	437.81	290.04
广 东	7579.47	7791.62	14220.15	12392.13	10874.31	7680.05
广 西	400.77	375.69	645.24	495.39	449.20	280.02
海 南	248.89	251.03	353.60	248.45	145.35	164.63
重 庆	440.23	413.56	619.71	452.84	398.42	246.37
四 川	379.18	348.52	730.44	594.62	636.59	347.52
贵 州	33.89	33.40	93.04	81.89	59.27	41.86
云 南	167.68	167.46	212.79	158.53	188.76	157.21
西 藏	3.41	3.40	1.16	1.16	5.61	3.95
陕 西	235.16	223.60	345.04	269.39	259.57	177.35
甘 肃	80.00	82.85	87.27	55.93	78.52	62.94
青 海	90.10	86.22	149.17	80.15	139.07	45.38
宁 夏	43.48	42.76	64.57	48.70	42.74	34.53
新 疆	42.26	41.98	64.92	57.01	48.68	40.30

单位：亿元

国家资本	集体资本	法人资本	个人资本	港澳台资本	外商资本	主营业务收入
1343.92	**252.74**	**5550.02**	**1149.76**	**9308.88**	**16864.37**	**146613.62**
64.38	5.87	227.98	10.02	130.98	651.73	4602.75
43.07	14.28	169.10	31.22	190.00	814.50	5661.43
60.10	4.94	155.52	35.78	140.56	308.68	3925.83
33.98	1.30	57.04	16.85	41.16	85.96	605.65
19.74	7.38	71.44	13.74	23.41	74.37	828.58
45.05	9.72	264.40	72.25	142.94	651.49	5048.66
70.77	3.37	50.21	9.45	46.11	139.87	1901.80
20.68	3.04	35.04	13.50	33.64	121.48	717.35
76.03	21.64	670.27	52.10	714.99	2491.70	15580.65
155.41	21.49	700.50	187.61	1630.45	4208.07	27462.21
43.92	27.36	493.23	175.25	906.90	1249.38	10751.93
20.04	4.71	52.08	11.25	92.29	186.55	1339.06
85.79	4.73	219.97	46.05	781.94	834.18	7711.37
21.03	1.13	75.27	7.43	136.92	143.66	1285.63
115.66	50.48	325.37	217.54	248.09	1059.88	11326.88
17.18	4.03	105.32	30.62	84.23	124.16	1909.23
30.01	3.93	269.84	19.61	85.37	316.76	2930.96
16.94	0.65	86.74	19.29	63.87	102.56	975.24
296.21	44.40	1003.23	107.22	3503.28	2725.71	36442.98
16.22	3.16	62.44	19.19	82.21	96.81	1259.54
7.20	0.13	103.05	0.29	22.45	31.52	557.74
5.57	0.42	94.55	10.63	46.03	89.18	1127.58
10.72	6.52	72.56	25.48	78.81	153.44	1195.84
2.93	0.24	6.02	0.68	8.72	23.26	106.20
6.38	3.85	65.71	5.77	23.68	51.82	308.43
		2.05			1.90	3.74
17.00	2.72	51.20	6.10	29.59	70.74	559.25
17.95	0.57	18.49	1.26	8.89	15.80	86.99
12.13	0.09	29.42	0.44	0.04	3.24	202.38
7.97	0.05	5.34	1.53	0.71	18.93	96.76
3.86	0.52	6.65	1.58	10.64	17.04	101.02

1-B-5 续表 2

地 区	主营业务成本	主营业务税金及附加	营业费用	管理费用	税金	财务费用
全 国	**125931.62**	**884.89**	**4858.69**	**5830.77**	**241.27**	**1033.82**
北 京	3907.25	22.33	257.27	199.88	5.33	16.77
天 津	4874.84	49.15	226.24	200.64	7.94	24.19
河 北	3364.65	10.61	87.10	112.27	5.89	39.55
山 西	483.34	5.71	28.13	27.59	1.34	12.29
内蒙古	636.08	9.91	49.53	30.92	3.29	14.87
辽 宁	4360.00	39.59	144.71	200.99	14.82	44.10
吉 林	1550.45	57.66	73.72	64.87	3.18	6.18
黑龙江	537.23	6.23	57.67	40.72	2.72	9.87
上 海	13644.51	59.23	716.70	808.79	14.83	69.72
江 苏	23827.19	42.63	636.92	973.31	42.60	182.94
浙 江	9302.18	21.48	334.72	483.81	22.84	157.39
安 徽	1103.81	9.65	48.74	57.79	3.77	21.38
福 建	6699.78	30.97	257.02	292.71	18.29	73.16
江 西	1061.59	10.75	34.32	48.61	3.12	13.38
山 东	9850.70	44.57	293.66	340.61	14.87	100.57
河 南	1636.23	10.51	60.01	47.72	2.06	27.20
湖 北	2381.25	44.01	134.74	118.65	9.75	15.44
湖 南	781.97	20.25	30.81	40.77	2.79	25.34
广 东	31358.96	316.88	1112.55	1477.66	48.25	100.35
广 西	1062.21	10.38	59.66	52.81	3.15	16.30
海 南	480.30	11.32	14.22	12.47	0.50	14.33
重 庆	904.45	20.92	54.28	68.63	1.99	9.98
四 川	947.80	15.31	63.26	55.84	3.69	12.89
贵 州	80.82	1.66	6.77	7.29	0.23	0.90
云 南	245.92	2.67	14.67	18.04	1.09	5.46
西 藏	2.23		0.35	0.30		0.02
陕 西	438.66	5.03	41.94	23.74	1.59	8.02
甘 肃	72.47	3.25	4.04	3.15	0.19	2.94
青 海	172.16	1.05	3.44	9.15	0.48	5.08
宁 夏	81.54	0.41	4.96	5.51	0.49	2.00
新 疆	81.04	0.76	6.56	5.53	0.15	1.23

单位：亿元

利息支出	营业利润	利润总额	应交所得税	亏损企业亏损总额	本年应交增值税	全部从业人员年平均人数(万人)
1170.49	**8888.77**	**8242.63**	**1055.85**	**1449.12**	**3916.89**	**2579.42**
22.20	227.28	240.45	47.70	64.25	112.26	38.98
23.48	250.30	291.90	47.68	47.16	108.42	53.60
40.23	340.17	286.57	30.86	27.18	134.54	40.95
15.16	51.93	52.36	7.28	13.13	35.76	13.15
12.34	106.51	79.37	10.55	12.56	39.29	7.95
42.65	236.27	179.43	43.07	131.88	101.79	70.20
12.21	167.21	145.18	20.49	9.12	26.58	13.05
10.28	62.83	58.15	10.96	12.97	37.00	13.91
75.27	427.09	471.98	73.46	286.54	281.08	166.52
243.88	1951.34	1763.57	180.22	177.85	725.58	439.52
156.59	507.08	535.53	66.77	111.66	259.10	223.21
16.83	140.65	104.00	10.64	9.43	59.34	22.38
64.00	469.54	468.68	48.37	73.50	177.57	201.34
13.75	116.34	115.24	13.42	5.69	37.75	34.65
99.13	659.90	617.50	85.93	61.28	269.29	175.31
21.92	134.13	136.67	14.92	17.51	66.51	22.88
24.37	221.97	206.19	17.46	12.40	119.64	31.90
20.83	90.40	59.57	6.83	10.97	56.34	17.93
172.80	2335.51	2028.34	277.42	321.11	1041.71	914.82
15.21	68.30	73.35	10.24	9.59	40.44	19.71
14.59	25.05	25.51	1.35	1.71	11.95	3.38
13.36	73.97	74.22	6.40	4.71	52.64	11.74
12.67	124.00	126.39	13.40	7.97	52.39	19.64
1.14	9.18	9.80	1.13	0.88	4.75	2.93
5.58	23.00	23.34	2.77	6.20	14.52	5.15
0.03	0.78	0.80	0.03		0.34	0.06
7.96	42.52	41.76	3.69	7.56	32.24	8.33
1.68	3.90	4.70	0.56	0.48	4.68	1.45
6.54	12.17	12.02	0.97	0.10	7.02	1.74
2.49	2.86	3.06	0.19	1.90	2.82	1.43
1.34	6.59	7.04	1.09	1.83	3.53	1.63

1-B-6 规模以上采矿业工业

地 区	企业单位数(个)	亏损企业	工业总产值(当年价格)	工业销售产值(当年价格)	出口交货值	资产总计
全 国	**20013**	**2330**	**33610.21**	**31921.74**	**456.05**	**39068.67**
北 京	53	9	378.97	378.52	31.07	429.47
天 津	20	4	1246.37	1195.74	100.30	1333.59
河 北	1248	207	2211.16	2147.84	7.76	2197.34
山 西	1788	279	3498.39	3455.31	100.46	5431.84
内蒙古	778	77	1965.19	1908.30	1.57	2417.90
辽 宁	1760	158	1699.94	1660.98	27.22	2018.73
吉 林	418	33	772.97	760.04	4.97	1039.21
黑龙江	404	72	2537.93	2524.97	26.36	2355.24
上 海	1		18.49	19.55		40.76
江 苏	276	13	544.22	530.73	2.03	639.04
浙 江	304	42	144.44	138.51	2.48	117.58
安 徽	547	87	862.41	843.96	0.82	1679.58
福 建	584	65	351.55	344.42	2.12	213.02
江 西	639	46	454.73	449.61	0.36	340.29
山 东	1124	28	4188.65	3081.64	20.93	3922.35
河 南	1566	50	3054.23	3004.94	8.89	3073.50
湖 北	815	73	472.23	465.05	12.75	460.90
湖 南	1661	130	748.45	738.60	1.62	375.85
广 东	438	46	1116.73	1065.21	93.05	629.64
广 西	352	82	213.14	199.08	6.17	169.87
海 南	37	5	50.84	47.52	0.01	62.71
重 庆	774	50	308.77	305.16	0.05	259.23
四 川	1565	151	1405.05	1384.11	0.50	1694.24
贵 州	745	212	399.32	382.19	1.76	552.49
云 南	661	152	448.42	443.67	0.18	753.87
西 藏	22	6	13.87	12.24		41.91
陕 西	748	103	2042.60	2002.95	0.62	3125.69
甘 肃	238	36	376.57	369.98	0.07	481.47
青 海	65	18	325.54	322.06		522.94
宁 夏	111	40	200.01	192.65	1.11	525.23
新 疆	271	56	1559.04	1546.21	0.80	2163.19

企业主要经济指标

单位：亿元

流动资产合计	应收账款	存货	产成品	流动资产年平均余额	固定资产合计	固定资产原价	累计折旧
13381.92	**2246.17**	**2070.72**	**823.48**	**12060.69**	**18659.78**	**27230.52**	**10531.92**
203.65	61.88	46.43	5.16	160.90	124.56	163.94	54.95
347.70	112.47	60.36	6.15	293.93	656.81	903.18	317.27
872.40	209.19	140.74	77.44	792.24	1003.17	1399.90	532.04
2325.77	300.38	336.10	138.90	1966.33	2144.83	2553.96	852.22
973.37	141.13	123.62	50.91	815.88	973.51	1020.03	188.24
711.50	172.60	154.48	48.96	647.07	1082.75	1846.19	809.92
264.78	81.40	42.99	13.33	282.10	696.83	923.90	300.12
517.66	109.55	75.39	35.64	641.71	1548.14	3083.44	1568.10
24.49	1.94	1.50	1.11	23.52	0.11	0.23	0.12
233.50	35.76	39.28	18.13	204.43	311.49	511.64	244.66
62.78	14.12	11.02	6.72	62.39	36.19	52.59	20.72
469.87	70.25	64.90	23.74	416.99	795.55	970.12	307.79
97.59	18.96	13.11	7.79	91.48	77.00	93.82	24.02
119.39	22.19	26.28	14.32	116.15	173.10	250.43	90.33
1428.32	135.94	216.67	106.97	1344.27	1936.66	3550.01	1695.63
979.68	131.29	144.66	42.50	878.86	1390.63	1824.77	634.09
153.98	42.52	43.61	14.34	141.11	151.53	211.41	73.57
131.28	32.36	21.79	12.91	127.76	182.02	224.58	62.57
182.01	24.36	33.99	14.07	173.14	397.63	590.78	281.86
73.36	14.82	18.84	11.09	70.52	66.25	72.20	20.14
28.22	5.64	3.25	1.91	21.97	25.66	14.55	3.52
103.19	16.26	20.97	5.93	80.66	110.71	143.71	53.96
494.49	107.09	87.62	19.80	436.40	556.96	712.35	262.72
219.90	45.60	22.53	8.96	186.63	222.19	268.63	72.50
348.38	58.44	37.13	18.07	298.65	220.87	286.63	86.18
16.91	2.42	2.42	0.98	15.77	12.66	14.38	2.96
977.10	120.32	106.99	32.22	819.79	1879.05	2568.25	906.95
163.39	22.61	24.52	12.87	157.13	267.38	321.86	84.20
187.20	16.60	26.63	6.78	174.14	264.17	341.42	104.05
164.98	30.69	34.43	31.04	146.74	312.27	171.28	40.80
505.08	87.39	88.44	34.73	472.04	1039.10	2140.34	835.68

1-B-6 续表 1

地 区	固定资产净值	固定资产净值年平均余额	负债合计	流动负债合计	所有者权益合计	实收资本
全 国	**16698.60**	**15356.74**	**19725.25**	**13251.36**	**19343.42**	**10485.64**
北 京	108.98	93.29	173.19	144.07	256.28	201.78
天 津	585.92	529.22	597.68	377.18	735.90	739.90
河 北	867.86	784.10	1182.50	787.34	1014.85	349.24
山 西	1701.74	1844.47	3462.69	2429.43	1969.15	988.92
内蒙古	831.78	745.37	1071.85	750.29	1346.04	464.75
辽 宁	1036.28	1002.35	1036.72	695.50	982.01	712.45
吉 林	623.78	584.91	567.86	335.36	471.35	351.86
黑龙江	1515.34	1326.92	819.85	753.73	1535.39	700.00
上 海	0.11	0.10	9.46	3.06	31.30	9.00
江 苏	266.98	268.23	333.16	252.62	305.88	160.63
浙 江	31.87	31.63	66.51	56.34	51.07	27.44
安 徽	662.33	606.60	1071.80	612.50	607.78	275.35
福 建	69.80	61.47	90.05	75.49	122.97	44.42
江 西	160.09	152.84	159.76	112.34	180.53	95.96
山 东	1854.38	1756.59	1746.62	961.37	2175.74	839.85
河 南	1190.68	1080.10	1616.87	1244.42	1456.63	757.62
湖 北	137.83	139.80	231.09	170.55	229.81	142.66
湖 南	162.01	161.61	176.80	136.48	199.05	129.97
广 东	308.92	387.46	240.15	146.92	389.49	206.38
广 西	52.06	48.53	88.57	66.84	81.30	32.10
海 南	11.02	10.22	22.43	14.30	40.28	19.34
重 庆	89.75	95.97	142.49	102.35	116.74	70.19
四 川	449.63	430.61	919.87	591.01	774.38	607.62
贵 州	196.13	181.61	288.93	191.92	263.56	120.63
云 南	200.45	185.07	356.20	260.26	397.68	202.24
西 藏	11.41	8.19	14.09	9.92	27.82	17.53
陕 西	1661.30	1597.14	1498.24	952.32	1627.45	870.79
甘 肃	237.66	200.21	214.36	169.11	267.11	187.35
青 海	237.37	221.06	260.74	160.03	262.20	42.79
宁 夏	130.48	109.98	344.28	222.97	180.95	112.55
新 疆	1304.66	711.08	920.46	465.32	1242.73	1004.32

单位：亿元

国家资本	集体资本	法人资本	个人资本	港澳台资本	外商资本	主营业务收　入
5089.87	**222.96**	**3988.29**	**1038.60**	**79.88**	**66.04**	**34542.00**
2.88	0.56	197.68	0.42	0.25		381.41
665.00	0.01	66.04	0.65	5.35	2.83	1213.39
157.17	6.67	99.54	83.88	0.43	1.54	2346.44
498.60	43.57	300.98	124.38	0.46	20.93	3665.92
183.32	10.46	168.59	96.97	0.25	5.16	2019.28
468.34	5.57	168.99	65.61	2.38	1.56	1628.42
200.08	1.70	119.45	27.98	2.43	0.22	819.76
177.39	5.25	496.33	18.97	1.31	0.76	3058.91
		9.00				19.55
104.54	2.95	37.93	9.95	2.18	3.08	547.98
6.99	0.50	5.99	9.16	1.35	3.46	138.92
196.86	2.34	48.07	25.28	0.66	2.15	895.03
11.48	2.03	14.93	15.09	0.61	0.28	350.09
17.41	2.03	40.96	32.90	0.75	1.91	448.69
194.46	40.21	554.08	46.16	3.12	1.82	4237.85
365.89	43.06	249.43	98.38	0.17	0.69	3065.22
66.07	6.36	41.43	27.60	1.13	0.07	486.39
21.63	5.32	33.63	66.21	0.63	2.55	732.83
114.79	0.69	31.28	11.70	46.92	1.00	1102.77
7.28	1.39	12.88	7.05	1.46	2.03	195.65
0.74	0.40	16.51	0.44	1.25		50.41
17.04	0.84	30.51	20.87	0.93		316.00
348.48	4.71	190.23	58.60	1.81	3.79	1392.73
39.69	4.66	16.90	56.23	0.26	2.91	385.76
37.41	4.02	126.59	30.76	1.87	1.60	469.24
1.11	2.73	11.86	1.83			14.65
644.93	8.08	151.73	65.01	0.97	0.05	1974.29
131.27	16.34	26.80	12.91	0.02		346.75
4.83	0.09	32.99	2.32		2.56	341.98
49.87	0.15	58.00	4.49		0.05	206.46
354.32	0.25	628.96	16.81	0.92	3.07	1689.25

1-B-6 续表 2

地 区	主营业务成 本	主营业务税金及附加	营业费用	管理费用	税金	财务费用
全 国	**21183.85**	**982.30**	**754.99**	**2481.27**	**139.40**	**345.30**
北 京	314.10	2.48	6.46	12.46	0.23	1.35
天 津	721.04	23.50	1.80	24.03	2.15	2.89
河 北	1614.72	28.91	37.08	149.10	5.52	26.20
山 西	2348.51	63.17	195.07	390.54	11.36	78.28
内蒙古	1196.29	43.59	87.36	98.83	6.68	18.43
辽 宁	1203.07	26.99	20.36	110.30	6.40	9.67
吉 林	517.25	18.93	11.95	40.61	0.99	11.53
黑龙江	1301.03	69.88	20.58	173.44	19.24	-1.18
上 海	8.09	2.09	0.01	0.37	0.01	0.25
江 苏	350.73	26.50	12.33	65.13	1.58	5.15
浙 江	112.68	3.04	3.55	10.20	0.38	1.11
安 徽	619.27	13.65	17.92	158.40	4.90	22.09
福 建	244.79	10.29	10.72	26.73	8.24	1.69
江 西	348.94	8.53	8.50	21.82	1.20	3.53
山 东	2543.99	279.25	63.76	383.26	19.22	53.80
河 南	2254.41	90.81	48.98	166.24	9.11	29.67
湖 北	332.95	27.58	11.25	31.48	1.92	4.94
湖 南	536.32	14.00	23.29	39.75	3.26	6.09
广 东	457.90	50.91	12.37	24.54	0.77	6.54
广 西	145.37	3.09	6.38	13.69	0.32	2.02
海 南	18.58	1.76	1.73	3.54	0.07	-0.03
重 庆	224.91	5.07	9.84	22.88	1.14	2.79
四 川	1043.58	24.31	36.16	126.13	3.38	12.30
贵 州	227.37	14.91	18.93	47.93	1.66	6.15
云 南	315.37	9.88	14.90	48.65	1.82	8.24
西 藏	8.35	0.22	0.34	1.48	0.03	0.13
陕 西	999.63	41.32	40.02	128.77	13.05	12.95
甘 肃	162.26	7.47	5.49	33.20	1.79	6.20
青 海	205.39	6.14	5.54	19.78	0.86	2.88
宁 夏	125.49	2.70	5.12	34.68	1.20	6.08
新 疆	681.46	61.31	17.18	73.31	10.91	3.54

单位：亿元

利息支出	营业利润	利润总额	应交所得税	亏损企业亏损总额	本年应交增值税	全部从业人员年平均人数（万人）
324.49	**8563.28**	**8226.85**	**1058.88**	**144.24**	**2617.53**	**784.70**
0.80	44.14	44.87	9.76	1.22	10.24	3.97
3.10	424.43	427.62	68.74	8.64	60.61	8.10
21.51	475.71	458.14	65.72	5.37	152.33	41.84
70.73	592.16	546.66	137.01	11.16	336.01	98.52
16.67	581.90	473.18	87.06	12.76	151.13	28.37
17.63	245.64	244.10	31.21	3.03	107.45	49.54
4.68	213.98	196.07	13.87	21.33	58.78	20.66
-1.27	1448.12	1437.09	21.75	5.50	320.43	54.49
0.27	8.91	8.91	2.38		1.03	0.02
4.91	91.87	86.43	20.78	1.67	42.88	19.07
1.45	9.93	10.81	1.73	1.40	5.97	2.99
23.30	103.21	90.64	21.49	6.38	76.22	36.87
1.50	56.73	54.26	6.42	0.76	20.87	9.83
3.24	54.25	52.97	7.04	0.55	31.72	17.13
49.71	914.90	947.27	222.47	0.98	316.09	83.69
24.42	519.44	496.52	77.57	4.52	152.42	75.39
4.25	69.65	65.86	10.48	1.84	27.94	13.57
3.58	82.62	64.05	5.00	2.65	43.31	30.36
2.51	543.37	477.08	71.87	0.71	77.98	6.04
1.62	23.23	21.69	2.03	1.74	12.27	5.80
-0.04	24.28	24.94	3.23	0.06	4.67	0.95
2.58	35.60	31.74	3.40	0.42	18.45	18.69
8.88	126.79	115.15	16.64	10.76	74.12	48.68
5.30	69.75	63.21	11.04	6.48	31.92	22.33
7.82	69.51	69.59	11.87	6.18	36.78	18.40
0.08	3.84	3.85	0.53	0.42	1.29	0.42
27.61	744.41	727.37	49.82	17.33	200.50	28.01
5.33	113.07	111.90	11.85	1.23	32.61	11.05
3.52	91.48	95.94	4.70	0.76	25.10	4.65
5.55	25.29	16.26	0.59	0.45	14.64	6.18
3.24	755.06	762.67	60.84	7.93	171.77	19.08

1-B-7 规模以上煤炭开采和洗选业

地 区	企业单位数(个)	亏损企业	工业总产值(当年价格)	工业销售产值(当年价格)	出口交货值	资产总计
全 国	**9212**	**1045**	**14625.92**	**14372.34**	**160.99**	**19457.74**
北 京	25	4	257.07	255.97	23.86	96.50
天 津	2		234.63	217.05	8.66	157.38
河 北	211	41	738.71	737.15	7.76	862.25
山 西	1577	241	3356.12	3322.73	100.46	5286.81
内蒙古	353	34	1371.99	1340.05		1895.39
辽 宁	247	19	347.66	341.62	0.68	551.49
吉 林	151	15	178.08	172.69		197.83
黑龙江	317	58	411.53	400.91		626.14
上 海						
江 苏	21		241.26	236.39	1.11	341.94
浙 江	1	1	7.71	7.70		9.25
安 徽	124	17	669.20	652.89	0.01	1295.02
福 建	208	12	114.94	114.25		72.79
江 西	244	11	157.15	155.11		117.14
山 东	304	8	1847.16	1795.80	6.16	2312.77
河 南	784	19	1679.45	1650.77	8.89	2022.43
湖 北	190	16	36.69	36.41		29.79
湖 南	901	70	373.42	367.78		181.03
广 东						
广 西	15	7	14.81	14.42		30.37
海 南						
重 庆	603	41	216.56	214.23		190.18
四 川	1072	71	589.27	584.20	0.32	380.69
贵 州	617	172	353.76	339.07	1.57	494.73
云 南	453	85	186.30	183.89	0.18	223.99
西 藏						
陕 西	468	31	786.51	780.86	0.21	1095.20
甘 肃	76		120.15	122.92		207.35
青 海	21	5	45.23	45.25		75.45
宁 夏	108	40	197.03	189.78	1.11	519.87
新 疆	119	27	93.55	92.47		183.94

工业企业主要经济指标

单位：亿元

流动资产合　计	应收账款	存货	产成品	流动资产年平均余额	固定资产合　计	固定资产原　价	累计折旧
7983.66	**1137.08**	**1019.79**	**433.66**	**6846.74**	**8014.97**	**9798.86**	**3112.68**
62.28	27.17	7.57	1.76	53.22	10.74	16.90	6.89
135.54	72.59	32.60	0.19	86.11	3.68	4.10	1.12
368.24	80.58	46.35	26.02	316.62	382.25	482.69	179.10
2244.39	282.09	306.88	127.55	1891.02	2094.73	2485.95	830.76
760.28	87.26	89.49	38.81	612.43	751.63	785.59	138.04
212.54	25.70	32.18	12.55	204.41	264.94	412.65	176.22
67.37	16.41	9.57	4.36	62.85	103.94	120.57	24.53
215.91	53.76	40.22	17.22	206.48	261.59	434.41	200.07
137.04	14.29	24.01	11.33	116.75	140.73	216.63	98.86
3.70	0.79	0.36	0.09	3.74	5.55	9.44	4.97
356.22	50.20	48.94	16.27	310.28	697.23	869.47	278.03
35.91	5.22	2.34	1.33	33.82	22.70	28.94	9.44
47.77	6.96	9.12	3.99	47.02	51.32	78.88	31.32
1058.06	78.51	128.33	69.26	990.03	873.98	1230.57	405.16
729.00	83.38	77.55	23.85	630.72	874.66	1013.24	257.31
10.31	1.45	2.03	1.22	10.10	16.25	17.54	3.63
64.49	18.24	8.75	5.66	62.20	85.22	111.15	32.55
9.45	0.95	1.85	1.11	9.49	15.71	14.12	3.70
79.46	11.93	16.60	3.63	58.12	77.09	103.93	39.98
172.24	36.99	19.67	9.32	153.60	168.78	198.60	66.35
198.49	41.29	17.65	6.90	166.93	205.49	254.50	68.84
111.70	20.69	9.09	3.72	93.13	84.60	98.47	29.07
549.28	56.15	33.67	8.05	424.09	309.97	399.18	111.30
89.36	12.77	11.00	4.82	69.99	100.71	132.75	46.35
41.62	7.88	2.74	1.88	33.61	14.97	12.43	2.82
164.14	30.36	34.31	31.00	144.25	312.19	171.17	40.77
58.86	13.47	6.92	1.78	55.74	84.30	94.99	25.51

1-B-7 续表 1

地区	固定资产净值	固定资产净值年平均余额	负债合计	流动负债合计	所有者权益合计	实收资本
全国	**6686.18**	**6477.02**	**11483.10**	**7794.86**	**7974.63**	**3548.93**
北京	10.01	8.87	45.24	43.63	51.25	27.32
天津	2.98	2.77	135.59	135.00	21.79	14.59
河北	303.59	301.84	488.55	354.73	373.71	206.13
山西	1655.19	1796.85	3373.55	2346.30	1913.26	962.61
内蒙古	647.55	547.31	840.29	557.81	1055.09	307.32
辽宁	236.43	226.58	317.60	216.55	233.89	138.59
吉林	96.05	87.42	114.46	62.29	83.38	44.20
黑龙江	234.34	226.54	485.50	446.76	140.64	149.02
上海						
江苏	117.77	119.72	214.42	156.35	127.52	57.85
浙江	4.47	4.72	6.73	5.06	2.52	3.34
安徽	591.45	536.54	953.80	504.25	341.22	166.56
福建	19.50	18.71	32.87	28.17	39.92	18.69
江西	47.56	46.64	66.09	49.08	51.05	40.08
山东	825.42	787.52	1440.39	738.75	872.38	207.26
河南	755.93	697.93	1091.46	789.37	930.97	449.80
湖北	13.91	13.74	15.22	12.01	14.57	8.73
湖南	78.61	79.01	89.02	73.80	92.01	63.79
广东						
广西	10.42	9.62	20.83	11.71	9.53	4.95
海南						
重庆	63.94	65.18	110.14	75.10	80.05	50.89
四川	132.24	140.12	227.62	178.71	153.07	81.18
贵州	185.66	171.56	257.17	170.17	237.56	111.33
云南	69.41	65.24	126.17	90.53	97.82	50.06
西藏						
陕西	287.88	263.47	427.85	323.74	667.36	153.62
甘肃	86.39	75.33	128.64	96.77	78.71	50.56
青海	9.61	8.73	40.03	33.27	35.42	9.16
宁夏	130.40	109.92	342.11	220.81	177.76	111.77
新疆	69.48	65.16	91.76	74.15	92.18	59.54

单位：亿元

国家资本	集体资本	法人资本	个人资本	港澳台资本	外商资本	主营业务收入
1683.61	**124.08**	**1144.30**	**558.67**	**9.90**	**28.37**	**15315.15**
2.50	0.45	24.32	0.05			263.52
		6.01	0.63	5.35	2.60	241.54
116.91	3.33	66.70	18.46	0.01	0.72	938.73
498.12	42.81	289.85	110.64	0.46	20.73	3529.65
101.03	9.20	126.68	69.90		0.50	1455.91
73.01	1.18	56.70	7.70			341.90
18.83	0.83	14.65	9.88			177.78
114.10	1.08	15.58	17.70		0.55	473.08
44.35	0.93	9.76	0.31	0.96	1.54	234.44
3.08		0.26				8.95
122.53	1.80	30.41	11.80		0.02	690.87
8.64	1.23	3.69	5.13			118.72
12.53	0.88	17.78	8.76	0.12		153.26
118.99	24.10	48.73	14.51	0.05	0.88	1905.99
176.73	18.31	200.00	54.58	0.17		1747.28
0.44	0.88	2.45	4.58	0.38		36.94
10.91	3.80	16.74	32.22	0.04	0.08	364.59
2.06		1.71	0.14	1.04		15.23
6.38	0.74	26.74	17.04			217.43
16.16	1.17	28.04	35.31		0.50	587.27
39.16	3.38	15.97	52.79	0.02		340.06
16.64	1.75	9.49	22.17			187.97
60.03	4.82	38.77	49.38	0.60		816.67
39.54	1.16	7.61	2.25			116.39
2.43		6.03	0.70			53.18
49.77	0.15	57.32	4.49		0.05	203.91
28.72	0.09	22.30	7.54	0.70	0.19	93.91

1-B-7 续表 2

地 区	主营业务成本	主营业务税金及附加	营业费用	管理费用	税金	财务费用
全 国	**10284.61**	**278.33**	**507.54**	**1554.34**	**72.87**	**231.12**
北 京	223.15	1.37	5.94	5.92	0.17	0.72
天 津	227.62	13.97	0.29	1.08	0.04	1.22
河 北	737.49	8.80	20.21	72.39	1.98	10.86
山 西	2248.36	61.05	193.03	381.24	11.02	77.06
内蒙古	829.19	36.11	75.56	67.04	5.15	14.55
辽 宁	261.31	5.74	4.55	38.75	2.39	3.32
吉 林	140.58	1.88	3.12	16.42	0.45	1.89
黑龙江	351.84	5.90	7.24	69.03	2.43	3.87
上 海						
江 苏	157.12	3.59	4.50	39.72	1.09	2.23
浙 江	8.45	0.05	0.05	1.41	0.03	0.11
安 徽	480.33	9.62	9.34	140.27	3.77	20.60
福 建	76.65	3.93	3.19	15.70	7.78	0.51
江 西	120.69	3.16	3.04	9.62	0.62	1.51
山 东	1290.41	24.39	37.61	288.13	15.76	35.17
河 南	1269.62	27.45	30.39	105.02	6.51	21.22
湖 北	27.74	0.92	0.74	3.70	0.20	0.26
湖 南	257.46	6.71	10.85	22.32	1.62	2.20
广 东						
广 西	10.50	0.35	0.61	2.91	0.03	0.36
海 南						
重 庆	158.17	3.48	6.28	16.59	0.91	1.50
四 川	437.23	9.91	16.74	48.50	1.94	4.01
贵 州	199.82	14.23	17.65	43.05	1.61	5.84
云 南	120.86	5.13	7.00	21.08	1.12	2.11
西 藏						
陕 西	368.13	22.82	36.70	74.51	4.34	9.16
甘 肃	68.29	2.60	4.12	21.43	0.48	2.85
青 海	26.12	1.40	1.99	2.47	0.07	1.06
宁 夏	123.42	2.67	5.10	34.47	1.20	5.97
新 疆	64.05	1.10	1.71	11.58	0.17	0.96

单位：亿元

利息支出	营业利润	利润总额	应　交 所得税	亏损企业 亏损总额	本年应交 增 值 税	全部从业 人 员 年 平均人数 (万人)
211.48	**2536.47**	**2348.45**	**470.40**	**46.37**	**1156.79**	**502.38**
0.57	26.88	27.07	6.09	0.05	6.20	2.05
1.45	1.37	2.20	0.44		1.64	0.14
9.86	73.43	68.90	16.62	1.43	52.20	22.49
69.72	569.98	526.03	132.59	9.95	327.74	94.59
13.16	438.65	372.26	68.89	11.18	114.06	18.73
4.63	27.11	24.45	7.30	0.38	27.41	18.61
1.82	10.12	9.97	1.48	0.39	9.27	9.33
3.98	45.40	37.70	7.30	0.69	37.90	35.32
2.11	30.60	26.96	8.06		19.83	9.96
0.11	-0.93	-0.43		0.43	0.39	0.36
22.03	71.14	67.42	13.53	4.61	65.50	30.72
0.57	18.06	16.50	2.63	0.15	8.11	5.47
1.28	13.33	14.41	1.10	0.13	11.58	9.90
33.42	287.74	296.61	70.41	0.56	123.24	52.36
18.04	329.57	311.60	56.63	0.96	107.31	54.26
0.19	3.44	3.30	0.57	0.11	2.20	2.83
1.41	43.86	39.23	2.77	1.88	22.88	20.42
0.31	1.40	2.23	0.29	0.24	1.30	1.48
1.35	23.54	20.22	2.40	0.34	14.28	16.19
3.53	60.45	52.88	8.85	1.51	35.83	30.45
4.67	58.62	52.46	8.64	5.79	29.56	21.02
1.85	27.54	27.11	3.64	2.98	17.51	12.12
5.67	305.53	291.04	42.37	0.84	80.93	14.75
2.97	11.27	10.37	1.68		11.11	7.17
0.35	19.87	21.38	2.78	0.56	5.68	0.74
5.53	25.18	14.20	0.57	0.45	14.50	6.13
0.88	13.32	12.40	2.77	0.77	8.64	4.80

1-B-8 规模以上石油和天然气

地区	企业单位数（个）	亏损企业	工业总产值（当年价格）	工业销售产值（当年价格）	出口交货值	资产总计
全国	**299**	**38**	**10615.96**	**9486.11**	**240.79**	**12806.58**
北京	3	1	88.82	88.82	7.21	300.47
天津	9	3	999.28	967.42	91.33	1133.27
河北	4	1	302.30	301.26		501.38
山西	2	1	9.10	9.20		12.44
内蒙古	9		82.80	79.45		124.61
辽宁	17	1	530.92	530.78	13.04	944.06
吉林	59	9	406.66	408.30		696.26
黑龙江	28	7	2094.87	2094.31	26.21	1677.71
上海	1		18.49	19.55		40.76
江苏	2	1	85.92	85.87	0.02	127.92
浙江						
安徽						
福建						
江西						
山东	24	1	1299.67	267.64		963.47
河南	7	1	449.17	446.83		665.34
湖北	6	2	161.26	161.27	11.63	187.90
湖南						
广东	9		774.29	743.63	91.09	410.98
广西						
海南	1		10.62	10.03		17.38
重庆	4		36.69	36.54		15.15
四川	20	1	432.25	430.37		900.56
贵州						
云南	1	1	0.09	0.09		0.18
西藏						
陕西	59	3	1137.04	1118.41		1905.51
甘肃	2		169.77	166.62		147.00
青海	2	1	173.82	173.64		224.94
宁夏	1		2.01	2.01		5.06
新疆	29	4	1350.13	1344.09	0.26	1804.23

开采业工业企业主要经济指标

单位：亿元

流动资产合计	应收账款	存货	产成品	流动资产年平均余额	固定资产合计	固定资产原价	累计折旧
2419.72	**501.18**	**469.39**	**98.11**	**2435.71**	**8158.84**	**14390.27**	**6505.53**
119.24	28.87	36.43	2.18	88.50	104.99	134.00	42.44
192.95	35.28	24.75	3.74	185.25	640.71	880.86	309.60
61.07	1.68	10.57	1.43	76.65	341.31	609.73	268.42
9.99	4.23	0.40		8.66	0.98	1.20	0.22
32.23	23.93	1.43	0.91	42.33	81.66	72.47	19.74
244.83	80.52	58.58		202.82	617.46	1152.19	528.80
140.90	43.19	23.45	4.21	166.89	528.22	721.68	251.80
271.15	52.13	31.70	16.50	405.28	1269.73	2624.78	1359.24
24.49	1.94	1.50	1.11	23.52	0.11	0.23	0.12
26.56	3.74	2.41	0.23	20.88	93.70	188.63	108.15
91.79	18.06	32.07	10.63	91.02	814.93	1998.43	1185.96
80.15	30.61	26.68	5.02	80.85	345.31	630.45	345.96
58.64	19.57	27.74	5.64	52.82	51.28	78.31	27.03
72.71	4.24	17.61	4.42	69.32	321.34	487.12	243.51
4.78	1.41	0.29	0.29	2.38	12.60	1.51	0.08
3.19	0.28	0.21	0.02	3.10	11.09	14.42	7.35
174.25	41.41	43.80	0.57	146.61	214.89	320.49	128.54
0.06	0.04	0.01		0.01	0.08	0.21	0.14
372.55	55.25	60.08	14.70	345.42	1522.70	2109.64	777.16
22.63	0.30	1.35	1.35	32.98	124.38	139.89	20.13
51.58	0.39	7.35		44.60	173.36	242.05	84.64
0.59	0.22			2.37	0.04	0.05	0.01
363.41	53.89	60.98	25.15	343.46	887.98	1981.92	796.50

1-B-8 续表 1

地 区	固定资产净 值	固定资产净值年平均余额	负债合计	流动负债合 计	所有者权益合计	实收资本
全 国	**7884.74**	**6867.23**	**5013.00**	**2877.16**	**7793.58**	**5416.37**
北 京	91.57	77.73	116.09	89.85	184.37	171.70
天 津	571.26	515.45	433.14	229.12	700.12	719.93
河 北	341.31	270.51	248.73	51.50	252.65	0.71
山 西	0.98	0.65	7.59	7.59	4.85	4.35
内蒙古	52.74	79.90	22.98	12.04	101.63	76.79
辽 宁	623.39	605.38	477.74	274.43	466.32	474.10
吉 林	469.88	442.58	386.35	228.71	309.91	273.14
黑龙江	1265.54	1088.48	311.19	286.82	1366.52	541.59
上 海	0.11	0.10	9.46	3.06	31.30	9.00
江 苏	80.49	85.49	34.06	27.72	93.86	71.41
浙 江						
安 徽						
福 建						
江 西						
山 东	812.47	766.47	6.91	-41.39	956.56	518.29
河 南	284.49	244.76	366.89	331.47	298.45	182.54
湖 北	51.28	47.99	92.91	87.39	94.99	80.07
湖 南						
广 东	243.61	321.07	137.71	70.98	273.27	155.17
广 西						
海 南	1.43	0.78	0.91	0.83	16.47	0.50
重 庆	7.07	11.08	1.76	1.44	13.39	8.45
四 川	191.96	169.03	459.57	228.02	440.99	434.66
贵 州						
云 南	0.07	0.07	0.17	0.16	0.01	0.13
西 藏						
陕 西	1332.47	1294.23	1001.30	578.35	904.20	691.11
甘 肃	119.76	98.15	21.21	17.20	125.79	98.78
青 海	157.41	147.15	126.83	68.71	98.12	0.50
宁 夏	0.04	0.05	2.00	2.00	3.06	0.68
新 疆	1185.42	600.14	747.48	321.15	1056.75	902.77

单位：亿元

国家资本	集体资本	法人资本	个人资本	港澳台资本	外商资本	主营业务收入
3074.87	**16.65**	**2262.68**	**17.68**	**44.14**	**0.34**	**11052.97**
		171.70				83.72
661.05		58.73			0.15	960.76
0.41	0.30					305.21
		4.35				9.20
73.77		2.92	0.10			81.68
382.47		91.01	0.61			506.01
177.92	0.83	86.47	7.92			462.92
60.89	1.22	479.18	0.23	0.05	0.01	2554.40
		9.00				19.55
56.15		15.26				100.53
37.65		479.75	0.89			1296.57
166.15	0.07	16.28	0.03			414.59
56.78		23.30				179.73
107.74		3.14	0.03	44.09	0.17	766.80
		0.50				10.03
7.85		0.56	0.04			35.89
302.72	0.29	130.52	1.12			443.76
0.13						0.09
579.03	1.50	106.56	4.02			1060.62
86.45	12.33					150.37
		0.01	0.49			135.74
		0.68				1.55
317.72	0.10	582.76	2.19			1473.26

1-B-8 续表 2

地区	主营业务成本	主营业务税金及附加	营业费用	管理费用		财务费用
					税金	
全国	**4964.99**	**569.42**	**41.20**	**491.76**	**44.70**	**31.26**
北京	74.73	0.61		3.86	0.02	0.53
天津	485.29	9.14	1.28	19.91	1.96	1.62
河北	120.92	4.88	0.81	29.74	1.37	0.58
山西	7.91	0.09	0.19	0.56		0.01
内蒙古	34.73	1.82	1.08	3.06	0.01	0.08
辽宁	344.49	7.26	0.82	34.73	0.62	1.83
吉林	256.93	15.08	2.61	14.42	0.35	8.22
黑龙江	931.41	63.35	12.27	101.27	16.71	-5.31
上海	8.09	2.09	0.01	0.37	0.01	0.25
江苏	37.05	19.43	0.45	11.59	0.01	0.56
浙江						
安徽						
福建						
江西						
山东	437.42	243.92	3.23	53.85	1.03	6.67
河南	274.36	52.75	1.52	41.08	2.03	2.80
湖北	123.16	17.06	3.13	12.64	0.57	2.09
湖南						
广东	221.89	40.55	1.03	7.96	0.02	3.28
广西						
海南	1.77	0.88	0.03	0.08	0.01	-0.03
重庆	22.98	0.21	0.41	0.62	0.04	0.05
四川	360.44	6.99	2.70	43.43	0.33	2.25
贵州						
云南	0.07		0.02	0.02		0.01
西藏						
陕西	566.56	17.27	1.19	44.99	8.15	2.95
甘肃	41.57	3.58	0.10	6.90	0.92	0.95
青海	55.43	3.69	0.61	6.78	0.11	0.20
宁夏	1.22	0.03		0.15		0.11
新疆	556.62	58.74	7.69	53.74	10.42	1.56

单位：亿元

利息支出	营业利润	利润总额	应交所得税	亏损企业亏损总额	本年应交增值税	全部从业人员年平均人数（万人）
45.99	**4634.66**	**4601.23**	**376.04**	**68.63**	**1037.54**	**112.76**
0.13	2.81	3.22	0.03	1.03	1.11	1.38
1.59	422.73	425.04	68.29	8.58	58.22	6.95
0.58	148.76	147.10	0.08	0.74	28.77	2.71
0.01	0.37	0.29	0.12	0.16	0.13	0.10
	39.62	18.78	1.87		10.75	0.55
9.31	93.36	98.00	0.82	0.56	34.38	13.53
1.71	164.36	155.95	7.63	20.88	43.12	7.37
-5.37	1394.88	1392.17	12.87	4.76	280.48	17.72
0.27	8.91	8.91	2.38		1.03	0.02
0.56	31.45	31.44	8.17	1.48	11.39	1.95
8.57	497.86	533.90	130.22	0.02	162.31	13.67
2.13	39.65	39.66	9.06	3.11	20.81	9.42
2.00	17.70	18.15	5.17	1.09	9.05	3.72
0.08	480.00	423.31	63.30		59.36	0.36
-0.03	7.31	7.88	0.59		0.85	
0.03	4.47	4.49	0.11		0.68	0.21
1.00	11.86	12.65	-1.31	4.75	16.04	7.71
0.01	-0.02	-0.02		0.02		0.01
21.17	423.66	423.25	5.51	15.10	114.27	9.81
0.54	86.71	86.71	7.97		17.67	1.03
0.20	58.76	60.17	0.60	0.05	13.73	2.27
0.01	0.04	1.99	0.01		0.10	0.02
1.49	699.43	708.18	52.56	6.31	153.30	12.25

1-B-9 规模以上黑色金属矿采选业

地 区	企 业单位数（个）	亏损企业	工业总产值（当年价格）	工业销售产值（当年价格）	出口交货值	资产总计
全 国	**3984**	**517**	**3760.65**	**3600.22**	**4.36**	**3179.97**
北 京	8		29.48	30.16		26.02
天 津	1		0.95	0.95		0.24
河 北	910	143	1087.71	1033.04		744.30
山 西	185	30	112.19	103.32		99.99
内蒙古	188	17	216.04	206.40		165.90
辽 宁	901	98	575.63	553.05	0.77	330.05
吉 林	81	5	99.56	92.07		82.62
黑龙江	12		11.26	10.67		15.34
上 海						
江 苏	34	1	69.57	63.92		42.01
浙 江	7		25.17	22.35		23.93
安 徽	122	29	107.17	106.64		318.36
福 建	89	9	124.43	122.44		66.53
江 西	109	5	92.48	92.47		37.83
山 东	229	6	290.59	280.09		250.39
河 南	145	8	110.93	109.21		52.34
湖 北	172	20	122.74	119.54	0.31	106.73
湖 南	163	10	70.27	69.44		30.59
广 东	83	14	99.61	92.94	0.63	83.16
广 西	90	15	53.48	49.04	2.64	35.57
海 南	5		28.68	27.69		37.25
重 庆	44	5	20.72	20.14		23.85
四 川	122	29	182.20	177.55		190.67
贵 州	38	10	6.66	6.53		6.32
云 南	59	15	82.86	81.17		210.72
西 藏	7	2	5.06	4.62		13.13
陕 西	42	16	22.97	19.44		31.77
甘 肃	58	15	35.15	33.33		46.62
青 海	11	4	4.35	4.17		5.24
宁 夏	1		0.77	0.68		0.11
新 疆	68	11	71.99	67.15		102.37

工业企业主要经济指标

单位：亿元

流动资产合　计	应收账款	存货	产成品	流动资产年平均余额	固定资产合　计	固定资产原　价	累计折旧
1469.97	**339.43**	**251.67**	**134.88**	**1332.13**	**1025.36**	**1216.28**	**368.53**
18.40	3.90	2.00	1.05	16.05	7.05	9.94	3.87
0.21	0.17			0.21	0.03	0.03	
407.78	118.36	75.59	43.96	364.60	241.99	261.86	71.46
54.97	11.81	17.16	10.36	50.83	35.72	44.87	11.99
86.43	16.26	10.90	3.38	67.25	50.82	57.84	11.67
161.97	45.97	39.86	22.37	152.02	121.66	179.63	72.59
35.47	17.45	5.14	2.78	32.20	34.68	41.30	11.06
6.04	0.87	0.87	0.47	4.96	7.32	8.15	1.92
22.41	5.46	3.43	0.90	21.96	13.87	17.67	9.97
19.18	2.51	4.17	2.75	19.19	3.34	4.84	1.72
86.98	12.72	10.97	4.72	81.36	68.71	62.85	19.85
21.27	6.41	3.49	1.74	21.21	29.48	34.00	6.52
14.08	4.71	2.42	1.66	13.47	19.79	28.64	9.55
127.49	16.63	13.56	9.74	117.56	72.55	89.29	24.13
23.90	3.50	4.36	1.23	24.11	24.60	24.55	2.56
21.63	6.84	3.14	1.93	20.54	40.65	53.08	19.31
12.60	1.95	2.04	1.08	12.19	14.96	17.23	4.22
50.94	3.81	5.52	3.25	47.59	16.45	19.69	7.54
15.26	3.43	5.11	2.54	14.27	16.09	16.96	2.75
18.82	3.32	1.80	0.96	16.67	10.83	9.46	1.96
12.10	2.06	1.78	0.54	11.42	4.94	8.02	3.10
71.56	13.35	10.16	4.28	64.29	83.33	88.18	26.64
4.26	1.12	0.68	0.31	3.91	1.09	1.25	0.45
81.75	11.41	5.86	4.14	67.61	42.10	66.77	26.01
7.30	1.67	0.69	0.22	7.21	2.90	3.72	1.83
11.44	2.37	1.98	1.47	10.13	10.52	11.74	2.44
16.52	2.25	3.21	0.97	21.87	15.29	17.75	5.89
3.89	2.08	0.95	0.74	3.66	1.16	1.40	0.58
0.09		0.09	0.02	0.08	0.01	0.01	
55.22	17.03	14.75	5.30	43.71	33.46	35.57	6.92

1-B-9 续表 1

地区	固定资产净值	固定资产净值年平均余额	负债合计	流动负债合计	所有者权益合计	实收资本
全国	**847.76**	**819.91**	**1526.91**	**1266.23**	**1653.06**	**664.12**
北京	6.07	5.36	6.83	5.84	19.19	1.75
天津	0.03	0.03	0.21	0.21	0.03	0.03
河北	190.40	180.06	395.60	346.23	348.70	120.50
山西	32.88	33.48	56.85	51.56	43.14	15.91
内蒙古	46.17	44.00	101.25	87.34	64.65	21.57
辽宁	107.05	106.30	157.52	140.46	172.53	60.24
吉林	30.25	26.61	40.03	26.81	42.59	19.87
黑龙江	6.23	4.50	8.66	6.98	6.68	2.11
上海						
江苏	7.69	8.35	21.88	15.42	20.13	7.29
浙江	3.12	3.19	11.35	10.69	12.58	2.25
安徽	43.01	42.28	88.11	84.10	230.25	87.58
福建	27.47	22.36	23.08	18.74	43.45	8.31
江西	19.09	18.16	16.19	11.46	21.65	11.03
山东	65.16	64.25	128.51	120.66	121.88	48.28
河南	21.99	19.08	22.95	18.24	29.39	13.10
湖北	33.77	40.64	53.17	15.91	53.56	18.96
湖南	13.02	13.94	11.34	9.16	19.25	10.69
广东	12.14	13.69	44.49	33.57	38.67	15.89
广西	14.20	12.10	17.16	13.94	18.40	7.07
海南	7.50	7.90	18.00	10.17	19.25	15.27
重庆	4.91	4.73	13.22	12.56	10.63	3.68
四川	61.54	55.46	107.45	85.13	83.22	42.65
贵州	0.80	0.93	2.87	2.73	3.46	1.10
云南	40.75	43.99	74.65	55.25	136.06	81.47
西藏	1.89	1.85	2.95	2.93	10.18	3.90
陕西	9.30	9.09	22.04	10.45	9.73	3.36
甘肃	11.86	9.41	24.52	22.40	22.10	16.35
青海	0.82	1.04	1.65	1.20	3.59	1.00
宁夏	0.01	0.01	0.10	0.10	0.01	
新疆	28.65	27.15	54.27	46.01	48.10	22.91

单位：亿元

国家资本	集体资本	法人资本	个人资本	港澳台资本	外商资本	主营业务收　　入
187.70	**13.87**	**249.85**	**197.37**	**10.47**	**4.86**	**3635.66**
0.38	0.04	0.84	0.26	0.25		30.21
			0.03			0.95
31.48	2.71	30.03	55.85	0.42	0.01	1023.67
0.44	0.18	3.34	11.95			106.19
2.25	0.26	7.30	11.74	0.03		200.18
9.58	2.26	10.00	36.44	1.96		546.72
2.57	0.01	10.32	4.56	2.40		93.17
1.06	0.59	0.41	0.05			10.82
0.92	0.29	5.42	0.60		0.07	68.43
0.53		1.10	0.13		0.50	22.09
73.63	0.17	6.90	6.01	0.51	0.37	120.92
0.59	0.28	3.28	3.97	0.18	0.01	123.59
0.33	0.01	3.54	5.23	0.12	1.80	92.36
17.35	0.83	14.08	13.39	2.48	0.14	283.95
1.18	0.69	2.55	8.68			108.74
5.72	2.24	4.49	6.52			125.21
0.50	0.08	3.16	6.13		0.81	69.20
0.29	0.01	11.84	3.51	0.24		93.25
0.40	0.17	4.31	1.25		0.94	49.91
		15.14	0.14			29.91
2.69	0.01	0.32	0.65			27.25
17.67	0.14	17.07	6.15	1.62		174.81
0.01	0.21	0.10	0.75	0.04		7.10
6.49	0.07	73.08	1.63		0.20	84.28
0.91	2.07	0.36	0.56			7.08
0.15	0.55	1.20	1.47			17.96
4.20		8.21	3.92	0.02		32.05
		0.68	0.32			4.70
						0.81
6.39		10.79	5.52	0.20	0.01	80.16

1-B-9 续表 2

地　区	主营业务成　　本	主营业务税金及附加	营业费用	管理费用		财务费用
					税金	
全　国	**2534.50**	**60.18**	**72.61**	**181.09**	**9.56**	**39.00**
北　京	12.96	0.48	0.25	2.29	0.02	0.11
天　津	0.91	0.01	0.01	0.01		
河　北	698.34	14.16	13.66	41.32	2.01	13.73
山　西	73.54	1.90	1.57	7.59	0.30	1.07
内蒙古	143.82	2.45	3.89	8.66	0.60	1.87
辽　宁	420.68	10.70	7.17	23.63	2.65	2.31
吉　林	62.46	1.03	2.30	4.27	0.10	0.81
黑龙江	5.32	0.13	0.30	0.77	0.02	0.16
上　海						
江　苏	53.36	0.74	0.68	5.45	0.13	0.36
浙　江	16.06	0.14	0.62	1.00	0.03	-0.17
安　徽	80.71	2.12	3.38	12.35	0.68	0.72
福　建	87.91	1.33	3.24	4.47	0.11	0.27
江　西	70.51	1.83	1.66	3.91	0.21	0.47
山　东	211.01	3.81	2.84	12.57	0.51	4.09
河　南	84.17	2.18	2.60	2.32	0.03	1.01
湖　北	86.91	5.07	2.33	2.99	0.30	0.92
湖　南	52.59	1.43	2.19	3.17	0.42	0.67
广　东	59.00	1.42	3.36	4.96	0.24	1.86
广　西	36.64	0.96	1.78	1.99	0.07	0.49
海　南	9.25	0.78	0.45	2.85	0.03	-0.04
重　庆	15.76	0.51	1.42	3.95	0.03	0.69
四　川	116.89	3.43	6.82	13.21	0.32	2.50
贵　州	4.57	0.09	0.22	0.65	0.01	0.01
云　南	50.73	1.44	2.45	10.07	0.28	2.38
西　藏	3.13	0.12	0.19	0.74	0.01	0.09
陕　西	12.39	0.29	0.71	1.33	0.05	0.30
甘　肃	19.82	0.57	0.39	0.88	0.12	1.41
青　海	2.68	0.11	0.15	0.33	0.04	0.05
宁　夏	0.69		0.01	0.04		0.01
新　疆	41.68	0.93	5.97	3.33	0.24	0.84

单位：亿元

利息支出	营业利润	利润总额	应　交 所得税	亏损企业 亏损总额	本年应交 增 值 税	全部从业 人 员 年 平均人数 （万人）
31.14	**747.60**	**700.37**	**129.40**	**11.40**	**228.14**	**61.52**
0.10	14.40	14.47	3.63		2.78	0.38
	0.01	0.01			0.04	0.01
10.14	240.50	231.47	48.09	2.52	67.15	13.73
0.88	20.54	19.23	4.20	0.83	7.34	3.10
1.77	40.98	31.66	7.33	0.18	12.67	4.03
1.96	95.01	92.42	17.77	1.37	33.19	9.82
0.76	21.56	18.71	3.55	0.03	4.17	1.63
0.06	3.30	2.96	0.68		0.84	0.21
0.35	7.95	6.95	1.14		4.04	1.12
0.28	4.71	4.66	0.61		0.62	0.17
0.56	21.35	14.30	6.51	1.38	6.80	3.29
0.20	26.87	27.17	1.65	0.11	7.54	1.35
0.43	13.83	12.48	2.17	0.06	7.18	1.38
3.03	50.52	44.85	7.40	0.20	13.94	4.36
0.41	16.13	16.06	1.59	0.16	5.01	1.76
0.66	22.12	20.76	0.69	0.33	6.93	2.01
0.43	6.15	4.87	0.40	0.11	4.43	1.49
1.56	23.00	21.11	3.98	0.20	7.60	1.09
0.39	7.88	7.67	0.14	0.47	2.80	1.04
-0.05	16.43	16.41	2.54		3.41	0.57
0.70	4.35	4.21	0.66	0.04	2.10	1.02
1.93	31.03	30.00	5.57	0.94	10.59	3.34
0.01	1.54	1.53	0.24	0.09	0.67	0.31
2.52	18.47	18.17	3.04	1.31	6.54	1.57
0.04	2.61	2.73	0.48	0.10	0.71	0.18
0.16	3.02	1.37	0.14	0.36	1.35	0.76
1.09	6.53	6.48	0.24	0.27	1.45	0.85
0.05	0.76	0.82	0.09	0.04	0.35	0.11
0.01	0.05	0.05			0.03	0.02
0.70	26.02	26.81	4.86	0.30	5.87	0.83

1-B-10 规模以上有色金属矿采选业

地 区	企业单位数(个)	亏损企业	工业总产值(当年价格)	工业销售产值(当年价格)	出口交货值	资产总计
全 国	**2539**	**439**	**2727.84**	**2634.33**	**12.85**	**2290.30**
北 京						
天 津						
河 北	32	11	31.18	28.47		30.31
山 西	11	4	17.83	17.05		25.03
内蒙古	130	17	215.95	206.95	0.03	177.00
辽 宁	240	20	141.44	135.79	6.91	117.41
吉 林	40	3	36.71	35.40		39.44
黑龙江	13		11.36	10.11		27.27
上 海						
江 苏	4	1	5.72	5.32		7.42
浙 江	28	8	29.61	27.11		22.59
安 徽	82	13	37.08	36.90	0.17	25.34
福 建	105	25	52.03	47.72		41.80
江 西	153	26	138.67	136.30		124.06
山 东	126	5	411.04	403.65	3.89	246.62
河 南	352	16	650.29	636.74		275.60
湖 北	60	11	34.12	33.14		32.65
湖 南	344	38	179.82	177.82	1.61	119.52
广 东	59	6	92.50	88.64	0.05	57.54
广 西	162	41	107.19	99.27		74.50
海 南	23	2	8.05	7.37		4.00
重 庆	5	2	3.57	3.17		1.37
四 川	133	34	100.00	93.19	0.01	134.87
贵 州	47	22	22.10	20.05	0.19	34.82
云 南	108	45	130.37	133.16		217.95
西 藏	14	4	8.57	7.37		28.22
陕 西	135	50	88.02	76.74		85.48
甘 肃	76	18	42.31	38.72		75.82
青 海	20	6	95.30	92.09		200.42
宁 夏						
新 疆	37	11	37.00	36.11		63.24

工业企业主要经济指标

单位：亿元

流动资产合　计	应收账款	存货	产成品	流动资产年平均余额	固定资产合　计	固定资产原　价	累计折旧
980.42	**145.15**	**223.95**	**93.44**	**951.05**	**883.24**	**1049.50**	**291.25**
11.09	2.64	3.31	2.28	10.05	11.69	14.87	4.20
12.74	1.06	10.77	0.62	12.07	11.93	19.15	7.75
72.73	9.47	16.26	3.89	73.51	67.80	78.76	12.95
63.26	12.03	15.84	9.80	61.10	43.14	53.01	15.65
12.51	1.66	2.05	0.82	11.78	16.55	21.19	6.44
19.91	1.51	1.19	0.48	20.53	5.80	11.07	5.33
5.20	1.70	0.45	0.33	4.77	1.71	3.43	1.91
12.36	2.10	2.22	1.36	11.82	4.08	5.65	2.69
10.46	1.89	1.70	0.66	9.90	10.79	13.83	3.74
23.93	3.97	5.27	3.65	22.04	12.03	15.29	3.94
44.48	8.26	12.49	7.22	43.21	59.97	82.68	29.34
95.21	10.04	28.78	7.44	93.91	104.43	138.41	50.91
125.43	9.57	33.10	10.52	123.37	116.89	123.88	23.36
15.20	3.42	3.21	1.53	13.37	10.04	16.45	7.05
40.34	8.35	7.99	4.12	39.71	58.08	66.20	17.89
26.84	9.10	3.07	1.48	27.90	22.66	28.90	10.92
35.52	7.83	8.66	6.18	34.92	23.55	27.48	9.46
2.54	0.39	1.07	0.64	1.80	0.78	1.26	0.59
0.51	0.05	0.30	0.24	0.37	0.78	0.87	0.14
42.95	7.76	10.04	3.60	40.55	53.67	54.40	12.37
7.24	0.48	3.29	1.15	6.94	12.63	9.19	2.22
111.55	21.56	13.95	6.85	100.59	70.27	79.14	16.09
9.55	0.73	1.74	0.76	8.52	9.73	10.59	1.10
40.64	5.69	10.42	7.53	37.21	32.47	43.59	15.19
33.16	6.46	8.50	5.44	30.59	24.58	28.34	10.50
82.25	5.48	13.76	3.04	86.01	67.93	78.53	13.98
22.81	1.94	4.52	1.83	24.52	29.27	23.35	5.51

1-B-10 续表 1

地 区	固定资产净 值	固定资产净值年平均余额	负债合计	流动负债合 计	所有者权益合计	实收资本
全 国	**758.25**	**689.75**	**1048.75**	**829.82**	**1241.55**	**513.55**
北 京						
天 津						
河 北	10.67	10.42	12.49	10.31	17.82	9.10
山 西	11.40	11.47	20.41	20.18	4.62	3.76
内蒙古	65.80	55.58	77.62	69.79	99.38	45.39
辽 宁	37.37	35.92	50.70	42.30	66.70	22.96
吉 林	14.75	14.75	15.04	10.04	24.40	9.74
黑龙江	5.74	4.17	9.48	8.95	17.79	3.82
上 海						
江 苏	1.52	1.46	3.67	2.95	3.75	1.27
浙 江	2.96	2.89	12.51	10.56	10.07	4.22
安 徽	10.09	10.09	9.28	7.58	16.06	7.07
福 建	11.34	10.65	20.98	16.34	20.81	8.24
江 西	53.34	49.55	49.78	38.93	74.28	23.96
山 东	87.50	76.06	99.65	88.27	146.97	32.88
河 南	100.52	91.86	119.25	93.72	156.36	81.04
湖 北	9.39	9.15	16.44	13.15	16.21	6.43
湖 南	48.31	49.16	56.68	38.41	62.84	41.52
广 东	17.98	17.28	29.86	19.67	27.68	12.40
广 西	18.02	17.39	36.78	30.43	37.72	13.59
海 南	0.67	0.68	2.43	2.32	1.57	0.89
重 庆	0.74	0.36	0.50	0.41	0.88	0.38
四 川	42.04	38.29	75.98	63.49	58.89	29.20
贵 州	6.97	6.83	21.20	12.76	13.63	5.77
云 南	63.05	51.30	114.31	88.84	103.64	50.89
西 藏	9.49	6.31	10.72	6.56	17.50	13.53
陕 西	28.39	27.12	42.26	35.76	43.22	20.47
甘 肃	17.83	15.64	37.97	30.91	37.84	20.41
青 海	64.55	59.56	81.10	48.29	119.32	28.13
宁 夏						
新 疆	17.83	15.81	21.66	18.90	41.58	16.46

单位：亿元

国家资本	集体资本	法人资本	个人资本	港澳台资本	外商资本	主营业务收入
102.83	**52.04**	**203.49**	**134.54**	**4.00**	**16.65**	**2705.99**
0.42	0.15	1.71	6.03		0.80	30.75
		3.38	0.37			17.73
2.13	1.01	27.08	11.07	0.20	3.90	208.60
1.64	1.49	8.92	10.13	0.28	0.51	135.01
0.68		6.24	2.82			34.23
1.00	2.23	0.41	0.18			11.47
0.34		0.92	0.01			6.02
0.79		0.48	2.95			26.16
0.33	0.23	4.16	1.93		0.43	36.74
0.25	0.13	4.73	2.80	0.27	0.05	47.02
3.71	0.10	11.80	7.96	0.38		136.99
16.23	13.09	1.24	2.28		0.04	418.97
21.32	23.89	14.39	20.83		0.62	634.76
2.68	0.13	1.35	2.01	0.26		34.22
9.90	0.51	8.71	20.37	0.38	1.66	176.42
5.49		4.14	2.54	0.01	0.22	100.28
3.91	0.15	5.04	4.45	0.04		95.15
		0.49	0.30	0.10		7.53
		0.01	0.37			3.27
10.98	2.40	6.88	8.94	0.01		89.75
0.34	1.01	0.06	1.25	0.20	2.91	20.57
12.73	0.98	27.69	6.22	1.87	1.40	136.86
0.11	0.66	11.50	1.27			7.35
5.72	1.21	4.19	9.30		0.05	71.76
1.09	2.54	10.41	6.37			40.40
0.12	0.09	25.53	0.59		1.80	142.00
0.91	0.06	12.02	1.18	0.01	2.27	35.96

1-B-10 续表 2

地 区	主营业务成 本	主营业务税金及附加	营业费用	管理费用	税金	财务费用	利息支出
全 国	**2021.01**	**29.12**	**43.78**	**154.56**	**6.31**	**21.70**	**20.14**
北 京							
天 津							
河 北	23.19	0.33	0.19	1.84	0.02	0.14	0.14
山 西	15.85	0.10	0.21	1.00	0.03	0.02	0.01
内蒙古	134.33	2.36	3.13	16.51	0.70	0.81	0.68
辽 宁	99.37	1.18	2.92	9.05	0.31	1.02	0.92
吉 林	19.22	0.63	0.90	2.61	0.06	0.20	0.18
黑龙江	5.68	0.21	0.07	1.73	0.05	0.05	0.01
上 海							
江 苏	4.12	0.10	0.10	0.82	0.01	0.06	0.06
浙 江	21.17	0.30	0.36	2.17	0.10	0.32	0.30
安 徽	26.01	0.79	0.50	2.71	0.23	0.14	0.13
福 建	34.68	0.95	0.60	3.48	0.20	0.50	0.50
江 西	105.19	2.32	0.95	6.16	0.23	0.94	0.96
山 东	344.09	1.73	4.52	15.70	0.85	3.76	2.75
河 南	500.80	4.73	8.37	14.78	0.45	3.39	2.98
湖 北	20.00	0.75	0.53	3.60	0.07	0.11	0.21
湖 南	132.86	3.67	5.67	8.93	0.81	1.90	1.01
广 东	69.35	0.95	1.48	4.23	0.24	0.56	0.48
广 西	72.11	1.52	1.68	6.53	0.10	0.80	0.72
海 南	6.36	0.04	0.30	0.34	0.01	0.03	0.03
重 庆	2.58	0.13	0.24	0.06			
四 川	58.64	1.40	3.42	13.07	0.21	1.38	1.27
贵 州	12.84	0.21	0.22	2.80	0.02	0.15	0.46
云 南	100.97	1.99	2.40	11.88	0.24	2.56	2.31
西 藏	5.09	0.07	0.14	0.71	0.01	0.04	0.04
陕 西	47.14	0.82	0.81	7.38	0.48	0.40	0.48
甘 肃	26.48	0.62	0.72	3.67	0.21	0.92	0.68
青 海	117.29	0.82	2.43	9.04	0.62	1.38	2.74
宁 夏							
新 疆	15.59	0.41	0.91	3.75	0.07	0.11	0.10

单位：亿元

营业利润	利润总额	应　交 所得税	亏损企业 亏损总额	本年应交 增 值 税	全部从业 人 员 年 平均人数 （万人）
445.07	**407.31**	**57.80**	**12.74**	**109.60**	**53.53**
7.04	6.91	0.70	0.26	1.90	0.85
1.36	1.19	0.08	0.06	0.62	0.38
52.57	45.92	8.19	1.32	10.57	3.56
20.44	19.45	3.71	0.59	7.41	4.21
10.53	8.85	1.05	0.02	1.44	1.29
3.75	3.78	0.88		0.74	0.64
0.89	0.95	0.22	0.02	0.38	0.20
2.55	2.60	0.43	0.15	1.35	0.58
6.07	4.61	0.86	0.07	1.73	1.08
7.54	6.52	1.48	0.35	2.61	0.94
20.66	20.13	3.36	0.33	10.22	4.03
52.69	46.28	10.82	0.14	3.55	5.46
111.51	108.37	8.36	0.25	12.32	6.64
9.92	9.86	2.05	0.19	2.08	1.07
20.10	12.56	1.07	0.64	11.05	5.19
23.75	17.55	2.53	0.19	5.29	1.39
10.52	8.70	1.05	0.87	5.64	2.31
0.14	0.24	0.07	0.04	0.19	0.15
0.36	0.17	0.01	0.03	0.24	0.09
12.91	12.43	2.51	2.67	6.33	3.40
5.16	5.03	1.04	0.42	0.26	0.58
16.48	17.36	1.90	1.34	9.19	3.55
1.22	1.10	0.04	0.32	0.54	0.23
11.97	11.31	1.74	1.03	3.61	2.31
7.63	7.63	1.87	0.94	2.03	1.55
11.58	13.10	1.22	0.09	4.91	1.04
15.73	14.73	0.53	0.42	3.41	0.81

1-B-11 规模以上非金属矿采选业

地 区	企业单位数(个)	亏损企业	工业总产值(当年价格)	工业销售产值(当年价格)	出口交货值	资产总计
全 国	**3953**	**288**	**1869.49**	**1818.51**	**37.00**	**1330.02**
北 京	17	4	3.60	3.58		6.49
天 津	8	1	11.50	10.33	0.31	42.70
河 北	91	11	51.27	47.91		59.09
山 西	13	3	3.16	3.01		7.56
内蒙古	96	9	76.45	73.52	1.54	54.73
辽 宁	353	19	103.80	99.23	5.75	75.49
吉 林	84		51.60	51.24	4.97	22.78
黑龙江	34	7	8.91	8.97	0.14	8.78
上 海						
江 苏	215	10	141.75	139.22	0.90	119.76
浙 江	268	33	81.94	81.35	2.48	61.81
安 徽	219	28	48.95	47.53	0.65	40.87
福 建	182	19	60.15	60.01	2.12	31.90
江 西	133	4	66.43	65.74	0.36	61.26
山 东	434	8	336.07	330.37	10.88	147.79
河 南	277	6	163.52	160.52		57.61
湖 北	384	24	116.95	114.36	0.81	103.53
湖 南	253	12	124.94	123.56	0.01	44.70
广 东	287	26	150.33	140.00	1.28	77.96
广 西	83	19	37.43	36.11	3.53	29.26
海 南	8	3	3.50	2.44	0.01	4.08
重 庆	118	2	31.24	31.09	0.05	28.67
四 川	214	15	100.31	97.78	0.18	86.43
贵 州	43	8	16.82	16.55		16.61
云 南	40	6	48.80	45.36		101.04
西 藏	1		0.25	0.25		0.56
陕 西	44	3	8.06	7.50	0.40	7.72
甘 肃	26	3	9.18	8.38	0.07	4.68
青 海	9	2	6.02	6.05		16.57
宁 夏	1		0.20	0.19		0.19
新 疆	18	3	6.38	6.39	0.54	9.41

工业企业主要经济指标

单位：亿元

流动资产合计	应收账款	存货		流动资产年平均余额	固定资产合计	固定资产原价	累计折旧
			产成品				
526.56	**122.88**	**105.58**	**63.19**	**493.22**	**575.08**	**772.67**	**253.22**
3.74	1.95	0.42	0.17	3.13	1.79	3.09	1.75
19.00	4.43	3.01	2.21	22.36	12.39	18.19	6.54
24.21	5.93	4.92	3.75	24.31	25.94	30.75	8.87
3.68	1.19	0.88	0.37	3.76	1.48	2.79	1.49
21.57	4.15	5.53	3.90	20.23	21.44	25.17	5.78
28.79	8.37	8.01	4.24	26.63	35.43	48.47	16.54
8.45	2.66	2.75	1.15	8.28	13.26	18.88	6.21
4.65	1.27	1.41	0.97	4.47	3.71	5.03	1.55
42.29	10.58	8.98	5.34	40.07	61.48	85.29	25.77
27.54	8.72	4.27	2.52	27.63	23.21	32.66	11.34
16.21	5.44	3.29	2.09	15.45	18.82	23.97	6.18
16.48	3.35	2.01	1.07	14.41	12.79	15.61	4.12
13.06	2.25	2.26	1.45	12.44	42.01	60.22	20.13
55.32	12.66	13.86	9.84	51.24	70.07	92.43	29.30
21.18	4.23	2.98	1.87	19.77	29.04	32.51	4.89
48.03	11.15	7.47	4.01	44.11	33.18	45.90	16.53
13.85	3.82	3.02	2.06	13.66	23.76	29.99	7.90
31.52	7.21	7.79	4.92	28.33	37.19	55.06	19.88
12.98	2.61	3.19	1.23	11.69	10.89	13.61	4.21
2.07	0.53	0.10	0.03	1.12	1.46	2.32	0.89
7.94	1.93	2.08	1.50	7.67	16.81	16.48	3.39
33.18	7.42	3.88	1.97	30.83	35.60	49.85	28.65
9.91	2.72	0.91	0.59	8.86	2.98	3.69	0.98
43.32	4.73	8.23	3.37	37.30	23.83	42.03	14.87
0.07	0.02			0.05	0.03	0.06	0.02
3.20	0.86	0.83	0.47	2.94	3.38	4.11	0.86
1.71	0.83	0.46	0.28	1.71	2.41	3.15	1.33
7.70	0.73	1.75	1.12	6.13	6.59	6.81	1.97
0.16	0.11	0.03	0.02	0.03	0.03	0.05	0.01
4.78	1.06	1.27	0.68	4.62	4.08	4.52	1.24

1-B-11 续表 1

地区	固定资产净值	固定资产净值年平均余额	负债合计	流动负债合计	所有者权益合计	实收资本
全国	**519.45**	**500.63**	**651.66**	**481.65**	**678.36**	**340.73**
北京	1.34	1.33	5.02	4.75	1.47	1.00
天津	11.65	10.98	28.73	12.86	13.97	5.35
河北	21.88	21.27	37.12	24.57	21.97	12.79
山西	1.29	2.02	4.28	3.80	3.28	2.30
内蒙古	19.39	18.47	29.57	23.19	25.15	13.55
辽宁	31.93	28.05	32.91	21.58	42.58	16.51
吉林	12.67	13.35	11.79	7.36	10.99	4.81
黑龙江	3.49	3.23	5.02	4.21	3.76	3.47
上海						
江苏	59.51	53.22	59.13	50.19	60.62	22.81
浙江	21.32	20.83	35.91	30.02	25.89	17.62
安徽	17.78	17.69	20.61	16.57	20.25	14.12
福建	11.49	9.75	13.11	12.25	18.79	9.18
江西	40.09	38.49	27.71	12.87	33.55	20.89
山东	63.14	61.61	70.80	54.79	76.99	32.47
河南	27.62	26.33	16.31	11.61	41.29	31.13
湖北	29.37	28.17	53.13	41.86	50.40	28.43
湖南	22.08	19.49	19.76	15.12	24.94	13.98
广东	35.18	35.42	28.09	22.70	49.87	22.92
广西	9.41	9.41	13.66	10.63	15.60	6.47
海南	1.43	0.85	1.09	0.98	2.99	2.68
重庆	13.09	14.62	16.87	12.85	11.79	6.80
四川	21.20	27.09	48.98	35.41	37.46	19.20
贵州	2.70	2.29	7.69	6.27	8.91	2.43
云南	27.17	24.47	40.89	25.47	60.15	19.71
西藏	0.03	0.03	0.42	0.42	0.14	0.10
陕西	3.25	3.24	4.78	4.01	2.94	2.23
甘肃	1.82	1.67	2.02	1.83	2.65	1.25
青海	4.83	4.42	10.87	8.32	5.70	3.83
宁夏	0.03		0.06	0.06	0.13	0.10
新疆	3.28	2.82	5.29	5.12	4.12	2.63

单位：亿元

国家资本	集体资本	法人资本	个人资本	港澳台资本	外商资本	主营业务收　入
40.85	**16.27**	**127.10**	**129.34**	**11.36**	**15.80**	**1822.50**
	0.08	0.82	0.10			3.97
3.95	0.01	1.31			0.08	10.14
7.95	0.18	1.10	3.55		0.01	48.08
0.04	0.58	0.06	1.42		0.20	3.15
4.14		4.63	4.01	0.02	0.75	71.11
1.64	0.64	2.35	10.69	0.15	1.04	98.29
0.08	0.02	1.69	2.78	0.03	0.21	51.31
0.34	0.12	0.75	0.80	1.26	0.19	9.14
2.79	1.73	6.57	9.02	1.23	1.47	138.56
2.59	0.50	4.15	6.07	1.35	2.96	81.71
0.37	0.15	6.59	5.54	0.15	1.33	46.51
2.00	0.39	3.23	3.19	0.16	0.21	60.76
0.84	1.03	7.84	10.94	0.13	0.11	66.08
4.23	2.17	10.21	14.51	0.59	0.76	328.19
0.51	0.10	16.21	14.25		0.07	158.97
0.45	3.10	9.83	14.49	0.49	0.07	110.00
0.32	0.92	5.02	7.50	0.22		122.62
1.27	0.69	12.16	5.61	2.58	0.60	142.44
0.89	1.08	1.83	1.21	0.37	1.09	35.23
0.74	0.40	0.38	0.01	1.15		2.94
0.12	0.10	2.89	2.77	0.93		32.16
0.96	0.71	7.18	6.89	0.18	3.29	96.28
0.18	0.05	0.76	1.43			18.03
1.42	1.22	16.33	0.74			60.04
0.10						0.22
		1.01	0.84	0.37		7.28
	0.30	0.57	0.38			7.54
2.28		0.57	0.22		0.77	5.60
0.10						0.20
0.57		1.09	0.38		0.59	5.96

1-B-11 续表 2

地区	主营业务成本	主营业务税金及附加	营业费用	管理费用	税金	财务费用
全国	**1371.08**	**45.12**	**89.50**	**99.13**	**5.94**	**22.13**
北京	3.27	0.02	0.27	0.39	0.01	
天津	7.23	0.37	0.23	3.03	0.15	0.04
河北	34.78	0.73	2.22	3.80	0.14	0.89
山西	2.86	0.03	0.07	0.16	0.01	0.12
内蒙古	52.83	0.83	3.57	3.44	0.21	1.10
辽宁	76.76	2.09	4.89	4.10	0.43	1.19
吉林	37.80	0.31	3.01	2.84	0.04	0.40
黑龙江	6.78	0.30	0.70	0.63	0.03	0.05
上海						
江苏	99.07	2.63	6.60	7.55	0.35	1.94
浙江	67.00	2.54	2.52	5.63	0.22	0.84
安徽	32.21	1.11	4.70	3.07	0.22	0.63
福建	45.55	4.08	3.70	3.07	0.15	0.41
江西	52.55	1.23	2.85	2.13	0.14	0.61
山东	257.83	5.36	15.53	12.98	1.09	4.10
河南	124.63	3.69	6.11	3.03	0.09	1.25
湖北	74.92	3.79	4.49	8.53	0.78	1.56
湖南	93.41	2.19	4.57	5.34	0.41	1.32
广东	107.67	7.99	6.50	7.39	0.27	0.83
广西	26.00	0.26	2.30	2.24	0.12	0.38
海南	1.20	0.06	0.95	0.28	0.02	0.01
重庆	25.43	0.73	1.49	1.67	0.17	0.55
四川	69.76	2.56	6.41	7.88	0.57	2.14
贵州	10.14	0.38	0.84	1.44	0.02	0.15
云南	42.74	1.32	3.02	5.60	0.17	1.18
西藏	0.13	0.04	0.01	0.02	0.01	0.01
陕西	5.42	0.13	0.61	0.56	0.04	0.14
甘肃	6.11	0.10	0.15	0.32	0.05	0.06
青海	3.34	0.12	0.29	1.09	0.03	0.18
宁夏	0.16			0.02		
新疆	3.53	0.14	0.91	0.91	0.01	0.07

单位：亿元

利息支出	营业利润	利润总额	应　交 所得税	亏损企业 亏损总额	本年应交 增 值 税	全部从业 人 员 年 平均人数 (万人)
15.69	**198.77**	**168.92**	**25.20**	**5.03**	**85.10**	**54.23**
	0.06	0.11	0.01	0.14	0.15	0.16
0.06	0.32	0.36	0.01	0.06	0.71	1.01
0.79	5.98	3.76	0.24	0.42	2.32	2.05
0.12	-0.09	-0.08	0.01	0.16	0.18	0.35
1.05	9.84	4.47	0.77	0.09	2.95	1.47
0.80	9.77	9.82	1.60	0.09	5.07	3.32
0.20	7.40	2.58	0.17		0.77	1.02
0.06	0.79	0.47	0.02	0.05	0.48	0.61
1.83	20.99	20.15	3.19	0.17	7.25	5.85
0.76	3.60	3.99	0.69	0.82	3.61	1.89
0.57	4.64	4.31	0.57	0.32	2.20	1.78
0.23	4.27	4.07	0.66	0.15	2.62	2.07
0.59	6.42	5.95	0.42	0.03	2.74	1.82
1.93	25.73	25.28	3.60	0.07	12.93	7.76
0.85	22.56	20.83	1.92	0.03	6.96	3.31
1.19	16.46	13.78	2.00	0.13	7.68	3.90
0.73	12.52	7.39	0.76	0.03	4.95	3.27
0.39	16.63	15.10	2.05	0.32	5.73	3.20
0.20	3.42	3.08	0.54	0.16	2.51	0.96
0.01	0.41	0.40	0.03	0.01	0.22	0.23
0.50	2.88	2.64	0.21	0.02	1.15	1.18
1.12	10.50	7.14	1.03	0.86	5.29	3.75
0.16	4.43	4.20	1.12	0.19	1.43	0.42
1.13	7.04	6.97	3.29	0.53	3.53	1.16
	0.01	0.02	0.01		0.04	
0.13	0.23	0.40	0.06		0.34	0.38
0.04	0.94	0.72	0.08	0.03	0.36	0.46
0.17	0.47	0.43	0.01	0.01	0.39	0.48
	0.02	0.02			0.01	0.01
0.06	0.55	0.56	0.11	0.13	0.54	0.38

1-B-12 规模以上制造业

地 区	企 业 单位数 (个)	亏损企业	工业总产值 (当年价格)	工业销售产值 (当年价格)	出口交货值	资产总计
全 国	**396950**	**60113**	**441358.35**	**430687.75**	**81941.55**	**323403.10**
北 京	6996	1710	8654.53	8546.75	1757.27	9079.31
天 津	7813	2028	10803.91	10655.51	2358.36	8109.19
河 北	10864	1795	19256.29	18699.45	1127.41	12800.48
山 西	2497	865	5700.04	5505.69	310.95	6359.36
内蒙古	2905	575	5522.95	5359.12	226.05	4303.14
辽 宁	19669	2977	21763.64	21148.29	2817.70	17833.40
吉 林	4594	646	7080.68	6909.75	219.26	5504.87
黑龙江	3715	660	4449.22	4335.69	159.50	4249.90
上 海	18700	4540	23747.60	23428.15	8008.98	20411.27
江 苏	64728	7295	64573.24	63336.57	15940.41	43323.65
浙 江	57936	8705	37954.91	36852.26	9822.59	31794.59
安 徽	10595	1882	9212.72	8959.85	704.80	6746.94
福 建	16165	2290	13877.10	13514.19	3938.15	9518.58
江 西	6462	451	7548.75	7432.49	715.45	5227.50
山 东	40901	2872	56485.85	55393.57	6236.86	31900.88
河 南	16763	929	21202.31	20827.21	676.14	11663.52
湖 北	10944	1556	11757.49	11462.68	661.06	10632.56
湖 南	10304	745	10105.56	9966.30	575.51	6636.76
广 东	51344	10589	60149.02	58362.95	23722.57	37634.89
广 西	4780	1304	5167.87	4873.99	333.80	4035.67
海 南	459	140	954.83	945.48	62.14	946.67
重 庆	5162	711	5060.97	4947.64	329.84	4271.88
四 川	11483	1452	12334.19	12034.66	544.35	10501.07
贵 州	1706	616	1998.82	1879.03	86.39	2317.98
云 南	2316	824	4124.63	3887.15	115.85	4392.73
西 藏	58	8	27.02	24.73	0.04	54.65
陕 西	3107	836	4877.14	4693.52	280.27	5357.90
甘 肃	1466	342	2902.94	2819.48	79.65	3139.68
青 海	374	107	652.39	603.29	4.39	930.52
宁 夏	740	243	952.25	900.15	55.24	1069.45
新 疆	1404	420	2459.53	2382.18	70.58	2654.11

工业企业主要经济指标

单位：亿元

流动资产合计	应收账款	存货	产成品	流动资产年平均余额	固定资产合计	固定资产原价	累计折旧
171520.59	**39914.58**	**51020.71**	**18643.22**	**165058.53**	**114126.13**	**155992.84**	**55643.96**
5067.06	1290.06	1459.64	496.53	4852.17	2479.13	3592.96	1415.99
4660.05	959.65	1415.49	461.74	4614.78	2608.76	3561.56	1364.96
6049.07	935.61	2027.82	789.90	5796.80	5095.41	6341.20	1891.82
2894.31	497.82	1057.38	443.10	2722.50	2728.95	3362.24	1020.06
1919.08	332.38	685.32	257.13	1780.15	1596.37	2190.97	804.15
8606.63	1733.99	2497.00	873.70	8542.94	6983.67	9653.18	3382.51
2444.92	463.02	787.74	349.28	2257.23	2106.97	3080.12	1090.89
2499.37	505.77	867.44	288.78	2295.10	1464.40	2152.25	870.69
11430.68	3304.08	3390.67	1015.27	11359.28	6276.89	10469.08	4648.17
24225.67	7064.64	6514.93	2462.44	23395.02	15572.09	21610.23	7571.41
18936.21	4564.78	4685.70	1981.22	18348.53	9210.95	11779.03	3568.97
3347.07	768.58	1066.61	372.77	3287.80	2676.99	3445.12	1084.77
5338.11	1356.14	1519.18	569.35	5185.32	2976.36	4023.73	1302.81
2193.92	399.25	705.37	258.94	2145.31	2556.17	3820.58	1407.81
15180.97	2540.79	4616.38	1852.61	14652.73	12813.62	16869.11	5432.53
5449.09	1017.20	1606.58	581.25	5221.25	4857.23	5878.92	1441.71
4942.99	853.53	1532.89	551.61	4652.12	4415.54	5656.31	2468.83
3037.43	605.88	1006.34	346.24	2917.51	2502.28	3145.89	1083.29
23109.97	7208.06	6701.17	2266.94	22108.48	11438.44	17573.90	7530.23
1995.39	348.29	729.83	332.82	1924.44	1545.14	1953.65	586.01
426.34	70.12	119.76	36.78	432.83	397.77	498.05	127.96
2208.40	472.25	659.19	262.75	2127.43	1567.67	1954.81	630.39
5530.33	1059.27	1755.32	591.35	5087.95	3433.01	4576.60	1630.26
1196.94	200.39	442.36	159.28	1091.94	787.05	1026.64	403.73
2316.64	297.44	886.82	239.86	2243.87	1276.98	1886.06	745.57
24.91	5.64	5.96	1.77	24.49	21.64	28.06	7.89
2916.24	579.19	917.28	357.14	2692.75	1678.11	2000.23	712.03
1487.77	185.69	625.27	183.95	1418.59	1145.55	1688.13	703.51
403.34	55.93	128.16	33.28	322.44	405.90	410.02	114.27
523.96	85.10	205.49	84.56	473.56	391.48	517.47	163.16
1157.73	154.07	401.61	140.88	1083.24	1115.60	1246.74	437.57

1-B-12 续表 1

地 区	固定资产净 值	固定资产净 值 年平均余额	负债合计	流动负债合 计	所 有 者权益合计	实收资本
全 国	**100348.88**	**96489.04**	**185849.41**	**157036.00**	**137510.23**	**77446.87**
北 京	2176.97	2147.86	5043.63	4044.56	4035.68	2329.20
天 津	2196.61	2108.20	5080.92	4493.66	3028.28	2194.27
河 北	4449.38	4198.20	7804.80	6537.96	4995.68	2616.43
山 西	2342.18	2301.08	4310.80	3393.66	2048.57	1093.44
内蒙古	1386.82	1406.44	2535.42	2005.69	1767.72	1048.80
辽 宁	6270.68	5644.12	10416.37	8247.83	7417.03	4107.40
吉 林	1989.23	1897.46	2837.49	2217.38	2654.12	1698.26
黑龙江	1281.56	1186.04	2660.50	2259.72	1581.96	1123.09
上 海	5820.91	5550.62	11215.62	9495.12	9195.47	5800.61
江 苏	14038.81	13272.63	25172.93	22522.15	18150.72	11176.78
浙 江	8210.05	8097.21	19595.47	17961.89	12186.94	6837.75
安 徽	2360.34	2289.81	3995.85	3258.43	2751.09	1499.63
福 建	2720.92	2661.72	4948.58	4259.55	4570.00	2930.03
江 西	2412.77	2330.23	2720.28	2051.84	2498.84	1301.58
山 东	11436.58	11111.84	17619.89	14414.18	14280.99	6068.82
河 南	4437.21	4219.80	6282.21	5081.59	5379.28	2954.13
湖 北	3187.49	2852.38	5721.21	4680.76	4911.36	2383.03
湖 南	2062.60	2081.51	3563.22	2653.01	3073.54	1538.18
广 东	10043.66	10265.86	22095.73	19765.33	15539.16	9870.65
广 西	1367.65	1258.25	2454.57	2009.17	1581.10	878.56
海 南	370.09	366.91	542.02	411.69	404.65	257.97
重 庆	1324.41	1246.91	2514.55	2022.22	1757.33	904.38
四 川	2946.35	2727.29	5841.77	4717.36	4659.30	1993.80
贵 州	622.91	618.46	1388.63	1085.51	929.34	510.51
云 南	1140.49	1111.92	2297.05	1933.39	2095.69	798.35
西 藏	20.17	20.74	16.95	11.65	37.70	23.29
陕 西	1288.19	1223.89	2880.48	2367.75	2477.42	1225.02
甘 肃	984.63	942.33	1661.09	1219.03	1478.59	977.74
青 海	295.75	272.17	551.33	373.03	379.18	199.46
宁 夏	354.31	342.73	670.10	513.70	399.35	229.85
新 疆	809.17	734.42	1409.95	1027.20	1244.16	875.86

单位：亿元

国家资本	集体资本	法人资本	个人资本	港澳台资本	外商资本	主营业务收入
9158.57	**1491.01**	**24106.60**	**17087.42**	**9077.83**	**16512.14**	**432759.97**
250.70	33.33	1012.78	276.74	122.72	632.94	9130.79
178.16	40.77	699.47	287.78	181.76	806.34	11229.40
432.48	82.20	909.86	742.50	153.46	295.93	18579.10
264.73	33.00	374.78	321.98	41.52	57.43	5643.27
226.45	21.59	483.77	225.91	22.50	68.58	5365.12
1255.89	65.54	1185.00	817.85	130.74	652.38	21428.92
667.97	24.55	515.82	298.46	49.78	141.68	6751.07
351.23	27.07	380.74	205.53	32.16	126.35	4488.74
326.10	88.28	1712.21	509.28	713.47	2451.26	24644.65
436.78	143.98	2229.40	2527.10	1575.73	4263.80	63261.13
167.29	75.84	1918.06	2529.43	908.88	1238.25	36767.25
187.11	29.41	511.37	510.04	89.23	172.48	8998.44
167.81	23.58	573.43	632.77	788.01	744.42	13490.50
196.16	9.70	462.87	361.41	135.37	136.07	7588.08
420.75	281.32	2136.51	1909.41	270.00	1050.82	55447.39
305.75	126.82	1109.31	1227.73	72.36	112.15	20550.93
400.50	39.60	1040.15	521.25	66.74	314.78	11379.91
282.69	27.63	667.33	428.49	45.40	86.64	9841.51
253.39	120.32	2462.26	1003.42	3407.64	2623.61	58120.29
137.50	22.88	371.73	193.52	72.88	80.06	4773.13
15.08	2.78	175.65	17.30	20.93	26.23	929.10
65.06	15.18	467.27	213.65	44.64	98.57	4963.48
373.51	43.05	713.76	639.86	75.55	148.07	11884.15
176.32	5.81	216.01	83.47	8.49	20.41	1889.89
127.06	26.62	422.74	149.39	20.63	38.62	3924.59
8.51	1.45	8.66	2.77		1.90	23.97
449.80	45.67	449.63	189.71	12.07	78.14	4664.84
634.38	22.43	244.36	64.42	3.20	8.95	3022.64
66.94	2.29	111.08	17.67	0.04	1.45	578.02
59.44	1.92	76.08	72.64	0.75	19.03	912.79
273.04	6.39	464.51	105.95	11.18	14.80	2486.87

1-B-12 续表 2

地 区	主营业务成 本	主营业务税金及附加	营业费用	管理费用		财务费用
					税金	
全 国	**372280.59**	**5110.75**	**11962.43**	**16796.21**	**863.17**	**4297.59**
北 京	7904.03	70.53	425.61	496.18	12.21	59.24
天 津	10043.00	75.13	299.38	384.72	14.07	88.58
河 北	16411.66	137.37	358.52	495.30	27.43	200.45
山 西	4922.99	56.24	179.61	247.34	12.04	124.52
内蒙古	4513.97	74.18	149.71	167.02	16.11	62.68
辽 宁	18878.14	230.40	436.72	888.31	68.95	197.08
吉 林	5705.70	140.95	230.96	353.46	16.69	71.24
黑龙江	3808.33	63.44	149.06	212.07	10.69	40.35
上 海	21456.92	250.80	906.89	1303.52	27.67	127.85
江 苏	54699.11	387.64	1412.45	2164.80	114.08	558.41
浙 江	32253.55	270.11	885.45	1492.58	77.40	614.52
安 徽	7631.45	154.63	274.47	314.01	23.87	113.78
福 建	11590.95	136.50	409.45	512.75	32.44	133.52
江 西	6493.54	109.99	155.26	232.64	24.62	72.17
山 东	48105.99	448.14	1222.24	1681.04	92.64	601.64
河 南	17341.56	260.38	562.85	498.57	27.45	216.03
湖 北	9404.74	265.49	381.02	508.08	54.83	110.99
湖 南	7845.28	369.39	300.44	427.09	33.26	108.15
广 东	49883.52	596.28	1935.90	2492.84	78.74	298.32
广 西	4105.84	70.42	150.51	200.01	9.67	69.72
海 南	790.84	21.33	26.55	30.28	1.01	16.96
重 庆	4151.02	73.73	174.10	267.95	11.84	52.97
四 川	9864.92	182.10	408.58	552.34	34.30	138.53
贵 州	1438.84	89.86	81.37	117.81	4.84	23.89
云 南	2964.96	374.27	111.67	193.29	8.92	58.42
西 藏	15.52	0.30	2.33	2.42	0.03	0.16
陕 西	3824.80	95.51	154.36	259.09	14.57	46.62
甘 肃	2676.92	53.77	63.22	156.37	5.78	29.91
青 海	455.93	6.65	18.30	23.58	1.00	12.40
宁 夏	813.98	7.05	27.51	35.45	3.43	22.02
新 疆	2282.56	38.20	67.92	85.27	2.58	26.47

单位：亿元

利息支出	营业利润	利润总额	应 交 所得税	亏损企业 亏损总额	本年应交 增 值 税	全部从业 人 员 年 平均人数 (万人)
3986.60	**23707.50**	**21674.39**	**3299.36**	**4176.58**	**13266.21**	**7731.57**
61.53	258.85	318.89	74.20	175.56	223.49	112.45
87.12	287.47	324.22	71.77	188.36	203.98	121.32
185.38	1079.73	925.31	130.16	178.65	521.57	258.33
112.93	130.59	126.98	31.44	79.15	287.49	107.15
56.41	470.30	256.82	25.79	41.40	194.01	66.16
175.99	706.50	559.28	167.67	524.37	496.23	298.22
60.55	305.46	198.35	44.62	174.80	138.59	95.61
38.13	190.95	141.58	31.80	102.07	148.06	85.89
146.95	810.43	954.82	166.44	391.47	549.58	299.83
582.46	4316.54	3855.93	461.27	336.85	1983.88	1070.29
566.75	1423.52	1579.80	263.88	264.17	951.32	799.97
101.35	616.14	460.56	68.89	53.26	317.82	164.81
114.88	874.22	827.72	96.43	88.95	332.40	361.86
64.88	499.78	465.56	53.17	49.64	300.62	151.87
519.03	3219.53	3034.09	511.80	221.38	1521.52	803.87
174.67	1847.46	1838.38	270.63	107.80	725.35	321.74
111.79	787.23	698.72	82.99	84.33	435.39	209.70
91.85	829.33	618.29	64.97	47.32	507.42	183.31
278.17	3064.50	2522.48	342.29	452.43	1870.94	1463.25
61.22	188.40	194.85	28.75	44.87	164.65	96.26
17.00	51.72	53.46	5.49	8.26	24.33	10.06
52.12	266.42	259.64	28.70	20.34	169.34	107.91
119.70	783.48	730.66	103.86	75.44	498.71	231.91
23.23	119.56	124.92	31.09	39.79	91.25	44.59
56.07	208.09	217.34	50.62	78.47	222.66	58.30
0.13	3.35	4.00	0.23	0.21	2.25	0.96
40.21	299.95	292.85	51.31	54.75	190.73	94.87
30.08	4.46	-11.47	17.72	144.02	80.05	49.89
9.99	72.25	80.88	10.09	4.04	24.74	11.12
20.81	1.56	12.80	2.44	28.93	27.43	16.94
25.18	-10.26	6.70	8.87	115.52	60.41	33.12

1-B-13 规模以上农副食品加工业

地 区	企业单位数(个)	亏损企业	工业总产值(当年价格)	工业销售产值(当年价格)	出口交货值	资产总计
全 国	**22800**	**2318**	**23917.37**	**23373.92**	**1693.81**	**10977.17**
北 京	225	69	232.15	233.43	7.26	114.60
天 津	167	47	288.27	286.09	8.27	142.44
河 北	659	96	1028.17	1016.42	38.69	373.05
山 西	139	31	102.88	99.38	2.50	102.29
内蒙古	508	53	548.09	528.29	2.96	233.39
辽 宁	1623	208	1629.08	1584.21	172.18	690.41
吉 林	703	60	962.34	946.27	48.85	497.86
黑龙江	670	70	677.44	665.85	20.96	473.49
上 海	206	55	291.59	286.22	14.47	161.62
江 苏	1664	90	1535.63	1517.19	77.97	645.03
浙 江	1022	149	637.35	612.44	128.79	457.16
安 徽	1119	94	685.58	670.57	12.31	309.27
福 建	881	151	775.27	737.62	134.21	386.30
江 西	450	20	378.82	374.29	17.27	169.16
山 东	4508	221	5912.41	5823.85	755.07	2402.78
河 南	1930	52	2046.51	2014.68	11.64	696.12
湖 北	1222	100	758.65	730.82	24.42	324.34
湖 南	861	41	795.46	786.77	13.75	306.82
广 东	911	169	1494.31	1430.83	123.63	656.39
广 西	477	88	815.30	766.26	18.25	627.70
海 南	84	31	81.10	78.49	22.02	64.41
重 庆	381	24	215.39	212.54	5.14	85.18
四 川	1103	107	1233.23	1220.34	15.47	410.80
贵 州	138	40	54.54	50.96	0.78	28.12
云 南	249	77	179.66	172.18	7.96	170.17
西 藏	7		1.59	1.50		3.32
陕 西	293	41	239.81	227.84	0.35	117.68
甘 肃	259	40	110.06	99.58	4.19	147.19
青 海	35	8	15.56	14.69	0.23	16.45
宁 夏	77	17	30.00	28.29	0.54	23.66
新 疆	229	69	161.12	156.04	3.69	139.98

工业企业主要经济指标

单位：亿元

流动资产合计	应收账款	存货	产成品	流动资产年平均余额	固定资产合计	固定资产原价	累计折旧
5593.26	**891.03**	**1935.60**	**912.48**	**5422.06**	**4170.27**	**5393.07**	**1617.42**
63.33	12.86	21.30	8.78	64.23	36.23	49.95	16.77
100.05	17.45	31.45	7.02	97.97	36.94	47.00	15.24
186.24	21.80	64.78	34.89	214.77	148.66	176.17	45.39
50.24	6.94	20.81	12.19	47.38	45.80	48.93	9.34
106.20	14.51	38.73	22.77	99.55	94.05	115.38	27.07
287.33	59.59	113.00	58.12	281.02	327.38	428.80	120.85
188.97	40.49	68.12	28.47	175.44	268.05	336.34	81.74
245.97	30.03	116.20	42.41	225.46	194.47	233.14	49.50
102.96	20.62	27.39	10.25	96.10	30.97	43.71	17.61
369.61	64.90	107.53	44.30	348.02	212.77	269.48	84.51
277.10	49.01	88.28	58.28	277.06	120.84	154.53	46.30
158.22	34.81	60.43	24.35	148.97	106.27	135.74	40.56
242.36	50.11	83.55	37.85	227.46	111.58	144.31	45.70
65.69	10.21	24.88	10.59	64.94	90.02	130.14	49.98
1198.04	165.70	427.07	197.04	1156.23	940.79	1226.36	376.13
321.33	40.78	81.23	36.72	304.07	290.40	334.22	59.35
152.11	21.88	70.07	31.82	151.36	136.62	182.54	67.05
135.63	20.78	44.30	18.85	128.25	126.27	141.09	34.87
398.77	72.37	116.83	51.87	394.91	194.40	299.33	128.97
337.59	50.69	89.89	59.12	334.75	218.89	303.33	101.10
35.20	10.43	11.24	7.15	33.26	21.76	28.60	7.93
41.58	6.60	19.96	5.93	36.86	34.29	40.56	10.40
204.16	28.19	68.33	32.28	199.81	157.61	212.68	75.92
14.92	2.33	5.62	3.36	13.97	9.82	11.04	2.07
77.88	10.83	21.72	10.24	78.64	59.06	97.50	43.39
0.88	0.17	0.42	0.23	0.87	1.78	1.36	0.15
64.05	6.94	31.94	14.28	61.13	39.32	47.78	12.88
61.26	10.28	26.93	14.08	58.06	53.77	74.57	24.60
8.51	1.89	2.96	1.76	7.39	6.19	6.67	1.69
12.20	1.67	5.84	2.76	9.98	10.21	11.40	2.00
84.87	6.17	44.82	24.69	84.14	45.04	60.39	18.38

1-B-13 续表 1

地 区	固定资产净值	固定资产净值年平均余额	负债合计	流动负债合计	所有者权益合计	实收资本
全 国	**3775.65**	**3663.14**	**6001.79**	**5049.71**	**4975.38**	**2630.44**
北 京	33.18	32.61	72.21	65.22	42.39	31.73
天 津	31.75	32.30	100.83	89.10	41.61	36.64
河 北	130.79	128.56	193.26	166.67	179.78	77.92
山 西	39.59	38.03	55.89	47.36	46.40	22.13
内蒙古	88.30	86.38	117.90	106.05	115.49	54.14
辽 宁	307.95	288.03	330.79	265.35	359.62	168.15
吉 林	254.60	238.64	293.78	161.28	204.08	128.37
黑龙江	183.64	175.97	296.98	246.23	176.51	130.60
上 海	26.11	27.22	91.14	82.80	70.48	48.14
江 苏	184.96	177.24	387.41	359.86	257.62	151.44
浙 江	108.23	107.98	308.83	276.94	148.33	93.22
安 徽	95.18	93.80	168.18	148.24	141.09	76.18
福 建	98.61	98.62	222.45	203.57	163.85	113.46
江 西	80.16	78.80	74.57	59.60	94.59	49.98
山 东	850.24	840.15	1210.71	1018.53	1192.07	465.08
河 南	274.87	256.20	285.28	235.80	410.84	229.57
湖 北	115.50	114.27	166.24	131.33	158.10	110.18
湖 南	106.23	107.65	150.59	119.63	156.23	89.59
广 东	170.36	174.10	414.18	363.74	242.21	154.66
广 西	202.23	188.71	390.62	343.27	237.08	111.50
海 南	20.68	18.87	41.45	35.76	22.96	13.23
重 庆	30.16	27.49	44.39	35.67	40.79	19.25
四 川	136.76	130.70	199.85	162.56	210.95	98.30
贵 州	8.97	9.13	16.94	12.46	11.19	6.20
云 南	54.11	53.13	109.94	87.78	60.23	28.41
西 藏	1.21	1.27	1.19	0.82	2.13	1.34
陕 西	34.90	34.54	67.00	57.46	50.69	28.03
甘 肃	49.98	50.01	78.37	64.86	68.82	49.86
青 海	4.98	4.77	10.04	8.78	6.41	3.97
宁 夏	9.40	9.38	12.68	11.05	10.98	6.35
新 疆	42.01	38.62	88.12	81.96	51.86	32.83

单位：亿元

						主营业务收　　入
国家资本	集体资本	法人资本	个人资本	港澳台资本	外商资本	
116.92	**75.44**	**865.22**	**984.22**	**182.44**	**406.20**	**23565.80**
1.52	0.27	15.10	5.89	1.91	7.02	252.49
1.83	1.12	13.31	4.86	3.69	11.84	286.11
2.34	3.68	24.40	34.21	2.16	11.14	1018.05
1.01	0.68	8.36	11.56		0.52	99.88
5.43	0.74	18.72	21.39	3.95	3.92	528.82
5.27	3.43	54.44	67.39	6.09	31.54	1599.11
9.88	1.51	26.97	44.02	10.78	35.21	930.41
13.79	0.83	43.95	41.23	2.64	28.15	696.25
0.65	0.98	7.73	7.42	12.06	19.30	311.13
1.93	0.98	30.70	55.97	19.32	42.53	1513.68
0.74	0.74	25.69	38.43	8.87	18.75	612.59
6.44	0.18	24.56	35.92	5.61	3.48	670.00
0.82	0.85	28.79	36.64	29.48	16.87	743.14
1.71	0.36	16.23	23.63	2.56	5.48	373.34
6.51	36.15	140.67	186.08	18.04	77.63	5811.39
1.97	3.86	79.23	123.45	13.71	7.35	2122.86
3.85	2.69	49.08	44.61	1.22	8.74	743.23
4.92	2.60	39.33	39.28	1.03	2.44	780.14
6.10	3.80	55.05	24.04	27.22	38.44	1444.58
12.17	2.10	50.81	20.88	6.53	19.00	763.60
0.43	0.59	7.59	2.91	0.58	1.14	78.64
2.41	0.53	4.28	9.92		2.11	212.31
10.04	2.07	21.83	55.49	1.07	7.79	1210.36
1.29	0.03	1.49	2.91	0.37	0.10	51.94
0.58	1.43	15.41	8.76	1.36	0.86	176.03
0.03	0.11	0.01	1.19			1.66
2.16	0.73	9.16	13.66	0.06	2.26	222.74
2.17	0.55	34.79	9.96	1.80	0.58	98.39
0.21	0.05	2.67	1.03	0.01		15.65
0.48		2.38	3.38	0.06	0.05	28.31
8.23	1.81	12.47	8.10	0.26	1.97	168.94

1-B-13 续表 2

地 区	主营业务成 本	主营业务税金及附加	营业费用	管理费用		财务费用
					税金	
全 国	**20698.30**	**156.31**	**520.72**	**526.35**	**37.66**	**216.31**
北 京	233.02	0.12	10.29	7.26	0.21	1.61
天 津	268.69	0.31	7.04	5.77	0.14	0.91
河 北	907.13	2.84	23.12	12.38	0.81	2.04
山 西	90.44	0.40	2.25	3.30	0.08	2.38
内蒙古	438.56	10.80	9.58	11.94	1.32	3.99
辽 宁	1401.29	9.98	30.17	34.41	2.02	10.75
吉 林	807.55	3.69	21.30	28.41	1.21	12.44
黑龙江	611.04	5.79	16.04	14.16	1.64	9.01
上 海	282.44	0.11	15.91	7.27	0.15	1.46
江 苏	1326.80	6.66	28.43	27.04	1.56	5.95
浙 江	559.08	1.28	14.09	16.51	1.23	10.58
安 徽	591.43	4.62	16.58	12.97	1.26	5.80
福 建	670.03	2.25	16.50	19.38	1.57	6.62
江 西	316.44	3.30	8.23	11.47	1.42	2.77
山 东	5155.66	27.96	100.64	111.24	7.25	59.90
河 南	1817.04	15.49	50.04	27.45	1.78	13.41
湖 北	632.07	8.55	20.78	19.03	2.97	9.22
湖 南	655.00	13.13	23.48	23.90	1.97	8.24
广 东	1262.09	24.27	24.74	31.56	1.89	9.09
广 西	689.70	2.77	18.54	28.06	2.75	15.39
海 南	70.55	0.13	1.40	3.28	0.17	1.28
重 庆	178.62	0.94	5.90	15.14	0.50	0.52
四 川	1071.73	8.12	29.73	27.65	1.89	9.63
贵 州	46.86	0.24	1.73	1.61	0.06	0.43
云 南	150.07	1.08	7.84	9.30	0.51	4.21
西 藏	1.43		0.05	0.11		0.01
陕 西	194.92	0.68	5.14	4.80	0.37	2.71
甘 肃	78.92	0.47	3.07	3.14	0.64	2.18
青 海	12.82	0.01	0.71	0.95	0.01	0.25
宁 夏	25.62	0.04	0.89	0.88	0.07	0.48
新 疆	151.28	0.28	6.50	6.00	0.20	3.03

单位：亿元

利息支出	营业利润	利润总额	应交所得税	亏损企业亏损总额	本年应交增值税	全部从业人员年平均人数（万人）
194.41	**1485.24**	**1213.88**	**132.97**	**72.73**	**490.19**	**315.07**
1.57	0.92	2.79	0.68	2.45	1.65	3.30
1.79	2.93	4.23	0.45	3.15	1.86	1.63
6.64	71.49	60.32	5.54	1.63	14.84	9.68
2.33	2.87	3.62	0.49	0.83	0.98	2.24
3.64	62.91	28.11	1.56	2.31	9.57	6.34
8.62	100.39	77.44	6.68	4.50	17.89	20.87
10.50	54.26	41.73	1.36	4.12	7.49	10.31
8.72	43.58	27.83	1.74	3.67	16.30	10.76
1.23	6.39	8.68	0.84	2.01	5.23	2.86
8.47	121.28	106.58	9.81	3.37	46.71	16.78
10.07	12.34	15.24	2.86	4.49	7.74	8.78
5.49	41.34	36.25	2.82	1.16	11.92	9.83
7.55	43.38	34.17	2.57	4.57	12.02	12.25
2.46	28.90	25.97	2.21	1.24	7.96	5.98
46.11	340.69	293.88	44.95	5.94	105.30	82.98
9.95	195.79	192.30	22.25	1.31	47.99	25.60
8.92	75.67	44.72	4.08	1.78	21.10	10.70
5.22	57.68	31.36	2.39	0.63	29.34	10.31
9.41	96.29	63.18	5.83	8.27	43.69	15.94
13.80	20.10	26.31	4.67	5.28	24.95	10.66
0.97	2.64	2.53	0.19	0.94	2.60	2.31
0.98	9.24	8.03	0.84	0.69	4.06	4.55
7.99	64.17	50.14	5.74	2.15	34.13	14.58
0.35	1.34	1.69	0.23	0.27	0.99	1.08
3.81	4.82	6.34	0.56	2.39	5.83	4.55
	0.06	0.10			0.03	0.05
2.59	8.83	7.49	0.54	0.71	3.65	3.65
1.81	12.63	8.51	0.33	0.38	1.48	3.56
0.12	0.10	0.20	0.02	0.10	0.11	0.23
0.46	0.22	0.76	0.06	0.27	0.28	0.49
2.85	1.97	3.40	0.68	2.14	2.50	2.22

1-B-14 规模以上食品制造业

地 区	企 业 单位数 (个)	亏损企业	工业总产值 (当年价格)	工业销售产值 (当年价格)	出口交货值	资产总计
全 国	**8108**	**1178**	**7716.54**	**7461.37**	**653.95**	**5244.05**
北 京	210	62	148.43	144.71	12.80	163.22
天 津	157	58	146.40	130.79	26.22	154.77
河 北	277	66	325.97	309.81	8.04	197.97
山 西	92	17	67.34	57.67	2.58	62.86
内蒙古	147	31	487.33	466.89	17.58	287.94
辽 宁	410	58	270.65	262.78	18.15	189.43
吉 林	155	16	138.65	131.58	12.53	117.89
黑龙江	167	33	265.85	253.10	4.92	166.12
上 海	304	97	332.87	334.65	21.59	324.32
江 苏	456	66	302.56	296.08	34.85	270.62
浙 江	443	83	298.72	285.35	51.23	251.29
安 徽	225	34	186.24	182.91	18.54	144.09
福 建	429	52	348.10	332.78	69.94	189.19
江 西	168	8	142.67	140.75	9.23	88.95
山 东	1251	85	1479.27	1439.56	199.38	866.70
河 南	636	25	805.47	785.82	8.29	411.11
湖 北	283	39	196.65	189.09	15.38	135.87
湖 南	307	12	269.13	265.72	15.32	121.95
广 东	788	144	746.21	727.73	53.69	517.40
广 西	142	21	67.92	60.24	9.11	46.86
海 南	29	2	32.54	31.45	0.48	24.80
重 庆	149	17	67.35	68.11	1.88	49.36
四 川	395	40	258.97	249.30	9.67	161.38
贵 州	50	13	41.59	39.81	0.34	26.02
云 南	71	19	37.84	36.05	5.02	31.02
西 藏	2		0.71	0.68		1.81
陕 西	136	23	106.48	99.78	0.23	59.88
甘 肃	61	16	29.82	27.74	4.79	29.52
青 海	20	5	7.97	7.57		7.21
宁 夏	40	11	33.94	30.82	0.54	30.24
新 疆	108	25	72.90	72.08	21.62	114.26

工业企业主要经济指标

单位：亿元

流动资产合计	应收账款	存货	产成品	流动资产年平均余额	固定资产合计	固定资产原价	累计折旧
2566.62	**567.46**	**746.97**	**337.86**	**2381.80**	**2067.87**	**2759.64**	**890.82**
86.08	22.01	26.15	11.90	80.48	62.68	88.00	33.76
86.20	20.87	34.55	9.56	79.69	58.07	74.36	30.03
83.07	18.66	26.27	9.42	75.09	86.99	105.98	26.67
26.39	5.68	10.43	4.77	24.05	28.72	33.17	8.68
120.84	21.89	33.97	19.10	108.00	103.21	133.29	34.34
69.68	14.15	16.78	8.60	70.94	96.50	127.53	39.49
41.50	7.40	17.99	7.03	43.77	64.48	74.49	17.28
78.32	17.40	32.14	15.03	72.41	70.97	96.94	36.41
175.46	52.77	38.30	15.99	160.08	101.20	143.91	55.46
161.53	37.89	46.82	18.44	154.42	87.59	129.72	50.66
141.24	38.67	35.39	21.47	132.01	76.96	110.23	38.42
52.03	8.68	20.33	7.86	52.00	77.91	103.09	29.41
102.80	22.55	38.83	20.30	96.38	66.29	84.80	25.12
31.79	7.35	10.07	4.94	30.76	51.33	74.74	26.44
403.41	62.58	107.52	51.53	369.89	367.49	460.16	123.34
201.39	51.73	47.12	19.49	189.02	168.17	202.50	43.92
57.25	11.93	18.83	7.76	52.92	63.36	95.60	39.46
56.82	10.04	15.73	5.95	51.51	51.24	61.35	15.92
320.05	72.94	79.56	30.99	296.30	151.91	259.80	123.72
23.83	5.57	8.33	4.28	22.10	16.84	21.85	5.79
14.78	2.45	4.35	2.71	14.96	5.52	10.41	5.19
22.05	3.33	6.47	2.44	20.85	20.27	26.21	9.07
63.84	12.54	20.11	9.85	61.40	71.44	92.70	27.71
16.17	3.69	3.27	1.38	12.04	6.87	8.58	2.16
15.64	3.33	5.69	2.86	13.60	12.59	15.77	4.97
0.27	0.11	0.10	0.05	0.25	1.01	1.29	0.28
28.20	6.74	10.60	5.71	26.81	25.33	33.38	10.25
12.21	1.62	6.01	3.38	10.91	13.84	17.85	6.39
3.11	1.04	0.90	0.10	3.03	3.11	3.55	0.72
13.28	3.19	4.07	2.29	11.20	12.91	15.75	4.41
57.40	18.68	20.27	12.69	44.93	43.07	52.63	15.36

1-B-14 续表 1

地区	固定资产净值	固定资产净值年平均余额	负债合计	流动负债合计	所有者权益合计	实收资本
全国	**1868.82**	**1855.48**	**2778.24**	**2346.89**	**2465.81**	**1494.69**
北京	54.24	51.14	109.78	90.84	53.43	74.50
天津	44.33	45.63	102.64	99.08	52.13	54.38
河北	79.31	77.81	92.62	84.35	105.35	76.36
山西	24.49	23.88	31.11	24.98	31.75	18.58
内蒙古	98.95	96.12	170.61	152.84	117.33	51.44
辽宁	88.04	82.99	90.24	57.27	99.19	44.13
吉林	57.20	54.02	59.44	44.26	58.44	39.20
黑龙江	60.53	60.23	81.16	65.82	84.96	54.31
上海	88.44	87.68	176.35	162.31	147.98	130.80
江苏	79.06	78.32	156.35	142.77	114.27	77.43
浙江	71.81	69.82	145.45	134.07	105.84	63.91
安徽	73.69	72.05	87.06	75.86	57.03	30.85
福建	59.68	60.03	89.73	78.48	99.46	71.29
江西	48.30	47.45	39.25	27.41	49.70	29.54
山东	336.82	343.20	419.56	337.81	447.14	192.66
河南	158.59	162.55	210.73	156.38	200.38	108.68
湖北	56.14	59.30	72.04	61.84	63.83	41.08
湖南	45.43	45.47	58.50	47.08	63.45	36.57
广东	136.09	139.14	272.03	245.43	245.37	152.80
广西	16.06	14.77	27.90	22.73	18.97	12.27
海南	5.23	5.22	12.38	12.20	12.42	4.06
重庆	17.14	15.78	27.62	21.44	21.73	11.53
四川	64.98	56.88	73.27	58.12	88.11	35.85
贵州	6.42	6.30	12.14	7.82	13.88	4.87
云南	10.79	10.39	18.60	14.32	12.42	7.85
西藏	1.01	1.02	0.55	0.34	1.26	0.38
陕西	23.13	23.39	31.33	26.98	28.55	20.11
甘肃	11.46	11.83	15.84	12.62	13.68	9.66
青海	2.83	2.74	3.64	2.40	3.58	1.81
宁夏	11.35	11.03	18.02	15.37	12.21	9.79
新疆	37.27	39.30	72.30	63.68	41.97	28.00

单位：亿元

国家资本	集体资本	法人资本	个人资本	港澳台资本	外商资本	主营业务收入
61.65	**36.34**	**415.25**	**380.47**	**180.33**	**420.65**	**7463.72**
1.15	1.45	11.41	9.26	1.55	49.68	186.00
2.87	0.74	12.28	2.85	13.91	21.72	141.76
2.16	1.44	18.92	21.89	19.91	12.03	320.55
1.80	0.90	8.10	4.87	0.78	2.12	57.89
4.16	0.15	15.92	18.66	0.95	11.60	464.68
2.17	0.58	12.76	15.11	6.52	6.98	267.59
0.17	1.30	6.95	10.58	16.02	4.17	124.98
3.42	2.44	15.96	10.18	2.64	19.67	248.04
1.97	0.85	22.56	9.48	19.35	76.59	372.97
2.75	2.16	16.31	12.98	11.12	32.11	297.09
1.94	0.99	12.72	19.06	11.69	17.51	284.64
2.07	0.09	7.54	15.09	1.23	4.83	164.10
8.38	0.32	15.75	25.19	13.75	7.90	335.27
3.89	0.72	7.30	9.75	1.07	6.80	140.32
1.21	9.77	65.42	60.33	2.89	53.04	1424.99
6.25	6.78	42.24	39.80	5.96	7.66	755.29
4.10	0.79	13.38	13.49	3.01	6.31	192.81
1.09	0.28	15.72	14.61	0.56	4.32	258.09
3.64	0.91	31.87	20.77	37.92	57.70	719.30
1.40	0.32	3.38	5.57	0.56	1.03	59.22
	0.85	1.57	0.55	0.31	0.79	32.23
0.47	0.24	4.36	3.92	1.92	0.61	68.51
0.52	0.49	12.64	12.27	4.91	5.02	242.25
0.31	0.32	1.44	2.42		0.38	39.42
0.13	0.11	3.33	2.87	0.52	0.89	38.14
0.02			0.36			0.86
0.60	0.93	7.69	5.56	0.24	5.09	91.29
0.29	0.11	4.74	4.50		0.01	25.23
0.06	0.05	0.86	0.43		0.40	7.39
0.11		6.00	2.81		0.87	30.27
2.53	0.25	16.11	5.24	1.05	2.81	72.57

1-B-14 续表 2

地区	主营业务成本	主营业务税金及附加	营业费用	管理费用		财务费用
					税金	
全国	**5872.90**	**49.00**	**589.52**	**291.91**	**16.04**	**75.48**
北京	134.22	0.20	34.16	14.81	0.34	0.89
天津	100.53	0.38	15.94	15.93	0.21	2.24
河北	264.42	0.89	24.03	8.19	0.41	2.63
山西	46.00	0.19	3.50	2.68	0.11	0.80
内蒙古	377.32	1.75	47.33	13.29	1.12	1.57
辽宁	226.51	1.82	9.63	9.30	0.67	2.52
吉林	99.44	0.97	5.89	5.93	0.44	3.03
黑龙江	180.12	1.85	28.34	7.75	0.34	1.17
上海	259.99	0.32	73.85	22.86	0.39	1.84
江苏	236.93	1.04	22.23	13.21	0.52	3.52
浙江	226.06	0.91	24.18	13.19	0.66	4.02
安徽	144.49	0.93	9.93	6.89	0.76	3.77
福建	281.93	1.68	15.46	12.16	0.85	3.61
江西	110.08	2.05	9.28	4.98	0.35	1.35
山东	1169.10	11.02	55.27	39.44	3.12	17.90
河南	609.83	5.03	30.31	14.11	0.73	9.57
湖北	151.04	1.93	17.09	7.25	0.67	1.90
湖南	205.53	4.85	14.77	11.15	1.04	2.50
广东	487.81	6.77	95.32	41.52	1.48	1.28
广西	47.74	0.22	3.83	2.57	0.14	0.85
海南	22.37	0.15	6.19	1.29	0.08	0.08
重庆	53.73	0.30	4.96	2.78	0.19	0.58
四川	196.38	2.30	16.50	9.76	0.79	2.60
贵州	29.72	0.29	1.52	1.29	0.05	0.28
云南		0.12	2.75	1.47	0.10	0.64
西藏	0.60	0.01	0.08	0.10		
陕西	74.51	0.29	8.07	2.70	0.13	0.72
甘肃	19.58	0.22	1.25	0.89	0.11	0.61
青海	5.61	0.07	0.72	0.71	0.01	0.07
宁夏	25.84	0.12	1.42	1.08	0.10	0.56
新疆	54.69	0.32	5.72	2.67	0.15	2.35

单位：亿元

利息支出	营业利润	利润总额	应交所得税	亏损企业亏损总额	本年应交增值税	全部从业人员年平均人数（万人）
67.91	**569.52**	**489.60**	**69.86**	**59.47**	**293.91**	**154.57**
1.20	2.60	2.90	1.73	4.85	9.16	3.66
2.10	6.48	7.17	1.43	3.36	6.87	2.85
2.38	21.97	16.18	1.57	3.19	8.93	6.27
0.77	4.00	2.90	0.33	0.66	1.35	1.87
1.75	32.70	5.59	1.38	14.95	16.21	4.28
1.54	13.90	11.54	2.01	1.32	5.78	5.22
2.04	10.34	4.75	0.75	1.25	3.33	2.40
1.01	30.53	17.59	2.77	1.33	12.14	3.83
1.80	20.84	22.43	4.14	5.33	20.60	6.19
3.58	21.39	20.94	3.57	2.36	12.38	7.45
3.66	17.76	18.66	2.75	2.32	10.90	6.88
3.60	-1.15	6.37	1.23	1.07	4.58	4.13
2.97	24.01	22.06	2.38	0.68	8.38	8.97
1.23	12.35	11.21	0.49	0.30	7.23	3.97
15.68	91.24	85.53	14.84	4.03	47.09	23.71
8.20	92.99	86.42	6.68	0.87	26.93	15.67
1.61	16.13	11.83	1.88	1.19	9.21	5.57
1.59	20.99	13.20	1.76	1.50	10.82	6.20
2.57	79.34	73.45	12.55	4.16	45.19	15.91
0.87	4.22	4.21	0.29	0.28	2.21	2.49
0.10	2.62	2.73	0.43	0.01	1.90	0.62
0.58	5.36	5.47	0.79	0.23	2.38	2.10
2.27	15.39	13.90	1.96	0.79	9.59	6.19
0.19	6.22	6.15	0.84	0.10	1.87	0.79
0.53	2.30	3.06	0.18	0.38	0.99	1.20
	0.07	0.07			0.06	0.03
0.64	3.09	1.48	0.36	1.72	3.93	2.55
0.55	3.00	2.33	0.28	0.46	0.70	1.22
0.05	0.27	0.14	0.01	0.03	0.11	0.24
0.59	1.47	1.73	0.18	0.30	0.97	0.64
2.25	7.09	7.61	0.26	0.46	2.11	1.49

1-B-15 规模以上饮料制造业

地 区	企 业 单位数 (个)	亏损企业	工业总产值 (当年价格)	工业销售产值 (当年价格)	出口交货值	资产总计
全 国	**5411**	**720**	**6250.46**	**6068.51**	**184.11**	**5946.24**
北 京	67	23	136.15	131.78	1.42	253.34
天 津	46	15	100.63	109.36	0.80	96.42
河 北	175	50	210.44	201.81	2.40	189.11
山 西	58	16	68.06	61.66	0.09	91.31
内蒙古	118	12	112.92	109.09		91.90
辽 宁	235	20	215.33	205.10	8.57	180.35
吉 林	201	21	221.89	212.70	0.95	169.32
黑龙江	136	22	121.07	115.96	0.10	139.24
上 海	70	20	175.07	150.93	5.56	134.26
江 苏	282	28	408.08	401.22	4.76	297.38
浙 江	343	62	377.73	374.63	31.50	390.96
安 徽	249	37	178.92	172.09	3.46	181.72
福 建	364	34	243.72	238.22	5.30	176.89
江 西	114	11	99.18	96.79	0.85	87.44
山 东	538	41	651.42	670.44	36.41	509.46
河 南	426	24	497.93	482.47	12.67	295.42
湖 北	294	29	301.78	296.66	0.79	379.74
湖 南	235	8	159.63	159.79	6.39	113.71
广 东	244	50	489.08	482.61	15.26	423.62
广 西	138	24	125.25	116.30	0.94	109.01
海 南	18	5	14.19	13.82	0.16	30.78
重 庆	80	6	65.58	61.57	1.01	71.16
四 川	488	36	780.55	752.21	13.09	797.18
贵 州	92	12	150.79	131.95	5.22	260.74
云 南	133	49	68.62	57.08	1.89	105.61
西 藏	7		6.43	5.73		10.21
陕 西	104	27	151.68	143.02	19.17	171.74
甘 肃	79	16	60.16	57.95	4.30	91.06
青 海	8	2	7.75	7.57		8.33
宁 夏	21	7	13.36	13.86	0.12	26.74
新 疆	48	13	37.07	34.13	0.93	62.07

工业企业主要经济指标

单位：亿元

流动资产合计	应收账款	存货	产成品	流动资产年平均余额	固定资产合计	固定资产原价	累计折旧
2879.17	**366.24**	**1014.28**	**359.55**	**2737.17**	**2321.85**	**3101.35**	**1139.26**
115.06	12.47	32.13	9.63	111.96	60.23	96.47	41.30
49.30	4.76	15.22	6.48	47.52	40.92	63.27	23.72
88.04	10.91	43.72	16.91	82.21	76.10	108.50	42.71
48.86	3.43	24.64	12.60	47.95	35.72	46.47	13.37
37.00	3.76	18.06	4.52	35.48	35.20	46.68	13.56
69.78	7.98	23.89	8.32	74.25	87.02	116.54	36.05
74.03	15.64	27.22	10.84	70.27	86.21	113.13	31.82
56.72	6.49	29.32	8.97	56.50	75.65	98.82	26.61
80.06	18.37	19.85	8.36	80.14	45.24	84.67	39.95
145.62	17.24	49.78	17.65	112.14	114.41	157.94	54.29
213.27	39.45	71.92	28.18	207.64	128.02	182.69	68.15
96.28	8.40	43.80	18.68	95.50	66.76	87.10	25.25
84.95	15.18	26.14	8.64	85.84	72.52	99.51	36.80
30.37	3.74	8.55	3.49	31.14	50.04	73.04	27.33
235.49	24.72	91.30	30.37	224.38	165.06	232.62	84.06
116.20	12.28	38.41	14.72	112.12	141.79	157.12	29.92
148.24	13.77	35.36	8.53	140.03	199.85	227.92	152.58
42.61	7.15	19.59	11.13	42.99	56.99	68.44	25.06
217.85	49.96	53.01	16.59	205.93	165.45	265.25	118.88
41.67	5.78	15.90	5.82	38.45	57.54	74.71	21.96
16.73	1.19	3.14	1.42	15.90	7.54	12.25	4.92
31.37	4.47	13.63	2.90	27.21	27.99	41.98	16.79
415.34	40.28	138.74	39.36	402.88	295.93	355.37	120.00
173.31	3.56	49.50	8.96	144.04	56.66	66.38	18.46
62.57	10.27	36.09	13.26	59.78	30.99	40.87	12.69
5.34	0.15	0.80	0.07	4.75	4.53	5.55	1.11
83.46	11.26	38.12	27.39	83.92	71.09	86.31	21.80
45.26	8.30	21.52	9.16	43.25	34.46	47.29	15.94
4.34	0.79	1.72	0.98	3.23	2.98	3.60	0.64
16.34	1.21	5.92	2.68	16.88	7.99	9.25	1.97
33.70	3.29	17.29	2.94	32.88	20.95	31.62	11.60

1-B-15 续表 1

地区	固定资产净值	固定资产净值年平均余额	负债合计	流动负债合计	所有者权益合计	实收资本
全国	**1962.09**	**1897.42**	**3019.69**	**2609.66**	**2926.55**	**1514.70**
北京	55.17	53.89	123.01	111.93	130.33	73.41
天津	39.56	40.31	65.84	57.24	30.58	34.06
河北	65.79	65.11	135.13	113.57	53.98	54.82
山西	33.10	31.36	52.91	50.15	38.41	22.34
内蒙古	33.12	31.44	41.56	30.02	50.34	27.02
辽宁	80.49	73.83	88.18	74.76	92.17	48.08
吉林	81.31	81.73	99.98	84.02	69.34	43.49
黑龙江	72.21	66.91	82.95	74.88	56.29	41.95
上海	44.71	47.53	70.56	66.56	63.71	69.71
江苏	103.65	100.84	158.81	145.83	138.57	98.34
浙江	114.54	115.46	222.17	210.04	168.79	90.19
安徽	61.86	60.96	114.56	104.05	67.17	48.42
福建	62.71	61.97	77.85	72.03	99.04	49.70
江西	45.71	42.51	44.12	32.66	43.32	27.98
山东	148.56	143.75	247.66	200.85	261.80	131.01
河南	127.20	123.73	150.49	118.73	144.93	75.17
湖北	75.34	73.68	160.19	134.30	219.55	64.06
湖南	43.38	45.53	55.38	45.73	58.34	35.45
广东	146.37	149.66	234.81	210.77	188.82	133.96
广西	52.74	48.17	54.51	45.88	54.51	38.51
海南	7.34	7.42	14.07	13.81	16.71	15.29
重庆	25.19	22.77	38.34	30.12	32.82	16.96
四川	235.38	209.77	311.09	270.03	486.09	137.03
贵州	47.93	43.51	82.45	74.36	178.28	21.62
云南	28.18	27.42	61.99	49.86	43.62	20.07
西藏	4.44	4.50	2.44	2.34	7.77	5.70
陕西	64.51	62.16	111.42	98.20	60.32	37.30
甘肃	31.35	32.74	52.47	44.59	38.59	26.14
青海	2.96	2.77	4.19	2.59	4.14	2.26
宁夏	7.28	6.82	18.91	16.65	7.83	6.07
新疆	20.02	19.17	41.66	23.15	20.42	18.61

单位：亿元

国家资本	集体资本	法人资本	个人资本	港澳台资本	外商资本	主营业务收入
123.22	**32.54**	**448.93**	**343.52**	**165.31**	**401.17**	**6137.61**
5.68	2.03	29.51	5.95	6.45	23.78	149.25
5.06	0.43	8.81	0.33	7.77	11.66	97.11
4.54	2.61	8.58	17.39	9.17	12.53	193.65
4.83	3.39	4.62	5.00	0.80	3.71	74.45
4.72	0.60	11.02	9.75	0.21	0.72	107.85
0.91	0.19	11.31	9.74	16.26	9.67	200.29
3.36	4.09	16.18	10.59	3.13	6.14	188.62
7.29	1.10	4.87	10.96	0.59	17.14	121.39
0.01	0.08	13.09	1.09	5.56	49.88	153.00
5.73	1.14	28.38	17.19	9.52	36.37	396.14
7.08	0.60	28.80	13.30	14.82	25.59	451.31
5.51	0.16	15.39	8.34	6.40	12.62	170.02
1.34	0.92	13.81	11.28	13.24	9.12	239.48
1.16	0.08	12.08	5.55	0.07	9.04	97.85
20.93	4.60	30.73	36.43	6.80	31.52	707.27
1.31	1.75	23.85	38.25	2.83	7.19	454.40
5.47	1.53	16.36	12.94	5.03	22.74	267.20
2.92	0.84	13.40	10.70	1.34	6.26	154.15
4.36	0.85	26.77	7.95	41.88	52.15	487.82
0.25	0.25	23.27	9.15	0.59	5.00	112.51
1.13	0.10	1.73	1.30	0.11	10.92	15.72
0.67	0.02	6.41	5.10	1.41	3.35	64.11
6.47	0.29	49.59	65.37	4.75	10.56	799.50
8.38	0.97	7.18	5.08	0.01		121.92
0.58	1.24	6.42	6.47	1.95	3.41	56.48
0.05	0.05	3.36	0.34		1.90	5.57
4.87	1.92	10.71	6.47	4.40	8.93	139.11
4.99	0.48	10.55	4.58		5.54	56.58
		1.77	0.49			7.62
0.68		1.11	2.72		1.56	13.41
2.96	0.25	9.26	3.71	0.24	2.20	33.83

1-B-15 续表 2

地　区	主营业务成　本	主营业务税金及附加	营业费用	管理费用	税金	财务费用
全　国	**4416.54**	**238.48**	**577.55**	**300.35**	**21.38**	**58.55**
北　京	103.45	8.12	24.16	9.95	0.26	3.00
天　津	67.96	4.26	15.84	4.22	0.13	1.02
河　北	145.35	9.26	14.80	7.40	0.49	2.18
山　西	49.34	5.84	7.32	5.59	0.14	1.43
内蒙古	75.84	5.89	6.23	4.96	0.35	2.18
辽　宁	149.95	7.39	11.60	9.17	0.75	1.24
吉　林	143.36	6.56	10.94	9.57	0.42	4.04
黑龙江	83.60	5.97	9.18	6.71	0.56	1.64
上　海	85.24	2.31	42.72	15.42	0.29	-0.29
江　苏	295.99	14.71	29.64	16.54	0.86	2.75
浙　江	346.55	9.08	50.83	15.24	0.94	3.84
安　徽	119.53	12.15	15.35	9.71	0.93	1.90
福　建	171.18	6.77	21.89	12.46	0.59	1.75
江　西	72.84	5.60	5.24	4.64	0.82	0.56
山　东	532.77	29.23	53.06	25.29	1.40	5.77
河　南	359.54	10.67	22.71	11.12	0.89	5.73
湖　北	191.67	11.34	33.60	18.12	3.88	2.53
湖　南	119.93	4.08	7.92	6.10	0.36	1.70
广　东	341.37	12.02	74.77	22.81	0.86	2.59
广　西	86.87	4.92	6.17	6.08	0.21	1.59
海　南	10.05	0.69	2.49	2.44	0.02	0.11
重　庆	43.59	2.50	8.22	3.27	0.18	0.95
四　川	569.51	33.81	62.92	43.05	4.51	4.02
贵　州	30.12	11.02	10.99	13.04	0.50	-0.26
云　南	37.98	1.51	5.20	3.82	0.12	1.48
西　藏	3.25	0.01	0.67	0.38		0.06
陕　西	102.26	4.34	12.55	7.19	0.58	2.13
甘　肃	40.69	4.64	5.43	2.47	0.19	1.66
青　海	4.66	0.65	0.50	0.70		0.11
宁　夏	10.38	0.43	1.05	0.64	0.06	0.49
新　疆	21.72	2.73	3.56	2.26	0.09	0.65

单位：亿元

利息支出	营业利润	利润总额	应交所得税	亏损企业亏损总额	本年应交增值税	全部从业人员年平均人数(万人)
58.02	**592.35**	**558.85**	**101.04**	**54.06**	**309.16**	**113.04**
3.52	5.51	6.63	1.34	4.41	8.51	2.71
1.17	4.36	4.61	1.19	1.21	5.21	1.31
2.51	14.99	13.13	2.28	2.63	7.89	3.73
1.28	5.54	5.31	2.27	1.39	4.20	2.06
2.11	17.74	8.80	1.01	0.15	5.10	2.60
1.26	17.24	17.33	3.25	0.68	6.98	3.46
3.79	17.51	5.94	0.76	2.90	6.04	3.54
2.09	14.39	13.80	1.85	1.32	6.87	3.19
0.46	7.90	6.62	1.44	1.78	10.49	1.26
3.26	37.18	36.02	6.44	3.25	18.60	8.31
3.76	28.63	34.46	3.59	5.51	18.93	5.72
1.79	12.86	12.53	1.85	1.90	9.62	5.22
1.60	26.89	26.11	2.33	0.70	11.97	5.22
0.49	9.14	9.19	1.11	0.38	5.92	2.29
4.35	57.21	55.90	9.33	2.14	30.59	11.51
4.95	46.61	47.49	6.83	2.07	13.36	8.47
2.19	23.84	21.67	3.03	1.11	14.95	5.18
0.97	14.92	9.80	0.71	0.28	9.29	3.18
3.71	30.91	30.73	7.25	6.66	30.86	6.89
1.36	7.21	11.02	1.08	1.57	4.34	2.60
0.19	1.11	1.10	0.10	0.06	0.96	0.32
0.97	5.90	6.07	0.76	0.16	3.71	1.54
3.74	92.29	84.44	24.14	6.44	45.37	12.02
-0.39	66.17	65.39	14.57	0.59	15.18	2.54
1.60	4.73	4.13	0.44	1.26	2.52	2.13
0.06	1.14	1.16	0.05		0.49	0.10
2.55	10.17	9.31	1.10	1.36	6.36	2.56
1.57	4.68	3.81	0.33	0.98	1.72	1.86
0.02	0.95	1.15		0.01	0.36	0.20
0.44	0.80	0.89	0.01	0.19	0.47	0.41
0.64	3.82	4.33	0.61	0.96	2.31	0.93

1-B-16 规模以上烟草制品业

地 区	企业单位数(个)	亏损企业	工业总产值(当年价格)	工业销售产值(当年价格)	出口交货值	资产总计
全 国	**156**	**7**	**4488.87**	**4440.62**	**21.23**	**4428.50**
北 京	2		29.67	29.82	0.95	24.93
天 津	1		16.54	16.44		1.47
河 北	4		91.13	90.16		64.10
山 西	1		21.19	21.19		13.72
内蒙古	2		37.08	36.31		23.41
辽 宁	4	1	41.63	41.30	0.08	26.66
吉 林	5		68.34	68.18		57.48
黑龙江	7		45.48	45.57		44.42
上 海	2		329.72	327.91	7.19	625.06
江 苏	6	1	274.95	271.45	0.09	264.43
浙 江	4		216.08	215.91	0.87	215.84
安 徽	8		175.33	174.43	0.16	128.81
福 建	5		144.15	142.02	0.06	118.15
江 西	1		77.11	75.08		55.32
山 东	13	1	270.25	263.31	0.02	195.13
河 南	12		211.25	211.80	0.16	171.48
湖 北	10		259.63	257.60	0.07	185.27
湖 南	7		420.05	412.86	1.40	357.33
广 东	10	2	256.12	274.73	3.14	236.99
广 西	2		93.28	91.26		79.07
海 南	1		10.45	10.14	0.02	8.30
重 庆	4		73.97	74.91		59.24
四 川	7		131.25	129.77	0.09	80.78
贵 州	8		164.23	160.86	0.02	123.11
云 南	22	2	853.89	822.76	6.93	1082.45
西 藏						
陕 西	4		96.73	95.56		91.05
甘 肃	2		62.12	62.12		79.67
青 海						
宁 夏	1		0.12	0.10		0.15
新 疆	1		17.12	17.08		14.66

工业企业主要经济指标

单位：亿元

流动资产合计		存货		流动资产年平均余额	固定资产合计	固定资产原价	累计折旧
	应收账款		产成品				
2941.58	**137.69**	**1418.17**	**177.15**	**2866.17**	**867.34**	**1507.21**	**799.14**
14.33	0.37	7.42	0.43	15.58	9.61	7.10	4.65
-6.62	0.49	3.08	0.16		8.06	7.30	3.06
37.80	6.95	24.76	1.59	42.07	24.10	30.72	16.90
5.60	0.40	2.36	0.49	6.73	8.06	9.23	1.99
12.89	1.81	6.96	0.49	16.13	8.98	12.34	3.73
15.15	1.41	10.79	0.53	16.58	10.82	16.29	6.40
36.43	1.94	20.87	2.01	32.02	19.09	22.35	11.25
30.63	3.01	21.51	0.74	30.53	13.17	23.23	11.53
467.24	14.25	94.79	88.41	424.79	44.14	71.04	39.04
209.53	2.98	77.15	2.88	199.89	47.77	66.75	33.94
163.01	0.11	66.19	7.88	167.60	35.47	61.06	30.28
89.19	1.98	52.59	3.20	91.98	33.90	62.56	31.69
80.11	6.17	54.91	2.71	82.72	25.46	47.56	24.76
40.89	1.17	26.61	1.97	41.17	13.88	25.77	12.52
100.43	3.23	74.78	1.37	92.60	53.02	86.23	37.67
111.02	3.26	72.68	2.18	103.86	53.84	87.21	40.85
139.53	3.04	103.66	14.53	124.34	34.80	62.75	33.48
223.21	5.39	146.19	7.26	207.94	95.85	130.29	64.98
166.16	9.62	68.03	5.29	160.26	47.31	78.83	44.71
37.51	4.23	27.60	1.94	37.46	28.01	39.33	15.08
5.60	0.28	1.46	0.16	5.43	2.18	3.66	1.77
39.57	2.37	23.75	1.48	39.18	16.74	30.94	15.58
47.89	7.26	35.52	2.58	69.20	27.89	51.35	26.68
84.63	4.03	63.30	3.13	81.95	36.53	61.45	33.86
665.72	39.74	264.29	21.72	667.66	114.77	336.15	223.11
56.41	3.83	34.30	1.20	54.75	31.55	44.24	16.98
60.67	8.36	28.55	0.74	47.01	16.47	22.06	9.09
0.12		0.11	0.08	0.10	0.03	0.05	0.02
6.93		3.95		6.66	5.83	9.39	3.56

1-B-16 续表 1

地 区	固定资产净值	固定资产净值年平均余额	负债合计	流动负债合计	所有者权益合计	实收资本
全 国	**708.07**	**696.58**	**1042.05**	**1006.76**	**3386.45**	**760.24**
北 京	2.45	2.43	5.02	5.01	19.91	9.32
天 津	4.24	4.34	1.47	1.47		4.24
河 北	13.82	14.19	23.04	22.41	41.07	13.20
山 西	7.24	7.33	3.28	3.28	10.43	6.13
内蒙古	8.61	7.96	4.57	4.47	18.85	12.00
辽 宁	9.89	10.35	13.64	13.63	13.02	4.62
吉 林	11.11	14.51	33.68	33.68	23.81	16.60
黑龙江	11.70	11.60	16.75	16.65	27.67	13.83
上 海	32.00	33.11	42.46	42.45	582.60	20.30
江 苏	32.81	32.97	32.89	32.48	231.54	13.21
浙 江	30.78	35.95	17.09	14.27	198.75	10.34
安 徽	30.87	29.37	27.00	26.99	101.81	26.54
福 建	22.81	23.30	24.62	24.62	93.53	14.96
江 西	13.25	13.42	24.18	24.18	31.15	2.20
山 东	48.56	46.41	74.74	73.98	120.39	65.62
河 南	46.35	45.52	88.74	84.22	82.75	36.39
湖 北	29.27	29.26	89.03	88.79	96.24	18.10
湖 南	65.32	55.43	47.88	44.04	309.45	49.49
广 东	34.12	35.56	28.55	24.53	208.44	151.83
广 西	24.25	23.86	23.21	21.75	55.87	46.49
海 南	1.88	1.74	2.68	2.63	5.62	2.06
重 庆	15.37	14.43	26.45	20.34	32.79	10.87
四 川	24.67	22.52	17.38	17.19	63.40	28.16
贵 州	27.59	27.64	56.10	55.79	67.00	32.21
云 南	113.05	111.37	245.90	245.40	836.55	99.54
西 藏						
陕 西	27.26	19.84	39.92	34.62	51.13	20.56
甘 肃	12.97	16.33	25.58	21.72	54.08	29.53
青 海						
宁 夏	0.03	0.03	0.10	0.07	0.05	0.02
新 疆	5.83	5.80	6.10	6.10	8.56	1.87

单位：亿元

						主营业务收入
国家资本	集体资本	法人资本	个人资本	港澳台资本	外商资本	
177.16	**1.40**	**578.45**	**1.97**	**1.00**	**0.26**	**4259.65**
		9.31	0.01			29.38
4.24						16.44
12.05		1.15				86.86
		6.13				20.49
		12.00				36.08
4.58	0.03					39.42
5.67		10.92				67.15
9.25		4.15	0.17		0.26	45.43
2.26		17.40		0.64		322.43
12.22		0.98				271.47
9.76		0.01	0.43	0.14		215.65
0.10	0.66	25.57		0.22		174.07
1.39		13.58				142.76
2.20						74.89
2.70		62.39	0.54			168.12
3.96	0.36	32.07				211.37
3.57		14.53				250.45
46.05		3.43				404.28
3.85		147.22	0.76			250.84
		46.49				91.26
		2.06				10.13
0.12		10.76				73.63
0.80	0.01	27.33	0.03			129.29
6.82		25.39				167.12
16.84	0.33	82.33	0.03			783.08
19.16	0.01	1.38				90.58
7.66		21.88				69.81
0.02						0.10
1.87						17.08

1-B-16 续表 2

地 区	主营业务成 本	主营业务税金及附加	营业费用	管理费用		财务费用
					税金	
全 国	**1316.73**	**1840.35**	**96.79**	**307.68**	**9.16**	**-3.01**
北 京	9.87	12.31	0.89	1.89	0.03	-0.03
天 津	7.67	6.51	0.39	1.65	0.03	-0.01
河 北	33.62	34.48	0.57	6.86	0.14	0.16
山 西	8.21	8.23	0.32	1.76		-0.02
内蒙古	12.45	15.34	0.44	2.97	0.12	-0.05
辽 宁	14.05	15.81	0.83	4.24	0.10	0.04
吉 林	27.50	26.34	1.70	7.56	0.15	0.24
黑龙江	20.86	14.76	1.14	4.63	0.12	0.39
上 海	55.86	151.40	3.60	19.10	0.43	-4.50
江 苏	65.05	132.47	3.48	14.24	0.34	-2.36
浙 江	49.90	107.21	5.75	9.20	0.27	-2.34
安 徽	64.95	70.69	4.83	14.16	0.30	-0.22
福 建	44.65	62.60	2.07	8.32	0.35	-0.29
江 西	27.17	32.02	2.15	4.88	0.15	0.76
山 东	63.78	64.38	5.57	18.21	0.51	1.24
河 南	83.66	83.21	5.15	16.90	0.45	1.76
湖 北	76.43	105.40	7.90	20.67	0.38	0.90
湖 南	95.63	187.36	7.84	27.54	0.78	-0.69
广 东	79.99	97.69	7.99	23.40	0.47	-0.39
广 西	32.42	34.64	2.46	6.02	0.21	0.08
海 南	3.88	3.79	0.05	0.88	0.02	-0.03
重 庆	29.85	27.74	0.29	6.16	0.38	0.90
四 川	52.40	53.01	0.27	8.01	0.18	-0.02
贵 州	61.18	65.76	4.05	12.28	0.37	0.70
云 南	227.14	356.79	23.08	52.44	2.68	-0.51
西 藏						
陕 西	35.87	32.65	2.65	9.92	0.02	0.20
甘 肃	26.13	30.77	0.92	2.75	0.14	0.99
青 海						
宁 夏	0.08			0.02		
新 疆	6.45	6.98	0.40	1.03	0.05	0.09

单位：亿元

利息支出	营业利润	利润总额	应　交 所得税	亏损企业 亏损总额	本年应交 增 值 税	全部从业 人 员 年 平均人数 (万人)
-1.92	**695.73**	**712.99**	**179.11**	**1.19**	**527.04**	**19.77**
-0.03	4.49	4.56	1.14		3.47	0.08
-0.01	0.23	0.17	0.04		1.60	0.09
0.16	11.33	11.40	2.79		9.37	0.66
-0.02	1.99	2.00	0.53		2.29	0.13
-0.03	5.00	4.88	1.14		4.36	0.21
0.07	4.44	4.47	1.11	0.06	4.77	0.25
0.23	6.03	7.41	3.11		7.05	0.40
0.44	6.69	6.73	1.08		6.61	0.54
-4.51	97.21	121.24	23.76		44.98	0.39
-2.37	58.70	58.63	14.56	0.03	36.14	0.59
-2.34	43.27	42.58	10.59		26.87	0.31
-0.22	19.88	19.85	5.14		19.40	0.99
-0.15	26.75	26.78	5.94		16.54	0.41
0.76	7.91	7.91	2.10		8.42	0.49
1.22	15.45	15.07	3.89	0.27	18.11	1.20
1.85	21.01	20.78	5.62		23.44	1.67
0.91	36.31	32.48	11.09		30.07	0.96
-0.02	81.13	83.01	20.25		55.27	2.37
-0.35	43.07	42.80	10.40	0.11	30.79	0.69
0.08	15.65	16.11	4.36		10.14	0.35
-0.03	1.58	1.40	0.31		1.26	0.05
0.95	8.76	8.41	2.09		7.33	0.57
-0.01	15.85	15.52	3.87		14.42	0.77
0.77	23.49	23.66	6.17		18.80	1.55
-0.52	116.82	113.21	32.57	0.71	105.89	3.09
0.17	12.24	11.62	2.90		9.99	0.62
0.99	8.30	8.10	2.03		7.57	0.27
0.09	2.15	2.19	0.56		2.09	0.05

1-B-17 规模以上纺织业工业

地 区	企 业 单位数 (个)	亏损企业	工业总产值 (当年价格)	工业销售产值 (当年价格)	出口交货值	资产总计
全 国	**33133**	**5079**	**21393.12**	**20908.03**	**4055.90**	**15336.57**
北 京	157	56	64.20	70.75	22.95	89.55
天 津	200	69	73.28	69.71	23.77	112.59
河 北	813	93	676.43	657.60	48.93	369.40
山 西	36	20	18.51	17.80	2.61	27.54
内蒙古	201	38	287.43	285.52	32.16	256.98
辽 宁	544	149	257.10	245.35	53.59	195.32
吉 林	62	19	50.99	49.67	2.14	32.07
黑龙江	73	19	32.29	29.56	3.90	55.62
上 海	967	295	346.73	338.80	99.46	339.67
江 苏	9091	1123	4880.02	4798.83	818.60	3339.15
浙 江	8613	1427	4482.06	4366.42	1373.02	4074.20
安 徽	642	212	287.36	276.65	48.02	231.88
福 建	1004	135	795.99	776.57	115.51	642.63
江 西	441	25	304.52	300.59	54.86	178.82
山 东	3825	287	4409.47	4331.58	565.08	2401.14
河 南	1018	73	995.10	979.31	18.69	548.00
湖 北	997	166	556.76	538.11	60.58	379.68
湖 南	331	41	274.94	269.13	13.21	139.54
广 东	2965	505	1746.77	1688.12	622.71	1236.39
广 西	161	74	76.67	69.99	7.50	57.86
海 南	7	3	3.73	3.56	1.57	9.18
重 庆	224	29	101.47	99.64	12.58	61.21
四 川	416	72	398.59	391.52	26.14	216.87
贵 州	11	4	4.38	4.16		3.87
云 南	24	12	12.32	10.12	3.44	27.23
西 藏	1		0.34	0.33		0.28
陕 西	121	52	85.32	81.35	8.16	82.27
甘 肃	32	10	12.40	12.00	0.81	16.69
青 海	7	3	8.33	7.77	0.52	10.26
宁 夏	42	9	63.02	53.22	7.78	71.02
新 疆	107	59	86.60	84.32	7.61	129.64

企业主要经济指标

单位：亿元

流动资产合　计	应收账款	存货	产成品	流动资产年平均余额	固定资产合　计	固定资产原　价	累计折旧
7915.72	**1653.83**	**2507.19**	**1122.28**	**7700.47**	**5978.33**	**8287.58**	**2841.92**
56.73	11.31	25.22	14.05	57.38	21.89	33.31	13.31
40.73	7.44	17.55	7.71	44.84	62.05	56.03	22.43
177.90	25.52	75.39	39.25	170.77	149.26	198.09	66.07
12.95	1.36	8.23	3.85	12.98	12.51	17.19	6.14
134.94	28.14	59.77	29.64	139.82	55.24	85.29	31.45
92.20	19.38	35.19	18.28	89.79	84.68	115.83	34.61
9.88	2.59	5.29	3.01	13.61	19.77	16.88	4.72
36.74	10.34	19.57	12.13	34.24	16.79	23.96	7.94
191.10	53.26	65.72	27.30	188.65	93.79	161.92	75.18
1803.67	449.50	556.23	247.64	1754.93	1268.77	1822.25	645.25
2381.23	504.97	533.26	262.59	2287.69	1301.91	1768.31	576.17
101.64	22.43	42.19	18.06	95.92	100.77	134.64	45.24
313.56	69.75	93.04	44.30	312.89	269.07	357.41	99.86
59.06	13.74	21.13	11.06	58.83	107.30	187.32	84.80
1025.75	130.76	373.22	135.93	1006.69	1179.82	1485.16	420.38
243.63	35.82	76.01	33.32	245.85	246.94	299.10	64.70
179.86	29.47	81.36	41.51	173.37	163.56	246.47	108.29
60.56	11.83	28.22	13.29	60.61	55.32	66.00	17.33
643.52	167.42	234.66	82.78	619.06	508.21	844.40	389.08
32.57	4.93	13.10	5.74	30.50	19.45	27.32	8.96
2.94	0.61	0.72	0.49	3.31	5.09	6.58	2.27
33.28	5.50	11.61	7.02	31.68	22.53	28.24	8.09
101.13	17.50	41.78	22.28	97.69	88.98	117.71	36.80
2.59	0.29	0.88	0.41	1.72	1.18	1.55	0.40
10.84	0.95	4.32	2.37	8.58	8.09	11.19	4.23
0.23		0.21	0.07	0.23	0.04	0.06	0.01
38.25	4.60	18.94	9.52	35.46	37.02	60.14	29.03
8.22	1.04	3.32	2.01	7.91	7.11	10.73	4.02
3.42	0.29	1.95	0.79	3.32	4.99	6.15	1.53
52.44	10.98	26.35	11.68	48.31	10.75	11.64	1.67
64.15	12.12	32.79	14.20	63.82	55.45	86.73	31.96

1-B-17 续表 1

地区	固定资产净值	固定资产净值年平均余额	负债合计	流动负债合计	所有者权益合计	实收资本
全国	**5445.66**	**5403.91**	**8935.33**	**7727.03**	**6401.24**	**3782.70**
北京	20.00	20.55	51.32	47.87	38.23	35.91
天津	33.59	59.95	73.36	47.69	39.23	35.93
河北	132.02	135.18	210.53	165.95	158.87	92.73
山西	11.05	10.81	19.78	16.78	7.77	7.77
内蒙古	53.84	60.17	145.41	126.66	111.56	48.24
辽宁	81.22	76.80	110.55	89.88	84.77	59.04
吉林	12.16	15.25	18.22	14.54	13.85	7.42
黑龙江	16.02	15.91	34.71	28.54	20.91	9.59
上海	86.75	86.63	174.07	158.59	165.60	116.17
江苏	1177.00	1131.65	2052.76	1855.65	1286.39	800.18
浙江	1192.14	1193.09	2611.12	2431.97	1463.08	853.71
安徽	89.40	84.08	149.02	115.22	82.86	46.59
福建	257.55	250.56	287.23	256.83	355.41	258.86
江西	102.52	102.34	82.34	59.96	96.48	72.05
山东	1064.78	1043.14	1305.71	983.67	1095.43	414.01
河南	234.40	229.00	253.65	201.74	294.36	176.16
湖北	138.18	150.82	223.20	173.18	156.49	89.96
湖南	48.66	47.03	75.21	59.90	64.33	37.09
广东	455.32	463.01	635.49	556.91	600.89	454.72
广西	18.36	17.30	41.37	32.26	16.49	12.66
海南	4.31	4.31	4.88	2.53	4.30	3.07
重庆	20.15	19.68	37.13	27.95	24.09	15.69
四川	80.91	75.73	112.54	85.57	104.33	45.85
贵州	1.15	1.23	2.36	1.93	1.50	0.77
云南	6.96	7.31	19.95	16.75	7.28	4.61
西藏	0.04	0.04	0.21	0.13	0.07	0.07
陕西	31.12	32.08	67.04	55.61	15.23	20.73
甘肃	6.71	6.89	8.22	5.19	8.48	4.99
青海	4.62	4.34	4.61	2.61	5.64	2.97
宁夏	9.97	9.52	41.26	36.89	29.76	12.19
新疆	54.77	49.54	82.07	68.07	47.57	42.99

单位：亿元

国家资本	集体资本	法人资本	个人资本	港澳台资本	外商资本	主营业务收入
119.38	**79.17**	**926.15**	**1329.87**	**794.67**	**533.47**	**20726.37**
0.72	0.59	24.61	3.26	2.99	3.73	73.83
14.97	1.16	5.03	4.56	0.72	9.48	71.20
8.63	2.41	19.55	54.13	3.44	4.58	658.66
2.02	0.59	2.22	2.89	0.06		17.34
3.31	1.39	23.39	11.85	1.98	6.32	280.72
3.98	1.35	15.70	21.78	6.30	9.93	247.56
0.14	0.06	3.61	2.53	0.27	0.82	42.77
	0.36	3.52	4.64	0.95	0.12	30.24
0.24	3.93	30.83	19.38	25.03	36.76	344.58
15.16	11.20	166.42	301.51	125.32	180.56	4777.16
6.99	15.17	205.57	344.09	179.35	102.54	4339.20
2.15	0.71	14.78	20.53	2.65	5.77	276.15
1.39	0.47	35.54	71.90	111.29	38.27	765.58
1.22	0.40	31.45	21.06	15.34	2.57	299.07
12.74	12.70	160.10	154.23	19.99	54.25	4323.20
10.67	4.67	44.69	110.00	3.72	2.41	932.57
4.12	2.34	25.04	46.22	10.25	1.99	521.68
1.36	1.42	12.36	18.49	2.71	0.74	262.04
4.83	8.31	53.38	48.38	270.24	69.58	1662.82
1.22	0.33	5.17	5.08	0.66	0.20	68.38
0.06		2.96		0.04		3.61
0.07	3.84	5.03	5.12	1.09	0.55	98.02
5.14	3.22	7.45	27.86	1.84	0.33	376.07
0.11	0.31	0.01	0.32	0.01		3.85
0.70	0.11	1.39	2.34		0.08	9.94
			0.07			0.33
8.69	1.32	3.50	6.02	1.06	0.14	74.07
0.98	0.48	1.37	2.17			11.22
		0.67	2.18		0.13	7.72
0.06		4.48	7.23		0.42	54.13
7.69	0.34	16.31	10.05	7.37	1.22	92.65

1-B-17 续表 2

地区	主营业务成本	主营业务税金及附加	营业费用	管理费用	税金	财务费用
全国	**18318.83**	**108.66**	**321.99**	**629.25**	**42.32**	**304.58**
北京	62.66	0.17	5.70	6.97	0.17	0.83
天津	62.98	0.20	1.55	3.70	0.16	1.14
河北	577.70	3.48	11.83	13.80	1.04	6.69
山西	16.81	0.05	0.37	1.03	0.03	0.59
内蒙古	221.07	4.40	5.36	7.56	0.49	6.00
辽宁	217.68	1.80	4.65	9.49	0.90	3.45
吉林	37.74	0.14	0.89	2.09	0.07	0.24
黑龙江	26.26	0.17	1.02	1.72	0.07	0.50
上海	301.91	0.46	11.32	23.91	0.34	3.79
江苏	4274.43	20.11	59.25	138.32	8.54	65.54
浙江	3897.30	16.09	56.38	147.03	8.95	95.60
安徽	247.39	2.10	4.32	9.38	1.04	4.64
福建	676.09	3.74	11.99	21.53	1.76	11.27
江西	262.71	2.40	4.02	7.03	0.77	2.21
山东	3786.18	23.57	58.44	89.10	7.30	56.05
河南	785.89	8.73	22.54	17.69	2.77	13.38
湖北	457.34	4.90	10.85	17.53	1.71	8.36
湖南	220.22	3.65	7.36	9.37	0.70	3.94
广东	1464.21	7.11	31.43	75.34	3.53	7.28
广西	62.99	0.43	0.68	3.27	0.12	1.26
海南	2.85	0.01	0.26	0.48	0.01	0.10
重庆	89.12	0.70	1.24	3.11	0.14	0.94
四川	335.14	3.46	5.54	9.48	0.85	4.55
贵州	3.34	0.02	0.07	0.32	0.03	0.02
云南	8.86	0.02	0.24	0.79	0.08	0.17
西藏	0.26			0.01		
陕西	68.44	0.31	1.21	3.80	0.32	1.39
甘肃	9.95	0.08	0.29	0.56	0.06	0.15
青海	7.53		0.04	0.23	0.03	0.22
宁夏	47.09	0.06	0.20	0.73	0.14	2.14
新疆	86.70	0.28	2.95	3.90	0.22	2.10

单位：亿元

利息支出	营业利润	利润总额	应　交 所得税	亏损企业 亏损总额	本年应交 增 值 税	全部从业 人 员 年 平均人数 （万人）
275.97	**1022.48**	**927.42**	**133.52**	**115.04**	**606.07**	**652.06**
0.55	-1.90	-0.81	0.41	3.16	2.00	3.07
1.00	0.41	0.59	0.18	1.04	1.69	3.64
6.03	41.06	36.01	3.20	5.57	15.64	22.63
0.51	-0.63	-0.58	0.02	0.82	0.55	1.69
5.33	40.85	16.85	0.88	1.18	5.61	4.98
2.46	7.79	6.66	0.95	2.53	5.94	8.76
0.22	1.88	1.07	0.15	0.37	0.57	2.13
0.46	1.16	0.78	0.08	0.50	1.18	2.85
2.72	4.91	5.45	2.25	8.42	9.17	13.17
59.67	228.41	199.23	26.99	22.02	158.13	133.22
87.63	142.31	149.07	23.42	19.14	110.40	117.80
4.08	11.13	9.73	1.06	2.41	8.99	14.24
9.97	44.94	39.99	3.80	2.85	14.10	23.97
1.92	20.07	17.60	1.09	0.77	10.82	12.39
52.99	261.27	253.73	45.07	7.39	124.15	111.33
11.61	84.29	83.87	10.01	3.91	33.21	28.52
6.80	27.32	22.79	2.44	3.66	20.02	26.04
2.60	18.64	8.53	0.48	0.75	8.90	10.07
7.61	68.30	58.04	8.05	16.01	50.50	71.73
1.11	-0.34	-0.20	0.06	1.73	1.99	4.97
0.13	-0.06	-0.02		0.07	0.14	0.13
0.81	3.48	3.68	0.26	1.02	2.09	4.50
4.09	15.89	13.52	2.04	1.18	13.50	14.16
0.02	-0.14	-0.09		0.14	0.16	0.51
0.16	0.55	0.38	0.12	0.34	0.24	1.29
	0.06	0.06			0.04	0.01
1.24	-1.68	-1.14	0.11	1.90	2.28	7.17
0.10	0.71	0.64	0.04	0.15	0.27	1.05
0.18	0.08	0.13	0.06	0.16	0.06	0.56
2.09	4.67	4.97	0.16	0.24	0.37	0.79
1.86	-2.95	-3.10	0.16	5.63	3.36	4.70

1-B-18 规模以上纺织服装、鞋、帽

地 区	企 业 单位数 (个)		工业总产值 (当年价格)	工业销售产值 (当年价格)		资产总计
		亏损企业			出口交货值	
全 国	**18237**	**3320**	**9435.76**	**9161.78**	**3293.85**	**5655.88**
北 京	295	91	98.19	94.77	28.57	100.60
天 津	280	82	80.28	79.83	48.67	58.13
河 北	287	37	162.22	156.15	33.90	67.44
山 西	14	2	10.15	9.91		9.05
内蒙古	38	6	21.13	21.62	0.43	13.82
辽 宁	814	174	473.48	434.16	141.81	252.21
吉 林	56	14	30.90	29.56	9.89	16.92
黑龙江	16	3	5.23	5.10	1.64	3.72
上 海	1228	381	471.64	469.87	182.69	357.35
江 苏	3949	532	2159.41	2116.17	680.68	1199.01
浙 江	3228	652	1445.71	1401.38	706.05	1146.33
安 徽	450	114	105.60	102.53	29.48	61.70
福 建	1248	151	862.03	832.79	308.85	486.02
江 西	256	20	163.25	157.05	47.63	82.77
山 东	1421	164	1016.94	994.62	290.90	487.72
河 南	264	18	171.36	168.49	17.34	73.47
湖 北	427	61	217.43	208.99	53.96	123.36
湖 南	135	5	84.44	84.13	6.00	32.27
广 东	3563	757	1725.28	1669.26	684.89	993.34
广 西	46	11	13.64	13.15	3.42	7.40
海 南						
	2		6.77	6.77	3.25	3.65
重 庆	55	13	23.99	20.93	0.23	16.88
四 川	108	15	62.28	59.54	11.87	38.06
贵 州	5	1	3.44	3.40	0.23	3.04
云 南	5	2	1.37	1.42	0.22	3.14
西 藏	1		0.07	0.07		0.20
陕 西	26	8	10.07	10.76	0.71	9.31
甘 肃	9	3	1.68	1.66	0.05	2.51
青 海	4		5.49	5.34	0.49	4.41
宁 夏	1		0.60	0.60		0.63
新 疆	6	3	1.69	1.78		1.43

制造业工业企业主要经济指标

单位：亿元

流动资产合计	应收账款	存货	产成品	流动资产年平均余额	固定资产合计	固定资产原价	累计折旧
3343.19	**800.87**	**995.70**	**453.37**	**3145.74**	**1697.74**	**2321.00**	**785.96**
70.73	11.79	32.71	15.03	66.03	24.83	28.00	10.73
34.08	7.87	12.33	4.60	32.66	21.27	29.49	9.52
38.06	7.45	16.10	10.14	35.94	22.89	29.90	9.50
5.59	1.09	2.31	1.37	5.10	2.75	3.86	1.30
9.30	0.54	4.35	2.15	9.00	2.50	3.70	1.31
88.73	18.98	26.34	12.02	89.34	73.78	101.13	31.13
8.31	1.91	3.13	1.58	7.66	6.57	10.12	4.27
2.11	0.70	0.61	0.36	2.05	1.49	1.82	0.39
248.39	61.32	79.78	36.09	231.97	77.46	121.73	50.10
693.08	160.28	183.50	83.95	664.13	366.28	484.50	156.46
711.40	162.84	189.41	99.98	668.61	317.67	398.25	109.27
31.39	7.88	9.25	4.31	28.91	23.13	27.94	6.79
325.63	93.68	83.57	37.57	290.35	115.32	154.74	44.10
30.06	5.48	12.93	9.65	29.62	50.11	77.86	29.80
241.55	47.45	74.28	34.57	225.06	179.41	226.97	76.37
34.27	7.33	8.54	4.11	32.36	34.17	37.17	4.80
68.76	12.80	17.81	9.61	64.11	42.41	71.80	33.91
14.89	2.70	5.65	3.68	12.86	13.81	17.24	4.44
640.66	179.77	213.13	70.70	608.44	289.37	455.69	191.22
2.57	0.75	0.74	0.39	2.30	3.62	4.20	0.80
3.34	0.90	2.13	1.28	3.20	0.29	1.14	0.85
8.57	2.10	4.35	3.30	7.42	6.75	7.25	1.70
14.56	1.84	5.07	3.29	13.35	15.55	17.91	4.40
2.26	0.07	1.52	0.99	2.10	0.73	1.31	0.66
2.66	0.20	0.92	0.67	2.59	0.48	0.75	0.28
0.10	0.01	0.04	0.02	0.02	0.10	0.10	
7.32	1.56	3.65	1.09	6.48	1.67	2.43	0.85
1.22	0.39	0.44	0.31	1.04	1.07	1.26	0.39
2.05	0.79	0.64	0.39	1.71	1.83	1.99	0.30
0.44	0.16	0.08	0.03	0.39	0.15	0.22	0.09
1.10	0.24	0.43	0.14	0.98	0.28	0.52	0.23

1-B-18 续表 1

地 区	固定资产净 值	固定资产净 值 年平均余额	负债合计	流动负债合 计	所 有 者权益合计	实收资本
全 国	**1535.05**	**1505.90**	**3068.35**	**2752.44**	**2587.34**	**1478.66**
北 京	17.27	17.05	71.41	59.37	29.19	23.06
天 津	19.96	19.78	33.76	31.01	24.37	16.84
河 北	20.40	20.90	35.60	32.71	31.84	19.04
山 西	2.56	2.59	4.64	4.30	4.40	2.18
内蒙古	2.39	2.67	8.50	7.17	5.33	4.53
辽 宁	69.99	61.29	139.19	68.28	113.02	50.62
吉 林	5.85	5.94	10.45	8.68	6.48	5.80
黑龙江	1.43	1.34	2.33	1.98	1.39	1.68
上 海	71.63	71.90	201.45	189.82	155.90	103.42
江 苏	328.04	312.88	645.80	606.70	553.21	278.18
浙 江	288.98	279.22	686.81	651.83	459.33	273.47
安 徽	21.15	20.83	37.32	33.97	24.39	18.66
福 建	110.64	111.53	204.74	190.04	281.27	136.19
江 西	48.06	47.09	33.52	22.98	49.25	31.22
山 东	150.60	149.87	240.03	211.02	247.69	113.21
河 南	32.37	31.11	28.24	23.96	45.23	25.24
湖 北	37.89	36.33	77.81	67.61	45.55	41.42
湖 南	12.80	11.48	13.26	10.90	19.00	9.42
广 东	264.47	273.37	549.89	492.67	443.45	302.74
广 西	3.40	3.27	3.04	1.90	4.36	3.44
海 南	0.29	0.30	1.36	1.36	2.29	0.71
重 庆	5.56	5.42	6.87	5.70	10.01	3.40
四 川	13.51	13.63	16.69	14.52	21.37	8.35
贵 州	0.66	0.69	1.92	1.59	1.12	1.04
云 南	0.48	0.49	1.95	1.67	1.19	0.72
西 藏	0.10	0.08	0.03	0.03	0.17	0.05
陕 西	1.59	1.60	6.63	6.56	2.68	2.18
甘 肃	0.87	1.07	1.46	1.07	1.05	0.63
青 海	1.69	1.76	2.25	1.71	2.16	0.81
宁 夏	0.13	0.13	0.39	0.36	0.24	0.10
新 疆	0.30	0.29	1.01	0.97	0.42	0.32

单位：亿元

国家资本	集体资本	法人资本	个人资本	港澳台资本	外商资本	主营业务收入
19.14	**27.05**	**334.00**	**389.88**	**399.03**	**309.56**	**9074.13**
0.14	0.97	9.47	7.43	1.73	3.32	99.83
0.30	0.89	2.75	7.01	2.12	3.76	79.97
1.21	1.30	4.78	9.71	0.66	1.38	155.60
0.68	0.07	0.92	0.51			9.54
1.18	0.05	0.33	2.85	0.10	0.02	20.49
0.99	3.69	15.81	12.83	4.11	13.18	417.26
0.15	0.09	1.30	1.38	0.25	2.62	29.55
	0.73	0.44	0.47		0.03	6.10
0.39	5.44	22.47	10.22	15.20	49.70	472.55
2.17	2.57	74.20	95.37	41.01	62.86	2103.93
0.96	1.44	51.45	93.74	68.84	57.05	1397.34
0.37	0.26	3.96	8.37	3.68	2.01	100.83
0.14	0.48	22.04	21.05	67.90	24.57	844.20
1.01	0.09	10.95	11.71	5.85	1.60	153.32
2.09	5.54	33.33	30.93	7.89	33.44	963.59
0.68	0.64	9.65	12.62	1.49	0.15	164.69
0.25	0.51	22.64	15.31	1.94	0.75	203.26
0.12	0.06	3.23	4.22	1.67	0.12	83.90
4.89	2.06	38.04	34.33	171.39	52.04	1645.91
0.01	0.03	0.22	1.15	1.85	0.17	12.42
			0.01		0.70	6.77
		1.54	1.74	0.13		19.79
0.72	0.03	1.49	5.13	0.93	0.04	58.45
		0.84	0.04	0.16		2.80
0.35			0.34	0.04		1.45
	0.05					0.10
0.07	0.05	1.22	0.75	0.08		11.22
	0.01	0.02	0.59			1.82
0.17		0.61	0.03			5.22
0.08					0.03	0.62
0.03		0.27	0.02			1.63

1-B-18 续表 2

地 区	主营业务成本	主营业务税金及附加	营业费用	管理费用		财务费用
					税金	
全 国	**7695.13**	**50.14**	**301.25**	**419.70**	**18.38**	**76.95**
北 京	79.13	0.23	9.56	8.64	0.17	1.00
天 津	70.14	0.35	1.79	3.62	0.12	0.90
河 北	133.28	0.87	4.88	4.12	0.24	1.24
山 西	7.97	0.06	0.26	0.78	0.01	0.10
内蒙古	15.77	0.05	0.49	0.76	0.04	0.04
辽 宁	363.83	3.10	8.26	15.57	0.74	3.93
吉 林	26.13	0.07	0.60	1.79	0.11	0.17
黑龙江	5.38	0.03	0.06	0.22	0.01	0.01
上 海	376.24	0.66	38.37	35.14	0.40	3.63
江 苏	1827.74	7.82	45.96	77.94	3.47	16.57
浙 江	1171.42	5.29	53.97	78.95	3.40	22.84
安 徽	86.80	1.30	2.26	4.55	0.47	0.99
福 建	699.65	5.62	35.59	34.64	2.67	4.96
江 西	130.16	1.10	4.35	4.75	0.47	1.54
山 东	816.85	7.12	23.67	34.36	1.53	9.14
河 南	137.15	1.33	4.02	2.97	0.14	0.96
湖 北	166.39	2.85	7.82	9.29	0.75	2.11
湖 南	66.37	2.06	3.63	3.59	0.42	0.50
广 东	1415.34	9.34	49.43	91.16	2.94	5.14
广 西	10.41	0.06	0.30	0.68	0.03	0.11
海 南						
	4.45	0.02	1.32	0.74		0.04
重 庆	15.38	0.31	1.86	1.09	0.08	0.21
四 川	48.63	0.39	1.79	2.50	0.10	0.54
贵 州	2.35	0.01	0.11	0.18	0.02	0.01
云 南	1.21	0.01	0.07	0.07		0.03
西 藏	0.07					
陕 西	9.61	0.10	0.47	0.70	0.03	0.10
甘 肃	1.55	0.01	0.03	0.16	0.01	0.03
青 海	3.93	0.01	0.23	0.53		0.08
宁 夏	0.44		0.05	0.09		0.01
新 疆	1.36		0.06	0.12		

单位：亿元

利息支出	营业利润	利润总额	应交所得税	亏损企业亏损总额	本年应交增值税	全部从业人员年平均人数（万人）
57.79	**529.53**	**487.34**	**63.11**	**44.85**	**288.85**	**458.70**
0.77	1.69	1.75	0.54	1.39	3.27	7.12
0.87	2.40	2.48	0.44	1.04	2.12	6.49
0.93	11.52	9.02	0.50	0.24	2.86	7.43
0.09	0.39	0.59	0.13	0.05	0.35	0.73
0.04	3.40	0.38	0.07	0.14	0.36	0.86
1.34	17.30	19.85	3.10	1.80	6.49	16.81
0.10	0.52	0.54	0.14	0.21	0.21	1.36
	0.40	0.38	0.04	0.05	0.18	0.30
2.25	20.51	19.83	5.86	8.24	15.76	23.00
13.17	131.52	118.44	11.81	6.55	69.35	90.05
19.07	70.89	71.37	11.44	6.24	48.17	71.62
0.73	5.09	4.67	0.33	0.87	3.69	8.69
3.78	70.08	65.33	6.69	1.18	25.29	39.65
0.86	11.99	10.22	0.98	0.75	4.26	6.70
5.81	62.72	59.37	7.29	2.58	28.99	38.36
0.69	18.79	18.19	2.30	0.11	5.79	6.27
1.56	13.94	11.31	1.47	0.60	6.35	11.41
0.39	8.97	5.14	0.38	0.02	3.95	3.25
4.54	69.53	60.74	8.85	12.30	56.48	111.12
0.07	0.95	0.95	0.01	0.05	0.24	1.10
	0.21	0.21	0.04		0.37	0.58
0.16	1.23	1.66	0.09	0.11	0.65	1.30
0.34	4.52	3.99	0.45	0.19	3.10	2.97
0.01	0.16	0.16	0.03	0.01	0.03	0.21
0.03	0.07	0.07	0.01	0.01	0.04	0.09
	0.03	0.03				0.01
0.09	0.25	0.26	0.10	0.07	0.27	0.56
0.03	0.06	0.07	0.02	0.02	0.03	0.21
0.03	0.27	0.25			0.07	0.31
0.01	0.03	0.03	0.01		0.04	0.05
	0.10	0.08		0.03	0.06	0.12

1-B-19 规模以上皮革、毛皮、羽毛(绒)

地 区	企业单位数(个)	亏损企业	工业总产值(当年价格)	工业销售产值(当年价格)	出口交货值	资产总计
全 国	**8622**	**1174**	**5871.43**	**5757.81**	**2130.66**	**3025.09**
北 京	37	9	8.11	8.17	2.49	6.62
天 津	55	14	23.05	22.33	14.92	18.51
河 北	365	18	412.55	400.03	19.89	105.77
山 西	1		0.05	0.05		0.10
内蒙古	19	1	15.62	15.15	1.72	9.53
辽 宁	190	22	83.71	82.44	5.20	24.00
吉 林	15	2	6.58	6.32	0.56	2.80
黑龙江	12	3	8.43	8.01	0.23	3.70
上 海	275	86	129.18	126.52	57.85	98.54
江 苏	673	88	368.52	360.92	156.56	195.38
浙 江	2173	230	1090.28	1065.54	538.32	767.32
安 徽	174	29	84.07	81.72	27.57	45.18
福 建	1136	81	1052.61	1047.54	367.68	517.82
江 西	125	4	98.74	97.86	51.05	39.57
山 东	543	64	576.16	561.41	139.33	236.63
河 南	308	4	311.95	308.00	29.11	118.08
湖 北	51	10	19.40	17.63	4.20	9.67
湖 南	118	5	91.35	90.87	9.48	21.35
广 东	1845	435	1174.44	1149.09	661.91	644.55
广 西	79	23	42.15	39.04	10.69	12.88
海 南	3	2	0.63	0.59		0.38
重 庆	122	7	40.91	39.61	1.56	11.94
四 川	266	23	215.43	213.41	29.99	113.88
贵 州	1		0.94	0.84		1.11
云 南	1		0.07	0.07		0.11
西 藏	1		0.05	0.05		0.31
陕 西	3		1.35	1.33		2.75
甘 肃	12	2	9.49	8.52	0.05	9.87
青 海	1	1	0.20	0.25	0.18	0.31
宁 夏	11	7	1.48	1.25	0.12	1.72
新 疆	7	4	3.90	3.22		4.72

及其制品业工业企业主要经济指标

单位：亿元

流动资产合计	应收账款	存货	产成品	流动资产年平均余额	固定资产合计	固定资产原价	累计折旧
1833.24	**490.45**	**588.89**	**189.10**	**1738.90**	**854.91**	**1160.86**	**394.42**
4.94	1.02	2.70	1.02	4.70	1.44	1.92	0.53
15.02	3.16	6.71	2.86	14.05	3.03	4.73	2.03
45.40	6.29	17.14	8.64	41.68	37.57	47.53	14.74
0.06	0.03	0.02	0.01	0.06	0.04	0.05	0.01
4.26	1.17	0.70	0.30	3.87	4.63	5.21	1.33
12.84	3.55	5.17	3.13	11.55	7.98	11.57	4.20
1.33	0.35	0.70	0.13	1.13	1.33	1.46	0.26
1.75	0.75	0.77	0.21	1.70	1.91	2.05	0.16
71.28	19.49	21.77	8.15	68.98	21.71	31.90	12.78
131.08	30.05	41.22	12.88	121.58	50.53	68.67	23.64
506.76	128.46	132.53	40.20	470.64	174.67	211.14	57.33
25.37	9.17	8.98	3.52	24.63	14.92	15.68	4.01
322.81	106.18	85.97	31.13	309.69	148.26	204.18	64.17
14.31	4.88	4.42	1.81	13.91	22.10	26.78	7.37
123.34	27.89	46.73	18.74	122.97	82.66	113.46	43.86
64.19	9.40	18.44	8.54	61.48	44.86	50.38	6.73
5.82	1.76	2.21	1.14	5.41	3.13	4.49	1.87
7.69	1.83	3.00	1.57	7.69	10.07	12.25	3.02
410.62	119.07	166.10	34.44	390.35	176.32	283.84	125.78
7.59	2.25	2.27	1.16	7.19	4.14	5.75	1.93
0.30	0.09	0.11	0.07	0.27	0.04	0.08	0.04
6.34	1.76	2.23	1.32	5.75	4.70	5.79	1.30
37.72	10.06	12.94	5.05	37.85	32.97	44.46	14.78
0.53	0.10	0.15	0.10	0.51	0.14	0.14	0.02
0.07		0.06	0.01	0.07	0.02	0.04	0.02
0.17		0.09	0.02	0.19	0.13	0.24	0.10
1.58	0.10	0.51	0.39	1.54	1.17	1.01	0.22
5.73	0.76	3.03	1.06	5.32	2.28	3.58	1.53
0.20		0.15	0.08	0.20	0.08	0.09	0.01
1.26	0.27	0.69	0.52	1.07	0.35	0.40	0.08
2.89	0.55	1.40	0.90	2.86	1.73	1.99	0.56

1-B-19 续表 1

地 区	固定资产净值	固定资产净值年平均余额	负债合计	流动负债合计	所有者权益合计	实收资本
全 国	**766.44**	**775.01**	**1622.73**	**1493.44**	**1402.36**	**833.05**
北 京	1.39	1.36	4.59	4.44	2.04	1.90
天 津	2.70	2.91	12.84	12.59	5.68	4.42
河 北	32.79	24.45	45.66	37.46	60.11	17.30
山 西	0.04	0.04	0.07	0.07	0.03	0.02
内蒙古	3.88	4.74	3.68	2.68	5.85	2.81
辽 宁	7.37	7.86	12.59	11.26	11.41	5.57
吉 林	1.19	1.27	1.61	1.42	1.18	0.65
黑龙江	1.89	1.83	1.68	1.28	2.02	0.94
上 海	19.12	19.59	54.81	51.50	43.73	22.14
江 苏	45.03	42.91	115.41	106.83	79.96	53.47
浙 江	153.81	157.66	488.32	474.75	279.00	169.60
安 徽	11.68	11.91	23.29	20.53	21.89	11.80
福 建	140.01	139.54	236.67	225.85	281.14	164.05
江 西	19.41	18.68	16.92	10.53	22.65	17.71
山 东	69.60	66.90	120.63	98.55	116.00	63.13
河 南	43.65	41.32	46.48	40.29	71.60	39.37
湖 北	2.62	2.59	4.21	3.61	5.46	3.20
湖 南	9.23	9.69	10.08	7.05	11.27	7.81
广 东	158.06	181.11	357.27	330.25	287.28	218.99
广 西	3.82	3.86	6.85	5.93	6.03	3.37
海 南	0.03	0.03	0.25	0.24	0.13	0.15
重 庆	4.49	4.49	6.27	5.30	5.67	2.65
四 川	29.68	25.02	41.80	32.84	72.08	15.40
贵 州	0.12	0.12	0.47	0.39	0.64	0.18
云 南	0.02	0.02	0.07	0.06	0.05	0.02
西 藏	0.13	0.14	0.20	0.20	0.11	0.19
陕 西	0.80	0.77	1.78	1.24	0.96	1.44
甘 肃	2.04	2.30	5.00	3.41	4.87	2.94
青 海	0.08	0.09	0.25	0.25	0.06	0.10
宁 夏	0.32	0.34	1.05	0.88	0.66	0.47
新 疆	1.43	1.46	1.92	1.74	2.80	1.26

单位：亿元

国家资本	集体资本	法人资本	个人资本	港澳台资本	外商资本	主营业务收入
3.29	**10.19**	**149.62**	**216.05**	**239.96**	**213.95**	**5692.84**
0.02	0.18	0.58	0.60	0.20	0.33	8.88
0.22	0.02	1.11	0.93	0.41	1.72	22.41
1.15	0.53	2.49	11.13	0.69	1.31	397.12
	0.02					0.05
		0.21	2.33	0.24	0.02	15.35
0.22	0.10	1.61	1.50	0.12	2.02	82.37
	0.03	0.12	0.41	0.01	0.10	6.28
		0.30	0.29		0.35	7.39
0.04	1.49	4.09	2.09	6.50	7.93	126.72
	0.32	9.76	13.00	14.27	16.12	358.89
0.03	2.19	39.78	75.11	15.49	37.01	1048.94
0.08	0.13	3.01	4.69	0.59	3.31	79.82
0.21	0.45	25.23	27.97	63.13	47.06	1044.11
0.01		3.23	3.03	9.20	2.23	98.32
0.09	0.24	16.10	17.72	0.78	28.20	563.13
	0.66	12.22	24.66	0.11	1.71	303.58
	0.51	0.72	1.38	0.44	0.14	17.94
0.15	0.15	2.70	1.82	1.55	1.44	90.73
0.11	2.89	17.88	12.10	124.60	61.39	1139.55
0.02	0.11	0.32	0.90	0.92	1.09	39.81
			0.07		0.08	0.61
		0.31	1.63	0.38	0.34	38.91
	0.02	4.67	10.33	0.33	0.05	186.95
			0.18			0.84
			0.02			0.07
0.19						0.07
		1.10	0.34			1.33
0.75	0.11	1.07	1.01			8.27
		0.10				0.22
		0.09	0.37	0.01		1.23
	0.03	0.81	0.42			2.96

1-B-19 续表 2

地 区	主营业务成本	主营业务税金及附加	营业费用	管理费用		财务费用
					税金	
全 国	**4899.20**	**35.32**	**130.92**	**224.43**	**12.04**	**43.94**
北 京	7.28	0.01	0.43	0.64	0.02	
天 津	19.91	0.03	0.70	1.08	0.03	0.46
河 北	329.41	2.26	8.65	12.23	0.45	5.23
山 西	0.05					
内蒙古	12.94	0.04	0.19	0.22	0.02	0.08
辽 宁	71.58	0.28	2.58	4.33	0.05	0.15
吉 林	5.52	0.03	0.10	0.28	0.01	0.04
黑龙江	6.53	0.06	0.10	0.12		0.02
上 海	110.83	0.26	3.20	7.42	0.19	0.56
江 苏	315.84	1.38	7.44	11.81	0.48	2.03
浙 江	917.37	3.64	23.66	41.90	2.89	17.55
安 徽	67.36	1.21	1.56	2.09	0.15	0.89
福 建	879.26	6.53	35.41	43.77	3.36	6.70
江 西	87.03	0.42	1.17	2.24	0.17	0.38
山 东	486.13	3.75	10.30	15.88	0.61	3.80
河 南	240.95	2.45	3.71	2.98	0.46	1.80
湖 北	14.35	0.16	0.42	0.81	0.07	0.19
湖 南	77.79	3.62	3.33	3.99	0.26	0.93
广 东	1005.64	5.96	22.73	64.74	2.06	0.94
广 西	36.90	0.15	0.35	0.74	0.03	0.24
海 南	0.51		0.07	0.04		
重 庆	33.26	0.16	1.18	1.18	0.21	0.26
四 川	159.77	2.82	3.42	5.31	0.50	1.46
贵 州	0.73			0.02		0.03
云 南	0.05					
西 藏	0.05			0.03	0.01	
陕 西	1.18	0.01	0.05	0.10		0.01
甘 肃	6.85	0.05	0.08	0.40	0.01	0.14
青 海	0.22		0.01	0.01		
宁 夏	1.13		0.01	0.02		0.03
新 疆	2.80	0.02	0.06	0.08		0.01

单位：亿元

利息支出	营业利润	利润总额	应交所得税	亏损企业亏损总额	本年应交增值税	全部从业人员年平均人数（万人）
38.36	**359.32**	**333.12**	**41.78**	**18.21**	**178.85**	**273.30**
0.03	0.50	0.37	0.11	0.15	0.23	0.32
0.40	0.21	0.22	0.08	0.32	0.34	1.07
5.14	39.54	38.75	2.87	0.05	9.54	6.06
						0.01
0.08	1.23	0.77	0.06	0.01	0.27	0.24
0.11	3.02	1.89	0.41	0.26	0.77	2.43
0.02	0.51	0.39	0.02		0.08	0.16
0.02	0.57	0.56	0.08	0.02	0.17	0.07
0.64	4.03	4.38	1.42	2.03	3.66	5.53
1.97	21.05	18.73	2.18	1.21	13.12	15.23
14.61	47.09	42.31	6.92	2.57	31.43	44.64
0.60	6.89	6.05	0.84	0.23	3.22	3.16
5.24	86.36	79.34	8.89	1.10	33.36	54.40
0.30	6.41	5.98	0.45		3.10	7.57
3.45	33.56	28.86	4.07	1.06	16.11	15.87
1.50	47.66	47.70	6.70	0.03	9.99	5.24
0.16	1.92	1.73	0.05	0.06	0.89	0.81
0.53	4.47	3.64	0.65	0.11	4.46	2.83
1.88	41.58	39.43	3.62	8.17	30.80	97.14
0.17	0.64	0.40	0.06	0.22	0.89	1.95
				0.01	0.03	0.02
0.22	2.40	2.39	0.14	0.15	1.16	1.77
1.06	9.03	8.57	2.08	0.29	14.75	6.26
0.03	0.07	0.08	0.02		0.01	0.01
	0.01	0.02				0.02
	-0.01				0.01	0.01
0.01		0.03			0.13	0.14
0.14	0.59	0.54	0.06	0.04	0.20	0.22
	-0.02	-0.02		0.02		0.01
0.03		0.02		0.03	0.01	0.04
0.01	0.01	-0.01		0.06	0.11	0.07

1-B-20 规模以上木材加工及木、竹、藤、棕、

地区	企业单位数（个）	亏损企业	工业总产值（当年价格）	工业销售产值（当年价格）	出口交货值	资产总计
全国	**10314**	**1054**	**4803.60**	**4662.56**	**596.56**	**2744.61**
北京	47	13	15.02	14.86	2.13	20.98
天津	66	18	17.30	22.32	9.09	15.10
河北	131	13	128.35	126.15	1.02	44.27
山西	5	2	5.18	4.92		13.62
内蒙古	113	22	84.00	80.53	1.23	30.74
辽宁	522	97	250.00	242.27	33.24	130.54
吉林	364	39	250.87	241.33	39.96	183.37
黑龙江	310	34	97.60	94.48	7.79	94.04
上海	218	63	84.09	83.83	26.50	92.49
江苏	1656	72	746.90	731.13	132.89	406.88
浙江	919	111	372.15	360.08	91.78	242.60
安徽	473	47	146.92	140.23	11.13	80.09
福建	989	110	279.59	269.96	31.02	159.33
江西	288	11	127.48	125.12	7.90	87.54
山东	1464	35	824.03	806.95	62.92	321.28
河南	555	3	354.05	348.11	17.05	129.89
湖北	199	13	75.92	72.29	0.16	58.06
湖南	524	19	232.07	230.50	4.01	73.43
广东	625	130	381.54	360.05	92.13	319.55
广西	386	86	154.66	141.48	18.61	86.35
海南	26	13	7.06	6.13	0.16	6.30
重庆	41	2	9.39	9.19	0.28	7.11
四川	230	29	106.76	103.72	4.29	71.92
贵州	64	25	16.56	14.06	0.16	11.38
云南	55	34	18.84	16.55	0.96	36.66
西藏	4	1	1.18	0.89		2.82
陕西	16	6	6.99	6.73	0.17	8.62
甘肃	5	1	0.99	1.02		1.62
青海						
宁夏	1		0.23	0.19		0.36
新疆	18	5	7.88	7.51		7.65

草制品业工业企业主要经济指标

单位：亿元

流动资产合计	应收账款	存货	产成品	流动资产年平均余额	固定资产合计	固定资产原价	累计折旧
1314.19	**250.97**	**496.47**	**211.98**	**1251.99**	**1132.71**	**1473.00**	**435.21**
9.99	2.06	4.25	1.58	9.11	8.39	10.66	3.89
9.63	2.29	4.60	1.53	9.21	4.35	6.13	2.16
19.22	2.51	8.68	4.08	18.97	20.46	26.40	6.54
6.97	0.81	1.95	0.30	4.59	2.76	3.17	0.42
13.91	2.36	5.82	1.84	13.44	14.81	20.01	5.89
54.81	13.42	21.97	7.07	53.17	64.25	87.11	25.79
69.69	13.32	34.14	13.25	68.12	99.95	127.03	36.98
45.46	7.94	21.01	11.13	43.77	40.86	49.25	13.05
63.85	21.81	22.93	6.14	62.34	23.59	36.69	13.95
224.91	49.69	73.30	34.93	207.15	166.34	220.42	66.81
150.18	26.74	64.17	26.00	146.52	70.78	82.73	21.04
37.66	8.83	15.24	8.20	36.43	36.90	44.79	12.51
82.57	16.48	30.93	12.50	77.14	62.12	78.37	21.39
29.07	5.47	12.12	6.07	28.86	52.72	76.25	25.35
131.47	23.48	45.85	22.90	124.99	144.79	183.39	51.08
59.79	8.62	12.08	5.05	58.48	65.03	69.43	7.39
23.59	2.76	8.07	3.53	22.11	27.66	38.53	14.58
26.56	4.12	8.25	4.35	24.18	36.56	41.12	9.78
150.78	20.48	61.59	22.03	141.69	85.03	125.21	48.39
35.81	5.70	14.69	6.73	34.83	36.90	51.60	16.99
3.66	0.09	2.03	1.12	3.61	2.52	4.57	2.23
3.10	0.85	0.83	0.36	3.03	3.23	4.08	0.98
27.69	4.31	9.52	5.19	28.84	38.38	47.47	13.12
6.85	1.78	2.62	1.45	5.41	3.73	5.02	1.48
18.03	2.25	6.58	3.13	17.02	12.41	22.95	10.70
1.54	0.45	0.11	0.09	1.44	0.93	1.36	0.44
3.14	1.17	1.15	0.28	3.17	3.17	3.95	0.79
0.63	0.22	0.23	0.11	0.62	0.90	1.12	0.43
0.15	0.03	0.03	0.01	0.16	0.19	0.23	0.04
3.49	0.91	1.74	1.03	3.59	3.00	3.98	1.03

1-B-20 续表 1

地区	固定资产净值	固定资产净值年平均余额	负债合计	流动负债合计	所有者权益合计	实收资本
全国	**1037.79**	**1021.79**	**1345.63**	**1103.64**	**1398.98**	**773.98**
北京	6.77	7.09	10.86	10.37	10.12	10.29
天津	3.98	4.13	10.38	10.00	4.72	5.13
河北	19.86	20.30	19.71	16.72	24.56	17.03
山西	2.75	2.76	7.82	6.26	5.81	0.51
内蒙古	14.13	14.48	18.60	15.28	12.13	9.70
辽宁	61.32	58.19	61.78	47.00	68.76	40.31
吉林	90.05	99.97	80.47	57.18	102.90	62.83
黑龙江	36.20	37.03	59.21	41.32	34.83	26.82
上海	22.74	22.52	55.87	51.25	36.62	27.51
江苏	153.61	144.84	217.69	192.76	189.19	88.54
浙江	61.68	62.86	138.44	130.26	104.16	55.00
安徽	32.28	32.03	41.64	32.59	38.45	24.72
福建	56.98	55.85	80.58	67.16	78.75	58.35
江西	50.90	50.10	37.08	26.02	50.46	26.25
山东	132.31	122.33	148.16	122.80	173.12	80.85
河南	62.03	58.17	38.93	29.89	90.96	54.08
湖北	23.95	25.45	21.05	13.80	37.00	20.50
湖南	31.35	32.83	26.18	17.63	47.25	26.42
广东	76.82	78.28	143.13	119.69	176.42	70.75
广西	34.60	33.53	45.90	34.59	40.45	23.63
海南	2.34	2.37	2.95	2.91	3.35	3.15
重庆	3.10	3.03	3.27	2.04	3.84	2.09
四川	34.35	29.81	37.29	28.41	34.64	19.00
贵州	3.54	3.45	7.64	4.92	3.74	3.55
云南	12.25	12.29	21.44	16.38	15.22	11.71
西藏	0.92	0.86	1.06	0.96	1.76	0.58
陕西	3.16	3.14	3.46	2.13	5.16	2.38
甘肃	0.69	0.88	1.29	0.65	0.33	0.33
青海						
宁夏	0.19	0.19	0.05	0.05	0.31	0.24
新疆	2.95	3.01	3.71	2.63	3.94	1.75

单位：亿元

国家资本	集体资本	法人资本	个人资本	港澳台资本	外商资本	主营业务收入
23.31	**14.27**	**232.51**	**340.81**	**67.96**	**95.10**	**4650.54**
		4.42	1.18	4.51	0.17	16.25
0.04	0.02	1.55	0.99	0.91	1.61	18.78
0.13	0.16	2.04	13.64	0.14	0.92	125.56
		0.25	0.26			4.91
0.08	0.16	2.03	4.27	1.49	1.67	80.00
0.30	0.50	13.50	16.47	1.12	8.41	242.20
5.08	0.13	18.48	34.71	2.06	2.38	241.48
2.77	0.38	9.92	9.65	0.99	3.11	93.89
2.25	0.25	5.24	4.16	7.46	8.15	84.23
0.01	0.05	21.16	39.93	10.62	16.77	728.91
0.18	0.14	16.29	22.66	7.46	8.28	369.21
0.88	0.50	6.30	14.81	0.34	1.90	140.17
1.92	0.40	14.53	31.48	5.49	4.52	267.68
0.06	0.08	12.26	12.76	1.01	0.08	124.91
0.58	3.47	26.32	40.31	1.67	8.50	803.15
0.03	5.18	16.18	32.49	0.19	0.01	339.44
0.71	0.94	7.00	9.82	1.98	0.06	71.54
0.32	0.16	10.37	14.13	0.36	1.08	228.57
0.40	0.18	21.12	11.12	17.07	20.86	361.21
1.01	0.24	8.75	10.70	1.43	1.49	143.37
2.38	0.01	0.51	0.23	0.01		6.29
0.53	0.15	0.55	0.84	0.01		9.14
0.86		7.24	7.27	0.02	3.61	102.52
0.11	0.03	0.94	2.45		0.02	14.98
1.80	0.91	3.55	2.61	1.54	1.30	16.85
0.51	0.02	0.05				1.10
0.35		1.24	0.70	0.08		5.97
0.01	0.18	0.11	0.03			0.95
			0.24			0.19
		0.63	0.91		0.21	7.10

1-B-20 续表 2

地 区	主营业务成 本	主营业务税金及附加	营业费用	管理费用	税金	财务费用
全 国	**3957.98**	**46.52**	**125.82**	**145.88**	**10.44**	**52.87**
北 京	15.05	0.02	0.98	1.09	0.04	0.14
天 津	15.32	0.05	0.55	1.09	0.02	0.20
河 北	109.85	2.34	4.56	2.89	0.12	0.87
山 西	3.98		0.06	0.20		0.27
内蒙古	64.25	0.56	1.60	2.05	0.23	0.45
辽 宁	206.82	1.24	5.74	9.94	0.38	2.32
吉 林	196.55	3.20	9.61	11.75	0.76	4.88
黑龙江	77.51	0.79	3.84	3.32	0.21	0.75
上 海	72.96	0.37	3.99	5.06	0.11	0.88
江 苏	618.23	7.44	20.00	21.34	1.79	8.80
浙 江	326.78	3.07	7.93	11.10	0.66	5.83
安 徽	121.79	2.10	3.55	3.54	0.50	1.66
福 建	231.24	2.06	7.34	10.29	0.67	4.14
江 西	102.08	1.43	3.53	3.91	0.46	1.70
山 东	695.21	6.83	16.46	14.83	1.37	7.27
河 南	277.01	4.67	10.44	5.59	0.40	2.49
湖 北	58.18	0.99	3.06	3.62	0.53	0.96
湖 南	190.51	3.83	6.32	8.56	0.96	1.80
广 东	305.91	2.77	7.59	14.11	0.62	2.78
广 西	125.47	0.89	3.33	4.62	0.16	1.84
海 南	6.10	0.05	0.18	0.30	0.01	0.03
重 庆	7.46	0.11	0.25	0.42	0.07	0.09
四 川	88.08	0.86	3.41	3.56	0.25	1.72
贵 州	13.31	0.31	0.36	0.51	0.03	0.29
云 南	15.57	0.08	0.90	1.43	0.07	0.52
西 藏	0.62	0.11	0.02	0.17		
陕 西	4.65	0.27	0.13	0.22	0.01	0.12
甘 肃	0.85	0.01	0.02	0.08		0.01
青 海						
宁 夏	0.11	0.01		0.01		0.01
新 疆	6.53	0.07	0.07	0.30	0.01	0.09

单位：亿元

利息支出	营业利润	利润总额	应交所得税	亏损企业亏损总额	本年应交增值税	全部从业人员年平均人数（万人）
41.95	**333.61**	**294.64**	**35.81**	**18.32**	**152.57**	**131.30**
0.13	-0.76	-0.56	0.03	0.68	0.44	0.36
0.21	0.72	0.57	0.07	0.36	0.89	0.65
0.87	8.18	8.14	1.01	0.31	1.90	2.09
0.25	0.49	0.50	0.06	0.04	0.05	0.09
0.45	13.67	1.97	0.22	0.51	2.16	1.77
1.16	15.36	11.84	1.47	1.33	3.95	4.91
3.82	16.73	14.68	0.73	0.28	4.73	7.71
0.57	9.08	6.76	0.56	1.03	3.94	5.47
0.49	1.32	1.41	0.55	1.93	1.99	2.16
7.69	53.69	48.31	7.98	1.29	33.36	23.03
5.28	17.18	16.94	2.88	1.41	9.22	8.27
1.48	8.47	7.50	1.01	0.96	5.27	4.36
3.34	15.72	11.42	1.13	1.01	7.86	10.61
1.81	12.24	11.61	0.68	0.09	6.47	4.73
4.89	60.18	56.52	7.07	1.10	22.98	17.35
1.87	40.36	39.88	5.10	0.03	11.80	7.79
0.70	5.94	5.35	0.60	0.10	3.58	2.60
1.18	17.39	11.87	0.62	0.09	8.33	5.91
1.96	27.27	27.71	2.77	2.30	12.78	10.29
1.39	5.14	6.13	0.57	0.97	4.79	5.22
0.02	-0.16	-0.06	0.01	0.33	0.20	0.32
0.07	0.38	0.43	0.04	0.03	0.25	0.45
1.38	4.97	4.17	0.44	0.35	3.43	2.69
0.23	-0.02	0.01	0.09	0.52	0.44	0.69
0.49	-1.39	-0.25	0.10	1.09	0.90	1.21
	0.20	0.25			0.18	0.10
0.12	1.02	1.03		0.06	0.38	0.17
0.01	-0.03	0.01			0.04	0.09
0.01	0.05	0.05	0.02		0.01	0.01
0.07	0.21	0.43	0.02	0.10	0.26	0.19

1-B-21 规模以上家具制造业工业

地区	企业单位数（个）	亏损企业	工业总产值（当年价格）	工业销售产值（当年价格）	出口交货值	资产总计
全国	**5386**	**982**	**3072.80**	**3003.72**	**1109.88**	**1941.24**
北京	143	31	47.55	46.56	10.74	60.34
天津	104	32	34.74	33.85	24.09	55.39
河北	104	17	76.26	75.16	4.59	37.40
山西	6	2	1.05	0.95		0.83
内蒙古	10		9.78	8.84	0.38	8.42
辽宁	259	51	197.12	189.18	41.22	111.36
吉林	57	4	22.17	21.54	3.85	11.72
黑龙江	63	17	27.85	27.37	10.20	31.12
上海	345	113	198.44	195.73	81.65	132.05
江苏	328	80	158.21	155.55	85.62	115.00
浙江	812	174	449.91	435.05	287.97	398.05
安徽	90	11	23.84	21.79	0.59	16.43
福建	287	61	160.65	155.18	80.34	103.35
江西	57	5	30.56	30.07	6.88	17.87
山东	601	27	398.77	391.59	72.87	196.86
河南	234	3	146.01	142.85	5.12	32.93
湖北	63	7	19.43	18.94	3.28	16.19
湖南	98	1	67.74	67.43	0.22	22.51
广东	1417	318	831.17	813.84	380.60	464.23
广西	25	4	10.40	9.46	0.74	4.24
海南	8	4	1.66	1.59	1.11	3.51
重庆	52	4	22.85	21.18		15.04
四川	186	5	121.05	124.18	0.19	54.37
贵州	2	1	0.13	0.13		0.40
云南	4	1	0.60	0.57		0.64
西藏						
陕西	12	3	3.94	3.57	0.01	2.71
甘肃	5	3	0.79	0.79		0.48
青海	1		0.20	0.23		0.29
宁夏	4	1	0.63	0.63		0.72
新疆	9	2	9.31	9.90	7.62	26.78

企业主要经济指标

单位：亿元

流动资产合　计	应收账款	存货	产成品	流动资产年平均余额	固定资产合　计	固定资产原　价	累计折旧
1115.53	**241.27**	**395.13**	**134.20**	**1051.31**	**638.59**	**836.00**	**260.26**
40.38	6.98	15.32	4.72	34.47	16.12	18.58	5.20
28.36	5.90	10.33	2.33	23.99	16.93	20.74	6.34
17.15	2.40	6.55	2.65	15.90	15.35	21.17	6.47
0.45	0.11	0.30	0.10	0.38	0.38	0.47	0.20
3.01	1.15	1.33	1.04	2.72	2.35	3.08	0.73
48.97	12.44	20.59	7.06	51.65	46.51	62.60	19.09
4.84	1.01	2.01	0.95	4.70	6.43	7.78	1.91
17.93	2.67	10.72	4.74	17.25	12.05	16.40	4.88
85.47	29.63	30.95	9.16	86.56	35.64	50.16	17.30
62.17	16.55	21.83	7.00	60.35	37.81	51.78	16.95
250.91	53.04	67.48	24.58	235.98	115.13	134.05	32.57
8.94	1.98	3.10	1.77	8.01	4.93	5.84	1.42
62.76	12.58	19.04	5.38	60.13	32.84	42.89	12.72
4.87	1.21	1.13	0.59	4.82	12.35	17.94	6.21
97.22	13.37	31.30	14.27	92.38	78.96	104.89	32.12
15.37	2.95	4.02	1.96	15.41	16.14	17.91	2.26
6.86	1.03	2.20	0.74	7.12	7.70	9.38	2.99
7.81	1.60	2.69	1.17	7.09	9.55	10.85	2.59
296.26	64.51	124.70	34.53	273.33	136.94	196.62	75.38
2.74	0.34	0.72	0.34	2.40	1.10	1.40	0.42
1.94	0.23	1.08	0.29	1.92	1.48	2.26	1.19
10.84	3.41	3.14	1.24	10.29	3.66	5.00	1.51
25.41	3.49	11.36	5.91	22.81	21.90	25.43	6.84
0.19	0.03	0.04	0.02	0.13	0.12	0.15	0.06
0.36	0.03	0.12	0.06	0.37	0.19	0.25	0.12
1.39	0.52	0.44	0.16	1.23	0.92	1.14	0.41
0.28	0.11	0.09	0.03	0.24	0.15	0.19	0.07
0.16	0.01	0.02	0.01	0.16	0.13	0.14	0.02
0.36	0.17	0.12	0.03	0.33	0.34	0.41	0.13
12.15	1.82	2.43	1.39	9.20	4.48	6.53	2.17

1-B-21 续表 1

地 区	固定资产净 值	固定资产净值年平均余额	负债合计	流动负债合 计	所有者权益合计	实收资本
全 国	**575.74**	**557.86**	**1075.22**	**969.37**	**866.06**	**562.96**
北 京	13.38	12.69	39.81	33.05	20.53	16.05
天 津	14.40	14.98	30.59	28.38	24.80	21.65
河 北	14.70	13.85	19.90	16.50	17.49	10.66
山 西	0.27	0.20	0.36	0.36	0.47	0.32
内蒙古	2.35	2.34	5.23	4.40	3.20	1.19
辽 宁	43.51	44.32	44.33	37.91	67.04	22.95
吉 林	5.87	5.92	5.57	3.58	6.15	2.27
黑龙江	11.52	11.23	18.33	16.72	12.78	8.25
上 海	32.86	32.22	80.29	72.64	51.80	37.88
江 苏	34.83	34.24	66.94	63.17	48.06	38.81
浙 江	101.47	100.76	254.53	243.30	143.52	106.38
安 徽	4.42	4.39	8.60	7.74	7.83	4.94
福 建	30.17	27.00	52.33	49.15	51.02	36.98
江 西	11.73	10.94	7.35	5.49	10.51	4.90
山 东	72.77	61.51	97.94	81.58	98.92	47.49
河 南	15.65	15.97	10.89	8.41	22.05	15.90
湖 北	6.39	6.61	8.38	6.72	7.81	4.92
湖 南	8.26	8.67	10.80	8.44	11.71	7.66
广 东	121.25	121.49	256.27	235.18	207.96	148.03
广 西	0.98	0.95	2.38	1.77	1.86	1.52
海 南	1.07	0.95	1.44	0.92	2.07	2.34
重 庆	3.49	3.39	9.13	8.53	5.91	3.55
四 川	18.59	17.33	29.98	23.66	24.39	9.36
贵 州	0.10	0.10	0.33	0.33	0.07	0.08
云 南	0.13	0.14	0.62	0.40	0.02	0.23
西 藏						
陕 西	0.72	0.70	1.02	0.98	1.68	1.17
甘 肃	0.11	0.12	0.35	0.31	0.13	0.09
青 海	0.12	0.13	0.20	0.12	0.09	0.03
宁 夏	0.28	0.28	0.46	0.46	0.26	0.23
新 疆	4.36	4.47	10.88	9.21	15.90	7.16

单位：亿元

国家资本	集体资本	法人资本	个人资本	港澳台资本	外商资本	主营业务收入
8.45	**5.84**	**120.79**	**161.29**	**129.48**	**137.12**	**3001.28**
0.06	0.08	6.30	5.67	1.41	2.54	51.37
6.60		3.26	1.97	1.38	8.44	36.65
0.02	0.03	1.65	5.96	0.31	2.70	73.11
0.05	0.02	0.04	0.22			0.89
	0.07	0.96	0.15			8.43
0.12	0.58	7.17	6.95	0.91	7.23	192.26
	0.02	1.12	0.75	0.08	0.31	20.58
0.75	0.94	2.58	3.25	0.53	0.19	28.16
0.36	1.36	5.56	6.32	6.92	17.36	196.74
	0.28	3.30	8.43	9.47	17.33	153.01
	0.17	20.51	33.26	16.66	35.77	436.17
	0.06	1.31	3.31	0.24	0.03	22.12
0.02	0.08	8.77	8.50	12.48	7.11	154.73
0.02		1.20	2.67	0.77	0.23	30.05
0.08	0.42	21.10	18.97	2.48	4.43	383.96
	0.01	1.48	14.33		0.08	144.04
		1.99	1.89	0.67	0.37	18.83
0.04	0.14	3.82	3.11	0.56		67.35
0.24	0.81	21.13	21.26	71.85	32.74	814.64
		0.37	0.86	0.29		9.36
0.05		0.01	0.18	2.11		1.62
	0.03	1.51	1.77		0.24	21.27
	0.59	2.89	5.80	0.08		120.77
		0.02	0.05			0.16
0.03		0.20	0.01			0.54
	0.16	0.35	0.60	0.05		3.30
			0.09			0.75
			0.03			0.16
		0.10	0.13			0.63
		2.10	4.83	0.23		9.63

1-B-21 续表 2

地 区	主营业务成本	主营业务税金及附加	营业费用	管理费用	税金	财务费用
全 国	**2549.19**	**19.30**	**107.52**	**134.43**	**6.82**	**28.03**
北 京	41.68	0.10	4.18	3.75	0.12	0.49
天 津	31.82	0.03	1.01	2.49	0.09	0.50
河 北	62.12	0.40	2.63	1.86	0.13	0.66
山 西	0.71		0.09	0.07		0.01
内蒙古	5.97	0.15	0.33	0.23	0.02	0.04
辽 宁	160.93	1.40	3.85	11.73	0.66	1.38
吉 林	16.62	0.33	0.54	0.71	0.04	0.17
黑龙江	22.76	0.35	1.37	1.71	0.13	0.36
上 海	168.12	0.13	7.73	13.06	0.24	1.21
江 苏	135.17	0.34	3.95	6.44	0.33	1.42
浙 江	374.99	1.46	17.08	20.84	1.22	8.93
安 徽	17.88	0.32	0.74	1.16	0.19	0.24
福 建	133.39	0.43	5.37	7.16	0.37	2.01
江 西	24.50	0.27	0.60	0.89	0.11	0.22
山 东	324.94	3.51	9.17	8.78	0.82	4.23
河 南	112.17	2.75	10.21	1.94	0.07	1.69
湖 北	13.88	0.31	1.19	1.11	0.20	0.26
湖 南	52.72	0.96	2.67	3.14	0.28	0.51
广 东	710.27	4.98	26.67	40.30	1.33	1.73
广 西	8.13	0.05	0.36	0.33	0.03	0.10
海 南	1.39	0.01	0.05	0.14	0.01	0.04
重 庆	17.19	0.15	1.07	1.07	0.10	0.16
四 川	99.19	0.74	6.00	4.66	0.27	1.37
贵 州	0.13		0.01	0.02		0.02
云 南	0.47		0.02	0.04		
西 藏						
陕 西	2.48	0.07	0.24	0.18	0.01	0.04
甘 肃	0.62		0.03	0.03	0.01	0.01
青 海	0.13		0.01	0.01		
宁 夏	0.51		0.04	0.04		0.01
新 疆	8.33	0.02	0.31	0.56	0.05	0.21

单位：亿元

利息支出	营业利润	利润总额	应　交 所得税	亏损企业 亏损总额	本年应交 增 值 税	全部从业 人 员 年 平均人数 (万人)
23.20	**156.75**	**139.88**	**19.55**	**19.49**	**87.78**	**104.41**
0.43	1.43	1.58	0.25	0.69	1.62	2.09
0.61	0.87	-0.91	0.14	2.34	0.56	1.81
0.53	5.46	5.01	0.33	0.33	1.66	1.57
0.01	0.01	0.01	0.01	0.02	0.02	0.04
0.04	1.71	0.72	0.11		0.17	0.11
0.83	9.90	8.97	1.83	0.84	2.26	3.88
0.13	3.38	1.17	0.09	0.06	0.53	0.71
0.30	1.92	1.55	0.16	0.36	1.11	1.94
0.44	9.25	9.19	1.72	2.27	3.96	5.79
1.01	6.08	5.11	0.56	2.01	4.14	5.74
7.59	14.29	13.18	2.47	3.34	10.89	16.76
0.18	2.14	2.09	0.32	0.05	0.69	0.79
1.36	7.00	4.81	0.69	1.01	3.37	6.22
0.18	2.81	2.58	0.14	0.09	0.96	1.00
3.07	26.73	25.43	3.69	0.45	12.89	8.56
1.51	15.45	15.45	2.09	0.04	3.06	3.14
0.17	1.90	1.77	0.16	0.26	0.94	0.92
0.44	5.28	4.35	0.42	0.09	3.39	1.39
2.69	32.39	29.72	3.21	4.94	29.72	36.39
0.09	0.31	0.31	0.04	0.02	0.19	0.40
0.04	-0.09	-0.08	0.01	0.13	0.02	0.19
0.16	1.42	1.37	0.19	0.02	0.56	0.55
1.20	6.93	6.40	0.93	0.02	4.86	3.60
0.01	-0.01	-0.01		0.02	0.01	0.02
					0.02	0.05
0.04	0.21	0.06	0.01	0.02	0.09	0.24
0.01	0.01	0.02			0.02	0.12
	0.01	0.01			0.01	0.01
0.01	0.01	0.01		0.01	0.03	0.03
0.12	-0.03	0.02		0.05	0.06	0.34

1-B-22 规模以上造纸及纸制品业

地 区	企业单位数(个)	亏损企业	工业总产值(当年价格)	工业销售产值(当年价格)	出口交货值	资产总计
全 国	**10011**	**1642**	**7873.87**	**7651.68**	**536.24**	**7448.77**
北 京	142	47	71.27	72.03	3.51	70.37
天 津	197	49	65.92	65.55	1.67	57.08
河 北	305	62	259.33	256.94	1.06	153.74
山 西	28	7	11.34	11.31	0.09	12.10
内蒙古	36	7	38.85	36.94		28.66
辽 宁	355	48	158.27	153.78	6.14	123.83
吉 林	75	14	63.96	59.71	0.18	64.32
黑龙江	82	18	48.44	45.79		68.31
上 海	399	99	213.29	211.50	25.34	201.18
江 苏	977	130	964.01	942.08	99.53	1032.69
浙 江	1522	296	865.27	835.73	44.34	915.16
安 徽	196	30	118.79	109.25	1.64	106.23
福 建	610	95	363.73	351.09	17.22	340.84
江 西	155	6	101.34	100.25	8.49	85.30
山 东	1010	65	1512.93	1474.07	52.48	1373.77
河 南	433	13	679.35	670.95	1.48	339.25
湖 北	250	46	146.41	141.79	1.16	104.58
湖 南	363	13	267.05	261.88	0.84	339.40
广 东	1858	364	1324.35	1283.90	267.91	1161.05
广 西	226	58	110.60	102.80	1.91	141.45
海 南	16	7	69.04	64.69	0.73	225.97
重 庆	128	21	58.33	55.34	0.11	90.25
四 川	368	51	198.16	192.66	0.40	153.57
贵 州	41	17	11.05	9.41		35.19
云 南	81	27	42.32	40.92		57.32
西 藏						
陕 西	77	23	48.94	43.63		38.74
甘 肃	24	5	8.14	7.69		11.69
青 海	2	2	0.11	0.10		0.14
宁 夏	18	5	39.43	36.28		91.35
新 疆	37	17	13.83	13.60		25.24

工业企业主要经济指标

单位：亿元

流动资产合计	应收账款	存货	产成品	流动资产年平均余额	固定资产合计	固定资产原价	累计折旧
3117.59	**792.16**	**827.29**	**367.45**	**3012.11**	**3389.41**	**4473.60**	**1372.39**
41.93	12.71	13.72	4.18	41.00	22.29	31.26	10.04
29.89	9.80	9.86	3.72	28.84	24.69	35.36	12.13
54.12	14.15	21.10	10.25	53.53	90.43	107.77	33.06
5.26	1.11	1.80	0.62	4.98	6.28	7.81	1.81
13.20	2.19	4.34	2.49	12.47	13.98	16.62	3.20
46.01	14.75	12.02	5.55	46.07	57.75	75.63	22.00
17.95	3.03	9.23	4.81	16.68	43.10	51.97	11.65
24.85	5.52	8.42	4.10	25.55	37.63	47.54	12.99
103.10	43.89	25.18	8.12	99.72	82.35	127.94	48.97
369.61	117.32	89.06	36.91	365.75	533.77	738.16	251.24
491.81	136.20	103.21	53.54	475.16	329.05	452.16	139.83
40.19	10.34	12.51	5.63	40.33	51.70	65.67	15.73
167.72	53.43	44.44	18.42	161.19	126.98	192.11	73.40
23.09	5.13	8.88	4.73	22.44	57.93	77.47	22.46
564.23	91.46	136.78	68.99	510.58	619.31	765.79	218.35
131.15	19.27	33.23	14.77	116.00	174.72	195.64	35.44
46.29	17.22	13.92	5.37	42.27	49.48	70.04	27.82
91.41	21.92	26.69	14.52	97.92	148.06	173.67	59.88
539.47	166.43	164.33	63.66	558.72	509.17	729.32	248.71
48.92	7.59	14.19	5.35	47.55	80.34	101.52	29.17
93.89	5.89	12.86	1.64	88.73	109.57	122.66	13.19
24.79	5.24	6.37	4.13	18.78	56.54	62.91	7.40
57.05	11.75	19.17	8.54	53.75	76.40	98.38	29.34
7.62	0.86	2.85	1.35	6.78	1.83	2.56	0.89
27.30	5.37	9.97	4.39	24.51	23.92	41.90	19.02
13.58	2.77	7.05	3.88	13.10	22.77	27.03	6.34
4.42	0.61	2.21	1.14	4.04	4.79	7.08	3.05
0.02	0.01	0.01		0.02	0.12	0.08	0.02
26.86	4.93	9.37	3.92	24.31	24.53	32.21	9.43
11.85	1.29	4.53	2.75	11.35	9.92	15.34	5.81

1-B-22 续表 1

地区	固定资产净值	固定资产净值年平均余额	负债合计	流动负债合计	所有者权益合计	实收资本
全国	**3101.22**	**3040.97**	**4299.34**	**3259.94**	**3141.99**	**2005.72**
北京	21.22	21.45	41.59	39.12	28.78	18.36
天津	23.22	23.86	30.94	26.27	26.14	24.33
河北	74.71	78.25	87.14	58.27	66.60	48.29
山西	6.00	6.09	6.18	5.02	5.92	2.85
内蒙古	13.41	12.60	16.59	15.91	12.06	10.30
辽宁	53.63	51.30	69.25	56.11	54.58	26.27
吉林	40.32	39.62	35.58	28.73	28.74	24.71
黑龙江	34.55	30.37	28.73	22.99	32.14	24.52
上海	78.98	80.34	114.67	102.42	86.52	76.40
江苏	486.92	480.79	624.43	500.13	408.25	338.12
浙江	312.33	307.82	595.10	505.11	320.06	204.74
安徽	49.94	41.20	62.61	46.07	43.63	20.61
福建	118.71	120.16	165.46	141.45	175.38	112.25
江西	55.01	54.17	40.80	20.16	44.50	32.99
山东	547.43	538.13	718.89	535.83	654.88	243.73
河南	160.20	154.90	158.96	110.42	180.28	91.87
湖北	42.22	43.50	53.75	46.44	50.83	29.92
湖南	113.79	142.20	215.55	65.26	123.84	70.08
广东	480.61	446.86	681.49	576.05	479.56	359.45
广西	72.35	68.57	84.02	48.34	57.43	51.69
海南	109.47	108.04	150.03	107.82	75.94	66.31
重庆	55.51	41.58	58.47	31.30	31.78	24.82
四川	69.04	67.41	97.75	72.84	55.81	35.79
贵州	1.67	1.42	25.65	7.95	9.55	8.72
云南	22.88	23.51	30.48	20.02	26.83	20.76
西藏						
陕西	20.69	20.97	20.23	13.44	18.51	11.80
甘肃	4.03	4.45	7.49	5.90	4.20	1.89
青海	0.06	0.10	0.07		0.07	0.06
宁夏	22.78	21.80	60.16	35.84	31.19	19.45
新疆	9.53	9.49	17.25	14.74	7.99	4.66

单位：亿元

国家资本	集体资本	法人资本	个人资本	港澳台资本	外商资本	主营业务收入
138.39	**63.87**	**549.48**	**401.25**	**317.34**	**535.39**	**7501.23**
0.24	0.57	4.57	3.55	1.82	7.60	76.10
7.28	0.76	3.77	4.17	2.57	5.78	68.36
1.70	2.74	16.29	15.22	3.80	8.55	248.01
0.03		1.40	1.41	0.01		10.98
0.89	0.03	2.78	2.97		3.64	37.88
1.16	0.52	5.04	14.03	2.89	2.63	154.37
	0.07	22.71	1.81		0.12	59.27
2.59	0.30	6.61	5.26	4.19	5.57	46.92
0.12	1.32	10.76	4.84	17.46	41.90	212.63
2.45	1.32	25.80	23.11	24.12	261.32	869.99
2.39	1.16	88.12	72.28	24.35	16.44	825.61
0.95	0.96	3.78	11.21	2.15	1.57	120.76
11.10	2.09	24.45	32.80	25.13	16.69	349.43
0.20	0.06	15.14	7.75	1.93	7.91	98.54
7.74	8.92	70.26	63.21	34.97	58.63	1463.45
5.97	27.60	24.52	33.33	0.12	0.33	637.70
0.54	0.74	11.18	12.56	0.85	4.05	139.52
21.63	0.42	29.46	12.79	0.37	5.41	260.51
19.43	8.39	77.87	34.92	143.91	74.93	1263.76
14.97	0.74	15.50	13.16	3.94	3.38	102.29
0.15	0.04	63.97	0.35		1.79	61.74
0.09	0.07	2.34	3.48	18.16	0.68	56.24
1.60	1.31	10.38	13.65	3.90	4.95	187.03
7.28	0.17	0.60	0.61	0.06		9.28
11.28	1.57	3.86	2.55	0.59	0.92	41.32
0.28	1.77	3.25	6.28		0.21	42.12
0.02	0.06	1.52	0.30			7.41
		0.06				0.10
14.56	0.01	1.66	3.17	0.04	0.01	35.22
1.73	0.15	1.83	0.53	0.03	0.38	14.69

1-B-22 续表 2

地区	主营业务成本	主营业务税金及附加	营业费用	管理费用	税金	财务费用
全国	**6488.90**	**41.77**	**193.07**	**246.74**	**17.58**	**121.37**
北京	61.32	0.05	2.46	3.65	0.13	0.12
天津	61.52	0.14	1.52	2.74	0.07	0.84
河北	213.28	1.15	6.40	7.68	0.50	2.67
山西	9.51	0.03	0.31	0.42	0.05	0.25
内蒙古	32.29	0.25	0.65	1.24	0.23	0.35
辽宁	133.58	0.95	3.00	5.91	0.30	1.49
吉林	51.59	0.17	1.84	2.38	0.20	1.22
黑龙江	39.44	0.20	2.37	2.34	0.11	0.71
上海	185.30	0.15	9.06	11.60	0.44	2.78
江苏	735.36	3.21	29.03	29.69	1.73	13.68
浙江	734.01	2.97	16.54	29.81	2.02	21.39
安徽	102.03	1.28	2.56	3.88	0.29	2.54
福建	299.41	1.99	10.35	13.27	1.06	4.43
江西	82.51	1.50	2.21	2.16	0.31	1.31
山东	1270.62	6.83	35.47	35.18	2.64	27.43
河南	524.48	4.98	16.23	10.52	0.71	6.41
湖北	118.30	1.37	4.21	4.60	0.63	1.56
湖南	215.76	4.54	7.69	10.49	1.93	5.56
广东	1139.41	6.58	25.40	46.54	2.58	9.86
广西	90.82	0.42	1.83	5.42	0.24	2.36
海南	47.87	0.01	4.16	1.51	0.01	6.63
重庆	47.55	0.42	1.42	1.65	0.15	0.89
四川	164.78	1.70	4.40	6.99	0.81	2.53
贵州	9.56	0.04	0.22	0.96	0.10	0.39
云南	32.96	0.15	1.75	2.84	0.11	0.67
西藏						
陕西	37.26	0.46	0.68	1.08	0.12	0.72
甘肃	6.47	0.03	0.13	0.31	0.02	0.09
青海	0.06					
宁夏	29.19	0.12	0.88	0.91	0.06	2.12
新疆	12.67	0.10	0.29	0.98	0.04	0.35

单位：亿元

利息支出	营业利润	利润总额	应　交 所得税	亏损企业 亏损总额	本年应交 增 值 税	全部从业 人 员 年 平均人数 (万人)
130.93	**457.68**	**434.80**	**56.65**	**49.97**	**263.68**	**151.92**
0.23	8.70	8.76	1.19	1.14	3.72	1.25
0.87	1.58	1.34	0.40	1.51	2.69	1.74
2.44	14.85	14.49	1.56	2.07	9.92	5.37
0.24	0.52	0.61	0.16	0.04	0.24	0.56
0.12	4.25	0.69	0.17	0.89	1.14	0.85
1.01	6.67	5.68	0.82	1.68	3.24	3.80
1.12	2.51	1.56	0.11	0.40	1.84	1.41
0.84	1.68	1.12	0.35	1.37	2.22	1.64
2.43	5.31	5.67	1.26	3.91	7.00	3.95
21.52	63.74	59.05	5.99	4.65	30.06	13.11
22.16	28.06	29.70	4.02	5.41	26.35	15.63
2.18	8.81	6.73	0.85	0.33	4.60	2.61
4.65	22.64	22.70	2.70	1.79	11.31	9.16
1.22	8.92	8.23	0.51	0.04	3.74	2.52
28.32	105.27	101.93	17.57	2.97	47.91	21.41
5.25	78.62	78.62	8.90	0.25	27.22	9.89
1.52	12.46	10.73	0.91	0.76	5.46	3.26
4.68	15.15	13.63	0.87	0.28	11.08	5.61
14.04	44.01	39.24	5.18	13.31	39.54	30.09
1.93	1.84	1.48	0.47	2.65	3.41	3.29
6.68	4.19	5.25	0.01	0.29	4.10	0.60
0.80	2.98	2.71	0.33	0.26	1.48	1.50
2.14	9.66	8.78	1.08	0.68	9.09	5.77
0.36	-1.88	-1.82	0.08	2.07	0.22	0.33
0.93	3.23	3.56	0.54	0.34	2.12	1.38
0.71	1.12	1.15	0.24	0.42	1.15	2.31
0.08	0.22	0.24	0.08	0.07	0.28	0.73
	-0.01	-0.01		0.01		0.01
2.10	2.00	2.03	0.12	0.08	1.64	1.53
0.35	0.55	0.94	0.17	0.28	0.92	0.62

1-B-23 规模以上印刷业和记录媒介的

地区	企业单位数（个）	亏损企业	工业总产值（当年价格）	工业销售产值（当年价格）	出口交货值	资产总计
全国	**6481**	**1035**	**2685.01**	**2627.34**	**261.60**	**2643.08**
北京	335	78	119.95	119.99	1.54	185.37
天津	110	17	31.56	31.08	0.41	48.43
河北	112	26	87.04	83.35	0.75	64.51
山西	23	10	8.82	8.08		12.41
内蒙古	23	6	5.85	6.00		5.65
辽宁	203	46	84.18	82.59	2.71	69.42
吉林	62	8	16.91	16.09	1.65	40.44
黑龙江	60	19	13.61	13.03		20.64
上海	461	99	188.92	187.71	20.39	226.76
江苏	656	81	218.13	212.70	29.83	219.14
浙江	926	106	256.19	252.75	27.97	315.79
安徽	150	22	67.24	65.24	0.85	61.15
福建	234	41	77.06	78.10	8.77	72.74
江西	84	8	59.62	58.71	1.33	48.71
山东	457	42	232.71	230.11	7.89	133.37
河南	206	12	117.20	114.93	0.24	61.92
湖北	168	30	76.50	74.50	1.79	72.38
湖南	147	13	79.24	79.49	0.08	53.67
广东	1447	259	652.62	630.56	152.81	617.88
广西	71	14	31.44	29.64	0.02	25.15
海南	16	8	4.21	4.20		5.52
重庆	81	11	37.71	37.16		50.90
四川	229	24	108.12	104.31	2.55	87.28
贵州	28	10	10.09	10.09		14.23
云南	64	9	44.41	44.20	0.01	59.17
西藏	6	1	0.92	0.88		2.46
陕西	50	18	39.23	36.76		45.67
甘肃	21	5	4.71	4.77		7.75
青海	10	6	2.53	2.39		2.71
宁夏	10	2	2.76	2.58		3.27
新疆	31	4	5.51	5.35		8.55

复制工业企业主要经济指标

单位：亿元

流动资产合计	应收账款	存货		流动资产年平均余额	固定资产合计	固定资产原价	累计折旧
			产成品				
1312.24	**385.29**	**317.22**	**109.65**	**1253.86**	**1075.46**	**1662.09**	**683.40**
85.58	16.38	26.20	8.57	81.96	89.63	142.65	62.69
22.30	7.39	3.86	1.51	25.17	16.23	26.14	11.72
27.16	6.71	9.71	4.72	25.26	31.78	49.33	19.82
6.95	1.64	1.58	0.66	6.68	4.35	9.39	5.54
2.21	0.60	0.92	0.21	2.09	3.05	3.94	1.19
29.39	8.31	5.78	2.43	28.65	28.69	47.99	19.98
13.12	2.88	2.34	0.92	11.75	10.32	15.76	5.79
8.53	2.56	2.71	0.96	7.56	11.78	17.33	10.96
115.60	40.51	25.38	7.04	109.45	90.21	146.80	62.78
113.54	44.66	20.28	8.74	107.25	92.37	135.90	50.52
169.49	54.24	22.31	8.38	160.80	107.30	151.47	51.09
31.60	8.17	6.86	3.01	27.05	24.76	32.62	10.71
38.28	11.08	9.46	3.61	34.85	28.33	42.22	16.15
13.00	2.33	4.54	1.92	13.43	31.40	52.24	21.72
59.90	16.18	17.81	8.32	57.48	62.64	90.20	33.90
28.58	6.10	6.55	2.69	27.18	28.48	39.65	11.75
36.21	7.19	15.11	4.99	33.56	30.58	37.10	15.20
27.19	6.96	7.24	3.34	27.02	22.39	35.31	15.44
342.05	111.88	86.62	23.01	328.92	225.28	369.24	159.57
11.78	3.86	4.27	1.87	11.15	10.31	15.39	5.85
2.63	0.98	0.37	0.08	2.87	2.32	3.57	1.45
24.52	4.79	4.95	1.63	22.27	22.34	22.15	7.05
34.01	7.79	13.15	4.63	34.24	43.14	70.39	30.93
7.41	1.59	1.45	0.55	6.68	5.24	8.17	3.80
33.27	4.05	9.03	3.10	32.69	20.24	43.55	24.65
0.63	0.05	0.25	0.05	0.65	1.62	2.13	0.51
17.11	3.52	5.51	2.00	17.27	19.84	33.93	15.36
3.51	0.76	0.94	0.25	3.35	3.70	6.35	2.92
1.16	0.49	0.31	0.02	1.13	1.39	2.03	0.70
1.95	0.55	0.90	0.23	1.98	1.13	1.62	0.62
3.57	1.11	0.81	0.19	3.49	4.60	7.52	3.06

1-B-23 续表 1

地区	固定资产净值	固定资产净值年平均余额	负债合计	流动负债合计	所有者权益合计	实收资本
全国	**978.69**	**952.03**	**1307.67**	**1136.22**	**1335.41**	**812.86**
北京	79.97	74.82	85.98	72.01	99.39	75.25
天津	14.43	13.74	24.98	23.02	23.45	16.61
河北	29.51	25.97	30.74	25.05	33.77	19.19
山西	3.85	4.49	6.29	5.24	6.12	4.40
内蒙古	2.75	2.80	2.68	2.58	2.97	1.85
辽宁	28.01	27.76	32.05	21.61	37.37	22.55
吉林	9.97	9.58	19.75	16.84	20.69	7.54
黑龙江	6.37	6.41	12.95	7.08	7.68	4.37
上海	84.02	83.77	102.06	92.42	124.70	83.94
江苏	85.38	85.78	121.61	109.33	97.53	59.14
浙江	100.37	98.50	181.36	170.66	134.43	72.99
安徽	21.91	20.37	30.04	26.96	31.11	15.30
福建	26.07	25.96	35.00	31.57	37.74	22.52
江西	30.52	29.68	15.86	10.38	32.85	21.53
山东	56.31	54.50	64.31	54.59	69.06	33.83
河南	27.90	25.13	24.06	19.47	37.86	23.85
湖北	21.90	20.63	39.73	30.43	32.65	17.22
湖南	19.88	19.53	21.61	17.83	32.06	14.09
广东	209.67	209.79	311.26	276.63	306.62	199.53
广西	9.54	9.46	13.42	10.67	11.73	7.02
海南	2.11	1.56	1.99	1.88	3.53	2.22
重庆	15.10	14.04	32.52	28.21	18.38	10.79
四川	39.46	36.47	38.99	31.62	48.29	26.05
贵州	4.38	4.48	6.00	5.56	8.22	6.36
云南	18.90	18.48	26.07	22.71	33.10	18.67
西藏	1.61	1.49	0.58	0.46	1.88	1.56
陕西	18.58	17.04	15.38	12.22	30.29	18.00
甘肃	3.43	3.37	3.20	2.76	4.55	1.67
青海	1.33	1.34	1.12	1.09	1.59	0.94
宁夏	1.01	0.94	2.09	2.06	1.18	1.15
新疆	4.46	4.16	3.94	3.24	4.61	2.71

单位：亿元

国家资本	集体资本	法人资本	个人资本	港澳台资本	外商资本	主营业务收入
98.65	**28.84**	**255.05**	**198.94**	**156.79**	**74.59**	**2593.35**
11.14	2.12	39.49	10.40	5.25	6.85	123.05
2.92	1.42	3.38	5.55	1.88	1.46	32.39
7.87	0.64	5.47	3.89	0.16	1.16	81.03
1.68	0.09	0.74	0.83		1.06	8.04
0.83	0.23	0.34	0.43		0.01	5.68
5.17	0.72	9.33	4.30	0.07	2.95	82.91
0.89	0.51	1.23	3.01	0.91	0.99	15.82
1.09	0.42	1.17	1.57	0.12		13.24
6.68	4.49	34.32	8.79	16.31	13.36	192.70
2.77	2.05	8.56	20.11	11.17	14.48	210.97
3.31	0.40	22.98	37.41	4.36	4.54	251.36
0.58	1.94	4.77	6.54	0.69	0.78	62.40
1.87	0.18	7.24	8.19	2.90	2.14	77.09
0.89	0.16	18.08	1.81	0.37	0.23	57.62
3.65	1.46	9.93	11.72	4.35	2.73	223.20
1.84	1.02	7.31	12.69	0.82	0.16	110.39
1.50	0.68	7.22	5.84	1.74	0.25	70.86
0.47	0.31	5.48	5.68	1.29	0.86	77.93
10.57	4.95	41.22	30.07	94.99	17.74	623.58
1.72	0.22	2.11	2.18	0.76	0.02	27.62
0.64		1.07	0.27	0.02	0.22	3.35
0.92	0.03	6.48	2.75	0.56	0.04	35.47
13.01	1.78	3.90	5.35	1.46	0.56	101.18
1.35		3.37	0.26	1.38		9.38
3.70	0.72	5.86	3.78	3.77	0.84	43.92
1.16	0.03	0.05	0.33			0.94
7.75	2.05	2.11	4.02	1.46	0.62	35.87
1.22	0.06	0.15	0.24			4.68
0.21	0.06	0.08	0.05		0.54	2.39
	0.06	0.70	0.38			2.62
1.23	0.04	0.92	0.51			5.69

1-B-23 续表 2

地 区	主营业务成 本	主营业务税金及附加	营业费用	管理费用		财务费用
					税金	
全 国	**2139.58**	**15.70**	**62.69**	**166.60**	**6.76**	**26.68**
北 京	96.93	0.51	3.14	15.32	0.41	0.86
天 津	27.02	0.09	0.82	4.95	0.07	0.41
河 北	67.88	0.45	1.47	4.34	0.13	0.77
山 西	7.03	0.04	0.13	0.83	0.02	0.11
内蒙古	4.80	0.06	0.12	0.38	0.01	0.07
辽 宁	69.08	0.62	2.73	5.88	0.32	0.69
吉 林	12.44	0.11	0.33	1.56	0.05	0.56
黑龙江	10.67	0.09	0.49	1.20	0.03	0.04
上 海	156.13	0.44	4.98	17.10	0.25	2.06
江 苏	170.64	0.87	5.65	12.64	0.49	3.39
浙 江	213.40	1.22	5.05	13.64	0.63	5.07
安 徽	51.52	0.48	1.91	3.16	0.30	0.68
福 建	65.74	0.45	1.49	4.60	0.27	0.93
江 西	47.43	0.66	0.70	2.71	0.16	0.29
山 东	187.43	1.91	4.58	8.70	0.47	2.14
河 南	90.40	1.02	3.39	3.39	0.23	0.89
湖 北	55.08	1.37	2.58	5.33	0.45	0.79
湖 南	60.49	0.82	2.24	3.87	0.24	0.49
广 东	534.35	2.64	14.69	34.95	1.35	3.51
广 西	21.95	0.13	0.43	1.95	0.03	0.45
海 南	2.55	0.02	0.09	0.32		
重 庆	28.69	0.19	1.12	2.49	0.08	0.49
四 川	79.21	0.91	2.45	6.89	0.33	1.01
贵 州	6.58	0.11	0.18	0.67	0.02	0.17
云 南	31.67	0.11	0.62	3.62	0.16	0.45
西 藏	1.15	0.01		0.24	0.01	
陕 西	27.01	0.29	0.90	3.76	0.21	0.15
甘 肃	3.69	0.05	0.18	0.82	0.01	0.04
青 海	1.74		0.09	0.28		0.02
宁 夏	2.31		0.03	0.19	0.01	0.06
新 疆	4.58	0.03	0.08	0.82	0.02	0.10

单位：亿元

利息支出	营业利润	利润总额	应 交 所得税	亏损企业 亏损总额	本年应交 增 值 税	全部从业 人 员 年 平均人数 (万人)
23.66	**196.94**	**200.67**	**30.66**	**16.53**	**110.78**	**82.03**
0.76	9.03	9.75	1.64	1.63	6.62	4.69
0.43	-1.44	1.95	0.33	0.16	1.21	1.07
0.65	7.15	7.27	1.24	0.45	3.65	2.06
0.11	0.01	0.03	0.09	0.29	0.42	0.54
0.04	0.29	0.24	0.01	0.09	0.20	0.22
0.48	3.64	3.23	0.54	0.77	1.99	1.69
0.55	0.83	0.91	0.18	0.36	0.58	0.64
	1.15	0.99	0.19	0.22	0.78	0.82
1.62	13.78	15.28	2.68	2.12	8.47	5.03
2.79	19.10	18.70	3.03	1.43	8.84	6.75
4.74	14.79	16.18	2.81	1.06	8.95	7.44
0.60	4.94	5.55	0.79	0.14	2.33	1.89
0.70	4.67	4.39	0.75	0.62	2.66	2.79
0.24	5.68	4.97	0.89	0.30	2.33	1.30
1.93	16.14	15.63	2.32	0.64	10.30	5.42
0.66	11.06	11.08	1.40	0.10	4.39	2.25
0.68	6.96	6.08	0.48	0.26	2.68	2.29
0.35	10.54	8.82	1.16	0.12	3.97	1.60
3.60	37.49	36.86	4.77	4.22	25.58	25.17
0.39	3.19	3.26	0.57	0.15	1.08	0.90
-0.01	0.38	0.39	0.05	0.07	0.17	0.14
0.53	3.22	4.41	0.35	0.19	1.54	1.00
0.84	10.99	10.12	1.92	0.38	5.68	2.56
0.15	1.70	1.88	0.34	0.13	0.68	0.37
0.42	7.64	7.85	1.12	0.20	3.05	1.19
	-0.31	0.03		0.01	0.02	0.11
0.21	4.00	4.10	0.92	0.32	1.98	1.13
0.03	-0.04	0.19	0.03	0.05	0.25	0.42
	0.07	0.11		0.02	0.04	0.12
0.04	0.05	0.04	0.01	0.03	0.04	0.14
0.10	0.25	0.37	0.05	0.02	0.27	0.32

1-B-24 规模以上文教体育用品制造业

地区	企业单位数（个）	亏损企业	工业总产值（当年价格）	工业销售产值（当年价格）	出口交货值	资产总计
全国	**4797**	**994**	**2498.39**	**2429.68**	**1377.90**	**1595.33**
北京	44	15	16.56	16.09	7.44	23.91
天津	76	20	39.83	39.26	26.22	28.74
河北	50	7	18.03	17.73	3.86	7.86
山西	12	4	6.32	6.44	2.41	11.06
内蒙古						
辽宁	68	12	23.91	23.45	9.40	18.44
吉林	14	3	3.56	3.47	0.52	3.18
黑龙江	33	5	4.60	4.12	0.82	5.39
上海	301	115	165.80	159.49	94.61	132.51
江苏	816	90	398.31	388.85	183.51	214.09
浙江	1123	207	386.93	375.25	212.01	326.11
安徽	163	41	33.12	31.74	12.66	22.68
福建	228	56	131.35	127.16	84.21	87.00
江西	71	8	30.89	30.64	10.64	22.19
山东	404	51	302.82	299.98	104.50	123.80
河南	44	2	25.78	24.80	2.02	8.74
湖北	17		7.96	7.68	0.79	5.55
湖南	31		16.32	16.11	0.37	4.74
广东	1266	351	873.38	846.99	619.14	541.24
广西	14	4	7.58	5.29	2.34	6.11
海南						
重庆	6	1	0.46	0.43		0.36
四川	9	1	2.58	2.52	0.38	0.68
贵州	3		0.71	0.65		0.38
云南						
西藏						
陕西	2		1.21	1.21		0.41
甘肃	2	1	0.38	0.36	0.05	0.17
青海						
宁夏						
新疆						

工业企业主要经济指标

单位：亿元

流动资产合计	应收账款	存货	产成品	流动资产年平均余额	固定资产合计	固定资产原价	累计折旧
944.46	**242.18**	**341.19**	**102.33**	**894.30**	**494.18**	**720.70**	**264.48**
14.99	2.67	8.24	2.42	15.20	7.52	9.74	2.42
17.69	3.83	6.88	1.42	17.99	8.89	17.80	9.36
3.64	0.78	1.64	0.83	3.63	3.42	4.22	0.95
6.53	2.09	1.55	0.87	6.08	3.33	4.12	1.27
10.57	2.87	4.78	1.56	10.15	6.23	8.99	2.99
1.71	0.28	0.46	0.27	0.91	1.31	1.52	0.26
3.75	0.98	1.58	0.64	3.72	1.10	1.73	0.73
82.79	19.54	33.38	12.07	80.60	34.29	51.65	19.58
125.79	29.28	35.11	12.38	122.57	67.77	89.17	27.99
192.73	43.84	47.78	16.97	181.43	90.13	112.40	30.02
12.46	3.50	3.95	1.53	10.89	7.21	9.52	2.71
55.80	14.81	19.95	5.49	53.60	24.01	36.88	14.36
6.80	2.17	2.62	0.96	7.06	12.21	17.58	7.03
63.52	12.73	24.37	9.26	59.31	46.87	63.40	20.03
4.51	1.00	1.80	0.92	3.80	4.05	4.31	0.53
3.40	0.75	1.09	0.28	3.10	1.21	1.69	0.53
1.79	0.63	0.60	0.39	1.73	1.72	1.83	0.37
334.03	100.11	144.36	33.34	310.74	167.59	279.04	122.43
1.04	0.20	0.55	0.36	0.91	4.33	3.85	0.55
0.10	0.02	0.03	0.02	0.08	0.25	0.33	0.08
0.36	0.09	0.15	0.09	0.38	0.30	0.41	0.14
0.18	0.01	0.14	0.09	0.20	0.15	0.18	0.03
0.20	0.03	0.17	0.15	0.16	0.21	0.22	0.04
0.06		0.01		0.06	0.08	0.14	0.10

1-B-24 续表 1

地 区						
	固定资产净值	固定资产净值年平均余额	负债合计	流动负债合计	所有者权益合计	实收资本
全 国	**456.22**	**448.11**	**849.08**	**772.22**	**746.25**	**518.03**
北 京	7.32	7.76	15.00	13.66	8.91	5.27
天 津	8.44	8.67	10.70	10.51	18.04	10.74
河 北	3.26	3.37	3.81	2.86	4.05	1.91
山 西	2.85	2.79	6.85	6.08	4.21	1.86
内蒙古						
辽 宁	6.00	5.93	12.41	8.18	6.03	4.64
吉 林	1.26	1.28	1.62	1.38	1.56	0.68
黑龙江	0.99	0.96	3.66	3.47	1.74	1.62
上 海	32.07	32.97	75.01	70.67	57.51	43.09
江 苏	61.18	61.65	117.53	108.60	96.56	59.44
浙 江	82.38	80.78	184.75	174.87	141.36	88.85
安 徽	6.81	6.53	13.48	11.24	9.20	5.77
福 建	22.52	22.31	41.61	40.39	45.38	36.60
江 西	10.55	10.08	8.39	5.25	13.80	10.94
山 东	43.38	41.07	59.07	49.77	64.74	33.49
河 南	3.78	3.35	3.67	2.55	5.07	3.14
湖 北	1.16	1.18	3.03	2.55	2.52	1.12
湖 南	1.46	1.70	1.34	0.90	3.40	1.74
广 东	156.61	153.33	283.71	257.23	257.53	204.80
广 西	3.30	1.63	2.51	1.37	3.60	1.63
海 南						
重 庆	0.25	0.26	0.08	0.07	0.28	0.17
四 川	0.26	0.12	0.38	0.36	0.30	0.16
贵 州	0.15	0.15	0.14	0.14	0.23	0.17
云 南						
西 藏						
陕 西	0.18	0.21	0.26	0.05	0.15	0.13
甘 肃	0.04	0.04	0.08	0.08	0.09	0.09
青 海						
宁 夏						
新 疆						

单位：亿元

国家资本	集体资本	法人资本	个人资本	港澳台资本	外商资本	主营业务收入
11.46	**5.39**	**71.76**	**83.51**	**198.03**	**147.90**	**2414.04**
	0.11	3.47	0.48	0.15	1.06	19.95
0.07	0.48	0.94	1.46	0.25	7.55	38.55
		0.61	0.76	0.44	0.10	16.82
0.23	0.02	0.01	1.58		0.02	6.54
0.23	0.05	0.50	0.60	0.34	2.92	23.61
		0.22	0.32		0.13	3.43
0.51		0.27	0.22		0.62	4.25
1.27	0.79	9.42	3.65	7.22	20.76	163.89
	0.15	4.18	13.53	20.17	21.40	386.10
0.09	0.29	13.58	31.71	17.86	25.33	372.32
0.10	0.28	1.25	2.83	0.48	0.84	31.08
	0.13	3.73	2.49	15.74	14.51	126.28
		2.23	2.18	6.26	0.27	30.35
0.23	0.42	9.66	9.83	0.72	12.63	293.91
	0.01	1.46	1.19	0.36	0.12	23.94
	0.02	0.06	0.36	0.21	0.48	7.61
	0.03	0.62	0.93	0.09	0.07	15.86
8.73	2.51	19.37	8.65	126.67	38.87	840.23
		0.10	0.38	0.92	0.23	4.31
			0.17			0.42
		0.05	0.10	0.01		2.35
		0.02	0.01	0.14		0.66
	0.05		0.08			1.21
	0.05	0.03	0.01			0.34

1-B-24 续表 2

地区	主营业务成本	主营业务税金及附加	营业费用	管理费用		财务费用
					税金	
全国	**2110.87**	**21.00**	**57.28**	**122.81**	**5.48**	**19.64**
北京	16.89	0.03	1.34	1.67	0.06	0.23
天津	33.49	0.05	1.18	1.90	0.08	0.41
河北	15.50	0.04	0.23	0.35	0.03	0.11
山西	5.88	0.02	0.41	0.39	0.01	0.25
内蒙古						
辽宁	20.24	0.14	0.55	1.26	0.08	0.25
吉林	2.98	0.04	0.06	0.12		0.04
黑龙江	3.75	0.02	0.08	0.21	0.01	-0.01
上海	146.32	0.13	5.85	11.38	0.21	1.58
江苏	337.36	1.25	9.42	16.07	0.52	3.06
浙江	321.02	1.30	10.88	19.59	1.14	7.31
安徽	26.03	0.26	1.10	1.51	0.13	0.28
福建	111.77	0.33	3.17	6.43	0.42	0.62
江西	26.03	0.35	0.59	0.92	0.07	0.21
山东	251.43	2.45	6.26	9.28	0.87	2.24
河南	19.69	0.40	1.10	0.94	0.03	0.25
湖北	6.21	0.14	0.19	0.36	0.04	0.13
湖南	12.94	0.28	0.59	0.69	0.05	0.15
广东	746.28	13.61	13.78	48.92	1.71	2.50
广西	3.04	0.08	0.37	0.64	0.01	0.03
海南						
重庆	0.29	0.01	0.01	0.03		
四川	2.02	0.02	0.06	0.07	0.01	0.01
贵州	0.57		0.04	0.03		
云南						
西藏						
陕西	0.84	0.06	0.03	0.02		0.01
甘肃	0.30		0.01	0.02		
青海						
宁夏						
新疆						

单位：亿元

利息支出	营业利润	利润总额	应　交 所得税	亏损企业 亏损总额	本年应交 增 值 税	全部从业 人 员 年 平均人数 (万人)
15.09	**90.49**	**78.20**	**13.48**	**21.53**	**62.20**	**132.72**
0.24	-0.05	-0.01	0.09	0.40	0.43	0.92
0.25	1.51	1.49	0.23	0.45	0.35	1.52
0.09	0.65	0.68	0.10	0.07	0.31	0.80
0.23	-0.32	-0.24	0.01	0.33	0.34	0.33
0.22	1.32	0.41	0.05	0.43	0.33	0.80
0.03	0.21	0.23	0.01		0.03	0.15
0.01	0.21	0.22	0.04	0.07	0.21	0.39
1.16	-0.28	-0.04	0.52	3.65	2.26	6.16
2.30	19.53	16.34	1.77	2.10	16.62	15.68
5.75	14.60	14.47	2.85	2.93	7.56	15.10
0.21	1.72	1.71	0.19	0.15	1.24	3.20
0.69	4.62	3.93	0.52	0.60	1.91	7.04
0.15	2.07	1.82	0.09		0.94	2.12
1.55	18.56	16.85	3.66	0.50	8.94	9.32
0.18	2.55	2.55	0.30	0.01	1.12	0.65
0.12	0.71	0.50	0.06		0.22	0.27
0.09	1.62	1.26	0.11		0.97	0.43
1.81	20.45	15.33	2.79	9.73	18.21	67.25
	0.29	0.22		0.09	0.07	0.34
	0.03	0.02		0.02	0.03	0.10
0.01	0.19	0.16	0.03		0.03	0.05
	0.02	0.01			0.01	0.08
0.01	0.25	0.25	0.06		0.05	0.01
	0.02	0.02				0.02

1-B-25 规模以上石油加工、炼焦及核燃料

地 区	企 业 单位数 (个)	亏损企业	工业总产值 (当年价格)	工业销售产值 (当年价格)	出口交货值	资产总计
全 国	**2416**	**519**	**22628.68**	**22292.05**	**372.01**	**11698.91**
北 京	44	8	753.18	763.08	2.45	268.48
天 津	50	8	497.11	501.38	0.47	395.49
河 北	119	31	1168.71	1142.77	2.35	584.22
山 西	242	92	1560.95	1500.18	59.86	1650.16
内蒙古	39	10	243.57	236.04		186.41
辽 宁	296	51	2800.80	2738.05	231.92	1144.84
吉 林	41	8	122.78	112.28	0.23	78.43
黑龙江	71	20	976.44	970.28	2.19	521.60
上 海	58	12	1203.44	1201.52	28.31	505.75
江 苏	205	36	1057.36	1033.14	15.27	341.85
浙 江	62	13	1104.41	1095.89	0.60	333.94
安 徽	23	3	253.65	251.26	0.73	90.38
福 建	23	3	209.43	200.31	0.07	391.28
江 西	22	1	273.48	272.39	1.16	108.43
山 东	274	20	3020.36	2959.49	4.51	1389.28
河 南	93	6	704.03	698.06		231.94
湖 北	35	11	450.28	454.39		131.31
湖 南	38	9	474.79	470.14		134.59
广 东	110	14	1898.00	1888.59	2.17	549.45
广 西	11	1	82.38	77.18		34.62
海 南	3	2	395.78	398.81	16.94	115.67
重 庆	32	6	36.54	36.24		25.19
四 川	94	11	325.21	317.91	2.06	373.10
贵 州	49	22	62.11	58.21		59.61
云 南	48	17	181.22	173.65		145.30
西 藏						
陕 西	197	53	912.22	911.47		676.16
甘 肃	29	7	826.54	810.49	0.49	476.36
青 海	3	1	9.52	7.23		21.45
宁 夏	31	15	120.08	119.78	0.05	84.57
新 疆	74	28	904.34	891.82	0.15	649.05

加工业工业企业主要经济指标

单位：亿元

流动资产合计	应收账款	存货	产成品	流动资产年平均余额	固定资产合计	固定资产原价	累计折旧
5028.68	**572.64**	**1607.75**	**575.06**	**4929.26**	**4996.76**	**7518.53**	**3392.21**
104.06	7.88	65.98	14.41	104.15	133.48	271.98	165.65
133.18	19.37	58.44	10.88	133.20	102.50	275.27	148.82
298.57	33.74	88.33	27.77	253.09	248.98	297.55	79.04
823.72	115.13	262.40	149.45	752.14	688.37	718.44	159.06
113.74	21.35	27.88	14.71	97.86	50.82	71.82	18.86
633.44	34.15	181.78	72.41	578.16	441.32	844.38	418.14
42.06	2.82	8.37	5.46	38.33	33.76	49.55	19.40
271.39	21.79	64.20	25.59	227.27	229.47	477.42	270.72
135.41	14.19	84.31	11.76	172.66	254.88	538.27	299.50
151.46	27.91	60.96	24.22	176.36	170.83	261.78	107.99
101.80	18.32	60.61	9.23	138.11	218.55	196.33	104.72
25.35	7.06	12.03	3.19	28.92	53.15	101.38	50.90
79.96	11.46	25.82	4.80	75.46	36.13	42.97	7.17
46.22	9.21	16.67	4.12	47.83	44.63	92.88	52.82
527.87	62.34	136.59	57.73	556.79	628.66	959.02	408.29
92.43	18.71	27.84	11.92	105.17	106.79	196.99	78.59
51.57	11.77	20.76	3.55	58.66	73.73	116.32	66.41
42.24	7.16	19.42	3.35	50.62	76.59	139.21	70.49
189.80	32.61	94.96	15.59	230.58	334.03	575.20	302.02
19.43	3.80	11.22	6.92	19.65	13.26	18.79	6.99
30.38	4.54	24.98	4.94	39.21	85.29	95.01	14.93
10.28	1.90	4.75	1.63	10.60	9.75	12.75	3.74
196.58	16.91	53.66	6.50	187.41	73.59	123.46	56.71
34.85	3.57	4.56	1.14	29.46	10.46	12.10	2.72
61.19	12.75	20.98	8.51	57.31	65.18	65.77	11.86
321.30	41.50	38.22	18.71	292.77	187.91	196.97	77.95
208.94	2.35	60.13	24.12	203.79	195.76	386.58	206.24
8.84	0.05	4.07	1.78	4.38	12.61	12.67	0.63
51.09	3.99	13.00	6.77	45.40	14.94	26.85	9.99
221.52	4.31	54.83	23.90	213.95	401.35	340.84	171.84

1-B-25 续表 1

地区	固定资产净值	固定资产净值年平均余额	负债合计	流动负债合计	所有者权益合计	实收资本
全国	**4126.32**	**3926.03**	**7243.24**	**5816.92**	**4455.67**	**3649.44**
北京	106.33	109.92	169.26	155.78	99.22	14.68
天津	126.44	96.57	351.77	334.79	43.71	35.60
河北	218.51	189.81	429.89	372.74	154.33	149.89
山西	559.38	547.01	1202.49	1013.14	447.67	236.28
内蒙古	52.96	48.39	108.54	80.88	77.87	51.55
辽宁	426.24	388.70	509.37	365.69	635.47	428.51
吉林	30.15	33.75	34.74	27.49	43.68	37.85
黑龙江	206.70	198.77	209.15	163.38	312.45	276.96
上海	238.78	222.75	280.96	258.09	224.79	197.84
江苏	153.79	131.42	243.08	213.13	98.78	110.60
浙江	91.61	96.10	240.22	235.41	93.72	122.51
安徽	50.47	45.59	83.30	73.07	7.08	24.06
福建	35.80	36.46	284.89	82.29	106.40	131.43
江西	40.06	45.11	95.97	76.50	12.46	25.22
山东	550.73	529.07	946.06	729.26	443.23	279.00
河南	118.40	94.16	184.99	172.51	46.95	81.65
湖北	49.92	46.94	108.48	101.40	22.83	62.20
湖南	68.72	63.09	104.46	93.85	30.13	37.88
广东	273.18	304.86	390.33	385.60	159.13	232.62
广西	11.79	11.04	21.41	16.47	13.21	6.60
海南	80.07	82.81	145.08	95.84	-29.41	40.07
重庆	9.01	8.33	13.11	9.31	12.08	6.75
四川	66.75	67.71	250.37	225.33	122.74	117.27
贵州	9.38	9.08	47.68	46.06	11.93	5.33
云南	53.91	50.39	90.03	59.84	55.27	26.93
西藏						
陕西	119.01	116.07	243.14	158.44	433.02	202.34
甘肃	180.33	157.25	170.69	116.33	305.67	303.52
青海	12.04	12.04	18.29	14.79	3.16	5.07
宁夏	16.86	18.03	48.27	43.13	36.30	15.13
新疆	169.00	164.84	217.23	96.39	431.81	384.11

单位：亿元

国家资本	集体资本	法人资本	个人资本	港澳台资本	外商资本	主营业务收入
1599.67	**17.52**	**1448.18**	**352.01**	**74.80**	**157.26**	**22636.22**
0.01	0.01	11.24	0.68	0.84	1.89	772.70
12.58	0.10	10.70	3.35	0.33	8.55	517.99
80.91	2.57	22.01	27.95	5.71	10.74	1174.48
22.38	4.08	78.27	112.15	8.18	11.21	1591.34
24.12	0.22	19.09	7.69	0.03	0.40	235.99
358.49	1.94	45.21	17.80	0.43	4.65	2751.21
0.20		12.97	24.54		0.14	116.08
203.24	0.17	55.61	13.88	4.00	0.06	980.85
4.39	0.09	159.00	9.00	23.46	1.90	1225.14
11.03	3.34	64.74	16.36	7.00	8.13	1062.30
2.08	0.39	112.19	1.06	3.32	3.47	1101.40
14.83		6.70	1.35	0.87	0.31	253.12
61.87	0.31	3.25	0.81	2.96	62.23	198.64
21.22	0.31	1.62	2.03		0.04	271.94
5.80	1.57	234.34	32.59	1.42	3.27	3023.08
1.93	0.79	52.94	18.37	2.00	5.62	691.67
48.45		1.56	1.13	0.22	10.84	461.09
22.00	0.06	11.10	2.82		1.89	467.71
10.62	0.54	198.69	2.87	1.09	18.81	1909.95
2.25		1.99	0.17	2.19		76.85
		30.10	0.01	9.97		383.61
0.21	0.03	4.39	2.11		0.02	37.11
96.08	0.04	13.96	6.55	0.43	0.22	341.63
0.27		0.78	3.78		0.50	57.59
		18.50	7.80		0.64	169.52
174.81	0.18	11.98	14.33	0.36	0.68	936.27
294.06	0.30	8.23	0.92			800.89
		5.00	0.07			7.47
0.10		1.25	12.87		0.91	117.67
125.71	0.47	250.76	7.00		0.17	900.93

1-B-25 续表 2

地 区	主营业务成本	主营业务税金及附加	营业费用	管理费用	税金	财务费用
全 国	**22202.68**	**433.18**	**249.78**	**650.53**	**20.49**	**201.02**
北 京	782.58	13.30	6.52	22.22	0.28	6.37
天 津	543.73	9.87	3.38	22.02	0.31	6.66
河 北	1159.69	19.07	10.33	20.84	0.98	14.17
山 西	1337.48	20.15	91.57	53.56	2.59	39.26
内蒙古	181.95	3.57	7.11	6.71	0.68	3.85
辽 宁	2939.25	62.20	17.62	62.08	2.45	10.52
吉 林	118.97	2.96	0.69	8.47	0.38	1.20
黑龙江	934.32	21.78	6.95	41.96	0.81	4.51
上 海	1326.30	20.41	8.13	36.60	1.11	8.13
江 苏	1024.46	19.29	5.59	16.05	0.55	6.91
浙 江	1153.67	23.75	3.19	11.99	0.82	0.09
安 徽	267.54	5.43	0.72	7.37	0.18	2.98
福 建	208.70	4.09	1.11	4.99	0.19	0.42
江 西	272.17	5.86	2.28	6.78	1.47	5.72
山 东	2958.16	48.13	18.45	127.41	1.53	36.58
河 南	662.30	10.83	10.95	14.38	0.58	8.97
湖 北	494.61	11.34	1.39	9.22	0.34	2.58
湖 南	451.96	10.77	2.33	15.50	0.83	4.56
广 东	1793.38	36.12	6.20	27.13	0.74	9.09
广 西	75.22	2.02	10.34	1.74	0.13	0.90
海 南	359.44	11.13	0.17	2.46	0.08	6.78
重 庆	30.56	0.19	1.26	2.25	0.03	0.40
四 川	296.33	6.23	4.67	12.74	1.69	9.07
贵 州	46.13	0.45	4.18	1.79	0.04	0.44
云 南	147.60	0.74	2.03	3.10	0.39	3.31
西 藏						
陕 西	774.01	30.47	8.30	39.24	0.66	3.07
甘 肃	805.21	7.38	4.84	44.25	0.19	1.84
青 海	5.36	0.04	0.15	0.28		0.24
宁 夏	125.25	3.22	0.83	3.42	0.26	1.09
新 疆	926.35	22.38	8.50	24.00	0.21	1.32

单位：亿元

利息支出	营业利润	利润总额	应交所得税	亏损企业亏损总额	本年应交增值税	全部从业人员年平均人数（万人）
195.79	**-1115.94**	**-1003.14**	**64.46**	**1552.30**	**626.32**	**86.02**
6.07	-69.40	-43.66	0.27	44.31	3.63	1.83
8.15	-71.33	-88.96	1.27	98.75	3.23	1.72
12.30	-69.23	-45.61	3.07	80.84	44.43	5.07
36.15	49.17	46.02	10.70	20.24	145.80	18.04
3.15	33.20	30.56	5.12	1.00	10.24	1.62
9.21	-361.21	-336.80	4.69	364.79	29.37	6.18
0.70	-22.08	-23.68	0.51	25.72	1.47	1.02
4.49	-48.96	-50.75	2.85	66.11	12.12	5.07
8.35	-184.60	-132.26	-17.23	137.59	4.10	2.57
7.37	-8.08	-18.21	2.16	39.30	23.09	3.02
5.49	-91.12	-36.90	-1.22	42.11	15.62	1.05
2.77	-32.41	-21.51	0.15	22.33	1.30	0.71
0.73	-18.62	-5.47	0.36	8.57	0.44	0.55
3.93	-19.95	-20.59	0.10	24.35	3.84	0.96
34.98	-74.22	-49.01	14.43	119.14	59.65	9.37
6.79	-15.43	-6.83	9.99	55.32	14.31	2.98
3.68	-57.13	-36.06	-0.04	39.50	2.26	1.07
4.32	-12.46	-12.99	0.73	16.93	29.05	2.06
11.10	34.74	-57.82	1.43	78.41	130.94	2.66
0.94	-3.68	-0.85	0.03	4.50	3.28	0.22
6.75	0.10	-0.08	0.01	0.08	0.90	0.07
0.26	2.03	1.88	0.24	0.13	1.41	0.85
9.04	10.93	12.44	2.21	6.99	18.06	3.67
0.24	4.22	4.22	0.36	0.50	3.50	1.17
2.86	8.46	9.98	0.94	0.54	8.47	1.69
1.47	100.66	97.31	20.19	18.98	44.84	3.00
1.78	-89.63	-116.80	0.19	118.09	1.19	3.47
0.23	1.45	1.46			0.49	0.13
1.02	-20.93	-21.21	0.13	22.14	1.53	0.93
1.44	-90.42	-80.96	0.83	95.01	7.76	3.26

1-B-26 规模以上化学原料及化学制品

地区	企业单位数（个）	亏损企业	工业总产值（当年价格）	工业销售产值（当年价格）	出口交货值	资产总计
全国	**28224**	**3977**	**33955.07**	**33054.85**	**2843.88**	**27567.51**
北京	439	102	306.74	299.47	17.32	374.68
天津	668	159	579.54	572.00	77.03	524.66
河北	895	147	1097.09	1073.80	71.15	847.13
山西	272	114	468.46	459.88	14.33	644.97
内蒙古	375	116	484.67	460.04	9.84	482.20
辽宁	1274	215	1147.24	1119.91	52.05	1300.62
吉林	370	39	810.87	798.63	9.09	663.18
黑龙江	249	52	230.56	227.45	1.37	195.35
上海	1236	275	1862.19	1855.66	214.51	1752.87
江苏	4943	494	6581.59	6462.45	845.23	4316.13
浙江	2185	325	2644.82	2559.61	360.95	2285.84
安徽	727	138	672.08	644.81	44.64	467.81
福建	726	119	542.27	535.85	58.60	407.04
江西	828	53	558.61	547.68	77.51	367.55
山东	3683	230	5826.94	5693.51	274.52	3411.19
河南	1103	75	1421.07	1394.74	35.54	1049.23
湖北	914	110	992.27	952.77	66.96	775.92
湖南	1610	82	923.81	907.37	79.28	564.91
广东	2669	425	3123.91	3006.22	346.29	2254.76
广西	511	138	375.28	345.77	36.10	322.40
海南	47	9	89.15	85.63	3.73	159.07
重庆	294	38	361.55	343.19	11.07	427.68
四川	1001	149	1040.00	1012.27	33.21	1072.43
贵州	173	56	313.02	292.52	31.71	508.09
云南	304	82	520.39	494.81	38.13	578.01
西藏	3		0.40	0.54		0.74
陕西	249	89	261.74	252.83	5.01	548.53
甘肃	153	40	184.85	173.00	3.68	246.21
青海	75	19	154.37	122.26		407.04
宁夏	104	48	173.12	160.86	10.65	157.76
新疆	144	39	206.48	199.34	14.41	453.50

制造业工业企业主要经济指标

单位：亿元

流动资产合计	应收账款	存货	产成品	流动资产年平均余额	固定资产合计	固定资产原价	累计折旧
12249.10	**2403.54**	**3306.90**	**1468.39**	**11939.42**	**11811.87**	**16012.17**	**5818.73**
194.34	36.65	52.44	23.71	204.02	120.58	219.83	119.28
265.05	61.93	66.31	26.11	264.80	217.94	312.17	130.70
376.40	69.45	102.10	46.58	369.93	376.78	481.21	176.34
224.55	34.81	62.87	26.10	219.55	347.18	450.89	147.16
168.70	24.62	42.29	22.74	151.39	229.94	283.27	76.54
527.11	73.29	112.67	51.69	507.49	657.29	710.49	275.32
281.34	28.88	72.32	18.59	219.40	296.70	562.70	237.85
80.99	16.11	26.19	11.64	82.72	99.71	146.43	55.77
791.84	232.54	204.52	77.33	806.81	751.88	1128.47	401.10
2081.48	521.87	559.93	243.98	2099.75	1825.58	2827.05	1236.82
1207.50	248.49	276.70	125.73	1174.32	816.75	1020.79	279.88
217.24	39.92	74.06	38.41	209.50	195.44	243.95	80.61
201.71	56.32	50.34	22.83	204.82	175.68	247.69	87.62
123.45	25.10	42.67	22.00	121.65	220.66	307.61	97.01
1451.47	214.38	380.47	177.71	1433.92	1505.21	1964.92	643.48
367.23	52.55	84.86	34.48	358.95	536.17	621.89	174.08
353.32	56.09	113.40	51.06	343.21	322.29	506.47	212.41
220.69	49.69	73.09	34.15	222.76	272.01	358.33	126.11
1183.83	325.22	309.35	131.02	1175.63	862.75	1225.87	424.77
144.84	21.87	54.08	30.78	132.42	107.47	156.49	56.59
57.76	3.80	8.22	2.38	56.51	61.15	71.65	25.44
173.14	19.38	45.76	24.10	174.34	209.01	256.67	93.51
449.57	57.72	137.89	67.17	415.60	470.52	589.49	213.13
202.38	15.78	77.24	47.60	181.32	191.70	222.48	81.34
261.07	38.48	112.71	45.01	245.58	221.87	304.81	118.96
0.37	0.16	0.17	0.06	0.31	0.29	0.35	0.06
138.88	23.92	35.19	17.26	131.30	170.02	206.73	73.55
117.66	14.54	41.96	15.74	112.06	82.52	141.58	68.72
187.09	10.53	38.03	9.59	130.13	190.71	122.04	13.61
55.68	5.42	21.66	10.34	49.82	88.93	133.34	53.47
142.44	24.04	27.39	12.49	139.42	187.19	186.50	37.51

1-B-26 续表 1

地 区	固定资产净值	固定资产净值年平均余额	负债合计	流动负债合计	所有者权益合计	实收资本
全 国	**10193.45**	**9892.96**	**15172.37**	**11453.87**	**12382.33**	**7509.82**
北 京	100.56	103.55	184.77	156.03	189.90	132.31
天 津	181.48	177.93	287.95	225.64	236.71	155.15
河 北	304.87	301.02	459.67	375.56	387.46	217.61
山 西	303.74	289.56	403.32	297.01	241.65	126.53
内蒙古	206.72	205.31	289.86	198.19	192.35	145.38
辽 宁	435.17	415.20	760.23	419.31	540.39	384.39
吉 林	324.84	320.57	218.96	150.65	444.22	457.87
黑龙江	90.66	88.72	122.56	96.71	72.79	58.01
上 海	727.37	693.88	955.94	655.15	796.93	677.94
江 苏	1590.23	1543.28	2370.39	1959.94	1945.75	1233.27
浙 江	740.91	731.86	1348.59	1119.55	925.27	525.90
安 徽	163.34	156.72	286.73	234.44	181.09	115.64
福 建	160.07	160.27	212.61	182.61	194.42	171.44
江 西	210.60	206.60	174.10	115.86	193.45	104.81
山 东	1321.44	1303.41	1893.79	1484.05	1517.40	650.77
河 南	447.81	407.98	582.78	426.97	465.63	278.12
湖 北	294.06	276.76	456.68	348.10	319.24	158.45
湖 南	232.22	223.85	307.07	229.74	257.84	149.47
广 东	801.10	806.73	1207.84	949.80	1046.92	661.25
广 西	99.90	99.00	179.03	129.33	143.37	66.47
海 南	46.21	44.09	24.60	20.18	134.47	20.90
重 庆	163.16	152.74	243.77	157.37	183.91	90.36
四 川	376.36	358.85	593.46	445.53	478.97	199.23
贵 州	141.14	143.64	320.84	210.87	187.25	118.88
云 南	185.85	183.69	362.03	293.18	215.98	128.75
西 藏	0.29	0.29	0.30	0.21	0.43	0.16
陕 西	133.18	133.06	233.05	131.77	315.48	115.96
甘 肃	72.86	70.15	122.97	93.98	123.24	121.96
青 海	108.43	92.44	203.84	122.18	203.20	86.52
宁 夏	79.87	82.80	96.24	76.86	61.51	42.73
新 疆	148.99	119.00	268.40	147.12	185.10	113.57

单位：亿元

国家资本	集体资本	法人资本	个人资本	港澳台资本	外商资本	主营业务收入
1302.49	**130.87**	**2565.29**	**1423.66**	**512.44**	**1561.77**	**33308.53**
7.11	1.05	85.18	16.47	5.23	17.27	320.68
15.62	4.14	46.71	16.44	7.99	64.24	592.95
37.21	5.76	102.65	52.90	5.72	13.37	1028.41
26.09	5.92	60.10	27.38	0.75	6.30	477.90
9.40	3.54	80.67	42.14	0.22	9.41	469.66
213.16	3.90	81.78	51.97	15.22	18.35	1138.76
389.03	1.18	37.77	20.40	1.88	7.62	849.00
16.44	2.86	21.39	10.48	3.72	3.12	251.14
43.42	13.46	180.20	26.63	60.45	353.79	1895.63
20.38	9.40	447.91	232.74	116.12	406.72	6514.74
23.69	11.28	149.10	124.36	50.54	166.91	2629.08
6.44	0.76	49.09	28.57	1.21	29.57	625.62
8.50	0.60	45.89	25.24	17.23	73.98	543.69
6.48	1.04	48.51	37.15	8.03	3.59	549.71
79.35	22.90	201.46	242.88	19.61	84.58	5623.44
25.97	5.72	141.13	94.10	5.30	5.90	1349.46
19.87	2.45	72.02	50.93	2.28	10.89	946.50
25.19	2.71	48.88	62.67	4.83	5.18	887.40
20.60	3.49	159.88	83.59	151.98	241.71	3043.34
4.67	4.73	32.36	16.07	1.83	6.81	333.24
7.96	0.52	8.75	1.66	2.00		87.77
12.02	1.22	50.85	15.33	3.15	7.79	353.36
21.99	3.66	78.09	61.31	21.23	12.95	1019.15
71.14	0.57	33.43	11.69	1.64	0.41	324.12
12.17	9.85	67.60	17.88	2.31	5.65	494.17
0.10	0.01		0.04			0.47
26.82	1.58	65.61	19.22	0.62	2.10	252.73
85.34	5.35	21.72	6.50	0.60	2.45	205.12
9.86	0.14	72.74	3.72	0.03	0.04	128.53
23.06	0.62	11.40	6.46	0.12	1.07	160.98
33.43	0.43	62.41	16.72	0.58		211.79

1-B-26 续表 2

地区	主营业务成本	主营业务税金及附加	营业费用	管理费用		财务费用
					税金	
全国	**28149.13**	**241.87**	**1134.42**	**1415.89**	**74.31**	**398.73**
北京	262.88	1.20	23.57	25.26	0.46	2.88
天津	511.80	1.26	17.52	27.12	0.92	5.61
河北	859.38	5.63	31.49	47.71	2.31	15.35
山西	411.82	1.56	10.48	26.28	1.34	13.18
内蒙古	382.92	4.69	15.46	16.20	1.86	5.71
辽宁	1008.05	10.13	23.29	57.81	5.10	14.05
吉林	829.41	11.65	11.69	56.31	3.65	4.87
黑龙江	224.43	1.72	3.84	9.79	0.51	1.49
上海	1614.51	2.20	114.45	99.60	2.23	18.01
江苏	5643.54	27.36	144.86	237.68	10.23	62.11
浙江	2293.41	9.43	73.66	108.61	4.11	40.78
安徽	514.70	2.64	20.74	33.17	1.84	7.38
福建	481.79	2.16	14.58	18.69	1.27	7.53
江西	457.14	10.50	9.83	15.68	2.45	5.17
山东	4859.57	32.63	112.08	153.75	10.04	74.09
河南	1139.47	9.68	32.17	37.29	2.05	16.73
湖北	778.26	14.57	35.56	37.03	3.97	15.03
湖南	717.35	24.67	26.05	42.47	4.56	11.14
广东	2256.31	33.33	293.82	146.40	4.94	12.54
广西	282.47	3.11	13.04	17.73	1.11	6.22
海南	61.00	1.89	1.65	2.76	0.07	0.78
重庆	270.46	2.51	12.15	35.02	1.11	5.16
四川	827.55	8.71	34.64	58.73	3.21	16.91
贵州	271.57	4.46	9.45	21.58	0.83	6.65
云南	408.09	5.38	13.36	23.23	0.98	12.08
西藏	0.24	0.01	0.06	0.04		0.01
陕西	210.60	1.24	11.94	16.85	0.83	5.18
甘肃	187.44	1.82	4.39	16.58	0.69	1.39
青海	69.84	3.80	5.57	7.92	0.23	3.27
宁夏	140.18	0.60	4.50	7.19	1.00	3.33
新疆	172.95	1.31	8.54	11.42	0.40	4.14

单位：亿元

利息支出	营业利润	利润总额	应交所得税	亏损企业亏损总额	本年应交增值税	全部从业人员年平均人数（万人）
390.11	**2155.52**	**1919.12**	**304.18**	**454.89**	**1127.70**	**429.64**
2.92	5.27	1.47	2.92	14.41	12.65	4.32
6.79	20.04	20.65	3.85	8.39	16.41	6.63
13.66	75.30	73.05	12.80	7.53	32.72	17.57
12.57	16.68	17.60	4.40	4.89	14.59	12.37
5.39	45.76	20.79	2.26	5.61	20.47	7.27
13.38	57.53	54.00	7.05	13.19	21.00	16.41
4.61	-76.72	-74.59	2.52	95.49	9.25	8.97
1.31	6.86	5.76	2.25	6.80	9.30	4.72
24.34	69.35	80.40	13.14	38.03	56.08	12.34
66.02	418.25	357.24	45.95	78.69	212.76	58.58
47.61	126.54	136.43	23.04	26.64	67.96	23.42
6.51	50.92	40.67	5.99	2.16	18.39	10.04
8.72	24.82	19.48	3.01	11.51	13.99	8.25
4.67	45.14	41.86	3.07	2.71	28.44	12.78
59.77	397.53	363.33	66.89	20.48	145.88	59.57
13.29	115.94	119.54	20.01	11.94	49.74	20.90
13.14	100.22	63.20	6.86	4.34	30.95	15.47
8.84	62.72	43.40	4.14	7.34	43.19	26.19
18.30	317.82	243.02	35.67	41.06	182.51	31.55
4.87	14.19	11.10	1.98	4.86	10.26	8.09
0.88	25.81	26.65	2.53	0.51	3.31	0.92
5.45	34.20	32.89	4.17	1.67	15.15	7.26
13.91	88.88	85.01	9.66	5.30	45.39	21.25
7.12	8.71	10.58	3.09	7.92	9.30	5.56
11.56	35.78	39.29	3.63	6.00	17.84	7.34
	0.12	0.13	0.02		0.04	0.03
4.83	6.07	6.61	1.45	6.74	9.73	6.87
1.34	-17.15	-9.76	1.19	17.33	5.30	5.82
2.12	54.97	61.71	8.22	0.67	8.95	2.32
2.10	6.11	6.54	0.81	0.83	5.90	2.86
4.09	17.87	21.06	1.62	1.83	10.26	3.96

1-B-27 规模以上医药制造业

地 区	企 业 单位数 (个)		工业总产值 (当年价格)	工业销售产值 (当年价格)		资产总计
		亏损企业			出口交货值	
全 国	**6524**	**1185**	**7874.98**	**7481.92**	**746.74**	**7881.96**
北 京	218	55	263.92	241.55	5.57	331.08
天 津	133	46	197.19	190.54	18.76	347.84
河 北	180	37	357.91	340.09	71.02	375.83
山 西	102	36	75.26	64.73	6.65	108.61
内蒙古	74	16	94.07	86.81	5.79	94.35
辽 宁	279	54	268.37	254.34	23.62	289.40
吉 林	296	60	343.69	315.82	5.46	325.53
黑龙江	118	27	172.82	163.45	7.76	251.17
上 海	252	74	277.88	274.28	30.62	366.88
江 苏	642	68	872.74	834.63	97.04	690.68
浙 江	503	99	615.49	579.28	199.52	666.05
安 徽	214	43	131.52	122.92	8.11	148.73
福 建	111	18	108.33	99.32	17.36	118.09
江 西	245	21	290.49	283.19	6.12	227.06
山 东	665	66	1120.00	1083.03	97.53	835.13
河 南	367	39	488.46	482.29	16.39	347.32
湖 北	312	54	265.11	254.92	30.35	292.48
湖 南	229	14	241.18	235.94	2.99	176.94
广 东	377	82	498.65	457.67	41.93	532.59
广 西	165	47	108.12	98.76	5.33	139.29
海 南	51	10	41.19	38.63	0.05	75.75
重 庆	104	19	136.80	137.25	17.39	200.54
四 川	391	60	427.81	410.57	10.69	372.85
贵 州	98	28	119.46	104.77		106.34
云 南	102	29	96.36	87.32	3.13	143.23
西 藏	8	2	5.80	4.72	0.04	11.74
陕 西	176	52	177.91	164.05	9.95	172.35
甘 肃	55	9	40.34	36.06	0.27	64.36
青 海	24	9	12.81	12.19		20.13
宁 夏	12	4	18.60	16.75	7.12	37.65
新 疆	21	7	6.72	6.06	0.17	11.96

工业企业主要经济指标

单位：亿元

流动资产合计	应收账款	存货	产成品	流动资产年平均余额	固定资产合计	固定资产原价	累计折旧
3992.19	**931.95**	**1026.25**	**468.24**	**3804.66**	**2783.37**	**3732.35**	**1331.67**
194.92	38.59	63.13	25.09	184.03	84.41	118.93	43.70
161.09	32.61	48.04	12.13	158.30	109.65	124.85	44.64
185.40	46.58	42.17	21.96	176.56	138.83	201.75	80.38
50.09	9.99	14.09	6.39	46.43	46.28	56.44	17.27
32.85	6.34	11.14	6.81	31.51	53.19	55.43	15.57
119.48	30.23	33.71	21.05	138.97	148.68	201.99	59.97
169.04	49.95	39.61	17.93	158.37	111.38	156.23	60.12
145.66	30.97	45.24	15.66	133.58	87.19	122.15	45.64
207.86	54.91	55.47	21.77	190.88	108.91	169.55	70.97
393.17	113.71	76.63	36.09	356.98	235.56	367.45	160.65
374.83	89.01	107.06	53.07	367.08	199.32	265.88	91.13
73.05	24.20	16.05	8.15	66.03	55.27	70.30	21.53
60.98	14.05	17.10	6.10	57.79	44.96	49.56	17.23
85.88	21.64	19.70	12.11	84.25	116.76	175.55	69.47
403.99	71.04	94.20	49.44	379.63	333.53	418.19	142.09
157.62	31.56	46.00	19.13	147.18	143.60	172.18	35.28
138.18	25.12	37.07	15.33	134.30	100.68	157.60	70.32
82.62	19.71	20.68	10.94	78.98	64.05	84.89	32.47
279.33	66.63	77.96	32.47	284.09	163.58	230.13	90.73
59.65	13.05	16.43	7.77	56.64	46.86	63.14	19.94
48.06	18.07	6.97	3.32	45.38	15.59	21.41	7.77
93.93	21.38	21.07	10.80	86.71	75.29	66.26	16.52
172.49	40.59	42.75	18.49	165.89	120.97	158.01	48.88
60.61	16.75	14.60	7.58	59.09	30.36	34.53	10.53
89.74	13.67	18.12	6.95	73.01	31.24	45.18	16.51
8.24	2.98	1.11	0.42	7.59	2.10	2.59	0.80
84.52	17.31	23.02	14.52	81.60	61.36	78.86	23.97
38.26	7.34	8.37	3.66	35.16	15.98	20.74	8.76
7.03	1.45	2.61	0.97	6.44	7.90	9.09	2.28
8.20	1.59	3.01	0.94	6.62	24.89	27.06	4.76
5.42	0.94	3.12	1.20	5.60	4.99	6.43	1.79

1-B-27 续表 1

地区	固定资产净值	固定资产净值年平均余额	负债合计	流动负债合计	所有者权益合计	实收资本
全国	**2400.68**	**2315.12**	**3786.31**	**3229.92**	**4094.23**	**2073.90**
北京	75.24	76.77	147.45	127.56	183.62	100.09
天津	80.20	74.66	157.59	148.11	190.25	116.21
河北	121.37	122.25	207.29	182.23	168.53	79.25
山西	39.17	40.65	65.43	50.94	43.18	28.23
内蒙古	39.86	38.03	57.20	43.39	37.15	25.28
辽宁	142.02	103.40	171.35	137.16	118.04	73.84
吉林	96.11	91.90	140.83	116.27	184.70	99.66
黑龙江	76.52	76.17	124.12	108.22	127.05	72.25
上海	98.58	98.69	170.15	157.19	196.73	142.02
江苏	206.80	191.90	302.01	271.88	388.67	179.10
浙江	174.75	176.19	350.12	318.69	315.92	132.74
安徽	48.77	48.62	82.42	73.75	66.31	42.35
福建	32.33	32.93	59.46	52.63	58.63	33.35
江西	106.08	105.48	110.78	90.92	116.09	67.46
山东	276.10	268.69	382.08	321.66	453.06	171.88
河南	136.90	131.54	165.41	136.04	180.70	99.18
湖北	87.28	83.48	127.80	103.51	164.69	86.36
湖南	52.42	53.38	74.09	57.91	102.84	49.52
广东	139.40	132.52	239.48	202.82	293.11	151.35
广西	43.20	44.34	70.15	54.45	69.14	39.80
海南	13.64	13.42	26.45	23.86	49.30	19.58
重庆	49.74	49.92	116.71	100.55	83.83	34.19
四川	109.13	105.74	177.08	142.11	195.77	81.22
贵州	24.01	28.21	47.24	38.95	59.09	27.50
云南	28.68	27.97	64.56	53.36	78.67	33.68
西藏	1.79	1.71	3.28	1.45	8.47	5.86
陕西	54.88	55.49	85.82	72.07	86.54	49.77
甘肃	11.98	12.76	24.18	19.14	40.18	13.70
青海	6.81	6.47	7.57	6.42	12.56	7.13
宁夏	22.30	17.19	21.72	11.16	15.93	7.30
新疆	4.64	4.62	6.49	5.53	5.47	4.08

单位：亿元

国家资本	集体资本	法人资本	个人资本	港澳台资本	外商资本	主营业务收入
179.00	**68.23**	**775.75**	**550.73**	**130.10**	**370.10**	**7402.33**
6.83	0.81	52.89	14.99	2.49	22.09	253.26
14.36	0.98	49.68	16.36	0.13	34.70	224.88
7.97	6.04	21.62	15.90	15.43	12.29	351.37
2.75	0.30	6.63	9.97	1.94	6.64	65.80
6.12	0.87	8.19	3.11	5.93	1.06	85.56
14.47	1.06	12.28	22.99	3.60	19.44	252.12
3.80	1.66	46.32	40.94	2.61	4.33	279.05
17.59	0.48	18.64	14.59	0.09	20.85	204.16
11.43	5.15	60.39	14.14	16.46	34.44	280.33
9.20	1.69	47.39	37.35	17.26	66.20	853.13
5.60	1.48	42.99	51.47	7.58	23.61	576.09
6.85	1.69	15.30	14.58	0.99	2.94	133.15
2.80	0.70	8.67	8.45	6.93	5.80	97.22
5.66	0.05	28.04	27.30	1.93	4.47	288.00
11.32	5.84	56.82	54.13	3.94	39.82	1054.58
2.74	22.88	35.93	32.98	1.79	2.86	431.38
3.54	1.51	41.88	29.94	4.97	4.51	248.20
3.86	0.78	26.75	14.94	2.43	0.76	226.02
11.38	2.34	56.87	26.71	24.16	29.89	454.26
2.11	2.18	14.88	13.79	0.40	6.44	96.47
0.80		9.25	3.23	1.14	5.16	37.61
5.62	0.43	17.52	10.52	0.02	0.08	133.29
6.38	3.88	34.00	29.20	3.24	4.51	381.24
0.32	0.16	11.43	10.08	0.65	4.86	91.84
4.08	1.33	15.70	7.72	3.44	1.41	83.26
1.12	0.32	4.39	0.03			4.41
2.20	3.27	17.00	16.32	0.53	10.44	148.31
6.15	0.24	5.04	2.20		0.08	33.99
0.05		5.91	1.05		0.11	10.27
0.11	0.02	1.66	5.51			17.07
1.78	0.09	1.68	0.24		0.30	5.99

1-B-27 续表 2

地 区	主营业务成 本	主营业务税金及附加	营业费用	管理费用	税金	财务费用
全 国	**5061.98**	**51.20**	**876.46**	**533.22**	**30.93**	**119.11**
北 京	131.10	1.06	60.72	27.55	0.53	3.80
天 津	151.60	0.82	33.59	17.21	0.72	4.71
河 北	249.71	1.39	29.06	22.30	1.23	7.24
山 西	45.88	0.36	7.02	5.87	0.21	2.02
内蒙古	66.33	0.64	4.50	4.86	0.58	0.83
辽 宁	178.13	1.43	23.87	20.47	2.31	3.83
吉 林	175.30	1.86	48.62	24.04	1.58	3.71
黑龙江	126.11	1.57	26.21	19.72	0.63	1.66
上 海	172.36	0.55	49.35	32.96	0.82	4.70
江 苏	511.29	4.55	165.45	66.86	2.92	6.45
浙 江	394.34	3.09	52.92	49.10	2.01	16.39
安 徽	100.29	0.83	9.44	8.68	0.68	2.15
福 建	68.53	0.45	8.88	7.31	0.42	2.27
江 西	211.78	3.00	33.25	12.27	2.36	3.71
山 东	802.66	5.86	63.37	46.66	3.52	14.29
河 南	343.16	2.93	20.40	14.57	0.94	7.02
湖 北	182.39	3.56	19.24	18.67	1.74	4.13
湖 南	162.52	4.90	19.73	11.69	1.97	2.28
广 东	309.45	2.34	58.15	37.00	1.40	6.12
广 西	58.96	0.79	14.08	9.52	0.31	2.45
海 南	21.39	0.15	4.12	3.71	0.26	0.02
重 庆	95.21	0.85	13.19	14.05	0.52	4.52
四 川	267.82	5.27	34.95	26.77	1.72	6.45
贵 州	55.31	0.91	20.24	6.11	0.29	2.66
云 南	45.02	0.67	19.44	7.51	0.40	1.29
西 藏	1.29	0.09	1.16	0.57		-0.06
陕 西	92.67	0.78	27.87	10.18	0.55	2.67
甘 肃	17.54	0.29	5.19	3.41	0.11	0.38
青 海	6.82	0.08	1.38	1.21	0.03	0.15
宁 夏	13.17	0.09	0.43	1.68	0.15	1.16
新 疆	3.85	0.05	0.64	0.69	0.02	0.11

单位：亿元

利息支出	营业利润	利润总额	应交所得税	亏损企业亏损总额	本年应交增值税	全部从业人员年平均人数（万人）
99.99	**844.62**	**792.90**	**117.99**	**42.65**	**398.24**	**150.75**
2.09	30.48	31.80	5.26	2.03	19.71	4.56
3.72	18.30	23.92	4.41	2.21	13.26	3.48
6.11	43.36	45.04	9.30	1.48	14.14	7.46
1.98	4.91	5.10	0.88	0.61	3.88	2.56
0.78	13.72	5.45	0.45	0.76	2.88	1.80
3.01	23.78	20.42	3.94	1.28	9.08	4.41
3.19	45.60	23.65	3.38	1.91	13.21	6.98
1.52	25.89	26.77	4.65	0.82	12.19	4.92
3.61	27.16	31.16	5.75	5.17	20.23	5.23
6.04	105.95	111.71	13.97	3.29	55.64	13.98
14.16	65.14	66.56	11.17	4.13	31.68	10.69
1.74	12.32	11.44	1.30	0.65	5.69	4.76
2.04	11.30	10.51	1.65	0.63	4.68	2.12
3.30	23.49	21.02	2.52	1.19	15.16	7.10
12.43	119.21	109.81	19.11	2.57	41.99	16.14
5.77	55.53	48.54	5.37	0.75	15.25	9.65
3.14	25.12	21.85	2.43	1.55	11.45	6.48
1.58	31.50	22.48	1.77	0.40	11.73	4.40
5.10	54.39	48.98	7.58	3.87	25.40	8.87
1.68	11.97	10.51	1.58	1.06	6.34	3.13
0.16	8.27	7.84	0.68	0.22	2.86	0.81
4.19	6.13	7.29	0.87	0.44	5.44	2.89
5.50	33.34	34.12	4.52	2.13	25.50	8.15
2.39	10.47	10.42	1.49	0.30	6.46	2.27
1.17	12.02	12.82	1.51	1.10	7.92	1.89
-0.05	1.32	1.36	0.02	0.13	0.61	0.11
2.01	14.14	12.59	1.42	1.02	12.16	3.61
0.42	7.39	7.54	0.76	0.15	2.43	1.24
0.09	0.74	0.33	0.06	0.37	0.55	0.40
1.02	0.96	1.12	0.13	0.32	0.32	0.42
0.11	0.75	0.76	0.05	0.12	0.41	0.26

1-B-28 规模以上化学纤维制造业

地 区	企业单位数(个)	亏损企业	工业总产值(当年价格)	工业销售产值(当年价格)	出口交货值	资产总计
全 国	**2029**	**415**	**3970.16**	**3876.63**	**330.43**	**3366.01**
北 京	14	4	3.57	3.31	0.79	5.77
天 津	17	5	7.02	6.89	1.08	7.43
河 北	34	10	43.17	42.04	2.04	37.10
山 西	3	2	4.10	3.54		3.76
内蒙古	1	1	0.09	0.06		0.04
辽 宁	35	10	83.35	76.34	0.60	107.91
吉 林	9	4	57.03	58.37	0.02	79.89
黑龙江	3	2	8.96	9.28		8.82
上 海	62	19	45.03	45.72	8.83	47.53
江 苏	934	143	1257.16	1235.86	121.77	930.32
浙 江	466	123	1546.34	1506.96	100.78	1140.63
安 徽	29	3	36.11	35.02	6.75	39.63
福 建	88	16	237.32	226.29	10.89	234.96
江 西	13	2	33.20	31.94	3.40	54.42
山 东	103	13	131.85	127.51	9.38	150.26
河 南	38	9	118.07	117.05	17.55	147.84
湖 北	23	6	33.45	32.55	1.75	37.82
湖 南	16	4	26.37	25.74	0.58	26.48
广 东	92	19	154.36	150.21	31.58	127.09
广 西	2		0.51	0.47		0.34
海 南	3	3	5.37	5.72		6.30
重 庆	3		4.25	4.10		1.84
四 川	22	5	71.61	71.55	10.87	71.99
贵 州	1	1	0.06	0.06		0.04
云 南	1		11.11	11.14		8.48
西 藏						
陕 西	6	3	3.71	3.79		1.06
甘 肃	3	1	11.20	11.37	1.58	50.60
青 海						
宁 夏						
新 疆	8	7	35.77	33.72	0.21	37.66

工业企业主要经济指标

单位：亿元

流动资产合计	应收账款	存货	产成品	流动资产年平均余额	固定资产合计	固定资产原价	累计折旧
1523.31	**191.90**	**396.39**	**181.53**	**1540.08**	**1421.86**	**2045.68**	**740.26**
3.15	0.31	1.84	0.85	2.97	2.16	2.91	0.94
4.05	1.21	2.28	0.82	3.77	3.03	3.59	0.59
14.12	1.03	8.35	2.56	15.65	19.09	29.72	12.37
2.34	0.03	0.84	0.68	2.46	0.43	0.57	0.14
0.04	0.02	0.02	0.02	0.02			
61.86	3.34	12.50	4.84	52.08	40.81	86.39	46.19
21.48	3.70	7.40	4.97	26.62	48.13	52.84	22.45
2.35	0.09	1.10	0.26	2.58	5.56	15.86	7.83
18.70	4.00	6.19	2.99	20.63	22.58	42.13	20.23
400.65	53.71	110.84	48.19	414.89	426.22	558.36	169.32
594.21	54.23	122.38	62.46	593.57	416.67	585.52	196.15
13.33	2.38	2.92	1.55	12.31	16.40	25.57	9.50
104.33	23.28	30.50	14.02	103.81	103.53	129.81	35.37
18.68	2.74	3.21	2.29	19.16	31.29	44.14	15.26
55.49	9.83	23.32	4.16	54.45	75.53	112.87	45.64
54.70	9.17	10.73	5.99	58.10	40.75	77.67	37.21
11.91	1.09	2.86	1.10	13.72	17.75	27.16	13.30
7.11	0.69	3.36	1.45	7.53	8.29	15.18	7.08
58.29	8.95	19.33	8.41	59.78	64.35	114.93	51.66
0.19	0.06	0.08	0.05	0.16	0.16	0.21	0.08
2.15	1.06	0.47	0.30	2.21	3.63	11.62	4.34
0.82	0.05	0.50	0.16	0.74	0.99	1.23	0.25
33.80	6.28	10.76	7.13	32.01	35.46	56.22	23.45
0.03	0.01	0.02		0.03			
5.91		1.47	0.49	5.32	2.55	6.45	3.96
0.69	0.13	0.28	0.12	0.66	0.29	0.65	0.36
15.01	2.49	4.87	2.38	14.64	20.19	25.78	11.25
17.93	2.01	7.95	3.29	20.21	16.02	18.29	5.36

1-B-28 续表 1

地 区	固定资产净值	固定资产净值年平均余额	负债合计	流动负债合计	所有者权益合计	实收资本
全 国	**1305.43**	**1314.82**	**2008.85**	**1711.08**	**1357.15**	**927.03**
北 京	1.97	2.05	2.11	1.94	3.65	2.52
天 津	3.00	2.00	5.58	4.20	1.85	2.44
河 北	17.35	15.38	17.91	15.03	19.19	6.13
山 西	0.42	0.35	1.62	1.50	2.13	0.37
内蒙古			0.02		0.02	0.02
辽 宁	40.21	41.35	36.87	30.55	71.04	143.14
吉 林	30.39	47.16	55.43	36.64	24.46	10.19
黑龙江	8.04	5.82	7.18	4.42	1.64	3.61
上 海	21.90	21.95	20.34	17.09	27.19	23.17
江 苏	389.04	366.38	551.70	455.66	378.62	229.81
浙 江	389.37	402.10	739.92	662.18	400.71	230.83
安 徽	16.07	17.42	21.52	16.22	18.11	5.77
福 建	94.44	93.23	112.20	105.43	122.76	86.72
江 西	28.88	29.45	44.98	24.46	9.44	12.07
山 东	67.22	68.82	106.41	89.95	43.85	30.97
河 南	40.46	41.86	80.53	71.98	67.31	29.62
湖 北	13.86	13.67	15.96	13.27	21.86	14.77
湖 南	8.10	8.32	17.47	11.43	9.00	6.08
广 东	63.27	65.19	66.60	56.59	60.49	44.15
广 西	0.14	0.14	0.06	0.05	0.29	0.28
海 南	7.28	7.07	5.66	5.66	0.64	5.77
重 庆	0.99	0.93	0.83	0.39	1.00	0.08
四 川	32.77	34.48	48.58	43.21	23.41	19.53
贵 州			0.04	0.04		0.01
云 南	2.49	2.49	1.00	1.00	7.48	4.09
西 藏						
陕 西	0.29	0.28	0.41	0.34	0.65	0.28
甘 肃	14.53	14.52	25.70	23.60	24.90	7.30
青 海						
宁 夏						
新 疆	12.93	12.37	22.22	18.26	15.44	7.35

单位：亿元

国家资本	集体资本	法人资本	个人资本	港澳台资本	外商资本	主营业务收　入
97.70	**7.92**	**329.54**	**209.38**	**149.01**	**133.48**	**3883.84**
	0.01	1.32	0.39		0.80	3.64
0.23		0.93	0.23	0.07	0.98	7.00
2.63	0.01	2.39	1.10			41.59
	0.20	0.05	0.12			3.52
			0.02			0.07
33.22	0.03	106.85	2.01	0.09	0.95	82.63
0.52	0.01	8.27	1.38			55.35
0.79		0.94	1.89			7.26
0.44	1.16	3.12	2.26	10.90	5.29	45.25
18.44	2.40	52.91	84.67	29.29	42.10	1250.87
0.06	2.82	80.73	62.99	40.56	43.67	1495.55
1.41		1.31	2.73		0.31	33.68
	0.01	7.67	13.69	61.95	3.40	230.00
1.30		2.65	0.40		7.71	34.06
	0.39	12.93	12.38	1.42	3.84	128.11
15.21	0.50	9.37	3.99	0.31	0.24	117.26
		7.88	2.66	0.36	3.87	32.55
4.13		1.16	0.76	0.03		24.53
3.06	0.13	10.06	11.77	4.03	15.09	156.21
		0.27	0.01			0.54
		5.77				5.72
		0.01	0.07			4.10
9.91	0.10	3.36	2.17		3.98	59.75
						0.06
		2.86			1.23	11.14
	0.16	0.09	0.04			3.55
5.40		0.86	1.04			17.20
0.95		5.78	0.62			32.66

1-B-28 续表 2

地区	主营业务成本	主营业务税金及附加	营业费用	管理费用	税金	财务费用
全国	**3586.43**	**8.73**	**34.35**	**104.02**	**17.65**	**74.13**
北京	2.77	0.01	0.09	0.29	0.01	0.10
天津	6.33		0.16	0.30	0.01	0.12
河北	38.11	0.22	0.61	2.14	0.09	0.74
山西	2.87	0.01	0.08	0.71	0.01	0.01
内蒙古	0.07					
辽宁	78.81	0.88	1.21	13.74	2.07	-0.18
吉林	56.20	0.17	1.28	3.24	0.32	3.83
黑龙江	6.99	0.01	0.22	0.40	0.03	0.45
上海	39.37	0.02	1.81	2.15	0.05	0.79
江苏	1125.90	1.69	9.02	29.87	11.52	21.24
浙江	1412.02	2.31	6.98	22.11	1.52	28.25
安徽	29.60	0.25	0.56	1.62	0.12	1.00
福建	213.14	0.44	1.72	3.10	0.33	4.24
江西	29.13	0.15	0.34	1.21	0.20	0.02
山东	115.05	0.67	2.29	5.30	0.60	5.84
河南	110.14	0.51	1.47	3.43	0.19	2.21
湖北	31.66	0.20	0.34	1.34	0.06	0.64
湖南	21.49	0.34	0.45	1.89	0.05	0.56
广东	146.90	0.60	1.87	5.70	0.31	1.57
广西	0.45			0.05		
海南	5.99	0.01	0.01	0.23	0.01	0.01
重庆	3.81	0.01		0.03	0.01	0.03
四川	52.91	0.11	2.04	1.96	0.10	1.29
贵州	0.07					
云南	8.03		0.01	0.29	0.01	-0.08
西藏						
陕西	3.24		0.03	0.06	0.01	0.02
甘肃	15.47	0.05	0.49	0.98	-0.02	0.54
青海						
宁夏						
新疆	29.90	0.08	1.27	1.87	0.02	0.89

单位：亿元

利息支出	营业利润	利润总额	应交所得税	亏损企业亏损总额	本年应交增值税	全部从业人员年平均人数（万人）
75.23	**78.61**	**81.83**	**14.51**	**74.96**	**78.37**	**45.06**
0.09	0.39	0.43	0.07	0.08	0.17	0.12
0.14	-0.19	0.09		0.30	0.05	0.17
0.67	-0.23	-0.50	0.01	1.73	1.15	1.33
0.01	-0.16	-0.17	0.01	0.17	0.06	0.13
	-0.01	-0.01		0.01		0.01
0.08	-27.07	-19.33	0.07	20.50	3.37	2.93
3.13	-9.54	-9.55	-0.71	9.63	1.46	1.36
0.44	-0.85	-0.84		0.85	0.19	0.11
0.62	1.47	1.44	0.80	2.08	2.30	0.65
22.82	71.70	68.43	6.34	6.63	27.55	12.81
28.68	22.72	24.90	3.78	12.87	17.37	10.44
0.82	1.07	1.12	0.11		1.20	0.59
4.30	9.61	7.83	0.53	4.14	5.08	2.09
-0.02	3.01	2.28	0.14	0.75	1.43	0.58
5.32	4.52	3.97	0.53	0.50	2.78	2.67
1.91	0.43	0.41	1.29	2.81	2.62	1.99
0.59	-1.50	-1.74	0.05	2.50	1.22	0.77
0.44	0.75	0.93	0.09	0.11	1.11	0.63
2.13	0.76	0.66	0.74	5.16	5.94	2.00
	0.05	0.05	0.01		0.02	0.01
0.01	-1.15	-1.08		1.08	0.09	0.10
0.03	0.26	0.27	0.03		0.07	0.03
1.69	0.68	0.29	0.09	1.21	1.13	1.16
-0.08	2.88	2.88	0.43		0.63	0.03
0.02	0.22	0.13			0.04	0.05
0.56	-0.05	0.06	0.12	0.23	0.33	1.66
0.85	-1.16	-1.13		1.61	0.99	0.67

1-B-29 规模以上橡胶制品业

地 区	企业单位数（个）	亏损企业	工业总产值（当年价格）	工业销售产值（当年价格）	出口交货值	资产总计
全 国	**4649**	**675**	**4228.61**	**4144.00**	**961.83**	**3303.23**
北 京	46	9	23.34	22.97	6.14	45.07
天 津	116	32	90.45	87.52	22.79	115.34
河 北	290	25	184.06	176.67	32.38	113.63
山 西	22	5	18.47	17.97	2.72	23.24
内蒙古	4		1.69	1.52	0.03	1.00
辽 宁	280	39	237.25	225.44	15.91	173.87
吉 林	27	3	9.08	8.89	0.02	6.81
黑龙江	16	4	21.26	19.64	2.67	20.06
上 海	290	71	171.25	170.54	52.11	189.25
江 苏	718	78	574.59	559.51	168.73	503.64
浙 江	664	85	398.18	396.24	118.66	349.38
安 徽	122	25	119.45	116.83	35.67	110.77
福 建	232	34	229.38	234.42	60.58	191.97
江 西	53	3	38.93	38.35	10.35	37.42
山 东	609	37	1210.14	1185.32	228.00	771.36
河 南	181	7	262.86	260.76	22.29	111.83
湖 北	86	12	41.62	40.42	1.45	32.45
湖 南	67	6	42.49	41.90	4.43	30.95
广 东	605	163	323.63	317.73	158.21	294.07
广 西	26	8	20.26	19.44	5.03	21.70
海 南	2	1	1.07	1.19		1.13
重 庆	52	5	31.26	31.18	0.93	27.07
四 川	78	10	75.52	75.26	2.77	44.04
贵 州	9	2	58.76	52.53	8.83	48.17
云 南	9	3	3.37	3.48		2.03
西 藏						
陕 西	27	2	12.00	10.80		12.54
甘 肃	7	2	1.11	0.99		1.32
青 海	1	1	0.09	0.08		0.16
宁 夏	4	1	25.45	25.17	1.10	20.72
新 疆	6	2	1.61	1.26		2.25

工业企业主要经济指标

单位：亿元

流动资产合计	应收账款	存货	产成品	流动资产年平均余额	固定资产合计	固定资产原价	累计折旧
1607.54	**452.87**	**498.96**	**254.59**	**1574.80**	**1398.44**	**1839.65**	**621.62**
27.40	5.59	5.82	2.67	20.05	12.62	12.59	4.51
47.22	16.20	17.87	8.14	46.80	65.13	42.72	18.18
62.62	22.52	17.79	10.94	56.60	42.63	54.06	15.16
9.34	3.07	4.49	1.43	10.03	12.50	12.75	2.39
0.59	0.10	0.30	0.20	0.51	0.33	0.44	0.15
67.32	24.91	22.44	15.77	74.89	94.29	122.08	35.51
3.05	0.98	1.03	0.58	2.92	3.42	5.36	2.09
7.82	1.76	3.94	2.03	8.55	10.79	13.84	3.68
110.78	31.23	29.94	11.92	106.19	56.35	99.59	46.56
226.88	82.80	74.74	36.46	229.60	241.16	328.27	109.76
189.97	56.94	53.12	31.71	180.93	124.70	163.31	49.71
67.21	22.95	17.54	7.01	59.56	39.72	59.64	23.87
91.08	28.15	23.85	8.38	94.14	86.72	113.02	37.94
9.91	2.05	4.38	2.20	10.36	26.00	37.74	12.42
349.24	56.31	106.23	59.43	353.44	337.72	438.85	144.79
50.96	9.34	16.08	9.72	47.56	48.30	60.23	13.09
16.45	5.54	5.41	2.68	15.92	12.38	20.65	10.17
16.66	3.26	6.77	4.53	15.19	10.84	13.51	3.50
159.44	53.83	53.39	18.57	151.59	100.76	145.53	54.21
12.76	2.94	2.79	1.54	14.06	7.28	6.95	3.24
0.51	0.10	0.38	0.05	0.85	0.61	0.66	0.19
12.54	2.72	4.59	2.43	11.66	12.68	11.58	4.09
22.86	5.71	7.15	4.55	20.74	13.93	19.99	6.38
25.55	6.90	10.50	6.40	23.74	20.55	32.06	12.51
1.47	0.24	0.97	0.38	1.45	0.36	0.66	0.32
7.26	2.76	2.44	1.63	6.24	4.25	5.05	1.12
0.63	0.20	0.32	0.23	0.57	0.66	0.87	0.33
0.10	0.03	0.07		0.09	0.05	0.06	0.01
9.40	3.49	4.55	2.97	9.94	10.43	14.26	3.85
0.52	0.28	0.07	0.04	0.61	1.28	3.32	1.89

1-B-29 续表 1

地 区	固定资产净值	固定资产净值年平均余额	负债合计	流动负债合计	所有者权益合计	实收资本
全 国	**1218.03**	**1199.79**	**1951.42**	**1593.45**	**1351.81**	**815.08**
北 京	8.08	9.32	36.85	23.54	8.22	7.20
天 津	24.54	41.28	74.23	54.08	41.11	30.05
河 北	38.90	39.10	58.16	50.43	55.47	31.93
山 西	10.36	8.25	13.86	8.04	9.37	8.35
内蒙古	0.29	0.26	0.56	0.52	0.43	0.31
辽 宁	86.57	77.62	84.98	71.81	88.89	46.64
吉 林	3.27	3.17	2.51	2.18	4.31	2.82
黑龙江	10.16	10.43	14.54	14.32	5.52	4.57
上 海	53.03	55.25	110.77	100.19	78.49	56.74
江 苏	218.51	220.41	276.57	237.22	227.07	173.35
浙 江	113.60	110.28	224.75	201.59	124.63	65.89
安 徽	35.77	35.67	69.89	64.65	40.87	23.69
福 建	75.08	75.99	96.38	72.75	95.58	63.85
江 西	25.32	25.41	12.04	6.92	25.38	18.45
山 东	294.05	276.76	476.48	347.61	294.88	112.83
河 南	47.13	44.00	64.64	51.67	47.19	21.30
湖 北	10.48	10.93	23.40	19.94	9.05	7.47
湖 南	10.00	9.21	15.64	12.51	15.31	8.06
广 东	91.32	89.33	170.10	154.52	123.97	97.75
广 西	3.72	3.57	19.32	14.13	2.38	3.12
海 南	0.47	0.46	0.34	0.34	0.79	0.63
重 庆	7.49	7.52	16.11	13.49	10.96	4.94
四 川	13.60	11.60	25.91	21.70	18.13	8.43
贵 州	19.54	17.38	32.49	25.18	15.68	4.39
云 南	0.34	0.35	1.65	1.62	0.38	0.24
西 藏						
陕 西	3.94	3.56	7.63	6.32	4.91	4.25
甘 肃	0.55	0.58	0.96	0.83	0.36	0.30
青 海	0.05	0.05	0.04	0.04	0.12	0.04
宁 夏	10.41	10.45	14.56	10.46	6.16	6.05
新 疆	1.43	1.61	6.04	4.84	-3.80	1.45

单位：亿元

国家资本	集体资本	法人资本	个人资本	港澳台资本	外商资本	主营业务收入
42.29	**14.02**	**167.80**	**172.51**	**110.09**	**308.38**	**4149.86**
1.24	0.31	3.90	0.73	0.05	0.97	30.93
0.84	0.70	3.04	2.58	12.90	9.99	91.89
0.73	0.34	6.18	19.92	0.03	4.74	170.78
0.06	0.13	5.29	0.57		2.30	17.99
0.15		0.05	0.11			1.25
1.12	0.69	6.00	10.50	0.28	28.03	226.62
0.75		0.43	0.74		0.90	9.17
0.04	0.11	0.05	0.48		3.89	20.32
6.08	1.06	7.55	3.64	3.43	34.99	193.94
10.88	1.74	23.63	17.39	10.71	108.99	554.92
0.03	0.28	15.10	24.14	1.53	24.82	399.03
0.16	0.19	3.65	5.38	0.31	13.99	105.41
	0.08	9.21	8.24	24.53	21.78	234.45
0.03	0.07	4.15	2.26	11.71	0.22	37.93
3.30	4.37	33.33	43.07	5.95	22.80	1191.41
1.13	0.77	5.71	13.23	0.30	0.16	244.54
1.24	0.04	3.66	1.58	0.08	0.87	40.98
0.61	0.28	4.10	2.97	0.09		42.45
3.97	1.83	27.31	3.27	37.83	23.55	318.52
2.08	0.01	0.40	0.60		0.02	18.45
		0.31	0.03		0.29	1.11
0.50	0.01	0.88	2.10	0.08	1.38	30.94
0.35	0.32	1.53	5.97	0.27		70.90
1.63	0.16	0.56	1.82		0.21	53.99
0.03		0.10	0.10	0.01		3.36
1.51	0.52	1.53	0.66		0.04	12.21
		0.11	0.18			1.34
			0.04			0.08
2.47			0.12		3.47	23.47
1.36		0.01	0.09			1.51

1-B-29 续表 2

地区	主营业务成本	主营业务税金及附加	营业费用	管理费用	税金	财务费用
全国	**3585.88**	**23.67**	**112.59**	**165.26**	**8.59**	**60.81**
北京	28.15	0.04	0.95	1.83	0.04	0.33
天津	81.50	0.31	2.33	3.78	0.13	1.79
河北	145.93	0.76	4.52	4.82	0.23	2.01
山西	15.83	0.08	0.65	0.70	0.01	0.50
内蒙古	1.02	0.01	0.02	0.13		0.01
辽宁	192.23	1.27	5.78	10.92	1.38	2.06
吉林	6.96	0.08	0.31	0.44	0.01	0.07
黑龙江	19.01	0.07	0.71	0.71	0.02	0.24
上海	172.18	0.24	6.36	13.27	0.23	3.18
江苏	472.42	1.96	17.52	24.23	1.01	6.60
浙江	349.66	1.54	10.58	17.30	0.85	8.01
安徽	89.15	0.53	3.75	5.36	0.52	4.00
福建	202.60	1.82	7.19	7.27	0.51	3.32
江西	34.03	0.20	0.84	0.81	0.11	0.08
山东	1035.79	7.47	26.24	35.29	1.50	17.24
河南	206.72	2.13	7.56	4.83	0.37	3.62
湖北	34.36	0.41	1.73	1.97	0.39	0.56
湖南	33.92	1.09	1.78	2.74	0.12	0.44
广东	280.62	1.09	6.71	19.97	0.58	3.16
广西	15.74	0.47	0.52	1.16	0.05	0.25
海南	0.70		0.07	0.20	0.01	0.01
重庆	27.20	0.14	0.81	0.93	0.06	0.39
四川	55.68	1.28	1.64	2.04	0.12	0.90
贵州	47.03	0.42	2.27	2.33	0.17	1.29
云南	3.12	0.01	0.09	0.15	0.01	0.04
西藏						
陕西	9.99	0.13	0.68	1.14	0.05	0.09
甘肃	1.16	0.01	0.10	0.09		0.02
青海	0.07			0.01		
宁夏	21.70	0.07	0.86	0.44	0.12	0.63
新疆	1.42	0.01	0.01	0.39	0.01	

单位：亿元

利息支出	营业利润	利润总额	应交所得税	亏损企业亏损总额	本年应交增值税	全部从业人员年平均人数（万人）
56.85	**200.46**	**180.48**	**26.93**	**30.20**	**128.20**	**97.29**
0.33	-0.49	0.29	0.10	0.29	0.65	0.93
2.26	1.57	1.38	0.45	2.07	2.04	2.48
1.94	12.02	11.54	1.46	0.61	4.39	4.55
0.49	0.75	0.89	0.09	0.01	0.45	0.58
0.01	0.26	0.06			0.12	0.05
2.04	15.38	5.20	1.39	2.07	8.70	3.83
0.04	0.92	0.47	0.08	0.02	0.36	0.22
0.28	-0.30	-0.24	0.02	0.43	0.42	0.65
2.36	2.11	4.05	1.12	3.40	5.47	4.46
7.73	34.49	29.65	3.40	4.49	22.23	12.54
8.25	12.71	13.21	2.08	1.90	11.02	11.16
2.45	4.41	5.17	0.74	0.22	6.03	2.90
2.62	14.50	13.67	1.12	0.77	6.17	7.12
0.28	2.07	1.90	0.21	0.18	1.30	0.91
15.45	59.01	55.30	10.16	6.08	30.28	16.33
2.93	20.77	20.01	2.06	0.76	7.21	3.99
0.55	1.53	1.31	0.25	0.74	1.41	1.33
0.38	2.82	1.76	0.15	0.17	1.79	1.33
2.84	9.03	7.93	1.40	5.12	8.19	15.37
0.30	0.45	0.62	0.02	0.03	0.59	0.59
	0.14	0.12	0.02	0.04	0.03	0.08
0.49	1.16	1.29	0.11	0.10	0.99	1.13
0.69	4.70	4.05	0.32	0.03	5.56	2.06
1.27	0.59	0.93	0.15	0.07	1.68	1.24
0.04	-0.04	-0.01		0.04	0.14	0.17
0.07	0.26	0.32	0.03	0.01	0.42	0.63
0.02				0.03	0.03	0.09
						0.01
0.72	-0.04	-0.08	-0.03	0.22	0.44	0.41
	-0.30	-0.31		0.32	0.09	0.18

1-B-30 规模以上塑料制品业

地区	企业单位数(个)	亏损企业	工业总产值(当年价格)	工业销售产值(当年价格)	出口交货值	资产总计
全国	**19484**	**3069**	**9897.17**	**9671.19**	**1977.78**	**7019.58**
北京	281	61	76.85	75.83	7.50	86.78
天津	380	99	215.56	208.91	48.38	181.54
河北	430	57	292.31	287.99	18.69	167.11
山西	48	13	21.61	20.82		22.82
内蒙古	53	3	46.26	44.82		63.43
辽宁	837	117	490.89	476.86	33.70	436.48
吉林	149	19	64.17	61.28	0.93	43.38
黑龙江	129	29	40.64	41.01	0.36	44.33
上海	1192	285	546.32	544.94	127.17	506.73
江苏	2786	331	1196.49	1178.44	231.47	846.35
浙江	3470	442	1498.65	1462.74	304.17	1210.60
安徽	547	84	263.51	257.13	13.69	203.03
福建	931	160	541.52	520.68	189.03	325.62
江西	197	8	97.14	95.78	5.66	54.36
山东	1489	103	930.84	910.65	102.78	410.95
河南	456	25	314.25	310.02	2.05	122.16
湖北	448	61	188.12	182.70	2.79	142.60
湖南	250	20	133.02	131.08	0.80	112.27
广东	4244	904	2423.13	2363.08	885.28	1645.08
广西	143	43	49.09	43.44	0.47	32.48
海南	14	4	5.30	5.40	0.29	4.42
重庆	172	32	56.86	55.67	0.04	39.98
四川	437	53	251.88	246.29	0.91	177.55
贵州	49	13	18.18	16.55		11.45
云南	80	24	32.85	30.86		26.22
西藏						
陕西	72	26	33.18	33.56	0.07	31.82
甘肃	57	11	19.65	17.85	0.15	19.45
青海	5	1	0.60	0.52		0.55
宁夏	26	8	7.95	7.94		7.53
新疆	112	33	40.36	38.36	1.39	42.50

工业企业主要经济指标

单位：亿元

流动资产合计	应收账款	存货	产成品	流动资产年平均余额	固定资产合计	固定资产原价	累计折旧
3907.97	**1178.84**	**1000.53**	**411.40**	**3763.50**	**2409.45**	**3511.53**	**1291.65**
52.92	14.57	16.82	7.57	49.81	28.85	43.23	17.35
95.99	27.64	29.13	13.11	96.10	73.94	104.12	34.33
77.61	18.12	23.03	12.38	71.02	80.32	105.24	30.15
12.96	2.88	5.00	2.86	11.89	8.22	11.26	4.40
23.50	2.25	3.27	0.88	25.33	5.84	6.93	1.36
251.68	41.97	45.19	23.89	237.78	144.57	200.26	62.11
20.48	6.65	7.77	5.00	20.10	18.73	25.10	7.72
20.01	5.34	7.06	3.51	22.50	18.04	28.39	12.10
276.91	96.91	68.77	23.14	266.13	172.01	275.34	112.37
477.68	188.54	106.30	44.57	454.06	312.60	458.24	169.79
735.13	191.39	138.39	60.32	709.70	355.25	465.67	142.93
111.79	21.53	27.00	12.75	108.61	70.99	96.06	31.95
200.31	61.12	54.51	20.87	189.53	100.04	149.24	55.28
16.07	5.86	4.68	2.74	16.11	35.86	53.70	19.44
192.07	45.97	56.72	26.85	187.36	165.51	218.82	68.03
57.80	11.96	11.38	4.41	55.97	57.66	67.31	10.99
70.02	23.06	21.41	11.06	65.26	48.86	70.40	31.04
38.59	7.18	8.82	3.63	41.35	32.10	38.31	10.75
962.21	346.64	299.89	95.37	928.83	547.07	909.81	407.11
15.50	4.87	4.77	2.77	14.64	10.73	13.98	4.32
3.36	0.88	0.82	0.31	3.21	0.68	1.27	0.63
22.76	7.09	7.18	3.73	21.22	13.74	19.35	6.72
89.25	25.11	21.02	11.71	87.77	62.72	85.04	28.00
6.56	1.92	2.44	1.42	6.25	4.07	6.39	2.46
16.24	3.32	5.50	3.45	14.13	6.72	12.58	6.20
18.74	4.41	5.51	2.13	16.64	10.88	14.32	3.89
9.17	2.47	3.78	2.44	10.11	8.37	11.64	4.72
0.34	0.18	0.11	0.02	0.33	0.18	0.18	0.03
4.32	1.72	1.30	0.71	4.87	2.88	3.74	1.05
28.01	7.26	12.99	7.81	26.88	12.04	15.60	4.42

1-B-30 续表 1

地 区	固定资产净值	固定资产净值年平均余额	负债合计	流动负债合计	所有者权益合计	实收资本
全 国	**2219.88**	**2202.43**	**3858.05**	**3364.97**	**3161.53**	**2059.69**
北 京	25.88	25.44	49.37	44.50	37.42	31.14
天 津	69.79	65.30	97.94	82.09	83.60	61.94
河 北	75.09	77.62	107.95	90.25	59.16	48.17
山 西	6.86	6.82	13.25	12.67	9.58	6.51
内蒙古	5.57	5.50	43.73	16.34	19.69	15.86
辽 宁	138.15	139.58	235.89	197.91	200.58	110.99
吉 林	17.39	16.40	22.81	16.55	20.57	12.96
黑龙江	16.28	16.86	28.73	19.93	15.61	12.61
上 海	162.97	162.13	266.08	237.76	240.65	189.39
江 苏	288.45	283.77	454.87	404.09	391.48	272.57
浙 江	322.74	317.91	750.66	703.71	459.94	250.01
安 徽	64.11	63.32	116.68	93.91	86.35	37.29
福 建	93.96	93.46	156.56	146.24	169.05	117.51
江 西	34.26	32.91	21.94	17.04	32.42	19.08
山 东	150.79	142.00	189.43	154.17	221.52	113.01
河 南	56.31	54.85	51.76	39.57	70.40	45.14
湖 北	39.35	40.79	73.57	59.66	69.03	36.84
湖 南	27.56	28.39	58.37	28.64	53.89	30.43
广 东	502.71	513.61	894.70	809.09	750.38	538.90
广 西	9.66	9.43	19.95	15.64	12.53	9.08
海 南	0.65	0.70	2.01	1.86	2.41	1.42
重 庆	12.63	11.80	24.32	21.48	15.66	10.63
四 川	57.04	56.57	100.95	85.35	76.60	41.49
贵 州	3.93	3.71	6.06	5.57	5.39	4.37
云 南	6.38	6.53	14.87	13.69	11.35	7.73
西 藏						
陕 西	10.43	7.84	17.57	15.79	14.24	13.08
甘 肃	6.92	5.54	11.10	8.16	8.35	5.50
青 海	0.15	0.15	0.30	0.26	0.25	0.19
宁 夏	2.69	2.69	4.69	3.92	2.84	2.10
新 疆	11.18	10.81	21.92	19.12	20.57	13.76

单位：亿元

						主营业务收　入
国家资本	集体资本	法人资本	个人资本	港澳台资本	外商资本	
37.50	**46.28**	**456.04**	**553.59**	**435.33**	**530.96**	**9623.96**
1.75	1.44	8.81	4.91	2.01	12.23	81.27
2.61	1.87	6.76	13.51	8.54	28.66	208.32
6.96	0.66	13.90	18.81	4.04	3.80	277.11
0.44	0.56	1.32	2.98	1.00	0.21	20.37
		13.59	2.21	0.02	0.04	45.62
2.67	4.53	26.73	48.30	5.00	23.76	476.29
1.01	2.68	3.23	4.18	0.63	1.23	58.56
0.90	0.62	6.93	4.02	0.06	0.08	41.91
1.25	3.89	27.48	24.36	25.25	107.16	544.50
2.64	3.58	34.07	67.49	51.09	113.70	1179.34
0.97	3.78	51.90	124.08	26.83	42.46	1452.85
3.03	2.07	12.49	15.11	2.59	2.00	251.91
0.55	0.90	16.04	23.61	42.38	34.04	522.41
0.38	0.63	6.43	8.29	2.46	0.88	94.85
1.96	3.99	31.50	49.76	8.19	17.59	919.59
0.11	1.77	20.28	21.87	0.20	0.92	302.59
1.16	1.83	15.06	15.58	1.22	1.99	176.94
0.01	0.58	20.22	7.61	1.34	0.68	130.33
4.86	6.20	94.04	59.51	246.42	127.87	2351.11
0.19	0.90	3.95	3.27	0.58	0.18	42.39
0.02	0.08	0.41	0.46	0.07	0.39	5.37
0.35	0.53	2.59	4.37	1.69	1.11	56.98
0.69	0.47	17.68	17.81	1.93	2.90	236.30
0.58	0.29	1.65	1.08	0.71	0.06	16.29
0.22	0.26	1.62	2.54	0.05	3.04	30.46
0.71	0.30	7.75	2.22	0.19	1.90	31.72
0.11	1.50	2.68	0.90	0.30		18.20
	0.02	0.01	0.16			0.53
0.10		0.96	0.79	0.24		9.02
1.29	0.34	5.93	3.81	0.32	2.09	40.81

1-B-30 续表 2

地 区	主营业务成 本	主营业务税金及附加	营业费用	管理费用		财务费用
					税金	
全 国	**8323.26**	**53.05**	**220.60**	**382.69**	**19.81**	**101.93**
北 京	69.93	0.10	2.30	5.26	0.13	0.49
天 津	183.21	0.20	4.57	10.28	0.28	1.63
河 北	240.06	1.44	7.41	7.08	0.32	3.12
山 西	17.91	0.07	0.62	0.81	0.04	0.39
内蒙古	34.65	1.41	0.83	1.09	0.21	0.52
辽 宁	412.64	3.69	9.23	17.66	1.34	6.85
吉 林	47.58	0.72	1.26	3.17	0.16	0.51
黑龙江	36.87	0.25	0.69	1.88	0.07	0.34
上 海	473.07	0.54	18.44	33.38	0.65	5.55
江 苏	1022.24	3.65	25.71	48.72	2.21	12.05
浙 江	1278.73	5.00	27.93	54.72	3.49	25.36
安 徽	215.54	1.54	6.82	8.45	0.71	5.51
福 建	462.34	1.97	12.37	19.85	1.29	4.52
江 西	80.03	0.92	1.60	2.36	0.28	0.77
山 东	790.89	5.84	17.34	21.04	1.26	7.62
河 南	247.92	2.91	8.73	4.80	0.24	2.11
湖 北	145.87	2.97	5.57	7.06	1.27	2.45
湖 南	106.70	3.38	3.87	6.19	0.38	1.61
广 东	2043.59	13.92	52.04	108.08	4.22	13.82
广 西	36.99	0.15	0.54	1.81	0.06	0.49
海 南	4.54	0.01	0.15	0.19	0.01	0.03
重 庆	49.25	0.31	1.64	2.57	0.15	0.70
四 川	195.58	1.57	6.78	10.11	0.75	3.61
贵 州	13.86	0.05	0.63	0.65	0.04	0.12
云 南	26.68	0.09	0.66	1.44	0.06	0.37
西 藏						
陕 西	25.83	0.12	1.14	1.48	0.07	0.53
甘 肃	15.98	0.08	0.37	0.63	0.05	0.35
青 海	0.45		0.02	0.04		
宁 夏	8.24	0.02	0.26	0.30	0.02	0.12
新 疆	36.09	0.12	1.06	1.59	0.05	0.37

单位：亿元

利息支出	营业利润	利润总额	应交所得税	亏损企业亏损总额	本年应交增值税	全部从业人员年平均人数（万人）
89.80	**544.07**	**511.76**	**65.17**	**58.24**	**266.77**	**255.42**
0.47	3.74	3.97	0.70	0.79	2.56	2.20
2.12	6.99	7.75	1.33	3.03	4.78	4.82
2.73	18.59	32.14	1.83	1.02	6.38	5.24
0.42	0.69	0.73	0.15	0.11	0.44	0.76
0.51	6.63	5.53	0.13	0.01	1.78	0.57
6.19	30.73	24.09	3.26	4.63	9.06	9.07
0.35	3.92	2.80	0.45	0.29	1.50	1.47
0.25	2.03	1.39	0.18	0.69	1.61	1.51
5.22	16.82	18.13	3.56	8.55	16.12	13.44
11.39	71.67	65.97	8.46	6.63	39.14	29.63
22.92	63.02	66.73	11.02	4.01	36.39	32.34
5.22	21.50	14.39	2.06	1.57	7.80	4.98
3.25	23.52	23.47	3.27	1.69	10.23	16.81
0.65	8.02	6.65	0.51	0.13	3.73	3.00
4.63	63.43	57.75	7.53	1.65	24.85	15.35
1.59	35.47	35.24	3.52	0.54	10.23	5.42
2.06	14.64	11.31	1.36	0.57	7.15	4.54
1.03	12.46	7.80	0.61	0.25	5.29	2.27
13.28	111.10	101.35	11.69	18.64	62.11	89.37
0.42	1.25	1.23	0.19	0.66	1.26	1.53
0.02	0.43	0.46	0.03	0.08	0.22	0.10
0.55	2.79	3.00	0.31	0.34	1.86	1.77
2.88	18.85	13.77	2.05	1.39	8.55	4.88
0.11	0.44	0.53	0.10	0.06	0.43	0.49
0.35	1.42	1.61	0.26	0.08	0.76	0.77
0.45	1.13	0.99	0.18	0.16	1.01	0.99
0.27	0.77	0.64	0.06	0.18	0.36	0.96
	0.01	0.01			0.01	0.03
0.12	0.16	0.18	0.05	0.21	0.18	0.23
0.34	1.85	2.16	0.30	0.27	0.96	0.89

1-B-31 规模以上非金属矿物制品业

地区	企业单位数（个）	亏损企业	工业总产值（当年价格）	工业销售产值（当年价格）	出口交货值	资产总计
全国	**30524**	**4207**	**20943.45**	**20376.74**	**1442.70**	**17927.36**
北京	482	129	296.54	293.89	15.75	524.83
天津	275	61	217.45	215.88	32.53	212.54
河北	1162	245	954.88	930.63	57.46	826.18
山西	419	152	173.65	164.13	9.75	279.54
内蒙古	362	77	284.13	280.39	4.90	302.28
辽宁	1854	244	1324.48	1265.49	115.70	982.68
吉林	471	60	335.49	321.22	10.92	493.45
黑龙江	261	62	118.87	115.07	5.01	168.83
上海	713	197	477.28	470.77	75.65	577.21
江苏	2911	270	1800.19	1769.58	133.08	1578.23
浙江	1694	293	1123.68	1085.10	94.31	1399.88
安徽	984	191	489.61	480.74	24.71	562.45
福建	1924	200	975.89	950.30	217.62	732.55
江西	874	65	544.27	537.17	16.13	519.83
山东	3929	183	3599.95	3529.58	209.02	2083.04
河南	2921	134	2572.04	2528.68	27.18	1320.57
湖北	1243	136	592.09	578.12	15.94	599.63
湖南	1262	117	619.06	607.21	24.86	391.06
广东	2692	475	2220.60	2112.10	284.07	1731.67
广西	570	185	319.22	306.68	21.10	334.45
海南	46	13	44.40	41.46	0.13	62.47
重庆	535	69	279.46	272.78	21.25	361.36
四川	1446	173	821.75	796.19	9.80	745.75
贵州	299	94	104.71	100.22	2.57	131.37
云南	312	153	139.62	133.48	0.52	260.62
西藏	14	3	8.62	8.47		19.95
陕西	362	110	207.36	194.64	2.19	228.03
甘肃	166	33	90.21	88.10	2.87	146.74
青海	56	12	31.78	29.76		33.52
宁夏	118	40	59.99	56.89	4.36	95.92
新疆	167	31	116.19	111.99	3.34	220.74

工业企业主要经济指标

单位：亿元

流动资产合计	应收账款	存货	产成品	流动资产年平均余额	固定资产合计	固定资产原价	累计折旧
7845.11	**1945.34**	**2171.69**	**984.42**	**7335.53**	**7968.89**	**10541.60**	**3320.57**
300.14	110.38	63.91	26.71	284.35	136.70	217.57	95.03
115.72	47.32	34.28	11.53	111.16	82.62	113.46	35.86
352.44	61.52	108.79	55.38	340.93	396.94	492.59	154.27
119.52	29.91	42.67	21.14	114.28	131.08	171.51	56.14
100.61	18.03	35.41	15.42	91.61	155.66	186.77	55.39
435.20	141.21	118.43	58.88	409.45	401.23	537.58	157.65
180.62	41.83	56.29	12.43	170.81	199.46	257.09	63.90
83.06	20.38	24.39	9.19	75.73	70.45	97.27	32.54
357.84	119.26	90.97	38.20	335.48	160.89	259.28	114.31
794.17	248.23	186.29	84.33	739.08	648.46	910.97	304.72
678.26	160.57	145.20	73.46	621.89	527.80	682.34	190.28
210.44	51.65	47.16	20.16	199.67	312.19	398.96	112.35
352.90	96.16	99.84	50.36	336.49	291.95	413.43	140.05
168.30	26.21	42.19	21.22	162.32	293.91	425.49	147.01
859.19	167.65	271.97	125.50	816.91	953.66	1198.13	347.48
573.44	132.55	136.34	67.55	539.27	624.69	727.01	140.16
215.38	38.07	57.74	24.65	191.33	287.20	383.20	117.73
137.07	33.71	39.65	19.03	134.97	198.98	234.12	65.37
805.98	183.79	266.58	124.60	740.37	809.36	1197.31	495.71
102.98	24.35	33.75	14.24	95.57	184.67	212.44	51.75
23.95	3.44	5.69	1.75	19.65	31.96	38.15	10.11
134.95	30.54	37.38	15.99	118.56	191.18	227.92	53.73
297.14	61.42	86.76	38.03	274.74	349.55	464.18	150.36
52.92	8.16	15.63	6.69	48.54	62.61	80.84	25.42
92.18	20.92	28.70	11.09	85.34	138.01	186.11	61.82
6.60	1.45	2.52	0.68	7.67	8.93	12.83	4.35
83.29	21.47	31.94	15.30	80.50	123.09	156.55	40.92
69.29	15.26	24.84	7.61	62.28	64.30	82.11	32.00
16.00	4.88	5.43	1.99	14.83	13.17	17.70	6.53
42.16	8.34	12.85	5.32	34.98	34.57	48.95	16.95
83.36	16.67	18.11	5.97	76.81	83.62	109.77	40.69

1-B-31 续表 1

地 区	固定资产净值	固定资产净值年平均余额	负债合计	流动负债合计	所有者权益合计	实收资本
全 国	**7221.03**	**7055.58**	**10056.25**	**7891.73**	**7870.81**	**4811.77**
北 京	122.54	124.47	320.87	263.48	203.96	168.78
天 津	77.61	76.23	107.40	93.09	105.14	76.85
河 北	338.32	335.95	467.40	372.32	358.78	198.19
山 西	115.37	118.02	197.44	140.66	82.10	72.02
内蒙古	131.38	138.84	175.66	118.36	126.62	70.73
辽 宁	379.93	361.52	549.95	447.02	432.73	251.91
吉 林	193.19	165.28	265.05	211.58	228.39	109.15
黑龙江	64.73	62.49	100.31	81.55	68.52	46.15
上 海	144.97	140.78	331.71	293.91	245.50	190.80
江 苏	606.26	592.04	913.04	778.76	665.19	459.17
浙 江	492.05	463.31	861.23	736.08	538.66	326.37
安 徽	286.61	277.77	336.47	242.89	225.98	148.39
福 建	273.38	267.78	339.42	268.26	393.13	258.54
江 西	278.47	269.25	271.32	179.48	248.21	148.08
山 东	850.64	848.27	1125.39	844.58	957.66	493.58
河 南	586.85	573.53	635.74	479.80	684.83	394.14
湖 北	265.47	252.78	322.67	221.11	276.95	151.89
湖 南	168.75	175.98	214.47	149.63	176.59	115.10
广 东	701.60	735.76	999.21	833.10	732.46	440.09
广 西	160.69	150.67	185.74	125.05	148.71	104.85
海 南	28.03	28.03	35.99	22.14	26.48	19.31
重 庆	174.19	161.41	223.71	158.09	137.65	87.03
四 川	313.82	281.94	409.27	312.29	336.48	170.10
贵 州	55.42	52.99	81.12	62.18	50.25	39.69
云 南	124.29	124.53	168.62	129.63	92.00	69.85
西 藏	8.48	9.15	6.65	4.26	13.29	6.98
陕 西	115.64	108.42	140.86	106.88	87.16	67.66
甘 肃	50.11	49.73	82.89	70.38	63.85	42.62
青 海	11.17	11.16	19.02	15.73	14.50	7.38
宁 夏	32.00	30.91	47.50	40.00	48.42	21.87
新 疆	69.08	66.60	120.14	89.44	100.60	54.50

单位：亿元

						主营业务收　　入
国家资本	集体资本	法人资本	个人资本	港澳台资本	外商资本	
383.12	**162.19**	**1644.12**	**1518.87**	**447.23**	**656.24**	**20345.47**
1.81	5.18	109.77	30.05	6.22	15.74	307.81
2.86	1.19	29.20	10.95	8.43	24.22	218.44
25.28	16.90	63.36	65.77	6.01	20.87	890.10
11.62	4.52	21.17	31.29	0.14	3.27	162.52
4.39	2.02	42.12	17.92	0.30	3.99	279.66
21.58	7.22	60.94	121.33	7.49	33.35	1243.66
16.86	2.89	63.78	23.05	0.76	1.83	491.07
3.57	1.46	17.93	13.75	2.05	7.39	113.88
7.12	2.27	50.19	24.96	27.59	78.67	489.04
13.34	5.04	101.18	135.05	85.88	118.67	1754.15
24.41	3.87	120.31	113.09	24.74	39.95	1085.85
15.11	1.60	59.57	54.21	6.99	10.90	476.66
6.66	7.08	59.46	92.30	40.06	52.99	950.13
13.41	0.99	58.62	48.12	19.09	7.86	537.38
48.48	39.56	151.44	175.55	25.57	52.97	3478.88
39.54	10.53	146.62	180.69	3.93	12.82	2472.89
12.22	4.16	70.16	50.77	1.09	13.49	555.48
18.72	5.41	38.38	47.69	3.32	1.60	602.40
20.68	14.41	121.84	91.04	135.61	56.51	2113.35
8.36	5.24	38.14	14.79	34.26	4.06	300.25
0.22	0.20	15.50	1.96	1.24	0.19	41.72
1.82	0.81	37.36	25.86	2.33	18.84	272.63
13.97	3.06	50.02	64.34	1.37	37.33	783.36
5.73	1.30	12.85	10.64	1.45	7.73	96.36
8.37	4.60	25.33	19.01	0.84	11.69	131.28
5.25	0.72	0.58	0.41			7.60
7.29	3.90	17.84	22.99	0.03	15.60	186.20
5.40	4.86	24.63	7.48	0.24		89.91
2.47	0.50	2.29	1.95		0.17	38.11
1.57	0.35	10.86	7.42		1.67	61.76
14.98	0.33	22.65	14.45	0.21	1.88	112.93

1-B-31 续表 2

地区	主营业务成本	主营业务税金及附加	营业费用	管理费用	税金	财务费用
全国	**16894.43**	**184.48**	**648.61**	**791.71**	**52.64**	**288.19**
北京	259.70	1.31	14.94	24.54	0.80	4.30
天津	189.58	0.61	6.08	7.88	0.37	2.46
河北	755.52	5.13	28.07	36.82	1.88	15.72
山西	136.72	0.96	8.30	9.83	0.41	5.40
内蒙古	228.24	3.41	6.88	14.36	1.24	4.96
辽宁	1044.56	10.04	31.79	41.66	4.11	14.43
吉林	333.00	3.89	13.84	18.96	1.30	8.64
黑龙江	95.97	1.25	4.49	7.33	0.41	1.43
上海	421.35	1.38	19.82	29.26	0.63	4.81
江苏	1480.18	10.58	49.39	72.60	3.97	25.01
浙江	938.19	5.76	32.29	43.38	2.54	27.18
安徽	389.27	5.01	19.50	18.89	2.33	9.18
福建	788.00	11.00	34.26	41.97	3.62	11.58
江西	441.59	6.35	12.17	16.85	2.16	6.18
山东	2928.46	27.53	85.17	101.02	7.89	47.93
河南	1994.46	30.96	99.06	58.83	3.36	26.30
湖北	452.06	10.24	23.18	24.72	2.48	9.83
湖南	486.29	9.83	20.93	25.61	1.71	7.92
广东	1802.68	20.39	63.14	83.67	4.74	16.12
广西	251.32	2.01	10.12	14.53	0.78	2.72
海南	33.83	0.25	1.12	2.03	0.07	0.68
重庆	214.86	1.93	8.60	14.38	1.00	6.62
四川	640.33	7.97	24.99	35.90	2.50	11.04
贵州	79.90	0.88	3.04	7.76	0.30	1.31
云南	111.92	1.05	4.22	10.01	0.76	4.22
西藏	5.80	0.05	0.26	0.69		0.14
陕西	156.28	2.64	5.34	8.18	0.48	3.94
甘肃	68.19	0.83	5.13	7.30	0.32	2.87
青海	31.51	0.27	1.97	2.08	0.03	0.44
宁夏	45.80	0.35	5.24	3.48	0.22	1.59
新疆	88.85	0.61	5.29	7.20	0.24	3.25

单位：亿元

利息支出	营业利润	利润总额	应交所得税	亏损企业亏损总额	本年应交增值税	全部从业人员年平均人数（万人）
252.86	**1517.10**	**1480.55**	**205.80**	**122.27**	**888.35**	**498.73**
4.10	6.00	12.90	2.47	5.39	9.91	7.30
2.75	11.02	12.16	1.97	2.35	6.10	3.19
13.72	50.71	50.02	8.16	9.96	30.45	26.26
5.14	0.90	1.02	0.89	5.52	8.82	10.23
5.36	27.44	21.44	1.77	1.22	14.29	6.00
11.31	95.27	83.98	14.11	6.04	44.65	22.79
5.06	30.64	25.33	3.53	1.92	13.77	8.42
1.28	3.30	4.59	1.11	2.45	7.10	4.85
4.68	15.99	20.08	3.83	7.64	16.20	8.50
24.51	120.81	111.66	13.90	9.16	81.47	37.89
24.95	46.13	54.06	8.77	6.93	45.21	20.90
8.46	37.15	34.84	4.99	2.93	24.85	12.39
10.06	82.93	79.09	7.28	4.02	31.24	32.20
5.92	51.26	48.88	5.11	1.35	31.82	16.85
40.62	246.77	246.46	40.03	7.92	134.46	63.98
18.85	317.48	310.80	49.10	6.44	117.42	44.71
8.90	44.59	38.54	3.64	1.76	32.10	17.10
5.21	46.52	31.81	3.65	1.53	31.21	21.29
14.89	134.83	130.89	11.71	11.29	86.82	56.04
3.65	18.73	17.60	1.40	3.42	15.96	12.01
0.58	4.02	4.33	0.39	0.39	2.53	0.80
6.41	19.89	22.14	2.25	3.26	16.59	10.31
9.80	68.04	68.58	8.74	3.13	41.73	26.65
1.18	2.17	3.63	0.77	1.88	6.18	5.01
4.22	1.19	2.84	0.70	6.73	8.34	5.72
0.10	0.66	0.80	0.14	0.04	0.77	0.38
3.69	8.70	8.72	0.95	5.22	9.87	6.65
2.48	6.38	8.29	1.25	0.82	5.24	4.09
0.34	2.13	3.44	0.57	0.16	2.56	1.29
1.51	3.95	6.08	0.68	0.73	3.66	1.56
3.13	11.50	15.57	1.96	0.66	7.05	3.39

1-B-32 规模以上黑色金属冶炼及压延

地区	企业单位数(个)	亏损企业	工业总产值(当年价格)	工业销售产值(当年价格)	出口交货值	资产总计
全国	**8012**	**1772**	**44727.96**	**43925.06**	**3004.37**	**35197.00**
北京	46	18	596.68	594.65	25.33	1593.62
天津	416	132	2270.25	2266.00	155.70	1942.43
河北	485	147	7828.73	7578.71	286.47	5219.89
山西	184	84	1899.93	1860.36	131.92	1694.10
内蒙古	221	54	1283.50	1266.70	83.05	1055.38
辽宁	581	90	3108.65	3051.81	452.13	3367.17
吉林	59	10	479.99	474.99	32.14	433.98
黑龙江	48	12	229.14	230.13	13.09	227.63
上海	151	41	1638.97	1627.65	179.55	1929.34
江苏	1434	176	6419.86	6370.55	588.48	3867.65
浙江	824	163	1643.93	1581.07	83.43	1165.20
安徽	138	40	1171.82	1160.73	69.99	842.88
福建	187	54	757.26	740.46	19.79	498.82
江西	97	12	741.33	740.90	62.64	537.29
山东	415	42	3606.81	3561.19	238.33	2569.90
河南	308	31	1913.90	1886.91	106.72	944.93
湖北	156	24	1684.68	1657.27	85.44	1932.32
湖南	378	34	1129.16	1129.22	143.49	801.35
广东	404	70	1493.45	1436.71	107.71	973.46
广西	266	107	847.65	835.08	56.87	480.34
海南	5	4	13.76	13.74		14.47
重庆	117	22	310.32	305.13	0.94	195.07
四川	366	88	1215.13	1199.51	31.99	875.06
贵州	210	132	364.09	351.20	9.55	241.40
云南	141	52	648.24	627.49	0.91	471.16
西藏						
陕西	93	30	295.29	273.16	3.29	243.10
甘肃	120	41	485.94	473.11	27.76	577.84
青海	43	14	151.52	145.13	0.44	150.83
宁夏	74	31	91.27	87.74	4.13	63.01
新疆	45	17	406.71	397.77	3.12	287.37

加工业工业企业主要经济指标

单位：亿元

流动资产合计	应收账款	存货	产成品	流动资产年平均余额	固定资产合计	固定资产原价	累计折旧
15026.18	**1419.37**	**5499.02**	**1650.20**	**14801.05**	**14973.82**	**19980.04**	**7052.71**
485.84	108.24	55.88	7.39	394.23	530.76	625.51	168.81
1112.82	64.42	311.10	115.31	1037.14	637.84	669.79	200.20
2199.46	141.50	755.05	240.62	2141.80	2135.64	2575.21	673.42
682.97	80.44	319.67	109.04	665.48	703.99	940.92	314.30
442.86	47.46	190.14	45.35	404.34	341.20	637.50	350.44
1131.94	102.74	448.03	138.26	1140.13	1482.26	2244.79	883.43
176.26	9.86	50.71	12.23	158.22	149.59	211.06	62.93
104.30	14.21	34.81	13.29	97.74	107.33	103.39	22.14
524.78	76.13	266.91	36.40	716.32	1096.02	2053.94	1051.07
2002.63	232.39	717.60	260.67	1944.45	1553.13	1932.52	622.76
660.65	81.69	190.50	63.57	654.51	397.69	470.10	123.26
293.26	23.79	130.83	17.19	338.96	490.01	671.44	212.34
256.53	14.13	65.03	20.76	254.03	182.57	229.68	62.99
227.63	20.26	87.20	19.88	239.94	281.85	467.31	198.51
1260.25	73.72	384.87	120.93	1255.10	1081.73	1373.64	431.51
437.33	46.58	187.56	62.13	419.07	423.40	527.21	156.66
619.85	36.65	246.38	64.85	560.09	1027.71	1197.61	510.67
270.89	21.22	94.36	30.60	282.37	382.46	476.27	176.31
419.66	56.01	165.27	38.07	426.35	481.07	617.49	198.94
251.17	20.39	126.11	37.07	257.25	201.70	244.18	54.39
8.80	0.13	5.02	1.39	9.79	5.08	8.21	3.14
85.61	7.90	47.85	8.82	94.61	100.33	122.42	42.36
406.32	45.31	164.04	50.09	382.97	384.50	545.37	190.71
140.27	20.12	64.20	22.95	130.13	76.32	118.22	54.33
227.80	25.34	88.35	27.66	210.65	189.73	226.21	56.71
133.74	13.79	64.51	29.52	120.52	93.62	77.38	20.12
224.53	20.75	117.36	32.64	247.68	216.04	344.08	136.95
62.29	7.72	24.08	4.47	60.58	74.08	75.82	16.53
33.72	3.31	16.63	10.35	30.65	25.34	31.17	8.19
142.05	3.19	78.97	8.68	125.98	120.82	161.57	48.59

1-B-32 续表 1

地 区	固定资产净值	固定资产净值年平均余额	负债合计	流动负债合计	所有者权益合计	实收资本
全 国	**12927.33**	**12196.05**	**22305.56**	**17614.54**	**12890.18**	**5469.21**
北 京	456.71	451.25	849.35	289.16	744.27	227.44
天 津	469.59	407.78	1517.17	1298.65	425.26	325.80
河 北	1901.80	1746.11	3458.55	2872.89	1761.34	724.96
山 西	626.62	608.12	1147.84	889.83	546.25	201.53
内蒙古	287.06	319.65	628.81	521.76	426.58	296.60
辽 宁	1361.36	1240.74	1907.72	1432.83	1459.45	643.40
吉 林	148.14	148.22	268.41	198.59	165.57	123.51
黑龙江	81.25	71.20	169.38	140.48	58.25	36.76
上 海	1002.87	922.44	947.48	624.06	981.85	273.10
江 苏	1309.76	1197.58	2392.58	2101.55	1475.07	602.84
浙 江	346.85	327.46	822.37	722.59	342.83	219.15
安 徽	459.11	460.92	494.53	270.53	348.35	128.48
福 建	166.69	163.41	326.05	291.40	172.77	83.74
江 西	268.80	245.51	368.15	283.53	167.88	75.28
山 东	942.13	933.32	1737.83	1522.69	832.08	203.43
河 南	370.54	359.80	601.88	488.16	343.05	148.21
湖 北	686.94	649.86	1122.39	833.12	809.92	238.09
湖 南	299.96	300.76	501.53	353.93	299.83	140.64
广 东	418.55	409.77	678.56	527.46	294.90	172.94
广 西	189.79	170.95	311.77	267.65	168.57	57.91
海 南	5.07	5.04	15.23	9.97	-0.76	2.14
重 庆	80.06	75.61	109.43	74.25	85.63	34.27
四 川	354.65	322.84	531.37	440.17	343.69	149.99
贵 州	63.89	67.56	194.89	172.24	46.51	58.28
云 南	169.51	166.74	308.25	281.51	162.92	86.55
西 藏						
陕 西	57.25	51.87	167.34	154.30	75.76	36.87
甘 肃	207.12	191.49	397.12	265.40	180.72	61.61
青 海	59.29	56.16	96.61	77.07	54.22	36.09
宁 夏	22.99	22.39	50.39	47.65	12.63	11.77
新 疆	112.98	101.49	182.55	161.14	104.82	67.83

单位：亿元

国家资本	集体资本	法人资本	个人资本	港澳台资本	外商资本	主营业务收入
1734.60	**116.06**	**1962.31**	**1005.12**	**233.41**	**417.72**	**45658.70**
100.66	0.29	110.71	12.09	0.70	2.99	567.39
15.07	6.01	242.31	54.99	0.85	6.56	2611.74
141.81	13.37	350.51	143.61	45.43	30.23	7520.17
77.06	3.58	60.35	60.42		0.12	1881.06
109.42	1.90	125.64	48.18	0.41	11.06	1271.40
432.23	2.71	128.88	49.85	2.90	26.84	3446.47
2.16	0.61	115.24	4.67		0.84	474.92
4.37	0.16	24.29	6.64	1.11	0.19	252.03
135.01	0.69	53.97	34.19	2.30	46.95	1902.86
65.49	45.39	137.17	146.13	78.65	130.02	6458.40
31.79	0.88	65.02	81.98	22.09	17.39	1571.27
40.23	1.02	19.53	40.41	17.90	9.39	1316.53
10.14	1.49	24.61	14.66	5.78	27.07	734.17
39.35	0.20	26.63	6.53	1.59	0.97	809.61
62.20	18.95	63.60	49.57	2.02	7.08	3802.30
25.78	0.33	57.78	57.63	0.01	6.68	1892.46
156.40	0.63	22.21	14.44	9.30	35.10	1733.57
44.21	0.67	76.60	17.75	1.26	0.16	1144.81
13.07	0.17	57.00	20.07	31.44	51.19	1421.39
26.95	1.22	9.44	12.43	3.51	4.36	835.86
		0.78	1.36			13.61
1.77	0.93	16.51	9.58	5.42	0.05	308.02
43.08	8.92	41.97	55.04	0.05	0.94	1212.77
13.13	0.32	34.47	9.76	0.42	0.18	359.62
27.44	1.15	43.04	14.93			666.70
1.79	1.13	22.37	10.32	0.01	1.24	306.59
40.19	2.64	14.68	4.11			506.08
28.08		5.28	2.73			130.50
1.64	0.31	4.45	5.34		0.03	94.00
44.09	0.40	7.27	15.70	0.26	0.10	412.39

1-B-32 续表 2

地 区	主营业务成 本	主营业务税金及附加	营业费用	管理费用		财务费用
					税金	
全 国	**41378.28**	**265.26**	**462.20**	**1109.08**	**76.89**	**575.46**
北 京	567.20	2.08	3.62	19.31	1.08	11.54
天 津	2495.17	4.18	10.47	32.12	2.06	32.15
河 北	6939.10	26.03	41.23	119.95	7.92	80.26
山 西	1733.48	13.04	22.09	61.09	3.92	35.42
内蒙古	1140.78	14.48	19.14	27.99	3.47	14.48
辽 宁	2988.22	33.39	51.95	161.43	12.80	50.81
吉 林	444.91	4.87	4.70	13.81	0.20	9.58
黑龙江	227.85	1.39	4.37	4.70	0.57	5.10
上 海	1724.55	9.37	10.95	42.73	3.14	20.82
江 苏	5708.76	24.62	48.33	92.59	7.48	74.79
浙 江	1498.33	5.68	10.00	28.76	2.75	23.66
安 徽	1213.66	9.06	9.03	15.67	1.77	15.81
福 建	678.79	1.89	5.42	12.05	0.91	9.12
江 西	739.61	4.35	6.01	24.54	1.63	7.59
山 东	3407.17	25.19	40.90	113.52	4.88	53.57
河 南	1713.00	12.72	25.01	60.76	2.40	16.71
湖 北	1515.10	23.48	21.72	59.67	4.46	21.04
湖 南	951.31	17.48	24.41	35.92	3.87	14.70
广 东	1311.86	9.12	16.85	26.38	2.06	17.30
广 西	768.00	5.31	8.19	16.75	0.99	10.06
海 南	13.43	0.03	0.09	0.41	0.05	0.18
重 庆	269.29	0.46	5.01	11.61	0.32	3.16
四 川	1081.99	5.12	17.92	54.35	1.80	17.73
贵 州	345.05	3.12	6.33	10.81	0.94	2.85
云 南	619.30	2.01	8.99	12.85	0.44	6.85
西 藏						
陕 西	273.50	0.91	4.17	7.79	2.79	2.59
甘 肃	432.97	3.46	18.63	31.46	1.20	8.96
青 海	111.68	0.66	1.92	2.37	0.47	3.17
宁 夏	85.85	0.86	3.22	2.24	0.21	1.06
新 疆	378.38	0.91	11.53	5.44	0.30	4.40

单位：亿元

利息支出	营业利润	利润总额	应交所得税	亏损企业亏损总额	本年应交增值税	全部从业人员年平均人数(万人)
570.61	**2063.64**	**1573.29**	**242.22**	**302.95**	**1481.90**	**313.50**
11.41	-0.68	-8.22	1.88	24.94	19.53	3.76
31.51	44.09	45.13	8.24	13.90	36.97	11.09
73.98	411.63	265.44	40.61	36.39	216.11	48.38
27.87	16.64	11.97	4.57	25.67	67.40	16.79
11.71	58.84	37.09	2.85	5.50	62.81	10.84
50.17	185.56	148.34	42.24	32.97	136.78	29.70
9.02	9.83	-4.41	2.54	12.34	14.37	3.71
3.68	9.78	4.61	0.45	5.99	12.95	2.74
31.63	62.91	61.61	11.07	8.09	64.83	4.28
74.83	557.30	423.81	40.34	7.94	181.10	31.65
22.77	14.88	17.00	5.07	25.60	36.14	10.70
16.19	69.86	39.50	6.68	1.11	50.17	7.93
8.46	29.19	23.70	3.31	4.94	23.96	5.39
6.94	27.79	25.69	1.96	0.16	26.61	6.85
56.24	152.84	146.96	22.91	1.81	122.27	20.75
14.46	98.66	88.81	16.64	4.49	69.15	13.05
21.28	79.51	80.84	14.22	5.06	77.53	16.09
18.12	83.95	74.78	2.22	0.71	59.02	10.87
24.46	36.14	1.56	2.54	38.20	42.35	8.62
8.53	17.67	11.94	1.32	3.76	26.01	5.65
0.22	0.03	-0.27		0.46	0.33	0.20
3.21	14.44	11.89	1.45	0.67	12.96	3.46
16.88	43.40	25.02	3.11	14.89	44.13	13.88
2.62	-9.31	-7.55	0.35	11.98	13.04	6.23
6.44	12.69	14.27	2.09	6.53	20.59	6.05
1.63	11.16	6.44	1.10	3.21	7.95	3.58
8.15	6.59	10.57	2.12	2.03	18.46	5.18
2.80	6.54	6.58	0.30	0.23	5.31	2.01
1.04	0.55	0.76	0.16	0.95	3.40	1.54
4.38	11.16	9.42	-0.15	2.44	9.69	2.53

1-B-33 规模以上有色金属冶炼及压延

地区	企业单位数(个)	亏损企业	工业总产值(当年价格)	工业销售产值(当年价格)	出口交货值	资产总计
全国	**8200**	**1759**	**20948.74**	**20345.16**	**1155.09**	**14130.88**
北京	103	33	67.84	66.79	12.19	50.77
天津	134	43	256.92	251.54	9.53	82.08
河北	209	52	241.29	237.68	10.78	165.90
山西	119	60	422.19	406.19	11.49	603.69
内蒙古	172	35	808.02	778.74	21.94	534.77
辽宁	393	75	743.67	728.23	23.61	544.60
吉林	46	8	103.58	97.72	6.72	112.80
黑龙江	30	8	39.13	37.72	1.52	47.22
上海	287	77	414.29	417.27	53.38	245.43
江苏	1474	186	2190.82	2137.71	127.72	852.08
浙江	894	273	1399.08	1375.14	129.52	681.18
安徽	163	48	726.24	713.99	8.05	395.03
福建	139	28	333.45	323.24	59.06	357.78
江西	455	56	1744.02	1716.97	55.65	853.39
山东	364	33	2013.66	1970.33	39.40	1528.12
河南	538	71	2323.11	2272.76	126.22	1739.54
湖北	169	46	425.83	420.24	7.18	220.95
湖南	645	61	1077.00	1059.73	46.64	540.84
广东	761	129	1817.14	1741.13	224.41	726.71
广西	158	72	412.15	377.68	27.23	462.62
海南	6	4	2.93	2.51		5.34
重庆	117	24	335.83	314.23	17.24	195.20
四川	234	73	483.60	468.11	15.94	370.08
贵州	103	65	177.54	170.76	8.75	254.33
云南	212	109	898.10	800.46	29.30	786.52
西藏						
陕西	145	44	390.05	373.22	51.17	516.74
甘肃	55	15	693.85	687.55	16.48	818.11
青海	23	8	196.48	194.39	2.01	185.85
宁夏	25	12	165.90	159.57	11.96	219.87
新疆	27	11	45.04	43.54		33.34

加工业工业企业主要经济指标

单位：亿元

流动资产合计	应收账款	存货	产成品	流动资产年平均余额	固定资产合计	固定资产原价	累计折旧
6766.23	**1030.75**	**2255.81**	**679.96**	**6503.80**	**5635.37**	**6964.37**	**2102.72**
33.01	8.27	12.00	3.71	32.06	9.66	14.74	6.24
55.94	9.39	17.57	4.68	62.72	17.75	24.32	7.45
75.85	12.73	24.02	7.83	76.24	54.18	78.89	28.68
214.30	19.71	76.84	22.17	200.57	326.61	405.22	116.49
202.85	42.33	68.36	23.26	187.40	247.65	263.75	64.32
282.19	36.42	69.70	28.14	287.66	184.86	251.23	87.83
42.49	6.91	30.08	26.46	39.45	66.65	73.95	10.74
23.25	2.91	8.64	1.97	25.67	9.08	19.51	11.13
148.69	41.16	47.15	11.64	153.13	77.87	101.19	35.88
502.62	140.01	125.78	49.78	499.22	294.48	368.37	102.95
447.37	83.62	124.29	48.67	478.23	132.54	166.49	49.57
190.56	24.91	68.44	11.49	191.72	138.44	159.11	47.56
154.44	22.79	37.62	16.73	134.98	94.98	110.67	35.71
448.37	81.12	157.25	44.21	448.67	342.30	477.36	158.67
568.17	57.38	194.42	48.84	511.97	807.70	966.71	201.15
738.04	89.83	219.69	51.01	708.60	771.41	890.57	202.25
111.66	13.59	38.95	11.00	98.58	87.40	129.81	50.52
247.57	36.18	88.67	29.95	232.88	210.16	240.83	67.28
445.69	108.57	128.80	47.04	425.73	227.86	429.38	235.72
167.11	13.04	72.73	25.10	163.58	261.29	276.33	70.18
1.34	0.07	0.44	0.26	1.20	2.63	3.00	0.38
92.22	17.23	36.90	13.57	92.05	75.94	113.49	45.67
196.05	27.12	56.80	20.28	157.84	134.51	154.71	41.75
79.74	19.40	29.62	7.59	75.66	154.72	179.76	75.40
388.71	38.61	161.81	40.24	412.88	255.48	312.56	80.22
309.07	20.35	67.30	21.76	265.47	186.41	139.49	46.69
406.38	31.09	206.89	44.90	366.40	298.25	365.48	123.65
67.88	16.36	33.62	7.06	57.40	65.54	125.02	62.80
110.11	8.64	45.86	9.31	101.73	83.96	102.38	27.58
14.56	1.00	5.55	1.30	14.13	15.07	20.01	8.28

1-B-33 续表 1

地 区	固定资产净值	固定资产净值年平均余额	负债合计	流动负债合计	所有者权益合计	实收资本
全 国	**4861.64**	**4543.24**	**8166.38**	**6504.02**	**5964.50**	**2795.87**
北 京	8.50	8.97	29.64	27.27	21.13	16.02
天 津	16.86	17.76	56.29	50.42	25.79	27.53
河 北	50.21	46.95	92.43	72.64	73.47	68.07
山 西	288.73	278.88	397.09	232.38	206.60	133.54
内蒙古	199.43	191.52	292.45	232.66	242.32	104.25
辽 宁	163.40	161.79	346.72	298.15	197.88	86.24
吉 林	63.21	26.06	55.73	42.60	57.08	13.95
黑龙江	8.38	7.57	29.36	22.72	17.86	17.48
上 海	65.31	64.90	142.73	132.86	102.70	86.64
江 苏	265.43	240.64	524.65	486.14	327.43	240.06
浙 江	116.92	114.26	438.11	411.53	243.07	125.60
安 徽	111.55	106.07	270.58	220.88	124.45	69.27
福 建	74.96	63.70	127.44	97.06	230.34	72.28
江 西	318.70	292.67	424.22	316.51	429.16	143.78
山 东	765.57	717.04	741.47	592.97	786.65	184.58
河 南	688.32	652.38	1093.55	855.55	645.99	257.80
湖 北	79.29	77.86	117.72	101.00	103.24	42.32
湖 南	173.55	168.11	296.23	215.08	244.61	108.60
广 东	193.67	204.18	450.48	417.99	276.22	153.06
广 西	206.15	161.20	331.44	252.75	131.18	109.22
海 南	2.62	2.73	3.78	3.77	1.56	1.72
重 庆	67.82	69.15	113.47	83.07	81.74	71.58
四 川	112.96	110.12	200.80	160.13	169.28	73.50
贵 州	104.36	99.62	168.74	120.58	85.60	58.39
云 南	232.34	219.52	517.16	417.70	269.36	140.52
西 藏						
陕 西	92.80	76.70	193.08	155.32	323.66	97.01
甘 肃	241.83	221.50	398.32	287.31	419.79	220.93
青 海	62.22	60.33	143.35	92.39	42.50	26.89
宁 夏	74.80	69.05	151.92	90.15	67.94	35.44
新 疆	11.74	11.99	17.43	14.45	15.91	9.59

单位：亿元

国家资本	集体资本	法人资本	个人资本	港澳台资本	外商资本	主营业务收　入
669.71	**70.91**	**1034.08**	**571.23**	**182.98**	**266.95**	**20666.94**
1.28	0.11	11.58	2.05	0.07	0.93	78.54
3.92	0.69	10.69	4.42	3.91	3.90	260.23
13.32	0.25	12.61	17.17	3.83	20.89	232.65
58.09	0.37	52.85	20.41	0.58	1.24	405.11
20.71	4.07	48.33	16.34	4.76	10.03	782.18
11.75	1.13	38.00	22.91	3.38	9.09	728.21
5.21	0.05	3.81	3.29		1.59	97.44
13.52	0.13	0.82	2.92		0.09	38.36
4.99	2.18	30.64	10.86	8.44	29.52	420.53
3.57	7.65	35.92	71.39	33.57	87.96	2122.46
1.00	1.11	36.64	58.83	22.14	5.88	1376.64
45.55	0.30	14.27	8.58	0.42	0.15	824.06
8.88	0.01	29.92	17.09	11.72	4.66	329.32
37.82	1.76	45.48	54.14	1.73	2.86	1808.27
6.93	23.27	79.58	49.95	8.23	16.61	1985.81
80.16	1.53	82.25	58.64	14.97	20.25	2298.58
16.12	1.14	13.29	7.91	2.62	1.24	409.62
20.85	0.38	55.73	29.13	1.54	0.97	1046.89
1.21	0.70	46.09	18.64	52.09	34.32	1707.82
37.10	0.93	52.00	14.47	2.93	1.79	376.32
	0.01	1.22	0.49			2.48
2.66	1.18	53.60	11.68	2.25	0.22	306.84
16.16	0.78	38.74	14.51	2.30	1.03	457.25
39.58	0.11	11.22	6.76	0.68	0.04	162.40
21.40	1.06	81.51	31.31	0.23	5.01	841.55
6.52	15.57	61.16	11.50	0.39	1.87	358.87
157.10	3.67	57.12	2.98		0.06	833.55
20.90	0.77	4.61	0.62			172.09
10.88		18.06	1.56	0.19	4.75	161.85
2.53	0.03	6.34	0.69			41.03

1-B-33 续表 2

地 区	主营业务成 本	主营业务税金及附加	营业费用	管理费用		财务费用
					税金	
全 国	**18543.11**	**132.38**	**215.38**	**525.61**	**33.37**	**243.91**
北 京	73.40	0.31	0.92	2.68	0.06	0.69
天 津	253.13	0.14	1.32	2.83	0.22	1.67
河 北	209.72	0.45	4.63	7.91	0.42	2.73
山 西	370.61	2.31	5.89	12.63	0.88	12.59
内蒙古	697.80	4.12	7.51	16.71	1.96	10.60
辽 宁	641.59	6.08	7.90	19.44	5.19	11.77
吉 林	76.42	0.68	2.37	5.30	0.44	1.96
黑龙江	33.17	0.17	1.15	2.01	0.19	0.63
上 海	401.93	0.34	4.42	13.91	0.30	4.04
江 苏	1928.94	9.10	16.15	37.21	2.05	20.33
浙 江	1318.65	3.77	7.28	20.24	1.32	15.28
安 徽	724.12	4.80	3.69	12.30	0.58	9.04
福 建	273.76	2.23	3.29	9.68	0.49	2.67
江 西	1644.09	10.61	10.01	26.33	2.12	10.99
山 东	1737.88	5.61	19.62	79.50	2.34	21.80
河 南	2078.06	10.50	21.70	40.41	2.56	29.08
湖 北	381.38	2.09	5.09	13.68	1.87	4.07
湖 南	841.60	23.53	24.44	41.21	2.03	12.32
广 东	1531.22	19.51	22.48	37.57	1.83	10.70
广 西	343.91	2.03	3.89	12.83	0.65	10.86
海 南	2.38	0.01	0.01	0.28	0.01	
重 庆	280.09	1.53	4.21	6.76	0.48	4.27
四 川	410.97	4.67	5.76	11.85	0.94	6.09
贵 州	127.24	0.81	3.16	4.87	0.30	1.87
云 南	780.31	3.23	10.22	36.96	1.13	19.68
西 藏						
陕 西	292.07	9.59	5.68	18.27	1.03	3.49
甘 肃	743.19	2.61	6.12	22.86	1.39	5.63
青 海	157.27	0.61	2.93	2.50	0.08	3.53
宁 夏	149.49	0.84	3.25	5.10	0.49	5.07
新 疆	38.69	0.10	0.28	1.80	0.02	0.42

单位：亿元

利息支出	营业利润	利润总额	应　交 所得税	亏损企业 亏损总额	本年应交 增 值 税	全部从业 人 员 年 平均人数 （万人）
226.96	**1092.01**	**848.21**	**132.56**	**204.44**	**623.09**	**185.18**
0.61	0.92	0.94	0.34	0.77	1.06	0.82
1.50	-2.10	-1.88	0.31	5.98	1.95	0.96
2.54	10.14	5.94	0.84	4.84	3.27	2.84
11.94	5.96	6.50	2.82	10.58	17.44	8.34
8.86	62.56	47.07	4.55	3.24	22.37	5.04
10.69	46.66	34.23	6.77	21.69	19.39	7.32
1.56	17.70	8.33	2.26	0.36	3.32	1.98
0.53	1.23	1.18	0.33	0.16	1.57	1.53
4.22	1.21	1.88	1.30	6.96	5.70	3.93
18.97	113.74	87.76	8.47	11.26	58.45	16.29
13.98	12.08	14.84	3.54	14.23	24.30	9.04
9.79	81.16	17.59	4.54	3.19	22.88	4.50
4.39	43.93	41.79	6.86	3.45	5.69	3.09
10.27	98.15	96.03	13.21	4.86	73.43	11.31
17.13	118.37	109.09	14.71	6.48	48.95	14.15
25.67	141.84	152.99	26.85	9.93	72.87	16.77
4.57	7.86	2.94	0.58	3.15	10.98	4.18
9.12	106.27	56.74	4.15	1.56	60.97	10.57
10.20	131.97	66.50	4.42	5.43	41.45	15.56
10.53	2.87	3.50	1.96	9.77	14.34	6.05
	-0.27	-0.25		0.29	0.12	0.09
4.17	10.11	11.07	0.87	1.40	7.41	3.30
5.94	15.92	20.45	3.67	4.66	15.18	4.64
1.88	-5.78	-7.63	0.19	9.44	5.04	3.57
19.21	-18.79	-23.07	2.83	48.89	27.70	10.65
2.60	36.02	34.91	8.57	5.45	17.81	6.40
6.53	53.01	53.25	7.21	1.33	27.64	7.92
3.48	3.45	3.64	0.71	2.10	4.86	1.57
5.71	-3.99	1.41	-0.45	1.40	5.35	2.11
0.38	-0.18	0.47	0.15	1.58	1.61	0.64

1-B-34 规模以上金属制品业

地区	企业单位数（个）	亏损企业	工业总产值（当年价格）	工业销售产值（当年价格）	出口交货值	资产总计
全国	**24547**	**3421**	**15029.61**	**14653.98**	**3092.37**	**9590.38**
北京	494	114	210.76	207.04	21.86	229.57
天津	884	200	582.11	571.73	115.81	363.85
河北	831	133	718.91	706.57	67.97	374.62
山西	97	38	38.42	37.39	1.66	35.47
内蒙古	79	15	39.72	39.04	0.46	26.89
辽宁	1201	164	860.83	850.13	174.04	510.35
吉林	146	16	92.89	90.55	0.35	49.71
黑龙江	153	23	51.41	47.53	2.07	50.98
上海	1795	325	973.60	963.73	317.18	750.18
江苏	4656	445	2721.58	2665.00	467.56	1745.92
浙江	3709	499	1768.23	1711.88	555.43	1409.23
安徽	535	77	281.66	264.07	12.86	178.67
福建	525	104	360.62	351.23	114.33	237.97
江西	209	11	132.42	130.59	11.71	80.20
山东	1796	140	1457.65	1426.86	145.87	687.75
河南	623	36	394.96	386.33	7.14	208.55
湖北	486	61	301.83	293.05	9.42	243.08
湖南	312	27	203.96	200.34	6.26	118.07
广东	4764	769	3095.34	2995.26	1025.92	1704.92
广西	125	29	64.37	56.41	7.04	29.94
海南	8	1	19.10	19.04	2.44	13.08
重庆	202	28	85.70	84.47	6.83	75.09
四川	549	71	350.46	340.73	10.86	234.39
贵州	29	14	59.37	57.15	3.67	52.29
云南	63	20	24.78	24.28	1.81	22.76
西藏						
陕西	107	24	51.12	48.78	0.78	68.80
甘肃	58	10	22.31	21.49	0.08	26.61
青海	19	6	11.68	11.21		9.35
宁夏	30	6	16.60	15.15	0.16	19.99
新疆	62	15	37.21	36.98	0.78	32.12

工业企业主要经济指标

单位：亿元

流动资产合　计	应收账款	存货	产成品	流动资产年平均余额	固定资产合　计	固定资产原　价	累计折旧
5729.35	**1650.70**	**1708.57**	**623.09**	**5490.08**	**2988.62**	**4136.93**	**1441.58**
148.43	36.61	56.88	22.81	136.49	53.68	71.69	25.52
237.27	52.36	75.19	25.74	228.45	94.65	118.70	32.67
193.90	47.71	61.90	29.03	189.21	162.86	236.51	89.19
26.67	7.67	11.03	4.58	24.82	7.59	10.92	3.88
14.19	3.96	3.21	1.42	12.67	9.94	11.71	3.12
231.76	94.00	58.13	22.11	247.04	225.91	296.83	79.46
29.10	7.32	10.88	3.56	26.87	17.38	20.56	4.46
29.92	7.86	9.87	4.64	26.13	19.16	22.36	11.27
494.84	166.23	147.53	46.33	481.88	201.28	302.93	116.90
1095.79	347.07	307.79	119.58	1048.41	528.48	727.13	237.82
920.31	245.81	222.48	89.35	875.14	336.59	411.15	110.25
111.56	27.91	34.82	15.74	99.20	54.26	63.37	15.69
144.19	37.72	43.99	10.82	141.22	63.76	87.95	29.96
28.11	8.03	9.18	3.99	27.22	44.52	62.38	20.70
332.33	81.35	105.17	47.87	324.73	282.63	383.35	129.67
105.76	23.83	28.46	9.89	96.86	72.15	85.97	16.28
131.55	31.89	35.17	14.63	134.46	68.23	92.86	35.39
56.77	11.86	20.43	10.45	55.14	50.71	56.69	12.57
1065.21	325.85	341.51	93.47	1005.22	516.90	836.74	381.34
19.29	5.99	7.77	4.72	17.50	7.72	9.69	2.57
8.43	1.67	3.77	0.79	8.37	4.28	7.20	3.91
48.48	9.03	23.51	4.86	41.79	21.01	27.64	7.94
129.35	34.00	43.36	18.22	124.80	79.25	110.20	42.04
27.84	4.99	10.58	4.36	26.61	19.91	24.99	8.32
14.73	3.96	5.98	2.45	13.59	4.84	6.60	2.33
32.53	10.90	12.57	6.02	28.23	14.14	19.83	8.37
15.78	5.18	6.32	2.13	16.46	8.69	9.95	3.61
4.83	1.21	1.23	0.28	4.58	3.46	3.81	0.40
10.74	3.18	4.18	1.46	9.91	8.66	9.28	3.19
19.72	5.51	5.67	1.78	17.08	6.01	7.93	2.76

1-B-34 续表 1

地　区	固定资产净　值	固定资产净值年平均余额	负债合计	流动负债合　计	所有者权益合计	实收资本
全　国	**2695.35**	**2568.23**	**5468.64**	**4961.36**	**4121.74**	**2447.78**
北　京	46.17	44.22	134.21	123.94	95.35	58.58
天　津	86.03	82.82	229.02	217.45	134.82	100.19
河　北	147.33	123.46	186.75	172.40	187.86	99.00
山　西	7.04	6.54	27.12	24.01	8.35	7.41
内蒙古	8.59	8.99	15.22	12.59	11.67	6.83
辽　宁	217.37	192.87	288.77	250.01	221.57	112.77
吉　林	16.09	15.51	27.26	23.63	22.45	12.51
黑龙江	11.09	10.58	34.88	25.84	16.10	11.39
上　海	186.03	178.56	422.01	391.97	328.17	215.54
江　苏	489.31	460.01	999.72	942.85	746.20	445.36
浙　江	300.90	300.17	894.13	848.66	515.10	290.58
安　徽	47.68	45.70	101.20	92.41	77.47	42.27
福　建	57.99	55.58	113.96	106.55	124.01	89.48
江　西	41.68	40.77	35.57	28.33	44.63	24.84
山　东	253.68	240.53	365.38	287.50	322.38	174.72
河　南	69.69	66.61	102.14	91.42	106.41	70.00
湖　北	57.46	59.25	129.26	96.86	113.82	58.59
湖　南	44.12	43.09	55.94	44.67	62.12	29.59
广　东	455.40	458.15	973.67	882.29	731.25	450.07
广　西	7.12	6.23	19.17	14.58	10.77	16.40
海　南	3.29	3.45	6.44	4.30	6.64	2.68
重　庆	19.71	19.33	46.33	42.30	28.76	14.08
四　川	68.16	54.76	128.14	116.46	106.25	52.99
贵　州	16.67	17.38	30.73	29.83	21.56	15.02
云　南	4.27	4.18	15.04	12.48	7.72	5.49
西　藏						
陕　西	11.46	10.55	33.88	30.26	34.92	17.73
甘　肃	6.34	5.68	16.79	14.65	9.82	7.20
青　海	3.41	3.42	4.74	3.84	4.61	2.24
宁　夏	6.10	4.97	12.85	12.15	7.15	3.62
新　疆	5.17	4.86	18.34	17.13	13.78	10.61

单位：亿元

国家资本	集体资本	法人资本	个人资本	港澳台资本	外商资本	主营业务收　入
92.74	**63.64**	**630.47**	**782.63**	**378.83**	**499.46**	**14547.59**
1.82	1.18	21.30	16.48	7.13	10.66	227.95
5.67	2.51	21.18	39.01	7.61	24.20	586.69
2.63	4.24	26.37	51.47	1.97	12.31	709.74
0.37	1.02	1.45	3.74	0.70	0.12	39.09
1.35	0.29	1.66	2.37	0.01	1.15	40.67
10.87	6.30	34.32	35.34	3.56	22.38	770.21
0.44	0.23	5.03	6.56	0.02	0.23	90.08
0.40	1.20	4.78	3.89	0.85	0.26	51.91
4.72	6.75	65.48	38.35	26.98	73.25	970.26
6.94	7.59	67.16	179.36	59.27	125.04	2647.94
1.37	2.10	80.52	133.52	35.88	37.20	1700.18
0.84	1.96	13.69	20.23	0.37	5.18	260.23
2.00	0.31	19.99	13.89	23.08	30.22	346.68
0.39	0.04	10.14	10.03	0.40	3.84	129.74
4.10	4.67	58.32	59.84	15.06	32.72	1415.39
11.51	7.64	17.90	32.39	0.25	0.29	383.01
1.64	1.62	29.47	20.62	3.05	2.19	283.18
5.88	0.78	11.84	10.40	0.28	0.40	198.77
5.38	6.42	87.88	51.56	188.10	110.72	2981.18
0.47	0.10	2.95	11.51	0.77	0.60	58.63
0.07	0.35	0.84	0.33	0.02	1.07	18.24
0.44	0.16	5.89	6.23	0.31	1.05	85.13
10.48	1.66	11.67	23.08	2.64	3.46	332.84
2.74	0.45	10.84	0.79	0.03	0.17	57.30
0.36	0.28	2.68	1.70	0.27	0.20	24.58
0.77	2.30	11.34	2.79	0.18	0.35	54.77
3.53	0.27	1.16	2.24			19.68
0.22	0.13	1.31	0.58			10.31
0.71		0.61	2.29	0.01		15.31
4.62	1.07	2.69	2.02		0.20	37.88

1-B-34 续表 2

地 区	主营业务成本	主营业务税金及附加	营业费用	管理费用	税金	财务费用
全 国	**12635.42**	**95.05**	**323.71**	**545.16**	**32.22**	**141.40**
北 京	195.91	0.64	8.78	12.86	0.30	1.99
天 津	537.65	1.03	8.84	14.73	0.52	4.88
河 北	633.76	3.14	16.85	17.56	1.08	4.84
山 西	35.61	0.32	0.61	1.80	0.11	0.56
内蒙古	34.42	0.18	0.54	1.95	0.27	0.29
辽 宁	664.43	5.37	13.51	28.72	2.33	6.30
吉 林	73.67	0.90	1.56	4.79	0.12	0.68
黑龙江	45.49	0.28	0.91	2.56	0.09	0.27
上 海	852.95	1.68	24.26	48.96	1.14	7.54
江 苏	2278.21	11.03	55.77	96.68	5.86	28.43
浙 江	1493.44	8.40	35.08	69.81	4.45	31.18
安 徽	220.13	2.15	6.34	9.74	0.68	3.06
福 建	305.24	1.42	7.54	13.03	0.72	2.25
江 西	106.23	1.70	2.29	3.76	0.49	1.05
山 东	1216.04	10.64	24.97	35.77	2.72	12.55
河 南	318.10	4.45	11.45	10.17	0.45	4.10
湖 北	234.33	6.64	9.18	10.73	2.08	3.87
湖 南	161.77	3.42	6.13	7.29	0.89	2.24
广 东	2617.35	27.71	69.12	121.84	5.43	18.26
广 西	48.74	0.22	1.05	2.53	0.05	0.39
海 南	16.21	0.03	0.73	0.54	0.02	0.06
重 庆	71.70	0.45	2.67	3.67	0.31	1.25
四 川	280.44	2.27	9.43	14.70	1.44	3.24
贵 州	52.04	0.20	1.92	2.72	0.13	0.37
云 南	21.25	0.07	0.71	1.54	0.05	0.28
西 藏						
陕 西	46.91	0.39	1.47	3.03	0.20	0.38
甘 肃	16.03	0.13	0.48	1.17	0.05	0.20
青 海	9.42	0.02	0.30	0.39	0.01	0.16
宁 夏	13.49	0.04	0.36	0.65	0.08	0.50
新 疆	34.49	0.12	0.84	1.47	0.17	0.24

单位：亿元

利息支出	营业利润	利润总额	应交所得税	亏损企业亏损总额	本年应交增值税	全部从业人员年平均人数（万人）
122.91	**850.41**	**749.79**	**103.19**	**58.27**	**428.50**	**327.17**
2.35	9.09	9.79	2.10	1.88	5.13	4.51
4.50	17.65	19.40	3.46	3.79	8.28	8.88
3.89	41.41	32.82	4.55	1.77	15.76	12.24
0.54	0.48	0.42	0.14	0.47	1.09	1.88
0.22	3.91	3.07	0.08	0.30	1.14	0.93
4.39	55.77	36.25	5.08	2.62	18.90	13.13
0.36	8.76	4.02	1.20	0.61	1.41	1.36
0.22	2.23	2.21	0.25	0.25	1.68	1.74
6.20	41.48	45.15	8.50	8.13	21.30	20.90
27.20	191.04	162.72	19.87	6.88	96.45	52.31
27.66	72.05	74.52	11.03	7.22	40.11	44.84
2.60	21.83	17.52	2.30	0.45	7.42	6.10
3.09	19.61	18.63	2.06	2.10	6.66	8.64
0.86	13.25	11.30	0.68	0.05	4.69	3.16
9.75	89.44	84.03	11.91	3.44	42.70	22.16
2.71	34.60	34.62	5.41	0.76	11.11	8.37
3.05	21.35	16.97	2.26	0.87	8.43	6.69
1.89	13.93	11.14	1.43	0.30	8.40	4.57
15.47	154.84	133.91	15.87	13.62	104.93	87.86
0.21	2.05	2.11	0.19	0.14	1.14	1.52
0.07	0.76	0.78	0.16		0.42	0.13
1.06	5.15	4.70	0.75	0.40	2.51	2.80
2.72	22.94	16.64	2.86	0.73	13.20	6.50
0.50	0.23	0.31	0.19	0.49	1.33	1.62
0.26	1.13	1.19	0.10	0.16	0.51	0.56
0.33	2.23	2.18	0.32	0.34	1.72	1.49
0.14	1.62	1.50	0.20	0.11	0.52	0.84
0.01	0.23	0.26	0.02	0.01	0.15	0.23
0.48	0.28	0.48	0.05	0.04	0.33	0.47
0.22	1.08	1.16	0.16	0.34	1.06	0.73

1-B-35 规模以上通用设备制造业

地区	企业单位数（个）	亏损企业	工业总产值（当年价格）	工业销售产值（当年价格）	出口交货值	资产总计
全国	**36919**	**4243**	**24687.56**	**23998.78**	**3450.11**	**19461.37**
北京	597	129	409.22	395.75	69.16	537.15
天津	749	136	607.27	578.10	112.65	518.93
河北	1126	161	682.68	661.51	77.65	467.80
山西	269	67	133.09	130.75	11.86	150.20
内蒙古	110	25	85.16	83.55	1.66	62.64
辽宁	3394	402	2219.97	2129.84	187.47	1852.56
吉林	247	27	157.70	160.30	3.85	107.80
黑龙江	339	55	419.89	402.92	20.90	533.83
上海	2310	431	2216.45	2183.02	541.71	2404.77
江苏	7931	605	4558.57	4448.88	645.41	3211.19
浙江	6754	702	2974.16	2878.05	858.85	2589.66
安徽	931	166	458.03	436.40	47.89	376.73
福建	701	92	429.89	419.46	72.40	285.62
江西	243	19	135.96	132.65	3.64	110.05
山东	4295	246	3999.65	3903.52	300.44	2018.94
河南	1318	85	1072.74	1057.98	13.78	545.36
湖北	766	116	466.21	447.30	13.85	555.00
湖南	740	72	454.92	452.49	25.66	296.83
广东	1952	336	1530.32	1471.71	346.54	1005.82
广西	197	55	124.96	120.47	4.90	119.22
海南	3		1.54	2.32		9.32
重庆	358	47	262.75	255.97	22.39	248.91
四川	1034	120	868.62	853.68	44.74	931.69
贵州	54	12	25.22	22.59	0.68	29.71
云南	99	46	56.25	52.25	1.30	58.99
西藏						
陕西	220	49	227.47	212.74	8.29	278.55
甘肃	86	26	46.16	43.79	4.19	52.81
青海	11	2	18.27	18.01	0.10	34.53
宁夏	42	9	34.10	32.58	6.58	53.87
新疆	43	5	10.35	10.18	1.55	12.91

工业企业主要经济指标

单位：亿元

流动资产合计	应收账款	存货	产成品	流动资产年平均余额	固定资产合计	固定资产原价	累计折旧
12130.30	**3446.15**	**3994.27**	**1342.45**	**11429.26**	**5436.94**	**7453.95**	**2585.65**
353.74	84.94	144.19	46.47	337.95	112.00	146.77	54.03
329.74	80.64	125.38	38.57	315.51	150.18	187.46	54.21
265.75	74.94	104.13	47.59	246.14	166.84	207.26	61.71
91.19	25.54	37.43	18.30	82.18	51.53	68.29	21.54
39.18	9.90	16.73	4.95	35.02	16.49	24.31	8.43
899.94	311.77	275.08	112.23	973.43	741.43	964.75	282.84
59.68	15.85	20.80	8.74	57.07	40.13	69.10	31.30
445.27	125.86	153.19	24.04	416.46	72.71	108.24	53.22
1736.98	452.67	656.83	141.84	1565.81	475.55	748.46	304.43
2000.80	643.13	604.05	228.94	1861.52	960.54	1304.60	433.60
1631.23	482.01	437.27	175.23	1573.88	656.76	846.25	257.69
217.38	59.91	77.09	34.17	205.96	120.96	156.20	47.44
172.61	53.03	59.35	21.13	166.33	88.70	109.86	32.68
47.56	10.22	18.17	7.69	45.20	46.87	77.11	33.41
1090.95	275.13	357.48	148.65	1030.26	668.33	886.17	279.39
297.94	84.11	95.41	38.10	279.89	187.55	216.71	50.38
332.37	78.07	87.55	29.62	311.73	142.93	237.81	116.70
175.38	54.50	54.17	19.99	156.77	91.89	113.76	38.83
664.87	217.11	208.07	76.74	639.56	271.08	444.24	199.71
80.60	17.70	29.37	16.96	76.76	24.06	34.55	13.58
3.56	0.88	0.95	0.41	5.23	5.10	6.32	1.22
164.29	44.22	51.30	20.45	140.50	62.64	87.39	33.62
685.40	159.53	268.48	34.79	596.99	162.09	239.83	111.83
20.13	5.65	5.69	2.38	16.92	8.02	11.73	4.56
37.22	7.67	17.41	8.91	31.06	16.08	19.55	7.17
195.09	41.77	54.20	22.03	177.43	50.88	76.24	30.50
32.95	11.13	10.77	3.64	30.64	14.94	20.44	6.62
16.87	5.43	7.25	2.01	15.45	12.34	13.50	4.36
32.46	8.89	14.07	6.71	30.20	15.66	23.00	8.90
9.17	3.95	2.38	1.15	7.36	2.67	4.05	1.74

1-B-35 续表 1

地区	固定资产净值	固定资产净值年平均余额	负债合计	流动负债合计	所有者权益合计	实收资本
全国	**4868.30**	**4585.13**	**11626.95**	**10341.51**	**7834.42**	**4261.38**
北京	92.74	92.85	280.14	259.26	257.01	161.26
天津	133.24	127.51	307.10	284.31	211.83	135.86
河北	145.55	145.66	283.09	249.91	184.71	102.68
山西	46.75	47.89	104.22	88.86	45.98	34.97
内蒙古	15.88	14.52	40.66	36.49	21.98	16.09
辽宁	681.91	563.03	1057.77	810.94	794.79	315.86
吉林	37.81	37.22	62.02	52.63	45.79	35.19
黑龙江	55.02	49.81	419.02	400.14	114.80	62.31
上海	444.04	417.53	1538.67	1405.96	866.10	507.52
江苏	870.99	825.59	1865.83	1721.05	1345.36	775.10
浙江	588.56	579.56	1527.61	1429.31	1062.05	561.86
安徽	108.76	104.37	208.90	186.71	167.83	82.01
福建	77.19	77.07	153.61	138.97	132.01	89.95
江西	43.70	43.48	53.62	42.89	56.43	38.43
山东	606.78	571.32	1111.27	935.62	907.68	441.22
河南	166.33	153.69	280.30	236.99	265.06	163.88
湖北	121.11	115.99	367.58	285.64	187.41	108.76
湖南	74.93	76.38	173.92	151.18	122.91	72.76
广东	244.53	251.92	572.48	535.37	433.34	252.07
广西	20.97	20.62	79.61	69.86	39.61	22.90
海南	5.10	5.28	1.33	1.31	7.99	6.56
重庆	53.77	49.06	139.30	117.51	109.61	57.14
四川	128.00	115.93	676.27	622.05	255.42	117.34
贵州	7.17	6.60	19.71	16.53	10.00	5.91
云南	12.38	11.72	36.98	33.46	22.01	11.23
西藏						
陕西	45.74	43.22	171.64	153.95	106.91	43.39
甘肃	13.82	12.68	34.81	29.45	18.00	10.79
青海	9.14	8.55	21.60	12.90	12.93	11.65
宁夏	14.11	13.72	30.12	25.28	23.75	12.98
新疆	2.30	2.35	7.80	7.00	5.12	3.72

单位：亿元

						主营业务收入
国家资本	集体资本	法人资本	个人资本	港澳台资本	外商资本	
325.08	**87.02**	**1192.25**	**1326.03**	**302.93**	**1028.07**	**23837.78**
3.72	2.48	59.30	13.94	3.98	77.83	412.11
4.56	8.52	35.66	16.06	12.49	58.56	604.88
8.38	4.27	28.18	45.90	1.93	14.02	649.54
8.05	2.41	10.05	8.83	0.05	5.58	128.90
7.97	0.79	4.51	2.62		0.20	77.84
27.02	9.46	87.16	95.42	4.49	92.30	2141.43
4.55	0.57	15.10	8.40	2.13	4.45	152.66
12.62	4.92	32.19	10.34	0.75	1.49	396.77
29.66	8.87	175.03	67.72	36.36	189.89	2175.10
32.42	8.11	148.50	268.93	62.96	254.18	4430.45
13.36	2.52	135.42	243.48	58.41	108.66	2884.96
8.38	1.49	22.77	38.39	5.13	5.85	440.96
3.80	0.51	17.47	27.72	14.04	26.41	423.12
5.93	0.44	15.59	11.05	3.81	1.61	131.89
28.20	13.14	112.54	202.21	17.28	67.85	3856.47
6.70	5.34	62.91	86.59	0.15	2.19	1027.22
31.43	2.40	35.12	31.35	1.18	7.28	421.96
10.76	1.34	32.86	25.03	1.00	1.77	438.74
10.31	3.36	45.27	35.20	73.24	84.70	1461.26
3.15	0.35	8.32	7.44	0.38	3.26	116.80
		6.56	0.01			2.35
4.02	1.08	31.00	11.34	0.87	8.82	260.79
29.52	1.83	37.81	43.37	0.65	4.16	808.54
1.76	0.18	1.71	2.12	0.14		22.01
2.73	0.23	1.15	4.78	1.44	0.89	53.64
15.05	1.16	16.79	8.22	0.02	2.15	211.29
4.87	0.68	2.31	2.87	0.05		44.11
4.58		4.81	2.26			17.65
1.51	0.49	3.71	3.35		3.93	32.94
0.08	0.08	2.44	1.09		0.02	11.38

1-B-35 续表 2

地 区	主营业务成 本	主营业务税金及附加	营业费用	管理费用	税金	财务费用
全 国	**19934.73**	**141.22**	**653.99**	**1179.77**	**58.28**	**211.97**
北 京	330.08	0.83	25.25	30.52	0.73	2.60
天 津	504.00	3.52	15.58	36.63	1.22	1.56
河 北	537.90	3.32	21.90	29.17	1.44	6.48
山 西	111.55	0.54	4.67	8.47	0.37	1.93
内蒙古	68.45	0.47	0.72	4.35	0.18	0.27
辽 宁	1784.07	11.69	47.95	99.81	9.06	20.65
吉 林	129.81	1.11	3.96	9.44	0.48	1.11
黑龙江	331.08	1.23	7.37	19.67	0.84	0.86
上 海	1814.81	3.32	65.59	151.38	4.01	7.76
江 苏	3713.30	18.41	114.96	213.39	10.51	37.99
浙 江	2457.77	11.19	71.31	153.25	7.17	49.13
安 徽	353.73	2.23	13.08	23.21	1.62	4.37
福 建	363.05	2.07	12.68	17.01	1.42	3.73
江 西	107.39	1.41	3.26	5.94	0.55	1.29
山 东	3252.25	27.44	93.27	125.04	7.43	32.23
河 南	844.67	10.73	35.80	28.84	1.35	8.25
湖 北	328.11	6.17	14.90	27.00	2.30	5.22
湖 南	354.07	8.28	14.89	20.26	1.36	4.62
广 东	1232.34	18.83	40.02	75.20	2.22	10.26
广 西	96.86	0.44	2.95	8.83	0.22	1.06
海 南	2.04	0.01	0.02	0.17		-0.03
重 庆	213.63	1.12	7.32	16.67	0.64	2.38
四 川	681.74	5.13	21.84	44.02	1.85	4.91
贵 州	17.11	0.10	0.57	2.48	0.07	0.31
云 南	43.90	0.12	2.51	4.08	0.18	0.49
西 藏						
陕 西	175.81	1.16	6.37	16.19	0.53	0.44
甘 肃	36.27	0.22	1.77	2.73	0.17	0.57
青 海	14.13	0.06	1.02	1.87	0.07	0.48
宁 夏	25.07		2.19	3.36	0.24	0.99
新 疆	9.75	0.08	0.28	0.80	0.03	0.05

单位：亿元

利息支出	营业利润	利润总额	应交所得税	亏损企业亏损总额	本年应交增值税	全部从业人员年平均人数（万人）
171.27	**1690.07**	**1587.84**	**226.46**	**93.95**	**753.61**	**493.21**
1.87	26.88	29.77	4.81	3.78	10.62	7.48
0.59	39.68	47.99	6.86	3.76	12.91	8.70
5.10	53.05	48.88	5.67	3.23	18.22	17.90
1.85	2.69	2.55	0.51	1.20	4.05	5.81
0.43	8.79	3.44	0.16	0.32	3.70	2.13
15.45	136.35	119.45	18.72	5.80	51.69	38.26
0.80	9.07	7.31	0.68	1.58	4.19	4.03
1.31	27.06	18.71	2.11	1.54	12.70	8.02
6.73	143.08	149.00	23.47	14.97	55.66	30.60
33.23	355.63	335.96	45.36	12.37	165.88	87.48
41.54	156.90	163.67	26.33	7.67	82.36	76.86
3.73	52.68	46.37	5.22	1.26	18.97	11.68
3.54	26.16	25.57	2.64	2.75	9.45	9.68
1.22	11.88	10.20	0.85	0.65	5.62	3.98
24.21	273.96	253.07	42.24	6.01	122.66	64.06
6.26	105.70	102.85	13.84	1.09	41.67	21.52
3.93	37.97	33.95	2.63	2.12	14.49	11.23
3.04	34.43	27.93	2.16	1.56	18.46	9.85
7.36	90.96	80.87	10.63	6.77	48.66	34.75
0.80	8.82	6.02	0.57	0.73	2.46	3.33
-0.03	0.39	0.38			0.20	0.09
2.18	18.73	19.83	2.30	0.96	8.27	6.96
3.48	49.64	28.87	5.51	11.23	26.54	15.78
0.29	1.54	2.04	0.21	0.30	0.92	1.18
0.44	2.48	3.79	0.48	0.44	1.66	1.79
0.24	11.23	12.89	1.81	0.60	7.57	5.67
0.50	1.98	2.21	0.27	0.38	1.72	1.98
0.44	0.32	0.82	0.07	0.11	0.67	0.81
0.67	1.48	2.87	0.21	0.77	1.21	1.22
0.04	0.53	0.57	0.14		0.43	0.35

1-B-36 规模以上专用设备制造业

地 区	企业单位数(个)	亏损企业	工业总产值(当年价格)	工业销售产值(当年价格)	出口交货值	资产总计
全 国	**18685**	**2720**	**14521.30**	**14002.60**	**1891.33**	**13538.50**
北 京	606	124	434.43	414.34	58.71	725.25
天 津	536	136	425.37	413.57	83.91	421.91
河 北	532	86	447.17	434.27	36.76	423.14
山 西	110	36	282.51	271.99	25.13	394.87
内蒙古	55	16	217.91	205.15	17.65	271.36
辽 宁	1246	163	1028.32	971.40	73.68	1024.01
吉 林	229	25	149.94	146.39	3.74	126.87
黑龙江	247	42	233.34	209.41	21.95	347.25
上 海	1269	307	853.68	838.14	208.36	931.61
江 苏	3708	410	2099.35	2035.13	342.60	1795.94
浙 江	2268	340	941.98	906.03	215.54	984.79
安 徽	442	63	271.72	256.63	11.01	214.98
福 建	395	62	318.47	306.13	28.90	295.89
江 西	146	10	96.20	94.34	4.53	77.82
山 东	1988	141	2244.70	2199.89	167.19	1131.11
河 南	980	65	1069.48	1043.52	33.09	665.12
湖 北	443	72	192.97	180.60	6.26	202.78
湖 南	397	29	736.07	722.47	76.23	724.38
广 东	1888	390	1151.11	1098.87	349.22	1069.47
广 西	162	29	206.97	182.68	25.47	161.64
海 南	6	2	1.61	1.65	0.11	2.55
重 庆	130	19	129.92	128.55	11.26	235.27
四 川	502	36	572.72	542.95	48.46	729.61
贵 州	33	13	23.91	23.76	1.93	52.02
云 南	54	14	45.61	44.42	1.73	61.56
西 藏						
陕 西	192	58	240.30	230.48	31.72	342.25
甘 肃	71	22	65.26	61.60	6.07	77.05
青 海	5	3	0.90	0.90		2.32
宁 夏	13	1	26.35	24.77		26.00
新 疆	32	6	13.01	12.55	0.12	19.68

工业企业主要经济指标

单位：亿元

流动资产合计	应收账款	存货	产成品	流动资产年平均余额	固定资产合计	固定资产原价	累计折旧
8463.30	**2314.82**	**2731.51**	**931.59**	**7861.41**	**3695.06**	**4921.08**	**1713.43**
495.57	124.74	144.86	45.87	466.14	115.67	148.45	50.24
296.43	73.40	106.94	36.91	270.11	95.98	131.64	44.39
269.14	74.38	103.54	40.35	247.30	121.46	155.28	53.21
256.64	81.44	82.73	26.13	227.42	108.53	146.86	52.60
164.64	42.62	61.99	18.97	156.07	87.41	124.77	54.95
587.96	189.41	204.17	51.68	590.21	365.51	455.76	113.22
72.76	18.47	24.04	7.66	69.33	40.56	55.06	17.06
248.80	72.79	67.13	17.84	193.37	65.48	97.28	37.69
630.14	167.64	235.75	61.43	572.21	229.08	317.14	115.18
1140.37	348.18	332.74	120.15	1057.08	517.53	676.21	207.88
620.08	185.19	172.32	67.01	605.34	253.30	325.24	97.24
135.45	42.68	47.80	16.06	122.08	57.28	73.94	21.81
192.51	48.36	78.47	35.06	185.64	68.75	76.96	21.94
25.28	7.72	9.04	3.59	25.90	46.10	65.88	24.01
622.08	148.88	212.26	94.25	602.59	380.94	526.32	187.24
404.49	87.73	137.88	49.40	372.34	199.55	262.89	79.34
126.81	26.19	33.89	14.13	123.23	53.52	100.74	53.83
440.53	106.52	110.35	36.02	415.36	119.45	166.08	66.83
635.65	190.88	215.95	60.19	588.19	351.43	482.23	229.31
107.79	30.93	43.89	21.82	95.25	24.03	36.50	14.53
1.59	0.32	0.42	0.11	1.29	0.31	0.56	0.27
116.51	23.76	27.89	11.66	113.84	98.70	106.71	26.42
502.18	110.24	140.19	47.90	418.96	148.12	196.85	73.32
34.47	10.11	11.70	3.27	31.67	11.06	13.74	5.34
40.85	14.25	14.51	4.64	37.60	12.73	19.38	7.69
217.22	65.87	84.55	31.59	204.22	97.68	127.10	47.30
42.75	10.74	14.36	3.42	39.58	15.06	18.48	5.39
1.16	0.12	0.60	0.29	1.11	0.90	0.80	0.24
19.48	6.50	6.78	2.03	15.91	4.57	5.98	2.13
13.95	4.78	4.77	2.18	12.06	4.37	6.23	2.84

1-B-36 续表 1

地区	固定资产净值	固定资产净值年平均余额	负债合计	流动负债合计	所有者权益合计	实收资本
全国	**3207.65**	**3015.12**	**8087.24**	**7073.94**	**5451.26**	**3007.17**
北京	98.20	96.38	412.39	378.69	312.86	147.80
天津	87.25	81.84	257.35	236.92	164.56	107.83
河北	102.07	95.56	275.92	242.85	147.22	94.30
山西	94.26	93.49	261.84	218.02	133.04	58.18
内蒙古	69.82	69.97	193.17	154.10	78.19	55.55
辽宁	342.54	260.87	675.61	573.22	348.40	167.66
吉林	38.00	35.70	69.02	53.77	57.85	21.96
黑龙江	59.58	55.38	249.90	218.29	97.35	51.81
上海	201.96	192.01	565.36	518.56	366.24	261.87
江苏	468.34	444.51	996.35	926.16	799.59	513.97
浙江	228.01	223.95	571.11	535.72	413.68	222.77
安徽	52.13	51.80	120.45	111.85	94.53	50.14
福建	55.02	52.57	166.49	155.08	129.40	67.91
江西	41.88	41.95	32.73	28.25	45.09	34.80
山东	339.08	310.75	595.88	518.09	535.24	212.44
河南	183.55	173.77	409.79	370.64	255.32	163.66
湖北	46.91	46.01	109.06	92.27	93.71	63.04
湖南	99.24	102.82	424.04	313.18	300.34	95.74
广东	252.92	253.18	587.45	478.74	482.02	287.98
广西	21.97	20.88	94.98	84.69	66.66	29.77
海南	0.28	0.22	1.31	1.27	1.24	0.80
重庆	80.29	78.78	165.41	128.29	69.86	41.13
四川	123.54	114.53	483.09	407.64	246.52	126.33
贵州	8.40	7.74	37.37	29.54	14.65	12.16
云南	11.69	11.07	46.25	41.58	15.31	10.06
西藏						
陕西	79.80	78.23	207.63	185.89	134.62	83.30
甘肃	13.09	13.30	44.69	39.90	32.36	15.21
青海	0.56	0.74	1.50	1.08	0.82	0.50
宁夏	3.85	3.63	15.86	15.68	10.14	4.98
新疆	3.40	3.49	15.23	13.95	4.45	3.50

单位：亿元

国家资本	集体资本	法人资本	个人资本	港澳台资本	外商资本	主营业务收入
316.83	**48.48**	**967.04**	**719.45**	**324.73**	**630.63**	**14116.48**
23.76	0.73	67.35	26.16	5.96	23.85	467.51
8.36	0.60	49.51	20.74	3.42	25.20	419.80
14.46	3.23	33.02	25.06	2.88	15.64	440.26
28.79	2.90	20.05	5.41		1.04	278.44
18.66		33.74	2.13		1.02	204.85
39.60	2.51	52.56	43.80	3.50	25.69	952.36
1.89	0.84	6.50	10.30	0.06	2.36	136.28
11.71	2.08	21.31	9.39	4.22	3.10	230.16
10.21	1.89	71.56	22.07	35.40	120.74	856.99
6.54	4.36	99.38	137.47	70.87	195.35	2030.64
3.98	4.69	42.91	85.23	35.57	50.39	895.53
1.44	1.74	16.55	16.06	2.02	12.33	248.66
5.96	0.28	11.20	18.91	15.14	16.43	314.90
5.60	0.40	6.95	6.80	13.31	1.75	93.31
7.37	10.25	67.83	90.21	6.17	30.62	2203.59
29.85	3.77	60.44	61.75	5.55	2.30	1049.47
6.16	0.94	40.18	14.39	0.66	0.71	176.26
7.43	3.79	56.11	27.33	0.44	0.64	710.41
4.03	1.19	50.56	42.06	104.08	86.07	1090.82
9.28	0.42	8.34	7.04	1.19	3.49	194.45
0.09		0.68	0.01	0.01		1.68
4.89	0.10	32.08	3.06	0.53	0.48	130.90
15.09	1.04	66.10	24.67	13.50	5.93	583.26
5.07		4.34	0.56		2.18	24.35
3.07	0.34	4.28	2.24	0.14		48.14
33.54	0.24	35.27	11.42	0.05	2.78	231.47
8.48	0.14	3.01	3.37	0.05	0.17	61.36
	0.03	0.46	0.01			0.67
0.16		3.62	1.19			25.80
1.36		1.16	0.62	0.01	0.36	14.14

1-B-36 续表 2

地区	主营业务成本	主营业务税金及附加	营业费用	管理费用	税金	财务费用
全国	**11709.10**	**76.76**	**441.88**	**823.64**	**38.84**	**135.45**
北京	363.34	1.78	23.08	47.88	0.94	3.67
天津	355.63	0.84	12.35	26.85	0.78	2.58
河北	358.81	2.11	14.58	29.85	1.22	4.26
山西	233.57	0.89	6.25	24.63	0.57	3.39
内蒙古	181.80	0.66	5.39	14.99	0.73	3.47
辽宁	789.74	5.16	20.26	54.44	3.69	9.74
吉林	105.02	0.65	4.41	9.05	0.38	1.11
黑龙江	179.27	0.80	6.74	17.31	0.98	3.93
上海	696.55	1.37	38.05	75.78	1.35	5.69
江苏	1671.44	8.37	59.08	113.97	4.50	19.84
浙江	741.06	4.14	27.92	60.18	2.80	16.61
安徽	203.23	2.82	8.59	13.58	0.86	4.57
福建	263.70	1.24	12.27	14.61	0.82	3.26
江西	77.62	1.02	1.74	3.57	0.62	0.78
山东	1874.99	11.66	52.59	67.06	6.71	17.82
河南	902.96	7.40	30.94	38.97	1.57	7.58
湖北	135.40	3.08	6.61	12.74	1.79	1.48
湖南	574.88	8.84	26.97	35.93	2.54	6.48
广东	893.43	7.74	38.97	72.88	2.29	4.73
广西	164.36	0.55	10.10	10.48	0.26	1.97
海南	1.31		0.10	0.21		
重庆	109.14	0.48	3.81	15.02	0.36	1.40
四川	494.43	3.40	19.18	30.48	1.32	7.33
贵州	18.60	0.08	1.19	3.59	0.11	0.40
云南	41.49	0.19	0.78	3.89	0.23	0.63
西藏						
陕西	192.92	1.06	7.10	18.60	1.21	2.15
甘肃	51.25	0.26	1.30	4.61	0.13	0.39
青海	0.56		0.02	0.07		0.02
宁夏	21.20	0.08	0.75	1.39	0.06	0.09
新疆	11.38	0.10	0.74	1.02	0.02	0.07

单位：亿元

利息支出	营业利润	利润总额	应　交 所得税	亏损企业 亏损总额	本年应交 增 值 税	全部从业 人 员 年 平均人数 （万人）
120.08	**1023.44**	**1010.35**	**135.88**	**81.76**	**406.53**	**308.43**
2.69	40.32	44.56	6.26	7.95	13.92	8.32
2.95	21.54	22.41	5.10	4.94	8.88	7.12
3.75	33.38	32.51	5.26	3.12	10.94	10.86
3.12	9.48	10.58	1.00	1.95	6.11	7.49
3.87	1.75	0.50	0.21	2.08	3.62	4.16
8.14	69.77	59.64	8.42	2.75	19.09	14.81
0.56	13.61	7.70	1.26	0.49	3.04	3.26
3.81	22.64	20.37	4.03	0.91	5.56	5.78
5.23	49.56	57.70	6.87	13.49	19.40	15.99
19.53	168.81	157.21	19.67	10.41	72.53	46.80
15.03	53.68	56.51	8.57	5.62	25.10	24.17
2.28	22.61	22.37	2.44	0.49	9.64	5.61
2.48	22.76	23.07	2.49	0.87	6.66	6.10
0.72	7.96	6.47	0.56	0.43	3.26	3.78
12.45	151.11	143.96	23.83	2.77	55.44	34.11
6.02	89.17	92.76	13.59	1.13	34.78	19.62
0.94	12.81	12.15	1.14	0.85	5.46	5.52
7.41	91.12	83.59	5.85	0.67	28.09	11.40
4.64	81.49	78.75	9.98	8.50	37.02	39.73
1.78	9.13	9.96	1.42	0.50	3.45	3.35
0.01	0.05	0.04	0.01	0.03	0.03	0.09
2.76	3.68	4.98	0.64	1.45	2.67	4.88
6.32	31.95	43.34	5.19	5.78	19.15	12.42
0.40	0.47	0.87	0.18	0.89	0.69	1.02
0.65	1.40	2.06	0.25	0.52	1.25	1.58
2.14	8.09	10.67	0.94	2.09	8.24	7.09
0.26	1.63	1.99	0.51	0.92	1.39	2.36
0.02			0.01	0.02	0.07	0.08
0.07	2.40	2.51	0.10		0.60	0.48
0.06	1.05	1.14	0.12	0.14	0.44	0.47

1-B-37 规模以上交通运输设备制造业

地区	企业单位数（个）	亏损企业	工业总产值（当年价格）	工业销售产值（当年价格）	出口交货值	资产总计
全国	**18808**	**2985**	**33395.28**	**32867.03**	**5088.70**	**31145.44**
北京	427	88	1153.30	1138.64	47.21	889.96
天津	594	139	1324.56	1319.79	125.20	789.73
河北	487	72	648.87	637.14	88.45	607.84
山西	84	29	103.57	102.23	3.57	127.94
内蒙古	39	11	123.78	123.80	20.57	133.73
辽宁	844	158	1869.97	1877.96	464.68	2684.02
吉林	474	122	2326.89	2298.26	18.85	1627.43
黑龙江	149	35	327.10	324.46	16.43	415.41
上海	1080	210	2571.72	2552.21	587.85	2972.59
江苏	2823	361	3617.44	3575.07	1008.60	3665.56
浙江	3196	391	2624.49	2536.58	798.39	2611.52
安徽	623	142	839.95	820.37	138.86	840.32
福建	559	69	647.15	628.91	205.18	524.42
江西	213	17	423.79	414.57	52.76	566.80
山东	1495	151	3099.23	3037.07	364.57	2461.60
河南	618	46	865.47	852.05	40.01	510.74
湖北	995	214	2424.07	2397.03	87.72	2742.03
湖南	338	34	538.50	522.35	32.33	492.66
广东	1285	259	3453.17	3380.71	668.21	2539.31
广西	323	88	677.86	658.58	18.99	475.52
海南	40	12	72.14	78.01	1.39	65.62
重庆	1330	204	1859.21	1842.34	177.71	1390.27
四川	526	64	826.10	806.90	35.26	732.61
贵州	67	18	108.99	100.84	9.86	188.80
云南	45	12	101.89	97.48	2.58	118.16
西藏	2		0.61	0.59		0.36
陕西	114	22	723.82	702.19	73.27	923.91
甘肃	21	8	26.69	25.03	0.01	33.43
青海	4	1	2.77	3.08	0.07	2.63
宁夏	3	2	0.53	0.53		0.41
新疆	10	6	11.61	12.27	0.12	10.10

工业企业主要经济指标

单位：亿元

流动资产合计	应收账款	存货	产成品	流动资产年平均余额	固定资产合计	固定资产原价	累计折旧
17970.14	**3484.76**	**4753.87**	**1481.68**	**17196.87**	**9200.18**	**11846.88**	**4188.55**
515.09	114.22	175.30	64.08	495.83	306.72	417.72	133.17
422.78	96.69	104.82	27.82	430.49	283.25	441.15	171.54
351.35	78.02	121.78	43.14	341.76	174.68	210.22	63.19
75.21	23.55	19.93	6.79	77.08	37.36	52.36	19.55
91.05	23.46	33.25	14.01	84.12	34.53	49.31	22.92
1798.88	225.21	441.67	60.73	1718.20	659.34	809.92	254.93
785.53	149.32	240.85	139.82	744.01	407.06	703.53	324.58
261.42	44.70	91.73	38.42	251.30	123.44	184.81	84.10
1476.23	242.96	353.58	96.21	1492.77	793.98	1204.60	512.03
2257.66	494.26	563.81	141.35	2121.50	1112.24	1393.17	430.74
1592.66	340.14	433.50	121.46	1520.10	649.34	747.94	184.43
457.49	107.52	110.11	32.93	463.99	280.18	305.24	94.18
325.66	70.10	88.72	25.24	310.68	157.70	204.73	68.81
333.43	46.93	87.96	27.37	310.47	191.12	310.82	124.51
1453.40	181.35	392.38	120.34	1363.74	634.38	825.92	275.89
284.94	71.56	74.97	27.70	289.14	150.26	181.83	51.82
1273.87	238.45	307.38	113.42	1193.41	1167.33	1072.08	403.65
264.58	61.50	80.59	26.69	238.59	172.16	220.76	80.28
1541.69	301.14	330.28	98.88	1413.84	787.71	1053.47	360.11
290.51	54.95	96.41	48.09	284.00	129.89	178.47	61.81
36.48	3.49	15.58	3.10	49.09	17.22	28.25	11.54
782.72	176.76	191.42	80.40	787.08	410.63	538.47	185.67
460.06	138.19	99.79	39.91	428.01	205.36	272.89	90.93
113.14	33.67	44.79	16.29	104.72	48.62	86.41	43.46
76.28	14.05	25.33	5.46	71.41	21.40	33.07	16.21
0.25	0.13	0.03	0.01	0.27	0.10	0.13	0.03
624.11	144.46	219.42	59.50	587.80	233.10	303.76	111.64
16.83	5.91	5.66	1.11	16.24	8.86	11.95	5.13
1.50	0.68	0.34	0.03	1.20	0.51	0.65	0.18
0.24	0.04	0.10		0.28	0.14	0.18	0.04
5.08	1.36	2.39	1.37	5.75	1.59	3.05	1.49

1-B-37 续表 1

地 区	固定资产净值	固定资产净值年平均余额	负债合计	流动负债合计	所有者权益合计	实收资本
全 国	**7658.33**	**7014.84**	**19395.87**	**17110.91**	**11742.95**	**6483.76**
北 京	284.55	268.17	538.28	472.75	351.68	254.76
天 津	269.61	260.53	390.67	350.62	399.06	245.16
河 北	147.03	142.69	371.73	329.47	236.11	139.19
山 西	32.81	30.38	92.87	79.30	35.07	28.26
内蒙古	26.39	23.41	97.98	76.99	35.75	19.74
辽 宁	554.99	484.52	2071.30	1835.22	612.72	439.82
吉 林	378.95	347.94	872.58	760.92	754.85	382.78
黑龙江	100.71	57.88	302.79	254.59	112.62	93.85
上 海	692.57	646.47	1626.58	1317.71	1346.01	722.33
江 苏	962.44	841.82	2533.89	2326.49	1131.68	780.14
浙 江	563.51	544.09	1764.94	1605.55	846.59	480.04
安 徽	211.06	194.67	560.31	483.96	280.01	148.87
福 建	135.92	132.82	313.71	292.47	210.71	135.34
江 西	186.31	212.59	354.27	296.48	205.90	76.75
山 东	550.03	584.23	1572.84	1395.11	888.76	503.93
河 南	130.01	119.71	291.29	249.16	219.45	102.43
湖 北	668.43	446.96	1363.15	1226.04	1378.88	637.63
湖 南	140.47	142.51	327.94	285.86	164.72	102.49
广 东	693.36	651.18	1594.54	1478.61	944.77	498.27
广 西	116.66	112.92	303.24	291.20	172.28	57.40
海 南	16.71	17.34	28.93	28.23	36.69	17.70
重 庆	352.81	333.46	805.13	724.21	585.14	266.46
四 川	181.97	165.57	431.00	257.87	301.61	128.30
贵 州	42.95	43.83	117.69	100.07	71.10	37.31
云 南	16.86	14.69	60.46	54.39	57.70	24.94
西 藏	0.10	0.10	0.20	0.20	0.16	0.12
陕 西	192.12	186.05	578.30	512.31	345.61	146.14
甘 肃	6.82	6.37	19.94	16.00	13.49	9.61
青 海	0.47	0.28	1.77	1.76	0.86	0.36
宁 夏	0.14	0.14	0.25	0.25	0.16	0.18
新 疆	1.56	1.55	7.30	7.12	2.79	3.44

单位：亿元

国家资本	集体资本	法人资本	个人资本	港澳台资本	外商资本	主营业务收入
845.72	**79.68**	**2654.71**	**851.55**	**359.75**	**1692.36**	**32913.38**
64.59	2.98	62.86	6.95	18.35	99.04	1192.49
26.86	3.42	68.48	19.67	10.42	116.32	1337.63
18.86	4.28	53.89	22.42	7.59	32.16	651.06
10.23	0.49	13.04	2.86	0.08	1.56	100.90
2.09	0.08	12.88	3.21	0.01	1.47	127.45
20.64	3.93	244.62	36.95	6.33	127.35	1836.26
213.14	3.93	75.01	27.00	8.14	55.56	2030.65
18.35	2.32	58.84	6.73	0.13	7.47	331.75
23.97	5.77	381.11	37.40	34.78	239.30	2936.08
100.26	4.13	199.36	118.40	67.63	290.36	3522.48
11.63	8.22	150.72	175.60	42.55	91.32	2447.15
11.29	1.70	69.83	34.81	18.72	12.52	794.31
11.16	0.38	33.17	19.77	28.10	42.77	615.78
24.02	1.01	30.32	16.71	1.32	3.37	421.64
77.20	10.65	224.53	72.65	28.65	90.25	3082.79
12.50	1.54	51.42	30.22	0.70	6.06	848.53
23.26	7.78	370.31	72.40	3.14	160.75	2386.71
15.08	1.47	56.01	13.24	2.19	14.51	510.77
29.72	6.73	133.06	25.05	73.29	230.41	3417.14
4.20	1.68	29.83	9.11	0.59	12.00	630.17
0.77		13.82	0.47	1.86	0.79	77.14
13.73	2.16	144.20	60.99	3.08	42.29	1850.00
22.65	1.19	66.34	24.42	1.21	12.49	799.05
1.23	0.13	28.13	7.06	0.20	0.55	107.29
3.94	0.07	16.40	3.78	0.69	0.07	91.53
0.07	0.03	0.02				0.57
80.70	3.42	57.33	3.10	0.02	1.56	724.80
2.74	0.02	6.44	0.41			24.72
0.02		0.28			0.06	2.64
		0.03	0.15			0.38
0.82	0.16	2.46				13.52

1-B-37 续表 2

地　区	主营业务成　本	主营业务税金及附加	营业费用	管理费用	税金	财务费用
全　国	**27878.95**	**511.59**	**955.51**	**1659.09**	**71.16**	**174.36**
北　京	1033.49	21.77	37.44	60.56	1.59	3.64
天　津	1142.64	36.33	12.38	54.89	1.76	2.44
河　北	558.85	4.79	15.49	29.93	1.53	4.72
山　西	86.67	0.49	2.88	10.62	0.34	1.70
内蒙古	103.01	0.72	4.72	6.42	0.44	2.34
辽　宁	1559.70	26.09	44.60	87.71	4.81	5.38
吉　林	1735.05	68.58	77.74	113.33	3.63	4.56
黑龙江	285.85	1.69	11.16	23.79	0.81	3.36
上　海	2457.11	48.12	87.10	215.63	3.57	0.97
江　苏	2991.88	21.56	93.81	157.23	6.16	13.40
浙　江	2132.69	11.82	53.77	112.53	5.39	35.16
安　徽	689.22	11.58	30.08	36.44	3.11	9.07
福　建	530.81	4.47	16.13	26.53	1.61	1.99
江　西	351.67	5.01	15.63	31.00	3.28	5.06
山　东	2713.31	19.97	69.37	117.44	5.38	22.34
河　南	703.51	5.95	28.17	25.97	0.87	8.69
湖　北	1934.39	31.29	90.08	129.22	7.79	5.87
湖　南	420.84	14.02	14.09	30.63	1.92	6.30
广　东	2752.51	117.35	105.79	161.75	6.83	1.43
广　西	534.30	7.04	29.79	29.60	0.67	4.78
海　南	71.84	2.91	0.36	4.26	0.09	-0.05
重　庆	1601.97	28.88	70.12	85.03	3.97	12.30
四　川	666.23	15.56	18.33	44.38	2.96	7.32
贵　州	85.23	0.29	2.77	13.80	0.22	3.11
云　南	81.56	0.51	2.67	5.16	0.21	0.27
西　藏	0.49	0.01		0.04		
陕　西	619.20	4.40	19.75	41.88	2.14	7.75
甘　肃	20.44	0.05	0.49	2.51	0.05	0.35
青　海	2.00	0.30	0.17	0.08		0.05
宁　夏	0.34		0.01	0.03		0.01
新　疆	12.14	0.01	0.61	0.72	0.02	0.04

单位：亿元

利息支出	营业利润	利润总额	应　交 所得税	亏损企业 亏损总额	本年应交 增 值 税	全部从业 人 员 年 平均人数 （万人）
211.68	**2091.78**	**2127.41**	**251.06**	**147.68**	**957.76**	**473.14**
7.88	39.79	52.34	9.21	3.16	32.42	11.13
2.23	85.55	97.77	10.51	6.19	36.84	13.13
4.75	40.49	40.23	4.54	3.81	12.18	13.58
1.62	4.75	6.22	0.68	0.65	3.14	3.32
1.98	9.03	4.66	0.19	0.31	2.54	1.40
13.37	81.85	76.01	15.29	15.54	29.27	25.74
6.70	141.12	137.25	18.20	13.22	34.05	18.67
3.62	5.49	7.22	1.58	3.47	7.89	6.29
8.12	202.81	214.69	22.05	12.52	64.42	26.44
26.92	290.13	273.21	30.47	20.10	133.74	58.90
30.51	120.97	131.09	22.59	9.50	48.60	49.46
8.07	27.04	25.90	3.13	3.96	17.80	13.90
3.85	36.57	35.52	4.07	4.02	16.03	12.21
5.09	18.03	17.39	2.39	7.54	16.15	8.70
17.80	164.16	168.06	20.55	5.65	66.40	34.88
6.74	81.62	80.79	11.16	1.16	33.22	14.23
13.50	210.45	216.15	15.21	9.28	92.05	28.61
6.36	39.06	27.02	3.00	3.55	27.04	9.74
8.71	296.12	310.42	31.45	11.06	157.86	40.79
3.59	28.22	30.46	4.21	0.85	17.31	8.39
0.08	-1.83	-1.48	0.15	3.16	0.83	0.91
11.37	73.55	64.00	6.42	5.32	57.20	33.94
6.76	53.54	65.60	8.78	1.22	29.17	15.43
2.91	4.30	4.75	0.95	1.21	1.87	4.58
0.21	3.13	5.09	0.78	0.28	2.62	1.70
	0.03	0.03				0.01
7.16	34.60	35.62	3.25	0.67	16.01	15.72
1.69	1.11	1.23	0.19	0.06	0.74	1.01
0.05	0.05	0.06		0.01	0.04	0.05
0.01	-0.01	-0.01		0.01	0.01	0.02
0.04	0.07	0.10	0.04	0.18	0.29	0.25

1-B-38 规模以上电气机械及器材

地 区	企业单位数（个）	亏损企业	工业总产值（当年价格）	工业销售产值（当年价格）	出口交货值	资产总计
全 国	**25727**	**3863**	**30428.84**	**29643.84**	**6855.66**	**20747.85**
北 京	471	103	387.16	377.25	47.68	422.66
天 津	490	118	678.61	654.63	201.20	451.48
河 北	504	53	841.05	796.13	100.16	683.49
山 西	57	15	59.06	53.37	1.29	66.49
内蒙古	62	14	43.75	39.12	1.32	32.01
辽 宁	1089	152	1039.38	995.96	119.17	745.16
吉 林	144	25	87.70	81.16	0.69	57.88
黑龙江	160	27	175.00	173.50	6.99	225.20
上 海	1663	360	1740.58	1703.63	536.32	1285.95
江 苏	4526	507	5765.46	5654.90	1234.27	3730.51
浙 江	5302	658	3668.19	3562.02	1048.15	2967.47
安 徽	723	109	1106.99	1086.87	70.82	607.75
福 建	571	96	706.88	686.91	245.67	442.20
江 西	306	19	550.06	541.08	117.17	463.72
山 东	1626	139	3194.62	3128.49	283.30	1651.31
河 南	550	35	783.63	771.47	12.43	480.03
湖 北	401	60	438.04	432.63	37.33	375.47
湖 南	392	27	389.71	385.02	19.66	276.19
广 东	5469	1122	7145.19	6964.17	2692.49	4206.27
广 西	132	34	162.61	150.06	14.75	120.17
海 南	5		20.84	21.13	4.05	17.42
重 庆	205	34	285.05	277.85	7.18	191.90
四 川	491	61	559.81	541.10	11.19	548.84
贵 州	45	12	57.70	55.84	1.76	37.72
云 南	67	16	67.84	68.01	5.24	71.45
西 藏						
陕 西	155	43	277.66	267.00	32.73	330.70
甘 肃	50	9	49.86	46.63	0.93	48.38
青 海	10	1	9.26	8.89		7.53
宁 夏	25	6	20.32	18.75		22.09
新 疆	36	8	116.84	100.26	1.70	180.40

制造业工业企业主要经济指标

单位：亿元

流动资产合计	应收账款	存货	产成品	流动资产年平均余额	固定资产合计	固定资产原价	累计折旧
13386.58	**4367.83**	**3380.74**	**1355.09**	**12712.08**	**4980.13**	**6976.95**	**2618.18**
311.41	97.82	88.79	33.27	281.51	71.85	105.26	41.33
301.20	95.87	83.93	36.82	306.40	107.72	156.16	64.56
436.08	97.54	119.54	50.28	383.30	171.80	184.94	44.92
44.09	13.07	12.85	5.96	41.08	15.44	22.02	8.93
15.85	3.74	5.02	2.50	14.63	11.61	12.99	2.96
373.65	140.12	102.95	53.14	404.36	309.87	442.27	149.46
34.59	11.82	11.86	6.20	32.93	17.59	23.99	7.14
176.25	40.07	53.03	13.60	167.86	33.32	50.35	22.73
877.29	338.27	239.00	93.60	848.34	288.64	457.22	190.05
2512.03	967.27	496.11	188.88	2354.05	904.30	1213.94	401.06
1936.46	639.69	411.00	189.03	1866.32	614.43	770.43	230.45
372.42	143.55	86.46	42.10	363.43	160.48	197.24	58.10
301.97	107.70	83.31	28.46	291.14	99.94	136.28	46.02
196.32	48.49	46.44	17.79	173.87	163.40	228.44	71.09
967.80	249.59	267.89	104.03	922.05	475.55	654.39	220.80
299.15	89.12	74.19	28.42	287.34	109.29	128.77	29.07
220.78	50.37	45.97	16.39	202.10	135.19	178.79	58.88
156.75	41.79	36.60	16.52	141.73	73.01	90.89	29.92
2868.88	891.05	833.20	317.78	2740.69	928.77	1560.31	805.30
79.61	21.58	21.89	13.70	71.15	21.65	26.60	9.26
11.48	7.28	3.02	0.25	11.21	2.90	4.42	1.52
131.19	41.96	30.26	17.23	119.46	38.38	45.35	14.12
280.91	75.33	86.25	23.75	258.72	98.31	146.04	57.88
25.45	10.16	7.81	4.52	25.66	5.24	9.08	4.02
50.68	16.93	16.39	8.72	44.85	11.72	15.96	6.28
236.95	74.07	71.94	30.29	208.23	85.55	82.34	31.69
37.24	16.62	10.77	5.01	33.10	8.06	11.46	4.46
3.84	1.19	1.06	0.16	3.25	2.43	2.70	0.55
15.44	4.90	6.65	2.85	13.88	3.57	4.17	1.15
110.82	30.88	26.56	3.83	99.44	10.10	14.17	4.48

1-B-38 续表 1

地 区	固定资产净值	固定资产净值年平均余额	负债合计	流动负债合计	所有者权益合计	实收资本
全 国	**4358.77**	**4178.11**	**11993.53**	**10926.94**	**8754.32**	**4685.12**
北 京	63.93	59.98	250.51	238.03	172.15	111.18
天 津	91.60	89.49	263.13	246.15	188.35	130.23
河 北	140.02	137.68	365.99	282.39	317.50	136.52
山 西	13.09	11.16	51.06	45.17	15.42	12.33
内蒙古	10.03	10.05	19.14	14.57	12.86	11.24
辽 宁	292.80	259.17	382.42	336.05	362.75	199.04
吉 林	16.85	16.31	29.68	26.88	28.20	19.33
黑龙江	27.61	26.90	152.56	140.78	72.63	39.53
上 海	267.16	260.93	688.74	650.72	597.22	386.59
江 苏	812.88	749.91	2161.42	2023.08	1569.10	902.56
浙 江	539.97	529.13	1786.05	1687.46	1181.42	613.54
安 徽	139.14	136.37	347.44	326.06	260.31	186.01
福 建	90.26	88.37	239.77	227.98	202.42	126.69
江 西	157.34	131.13	208.33	180.12	255.38	102.55
山 东	433.59	409.18	902.69	777.07	748.62	247.20
河 南	99.70	94.08	260.98	233.89	219.05	112.23
湖 北	119.91	76.49	186.43	164.59	189.04	106.00
湖 南	60.96	57.88	152.80	131.29	123.39	79.12
广 东	755.01	836.43	2623.02	2425.88	1583.25	886.60
广 西	17.34	17.72	70.31	58.33	49.86	15.88
海 南	2.90	3.05	5.92	5.90	11.50	3.41
重 庆	31.23	29.93	122.12	100.15	69.78	32.93
四 川	88.16	67.82	259.62	205.33	289.22	104.32
贵 州	5.06	4.79	24.86	18.02	12.86	11.73
云 南	9.68	9.54	49.10	44.70	22.35	11.19
西 藏						
陕 西	50.65	44.40	242.05	206.93	88.65	51.90
甘 肃	7.00	6.82	31.82	28.14	16.56	9.63
青 海	2.15	1.18	4.06	3.96	3.47	1.65
宁 夏	3.02	2.94	13.29	12.38	8.80	6.47
新 疆	9.69	9.25	98.21	84.96	82.18	27.53

单位：亿元

						主营业务收　　入
国家资本	集体资本	法人资本	个人资本	港澳台资本	外商资本	
188.54	**127.98**	**1300.57**	**1265.21**	**602.15**	**1200.66**	**29374.91**
1.15	5.18	47.85	24.70	1.45	30.84	397.37
8.39	2.44	31.73	21.95	5.68	60.04	668.04
22.50	3.13	36.92	31.92	1.27	40.78	808.17
4.98	0.59	2.02	4.10	0.07	0.57	55.86
0.13	4.30	3.69	2.33		0.79	39.59
15.86	4.45	55.52	46.63	16.77	59.82	1007.63
0.38	1.16	4.41	7.83		5.55	79.80
2.28	2.54	17.01	13.70	2.38	1.63	170.58
4.81	10.87	95.52	73.70	21.28	180.43	1726.51
14.95	9.66	176.29	270.08	123.46	308.12	5598.15
2.40	6.19	164.52	291.77	56.19	92.48	3536.23
10.43	8.28	69.28	75.32	2.33	20.37	941.24
9.46	1.57	34.03	27.34	30.45	23.84	678.02
2.01	0.72	25.64	18.68	11.96	43.53	534.74
12.13	24.65	71.81	78.10	12.91	47.61	3112.40
6.86	7.24	39.72	44.87	4.45	9.10	737.39
6.36	3.24	65.10	19.03	2.35	9.91	427.47
11.26	1.42	27.31	18.68	2.34	18.10	379.58
16.14	22.22	205.84	115.77	303.84	222.78	6976.58
0.86	0.22	6.91	6.66	0.14	1.09	132.63
0.11		0.09	0.50		2.70	21.11
3.98	1.51	14.60	9.11	0.43	3.30	277.68
2.65	2.57	56.56	34.37	0.82	7.35	502.07
2.06	0.30	4.96	1.26	0.36	2.80	49.94
2.82	0.71	3.95	3.41		0.30	69.74
19.27	1.75	13.11	10.04	1.16	6.56	248.06
2.87	0.61	3.00	3.09	0.06		45.59
	0.31	1.17	0.17			9.04
0.49	0.05	2.19	3.47		0.27	19.84
0.94	0.13	19.83	6.64			123.85

1-B-38 续表 2

地 区	主营业务成 本	主营业务税金及附加	营业费用	管理费用		财务费用
					税金	
全 国	**24845.17**	**128.10**	**1085.02**	**1241.59**	**54.60**	**292.88**
北 京	311.73	0.76	17.77	27.80	0.50	0.72
天 津	575.03	1.55	21.14	23.47	1.46	5.27
河 北	656.87	3.49	21.69	22.96	1.87	11.28
山 西	47.33	0.37	1.72	3.65	0.22	1.16
内蒙古	33.58	0.18	0.83	1.73	0.08	0.30
辽 宁	863.40	4.43	24.52	42.20	3.67	7.49
吉 林	64.05	0.45	2.03	5.20	0.33	0.86
黑龙江	131.47	0.75	6.87	9.82	1.34	0.86
上 海	1469.85	1.78	58.28	100.60	1.74	16.31
江 苏	4706.30	17.58	199.37	218.94	11.76	63.63
浙 江	3039.13	11.33	106.99	162.58	7.41	58.64
安 徽	759.37	6.08	67.27	30.01	1.87	9.49
福 建	576.31	1.88	20.23	28.12	0.87	3.94
江 西	429.68	5.24	8.42	20.69	0.98	7.90
山 东	2643.86	16.57	123.16	115.34	4.56	26.03
河 南	606.60	4.07	31.08	20.76	0.75	10.17
湖 北	360.07	3.74	14.60	17.96	2.55	4.00
湖 南	310.38	4.33	12.33	15.84	1.46	4.35
广 东	6012.49	36.49	286.29	302.37	6.94	44.90
广 西	108.15	0.49	4.56	5.99	0.25	2.42
海 南	17.07	0.01	1.39	0.59	0.01	0.22
重 庆	242.39	0.79	7.28	7.74	0.55	2.76
四 川	416.51	2.85	18.94	24.48	1.42	3.88
贵 州	42.44	0.14	3.27	3.14	0.14	0.32
云 南	59.88	0.22	2.35	3.74	0.15	0.84
西 藏						
陕 西	196.85	1.94	13.96	17.14	1.31	3.46
甘 肃	39.25	0.14	1.85	2.71	0.15	0.42
青 海	7.12	0.05	0.46	0.96		0.04
宁 夏	17.03	0.04	0.64	0.95	0.09	0.12
新 疆	101.00	0.34	5.74	4.08	0.18	1.08

单位：亿元

利息支出	营业利润	利润总额	应　交 所得税	亏损企业 亏损总额	本年应交 增 值 税	全部从业 人 员 年 平均人数 (万人)
235.48	**1906.65**	**1809.33**	**238.78**	**105.55**	**846.00**	**527.79**
1.54	41.20	42.62	7.89	3.14	12.38	5.71
5.03	38.72	42.67	3.66	5.11	9.89	6.41
9.85	84.58	88.00	6.20	2.48	17.36	9.36
1.11	2.03	1.32	0.21	0.57	2.22	1.67
0.28	3.13	2.12	0.22	0.27	0.95	0.92
5.39	58.64	49.47	7.59	3.54	21.12	14.82
0.59	6.71	3.89	0.54	0.45	2.17	1.56
0.59	20.09	19.05	2.63	0.82	8.52	3.57
9.97	88.57	95.34	16.20	14.09	33.33	26.09
52.70	413.33	388.01	43.07	15.52	185.91	79.32
48.62	173.00	189.98	30.06	12.43	87.52	79.91
7.76	93.18	57.26	8.65	2.03	38.96	12.28
3.69	53.78	53.08	5.66	1.35	19.26	16.08
7.31	59.74	59.29	9.15	0.74	14.29	9.89
21.17	190.88	176.89	32.43	3.77	78.72	32.55
8.26	64.48	66.73	8.18	0.21	19.40	10.27
2.40	27.36	24.21	2.95	1.16	13.56	8.60
3.02	31.69	27.88	2.58	3.08	19.47	6.53
32.48	351.43	313.38	39.79	29.55	211.63	178.99
2.23	7.96	10.83	1.05	0.70	4.26	2.45
0.13	1.84	1.89	0.25		0.60	0.16
2.46	20.91	20.25	1.54	0.46	7.02	3.94
3.06	39.13	37.95	3.34	1.25	19.35	7.32
0.30	0.98	1.30	0.18	0.33	1.30	0.90
0.84	2.78	3.08	0.54	0.28	1.87	1.09
3.20	15.72	17.05	3.14	1.26	10.13	4.56
0.34	1.14	1.55	0.22	0.16	1.37	1.79
0.01	0.40	0.36	0.01		0.13	0.10
0.23	0.94	1.20	0.04	0.13	0.36	0.37
0.92	12.29	12.69	0.83	0.67	2.96	0.58

1-B-39 规模以上通信设备、计算机及其他

地区	企业单位数(个)	亏损企业	工业总产值(当年价格)	工业销售产值(当年价格)	出口交货值	资产总计
全国	**14347**	**3377**	**43902.82**	**42928.17**	**29179.46**	**27012.93**
北京	513	127	2385.88	2378.29	1285.90	1514.79
天津	480	168	1684.08	1668.19	1063.05	819.63
河北	108	24	151.86	144.48	21.79	149.61
山西	31	10	101.77	97.39	20.23	163.64
内蒙古	17	3	93.25	94.20	0.13	35.17
辽宁	287	61	616.67	608.46	315.40	468.01
吉林	48	13	51.36	48.85	4.63	69.27
黑龙江	31	7	17.74	17.97	4.70	27.31
上海	830	248	5266.68	5158.73	4229.97	2685.35
江苏	2884	612	9927.00	9710.01	7090.57	6120.85
浙江	1584	283	1705.58	1670.28	1000.28	1322.45
安徽	198	45	162.03	152.13	20.90	184.76
福建	467	102	1717.86	1693.38	1110.81	889.16
江西	164	15	168.82	163.20	45.42	116.45
山东	752	133	2509.29	2472.67	1229.05	1093.19
河南	112	8	138.94	132.13	3.99	138.96
湖北	238	34	491.68	460.21	121.61	445.15
湖南	184	21	148.75	148.88	27.97	165.74
广东	4819	1340	15373.81	14956.36	11362.32	9134.89
广西	92	22	117.80	110.41	26.93	65.92
海南	4		7.12	6.66	3.50	8.76
重庆	47	12	78.01	71.31	5.43	59.19
四川	326	60	722.97	711.79	154.61	954.40
贵州	23	6	30.18	28.95	0.24	44.73
云南	15	4	14.73	13.82	1.30	27.86
西藏						
陕西	78	14	193.35	185.22	25.99	238.56
甘肃	8	1	13.01	12.81	0.72	42.50
青海	1	1	0.54	0.60		0.46
宁夏						
新疆	6	3	12.07	10.79	2.05	26.18

电子设备制造业工业企业主要经济指标

单位：亿元

流动资产合计	应收账款	存货		流动资产年平均余额	固定资产合计	固定资产原价	累计折旧
			产成品				
16675.09	**6471.77**	**3864.65**	**1293.54**	**16614.75**	**7903.03**	**12295.97**	**5069.61**
981.77	323.82	222.68	65.03	1027.55	340.05	578.90	255.61
553.10	154.86	145.76	32.60	639.63	232.52	422.69	212.81
63.81	17.30	17.49	5.75	61.45	69.99	90.74	31.39
65.35	20.61	24.94	3.65	60.34	85.21	99.53	43.44
31.73	1.65	3.54	0.86	27.42	2.85	4.81	1.99
273.80	79.57	46.90	16.47	259.89	132.08	197.06	83.88
39.96	10.02	9.56	4.68	30.13	20.86	24.21	8.60
15.08	3.91	2.46	0.70	14.06	10.27	11.30	4.62
1551.70	784.15	331.19	78.20	1653.98	809.70	1545.62	743.36
3190.13	1462.32	708.58	230.14	3251.53	2534.26	3690.72	1296.95
829.77	259.15	184.31	76.45	847.07	360.26	495.15	158.98
105.52	26.64	22.03	4.81	99.76	58.28	64.94	20.49
631.37	188.59	113.42	36.01	665.11	205.87	313.55	106.53
42.60	13.78	12.27	7.22	41.68	62.64	82.79	23.96
565.39	166.04	110.46	45.70	589.42	404.40	698.10	327.66
66.78	22.49	18.94	7.91	66.04	55.60	92.33	42.06
331.56	79.50	92.34	42.85	321.44	77.99	268.47	199.34
64.80	21.25	16.72	5.59	66.03	67.59	90.16	29.54
6441.01	2661.62	1552.29	532.17	6141.41	2025.92	3054.15	1286.91
42.50	16.92	11.85	6.03	38.66	15.52	16.27	4.54
5.58	0.92	2.66	0.23	5.32	2.72	4.10	1.39
42.13	10.06	16.08	8.99	41.60	10.27	16.35	6.50
529.64	96.75	144.61	59.78	466.28	202.22	249.66	97.22
26.49	5.67	7.96	4.47	24.72	11.06	15.99	6.01
17.33	3.93	3.41	1.85	14.26	5.36	6.71	2.18
129.85	33.97	36.72	13.52	123.73	72.68	125.15	59.84
21.61	5.50	3.40	0.86	22.04	18.04	21.96	8.36
0.04	-0.03				0.01	0.01	
14.68	0.82	2.08	1.02	14.18	8.80	14.57	5.45

1-B-39 续表 1

地 区	固定资产净 值	固定资产净 值 年平均余额	负债合计	流动负债合 计	所 有 者权益合计	实收资本
全 国	**7226.36**	**7059.11**	**15760.85**	**13995.19**	**11238.83**	**7491.25**
北 京	323.29	322.34	816.64	752.10	698.15	443.27
天 津	209.89	206.01	392.87	347.96	426.76	336.98
河 北	59.35	47.51	81.75	75.85	67.86	52.34
山 西	56.09	75.84	118.24	106.89	45.40	45.01
内蒙古	2.82	2.20	18.79	18.45	16.38	3.29
辽 宁	113.18	112.13	245.18	216.08	222.82	149.24
吉 林	15.61	16.24	34.99	26.11	21.02	11.52
黑龙江	6.68	6.38	12.28	9.06	15.03	7.60
上 海	802.26	754.47	1699.49	1398.98	985.86	965.67
江 苏	2393.78	2282.21	3398.48	2991.86	2722.37	1957.54
浙 江	336.18	317.83	723.50	658.84	598.96	347.89
安 徽	44.45	45.64	86.75	76.07	98.00	42.80
福 建	207.02	187.17	594.11	534.38	295.05	208.63
江 西	58.83	57.46	47.23	39.98	69.22	49.32
山 东	370.44	319.48	550.77	472.83	542.41	259.61
河 南	50.27	49.83	77.20	63.87	61.76	47.66
湖 北	69.12	66.36	220.39	202.14	224.76	137.67
湖 南	60.62	65.99	79.38	65.40	86.36	60.52
广 东	1767.24	1845.85	5777.33	5302.22	3357.56	2079.04
广 西	11.73	10.15	36.29	30.67	29.63	19.03
海 南	2.70	2.15	3.99	3.91	4.77	2.07
重 庆	9.85	10.05	37.98	33.17	21.21	16.59
四 川	152.44	157.26	515.55	403.51	438.85	120.20
贵 州	9.98	9.86	12.60	10.92	32.13	21.76
云 南	4.53	4.27	11.82	9.69	16.04	6.48
西 藏						
陕 西	65.31	62.93	135.42	122.80	103.14	83.14
甘 肃	13.60	13.25	24.74	18.00	17.76	10.08
青 海	0.01		0.03	0.03	0.43	0.01
宁 夏						
新 疆	9.12	8.25	7.06	3.43	19.12	6.30

单位：亿元

国家资本	集体资本	法人资本	个人资本	港澳台资本	外商资本	主营业务收入
338.24	**37.90**	**1568.04**	**527.08**	**1673.11**	**3346.88**	**43177.95**
6.61	1.23	164.39	37.29	34.16	199.60	2613.81
7.65	0.14	28.27	6.19	61.27	233.47	1680.34
6.14	1.32	25.35	3.78	10.46	5.28	141.42
0.55		7.17	1.33	26.29	9.66	87.77
0.15	0.09	1.40	0.19	1.39	0.06	93.24
22.47	0.49	46.34	25.20	10.86	43.89	593.17
2.57	0.22	3.03	3.90	0.05	1.76	52.41
1.98	0.02	2.70	1.46	0.15	1.29	17.97
18.42	1.32	140.84	30.64	223.90	550.54	5421.55
68.26	4.08	168.46	76.45	438.93	1201.35	9733.70
10.15	1.60	87.78	68.55	77.24	102.58	1658.90
1.65	0.42	18.11	10.54	4.87	7.21	150.11
6.55	1.31	24.00	22.68	53.19	100.90	1672.92
7.52		10.11	5.92	10.18	15.59	161.42
13.19	5.89	65.43	26.21	6.38	142.51	2524.64
7.93	1.79	15.24	13.93	1.40	7.37	128.48
45.60	0.39	64.27	16.85	5.68	4.88	456.02
4.21	1.30	24.12	12.82	2.77	15.29	148.40
29.54	11.93	557.87	123.02	688.43	668.25	14764.12
2.60	0.02	4.31	3.42	4.64	4.02	81.58
0.18		0.02	0.42	1.45		6.66
6.77	0.03	4.83	1.42	0.61	2.92	73.74
35.80	3.11	40.12	19.21	6.48	15.49	678.61
4.00		15.86	1.57	0.11	0.23	30.51
1.96	0.12	2.47	0.95	0.96	0.01	15.15
25.73	1.08	33.85	9.84	0.62	12.02	166.16
0.06		8.16	1.84	0.03		13.62
			0.01			0.60
		3.53	1.43	0.60	0.73	10.93

1-B-39 续表 2

地区	主营业务成本	主营业务税金及附加	营业费用	管理费用	税金	财务费用
全国	**38545.74**	**81.93**	**1182.22**	**1663.89**	**50.02**	**185.48**
北京	2389.86	2.30	82.51	83.88	2.36	6.22
天津	1485.44	1.67	93.11	45.28	1.76	4.75
河北	117.43	0.32	2.44	8.79	0.29	1.35
山西	78.37	0.07	1.14	7.97	0.49	0.58
内蒙古	80.31	0.02	3.47	1.20	0.12	0.02
辽宁	508.61	2.32	22.64	33.80	0.95	3.47
吉林	42.65	0.37	1.79	3.59	0.16	0.59
黑龙江	14.02	0.09	0.87	1.91	0.04	0.18
上海	5120.11	1.61	154.44	171.80	2.58	0.97
江苏	8803.48	6.25	110.66	287.50	9.87	25.54
浙江	1442.33	3.52	39.59	92.78	3.49	14.67
安徽	120.51	0.55	5.75	9.75	0.37	2.07
福建	1480.80	2.15	69.28	68.05	2.22	22.01
江西	138.31	1.55	2.55	5.89	0.42	1.17
山东	2256.21	7.73	71.28	95.37	2.53	6.87
河南	107.74	0.79	4.47	6.09	0.49	2.68
湖北	362.37	3.85	19.10	21.65	8.73	0.34
湖南	126.89	2.23	5.49	7.08	0.34	1.21
广东	12993.62	39.86	427.98	631.26	10.27	78.56
广西	69.50	0.71	1.48	4.08	0.13	0.34
海南	5.14		0.22	0.77		
重庆	60.47	0.09	3.49	7.42	0.08	0.67
四川	550.87	2.84	48.30	44.69	1.50	8.50
贵州	23.10	0.10	2.72	2.63	0.04	-0.13
云南	12.26	0.05	0.49	1.27	0.03	0.23
西藏						
陕西	136.78	0.70	6.25	17.22	0.62	2.17
甘肃	10.13	0.12	0.40	1.32	0.09	0.14
青海	0.54			0.05		
宁夏						
新疆	7.89	0.06	0.34	0.79	0.04	0.32

单位：亿元

利息支出	营业利润	利润总额	应　交 所得税	亏损企业 亏损总额	本年应交 增 值 税	全部从业 人 员 年 平均人数 （万人）
179.36	**1657.25**	**1542.67**	**214.46**	**301.57**	**618.95**	**677.31**
7.21	62.45	66.23	15.43	39.64	25.47	14.85
2.38	26.37	40.24	13.85	9.83	12.12	14.37
1.25	12.63	11.77	1.43	2.93	4.62	3.74
2.07	-0.37	0.07	0.10	2.03	0.82	6.28
0.02	8.32	3.14	0.33	0.52	1.15	0.39
3.05	22.37	20.89	4.78	8.95	8.16	9.49
0.46	6.47	6.12	0.43	0.27	0.67	0.90
0.15	0.98	1.14	0.22	0.30	0.57	0.63
12.67	41.48	44.93	13.06	63.38	17.07	38.75
50.40	534.30	501.28	53.76	49.06	139.74	165.78
12.41	75.70	88.49	11.18	15.90	27.64	32.57
1.45	13.09	14.41	2.07	1.48	6.30	4.00
8.90	85.53	88.10	9.79	18.36	12.64	23.12
0.97	10.91	10.20	0.85	0.31	4.67	6.21
12.96	112.33	97.06	12.48	2.46	43.83	27.48
2.32	8.13	8.50	1.05	1.45	4.34	2.78
2.98	29.72	33.01	2.36	0.68	6.75	8.22
1.79	8.63	2.89	0.64	4.71	4.69	4.20
47.41	535.10	435.59	70.00	72.46	260.07	286.72
0.25	4.38	4.49	0.47	0.62	1.86	3.07
0.02	0.61	0.61	0.11		0.06	0.20
0.66	2.68	2.62	0.24	0.78	1.22	1.63
5.32	43.95	47.99	-2.04	2.90	23.64	14.22
0.02	2.09	2.39	0.41	0.10	0.79	0.94
0.21	0.90	1.07	0.11	0.07	0.22	0.24
1.55	5.98	6.43	0.89	2.12	8.69	5.26
0.34	0.99	1.39	0.17	0.05	0.53	0.95
					0.03	
0.14	1.55	1.63	0.28	0.20	0.61	0.29

1-B-40 规模以上仪器仪表及文化、办公用

地 区	企 业 单位数 (个)	亏损企业	工业总产值 (当年价格)	工业销售产值 (当年价格)	出口交货值	资产总计
全 国	**5620**	**903**	**4984.49**	**4824.93**	**2082.09**	**3812.59**
北 京	384	76	211.35	208.48	26.32	277.63
天 津	161	32	136.23	129.41	81.56	70.49
河 北	69	7	48.72	47.21	3.65	44.29
山 西	18		14.13	13.96	0.12	29.22
内蒙古	2	1	0.27	0.25		0.13
辽 宁	319	55	132.74	127.29	18.89	107.79
吉 林	37	5	15.27	13.54	0.47	15.06
黑龙江	50	9	21.80	21.56	1.16	31.21
上 海	429	92	351.70	342.56	159.08	295.85
江 苏	869	110	1144.92	1115.84	430.37	717.15
浙 江	1103	120	513.21	489.34	130.88	532.10
安 徽	81	11	53.20	51.05	3.96	57.18
福 建	218	38	145.84	141.61	83.48	98.99
江 西	62	8	37.63	37.18	3.25	39.83
山 东	301	21	259.09	253.46	33.99	158.63
河 南	159	12	128.22	117.30	4.10	116.36
湖 北	131	25	58.71	57.13	3.31	56.54
湖 南	114	13	111.57	105.19	2.66	167.91
广 东	770	227	1351.58	1316.22	1076.37	692.96
广 西	26	3	11.07	9.16	1.67	12.46
海 南	1		0.05	0.05	0.02	0.25
重 庆	103	11	70.03	67.58	5.06	67.92
四 川	102	6	67.12	60.33	2.52	64.40
贵 州	11	3	6.12	5.79	0.11	5.79
云 南	33	7	13.60	13.83	2.41	26.56
西 藏						
陕 西	49	8	69.89	69.99	6.50	105.61
甘 肃	6	2	1.50	1.54		2.02
青 海	1		1.49	1.10	0.13	1.59
宁 夏	6	1	6.39	5.82	0.05	10.09
新 疆	5		1.05	1.17		6.61

机械制造业工业企业主要经济指标

单位：亿元

流动资产合计	应收账款	存货	产成品	流动资产年平均余额	固定资产合计	固定资产原价	累计折旧
2511.51	**779.03**	**639.80**	**197.72**	**2366.85**	**917.05**	**1306.04**	**483.29**
202.41	52.86	50.93	13.82	192.61	35.23	48.79	18.24
49.13	16.21	17.90	5.82	44.57	15.79	24.05	8.86
27.90	10.69	6.70	2.06	25.70	12.49	15.21	4.49
18.56	5.19	3.32	0.43	18.80	5.83	7.86	2.16
0.07	0.02	0.02	0.01	0.07	0.07	0.01	
63.07	21.48	16.04	4.94	61.22	33.46	44.88	14.96
9.02	2.16	2.84	0.78	8.47	4.08	4.81	1.13
21.47	6.27	7.45	4.23	20.11	6.94	10.48	4.03
222.10	69.87	56.29	14.69	209.55	51.75	87.56	38.94
456.39	136.67	123.23	34.95	444.14	195.55	273.51	93.88
348.00	101.97	71.05	30.66	320.22	124.53	155.31	50.45
40.29	10.22	6.22	3.00	38.51	11.81	16.24	5.79
61.99	16.19	20.64	5.13	59.98	28.19	42.96	16.67
14.47	3.55	2.38	1.20	11.52	22.87	27.51	4.97
99.54	31.18	28.42	9.53	91.41	43.92	59.12	18.80
72.35	27.49	15.39	3.99	67.78	30.83	40.16	11.86
39.09	8.28	7.07	2.30	35.64	13.81	18.42	6.86
104.96	29.99	19.72	6.11	93.82	31.73	33.14	9.50
472.54	168.58	132.24	36.11	445.60	172.22	287.01	129.09
7.15	1.99	2.07	0.79	7.03	2.40	3.80	1.84
0.18	0.01	0.05	0.01	0.15	0.06	0.13	0.07
45.25	16.93	12.41	4.94	44.02	15.04	22.04	8.45
43.06	12.06	14.04	2.63	41.04	14.87	21.86	8.63
4.11	1.48	1.29	0.70	3.84	1.15	1.66	0.51
13.90	5.64	3.62	1.38	13.65	8.53	9.96	2.76
64.79	18.49	16.30	6.72	59.04	28.14	43.86	18.23
1.13	0.33	0.49	0.09	1.18	0.81	0.84	0.30
0.94	0.52	0.15	0.05	0.88	0.52	0.81	0.29
5.39	1.94	1.38	0.54	4.54	4.35	3.91	1.46
2.27	0.77	0.16	0.11	1.78	0.09	0.17	0.08

1-B-40 续表 1

地　区	固定资产净　值	固定资产净值年平均余额	负债合计	流动负债合　计	所有者权益合计	实收资本
全　国	**822.74**	**792.44**	**1917.73**	**1740.91**	**1894.65**	**1031.65**
北　京	30.55	30.10	143.08	134.94	134.55	57.98
天　津	15.20	14.59	40.60	39.35	29.88	19.30
河　北	10.73	9.45	22.39	21.32	21.90	10.08
山　西	5.70	5.70	16.92	14.62	12.30	3.77
内蒙古	0.01	0.01	0.07	0.06	0.06	0.05
辽　宁	29.92	26.32	49.44	41.36	58.36	29.35
吉　林	3.68	3.62	7.33	6.24	7.73	3.96
黑龙江	6.45	6.41	20.35	18.72	10.86	7.80
上　海	48.62	49.33	140.32	129.51	155.32	82.19
江　苏	179.63	163.33	359.90	335.06	357.25	190.88
浙　江	104.86	110.35	308.17	282.93	223.93	110.95
安　徽	10.45	9.50	25.40	23.57	31.78	12.45
福　建	26.29	26.81	41.11	39.12	57.89	41.45
江　西	22.54	11.52	20.59	7.51	19.23	17.35
山　东	40.32	37.40	79.93	71.26	78.70	32.50
河　南	28.29	28.29	59.49	51.79	56.87	26.60
湖　北	11.55	10.20	25.83	24.17	30.71	20.04
湖　南	23.63	23.22	59.16	53.29	108.74	55.96
广　东	157.92	161.67	342.04	314.14	350.92	205.78
广　西	1.96	1.95	7.38	5.83	5.08	2.80
海　南	0.06	0.07	0.20	0.20	0.04	0.05
重　庆	13.59	13.92	41.14	37.87	26.78	12.91
四　川	13.23	10.68	27.45	26.04	36.95	20.99
贵　州	1.15	0.92	3.86	2.71	1.93	1.23
云　南	7.19	7.42	8.60	6.97	17.96	15.15
西　藏						
陕　西	25.63	25.21	53.56	41.61	52.04	45.35
甘　肃	0.54	0.48	0.91	0.58	1.10	0.78
青　海	0.52	0.49	0.38	0.38	1.20	0.15
宁　夏	2.45	3.36	7.15	4.83	2.94	3.14
新　疆	0.09	0.12	4.97	4.92	1.64	0.66

单位：亿元

						主营业务收　　入
国家资本	集体资本	法人资本	个人资本	港澳台资本	外商资本	
71.79	**13.28**	**281.04**	**218.54**	**148.18**	**298.82**	**4850.64**
4.42	1.34	25.20	12.64	5.39	8.99	227.31
1.69	0.12	3.30	3.19	0.32	10.67	142.35
0.08	0.07	3.27	5.09	0.06	1.51	46.34
0.55	0.15	1.94	0.92		0.20	14.38
			0.05			0.24
1.99	0.90	6.67	8.98	1.56	9.26	124.46
0.09	0.08	3.12	0.35		0.32	13.59
1.89	0.48	2.96	2.38	0.01	0.08	21.77
2.63	1.27	17.66	6.96	7.87	45.80	357.89
6.57	2.19	25.03	54.16	14.96	87.97	1116.25
0.83	1.21	26.52	50.70	12.99	18.71	488.62
0.02	0.16	5.08	5.29	0.03	1.87	51.56
0.68	0.02	3.66	5.27	16.67	15.15	143.12
12.15		2.56	1.87	0.57	0.20	36.73
0.53	0.71	7.52	11.46	0.75	11.53	248.96
5.11	1.52	6.99	10.56	0.74	1.69	113.93
1.35	0.52	14.45	2.88	0.48	0.36	53.27
8.20	0.06	32.30	5.00	8.47	1.94	102.32
1.04	1.43	31.73	18.18	76.97	76.44	1313.10
0.44	0.32	0.35	1.68			8.40
		0.05				0.06
0.99	0.09	6.96	2.71	0.01	2.15	66.73
9.29	0.27	5.56	3.41	0.04	2.41	65.97
0.30		0.88	0.05			5.29
1.19	0.12	12.75	0.96	0.06	0.07	13.67
9.10	0.10	33.28	1.31	0.12	1.44	64.60
		0.33	0.32	0.06	0.06	1.46
	0.15					1.14
0.66		0.75	1.66	0.08		5.95
0.01		0.15	0.50			1.17

1-B-40 续表 2

地 区	主营业务成 本	主营业务税金及附加	营业费用	管理费用		财务费用
					税金	
全 国	**4058.87**	**21.58**	**157.41**	**295.54**	**9.48**	**26.85**
北 京	169.80	0.80	15.91	20.48	0.32	0.42
天 津	124.02	0.22	6.39	6.23	0.24	1.21
河 北	34.95	0.30	1.96	3.59	0.07	0.44
山 西	10.17	0.14	0.58	1.54	0.08	0.27
内蒙古	0.23		0.01	0.01		
辽 宁	99.23	0.94	4.41	9.99	0.49	0.94
吉 林	10.02	0.08	0.49	1.22	0.05	0.08
黑龙江	15.59	0.12	1.91	2.70	0.10	0.32
上 海	273.69	0.57	17.95	36.09	0.30	1.18
江 苏	958.63	2.76	24.10	53.41	2.16	5.30
浙 江	398.82	2.09	20.78	36.24	1.47	8.96
安 徽	36.88	0.28	2.04	3.84	0.14	0.22
福 建	122.04	0.33	3.42	8.98	0.39	0.72
江 西	29.50	0.32	1.06	1.89	0.06	0.45
山 东	207.35	1.31	8.88	11.96	0.64	2.23
河 南	90.53	0.69	4.81	7.00	0.23	0.72
湖 北	39.00	1.72	1.76	4.25	0.46	0.51
湖 南	70.23	1.18	5.73	10.20	0.13	1.01
广 东	1185.64	6.26	25.01	53.39	1.44	-0.41
广 西	6.03	0.08	0.41	0.97	0.04	0.17
海 南	0.05			0.01		
重 庆	51.74	0.30	4.69	5.71	0.15	0.79
四 川	50.14	0.65	1.86	5.75	0.17	0.50
贵 州	3.88	0.04	0.28	0.58	0.02	0.03
云 南	10.90	0.02	0.44	1.62	0.04	0.13
西 藏						
陕 西	52.74	0.33	1.92	6.93	0.27	0.31
甘 肃	1.20		0.07	0.14		
青 海	0.75		0.08	0.10		0.02
宁 夏	4.46	0.05	0.40	0.60	0.04	0.33
新 疆	0.67	0.01	0.07	0.14		0.01

单位：亿元

利息支出	营业利润	利润总额	应交所得税	亏损企业亏损总额	本年应交增值税	全部从业人员年平均人数（万人）
24.47	**316.20**	**326.09**	**44.46**	**23.79**	**119.55**	**116.48**
0.24	22.57	27.44	4.05	1.64	9.90	3.59
0.65	4.99	5.18	0.76	1.35	2.12	1.42
0.31	5.50	6.08	0.93	0.06	1.44	1.27
0.27	1.12	1.40	0.20		0.36	0.46
					0.01	0.01
0.50	8.27	8.33	1.32	1.18	3.71	2.87
0.10	1.56	1.26	0.18	0.12	0.37	0.33
0.17	1.05	1.12	0.15	0.18	0.81	0.93
0.57	33.74	34.58	4.78	2.82	7.89	6.74
5.45	76.83	75.33	9.24	3.78	29.30	18.54
7.74	24.92	31.16	5.05	2.84	16.80	16.88
0.35	8.73	8.39	1.41	0.05	2.05	0.97
0.82	7.43	5.95	1.16	1.88	2.10	6.10
0.36	3.35	3.32	0.28	0.19	1.13	1.59
1.66	19.65	18.95	2.60	0.33	6.70	4.37
0.82	11.31	11.95	1.12	0.16	3.86	3.52
0.35	3.71	3.95	0.31	0.31	1.67	1.90
0.91	14.46	13.37	1.59	0.20	4.42	2.27
1.39	51.58	51.28	7.05	6.21	13.57	35.41
0.11	1.09	1.08	0.08	0.09	0.37	0.50
						0.02
0.48	3.89	5.18	0.51	0.05	2.79	2.30
0.41	5.04	5.41	0.88	0.08	3.31	1.34
0.02	0.61	0.19	0.05	0.03	0.26	0.27
0.13	0.82	0.99	0.12	0.03	0.21	0.42
0.35	3.11	3.27	0.55	0.17	3.86	2.01
	0.06	0.07	0.01	0.01	0.10	0.09
0.01	0.20	0.17	0.03		0.10	0.07
0.31	0.39	0.42	-0.01	0.02	0.25	0.21
0.01	0.23	0.25	0.04		0.07	0.08

1-B-41 规模以上工艺品及其他制造业

地区	企业单位数(个)	亏损企业	工业总产值(当年价格)	工业销售产值(当年价格)	出口交货值	资产总计
全国	**7692**	**1215**	**4088.63**	**3956.91**	**1546.35**	**2466.17**
北京	110	29	82.14	78.17	5.58	80.03
天津	200	48	65.27	64.91	24.56	43.42
河北	103	21	58.24	57.29	15.08	30.12
山西	5	1	1.98	1.46	0.09	3.74
内蒙古	15	1	20.33	19.03	2.24	26.91
辽宁	199	37	87.55	85.16	22.83	63.94
吉林	26	1	13.22	12.38	0.05	6.89
黑龙江	27	3	14.62	13.79	0.79	24.28
上海	256	79	172.22	169.40	20.45	116.57
江苏	568	57	242.61	238.39	86.99	118.91
浙江	1932	288	678.02	651.04	328.34	564.73
安徽	133	16	50.88	49.08	19.74	28.00
福建	936	125	376.79	362.00	221.29	201.56
江西	108	3	58.61	57.83	22.26	39.75
山东	1016	89	634.87	624.60	222.03	285.76
河南	289	10	247.39	241.54	83.85	88.07
湖北	96	11	54.14	47.47	3.12	42.27
湖南	98	4	45.27	44.36	10.60	15.76
广东	1332	332	1066.65	1024.75	440.69	533.82
广西	94	33	28.15	26.34	8.38	11.50
海南	5		2.11	2.10		2.25
重庆	26	4	8.94	8.29	1.37	6.88
四川	57	6	27.56	26.94	4.34	11.73
贵州	9	1	10.86	10.89		38.48
云南	15	3	6.97	7.01	0.82	8.61
西藏	2	1	0.31	0.29		0.47
陕西	18	8	7.12	6.90	0.50	6.64
甘肃	7	2	22.45	22.40	0.13	55.38
青海	5	1	2.18	2.02	0.23	2.46
宁夏	1		0.02	0.01		0.13
新疆	4	1	1.17	1.07		7.12

工业企业主要经济指标

单位：亿元

流动资产合计	应收账款	存货	产成品	流动资产年平均余额	固定资产合计	固定资产原价	累计折旧
1475.97	**378.78**	**475.58**	**197.90**	**1407.69**	**759.71**	**999.15**	**327.43**
53.84	10.88	20.80	10.19	51.24	21.68	27.34	9.90
27.60	6.34	10.02	3.66	26.59	12.71	16.37	6.25
16.79	3.01	6.00	1.74	16.28	11.57	14.89	4.26
0.99	0.09	0.31	0.15	1.02	2.10	2.55	0.53
17.18	5.92	7.68	0.41	15.93	8.69	9.06	2.92
30.34	5.99	9.80	4.09	28.43	25.48	37.62	13.28
2.82	1.49	0.71	0.52	2.50	2.94	3.32	0.62
6.93	1.91	2.05	0.65	6.65	16.66	29.49	15.74
69.89	14.52	28.73	10.27	65.35	35.73	53.47	19.19
63.18	20.97	19.45	8.08	61.76	46.17	62.24	19.15
355.95	79.33	87.00	43.10	340.65	148.79	180.20	48.38
14.00	3.70	5.56	3.26	13.46	11.12	12.71	2.57
124.47	34.79	36.54	14.68	119.99	62.46	78.66	22.14
10.78	3.06	3.85	1.43	10.29	26.56	34.58	8.70
131.46	27.88	40.99	17.67	130.82	105.70	137.87	41.90
52.71	9.18	19.37	4.36	48.44	27.80	31.28	4.41
25.43	5.19	9.19	2.67	23.71	13.88	23.29	11.77
7.44	2.08	2.70	1.10	7.13	6.97	8.09	1.61
383.00	118.21	139.67	62.65	357.48	115.80	180.05	75.60
6.77	1.71	2.09	1.25	6.65	3.36	4.35	1.61
1.72	0.32	0.85	0.76	0.71	0.24	0.32	0.08
4.08	0.42	2.51	1.00	3.86	1.89	2.80	0.97
5.48	1.53	1.65	1.11	4.93	4.77	6.41	1.84
25.69	17.71	2.39	0.12	28.00	8.18	10.07	2.90
5.81	0.50	2.16	0.48	5.14	1.94	2.99	1.09
0.29	0.01	0.12	0.01	0.25	0.09	0.08	0.03
2.87	0.70	0.69	0.41	2.82	3.08	3.37	0.85
24.75	0.98	11.46	1.52	23.61	29.54	21.09	8.30
1.62	0.30	0.85	0.41	1.60	0.68	0.85	0.20
0.12		0.01	0.01	0.12	0.01	0.02	
1.98	0.10	0.39	0.13	2.28	3.08	3.72	0.64

1-B-41 续表 1

地区	固定资产净值	固定资产净值年平均余额	负债合计	流动负债合计	所有者权益合计	实收资本
全国	**671.73**	**683.83**	**1334.64**	**1139.81**	**1131.52**	**644.04**
北京	17.44	17.60	43.72	38.29	36.32	17.83
天津	10.12	11.89	25.15	22.74	18.26	13.26
河北	10.63	10.86	17.76	14.29	12.36	7.47
山西	2.02	2.04	1.00	0.76	2.75	1.07
内蒙古	6.14	5.90	15.70	10.59	11.21	1.88
辽宁	24.34	23.66	29.09	25.23	34.84	23.52
吉林	2.69	2.70	2.98	2.19	3.91	2.28
黑龙江	13.75	13.91	22.70	12.51	1.58	1.76
上海	34.28	34.35	56.94	53.31	59.63	33.95
江苏	43.09	40.11	62.40	58.95	56.51	35.44
浙江	131.82	133.94	346.29	323.09	218.44	113.42
安徽	10.13	10.58	15.33	13.30	12.67	7.22
福建	56.52	56.20	90.67	83.33	110.89	74.30
江西	25.88	26.32	16.99	11.41	22.76	10.53
山东	95.97	94.94	129.69	97.17	156.07	69.05
河南	26.87	24.03	35.12	26.54	52.95	29.88
湖北	11.53	12.41	24.03	19.56	18.24	9.96
湖南	6.48	6.35	7.25	5.99	8.51	6.34
广东	104.45	102.37	281.99	252.76	251.84	156.03
广西	2.74	2.92	6.55	5.87	4.95	2.70
海南	0.24	0.20	1.28	0.92	0.97	0.57
重庆	1.83	1.86	3.33	2.54	3.55	1.15
四川	4.57	3.83	4.34	3.62	7.39	2.27
贵州	7.17	6.92	30.50	22.93	7.98	2.78
云南	1.91	1.95	2.91	2.54	5.70	2.53
西藏	0.06	0.10	0.27	0.25	0.21	0.31
陕西	2.52	2.65	2.79	2.59	3.86	2.72
甘肃	12.79	29.50	52.59	22.48	2.79	9.09
青海	0.66	0.66	1.85	0.66	0.61	0.65
宁夏	0.01	0.01	0.12	0.12	0.01	0.02
新疆	3.08	3.08	3.34	3.27	3.78	4.03

单位：亿元

国家资本	集体资本	法人资本	个人资本	港澳台资本	外商资本	主营业务收入
21.30	**13.76**	**140.57**	**182.83**	**166.53**	**119.04**	**4026.50**
3.27	0.56	10.08	2.39	0.72	0.80	84.05
0.07	0.19	2.99	2.24	0.43	7.33	67.05
0.62	0.21	1.32	4.20	0.22	0.90	57.06
0.39		0.23	0.35	0.10		1.34
1.20		0.35	0.34			19.19
3.31	1.10	3.45	5.77	0.27	9.63	85.13
	0.14	1.52	0.63			11.93
0.05		0.46	1.11		0.14	14.01
0.76	0.39	6.73	4.15	7.68	14.24	211.17
0.61	0.73	5.55	9.62	6.39	12.54	240.92
0.28	0.14	25.12	54.21	18.43	15.24	638.26
0.23	0.01	1.62	4.75	0.20	0.41	49.15
	1.55	11.05	15.40	32.32	13.98	361.49
0.32		4.47	1.78	2.85	1.12	58.83
0.14	6.76	16.54	25.66	5.86	14.09	627.23
0.03	0.37	6.86	21.08	0.99	0.55	239.69
1.54	0.01	3.90	3.75	0.69	0.06	45.57
1.24	0.02	1.53	2.23	1.31	0.02	44.31
0.63	1.26	23.04	17.97	86.04	27.10	1062.50
	0.05	0.45	0.91	1.00	0.29	24.85
	0.03	0.04	0.50			2.16
		0.32	0.49	0.20	0.15	7.85
0.19		0.66	1.32	0.09	0.01	27.15
1.10		1.56	0.12			8.51
1.31	0.01	0.25	0.42	0.41	0.14	7.54
	0.11	0.20				0.29
0.06		1.28	0.91	0.32	0.16	7.52
	0.05	8.60	0.44			18.77
0.10	0.09	0.40	0.06			1.91
			0.02			0.01
3.83		0.01	0.02		0.17	1.04

1-B-41 续表 2

地 区	主营业务成 本	主营业务税金及附加	营业费用	管理费用		财务费用
					税金	
全 国	**3455.01**	**28.57**	**102.58**	**164.39**	**8.47**	**36.44**
北 京	66.76	0.31	3.35	6.97	0.09	0.31
天 津	58.25	0.10	1.39	3.03	0.06	0.13
河 北	45.32	1.24	2.15	1.56	0.07	0.41
山 西	1.18		0.04	0.13	0.01	
内蒙古	12.97	0.28	0.23	2.61	0.32	0.26
辽 宁	73.13	0.66	2.43	4.37	0.22	0.67
吉 林	9.19	0.12	0.38	0.44	0.01	0.08
黑龙江	11.23	0.13	0.55	1.59	0.01	0.12
上 海	189.68	0.44	6.33	8.46	0.35	1.97
江 苏	208.89	1.11	5.32	9.47	0.51	2.20
浙 江	552.05	3.50	16.16	28.23	1.69	12.60
安 徽	38.86	1.23	1.73	2.19	0.15	0.58
福 建	302.82	2.43	12.29	17.31	1.43	3.21
江 西	46.55	0.65	1.82	2.28	0.16	0.87
山 东	533.06	5.16	13.76	18.38	1.12	5.10
河 南	195.09	2.23	8.62	5.57	0.37	2.58
湖 北	37.69	0.56	1.09	2.75	0.25	0.33
湖 南	35.46	0.56	1.16	1.75	0.08	0.29
广 东	945.62	7.28	21.59	39.45	1.36	3.62
广 西	21.05	0.14	0.77	0.89	0.04	0.34
海 南	1.91		0.07	0.07		0.01
重 庆	5.97	0.10	0.26	0.48	0.03	0.16
四 川	22.98	0.25	0.61	0.81	0.09	0.29
贵 州	5.81	0.01	0.05	2.05	0.02	0.19
云 南	6.19	0.02	0.18	0.54	0.01	0.08
西 藏	0.27			0.04		
陕 西	5.74	0.03	0.19	0.41	0.02	0.08
甘 肃	18.53		0.02	1.97		-0.09
青 海	1.70		0.01	0.24		0.07
宁 夏	0.01					
新 疆	1.06		0.01	0.35		-0.02

单位：亿元

利息支出	营业利润	利润总额	应交所得税	亏损企业亏损总额	本年应交增值税	全部从业人员年平均人数（万人）
29.56	**232.99**	**224.22**	**28.96**	**17.57**	**113.31**	**143.35**
0.23	7.60	7.90	1.15	0.39	2.51	1.35
0.14	3.45	3.41	0.44	0.82	1.17	2.25
0.37	6.62	6.21	0.33	0.30	0.99	2.16
		0.01			0.03	0.13
0.26	2.59	2.60	0.86	0.03	0.77	0.48
0.47	3.78	3.57	0.61	0.55	2.05	2.73
0.07	1.46	0.73	0.03	0.03	0.22	0.29
0.02	0.38	0.30	0.04	0.35	0.94	0.92
1.19	5.42	5.72	1.48	1.96	4.54	3.16
1.73	14.23	12.68	1.66	0.47	7.91	7.71
10.73	27.89	28.37	4.72	2.39	16.75	24.97
0.32	4.48	3.75	0.18	0.04	2.03	1.96
2.23	23.94	22.53	2.78	1.73	9.25	21.53
0.74	6.31	5.70	0.78	0.10	2.52	3.03
2.88	37.88	36.47	5.29	1.22	19.30	18.31
1.95	25.19	24.90	3.24	0.06	9.27	6.45
1.27	3.93	2.85	0.37	0.03	1.37	1.46
0.18	3.21	1.95	0.18	0.01	1.66	1.63
4.05	50.20	49.98	4.14	5.81	27.35	37.57
0.08	0.77	0.44	0.08	0.13	0.71	2.03
0.01	0.10	0.10	0.01		0.03	0.02
0.14	1.23	0.97	0.11	0.02	0.36	0.44
0.24	2.17	0.90	0.18	0.02	0.89	0.81
0.25	0.71	0.86	0.07	0.44	0.05	0.37
0.08	0.54	0.58	0.08	0.06	0.18	0.38
	-0.03	-0.03		0.03	0.01	0.02
0.07	0.97	0.98	0.14	0.12	0.32	0.16
-0.10	-1.78	0.02		0.01	0.01	0.57
	0.05	0.08	0.01		0.05	0.35
-0.02	-0.32	-0.31	0.01	0.44	0.06	0.13

1-B-42 规模以上电力、燃气及水的生产和

地区	企业单位数(个)	亏损企业	工业总产值(当年价格)	工业销售产值(当年价格)	出口交货值	资产总计
全国	**9150**	**2950**	**32316.32**	**32124.16**	**100.78**	**68833.78**
北京	156	63	1379.60	1378.90		7293.64
天津	117	52	452.97	451.37	0.01	908.42
河北	335	122	1563.29	1560.81		2263.92
山西	130	75	825.44	829.22	0.82	1661.47
内蒙古	310	107	1088.67	1084.40		3368.27
辽宁	447	176	1305.51	1296.54	0.01	2188.78
吉林	245	82	553.20	550.21		981.11
黑龙江	273	119	637.39	634.18	5.86	1221.78
上海	91	39	1354.84	1352.78		2298.32
江苏	491	141	2681.21	2670.41		4359.24
浙江	576	171	2732.75	2726.74	1.55	3638.59
安徽	250	85	1087.03	1072.04		1695.66
福建	463	126	984.16	980.36		1963.32
江西	266	75	496.10	494.82		853.16
山东	604	234	2284.03	2256.03	9.25	3401.27
河南	371	115	1771.87	1763.36	0.60	2579.84
湖北	308	100	1225.22	1219.20	0.22	4337.97
湖南	426	90	699.30	697.22		1843.59
广东	792	221	4158.86	4119.07	80.68	7485.61
广西	295	82	690.97	686.25	0.34	1775.58
海南	52	9	97.40	96.60		198.39
重庆	183	42	386.16	384.91	0.48	1019.93
四川	677	135	1022.62	1003.13	0.76	3394.16
贵州	225	85	712.99	708.07	0.05	1695.63
云南	343	80	571.53	566.02		2038.51
西藏	8	6	7.29	7.29		127.31
陕西	170	84	561.05	558.16	0.01	1422.32
甘肃	236	82	388.01	386.67	0.14	876.34
青海	76	38	125.17	123.95		639.22
宁夏	50	25	214.21	213.84		467.18
新疆	184	89	257.48	251.63		835.27

供应业工业企业主要经济指标

单位：亿元

流动资产合计	应收账款	存货	产成品	流动资产年平均余额	固定资产合计	固定资产原价	累计折旧
10779.23	**1773.07**	**1017.13**	**52.24**	**10415.25**	**46405.80**	**62129.44**	**20883.66**
1210.49	121.21	15.86	0.52	915.15	2287.08	2817.70	954.09
171.48	27.77	13.04	0.40	157.07	673.48	893.23	343.02
307.17	65.74	39.93	1.65	326.50	1746.21	2583.03	931.91
266.91	48.70	33.37	2.20	258.59	1188.79	1752.45	617.37
435.04	86.11	34.21	0.63	457.04	2624.19	3303.17	844.49
439.17	94.90	50.24	2.14	459.76	1638.98	2220.39	891.80
168.10	31.08	18.62	0.85	160.05	748.11	1088.00	429.56
265.29	44.43	28.77	4.43	248.86	896.71	1356.15	533.27
227.68	45.07	26.03	0.53	240.87	1832.47	2654.42	1439.09
807.76	138.67	93.07	4.38	770.73	3260.63	4551.01	1542.91
669.12	98.71	52.40	2.09	681.68	2640.86	3646.66	1280.22
215.04	48.66	19.79	0.48	205.89	1313.44	1765.54	503.45
265.08	44.29	24.54	0.87	263.05	1435.50	1877.43	624.33
164.62	24.58	15.04		157.94	660.88	886.62	303.43
590.14	102.82	64.00	5.20	582.10	2202.90	3281.83	1200.14
481.30	80.10	60.73	6.27	516.82	1965.65	2621.53	848.12
418.47	72.09	23.75	0.59	430.04	3319.67	4049.26	916.32
228.23	48.31	27.48	3.27	213.48	1412.12	1824.50	555.87
1461.30	233.80	225.91	8.19	1437.97	4166.01	6364.50	2415.14
281.12	56.06	33.84	0.74	255.98	1295.77	1626.02	384.62
16.87	3.42	2.15	0.06	18.68	162.15	218.64	71.41
169.19	14.78	10.93	0.43	154.79	725.89	926.92	258.19
433.60	68.60	24.11	1.64	425.29	2261.95	2753.64	860.99
225.97	41.05	21.49	0.20	207.06	1290.02	1329.05	365.46
242.10	33.64	16.74	1.71	236.42	1260.04	1503.33	399.22
17.71	0.61	0.52		18.62	96.70	108.01	27.80
194.55	41.44	14.50	0.32	193.68	1069.80	1430.93	452.94
118.74	23.61	11.97	2.22	119.29	704.73	925.45	332.32
28.02	4.50	1.78		40.26	590.19	564.50	171.50
66.46	9.69	5.48	0.01	65.16	361.86	481.57	150.24
192.53	18.62	6.86	0.19	196.44	573.00	723.99	234.47

1-B-42 续表 1

地区	固定资产净值	固定资产净值年平均余额	负债合计	流动负债合计	所有者权益合计	实收资本
全国	**41245.78**	**39819.37**	**43324.73**	**19828.63**	**25499.72**	**16153.56**
北京	1863.61	1684.96	2868.19	1365.66	4425.45	2860.40
天津	550.21	523.80	611.93	380.71	296.49	168.24
河北	1651.12	1551.86	1538.70	758.73	719.58	491.25
山西	1135.08	1063.50	1250.15	597.08	411.32	351.09
内蒙古	2458.68	2344.66	2699.23	839.75	669.03	526.27
辽宁	1328.59	1297.11	1425.42	828.85	763.36	493.98
吉林	658.44	604.30	685.17	329.20	295.94	197.35
黑龙江	822.88	731.87	883.54	442.07	338.24	238.17
上海	1215.33	1591.43	853.56	571.67	1444.75	486.69
江苏	3008.11	2923.09	2941.79	1687.91	1417.45	849.45
浙江	2366.43	2309.74	2352.51	978.35	1286.08	655.35
安徽	1262.08	1108.00	1269.60	450.64	426.06	359.27
福建	1253.10	1229.08	1243.69	508.76	719.63	485.43
江西	583.19	561.76	626.58	313.04	226.56	167.09
山东	2081.69	2056.97	2210.13	1281.93	1190.28	712.05
河南	1773.41	1644.09	1878.90	916.91	700.94	610.71
湖北	3132.94	3013.88	2107.19	903.97	2230.77	1533.31
湖南	1268.63	1247.57	1405.42	516.35	438.16	263.03
广东	3949.36	3874.41	3942.32	1874.75	3543.29	2100.95
广西	1241.40	1185.03	1289.11	553.54	486.47	294.74
海南	147.23	146.74	129.88	63.86	68.50	58.42
重庆	668.74	649.88	675.92	345.95	344.00	191.04
四川	1892.65	1857.69	2480.16	920.42	914.00	617.39
贵州	963.59	845.14	1324.17	498.19	371.46	224.20
云南	1104.11	1018.64	1515.12	561.66	523.39	346.55
西藏	80.21	70.88	21.79	13.29	105.52	40.17
陕西	977.99	922.11	1066.41	487.65	355.91	286.85
甘肃	593.13	602.99	623.71	265.03	252.63	198.36
青海	393.00	385.62	477.01	165.71	162.21	104.31
宁夏	331.33	315.50	322.71	119.25	141.68	74.75
新疆	489.53	457.07	604.72	287.74	230.55	166.69

单位：亿元

国家资本	集体资本	法人资本	个人资本	港澳台资本	外商资本	主营业务收入
8610.82	**176.75**	**5756.20**	**448.10**	**461.59**	**700.09**	**32718.11**
2213.74	0.72	604.31	2.69	8.25	30.69	1763.61
60.03	1.66	93.29	1.56	3.95	7.76	471.41
276.93	6.31	173.63	6.33	7.60	20.44	1548.54
185.60	17.21	124.42	13.31		10.55	821.42
219.54	2.74	233.10	32.58	22.87	15.43	1085.90
128.78	2.88	315.05	15.65	18.82	12.80	1314.90
145.04	1.47	38.36	8.37	0.18	3.93	548.35
125.22	1.83	78.41	15.74	4.37	12.60	664.71
105.10	0.57	314.91	6.48	8.63	50.99	1393.83
301.48	17.95	351.07	25.01	99.17	54.77	2672.72
288.50	9.23	282.85	23.43	20.16	31.18	2724.44
174.84	3.07	135.60	1.91	23.02	20.82	1086.97
218.68	4.66	136.36	23.55	10.29	91.87	975.57
97.46	0.17	54.07	7.31	1.69	6.38	489.64
273.01	18.59	291.11	53.56	17.05	58.74	2348.96
386.93	3.95	148.41	19.53	25.01	26.87	1773.65
1340.92	2.94	125.02	37.18	20.80	6.45	1215.61
75.10	3.78	121.25	21.58	25.36	15.97	711.10
941.87	19.50	860.19	27.96	100.58	150.86	4148.60
69.41	0.71	192.41	5.19	9.63	17.39	700.20
6.58		45.62	0.65	0.26	5.31	98.30
89.53	1.87	92.09	4.33	2.10	1.12	388.13
278.98	8.70	274.03	41.52	7.13	7.03	1009.55
117.59	3.89	80.77	2.74		19.20	646.70
118.85	11.04	181.95	21.30	1.66	11.75	567.28
17.27	15.30	7.60				6.58
64.47	3.96	192.98	8.12	17.31	0.01	555.46
106.28	10.08	63.27	6.12	5.70	6.92	383.05
41.88	0.33	61.25	0.85			124.94
44.02	0.43	27.57	2.13		0.61	214.94
97.22	1.19	55.23	11.42		1.62	263.02

1-B-42 续表 2

地区	主营业务成本	主营业务税金及附加	营业费用	管理费用	税金	财务费用
全国	**29831.32**	**184.23**	**175.89**	**922.33**	**45.21**	**1378.93**
北京	1648.55	11.28	3.67	23.26	1.26	44.60
天津	454.76	2.27	2.20	10.24	0.39	12.92
河北	1464.11	7.16	7.37	43.14	1.64	50.18
山西	797.78	4.24	1.40	14.91	1.17	43.12
内蒙古	907.17	5.88	11.50	23.00	0.85	84.73
辽宁	1248.65	7.42	9.23	42.07	2.78	35.57
吉林	504.52	3.90	3.11	13.41	0.91	19.13
黑龙江	622.81	3.59	7.24	15.85	0.77	26.78
上海	1368.10	4.91	5.66	17.95	0.69	18.70
江苏	2416.05	12.28	16.86	113.15	3.90	98.85
浙江	2527.35	13.85	9.25	63.95	2.36	92.02
安徽	933.52	5.15	3.60	28.87	0.94	33.55
福建	891.71	4.72	3.75	35.98	1.71	48.39
江西	458.62	3.29	2.77	15.37	1.64	23.20
山东	2250.36	11.80	15.01	82.14	5.58	77.26
河南	1713.74	6.87	7.07	47.33	2.51	69.10
湖北	994.88	8.68	3.77	26.27	2.36	75.63
湖南	605.43	5.49	4.98	21.96	1.06	54.29
广东	3694.59	22.37	19.63	107.75	3.99	118.81
广西	607.54	5.42	2.56	27.46	1.59	52.90
海南	85.24	0.61	1.53	3.24	0.17	5.11
重庆	335.48	2.31	6.64	13.86	0.64	24.87
四川	840.44	8.88	9.35	41.59	1.83	86.86
贵州	605.45	3.94	1.95	12.19	0.52	46.30
云南	458.84	5.35	7.10	33.24	0.98	35.66
西藏	9.46	0.16	0.03	0.20		0.04
陕西	527.05	4.85	2.40	13.54	0.65	31.19
甘肃	340.01	2.84	1.90	9.89	1.53	21.32
青海	108.39	1.22	0.59	1.12	0.02	16.21
宁夏	191.27	1.58	0.49	6.31	0.33	13.17
新疆	219.46	1.95	3.29	13.11	0.42	18.48

单位：亿元

利息支出	营业利润	利润总额	应交所得税	亏损企业亏损总额	本年应交增值税	全部从业人员年平均人数（万人）
1353.08	**621.97**	**661.12**	**271.31**	**974.78**	**1806.98**	**321.36**
42.37	187.75	193.24	22.40	10.51	64.84	6.95
12.91	-4.85	0.96	2.33	11.73	25.52	3.69
50.95	-12.77	-13.61	5.10	44.83	78.07	16.69
43.46	-40.42	-39.38	1.99	59.34	46.85	9.26
79.80	52.42	41.44	8.69	40.13	96.85	10.04
36.68	-26.36	-21.80	2.38	44.32	61.08	18.46
18.77	-2.03	1.81	1.40	16.15	29.96	10.71
25.14	-5.38	3.03	1.59	11.91	35.00	15.60
20.73	-0.77	3.51	6.18	31.92	57.33	4.17
99.85	35.39	30.57	11.73	59.39	148.59	14.70
92.87	34.83	43.59	20.67	40.14	123.12	11.59
31.29	68.97	55.52	4.21	22.00	57.90	9.13
50.40	17.56	14.13	6.70	23.15	56.09	8.37
20.68	-10.56	-10.57	1.80	20.32	24.72	9.56
73.85	-64.25	-57.80	12.35	120.28	105.26	25.14
62.64	-49.49	-47.13	7.24	80.22	80.54	20.23
73.69	128.50	144.44	35.14	24.36	87.35	12.64
51.02	-2.77	-18.77	2.86	41.35	38.09	11.88
135.72	229.36	273.04	86.49	43.24	245.61	24.09
54.04	10.48	14.61	2.98	31.04	47.59	12.54
5.03	2.04	2.35	0.40	3.20	6.73	1.60
23.54	16.65	17.30	0.77	5.91	24.14	5.53
69.23	46.25	-1.26	10.94	89.78	69.66	16.95
44.99	-8.46	-6.30	2.91	31.46	39.83	6.61
34.44	20.19	23.21	4.31	15.02	46.43	7.64
0.10	-3.54	-3.35		3.41	0.94	0.41
31.37	-18.57	-11.24	2.17	32.18	36.42	8.95
20.02	8.13	9.03	2.56	8.79	27.43	8.18
15.70	-1.74	0.35	0.08	1.85	11.06	1.65
13.18	8.08	10.07	1.03	1.62	14.44	2.77
18.61	7.33	10.15	1.88	5.23	19.55	5.64

1-B-43 规模以上电力、热力的生产和

地 区	企业单位数(个)	亏损企业	工业总产值(当年价格)	工业销售产值(当年价格)	出口交货值	资产总计
全 国	**6242**	**2059**	**29897.14**	**29749.94**	**55.81**	**62237.94**
北 京	109	50	1242.44	1242.39		6783.01
天 津	76	38	420.69	418.38		712.84
河 北	256	86	1513.60	1511.81		2113.61
山 西	96	56	812.42	816.62	0.82	1607.04
内蒙古	267	91	949.95	946.08		3231.37
辽 宁	340	130	1239.06	1232.54	0.01	1943.25
吉 林	194	57	521.58	518.90		878.14
黑龙江	228	97	614.10	611.72	5.86	1123.18
上 海	33	12	1205.93	1205.75		1838.02
江 苏	243	94	2470.07	2461.25		3741.46
浙 江	350	94	2561.37	2556.49	1.55	3082.85
安 徽	152	55	1046.20	1031.74		1568.78
福 建	370	105	942.39	938.87		1761.04
江 西	189	62	470.25	468.96		769.82
山 东	388	161	2120.06	2091.93	0.08	3046.45
河 南	255	85	1676.76	1668.33	0.60	2340.71
湖 北	180	55	1129.24	1126.00	0.22	4075.13
湖 南	288	59	635.03	634.46		1700.72
广 东	409	119	3653.41	3631.87	44.91	6361.47
广 西	226	48	670.50	666.16	0.34	1688.22
海 南	33	7	82.94	82.76		153.23
重 庆	98	27	327.88	326.90	0.48	896.16
四 川	419	101	879.79	863.60	0.76	3099.97
贵 州	180	65	687.92	684.67	0.05	1644.72
云 南	310	63	539.75	535.31		1958.32
西 藏	5	5	6.37	6.37		124.13
陕 西	110	61	527.74	525.69		1345.81
甘 肃	209	69	376.02	374.66	0.14	821.65
青 海	47	22	122.80	121.64		625.35
宁 夏	36	17	208.85	208.71		439.21
新 疆	146	68	242.05	239.39		762.28

供应业工业企业主要经济指标

单位：亿元

流动资产合计	应收账款	存货	产成品	流动资产年平均余额	固定资产合计	固定资产原价	累计折旧
9027.23	**1555.09**	**908.37**	**38.58**	**8764.08**	**42641.14**	**57357.24**	**19279.30**
1113.52	107.12	14.19	0.21	829.77	1956.28	2454.60	869.48
112.91	22.41	12.45	0.18	112.10	563.17	808.68	305.50
258.05	60.68	36.34	0.99	279.49	1654.46	2466.53	894.48
251.74	47.33	33.00	2.20	243.79	1158.97	1709.35	602.16
380.90	81.44	33.03	0.28	410.43	2565.29	3234.21	825.59
365.26	74.13	46.16	1.20	387.77	1490.82	2017.79	826.00
148.59	25.72	17.77	0.70	139.90	682.11	1011.79	403.00
235.24	41.16	26.32	4.40	219.71	832.43	1267.79	500.59
118.28	25.07	13.57	0.24	119.71	1563.25	2308.37	1304.97
630.47	122.98	81.85	2.92	611.86	2877.98	4109.43	1431.23
527.12	89.25	48.84	1.16	544.37	2305.17	3231.00	1147.61
177.72	44.51	17.94	0.33	170.26	1238.47	1667.06	471.65
228.59	40.70	20.84	0.41	231.11	1336.98	1755.78	582.11
144.12	22.25	13.64		137.69	609.16	815.35	280.61
479.21	83.57	54.56	1.99	473.28	1999.22	3029.51	1124.34
406.46	74.77	53.94	6.15	447.29	1822.61	2466.00	809.29
357.40	64.24	17.24	0.43	385.40	3202.20	3812.39	772.45
187.73	39.43	24.37	2.92	174.77	1327.66	1722.08	523.41
1171.62	198.44	212.53	6.64	1158.93	3603.74	5548.70	2093.35
262.30	54.56	32.05	0.70	237.78	1232.00	1553.88	363.19
9.24	1.98	1.44		11.39	135.08	187.32	65.63
134.15	12.75	8.15	0.20	122.33	661.47	841.87	233.27
341.20	59.48	18.61	1.10	334.80	2114.92	2562.46	802.71
203.71	38.89	18.68	0.11	185.26	1267.29	1297.98	353.35
220.73	31.12	14.03	0.28	218.00	1204.43	1439.53	381.27
17.29	0.52	0.51		18.22	94.29	104.89	27.09
172.41	38.04	12.89	0.52	171.06	1020.98	1368.05	431.14
108.47	22.00	11.02	2.19	108.55	671.71	879.55	317.90
26.23	4.18	1.62		38.34	583.51	555.50	169.10
57.63	8.77	4.94		57.86	345.10	462.48	146.27
178.93	17.55	5.86	0.12	182.87	520.41	667.29	220.55

1-B-43 续表 1

地 区	固定资产净值	固定资产净值年平均余额	负债合计	流动负债合计	所有者权益合计	实收资本
全 国	**38077.94**	**36745.57**	**39817.33**	**17878.70**	**22411.28**	**14214.15**
北 京	1585.12	1430.48	2673.29	1277.97	4109.72	2650.11
天 津	503.18	451.60	498.49	300.10	214.34	122.05
河 北	1572.06	1469.30	1446.49	696.49	661.47	443.95
山 西	1107.19	1037.08	1226.68	586.14	380.36	337.23
内蒙古	2408.62	2291.97	2627.49	800.94	603.88	494.07
辽 宁	1191.80	1165.28	1321.69	759.51	621.56	403.35
吉 林	608.79	555.62	640.46	304.54	237.68	166.12
黑龙江	767.20	676.22	832.83	410.69	290.35	199.76
上 海	1003.40	1376.38	636.29	397.93	1201.73	279.43
江 苏	2678.20	2629.91	2584.73	1469.35	1156.73	690.32
浙 江	2083.39	2033.52	2028.01	821.31	1054.84	527.80
安 徽	1195.40	1043.31	1205.14	410.91	363.65	317.35
福 建	1173.67	1152.05	1138.92	472.64	622.12	406.02
江 西	534.74	516.67	584.88	286.70	184.92	136.51
山 东	1905.17	1877.75	2034.28	1163.73	1011.31	614.01
河 南	1656.71	1535.84	1720.96	816.07	619.75	556.98
湖 北	3039.95	2938.12	1966.16	823.12	2108.98	1483.95
湖 南	1198.67	1176.46	1321.28	473.17	379.45	228.24
广 东	3455.35	3377.93	3303.63	1604.24	3057.84	1850.48
广 西	1190.69	1136.29	1235.05	525.78	453.17	274.28
海 南	121.68	122.09	110.51	56.17	42.72	36.55
重 庆	608.60	592.26	609.64	320.65	286.52	159.01
四 川	1759.75	1744.98	2319.55	807.89	780.41	548.81
贵 州	944.63	826.08	1285.15	479.36	359.57	209.55
云 南	1058.27	972.39	1474.13	537.80	484.18	313.98
西 藏	77.80	68.35	21.68	13.18	102.44	39.10
陕 西	936.90	882.44	1027.44	462.03	318.37	257.46
甘 肃	561.65	570.66	604.20	257.63	217.45	168.78
青 海	386.41	379.40	467.78	162.28	157.57	97.84
宁 夏	316.21	300.70	302.44	110.70	133.98	65.68
新 疆	446.74	414.45	568.05	269.67	194.22	135.38

单位：亿元

国家资本	集体资本	法人资本	个人资本	港澳台资本	外商资本	主营业务收入
7616.99	**139.06**	**5223.17**	**392.11**	**345.31**	**497.50**	**30245.26**
2040.08	0.62	589.30	2.04	7.65	10.43	1627.72
27.91	1.20	88.03	1.40	0.54	2.97	419.93
246.57	6.21	162.88	5.06	6.49	16.74	1499.66
172.79	17.18	123.84	12.87		10.55	808.66
210.85	0.26	220.73	29.09	22.69	10.45	944.35
72.44	2.50	293.00	12.68	14.78	7.95	1248.92
118.35	1.43	36.48	6.79		3.07	519.68
101.35	1.14	72.59	14.03	2.56	8.09	638.50
61.72	0.11	161.24	6.30	7.12	42.94	1199.67
236.17	11.28	317.42	20.22	64.65	40.58	2464.78
200.21	7.32	256.61	19.37	19.84	24.46	2551.96
153.38	3.05	127.55	1.23	16.91	15.22	1045.12
166.69	4.22	114.99	22.82	8.75	88.55	935.18
84.23	0.03	41.80	5.56		4.90	464.06
222.25	11.16	272.73	48.75	6.15	52.97	2187.74
361.76	2.70	134.94	16.67	19.45	21.47	1662.20
1303.87	2.31	119.66	36.22	16.70	5.20	1126.56
56.41	2.97	114.23	19.73	20.63	14.26	649.06
870.75	7.37	804.48	18.82	83.52	65.53	3663.54
62.22	0.68	182.60	4.81	9.04	14.94	679.09
1.42		34.57	0.55			83.08
75.62	1.76	77.04	3.52		1.07	328.84
261.92	8.00	235.95	34.59	4.64	3.71	864.28
107.44	3.89	76.44	2.57		19.20	619.81
107.11	10.95	169.48	20.78	1.66	4.02	535.24
16.20	15.30	7.60				5.99
46.48	3.85	188.97	7.43	10.73		525.16
82.70	9.71	63.17	5.49	0.79	6.92	367.31
38.86	0.28	57.95	0.75			122.91
35.64	0.43	27.15	1.85		0.61	209.21
73.60	1.17	49.77	10.12		0.71	247.03

1-B-43 续表 2

地 区	主营业务成 本	主营业务税金及附加	营业费用	管理费用	税金	财务费用
全 国	**27818.00**	**167.79**	**75.68**	**712.34**	**33.42**	**1302.59**
北 京	1522.73	10.59	1.60	14.11	0.78	40.66
天 津	406.48	2.05	1.51	5.83	0.32	11.21
河 北	1424.92	6.81	5.39	35.97	1.27	48.54
山 西	788.17	4.13	0.67	11.30	1.03	42.70
内蒙古	795.98	5.56	10.39	20.19	0.61	83.49
辽 宁	1193.00	6.97	3.13	30.07	2.05	34.00
吉 林	478.86	3.75	1.88	10.17	0.68	18.53
黑龙江	604.13	3.29	1.87	11.41	0.61	25.13
上 海	1174.80	4.19	0.15	6.86	0.38	16.70
江 苏	2255.34	11.41	2.38	98.17	3.03	92.86
浙 江	2382.97	13.08	1.83	50.25	1.69	81.43
安 徽	900.28	4.86	1.26	23.98	0.58	32.22
福 建	859.53	4.42	1.43	31.26	1.38	47.07
江 西	440.21	2.84	1.42	12.30	1.30	22.38
山 东	2115.72	10.40	9.92	66.82	4.76	73.97
河 南	1620.44	5.69	3.77	37.56	1.83	65.47
湖 北	941.56	8.20	1.22	20.09	1.39	72.98
湖 南	561.51	4.78	2.26	15.14	0.70	51.89
广 东	3309.48	20.18	3.86	72.13	2.66	100.46
广 西	592.32	5.26	1.60	23.84	0.80	50.97
海 南	75.23	0.49	0.24	1.76	0.13	4.41
重 庆	288.88	1.83	3.42	9.54	0.46	23.24
四 川	731.03	7.46	4.32	27.40	1.22	84.08
贵 州	581.49	3.79	1.29	9.94	0.39	45.22
云 南	430.50	3.76	5.82	31.14	0.86	35.00
西 藏	9.05	0.15		0.09		0.04
陕 西	503.13	4.60	0.73	8.97	0.40	31.09
甘 肃	327.47	2.73	0.98	8.47	1.44	20.69
青 海	106.98	1.20	0.47	0.69	0.02	16.06
宁 夏	187.09	1.52	0.15	5.43	0.28	12.43
新 疆	208.69	1.78	0.74	11.44	0.38	17.72

单位：亿元

利息支出	营业利润	利润总额	应　交 所得税	亏损企业 亏损总额	本年应交 增 值 税	全部从业 人 员 年 平均人数 (万人)
1277.94	**511.59**	**508.69**	**243.05**	**907.61**	**1704.09**	**259.41**
40.47	184.04	182.56	20.42	4.61	58.92	5.42
11.75	-2.70	-0.28	1.89	9.85	23.36	2.68
49.27	-12.83	-14.22	4.52	42.35	76.42	13.79
43.03	-38.78	-38.07	1.96	57.84	46.26	8.05
79.07	27.39	16.78	8.16	39.06	93.01	8.76
35.29	-19.59	-18.79	1.93	36.52	58.43	13.33
18.14	-0.76	1.79	1.41	14.99	29.26	9.02
24.71	-1.55	3.90	1.40	10.45	34.01	13.41
17.94	8.14	10.22	5.72	21.87	54.41	2.09
93.55	15.59	9.95	8.61	56.40	140.02	10.69
82.42	36.72	40.95	19.49	35.14	117.94	8.96
30.08	66.28	52.33	3.76	21.55	56.31	7.36
49.32	16.00	11.42	6.22	22.67	54.63	7.05
19.86	-13.10	-13.36	1.26	20.14	23.35	8.20
71.10	-69.30	-66.88	9.35	116.20	96.90	20.11
59.01	-52.33	-50.58	5.64	75.39	75.59	16.23
72.53	121.18	135.97	34.83	22.96	84.79	9.78
48.91	-8.42	-24.39	2.19	40.51	35.22	9.28
110.79	192.37	232.12	79.26	37.41	215.77	17.99
52.40	10.26	14.27	2.80	30.25	46.79	11.30
4.38	-1.54	-1.33	0.06	2.98	5.93	1.18
22.73	12.98	13.29	0.14	5.54	22.18	4.04
66.33	30.18	-19.65	8.10	88.89	63.91	13.54
43.96	-7.98	-6.43	2.75	30.53	38.78	5.77
33.84	21.73	24.28	4.25	13.66	45.03	7.00
0.10	-3.60	-3.41		3.41	0.90	0.37
31.19	-20.19	-12.76	1.92	31.39	35.10	7.49
19.66	7.93	8.89	2.42	8.26	26.81	7.44
15.60	-1.83	0.47	0.08	1.46	10.95	1.45
12.68	8.53	10.43	0.89	0.89	14.26	2.50
17.84	6.75	9.23	1.62	4.44	18.87	5.12

1-B-44 规模以上燃气生产和供应业

地 区	企 业 单位数 (个)	亏损企业	工业总产值 (当年价格)	工业销售产值 (当年价格)	出口交货值	资产总计
全 国	**856**	**151**	**1506.55**	**1490.03**	**17.61**	**2201.69**
北 京	18	3	110.66	110.65		172.95
天 津	14	6	13.20	14.21		59.71
河 北	30	9	27.81	27.45		70.34
山 西	7	4	1.51	1.47		7.09
内蒙古	10	2	124.59	124.33		72.46
辽 宁	38	12	26.45	26.06		73.45
吉 林	16	5	19.84	19.70		31.46
黑龙江	8	5	12.25	12.23		40.32
上 海	14	10	113.96	113.92		214.55
江 苏	66	6	140.11	140.23		183.34
浙 江	44	10	87.37	87.32		104.13
安 徽	32	3	24.28	24.73		50.18
福 建	12	3	13.33	13.34		66.62
江 西	20	4	10.93	10.98		21.47
山 东	76	9	108.46	111.30	5.08	149.26
河 南	40	7	73.80	74.18		153.46
湖 北	28	3	23.29	23.34		56.30
湖 南	30	2	34.30	33.96		47.06
广 东	79	17	292.42	280.17	12.53	262.03
广 西	10	5	7.17	7.12		21.93
海 南	8		9.40	9.17		24.78
重 庆	42	3	43.55	43.41		49.40
四 川	157	7	107.76	105.40		130.22
贵 州	6	2	17.41	17.19		19.34
云 南	3	2	20.49	19.46		25.81
西 藏						
陕 西	20	4	21.54	21.16		41.18
甘 肃	4	1	6.31	6.34		12.98
青 海	1		0.47	0.47		0.63
宁 夏	5		2.86	2.81		9.99
新 疆	18	7	11.03	7.94		29.28

工业企业主要经济指标

单位：亿元

流动资产合计	应收账款	存货	产成品	流动资产年平均余额	固定资产合计	固定资产原价	累计折旧
745.41	**82.32**	**70.44**	**10.56**	**690.45**	**1040.12**	**1229.49**	**342.32**
40.16	3.98	1.08	0.26	33.02	86.42	95.17	14.61
20.94	1.90	0.35	0.14	19.40	26.78	31.80	11.44
33.36	2.20	2.23	0.43	32.39	31.31	39.16	11.18
1.61	0.19	0.10		1.55	3.99	5.41	1.50
26.94	0.92	0.98	0.34	20.43	25.06	27.79	8.77
22.46	1.41	2.05	0.44	21.89	38.35	45.15	9.75
6.81	3.00	0.45	0.15	10.98	10.63	15.39	4.91
9.57	0.29	2.11	0.04	10.70	30.44	37.20	11.51
79.13	16.61	11.31	0.29	78.19	67.48	112.90	54.52
76.07	7.82	5.55	0.99	70.42	80.80	96.47	22.11
29.41	2.12	1.30	0.68	26.93	61.81	70.18	19.00
19.61	2.52	0.74	0.15	17.77	26.37	29.08	7.26
9.02	0.44	2.97	0.44	5.05	6.99	9.51	3.71
5.44	0.63	0.35		5.95	13.44	16.76	3.52
50.24	7.79	6.01	2.98	49.24	84.44	94.25	24.33
57.53	2.73	6.27	0.08	52.58	83.22	79.17	15.58
12.74	1.82	0.92	0.07	8.67	33.82	46.89	16.07
16.91	2.74	2.04	0.21	15.84	26.09	25.49	4.93
93.68	10.47	8.39	0.82	82.91	140.50	160.52	39.84
6.16	0.82	1.42	0.03	5.60	14.24	10.63	1.66
4.55	0.79	0.28	0.06	4.31	11.12	12.88	2.47
19.62	0.89	1.91	0.20	19.34	16.92	25.31	9.06
52.19	4.71	3.91	0.34	49.09	49.75	62.83	21.59
7.58	1.27	2.17	0.08	7.29	8.04	9.57	4.10
10.06	1.29	2.37	1.44	8.12	14.68	16.70	7.37
14.08	1.32	1.37	-0.19	14.44	23.59	24.94	4.39
4.21	0.69	0.77	0.02	3.91	5.14	7.65	2.55
0.18	0.01	0.04		0.15	0.32	0.42	0.10
6.73	0.34	0.20		5.39	2.20	2.19	0.59
8.45	0.61	0.82	0.07	8.87	16.17	18.08	3.90

1-B-44 续表 1

地区	固定资产净值	固定资产净值年平均余额	负债合计	流动负债合计	所有者权益合计	实收资本
全国	**887.18**	**859.61**	**1227.79**	**791.43**	**973.90**	**639.73**
北京	80.56	81.16	55.58	27.93	117.36	30.88
天津	20.35	18.66	38.07	30.25	21.64	17.07
河北	27.98	30.09	51.11	43.63	19.22	15.60
山西	3.90	3.65	5.31	1.62	1.78	1.94
内蒙古	19.02	22.30	34.90	15.85	37.55	16.34
辽宁	35.40	30.29	31.39	20.90	42.06	30.12
吉林	10.48	10.48	17.31	11.74	14.15	9.43
黑龙江	25.68	26.23	20.63	12.39	19.69	17.90
上海	58.38	66.71	84.79	83.65	129.76	116.98
江苏	74.36	68.89	109.17	83.35	74.17	45.12
浙江	51.18	52.80	56.07	27.07	48.06	31.56
安徽	21.83	21.44	33.23	22.10	16.95	12.54
福建	5.80	5.70	46.66	6.96	19.96	22.55
江西	13.24	12.17	12.57	8.84	8.90	5.82
山东	69.92	71.78	68.10	53.88	81.16	43.36
河南	63.59	55.15	112.88	76.58	40.58	26.18
湖北	30.82	15.78	39.24	21.66	17.06	11.29
湖南	20.56	20.91	28.63	17.86	18.43	10.57
广东	120.68	115.43	170.18	85.95	91.85	77.55
广西	8.96	8.28	16.53	10.87	5.40	5.63
海南	10.42	9.62	8.10	3.82	16.68	11.11
重庆	16.25	16.37	24.93	8.89	24.47	11.02
四川	41.24	39.13	68.64	56.32	61.58	23.77
贵州	5.46	5.45	16.67	9.42	2.66	6.58
云南	9.33	10.81	21.49	14.50	4.32	8.32
西藏						
陕西	20.55	19.30	23.31	15.29	17.87	15.18
甘肃	5.11	5.13	4.88	3.03	8.09	7.75
青海	0.32	0.29	0.11	-0.03	0.52	0.10
宁夏	1.61	1.62	8.20	5.10	1.79	1.14
新疆	14.18	13.98	19.08	12.04	10.19	6.33

单位：亿元

国家资本	集体资本	法人资本	个人资本	港澳台资本	外商资本	主营业务收　入
195.36	**10.92**	**261.98**	**23.92**	**61.78**	**85.77**	**1592.09**
0.16	0.10	9.44	0.47	0.60	20.10	109.27
14.19	0.01	0.95	0.16	0.35	1.40	32.37
11.24	0.05	0.78	0.54	0.28	2.72	27.64
1.80			0.14			1.51
2.03		7.57	2.87		3.87	127.63
14.55	0.07	9.11	1.31	2.90	2.18	27.34
6.12		1.73	0.73		0.86	17.60
10.20	0.40	2.87	0.95	0.79	2.70	15.96
26.13		90.38	0.02		0.45	159.36
9.26	1.74	10.24	0.88	15.14	7.85	139.50
17.89	0.09	6.51	1.73	0.32	5.03	89.66
3.38		2.19	0.16	3.63	3.18	26.00
5.39		16.13		0.90	0.13	13.15
1.62		3.63	0.57			10.94
15.71	5.65	10.66	0.95	7.83	2.57	109.43
6.38	1.08	9.74	1.61	2.53	4.84	90.67
5.49	0.01	2.70	0.21	1.77	1.10	29.02
2.84		2.53	0.77	2.83	1.61	33.37
10.60	0.91	25.96	2.24	14.32	23.52	278.75
0.75		3.61	0.02	0.50	0.75	8.13
0.80		9.91			0.40	10.51
1.78		8.41	0.66	0.13	0.05	43.36
4.38	0.37	13.30	4.50	0.76	0.46	106.72
3.38		3.20	0.01			20.76
4.66		3.66				20.85
5.95	0.10	2.47	0.46	6.20		19.55
6.71	0.33	0.10	0.61			7.92
			0.10			0.47
0.44		0.42	0.27			3.42
1.54	0.01	3.79	0.99			11.25

1-B-44 续表 2

地 区	主营业务成 本	主营业务税金及附加	营业费用	管理费用	税金	财务费用
全 国	**1365.62**	**7.85**	**49.82**	**78.60**	**3.74**	**19.14**
北 京	97.90	0.56	1.85	4.92	0.16	0.62
天 津	29.12	0.15	0.08	2.12	0.02	1.26
河 北	22.26	0.18	0.99	3.33	0.11	0.64
山 西	1.27	0.01	0.20	0.25	0.02	0.03
内蒙古	100.65	0.19	0.34	0.80	0.05	0.74
辽 宁	23.95	0.16	2.94	5.32	0.31	0.64
吉 林	17.22	0.02	0.30	0.82	0.03	0.24
黑龙江	10.58	0.21	4.74	1.96	0.04	1.34
上 海	157.44	0.37	2.97	6.38	0.15	-0.63
江 苏	116.78	0.35	3.98	5.67	0.20	0.62
浙 江	80.55	0.27	3.77	2.70	0.07	1.43
安 徽	21.46	0.11	0.89	1.67	0.07	0.72
福 建	12.68	0.02	0.64	0.72	0.02	0.09
江 西	8.46	0.26	0.54	0.70	0.09	0.18
山 东	89.68	0.99	3.99	6.47	0.27	1.33
河 南	76.72	0.90	1.87	6.01	0.35	2.58
湖 北	22.20	0.18	0.88	1.07	0.05	0.88
湖 南	24.20	0.35	1.16	1.85	0.03	0.73
广 东	250.02	0.49	5.99	7.35	0.42	3.15
广 西	7.08	0.05	0.33	1.19	0.62	0.34
海 南	7.02	0.10	0.92	0.77	0.03	0.37
重 庆	35.77	0.34	2.28	2.15	0.08	0.03
四 川	81.08	0.98	4.02	8.93	0.35	0.77
贵 州	19.95	0.09	0.30	0.93	0.04	0.14
云 南	20.78	0.10	0.13	0.74	0.06	0.11
西 藏						
陕 西	15.55	0.15	1.09	2.19	0.06	-0.07
甘 肃	5.93	0.07	0.79	0.45	0.02	0.14
青 海	0.28	0.01	0.03	0.03		
宁 夏	2.30	0.05	0.08	0.38	0.01	0.26
新 疆	6.74	0.14	1.73	0.73	0.02	0.45

单位：亿元

利息支出	营业利润	利润总额	应交所得税	亏损企业亏损总额	本年应交增值税	全部从业人员年平均人数（万人）
20.37	**110.93**	**125.37**	**16.74**	**19.44**	**63.37**	**18.17**
0.83	11.96	16.15	1.92	0.03	4.83	0.87
1.26	0.24	0.37	0.03	0.83	1.09	0.56
0.63	1.19	1.56	0.39	0.57	0.69	0.95
0.04	-0.20	-0.11		0.14	0.08	0.19
0.29	24.75	24.86	0.33	0.09	3.19	0.29
0.57	-3.59	-1.52	0.36	4.70	0.97	1.74
0.26	-0.47	0.93	-0.02	0.18	0.06	0.31
0.18	-2.82	-0.52	0.07	0.66	0.49	0.70
0.11	-5.72	-4.01	0.04	5.14	1.17	0.94
1.23	17.89	18.14	2.38	0.09	4.90	1.16
1.53	1.42	2.63	0.46	0.23	1.98	0.47
0.61	2.19	2.16	0.27	0.10	0.88	0.47
0.06	-0.23	0.46	0.01	0.07	0.22	0.17
0.15	1.39	1.45	0.31	0.05	0.69	0.29
1.27	8.92	10.71	2.73	0.07	5.60	1.63
2.59	4.37	4.53	1.42	2.54	4.00	1.55
0.49	3.45	2.63	0.13	0.19	1.03	0.44
0.61	4.90	4.76	0.49	0.03	1.36	0.41
5.25	17.50	14.40	1.71	2.10	20.96	0.96
0.29	-0.08	-0.09	0.03	0.43	0.10	0.14
0.32	3.24	3.34	0.33		0.60	0.08
	2.81	3.05	0.48	0.02	1.16	0.73
1.01	13.79	14.81	2.03	0.09	4.14	1.79
0.14	-0.01	0.53	0.12	0.33	0.72	0.26
0.11	-0.85	-0.51		0.59	0.89	0.22
0.04	2.12	2.05	0.23	0.05	0.74	0.48
0.04	0.57	0.51	0.14	0.06	0.32	0.13
0.01	0.12	0.12			0.02	0.01
0.02	0.37	0.37	0.07		0.08	0.05
0.44	1.69	1.59	0.26	0.08	0.43	0.19

1-B-45 规模以上水的生产和供应业

地 区	企业单位数(个)	亏损企业	工业总产值(当年价格)	工业销售产值(当年价格)	出口交货值	资产总计
全 国	**2052**	**740**	**912.62**	**884.19**	**27.36**	**4394.16**
北 京	29	10	26.49	25.86		337.68
天 津	27	8	19.09	18.79	0.01	135.88
河 北	49	27	21.88	21.54		79.98
山 西	27	15	11.51	11.13		47.34
内蒙古	33	14	14.13	13.99		64.44
辽 宁	69	34	40.00	37.95		172.09
吉 林	35	20	11.78	11.61		71.51
黑龙江	37	17	11.04	10.23		58.28
上 海	44	17	34.95	33.11		245.75
江 苏	182	41	71.04	68.93		434.45
浙 江	182	67	84.01	82.92		451.61
安 徽	66	27	16.55	15.57		76.69
福 建	81	18	28.43	28.15		135.66
江 西	57	9	14.92	14.87		61.88
山 东	140	64	55.52	52.80	4.09	205.56
河 南	76	23	21.30	20.85		85.66
湖 北	100	42	72.69	69.86		206.53
湖 南	108	29	29.97	28.80		95.80
广 东	304	85	213.04	207.03	23.25	862.11
广 西	59	29	13.29	12.97		65.43
海 南	11	2	5.06	4.68		20.38
重 庆	43	12	14.72	14.60		74.37
四 川	101	27	35.07	34.13		163.97
贵 州	39	18	7.65	6.21		31.57
云 南	30	15	11.30	11.24		54.38
西 藏	3	1	0.93	0.92		3.19
陕 西	40	19	11.77	11.31	0.01	35.33
甘 肃	23	12	5.68	5.68		41.71
青 海	28	16	1.91	1.85		13.24
宁 夏	9	8	2.50	2.32		17.98
新 疆	20	14	4.39	4.30		43.72

工业企业主要经济指标

单位：亿元

流动资产合计	应收账款	存货	产成品	流动资产年平均余额	固定资产合计	固定资产原价	累计折旧
1006.59	**135.66**	**38.32**	**3.10**	**960.72**	**2724.55**	**3542.71**	**1262.05**
56.81	10.11	0.59	0.05	52.35	244.38	267.93	70.00
37.63	3.47	0.24	0.08	25.57	83.52	52.75	26.08
15.76	2.86	1.37	0.23	14.62	60.44	77.34	26.26
13.56	1.18	0.28	0.01	13.25	25.83	37.69	13.70
27.20	3.75	0.21	0.01	26.19	33.84	41.17	10.13
51.44	19.35	2.04	0.50	50.10	109.81	157.45	56.05
12.70	2.36	0.40		9.17	55.38	60.82	21.64
20.47	2.99	0.34		18.45	33.84	51.16	21.16
30.27	3.38	1.15	0.01	42.97	201.74	233.14	79.60
101.22	7.87	5.66	0.46	88.46	301.85	345.10	89.56
112.59	7.34	2.26	0.25	110.38	273.88	345.47	113.61
17.71	1.62	1.10	0.01	17.85	48.61	69.40	24.54
27.47	3.15	0.73	0.02	26.90	91.53	112.14	38.51
15.06	1.70	1.05		14.30	38.28	54.51	19.30
60.69	11.45	3.43	0.22	59.58	119.24	158.07	51.47
17.30	2.60	0.52	0.03	16.96	59.82	76.36	23.25
48.33	6.03	5.60	0.09	35.97	83.65	189.98	127.80
23.58	6.13	1.08	0.14	22.87	58.37	76.93	27.33
196.00	24.89	4.99	0.73	196.13	421.77	655.27	281.94
12.66	0.67	0.36	0.01	12.59	49.53	61.51	19.76
3.08	0.65	0.43	0.01	2.97	15.95	18.44	3.31
15.42	1.14	0.86	0.03	13.12	47.51	59.74	15.85
40.21	4.40	1.58	0.20	41.40	97.28	128.35	36.68
14.68	0.89	0.64	0.01	14.50	14.69	21.50	8.01
11.31	1.23	0.33		10.29	40.93	47.10	10.59
0.42	0.10	0.01		0.40	2.41	3.12	0.71
8.06	2.08	0.24		8.18	25.23	37.94	17.40
6.06	0.91	0.18	0.01	6.82	27.88	38.25	11.88
1.62	0.31	0.12		1.77	6.36	8.58	2.30
2.10	0.58	0.34		1.90	14.56	16.90	3.38
5.15	0.47	0.19		4.69	36.42	38.62	10.02

1-B-45 续表 1

地区	固定资产净值	固定资产净值年平均余额	负债合计	流动负债合计	所有者权益合计
全国	**2280.66**	**2214.18**	**2279.61**	**1158.49**	**2114.55**
北京	197.93	173.32	139.32	59.76	198.36
天津	26.68	53.55	75.37	50.36	60.51
河北	51.08	52.48	41.09	18.61	38.88
山西	23.98	22.76	18.16	9.32	29.18
内蒙古	31.03	30.39	36.84	22.97	27.60
辽宁	101.40	101.54	72.35	48.44	99.74
吉林	39.18	38.20	27.40	12.93	44.11
黑龙江	30.00	29.42	30.08	18.98	28.20
上海	153.54	148.34	132.48	90.09	113.27
江苏	255.54	224.28	247.90	135.21	186.55
浙江	231.86	223.43	268.43	129.97	183.18
安徽	44.86	43.26	31.23	17.63	45.46
福建	73.63	71.32	58.11	29.16	77.55
江西	35.20	32.91	29.13	17.50	32.75
山东	106.59	107.44	107.75	64.32	97.81
河南	53.10	53.11	45.05	24.26	40.61
湖北	62.18	59.98	101.80	59.19	104.74
湖南	49.40	50.21	55.52	25.33	40.28
广东	373.33	381.05	468.50	184.56	393.60
广西	41.75	40.46	37.52	16.89	27.90
海南	15.13	15.03	11.27	3.87	9.11
重庆	43.89	41.25	41.35	16.42	33.02
四川	91.67	73.57	91.96	56.21	72.01
贵州	13.49	13.61	22.35	9.41	9.22
云南	36.51	35.45	19.49	9.37	34.89
西藏	2.41	2.54	0.11	0.11	3.08
陕西	20.53	20.37	15.65	10.32	19.68
甘肃	26.37	27.20	14.63	4.37	27.08
青海	6.28	5.92	9.12	3.46	4.12
宁夏	13.51	13.17	12.06	3.45	5.92
新疆	28.60	28.63	17.59	6.03	26.13

单位：亿元

实收资本	国家资本	集体资本	法人资本	个人资本	港澳台资本	外商资本	主营业务收入
1299.68	**798.47**	**26.77**	**271.05**	**32.07**	**54.51**	**116.82**	**880.76**
179.41	173.49		5.57	0.18		0.16	26.61
29.12	17.92	0.46	4.30		3.06	3.39	19.12
31.70	19.12	0.05	9.97	0.73	0.84	0.99	21.24
11.92	11.01	0.03	0.59	0.30			11.25
15.85	6.66	2.48	4.79	0.62	0.18	1.11	13.92
60.50	41.79	0.31	12.93	1.66	1.14	2.67	38.64
21.81	20.58	0.04	0.15	0.85	0.18		11.07
20.50	13.66	0.28	2.95	0.77	1.02	1.81	10.25
90.29	17.26	0.47	63.30	0.16	1.51	7.60	34.79
114.02	56.05	4.93	23.41	3.91	19.38	6.34	68.44
95.98	70.40	1.83	19.73	2.32		1.70	82.81
29.38	18.08	0.02	5.85	0.52	2.48	2.42	15.86
56.86	46.60	0.45	5.24	0.74	0.64	3.19	27.24
24.76	11.61	0.14	8.64	1.19	1.69	1.48	14.64
54.68	35.05	1.78	7.73	3.86	3.06	3.20	51.79
27.55	18.79	0.17	3.74	1.25	3.04	0.56	20.78
38.07	31.56	0.62	2.66	0.74	2.34	0.15	60.03
24.22	15.85	0.81	4.49	1.08	1.90	0.10	28.67
172.92	60.51	11.22	29.75	6.90	2.73	61.81	206.30
14.83	6.44	0.03	6.20	0.36	0.09	1.71	12.98
10.77	4.37		1.13	0.10	0.26	4.91	4.72
21.02	12.13	0.12	6.65	0.15	1.97		15.94
44.80	12.68	0.32	24.78	2.44	1.73	2.86	38.55
8.07	6.77		1.13	0.16			6.14
24.26	7.09	0.08	8.82	0.53		7.74	11.19
1.07	1.07						0.59
14.21	12.03	0.02	1.54	0.22	0.38	0.01	10.75
21.83	16.86	0.04		0.02	4.91		7.83
6.37	3.02	0.05	3.30				1.56
7.94	7.94						2.31
24.98	22.08	0.02	1.67	0.31		0.91	4.74

1-B-45 续表 2

地 区	主营业务成 本	主营业务税金及附加	营业费用	管理费用	税金	财务费用
全 国	**647.70**	**8.59**	**50.40**	**131.39**	**8.05**	**57.20**
北 京	27.92	0.12	0.21	4.23	0.33	3.32
天 津	19.15	0.08	0.61	2.29	0.04	0.44
河 北	16.93	0.16	0.99	3.83	0.26	1.00
山 西	8.33	0.10	0.54	3.36	0.12	0.39
内蒙古	10.54	0.12	0.77	2.00	0.19	0.50
辽 宁	31.70	0.30	3.17	6.69	0.42	0.93
吉 林	8.44	0.13	0.93	2.41	0.20	0.36
黑龙江	8.11	0.09	0.63	2.48	0.13	0.30
上 海	35.85	0.35	2.54	4.71	0.16	2.63
江 苏	43.93	0.52	10.50	9.32	0.67	5.37
浙 江	63.83	0.50	3.64	11.00	0.60	9.16
安 徽	11.78	0.18	1.45	3.22	0.29	0.61
福 建	19.51	0.28	1.68	4.00	0.31	1.22
江 西	9.94	0.19	0.81	2.37	0.25	0.65
山 东	44.95	0.41	1.10	8.84	0.56	1.96
河 南	16.57	0.27	1.43	3.75	0.33	1.06
湖 北	31.12	0.30	1.67	5.12	0.93	1.78
湖 南	19.72	0.36	1.56	4.97	0.34	1.67
广 东	135.09	1.70	9.78	28.27	0.90	15.20
广 西	8.14	0.11	0.63	2.42	0.18	1.59
海 南	2.99	0.02	0.38	0.71	0.01	0.33
重 庆	10.84	0.13	0.93	2.18	0.11	1.59
四 川	28.33	0.44	1.02	5.26	0.25	2.02
贵 州	4.00	0.06	0.37	1.32	0.10	0.94
云 南	7.55	1.49	1.14	1.36	0.06	0.55
西 藏	0.42		0.03	0.10		
陕 西	8.37	0.10	0.58	2.38	0.18	0.17
甘 肃	6.61	0.04	0.13	0.97	0.07	0.50
青 海	1.12	0.01	0.09	0.40	0.01	0.15
宁 夏	1.88	0.01	0.26	0.50	0.04	0.49
新 疆	4.03	0.02	0.82	0.94	0.03	0.31

单位：亿元

利息支出	营业利润	利润总额	应　交 所得税	亏损企业 亏损总额	本年应交 增 值 税	全部从业 人 员 年 平均人数 (万人)
54.77	**-0.55**	**27.07**	**11.52**	**47.73**	**39.52**	**43.78**
1.07	-8.25	-5.47	0.06	5.87	1.08	0.66
-0.10	-2.39	0.87	0.41	1.04	1.08	0.45
1.05	-1.13	-0.95	0.19	1.92	0.95	1.94
0.39	-1.44	-1.20	0.03	1.37	0.51	1.02
0.44	0.28	-0.19	0.20	0.99	0.66	1.00
0.82	-3.18	-1.48	0.08	3.10	1.69	3.39
0.37	-0.80	-0.90	0.01	0.98	0.65	1.39
0.24	-1.02	-0.36	0.12	0.80	0.49	1.49
2.68	-3.19	-2.70	0.41	4.92	1.76	1.13
5.07	1.91	2.47	0.74	2.89	3.67	2.85
8.93	-3.31		0.72	4.77	3.20	2.16
0.59	0.50	1.03	0.18	0.36	0.71	1.30
1.02	1.79	2.25	0.47	0.41	1.25	1.14
0.67	1.15	1.34	0.23	0.13	0.68	1.07
1.48	-3.86	-1.63	0.27	4.00	2.76	3.39
1.04	-1.53	-1.09	0.18	2.29	0.95	2.45
0.67	3.87	5.84	0.17	1.21	1.53	2.43
1.50	0.74	0.86	0.18	0.81	1.51	2.18
19.68	19.50	26.51	5.51	3.73	8.88	5.14
1.35	0.30	0.43	0.15	0.36	0.69	1.10
0.32	0.34	0.33	0.01	0.22	0.21	0.34
0.81	0.86	0.96	0.15	0.35	0.80	0.76
1.89	2.28	3.58	0.80	0.80	1.62	1.62
0.90	-0.47	-0.40	0.04	0.61	0.33	0.58
0.49	-0.69	-0.55	0.06	0.76	0.52	0.42
	0.06	0.06			0.03	0.04
0.14	-0.49	-0.52	0.03	0.74	0.57	0.98
0.33	-0.38	-0.37	0.01	0.47	0.30	0.60
0.10	-0.03	-0.24		0.40	0.09	0.19
0.49	-0.83	-0.73	0.07	0.73	0.10	0.23
0.32	-1.12	-0.68		0.71	0.25	0.33

1-B-46 规模以下工业企业

地 区	企 业 单位数 (个)	亏损企业	工业总产值 (当年价格)	资产总计	固定资产 原 价
全 国	**1477267**	**167307**	**36659.71**	**41742.73**	**21970.32**
北 京	22081	9571	279.29	929.79	258.30
天 津	29032	4664	539.66	807.06	353.75
河 北	72252	4904	2501.01	2099.42	1265.16
山 西	24999	3911	672.92	1148.52	619.96
内蒙古	15853	636	704.94	777.50	552.60
辽 宁	67734	11306	1179.09	1959.93	971.99
吉 林	22135	1582	807.19	1030.01	821.43
黑龙江	27894	3106	617.72	800.36	497.22
上 海	57550	16089	942.56	1687.47	566.09
江 苏	200721	16740	4544.93	4382.65	1956.20
浙 江	165769	20209	4506.81	4798.43	1809.23
安 徽	43898	3177	1065.56	1205.07	667.32
福 建	48174	4530	1194.79	1553.84	923.56
江 西	33179	1007	1183.64	1079.79	791.19
山 东	136132	6081	3293.08	3126.17	2083.68
河 南	94218	2854	2949.91	2232.06	1337.31
湖 北	47299	2686	892.59	836.86	560.88
湖 南	55397	1601	1251.31	1014.82	643.58
广 东	141728	31540	3442.66	4289.31	2076.68
广 西	17598	2097	438.82	515.32	333.74
海 南	2106	781	36.58	108.63	47.70
重 庆	27361	1569	854.64	781.08	475.16
四 川	45412	4241	931.27	1318.41	684.20
贵 州	10673	2425	257.58	417.91	257.38
云 南	16852	3349	465.12	967.01	443.06
西 藏	388	107	6.94	42.29	30.55
陕 西	27682	1814	575.30	761.85	383.19
甘 肃	10734	1059	262.08	445.40	281.69
青 海	2085	474	43.33	90.15	54.64
宁 夏	3420	825	81.45	131.91	54.72
新 疆	6911	2372	136.94	403.71	168.18

主要经济指标

单位：亿元

所有者权益合计	实收资本	国家资本	集体资本	法人资本	个人资本
21722.94	**18533.98**	**1127.42**	**703.34**	**3576.57**	**10701.92**
403.26	411.86	10.57	22.37	165.53	161.53
281.50	289.13	42.01	17.00	66.95	116.65
1135.57	961.42	31.48	29.97	235.16	609.94
448.73	406.50	33.79	38.02	132.26	190.35
430.63	377.12	30.91	11.25	104.74	193.15
929.07	849.56	157.64	72.66	23.29	502.92
436.14	338.14	44.13	7.67	93.73	182.63
379.73	327.49	26.15	16.53	77.31	191.27
818.49	709.45	29.02	30.79	137.13	339.92
2450.36	2061.11	34.33	40.25	271.33	1246.06
2118.17	1642.28	34.54	33.36	200.16	1138.60
683.66	583.31	52.95	27.34	115.17	341.36
1006.96	917.49	23.43	29.86	170.80	482.35
614.48	551.65	23.70	10.11	108.67	390.77
1817.18	1257.81	28.00	38.53	327.22	774.47
1399.30	1175.51	44.30	28.63	50.76	1016.18
507.50	453.60	45.44	26.13	133.00	237.98
587.08	520.28	20.55	22.85	92.15	379.33
2188.23	2048.15	118.72	68.75	368.59	769.11
298.13	267.47	26.88	13.34	82.52	130.38
61.58	54.50	10.53	5.76	18.65	16.46
427.11	333.49	37.09	12.87	96.19	176.18
632.26	534.15	37.13	19.45	137.03	332.42
264.19	228.78	26.99	10.80	52.60	129.38
361.38	298.61	26.08	16.67	88.38	154.06
32.00	30.58	18.95	1.17	4.69	4.63
449.18	403.67	51.34	21.76	49.02	267.50
245.19	219.05	23.28	12.48	77.45	102.38
61.03	53.82	12.66	3.24	17.21	17.60
65.78	62.32	6.28	1.00	26.17	27.04
189.07	165.67	18.56	12.73	52.71	79.33

1-B-46 续表

地区	港澳台资本	外商资本	主营业务收入	主营业务成本	主营业务税金及附加
全国	**1181.03**	**1244.00**	**35609.37**	**28599.67**	**634.39**
北京	17.81	34.05	286.03	238.73	1.69
天津	15.08	31.45	536.89	450.96	5.31
河北	16.64	38.23	2419.43	1988.36	46.93
山西	2.62	9.45	654.88	518.34	15.01
内蒙古	2.50	34.58	674.66	466.10	17.94
辽宁	24.96	68.10	1131.88	901.25	22.89
吉林	4.07	5.91	691.44	518.38	17.76
黑龙江	2.85	13.39	588.57	472.67	14.72
上海	58.29	114.22	1017.32	785.82	10.94
江苏	184.65	284.51	4409.20	3746.55	39.92
浙江	102.88	132.74	4360.26	3710.51	42.33
安徽	17.75	28.74	1034.45	836.83	18.32
福建	113.99	97.06	1165.56	923.77	27.66
江西	11.52	6.88	1147.34	904.94	28.08
山东	21.74	67.86	3195.43	2567.14	52.12
河南	25.94	9.70	2834.80	2198.96	64.17
湖北	7.43	3.63	859.17	657.74	23.82
湖南	3.21	2.18	1231.16	915.13	46.93
广东	503.60	219.39	3491.24	2801.15	46.27
广西	9.95	4.41	413.27	329.24	9.91
海南	1.35	1.74	36.47	30.26	0.56
重庆	7.03	4.12	840.74	621.25	17.92
四川	3.49	4.62	900.44	704.26	23.04
贵州	6.13	2.88	251.89	186.39	8.80
云南	3.74	9.78	430.73	348.16	8.39
西藏	0.14	1.00	5.83	4.00	0.23
陕西	6.62	7.42	546.13	412.49	13.82
甘肃	0.54	2.93	224.55	171.13	5.59
青海	2.80	0.31	38.93	30.23	0.75
宁夏	0.12	1.70	77.40	66.84	0.93
新疆	1.60	1.04	113.28	92.09	1.62

单位：亿元

三项费用合　计	利息支出	营业利润	本年应交增 值 税	本年应付工资总额和福利费	全部从业人 员 年平均人数(万人)
3242.57	**199.27**	**3291.91**	**1315.84**	**4199.87**	**3169.70**
75.11	1.20	-19.33	9.59	49.25	26.31
41.93	1.34	42.09	11.59	54.99	55.30
148.57	10.30	251.63	112.88	203.30	194.49
73.46	6.38	59.28	38.38	56.52	70.04
54.20	5.55	140.77	24.64	63.92	45.48
114.10	4.57	99.20	37.60	136.52	112.25
64.30	3.67	94.38	18.83	86.66	56.54
49.38	2.70	57.27	21.48	67.63	74.09
159.29	3.42	3.59	38.87	146.09	92.51
343.94	17.63	283.64	151.52	495.34	359.57
379.01	31.85	240.05	157.12	430.23	257.58
77.87	6.52	105.80	31.97	117.29	91.07
117.38	5.98	105.02	35.13	172.42	106.74
75.91	6.64	143.36	38.92	135.95	102.97
271.74	20.81	316.06	112.35	353.22	292.54
174.06	14.68	414.97	108.20	238.92	225.84
75.01	3.84	111.87	29.54	100.24	93.69
93.62	7.87	177.75	48.39	151.73	119.18
469.31	9.52	212.37	139.78	640.70	389.94
37.59	2.87	42.71	13.73	54.14	46.25
6.85	0.25	-0.29	1.13	5.38	4.31
78.41	6.10	127.82	36.84	113.19	65.72
80.19	7.65	101.55	28.68	123.34	92.82
34.98	3.61	26.21	15.21	32.56	29.68
47.77	4.86	30.43	15.41	43.76	42.35
1.63	0.03	0.22	0.20	1.36	1.23
43.18	3.97	82.42	20.59	67.45	68.37
20.99	2.98	31.82	9.31	30.52	30.17
5.75	0.39	3.12	1.38	6.67	5.14
7.57	0.82	2.75	2.24	5.66	5.91
19.47	1.26	3.38	4.32	14.95	11.61

第 2 篇

主要工业产品产量

2-A-1 2008年全国工业主要产品产量

产品名称	计量单位	产品产量	产品名称	计量单位	产品产量
原煤	万吨	280217.40	#1.棉纱	万吨	1744.57
#1.无烟煤	万吨	55013.64	2.混纺纱	万吨	261.44
2.烟煤	万吨	194234.58	3.化学纤维纱	万吨	164.91
#1.炼焦烟煤	万吨	47980.74	布	亿米	723.05
2.一般烟煤	万吨	146253.84	#色织布(含牛仔布)	亿米	43.20
3.褐煤	万吨	30969.17	#1.棉布	亿米	423.64
洗煤	万吨	73181.20	2.棉混纺布	亿米	122.32
#洗精煤	万吨	38642.34	3.化学纤维布	亿米	177.09
天然原油	万吨	19043.06	印染布	亿米	754.03
天然气	亿立方米	802.99	绒线(俗称毛线)	万吨	38.13
铁矿石原矿	万吨	82673.50	毛机织物(呢绒)	万米	85040.15
铜金属含量	万吨	111.72	服装	万件	3629139.75
铅金属含量	万吨	147.61	#1.针织服装	万件	1988430.88
锌金属含量	万吨	343.85	2.梭织服装	万件	1640708.87
锡金属含量	万吨	9.33	#羽绒服	万件	48017.91
锑金属含量	万吨	12.17	衬衫	万件	163666.98
钨精矿折合量(折三氧化钨65%)	万吨	10.81	轻革	万平方米	72251.30
钼精矿折合量(折纯钼45%)	万吨	20.32	皮革服装	万件	6490.38
硫铁矿石(折含硫35%)	万吨	1571.01	天然皮革制手提包(袋)、背包	万个	73366.48
磷矿石(折含五氧化二磷30%)	万吨	6135.12	人造板	万立方米	14893.83
原盐	万吨	6664.43	#胶合板	万立方米	7112.33
精制食用植物油	万吨	2805.09	纤维板	万立方米	3631.77
成品糖	万吨	1432.61	刨花板	万立方米	1793.10
糕点	万吨	212.72	人造板表面装饰板	万平方米	29043.09
饼干	万吨	399.63	实木木地板	万平方米	11635.75
糖果	万吨	195.90	复合木地板	万平方米	33917.42
速冻米面食品	万吨	291.01	家具	万件	80799.21
方便面	万吨	448.19	#木质家具	万件	31123.28
乳制品	万吨	1809.21	金属家具	万件	32967.24
#液体乳	万吨	1620.78	软体家具	万件	5764.86
罐头	万吨	764.77	纸浆(原生浆及废纸浆)	万吨	1917.23
味精(谷氨酸钠)	万吨	235.57	机制纸及纸板(外购原纸加工除外)	万吨	8404.30
酱油	万吨	544.70	#新闻纸	万吨	463.28
冷冻饮品	万吨	384.74	箱纸板	万吨	1192.01
发酵酒精(折96度,商品量)	万千升	636.20	纸制品	万吨	7130.25
饮料酒	万千升	5394.94	#瓦楞纸箱	万吨	3512.33
#白酒(折65度,商品量)	万千升	882.81	本册	亿本	201.97
啤酒	万千升	4156.91	木杆铅笔	亿支	162.46
黄酒	万千升	148.52	原油加工量	万吨	34375.31
葡萄酒	万千升	108.74	汽油	万吨	6434.75
软饮料	万吨	10241.05	煤油	万吨	1169.66
#碳酸饮料类(汽水)	万吨	1568.59	柴油	万吨	13458.30
包装饮用水类	万吨	4593.35	润滑油	万吨	1028.41
卷烟	亿支	22199.20	燃料油	万吨	2792.21
纱	万吨	2170.92	溶剂油	万吨	219.65

2-A-1 续表 1

产品名称	计量单位	产品产量	产品名称	计量单位	产品产量
液化石油气	万吨	1919.58	橡胶轮胎外胎	万条	51956.94
石油沥青	万吨	1420.76	#子午线轮胎外胎	万条	25757.52
焦炭	万吨	32031.48	塑料制品	万吨	5723.68
#机焦	万吨	25528.44	#塑料薄膜	万吨	854.03
硫酸(折100%)	万吨	5097.95	#农用薄膜	万吨	129.55
盐酸(氯化氢,含量31%)	万吨	730.44	塑料板、片	万吨	445.56
烧碱(折100%)	万吨	1926.01	#塑料编织袋	万吨	534.56
#离子膜法烧碱(折100%)	万吨	996.94	日用塑料制品	万吨	745.50
纯碱(碳酸钠)	万吨	1854.60	水泥熟料	万吨	96190.90
碳化钙(电石,折 300升／千克)	万吨	1295.64	#窑外分解窑水泥熟料	万吨	62224.37
乙烯	万吨	987.58	水泥	万吨	142355.73
纯苯	万吨	444.67	商品混凝土	万立方米	50032.96
精甲醇	万吨	1215.23	水泥混凝土压力管	千米	67563.96
冰乙酸(冰醋酸)	万吨	287.01	水泥混凝土电杆	万根	1581.18
浓硝酸(折100%)	万吨	197.74	预应力混凝土桩	万米	26230.77
合成氨(无水氨)	万吨	4876.24	瓷质砖	万平方米	407761.94
农用氮、磷、钾化学肥料总计(折纯)	万吨	6028.05	炻瓷砖	万平方米	13591.77
#1.氮肥(折含N100%)	万吨	4392.42	细炻砖	万平方米	11425.93
#尿素(折含N100%)	万吨	2742.90	炻质砖	万平方米	40667.73
2.磷肥(折五氧化二磷100 %)	万吨	1385.50	陶质砖	万平方米	151804.31
3.钾肥(折氧化钾100%)	万吨	250.13	天然大理石建筑板材	万平方米	16979.68
磷酸铵肥(实物量)	万吨	1814.73	天然花岗石建筑板材	万平方米	46693.31
初级形态的塑料	万吨	3680.23	沥青和改性沥青防水卷材	万平方米	59491.46
#聚乙烯树酯	万吨	799.89	平板玻璃	万重量箱	59890.39
聚丙烯树脂	万吨	826.50	钢化玻璃	万平方米	21853.95
聚氯乙烯树脂	万吨	913.54	夹层玻璃	万平方米	4770.94
合成橡胶	万吨	296.03	中空玻璃	万平方米	3611.70
合成纤维单体	万吨	1217.78	玻璃纤维增强塑料制品	万吨	251.50
#已内酰胺	万吨	32.58	日用陶瓷制品	亿件	205.95
合成纤维聚合物	万吨	1247.68	耐火材料制品	万吨	7183.59
#聚脂	万吨	1105.71	石墨及炭素制品	万吨	2112.05
肥(香)皂	万吨	110.66	生铁	万吨	47824.42
合成洗涤剂	万吨	655.31	粗钢	万吨	50305.75
#合成洗衣粉	万吨	349.43	钢材	万吨	60460.29
牙膏(折65克标准支)	亿支	67.76	#铁道用钢材	万吨	492.76
化学纤维用浆粕	万吨	134.31	#轻轨	万吨	95.92
化学纤维	万吨	2453.29	重轨	万吨	322.42
#粘胶纤维	万吨	129.25	大型型钢	万吨	962.45
合成纤维	万吨	2244.68	中小型型钢	万吨	3075.08
#锦纶纤维	万吨	115.90	棒材	万吨	4733.43
涤纶纤维	万吨	1967.80	钢筋	万吨	9605.01
腈纶纤维	万吨	56.39	线材(盘条)	万吨	8053.55
维纶纤维	万吨	5.65	特厚板	万吨	459.12
丙纶纤维	万吨	27.31	厚钢板	万吨	2044.89
氨纶纤维	万吨	21.05	中板	万吨	3572.73

2-A-1　续表 2

产品名称	计量单位	产品产量	产品名称	计量单位	产品产量
热轧薄板	万吨	232.74	金属成形机床	万台	39.35
冷轧薄板	万吨	1532.85	#数控金属成形机床(数控锻压设备)	万台	1.14
中厚宽钢带	万吨	7421.47	铸造机械	万台	443.07
热轧薄宽钢带	万吨	2461.86	电焊机	万台	483.58
冷轧薄宽钢带	万吨	2119.59	起重机	万吨	491.47
热轧窄钢带	万吨	3811.37	电动车辆(电动叉车)	万台	54.83
冷轧窄钢带	万吨	812.49	内燃叉车	万台	15.54
镀层板(带)	万吨	1967.39	输送机械(输送机和提升机)	万米	429.83
#镀锌板(带)	万吨	1462.06	泵	万台	10466.73
镀锡板(带)	万吨	162.31	#真空泵	万台	817.26
涂层板(带)	万吨	434.62	气体压缩机	万台	11788.17
电工钢板(带)	万吨	448.32	#制冷设备用压缩机	万台	9999.74
无缝钢管	万吨	2359.86	阀门	万吨	917.72
焊接钢管	万吨	2683.64	#1.普通阀门	万吨	845.02
铁合金	万吨	1991.30	2.真空阀门	万吨	72.70
十种有色金属	万吨	2553.63	液压元件	万件	18137.59
#精炼铜(电解铜)	万吨	380.06	气动元件	万件	22706.57
铅	万吨	348.78	滚动轴承	亿套	183.96
锌	万吨	403.61	齿轮	万吨	365.01
镍	万吨	14.26	工业电炉	台	289882.00
锡	万吨	10.39	风机	万台	1679.65
锑品	万吨	18.49	#离心式通风机	万台	159.31
原铝(电解铝)	万吨	1316.54	鼓风机	万台	180.96
镁	万吨	55.66	非家用制冷、空调设备	万台(套)	1353.99
海绵钛	万吨	5.72	#制冷设备	万台(套)	675.71
氧化铝	万吨	2302.92	电动手提式工具	万台	28041.70
铝合金	万吨	251.21	包装专用设备	台	969522.10
铜材	万吨	880.76	减速机	万台	606.61
铝材	万吨	1704.24	金属紧固件	万吨	2033.40
金属集装箱	万立方米	10221.84	弹簧	万吨	522.57
钢绞线	万吨	302.61	铸铁件	万吨	4388.64
电站锅炉	万蒸发量吨	42.05	铸钢件	万吨	1144.68
发动机	万千瓦	93643.99	锻件	万吨	996.12
#汽车用发动机	万千瓦	79427.26	粉末冶金零件	万吨	78.14
汽轮机	万千瓦	9628.72	采矿专用设备	万吨	306.84
#电站用汽轮机	万千瓦	9222.34	石油钻井设备	万台(套)	607.64
水轮机	万千瓦	408.86	挖掘、铲土运输机械	万台	118.71
#电站水轮机	万千瓦	370.64	#挖掘机	万台	10.75
金属切削机床	万台	71.73	压实机械	台	26323.00
#车床	万台	12.38	水泥专用设备	吨	920221.68
钻床	万台	2.49	混凝土机械	台	737669.20
磨床	万台	3.84	金属冶炼设备	吨	836347.97
铣床	万台	5.90	金属轧制设备	吨	786859.05
特种加工机床	万台	1.22	炼油、化工生产专用设备	万吨	97.61
#数控金属切削机床	万台	13.97	塑料加工专用设备	万吨	262.94

2-A-1 续表 3

产品名称	计量单位	产品产量	产品名称	计量单位	产品产量
木工机床	万台	159.43	原电池及原电池组(折R20标准只)	亿只	319.46
模具	万套	9704.62	家用电冰箱	万台	4799.95
烟草加工机械	万台(套、条)	10.51	房间空气调节器	万台	8147.37
粮食加工机械	万台	366.95	家用电风扇	万台	15866.85
印刷机设备	万吨	10.11	家用吸排油烟机	万台	1709.71
缝纫机	万台	1386.25	电饭锅	万个	13356.50
大中型拖拉机	万台	28.44	家用电热烘烤器具	万个	15894.16
小型拖拉机	万台	175.80	微波炉	万台	6286.02
农作物收获机械	万台	124.58	家用洗衣机	万台	4447.00
#联合收割机	万台	11.92	家用电热水器	万台	1672.63
场上作业机械	万台	66.80	家用吸尘器	万台	8324.32
棉花加工机械	万台	26.64	家用燃气灶具	万台	3119.44
环境污染防治专用设备	万台(套)	118.70	家用燃气热水器	万台	1136.97
#大气污染防治设备	万台	30.83	程控交换机	万线	4583.95
水质污染防治设备	万台(套)	18.73	电话单机	万部	18244.72
固体废弃物处理设备	万台	7.84	传真机	万部	749.40
噪音与振动控制设备	万台	7.24	移动通信手持机(手机)	万台	55945.10
铁路机车	辆	1235.00	微型计算机设备	万台	15853.65
铁路客车	辆	1835.00	#笔记本计算机	万台	11943.85
铁路货车	辆	57375.00	显示器	万台	11959.89
汽车	万辆	930.59	打印机	万台	4860.38
#乘用车	万辆	641.96	半导体分立器件	亿只	2902.07
#1.基本型乘用车(轿车)	万辆	503.81	集成电路	亿块	438.77
2.多功能乘用车(MPV)	万辆	18.17	彩色电视机	万台	9187.14
3.运动型多用途乘用车(SUV)	万辆	40.13	数字激光音、视盘机	万台	10893.12
4.交叉型乘用车	万辆	79.85	收音机	万台	6718.49
客车	万辆	60.76	家用录放音机	万台	4108.72
#1.大型客车(车长>10米)	万辆	5.76	#复读机	万台	133.09
2.中型客车(7米<车长≤10米)	万辆	7.16	组合音响	万台	10749.67
3.轻型客车(车长≤7米)	万辆	47.85	工业自动调节仪表与控制系统	万台(套)	2392.31
载货汽车	万辆	202.70	电工仪器仪表	万台	14464.52
半挂牵引车	万辆	9.50	分析仪器及装置	万台(套)	127.01
改装汽车	万辆	104.94	试验机	万台	14.72
摩托车整车	万辆	2837.87	环境监测专用仪器仪表	万台	42.00
两轮脚踏自行车	万辆	7185.18	汽车仪器仪表	万台	4221.78
发电机组(发电设备)	万千瓦	13942.42	光学仪器	万台(个)	3278.34
#水轮发电机组	万千瓦	2249.05	眼镜成镜	万副	90756.11
汽轮发电机	万千瓦	10660.89	照相机	万台	8193.03
交流电动机	万千瓦	24053.72	#数码照相机	万台	7974.58
变压器	万千伏安	122165.87	复印和胶版印制设备	万台	517.70
高压开关板	万面	141.17	伞类制品	万把	109685.12
低压开关板	万面	3228.95	发电量	亿千瓦小时	34957.61
通信及电子网络用电缆	万对千米	9606.14	#火力发电量	亿千瓦小时	27072.30
电力电缆	万千米	2187.78	水力发电量	亿千瓦小时	6369.60
光缆	万芯千米	6685.90	核能发电量	亿千瓦小时	684.02
绝缘制品	万吨	288.16			

注：橡胶轮胎外胎包括摩托车充气橡胶轮胎外胎。

2-A-2　分地区工业主要产品产量

地　区	原煤（万吨）	洗煤（万吨）	天然原油（万吨）	天然气（亿立方米）	铁矿石原　矿（万吨）	原盐（万吨）	精制食用植物油（万吨）	成品糖（万吨）	方便面（万吨）	乳制品（万吨）
全　国	**280217.40**	**73181.20**	**19043.06**	**802.99**	**82673.50**	**6664.43**	**2805.09**	**1432.61**	**448.19**	**1809.21**
北　京	578.62				1780.92		1.07		0.98	45.20
天　津			1993.86	14.01		238.10	132.14		14.19	30.42
河　北	8145.43	5061.27	643.10	8.74	34068.13	425.65	140.36	4.66	52.38	187.33
山　西	64501.30	33328.06		5.21	3991.73		8.85	3.15	1.38	54.46
内蒙古	50222.82	3665.98			7144.57	237.41	36.88	22.80	2.90	348.07
辽　宁	6495.12	1675.59	1199.33	8.71	11390.75	216.04	178.49	3.19	19.41	104.90
吉　林	3980.09	417.80	698.46	8.74	1389.78		25.32		10.95	13.45
黑龙江	9760.12	4262.82	4020.47	27.10	81.08	0.18	92.32	31.11	10.51	176.75
上　海			14.60	4.29			94.34		2.27	38.72
江　苏	2430.11	714.98	184.01	0.58	577.83	502.80	307.41	0.26	17.72	88.70
浙　江	13.12			0.31	130.86	17.76	61.33	0.01	28.76	36.24
安　徽	11649.49	1596.76			1885.57	137.73	54.46	0.02	13.26	40.02
福　建	2350.19	159.94			1823.07	36.43	58.11	7.28	21.77	13.42
江　西	3302.98	426.49			686.10	194.84	10.94	0.38	4.01	18.54
山　东	13742.50	5773.69	2829.62	8.85	2394.32	2525.38	482.64	1.11	40.65	166.75
河　南	21305.66	5689.63	476.30	11.22	1171.75	221.62	211.69	0.61	76.57	94.97
湖　北	1073.19	5.50	83.92	1.40	1189.56	493.89	145.46		12.24	49.38
湖　南	6153.86	759.96		3.19	724.45	150.78	110.58	5.10	26.29	16.56
广　东	10.50		1387.72	60.78	966.85	29.38	292.35	125.52	34.23	42.86
广　西	451.17		2.86	8.54	210.16	5.66	128.75	901.78	3.21	3.54
海　南			12.05	2.32	457.93	11.89	0.26	48.08		0.65
重　庆	4666.52	1324.62		9.54	261.61	122.67	19.75	2.34	10.70	10.39
四　川	9495.46	2278.68	22.75	194.23	5639.09	564.92	71.80	7.47	11.24	35.57
贵　州	11319.53	2005.67			77.88		6.25	1.25	1.46	3.81
云　南	8029.72	1288.67		0.06	1686.35	93.33	13.89	211.14	2.31	21.27
西　藏					37.61		0.15			0.57
陕　西	24162.79	679.36	2463.60	144.20	361.92	38.00	42.69		23.53	109.20
甘　肃	4022.24	84.19	74.94	1.43	899.54	10.91	5.49	1.58	0.42	10.50
青　海	1293.64	57.65	220.35	43.65	50.84	236.09	4.78		1.38	6.72
宁　夏	4325.35	1648.62					1.45	0.02		15.49
新　疆	6735.88	275.26	2715.13	235.89	1593.28	152.97	65.12	53.77	3.46	24.76

2-A-2 续表 1

地 区	罐头（万吨）	饮料酒（万千升）		软饮料（万吨）	卷烟（亿支）	纱（万吨）	布（亿米）	印染布（亿米）	绒线（俗称毛线）（万吨）
			啤酒						
全 国	**764.77**	**5394.94**	**4156.91**	**10241.05**	**22199.20**	**2170.92**	**723.05**	**754.03**	**38.13**
北 京	0.57	180.24	160.86	222.54	182.28	1.06	0.16	0.22	0.08
天 津	19.51	40.17	29.66	305.91	200.50	4.93	3.09	1.09	0.23
河 北	10.49	188.70	140.47	218.99	710.00	99.88	44.30	14.20	6.13
山 西	4.16	40.21	24.02	73.15	145.00	4.90	0.66	1.04	0.02
内蒙古	0.36	136.37	102.69	255.78	222.50	1.68	0.61	0.26	0.62
辽 宁	18.09	309.34	235.33	317.10	260.35	16.88	5.74	3.21	0.21
吉 林	1.00	185.39	119.25	429.49	329.00	5.58	0.84	0.10	
黑龙江	1.99	211.68	169.08	216.10	426.00	2.13	2.81		0.04
上 海	5.07	95.19	72.69	306.97	849.99	5.78	5.44	4.44	0.33
江 苏	18.98	329.24	246.54	477.24	894.45	387.50	135.40	88.52	7.09
浙 江	87.08	359.40	269.94	1098.84	760.99	173.28	171.39	298.09	3.07
安 徽	29.00	195.27	148.37	167.86	1161.75	39.89	6.01	2.67	0.31
福 建	177.76	217.13	198.76	369.02	750.49	134.17	29.33	38.81	1.17
江 西	8.36	130.11	99.20	214.43	504.00	39.92	5.87	2.55	0.09
山 东	76.11	610.38	460.78	686.57	1272.61	606.97	163.48	55.47	4.44
河 南	17.54	427.29	318.30	784.51	1586.08	314.59	28.00	24.19	8.50
湖 北	32.83	372.19	305.63	562.48	1245.66	126.64	38.61	2.02	
湖 南	68.55	122.36	89.92	294.00	1648.02	50.68	4.94	0.90	0.23
广 东	28.42	357.28	334.78	1590.98	1222.24	34.22	29.19	202.63	4.54
广 西	28.13	123.49	113.93	213.40	653.75	9.80	2.03	4.34	
海 南	15.84	18.63	15.32	47.62	77.16				
重 庆	5.44	82.32	68.01	279.99	451.00	8.94	18.82	1.55	0.11
四 川	25.95	329.98	165.14	327.06	831.91	38.05	10.43	5.84	
贵 州	1.84	43.59	23.74	84.77	1133.70	1.64	0.34		
云 南	3.04	52.92	41.43	164.63	3397.77	1.03	0.08	0.52	
西 藏		9.14	9.04	4.13					
陕 西	1.95	96.39	84.31	286.83	772.51	21.80	13.68	1.24	0.01
甘 肃	7.29	62.44	54.25	140.67	389.50	0.72	0.30	0.01	0.73
青 海	0.02	10.64	9.42	0.39		0.32			0.13
宁 夏	0.03	13.35	11.18	20.63		0.16			
新 疆	69.36	44.12	34.87	78.97	120.00	37.75	1.49	0.11	0.06

2-A-2　续表 2

地　区	机制纸及纸板(外购原纸加工除外)(万吨)	原　油加工量(万吨)	汽油(万吨)	煤油(万吨)	柴油(万吨)	润滑油(万吨)	燃料油(万吨)	焦炭(万吨)	#机焦
全　国	**8404.30**	**34375.31**	**6434.75**	**1169.66**	**13458.30**	**1028.41**	**2792.21**	**32031.48**	**25528.44**
北　京	15.64	1114.59	215.53	85.23	373.28	52.55	42.33	170.33	169.65
天　津	32.14	362.02	117.17	21.80	340.19	36.81	54.56	267.13	267.08
河　北	382.73	1269.24	272.48	12.21	513.58	28.11	166.51	3878.93	3009.94
山　西	29.75	0.96				3.56	0.18	8295.87	8031.08
内蒙古	36.73	178.98	41.97		42.80	0.89	64.57	1412.77	919.25
辽　宁	60.83	5826.28	1017.33	230.06	2048.36	145.02	580.50	1736.36	1579.95
吉　林	96.58	861.31	166.79	0.05	321.68	4.51	41.52	318.24	267.36
黑龙江	54.98	1477.31	390.83	24.96	547.30	25.41	51.28	784.27	619.36
上　海	87.28	1939.91	244.88	136.98	747.98	54.34	51.50	705.79	705.79
江　苏	911.96	2266.84	232.18	108.93	738.33	170.97	283.71	1085.51	741.99
浙　江	1306.48	2034.86	288.75	129.41	862.33	37.03	174.36	166.21	166.21
安　徽	193.06	423.64	87.87		177.95	0.67	13.64	765.11	726.34
福　建	309.54	307.29	83.36	6.41	112.86	10.13	18.85	99.88	86.97
江　西	117.20	409.47	86.57	0.07	182.86	2.08	18.55	526.08	495.47
山　东	1455.29	4524.56	799.70	37.88	1645.17	118.87	595.41	2942.30	1754.79
河　南	953.02	641.74	159.43	31.19	253.61	18.79	29.46	1984.41	1361.83
湖　北	143.99	835.25	173.21	15.72	341.08	12.61	13.52	918.26	859.88
湖　南	269.31	606.92	137.83	4.05	231.16	16.44	24.66	451.10	439.18
广　东	1241.50	2997.95	459.84	188.59	1187.35	41.15	380.68	136.14	136.14
广　西	164.49	132.22	31.48		38.90	48.98	32.82	310.11	
海　南	18.40	740.67	244.05	31.06	344.87	0.01	26.31		
重　庆	87.97	0.10	0.83			11.55	0.19	281.55	257.10
四　川	203.90	287.03	51.60	1.11	83.43	53.05	4.56	1100.10	943.08
贵　州	9.93					0.60		752.20	529.96
云　南	44.80	0.08	0.02		0.02	0.84	1.34	1375.88	283.30
西　藏									
陕　西	71.67	1703.12	465.10	15.73	769.51	3.63	58.85	451.21	443.48
甘　肃	11.65	1396.62	289.31	49.58	594.76	41.37	21.19	241.49	241.47
青　海	0.13	100.08	30.89		46.59		3.43	144.18	
宁　夏	66.99	193.34	65.56		85.60	0.02	2.97	119.35	103.16
新　疆	26.39	1742.91	280.18	38.65	826.75	88.39	34.77	610.72	388.64

2-A-2 续表 3

地 区	硫酸（折100%）（万吨）	烧碱（折100%）（万吨）	纯碱（碳酸钠）（万吨）	碳化钙（电石,折300升/千克）（万吨）	乙烯（万吨）	合成氨（无水氨）（万吨）	农用氮、磷、钾化学肥料总计(折纯)（万吨）	#氮肥（折含N100%）	磷肥（折五氧化二磷100%）
全 国	**5097.95**	**1926.01**	**1854.60**	**1295.64**	**987.58**	**4876.24**	**6028.05**	**4392.42**	**1385.50**
北 京		7.48			85.41		0.25	0.25	
天 津	21.33	110.59	91.59		17.02	23.42	15.82	14.85	0.96
河 北	89.45	69.49	222.58	1.83		328.81	212.05	200.65	11.40
山 西	55.90	55.52	16.69	0.66		483.58	397.10	384.93	12.17
内蒙古	142.60	96.17	73.09	446.25		73.14	114.69	82.03	32.66
辽 宁	109.78	57.49	25.32	11.44	33.96	78.77	90.57	86.16	4.41
吉 林	27.62	11.99	7.43		79.43	51.22	21.06	19.91	1.14
黑龙江	11.49	10.42	0.20	11.94	58.15	80.51	76.28	76.26	0.03
上 海	26.30	70.09			182.03		3.85	2.81	1.04
江 苏	446.84	265.47	299.42	1.12	136.51	315.15	272.48	219.13	53.35
浙 江	109.48	103.67	17.11	8.79		61.73	49.20	45.77	3.42
安 徽	335.12	22.79	37.16	0.75		204.96	237.69	180.93	56.76
福 建	47.34	28.35	18.89	13.23		101.13	68.83	66.24	2.59
江 西	186.12	34.03		8.37		40.51	57.52	36.15	21.37
山 东	413.67	419.80	299.86	0.17	80.04	623.73	834.52	667.58	166.94
河 南	193.39	113.81	181.25	48.79	17.48	512.07	545.78	477.80	67.98
湖 北	509.27	49.04	88.54	66.86		295.67	606.66	314.85	291.81
湖 南	212.50	70.60	40.48	11.21		175.68	306.42	257.54	48.88
广 东	177.99	25.39	34.64		201.55	8.82	41.22	6.88	34.35
广 西	188.01	24.80	3.84	7.74		82.64	85.78	61.95	23.84
海 南	1.40					82.10	65.14	65.11	0.03
重 庆	177.17	11.34	73.47	0.98		105.92	138.16	85.80	52.36
四 川	246.36	85.33	119.29	65.36		406.25	463.70	399.50	64.20
贵 州	166.65	12.52		65.16		144.16	269.62	127.33	142.29
云 南	826.24	15.80	16.78	13.91		151.23	351.56	147.72	203.84
西 藏									
陕 西	99.40	30.43	35.19	121.53		126.04	110.88	75.09	35.79
甘 肃	210.04	11.40	20.05	77.95	70.15	66.72	83.32	51.45	31.87
青 海	17.68	1.39	115.50	22.31			249.28		8.14
宁 夏	28.59	48.45	0.36	198.21		105.14	97.71	86.82	10.90
新 疆	20.20	62.36	15.87	91.07	25.86	147.13	160.94	150.94	1.01

2-A-2　续表 4

地　区	钾肥(折氧化钾100%)	初级形态的塑料(万吨)	合成橡胶(万吨)	合成纤维单体(万吨)	合成纤维聚合物(万吨)	合成洗涤剂(万吨)	化学纤维(万吨)	水泥熟料(万吨)	水泥(万吨)
全　国	**250.13**	**3680.23**	**296.03**	**1217.78**	**1247.68**	**655.31**	**2453.29**	**96190.90**	**142355.73**
北　京		121.69	26.86	8.88		9.70	0.87	707.19	885.28
天　津		161.84	1.06	25.58	21.11	1.69	11.36	196.22	555.61
河　北		68.50	2.35	6.80	3.53	17.87	23.50	4481.98	9309.88
山　西		50.75	3.03	0.05	0.09	11.78	3.02	1531.73	2451.67
内蒙古		44.26	0.04			0.10	0.06	1976.30	3428.00
辽　宁		118.75	3.80	84.06	39.17	12.40	18.74	2439.04	4119.45
吉　林		98.07	23.15	32.99	0.51	21.16	25.32	2271.42	2840.77
黑龙江		129.81	6.72	17.90	16.42	3.13	12.08	1019.16	2128.79
上　海		328.16	25.79	175.67	117.99	28.28	44.72	172.26	793.71
江　苏		595.80	67.73	269.40	366.50	20.23	833.10	5670.60	13277.10
浙　江		360.84	10.52	211.17	448.72	36.82	1058.87	5910.03	10192.46
安　徽		45.64	0.61	19.64	23.80	44.27	13.85	8690.98	6176.69
福　建		41.00	0.23	132.49	31.68	2.78	156.31	3473.08	4641.62
江　西		14.27	1.10		8.63	3.27	16.83	3845.65	5310.82
山　东		349.65	34.21	32.65	9.42	32.93	69.30	9252.57	13909.30
河　南		119.74	2.32	36.81	17.77	38.08	41.86	5297.10	10396.68
湖　北		56.67	0.15		1.05	10.13	7.64	3921.40	6209.69
湖　南		39.49	18.17	13.89	10.56	40.49	3.28	4240.61	6123.51
广　东		462.03	29.14	137.51	71.65	217.58	45.32	7941.82	9597.49
广　西		10.11			1.69	10.98		4427.65	5267.37
海　南		21.42	0.12		22.53	0.05	4.67	470.82	622.49
重　庆		1.87	3.34		5.97	6.23	5.75	2499.11	3277.53
四　川		84.04	10.38	0.30	16.13	58.64	36.95	4627.09	6232.31
贵　州		13.57	0.09		1.67	3.48		1596.43	2075.86
云　南		14.12	8.66		2.80	2.35	3.55	2975.53	4047.59
西　藏								128.35	168.96
陕　西		34.76	0.92			13.06	2.65	2770.30	3646.90
甘　肃		117.11	12.36	2.82	0.07	2.55	0.70	1284.15	1635.14
青　海	241.14	2.76						361.42	458.00
宁　夏		44.70				0.18	0.04	682.81	902.85
新　疆	8.99	128.81	3.18	9.17	8.23	5.10	12.94	1328.07	1672.22

2-A-2 续表 5

地 区	平板玻璃（万重量箱）	生铁（万吨）	粗钢（万吨）	钢材（万吨）	#大型型钢	中小型型钢	棒材	钢筋	线材(盘条)
全 国	**59890.39**	**47824.42**	**50305.75**	**60460.29**	**962.45**	**3075.08**	**4733.43**	**9605.01**	**8053.55**
北 京	90.69	448.79	466.83	656.83	1.45	11.94	113.60	117.21	227.74
天 津	686.14	1521.02	1686.40	3383.76	0.05	227.16	125.84	158.74	68.48
河 北	10427.25	11750.50	11644.09	12093.97	176.89	1189.76	526.28	1280.76	1440.41
山 西	1327.27	2780.37	2350.75	1984.90		103.08	227.50	289.00	435.04
内蒙古	1467.06	1252.76	1217.52	985.13	33.47	2.42	90.46	110.15	65.29
辽 宁	2396.98	4117.33	4032.38	4121.80	1.09	373.30	206.56	312.17	400.44
吉 林	739.35	580.48	643.91	720.89	4.84	138.96	62.96	26.63	66.97
黑龙江	696.06	375.99	478.28	433.52	47.90	0.35	148.32	103.66	28.14
上 海	770.70	1714.85	1974.96	2249.37		64.63	87.44	24.05	74.05
江 苏	5974.75	3981.16	5087.65	7712.56	14.07	110.92	876.29	1409.29	1010.53
浙 江	4336.86	473.65	946.56	1970.37	9.87	48.70	364.91	107.80	237.15
安 徽	844.22	1652.25	1775.97	1960.62	213.73	107.64	46.82	461.51	300.35
福 建	1750.50	570.59	729.94	1078.81		106.15	90.79	355.50	193.71
江 西	601.96	1042.42	1246.75	1314.61		7.39	76.42	514.19	327.66
山 东	5605.97	4511.14	4316.41	5190.95	332.66	301.45	637.33	825.10	627.99
河 南	3167.86	1722.63	2187.21	2577.09	30.07	42.82	251.53	453.35	595.92
湖 北	2951.35	1897.23	1941.49	2194.15	8.96	5.58	246.06	217.34	186.37
湖 南	1459.71	1272.57	1187.04	1340.19	12.10	5.16	117.62	313.67	234.21
广 东	7552.06	702.81	1093.19	2294.25	50.01	52.08	14.18	561.49	282.99
广 西	545.24	623.65	777.55	952.88		30.58	5.20	315.37	190.94
海 南	601.35	15.10	3.51	9.21				4.20	0.55
重 庆	237.62	335.33	351.52	502.68	7.94	32.30	62.43	55.24	135.80
四 川	3179.33	1418.51	1378.90	1681.22	14.61	51.92	119.45	529.67	194.82
贵 州	25.32	338.40	345.03	341.79		0.65	23.28	196.81	115.39
云 南	337.70	1217.70	907.06	886.40	2.68	39.69	96.81	324.71	257.20
西 藏									
陕 西	1359.22	302.78	305.28	513.75	0.06	7.00	0.12	243.88	47.64
甘 肃	576.82	573.90	577.86	583.95		1.28		94.16	141.50
青 海	102.98	92.28	115.07	114.92		1.33	89.90	4.11	9.32
宁 夏	18.35	35.21	0.10	34.48		0.84		30.18	3.10
新 疆	59.74	503.03	536.54	575.24		10.02	25.31	165.04	153.86

2-A-2　续表 6

地　区	特厚板	厚钢板	中板	热轧薄板	冷轧薄板	中厚宽钢带	热轧薄宽钢带	冷轧薄宽钢带	热轧窄钢带
全　国	**459.12**	**2044.89**	**3572.73**	**232.74**	**1532.85**	**7421.47**	**2461.86**	**2119.59**	**3811.37**
北　京	2.96	49.93	57.37					42.82	5.82
天　津	30.02	109.72	118.53	56.18	99.81	320.98	131.72	82.50	446.02
河　北	41.23	234.14	793.15	26.01	69.08	1750.79	1024.42	384.08	2191.46
山　西	4.32	93.49	130.16	1.06	1.79	411.14	141.30	61.29	7.13
内蒙古	1.20	75.94	35.19	0.17	6.44	132.25	2.07	92.98	54.42
辽　宁	28.49	136.28	202.40	1.12	129.08	1140.44	174.95	314.29	
吉　林			0.05	0.16	0.14	116.81	71.83	5.15	137.88
黑龙江	0.16		0.77		0.22			0.08	53.52
上　海	20.11	90.73	151.61	5.17	68.59	515.41	235.78	313.99	0.13
江　苏	25.55	325.85	677.98	39.80	374.48	565.91	203.46	85.84	169.71
浙　江		0.38	7.21	43.30	187.77	7.82	42.22	78.77	123.72
安　徽		32.04	108.16	0.02	22.97	301.33	8.84	131.84	0.66
福　建	6.88	57.51	30.40		20.69	9.59	2.13	8.19	32.51
江　西	15.44	67.23	153.22	0.10	1.72		3.06		11.83
山　东	13.10	171.55	190.66	1.12	119.57	811.31	23.95	99.32	173.84
河　南	148.20	203.91	274.26	8.89	20.72	157.73	13.45	11.39	115.52
湖　北	19.38	51.17	168.65	10.61	80.81	309.80	90.46	134.07	48.86
湖　南	49.36	77.13	86.92	3.05	8.96	88.57	77.09	73.73	41.95
广　东	31.65	102.29	121.58	19.68	268.71	63.79	141.83	82.94	39.75
广　西	12.14	76.68	63.58			225.33		1.75	
海　南					4.46				
重　庆	0.22	37.64	94.61	0.95	16.80		0.89	7.20	0.08
四　川	1.58	2.56	24.40	2.68	18.78	157.84	29.38	46.45	61.04
贵　州									
云　南		0.27	20.32	3.14	10.74	16.60		48.51	27.33
西　藏									
陕　西		0.16	13.44	8.57	0.31		4.72		39.05
甘　肃	7.12	48.15	42.63			194.32	30.74	4.52	
青　海									
宁　夏		0.16							
新　疆			5.48	0.95	0.20	123.73	7.57	7.91	29.14

2-A-2 续表 7

地 区							铁合金	十种有色金属	
	冷轧窄钢带	镀层板（带）	涂层板（带）	电工钢板（带）	无缝钢管	焊接钢管	（万吨）	（万吨）	#精炼铜（电解铜）
全 国	**812.49**	**1967.39**	**434.62**	**448.32**	**2359.86**	**2683.64**	**1991.30**	**2553.63**	**380.06**
北 京	3.02	11.92	3.89			1.76	0.83	0.34	0.34
天 津	37.27	67.32	49.72		329.68	824.28	0.07	3.21	2.78
河 北	90.16	202.00	30.68	0.12	84.02	422.06	15.71	16.02	6.53
山 西	0.18	0.10		36.33	4.97	23.01	102.19	144.08	9.12
内蒙古	3.00	31.15			71.79	26.38	310.62	163.81	13.60
辽 宁	6.36	233.77	28.55	77.23	129.10	116.66	78.76	61.52	6.84
吉 林	7.79	0.04	0.64		45.50	28.55	59.63	4.39	
黑龙江	6.31		0.68		18.62	11.24	1.52	0.77	0.07
上 海	12.68	270.28	53.49	98.70	86.20	56.66	0.53	13.87	10.92
江 苏	221.29	370.23	99.57	15.20	475.77	247.71	39.81	53.27	16.52
浙 江	116.42	110.71	37.19	45.01	138.02	206.72	19.18	37.64	26.51
安 徽	24.25	70.61	11.72	14.10	58.35	5.10	1.60	93.94	53.62
福 建	31.77	60.92	22.98	0.30	3.08	24.00	18.21	9.80	0.65
江 西	14.74	0.03		6.89	65.01	5.63	6.39	91.18	78.13
山 东	21.81	161.49	27.83		388.68	162.17	48.38	194.79	46.12
河 南	100.81	11.29	4.03		63.64	43.00	153.08	465.82	4.21
湖 北	5.20	152.08	26.56	134.17	82.91	52.82	21.92	73.56	26.72
湖 南	3.05	3.10			128.65	6.87	184.97	191.47	1.77
广 东	72.73	168.99	29.12	12.22	18.06	124.81	3.16	44.02	6.39
广 西	0.12				3.44	15.89	202.48	100.58	
海 南							0.31		
重 庆	6.81	0.24	1.73	8.06	14.88	10.55	34.01	20.35	0.18
四 川	26.01	36.70			118.84	83.83	150.54	66.46	0.14
贵 州		0.08			1.73	0.31	166.43	63.63	0.01
云 南	0.31	0.06	5.60		0.06	25.15	68.27	203.44	31.35
西 藏								0.12	0.12
陕 西	0.18	0.05			16.87	112.34	33.17	76.96	0.12
甘 肃	0.10					7.28	95.71	167.02	36.69
青 海					10.14		73.10	113.95	
宁 夏						0.18	90.37	70.61	0.05
新 疆	0.11	4.23	0.65		1.87	38.67	10.35	6.99	0.54

2-A-2 续表 8

地 区				氧化铝	铜材	铝材	金属切削机床	大中型拖拉机	汽车
	铅	锌	原铝（电解铝）	（万吨）	（万吨）	（万吨）	（万台）	（台）	（万辆）
全 国	**348.78**	**403.61**	**1316.54**	**2302.92**	**880.76**	**1704.24**	**71.73**	**284387**	**930.59**
北 京					2.47	2.31	0.91		76.62
天 津		0.43			14.50	6.62	0.22	12762	54.12
河 北	8.88	0.12			4.45	31.84	0.12	487	32.16
山 西	0.28	1.85	96.89	338.53	2.34	6.67	0.18		0.08
内蒙古	3.87	19.76	125.41		20.22	9.00			3.00
辽 宁	4.03	36.86	10.77		19.86	78.45	15.03	372	34.08
吉 林			4.16	0.98	1.82	6.31	0.12	267	73.85
黑龙江	0.05		0.65		0.43	7.81	0.79	2808	19.01
上 海	2.94				32.54	21.32	1.63	12108	80.65
江 苏	13.02	13.71	10.00		189.98	185.62	11.50	65908	29.35
浙 江	0.46	4.51	6.07		180.41	125.68	12.62	21352	18.46
安 徽	39.82	0.31	0.21	1.21	61.87	9.86	2.95		57.15
福 建	1.42	0.17	7.55		11.24	65.41	0.57	563	9.51
江 西	9.37	1.19			118.78	12.18	0.20	3546	21.14
山 东	0.17		148.39	665.25	24.27	205.76	12.99	63552	42.82
河 南	111.52	21.55	325.08	868.25	39.46	267.24	0.68	44387	8.39
湖 北	5.56	0.09	40.88		6.65	22.80	0.58	2328	78.86
湖 南	66.38	78.36	30.16	3.59	32.18	50.32	0.56	211	8.10
广 东	12.86	24.73			99.58	402.96	3.15		88.58
广 西	14.34	32.02	49.82	251.26	1.92	25.38	0.35	561	70.27
海 南									8.51
重 庆	6.89	0.11	12.91	29.98	3.48	80.52	0.64		76.64
四 川	0.17	17.57	47.71		4.27	34.23	0.44	3338	6.90
贵 州	0.31	2.33	58.12	143.88	0.11	2.24	0.13		0.01
云 南	35.47	78.48	50.86		0.91	20.14	2.79	49330	4.31
西 藏									
陕 西	4.72	36.54	26.96		1.87	5.89	1.69		26.82
甘 肃	2.08	21.74	95.82		1.03	9.69	0.42		0.94
青 海	0.60	10.89	102.38		3.14	4.02	0.09		
宁 夏	3.16	0.23	60.36			0.78	0.39		
新 疆	0.40	0.06	5.38		0.99	3.18		507	0.25

2-A-2 续表 9

地 区			两轮脚踏自行车(万辆)	发电机组(发电设备)(万千瓦)	家 用电冰箱(万台)	房间空气调节器(万台)	家 用洗衣机(万台)	程 控交换机(万线)	传真机(万部)
	#基本型乘用车(轿车)	载货汽车							
全 国	**503.81**	**202.70**	**7185.18**	**13942.42**	**4799.95**	**8147.37**	**4447.00**	**4583.95**	**749.40**
北 京	28.32	40.44	0.21	589.66			0.80	1595.36	
天 津	53.81	0.13	2402.43	400.94	59.38	499.84	38.67	4.77	6.73
河 北	1.05	17.14	39.32	0.71			18.12	11.47	
山 西		0.08							
内蒙古		2.55							
辽 宁	11.58	9.63		9.74	139.18	213.54		26.41	
吉 林	59.42	3.09	1.24						
黑龙江	4.31	3.69	0.12	3675.07					
上 海	78.76	0.11	620.09	2858.93	165.08	444.16	236.04	456.00	152.54
江 苏	11.63	4.93	1083.67	769.57	595.80	596.51	670.21	13.55	0.26
浙 江	14.95	2.03	1315.62	490.20	600.04	337.59	1627.78	166.23	
安 徽	29.27	13.89	1.20	9.22	1114.60	661.22	705.19		
福 建	2.79	1.55	0.54	63.80				1.04	0.04
江 西	6.69	11.05	0.13	22.99	76.03	130.63	0.01	0.93	
山 东	16.31	25.03	86.42	675.87	726.40	360.91	428.93	338.40	329.68
河 南		4.24	19.67	72.67	290.85	13.41	5.53		
湖 北	25.65	32.61	0.82	183.07	29.03	493.74	46.73	0.06	
湖 南	3.79	0.48		15.76	37.02	0.92	55.73	0.68	
广 东	81.93	0.13	1569.15	100.43	764.43	3885.70	318.01	1967.54	260.15
广 西	4.23	5.38	5.60	33.80			0.06		
海 南	8.28								
重 庆	40.72	14.06		23.81		433.41	107.13		
四 川		4.56	37.52	3541.83	35.29	75.79	178.26		
贵 州					144.36				
云 南	0.09	4.10		87.54				0.38	
西 藏									
陕 西	19.30	1.52	1.23		22.35			1.13	
甘 肃	0.94			154.88	0.10		9.81		
青 海									
宁 夏									
新 疆		0.25	0.20	161.95					

2-A-2　续表 10

地　区	移动通信手持机(手机)(万台)	微型计算机设备(万台)	#笔记本计算机	集成电路(亿块)	彩　色电视机(万台)	照相机(万台)	发电量(亿千瓦小时)	#火力发电量	水力发电量
全　国	**55945.10**	**15853.65**	**11943.85**	**438.77**	**9187.14**	**8193.03**	**34957.61**	**27072.30**	**6369.60**
北　京	20725.51	688.05	33.20	19.11		49.00	243.35	242.99	0.36
天　津	9055.50	4.44		6.58	203.58	1014.82	382.26	377.93	0.14
河　北				0.05			1527.75	1407.60	10.95
山　西		0.26					1793.78	1764.93	23.36
内蒙古	17.59				866.75		2183.85	2071.98	11.18
辽　宁	88.06	0.13		0.52	495.66	0.06	1137.84	1085.26	38.58
吉　林	30.75				28.68		577.67	398.63	58.91
黑龙江		2.92			0.75		732.96	696.62	17.56
上　海	568.24	6940.84	6261.45	88.79	192.82	90.66	773.62	765.25	
江　苏	2001.48	6096.59	4558.26	144.05	833.60	2647.13	2815.03	2631.34	6.65
浙　江	3040.66	105.65	105.34	22.83	356.38	165.58	1905.09	1519.53	143.49
安　徽		0.05			237.35		1124.83	1096.32	28.14
福　建	716.56	647.32	268.77	0.05	584.67	364.09	1127.27	715.97	399.61
江　西	139.87				51.75	3.86	576.14	407.54	167.26
山　东	3364.84	45.37		1.84	237.16		2647.50	2598.25	2.80
河　南		0.63	0.63		101.32		1977.78	1754.92	98.77
湖　北	367.53			0.01		160.00	1828.44	525.63	1272.47
湖　南	0.58				7.84		927.25	520.06	407.00
广　东	14584.89	1316.23	716.18	122.86	4079.39	3697.76	2716.25	1968.54	388.31
广　西	86.32	0.93			15.09		868.53	301.26	522.97
海　南							120.77	107.90	12.72
重　庆	418.25	2.65			10.72		457.25	284.88	171.61
四　川	681.32	0.06	0.02	1.21	799.37		1382.97	400.85	980.86
贵　州	57.11			0.16	79.25		1211.03	816.97	394.04
云　南							1078.52	388.44	647.28
西　藏							18.46	0.14	14.53
陕　西	0.05	1.55				0.08	853.00	786.58	64.23
甘　肃				30.71			697.71	479.27	188.72
青　海							310.46	103.23	207.10
宁　夏							471.17	449.28	16.08
新　疆					5.00		489.07	404.25	73.93

附　录

主要指标解释

主要指标解释

工业总产值(当年价格) 指工业企业在本年内生产的以货币形式表现的工业最终产品和提供工业劳务活动的总价值量。

(1)工业总产值计算应遵循的原则

①工业生产的原则。即凡是企业在本年内生产的最终产品和提供的劳务，均应包括在内。其中的最终产品，不管是否在本年内销售，只要是本年内生产的，就应包括在内。凡不是工业生产的产品，均不得计入工业总产值。

②最终产品的原则。即企业生产的成品价值必须是本企业生产的，经检验合格不需再进行任何加工的最终产品。企业对外销售的半成品也应视为最终产品计入工业总产值。而在本企业内各车间转移的半成品和在制品只能计算其期末期初差额价值。

③“工厂法”原则。即以法人工业企业作为一个整体计算工业总产值，是其本年内生产的最终产品和提供劳务的总价值量。

(2)工业总产值的内容

包括三部分：生产的成品价值、对外加工费收入、自制半成品在制品期末期初差额价值。

①成品价值：指企业在本年内生产，并在本年内不再进行加工，经检验合格、包装入库的已经销售和准备销售的全部工业成品(包括半成品)价值合计。成品价值中包括企业生产的自制设备及提供给本企业在建工程、其他非工业部门和生活福利部门等单位使用的成品价值，但不包括用订货者来料加工的成品(半成品)价值。

工业总产值是按现行价格计算的。成品价值按成品实物量乘以本年不含应交增值税(销项税额)的产品实际销售平均单价计算。会计核算中按成本价格转帐的自制设备和自产自用的成品，按成本价格计算生产成品价值。

②对外加工费收入：指企业在本年内完成的对外承做的工业品加工(包括用订货者来料加工生产)的加工费收入和对外工业品修理作业所收取的加工费收入。对外加工费收入按不含应交增值税(销项税额)的价格计算，可根据会计“产品销售收入”科目的有关资料取得。

对于以对外加工生产为主，对外加工费收入所占比重较大的企业，如果对外加工费收入出现跨年度支付的情况，为保证总产值生产口径计算的准确性，则应将对外加工费收入按实际情况调整，记录本年应实际收取的对外加工费收入。

③自制半成品在制品期末期初差额价值。为了使工业总产值与工业中间投入中的物耗价值一致，以便同口径地计算工业增加值，规定本指标的计算原则是：凡是企业会计产品成本核算中计算半成品、在制品成本，则工业总产值中必须包括自制半成品在制品期末期初差额价值。反之则不包括。

自制半成品在制品期末期初差额价值等于自制半成品在制品期末价值减去期初价值后的余额，如果期末价值小于期初价值，该指标为负值，企业在计算产值时，应按负值计算，不能作为零处理。

(3)工业总产值计算的几种具体规定

①凡自备原材料，不论其加工繁简程度如何，一律按全价，即包括自备原材料的价值，计算工业总产值。

②凡来料加工，加工企业一律按财务上结算的加工费计算工业总产值，即不包括定货者来料的价值。一般分两种情况：a、工业企业之间的来料加工，加工企业(即承包单位)按财务上结算的加工费计算工业总产值；委托加工的企业(即发包单位)按全价计算工业总产值。b、工业企业与非工业企业之间的来料加工，当工业企业作为加工企业时一律按加工费计算工业总产值。

③自制半成品、在制品期末期初差额价值，原则上应计入工业总产值，但如果会计产品成本核算中不计算自制半成品、在制品成本，则不计入工业总产值；如果会计产品成本核算中计算自制半成品、在制品成本的，则计入工业总产值。

工业销售产值(当年价格) 是以货币形式表现的、工业企业在本年内销售的本企业生产的工业产品或提供工业性劳务价值的总价值量。工业销售产值包括的内容为：

(1)销售成品价值：指企业在报告期内实际销售(包括本期生产和非本期生产)的全部成品、半成品的总价值，即按报告期产品的实际销售数量乘以不含增值税(销项税额)的产品实际销售平均单价计算。销售成品价值包括为本企业在建工程，生活福利部门等提供的成品和自制设备价值，不包括用定货者来料加工的成品和半成品价值。

(2)对外加工费收入：指企业在报告期内完成的对外承接的工业品加工(包括用定货者来料加工的产品)的加工费收入；对外工业品修理作业可收取的加工费收入和对内非工业部门提供的加工修理、设备安装等收入。对外加工费收入按不含增值税(销项税额)的价格计算。

出口交货值 指工业企业交给外贸部门或自营(委托)出口(包括销往香港、澳门、台湾)，用外汇价格结算的产品价值，以及外商来样、来料加工、来件装配和补偿贸易等生产的产品价值。在计算出口交货值时，要把外汇价格按交易时的汇率折成人民币计算。

资产总计 指企业拥有或控制的能以货币计量的经济资源，包括各种财产、债权和其他权利。资产按其流动性(即资产的变现能力和支付能力)划分为：流动资产、长期投资、固定资产、无形资产、递延资产和其他资产。根据会计“资产负债表”中“资产总计”项的年末数填列。

流动资产合计 指企业可以在一年内或者超过一年的一

个生产周期内变现或者耗用的资产，包括现金及各种存款、短期投资，应收及预付款项、存货等。根据会计“资产负债表”中“流动资产合计”项的年末数填列。

应收账款 指企业因销售商品、产品、提供劳务等，应向购货单位或接受劳务单位收取款项。该指标根据会计“资产负债表”中“应收账款”项的年末数填报。未执行 2001 年《企业会计制度》的企业，用“应收账款净额”年末数代替。

存货 指企业在生产经营过程中为销售或耗用而储备的各种资产，包括原材料、周转材料、包装物、低值易耗品、在产品、自制半成品、产成品等。根据会计“资产负债表”中“存货”项的年末数填列。“年初存货”根据会计“资产负债表”中“存货”项的年初数填列。

产成品 指企业报告期末已经加工生产并完成全部生产过程，可以对外销售的制成产品。根据企业会计“资产负债表”中“产成品”的年末数填报。

流动资产年平均余额 指企业在报告期内全部流动资产的平均余额。计算公式为：

$$流动资产年平均余额=\frac{1至12月各月流动资产平均余额之和}{12}$$

或：

$$流动资产年平均余额=\frac{1至12月各月月初、月末流动资产之和}{24}$$

其中：

$$流动资产=\frac{月初流动资产合计+月末流动资产合计}{2}$$

$$流动资产季平均余额=\frac{季内各月流动资产平均余额}{3}$$

固定资产合计 指企业使用期限超过一年的房屋、建筑物、机器、机械、运输工具以及其他与生产、经营有关的设备、器具、工具等。不属于生产经营主要设备的物品，单位价值在 2000 元以上，并且使用年限超过 2 年的，也应当作为固定资产。“固定资产合计”根据会计“资产负债表”中“固定资产合计”项的年末数填列。

固定资产原价 指企业在建造、购置、安装、改建、扩建、技术改造某项固定资产时所支出的全部货币总额。根据会计“资产负债表”中“固定资产原价”项的年末数填列。

累计折旧 指企业在报告期末提取的历年固定资产折旧累计数。根据会计“资产负债表”中“累计折旧”项的年末数填列。

固定资产净值 指固定资产原价减去累计折旧后的净额。

固定资产净值年平均余额 指报告期内固定产值净额的平均数。计算公式为：

$$固定资产净值年平均余额=\frac{1至12月各月固定资产净值平均余额之和}{12}$$

或：

$$固定资产净值年平均余额=\frac{1至12月各月月初、月末固定资产净值之和}{24}$$

其中：

$$固定资产净值月平均余额=\frac{月初固定资产净值+月末固定资产净额}{2}$$

$$固定资产净值季平均余额=\frac{季内各月固定资产净值平均余额}{3}$$

负债合计 指企业所承担的能以货币计量，将以资产或劳务偿付的债务，偿还形式包括货币、资产或提供劳务。负债一般按偿还期长短分为流动负债和长期负债。根据会计“资产负债表”中“负债合计”的年末数填列。

流动负债合计 指企业在一年内或超过一年的一个营业周期内需要偿还的债务，包括短期借款、应付票据、应付帐款、预收帐款、应付工资、应交税金、应付利润、预提费用等。根据企业会计“资产负债表”中“流动负债合计”的年末数填报。

所有者权益合计 指企业投资人对企业净资产的所有权。企业净资产为企业全部资产与企业全部负债的差额，包括实收资本、资本公积、盈余公积、未分配利润等。根据会计“资产负债表”中“所有者权益”项的年末数填列。

实收资本 指企业投资者实际投入的资本(或股本)，包括货币、实物、无形资产等各种形式的投入。实收资本按投资主体可分为国家资本、集体资本、法人资本、个人资本、港澳台资本和外商资本。根据会计“资产负债表”中“实收资本”项的年末数填列。

国家资本 指有权代表国家投资的政府部门或机构、直属事业单位对企业形成的资本金。根据会计“实收资本”科目计算填列。

集体资本 指由本企业职工等自然人集体投资或各种机构对企业进行扶持形成的集体性质的资本金。根据会计“实收资本”科目计算填列。

法人资本 指法人以其依法可支配的资产投入企业形成的资本金。根据会计“实收资本”科目计算填列。

个人资本 指自然人实际投入企业的资本金。根据会计“实收资本”科目计算填列。

港澳台资本 指我国香港、澳门和台湾地区投资者实际投入企业的资本金。根据会计“实收资本”科目计算填列。

外商资本 指外国投资者实际投入企业的资本金。根据会计“实收资本”科目计算填列。

主营业务收入 指企业经营主要业务所取得的收入总额。执行 2006 年《企业会计准则》的企业，如果未设置该项科目，则以营业收入发生额代替填列。

主营业务成本 指企业经营主要业务发生的实际成本。根据会计“利润表”中对应指标计算填列。执行 2006 年《企业会计准则》的企业，如果未设置该项科目，则以营业成本发生额代替填列。

主营业务税金及附加 指企业经营主要业务应负担的营业税、消费税、城市维护建设税、资源税、土地增值税、教育费附加。根据会计“利润表”中对应指标“本年累计数”填列。执行 2006 年《企业会计准则》的企业，如果未设置该项科目，则以营业税金及附加发生额代替填列。

营业费用 指企业在销售商品过程中发生的各项费用，

根据“利润表”中对应项目的“本年累计数”填列。

管理费用 指企业行政管理部门为组织和管理生产经营活动而发生的各项费用。根据会计“利润表”中对应指标本年累计数填列。

税金 指企业按规定从管理费用中支付的各种税金，包括房产税、土地使用税、车船使用税、印花税等。根据会计“管理费用”科目归纳本年累计数填列。

财务费用 指企业为筹集生产经营所需资金等而发生的费用，包括利息支出、汇兑损失以及相关的金融机构手续费等。根据会计“利润表”中对应指标本年累计数填列。

利息支出 指企业在生产经营期间利息支出扣除利息收入后的净额。根据会计“财务费用”科目归纳计算填列。

营业利润 指企业从事生产经营活动所产生的利润，即主营业务利润加其他业务利润扣除管理费用、财务费用后的净额。根据会计“利润表”中对应指标本年累计数填列。

利润总额 指企业在生产经营过程中各种收入扣除各种耗费后的盈余，反映企业在报告期内实现的亏盈总额。根据会计“利润表”中的对应指标本年累计数填列。

应交所得税 指企业按税法规定，应从生产经营等活动的所得中交纳的税金。根据会计“利润表”中的对应指标本年累计数填列。

本年应交增值税 指企业按税法规定，从事货物销售或提供加工、修理修配劳务等增加货物价值的活动本期应交纳的税金。指企业在报告期应交增值税额。计算公式为:

本年应交增值税=销项税额-(进项税额-进项税额转出)
-出口抵减内销产品应纳税额-减免税款+出口退税

全部从业人员年平均人数 指年内每月平均拥有的人数，其计算公式为:

$$全部从业人员年平均人数=\frac{1月末从业人员数+2月末从业人员数+\cdots+12月末从业人员数}{12}$$

中国经济普查年鉴

China Economic Census Yearbook

2008

第二产业卷｜下

国务院第二次全国经济普查领导小组办公室 编

中国统计出版社
China Statistics Press

(京)新登字041号

图书在版编目（CIP）数据

中国经济普查年鉴. 2008/国务院第二次全国经济普查领导小组办公室编. ——北京：中国统计出版社，2010.9

ISBN 978-7-5037-5948-2

Ⅰ. ①中… Ⅱ. ①国… Ⅲ. ①经济－普查－中国－2008－年鉴 Ⅳ. ①F123-54

中国版本图书馆CIP数据核字（2010）第096521号

中国经济普查年鉴—2008/第二产业卷（下）

作　　者/国务院第二次全国经济普查领导小组办公室
责任编辑/王振宇
封面设计/黄俊杰　李雪燕
出版发行/中国统计出版社
通信地址/北京市西城区月坛南街57号
邮政编码/100826
办公地址/北京市丰台区西三环南路甲6号
邮政编码/100073
网　　址/www.stats.gov.cn/tjshujia
电　　话/邮购（010）63376907　书店（010）68783172
印　　刷/河北天普润印刷厂
经　　销/新华书店
开　　本/880×1230毫米　1/16
字　　数/1200千字
印　　张/38.75
版　　别/2010年10月第1版
版　　次/2010年10月第1次印刷
书　　号/ISBN 978-7-5037-5948-2/F・2917
定　　价/990.00元（全五册附光盘）

编辑委员会

第一篇

主　　编　马京奎
副 主 编　察志敏
编辑人员　（以姓氏笔画为序）
邓永旭　关晓静　李　胤　赵利婧　骞金昌
数据处理　骞金昌
校　　对　关晓静

第二篇

主　　编　魏贵祥
副 主 编　贾　海　李万茂　赵培亚
编辑人员　（以姓氏笔画为序）
王明亮　许春伟　张　刚　陈宝顺　李俊波
李　皎　罗毅飞　俞家红　翟善清
数据处理　罗毅飞　张　刚
校　　对　李俊波

第二产业卷(下)　目录

第一篇　规模以上工业企业科技情况

A.科技活动主要指标

1-A-1　工业企业科技活动主要指标 …… 2
1-A-2　分登记注册类型工业企业科技活动主要指标 …… 4
1-A-3　分登记注册类型大中型工业企业科技活动主要指标 …… 6
1-A-4　制造业企业科技活动主要指标 …… 8
1-A-5　大中型制造业企业科技活动主要指标 …… 12

B.科技活动企业分布情况

1-B-1　分登记注册类型工业企业科技活动分布情况 …… 16
1-B-2　分行业工业企业科技活动分布情况 …… 17
1-B-3　国有控股制造业企业科技活动分布情况 …… 22
1-B-4　内资制造业企业科技活动分布情况 …… 23
1-B-5　港澳台商投资制造业企业科技活动分布情况 …… 24
1-B-6　外商投资制造业企业科技活动分布情况 …… 25
1-B-7　各地区工业企业科技活动分布情况 …… 26
1-B-8　各地区国有控股工业企业科技活动分布情况 …… 27
1-B-9　各地区内资工业企业科技活动分布情况 …… 28
1-B-10　各地区港澳台商投资工业企业科技活动分布情况 …… 29
1-B-11　各地区外商投资工业企业科技活动分布情况 …… 30
1-B-12　分登记注册类型大中型工业企业科技活动分布情况 …… 31
1-B-13　分行业大中型工业企业科技活动分布情况 …… 32
1-B-14　国有控股大中型制造业企业科技活动分布情况 …… 37
1-B-15　内资大中型制造业企业科技活动分布情况 …… 38
1-B-16　港澳台商投资大中型制造业企业科技活动分布情况 …… 39
1-B-17　外商投资大中型制造业企业科技活动分布情况 …… 40
1-B-18　各地区大中型工业企业科技活动分布情况 …… 41
1-B-19　各地区国有控股大中型工业企业科技活动分布情况 …… 42
1-B-20　各地区内资大中型工业企业科技活动分布情况 …… 43
1-B-21　各地区港澳台商投资大中型工业企业科技活动分布情况 …… 44
1-B-22　各地区外商投资大中型工业企业科技活动分布情况 …… 45

C.科技活动人员情况

1-C-1　分登记注册类型工业企业科技活动人员情况 …… 46
1-C-2　分行业工业企业科技活动人员情况 …… 47
1-C-3　国有控股制造业企业科技活动人员情况 …… 52
1-C-4　内资制造业企业科技活动人员情况 …… 53
1-C-5　港澳台商投资制造业企业科技活动人员情况 …… 54
1-C-6　外商投资制造业企业科技活动人员情况 …… 55
1-C-7　各地区工业企业科技活动人员情况 …… 56
1-C-8　各地区国有控股工业企业科技活动人员情况 …… 57
1-C-9　各地区内资工业企业科技活动人员情况 …… 58
1-C-10　各地区港澳台商投资工业企业科技活动人员情况 …… 59
1-C-11　各地区外商投资工业企业科技活动人员情况 …… 60
1-C-12　分登记注册类型大中型工业企业科技活动人员情况 …… 61
1-C-13　分行业大中型工业企业科技活动人员情况 …… 62
1-C-14　国有控股大中型制造业企业科技活动人员情况 …… 67
1-C-15　内资大中型制造业企业科技活动人员情况 …… 68
1-C-16　港澳台商投资大中型制造业企业科技活动人员情况 …… 69
1-C-17　外商投资大中型制造业企业科技活动人员情况 …… 70
1-C-18　各地区大中型工业企业科技活动人员情况 …… 71
1-C-19　各地区国有控股大中型工业企业科技活动人员情况 …… 72
1-C-20　各地区内资大中型工业企业科技活动人员情况 …… 73
1-C-21　各地区港澳台商投资大中型工业企业科技活动人员情况 …… 74
1-C-22　各地区外商投资大中型工业企业科技活动人员情况 …… 75

D.科技活动经费筹集情况

1-D-1　分登记注册类型工业企业科技活动经费筹集情况 …… 76
1-D-2　分行业工业企业科技活动经费筹集情况 …… 77
1-D-3　国有控股制造业企业科技活动经费筹集情况 …… 82
1-D-4　内资制造业企业科技活动经费筹集情况 …… 83
1-D-5　港澳台商投资制造业企业科技活动经费筹集情况 …… 84
1-D-6　外商投资制造业企业科技活动经费筹集情况 …… 85
1-D-7　各地区工业企业科技活动经费筹集情况 …… 86
1-D-8　各地区国有控股工业企业科技活动经费筹集情况 …… 87
1-D-9　各地区内资工业企业科技活动经费筹集情况 …… 88
1-D-10　各地区港澳台商投资工业企业科技活动经费筹集情况 …… 89
1-D-11　各地区外商投资工业企业科技活动经费筹集情况 …… 90
1-D-12　分登记注册类型大中型工业企业科技活动经费筹集情况 …… 91
1-D-13　分行业大中型工业企业科技活动经费筹集情况 …… 92
1-D-14　国有控股大中型制造业企业科技活动经费筹集情况 …… 97
1-D-15　内资大中型制造业企业科技活动经费筹集情况 …… 98
1-D-16　港澳台商投资大中型制造业企业科技活动经费筹集情况 …… 99
1-D-17　外商投资大中型制造业企业科技活动经费筹集情况 …… 100
1-D-18　各地区大中型工业企业科技活动经费筹集情况 …… 101

1-D-19 各地区国有控股大中型工业企业科技活动经费筹集情况 …… 102
1-D-20 各地区内资大中型工业企业科技活动经费筹集情况 …… 103
1-D-21 各地区港澳台商投资大中型工业企业科技活动经费筹集情况 …… 104
1-D-22 各地区外商投资大中型工业企业科技活动经费筹集情况 …… 105

E.科技活动经费内部支出情况

1-E-1 分登记注册类型工业企业科技活动经费内部支出情况 …… 106
1-E-2 分行业工业企业科技活动经费内部支出情况 …… 107
1-E-3 国有控股制造业企业科技活动经费内部支出情况 …… 112
1-E-4 内资制造业企业科技活动经费内部支出情况 …… 113
1-E-5 港澳台商投资制造业企业科技活动经费内部支出情况 …… 114
1-E-6 外商投资制造业企业科技活动经费内部支出情况 …… 115
1-E-7 各地区工业企业科技活动经费内部支出情况 …… 116
1-E-8 各地区国有控股工业企业科技活动经费内部支出情况 …… 117
1-E-9 各地区内资工业企业科技活动经费内部支出情况 …… 118
1-E-10 各地区港澳台商投资工业企业科技活动经费内部支出情况 …… 119
1-E-11 各地区外商投资工业企业科技活动经费内部支出情况 …… 120
1-E-12 分登记注册类型大中型工业企业科技活动经费内部支出情况 …… 121
1-E-13 分行业大中型工业企业科技活动经费内部支出情况 …… 122
1-E-14 国有控股大中型制造业企业科技活动经费内部支出情况 …… 127
1-E-15 内资大中型制造业企业科技活动经费内部支出情况 …… 128
1-E-16 港澳台商投资大中型制造业企业科技活动经费内部支出情况 …… 129
1-E-17 外商投资大中型制造业企业科技活动经费内部支出情况 …… 130
1-E-18 各地区大中型工业企业科技活动经费内部支出情况 …… 131
1-E-19 各地区国有控股大中型工业企业科技活动经费内部支出情况 …… 132
1-E-20 各地区内资大中型工业企业科技活动经费内部支出情况 …… 133
1-E-21 各地区港澳台商投资大中型工业企业科技活动经费内部支出情况 …… 134
1-E-22 各地区外商投资大中型工业企业科技活动经费内部支出情况 …… 135

F.科技活动经费外部支出情况

1-F-1 分登记注册类型工业企业科技活动经费外部支出情况 …… 136
1-F-2 分行业工业企业科技活动经费外部支出情况 …… 137
1-F-3 国有控股制造业企业科技活动经费外部支出情况 …… 142
1-F-4 内资制造业企业科技活动经费外部支出情况 …… 143
1-F-5 港澳台商投资制造业企业科技活动经费外部支出情况 …… 144
1-F-6 外商投资制造业企业科技活动经费外部支出情况 …… 145
1-F-7 各地区工业企业科技活动经费外部支出情况 …… 146
1-F-8 各地区国有控股工业企业科技活动经费外部支出情况 …… 147
1-F-9 各地区内资工业企业科技活动经费外部支出情况 …… 148
1-F-10 各地区港澳台商投资工业企业科技活动经费外部支出情况 …… 149
1-F-11 各地区外商投资工业企业科技活动经费外部支出情况 …… 150
1-F-12 分登记注册类型大中型工业企业科技活动经费外部支出情况 …… 151
1-F-13 分行业大中型工业企业科技活动经费外部支出情况 …… 152

1-F-14 国有控股大中型制造业企业科技活动经费外部支出情况 …… 157
1-F-15 内资大中型制造业企业科技活动经费外部支出情况 …… 158
1-F-16 港澳台商投资大中型制造业企业科技活动经费外部支出情况 …… 159
1-F-17 外商投资大中型制造业企业科技活动经费外部支出情况 …… 160
1-F-18 各地区大中型工业企业科技活动经费外部支出情况 …… 161
1-F-19 各地区国有控股大中型工业企业科技活动经费外部支出情况 …… 162
1-F-20 各地区内资大中型工业企业科技活动经费外部支出情况 …… 163
1-F-21 各地区港澳台商投资大中型工业企业科技活动经费外部支出情况 …… 164
1-F-22 各地区外商投资大中型工业企业科技活动经费外部支出情况 …… 165

G.研究与试验发展（R&D）活动情况

1-G-1 分登记注册类型工业企业研究与试验发展（R&D)活动情况 …… 166
1-G-2 分行业工业企业研究与试验发展（R&D)活动情况 …… 167
1-G-3 国有控股制造业企业研究与试验发展（R&D)活动情况 …… 172
1-G-4 内资制造业企业研究与试验发展（R&D)活动情况 …… 173
1-G-5 港澳台商投资制造业企业研究与试验发展（R&D)活动情况 …… 174
1-G-6 外商投资制造业企业研究与试验发展（R&D)活动情况 …… 175
1-G-7 各地区工业企业研究与试验发展（R&D)活动情况 …… 176
1-G-8 各地区国有控股工业企业研究与试验发展（R&D)活动情况 …… 177
1-G-9 各地区内资工业企业研究与试验发展（R&D)活动情况 …… 178
1-G-10 各地区港澳台商投资工业企业研究与试验发展（R&D)活动情况 …… 179
1-G-11 各地区外商投资工业企业研究与试验发展（R&D)活动情况 …… 180
1-G-12 分登记注册类型大中型工业企业研究与试验发展（R&D)活动情况 …… 181
1-G-13 分行业大中型工业企业研究与试验发展（R&D)活动情况 …… 182
1-G-14 国有控股大中型制造业企业与试验发展（R&D)活动情况 …… 187
1-G-15 内资大中型制造业企业研究与试验发展（R&D)活动情况 …… 188
1-G-16 港澳台商投资大中型制造业企业与试验发展（R&D)活动情况 …… 189
1-G-17 外商投资大中型制造业企业研究与试验发展（R&D)活动情况 …… 190
1-G-18 各地区大中型工业企业研究与试验发展（R&D)活动情况 …… 191
1-G-19 各地区国有控股大中型工业企业与试验发展（R&D)活动情况 …… 192
1-G-20 各地区内资大中型工业企业研究与试验发展（R&D)活动情况 …… 193
1-G-21 各地区港澳台商投资大中型工业企业研究与试验发展（R&D)活动情况 …… 194
1-G-22 各地区外商投资大中型工业企业研究与试验发展（R&D）活动情况 …… 195

H.企业办科技机构情况

1-H-1 分登记注册类型工业企业办科技机构情况 …… 196
1-H-2 分行业工业企业办科技机构情况 …… 197
1-H-3 国有控股制造业企业办科技机构情况 …… 202
1-H-4 内资制造业企业办科技机构情况 …… 203
1-H-5 港澳台商投资制造业企业办科技机构情况 …… 204
1-H-6 外商投资制造业企业办科技机构情况 …… 205
1-H-7 各地区工业企业办科技机构情况 …… 206
1-H-8 各地区国有控股工业企业办科技机构情况 …… 207

1-H-9　各地区内资工业企业办科技机构情况 …… 208
1-H-10　各地区港澳台商投资工业企业办科技机构情况 …… 209
1-H-11　各地区外商投资工业企业办科技机构情况 …… 210
1-H-12　分登记注册类型大中型工业企业办科技机构情况 …… 211
1-H-13　分行业大中型工业企业办科技机构情况 …… 212
1-H-14　国有控股大中型制造业企业办科技机构情况 …… 217
1-H-15　内资大中型制造业企业办科技机构情况 …… 218
1-H-16　港澳台商投资大中型制造业企业办科技机构情况 …… 219
1-H-17　外商投资大中型制造业企业办科技机构情况 …… 220
1-H-18　各地区大中型工业企业办科技机构情况 …… 221
1-H-19　各地区国有控股大中型工业企业办科技机构情况 …… 222
1-H-20　各地区内资大中型工业企业办科技机构情况 …… 223
1-H-21　各地区港澳台商投资大中型工业企业办科技机构情况 …… 224
1-H-22　各地区外商投资大中型工业企业办科技机构情况 …… 225

I.科技项目情况

1-I-1　分登记注册类型工业企业科技项目情况 …… 226
1-I-2　分行业工业企业科技项目情况 …… 227
1-I-3　国有控股制造业企业科技项目情况 …… 232
1-I-4　内资制造业企业科技项目情况 …… 233
1-I-5　港澳台商投资制造业企业科技项目情况 …… 234
1-I-6　外商投资制造业企业科技项目情况 …… 235
1-I-7　各地区工业企业科技项目情况 …… 236
1-I-8　各地区国有控股工业企业科技项目情况 …… 237
1-I-9　各地区内资工业企业科技项目情况 …… 238
1-I-10　各地区港澳台商投资工业企业科技项目情况 …… 239
1-I-11　各地区外商投资工业企业科技项目情况 …… 240
1-I-12　分登记注册类型大中型工业企业科技项目情况 …… 241
1-I-13　分行业大中型工业企业科技项目情况 …… 242
1-I-14　国有控股大中型制造业企业科技项目情况 …… 247
1-I-15　内资大中型制造业企业科技项目情况 …… 248
1-I-16　港澳台商投资大中型制造业企业科技项目情况 …… 249
1-I-17　外商投资大中型制造业企业科技项目情况 …… 250
1-I-18　各地区大中型工业企业科技项目情况 …… 251
1-I-19　各地区国有控股大中型工业企业科技项目情况 …… 252
1-I-20　各地区内资大中型工业企业科技项目情况 …… 253
1-I-21　各地区港澳台商投资大中型工业企业科技项目情况 …… 254
1-I-22　各地区外商投资大中型工业企业科技项目情况 …… 255

J.新产品开发及生产情况

1-J-1　分登记注册类型工业企业新产品开发及生产情况 …… 256
1-J-2　分行业工业企业新产品开发及生产情况 …… 257
1-J-3　国有控股制造业企业新产品开发及生产情况 …… 262

1-J-4 内资制造业企业新产品开发及生产情况 …… 263
1-J-5 港澳台商投资制造业企业新产品开发及生产情况 …… 264
1-J-6 外商投资制造业企业新产品开发及生产情况 …… 265
1-J-7 各地区工业企业新产品开发及生产情况 …… 266
1-J-8 各地区国有控股工业企业新产品开发及生产情况 …… 267
1-J-9 各地区内资工业企业新产品开发及生产情况 …… 268
1-J-10 各地区港澳台商投资工业企业新产品开发及生产情况 …… 269
1-J-11 各地区外商投资工业企业新产品开发及生产情况 …… 270
1-J-12 分登记注册类型大中型工业企业新产品开发及生产情况 …… 271
1-J-13 分行业大中型工业企业新产品开发及生产情况 …… 272
1-J-14 国有控股大中型制造业企业新产品开发及生产情况 …… 277
1-J-15 内资大中型制造业企业新产品开发及生产情况 …… 278
1-J-16 港澳台商投资大中型制造业企业新产品开发及生产情况 …… 279
1-J-17 外商投资大中型制造业企业新产品开发及生产情况 …… 280
1-J-18 各地区大中型工业企业新产品开发及生产情况 …… 281
1-J-19 各地区国有控股大中型工业企业新产品开发及生产情况 …… 282
1-J-20 各地区内资大中型工业企业新产品开发及生产情况 …… 283
1-J-21 各地区港澳台商投资大中型工业企业新产品开发及生产情况 …… 284
1-J-22 各地区外商投资大中型工业企业新产品开发及生产情况 …… 285

K.专利情况

1-K-1 分登记注册类型工业企业专利情况 …… 286
1-K-2 分行业工业企业专利情况 …… 287
1-K-3 国有控股制造业企业专利情况 …… 292
1-K-4 内资制造业企业专利情况 …… 293
1-K-5 港澳台商投资制造业企业专利情况 …… 294
1-K-6 外商投资制造业企业专利情况 …… 295
1-K-7 各地区工业企业专利情况 …… 296
1-K-8 各地区国有控股工业企业专利情况 …… 297
1-K-9 各地区内资工业企业专利情况 …… 298
1-K-10 各地区港澳台商投资工业企业专利情况 …… 299
1-K-11 各地区外商投资工业企业专利情况 …… 300
1-K-12 分登记注册类型大中型工业企业专利情况 …… 301
1-K-13 分行业大中型工业企业专利情况 …… 302
1-K-14 国有控股大中型制造业企业专利情况 …… 307
1-K-15 内资大中型制造业企业专利情况 …… 308
1-K-16 港澳台商投资大中型制造业企业专利情况 …… 309
1-K-17 外商投资大中型制造业企业专利情况 …… 310
1-K-18 各地区大中型工业企业专利情况 …… 311
1-K-19 各地区国有控股大中型工业企业专利情况 …… 312
1-K-20 各地区内资大中型工业企业专利情况 …… 313
1-K-21 各地区港澳台商投资大中型工业企业专利情况 …… 314
1-K-22 各地区外商投资大中型工业企业专利情况 …… 315

L.技术改造和技术获取情况

1-L-1 分登记注册类型工业企业技术改造和技术获取情况 …… 316
1-L-2 分行业工业企业技术改造和技术获取情况 …… 317
1-L-3 国有控股制造业企业技术改造和技术获取情况 …… 322
1-L-4 内资制造业企业技术改造和技术获取情况 …… 323
1-L-5 港澳台商投资制造业企业技术改造和技术获取情况 …… 324
1-L-6 外商投资制造业企业技术改造和技术获取情况 …… 325
1-L-7 各地区工业企业技术改造和技术获取情况 …… 326
1-L-8 各地区国有控股工业企业技术改造和技术获取情况 …… 327
1-L-9 各地区内资工业企业技术改造和技术获取情况 …… 328
1-L-10 各地区港澳台商投资工业企业技术改造和技术获取情况 …… 329
1-L-11 各地区外商投资工业企业技术改造和技术获取情况 …… 330
1-L-12 分登记注册类型大中型工业企业技术改造和技术获取情况 …… 331
1-L-13 分行业大中型工业企业技术改造和技术获取情况 …… 332
1-L-14 国有控股大中型制造业企业技术改造和技术获取情况 …… 337
1-L-15 内资大中型制造业企业技术改造和技术获取情况 …… 338
1-L-16 港澳台商投资大中型制造业企业技术改造和技术获取情况 …… 339
1-L-17 外商投资大中型制造业企业技术改造和技术获取情况 …… 340
1-L-18 各地区大中型工业企业技术改造和技术获取情况 …… 341
1-L-19 各地区国有控股大中型工业企业技术改造和技术获取情况 …… 342
1-L-20 各地区内资大中型工业企业技术改造和技术获取情况 …… 343
1-L-21 各地区港澳台商投资大中型工业企业技术改造和技术获取情况 …… 344
1-L-22 各地区外商投资大中型工业企业技术改造和技术获取情况 …… 345

第二篇 建筑业企业生产经营及财务状况

A. 综 合

2-A-1 各地区全社会建筑业企业、产业活动单位和个体经营户个数 …… 349
2-A-2 各地区全社会建筑业企业、产业活动单位和个体经营户年末从业人员 …… 350
2-A-3 各地区全社会建筑业企业建筑业总产值 …… 351
2-A-4 各地区全社会建筑业企业实收资本 …… 352
2-A-5 各行业全社会建筑业企业个数 …… 353
2-A-6 各行业全社会建筑业企业年末从业人员 …… 353
2-A-7 各行业全社会建筑业企业建筑业总产值 …… 354
2-A-8 各行业全社会建筑业企业实收资本 …… 354

B. 总承包和专业承包企业

1.综 合

2-B-1.1 按经济类型划分的总承包和专业承包企业主要经济指标 …… 355
2-B-1.2 总承包和专业承包企业主要经济指标完成情况 …… 357
2-B-1.3 各地区总承包和专业承包企业签订合同情况 …… 358
2-B-1.4 各地区总承包和专业承包企业承包工程完成情况 …… 359

2-B-1.5 各地区总承包和专业承包企业建筑业总产值和竣工产值 …… 360
2-B-1.6 各地区总承包和专业承包企业房屋建筑面积 …… 361
2-B-1.7 各地区按主要用途分的总承包和专业承包企业房屋建筑竣工面积 …… 362
2-B-1.8 各地区按主要用途分的总承包和专业承包企业房屋建筑竣工价值 …… 364
2-B-1.9 各地区总承包和专业承包企业施工机械设备情况 …… 366
2-B-1.10 各地区总承包和专业承包企业建筑材料消耗情况 …… 367
2-B-1.11 各地区总承包和专业承包企业主要生产效益指标 …… 368
2-B-1.12 各地区总承包和专业承包企业营业额 …… 369
2-B-1.13 各地区总承包和专业承包企业资产构成 …… 370
2-B-1.14 各地区总承包和专业承包企业流动资产、无形及递延资产 …… 371
2-B-1.15 各地区总承包和专业承包企业固定资产情况 …… 372
2-B-1.16 各地区总承包和专业承包企业负债及所有者权益 …… 373
2-B-1.17 各地区总承包和专业承包企业实收资本 …… 374
2-B-1.18 各地区总承包和专业承包企业收入情况 …… 375
2-B-1.19 各地区总承包和专业承包企业费用情况 …… 376
2-B-1.20 各地区总承包和专业承包企业利润及税金情况 …… 377
2-B-1.21 各地区总承包和专业承包企业主要经济效益指标 …… 378

2.按经济类型分组
2-B-2.1 各地区国有总承包和专业承包企业签订合同情况 …… 379
2-B-2.2 各地区国有总承包和专业承包企业承包工程完成情况 …… 380
2-B-2.3 各地区国有总承包和专业建筑业承包企业建筑业总产值和竣工产值 …… 381
2-B-2.4 各地区国有总承包和专业承包企业房屋建筑面积 …… 382
2-B-2.5 各地区按主要用途分的国有总承包和专业承包企业房屋建筑竣工面积 …… 383
2-B-2.6 各地区按主要用途分的国有总承包和专业承包企业房屋建筑竣工价值 …… 385
2-B-2.7 各地区国有总承包和专业承包企业施工机械设备情况 …… 387
2-B-2.8 各地区国有总承包和专业承包企业营业额 …… 388
2-B-2.9 各地区国有总承包和专业承包企业资产构成 …… 389
2-B-2.10 各地区国有总承包和专业承包企业流动资产、无形及递延资产 …… 390
2-B-2.11 各地区国有总承包和专业承包企业固定资产情况 …… 391
2-B-2.12 各地区国有总承包和专业承包企业负债及所有者权益 …… 392
2-B-2.13 各地区国有总承包和专业承包企业实收资本 …… 393
2-B-2.14 各地区国有总承包和专业承包企业收入情况 …… 394
2-B-2.15 各地区国有总承包和专业承包企业费用情况 …… 395
2-B-2.16 各地区国有总承包和专业承包企业利润及税金情况 …… 396
2-B-2.17 各地区集体总承包和专业承包企业签订合同情况 …… 397
2-B-2.18 各地区集体总承包和专业承包企业承包工程完成情况 …… 398
2-B-2.19 各地区集体总承包和专业承包企业建筑业总产值和竣工产值 …… 399
2-B-2.20 各地区集体总承包和专业承包企业房屋建筑面积 …… 400
2-B-2.21 各地区按主要用途分的集体总承包和专业承包企业房屋建筑竣工面积 …… 401
2-B-2.22 各地区按主要用途分的集体总承包和专业承包企业房屋建筑竣工价值 …… 403
2-B-2.23 各地区集体总承包和专业承包企业施工机械设备情况 …… 405
2-B-2.24 各地区集体总承包和专业承包企业营业额 …… 406
2-B-2.25 各地区集体总承包和专业承包企业资产构成 …… 407
2-B-2.26 各地区集体总承包和专业承包企业流动资产、无形及递延资产 …… 408

2–B–2.27 各地区集体总承包和专业承包企业固定资产情况 …… 409
2–B–2.28 各地区集体总承包和专业承包企业负债及所有者权益 …… 410
2–B–2.29 各地区集体总承包和专业承包企业实收资本 …… 411
2–B–2.30 各地区集体总承包和专业承包企业收入情况 …… 412
2–B–2.31 各地区集体总承包和专业承包企业费用情况 …… 413
2–B–2.32 各地区集体总承包和专业承包企业利润及税金情况 …… 414
2–B–2.33 各地区私营总承包和专业承包企业签订合同情况 …… 415
2–B–2.34 各地区私营总承包和专业承包企业承包工程完成情况 …… 416
2–B–2.35 各地区私营总承包和专业承包企业建筑业总产值和竣工产值 …… 417
2–B–2.36 各地区私营总承包和专业承包企业房屋建筑面积 …… 418
2–B–2.37 各地区按主要用途分的私营总承包和专业承包企业房屋建筑竣工面积 …… 419
2–B–2.38 各地区按主要用途分的私营总承包和专业承包企业房屋建筑竣工价值 …… 421
2–B–2.39 各地区私营总承包和专业承包企业施工机械设备情况 …… 423
2–B–2.40 各地区私营总承包和专业承包企业营业额 …… 424
2–B–2.41 各地区私营总承包和专业承包企业资产构成 …… 425
2–B–2.42 各地区私营总承包和专业承包企业流动资产、无形及递延资产 …… 426
2–B–2.43 各地区私营总承包和专业承包企业固定资产情况 …… 427
2–B–2.44 各地区私营总承包和专业承包企业负债及所有者权益 …… 428
2–B–2.45 各地区私营总承包和专业承包企业实收资本 …… 429
2–B–2.46 各地区私营总承包和专业承包企业收入情况 …… 430
2–B–2.47 各地区私营总承包和专业承包企业费用情况 …… 431
2–B–2.48 各地区私营总承包和专业承包企业利润及税金情况 …… 432
2–B–2.49 各地区联营总承包和专业承包企业签订合同情况 …… 433
2–B–2.50 各地区联营总承包和专业承包企业承包工程完成情况 …… 434
2–B–2.51 各地区联营总承包和专业承包企业建筑业总产值和竣工产值 …… 435
2–B–2.52 各地区联营总承包和专业承包企业房屋建筑面积 …… 436
2–B–2.53 各地区按主要用途分的联营总承包和专业承包企业房屋建筑竣工面积 …… 437
2–B–2.54 各地区按主要用途分的联营总承包和专业承包企业房屋建筑竣工价值 …… 439
2–B–2.55 各地区联营总承包和专业承包企业施工机械设备情况 …… 441
2–B–2.56 各地区联营总承包和专业承包企业营业额 …… 442
2–B–2.57 各地区联营总承包和专业承包企业资产构成 …… 443
2–B–2.58 各地区联营总承包和专业承包企业流动资产、无形及递延资产 …… 444
2–B–2.59 各地区联营总承包和专业承包企业固定资产情况 …… 445
2–B–2.60 各地区联营总承包和专业承包企业负债及所有者权益 …… 446
2–B–2.61 各地区联营总承包和专业承包企业实收资本 …… 447
2–B–2.62 各地区联营总承包和专业承包企业收入情况 …… 448
2–B–2.63 各地区联营总承包和专业承包企业费用情况 …… 449
2–B–2.64 各地区联营总承包和专业承包企业利润及税金情况 …… 450
2–B–2.65 各地区股份制总承包和专业承包企业签订合同情况 …… 451
2–B–2.66 各地区股份制总承包和专业承包企业承包工程完成情况 …… 452
2–B–2.67 各地区股份制总承包和专业承包企业建筑业总产值和竣工产值 …… 453
2–B–2.68 各地区股份制总承包和专业承包企业房屋建筑面积 …… 454
2–B–2.69 各地区按主要用途分的股份制总承包和专业承包企业房屋建筑竣工面积 …… 455
2–B–2.70 各地区按主要用途分的股份制总承包和专业承包企业房屋建筑竣工价值 …… 457
2–B–2.71 各地区股份制总承包和专业承包企业施工机械设备情况 …… 459

2-B-2.72 各地区股份制总承包和专业承包企业营业额 …… 460
2-B-2.73 各地区股份制总承包和专业承包企业资产构成 …… 461
2-B-2.74 各地区股份制总承包和专业承包企业流动资产、无形及递延资产 …… 462
2-B-2.75 各地区股份制总承包和专业承包企业固定资产情况 …… 463
2-B-2.76 各地区股份制总承包和专业承包企业负债及所有者权益 …… 464
2-B-2.77 各地区股份制总承包和专业承包企业实收资本 …… 465
2-B-2.78 各地区股份制总承包和专业承包企业收入情况 …… 466
2-B-2.79 各地区股份制总承包和专业承包企业费用情况 …… 467
2-B-2.80 各地区股份制总承包和专业承包企业利润及税金情况 …… 468
2-B-2.81 各地区外商投资总承包和专业承包企业签订合同情况 …… 469
2-B-2.82 各地区外商投资总承包和专业承包企业承包工程完成情况 …… 470
2-B-2.83 各地区外商投资总承包和专业承包企业建筑业总产值和竣工产值 …… 471
2-B-2.84 各地区外商投资总承包和专业承包企业房屋建筑面积 …… 472
2-B-2.85 各地区按主要用途分的外商投资总承包和专业承包企业房屋建筑竣工面积 …… 473
2-B-2.86 各地区按主要用途分的外商投资总承包和专业承包企业房屋建筑竣工价值 …… 475
2-B-2.87 各地区外商投资总承包和专业承包企业施工机械设备情况 …… 477
2-B-2.88 各地区外商投资总承包和专业承包企业营业额 …… 478
2-B-2.89 各地区外商投资总承包和专业承包企业资产构成 …… 479
2-B-2.90 各地区外商投资总承包和专业承包企业流动资产、无形及递延资产 …… 480
2-B-2.91 各地区外商投资总承包和专业承包企业固定资产情况 …… 481
2-B-2.92 各地区外商投资总承包和专业承包企业负债及所有者权益 …… 482
2-B-2.93 各地区外商投资总承包和专业承包企业实收资本 …… 483
2-B-2.94 各地区外商投资总承包和专业承包企业收入情况 …… 484
2-B-2.95 各地区外商投资总承包和专业承包企业费用情况 …… 485
2-B-2.96 各地区外商投资总承包和专业承包企业利润及税金情况 …… 486
2-B-2.97 各地区港澳台商投资总承包和专业承包企业签订合同情况 …… 487
2-B-2.98 各地区港澳台商投资总承包和专业承包企业承包工程完成情况 …… 488
2-B-2.99 各地区港澳台商投资总承包和专业承包企业建筑业总产值和竣工产值 …… 489
2-B-2.100 各地区港澳台商投资总承包和专业承包企业房屋建筑面积 …… 490
2-B-2.101 各地区按主要用途分的港澳台商投资总承包和专业承包企业房屋建筑竣工面积 …… 491
2-B-2.102 各地区按主要用途分的港澳台商投资总承包和专业承包企业房屋建筑竣工价值 …… 493
2-B-2.103 各地区港澳台商投资总承包和专业承包企业施工机械设备情况 …… 495
2-B-2.104 各地区港澳台商投资总承包和专业承包企业营业额 …… 496
2-B-2.105 各地区港澳台商投资总承包和专业承包企业资产构成 …… 497
2-B-2.106 各地区港澳台商投资总承包和专业承包企业流动资产、无形及递延资产 …… 498
2-B-2.107 各地区港澳台商投资总承包和专业承包企业固定资产情况 …… 499
2-B-2.108 各地区港澳台商投资总承包和专业承包企业负债及所有者权益 …… 500
2-B-2.109 各地区港澳台商投资总承包和专业承包企业实收资本 …… 501
2-B-2.110 各地区港澳台商投资总承包和专业承包企业收入情况 …… 502
2-B-2.111 各地区港澳台商投资总承包和专业承包企业费用情况 …… 503
2-B-2.112 各地区港澳台商投资总承包和专业承包企业利润及税金情况 …… 504

3.按行业分组

2-B-3.1 各行业总承包和专业承包企业签订合同情况 …… 505
2-B-3.2 各行业总承包和专业承包企业承包工程完成情况 …… 505

2-B-3.3 各行业总承包和专业承包企业总产值和竣工产值 …… 506
2-B-3.4 各行业总承包和专业承包企业房屋建筑面积 …… 507
2-B-3.5 各行业总承包和专业承包企业施工机械设备情况 …… 507
2-B-3.6 按主要用途分的各行业总承包和专业承包企业房屋建筑竣工面积 …… 508
2-B-3.7 按主要用途分的各行业总承包和专业承包企业房屋建筑竣工价值 …… 509
2-B-3.8 各行业总承包和专业承包企业资产构成 …… 510
2-B-3.9 各行业总承包和专业承包企业流动资产、无形及递延资产 …… 510
2-B-3.10 各行业总承包和专业承包企业固定资产情况 …… 511
2-B-3.11 各行业总承包和专业承包企业负债及所有者权益 …… 511
2-B-3.12 各行业总承包和专业承包企业实收资本 …… 512
2-B-3.13 各行业总承包和专业承包企业收入情况 …… 512
2-B-3.14 各行业总承包和专业承包企业费用情况 …… 513
2-B-3.15 各行业总承包和专业承包企业利润及税金情况 …… 513

4.按中央、地方分组
2-B-4.1 各地区中央总承包和专业承包企业签订合同情况 …… 514
2-B-4.2 各地区中央总承包和专业承包企业承包工程完成情况 …… 515
2-B-4.3 各地区中央总承包和专业承包企业建筑业总产值和竣工产值 …… 516
2-B-4.4 各地区中央总承包和专业承包企业房屋建筑面积 …… 517
2-B-4.5 各地区按主要用途分的中央总承包和专业承包企业房屋建筑竣工面积 …… 518
2-B-4.6 各地区按主要用途分的中央总承包和专业承包企业房屋建筑竣工价值 …… 520
2-B-4.7 各地区中央总承包和专业承包企业施工机械设备情况 …… 522
2-B-4.8 各地区中央总承包和专业承包企业主要生产效益指标 …… 523
2-B-4.9 各地区中央总承包和专业承包企业营业额 …… 524
2-B-4.10 各地区中央总承包和专业承包企业资产构成 …… 525
2-B-4.11 各地区中央总承包和专业承包企业流动资产、无形及递延资产 …… 526
2-B-4.12 各地区中央总承包和专业承包企业固定资产情况 …… 527
2-B-4.13 各地区中央总承包和专业承包企业负债及所有者权益 …… 528
2-B-4.14 各地区中央总承包和专业承包企业实收资本 …… 529
2-B-4.15 各地区中央总承包和专业承包企业收入情况 …… 530
2-B-4.16 各地区中央总承包和专业承包企业费用情况 …… 531
2-B-4.17 各地区中央总承包和专业承包企业利润及税金情况 …… 532
2-B-4.18 各地区地方总承包和专业承包企业签订合同情况 …… 533
2-B-4.19 各地区地方总承包和专业承包企业承包工程完成情况 …… 534
2-B-4.20 各地区地方总承包和专业承包企业建筑业总产值和竣工产值 …… 535
2-B-4.21 各地区地方总承包和专业承包企业房屋建筑面积 …… 536
2-B-4.22 各地区按主要用途分的地方总承包和专业承包企业房屋建筑竣工面积 …… 537
2-B-4.23 各地区按主要用途分的地方总承包和专业承包企业房屋建筑竣工价值 …… 539
2-B-4.24 各地区地方总承包和专业承包企业施工机械设备情况 …… 541
2-B-4.25 各地区地方总承包和专业承包企业主要生产效益指标 …… 542
2-B-4.26 各地区地方总承包和专业承包企业营业额 …… 543
2-B-4.27 各地区地方总承包和专业承包企业资产构成 …… 544
2-B-4.28 各地区地方总承包和专业承包企业流动资产、无形及递延资产 …… 545
2-B-4.29 各地区地方总承包和专业承包企业固定资产情况 …… 546
2-B-4.30 各地区地方总承包和专业承包企业负债及所有者权益 …… 547

2-B-4.31 各地区地方总承包和专业承包企业实收资本 …… 548
2-B-4.32 各地区地方总承包和专业承包企业收入情况 …… 549
2-B-4.33 各地区地方总承包和专业承包企业费用情况 …… 550
2-B-4.34 各地区地方总承包和专业承包企业利润及税金情况 …… 551

C.总承包企业

2-C-1 各地区总承包建筑业企业签订合同情况 …… 552
2-C-2 各地区总承包建筑业企业承包工程完成情况 …… 553
2-C-3 各地区总承包企业建筑业总产值和竣工产值 …… 554
2-C-4 各地区总承包建筑业企业房屋建筑面积 …… 555
2-C-5 各地区按主要用途分的总承包建筑业企业房屋建筑竣工面积 …… 556
2-C-6 各地区按主要用途分的总承包建筑业企业房屋建筑竣工价值 …… 558
2-C-7 各地区总承包建筑业企业机械设备情况 …… 560
2-C-8 各地区总承包建筑业企业营业额 …… 561
2-C-9 各地区总承包建筑业企业资产构成 …… 562
2-C-10 各地区总承包建筑业企业流动资产、无形及递延资产 …… 563
2-C-11 各地区总承包建筑业企业固定资产情况 …… 564
2-C-12 各地区总承包建筑业企业负债及所有者权益 …… 565
2-C-13 各地区总承包建筑业企业实收资本 …… 566
2-C-14 各地区总承包建筑业企业收入情况 …… 567
2-C-15 各地区总承包建筑业企业费用情况 …… 568
2-C-16 各地区总承包建筑业企业利润及税金情况 …… 569

D.专业承包企业

2-D-1 各地区专业承包建筑业企业签订合同情况 …… 570
2-D-2 各地区专业承包建筑业企业承包工程完成情况 …… 571
2-D-3 各地区专业承包企业建筑业总产值和竣工产值 …… 572
2-D-4 各地区专业承包建筑业企业房屋建筑面积 …… 573
2-D-5 各地区按主要用途分的专业承包建筑业企业房屋建筑竣工面积 …… 574
2-D-6 各地区按主要用途分的专业承包建筑业企业房屋建筑竣工价值 …… 576
2-D-7 各地区专业承包建筑业企业机械设备情况 …… 578
2-D-8 各地区专业承包建筑业企业营业额 …… 579
2-D-9 各地区专业承包建筑业企业资产构成 …… 580
2-D-10 各地区专业承包建筑业企业流动资产、无形及递延资产 …… 581
2-D-11 各地区专业承包建筑业企业固定资产情况 …… 582
2-D-12 各地区专业承包建筑业企业负债及所有者权益 …… 583
2-D-13 各地区专业承包建筑业企业实收资本 …… 584
2-D-14 各地区专业承包建筑业企业收入情况 …… 585
2-D-15 各地区专业承包建筑业企业费用情况 …… 586
2-D-16 各地区专业承包建筑业企业利润及税金情况 …… 587

E.劳务分包企业

2-E-1 各地区劳务分包建筑业企业生产经营情况 …… 588

2-E-2　各地区劳务分包建筑业企业个数和人员情况 …… 589

F.资质以外企业

2-F-1　各地区资质以外企业建筑业总产值和竣工产值 …… 590
2-F-2　各地区资质以外建筑业企业房屋建筑面积 …… 591
2-F-3　各地区资质以外建筑业企业资产负债情况 …… 592
2-F-4　各地区资质以外建筑业企业损益及分配情况 …… 593
2-F-5　各地区资质以外建筑业企业个数和人员情况 …… 594

G.非建筑业企业所属建筑业产业活动单位

2-G-1　各地区非建筑业企业所属建筑业产业活动单位基本情况 …… 595

附录　主要指标解释 …… 599

第 1 篇

规模以上工业企业科技情况

A. 科技活动主要指标

1-A-1 工业企业科技活动主要指标

主要指标	单位	规模以上工业企业		
			1.大中型工业企业	2.小型工业企业
科技活动企业分布情况				
工业企业数	个	418880	40314	378566
#有科技活动的企业	个	48637	14952	33685
#有R&D活动的企业	个	27278	10027	17251
#有新产品开发的企业	个	38967	12603	26364
#有科技机构的企业	个	22156	9941	12215
科技活动人员情况				
科技活动人员合计	人	3091848	2467763	624085
#1. 参加科技项目人员	人	2343413	1846121	497292
2. 科技管理和服务人员	人	552265	454698	97567
#科学家和工程师	人	1978975	1588618	390357
##高中级技术职称人员	人	1042716	862408	180308
科技活动经费筹集情况				
科技活动经费筹集总额	万元	61604847	52203665	9401182
1. 政府资金	万元	2306143	1927444	378699
2. 企业资金	万元	54831450	47055429	7776022
3. 金融机构贷款	万元	3585995	2610731	975264
4. 其他资金	万元	881259	610061	271198
科技活动经费支出情况				
科技活动经费内部支出	万元	59416498	50406721	9009777
#1. 经常费支出	万元	54101464	46082153	8019311
##劳务费	万元	12054233	10150243	1903990
2. 科研基建费支出	万元	5315033	4324568	990466
科技活动经费外部支出	万元	4642390	4279937	362453
#对研究院所和高校支出	万元	1826588	1667728	158860
#对其他企业支出	万元	2365953	2223474	142479

1-A-1　续表

主　要　指　标	单位	规模以上工业企业	1.大中型工业企业	2.小型工业企业
研究与试验发展（R&D）情况				
R&D人员	人	1519927	1241247	278680
R&D人员折合全时当量	人年	1229999	1014223	215776
R&D项目数	项	143448	103234	40214
R&D经费内部支出	万元	30731303	26813110	3918193
工业企业办科技机构情况				
企业办科技机构数	个	26177	13242	12935
科技机构科技活动人员	人	1304209	1074551	229658
#博士毕业	人	20311	14579	5732
硕士毕业	人	122280	104534	17746
科技机构科技经费内部支出	万元	26347746	23365942	2981804
科技机构仪器设备原价	万元	27071202	19576300	7494902
科技项目情况				
科技项目数	项	286209	200759	85450
项目经费内部支出	万元	48650684	41233987	7416697
新产品开发及生产情况				
新产品开发项目数	项	184859	121359	63500
新产品开发经费	万元	36760315	30958192	5802123
新产品产值	万元	585227473	523947232	61280241
新产品销售收入	万元	570270986	512919771	57351215
#出口	万元	140816116	132107458	8708658
专利情况				
专利申请数	件	173573	122076	51497
#发明专利	件	59254	43773	15481
拥有发明专利数	件	80252	55723	24529
技术改造和技术获取情况				
技术改造经费支出	万元	46726942	41676916	5050027
技术引进经费支出	万元	4669117	4404256	264861
消化吸收经费支出	万元	1227168	1064457	162711
购买国内技术经费支出	万元	1842368	1661743	180624

1-A-2 分登记注册类型工业

主要指标	单位	国有控股企业	内资企业			
				国有企业	集体企业	股份合作企业
科技活动企业分布情况						
工业企业数	个	20990	341846	9365	11524	5697
#有科技活动的企业	个	5540	38121	1742	512	706
#有R&D活动的企业	个	3878	21161	1125	263	377
#有新产品开发的企业	个	4446	30435	1125	352	554
#有科技机构的企业	个	3252	17123	1125	171	243
科技活动人员情况						
科技活动人员合计	人	1268281	2389651	350054	22113	16719
#1. 参加科技项目人员	人	913118	1797519	238510	17107	13217
2. 科技管理和服务人员	人	266324	439870	77715	3936	2907
#科学家和工程师	人	827330	1526951	229617	15526	10292
#高中级技术职称人员	人	521351	877846	152007	6426	5426
科技活动经费筹集情况						
科技活动经费筹集总额	万元	26589900	45622505	6581118	695216	287265
1. 政府资金	万元	1394788	2039262	346661	8538	6279
2. 企业资金	万元	23956149	40222630	5957713	658738	260407
3. 金融机构贷款	万元	901391	2759031	171053	24098	18326
4. 其他资金	万元	337572	601583	105692	3843	2254
科技活动经费支出情况						
科技活动经费内部支出	万元	25578923	44045061	6060435	668223	273432
#1. 经常费支出	万元	23386896	39798867	5481366	595346	259014
#劳务费	万元	4869846	8788119	1155298	102981	48456
2. 科研基建费支出	万元	2192027	4246194	579070	72877	14418
科技活动经费外部支出	万元	2515924	3457370	872849	46079	12284
#对研究院所和高校支出	万元	1113649	1638469	438115	6752	7289
#对其他企业支出	万元	1237913	1513566	391322	3380	3796
研究与试验发展（R&D）情况						
R&D人员	人	623677	1170598	154580	12233	8366
R&D人员折合全时当量	人年	501714	937319	120638	9742	6101
R&D项目数	项	56600	113695	16090	1795	1074
R&D经费内部支出	万元	12971221	22493815	2783660	413250	157313
工业企业办科技机构情况						
企业办科技机构数	个	4843	20294	1422	206	277
科技机构科技活动人员	人	462940	983794	112554	7824	6827
#博士毕业	人	5864	15934	1477	175	106
硕士毕业	人	43482	94095	12000	612	401
科技机构科技经费内部支出	万元	9657830	18508376	1951928	206228	94734
科技机构仪器设备原价	万元	8553949	19666454	2308543	188521	101654
科技项目情况						
科技项目数	项	112277	225714	34516	2875	2226
项目经费内部支出	万元	20184382	35490212	4424133	546875	238456
新产品开发及生产情况						
新产品开发项目数	项	61655	140645	16915	1906	1646
新产品开发经费	万元	13282078	25819845	2899633	364951	183154
新产品产值	万元	230819367	353511045	37714562	7381199	1964230
新产品销售收入	万元	229046808	346425208	38234671	7297395	1919691
#出口	万元	28635458	58125353	4095332	1172265	295905
专利情况						
专利申请数	件	40704	131062	10103	1628	901
#发明专利	件	16865	46106	3306	809	221
拥有发明专利数	件	20477	58982	4303	591	380
技术改造和技术获取情况						
技术改造经费支出	万元	30358355	41284668	9912386	416817	218324
技术引进经费支出	万元	2452100	2575180	424669	135833	7428
消化吸收经费支出	万元	591717	945484	72239	13633	8934
购买国内技术经费支出	万元	1209686	1646170	293992	33902	6349

企业科技活动主要指标

联营企业	有限责任公司	股份有限公司	私营企业	港澳台商投资企业	外　商投资企业
831	63504	9417	239132	35158	41876
70	10400	2663	21865	4443	6073
40	6306	1914	11033	2485	3632
53	8526	2292	17239	3589	4943
24	5396	1877	8373	2187	2846
6493	993967	464226	528555	267105	435092
4970	746860	349619	421358	207656	338238
1359	187057	87914	77763	42703	69692
5261	637801	310301	313908	164103	287921
2946	396954	170407	141552	62542	102328
231312	19243374	9747159	8688278	4838878	11143463
1817	1082062	289508	297522	108473	158408
228066	16900093	8826689	7260709	4323857	10284964
1357	1021758	535646	976077	340121	486844
72	239462	95316	153971	66429	213248
233225	18690229	9548611	8430948	4788390	10583046
221876	16873093	8741925	7494967	4471563	9831034
46274	3892458	1895483	1615677	1147937	2118178
11348	1817136	806686	935981	316827	752012
10674	1379200	707120	425485	181812	1003208
5057	666613	295371	216616	60363	127756
5592	604280	344169	160209	103484	748902
2429	499083	246433	243675	127582	221747
1775	404327	202533	189254	103939	188742
214	45308	21136	27680	11229	18524
113286	9685741	5304295	3936742	2584321	5653167
24	6686	2602	8985	2530	3353
2641	400678	227164	223199	132067	188348
31	5715	4031	4339	1698	2679
221	48261	19893	12536	9754	18431
134305	8007451	4713791	3357878	2568605	5270765
24638	10857183	3768162	2385852	2019772	5384976
439	88495	39198	57240	23509	36986
123512	15034043	8127864	6871675	4134814	9025658
276	51794	25246	42418	17189	27025
66059	10656036	5828816	5711832	3500332	7440139
2431987	140314162	90476630	71646475	65970754	165745674
2412913	137172778	89821189	67933905	60723433	163122345
278561	25030820	14672441	12358832	23063395	59627369
95	40651	27834	49453	19108	23403
21	17576	12359	11693	5579	7569
45	20294	13652	19495	8922	12348
168026	15927122	9521246	5075976	1750825	3691449
8769	1177281	570060	246960	312434	1781504
813	511928	164371	169443	53485	228198
1761	605075	494754	207430	60649	135549

1-A-3 分登记注册类型大中型工业

主 要 指 标	单位	国有控股企业	内资企业		
				国有企业	集体企业
科技活动企业分布情况					
工业企业数	个	7591	25768	3203	680
#有科技活动的企业	个	3636	10421	1198	125
#有R&D活动的企业	个	2716	7077	839	74
#有新产品开发的企业	个	2934	8739	896	95
#有科技机构的企业	个	2520	7254	760	72
科技活动人员情况					
科技活动人员合计	人	1202223	1889686	331674	16701
#1. 参加科技项目人员	人	864744	1400139	226156	13172
2. 科技管理和服务人员	人	251945	360876	72653	2887
#科学家和工程师	人	782502	1214087	217787	12770
#高中级技术职称人员	人	496847	729333	144928	5022
科技活动经费筹集情况					
科技活动经费筹集总额	万元	25674019	38437124	6384951	631609
1. 政府资金	万元	1323205	1716428	324852	7254
2. 企业资金	万元	23201871	34328779	5803139	601224
3. 金融机构贷款	万元	834550	1986404	162087	20976
4. 其他资金	万元	314394	405513	94874	2154
科技活动经费支出情况					
科技活动经费内部支出	万元	24698983	37176470	5869384	595097
#1. 经常费支出	万元	22571915	33738448	5303308	531287
#劳务费	万元	4648230	7361189	1103910	82191
2. 科研基建费支出	万元	2127068	3438021	566076	63810
科技活动经费外部支出	万元	2467045	3179274	863745	45154
#对研究院所和高校支出	万元	1098822	1507621	435202	6052
#对其他企业支出	万元	1208127	1407215	386288	3244
研究与试验发展（R&D）情况					
R&D人员	人	593529	949389	147818	10006
R&D人员折合全时当量	人年	477582	767296	115427	8157
R&D项目数	项	51566	81535	14918	1463
R&D经费内部支出	万元	12526406	19520725	2691952	386658
工业企业办科技机构情况					
企业办科技机构数	个	3992	9853	1166	98
科技机构科技活动人员	人	442742	802072	107391	6466
#博士毕业	人	5419	11230	1383	150
硕士毕业	人	41099	80324	11512	551
科技机构科技经费内部支出	万元	9358425	16309311	1890002	192290
科技机构仪器设备原价	万元	8321164	12866525	2263873	175461
科技项目情况					
科技项目数	项	101486	157657	31711	2239
项目经费内部支出	万元	19427789	29881954	4263300	488231
新产品开发及生产情况					
新产品开发项目数	项	53932	90164	14957	1424
新产品开发经费	万元	12762782	21425968	2778631	317372
新产品产值	万元	224162481	306992568	36692882	6909200
新产品销售收入	万元	222653321	302623958	37229767	6827691
#出口	万元	28033607	53040558	3903142	1156986
专利情况					
专利申请数	件	37642	89663	9427	1333
#发明专利	件	15585	33507	2951	698
拥有发明专利数	件	18354	39332	3757	435
技术改造和技术获取情况					
技术改造经费支出	万元	29880983	36956960	9783785	288831
技术引进经费支出	万元	2418267	2430045	418006	135456
消化吸收经费支出	万元	576135	819827	70377	11950
购买国内技术经费支出	万元	1201676	1499819	291152	30410

企业科技活动主要指标

股份合作企业	联营企业	有限责任公司	股份有限公司	私营企业	港澳台商投资企业	外商投资企业
335	91	8753	2741	9810	6526	8020
113	24	3833	1703	3374	1884	2647
76	15	2664	1322	2047	1178	1772
92	19	3204	1513	2875	1600	2264
79	8	2681	1395	2224	1150	1537
8151	5545	838098	434570	249596	215213	362864
6142	4223	625583	326457	194217	165776	280206
1775	1183	160848	83084	37596	35046	58776
5649	4702	534193	289659	146560	132371	242160
2956	2624	345868	160558	66024	49211	83864
180625	222368	17010855	9307435	4591014	3999384	9767157
3461	1453	969559	258096	146908	81584	129432
168567	220804	15061103	8485272	3889297	3613519	9113131
7461	111	803106	492817	495897	261370	362958
1136		177086	71251	58912	42911	161638
166991	224010	16577074	9129064	4512494	3983126	9247126
161663	212811	15002221	8366202	4062416	3736689	8607016
26016	43805	3438455	1802348	839382	965192	1823863
5329	11199	1574852	762862	450079	246437	640110
6755	10102	1291940	679632	279191	154150	946513
3839	4969	628024	286644	140781	45019	115088
2156	5108	565350	332420	112107	95644	720615
4276	1997	429198	231383	122021	104311	187547
3111	1423	349231	190748	97150	85512	161415
379	133	35519	19088	9762	8107	13592
107765	109447	8734622	5070523	2339685	2235951	5056433
108	8	3769	2077	2582	1436	1953
3638	2414	342776	214897	122379	110513	161966
50	19	4173	3645	1777	1298	2051
260	191	42955	18620	6129	8153	16057
66396	131879	7283217	4541615	2170029	2244277	4812354
75987	23231	5112621	3638615	1550892	1723845	4985930
820	291	68241	35287	18645	16203	26899
148573	115142	13299513	7773243	3699637	3459830	7892203
615	155	37089	22488	13197	11802	19393
114447	60932	9326823	5548074	3197317	2972432	6559793
1349519	2343076	125701180	87685795	45144591	60073207	156881457
1337831	2327112	123361413	87138170	43154308	55507138	154788675
236664	264937	23706767	14264475	9310765	21883365	57183535
329	45	30117	25783	22455	14708	17705
86	12	13986	11540	4177	4332	5934
135	41	14919	12270	7668	6712	9679
156141	164036	14684585	9335945	2515271	1454716	3265240
4001	8769	1143194	565693	152806	278512	1695699
6369	798	475688	159427	91227	48740	195890
2943	1710	565735	487642	119417	49416	112508

1-A-4 制造业企业

主要指标	单位	制造业合计	农副食品加工业	食品制造业	饮料制造业	烟草制品业	纺织业
科技活动企业分布情况							
工业企业数	个	390538	22508	7973	5312	156	32656
#有科技活动的企业	个	47270	1566	886	637	56	2971
#有R&D活动的企业	个	26599	688	459	303	44	1131
#有新产品开发的企业	个	38465	1092	692	488	44	2283
#有科技机构的企业	个	21606	668	468	351	37	939
科技活动人员情况							
科技活动人员合计	人	2800778	42438	33278	37771	8691	95500
#1. 参加科技项目人员	人	2120456	32130	23017	28628	6114	74776
2. 科技管理和服务人员	人	495069	7416	6657	6696	1921	13464
#科学家和工程师	人	1795230	26845	20647	24576	6057	44342
#高中级技术职称人员	人	909113	11785	9525	12476	4051	21839
科技活动经费筹集情况							
科技活动经费筹集总额	万元	57162303	815192	575735	879913	314555	1396103
1. 政府资金	万元	2249195	38754	25353	16626	915	39083
2. 企业资金	万元	50544680	674416	495557	822939	308725	1176358
3. 金融机构贷款	万元	3532506	89034	45555	35667	771	156660
4. 其他资金	万元	835922	12988	9270	4681	4144	24002
科技活动经费支出情况							
科技活动经费内部支出	万元	55572712	872649	627235	781148	286605	1337249
#1. 经常费支出	万元	50627307	736164	523075	709109	254673	1222195
#劳务费	万元	11159041	122651	90991	143506	57390	262233
2. 科研基建费支出	万元	4945406	136485	104160	72039	31931	115054
科技活动经费外部支出	万元	3793286	43100	22481	45863	56625	48674
#对研究院所和高校支出	万元	1363383	27993	13590	32415	19609	27975
#对其他企业支出	万元	2018370	7267	5106	12585	30929	15826
研究与试验发展（R&D）情况							
R&D人员	人	1394401	16935	13603	19703	4664	40368
R&D人员折合全时当量	人年	1136531	13223	10529	16094	3695	31193
R&D项目数	项	134976	1657	1717	1533	938	3341
R&D经费内部支出	万元	29297655	388306	256625	370676	95819	610118
工业企业办科技机构情况							
企业办科技机构数	个	25327	753	530	417	37	1107
科技机构科技活动人员	人	1226665	19406	14142	18286	2735	35126
#博士毕业	人	19122	608	417	284	89	392
硕士毕业	人	113930	1653	1369	988	382	1367
科技机构科技经费内部支出	万元	25268011	377996	237750	478490	145679	598774
科技机构仪器设备原价	万元	25739827	271598	212387	373639	121971	601352
科技项目情况							
科技项目数	项	265230	4087	3766	4236	1443	8661
项目经费内部支出	万元	45904160	686105	475395	677907	158156	1111770
新产品开发及生产情况							
新产品开发项目数	项	181029	2585	2568	1873	497	6661
新产品开发经费	万元	36044167	537655	306172	470579	60872	891054
新产品产值	万元	570296427	9303111	5197314	4880853	3464578	13194058
新产品销售收入	万元	558397597	8001268	4826025	4645039	3422858	12654835
#出口	万元	139272532	515694	546098	109794	35994	3976481
专利情况							
专利申请数	件	169389	1622	1983	1466	601	8568
#发明专利	件	58109	629	745	253	277	1023
拥有发明专利数	件	78690	796	714	728	168	1610
技术改造和技术获取情况							
技术改造经费支出	万元	40791740	655443	309282	744011	508931	904484
技术引进经费支出	万元	4372524	20503	36425	19072	40188	88861
消化吸收经费支出	万元	1185147	20458	14163	10746	4664	46325
购买国内技术经费支出	万元	1768019	20511	9881	12198	22539	41063

科技活动主要指标

纺织服装、鞋、帽制造业	皮革、毛皮、羽毛(绒)及其制品业	木材加工及木、竹、藤、棕、草制品业	家　具制造业	造纸及纸制品业	印刷业和记录媒介的复制	文教体育用品制造业	石油加工、炼焦及核燃料加工业	化学原料及化学制品制造业
17961	8503	10119	5299	9852	6353	4691	2381	27757
964	824	461	314	593	349	396	211	4139
337	170	221	113	289	160	176	136	2562
686	676	333	220	373	236	343	136	3256
216	216	184	131	248	129	178	115	2132
22454	15623	14051	8164	28652	12771	12098	28972	215482
17416	13099	9625	5758	21591	10177	9673	20116	159130
4543	2302	4051	1526	4245	2027	1591	5689	38132
10442	5864	6479	4220	16819	7114	5340	18991	132899
4405	2383	3313	1433	7405	3095	1847	12939	73928
321061	206738	170764	101622	623482	168728	138975	702199	4752584
3355	454	3846	1584	14925	2675	3534	18403	146505
286529	194571	141929	87156	534367	146548	129325	570941	4088933
28403	10334	21496	12641	64100	17575	5360	103958	412525
2774	1378	3493	241	10090	1930	756	8897	104621
310015	176249	189042	112413	629175	170774	172214	612626	4609985
288363	166914	143193	99000	581835	156916	131803	564957	4201979
78669	46407	27167	33881	83649	38490	39294	104197	769466
21652	9336	45849	13413	47341	13858	40411	47669	408007
6573	13116	4043	3198	10347	5706	5795	77679	267217
2849	1599	2779	1656	4314	1231	1552	27086	140197
2879	11396	901	306	4741	3892	3895	45813	62751
7547	4831	4667	2628	12897	5512	5291	12733	103984
6501	3774	3241	2074	8605	4204	4357	10411	84972
671	509	407	260	854	679	1124	1158	9440
136441	63536	81087	45697	282781	72052	71723	301383	2266912
258	229	252	142	274	151	203	159	2484
10714	8057	4560	3839	11225	4473	6206	9626	86013
105	52	85	43	186	77	63	174	1973
296	162	294	136	578	312	198	750	6882
164424	94495	47516	55990	285251	63974	61615	228590	1877221
124141	69755	32528	49607	286248	92105	51802	223766	1353268
2313	2246	1108	745	1776	1407	2064	2308	18188
263707	156447	130247	85929	529640	143649	125631	447769	3869529
1639	1766	616	532	997	726	1509	733	11477
209458	130748	105165	68434	303901	91215	110271	234556	2425330
3388443	2835485	1906106	1262711	6418951	1297344	1189407	9205564	30821131
3225255	2733939	1866262	1158425	5851966	1267542	1127151	9324010	29900863
1202028	1160382	326069	625079	747242	108441	637978	11554	4259925
1513	782	853	1848	715	742	2738	331	6986
259	95	230	158	268	118	243	239	4116
347	200	456	407	414	212	861	779	5415
102614	76050	179689	30866	608987	162107	25469	2039759	3879256
11071	4683	8721	2067	115551	17417	2127	39137	427275
5066	3330	3530	2503	19563	4330	1701	11621	133119
4881	3598	6026	841	11525	4227	1037	19237	161940

1-A-4 续表

主要指标	单位	医药制造业	化学纤维制造业	橡胶制品业	塑料制品业	非金属矿物制品业	黑色金属冶炼及压延加工业
科技活动企业分布情况							
工业企业数	个	6400	2009	4583	19135	29965	7881
#有科技活动的企业	个	2131	272	504	1478	2173	640
#有R&D活动的企业	个	1488	175	290	669	1194	365
#有新产品开发的企业	个	1904	233	413	1161	1533	436
#有科技机构的企业	个	1361	144	256	552	946	298
科技活动人员情况							
科技活动人员合计	人	128422	24091	30600	46926	92476	168087
#1. 参加科技项目人员	人	96302	20074	22807	37956	67248	119012
2. 科技管理和服务人员	人	23399	3014	5979	6786	15750	31470
#科学家和工程师	人	86058	14939	16634	26221	53736	104579
#高中级技术职称人员	人	41995	6864	8478	10229	26267	68524
科技活动经费筹集情况							
科技活动经费筹集总额	万元	1986347	635486	729107	705687	1412054	7028538
1. 政府资金	万元	110931	12825	11418	14761	51980	61342
2. 企业资金	万元	1703107	564076	611357	628381	1208563	6758252
3. 金融机构贷款	万元	130957	54375	92658	53063	120278	189237
4. 其他资金	万元	41352	4210	13674	9482	31233	19707
科技活动经费支出情况							
科技活动经费内部支出	万元	1840704	616971	688667	725623	1461132	6585616
#1. 经常费支出	万元	1598675	579264	646519	656975	1274925	6326682
#劳务费	万元	382550	81244	109149	146077	227177	748720
2. 科研基建费支出	万元	242029	37707	42148	68647	186207	258934
科技活动经费外部支出	万元	233917	12550	20964	11250	48207	395751
#对研究院所和高校支出	万元	135058	5512	15210	5386	20425	135390
#对其他企业支出	万元	73710	5827	4875	4410	14266	249645
研究与试验发展（R&D）情况							
R&D人员	人	67250	11090	14479	24406	40426	68990
R&D人员折合全时当量	人年	55208	8909	11763	20644	31093	50178
R&D项目数	项	8483	683	1695	1600	3374	5323
R&D经费内部支出	万元	1028487	323858	345875	360557	606661	3055430
工业企业办科技机构情况							
企业办科技机构数	个	1601	161	288	625	1067	392
科技机构科技活动人员	人	60221	10128	14925	15712	34098	41313
#博士毕业	人	1975	134	131	319	590	856
硕士毕业	人	6867	574	447	1462	2040	4398
科技机构科技经费内部支出	万元	917083	285705	442210	299604	591616	1816363
科技机构仪器设备原价	万元	876505	420319	635277	264886	519636	1187250
科技项目情况							
科技项目数	项	14662	1235	4430	4230	7155	10397
项目经费内部支出	万元	1485468	482233	613032	615663	1163140	5293871
新产品开发及生产情况							
新产品开发项目数	项	10379	814	2672	3301	4320	4177
新产品开发经费	万元	1193004	407476	491100	513053	770623	3214625
新产品产值	万元	13144708	6793393	5568531	6019819	9147644	57079748
新产品销售收入	万元	12153979	6664587	5461351	6145504	8893444	57735657
#出口	万元	1840380	763910	1930797	1493829	2162078	8455331
专利情况							
专利申请数	件	6010	581	1113	2919	4436	3677
#发明专利	件	3899	231	257	711	1194	1400
拥有发明专利数	件	4680	328	446	1266	2047	1362
技术改造和技术获取情况							
技术改造经费支出	万元	723497	561801	304179	291321	1330791	12939979
技术引进经费支出	万元	51868	27822	12906	9467	35528	698771
消化吸收经费支出	万元	49207	9128	9551	7634	43539	213089
购买国内技术经费支出	万元	78377	15092	4437	7149	34357	714318

有色金属冶炼及压延加工业	金　属制品业	通用设备制　造　业	专用设备制　造　业	交通运输设备制造业	电气机械及器材制造业	通信设备、计算机及其他电子设备制造业	仪器仪表及文化、办公用机械制造业	工艺品及其他制造业
8046	24158	36281	18385	18534	25356	14167	5560	7495
1029	1828	5189	3643	3160	4780	3789	1737	513
644	923	3158	2238	1875	2982	2399	1179	215
791	1416	4410	3099	2655	4180	3354	1576	418
484	709	2332	1757	1511	2355	1856	835	192
83225	67034	238392	211148	326290	272307	435859	83108	16419
62831	52489	175867	157665	243105	207473	349645	62838	13515
14670	10514	46864	41612	59295	49202	67646	16034	2504
51814	39877	146418	139454	209955	182031	324788	58078	9767
30538	19688	79810	73992	106328	80057	153449	27733	4613
2126133	1087595	3798728	3362774	7738355	5798934	8311919	1077768	186579
65668	37367	174044	164197	681320	161004	294744	81313	10139
1852771	886944	3337725	2893791	6592195	5114290	7670751	898038	158224
186807	139931	223962	209515	359068	452784	238265	61304	15673
20887	23351	62998	95271	105772	70856	108160	37112	2543
2057573	1080863	3932265	3327529	7433307	5728693	7989515	1026540	182218
1823496	971058	3459083	3024850	6669162	5131985	7567461	943567	165973
258339	215004	857991	720889	1325942	1103855	2726361	304824	51398
234076	109805	473183	302680	764145	596709	422053	82973	16245
184680	58717	206614	142368	890607	288039	628573	54748	5789
136683	20256	73293	62081	238185	112170	75161	20461	3209
34442	20295	94163	62724	585046	119334	514320	24692	2315
41633	31476	122423	106875	165290	139322	254043	43810	7316
31478	24854	97568	85622	132687	112325	228615	36325	6250
3114	3075	14857	13359	15207	15517	18568	4969	836
988532	557519	2177144	1831737	3921587	3198276	5202676	560120	91666
569	792	2637	2082	1822	2770	2309	991	219
28650	27844	100615	99466	138388	126443	248340	37604	8435
525	452	1202	1260	1266	1995	3016	763	82
2114	1730	6056	8311	11010	7822	40886	4476	367
716772	410437	1702504	1623632	3552495	2873457	4772714	449278	95809
5809776	352276	1379769	1050150	2601338	2177206	4056834	404538	139304
5643	6145	26778	23411	29835	30830	34526	9729	1811
1678904	914079	3173227	2762576	6022827	4722647	7114250	841313	151670
3071	4277	20116	14434	21704	21786	27069	7317	1364
926969	757938	2782373	2459785	4974779	4052901	6695204	727681	125331
17888271	9352604	34879755	24435329	107712371	59915870	114000021	8175187	1645507
17384212	8754617	33455469	23545519	105985843	59190410	113653350	7557689	1638801
2597051	2519689	5356649	4044610	15825642	13965080	60920468	2453073	681185
3728	5876	12682	14056	15047	24746	34885	6796	2075
1432	1219	3323	4389	3043	6046	20308	1596	400
1699	2278	5393	6171	5897	9244	20866	2935	958
2932820	487298	1854515	1613232	3903640	1995835	1315350	247796	54187
303816	69618	256835	72530	975348	202161	757121	56875	8761
94530	18399	67976	32702	152310	84224	95892	18673	7163
129448	35318	70613	45606	162584	71564	60298	9212	8611

1-A-5 大中型制造业企业

主要指标	单位	制造业合计	农副食品加工业	食品制造业	饮料制造业	烟草制品业	纺织业
科技活动企业分布情况							
工业企业数	个	36102	1467	865	673	90	3024
#有科技活动的企业	个	14159	321	243	233	45	891
#有R&D活动的企业	个	9552	178	153	142	40	495
#有新产品开发的企业	个	12282	239	202	196	37	731
#有科技机构的企业	个	9575	213	178	174	33	548
科技活动人员情况							
科技活动人员合计	人	2185707	24837	22236	31194	8305	75609
#1. 参加科技项目人员	人	1630068	18536	14575	23404	5822	58284
2. 科技管理和服务人员	人	398903	4422	4600	5538	1836	10962
#科学家和工程师	人	1410291	15660	13602	20513	5940	34972
#高中级技术职称人员	人	731753	6623	6240	10510	3976	18060
科技活动经费筹集情况							
科技活动经费筹集总额	万元	47995367	519588	401958	761802	311613	1115456
1. 政府资金	万元	1873583	21635	16261	12016	880	33685
2. 企业资金	万元	42973959	445322	360980	726344	306018	941894
3. 金融机构贷款	万元	2578641	47166	21726	21547	571	121992
4. 其他资金	万元	569183	5465	2991	1895	4144	17884
科技活动经费支出情况							
科技活动经费内部支出	万元	46782635	548538	441425	663099	284292	1079199
#1. 经常费支出	万元	42785290	462265	368539	611267	252453	989718
#劳务费	万元	9282376	71031	63519	127631	56642	204912
2. 科研基建费支出	万元	3997346	86272	72885	51832	31839	89481
科技活动经费外部支出	万元	3439256	27765	16437	41423	56612	39887
#对研究院所和高校支出	万元	1208221	18577	9483	29807	19599	24281
#对其他企业支出	万元	1879942	3690	4038	11013	30926	12574
研究与试验发展（R&D）情况							
R&D人员	人	1118673	10704	9244	17300	4536	34523
R&D人员折合全时当量	人年	922842	8772	7104	14250	3573	26851
R&D项目数	项	95145	817	1051	1253	934	2450
R&D经费内部支出	万元	25463789	277357	178758	323797	95144	533389
工业企业办科技机构情况							
企业办科技机构数	个	12580	283	217	236	33	705
科技机构科技活动人员	人	999160	12979	9763	15668	2611	29621
#博士毕业	人	13431	313	247	198	88	333
硕士毕业	人	96419	1042	909	801	377	1183
科技机构科技经费内部支出	万元	22322644	292603	190242	440601	144939	521662
科技机构仪器设备原价	万元	18280729	207410	166250	346827	121120	543097
科技项目情况							
科技项目数	项	180710	2083	2276	3520	1402	5768
项目经费内部支出	万元	38632866	435131	334831	587273	156008	891952
新产品开发及生产情况							
新产品开发项目数	项	117826	1190	1536	1413	473	4523
新产品开发经费	万元	30284936	348372	207218	407329	59360	732684
新产品产值	万元	510858348	6793716	4112564	4219386	3459330	10457916
新产品销售收入	万元	502874193	5690113	3787164	4054207	3418522	10189503
#出口	万元	130567159	360019	438305	82216	35488	3328196
专利情况							
专利申请数	件	118050	737	1198	1036	594	5629
#发明专利	件	42706	203	480	120	271	661
拥有发明专利数	件	54223	338	405	470	163	829
技术改造和技术获取情况							
技术改造经费支出	万元	36581661	341268	230477	577283	505131	690870
技术引进经费支出	万元	4118747	9957	35261	17638	40143	72579
消化吸收经费支出	万元	1024411	12351	11661	6802	4643	36605
购买国内技术经费支出	万元	1593316	9698	7155	9448	22377	29881

科技活动主要指标

纺织服装、鞋、帽制造业	皮革、毛皮、羽毛(绒)及其制品业	木材加工及木、竹、藤、棕、草制品业	家　具制造业	造纸及纸制品业	印刷业和记录媒介的复制	文教体育用品制造业	石油加工、炼焦及核燃料加工业	化学原料及化学制品制造业
1551	965	367	498	779	411	514	486	2151
268	198	84	124	216	91	117	121	1052
110	83	51	48	136	57	68	90	736
202	166	76	93	151	67	109	79	826
133	125	48	75	143	56	84	79	762
16880	10189	9079	5809	23826	8103	8798	27512	157487
12718	8114	5793	3988	17639	6332	6865	19085	113266
3770	1900	3102	1160	3471	1327	1185	5362	28788
8283	3996	3712	3020	14358	4545	3873	18048	94944
3668	1731	2043	974	6273	2027	1287	12445	55264
275908	152967	101659	78717	556835	102567	104780	655689	3692589
2512	226	1500	796	12369	819	3076	17525	105264
246970	144003	89586	66656	478949	92231	97807	538760	3193170
24398	7907	8946	11170	57871	9487	3540	91124	324244
2028	831	1626	95	7646	30	357	8280	69911
259971	126216	129469	89926	560410	103609	140823	569979	3557014
243682	121134	90067	79937	524061	100220	101319	525766	3242945
64453	33177	16706	29045	72684	26704	29995	98107	578977
16289	5082	39402	9989	36349	3388	39504	44213	314069
5636	10726	2763	1834	9190	4263	4472	76801	227881
2697	1472	1845	1082	3740	699	1032	26318	120402
2531	9246	766	128	4355	3162	3262	45713	51794
6058	3847	2738	1938	11072	3861	3999	12123	76215
5259	3032	1940	1618	7435	3021	3360	9907	62953
370	396	174	140	593	478	895	1058	5362
123017	54885	57389	37956	256335	49277	57532	281858	1766236
174	136	67	85	164	74	104	120	1048
9678	6776	2570	3022	9652	3200	4876	9097	62413
89	43	46	35	145	46	59	154	1073
246	147	180	120	521	196	161	697	4660
150696	80282	32911	49902	268250	50373	50196	205475	1465702
118791	64217	21178	44347	267371	61850	45153	218285	1081675
1374	1141	564	369	1182	960	1548	2109	10524
226137	113334	82399	69790	475620	91738	96359	410430	2974407
938	836	271	259	617	445	1146	618	6129
177224	94285	73076	54837	267972	56425	83746	215879	1750898
2735842	2248566	1266080	917900	5638903	896908	890306	8989953	23941513
2578006	2176545	1242282	847405	5098652	888777	836094	9098068	23136894
957541	934569	232681	508648	712698	52191	460728	11539	3334717
620	546	322	1204	507	204	1653	256	3935
87	63	82	43	197	79	125	175	2098
189	171	248	221	278	133	474	735	3198
72621	56576	68139	17052	461407	118223	13648	2020837	3420372
9217	4133	6607	745	110847	12329	1471	35936	387132
4664	3036	2442	2006	16021	3735	1045	9682	109741
3641	2324	4647	437	9444	2969	384	19150	140483

1-A-5 续表

主要指标	单位	医药制造业	化学纤维制造业	橡胶制品业	塑料制品业	非金属矿物制品业	黑色金属冶炼及压延加工业
科技活动企业分布情况							
工业企业数	个	1000	240	458	1083	2326	1153
#有科技活动的企业	个	710	122	180	279	660	331
#有R&D活动的企业	个	565	89	119	166	416	235
#有新产品开发的企业	个	660	108	156	236	500	246
#有科技机构的企业	个	561	89	126	176	427	213
科技活动人员情况							
科技活动人员合计	人	90820	21515	25063	29372	65923	162656
#1. 参加科技项目人员	人	66559	17853	18629	24367	46483	114718
2. 科技管理和服务人员	人	17688	2687	5048	3771	11256	30640
#科学家和工程师	人	59711	13472	13507	16355	37877	101764
#高中级技术职称人员	人	29598	6181	6985	5827	18846	67201
科技活动经费筹集情况							
科技活动经费筹集总额	万元	1406853	565909	667885	450261	1011080	6879539
1. 政府资金	万元	68863	10235	9024	9199	38125	59491
2. 企业资金	万元	1234046	509504	563487	404915	882734	6627541
3. 金融机构贷款	万元	81240	42405	86570	29188	74901	175404
4. 其他资金	万元	22703	3765	8804	6959	15320	17104
科技活动经费支出情况							
科技活动经费内部支出	万元	1343599	561995	630265	476110	1072081	6439918
#1. 经常费支出	万元	1161749	531062	594882	429832	931147	6188628
#劳务费	万元	285168	72380	95314	93069	154071	733265
2. 科研基建费支出	万元	181851	30933	35383	46278	140934	251290
科技活动经费外部支出	万元	180419	10690	19874	6469	35836	392608
#对研究院所和高校支出	万元	108375	4147	14555	3090	15847	134102
#对其他企业支出	万元	56903	5683	4681	2787	11802	248617
研究与试验发展（R&D）情况							
R&D人员	人	48222	10040	12232	17483	29210	67270
R&D人员折合全时当量	人年	40192	8176	10037	15398	22432	48874
R&D项目数	项	5762	556	1354	735	2134	5096
R&D经费内部支出	万元	790879	304306	320282	251088	456546	3013223
工业企业办科技机构情况							
企业办科技机构数	个	746	105	153	223	526	304
科技机构科技活动人员	人	43264	9033	12881	9797	25362	40044
#博士毕业	人	1251	112	88	184	357	829
硕士毕业	人	4638	477	333	1138	1395	4312
科技机构科技经费内部支出	万元	709333	261293	422228	216107	482407	1789960
科技机构仪器设备原价	万元	655795	406968	615835	202396	397199	1156467
科技项目情况							
科技项目数	项	9695	974	3692	1529	4365	9842
项目经费内部支出	万元	1075521	437518	566014	404818	850046	5165603
新产品开发及生产情况							
新产品开发项目数	项	6695	609	2137	1148	2491	3826
新产品开发经费	万元	871914	366199	451337	338259	551120	3136869
新产品产值	万元	10196336	6252794	5225483	3901173	6988502	55643446
新产品销售收入	万元	9489106	6149381	5143548	4175087	6861962	56552147
#出口	万元	1463471	712326	1877557	1213954	1901179	8357430
专利情况							
专利申请数	件	3917	446	771	1283	2524	3529
#发明专利	件	2538	182	159	246	530	1331
拥有发明专利数	件	3170	266	236	516	1118	1256
技术改造和技术获取情况							
技术改造经费支出	万元	513721	519319	276169	127696	1019073	12816089
技术引进经费支出	万元	45414	25036	12531	4084	22262	688291
消化吸收经费支出	万元	43133	8277	9219	4549	22154	210955
购买国内技术经费支出	万元	64098	13091	3615	3405	26379	711123

有色金属冶炼及压延加工业	金属制品业	通用设备制造业	专用设备制造业	交通运输设备制造业	电气机械及器材制造业	通信设备、计算机及其他电子设备制造业	仪器仪表及文化、办公用机械制造业	工艺品及其他制造业
865	1407	2411	1502	2546	2875	3203	651	500
353	466	1326	840	1329	1514	1513	384	146
261	297	971	604	940	1091	1028	297	85
287	405	1226	781	1211	1409	1391	364	126
241	286	960	615	902	1067	907	260	94
70522	46840	168667	148380	291353	203948	369852	49013	11880
52526	36162	119600	107703	215194	152659	297588	35822	9749
12768	7497	36635	31524	53950	38720	56813	10658	1821
44030	28120	103960	98373	188311	139351	279644	33235	7092
26861	14279	58584	53842	96072	60777	135707	16403	3459
1823291	795625	2846669	2459825	7237490	4799482	7413029	674820	131377
54503	32502	139165	123975	666478	126540	239822	58988	8106
1607134	647656	2549562	2171070	6190639	4268763	6914282	565187	108648
144364	97663	119867	98619	282557	370001	172267	38837	13069
17291	17804	38074	66162	97816	34178	86657	11808	1555
1750986	785459	2995103	2514670	6968345	4782731	7128661	656351	122245
1557308	714580	2640128	2297577	6250253	4272667	6781753	605477	114772
217727	158384	655595	526792	1220751	895851	2470510	191942	37932
193678	70878	354974	217093	718092	510064	346908	50874	7474
178720	50199	171373	108538	861556	259492	596969	36471	4350
132127	17399	57412	47344	228097	99699	67581	14795	2619
33200	15294	78494	46489	570476	108205	497341	15170	1603
35646	22890	89556	77081	150242	107523	220428	27003	5661
27228	18345	72753	62240	121060	88196	201456	22474	4899
2306	1718	9845	9342	12926	10699	13618	2468	613
855305	434427	1755960	1455731	3728515	2751807	4808652	378580	65473
316	341	1218	854	1163	1418	1281	366	120
24468	20850	74774	75809	125880	101003	223355	23845	6869
391	334	781	699	1064	1531	2495	401	45
1819	1382	4743	6679	10185	6119	38567	3129	263
616444	331312	1402070	1361535	3390094	2540828	4462234	309935	83030
577848	274525	1174069	840618	2458241	1942625	3835915	318372	116284
4081	3224	17162	14880	24351	21394	24652	4902	1144
1431112	673361	2413862	2097860	5632641	3921796	6383533	528217	105455
1969	2184	12414	8233	17448	14534	19464	3439	840
746858	567825	2152787	1903443	4642352	3381925	6089336	462081	93276
15018711	7117643	29403965	20306466	104629334	53094123	109232812	6146725	1130965
14746111	6769982	28350676	19718456	103211736	52882105	109019941	5655806	1105075
2440045	2119393	4499076	3546335	15537933	12687840	59995633	2251682	513773
3034	3433	6987	7922	12888	17322	30386	4067	1098
1104	644	1820	2494	2549	4466	18939	843	177
1309	1297	2705	2811	4501	6534	18750	1376	526
2797026	358540	1450804	1408857	3658615	1680181	1132879	196200	32565
302162	62780	226560	58498	951611	173922	742300	52328	6975
90326	14008	54421	24334	137911	68127	90648	15681	6233
124735	29802	46068	35944	152985	53431	53020	6552	7030

B. 科技活动企业分布情况

1-B-1 分登记注册类型工业企业科技活动分布情况

单位：个

行业	规模以上工业企业数	#有科技活动	#有R&D活动	#有新产品开发	#有科技机构
总 计	**418880**	**48637**	**27278**	**38967**	**22156**
国有控股企业	20990	5540	3878	4446	3252
内资企业	341846	38121	21161	30435	17123
国有企业	9365	1742	1125	1291	959
集体企业	11524	512	263	352	171
股份合作企业	5697	706	377	554	243
联营企业	831	70	40	53	24
国有联营企业	151	26	16	19	9
集体联营企业	275	12	6	7	5
国有与集体联营企业	206	15	9	11	4
其他联营企业	199	17	9	16	6
有限责任公司	63504	10400	6306	8526	5396
国有独资公司	1379	576	454	474	404
其他有限责任公司	62125	9824	5852	8052	4992
股份有限公司	9417	2663	1914	2292	1877
私营企业	239132	21865	11033	17239	8373
私营独资企业	54356	2497	1046	1696	708
私营合伙企业	9856	530	219	354	141
私营有限责任公司	166335	17944	9254	14481	7064
私营股份有限公司	8585	894	514	708	460
其他企业	2376	163	103	128	80
港、澳、台商投资企业	35158	4443	2485	3589	2187
合资经营企业（港或澳、台资）	11150	2165	1219	1836	1128
合作经营企业（港或澳、台资）	1397	114	60	92	50
港、澳、台商独资经营企业	22021	2048	1129	1565	933
港、澳、台商投资股份有限公司	590	116	77	96	76
外商投资企业	41876	6073	3632	4943	2846
中外合资经营企业	15933	3129	1945	2632	1545
中外合作经营企业	1438	148	88	120	74
外资企业	23842	2621	1479	2043	1112
外商投资股份有限公司	663	175	120	148	115

1-B-2　分行业工业企业科技活动分布情况

单位：个

行　业	规模以上工业企业数	#有科技活动	#有R&D活动	#有新产品开发	#有科技机构
总　计	**418880**	**48637**	**27278**	**38967**	**22156**
采矿业	**19515**	**712**	**376**	**276**	**350**
煤炭开采和洗选业	8989	353	158	91	185
烟煤和无烟煤的开采洗选	8694	342	153	89	180
褐煤的开采洗选	261	10	4	1	5
其他煤炭采选	34	1	1	1	
石油和天然气开采业	295	48	45	30	40
天然原油和天然气开采	131	23	23	13	21
与石油和天然气开采有关的服务活动	164	25	22	17	19
黑色金属矿采选业	3898	75	38	38	24
铁矿采选	3606	71	35	36	23
其他黑色金属矿采选	292	4	3	2	1
有色金属矿采选业	2442	98	60	37	40
常用有色金属矿采选	1486	51	31	24	22
贵金属矿采选	570	30	19	8	12
稀有稀土金属矿采选	386	17	10	5	6
非金属矿采选业	3868	137	74	80	61
土砂石开采	2843	84	35	43	33
化学矿采选	335	10	7	6	6
采盐	201	29	23	20	19
石棉及其他非金属矿采选	489	14	9	11	3
制造业	**390538**	**47270**	**26599**	**38465**	**21606**
农副食品加工业	22508	1566	688	1092	668
谷物磨制	5557	208	77	121	83
饲料加工	3267	306	170	223	135
植物油加工	2183	159	57	107	76
制糖	314	33	16	16	14
屠宰及肉类加工	3540	220	108	148	93
水产品加工	2314	253	110	209	92
蔬菜、水果和坚果加工	3065	196	70	137	94
其他农副食品加工	2268	191	80	131	81
食品制造业	7973	886	459	692	468
焙烤食品制造	1294	79	26	52	36
糖果、巧克力及蜜饯制造	716	62	32	45	32
方便食品制造	1180	106	42	81	46
液体乳及乳制品制造	810	104	57	90	76
罐头制造	897	97	43	69	31
调味品、发酵制品制造	1134	126	82	101	76
其他食品制造	1942	312	177	254	171
饮料制造业	5312	637	303	488	351
酒精制造	203	26	9	14	16
酒的制造	2439	329	177	262	200
软饮料制造	1583	158	65	118	80
精制茶加工	1087	124	52	94	55
烟草制品业	156	56	44	44	37

1-B-2 续表 1 单位：个

行业	规模以上工业企业数	#有科技活动	#有R&D活动	#有新产品开发	#有科技机构
烟叶复烤	53	7	4	2	2
卷烟制造	66	38	33	33	28
其他烟草制品加工	37	11	7	9	7
纺织业	32656	2971	1131	2283	939
棉、化纤纺织及印染精加工	14343	1442	577	1122	488
毛纺织和染整精加工	1637	118	49	87	45
麻纺织	348	43	28	30	12
丝绢纺织及精加工	2832	268	110	196	86
纺织制成品制造	5640	462	203	350	168
针织品、编织品及其制品制造	7856	638	164	498	140
纺织服装、鞋、帽制造业	17961	964	337	686	216
纺织服装制造	16876	918	323	653	201
纺织面料鞋的制造	726	34	9	25	11
制帽	359	12	5	8	4
皮革、毛皮、羽毛(绒)及其制品业	8503	824	170	676	216
皮革鞣制加工	808	57	30	40	34
皮革制品制造	6694	705	128	582	156
毛皮鞣制及制品加工	494	34	4	29	13
羽毛(绒)加工及制品制造	507	28	8	25	13
木材加工及木、竹、藤、棕、草制品业	10119	461	221	333	184
锯材、木片加工	1372	26	16	19	9
人造板制造	5478	271	141	185	109
木制品制造	2198	90	32	67	38
竹、藤、棕、草制品制造	1071	74	32	62	28
家具制造业	5299	314	113	220	131
木质家具制造	3318	156	53	102	49
竹、藤家具制造	86	2		2	
金属家具制造	1115	92	39	69	51
塑料家具制造	96	12	3	9	4
其他家具制造	684	52	18	38	27
造纸及纸制品业	9852	593	289	373	248
纸浆制造	148	21	10	11	15
造纸	3668	310	176	198	158
纸制品制造	6036	262	103	164	75
印刷业和记录媒介的复制	6353	349	160	236	129
印刷	5960	313	140	209	114
装订及其他印刷服务活动	285	16	8	11	6
记录媒介的复制	108	20	12	16	9
文教体育用品制造业	4691	396	176	343	178
文化用品制造	1083	120	40	104	43
体育用品制造	1272	109	55	90	53
乐器制造	319	28	12	23	17
玩具制造	1856	113	58	100	48
游艺器材及娱乐用品制造	161	26	11	26	17
石油加工、炼焦及核燃料加工业	2381	211	136	136	115
精炼石油产品的制造	1441	154	105	116	85
炼焦	935	54	28	18	29

1-B-2　续表 2　　　　单位：个

行　　业	规模以上工业企业数	#有科技活动	#有R&D活动	#有新产品开发	#有科技机构
核燃料加工	5	3	3	2	1
化学原料及化学制品制造业	27757	4139	2562	3256	2132
基础化学原料制造	6450	818	498	579	415
肥料制造	2426	335	179	211	179
农药制造	955	249	158	215	166
涂料、油墨、颜料及类似产品制造	4289	628	383	518	317
合成材料制造	2329	415	271	337	208
专用化学产品制造	9571	1475	940	1205	722
日用化学产品制造	1737	219	133	191	125
医药制造业	6400	2131	1488	1904	1361
化学药品原药制造	1155	440	308	376	297
化学药品制剂制造	1271	507	358	465	334
中药饮片加工	661	107	71	91	60
中成药制造	1439	526	374	481	341
兽用药品制造	526	157	104	143	107
生物、生化制品的制造	731	295	217	263	174
卫生材料及医药用品制造	617	99	56	85	48
化学纤维制造业	2009	272	175	233	144
纤维素纤维原料及纤维制造	260	33	25	21	22
合成纤维制造	1749	239	150	212	122
橡胶制品业	4583	504	290	413	256
轮胎制造	595	89	55	69	59
橡胶板、管、带的制造	947	113	65	97	60
橡胶零件制造	1025	129	80	111	60
再生橡胶制造	224	21	13	17	6
日用及医用橡胶制品制造	300	36	22	34	19
橡胶靴鞋制造	705	45	17	34	16
其他橡胶制品制造	787	71	38	51	36
塑料制品业	19135	1478	669	1161	552
塑料薄膜制造	1940	155	90	128	70
塑料板、管、型材的制造	3122	336	187	281	149
塑料丝、绳及编织品的制造	2429	84	30	40	21
泡沫塑料制造	1139	77	28	52	21
塑料人造革、合成革制造	503	58	26	49	27
塑料包装箱及容器制造	2099	137	61	106	47
塑料零件制造	2173	204	97	162	79
日用塑料制造	2555	237	55	201	69
其他塑料制品制造	3175	190	95	142	69
非金属矿物制品业	29965	2173	1194	1533	946
水泥、石灰和石膏的制造	5580	340	138	147	132
水泥及石膏制品制造	4694	242	128	154	88
砖瓦、石材及其他建筑材料制造	8392	389	191	257	141
玻璃及玻璃制品制造	4256	469	281	387	209
陶瓷制品制造	2145	262	173	215	150
耐火材料制品制造	2317	233	137	192	113
石墨及其他非金属矿物制品制造	2581	238	146	181	113

1-B-2 续表 3

单位：个

行业	规模以上工业企业数	#有科技活动	#有R&D活动	#有新产品开发	#有科技机构
黑色金属冶炼及压延加工业	7881	640	365	436	298
炼铁	736	44	14	18	18
炼钢	347	55	43	44	36
钢压延加工	5169	449	256	319	205
铁合金冶炼	1629	92	52	55	39
有色金属冶炼及压延加工业	8046	1029	644	791	484
常用有色金属冶炼	2072	278	184	185	139
贵金属冶炼	260	33	24	25	16
稀有稀土金属冶炼	603	99	58	80	58
有色金属合金制造	755	103	71	87	43
有色金属压延加工	4356	516	307	414	228
金属制品业	24158	1828	923	1416	709
结构性金属制品制造	7612	432	214	314	170
金属工具制造	2699	295	154	248	120
集装箱及金属包装容器制造	1694	151	75	119	69
金属丝绳及其制品的制造	1761	123	70	100	51
建筑、安全用金属制品制造	3029	295	130	234	100
金属表面处理及热处理加工	2106	149	85	108	37
搪瓷制品制造	252	27	17	23	16
不锈钢及类似日用金属制品制造	2753	194	84	148	80
其他金属制品制造	2252	162	94	122	66
通用设备制造业	36281	5189	3158	4410	2332
锅炉及原动机制造	1759	329	201	264	158
金属加工机械制造	3641	681	434	588	327
起重运输设备制造	2077	378	229	330	185
泵、阀门、压缩机及类似机械的制造	6045	1298	835	1162	611
轴承、齿轮、传动和驱动部件的制造	3377	482	282	420	220
烘炉、熔炉及电炉制造	296	53	30	43	25
风机、衡器、包装设备等通用设备制造	4545	864	559	746	427
通用零部件制造及机械修理	6601	578	297	458	189
金属铸、锻加工	7940	526	291	399	190
专用设备制造业	18385	3643	2238	3099	1757
矿山、冶金、建筑专用设备制造	4181	706	460	603	387
化工、木材、非金属加工专用设备制造	4354	713	371	567	324
食品、饮料、烟草及饲料生产专用设备制造	833	161	98	147	71
印刷、制药、日化生产专用设备制造	1178	246	150	206	114
纺织、服装和皮革工业专用设备制造	1634	364	218	319	168
电子和电工机械专用设备制造	1196	296	191	255	153
农、林、牧、渔专用机械制造	1364	195	123	175	101
医疗仪器设备及器械制造	1186	392	267	356	175
环保、社会公共安全及其他专用设备制造	2459	570	360	471	264
交通运输设备制造业	18534	3160	1875	2655	1511
铁路运输设备制造	804	178	118	153	98
汽车制造	12120	2086	1179	1774	1038
摩托车制造	2082	346	217	295	127
自行车制造	1211	131	79	106	42
船舶及浮动装置制造	1810	267	180	200	116

1-B-2 续表 4

单位：个

行 业	规模以上工业企业数	#有科技活动	#有R&D活动	#有新产品开发	#有科技机构
航空航天器制造	215	116	88	100	79
交通器材及其他交通运输设备制造	292	36	14	27	11
电气机械及器材制造业	25356	4780	2982	4180	2355
电机制造	2924	766	515	684	358
输配电及控制设备制造	8009	1586	996	1392	757
电线、电缆、光缆及电工器材制造	5486	766	457	640	375
电池制造	1416	347	229	300	197
家用电力器具制造	3049	579	368	537	334
非电力家用器具制造	642	130	82	113	60
照明器具制造	3186	475	252	402	211
其他电气机械及器材制造	644	131	83	112	63
通信设备、计算机及其他电子设备制造业	14167	3789	2399	3354	1856
通信设备制造	1560	625	416	579	311
雷达及配套设备制造	59	30	27	29	22
广播电视设备制造	454	142	97	132	76
电子计算机制造	1468	454	279	396	203
电子器件制造	2268	759	502	700	379
电子元件制造	6102	1233	731	1048	606
家用视听设备制造	1180	252	155	223	133
其他电子设备制造	1076	294	192	247	126
仪器仪表及文化、办公用机械制造业	5560	1737	1179	1576	835
通用仪器仪表制造	2733	980	680	888	471
专用仪器仪表制造	948	375	264	347	186
钟表与计时仪器制造	418	47	29	42	27
光学仪器及眼镜制造	801	149	96	135	72
文化、办公用机械制造	480	137	80	125	64
其他仪器仪表的制造及修理	180	49	30	39	15
工艺品及其他制造业	7495	513	215	418	192
工艺美术品制造	5141	277	102	229	98
日用杂品制造	1669	142	58	114	48
煤制品制造	104	2			
核辐射加工	12	5	4	4	1
其他未列明的制造业	569	87	51	71	45
废弃资源和废旧材料回收加工业	1062	37	16	28	6
金属废料和碎屑的加工处理	698	20	8	12	3
非金属废料和碎屑的加工处理	364	17	8	16	3
电力、燃气及水的生产和供应业	**8827**	**655**	**303**	**226**	**200**
电力、热力的生产和供应业	6034	523	246	183	155
电力生产	3368	313	137	101	79
电力供应	1669	170	94	70	64
热力生产和供应	997	40	15	12	12
燃气生产和供应业	842	34	15	9	9
水的生产和供应业	1951	98	42	34	36
自来水的生产和供应	1671	73	27	22	26
污水处理及其再生利用+A32	257	19	11	8	6
其他水的处理、利用与分配	23	6	4	4	4

1-B-3 国有控股制造业企业科技活动分布情况

单位：个

行业	规模以上工业企业数	#有科技活动	#有R&D活动	#有新产品开发	#有科技机构
总　计	**14397**	**4731**	**3414**	**4135**	**2925**
农副食品加工业	823	71	31	47	33
食品制造业	390	82	41	66	46
饮料制造业	330	83	60	72	54
烟草制品业	121	44	36	34	30
纺织业	500	125	72	105	83
纺织服装、鞋、帽制造业	204	21	10	15	12
皮革、毛皮、羽毛(绒)及其制品业	43	6	2	5	3
木材加工及木、竹、藤、棕、草制品业	177	20	11	14	10
家具制造业	37	7	3	7	2
造纸及纸制品业	196	42	30	35	33
印刷业和记录媒介的复制	565	39	30	25	17
文教体育用品制造业	60	13	6	13	10
石油加工、炼焦及核燃料加工业	226	86	71	62	57
化学原料及化学制品制造业	1393	486	352	406	322
医药制造业	524	270	220	248	185
化学纤维制造业	59	27	22	25	21
橡胶制品业	122	51	40	48	40
塑料制品业	330	64	46	54	33
非金属矿物制品业	1394	236	135	161	143
黑色金属冶炼及压延加工业	334	124	95	103	87
有色金属冶炼及压延加工业	459	185	152	151	115
金属制品业	527	117	82	104	65
通用设备制造业	1190	463	324	424	285
专用设备制造业	990	459	330	415	268
交通运输设备制造业	1408	604	458	557	419
电气机械及器材制造业	714	285	212	270	173
通信设备、计算机及其他电子设备制造业	768	464	353	437	254
仪器仪表及文化、办公用机械制造业	350	216	160	195	103
工艺品及其他制造业	125	40	30	36	22

1-B-4　内资制造业企业科技活动分布情况

单位：个

行　　业	规模以上工业企业数	#有科技活动	#有R&D活动	#有新产品开发	#有科技机构
总　　计	**314653**	**36869**	**20538**	**29982**	**16613**
农副食品加工业	19917	1355	572	933	546
食品制造业	6386	720	357	564	377
饮料制造业	4513	521	239	402	286
烟草制品业	152	53	42	42	35
纺织业	26824	2378	878	1829	723
纺织服装、鞋、帽制造业	11389	634	220	465	139
皮革、毛皮、羽毛(绒)及其制品业	5694	623	105	527	127
木材加工及木、竹、藤、棕、草制品业	9062	376	174	268	148
家具制造业	3880	207	73	146	83
造纸及纸制品业	8315	468	214	291	188
印刷业和记录媒介的复制	5558	268	116	180	95
文教体育用品制造业	2719	251	112	220	113
石油加工、炼焦及核燃料加工业	2163	188	120	123	102
化学原料及化学制品制造业	23510	3410	2099	2675	1743
医药制造业	5268	1663	1160	1490	1065
化学纤维制造业	1661	207	136	178	106
橡胶制品业	3572	388	213	321	199
塑料制品业	14830	1125	480	896	399
非金属矿物制品业	26840	1792	966	1230	763
黑色金属冶炼及压延加工业	7280	538	304	359	251
有色金属冶炼及压延加工业	7153	875	555	671	404
金属制品业	19887	1415	710	1097	543
通用设备制造业	31347	4349	2615	3698	1913
专用设备制造业	14641	2969	1832	2544	1442
交通运输设备制造业	14921	2442	1450	2043	1178
电气机械及器材制造业	19786	3682	2281	3223	1792
通信设备、计算机及其他电子设备制造业	7323	2174	1402	1962	1058
仪器仪表及文化、办公用机械制造业	3947	1388	943	1262	656
工艺品及其他制造业	5230	377	156	318	134

1-B-5 港澳台商投资制造业企业科技活动分布情况

单位：个

行 业	规模以上工业企业数	#有科技活动	#有R&D活动	#有新产品开发	#有科技机构
总 计	**34644**	**4389**	**2461**	**3571**	**2171**
农副食品加工业	844	74	45	57	40
食品制造业	575	58	30	45	34
饮料制造业	257	34	16	24	17
烟草制品业	3	3	2	2	2
纺织业	3267	319	137	255	124
纺织服装、鞋、帽制造业	3376	138	48	98	38
皮革、毛皮、羽毛(绒)及其制品业	1538	85	31	62	44
木材加工及木、竹、藤、棕、草制品业	508	46	23	32	17
家具制造业	711	50	26	30	23
造纸及纸制品业	873	54	32	33	23
印刷业和记录媒介的复制	480	48	28	36	22
文教体育用品制造业	1093	75	38	67	40
石油加工、炼焦及核燃料加工业	85	10	7	7	6
化学原料及化学制品制造业	1769	288	189	231	155
医药制造业	437	179	119	159	107
化学纤维制造业	200	40	24	36	28
橡胶制品业	455	36	26	26	18
塑料制品业	2284	172	95	129	74
非金属矿物制品业	1454	182	105	142	89
黑色金属冶炼及压延加工业	276	42	25	33	23
有色金属冶炼及压延加工业	419	69	35	53	35
金属制品业	2049	177	87	135	79
通用设备制造业	1652	292	179	250	158
专用设备制造业	1391	275	157	220	127
交通运输设备制造业	1100	208	111	178	97
电气机械及器材制造业	2653	514	307	442	266
通信设备、计算机及其他电子设备制造业	2993	721	421	617	383
仪器仪表及文化、办公用机械制造业	653	129	84	121	69
工艺品及其他制造业	1201	69	33	50	33

1-B-6 外商投资制造业企业科技活动分布情况

单位：个

行 业	规模以上工业企业数	#有科技活动	#有R&D活动	#有新产品开发	#有科技机构
总 计	**41241**	**6012**	**3600**	**4912**	**2822**
农副食品加工业	1747	137	71	102	82
食品制造业	1012	108	72	83	57
饮料制造业	542	82	48	62	48
烟草制品业	1				
纺织业	2565	274	116	199	92
纺织服装、鞋、帽制造业	3196	192	69	123	39
皮革、毛皮、羽毛(绒)及其制品业	1271	116	34	87	45
木材加工及木、竹、藤、棕、草制品业	549	39	24	33	19
家具制造业	708	57	14	44	25
造纸及纸制品业	664	71	43	49	37
印刷业和记录媒介的复制	315	33	16	20	12
文教体育用品制造业	879	70	26	56	25
石油加工、炼焦及核燃料加工业	133	13	9	6	7
化学原料及化学制品制造业	2478	441	274	350	234
医药制造业	695	289	209	255	189
化学纤维制造业	148	25	15	19	10
橡胶制品业	556	80	51	66	39
塑料制品业	2021	181	94	136	79
非金属矿物制品业	1671	199	123	161	94
黑色金属冶炼及压延加工业	325	60	36	44	24
有色金属冶炼及压延加工业	474	85	54	67	45
金属制品业	2222	236	126	184	87
通用设备制造业	3282	548	364	462	261
专用设备制造业	2353	399	249	335	188
交通运输设备制造业	2513	510	314	434	236
电气机械及器材制造业	2917	584	394	515	297
通信设备、计算机及其他电子设备制造业	3851	894	576	775	415
仪器仪表及文化、办公用机械制造业	960	220	152	193	110
工艺品及其他制造业	1064	67	26	50	25

1-B-7 各地区工业企业科技活动分布情况

单位：个

地 区	规模以上工业企业数	#有科技活动	#有R&D活动	#有新产品开发	#有科技机构
全 国	**418880**	**48637**	**27278**	**38967**	**22156**
东部地区	301402	35838	20207	29227	15948
中部地区	74403	8455	4677	6497	3975
西部地区	43075	4344	2394	3243	2233
东北地区	31513	1737	1015	1318	760
北 京	7205	1858	1274	1540	556
天 津	7415	952	670	766	400
河 北	12098	887	341	537	475
山 西	4345	439	215	279	247
内蒙古	3954	187	96	124	105
辽 宁	21876	1062	616	764	441
吉 林	5245	312	160	278	164
黑龙江	4392	363	239	276	155
上 海	18799	1121	719	963	617
江 苏	64277	8947	5726	6991	3265
浙 江	57885	12897	5831	11070	5386
安 徽	10484	1604	655	1376	876
福 建	16935	1511	998	1269	772
江 西	7365	640	433	485	281
山 东	42134	2568	1711	1936	1722
河 南	18251	1690	838	1266	915
湖 北	11940	1566	947	1240	622
湖 南	12381	1841	1190	1297	715
广 东	52252	3989	2301	3362	2292
广 西	4980	579	346	433	261
海 南	526	46	20	29	22
重 庆	5977	622	408	525	299
四 川	13533	1375	706	971	732
贵 州	2415	210	121	178	131
云 南	3264	380	196	256	182
西 藏	88	13	10	11	6
陕 西	3854	468	272	377	254
甘 肃	1862	207	93	159	122
青 海	410	38	19	28	18
宁 夏	880	123	84	91	58
新 疆	1858	142	43	90	65

1-B-8　各地区国有控股工业企业科技活动分布情况

单位：个

地　区	规模以上工业企业数	#有科技活动	#有R&D活动	#有新产品开发	#有科技机构
全　国	**20990**	**5540**	**3878**	**4446**	**3252**
东部地区	10100	2941	2076	2395	1658
中部地区	5431	1335	966	1062	835
西部地区	5459	1264	836	989	759
东北地区	2005	349	257	287	205
北　京	1116	499	373	419	199
天　津	793	326	246	276	168
河　北	784	198	108	141	130
山　西	645	133	79	89	88
内蒙古	454	66	36	39	39
辽　宁	1048	176	138	152	102
吉　林	414	68	36	52	41
黑龙江	543	105	83	83	62
上　海	1190	428	282	365	232
江　苏	931	314	235	266	198
浙　江	761	212	127	154	122
安　徽	608	185	113	162	114
福　建	531	117	91	86	69
江　西	575	115	93	84	69
山　东	1339	340	261	262	237
河　南	921	225	159	171	151
湖　北	873	268	211	225	148
湖　南	852	236	192	196	162
广　东	1500	321	208	265	196
广　西	615	120	88	82	57
海　南	107	10	7	9	5
重　庆	514	177	141	161	112
四　川	1007	252	172	204	146
贵　州	479	106	71	93	79
云　南	528	137	80	87	68
西　藏	35	3	2	1	
陕　西	682	220	146	187	141
甘　肃	405	85	46	65	59
青　海	95	16	12	12	10
宁　夏	107	28	20	21	16
新　疆	538	54	22	37	32

1-B-9 各地区内资工业企业科技活动分布情况

单位：个

地区	规模以上工业企业数	#有科技活动	#有R&D活动	#有新产品开发	#有科技机构
全国	**341846**	**38121**	**21161**	**30435**	**17123**
东部地区	231235	26554	14815	21693	11520
中部地区	69931	7596	4174	5805	3556
西部地区	40680	3971	2172	2937	2047
东北地区	27626	1522	866	1129	652
北京	5683	1510	1026	1257	431
天津	5137	690	499	568	309
河北	10985	769	286	451	405
山西	4170	407	198	256	229
内蒙古	3748	172	86	114	96
辽宁	18678	912	504	633	368
吉林	4849	283	146	250	148
黑龙江	4099	327	216	246	136
上海	12062	709	441	609	378
江苏	50193	6213	4102	4882	2279
浙江	48618	10416	4641	8956	4146
安徽	9707	1410	566	1207	779
福建	11229	868	571	716	412
江西	6578	545	365	410	238
山东	36102	2126	1407	1621	1456
河南	17688	1556	764	1165	833
湖北	11086	1375	835	1085	544
湖南	11754	1693	1084	1186	649
广东	32122	2307	1321	1975	1319
广西	4479	516	304	385	232
海南	426	34	17	25	17
重庆	5696	544	361	460	261
四川	12875	1283	647	891	683
贵州	2314	189	111	159	118
云南	3039	343	177	225	163
西藏	87	12	9	10	5
陕西	3640	429	253	347	240
甘肃	1807	201	91	153	118
青海	387	35	16	26	17
宁夏	835	109	75	79	50
新疆	1773	138	42	88	64

1-B-10　各地区港澳台商投资工业企业科技活动分布情况

单位：个

地　区	规模以上工业企业数	#有科技活动	#有R&D活动	#有新产品开发	#有科技机构
全　国	**35158**	**4443**	**2485**	**3589**	**2187**
东部地区	32219	3990	2226	3228	1970
中部地区	2031	330	189	261	160
西部地区	908	123	70	100	57
东北地区	811	61	40	54	30
北　京	393	90	63	71	32
天　津	449	58	32	44	18
河　北	322	35	15	23	21
山　西	64	13	9	12	7
内蒙古	59	2	1	1	
辽　宁	637	43	30	38	22
吉　林	77	6	2	6	3
黑龙江	97	12	8	10	5
上　海	1964	100	70	83	64
江　苏	5239	1002	570	743	356
浙　江	4244	1144	563	993	586
安　徽	317	66	29	61	35
福　建	3632	372	239	322	214
江　西	467	47	35	33	22
山　东	1258	117	79	84	75
河　南	261	52	24	39	31
湖　北	415	67	34	56	25
湖　南	333	67	48	44	32
广　东	14041	1024	564	826	582
广　西	249	24	17	17	10
海　南	40	5	1	1	
重　庆	96	28	13	24	12
四　川	230	31	21	26	16
贵　州	47	10	5	9	7
云　南	109	18	9	15	8
西　藏					
陕　西	52	4	2	3	1
甘　肃	23	2		2	2
青　海	8				
宁　夏	9	3	2	3	1
新　疆	26	1			

1-B-11 各地区外商投资工业企业科技活动分布情况

单位：个

地区	规模以上工业企业数	#有科技活动	#有R&D活动	#有新产品开发	#有科技机构
全国	**41876**	**6073**	**3632**	**4943**	**2846**
东部地区	37948	5294	3166	4306	2458
中部地区	2441	529	314	431	259
西部地区	1487	250	152	206	129
东北地区	3076	154	109	135	78
北京	1129	258	185	212	93
天津	1829	204	139	154	73
河北	791	83	40	63	49
山西	111	19	8	11	11
内蒙古	147	13	9	9	9
辽宁	2561	107	82	93	51
吉林	319	23	12	22	13
黑龙江	196	24	15	20	14
上海	4773	312	208	271	175
江苏	8845	1732	1054	1366	630
浙江	5023	1337	627	1121	654
安徽	460	128	60	108	62
福建	2074	271	188	231	146
江西	320	48	33	42	21
山东	4774	325	225	231	191
河南	302	82	50	62	51
湖北	439	124	78	99	53
湖南	294	81	58	67	34
广东	6089	658	416	561	391
广西	252	39	25	31	19
海南	60	7	2	3	5
重庆	185	50	34	41	26
四川	428	61	38	54	33
贵州	54	11	5	10	6
云南	116	19	10	16	11
西藏	1	1	1	1	1
陕西	162	35	17	27	13
甘肃	32	4	2	4	2
青海	15	3	3	2	1
宁夏	36	11	7	9	7
新疆	59	3	1	2	1

1-B-12　分登记注册类型大中型工业企业科技活动分布情况

单位：个

行　　业	企业数	#有科技活动	#有R&D活动	#有新产品开发	#有科技机构
总　　计	**40314**	**14952**	**10027**	**12603**	**9941**
国有控股企业	7591	3636	2716	2934	2520
内资企业	25768	10421	7077	8739	7254
国有企业	3203	1198	839	896	760
集体企业	680	125	74	95	72
股份合作企业	335	113	76	92	79
联营企业	91	24	15	19	8
国有联营企业	35	14	9	10	4
集体联营企业	24	1	1	1	
国有与集体联营企业	20	6	4	5	2
其他联营企业	12	3	1	3	2
有限责任公司	8753	3833	2664	3204	2681
国有独资公司	773	484	392	404	368
其他有限责任公司	7980	3349	2272	2800	2313
股份有限公司	2741	1703	1322	1513	1395
私营企业	9810	3374	2047	2875	2224
私营独资企业	1044	210	116	177	130
私营合伙企业	162	32	20	22	20
私营有限责任公司	7988	2876	1740	2461	1893
私营股份有限公司	616	256	171	215	181
其他企业	155	51	40	45	35
港、澳、台商投资企业	6526	1884	1178	1600	1150
合资经营企业（港或澳、台资）	2102	840	537	732	551
合作经营企业（港或澳、台资）	198	43	23	33	26
港、澳、台商独资经营企业	4084	932	564	778	518
港、澳、台商投资股份有限公司	142	69	54	57	55
外商投资企业	8020	2647	1772	2264	1537
中外合资经营企业	2896	1268	881	1117	800
中外合作经营企业	244	56	31	45	32
外资企业	4636	1193	764	985	616
外商投资股份有限公司	244	130	96	117	89

1-B-13 分行业大中型工业企业科技活动分布情况

单位：个

行业	企业数	#有科技活动	#有R&D活动	#有新产品开发	#有科技机构
总计	**40314**	**14952**	**10027**	**12603**	**9941**
采矿业	**2081**	**367**	**256**	**162**	**220**
煤炭开采和洗选业	1209	191	120	72	109
烟煤和无烟煤的开采洗选	1155	183	118	71	104
褐煤的开采洗选	53	8	2	1	5
其他煤炭采选	1				
石油和天然气开采业	88	37	37	23	36
天然原油和天然气开采	44	21	21	12	20
与石油和天然气开采有关的服务活动	44	16	16	11	16
黑色金属矿采选业	280	38	20	19	16
铁矿采选	262	35	18	18	15
其他黑色金属矿采选	18	3	2	1	1
有色金属矿采选业	347	59	43	19	30
常用有色金属矿采选	188	30	20	12	16
贵金属矿采选	88	19	16	5	10
稀有稀土金属矿采选	71	10	7	2	4
非金属矿采选业	157	42	36	29	29
土砂石开采	54	9	9	6	7
化学矿采选	37	8	7	6	5
采盐	50	22	18	15	17
石棉及其他非金属矿采选	16	3	2	2	
制造业	**36102**	**14159**	**9552**	**12282**	**9575**
农副食品加工业	1467	321	178	239	213
谷物磨制	154	30	10	22	21
饲料加工	121	36	24	33	20
植物油加工	116	35	15	27	23
制糖	181	28	13	11	13
屠宰及肉类加工	366	69	39	48	47
水产品加工	266	50	34	41	34
蔬菜、水果和坚果加工	116	35	17	25	23
其他农副食品加工	147	38	26	32	32
食品制造业	865	243	153	202	178
焙烤食品制造	147	23	13	16	16
糖果、巧克力及蜜饯制造	59	14	9	11	9
方便食品制造	167	42	22	35	27
液体乳及乳制品制造	146	47	28	44	42
罐头制造	94	27	16	21	12
调味品、发酵制品制造	97	39	30	32	33
其他食品制造	155	51	35	43	39
饮料制造业	673	233	142	196	174
酒精制造	32	12	5	8	9
酒的制造	449	177	109	151	133
软饮料制造	171	33	18	27	24
精制茶加工	21	11	10	10	8
烟草制品业	90	45	40	37	33

1-B-13　续表 1　　　　单位：个

行　业	企业数	#有科技活动	#有R&D活动	#有新产品开发	#有科技机构
烟叶复烤	27	4	3	2	2
卷烟制造	54	36	32	31	27
其他烟草制品加工	9	5	5	4	4
纺织业	3024	891	495	731	548
棉、化纤纺织及印染精加工	1744	519	278	414	325
毛纺织和染整精加工	147	43	30	38	29
麻纺织	64	29	22	21	10
丝绢纺织及精加工	174	68	36	58	47
纺织制成品制造	363	125	75	108	72
针织品、编织品及其制品制造	532	107	54	92	65
纺织服装、鞋、帽制造业	1551	268	110	202	133
纺织服装制造	1477	261	105	196	128
纺织面料鞋的制造	45	3	3	3	2
制帽	29	4	2	3	3
皮革、毛皮、羽毛(绒)及其制品业	965	198	83	166	125
皮革鞣制加工	89	20	14	16	17
皮革制品制造	798	158	61	131	96
毛皮鞣制及制品加工	19	8	2	7	4
羽毛(绒)加工及制品制造	59	12	6	12	8
木材加工及木、竹、藤、棕、草制品业	367	84	51	76	48
锯材、木片加工	42	4	4	4	3
人造板制造	211	51	33	44	31
木制品制造	90	19	9	18	8
竹、藤、棕、草制品制造	24	10	5	10	6
家具制造业	498	124	48	93	75
木质家具制造	279	56	25	37	28
竹、藤家具制造	7				
金属家具制造	139	44	18	40	33
塑料家具制造	7	1			
其他家具制造	66	23	5	16	14
造纸及纸制品业	779	216	136	151	143
纸浆制造	36	12	6	6	12
造纸	445	146	100	104	100
纸制品制造	298	58	30	41	31
印刷业和记录媒介的复制	411	91	57	67	56
印刷	385	83	50	61	50
装订及其他印刷服务活动	17	4	4	3	4
记录媒介的复制	9	4	3	3	2
文教体育用品制造业	514	117	68	109	84
文化用品制造	82	25	13	23	16
体育用品制造	164	38	24	35	24
乐器制造	38	14	7	13	10
玩具制造	216	32	20	30	27
游艺器材及娱乐用品制造	14	8	4	8	7
石油加工、炼焦及核燃料加工业	486	121	90	79	79
精炼石油产品的制造	145	76	61	61	52
炼焦	338	42	26	16	26

1-B-13 续表 2

单位：个

行业	企业数	#有科技活动	#有R&D活动	#有新产品开发	#有科技机构
核燃料加工	3	3	3	2	1
化学原料及化学制品制造业	2151	1052	736	826	762
基础化学原料制造	532	242	166	179	171
肥料制造	482	188	112	111	125
农药制造	119	81	61	71	68
涂料、油墨、颜料及类似产品制造	180	91	67	82	73
合成材料制造	199	118	91	95	79
专用化学产品制造	483	268	198	227	198
日用化学产品制造	156	64	41	61	48
医药制造业	1000	710	565	660	561
化学药品原药制造	220	157	132	144	135
化学药品制剂制造	328	247	193	229	196
中药饮片加工	32	17	12	17	13
中成药制造	254	188	154	180	148
兽用药品制造	27	17	16	16	14
生物、生化制品的制造	75	56	44	52	41
卫生材料及医药用品制造	64	28	14	22	14
化学纤维制造业	240	122	89	108	89
纤维素纤维原料及纤维制造	49	20	18	14	17
合成纤维制造	191	102	71	94	72
橡胶制品业	458	180	119	156	126
轮胎制造	144	67	45	55	51
橡胶板、管、带的制造	62	32	21	30	22
橡胶零件制造	74	37	28	33	21
再生橡胶制造	5	2	2	2	1
日用及医用橡胶制品制造	36	13	9	13	11
橡胶靴鞋制造	96	18	10	14	11
其他橡胶制品制造	41	11	4	9	9
塑料制品业	1083	279	166	236	176
塑料薄膜制造	91	35	25	28	25
塑料板、管、型材的制造	156	59	39	52	39
塑料丝、绳及编织品的制造	91	10	7	8	7
泡沫塑料制造	37	6	5	4	5
塑料人造革、合成革制造	71	26	11	22	16
塑料包装箱及容器制造	93	21	12	19	17
塑料零件制造	208	57	36	48	29
日用塑料制造	156	37	17	36	24
其他塑料制品制造	180	28	14	19	14
非金属矿物制品业	2326	660	416	500	427
水泥、石灰和石膏的制造	819	155	71	79	85
水泥及石膏制品制造	179	50	35	39	29
砖瓦、石材及其他建筑材料制造	356	84	54	68	59
玻璃及玻璃制品制造	490	171	110	141	105
陶瓷制品制造	196	86	63	79	65
耐火材料制品制造	141	63	47	54	45
石墨及其他非金属矿物制品制造	145	51	36	40	39

1-B-13　续表 3　　　　单位：个

行　　业	企业数	#有科技活动	#有R&D活动	#有新产品开发	#有科技机构
黑色金属冶炼及压延加工业	1153	331	235	246	213
炼铁	211	28	10	8	15
炼钢	134	45	39	36	29
钢压延加工	626	223	162	180	149
铁合金冶炼	182	35	24	22	20
有色金属冶炼及压延加工业	865	353	261	287	241
常用有色金属冶炼	355	133	104	95	93
贵金属冶炼	44	10	8	7	9
稀有稀土金属冶炼	58	33	24	30	25
有色金属合金制造	49	23	17	21	16
有色金属压延加工	359	154	108	134	98
金属制品业	1407	466	297	405	286
结构性金属制品制造	431	122	85	106	75
金属工具制造	145	63	38	57	45
集装箱及金属包装容器制造	157	45	27	38	26
金属丝绳及其制品的制造	74	31	21	28	20
建筑、安全用金属制品制造	186	72	45	64	43
金属表面处理及热处理加工	79	22	13	20	9
搪瓷制品制造	22	8	7	8	7
不锈钢及类似日用金属制品制造	188	57	32	49	36
其他金属制品制造	125	46	29	35	25
通用设备制造业	2411	1326	971	1226	960
锅炉及原动机制造	226	139	99	125	93
金属加工机械制造	246	169	124	157	127
起重运输设备制造	213	125	84	118	91
泵、阀门、压缩机及类似机械的制造	444	277	218	266	217
轴承、齿轮、传动和驱动部件的制造	324	171	128	155	118
烘炉、熔炉及电炉制造	9	6	5	5	4
风机、衡器、包装设备等通用设备制造	362	225	174	208	157
通用零部件制造及机械修理	234	86	57	78	64
金属铸、锻加工	353	128	82	114	89
专用设备制造业	1502	840	604	781	615
矿山、冶金、建筑专用设备制造	418	241	176	224	190
化工、木材、非金属加工专用设备制造	332	146	95	132	92
食品、饮料、烟草及饲料生产专用设备制造	50	32	23	31	24
印刷、制药、日化生产专用设备制造	72	42	28	40	26
纺织、服装和皮革工业专用设备制造	127	82	58	79	63
电子和电工机械专用设备制造	154	97	74	88	83
农、林、牧、渔专用机械制造	110	61	44	57	38
医疗仪器设备及器械制造	121	69	54	66	42
环保、社会公共安全及其他专用设备制造	118	70	52	64	57
交通运输设备制造业	2546	1329	940	1211	902
铁路运输设备制造	124	80	62	71	57
汽车制造	1628	852	588	788	593
摩托车制造	260	140	109	132	76
自行车制造	134	41	26	36	22

1-B-13 续表 4

单位：个

行业	企业数	#有科技活动	#有R&D活动	#有新产品开发	#有科技机构
船舶及浮动装置制造	261	117	78	95	77
航空航天器制造	127	93	74	84	73
交通器材及其他交通运输设备制造	12	6	3	5	4
电气机械及器材制造业	2875	1514	1091	1409	1067
电机制造	397	253	200	238	183
输配电及控制设备制造	731	392	275	366	276
电线、电缆、光缆及电工器材制造	498	250	181	228	174
电池制造	280	144	108	133	99
家用电力器具制造	536	278	198	268	203
非电力家用器具制造	56	38	29	32	23
照明器具制造	326	136	82	122	94
其他电气机械及器材制造	51	23	18	22	15
通信设备、计算机及其他电子设备制造业	3203	1513	1028	1391	907
通信设备制造	365	217	152	209	143
雷达及配套设备制造	27	20	18	20	17
广播电视设备制造	55	31	23	29	21
电子计算机制造	486	212	135	188	104
电子器件制造	582	305	225	287	191
电子元件制造	1251	536	352	482	313
家用视听设备制造	293	130	81	119	80
其他电子设备制造	144	62	42	57	38
仪器仪表及文化、办公用机械制造业	651	384	297	364	260
通用仪器仪表制造	234	180	150	176	127
专用仪器仪表制造	100	74	63	70	56
钟表与计时仪器制造	50	19	12	17	12
光学仪器及眼镜制造	132	56	43	53	41
文化、办公用机械制造	131	53	28	47	23
其他仪器仪表的制造及修理	4	2	1	1	1
工艺品及其他制造业	500	146	85	126	94
工艺美术品制造	296	64	33	56	43
日用杂品制造	140	49	29	41	30
煤制品制造	2				
核辐射加工					
其他未列明的制造业	62	33	23	29	21
废弃资源和废旧材料回收加工业	41	2	1	2	
金属废料和碎屑的加工处理	38	1	1	1	
非金属废料和碎屑的加工处理	3	1		1	
电力、燃气及水的生产和供应业	**2131**	**426**	**219**	**159**	**146**
电力、热力的生产和供应业	1788	357	187	138	117
电力生产	750	196	94	65	53
电力供应	909	144	85	65	57
热力生产和供应	129	17	8	8	7
燃气生产和供应业	122	22	12	5	6
水的生产和供应业	221	47	20	16	23
自来水的生产和供应	211	46	19	16	22
污水处理及其再生利用	8	1	1		1

1-B-14　国有控股大中型制造业企业科技活动分布情况

单位：个

行　　业	企业数	#有科技活动	#有R&D活动	#有新产品开发	#有科技机构
总　　计	**4909**	**2975**	**2308**	**2667**	**2224**
农副食品加工业	117	38	19	25	24
食品制造业	80	32	24	26	25
饮料制造业	125	57	45	53	42
烟草制品业	78	37	34	31	30
纺织业	196	84	53	77	68
纺织服装、鞋、帽制造业	44	14	7	11	10
皮革、毛皮、羽毛(绒)及其制品业	11	4	2	4	3
木材加工及木、竹、藤、棕、草制品业	39	8	6	7	6
家具制造业	2	2	2	2	2
造纸及纸制品业	67	33	25	28	29
印刷业和记录媒介的复制	109	21	19	13	14
文教体育用品制造业	10	6	3	6	6
石油加工、炼焦及核燃料加工业	142	78	66	57	53
化学原料及化学制品制造业	551	316	238	258	239
医药制造业	191	156	129	149	129
化学纤维制造业	35	23	18	21	18
橡胶制品业	55	41	33	39	33
塑料制品业	49	23	20	20	15
非金属矿物制品业	386	145	89	100	101
黑色金属冶炼及压延加工业	187	111	91	97	83
有色金属冶炼及压延加工业	207	127	106	101	90
金属制品业	124	61	45	53	43
通用设备制造业	444	295	227	282	218
专用设备制造业	366	268	204	250	204
交通运输设备制造业	663	480	384	457	372
电气机械及器材制造业	204	163	125	157	119
通信设备、计算机及其他电子设备制造业	289	235	194	231	160
仪器仪表及文化、办公用机械制造业	98	91	79	88	71
工艺品及其他制造业	38	26	21	24	17

1-B-15 内资大中型制造业企业科技活动分布情况

单位：个

行　　业	企业数	#有科技活动	#有R&D活动	#有新产品开发	#有科技机构
总　　计	**21795**	**9687**	**6635**	**8442**	**6911**
农副食品加工业	1094	242	130	176	156
食品制造业	517	171	101	142	132
饮料制造业	410	166	102	145	125
烟草制品业	88	43	38	36	32
纺织业	2020	659	362	543	425
纺织服装、鞋、帽制造业	604	156	66	123	85
皮革、毛皮、羽毛(绒)及其制品业	363	109	49	98	69
木材加工及木、竹、藤、棕、草制品业	251	62	36	55	35
家具制造业	202	61	23	50	42
造纸及纸制品业	502	146	93	98	103
印刷业和记录媒介的复制	239	57	34	41	39
文教体育用品制造业	124	51	29	47	43
石油加工、炼焦及核燃料加工业	435	108	83	74	73
化学原料及化学制品制造业	1759	865	607	677	641
医药制造业	736	540	433	504	434
化学纤维制造业	172	88	66	79	64
橡胶制品业	238	114	72	102	89
塑料制品业	437	156	95	139	104
非金属矿物制品业	1838	506	314	370	328
黑色金属冶炼及压延加工业	1003	271	189	201	176
有色金属冶炼及压延加工业	679	285	215	229	197
金属制品业	800	308	198	270	202
通用设备制造业	1735	1018	742	950	759
专用设备制造业	1012	656	477	617	502
交通运输设备制造业	1611	944	685	871	687
电气机械及器材制造业	1531	991	722	934	734
通信设备、计算机及其他电子设备制造业	825	568	410	545	389
仪器仪表及文化、办公用机械制造业	312	247	208	238	183
工艺品及其他制造业	228	97	55	86	63

1-B-16 港澳台商投资大中型制造业企业科技活动分布情况

单位：个

行　　业	企业数	#有科技活动	#有R&D活动	#有新产品开发	#有科技机构
总　计	**6419**	**1859**	**1166**	**1596**	**1140**
农副食品加工业	126	21	13	18	15
食品制造业	120	19	13	16	15
饮料制造业	76	19	10	16	12
烟草制品业	2	2	2	1	1
纺织业	612	142	82	117	76
纺织服装、鞋、帽制造业	534	55	21	40	24
皮革、毛皮、羽毛(绒)及其制品业	328	43	17	34	27
木材加工及木、竹、藤、棕、草制品业	56	11	9	10	7
家具制造业	161	30	18	18	19
造纸及纸制品业	147	30	18	20	15
印刷业和记录媒介的复制	116	23	17	18	11
文教体育用品制造业	250	39	25	36	27
石油加工、炼焦及核燃料加工业	19	5	2	2	2
化学原料及化学制品制造业	145	61	36	49	38
医药制造业	94	63	47	58	48
化学纤维制造业	37	17	10	16	15
橡胶制品业	87	21	17	16	9
塑料制品业	336	63	41	55	40
非金属矿物制品业	228	77	50	65	49
黑色金属冶炼及压延加工业	72	23	18	19	16
有色金属冶炼及压延加工业	91	27	19	23	17
金属制品业	279	67	38	55	34
通用设备制造业	224	102	71	93	74
专用设备制造业	189	70	49	63	48
交通运输设备制造业	220	98	58	85	57
电气机械及器材制造业	623	241	158	214	156
通信设备、计算机及其他电子设备制造业	961	406	255	364	239
仪器仪表及文化、办公用机械制造业	127	54	33	52	28
工艺品及其他制造业	157	30	19	23	21

1-B-17 外商投资大中型制造业企业科技活动分布情况

单位：个

行业	企业数	#有科技活动	#有R&D活动	#有新产品开发	#有科技机构
总计	**7888**	**2613**	**1751**	**2244**	**1524**
农副食品加工业	247	58	35	45	42
食品制造业	228	53	39	44	31
饮料制造业	187	48	30	35	37
烟草制品业					
纺织业	392	90	51	71	47
纺织服装、鞋、帽制造业	413	57	23	39	24
皮革、毛皮、羽毛(绒)及其制品业	274	46	17	34	29
木材加工及木、竹、藤、棕、草制品业	60	11	6	11	6
家具制造业	135	33	7	25	14
造纸及纸制品业	130	40	25	33	25
印刷业和记录媒介的复制	56	11	6	8	6
文教体育用品制造业	140	27	14	26	14
石油加工、炼焦及核燃料加工业	32	8	5	3	4
化学原料及化学制品制造业	247	126	93	100	83
医药制造业	170	107	85	98	79
化学纤维制造业	31	17	13	13	10
橡胶制品业	133	45	30	38	28
塑料制品业	310	60	30	42	32
非金属矿物制品业	260	77	52	65	50
黑色金属冶炼及压延加工业	78	37	28	26	21
有色金属冶炼及压延加工业	95	41	27	35	27
金属制品业	328	91	61	80	50
通用设备制造业	452	206	158	183	127
专用设备制造业	301	114	78	101	65
交通运输设备制造业	715	287	197	255	158
电气机械及器材制造业	721	282	211	261	177
通信设备、计算机及其他电子设备制造业	1417	539	363	482	279
仪器仪表及文化、办公用机械制造业	212	83	56	74	49
工艺品及其他制造业	115	19	11	17	10

1-B-18　各地区大中型工业企业科技活动分布情况

单位：个

地　区	企业数	#有科技活动	#有R&D活动	#有新产品开发	#有科技机构
全　国	**40314**	**14952**	**10027**	**12603**	**9941**
东部地区	27244	10292	6982	8884	6896
中部地区	7689	2782	1838	2247	1843
西部地区	5381	1878	1207	1472	1202
东北地区	2415	579	425	510	366
北　京	650	332	258	284	197
天　津	683	280	227	251	175
河　北	1457	377	206	267	267
山　西	1063	218	116	137	148
内蒙古	531	110	57	68	69
辽　宁	1341	303	238	278	197
吉　林	513	120	63	101	75
黑龙江	561	156	124	131	94
上　海	1684	452	322	405	308
江　苏	4792	2508	1868	2196	1441
浙　江	4516	2602	1521	2288	1838
安　徽	871	488	257	416	335
福　建	1825	577	408	493	376
江　西	604	222	171	176	153
山　东	3658	1156	858	942	940
河　南	2120	680	406	535	486
湖　北	1053	435	317	369	272
湖　南	904	463	384	382	280
广　东	6539	1687	1067	1469	1147
广　西	568	193	139	144	111
海　南	99	18	9	11	10
重　庆	633	314	227	280	185
四　川	1397	486	297	388	322
贵　州	356	114	77	100	86
云　南	546	161	98	103	93
西　藏	10	1		1	1
陕　西	560	252	170	205	167
甘　肃	283	100	57	78	67
青　海	84	23	16	18	15
宁　夏	131	63	43	46	42
新　疆	282	61	26	41	44

1-B-19 各地区国有控股大中型工业企业科技活动分布情况

单位：个

地 区	企业数	#有科技活动	#有R&D活动	#有新产品开发	#有科技机构
全 国	**7591**	**3636**	**2716**	**2934**	**2520**
东部地区	3281	1707	1300	1398	1182
中部地区	2248	986	754	793	694
西部地区	2062	943	662	743	644
东北地区	721	267	205	224	179
北 京	272	188	152	158	114
天 津	189	124	105	112	91
河 北	381	147	93	106	102
山 西	359	113	69	76	81
内 蒙 古	174	56	31	32	36
辽 宁	349	132	108	119	90
吉 林	170	51	28	38	32
黑 龙 江	202	84	69	67	57
上 海	321	225	173	199	159
江 苏	334	223	181	192	157
浙 江	206	113	71	81	78
安 徽	238	133	89	116	91
福 建	164	79	68	60	53
江 西	225	85	72	62	59
山 东	614	264	204	196	196
河 南	438	187	138	142	129
湖 北	329	172	142	153	119
湖 南	287	161	147	139	126
广 东	422	205	140	169	138
广 西	210	76	60	52	42
海 南	29	7	5	6	4
重 庆	213	139	114	127	103
四 川	378	177	129	144	115
贵 州	193	85	59	75	70
云 南	215	98	62	62	55
西 藏	7				
陕 西	297	169	121	145	121
甘 肃	145	65	40	50	47
青 海	32	15	12	11	10
宁 夏	37	21	15	16	15
新 疆	161	42	19	29	30

1-B-20　各地区内资大中型工业企业科技活动分布情况

单位：个

地　区	企业数	#有科技活动	#有R&D活动	#有新产品开发	#有科技机构
全　国	**25768**	**10421**	**7077**	**8739**	**7254**
东部地区	14234	6302	4372	5461	4528
中部地区	6704	2418	1609	1954	1629
西部地区	4830	1701	1096	1324	1097
东北地区	1831	494	364	435	317
北　京	400	239	189	204	139
天　津	342	170	147	159	128
河　北	1210	312	169	219	220
山　西	997	200	106	124	137
内蒙古	479	101	51	61	62
辽　宁	926	245	193	227	162
吉　林	430	110	58	91	71
黑龙江	475	139	113	117	84
上　海	586	240	171	214	166
江　苏	2281	1346	1048	1197	913
浙　江	2947	1797	1080	1594	1304
安　徽	709	404	213	349	285
福　建	704	239	175	198	160
江　西	486	183	141	143	129
山　东	2768	950	700	778	789
河　南	1953	615	370	488	439
湖　北	860	355	264	301	225
湖　南	794	412	344	341	259
广　东	1999	750	492	661	539
广　西	484	166	119	122	94
海　南	71	14	8	10	8
重　庆	550	270	203	243	162
四　川	1244	443	269	350	295
贵　州	336	110	74	96	84
云　南	491	143	88	89	81
西　藏	10	1		1	1
陕　西	508	235	161	192	160
甘　肃	269	97	56	75	65
青　海	74	20	13	16	14
宁　夏	118	54	36	38	35
新　疆	267	61	26	41	44

1-B-21 各地区港澳台商投资大中型工业企业科技活动分布情况

单位：个

地区	企业数	#有科技活动	#有R&D活动	#有新产品开发	#有科技机构
全国	**6526**	**1884**	**1178**	**1600**	**1150**
东部地区	5959	1720	1074	1464	1051
中部地区	386	116	71	96	71
西部地区	181	48	33	40	28
东北地区	146	24	15	21	14
北京	69	26	20	22	17
天津	69	22	15	18	10
河北	89	22	10	14	15
山西	23	6	5	6	4
内蒙古	14	1	1	1	
辽宁	99	20	14	17	12
吉林	24	3	1	3	2
黑龙江	23	1		1	
上海	299	50	33	45	38
江苏	850	410	284	339	188
浙江	727	374	209	334	249
安徽	54	24	13	22	15
福建	666	195	132	169	124
江西	61	15	11	11	8
山东	216	55	38	43	40
河南	76	27	13	19	20
湖北	79	21	11	19	11
湖南	46	19	17	15	11
广东	2869	545	318	463	358
广西	38	8	7	6	4
海南	6	1	1		
重庆	24	14	8	12	7
四川	56	14	10	12	10
贵州	6	1	1	1	1
云南	20	7	5	5	4
西藏					
陕西	8	1		1	
甘肃	5	1		1	1
青海	1				
宁夏	1	1	1	1	1
新疆	8				

1-B-22　各地区外商投资大中型工业企业科技活动分布情况

单位：个

地　区	企业数	#有科技活动	#有R&D活动	#有新产品开发	#有科技机构
全　国	**8020**	**2647**	**1772**	**2264**	**1537**
东部地区	7051	2270	1536	1959	1317
中部地区	599	248	158	197	143
西部地区	370	129	78	108	77
东北地区	438	61	46	54	35
北　京	181	67	49	58	41
天　津	272	88	65	74	37
河　北	158	43	27	34	32
山　西	43	12	5	7	7
内蒙古	38	8	5	6	7
辽　宁	316	38	31	34	23
吉　林	59	7	4	7	2
黑龙江	63	16	11	13	10
上　海	799	162	118	146	104
江　苏	1661	752	536	660	340
浙　江	842	431	232	360	285
安　徽	108	60	31	45	35
福　建	455	143	101	126	92
江　西	57	24	19	22	16
山　东	674	151	120	121	111
河　南	91	38	23	28	27
湖　北	114	59	42	49	36
湖　南	64	32	23	26	10
广　东	1671	392	257	345	250
广　西	46	19	13	16	13
海　南	22	3		1	2
重　庆	59	30	16	25	16
四　川	97	29	18	26	17
贵　州	14	3	2	3	1
云　南	35	11	5	9	8
西　藏					
陕　西	44	16	9	12	7
甘　肃	9	2	1	2	1
青　海	9	3	3	2	1
宁　夏	12	8	6	7	6
新　疆	7				

C. 科技活动人员情况

1-C-1 分登记注册类型工业企业科技活动人员情况

单位：人

行业	科技活动人员合计	#1.参加科技项目人员	2.科技管理和服务人员	#科学家和工程师	高中级技术职称人员
总计	**3091848**	**2343413**	**552265**	**1978975**	**1042716**
国有控股企业	1268281	913118	266324	827330	521351
内资企业	2389651	1797519	439870	1526951	877846
国有企业	350054	238510	77715	229617	152007
集体企业	22113	17107	3936	15526	6426
股份合作企业	16719	13217	2907	10292	5426
联营企业	6493	4970	1359	5261	2946
国有联营企业	5161	4184	909	4563	2565
集体联营企业	272	206	66	133	29
国有与集体联营企业	684	269	331	342	218
其他联营企业	376	311	53	223	134
有限责任公司	993967	746860	187057	637801	396954
国有独资公司	235422	172960	48183	146627	96383
其他有限责任公司	758545	573900	138874	491174	300571
股份有限公司	464226	349619	87914	310301	170407
私营企业	528555	421358	77763	313908	141552
私营独资企业	35544	27889	5103	19291	9070
私营合伙企业	6288	5072	831	3501	1500
私营有限责任公司	447152	358038	64787	266164	119432
私营股份有限公司	39571	30359	7042	24952	11550
其他企业	7524	5878	1219	4245	2128
港、澳、台商投资企业	267105	207656	42703	164103	62542
合资经营企业（港或澳、台资）	114205	90752	17346	71406	28602
合作经营企业（港或澳、台资）	4465	3622	538	2416	1005
港、澳、台商独资经营企业	132442	100465	22440	79941	27256
港、澳、台商投资股份有限公司	15993	12817	2379	10340	5679
外商投资企业	435092	338238	69692	287921	102328
中外合资经营企业	214282	166664	35634	145288	58883
中外合作经营企业	6005	4700	1015	3616	1517
外资企业	179288	142078	28527	115877	31693
外商投资股份有限公司	35517	24796	4516	23140	10235

1-C-2　分行业工业企业科技活动人员情况

单位：人

行　　业	科技活动人员合计	#1.参加科技项目人员	2.科技管理和服务人员	#科学家和工程师	高中级技术职称人员
总　　计	**3091848**	**2343413**	**552265**	**1978975**	**1042716**
采矿业	**225569**	**171894**	**46463**	**136234**	**99928**
煤炭开采和洗选业	147868	113950	29828	80757	59634
烟煤和无烟煤的开采洗选	146764	113392	29352	79990	59018
褐煤的开采洗选	1099	553	476	762	614
其他煤炭采选	5	5		5	2
石油和天然气开采业	56776	42759	12981	43029	32614
天然原油和天然气开采	43020	32237	10234	33288	25043
与石油和天然气开采有关的服务活动	13756	10522	2747	9741	7571
黑色金属矿采选业	7313	4548	1593	3736	2458
铁矿采选	6247	3840	1238	3382	2355
其他黑色金属矿采选	1066	708	355	354	103
有色金属矿采选业	6665	5190	998	4453	2893
常用有色金属矿采选	4205	3325	591	2908	1914
贵金属矿采选	1757	1287	296	1016	675
稀有稀土金属矿采选	703	578	111	529	304
非金属矿采选业	6934	5438	1059	4252	2324
土砂石开采	1026	801	185	687	359
化学矿采选	1700	1472	223	1396	684
采盐	3963	3028	545	2050	1213
石棉及其他非金属矿采选	245	137	106	119	68
制造业	**2800778**	**2120456**	**495069**	**1795230**	**909113**
农副食品加工业	42438	32130	7416	26845	11785
谷物磨制	2989	2225	532	1841	923
饲料加工	7730	6186	1308	5588	2413
植物油加工	4196	2727	579	2520	984
制糖	1814	1528	174	1072	759
屠宰及肉类加工	11401	8361	2279	6963	2868
水产品加工	4772	3953	640	3157	1228
蔬菜、水果和坚果加工	4159	3129	655	2444	1058
其他农副食品加工	5377	4021	1249	3260	1552
食品制造业	33278	23017	6657	20647	9525
焙烤食品制造	1784	1289	313	927	436
糖果、巧克力及蜜饯制造	2011	1409	571	898	387
方便食品制造	3200	2508	544	1632	678
液体乳及乳制品制造	5875	4282	1249	3681	1871
罐头制造	2048	1482	428	1169	510
调味品、发酵制品制造	7663	4499	945	4981	2280
其他食品制造	10697	7548	2607	7359	3363
饮料制造业	37771	28628	6696	24576	12476
酒精制造	1558	1266	215	879	492
酒的制造	28377	21076	5364	18207	9915
软饮料制造	6049	4972	797	4266	1392
精制茶加工	1787	1314	320	1224	677
烟草制品业	8691	6114	1921	6057	4051
烟叶复烤	309	239	70	145	49

1-C-2 续表 1

单位：人

行业	科技活动人员合计	#1.参加科技项目人员	2.科技管理和服务人员	#科学家和工程师	
					高中级技术职称人员
卷烟制造	7889	5562	1759	5666	3834
其他烟草制品加工	493	313	92	246	168
纺织业	95500	74776	13464	44342	21839
棉、化纤纺织及印染精加工	57108	44992	7705	25720	13180
毛纺织和染整精加工	4864	3566	821	3015	1586
麻纺织	1638	1114	365	560	326
丝绢纺织及精加工	6320	4753	812	2709	1154
纺织制成品制造	13024	9894	2382	6654	3147
针织品、编织品及其制品制造	12546	10457	1379	5684	2446
纺织服装、鞋、帽制造业	22454	17416	4543	10442	4405
纺织服装制造	22039	17056	4491	10315	4349
纺织面料鞋的制造	307	266	38	72	32
制帽	108	94	14	55	24
皮革、毛皮、羽毛(绒)及其制品业	15623	13099	2302	5864	2383
皮革鞣制加工	1677	1409	229	746	304
皮革制品制造	12911	10813	1924	4508	1864
毛皮鞣制及制品加工	437	369	68	189	88
羽毛(绒)加工及制品制造	598	508	81	421	127
木材加工及木、竹、藤、棕、草制品业	14051	9625	4051	6479	3313
锯材、木片加工	507	402	78	277	117
人造板制造	10029	6743	3063	4419	2275
木制品制造	2108	1329	700	1019	518
竹、藤、棕、草制品制造	1407	1151	210	764	403
家具制造业	8164	5758	1526	4220	1433
木质家具制造	4280	2660	890	2057	666
竹、藤家具制造	22	14	8	7	4
金属家具制造	2560	1970	459	1371	463
塑料家具制造	219	180	38	146	49
其他家具制造	1083	934	131	639	251
造纸及纸制品业	28652	21591	4245	16819	7405
纸浆制造	1259	1004	193	781	451
造纸	21544	15896	3030	12620	5808
纸制品制造	5849	4691	1022	3418	1146
印刷业和记录媒介的复制	12771	10177	2027	7114	3095
印刷	10917	8733	1642	5709	2547
装订及其他印刷服务活动	830	610	220	635	343
记录媒介的复制	1024	834	165	770	205
文教体育用品制造业	12098	9673	1591	5340	1847
文化用品制造	2168	1744	319	1125	393
体育用品制造	3454	2977	406	1760	413
乐器制造	2235	1553	240	788	331
玩具制造	3373	2623	536	1198	523
游艺器材及娱乐用品制造	868	776	90	469	187
石油加工、炼焦及核燃料加工业	28972	20116	5689	18991	12939
精炼石油产品的制造	20620	14187	4381	14647	10430
炼焦	7464	5205	1144	3635	1938
核燃料加工	888	724	164	709	571

1-C-2　续表 2

单位：人

行　　业	科技活动人员合计	#1.参加科技项目人员	2.科技管理和服务人员	#科学家和工程师	高中级技术职称人员
化学原料及化学制品制造业	215482	159130	38132	132899	73928
基础化学原料制造	56703	43250	9206	32678	20385
肥料制造	35487	25007	6513	22518	13781
农药制造	13948	10733	2291	8927	4525
涂料、油墨、颜料及类似产品制造	19187	15127	3270	12572	5789
合成材料制造	26007	18639	4409	15942	8014
专用化学产品制造	55486	39904	10477	34586	18782
日用化学产品制造	8664	6470	1966	5676	2652
医药制造业	128422	96302	23399	86058	41995
化学药品原药制造	31783	24708	5154	19880	9453
化学药品制剂制造	37886	27834	7611	25474	12748
中药饮片加工	3164	2210	518	2118	1047
中成药制造	32576	23475	6369	22049	11291
兽用药品制造	6384	4700	1229	4538	1738
生物、生化制品的制造	12885	10524	1930	9382	4366
卫生材料及医药用品制造	3744	2851	588	2617	1352
化学纤维制造业	24091	20074	3014	14939	6864
纤维素纤维原料及纤维制造	7450	6106	1007	4226	2656
合成纤维制造	16641	13968	2007	10713	4208
橡胶制品业	30600	22807	5979	16634	8478
轮胎制造	17906	13744	3300	9362	4945
橡胶板、管、带的制造	4365	2908	857	2386	1201
橡胶零件制造	3632	2694	821	2199	1118
再生橡胶制造	405	366	39	273	101
日用及医用橡胶制品制造	1293	829	394	730	403
橡胶靴鞋制造	1251	919	189	557	219
其他橡胶制品制造	1748	1347	379	1127	491
塑料制品业	46926	37956	6786	26221	10229
塑料薄膜制造	5835	4537	879	3741	1816
塑料板、管、型材的制造	19147	15786	2964	10466	3843
塑料丝、绳及编织品的制造	1363	850	393	823	300
泡沫塑料制造	1526	1260	131	944	275
塑料人造革、合成革制造	1985	1694	281	1133	498
塑料包装箱及容器制造	2932	2393	360	1713	662
塑料零件制造	6159	4588	812	3243	1280
日用塑料制造	3412	3106	276	1733	491
其他塑料制品制造	4567	3742	690	2425	1064
非金属矿物制品业	92476	67248	15750	53736	26267
水泥、石灰和石膏的制造	16134	11621	2719	7912	4217
水泥及石膏制品制造	7164	5356	1074	4057	2017
砖瓦、石材及其他建筑材料制造	10486	7843	1907	6348	2696
玻璃及玻璃制品制造	26480	19224	3892	15769	8008
陶瓷制品制造	12212	8996	1988	6959	2980
耐火材料制品制造	8847	5909	1948	4928	2478
石墨及其他非金属矿物制品制造	11153	8299	2222	7763	3871
黑色金属冶炼及压延加工业	168087	119012	31470	104579	68524

1-C-2 续表 3

单位：人

行业	科技活动人员合计	#1.参加科技项目人员	2.科技管理和服务人员	#科学家和工程师	高中级技术职称人员
炼铁	3077	2396	381	1849	1182
炼钢	34868	21414	6218	19947	14167
钢压延加工	124932	90931	24077	79800	51356
铁合金冶炼	5210	4271	794	2983	1819
有色金属冶炼及压延加工业	83225	62831	14670	51814	30538
常用有色金属冶炼	37458	28200	6065	23320	16241
贵金属冶炼	2274	1931	274	1490	689
稀有稀土金属冶炼	6293	5004	1013	3901	2198
有色金属合金制造	5980	4585	1060	4078	2115
有色金属压延加工	31220	23111	6258	19025	9295
金属制品业	67034	52489	10514	39877	19688
结构性金属制品制造	17781	14065	2869	11441	5418
金属工具制造	8486	6463	1226	4725	2267
集装箱及金属包装容器制造	5325	4112	940	3629	1807
金属丝绳及其制品的制造	7441	5124	1694	3544	2142
建筑、安全用金属制品制造	9901	8744	727	6053	2855
金属表面处理及热处理加工	3442	2647	514	1884	840
搪瓷制品制造	1064	878	94	568	346
不锈钢及类似日用金属制品制造	7023	5309	1485	3553	1714
其他金属制品制造	6571	5147	965	4480	2299
通用设备制造业	238392	175867	46864	146418	79810
锅炉及原动机制造	29193	20843	7358	17616	10076
金属加工机械制造	38520	27601	7830	25086	15156
起重运输设备制造	25789	18440	5677	15919	8680
泵、阀门、压缩机及类似机械的制造	51018	38467	8959	30116	15355
轴承、齿轮、传动和驱动部件的制造	22209	17766	3348	12566	7559
烘炉、熔炉及电炉制造	1540	1145	253	998	530
风机、衡器、包装设备等通用设备制造	40861	29391	8204	26730	13798
通用零部件制造及机械修理	13033	9887	2391	7415	3535
金属铸、锻加工	16229	12327	2844	9972	5121
专用设备制造业	211148	157665	41612	139454	73992
矿山、冶金、建筑专用设备制造	73454	53216	14624	47722	27652
化工、木材、非金属加工专用设备制造	24906	19398	3809	15412	7020
食品、饮料、烟草及饲料生产专用设备制造	7503	4796	2534	4138	2448
印刷、制药、日化生产专用设备制造	8237	6096	1602	5094	2974
纺织、服装和皮革工业专用设备制造	15450	11743	2935	9529	5226
电子和电工机械专用设备制造	29364	21943	6569	19996	11781
农、林、牧、渔专用机械制造	14225	10962	2685	10231	5396
医疗仪器设备及器械制造	15814	12317	2817	11334	3766
环保、社会公共安全及其他专用设备制造	22195	17194	4037	15998	7729
交通运输设备制造业	326290	243105	59295	209955	106328
铁路运输设备制造	25075	18486	5027	18629	10823
汽车制造	200055	149221	36006	131844	61306
摩托车制造	18926	15240	2726	12034	5684
自行车制造	4022	3277	491	2680	1080
船舶及浮动装置制造	24820	19409	3101	14741	7574

1-C-2　续表 4　　　　　单位：人

行　　业	科技活动人员合计	#1.参加科技项目人员	2.科技管理和服务人员	#科学家和工程师	高中级技术职称人员
航空航天器制造	51887	36175	11782	28971	19159
交通器材及其他交通运输设备制造	1505	1297	162	1056	702
电气机械及器材制造业	272307	207473	49202	182031	80057
电机制造	42716	33272	7629	26842	13772
输配电及控制设备制造	82722	60591	16689	55602	27580
电线、电缆、光缆及电工器材制造	36326	27623	6310	22356	11104
电池制造	27930	23198	3690	19980	6602
家用电力器具制造	56743	42294	10699	40499	14693
非电力家用器具制造	5638	4428	882	3997	1565
照明器具制造	15172	12497	1900	9330	3424
其他电气机械及器材制造	5060	3570	1403	3425	1317
通信设备、计算机及其他电子设备制造业	435859	349645	67646	324788	153449
通信设备制造	135228	117432	15428	120149	85946
雷达及配套设备制造	9392	6667	2422	5543	3372
广播电视设备制造	8578	6376	1823	6125	2134
电子计算机制造	79203	64066	12768	58042	12569
电子器件制造	62709	48593	10594	42533	16817
电子元件制造	82714	61483	14796	51084	18300
家用视听设备制造	36155	29184	5494	22990	8830
其他电子设备制造	21880	15844	4321	18322	5481
仪器仪表及文化、办公用机械制造业	83108	62838	16034	58078	27733
通用仪器仪表制造	45764	34256	8896	32060	15774
专用仪器仪表制造	18444	13985	3681	13142	6406
钟表与计时仪器制造	1786	1339	360	1112	562
光学仪器及眼镜制造	8001	6002	1541	5456	2776
文化、办公用机械制造	7741	6203	1300	5278	1794
其他仪器仪表的制造及修理	1372	1053	256	1030	421
工艺品及其他制造业	16419	13515	2504	9767	4613
工艺美术品制造	6391	5616	633	3565	1475
日用杂品制造	3067	2626	432	1662	572
煤制品制造	25		23	12	2
核辐射加工	136	102	24	80	55
其他未列明的制造业	6800	5171	1392	4448	2509
废弃资源和废旧材料回收加工业	449	379	70	246	124
金属废料和碎屑的加工处理	223	197	26	125	43
非金属废料和碎屑的加工处理	226	182	44	121	81
电力、燃气及水的生产和供应业	**65501**	**51063**	**10733**	**47511**	**33675**
电力、热力的生产和供应业	60711	47337	9962	44189	31334
电力生产	26294	20072	4967	17472	11519
电力供应	32933	26122	4739	25638	19235
热力生产和供应	1484	1143	256	1079	580
燃气生产和供应业	1375	1107	238	729	501
水的生产和供应业	3415	2619	533	2593	1840
自来水的生产和供应	2847	2149	443	2149	1624
污水处理及其再生利用	503	424	79	383	174
其他水的处理、利用与分配	65	46	11	61	42

1-C-3 国有控股制造业企业科技活动人员情况

单位：人

行　　业	科技活动人员合计	#1.参加科技项目人员	2.科技管理和服务人员	#科学家和工程师	高中级技术职称人员
总　计	**992319**	**701811**	**211623**	**651971**	**392121**
农副食品加工业	2808	2231	478	1744	933
食品制造业	8531	4802	1222	5386	2864
饮料制造业	15143	11586	2917	10243	5189
烟草制品业	8115	5755	1860	5808	3885
纺织业	15688	12397	2623	6571	3979
纺织服装、鞋、帽制造业	1365	942	380	782	379
皮革、毛皮、羽毛(绒)及其制品业	197	128	69	83	57
木材加工及木、竹、藤、棕、草制品业	4813	2104	2667	1625	1061
家具制造业	405	276	87	312	89
造纸及纸制品业	8862	7300	950	5145	2514
印刷业和记录媒介的复制	2579	2050	484	1867	1078
文教体育用品制造业	1245	1030	187	590	251
石油加工、炼焦及核燃料加工业	23089	15821	4539	15922	11489
化学原料及化学制品制造业	92019	65616	17918	54964	35734
医药制造业	32269	24461	6336	22529	12098
化学纤维制造业	8658	7079	1309	4760	3133
橡胶制品业	9851	7495	2106	4711	2383
塑料制品业	5928	4132	1517	3854	1943
非金属矿物制品业	21497	14214	3605	11519	6767
黑色金属冶炼及压延加工业	130305	89886	26399	84482	58323
有色金属冶炼及压延加工业	45462	33416	8503	28987	20344
金属制品业	11755	7776	3068	7701	4803
通用设备制造业	79069	52010	20520	48498	31473
专用设备制造业	82572	58033	19449	58872	35828
交通运输设备制造业	202460	143833	40768	132745	70311
电气机械及器材制造业	46607	31853	12741	32589	18393
通信设备、计算机及其他电子设备制造业	99256	73459	20953	77497	43855
仪器仪表及文化、办公用机械制造业	26730	18431	6792	18824	10880
工艺品及其他制造业	5029	3685	1174	3357	2084

1-C-4　内资制造业企业科技活动人员情况

单位：人

行　　业	科技活动人员合计	#1.参加科技项目人员	2.科技管理和服务人员	#科学家和工程师	高中级技术职称人员
总　计	**2107731**	**1581493**	**384551**	**1348842**	**747865**
农副食品加工业	30407	23128	5332	19264	8825
食品制造业	24221	16613	4211	15151	7429
饮料制造业	29127	21919	5006	19195	9568
烟草制品业	8609	6047	1906	6019	4028
纺织业	74882	58379	11505	34266	17266
纺织服装、鞋、帽制造业	13352	10807	2318	7117	2850
皮革、毛皮、羽毛(绒)及其制品业	9287	8097	1083	3265	1258
木材加工及木、竹、藤、棕、草制品业	12185	8185	3726	5454	2801
家具制造业	5046	3649	1108	2681	1037
造纸及纸制品业	17511	13726	3118	11042	5495
印刷业和记录媒介的复制	8194	6489	1359	4954	2261
文教体育用品制造业	6424	5058	884	2762	1088
石油加工、炼焦及核燃料加工业	26916	18544	5328	17847	12208
化学原料及化学制品制造业	186393	136504	33198	115239	66271
医药制造业	97212	72992	17010	64472	32797
化学纤维制造业	19262	15655	2730	10996	5747
橡胶制品业	20285	14100	4681	11206	5657
塑料制品业	26558	20145	4984	15957	7073
非金属矿物制品业	71162	51939	12877	41925	21450
黑色金属冶炼及压延加工业	157963	110986	30472	98437	64636
有色金属冶炼及压延加工业	71024	53325	13017	44636	27625
金属制品业	50352	38393	8608	29820	15406
通用设备制造业	195407	142870	39399	119001	67582
专用设备制造业	178014	132010	35911	116974	64496
交通运输设备制造业	256221	187538	49080	162358	86852
电气机械及器材制造业	202602	153005	38400	133711	62173
通信设备、计算机及其他电子设备制造业	230790	191737	32698	181315	117375
仪器仪表及文化、办公用机械制造业	65170	48863	12582	45876	22694
工艺品及其他制造业	12764	10462	1957	7714	3836

1-C-5 港澳台商投资制造业企业科技活动人员情况

单位：人

行业	科技活动人员合计	#1.参加科技项目人员	2.科技管理和服务人员	#科学家和工程师	高中级技术职称人员
总计	**264159**	**205634**	**42111**	**162169**	**61016**
农副食品加工业	6927	5624	950	4683	1578
食品制造业	2771	2220	413	1315	491
饮料制造业	1496	1227	208	956	413
烟草制品业	82	67	15	38	23
纺织业	11974	10139	1159	5471	2349
纺织服装、鞋、帽制造业	6379	4237	1934	2396	1217
皮革、毛皮、羽毛(绒)及其制品业	3466	2458	938	1467	687
木材加工及木、竹、藤、棕、草制品业	1009	749	176	560	291
家具制造业	2046	1145	332	1002	211
造纸及纸制品业	2853	2472	322	1558	622
印刷业和记录媒介的复制	2992	2418	443	1276	439
文教体育用品制造业	3281	2626	450	1301	460
石油加工、炼焦及核燃料加工业	928	588	271	601	518
化学原料及化学制品制造业	10636	8526	1783	6713	2826
医药制造业	9729	7155	1887	6345	2797
化学纤维制造业	2324	2160	164	1839	484
橡胶制品业	2721	2333	303	1671	890
塑料制品业	6001	4871	924	3070	1207
非金属矿物制品业	10386	7008	1190	5247	1757
黑色金属冶炼及压延加工业	4769	4015	489	3306	2340
有色金属冶炼及压延加工业	4714	3847	480	2848	933
金属制品业	5831	4816	809	3463	1083
通用设备制造业	13303	10282	2029	7970	3538
专用设备制造业	14264	10994	2483	9336	4290
交通运输设备制造业	14022	11088	2141	8593	4064
电气机械及器材制造业	29689	24658	3927	20798	6941
通信设备、计算机及其他电子设备制造业	81052	60938	14517	52796	16356
仪器仪表及文化、办公用机械制造业	5987	4844	1016	4166	1662
工艺品及其他制造业	2522	2124	358	1379	549

1-C-6　外商投资制造业企业科技活动人员情况

单位：人

行　　业	科技活动人员合计	#1.参加科技项目人员	2.科技管理和服务人员	#科学家和工程师	高中级技术职称人员
总　　计	**428888**	**333329**	**68407**	**284219**	**100232**
农副食品加工业	5104	3378	1134	2898	1382
食品制造业	6286	4184	2033	4181	1605
饮料制造业	7148	5482	1482	4425	2495
烟草制品业					
纺织业	8644	6258	800	4605	2224
纺织服装、鞋、帽制造业	2723	2372	291	929	338
皮革、毛皮、羽毛(绒)及其制品业	2870	2544	281	1132	438
木材加工及木、竹、藤、棕、草制品业	857	691	149	465	221
家具制造业	1072	964	86	537	185
造纸及纸制品业	8288	5393	805	4219	1288
印刷业和记录媒介的复制	1585	1270	225	884	395
文教体育用品制造业	2393	1989	257	1277	299
石油加工、炼焦及核燃料加工业	1128	984	90	543	213
化学原料及化学制品制造业	18453	14100	3151	10947	4831
医药制造业	21481	16155	4502	15241	6401
化学纤维制造业	2505	2259	120	2104	633
橡胶制品业	7594	6374	995	3757	1931
塑料制品业	14367	12940	878	7194	1949
非金属矿物制品业	10928	8301	1683	6564	3060
黑色金属冶炼及压延加工业	5355	4011	509	2836	1548
有色金属冶炼及压延加工业	7487	5659	1173	4330	1980
金属制品业	10851	9280	1097	6594	3199
通用设备制造业	29682	22715	5436	19447	8690
专用设备制造业	18870	14661	3218	13144	5206
交通运输设备制造业	56047	44479	8074	39004	15412
电气机械及器材制造业	40016	29810	6875	27522	10943
通信设备、计算机及其他电子设备制造业	124017	96970	20431	90677	19718
仪器仪表及文化、办公用机械制造业	11951	9131	2436	8036	3377
工艺品及其他制造业	1133	929	189	674	228

1-C-7 各地区工业企业科技活动人员情况

单位：人

地　区	科技活动人员合计	#1.参加科技项目人员	2.科技管理和服务人员	#科学家和工程师	
					高中级技术职称人员
全　国	**3091848**	**2343413**	**552265**	**1978975**	**1042716**
东部地区	1957009	1515879	315372	1271870	624922
中部地区	707710	523102	148184	443533	262217
西部地区	427129	304432	88709	263572	155577
东北地区	234478	157914	56771	154679	99767
北　京	93313	69392	18641	68065	30693
天　津	74199	49939	15631	45998	25329
河　北	91791	62186	19122	60446	38452
山　西	90936	71513	19318	53877	35229
内蒙古	30939	22688	6827	21084	13332
辽　宁	121778	82604	25697	82304	51817
吉　林	45463	27874	11273	29201	18972
黑龙江	67237	47436	19801	43174	28978
上　海	104792	77475	22118	69152	31897
江　苏	394884	296141	66494	236018	107677
浙　江	311948	280145	31803	176018	72661
安　徽	108719	82491	18661	68565	36082
福　建	84886	69350	13711	57181	24392
江　西	47691	34765	12892	28613	15717
山　东	273131	198161	49295	181161	99182
河　南	155451	111254	34541	92774	56148
湖　北	102863	74258	18134	68520	38462
湖　南	89350	73511	13564	58809	32629
广　东	402183	328670	52480	292433	141399
广　西	31407	22358	5716	19486	10055
海　南	4104	1816	380	3094	1423
重　庆	55190	41064	11917	36777	19836
四　川	123143	87088	22645	71799	39546
贵　州	24798	16958	6044	14339	8271
云　南	27317	20042	4962	15443	9599
西　藏	307	140	92	195	157
陕　西	71807	47993	19489	43969	27461
甘　肃	30887	23123	5064	19927	14207
青　海	5394	4192	950	4037	2314
宁　夏	9222	7555	1667	6308	3448
新　疆	16718	11231	3336	10208	7351

1-C-8　各地区国有控股工业企业科技活动人员情况

单位：人

地　区	科技活动人员合计	#1.参加科技项目人员	2.科技管理和服务人员	#科学家和工程师	
					高中级技术职称人员
全　国	**1268281**	**913118**	**266324**	**827330**	**521351**
东部地区	556467	407065	105727	379654	236734
中部地区	435532	314087	98157	273768	174402
西部地区	276282	191966	62440	173908	110215
东北地区	178041	117114	44863	116632	79550
北　京	45121	33190	9417	31616	16881
天　津	37728	26183	7719	23492	14958
河　北	53779	36879	12174	36471	26471
山　西	79067	61971	17096	46157	31638
内蒙古	21963	15738	5474	15540	10224
辽　宁	86734	58508	17835	58199	39457
吉　林	33890	18809	9408	21656	14920
黑龙江	57417	39797	17620	36777	25173
上　海	58221	41617	13350	40278	21116
江　苏	67026	48989	13633	42437	27420
浙　江	20112	17342	2770	12722	7492
安　徽	54343	42569	8778	35966	19338
福　建	15232	12184	2741	10112	6043
江　西	31407	21639	9755	17513	10524
山　东	101857	77652	16701	72806	44979
河　南	78945	55135	17733	47272	32905
湖　北	55954	37301	10926	36486	21454
湖　南	44509	36866	6841	31941	18450
广　东	68388	53716	9160	49418	30924
广　西	14516	9450	2764	9053	4969
海　南	2269	805	227	2103	993
重　庆	32569	23589	7694	23028	13126
四　川	62428	41223	13454	36107	22109
贵　州	19769	13737	4502	11330	7027
云　南	19470	14455	3356	10996	7106
西　藏	25	22	3	22	17
陕　西	59692	38998	16966	36556	23548
甘　肃	24055	18765	3539	16137	11897
青　海	4543	3486	826	3678	2113
宁　夏	4689	3645	1044	3182	1913
新　疆	12563	8858	2818	8279	6166

1-C-9 各地区内资工业企业科技活动人员情况

单位：人

地区	科技活动人员合计	#1.参加科技项目人员	2.科技管理和服务人员	#科学家和工程师	高中级技术职称人员
全国	**2389651**	**1797519**	**439870**	**1526951**	**877846**
东部地区	1359272	1049663	221408	887364	493084
中部地区	638775	469643	136564	398268	239197
西部地区	391604	278213	81898	241319	145565
东北地区	211446	140632	53223	137597	91722
北京	74854	56178	14789	54541	26046
天津	53793	35966	10311	31757	19314
河北	80978	54923	17301	53737	34927
山西	88799	69643	19077	52357	34518
内蒙古	28731	20953	6483	19537	12690
辽宁	107705	72261	23585	71370	47420
吉林	42355	25676	10947	27033	17693
黑龙江	61386	42695	18691	39194	26609
上海	55271	40278	11841	36509	20108
江苏	253977	192743	43167	151385	78679
浙江	230665	206928	23737	129186	56099
安徽	95374	73140	16186	60012	32279
福建	37618	31434	5262	24877	12683
江西	41351	29719	11598	23908	13738
山东	233730	169819	42949	156145	86574
河南	140550	100206	31168	83805	51541
湖北	85436	59772	16172	56795	32029
湖南	83524	68792	12725	55164	30790
广东	227518	187583	28107	175009	109884
广西	23730	17363	4233	14531	8352
海南	3163	1550	359	2848	1350
重庆	46881	34445	10301	31381	17467
四川	115711	81539	21500	67348	37358
贵州	22914	15966	5156	13221	7927
云南	25602	18685	4623	14392	9112
西藏	299	136	88	187	153
陕西	67737	44654	18788	41827	26225
甘肃	30278	22790	4985	19545	13877
青海	4644	3506	886	3340	1874
宁夏	8481	6956	1525	5813	3183
新疆	16596	11220	3330	10197	7347

1-C-10　各地区港澳台商投资工业企业科技活动人员情况

单位：人

地　区	科技活动人员合计	#1.参加科技项目人员	2.科技管理和服务人员	#科学家和工程师	高中级技术职称人员
全　国	**267105**	**207656**	**42703**	**164103**	**62542**
东部地区	240120	186588	38289	147846	54834
中部地区	18896	14626	3329	11571	5208
西部地区	8089	6442	1085	4686	2500
东北地区	4945	3733	849	3649	1759
北　京	6135	4263	1637	4533	1615
天　津	4233	2840	989	2920	1548
河　北	3082	2351	350	2061	1473
山　西	817	683	108	588	356
内蒙古	51	48	3	48	12
辽　宁	4365	3278	744	3242	1507
吉　林	210	157	33	149	97
黑龙江	370	298	72	258	155
上　海	10672	7851	2034	6502	3153
江　苏	52348	38476	8332	29930	10125
浙　江	36827	33256	3571	21755	7263
安　徽	3823	2728	826	2091	906
福　建	27223	20476	6295	17451	6049
江　西	1378	1061	317	1059	425
山　东	9302	6766	1653	5756	3197
河　南	6587	5010	1205	4010	1782
湖　北	3059	2511	384	1759	646
湖　南	2652	2178	384	1657	841
广　东	85202	66865	12673	53549	18879
广　西	608	480	75	337	167
海　南	731	166	11	147	25
重　庆	2580	2287	278	1765	1057
四　川	3100	2440	501	1490	594
贵　州	291	220	71	186	105
云　南	661	557	90	405	178
西　藏					
陕　西	86	55	12	49	30
甘　肃	501	255	49	306	288
青　海					
宁　夏	106	100	6	100	69
新　疆	105				

1-C-11 各地区外商投资工业企业科技活动人员情况

单位：人

地区	科技活动人员合计	#1.参加科技项目人员	2.科技管理和服务人员	#科学家和工程师	高中级技术职称人员
全国	**435092**	**338238**	**69692**	**287921**	**102328**
东部地区	357617	279628	55675	236660	77004
中部地区	50039	38833	8291	33694	17812
西部地区	27436	19777	5726	17567	7512
东北地区	18087	13549	2699	13433	6286
北京	12324	8951	2215	8991	3032
天津	16173	11133	4331	11321	4467
河北	7731	4912	1471	4648	2052
山西	1320	1187	133	932	355
内蒙古	2157	1687	341	1499	630
辽宁	9708	7065	1368	7692	2890
吉林	2898	2041	293	2019	1182
黑龙江	5481	4443	1038	3722	2214
上海	38849	29346	8243	26141	8636
江苏	88559	64922	14995	54703	18873
浙江	44456	39961	4495	25077	9299
安徽	9522	6623	1649	6462	2897
福建	20045	17440	2154	14853	5660
江西	4962	3985	977	3646	1554
山东	30099	21576	4693	19260	9411
河南	8314	6038	2168	4959	2825
湖北	14368	11975	1578	9966	5787
湖南	3174	2541	455	1988	998
广东	89463	74222	11700	63875	12636
广西	7069	4515	1408	4618	1536
海南	210	100	10	99	48
重庆	5729	4332	1338	3631	1312
四川	4332	3109	644	2961	1594
贵州	1593	772	817	932	239
云南	1054	800	249	646	309
西藏	8	4	4	8	4
陕西	3984	3284	689	2093	1206
甘肃	108	78	30	76	42
青海	750	686	64	697	440
宁夏	635	499	136	395	196
新疆	17	11	6	11	4

1-C-12　分登记注册类型大中型工业企业科技活动人员情况

单位：人

行　　业	科技活动人员合计	#1.参加科技项目人员	2.科技管理和服务人员	#科学家和工程师	高中级技术职称人员
总　　计	**2467763**	**1846121**	**454698**	**1588618**	**862408**
国有控股企业	1202223	864744	251945	782502	496847
内资企业	1889686	1400139	360876	1214087	729333
国有企业	331674	226156	72653	217787	144928
集体企业	16701	13172	2887	12770	5022
股份合作企业	8151	6142	1775	5649	2956
联营企业	5545	4223	1183	4702	2624
国有联营企业	4830	3903	866	4337	2411
集体联营企业	26	26		26	1
国有与集体联营企业	563	187	298	257	181
其他联营企业	126	107	19	82	31
有限责任公司	838098	625583	160848	534193	345868
国有独资公司	229273	167897	47258	142542	94371
其他有限责任公司	608825	457686	113590	391651	251497
股份有限公司	434570	326457	83084	289659	160558
私营企业	249596	194217	37596	146560	66024
私营独资企业	10979	8693	1487	6237	3258
私营合伙企业	1810	1345	257	1222	484
私营有限责任公司	210117	164084	30877	122454	54466
私营股份有限公司	26690	20095	4975	16647	7816
其他企业	5351	4189	850	2767	1353
港、澳、台商投资企业	215213	165776	35046	132371	49211
合资经营企业（港或澳、台资）	85714	67694	13193	53787	20893
合作经营企业（港或澳、台资）	2992	2466	266	1534	665
港、澳、台商独资经营企业	111415	83529	19370	67283	22219
港、澳、台商投资股份有限公司	15092	12087	2217	9767	5434
外商投资企业	362864	280206	58776	242160	83864
中外合资经营企业	171742	132832	28989	118020	46993
中外合作经营企业	3978	3002	757	2202	881
外资企业	153055	120815	24674	99528	26074
外商投资股份有限公司	34089	23557	4356	22410	9916

1-C-13 分行业大中型工业企业科技活动人员情况

单位：人

行业	科技活动人员合计	#1.参加科技项目人员	2.科技管理和服务人员	#科学家和工程师	高中级技术职称人员
总计	**2467763**	**1846121**	**454698**	**1588618**	**862408**
采矿业	**221747**	**169156**	**45851**	**134144**	**98851**
煤炭开采和洗选业	146521	113121	29630	80179	59415
烟煤和无烟煤的开采洗选	145452	112596	29156	79445	58815
褐煤的开采洗选	1069	525	474	734	600
其他煤炭采选					
石油和天然气开采业	56437	42471	12933	42726	32396
天然原油和天然气开采	42810	32057	10204	33092	24896
与石油和天然气开采有关的服务活动	13627	10414	2729	9634	7500
黑色金属矿采选业	6903	4246	1520	3568	2391
铁矿采选	5845	3543	1165	3214	2288
其他黑色金属矿采选	1058	703	355	354	103
有色金属矿采选业	5938	4603	903	4031	2636
常用有色金属矿采选	3795	2968	567	2694	1782
贵金属矿采选	1643	1196	275	944	641
稀有稀土金属矿采选	500	439	61	393	213
非金属矿采选业	5948	4715	865	3640	2013
土砂石开采	396	310	77	326	194
化学矿采选	1667	1445	217	1383	677
采盐	3751	2916	481	1893	1112
石棉及其他非金属矿采选	134	44	90	38	30
制造业	**2185707**	**1630068**	**398903**	**1410291**	**731753**
农副食品加工业	24837	18536	4422	15660	6623
谷物磨制	791	634	148	518	247
饲料加工	2744	2293	420	2101	857
植物油加工	2312	1491	217	1455	475
制糖	1774	1493	169	1046	745
屠宰及肉类加工	9501	6981	1896	5740	2339
水产品加工	2472	1922	402	1814	633
蔬菜、水果和坚果加工	2141	1472	332	1182	427
其他农副食品加工	3102	2250	838	1804	900
食品制造业	22236	14575	4600	13602	6240
焙烤食品制造	942	731	148	554	269
糖果、巧克力及蜜饯制造	1295	874	418	454	206
方便食品制造	2535	2000	426	1218	483
液体乳及乳制品制造	4509	3231	1025	2803	1422
罐头制造	926	665	144	518	223
调味品、发酵制品制造	6288	3462	676	4166	1888
其他食品制造	5741	3612	1763	3889	1749
饮料制造业	31194	23404	5538	20513	10510
酒精制造	1212	1034	128	701	402
酒的制造	25601	18895	4860	16631	9134
软饮料制造	3962	3258	482	2842	779
精制茶加工	419	217	68	339	195
烟草制品业	8305	5822	1836	5940	3976
烟叶复烤	162	133	29	116	31

1-C-13　续表 1　　　　单位：人

行　　业	科技活动人员合计	#1.参加科技项目人员	2.科技管理和服务人员	#科学家和工程师	
					高中级技术职称人员
卷烟制造	7850	5546	1736	5655	3831
其他烟草制品加工	293	143	71	169	114
纺织业	75609	58284	10962	34972	18060
棉、化纤纺织及印染精加工	48708	37936	6661	21469	11428
毛纺织和染整精加工	4152	2959	721	2657	1426
麻纺织	1453	969	325	475	292
丝绢纺织及精加工	4126	3112	492	1769	801
纺织制成品制造	8771	6490	1791	4597	2261
针织品、编织品及其制品制造	8399	6818	972	4005	1852
纺织服装、鞋、帽制造业	16880	12718	3770	8283	3668
纺织服装制造	16778	12626	3760	8230	3640
纺织面料鞋的制造	26	23	3	16	11
制帽	76	69	7	37	17
皮革、毛皮、羽毛(绒)及其制品业	10189	8114	1900	3996	1731
皮革鞣制加工	1137	961	142	467	190
皮革制品制造	8386	6599	1655	3069	1391
毛皮鞣制及制品加工	192	159	33	86	46
羽毛(绒)加工及制品制造	474	395	70	374	104
木材加工及木、竹、藤、棕、草制品业	9079	5793	3102	3712	2043
锯材、木片加工	260	215	28	99	28
人造板制造	7479	4698	2646	2915	1686
木制品制造	814	458	336	391	134
竹、藤、棕、草制品制造	526	422	92	307	195
家具制造业	5809	3988	1160	3020	974
木质家具制造	3091	1787	703	1440	475
竹、藤家具制造					
金属家具制造	2049	1590	400	1181	373
塑料家具制造					
其他家具制造	669	611	57	399	126
造纸及纸制品业	23826	17639	3471	14358	6273
纸浆制造	1134	919	156	680	398
造纸	19206	13958	2664	11435	5214
纸制品制造	3486	2762	651	2243	661
印刷业和记录媒介的复制	8103	6332	1327	4545	2027
印刷	7139	5665	1049	3738	1667
装订及其他印刷服务活动	645	443	202	543	302
记录媒介的复制	319	224	76	264	58
文教体育用品制造业	8798	6865	1185	3873	1287
文化用品制造	1307	1017	197	683	222
体育用品制造	2554	2218	286	1375	265
乐器制造	1984	1346	203	673	289
玩具制造	2490	1882	439	900	421
游艺器材及娱乐用品制造	463	402	60	242	90
石油加工、炼焦及核燃料加工业	27512	19085	5362	18048	12445
精炼石油产品的制造	19305	13264	4091	13783	9973
炼焦	7319	5097	1107	3556	1901
核燃料加工	888	724	164	709	571

1-C-13 续表 2

单位：人

行业	科技活动人员合计	#1.参加科技项目人员	2.科技管理和服务人员	#科学家和工程师	高中级技术职称人员
化学原料及化学制品制造业	157487	113266	28788	94944	55264
基础化学原料制造	46159	34709	7701	26044	17006
肥料制造	32974	23190	5919	21062	13181
农药制造	10159	7735	1589	6166	3190
涂料、油墨、颜料及类似产品制造	9235	7010	1784	5915	2585
合成材料制造	19940	14002	3394	12111	6183
专用化学产品制造	33418	22724	6798	20117	11545
日用化学产品制造	5602	3896	1603	3529	1574
医药制造业	90820	66559	17688	59711	29598
化学药品原药制造	24606	19270	4088	15239	7315
化学药品制剂制造	30896	22275	6483	20334	10351
中药饮片加工	1281	746	237	803	446
中成药制造	23618	16568	4891	16090	8075
兽用药品制造	2198	1398	561	1495	480
生物、生化制品的制造	6051	4754	1044	4301	2161
卫生材料及医药用品制造	2170	1548	384	1449	770
化学纤维制造业	21515	17853	2687	13472	6181
纤维素纤维原料及纤维制造	7219	5906	976	4090	2603
合成纤维制造	14296	11947	1711	9382	3578
橡胶制品业	25063	18629	5048	13507	6985
轮胎制造	17573	13543	3266	9143	4857
橡胶板、管、带的制造	2797	1670	592	1559	765
橡胶零件制造	2152	1567	533	1313	702
再生橡胶制造	187	179	8	134	42
日用及医用橡胶制品制造	873	509	329	520	294
橡胶靴鞋制造	785	644	141	405	134
其他橡胶制品制造	696	517	179	433	191
塑料制品业	29372	24367	3771	16355	5827
塑料薄膜制造	3790	3007	488	2620	1265
塑料板、管、型材的制造	13887	11854	1830	7348	2400
塑料丝、绳及编织品的制造	442	322	120	267	111
泡沫塑料制造	785	648	64	571	90
塑料人造革、合成革制造	1573	1331	232	904	420
塑料包装箱及容器制造	1395	1099	196	852	319
塑料零件制造	3907	2891	473	1957	682
日用塑料制造	1558	1431	127	951	174
其他塑料制品制造	2035	1784	241	885	366
非金属矿物制品业	65923	46483	11256	37877	18846
水泥、石灰和石膏的制造	12966	9078	2141	6311	3437
水泥及石膏制品制造	4644	3420	668	2682	1338
砖瓦、石材及其他建筑材料制造	6322	4755	1129	3760	1493
玻璃及玻璃制品制造	20598	14534	3017	12391	6431
陶瓷制品制造	8446	6020	1323	4593	2009
耐火材料制品制造	5301	3112	1413	2626	1390
石墨及其他非金属矿物制品制造	7646	5564	1565	5514	2748
黑色金属冶炼及压延加工业	162656	114718	30640	101764	67201

1-C-13　续表 3

单位：人

行　　业	科技活动人员合计	#1.参加科技项目人员	2.科技管理和服务人员	#科学家和工程师	高中级技术职称人员
炼铁	2817	2278	352	1750	1134
炼钢	34681	21263	6183	19802	14120
钢压延加工	120802	87632	23434	77735	50387
铁合金冶炼	4356	3545	671	2477	1560
有色金属冶炼及压延加工业	70522	52526	12768	44030	26861
常用有色金属冶炼	34718	26006	5607	21763	15554
贵金属冶炼	1955	1703	250	1309	628
稀有稀土金属冶炼	4759	3831	750	2861	1739
有色金属合金制造	4137	3062	811	2775	1397
有色金属压延加工	24953	17924	5350	15322	7543
金属制品业	46840	36162	7497	28120	14279
结构性金属制品制造	12759	10216	1968	8386	3951
金属工具制造	5258	3774	797	2891	1507
集装箱及金属包装容器制造	3418	2587	603	2453	1220
金属丝绳及其制品的制造	5983	3974	1500	2786	1692
建筑、安全用金属制品制造	7034	6241	442	4329	2204
金属表面处理及热处理加工	1544	1070	235	733	295
搪瓷制品制造	812	678	42	422	279
不锈钢及类似日用金属制品制造	5207	3780	1231	2653	1336
其他金属制品制造	4825	3842	679	3467	1795
通用设备制造业	168667	119600	36635	103960	58584
锅炉及原动机制造	25145	17448	6775	14965	8734
金属加工机械制造	27274	18998	5906	17862	11423
起重运输设备制造	20958	14518	4887	12895	7082
泵、阀门、压缩机及类似机械的制造	32568	23205	6481	19858	10227
轴承、齿轮、传动和驱动部件的制造	17092	13647	2608	9602	5985
烘炉、熔炉及电炉制造	418	294	41	302	158
风机、衡器、包装设备等通用设备制造	27669	18915	6294	17648	9508
通用零部件制造及机械修理	6827	4830	1509	4047	1940
金属铸、锻加工	10716	7745	2134	6781	3527
专用设备制造业	148380	107703	31524	98373	53842
矿山、冶金、建筑专用设备制造	62061	44683	12430	40023	23444
化工、木材、非金属加工专用设备制造	13022	9595	2297	8384	3913
食品、饮料、烟草及饲料生产专用设备制造	4429	2361	1955	2303	1476
印刷、制药、日化生产专用设备制造	4252	2959	870	2606	1717
纺织、服装和皮革工业专用设备制造	10155	7461	2215	6422	3650
电子和电工机械专用设备制造	24232	17883	5555	16564	10166
农、林、牧、渔专用机械制造	11386	8637	2291	8367	4446
医疗仪器设备及器械制造	8068	6160	1537	5923	1430
环保、社会公共安全及其他专用设备制造	10775	7964	2374	7781	3600
交通运输设备制造业	291353	215194	53950	188311	96072
铁路运输设备制造	22370	16491	4390	16619	9796
汽车制造	175388	129634	32216	116644	54136
摩托车制造	16007	12627	2468	10360	5023
自行车制造	2871	2392	379	2044	818
船舶及浮动装置制造	22570	17571	2782	13451	6909

1-C-13 续表 4

单位：人

行　　业	科技活动人员合计	#1.参加科技项目人员	2.科技管理和服务人员	#科学家和工程师	高中级技术职称人员
航空航天器制造	51228	35636	11663	28535	18938
交通器材及其他交通运输设备制造	919	843	52	658	452
电气机械及器材制造业	203948	152659	38720	139351	60777
电机制造	32073	24579	6048	20988	11046
输配电及控制设备制造	55879	39150	12309	37817	19248
电线、电缆、光缆及电工器材制造	25892	19631	4535	16188	8314
电池制造	22750	19205	2913	16716	5368
家用电力器具制造	51044	37647	9890	37000	13133
非电力家用器具制造	4050	3061	708	2876	1058
照明器具制造	9521	7707	1257	5873	1998
其他电气机械及器材制造	2739	1679	1060	1893	612
通信设备、计算机及其他电子设备制造业	369852	297588	56813	279644	135707
通信设备制造	121733	106986	13070	110118	82161
雷达及配套设备制造	5965	3683	2003	3451	2557
广播电视设备制造	5470	4055	1287	4033	1204
电子计算机制造	71618	58140	11547	52645	10453
电子器件制造	49158	37428	8706	33065	12943
电子元件制造	66878	49391	11885	41396	14318
家用视听设备制造	33095	26714	5005	20893	8125
其他电子设备制造	15935	11191	3310	14043	3946
仪器仪表及文化、办公用机械制造业	49013	35822	10658	33235	16403
通用仪器仪表制造	24620	17393	5671	16458	8565
专用仪器仪表制造	10913	8092	2465	7544	4007
钟表与计时仪器制造	1118	843	228	759	368
光学仪器及眼镜制造	6191	4608	1201	4273	2135
文化、办公用机械制造	6003	4718	1093	4033	1295
其他仪器仪表的制造及修理	168	168		168	33
工艺品及其他制造业	11880	9749	1821	7092	3459
工艺美术品制造	4071	3672	310	2241	914
日用杂品制造	2130	1830	293	1198	388
煤制品制造					
核辐射加工					
其他未列明的制造业	5679	4247	1218	3653	2157
废弃资源和废旧材料回收加工业	39	35	4	23	10
金属废料和碎屑的加工处理	30	28	2	17	7
非金属废料和碎屑的加工处理	9	7	2	6	3
电力、燃气及水的生产和供应业	**60309**	**46897**	**9944**	**44183**	**31804**
电力、热力的生产和供应业	56554	44014	9300	41548	29809
电力生产	23260	17600	4492	15440	10298
电力供应	32229	25522	4645	25223	19006
热力生产和供应	1065	892	163	885	505
燃气生产和供应业	1114	902	210	614	434
水的生产和供应业	2641	1981	434	2021	1561
自来水的生产和供应	2579	1932	421	1961	1530
污水处理及其再生利用	62	49	13	60	31
其他水的处理、利用与分配					

1-C-14　国有控股大中型制造业企业科技活动人员情况

单位：人

行　　业	科技活动人员合计	#1.参加科技项目人员	2.科技管理和服务人员	#科学家和工　程　师	高中级技术职称人员
总　　计	**930365**	**656661**	**197959**	**609832**	**369245**
农副食品加工业	2218	1800	340	1376	783
食品制造业	7250	3936	854	4656	2470
饮料制造业	14718	11284	2838	9990	5036
烟草制品业	7891	5604	1796	5752	3861
纺织业	14592	11649	2322	5944	3619
纺织服装、鞋、帽制造业	1292	899	366	733	358
皮革、毛皮、羽毛(绒)及其制品业	172	111	61	81	55
木材加工及木、竹、藤、棕、草制品业	4168	1727	2441	1212	829
家具制造业	335	220	77	281	71
造纸及纸制品业	8636	7110	914	4996	2403
印刷业和记录媒介的复制	1982	1545	395	1516	943
文教体育用品制造业	1055	886	165	495	219
石油加工、炼焦及核燃料加工业	22828	15624	4480	15768	11394
化学原料及化学制品制造业	86219	61314	16705	51023	33420
医药制造业	28400	21535	5634	19789	10644
化学纤维制造业	8584	7021	1296	4716	3098
橡胶制品业	9531	7274	2007	4526	2270
塑料制品业	4544	3201	1128	3000	1508
非金属矿物制品业	19070	12404	3138	9834	5897
黑色金属冶炼及压延加工业	129766	89529	26237	84114	58129
有色金属冶炼及压延加工业	43530	31938	8119	27541	19590
金属制品业	10392	6732	2822	6879	4329
通用设备制造业	73515	48141	19332	44703	29141
专用设备制造业	76404	53491	18051	54422	33148
交通运输设备制造业	198508	141021	39891	130004	68753
电气机械及器材制造业	42040	28710	11446	29488	16634
通信设备、计算机及其他电子设备制造业	86333	63721	18303	68762	39801
仪器仪表及文化、办公用机械制造业	21791	14893	5701	15147	8930
工艺品及其他制造业	4601	3341	1100	3084	1912

1-C-15 内资大中型制造业企业科技活动人员情况

单位：人

行业	科技活动人员合计	#1.参加科技项目人员	2.科技管理和服务人员	#科学家和工程师	高中级技术职称人员
总计	**1615597**	**1190068**	**306751**	**1040527**	**601828**
农副食品加工业	15168	11364	2683	9639	4327
食品制造业	14853	9469	2462	9201	4618
饮料制造业	23539	17459	4059	15843	7941
烟草制品业	8250	5777	1826	5918	3967
纺织业	59078	45300	9411	26709	14150
纺织服装、鞋、帽制造业	9761	7787	1818	5631	2326
皮革、毛皮、羽毛(绒)及其制品业	5340	4392	867	2041	862
木材加工及木、竹、藤、棕、草制品业	8070	5026	2916	3212	1786
家具制造业	3202	2312	801	1694	645
造纸及纸制品业	13673	10560	2532	9062	4600
印刷业和记录媒介的复制	4769	3700	807	3072	1462
文教体育用品制造业	4117	3076	611	1705	664
石油加工、炼焦及核燃料加工业	25679	17638	5041	17057	11765
化学原料及化学制品制造业	140714	100331	25856	85206	50921
医药制造业	67973	50039	12527	44250	22890
化学纤维制造业	17281	13933	2496	9811	5224
橡胶制品业	15722	10636	3922	8588	4391
塑料制品业	13455	10007	2828	8537	3708
非金属矿物制品业	49083	34771	9076	28618	15129
黑色金属冶炼及压延加工业	153333	107354	29736	96030	63515
有色金属冶炼及压延加工业	59969	44392	11344	37954	24361
金属制品业	34162	25360	6168	20310	10899
通用设备制造业	137253	96057	30742	84010	49816
专用设备制造业	126790	91318	27503	83487	47556
交通运输设备制造业	228867	165680	44895	145451	78478
电气机械及器材制造业	147332	108790	29744	98960	46042
通信设备、计算机及其他电子设备制造业	182413	153803	24547	147935	103729
仪器仪表及文化、办公用机械制造业	36338	26072	8049	24827	13082
工艺品及其他制造业	9374	7630	1480	5746	2964

1-C-16　港澳台商投资大中型制造业企业科技活动人员情况

单位：人

行　　业	科技活动人员合计	#1.参加科技项目人员	2.科技管理和服务人员	#科学家和工程师	高中级技术职称人员
总　计	**212793**	**164203**	**34514**	**130870**	**47935**
农副食品加工业	5650	4611	822	3851	1251
食品制造业	2019	1637	267	799	265
饮料制造业	1246	1045	152	801	344
烟草制品业	55	45	10	22	9
纺织业	9693	8308	917	4439	1978
纺织服装、鞋、帽制造业	5615	3603	1830	2064	1122
皮革、毛皮、羽毛(绒)及其制品业	2880	1940	880	1231	599
木材加工及木、竹、藤、棕、草制品业	580	435	89	316	181
家具制造业	1836	977	305	907	174
造纸及纸制品业	2428	2097	272	1395	542
印刷业和记录媒介的复制	2239	1803	338	956	326
文教体育用品制造业	2710	2156	359	1063	390
石油加工、炼焦及核燃料加工业	832	513	254	538	490
化学原料及化学制品制造业	5299	4252	944	3171	1255
医药制造业	6664	4772	1395	4148	1834
化学纤维制造业	1879	1803	76	1642	363
橡胶制品业	2397	2104	232	1503	822
塑料制品业	4009	3285	539	2100	745
非金属矿物制品业	8388	5413	903	4178	1313
黑色金属冶炼及压延加工业	4479	3797	460	3144	2266
有色金属冶炼及压延加工业	4030	3265	391	2411	759
金属制品业	3977	3244	584	2410	638
通用设备制造业	9604	7206	1511	5627	2453
专用设备制造业	9571	7197	1838	6443	3091
交通运输设备制造业	11920	9371	1819	7341	3578
电气机械及器材制造业	23831	19953	3119	17225	5435
通信设备、计算机及其他电子设备制造业	72992	54419	13300	47438	14345
仪器仪表及文化、办公用机械制造业	4106	3356	679	2725	964
工艺品及其他制造业	1864	1596	229	982	403

1-C-17　外商投资大中型制造业企业科技活动人员情况

单位：人

行　业	科技活动人员合计	#1.参加科技项目人员	2.科技管理和服务人员	#科学家和工程师	高中级技术职称人员
总　计	**357317**	**275797**	**57638**	**238894**	**81990**
农副食品加工业	4019	2561	917	2170	1045
食品制造业	5364	3469	1871	3602	1357
饮料制造业	6409	4900	1327	3869	2225
烟草制品业					
纺织业	6838	4676	634	3824	1932
纺织服装、鞋、帽制造业	1504	1328	122	588	220
皮革、毛皮、羽毛(绒)及其制品业	1969	1782	153	724	270
木材加工及木、竹、藤、棕、草制品业	429	332	97	184	76
家具制造业	771	699	54	419	155
造纸及纸制品业	7725	4982	667	3901	1131
印刷业和记录媒介的复制	1095	829	182	517	239
文教体育用品制造业	1971	1633	215	1105	233
石油加工、炼焦及核燃料加工业	1001	934	67	453	190
化学原料及化学制品制造业	11474	8683	1988	6567	3088
医药制造业	16183	11748	3766	11313	4874
化学纤维制造业	2355	2117	115	2019	594
橡胶制品业	6944	5889	894	3416	1772
塑料制品业	11908	11075	404	5718	1374
非金属矿物制品业	8452	6299	1277	5081	2404
黑色金属冶炼及压延加工业	4844	3567	444	2590	1420
有色金属冶炼及压延加工业	6523	4869	1033	3665	1741
金属制品业	8701	7558	745	5400	2742
通用设备制造业	21810	16337	4382	14323	6315
专用设备制造业	12019	9188	2183	8443	3195
交通运输设备制造业	50566	40143	7236	35519	14016
电气机械及器材制造业	32785	23916	5857	23166	9300
通信设备、计算机及其他电子设备制造业	114447	89366	18966	84271	17633
仪器仪表及文化、办公用机械制造业	8569	6394	1930	5683	2357
工艺品及其他制造业	642	523	112	364	92

1-C-18　各地区大中型工业企业科技活动人员情况

单位：人

地　区	科技活动人员合计	#1.参加科技项目人员	2.科技管理和服务人员	#科学家和工程师	高中级技术职称人员
全　国	**2467763**	**1846121**	**454698**	**1588618**	**862408**
东部地区	1500002	1148011	247452	989851	500188
中部地区	599857	438804	128865	371689	225608
西部地区	367904	259306	78381	227078	136612
东北地区	207667	138791	50469	135877	90019
北　京	55976	40418	12227	39962	18378
天　津	55384	37447	11523	35111	19577
河　北	81925	56731	16862	54934	35358
山　西	86459	67784	18578	50558	33536
内蒙古	29209	21384	6444	19887	12632
辽　宁	105487	71719	21468	70534	45918
吉　林	39098	22990	10001	25161	16796
黑龙江	63082	44082	19000	40182	27305
上　海	82702	61275	17288	54928	24804
江　苏	293591	214941	51506	177341	81694
浙　江	178640	159415	19225	104189	43141
安　徽	84418	64214	14190	53457	28250
福　建	65481	52432	11790	43455	18217
江　西	39489	28189	11274	22851	13211
山　东	236103	171924	42212	156522	87089
河　南	134828	95628	30221	79542	49686
湖　北	84035	59566	14993	54783	30744
湖　南	68448	56351	10608	45155	26080
广　东	341435	280570	43057	250469	124844
广　西	23459	16006	4448	14519	7455
海　南	3278	1139	294	2406	1168
重　庆	48536	35984	10561	32790	17927
四　川	100102	69211	19263	57521	32358
贵　州	22230	15032	5565	12761	7372
云　南	22612	16330	4131	12455	7911
西　藏	98	25		86	83
陕　西	65491	43515	17930	39960	25300
甘　肃	27976	21036	4479	18251	13323
青　海	5142	3976	918	3859	2242
宁　夏	8200	6705	1495	5664	3099
新　疆	14849	10102	3147	9325	6910

1-C-19 各地区国有控股大中型工业企业科技活动人员情况

单位：人

地区	科技活动人员合计	#1.参加科技项目人员	2.科技管理和服务人员	#科学家和工程师	高中级技术职称人员
全国	**1202223**	**864744**	**251945**	**782502**	**496847**
东部地区	515107	377230	96616	351130	221169
中部地区	424969	306008	95983	266126	170140
西部地区	262147	181506	59346	165246	105538
东北地区	174920	114882	44145	114320	78269
北京	34586	25147	7290	23671	12555
天津	30792	21684	5947	19285	12623
河北	52547	36175	11821	35525	25842
山西	78677	61641	17036	45870	31504
内蒙古	21739	15537	5451	15383	10116
辽宁	85414	57519	17616	57206	38908
吉林	32855	18146	9095	20892	14470
黑龙江	56651	39217	17434	36222	24891
上海	50968	36793	11442	35757	18465
江苏	63601	46530	12749	40043	26337
浙江	17850	15317	2533	11091	6609
安徽	52447	41135	8361	34702	18636
福建	14216	11218	2693	9359	5678
江西	30436	20846	9579	16882	10134
山东	98525	75445	15907	70580	43698
河南	77944	54363	17538	46589	32531
湖北	53127	35211	10327	34274	20155
湖南	42832	35449	6613	30695	17819
广东	64444	50678	8415	46605	29519
广西	13417	8491	2677	8330	4467
海南	2164	724	203	2008	935
重庆	31412	22784	7418	22291	12682
四川	56129	36154	12331	32304	20246
贵州	18993	13277	4333	10937	6776
云南	18287	13627	3072	10200	6677
西藏					
陕西	57413	37708	16032	35311	22846
甘肃	23287	18185	3406	15544	11638
青海	4538	3481	826	3673	2110
宁夏	4604	3577	1027	3134	1881
新疆	12328	8685	2773	8139	6099

1-C-20　各地区内资大中型工业企业科技活动人员情况

单位：人

地　区	科技活动人员合计	#1.参加科技项目人员	2.科技管理和服务人员	#科学家和工程师	高中级技术职称人员
全　国	**1889686**	**1400139**	**360876**	**1214087**	**729333**
东部地区	1008238	767522	168827	671030	394679
中部地区	543198	394857	119538	334556	206411
西部地区	338250	237760	72511	208501	128243
东北地区	187792	124133	47408	121158	83148
北　京	44038	32132	9447	31049	15481
天　津	38739	26141	6920	22966	14548
河　北	72583	50352	15293	48997	32228
山　西	84594	66137	18386	49243	32911
内蒙古	27165	19768	6136	18458	12032
辽　宁	93531	63118	19688	61113	42335
吉　林	36643	21340	9777	23521	15700
黑龙江	57618	39675	17943	36524	25113
上　海	40208	29408	8347	26722	14846
江　苏	178674	131765	32341	108281	58847
浙　江	124721	110833	13888	72565	32363
安　徽	74256	57284	12327	46872	25370
福　建	24731	20185	3992	15753	8477
江　西	34539	24186	10327	19070	11595
山　东	202332	147552	37041	135330	76126
河　南	122036	86172	27333	71904	45758
湖　北	68937	46849	13418	44667	25190
湖　南	64575	53214	10027	42755	24774
广　东	186030	154925	21578	145867	98272
广　西	16695	11698	3138	10072	5998
海　南	2651	1111	292	2387	1156
重　庆	41587	30534	9123	28215	15878
四　川	94160	64915	18314	54043	30584
贵　州	20804	14409	4762	11915	7177
云　南	21362	15320	3900	11705	7559
西　藏	98	25		86	83
陕　西	62141	40781	17322	38389	24347
甘　肃	27438	20753	4421	17922	13021
青　海	4392	3290	854	3162	1802
宁　夏	7559	6165	1394	5209	2852
新　疆	14849	10102	3147	9325	6910

1-C-21 各地区港澳台商投资大中型工业企业科技活动人员情况

单位：人

地区	科技活动人员合计	#1.参加科技项目人员	2.科技管理和服务人员	#科学家和工程师	高中级技术职称人员
全国	**215213**	**165776**	**35046**	**132371**	**49211**
东部地区	194844	149880	31790	120127	43413
中部地区	14397	11097	2466	8712	3828
西部地区	5972	4799	790	3532	1970
东北地区	4137	3015	773	2974	1392
北京	4679	3210	1360	3461	1230
天津	3272	2258	831	2390	1299
河北	2614	2147	265	1811	1298
山西	743	622	95	543	321
内蒙古	35	32	3	32	7
辽宁	3857	2826	702	2813	1270
吉林	164	113	31	108	77
黑龙江	116	76	40	53	45
上海	8531	6168	1648	5121	2518
江苏	42516	30876	6656	24162	7790
浙江	24374	22007	2367	15117	4743
安徽	2868	1976	639	1508	618
福建	23589	17441	5844	14958	4932
江西	643	546	97	578	208
山东	7766	5639	1369	4666	2703
河南	5894	4480	1043	3605	1577
湖北	2186	1841	232	1152	349
湖南	1783	1443	289	1165	633
广东	73080	57296	10748	45623	15628
广西	232	182	27	124	60
海南	566	12		5	2
重庆	2121	1890	218	1582	999
四川	2554	1978	432	1169	435
贵州	8	8		4	2
云南	430	375	49	232	114
西藏					
陕西	40	30	10	24	20
甘肃	462	220	45	275	267
青海					
宁夏	90	84	6	90	66
新疆					

1-C-22　各地区外商投资大中型工业企业科技活动人员情况

单位：人

地　区	科技活动人员合计	#1.参加科技项目人员	2.科技管理和服务人员	#科学家和工程师	高中级技术职称人员
全　国	**362864**	**280206**	**58776**	**242160**	**83864**
东部地区	296920	230609	46835	198694	62096
中部地区	42262	32850	6861	28421	15369
西部地区	23682	16747	5080	15045	6399
东北地区	15738	11643	2288	11745	5479
北　京	7259	5076	1420	5452	1667
天　津	13373	9048	3772	9755	3730
河　北	6728	4232	1304	4126	1832
山　西	1122	1025	97	772	304
内蒙古	2009	1584	305	1397	593
辽　宁	8099	5775	1078	6608	2313
吉　林	2291	1537	193	1532	1019
黑龙江	5348	4331	1017	3605	2147
上　海	33963	25699	7293	23085	7440
江　苏	72401	52300	12509	44898	15057
浙　江	29545	26575	2970	16507	6035
安　徽	7294	4954	1224	5077	2262
福　建	17161	14806	1954	12744	4808
江　西	4307	3457	850	3203	1408
山　东	26005	18733	3802	16526	8260
河　南	6898	4976	1845	4033	2351
湖　北	12912	10876	1343	8964	5205
湖　南	2090	1694	292	1235	673
广　东	82325	68349	10731	58979	10944
广　西	6532	4126	1283	4323	1397
海　南	61	16	2	14	10
重　庆	4828	3560	1220	2993	1050
四　川	3388	2318	517	2309	1339
贵　州	1418	615	803	842	193
云　南	820	635	182	518	238
西　藏					
陕　西	3310	2704	598	1547	933
甘　肃	76	63	13	54	35
青　海	750	686	64	697	440
宁　夏	551	456	95	365	181
新　疆					

D. 科技活动经费筹集情况

1-D-1 分登记注册类型工业企业科技活动经费筹集情况

单位：万元

行业	科技活动经费筹集总额	政府资金	企业资金	金融机构贷款	其他资金
总　计	**61604847**	**2306143**	**54831450**	**3585995**	**881259**
国有控股企业	26589900	1394788	23956149	901391	337572
内资企业	45622505	2039262	40222630	2759031	601583
国有企业	6581118	346661	5957713	171053	105692
集体企业	695216	8538	658738	24098	3843
股份合作企业	287265	6279	260407	18326	2254
联营企业	231312	1817	228066	1357	72
国有联营企业	221947	694	221253		
集体联营企业	2167	120	1422	623	2
国有与集体联营企业	2913	254	2659		
其他联营企业	4285	749	2732	734	70
有限责任公司	19243374	1082062	16900093	1021758	239462
国有独资公司	5008686	351331	4398539	182998	75818
其他有限责任公司	14234688	730731	12501554	838760	163644
股份有限公司	9747159	289508	8826689	535646	95316
私营企业	8688278	297522	7260709	976077	153971
私营独资企业	491752	11914	404450	58664	16724
私营合伙企业	76681	741	69350	5156	1434
私营有限责任公司	7279495	245857	6074047	834258	125334
私营股份有限公司	840350	39010	712863	77999	10479
其他企业	148783	6877	130215	10718	974
港、澳、台商投资企业	4838878	108473	4323857	340121	66429
合资经营企业（港或澳、台资）	2194860	58649	1882452	235937	17823
合作经营企业（港或澳、台资）	63640	2580	53964	5188	1908
港、澳、台商独资经营企业	2260142	37723	2087691	95811	38917
港、澳、台商投资股份有限公司	320236	9520	299750	3184	7782
外商投资企业	11143463	158408	10284964	486844	213248
中外合资经营企业	6668143	94516	6142048	344939	86640
中外合作经营企业	120592	1921	108636	9348	687
外资企业	3642800	39722	3374455	109125	119499
外商投资股份有限公司	711929	22250	659824	23432	6422

1-D-2　分行业工业企业科技活动经费筹集情况

单位：万元

行　　业	科技活动经费筹集总额	政府资金	企业资金	金融机构贷款	其他资金
总　计	**61604847**	**2306143**	**54831450**	**3585995**	**881259**
采矿业	**2991204**	**43627**	**2894031**	**21531**	**32016**
煤炭开采和洗选业	1690249	28385	1642731	7702	11431
烟煤和无烟煤的开采洗选	1678894	27520	1632241	7702	11431
褐煤的开采洗选	9454	865	8589		
其他煤炭采选	1902		1902		
石油和天然气开采业	971725	5108	949649		16969
天然原油和天然气开采	845829	4313	832067		9448
与石油和天然气开采有关的服务活动	125897	795	117581		7521
黑色金属矿采选业	95231	1854	88993	2320	2063
铁矿采选	87834	1433	82018	2320	2063
其他黑色金属矿采选	7397	421	6976		
有色金属矿采选业	131809	5267	119221	6453	868
常用有色金属矿采选	76332	2598	70771	2100	863
贵金属矿采选	35441	609	31032	3800	
稀有稀土金属矿采选	20036	2060	17418	553	5
非金属矿采选业	102127	3013	93375	5056	684
土砂石开采	10840	339	9365	1086	50
化学矿采选	19371	1468	17903		
采盐	68859	1120	63231	3880	628
石棉及其他非金属矿采选	3057	85	2875	90	6
制造业	**57162303**	**2249195**	**50544680**	**3532506**	**835922**
农副食品加工业	815192	38754	674416	89034	12988
谷物磨制	69004	2784	59937	5493	790
饲料加工	135595	5891	112295	13550	3859
植物油加工	119709	2367	105250	11046	1045
制糖	27602	2061	20916	3461	1165
屠宰及肉类加工	189525	4510	175580	8614	821
水产品加工	91168	11388	66207	12764	809
蔬菜、水果和坚果加工	52128	2503	42238	5159	2228
其他农副食品加工	130462	7249	91993	28947	2273
食品制造业	575735	25353	495557	45555	9270
焙烤食品制造	27832	699	20356	6709	68
糖果、巧克力及蜜饯制造	32855	730	30132	1910	83
方便食品制造	54221	1056	48981	1906	2279
液体乳及乳制品制造	109926	4649	102171	2646	460
罐头制造	34475	1046	29317	3283	829
调味品、发酵制品制造	107936	3143	96358	7767	668
其他食品制造	208491	14032	168241	21334	4884
饮料制造业	879913	16626	822939	35667	4681
酒精制造	51565	2169	47112	1910	374
酒的制造	651505	8409	628318	12225	2553
软饮料制造	149791	4703	126089	18199	801
精制茶加工	27053	1346	21420	3334	953
烟草制品业	314555	915	308725	771	4144
烟叶复烤	2239		2174		65

1-D-2 续表 1 单位：万元

行业	科技活动经费筹集总额	政府资金	企业资金	金融机构贷款	其他资金
卷烟制造	307118	850	302027	345	3897
其他烟草制品加工	5198	65	4524	426	183
纺织业	1396103	39083	1176358	156660	24002
棉、化纤纺织及印染精加工	740353	20779	619041	85836	14697
毛纺织和染整精加工	99404	3915	80721	14063	704
麻纺织	23832	966	17044	5521	301
丝绢纺织及精加工	103917	5061	84890	13398	568
纺织制成品制造	227391	5287	200485	16742	4878
针织品、编织品及其制品制造	201207	3076	174177	21101	2854
纺织服装、鞋、帽制造业	321061	3355	286529	28403	2774
纺织服装制造	316070	3334	281604	28393	2738
纺织面料鞋的制造	3606	21	3575	10	
制帽	1386		1350		36
皮革、毛皮、羽毛(绒)及其制品业	206738	454	194571	10334	1378
皮革鞣制加工	70625	80	65258	4950	337
皮革制品制造	119687	243	113264	5164	1016
毛皮鞣制及制品加工	7398	65	7113	220	
羽毛(绒)加工及制品制造	9029	66	8937		26
木材加工及木、竹、藤、棕、草制品业	170764	3846	141929	21496	3493
锯材、木片加工	5979	80	4880	1000	19
人造板制造	121014	1692	104739	13502	1082
木制品制造	28769	1622	19509	5846	1792
竹、藤、棕、草制品制造	15001	453	12801	1148	600
家具制造业	101622	1584	87156	12641	241
木质家具制造	42655	715	31594	10226	120
竹、藤家具制造	100		74	14	12
金属家具制造	39551	751	37909	842	49
塑料家具制造	2029		1970	59	
其他家具制造	17287	118	15609	1500	60
造纸及纸制品业	623482	14925	534367	64100	10090
纸浆制造	27259	752	25518	213	778
造纸	505983	11832	428078	57575	8498
纸制品制造	90240	2342	80772	6313	814
印刷业和记录媒介的复制	168728	2675	146548	17575	1930
印刷	141245	1942	127421	10525	1356
装订及其他印刷服务活动	7341	8	7333		
记录媒介的复制	20142	725	11794	7050	574
文教体育用品制造业	138975	3534	129325	5360	756
文化用品制造	24935	442	23597	896	
体育用品制造	41181	1151	37542	2061	428
乐器制造	22071	1250	20635	70	117
玩具制造	41305	577	38881	1704	143
游艺器材及娱乐用品制造	9483	115	8670	630	68
石油加工、炼焦及核燃料加工业	702199	18403	570941	103958	8897
精炼石油产品的制造	502020	10059	445130	41503	5329
炼焦	192838	7682	119142	62455	3560
核燃料加工	7341	663	6670		8

1-D-2　续表 2　　单位：万元

行　　业	科技活动经费筹集总额	政府资金	企业资金	金融机构贷款	其他资金
化学原料及化学制品制造业	4752584	146505	4088933	412525	104621
基础化学原料制造	1228303	28628	1073276	103853	22546
肥料制造	1039076	21383	805300	172527	39866
农药制造	308132	11171	267327	26078	3557
涂料、油墨、颜料及类似产品制造	328617	9264	287521	21657	10175
合成材料制造	750314	23393	694206	28289	4426
专用化学产品制造	930466	49271	807831	54272	19092
日用化学产品制造	167676	3395	153471	5850	4960
医药制造业	1986347	110931	1703107	130957	41352
化学药品原药制造	447873	14107	363005	51576	19185
化学药品制剂制造	681438	31617	612166	28560	9094
中药饮片加工	63050	3858	52043	5043	2107
中成药制造	427373	30806	369282	24947	2339
兽用药品制造	70576	6476	59506	3574	1021
生物、生化制品的制造	232674	22319	194562	12935	2858
卫生材料及医药用品制造	63362	1749	52543	4322	4749
化学纤维制造业	635486	12825	564076	54375	4210
纤维素纤维原料及纤维制造	153946	2323	140833	10670	120
合成纤维制造	481540	10502	423243	43705	4090
橡胶制品业	729107	11418	611357	92658	13674
轮胎制造	550737	5555	459291	78789	7101
橡胶板、管、带的制造	64189	1208	59684	2177	1120
橡胶零件制造	56022	1349	45683	5660	3331
再生橡胶制造	15436	1909	9274	3753	500
日用及医用橡胶制品制造	10544	233	10034	128	149
橡胶靴鞋制造	9601	203	7688	1700	10
其他橡胶制品制造	22578	962	19703	451	1463
塑料制品业	705687	14761	628381	53063	9482
塑料薄膜制造	124570	2801	115044	6339	387
塑料板、管、型材的制造	260783	8361	231761	17176	3485
塑料丝、绳及编织品的制造	11242	164	8314	2519	246
泡沫塑料制造	15779	333	14401	1039	7
塑料人造革、合成革制造	39752	983	35689	2891	190
塑料包装箱及容器制造	43941	284	40192	3454	11
塑料零件制造	90184	549	81034	7216	1385
日用塑料制造	55145	209	51899	2752	285
其他塑料制品制造	64291	1078	50048	9679	3487
非金属矿物制品业	1412054	51980	1208563	120278	31233
水泥、石灰和石膏的制造	328155	8506	282505	26359	10785
水泥及石膏制品制造	86425	4147	73382	8565	331
砖瓦、石材及其他建筑材料制造	148125	2854	125113	14106	6052
玻璃及玻璃制品制造	442572	21286	376045	37322	7920
陶瓷制品制造	126918	5637	110232	10237	813
耐火材料制品制造	123348	3555	107654	8844	3295
石墨及其他非金属矿物制品制造	156511	5995	133632	14845	2039
黑色金属冶炼及压延加工业	7028538	61342	6758252	189237	19707

1-D-2 续表 3

单位：万元

行业	科技活动经费筹集总额	政府资金	企业资金	金融机构贷款	其他资金
炼铁	108331	150	101601	6180	400
炼钢	1549825	15117	1457999	74508	2200
钢压延加工	5268077	44175	5101779	105106	17017
铁合金冶炼	102306	1900	96873	3443	90
有色金属冶炼及压延加工业	2126133	65668	1852771	186807	20887
常用有色金属冶炼	1116878	28576	955275	116478	16550
贵金属冶炼	33157	494	31814	850	
稀有稀土金属冶炼	112316	8557	96733	6907	120
有色金属合金制造	83858	10446	65984	6158	1271
有色金属压延加工	779924	17596	702966	56414	2948
金属制品业	1087595	37367	886944	139931	23351
结构性金属制品制造	259103	4145	226453	24373	4132
金属工具制造	123970	4402	90097	20017	9455
集装箱及金属包装容器制造	104764	3575	92598	7865	726
金属丝绳及其制品的制造	186066	9803	132695	40211	3357
建筑、安全用金属制品制造	118717	2371	104710	10283	1354
金属表面处理及热处理加工	67506	1559	53088	12577	282
搪瓷制品制造	14943	587	13439	715	202
不锈钢及类似日用金属制品制造	72599	1625	65497	3605	1872
其他金属制品制造	139928	9302	108369	20285	1972
通用设备制造业	3798728	174044	3337725	223962	62998
锅炉及原动机制造	699042	43595	615078	29819	10550
金属加工机械制造	525326	32210	442822	33694	16599
起重运输设备制造	513211	18680	478213	12157	4161
泵、阀门、压缩机及类似机械的制造	614450	25928	545488	30881	12154
轴承、齿轮、传动和驱动部件的制造	291687	15335	242022	30173	4156
烘炉、熔炉及电炉制造	23361	758	20303	1840	461
风机、衡器、包装设备等通用设备制造	690862	25678	617762	37480	9942
通用零部件制造及机械修理	186402	3799	163482	17511	1611
金属铸、锻加工	254388	8061	212556	30406	3365
专用设备制造业	3362774	164197	2893791	209515	95271
矿山、冶金、建筑专用设备制造	1405141	46756	1300212	49837	8336
化工、木材、非金属加工专用设备制造	330824	14132	274040	34954	7698
食品、饮料、烟草及饲料生产专用设备制造	74091	1921	63849	7814	508
印刷、制药、日化生产专用设备制造	112858	6977	90788	14529	564
纺织、服装和皮革工业专用设备制造	184653	10923	151145	20521	2065
电子和电工机械专用设备制造	360872	50761	266283	16363	27465
农、林、牧、渔专用机械制造	266657	8456	230505	3932	23764
医疗仪器设备及器械制造	250607	8751	206492	29266	6098
环保、社会公共安全及其他专用设备制造	377071	15520	310477	32300	18774
交通运输设备制造业	7738355	681320	6592195	359068	105772
铁路运输设备制造	425586	13143	378504	26962	6978
汽车制造	5234686	111076	4828277	227908	67425
摩托车制造	397321	3522	346061	47146	592
自行车制造	53274	573	48721	3556	423
船舶及浮动装置制造	694769	43117	636358	9364	5930

1-D-2　续表 4　　单位：万元

行　　业	科技活动经费筹集总额	政府资金	企业资金	金融机构贷款	其他资金
航空航天器制造	910734	508999	333319	44037	24380
交通器材及其他交通运输设备制造	21985	889	20956	95	45
电气机械及器材制造业	5798934	161004	5114290	452784	70856
电机制造	714754	43248	595817	71880	3810
输配电及控制设备制造	1441558	38019	1274791	100441	28308
电线、电缆、光缆及电工器材制造	997806	18666	821532	140642	16966
电池制造	568318	35937	465106	56014	11261
家用电力器具制造	1673477	14177	1599606	56390	3305
非电力家用器具制造	101400	5745	82140	7846	5669
照明器具制造	233611	3915	209984	18276	1436
其他电气机械及器材制造	68009	1298	65315	1296	102
通信设备、计算机及其他电子设备制造业	8311919	294744	7670751	238265	108160
通信设备制造	2868674	64305	2723397	31773	49199
雷达及配套设备制造	100842	9620	83271	1560	6391
广播电视设备制造	110797	5487	96921	7660	730
电子计算机制造	1514142	35261	1429373	46200	3308
电子器件制造	1263673	81846	1118858	34529	28441
电子元件制造	1171177	26794	1077486	55164	11735
家用视听设备制造	1002533	56327	885467	52750	7989
其他电子设备制造	280080	15104	255979	8630	368
仪器仪表及文化、办公用机械制造业	1077768	81313	898038	61304	37112
通用仪器仪表制造	598421	39629	501405	40231	17155
专用仪器仪表制造	209178	31040	147683	12030	18426
钟表与计时仪器制造	15237	341	14646	250	
光学仪器及眼镜制造	88723	6033	79126	2195	1369
文化、办公用机械制造	145643	3613	135875	6003	153
其他仪器仪表的制造及修理	20566	658	19303	595	10
工艺品及其他制造业	186579	10139	158224	15673	2543
工艺美术品制造	97197	1469	81735	13738	255
日用杂品制造	36617	557	34116	1840	104
煤制品制造	39		39		
核辐射加工	470		470		
其他未列明的制造业	52256	8114	41863	95	2184
废弃资源和废旧材料回收加工业	8649	128	7920	550	51
金属废料和碎屑的加工处理	5591	24	5017	550	
非金属废料和碎屑的加工处理	3057	104	2902		51
电力、燃气及水的生产和供应业	**1451340**	**13321**	**1392740**	**31958**	**13322**
电力、热力的生产和供应业	1392679	7760	1339988	31956	12976
电力生产	414333	4254	375908	28438	5733
电力供应	929523	2962	916363	3048	7150
热力生产和供应	48823	545	47716	470	92
燃气生产和供应业	16674	945	15679		50
水的生产和供应业	41987	4616	37073	2	296
自来水的生产和供应	33886	2711	30905	2	268
污水处理及其再生利用	7480	1774	5705		
其他水的处理、利用与分配	621	130	463		28

1-D-3 国有控股制造业企业科技活动经费筹集情况

单位：万元

行　　业	科技活动经费筹集总额	政府资金	企业资金	金融机构贷款	其他资金
总　计	**22455912**	**1341491**	**19951782**	**866979**	**295660**
农副食品加工业	42296	2510	38059	1440	287
食品制造业	119862	6512	111288	1300	762
饮料制造业	478469	5476	470834	1873	286
烟草制品业	308650	850	303429	226	4144
纺织业	143969	10211	106161	22042	5555
纺织服装、鞋、帽制造业	11026	211	10116	199	501
皮革、毛皮、羽毛(绒)及其制品业	1004		1004		
木材加工及木、竹、藤、棕、草制品业	14566	334	10691	3200	342
家具制造业	19348		19348		
造纸及纸制品业	157524	2561	148409	6155	399
印刷业和记录媒介的复制	43506	273	40033	3200	
文教体育用品制造业	13515	1178	12233	100	3
石油加工、炼焦及核燃料加工业	475657	12896	388928	66254	7580
化学原料及化学制品制造业	2081247	66129	1797008	173531	44579
医药制造业	412484	34749	357680	17590	2466
化学纤维制造业	170753	4565	160299	5313	575
橡胶制品业	236936	4462	226672	4670	1132
塑料制品业	111980	3520	103154	5261	45
非金属矿物制品业	335478	17318	285492	27949	4719
黑色金属冶炼及压延加工业	5208103	44651	5053049	99436	10967
有色金属冶炼及压延加工业	1123050	37347	971292	97569	16842
金属制品业	179263	14387	138188	23749	2940
通用设备制造业	1448329	100917	1295366	38547	13500
专用设备制造业	1429459	99180	1244482	37168	48629
交通运输设备制造业	4927919	639822	4069106	130921	88070
电气机械及器材制造业	963944	62449	846604	48991	5900
通信设备、计算机及其他电子设备制造业	1702241	120791	1512738	46399	22313
仪器仪表及文化、办公用机械制造业	249243	40866	193408	3896	11074
工艺品及其他制造业	46024	7327	36645		2052

1-D-4　内资制造业企业科技活动经费筹集情况

单位：万元

行　业	科技活动经费筹集总额	政府资金	企业资金	金融机构贷款	其他资金
总　计	**41373655**	**1987360**	**36115092**	**2714592**	**556611**
农副食品加工业	568654	30490	453738	73769	10657
食品制造业	369035	19100	307178	34841	7916
饮料制造业	656227	12831	604727	34051	4619
烟草制品业	313607	905	307832	771	4099
纺织业	1103566	35223	920224	128139	19979
纺织服装、鞋、帽制造业	205167	2312	181602	20098	1156
皮革、毛皮、羽毛(绒)及其制品业	109582	266	104898	3365	1052
木材加工及木、竹、藤、棕、草制品业	141469	3439	121347	14451	2232
家具制造业	55639	1386	43526	10516	211
造纸及纸制品业	345241	11165	279745	51353	2978
印刷业和记录媒介的复制	102136	2339	92876	6745	176
文教体育用品制造业	68637	2933	61676	3444	584
石油加工、炼焦及核燃料加工业	634812	17807	530891	77468	8647
化学原料及化学制品制造业	4024876	132397	3439518	362068	90894
医药制造业	1444749	84536	1224800	112315	23098
化学纤维制造业	475495	10662	431753	29855	3225
橡胶制品业	375335	8678	336959	21929	7769
塑料制品业	455298	12848	400281	37601	4568
非金属矿物制品业	1054979	41536	889047	98112	26285
黑色金属冶炼及压延加工业	6555342	57766	6364147	118278	15151
有色金属冶炼及压延加工业	1846520	56598	1621275	147917	20729
金属制品业	772853	28005	623374	103330	18143
通用设备制造业	2945192	159353	2542781	202370	40688
专用设备制造业	2757677	150387	2337881	188843	80565
交通运输设备制造业	5053071	665092	4029998	288179	69802
电气机械及器材制造业	4285550	137227	3758323	350962	39038
通信设备、计算机及其他电子设备制造业	3725790	217429	3337251	137867	33244
仪器仪表及文化、办公用机械制造业	771307	74802	637242	42564	16699
工艺品及其他制造业	148057	9723	123137	12841	2356

1-D-5 港澳台商投资制造业企业科技活动经费筹集情况

单位：万元

行业	科技活动经费筹集总额	政府资金	企业资金	金融机构贷款	其他资金
总计	**4748399**	**106657**	**4235247**	**340121**	**66374**
农副食品加工业	105959	1106	96870	6939	1044
食品制造业	51689	1811	46719	2380	780
饮料制造业	31712	585	31067		60
烟草制品业	948	10	893		45
纺织业	186243	2418	159605	21802	2419
纺织服装、鞋、帽制造业	87571	459	77905	8085	1120
皮革、毛皮、羽毛(绒)及其制品业	36327	105	31325	4592	306
木材加工及木、竹、藤、棕、草制品业	17570	145	12179	4300	947
家具制造业	31218	159	30303	725	30
造纸及纸制品业	59646	1060	54680	3886	20
印刷业和记录媒介的复制	35010	235	30281	2780	1714
文教体育用品制造业	34797	142	32809	1816	30
石油加工、炼焦及核燃料加工业	25275	587	15198	9490	
化学原料及化学制品制造业	233899	3662	210029	19353	855
医药制造业	153239	9960	124507	13134	5638
化学纤维制造业	71200	1813	65347	4020	20
橡胶制品业	93785	1848	88277	3660	
塑料制品业	100503	1077	83949	12085	3392
非金属矿物制品业	143122	1662	131256	8889	1315
黑色金属冶炼及压延加工业	219807	2927	146154	70307	420
有色金属冶炼及压延加工业	116668	4032	97603	14921	112
金属制品业	94363	1422	78745	11442	2754
通用设备制造业	202385	5668	182848	5033	8836
专用设备制造业	193601	7097	174300	7721	4483
交通运输设备制造业	299297	2698	288428	7292	879
电气机械及器材制造业	418554	6686	367414	35742	8711
通信设备、计算机及其他电子设备制造业	1582482	44377	1476840	48860	12405
仪器仪表及文化、办公用机械制造业	97209	2667	78124	8517	7901
工艺品及其他制造业	23899	239	21171	2349	140

1-D-6　外商投资制造业企业科技活动经费筹集情况

单位：万元

行　　业	科技活动经费筹集总额	政府资金	企业资金	金融机构贷款	其他资金
总　计	**11040249**	**155179**	**10194340**	**477794**	**212937**
农副食品加工业	140579	7158	123807	8326	1288
食品制造业	155012	4443	141661	8334	574
饮料制造业	191974	3210	187145	1617	2
烟草制品业					
纺织业	106295	1442	96529	6720	1604
纺织服装、鞋、帽制造业	28324	584	27022	220	497
皮革、毛皮、羽毛(绒)及其制品业	60829	83	58349	2377	20
木材加工及木、竹、藤、棕、草制品业	11725	263	8403	2745	314
家具制造业	14765	39	13327	1400	
造纸及纸制品业	218596	2700	199943	8861	7092
印刷业和记录媒介的复制	31583	102	23391	8050	40
文教体育用品制造业	35541	459	34840	100	142
石油加工、炼焦及核燃料加工业	42112	10	24852	17000	250
化学原料及化学制品制造业	493808	10446	439386	31105	12872
医药制造业	388359	16436	353800	5508	12616
化学纤维制造业	88792	350	66977	20500	965
橡胶制品业	259987	892	186121	67069	5904
塑料制品业	149887	836	144151	3377	1522
非金属矿物制品业	213952	8782	188260	13277	3633
黑色金属冶炼及压延加工业	253389	649	247951	652	4136
有色金属冶炼及压延加工业	162946	5039	133893	23968	47
金属制品业	220379	7940	184825	25160	2454
通用设备制造业	651151	9022	612097	16559	13474
专用设备制造业	411496	6712	381610	12951	10223
交通运输设备制造业	2385988	13530	2273770	63597	35091
电气机械及器材制造业	1094831	17091	988553	66080	23107
通信设备、计算机及其他电子设备制造业	3003648	32938	2856661	51538	62511
仪器仪表及文化、办公用机械制造业	209251	3844	182672	10223	12513
工艺品及其他制造业	14623	178	13915	483	47

1-D-7 各地区工业企业科技活动经费筹集情况

单位：万元

地区	科技活动经费筹集总额	政府资金	企业资金	金融机构贷款	其他资金
全国	**61604847**	**2306143**	**54831450**	**3585995**	**881259**
东部地区	42500362	1292961	38355373	2361763	490264
中部地区	11598297	528800	10277329	618223	173945
西部地区	7506188	484381	6198748	606009	217050
东北地区	4208226	346506	3692378	129264	40078
北京	2026597	146047	1826543	22302	31705
天津	2488439	46935	2278407	112600	50496
河北	1373841	34775	1292571	33974	12520
山西	1627011	48188	1519890	43269	15664
内蒙古	622521	24966	497910	72222	27423
辽宁	2621740	220255	2303905	79609	17971
吉林	708228	18734	670696	7574	11225
黑龙江	878258	107518	717777	42081	10882
上海	3269105	96506	3072277	62789	37534
江苏	9713366	244402	8605530	726864	136570
浙江	5526379	118757	4942344	401864	63415
安徽	2017400	66032	1710014	216259	25096
福建	1809800	39778	1556962	172373	40687
江西	896101	66845	755839	53154	20263
山东	6571538	168622	5986202	376883	39833
河南	2117600	73757	1947334	86812	9697
湖北	1902439	79853	1693511	77711	51364
湖南	1451260	67874	1262269	91363	29754
广东	7026906	175896	6426594	371835	52582
广西	652158	22661	544899	73686	10911
海南	72651	990	64039	670	6952
重庆	1125565	33478	918149	120657	53281
四川	1872815	107723	1607270	126402	31420
贵州	404311	31989	342732	18413	11177
云南	528312	23207	457633	40224	7248
西藏	10600	907	9092	601	
陕西	1106933	183424	785374	111469	26666
甘肃	498394	22196	467994	5127	3076
青海	130871	4330	93961	4380	28201
宁夏	149501	11684	108888	12510	16419
新疆	404209	17816	364846	20317	1229

1-D-8　各地区国有控股工业企业科技活动经费筹集情况

单位：万元

地区	科技活动经费筹集总额	政府资金	企业资金	金融机构贷款	其他资金
全国	**26589900**	**1394788**	**23956149**	**901391**	**337572**
东部地区	13851120	617026	12748432	402671	82991
中部地区	7690692	393867	6963189	241147	92489
西部地区	5048088	383896	4244528	257572	162092
东北地区	3343981	311185	2938629	70122	24046
北京	1108900	111635	978817	6781	11667
天津	1245891	34013	1185781	23456	2641
河北	849903	23571	815560	6653	4118
山西	1445622	36805	1391758	6140	10919
内蒙古	388565	19520	314189	44840	10016
辽宁	2032865	197508	1787398	38212	9747
吉林	552055	12877	531517	1523	6138
黑龙江	759062	100800	619714	30387	8161
上海	2265940	66497	2162596	27989	8859
江苏	1366588	68379	1206179	70047	21982
浙江	399206	13081	369022	12566	4538
安徽	1194687	41286	1050774	96065	6563
福建	339105	9689	303339	25904	174
江西	636696	51950	543614	30238	10895
山东	2707543	62046	2540240	93774	11482
河南	1174157	42743	1098872	31424	1118
湖北	1183377	53230	1072878	21492	35777
湖南	745037	54177	654063	23879	12919
广东	1485852	30405	1357157	96620	1670
广西	334226	8425	302411	18133	5258
海南	49327	202	42343	670	6113
重庆	582646	25662	496127	14656	46201
四川	1064698	81071	945473	23965	14190
贵州	357931	28583	306376	12120	10852
云南	404311	14139	363012	21653	5507
西藏	162	18	144		
陕西	957891	174323	659467	100550	23551
甘肃	441350	12853	425204	1800	1492
青海	126540	3569	90543	4227	28200
宁夏	80243	6357	54921	3100	15865
新疆	309526	9375	286662	12528	961

1-D-9 各地区内资工业企业科技活动经费筹集情况

单位：万元

地　区	科技活动经费筹集总额	政府资金	企业资金	金融机构贷款	其他资金
全　国	**45622505**	**2039262**	**40222630**	**2759031**	**601583**
东部地区	28620988	1078775	25608675	1675940	257598
中部地区	10220687	496141	9027536	531735	165275
西部地区	6780831	464346	5586419	551356	178710
东北地区	3820721	336199	3327351	119044	38127
北　京	1538192	128791	1373080	16442	19880
天　津	1570836	44172	1451381	63584	11700
河　北	1228271	30639	1156463	29124	12045
山　西	1581028	45798	1494587	25819	14824
内蒙古	585441	22181	467615	69722	25923
辽　宁	2377010	213627	2074254	71889	17240
吉　林	635513	17986	599929	7374	10225
黑龙江	808198	104586	653169	39781	10662
上　海	1705504	69984	1572383	46829	16308
江　苏	6012910	199765	5236432	505908	70805
浙　江	3963510	95259	3499421	328520	40309
安　徽	1749284	61005	1476098	187881	24301
福　建	657203	26686	548234	72377	9906
江　西	712905	61460	586138	47756	17550
山　东	5650597	143569	5150871	321073	35084
河　南	1875452	68892	1726705	70996	8859
湖　北	1503720	72588	1314086	66968	50079
湖　南	1354587	63827	1176824	85161	28775
广　东	3852877	125617	3489638	219524	18098
广　西	494876	18899	400506	65835	9636
海　南	64077	667	56518	670	6223
重　庆	881178	30875	740052	90652	19600
四　川	1758262	105628	1502380	119297	30956
贵　州	395906	31080	336076	17603	11147
云　南	493569	21525	426723	38724	6598
西　藏	7548	907	6040	601	
陕　西	1043314	180527	725272	110889	26626
甘　肃	494992	22146	466142	4327	2376
青　海	92518	2026	57912	4380	28201
宁　夏	129470	10736	93277	9039	16419
新　疆	403757	17816	364424	20287	1229

1-D-10　各地区港澳台商投资工业企业科技活动经费筹集情况

单位：万元

地　区	科技活动经费筹集总额	政府资金	企业资金	金融机构贷款	其他资金
全　国	**4838878**	**108473**	**4323857**	**340121**	**66429**
东部地区	4447870	95398	3983033	309212	60227
中部地区	251369	10979	224275	10747	5369
西部地区	139640	2096	116549	20162	833
东北地区	80718	3408	70416	5565	1330
北　京	170759	11494	148814	2525	7927
天　津	104694	504	101121	2089	981
河　北	48698	759	45940	1600	400
山　西	5457	915	4122		420
内蒙古	400		400		
辽　宁	70025	1777	62484	5265	500
吉　林	3778	195	2753		830
黑龙江	6915	1436	5179	300	
上　海	177526	9331	162795	2910	2490
江　苏	1056315	16809	947400	82871	9235
浙　江	740376	9511	681123	39958	9785
安　徽	50302	1665	44881	3320	437
福　建	544524	6926	497810	31843	7945
江　西	19661	255	15635	1398	2373
山　东	176289	1493	161748	12101	947
河　南	83539	1673	81235	370	262
湖　北	33515	1504	31025	333	652
湖　南	48201	3336	39446	5026	394
广　东	1355177	36533	1170577	128050	20017
广　西	7436	201	6475	750	10
海　南	3486	263	3223		
重　庆	71586	266	57140	13457	723
四　川	45747	515	39897	5235	100
贵　州	3441	190	2711	540	
云　南	7842	653	7189		
西　藏					
陕　西	126		126		
甘　肃	1519	30	1489		
青　海					
宁　夏	1543	240	1123	180	
新　疆					

1-D-11 各地区外商投资工业企业科技活动经费筹集情况

单位：万元

地区	科技活动经费筹集总额	政府资金	企业资金	金融机构贷款	其他资金
全国	**11143463**	**158408**	**10284964**	**486844**	**213248**
东部地区	9431504	118788	8763665	376611	172440
中部地区	1126242	21681	1025518	75742	3301
西部地区	585718	17940	495781	34490	37507
东北地区	306787	6900	294611	4655	620
北京	317646	5763	304650	3335	3899
天津	812909	2260	725906	46928	37815
河北	96871	3378	90168	3250	75
山西	40526	1475	21181	17450	420
内蒙古	36680	2785	29895	2500	1500
辽宁	174704	4851	167168	2455	231
吉林	68937	553	68014	200	170
黑龙江	63145	1496	59430	2000	220
上海	1386075	17190	1337099	13049	18736
江苏	2644141	27828	2421698	138086	56529
浙江	822493	13986	761799	33387	13320
安徽	217814	3362	189035	25059	358
福建	608074	6167	510918	68152	22837
江西	163535	5131	154066	4000	339
山东	744652	23560	673583	43709	3801
河南	158609	3192	139395	15446	576
湖北	365204	5761	348400	10410	633
湖南	48471	711	45999	1177	585
广东	1818852	13746	1766379	24260	14467
广西	149847	3561	137919	7102	1266
海南	5088	60	4298		730
重庆	172800	2337	120957	16548	32958
四川	68807	1580	64993	1870	364
贵州	4964	719	3945	270	30
云南	26901	1029	23721	1500	650
西藏	3052		3052		
陕西	63492	2897	59976	580	40
甘肃	1883	20	363	800	700
青海	38353	2304	36049		
宁夏	18487	708	14488	3291	
新疆	452		422	30	

1-D-12　分登记注册类型大中型工业企业科技活动经费筹集情况

单位：万元

行　　业	科技活动经费筹集总额	政府资金	企业资金	金融机构贷款	其他资金
总　　计	**52203665**	**1927444**	**47055429**	**2610731**	**610061**
国有控股企业	25674019	1323205	23201871	834550	314394
内资企业	38437124	1716428	34328779	1986404	405513
国有企业	6384951	324852	5803139	162087	94874
集体企业	631609	7254	601224	20976	2154
股份合作企业	180625	3461	168567	7461	1136
联营企业	222368	1453	220804	111	
国有联营企业	217955	613	217342		
集体联营企业	811	100	600	111	
国有与集体联营企业	1911		1911		
其他联营企业	1692	740	952		
有限责任公司	17010855	969559	15061103	803106	177086
国有独资公司	4933457	346580	4330268	182738	73871
其他有限责任公司	12077397	622979	10730835	620369	103215
股份有限公司	9307435	258096	8485272	492817	71251
私营企业	4591014	146908	3889297	495897	58912
私营独资企业	196248	4658	150628	29497	11466
私营合伙企业	23052	204	21134	1713	
私营有限责任公司	3736553	114552	3166703	411065	44234
私营股份有限公司	635161	27494	550833	53622	3213
其他企业	108267	4844	99373	3950	100
港、澳、台商投资企业	3999384	81584	3613519	261370	42911
合资经营企业（港或澳、台资）	1747692	43154	1504154	190559	9825
合作经营企业（港或澳、台资）	31408	415	28361	1468	1164
港、澳、台商独资经营企业	1920141	30400	1798422	66949	24370
港、澳、台商投资股份有限公司	300144	7615	282582	2394	7552
外商投资企业	9767157	129432	9113131	362958	161638
中外合资经营企业	5903574	70626	5516954	251132	64863
中外合作经营企业	72682	1210	70093	1020	359
外资企业	3105176	35715	2890993	88124	90344
外商投资股份有限公司	685726	21881	635091	22682	6072

1-D-13 分行业大中型工业企业科技活动经费筹集情况

单位：万元

行业	科技活动经费筹集总额	政府资金	企业资金	金融机构贷款	其他资金
总计	**52203665**	**1927444**	**47055429**	**2610731**	**610061**
采矿业	**2893670**	**41996**	**2805895**	**15408**	**30371**
煤炭开采和洗选业	1657415	28136	1611955	6312	11011
烟煤和无烟煤的开采洗选	1648045	27271	1603450	6312	11011
褐煤的开采洗选	9371	865	8506		
其他煤炭采选					
石油和天然气开采业	946914	4803	925142		16969
天然原油和天然气开采	823760	4088	810224		9448
与石油和天然气开采有关的服务活动	123154	715	114918		7521
黑色金属矿采选业	85869	1818	79867	2300	1883
铁矿采选	78530	1398	72949	2300	1883
其他黑色金属矿采选	7339	420	6919		
有色金属矿采选业	118030	5114	108580	4200	136
常用有色金属矿采选	64741	2517	62088		136
贵金属矿采选	34579	587	30192	3800	
稀有稀土金属矿采选	18710	2010	16300	400	
非金属矿采选业	85443	2125	80350	2596	372
土砂石开采	1630		1614	16	
化学矿采选	19277	1468	17809		
采盐	64094	647	60495	2580	372
石棉及其他非金属矿采选	442	10	432		
制造业	**47995367**	**1873583**	**42973959**	**2578641**	**569183**
农副食品加工业	519588	21635	445322	47166	5465
谷物磨制	25576	1657	22309	900	710
饲料加工	48051	2550	41141	3400	960
植物油加工	87596	1092	82096	4112	296
制糖	26940	2061	20254	3461	1165
屠宰及肉类加工	168084	3000	159357	5006	721
水产品加工	51686	7999	35539	7619	529
蔬菜、水果和坚果加工	25966	1114	21213	2678	961
其他农副食品加工	85690	2163	63413	19990	124
食品制造业	401958	16261	360980	21726	2991
焙烤食品制造	21187	188	14582	6350	67
糖果、巧克力及蜜饯制造	22004	237	21767		
方便食品制造	42152	874	40659	450	169
液体乳及乳制品制造	90758	3837	86406	455	61
罐头制造	18384	85	17516	783	
调味品、发酵制品制造	85509	2312	78420	4535	242
其他食品制造	121965	8729	101630	9153	2453
饮料制造业	761802	12016	726344	21547	1895
酒精制造	38096	1996	35021	1010	68
酒的制造	609534	6488	593071	8237	1737
软饮料制造	109799	3292	94347	12100	60
精制茶加工	4374	239	3905	200	30
烟草制品业	311613	880	306018	571	4144
烟叶复烤	1068		1003		65

1-D-13　续表 1

单位：万元

行　　业	科技活动经费筹集总额	政府资金	企业资金	金融机构贷款	其他资金
卷烟制造	307095	850	302004	345	3897
其他烟草制品加工	3450	30	3012	226	183
纺织业	1115456	33685	941894	121992	17884
棉、化纤纺织及印染精加工	595318	18730	501983	63157	11447
毛纺织和染整精加工	86264	3431	70646	11741	445
麻纺织	20947	946	14680	5021	301
丝绢纺织及精加工	76281	3886	62486	9361	549
纺织制成品制造	179237	4177	158066	13994	3000
针织品、编织品及其制品制造	157409	2515	134033	18718	2143
纺织服装、鞋、帽制造业	275908	2512	246970	24398	2028
纺织服装制造	273247	2512	244346	24398	1992
纺织面料鞋的制造	1417		1417		
制帽	1244		1208		36
皮革、毛皮、羽毛(绒)及其制品业	152967	226	144003	7907	831
皮革鞣制加工	60119	37	55803	4028	252
皮革制品制造	82086	149	77545	3839	553
毛皮鞣制及制品加工	2616		2576	40	
羽毛(绒)加工及制品制造	8145	40	8080		26
木材加工及木、竹、藤、棕、草制品业	101659	1500	89586	8946	1626
锯材、木片加工	3288	20	2268	1000	
人造板制造	81390	327	76833	3706	524
木制品制造	14740	1086	8412	4140	1102
竹、藤、棕、草制品制造	2241	68	2073	100	
家具制造业	78717	796	66656	11170	95
木质家具制造	29265	646	19229	9300	90
竹、藤家具制造					
金属家具制造	35078	32	34671	370	5
塑料家具制造					
其他家具制造	14374	118	12756	1500	
造纸及纸制品业	556835	12369	478949	57871	7646
纸浆制造	25498	718	23839	213	730
造纸	467670	9809	398246	52890	6726
纸制品制造	63666	1843	56865	4769	190
印刷业和记录媒介的复制	102567	819	92231	9487	30
印刷	88883	819	82597	5437	30
装订及其他印刷服务活动	6300		6300		
记录媒介的复制	7385		3335	4050	
文教体育用品制造业	104780	3076	97807	3540	357
文化用品制造	16544	417	15457	670	
体育用品制造	31182	873	28633	1511	165
乐器制造	19737	1161	18485		92
玩具制造	32253	576	30569	1009	100
游艺器材及娱乐用品制造	5063	50	4663	350	
石油加工、炼焦及核燃料加工业	655689	17525	538760	91124	8280
精炼石油产品的制造	461385	9181	418714	28769	4722
炼焦	186963	7682	113376	62355	3550
核燃料加工	7341	663	6670		8

1-D-13 续表 2

单位：万元

行业	科技活动经费筹集总额	政府资金	企业资金	金融机构贷款	其他资金
化学原料及化学制品制造业	3692589	105264	3193170	324244	69911
基础化学原料制造	992996	23137	895436	70777	3647
肥料制造	1004884	19961	778040	168489	38395
农药制造	239607	7844	212983	17211	1569
涂料、油墨、颜料及类似产品制造	174738	2698	154924	10232	6884
合成材料制造	581931	19203	542527	19358	844
专用化学产品制造	574820	30729	496615	33727	13748
日用化学产品制造	123614	1694	112646	4449	4825
医药制造业	1406853	68863	1234046	81240	22703
化学药品原药制造	333135	10774	271308	40533	10520
化学药品制剂制造	553907	25641	501625	20376	6265
中药饮片加工	13443	1149	12183	110	
中成药制造	313542	21764	277979	12991	809
兽用药品制造	28222	942	26781	500	
生物、生化制品的制造	117984	7572	104332	4880	1200
卫生材料及医药用品制造	46620	1022	39838	1850	3910
化学纤维制造业	565909	10235	509504	42405	3765
纤维素纤维原料及纤维制造	143684	2193	134971	6400	120
合成纤维制造	422225	8042	374533	36005	3645
橡胶制品业	667885	9024	563487	86570	8804
轮胎制造	541829	5480	454063	76184	6101
橡胶板、管、带的制造	46918	829	43884	1226	980
橡胶零件制造	38586	765	33369	4250	203
再生橡胶制造	11975	1000	7022	3453	500
日用及医用橡胶制品制造	7902	35	7860	7	
橡胶靴鞋制造	6405	180	4765	1450	10
其他橡胶制品制造	14269	735	12524		1010
塑料制品业	450261	9199	404915	29188	6959
塑料薄膜制造	88865	1880	85767	1145	74
塑料板、管、型材的制造	168619	5843	151122	9024	2630
塑料丝、绳及编织品的制造	4312		2921	1335	57
泡沫塑料制造	6810	175	5635	1000	
塑料人造革、合成革制造	28186	943	25792	1261	190
塑料包装箱及容器制造	21460	15	19930	1515	
塑料零件制造	64076	128	56821	6016	1111
日用塑料制造	35530	115	33622	1793	
其他塑料制品制造	32403	100	23305	6100	2898
非金属矿物制品业	1011080	38125	882734	74901	15320
水泥、石灰和石膏的制造	280760	7854	242451	23352	7102
水泥及石膏制品制造	40829	2475	34893	3360	101
砖瓦、石材及其他建筑材料制造	92851	1485	82877	7868	622
玻璃及玻璃制品制造	337567	16999	291917	21949	6703
陶瓷制品制造	90624	4392	80109	5878	245
耐火材料制品制造	66346	1847	59892	4334	273
石墨及其他非金属矿物制品制造	102103	3073	90595	8160	274
黑色金属冶炼及压延加工业	6879539	59491	6627541	175404	17104
炼铁	106573	150	100423	6000	

1-D-13　续表 3

单位：万元

行　业	科技活动经费筹集总额	政府资金	企业资金	金融机构贷款	其他资金
炼钢	1544983	14980	1453495	74508	2000
钢压延加工	5141566	42922	4990935	92666	15044
铁合金冶炼	86417	1439	82688	2230	60
有色金属冶炼及压延加工业	1823291	54503	1607134	144364	17291
常用有色金属冶炼	1054960	26914	901994	109653	16400
贵金属冶炼	27756	400	26956	400	
稀有稀土金属冶炼	71524	6028	63506	1890	100
有色金属合金制造	56469	8271	43985	4080	133
有色金属压延加工	612582	12889	570694	28341	658
金属制品业	795625	32502	647656	97663	17804
结构性金属制品制造	185906	3585	166433	12838	3050
金属工具制造	91449	3759	62263	17177	8251
集装箱及金属包装容器制造	74374	2944	68435	2535	460
金属丝绳及其制品的制造	156593	9612	107585	36500	2896
建筑、安全用金属制品制造	83457	1648	75210	5511	1088
金属表面处理及热处理加工	39534	882	31372	7160	120
搪瓷制品制造	12961	492	11904	565	
不锈钢及类似日用金属制品制造	48973	1218	46372	1308	75
其他金属制品制造	102379	8362	78083	14070	1864
通用设备制造业	2846669	139165	2549562	119867	38074
锅炉及原动机制造	612902	40368	550888	13164	8483
金属加工机械制造	387159	20659	332615	20745	13140
起重运输设备制造	454090	17381	426673	7666	2370
泵、阀门、压缩机及类似机械的制造	390754	17762	355213	12411	5368
轴承、齿轮、传动和驱动部件的制造	226143	13991	187555	24303	295
烘炉、熔炉及电炉制造	8605	465	8130		10
风机、衡器、包装设备等通用设备制造	501432	20631	458734	15381	6686
通用零部件制造及机械修理	101897	2155	91057	7600	1085
金属铸、锻加工	163687	5753	138698	18598	638
专用设备制造业	2459825	123975	2171070	98619	66162
矿山、冶金、建筑专用设备制造	1222300	38668	1151754	29801	2077
化工、木材、非金属加工专用设备制造	180961	10223	146655	19539	4544
食品、饮料、烟草及饲料生产专用设备制造	41978	765	36357	4716	140
印刷、制药、日化生产专用设备制造	57905	4702	48115	4909	179
纺织、服装和皮革工业专用设备制造	110014	7363	88767	12586	1298
电子和电工机械专用设备制造	281312	46340	207460	9850	17662
农、林、牧、渔专用机械制造	234193	5276	205140	515	23263
医疗仪器设备及器械制造	131849	3348	123261	3514	1726
环保、社会公共安全及其他专用设备制造	199313	7289	163562	13189	15273
交通运输设备制造业	7237490	666478	6190639	282557	97816
铁路运输设备制造	390794	11905	347266	25586	6037
汽车制造	4869706	100317	4544367	163981	61041
摩托车制造	357529	3097	314245	39656	531
自行车制造	42611	150	39073	3135	253
船舶及浮动装置制造	655960	42010	601376	7000	5575
航空航天器制造	903236	508586	327072	43199	24380

1-D-13 续表 4

单位：万元

行　　业	科技活动经费筹集总额	政府资金	企业资金	金融机构贷款	其他资金
交通器材及其他交通运输设备制造	17654	413	17241		
电气机械及器材制造业	4799482	126540	4268763	370001	34178
电机制造	577203	37929	478408	58560	2306
输配电及控制设备制造	1083924	24873	975366	78289	5395
电线、电缆、光缆及电工器材制造	783890	15084	642955	116712	9139
电池制造	470204	30204	381368	48028	10604
家用电力器具制造	1605732	13190	1539906	51120	1516
非电力家用器具制造	71628	2438	60328	3966	4897
照明器具制造	161410	2163	146606	12319	321
其他电气机械及器材制造	45492	658	43827	1007	
通信设备、计算机及其他电子设备制造业	7413029	239822	6914282	172267	86657
通信设备制造	2680217	51931	2572190	10108	45988
雷达及配套设备制造	50030	6520	37463	800	5247
广播电视设备制造	72845	2718	65354	4650	122
电子计算机制造	1403582	28651	1330258	41909	2764
电子器件制造	1058227	64933	954917	22051	16326
电子元件制造	983222	18814	913895	42354	8160
家用视听设备制造	959168	55714	850022	45460	7971
其他电子设备制造	205738	10542	190183	4935	79
仪器仪表及文化、办公用机械制造业	674820	58988	565187	38837	11808
通用仪器仪表制造	350798	28178	294581	23495	4545
专用仪器仪表制造	116499	24340	77810	8291	6058
钟表与计时仪器制造	10505	300	10205		
光学仪器及眼镜制造	74535	5345	66134	1850	1206
文化、办公用机械制造	120630	760	114670	5200	
其他仪器仪表的制造及修理	1853	66	1787		
工艺品及其他制造业	131377	8106	108648	13069	1555
工艺美术品制造	64396	514	52388	11404	90
日用杂品制造	25004	143	23145	1665	50
煤制品制造					
核辐射加工					
其他未列明的制造业	41978	7448	33115		1415
废弃资源和废旧材料回收加工业	106	3	103		
金属废料和碎屑的加工处理	83		83		
非金属废料和碎屑的加工处理	23	3	20		
电力、燃气及水的生产和供应业	**1314628**	**11865**	**1275575**	**16682**	**10507**
电力、热力的生产和供应业	1272791	7469	1238397	16682	10242
电力生产	310228	4143	289621	13414	3050
电力供应	923030	2872	910010	2998	7150
热力生产和供应	39533	455	38766	270	42
燃气生产和供应业	12037	98	11889		50
水的生产和供应业	29801	4298	25288		215
自来水的生产和供应	28078	2690	25173		215
污水处理及其再生利用	1722	1607	115		
其他水的处理、利用与分配					

1-D-14　国有控股大中型制造业企业科技活动经费筹集情况

单位：万元

行　　业	科技活动经费筹集总额	政府资金	企业资金	金融机构贷款	其他资金
总　计	**21648084**	**1271609**	**19293710**	**808396**	**274370**
农副食品加工业	38191	2244	35519	400	27
食品制造业	104587	5019	98390	700	478
饮料制造业	473104	5232	465879	1853	140
烟草制品业	306977	850	301757	226	4144
纺织业	133345	9505	96903	21442	5495
纺织服装、鞋、帽制造业	10481	210	9572	199	500
皮革、毛皮、羽毛(绒)及其制品业	1001		1001		
木材加工及木、竹、藤、棕、草制品业	9207	100	8865	200	42
家具制造业	19142		19142		
造纸及纸制品业	148688	2044	141753	4555	336
印刷业和记录媒介的复制	34375	85	34090	200	
文教体育用品制造业	12019	1178	10841		
石油加工、炼焦及核燃料加工业	470781	12825	384122	66254	7580
化学原料及化学制品制造业	1999711	57142	1727882	170991	43696
医药制造业	347884	22389	308194	15136	2165
化学纤维制造业	168661	4530	159243	4413	475
橡胶制品业	235341	4394	225144	4670	1132
塑料制品业	96204	2988	89316	3900	
非金属矿物制品业	309972	14729	267558	25064	2621
黑色金属冶炼及压延加工业	5202241	44176	5048294	99136	10635
有色金属冶炼及压延加工业	1093441	34485	945771	96390	16795
金属制品业	159648	13634	122804	20400	2810
通用设备制造业	1374539	97185	1240346	24762	12247
专用设备制造业	1348871	93644	1181014	27853	46361
交通运输设备制造业	4880849	635668	4028671	128640	87870
电气机械及器材制造业	906575	58423	794434	48841	4877
通信设备、计算机及其他电子设备制造业	1528463	105271	1364221	39774	19196
仪器仪表及文化、办公用机械制造业	199052	36574	156686	2396	3397
工艺品及其他制造业	34734	7085	26297		1352

1-D-15　内资大中型制造业企业科技活动经费筹集情况

单位：万元

行　　业	科技活动经费筹集总额	政府资金	企业资金	金融机构贷款	其他资金
总　　计	**34367728**	**1667518**	**30381162**	**1954314**	**364735**
农副食品加工业	318958	14823	260856	38834	4445
食品制造业	225663	10673	198787	13312	2891
饮料制造业	571580	8606	540194	20947	1833
烟草制品业	311275	880	305725	571	4099
纺织业	878401	30626	731881	99535	16359
纺织服装、鞋、帽制造业	176654	1595	156377	17798	884
皮革、毛皮、羽毛(绒)及其制品业	75436	138	72798	1995	505
木材加工及木、竹、藤、棕、草制品业	85410	1289	77107	6576	438
家具制造业	37402	716	27502	9120	65
造纸及纸制品业	297530	9807	239993	47024	706
印刷业和记录媒介的复制	61647	763	57917	2937	30
文教体育用品制造业	43816	2550	39338	1714	215
石油加工、炼焦及核燃料加工业	600308	16949	502706	72624	8030
化学原料及化学制品制造业	3247316	95334	2795497	296358	60127
医药制造业	1010295	51490	883837	67402	7566
化学纤维制造业	422155	9204	390996	19105	2850
橡胶制品业	325091	6458	299145	16556	2932
塑料制品业	274027	8553	243301	19534	2640
非金属矿物制品业	742232	29545	638990	62707	10990
黑色金属冶炼及压延加工业	6437695	55949	6264353	104445	12948
有色金属冶炼及压延加工业	1605386	47418	1423188	117524	17256
金属制品业	548882	23602	442256	68502	14521
通用设备制造业	2176238	129930	1912465	107877	25966
专用设备制造业	2058174	116094	1787738	95794	58547
交通运输设备制造业	4689336	653264	3732315	240786	62971
电气机械及器材制造业	3509363	108013	3100134	283273	17944
通信设备、计算机及其他电子设备制造业	3081689	170963	2801766	85843	23116
仪器仪表及文化、办公用机械制造业	451116	54265	369668	24737	2447
工艺品及其他制造业	104549	8018	84231	10885	1415

1-D-16 港澳台商投资大中型制造业企业科技活动经费筹集情况

单位：万元

行 业	科技活动经费筹集总额	政府资金	企业资金	金融机构贷款	其他资金
总 计	**3941614**	**79816**	**3557517**	**261370**	**42911**
农副食品加工业	80177	360	76862	2956	
食品制造业	38200	1421	36579	100	100
饮料制造业	23711	490	23161		60
烟草制品业	338		293		45
纺织业	154531	1840	134758	16628	1305
纺织服装、鞋、帽制造业	78366	346	70878	6400	742
皮革、毛皮、羽毛(绒)及其制品业	28184	45	23433	4400	306
木材加工及木、竹、藤、棕、草制品业	9893	36	7951	1000	907
家具制造业	29775	58	29036	650	30
造纸及纸制品业	54305	275	50294	3736	
印刷业和记录媒介的复制	23876	55	22321	1500	
文教体育用品制造业	28953	68	27119	1766	
石油加工、炼焦及核燃料加工业	14547	577	12470	1500	
化学原料及化学制品制造业	123362	1739	105456	15963	204
医药制造业	109323	6539	88694	10189	3901
化学纤维制造业	57605	682	54123	2800	
橡胶制品业	88612	1828	83784	3000	
塑料制品业	68163	561	55261	9261	3079
非金属矿物制品业	115253	923	107175	6164	991
黑色金属冶炼及压延加工业	213113	2909	139878	70307	20
有色金属冶炼及压延加工业	79659	2116	71843	5700	
金属制品业	64746	1037	54547	8072	1090
通用设备制造业	149520	2881	136990	2100	7549
专用设备制造业	125450	4846	118944	1135	526
交通运输设备制造业	269610	2354	263210	3308	739
电气机械及器材制造业	342698	2656	303078	28702	8263
通信设备、计算机及其他电子设备制造业	1477834	41716	1382003	44101	10014
仪器仪表及文化、办公用机械制造业	74143	1436	62057	7748	2901
工艺品及其他制造业	17669	25	15320	2184	140

1-D-17 外商投资大中型制造业企业科技活动经费筹集情况

单位：万元

行业	科技活动经费筹集总额	政府资金	企业资金	金融机构贷款	其他资金
总计	**9686024**	**126249**	**9035281**	**362958**	**161538**
农副食品加工业	120454	6453	107605	5376	1021
食品制造业	138095	4167	125615	8314	
饮料制造业	166511	2920	162989	600	2
烟草制品业					
纺织业	82525	1220	75255	5830	220
纺织服装、鞋、帽制造业	20888	571	19715	200	402
皮革、毛皮、羽毛(绒)及其制品业	49347	43	47772	1512	20
木材加工及木、竹、藤、棕、草制品业	6356	176	4528	1370	282
家具制造业	11540	22	10118	1400	
造纸及纸制品业	205000	2287	188662	7111	6940
印刷业和记录媒介的复制	17045	1	11994	5050	
文教体育用品制造业	32011	459	31350	60	142
石油加工、炼焦及核燃料加工业	40833		23583	17000	250
化学原料及化学制品制造业	321912	8191	292217	11923	9581
医药制造业	287235	10834	261516	3649	11236
化学纤维制造业	86150	350	64385	20500	915
橡胶制品业	254182	738	180559	67014	5871
塑料制品业	108072	85	106353	394	1240
非金属矿物制品业	153595	7656	136570	6030	3339
黑色金属冶炼及压延加工业	228731	633	223310	652	4136
有色金属冶炼及压延加工业	138246	4969	112103	21140	35
金属制品业	181997	7863	150853	21089	2193
通用设备制造业	520910	6354	500107	9891	4559
专用设备制造业	276201	3034	264388	1690	7089
交通运输设备制造业	2278544	10860	2195114	38463	34107
电气机械及器材制造业	947421	15871	865552	58026	7972
通信设备、计算机及其他电子设备制造业	2853506	27142	2730514	42323	53527
仪器仪表及文化、办公用机械制造业	149561	3287	133461	6352	6460
工艺品及其他制造业	9159	62	9097		

1-D-18　各地区大中型工业企业科技活动经费筹集情况

单位：万元

地　区	科技活动经费筹集总额	政府资金	企业资金	金融机构贷款	其他资金
全　国	**52203665**	**1927444**	**47055429**	**2610731**	**610061**
东部地区	35431253	1041312	32347928	1724265	317748
中部地区	10128960	458727	9125605	422789	121840
西部地区	6643453	427405	5581895	463678	170474
东北地区	3898541	329652	3433544	102777	32568
北　京	1470411	116998	1334417	10471	8525
天　津	2165686	34982	2043090	47670	39945
河　北	1274074	30404	1206014	27254	10401
山　西	1575450	44208	1479558	38633	13051
内蒙古	576832	23282	481512	60123	11916
辽　宁	2423425	209370	2139235	60787	14032
吉　林	655817	17242	624314	4584	9678
黑龙江	819299	103041	669995	37406	8858
上　海	2897496	83098	2758872	38807	16719
江　苏	7699862	185132	6848382	566123	100225
浙　江	3663687	69757	3327758	227096	39076
安　徽	1651043	50040	1448403	140055	12544
福　建	1454078	22892	1291052	124781	15354
江　西	797885	62188	673200	47469	15028
山　东	6075574	148447	5568408	329675	29045
河　南	1918509	64408	1780585	68178	5338
湖　北	1603181	55829	1477531	32425	37396
湖　南	1107777	61771	972021	54039	19947
广　东	6254234	140072	5785648	290931	37584
广　西	491027	14350	430022	39866	6789
海　南	52728	162	45053	670	6842
重　庆	1019424	28885	845542	98048	46949
四　川	1567409	95000	1369125	87622	15663
贵　州	375447	28704	323022	13140	10581
云　南	457092	15840	410408	24853	5991
西　藏	2520		2520		
陕　西	1032673	176177	726737	104615	25145
甘　肃	471570	14993	452759	1803	2015
青　海	127844	3716	91653	4275	28200
宁　夏	138831	10825	99852	11890	16265
新　疆	382783	15635	348745	17443	961

1-D-19 各地区国有控股大中型工业企业科技活动经费筹集情况

单位：万元

地　区	科技活动经费筹集总额	政府资金	企业资金	金融机构贷款	其他资金
全　国	**25674019**	**1323205**	**23201871**	**834550**	**314394**
东部地区	13223310	576492	12214983	359625	72210
中部地区	7555745	381903	6860589	224417	88836
西部地区	4894963	364810	4126298	250508	153347
东北地区	3320625	309586	2917903	69621	23516
北　京	953775	96218	848111	4171	5275
天　津	1139515	28844	1103259	5419	1993
河　北	840600	23104	807672	6623	3201
山　西	1441860	36695	1388164	6120	10882
内蒙古	386027	19480	311732	44800	10016
辽　宁	2020467	196534	1776069	38212	9652
吉　林	547982	12623	527918	1523	5918
黑龙江	752176	100429	613916	29886	7946
上　海	2121039	61112	2029254	23389	7285
江　苏	1314177	65335	1160930	66647	21265
浙　江	359190	10759	335746	8274	4411
安　徽	1168220	40422	1027448	93865	6486
福　建	322901	9303	288690	24798	111
江　西	629842	51950	538504	30065	9324
山　东	2672018	57587	2511171	91854	11407
河　南	1166419	42399	1092998	29904	1118
湖　北	1130461	43366	1041057	11515	34524
湖　南	718784	54021	630584	21540	12640
广　东	1433530	27697	1314766	89569	1498
广　西	318593	6776	291581	15188	5048
海　南	46099		39316	670	6113
重　庆	574801	24609	489440	14656	46096
四　川	982627	75229	876850	23605	6943
贵　州	350703	26735	301346	12120	10501
云　南	393313	12756	356413	18653	5491
西　藏					
陕　西	942309	171280	648060	100000	22969
甘　肃	433459	8893	421659	1650	1258
青　海	126539	3569	90543	4227	28200
宁　夏	79322	6333	54024	3100	15865
新　疆	307270	9151	284650	12508	961

1-D-20　各地区内资大中型工业企业科技活动经费筹集情况

单位：万元

地　区	科技活动经费筹集总额	政府资金	企业资金	金融机构贷款	其他资金
全　国	**38437124**	**1716428**	**34328779**	**1986404**	**405513**
东部地区	23465699	867981	21258964	1185759	152995
中部地区	8952218	437309	8026494	371184	117231
西部地区	6019207	411138	5043321	429461	135287
东北地区	3566210	321840	3116157	96777	31436
北　京	1093466	103092	977888	7092	5395
天　津	1322628	33582	1266691	20325	2031
河　北	1148267	26429	1088482	22954	10401
山　西	1533556	42108	1457664	21233	12551
内蒙古	540588	20497	452052	57623	10416
辽　宁	2219198	203488	1944892	56787	14030
吉　林	591451	16597	561544	4584	8728
黑龙江	755561	101756	609721	35406	8678
上　海	1458373	58516	1366970	26916	5971
江　苏	4602866	150316	4025220	379060	48271
浙　江	2503543	54126	2247031	179919	22467
安　徽	1445667	48225	1257453	127682	12307
福　建	442881	13494	389251	39109	1027
江　西	629804	56938	517475	42236	13155
山　东	5253771	125359	4819812	282054	26546
河　南	1699753	60353	1579195	54907	5298
湖　北	1250673	52282	1129813	31897	36681
湖　南	1045753	59053	913629	53239	19833
广　东	3369474	99459	3088399	170872	10744
广　西	353306	11731	299780	36182	5613
海　南	51232	122	44328	670	6113
重　庆	809961	26849	686176	80743	16194
四　川	1466886	93516	1276828	81285	15257
贵　州	372280	28054	320504	13140	10581
云　南	428545	14765	383586	24853	5341
西　藏	2520		2520		
陕　西	983803	173680	680944	104035	25145
甘　肃	468461	14963	451180	1003	1315
青　海	89491	1412	55604	4275	28200
宁　夏	120585	10037	85404	8879	16265
新　疆	382783	15635	348745	17443	961

1-D-21 各地区港澳台商投资大中型工业企业科技活动经费筹集情况

单位：万元

地区	科技活动经费筹集总额	政府资金	企业资金	金融机构贷款	其他资金
全国	**3999384**	**81584**	**3613519**	**261370**	**42911**
东部地区	3704113	74973	3347648	242139	39352
中部地区	182884	5601	170793	3081	3409
西部地区	112388	1011	95078	16150	150
东北地区	67435	1516	61119	4000	800
北京	146341	10888	133153	2300	
天津	94579	408	93076	489	606
河北	44502	684	42218	1600	
山西	4311	855	3206		250
内蒙古	300		300		
辽宁	62877	1321	57556	4000	
吉林	2718	195	1723		800
黑龙江	1840		1840		
上海	143752	8316	131075	2141	2220
江苏	864148	12462	773787	71632	6268
浙江	551000	5011	512226	26260	7503
安徽	32324	190	31037	1000	97
福建	477386	4242	444698	22203	6243
江西	11409	201	8112	1233	1863
山东	155051	892	143511	10054	594
河南	75309	1128	74161	20	
湖北	23335	877	22025	128	305
湖南	31638	2155	28689	700	94
广东	1164472	30750	1016344	101461	15917
广西	2828	75	2553	200	
海南	5		5		
重庆	61233	201	49729	11212	90
四川	41021	399	35825	4737	60
贵州	36		36		
云南	4817	146	4671		
西藏					
陕西	60		60		
甘肃	1500	30	1470		
青海					
宁夏	593	160	433		
新疆					

1-D-22　各地区外商投资大中型工业企业科技活动经费筹集情况

单位：万元

地　　区	科技活动经费筹集总额	政府资金	企业资金	金融机构贷款	其他资金
全　　国	**9767157**	**129432**	**9113131**	**362958**	**161638**
东部地区	8261442	98359	7741316	296366	125401
中部地区	993858	15817	928318	48524	1200
西部地区	511858	15256	443497	18068	35037
东北地区	264897	6296	256268	2000	332
北　　京	230604	3019	223376	1079	3130
天　　津	748479	992	683323	26856	37308
河　　北	81305	3291	75314	2700	
山　　西	37583	1245	18688	17400	250
内 蒙 古	35945	2785	29160	2500	1500
辽　　宁	141350	4561	136787		2
吉　　林	61648	450	61048		150
黑 龙 江	61899	1285	58434	2000	180
上　　海	1295371	16266	1260827	9749	8529
江　　苏	2232847	22354	2049376	115431	45686
浙　　江	609144	10621	568500	20917	9106
安　　徽	173052	1626	159913	11373	140
福　　建	533812	5156	457104	63468	8084
江　　西	156672	5050	147612	4000	10
山　　东	666751	22196	605084	37567	1904
河　　南	143446	2928	127228	13251	40
湖　　北	329173	2670	325693	400	410
湖　　南	30385	563	29703	100	20
广　　东	1720288	9863	1680905	18598	10922
广　　西	134893	2544	127690	3484	1176
海　　南	1491	40	721		730
重　　庆	148230	1835	109637	6093	30666
四　　川	59502	1085	56472	1600	346
贵　　州	3132	650	2482		
云　　南	23731	929	22151		650
西　　藏					
陕　　西	48810	2497	45733	580	
甘　　肃	1609		109	800	700
青　　海	38353	2304	36049		
宁　　夏	17653	628	14014	3011	
新　　疆					

E. 科技活动经费内部支出情况

1-E-1 分登记注册类型工业企业科技活动经费内部支出情况

单位：万元

行业	科技活动经费内部支出	#1. 经常费支出		2. 科研基建支出	#固定资产购建支出
			劳务费		
总计	**59416498**	**54101464**	**12054233**	**5315033**	**20201521**
国有控股企业	25578923	23386896	4869846	2192027	8455365
内资企业	44045061	39798867	8788119	4246194	15039947
国有企业	6060435	5481366	1155298	579070	2097929
集体企业	668223	595346	102981	72877	245969
股份合作企业	273432	259014	48456	14418	105583
联营企业	233225	221876	46274	11348	122960
国有联营企业	221812	210787	42011	11025	120749
集体联营企业	2509	2387	861	122	600
国有与集体联营企业	4377	4177	1955	200	828
其他联营企业	4526	4525	1449	1	782
有限责任公司	18690229	16873093	3892458	1817136	6306863
国有独资公司	4845427	4361491	828904	483936	1522855
其他有限责任公司	13844802	12511602	3063553	1333200	4784008
股份有限公司	9548611	8741925	1895483	806686	2911022
私营企业	8430948	7494967	1615677	935981	3210886
私营独资企业	519523	436486	88328	83037	231025
私营合伙企业	81507	71270	16103	10238	28807
私营有限责任公司	7031843	6278297	1364504	753546	2682386
私营股份有限公司	798075	708915	146743	89161	268668
其他企业	139960	131281	31493	8679	38736
港、澳、台商投资企业	4788390	4471563	1147937	316827	1468186
合资经营企业（港或澳、台资）	2125081	1982133	455965	142948	657405
合作经营企业（港或澳、台资）	51303	48640	14484	2663	17469
港、澳、台商独资经营企业	2290140	2136989	585072	153152	706635
港、澳、台商投资股份有限公司	321867	303802	92417	18065	86677
外商投资企业	10583046	9831034	2118178	752012	3693388
中外合资经营企业	6173482	5713479	1124904	460003	2297476
中外合作经营企业	104066	97979	23180	6086	33311
外资企业	3597200	3356454	838780	240746	1107255
外商投资股份有限公司	708298	663121	131314	45177	255345

1-E-2　分行业工业企业科技活动经费内部支出情况

单位：万元

行　业	科技活动经费内部支出	#1. 经常费支出	劳务费	2. 科研基建支出	#固定资产购建支出
总　计	**59416498**	**54101464**	**12054233**	**5315033**	**20201521**
采矿业	**2790799**	**2562296**	**716828**	**228503**	**944937**
煤炭开采和洗选业	1605122	1479081	405897	126041	636754
烟煤和无烟煤的开采洗选	1595069	1469117	403557	125952	634536
褐煤的开采洗选	8151	8062	2290	89	1552
其他煤炭采选	1902	1902	50		667
石油和天然气开采业	829920	793223	255636	36697	118314
天然原油和天然气开采	709661	679872	211116	29789	88747
与石油和天然气开采有关的服务活动	120260	113351	44520	6908	29567
黑色金属矿采选业	99610	84070	20606	15541	51884
铁矿采选	93838	78492	20118	15346	48291
其他黑色金属矿采选	5773	5578	488	195	3594
有色金属矿采选业	141517	111906	18152	29612	81734
常用有色金属矿采选	84454	63303	11932	21151	52321
贵金属矿采选	40491	32776	4827	7715	20356
稀有稀土金属矿采选	16572	15826	1393	746	9058
非金属矿采选业	114569	93957	16504	20613	56246
土砂石开采	11967	9353	1892	2614	6121
化学矿采选	16535	15507	3923	1029	8199
采盐	82849	66112	10267	16737	39964
石棉及其他非金属矿采选	3218	2986	422	232	1962
制造业	**55572712**	**50627307**	**11159041**	**4945406**	**18692312**
农副食品加工业	872649	736164	122651	136485	362141
谷物磨制	72971	58252	8115	14719	32480
饲料加工	149130	133601	31709	15529	46289
植物油加工	121372	110779	11699	10593	57925
制糖	30915	26602	4438	4313	15871
屠宰及肉类加工	220275	174788	31374	45488	84871
水产品加工	80142	72857	12490	7284	35706
蔬菜、水果和坚果加工	56403	44854	9674	11549	26865
其他农副食品加工	141441	114431	13151	27010	62133
食品制造业	627235	523075	90991	104160	286172
焙烤食品制造	30497	23730	4501	6767	15160
糖果、巧克力及蜜饯制造	33514	31751	6110	1764	10062
方便食品制造	53637	50067	8394	3570	18965
液体乳及乳制品制造	120996	103443	17075	17552	64079
罐头制造	34672	29854	4564	4818	17399
调味品、发酵制品制造	131124	107248	16918	23876	61679
其他食品制造	222795	176983	33429	45813	98830
饮料制造业	781148	709109	143506	72039	314532
酒精制造	52822	47222	3990	5600	26291
酒的制造	553275	501487	113602	51788	221863
软饮料制造	145835	137307	21468	8528	51166
精制茶加工	29216	23093	4446	6123	15214
烟草制品业	286605	254673	57390	31931	83701
烟叶复烤	1474	1472	626	1	247

1-E-2 续表 1

单位：万元

行业	科技活动经费内部支出	#1. 经常费支出	劳务费	2. 科研基建支出	#固定资产购建支出
卷烟制造	280040	248201	55326	31838	82446
其他烟草制品加工	5092	5000	1438	92	1008
纺织业	1337249	1222195	262233	115054	488941
棉、化纤纺织及印染精加工	706173	640872	146123	65301	280234
毛纺织和染整精加工	96477	89111	17084	7366	27502
麻纺织	27688	20827	2209	6862	17453
丝绢纺织及精加工	100212	92034	14088	8178	44801
纺织制成品制造	207786	187046	41181	20740	73175
针织品、编织品及其制品制造	198912	192305	41549	6608	45776
纺织服装、鞋、帽制造业	310015	288363	78669	21652	88955
纺织服装制造	305189	283734	77914	21455	88001
纺织面料鞋的制造	3468	3368	555	100	608
制帽	1359	1262	200	97	345
皮革、毛皮、羽毛(绒)及其制品业	176249	166914	46407	9336	38935
皮革鞣制加工	40430	37196	7603	3234	10279
皮革制品制造	119124	115694	36322	3430	21990
毛皮鞣制及制品加工	8105	6802	973	1303	3328
羽毛(绒)加工及制品制造	8591	7222	1508	1369	3337
木材加工及木、竹、藤、棕、草制品业	189042	143193	27167	45849	97601
锯材、木片加工	6053	5623	1172	430	1607
人造板制造	139784	99953	19094	39831	75047
木制品制造	27636	25587	4139	2048	13796
竹、藤、棕、草制品制造	15570	12031	2762	3539	7151
家具制造业	112413	99000	33881	13413	37253
木质家具制造	44881	39815	8434	5066	17005
竹、藤家具制造	80	79	17	1	34
金属家具制造	49705	41755	21598	7950	15026
塑料家具制造	1715	1678	732	37	300
其他家具制造	16032	15674	3100	359	4888
造纸及纸制品业	629175	581835	83649	47341	242151
纸浆制造	21073	19658	2630	1415	11170
造纸	519120	481914	62657	37206	200517
纸制品制造	88983	80264	18362	8719	30464
印刷业和记录媒介的复制	170774	156916	38490	13858	58768
印刷	145599	131896	33349	13703	50750
装订及其他印刷服务活动	6157	6002	2536	155	1368
记录媒介的复制	19018	19018	2605		6650
文教体育用品制造业	172214	131803	39294	40411	72590
文化用品制造	26964	24466	7857	2498	7737
体育用品制造	39701	39336	11912	365	10654
乐器制造	55281	18878	4986	36403	42230
玩具制造	41905	40780	12009	1125	9934
游艺器材及娱乐用品制造	8364	8343	2531	21	2035
石油加工、炼焦及核燃料加工业	612626	564957	104197	47669	217101
精炼石油产品的制造	426003	409140	82357	16863	139400
炼焦	179775	148969	20434	30807	76751
核燃料加工	6848	6848	1405		951

1-E-2　续表 2　　单位：万元

行　　业	科技活动经费内部支出	#1. 经常费支出	劳务费	2. 科研基建支出	#固定资产购建支出
化学原料及化学制品制造业	4609985	4201979	769466	408007	1835125
基础化学原料制造	1156197	1078997	222458	77200	456596
肥料制造	960430	889865	93113	70565	476052
农药制造	290423	267427	49539	22996	116099
涂料、油墨、颜料及类似产品制造	332672	314116	96776	18556	77834
合成材料制造	777900	703022	118184	74877	264196
专用化学产品制造	929770	795539	153960	134231	396544
日用化学产品制造	162594	153013	35437	9582	47804
医药制造业	1840704	1598675	382550	242029	661838
化学药品原药制造	429389	385906	97040	43483	149171
化学药品制剂制造	661029	578906	133852	82123	223128
中药饮片加工	45283	38638	7813	6646	18445
中成药制造	380023	304333	76475	75690	151443
兽用药品制造	69187	55664	14992	13523	29031
生物、生化制品的制造	202522	185956	40072	16567	69793
卫生材料及医药用品制造	53270	49272	12306	3999	20826
化学纤维制造业	616971	579264	81244	37707	214484
纤维素纤维原料及纤维制造	146456	141970	17342	4486	50305
合成纤维制造	470516	437294	63902	33222	164179
橡胶制品业	688667	646519	109149	42148	259681
轮胎制造	508241	486394	69683	21847	193192
橡胶板、管、带的制造	65569	55636	11602	9933	26779
橡胶零件制造	56015	50024	13744	5990	20606
再生橡胶制造	16084	13153	1034	2931	6686
日用及医用橡胶制品制造	9944	9326	2784	618	3390
橡胶靴鞋制造	9567	9366	3504	201	2753
其他橡胶制品制造	23247	22620	6799	627	6275
塑料制品业	725623	656975	146077	68647	248184
塑料薄膜制造	126404	115022	20574	11383	39528
塑料板、管、型材的制造	266105	240607	46047	25498	97758
塑料丝、绳及编织品的制造	13068	10563	2371	2505	5016
泡沫塑料制造	16690	15263	3746	1427	5599
塑料人造革、合成革制造	38545	36013	8054	2533	11276
塑料包装箱及容器制造	43208	41306	11070	1902	10268
塑料零件制造	93750	86425	23667	7326	32086
日用塑料制造	63260	51970	16519	11290	22914
其他塑料制品制造	64592	59808	14027	4784	23740
非金属矿物制品业	1461132	1274925	227177	186207	657586
水泥、石灰和石膏的制造	390109	289875	32040	100235	258856
水泥及石膏制品制造	83921	75502	18474	8419	33164
砖瓦、石材及其他建筑材料制造	140627	125326	27852	15301	54729
玻璃及玻璃制品制造	441255	404257	70971	36998	189566
陶瓷制品制造	122492	113941	28657	8550	44352
耐火材料制品制造	121052	114814	23836	6238	32815
石墨及其他非金属矿物制品制造	161676	151211	25348	10465	44104
黑色金属冶炼及压延加工业	6585616	6326682	748720	258934	2343881

1-E-2 续表 3

单位：万元

行业	科技活动经费内部支出	#1. 经常费支出	劳务费	2. 科研基建支出	#固定资产购建支出
炼铁	96876	85853	7522	11023	47981
炼钢	1371611	1337542	154976	34069	551996
钢压延加工	5020644	4811281	572791	209363	1706327
铁合金冶炼	96485	92007	13431	4479	37577
有色金属冶炼及压延加工业	2057573	1823496	258339	234076	853492
常用有色金属冶炼	1020408	897870	97056	122538	464018
贵金属冶炼	32504	26739	6571	5766	14598
稀有稀土金属冶炼	104102	91446	20853	12657	44368
有色金属合金制造	99708	90267	22377	9441	22748
有色金属压延加工	800850	717175	111482	83675	307760
金属制品业	1080863	971058	215004	109805	394163
结构性金属制品制造	276127	239705	58515	36422	100339
金属工具制造	122266	100144	22737	22122	51338
集装箱及金属包装容器制造	97730	92010	22700	5720	25003
金属丝绳及其制品的制造	171010	159944	22630	11065	72955
建筑、安全用金属制品制造	116165	107798	27863	8367	35887
金属表面处理及热处理加工	70440	61266	9387	9174	31409
搪瓷制品制造	16608	14168	3031	2440	6236
不锈钢及类似日用金属制品制造	75020	71272	20737	3747	18862
其他金属制品制造	135499	124751	27405	10748	52133
通用设备制造业	3932265	3459083	857991	473183	1246565
锅炉及原动机制造	636298	600510	143106	35788	158700
金属加工机械制造	529133	475906	117477	53227	144527
起重运输设备制造	536902	485984	128313	50918	134558
泵、阀门、压缩机及类似机械的制造	631213	557302	149900	73911	217353
轴承、齿轮、传动和驱动部件的制造	309952	271131	70072	38821	111278
烘炉、熔炉及电炉制造	23693	21491	5268	2202	6445
风机、衡器、包装设备等通用设备制造	761346	621223	159314	140123	276200
通用零部件制造及机械修理	197864	169554	40312	28310	82903
金属铸、锻加工	305866	255982	44228	49884	114601
专用设备制造业	3327529	3024850	720889	302680	897871
矿山、冶金、建筑专用设备制造	1425048	1301475	273221	123573	364783
化工、木材、非金属加工专用设备制造	328981	298243	76753	30737	98215
食品、饮料、烟草及饲料生产专用设备制造	83127	68015	23293	15112	22508
印刷、制药、日化生产专用设备制造	104448	93575	29072	10873	28799
纺织、服装和皮革工业专用设备制造	175196	163888	46251	11308	49626
电子和电工机械专用设备制造	372941	336931	73504	36010	96913
农、林、牧、渔专用机械制造	246582	230316	40357	16266	85500
医疗仪器设备及器械制造	237297	221001	69832	16296	53686
环保、社会公共安全及其他专用设备制造	353910	311405	88605	42505	97843
交通运输设备制造业	7433307	6669162	1325942	764145	2676764
铁路运输设备制造	409477	358635	101321	50842	126695
汽车制造	4925680	4602116	805267	323564	1889322
摩托车制造	356246	329985	76918	26261	106435
自行车制造	51988	50923	14812	1065	10571
船舶及浮动装置制造	743449	574831	160614	168619	283575

1-E-2　续表 4　　　　单位：万元

行　　业	科技活动经费内部支出	#1. 经常费支出	劳务费	2. 科研基建支出	#固定资产购建支出
航空航天器制造	922346	732208	163378	190138	252416
交通器材及其他交通运输设备制造	24121	20464	3632	3657	7750
电气机械及器材制造业	5728693	5131985	1103855	596709	1892788
电机制造	676699	594017	163547	82681	210457
输配电及控制设备制造	1484006	1275672	309889	208333	493834
电线、电缆、光缆及电工器材制造	964457	883077	128026	81380	385305
电池制造	554398	504158	100283	50240	181535
家用电力器具制造	1679916	1536380	306372	143536	507432
非电力家用器具制造	97154	88546	18835	8608	30837
照明器具制造	205163	187928	58726	17235	60530
其他电气机械及器材制造	66901	62206	18178	4695	22857
通信设备、计算机及其他电子设备制造业	7989515	7567461	2726361	422053	1791325
通信设备制造	2566105	2527384	1353144	38721	307188
雷达及配套设备制造	129184	97547	32714	31637	47686
广播电视设备制造	109489	102814	32321	6675	28664
电子计算机制造	1523204	1405977	427385	117227	367156
电子器件制造	1315797	1184439	311262	131359	442945
电子元件制造	1168432	1098912	297084	69520	349399
家用视听设备制造	925168	916424	201481	8744	197307
其他电子设备制造	252136	233965	70970	18171	50980
仪器仪表及文化、办公用机械制造业	1026540	943567	304824	82973	277701
通用仪器仪表制造	610166	555448	171680	54718	167510
专用仪器仪表制造	180505	171898	64419	8608	42874
钟表与计时仪器制造	15187	13389	4018	1798	5597
光学仪器及眼镜制造	87142	77541	24273	9601	22089
文化、办公用机械制造	116223	112765	35354	3458	33502
其他仪器仪表的制造及修理	17317	12526	5080	4791	6130
工艺品及其他制造业	182218	165973	51398	16245	48656
工艺美术品制造	93473	84200	20433	9273	30050
日用杂品制造	37195	32801	11182	4394	10765
煤制品制造	39	39	29		5
核辐射加工	704	704	288		198
其他未列明的制造业	50807	48229	19466	2578	7638
废弃资源和废旧材料回收加工业	8121	7457	1532	664	3366
金属废料和碎屑的加工处理	5179	4717	677	462	2495
非金属废料和碎屑的加工处理	2942	2740	855	202	871
电力、燃气及水的生产和供应业	**1052987**	**911862**	**178365**	**141125**	**564273**
电力、热力的生产和供应业	997500	865958	167004	131543	539805
电力生产	368441	329802	52470	38639	199486
电力供应	545894	491298	111042	54596	268576
热力生产和供应	83166	44857	3492	38309	71744
燃气生产和供应业	12429	12403	3436	26	2823
水的生产和供应业	43058	33501	7926	9556	21646
自来水的生产和供应	34580	26350	6435	8231	17711
污水处理及其再生利用	7902	6611	1284	1291	3806
其他水的处理、利用与分配	575	540	207	35	128

1-E-3　国有控股制造业企业科技活动经费内部支出情况

单位：万元

行　　业	科技活动经费内部支出	#1. 经常费支出		2. 科研基建支出	#固定资产购建支出
			劳务费		
总　计	**22057574**	**20161834**	**4010645**	**1895740**	**7126587**
农副食品加工业	75981	42092	5786	33889	50490
食品制造业	119286	109526	20150	9761	53603
饮料制造业	387843	352316	81707	35526	159684
烟草制品业	280732	248919	55669	31813	82447
纺织业	148670	122560	26456	26109	76220
纺织服装、鞋、帽制造业	11722	9613	3317	2109	4762
皮革、毛皮、羽毛(绒)及其制品业	1255	1036	376	219	358
木材加工及木、竹、藤、棕、草制品业	12444	10727	4290	1718	3897
家具制造业	31148	23590	15966	7558	11199
造纸及纸制品业	162892	148548	21448	14344	59162
印刷业和记录媒介的复制	42638	40643	9756	1995	11524
文教体育用品制造业	12006	11730	3146	276	1899
石油加工、炼焦及核燃料加工业	446233	413369	84003	32864	151280
化学原料及化学制品制造业	1985981	1833454	321991	152526	807503
医药制造业	358176	332973	95675	25203	99298
化学纤维制造业	172571	165176	22464	7395	56639
橡胶制品业	230835	218434	38062	12401	99548
塑料制品业	116910	107651	16902	9259	35886
非金属矿物制品业	339119	319938	48941	19180	157182
黑色金属冶炼及压延加工业	4841387	4681740	601081	159647	1650764
有色金属冶炼及压延加工业	1049850	954279	131369	95571	443740
金属制品业	184649	169528	37361	15121	63741
通用设备制造业	1579705	1363039	340106	216667	442397
专用设备制造业	1455287	1356076	276373	99211	324054
交通运输设备制造业	4952163	4386705	876834	565459	1596217
电气机械及器材制造业	1008647	861507	188130	147141	317198
通信设备、计算机及其他电子设备制造业	1745950	1598544	573361	147406	306305
仪器仪表及文化、办公用机械制造业	257812	234806	96308	23007	53660
工艺品及其他制造业	45632	43266	13575	2366	5921

1-E-4　内资制造业企业科技活动经费内部支出情况

单位：万元

行　　业	科技活动经费内部支出	#1. 经常费支出	劳务费	2. 科研基建支出	#固定资产购建支出
总　计	**40385783**	**36470683**	**7917946**	**3915100**	**13630670**
农副食品加工业	618701	505852	83492	112849	284191
食品制造业	376905	323405	58660	53500	171443
饮料制造业	548504	486668	109120	61836	244689
烟草制品业	285677	253747	56702	31930	83549
纺织业	1050104	959730	196121	90374	392108
纺织服装、鞋、帽制造业	195840	180295	46339	15546	66266
皮革、毛皮、羽毛(绒)及其制品业	102667	97432	26150	5234	22604
木材加工及木、竹、藤、棕、草制品业	161861	118799	22060	43062	86700
家具制造业	55342	50888	11624	4455	20603
造纸及纸制品业	368267	326727	46027	41540	143932
印刷业和记录媒介的复制	103217	92241	22394	10976	35906
文教体育用品制造业	66091	62964	16726	3127	21684
石油加工、炼焦及核燃料加工业	571164	527146	94794	44017	202409
化学原料及化学制品制造业	3890600	3530648	633080	359952	1592118
医药制造业	1309235	1117029	264797	192206	486122
化学纤维制造业	468137	436664	64520	31474	151774
橡胶制品业	365400	340379	66642	25021	149822
塑料制品业	470893	418385	81718	52508	166791
非金属矿物制品业	1045023	946556	162141	98467	453735
黑色金属冶炼及压延加工业	6119692	5884355	705587	235337	2155703
有色金属冶炼及压延加工业	1812361	1601281	222661	211080	779059
金属制品业	781823	689133	151911	92690	282214
通用设备制造业	3040960	2644509	639199	396451	973820
专用设备制造业	2708160	2468126	579470	240034	722028
交通运输设备制造业	4962990	4341646	932571	621345	1520641
电气机械及器材制造业	4266014	3745188	800150	520826	1463973
通信设备、计算机及其他电子设备制造业	3715074	3484571	1561969	230503	702998
仪器仪表及文化、办公用机械制造业	770640	697741	220896	72899	209631
工艺品及其他制造业	147156	131957	39137	15199	40895

1-E-5 港澳台商投资制造业企业科技活动经费内部支出情况

单位：万元

行　业	科技活动经费内部支出	#1. 经常费支出	劳务费	2. 科研基建支出	#固定资产购建支出
总　计	**4702682**	**4406193**	**1135464**	**296489**	**1424548**
农副食品加工业	109249	99512	20892	9737	29984
食品制造业	51754	46774	8901	4980	16464
饮料制造业	32005	30169	4818	1836	14992
烟草制品业	928	927	688	1	152
纺织业	183686	165135	40059	18552	65664
纺织服装、鞋、帽制造业	87603	82514	23743	5089	16307
皮革、毛皮、羽毛(绒)及其制品业	39765	38541	10127	1224	10318
木材加工及木、竹、藤、棕、草制品业	15248	13331	2852	1917	6032
家具制造业	42922	34704	19058	8218	13474
造纸及纸制品业	56301	53694	8876	2607	24310
印刷业和记录媒介的复制	37408	34868	9558	2540	11691
文教体育用品制造业	36101	34850	11965	1252	9127
石油加工、炼焦及核燃料加工业	21004	20526	7612	478	6806
化学原料及化学制品制造业	225695	219964	44598	5730	57307
医药制造业	154626	139809	34670	14817	51254
化学纤维制造业	70834	66104	7099	4729	25914
橡胶制品业	98105	87314	10001	10790	47543
塑料制品业	100180	95356	19192	4824	32865
非金属矿物制品业	140556	130881	28127	9674	51108
黑色金属冶炼及压延加工业	229281	215189	25993	14092	69230
有色金属冶炼及压延加工业	107860	99599	13729	8261	28488
金属制品业	89079	85979	21323	3099	28343
通用设备制造业	207657	196030	59949	11628	56052
专用设备制造业	195890	185230	51615	10661	49463
交通运输设备制造业	276570	261143	73599	15428	89825
电气机械及器材制造业	407748	382475	95707	25273	124138
通信设备、计算机及其他电子设备制造业	1595386	1502140	448750	93247	464532
仪器仪表及文化、办公用机械制造业	67290	62181	24140	5110	18348
工艺品及其他制造业	21530	20835	7801	695	4801

1-E-6　外商投资制造业企业科技活动经费内部支出情况

单位：万元

行　　业	科技活动经费内部支出	#1. 经常费支出	劳务费	2. 科研基建支出	#固定资产购建支出
总　　计	**10484248**	**9750430**	**2105631**	**733817**	**3637093**
农副食品加工业	144698	130799	18267	13899	47965
食品制造业	198576	152896	23430	45680	98265
饮料制造业	200639	192272	29568	8367	54851
烟草制品业					
纺织业	103458	97330	26054	6128	31170
纺织服装、鞋、帽制造业	26571	25553	8588	1018	6382
皮革、毛皮、羽毛(绒)及其制品业	33817	30941	10129	2877	6012
木材加工及木、竹、藤、棕、草制品业	11933	11063	2254	870	4870
家具制造业	14149	13409	3199	740	3176
造纸及纸制品业	204608	201414	28746	3194	73909
印刷业和记录媒介的复制	30149	29807	6537	342	11170
文教体育用品制造业	70022	33989	10602	36033	41779
石油加工、炼焦及核燃料加工业	20459	17285	1791	3174	7886
化学原料及化学制品制造业	493691	451366	91787	42325	185701
医药制造业	376843	341837	83084	35006	124462
化学纤维制造业	78000	76496	9625	1504	36796
橡胶制品业	225163	218826	32506	6337	62316
塑料制品业	154550	143235	45168	11315	48528
非金属矿物制品业	275553	197488	36909	78065	152744
黑色金属冶炼及压延加工业	236643	227138	17141	9505	118948
有色金属冶炼及压延加工业	137352	122617	21950	14735	45946
金属制品业	209962	195946	41770	14016	83606
通用设备制造业	683649	618544	158843	65104	216693
专用设备制造业	423480	371495	89804	51985	126380
交通运输设备制造业	2193747	2066374	319772	127373	1066299
电气机械及器材制造业	1054931	1004322	207999	50610	304678
通信设备、计算机及其他电子设备制造业	2679054	2580751	715642	98303	623795
仪器仪表及文化、办公用机械制造业	188609	183646	59788	4964	49722
工艺品及其他制造业	13532	13181	4460	351	2960

1-E-7 各地区工业企业科技活动经费内部支出情况

单位：万元

地区	科技活动经费内部支出	#1. 经常费支出	劳务费	2. 科研基建支出	#固定资产购建支出
全国	**59416498**	**54101464**	**12054233**	**5315033**	**20201521**
东部地区	41000146	37745892	8869717	3254254	13194292
中部地区	11134324	9985553	1969562	1148771	4128673
西部地区	7282028	6370020	1214955	912008	2878556
东北地区	4065113	3718068	639433	347045	1136179
北京	1593262	1540128	483136	53134	264227
天津	2332613	2099238	299803	233375	968809
河北	1367951	1235737	243945	132214	524226
山西	1576714	1417648	240381	159066	658990
内蒙古	631400	575463	107327	55937	210081
辽宁	2551263	2331231	370408	220033	764768
吉林	693150	638884	86925	54266	160735
黑龙江	820700	747954	182099	72746	210677
上海	3457332	3121528	930812	335804	799894
江苏	9495955	8638402	1652823	857553	3347391
浙江	4923508	4676900	1320590	246608	1235145
安徽	1998520	1746279	321050	252241	795343
福建	1668065	1551019	342705	117046	548802
江西	792594	745143	133203	47451	324122
山东	6440128	5829109	1009060	611019	2518902
河南	1979685	1818800	340682	160884	679465
湖北	1807024	1553932	329302	253093	799281
湖南	1465937	1316913	335919	149024	500060
广东	7098468	6651634	2209197	446834	2182973
广西	627716	578431	91601	49285	276265
海南	71601	70966	7237	635	39157
重庆	1113973	993746	178407	120227	416388
四川	1765526	1566771	377884	198755	669410
贵州	380575	353777	54384	26798	120868
云南	505946	458497	60065	47449	206314
西藏	10523	9380	1286	1143	7542
陕西	1214046	914628	169745	299418	582466
甘肃	381584	349282	73242	32302	129336
青海	116492	96290	11375	20202	45787
宁夏	155960	137372	24966	18588	65357
新疆	378287	336382	64672	41905	148743

1-E-8　各地区国有控股工业企业科技活动经费内部支出情况

单位：万元

地　区	科技活动经费内部支出	#1. 经常费支出	劳务费	2. 科研基建支出	#固定资产购建支出
全　国	**25578923**	**23386896**	**4869846**	**2192027**	**8455365**
东部地区	13368205	12353690	2730638	1014515	4127206
中部地区	7282627	6704834	1290800	577792	2440409
西部地区	4928092	4328371	848409	599721	1887750
东北地区	3110731	2980662	514824	130069	735803
北　京	759033	735142	210671	23891	145927
天　津	1276504	1181224	140546	95281	527368
河　北	862921	796993	159550	65928	306413
山　西	1394144	1283909	220963	110236	553922
内蒙古	419816	375445	80262	44370	146072
辽　宁	1880710	1804947	284182	75763	496849
吉　林	531975	522107	67074	9868	86589
黑龙江	698046	653608	163567	44438	152365
上　海	2274985	2071164	575630	203821	470860
江　苏	1370713	1237956	317645	132757	441582
浙　江	336033	319431	80955	16602	69938
安　徽	1170926	1073381	191182	97544	405747
福　建	304981	271542	62875	33438	115460
江　西	559228	536456	85301	22772	226693
山　东	2626939	2442109	506541	184830	956393
河　南	1069597	998912	197360	70685	336706
湖　北	1137196	966710	191086	170486	469790
湖　南	721515	669751	174267	51764	208598
广　东	1620803	1438933	387283	181870	565771
广　西	321356	311011	44429	10345	142220
海　南	54584	54250	4760	334	30645
重　庆	647317	577960	117234	69357	216266
四　川	987374	875772	226561	111602	354487
贵　州	339106	316098	49713	23008	101265
云　南	372104	356552	46649	15552	141943
西　藏	277	277	121		89
陕　西	1059485	808427	145612	251058	510172
甘　肃	312369	294207	61470	18162	95583
青　海	111607	92332	10684	19276	43598
宁　夏	75472	73506	14176	1966	27728
新　疆	281811	246785	51498	35026	108329

1-E-9 各地区内资工业企业科技活动经费内部支出情况

单位：万元

地区	科技活动经费内部支出	#1. 经常费支出		2. 科研基建支出	#固定资产购建支出
			劳务费		
全国	**44045061**	**39798867**	**8788119**	**4246194**	**15039947**
东部地区	27600007	25250150	5922854	2349856	8832501
中部地区	9832604	8791660	1750278	1040944	3594107
西部地区	6612451	5757057	1114987	855394	2613339
东北地区	3672647	3405871	590922	266776	994349
北京	1163464	1121467	343211	41997	201463
天津	1585149	1442260	186344	142888	647496
河北	1223649	1103283	221271	120365	477138
山西	1551100	1395789	237072	155311	647329
内蒙古	594714	545174	102339	49539	191913
辽宁	2295060	2145703	340451	149357	661210
吉林	619198	567495	79965	51703	144504
黑龙江	758389	692673	170505	65716	188634
上海	1747306	1546039	386189	201268	422074
江苏	5972314	5348620	1003215	623694	2166875
浙江	3473138	3290103	900556	183035	918981
安徽	1737610	1507582	275024	230028	698406
福建	627715	562309	121920	65406	233550
江西	603842	567797	108046	36045	244710
山东	5517725	5005312	884917	512413	2167078
河南	1771791	1623854	302515	147937	622124
湖北	1434067	1209443	258676	224624	595225
湖南	1356607	1227027	318475	129580	453174
广东	3930946	3622051	1528894	308895	901696
广西	495360	451401	68272	43959	224011
海南	63541	63003	5887	539	34939
重庆	882054	779021	146435	103033	324427
四川	1651802	1460445	358404	191357	625176
贵州	373197	346575	53268	26622	117537
云南	473391	426006	56591	47384	200523
西藏	7471	6328	998	1143	4878
陕西	1172408	875156	161730	297252	573522
甘肃	377540	345978	72629	31562	126893
青海	70950	67362	7756	3587	16212
宁夏	136312	117940	22112	18372	59857
新疆	377254	335671	64452	41583	148391

1-E-10　各地区港澳台商投资工业企业科技活动经费内部支出情况

单位：万元

地　区	科技活动经费内部支出	#1. 经常费支出	劳务费	2. 科研基建支出	#固定资产购建支出
全　国	**4788390**	**4471563**	**1147937**	**316827**	**1468186**
东部地区	4376595	4120057	1079790	256537	1310941
中部地区	268914	219506	49008	49408	100702
西部地区	142882	132000	19139	10882	56544
东北地区	76282	71124	9322	5158	19417
北　京	144531	143611	40488	920	16027
天　津	106413	104995	23201	1418	49343
河　北	46260	46021	7526	239	12353
山　西	5846	4953	1402	894	2663
内蒙古	386	386	80		136
辽　宁	66093	62249	8160	3844	14069
吉　林	4582	3482	604	1100	2619
黑龙江	5608	5393	558	215	2729
上　海	269653	207424	86458	62229	94591
江　苏	1024055	952435	219661	71621	352363
浙　江	685843	656635	233981	29208	142118
安　徽	55692	44773	10017	10919	24177
福　建	520357	498337	105164	22019	160841
江　西	18021	15181	3584	2840	6731
山　东	185060	163519	27426	21541	72383
河　南	76749	71479	16485	5270	18949
湖　北	43160	30615	8353	12545	18653
湖　南	59257	43630	8004	15627	24180
广　东	1324945	1281446	327474	43499	393973
广　西	11555	7900	844	3655	5962
海　南	3385	3385	251		2882
重　庆	67457	63117	7661	4341	29881
四　川	49625	47347	7930	2278	15894
贵　州	3348	3338	475	10	1435
云　南	6997	6947	1159	51	2114
西　藏					
陕　西	144	144	83		29
甘　肃	1924	1474	396	450	914
青　海					
宁　夏	1263	1165	328	98	180
新　疆	183	183	183		

1-E-11 各地区外商投资工业企业科技活动经费内部支出情况

单位：万元

地区	科技活动经费内部支出	#1. 经常费支出	劳务费	2. 科研基建支出	#固定资产购建支出
全国	**10583046**	**9831034**	**2118178**	**752012**	**3693388**
东部地区	9023545	8375684	1867072	647861	3050850
中部地区	1032807	974388	170276	58419	433865
西部地区	526695	480962	80829	45733	208673
东北地区	316184	241073	39189	75111	122413
北京	285267	275050	99437	10217	46737
天津	641051	551982	90258	89069	271970
河北	98043	86433	15147	11609	34735
山西	19768	16907	1907	2861	8998
内蒙古	36301	29903	4908	6398	18032
辽宁	190110	123278	21798	66832	89488
吉林	69370	67907	6356	1463	13611
黑龙江	56704	49888	11036	6816	19314
上海	1440373	1368065	458165	72308	283229
江苏	2499585	2337347	429948	162238	828153
浙江	764527	730162	186053	34365	174046
安徽	205218	193924	36010	11294	72760
福建	519994	490372	115621	29622	154411
江西	170732	162165	21574	8566	72681
山东	737343	660278	96718	77065	279441
河南	131145	123467	21682	7677	38392
湖北	329798	313874	62273	15924	185404
湖南	50073	46256	9439	3817	22705
广东	1842577	1748137	352829	94440	887304
广西	120801	119130	22485	1671	46292
海南	4675	4578	1099	96	1336
重庆	164462	151609	24311	12853	62080
四川	64099	58979	11551	5120	28340
贵州	4030	3864	640	166	1896
云南	25558	25544	2316	14	3677
西藏	3052	3052	288		2664
陕西	41494	39328	7932	2166	8916
甘肃	2120	1830	218	290	1529
青海	45542	28928	3619	16614	29575
宁夏	18386	18267	2526	119	5321
新疆	851	529	37	322	352

1-E-12 分登记注册类型大中型工业企业科技活动经费内部支出情况

单位：万元

行业	科技活动经费内部支出	#1. 经常费支出	劳务费	2. 科研基建支出	#固定资产购建支出
总计	**50406721**	**46082153**	**10150243**	**4324568**	**17043231**
国有控股企业	24698983	22571915	4648230	2127068	8202337
内资企业	37176470	33738448	7361189	3438021	12575534
国有企业	5869384	5303308	1103910	566076	2049541
集体企业	595097	531287	82191	63810	220380
股份合作企业	166991	161663	26016	5329	68291
联营企业	224010	212811	43805	11199	120377
国有联营企业	218034	207035	41227	10999	119375
集体联营企业	811	811	146		330
国有与集体联营企业	3148	2948	1545	200	512
其他联营企业	2017	2017	887		160
有限责任公司	16577074	15002221	3438455	1574852	5582045
国有独资公司	4764812	4290390	811625	474421	1502084
其他有限责任公司	11812262	10711831	2626831	1100431	4079961
股份有限公司	9129064	8366202	1802348	762862	2780098
私营企业	4512494	4062416	839382	450079	1730636
私营独资企业	214931	173187	28567	41745	111046
私营合伙企业	21912	18140	5112	3772	8514
私营有限责任公司	3678703	3331814	696673	346889	1421933
私营股份有限公司	596948	539276	109030	57673	189144
其他企业	102357	98542	25081	3815	24165
港、澳、台商投资企业	3983126	3736689	965192	246437	1203128
合资经营企业（港或澳、台资）	1688777	1582916	361822	105861	512860
合作经营企业（港或澳、台资）	31388	30148	9922	1240	8123
港、澳、台商独资经营企业	1961779	1833859	505002	127921	604335
港、澳、台商投资股份有限公司	301182	289766	88445	11415	77811
外商投资企业	9247126	8607016	1823863	640110	3264569
中外合资经营企业	5453672	5043918	963376	409754	2083986
中外合作经营企业	65584	64051	16046	1533	16685
外资企业	3049630	2860947	720674	188683	920568
外商投资股份有限公司	678240	638100	123767	40139	243331

1-E-13 分行业大中型工业企业科技活动经费内部支出情况

单位：万元

行业	科技活动经费内部支出	#1.经常费支出	劳务费	2.科研基建支出	#固定资产购建支出
总计	**50406721**	**46082153**	**10150243**	**4324568**	**17043231**
采矿业	**2702252**	**2492516**	**703488**	**209736**	**898295**
煤炭开采和洗选业	1587239	1466242	402865	120997	627004
烟煤和无烟煤的开采洗选	1579171	1458263	400633	120908	625452
褐煤的开采洗选	8068	7979	2232	89	1552
其他煤炭采选					
石油和天然气开采业	810344	773646	250525	36697	111395
天然原油和天然气开采	691565	661776	206464	29789	82057
与石油和天然气开采有关的服务活动	118779	111870	44061	6908	29338
黑色金属矿采选业	80840	75006	19558	5833	39262
铁矿采选	75125	69486	19074	5639	35698
其他黑色金属矿采选	5715	5520	483	195	3564
有色金属矿采选业	128447	99743	16863	28704	74349
常用有色金属矿采选	74214	53281	11261	20933	46113
贵金属矿采选	39525	31910	4607	7615	20001
稀有稀土金属矿采选	14708	14552	995	156	8234
非金属矿采选业	95383	77878	13678	17505	46286
土砂石开采	1285	1134	553	151	480
化学矿采选	16441	15413	3869	1029	8199
采盐	77134	60889	9163	16245	37258
石棉及其他非金属矿采选	523	442	92	80	350
制造业	**46782635**	**42785290**	**9282376**	**3997346**	**15672663**
农副食品加工业	548538	462265	71031	86272	217208
谷物磨制	25856	21855	2464	4002	11861
饲料加工	55290	47453	9649	7837	16316
植物油加工	82427	77319	6348	5108	36441
制糖	30253	25939	4340	4313	15589
屠宰及肉类加工	194857	154780	27572	40077	72920
水产品加工	43671	39695	7064	3976	20730
蔬菜、水果和坚果加工	26423	22173	4878	4250	9951
其他农副食品加工	89762	73052	8715	16710	33400
食品制造业	441425	368539	63519	72885	197208
焙烤食品制造	22886	17481	2770	5405	12145
糖果、巧克力及蜜饯制造	22285	21935	4276	349	5638
方便食品制造	41204	38329	6463	2876	12525
液体乳及乳制品制造	99166	87641	14335	11526	51553
罐头制造	16847	15780	1893	1067	8594
调味品、发酵制品制造	104158	88965	13710	15192	45138
其他食品制造	134879	98409	20072	36470	61615
饮料制造业	663099	611267	127631	51832	256044
酒精制造	38697	36067	3358	2630	19111
酒的制造	507989	463077	107928	44912	198750
软饮料制造	111581	108159	15578	3422	35175
精制茶加工	4832	3965	767	868	3008
烟草制品业	284292	252453	56642	31839	82945
烟叶复烤	916	914	579	1	58

1-E-13　续表 1

单位：万元

行　　业	科技活动经费内部支出	#1. 经常费支出	劳务费	2. 科研基建支出	#固定资产购建支出
卷烟制造	280016	248178	55322	31838	82438
其他烟草制品加工	3360	3360	742		448
纺织业	1079199	989718	204912	89481	400520
棉、化纤纺织及印染精加工	578467	527617	119415	50850	233914
毛纺织和染整精加工	85512	79325	14739	6187	24312
麻纺织	25504	18774	1836	6730	16391
丝绢纺织及精加工	74743	68363	9642	6380	33382
纺织制成品制造	157450	143147	29036	14303	56832
针织品、编织品及其制品制造	157524	152493	30245	5031	35689
纺织服装、鞋、帽制造业	259971	243682	64453	16289	72832
纺织服装制造	257359	241138	64243	16222	72316
纺织面料鞋的制造	1417	1417	67		212
制帽	1195	1128	143	67	304
皮革、毛皮、羽毛(绒)及其制品业	126216	121134	33177	5082	27756
皮革鞣制加工	31748	30060	5685	1689	7629
皮革制品制造	84898	82332	25777	2567	16979
毛皮鞣制及制品加工	2600	2534	484	66	559
羽毛(绒)加工及制品制造	6969	6209	1231	760	2590
木材加工及木、竹、藤、棕、草制品业	129469	90067	16706	39402	73088
锯材、木片加工	3178	3042	535	135	787
人造板制造	106109	70349	13204	35759	60154
木制品制造	16502	14624	2216	1878	9934
竹、藤、棕、草制品制造	3681	2052	751	1629	2213
家具制造业	89926	79937	29045	9989	29150
木质家具制造	29838	27905	5841	1933	11050
竹、藤家具制造					
金属家具制造	46398	38486	20666	7912	14236
塑料家具制造	37			37	37
其他家具制造	13653	13546	2538	108	3826
造纸及纸制品业	560410	524061	72684	36349	212248
纸浆制造	18894	17986	2294	908	10006
造纸	482307	451167	57235	31141	184810
纸制品制造	59209	54909	13155	4300	17433
印刷业和记录媒介的复制	103609	100220	26704	3388	30629
印刷	91421	88057	23500	3363	25602
装订及其他印刷服务活动	4813	4788	2189	25	1070
记录媒介的复制	7375	7375	1016		3957
文教体育用品制造业	140823	101319	29995	39504	64816
文化用品制造	18587	16548	6017	2039	5116
体育用品制造	30611	30444	8957	167	9065
乐器制造	53150	16861	4340	36289	41525
玩具制造	33483	32495	9197	989	7955
游艺器材及娱乐用品制造	4993	4972	1485	21	1155
石油加工、炼焦及核燃料加工业	569979	525766	98107	44213	202382
精炼石油产品的制造	386392	371709	76485	14683	126490
炼焦	176740	147210	20217	29530	74941
核燃料加工	6848	6848	1405		951

1-E-13 续表 2

单位：万元

行 业	科技活动经费内部支出	#1. 经常费支出	劳务费	2. 科研基建支出	#固定资产购建支出
化学原料及化学制品制造业	3557014	3242945	578977	314069	1467277
基础化学原料制造	937316	874063	189240	63253	374762
肥料制造	926617	859335	87787	67282	460719
农药制造	231808	215271	37210	16537	94452
涂料、油墨、颜料及类似产品制造	178138	170515	59356	7624	35576
合成材料制造	604053	544187	95397	59867	212016
专用化学产品制造	561807	467783	83567	94023	256914
日用化学产品制造	117275	111791	26421	5484	32839
医药制造业	1343599	1161749	285168	181851	472873
化学药品原药制造	320872	285182	75805	35690	112941
化学药品制剂制造	548119	478662	114097	69457	176624
中药饮片加工	13933	13115	3123	819	4177
中成药制造	285936	220577	57629	65359	116579
兽用药品制造	25043	24452	6860	591	7204
生物、生化制品的制造	113596	105134	19230	8462	41801
卫生材料及医药用品制造	36100	34627	8425	1473	13548
化学纤维制造业	561995	531062	72380	30933	189863
纤维素纤维原料及纤维制造	143274	139150	16704	4124	49182
合成纤维制造	418721	391912	55676	26809	140680
橡胶制品业	630265	594882	95314	35383	238290
轮胎制造	503879	483313	68911	20567	191034
橡胶板、管、带的制造	48337	39298	7325	9039	21586
橡胶零件制造	38092	34889	10240	3203	12864
再生橡胶制造	11975	10142	462	1833	4064
日用及医用橡胶制品制造	7559	7151	2136	408	2600
橡胶靴鞋制造	6390	6273	2393	117	1997
其他橡胶制品制造	14034	13817	3848	217	4146
塑料制品业	476110	429832	93069	46278	161491
塑料薄膜制造	91669	82125	14319	9543	29175
塑料板、管、型材的制造	179572	163297	28860	16275	64975
塑料丝、绳及编织品的制造	4409	3608	483	800	1954
泡沫塑料制造	6902	6902	2002		1958
塑料人造革、合成革制造	27228	25037	6163	2191	6696
塑料包装箱及容器制造	24960	23434	6797	1526	5110
塑料零件制造	66953	61664	16755	5289	22960
日用塑料制造	44048	34225	11755	9823	16962
其他塑料制品制造	30369	29539	5936	831	11702
非金属矿物制品业	1072081	931147	154071	140934	501449
水泥、石灰和石膏的制造	336931	245493	24629	91439	232088
水泥及石膏制品制造	41975	39581	10063	2395	16709
砖瓦、石材及其他建筑材料制造	91706	83759	17795	7946	34971
玻璃及玻璃制品制造	337352	310389	53003	26963	145251
陶瓷制品制造	85241	80292	19766	4949	30911
耐火材料制品制造	65959	63722	13144	2237	16865
石墨及其他非金属矿物制品制造	112918	107911	15672	5007	24653
黑色金属冶炼及压延加工业	6439918	6188628	733265	251290	2279676
炼铁	95079	84143	7275	10936	46956

1-E-13　续表 3

单位：万元

行　　业	科技活动经费内部支出	#1. 经常费支出	劳务费	2. 科研基建支出	#固定资产购建支出
炼钢	1368223	1334275	153845	33949	551050
钢压延加工	4893911	4690800	560367	203111	1650880
铁合金冶炼	82704	79410	11777	3294	30790
有色金属冶炼及压延加工业	1750986	1557308	217727	193678	733219
常用有色金属冶炼	950220	838787	88560	111434	433139
贵金属冶炼	23856	21990	5940	1866	9222
稀有稀土金属冶炼	78478	67379	16975	11099	32392
有色金属合金制造	67709	64369	17986	3340	11338
有色金属压延加工	630723	564783	88267	65940	247129
金属制品业	785459	714580	158384	70878	283122
结构性金属制品制造	189933	170272	43901	19661	63346
金属工具制造	87386	69827	14047	17559	39206
集装箱及金属包装容器制造	72661	67935	16093	4726	19021
金属丝绳及其制品的制造	141469	132750	18978	8719	63635
建筑、安全用金属制品制造	81231	76957	20536	4274	22708
金属表面处理及热处理加工	43591	40189	4202	3403	18911
搪瓷制品制造	14734	12352	2362	2382	5838
不锈钢及类似日用金属制品制造	50699	49967	16076	732	11287
其他金属制品制造	103754	94330	22189	9424	39171
通用设备制造业	2995103	2640128	655595	354974	925960
锅炉及原动机制造	548939	527155	129315	21784	130356
金属加工机械制造	394774	354504	85001	40270	101227
起重运输设备制造	473072	432923	115559	40149	111944
泵、阀门、压缩机及类似机械的制造	418765	366340	99289	52425	151179
轴承、齿轮、传动和驱动部件的制造	228188	212815	52868	15373	70776
烘炉、熔炉及电炉制造	8798	8798	1209		1556
风机、衡器、包装设备等通用设备制造	594059	472049	119113	122010	223538
通用零部件制造及机械修理	113641	93037	22841	20604	52923
金属铸、锻加工	214869	172509	30400	42360	82460
专用设备制造业	2514670	2297577	526792	217093	656032
矿山、冶金、建筑专用设备制造	1271170	1160111	241608	111060	320234
化工、木材、非金属加工专用设备制造	188929	172780	42660	16149	55395
食品、饮料、烟草及饲料生产专用设备制造	47189	38922	15379	8267	11075
印刷、制药、日化生产专用设备制造	59160	53219	18078	5941	16465
纺织、服装和皮革工业专用设备制造	105410	97547	29790	7863	29932
电子和电工机械专用设备制造	296580	266055	57368	30525	73129
农、林、牧、渔专用机械制造	215551	201483	32992	14067	74917
医疗仪器设备及器械制造	144689	135056	42087	9633	30375
环保、社会公共安全及其他专用设备制造	185993	172404	46831	13589	44511
交通运输设备制造业	6968345	6250253	1220751	718092	2517982
铁路运输设备制造	377476	328612	92248	48864	118765
汽车制造	4583215	4298836	733136	284379	1762182
摩托车制造	326402	301508	68319	24895	98572
自行车制造	40086	39327	11490	759	7674
船舶及浮动装置制造	707951	542488	152927	165463	273765
航空航天器制造	913529	723404	160411	190126	250169

1-E-13 续表 4

单位：万元

行业	科技活动经费内部支出	#1. 经常费支出	劳务费	2. 科研基建支出	#固定资产购建支出
交通器材及其他交通运输设备制造	19685	16079	2220	3607	6854
电气机械及器材制造业	4782731	4272667	895851	510064	1598886
电机制造	555676	481536	134239	74140	178963
输配电及控制设备制造	1123180	953919	222454	169261	391479
电线、电缆、光缆及电工器材制造	760766	700939	97029	59827	308645
电池制造	474531	428767	85443	45764	153612
家用电力器具制造	1605414	1468627	288860	136788	482498
非电力家用器具制造	69284	63879	13960	5406	20621
照明器具制造	148819	133603	41352	15216	46154
其他电气机械及器材制造	45061	41399	12515	3662	16916
通信设备、计算机及其他电子设备制造业	7128661	6781753	2470510	346908	1568352
通信设备制造	2393904	2364362	1292485	29541	274290
雷达及配套设备制造	71484	49805	23124	21679	30775
广播电视设备制造	68896	66680	21683	2216	15194
电子计算机制造	1423647	1311146	393717	112501	349893
电子器件制造	1112222	1005029	250303	107193	382760
电子元件制造	986605	933383	250422	53222	289976
家用视听设备制造	888208	880373	190271	7835	188724
其他电子设备制造	183696	170976	48505	12721	36741
仪器仪表及文化、办公用机械制造业	656351	605477	191942	50874	182021
通用仪器仪表制造	368275	336272	100624	32003	102198
专用仪器仪表制造	104316	100086	38712	4231	24082
钟表与计时仪器制造	10494	8852	2538	1642	4392
光学仪器及眼镜制造	73216	64061	19134	9155	19266
文化、办公用机械制造	97048	94354	30068	2694	30696
其他仪器仪表的制造及修理	3003	1853	867	1150	1387
工艺品及其他制造业	122245	114772	37932	7474	29247
工艺美术品制造	56770	51874	13893	4896	18922
日用杂品制造	24315	24266	8533	49	4304
煤制品制造					
核辐射加工					
其他未列明的制造业	41161	38632	15506	2528	6021
废弃资源和废旧材料回收加工业	150	102	45	48	97
金属废料和碎屑的加工处理	130	83	32	48	97
非金属废料和碎屑的加工处理	20	20	14		
电力、燃气及水的生产和供应业	**921834**	**804348**	**164379**	**117486**	**472273**
电力、热力的生产和供应业	879940	769147	155868	110793	453403
电力生产	274829	245293	43885	29536	129630
电力供应	539410	485103	109663	54307	265653
热力生产和供应	65700	38751	2320	26950	58120
燃气生产和供应业	10306	10306	2615		2533
水的生产和供应业	31588	24895	5897	6693	16337
自来水的生产和供应	30285	23592	5634	6693	15667
污水处理及其再生利用	1304	1304	263		670
其他水的处理、利用与分配					

1-E-14　国有控股大中型制造业企业科技活动经费内部支出情况

单位：万元

行　　业	科技活动经费内部支出	#1. 经常费支出	劳务费	2. 科研基建支出	#固定资产购建支出
总　　计	**21269343**	**19432623**	**3801138**	**1836720**	**6939645**
农副食品加工业	69026	38127	4957	30899	45930
食品制造业	103891	95639	16942	8252	45783
饮料制造业	382022	346960	80505	35062	158544
烟草制品业	279672	247859	55453	31813	82094
纺织业	139097	113060	24296	26037	73908
纺织服装、鞋、帽制造业	10381	9196	3178	1185	3825
皮革、毛皮、羽毛(绒)及其制品业	1220	1001	354	219	358
木材加工及木、竹、藤、棕、草制品业	9908	8582	4079	1326	3000
家具制造业	30941	23393	15890	7548	11124
造纸及纸制品业	156242	144898	21002	11344	55466
印刷业和记录媒介的复制	34129	32265	8272	1864	9220
文教体育用品制造业	10598	10333	2728	265	1665
石油加工、炼焦及核燃料加工业	441149	408624	83304	32525	150237
化学原料及化学制品制造业	1898856	1750397	304143	148459	784819
医药制造业	318566	294333	85118	24232	92066
化学纤维制造业	170780	163385	22089	7395	55452
橡胶制品业	229087	216753	37291	12335	99372
塑料制品业	98354	92184	12281	6170	31356
非金属矿物制品业	313219	295307	40772	17912	151266
黑色金属冶炼及压延加工业	4832227	4672661	599937	159566	1646602
有色金属冶炼及压延加工业	1019635	925515	127066	94120	434967
金属制品业	164687	152489	32231	12198	57472
通用设备制造业	1504683	1292706	321433	211976	427045
专用设备制造业	1383565	1287081	253140	96484	312549
交通运输设备制造业	4903945	4341028	861973	562917	1583304
电气机械及器材制造业	949601	805382	171808	144219	305736
通信设备、计算机及其他电子设备制造业	1568461	1441426	519858	127036	265481
仪器仪表及文化、办公用机械制造业	211085	190088	78723	20998	45762
工艺品及其他制造业	34319	31952	12319	2366	5244

1-E-15 内资大中型制造业企业科技活动经费内部支出情况

单位：万元

行业	科技活动经费内部支出	#1. 经常费支出	劳务费	2. 科研基建支出	#固定资产购建支出
总计	**33689339**	**30545636**	**6512115**	**3143704**	**11282330**
农副食品加工业	345851	275677	39736	70174	161249
食品制造业	223279	196525	36485	26753	97792
饮料制造业	466236	420551	97343	45684	203793
烟草制品业	283914	252076	56309	31838	82918
纺织业	850357	778081	153263	72277	323922
纺织服装、鞋、帽制造业	165178	152962	37338	12216	55241
皮革、毛皮、羽毛(绒)及其制品业	69668	66659	17817	3009	15873
木材加工及木、竹、藤、棕、草制品业	113124	76090	13603	37035	66816
家具制造业	36639	35596	7853	1043	13688
造纸及纸制品业	313877	283042	37568	30836	118385
印刷业和记录媒介的复制	58695	57052	15085	1644	15268
文教体育用品制造业	43867	41209	10233	2658	16576
石油加工、炼焦及核燃料加工业	541569	500851	91968	40718	190447
化学原料及化学制品制造业	3116685	2834046	493791	282638	1309147
医药制造业	950887	804995	195584	145892	350376
化学纤维制造业	422944	398223	57397	24721	131197
橡胶制品业	317418	298898	55766	18520	131194
塑料制品业	296960	263694	43757	33265	105391
非金属矿物制品业	738486	680793	106280	57693	324992
黑色金属冶炼及压延加工业	6003957	5776030	692759	227927	2104760
有色金属冶炼及压延加工业	1552049	1375106	188428	176943	678312
金属制品业	557357	493092	108642	64265	197265
通用设备制造业	2296886	1997622	481872	299264	714228
专用设备制造业	2107198	1921086	434558	186111	550375
交通运输设备制造业	4619351	4036771	857090	582580	1398761
电气机械及器材制造业	3528339	3082330	637488	446008	1228043
通信设备、计算机及其他电子设备制造业	3104783	2931897	1384938	172886	544638
仪器仪表及文化、办公用机械制造业	465832	424126	130068	41706	127090
工艺品及其他制造业	97804	90453	29054	7351	24498

1-E-16　港澳台商投资大中型制造业企业科技活动经费内部支出情况

单位：万元

行　　业	科技活动经费内部支出	#1. 经常费支出	劳务费	2. 科研基建支出	#固定资产购建支出
总　　计	**3932574**	**3701168**	**957483**	**231407**	**1176214**
农副食品加工业	83049	75203	16000	7846	21742
食品制造业	36784	34233	6744	2550	9118
饮料制造业	22419	22236	3611	183	10992
烟草制品业	378	377	333	1	27
纺织业	150151	136146	31809	14006	53661
纺织服装、鞋、帽制造业	78009	74523	21581	3486	12760
皮革、毛皮、羽毛(绒)及其制品业	32388	31264	8190	1124	8756
木材加工及木、竹、藤、棕、草制品业	9716	8010	1739	1706	3574
家具制造业	41564	33355	18590	8208	13001
造纸及纸制品业	51034	48475	8083	2559	22957
印刷业和记录媒介的复制	26954	25209	7263	1745	8087
文教体育用品制造业	30166	29344	10483	822	7450
石油加工、炼焦及核燃料加工业	9955	9634	5072	321	4101
化学原料及化学制品制造业	122295	120164	22836	2131	33704
医药制造业	108034	102527	24150	5507	30786
化学纤维制造业	63184	58463	6047	4721	22264
橡胶制品业	93394	82708	8844	10685	45990
塑料制品业	66260	63985	12405	2275	20369
非金属矿物制品业	115082	108452	22932	6631	41343
黑色金属冶炼及压延加工业	223832	209742	25075	14090	66909
有色金属冶炼及压延加工业	81895	79518	11024	2377	15257
金属制品业	60563	59839	15732	724	19490
通用设备制造业	151303	147017	48356	4285	33915
专用设备制造业	130779	125522	34769	5258	29674
交通运输设备制造业	249560	236124	67225	13437	82802
电气机械及器材制造业	335826	315024	77948	20803	100685
通信设备、计算机及其他电子设备制造业	1493447	1404710	418514	88738	438224
仪器仪表及文化、办公用机械制造业	48704	43640	16416	5065	15112
工艺品及其他制造业	15851	15729	5712	122	3466

1-E-17 外商投资大中型制造业企业科技活动经费内部支出情况

单位：万元

行业	科技活动经费内部支出	#1. 经常费支出	劳务费	2. 科研基建支出	#固定资产购建支出
总计	**9160722**	**8538486**	**1812778**	**622236**	**3214119**
农副食品加工业	119638	111386	15295	8252	34218
食品制造业	181363	137781	20289	43582	90298
饮料制造业	174445	168480	26676	5965	41259
烟草制品业					
纺织业	78690	75492	19840	3198	22937
纺织服装、鞋、帽制造业	16784	16198	5534	586	4832
皮革、毛皮、羽毛(绒)及其制品业	24159	23211	7169	948	3128
木材加工及木、竹、藤、棕、草制品业	6629	5968	1365	661	2699
家具制造业	11723	10985	2602	738	2460
造纸及纸制品业	195500	192545	27033	2954	70906
印刷业和记录媒介的复制	17960	17960	4357		7274
文教体育用品制造业	66790	30766	9279	36024	40790
石油加工、炼焦及核燃料加工业	18455	15281	1067	3174	7834
化学原料及化学制品制造业	318035	288735	62350	29300	124426
医药制造业	284678	254227	65434	30451	91710
化学纤维制造业	75867	74377	8937	1491	36402
橡胶制品业	219454	213276	30704	6178	61107
塑料制品业	112891	102152	36907	10738	35731
非金属矿物制品业	218512	141902	24859	76611	135115
黑色金属冶炼及压延加工业	212129	202856	15431	9273	108007
有色金属冶炼及压延加工业	117042	102684	18274	14358	39650
金属制品业	167539	161650	34010	5889	66368
通用设备制造业	546914	495489	125367	51425	177817
专用设备制造业	276693	250969	57465	25724	75984
交通运输设备制造业	2099434	1977359	296436	122075	1036419
电气机械及器材制造业	918566	875313	180414	43253	270159
通信设备、计算机及其他电子设备制造业	2530431	2445146	667058	85285	585490
仪器仪表及文化、办公用机械制造业	141815	137711	45459	4104	39819
工艺品及其他制造业	8590	8590	3167		1283

1-E-18　各地区大中型工业企业科技活动经费内部支出情况

单位：万元

地　区	科技活动经费内部支出	#1. 经常费支出	劳务费	2. 科研基建支出	#固定资产购建支出
全　国	**50406721**	**46082153**	**10150243**	**4324568**	**17043231**
东部地区	34225764	31573498	7333424	2652266	11040536
中部地区	9712392	8822437	1728958	889955	3476877
西部地区	6468565	5686219	1087862	782347	2525819
东北地区	3718224	3426927	585530	291298	997323
北　京	1110219	1076112	315959	34107	200438
天　津	1995950	1793453	242767	202496	870623
河　北	1245230	1143642	228350	101588	466397
山　西	1516398	1376271	233843	140127	625982
内蒙古	587991	534339	103178	53652	201368
辽　宁	2332207	2137860	334549	194347	683407
吉　林	631291	586880	77968	44412	137263
黑龙江	754726	702187	173014	52539	176652
上　海	3058785	2747937	815895	310848	678491
江　苏	7556564	6895248	1288463	661316	2642350
浙　江	3254083	3114717	897829	139366	777293
安　徽	1678538	1493212	273525	185326	642600
福　建	1319686	1247452	275400	72234	423944
江　西	703369	668835	114727	34533	284799
山　东	5940689	5386532	918566	554158	2315669
河　南	1775420	1647519	307410	127901	585834
湖　北	1554915	1343458	273018	211457	688742
湖　南	1097735	1004075	275454	93660	335004
广　东	6357442	5976166	2010454	381276	1950403
广　西	478257	453079	70399	25178	207589
海　南	54909	54379	5192	530	31521
重　庆	1028376	919066	161072	109310	378814
四　川	1485969	1326332	327416	159637	559645
贵　州	352976	329154	51367	23823	106568
云　南	429036	407895	51928	21142	163518
西　藏	2510	2500	353	10	2157
陕　西	1145092	856210	158205	288881	554530
甘　肃	351717	324241	68848	27475	113656
青　海	112860	93519	11166	19341	43885
宁　夏	143968	128709	22946	15259	60181
新　疆	349813	311174	60986	38639	133907

1-E-19 各地区国有控股大中型工业企业科技活动经费内部支出情况

单位：万元

地　区	科技活动经费内部支出	#1. 经常费支出	劳务费	2. 科研基建支出	#固定资产购建支出
全　国	**24698983**	**22571915**	**4648230**	**2127068**	**8202337**
东部地区	12756472	11776796	2562166	979676	3970098
中部地区	7161656	6601463	1263686	560192	2391680
西部地区	4780856	4193656	822378	587200	1840559
东北地区	3084423	2957958	508449	126465	726704
北　京	619279	598453	161803	20826	130361
天　津	1170984	1083414	117955	87570	507488
河　北	854514	788846	157403	65668	304134
山　西	1390432	1280380	220293	110053	552843
内蒙古	417125	372755	79881	44370	145146
辽　宁	1867107	1793292	281392	73815	491875
吉　林	525608	517395	65744	8212	84164
黑龙江	691708	647271	161313	44438	150666
上　海	2119359	1920164	533718	199196	408536
江　苏	1324796	1196020	304096	128776	429662
浙　江	298513	283740	71341	14773	61865
安　徽	1149917	1053404	187235	96513	397909
福　建	289584	256377	59281	33207	112275
江　西	549318	530441	83287	18877	221406
山　东	2591180	2407986	497564	183194	946747
河　南	1059232	991791	194795	67441	332223
湖　北	1104045	936489	182478	167556	457675
湖　南	691395	644294	168541	47102	194795
广　东	1569793	1397476	373244	172317	546933
广　西	310812	301076	42938	9736	138952
海　南	51362	51029	4368	334	30222
重　庆	639827	570894	115149	68933	213744
四　川	897792	794681	211925	103111	328151
贵　州	333528	310796	48914	22732	98452
云　南	365383	350479	45319	14904	139340
西　藏					
陕　西	1044795	794222	141996	250573	505248
甘　肃	306544	289071	60404	17473	93795
青　海	111607	92331	10684	19276	43598
宁　夏	73826	72670	13972	1156	26808
新　疆	279618	244680	51198	34938	107325

1-E-20　各地区内资大中型工业企业科技活动经费内部支出情况

单位：万元

地　区	科技活动经费内部支出	#1. 经常费支出	劳务费	2. 科研基建支出	#固定资产购建支出
全　国	**37176470**	**33738448**	**7361189**	**3438021**	**12575534**
东部地区	22698493	20801292	4813123	1897201	7264846
中部地区	8589320	7782243	1544290	807077	3015331
西部地区	5888657	5154914	1003776	733744	2295358
东北地区	3378246	3164803	543720	213443	873616
北　京	785429	755485	214418	29944	156907
天　津	1327262	1210366	146297	116896	572593
河　北	1122815	1029232	208767	93583	428908
山　西	1494195	1356929	230935	137267	616309
内蒙古	552235	504981	98558	47255	183434
辽　宁	2114242	1989525	309461	124718	592377
吉　林	566938	523741	72137	43197	124682
黑龙江	697066	651538	162122	45529	156557
上　海	1477979	1298589	317178	179389	324282
江　苏	4621047	4143533	746507	477514	1669086
浙　江	2182235	2082934	569475	99302	560590
安　徽	1463500	1295176	236007	168324	559903
福　建	430295	383881	82247	46414	163938
江　西	529222	502465	93144	26757	211985
山　东	5122794	4656528	812231	466265	2011465
河　南	1589027	1470278	273220	118749	539395
湖　北	1223134	1036028	212772	187106	500443
湖　南	1026238	946088	263954	80150	306059
广　东	3460672	3198026	1401702	262647	753571
广　西	362946	339017	48829	23929	163154
海　南	53723	53194	4842	530	31128
重　庆	820560	727572	134237	92988	294975
四　川	1389533	1235025	311798	154508	522096
贵　州	350876	327203	50926	23673	106003
云　南	402391	381261	49673	21131	158966
西　藏	2510	2500	353	10	2157
陕　西	1116831	829813	152261	287018	550235
甘　肃	348002	321177	68323	26825	111316
青　海	67317	64591	7546	2726	14310
宁　夏	125644	110601	20286	15043	54804
新　疆	349813	311174	60986	38639	133907

1-E-21 各地区港澳台商投资大中型工业企业科技活动经费内部支出情况

单位：万元

地区	科技活动经费内部支出	#1. 经常费支出	劳务费	2. 科研基建支出	#固定资产购建支出
全国	**3983126**	**3736689**	**965192**	**246437**	**1203128**
东部地区	3667304	3461750	913503	205554	1090393
中部地区	198885	165076	37138	33809	65220
西部地区	116937	109863	14551	7074	47516
东北地区	64295	60400	7821	3894	13703
北京	124256	123522	32212	734	12841
天津	95609	95258	20448	351	45100
河北	42717	42478	6487	239	11045
山西	3847	3847	1294		1142
内蒙古	285	285	45		100
辽宁	59734	56035	7183	3700	11778
吉林	2526	2526	542		896
黑龙江	2035	1840	95	195	1030
上海	234243	172435	73969	61808	89375
江苏	831647	780702	182887	50945	283132
浙江	503621	487088	192027	16533	92866
安徽	40020	31682	7314	8339	17498
福建	454443	437638	91823	16805	136830
江西	10044	9943	2194	101	2226
山东	165086	144925	23346	20161	64751
河南	68387	63724	14989	4663	14622
湖北	31918	21483	5372	10435	13895
湖南	40109	30032	5337	10077	13911
广东	1155942	1121665	283117	34277	342676
广西	3227	3057	225	170	1579
海南	5	5	4		
重庆	61223	57120	6302	4102	28177
四川	45226	42982	6801	2244	14824
贵州	32	32	21		
云南	4297	4286	466	11	1736
西藏					
陕西	60	60	30		10
甘肃	1905	1455	385	450	910
青海					
宁夏	683	585	276	98	180
新疆					

1-E-22 各地区外商投资大中型工业企业科技活动经费内部支出情况

单位：万元

地区	科技活动经费内部支出	#1. 经常费支出	劳务费	2. 科研基建支出	#固定资产购建支出
全国	**9247126**	**8607016**	**1823863**	**640110**	**3264569**
东部地区	7859967	7310456	1606797	549512	2685297
中部地区	924187	875118	147530	49069	396326
西部地区	462971	421442	69535	41529	182946
东北地区	275684	201723	33989	73960	110003
北京	200534	197105	69330	3429	30691
天津	573079	487829	76022	85250	252930
河北	79698	71932	13096	7765	26444
山西	18355	15495	1614	2860	8532
内蒙古	35471	29073	4575	6398	17833
辽宁	158231	92301	17904	65930	79253
吉林	61828	60613	5288	1214	11685
黑龙江	55625	48809	10797	6816	19066
上海	1346563	1276913	424749	69650	264834
江苏	2103870	1971012	359069	132857	690132
浙江	568227	544694	136327	23532	123837
安徽	175018	166355	30204	8663	65199
福建	434949	425934	101331	9015	123176
江西	164103	156427	19389	7676	70588
山东	652810	585079	82989	67731	239454
河南	118006	113517	19201	4489	31818
湖北	299863	285947	54874	13917	174405
湖南	31389	27955	6163	3434	15034
广东	1740828	1656475	325636	84353	854156
广西	112085	111006	21345	1079	42856
海南	1181	1181	346		392
重庆	146593	134374	20533	12220	55662
四川	51211	48325	8817	2886	22726
贵州	2069	1919	420	150	565
云南	22348	22348	1789		2816
西藏					
陕西	28201	26338	5914	1863	4285
甘肃	1809	1609	139	200	1430
青海	45542	28928	3619	16614	29575
宁夏	17642	17523	2384	119	5197
新疆					

F. 科技活动经费外部支出情况

1-F-1 分登记注册类型工业企业科技活动经费外部支出情况

单位：万元

行　　业	科技活动经费外部支出	对研究院所和高校支出	对其他企业支出
总　计	**4642390**	**1826588**	**2365953**
国有控股企业	2515924	1113649	1237913
内资企业	3457370	1638469	1513566
国有企业	872849	438115	391322
集体企业	46079	6752	3380
股份合作企业	12284	7289	3796
联营企业	10674	5057	5592
国有联营企业	10112	5004	5108
集体联营企业	496	20	475
国有与集体联营企业			
其他联营企业	67	33	9
有限责任公司	1379200	666613	604280
国有独资公司	530312	226404	261794
其他有限责任公司	848889	440209	342486
股份有限公司	707120	295371	344169
私营企业	425485	216616	160209
私营独资企业	18378	8240	6515
私营合伙企业	3255	1846	1118
私营有限责任公司	327579	191913	101012
私营股份有限公司	76272	14618	51565
其他企业	3679	2656	819
港、澳、台商投资企业	181812	60363	103484
合资经营企业（港或澳、台资）	97840	37045	52302
合作经营企业（港或澳、台资）	1927	649	224
港、澳、台商独资经营企业	72899	17892	48275
港、澳、台商投资股份有限公司	9146	4778	2683
外商投资企业	1003208	127756	748902
中外合资经营企业	824127	81376	642953
中外合作经营企业	3635	720	2700
外资企业	152448	35540	90614
外商投资股份有限公司	22998	10120	12635

1-F-2　分行业工业企业科技活动经费外部支出情况

单位：万元

行　　业	科技活动经费外部支出	对研究院所和高校支出	对其他企业支出
总　计	**4642390**	**1826588**	**2365953**
采矿业	**358042**	**215993**	**117831**
煤炭开采和洗选业	196043	129033	53431
烟煤和无烟煤的开采洗选	194443	128030	53431
褐煤的开采洗选	1600	1003	
其他煤炭采选			
石油和天然气开采业	134281	72260	52220
天然原油和天然气开采	112489	59884	44923
与石油和天然气开采有关的服务活动	21792	12376	7297
黑色金属矿采选业	8788	5521	2759
铁矿采选	6988	5236	1245
其他黑色金属矿采选	1799	285	1514
有色金属矿采选业	14289	5236	8741
常用有色金属矿采选	11593	3766	7523
贵金属矿采选	541	470	63
稀有稀土金属矿采选	2155	1000	1155
非金属矿采选业	4641	3942	680
土砂石开采	601	528	62
化学矿采选	3005	2525	481
采盐	1003	860	138
石棉及其他非金属矿采选	32	30	
制造业	**3793286**	**1363383**	**2018370**
农副食品加工业	43100	27993	7267
谷物磨制	4504	3997	406
饲料加工	7808	4934	689
植物油加工	3954	3424	266
制糖	486	291	185
屠宰及肉类加工	12212	6111	2497
水产品加工	6525	3713	2551
蔬菜、水果和坚果加工	2500	1384	401
其他农副食品加工	5112	4140	272
食品制造业	22481	13590	5106
焙烤食品制造	1184	604	155
糖果、巧克力及蜜饯制造	1143	729	114
方便食品制造	1447	1287	104
液体乳及乳制品制造	1560	929	339
罐头制造	2506	1726	433
调味品、发酵制品制造	4824	2323	1096
其他食品制造	9818	5993	2866
饮料制造业	45863	32415	12585
酒精制造	1776	386	1354
酒的制造	35462	25219	9699
软饮料制造	7990	6364	1396
精制茶加工	634	446	136
烟草制品业	56625	19609	30929
烟叶复烤	3		3

1-F-2 续表 1　　　　单位：万元

行　　业	科技活动经费外部支出	对研究院所和高校支出	对其他企业支出
卷烟制造	56534	19569	30878
其他烟草制品加工	88	40	48
纺织业	48674	27975	15826
棉、化纤纺织及印染精加工	22863	13933	8044
毛纺织和染整精加工	5550	2920	1124
麻纺织	361	283	50
丝绢纺织及精加工	3295	1743	1487
纺织制成品制造	9714	4101	4630
针织品、编织品及其制品制造	6891	4995	491
纺织服装、鞋、帽制造业	6573	2849	2879
纺织服装制造	6208	2849	2514
纺织面料鞋的制造	255		255
制帽	110		110
皮革、毛皮、羽毛(绒)及其制品业	13116	1599	11396
皮革鞣制加工	449	290	150
皮革制品制造	11942	820	11022
毛皮鞣制及制品加工	33	30	3
羽毛(绒)加工及制品制造	692	459	221
木材加工及木、竹、藤、棕、草制品业	4043	2779	901
锯材、木片加工	233	217	5
人造板制造	2657	1578	776
木制品制造	539	490	48
竹、藤、棕、草制品制造	615	495	73
家具制造业	3198	1656	306
木质家具制造	1332	516	125
竹、藤家具制造			
金属家具制造	760	534	100
塑料家具制造	42	12	30
其他家具制造	1064	593	51
造纸及纸制品业	10347	4314	4741
纸浆制造	468	259	207
造纸	7068	3271	2522
纸制品制造	2811	784	2012
印刷业和记录媒介的复制	5706	1231	3892
印刷	3955	691	2681
装订及其他印刷服务活动	1501	530	971
记录媒介的复制	250	10	240
文教体育用品制造业	5795	1552	3895
文化用品制造	254	50	163
体育用品制造	375	62	59
乐器制造	2438	75	2353
玩具制造	2063	854	1167
游艺器材及娱乐用品制造	664	511	153
石油加工、炼焦及核燃料加工业	77679	27086	45813
精炼石油产品的制造	70954	24883	43839
炼焦	6552	2128	1876
核燃料加工	173	75	98

1-F-2 续表 2

单位：万元

行 业	科技活动经费外部支出	对研究院所和高校支出	对其他企业支出
化学原料及化学制品制造业	267217	140197	62751
基础化学原料制造	84587	50880	17763
肥料制造	65721	24343	12107
农药制造	14533	9322	3066
涂料、油墨、颜料及类似产品制造	13261	6856	1547
合成材料制造	30706	14195	13938
专用化学产品制造	52040	29910	12804
日用化学产品制造	6369	4693	1526
医药制造业	233917	135058	73710
化学药品原药制造	52994	28326	20707
化学药品制剂制造	72988	40152	25174
中药饮片加工	3386	2089	457
中成药制造	75395	51872	17302
兽用药品制造	6558	3020	2790
生物、生化制品的制造	16563	6082	6590
卫生材料及医药用品制造	6032	3519	691
化学纤维制造业	12550	5512	5827
纤维素纤维原料及纤维制造	3016	1351	1664
合成纤维制造	9534	4160	4163
橡胶制品业	20964	15210	4875
轮胎制造	16460	12824	3526
橡胶板、管、带的制造	1077	607	136
橡胶零件制造	2883	1513	1126
再生橡胶制造	20	20	
日用及医用橡胶制品制造	198	22	6
橡胶靴鞋制造	58	22	36
其他橡胶制品制造	267	203	46
塑料制品业	11250	5386	4410
塑料薄膜制造	2415	1496	696
塑料板、管、型材的制造	4505	2545	1435
塑料丝、绳及编织品的制造	349	184	163
泡沫塑料制造	185	87	98
塑料人造革、合成革制造	408	191	174
塑料包装箱及容器制造	588	73	433
塑料零件制造	910	297	332
日用塑料制造	1232	252	919
其他塑料制品制造	658	261	160
非金属矿物制品业	48207	20425	14266
水泥、石灰和石膏的制造	12901	6047	5951
水泥及石膏制品制造	5347	1685	1223
砖瓦、石材及其他建筑材料制造	4405	2160	984
玻璃及玻璃制品制造	11636	5353	3494
陶瓷制品制造	4738	1083	881
耐火材料制品制造	6247	2425	621
石墨及其他非金属矿物制品制造	2932	1673	1113
黑色金属冶炼及压延加工业	395751	135390	249645

1-F-2 续表 3

单位：万元

行业	科技活动经费外部支出	对研究院所和高校支出	对其他企业支出
炼铁	8768	1323	7382
炼钢	88721	62873	25634
钢压延加工	296144	69690	216604
铁合金冶炼	2118	1504	25
有色金属冶炼及压延加工业	184680	136683	34442
常用有色金属冶炼	150571	118931	29818
贵金属冶炼	4035	3855	166
稀有稀土金属冶炼	3681	2493	1185
有色金属合金制造	1291	830	390
有色金属压延加工	25102	10574	2882
金属制品业	58717	20256	20295
结构性金属制品制造	12324	8534	3259
金属工具制造	6509	1607	1462
集装箱及金属包装容器制造	4909	1485	3162
金属丝绳及其制品的制造	16330	2952	3670
建筑、安全用金属制品制造	4405	2325	260
金属表面处理及热处理加工	993	325	524
搪瓷制品制造	547	470	77
不锈钢及类似日用金属制品制造	1055	730	315
其他金属制品制造	11644	1827	7566
通用设备制造业	206614	73293	94163
锅炉及原动机制造	79834	19734	41013
金属加工机械制造	15663	6035	6266
起重运输设备制造	16146	5211	10047
泵、阀门、压缩机及类似机械的制造	32225	14397	13972
轴承、齿轮、传动和驱动部件的制造	13160	4927	5414
烘炉、熔炉及电炉制造	438	156	200
风机、衡器、包装设备等通用设备制造	35524	14715	12904
通用零部件制造及机械修理	5559	2401	2241
金属铸、锻加工	8065	5718	2107
专用设备制造业	142368	62081	62724
矿山、冶金、建筑专用设备制造	54649	20776	27145
化工、木材、非金属加工专用设备制造	17596	5471	5804
食品、饮料、烟草及饲料生产专用设备制造	2369	1009	1240
印刷、制药、日化生产专用设备制造	3830	2715	677
纺织、服装和皮革工业专用设备制造	6828	4447	2062
电子和电工机械专用设备制造	15891	10082	4492
农、林、牧、渔专用机械制造	15811	3860	11780
医疗仪器设备及器械制造	8369	3165	4071
环保、社会公共安全及其他专用设备制造	17024	10557	5453
交通运输设备制造业	890607	238185	585046
铁路运输设备制造	48523	18903	28264
汽车制造	580524	78756	449959
摩托车制造	32887	6559	20639
自行车制造	2652	1243	559
船舶及浮动装置制造	87466	48096	34087

1-F-2　续表 4　　单位：万元

行　业	科技活动经费外部支出	对研究院所和高校支出	对其他企业支出
航空航天器制造	136904	84503	51491
交通器材及其他交通运输设备制造	1651	126	47
电气机械及器材制造业	288039	112170	119334
电机制造	32092	14493	15756
输配电及控制设备制造	54548	25551	24076
电线、电缆、光缆及电工器材制造	43046	28162	12786
电池制造	28039	13896	13361
家用电力器具制造	112722	23743	43275
非电力家用器具制造	3449	2370	788
照明器具制造	12657	3504	8299
其他电气机械及器材制造	1487	451	992
通信设备、计算机及其他电子设备制造业	628573	75161	514320
通信设备制造	339046	36110	292339
雷达及配套设备制造	4008	1799	1952
广播电视设备制造	2147	832	724
电子计算机制造	75457	12083	60642
电子器件制造	37641	5789	27162
电子元件制造	46859	8683	29317
家用视听设备制造	118335	7223	100461
其他电子设备制造	5081	2643	1724
仪器仪表及文化、办公用机械制造业	54748	20461	24692
通用仪器仪表制造	23738	11097	9113
专用仪器仪表制造	17420	4706	9357
钟表与计时仪器制造	343	120	203
光学仪器及眼镜制造	9520	3840	3172
文化、办公用机械制造	3581	694	2812
其他仪器仪表的制造及修理	146	5	34
工艺品及其他制造业	5789	3209	2315
工艺美术品制造	2057	1223	774
日用杂品制造	862	283	454
煤制品制造			
核辐射加工			
其他未列明的制造业	2870	1702	1088
废弃资源和废旧材料回收加工业	99	60	22
金属废料和碎屑的加工处理	17		
非金属废料和碎屑的加工处理	82	60	22
电力、燃气及水的生产和供应业	**491063**	**247212**	**229751**
电力、热力的生产和供应业	487890	246195	227819
电力生产	42164	8590	28669
电力供应	444217	236982	198722
热力生产和供应	1509	623	428
燃气生产和供应业	535	85	450
水的生产和供应业	2638	932	1483
自来水的生产和供应	2338	853	1473
污水处理及其再生利用	299	79	10
其他水的处理、利用与分配			

1-F-3 国有控股制造业企业科技活动经费外部支出情况

单位：万元

行　　业	科技活动经费外部支出	对研究院所和高校支出	对其他企业支出
总　计	**1676443**	**656219**	**893783**
农副食品加工业	2433	1804	382
食品制造业	6053	3233	1213
饮料制造业	26942	18725	8185
烟草制品业	56600	19599	30924
纺织业	7739	5666	1892
纺织服装、鞋、帽制造业	1284	933	351
皮革、毛皮、羽毛(绒)及其制品业	1	1	
木材加工及木、竹、藤、棕、草制品业	583	323	230
家具制造业	115		
造纸及纸制品业	2547	991	1488
印刷业和记录媒介的复制	4033	579	3252
文教体育用品制造业	1027	47	835
石油加工、炼焦及核燃料加工业	54577	25496	26959
化学原料及化学制品制造业	147407	61938	39268
医药制造业	50724	24643	24930
化学纤维制造业	5747	2030	3667
橡胶制品业	4207	2911	1267
塑料制品业	1870	1063	807
非金属矿物制品业	11781	5811	4669
黑色金属冶炼及压延加工业	315790	80295	234596
有色金属冶炼及压延加工业	145021	116605	27419
金属制品业	11667	2548	6018
通用设备制造业	86662	30237	33612
专用设备制造业	57552	29775	26341
交通运输设备制造业	537346	181141	326531
电气机械及器材制造业	30586	13620	15336
通信设备、计算机及其他电子设备制造业	89619	17721	65808
仪器仪表及文化、办公用机械制造业	14906	7605	7101
工艺品及其他制造业	1606	879	705

1-F-4　内资制造业企业科技活动经费外部支出情况

单位：万元

行　　业	科技活动经费外部支出	对研究院所和高校支出	对其他企业支出
总　计	**2625941**	**1181906**	**1176879**
农副食品加工业	31221	20738	5901
食品制造业	16146	9267	3189
饮料制造业	40838	30738	9321
烟草制品业	56615	19599	30929
纺织业	34871	21367	11660
纺织服装、鞋、帽制造业	5627	2489	2333
皮革、毛皮、羽毛(绒)及其制品业	3929	1160	2649
木材加工及木、竹、藤、棕、草制品业	3571	2477	835
家具制造业	1682	1011	188
造纸及纸制品业	7453	3358	3319
印刷业和记录媒介的复制	4795	1010	3466
文教体育用品制造业	2710	1005	1393
石油加工、炼焦及核燃料加工业	74486	26551	44770
化学原料及化学制品制造业	237680	123244	57161
医药制造业	193312	112168	58718
化学纤维制造业	8490	4746	3636
橡胶制品业	14263	10768	2767
塑料制品业	8451	4068	3639
非金属矿物制品业	35680	13985	11062
黑色金属冶炼及压延加工业	389038	132374	246792
有色金属冶炼及压延加工业	179316	133587	32173
金属制品业	41459	16967	16094
通用设备制造业	148692	60911	57604
专用设备制造业	118808	57304	50651
交通运输设备制造业	571892	201789	348145
电气机械及器材制造业	213010	86837	82018
通信设备、计算机及其他电子设备制造业	141736	61301	71017
仪器仪表及文化、办公用机械制造业	35676	18076	14064
工艺品及其他制造业	4399	2952	1364

1-F-5 港澳台商投资制造业企业科技活动经费外部支出情况

单位：万元

行业	科技活动经费外部支出	对研究院所和高校支出	对其他企业支出
总计	**174738**	**56261**	**100513**
农副食品加工业	3721	2591	665
食品制造业	2235	1212	1014
饮料制造业	1834	431	1403
烟草制品业	10	10	
纺织业	10603	5025	3006
纺织服装、鞋、帽制造业	777	338	399
皮革、毛皮、羽毛(绒)及其制品业	8217	419	7799
木材加工及木、竹、藤、棕、草制品业	256	111	40
家具制造业	718	385	73
造纸及纸制品业	1875	598	1268
印刷业和记录媒介的复制	613	110	303
文教体育用品制造业	1526	503	999
石油加工、炼焦及核燃料加工业	1578	535	1043
化学原料及化学制品制造业	5561	3151	617
医药制造业	9912	6244	1873
化学纤维制造业	1063	519	20
橡胶制品业	2819	693	2096
塑料制品业	1188	628	230
非金属矿物制品业	3832	1296	2447
黑色金属冶炼及压延加工业	2602	1252	1190
有色金属冶炼及压延加工业	99	36	64
金属制品业	2037	1205	516
通用设备制造业	10688	1257	9391
专用设备制造业	3178	1703	1054
交通运输设备制造业	27387	9930	15624
电气机械及器材制造业	12009	6848	3941
通信设备、计算机及其他电子设备制造业	53796	7869	42492
仪器仪表及文化、办公用机械制造业	3855	1185	380
工艺品及其他制造业	752	178	570

1-F-6　外商投资制造业企业科技活动经费外部支出情况

单位：万元

行　　业	科技活动经费外部支出	对研究院所和高校支出	对其他企业支出
总　　计	**992608**	**125216**	**740978**
农副食品加工业	8158	4665	702
食品制造业	4099	3111	904
饮料制造业	3192	1246	1861
烟草制品业			
纺织业	3200	1583	1159
纺织服装、鞋、帽制造业	169	22	148
皮革、毛皮、羽毛(绒)及其制品业	970	21	949
木材加工及木、竹、藤、棕、草制品业	217	192	25
家具制造业	798	260	45
造纸及纸制品业	1019	358	155
印刷业和记录媒介的复制	298	110	123
文教体育用品制造业	1559	44	1503
石油加工、炼焦及核燃料加工业	1615		
化学原料及化学制品制造业	23977	13802	4973
医药制造业	30693	16646	13119
化学纤维制造业	2997	246	2171
橡胶制品业	3882	3749	12
塑料制品业	1611	690	541
非金属矿物制品业	8695	5144	757
黑色金属冶炼及压延加工业	4111	1764	1664
有色金属冶炼及压延加工业	5265	3060	2205
金属制品业	15221	2084	3685
通用设备制造业	47234	11126	27168
专用设备制造业	20382	3074	11019
交通运输设备制造业	291329	26466	221277
电气机械及器材制造业	63020	18485	33375
通信设备、计算机及其他电子设备制造业	433042	5991	400811
仪器仪表及文化、办公用机械制造业	15217	1200	10248
工艺品及其他制造业	638	79	381

1-F-7 各地区工业企业科技活动经费外部支出情况

单位：万元

地区	科技活动经费外部支出	对研究院所和高校支出	对其他企业支出
全国	**4642390**	**1826588**	**2365953**
东部地区	3098748	1174873	1656319
中部地区	872056	394068	397816
西部地区	671586	257647	311818
东北地区	302538	84850	186473
北京	402967	273422	123568
天津	505368	97552	399354
河北	91529	37019	44470
山西	169764	81751	78306
内蒙古	27721	13396	10764
辽宁	190738	39080	134004
吉林	44380	14083	19898
黑龙江	67420	31688	32571
上海	295431	59356	216188
江苏	467733	190730	194184
浙江	339818	137164	183896
安徽	143133	73647	60762
福建	101337	33150	63879
江西	127369	66980	60083
山东	433642	217372	134292
河南	128823	48331	67676
湖北	107210	37462	62152
湖南	83957	40128	16368
广东	263937	88560	157702
广西	48502	15417	28825
海南	6249	1468	4782
重庆	99596	20485	61823
四川	109341	48452	33013
贵州	30448	17229	12590
云南	41923	13315	22259
西藏	873	813	60
陕西	79510	23202	34299
甘肃	146018	56765	86173
青海	26377	2416	7789
宁夏	7114	4103	2884
新疆	54163	42052	11340

1-F-8 各地区国有控股工业企业科技活动经费外部支出情况

单位：万元

地区	科技活动经费外部支出	对研究院所和高校支出	对其他企业支出
全国	**2515924**	**1113649**	**1237913**
东部地区	1352356	614350	676342
中部地区	646105	294217	317548
西部地区	517463	205083	244023
东北地区	250943	70437	162474
北京	370907	267105	99399
天津	91439	31941	54581
河北	37708	14953	22139
山西	159488	77083	76337
内蒙古	11611	5383	3096
辽宁	155849	32186	115851
吉林	32494	9314	15044
黑龙江	62600	28937	31579
上海	243041	54062	186543
江苏	104892	40718	48176
浙江	58446	21972	35895
安徽	99634	48455	49136
福建	44528	19483	24292
江西	112430	54419	57895
山东	203185	114176	67587
河南	91242	24961	60789
湖北	47078	26433	18568
湖南	41140	24615	8201
广东	40561	17068	20765
广西	28901	7684	21149
海南	1800	686	1114
重庆	55567	14495	26684
四川	79815	32052	24349
贵州	25381	13428	11554
云南	35166	9208	19612
西藏			
陕西	54573	21244	32632
甘肃	144065	55548	85558
青海	26179	2348	7658
宁夏	4404	2599	1748
新疆	51801	41094	9983

1-F-9 各地区内资工业企业科技活动经费外部支出情况

单位：万元

地 区	科技活动经费外部支出	对研究院所和高校支出	对其他企业支出
全 国	**3457370**	**1638469**	**1513566**
东部地区	2089184	1024549	901672
中部地区	767907	367506	328465
西部地区	600279	246414	283430
东北地区	264858	82887	158482
北 京	380377	272104	103202
天 津	153051	93994	56905
河 北	83859	31264	42654
山 西	167385	80966	78266
内 蒙 古	27188	12918	10709
辽 宁	165824	38301	116907
吉 林	42954	14023	18533
黑 龙 江	56080	30563	23042
上 海	178991	44247	132012
江 苏	264792	138109	96997
浙 江	268609	112413	141088
安 徽	133999	70253	55287
福 建	44365	21749	19994
江 西	110730	57783	52812
山 东	405992	200587	129412
河 南	117531	42645	62304
湖 北	60267	33871	21944
湖 南	78962	37402	16277
广 东	137558	70619	57899
广 西	31561	11838	15660
海 南	5766	1163	4603
重 庆	80391	18746	55433
四 川	107905	47310	32790
贵 州	29778	17152	11996
云 南	40862	12394	22120
西 藏	873	813	60
陕 西	58117	22661	33788
甘 肃	145515	56312	86123
青 海	16952	237	543
宁 夏	6975	3979	2869
新 疆	54163	42052	11340

1-F-10　各地区港澳台商投资工业企业科技活动经费外部支出情况

单位：万元

地　区	科技活动经费外部支出	对研究院所和高校支出	对其他企业支出
全　国	**181812**	**60363**	**103484**
东部地区	167585	52648	99846
中部地区	10237	5758	1635
西部地区	3991	1957	2003
东北地区	2802	420	1743
北　京	1490	682	251
天　津	5015	239	4655
河　北	1504	1441	63
山　西	260	220	
内蒙古			
辽　宁	2022	377	1644
吉　林	92		92
黑龙江	688	43	7
上　海	8249	1640	4308
江　苏	39206	18835	16492
浙　江	36681	9848	25766
安　徽	1384	1141	243
福　建	24694	3274	20388
江　西	743	460	273
山　东	2562	1313	743
河　南	2493	1733	681
湖　北	1074	329	258
湖　南	3503	1831	81
广　东	46162	14999	25537
广　西	156	20	126
海　南			
重　庆	2141	488	1654
四　川	764	600	143
贵　州	5	4	1
云　南	467	438	29
西　藏			
陕　西			
甘　肃	450	400	50
青　海			
宁　夏	8	8	
新　疆			

1-F-11 各地区外商投资工业企业科技活动经费外部支出情况

单位：万元

地区	科技活动经费外部支出	对研究院所和高校支出	对其他企业支出
全国	**1003208**	**127756**	**748902**
东部地区	841980	97676	654800
中部地区	93912	20805	67717
西部地区	67316	9275	26385
东北地区	34879	1543	26249
北京	21100	637	20115
天津	347302	3319	337794
河北	6166	4313	1754
山西	2119	564	40
内蒙古	533	478	55
辽宁	22893	402	15454
吉林	1333	60	1273
黑龙江	10653	1081	9522
上海	108191	13469	79868
江苏	163735	33785	80696
浙江	34527	14904	17042
安徽	7750	2253	5232
福建	32278	8127	23497
江西	15897	8737	6998
山东	25088	15472	4137
河南	8799	3953	4692
湖北	45869	3262	39949
湖南	1493	894	11
广东	80217	2943	74266
广西	16786	3560	13039
海南	483	305	178
重庆	17064	1251	4736
四川	673	542	80
贵州	665	73	592
云南	594	483	111
西藏			
陕西	21392	541	511
甘肃	53	53	
青海	9425	2179	7246
宁夏	131	115	15
新疆			

1-F-12　分登记注册类型大中型工业企业科技活动经费外部支出情况

单位：万元

行　　业	科技活动经费外部支出	对研究院所和高校支出	对其他企业支出
总　　计	**4279937**	**1667728**	**2223474**
国有控股企业	2467045	1098822	1208127
内资企业	3179274	1507621	1407215
国有企业	863745	435202	386288
集体企业	45154	6052	3244
股份合作企业	6755	3839	2156
联营企业	10102	4969	5108
国有联营企业	10077	4969	5108
集体联营企业			
国有与集体联营企业			
其他联营企业	25		
有限责任公司	1291940	628024	565350
国有独资公司	526778	224915	259977
其他有限责任公司	765163	403109	305373
股份有限公司	679632	286644	332420
私营企业	279191	140781	112107
私营独资企业	9191	4642	2864
私营合伙企业	1942	1224	659
私营有限责任公司	201405	125345	58427
私营股份有限公司	66653	9570	50158
其他企业	2755	2111	542
港、澳、台商投资企业	154150	45019	95644
合资经营企业（港或澳、台资）	81072	27136	48244
合作经营企业（港或澳、台资）	1382	267	153
港、澳、台商独资经营企业	63500	13144	44572
港、澳、台商投资股份有限公司	8196	4473	2676
外商投资企业	946513	115088	720615
中外合资经营企业	793005	73149	630065
中外合作经营企业	2419	254	2120
外资企业	129047	31853	76462
外商投资股份有限公司	22042	9832	11968

1-F-13　分行业大中型工业企业科技活动经费外部支出情况

单位：万元

行　　业	科技活动经费外部支出	对研究院所和高校支出	对其他企业支出
总　　计	**4279937**	**1667728**	**2223474**
采矿业	**352890**	**213623**	**115300**
煤炭开采和洗选业	196011	129006	53426
烟煤和无烟煤的开采洗选	194412	128003	53426
褐煤的开采洗选	1600	1003	
其他煤炭采选			
石油和天然气开采业	129993	70408	49784
天然原油和天然气开采	108278	58102	42493
与石油和天然气开采有关的服务活动	21716	12305	7291
黑色金属矿采选业	8720	5454	2759
铁矿采选	6921	5169	1245
其他黑色金属矿采选	1799	285	1514
有色金属矿采选业	13978	5171	8733
常用有色金属矿采选	11290	3701	7523
贵金属矿采选	541	470	63
稀有稀土金属矿采选	2147	1000	1147
非金属矿采选业	4188	3584	598
土砂石开采	234	234	
化学矿采选	3005	2525	481
采盐	949	826	118
石棉及其他非金属矿采选			
制造业	**3439256**	**1208221**	**1879942**
农副食品加工业	27765	18577	3690
谷物磨制	1359	1329	30
饲料加工	3691	2327	264
植物油加工	2968	2932	10
制糖	486	291	185
屠宰及肉类加工	11296	5499	2235
水产品加工	3306	2599	614
蔬菜、水果和坚果加工	1596	640	280
其他农副食品加工	3064	2960	72
食品制造业	16437	9483	4038
焙烤食品制造	866	331	116
糖果、巧克力及蜜饯制造	462	177	15
方便食品制造	1127	1051	48
液体乳及乳制品制造	1373	773	329
罐头制造	1935	1541	50
调味品、发酵制品制造	4434	1981	1073
其他食品制造	6240	3629	2409
饮料制造业	41423	29807	11013
酒精制造	866	351	515
酒的制造	34318	24177	9621
软饮料制造	6142	5247	811
精制茶加工	98	32	66
烟草制品业	56612	19599	30926
烟叶复烤			

1-F-13　续表 1　　单位：万元

行　　业	科技活动经费外部支出	对研究院所和高校支出	对其他企业支出
卷烟制造	56534	19569	30878
其他烟草制品加工	78	30	48
纺织业	39887	24281	12574
棉、化纤纺织及印染精加工	18859	11499	6612
毛纺织和染整精加工	3606	2517	1089
麻纺织	361	283	50
丝绢纺织及精加工	1897	1482	412
纺织制成品制造	8802	3710	4218
针织品、编织品及其制品制造	6362	4791	194
纺织服装、鞋、帽制造业	5636	2697	2531
纺织服装制造	5532	2697	2428
纺织面料鞋的制造			
制帽	104		104
皮革、毛皮、羽毛(绒)及其制品业	10726	1472	9246
皮革鞣制加工	310	260	50
皮革制品制造	9725	753	8972
毛皮鞣制及制品加工	3		3
羽毛(绒)加工及制品制造	687	459	221
木材加工及木、竹、藤、棕、草制品业	2763	1845	766
锯材、木片加工	175	175	
人造板制造	2070	1229	735
木制品制造	329	304	25
竹、藤、棕、草制品制造	189	137	5
家具制造业	1834	1082	128
木质家具制造	674	395	78
竹、藤家具制造			
金属家具制造	513	407	
塑料家具制造			
其他家具制造	648	279	50
造纸及纸制品业	9190	3740	4355
纸浆制造	378	174	204
造纸	6449	2988	2375
纸制品制造	2363	579	1775
印刷业和记录媒介的复制	4263	699	3162
印刷	2903	299	2201
装订及其他印刷服务活动	1351	390	961
记录媒介的复制	10	10	
文教体育用品制造业	4472	1032	3262
文化用品制造	70	20	26
体育用品制造	219	42	33
乐器制造	2408	75	2323
玩具制造	1704	824	880
游艺器材及娱乐用品制造	71	71	
石油加工、炼焦及核燃料加工业	76801	26318	45713
精炼石油产品的制造	70127	24135	43769
炼焦	6501	2108	1846
核燃料加工	173	75	98

1-F-13 续表 2

单位：万元

行业	科技活动经费外部支出	对研究院所和高校支出	对其他企业支出
化学原料及化学制品制造业	227881	120402	51794
基础化学原料制造	77755	47113	15881
肥料制造	64665	23610	11984
农药制造	10600	7713	1757
涂料、油墨、颜料及类似产品制造	7376	4298	257
合成材料制造	27806	11896	13632
专用化学产品制造	35273	21899	7807
日用化学产品制造	4406	3874	476
医药制造业	180419	108375	56903
化学药品原药制造	43222	24150	18340
化学药品制剂制造	62927	33578	21906
中药饮片加工	941	846	51
中成药制造	59671	43763	13407
兽用药品制造	3922	1608	2300
生物、生化制品的制造	4811	1747	457
卫生材料及医药用品制造	4925	2683	443
化学纤维制造业	10690	4147	5683
纤维素纤维原料及纤维制造	2896	1251	1644
合成纤维制造	7795	2896	4039
橡胶制品业	19874	14555	4681
轮胎制造	16422	12814	3526
橡胶板、管、带的制造	886	459	127
橡胶零件制造	2452	1236	991
再生橡胶制造			
日用及医用橡胶制品制造	31		
橡胶靴鞋制造	19	10	9
其他橡胶制品制造	63	36	27
塑料制品业	6469	3090	2787
塑料薄膜制造	1682	919	636
塑料板、管、型材的制造	2810	1504	1206
塑料丝、绳及编织品的制造	112	102	10
泡沫塑料制造	57	50	7
塑料人造革、合成革制造	252	190	62
塑料包装箱及容器制造	466	73	312
塑料零件制造	546	178	155
日用塑料制造	380	31	290
其他塑料制品制造	163	43	110
非金属矿物制品业	35836	15847	11802
水泥、石灰和石膏的制造	11367	5889	5345
水泥及石膏制品制造	4392	1102	1130
砖瓦、石材及其他建筑材料制造	2879	913	817
玻璃及玻璃制品制造	10083	4700	3000
陶瓷制品制造	1716	595	721
耐火材料制品制造	3962	1906	168
石墨及其他非金属矿物制品制造	1438	741	621
黑色金属冶炼及压延加工业	392608	134102	248617

1-F-13 续表 3

单位：万元

行业	科技活动经费外部支出	对研究院所和高校支出	对其他企业支出
炼铁	8732	1320	7349
炼钢	88364	62563	25586
钢压延加工	294346	69607	215681
铁合金冶炼	1166	612	
有色金属冶炼及压延加工业	178720	132127	33200
常用有色金属冶炼	149224	118034	29382
贵金属冶炼	3868	3688	166
稀有稀土金属冶炼	3016	1872	1144
有色金属合金制造	809	560	189
有色金属压延加工	21803	7973	2320
金属制品业	50199	17399	15294
结构性金属制品制造	10324	7778	2222
金属工具制造	6193	1451	1308
集装箱及金属包装容器制造	3969	1098	2861
金属丝绳及其制品的制造	13073	2228	1138
建筑、安全用金属制品制造	3936	2184	9
金属表面处理及热处理加工	355	184	135
搪瓷制品制造	494	440	53
不锈钢及类似日用金属制品制造	373	304	68
其他金属制品制造	11483	1731	7501
通用设备制造业	171373	57412	78494
锅炉及原动机制造	75011	19066	36934
金属加工机械制造	12067	4770	5144
起重运输设备制造	14308	4048	9466
泵、阀门、压缩机及类似机械的制造	20995	8948	9528
轴承、齿轮、传动和驱动部件的制造	11777	4225	4739
烘炉、熔炉及电炉制造	175		175
风机、衡器、包装设备等通用设备制造	30586	12571	10445
通用零部件制造及机械修理	2401	763	1188
金属铸、锻加工	4052	3021	875
专用设备制造业	108538	47344	46489
矿山、冶金、建筑专用设备制造	41971	17028	18459
化工、木材、非金属加工专用设备制造	14680	4306	4347
食品、饮料、烟草及饲料生产专用设备制造	1482	804	671
印刷、制药、日化生产专用设备制造	2232	1891	189
纺织、服装和皮革工业专用设备制造	4776	3370	1398
电子和电工机械专用设备制造	13311	8504	3821
农、林、牧、渔专用机械制造	14511	3331	11176
医疗仪器设备及器械制造	5169	1564	3051
环保、社会公共安全及其他专用设备制造	10407	6548	3377
交通运输设备制造业	861556	228097	570476
铁路运输设备制造	46568	18163	27174
汽车制造	561119	74879	438160
摩托车制造	29900	4253	19970
自行车制造	2385	1202	463
船舶及浮动装置制造	83132	45040	33203

1-F-13 续表 4

单位：万元

行　　业	科技活动经费外部支出	对研究院所和高校支出	对其他企业支出
航空航天器制造	136871	84475	51486
交通器材及其他交通运输设备制造	1581	85	20
电气机械及器材制造业	259492	99699	108205
电机制造	27178	12770	13556
输配电及控制设备制造	45213	22052	20564
电线、电缆、光缆及电工器材制造	36271	23926	11116
电池制造	26087	12879	12686
家用电力器具制造	111245	22850	42899
非电力家用器具制造	3004	2237	552
照明器具制造	9473	2778	6019
其他电气机械及器材制造	1019	206	813
通信设备、计算机及其他电子设备制造业	596969	67581	497341
通信设备制造	335866	35490	289945
雷达及配套设备制造	1702	909	547
广播电视设备制造	674	544	118
电子计算机制造	73163	11741	60205
电子器件制造	29910	4361	21685
电子元件制造	37875	6024	23971
家用视听设备制造	115654	7038	100218
其他电子设备制造	2126	1475	652
仪器仪表及文化、办公用机械制造业	36471	14795	15170
通用仪器仪表制造	14324	7265	5469
专用仪器仪表制造	10588	3678	4576
钟表与计时仪器制造	138	65	53
光学仪器及眼镜制造	9250	3584	3169
文化、办公用机械制造	2172	203	1904
其他仪器仪表的制造及修理			
工艺品及其他制造业	4350	2619	1603
工艺美术品制造	1399	928	472
日用杂品制造	625	199	313
煤制品制造			
核辐射加工			
其他未列明的制造业	2327	1493	818
废弃资源和废旧材料回收加工业			
金属废料和碎屑的加工处理			
非金属废料和碎屑的加工处理			
电力、燃气及水的生产和供应业	**487791**	**245885**	**228231**
电力、热力的生产和供应业	484840	245006	226372
电力生产	39633	7462	27491
电力供应	443865	236949	198585
热力生产和供应	1341	595	297
燃气生产和供应业	485	85	400
水的生产和供应业	2466	794	1459
自来水的生产和供应	2179	717	1459
污水处理及其再生利用	287	77	
其他水的处理、利用与分配			

1-F-14　国有控股大中型制造业企业科技活动经费外部支出情况

单位：万元

行　　业	科技活动经费外部支出	对研究院所和高校支出	对其他企业支出
总　计	**1631477**	**642423**	**866463**
农副食品加工业	2385	1766	372
食品制造业	5286	2589	1091
饮料制造业	26730	18597	8114
烟草制品业	56597	19599	30921
纺织业	7719	5656	1883
纺织服装、鞋、帽制造业	1275	931	344
皮革、毛皮、羽毛(绒)及其制品业	1	1	
木材加工及木、竹、藤、棕、草制品业	516	287	230
家具制造业	105		
造纸及纸制品业	2545	991	1488
印刷业和记录媒介的复制	3646	579	2865
文教体育用品制造业	1027	47	835
石油加工、炼焦及核燃料加工业	54445	25364	26959
化学原料及化学制品制造业	143981	60661	38025
医药制造业	42504	22147	19539
化学纤维制造业	5453	1852	3551
橡胶制品业	4207	2911	1266
塑料制品业	1839	1045	794
非金属矿物制品业	11146	5373	4575
黑色金属冶炼及压延加工业	315564	80090	234596
有色金属冶炼及压延加工业	144656	116377	27291
金属制品业	9497	2489	3928
通用设备制造业	84217	29453	32020
专用设备制造业	47304	26839	19202
交通运输设备制造业	535727	180263	325901
电气机械及器材制造业	28985	13193	14302
通信设备、计算机及其他电子设备制造业	80503	15648	60565
仪器仪表及文化、办公用机械制造业	12072	6845	5103
工艺品及其他制造业	1545	829	705

1-F-15 内资大中型制造业企业科技活动经费外部支出情况

单位：万元

行　　业	科技活动经费外部支出	对研究院所和高校支出	对其他企业支出
总　计	**2353417**	**1052965**	**1073519**
农副食品加工业	16897	12148	2447
食品制造业	11578	6356	2307
饮料制造业	37923	28339	9066
烟草制品业	56612	19599	30926
纺织业	30270	19708	8977
纺织服装、鞋、帽制造业	4880	2368	2124
皮革、毛皮、羽毛(绒)及其制品业	2230	1109	1114
木材加工及木、竹、藤、棕、草制品业	2456	1668	735
家具制造业	863	469	63
造纸及纸制品业	6422	2899	2940
印刷业和记录媒介的复制	3686	619	2865
文教体育用品制造业	1546	508	894
石油加工、炼焦及核燃料加工业	73701	25854	44692
化学原料及化学制品制造业	207469	105953	50755
医药制造业	151419	91334	46186
化学纤维制造业	7220	3601	3513
橡胶制品业	13407	10276	2602
塑料制品业	4903	2444	2122
非金属矿物制品业	27059	9788	9239
黑色金属冶炼及压延加工业	386841	131320	245854
有色金属冶炼及压延加工业	173606	129107	31106
金属制品业	34450	15009	11462
通用设备制造业	119801	46568	45491
专用设备制造业	90284	44816	36904
交通运输设备制造业	552583	194442	338017
电气机械及器材制造业	190923	75803	74363
通信设备、计算机及其他电子设备制造业	121322	55128	59906
仪器仪表及文化、办公用机械制造业	19582	13231	5880
工艺品及其他制造业	3483	2505	968

1-F-16 港澳台商投资大中型制造业企业科技活动经费外部支出情况

单位：万元

行业	科技活动经费外部支出	对研究院所和高校支出	对其他企业支出
总计	**149616**	**42631**	**93498**
农副食品加工业	3438	2348	631
食品制造业	1487	564	923
饮料制造业	1641	354	1287
烟草制品业			
纺织业	6971	3110	2811
纺织服装、鞋、帽制造业	728	314	394
皮革、毛皮、羽毛(绒)及其制品业	7952	343	7609
木材加工及木、竹、藤、棕、草制品业	133	28	5
家具制造业	665	365	50
造纸及纸制品业	1799	527	1263
印刷业和记录媒介的复制	507	10	297
文教体育用品制造业	1409	500	885
石油加工、炼焦及核燃料加工业	1486	464	1021
化学原料及化学制品制造业	3497	2239	218
医药制造业	6241	4140	1101
化学纤维制造业	824	300	
橡胶制品业	2728	619	2079
塑料制品业	667	193	219
非金属矿物制品业	3108	991	2038
黑色金属冶炼及压延加工业	2314	1022	1132
有色金属冶炼及压延加工业	4		4
金属制品业	995	491	245
通用设备制造业	9667	1028	8639
专用设备制造业	977	660	301
交通运输设备制造业	24448	7546	15146
电气机械及器材制造业	10346	6034	3200
通信设备、计算机及其他电子设备制造业	51537	7345	41345
仪器仪表及文化、办公用机械制造业	3519	1038	191
工艺品及其他制造业	531	61	466

1-F-17　外商投资大中型制造业企业科技活动经费外部支出情况

单位：万元

行　　业	科技活动经费外部支出	对研究院所和高校支出	对其他企业支出
总　计	**936223**	**112625**	**712926**
农副食品加工业	7430	4081	612
食品制造业	3372	2564	808
饮料制造业	1859	1114	660
烟草制品业			
纺织业	2646	1464	786
纺织服装、鞋、帽制造业	29	15	14
皮革、毛皮、羽毛(绒)及其制品业	544	21	523
木材加工及木、竹、藤、棕、草制品业	174	149	25
家具制造业	306	248	15
造纸及纸制品业	969	315	152
印刷业和记录媒介的复制	70	70	
文教体育用品制造业	1517	24	1483
石油加工、炼焦及核燃料加工业	1615		
化学原料及化学制品制造业	16915	12210	821
医药制造业	22759	12901	9617
化学纤维制造业	2646	246	2170
橡胶制品业	3738	3660	
塑料制品业	899	453	446
非金属矿物制品业	5670	5068	525
黑色金属冶炼及压延加工业	3453	1760	1631
有色金属冶炼及压延加工业	5110	3020	2090
金属制品业	14754	1899	3587
通用设备制造业	41906	9816	24364
专用设备制造业	17277	1869	9284
交通运输设备制造业	284525	26109	217314
电气机械及器材制造业	58223	17862	30641
通信设备、计算机及其他电子设备制造业	424110	5108	396090
仪器仪表及文化、办公用机械制造业	13371	526	9099
工艺品及其他制造业	337	54	170

1-F-18　各地区大中型工业企业科技活动经费外部支出情况

单位：万元

地　区	科技活动经费外部支出	对研究院所和高校支出	对其他企业支出
全　国	**4279937**	**1667728**	**2223474**
东部地区	2838603	1065990	1540414
中部地区	804985	358063	383598
西部地区	636349	243675	299462
东北地区	292768	79968	183642
北　京	384406	268286	111665
天　津	487485	94971	386450
河　北	88603	35156	43744
山　西	166827	80333	77511
内蒙古	26998	13245	10522
辽　宁	186447	36455	133117
吉　林	41364	13180	18355
黑龙江	64957	30332	32171
上　海	281017	55992	209511
江　苏	414508	164623	175488
浙　江	258487	99224	148147
安　徽	127304	63482	56543
福　建	88879	27533	57837
江　西	124848	64926	59844
山　东	414817	206603	128392
河　南	120681	43680	65692
湖　北	98553	32240	60214
湖　南	60451	29889	13269
广　东	230756	75817	144195
广　西	41127	13533	26942
海　南	3199	1330	1869
重　庆	92755	18093	59676
四　川	99376	44084	28870
贵　州	28997	16287	12312
云　南	38301	11614	20602
西　藏	20		20
陕　西	76758	22389	32731
甘　肃	145277	56283	86102
青　海	26146	2385	7668
宁　夏	6904	4067	2781
新　疆	53691	41694	11237

1-F-19 各地区国有控股大中型工业企业科技活动经费外部支出情况

单位：万元

地区	科技活动经费外部支出	对研究院所和高校支出	对其他企业支出
全国	**2467045**	**1098822**	**1208127**
东部地区	1313081	604331	650670
中部地区	642400	292135	316089
西部地区	511563	202356	241368
东北地区	250398	70136	162229
北京	358773	263363	91971
天津	79571	31115	45298
河北	37214	14622	21998
山西	159470	77068	76334
内蒙古	11606	5378	3096
辽宁	155834	32181	115841
吉林	32494	9314	15044
黑龙江	62069	28642	31344
上海	238686	52725	183873
江苏	102118	39218	47008
浙江	56561	21412	34899
安徽	99233	48359	48855
福建	43858	18910	24203
江西	112371	54413	57895
山东	201296	113570	66305
河南	90666	24901	60273
湖北	45856	25629	18231
湖南	40240	23810	8114
广东	37378	16530	18167
广西	28360	7294	21066
海南	1793	686	1107
重庆	55298	14340	26569
四川	76447	30420	22623
贵州	25176	13284	11495
云南	34642	9039	19520
西藏			
陕西	53887	21075	32140
甘肃	143992	55548	85558
青海	26100	2348	7658
宁夏	4319	2598	1665
新疆	51736	41034	9978

1-F-20　各地区内资大中型工业企业科技活动经费外部支出情况

单位：万元

地　区	科技活动经费外部支出	对研究院所和高校支出	对其他企业支出
全　国	**3179274**	**1507621**	**1407215**
东部地区	1897796	938504	816695
中部地区	711225	335504	317403
西部地区	570253	233613	273117
东北地区	257595	78312	157135
北　京	363166	267159	92142
天　津	138524	91712	45303
河　北	81524	29862	41972
山　西	165071	80092	77511
内蒙古	26480	12782	10467
辽　宁	162045	35908	116223
吉　林	41242	13150	18263
黑龙江	54307	29254	22650
上　海	172290	42075	128076
江　苏	227141	116701	84887
浙　江	203607	82058	111860
安　徽	120367	61015	52338
福　建	36990	17588	17542
江　西	108841	56096	52699
山　东	390622	190721	125717
河　南	110097	38396	60551
湖　北	53183	29627	20186
湖　南	58117	27873	13206
广　东	119034	63694	51145
广　西	25102	9984	14604
海　南	2854	1025	1829
重　庆	76303	16778	53908
四　川	98724	43479	28829
贵　州	28335	16211	11726
云　南	37467	10791	20592
西　藏	20		20
陕　西	55819	21863	32496
甘　肃	144827	55883	86052
青　海	16721	206	422
宁　夏	6766	3943	2765
新　疆	53691	41694	11237

1-F-21 各地区港澳台商投资大中型工业企业科技活动经费外部支出情况

单位：万元

地　区	科技活动经费外部支出	对研究院所和高校支出	对其他企业支出
全　国	**154150**	**45019**	**95644**
东部地区	145660	40076	92643
中部地区	5333	3480	1307
西部地区	3158	1463	1694
东北地区	1964	308	1656
北　京	1450	677	229
天　津	4689	49	4640
河　北	1364	1301	63
山　西	220	220	
内蒙古			
辽　宁	1872	308	1564
吉　林	92		92
黑龙江			
上　海	7070	945	3925
江　苏	35869	17503	15249
浙　江	28949	5664	22860
安　徽	671	436	235
福　建	23101	2380	19727
江　西	240	93	146
山　东	2138	1152	606
河　南	2134	1484	580
湖　北	767	94	199
湖　南	1208	1153	55
广　东	39159	10097	23780
广　西	121		121
海　南			
重　庆	1797	302	1495
四　川	418	390	28
贵　州	4	4	
云　南	360	360	
西　藏			
陕　西			
甘　肃	450	400	50
青　海			
宁　夏	8	8	
新　疆			

1-F-22　各地区外商投资大中型工业企业科技活动经费外部支出情况

单位：万元

地　区	科技活动经费外部支出	对研究院所和高校支出	对其他企业支出
全　国	**946513**	**115088**	**720615**
东部地区	795148	87411	631076
中部地区	88427	19079	64888
西部地区	62938	8598	24650
东北地区	33210	1347	24851
北　京	19790	450	19295
天　津	344272	3210	336507
河　北	5716	3993	1709
山　西	1536	21	
内蒙古	518	463	55
辽　宁	22530	239	15330
吉　林	30	30	
黑龙江	10650	1078	9522
上　海	101658	12972	77509
江　苏	151498	30419	75352
浙　江	25931	11503	13428
安　徽	6267	2031	3970
福　建	28787	7566	20568
江　西	15767	8737	6998
山　东	22058	14730	2070
河　南	8450	3799	4562
湖　北	44603	2519	39829
湖　南	1126	863	8
广　东	72564	2025	69270
广　西	15904	3550	12217
海　南	345	305	40
重　庆	14655	1014	4273
四　川	233	216	13
贵　州	658	72	586
云　南	475	464	10
西　藏			
陕　西	20939	526	235
甘　肃			
青　海	9425	2179	7246
宁　夏	131	115	15
新　疆			

G. 研究与试验发展(R&D)活动情况

1-G-1 分登记注册类型工业企业研究与试验发展 (R&D)活动情况

行业	R&D人员 (人)	R&D人员折合全时当量 (人年)		R&D项目数 (项)	R&D经费内部支出 (万元)
			科学家和工程师		
总计	**1519927**	**1229999**	**950086**	**143448**	**30731303**
国有控股企业	623677	501714	405456	56600	12971221
内资企业	1170598	937319	728011	113695	22493815
国有企业	154580	120638	101835	16090	2783660
集体企业	12233	9742	8190	1795	413250
股份合作企业	8366	6101	4283	1074	157313
联营企业	2429	1775	1349	214	113286
国有联营企业	1987	1415	1104	124	108780
集体联营企业	72	56	53	12	1325
国有与集体联营企业	224	191	113	30	1804
其他联营企业	146	112	79	48	1378
有限责任公司	499083	404327	320253	45308	9685741
国有独资公司	117857	92377	72059	9860	2384147
其他有限责任公司	381226	311950	248194	35448	7301595
股份有限公司	246433	202533	161566	21136	5304295
私营企业	243675	189254	128383	27680	3936742
私营独资企业	15023	11180	7430	1804	225490
私营合伙企业	2781	1897	1172	408	27406
私营有限责任公司	206555	161391	108323	23815	3258480
私营股份有限公司	19316	14787	11458	1653	425367
其他企业	3799	2949	2153	398	99529
港、澳、台商投资企业	127582	103939	78586	11229	2584321
合资经营企业（港或澳、台资）	56587	46738	35562	5172	1171001
合作经营企业（港或澳、台资）	1955	1454	1117	159	25677
港、澳、台商独资经营企业	59655	47950	36157	5092	1164909
港、澳、台商投资股份有限公司	9385	7797	5751	806	222735
外商投资企业	221747	188742	143489	18524	5653167
中外合资经营企业	109788	91036	71840	10609	3306711
中外合作经营企业	2401	2081	1397	243	50120
外资企业	89098	77583	55045	6139	1861498
外商投资股份有限公司	20460	18042	15207	1533	434839

1-G-2　分行业工业企业研究与试验发展（R&D)活动情况

行　　业	R&D人员(人)	R&D人员折合全时当量(人年)		R&D项目数(项)	R&D经费内部支出(万元)
			科学家和工程师		
总　计	**1519927**	**1229999**	**950086**	**143448**	**30731303**
采矿业	**101164**	**79183**	**59135**	**6149**	**1101070**
煤炭开采和洗选业	61372	46268	31322	2563	638982
烟煤和无烟煤的开采洗选	61178	46078	31164	2532	632176
褐煤的开采洗选	189	186	153	30	4904
其他煤炭采选	5	5	5	1	1902
石油和天然气开采业	31075	26284	23646	2901	368935
天然原油和天然气开采	24437	20514	18390	2039	306215
与石油和天然气开采有关的服务活动	6638	5770	5256	862	62719
黑色金属矿采选业	2674	2234	1318	197	23742
铁矿采选	2012	1576	1015	190	18302
其他黑色金属矿采选	662	659	303	7	5440
有色金属矿采选业	3498	2496	1634	259	42231
常用有色金属矿采选	2203	1399	840	136	16926
贵金属矿采选	1078	979	710	80	19470
稀有稀土金属矿采选	217	118	84	43	5835
非金属矿采选业	2536	1891	1208	228	27120
土砂石开采	402	306	216	52	2271
化学矿采选	383	186	119	21	5764
采盐	1693	1372	850	142	18496
石棉及其他非金属矿采选	58	28	24	13	589
制造业	**1394401**	**1136531**	**879186**	**134976**	**29297655**
农副食品加工业	16935	13223	10365	1657	388306
谷物磨制	845	573	478	109	18736
饲料加工	3438	2637	2206	442	74961
植物油加工	1173	904	797	119	50281
制糖	968	618	458	45	11243
屠宰及肉类加工	4648	4006	3141	366	99855
水产品加工	2105	1623	1283	208	49992
蔬菜、水果和坚果加工	1339	1018	755	148	13677
其他农副食品加工	2419	1845	1247	220	69563
食品制造业	13603	10529	8261	1717	256625
焙烤食品制造	584	491	328	52	10236
糖果、巧克力及蜜饯制造	777	495	393	117	16842
方便食品制造	1141	842	431	231	20454
液体乳及乳制品制造	2466	1899	1657	228	54127
罐头制造	808	511	409	83	17634
调味品、发酵制品制造	3054	2342	1764	348	49879
其他食品制造	4773	3949	3279	658	87454
饮料制造业	19703	16094	12937	1533	370676
酒精制造	887	795	479	56	30935
酒的制造	14713	11915	9548	1182	238454
软饮料制造	3322	2720	2312	220	91173
精制茶加工	781	666	597	75	10115
烟草制品业	4664	3695	3159	938	95819
烟叶复烤	209	201	109	11	999

1-G-2 续表 1

行　业	R&D人员(人)	R&D人员折合全时当量(人年)	科学家和工程师	R&D项目数(项)	R&D经费内部支出(万元)
卷烟制造	4306	3349	2914	904	92543
其他烟草制品加工	149	145	137	23	2277
纺织业	40368	31193	18023	3341	610118
棉、化纤纺织及印染精加工	23994	18820	10330	1971	314111
毛纺织和染整精加工	2172	1907	1537	157	50287
麻纺织	887	645	452	37	8227
丝绢纺织及精加工	2426	1564	703	189	38275
纺织制成品制造	5412	4107	2648	519	88154
针织品、编织品及其制品制造	5477	4150	2353	468	111065
纺织服装、鞋、帽制造业	7547	6501	3959	671	136441
纺织服装制造	7401	6367	3910	647	133180
纺织面料鞋的制造	123	111	38	19	2233
制帽	23	23	11	5	1028
皮革、毛皮、羽毛(绒)及其制品业	4831	3774	2113	509	63536
皮革鞣制加工	731	540	230	51	19257
皮革制品制造	3902	3114	1797	441	41515
毛皮鞣制及制品加工	67	35	16	6	953
羽毛(绒)加工及制品制造	131	84	70	11	1810
木材加工及木、竹、藤、棕、草制品业	4667	3241	1966	407	81087
锯材、木片加工	308	216	83	19	4029
人造板制造	3199	2196	1341	273	59906
木制品制造	667	469	295	61	12464
竹、藤、棕、草制品制造	493	360	247	54	4688
家具制造业	2628	2074	1379	260	45697
木质家具制造	1300	1047	757	118	16557
竹、藤家具制造					
金属家具制造	1003	813	502	103	26976
塑料家具制造	97	51	28	7	710
其他家具制造	228	163	92	32	1455
造纸及纸制品业	12897	8605	6274	854	282781
纸浆制造	384	195	174	23	2564
造纸	9828	6785	4878	572	244561
纸制品制造	2685	1625	1222	259	35655
印刷业和记录媒介的复制	5512	4204	2841	679	72052
印刷	4660	3624	2360	597	64390
装订及其他印刷服务活动	495	288	220	56	4446
记录媒介的复制	357	293	261	26	3215
文教体育用品制造业	5291	4357	2371	1124	71723
文化用品制造	776	637	431	82	11545
体育用品制造	2089	1804	939	185	26648
乐器制造	714	646	301	122	7516
玩具制造	1398	1027	503	665	23041
游艺器材及娱乐用品制造	314	242	198	70	2973
石油加工、炼焦及核燃料加工业	12733	10411	8646	1158	301383
精炼石油产品的制造	9366	7908	6760	888	204361
炼焦	2525	2037	1431	111	90175
核燃料加工	842	466	455	159	6848

1-G-2　续表 2

行　　业	R&D人员(人)	R&D人员折合全时当量(人年)		R&D项目数(项)	R&D经费内部支出(万元)
			科学家和工程师		
化学原料及化学制品制造业	103984	84972	63348	9440	2266912
基础化学原料制造	29090	24300	15784	2015	641807
肥料制造	13458	10668	8395	731	346605
农药制造	6748	5485	4077	683	133723
涂料、油墨、颜料及类似产品制造	9175	7321	5750	1239	162547
合成材料制造	13555	10880	8718	1241	404269
专用化学产品制造	28210	23335	18252	2797	489267
日用化学产品制造	3748	2983	2372	734	88695
医药制造业	67250	55208	44400	8483	1028487
化学药品原药制造	17573	14795	10669	2022	268816
化学药品制剂制造	19435	15812	13296	2597	350250
中药饮片加工	1549	1200	965	210	25483
中成药制造	16403	13660	11614	2215	203843
兽用药品制造	3152	2525	2044	380	32837
生物、生化制品的制造	7418	5838	4536	869	121703
卫生材料及医药用品制造	1720	1378	1277	190	25554
化学纤维制造业	11090	8909	6579	683	323858
纤维素纤维原料及纤维制造	3769	2810	2330	243	101430
合成纤维制造	7321	6099	4250	440	222428
橡胶制品业	14479	11763	8591	1695	345875
轮胎制造	8965	7495	5493	853	266461
橡胶板、管、带的制造	1809	1294	865	239	24637
橡胶零件制造	1975	1651	1236	387	30991
再生橡胶制造	210	205	157	14	4663
日用及医用橡胶制品制造	517	405	332	49	6388
橡胶靴鞋制造	390	237	160	46	2185
其他橡胶制品制造	613	477	348	107	10551
塑料制品业	24406	20644	12394	1600	360557
塑料薄膜制造	2532	1795	1343	224	65392
塑料板、管、型材的制造	12394	11466	6271	411	142001
塑料丝、绳及编织品的制造	524	362	253	43	6360
泡沫塑料制造	846	733	631	53	9680
塑料人造革、合成革制造	844	631	408	101	12473
塑料包装箱及容器制造	1293	846	610	141	18975
塑料零件制造	3025	2434	1390	305	47146
日用塑料制造	1159	1030	388	145	29979
其他塑料制品制造	1789	1346	1100	177	28551
非金属矿物制品业	40426	31093	22469	3374	606661
水泥、石灰和石膏的制造	4523	2998	2212	288	73695
水泥及石膏制品制造	3138	2300	1780	303	38463
砖瓦、石材及其他建筑材料制造	4550	3433	2480	416	68357
玻璃及玻璃制品制造	11813	9515	7284	1091	230768
陶瓷制品制造	6570	5455	3723	497	72844
耐火材料制品制造	4346	2885	1921	366	51044
石墨及其他非金属矿物制品制造	5486	4507	3068	413	71490
黑色金属冶炼及压延加工业	68990	50178	41342	5323	3055430
炼铁	943	563	346	65	36046

1-G-2 续表 3

行业	R&D人员（人）	R&D人员折合全时当量（人年）		R&D项目数（项）	R&D经费内部支出（万元）
			科学家和工程师		
炼钢	14131	9964	8974	1058	786341
钢压延加工	51558	37916	30783	4109	2193726
铁合金冶炼	2358	1735	1240	91	39318
有色金属冶炼及压延加工业	41633	31478	23334	3114	988532
常用有色金属冶炼	18793	13478	9699	1252	442213
贵金属冶炼	1182	863	564	69	13027
稀有稀土金属冶炼	2293	1505	1224	243	46910
有色金属合金制造	3004	2293	1772	352	51198
有色金属压延加工	16361	13338	10075	1198	435184
金属制品业	31476	24854	18487	3075	557519
结构性金属制品制造	8131	5972	4419	755	126054
金属工具制造	4050	2983	2126	445	54416
集装箱及金属包装容器制造	2573	2092	1626	265	56575
金属丝绳及其制品的制造	2772	2401	1893	208	115022
建筑、安全用金属制品制造	5673	4990	3666	425	60959
金属表面处理及热处理加工	1421	1066	762	241	24842
搪瓷制品制造	636	371	231	47	11140
不锈钢及类似日用金属制品制造	2183	1664	1095	212	32004
其他金属制品制造	4037	3315	2669	477	76507
通用设备制造业	122423	97568	72948	14857	2177144
锅炉及原动机制造	14459	11617	9670	1688	383825
金属加工机械制造	20772	16655	13941	2447	325870
起重运输设备制造	12779	9620	8102	1294	329697
泵、阀门、压缩机及类似机械的制造	27260	22471	14672	3335	346547
轴承、齿轮、传动和驱动部件的制造	12754	9707	6114	2208	168386
烘炉、熔炉及电炉制造	664	442	351	58	14578
风机、衡器、包装设备等通用设备制造	20709	17060	13170	2312	388024
通用零部件制造及机械修理	6345	4977	3368	714	93585
金属铸、锻加工	6681	5020	3559	801	126631
专用设备制造业	106875	85622	64791	13359	1831737
矿山、冶金、建筑专用设备制造	34924	26644	19039	2713	811537
化工、木材、非金属加工专用设备制造	10761	7957	5957	1561	154160
食品、饮料、烟草及饲料生产专用设备制造	2930	2217	1585	336	44579
印刷、制药、日化生产专用设备制造	3924	3310	2532	441	51664
纺织、服装和皮革工业专用设备制造	9285	8389	6073	830	101398
电子和电工机械专用设备制造	16429	14104	10835	1338	209913
农、林、牧、渔专用机械制造	7976	6850	5487	867	130036
医疗仪器设备及器械制造	9364	6938	5614	964	144574
环保、社会公共安全及其他专用设备制造	11282	9212	7670	4309	183875
交通运输设备制造业	165290	132687	105117	15207	3921587
铁路运输设备制造	12105	9552	8044	1108	215875
汽车制造	97573	80011	64301	9206	2541213
摩托车制造	10901	9030	6906	1173	205114
自行车制造	1709	1412	1022	166	27530
船舶及浮动装置制造	15070	12689	9513	1176	403985
航空航天器制造	27451	19585	14966	2318	523536

1-G-2　续表 4

行　　业	R&D人员(人)	R&D人员折合全时当量(人年)		R&D项目数(项)	R&D经费内部支出(万元)
			科学家和工程师		
交通器材及其他交通运输设备制造	481	408	365	60	4335
电气机械及器材制造业	139322	112325	86158	15517	3198276
电机制造	23509	19186	14014	2354	362356
输配电及控制设备制造	38311	30805	24120	4173	662518
电线、电缆、光缆及电工器材制造	18550	15145	11123	1520	510775
电池制造	16538	14157	11459	1222	345880
家用电力器具制造	30194	23670	18857	4466	1134955
非电力家用器具制造	2514	1919	1508	456	51663
照明器具制造	7264	5381	3518	940	93067
其他电气机械及器材制造	2442	2062	1558	386	37063
通信设备、计算机及其他电子设备制造业	254043	228615	193008	18568	5202676
通信设备制造	103302	98637	93703	4335	2116432
雷达及配套设备制造	5497	4674	4228	742	44533
广播电视设备制造	4290	3744	3063	474	61363
电子计算机制造	36233	32331	27694	1950	832101
电子器件制造	31316	26032	20925	3608	704825
电子元件制造	37518	30609	22326	3451	669150
家用视听设备制造	23441	21612	11080	3088	644079
其他电子设备制造	12446	10974	9990	920	130192
仪器仪表及文化、办公用机械制造业	43810	36325	29393	4969	560120
通用仪器仪表制造	23999	19105	15556	2892	320570
专用仪器仪表制造	9206	7815	6365	1205	105466
钟表与计时仪器制造	938	808	597	135	6208
光学仪器及眼镜制造	4766	4324	3562	408	43872
文化、办公用机械制造	4247	3656	2752	236	76586
其他仪器仪表的制造及修理	654	617	561	93	7418
工艺品及其他制造业	7316	6250	4442	836	91666
工艺美术品制造	2967	2553	1524	251	44089
日用杂品制造	1297	1066	658	203	16496
煤制品制造					
核辐射加工	55	43	38	19	354
其他未列明的制造业	2997	2588	2222	363	30727
废弃资源和废旧材料回收加工业	209	139	92	28	4374
金属废料和碎屑的加工处理	105	85	56	12	2631
非金属废料和碎屑的加工处理	104	54	36	16	1743
电力、燃气及水的生产和供应业	**24362**	**14285**	**11765**	**2323**	**332577**
电力、热力的生产和供应业	22770	13257	11027	2142	319168
电力生产	9590	5351	4064	649	171743
电力供应	12660	7444	6555	1457	142168
热力生产和供应	520	462	407	36	5258
燃气生产和供应业	694	438	193	62	3422
水的生产和供应业	898	590	546	119	9987
自来水的生产和供应	704	448	429	86	7131
污水处理及其再生利用	160	125	99	24	2454
其他水的处理、利用与分配	34	17	17	9	402

1-G-3 国有控股制造业企业研究与试验发展（R&D)活动情况

行业	R&D人员(人)	R&D人员折合全时当量(人年)		R&D项目数(项)	R&D经费内部支出(万元)
			科学家和工程师		
总计	**503933**	**412513**	**337584**	**48543**	**11625736**
农副食品加工业	1274	816	598	89	24805
食品制造业	3000	2400	1901	348	57627
饮料制造业	9365	8165	6332	597	168180
烟草制品业	4478	3539	3012	920	92979
纺织业	7711	6162	2663	696	54092
纺织服装、鞋、帽制造业	557	451	361	54	4254
皮革、毛皮、羽毛(绒)及其制品业	58	45	45	90	203
木材加工及木、竹、藤、棕、草制品业	529	408	250	36	4950
家具制造业	261	256	198	30	18501
造纸及纸制品业	4782	2949	2013	178	70932
印刷业和记录媒介的复制	1477	1050	898	318	21012
文教体育用品制造业	290	264	141	31	6260
石油加工、炼焦及核燃料加工业	10567	8734	7441	1005	214604
化学原料及化学制品制造业	46666	39207	27860	3234	995025
医药制造业	18777	15602	12102	2359	239777
化学纤维制造业	4145	3313	2740	312	125662
橡胶制品业	3911	3090	1904	693	109375
塑料制品业	2501	1870	1531	210	57923
非金属矿物制品业	8722	6481	5063	838	128842
黑色金属冶炼及压延加工业	53405	38563	33408	4343	2247989
有色金属冶炼及压延加工业	22281	17243	13270	1696	467339
金属制品业	4950	4203	3612	655	112530
通用设备制造业	42676	34855	28654	5943	952092
专用设备制造业	42819	36889	28858	4004	860303
交通运输设备制造业	107393	85976	71825	9297	2741230
电气机械及器材制造业	21218	18421	15900	2671	464212
通信设备、计算机及其他电子设备制造业	63007	57303	52844	6068	1215221
仪器仪表及文化、办公用机械制造业	14653	12103	10331	1531	136351
工艺品及其他制造业	2460	2157	1827	297	33468

1-G-4　内资制造业企业研究与试验发展（R&D）活动情况

行　业	R&D人员（人）	R&D人员折合全时当量（人年）		R&D项目数（项）	R&D经费内部支出（万元）
			科学家和工程师		
总　计	**1048564**	**846415**	**659002**	**105452**	**21112726**
农副食品加工业	11576	8721	6820	1196	255560
食品制造业	9291	7079	5521	1266	153313
饮料制造业	14769	12359	9894	943	226998
烟草制品业	4642	3673	3142	934	95662
纺织业	30278	23036	12538	2686	471464
纺织服装、鞋、帽制造业	4773	3987	2501	465	91313
皮革、毛皮、羽毛(绒)及其制品业	2427	1746	883	382	31250
木材加工及木、竹、藤、棕、草制品业	3725	2549	1558	312	67785
家具制造业	1652	1237	763	130	19445
造纸及纸制品业	7764	5096	3787	541	155722
印刷业和记录媒介的复制	3639	2631	1890	512	45921
文教体育用品制造业	2869	2285	1148	351	36308
石油加工、炼焦及核燃料加工业	11796	9783	8274	1075	286098
化学原料及化学制品制造业	89554	73186	54186	8023	1896024
医药制造业	50509	41905	33217	6536	728865
化学纤维制造业	9062	7272	5146	565	253774
橡胶制品业	9440	7449	5361	1318	202409
塑料制品业	10682	8020	6106	1009	212319
非金属矿物制品业	31918	24115	17478	2732	453827
黑色金属冶炼及压延加工业	64769	46900	38831	4992	2805002
有色金属冶炼及压延加工业	34825	26279	19871	2736	845854
金属制品业	22611	17293	13331	2427	402601
通用设备制造业	99361	78117	58478	12618	1689998
专用设备制造业	88726	70906	53162	11542	1507871
交通运输设备制造业	130491	103258	81756	12100	2634931
电气机械及器材制造业	101870	81599	62770	11742	2323780
通信设备、计算机及其他电子设备制造业	155345	142834	124320	11701	2738019
仪器仪表及文化、办公用机械制造业	34064	27828	22549	3985	403667
工艺品及其他制造业	5952	5136	3631	608	72770

1-G-5 港澳台商投资制造业企业研究与试验发展（R&D)活动情况

行业	R&D人员(人)	R&D人员折合全时当量(人年)		R&D项目数(项)	R&D经费内部支出(万元)
			科学家和工程师		
总计	**126901**	**103404**	**78111**	**11155**	**2564133**
农副食品加工业	3162	2727	2270	262	63466
食品制造业	1155	1018	643	143	23385
饮料制造业	894	795	660	110	18251
烟草制品业	22	22	17	4	157
纺织业	5482	4208	2622	329	82155
纺织服装、鞋、帽制造业	1903	1763	1209	129	38510
皮革、毛皮、羽毛(绒)及其制品业	1661	1422	984	74	22606
木材加工及木、竹、藤、棕、草制品业	515	392	214	59	5992
家具制造业	650	569	449	81	22460
造纸及纸制品业	1553	1017	751	134	25550
印刷业和记录媒介的复制	1111	1020	619	98	14813
文教体育用品制造业	1285	1021	582	668	17180
石油加工、炼焦及核燃料加工业	479	356	274	68	10000
化学原料及化学制品制造业	5448	4311	3380	552	114400
医药制造业	4862	3916	3097	636	86450
化学纤维制造业	1166	961	796	62	44409
橡胶制品业	1564	1396	1120	81	58336
塑料制品业	2670	2163	1423	298	45069
非金属矿物制品业	3618	2853	2101	236	57390
黑色金属冶炼及压延加工业	2232	1908	1368	104	156113
有色金属冶炼及压延加工业	3132	2348	1606	200	66945
金属制品业	2695	2069	1389	213	45701
通用设备制造业	7006	5644	3890	730	108200
专用设备制造业	7933	6574	5070	757	113010
交通运输设备制造业	6779	4962	3485	562	158783
电气机械及器材制造业	16572	13792	11372	1558	239997
通信设备、计算机及其他电子设备制造业	37417	30910	24109	2466	875441
仪器仪表及文化、办公用机械制造业	3056	2569	2098	374	37547
工艺品及其他制造业	876	697	510	166	11810

1-G-6　外商投资制造业企业研究与试验发展（R&D)活动情况

行　　业	R&D人员(人)	R&D人员折合全时当量(人年)		R&D项目数(项)	R&D经费内部支出(万元)
			科学家和工程师		
总　　计	**218936**	**186711**	**142073**	**18369**	**5620796**
农副食品加工业	2197	1775	1276	199	69280
食品制造业	3157	2431	2097	308	79927
饮料制造业	4040	2940	2383	480	125428
烟草制品业					
纺织业	4608	3948	2863	326	56500
纺织服装、鞋、帽制造业	871	752	248	77	6618
皮革、毛皮、羽毛(绒)及其制品业	743	606	246	53	9680
木材加工及木、竹、藤、棕、草制品业	427	300	193	36	7310
家具制造业	326	267	167	49	3792
造纸及纸制品业	3580	2491	1736	179	101509
印刷业和记录媒介的复制	762	553	331	69	11318
文教体育用品制造业	1137	1051	641	105	18235
石油加工、炼焦及核燃料加工业	458	272	98	15	5286
化学原料及化学制品制造业	8982	7475	5782	865	256488
医药制造业	11879	9387	8086	1311	213172
化学纤维制造业	862	676	637	56	25676
橡胶制品业	3475	2917	2110	296	85130
塑料制品业	11054	10461	4865	293	103169
非金属矿物制品业	4890	4126	2889	406	95445
黑色金属冶炼及压延加工业	1989	1371	1144	227	94314
有色金属冶炼及压延加工业	3676	2852	1857	178	75734
金属制品业	6170	5492	3767	435	109217
通用设备制造业	16056	13807	10580	1509	378946
专用设备制造业	10216	8143	6558	1060	210856
交通运输设备制造业	28020	24467	19876	2545	1127872
电气机械及器材制造业	20880	16934	12016	2217	634498
通信设备、计算机及其他电子设备制造业	61281	54871	44579	4401	1589216
仪器仪表及文化、办公用机械制造业	6690	5928	4745	610	118906
工艺品及其他制造业	488	417	301	62	7086

1-G-7 各地区工业企业研究与试验发展（R&D)活动情况

地区	R&D人员（人）	R&D人员折合全时当量（人年）		R&D项目数（项）	R&D经费内部支出（万元）
			科学家和工程师		
全国	**1519927**	**1229999**	**950086**	**143448**	**30731303**
东部地区	1010708	834113	643891	100529	22838021
中部地区	318596	246835	194388	24464	5108620
西部地区	190623	149050	111807	18455	2784662
东北地区	109643	83321	71527	10117	2151050
北京	53483	43209	36522	10320	1010862
天津	35240	28340	20705	6626	1082657
河北	37021	27259	20867	3813	766113
山西	35862	31412	21864	1473	488855
内蒙古	13109	11752	9894	688	291985
辽宁	60664	45568	38197	5931	1378167
吉林	14183	9470	8858	1079	267007
黑龙江	34796	28283	24472	3107	505877
上海	51143	43815	34664	6998	2005734
江苏	195362	155781	110970	17944	4808289
浙江	160336	126273	76641	17177	2757063
安徽	40524	32904	25758	3243	691431
福建	49623	41784	32936	3781	837778
江西	26784	17537	14241	2274	495245
山东	141026	124042	99371	12585	3759077
河南	68723	52482	39506	5151	976394
湖北	51140	42282	36258	4531	872514
湖南	46584	32465	23433	3606	811298
广东	226127	197488	172529	15280	4423514
广西	13229	9358	7485	1535	239850
海南	683	554	489	74	8768
重庆	27498	23174	17954	3014	465280
四川	57054	45137	29428	5769	681656
贵州	8217	6134	5095	825	145973
云南	11011	8203	6110	1072	131583
西藏	85	39	39	14	4536
陕西	34621	26600	20919	3248	436433
甘肃	12952	10035	7634	894	172353
青海	1356	793	709	106	25161
宁夏	4891	3336	2569	644	65694
新疆	6600	4489	3970	646	124159

1-G-8　各地区国有控股工业企业研究与试验发展(R&D)活动情况

地　区	R&D人员(人)	R&D人员折合全时当量(人年)		R&D项目数(项)	R&D经费内部支出(万元)
			科学家和工程师		
全　国	**623677**	**501714**	**405456**	**56600**	**12971221**
东部地区	292952	241925	196725	30489	7667993
中部地区	204838	161000	128704	14201	3427977
西部地区	125887	98789	80027	11910	1875251
东北地区	84546	64825	55819	7603	1742170
北　京	25837	21296	17974	3261	464259
天　津	18075	14688	11078	3571	523224
河　北	23819	17307	13148	2032	536531
山　西	32147	28286	19671	1217	436399
内蒙古	9566	9294	7880	470	185571
辽　宁	43739	32605	27047	4293	1060376
吉　林	10585	7256	7081	646	231788
黑龙江	30222	24964	21690	2664	450007
上　海	31289	27846	23388	4708	1440253
江　苏	37365	29015	21470	3614	810571
浙　江	11384	9581	6840	1083	206214
安　徽	24317	19769	16237	1684	431791
福　建	9070	6908	5633	694	148027
江　西	17282	10638	8606	1465	347591
山　东	52338	46338	37549	4693	1466503
河　南	36839	28682	22073	2514	541053
湖　北	28793	23558	20357	2285	562603
湖　南	24653	17847	12988	1726	426745
广　东	39575	35996	32306	2499	1006289
广　西	5547	3813	3505	702	119461
海　南	461	345	292	41	5746
重　庆	17004	14985	12209	1894	298597
四　川	28902	22353	17837	2931	330240
贵　州	6974	5285	4384	703	134696
云　南	7980	5917	4368	692	94154
西　藏	22	4	4	4	57
陕　西	30133	23082	18204	2834	384730
甘　肃	10626	8103	6375	688	155200
青　海	1260	722	649	89	24664
宁　夏	2091	1367	1035	309	32018
新　疆	5782	3863	3577	594	115864

1-G-9 各地区内资工业企业研究与试验发展（R&D）活动情况

地区	R&D人员（人）	R&D人员折合全时当量（人年）		R&D项目数（项）	R&D经费内部支出（万元）
			科学家和工程师		
全国	**1170598**	**937319**	**728011**	**113695**	**22493815**
东部地区	709479	579494	451870	74916	15568090
中部地区	285084	219967	172775	21534	4375108
西部地区	176035	137858	103366	17245	2550617
东北地区	96201	72289	61341	9252	1978349
北京	42969	34986	29492	9012	744317
天津	25226	19898	14559	4827	716132
河北	33436	24985	18865	3252	689571
山西	34950	30651	21167	1401	481776
内蒙古	12308	11087	9349	628	278848
辽宁	50836	36778	30073	5345	1245023
吉林	13403	8842	8277	1037	255641
黑龙江	31962	26669	22991	2870	477685
上海	26217	21611	17280	3928	987361
江苏	130703	102200	73596	12296	3073513
浙江	117938	91690	55447	13378	1921260
安徽	36101	29332	22919	2785	557278
福建	21269	16830	13234	1999	337193
江西	22346	13844	10995	1708	350295
山东	118936	104350	83821	11175	3163710
河南	61399	46535	35221	4463	840642
湖北	41210	33761	29140	3878	642019
湖南	43713	30333	22065	3392	769772
广东	141317	125651	115054	9637	2682967
广西	9514	6475	5297	1347	161178
海南	632	515	450	67	7043
重庆	23941	20744	16035	2633	419825
四川	53604	42409	27607	5508	637304
贵州	7842	5835	4821	802	144634
云南	10403	7655	5742	1000	117565
西藏	81	39	38	13	1772
陕西	33413	25553	20085	3144	415972
甘肃	12923	10009	7607	889	171967
青海	978	566	493	74	17754
宁夏	4430	2997	2323	562	59959
新疆	6598	4488	3969	645	123840

1-G-10　各地区港澳台商投资工业企业研究与试验发展(R&D)活动情况

地　区	R&D人员(人)	R&D人员折合全时当量(人年)		R&D项目数(项)	R&D经费内部支出(万元)
			科学家和工程师		
全　国	**127582**	**103939**	**78586**	**11229**	**2584321**
东部地区	115605	94027	71513	10228	2405935
中部地区	8960	7502	5543	668	127106
西部地区	3017	2410	1531	333	51280
东北地区	2467	1902	1810	137	48692
北　京	3497	2541	2385	432	102322
天　津	2117	1544	1230	395	43740
河　北	1458	653	548	188	30460
山　西	675	572	525	60	4464
内蒙古	27	27	27	3	270
辽　宁	2307	1779	1702	119	45717
吉　林	34	29	27	4	524
黑龙江	126	94	81	14	2451
上　海	4178	3009	2555	497	105036
江　苏	21670	17831	12672	2208	501521
浙　江	20008	16396	10017	1785	432035
安　徽	1179	959	695	89	18197
福　建	14649	12690	9819	861	273958
江　西	916	644	528	95	13295
山　东	5034	4555	3661	298	107315
河　南	3215	2820	2074	198	50314
湖　北	1488	1336	1038	85	16470
湖　南	1327	1049	574	123	21391
广　东	40675	33028	26924	3444	763827
广　西	326	195	114	37	4095
海　南	12			1	5
重　庆	633	420	367	81	12146
四　川	1510	1279	683	123	29013
贵　州	50	44	40	11	264
云　南	356	332	198	30	4499
西　藏					
陕　西	23	20	9	2	41
甘　肃					
青　海					
宁　夏	92	92	92	46	951
新　疆					

1-G-11 各地区外商投资工业企业研究与试验发展（R&D)活动情况

地区	R&D人员(人)	R&D人员折合全时当量(人年)		R&D项目数(项)	R&D经费内部支出(万元)
			科学家和工程师		
全国	**221747**	**188742**	**143489**	**18524**	**5653167**
东部地区	185624	160593	120508	15385	4863996
中部地区	24552	19367	16071	2262	606406
西部地区	11571	8783	6910	877	182765
东北地区	10975	9130	8376	728	124010
北京	7017	5682	4645	876	164223
天津	7897	6899	4917	1404	322785
河北	2127	1620	1454	373	46082
山西	237	190	172	12	2614
内蒙古	774	638	518	57	12867
辽宁	7521	7011	6422	467	87428
吉林	746	599	554	38	10841
黑龙江	2708	1520	1399	223	25741
上海	20748	19195	14829	2573	913337
江苏	42989	35750	24702	3440	1233255
浙江	22390	18187	11178	2014	403768
安徽	3244	2614	2144	369	115956
福建	13705	12265	9883	921	226627
江西	3522	3050	2717	471	131655
山东	17056	15136	11889	1112	488052
河南	4109	3126	2211	490	85438
湖北	8442	7185	6079	568	214026
湖南	1544	1083	794	91	20136
广东	44135	38808	30551	2199	976719
广西	3389	2687	2074	151	74577
海南	39	39	39	6	1720
重庆	2924	2010	1552	300	33308
四川	1940	1448	1138	138	15339
贵州	325	255	234	12	1075
云南	252	216	171	42	9520
西藏	4	1	1	1	2764
陕西	1185	1027	825	102	20419
甘肃	29	27	27	5	386
青海	378	226	216	32	7407
宁夏	369	247	153	36	4784
新疆	2	1	1	1	319

1-G-12　分登记注册类型大中型工业企业研究与试验发展（R&D)活动情况

行　　业	R&D人员(人)	R&D人员折合全时当量(人年)		R&D项目数(项)	R&D经费内部支出(万元)
			科学家和工程师		
总　　计	**1241247**	**1014223**	**790321**	**103234**	**26813110**
国有控股企业	593529	477582	385388	51566	12526406
内资企业	949389	767296	601913	81535	19520725
国有企业	147818	115427	97344	14918	2691952
集体企业	10006	8157	7202	1463	386658
股份合作企业	4276	3111	2398	379	107765
联营企业	1997	1423	1121	133	109447
国有联营企业	1800	1262	1029	107	107211
集体联营企业	26	26	26	3	811
国有与集体联营企业	156	134	65	22	1276
其他联营企业	15	1		1	149
有限责任公司	429198	349231	276735	35519	8734622
国有独资公司	113952	89299	69282	9203	2363456
其他有限责任公司	315246	259933	207453	26316	6371165
股份有限公司	231383	190748	152308	19088	5070523
私营企业	122021	97150	63357	9762	2339685
私营独资企业	5201	3999	2661	432	107396
私营合伙企业	906	615	355	43	11480
私营有限责任公司	102600	82249	52433	8352	1886898
私营股份有限公司	13314	10288	7908	935	333912
其他企业	2690	2047	1447	273	80075
港、澳、台商投资企业	104311	85512	65126	8107	2235951
合资经营企业（港或澳、台资）	44136	36766	28282	3522	987193
合作经营企业（港或澳、台资）	1284	946	752	92	14817
港、澳、台商独资经营企业	49994	40331	30609	3730	1022192
港、澳、台商投资股份有限公司	8897	7469	5483	763	211750
外商投资企业	187547	161415	123282	13592	5056433
中外合资经营企业	89389	74980	59707	7661	2966218
中外合作经营企业	1323	1192	668	101	25508
外资企业	77047	67818	48000	4368	1649379
外商投资股份有限公司	19788	17425	14908	1462	415328

1-G-13　分行业大中型工业企业研究与试验发展（R&D)活动情况

行　业	R&D人员(人)	R&D人员折合全时当量(人年)	科学家和工程师	R&D项目数(项)	R&D经费内部支出(万元)
总　计	**1241247**	**1014223**	**790321**	**103234**	**26813110**
采矿业	**99721**	**78206**	**58372**	**5955**	**1082311**
煤炭开采和洗选业	60879	45955	31074	2520	633240
烟煤和无烟煤的开采洗选	60700	45776	30927	2493	628378
褐煤的开采洗选	179	179	147	27	4861
其他煤炭采选					
石油和天然气开采业	30844	26086	23448	2871	364242
天然原油和天然气开采	24297	20379	18255	2021	302443
与石油和天然气开采有关的服务活动	6547	5706	5193	850	61799
黑色金属矿采选业	2493	2108	1246	174	21887
铁矿采选	1836	1451	943	168	16505
其他黑色金属矿采选	657	657	303	6	5382
有色金属矿采选业	3256	2348	1533	225	40747
常用有色金属矿采选	2008	1278	758	119	16024
贵金属矿采选	1063	965	700	76	19311
稀有稀土金属矿采选	185	105	76	30	5412
非金属矿采选业	2249	1710	1072	165	22195
土砂石开采	237	203	145	17	552
化学矿采选	383	186	119	21	5764
采盐	1603	1305	793	125	15429
石棉及其他非金属矿采选	26	15	14	2	450
制造业	**1118673**	**922842**	**721179**	**95145**	**25463789**
农副食品加工业	10704	8772	6853	817	277357
谷物磨制	221	139	133	17	9770
饲料加工	1293	1102	888	146	32834
植物油加工	716	572	522	60	42584
制糖	954	606	451	42	10917
屠宰及肉类加工	3937	3456	2741	248	88705
水产品加工	1258	988	829	82	32226
蔬菜、水果和坚果加工	723	553	408	83	7489
其他农副食品加工	1602	1356	881	139	52831
食品制造业	9244	7104	5543	1051	178758
焙烤食品制造	375	327	251	32	9016
糖果、巧克力及蜜饯制造	502	297	227	68	11187
方便食品制造	966	732	349	209	14672
液体乳及乳制品制造	1951	1493	1304	174	46640
罐头制造	506	284	208	41	12190
调味品、发酵制品制造	2470	1913	1431	246	40249
其他食品制造	2474	2057	1773	281	44805
饮料制造业	17300	14250	11459	1253	323797
酒精制造	820	737	435	47	26591
酒的制造	13707	11204	8994	1063	218076
软饮料制造	2492	2076	1816	124	76619
精制茶加工	281	234	214	19	2512
烟草制品业	4536	3573	3125	934	95144
烟叶复烤	111	103	98	10	712

1-G-13 续表 1

行 业	R&D人员(人)	R&D人员折合全时当量(人年)		R&D项目数(项)	R&D经费内部支出(万元)
			科学家和工程师		
卷烟制造	4302	3348	2912	903	92530
其他烟草制品加工	123	122	115	21	1902
纺织业	34523	26851	15356	2450	533389
棉、化纤纺织及印染精加工	21615	16993	9116	1585	273281
毛纺织和染整精加工	1928	1704	1375	124	46379
麻纺织	794	591	427	31	6831
丝绢纺织及精加工	1815	1169	493	86	31438
纺织制成品制造	3793	2973	1963	288	72680
针织品、编织品及其制品制造	4578	3422	1981	336	102782
纺织服装、鞋、帽制造业	6058	5259	3419	370	123017
纺织服装制造	6022	5231	3408	365	120600
纺织面料鞋的制造	23	15	8	3	1417
制帽	13	13	2	2	1000
皮革、毛皮、羽毛(绒)及其制品业	3847	3032	1753	396	54885
皮革鞣制加工	544	404	176	23	16789
皮革制品制造	3157	2531	1497	360	35577
毛皮鞣制及制品加工	44	27	13	4	771
羽毛(绒)加工及制品制造	102	70	68	9	1748
木材加工及木、竹、藤、棕、草制品业	2738	1940	1120	174	57389
锯材、木片加工	222	149	34	7	2000
人造板制造	2100	1471	848	138	47651
木制品制造	247	187	127	22	7098
竹、藤、棕、草制品制造	169	132	111	7	640
家具制造业	1938	1618	1126	140	37956
木质家具制造	1043	869	648	77	11627
竹、藤家具制造					
金属家具制造	773	646	428	54	25434
塑料家具制造					
其他家具制造	122	103	50	9	896
造纸及纸制品业	11072	7435	5586	593	256335
纸浆制造	345	156	145	17	1882
造纸	8918	6216	4565	462	229816
纸制品制造	1809	1063	876	114	24637
印刷业和记录媒介的复制	3861	3021	1994	478	49277
印刷	3362	2736	1760	423	44801
装订及其他印刷服务活动	425	220	182	45	3967
记录媒介的复制	74	64	52	10	509
文教体育用品制造业	3999	3360	1861	895	57532
文化用品制造	490	434	286	29	8537
体育用品制造	1632	1440	794	125	21366
乐器制造	643	575	264	114	6695
玩具制造	1074	787	407	615	19694
游艺器材及娱乐用品制造	160	125	109	12	1240
石油加工、炼焦及核燃料加工业	12123	9907	8213	1058	281858
精炼石油产品的制造	8800	7446	6366	790	185768
炼焦	2481	1995	1392	109	89242
核燃料加工	842	466	455	159	6848

1-G-13 续表 2

行　业	R&D人员（人）	R&D人员折合全时当量（人年）		R&D项目数（项）	R&D经费内部支出（万元）
			科学家和工程师		
化学原料及化学制品制造业	76215	62953	46390	5362	1766236
基础化学原料制造	24398	20768	13278	1298	529500
肥料制造	12518	9942	7833	639	331781
农药制造	5052	4122	2936	456	109424
涂料、油墨、颜料及类似产品制造	4302	3510	2748	433	86494
合成材料制造	10684	8527	6808	842	328727
专用化学产品制造	17135	14363	11369	1223	312540
日用化学产品制造	2126	1721	1418	471	67770
医药制造业	48222	40192	32094	5762	790879
化学药品原药制造	14055	11931	8429	1573	209082
化学药品制剂制造	15901	12866	10694	1980	311859
中药饮片加工	570	473	401	93	10340
中成药制造	12288	10524	9050	1627	162600
兽用药品制造	1080	967	789	94	14479
生物、生化制品的制造	3406	2717	2043	294	66422
卫生材料及医药用品制造	922	713	688	101	16098
化学纤维制造业	10040	8176	6072	556	304306
纤维素纤维原料及纤维制造	3663	2715	2258	235	100422
合成纤维制造	6377	5461	3814	321	203884
橡胶制品业	12232	10037	7406	1354	320282
轮胎制造	8851	7418	5441	842	264381
橡胶板、管、带的制造	1227	861	588	136	16328
橡胶零件制造	1266	1087	830	280	23413
再生橡胶制造	129	129	98	3	3835
日用及医用橡胶制品制造	337	247	217	33	4929
橡胶靴鞋制造	299	176	123	25	1558
其他橡胶制品制造	123	119	110	35	5837
塑料制品业	17483	15398	8807	735	251088
塑料薄膜制造	1607	1102	904	105	46615
塑料板、管、型材的制造	10153	9727	5041	153	101327
塑料丝、绳及编织品的制造	190	117	99	15	1573
泡沫塑料制造	565	504	467	17	5453
塑料人造革、合成革制造	690	538	348	75	8493
塑料包装箱及容器制造	621	329	280	37	11322
塑料零件制造	2108	1753	904	172	35602
日用塑料制造	733	697	214	92	25269
其他塑料制品制造	816	631	550	69	15435
非金属矿物制品业	29210	22432	16295	2134	456546
水泥、石灰和石膏的制造	3454	2339	1824	199	63001
水泥及石膏制品制造	2102	1560	1270	156	23667
砖瓦、石材及其他建筑材料制造	2929	2223	1622	218	50681
玻璃及玻璃制品制造	9325	7470	5912	831	184253
陶瓷制品制造	4770	3949	2579	320	51553
耐火材料制品制造	2777	1713	1062	191	33849
石墨及其他非金属矿物制品制造	3853	3179	2024	219	49542
黑色金属冶炼及压延加工业	67270	48874	40478	5096	3013223

1-G-13 续表 3

行 业	R&D人员(人)	R&D人员折合全时当量(人年)	科学家和工程师	R&D项目数(项)	R&D经费内部支出(万元)
炼铁	903	525	311	61	35567
炼钢	14071	9906	8932	1049	785107
钢压延加工	50330	36968	30171	3934	2158730
铁合金冶炼	1966	1475	1065	52	33820
有色金属冶炼及压延加工业	35646	27228	20181	2306	855305
常用有色金属冶炼	17571	12654	9113	1133	411906
贵金属冶炼	1012	735	458	49	9462
稀有稀土金属冶炼	1748	1108	877	153	35986
有色金属合金制造	1892	1566	1232	173	36873
有色金属压延加工	13423	11165	8501	798	361078
金属制品业	22890	18345	13913	1718	434427
结构性金属制品制造	6263	4545	3396	367	101885
金属工具制造	2520	1799	1308	257	41062
集装箱及金属包装容器制造	1701	1428	1164	161	44556
金属丝绳及其制品的制造	2256	2030	1629	137	96964
建筑、安全用金属制品制造	4515	4116	3058	245	45691
金属表面处理及热处理加工	416	324	224	18	10840
搪瓷制品制造	553	317	189	35	10379
不锈钢及类似日用金属制品制造	1479	1079	713	129	20250
其他金属制品制造	3187	2706	2230	369	62801
通用设备制造业	89556	72753	56407	9845	1755960
锅炉及原动机制造	12591	10156	8651	1457	352373
金属加工机械制造	15519	12583	10944	1720	264630
起重运输设备制造	10414	7964	6893	976	301020
泵、阀门、压缩机及类似机械的制造	17927	15403	10585	1592	237349
轴承、齿轮、传动和驱动部件的制造	10462	7940	5010	1851	141691
烘炉、熔炉及电炉制造	261	150	134	10	7475
风机、衡器、包装设备等通用设备制造	14748	12446	9740	1521	310649
通用零部件制造及机械修理	3558	2859	1977	328	52443
金属铸、锻加工	4076	3251	2474	390	88329
专用设备制造业	77081	62240	46860	9342	1455731
矿山、冶金、建筑专用设备制造	29695	22532	15743	2022	740692
化工、木材、非金属加工专用设备制造	5797	4247	3281	811	100052
食品、饮料、烟草及饲料生产专用设备制造	1637	1209	879	142	29137
印刷、制药、日化生产专用设备制造	1909	1718	1440	178	29302
纺织、服装和皮革工业专用设备制造	6456	6073	4419	502	65092
电子和电工机械专用设备制造	14157	12543	9624	988	174525
农、林、牧、渔专用机械制造	6408	5552	4502	661	112125
医疗仪器设备及器械制造	5163	3485	2663	402	95907
环保、社会公共安全及其他专用设备制造	5859	4881	4308	3636	108899
交通运输设备制造业	150242	121060	96798	12926	3728515
铁路运输设备制造	10998	8645	7225	911	201462
汽车制造	87412	72217	58827	7752	2404842
摩托车制造	9351	7929	6170	928	191930
自行车制造	1096	956	716	72	20262
船舶及浮动装置制造	13914	11742	8882	944	387528

1-G-13 续表 4

行　业	R&D人员(人)	R&D人员折合全时当量(人年)	科学家和工程师	R&D项目数(项)	R&D经费内部支出(万元)
航空航天器制造	27182	19346	14768	2293	519869
交通器材及其他交通运输设备制造	289	226	211	26	2623
电气机械及器材制造业	107523	88196	68991	10699	2751807
电机制造	18131	15352	11541	1537	303275
输配电及控制设备制造	25870	20970	16751	2290	504835
电线、电缆、光缆及电工器材制造	13937	11604	8603	984	412643
电池制造	14270	12597	10362	917	300883
家用电力器具制造	27539	21671	17558	3998	1101673
非电力家用器具制造	1735	1330	1057	353	36876
照明器具制造	4686	3499	2243	502	64655
其他电气机械及器材制造	1355	1173	875	118	26967
通信设备、计算机及其他电子设备制造业	220428	201456	171328	13618	4808652
通信设备制造	96554	92972	88841	3385	2021334
雷达及配套设备制造	3031	2813	2576	283	37973
广播电视设备制造	2601	2364	1893	218	46672
电子计算机制造	32435	29226	25194	1383	779267
电子器件制造	24646	20508	16562	2526	613113
电子元件制造	30112	24912	18270	2584	585300
家用视听设备制造	21745	20256	10046	2805	630175
其他电子设备制造	9304	8405	7946	434	94818
仪器仪表及文化、办公用机械制造业	27003	22474	18307	2468	378580
通用仪器仪表制造	13767	10796	8910	1397	210327
专用仪器仪表制造	5393	4638	3865	595	63142
钟表与计时仪器制造	607	532	377	90	3392
光学仪器及眼镜制造	3769	3443	2852	276	35027
文化、办公用机械制造	3308	2906	2144	104	65014
其他仪器仪表的制造及修理	159	159	159	6	1677
工艺品及其他制造业	5661	4899	3439	613	65473
工艺美术品制造	2224	1953	1110	163	27546
日用杂品制造	982	801	479	170	12503
煤制品制造					
核辐射加工					
其他未列明的制造业	2455	2145	1850	280	25424
废弃资源和废旧材料回收加工业	28	9	5	2	87
金属废料和碎屑的加工处理	28	9	5	2	87
非金属废料和碎屑的加工处理					
电力、燃气及水的生产和供应业	**22853**	**13175**	**10769**	**2134**	**267009**
电力、热力的生产和供应业	21575	12370	10227	2004	257255
电力生产	8580	4579	3355	550	113460
电力供应	12509	7351	6486	1425	139352
热力生产和供应	486	440	387	29	4444
燃气生产和供应业	645	413	174	56	3279
水的生产和供应业	633	392	368	74	6474
自来水的生产和供应	609	368	356	72	6452
污水处理及其再生利用	24	24	12	2	22
其他水的处理、利用与分配					

1-G-14　国有控股大中型制造业企业研究与试验发展（R&D)活动情况

行　业	R&D人员（人）	R&D人员折合全时当量（人年）		R&D项目数（项）	R&D经费内部支出（万元）
			科学家和工程师		
总　计	**475071**	**389330**	**318360**	**43667**	**11237297**
农副食品加工业	1123	716	517	73	23697
食品制造业	2680	2145	1714	259	51792
饮料制造业	9233	8072	6254	571	166599
烟草制品业	4369	3433	2993	918	92382
纺织业	7172	5728	2365	591	47501
纺织服装、鞋、帽制造业	536	437	356	27	4008
皮革、毛皮、羽毛(绒)及其制品业	58	45	45	90	203
木材加工及木、竹、藤、棕、草制品业	456	363	213	31	4683
家具制造业	253	253	197	28	18486
造纸及纸制品业	4683	2911	2002	164	69411
印刷业和记录媒介的复制	1322	957	825	293	20041
文教体育用品制造业	251	250	132	21	6017
石油加工、炼焦及核燃料加工业	10455	8666	7378	976	212680
化学原料及化学制品制造业	43827	36776	25857	2732	943362
医药制造业	16455	13739	10561	1944	210445
化学纤维制造业	4095	3272	2720	295	124364
橡胶制品业	3814	3003	1838	679	108801
塑料制品业	1844	1321	1164	129	46371
非金属矿物制品业	7727	5620	4365	674	116722
黑色金属冶炼及压延加工业	53287	38493	33342	4327	2245752
有色金属冶炼及压延加工业	21332	16525	12663	1488	449536
金属制品业	4245	3575	3212	539	101543
通用设备制造业	40507	33068	27247	5658	924490
专用设备制造业	39976	34689	26980	3599	823400
交通运输设备制造业	105623	84558	70608	9030	2714724
电气机械及器材制造业	19021	16581	14393	2323	426419
通信设备、计算机及其他电子设备制造业	55859	51711	47868	4765	1143652
仪器仪表及文化、办公用机械制造业	12604	10421	8835	1188	116625
工艺品及其他制造业	2264	2001	1715	255	23593

1-G-15 内资大中型制造业企业研究与试验发展（R&D)活动情况

行业	R&D人员(人)	R&D人员折合全时当量(人年)		R&D项目数(项)	R&D经费内部支出(万元)
			科学家和工程师		
总计	**829881**	**678155**	**534359**	**73615**	**18210103**
农副食品加工业	6459	5128	3952	484	171582
食品制造业	5658	4237	3295	736	91234
饮料制造业	12873	10965	8806	732	197313
烟草制品业	4514	3551	3108	930	94987
纺织业	25677	19531	10365	1958	410094
纺织服装、鞋、帽制造业	3799	3193	2105	258	82225
皮革、毛皮、羽毛(绒)及其制品业	1800	1308	670	318	27144
木材加工及木、竹、藤、棕、草制品业	2175	1526	911	118	48132
家具制造业	1092	875	547	45	12425
造纸及纸制品业	6461	4233	3286	341	137359
印刷业和记录媒介的复制	2439	1803	1315	372	31188
文教体育用品制造业	1976	1600	788	168	26364
石油加工、炼焦及核燃料加工业	11297	9381	7915	988	270848
化学原料及化学制品制造业	67627	55814	40823	4745	1528777
医药制造业	36004	30446	23835	4460	550565
化学纤维制造业	8223	6671	4706	456	238456
橡胶制品业	7670	6102	4450	1075	182851
塑料制品业	5739	4342	3576	397	139432
非金属矿物制品业	22616	16945	12384	1679	336620
黑色金属冶炼及压延加工业	63317	45818	38089	4786	2769823
有色金属冶炼及压延加工业	29595	22571	17179	2041	730705
金属制品业	15729	12199	9597	1302	304158
通用设备制造业	72179	57835	45175	8359	1366585
专用设备制造业	64789	52309	39220	8390	1222760
交通运输设备制造业	118847	94400	75513	10275	2492539
电气机械及器材制造业	76190	62217	48793	7834	1970744
通信设备、计算机及其他电子设备制造业	130287	122625	107662	8089	2460308
仪器仪表及文化、办公用机械制造业	20142	16410	13383	1850	264198
工艺品及其他制造业	4679	4112	2906	427	50600

1-G-16　港澳台商投资大中型制造业企业研究与试验发展（R&D）活动情况

行　　业	R&D人员（人）	R&D人员折合全时当量（人年）	科学家和工程师	R&D项目数（项）	R&D经费内部支出（万元）
总　计	**103830**	**85145**	**64816**	**8068**	**2220625**
农副食品加工业	2530	2200	1855	187	47530
食品制造业	851	763	407	87	17231
饮料制造业	784	695	571	96	16739
烟草制品业	22	22	17	4	157
纺织业	4794	3728	2365	245	72267
纺织服装、鞋、帽制造业	1679	1561	1130	85	35872
皮革、毛皮、羽毛(绒)及其制品业	1441	1228	892	52	19170
木材加工及木、竹、藤、棕、草制品业	349	282	143	43	4466
家具制造业	574	512	426	69	22047
造纸及纸制品业	1299	928	704	108	22808
印刷业和记录媒介的复制	894	840	498	62	11018
文教体育用品制造业	1055	816	465	644	14129
石油加工、炼焦及核燃料加工业	412	290	233	62	7002
化学原料及化学制品制造业	2700	2120	1696	204	63759
医药制造业	3305	2656	2041	425	64440
化学纤维制造业	979	843	736	46	40914
橡胶制品业	1354	1231	1011	53	55131
塑料制品业	1887	1557	1021	209	29051
非金属矿物制品业	2886	2278	1660	166	49164
黑色金属冶炼及压延加工业	2133	1829	1324	96	153509
有色金属冶炼及压延加工业	2765	2074	1374	131	55160
金属制品业	1984	1486	1046	114	34683
通用设备制造业	5227	4203	2932	491	85884
专用设备制造业	5770	4796	3656	472	80137
交通运输设备制造业	5945	4256	2997	448	147912
电气机械及器材制造业	14012	11775	10032	1141	204963
通信设备、计算机及其他电子设备制造业	33568	27971	21923	1942	829485
仪器仪表及文化、办公用机械制造业	1993	1726	1354	239	26509
工艺品及其他制造业	638	480	308	147	9490

1-G-17 外商投资大中型制造业企业研究与试验发展（R&D)活动情况

行业	R&D人员（人）	R&D人员折合全时当量（人年）		R&D项目数（项）	R&D经费内部支出（万元）
			科学家和工程师		
总计	**184962**	**159542**	**122003**	**13462**	**5033061**
农副食品加工业	1715	1444	1046	146	58245
食品制造业	2735	2104	1842	228	70292
饮料制造业	3643	2590	2082	425	109745
烟草制品业					
纺织业	4052	3592	2626	247	51028
纺织服装、鞋、帽制造业	580	505	183	27	4920
皮革、毛皮、羽毛(绒)及其制品业	606	496	192	26	8570
木材加工及木、竹、藤、棕、草制品业	214	133	66	13	4791
家具制造业	272	231	152	26	3484
造纸及纸制品业	3312	2273	1596	144	96169
印刷业和记录媒介的复制	528	377	181	44	7071
文教体育用品制造业	968	945	608	83	17040
石油加工、炼焦及核燃料加工业	414	237	65	8	4008
化学原料及化学制品制造业	5888	5019	3871	413	173700
医药制造业	8913	7090	6218	877	175874
化学纤维制造业	838	662	629	54	24936
橡胶制品业	3208	2704	1946	226	82300
塑料制品业	9857	9499	4210	129	82605
非金属矿物制品业	3708	3210	2250	289	70762
黑色金属冶炼及压延加工业	1820	1226	1065	214	89891
有色金属冶炼及压延加工业	3286	2584	1628	134	69441
金属制品业	5177	4660	3270	302	95586
通用设备制造业	12150	10715	8300	995	303491
专用设备制造业	6522	5136	3984	480	152834
交通运输设备制造业	25450	22403	18289	2203	1088064
电气机械及器材制造业	17321	14204	10166	1724	576100
通信设备、计算机及其他电子设备制造业	56573	50860	41743	3587	1518859
仪器仪表及文化、办公用机械制造业	4868	4337	3571	379	87873
工艺品及其他制造业	344	307	225	39	5384

1-G-18　各地区大中型工业企业研究与试验发展（R&D)活动情况

地　区	R&D人员(人)	R&D人员折合全时当量(人年)		R&D项目数(项)	R&D经费内部支出(万元)
			科学家和工程师		
全　国	**1241247**	**1014223**	**790321**	**103234**	**26813110**
东部地区	798271	667306	523264	68707	19679571
中部地区	275766	214508	168434	19144	4571732
西部地区	167210	132409	98623	15383	2561807
东北地区	98320	74901	64602	8692	2023623
北　京	33231	26892	22970	6730	709676
天　津	26597	21799	16218	4765	897905
河　北	34657	25365	19298	3477	728740
山　西	34041	29905	20658	1325	469652
内蒙古	12499	11290	9466	617	268366
辽　宁	53249	39987	33468	4951	1289771
吉　林	12333	8273	7992	859	253053
黑龙江	32738	26642	23141	2882	480800
上　海	41960	36692	29012	5465	1811127
江　苏	148675	119553	85855	11631	4090217
浙　江	98402	79366	48578	7115	1935081
安　徽	34009	27693	21931	2389	612300
福　建	38084	32199	25183	2560	647190
江　西	22552	14420	11589	1840	448625
山　东	122594	107535	86244	10653	3453962
河　南	60406	46407	34703	4349	901765
湖　北	42914	35625	30489	3135	772287
湖　南	36773	25542	17929	2365	633251
广　东	200277	177500	156084	11316	4109579
广　西	10046	7083	5747	1041	196087
海　南	545	417	353	44	6324
重　庆	24372	20872	16364	2650	439451
四　川	46865	38298	23849	4417	613068
贵　州	7579	5659	4728	740	141039
云　南	9152	6921	5043	796	111778
西　藏					
陕　西	32560	24859	19456	3028	420110
甘　肃	12172	9466	7163	819	168607
青　海	1336	784	703	103	25126
宁　夏	4241	2831	2196	559	59982
新　疆	6388	4346	3908	613	118192

1-G-19 各地区国有控股大中型工业企业研究与试验发展（R&D)活动情况

地区	R&D人员（人）	R&D人员折合全时当量（人年）		R&D项目数（项）	R&D经费内部支出（万元）
			科学家和工程师		
全国	**593529**	**477582**	**385388**	**51566**	**12526406**
东部地区	273847	226142	183681	27131	7316090
中部地区	200292	157387	125734	13571	3373550
西部地区	119390	94053	75973	10864	1836766
东北地区	83088	63689	54864	7430	1729765
北京	19925	16443	13738	2222	367114
天津	14689	11954	9125	2826	460228
河北	23551	17094	12990	1990	532880
山西	31972	28145	19538	1202	434024
内蒙古	9483	9242	7835	458	184141
辽宁	42973	32004	26555	4168	1053078
吉林	10280	7038	6894	628	230463
黑龙江	29835	24647	21415	2634	446224
上海	29030	26024	21871	4177	1352899
江苏	35973	27899	20445	3411	794041
浙江	10095	8504	6015	877	182527
安徽	23734	19340	15966	1608	423617
福建	8439	6349	5124	641	138365
江西	16696	10226	8326	1379	342689
山东	50684	44821	36288	4493	1442958
河南	36337	28324	21799	2456	537734
湖北	27434	22353	19251	2033	544728
湖南	24004	17315	12545	1631	414071
广东	38065	34743	31277	2295	986502
广西	5104	3494	3259	626	114403
海南	423	307	254	31	5499
重庆	16454	14542	11846	1808	294772
四川	25023	19723	15492	2277	313035
贵州	6726	5077	4221	670	132833
云南	7634	5679	4161	640	91870
西藏					
陕西	29570	22562	17809	2747	379781
甘肃	10335	7840	6131	660	154400
青海	1260	722	649	89	24664
宁夏	2040	1322	1004	302	31296
新疆	5761	3850	3566	587	115572

1-G-20　各地区内资大中型工业企业研究与试验发展（R&D）活动情况

地　区	R&D人员（人）	R&D人员折合全时当量（人年）		R&D项目数（项）	R&D经费内部支出（万元）
			科学家和工程师		
全　国	**949389**	**767296**	**601913**	**81535**	**19520725**
东部地区	546763	452470	360282	50329	13244111
中部地区	247377	191581	149962	16759	3918490
西部地区	155249	123244	91668	14447	2358125
东北地区	86511	65185	55524	8084	1873726
北　京	26157	21405	18131	6018	507644
天　津	18326	14802	11056	3249	569003
河　北	31421	23383	17548	2964	660857
山　西	33249	29228	20016	1261	463906
内蒙古	11786	10681	8973	563	255894
辽　宁	44754	32281	26243	4569	1175601
吉　林	11646	7702	7462	838	242576
黑龙江	30111	25202	21819	2677	455549
上　海	20393	17229	13759	3046	850723
江　苏	95295	74869	55046	7643	2551274
浙　江	69162	55002	33608	5167	1288528
安　徽	30505	24872	19646	2035	495235
福　建	13623	10583	8054	1150	224840
江　西	18876	11199	8759	1341	310382
山　东	103467	90492	72796	9565	2921704
河　南	54025	41205	30975	3742	776413
湖　北	34054	28020	24186	2632	565221
湖　南	34911	24153	17100	2233	609210
广　东	123632	112008	103687	6915	2487618
广　西	6823	4551	3783	894	125932
海　南	533	417	353	43	6319
重　庆	21509	18983	14789	2322	400122
四　川	44186	36123	22430	4272	573912
贵　州	7280	5429	4502	731	140452
云　南	8666	6470	4748	742	100207
西　藏					
陕　西	31699	24144	18942	2944	402559
甘　肃	12147	9441	7139	816	168262
青　海	958	558	487	71	17719
宁　夏	3807	2519	1967	479	54875
新　疆	6388	4346	3908	613	118192

1-G-21　各地区港澳台商投资大中型工业企业研究与试验发展（R&D)活动情况

地　区	R&D人员（人）	R&D人员折合全时当量（人年）	科学家和工程师	R&D项目数（项）	R&D经费内部支出（万元）
全　国	**104311**	**85512**	**65126**	**8107**	**2235951**
东部地区	94915	77644	59675	7433	2092954
中部地区	7040	5950	4297	461	98070
西部地区	2356	1918	1154	213	44927
东北地区	1971	1535	1486	95	41490
北　京	2689	1942	1864	311	89222
天　津	1846	1307	1050	332	39424
河　北	1369	591	488	179	29249
山　西	635	542	518	55	3673
内蒙古	27	27	27	3	270
辽　宁	1951	1515	1466	93	41216
吉　林	20	20	20	2	274
黑龙江					
上　海	3149	2180	1797	342	88511
江　苏	17622	14739	10450	1715	444251
浙　江	13883	11523	7266	911	340575
安　徽	918	731	521	50	14178
福　建	12595	10931	8455	672	235488
江　西	516	365	273	59	9311
山　东	4102	3701	2997	217	93560
河　南	3027	2648	1915	177	45756
湖　北	1091	997	726	31	11101
湖　南	833	647	326	87	13778
广　东	35697	29214	23841	2660	691454
广　西	135	81	29	18	2029
海　南	12			1	5
重　庆	580	397	348	76	12011
四　川	1217	1017	493	43	26657
贵　州	8	7	4	3	32
云　南	307	307	172	25	3377
西　藏					
陕　西					
甘　肃					
青　海					
宁　夏	82	82	82	45	551
新　疆					

1-G-22　各地区外商投资大中型工业企业研究与试验发展（R&D)活动情况

地　区	R&D人员（人）	R&D人员折合全时当量（人年）		R&D项目数（项）	R&D经费内部支出（万元）
			科学家和工程师		
全　国	**187547**	**161415**	**123282**	**13592**	**5056433**
东部地区	156593	137191	103306	10945	4342506
中部地区	21349	16977	14175	1924	555172
西部地区	9605	7247	5801	723	158756
东北地区	9838	8181	7592	513	108408
北　京	4385	3546	2974	401	112810
天　津	6425	5690	4112	1184	289477
河　北	1867	1390	1262	334	38634
山　西	157	135	125	9	2074
内蒙古	686	582	466	51	12202
辽　宁	6544	6190	5759	289	72954
吉　林	667	552	510	19	10203
黑龙江	2627	1439	1323	205	25251
上　海	18418	17283	13456	2077	871893
江　苏	35758	29945	20358	2273	1094693
浙　江	15357	12842	7704	1037	305978
安　徽	2586	2090	1765	304	102887
福　建	11866	10685	8674	738	186863
江　西	3160	2856	2558	440	128932
山　东	15025	13342	10452	871	438698
河　南	3354	2555	1813	430	79597
湖　北	7769	6609	5577	472	195966
湖　南	1029	742	504	45	10263
广　东	40948	36278	28556	1741	930507
广　西	3088	2452	1936	129	68126
海　南					
重　庆	2283	1493	1227	252	27318
四　川	1462	1157	927	102	12500
贵　州	291	223	223	6	556
云　南	179	145	122	29	8195
西　藏					
陕　西	861	715	513	84	17552
甘　肃	25	25	25	3	345
青　海	378	226	216	32	7407
宁　夏	352	230	147	35	4556
新　疆					

H. 企业办科技机构情况

1-H-1 分登记注册类型工业企业办科技机构情况

行业	企业办科技机构数（个）	机构科技活动人员（人）	#博士毕业	#硕士毕业	机构科技经费内部支出（万元）	机构仪器设备原价（万元）
总计	**26177**	**1304209**	**20311**	**122280**	**26347746**	**27071202**
国有控股企业	4843	462940	5864	43482	9657830	8553949
内资企业	20294	983794	15934	94095	18508376	19666454
国有企业	1422	112554	1477	12000	1951928	2308543
集体企业	206	7824	175	612	206228	188521
股份合作企业	277	6827	106	401	94734	101654
联营企业	24	2641	31	221	134305	24638
国有联营企业	9	2379	19	199	131100	23405
集体联营企业	5	51	5	7	382	217
国有与集体联营企业	4	58		5	1108	227
其他联营企业	6	153	7	10	1715	790
有限责任公司	6686	400678	5715	48261	8007451	10857183
国有独资公司	724	78061	661	6557	1741700	1284026
其他有限责任公司	5962	322617	5054	41704	6265751	9573158
股份有限公司	2602	227164	4031	19893	4713791	3768162
私营企业	8985	223199	4339	12536	3357878	2385852
私营独资企业	747	12305	251	546	160162	124843
私营合伙企业	143	2271	32	129	25301	15554
私营有限责任公司	7570	189586	3659	10370	2772311	2000172
私营股份有限公司	525	19037	397	1491	400104	245284
其他企业	92	2907	60	171	42062	31900
港、澳、台商投资企业	2530	132067	1698	9754	2568605	2019772
合资经营企业（港或澳、台资）	1254	51820	841	3268	1018173	906930
合作经营企业（港或澳、台资）	54	1975	24	84	20683	21541
港、澳、台商独资经营企业	1116	70440	717	5627	1344374	951211
港、澳、台商投资股份有限公司	106	7832	116	775	185375	140091
外商投资企业	3353	188348	2679	18431	5270765	5384976
中外合资经营企业	1820	99008	1443	10603	3184679	2279418
中外合作经营企业	79	2392	38	264	52507	31661
外资企业	1288	72945	1010	6089	1635916	2814268
外商投资股份有限公司	166	14003	188	1475	397664	259629

1-H-2　分行业工业企业办科技机构情况

行　业	企业办科技机构数（个）	机构科技活动人员（人）	#博士毕业	#硕士毕业	机构科技经费内部支出（万元）	机构仪器设备原价（万元）
总　计	**26177**	**1304209**	**20311**	**122280**	**26347746**	**27071202**
采矿业	**607**	**61376**	**874**	**6175**	**919352**	**548162**
煤炭开采和洗选业	301	25059	241	1583	361801	190677
烟煤和无烟煤的开采洗选	296	24844	240	1576	355559	188493
褐煤的开采洗选	5	215	1	7	6242	2183
其他煤炭采选						
石油和天然气开采业	152	31286	528	4297	452747	246645
天然原油和天然气开采	97	24260	446	3760	380213	181133
与石油和天然气开采有关的服务活动	55	7026	82	537	72534	65512
黑色金属矿采选业	27	1304	16	76	20456	17587
铁矿采选	25	1004	6	56	19956	17387
其他黑色金属矿采选	2	300	10	20	500	200
有色金属矿采选业	56	1768	50	99	46885	69685
常用有色金属矿采选	35	858	25	84	25748	14548
贵金属矿采选	15	825	4	14	19980	54434
稀有稀土金属矿采选	6	85	21	1	1157	703
非金属矿采选业	71	1959	39	120	37463	23569
土砂石开采	34	342	16	41	3005	3644
化学矿采选	7	330	4	21	4991	7541
采盐	27	1258	17	52	29108	12294
石棉及其他非金属矿采选	3	29	2	6	359	91
制造业	**25327**	**1226665**	**19122**	**113930**	**25268011**	**25739827**
农副食品加工业	753	19406	608	1653	377996	271598
谷物磨制	86	1279	36	75	27313	22952
饲料加工	156	3526	184	486	45527	31673
植物油加工	77	1451	66	130	61707	30535
制糖	14	961	9	34	13175	17297
屠宰及肉类加工	139	6424	132	399	116742	72394
水产品加工	94	1929	68	178	30082	37083
蔬菜、水果和坚果加工	98	1635	44	112	14053	13812
其他农副食品加工	89	2201	69	239	69398	45852
食品制造业	530	14142	417	1369	237750	212387
焙烤食品制造	37	653	10	40	9631	11436
糖果、巧克力及蜜饯制造	32	1149	28	70	23498	10740
方便食品制造	50	1550	62	93	27558	21163
液体乳及乳制品制造	92	2327	87	353	42890	41631
罐头制造	33	676	10	44	12318	7435
调味品、发酵制品制造	86	2912	34	233	44516	45748
其他食品制造	200	4875	186	536	77340	74235
饮料制造业	417	18286	284	988	478490	373639
酒精制造	22	739	8	48	21025	11367
酒的制造	246	14050	179	664	366125	327339
软饮料制造	90	2578	59	218	81456	29841
精制茶加工	59	919	38	58	9884	5093
烟草制品业	37	2735	89	382	145679	121971
烟叶复烤	2	42	2	2	401	517

1-H-2 续表 1

行业	企业办科技机构数(个)	机构科技活动人员(人)	#博士毕业	#硕士毕业	机构科技经费内部支出(万元)	机构仪器设备原价(万元)
卷烟制造	28	2466	81	359	141339	118213
其他烟草制品加工	7	227	6	21	3939	3241
纺织业	1107	35126	392	1367	598774	601352
棉、化纤纺织及印染精加工	556	19541	170	660	311267	323017
毛纺织和染整精加工	69	2361	36	109	45848	46724
麻纺织	13	503	5	13	7724	5039
丝绢纺织及精加工	101	2432	29	137	48345	39109
纺织制成品制造	194	5526	81	247	109581	111935
针织品、编织品及其制品制造	174	4763	71	201	76011	75528
纺织服装、鞋、帽制造业	258	10714	105	296	164424	124141
纺织服装制造	243	10520	104	293	161572	122972
纺织面料鞋的制造	11	156	1	3	1741	829
制帽	4	38			1110	340
皮革、毛皮、羽毛(绒)及其制品业	229	8057	52	162	94495	69755
皮革鞣制加工	38	1128	12	38	27846	27197
皮革制品制造	164	6328	31	93	59502	36785
毛皮鞣制及制品加工	13	240	1	9	3586	1670
羽毛(绒)加工及制品制造	14	361	8	22	3561	4103
木材加工及木、竹、藤、棕、草制品业	252	4560	85	294	47516	32528
锯材、木片加工	9	112	2	5	789	298
人造板制造	125	2955	58	223	34577	22978
木制品制造	87	1036	15	26	9376	5158
竹、藤、棕、草制品制造	31	457	10	40	2774	4095
家具制造业	142	3839	43	136	55990	49607
木质家具制造	57	1261	24	80	13079	15995
竹、藤家具制造						
金属家具制造	53	1904	11	39	30227	26521
塑料家具制造	4	49	2	7	424	148
其他家具制造	28	625	6	10	12260	6944
造纸及纸制品业	274	11225	186	578	285251	286248
纸浆制造	16	447	11	34	11140	11648
造纸	175	8578	137	431	243865	256606
纸制品制造	83	2200	38	113	30246	17994
印刷业和记录媒介的复制	151	4473	77	312	63974	92105
印刷	134	3803	75	291	53172	80984
装订及其他印刷服务活动	6	390		5	3448	4812
记录媒介的复制	11	280	2	16	7354	6309
文教体育用品制造业	203	6206	63	198	61615	51802
文化用品制造	44	1332	6	45	14176	17775
体育用品制造	63	1699	10	23	17135	13605
乐器制造	23	1080	23	38	6625	9008
玩具制造	53	1646	18	61	18452	9797
游艺器材及娱乐用品制造	20	449	6	31	5227	1618
石油加工、炼焦及核燃料加工业	159	9626	174	750	228590	223766
精炼石油产品的制造	115	7140	117	639	169294	194142
炼焦	39	2291	55	106	53190	25974
核燃料加工	5	195	2	5	6105	3650

1-H-2　续表 2

行　　业	企业办科技机构数（个）	机构科技活动人员（人）	#博士毕业	#硕士毕业	机构科技经费内部支出（万元）	机构仪器设备原价（万元）
化学原料及化学制品制造业	2484	86013	1973	6882	1877221	1353268
基础化学原料制造	477	19716	328	1383	412141	271391
肥料制造	242	10542	236	670	265997	257869
农药制造	193	6899	194	738	137493	80428
涂料、油墨、颜料及类似产品制造	358	9587	207	609	181627	134479
合成材料制造	233	9983	283	1091	371072	171350
专用化学产品制造	831	25052	601	1889	423986	367836
日用化学产品制造	150	4234	124	502	84905	69915
医药制造业	1601	60221	1975	6867	917083	876505
化学药品原药制造	370	16127	470	1586	239970	212559
化学药品制剂制造	384	16053	446	1859	303333	284515
中药饮片加工	66	990	37	153	13040	20375
中成药制造	401	16527	489	1353	194917	204115
兽用药品制造	126	3272	190	612	32292	32774
生物、生化制品的制造	203	5827	280	1095	115978	112639
卫生材料及医药用品制造	51	1425	63	209	17553	9531
化学纤维制造业	161	10128	134	574	285705	420319
纤维素纤维原料及纤维制造	29	3608	28	242	117070	84793
合成纤维制造	132	6520	106	332	168635	335526
橡胶制品业	288	14925	131	447	442210	635277
轮胎制造	81	9629	56	248	375993	569958
橡胶板、管、带的制造	60	1620	16	37	23967	17721
橡胶零件制造	65	1822	19	52	21732	29192
再生橡胶制造	6	118	7	8	1188	2923
日用及医用橡胶制品制造	19	401	6	29	4427	4943
橡胶靴鞋制造	16	520	1	5	3335	4590
其他橡胶制品制造	41	815	26	68	11567	5950
塑料制品业	625	15712	319	1462	299604	264886
塑料薄膜制造	78	2416	62	366	62563	47981
塑料板、管、型材的制造	185	4331	100	361	93861	95572
塑料丝、绳及编织品的制造	23	382	4	11	3945	1695
泡沫塑料制造	24	555	7	25	6178	5094
塑料人造革、合成革制造	27	1179	18	29	23079	23543
塑料包装箱及容器制造	58	1122	16	48	21302	20198
塑料零件制造	83	2483	20	78	29180	29474
日用塑料制造	72	1553	52	366	27896	22014
其他塑料制品制造	75	1691	40	178	31599	19314
非金属矿物制品业	1067	34098	590	2040	591616	519636
水泥、石灰和石膏的制造	142	4448	41	204	75977	98267
水泥及石膏制品制造	92	2334	42	258	29493	31367
砖瓦、石材及其他建筑材料制造	153	4390	65	178	71139	62202
玻璃及玻璃制品制造	259	9441	159	557	194263	162556
陶瓷制品制造	173	5383	97	197	66559	84959
耐火材料制品制造	121	3669	99	317	51033	26697
石墨及其他非金属矿物制品制造	127	4433	87	329	103153	53588
黑色金属冶炼及压延加工业	392	41313	856	4398	1816363	1187250

1-H-2 续表 3

行业	企业办科技机构数（个）	机构科技活动人员（人）	#博士毕业	#硕士毕业	机构科技经费内部支出（万元）	机构仪器设备原价（万元）
炼铁	20	794	7	51	38221	84240
炼钢	59	7297	166	801	374832	253495
钢压延加工	270	31939	649	3456	1369657	800390
铁合金冶炼	43	1283	34	90	33653	49125
有色金属冶炼及压延加工业	569	28650	525	2114	716772	5809776
常用有色金属冶炼	168	12708	178	836	309872	211232
贵金属冶炼	17	924	34	174	15681	17741
稀有稀土金属冶炼	67	2361	72	213	32465	37739
有色金属合金制造	45	1670	35	165	38261	22210
有色金属压延加工	272	10987	206	726	320494	5520855
金属制品业	792	27844	452	1730	410437	352276
结构性金属制品制造	198	7633	128	590	114361	86532
金属工具制造	126	3865	46	145	39642	39940
集装箱及金属包装容器制造	78	2702	67	260	41746	42980
金属丝绳及其制品的制造	55	2665	30	166	56189	35170
建筑、安全用金属制品制造	110	4449	37	222	58827	72189
金属表面处理及热处理加工	47	1176	12	51	22598	11822
搪瓷制品制造	19	515	7	54	4630	10138
不锈钢及类似日用金属制品制造	86	2553	15	108	35791	17412
其他金属制品制造	73	2286	110	134	36654	36094
通用设备制造业	2637	100615	1202	6056	1702504	1379769
锅炉及原动机制造	184	11030	152	872	286944	282957
金属加工机械制造	396	16758	174	1055	229111	171521
起重运输设备制造	218	11312	109	899	303700	100542
泵、阀门、压缩机及类似机械的制造	662	22148	217	901	292892	306148
轴承、齿轮、传动和驱动部件的制造	234	9398	105	330	117305	150128
烘炉、熔炉及电炉制造	30	774	14	55	12811	3561
风机、衡器、包装设备等通用设备制造	482	18659	307	1433	288943	203828
通用零部件制造及机械修理	216	5128	47	213	74375	60407
金属铸、锻加工	215	5408	77	298	96422	100677
专用设备制造业	2082	99466	1260	8311	1623632	1050150
矿山、冶金、建筑专用设备制造	492	36288	328	3593	736957	363226
化工、木材、非金属加工专用设备制造	381	10749	128	459	131192	155455
食品、饮料、烟草及饲料生产专用设备制造	75	2385	19	145	27054	49991
印刷、制药、日化生产专用设备制造	133	3632	46	175	50406	35642
纺织、服装和皮革工业专用设备制造	190	7293	42	233	86141	105325
电子和电工机械专用设备制造	184	13720	137	1041	180791	119897
农、林、牧、渔专用机械制造	117	7254	79	217	144227	80574
医疗仪器设备及器械制造	204	7793	251	1344	127171	68321
环保、社会公共安全及其他专用设备制造	306	10352	230	1104	139694	71720
交通运输设备制造业	1822	138388	1266	11010	3552495	2601338
铁路运输设备制造	118	10228	134	1199	191001	157588
汽车制造	1228	88140	869	7692	2637729	1796441
摩托车制造	142	9071	72	358	172428	114109
自行车制造	53	1504	50	81	14481	14863
船舶及浮动装置制造	133	12260	66	438	282510	84404

1-H-2　续表 4

行　　业	企业办科技机构数（个）	机构科技活动人员（人）	#博士毕业	#硕士毕业	机构科技经费内部支出（万元）	机构仪器设备原价（万元）
航空航天器制造	136	16752	75	1226	248358	430171
交通器材及其他交通运输设备制造	12	433		16	5989	3762
电气机械及器材制造业	2770	126443	1995	7822	2873457	2177206
电机制造	401	18146	175	1028	308437	223659
输配电及控制设备制造	865	39277	527	2473	647530	445423
电线、电缆、光缆及电工器材制造	423	16162	317	941	495593	500761
电池制造	232	15969	498	1175	307917	342213
家用电力器具制造	463	25933	301	1628	958820	481669
非电力家用器具制造	76	2357	62	121	47064	30521
照明器具制造	242	6742	78	272	81771	52582
其他电气机械及器材制造	68	1857	37	184	26326	100378
通信设备、计算机及其他电子设备制造业	2309	248340	3016	40886	4772714	4056834
通信设备制造	424	104607	1581	27588	1870205	896949
雷达及配套设备制造	31	4362	32	445	68633	44550
广播电视设备制造	95	4210	47	528	54237	28891
电子计算机制造	272	37377	224	5391	802003	995535
电子器件制造	461	27825	475	2642	665527	828157
电子元件制造	690	39229	403	1784	522010	789267
家用视听设备制造	186	24336	139	1620	706927	433821
其他电子设备制造	150	6394	115	888	83172	39665
仪器仪表及文化、办公用机械制造业	991	37604	763	4476	449278	404538
通用仪器仪表制造	561	21084	463	2806	265062	194597
专用仪器仪表制造	222	7887	200	1095	87955	120139
钟表与计时仪器制造	30	788	5	36	5106	5524
光学仪器及眼镜制造	90	4136	56	284	38396	48715
文化、办公用机械制造	72	3288	24	169	48117	32650
其他仪器仪表的制造及修理	16	421	15	86	4642	2914
工艺品及其他制造业	219	8435	82	367	95809	139304
工艺美术品制造	109	3808	36	128	49647	89654
日用杂品制造	54	1901	25	78	19740	30336
煤制品制造						
核辐射加工	1	21		2	162	40
其他未列明的制造业	55	2705	21	159	26261	19274
废弃资源和废旧材料回收加工业	6	75	8	3	569	595
金属废料和碎屑的加工处理	3	43	3		179	451
非金属废料和碎屑的加工处理	3	32	5	3	390	144
电力、燃气及水的生产和供应业	**243**	**16168**	**315**	**2175**	**160382**	**783213**
电力、热力的生产和供应业	188	14773	254	2012	149567	700007
电力生产	97	7870	67	542	88366	72631
电力供应	79	6536	184	1444	55830	623079
热力生产和供应	12	367	3	26	5371	4297
燃气生产和供应业	9	126	1	33	1611	3988
水的生产和供应业	46	1269	60	130	9205	79218
自来水的生产和供应	36	1135	49	99	7140	78182
污水处理及其再生利用	6	97	9	25	1792	915
其他水的处理、利用与分配	4	37	2	6	273	121

1-H-3 国有控股制造业企业办科技机构情况

行业	企业办科技机构数（个）	机构科技活动人员（人）	#博士毕业	#硕士毕业	机构科技经费内部支出（万元）	机构仪器设备原价（万元）
总计	**4232**	**390553**	**4780**	**35482**	**8696237**	**7390604**
农副食品加工业	42	1276	24	155	25778	32328
食品制造业	61	2270	63	343	30288	37268
饮料制造业	97	7967	100	431	274398	243619
烟草制品业	30	2501	83	366	141493	118850
纺织业	125	5027	21	137	63555	102684
纺织服装、鞋、帽制造业	15	890	5	33	5612	3135
皮革、毛皮、羽毛(绒)及其制品业	4	93			842	1650
木材加工及木、竹、藤、棕、草制品业	61	768	2	62	4220	3972
家具制造业	2	232	1	3	17013	15762
造纸及纸制品业	44	3135	36	189	77666	132646
印刷业和记录媒介的复制	20	1015	22	103	16567	27168
文教体育用品制造业	12	812	15	30	4321	7434
石油加工、炼焦及核燃料加工业	93	7588	115	664	162342	198550
化学原料及化学制品制造业	455	32730	424	2305	688227	549353
医药制造业	266	13856	330	1405	193398	212877
化学纤维制造业	32	3702	51	298	104593	79501
橡胶制品业	56	5032	9	92	138692	80843
塑料制品业	58	1362	33	260	47926	49474
非金属矿物制品业	176	7444	120	707	151729	168517
黑色金属冶炼及压延加工业	152	30534	599	3809	941638	763218
有色金属冶炼及压延加工业	140	14166	202	1215	305185	247058
金属制品业	81	4250	64	423	73286	58248
通用设备制造业	407	31273	265	2532	731404	644025
专用设备制造业	388	39641	253	2949	770597	531967
交通运输设备制造业	604	84028	661	8245	2218140	1757395
电气机械及器材制造业	239	23202	193	1635	503146	554103
通信设备、计算机及其他电子设备制造业	391	53658	941	5340	883003	609844
仪器仪表及文化、办公用机械制造业	151	10239	142	1655	101763	142579
工艺品及其他制造业	30	1862	6	96	19418	16539

1-H-4　内资制造业企业办科技机构情况

行　　业	企业办科技机构数（个）	机构科技活动人员（人）	#博士毕业	#硕士毕业	机构科技经费内部支出（万元）	机构仪器设备原价（万元）
总　　计	**19504**	**908544**	**14806**	**86099**	**17484638**	**18370172**
农副食品加工业	585	12311	446	1155	227448	178469
食品制造业	427	10165	315	957	121265	130532
饮料制造业	343	13654	205	666	332937	291747
烟草制品业	35	2703	89	381	145141	121488
纺织业	868	27414	311	1029	461097	448086
纺织服装、鞋、帽制造业	166	5918	53	174	84984	48717
皮革、毛皮、羽毛(绒)及其制品业	134	4144	29	68	48573	30904
木材加工及木、竹、藤、棕、草制品业	209	3842	66	247	39212	28340
家具制造业	86	2061	14	40	20298	17728
造纸及纸制品业	205	6990	152	404	188719	201194
印刷业和记录媒介的复制	114	3260	65	238	40519	64171
文教体育用品制造业	127	3419	43	127	29362	22128
石油加工、炼焦及核燃料加工业	142	9062	161	707	208428	205233
化学原料及化学制品制造业	2043	73990	1662	5809	1515624	1082770
医药制造业	1259	45692	1579	5130	648127	623588
化学纤维制造业	122	8569	115	520	242171	332426
橡胶制品业	226	9305	87	316	206903	212094
塑料制品业	453	9686	227	890	190934	176715
非金属矿物制品业	861	27082	466	1673	471633	348078
黑色金属冶炼及压延加工业	338	38017	803	4104	1634538	929720
有色金属冶炼及压延加工业	467	23359	453	1778	602390	5692181
金属制品业	613	20728	328	1421	283903	230185
通用设备制造业	2175	82307	968	4784	1296253	1136964
专用设备制造业	1702	84402	982	6692	1349224	849210
交通运输设备制造业	1445	106853	966	7465	2238674	1831233
电气机械及器材制造业	2094	92916	1391	5783	2182999	1482785
通信设备、计算机及其他电子设备制造业	1338	145054	2141	29734	2271369	1253007
仪器仪表及文化、办公用机械制造业	770	29080	626	3530	322001	273704
工艺品及其他制造业	152	6504	60	276	79392	126205

1-H-5 港澳台商投资制造业企业办科技机构情况

行业	企业办科技机构数(个)	机构科技活动人员(人)	#博士毕业	#硕士毕业	机构科技经费内部支出(万元)	机构仪器设备原价(万元)
总计	**2511**	**131156**	**1681**	**9559**	**2542544**	**2006431**
农副食品加工业	79	4265	79	283	62755	31780
食品制造业	38	964	42	129	32209	28392
饮料制造业	17	654	11	55	15196	13799
烟草制品业	2	32		1	537	483
纺织业	138	4594	39	188	89182	89787
纺织服装、鞋、帽制造业	49	3894	40	107	64338	69688
皮革、毛皮、羽毛(绒)及其制品业	48	2377	18	80	27474	16117
木材加工及木、竹、藤、棕、草制品业	19	423	12	30	3725	1827
家具制造业	24	1211	15	76	27026	22480
造纸及纸制品业	23	896	3	35	8380	13981
印刷业和记录媒介的复制	23	716	4	29	11408	20714
文教体育用品制造业	47	1833	15	36	19768	11095
石油加工、炼焦及核燃料加工业	10	477	12	34	17711	15477
化学原料及化学制品制造业	177	4831	89	409	128289	61240
医药制造业	118	4473	93	491	77480	61920
化学纤维制造业	28	1085	14	16	30398	69183
橡胶制品业	19	1341	16	37	56543	49443
塑料制品业	85	2575	31	89	44890	37088
非金属矿物制品业	101	2986	63	145	37529	63476
黑色金属冶炼及压延加工业	27	1649	23	175	76497	63492
有色金属冶炼及压延加工业	37	1871	18	63	40331	30204
金属制品业	83	2889	77	108	38842	41803
通用设备制造业	175	5272	53	204	79391	61807
专用设备制造业	154	6461	98	556	86495	99965
交通运输设备制造业	109	5624	58	232	115057	92745
电气机械及器材制造业	302	15463	344	758	204348	274132
通信设备、计算机及其他电子设备制造业	453	48020	345	4753	1097353	613281
仪器仪表及文化、办公用机械制造业	87	2971	56	385	38278	42563
工艺品及其他制造业	39	1309	13	55	11116	8470

1-H-6　外商投资制造业企业办科技机构情况

行　业	企业办科技机构数(个)	机构科技活动人员(人)			机构科技经费内部支出(万元)	机构仪器设备原价(万元)
			#博士毕业	#硕士毕业		
总　计	**3312**	**186965**	**2635**	**18272**	**5240830**	**5363223**
农副食品加工业	89	2830	83	215	87794	61348
食品制造业	65	3013	60	283	84276	53463
饮料制造业	57	3978	68	267	130357	68093
烟草制品业						
纺织业	101	3118	42	150	48496	63479
纺织服装、鞋、帽制造业	43	902	12	15	15102	5737
皮革、毛皮、羽毛(绒)及其制品业	47	1536	5	14	18448	22734
木材加工及木、竹、藤、棕、草制品业	24	295	7	17	4579	2362
家具制造业	32	567	14	20	8666	9399
造纸及纸制品业	46	3339	31	139	88153	71073
印刷业和记录媒介的复制	14	497	8	45	12048	7220
文教体育用品制造业	29	954	5	35	12485	18579
石油加工、炼焦及核燃料加工业	7	87	1	9	2451	3056
化学原料及化学制品制造业	264	7192	222	664	233308	209258
医药制造业	224	10056	303	1246	191475	190997
化学纤维制造业	11	474	5	38	13136	18710
橡胶制品业	43	4279	28	94	178764	373740
塑料制品业	87	3451	61	483	63779	51083
非金属矿物制品业	105	4030	61	222	82454	108082
黑色金属冶炼及压延加工业	27	1647	30	119	105328	194039
有色金属冶炼及压延加工业	65	3420	54	273	74051	87392
金属制品业	96	4227	47	201	87692	80288
通用设备制造业	287	13036	181	1068	326860	180999
专用设备制造业	226	8603	180	1063	187913	100975
交通运输设备制造业	268	25911	242	3313	1198764	677359
电气机械及器材制造业	374	18064	260	1281	486111	420289
通信设备、计算机及其他电子设备制造业	518	55266	530	6399	1403992	2190546
仪器仪表及文化、办公用机械制造业	134	5553	81	561	88999	88271
工艺品及其他制造业	28	622	9	36	5301	4629

1-H-7 各地区工业企业办科技机构情况

地　区	企业办科技机构数（个）	机构科技活动人员（人）	#博士毕业	#硕士毕业	机构科技经费内部支出（万元）	机构仪器设备原价（万元）
全　国	**26177**	**1304209**	**20311**	**122280**	**26347746**	**27071202**
东部地区	18548	905186	14141	90617	19600165	20974645
中部地区	4789	236791	4232	20262	4004094	3230646
西部地区	2840	162232	1938	11401	2743487	2865911
东北地区	1074	80326	1086	7171	1305938	953930
北　京	661	30835	821	5649	638815	415080
天　津	512	26445	434	2089	803591	5801339
河　北	561	36004	452	2685	584065	538313
山　西	284	17495	269	1476	235119	311834
内蒙古	137	11998	159	918	200644	147036
辽　宁	590	43073	497	3965	709785	499280
吉　林	250	16522	344	1426	315544	262786
黑龙江	234	20731	245	1780	280609	191865
上　海	718	49064	1082	8025	1737731	1693384
江　苏	3729	142084	2435	10146	3379287	3322696
浙　江	5748	184784	2089	10059	3077002	1932060
安　徽	1043	44175	709	3174	857657	692583
福　建	835	42783	639	2357	908716	718139
江　西	329	14422	270	1257	243427	214069
山　东	2234	129794	2382	10861	3492293	2258718
河　南	1148	57322	945	3679	886375	661551
湖　北	678	34839	746	3522	651739	584732
湖　南	823	31285	704	3948	533624	311227
广　东	2937	219678	3294	34719	4259949	3787315
广　西	332	10993	173	729	228055	110357
海　南	23	642	16	62	8929	8321
重　庆	353	21525	264	1477	446488	308944
四　川	861	48653	518	3181	823884	685546
贵　州	162	10773	83	444	193501	200103
云　南	202	7819	77	522	139274	504663
西　藏	6	73		9	7665	3253
陕　西	425	25389	286	2151	276118	392332
甘　肃	172	11819	150	903	134381	238394
青　海	32	1716	38	95	47583	24122
宁　夏	67	5065	93	223	76583	79141
新　疆	91	6409	97	749	169310	172021

1-H-8　各地区国有控股工业企业办科技机构情况

地　区	企业办科技机构数（个）	机构科技活动人员（人）	#博士毕业	#硕士毕业	机构科技经费内部支出（万元）	机构仪器设备原价（万元）
全　国	**4843**	**462940**	**5864**	**43482**	**9657830**	**8553949**
东部地区	2378	233554	3388	24392	5425207	4479979
中部地区	1280	126731	1555	11091	2369531	1882942
西部地区	1185	102655	921	7999	1863092	2191028
东北地区	453	57296	563	5356	992034	699901
北　京	258	15350	347	2156	299816	283885
天　津	221	14229	182	1208	371215	334055
河　北	174	18330	144	1538	326192	332156
山　西	111	13002	153	1106	196949	252378
内蒙古	61	8450	76	650	136833	109814
辽　宁	209	28236	239	2712	485353	348535
吉　林	113	11381	140	1084	257509	192412
黑龙江	131	17679	184	1560	249172	158954
上　海	259	27320	580	5371	1123561	958280
江　苏	314	22792	228	2246	443454	529525
浙　江	154	12510	122	1009	238282	235651
安　徽	206	21379	191	1688	506289	345158
福　建	77	6273	81	685	148011	128362
江　西	111	8455	79	629	153438	150620
山　东	433	47178	693	5214	1338611	830287
河　南	232	23788	244	1651	383600	250527
湖　北	176	17603	322	1658	330104	344868
湖　南	200	13444	242	1715	292470	188025
广　东	274	41223	766	2240	647767	496075
广　西	84	4586	40	371	139148	34086
海　南	5	113	6	13	2946	3170
重　庆	148	13698	110	983	292876	175829
四　川	213	22676	167	1734	473368	448946
贵　州	106	8308	53	347	177726	181953
云　南	76	4714	24	370	95977	429058
西　藏						
陕　西	292	22066	178	1817	242121	357232
甘　肃	102	9056	123	823	107236	223636
青　海	24	1325	34	95	47196	24067
宁　夏	23	2260	36	143	34081	53620
新　疆	56	5516	80	666	116530	152788

1-H-9 各地区内资工业企业办科技机构情况

地区	企业办科技机构数(个)	机构科技活动人员(人)	#博士毕业	#硕士毕业	机构科技经费内部支出(万元)	机构仪器设备原价(万元)
全国	**20294**	**983794**	**15934**	**94095**	**18508376**	**19666454**
东部地区	13427	625474	10371	65705	12674408	14195416
中部地区	4260	208812	3796	17987	3370649	2791311
西部地区	2607	149508	1767	10403	2463319	2679727
东北地区	932	73304	979	6432	1195358	833167
北京	516	24504	636	4171	430568	311060
天津	395	18860	355	1569	567344	5589228
河北	486	32270	358	2327	507592	470009
山西	265	16758	250	1416	228021	291861
内蒙古	128	11050	146	830	179839	120629
辽宁	498	38608	419	3410	635439	427866
吉林	230	15103	329	1334	303971	232048
黑龙江	204	19593	231	1688	255947	173253
上海	425	20547	488	2342	702495	528210
江苏	2624	89287	1776	6909	2121872	1562268
浙江	4436	133157	1659	5616	2064500	1420759
安徽	929	38792	621	2793	743454	559222
福建	441	16691	286	1152	272640	228756
江西	276	12023	224	868	134015	192404
山东	1911	112479	2051	9592	2934697	1912059
河南	1017	49548	800	3182	744435	587245
湖北	597	28025	679	2913	448181	456501
湖南	742	28970	662	3793	512624	298776
广东	1677	138570	2329	28585	2431246	1740113
广西	294	8223	131	536	138343	95257
海南	18	501	14	32	6016	5090
重庆	305	18529	237	1149	377407	268874
四川	806	46539	481	2964	785529	659531
贵州	149	9453	79	431	191273	198783
云南	178	7120	68	488	124309	453073
西藏	5	65		9	4613	3103
陕西	408	24550	274	2089	264235	383607
甘肃	165	11358	148	900	133071	236461
青海	22	1648	18	48	31230	16222
宁夏	57	4567	88	210	64162	72169
新疆	90	6406	97	749	169308	172021

1-H-10　各地区港澳台商投资工业企业办科技机构情况

地　区	企业办科技机构数（个）	机构科技活动人员（人）	#博士毕业	#硕士毕业	机构科技经费内部支出（万元）	机构仪器设备原价（万元）
全　国	**2530**	**132067**	**1698**	**9754**	**2568605**	**2019772**
东部地区	2261	120766	1496	9051	2412995	1894047
中部地区	204	9163	175	585	125771	105343
西部地区	65	2138	27	118	29839	20382
东北地区	39	1632	22	291	16437	19568
北　京	40	2172	42	489	99096	27286
天　津	24	1391	17	73	60927	24956
河　北	23	1330	15	142	30225	26234
山　西	7	433	9	19	3314	15191
内蒙古						
辽　宁	31	1440	18	275	14722	17926
吉　林	3	70	2	11	776	1235
黑龙江	5	122	2	5	939	408
上　海	79	5736	100	405	129973	141211
江　苏	402	22741	238	1083	403292	348524
浙　江	609	23358	194	3247	482098	247972
安　徽	42	1702	48	127	25209	34522
福　建	231	15760	205	461	332593	300498
江　西	22	526	13	48	8570	3612
山　东	89	4042	56	264	111199	83247
河　南	59	3878	62	245	56693	22880
湖　北	25	1120	18	63	16110	21846
湖　南	41	1312	21	67	14160	5650
广　东	733	42796	611	2612	748869	676195
广　西	13	136	1	3	761	1724
海　南						
重　庆	12	468	1	22	13005	4433
四　川	18	677	13	69	10858	9517
贵　州	7	83	3	7	1305	692
云　南	8	246	4	9	2118	2069
西　藏						
陕　西	1	19		4	19	43
甘　肃	5	419	2	3	1189	1221
青　海						
宁　夏	1	90	3	1	585	684
新　疆						

1-H-11 各地区外商投资工业企业办科技机构情况

地区	企业办科技机构数（个）	机构科技活动人员（人）	#博士毕业	#硕士毕业	机构科技经费内部支出（万元）	机构仪器设备原价（万元）
全国	**3353**	**188348**	**2679**	**18431**	**5270765**	**5384976**
东部地区	2860	158946	2274	15861	4512762	4885182
中部地区	325	18816	261	1690	507675	333993
西部地区	168	10586	144	880	250329	165802
东北地区	103	5390	85	448	94143	101195
北京	105	4159	143	989	109151	76734
天津	93	6194	62	447	175319	187155
河北	52	2404	79	216	46248	42071
山西	12	304	10	41	3784	4782
内蒙古	9	948	13	88	20805	26408
辽宁	61	3025	60	280	59624	53488
吉林	17	1349	13	81	10797	29504
黑龙江	25	1016	12	87	23722	18204
上海	214	22781	494	5278	905263	1023964
江苏	703	30056	421	2154	854123	1411904
浙江	703	28269	236	1196	530405	263329
安徽	72	3681	40	254	88995	98839
福建	163	10332	148	744	303483	188885
江西	31	1873	33	341	100842	18052
山东	234	13273	275	1005	446397	263412
河南	72	3896	83	252	85247	51427
湖北	56	5694	49	546	187448	106386
湖南	40	1003	21	88	6840	6801
广东	527	38312	354	3522	1079835	1371008
广西	25	2634	41	190	88952	13377
海南	5	141	2	30	2914	3231
重庆	36	2528	26	306	56077	35637
四川	37	1437	24	148	27497	16499
贵州	6	1237	1	6	924	628
云南	16	453	5	25	12847	49521
西藏	1	8			3052	150
陕西	16	820	12	58	11864	8682
甘肃	2	42			121	712
青海	10	68	20	47	16353	7900
宁夏	9	408	2	12	11836	6288
新疆	1	3			2	1

1-H-12　分登记注册类型大中型工业企业办科技机构情况

行　　业	企业办科技机构数(个)	机构科技活动人员(人)	#博士毕业	#硕士毕业	机构科技经费内部支出(万元)	机构仪器设备原价(万元)
总　计	**13242**	**1074551**	**14579**	**104534**	**23365942**	**19576300**
国有控股企业	3992	442742	5419	41099	9358425	8321164
内资企业	9853	802072	11230	80324	16309311	12866525
国有企业	1166	107391	1383	11512	1890002	2263873
集体企业	98	6466	150	551	192290	175461
股份合作企业	108	3638	50	260	66396	75987
联营企业	8	2414	19	191	131879	23231
国有联营企业	4	2312	17	187	130054	22807
集体联营企业						
国有与集体联营企业	2	37		1	629	190
其他联营企业	2	65	2	3	1196	234
有限责任公司	3769	342776	4173	42955	7283217	5112621
国有独资公司	680	75851	626	6241	1690632	1264024
其他有限责任公司	3089	266925	3547	36714	5592585	3848596
股份有限公司	2077	214897	3645	18620	4541615	3638615
私营企业	2582	122379	1777	6129	2170029	1550892
私营独资企业	154	5093	88	200	82820	68878
私营合伙企业	21	808	14	53	11886	6950
私营有限责任公司	2181	102388	1413	4750	1755171	1272568
私营股份有限公司	226	14090	262	1126	320152	202496
其他企业	45	2111	33	106	33884	25845
港、澳、台商投资企业	1436	110513	1298	8153	2244277	1723845
合资经营企业（港或澳、台资）	647	39767	622	2484	848234	747328
合作经营企业（港或澳、台资）	29	1489	8	47	12596	19166
港、澳、台商独资经营企业	675	61809	558	4874	1204493	821556
港、澳、台商投资股份有限公司	85	7448	110	748	178955	135795
外商投资企业	1953	161966	2051	16057	4812354	4985930
中外合资经营企业	1005	83478	1044	9269	2933801	2082086
中外合作经营企业	37	1653	23	215	34948	22690
外资企业	773	63391	807	5167	1456750	2629008
外商投资股份有限公司	138	13444	177	1406	386856	252146

1-H-13 分行业大中型工业企业办科技机构情况

行业	企业办科技机构数（个）	机构科技活动人员（人）	#博士毕业	#硕士毕业	机构科技经费内部支出（万元）	机构仪器设备原价（万元）
总计	**13242**	**1074551**	**14579**	**104534**	**23365942**	**19576300**
采矿业	**475**	**60075**	**847**	**6004**	**895196**	**528800**
煤炭开采和洗选业	224	24459	241	1563	356810	184354
烟煤和无烟煤的开采洗选	219	24244	240	1556	350567	182170
褐煤的开采洗选	5	215	1	7	6242	2183
其他煤炭采选						
石油和天然气开采业	148	31110	522	4181	441212	241144
天然原油和天然气开采	96	24130	440	3645	369226	175752
与石油和天然气开采有关的服务活动	52	6980	82	536	71987	65392
黑色金属矿采选业	19	1231	16	76	19436	16444
铁矿采选	17	931	6	56	18936	16244
其他黑色金属矿采选	2	300	10	20	500	200
有色金属矿采选业	45	1568	49	99	43584	65016
常用有色金属矿采选	29	725	24	84	23530	12988
贵金属矿采选	12	797	4	14	19400	51486
稀有稀土金属矿采选	4	46	21	1	654	542
非金属矿采选业	39	1707	19	85	34154	21842
土砂石开采	8	173	3	16	857	2178
化学矿采选	6	327	4	21	4983	7530
采盐	25	1207	12	48	28315	12134
石棉及其他非金属矿采选						
制造业	**12580**	**999160**	**13431**	**96419**	**22322644**	**18280729**
农副食品加工业	283	12979	313	1042	292603	207410
谷物磨制	24	429	16	31	17069	13952
饲料加工	32	1504	42	198	16867	15106
植物油加工	23	863	41	85	54559	22211
制糖	13	946	9	34	13148	17272
屠宰及肉类加工	89	5788	113	361	110429	67680
水产品加工	36	1089	40	117	18608	29169
蔬菜、水果和坚果加工	27	894	9	48	7198	10044
其他农副食品加工	39	1466	43	168	54726	31976
食品制造业	217	9763	247	909	190242	166250
焙烤食品制造	17	432	5	19	7737	7248
糖果、巧克力及蜜饯制造	9	828	21	55	19094	6961
方便食品制造	30	1327	57	82	26373	19976
液体乳及乳制品制造	55	1801	74	311	39665	36332
罐头制造	13	405	5	33	8268	5895
调味品、发酵制品制造	41	2338	13	182	37906	41064
其他食品制造	52	2632	72	227	51200	48776
饮料制造业	236	15668	198	801	440601	346827
酒精制造	15	652	7	39	17665	11067
酒的制造	179	12944	152	596	351607	316286
软饮料制造	31	1782	31	154	69261	18268
精制茶加工	11	290	8	12	2068	1206
烟草制品业	33	2611	88	377	144939	121120
烟叶复烤	2	42	2	2	401	517

1-H-13　续表 1

行　　业	企业办科技机构数(个)	机构科技活动人员(人)	#博士毕业	#硕士毕业	机构科技经费内部支出(万元)	机构仪器设备原价(万元)
卷烟制造	27	2456	81	359	141326	118207
其他烟草制品加工	4	113	5	16	3213	2395
纺织业	705	29621	333	1183	521662	543097
棉、化纤纺织及印染精加工	388	17054	148	601	268858	300295
毛纺织和染整精加工	53	2125	36	105	42519	45266
麻纺织	11	424	5	11	7461	4849
丝绢纺织及精加工	59	1930	22	113	42799	34235
纺织制成品制造	97	4169	57	182	93755	91060
针织品、编织品及其制品制造	97	3919	65	171	66269	67392
纺织服装、鞋、帽制造业	174	9678	89	246	150696	118791
纺织服装制造	169	9628	89	245	148501	117835
纺织面料鞋的制造	2	17		1	1133	619
制帽	3	33			1062	337
皮革、毛皮、羽毛(绒)及其制品业	136	6776	43	147	80282	64217
皮革鞣制加工	20	813	8	36	22430	25454
皮革制品制造	103	5536	27	87	52256	33822
毛皮鞣制及制品加工	4	133		2	2245	942
羽毛(绒)加工及制品制造	9	294	8	22	3352	4000
木材加工及木、竹、藤、棕、草制品业	67	2570	46	180	32911	21178
锯材、木片加工	3	63		1	179	100
人造板制造	47	2131	34	153	27673	17344
木制品制造	10	231	9	13	4212	820
竹、藤、棕、草制品制造	7	145	3	13	848	2914
家具制造业	85	3022	35	120	49902	44347
木质家具制造	36	896	23	78	10069	13650
竹、藤家具制造						
金属家具制造	34	1647	9	34	28449	24863
塑料家具制造						
其他家具制造	15	479	3	8	11385	5834
造纸及纸制品业	164	9652	145	521	268250	267371
纸浆制造	13	364	5	28	10610	11146
造纸	116	7705	128	413	233904	242872
纸制品制造	35	1583	12	80	23736	13353
印刷业和记录媒介的复制	74	3200	46	196	50373	61850
印刷	67	2756	46	187	42026	53966
装订及其他印刷服务活动	4	364		5	3347	4549
记录媒介的复制	3	80		4	5000	3335
文教体育用品制造业	104	4876	59	161	50196	45153
文化用品制造	16	957	5	38	12375	15766
体育用品制造	30	1326	10	16	12466	11740
乐器制造	16	995	22	36	5729	8537
玩具制造	32	1371	18	54	16430	8234
游艺器材及娱乐用品制造	10	227	4	17	3196	877
石油加工、炼焦及核燃料加工业	120	9097	154	697	205475	218285
精炼石油产品的制造	79	6657	98	586	146940	188845
炼焦	36	2245	54	106	52430	25790
核燃料加工	5	195	2	5	6105	3650

1-H-13 续表 2

行 业	企业办科技机构数（个）	机构科技活动人员（人）			机构科技经费内部支出（万元）	机构仪器设备原价（万元）
			#博士毕业	#硕士毕业		
化学原料及化学制品制造业	1048	62413	1073	4660	1465702	1081675
基础化学原料制造	226	15608	176	1083	344001	226554
肥料制造	186	9796	189	612	255676	251268
农药制造	92	5010	114	493	112158	60044
涂料、油墨、颜料及类似产品制造	102	5354	81	254	119535	80733
合成材料制造	103	7605	200	854	293399	141286
专用化学产品制造	273	16328	235	1021	275523	262419
日用化学产品制造	66	2712	78	343	65411	59371
医药制造业	746	43264	1251	4638	709333	655795
化学药品原药制造	196	12953	351	1218	184786	171884
化学药品制剂制造	243	13297	326	1564	268688	229734
中药饮片加工	13	290	13	52	5931	4880
中成药制造	200	12513	392	1047	154625	165551
兽用药品制造	23	1123	27	164	14390	10314
生物、生化制品的制造	55	2375	106	470	68502	66892
卫生材料及医药用品制造	16	713	36	123	12412	6540
化学纤维制造业	105	9033	112	477	261293	406968
纤维素纤维原料及纤维制造	24	3527	25	233	114876	83910
合成纤维制造	81	5506	87	244	146417	323059
橡胶制品业	153	12881	88	333	422228	615835
轮胎制造	73	9556	56	243	374920	568904
橡胶板、管、带的制造	22	986	4	14	16917	12165
橡胶零件制造	26	1223	13	29	15862	23570
再生橡胶制造	1	32	2	1	107	485
日用及医用橡胶制品制造	11	310	5	22	3809	2638
橡胶靴鞋制造	11	452		3	2739	4155
其他橡胶制品制造	9	322	8	21	7874	3918
塑料制品业	223	9797	184	1138	216107	202396
塑料薄膜制造	31	1691	47	327	47787	38346
塑料板、管、型材的制造	64	2483	50	256	65061	76731
塑料丝、绳及编织品的制造	9	206	2	8	1829	572
泡沫塑料制造	8	236	5	16	3650	3603
塑料人造革、合成革制造	16	1003	17	24	18698	20230
塑料包装箱及容器制造	25	715	8	33	16620	11970
塑料零件制造	31	1770	7	40	20851	23201
日用塑料制造	24	954	35	342	22182	18909
其他塑料制品制造	15	739	13	92	19430	8835
非金属矿物制品业	526	25362	357	1395	482407	397199
水泥、石灰和石膏的制造	91	3748	30	146	68596	90677
水泥及石膏制品制造	30	1528	25	196	15360	23219
砖瓦、石材及其他建筑材料制造	69	3159	27	108	56795	42126
玻璃及玻璃制品制造	148	7861	117	456	167278	144944
陶瓷制品制造	86	3710	53	121	52816	33873
耐火材料制品制造	51	2242	54	129	33787	18525
石墨及其他非金属矿物制品制造	51	3114	51	239	87776	43835
黑色金属冶炼及压延加工业	304	40044	829	4312	1789960	1156467

1-H-13　续表 3

行　　业	企业办科技机构数（个）	机构科技活动人员（人）	#博士毕业	#硕士毕业	机构科技经费内部支出（万元）	机构仪器设备原价（万元）
炼铁	17	784	7	51	38120	84219
炼钢	52	7196	166	795	373663	251420
钢压延加工	213	31012	637	3403	1347753	775748
铁合金冶炼	22	1052	19	63	30424	45081
有色金属冶炼及压延加工业	316	24468	391	1819	616444	577848
常用有色金属冶炼	120	11955	140	782	296885	205526
贵金属冶炼	10	842	32	172	13825	17004
稀有稀土金属冶炼	31	1801	44	129	20293	29274
有色金属合金制造	17	1128	14	106	29223	18038
有色金属压延加工	138	8742	161	630	256217	308006
金属制品业	341	20850	334	1382	331312	274525
结构性金属制品制造	94	5768	89	518	93785	70129
金属工具制造	46	2772	26	83	30798	32998
集装箱及金属包装容器制造	34	2056	54	237	35582	40403
金属丝绳及其制品的制造	22	2199	25	130	49493	28838
建筑、安全用金属制品制造	51	3455	33	183	46650	51457
金属表面处理及热处理加工	15	631	3	28	17304	6263
搪瓷制品制造	10	412	7	47	3941	1606
不锈钢及类似日用金属制品制造	41	1909	12	80	26473	14521
其他金属制品制造	28	1648	85	76	27287	28311
通用设备制造业	1218	74774	781	4743	1402070	1174069
锅炉及原动机制造	117	9785	96	720	262997	272533
金属加工机械制造	186	12574	89	790	185347	139311
起重运输设备制造	117	9059	85	812	281288	89389
泵、阀门、压缩机及类似机械的制造	260	14351	141	684	212911	256680
轴承、齿轮、传动和驱动部件的制造	131	7774	84	288	100164	128542
烘炉、熔炉及电炉制造	9	232	4	15	5386	338
风机、衡器、包装设备等通用设备制造	202	13585	207	1076	231119	162041
通用零部件制造及机械修理	85	3385	24	153	48892	37746
金属铸、锻加工	111	4029	51	205	73966	87489
专用设备制造业	854	75809	699	6679	1361535	840618
矿山、冶金、建筑专用设备制造	277	32098	243	3313	688452	319018
化工、木材、非金属加工专用设备制造	138	6067	70	299	84490	110177
食品、饮料、烟草及饲料生产专用设备制造	25	1522	12	109	18659	39638
印刷、制药、日化生产专用设备制造	40	1992	25	111	30676	24721
纺织、服装和皮革工业专用设备制造	79	5155	20	169	57642	78898
电子和电工机械专用设备制造	111	12408	65	885	163213	114164
农、林、牧、渔专用机械制造	50	6023	53	165	133472	75879
医疗仪器设备及器械制造	54	4753	133	939	92133	36945
环保、社会公共安全及其他专用设备制造	80	5791	78	689	92799	41178
交通运输设备制造业	1163	125880	1064	10185	3390094	2458241
铁路运输设备制造	69	9129	84	1046	175541	145549
汽车制造	749	79118	744	7133	2515610	1684049
摩托车制造	90	8076	70	350	164033	104115
自行车制造	33	1089	48	74	11145	12440
船舶及浮动装置制造	87	11552	55	396	272987	80313

1-H-13 续表 4

行　　业	企业办科技机构数（个）	机构科技活动人员（人）	#博士毕业	#硕士毕业	机构科技经费内部支出（万元）	机构仪器设备原价（万元）
航空航天器制造	130	16600	63	1182	246019	428780
交通器材及其他交通运输设备制造	5	316		4	4758	2996
电气机械及器材制造业	1418	101003	1531	6119	2540828	1942625
电机制造	220	14525	134	789	270055	197321
输配电及控制设备制造	365	29104	339	1733	534136	386111
电线、电缆、光缆及电工器材制造	209	12225	239	662	413639	413534
电池制造	130	14181	429	1012	275563	323610
家用电力器具制造	324	23647	286	1551	932733	464355
非电力家用器具制造	36	1713	33	72	35811	26599
照明器具制造	118	4509	50	174	59789	36318
其他电气机械及器材制造	16	1099	21	126	19103	94777
通信设备、计算机及其他电子设备制造业	1281	223355	2495	38567	4462234	3835915
通信设备制造	230	99446	1480	26954	1800324	863091
雷达及配套设备制造	23	2988	13	216	27283	30620
广播电视设备制造	28	2601	18	405	39579	17163
电子计算机制造	161	34754	184	5116	778399	979884
电子器件制造	267	22885	358	2195	605280	775099
电子元件制造	388	33370	258	1399	455141	718159
家用视听设备制造	129	23010	124	1553	695574	425213
其他电子设备制造	55	4301	60	729	60654	26686
仪器仪表及文化、办公用机械制造业	366	23845	401	3129	309935	318372
通用仪器仪表制造	186	12505	210	2054	179370	142715
专用仪器仪表制造	76	4704	129	630	56335	97632
钟表与计时仪器制造	15	545		20	2797	4260
光学仪器及眼镜制造	58	3619	48	259	32866	43910
文化、办公用机械制造	30	2364	9	138	37547	28729
其他仪器仪表的制造及修理	1	108	5	28	1019	1127
工艺品及其他制造业	120	6869	45	263	83030	116284
工艺美术品制造	54	2969	21	92	42681	84572
日用杂品制造	36	1658	19	68	17390	14537
煤制品制造						
核辐射加工						
其他未列明的制造业	30	2242	5	103	22959	17174
废弃资源和废旧材料回收加工业						
金属废料和碎屑的加工处理						
非金属废料和碎屑的加工处理						
电力、燃气及水的生产和供应业	**187**	**15316**	**301**	**2111**	**148102**	**766771**
电力、热力的生产和供应业	148	14094	246	1970	139030	685002
电力生产	70	7345	60	504	81768	59989
电力供应	71	6462	184	1442	53184	621318
热力生产和供应	7	287	2	24	4078	3694
燃气生产和供应业	6	97	1	33	1417	3265
水的生产和供应业	33	1125	54	108	7655	78504
自来水的生产和供应	32	1095	47	96	6617	77859
污水处理及其再生利用	1	30	7	12	1038	645
其他水的处理、利用与分配						

1-H-14　国有控股大中型制造业企业办科技机构情况

行　业	企业办科技机构数（个）	机构科技活动人员（人）	#博士毕业	#硕士毕业	机构科技经费内部支出（万元）	机构仪器设备原价（万元）
总　计	**3414**	**370928**	**4337**	**33140**	**8405227**	**7165441**
农副食品加工业	33	1101	24	142	25342	31851
食品制造业	40	1950	49	287	27748	33308
饮料制造业	85	7814	98	422	273468	242640
烟草制品业	30	2501	83	366	141493	118850
纺织业	109	4586	18	123	58114	88038
纺织服装、鞋、帽制造业	13	865	5	33	5282	2937
皮革、毛皮、羽毛(绒)及其制品业	4	93			842	1650
木材加工及木、竹、藤、棕、草制品业	12	455	2	59	4125	3509
家具制造业	2	232	1	3	17013	15762
造纸及纸制品业	40	3092	34	189	77069	130148
印刷业和记录媒介的复制	17	963	20	102	16228	26476
文教体育用品制造业	8	726	15	22	3834	6369
石油加工、炼焦及核燃料加工业	89	7526	115	652	158898	196731
化学原料及化学制品制造业	361	30577	380	2052	650307	523769
医药制造业	208	12572	244	1189	171824	194553
化学纤维制造业	29	3665	49	297	103828	79383
橡胶制品业	49	4874	9	91	137861	80202
塑料制品业	37	1012	30	249	44149	45937
非金属矿物制品业	126	6576	100	559	140466	156712
黑色金属冶炼及压延加工业	146	30453	592	3789	940919	762318
有色金属冶炼及压延加工业	115	13624	185	1163	296757	242885
金属制品业	57	3833	61	402	65527	54074
通用设备制造业	334	29415	232	2353	709010	630826
专用设备制造业	319	37886	204	2765	747277	499490
交通运输设备制造业	550	82555	614	7977	2194750	1736547
电气机械及器材制造业	181	21780	177	1490	482430	544332
通信设备、计算机及其他电子设备制造业	280	49548	866	4794	798727	565136
仪器仪表及文化、办公用机械制造业	115	8879	127	1485	93117	135110
工艺品及其他制造业	25	1775	3	85	18826	15897

1-H-15 内资大中型制造业企业办科技机构情况

行业	企业办科技机构数(个)	机构科技活动人员(人)	#博士毕业	#硕士毕业	机构科技经费内部支出(万元)	机构仪器设备原价(万元)
总计	**9234**	**728641**	**10133**	**72429**	**15307673**	**11597725**
农副食品加工业	184	6995	200	649	162317	127469
食品制造业	161	6473	172	560	84015	95923
饮料制造业	178	11306	136	522	306660	270654
烟草制品业	32	2598	88	376	144858	120726
纺织业	563	23083	273	903	403904	403503
纺织服装、鞋、帽制造业	111	5259	41	136	79018	45299
皮革、毛皮、羽毛(绒)及其制品业	75	3517	26	59	42421	28107
木材加工及木、竹、藤、棕、草制品业	51	2141	36	153	26898	18807
家具制造业	44	1460	6	26	16244	14092
造纸及纸制品业	116	5802	117	357	175128	185837
印刷业和记录媒介的复制	55	2316	40	146	32083	49751
文教体育用品制造业	53	2480	39	97	22048	18356
石油加工、炼焦及核燃料加工业	110	8628	147	666	196062	201362
化学原料及化学制品制造业	893	55623	935	4096	1233317	889255
医药制造业	586	32713	982	3472	494351	480408
化学纤维制造业	79	7711	95	432	221204	322640
橡胶制品业	111	7686	51	217	191644	196131
塑料制品业	142	5464	118	674	141961	131469
非金属矿物制品业	406	19944	275	1124	383532	287930
黑色金属冶炼及压延加工业	260	36864	781	4034	1609875	901608
有色金属冶炼及压延加工业	252	19820	338	1513	519802	470320
金属制品业	248	15081	222	1144	225241	178044
通用设备制造业	982	60966	607	3736	1073264	982919
专用设备制造业	692	65556	531	5508	1156004	701431
交通运输设备制造业	917	97115	802	6813	2122873	1734410
电气机械及器材制造业	982	71806	987	4376	1914751	1313188
通信设备、计算机及其他电子设备制造业	611	127071	1734	27954	2045542	1111063
仪器仪表及文化、办公用机械制造业	259	17753	319	2466	213676	210847
工艺品及其他制造业	81	5410	35	220	68981	106176

1-H-16　港澳台商投资大中型制造业企业办科技机构情况

行　　业	企业办科技机构数(个)	机构科技活动人员(人)	#博士毕业	#硕士毕业	机构科技经费内部支出(万元)	机构仪器设备原价(万元)
总　计	**1423**	**109773**	**1289**	**8076**	**2229829**	**1716241**
农副食品加工业	50	3615	47	222	53083	26141
食品制造业	19	625	37	109	26073	22979
饮料制造业	12	586	6	41	14691	13396
烟草制品业	1	13		1	81	393
纺织业	88	3910	25	151	76479	83221
纺织服装、鞋、帽制造业	35	3713	37	99	59721	68089
皮革、毛皮、羽毛(绒)及其制品业	30	2096	16	76	22985	14654
木材加工及木、竹、藤、棕、草制品业	9	277	7	20	2264	1241
家具制造业	20	1129	15	74	26518	21925
造纸及纸制品业	15	764	3	33	7289	12706
印刷业和记录媒介的复制	11	502	3	28	7618	5948
文教体育用品制造业	33	1620	15	31	17252	9484
石油加工、炼焦及核燃料加工业	6	401	7	27	7139	15139
化学原料及化学制品制造业	54	2246	25	204	67155	32482
医药制造业	56	2946	43	300	59210	44508
化学纤维制造业	15	848	12	7	26953	65619
橡胶制品业	10	1106	14	28	53661	48133
塑料制品业	46	1861	19	56	30327	28134
非金属矿物制品业	60	2280	47	116	31861	55408
黑色金属冶炼及压延加工业	20	1560	18	163	75389	61176
有色金属冶炼及压延加工业	17	1574	6	45	31007	26162
金属制品业	37	2075	74	82	27386	22082
通用设备制造业	88	3664	44	159	60366	51317
专用设备制造业	73	4769	72	477	66553	63026
交通运输设备制造业	68	4789	49	179	106755	75135
电气机械及器材制造业	189	13375	304	599	179283	244728
通信设备、计算机及其他电子设备制造业	298	44522	303	4522	1055946	567898
仪器仪表及文化、办公用机械制造业	36	1873	33	191	27089	28902
工艺品及其他制造业	27	1034	8	36	9698	6215

1-H-17 外商投资大中型制造业企业办科技机构情况

行业	企业办科技机构数(个)	机构科技活动人员(人)	#博士毕业	#硕士毕业	机构科技经费内部支出(万元)	机构仪器设备原价(万元)
总计	**1923**	**160746**	**2009**	**15914**	**4785142**	**4966763**
农副食品加工业	49	2369	66	171	77203	53799
食品制造业	37	2665	38	240	80155	47349
饮料制造业	46	3776	56	238	119250	62778
烟草制品业						
纺织业	54	2628	35	129	41279	56372
纺织服装、鞋、帽制造业	28	706	11	11	11958	5403
皮革、毛皮、羽毛(绒)及其制品业	31	1163	1	12	14876	21456
木材加工及木、竹、藤、棕、草制品业	7	152	3	7	3749	1130
家具制造业	21	433	14	20	7141	8330
造纸及纸制品业	33	3086	25	131	85833	68829
印刷业和记录媒介的复制	8	382	3	22	10672	6151
文教体育用品制造业	18	776	5	33	10896	17313
石油加工、炼焦及核燃料加工业	4	68		4	2274	1784
化学原料及化学制品制造业	101	4544	113	360	165231	159938
医药制造业	104	7605	226	866	155773	130878
化学纤维制造业	11	474	5	38	13136	18710
橡胶制品业	32	4089	23	88	176923	371571
塑料制品业	35	2472	47	408	43819	42794
非金属矿物制品业	60	3138	35	155	67015	53861
黑色金属冶炼及压延加工业	24	1620	30	115	104697	193683
有色金属冶炼及压延加工业	47	3074	47	261	65635	81366
金属制品业	56	3694	38	156	78686	74399
通用设备制造业	148	10144	130	848	268440	139833
专用设备制造业	89	5484	96	694	138978	76161
交通运输设备制造业	178	23976	213	3193	1160465	648696
电气机械及器材制造业	247	15822	240	1144	446795	384709
通信设备、计算机及其他电子设备制造业	372	51762	458	6091	1360746	2156954
仪器仪表及文化、办公用机械制造业	71	4219	49	472	69169	78623
工艺品及其他制造业	12	425	2	7	4351	3893

1-H-18 各地区大中型工业企业办科技机构情况

地 区	企业办科技机构数(个)	机构科技活动人员(人)	#博士毕业	#硕士毕业	机构科技经费内部支出(万元)	机构仪器设备原价(万元)
全 国	**13242**	**1074551**	**14579**	**104534**	**23365942**	**19576300**
东部地区	9009	731075	10242	77902	17195747	14011518
中部地区	2498	199718	2942	16895	3628327	2878975
西部地区	1735	143758	1395	9737	2541868	2685807
东北地区	616	72444	888	6549	1221180	866696
北 京	270	22131	514	3999	508649	376631
天 津	252	21520	300	1736	707665	529805
河 北	342	31971	352	2402	538123	498076
山 西	180	15466	230	1321	219032	289532
内蒙古	101	11468	145	881	191224	142462
辽 宁	332	38441	368	3541	655616	448626
吉 林	115	14291	293	1302	294535	233496
黑龙江	169	19712	227	1706	271028	184574
上 海	381	41179	917	7317	1612545	1521928
江 苏	1812	112024	1568	7698	2897689	2951586
浙 江	2102	120888	1244	7588	2261911	1441461
安 徽	468	34669	449	2335	746768	592529
福 建	432	34992	438	1862	779268	606157
江 西	199	12407	172	981	226902	202467
山 东	1397	113053	1890	9321	3255379	2092325
河 南	679	48704	689	3054	810252	584175
湖 北	320	28779	491	2884	584075	528539
湖 南	368	25690	391	3312	475734	263662
广 东	1678	194498	2641	32392	3974245	3540126
广 西	173	8676	111	566	201743	92273
海 南	11	378	10	46	4658	4799
重 庆	235	19438	204	1300	429057	293685
四 川	423	41482	330	2401	734789	597522
贵 州	116	10141	71	405	187406	191770
云 南	109	5937	49	426	119808	487135
西 藏	1	32			2500	2147
陕 西	316	23247	190	1952	260158	380221
甘 肃	111	10718	98	785	127149	229644
青 海	29	1681	34	95	47579	24112
宁 夏	51	4763	79	195	73463	75756
新 疆	70	6175	84	731	166992	169078

1-H-19 各地区国有控股大中型工业企业办科技机构情况

地 区	企业办科技机构数（个）	机构科技活动人员（人）	#博士毕业	#硕士毕业	机构科技经费内部支出（万元）	机构仪器设备原价（万元）
全 国	**3992**	**442742**	**5419**	**41099**	**9358425**	**8321164**
东部地区	1859	221143	3132	22945	5221058	4326990
中部地区	1084	123499	1460	10779	2338391	1856412
西部地区	1049	98100	827	7375	1798976	2137763
东北地区	381	56422	552	5310	986677	694146
北 京	164	12881	272	1668	258892	266795
天 津	132	12485	150	1070	333705	304336
河 北	145	17760	134	1507	322488	329562
山 西	104	12858	152	1100	194994	251484
内蒙古	58	8420	76	647	136566	109001
辽 宁	196	27937	236	2684	483016	346007
吉 林	59	10903	132	1067	256083	190451
黑龙江	126	17582	184	1559	247578	157688
上 海	181	25049	551	5201	1083834	923647
江 苏	263	21604	201	2105	431323	508373
浙 江	108	11507	115	924	217306	216297
安 徽	179	20845	181	1642	499523	342149
福 建	60	5960	77	672	140616	126151
江 西	101	8261	74	605	151603	149709
山 东	391	45898	659	5036	1318670	817313
河 南	207	23238	237	1610	378880	243803
湖 北	146	16927	300	1568	324363	341195
湖 南	162	12885	200	1628	285367	179934
广 东	215	39957	731	2065	628264	485340
广 西	69	4265	34	325	136589	32026
海 南	4	105	6	13	2945	3170
重 庆	139	13412	110	965	291983	174390
四 川	169	20335	142	1334	423480	412927
贵 州	96	8134	50	332	175067	176364
云 南	63	4435	23	359	94584	427268
西 藏						
陕 西	265	21298	153	1765	236696	353151
甘 肃	90	8744	90	747	106683	223002
青 海	24	1325	34	95	47196	24067
宁 夏	22	2258	35	142	34073	53605
新 疆	54	5474	80	664	116060	151963

1-H-20　各地区内资大中型工业企业办科技机构情况

地　区	企业办科技机构数(个)	机构科技活动人员(人)	#博士毕业	#硕士毕业	机构科技经费内部支出(万元)	机构仪器设备原价(万元)
全　国	**9853**	**802072**	**11230**	**80324**	**16309311**	**12866525**
东部地区	6079	493365	7309	56391	10974942	7853433
中部地区	2186	175699	2649	15023	3050366	2498052
西部地区	1588	133008	1272	8910	2284002	2515039
东北地区	534	66414	811	5930	1125791	769458
北　京	201	17470	389	2956	333785	281461
天　津	185	14837	239	1308	483388	344521
河　北	293	28743	275	2094	470157	435781
山　西	168	14832	214	1277	213251	279540
内蒙古	94	10571	133	798	171032	116193
辽　宁	279	34600	310	3087	591887	388262
吉　林	107	13082	285	1223	286327	214576
黑龙江	148	18732	216	1620	247577	166620
上　海	197	15281	393	1948	621501	450138
江　苏	1190	67229	1104	5112	1800116	1336324
浙　江	1515	83253	949	3649	1450840	1057444
安　徽	402	30304	381	2081	654376	476675
福　建	187	11960	155	787	205128	165899
江　西	166	10246	142	629	120510	182865
山　东	1197	98355	1627	8309	2753939	1779531
河　南	591	41791	588	2634	678808	515990
湖　北	270	22770	452	2338	390298	405703
湖　南	334	23942	371	3221	459220	256084
广　东	826	121310	1860	27119	2259992	1610219
广　西	147	6093	69	380	113398	79101
海　南	9	327	8	22	4210	3854
重　庆	204	17037	193	1027	365935	258973
四　川	390	39862	312	2249	699856	575103
贵　州	114	8987	70	399	187135	191402
云　南	92	5401	43	400	107245	437426
西　藏	1	32			2500	2147
陕　西	309	22647	183	1912	251534	372860
甘　肃	106	10308	96	784	125879	227744
青　海	19	1613	14	48	31226	16212
宁　夏	42	4282	75	182	61270	68799
新　疆	70	6175	84	731	166992	169078

1-H-21 各地区港澳台商投资大中型工业企业办科技机构情况

地区	企业办科技机构数(个)	机构科技活动人员(人)	#博士毕业	#硕士毕业	机构科技经费内部支出(万元)	机构仪器设备原价(万元)
全国	**1436**	**110513**	**1298**	**8153**	**2244277**	**1723845**
东部地区	1288	101662	1169	7686	2118090	1630966
中部地区	112	7305	113	391	101935	78112
西部地区	36	1546	16	76	24253	14767
东北地区	23	1256	13	227	13474	16188
北京	22	1865	36	394	94104	25009
天津	16	1179	9	60	59399	21584
河北	17	1158	15	123	28558	25025
山西	4	400	8	16	2568	8696
内蒙古						
辽宁	21	1196	11	216	12749	15163
吉林	2	60	2	11	726	1025
黑龙江						
上海	50	4852	70	307	116688	125175
江苏	228	19871	181	865	355023	298185
浙江	265	16578	142	3071	381865	185565
安徽	22	1148	38	43	18788	21785
福建	137	13867	163	379	297002	266850
江西	8	338	2	14	6423	2400
山东	49	3272	39	181	100413	76387
河南	46	3624	42	225	51041	21148
湖北	11	703	6	29	10750	18712
湖南	19	1032	15	53	11639	4347
广东	483	37824	503	2090	672289	592023
广西	7	68	1	1	480	755
海南						
重庆	7	290	1	18	11245	3339
四川	12	547	7	51	9474	7783
贵州	1	8		1	32	26
云南	4	163	2	3	1268	981
西藏						
陕西						
甘肃	4	380	2	1	1170	1200
青海						
宁夏	1	90	3	1	585	684
新疆						

1-H-22　各地区外商投资大中型工业企业办科技机构情况

地　区	企业办科技机构数(个)	机构科技活动人员(人)	#博士毕业	#硕士毕业	机构科技经费内部支出(万元)	机构仪器设备原价(万元)
全　国	**1953**	**161966**	**2051**	**16057**	**4812354**	**4985930**
东部地区	1642	136048	1764	13825	4102715	4527119
中部地区	200	16714	180	1481	476025	302810
西部地区	111	9204	107	751	233613	156000
东北地区	59	4774	64	392	81915	81050
北　京	47	2796	89	649	80760	70160
天　津	51	5504	52	368	164878	163700
河　北	32	2070	62	185	39409	37270
山　西	8	234	8	28	3213	1297
内蒙古	7	897	12	83	20192	26269
辽　宁	32	2645	47	238	50981	45201
吉　林	6	1149	6	68	7483	17896
黑龙江	21	980	11	86	23451	17954
上　海	134	21046	454	5062	874356	946615
江　苏	394	24924	283	1721	742550	1317076
浙　江	322	21057	153	868	429206	198453
安　徽	44	3217	30	211	73604	94070
福　建	108	9165	120	696	277137	173408
江　西	25	1823	28	338	99969	17201
山　东	151	11426	224	831	401027	236408
河　南	42	3289	59	195	80404	47037
湖　北	39	5306	33	517	183027	104124
湖　南	15	716	5	38	4874	3231
广　东	369	35364	278	3183	1041963	1337884
广　西	19	2515	41	185	87865	12417
海　南	2	51	2	24	448	945
重　庆	24	2111	10	255	51878	31373
四　川	21	1073	11	101	25459	14636
贵　州	1	1146	1	5	239	342
云　南	13	373	4	23	11295	48728
西　藏						
陕　西	7	600	7	40	8624	7361
甘　肃	1	30			100	700
青　海	10	68	20	47	16353	7900
宁　夏	8	391	1	12	11608	6273
新　疆						

Ⅰ. 科技项目情况

1-Ⅰ-1　分登记注册类型工业企业科技项目情况

行　　业	科技项目数（项）	参加项目人员（人）	科学家和工程师	项目经费内部支出（万元）
总　　计	**286209**	**2343413**	**1381514**	**48650684**
国有控股企业	112277	913118	561714	20184382
内资企业	225714	1797519	1049824	35490212
国有企业	34516	238510	148087	4424133
集体企业	2875	17107	10368	546875
股份合作企业	2226	13217	6268	238456
联营企业	439	4970	2933	123512
国有联营企业	277	4184	2529	114092
集体联营企业	23	206	121	2324
国有与集体联营企业	47	269	146	3097
其他联营企业	92	311	137	3999
有限责任公司	88495	746860	451752	15034043
国有独资公司	20413	172960	101285	3840301
其他有限责任公司	68082	573900	350466	11193741
股份有限公司	39198	349619	214003	8127864
私营企业	57240	421358	213356	6871675
私营独资企业	4195	27889	12486	388407
私营合伙企业	839	5072	1956	65049
私营有限责任公司	49044	358038	181380	5754085
私营股份有限公司	3162	30359	17535	664134
其他企业	725	5878	3057	123655
港、澳、台商投资企业	23509	207656	118393	4134814
合资经营企业（港或澳、台资）	10799	90752	52967	1847113
合作经营企业（港或澳、台资）	392	3622	1781	44612
港、澳、台商独资经营企业	10596	100465	56009	1977711
港、澳、台商投资股份有限公司	1722	12817	7637	265378
外商投资企业	36986	338238	213297	9025658
中外合资经营企业	21431	166664	104208	5237414
中外合作经营企业	589	4700	2682	93673
外资企业	12586	142078	90188	3126133
外商投资股份有限公司	2380	24796	16219	568438

1-I-2　分行业工业企业科技项目情况

行　　业	科技项目数（项）	参加项目人员（人）	科学家和工程师	项目经费内部支出（万元）
总　　计	**286209**	**2343413**	**1381514**	**48650684**
采矿业	**14241**	**171894**	**95667**	**2043471**
煤炭开采和洗选业	8229	113950	55828	1336442
烟煤和无烟煤的开采洗选	8057	113392	55455	1326703
褐煤的开采洗选	171	553	368	7837
其他煤炭采选	1	5	5	1902
石油和天然气开采业	4517	42759	32585	474293
天然原油和天然气开采	3155	32237	24548	375429
与石油和天然气开采有关的服务活动	1362	10522	8037	98864
黑色金属矿采选业	518	4548	2258	54087
铁矿采选	510	3840	1915	48534
其他黑色金属矿采选	8	708	343	5553
有色金属矿采选业	461	5190	2587	96081
常用有色金属矿采选	237	3325	1407	50481
贵金属矿采选	113	1287	811	32426
稀有稀土金属矿采选	111	578	369	13174
非金属矿采选业	515	5438	2402	82508
土砂石开采	126	801	441	7881
化学矿采选	58	1472	408	11465
采盐	310	3028	1476	60477
石棉及其他非金属矿采选	21	137	77	2685
制造业	**265230**	**2120456**	**1262383**	**45904160**
农副食品加工业	4087	32130	17985	686105
谷物磨制	324	2225	1171	56344
饲料加工	1118	6186	3564	123761
植物油加工	396	2727	1622	105426
制糖	101	1528	674	26479
屠宰及肉类加工	786	8361	5271	158065
水产品加工	492	3953	2055	69654
蔬菜、水果和坚果加工	365	3129	1633	42402
其他农副食品加工	505	4021	1995	103975
食品制造业	3766	23017	13332	475395
焙烤食品制造	164	1289	631	20242
糖果、巧克力及蜜饯制造	209	1409	587	27581
方便食品制造	448	2508	1104	47382
液体乳及乳制品制造	720	4282	2552	95198
罐头制造	269	1482	710	27228
调味品、发酵制品制造	631	4499	2576	97209
其他食品制造	1325	7548	5172	160556
饮料制造业	4236	28628	17188	677907
酒精制造	91	1266	631	46574
酒的制造	3502	21076	12446	479922
软饮料制造	466	4972	3307	132027
精制茶加工	177	1314	803	19385
烟草制品业	1443	6114	3923	158156
烟叶复烤	19	239	131	1276
卷烟制造	1358	5562	3618	152224

1-I-2 续表 1

行　　业	科技项目数(项)	参加项目人员(人)		项目经费内部支出(万元)
			科学家和工程师	
其他烟草制品加工	66	313	174	4656
纺织业	8661	74776	30119	1111770
棉、化纤纺织及印染精加工	5294	44992	17646	591306
毛纺织和染整精加工	331	3566	2257	67991
麻纺织	76	1114	543	14843
丝绢纺织及精加工	448	4753	1590	79213
纺织制成品制造	1193	9894	4201	175740
针织品、编织品及其制品制造	1319	10457	3882	182676
纺织服装、鞋、帽制造业	2313	17416	7544	263707
纺织服装制造	2231	17056	7467	259327
纺织面料鞋的制造	65	266	51	3132
制帽	17	94	27	1248
皮革、毛皮、羽毛(绒)及其制品业	2246	13099	3852	156447
皮革鞣制加工	118	1409	469	34418
皮革制品制造	2043	10813	3000	108082
毛皮鞣制及制品加工	40	369	115	6802
羽毛(绒)加工及制品制造	45	508	268	7146
木材加工及木、竹、藤、棕、草制品业	1108	9625	3507	130247
锯材、木片加工	33	402	127	4701
人造板制造	746	6743	2348	94426
木制品制造	175	1329	566	20838
竹、藤、棕、草制品制造	154	1151	466	10282
家具制造业	745	5758	2858	85929
木质家具制造	420	2660	1552	33803
竹、藤家具制造	2	14	7	79
金属家具制造	209	1970	835	34956
塑料家具制造	27	180	65	1490
其他家具制造	87	934	399	15601
造纸及纸制品业	1776	21591	10035	529640
纸浆制造	100	1004	391	17008
造纸	1180	15896	7578	434818
纸制品制造	496	4691	2066	77814
印刷业和记录媒介的复制	1407	10177	4674	143649
印刷	1283	8733	3892	121677
装订及其他印刷服务活动	77	610	272	5374
记录媒介的复制	47	834	510	16599
文教体育用品制造业	2064	9673	4119	125631
文化用品制造	254	1744	841	22979
体育用品制造	409	2977	1407	37776
乐器制造	242	1553	514	18417
玩具制造	1041	2623	975	38201
游艺器材及娱乐用品制造	118	776	382	8258
石油加工、炼焦及核燃料加工业	2308	20116	12747	447769

1-I-2 续表 2

行业	科技项目数(项)	参加项目人员(人)	科学家和工程师	项目经费内部支出(万元)
精炼石油产品的制造	1906	14187	9686	308733
炼焦	218	5205	2690	132202
核燃料加工	184	724	371	6835
化学原料及化学制品制造业	18188	159130	93482	3869529
基础化学原料制造	3695	43250	22960	992384
肥料制造	1700	25007	15089	845954
农药制造	1351	10733	6147	240057
涂料、油墨、颜料及类似产品制造	2565	15127	9403	290347
合成材料制造	2181	18639	11593	623643
专用化学产品制造	5237	39904	24275	738760
日用化学产品制造	1459	6470	4014	138384
医药制造业	14662	96302	61057	1485468
化学药品原药制造	3628	24708	14141	369574
化学药品制剂制造	4343	27834	18933	520929
中药饮片加工	309	2210	1349	36584
中成药制造	3851	23475	15659	286454
兽用药品制造	734	4700	2934	52469
生物、生化制品的制造	1430	10524	6237	176465
卫生材料及医药用品制造	367	2851	1804	42993
化学纤维制造业	1235	20074	10755	482233
纤维素纤维原料及纤维制造	380	6106	3055	130112
合成纤维制造	855	13968	7700	352122
橡胶制品业	4430	22807	12268	613032
轮胎制造	1886	13744	7449	471577
橡胶板、管、带的制造	626	2908	1380	48039
橡胶零件制造	691	2694	1583	42036
再生橡胶制造	25	366	261	12981
日用及医用橡胶制品制造	106	829	474	8497
橡胶靴鞋制造	210	919	333	8809
其他橡胶制品制造	886	1347	788	21094
塑料制品业	4230	37956	18187	615663
塑料薄膜制造	472	4537	2291	104885
塑料板、管、型材的制造	877	15786	8119	228246
塑料丝、绳及编织品的制造	125	850	370	9883
泡沫塑料制造	115	1260	789	13158
塑料人造革、合成革制造	165	1694	592	34766
塑料包装箱及容器制造	319	2393	1046	38422
塑料零件制造	519	4588	2104	79969
日用塑料制造	1087	3106	940	49188
其他塑料制品制造	551	3742	1936	57147
非金属矿物制品业	7155	67248	34807	1163140
水泥、石灰和石膏的制造	1007	11621	4988	267534
水泥及石膏制品制造	617	5356	2476	71657
砖瓦、石材及其他建筑材料制造	924	7843	4111	111190
玻璃及玻璃制品制造	2031	19224	10921	371031
陶瓷制品制造	855	8996	4757	105289
耐火材料制品制造	767	5909	2971	92772

1-I-2 续表 3

行业	科技项目数(项)	参加项目人员(人)		项目经费内部支出(万元)
			科学家和工程师	
石墨及其他非金属矿物制品制造	954	8299	4583	143668
黑色金属冶炼及压延加工业	10397	119012	66900	5293871
炼铁	284	2396	1014	78207
炼钢	1900	21414	12098	1218644
钢压延加工	7934	90931	51569	3914158
铁合金冶炼	279	4271	2219	82863
有色金属冶炼及压延加工业	5643	62831	34200	1678904
常用有色金属冶炼	2222	28200	14310	860340
贵金属冶炼	115	1931	950	24320
稀有稀土金属冶炼	443	5004	2536	80596
有色金属合金制造	639	4585	2777	82809
有色金属压延加工	2224	23111	13627	630839
金属制品业	6145	52489	28625	914079
结构性金属制品制造	1413	14065	7089	227721
金属工具制造	906	6463	3213	92879
集装箱及金属包装容器制造	548	4112	2471	85223
金属丝绳及其制品的制造	465	5124	3417	157348
建筑、安全用金属制品制造	898	8744	5176	105450
金属表面处理及热处理加工	407	2647	1244	57203
搪瓷制品制造	91	878	317	14008
不锈钢及类似日用金属制品制造	622	5309	2615	65328
其他金属制品制造	795	5147	3083	108919
通用设备制造业	26778	175867	100849	3173227
锅炉及原动机制造	2914	20843	12693	534622
金属加工机械制造	4114	27601	17736	442320
起重运输设备制造	2322	18440	10878	458551
泵、阀门、压缩机及类似机械的制造	5799	38467	20425	503746
轴承、齿轮、传动和驱动部件的制造	3514	17766	8714	257518
烘炉、熔炉及电炉制造	116	1145	596	19985
风机、衡器、包装设备等通用设备制造	4936	29391	18159	560028
通用零部件制造及机械修理	1411	9887	4592	159220
金属铸、锻加工	1652	12327	7056	237238
专用设备制造业	23411	157665	91562	2762576
矿山、冶金、建筑专用设备制造	5752	53216	28565	1209773
化工、木材、非金属加工专用设备制造	3666	19398	9837	282092
食品、饮料、烟草及饲料生产专用设备制造	581	4796	2429	58358
印刷、制药、日化生产专用设备制造	843	6096	3987	85989
纺织、服装和皮革工业专用设备制造	1298	11743	7176	149272
电子和电工机械专用设备制造	2397	21943	13871	281833
农、林、牧、渔专用机械制造	1788	10962	6940	214758
医疗仪器设备及器械制造	1562	12317	7518	196463
环保、社会公共安全及其他专用设备制造	5524	17194	11239	284037
交通运输设备制造业	29835	243105	151172	6022827
铁路运输设备制造	2262	18486	12891	316736
汽车制造	18626	149221	94033	4224024
摩托车制造	2050	15240	9256	306792
自行车制造	505	3277	1848	48614

1-I-2 续表 4

行业	科技项目数（项）	参加项目人员（人）	科学家和工程师	项目经费内部支出（万元）
船舶及浮动装置制造	1981	19409	12179	501597
航空航天器制造	4118	36175	20159	606921
交通器材及其他交通运输设备制造	293	1297	806	18143
电气机械及器材制造业	30830	207473	123946	4722647
电机制造	5084	33272	18811	546391
输配电及控制设备制造	8265	60591	37249	1136583
电线、电缆、光缆及电工器材制造	3097	27623	16171	774516
电池制造	2227	23198	15713	482370
家用电力器具制造	8476	42294	24830	1475516
非电力家用器具制造	1199	4428	2779	77539
照明器具制造	1760	12497	6159	176098
其他电气机械及器材制造	722	3570	2234	53634
通信设备、计算机及其他电子设备制造业	34526	349645	253361	7114250
通信设备制造	7379	117432	103023	2437399
雷达及配套设备制造	888	6667	4977	94883
广播电视设备制造	853	6376	4260	96179
电子计算机制造	3291	64066	49163	1336131
电子器件制造	6550	48593	31473	1068734
电子元件制造	8910	61483	33741	974501
家用视听设备制造	4959	29184	14930	898727
其他电子设备制造	1696	15844	11793	207697
仪器仪表及文化、办公用机械制造业	9729	62838	41614	841313
通用仪器仪表制造	5238	34256	22256	490963
专用仪器仪表制造	2355	13985	9511	155002
钟表与计时仪器制造	377	1339	943	9671
光学仪器及眼镜制造	983	6002	4154	72191
文化、办公用机械制造	581	6203	3927	101742
其他仪器仪表的制造及修理	195	1053	823	11744
工艺品及其他制造业	1811	13515	7578	151670
工艺美术品制造	621	5616	2676	76853
日用杂品制造	494	2626	1158	30495
煤制品制造				
核辐射加工	27	102	60	586
其他未列明的制造业	669	5171	3684	43736
废弃资源和废旧材料回收加工业	65	379	141	7381
金属废料和碎屑的加工处理	31	197	85	4678
非金属废料和碎屑的加工处理	34	182	56	2703
电力、燃气及水的生产和供应业	**6738**	**51063**	**23464**	**703053**
电力、热力的生产和供应业	5263	47337	21527	661360
电力生产	1741	20072	7913	300522
电力供应	3425	26122	12937	317832
热力生产和供应	97	1143	678	43007
燃气生产和供应业	189	1107	336	10792
水的生产和供应业	1286	2619	1601	30900
自来水的生产和供应	1222	2149	1265	23808
污水处理及其再生利用	54	424	302	6601
其他水的处理、利用与分配	10	46	33	490

1-I-3 国有控股制造业企业科技项目情况

行业	科技项目数(项)	参加项目人员(人)	科学家和工程师	项目经费内部支出(万元)
总计	**92228**	**701811**	**448328**	**17634141**
农副食品加工业	289	2231	1021	39517
食品制造业	791	4802	2923	94762
饮料制造业	2059	11586	7769	341399
烟草制品业	1385	5755	3763	152482
纺织业	2256	12397	4408	110430
纺织服装、鞋、帽制造业	415	942	433	9489
皮革、毛皮、羽毛(绒)及其制品业	172	128	79	1036
木材加工及木、竹、藤、棕、草制品业	315	2104	670	9407
家具制造业	97	276	189	18499
造纸及纸制品业	415	7300	2878	141813
印刷业和记录媒介的复制	490	2050	1208	32879
文教体育用品制造业	181	1030	364	11261
石油加工、炼焦及核燃料加工业	1962	15821	10518	305537
化学原料及化学制品制造业	5780	65616	38351	1689809
医药制造业	4055	24461	15548	301930
化学纤维制造业	497	7079	3340	151385
橡胶制品业	1575	7495	3238	205454
塑料制品业	905	4132	2436	104031
非金属矿物制品业	1592	14214	7402	288329
黑色金属冶炼及压延加工业	7968	89886	52653	3725819
有色金属冶炼及压延加工业	2968	33416	19262	884176
金属制品业	1177	7776	5398	158455
通用设备制造业	9886	52010	33828	1229364
专用设备制造业	7387	58033	37970	1253610
交通运输设备制造业	16893	143833	95766	3859516
电气机械及器材制造业	5415	31853	21031	757469
通信设备、计算机及其他电子设备制造业	11596	73459	59910	1506025
仪器仪表及文化、办公用机械制造业	3204	18431	13201	209641
工艺品及其他制造业	502	3685	2770	40565

1-I-4　内资制造业企业科技项目情况

行　　业	科技项目数（项）	参加项目人员（人）	科学家和工程师	项目经费内部支出（万元）
总　计	**205329**	**1581493**	**934260**	**32858105**
农副食品加工业	2738	23128	12445	469874
食品制造业	2710	16613	9337	285096
饮料制造业	3248	21919	13402	466731
烟草制品业	1428	6047	3882	157313
纺织业	7252	58379	22909	864864
纺织服装、鞋、帽制造业	1642	10807	4687	165768
皮革、毛皮、羽毛(绒)及其制品业	1679	8097	2156	90634
木材加工及木、竹、藤、棕、草制品业	930	8185	2861	108077
家具制造业	439	3649	1696	42937
造纸及纸制品业	1234	13726	6508	296537
印刷业和记录媒介的复制	950	6489	2985	84015
文教体育用品制造业	760	5058	1893	61047
石油加工、炼焦及核燃料加工业	2169	18544	12146	413699
化学原料及化学制品制造业	14965	136504	79456	3240948
医药制造业	11288	72992	45663	1034918
化学纤维制造业	1015	15655	7702	378314
橡胶制品业	3514	14100	7584	309568
塑料制品业	2591	20145	10183	388410
非金属矿物制品业	5651	51939	26264	870339
黑色金属冶炼及压延加工业	9742	110986	61705	4893947
有色金属冶炼及压延加工业	4980	53325	29008	1464447
金属制品业	4966	38393	21079	649508
通用设备制造业	22522	142870	81061	2419013
专用设备制造业	19560	132010	75685	2262714
交通运输设备制造业	23417	187538	115047	3872773
电气机械及器材制造业	23185	153005	90843	3429822
通信设备、计算机及其他电子设备制造业	21486	191737	147598	3391212
仪器仪表及文化、办公用机械制造业	7824	48863	32413	618072
工艺品及其他制造业	1387	10462	5931	120960

1-I-5 港澳台商投资制造业企业科技项目情况

行业	科技项目数(项)	参加项目人员(人)	科学家和工程师	项目经费内部支出(万元)
总计	**23243**	**205634**	**117432**	**4095154**
农副食品加工业	832	5624	3606	95833
食品制造业	334	2220	1271	45630
饮料制造业	201	1227	760	29303
烟草制品业	15	67	41	843
纺织业	803	10139	3943	155937
纺织服装、鞋、帽制造业	454	4237	2188	75281
皮革、毛皮、羽毛(绒)及其制品业	263	2458	869	35698
木材加工及木、竹、藤、棕、草制品业	108	749	292	11479
家具制造业	176	1145	747	29837
造纸及纸制品业	175	2472	1200	51199
印刷业和记录媒介的复制	245	2418	1140	32309
文教体育用品制造业	1028	2626	1204	30972
石油加工、炼焦及核燃料加工业	116	588	314	17166
化学原料及化学制品制造业	1392	8526	5223	205343
医药制造业	1127	7155	4402	131296
化学纤维制造业	133	2160	1446	57632
橡胶制品业	158	2333	1467	86376
塑料制品业	1144	4871	2187	90298
非金属矿物制品业	574	7008	3729	116468
黑色金属冶炼及压延加工业	224	4015	2726	177391
有色金属冶炼及压延加工业	318	3847	2129	97177
金属制品业	442	4816	2358	81916
通用设备制造业	1302	10282	5468	181563
专用设备制造业	1572	10994	6748	173705
交通运输设备制造业	1176	11088	6172	241302
电气机械及器材制造业	2732	24658	16068	356310
通信设备、计算机及其他电子设备制造业	5161	60938	35731	1409889
仪器仪表及文化、办公用机械制造业	765	4844	2873	57411
工艺品及其他制造业	271	2124	1128	19169

1-I-6　外商投资制造业企业科技项目情况

行　　业	科技项目数(项)	参加项目人员(人)		项目经费内部支出(万元)
			科学家和工程师	
总　　计	**36658**	**333329**	**210692**	**8950902**
农副食品加工业	517	3378	1934	120398
食品制造业	722	4184	2724	144669
饮料制造业	787	5482	3026	181874
烟草制品业				
纺织业	606	6258	3267	90969
纺织服装、鞋、帽制造业	217	2372	670	22658
皮革、毛皮、羽毛(绒)及其制品业	304	2544	826	30115
木材加工及木、竹、藤、棕、草制品业	70	691	353	10691
家具制造业	130	964	415	13155
造纸及纸制品业	367	5393	2327	181904
印刷业和记录媒介的复制	212	1270	550	27325
文教体育用品制造业	276	1989	1022	33613
石油加工、炼焦及核燃料加工业	23	984	286	16904
化学原料及化学制品制造业	1831	14100	8803	423238
医药制造业	2247	16155	10993	319254
化学纤维制造业	87	2259	1607	46288
橡胶制品业	758	6374	3217	217087
塑料制品业	495	12940	5817	136956
非金属矿物制品业	930	8301	4814	176333
黑色金属冶炼及压延加工业	431	4011	2469	222533
有色金属冶炼及压延加工业	345	5659	3063	117280
金属制品业	737	9280	5188	182654
通用设备制造业	2954	22715	14321	572652
专用设备制造业	2279	14661	9129	326158
交通运输设备制造业	5242	44479	29953	1908751
电气机械及器材制造业	4913	29810	17035	936514
通信设备、计算机及其他电子设备制造业	7879	96970	70033	2313149
仪器仪表及文化、办公用机械制造业	1140	9131	6328	165829
工艺品及其他制造业	153	929	519	11542

1-I-7 各地区工业企业科技项目情况

地　区	科技项目数(项)	参加项目人员(人)	科学家和工程师	项目经费内部支出(万元)
全　国	**286209**	**2343413**	**1381514**	**48650684**
东部地区	187972	1515879	909055	34129750
中部地区	56877	523102	302513	9096922
西部地区	41360	304432	169946	5424012
东北地区	20297	157914	98396	3034994
北　京	15093	69392	45936	1391514
天　津	13045	49939	28927	1905734
河　北	6829	62186	34900	1094866
山　西	3685	71513	42597	1301976
内蒙古	1741	22688	14797	461930
辽　宁	11719	82604	50772	1863329
吉　林	3275	27874	16005	527565
黑龙江	5303	47436	31620	644100
上　海	12966	77475	48653	2684969
江　苏	33384	296141	159539	7583716
浙　江	32966	280145	124877	4603347
安　徽	8672	82491	47356	1659290
福　建	7018	69350	43633	1432915
江　西	4148	34765	18091	638066
山　东	24113	198161	132419	5062879
河　南	12082	111254	59018	1740623
湖　北	10230	74258	51376	1416948
湖　南	9482	73511	36451	1168354
广　东	30527	328670	238023	6439340
广　西	3631	22358	11818	535573
海　南	312	1816	1378	67141
重　庆	5474	41064	25172	864763
四　川	12868	87088	44224	1267574
贵　州	2322	16958	10206	329988
云　南	2429	20042	10456	411707
西　藏	23	140	50	8980
陕　西	7972	47993	27940	751158
甘　肃	2229	23123	12822	300998
青　海	323	4192	2183	91088
宁　夏	1061	7555	3868	133168
新　疆	1287	11231	6410	267086

1-I-8　各地区国有控股工业企业科技项目情况

地　区	科技项目数（项）	参加项目人员（人）	科学家和工程师	项目经费内部支出（万元）
全　国	**112277**	**913118**	**561714**	**20184382**
东部地区	56192	407065	260465	10570049
中部地区	29229	314087	185408	6061859
西部地区	26856	191966	115841	3552474
东北地区	14650	117114	74022	2374154
北　京	5498	33190	21689	639360
天　津	6721	26183	15375	1031119
河　北	3383	36879	20153	720570
山　西	2949	61971	36817	1172450
内蒙古	1153	15738	11232	283372
辽　宁	8534	58508	35561	1388286
吉　林	1953	18809	11357	431277
黑龙江	4163	39797	27105	554591
上　海	7777	41617	28997	1763922
江　苏	6080	48989	28806	1100712
浙　江	1802	17342	9550	315776
安　徽	3677	42569	25264	1023029
福　建	1589	12184	6928	225218
江　西	2514	21639	10553	444605
山　东	10405	77652	53411	1940086
河　南	5653	55135	29518	960792
湖　北	4620	37301	25459	874736
湖　南	3700	36866	19336	600380
广　东	4310	53716	39408	1393284
广　西	1445	9450	5251	281240
海　南	93	805	590	51715
重　庆	3126	23589	15482	486200
四　川	7126	41223	24942	639574
贵　州	1972	13737	8510	293428
云　南	1634	14455	7355	314277
西　藏	4	22	4	64
陕　西	7025	38998	23386	655171
甘　肃	1520	18765	10618	257447
青　海	271	3486	1881	87203
宁　夏	549	3645	1889	71271
新　疆	1031	8858	5292	183225

1-I-9 各地区内资工业企业科技项目情况

地　　区	科技项目数（项）	参加项目人员（人）		项目经费内部支出（万元）
			科学家和工程师	
全　　国	**225714**	**1797519**	**1049824**	**35490212**
东部地区	137460	1049663	624367	22623195
中部地区	49491	469643	269518	7979075
西部地区	38763	278213	155940	4887943
东北地区	18293	140632	86339	2736017
北　　京	12958	56178	37340	1038482
天　　津	9266	35966	20359	1274481
河　　北	5762	54923	30524	976776
山　　西	3563	69643	41496	1280401
内 蒙 古	1542	20953	13756	432633
辽　　宁	10653	72261	42967	1680837
吉　　林	2906	25676	14652	457976
黑 龙 江	4734	42695	28719	597204
上　　海	7444	40278	24615	1321288
江　　苏	22582	192743	103383	4723006
浙　　江	25696	206928	90942	3235591
安　　徽	7316	73140	41950	1426800
福　　建	3467	31434	18281	504618
江　　西	3359	29719	14815	480722
山　　东	21736	169819	113242	4282590
河　　南	10681	100206	52751	1550154
湖　　北	8560	59772	40973	1096978
湖　　南	8372	68792	34161	1088842
广　　东	17634	187583	141536	3525619
广　　西	3197	17363	8994	428724
海　　南	262	1550	1177	59907
重　　庆	4797	34445	21109	694382
四　　川	12273	81539	41588	1166006
贵　　州	2244	15966	9615	322882
云　　南	2260	18685	9680	379284
西　　藏	22	136	49	5928
陕　　西	7743	44654	26858	715817
甘　　肃	2202	22790	12645	299545
青　　海	271	3506	1730	62160
宁　　夏	927	6956	3508	113986
新　　疆	1285	11220	6408	266596

1-I-10　各地区港澳台商投资工业企业科技项目情况

地　区	科技项目数(项)	参加项目人员(人)	科学家和工程师	项目经费内部支出(万元)
全　国	**23509**	**207656**	**118393**	**4134814**
东部地区	20728	186588	107135	3827405
中部地区	2002	14626	7924	206901
西部地区	779	6442	3334	100509
东北地区	372	3733	2575	70140
北　京	632	4263	2742	132463
天　津	901	2840	1732	101402
河　北	255	2351	1162	42477
山　西	72	683	518	4932
内蒙古	6	48	48	386
辽　宁	293	3278	2329	61412
吉　林	11	157	77	3482
黑龙江	68	298	169	5247
上　海	915	7851	4412	173939
江　苏	4313	38476	19269	837151
浙　江	3270	33256	15649	646856
安　徽	266	2728	1255	41052
福　建	2229	20476	12868	471860
江　西	203	1061	571	14759
山　东	599	6766	4738	153595
河　南	430	5010	3010	70532
湖　北	345	2511	1440	28105
湖　南	607	2178	885	38792
广　东	7295	66865	42130	1202866
广　西	101	480	204	7657
海　南	26	166	105	3385
重　庆	235	2287	1496	36033
四　川	267	2440	919	44762
贵　州	24	220	114	3338
云　南	81	557	308	6947
西　藏				
陕　西	5	55	29	125
甘　肃	7	255	122	134
青　海				
宁　夏	53	100	94	1127
新　疆				

1-I-11 各地区外商投资工业企业科技项目情况

地　　区	科技项目数(项)	参加项目人员(人)	科学家和工程师	项目经费内部支出(万元)
全　　国	**36986**	**338238**	**213297**	**9025658**
东部地区	29784	279628	177553	7679151
中部地区	5384	38833	25071	910947
西部地区	1818	19777	10673	435561
东北地区	1632	13549	9483	228838
北　　京	1503	8951	5854	220569
天　　津	2878	11133	6836	529851
河　　北	812	4912	3214	75613
山　　西	50	1187	583	16643
内 蒙 古	193	1687	993	28912
辽　　宁	773	7065	5475	121081
吉　　林	358	2041	1275	66107
黑 龙 江	501	4443	2732	41650
上　　海	4607	29346	19627	1189743
江　　苏	6489	64922	36887	2023559
浙　　江	4000	39961	18286	720900
安　　徽	1090	6623	4151	191438
福　　建	1322	17440	12484	456438
江　　西	586	3985	2706	142585
山　　东	1778	21576	14439	626695
河　　南	971	6038	3257	119938
湖　　北	1325	11975	8963	291865
湖　　南	503	2541	1405	40721
广　　东	5598	74222	54356	1710855
广　　西	333	4515	2621	99191
海　　南	24	100	96	3848
重　　庆	442	4332	2566	134348
四　　川	328	3109	1718	56805
贵　　州	54	772	477	3768
云　　南	88	800	468	25477
西　　藏	1	4	1	3052
陕　　西	224	3284	1054	35216
甘　　肃	20	78	55	1319
青　　海	52	686	453	28928
宁　　夏	81	499	266	18055
新　　疆	2	11	2	490

1-I-12　分登记注册类型大中型工业企业科技项目情况

行　　业	科技项目数（项）	参加项目人员（人）		项目经费内部支出（万元）
			科学家和工程师	
总　计	**200759**	**1846121**	**1113590**	**41233987**
国有控股企业	101486	864744	531807	19427789
内资企业	157657	1400139	837066	29881954
国有企业	31711	226156	140844	4263300
集体企业	2239	13172	8633	488231
股份合作企业	820	6142	3273	148573
联营企业	291	4223	2543	115142
国有联营企业	233	3903	2391	110528
集体联营企业	3	26	26	811
国有与集体联营企业	30	187	89	1932
其他联营企业	25	107	38	1870
有限责任公司	68241	625583	380830	13299513
国有独资公司	19533	167897	97803	3771085
其他有限责任公司	48708	457686	283027	9528428
股份有限公司	35287	326457	200044	7773243
私营企业	18645	194217	98755	3699637
私营独资企业	1015	8693	4187	148966
私营合伙企业	95	1345	502	17125
私营有限责任公司	15749	164084	82448	3022357
私营股份有限公司	1786	20095	11618	511190
其他企业	423	4189	2144	94314
港、澳、台商投资企业	16203	165776	95683	3459830
合资经营企业（港或澳、台资）	6490	67694	40441	1470703
合作经营企业（港或澳、台资）	231	2466	1126	26997
港、澳、台商独资经营企业	7876	83529	46860	1710451
港、澳、台商投资股份有限公司	1606	12087	7257	251679
外商投资企业	26899	280206	180841	7892203
中外合资经营企业	15387	132832	85279	4617086
中外合作经营企业	333	3002	1555	60560
外资企业	8976	120815	78295	2670174
外商投资股份有限公司	2203	23557	15712	544384

1-I-13 分行业大中型工业企业科技项目情况

行业	科技项目数（项）	参加项目人员（人）	科学家和工程师	项目经费内部支出（万元）
总计	**200759**	**1846121**	**1113590**	**41233987**
采矿业	**13810**	**169156**	**94337**	**2001117**
煤炭开采和洗选业	8158	113121	55420	1328013
烟煤和无烟煤的开采洗选	7991	112596	55078	1320234
褐煤的开采洗选	167	525	343	7779
其他煤炭采选				
石油和天然气开采业	4452	42471	32339	468117
天然原油和天然气开采	3122	32057	24379	370627
与石油和天然气开采有关的服务活动	1330	10414	7961	97489
黑色金属矿采选业	478	4246	2160	45966
铁矿采选	471	3543	1817	40471
其他黑色金属矿采选	7	703	343	5495
有色金属矿采选业	349	4603	2336	88891
常用有色金属矿采选	204	2968	1275	44782
贵金属矿采选	101	1196	758	31689
稀有稀土金属矿采选	44	439	303	12421
非金属矿采选业	373	4715	2081	70130
土砂石开采	26	310	242	988
化学矿采选	56	1445	400	11450
采盐	289	2916	1410	57249
石棉及其他非金属矿采选	2	44	29	442
制造业	**180710**	**1630068**	**997808**	**38632866**
农副食品加工业	2083	18536	11059	435131
谷物磨制	60	634	367	21389
饲料加工	592	2293	1264	44885
植物油加工	218	1491	1015	76482
制糖	95	1493	650	25817
屠宰及肉类加工	549	6981	4493	140838
水产品加工	160	1922	1299	37711
蔬菜、水果和坚果加工	148	1472	804	20605
其他农副食品加工	261	2250	1168	67404
食品制造业	2276	14575	8514	334831
焙烤食品制造	88	731	387	14433
糖果、巧克力及蜜饯制造	123	874	283	17956
方便食品制造	380	2000	877	37079
液体乳及乳制品制造	578	3231	1915	80431
罐头制造	83	665	292	13972
调味品、发酵制品制造	430	3462	2012	80760
其他食品制造	594	3612	2749	90201
饮料制造业	3520	23404	14395	587273
酒精制造	68	1034	523	35630
酒的制造	3179	18895	11452	443359
软饮料制造	248	3258	2296	105125
精制茶加工	25	217	124	3158
烟草制品业	1402	5822	3843	156008
烟叶复烤	15	133	109	717

1-I-13　续表 1

行　　业	科技项目数(项)	参加项目人员(人)	科学家和工程师	项目经费内部支出(万元)
卷烟制造	1356	5546	3609	152201
其他烟草制品加工	31	143	125	3090
纺织业	5768	58284	23802	891952
棉、化纤纺织及印染精加工	4015	37936	14695	482175
毛纺织和染整精加工	229	2959	1965	58503
麻纺织	62	969	496	12979
丝绢纺织及精加工	197	3112	931	58980
纺织制成品制造	624	6490	2964	135490
针织品、编织品及其制品制造	641	6818	2751	143826
纺织服装、鞋、帽制造业	1374	12718	6269	226137
纺织服装制造	1363	12626	6246	223600
纺织面料鞋的制造	3	23	8	1417
制帽	8	69	15	1120
皮革、毛皮、羽毛(绒)及其制品业	1141	8114	2697	113334
皮革鞣制加工	54	961	297	27338
皮革制品制造	1045	6599	2100	77283
毛皮鞣制及制品加工	11	159	63	2534
羽毛(绒)加工及制品制造	31	395	237	6179
木材加工及木、竹、藤、棕、草制品业	564	5793	1935	82399
锯材、木片加工	12	215	35	2142
人造板制造	477	4698	1503	67796
木制品制造	50	458	232	10647
竹、藤、棕、草制品制造	25	422	166	1813
家具制造业	369	3988	2122	69790
木质家具制造	192	1787	1132	23714
竹、藤家具制造				
金属家具制造	136	1590	713	32558
塑料家具制造				
其他家具制造	41	611	277	13518
造纸及纸制品业	1182	17639	8507	475620
纸浆制造	91	919	329	15431
造纸	913	13958	6807	406691
纸制品制造	178	2762	1372	53497
印刷业和记录媒介的复制	960	6332	3008	91738
印刷	887	5665	2684	80411
装订及其他印刷服务活动	55	443	189	4195
记录媒介的复制	18	224	135	7132
文教体育用品制造业	1548	6865	3080	96359
文化用品制造	89	1017	551	15423
体育用品制造	289	2218	1107	29360
乐器制造	220	1346	421	16414
玩具制造	927	1882	790	30224
游艺器材及娱乐用品制造	23	402	212	4938
石油加工、炼焦及核燃料加工业	2109	19085	12064	410430
精炼石油产品的制造	1716	13264	9053	273143
炼焦	209	5097	2640	130452
核燃料加工	184	724	371	6835

1-I-13 续表 2

行业	科技项目数（项）	参加项目人员（人）	科学家和工程师	项目经费内部支出（万元）
化学原料及化学制品制造业	10524	113266	66904	2974407
基础化学原料制造	2417	34709	18525	799444
肥料制造	1483	23190	14089	820593
农药制造	857	7735	4248	190541
涂料、油墨、颜料及类似产品制造	972	7010	4638	157066
合成材料制造	1456	14002	8721	470823
专用化学产品制造	2365	22724	14207	435338
日用化学产品制造	974	3896	2477	100602
医药制造业	9695	66559	42688	1075521
化学药品原药制造	2804	19270	10871	274753
化学药品制剂制造	3257	22275	15046	426885
中药饮片加工	118	746	534	12571
中成药制造	2677	16568	11677	211232
兽用药品制造	140	1398	959	22474
生物、生化制品的制造	509	4754	2689	98240
卫生材料及医药用品制造	190	1548	912	29366
化学纤维制造业	974	17853	9630	437518
纤维素纤维原料及纤维制造	364	5906	2946	128581
合成纤维制造	610	11947	6684	308937
橡胶制品业	3692	18629	10169	566014
轮胎制造	1866	13543	7354	468656
橡胶板、管、带的制造	398	1670	800	33200
橡胶零件制造	507	1567	971	28741
再生橡胶制造	5	179	134	10142
日用及医用橡胶制品制造	66	509	322	6359
橡胶靴鞋制造	120	644	259	6191
其他橡胶制品制造	730	517	329	12726
塑料制品业	1529	24367	11694	404818
塑料薄膜制造	234	3007	1553	74198
塑料板、管、型材的制造	307	11854	5997	157816
塑料丝、绳及编织品的制造	58	322	157	3563
泡沫塑料制造	23	648	510	5066
塑料人造革、合成革制造	108	1331	449	23988
塑料包装箱及容器制造	94	1099	446	21378
塑料零件制造	230	2891	1304	57479
日用塑料制造	254	1431	433	32909
其他塑料制品制造	221	1784	846	28421
非金属矿物制品业	4365	46483	24332	850046
水泥、石灰和石膏的制造	743	9078	4126	228066
水泥及石膏制品制造	295	3420	1579	37673
砖瓦、石材及其他建筑材料制造	503	4755	2651	76233
玻璃及玻璃制品制造	1502	14534	8586	286023
陶瓷制品制造	474	6020	3025	73178
耐火材料制品制造	314	3112	1357	46145
石墨及其他非金属矿物制品制造	534	5564	3009	102727
黑色金属冶炼及压延加工业	9842	114718	65085	5165603

1-I-13 续表 3

行　　业	科技项目数(项)	参加项目人员(人)	科学家和工程师	项目经费内部支出(万元)
炼铁	268	2278	926	76497
炼钢	1879	21263	12018	1215495
钢压延加工	7492	87632	50288	3802215
铁合金冶炼	203	3545	1853	71396
有色金属冶炼及压延加工业	4081	52526	29146	1431112
常用有色金属冶炼	1952	26006	13287	805733
贵金属冶炼	85	1703	807	19726
稀有稀土金属冶炼	254	3831	1889	58525
有色金属合金制造	338	3062	2031	60160
有色金属压延加工	1452	17924	11132	486968
金属制品业	3224	36162	20658	673361
结构性金属制品制造	650	10216	5085	164159
金属工具制造	481	3774	1867	64314
集装箱及金属包装容器制造	331	2587	1708	63495
金属丝绳及其制品的制造	302	3974	2933	130586
建筑、安全用金属制品制造	407	6241	4008	75502
金属表面处理及热处理加工	66	1070	449	38113
搪瓷制品制造	54	678	224	12259
不锈钢及类似日用金属制品制造	387	3780	1949	44756
其他金属制品制造	546	3842	2435	80176
通用设备制造业	17162	119600	72557	2413862
锅炉及原动机制造	2452	17448	10786	462422
金属加工机械制造	2656	18998	12897	331112
起重运输设备制造	1762	14518	8917	408339
泵、阀门、压缩机及类似机械的制造	2723	23205	13512	326184
轴承、齿轮、传动和驱动部件的制造	2776	13647	6735	206583
烘炉、熔炉及电炉制造	16	294	158	8663
风机、衡器、包装设备等通用设备制造	3301	18915	12279	425395
通用零部件制造及机械修理	546	4830	2213	87542
金属铸、锻加工	930	7745	5060	157623
专用设备制造业	14880	107703	62504	2097860
矿山、冶金、建筑专用设备制造	4044	44683	23216	1080728
化工、木材、非金属加工专用设备制造	2016	9595	4928	166283
食品、饮料、烟草及饲料生产专用设备制造	210	2361	1216	33361
印刷、制药、日化生产专用设备制造	374	2959	2266	48130
纺织、服装和皮革工业专用设备制造	747	7461	4745	86596
电子和电工机械专用设备制造	1439	17883	11588	217315
农、林、牧、渔专用机械制造	1422	8637	5589	187439
医疗仪器设备及器械制造	642	6160	3390	121421
环保、社会公共安全及其他专用设备制造	3986	7964	5566	156587
交通运输设备制造业	24351	215194	136311	5632641
铁路运输设备制造	1843	16491	11452	288353
汽车制造	14753	129634	83862	3942468
摩托车制造	1570	12627	8008	279650
自行车制造	327	2392	1400	37942
船舶及浮动装置制造	1630	17571	11213	470553

1-I-13 续表 4

行业	科技项目数(项)	参加项目人员(人)		项目经费内部支出(万元)
			科学家和工程师	
航空航天器制造	4034	35636	19831	599146
交通器材及其他交通运输设备制造	194	843	546	14530
电气机械及器材制造业	21394	152659	94539	3921796
电机制造	3577	24579	14747	441403
输配电及控制设备制造	4566	39150	25074	840245
电线、电缆、光缆及电工器材制造	1898	19631	11906	601884
电池制造	1688	19205	13437	411778
家用电力器具制造	7532	37647	22511	1412377
非电力家用器具制造	957	3061	1991	53816
照明器具制造	919	7707	3821	124149
其他电气机械及器材制造	257	1679	1052	36145
通信设备、计算机及其他电子设备制造业	24652	297588	220409	6383533
通信设备制造	5244	106986	95603	2280721
雷达及配套设备制造	392	3683	2976	47581
广播电视设备制造	352	4055	2754	64169
电子计算机制造	2269	58140	45376	1249257
电子器件制造	4449	37428	24559	905542
电子元件制造	6799	49391	27075	821476
家用视听设备制造	4404	26714	13363	865051
其他电子设备制造	743	11191	8703	149736
仪器仪表及文化、办公用机械制造业	4902	35822	24181	528217
通用仪器仪表制造	2395	17393	11424	288633
专用仪器仪表制造	1170	8092	5797	87102
钟表与计时仪器制造	220	843	559	5839
光学仪器及眼镜制造	756	4608	3276	59822
文化、办公用机械制造	354	4718	2958	84967
其他仪器仪表的制造及修理	7	168	168	1853
工艺品及其他制造业	1144	9749	5698	105455
工艺美术品制造	299	3672	1814	48875
日用杂品制造	343	1830	805	22028
煤制品制造				
核辐射加工				
其他未列明的制造业	502	4247	3079	34553
废弃资源和废旧材料回收加工业	3	35	10	102
金属废料和碎屑的加工处理	2	28	5	83
非金属废料和碎屑的加工处理	1	7	5	20
电力、燃气及水的生产和供应业	**6239**	**46897**	**21445**	**600004**
电力、热力的生产和供应业	4874	44014	20018	567148
电力生产	1470	17600	6752	217996
电力供应	3338	25522	12690	312046
热力生产和供应	66	892	577	37106
燃气生产和供应业	168	902	268	9965
水的生产和供应业	1197	1981	1159	22891
自来水的生产和供应	1178	1932	1119	21588
污水处理及其再生利用	19	49	41	1303
其他水的处理、利用与分配				

1-I-14　国有控股大中型制造业企业科技项目情况

行　业	科技项目数（项）	参加项目人员（人）	科学家和工程师	项目经费内部支出（万元）
总　计	**81917**	**656661**	**419952**	**16960251**
农副食品加工业	230	1800	811	35853
食品制造业	515	3936	2432	82353
饮料制造业	1958	11284	7608	336419
烟草制品业	1375	5604	3712	151495
纺织业	1967	11649	3947	101706
纺织服装、鞋、帽制造业	358	899	423	9119
皮革、毛皮、羽毛(绒)及其制品业	170	111	78	1001
木材加工及木、竹、藤、棕、草制品业	259	1727	559	8062
家具制造业	29	220	175	18314
造纸及纸制品业	382	7110	2842	138173
印刷业和记录媒介的复制	432	1545	918	26892
文教体育用品制造业	155	886	287	9864
石油加工、炼焦及核燃料加工业	1915	15624	10397	300792
化学原料及化学制品制造业	4893	61314	35649	1608883
医药制造业	3499	21535	13750	266484
化学纤维制造业	477	7021	3318	149934
橡胶制品业	1533	7274	3114	203887
塑料制品业	246	3201	1920	89249
非金属矿物制品业	1286	12404	6304	267300
黑色金属冶炼及压延加工业	7893	89529	52519	3717588
有色金属冶炼及压延加工业	2632	31938	18394	858738
金属制品业	987	6732	4810	142678
通用设备制造业	9198	48141	31494	1163598
专用设备制造业	6593	53491	34994	1191812
交通运输设备制造业	16207	141021	93955	3818648
电气机械及器材制造业	4816	28710	18955	705568
通信设备、计算机及其他电子设备制造业	9013	63721	53316	1356383
仪器仪表及文化、办公用机械制造业	2476	14893	10699	169974
工艺品及其他制造业	423	3341	2574	29485

1-I-15 内资大中型制造业企业科技项目情况

行业	科技项目数(项)	参加项目人员(人)	科学家和工程师	项目经费内部支出(万元)
总计	**138084**	**1190068**	**724218**	**27368850**
农副食品加工业	1013	11364	6579	260699
食品制造业	1453	9469	5309	171045
饮料制造业	2658	17459	11124	405981
烟草制品业	1394	5777	3811	155715
纺织业	4870	45300	17815	693296
纺织服装、鞋、帽制造业	943	7787	3888	143020
皮革、毛皮、羽毛(绒)及其制品业	797	4392	1452	62127
木材加工及木、竹、藤、棕、草制品业	481	5026	1629	70323
家具制造业	169	2312	1111	30355
造纸及纸制品业	739	10560	5264	255588
印刷业和记录媒介的复制	605	3700	1839	51099
文教体育用品制造业	388	3076	1150	40352
石油加工、炼焦及核燃料加工业	1987	17638	11544	388877
化学原料及化学制品制造业	8883	100331	58587	2594524
医药制造业	7490	50039	31539	742209
化学纤维制造业	790	13933	6767	341848
橡胶制品业	2973	10636	5865	271694
塑料制品业	863	10007	5546	245786
非金属矿物制品业	3383	34771	17475	630492
黑色金属冶炼及压延加工业	9282	107354	60173	4794688
有色金属冶炼及压延加工业	3615	44392	24735	1254815
金属制品业	2534	25360	14645	465384
通用设备制造业	14330	96057	57880	1814903
专用设备制造业	12879	91318	52381	1759578
交通运输设备制造业	19208	165680	103757	3588688
电气机械及器材制造业	15489	108790	67136	2810944
通信设备、计算机及其他电子设备制造业	14322	153803	122983	2875655
仪器仪表及文化、办公用机械制造业	3698	26072	17621	365331
工艺品及其他制造业	845	7630	4600	83734

1-I-16 港澳台商投资大中型制造业企业科技项目情况

行业	科技项目数(项)	参加项目人员(人)	科学家和工程师	项目经费内部支出(万元)
总计	**16008**	**164203**	**95031**	**3435898**
农副食品加工业	682	4611	2970	72335
食品制造业	238	1637	876	33575
饮料制造业	163	1045	638	21807
烟草制品业	8	45	31	293
纺织业	535	8308	3259	128725
纺织服装、鞋、帽制造业	358	3603	1961	67765
皮革、毛皮、羽毛(绒)及其制品业	177	1940	712	28702
木材加工及木、竹、藤、棕、草制品业	54	435	167	6468
家具制造业	119	977	679	28580
造纸及纸制品业	133	2097	1122	46202
印刷业和记录媒介的复制	183	1803	913	22887
文教体育用品制造业	966	2156	1004	25533
石油加工、炼焦及核燃料加工业	108	513	269	6274
化学原料及化学制品制造业	690	4252	2769	111550
医药制造业	671	4772	2857	96267
化学纤维制造业	103	1803	1312	51394
橡胶制品业	70	2104	1355	81964
塑料制品业	463	3285	1383	60642
非金属矿物制品业	366	5413	3031	95606
黑色金属冶炼及压延加工业	204	3797	2604	171992
有色金属冶炼及压延加工业	202	3265	1790	78716
金属制品业	220	3244	1622	57319
通用设备制造业	851	7206	3771	136778
专用设备制造业	777	7197	4529	118059
交通运输设备制造业	887	9371	5210	217407
电气机械及器材制造业	1905	19953	13557	292495
通信设备、计算机及其他电子设备制造业	4153	54419	31914	1321405
仪器仪表及文化、办公用机械制造业	501	3356	1916	40727
工艺品及其他制造业	221	1596	808	14432

1-I-17 外商投资大中型制造业企业科技项目情况

行业	科技项目数(项)	参加项目人员(人)	科学家和工程师	项目经费内部支出(万元)
总计	**26618**	**275797**	**178559**	**7828119**
农副食品加工业	388	2561	1510	102097
食品制造业	585	3469	2329	130212
饮料制造业	699	4900	2634	159485
烟草制品业				
纺织业	363	4676	2729	69930
纺织服装、鞋、帽制造业	73	1328	420	15352
皮革、毛皮、羽毛(绒)及其制品业	167	1782	533	22506
木材加工及木、竹、藤、棕、草制品业	29	332	139	5608
家具制造业	81	699	331	10855
造纸及纸制品业	310	4982	2121	173829
印刷业和记录媒介的复制	172	829	256	17752
文教体育用品制造业	194	1633	926	30474
石油加工、炼焦及核燃料加工业	14	934	250	15278
化学原料及化学制品制造业	951	8683	5547	268333
医药制造业	1534	11748	8292	237045
化学纤维制造业	81	2117	1551	44276
橡胶制品业	649	5889	2949	212357
塑料制品业	203	11075	4765	98390
非金属矿物制品业	616	6299	3826	123948
黑色金属冶炼及压延加工业	356	3567	2307	198923
有色金属冶炼及压延加工业	264	4869	2620	97582
金属制品业	470	7558	4391	150657
通用设备制造业	1981	16337	10905	462181
专用设备制造业	1224	9188	5594	220223
交通运输设备制造业	4256	40143	27344	1826546
电气机械及器材制造业	4000	23916	13846	818358
通信设备、计算机及其他电子设备制造业	6177	89366	65512	2186472
仪器仪表及文化、办公用机械制造业	703	6394	4644	122159
工艺品及其他制造业	78	523	289	7290

1-I-18 各地区大中型工业企业科技项目情况

地区	科技项目数(项)	参加项目人员(人)	科学家和工程师	项目经费内部支出(万元)
全国	**200759**	**1846121**	**1113590**	**41233987**
东部地区	123559	1148011	713671	28379169
中部地区	43516	438804	253665	8044468
西部地区	33684	259306	146255	4810350
东北地区	17007	138791	87221	2776037
北京	8663	40418	26641	957556
天津	9478	37447	22329	1617301
河北	5919	56731	31671	1014826
山西	3273	67784	40157	1262127
内蒙古	1546	21384	13952	423735
辽宁	9738	71719	44075	1693966
吉林	2445	22990	13600	481757
黑龙江	4824	44082	29546	600314
上海	9355	61275	38981	2359455
江苏	20889	214941	118727	5988422
浙江	12134	159415	75384	3073272
安徽	5962	64214	37162	1424327
福建	4217	52432	32820	1138990
江西	3206	28189	14155	564031
山东	21096	171924	114694	4662774
河南	9893	95628	50382	1580223
湖北	7233	59566	41726	1226957
湖南	6680	56351	26937	904731
广东	21885	280570	207559	5821721
广西	2423	16006	8563	417207
海南	185	1139	790	50886
重庆	4510	35984	22575	800678
四川	9837	69211	35293	1056173
贵州	2064	15032	9210	306087
云南	1823	16330	8392	363693
西藏	1	25	10	2500
陕西	7245	43515	25028	700330
甘肃	1877	21036	11822	283301
青海	300	3976	2082	88316
宁夏	940	6705	3412	125184
新疆	1118	10102	5917	243147

1-I-19 各地区国有控股大中型工业企业科技项目情况

地区	科技项目数(项)	参加项目人员(人)	科学家和工程师	项目经费内部支出(万元)
全国	**101486**	**864744**	**531807**	**19427789**
东部地区	49190	377230	241457	10036125
中部地区	27685	306008	180458	5969321
西部地区	24611	181506	109892	3422343
东北地区	14315	114882	72701	2352686
北京	3629	25147	16219	511846
天津	5275	21684	12821	936495
河北	3293	36175	19739	713936
山西	2910	61641	36601	1168986
内蒙古	1125	15537	11131	280808
辽宁	8355	57519	34894	1376887
吉林	1858	18146	11009	427417
黑龙江	4102	39217	26798	548381
上海	6515	36793	26000	1633003
江苏	5617	46530	27208	1062613
浙江	1457	15317	8411	280773
安徽	3367	41135	24467	1003315
福建	1011	11218	6301	210171
江西	2344	20846	10166	438848
山东	10108	75445	51880	1908260
河南	5428	54363	29063	953730
湖北	4207	35211	23931	847702
湖南	3469	35449	18425	580942
广东	3862	50678	37457	1353466
广西	1281	8491	4819	271495
海南	68	724	527	48675
重庆	2978	22784	15021	479837
四川	5848	36154	21914	560113
贵州	1863	13277	8254	288131
云南	1526	13627	6902	308391
西藏				
陕西	6756	37708	22637	642063
甘肃	1436	18185	10286	252671
青海	270	3481	1881	87203
宁夏	534	3577	1853	70490
新疆	994	8685	5197	181141

1-I-20　各地区内资大中型工业企业科技项目情况

地　区	科技项目数(项)	参加项目人员(人)	科学家和工程师	项目经费内部支出(万元)
全　国	**157657**	**1400139**	**837066**	**29881954**
东部地区	88164	767522	476160	18465439
中部地区	37775	394857	226189	7070588
西部地区	31718	237760	134717	4345927
东北地区	15717	124133	76800	2523139
北　京	7646	32132	21135	692650
天　津	6439	26141	15310	1054236
河　北	5023	50352	27817	914130
山　西	3173	66137	39186	1243009
内蒙古	1357	19768	12994	395337
辽　宁	8995	63118	37408	1546722
吉　林	2378	21340	12525	418618
黑龙江	4344	39675	26868	557799
上　海	5034	29408	17966	1103911
江　苏	13388	131765	73535	3618988
浙　江	8582	110833	52156	2052503
安　徽	4903	57284	33176	1231818
福　建	1969	20185	11142	330897
江　西	2588	24186	11455	417456
山　东	19203	147552	98344	3969768
河　南	8690	86172	44917	1406642
湖　北	5901	46849	32550	942946
湖　南	5798	53214	25511	852301
广　东	11712	154925	120570	3131204
广　西	2114	11698	6070	322242
海　南	173	1111	778	50430
重　庆	3950	30534	19050	648937
四　川	9430	64915	33268	968816
贵　州	2020	14409	8789	304194
云　南	1725	15320	7809	337066
西　藏	1	25	10	2500
陕　西	7076	40781	24414	674991
甘　肃	1866	20753	11676	282077
青　海	248	3290	1629	59388
宁　夏	813	6165	3093	107234
新　疆	1118	10102	5917	243147

1-I-21 各地区港澳台商投资大中型工业企业科技项目情况

地　区	科技项目数（项）	参加项目人员（人）	科学家和工程师	项目经费内部支出（万元）
全　国	**16203**	**165776**	**95683**	**3459830**
东部地区	14285	149880	87269	3223654
中部地区	1431	11097	5928	156957
西部地区	487	4799	2485	79220
东北地区	246	3015	2117	59676
北　京	419	3210	2098	115951
天　津	721	2258	1418	92567
河　北	223	2147	1055	38983
山　西	65	622	493	3827
内蒙古	4	32	32	285
辽　宁	234	2826	2022	55310
吉　林	7	113	52	2526
黑龙江	5	76	43	1840
上　海	598	6168	3464	142997
江　苏	3262	30876	15307	682618
浙　江	1581	22007	10896	480446
安　徽	172	1976	822	28331
福　建	1208	17441	10925	413643
江　西	80	546	284	9676
山　东	464	5639	3932	136600
河　南	370	4480	2729	62977
湖　北	224	1841	958	19578
湖　南	508	1443	547	28202
广　东	5574	57296	36150	1064534
广　西	36	182	53	3021
海　南	1	12		5
重　庆	192	1890	1344	30124
四　川	165	1978	650	40749
贵　州	3	8	4	32
云　南	29	375	203	4286
西　藏				
陕　西	2	30	15	60
甘　肃	5	220	101	115
青　海				
宁　夏	51	84	84	547
新　疆				

1-I-22　各地区外商投资大中型工业企业科技项目情况

地　区	科技项目数（项）	参加项目人员（人）	科学家和工程师	项目经费内部支出（万元）
全　国	**26899**	**280206**	**180841**	**7892203**
东部地区	21110	230609	150241	6690077
中部地区	4310	32850	21548	816923
西部地区	1479	16747	9053	385203
东北地区	1044	11643	8303	193222
北　京	598	5076	3408	148955
天　津	2318	9048	5601	470498
河　北	673	4232	2799	61714
山　西	35	1025	478	15291
内蒙古	185	1584	926	28113
辽　宁	509	5775	4645	91934
吉　林	60	1537	1024	60613
黑龙江	475	4331	2635	40675
上　海	3723	25699	17551	1112547
江　苏	4239	52300	29885	1686816
浙　江	1971	26575	12332	540323
安　徽	887	4954	3164	164179
福　建	1040	14806	10752	394449
江　西	538	3457	2417	136899
山　东	1429	18733	12418	556407
河　南	833	4976	2735	110605
湖　北	1108	10876	8218	264433
湖　南	374	1694	878	24228
广　东	4599	68349	50839	1625983
广　西	273	4126	2441	91944
海　南	11	16	12	451
重　庆	368	3560	2181	121617
四　川	242	2318	1375	46608
贵　州	41	615	418	1862
云　南	69	635	380	22341
西　藏				
陕　西	167	2704	598	25280
甘　肃	6	63	45	1109
青　海	52	686	453	28928
宁　夏	76	456	236	17403
新　疆				

J.新产品开发及生产情况

1-J-1 分登记注册类型工业企业新产品开发及生产情况

单位：万元

行　　业	新产品开发项目数（项）	新产品开发经费	新产品产值	新产品销售收入	
					出口
总　　计	**184859**	**36760315**	**585227473**	**570270986**	**140816116**
国有控股企业	61655	13282078	230819367	229046808	28635458
内资企业	140645	25819845	353511045	346425208	58125353
国有企业	16915	2899633	37714562	38234671	4095332
集体企业	1906	364951	7381199	7297395	1172265
股份合作企业	1646	183154	1964230	1919691	295905
联营企业	276	66059	2431987	2412913	278561
国有联营企业	135	57468	2292646	2275268	253338
集体联营企业	17	2088	47121	44738	1121
国有与集体联营企业	44	2580	36176	33415	1668
其他联营企业	80	3923	56043	59494	22434
有限责任公司	51794	10656036	140314162	137172778	25030820
国有独资公司	10548	2493042	32620047	32410614	7012425
其他有限责任公司	41246	8162994	107694115	104762164	18018395
股份有限公司	25246	5828816	90476630	89821189	14672441
私营企业	42418	5711832	71646475	67933905	12358832
私营独资企业	3082	324646	3940796	3594235	343038
私营合伙企业	618	48744	769025	695436	95115
私营有限责任公司	36299	4761661	58714504	55916449	10198609
私营股份有限公司	2419	576781	8222150	7727786	1722070
其他企业	444	109365	1581799	1632666	221196
港、澳、台商投资企业	17189	3500332	65970754	60723433	23063395
合资经营企业（港或澳、台资）	7839	1560829	22754933	21277486	9175002
合作经营企业（港或澳、台资）	257	33984	311097	309930	113657
港、澳、台商独资经营企业	8078	1661228	39720190	35885093	12710479
港、澳、台商投资股份有限公司	1015	244290	3184534	3250924	1064257
外商投资企业	27025	7440139	165745674	163122345	59627369
中外合资经营企业	16193	4267163	109441095	109209645	27174203
中外合作经营企业	351	66206	823472	700639	305184
外资企业	8780	2675246	47637834	46077445	30679639
外商投资股份有限公司	1701	431523	7843272	7134617	1468342

1-J-2　分行业工业企业新产品开发及生产情况

单位：万元

行　　业	新产品开发项目数（项）	新产品开发经费	新产品产值	新产品销售收入	出　口
总　　计	**184859**	**36760315**	**585227473**	**570270986**	**140816116**
采矿业	**2355**	**486968**	**14457751**	**11438449**	**1522528**
煤炭开采和洗选业	1065	271192	7679158	7095907	775488
烟煤和无烟煤的开采洗选	1063	269036	7677857	7094606	775488
褐煤的开采洗选	1	254			
其他煤炭采选	1	1902	1302	1302	
石油和天然气开采业	886	140129	5584167	3182366	739154
天然原油和天然气开采	706	119792	5315964	3031320	670216
与石油和天然气开采有关的服务活动	180	20337	268203	151046	68938
黑色金属矿采选业	100	27983	204748	183090	2256
铁矿采选	95	23010	195014	174369	1256
其他黑色金属矿采选	5	4973	9734	8721	1000
有色金属矿采选业	72	17695	605872	605743	80
常用有色金属矿采选	51	8209	484294	484042	
贵金属矿采选	14	2535	44145	43511	
稀有稀土金属矿采选	7	6952	77433	78190	80
非金属矿采选业	232	29969	383774	371248	5550
土砂石开采	77	6003	128114	125228	3198
化学矿采选	21	3451	52218	45599	
采盐	117	17808	97099	96374	2350
石棉及其他非金属矿采选	17	2707	106343	104047	2
制造业	**181029**	**36044167**	**570296427**	**558397597**	**139272532**
农副食品加工业	2585	537655	9303111	8001268	515694
谷物磨制	224	41280	609257	547303	11733
饲料加工	580	103053	1658163	1600810	20289
植物油加工	258	88757	2053396	2066107	13355
制糖	38	5823	48503	47154	2138
屠宰及肉类加工	585	130116	2033196	1901993	144391
水产品加工	349	53884	477832	505209	170423
蔬菜、水果和坚果加工	244	31223	341723	340173	74603
其他农副食品加工	307	83520	2081042	992519	78762
食品制造业	2568	306172	5197314	4826025	546098
焙烤食品制造	118	12645	282776	258861	6370
糖果、巧克力及蜜饯制造	127	18715	124756	120214	18109
方便食品制造	329	25540	704955	640679	23786
液体乳及乳制品制造	523	53172	1442529	1371143	1228
罐头制造	203	21479	356353	366056	217627
调味品、发酵制品制造	365	54890	668272	671199	22940
其他食品制造	903	119731	1617673	1397874	256039
饮料制造业	1873	470579	4880853	4645039	109794
酒精制造	52	20099	498731	511149	18500
酒的制造	1342	317869	3063759	2879419	44803
软饮料制造	352	116213	1182571	1131101	25137
精制茶加工	127	16397	135792	123370	21354
烟草制品业	497	60872	3464578	3422858	35994
烟叶复烤	5	122			

1-J-2 续表 1

单位：万元

行 业	新产品开发项目数（项）	新产品开发经费	新产品产值	新产品销售收入	出口
卷烟制造	453	57819	3439954	3398320	35488
其他烟草制品加工	39	2931	24625	24538	506
纺织业	6661	891054	13194058	12654835	3976481
棉、化纤纺织及印染精加工	4142	465905	7011178	6858789	1720794
毛纺织和染整精加工	270	66408	661119	584846	171812
麻纺织	42	11134	124807	114498	23662
丝绢纺织及精加工	351	66540	924189	919600	293177
纺织制成品制造	895	147684	2327442	2133771	894789
针织品、编织品及其制品制造	961	133383	2145324	2043331	872247
纺织服装、鞋、帽制造业	1639	209458	3388443	3225255	1202028
纺织服装制造	1570	205608	3336730	3177855	1182038
纺织面料鞋的制造	54	2991	42154	40151	16745
制帽	15	859	9560	7250	3245
皮革、毛皮、羽毛(绒)及其制品业	1766	130748	2835485	2733939	1160382
皮革鞣制加工	83	18926	457220	433744	182582
皮革制品制造	1612	98798	2181899	2103515	873193
毛皮鞣制及制品加工	33	6542	25988	32016	18604
羽毛(绒)加工及制品制造	38	6482	170379	164664	86002
木材加工及木、竹、藤、棕、草制品业	616	105165	1906106	1866262	326069
锯材、木片加工	25	4499	65503	77189	4074
人造板制造	381	77241	1319372	1282669	147112
木制品制造	104	14622	368654	358194	102676
竹、藤、棕、草制品制造	106	8804	152578	148210	72206
家具制造业	532	68434	1262711	1158425	625079
木质家具制造	272	20041	453819	411370	188432
竹、藤家具制造	2	79	10941	10673	
金属家具制造	170	32375	515665	457481	254454
塑料家具制造	21	1453	34751	37022	26225
其他家具制造	67	14487	247536	241878	155968
造纸及纸制品业	997	303901	6418951	5851966	747242
纸浆制造	26	11829	55402	53992	315
造纸	635	242738	5452846	4910619	542247
纸制品制造	336	49334	910703	887355	204680
印刷业和记录媒介的复制	726	91215	1297344	1267542	108441
印刷	654	81288	1058163	1034427	59848
装订及其他印刷服务活动	39	3248	177739	175004	3244
记录媒介的复制	33	6679	61442	58111	45349
文教体育用品制造业	1509	110271	1189407	1127151	637978
文化用品制造	203	20654	277470	255792	146254
体育用品制造	304	34740	423355	411502	177852
乐器制造	211	13598	83513	85863	48290
玩具制造	729	34087	321988	300895	225455
游艺器材及娱乐用品制造	62	7194	83081	73100	40127
石油加工、炼焦及核燃料加工业	733	234556	9205564	9324010	11554
精炼石油产品的制造	651	184398	8841288	8954948	8632
炼焦	49	43648	351296	355916	123
核燃料加工	33	6510	12979	13147	2800

1-J-2　续表 2

单位：万元

行　　业	新产品开发项目数（项）	新产品开发经费	新产品产值	新产品销售收入	出口
化学原料及化学制品制造业	11477	2425330	30821131	29900863	4259925
基础化学原料制造	1926	517186	8441416	8215300	799673
肥料制造	766	340540	3555702	3529369	198016
农药制造	885	170074	2318652	2106394	896971
涂料、油墨、颜料及类似产品制造	1863	240841	2553686	2443317	305041
合成材料制造	1376	489744	5793890	5737477	874201
专用化学产品制造	3535	555941	6687193	6451237	988897
日用化学产品制造	1126	111005	1470591	1417769	197127
医药制造业	10379	1193004	13144708	12153979	1840380
化学药品原药制造	2305	284796	3163839	2968534	1189128
化学药品制剂制造	3201	414508	5066524	4743353	197848
中药饮片加工	239	27619	339222	323439	10788
中成药制造	2695	230853	2532868	2275310	156458
兽用药品制造	534	46189	396774	374524	41666
生物、生化制品的制造	1131	154150	1341054	1164579	167255
卫生材料及医药用品制造	274	34889	304426	304241	77238
化学纤维制造业	814	407476	6793393	6664587	763910
纤维素纤维原料及纤维制造	203	97128	860082	840233	142691
合成纤维制造	611	310348	5933311	5824354	621219
橡胶制品业	2672	491100	5568531	5461351	1930797
轮胎制造	1391	362967	4396587	4321622	1720867
橡胶板、管、带的制造	418	45595	339605	361547	52824
橡胶零件制造	468	37583	291052	254376	58374
再生橡胶制造	19	11997	64059	62000	
日用及医用橡胶制品制造	89	7786	113972	106893	17652
橡胶靴鞋制造	138	8007	197925	192851	56897
其他橡胶制品制造	149	17166	165331	162062	24184
塑料制品业	3301	513053	6019819	6145504	1493829
塑料薄膜制造	338	91079	1487988	1463333	121608
塑料板、管、型材的制造	666	183221	2159462	2214683	467561
塑料丝、绳及编织品的制造	59	6606	149242	139277	24111
泡沫塑料制造	94	11844	176375	202695	23637
塑料人造革、合成革制造	105	30278	344817	342318	112026
塑料包装箱及容器制造	245	32283	399095	385042	42765
塑料零件制造	412	69753	628274	754113	419343
日用塑料制造	981	47451	338129	306091	155120
其他塑料制品制造	401	40539	336436	337953	127657
非金属矿物制品业	4320	770623	9147644	8893444	2162078
水泥、石灰和石膏的制造	334	67413	1198839	1120188	25141
水泥及石膏制品制造	354	46996	728071	770297	14059
砖瓦、石材及其他建筑材料制造	648	87449	1253696	1326103	156641
玻璃及玻璃制品制造	1285	295052	3180596	3020170	1147921
陶瓷制品制造	626	84517	995149	921395	523653
耐火材料制品制造	506	84848	731740	699418	85106
石墨及其他非金属矿物制品制造	567	104348	1059554	1035875	209556
黑色金属冶炼及压延加工业	4177	3214625	57079748	57735657	8455331

1-J-2 续表 3

单位：万元

行　　业	新产品开发项目数（项）	新产品开发经费	新产品产值	新产品销售收入	
					出口
炼铁	90	28263	657155	647665	2624
炼钢	806	897925	11343526	11208807	587793
钢压延加工	3153	2238908	44042596	44888195	7804480
铁合金冶炼	128	49529	1036471	990990	60435
有色金属冶炼及压延加工业	3071	926969	17888271	17384212	2597051
常用有色金属冶炼	798	289675	7514903	7373880	878561
贵金属冶炼	54	10380	559099	596332	20044
稀有稀土金属冶炼	237	61064	876795	789337	115057
有色金属合金制造	440	69952	536172	521805	113212
有色金属压延加工	1542	495898	8401301	8102858	1470178
金属制品业	4277	757938	9352604	8754617	2519689
结构性金属制品制造	1040	188813	2967891	2467911	564728
金属工具制造	696	82848	783216	730551	267268
集装箱及金属包装容器制造	332	61672	974252	1002291	533184
金属丝绳及其制品的制造	314	137732	1569454	1542936	138936
建筑、安全用金属制品制造	686	87939	1002768	1065521	501521
金属表面处理及热处理加工	258	47564	398386	379265	20223
搪瓷制品制造	62	13042	95795	85831	17451
不锈钢及类似日用金属制品制造	482	54463	884495	754249	383183
其他金属制品制造	407	83866	676348	726064	93195
通用设备制造业	20116	2782373	34879755	33455469	5356649
锅炉及原动机制造	1717	466666	9006771	8480181	739920
金属加工机械制造	3184	412132	3491617	3320643	334522
起重运输设备制造	1751	412096	6694293	6670018	1371381
泵、阀门、压缩机及类似机械的制造	4760	466237	4791988	4645997	864784
轴承、齿轮、传动和驱动部件的制造	2833	211006	1793439	1704108	378926
烘炉、熔炉及电炉制造	86	18856	147089	132160	9508
风机、衡器、包装设备等通用设备制造	3479	476990	5981662	5602679	1043480
通用零部件制造及机械修理	1080	136192	1198759	1137244	343198
金属铸、锻加工	1226	182198	1774138	1762439	270931
专用设备制造业	14434	2459785	24435329	23545519	4044610
矿山、冶金、建筑专用设备制造	3458	1103581	11827071	11477367	2044033
化工、木材、非金属加工专用设备制造	2615	242515	2120205	1963106	379022
食品、饮料、烟草及饲料生产专用设备制造	485	55327	395201	357344	40085
印刷、制药、日化生产专用设备制造	652	80917	616454	570495	134853
纺织、服装和皮革工业专用设备制造	1059	134058	1226795	1183517	282726
电子和电工机械专用设备制造	1828	258137	2050265	1890600	338061
农、林、牧、渔专用机械制造	1226	187225	2541140	2582602	294513
医疗仪器设备及器械制造	1295	180410	1394984	1289096	299501
环保、社会公共安全及其他专用设备制造	1816	217615	2263213	2231392	231816
交通运输设备制造业	21704	4974779	107712371	105985843	15825642
铁路运输设备制造	1404	259356	4627980	4470865	329291
汽车制造	14366	3442449	78730719	78182173	4238364
摩托车制造	1624	288770	5807208	5553510	1836051
自行车制造	433	46481	611300	561922	184363
船舶及浮动装置制造	1217	426894	12952946	12208000	8821180

1-J-2　续表 4

单位：万元

行　业	新产品开发项目数（项）	新产品开发经费	新产品产值	新产品销售收入	出口
航空航天器制造	2563	499483	4731666	4752222	235625
交通器材及其他交通运输设备制造	97	11346	250552	257152	180768
电气机械及器材制造业	21786	4052901	59915870	59190410	13965080
电机制造	3835	471261	6347197	6063538	1349314
输配电及控制设备制造	6152	1031827	10547248	10104514	1080221
电线、电缆、光缆及电工器材制造	2246	682966	8354733	7968327	696929
电池制造	1650	413872	5796429	5618077	2662145
家用电力器具制造	5614	1197889	25493060	26230193	6957654
非电力家用器具制造	614	62258	926210	953847	178806
照明器具制造	1215	143764	1856838	1732199	992174
其他电气机械及器材制造	460	49063	594155	519715	47837
通信设备、计算机及其他电子设备制造业	27069	6695204	114000021	113653350	60920468
通信设备制造	5789	2423496	31614180	31962296	16319318
雷达及配套设备制造	767	49330	463500	475362	15727
广播电视设备制造	706	91829	771824	704019	192028
电子计算机制造	2553	1297532	42847527	41989218	23786660
电子器件制造	5105	959631	12604160	12273376	7897661
电子元件制造	6785	882220	8533012	8369892	4177720
家用视听设备制造	4175	794948	14970760	16114038	7731966
其他电子设备制造	1189	196217	2195058	1765150	799389
仪器仪表及文化、办公用机械制造业	7317	727681	8175187	7557689	2453073
通用仪器仪表制造	3998	424236	4366222	3929172	678906
专用仪器仪表制造	1707	138580	1022647	978070	209138
钟表与计时仪器制造	346	8787	99193	92411	40921
光学仪器及眼镜制造	666	64640	694064	644435	300333
文化、办公用机械制造	460	81488	1902898	1825650	1217979
其他仪器仪表的制造及修理	140	9950	90163	87952	5795
工艺品及其他制造业	1364	125331	1645507	1638801	681185
工艺美术品制造	484	61746	837756	840912	355582
日用杂品制造	372	25249	519450	525663	296461
煤制品制造			1613	1613	
核辐射加工	25	463	1067	1052	
其他未列明的制造业	483	37873	285622	269561	29142
废弃资源和废旧材料回收加工业	49	5917	172614	171728	
金属废料和碎屑的加工处理	22	3720	139877	139704	
非金属废料和碎屑的加工处理	27	2197	32736	32024	
电力、燃气及水的生产和供应业	**1475**	**229181**	**473295**	**434941**	**21057**
电力、热力的生产和供应业	1381	213274	363728	355675	21050
电力生产	446	99820	304266	295410	20930
电力供应	895	79347	54197	55030	120
热力生产和供应	40	34107	5266	5236	
燃气生产和供应业	18	4756	61339	31085	
水的生产和供应业	76	11151	48227	48181	6
自来水的生产和供应	55	8303	29753	29527	
污水处理及其再生利用	14	2372	12512	12537	6
其他水的处理、利用与分配	7	476	5962	6118	

1-J-3 国有及国有控股制造业企业新产品开发及生产情况

单位：万元

行业	新产品开发项目数（项）	新产品开发经费	新产品产值	新产品销售收入	
					出口
总计	**58143**	**12654663**	**216684027**	**217939570**	**27109295**
农副食品加工业	144	24966	646098	639855	4493
食品制造业	538	43451	1120603	1119735	79282
饮料制造业	659	220391	1759262	1814319	46406
烟草制品业	460	56787	3426952	3385804	35488
纺织业	1908	91916	1011664	1010432	247753
纺织服装、鞋、帽制造业	263	6464	36994	44929	4192
皮革、毛皮、羽毛(绒)及其制品业	156	878	36009	30864	4600
木材加工及木、竹、藤、棕、草制品业	42	7973	80995	74478	6181
家具制造业	93	17959	91661	92080	2973
造纸及纸制品业	177	90653	1512730	1436686	89245
印刷业和记录媒介的复制	171	14495	350479	371256	4996
文教体育用品制造业	129	6267	50460	45642	13810
石油加工、炼焦及核燃料加工业	566	148114	7894271	8017142	10845
化学原料及化学制品制造业	3191	897898	11814603	11665783	1313099
医药制造业	2737	232275	2768547	2623072	493484
化学纤维制造业	287	109816	1131184	1076513	204426
橡胶制品业	1197	170841	1585450	1614865	533115
塑料制品业	772	90351	627489	596231	90788
非金属矿物制品业	952	123401	1627098	1642071	330127
黑色金属冶炼及压延加工业	2997	2162917	40019172	41268170	5408919
有色金属冶炼及压延加工业	1265	348610	7406202	7326036	958101
金属制品业	604	129052	1111146	1189040	190358
通用设备制造业	7062	1102825	15717506	14887295	1604937
专用设备制造业	4810	1113211	12362293	12334796	1565083
交通运输设备制造业	11633	3221091	74521822	74031275	8862398
电气机械及器材制造业	3686	645408	9723382	10914717	870669
通信设备、计算机及其他电子设备制造业	9279	1381222	16652059	17122413	3971982
仪器仪表及文化、办公用机械制造业	2004	166698	1369799	1319013	160812
工艺品及其他制造业	360	28683	228098	245058	731

1-J-4　内资制造业企业新产品开发及生产情况

单位：万元

行　　业	新产品开发项目数（项）	新产品开发经费	新产品产值	新产品销售收入	出口
总　计	**136981**	**25146297**	**344376039**	**338124782**	**57259558**
农副食品加工业	1842	357114	5223612	4964062	308941
食品制造业	1934	184655	2837463	2692268	335640
饮料制造业	1347	316857	3112139	2944988	88001
烟草制品业	490	60224	3462778	3421058	35488
纺织业	5675	691322	10140954	10028686	2624064
纺织服装、鞋、帽制造业	1152	131042	2000611	1938200	662481
皮革、毛皮、羽毛(绒)及其制品业	1310	82506	1997980	1932771	744290
木材加工及木、竹、藤、棕、草制品业	495	88248	1543014	1533343	164586
家具制造业	312	33188	711695	627963	320343
造纸及纸制品业	686	190272	3245556	3181249	186434
印刷业和记录媒介的复制	498	57022	800409	788409	65397
文教体育用品制造业	551	50707	576954	538393	269896
石油加工、炼焦及核燃料加工业	677	211185	8515026	8655679	11554
化学原料及化学制品制造业	9105	1978448	25053083	24416956	3036599
医药制造业	8039	847207	9730534	9034095	1499994
化学纤维制造业	666	321268	4674033	4609975	558668
橡胶制品业	2042	266727	2961461	2899836	871201
塑料制品业	1949	318175	3700033	3597075	488799
非金属矿物制品业	3351	558497	6591245	6325520	1097330
黑色金属冶炼及压延加工业	3829	2873930	53566354	54477691	7613699
有色金属冶炼及压延加工业	2625	766931	15470514	15059077	1816126
金属制品业	3363	533207	6824409	6338115	1543553
通用设备制造业	16879	2140550	25541741	24277656	3349329
专用设备制造业	11393	2011812	20159741	19589320	2953336
交通运输设备制造业	16619	3361889	50380920	49158493	10752651
电气机械及器材制造业	16535	2907711	42396727	42356694	6795872
通信设备、计算机及其他电子设备制造业	16805	3161841	26876781	26997979	7776486
仪器仪表及文化、办公用机械制造业	5737	537361	4835958	4282037	770721
工艺品及其他制造业	1031	100713	1281333	1295823	518081

1-J-5 港澳台商投资制造业企业新产品开发及生产情况

单位：万元

行　　业	新产品开发项目数（项）	新产品开发经费	新产品产值	新产品销售收入	出口
总　　计	**17150**	**3482867**	**60605902**	**57581332**	**22393755**
农副食品加工业	412	74422	977411	947127	23717
食品制造业	194	30281	759059	720563	23024
饮料制造业	109	18840	271019	244566	1311
烟草制品业	7	649	1800	1800	506
纺织业	555	129740	1738948	1477496	707246
纺织服装、鞋、帽制造业	356	63469	931682	803936	370393
皮革、毛皮、羽毛(绒)及其制品业	210	27458	364069	323059	134138
木材加工及木、竹、藤、棕、草制品业	68	7633	154809	143715	74303
家具制造业	127	26058	320790	307941	119287
造纸及纸制品业	107	22943	802143	760088	109912
印刷业和记录媒介的复制	156	21246	342834	320893	11786
文教体育用品制造业	724	27669	256765	242562	103726
石油加工、炼焦及核燃料加工业	45	8387	673736	650100	
化学原料及化学制品制造业	1061	153504	1673727	1629560	366865
医药制造业	783	103953	925416	863639	117257
化学纤维制造业	101	59050	1255316	1196203	79981
橡胶制品业	84	80780	821807	817437	376523
塑料制品业	981	76307	984914	841332	279988
非金属矿物制品业	369	79652	1243782	1191811	502284
黑色金属冶炼及压延加工业	118	174211	1473947	1332562	218331
有色金属冶炼及压延加工业	197	70266	885966	814228	137502
金属制品业	324	69581	793965	689510	225405
通用设备制造业	1064	159287	1786982	1895646	614175
专用设备制造业	1170	160093	1509775	1302833	519414
交通运输设备制造业	888	208901	4251830	4177818	2636911
电气机械及器材制造业	1985	308507	4300965	4088517	2105783
通信设备、计算机及其他电子设备制造业	4086	1252325	30419354	29141770	12275446
仪器仪表及文化、办公用机械制造业	647	53508	455121	440865	179962
工艺品及其他制造业	221	14143	218339	203398	78578

1-J-6　外商投资制造业企业新产品开发及生产情况

单位：万元

行　　业	新产品开发项目数（项）	新产品开发经费	新产品产值	新产品销售收入	
					出　口
总　　计	**26898**	**7415003**	**165314487**	**162691483**	**59619219**
农副食品加工业	331	106119	3102087	2090078	183036
食品制造业	440	91236	1600792	1413193	187434
饮料制造业	417	134882	1497695	1455484	20482
烟草制品业					
纺织业	431	69992	1314156	1148654	645171
纺织服装、鞋、帽制造业	131	14947	456150	483120	169154
皮革、毛皮、羽毛(绒)及其制品业	246	20783	473437	478110	281955
木材加工及木、竹、藤、棕、草制品业	53	9284	208284	189204	87180
家具制造业	93	9188	230227	222520	185450
造纸及纸制品业	204	90687	2371253	1910628	450896
印刷业和记录媒介的复制	72	12948	154102	158240	31257
文教体育用品制造业	234	31896	355688	346196	264356
石油加工、炼焦及核燃料加工业	11	14984	16802	18231	
化学原料及化学制品制造业	1311	293378	4094321	3854346	856461
医药制造业	1557	241844	2488758	2256245	223129
化学纤维制造业	47	27158	864044	858409	125261
橡胶制品业	546	143593	1785263	1744079	683073
塑料制品业	371	118571	1334872	1707097	725042
非金属矿物制品业	600	132473	1312618	1376113	562464
黑色金属冶炼及压延加工业	230	166484	2039448	1925405	623302
有色金属冶炼及压延加工业	249	89772	1531791	1510906	643423
金属制品业	590	155150	1734230	1726992	750731
通用设备制造业	2173	482536	7551032	7282167	1393145
专用设备制造业	1871	287880	2765813	2653366	571861
交通运输设备制造业	4197	1403990	53079621	52649532	2436080
电气机械及器材制造业	3266	836683	13218178	12745199	5063424
通信设备、计算机及其他电子设备制造业	6178	2281038	56703886	57513601	40868537
仪器仪表及文化、办公用机械制造业	933	136812	2884107	2834787	1502389
工艺品及其他制造业	112	10475	145835	139580	84527

1-J-7 各地区工业企业新产品开发及生产情况

单位：万元

地区	新产品开发项目数（项）	新产品开发经费	新产品产值	新产品销售收入	
					出口
全国	**184859**	**36760315**	**585227473**	**570270986**	**140816116**
东部地区	128430	27215032	429931957	422173049	125556286
中部地区	31868	6187006	94668661	88908812	10063200
西部地区	24561	3358277	60626855	59189126	5196631
东北地区	10604	2317173	40963620	35830595	4790035
北京	8312	1049977	30308746	30589115	7483962
天津	8567	1335080	28187577	27501772	7884276
河北	3874	792676	10572869	10685885	1263879
山西	1933	564881	6775804	6677513	1403209
内蒙古	836	203699	3279831	3439675	292469
辽宁	5959	1354279	19824273	19196748	4018086
吉林	2043	494772	16388333	12104628	384627
黑龙江	2602	468122	4751014	4529219	387322
上海	8785	2038746	47255773	48948483	7988858
江苏	23579	6197076	72901516	72434173	28875730
浙江	27423	4080592	67532379	64081539	19708466
安徽	5700	1023694	11295422	11042095	1668047
福建	4827	1177129	17775430	17463972	8808060
江西	2329	467494	6238765	6014402	1095384
山东	14605	3823546	56312044	55876878	10594867
河南	6838	1110969	14497944	14541593	2240048
湖北	6110	1052415	18301079	17979118	1254089
湖南	4313	1004659	16420299	16020244	1630474
广东	22357	5320951	78621730	74695491	28910143
广西	2124	365544	5536319	5941510	558921
海南	142	44981	639621	698994	19960
重庆	4043	630399	17265239	16811441	1413299
四川	7390	907911	19021875	17982165	1437904
贵州	1461	186476	1884371	1854262	118378
云南	1174	171099	2862040	3091636	208483
西藏	18	7674	39106	31384	336
陕西	5141	459448	5278713	4877838	479100
甘肃	1171	179485	2446938	2337574	344708
青海	108	28470	494442	486195	504
宁夏	737	81192	847684	734679	118109
新疆	358	136881	1670297	1600767	224420

1-J-8 各地区国有控股工业企业新产品开发及生产情况

单位：万元

地　区	新产品开发项目数（项）	新产品开发经费	新产品产值	新产品销售收入	出　口
全　国	**61655**	**13282078**	**230819367**	**229046808**	**28635458**
东部地区	32077	7445726	137401634	138720609	19478657
中部地区	14652	3779287	58442051	55305385	6564136
西部地区	14926	2057065	34975683	35020814	2592666
东北地区	6679	1739986	31366743	28827080	3867806
北　京	3442	436104	12777878	12882945	730350
天　津	4228	595662	13444159	12968969	766926
河　北	1824	483308	6190810	6407770	557734
山　西	1464	484360	6086237	6026473	1371764
内蒙古	475	126845	2439178	2665563	198823
辽　宁	3834	932061	13863710	14043423	3264211
吉　林	1001	408953	13468208	10930418	287812
黑龙江	1844	398972	4034826	3853240	315783
上　海	4846	1284487	28805025	30865983	4667277
江　苏	3580	800952	9895155	9596295	1783007
浙　江	1249	257619	4026623	4501604	915404
安　徽	1956	495273	5843173	5596071	826934
福　建	1005	142978	2508877	2490858	563281
江　西	1369	318042	4553385	4398334	650122
山　东	5075	1340338	22152123	22750522	3167598
河　南	2687	530249	6998098	7266307	1440808
湖　北	2654	659291	10233075	10105216	746400
湖　南	1677	484148	7225049	7129326	924512
广　东	2947	1136970	23156957	21580304	3052792
广　西	856	185348	3347947	3836376	366818
海　南	47	35247	580319	631936	10077
重　庆	2194	351025	9615273	9387500	389442
四　川	3751	452398	7356737	7173700	446255
贵　州	1189	159978	1450187	1465573	117826
云　南	649	109440	2357064	2610194	178335
西　藏	3	21	389		
陕　西	4451	385637	4659615	4300482	446472
甘　肃	690	147532	2246348	2137742	335199
青　海	74	25346	486741	478758	490
宁　夏	376	37954	360315	337087	19476
新　疆	218	75542	655890	627841	93531

1-J-9 各地区内资工业企业新产品开发及生产情况

单位：万元

地 区	新产品开发项目数（项）	新产品开发经费	新产品产值	新产品销售收入	
					出 口
全 国	**140645**	**25819845**	**353511045**	**346425208**	**58125353**
东部地区	90956	17578400	236415630	232545175	45287400
中部地区	26853	5267953	67473716	65759670	8585473
西部地区	22836	2973492	49621699	48120363	4252480
东北地区	9103	2046549	24684589	23498320	4454881
北 京	6783	755344	16442409	16619805	778918
天 津	5776	785922	9710054	9477060	1062263
河 北	3192	685351	9140610	9111045	837770
山 西	1840	547322	6520240	6431868	1370304
内蒙古	703	181499	2784098	3011728	237994
辽 宁	5246	1190404	16728127	16273325	3737712
吉 林	1686	425281	4031557	3483829	367723
黑龙江	2171	430865	3924905	3741166	349447
上 海	4374	902666	15528600	15636203	3574656
江 苏	15845	3678223	38046123	36970155	6441345
浙 江	21319	2875425	46621197	44627181	12155570
安 徽	4681	827998	9107202	8820054	1304826
福 建	2205	376043	4657880	4407107	951925
江 西	1784	350452	4788772	4649126	759678
山 东	12884	3198679	47793066	47817171	7072818
河 南	5953	965991	12520354	12610490	1908682
湖 北	4962	779807	11232889	11034523	957250
湖 南	3776	940239	15347798	14988615	1567565
广 东	13210	3088029	31118010	30917199	8654576
广 西	1846	287842	2753516	2819105	397063
海 南	122	42316	629553	688926	19847
重 庆	3554	503058	11947168	11474643	1143610
四 川	7062	827783	17804851	16858329	1044814
贵 州	1394	181514	1790091	1775598	118367
云 南	1067	147678	2704978	2932486	201975
西 藏	17	4910	38954	31264	336
陕 西	4962	433530	4942320	4570019	460542
甘 肃	1147	178033	2407413	2317116	344684
青 海	97	26568	111496	103250	504
宁 夏	631	64719	688153	648000	80516
新 疆	356	136359	1648662	1578826	222076

1-J-10 各地区港澳台商投资工业企业新产品开发及生产情况

单位：万元

地区	新产品开发项目数（项）	新产品开发经费	新产品产值	新产品销售收入	出口
全国	**17189**	**3500332**	**65970754**	**60723433**	**23063395**
东部地区	15573	3267282	61393872	56452830	22301965
中部地区	1148	163758	2710669	2530419	386947
西部地区	468	69292	1866213	1740184	374482
东北地区	208	62080	517287	446360	37560
北京	479	124192	2898919	2924776	386115
天津	648	68296	1218384	1235739	693625
河北	228	41659	492048	689022	348908
山西	65	4660	141834	142244	25191
内蒙古	1	70			
辽宁	174	56600	450912	406595	22404
吉林	11	2142	50809	24434	11032
黑龙江	23	3338	15566	15331	4125
上海	658	149567	12244400	11826745	638047
江苏	2990	718331	6589938	6471836	3686858
浙江	2800	579222	8586502	7854468	2983585
安徽	199	33970	489169	455911	161302
福建	1747	431681	7534222	7441806	4783902
江西	119	9362	101650	94680	24255
山东	424	117530	1868167	1797169	580757
河南	247	54941	700527	629644	18621
湖北	261	26143	542055	519573	129523
湖南	223	29203	669059	648602	12900
广东	5417	980039	19501376	15795669	8177765
广西	56	3283	98475	85266	35653
海南	8	166	9005	9005	
重庆	129	20136	906862	878627	52553
四川	154	35343	745822	654337	271811
贵州	19	2393	4571	2055	
云南	51	6278	74406	82842	5962
西藏					
陕西	5	109	2784	3522	2789
甘肃	6	594	346	259	25
青海					
宁夏	47	1087	14850	13915	3346
新疆			18098	19363	2344

1-J-11 各地区外商投资工业企业新产品开发及生产情况

单位：万元

地区	新产品开发项目数（项）	新产品开发经费	新产品产值	新产品销售收入	出口
全国	**27025**	**7440139**	**165745674**	**163122345**	**59627369**
东部地区	21901	6369350	132122455	133175044	57966921
中部地区	3867	755295	24484275	20618723	1090779
西部地区	1257	315493	9138944	9328578	569669
东北地区	1293	208544	15761745	11885916	297593
北京	1050	170441	10967417	11044534	6318929
天津	2143	480862	17259138	16788973	6128388
河北	454	65667	940211	885819	77201
山西	28	12900	113730	103401	7715
内蒙古	132	22130	495733	427947	54476
辽宁	539	107275	2645235	2516828	257970
吉林	346	67350	12305968	8596366	5872
黑龙江	408	33920	810542	772722	33751
上海	3753	986513	19482774	21485535	3776155
江苏	4744	1800521	28265455	28992182	18747527
浙江	3304	625946	12324680	11599891	4569311
安徽	820	161726	1699051	1766129	201920
福建	875	369406	5583328	5615059	3072232
江西	426	107681	1348343	1270596	311451
山东	1297	507338	6650812	6262539	2941292
河南	638	90038	1277063	1301459	312745
湖北	887	246465	6526135	6425022	167316
湖南	314	35217	403443	383028	50010
广东	3730	1252883	28002343	27982623	12077803
广西	222	74419	2684328	3037139	126205
海南	12	2499	1063	1063	113
重庆	360	107205	4411210	4458172	217136
四川	174	44785	471202	469499	121278
贵州	48	2569	89709	76609	11
云南	56	17144	82657	76308	546
西藏	1	2764	153	120	
陕西	174	25808	333610	304297	15770
甘肃	18	858	39180	20200	
青海	11	1902	382946	382946	
宁夏	59	15386	144680	72764	34247
新疆	2	522	3538	2578	

1-J-12 分登记注册类型大中型工业企业新产品开发及生产情况

单位：万元

行业	新产品开发项目数（项）	新产品开发经费	新产品产值	新产品销售收入	
					出口
总计	**121359**	**30958192**	**523947232**	**512919771**	**132107458**
国有控股企业	53932	12762782	224162481	222653321	28033607
内资企业	90164	21425968	306992568	302623958	53040558
国有企业	14957	2778631	36692882	37229767	3903142
集体企业	1424	317372	6909200	6827691	1156986
股份合作企业	615	114447	1349519	1337831	236664
联营企业	155	60932	2343076	2327112	264937
国有联营企业	104	56317	2275314	2258128	252147
集体联营企业	3	811	7000	7000	
国有与集体联营企业	28	1792	31955	29477	1668
其他联营企业	20	2012	28808	32507	11122
有限责任公司	37089	9326823	125701180	123361413	23706767
国有独资公司	9887	2470492	32183992	31979445	6986032
其他有限责任公司	27202	6856331	93517188	91381968	16720735
股份有限公司	22488	5548074	87685795	87138170	14264475
私营企业	13197	3197317	45144591	43154308	9310765
私营独资企业	750	139949	1401990	1281891	192756
私营合伙企业	71	15984	272557	272077	50965
私营有限责任公司	10991	2588619	36649478	35181508	7462465
私营股份有限公司	1385	452766	6820565	6418831	1604579
其他企业	239	82373	1166326	1247666	196823
港、澳、台商投资企业	11802	2972432	60073207	55507138	21883365
合资经营企业（港或澳、台资）	4534	1260546	19244150	18161031	8592579
合作经营企业（港或澳、台资）	145	20688	230945	225162	72457
港、澳、台商独资经营企业	6203	1459034	37548733	34011775	12188212
港、澳、台商投资股份有限公司	920	232164	3049380	3109170	1030118
外商投资企业	19393	6559793	156881457	154788675	57183535
中外合资经营企业	11419	3777554	104378834	104415750	25914876
中外合作经营企业	189	40889	672846	563529	259057
外资企业	6168	2328425	44199445	42865889	29573611
外商投资股份有限公司	1617	412925	7630332	6943508	1435991

1-J-13 分行业大中型工业企业新产品开发及生产情况

单位：万元

行业	新产品开发项目数（项）	新产品开发经费	新产品产值	新产品销售收入	
					出口
总计	**121359**	**30958192**	**523947232**	**512919771**	**132107458**
采矿业	**2193**	**459034**	**12789945**	**9781239**	**1519248**
煤炭开采和洗选业	1045	267255	6386351	5802485	775488
烟煤和无烟煤的开采洗选	1044	267000	6386351	5802485	775488
褐煤的开采洗选	1	254			
其他煤炭采选					
石油和天然气开采业	876	135728	5583962	3182161	739154
天然原油和天然气开采	706	116210	5315956	3031311	670216
与石油和天然气开采有关的服务活动	170	19518	268007	150850	68938
黑色金属矿采选业	79	22523	124703	107159	2256
铁矿采选	75	17608	121703	104499	1256
其他黑色金属矿采选	4	4915	3000	2660	1000
有色金属矿采选业	51	13950	509090	510800	
常用有色金属矿采选	37	5417	431219	431897	
贵金属矿采选	10	2038	40397	39763	
稀有稀土金属矿采选	4	6495	37475	39140	
非金属矿采选业	142	19579	185839	178634	2350
土砂石开采	18	843	19667	19664	
化学矿采选	21	3451	49645	43026	
采盐	102	14842	94213	93630	2350
石棉及其他非金属矿采选	1	442	22314	22314	
制造业	**117826**	**30284936**	**510858348**	**502874193**	**130567159**
农副食品加工业	1190	348372	6793716	5690113	360019
谷物磨制	43	20155	283078	227459	3304
饲料加工	221	42534	843172	837584	16704
植物油加工	134	66460	1758966	1816337	6449
制糖	32	5161	45017	43849	2138
屠宰及肉类加工	415	115259	1658966	1567171	136958
水产品加工	87	27745	204722	256036	85218
蔬菜、水果和坚果加工	101	15534	147856	148376	51933
其他农副食品加工	157	55524	1851940	793303	57316
食品制造业	1536	207218	4112564	3787164	438305
焙烤食品制造	63	9291	129678	118337	2623
糖果、巧克力及蜜饯制造	71	10414	60237	59332	9222
方便食品制造	272	19913	619755	555494	22606
液体乳及乳制品制造	436	45553	1326283	1259253	1204
罐头制造	59	13798	274054	274766	197130
调味品、发酵制品制造	236	41262	478494	500277	20587
其他食品制造	399	66988	1224063	1019705	184933
饮料制造业	1413	407329	4219386	4054207	82216
酒精制造	44	18204	472510	491723	18500
酒的制造	1152	286580	2757608	2608214	43189
软饮料制造	201	99945	977342	943354	18075
精制茶加工	16	2601	11927	10917	2452
烟草制品业	473	59360	3459330	3418522	35488
烟叶复烤	5	122			

1-J-13　续表 1

单位：万元

行　　业	新产品开发项目数（项）	新产品开发经费	新产品产值	新产品销售收入	
					出　口
卷烟制造	451	57796	3439329	3397783	35488
其他烟草制品加工	17	1442	20002	20739	
纺织业	4523	732684	10457916	10189503	3328196
棉、化纤纺织及印染精加工	3191	392312	5776801	5695092	1500310
毛纺织和染整精加工	201	58619	539089	510670	160388
麻纺织	33	9962	120997	110943	23162
丝绢纺织及精加工	159	50714	733706	744831	266489
纺织制成品制造	471	118227	1820468	1653585	732981
针织品、编织品及其制品制造	468	102851	1466855	1474384	644867
纺织服装、鞋、帽制造业	938	177224	2735842	2578006	957541
纺织服装制造	928	175053	2724989	2567921	949683
纺织面料鞋的制造	3	1417	7082	6497	5100
制帽	7	754	3771	3588	2758
皮革、毛皮、羽毛(绒)及其制品业	836	94285	2248566	2176545	934569
皮革鞣制加工	33	14394	363458	347057	176710
皮革制品制造	766	71924	1752274	1693099	665947
毛皮鞣制及制品加工	10	2414	15822	19783	13747
羽毛(绒)加工及制品制造	27	5553	117011	116605	78165
木材加工及木、竹、藤、棕、草制品业	271	73076	1266080	1242282	232681
锯材、木片加工	9	2014	19965	19778	2861
人造板制造	196	60258	993528	973468	109318
木制品制造	43	9108	195575	193102	81255
竹、藤、棕、草制品制造	23	1695	57011	55934	39248
家具制造业	259	54837	917900	847405	508648
木质家具制造	114	11647	241210	226715	141120
竹、藤家具制造			7871	7733	
金属家具制造	110	30211	440459	390601	215349
塑料家具制造			11974	10679	10409
其他家具制造	35	12979	216386	211678	141771
造纸及纸制品业	617	267972	5638903	5098652	712698
纸浆制造	19	10585	45327	44467	
造纸	476	223618	4995631	4463520	522248
纸制品制造	122	33770	597945	590665	190450
印刷业和记录媒介的复制	445	56425	896908	888777	52191
印刷	410	53079	699356	694212	32430
装订及其他印刷服务活动	24	2497	168232	165855	500
记录媒介的复制	11	849	29320	28710	19262
文教体育用品制造业	1146	83746	890306	836094	460728
文化用品制造	83	13494	192181	173830	99012
体育用品制造	219	27495	334098	321012	117484
乐器制造	191	11607	77805	80864	44207
玩具制造	633	27201	223477	205206	165714
游艺器材及娱乐用品制造	20	3950	62746	55182	34311
石油加工、炼焦及核燃料加工业	618	215879	8989953	9098068	11539
精炼石油产品的制造	538	165758	8646781	8749103	8617
炼焦	47	43610	330192	335818	123
核燃料加工	33	6510	12979	13147	2800

1-J-13 续表 2

单位：万元

行业	新产品开发项目数（项）	新产品开发经费	新产品产值	新产品销售收入	出口
化学原料及化学制品制造业	6129	1750898	23941513	23136894	3334717
基础化学原料制造	1175	399612	6930942	6724018	480489
肥料制造	628	322093	3255066	3249757	181533
农药制造	510	128191	1908109	1730387	817186
涂料、油墨、颜料及类似产品制造	745	134675	1479066	1397823	205764
合成材料制造	821	374670	4510166	4424917	750416
专用化学产品制造	1497	314133	4847327	4619089	796678
日用化学产品制造	753	77524	1010838	990903	102652
医药制造业	6695	871914	10196336	9489106	1463471
化学药品原药制造	1690	208975	2443149	2281306	983792
化学药品制剂制造	2423	354914	4384307	4134311	161307
中药饮片加工	103	10809	148829	141358	30
中成药制造	1855	168829	1939867	1773552	131887
兽用药品制造	85	20591	211693	193954	28183
生物、生化制品的制造	408	85150	825456	719740	82061
卫生材料及医药用品制造	131	22647	243035	244887	76211
化学纤维制造业	609	366199	6252794	6149381	712326
纤维素纤维原料及纤维制造	195	96285	846346	827404	139370
合成纤维制造	414	269914	5406447	5321977	572956
橡胶制品业	2137	451337	5225483	5143548	1877557
轮胎制造	1375	360426	4365981	4293888	1716662
橡胶板、管、带的制造	241	32401	224821	259391	34725
橡胶零件制造	315	25062	224355	191481	46170
再生橡胶制造	5	10142	48255	47255	
日用及医用橡胶制品制造	53	5763	63791	63106	17396
橡胶靴鞋制造	103	5599	182879	175807	53210
其他橡胶制品制造	45	11945	115401	112621	9394
塑料制品业	1148	338259	3901173	4175087	1213954
塑料薄膜制造	167	65588	1013342	1092601	75793
塑料板、管、型材的制造	224	122995	1496873	1581598	418621
塑料丝、绳及编织品的制造	15	2971	66502	62335	12097
泡沫塑料制造	19	4812	115442	114166	9103
塑料人造革、合成革制造	62	22409	235251	230278	93773
塑料包装箱及容器制造	69	17630	260401	251541	31832
塑料零件制造	213	51439	448023	587904	387537
日用塑料制造	223	33301	163449	140386	91098
其他塑料制品制造	156	17114	101890	114278	94101
非金属矿物制品业	2491	551120	6988502	6861962	1901179
水泥、石灰和石膏的制造	243	56129	1040265	975326	24881
水泥及石膏制品制造	172	25300	453957	507511	3302
砖瓦、石材及其他建筑材料制造	347	59152	816976	876630	149314
玻璃及玻璃制品制造	881	228701	2718864	2595321	1042584
陶瓷制品制造	356	61047	777667	732479	444088
耐火材料制品制造	205	46318	467650	455067	65538
石墨及其他非金属矿物制品制造	287	74474	713123	719628	171472
黑色金属冶炼及压延加工业	3826	3136869	55643446	56552147	8357430

1-J-13　续表 3

单位：万元

行　业	新产品开发项目数（项）	新产品开发经费	新产品产值	新产品销售收入	
					出　口
炼铁	78	26959	596275	588229	912
炼钢	788	895395	11320985	11185771	587293
钢压延加工	2878	2173534	42973933	44053232	7718449
铁合金冶炼	82	40981	752253	724915	50777
有色金属冶炼及压延加工业	1969	746858	15018711	14746111	2440045
常用有色金属冶炼	616	258339	6859653	6774617	868380
贵金属冶炼	31	6363	353326	389422	
稀有稀土金属冶炼	126	41112	521569	516070	64020
有色金属合金制造	246	49167	355820	369556	105876
有色金属压延加工	950	391877	6928343	6696446	1401768
金属制品业	2184	567825	7117643	6769982	2119393
结构性金属制品制造	499	142860	2488993	2014868	525503
金属工具制造	354	56654	591599	563570	215574
集装箱及金属包装容器制造	166	45444	757329	787454	517161
金属丝绳及其制品的制造	195	114874	1317861	1313164	124549
建筑、安全用金属制品制造	343	63201	642837	733619	339319
金属表面处理及热处理加工	52	32197	196464	202771	12178
搪瓷制品制造	31	11576	57761	49517	17110
不锈钢及类似日用金属制品制造	284	37985	573993	570291	294827
其他金属制品制造	260	63034	490807	534728	73173
通用设备制造业	12414	2152787	29403965	28350676	4499076
锅炉及原动机制造	1376	401043	8365762	7829067	642755
金属加工机械制造	1981	318290	2747123	2630494	245174
起重运输设备制造	1297	365706	6318190	6360793	1333229
泵、阀门、压缩机及类似机械的制造	2179	308546	3537793	3491777	653476
轴承、齿轮、传动和驱动部件的制造	2229	170122	1381325	1319345	298187
烘炉、熔炉及电炉制造	16	8663	30073	30479	
风机、衡器、包装设备等通用设备制造	2211	369091	5102082	4780521	897301
通用零部件制造及机械修理	411	80797	692820	671995	233057
金属铸、锻加工	714	130530	1228796	1236205	195898
专用设备制造业	8233	1903443	20306466	19718456	3546335
矿山、冶金、建筑专用设备制造	2505	999713	10963286	10680294	1989781
化工、木材、非金属加工专用设备制造	1421	147543	1335014	1219547	237381
食品、饮料、烟草及饲料生产专用设备制造	194	32266	228323	213401	23472
印刷、制药、日化生产专用设备制造	273	47434	365144	338827	89827
纺织、服装和皮革工业专用设备制造	602	83690	912844	888680	215045
电子和电工机械专用设备制造	1069	204446	1860663	1711605	314777
农、林、牧、渔专用机械制造	914	162570	2269368	2326192	264880
医疗仪器设备及器械制造	532	114285	988785	946912	219094
环保、社会公共安全及其他专用设备制造	723	111496	1383040	1392998	192079
交通运输设备制造业	17448	4642352	104629334	103211736	15537933
铁路运输设备制造	1077	235276	4482825	4322480	326050
汽车制造	11323	3201108	76499240	76186423	4052884
摩托车制造	1228	267134	5525167	5279716	1790384
自行车制造	299	36784	486062	451183	164648
船舶及浮动装置制造	979	399206	12696705	12010271	8792532

1-J-13 续表 4

单位：万元

行业	新产品开发项目数（项）	新产品开发经费	新产品产值	新产品销售收入	出口
航空航天器制造	2500	494423	4707442	4729806	232730
交通器材及其他交通运输设备制造	42	8421	231894	231857	178704
电气机械及器材制造业	14534	3381925	53094123	52882105	12687840
电机制造	2672	380360	5667525	5443385	1226876
输配电及控制设备制造	3373	777533	8333543	7988412	941887
电线、电缆、光缆及电工器材制造	1342	540534	6861148	6506884	579117
电池制造	1216	361683	4787853	4760706	2209441
家用电力器具制造	4812	1143272	24766669	25609517	6748113
非电力家用器具制造	424	42068	797727	835985	152186
照明器具制造	548	100877	1421466	1340616	800195
其他电气机械及器材制造	147	35598	458192	396600	30026
通信设备、计算机及其他电子设备制造业	19464	6089336	109232812	109019941	59995633
通信设备制造	4050	2280979	30679184	30989691	16169298
雷达及配套设备制造	329	42449	158570	164617	164
广播电视设备制造	271	59938	586881	536663	143100
电子计算机制造	1858	1223686	42282345	41429177	23730403
电子器件制造	3397	815700	11709935	11446943	7738694
电子元件制造	5261	755823	7520956	7385399	3919971
家用视听设备制造	3753	765367	14600830	15763132	7568206
其他电子设备制造	545	145394	1694110	1304320	725797
仪器仪表及文化、办公用机械制造业	3439	462081	6146725	5655806	2251682
通用仪器仪表制造	1692	256302	3073545	2720734	590783
专用仪器仪表制造	796	78002	627983	593055	173898
钟表与计时仪器制造	203	5185	64120	56658	33060
光学仪器及眼镜制造	482	53898	566942	544289	262510
文化、办公用机械制造	259	66842	1813542	1740521	1191392
其他仪器仪表的制造及修理	7	1853	593	550	38
工艺品及其他制造业	840	93276	1130965	1105075	513773
工艺美术品制造	218	44197	479989	454811	222343
日用杂品制造	266	18439	427979	439539	271277
煤制品制造					
核辐射加工					
其他未列明的制造业	356	30640	222997	210726	20153
废弃资源和废旧材料回收加工业	1	52	988	843	
金属废料和碎屑的加工处理		32			
非金属废料和碎屑的加工处理	1	20	988	843	
电力、燃气及水的生产和供应业	**1340**	**214223**	**298939**	**264340**	**21050**
电力、热力的生产和供应业	1280	201475	245157	242077	21050
电力生产	373	89045	192319	188441	20930
电力供应	875	78481	48891	49719	120
热力生产和供应	32	33949	3948	3918	
燃气生产和供应业	10	4626	31515		
水的生产和供应业	50	8121	22267	22262	
自来水的生产和供应	50	8121	22267	22262	
污水处理及其再生利用					
其他水的处理、利用与分配					

1-J-14　国有控股大中型制造业企业新产品开发及生产情况

单位：万元

行　业	新产品开发项目数（项）	新产品开发经费	新产品产值	新产品销售收入	出口
总　计	**50537**	**12146899**	**211417456**	**212932703**	**26507465**
农副食品加工业	111	22391	585283	587103	4461
食品制造业	357	38692	1082140	1061501	74482
饮料制造业	612	216172	1720187	1776032	46106
烟草制品业	455	56370	3424328	3383268	35488
纺织业	1695	84152	959644	958286	232259
纺织服装、鞋、帽制造业	214	6095	25811	34744	3833
皮革、毛皮、羽毛(绒)及其制品业	156	875	35117	30864	4600
木材加工及木、竹、藤、棕、草制品业	31	6871	59264	57631	6181
家具制造业	27	17802	88028	88548	2709
造纸及纸制品业	163	88863	1456788	1380720	88916
印刷业和记录媒介的复制	143	12891	317827	340640	4968
文教体育用品制造业	109	4979	42288	37583	7701
石油加工、炼焦及核燃料加工业	539	145405	7879955	7995300	10845
化学原料及化学制品制造业	2591	837693	11095585	10990797	1236596
医药制造业	2334	207597	2595496	2453569	484626
化学纤维制造业	267	108036	1122672	1068550	204426
橡胶制品业	1160	169424	1574216	1604804	532618
塑料制品业	166	77518	497795	483938	82828
非金属矿物制品业	756	107543	1465996	1471079	310409
黑色金属冶炼及压延加工业	2965	2156988	39865325	41199227	5408332
有色金属冶炼及压延加工业	1065	327832	7069708	7015139	937712
金属制品业	462	116055	899572	996678	123753
通用设备制造业	6503	1046308	15280875	14458697	1591897
专用设备制造业	4252	1061177	11776951	11772098	1519398
交通运输设备制造业	11179	3186446	74283303	73820714	8855799
电气机械及器材制造业	3215	602361	9280461	10506832	702689
通信设备、计算机及其他电子设备制造业	7253	1282890	15631840	16105932	3837668
仪器仪表及文化、办公用机械制造业	1467	131135	1144191	1108898	155486
工艺品及其他制造业	290	26338	156811	143533	680

1-J-15 内资大中型制造业企业新产品开发及生产情况

单位：万元

行业	新产品开发项目数（项）	新产品开发经费	新产品产值	新产品销售收入	
					出口
总计	**86757**	**20785668**	**299610695**	**296068696**	**52175775**
农副食品加工业	650	202900	3025098	2921004	189201
食品制造业	1032	104700	2066175	1924932	262189
饮料制造业	970	271365	2545340	2438956	61764
烟草制品业	471	59262	3459330	3418522	35488
纺织业	3908	568754	8002792	8052322	2182341
纺织服装、鞋、帽制造业	615	110427	1535974	1480999	514360
皮革、毛皮、羽毛(绒)及其制品业	543	56953	1537267	1489749	575289
木材加工及木、竹、藤、棕、草制品业	205	63142	998979	995925	111486
家具制造业	118	22127	432178	384082	256901
造纸及纸制品业	371	162943	2597851	2551004	168311
印刷业和记录媒介的复制	283	32431	516639	518540	38803
文教体育用品制造业	304	31944	370097	338537	164794
石油加工、炼焦及核燃料加工业	573	197234	8378843	8513839	11539
化学原料及化学制品制造业	4885	1495997	20281732	19794255	2578848
医药制造业	5148	603799	7613025	7152628	1244019
化学纤维制造业	493	287784	4355644	4313320	547340
橡胶制品业	1616	233658	2672573	2629657	830503
塑料制品业	644	198060	2187762	2152541	301176
非金属矿物制品业	1838	394539	4853225	4673158	950473
黑色金属冶炼及压延加工业	3535	2814992	52512000	53552537	7569035
有色金属冶炼及压延加工业	1680	616288	12866981	12646701	1691446
金属制品业	1617	391069	5041091	4755770	1262835
通用设备制造业	10334	1644849	21503898	20526903	2880279
专用设备制造业	6619	1590026	16858372	16500560	2608368
交通运输设备制造业	13434	3117527	48061949	46996928	10553442
电气机械及器材制造业	10584	2383777	37458004	37705168	6108813
通信设备、计算机及其他电子设备制造业	11278	2733776	23776848	23990101	7425366
仪器仪表及文化、办公用机械制造业	2411	319572	3251267	2807044	657609
工艺品及其他制造业	597	75721	848776	842173	393758

1-J-16　港澳台商投资大中型制造业企业新产品开发及生产情况

单位：万元

行　业	新产品开发项目数（项）	新产品开发经费	新产品产值	新产品销售收入	
					出　口
总　计	**11781**	**2960465**	**54783997**	**52434576**	**21216000**
农副食品加工业	308	55354	786260	763740	21395
食品制造业	135	21383	694582	667201	15234
饮料制造业	92	16674	254264	229558	1211
烟草制品业	2	99			
纺织业	352	106157	1355308	1172362	590210
纺织服装、鞋、帽制造业	278	58275	845676	721740	328315
皮革、毛皮、羽毛(绒)及其制品业	157	22658	307552	273048	112474
木材加工及木、竹、藤、棕、草制品业	40	5166	112082	97776	52030
家具制造业	85	25153	288432	274530	94421
造纸及纸制品业	82	19429	729163	691881	95373
印刷业和记录媒介的复制	114	16277	281555	265820	5661
文教体育用品制造业	671	22312	211855	197945	73729
石油加工、炼焦及核燃料加工业	39	5165	611109	584230	
化学原料及化学制品制造业	581	80709	798117	772587	300749
医药制造业	502	76030	664983	633929	90533
化学纤维制造业	75	53377	1049968	996549	46608
橡胶制品业	64	78718	811132	807083	372630
塑料制品业	369	51291	683381	640000	246163
非金属矿物制品业	231	65364	1029432	1007958	437256
黑色金属冶炼及压延加工业	105	169997	1352377	1290020	218150
有色金属冶炼及压延加工业	96	54818	723738	677961	125005
金属制品业	172	48797	568709	502884	184396
通用设备制造业	694	120396	1461559	1583607	532077
专用设备制造业	594	113574	1138997	999314	468539
交通运输设备制造业	648	186785	4032009	3978228	2592788
电气机械及器材制造业	1342	257569	3715347	3611915	1930874
通信设备、计算机及其他电子设备制造业	3317	1180004	29762064	28500487	12068568
仪器仪表及文化、办公用机械制造业	450	38620	343030	336662	155750
工艺品及其他制造业	186	10316	171319	155564	55863

1-J-17　外商投资大中型制造业企业新产品开发及生产情况

单位：万元

行　　业	新产品开发项目数（项）	新产品开发经费	新产品产值	新产品销售收入	
					出　口
总　计	**19288**	**6538803**	**156463656**	**154370921**	**57175385**
农副食品加工业	232	90118	2982359	2005368	149422
食品制造业	369	81135	1351807	1195031	160883
饮料制造业	351	119290	1419781	1385692	19241
烟草制品业					
纺织业	263	57773	1099817	964819	555645
纺织服装、鞋、帽制造业	45	8522	354191	375267	114865
皮革、毛皮、羽毛(绒)及其制品业	136	14674	403748	413748	246806
木材加工及木、竹、藤、棕、草制品业	26	4768	155020	148581	69165
家具制造业	56	7556	197290	188793	157326
造纸及纸制品业	164	85600	2311889	1855766	449015
印刷业和记录媒介的复制	48	7717	98714	104417	7727
文教体育用品制造业	171	29490	308355	299612	222206
石油加工、炼焦及核燃料加工业	6	13479			
化学原料及化学制品制造业	663	174192	2861665	2570052	455120
医药制造业	1045	192084	1918328	1702549	128919
化学纤维制造业	41	25039	847182	839512	118378
橡胶制品业	457	138961	1741778	1706809	674424
塑料制品业	135	88909	1030030	1382546	666616
非金属矿物制品业	422	91217	1105845	1180847	513450
黑色金属冶炼及压延加工业	186	151881	1779068	1709590	570245
有色金属冶炼及压延加工业	193	75751	1427991	1421450	623593
金属制品业	395	127959	1507844	1511328	672162
通用设备制造业	1386	387542	6438509	6240166	1086720
专用设备制造业	1020	199843	2309098	2218582	469428
交通运输设备制造业	3366	1338040	52535376	52236580	2391703
电气机械及器材制造业	2608	740579	11920772	11565023	4648152
通信设备、计算机及其他电子设备制造业	4869	2175556	55693900	56529354	40501699
仪器仪表及文化、办公用机械制造业	578	103889	2552429	2512101	1438323
工艺品及其他制造业	57	7239	110870	107338	64152

1-J-18　各地区大中型工业企业新产品开发及生产情况

单位：万元

地　区	新产品开发项目数（项）	新产品开发经费	新产品产值	新产品销售收入	出口
全　国	**121359**	**30958192**	**523947232**	**512919771**	**132107458**
东部地区	79192	22650306	385907969	380858586	117582212
中部地区	22894	5345740	83625164	78669074	9510257
西部地区	19273	2962146	54414099	53392111	5014988
东北地区	8407	2119851	38265896	33670788	4715971
北　京	3613	700421	24710709	24967084	7106669
天　津	6180	1124737	26639610	25897623	7475917
河　北	3248	720123	10049685	10205694	1248305
山　西	1654	536922	6459130	6380437	1385014
内蒙古	698	187627	3244168	3398956	291020
辽　宁	4717	1226072	18466349	17921367	3962262
吉　林	1384	455439	15275555	11442419	371641
黑龙江	2306	438340	4523993	4307003	382068
上　海	5986	1825948	45464938	47153459	7604969
江　苏	14473	5049996	66038703	65893529	27996117
浙　江	10059	2738907	49588848	47673633	15218670
安　徽	3632	820442	9430186	9240920	1441388
福　建	2526	924490	15901561	15707985	8519105
江　西	1779	413998	5907089	5696891	1077490
山　东	12267	3486113	54125306	53800156	10337514
河　南	5247	986653	13477337	13567047	2183380
湖　北	4196	923529	16807369	16573052	1107781
湖　南	2696	770418	11744505	11461305	1561496
广　东	16062	4818929	74367684	71034758	28092838
广　西	1436	285182	5101835	5610945	540026
海　南	61	34568	554576	603299	19847
重　庆	3256	579943	15699640	15325533	1369627
四　川	5243	786762	15483679	14680731	1343341
贵　州	1278	170999	1812296	1776192	117118
云　南	753	139041	2608721	2850308	199660
西　藏	1	2500	4560	3696	
陕　西	4620	422877	5139942	4724004	472475
甘　肃	979	167359	2394842	2288385	343276
青　海	94	26097	492449	484338	490
宁　夏	636	74799	805370	695037	114306
新　疆	279	118962	1626598	1553986	223649

1-J-19 各地区国有控股大中型工业企业新产品开发及生产情况

单位：万元

地区	新产品开发项目数（项）	新产品开发经费	新产品产值	新产品销售收入	
					出口
全国	**53932**	**12762782**	**224162481**	**222653321**	**28033607**
东部地区	26752	7066480	132564042	133952080	18957411
中部地区	13820	3707924	57360842	54401246	6514121
西部地区	13360	1988378	34237597	34299994	2562075
东北地区	6458	1724947	31044736	28623418	3857539
北京	2112	336786	10201814	10272029	609374
天津	3196	522883	13000439	12544897	710226
河北	1739	476587	6128373	6350588	556248
山西	1439	482116	6048017	5987627	1371250
内蒙古	455	124933	2431018	2657486	197940
辽宁	3693	923834	13805950	13992240	3258130
吉林	951	405590	13334338	10910402	287809
黑龙江	1814	395523	3904448	3720776	311600
上海	3779	1217570	28049069	30081744	4448750
江苏	3257	772401	9652891	9358758	1773677
浙江	999	230786	3710771	4263496	841006
安徽	1830	479296	5719200	5473453	810698
福建	461	131560	2464879	2451551	562356
江西	1310	313449	4539919	4383754	648306
山东	4839	1314895	22022235	22630113	3158794
河南	2510	525827	6907807	7180196	1435151
湖北	2421	642510	10036411	9946731	728607
湖南	1545	463614	6870702	6798308	920700
广东	2643	1106178	22991294	21419485	3028775
广西	758	179305	3277092	3790457	365992
海南	34	33000	536329	587181	10077
重庆	2103	347021	9507157	9287504	388690
四川	2774	418722	6910253	6728692	424810
贵州	1117	155797	1439148	1454707	117076
云南	578	105507	2318807	2573771	177673
西藏					
陕西	4282	376609	4639751	4257915	442199
甘肃	652	143978	2237016	2130276	334499
青海	73	25346	486641	478758	490
宁夏	363	37191	352295	330335	19176
新疆	205	73968	638420	610094	93531

1-J-20　各地区内资大中型工业企业新产品开发及生产情况

单位：万元

地区	新产品开发项目数（项）	新产品开发经费	新产品产值	新产品销售收入	
					出口
全国	**90164**	**21425968**	**306992568**	**302623958**	**53040558**
东部地区	53048	14253453	205048746	203026045	40739901
中部地区	19128	4541592	57997167	56804464	8163396
西部地区	17988	2630923	43946655	42793448	4137262
东北地区	7516	1892748	22521914	21654441	4408919
北京	2846	472003	11689121	11844743	537004
天津	3861	621097	8774168	8572400	873548
河北	2697	629262	8754970	8752141	825663
山西	1581	521094	6285142	6207208	1359277
内蒙古	572	165530	2749700	2971555	236860
辽宁	4280	1095564	15598862	15209235	3703369
吉林	1320	393680	3212779	2915865	357157
黑龙江	1916	403505	3710273	3529340	348393
上海	2496	765914	14452072	14505814	3343715
江苏	9062	2866027	33538690	32674772	6038834
浙江	7040	1836168	33528816	32551461	9399930
安徽	2868	659004	7644552	7398933	1119605
福建	1081	231233	3586868	3415663	825259
江西	1350	306299	4504961	4377949	746522
山东	10899	2934464	46068909	46188109	6881290
河南	4493	856376	11589832	11715764	1867582
湖北	3294	672229	9985904	9857045	849030
湖南	2306	729406	11063723	10802360	1515830
广东	8731	2767569	28501893	28708608	8291443
广西	1234	216159	2408416	2544711	391787
海南	55	34153	554376	603099	19847
重庆	2856	470283	10601933	10181406	1112365
四川	5053	716600	14402861	13692626	983041
贵州	1238	169686	1740015	1715121	117118
云南	688	119409	2498847	2739281	194151
西藏	1	2500	4560	3696	
陕西	4480	402107	4813235	4425145	456855
甘肃	968	166114	2355922	2268370	343276
青海	83	24195	109504	101392	490
宁夏	536	59378	653596	615955	80014
新疆	279	118962	1608067	1534190	221305

1-J-21 各地区港澳台商投资大中型工业企业新产品开发及生产情况

单位：万元

地区	新产品开发项目数（项）	新产品开发经费	新产品产值	新产品销售收入	
					出口
全国	**11802**	**2972432**	**60073207**	**55507138**	**21883365**
东部地区	10778	2795763	56250863	51929991	21201788
中部地区	758	123899	2216414	2060192	333141
西部地区	266	52770	1605930	1516955	348437
东北地区	142	54146	429136	366505	29504
北京	336	111568	2805151	2821952	357232
天津	523	63020	1147910	1165562	674093
河北	197	38187	436972	651485	348727
山西	58	3554	138594	138723	25190
内蒙古	1	70			
辽宁	130	51120	385275	345180	20388
吉林	7	1186	38358	14583	9117
黑龙江	5	1840	5503	6742	
上海	474	126974	12083764	11673374	627813
江苏	2230	611949	5850656	5784880	3597034
浙江	1386	437291	6240786	5856677	2311396
安徽	120	23938	375731	344278	146561
福建	799	380104	7112967	7044845	4726269
江西	43	5267	80739	74442	21049
山东	344	103249	1735006	1671539	574477
河南	209	47781	674665	605317	15430
湖北	168	20117	425468	413526	113130
湖南	148	20216	477357	462581	2664
广东	4359	872300	18452377	14914497	7964361
广西	14	1382	69029	66004	27086
海南					
重庆	92	14190	761562	757849	52553
四川	80	32011	679451	592141	261322
贵州	2	32			
云南	25	3944	68420	73168	5087
西藏					
陕西	2	60			
甘肃	5	575	20	15	
青海					
宁夏	45	507	9350	8415	46
新疆			18098	19363	2344

1-J-22　各地区外商投资大中型工业企业新产品开发及生产情况

单位：万元

地　区	新产品开发项目数（项）	新产品开发经费	新产品产值	新产品销售收入	出口
全　国	**19393**	**6559793**	**156881457**	**154788675**	**57183535**
东部地区	15366	5601089	124608360	125902550	55640524
中部地区	3008	680250	23411583	19804418	1013721
西部地区	1019	278453	8861514	9081708	529290
东北地区	749	172957	15314846	11649842	277548
北　京	431	116851	10216436	10300390	6212433
天　津	1796	440620	16717531	16159661	5928276
河　北	354	52674	857743	802068	73915
山　西	15	12274	35394	34505	547
内蒙古	125	22027	494467	427401	54161
辽　宁	307	79388	2482211	2366951	238506
吉　林	57	60573	12024419	8511970	5367
黑龙江	385	32995	808216	770921	33675
上　海	3016	933060	18929102	20974271	3633442
江　苏	3181	1572020	26649356	27433877	18360249
浙　江	1633	465448	9819246	9265494	3507344
安　徽	644	137500	1409903	1497709	175222
福　建	646	313153	5201726	5247477	2967577
江　西	386	102432	1321390	1244500	309919
山　东	1024	448400	6321392	5940508	2881748
河　南	545	82496	1212841	1245967	300368
湖　北	734	231183	6395997	6302481	145622
湖　南	242	20796	203425	196365	43002
广　东	2972	1179060	27413414	27411652	11837035
广　西	188	67641	2624390	3000230	121153
海　南	6	415	200	200	
重　庆	308	95470	4336145	4386278	204709
四　川	110	38152	401366	395965	98978
贵　州	38	1282	72281	61071	
云　南	40	15688	41454	37859	423
西　藏					
陕　西	138	20710	326708	298859	15620
甘　肃	6	669	38900	20000	
青　海	11	1902	382946	382946	
宁　夏	55	14915	142424	70667	34247
新　疆			433	433	

K. 专利情况

1-K-1 分登记注册类型工业企业专利情况

单位：件

行　　业	专利申请数	发明专利	拥有发明专利数
总　计	**173573**	**59254**	**80252**
国有控股企业	40704	16865	20477
内资企业	131062	46106	58982
国有企业	10103	3306	4303
集体企业	1628	809	591
股份合作企业	901	221	380
联营企业	95	21	45
国有联营企业	63	13	13
集体联营企业			
国有与集体联营企业	14	3	29
其他联营企业	18	5	3
有限责任公司	40651	17576	20294
国有独资公司	5111	1693	2071
其他有限责任公司	35540	15883	18223
股份有限公司	27834	12359	13652
私营企业	49453	11693	19495
私营独资企业	2995	716	1210
私营合伙企业	322	127	250
私营有限责任公司	42301	9542	16567
私营股份有限公司	3835	1308	1468
其他企业	397	121	222
港、澳、台商投资企业	19108	5579	8922
合资经营企业（港或澳、台资）	8627	2432	3236
合作经营企业（港或澳、台资）	209	45	65
港、澳、台商独资经营企业	9071	2804	4856
港、澳、台商投资股份有限公司	1201	298	765
外商投资企业	23403	7569	12348
中外合资经营企业	12403	4367	7111
中外合作经营企业	233	74	229
外资企业	9284	2713	4356
外商投资股份有限公司	1483	415	652

1-K-2　分行业工业企业专利情况

单位：件

行　　业	专利申请数	发明专利	拥有发明专利数
总　　计	**173573**	**59254**	**80252**
采矿业	**2126**	**563**	**998**
煤炭开采和洗选业	720	156	290
烟煤和无烟煤的开采洗选	713	149	282
褐煤的开采洗选	7	7	8
其他煤炭采选			
石油和天然气开采业	1156	276	531
天然原油和天然气开采	629	163	482
与石油和天然气开采有关的服务活动	527	113	49
黑色金属矿采选业	54	16	36
铁矿采选	52	15	35
其他黑色金属矿采选	2	1	1
有色金属矿采选业	91	48	76
常用有色金属矿采选	38	28	57
贵金属矿采选	49	17	19
稀有稀土金属矿采选	4	3	
非金属矿采选业	105	67	64
土砂石开采	56	41	25
化学矿采选	5	5	8
采盐	40	20	30
石棉及其他非金属矿采选	4	1	1
制造业	**169389**	**58109**	**78690**
农副食品加工业	1622	629	796
谷物磨制	217	87	121
饲料加工	238	135	130
植物油加工	128	47	64
制糖	6	1	6
屠宰及肉类加工	352	86	118
水产品加工	211	82	79
蔬菜、水果和坚果加工	214	77	106
其他农副食品加工	256	114	172
食品制造业	1983	745	714
焙烤食品制造	113	17	14
糖果、巧克力及蜜饯制造	141	33	58
方便食品制造	154	30	152
液体乳及乳制品制造	613	264	41
罐头制造	68	13	28
调味品、发酵制品制造	294	83	98
其他食品制造	600	305	323
饮料制造业	1466	253	728
酒精制造	43	35	9
酒的制造	935	136	555
软饮料制造	393	49	108
精制茶加工	95	33	56
烟草制品业	601	277	168
烟叶复烤	5	1	3

1-K-2 续表 1 单位：件

行　　业	专利申请数		拥有发明专利数
		发明专利	
卷烟制造	585	267	154
其他烟草制品加工	11	9	11
纺织业	8568	1023	1610
棉、化纤纺织及印染精加工	4414	533	949
毛纺织和染整精加工	426	43	47
麻纺织	44	19	18
丝绢纺织及精加工	936	113	84
纺织制成品制造	1459	193	346
针织品、编织品及其制品制造	1289	122	166
纺织服装、鞋、帽制造业	1513	259	347
纺织服装制造	1439	250	312
纺织面料鞋的制造	48	8	34
制帽	26	1	1
皮革、毛皮、羽毛(绒)及其制品业	782	95	200
皮革鞣制加工	32	6	5
皮革制品制造	698	68	132
毛皮鞣制及制品加工	34	8	54
羽毛(绒)加工及制品制造	18	13	9
木材加工及木、竹、藤、棕、草制品业	853	230	456
锯材、木片加工	22	6	19
人造板制造	333	100	249
木制品制造	249	69	125
竹、藤、棕、草制品制造	249	55	63
家具制造业	1848	158	407
木质家具制造	892	79	134
竹、藤家具制造			
金属家具制造	439	38	188
塑料家具制造	109	8	31
其他家具制造	408	33	54
造纸及纸制品业	715	268	414
纸浆制造	7	6	29
造纸	468	177	172
纸制品制造	240	85	213
印刷业和记录媒介的复制	742	118	212
印刷	368	111	193
装订及其他印刷服务活动	11	3	7
记录媒介的复制	363	4	12
文教体育用品制造业	2738	243	861
文化用品制造	714	85	199
体育用品制造	595	57	165
乐器制造	121	14	54
玩具制造	1211	69	426
游艺器材及娱乐用品制造	97	18	17
石油加工、炼焦及核燃料加工业	331	239	779
精炼石油产品的制造	274	193	719
炼焦	46	36	34
核燃料加工	11	10	26

1-K-2　续表 2　　　　单位：件

行　　业	专利申请数	发明专利	拥有发明专利数
化学原料及化学制品制造业	6986	4116	5415
基础化学原料制造	1032	761	1194
肥料制造	743	447	375
农药制造	423	276	610
涂料、油墨、颜料及类似产品制造	928	632	578
合成材料制造	1216	603	584
专用化学产品制造	1886	1183	1640
日用化学产品制造	758	214	434
医药制造业	6010	3899	4680
化学药品原药制造	747	523	665
化学药品制剂制造	1438	777	1155
中药饮片加工	138	86	118
中成药制造	2261	1555	1773
兽用药品制造	548	431	139
生物、生化制品的制造	591	434	650
卫生材料及医药用品制造	287	93	180
化学纤维制造业	581	231	328
纤维素纤维原料及纤维制造	110	68	86
合成纤维制造	471	163	242
橡胶制品业	1113	257	446
轮胎制造	444	62	86
橡胶板、管、带的制造	188	67	83
橡胶零件制造	198	35	99
再生橡胶制造	12	7	7
日用及医用橡胶制品制造	110	16	36
橡胶靴鞋制造	57	13	24
其他橡胶制品制造	104	57	111
塑料制品业	2919	711	1266
塑料薄膜制造	177	81	120
塑料板、管、型材的制造	889	211	417
塑料丝、绳及编织品的制造	43	14	29
泡沫塑料制造	42	18	13
塑料人造革、合成革制造	135	29	10
塑料包装箱及容器制造	222	64	147
塑料零件制造	313	98	200
日用塑料制造	659	74	114
其他塑料制品制造	439	122	216
非金属矿物制品业	4436	1194	2047
水泥、石灰和石膏的制造	102	66	44
水泥及石膏制品制造	276	111	165
砖瓦、石材及其他建筑材料制造	802	201	344
玻璃及玻璃制品制造	1413	319	655
陶瓷制品制造	1102	197	410
耐火材料制品制造	296	150	203
石墨及其他非金属矿物制品制造	445	150	226
黑色金属冶炼及压延加工业	3677	1400	1362

1-K-2 续表 3 单位：件

行业	专利申请数	发明专利	拥有发明专利数
炼铁	39	6	28
炼钢	754	226	198
钢压延加工	2832	1131	1061
铁合金冶炼	52	37	75
有色金属冶炼及压延加工业	3728	1432	1699
常用有色金属冶炼	1496	567	751
贵金属冶炼	85	34	17
稀有稀土金属冶炼	195	126	179
有色金属合金制造	366	240	225
有色金属压延加工	1586	465	527
金属制品业	5876	1219	2278
结构性金属制品制造	1438	287	399
金属工具制造	918	185	481
集装箱及金属包装容器制造	335	129	222
金属丝绳及其制品的制造	178	77	91
建筑、安全用金属制品制造	1113	186	298
金属表面处理及热处理加工	159	64	124
搪瓷制品制造	97	11	19
不锈钢及类似日用金属制品制造	1325	152	277
其他金属制品制造	313	128	367
通用设备制造业	12682	3323	5393
锅炉及原动机制造	1180	367	442
金属加工机械制造	2059	528	825
起重运输设备制造	1454	323	465
泵、阀门、压缩机及类似机械的制造	2758	694	1295
轴承、齿轮、传动和驱动部件的制造	1096	266	524
烘炉、熔炉及电炉制造	155	66	86
风机、衡器、包装设备等通用设备制造	2502	602	1161
通用零部件制造及机械修理	988	286	331
金属铸、锻加工	490	191	264
专用设备制造业	14056	4389	6171
矿山、冶金、建筑专用设备制造	3258	850	1266
化工、木材、非金属加工专用设备制造	1649	464	767
食品、饮料、烟草及饲料生产专用设备制造	485	130	382
印刷、制药、日化生产专用设备制造	759	188	277
纺织、服装和皮革工业专用设备制造	1165	297	429
电子和电工机械专用设备制造	1409	685	557
农、林、牧、渔专用机械制造	930	199	380
医疗仪器设备及器械制造	2206	764	1031
环保、社会公共安全及其他专用设备制造	2195	812	1082
交通运输设备制造业	15047	3043	5897
铁路运输设备制造	1456	264	546
汽车制造	8395	1782	4082
摩托车制造	3126	269	337
自行车制造	389	65	133
船舶及浮动装置制造	477	160	270

1-K-2　续表 4　　单位：件

行　　业	专利申请数	发明专利	拥有发明专利数
航空航天器制造	1042	469	453
交通器材及其他交通运输设备制造	162	34	76
电气机械及器材制造业	24746	6046	9244
电机制造	2465	590	829
输配电及控制设备制造	5648	1202	2167
电线、电缆、光缆及电工器材制造	1865	430	678
电池制造	2601	1089	1237
家用电力器具制造	8318	2047	2795
非电力家用器具制造	1148	127	695
照明器具制造	1998	436	600
其他电气机械及器材制造	703	125	243
通信设备、计算机及其他电子设备制造业	34885	20308	20866
通信设备制造	16968	13513	10611
雷达及配套设备制造	176	43	87
广播电视设备制造	866	216	232
电子计算机制造	4943	2108	3531
电子器件制造	4427	1998	2572
电子元件制造	2981	943	1254
家用视听设备制造	3478	1140	2032
其他电子设备制造	1046	347	547
仪器仪表及文化、办公用机械制造业	6796	1596	2935
通用仪器仪表制造	3597	927	1739
专用仪器仪表制造	1034	273	493
钟表与计时仪器制造	361	17	38
光学仪器及眼镜制造	511	113	216
文化、办公用机械制造	1151	191	415
其他仪器仪表的制造及修理	142	75	34
工艺品及其他制造业	2075	400	958
工艺美术品制造	1108	220	575
日用杂品制造	759	89	230
煤制品制造			
核辐射加工	3	3	6
其他未列明的制造业	205	88	147
废弃资源和废旧材料回收加工业	14	8	13
金属废料和碎屑的加工处理	2	2	4
非金属废料和碎屑的加工处理	12	6	9
电力、燃气及水的生产和供应业	**2058**	**582**	**564**
电力、热力的生产和供应业	1959	550	498
电力生产	227	84	267
电力供应	1716	461	228
热力生产和供应	16	5	3
燃气生产和供应业	31	8	16
水的生产和供应业	68	24	50
自来水的生产和供应	19	7	29
污水处理及其再生利用	22	12	9
其他水的处理、利用与分配	27	5	12

1-K-3 国有控股制造业企业专利情况

单位：件

行　　业	专利申请数		拥有发明专利数
		发明专利	
总　　计	**36746**	**15826**	**19028**
农副食品加工业	93	31	64
食品制造业	384	162	98
饮料制造业	402	51	148
烟草制品业	584	264	154
纺织业	385	94	124
纺织服装、鞋、帽制造业	91	14	12
皮革、毛皮、羽毛(绒)及其制品业	6	1	
木材加工及木、竹、藤、棕、草制品业	12	8	6
家具制造业	18	6	35
造纸及纸制品业	85	37	57
印刷业和记录媒介的复制	91	43	41
文教体育用品制造业	165	15	6
石油加工、炼焦及核燃料加工业	225	160	682
化学原料及化学制品制造业	1528	1067	1865
医药制造业	967	634	995
化学纤维制造业	76	49	100
橡胶制品业	212	50	58
塑料制品业	143	49	127
非金属矿物制品业	689	221	332
黑色金属冶炼及压延加工业	3096	1154	1044
有色金属冶炼及压延加工业	1868	895	1105
金属制品业	355	137	221
通用设备制造业	2284	699	914
专用设备制造业	2754	789	1063
交通运输设备制造业	7212	1782	3239
电气机械及器材制造业	2360	579	896
通信设备、计算机及其他电子设备制造业	9600	6439	5127
仪器仪表及文化、办公用机械制造业	968	349	404
工艺品及其他制造业	93	47	111

1-K-4 内资制造业企业专利情况

单位：件

行 业	专利申请数	发明专利	拥有发明专利数
总 计	**126966**	**45005**	**57507**
农副食品加工业	1222	523	702
食品制造业	1399	477	531
饮料制造业	1269	196	600
烟草制品业	598	276	168
纺织业	7082	897	1408
纺织服装、鞋、帽制造业	1009	94	143
皮革、毛皮、羽毛(绒)及其制品业	526	53	153
木材加工及木、竹、藤、棕、草制品业	623	151	251
家具制造业	1337	137	276
造纸及纸制品业	398	207	329
印刷业和记录媒介的复制	634	94	175
文教体育用品制造业	1427	164	489
石油加工、炼焦及核燃料加工业	284	194	603
化学原料及化学制品制造业	6061	3623	4851
医药制造业	4742	3157	3438
化学纤维制造业	404	156	189
橡胶制品业	796	227	383
塑料制品业	2073	513	924
非金属矿物制品业	3140	896	1419
黑色金属冶炼及压延加工业	3421	1293	1212
有色金属冶炼及压延加工业	3226	1286	1572
金属制品业	4536	981	1725
通用设备制造业	10275	2637	4474
专用设备制造业	11385	3399	4830
交通运输设备制造业	12558	2580	5047
电气机械及器材制造业	16488	3740	5924
通信设备、计算机及其他电子设备制造业	23647	15507	12744
仪器仪表及文化、办公用机械制造业	4846	1208	2212
工艺品及其他制造业	1548	331	724

1-K-5 港澳台商投资制造业企业专利情况

单位：件

行业	专利申请数	发明专利	拥有发明专利数
总计	**19095**	**5572**	**8898**
农副食品加工业	194	52	62
食品制造业	132	36	100
饮料制造业	35	8	34
烟草制品业	3	1	
纺织业	908	73	122
纺织服装、鞋、帽制造业	236	120	196
皮革、毛皮、羽毛(绒)及其制品业	213	27	30
木材加工及木、竹、藤、棕、草制品业	113	28	58
家具制造业	356	11	55
造纸及纸制品业	108	28	31
印刷业和记录媒介的复制	74	19	32
文教体育用品制造业	877	59	317
石油加工、炼焦及核燃料加工业	41	41	169
化学原料及化学制品制造业	391	155	213
医药制造业	450	248	453
化学纤维制造业	85	45	128
橡胶制品业	155	10	33
塑料制品业	506	110	185
非金属矿物制品业	497	127	231
黑色金属冶炼及压延加工业	155	56	84
有色金属冶炼及压延加工业	220	39	25
金属制品业	644	118	300
通用设备制造业	646	149	280
专用设备制造业	1015	306	698
交通运输设备制造业	603	133	218
电气机械及器材制造业	4690	1197	843
通信设备、计算机及其他电子设备制造业	5041	2266	3707
仪器仪表及文化、办公用机械制造业	388	78	216
工艺品及其他制造业	319	32	78

1-K-6　外商投资制造业企业专利情况

单位：件

行　　业	专利申请数	发明专利	拥有发明专利数
总　　计	**23328**	**7532**	**12285**
农副食品加工业	206	54	32
食品制造业	452	232	83
饮料制造业	162	49	94
烟草制品业			
纺织业	578	53	80
纺织服装、鞋、帽制造业	268	45	8
皮革、毛皮、羽毛(绒)及其制品业	43	15	17
木材加工及木、竹、藤、棕、草制品业	117	51	147
家具制造业	155	10	76
造纸及纸制品业	209	33	54
印刷业和记录媒介的复制	34	5	5
文教体育用品制造业	434	20	55
石油加工、炼焦及核燃料加工业	6	4	7
化学原料及化学制品制造业	534	338	351
医药制造业	818	494	789
化学纤维制造业	92	30	11
橡胶制品业	162	20	30
塑料制品业	340	88	157
非金属矿物制品业	799	171	397
黑色金属冶炼及压延加工业	101	51	66
有色金属冶炼及压延加工业	282	107	102
金属制品业	696	120	253
通用设备制造业	1761	537	639
专用设备制造业	1656	684	643
交通运输设备制造业	1886	330	632
电气机械及器材制造业	3568	1109	2477
通信设备、计算机及其他电子设备制造业	6197	2535	4415
仪器仪表及文化、办公用机械制造业	1562	310	507
工艺品及其他制造业	208	37	156

1-K-7 各地区工业企业专利情况

单位：件

地　区	专利申请数		拥有发明专利数
		发明专利	
全　国	**173573**	**59254**	**80252**
东部地区	138361	48127	60998
中部地区	20769	6909	12504
西部地区	14443	4218	6750
东北地区	5865	2101	2978
北　京	7124	4256	5618
天　津	5227	2754	3050
河　北	1855	603	1058
山　西	1238	401	603
内蒙古	673	346	288
辽　宁	3678	1383	1496
吉　林	867	297	480
黑龙江	1320	421	1002
上　海	8288	2651	3111
江　苏	21901	6502	9680
浙　江	33652	6107	11098
安　徽	4490	1354	3508
福　建	3246	901	1648
江　西	756	281	406
山　东	14276	4125	5453
河　南	5244	1587	2102
湖　北	3650	1220	2047
湖　南	3204	1348	2356
广　东	38958	18802	18757
广　西	1072	306	568
海　南	156	43	29
重　庆	4490	723	1058
四　川	3096	1007	1649
贵　州	1049	465	701
云　南	625	293	623
西　藏	22	11	19
陕　西	1756	593	931
甘　肃	854	259	356
青　海	81	28	262
宁　夏	266	62	111
新　疆	459	125	184

1-K-8　各地区国有控股工业企业专利情况

单位：件

地　区	专利申请数	发明专利	拥有发明专利数
全　国	**40704**	**16865**	**20477**
东部地区	24197	11464	11664
中部地区	9464	3062	5713
西部地区	7043	2339	3100
东北地区	3339	1117	1338
北　京	2230	1290	1873
天　津	1722	537	777
河　北	650	151	318
山　西	814	229	349
内蒙古	335	147	176
辽　宁	1944	681	551
吉　林	530	159	143
黑龙江	865	277	644
上　海	3522	1414	1661
江　苏	2122	718	983
浙　江	612	199	324
安　徽	1820	597	2045
福　建	314	104	135
江　西	442	122	167
山　东	3638	1110	1390
河　南	1968	716	718
湖　北	2014	628	887
湖　南	1011	334	760
广　东	7329	5240	3650
广　西	506	174	212
海　南	114	20	2
重　庆	1361	316	327
四　川	1207	451	544
贵　州	844	366	367
云　南	335	146	346
西　藏			
陕　西	1294	430	518
甘　肃	645	192	220
青　海	63	27	220
宁　夏	140	28	45
新　疆	313	62	125

1-K-9 各地区内资工业企业专利情况

单位：件

地区	专利申请数	发明专利	拥有发明专利数
全国	**131062**	**46106**	**58982**
东部地区	99423	36100	41507
中部地区	18657	6315	11479
西部地区	12982	3691	5996
东北地区	5348	1933	2774
北京	4848	2483	2872
天津	3981	1976	1338
河北	1653	531	959
山西	1178	376	577
内蒙古	423	209	268
辽宁	3270	1261	1372
吉林	856	290	444
黑龙江	1222	382	958
上海	5115	1569	1885
江苏	15626	4541	5975
浙江	24890	4378	8621
安徽	3964	1226	3245
福建	1418	408	789
江西	653	223	366
山东	12170	3526	4586
河南	4545	1438	1796
湖北	3276	1129	1852
湖南	2963	1251	2241
广东	26319	15397	13096
广西	672	224	487
海南	133	30	14
重庆	4112	623	810
四川	2904	922	1511
贵州	995	451	661
云南	562	264	575
西藏	22	11	19
陕西	1691	548	881
甘肃	824	250	275
青海	70	19	221
宁夏	249	46	105
新疆	458	124	183

1-K-10　各地区港澳台商投资工业企业专利情况

单位：件

地　区	专利申请数	发明专利	拥有发明专利数
全　国	**19108**	**5579**	**8922**
东部地区	18183	5307	8245
中部地区	673	201	388
西部地区	252	71	289
东北地区	205	76	52
北　京	924	709	1471
天　津	88	28	23
河　北	39	7	26
山　西	54	21	10
内蒙古			
辽　宁	186	68	31
吉　林	5	4	3
黑龙江	14	4	18
上　海	507	339	330
江　苏	2878	692	1392
浙　江	4370	1039	1207
安　徽	174	44	102
福　建	1127	281	560
江　西	13	9	8
山　东	574	98	206
河　南	203	47	103
湖　北	82	22	80
湖　南	128	50	64
广　东	7475	2035	2989
广　西	18	6	15
海　南	15	11	10
重　庆	124	34	113
四　川	36	9	45
贵　州	29	4	14
云　南	20	15	28
西　藏			
陕　西			2
甘　肃	24	3	72
青　海			
宁　夏	1		
新　疆			

1-K-11 各地区外商投资工业企业专利情况

单位：件

地区	专利申请数	发明专利	拥有发明专利数
全国	**23403**	**7569**	**12348**
东部地区	20755	6720	11246
中部地区	1439	393	637
西部地区	1209	456	465
东北地区	312	92	152
北京	1352	1064	1275
天津	1158	750	1689
河北	163	65	73
山西	6	4	16
内蒙古	250	137	20
辽宁	222	54	93
吉林	6	3	33
黑龙江	84	35	26
上海	2666	743	896
江苏	3397	1269	2313
浙江	4392	690	1270
安徽	352	84	161
福建	701	212	299
江西	90	49	32
山东	1532	501	661
河南	496	102	203
湖北	292	69	115
湖南	113	47	51
广东	5164	1370	2672
广西	382	76	66
海南	8	2	5
重庆	254	66	135
四川	156	76	93
贵州	25	10	26
云南	43	14	20
西藏			
陕西	65	45	48
甘肃	6	6	9
青海	11	9	41
宁夏	16	16	6
新疆	1	1	1

1-K-12　分登记注册类型大中型工业企业专利情况

单位：件

行　业	专利申请数		拥有发明专利数
		发明专利	
总　计	**122076**	**43773**	**55723**
国有控股企业	37642	15585	18354
内资企业	89663	33507	39332
国有企业	9427	2951	3757
集体企业	1333	698	435
股份合作企业	329	86	135
联营企业	45	12	41
国有联营企业	27	6	10
集体联营企业			
国有与集体联营企业	14	3	28
其他联营企业	4	3	3
有限责任公司	30117	13986	14919
国有独资公司	4899	1635	2016
其他有限责任公司	25218	12351	12903
股份有限公司	25783	11540	12270
私营企业	22455	4177	7668
私营独资企业	1089	185	415
私营合伙企业	100	30	67
私营有限责任公司	18822	3268	6180
私营股份有限公司	2444	694	1006
其他企业	174	57	107
港、澳、台商投资企业	14708	4332	6712
合资经营企业（港或澳、台资）	6425	1724	2036
合作经营企业（港或澳、台资）	149	26	45
港、澳、台商独资经营企业	7023	2305	4013
港、澳、台商投资股份有限公司	1111	277	618
外商投资企业	17705	5934	9679
中外合资经营企业	9073	3369	5575
中外合作经营企业	103	29	44
外资企业	7093	2148	3465
外商投资股份有限公司	1436	388	595

1-K-13 分行业大中型工业企业专利情况

单位：件

行业	专利申请数	发明专利	拥有发明专利数
总计	**122076**	**43773**	**55723**
采矿业	**2055**	**519**	**964**
煤炭开采和洗选业	715	151	286
烟煤和无烟煤的开采洗选	708	144	278
褐煤的开采洗选	7	7	8
其他煤炭采选			
石油和天然气开采业	1150	275	531
天然原油和天然气开采	627	162	482
与石油和天然气开采有关的服务活动	523	113	49
黑色金属矿采选业	46	12	32
铁矿采选	44	11	31
其他黑色金属矿采选	2	1	1
有色金属矿采选业	88	45	76
常用有色金属矿采选	38	28	57
贵金属矿采选	49	17	19
稀有稀土金属矿采选	1		
非金属矿采选业	56	36	39
土砂石开采	16	13	7
化学矿采选	5	5	8
采盐	35	18	24
石棉及其他非金属矿采选			
制造业	**118050**	**42706**	**54223**
农副食品加工业	737	203	338
谷物磨制	84	7	52
饲料加工	47	25	22
植物油加工	43	15	30
制糖	6	1	6
屠宰及肉类加工	296	48	56
水产品加工	86	46	27
蔬菜、水果和坚果加工	67	17	43
其他农副食品加工	108	44	102
食品制造业	1198	480	405
焙烤食品制造	30	4	3
糖果、巧克力及蜜饯制造	48	22	22
方便食品制造	138	15	147
液体乳及乳制品制造	568	248	33
罐头制造	10	2	20
调味品、发酵制品制造	187	66	62
其他食品制造	217	123	118
饮料制造业	1036	120	470
酒精制造	37	33	6
酒的制造	779	77	379
软饮料制造	212	7	78
精制茶加工	8	3	7
烟草制品业	594	271	163
烟叶复烤	5	1	3

1-K-13　续表 1

单位：件

行　　业	专利申请数	发明专利	拥有发明专利数
卷烟制造	585	267	154
其他烟草制品加工	4	3	6
纺织业	5629	661	829
棉、化纤纺织及印染精加工	3149	369	591
毛纺织和染整精加工	401	32	36
麻纺织	27	18	16
丝绢纺织及精加工	873	82	36
纺织制成品制造	658	111	90
针织品、编织品及其制品制造	521	49	60
纺织服装、鞋、帽制造业	620	87	189
纺织服装制造	592	84	182
纺织面料鞋的制造	2	2	6
制帽	26	1	1
皮革、毛皮、羽毛(绒)及其制品业	546	63	171
皮革鞣制加工	30	4	5
皮革制品制造	492	45	109
毛皮鞣制及制品加工	14	8	54
羽毛(绒)加工及制品制造	10	6	3
木材加工及木、竹、藤、棕、草制品业	322	82	248
锯材、木片加工	18	3	9
人造板制造	219	52	192
木制品制造	52	15	36
竹、藤、棕、草制品制造	33	12	11
家具制造业	1204	43	221
木质家具制造	546	17	99
竹、藤家具制造			
金属家具制造	331	15	100
塑料家具制造			
其他家具制造	327	11	22
造纸及纸制品业	507	197	278
纸浆制造	3	2	20
造纸	331	145	134
纸制品制造	173	50	124
印刷业和记录媒介的复制	204	79	133
印刷	193	76	125
装订及其他印刷服务活动	11	3	7
记录媒介的复制			1
文教体育用品制造业	1653	125	474
文化用品制造	432	25	84
体育用品制造	256	30	106
乐器制造	107	14	52
玩具制造	790	47	226
游艺器材及娱乐用品制造	68	9	6
石油加工、炼焦及核燃料加工业	256	175	735
精炼石油产品的制造	201	131	675
炼焦	44	34	34
核燃料加工	11	10	26

1-K-13 续表 2

单位：件

行业	专利申请数	发明专利	拥有发明专利数
化学原料及化学制品制造业	3935	2098	3198
基础化学原料制造	659	463	975
肥料制造	649	383	316
农药制造	191	115	406
涂料、油墨、颜料及类似产品制造	292	216	187
合成材料制造	880	386	368
专用化学产品制造	782	439	635
日用化学产品制造	482	96	311
医药制造业	3917	2538	3170
化学药品原药制造	490	370	486
化学药品制剂制造	1097	529	814
中药饮片加工	69	38	67
中成药制造	1751	1260	1388
兽用药品制造	116	110	68
生物、生化制品的制造	254	200	293
卫生材料及医药用品制造	140	31	54
化学纤维制造业	446	182	266
纤维素纤维原料及纤维制造	102	63	80
合成纤维制造	344	119	186
橡胶制品业	771	159	236
轮胎制造	443	61	85
橡胶板、管、带的制造	86	34	35
橡胶零件制造	108	16	12
再生橡胶制造	1	1	1
日用及医用橡胶制品制造	38	10	23
橡胶靴鞋制造	49	9	19
其他橡胶制品制造	46	28	61
塑料制品业	1283	246	516
塑料薄膜制造	105	39	74
塑料板、管、型材的制造	436	84	226
塑料丝、绳及编织品的制造	5	1	1
泡沫塑料制造	6	6	5
塑料人造革、合成革制造	106	21	4
塑料包装箱及容器制造	107	11	76
塑料零件制造	114	52	96
日用塑料制造	294	13	12
其他塑料制品制造	110	19	22
非金属矿物制品业	2524	530	1118
水泥、石灰和石膏的制造	81	49	26
水泥及石膏制品制造	91	49	46
砖瓦、石材及其他建筑材料制造	543	74	217
玻璃及玻璃制品制造	798	192	366
陶瓷制品制造	755	77	272
耐火材料制品制造	109	55	93
石墨及其他非金属矿物制品制造	147	34	98
黑色金属冶炼及压延加工业	3529	1331	1256
炼铁	38	6	28

1-K-13　续表 3　　单位：件

行　　业	专利申请数		拥有发明专利数
		发明专利	
炼钢	744	216	190
钢压延加工	2723	1088	985
铁合金冶炼	24	21	53
有色金属冶炼及压延加工业	3034	1104	1309
常用有色金属冶炼	1426	517	714
贵金属冶炼	80	29	15
稀有稀土金属冶炼	115	68	105
有色金属合金制造	255	183	152
有色金属压延加工	1158	307	323
金属制品业	3433	644	1297
结构性金属制品制造	805	174	233
金属工具制造	456	93	283
集装箱及金属包装容器制造	165	92	124
金属丝绳及其制品的制造	102	48	64
建筑、安全用金属制品制造	532	63	86
金属表面处理及热处理加工	58	15	38
搪瓷制品制造	82	7	12
不锈钢及类似日用金属制品制造	1013	60	165
其他金属制品制造	220	92	292
通用设备制造业	6987	1820	2705
锅炉及原动机制造	941	291	283
金属加工机械制造	935	213	357
起重运输设备制造	1036	220	265
泵、阀门、压缩机及类似机械的制造	1341	332	709
轴承、齿轮、传动和驱动部件的制造	650	201	331
烘炉、熔炉及电炉制造	54	30	17
风机、衡器、包装设备等通用设备制造	1238	294	508
通用零部件制造及机械修理	507	136	103
金属铸、锻加工	285	103	132
专用设备制造业	7922	2494	2811
矿山、冶金、建筑专用设备制造	2331	578	792
化工、木材、非金属加工专用设备制造	755	205	323
食品、饮料、烟草及饲料生产专用设备制造	110	23	135
印刷、制药、日化生产专用设备制造	296	75	101
纺织、服装和皮革工业专用设备制造	600	174	219
电子和电工机械专用设备制造	1052	528	336
农、林、牧、渔专用机械制造	523	67	95
医疗仪器设备及器械制造	1326	466	527
环保、社会公共安全及其他专用设备制造	929	378	283
交通运输设备制造业	12888	2549	4501
铁路运输设备制造	1293	240	421
汽车制造	6956	1410	3168
摩托车制造	2958	250	241
自行车制造	246	46	62
船舶及浮动装置制造	372	131	182
航空航天器制造	1036	467	400

1-K-13 续表 4

单位：件

行业	专利申请数		拥有发明专利数
		发明专利	
交通器材及其他交通运输设备制造	27	5	27
电气机械及器材制造业	17322	4466	6534
电机制造	1824	451	586
输配电及控制设备制造	3017	603	1151
电线、电缆、光缆及电工器材制造	1125	287	436
电池制造	2245	963	1056
家用电力器具制造	6989	1799	2373
非电力家用器具制造	809	60	522
照明器具制造	935	248	317
其他电气机械及器材制造	378	55	93
通信设备、计算机及其他电子设备制造业	30386	18939	18750
通信设备制造	16159	13283	10222
雷达及配套设备制造	70	18	82
广播电视设备制造	600	164	158
电子计算机制造	4477	1951	3332
电子器件制造	3273	1545	1911
电子元件制造	2057	674	821
家用视听设备制造	3189	1100	1941
其他电子设备制造	561	204	283
仪器仪表及文化、办公用机械制造业	4067	843	1376
通用仪器仪表制造	2073	472	693
专用仪器仪表制造	456	107	191
钟表与计时仪器制造	179	7	9
光学仪器及眼镜制造	345	81	174
文化、办公用机械制造	934	128	305
其他仪器仪表的制造及修理	80	48	4
工艺品及其他制造业	1098	177	526
工艺美术品制造	539	71	314
日用杂品制造	428	47	123
煤制品制造			
核辐射加工			
其他未列明的制造业	131	59	89
废弃资源和废旧材料回收加工业	2		
金属废料和碎屑的加工处理			
非金属废料和碎屑的加工处理	2		
电力、燃气及水的生产和供应业	**1971**	**548**	**536**
电力、热力的生产和供应业	1912	528	489
电力生产	195	67	258
电力供应	1701	456	228
热力生产和供应	16	5	3
燃气生产和供应业	31	8	16
水的生产和供应业	28	12	31
自来水的生产和供应	18	7	29
污水处理及其再生利用	10	5	2
其他水的处理、利用与分配			

1-K-14　国有控股大中型制造业企业专利情况

单位：件

行　　业	专利申请数		拥有发明专利数
		发明专利	
总　　计	**33729**	**14565**	**16920**
农副食品加工业	76	21	55
食品制造业	335	141	68
饮料制造业	377	44	139
烟草制品业	583	263	153
纺织业	350	87	109
纺织服装、鞋、帽制造业	72	12	6
皮革、毛皮、羽毛(绒)及其制品业	6	1	
木材加工及木、竹、藤、棕、草制品业	8	6	5
家具制造业	13	4	34
造纸及纸制品业	76	34	50
印刷业和记录媒介的复制	79	38	37
文教体育用品制造业	57	14	2
石油加工、炼焦及核燃料加工业	217	155	675
化学原料及化学制品制造业	1213	808	1453
医药制造业	786	513	825
化学纤维制造业	71	46	99
橡胶制品业	198	43	47
塑料制品业	100	28	101
非金属矿物制品业	499	147	272
黑色金属冶炼及压延加工业	3074	1143	1016
有色金属冶炼及压延加工业	1772	838	978
金属制品业	271	107	175
通用设备制造业	2016	623	782
专用设备制造业	2370	656	764
交通运输设备制造业	7071	1740	3127
电气机械及器材制造业	2087	482	721
通信设备、计算机及其他电子设备制造业	9114	6243	4858
仪器仪表及文化、办公用机械制造业	764	288	283
工艺品及其他制造业	74	40	86

1-K-15 内资大中型制造业企业专利情况

单位：件

行　　业	专利申请数		拥有发明专利数
		发明专利	
总　　计	**85711**	**32476**	**37910**
农副食品加工业	453	152	290
食品制造业	690	232	274
饮料制造业	864	76	349
烟草制品业	592	271	163
纺织业	4712	584	716
纺织服装、鞋、帽制造业	523	64	100
皮革、毛皮、羽毛(绒)及其制品业	312	26	125
木材加工及木、竹、藤、棕、草制品业	207	43	133
家具制造业	802	28	165
造纸及纸制品业	264	156	215
印刷业和记录媒介的复制	125	56	116
文教体育用品制造业	611	74	150
石油加工、炼焦及核燃料加工业	218	137	568
化学原料及化学制品制造业	3444	1906	2914
医药制造业	3054	2044	2317
化学纤维制造业	301	115	140
橡胶制品业	496	138	189
塑料制品业	761	140	363
非金属矿物制品业	1630	346	780
黑色金属冶炼及压延加工业	3293	1227	1113
有色金属冶炼及压延加工业	2581	994	1204
金属制品业	2533	498	935
通用设备制造业	5573	1376	2178
专用设备制造业	6324	1919	2341
交通运输设备制造业	10876	2205	3902
电气机械及器材制造业	10655	2404	3677
通信设备、计算机及其他电子设备制造业	20415	14549	11197
仪器仪表及文化、办公用机械制造业	2503	561	881
工艺品及其他制造业	897	155	415

1-K-16　港澳台商投资大中型制造业企业专利情况

单位：件

行　　业	专利申请数	发明专利	拥有发明专利数
总　计	**14698**	**4326**	**6688**
农副食品加工业	139	15	30
食品制造业	81	29	61
饮料制造业	30	4	34
烟草制品业	2		
纺织业	711	36	72
纺织服装、鞋、帽制造业	91	19	82
皮革、毛皮、羽毛(绒)及其制品业	194	25	29
木材加工及木、竹、藤、棕、草制品业	79	21	11
家具制造业	331	11	44
造纸及纸制品业	67	18	20
印刷业和记录媒介的复制	59	18	15
文教体育用品制造业	768	40	278
石油加工、炼焦及核燃料加工业	37	37	162
化学原料及化学制品制造业	205	46	96
医药制造业	274	134	292
化学纤维制造业	73	42	119
橡胶制品业	143	8	28
塑料制品业	350	72	69
非金属矿物制品业	293	71	148
黑色金属冶炼及压延加工业	149	56	81
有色金属冶炼及压延加工业	194	23	8
金属制品业	411	75	211
通用设备制造业	315	79	143
专用设备制造业	616	158	216
交通运输设备制造业	341	77	126
电气机械及器材制造业	3993	1082	688
通信设备、计算机及其他电子设备制造业	4375	2077	3488
仪器仪表及文化、办公用机械制造业	241	33	79
工艺品及其他制造业	136	20	58

1-K-17 外商投资大中型制造业企业专利情况

单位：件

行业	专利申请数	发明专利	拥有发明专利数
总计	**17641**	**5904**	**9625**
农副食品加工业	145	36	18
食品制造业	427	219	70
饮料制造业	142	40	87
烟草制品业			
纺织业	206	41	41
纺织服装、鞋、帽制造业	6	4	7
皮革、毛皮、羽毛(绒)及其制品业	40	12	17
木材加工及木、竹、藤、棕、草制品业	36	18	104
家具制造业	71	4	12
造纸及纸制品业	176	23	43
印刷业和记录媒介的复制	20	5	2
文教体育用品制造业	274	11	46
石油加工、炼焦及核燃料加工业	1	1	5
化学原料及化学制品制造业	286	146	188
医药制造业	589	360	561
化学纤维制造业	72	25	7
橡胶制品业	132	13	19
塑料制品业	172	34	84
非金属矿物制品业	601	113	190
黑色金属冶炼及压延加工业	87	48	62
有色金属冶炼及压延加工业	259	87	97
金属制品业	489	71	151
通用设备制造业	1099	365	384
专用设备制造业	982	417	254
交通运输设备制造业	1671	267	473
电气机械及器材制造业	2674	980	2169
通信设备、计算机及其他电子设备制造业	5596	2313	4065
仪器仪表及文化、办公用机械制造业	1323	249	416
工艺品及其他制造业	65	2	53

1-K-18　各地区大中型工业企业专利情况

单位：件

地　　区	专利申请数	发明专利	拥有发明专利数
全　　国	**122076**	**43773**	**55723**
东部地区	95419	35985	42318
中部地区	14544	4476	8453
西部地区	12113	3312	4952
东北地区	4569	1531	1955
北　　京	4622	2996	3848
天　　津	3615	1954	2439
河　　北	1458	459	823
山　　西	986	287	443
内 蒙 古	621	318	251
辽　　宁	2841	992	900
吉　　林	673	210	283
黑 龙 江	1055	329	772
上　　海	6468	1932	2127
江　　苏	13281	3923	6471
浙　　江	15897	2643	4756
安　　徽	2717	795	2453
福　　建	2260	567	779
江　　西	565	184	300
山　　东	11718	3288	4209
河　　南	4073	1200	1523
湖　　北	2610	813	1190
湖　　南	1865	658	1489
广　　东	33144	17216	15958
广　　西	873	244	332
海　　南	115	15	8
重　　庆	4127	578	774
四　　川	2365	776	1272
贵　　州	906	405	583
云　　南	411	185	416
西　　藏			
陕　　西	1369	427	578
甘　　肃	752	214	255
青　　海	81	28	262
宁　　夏	243	53	87
新　　疆	365	84	142

1-K-19 各地区国有控股大中型工业企业专利情况

单位：件

地区	专利申请数		拥有发明专利数
		发明专利	
全国	**37642**	**15585**	**18354**
东部地区	21895	10470	10191
中部地区	9099	2910	5367
西部地区	6648	2205	2796
东北地区	3264	1088	1281
北京	1701	987	1399
天津	1278	332	602
河北	639	147	299
山西	792	226	340
内蒙古	333	147	172
辽宁	1889	661	521
吉林	521	153	131
黑龙江	854	274	629
上海	3075	1223	1397
江苏	1946	657	848
浙江	481	150	273
安徽	1762	570	1995
福建	298	95	120
江西	408	101	164
山东	3485	1046	1279
河南	1914	699	683
湖北	1928	590	715
湖南	920	297	710
广东	6999	5157	3451
广西	479	168	160
海南	104	15	2
重庆	1319	304	297
四川	1051	401	507
贵州	818	358	357
云南	318	143	319
西藏			
陕西	1200	391	385
甘肃	626	176	210
青海	63	27	220
宁夏	138	28	45
新疆	303	62	124

1-K-20 各地区内资大中型工业企业专利情况

单位：件

地区	专利申请数		拥有发明专利数
		发明专利	
全国	**89663**	**33507**	**39332**
东部地区	65684	26489	26997
中部地区	13040	4126	7880
西部地区	10939	2892	4455
东北地区	4145	1406	1851
北京	2671	1388	1441
天津	2510	1231	854
河北	1285	397	738
山西	932	267	427
内蒙古	371	181	232
辽宁	2501	904	823
吉林	670	207	275
黑龙江	974	295	753
上海	3776	1103	1196
江苏	8696	2491	3439
浙江	11252	1665	3603
安徽	2374	736	2354
福建	723	189	233
江西	474	134	270
山东	9988	2823	3527
河南	3493	1106	1274
湖北	2360	756	1078
湖南	1763	625	1449
广东	22173	14283	11135
广西	495	165	267
海南	109	15	8
重庆	3847	517	606
四川	2222	715	1166
贵州	898	399	559
云南	370	168	395
西藏			
陕西	1333	399	542
甘肃	741	207	243
青海	70	19	221
宁夏	227	38	82
新疆	365	84	142

1-K-21 各地区港澳台商投资大中型工业企业专利情况

单位：件

地　区	专利申请数		拥有发明专利数
		发明专利	
全　国	**14708**	**4332**	**6712**
东部地区	14180	4191	6406
中部地区	390	97	164
西部地区	138	44	142
东北地区	167	60	20
北　京	867	679	1385
天　津	50	17	17
河　北	32	4	25
山　西	49	17	9
内蒙古			
辽　宁	164	59	18
吉　林	1	1	2
黑龙江	2		
上　海	381	254	283
江　苏	2279	491	1096
浙　江	2671	670	574
安　徽	85	17	14
福　建	972	219	357
江　西	3	1	5
山　东	419	73	128
河　南	179	35	84
湖　北	46	9	33
湖　南	25	17	17
广　东	6345	1725	2523
广　西	8	3	
海　南			
重　庆	94	34	95
四　川	21	1	39
贵　州			
云　南	8	4	4
西　藏			
陕　西			
甘　肃	6	2	4
青　海			
宁　夏	1		
新　疆			

1-K-22　各地区外商投资大中型工业企业专利情况

单位：件

地　　区	专利申请数	发明专利	拥有发明专利数
全　　国	**17705**	**5934**	**9679**
东部地区	15555	5305	8915
中部地区	1114	253	409
西部地区	1036	376	355
东北地区	257	65	84
北　　京	1084	929	1022
天　　津	1055	706	1568
河　　北	141	58	60
山　　西	5	3	7
内 蒙 古	250	137	19
辽　　宁	176	29	59
吉　　林	2	2	6
黑 龙 江	79	34	19
上　　海	2311	575	648
江　　苏	2306	941	1936
浙　　江	1974	308	579
安　　徽	258	42	85
福　　建	565	159	189
江　　西	88	49	25
山　　东	1311	392	554
河　　南	401	59	165
湖　　北	204	48	79
湖　　南	77	16	23
广　　东	4626	1208	2300
广　　西	370	76	65
海　　南	6		
重　　庆	186	27	73
四　　川	122	60	67
贵　　州	8	6	24
云　　南	33	13	17
西　　藏			
陕　　西	36	28	36
甘　　肃	5	5	8
青　　海	11	9	41
宁　　夏	15	15	5
新　　疆			

L. 技术改造和技术获取情况

1-L-1 分登记注册类型工业企业技术改造和技术获取情况

单位：万元

行业	技术改造经费支出	技术引进经费支出	消化吸收经费支出	购买国内技术经费支出
总计	**46726942**	**4669117**	**1227168**	**1842368**
国有控股企业	30358355	2452100	591717	1209686
内资企业	41284668	2575180	945484	1646170
国有企业	9912386	424669	72239	293992
集体企业	416817	135833	13633	33902
股份合作企业	218324	7428	8934	6349
联营企业	168026	8769	813	1761
国有联营企业	163490	8729	741	1625
集体联营企业	81			
国有与集体联营企业	2447	40	40	40
其他联营企业	2009		32	96
有限责任公司	15927122	1177281	511928	605075
国有独资公司	6296002	511139	147040	247949
其他有限责任公司	9631120	666142	364888	357126
股份有限公司	9521246	570060	164371	494754
私营企业	5075976	246960	169443	207430
私营独资企业	510626	11910	13217	14677
私营合伙企业	140011	772	1524	3673
私营有限责任公司	4022918	225254	144630	172692
私营股份有限公司	402422	9023	10072	16389
其他企业	44770	4180	4124	2907
港、澳、台商投资企业	1750825	312434	53485	60649
合资经营企业（港或澳、台资）	974809	98192	27110	32178
合作经营企业（港或澳、台资）	18544		395	2633
港、澳、台商独资经营企业	618365	178712	22037	23209
港、澳、台商投资股份有限公司	139107	35530	3943	2629
外商投资企业	3691449	1781504	228198	135549
中外合资经营企业	2443372	1289349	132681	71184
中外合作经营企业	84982	8300	517	565
外资企业	667110	437157	76698	44829
外商投资股份有限公司	495984	46698	18302	18971

1-L-2　分行业工业企业技术改造和技术获取情况

单位：万元

行　　业	技术改造经费支出	技术引进经费支出	消化吸收经费支出	购买国内技术经费支出
总　计	**46726942**	**4669117**	**1227168**	**1842368**
采矿业	**2794327**	**263802**	**28894**	**41829**
煤炭开采和洗选业	2234871	246497	23864	28407
烟煤和无烟煤的开采洗选	2079970	245744	23864	28150
褐煤的开采洗选	154872			257
其他煤炭采选	29	753		
石油和天然气开采业	139044	13318	1048	6404
天然原油和天然气开采	114232	13318	711	3628
与石油和天然气开采有关的服务活动	24812		338	2776
黑色金属矿采选业	161298	736	901	1005
铁矿采选	156065	736	901	1005
其他黑色金属矿采选	5233			
有色金属矿采选业	148102	1819	985	3287
常用有色金属矿采选	100808	1117	985	2861
贵金属矿采选	37727	400		276
稀有稀土金属矿采选	9566	303		150
非金属矿采选业	110838	1431	2090	2728
土砂石开采	25073		1691	1281
化学矿采选	17803	502	61	985
采盐	66121	930	338	461
石棉及其他非金属矿采选	1841			
制造业	**40791740**	**4372524**	**1185147**	**1768019**
农副食品加工业	655443	20503	20458	20511
谷物磨制	82331	156	3051	3176
饲料加工	51795	2531	5645	4256
植物油加工	48728	1714	1672	2216
制糖	201746	656		2427
屠宰及肉类加工	78840	6617	1600	2221
水产品加工	54927	5414	3021	1690
蔬菜、水果和坚果加工	44731	1601	1657	2630
其他农副食品加工	92346	1814	3812	1894
食品制造业	309282	36425	14163	9881
焙烤食品制造	25360	780	327	488
糖果、巧克力及蜜饯制造	3860	17279	447	539
方便食品制造	35811	208	1085	747
液体乳及乳制品制造	61207	9303	2088	1451
罐头制造	30785	394	513	501
调味品、发酵制品制造	87175	1460	2831	1493
其他食品制造	65085	7000	6873	4663
饮料制造业	744011	19072	10746	12198
酒精制造	19332		310	200
酒的制造	529958	12290	8477	8542
软饮料制造	164477	6144	183	2386
精制茶加工	30244	638	1776	1070
烟草制品业	508931	40188	4664	22539
烟叶复烤	3429	45	51	180

1-L-2 续表 1

单位：万元

行业	技术改造经费支出	技术引进经费支出	消化吸收经费支出	购买国内技术经费支出
卷烟制造	498999	40143	4613	22359
其他烟草制品加工	6503			
纺织业	904484	88861	46325	41063
棉、化纤纺织及印染精加工	577405	55585	34394	29672
毛纺织和染整精加工	85541	6233	2968	1664
麻纺织	22358	209	815	334
丝绢纺织及精加工	85076	12096	1660	2202
纺织制成品制造	69100	7840	1954	3194
针织品、编织品及其制品制造	65005	6899	4533	3997
纺织服装、鞋、帽制造业	102614	11071	5066	4881
纺织服装制造	100628	10964	5017	4753
纺织面料鞋的制造	1284	99	45	119
制帽	703	9	4	9
皮革、毛皮、羽毛(绒)及其制品业	76050	4683	3330	3598
皮革鞣制加工	9408	320	677	66
皮革制品制造	45160	3731	2470	3412
毛皮鞣制及制品加工	822		5	6
羽毛(绒)加工及制品制造	20661	632	179	115
木材加工及木、竹、藤、棕、草制品业	179689	8721	3530	6026
锯材、木片加工	5001	1	86	21
人造板制造	139722	7436	2850	4216
木制品制造	21566	1152	145	1297
竹、藤、棕、草制品制造	13400	131	449	492
家具制造业	30866	2067	2503	841
木质家具制造	15327	1362	2015	541
竹、藤家具制造	160			
金属家具制造	9794	103	275	227
塑料家具制造	2041	2	3	
其他家具制造	3545	600	210	73
造纸及纸制品业	608987	115551	19563	11525
纸浆制造	31247	7213	172	258
造纸	512003	98241	16022	9488
纸制品制造	65737	10097	3369	1780
印刷业和记录媒介的复制	162107	17417	4330	4227
印刷	145161	13872	1352	1132
装订及其他印刷服务活动	15128	2661	2978	2811
记录媒介的复制	1817	884		283
文教体育用品制造业	25469	2127	1701	1037
文化用品制造	5970	207	107	397
体育用品制造	6301	774	535	254
乐器制造	2956	257	787	101
玩具制造	6507	720	223	199
游艺器材及娱乐用品制造	3736	169	50	86
石油加工、炼焦及核燃料加工业	2039759	39137	11621	19237
精炼石油产品的制造	1908755	37262	10501	14207
炼焦	130173	1875	1091	5029
核燃料加工	831		29	

1-L-2　续表 2　　　　单位：万元

行　　业	技术改造经费支出	技术引进经费支出	消化吸收经费支出	购买国内技术经费支出
化学原料及化学制品制造业	3879256	427275	133119	161940
基础化学原料制造	1292079	57590	23849	31374
肥料制造	1252192	122308	34242	36293
农药制造	341260	9733	6414	46892
涂料、油墨、颜料及类似产品制造	109031	10111	13816	1943
合成材料制造	378670	34740	25443	13846
专用化学产品制造	452890	27461	25140	24343
日用化学产品制造	53134	165333	4215	7249
医药制造业	723497	51868	49207	78377
化学药品原药制造	201026	10925	16252	18411
化学药品制剂制造	219560	20169	19898	19982
中药饮片加工	38818	1323	515	2737
中成药制造	159754	11940	6572	25489
兽用药品制造	14878	491	2286	7551
生物、生化制品的制造	60705	4945	2700	3594
卫生材料及医药用品制造	28756	2076	984	614
化学纤维制造业	561801	27822	9128	15092
纤维素纤维原料及纤维制造	42215	7320	1019	82
合成纤维制造	519586	20502	8109	15010
橡胶制品业	304179	12906	9551	4437
轮胎制造	239773	7167	7840	2718
橡胶板、管、带的制造	38751	2618	1133	809
橡胶零件制造	14454	2247	496	259
再生橡胶制造	2538			38
日用及医用橡胶制品制造	3791	309	4	100
橡胶靴鞋制造	1984		36	250
其他橡胶制品制造	2888	565	43	264
塑料制品业	291321	9467	7634	7149
塑料薄膜制造	86923	1695	966	915
塑料板、管、型材的制造	74668	473	3967	1894
塑料丝、绳及编织品的制造	25823	13	110	123
泡沫塑料制造	5527	39	26	17
塑料人造革、合成革制造	23234	15	246	77
塑料包装箱及容器制造	13724	1311	419	893
塑料零件制造	21057	2584	587	856
日用塑料制造	18846	1730	1181	1387
其他塑料制品制造	21520	1608	133	988
非金属矿物制品业	1330791	35528	43539	34357
水泥、石灰和石膏的制造	543635	4197	6063	8356
水泥及石膏制品制造	55476	858	717	9916
砖瓦、石材及其他建筑材料制造	89669	5336	15498	5595
玻璃及玻璃制品制造	500401	15866	10852	6064
陶瓷制品制造	56375	3691	2524	748
耐火材料制品制造	37515	2978	2137	2210
石墨及其他非金属矿物制品制造	47721	2602	5749	1469
黑色金属冶炼及压延加工业	12939979	698771	213089	714318

1-L-2 续表 3

单位：万元

行 业	技术改造经费支出	技术引进经费支出	消化吸收经费支出	购买国内技术经费支出
炼铁	218905	40	1688	10423
炼钢	4646511	90419	37912	46683
钢压延加工	8002298	604237	172774	654786
铁合金冶炼	72267	4075	716	2427
有色金属冶炼及压延加工业	2932820	303816	94530	129448
常用有色金属冶炼	1940978	130346	63722	75842
贵金属冶炼	64508		166	748
稀有稀土金属冶炼	179955	1036	7911	2119
有色金属合金制造	35283	1802	313	2838
有色金属压延加工	712095	170632	22417	47900
金属制品业	487298	69618	18399	35318
结构性金属制品制造	127021	8220	5776	6194
金属工具制造	64173	8361	5009	3167
集装箱及金属包装容器制造	47036	2129	302	3173
金属丝绳及其制品的制造	92362	24736	2626	14662
建筑、安全用金属制品制造	61499	1480	1151	1337
金属表面处理及热处理加工	25648	3962	624	1501
搪瓷制品制造	5775	141	385	207
不锈钢及类似日用金属制品制造	27948	12250	1460	2439
其他金属制品制造	35836	8340	1065	2638
通用设备制造业	1854515	256835	67976	70613
锅炉及原动机制造	252957	148650	18813	33648
金属加工机械制造	316281	13070	4466	3895
起重运输设备制造	185677	12943	7095	3075
泵、阀门、压缩机及类似机械的制造	237048	32146	13253	11707
轴承、齿轮、传动和驱动部件的制造	221220	13872	5843	3693
烘炉、熔炉及电炉制造	2244	675	750	112
风机、衡器、包装设备等通用设备制造	266910	25502	11354	7259
通用零部件制造及机械修理	141227	3802	4178	3206
金属铸、锻加工	230952	6174	2224	4017
专用设备制造业	1613232	72530	32702	45606
矿山、冶金、建筑专用设备制造	979035	33026	16048	15781
化工、木材、非金属加工专用设备制造	141463	9682	2745	3062
食品、饮料、烟草及饲料生产专用设备制造	19586	1389	1498	327
印刷、制药、日化生产专用设备制造	26044	1230	1183	188
纺织、服装和皮革工业专用设备制造	82614	8088	4074	5444
电子和电工机械专用设备制造	217328	8610	1814	8658
农、林、牧、渔专用机械制造	66709	4375	2533	5199
医疗仪器设备及器械制造	31345	2386	1044	2019
环保、社会公共安全及其他专用设备制造	49109	3745	1763	4929
交通运输设备制造业	3903640	975348	152310	162584
铁路运输设备制造	274109	34156	40515	13856
汽车制造	2586351	873170	92201	110471
摩托车制造	119473	18091	5318	5776
自行车制造	10540	77	208	182
船舶及浮动装置制造	571968	42159	12982	26535

1-L-2　续表 4　　　　单位：万元

行　　业	技术改造经费支出	技术引进经费支出	消化吸收经费支出	购买国内技术经费支出
航空航天器制造	332520	7685	420	5717
交通器材及其他交通运输设备制造	8679	11	667	47
电气机械及器材制造业	1995835	202161	84224	71564
电机制造	324810	35761	12082	8614
输配电及控制设备制造	615607	26754	16497	12180
电线、电缆、光缆及电工器材制造	372828	29780	13578	17236
电池制造	126513	11551	6456	9029
家用电力器具制造	440696	83058	26967	14717
非电力家用器具制造	32891	1357	2951	1136
照明器具制造	65034	5748	4493	5352
其他电气机械及器材制造	17457	8154	1200	3299
通信设备、计算机及其他电子设备制造业	1315350	757121	95892	60298
通信设备制造	106977	315340	7413	8452
雷达及配套设备制造	24491	1536	77	1605
广播电视设备制造	6988	2185	320	3564
电子计算机制造	103323	25321	25461	4241
电子器件制造	314235	195013	11507	19201
电子元件制造	361033	56493	15967	17377
家用视听设备制造	312641	158977	19556	3831
其他电子设备制造	85664	2256	15593	2027
仪器仪表及文化、办公用机械制造业	247796	56875	18673	9212
通用仪器仪表制造	137776	30385	16522	5436
专用仪器仪表制造	47199	10302	1260	2446
钟表与计时仪器制造	3024	726	128	492
光学仪器及眼镜制造	44733	7857	574	466
文化、办公用机械制造	14476	7605	190	371
其他仪器仪表的制造及修理	588			
工艺品及其他制造业	54187	8761	7163	8611
工艺美术品制造	24601	6215	4411	5539
日用杂品制造	17249	2337	2752	2743
煤制品制造	33			
核辐射加工				300
其他未列明的制造业	12304	209		30
废弃资源和废旧材料回收加工业	8550		13	1533
金属废料和碎屑的加工处理	2628		13	1495
非金属废料和碎屑的加工处理	5922			37
电力、燃气及水的生产和供应业	**3140876**	**32791**	**13127**	**32520**
电力、热力的生产和供应业	2921203	31931	13054	29934
电力生产	1629127	31081	4166	8520
电力供应	1229097	563	1633	21389
热力生产和供应	62979	287	7255	25
燃气生产和供应业	72022	30	8	231
水的生产和供应业	147650	830	64	2354
自来水的生产和供应	140381	830	64	2344
污水处理及其再生利用	6480			10
其他水的处理、利用与分配	790			

1-L-3 国有控股制造业企业技术改造和技术获取情况

单位：万元

行业	技术改造经费支出	技术引进经费支出	消化吸收经费支出	购买国内技术经费支出
总　计	**25397344**	**2159101**	**552742**	**1141602**
农副食品加工业	71640	4956	890	1169
食品制造业	116853	9242	2413	2579
饮料制造业	309662	8055	3593	5011
烟草制品业	503518	40188	4664	22539
纺织业	123694	10234	15466	7667
纺织服装、鞋、帽制造业	1745	1062	215	5
皮革、毛皮、羽毛(绒)及其制品业	2589	1203		
木材加工及木、竹、藤、棕、草制品业	22688	1787	386	8
家具制造业	1439	51	105	
造纸及纸制品业	205192	56607	4993	6083
印刷业和记录媒介的复制	60911	2661	3354	2894
文教体育用品制造业	1736	140	734	60
石油加工、炼焦及核燃料加工业	1916252	17580	10551	18293
化学原料及化学制品制造业	2190005	163330	64807	105136
医药制造业	147664	3512	5456	18048
化学纤维制造业	248922	1570	107	1859
橡胶制品业	122823	2011	3414	807
塑料制品业	35373	918	2388	1596
非金属矿物制品业	264841	5058	5857	6602
黑色金属冶炼及压延加工业	11552931	628442	172440	670429
有色金属冶炼及压延加工业	2157575	146107	70525	71272
金属制品业	66500	34801	1487	21788
通用设备制造业	684481	155085	23741	10885
专用设备制造业	1094399	20645	11591	25926
交通运输设备制造业	2787961	727671	120924	112599
电气机械及器材制造业	386414	35819	10110	14202
通信设备、计算机及其他电子设备制造业	234272	72528	11963	10064
仪器仪表及文化、办公用机械制造业	74527	7839	568	4082
工艺品及其他制造业	10640			

1-L-4　内资制造业企业技术改造和技术获取情况

单位：万元

行　　业	技术改造经费支出	技术引进经费支出	消化吸收经费支出	购买国内技术经费支出
总　计	**35802353**	**2295441**	**904277**	**1575339**
农副食品加工业	511648	10509	16932	14297
食品制造业	235943	13270	10436	7826
饮料制造业	524894	11453	9288	9242
烟草制品业	507531	40188	4664	22521
纺织业	730652	77220	42770	37126
纺织服装、鞋、帽制造业	54586	5953	4192	3431
皮革、毛皮、羽毛(绒)及其制品业	62348	3469	2649	1815
木材加工及木、竹、藤、棕、草制品业	160559	8257	3275	4536
家具制造业	19026	1464	575	778
造纸及纸制品业	473104	72006	15509	9456
印刷业和记录媒介的复制	131403	14842	4046	3873
文教体育用品制造业	20988	859	1482	753
石油加工、炼焦及核燃料加工业	1965035	38126	10197	19084
化学原料及化学制品制造业	3657704	213930	110900	143643
医药制造业	583895	26691	39393	70528
化学纤维制造业	423723	26505	7593	12926
橡胶制品业	181016	3438	4073	2524
塑料制品业	257093	4221	6065	6380
非金属矿物制品业	873900	16384	32860	27331
黑色金属冶炼及压延加工业	12597045	682177	205768	704793
有色金属冶炼及压延加工业	2803873	296136	85049	125248
金属制品业	333132	61742	14137	33275
通用设备制造业	1548469	162562	45868	47616
专用设备制造业	1457691	35140	23370	39835
交通运输设备制造业	2950219	264543	108094	129281
电气机械及器材制造业	1676470	104479	50030	57194
通信设备、计算机及其他电子设备制造业	816141	67187	21210	24060
仪器仪表及文化、办公用机械制造业	194838	26377	17460	7208
工艺品及其他制造业	41450	6313	6384	7225

1-L-5 港澳台商投资制造业企业技术改造和技术获取情况

单位：万元

行业	技术改造经费支出	技术引进经费支出	消化吸收经费支出	购买国内技术经费支出
总计	**1619305**	**302904**	**52937**	**60113**
农副食品加工业	55913	1858	710	861
食品制造业	17823	368	400	413
饮料制造业	21915	6692	159	1316
烟草制品业	1360			18
纺织业	99550	5361	1368	3418
纺织服装、鞋、帽制造业	35471	1293	772	1183
皮革、毛皮、羽毛(绒)及其制品业	7630	316	608	381
木材加工及木、竹、藤、棕、草制品业	7094	141	130	1319
家具制造业	10276	552	74	13
造纸及纸制品业	80955	29832	419	1130
印刷业和记录媒介的复制	26454	1478	233	60
文教体育用品制造业	2087	321	133	172
石油加工、炼焦及核燃料加工业	67397	1011	90	152
化学原料及化学制品制造业	65918	118151	6528	11500
医药制造业	42256	3846	1385	2941
化学纤维制造业	91139	1200	1530	2042
橡胶制品业	21970	2057	1500	19
塑料制品业	18170	2681	274	677
非金属矿物制品业	121005	5425	2875	3932
黑色金属冶炼及压延加工业	95867	8765	2082	1369
有色金属冶炼及压延加工业	16565	312	364	281
金属制品业	37927	456	336	684
通用设备制造业	101516	16512	4676	6249
专用设备制造业	69004	6443	2657	2147
交通运输设备制造业	135835	19618	3324	4870
电气机械及器材制造业	130553	7947	5473	4193
通信设备、计算机及其他电子设备制造业	225638	56230	14076	7884
仪器仪表及文化、办公用机械制造业	6690	3099	330	269
工艺品及其他制造业	5291	940	434	619

1-L-6　外商投资制造业企业技术改造和技术获取情况

单位：万元

行　　业	技术改造经费支出	技术引进经费支出	消化吸收经费支出	购买国内技术经费支出
总　计	**3370082**	**1774179**	**227933**	**132567**
农副食品加工业	87882	8137	2815	5353
食品制造业	55517	22787	3328	1642
饮料制造业	197202	926	1300	1640
烟草制品业	41			
纺织业	74282	6280	2186	519
纺织服装、鞋、帽制造业	12558	3825	103	266
皮革、毛皮、羽毛(绒)及其制品业	6072	898	73	1402
木材加工及木、竹、藤、棕、草制品业	12036	323	125	171
家具制造业	1564	51	1855	51
造纸及纸制品业	54928	13712	3636	939
印刷业和记录媒介的复制	4250	1096	51	293
文教体育用品制造业	2395	948	86	112
石油加工、炼焦及核燃料加工业	7328		1334	
化学原料及化学制品制造业	155634	95195	15691	6797
医药制造业	97347	21331	8429	4908
化学纤维制造业	46939	117	5	124
橡胶制品业	101193	7410	3978	1893
塑料制品业	16059	2565	1296	92
非金属矿物制品业	335886	13719	7805	3094
黑色金属冶炼及压延加工业	247067	7829	5239	8156
有色金属冶炼及压延加工业	112382	7368	9117	3918
金属制品业	116239	7420	3926	1358
通用设备制造业	204531	77762	17433	16748
专用设备制造业	86537	30946	6674	3625
交通运输设备制造业	817586	691187	40892	28432
电气机械及器材制造业	188812	89736	28722	10177
通信设备、计算机及其他电子设备制造业	273571	633704	60606	28354
仪器仪表及文化、办公用机械制造业	46269	27399	884	1736
工艺品及其他制造业	7446	1509	345	767

1-L-7 各地区工业企业技术改造和技术获取情况

单位：万元

地区	技术改造经费支出	技术引进经费支出	消化吸收经费支出	购买国内技术经费支出
全国	**46726942**	**4669117**	**1227168**	**1842368**
东部地区	23032846	3549553	861752	1257552
中部地区	14330527	560973	223401	376001
西部地区	9363569	558591	142015	208815
东北地区	4133602	329985	47918	231882
北京	566044	76888	24550	27305
天津	1171334	432368	37344	48809
河北	2376967	129005	87099	80244
山西	1986787	90417	20209	31945
内蒙古	910700	16701	12713	13310
辽宁	2632715	235529	33386	204109
吉林	641219	55106	7833	19022
黑龙江	859668	39350	6699	8751
上海	1430640	694128	81648	228146
江苏	5201526	419293	184540	195826
浙江	3891591	226695	109616	166735
安徽	2323535	103939	38966	65579
福建	556088	109160	24734	43601
江西	1009424	96929	28314	50547
山东	3322661	436213	185503	134431
河南	1627634	36841	53388	108309
湖北	3807209	96913	36352	17823
湖南	2075050	41478	31642	74026
广东	1846933	717393	92655	124886
广西	1359143	10792	3414	11779
海南	36348	72882	677	3459
重庆	751068	137434	6895	31922
四川	2724506	68393	51341	46247
贵州	761822	13595	2350	5627
云南	468458	41641	6888	19924
西藏	9710			
陕西	1000894	45975	8946	20039
甘肃	553960	47516	39338	26450
青海	39709	90	534	2303
宁夏	411611	162122	6524	22466
新疆	371988	14333	3072	8749

1-L-8 各地区国有控股工业企业技术改造和技术获取情况

单位：万元

地 区	技术改造经费支出	技术引进经费支出	消化吸收经费支出	购买国内技术经费支出
全 国	**30358355**	**2452100**	**591717**	**1209686**
东部地区	12707177	1548022	360196	814114
中部地区	11610400	448154	132754	252250
西部地区	6040778	455925	98766	143323
东北地区	3576978	308050	39041	208238
北 京	504652	10598	17130	14967
天 津	1018389	108325	28329	40848
河 北	2137454	117564	83607	75588
山 西	1769095	88988	18227	28339
内蒙古	583550	16288	7508	10254
辽 宁	2372442	220002	27207	198810
吉 林	465828	53525	6284	3242
黑龙江	738709	34523	5550	6187
上 海	1309026	563955	50761	226408
江 苏	1615174	78441	26205	86117
浙 江	996696	14093	9086	46773
安 徽	1732614	71118	20724	34346
福 建	296072	24654	7619	17298
江 西	878900	93646	24970	45370
山 东	1550828	128254	74199	38357
河 南	1170858	19645	27004	89859
湖 北	3373880	52065	14845	8638
湖 南	1480517	34644	15150	36269
广 东	871254	215493	35535	68948
广 西	813706	3298	1319	3908
海 南	35191	66645	519	
重 庆	541310	110896	4507	15172
四 川	1102149	44665	26310	20056
贵 州	702840	5284	1044	5186
云 南	319569	27970	5712	14215
西 藏	3538			
陕 西	887174	39615	7431	17919
甘 肃	496685	43017	36719	25830
青 海	37568	90	225	2301
宁 夏	349070	157916	5806	20862
新 疆	203621	6886	2185	7621

1-L-9 各地区内资工业企业技术改造和技术获取情况

单位：万元

地区	技术改造经费支出	技术引进经费支出	消化吸收经费支出	购买国内技术经费支出
全国	**41284668**	**2575180**	**945484**	**1646170**
东部地区	19060038	1691499	614524	1117304
中部地区	13436890	424898	194862	338673
西部地区	8787741	458783	136098	190192
东北地区	3920864	297470	40532	226315
北京	518807	9292	21634	19626
天津	984482	78661	35152	45591
河北	2162418	114509	86389	79815
山西	1896869	89661	19999	31645
内蒙古	880555	16681	10466	12159
辽宁	2557451	226902	31134	201762
吉林	572647	44581	3760	17122
黑龙江	790765	25987	5638	7432
上海	1198791	295483	28682	220142
江苏	4077529	210634	105900	171960
浙江	2870095	154497	78338	142561
安徽	2222083	84125	35087	56327
福建	388991	26512	6920	17328
江西	937288	85185	20826	36947
山东	2979005	404200	171203	126572
河南	1488860	30514	49764	102307
湖北	3538165	25008	29645	14222
湖南	1990212	39837	30144	72672
广东	1286790	104165	48494	88961
广西	1165319	6619	2983	7210
海南	35678	66645	677	2986
重庆	638337	57436	6041	22374
四川	2582752	65868	49670	45505
贵州	760750	13595	2222	5627
云南	432173	34305	6835	19278
西藏	6946			
陕西	980080	40751	8453	19959
甘肃	548179	47343	39299	26417
青海	27991	90	534	449
宁夏	395457	162122	6524	22466
新疆	369202	13973	3072	8749

1-L-10　各地区港澳台商投资工业企业技术改造和技术获取情况

单位：万元

地　区	技术改造经费支出	技术引进经费支出	消化吸收经费支出	购买国内技术经费支出
全　国	**1750825**	**312434**	**53485**	**60649**
东部地区	1377557	295089	49861	50811
中部地区	178766	11345	3327	4225
西部地区	194503	6000	298	5613
东北地区	49710	13716	424	2794
北　京	6624	11317	10	309
天　津	9105	10489	12	
河　北	14494	6473	138	345
山　西	7222			
内蒙古	1215			
辽　宁	32394	4716	409	864
吉　林	15722	9000		1900
黑龙江	1594		15	30
上　海	29702	12992	1096	272
江　苏	455515	33042	9444	10522
浙　江	389171	19172	10553	13346
安　徽	48561	1949	823	1264
福　建	78913	14013	7463	8288
江　西	1611	45	57	72
山　东	70513	6011	1572	832
河　南	51596	331	2101	124
湖　北	19949	20	143	260
湖　南	32511		189	575
广　东	290607	176863	19165	15982
广　西	52361	266	61	43
海　南	520			53
重　庆	34027	4999	207	5123
四　川	90252	1		431
贵　州	230			
云　南	3710	714		17
西　藏				
陕　西	7498			
甘　肃	4960	20	30	
青　海				
宁　夏	49			
新　疆	200			

1-L-11 各地区外商投资工业企业技术改造和技术获取情况

单位：万元

地区	技术改造经费支出	技术引进经费支出	消化吸收经费支出	购买国内技术经费支出
全国	**3691449**	**1781504**	**228198**	**135549**
东部地区	2595252	1562965	197367	89437
中部地区	714872	124731	25212	33103
西部地区	381325	93809	5619	13009
东北地区	163028	18799	6962	2772
北京	40612	56279	2907	7371
天津	177747	343218	2179	3218
河北	200055	8023	572	84
山西	82697	756	210	300
内蒙古	28930	20	2247	1151
辽宁	42870	3910	1843	1483
吉林	52850	1525	4073	
黑龙江	67308	13364	1046	1289
上海	202147	385653	51869	7733
江苏	668482	175617	69196	13344
浙江	632324	53026	20725	10829
安徽	52891	17865	3056	7988
福建	88184	68635	10352	17986
江西	70525	11699	7431	13529
山东	273143	26002	12728	7026
河南	87178	5996	1523	5879
湖北	249096	71885	6564	3340
湖南	52327	1641	1309	780
广东	269536	436365	24996	19943
广西	141463	3907	371	4526
海南	150	6237		420
重庆	78703	74999	647	4425
四川	51501	2525	1671	311
贵州	842		128	
云南	32575	6622	53	629
西藏	2764			
陕西	13316	5224	493	80
甘肃	822	153	9	33
青海	11718			1854
宁夏	16106			
新疆	2586	360		

1-L-12　分登记注册类型大中型工业企业技术改造和技术获取情况

单位：万元

行　　业	技术改造经费支出	技术引进经费支出	消化吸收经费支出	购买国内技术经费支出
总　计	**41676916**	**4404256**	**1064457**	**1661743**
国有控股企业	29880983	2418267	576135	1201676
内资企业	36956960	2430045	819827	1499819
国有企业	9783785	418006	70377	291152
集体企业	288831	135456	11950	30410
股份合作企业	156141	4001	6369	2943
联营企业	164036	8769	798	1710
国有联营企业	163000	8729	741	1625
集体联营企业				
国有与集体联营企业	341	40	40	40
其他联营企业	695		17	45
有限责任公司	14684585	1143194	475688	565735
国有独资公司	6244267	503149	146704	247284
其他有限责任公司	8440319	640046	328984	318451
股份有限公司	9335945	565693	159427	487642
私营企业	2515271	152806	91227	119417
私营独资企业	107926	2850	6142	2053
私营合伙企业	5120	222	353	660
私营有限责任公司	2157239	143637	79050	104681
私营股份有限公司	244985	6097	5682	12023
其他企业	28366	2120	3992	810
港、澳、台商投资企业	1454716	278512	48740	49416
合资经营企业（港或澳、台资）	787719	77619	24359	28412
合作经营企业（港或澳、台资）	12301		360	1480
港、澳、台商独资经营企业	517031	165362	20303	17710
港、澳、台商投资股份有限公司	137665	35530	3718	1814
外商投资企业	3265240	1695699	195890	112508
中外合资经营企业	2203098	1251188	115065	55039
中外合作经营企业	50149	7841	371	289
外资企业	526843	394855	62654	39093
外商投资股份有限公司	485149	41816	17800	18088

1-L-13　分行业大中型工业企业技术改造和技术获取情况

单位：万元

行　　业	技术改造经费支出	技术引进经费支出	消化吸收经费支出	购买国内技术经费支出
总　　计	**41676916**	**4404256**	**1064457**	**1661743**
采矿业	**2262929**	**261883**	**27103**	**39028**
煤炭开采和洗选业	1796169	244978	23829	27514
烟煤和无烟煤的开采洗选	1696824	244978	23829	27257
褐煤的开采洗选	99345			257
其他煤炭采选				
石油和天然气开采业	138884	13318	1048	6404
天然原油和天然气开采	114072	13318	711	3628
与石油和天然气开采有关的服务活动	24812		338	2776
黑色金属矿采选业	152455	736	842	768
铁矿采选	147812	736	842	768
其他黑色金属矿采选	4643			
有色金属矿采选业	94388	1419	985	2987
常用有色金属矿采选	76374	1117	985	2821
贵金属矿采选	16766			167
稀有稀土金属矿采选	1248	303		
非金属矿采选业	81033	1431	398	1354
土砂石开采	3792			
化学矿采选	11594	502	60	965
采盐	65642	930	338	390
石棉及其他非金属矿采选	4			
制造业	**36581661**	**4118747**	**1024411**	**1593316**
农副食品加工业	341268	9957	12351	9698
谷物磨制	24690		294	255
饲料加工	17328	1045	4571	2415
植物油加工	10304	1355	1008	810
制糖	161316	656		2427
屠宰及肉类加工	34801	1504	943	1571
水产品加工	28258	5307	2470	959
蔬菜、水果和坚果加工	11465	91	291	615
其他农副食品加工	53108		2774	647
食品制造业	230477	35261	11661	7155
焙烤食品制造	15656	780	200	10
糖果、巧克力及蜜饯制造	2328	17279	431	217
方便食品制造	26335	207	726	553
液体乳及乳制品制造	58715	9236	1988	1451
罐头制造	13813	57	32	102
调味品、发酵制品制造	73243	1460	2691	1275
其他食品制造	40387	6242	5594	3547
饮料制造业	577283	17638	6802	9448
酒精制造	12630		300	100
酒的制造	414392	11878	6397	7934
软饮料制造	144573	5760	106	1396
精制茶加工	5688			19
烟草制品业	505131	40143	4643	22377
烟叶复烤	2180		30	18

1-L-13　续表 1　　单位：万元

行　业	技术改造经费支出	技术引进经费支出	消化吸收经费支出	购买国内技术经费支出
卷烟制造	498995	40143	4613	22359
其他烟草制品加工	3956			
纺织业	690870	72579	36605	29881
棉、化纤纺织及印染精加工	453837	41743	26696	23082
毛纺织和染整精加工	76287	5606	2927	1131
麻纺织	20370	209	815	310
丝绢纺织及精加工	56321	11785	1504	1393
纺织制成品制造	39418	7432	1452	559
针织品、编织品及其制品制造	44637	5803	3211	3407
纺织服装、鞋、帽制造业	72621	9217	4664	3641
纺织服装制造	71963	9208	4661	3639
纺织面料鞋的制造	130			
制帽	528	9	4	2
皮革、毛皮、羽毛(绒)及其制品业	56576	4133	3036	2324
皮革鞣制加工	5603	100	516	1
皮革制品制造	32798	3453	2348	2318
毛皮鞣制及制品加工	511		3	
羽毛(绒)加工及制品制造	17665	580	170	5
木材加工及木、竹、藤、棕、草制品业	68139	6607	2442	4647
锯材、木片加工	289		73	
人造板制造	62568	6359	2110	3296
木制品制造	4334	159	90	1217
竹、藤、棕、草制品制造	948	89	169	134
家具制造业	17052	745	2006	437
木质家具制造	7824	158	1826	315
竹、藤家具制造				
金属家具制造	7112	85	167	110
塑料家具制造	25	2	3	
其他家具制造	2091	500	10	13
造纸及纸制品业	461407	110847	16021	9444
纸浆制造	30049	7213	172	257
造纸	411345	96846	14786	8477
纸制品制造	20013	6788	1063	711
印刷业和记录媒介的复制	118223	12329	3735	2969
印刷	104899	9668	757	208
装订及其他印刷服务活动	13294	2661	2978	2751
记录媒介的复制	30			10
文教体育用品制造业	13648	1471	1045	384
文化用品制造	1415	32	17	232
体育用品制造	3539	533	79	90
乐器制造	2734	257	731	11
玩具制造	3936	580	218	
游艺器材及娱乐用品制造	2024	69		51
石油加工、炼焦及核燃料加工业	2020837	35936	9682	19150
精炼石油产品的制造	1896954	34061	8716	14148
炼焦	123051	1875	936	5002
核燃料加工	831		29	

1-L-13 续表 2

单位：万元

行业	技术改造经费支出	技术引进经费支出	消化吸收经费支出	购买国内技术经费支出
化学原料及化学制品制造业	3420372	387132	109741	140483
基础化学原料制造	1142156	46464	19397	26709
肥料制造	1175534	122004	30347	34622
农药制造	322657	8310	5128	43662
涂料、油墨、颜料及类似产品制造	70464	7775	12394	887
合成材料制造	346547	16249	19193	12340
专用化学产品制造	327797	21348	20068	15443
日用化学产品制造	35217	164982	3215	6821
医药制造业	513721	45414	43133	64098
化学药品原药制造	161355	10253	15050	16514
化学药品制剂制造	158535	19261	18454	18489
中药饮片加工	6586	167	390	683
中成药制造	118326	10521	5143	21379
兽用药品制造	7141		1440	5148
生物、生化制品的制造	34834	3389	1768	1657
卫生材料及医药用品制造	26945	1824	888	227
化学纤维制造业	519319	25036	8277	13091
纤维素纤维原料及纤维制造	23569	7260	1019	82
合成纤维制造	495749	17776	7258	13009
橡胶制品业	276169	12531	9219	3615
轮胎制造	239000	7167	7823	2706
橡胶板、管、带的制造	23528	2587	1006	683
橡胶零件制造	8332	2069	350	24
再生橡胶制造	63			
日用及医用橡胶制品制造	3389	309	4	60
橡胶靴鞋制造	1460		36	89
其他橡胶制品制造	398	400		54
塑料制品业	127696	4084	4549	3405
塑料薄膜制造	42456	1483	963	687
塑料板、管、型材的制造	32517	142	2785	1428
塑料丝、绳及编织品的制造	5823			
泡沫塑料制造	3403	20		
塑料人造革、合成革制造	20164	15	215	62
塑料包装箱及容器制造	6268	250	181	
塑料零件制造	3211	1634	365	592
日用塑料制造	4698	20	10	334
其他塑料制品制造	9158	520	30	302
非金属矿物制品业	1019073	22262	22154	26379
水泥、石灰和石膏的制造	413738	3386	5847	7770
水泥及石膏制品制造	19641	321	624	8367
砖瓦、石材及其他建筑材料制造	38738	2393	1582	2586
玻璃及玻璃制品制造	457757	12988	9134	5420
陶瓷制品制造	47315	1240	918	563
耐火材料制品制造	18873	847	1341	1518
石墨及其他非金属矿物制品制造	23011	1087	2710	155
黑色金属冶炼及压延加工业	12816089	688291	210955	711123

1-L-13　续表 3　　　　单位：万元

行　业	技术改造经费支出	技术引进经费支出	消化吸收经费支出	购买国内技术经费支出
炼铁	210404		800	10411
炼钢	4644784	90419	37912	46333
钢压延加工	7913896	597772	171884	652295
铁合金冶炼	47006	100	360	2084
有色金属冶炼及压延加工业	2797026	302162	90326	124735
常用有色金属冶炼	1901753	130346	62822	75466
贵金属冶炼	62464			575
稀有稀土金属冶炼	152690	218	7710	1869
有色金属合金制造	31539	1753	150	2714
有色金属压延加工	648580	169844	19644	44112
金属制品业	358540	62780	14008	29802
结构性金属制品制造	75315	7677	4676	5377
金属工具制造	49280	7471	3439	1888
集装箱及金属包装容器制造	38907	1696	186	2868
金属丝绳及其制品的制造	82660	24529	2616	14325
建筑、安全用金属制品制造	39523	1224	1058	823
金属表面处理及热处理加工	19866	3840	197	623
搪瓷制品制造	5280	103	340	148
不锈钢及类似日用金属制品制造	16953	8807	619	1273
其他金属制品制造	30757	7433	877	2476
通用设备制造业	1450804	226560	54421	46068
锅炉及原动机制造	241669	148021	18180	23318
金属加工机械制造	267375	10104	3610	1363
起重运输设备制造	169764	11266	6083	2720
泵、阀门、压缩机及类似机械的制造	164517	21446	9283	6940
轴承、齿轮、传动和驱动部件的制造	184871	9214	5474	1448
烘炉、熔炉及电炉制造	581	175		82
风机、衡器、包装设备等通用设备制造	212093	18806	7616	5999
通用零部件制造及机械修理	59852	2745	2829	2096
金属铸、锻加工	150082	4783	1346	2102
专用设备制造业	1408857	58498	24334	35944
矿山、冶金、建筑专用设备制造	924724	31666	14483	13283
化工、木材、非金属加工专用设备制造	98286	2768	1049	863
食品、饮料、烟草及饲料生产专用设备制造	12086	713	1042	205
印刷、制药、日化生产专用设备制造	14130	870	664	116
纺织、服装和皮革工业专用设备制造	62496	6671	2925	4775
电子和电工机械专用设备制造	200544	8490	1441	8345
农、林、牧、渔专用机械制造	54401	4318	1719	4144
医疗仪器设备及器械制造	17673	959	391	857
环保、社会公共安全及其他专用设备制造	24518	2044	620	3357
交通运输设备制造业	3658615	951611	137911	152985
铁路运输设备制造	262322	29054	40127	13541
汽车制造	2421603	857416	79407	105599
摩托车制造	101656	17383	4388	5129
自行车制造	4083	50	207	61
船舶及浮动装置制造	527966	40671	12698	22918

1-L-13 续表 4

单位：万元

行业	技术改造经费支出	技术引进经费支出	消化吸收经费支出	购买国内技术经费支出
航空航天器制造	332520	7027	420	5717
交通器材及其他交通运输设备制造	8465	10	665	20
电气机械及器材制造业	1680181	173922	68127	53431
电机制造	281678	28947	9121	7376
输配电及控制设备制造	522285	18645	9450	8289
电线、电缆、光缆及电工器材制造	291624	20355	12528	13132
电池制造	83970	10375	2848	4348
家用电力器具制造	421818	81122	26595	13908
非电力家用器具制造	21382	1250	2837	615
照明器具制造	47024	5386	3582	2706
其他电气机械及器材制造	10401	7844	1165	3058
通信设备、计算机及其他电子设备制造业	1132879	742300	90648	53020
通信设备制造	96466	313944	7015	8010
雷达及配套设备制造	19726	100	50	1544
广播电视设备制造	2197	1631	117	1737
电子计算机制造	94856	23863	25426	4186
电子器件制造	263182	190354	10083	17779
电子元件制造	266726	51737	13031	15351
家用视听设备制造	308690	158603	19399	2802
其他电子设备制造	81035	2070	15527	1611
仪器仪表及文化、办公用机械制造业	196200	52328	15681	6552
通用仪器仪表制造	103007	27520	14922	4173
专用仪器仪表制造	35079	8837	60	1533
钟表与计时仪器制造	1916	616	110	491
光学仪器及眼镜制造	43354	7826	563	306
文化、办公用机械制造	12802	7529	27	49
其他仪器仪表的制造及修理	42			
工艺品及其他制造业	32565	6975	6233	7030
工艺美术品制造	11984	4666	3888	4757
日用杂品制造	8682	2309	2345	2273
煤制品制造				
核辐射加工				
其他未列明的制造业	11899			
废弃资源和废旧材料回收加工业	25			
金属废料和碎屑的加工处理	13			
非金属废料和碎屑的加工处理	13			
电力、燃气及水的生产和供应业	**2832326**	**23627**	**12943**	**29400**
电力、热力的生产和供应业	2651493	22777	12878	27111
电力生产	1465666	22081	4103	6068
电力供应	1152428	563	1520	21019
热力生产和供应	33400	132	7255	24
燃气生产和供应业	50318	30		231
水的生产和供应业	130515	820	64	2058
自来水的生产和供应	127285	820	64	2058
污水处理及其再生利用	3230			
其他水的处理、利用与分配				

1-L-14　国有控股大中型制造业企业技术改造和技术获取情况

单位：万元

行　　业	技术改造经费支出	技术引进经费支出	消化吸收经费支出	购买国内技术经费支出
总　计	**25167158**	**2134278**	**537304**	**1135229**
农副食品加工业	63224		701	1061
食品制造业	110068	9160	2327	2527
饮料制造业	308437	8050	3373	5011
烟草制品业	500844	40143	4643	22377
纺织业	118400	10181	14951	7486
纺织服装、鞋、帽制造业	1659	1062	215	5
皮革、毛皮、羽毛(绒)及其制品业	2536	1203		
木材加工及木、竹、藤、棕、草制品业	20581	1787	386	
家具制造业	1397		105	
造纸及纸制品业	203743	56603	4972	5912
印刷业和记录媒介的复制	59219	2661	3354	2894
文教体育用品制造业	1650	140	731	55
石油加工、炼焦及核燃料加工业	1911907	17580	9277	18293
化学原料及化学制品制造业	2126408	162285	63282	103771
医药制造业	143241	3486	5352	17839
化学纤维制造业	248734	1570	107	1832
橡胶制品业	122598	2011	3414	807
塑料制品业	21549	348	2388	1596
非金属矿物制品业	243029	5010	5523	6424
黑色金属冶炼及压延加工业	11527487	626896	172440	670429
有色金属冶炼及压延加工业	2153269	146081	70406	71074
金属制品业	62186	34801	1097	21482
通用设备制造业	668367	152240	22938	10639
专用设备制造业	1085376	20073	11219	24982
交通运输设备制造业	2776756	726608	112326	112314
电气机械及器材制造业	378182	26265	9750	12700
通信设备、计算机及其他电子设备制造业	222919	70211	11787	9706
仪器仪表及文化、办公用机械制造业	72752	7825	240	4016
工艺品及其他制造业	10640			

1-L-15　内资大中型制造业企业技术改造和技术获取情况

单位：万元

行　　业	技术改造经费支出	技术引进经费支出	消化吸收经费支出	购买国内技术经费支出
总　计	**32256924**	**2151486**	**780595**	**1434267**
农副食品加工业	227150	1326	8971	4698
食品制造业	163463	12335	8017	5556
饮料制造业	375468	10411	5939	6717
烟草制品业	504709	40143	4643	22359
纺织业	569484	62997	34536	28293
纺织服装、鞋、帽制造业	36226	4505	3938	2337
皮革、毛皮、羽毛(绒)及其制品业	48722	3220	2525	795
木材加工及木、竹、藤、棕、草制品业	62504	6448	2252	3380
家具制造业	8782	243	178	425
造纸及纸制品业	344248	69826	13390	7592
印刷业和记录媒介的复制	96847	12128	3658	2969
文教体育用品制造业	11234	402	870	373
石油加工、炼焦及核燃料加工业	1947087	34925	9532	19006
化学原料及化学制品制造业	3252658	201935	98207	126073
医药制造业	422311	24095	34435	57760
化学纤维制造业	385438	23719	6742	11069
橡胶制品业	155220	3099	3836	1742
塑料制品业	112390	1750	4145	2791
非金属矿物制品业	589375	10486	13180	20632
黑色金属冶炼及压延加工业	12504286	680145	204051	702829
有色金属冶炼及压延加工业	2680762	294821	81199	121024
金属制品业	231968	55386	11705	28333
通用设备制造业	1201216	145012	33278	34403
专用设备制造业	1295567	28074	17450	32380
交通运输设备制造业	2727448	250336	95439	120433
电气机械及器材制造业	1435481	86369	38800	40715
通信设备、计算机及其他电子设备制造业	687400	57814	18675	18540
仪器仪表及文化、办公用机械制造业	151373	23573	15086	4729
工艺品及其他制造业	28084	5965	5920	6317

1-L-16　港澳台商投资大中型制造业企业技术改造和技术获取情况

单位：万元

行　　业	技术改造经费支出	技术引进经费支出	消化吸收经费支出	购买国内技术经费支出
总　计	**1344759**	**277982**	**48192**	**48905**
农副食品加工业	43884	1626	682	797
食品制造业	13900	338	400	172
饮料制造业	19568	6686	149	1276
烟草制品业	423			18
纺织业	72044	4975	1252	1390
纺织服装、鞋、帽制造业	31768	1186	673	1147
皮革、毛皮、羽毛(绒)及其制品业	4199	16	500	264
木材加工及木、竹、藤、棕、草制品业	3590	15	100	1160
家具制造业	7198	502	73	13
造纸及纸制品业	70109	29832	419	934
印刷业和记录媒介的复制	18430		30	
文教体育用品制造业	1115	182	89	1
石油加工、炼焦及核燃料加工业	66621	1011	90	144
化学原料及化学制品制造业	43195	116820	6077	10539
医药制造业	28927	3399	1054	1849
化学纤维制造业	88110	1200	1530	2022
橡胶制品业	21284	2057	1500	
塑料制品业	11963	2084	254	562
非金属矿物制品业	106789	5100	2642	2867
黑色金属冶炼及压延加工业	93199	5765	2082	1019
有色金属冶炼及压延加工业	8978		10	
金属制品业	28262	353	158	262
通用设备制造业	83089	9901	4601	5756
专用设备制造业	53052	1809	2191	1317
交通运输设备制造业	123792	17400	3009	4785
电气机械及器材制造业	105237	7296	4705	3869
通信设备、计算机及其他电子设备制造业	189241	55571	13609	6373
仪器仪表及文化、办公用机械制造业	4733	2858	314	230
工艺品及其他制造业	2062			142

1-L-17 外商投资大中型制造业企业技术改造和技术获取情况

单位：万元

行业	技术改造经费支出	技术引进经费支出	消化吸收经费支出	购买国内技术经费支出
总计	**2979979**	**1689279**	**195624**	**110143**
农副食品加工业	70234	7005	2698	4203
食品制造业	53115	22588	3245	1427
饮料制造业	182247	541	715	1455
烟草制品业				
纺织业	49342	4608	817	198
纺织服装、鞋、帽制造业	4627	3526	54	158
皮革、毛皮、羽毛(绒)及其制品业	3655	896	11	1266
木材加工及木、竹、藤、棕、草制品业	2045	144	90	107
家具制造业	1073		1755	
造纸及纸制品业	47051	11189	2212	919
印刷业和记录媒介的复制	2945	201	47	
文教体育用品制造业	1299	888	86	11
石油加工、炼焦及核燃料加工业	7129		60	
化学原料及化学制品制造业	124518	68377	5457	3870
医药制造业	62482	17920	7644	4489
化学纤维制造业	45771	117	5	
橡胶制品业	99665	7375	3883	1873
塑料制品业	3344	250	150	52
非金属矿物制品业	322910	6676	6333	2881
黑色金属冶炼及压延加工业	218605	2381	4822	7275
有色金属冶炼及压延加工业	107285	7340	9117	3711
金属制品业	98310	7040	2145	1208
通用设备制造业	166499	71648	16542	5909
专用设备制造业	60239	28615	4693	2247
交通运输设备制造业	807376	683875	39463	27767
电气机械及器材制造业	139463	80257	24623	8847
通信设备、计算机及其他电子设备制造业	256238	628915	58364	28106
仪器仪表及文化、办公用机械制造业	40093	25897	282	1593
工艺品及其他制造业	2420	1011	313	572

1-L-18　各地区大中型工业企业技术改造和技术获取情况

单位：万元

地　区	技术改造经费支出	技术引进经费支出	消化吸收经费支出	购买国内技术经费支出
全　国	**41676916**	**4404256**	**1064457**	**1661743**
东部地区	20551298	3354673	743413	1150595
中部地区	13180161	526653	188379	314314
西部地区	7945457	522930	132665	196835
东北地区	3961512	310552	45657	228693
北　京	551510	67999	22390	17849
天　津	1101271	427603	34660	47468
河　北	2357275	126833	86301	79238
山　西	1915636	90400	18838	31311
内蒙古	777428	16433	12602	13059
辽　宁	2595061	227323	31964	202529
吉　林	541659	44818	7080	17765
黑龙江	824793	38411	6613	8399
上　海	1325116	667002	76719	226309
江　苏	4173159	363885	152806	168645
浙　江	3066194	161615	73522	120976
安　徽	2032917	89610	28539	47869
福　建	509104	100257	20775	40654
江　西	958700	94478	25993	47180
山　东	3122826	432601	157581	129707
河　南	1508242	35481	50729	104874
湖　北	3683065	95030	32923	13947
湖　南	1715150	38424	17665	42969
广　东	1715430	706674	86297	116697
广　西	1038615	4249	2959	9767
海　南	34353	72882	397	523
重　庆	679410	127639	6528	28831
四　川	2054226	57689	47888	42649
贵　州	712991	13418	1304	5216
云　南	416252	39418	6046	19361
西　藏	4618			
陕　西	984525	43750	8245	18848
甘　肃	543700	45701	38107	26082
青　海	39343	90	528	2302
宁　夏	399607	160280	6263	22456
新　疆	294742	14263	2194	8265

1-L-19 各地区国有控股大中型工业企业技术改造和技术获取情况

单位：万元

地　　区	技术改造经费支出	技术引进经费支出	消化吸收经费支出	购买国内技术经费支出
全　　国	**29880983**	**2418267**	**576135**	**1201676**
东部地区	12472898	1540812	348689	809353
中部地区	11504929	432583	130203	249644
西部地区	5903156	444873	97243	142680
东北地区	3562627	298696	38879	208164
北　　京	501891	9727	16850	13717
天　　津	1003346	108156	28247	40572
河　　北	2136845	115606	83446	75238
山　　西	1766952	88988	18227	28325
内 蒙 古	577404	16288	7508	10254
辽　　宁	2371074	219648	27046	198735
吉　　林	454856	44525	6283	3242
黑 龙 江	736697	34523	5550	6187
上　　海	1248621	563298	50356	225805
江　　苏	1571641	76102	25969	85322
浙　　江	926464	14057	8866	46061
安　　徽	1699650	64579	19914	33618
福　　建	287556	24648	7613	17283
江　　西	872671	93646	24965	44813
山　　东	1542720	128104	64854	38221
河　　南	1162953	19645	26736	89859
湖　　北	3365542	52065	14845	8638
湖　　南	1445607	34611	13683	34962
广　　东	848813	214822	35203	68399
广　　西	757762	3298	1317	3885
海　　南	33930	66645	239	
重　　庆	530968	110806	4388	14915
四　　川	1059756	38080	25383	19869
贵　　州	699801	5284	1037	5186
云　　南	317047	26734	5626	14178
西　　藏	3318			
陕　　西	884465	38068	7416	17839
甘　　肃	495640	43017	36692	25821
青　　海	37489	90	225	2301
宁　　夏	345636	156391	5546	20862
新　　疆	193871	6816	2105	7570

1-L-20　各地区内资大中型工业企业技术改造和技术获取情况

单位：万元

地　区	技术改造经费支出	技术引进经费支出	消化吸收经费支出	购买国内技术经费支出
全　国	**36956960**	**2430045**	**819827**	**1499819**
东部地区	17137793	1589734	527124	1038656
中部地区	12366308	404151	164107	280988
西部地区	7452859	436161	128595	180176
东北地区	3770958	292934	39619	224285
北　京	506525	9030	20783	17178
天　津	944927	77665	33985	44291
河　北	2144175	113389	85634	79054
山　西	1830468	89644	18648	31011
内蒙古	768434	16413	10355	12096
辽　宁	2523505	223099	30380	200510
吉　林	491446	44158	3658	16665
黑龙江	756006	25678	5581	7110
上　海	1115494	295002	27902	219031
江　苏	3325024	175558	85591	152895
浙　江	2190589	105542	50753	106161
安　徽	1946751	72420	25569	39945
福　建	352092	22276	3758	14922
江　西	888327	82779	19729	33727
山　东	2818042	402162	144062	122423
河　南	1373590	29208	47121	98919
湖　北	3424376	23447	26241	11057
湖　南	1655343	36818	17561	42554
广　东	1183108	99366	43880	82089
广　西	872747	688	2568	5418
海　南	34313	66645	397	103
重　庆	575551	56387	5684	20610
四　川	1928162	55358	47638	41993
贵　州	712623	13418	1176	5216
云　南	382205	33592	6046	18744
西　藏	4618			
陕　西	965225	40503	8065	18848
甘　肃	537939	45528	38077	26082
青　海	27624	90	528	448
宁　夏	383586	160280	6263	22456
新　疆	294146	13903	2194	8265

1-L-21 各地区港澳台商投资大中型工业企业技术改造和技术获取情况

单位：万元

地　区	技术改造经费支出	技术引进经费支出	消化吸收经费支出	购买国内技术经费支出
全　国	**1454716**	**278512**	**48740**	**49416**
东部地区	1157950	276304	45559	41844
中部地区	137166	964	2933	2316
西部地区	159600	1243	247	5257
东北地区	39956	1259	314	1834
北　京	5687	7541	10	50
天　津	4715	10479		
河　北	14448	5615	95	105
山　西	7142			
内蒙古				
辽　宁	31890	1259	314	734
吉　林	6522			1100
黑龙江	1543			
上　海	19823	12992	1096	240
江　苏	355867	29729	8074	7845
浙　江	315337	16514	9015	8925
安　徽	42571	651	633	806
福　建	73588	12334	7085	7850
江　西	514		9	50
山　东	67185	5569	1463	772
河　南	51301	313	2091	118
湖　北	11429		120	50
湖　南	16143		80	192
广　东	269409	174273	18408	15323
广　西	35379		20	40
海　南				
重　庆	28216	740	197	4769
四　川	80510	1		431
贵　州				
云　南	2789	482		17
西　藏				
陕　西	7498			
甘　肃	4960	20	30	
青　海				
宁　夏	49			
新　疆	200			

1-L-22　各地区外商投资大中型工业企业技术改造和技术获取情况

单位：万元

地　区	技术改造经费支出	技术引进经费支出	消化吸收经费支出	购买国内技术经费支出
全　国	**3265240**	**1695699**	**195890**	**112508**
东部地区	2255554	1488635	170729	70095
中部地区	676687	121538	21338	31010
西部地区	332999	85527	3823	11403
东北地区	150599	16359	5724	2574
北　京	39297	51429	1597	621
天　津	151629	339459	675	3177
河　北	198652	7828	572	79
山　西	78027	756	190	300
内蒙古	8994	20	2247	963
辽　宁	39665	2965	1270	1286
吉　林	43690	660	3422	
黑龙江	67244	12733	1032	1289
上　海	189799	359008	47721	7038
江　苏	492268	158598	59141	7905
浙　江	560269	39559	13755	5890
安　徽	43594	16539	2337	7119
福　建	83423	65648	9933	17883
江　西	69858	11699	6255	13403
山　东	237599	24871	12057	6512
河　南	83351	5960	1517	5837
湖　北	247259	71583	6562	2840
湖　南	43664	1606	24	223
广　东	262913	433034	24009	19285
广　西	130489	3561	371	4309
海　南	40	6237		420
重　庆	75644	70512	647	3452
四　川	45554	2330	250	225
贵　州	368		128	
云　南	31259	5344		600
西　藏				
陕　西	11802	3246	180	
甘　肃	802	153		
青　海	11718			1854
宁　夏	15973			
新　疆	396	360		

第2篇

建筑业企业生产经营及财务状况

A. 综合

2-A-1　各地区全社会建筑业企业、产业活动单位和个体经营户个数

单位：个

地　区	企业合计	总承包和专业承包企业	劳务分包企业	资质以外企业	非建筑业企业所属建筑业产业活动单位	个体经营户
全　国	**189459**	**71095**	**6837**	**111527**	**2436**	**263795**
北　京	7610	3209	137	4264	102	3040
天　津	3931	1329	261	2341	33	1820
河　北	4508	2230	223	2055	65	10101
山　西	3640	1774	91	1775	158	3172
内蒙古	2780	753	59	1968	56	2928
辽　宁	11470	3803	234	7433	119	4424
吉　林	3616	1092	65	2459	22	2894
黑龙江	4670	1971	131	2568	125	3044
上　海	11780	3047	233	8500	56	184
江　苏	22871	8412	1348	13111	147	16285
浙　江	10813	4639	464	5710	173	7351
安　徽	8177	2313	345	5519	70	9880
福　建	4777	2003	237	2537	38	22323
江　西	2806	1335	45	1426	25	8984
山　东	21455	6349	492	14614	191	22270
河　南	8726	3827	792	4107	62	50609
湖　北	9618	2972	350	6296	198	15364
湖　南	5144	1925	332	2887	28	30257
广　东	12098	4311	103	7684	217	7241
广　西	1994	1122	68	804	52	5902
海　南	970	149		821	33	1005
重　庆	5135	2382	231	2522	40	3579
四　川	6972	3887	366	2719	67	16036
贵　州	1112	608	10	494	35	2412
云　南	3053	1941	22	1090	46	2536
西　藏	243	171	7	65	3	172
陕　西	5001	964	10	4027	65	5581
甘　肃	1783	860	24	899	30	2398
青　海	578	411	34	133	10	209
宁　夏	744	483	22	239	3	498
新　疆	1384	823	101	460	167	1296

注:个体经营户指标统计口径范围为:有营业执照或已办理税务登记的个体经营户，下表同。

2-A-2 各地区全社会建筑业企业、产业活动单位和个体经营户年末从业人员

单位：万人

地区	合计	总承包和专业承包企业	劳务分包企业	资质以外企业	非建筑业企业所属建筑业产业活动单位	个体经营户
全国	**4112.20**	**3314.95**	**189.59**	**389.33**	**18.47**	**199.87**
北京	55.65	46.39	0.86	6.86	0.68	0.85
天津	47.91	36.33	3.09	6.96	0.33	1.19
河北	142.51	115.55	5.87	10.14	0.10	10.85
山西	70.70	62.03	0.90	4.67	1.40	1.70
内蒙古	56.49	42.63	0.58	10.66	0.66	1.96
辽宁	133.18	108.82	1.60	16.96	2.76	3.05
吉林	57.83	38.38	0.61	16.29	0.08	2.47
黑龙江	60.66	47.91	0.85	9.68	0.66	1.57
上海	102.80	80.47	3.78	18.43	0.10	0.03
江苏	560.12	479.36	26.49	38.49	0.32	15.46
浙江	476.74	428.34	33.90	9.70	1.62	3.18
安徽	179.88	137.93	12.53	21.54	1.32	6.56
福建	177.03	125.73	27.98	9.54	0.33	13.46
江西	81.74	65.87	0.25	9.65	0.14	5.83
山东	340.32	265.66	4.30	50.35	1.14	18.87
河南	296.69	197.97	18.06	36.19	0.66	43.81
湖北	174.09	133.54	7.42	23.50	0.43	9.19
湖南	180.19	137.88	8.10	12.98	0.19	21.04
广东	196.19	167.66	4.62	17.24	1.44	5.23
广西	57.10	46.54	5.86	1.54	0.10	3.06
海南	10.61	8.16		1.42	0.17	0.86
重庆	126.71	105.25	8.12	10.98	0.11	2.25
四川	229.89	190.83	12.56	10.58	0.46	15.46
贵州	32.87	30.12	0.07	1.78	0.22	0.68
云南	69.72	64.61	0.13	2.83	0.08	2.07
西藏	5.03	4.27	0.02	0.49	0.01	0.24
陕西	96.89	71.07	0.09	20.89	0.96	3.88
甘肃	53.78	42.03	0.27	6.97	0.41	4.11
青海	8.79	7.83	0.11	0.64	0.06	0.15
宁夏	7.33	6.59	0.05	0.47	0.01	0.22
新疆	22.73	19.23	0.50	0.90	1.51	0.60

2-A-3 各地区全社会建筑业企业建筑业总产值

单位：亿元

地区	企业合计	总承包和专业承包企业	劳务分包企业	资质以外企业
全国	**68744.51**	**62036.81**	**665.00**	**6042.70**
北京	3217.22	3066.17	9.48	141.57
天津	1636.97	1453.79	18.17	165.01
河北	2169.39	2044.81	14.52	110.05
山西	1409.48	1355.44	4.27	49.77
内蒙古	1031.15	780.05	1.97	249.14
辽宁	2769.53	2505.17	11.03	253.33
吉林	1358.34	994.65	2.83	360.86
黑龙江	1160.25	1036.75	3.88	119.62
上海	3581.96	3245.77	36.79	299.40
江苏	9530.83	8601.51	120.68	808.64
浙江	8417.39	8156.06	109.91	151.42
安徽	2152.01	1854.64	36.02	261.35
福建	2081.33	1852.74	68.52	160.07
江西	1218.33	1032.94	1.49	183.89
山东	4519.73	3821.93	20.69	677.11
河南	3223.19	2824.05	52.16	346.97
湖北	2896.26	2605.08	25.84	265.34
湖南	2392.85	2115.44	35.57	241.83
广东	3616.18	3270.28	12.27	333.63
广西	780.60	753.21	11.41	15.98
海南	131.19	111.18		20.01
重庆	1673.87	1496.32	19.21	158.34
四川	2756.21	2592.95	41.17	122.10
贵州	413.80	393.67	0.31	19.82
云南	944.06	906.91	0.66	36.49
西藏	78.09	72.91	0.10	5.08
陕西	2044.66	1651.18	0.33	393.15
甘肃	554.82	481.27	1.00	72.55
青海	147.53	143.00	0.47	4.06
宁夏	197.90	191.54	0.35	6.00
新疆	639.39	625.37	3.88	10.13

2-A-4 各地区全社会建筑业企业实收资本

单位：亿元

地区	企业合计	总承包和专业承包企业	劳务分包企业	资质以外企业
全国	**14717.18**	**11887.22**	**97.26**	**2732.70**
北京	1332.46	1101.93	2.72	227.81
天津	361.31	291.82	4.22	65.27
河北	454.80	386.12	2.97	65.71
山西	295.52	259.57	1.42	34.53
内蒙古	206.57	143.84	0.61	62.12
辽宁	593.30	457.72	2.80	132.78
吉林	251.51	185.64	0.82	65.05
黑龙江	374.19	313.28	1.48	59.43
上海	782.86	628.23	5.07	149.56
江苏	1444.19	1147.67	22.11	274.41
浙江	1034.78	914.95	5.41	114.43
安徽	410.04	324.61	4.03	81.40
福建	468.21	359.09	3.42	105.70
江西	275.47	217.00	3.27	55.21
山东	1054.61	842.78	5.71	206.12
河南	691.36	585.89	9.60	95.87
湖北	674.98	504.53	4.78	165.67
湖南	407.70	353.58	5.41	48.71
广东	1026.67	746.37	1.11	279.19
广西	182.76	163.48	0.63	18.64
海南	69.37	22.38		46.99
重庆	404.96	344.60	2.09	58.27
四川	622.94	551.80	4.73	66.41
贵州	105.09	91.21	0.06	13.82
云南	334.70	299.52	0.35	34.83
西藏	31.61	28.76	0.15	2.70
陕西	383.58	229.90	0.08	153.59
甘肃	163.60	132.57	0.66	30.37
青海	62.99	59.54	0.20	3.25
宁夏	65.45	59.88	0.12	5.45
新疆	149.58	138.98	1.20	9.40

2-A-5　各行业全社会建筑业企业个数

单位：个

行　　业	合计	总承包和专业承包企业	劳务分包企业	资质以外企业
总计	**189459**	**71095**	**6837**	**111527**
房屋和土木工程建筑业	82157	40693	3299	38165
房屋工程建筑	54245	28136	2724	23385
土木工程建筑	27912	12557	575	14780
铁路道路隧道桥梁	10805	5992	118	4695
水利和港口	3229	1753	18	1458
工矿	1454	691	16	747
架线和管道	4980	2086	173	2721
其他	7444	2035	250	5159
建筑安装业	36486	12471	1302	22713
建筑装饰业	52638	13559	357	38722
其他建筑业	18178	4372	1879	11927

2-A-6　各行业全社会建筑业企业年末从业人员

单位：万人

行　　业	合计	总承包和专包企业	劳务分包企业	资质以外企业
总计	**3893.87**	**3314.95**	**189.59**	**389.33**
房屋和土木工程建筑业	3231.04	2909.33	101.79	219.92
房屋工程建筑	2533.45	2291.22	89.78	152.45
土木工程建筑	697.61	618.12	12.02	67.47
铁路道路隧道桥梁	399.49	370.58	1.86	27.05
水利和港口	96.64	87.45	0.32	8.87
工矿	68.34	64.62	0.11	3.61
架线和管道	73.16	59.98	1.36	11.82
其他	59.96	35.49	8.36	16.11
建筑安装业	321.78	242.06	13.01	66.71
建筑装饰业	186.49	112.03	8.79	65.67
其他建筑业	154.54	51.52	65.99	37.03

2-A-7 各行业全社会建筑业企业建筑业总产值

单位：亿元

行　　业	合计	总承包和专业承包企业	劳务分包企业	资质以外企业
总计	**68744.51**	**62036.81**	**665**	**6042.7**
房屋和土木工程建筑业	57482.41	53760.84	371.6	3349.97
房屋工程建筑	39144.58	36720.74	320.69	2103.15
土木工程建筑	18337.84	17040.11	50.91	1246.82
铁路道路隧道桥梁	10995.38	10464.46	9.37	521.55
水利和港口	2651.6	2483.97	1.55	166.08
工矿	1804.72	1748.13	0.43	56.16
架线和管道	1872.04	1654.09	14.67	203.28
其他	1014.1	689.45	24.89	299.76
建筑安装业	6385.55	5146.06	71.81	1167.68
建筑装饰业	3211.49	2190.88	30	990.61
其他建筑业	1665.07	939.03	191.59	534.45

2-A-8 各行业全社会建筑业企业实收资本

单位：亿元

行　　业	合计	总承包和专业承包企业	劳务分包企业	资质以外企业
总计	**14717.18**	**11887.22**	**97.26**	**2732.7**
房屋和土木工程建筑业	11059.2	9566.86	50.75	1441.59
房屋工程建筑	6777.22	6128.61	40.05	608.56
土木工程建筑	4281.98	3438.25	10.7	833.03
铁路道路隧道桥梁	2521.18	2022.35	2.42	496.41
水利和港口	651.05	591.18	0.52	59.35
工矿	281.75	249.18	0.34	32.23
架线和管道	451.18	365.77	4.45	80.96
其他	376.83	209.77	2.97	164.09
建筑安装业	1857.55	1335.11	19.6	502.84
建筑装饰业	1122.7	641.26	4.9	476.54
其他建筑业	677.73	343.99	22.01	311.73

B. 总承包和专业承包企业

1. 综合

2-B-1.1 按经济类型划分的总承包和专业承包企业主要经济指标

指 标		合计	内资企业		
				#国有	#集体
企业个数	(个)	71095	70258	5315	5843
从业人员	(万人)	3314.95	3295.26	472.11	266.78
自有固定资产原价	(亿元)	10258.00	10149.78	2539.33	615.59
自有固定资产净价	(亿元)	6654.69	6586.80	1513.79	405.45
自有机械设备年末总台数	(万台)	944.81	938.76	133.93	95.35
自有机械设备年末净值	(亿元)	3286.92	3266.66	684.62	200.37
自有机械设备年末总功率	(万千瓦)	18195.37	18104.18	3511.89	1288.42
建筑业总产值	(亿元)	62036.81	61328.60	12231.66	3216.43
本年固定资产折旧	(亿元)	715.78	707.66	185.90	36.54
应付工资	(亿元)	7501.37	7438.93	1256.36	477.70
应付福利费	(亿元)	652.34	647.14	99.48	45.65
工程结算税金及附加	(亿元)	2147.64	2127.25	451.88	115.36
管理费用中的税金	(亿元)	117.35	116.51	21.58	9.03
营业利润	(亿元)	127.64	126.40	47.84	6.60
房屋建筑施工面积	(万平方米)	530518.63	527483.77	65633.72	39247.82
房屋建筑竣工面积	(万平方米)	223592.02	222486.89	19853.24	19224.76
利润总额	(亿元)	2201.84	2166.47	335.40	140.58
税金总额	(亿元)	2264.98	2243.76	473.46	124.38
劳动生产率					
按总产值计算	(元/人)	161805	161211	202553	110990
技术装备率	(元/人)	9915	9913	14502	7511
动力装备率	(千瓦/人)	5.5	5.5	7.4	4.8
房屋建筑面积竣工率	(%)	42.1	42.2	30.2	49.0
产值利润率	(%)	3.5	3.5	2.7	4.4
产值利税率	(%)	7.2	7.2	6.6	8.2

2-B-1.1 续表

指标		港澳台商投资企业	#港澳台商独资企业	外商投资企业	#外商独资企业
企业个数	（个）	474	109	363	106
从业人员	（万人）	10.48	1.54	9.21	2.79
自有固定资产原价	（亿元）	49.87	9.52	58.35	9.56
自有固定资产净价	（亿元）	31.22	6.43	36.66	6.27
自有机械设备年末总台数	（万台）	3.19	0.44	2.86	0.54
自有机械设备年末净值	（亿元）	9.30	1.79	10.96	2.06
自有机械设备年末总功率	（万千瓦）	46.98	6.86	44.21	8.50
建筑业总产值	（亿元）	321.07	78.31	387.14	125.15
本年固定资产折旧	（亿元）	4.16	0.75	3.96	0.72
应付工资	（亿元）	30.62	6.47	31.82	10.43
应付福利费	（亿元）	2.53	0.64	2.67	0.94
工程结算税金及附加	（亿元）	9.19	2.13	11.20	4.25
管理费用中的税金	（亿元）	0.43	0.08	0.41	0.12
营业利润	（亿元）	0.41	0.11	0.82	0.33
房屋建筑施工面积	（万平方米）	1385.62	196.49	1649.24	695.24
房屋建筑竣工面积	（万平方米）	421.23	31.50	683.50	207.54
利润总额	（亿元）	13.26	2.96	22.10	11.25
税金总额	（亿元）	9.62	2.22	11.61	4.37
劳动生产率					
按总产值计算	（元/人）	224660	284533	249596	261645
技术装备率	（元/人）	8877	11623	11892	7380
动力装备率	（千瓦/人）	4.5	4.5	4.8	3.1
房屋建筑面积竣工率	（%）	30.4	16.0	41.4	29.9
产值利润率	（%）	4.1	3.8	5.7	9.0
产值利税率	（%）	7.1	6.6	8.7	12.5

2-B-1.2　总承包和专业承包企业主要经济指标完成情况

指　　标	单位	2008年	2007年	2008年比2007年增减(%)
建筑业总产值	亿元	62036.8	51043.7	21.5
建筑业增加值	亿元	11911.7	9944.4	19.8
#本年提取的固定资产折旧	亿元	715.8	541.9	32.1
主营业务应付工资	亿元	7501.4	5375.5	39.5
主营业务应付福利费	亿元	652.3	500.2	30.4
工程结算税金及附加	亿元	2147.6	1634.8	31.4
管理费用中的税金	亿元	117.3	79.5	47.7
住房公积金及住房补贴	亿元	127.6	79.9	59.8
房屋建筑施工面积	万平方米	530518.6	482005.5	10.1
房屋建筑竣工面积	万平方米	223591.6	203992.7	9.6
年末自有施工机械设备净值	亿元	3286.9	2885.6	13.9
年末自有施工机械设备总功率	万千瓦	18195.4	15579.4	16.8
实收资本	亿元	11887.2	9982.1	19.1
资产合计	亿元	51711.9	43029.3	20.2
#流动资产	亿元	38943.8	32010.3	21.7
固定资产	亿元	7779.3	6916.7	12.5
负债合计	亿元	34035.0	28166.4	20.8
#流动负债	亿元	32217.6	26624.9	21.0
长期负债	亿元	1817.4	1541.5	17.9
资产负债率	%	65.8	65.5	
税金总额	亿元	2265.0	1714.3	32.1
利润总额	亿元	2201.8	1561.1	41.0
按建筑业总产值计算的劳动生产率	元/人	161805	148101	
按建筑业增加值计算的劳动生产率	元/人	32444	28853	
房屋建筑面积竣工率	%	42.1	42.3	
技术装备率	元/人	9915	9208	
动力装备率	千瓦/人	5.5	5.0	
产值利税率	%	7.2	6.4	
产值利润率	%	3.5	3.1	
人均利税	元/人	11650	9503	
建筑业企业个数	个	71095	62074	14.5
计算建筑业劳动生产率的平均人数	万人	3834.1	3446.6	11.2

2-B-1.3 各地区总承包和专业承包企业签订合同情况

单位：万元

地　　区	合同总额	上年结转合同额	本年新签合同额
全　　国	**1042412852**	**378724529**	**663688323**
北　　京	63241160	28125795	35115365
天　　津	29821783	9760328	20061455
河　　北	31608371	10325837	21282534
山　　西	26729667	10754289	15975378
内 蒙 古	10281414	2750725	7530690
辽　　宁	39661991	12992063	26669929
吉　　林	14531875	4852336	9679539
黑 龙 江	12655534	3339050	9316484
上　　海	64100875	25263519	38837356
江　　苏	114238453	34476358	79762095
浙　　江	135912591	50469291	85443300
安　　徽	29791154	9797549	19993605
福　　建	32175696	12956665	19219031
江　　西	15832988	5276295	10556693
山　　东	52635163	16473538	36161626
河　　南	43519021	14306751	29212270
湖　　北	52456739	20733129	31723610
湖　　南	44715373	16596991	28118382
广　　东	68391625	30482135	37909490
广　　西	13263776	5162372	8101404
海　　南	2175602	791311	1384291
重　　庆	25937103	9332770	16604334
四　　川	44113236	16046275	28066961
贵　　州	7663890	3385872	4278018
云　　南	13979947	5077314	8902633
西　　藏	907796	220320	687477
陕　　西	29191302	11696079	17495223
甘　　肃	7198470	2390619	4807851
青　　海	2899942	1266144	1633799
宁　　夏	2872673	716037	2156636
新　　疆	9907645	2906776	7000868

2-B-1.4　各地区总承包和专业承包企业承包工程完成情况

单位：万元

地　区	直接从建设单位承揽工程完成的产值	自行完成施工产值	分包出去工程的产值	从建设单位以外承揽工程完成的产值
全　国	**611543548**	**594871380**	**16672167**	**25496681**
北　京	30919849	27404779	3515071	3256920
天　津	15006795	13645935	1360860	891919
河　北	20127843	20034734	93109	413394
山　西	13463275	13395423	67852	158992
内蒙古	7709626	7699357	10269	101138
辽　宁	24907822	24800345	107477	251347
吉　林	9852119	9791078	61041	155434
黑龙江	10369724	10295065	74659	72460
上　海	32628620	28679291	3949328	3778425
江　苏	80452871	79901428	551443	6113691
浙　江	80057557	79197472	860085	2363130
安　徽	18544843	18240444	304400	305972
福　建	17659603	17537843	121761	989552
江　西	10180467	10133172	47296	196250
山　东	37834471	37574265	260205	645079
河　南	27928657	27769463	159194	471072
湖　北	25471815	25298628	173187	752188
湖　南	20619503	20487924	131579	666507
广　东	34233898	30908750	3325148	1794006
广　西	7384707	7211099	173608	321004
海　南	1111362	1107146	4216	4691
重　庆	14909903	14452392	457511	510804
四　川	25655408	25328072	327336	601408
贵　州	3917015	3904989	12025	31732
云　南	8993285	8969133	24152	99920
西　藏	725492	725492		3595
陕　西	16461651	16280708	180943	231099
甘　肃	4804024	4702482	101542	110262
青　海	1439552	1404947	34605	25022
宁　夏	1900804	1900029	775	15419
新　疆	6270988	6089496	181492	164251

2-B-1.5 各地区总承包和专业承包企业建筑业总产值和竣工产值

单位：万元

地区	建筑业总产值	#装饰装修产值	#在外省完成的产值	按构成分组			竣工产值
				建筑工程产值	安装工程产值	其他产值	
全国	**620368061**	**36672143**	**176735321**	**538316046**	**62417355**	**19634660**	**393419741**
北京	30661699	5747716	14879588	29315281	1037968	308450	17302903
天津	14537854	400976	5216799	11695520	1964599	877736	7958054
河北	20448127	649439	5012857	16930756	2406257	1111114	13776431
山西	13554415	375220	5247205	11729654	1408633	416128	5375575
内蒙古	7800495	151807	673579	6884063	656018	260414	5653905
辽宁	25051692	1354742	3510187	21299239	3269034	483419	16298209
吉林	9946512	312940	1749292	8432117	1195037	319358	7042110
黑龙江	10367525	383246	1572650	8035354	2053623	278548	6306067
上海	32457716	2993559	10051967	26232438	4957984	1267294	17785579
江苏	86015120	4007758	30183061	78274032	7124947	616141	67704422
浙江	81560602	5326211	37201137	72309429	6857404	2393769	55101548
安徽	18546416	942774	3712470	15944499	1841881	760036	11353868
福建	18527395	954738	5831273	16554188	1551260	421947	12436949
江西	10329422	449458	2373057	8970652	702654	656117	6505183
山东	38219345	1780508	4943880	30766958	5229450	2222937	23505509
河南	28240535	1238977	6882164	24285810	3044550	910174	16693187
湖北	26050816	989617	8357984	22620178	2266482	1164156	14584382
湖南	21154431	972641	6010856	17936517	1725573	1492341	13615665
广东	32702756	4588764	5226384	28145674	3794617	762465	20104950
广西	7532102	242556	603800	6399460	821691	310951	4925658
海南	1111837	41263	33255	1029815	75027	6995	603420
重庆	14963195	652441	2358540	13095869	1230371	636955	9427440
四川	25929480	968660	6151947	22412541	2587259	929681	14755311
贵州	3936721	59543	1004504	3369025	480261	87435	1884701
云南	9069053	217393	643356	8033876	857736	177441	5936451
西藏	729087	17592		701508	14017	13562	532554
陕西	16511806	493189	5607862	14917531	1249293	344982	6442919
甘肃	4812744	173098	653252	3813570	855865	143309	3076918
青海	1429970	16271	434161	1124530	195204	110235	652364
宁夏	1915448	37847	192804	1735649	157942	21857	1553736
新疆	6253747	131203	415450	5320313	804719	128714	4523778

2-B-1.6 各地区总承包和专业承包企业房屋建筑面积

地区	房屋建筑施工面积(万平方米)	#本年新开工	#实行投标承包面积	#本年新开工	房屋建筑竣工面积(万平方米)	房屋建筑面积竣工率(%)
全国	**530518.6**	**271377.9**	**438751.8**	**233120.1**	**223592.0**	**42.1**
北京	19537.1	6819.4	17849.8	6242.6	4802.9	24.6
天津	5947.6	2649.1	5326.4	2424.7	1643.7	27.6
河北	15909.4	8961.1	13959.2	8195.7	7009.9	44.1
山西	5716.7	2815.4	5000.6	2488.2	2320.7	40.6
内蒙古	5277.4	3712.8	4677.9	3463.7	3238.7	61.4
辽宁	14616.8	8787.4	12988.5	8054.4	6707.5	45.9
吉林	5435.7	4195.3	4712.1	3843.8	3378.1	62.1
黑龙江	5480.6	4136.7	4105.9	3232.3	2414.5	44.1
上海	18055.0	7261.1	15395.9	6190.8	5723.9	31.7
江苏	90434.4	46632.5	80188.8	41024.6	40735.8	45.0
浙江	92568.1	44746.2	78268.7	39464.1	37339.0	40.3
安徽	16782.9	9586.7	13809.6	8195.0	7874.2	46.9
福建	20028.3	8700.5	16483.2	7185.0	7637.8	38.1
江西	10668.9	5803.2	8414.8	5008.4	5238.6	49.1
山东	34106.0	20036.8	28044.1	17511.9	15540.9	45.6
河南	21966.4	13105.5	18896.4	11669.6	10394.3	47.3
湖北	18272.9	10693.2	14107.6	8707.2	9152.5	50.1
湖南	21463.0	10512.5	18452.2	9265.3	9077.5	42.3
广东	30295.7	12183.8	17793.8	7812.2	10913.8	36.0
广西	8511.3	3482.0	6754.9	2815.5	3142.2	36.9
海南	962.8	509.1	815.6	446.3	340.7	35.4
重庆	15618.9	7980.4	10637.2	6222.1	6485.3	41.5
四川	23862.2	12317.0	17691.8	9810.5	9853.9	41.3
贵州	4223.6	1699.7	3742.2	1489.7	1211.0	28.7
云南	6671.9	3716.8	5026.1	3048.7	3336.7	50.0
西藏	255.9	212.2	164.5	140.3	128.7	50.3
陕西	7741.1	3742.3	6622.2	3363.4	3020.1	39.0
甘肃	3791.5	2226.2	3009.1	1883.9	1842.8	48.6
青海	404.5	272.4	275.4	194.5	189.2	46.8
宁夏	1677.3	1018.1	1555.0	941.0	741.2	44.2
新疆	4234.7	2862.3	3982.2	2784.9	2156.0	50.9

2-B-1.7 各地区按主要用途分的总承包和专业承包企业房屋建筑竣工面积

单位：万平方米

地区	合计	厂房、仓库	住宅	办公用房	批发和零售用房	住宿和餐饮用房
全国	**223592.0**	**41834.2**	**133880.7**	**16996.6**	**4597.0**	**3470.9**
北京	4802.9	503.6	2253.6	927.3	156.9	211.2
天津	1643.7	557.2	687.6	141.9	14.0	12.3
河北	7009.9	1017.9	4717.7	450.4	113.9	58.3
山西	2320.7	170.2	1636.8	197.7	21.0	45.0
内蒙古	3238.7	142.6	2401.4	267.4	60.6	27.8
辽宁	6707.5	980.3	4837.1	290.2	85.6	61.1
吉林	3378.1	258.0	2542.2	130.1	95.4	15.9
黑龙江	2414.5	234.2	1638.2	138.3	35.3	17.3
上海	5723.9	1941.6	2504.6	371.6	109.2	106.9
江苏	40735.8	7946.3	25190.7	2948.5	851.2	608.2
浙江	37339.0	11607.7	17210.5	3344.1	1173.4	739.5
安徽	7874.2	1207.3	4947.3	613.2	96.4	76.7
福建	7637.8	1951.9	4370.1	538.1	116.4	83.8
江西	5238.6	732.7	3336.8	402.2	80.2	70.5
山东	15540.9	2915.4	9748.7	1015.5	312.7	231.7
河南	10394.3	1156.8	6895.8	925.8	115.0	121.0
湖北	9152.5	1460.9	5568.6	666.5	198.6	104.0
湖南	9077.5	1104.7	5690.7	820.7	218.8	175.7
广东	10913.8	2796.6	5884.3	677.2	109.9	206.6
广西	3142.2	317.4	1995.5	287.1	40.3	26.8
海南	340.7	17.3	205.4	19.9	16.4	13.4
重庆	6485.3	662.9	4864.8	220.8	104.2	51.5
四川	9853.9	1013.3	6765.8	507.4	194.8	194.0
贵州	1211.0	96.0	761.3	120.1	14.8	16.3
云南	3336.7	262.4	2066.2	288.9	91.6	64.1
西藏	128.7	10.0	65.7	22.8	0.7	4.0
陕西	3020.1	335.7	1992.1	269.5	47.7	38.5
甘肃	1842.8	185.2	1158.6	152.0	29.4	36.3
青海	189.2	9.8	115.4	25.1	1.2	1.1
宁夏	741.2	81.0	402.9	40.7	46.0	11.4
新疆	2156.0	157.2	1424.3	175.6	45.3	40.3

2-B-1.7　续表　　单位：万平方米

地　区	居民服务业用房	教育用房	文化、体育和娱乐用房	卫生医疗用房	科研用房	其他用房
全　国	**2577.8**	**7977.8**	**2488.6**	**2048.0**	**685.9**	**7034.5**
北　京	56.1	153.0	200.8	120.6	45.2	174.5
天　津	25.4	71.8	9.0	8.8	10.8	104.9
河　北	69.1	263.0	61.2	48.4	10.7	199.4
山　西	29.1	92.8	29.6	20.7	7.4	70.4
内蒙古	33.5	107.8	27.8	46.5		123.3
辽　宁	51.2	145.9	34.7	36.8	9.4	175.1
吉　林	33.2	78.9	59.8	48.1	26.9	89.4
黑龙江	43.3	75.3	31.5	21.8	1.3	178.0
上　海	128.2	160.6	84.0	39.6	11.5	266.3
江　苏	460.3	1042.1	430.6	320.9	170.9	766.2
浙　江	395.5	944.2	432.8	223.5	164.8	1103.0
安　徽	71.6	511.4	34.9	96.6	5.8	213.0
福　建	57.9	242.0	69.9	48.5	15.5	143.8
江　西	58.7	227.1	54.7	31.1	5.7	238.8
山　东	208.7	398.8	102.7	95.8	24.4	486.6
河　南	118.0	489.6	78.4	155.1	25.8	313.0
湖　北	131.4	469.4	119.3	127.5	24.3	281.8
湖　南	117.1	387.2	79.4	99.8	21.3	362.0
广　东	158.2	474.1	174.1	92.0	28.6	312.3
广　西	19.0	176.5	41.9	53.1	12.1	172.6
海　南	1.6	40.3	2.4	8.3		15.6
重　庆	107.7	222.1	27.9	43.4	5.0	175.0
四　川	86.1	383.2	85.4	93.5	36.3	494.0
贵　州	6.4	112.5	25.5	26.4		31.7
云　南	25.7	227.3	59.6	44.8	6.2	199.9
西　藏	1.1	11.6	0.3	1.7	0.2	10.6
陕　西	35.1	180.0	42.6	30.1	3.2	45.6
甘　肃	16.7	97.2	17.7	22.8	1.1	126.0
青　海	2.0	18.7	1.0	4.7	0.3	9.8
宁　夏	3.9	48.3	33.7	5.2	0.3	67.8
新　疆	25.9	125.2	35.3	32.0	10.9	84.1

2-B-1.8 各地区按主要用途分的总承包和专业承包企业房屋建筑竣工价值

单位：万元

地区	合计	厂房、仓库	住宅	办公用房	批发和零售用房	住宿和餐饮用房
全国	**217225210**	**37678336**	**125208450**	**19712338**	**4775009**	**4024235**
北京	8794855	797252	3115308	2072916	251037	434922
天津	2129815	694957	774190	236967	20905	9322
河北	6682279	1145941	4161154	497053	106362	55953
山西	2297235	240876	1477951	226532	21549	45114
内蒙古	3172823	172992	2139924	348683	97567	34834
辽宁	6641927	1268799	4357673	329393	82855	80629
吉林	3237537	280369	2285592	165265	91846	19477
黑龙江	2458011	270008	1607544	162512	26067	22661
上海	7412365	2165459	3100005	692974	150506	195761
江苏	42041653	7408109	25725352	3371836	872176	691184
浙江	37580764	9235310	18429980	3848467	1345444	887363
安徽	6233604	919500	3870468	559329	73157	73218
福建	7555890	1582748	4533757	553513	178589	88687
江西	3650448	438261	2280774	305472	61876	53425
山东	13494079	2328099	8237672	1055348	302884	255910
河南	8651222	1077432	5418162	878774	97003	103576
湖北	8117314	1352035	4633715	690254	131276	96601
湖南	7851260	952126	4722621	798097	174176	192084
广东	10615560	2254672	5950095	707015	105264	217467
广西	2671740	265781	1639619	293505	30876	21203
海南	379026	20406	222276	23721	17732	15468
重庆	5539213	587848	4067338	221633	99220	46151
四川	8107697	911490	5394502	459276	189889	167232
贵州	939506	116062	555818	99440	12259	13606
云南	3123094	245159	1927231	277014	82122	58866
西藏	157130	13636	74425	29270	491	5195
陕西	2920320	361018	1789592	337394	41943	38067
甘肃	1825914	281741	1051514	180939	29484	45219
青海	186579	12386	101464	29159	1251	1134
宁夏	701591	74056	342490	45190	38794	9751
新疆	2054759	203808	1220248	215399	40411	44157

2-B-1.8　续表　　单位：万元

地区	居民服务业用房	教育用房	文化、体育和娱乐用房	卫生医疗用房	科研用房	其他用房
全国	**2685746**	**8175894**	**3733473**	**2665717**	**962317**	**7603695**
北京	127971	300213	832310	280259	131350	451318
天津	35692	117157	14875	23413	15529	186808
河北	58014	253738	96086	52788	14277	240915
山西	26503	93617	50187	28170	6463	80274
内蒙古	42488	128873	35553	46000		125909
辽宁	57185	159574	37349	44487	11607	212377
吉林	29912	68079	88349	72318	27320	109011
黑龙江	48044	88194	27312	29138	1320	175211
上海	141113	270347	165725	107221	22738	400517
江苏	496577	1254851	547689	449885	225292	998705
浙江	465452	1083173	580422	318941	221043	1165171
安徽	53165	376770	42666	83501	7553	174276
福建	62470	263170	77621	56035	18885	140415
江西	48614	208766	49845	25756	9675	167984
山东	218521	384359	123631	105362	20597	461695
河南	96399	420521	77174	147607	28847	305729
湖北	133323	441491	128288	151388	23514	335428
湖南	114177	326798	94323	124081	36200	316577
广东	168460	430522	241584	146274	41832	352378
广西	13958	143355	43184	72669	23588	124001
海南	1785	50957	2287	9457		14937
重庆	83433	202934	24327	44650	4726	156955
四川	57096	335191	86734	75772	38714	391801
贵州	3422	76335	22887	17613	45	22021
云南	19543	216907	72960	46090	8108	169094
西藏	1298	19411	610	2362	188	10245
陕西	29455	167930	58564	36917	3861	55580
甘肃	19870	91371	19930	19475	1280	85092
青海	2613	20844	1044	5117	931	10638
宁夏	2812	51885	42588	5653	268	88103
新疆	26383	128562	47370	37320	16567	74534

2-B-1.9 各地区总承包和专业承包企业施工机械设备情况

地 区	年末自有施工机械设备总台数(台)	年末自有施工机械设备总功率(千瓦)	年末自有施工机械设备净值(万元)	技术装备率(元/人)	动力装备率(千瓦/人)
全 国	**9448056**	**181953677**	**32869151**	**9915**	**5.5**
北 京	176653	4966302	809966	17459	10.7
天 津	101576	3168512	1103985	30390	8.7
河 北	463274	7758386	1287086	11139	6.7
山 西	227228	4717404	948021	15284	7.6
内 蒙 古	116271	2347822	406284	9531	5.5
辽 宁	360482	8248319	1604258	14743	7.6
吉 林	199197	2677010	394243	10273	7.0
黑 龙 江	161174	3722546	798106	16658	7.8
上 海	161663	3376228	1105720	13741	4.2
江 苏	1247383	26666219	4009178	8364	5.6
浙 江	837996	13030053	2903640	6779	3.0
安 徽	394626	5796701	1110914	8054	4.2
福 建	245250	4448987	886831	7054	3.5
江 西	163623	2325704	471188	7153	3.5
山 东	719663	12379562	2252652	8480	4.7
河 南	680018	11202040	1935608	9777	5.7
湖 北	501748	9174363	1911389	14313	6.9
湖 南	441254	6919064	1214320	8807	5.0
广 东	629563	9316575	1841126	10982	5.6
广 西	196121	2916191	440208	9459	6.3
海 南	17853	357054	46239	5664	4.4
重 庆	197423	3470069	802631	7626	3.3
四 川	408010	6890900	1454904	7624	3.6
贵 州	62064	1288600	234874	7799	4.3
云 南	172660	3118060	690070	10681	4.8
西 藏	10650	516686	81113	18992	12.1
陕 西	211713	5486139	910516	12812	7.7
甘 肃	163364	11508807	483711	11510	27.4
青 海	37616	960419	176394	22525	12.3
宁 夏	39690	904072	161771	24562	13.7
新 疆	102250	2294883	392204	20395	11.9

2-B-1.10　各地区总承包和专业承包企业建筑材料消耗情况

地　区	钢材(吨)	木材(立方米)	水泥(吨)	玻璃		铝材(吨)
				重量箱	平方米	
全　国	**315951828**	**122489496**	**1050682532**	**88492527**	**773226438**	**11427150**
北　京	11048718	2396972	22223695	1171732	7625865	94248
天　津	5178433	1417464	13510599	1123904	5837291	185112
河　北	8453940	3662862	44067764	1718853	23895098	519030
山　西	5903687	747581	30222643	789516	5087436	120161
内蒙古	7386146	1450991	24234752	793101	8768198	234634
辽　宁	10789504	3312408	36908568	2915734	20080790	121875
吉　林	4671314	1377878	11633668	435796	4663072	50064
黑龙江	3838645	1509059	11483743	2580909	20472559	28245
上　海	11256487	2848352	19264895	1176649	8775472	156651
江　苏	35532626	12063112	152498685	16587859	81349334	1079470
浙　江	41340536	18322924	198377710	20883683	87923900	1510500
安　徽	7679581	4793253	30235447	2931160	24406158	249608
福　建	9611793	5590974	43241086	7836145	38470172	469926
江　西	4278904	3354137	17744659	719009	8049440	209712
山　东	27348991	12092117	60419171	2911545	42149829	1079632
河　南	11637499	3518554	49811100	2820623	27122089	750345
湖　北	16158317	4599234	30867493	1199929	12172588	535153
湖　南	9183708	5179511	48994590	2815082	42534460	480941
广　东	17152071	10842151	40221485	7372384	33349712	1067076
广　西	2741551	2644711	13498872	816146	6094081	130925
海　南	630934	465307	1904425	151729	1201950	72247
重　庆	17698732	10889273	30858838	1458942	163569604	644725
四　川	9801120	3190153	41202604	4115211	29698401	333640
贵　州	2592762	1220603	7729154	647833	41880286	458136
云　南	6330756	819001	12177220	426178	4779946	34460
西　藏	1377911	153045	2429793	12794	236697	294843
陕　西	13375382	1725152	29538287	742834	7657429	353051
甘　肃	9208218	1069581	10938885	542097	6567572	87627
青　海	815538	89842	2740401	69695	888605	3642
宁　夏	730036	242966	3125568	285886	1362668	26240
新　疆	2197988	900328	8576732	439569	6555736	45231

2-B-1.11 各地区总承包和专业承包企业主要生产效益指标

地区	建筑业企业个数（个）	计算建筑业劳动生产率的平均人数（人）	按总产值计算的劳动生产率（元/人）	人均竣工产值（元/人）	人均施工面积（平方米/人）	人均竣工面积（平方米/人）
全国	**71095**	**38340539**	**161805**	**102612**	**138.4**	**58.3**
北京	3209	1384701	221432	124958	141.1	34.7
天津	1329	496175	292999	160388	119.9	33.1
河北	2230	1376721	148528	100067	115.6	50.9
山西	1774	779580	173868	68955	73.3	29.8
内蒙古	753	693450	112488	81533	76.1	46.7
辽宁	3803	1635046	153217	99680	89.4	41.0
吉林	1092	708286	140431	99425	76.7	47.7
黑龙江	1971	814630	127267	77410	67.3	29.6
上海	3047	1105811	293520	160837	163.3	51.8
江苏	8412	4922397	174742	137544	183.7	82.8
浙江	4639	4311668	189163	127796	214.7	86.6
安徽	2313	1409834	131550	80533	119.0	55.9
福建	2003	1420890	130393	87529	141.0	53.8
江西	1335	681376	151597	95471	156.6	76.9
山东	6349	2989089	127863	78638	114.1	52.0
河南	3827	2011149	140420	83003	109.2	51.7
湖北	2972	1348465	193189	108155	135.5	67.9
湖南	1925	1483442	142604	91784	144.7	61.2
广东	4311	1710068	191237	117568	177.2	63.8
广西	1122	469240	160517	104971	181.4	67.0
海南	149	83190	133650	72535	115.7	41.0
重庆	2382	1219272	122722	77320	128.1	53.2
四川	3887	2186214	118604	67493	109.1	45.1
贵州	608	285179	138044	66088	148.1	42.5
云南	1941	654564	138551	90693	101.9	51.0
西藏	171	63789	114297	83487	40.1	20.2
陕西	964	957155	172509	67313	80.9	31.6
甘肃	860	463746	103780	66349	81.8	39.7
青海	411	98791	144747	66035	40.9	19.1
宁夏	483	171890	111435	90391	97.6	43.1
新疆	823	404731	154516	111772	104.6	53.3

2-B-1.12 各地区总承包和专业承包企业营业额

单位：万元

地区	企业营业额	在境外完成的营业额	企业总产值	#建筑业总产值
全国	**673155690**	**12580323**	**660575366**	**620368061**
北京	39693148	3798701	35894447	30661699
天津	16793208	261847	16531361	14537854
河北	21418587	439596	20978990	20448127
山西	14338297	189212	14149084	13554415
内蒙古	7990719	2469	7988250	7800495
辽宁	25690761	202087	25488675	25051692
吉林	10156930	34135	10122796	9946512
黑龙江	11513003	401034	11111968	10367525
上海	36870309	677690	36192619	32457716
江苏	90177064	556616	89620448	86015120
浙江	83614193	588606	83025587	81560602
安徽	19873266	671108	19202158	18546416
福建	18787060	110441	18676619	18527395
江西	11145559	210699	10934860	10329422
山东	40947913	504255	40443658	38219345
河南	29392055	482583	28909472	28240535
湖北	28632145	717688	27914457	26050816
湖南	21772237	180200	21592037	21154431
广东	35311996	352800	34959196	32702756
广西	8367853	288392	8079462	7532102
海南	1119636		1119636	1111837
重庆	15438582	25593	15412990	14963195
四川	35375176	547009	34828167	25929480
贵州	4093340	21386	4071953	3936721
云南	10169477	129367	10040110	9069053
西藏	759605	192	759413	729087
陕西	18301504	723776	17577729	16511806
甘肃	5131576	144843	4986734	4812744
青海	1649552	142563	1506990	1429970
宁夏	1956732	4993	1951739	1915448
新疆	6674206	170444	6503762	6253747

2-B-1.13 各地区总承包和专业承包企业资产构成

单位：万元

地区	资产合计	#流动资产小计	#长期投资	#固定资产小计	#无形及递延资产
全国	**517119296**	**389437747**	**34858844**	**77793144**	**11466772**
北京	55908651	38466628	13080464	3171331	645551
天津	16011201	12130957	1055626	2342831	283802
河北	16014722	11730843	584103	3204281	433671
山西	13549162	10891105	525015	1892914	176368
内蒙古	5902373	4187945	279657	1217556	194991
辽宁	19399640	14834200	566335	3434933	498575
吉林	6535075	4648412	239056	1354707	279341
黑龙江	10397027	7922335	185187	2008398	255972
上海	36920878	30271195	2992237	2752393	462097
江苏	53947024	43502054	1893270	7533411	831595
浙江	41641090	32988293	2392430	5533693	640502
安徽	13957253	10497698	473514	2507875	384245
福建	12458511	9782092	430195	2005118	205586
江西	6954046	4695981	319824	1677500	232684
山东	35056790	26201219	1632779	6205660	845307
河南	18939907	13299767	467297	4323177	640943
湖北	22549260	15552607	520491	4799974	1319602
湖南	12831670	8847575	452365	3033089	443257
广东	37467354	30089229	2097897	4457047	570725
广西	6139336	4347457	525910	1039224	201742
海南	833386	695343	12848	101602	21146
重庆	12026040	9057717	636485	1985125	258685
四川	20668583	15127109	1411301	3473641	490711
贵州	3971955	3067835	157961	609255	89057
云南	10032425	7041371	798233	1827049	325238
西藏	760912	422425	36405	266236	31505
陕西	12545428	9533058	488151	2038498	273820
甘肃	4299312	2832336	123052	1215043	105110
青海	1757265	1155851	121898	415805	59749
宁夏	2157776	1583546	107685	417188	41137
新疆	5485245	4033567	251175	948590	224060

2-B-1.14 各地区总承包和专业承包企业流动资产、无形及递延资产

单位：万元

地 区	流动资产	#存货	无形及递延资产	#无形资产
全 国	**389437747**	**104156876**	**11466772**	**9295145**
北 京	38466628	9041040	645551	500576
天 津	12130957	3616722	283802	202648
河 北	11730843	3265372	433671	364730
山 西	10891105	1931861	176368	113860
内 蒙 古	4187945	719306	194991	175371
辽 宁	14834200	3415355	498575	414063
吉 林	4648412	929695	279341	269606
黑 龙 江	7922335	1658190	255972	239587
上 海	30271195	8995681	462097	343395
江 苏	43502054	12882470	831595	714955
浙 江	32988293	9990897	640502	563627
安 徽	10497698	2701309	384245	315093
福 建	9782092	3133971	205586	175583
江 西	4695981	1134491	232684	186553
山 东	26201219	6837524	845307	706561
河 南	13299767	3662346	640943	551180
湖 北	15552607	4954312	1319602	915975
湖 南	8847575	1951116	443257	345862
广 东	30089229	8038618	570725	446643
广 西	4347457	1068365	201742	146950
海 南	695343	183130	21146	18738
重 庆	9057717	2765226	258685	227743
四 川	15127109	4151523	490711	390766
贵 州	3067835	680313	89057	70477
云 南	7041371	1624548	325238	280565
西 藏	422425	111167	31505	28993
陕 西	9533058	2776964	273820	218275
甘 肃	2832336	678711	105110	66414
青 海	1155851	238233	59749	53409
宁 夏	1583546	392737	41137	37150
新 疆	4033567	625686	224060	209798

2-B-1.15 各地区总承包和专业承包企业固定资产情况

单位：万元

地区	固定资产小计	固定资产原价		固定资产折旧		在建工程
			#生产经营用		#本年折旧	
全国	**77793144**	**102579990**	**79662830**	**36033133**	**7157798**	**7449189**
北京	3171331	4466750	3508246	1676323	337431	327086
天津	2342831	3155770	2623457	1216280	261487	377420
河北	3204281	4016803	3171177	1423766	235124	295138
山西	1892914	2687001	2141389	951029	184483	105292
内蒙古	1217556	1557505	1301721	486164	68284	94098
辽宁	3434933	5001981	4394338	1886627	356015	176079
吉林	1354707	1805033	1321919	636579	150184	84794
黑龙江	2008398	2800317	2493739	1025363	249639	150494
上海	2752393	4308530	3410279	1930218	297668	288673
江苏	7533411	10006389	8160645	3617886	635522	752778
浙江	5533693	7079275	5728908	2284380	443067	605557
安徽	2507875	3105737	2362805	975237	204774	250174
福建	2005118	2571648	1893130	768890	167948	148217
江西	1677500	1918074	1190248	548479	147178	169008
山东	6205660	7890503	5879195	2692373	546381	604211
河南	4323177	5477230	4298833	1734446	442763	369433
湖北	4799974	6090936	4190303	1972350	361530	440891
湖南	3033089	3733550	2816929	1251783	289559	292557
广东	4457047	6277052	4857547	2529469	498648	450505
广西	1039224	1335570	996992	428456	79114	72580
海南	101602	128543	91384	39073	6274	5725
重庆	1985125	2232676	1637276	763340	189616	392564
四川	3473641	4608205	3342526	1567192	265468	307447
贵州	609255	776934	522120	269660	33775	70235
云南	1827049	2392258	1817655	853669	144639	193714
西藏	266236	283577	181282	96289	14803	46883
陕西	2038498	2814395	2171737	960067	289947	132671
甘肃	1215043	1495711	1138717	474949	93690	102136
青海	415805	553096	345963	205950	34830	50926
宁夏	417188	592357	513698	203958	36637	24473
新疆	948590	1416586	1158673	562888	91321	67434

2-B-1.16 各地区总承包和专业承包企业负债及所有者权益

单位：万元

地 区	负债合计	流动负债	长期负债	所有者权益	#实收资本
全 国	**340349799**	**322175753**	**18174046**	**176769317**	**118872226**
北 京	35946496	33397917	2548579	19962156	11019346
天 津	12101819	11306508	795311	3909382	2918165
河 北	10677960	10306570	371390	5336762	3861185
山 西	10283489	9832463	451026	3265673	2595707
内蒙古	3500283	3215872	284411	2401910	1438388
辽 宁	12765934	12109089	656846	6633706	4577170
吉 林	4025643	3682786	342857	2509432	1856384
黑龙江	6964890	6241952	722938	3432138	3132750
上 海	27054041	26137690	916351	9866837	6282264
江 苏	34407156	33513006	894150	19539868	11476678
浙 江	26201324	25505529	695795	15439766	9149483
安 徽	9365933	8991787	374147	4591320	3246077
福 建	7493674	7268476	225199	4964837	3590907
江 西	4033263	3787539	245724	2920784	2169954
山 东	23051379	21877897	1173482	12005412	8427793
河 南	11157335	10725035	432300	7782573	5858902
湖 北	15181119	13293979	1887141	7368141	5045313
湖 南	7743234	7011746	731488	5088436	3535770
广 东	25794003	24366216	1427787	11673352	7463719
广 西	3977120	3775754	201366	2162216	1634826
海 南	431386	427081	4305	401999	223815
重 庆	7314617	6670791	643825	4711423	3445956
四 川	12984481	12360021	624459	7684103	5518037
贵 州	2830804	2669153	161651	1141151	912068
云 南	6165639	5751849	413790	3866786	2995159
西 藏	317490	270239	47250	443422	287599
陕 西	9574939	9193794	381145	2970488	2299025
甘 肃	2721938	2550082	171856	1577374	1325749
青 海	1097378	932423	164955	659888	595376
宁 夏	1402946	1357797	45148	754831	598830
新 疆	3782091	3644714	137376	1703154	1389832

2-B-1.17 各地区总承包和专业承包企业实收资本

单位：万元

地区	合计	国家资本	集体资本	法人资本	个人资本	港澳台资本	外商资本
全国	**118872226**	**24705997**	**9853604**	**31405436**	**51667469**	**667972**	**571747**
北京	11019346	1322241	349843	7615515	1562782	93939	75027
天津	2918165	864635	192321	1153083	671493	24851	11783
河北	3861185	782312	310111	812472	1952738	2903	650
山西	2595707	1049983	183612	404907	944680	9790	2734
内蒙古	1438388	267867	108621	298859	761928	460	654
辽宁	4577170	1166026	456705	476032	2405620	14242	58546
吉林	1856384	289063	70071	713647	775432	2122	6050
黑龙江	3132750	886958	315937	599553	1307563	7360	15379
上海	6282264	1245927	334542	1925359	2514770	146931	114735
江苏	11476678	1116905	691056	2422909	7019562	90371	135877
浙江	9149483	449858	336359	1942153	6392200	22650	6263
安徽	3246077	816302	278821	847098	1285996	13341	4520
福建	3590907	462887	168872	556398	2345222	39017	18511
江西	2169954	678648	392636	419912	668664	8193	1902
山东	8427793	1546029	1208650	2265236	3350871	28366	28641
河南	5858902	1384294	629661	1108937	2727295	4195	4518
湖北	5045313	1680826	396407	1136295	1804072	25066	2646
湖南	3535770	1040384	408012	752277	1314041	13656	7400
广东	7463719	2053146	881290	1932602	2456071	101070	39541
广西	1634826	641358	277971	212831	496199	3955	2512
海南	223815	45017	33995	60716	74088		10000
重庆	3445956	563936	191719	527033	2150895	1519	10853
四川	5518037	1147333	436573	918295	3005291	4643	5904
贵州	912068	470103	97160	99811	244245	750	
云南	2995159	664716	332158	678831	1315371	2124	1960
西藏	287599	101204	46981	87316	52098		
陕西	2299025	873726	306976	472600	636115	5159	4450
甘肃	1325749	327370	247535	310356	439345	750	393
青海	595376	186373	52315	231234	124754	400	300
宁夏	598830	151306	29592	100303	317569	60	
新疆	1389832	429268	87106	322866	550502	90	

2-B-1.18　各地区总承包和专业承包企业收入情况

单位：万元

地　　区	工程结算收　　入	工程结算成　　本	工程结算税金及附加	工程结算利　　润	经营费用	其他业务收　　入	#其他业务利　润
全　　国	**597179372**	**527145590**	**21476375**	**44906881**	**3650527**	**10185057**	**1977084**
北　　京	37703987	34261875	1115301	2184522	142290	811898	202883
天　　津	15821337	14221420	447951	1117701	34265	423111	39311
河　　北	19473366	17261130	681935	1450167	80133	319773	53579
山　　西	14169755	12818832	416022	868893	66008	149726	32485
内 蒙 古	7561506	6335528	330290	866308	29380	126206	33787
辽　　宁	24323796	21446023	852500	1942853	82419	271941	65109
吉　　林	9027978	7875712	345576	763132	43559	59533	13296
黑 龙 江	10551062	8517749	1021575	966257	45481	362437	199095
上　　海	37073391	33491943	1071854	2397971	111623	494144	111575
江　　苏	71650240	62209797	2535265	6143538	761640	1950700	213966
浙　　江	69435012	62912867	2416780	3875953	229412	508513	113548
安　　徽	17996195	15864299	635621	1339539	156736	272014	36892
福　　建	17749814	15901496	677001	1095807	75510	133759	35078
江　　西	9507039	8234872	434632	772328	65206	99570	24542
山　　东	34712448	29832144	1138319	3475987	266000	1002026	95414
河　　南	26363495	23037361	916896	2183112	226125	342417	62520
湖　　北	26036250	22723078	886988	2156374	269811	423431	70185
湖　　南	19807181	17061549	857993	1747653	139986	141246	39287
广　　东	37842144	33453219	1361785	2814041	213099	840099	225987
广　　西	7018766	6289318	270048	424325	35075	96558	21544
海　　南	1138290	990792	38994	92760	15745	2282	1642
重　　庆	14680482	12496408	581746	1509852	92476	192816	26360
四　　川	23683718	21006421	844886	1648313	184099	405191	91506
贵　　州	3842055	3465259	136498	227298	13000	86572	19108
云　　南	8461068	7381678	289213	705722	84454	152594	45684
西　　藏	606017	496901	21679	75980	11457	7557	3085
陕　　西	16670848	14879764	646066	1069003	76015	167578	38381
甘　　肃	4632622	3988297	185255	402108	56962	101337	17413
青　　海	1515367	1324099	57727	119754	13786	34226	1644
宁　　夏	1939324	1767355	62564	103078	6328	48574	9018
新　　疆	6184820	5598402	197417	366555	22446	157230	33164

2-B-1.19 各地区总承包和专业承包企业费用情况

单位：万元

地区	管理费用	#税金	#财产保险费	#差旅费	#工会经费	财务费用	#利息支出
全国	**21148873**	**1173458**	**164995**	**1282394**	**360104**	**3651096**	**2555838**
北京	1598088	28814	8034	73810	12362	586062	191934
天津	595100	17084	1772	23231	6080	117825	96938
河北	678824	38310	3558	30939	13528	72793	64888
山西	618966	20269	2858	33382	8355	61776	61344
内蒙古	275384	27311	1349	10829	4088	51231	39949
辽宁	958472	53111	6310	46298	18899	96451	65787
吉林	304260	25943	4691	14916	3329	48574	32186
黑龙江	501548	41400	1500	20879	8069	46504	14798
上海	1383075	29850	5623	59802	11219	117920	121450
江苏	2523285	128802	28756	173590	50510	404508	278493
浙江	1544051	82275	13661	113367	25950	421536	395112
安徽	662562	56615	4289	38502	12853	75800	60440
福建	517703	27430	2381	30419	6257	55184	38838
江西	306552	26088	1501	19031	4957	71379	29242
山东	1334962	99596	15996	75732	27170	262110	220467
河南	994551	70484	9152	81508	25349	150181	105291
湖北	1021416	61162	6334	66570	19726	195080	142528
湖南	617344	48600	11099	39777	18800	105534	58397
广东	1388524	73700	8543	70723	17569	144783	110989
广西	285899	11205	941	12602	2996	20180	18166
海南	29025	1047	79	1848	245	285	233
重庆	452470	50086	3766	37657	16293	96835	71827
四川	908464	53022	7374	103662	15781	159409	107777
贵州	160355	8956	527	10097	2967	25612	22188
云南	368326	18294	2901	20628	4775	62789	48238
西藏	26867	3624	390	2425	168	6267	3847
陕西	464723	36117	5633	30308	11264	104401	87738
甘肃	212886	19636	3161	19409	3851	35717	27057
青海	73359	1903	301	3470	963	14564	5220
宁夏	75416	3104	366	4075	1357	12676	9739
新疆	266416	9618	2151	12911	4377	27132	24737

2-B-1.20　各地区总承包和专业承包企业利润及税金情况

单位：万元

地　区	利润总额	#应交所得税	税金总额	工程结算税金及附加	管理费用中的税金
全　国	**22018389**	**4406553**	**22649833**	**21476375**	**1173458**
北　京	563900	163916	1144115	1115301	28814
天　津	475404	102276	465035	447951	17084
河　北	718905	143289	720245	681935	38310
山　西	231736	50189	436292	416022	20269
内蒙古	535344	96576	357601	330290	27311
辽　宁	883503	222041	905610	852500	53111
吉　林	412464	68085	371519	345576	25943
黑龙江	457660	90999	1062976	1021575	41400
上　海	1173802	264849	1101703	1071854	29850
江　苏	3576635	720214	2664067	2535265	128802
浙　江	2145188	491880	2499055	2416780	82275
安　徽	633363	108704	692236	635621	56615
福　建	519579	147512	704431	677001	27430
江　西	390995	62652	460720	434632	26088
山　东	1805303	356297	1237915	1138319	99596
河　南	935863	192139	987380	916896	70484
湖　北	934029	160225	948150	886988	61162
湖　南	1121171	128362	906592	857993	48600
广　东	1456891	311365	1435485	1361785	73700
广　西	152533	39010	281253	270048	11205
海　南	56759	4981	40041	38994	1047
重　庆	891940	128092	631833	581746	50086
四　川	716297	134965	897909	844886	53022
贵　州	64525	16382	145454	136498	8956
云　南	279106	50220	307507	289213	18294
西　藏	45873	5351	25303	21679	3624
陕　西	492568	63286	682183	646066	36117
甘　肃	157718	35347	204891	185255	19636
青　海	36330	11015	59630	57727	1903
宁　夏	31935	8022	65668	62564	3104
新　疆	121073	28315	207035	197417	9618

2-B-1.21 各地区总承包和专业承包企业主要经济效益指标

地 区	产值利润率(%)	产值利税率(%)	资本利润率(%)	资本利税率(%)	人均利润(元/人)	人均利税(元/人)	资产负债率(%)
全 国	**3.5**	**7.2**	**18.5**	**37.6**	**5743**	**11650**	**65.8**
北 京	1.8	5.6	5.1	15.5	4072	12335	64.3
天 津	3.3	6.5	16.3	32.2	9581	18954	75.6
河 北	3.5	7.0	18.6	37.3	5222	10453	66.7
山 西	1.7	4.9	8.9	25.7	2973	8569	75.9
内蒙古	6.9	11.4	37.2	62.1	7720	12877	59.3
辽 宁	3.5	7.1	19.3	39.1	5404	10942	65.8
吉 林	4.1	7.9	22.2	42.2	5823	11069	61.6
黑龙江	4.4	14.7	14.6	48.5	5618	18667	67.0
上 海	3.6	7.0	18.7	36.2	10615	20578	73.3
江 苏	4.2	7.3	31.2	54.4	7266	12678	63.8
浙 江	2.6	5.7	23.4	50.8	4975	10771	62.9
安 徽	3.4	7.1	19.5	40.8	4492	9403	67.1
福 建	2.8	6.6	14.5	34.1	3657	8614	60.1
江 西	3.8	8.2	18.0	39.3	5738	12500	58.0
山 东	4.7	8.0	21.4	36.1	6040	10181	65.8
河 南	3.3	6.8	16.0	32.8	4653	9563	58.9
湖 北	3.6	7.2	18.5	37.3	6927	13958	67.3
湖 南	5.3	9.6	31.7	57.3	7558	13669	60.3
广 东	4.5	8.8	19.5	38.8	8519	16914	68.8
广 西	2.0	5.8	9.3	26.5	3251	9244	64.8
海 南	5.1	8.7	25.4	43.3	6823	11636	51.8
重 庆	6.0	10.2	25.9	44.2	7315	12497	60.8
四 川	2.8	6.2	13.0	29.3	3276	7384	62.8
贵 州	1.6	5.3	7.1	23.0	2263	7363	71.3
云 南	3.1	6.5	9.3	19.6	4264	8962	61.5
西 藏	6.3	9.8	16.0	24.7	7191	11158	41.7
陕 西	3.0	7.1	21.4	51.1	5146	12273	76.3
甘 肃	3.3	7.5	11.9	27.4	3401	7819	63.3
青 海	2.5	6.7	6.1	16.1	3677	9713	62.4
宁 夏	1.7	5.1	5.3	16.3	1858	5678	65.0
新 疆	1.9	5.2	8.7	23.6	2991	8107	69.0

2. 按经济类型分组

2-B-2.1　各地区国有总承包和专业承包企业签订合同情况

单位：万元

地　区	合同总额	上年结转合同额	本年新签合同额
全　国	**251410015**	**102598738**	**148811277**
北　京	14483317	6686699	7796618
天　津	9896421	3466174	6430247
河　北	6906129	2487825	4418304
山　西	6527329	2741264	3786065
内蒙古	1471661	519438	952224
辽　宁	10823221	4032753	6790468
吉　林	2135957	666883	1469073
黑龙江	5593632	1812736	3780896
上　海	11203835	4420825	6783010
江　苏	7269258	2390904	4878354
浙　江	4330578	1858610	2471968
安　徽	11959549	5246874	6712675
福　建	5334659	2098143	3236516
江　西	5627453	2152552	3474902
山　东	10859800	4511787	6348013
河　南	8136943	2402956	5733987
湖　北	20775220	10877229	9897991
湖　南	20857381	7287328	13570053
广　东	21565530	9998569	11566961
广　西	6930949	2925221	4005728
海　南	1464303	509994	954309
重　庆	5392982	1963959	3429023
四　川	16531688	6563447	9968241
贵　州	6107471	2815205	3292266
云　南	4300490	1840308	2460182
西　藏	173574	35546	138027
陕　西	16405989	7003472	9402518
甘　肃	1631888	659152	972736
青　海	2013288	965338	1047950
宁　夏	1072486	311979	760507
新　疆	3627033	1345565	2281467

2-B-2.2 各地区国有总承包和专业承包企业承包工程完成情况

单位：万元

地区	直接从建设单位承揽工程完成的产值	自行完成施工产值	分包出去工程的产值	从建设单位以外承揽工程完成的产值
全国	**123186395**	**117501984**	**5684410**	**4814590**
北京	6515894	5922722	593172	611519
天津	4937932	4601200	336732	287975
河北	4437640	4409779	27861	77127
山西	3891041	3834178	56863	79182
内蒙古	959578	959578		64096
辽宁	5569920	5491338	78582	63385
吉林	1291072	1263481	27591	15419
黑龙江	4437484	4372776	64708	18519
上海	5770354	4699198	1071155	737097
江苏	4753798	4419950	333848	288868
浙江	2315886	2048829	267057	112463
安徽	5797909	5662788	135121	95392
福建	2798919	2750464	48455	69659
江西	3304836	3277804	27032	14541
山东	6587430	6422322	165108	174899
河南	4926696	4878350	48346	176594
湖北	6837851	6802929	34922	278695
湖南	7280856	7203721	77135	165335
广东	8924231	7364112	1560120	752809
广西	3328296	3314200	14096	203135
海南	616096	615550	546	1546
重庆	2551015	2302380	248635	115943
四川	7720581	7535644	184937	195180
贵州	2945414	2937009	8405	22004
云南	2280946	2268656	12290	6766
西藏	131037	131037		
陕西	7772122	7709162	62960	77103
甘肃	1048729	954814	93915	25775
青海	866743	833193	33550	23386
宁夏	694347	694347		1249
新疆	1891744	1820474	71270	58930

2-B-2.3　各地区国有总承包和专业承包企业建筑业总产值和竣工产值

单位：万元

地　区	建筑业总产值	#装饰装修产值	#在外省完成的产值	按构成分组			竣工产值
				建筑工程产值	安装工程产值	其他产值	
全　国	**122316574**	**3514747**	**43506878**	**102441278**	**16428751**	**3446545**	**63831511**
北　京	6534241	1078243	3657126	6130704	317745	85793	3565633
天　津	4889174	43589	2415870	4165361	493248	230566	2389881
河　北	4486906	48584	1452331	3409662	805704	271541	3004255
山　西	3913360	96646	1054914	3257356	536727	119278	1761222
内蒙古	1023674	7647	277337	905220	45250	73204	504588
辽　宁	5554723	50631	1346228	4454592	1041389	58743	3436376
吉　林	1278900	182	383369	1004679	239106	35115	710963
黑龙江	4391294	35299	908823	2989456	1357190	44649	2176656
上　海	5436296	226432	2460812	4264258	813989	358049	2713251
江　苏	4708819	40310	1622229	3996016	676090	36713	3198448
浙　江	2161292	44864	593285	1544869	509812	106612	1427413
安　徽	5758180	117455	2158787	5192538	428013	137629	2481921
福　建	2820123	54490	677546	2478640	279098	62385	1489827
江　西	3292346	153880	1322265	2780003	366424	145918	1973334
山　东	6597221	65324	2235893	4938965	1477571	180684	3613008
河　南	5054943	107758	2113171	3888946	1081338	84660	2529365
湖　北	7081624	48992	3866555	5940750	767551	373323	2909986
湖　南	7369056	191407	3802081	6247995	881172	239889	4339138
广　东	8116920	616133	1567695	7203937	792367	120616	4801299
广　西	3517335	50818	484341	2997719	432227	87390	2082241
海　南	617097	25584	18172	599534	16995	567	317829
重　庆	2418323	61337	485833	2058443	255850	104030	1191413
四　川	7730824	130416	2588635	6706705	894112	130008	3875066
贵　州	2959013	9415	976896	2561276	345867	51870	1162585
云　南	2275422	4837	307868	1952414	297008	26000	1092348
西　藏	131037	1445		125258	817	4962	105144
陕　西	7786264	152165	3688615	7116206	533513	136546	2388529
甘　肃	980589	36858	209820	626385	326937	27267	615262
青　海	856579	620	400858	643088	124899	88592	303256
宁　夏	695596	771	109974	600429	89827	5340	445968
新　疆	1879404	12617	319549	1659878	200917	18610	1225307

2-B-2.4 各地区国有总承包和专业承包企业房屋建筑面积

地区	房屋建筑施工面积(万平方米)	#本年新开工	#实行投标承包面积	#本年新开工	房屋建筑竣工面积(万平方米)	房屋建筑面积竣工率(%)
全国	**65633.7**	**26835.4**	**58805.1**	**24407.5**	**19853.2**	**30.2**
北京	5091.9	1626.6	4641.4	1494.3	1147.7	22.5
天津	1932.0	820.3	1893.4	804.9	275.3	14.2
河北	1782.9	846.6	1471.4	723.9	588.8	33.0
山西	2361.2	1045.2	2204.2	988.3	762.0	32.3
内蒙古	267.4	154.4	251.7	141.0	105.1	39.3
辽宁	1473.5	754.7	1353.3	707.0	524.5	35.6
吉林	333.6	231.3	327.7	225.6	187.9	56.3
黑龙江	1040.8	687.4	924.9	637.5	339.2	32.6
上海	1868.3	665.8	1801.9	639.6	513.1	27.5
江苏	1545.4	858.2	1487.5	820.6	800.7	51.8
浙江	585.1	225.1	578.2	222.0	200.9	34.3
安徽	3261.3	1458.8	3087.4	1447.9	1026.0	31.5
福建	2436.2	794.1	2239.5	722.0	693.1	28.4
江西	2100.3	1023.6	1856.1	919.5	796.1	37.9
山东	1982.9	803.8	1803.3	750.2	677.3	34.2
河南	1115.5	678.6	981.6	618.5	427.1	38.3
湖北	2776.7	1227.1	2379.9	1105.5	722.3	26.0
湖南	5774.7	2112.5	5442.4	1996.0	1585.3	27.5
广东	8158.5	2945.8	6172.0	2352.1	2481.6	30.4
广西	3422.8	1084.6	3252.0	990.9	965.5	28.2
海南	584.1	293.8	557.8	291.2	168.3	28.8
重庆	1541.2	640.9	1386.2	589.3	516.4	33.5
四川	5925.2	2376.3	5136.6	2055.1	1878.8	31.7
贵州	2874.4	985.8	2714.5	935.2	597.3	20.8
云南	887.5	401.6	775.6	360.9	389.8	43.9
西藏	38.7	36.6	26.2	25.5	7.8	20.0
陕西	2611.0	1065.7	2386.5	932.0	743.7	28.5
甘肃	513.7	240.5	369.3	201.5	202.3	39.4
青海	65.6	39.8	53.6	27.8	33.3	50.7
宁夏	541.4	313.2	517.0	288.9	179.9	33.2
新疆	739.7	396.6	732.0	393.0	316.2	42.7

2-B-2.5　各地区按主要用途分的国有总承包和专业承包企业房屋建筑竣工面积

单位：万平方米

地　区	合计	厂房、仓库	住宅	办公用房	批发和零售用房	住宿和餐饮用房
全　国	**19853.2**	**3272.5**	**11544.3**	**1655.7**	**293.1**	**454.6**
北　京	1147.7	112.4	482.3	206.4	20.7	91.2
天　津	275.3	92.4	125.0	17.8		2.2
河　北	588.8	183.2	269.1	61.7	2.7	7.1
山　西	762.0	66.4	517.5	51.8	7.3	19.7
内蒙古	105.1	30.8	58.9	1.2		3.6
辽　宁	524.5	58.9	398.1	27.4	3.2	4.5
吉　林	187.9	39.4	130.1	3.4		3.0
黑龙江	339.2	39.0	202.0	21.6	3.8	4.2
上　海	513.1	253.6	108.2	5.8	1.4	9.9
江　苏	800.7	209.0	414.8	78.2	7.7	13.3
浙　江	200.9	26.8	125.3	23.5	7.6	
安　徽	1026.0	156.4	627.1	106.8	8.2	5.8
福　建	693.1	102.7	456.4	24.2	11.7	10.4
江　西	796.1	111.9	491.2	72.3	6.2	17.3
山　东	677.3	153.8	369.1	65.9	16.2	7.4
河　南	427.1	91.3	234.8	33.3	2.6	9.2
湖　北	722.3	132.2	397.8	58.1	19.9	21.9
湖　南	1585.3	244.7	964.1	148.6	37.2	36.8
广　东	2481.6	495.2	1407.7	178.7	38.7	51.4
广　西	965.5	137.0	627.7	76.1	13.2	4.3
海　南	168.3	8.5	98.5	11.0	0.5	9.6
重　庆	516.4	52.2	379.9	27.6	1.4	4.7
四　川	1878.8	157.7	1164.9	108.2	34.0	77.9
贵　州	597.3	75.3	380.0	62.7	1.1	9.1
云　南	389.8	29.2	262.8	32.2	12.5	8.4
西　藏	7.8	0.2	2.3	3.6		0.3
陕　西	743.7	116.1	447.2	85.2	15.8	7.9
甘　肃	202.3	40.9	118.3	20.2	2.3	8.3
青　海	33.3	1.0	24.8	1.7		
宁　夏	179.9	17.2	49.6	12.3	14.2	1.7
新　疆	316.2	37.2	208.9	28.3	2.8	3.5

2-B-2.5 续表

单位：万平方米

地区	居民服务业用房	教育用房	文化、体育和娱乐用房	卫生医疗用房	科研用房	其他用房
全国	**267.9**	**805.5**	**452.7**	**261.8**	**111.7**	**733.5**
北京	28.2	15.3	103.0	43.9	20.1	24.2
天津		13.0		2.6		22.2
河北	8.9	22.0	18.5	3.8	0.4	11.4
山西	8.5	34.2	20.2	9.7	5.3	21.4
内蒙古		2.2	0.5			8.0
辽宁	7.7	15.4	2.4	5.0		2.0
吉林		2.2			9.0	0.8
黑龙江	10.7	14.3	3.0	2.2	0.3	38.0
上海	42.9	40.3	29.8	4.6	1.4	15.2
江苏	11.4	33.7	14.0	0.3	1.1	17.3
浙江	2.1	0.3	7.7	3.8		3.8
安徽	4.1	63.0	7.9	23.2	0.9	22.8
福建	5.9	38.9	8.2	17.5	1.8	15.4
江西	7.7	33.1	8.4	6.3	1.7	40.0
山东	4.3	12.2	2.2	11.2	1.7	33.3
河南	4.9	36.8	0.8	7.3	3.0	3.0
湖北	9.8	27.0	25.0	6.5	3.2	20.8
湖南	36.4	38.5	24.0	20.0	11.7	23.4
广东	33.1	105.4	74.8	23.6	17.0	56.0
广西	2.4	34.3	12.3	21.1	9.8	27.3
海南	0.7	28.5	0.9	3.8		6.4
重庆	16.1	17.4	1.2	7.2		8.7
四川	3.4	64.3	19.8	8.0	19.9	220.7
贵州	1.2	31.8	18.0	12.7		5.5
云南	5.5	14.4	4.0	3.0	0.8	17.0
西藏	0.2	0.9				0.2
陕西	6.2	23.8	24.9	3.2	1.6	11.8
甘肃	1.0	4.0	0.3	2.9	0.3	3.9
青海		2.7			0.3	2.7
宁夏	1.5	19.7	17.6	1.5		44.6
新疆	2.8	16.0	3.6	6.7	0.5	5.8

2-B-2.6　各地区按主要用途分的国有总承包和专业承包企业房屋建筑竣工价值

单位：万元

地　区	合计	厂房、仓库	住宅	办公用房	批发和零售用房	住宿和餐饮用房
全　国	**22165089**	**3961516**	**11396784**	**2149412**	**311748**	**599980**
北　京	2551444	208061	769010	428858	52846	179236
天　津	389164	127100	152394	34698		2625
河　北	747503	298915	256647	77756	2882	7497
山　西	810938	119464	466544	65330	8961	20741
内蒙古	109947	46814	47770	1702		5100
辽　宁	491435	77419	338835	27881	2788	4265
吉　林	178388	42717	115814	4442		3908
黑龙江	383185	53591	219516	25416	3027	6723
上　海	760920	399375	148629	7600	1470	27241
江　苏	818406	238422	409439	82375	5521	14380
浙　江	258812	34229	144625	44225	9064	
安　徽	934682	123382	536347	122883	9439	5715
福　建	797421	100341	510871	31197	11220	13075
江　西	648346	83511	371101	61348	5445	10926
山　东	684155	194042	311526	80948	18973	4631
河　南	389286	78845	211712	36328	1179	7033
湖　北	695930	172251	347700	55477	19616	24282
湖　南	1794264	291203	1008685	158067	35446	70517
广　东	2634573	467181	1476509	203245	27076	50907
广　西	964886	117951	582787	113277	9767	3923
海　南	208236	10522	117885	14552	400	11032
重　庆	509795	63592	371601	26113	977	4441
四　川	1779632	197303	1058096	110727	46578	74567
贵　州	541226	99261	309579	60521	2050	9169
云　南	417559	34682	288166	34608	10497	7958
西　藏	9113	353	2411	4357		552
陕　西	857869	161319	457241	125820	13396	8237
甘　肃	228902	41101	110505	47771	2601	15894
青　海	33650	970	22917	1978		
宁　夏	194467	22594	47810	14420	7853	1716
新　疆	340957	55006	184117	45492	2680	3692

2-B-2.6 续表 单位：万元

地 区	居民服务业用房	教育用房	文化、体育和娱乐用房	卫生医疗用房	科研用房	其他用房
全 国	**302043**	**925851**	**1062215**	**424739**	**197904**	**832896**
北 京	74929	31990	568555	85704	67820	84435
天 津		19698		8570		44079
河 北	7986	24831	43150	6234	563	21043
山 西	4280	34201	39827	14519	4219	32852
内蒙古		2888	514			5159
辽 宁	10666	15519	4452	4070		5540
吉 林		4180			6325	1003
黑龙江	7678	19760	5335	3657	201	38282
上 海	25998	75564	41888	5833	3680	23643
江 苏	5405	20878	15924	289	1950	23824
浙 江	4500	306	9380	6802		5682
安 徽	5007	57373	19295	30517	1140	23584
福 建	8072	56546	12312	26431	2641	24716
江 西	6883	52051	8178	7505	4636	36764
山 东	6867	12624	6427	17743	3211	27163
河 南	4282	36767	995	4274	2590	5281
湖 北	6960	22710	17057	12242	965	16670
湖 南	50821	40887	36289	50781	27135	24434
广 东	31763	120160	97883	45000	16221	98631
广 西	332	32730	19132	46742	21270	16976
海 南	940	39855	742	5558		6750
重 庆	14829	14827	940	2477		9999
四 川	4227	70498	27808	8252	28143	153435
贵 州	527	27369	17531	9446		5774
云 南	3471	15842	4195	3806	1379	12956
西 藏	230	927				284
陕 西	8072	24621	40088	2664	1851	14561
甘 肃	1528	3470	252	2806	334	2641
青 海		3897			931	2958
宁 夏	1717	21921	17168	1452		57816
新 疆	4076	20964	6899	11368	700	5963

2-B-2.7 各地区国有总承包和专业承包企业施工机械设备情况

地 区	年末自有施工机械设备总台数(台)	年末自有施工机械设备总功率(千瓦)	年末自有施工机械设备净值(万元)	技术装备率(元/人)	动力装备率(千瓦/人)
全 国	**1339329**	**35118947**	**6846247**	**14502**	**7.4**
北 京	26276	1026106	135935	18032	13.6
天 津	22073	791950	307514	28355	7.3
河 北	63369	1760438	289094	20936	12.7
山 西	54579	1374134	236916	14776	8.6
内蒙古	7215	203139	32297	6083	3.8
辽 宁	67935	1895606	374266	19602	9.9
吉 林	44816	504439	66184	12663	9.7
黑龙江	54523	1212018	226175	13356	7.2
上 海	23707	637080	231555	34430	9.5
江 苏	72431	1748463	330477	19644	10.4
浙 江	29873	659198	138771	18294	8.7
安 徽	55023	1439839	378169	12384	4.7
福 建	25732	519254	89241	4992	2.9
江 西	35036	771166	114063	6834	4.6
山 东	77247	1999530	414177	17015	8.2
河 南	80007	2218372	395662	19502	10.9
湖 北	108228	3410275	561930	22876	13.9
湖 南	82286	1940704	377009	11070	5.7
广 东	100685	2217352	458666	13492	6.5
广 西	42058	1091028	173866	9720	6.1
海 南	6344	173720	18277	4011	3.8
重 庆	15559	372933	116645	11668	3.7
四 川	76599	1906903	410401	11808	5.5
贵 州	28980	742582	141292	7491	3.9
云 南	22085	556978	99186	8896	5.0
西 藏	1973	26258	8769	17148	5.1
陕 西	49580	1904278	367030	12630	6.6
甘 肃	22839	598073	102749	16683	9.7
青 海	12775	565608	94745	33178	19.8
宁 夏	7041	186910	48392	26889	10.4
新 疆	22455	664613	106793	17111	10.6

2-B-2.8 各地区国有总承包和专业承包企业营业额

单位：万元

地区	企业营业额		企业总产值	
		在境外完成的营业额		#建筑业总产值
全国	**137565230**	**6430034**	**131135196**	**122316574**
北京	10675335	1917623	8757712	6534241
天津	5090359	32407	5057952	4889174
河北	4685527	86747	4598781	4486906
山西	4072366	40379	4031988	3913360
内蒙古	1095427		1095427	1023674
辽宁	5673742	26098	5647644	5554723
吉林	1326591	28936	1297656	1278900
黑龙江	5046453	327189	4719264	4391294
上海	6956657	370893	6585764	5436296
江苏	5005512	154628	4850883	4708819
浙江	2516937	111479	2405458	2161292
安徽	6289397	406488	5882909	5758180
福建	2927060	89256	2837805	2820123
江西	3560957	95592	3465364	3292346
山东	7145953	54432	7091521	6597221
河南	5403933	215449	5188484	5054943
湖北	8599652	519864	8079788	7081624
湖南	7683334	176513	7506821	7369056
广东	8588003	30975	8557028	8116920
广西	4159271	283929	3875343	3517335
海南	617097		617097	617097
重庆	2450403	9251	2441153	2418323
四川	8495971	398602	8097369	7730824
贵州	3061615	20482	3041133	2959013
云南	2574358	119030	2455328	2275422
西藏	131295		131295	131037
陕西	8814017	652658	8161360	7786264
甘肃	1139258	68015	1071243	980589
青海	1056623	142563	914060	856579
宁夏	704704		704704	695596
新疆	2017424	50558	1966867	1879404

2-B-2.9　各地区国有总承包和专业承包企业资产构成

单位：万元

地　区	资产合计	#流动资产小计	#长期投资	#固定资产小计	#无形及递延资产
全　国	**124775951**	**91896093**	**10220630**	**17596536**	**3629958**
北　京	13546435	9113721	3359538	799243	102846
天　津	5143341	3779387	586794	524126	118207
河　北	3533867	2541732	41135	789368	128474
山　西	3753304	3061770	99753	518251	44906
内蒙古	754719	607226	6418	76551	64493
辽　宁	4741135	3754554	113198	732199	107777
吉　林	866853	671245	10216	159662	22440
黑龙江	3964547	3266037	35107	480650	178019
上　海	7206144	5051911	1431104	507865	152236
江　苏	4651614	3572915	190869	783966	68813
浙　江	2167346	1527107	223745	367582	41257
安　徽	4933244	3820899	190764	727973	139012
福　建	2677518	1994609	91989	487704	94949
江　西	2773478	2073089	137140	467185	79889
山　东	6646134	5103420	182200	1090353	178014
河　南	4431986	3277192	151655	785675	109346
湖　北	8344256	5239756	183519	1783423	972739
湖　南	4849045	3337601	208203	1090155	184732
广　东	10133548	7758000	874362	1303069	133552
广　西	2810951	2010371	316456	415805	52497
海　南	338383	295059	2811	35021	5390
重　庆	2837196	2091345	214878	426075	71960
四　川	7201910	5427002	634017	885585	132470
贵　州	2721005	2183059	94571	339063	60160
云　南	2405740	1692090	284663	306518	115891
西　藏	178383	111893	20631	40602	5181
陕　西	7055126	5603604	380053	813652	122956
甘　肃	990657	662264	13386	291235	13202
青　海	924295	660351	72283	170399	18742
宁　夏	553797	383175	43139	110299	16303
新　疆	1639996	1223710	26037	287283	93507

2-B-2.10 各地区国有总承包和专业承包企业流动资产、无形及递延资产

单位：万元

地区	流动资产	#存货	无形及递延资产	#无形资产
全国	**91896093**	**21890925**	**3629958**	**2767627**
北京	9113721	1786203	102846	50057
天津	3779387	901020	118207	94839
河北	2541732	639450	128474	101897
山西	3061770	542885	44906	24696
内蒙古	607226	116857	64493	59126
辽宁	3754554	1085472	107777	87720
吉林	671245	155223	22440	22231
黑龙江	3266037	667695	178019	176249
上海	5051911	1237601	152236	122767
江苏	3572915	842310	68813	40765
浙江	1527107	343049	41257	35567
安徽	3820899	1031836	139012	111555
福建	1994609	497071	94949	88356
江西	2073089	481210	79889	58269
山东	5103420	1092281	178014	113901
河南	3277192	755727	109346	84117
湖北	5239756	1734304	972739	629864
湖南	3337601	689862	184732	162097
广东	7758000	1872232	133552	98697
广西	2010371	458050	52497	48950
海南	295059	81645	5390	4160
重庆	2091345	525801	71960	69115
四川	5427002	1348277	132470	101933
贵州	2183059	467625	60160	48145
云南	1692090	332043	115891	99500
西藏	111893	28721	5181	4848
陕西	5603604	1700030	122956	91129
甘肃	662264	139008	13202	11797
青海	660351	151134	18742	18172
宁夏	383175	59813	16303	15036
新疆	1223710	126491	93507	92073

2-B-2.11 各地区国有总承包和专业承包企业固定资产情况

单位：万元

地区	固定资产小计	固定资产原价	#生产经营用	固定资产折旧	#本年折旧	在建工程
全国	**17596536**	**25393280**	**20235428**	**10255344**	**1858958**	**1632387**
北京	799243	1101705	925058	429461	78914	106284
天津	524126	831739	741586	351800	96972	35442
河北	789368	991107	832348	464931	58863	58569
山西	518251	788405	643992	318144	42946	29858
内蒙古	76551	134555	124691	62497	7682	
辽宁	732199	1293048	1111678	619270	84904	37172
吉林	159662	261941	191563	114938	20330	5815
黑龙江	480650	864026	827605	416621	103079	8366
上海	507865	798221	708305	375382	40822	69731
江苏	783966	1185383	1055738	493714	71011	66485
浙江	367582	439085	392465	166310	29261	92937
安徽	727973	977745	806964	360575	78553	75315
福建	487704	632324	324126	170110	25590	19665
江西	467185	631654	430998	235843	44724	35668
山东	1090353	1637219	1302934	650921	107181	71196
河南	785675	1157024	1019794	449343	120120	51898
湖北	1783423	2381633	1528080	860603	141267	218018
湖南	1090155	1439253	1208593	475988	116838	50658
广东	1303069	1966976	1601991	882433	137363	134659
广西	415805	588766	485674	223100	35128	21815
海南	35021	48100	31949	15128	2350	1215
重庆	426075	318543	245577	117326	22495	216932
四川	885585	1349786	1018298	541094	78879	54818
贵州	339063	471899	305502	192675	22139	40284
云南	306518	447726	365173	198725	32625	52118
西藏	40602	45130	14063	21475	2971	1928
陕西	813652	1309910	987408	534754	170780	31256
甘肃	291235	408675	335673	135251	28379	7472
青海	170399	258233	138141	107846	18030	15302
宁夏	110299	165561	145527	61932	9833	4502
新疆	287283	467909	383933	207155	28933	17009

2-B-2.12 各地区国有总承包和专业承包企业负债及所有者权益

单位：万元

地区	负债合计	流动负债	长期负债	所有者权益	#实收资本
全国	**94817450**	**87674686**	**7142763**	**29958501**	**20200507**
北京	9790381	8913973	876408	3756055	1777128
天津	4178970	3949031	229939	964370	839440
河北	2785302	2642916	142386	748566	607939
山西	3132423	2965874	166549	620880	568736
内蒙古	605519	554212	51308	149200	113400
辽宁	3596946	3472526	124420	1144188	856355
吉林	509754	481457	28297	357099	194944
黑龙江	3386601	2895743	490858	577946	675656
上海	5151067	4844153	306914	2055078	1371970
江苏	3302955	3160129	142827	1348659	837816
浙江	1488806	1381052	107754	678541	326605
安徽	3881639	3770094	111546	1051605	738208
福建	1855698	1730671	125027	821820	379457
江西	2026659	1925138	101522	746819	528061
山东	5134049	4941814	192235	1512086	1151983
河南	3179212	3092693	86519	1252773	873675
湖北	6392036	4999711	1392325	1952220	1100595
湖南	3608123	3159810	448313	1240922	891144
广东	7710361	7161086	549275	2423187	1671982
广西	1995870	1891110	104761	815080	595561
海南	191879	191793	86	146504	44072
重庆	2206809	1879276	327532	630387	491306
四川	5657728	5375419	282309	1544182	923129
贵州	2151594	2013875	137718	569411	443524
云南	1692335	1519417	172918	713405	582249
西藏	86135	83441	2694	92248	53377
陕西	6009933	5792581	217352	1045193	738501
甘肃	728736	697744	30992	261921	229478
青海	719437	587455	131982	204858	161470
宁夏	399880	393461	6420	153916	124676
新疆	1260612	1207034	53578	379384	308071

2-B-2.13　各地区国有总承包和专业承包企业实收资本

单位：万元

地　区	合计	国家资本	集体资本	法人资本	个人资本	港澳台资本	外商资本
全　国	**20200507**	**18176025**	**1744**	**2017647**	**5091**		
北　京	1777128	1103060		674068			
天　津	839440	712607		126833			
河　北	607939	527311		80628			
山　西	568736	546484		22252			
内蒙古	113400	113400					
辽　宁	856355	819620		36735			
吉　林	194944	192946		1998			
黑龙江	675656	669822		5834			
上　海	1371970	781487		590483			
江　苏	837816	781277		56539			
浙　江	326605	321053		5552			
安　徽	738208	651213		86995			
福　建	379457	365368		14089			
江　西	528061	514964		13096			
山　东	1151983	1125727		26256			
河　南	873675	852191		21485			
湖　北	1100595	1094559	245	5792			
湖　南	891144	852281		38863			
广　东	1671982	1596999		74983			
广　西	595561	591999		3562			
海　南	44072	44072					
重　庆	491306	466457		24849			
四　川	923129	896716		26413			
贵　州	443524	442251	700	573			
云　南	582249	540698	799	40753			
西　藏	53377	53377					
陕　西	738501	722814		15687			
甘　肃	229478	227262		2216			
青　海	161470	161470					
宁　夏	124676	118143		6533			
新　疆	308071	288400		14581	5091		

2-B-2.14 各地区国有总承包和专业承包企业收入情况

单位：万元

地区	工程结算收入	工程结算成本	工程结算税金及附加	工程结算利润	经营费用	其他业务收入	#其他业务利润
全国	**128760635**	**115410181**	**4518788**	**8387622**	**444044**	**3355070**	**582025**
北京	7703519	7086719	243711	360624	12464	337835	88690
天津	5062241	4626978	148567	282555	4140	95102	12961
河北	4159241	3779135	136081	235802	8224	70433	3729
山西	3893698	3542260	127851	215504	8084	79470	16602
内蒙古	964998	842965	50250	69745	2039	72186	16291
辽宁	5399768	4865884	181692	337486	14706	55759	9908
吉林	1161280	1042707	44400	72641	1532	17640	1563
黑龙江	4513668	3763765	368248	372061	9595	112199	97362
上海	6724352	6175770	171711	361004	15867	162010	23348
江苏	4796994	4128838	149273	474083	44801	551829	28983
浙江	2218813	1963337	83799	163983	7693	34244	9668
安徽	6164439	5521645	200518	410215	32060	113859	13891
福建	3245606	2929382	129332	176062	10830	34277	7053
江西	3114698	2787108	128586	186710	12293	48945	10707
山东	6621447	5808421	196012	593653	23362	157770	18155
河南	5033771	4495112	156710	367040	14909	148338	15877
湖北	7304583	6348372	231993	640965	83254	240922	36329
湖南	7184337	6298447	278174	586037	21678	62406	14580
广东	10646250	9703317	341142	576423	25368	362510	53568
广西	3377661	3091615	129766	149281	6998	28533	8688
海南	693469	625507	23195	36066	8700	1295	896
重庆	2608505	2308433	100201	190834	9036	17781	3904
四川	7621918	6890971	247011	460233	23703	248412	38609
贵州	2885341	2639041	95939	146086	4275	73940	14030
云南	2406242	2150636	72368	175949	7290	35136	10706
西藏	127686	111119	4856	9918	1794	986	737
陕西	8631426	7812276	324355	481828	12967	45990	8188
甘肃	978299	885617	34984	53110	4589	39793	5097
青海	999069	873698	39265	77622	8484	30820	121
宁夏	679406	636183	21319	20880	1024	22857	2529
新疆	1837913	1674922	57481	103223	2287	51795	9256

2-B-2.15　各地区国有总承包和专业承包企业费用情况

单位：万元

地　区	管理费用	#税金	#财产保险费	#差旅费	#工会经费	财务费用	#利息支出
全　国	**4953887**	**215798**	**30515**	**287385**	**85581**	**700386**	**588758**
北　京	288910	6048	1636	15290	2677	69870	61993
天　津	176085	3665	526	7808	2015	28995	23557
河　北	175135	9425	776	8028	2272	12522	9890
山　西	201047	6472	726	12233	3342	14187	10482
内蒙古	34749	2456	94	1906	819	2779	2307
辽　宁	231924	11821	1648	14324	4321	20868	17990
吉　林	47255	4392	544	2661	466	5324	3585
黑龙江	187247	19371	632	5866	3779	26851	3871
上　海	216969	4644	478	10346	2633	23811	29373
江　苏	237997	7108	2044	13977	2898	24740	12083
浙　江	119869	2401	474	5788	1645	8400	8343
安　徽	219514	11676	580	10797	5406	16138	17430
福　建	106374	2981	173	4986	1527	22038	15558
江　西	108859	4045	428	5522	2384	21035	11119
山　东	256704	16169	3485	14730	4645	27187	41572
河　南	232996	11808	2496	14925	5017	25912	25304
湖　北	333004	14304	1948	18357	7533	94328	77196
湖　南	225682	9910	2839	15057	4974	34510	23067
广　东	337220	15748	1663	17222	5620	32952	31341
广　西	127810	4094	236	5191	1731	5552	9739
海　南	12225	325	5	425	114	-245	-83
重　庆	75278	5241	916	5028	2007	17532	17724
四　川	296416	14431	2091	37024	5656	47630	34612
贵　州	113336	5975	233	7277	2265	21787	19573
云　南	121836	3353	822	5243	1334	14825	12506
西　藏	6886	808	58	179	11	1031	850
陕　西	252340	10551	1252	15677	4337	57331	54717
甘　肃	55163	3273	650	3242	1127	2608	2108
青　海	47483	933	83	2503	791	11598	3763
宁　夏	26349	1092	113	1402	528	1016	838
新　疆	81226	1279	868	4378	1710	7273	6353

2-B-2.16 各地区国有总承包和专业承包企业利润及税金情况

单位：万元

地区	利润总额	#应交所得税	税金总额	工程结算税金及附加	管理费用中的税金
全国	**3353961**	**596356**	**4734586**	**4518788**	**215798**
北京	187652	35621	249759	243711	6048
天津	101640	16150	152232	148567	3665
河北	60139	14298	145506	136081	9425
山西	26209	7111	134322	127851	6472
内蒙古	36607	2833	52706	50250	2456
辽宁	90629	28255	193513	181692	11821
吉林	18110	5645	48792	44400	4392
黑龙江	179775	28820	387619	368248	19371
上海	174217	40842	176355	171711	4644
江苏	250866	45283	156381	149273	7108
浙江	56769	11388	86200	83799	2401
安徽	208679	34543	212194	200518	11676
福建	52793	13358	132313	129332	2981
江西	66577	13185	132631	128586	4045
山东	268832	53236	212181	196012	16169
河南	128850	27147	168518	156710	11808
湖北	236250	30094	246297	231993	14304
湖南	350205	30838	288084	278174	9910
广东	276414	59087	356890	341142	15748
广西	28067	8252	133860	129766	4094
海南	24736	1348	23520	23195	325
重庆	83700	8835	105442	100201	5241
四川	161469	25890	261441	247011	14431
贵州	27682	7521	101913	95939	5975
云南	49332	7326	75721	72368	3353
西藏	2463	252	5664	4856	808
陕西	149808	24357	334906	324355	10551
甘肃	724	1815	38257	34984	3273
青海	23550	7854	40198	39265	933
宁夏	3361	1624	22412	21319	1092
新疆	27856	3550	58760	57481	1279

2-B-2.17　各地区集体总承包和专业承包企业签订合同情况

单位：万元

地　区	合同总额	上年结转合同额	本年新签合同额
全　国	**42687930**	**12846809**	**29841121**
北　京	1375472	491630	883842
天　津	686341	153107	533234
河　北	603325	153587	449738
山　西	386381	102443	283939
内蒙古	107263	7765	99498
辽　宁	1789665	264659	1525005
吉　林	239768	28995	210773
黑龙江	694746	145438	549308
上　海	818343	294422	523921
江　苏	6427972	1696682	4731290
浙　江	1852921	789411	1063510
安　徽	944566	199430	745137
福　建	1194417	458155	736262
江　西	2782002	1036904	1745098
山　东	4477450	1121857	3355594
河　南	1812670	457432	1355238
湖　北	1057467	289083	768384
湖　南	1876176	624927	1251249
广　东	5111569	2143614	2967956
广　西	1225727	429813	795914
海　南	291491	109549	181942
重　庆	615344	212200	403144
四　川	2284255	504608	1779647
贵　州	243272	93272	150000
云　南	922650	218455	704195
西　藏	85624	11109	74515
陕　西	1587133	576144	1010989
甘　肃	886694	183515	703178
青　海	99904	21651	78253
宁　夏	62258	6556	55702
新　疆	145064	20397	124667

2-B-2.18 各地区集体总承包和专业承包企业承包工程完成情况

单位：万元

地区	直接从建设单位承揽工程完成的产值	自行完成施工产值	分包出去工程的产值	从建设单位以外承揽工程完成的产值
全国	**31544539**	**31353597**	**190942**	**810739**
北京	1028703	1013003	15700	42468
天津	539899	538222	1677	6665
河北	484812	482812	2000	5936
山西	314938	311412	3526	11179
内蒙古	97994	97994		70
辽宁	1575913	1575006	907	3927
吉林	241199	241199		
黑龙江	627241	626110	1131	8915
上海	654276	647383	6893	19187
江苏	4866873	4859640	7233	330211
浙江	1149650	1148915	735	19535
安徽	783231	754112	29119	13102
福建	828542	817375	11167	11373
江西	1903067	1902349	718	83460
山东	3703217	3697939	5278	61913
河南	1436658	1434125	2533	15027
湖北	702380	694297	8083	12594
湖南	1283775	1280346	3429	31163
广东	2997579	2929429	68151	50265
广西	851062	851059	3	4758
海南	211328	211319	9	9
重庆	473922	473813	109	3076
四川	1798183	1786982	11201	14861
贵州	159523	159523		3482
云南	710225	708681	1544	4185
西藏	84755	84755		53
陕西	1216249	1210946	5303	10850
甘肃	612627	609421	3206	19009
青海	79504	79504		33
宁夏	43642	43642		2671
新疆	83572	82284	1287	20763

2-B-2.19　各地区集体总承包和专业承包企业建筑业总产值和竣工产值

单位：万元

地　区	建筑业总产值	#装饰装修产值	#在外省完成的产值	按构成分组			竣工产值
				建筑工程产值	安装工程产值	其他产值	
全　国	**32164336**	**1220718**	**4166357**	**28366505**	**2945889**	**851942**	**23728336**
北　京	1055471	170642	25649	1028987	19050	7434	797266
天　津	544887	41393	12449	402445	91770	50672	368801
河　北	488748	30711	61216	365538	90743	32467	378926
山　西	322591	9718	656	266585	46601	9406	209827
内蒙古	98064			80355	17709		76123
辽　宁	1578933	53782	10295	1122576	421708	34649	1122850
吉　林	241199	3306		190372	42635	8192	219830
黑龙江	635025	34899	32281	456193	139386	39447	539670
上　海	666570	58949	14247	522378	73070	71121	516867
江　苏	5189850	118334	2131938	4997143	175245	17462	4417523
浙　江	1168450	18485	363736	1001426	164376	2648	983357
安　徽	767214	21748	73999	508734	197652	60828	576121
福　建	828749	23430	220420	790623	30527	7599	520679
江　西	1985810	50428	222112	1834518	96978	54315	1222578
山　东	3759852	118265	180932	3369693	302247	87912	2673148
河　南	1449152	40999	35178	1313426	83255	52471	1065134
湖　北	706891	34123	31963	638515	45216	23160	534755
湖　南	1311509	26309	107870	1193942	76589	40978	916139
广　东	2979694	208893	83094	2593467	280431	105796	2196195
广　西	855817	28671		820444	13779	21594	608855
海　南	211328	547		210038	1286	4	126266
重　庆	476889	28604	29741	415435	43210	18244	360752
四　川	1801843	36064	288885	1602266	162921	36655	1233606
贵　州	163006	5174	815	146995	2054	13958	128609
云　南	712866	21256	7108	652046	39528	21291	547760
西　藏	84808	2279		83135	1363	311	78898
陕　西	1221796	9331	210870	1141727	70837	9232	679493
甘　肃	628430	21271	11705	430430	180496	17504	469008
青　海	79537	302		72290	1254	5993	29265
宁　夏	46313	409	2221	45778	535		37255
新　疆	103047	2399	6979	69006	33439	602	92785

2-B-2.20 各地区集体总承包和专业承包企业房屋建筑面积

地　区	房屋建筑施工面积（万平方米）	#本年新开工	#实行投标承包面积	#本年新开工	房屋建筑竣工面积（万平方米）	房屋建筑面积竣工率（%）
全　国	**39247.8**	**21703.6**	**29353.3**	**17681.1**	**19224.8**	**49.0**
北　京	814.7	294.0	556.6	181.8	216.5	26.6
天　津	282.3	157.7	238.1	128.3	131.8	46.7
河　北	540.6	353.1	460.4	310.4	311.7	57.7
山　西	290.3	176.2	218.7	135.8	138.9	47.8
内蒙古	56.0	53.1	53.1	53.1	44.5	79.5
辽　宁	1088.5	746.4	932.7	701.9	622.8	57.2
吉　林	119.7	115.7	97.1	97.1	114.7	95.8
黑龙江	740.7	598.7	568.5	533.0	289.9	39.1
上　海	534.0	239.2	297.7	160.3	288.7	54.1
江　苏	6473.3	3663.6	5509.8	3044.2	3276.7	50.6
浙　江	1618.3	632.8	1274.0	544.7	722.4	44.6
安　徽	720.6	451.4	549.3	390.8	391.5	54.3
福　建	1227.9	490.1	926.4	376.2	434.5	35.4
江　西	3323.1	1444.5	2302.0	1232.9	1502.1	45.2
山　东	4315.7	2904.9	3455.7	2520.8	2354.7	54.6
河　南	1892.3	1261.8	1537.7	1084.8	1068.6	56.5
湖　北	885.2	577.3	643.2	459.2	566.1	64.0
湖　南	1937.2	1109.1	1434.7	930.5	1081.8	55.8
广　东	5074.5	2178.2	2835.1	1330.2	2031.8	40.0
广　西	1606.1	763.9	899.7	520.4	748.4	46.6
海　南	187.7	109.3	128.5	89.9	88.7	47.3
重　庆	593.8	345.7	403.8	239.0	307.2	51.7
四　川	2132.6	1319.7	1586.9	1062.9	1059.6	49.7
贵　州	312.4	171.8	251.3	134.7	160.1	51.2
云　南	574.9	400.5	445.1	340.8	355.7	61.9
西　藏	32.5	27.6	25.5	22.1	14.7	45.2
陕　西	1215.2	647.6	1137.4	611.0	548.6	45.1
甘　肃	520.3	355.5	452.7	334.1	266.6	51.2
青　海	20.4	18.3	15.2	14.3	13.4	65.9
宁　夏	66.2	50.9	65.7	50.9	36.7	55.5
新　疆	50.9	45.1	50.9	45.1	35.2	69.1

2-B-2.21　各地区按主要用途分的集体总承包和专业承包企业房屋建筑竣工面积

单位：万平方米

地　　区	合计	厂房、仓库	住宅	办公用房	批发和零售用房	住宿和餐饮用房
全　　国	**19224.8**	**3072.5**	**12074.7**	**1199.4**	**395.9**	**269.6**
北　　京	216.5	44.9	112.7	33.2	4.1	1.9
天　　津	131.8	41.9	64.6	5.6	4.0	
河　　北	311.7	64.1	190.1	24.1	4.0	4.8
山　　西	138.9	9.3	98.7	16.5	2.5	1.1
内 蒙 古	44.5		33.6	3.4	0.9	1.6
辽　　宁	622.8	60.7	485.7	21.1	1.4	2.5
吉　　林	114.7	10.4	95.4	4.6		0.8
黑 龙 江	289.9	22.4	227.3	9.8	1.1	2.1
上　　海	288.7	163.8	93.1	4.3	5.2	1.6
江　　苏	3276.7	499.8	2182.1	155.9	110.2	44.7
浙　　江	722.4	274.2	302.9	48.9	12.9	7.4
安　　徽	391.5	54.4	232.4	27.0	1.9	3.8
福　　建	434.5	48.8	312.1	27.5	5.6	12.8
江　　西	1502.1	129.0	1112.4	89.5	25.3	20.1
山　　东	2354.7	370.4	1472.3	126.7	71.5	55.8
河　　南	1068.6	125.2	707.8	90.1	9.2	19.4
湖　　北	566.1	74.7	392.0	30.8	8.9	6.1
湖　　南	1081.8	105.2	681.1	82.6	40.7	14.5
广　　东	2031.8	661.2	893.0	157.0	14.4	17.1
广　　西	748.4	61.8	467.9	57.9	12.2	7.1
海　　南	88.7	1.8	51.8	3.2	13.7	1.5
重　　庆	307.2	29.3	222.0	7.4	2.8	5.5
四　　川	1059.6	105.4	735.8	47.7	26.6	15.4
贵　　州	160.1	6.9	87.8	15.1	4.1	2.5
云　　南	355.7	48.2	183.0	40.8	7.8	8.7
西　　藏	14.7	1.7	8.0	3.2		0.5
陕　　西	548.6	28.2	400.3	37.8	0.6	4.1
甘　　肃	266.6	17.8	184.7	24.2	2.4	4.2
青　　海	13.4	0.2	4.5	2.3		
宁　　夏	36.7	1.2	24.5	0.6	1.9	1.9
新　　疆	35.2	9.7	15.2	0.2	0.1	0.1

2-B-2.21 续表　　　　单位：万平方米

地　区	居民服务业用房	教育用房	文化、体育和娱乐用房	卫生医疗用房	科研用房	其他用房
全　国	**244.3**	**902.8**	**200.4**	**158.9**	**18.1**	**688.1**
北　京	6.4	6.2	1.0	1.3		4.9
天　津	0.5	4.1	1.7	1.5	1.4	6.4
河　北	3.4	9.9	3.4	1.3	1.3	5.2
山　西	0.4	5.5	0.8	0.7		3.5
内蒙古	1.4	0.9	1.8			0.8
辽　宁	1.9	25.0	3.2	5.9	0.9	14.6
吉　林	0.2	3.2				
黑龙江	2.9	7.1	0.2	1.7	0.4	14.9
上　海	2.3	6.4				12.2
江　苏	50.9	78.4	65.6	19.4	7.9	61.9
浙　江	4.5	21.5	14.3	2.5	0.7	32.7
安　徽	2.0	46.5	3.6	5.7		14.2
福　建	1.7	10.1	9.9	0.3	0.4	5.3
江　西	12.2	53.6	2.6	7.9	0.7	48.9
山　东	47.1	70.8	10.5	14.6	1.4	113.6
河　南	11.9	47.3	7.7	18.6	0.4	31.0
湖　北	5.4	22.2	3.4	5.9		16.6
湖　南	28.5	49.6	7.9	13.4	1.7	56.7
广　东	16.7	146.3	35.6	7.5		83.2
广　西	4.0	68.5	4.0	13.8		51.2
海　南	0.8	8.0	0.8	1.7		5.4
重　庆	4.3	8.1	4.5	2.5		20.6
四　川	14.6	67.7	6.0	14.2		26.1
贵　州	2.5	25.0	2.2	3.8		10.2
云　南	8.2	30.3	5.5	5.6		17.7
西　藏	0.1	0.2		0.1	0.2	0.9
陕　西	7.6	53.7	2.6	4.6	0.3	8.7
甘　肃	1.9	16.3	1.6	3.0	0.5	9.9
青　海		3.5		1.0		1.9
宁　夏		5.6				1.1
新　疆		1.4		0.5		8.0

2-B-2.22　各地区按主要用途分的集体总承包和专业承包企业房屋建筑竣工价值

单位：万元

地　区	合计	厂房、仓库	住宅	办公用房	批发和零售用房	住宿和餐饮用房
全　国	**16128439**	**2410810**	**10143303**	**1071050**	**362516**	**236242**
北　京	334588	77288	153090	54560	7476	5252
天　津	161263	50613	78649	7009	8854	
河　北	255761	42407	155276	23748	2077	5690
山　西	129393	7954	88456	16599	2763	1398
内蒙古	52095		39930	3986	684	2068
辽　宁	540080	56589	404765	20724	1190	1903
吉　林	107020	9135	89993	5899		680
黑龙江	299051	27862	226805	11149	958	2002
上　海	283334	134882	113305	4384	5217	1500
江　苏	3377439	440090	2298069	157290	123075	40223
浙　江	648504	192651	312723	45643	13872	6049
安　徽	296611	44976	173375	23110	1640	2272
福　建	419269	38864	308668	27895	7000	12147
江　西	1022551	82956	755204	58268	18233	14640
山　东	1843344	269241	1156981	107879	63284	49951
河　南	797340	99707	505289	75561	8065	16170
湖　北	402583	54794	270699	24266	4047	4005
湖　南	750149	77715	450174	66780	23831	9692
广　东	1496147	433959	699599	117451	9336	15349
广　西	485350	41408	301482	41421	4616	3941
海　南	89388	1587	51827	3212	15346	1974
重　庆	249502	27437	176071	7256	3121	5601
四　川	808960	93258	536572	41746	21936	12789
贵　州	104403	4983	55576	11588	2818	1304
云　南	344073	43464	172309	47042	8223	8869
西　藏	16373	1574	8993	3147		607
陕　西	491621	28111	353292	34780	582	4215
甘　肃	251798	18707	168983	25158	2256	4549
青　海	14783	304	5050	2629		
宁　夏	29477	1547	18662	592	1891	1377
新　疆	26188	6750	13435	279	128	29

2-B-2.22 续表　　　　单位：万元

地　区	居民服务业用房	教育用房	文化、体育和娱乐用房	卫生医疗用房	科研用房	其他用房
全　国	**221396**	**749426**	**199421**	**131889**	**20295**	**582092**
北　京	12904	11963	1597	2261		8199
天　津	870	4635	2083	2051	1721	4778
河　北	8463	7813	3355	937	1417	4580
山　西	400	4985	974	777		5086
内 蒙 古	1308	1243	2258			618
辽　宁	1116	23293	2659	5748	1644	20449
吉　林	249	1065				
黑 龙 江	3529	7592	268	1937	717	16234
上　海	2318	7079				14649
江　苏	53900	90426	84520	15708	9705	64435
浙　江	4109	19915	15905	2016	677	34945
安　徽	1155	32948	2545	4643		9947
福　建	1000	9424	9947	361	229	3733
江　西	8708	39831	2160	4554	385	37613
山　东	41509	58691	9837	15721	1137	69113
河　南	8558	32336	6190	14401	364	30698
湖　北	5423	15494	2456	4557		16842
湖　南	20642	32774	5777	10028	1212	51526
广　东	13890	108560	24563	7021		66420
广　西	2735	49631	2335	8999		28782
海　南	755	7524	847	1503		4814
重　庆	3053	8197	3381	2827		12559
四　川	10188	53223	4726	10670	26	23828
贵　州	1304	16294	1089	2197		7253
云　南	6411	29236	4859	5148	26	18487
西　藏	110	230		122	188	1403
陕　西	4879	50958	3654	3742	350	7059
甘　肃	1880	14555	1415	2532	499	11265
青　海	31	3670	22	952		2126
宁　夏		4441				967
新　疆		1404		478		3685

2-B-2.23　各地区集体总承包和专业承包企业施工机械设备情况

地　区	年末自有施工机械设备总台数(台)	年末自有施工机械设备总功率(千瓦)	年末自有施工机械设备净值(万元)	技术装备率(元/人)	动力装备率(千瓦/人)
全　国	**953468**	**12884180**	**2003668**	**7511**	**4.8**
北　京	13531	176604	29276	9470	5.7
天　津	10719	184661	25036	10429	7.7
河　北	19392	223386	37583	6387	3.8
山　西	17725	206552	35322	9486	5.5
内蒙古	1541	62893	7351	11233	9.6
辽　宁	44031	638356	90772	7426	5.2
吉　林	4832	100742	11131	7999	7.2
黑龙江	11933	240446	49334	11500	5.6
上　海	6890	66893	10609	3261	2.1
江　苏	95386	1621827	224043	6943	5.0
浙　江	20893	279856	62137	8134	3.7
安　徽	26682	613319	50399	5750	7.0
福　建	11912	144983	28907	5958	3.0
江　西	39245	366744	69116	4575	2.4
山　东	122539	1620778	241433	6607	4.4
河　南	54882	575216	94307	6422	3.9
湖　北	28379	424933	58259	6985	5.1
湖　南	68648	711839	107594	7983	5.3
广　东	128405	1551342	245980	8793	5.5
广　西	51678	594022	74558	10302	8.2
海　南	4225	78953	13071	9431	5.7
重　庆	9626	121886	38034	8091	2.6
四　川	47272	596901	113180	6193	3.3
贵　州	8076	98994	17419	6912	3.9
云　南	27154	502892	84520	11807	7.0
西　藏	1274	13521	4780	7305	2.1
陕　西	37830	531205	88317	8467	5.1
甘　肃	33085	407865	68776	10309	6.1
青　海	2486	42387	8341	11689	5.9
宁　夏	1871	43504	4144	21285	22.3
新　疆	1326	40680	9939	36977	15.1

2-B-2.24 各地区集体总承包和专业承包企业营业额

单位：万元

地　区	企业营业额	在境外完成的营业额	企业总产值	#建筑业总产值
全　国	**33385585**	**120665**	**33264920**	**32164336**
北　京	1092501	764	1091737	1055471
天　津	579179		579179	544887
河　北	525945	31917	494028	488748
山　西	323971		323971	322591
内蒙古	98072		98072	98064
辽　宁	1619564		1619564	1578933
吉　林	249007		249007	241199
黑龙江	645253		645253	635025
上　海	697570	1500	696070	666570
江　苏	5575229	53846	5521383	5189850
浙　江	1180133		1180133	1168450
安　徽	769189		769189	767214
福　建	832815		832815	828749
江　西	2073991	2400	2071591	1985810
山　东	3797211	9022	3788189	3759852
河　南	1728231	9943	1718287	1449152
湖　北	758964		758964	706891
湖　南	1335283	1414	1333869	1311509
广　东	3017332		3017332	2979694
广　西	867329		867329	855817
海　南	211328		211328	211328
重　庆	499878		499878	476889
四　川	1842416	8459	1833957	1801843
贵　州	167301		167301	163006
云　南	724424		724424	712866
西　藏	85150		85150	84808
陕　西	1222777		1222777	1221796
甘　肃	635019	1400	633619	628430
青　海	79794		79794	79537
宁　夏	46643		46643	46313
新　疆	104087		104087	103047

2-B-2.25　各地区集体总承包和专业承包企业资产构成

单位：万元

地　区	资产合计	#流动资产小计	#长期投资	#固定资产小计	#无形及递延资产
全　国	**22849177**	**16747590**	**644557**	**4899795**	**458814**
北　京	1776047	1568554	40872	146004	9113
天　津	689279	594112	31589	51828	4289
河　北	408175	269438	9585	122322	5830
山　西	366063	258748	12679	87726	5430
内蒙古	60583	44348	84	15047	781
辽　宁	1270732	956974	30243	253001	27725
吉　林	114313	80202	2879	30513	648
黑龙江	565688	398266	6639	155665	3867
上　海	663508	594264	21753	43106	1920
江　苏	2331181	1860913	64766	382347	18056
浙　江	1005561	857715	19045	125503	2680
安　徽	648167	489353	27584	120923	9218
福　建	420977	336609	9243	67486	6558
江　西	937379	597366	52437	230471	54617
山　东	2990280	2166237	85202	641450	86909
河　南	690736	396898	7033	262331	22570
湖　北	429005	235677	9258	167275	15249
湖　南	748010	438897	10541	270492	25384
广　东	2534720	1946234	67345	474079	34953
广　西	578952	367060	6858	164554	38893
海　南	78035	48715	35	24699	4118
重　庆	346257	250654	5974	87380	1494
四　川	945235	612965	31203	280472	18280
贵　州	192863	117149	2799	62497	9456
云　南	590282	347749	43873	185676	12000
西　藏	34195	15572	441	16135	2038
陕　西	723023	458004	8429	213374	26685
甘　肃	469882	303956	16923	140515	3023
青　海	88507	51319	3331	29201	4560
宁　夏	50608	29159	2017	18241	1187
新　疆	100936	54485	13899	29485	1282

2-B-2.26 各地区集体总承包和专业承包企业流动资产、无形及递延资产

单位：万元

地区	流动资产	#存货	无形及递延资产	#无形资产
全国	**16747590**	**5301042**	**458814**	**379472**
北京	1568554	752443	9113	7610
天津	594112	222661	4289	4207
河北	269438	73221	5830	5825
山西	258748	55144	5430	2864
内蒙古	44348	12316	781	661
辽宁	956974	209357	27725	24483
吉林	80202	19181	648	646
黑龙江	398266	85233	3867	3456
上海	594264	218352	1920	1518
江苏	1860913	453962	18056	15916
浙江	857715	385546	2680	2077
安徽	489353	105848	9218	6452
福建	336609	127659	6558	6229
江西	597366	190554	54617	49571
山东	2166237	646324	86909	75508
河南	396898	114763	22570	21860
湖北	235677	82159	15249	12492
湖南	438897	108560	25384	20686
广东	1946234	634927	34953	23502
广西	367060	95874	38893	23363
海南	48715	10167	4118	3617
重庆	250654	103829	1494	1068
四川	612965	190444	18280	15930
贵州	117149	44235	9456	8981
云南	347749	86329	12000	10348
西藏	15572	4834	2038	2020
陕西	458004	153367	26685	23343
甘肃	303956	83703	3023	2847
青海	51319	14564	4560	135
宁夏	29159	12766	1187	1032
新疆	54485	2722	1282	1226

2-B-2.27　各地区集体总承包和专业承包企业固定资产情况

单位：万元

地　区	固定资产小计	固定资产原价		固定资产折旧		在建工程
			#生产经营用		#本年折旧	
全　国	**4899795**	**6155942**	**4424351**	**2101445**	**365383**	**488844**
北　京	146004	214891	137383	95857	10456	20720
天　津	51828	78907	52758	32245	5706	3545
河　北	122322	135870	101585	41732	7720	7044
山　西	87726	110449	75446	33179	4772	6469
内蒙古	15047	16009	12958	5021	444	2544
辽　宁	253001	372319	301221	151069	21590	7096
吉　林	30513	40034	29171	15812	3849	250
黑龙江	155665	205639	164607	72970	12476	15224
上　海	43106	59336	31523	25220	2356	8324
江　苏	382347	530829	420635	194687	29418	18610
浙　江	125503	176647	133081	58638	6796	2399
安　徽	120923	168766	119256	68819	9317	12372
福　建	67486	85257	63495	29160	5738	10511
江　西	230471	231674	135285	65063	16339	47672
山　东	641450	822711	594484	297893	59794	67745
河　南	262331	278983	197430	72382	15293	36949
湖　北	167275	176531	111654	51138	9677	22468
湖　南	270492	294167	203821	95856	15706	39554
广　东	474079	612953	431442	219807	48934	57865
广　西	164554	186136	126320	42675	9280	14037
海　南	24699	27562	17990	6343	1019	743
重　庆	87380	109307	78485	37380	6311	10978
四　川	280472	356058	242463	114662	15773	19660
贵　州	62497	61476	41587	11073	1294	7813
云　南	185676	257748	195849	93793	17042	15061
西　藏	16135	14812	7877	4367	650	4395
陕　西	213374	258979	194748	71562	14174	11021
甘　肃	140515	179907	135616	54398	8692	6752
青　海	29201	37278	23163	17779	2058	1757
宁　夏	18241	14305	11362	4246	305	8152
新　疆	29485	40402	31656	16619	2404	1113

2-B-2.28 各地区集体总承包和专业承包企业负债及所有者权益

单位：万元

地 区	负债合计			所有者权益	
		流动负债	长期负债		#实收资本
全 国	**13863681**	**13327056**	**536625**	**8985497**	**6380751**
北 京	1308899	1300751	8149	467148	285704
天 津	542818	513404	29414	146461	126121
河 北	179279	175352	3926	228896	143042
山 西	226705	218285	8420	139359	118274
内蒙古	40590	39260	1330	19993	18294
辽 宁	846703	837016	9688	424029	309406
吉 林	67436	65824	1613	46877	39836
黑龙江	352289	294258	58032	213399	175272
上 海	481285	472820	8465	182223	123576
江 苏	1374866	1337328	37538	956316	473395
浙 江	757717	754200	3518	247844	167521
安 徽	409905	399654	10251	238261	173351
福 建	278206	276975	1231	142771	115907
江 西	492801	460259	32542	444579	337581
山 东	1835597	1737440	98158	1154683	787449
河 南	299294	285847	13448	391442	318635
湖 北	180129	169450	10680	248875	200901
湖 南	343648	323093	20555	404362	306739
广 东	1633427	1563405	70022	901293	606785
广 西	312125	298313	13812	266827	217501
海 南	35267	34072	1196	42768	32065
重 庆	186062	178602	7460	160195	131575
四 川	464714	453259	11455	480520	345026
贵 州	104563	98047	6515	88301	78695
云 南	304459	292968	11491	285823	221930
西 藏	7027	7010	18	27168	24438
陕 西	399272	373892	25380	323751	255059
甘 肃	267684	244946	22738	202198	153940
青 海	41418	35068	6350	47089	42797
宁 夏	24136	23710	426	26472	13972
新 疆	65360	62549	2810	35577	35966

2-B-2.29　各地区集体总承包和专业承包企业实收资本

单位：万元

地　区	合计	国家资本	集体资本	法人资本	个人资本	港澳台资本	外商资本
全　国	**6380751**	**3611**	**5973998**	**296385**	**102966**	**3512**	**279**
北　京	285704	960	167495	55176	62073		
天　津	126121		123222	2385	514		
河　北	143042		140709	1784	549		
山　西	118274		116232	1892	150		
内蒙古	18294		16379	1200	715		
辽　宁	309406	615	293723	13385	1683		
吉　林	39836		39360	120	356		
黑龙江	175272		170595	4677			
上　海	123576	89	99423	21338	2726		
江　苏	473395		408870	56312	8214		
浙　江	167521		165873	1408	240		
安　徽	173351		160603	10079	2669		
福　建	115907		100246	10618	5044		
江　西	337581		331603	3917	1781		279
山　东	787449		766663	17907	2879		
河　南	318635	21	309371	5851	3392		
湖　北	200901		198317	1741	843		
湖　南	306739		298914	7406	419		
广　东	606785		591834	14921	30		
广　西	217501		212746	4257	498		
海　南	32065		31515	550			
重　庆	131575		125308	5849	418		
四　川	345026	600	333170	8746	2510		
贵　州	78695		77283	1411			
云　南	221930	16	193891	26537	1486		
西　藏	24438		24438				
陕　西	255059	1000	239151	9095	2300	3512	
甘　肃	153940		149468	4051	421		
青　海	42797		42797				
宁　夏	13972	309	11747	1844	73		
新　疆	35966		33055	1930	980		

2-B-2.30 各地区集体总承包和专业承包企业收入情况

单位：万元

地 区	工程结算收 入	工程结算成 本	工程结算税金及附加	工程结算利 润	经营费用	其他业务收 入	#其他业务利 润
全 国	**28724080**	**24577416**	**1153554**	**2675541**	**317569**	**376985**	**86213**
北 京	1219028	1082626	40460	87974	7969	39722	9763
天 津	518669	449512	18168	47694	3296	8579	4638
河 北	455629	378243	16968	46211	14207	7604	724
山 西	314184	265966	11374	29728	7115	9108	2731
内蒙古	100159	82887	6625	10438	209	407	288
辽 宁	1609819	1415892	53420	136713	3794	35645	5125
吉 林	201470	163932	10549	26454	536	130	62
黑龙江	618615	504096	36802	73396	4322	6331	1553
上 海	774825	717501	22260	33888	1176	5655	3248
江 苏	3702228	3131587	132963	380922	56757	34430	5512
浙 江	1025042	928797	35431	57719	3095	3264	1877
安 徽	656222	567352	25407	56280	7183	43113	5013
福 建	706810	646458	26120	33854	378	7049	3433
江 西	1691390	1452269	94154	130979	13988	9410	2425
山 东	3202449	2659586	113525	399080	30259	42458	4947
河 南	1336451	1146464	52971	117964	19052	9544	1773
湖 北	720941	597942	30348	83860	8792	7000	1934
湖 南	1217279	1026217	60652	116541	13869	6574	2809
广 东	2932756	2477441	122620	290446	42249	15116	7085
广 西	760517	664833	34130	51008	10546	2787	1264
海 南	177118	149985	6591	18261	2281	168	167
重 庆	425662	365376	16715	41238	2333	17048	247
四 川	1442584	1226510	59118	130047	26910	16895	8764
贵 州	154063	134034	7609	10428	1992	3477	669
云 南	622700	534561	23730	54059	10350	6512	3300
西 藏	85440	60540	3555	19254	2091	583	545
陕 西	1148580	982387	52760	104876	8557	17517	3322
甘 肃	668113	558878	31194	65410	12630	18645	1798
青 海	94611	81358	3017	9530	706	705	6
宁 夏	42646	38189	1526	2565	366	56	36
新 疆	98083	86001	2793	8726	564	1454	1158

2-B-2.31　各地区集体总承包和专业承包企业费用情况

单位：万元

地　　区	管理费用	#税金	#财产保险费	#差旅费	#工会经费	财务费用	#利息支出
全　　国	**1194452**	**90282**	**10252**	**62027**	**23897**	**121846**	**61455**
北　　京	72691	1293	251	1606	240	-1053	-1872
天　　津	34152	1770	37	585	277	811	908
河　　北	26718	1733	84	826	301	1080	547
山　　西	25164	1180	78	881	342	1087	450
内 蒙 古	5267	222	23	51	13	406	267
辽　　宁	91904	3078	610	2222	1221	1681	751
吉　　林	8383	463	79	529	47	1003	139
黑 龙 江	31903	3054	100	989	472	2458	2079
上　　海	28642	700	103	446	146	656	490
江　　苏	129868	6967	2595	9246	5062	15800	10566
浙　　江	32634	1545	197	2802	614	2965	2163
安　　徽	37960	3034	128	2645	884	3168	2587
福　　建	24889	655	44	746	345	924	762
江　　西	44232	3977	115	1837	456	9005	2792
山　　东	134998	12237	1327	5585	2925	23123	14701
河　　南	47329	4538	215	3204	1400	6735	2006
湖　　北	34468	5971	197	2168	740	3848	1953
湖　　南	35719	4137	1095	2850	1673	6291	1887
广　　东	119530	12059	941	5993	1865	8482	2323
广　　西	24773	2290	131	1315	280	2793	1033
海　　南	3080	196	1	240	7	170	44
重　　庆	16571	1644	142	1498	541	2166	1423
四　　川	73736	4674	461	6245	1302	6937	3512
贵　　州	7159	765	84	401	140	362	151
云　　南	26189	1990	480	2375	517	3566	2752
西　　藏	2830	864	35	1357	9	1270	53
陕　　西	37477	6490	550	1821	1329	9943	2270
甘　　肃	24257	2373	63	1075	665	5390	4388
青　　海	2949	163	30	139	12	546	66
宁　　夏	1709	67	8	120	9	114	105
新　　疆	7273	155	48	229	62	120	160

2-B-2.32 各地区集体总承包和专业承包企业利润及税金情况

单位：万元

地区	利润总额	#应交所得税	税金总额	工程结算税金及附加	管理费用中的税金
全国	**1405773**	**262041**	**1243836**	**1153554**	**90282**
北京	37030	8516	41753	40460	1293
天津	18453	6563	19938	18168	1770
河北	19405	4068	18701	16968	1733
山西	4944	1295	12554	11374	1180
内蒙古	4868	887	6847	6625	222
辽宁	44813	10086	56498	53420	3078
吉林	16927	1806	11012	10549	463
黑龙江	47062	9916	39856	36802	3054
上海	9531	3051	22960	22260	700
江苏	245178	46391	139929	132963	6967
浙江	33059	6561	36975	35431	1545
安徽	19123	4688	28441	25407	3034
福建	12307	5154	26775	26120	655
江西	71213	8306	98131	94154	3977
山东	232383	40930	125762	113525	12237
河南	64752	11235	57509	52971	4538
湖北	30918	4227	36319	30348	5971
湖南	74814	7313	64789	60652	4137
广东	157517	34316	134679	122620	12059
广西	31675	11858	36420	34130	2290
海南	7510	1107	6787	6591	196
重庆	21058	3123	18360	16715	1644
四川	58827	8737	63792	59118	4674
贵州	3202	623	8374	7609	765
云南	24594	4466	25721	23730	1990
西藏	15236	933	4419	3555	864
陕西	51902	4734	59250	52760	6490
甘肃	38128	9090	33567	31194	2373
青海	6280	764	3180	3017	163
宁夏	897	380	1593	1526	67
新疆	2168	921	2949	2793	155

2-B-2.33　各地区私营总承包和专业承包企业签订合同情况

单位：万元

地　区	合同总额	上年结转合同额	本年新签合同额
全　国	**225751358**	**68934554**	**156816804**
北　京	3405916	962291	2443625
天　津	1739997	350276	1389721
河　北	3949236	1036572	2912663
山　西	2163515	555524	1607991
内蒙古	3116914	880251	2236664
辽　宁	9476285	2794739	6681547
吉　林	3383538	623543	2759995
黑龙江	1597697	335626	1262071
上　海	14432983	5399194	9033789
江　苏	40310780	10128593	30182187
浙　江	54089357	17810641	36278715
安　徽	6012803	1452926	4559877
福　建	10603735	4151328	6452407
江　西	2045168	427023	1618144
山　东	9805817	2367543	7438274
河　南	6595391	1736105	4859287
湖　北	6966687	1878367	5088320
湖　南	5305282	2151061	3154222
广　东	10626067	4555324	6070743
广　西	2367389	803064	1564325
海　南	187902	104725	83177
重　庆	8366243	2599956	5766287
四　川	9888383	3322704	6565679
贵　州	411748	151013	260735
云　南	3451459	915063	2536395
西　藏	290981	49951	241031
陕　西	1519808	508140	1011669
甘　肃	976353	288963	687390
青　海	211334	67772	143562
宁　夏	928459	207064	721395
新　疆	1524133	319215	1204919

2-B-2.34 各地区私营总承包和专业承包企业承包工程完成情况

单位：万元

地区	直接从建设单位承揽工程完成的产值	自行完成施工产值	分包出去工程的产值	从建设单位以外承揽工程完成的产值
全国	**154627247**	**153620894**	**1006352**	**6325441**
北京	2470585	2410632	59954	364787
天津	1172408	1152761	19646	148261
河北	3240775	3230317	10458	69013
山西	1820830	1819181	1648	24408
内蒙古	2439363	2439363		9148
辽宁	7184609	7165396	19212	44065
吉林	2730851	2723064	7788	51073
黑龙江	1348457	1345886	2570	25667
上海	9015851	8680380	335472	899952
江苏	29411927	29369479	42448	1898535
浙江	33437224	33298119	139106	1185839
安徽	4446375	4401757	44618	110635
福建	6033696	6013387	20309	506475
江西	1696661	1694610	2051	47661
山东	8004007	7985934	18072	86154
河南	4800320	4788140	12180	52045
湖北	4982506	4942386	40120	125378
湖南	3263924	3254514	9410	35097
广东	6221275	6082541	138734	243435
广西	1478688	1464835	13852	31554
海南	126899	125430	1469	1668
重庆	5829390	5817033	12358	107531
四川	6672897	6636464	36433	127990
贵州	237548	236928	620	335
云南	2493683	2492358	1326	40332
西藏	262207	262207		660
陕西	1211905	1209912	1993	17029
甘肃	769298	767560	1738	30822
青海	132497	131756	741	851
宁夏	645051	644733	318	5224
新疆	1045542	1033832	11710	33816

2-B-2.35 各地区私营总承包和专业承包企业建筑业总产值和竣工产值

单位：万元

地　区	建筑业总产值	#装饰装修产值	#在外省完成的产值	按构成分组			竣工产值
				建筑工程产值	安装工程产值	其他产值	
全　国	**159946335**	**13874483**	**30087767**	**140391271**	**14064475**	**5490590**	**115161864**
北　京	2775418	1004056	445188	2628850	141950	4618	1887104
天　津	1301022	124351	43224	819740	259321	221961	727828
河　北	3299330	193956	189367	2743959	345789	209582	2415982
山　西	1843590	162846	133054	1419458	280127	144005	1075957
内蒙古	2448511	59609	16264	2237556	149394	61562	1833430
辽　宁	7209461	874084	707697	6337573	648662	223226	4780499
吉　林	2774137	135642	68568	2425785	310789	37562	2223437
黑龙江	1371553	110154	119504	1175353	118930	77271	937920
上　海	9580331	1302733	1440353	7657120	1493923	429289	6048983
江　苏	31268014	2389707	7369494	28518547	2509449	240018	25690706
浙　江	34483958	2496152	12839220	31445565	2023498	1014895	24626108
安　徽	4512393	322022	350898	3940500	351553	220340	3348353
福　建	6519861	419055	2235230	5932201	379556	208105	4531660
江　西	1742271	91529	146167	1523563	67198	151511	1185883
山　东	8072088	623501	526278	6487127	1075043	509918	5576989
河　南	4840184	346135	601223	4168064	457593	214528	3343722
湖　北	5067764	412894	346466	4337670	453687	276407	3981800
湖　南	3289611	283837	292448	2781744	195710	312157	2181436
广　东	6325976	1265507	624819	5054654	1039624	231698	4240753
广　西	1496390	107422	48314	1219049	208309	69032	1093364
海　南	127098	1995	10781	103811	20135	3152	55621
重　庆	5924564	292571	551903	5341291	381528	201745	4150943
四　川	6764454	405073	853504	5961850	578494	224111	4236902
贵　州	237263	19387	9676	207131	20113	10019	153250
云　南	2532690	153091	33521	2269935	209427	53328	1836928
西　藏	262867	9699		248785	6984	7098	215141
陕　西	1226941	107390	11774	1089296	98526	39119	785748
甘　肃	798383	57753	31289	692632	66618	39132	584926
青　海	132607	10030		104569	22806	5233	82671
宁　夏	649957	29804	25707	618848	19225	11883	535670
新　疆	1067648	62500	15840	899046	130515	38087	792152

2-B-2.36 各地区私营总承包和专业承包企业房屋建筑面积

地区	房屋建筑施工面积(万平方米)	#本年新开工	#实行投标承包面积	#本年新开工	房屋建筑竣工面积(万平方米)	房屋建筑面积竣工率(%)
全国	**159227.2**	**88659.4**	**124260.2**	**72547.4**	**76447.1**	**48.0**
北京	747.4	301.2	603.0	233.1	190.9	25.5
天津	494.2	299.4	373.0	224.0	218.7	44.3
河北	3581.1	2226.2	2880.4	1930.9	1768.5	49.4
山西	1021.1	627.9	798.9	528.6	571.0	55.9
内蒙古	2034.8	1408.7	1772.8	1340.1	1270.1	62.4
辽宁	5279.8	3436.2	4740.0	3186.6	2595.0	49.1
吉林	1898.9	1522.6	1671.4	1372.8	1358.8	71.6
黑龙江	1150.5	860.2	669.5	447.8	497.9	43.3
上海	6860.5	2706.7	5380.5	2119.8	2635.0	38.4
江苏	32240.2	17548.5	27331.3	14840.2	16114.9	50.0
浙江	39908.9	21062.2	32359.1	17626.1	17996.9	45.1
安徽	5445.8	3174.9	4175.3	2535.9	2843.7	52.2
福建	6549.3	2980.7	4911.4	2237.4	2761.6	42.2
江西	1827.6	1202.2	1383.0	953.5	1143.7	62.6
山东	8528.4	5602.5	6514.6	4672.0	4297.3	50.4
河南	4867.1	3092.5	3956.0	2605.2	2450.7	50.4
湖北	5026.6	3461.7	4042.7	2940.9	3213.6	63.9
湖南	3771.1	1963.2	3103.0	1616.9	1897.6	50.3
广东	5695.1	2358.6	2699.3	1310.9	2195.2	38.5
广西	1554.9	717.9	1070.7	531.7	693.8	44.6
海南	101.1	40.4	70.3	19.1	29.9	29.6
重庆	6981.2	3897.9	4172.7	2902.6	3110.3	44.6
四川	7336.8	4123.6	4928.4	3077.7	3361.2	45.8
贵州	430.4	239.6	327.6	194.0	158.2	36.8
云南	2183.4	1334.1	1368.6	1003.8	1175.8	53.9
西藏	124.6	97.0	66.5	51.8	79.2	63.5
陕西	1146.6	638.4	842.7	557.6	513.9	44.8
甘肃	795.1	524.0	549.4	349.0	488.6	61.5
青海	112.8	79.9	61.4	47.7	49.0	43.5
宁夏	660.7	445.9	599.9	421.0	304.9	46.1
新疆	871.1	684.3	836.5	668.8	460.8	52.9

2-B-2.37　各地区按主要用途分的私营总承包和专业承包企业房屋建筑竣工面积

单位：万平方米

地　区	合计	厂房、仓库	住宅	办公用房	批发和零售用房	住宿和餐饮用房
全　国	**76447.1**	**16986.2**	**45078.3**	**5580.0**	**1423.4**	**1030.9**
北　京	190.9	29.1	87.1	25.9	12.1	7.9
天　津	218.7	93.6	78.2	15.8	0.4	8.6
河　北	1768.5	254.4	1205.1	113.5	33.0	11.7
山　西	571.0	36.2	430.8	36.2	5.1	9.8
内蒙古	1270.1	38.3	917.6	143.3	44.1	9.7
辽　宁	2595.0	434.1	1810.0	96.8	40.3	22.3
吉　林	1358.8	67.9	1139.0	47.7	13.5	4.0
黑龙江	497.9	45.6	326.0	41.5	8.7	4.1
上　海	2635.0	973.1	1180.6	127.5	27.5	43.5
江　苏	16114.9	3711.4	9599.6	1187.4	316.9	237.1
浙　江	17996.9	6620.4	7873.1	1602.6	386.5	298.6
安　徽	2843.7	390.9	1962.3	191.2	50.5	19.9
福　建	2761.6	855.5	1430.2	224.8	13.7	24.8
江　西	1143.7	205.6	674.2	87.0	22.3	6.2
山　东	4297.3	804.0	2847.6	224.9	83.6	54.3
河　南	2450.7	220.8	1764.6	207.7	15.1	29.0
湖　北	3213.6	546.2	2051.0	214.0	33.5	22.9
湖　南	1897.6	232.2	1224.9	187.2	68.5	22.2
广　东	2195.2	571.1	1150.0	152.5	28.3	50.3
广　西	693.8	56.8	437.3	90.5	4.7	5.8
海　南	29.9	0.1	26.9	1.1		0.3
重　庆	3110.3	261.2	2419.7	98.1	46.5	22.0
四　川	3361.2	339.7	2391.6	168.5	66.7	54.2
贵　州	158.2	6.1	103.5	12.2	2.5	1.5
云　南	1175.8	78.9	733.5	102.4	36.9	21.0
西　藏	79.2	3.7	48.8	11.5	0.1	2.7
陕　西	513.9	37.7	327.4	59.8	25.0	7.8
甘　肃	488.6	24.3	273.8	47.2	11.3	10.8
青　海	49.0	2.7	32.8	4.8	0.3	0.9
宁　夏	304.9	21.0	213.4	20.5	13.9	5.9
新　疆	460.8	23.3	317.5	35.8	12.0	10.9

2-B-2.37 续表　　　　单位：万平方米

地　区	居民服务业用房	教育用房	文化、体育和娱乐用房	卫生医疗用房	科研用房	其他用房
全　国	**690.6**	**2306.7**	**531.8**	**531.6**	**145.2**	**2142.5**
北　京	4.5	3.6	3.6	0.9	0.1	16.2
天　津	0.5	3.2		0.2	2.8	15.4
河　北	22.1	56.6	4.2	17.8		49.9
山　西	7.9	22.8	2.2	7.8	0.1	12.2
内蒙古	8.4	39.8	11.3	7.0		50.6
辽　宁	17.1	44.3	13.5	20.5	2.6	93.3
吉　林	6.1	18.5	1.8	2.7	13.7	44.0
黑龙江	2.7	13.9	16.5	6.9		32.0
上　海	30.9	42.3	33.3	14.5		161.8
江　苏	173.4	352.8	92.4	143.3	51.4	249.2
浙　江	142.1	421.6	130.8	57.3	38.6	425.2
安　徽	18.4	118.8	7.9	17.0	1.0	65.7
福　建	14.6	92.1	25.9	14.9	11.6	53.4
江　西	13.6	40.6	19.6	3.5	1.4	69.7
山　东	57.9	87.3	12.9	16.0	3.0	106.0
河　南	10.2	96.6	16.7	21.9	0.9	67.1
湖　北	28.8	149.8	24.1	46.6	10.8	85.8
湖　南	10.9	76.2	9.6	16.5	1.4	48.0
广　东	32.6	111.9	13.4	19.0	0.4	65.6
广　西	7.2	40.0	10.7	7.2	1.1	32.4
海　南		1.0				0.5
重　庆	28.3	124.6	10.5	13.9		85.4
四　川	30.4	137.1	35.8	30.9	2.7	103.6
贵　州	0.5	16.0	4.0	6.3		5.6
云　南	6.5	84.1	9.7	14.3	0.6	88.0
西　藏	0.2	9.5	0.3	1.4		1.0
陕　西	3.5	28.8	10.3	8.5	0.3	4.8
甘　肃	1.7	37.9	1.6	4.5		75.5
青　海	0.6	3.3	0.3	1.4		1.9
宁　夏	0.7	12.0	3.6	2.4	0.3	11.2
新　疆	8.2	19.7	5.0	6.5	0.3	21.5

2-B-2.38　各地区按主要用途分的私营总承包和专业承包企业房屋建筑竣工价值

单位：万元

地　区	合计	厂房、仓库	住宅	办公用房	批发和零售用房	住宿和餐饮用房
全　国	**68762279**	**13519117**	**40751073**	**5682924**	**1395671**	**1093990**
北　京	257597	24765	118907	43588	9940	10003
天　津	252705	100702	94602	21407	458	4702
河　北	1548006	232602	1041798	110036	28784	8522
山　西	522129	36484	369786	42426	3525	9823
内蒙古	1216065	44260	767570	188498	80788	8874
辽　宁	2468497	487380	1607717	102720	39141	25551
吉　林	1279511	76948	1027657	60861	16179	5574
黑龙江	486416	50033	316421	45283	4055	5853
上　海	3055227	915955	1447645	162096	71575	56088
江　苏	14973578	3126953	8912320	1202366	263991	250302
浙　江	16465908	4851959	7910741	1684860	401438	369646
安　徽	2225128	273419	1554841	167652	37301	15074
福　建	2532648	616220	1450463	218314	13551	24468
江　西	741234	95160	448720	61001	17165	6576
山　东	3622811	628459	2414611	190384	75741	57865
河　南	2044045	191542	1423063	210057	10366	25332
湖　北	2836804	484085	1736628	220767	27330	23720
湖　南	1461364	151638	931931	162702	60123	20412
广　东	2085501	453914	1176317	154094	25380	38797
广　西	592281	51862	363913	82573	4895	5657
海　南	25869	54	22576	1361		595
重　庆	2551651	184698	1984993	97134	43197	20080
四　川	2587797	254556	1818374	143912	61869	42114
贵　州	104431	5740	65276	9326	2181	1117
云　南	1095965	63573	681035	99556	35653	18835
西　藏	99045	4265	55004	14843	91	3926
陕　西	494341	41966	294084	72890	24098	6842
甘　肃	396540	23941	229579	44987	11589	9335
青　海	49373	3541	30716	4729	204	788
宁　夏	258536	17539	168673	21382	14117	4655
新　疆	431277	24906	285112	41120	10947	12865

2-B-2.38 续表

单位：万元

地区	居民服务业用房	教育用房	文化、体育和娱乐用房	卫生医疗用房	科研用房	其他用房
全国	**695494**	**2218650**	**588073**	**620844**	**157827**	**2038616**
北京	9089	6802	8569	1552	100	24283
天津	1525	4931		371	3053	20954
河北	11221	48923	5056	17448		43616
山西	9357	24653	2401	10140	41	13494
内蒙古	8411	47614	14227	6394		49430
辽宁	19395	48059	12027	22915	2692	100900
吉林	5894	16236	2387	3610	14678	49487
黑龙江	2719	15748	7863	10791		27650
上海	27701	60128	85206	32375		196459
江苏	174244	396762	102242	201738	60291	282368
浙江	164488	436007	139501	57728	40883	408657
安徽	12761	89358	6564	11158	696	56304
福建	17122	87255	27423	12015	14339	51480
江西	15846	28906	18884	2273	1232	45471
山东	58866	81290	13653	15770	2001	84172
河南	7681	81538	13949	21392	936	58188
湖北	27806	148341	26836	54849	10573	75870
湖南	7545	62591	7397	17113	1761	38152
广东	51067	78393	12542	32790	274	61933
广西	4967	32872	9354	7094	903	28190
海南		806				477
重庆	20663	98359	7850	14360		80319
四川	19701	113275	26585	21921	1406	84084
贵州	343	10423	3611	3429	45	2942
云南	4943	81006	10413	14060	657	86233
西藏	295	16909	610	1967		1136
陕西	1960	26275	9269	8760	664	7533
甘肃	1641	37704	2085	5086		30594
青海	933	4332	260	1826		2044
宁夏	575	12414	4890	2700	268	11324
新疆	6739	20740	6419	7222	335	14873

2-B-2.39 各地区私营总承包和专业承包企业施工机械设备情况

地 区	年末自有施工机械设备总台数(台)	年末自有施工机械设备总功率(千瓦)	年末自有施工机械设备净值(万元)	技术装备率(元/人)	动力装备率(千瓦/人)
全 国	**3050876**	**57525172**	**9291331**	**8768**	**5.4**
北 京	34017	454730	86210	10444	5.5
天 津	18537	637676	81660	15154	11.8
河 北	126510	1372159	255857	8866	4.8
山 西	68533	1028419	243904	19470	8.2
内蒙古	33653	523202	116967	9157	4.1
辽 宁	124505	2429006	519795	13740	6.4
吉 林	49426	623048	88947	6270	4.4
黑龙江	27241	599632	162663	22990	8.5
上 海	83528	1085305	275379	6826	2.7
江 苏	489266	11600412	1555668	8087	6.0
浙 江	463751	6493754	1520970	7449	3.2
安 徽	125096	1406372	265456	6639	3.5
福 建	106150	1989649	428387	8833	4.1
江 西	31022	358142	83607	6994	3.0
山 东	203965	3223862	579821	8158	4.5
河 南	147770	1967972	334020	7949	4.7
湖 北	166757	2137366	468754	10775	4.9
湖 南	92414	1247516	226378	9014	5.0
广 东	150751	1950719	391019	10276	5.1
广 西	60777	613198	102025	8926	5.4
海 南	4604	43568	5588	5551	4.3
重 庆	83823	1425210	353880	7529	3.0
四 川	134728	2099869	411532	6457	3.3
贵 州	11012	220597	27214	9346	7.6
云 南	67930	1050888	254430	11859	4.9
西 藏	4605	84080	20253	9802	4.1
陕 西	40397	647229	148646	19386	8.4
甘 肃	44882	9277420	99368	9188	85.8
青 海	7659	88592	28624	16938	5.2
宁 夏	20192	415574	64343	24611	15.9
新 疆	27375	430006	89965	26903	12.9

2-B-2.40 各地区私营总承包和专业承包企业营业额

单位：万元

地区	企业营业额	在境外完成的营业额	企业总产值	#建筑业总产值
全国	**173580891**	**495511**	**173085380**	**159946335**
北京	2964912	9579	2955333	2775418
天津	1325892	1032	1324860	1301022
河北	3413323	21220	3392103	3299330
山西	1890618	20006	1870612	1843590
内蒙古	2536612	519	2536093	2448511
辽宁	7321603	15189	7306414	7209461
吉林	2847120		2847120	2774137
黑龙江	1406708	1802	1404906	1371553
上海	9912250	37512	9874739	9580331
江苏	32575794	102656	32473138	31268014
浙江	34932495	61121	34871374	34483958
安徽	4757860	9672	4748188	4512393
福建	6586306	17	6586289	6519861
江西	1938911	5928	1932984	1742271
山东	8273135	12789	8260346	8072088
河南	4961228	64282	4896946	4840184
湖北	5177234	6086	5171148	5067764
湖南	3398199		3398199	3289611
广东	6843365	71144	6772221	6325976
广西	1522227	865	1521362	1496390
海南	134897		134897	127098
重庆	6022812		6022812	5924564
四川	15060469	30345	15030123	6764454
贵州	261174		261174	237263
云南	3219323	7828	3211495	2532690
西藏	291313	192	291121	262867
陕西	1238668	86	1238582	1226941
甘肃	874740	14814	859926	798383
青海	132806		132806	132607
宁夏	664634	829	663806	649957
新疆	1094263		1094263	1067648

2-B-2.41　各地区私营总承包和专业承包企业资产构成

单位：万元

地　区	资产合计	#流动资产小计	#长期投资	#固定资产小计	#无形及递延资产
全　国	**117034351**	**88596707**	**4692874**	**21382073**	**1998139**
北　京	3247054	2606477	159678	427154	45473
天　津	1412489	1075362	57790	267073	10022
河　北	2471498	1697911	99000	627944	41785
山　西	1993268	1414421	44794	510011	19704
内蒙古	1958453	1334027	118215	431539	58842
辽　宁	5756911	4299260	161637	1141802	149094
吉　林	1810986	1285455	35031	464234	24672
黑龙江	1529477	1093871	22703	395209	15719
上　海	10224375	8826209	473568	815533	65464
江　苏	21301989	16978994	755522	3189734	317025
浙　江	18452799	14635267	829645	2730931	213904
安　徽	2732647	1946896	95635	634966	45189
福　建	3917028	2955299	149664	768359	38232
江　西	935862	536607	61860	303126	32598
山　东	6815807	4813349	295114	1543421	143653
河　南	2958359	1999245	75810	807727	69141
湖　北	3306128	2122899	74522	1011853	85889
湖　南	1667628	1133810	48404	427121	52769
广　东	7005199	5677499	296703	852332	136982
广　西	1374556	1008988	77886	249538	35460
海　南	182123	156979	3978	19923	204
重　庆	4007934	3016562	157161	770354	47600
四　川	4780466	3404752	224072	1011480	124703
贵　州	313779	230204	8938	68402	5785
云　南	2642394	1697476	161814	684785	84429
西　藏	189836	94173	4324	79040	8481
陕　西	1058908	605677	35391	372425	35576
甘　肃	752332	394890	35582	302109	17498
青　海	279645	155174	14411	86700	22798
宁　夏	813075	576307	37803	180729	16341
新　疆	1141345	822668	76220	206522	33109

2-B-2.42 各地区私营总承包和专业承包企业流动资产、无形及递延资产

单位：万元

地 区	流动资产	#存货	无形及递延资产	#无形资产
全 国	**88596707**	**24771658**	**1998139**	**1671048**
北 京	2606477	670678	45473	38602
天 津	1075362	219690	10022	7034
河 北	1697911	499415	41785	37578
山 西	1414421	352967	19704	14825
内蒙古	1334027	243617	58842	56391
辽 宁	4299260	747639	149094	129144
吉 林	1285455	117056	24672	22615
黑龙江	1093871	236186	15719	14690
上 海	8826209	2644230	65464	36517
江 苏	16978994	5174605	317025	281930
浙 江	14635267	4546764	213904	176909
安 徽	1946896	540346	45189	36505
福 建	2955299	891710	38232	29256
江 西	536607	130370	32598	23567
山 东	4813349	1357418	143653	115732
河 南	1999245	615951	69141	63901
湖 北	2122899	679070	85889	68971
湖 南	1133810	305719	52769	44101
广 东	5677499	1496063	136982	118190
广 西	1008988	251455	35460	30348
海 南	156979	40051	204	186
重 庆	3016562	1015940	47600	31306
四 川	3404752	998893	124703	97443
贵 州	230204	52005	5785	5278
云 南	1697476	382596	84429	73668
西 藏	94173	21269	8481	8111
陕 西	605677	134259	35576	31922
甘 肃	394890	115256	17498	9791
青 海	155174	30610	22798	21899
宁 夏	576307	154969	16341	15655
新 疆	822668	104863	33109	28984

2-B-2.43　各地区私营总承包和专业承包企业固定资产情况

单位：万元

地　区	固定资产小计	固定资产原价		固定资产折旧		在建工程
			#生产经营用		#本年折旧	
全　国	**21382073**	**26307829**	**19667183**	**7925328**	**1761937**	**1962660**
北　京	427154	546110	340272	192157	37375	61222
天　津	267073	320799	190839	97776	27155	32366
河　北	627944	740249	567899	201644	44420	57465
山　西	510011	638890	453647	173997	38483	30232
内蒙古	431539	485097	405791	111986	19282	41812
辽　宁	1141802	1491325	1349135	422014	102071	24300
吉　林	464234	565669	395091	169183	59462	27434
黑龙江	395209	514190	468193	144920	46242	13445
上　海	815533	1135591	683424	413544	84490	76229
江　苏	3189734	3929638	3109804	1289607	253046	399141
浙　江	2730931	3496961	2773555	1076088	219904	226024
安　徽	634966	721322	513846	173713	43864	56682
福　建	768359	970096	785268	280360	69285	56971
江　西	303126	296321	175213	72009	26607	41951
山　东	1543421	1827767	1271277	544929	132666	147021
河　南	807727	964394	751072	255241	56372	66532
湖　北	1011853	1205361	840927	321252	69386	69143
湖　南	427121	519738	375800	168066	37007	48656
广　东	852332	1140151	814256	435751	104907	90759
广　西	249538	292474	208497	76848	16650	19935
海　南	19923	25495	18576	8563	1510	1538
重　庆	770354	881086	651845	264947	68620	88828
四　川	1011480	1272531	843408	380906	70716	83095
贵　州	68402	79279	55706	17394	3381	5617
云　南	684785	836336	596893	254620	47823	61182
西　藏	79040	85545	40237	17843	3002	3808
陕　西	372425	395416	289880	78614	22935	45636
甘　肃	302109	324155	224889	90276	18764	39087
青　海	86700	91744	51394	23135	4027	15523
宁　夏	180729	246774	210775	77096	14721	9104
新　疆	206522	267325	209774	90848	17766	21922

2-B-2.44 各地区私营总承包和专业承包企业负债及所有者权益

单位：万元

地区	负债合计			所有者权益	
		流动负债	长期负债		#实收资本
全国	**63073536**	**60593397**	**2480138**	**53960816**	**38707390**
北京	1858432	1831426	27006	1388623	1192134
天津	820656	795969	24687	591833	532129
河北	1095489	1070296	25193	1376009	979742
山西	839349	812444	26905	1153919	835294
内蒙古	926137	872410	53727	1032316	524239
辽宁	3169830	2935584	234245	2587081	1734457
吉林	917329	818687	98642	893658	757219
黑龙江	630350	624037	6313	899127	822470
上海	6552511	6404941	147570	3671864	2574662
江苏	13009112	12640897	368215	8292877	5088434
浙江	10734038	10487442	246596	7718761	4943262
安徽	1449194	1412675	36519	1283454	949771
福建	1775892	1730943	44948	2141136	1702751
江西	328821	308574	20248	607041	481186
山东	3584319	3436300	148019	3231488	2451718
河南	1105385	1067981	37405	1852974	1441096
湖北	1292679	1181048	111631	2013449	1581645
湖南	757937	702967	54970	909691	635515
广东	4090036	3799627	290409	2915163	2028822
广西	793055	741843	51212	581501	450712
海南	84174	84174		97949	61204
重庆	1859959	1775816	84142	2147975	1632366
四川	2112830	2002865	109964	2667636	2096992
贵州	171006	165423	5583	142773	130110
云南	1142072	1034609	107463	1500322	1220962
西藏	55236	48251	6985	134600	108677
陕西	417695	380987	36708	641213	530082
甘肃	317584	288492	29091	434749	362009
青海	94468	91474	2994	185176	158936
宁夏	439492	412789	26703	373583	298403
新疆	648470	632428	16043	492875	400394

2-B-2.45　各地区私营总承包和专业承包企业实收资本

单位：万元

地　区	合计	国家资本	集体资本	法人资本	个人资本	港澳台资本	外商资本
全　国	**38707390**	**38**	**138**	**8221738**	**30485476**		
北　京	1192134		138	297307	894689		
天　津	532129			169187	362942		
河　北	979742			191132	788609		
山　西	835294			186426	648867		
内蒙古	524239			121508	402731		
辽　宁	1734457			87990	1646466		
吉　林	757219			225976	531243		
黑龙江	822470			176431	646039		
上　海	2574662			479573	2095089		
江　苏	5088434			1030543	4057891		
浙　江	4943262			781290	4161972		
安　徽	949771			251989	697783		
福　建	1702751			211096	1491654		
江　西	481186			129748	351438		
山　东	2451718			745813	1705905		
河　南	1441096			269024	1172072		
湖　北	1581645			544137	1037508		
湖　南	635515			148668	486847		
广　东	2028822			574565	1454257		
广　西	450712			77336	373375		
海　南	61204			18789	42415		
重　庆	1632366			199131	1433236		
四　川	2096992			352049	1744943		
贵　州	130110			28433	101677		
云　南	1220962	38		333872	887051		
西　藏	108677			64545	44133		
陕　西	530082			213545	316537		
甘　肃	362009			110040	251969		
青　海	158936			83985	74952		
宁　夏	298403			35594	262809		
新　疆	400394			82018	318376		

2-B-2.46 各地区私营总承包和专业承包企业收入情况

单位：万元

地区	工程结算收入	工程结算成本	工程结算税金及附加	工程结算利润	经营费用	其他业务收入	#其他业务利润
全国	**145306287**	**125835382**	**5315357**	**12832621**	**1322928**	**1314399**	**365767**
北京	3053027	2642097	93128	260569	57233	44395	14435
天津	1291199	1127430	39767	111259	12743	27651	5691
河北	3044115	2599119	113319	310358	21320	11451	4462
山西	1788663	1493926	56963	208567	29206	13294	2752
内蒙古	2393999	1936576	90007	358128	9289	13183	7298
辽宁	6925516	5977093	244061	663260	41102	89857	20796
吉林	2533978	2166366	96775	248090	22748	6303	2427
黑龙江	1373153	1133178	57249	172502	10225	45035	33889
上海	9683854	8647321	291522	704530	40481	85637	28437
江苏	26449465	22815971	940554	2401269	291671	322038	62618
浙江	29885853	26834676	1059253	1858086	133838	196608	43476
安徽	4095297	3531560	150353	359848	53537	49338	5717
福建	6035685	5344699	236429	415005	39551	21728	8139
江西	1537501	1275950	72625	173155	15772	14168	9450
山东	7053807	5886901	255177	832287	79441	49198	11951
河南	4391638	3747305	158857	424865	60612	25873	8946
湖北	4769089	4025439	181832	485605	76213	17766	4906
湖南	2957989	2501534	141218	283454	31784	17242	6429
广东	6922321	5972477	265451	619424	64968	94459	32430
广西	1302285	1140377	49962	104877	7068	11357	4355
海南	116277	93163	4256	16762	2096	98	45
重庆	5476404	4508443	247902	684045	36015	29284	6814
四川	5958595	5157531	230193	502374	68498	28664	11901
贵州	236206	206231	10462	16969	2544	2255	622
云南	2196141	1830752	79939	239609	45841	29938	8140
西藏	194938	154639	7413	27119	5767	2781	935
陕西	1053889	854622	41405	127223	30638	23290	6943
甘肃	728925	588614	34084	89665	16562	3762	989
青海	132909	111902	5150	12317	3540	788	424
宁夏	682692	603600	22178	52312	4601	17872	4201
新疆	1040878	925892	37873	69089	8025	19088	6152

2-B-2.47 各地区私营总承包和专业承包企业费用情况

单位：万元

地区	管理费用	#税金	#财产保险费	#差旅费	#工会经费	财务费用	#利息支出
全国	**5331742**	**357975**	**49532**	**375083**	**80206**	**942261**	**662285**
北京	232835	4057	1115	10293	361	7766	6226
天津	77874	3268	560	2596	141	7244	5087
河北	110211	8184	506	5964	2992	19262	12904
山西	84880	3265	812	6543	980	18921	14836
内蒙古	74306	5306	400	3767	1387	22262	19488
辽宁	297409	19782	1650	12126	6256	39427	19492
吉林	87313	9531	1477	4691	1117	14505	8514
黑龙江	79451	5732	301	3736	961	4376	3228
上海	394605	8635	1569	17597	1163	37408	27060
江苏	976826	53960	10557	70674	15345	176402	121462
浙江	718612	47428	7543	62734	9245	223696	190676
安徽	152684	15475	1218	10715	2254	21723	14574
福建	168705	9675	1312	13373	2100	15352	10938
江西	51960	10743	545	4241	593	11254	5176
山东	291417	28691	4572	18422	5289	67065	42095
河南	171442	13737	1694	17445	4348	22752	13939
湖北	190137	16521	2010	13657	4648	40066	19461
湖南	93332	9415	1921	5813	3555	23019	10012
广东	315037	17421	2021	19909	3224	31887	22745
广西	63996	2827	391	3202	495	5360	4151
海南	5233	271	39	459	51	152	152
重庆	177443	24808	1894	15854	5101	35422	23572
四川	236944	17054	2108	27740	4065	41745	26743
贵州	10548	439	58	921	141	1245	882
云南	90196	5910	874	6405	1183	18605	14301
西藏	6794	1479	219	597	67	1334	571
陕西	46881	4860	837	3677	1282	11358	7209
甘肃	41646	5814	763	7175	479	9199	7179
青海	7114	401	63	350	25	1532	959
宁夏	26194	1168	166	1704	474	6488	4015
新疆	49717	2117	337	2705	887	5437	4636

2-B-2.48 各地区私营总承包和专业承包企业利润及税金情况

单位：万元

地　区	利润总额	#应交所得税	税金总额	工程结算税金及附加	管理费用中的税金
全　国	**6774306**	**1458408**	**5673332**	**5315357**	**357975**
北　京	39594	14968	97185	93128	4057
天　津	30078	6807	43036	39767	3268
河　北	169216	37246	121502	113319	8184
山　西	102827	23238	60228	56963	3265
内蒙古	262172	53266	95313	90007	5306
辽　宁	360764	97284	263843	244061	19782
吉　林	137125	25269	106306	96775	9531
黑龙江	71398	14318	62981	57249	5732
上　海	332149	79700	300157	291522	8635
江　苏	1387958	290998	994514	940554	53960
浙　江	963091	235041	1106681	1059253	47428
安　徽	173972	30806	165828	150353	15475
福　建	204773	56622	246104	236429	9675
江　西	107910	12137	83368	72625	10743
山　东	469696	96219	283868	255177	28691
河　南	231504	50115	172594	158857	13737
湖　北	231573	50848	198354	181832	16521
湖　南	182057	26477	150633	141218	9415
广　东	289586	68948	282872	265451	17421
广　西	40758	8343	52789	49962	2827
海　南	11155	1360	4527	4256	271
重　庆	456358	73851	272710	247902	24808
四　川	230922	46602	247247	230193	17054
贵　州	5053	1350	10900	10462	439
云　南	108461	20201	85849	79939	5910
西　藏	20870	3141	8893	7413	1479
陕　西	64117	12101	46266	41405	4860
甘　肃	35284	8305	39898	34084	5814
青　海	3502	1388	5552	5150	401
宁　夏	23002	4796	23346	22178	1168
新　疆	27382	6664	39990	37873	2117

2-B-2.49 各地区联营总承包和专业承包企业签订合同情况

单位：万元

地区	合同总额	上年结转合同额	本年新签合同额
全国	**1064599**	**307900**	**756699**
北京	1103	188	914
天津	2789	216	2573
河北	23974	2336	21638
山西			
内蒙古			
辽宁	9582	3291	6291
吉林			
黑龙江	3761	1365	2396
上海	42556	5600	36957
江苏	220114	38450	181664
浙江	2691	207	2484
安徽	50676	10730	39945
福建	225025	159886	65139
江西	13845	1234	12611
山东	13914	1781	12133
河南	3969		3969
湖北	34688	8128	26560
湖南	12031	2913	9119
广东	227642	45265	182377
广西	3361	1592	1769
海南	710	19	691
重庆	1008	130	878
四川	123730	12441	111289
贵州	11393	6704	4689
云南	21320	3442	17878
西藏			
陕西	10875	1984	8891
甘肃	3845		3845
青海			
宁夏			
新疆			

2-B-2.50 各地区联营总承包和专业承包企业承包工程完成情况

单位：万元

地　区	直接从建设单位承揽工程完成的产值			从建设单位以外承揽工程完成的产值
		自行完成施工产值	分包出去工程的产值	
全　国	**723422**	**720722**	**2700**	**26141**
北　京	924	924		
天　津	24167	24167		
河　北	17255	17255		
山　西				
内蒙古				
辽　宁	8559	8559		
吉　林				
黑龙江	4768	4768		
上　海	36528	36528		1696
江　苏	168659	168659		9008
浙　江	2469	1897	572	157
安　徽	36154	36154		
福　建	86032	85524	508	12637
江　西	11943	11943		
山　东	10841	10841		
河　南	2722	2722		
湖　北	28849	28849		
湖　南	8675	8675		
广　东	145504	144104	1400	1979
广　西	3343	3343		
海　南	691	691		
重　庆	1008	1008		
四　川	85601	85601		
贵　州	12705	12705		
云　南	13648	13648		
西　藏				
陕　西	8531	8531		664
甘　肃	3845	3625	220	
青　海				
宁　夏				
新　疆				

2-B-2.51　各地区联营总承包和专业承包企业建筑业总产值和竣工产值

单位：万元

地　区	建筑业总产值	#装饰装修产值	#在外省完成的产值	按构成分组			竣工产值
				建筑工程产值	安装工程产值	其他产值	
全　国	**746863**	**77308**	**155657**	**630669**	**90018**	**26176**	**497604**
北　京	924	924		924			16
天　津	24167			22600	1538	30	25787
河　北	17255			16044	63	1148	12730
山　西							
内蒙古							
辽　宁	8559			7575	269	715	10151
吉　林							
黑龙江	4768			4768			2895
上　海	38224	143	2816	29401	6060	2763	40602
江　苏	177667	958	62062	126409	40254	11004	144580
浙　江	2054			280	1774		2027
安　徽	36154	32	11270	32464	1035	2656	20303
福　建	98161	781	6619	98145	16		61064
江　西	11943			11943			10836
山　东	10841			8039	200	2602	1790
河　南	2722		2614	2722			2722
湖　北	28849	3778		26250	2599		23484
湖　南	8675			8675			5882
广　东	146083	68513	37401	114119	30077	1886	63859
广　西	3343			3343			4818
海　南	691					691	
重　庆	1008	522		928		80	1008
四　川	85601		31027	85601			31901
贵　州	12705	1070		12608	37	60	8563
云　南	13648	589		8166	5396	86	11158
西　藏							
陕　西	9195		1849	6220	701	2274	8567
甘　肃	3625			3445		180	2860
青　海							
宁　夏							
新　疆							

2-B-2.52 各地区联营总承包和专业承包企业房屋建筑面积

地区	房屋建筑施工面积(万平方米)	#本年新开工	#实行投标承包面积	#本年新开工	房屋建筑竣工面积(万平方米)	房屋建筑面积竣工率(%)
全国	**582.3**	**302.2**	**503.7**	**260.0**	**263.3**	**45.2**
北京						
天津	46.5	18.0	46.5	18.0	15.6	33.5
河北	18.0	14.7	18.0	14.7	6.6	36.8
山西						
内蒙古						
辽宁	8.0	0.1	0.7	0.1	7.9	99.2
吉林						
黑龙江	5.6	2.0			3.4	60.7
上海	2.5	1.6			2.5	100.0
江苏	176.3	107.6	140.5	83.6	95.5	54.2
浙江						
安徽	45.6	17.9	45.6	17.9	5.2	11.5
福建	113.0	53.4	113.0	53.4	31.7	28.1
江西	15.6	13.7	11.5	11.5	13.7	87.9
山东						
河南						
湖北	44.3	22.3	44.3	22.3	21.8	49.1
湖南	3.5	2.5	3.5	2.5	3.5	100.0
广东	37.2	16.0	32.5	16.0	13.6	36.6
广西	4.9	0.2			1.6	32.5
海南						
重庆	0.3	0.2			0.3	100.0
四川	36.6	20.5	25.5	8.9	26.0	71.1
贵州	2.6	0.9	2.5	0.9	2.0	75.4
云南	9.4	9.3	9.1	9.1	2.2	23.7
西藏						
陕西	10.3	1.2	10.3	1.2	8.1	78.3
甘肃	2.0	0.3			2.0	100.0
青海						
宁夏						
新疆						

2-B-2.53　各地区按主要用途分的联营总承包和专业承包企业房屋建筑竣工面积

单位：万平方米

地区	合计	厂房、仓库	住宅	办公用房	批发和零售用房	住宿和餐饮用房
全国	**263.3**	**43.7**	**144.2**	**34.1**	**11.0**	**4.5**
北京						
天津	15.6		12.2	3.3		
河北	6.6	2.5	2.7	0.9		
山西						
内蒙古						
辽宁	7.9	7.4		0.5		
吉林						
黑龙江	3.4		3.4			
上海	2.5	2.5				
江苏	95.5	20.2	59.5	9.8		
浙江						
安徽	5.2	1.5	2.2	1.5		
福建	31.7	1.5	17.4	0.7	8.5	3.7
江西	13.7		8.9	2.2		
山东						
河南						
湖北	21.8	1.1	8.8	3.7		0.8
湖南	3.5	0.7	2.1	0.6		
广东	13.6	3.3	5.4			
广西	1.6	1.6				
海南						
重庆	0.3		0.3			
四川	26.0	0.6	11.5	9.0	2.5	
贵州	2.0		1.6	0.4		
云南	2.2		0.6			
西藏						
陕西	8.1	0.3	6.0	1.6		
甘肃	2.0	0.4	1.6			
青海						
宁夏						
新疆						

2-B-2.53 续表　　　　　　　　　　　　　　　　　　　　　　　　单位：万平方米

地　区						
	居民服务业用房	教育用房	文化、体育和娱乐用房	卫生医疗用房	科研用房	其他用房
全　国	**6.2**	**13.4**				**6.3**
北　京						
天　津						
河　北	0.2					0.3
山　西						
内蒙古						
辽　宁						
吉　林						
黑龙江						
上　海						
江　苏	6.0					
浙　江						
安　徽						0.1
福　建						
江　西		2.6				
山　东						
河　南						
湖　北		5.2				2.1
湖　南						0.1
广　东		3.3				1.6
广　西						
海　南						
重　庆						
四　川		1.9				0.6
贵　州						
云　南	0.1	0.3				1.2
西　藏						
陕　西		0.1				0.2
甘　肃						
青　海						
宁　夏						
新　疆						

2-B-2.54　各地区按主要用途分的联营总承包和专业承包企业房屋建筑竣工价值

单位：万元

地区	合计	厂房、仓库	住宅	办公用房	批发和零售用房	住宿和餐饮用房
全国	**264055**	**44327**	**140357**	**32904**	**13550**	**7535**
北京						
天津	23350		18346	5004		
河北	6291	1189	2835	888		
山西						
内蒙古						
辽宁	8951	8819		132		
吉林						
黑龙江	2895		2895			
上海	5000	5000				
江苏	90107	17669	59629	7544		
浙江						
安徽	3130	1069	1060	948		
福建	34122	1370	13701	1129	11100	6823
江西	7121		4627	1143		
山东						
河南						
湖北	20685	1048	7312	3762		712
湖南	2323	502	1407	365		
广东	11385	2047	5698			
广西	4818	4818				
海南						
重庆	390		390			
四川	30000	246	14835	10119	2450	
贵州	1051		766	285		
云南	2330		587			
西藏						
陕西	8039	220	4532	1585		
甘肃	2068	330	1738			
青海						
宁夏						
新疆						

2-B-2.54 续表

单位：万元

地区	居民服务业用房	教育用房	文化、体育和娱乐用房	卫生医疗用房	科研用房	其他用房
全国	**5553**	**11333**	**32**			**8466**
北京						
天津						
河北	231					1148
山西						
内蒙古						
辽宁						
吉林						
黑龙江						
上海						
江苏	5250					15
浙江						
安徽						53
福建						
江西		1351				
山东						
河南						
湖北		5507				2345
湖南						49
广东		1858				1782
广西						
海南						
重庆						
四川		1800				550
贵州						
云南	72	369	32			1270
西藏						
陕西		448				1255
甘肃						
青海						
宁夏						
新疆						

2-B-2.55　各地区联营总承包和专业承包企业施工机械设备情况

地　区	年末自有施工机械设备总台数(台)	年末自有施工机械设备总功率(千瓦)	年末自有施工机械设备净值(万元)	技术装备率(元/人)	动力装备率(千瓦/人)
全　国	**14137**	**231323**	**40735**	**7919**	**4.5**
北　京					
天　津	110	1303	129	5959	6.0
河　北	646	6575	1416	4930	2.3
山　西					
内蒙古					
辽　宁	21	1366	124	6094	6.7
吉　林					
黑龙江	30	380	400	11429	1.1
上　海	91	3435	889	7411	2.9
江　苏	2951	39584	10695	9088	3.4
浙　江	76	1620	440	21866	8.1
安　徽	1897	23682	984	1576	3.8
福　建	564	5151	1142	1902	0.9
江　西	559	6983	1011	11334	7.8
山　东	365	7202	1706	20475	8.6
河　南	339	12101	1122	69689	75.2
湖　北	362	4950	1819	14811	4.0
湖　南	668	9940	2852	26728	9.3
广　东	2497	66802	7253	8972	8.3
广　西	21	843	39	1405	3.0
海　南					
重　庆	12	100	55	2800	0.5
四　川	1113	17898	3189	5644	3.2
贵　州	282	2961	850	10117	3.5
云　南	794	11454	2893	28876	11.4
西　藏					
陕　西	733	6803	1665	13817	5.6
甘　肃	6	190	63	772	0.2
青　海					
宁　夏					
新　疆					

2-B-2.56 各地区联营总承包和专业承包企业营业额

单位：万元

地区	企业营业额	在境外完成的营业额	企业总产值	#建筑业总产值
全国	**783631**	**1429**	**782202**	**746863**
北京	924		924	924
天津	24167		24167	24167
河北	17255		17255	17255
山西				
内蒙古				
辽宁	8559		8559	8559
吉林				
黑龙江	4768		4768	4768
上海	42530		42530	38224
江苏	187681	1429	186252	177667
浙江	2071		2071	2054
安徽	36154		36154	36154
福建	98167		98167	98161
江西	22943		22943	11943
山东	10841		10841	10841
河南	2722		2722	2722
湖北	28849		28849	28849
湖南	8675		8675	8675
广东	156811		156811	146083
广西	3343		3343	3343
海南	691		691	691
重庆	1008		1008	1008
四川	86153		86153	85601
贵州	12851		12851	12705
云南	13648		13648	13648
西藏				
陕西	9195		9195	9195
甘肃	3625		3625	3625
青海				
宁夏				
新疆				

2-B-2.57　各地区联营总承包和专业承包企业资产构成

单位：万元

地　区	资产合计	#流动资产小计	#长期投资	#固定资产小计	#无形及递延资产
全　国	**621659**	**485264**	**23849**	**95372**	**14396**
北　京	2595	2557		37	1
天　津	26447	20878	2928	781	1779
河　北	12339	10090		2245	3
山　西					
内蒙古					
辽　宁	6188	4972	30	925	
吉　林					
黑龙江	6578	4872		1706	
上　海	51164	44243	4300	1988	633
江　苏	110305	78069	8524	22884	436
浙　江	3386	2679		707	
安　徽	38805	32652	193	5789	70
福　建	77932	68445	573	3145	5769
江　西	2269	793	62	1414	
山　东	12930	6712	495	5151	572
河　南	1183	61		1122	
湖　北	8069	5611		2346	113
湖　南	10092	5658	306	3644	75
广　东	132956	113776	4487	11305	2823
广　西	7218	6765		138	314
海　南	1699	1081		617	
重　庆	2748	1508		1240	
四　川	58165	47570	1221	7155	1251
贵　州	14886	10200	489	3707	490
云　南	11249	6530	242	4458	19
西　藏					
陕　西	4052	2683		1369	
甘　肃	18405	6858		11498	48
青　海					
宁　夏					
新　疆					

2-B-2.58 各地区联营总承包和专业承包企业流动资产、无形及递延资产

单位：万元

地 区	流动资产	#存货	无形及递延资产	#无形资产
全 国	**485264**	**115773**	**14396**	**12160**
北 京	2557	900	1	1
天 津	20878	11753	1779	1712
河 北	10090	2974	3	3
山 西				
内蒙古				
辽 宁	4972	1843		
吉 林				
黑龙江	4872	708		
上 海	44243	13702	633	633
江 苏	78069	21209	436	314
浙 江	2679	1287		
安 徽	32652	7797	70	70
福 建	68445	18926	5769	5728
江 西	793	147		
山 东	6712	2221	572	572
河 南	61			
湖 北	5611	2008	113	97
湖 南	5658	2465	75	75
广 东	113776	15640	2823	2200
广 西	6765		314	252
海 南	1081			
重 庆	1508			
四 川	47570	6656	1251	
贵 州	10200	1688	490	484
云 南	6530	2935	19	19
西 藏				
陕 西	2683	418		
甘 肃	6858	498	48	
青 海				
宁 夏				
新 疆				

2-B-2.59　各地区联营总承包和专业承包企业固定资产情况

单位：万元

地　区	固定资产小计	固定资产原价	#生产经营用	固定资产折旧	#本年折旧	在建工程
全　国	**95372**	**127646**	**84845**	**39027**	**6650**	**4107**
北　京	37	50	37	13	3	
天　津	781	1526	726	746	85	
河　北	2245	3746	3036	1501	166	
山　西						
内蒙古						
辽　宁	925	1531	676	606	57	
吉　林						
黑龙江	1706	2306	2306	599	11	
上　海	1988	3307	1752	1323	178	
江　苏	22884	25784	23965	4778	1714	1080
浙　江	707	784	707	262	38	185
安　徽	5789	10716	5813	4928	648	
福　建	3145	5018	1356	2293	190	305
江　西	1414	1843	1646	429	81	
山　东	5151	6751	4291	2425	448	
河　南	1122	1438	1438	316	96	
湖　北	2346	2873	2139	528	81	
湖　南	3644	6264	3628	2620	643	
广　东	11305	18856	16420	7786	1142	88
广　西	138	205	205	66	18	
海　南	617	367		131	17	382
重　庆	1240	1775	106	536	76	
四　川	7155	9936	4754	3061	455	
贵　州	3707	4428	3099	721	34	
云　南	4458	5852	4060	1736	257	
西　藏						
陕　西	1369	2566	2023	1198	174	
甘　肃	11498	9725	666	427	41	2068
青　海						
宁　夏						
新　疆						

2-B-2.60 各地区联营总承包和专业承包企业负债及所有者权益

单位：万元

地区	负债合计	流动负债	长期负债	所有者权益	#实收资本
全国	**399101**	**390124**	**8977**	**222558**	**152012**
北京	2102	2071	31	494	629
天津	23063	22100	963	3385	6001
河北	8513	8513		3825	2940
山西					
内蒙古					
辽宁	3909	3848	61	2279	2108
吉林					
黑龙江	448	448		6130	2498
上海	42063	42063		9100	8222
江苏	62797	62175	622	47508	28993
浙江	1164	1162	2	2222	2053
安徽	19375	19047	328	19430	5450
福建	52454	49796	2658	25478	17633
江西	578	527	51	1691	1222
山东	6118	6118		6812	6934
河南	43	43		1140	1000
湖北	3368	3366	2	4701	3745
湖南	4493	2893	1600	5599	3081
广东	94051	93941	110	38905	31235
广西	6070	6070		1148	903
海南	955	955		743	743
重庆	473	473		2275	2210
四川	37376	37315	61	20789	10054
贵州	6591	6514	77	8295	6741
云南	6441	6317	124	4808	4508
西藏					
陕西	2493	2206	287	1559	809
甘肃	14164	12164	2000	4241	2300
青海					
宁夏					
新疆					

2-B-2.61　各地区联营总承包和专业承包企业实收资本

单位：万元

地　区	合计	国家资本	集体资本	法人资本	个人资本	港澳台资本	外商资本
全　国	**152012**	**48485**	**27102**	**31248**	**45176**		
北　京	629		129	500			
天　津	6001	2197	971	2100	734		
河　北	2940	1269		700	971		
山　西							
内蒙古							
辽　宁	2108	364	193	751	800		
吉　林							
黑龙江	2498		1857		641		
上　海	8222	1512	5131	1045	534		
江　苏	28993	463	4575	5339	18616		
浙　江	2053		300	700	1053		
安　徽	5450	2862	2144	420	25		
福　建	17633	13707		900	3026		
江　西	1222	930	292				
山　东	6934	6211			723		
河　南	1000		25		975		
湖　北	3745			267	3479		
湖　南	3081	2000	1066		15		
广　东	31235	7499	1640	15116	6980		
广　西	903	125	526		253		
海　南	743				743		
重　庆	2210		2100	25	85		
四　川	10054	5082	700	300	3972		
贵　州	6741	2919	2380	87	1355		
云　南	4508	1041	2150	1121	196		
西　藏							
陕　西	809		809				
甘　肃	2300	306	116	1879			
青　海							
宁　夏							
新　疆							

2-B-2.62 各地区联营总承包和专业承包企业收入情况

单位：万元

地区	工程结算收入	工程结算成本	工程结算税金及附加	工程结算利润	经营费用	其他业务收入	#其他业务利润
全国	**676250**	**590926**	**23730**	**53372**	**8222**	**13932**	**1052**
北京	2412	2146	75	171	20		
天津	2722	2434	76	134	78		-451
河北	17255	15946	571	709	29		
山西							
内蒙古							
辽宁	3260	2966	138	155	1		
吉林							
黑龙江	4768	4574	30	164			
上海	42324	39199	1257	1849	19	118	52
江苏	158118	143300	6091	5377	3351	11766	221
浙江	1981	1436	63	482			
安徽	29139	24885	899	2963	392	167	8
福建	85198	73498	3184	8378	139	1	-118
江西	11384	8568	623	1629	564		
山东	9189	8121	289	759	19	12	9
河南	2636	2370	163	103			
湖北	27948	25938	857	1143	10	144	12
湖南	8675	6212	346	1476	642	51	21
广东	149327	125251	4936	18341	799	981	907
广西	3049	2414	104	495	36		
海南	926	757	45	102	23		
重庆	2025	1728	67	228	1		
四川	79165	70617	2859	5100	589	553	313
贵州	12405	10366	362	1677		98	48
云南	10991	9547	354	927	163	22	22
西藏							
陕西	8448	7212	289	838	109		
甘肃	2905	1442	53	172	1238	19	8
青海							
宁夏							
新疆							

2-B-2.63　各地区联营总承包和专业承包企业费用情况

单位：万元

地　区	管理费用	#税金	#财产保险费	#差旅费	#工会经费	财务费用	#利息支出
全　国	**33915**	**996**	**1115**	**1724**	**468**	**4203**	**3281**
北　京	169	1		14		-1	-1
天　津	1334	26	2	27	3	93	60
河　北	548	22		178	65	20	20
山　西							
内蒙古							
辽　宁	162	10		11	2		
吉　林							
黑龙江	11	6		1			
上　海	1456	36	1	107	4	-59	-57
江　苏	6215	469	51	362	99	959	574
浙　江	376	15		6		-3	-3
安　徽	2350	39		94	68	9	
福　建	1690	15	2	109	10	1643	1600
江　西	452	12		47		152	37
山　东	259	17		24	1	106	12
河　南	20	2		5		1	
湖　北	758	15	4	35	49	69	46
湖　南	807	42	41	41	22	172	72
广　东	12114	145	981	373	51	559	489
广　西	369	13		5	1	-18	-20
海　南	84	1		3			
重　庆	199			5	1	1	
四　川	2888	37	11	169	41	456	350
贵　州	736	4		18	9	-13	
云　南	460	25	12	32	4	14	2
西　藏							
陕　西	408	40	5	57	39	18	5
甘　肃	50	6	5	1	2	23	96
青　海							
宁　夏							
新　疆							

2-B-2.64 各地区联营总承包和专业承包企业利润及税金情况

单位：万元

地区	利润总额	#应交所得税	税金总额	工程结算税金及附加	管理费用中的税金
全国	**18011**	**5570**	**24726**	**23730**	**996**
北京	3	2	75	75	1
天津	-1720	45	101	76	26
河北	135	34	593	571	22
山西					
内蒙古					
辽宁	47	18	148	138	10
吉林					
黑龙江	149	63	36	30	6
上海	684	244	1293	1257	36
江苏	-39	2270	6559	6091	469
浙江	110	52	78	63	15
安徽	-30	175	938	899	39
福建	6179	1069	3199	3184	15
江西	1026		635	623	12
山东	403	136	306	289	17
河南	82	2	165	163	2
湖北	328	48	872	857	15
湖南	479	26	387	346	42
广东	6502	741	5082	4936	145
广西	148	37	118	104	13
海南	17	1	45	45	1
重庆	29	7	67	67	
四川	1478	207	2896	2859	37
贵州	1013	257	365	362	4
云南	471	40	379	354	25
西藏					
陕西	411	84	329	289	40
甘肃	107	13	59	53	6
青海					
宁夏					
新疆					

2-B-2.65 各地区股份制总承包和专业承包企业签订合同情况

单位：万元

地区	合同总额	上年结转合同额	本年新签合同额
全国	**508440384**	**188968112**	**319472272**
北京	41324893	18983723	22341169
天津	17300196	5739309	11560887
河北	20044605	6618813	13425792
山西	17569153	7339243	10229910
内蒙古	5583149	1343271	4239878
辽宁	17022163	5763929	11258234
吉林	8711012	3518241	5192771
黑龙江	4717895	1008331	3709563
上海	34317069	13923660	20393409
江苏	59002818	19818949	39183869
浙江	74714561	29707523	45007038
安徽	10718545	2862929	7855617
福建	14352287	5885362	8466925
江西	5255154	1643763	3611391
山东	26764760	8123246	18641514
河南	26788983	9664574	17124409
湖北	23584357	7666821	15917536
湖南	16438240	6498028	9940212
广东	28991215	12713452	16277763
广西	2618567	958948	1659619
海南	223019	64347	158672
重庆	11441565	4512089	6929476
四川	15236129	5627646	9608483
贵州	884110	318359	565751
云南	5241409	2091741	3149668
西藏	357618	123714	233904
陕西	9642556	3601519	6041036
甘肃	3599230	1223164	2376067
青海	574835	211382	363453
宁夏	809183	190439	618744
新疆	4611109	1221598	3389511

2-B-2.66 各地区股份制总承包和专业承包企业承包工程完成情况

单位：万元

地区	直接从建设单位承揽工程完成的产值			从建设单位以外承揽工程完成的产值
		自行完成施工产值	分包出去工程的产值	
全　国	**293717185**	**284412288**	**9304897**	**12893972**
北　京	19682321	16992335	2689986	2097392
天　津	8196067	7193262	1002805	422598
河　北	11890751	11839810	50941	260679
山　西	7361100	7355805	5295	43036
内蒙古	4210595	4200326	10269	27824
辽　宁	10092141	10083793	8348	139415
吉　林	5538609	5512946	25662	88942
黑龙江	3887101	3880852	6249	19358
上　海	15423600	13103754	2319846	1950178
江　苏	40447569	40315502	132067	3484935
浙　江	42686228	42233613	452616	912621
安　徽	7388380	7292837	95542	86417
福　建	7578354	7538083	40272	384790
江　西	3203732	3186237	17495	50588
山　东	19140656	19068909	71747	312459
河　南	16626713	16532949	93764	219517
湖　北	12890664	12800654	90011	335169
湖　南	8601820	8562512	39308	434494
广　东	14821572	13327180	1494392	718747
广　西	1655266	1512533	142732	81557
海　南	148728	146536	2193	1467
重　庆	5983114	5786705	196409	283212
四　川	9334591	9239827	94764	263361
贵　州	557369	554369	3000	5911
云　南	3459921	3450929	8992	48629
西　藏	247493	247493		2882
陕　西	6231270	6121537	109733	125369
甘　肃	2303921	2301457	2464	34656
青　海	360223	359909	314	753
宁　夏	517478	517021	457	6275
新　疆	3249840	3152615	97225	50741

2-B-2.67　各地区股份制总承包和专业承包企业建筑业总产值和竣工产值

单位：万元

地　区	建筑业总产值	#装饰装修产值	#在外省完成的产值	按构成分组			竣工产值
				建筑工程产值	安装工程产值	其他产值	
全　国	**297306260**	**15966346**	**96234724**	**260342804**	**27682798**	**9280658**	**185340819**
北　京	19089726	2865776	10184489	18385190	499764	204772	10343295
天　津	7615860	166594	2722681	6201555	1070143	344163	4323215
河　北	12100490	360524	3303385	10382056	1149852	568582	7925776
山　西	7398841	96423	4056231	6734266	535713	128862	2277896
内蒙古	4228149	84551	379978	3658837	443665	125648	3237667
辽　宁	10223208	276060	1402392	8980248	1077400	165559	6633220
吉　林	5601889	156880	1297355	4779390	592546	229952	3846641
黑龙江	3900210	201488	460198	3345974	437890	116346	2613506
上　海	15053932	805538	5395231	12482187	2265708	306037	7438602
江　苏	43800437	1342993	18785732	40015372	3474676	310390	33538278
浙　江	43146233	2749982	23060713	37828710	4051243	1266281	27720768
安　徽	7379254	480080	1097782	6198804	846207	334243	4844707
福　建	7922872	337181	2559410	6954169	829816	138888	5656285
江　西	3236825	146169	682513	2768923	168702	299200	2058185
山　东	19381368	940520	1856093	15861932	2332959	1186478	11508080
河　南	16752467	706768	4101663	14806720	1394189	551558	9652438
湖　北	13135823	468321	4112883	11669763	981528	484531	7110620
湖　南	8997007	463626	1782509	7591768	534753	870486	6105169
广　东	14045927	2195483	2699798	12232650	1523348	289929	8229592
广　西	1594090	54123	71145	1308800	160934	124357	1098073
海　南	148003	13137	2452	108930	36492	2581	102854
重　庆	6069917	261903	1282896	5213634	548016	308267	3675573
四　川	9503187	381204	2384026	8018788	950015	534385	5353938
贵　州	560280	24496	17117	436560	112190	11530	427239
云　南	3499559	37498	290809	3120400	304273	74886	2423938
西　藏	250375	4169		244330	4853	1192	133370
陕　西	6246906	222977	1692218	5550648	540350	155908	2567095
甘　肃	2336113	57173	391739	1995800	281129	59184	1310410
青　海	360662	4737	33303	304001	46242	10418	236590
宁　夏	523296	6576	54902	470307	48355	4634	534556
新　疆	3203356	53397	73082	2692093	439848	71415	2413244

2-B-2.68 各地区股份制总承包和专业承包企业房屋建筑面积

单位：万元

地区	房屋建筑施工面积(万平方米)	#本年新开工	#实行投标承包面积	#本年新开工	房屋建筑竣工面积(万平方米)	房屋建筑面积竣工率(%)
全　国	**262125.7**	**132339.2**	**223294.8**	**116970.5**	**106352.8**	**40.6**
北　京	12373.7	4407.8	11720.3	4156.8	3196.0	25.8
天　津	3070.4	1335.3	2765.6	1239.5	919.1	29.9
河　北	9971.8	5519.4	9126.7	5214.7	4328.6	43.4
山　西	2006.6	943.5	1750.9	812.9	821.8	41.0
内蒙古	2917.0	2094.3	2600.4	1929.6	1816.8	62.3
辽　宁	6599.8	3755.1	5828.1	3390.3	2867.7	43.5
吉　林	3051.2	2303.7	2593.9	2126.3	1700.1	55.7
黑龙江	2537.2	1982.5	1937.3	1608.2	1278.3	50.4
上　海	8410.3	3410.4	7603.5	3059.4	2111.6	25.1
江　苏	49668.7	24344.3	45483.7	22159.4	20277.3	40.8
浙　江	50022.6	22637.8	43757.8	20918.6	18185.5	36.4
安　徽	7210.1	4405.1	5916.4	3767.1	3537.5	49.1
福　建	9474.8	4273.5	8083.1	3698.2	3601.4	38.0
江　西	3351.9	2115.8	2827.3	1887.5	1747.4	52.1
山　东	19182.8	10664.4	16209.6	9524.8	8172.3	42.6
河　南	13960.5	8000.2	12320.0	7304.3	6394.6	45.8
湖　北	9535.5	5401.6	6994.2	4176.1	4625.4	48.5
湖　南	9843.5	5251.3	8389.4	4658.2	4472.9	45.4
广　东	10616.2	4574.7	5562.6	2718.6	4047.3	38.1
广　西	1881.5	895.1	1511.4	752.2	701.8	37.3
海　南	89.9	65.7	58.9	46.1	53.8	59.9
重　庆	6443.9	3057.0	4619.6	2454.6	2542.2	39.5
四　川	8423.4	4474.9	6012.5	3604.0	3521.6	41.8
贵　州	600.0	298.2	442.9	221.5	290.1	48.3
云　南	2999.2	1559.4	2415.1	1322.9	1400.8	46.7
西　藏	60.1	51.0	46.4	40.9	27.0	45.0
陕　西	2733.3	1378.8	2245.3	1261.6	1195.2	43.7
甘　肃	1902.1	1059.9	1591.8	953.4	861.3	45.3
青　海	205.7	134.4	145.3	104.6	93.4	45.4
宁　夏	409.1	208.0	372.3	180.2	219.7	53.7
新　疆	2573.0	1736.3	2362.7	1678.0	1343.9	52.2

2-B-2.69 各地区按主要用途分的股份制总承包和专业承包企业房屋建筑竣工面积

单位：万平方米

地区	合计	厂房、仓库	住宅	办公用房	批发和零售用房	住宿和餐饮用房
全国	**106352.8**	**17898.7**	**64333.1**	**8429.4**	**2470.6**	**1706.3**
北京	3196.0	304.4	1539.9	661.7	118.7	108.6
天津	919.1	279.4	374.2	99.3	9.5	1.4
河北	4328.6	512.5	3046.8	249.6	74.2	34.6
山西	821.8	57.7	580.1	90.8	6.2	13.3
内蒙古	1816.8	73.5	1391.3	117.2	15.6	12.9
辽宁	2867.7	380.8	2096.3	140.3	40.7	31.8
吉林	1700.1	140.3	1162.0	74.2	81.8	7.7
黑龙江	1278.3	127.2	879.6	59.5	21.6	6.8
上海	2111.6	380.2	1121.8	232.3	75.1	51.9
江苏	20277.3	3465.9	12840.8	1484.0	416.3	313.0
浙江	18185.5	4502.5	8880.9	1657.5	765.8	433.1
安徽	3537.5	597.3	2075.2	278.5	35.8	47.2
福建	3601.4	936.2	2048.1	260.9	76.7	32.2
江西	1747.4	275.3	1038.7	145.6	26.5	26.9
山东	8172.3	1575.9	5039.9	594.1	141.1	113.3
河南	6394.6	710.5	4151.6	589.6	88.0	63.1
湖北	4625.4	703.9	2718.5	359.9	136.3	52.1
湖南	4472.9	521.4	2787.6	400.5	72.5	102.2
广东	4047.3	1057.8	2293.1	188.5	28.5	87.8
广西	701.8	60.0	442.6	57.5	10.1	9.6
海南	53.8	6.9	28.2	4.7	2.1	2.0
重庆	2542.2	316.2	1840.5	86.5	53.6	19.3
四川	3521.6	409.5	2455.7	174.0	65.1	46.4
贵州	290.1	7.7	188.5	28.5	6.7	3.1
云南	1400.8	101.8	883.7	113.2	34.3	25.8
西藏	27.0	4.4	6.6	4.5	0.6	0.5
陕西	1195.2	153.1	801.0	85.2	6.3	18.7
甘肃	861.3	101.7	568.9	56.5	13.4	13.0
青海	93.4	5.9	53.3	16.2	1.0	0.3
宁夏	219.7	41.5	115.5	7.4	16.0	1.9
新疆	1343.9	87.0	882.6	111.3	30.4	25.8

2-B-2.69 续表 单位：万平方米

地区	居民服务业用房	教育用房	文化、体育和娱乐用房	卫生医疗用房	科研用房	其他用房
全国	**1360.3**	**3926.3**	**1294.2**	**1094.3**	**410.8**	**3428.8**
北京	17.0	127.0	92.7	73.9	25.0	127.2
天津	24.4	51.6	7.2	4.6	6.7	60.8
河北	34.4	174.4	35.1	25.4	9.0	132.6
山西	10.8	28.3	5.4	2.4	2.0	24.7
内蒙古	23.7	65.0	14.2	39.5		63.9
辽宁	24.5	61.2	15.6	5.5	5.9	65.1
吉林	27.0	55.0	58.0	45.4	4.3	44.5
黑龙江	27.0	40.0	11.8	10.9	0.6	93.2
上海	52.0	71.6	20.8	20.5	10.1	75.3
江苏	218.2	576.9	257.6	158.0	110.4	436.2
浙江	246.9	500.3	277.3	159.8	125.5	635.9
安徽	46.3	277.8	15.6	50.7	3.9	109.2
福建	35.7	101.0	25.9	15.8	1.7	67.4
江西	25.2	89.5	24.2	13.4	1.9	80.2
山东	98.4	228.0	77.2	53.9	18.3	232.2
河南	90.7	308.3	52.8	106.9	21.5	211.6
湖北	87.5	265.2	66.7	68.5	10.3	156.5
湖南	41.3	222.7	37.9	49.9	6.6	230.2
广东	75.7	106.9	50.0	41.9	11.1	105.9
广西	0.9	32.9	14.6	10.8	1.2	61.6
海南	0.2	2.9	0.7	2.8		3.4
重庆	59.0	72.0	11.6	19.8	5.0	58.9
四川	37.7	112.1	23.9	40.4	13.7	143.1
贵州	2.1	38.2	1.4	3.4		10.4
云南	5.4	95.7	40.0	21.9	4.8	74.4
西藏	0.6	1.1		0.2		8.5
陕西	17.8	73.6	4.8	13.8	1.0	20.1
甘肃	12.0	39.0	11.4	12.4	0.4	32.7
青海	1.4	9.1	0.7	2.4		3.3
宁夏	1.7	11.0	12.5	1.3		11.0
新疆	14.8	88.0	26.6	18.4	10.0	48.9

2-B-2.70 各地区按主要用途分的股份制总承包和专业承包企业房屋建筑竣工价值

单位：万元

地　区	合计	厂房、仓库	住宅	办公用房	批发和零售用房	住宿和餐饮用房
全　国	**108386050**	**17134907**	**62080786**	**10649654**	**2688476**	**2079620**
北　京	5573549	467409	2034649	1545631	179043	237131
天　津	1274460	396031	421837	168849	11593	1995
河　北	4118204	569448	2700201	283889	72620	34243
山　西	812952	76158	544469	99299	6299	12402
内蒙古	1792926	81918	1284654	152707	16094	18792
辽　宁	3039779	592910	1962366	174424	39735	48910
吉　林	1658943	151569	1038888	93963	75570	9078
黑龙江	1276105	138522	841907	70306	18028	8083
上　海	3079407	493763	1385791	514586	72245	110932
江　苏	22577204	3547953	13940773	1862527	479584	386249
浙　江	19966906	3967443	10035563	2061397	920590	511399
安　徽	2727111	470924	1574409	239757	24778	50158
福　建	3666240	816343	2155658	274978	135570	32175
江　西	1199128	165722	691292	118939	21034	21283
山　东	7307981	1226541	4336936	672922	144561	141810
河　南	5369964	696344	3245578	552038	77393	54703
湖　北	4157653	636722	2270853	385983	80282	43883
湖　南	3812526	430486	2303595	409325	54776	91463
广　东	4187786	876384	2414336	231624	43471	112414
广　西	588238	49611	368570	50160	11599	7682
海　南	55533	8242	29988	4597	1986	1867
重　庆	2220726	308944	1532616	90277	51925	16030
四　川	2894791	365877	1960358	152773	57055	37763
贵　州	186036	6079	124620	16797	5021	2016
云　南	1255769	102222	783386	95540	27681	22914
西　藏	32600	7444	8017	6925	400	110
陕　西	1059373	129208	671561	102319	3868	18774
甘　肃	929940	197597	530204	60001	13038	15441
青　海	88773	7572	42782	19823	1047	346
宁　夏	219111	32376	107346	8796	14934	2003
新　疆	1256337	117147	737583	128507	26656	27573

2-B-2.70 续表 单位：万元

地区	居民服务业用房	教育用房	文化、体育和娱乐用房	卫生医疗用房	科研用房	其他用房
全国	**1451891**	**4248652**	**1871231**	**1487054**	**586292**	**4107490**
北京	31050	247485	252141	190274	63430	325307
天津	33297	87893	12792	12421	10755	116998
河北	30113	172171	44525	28170	12297	170528
山西	10799	28152	5684	2733	2204	24755
内蒙古	32770	77128	18555	39606		70702
辽宁	26008	72703	18211	11754	7272	85487
吉林	23769	46598	85962	68708	6317	58521
黑龙江	34119	45095	13845	12753	402	93045
上海	85096	127576	38631	69014	19058	162717
江苏	257280	746694	344013	232150	153346	626636
浙江	292355	626254	410837	252396	179483	709190
安徽	33757	192441	14261	37183	5717	83727
福建	36276	109946	27939	17229	1676	58452
江西	17178	80073	20623	11424	3424	48136
山东	110216	230892	93715	56127	14249	280013
河南	75713	269370	55700	107199	24957	210969
湖北	93133	249440	81940	79740	11976	223701
湖南	35169	190280	44861	46159	6093	200319
广东	71740	121225	106178	61464	25338	123612
广西	437	27096	12077	9631	1414	49961
海南	90	2772	698	2396		2897
重庆	44887	81552	12156	24987	4726	52628
四川	22980	96396	27615	34930	9139	129905
贵州	1249	21183	656	2363		6052
云南	4646	88113	53208	23075	6047	48938
西藏	663	1345		274		7422
陕西	14545	65628	5552	21751	996	25173
甘肃	14821	35642	13514	9052	447	40183
青海	1648	8946	762	2339		3509
宁夏	520	13110	20530	1501		17996
新疆	15568	85454	34052	18253	15533	50012

2-B-2.71　各地区股份制总承包和专业承包企业施工机械设备情况

地　区	年末自有施工机械设备总台数(台)	年末自有施工机械设备总功率(千瓦)	年末自有施工机械设备净值(万元)	技术装备率(元/人)	动力装备率(千瓦/人)
全　国	**4012450**	**75057025**	**14436720**	**9718**	**5.1**
北　京	98999	3255126	539779	20936	12.6
天　津	49046	1504365	681388	39669	8.8
河　北	251903	4381341	701012	10563	6.6
山　西	84173	2069453	426153	14551	7.1
内蒙古	73862	1558588	249668	10462	6.5
辽　宁	117576	3206481	599717	15801	8.4
吉　林	99769	1444321	227546	13025	8.3
黑龙江	66743	1645598	353406	18179	8.5
上　海	42478	1532327	572257	20486	5.5
江　苏	572439	11427128	1852043	7941	4.9
浙　江	320087	5530502	1147864	5545	2.7
安　徽	184026	2283450	410174	7175	4.0
福　建	98354	1770010	335731	6466	3.4
江　西	57259	813068	200164	9168	3.7
山　东	311808	5418615	997180	7564	4.1
河　南	393691	6386632	1104829	9244	5.3
湖　北	196238	3193617	819518	14405	5.6
湖　南	191789	2943611	491138	7696	4.6
广　东	237628	3341084	705288	11091	5.3
广　西	39951	608937	83821	8781	6.4
海　南	2654	60253	8356	7157	5.2
重　庆	83156	1536474	289332	6691	3.6
四　川	147486	2266934	514190	7036	3.1
贵　州	13513	222977	47026	8226	3.9
云　南	53754	988480	241936	9864	4.0
西　藏	2798	392827	47311	45535	37.8
陕　西	83109	2396206	304826	13032	10.2
甘　肃	61800	1197360	210046	11809	6.7
青　海	14685	263752	44637	17376	10.3
宁　夏	10583	257984	44878	22788	13.1
新　疆	51093	1159524	185505	19786	12.4

2-B-2.72 各地区股份制总承包和专业承包企业营业额

单位：万元

地区	企业营业额	在境外完成的营业额	企业总产值	#建筑业总产值
全国	**319308136**	**5481406**	**313826730**	**297306260**
北京	23647404	1855980	21791425	19089726
天津	9555286	228406	9326880	7615860
河北	12719137	299713	12419424	12100490
山西	7975277	128828	7846449	7398841
内蒙古	4258512	1950	4256562	4228149
辽宁	10587860	160799	10427061	10223208
吉林	5683384	5199	5678185	5601889
黑龙江	4345147	72043	4273104	3900210
上海	17401418	264180	17137239	15053932
江苏	45860844	236639	45624206	43800437
浙江	44359651	397888	43961763	43146233
安徽	7923979	254947	7669032	7379254
福建	7995528	19549	7975980	7922872
江西	3483791	106091	3377700	3236825
山东	21315525	428012	20887513	19381368
河南	17153424	192909	16960516	16752467
湖北	14037487	191738	13845750	13135823
湖南	9160614	2274	9158340	8997007
广东	15483287	246029	15237258	14045927
广西	1747533	3598	1743935	1594090
海南	148003		148003	148003
重庆	6391987	16342	6375645	6069917
四川	9845577	109187	9736389	9503187
贵州	584958	905	584053	560280
云南	3602854	2509	3600345	3499559
西藏	251847		251847	250375
陕西	6996143	71032	6925112	6246906
甘肃	2413330	60614	2352716	2336113
青海	379745		379745	360662
宁夏	540463	4164	536299	523296
新疆	3458142	119886	3338255	3203356

2-B-2.73　各地区股份制总承包和专业承包企业资产构成

单位：万元

地　区	资产合计	#流动资产小计	#长期投资	#固定资产小计	#无形及递延资产
全　国	**243906355**	**185027280**	**19030143**	**32933829**	**5270574**
北　京	36119114	24145169	9410289	1733467	480979
天　津	8463033	6428418	374687	1462760	144981
河　北	9549900	7180918	433892	1655413	256888
山　西	7371376	6105524	365527	764872	106326
内蒙古	3127554	2201366	154940	694332	70875
辽　宁	7276182	5577433	258251	1210535	206236
吉　林	3714484	2586237	190899	697175	231569
黑龙江	4277663	3115244	120738	966523	57983
上　海	16987997	14103042	1047373	1277819	233330
江　苏	24452205	20066477	846484	3036120	418654
浙　江	19636584	15679068	1310252	2238291	374572
安　徽	5519170	4147994	157579	999609	185990
福　建	5139190	4235490	169333	656202	57587
江　西	2251507	1453594	66120	659012	65058
山　东	18113345	13758949	1031174	2847397	427626
河　南	10742585	7536473	232306	2442574	439284
湖　北	10381207	7876091	251772	1828639	245581
湖　南	5429530	3844251	183200	1206248	177873
广　东	16530544	13593187	839856	1714820	251024
广　西	1352238	944576	124702	203472	74578
海　南	210645	182739	5955	19368	1745
重　庆	4751956	3627408	257685	693230	135617
四　川	7628415	5589027	520104	1282114	213229
贵　州	724500	526096	51166	133188	11770
云　南	4317216	3244985	307304	633621	112511
西　藏	358497	200787	11009	130460	15805
陕　西	3698820	2859281	63778	636594	88495
甘　肃	1975000	1402674	52149	447601	67292
青　海	463961	288472	31873	129182	13648
宁　夏	739837	594460	24727	107905	7307
新　疆	2602102	1931852	135020	425288	96161

2-B-2.74 各地区股份制总承包和专业承包企业流动资产、无形及递延资产

单位：万元

地区	流动资产	#存货	无形及递延资产	#无形资产
全国	**185027280**	**50492096**	**5270574**	**4395123**
北京	24145169	5563673	480979	399096
天津	6428418	2200919	144981	93406
河北	7180918	2045793	256888	218763
山西	6105524	971426	106326	71473
内蒙古	2201366	346451	70875	59194
辽宁	5577433	1331705	206236	168277
吉林	2586237	631289	231569	224114
黑龙江	3115244	664747	57983	44809
上海	14103042	4597138	233330	180249
江苏	20066477	6224882	418654	369363
浙江	15679068	4651396	374572	342482
安徽	4147994	1001889	185990	159332
福建	4235490	1548984	57587	43646
江西	1453594	322943	65058	54665
山东	13758949	3671456	427626	392580
河南	7536473	2150221	439284	381075
湖北	7876091	2436414	245581	204544
湖南	3844251	834526	177873	116528
广东	13593187	3601619	251024	194236
广西	944576	261173	74578	44036
海南	182739	49953	1745	1087
重庆	3627408	1101595	135617	124479
四川	5589027	1596152	213229	174689
贵州	526096	114761	11770	6193
云南	3244985	809105	112511	96647
西藏	200787	56344	15805	14014
陕西	2859281	788404	88495	71870
甘肃	1402674	318841	67292	38133
青海	288472	41822	13648	13203
宁夏	594460	164894	7307	5427
新疆	1931852	391578	96161	87515

2-B-2.75　各地区股份制总承包和专业承包企业固定资产情况

单位：万元

地　区	固定资产小计	固定资产原价		固定资产折旧		在建工程
			#生产经营用		#本年折旧	
全　国	**32933829**	**43338094**	**34322488**	**15252538**	**3074741**	**3300033**
北　京	1733467	2490167	2002961	907583	199351	136432
天　津	1462760	1870440	1609282	715382	128340	305053
河　北	1655413	2135684	1661074	710731	123380	171991
山　西	764872	1123133	945739	411556	96479	38650
内蒙古	694332	921495	758061	306399	40859	49742
辽　宁	1210535	1727567	1540486	656328	141743	93935
吉　林	697175	932560	701560	334845	66174	51295
黑龙江	966523	1196058	1012930	380708	85897	113368
上　海	1277819	2135181	1929304	1039079	158656	129740
江　苏	3036120	4168969	3416562	1579858	270095	260925
浙　江	2238291	2874721	2347218	949326	179349	270757
安　徽	999609	1204732	902977	362515	70530	105700
福　建	656202	843090	692307	270404	61221	58039
江　西	659012	740238	435671	171147	58218	41943
山　东	2847397	3483362	2613159	1158718	237271	316006
河　南	2442574	3048883	2308903	950735	249102	211877
湖　北	1828639	2316082	1699999	735247	140561	129698
湖　南	1206248	1436578	995446	499274	116837	151289
广　东	1714820	2396516	1879001	936303	196391	164171
广　西	203472	261472	170264	84504	17881	16446
海　南	19368	25661	21850	8282	1358	1847
重　庆	693230	912781	656367	339404	90803	74433
四　川	1282114	1612754	1228148	525337	99249	149066
贵　州	133188	157541	115122	47148	6818	16520
云　南	633621	825879	640767	297625	46545	64984
西　藏	130460	138091	119105	52604	8181	36752
陕　西	636594	845466	695754	272965	81790	44759
甘　肃	447601	541087	410131	182640	36961	46169
青　海	129182	165403	133148	57075	10713	18344
宁　夏	107905	165672	145998	60654	11774	2715
新　疆	425288	640832	533193	248163	42214	27390

2-B-2.76 各地区股份制总承包和专业承包企业负债及所有者权益

单位：万元

地区	负债合计	流动负债	长期负债	所有者权益	#实收资本
全国	**162812753**	**155009997**	**7802756**	**81093422**	**51597947**
北京	22087317	20471529	1615788	14031797	7502067
天津	6295363	5790754	504609	2167670	1349215
河北	6591088	6391255	199834	2958812	2112352
山西	6044845	5795741	249104	1326531	1049211
内蒙古	1927843	1749797	178046	1199530	781584
辽宁	4954288	4678432	275856	2321894	1569421
吉林	2518694	2304388	214306	1195791	852852
黑龙江	2575983	2408248	167735	1701680	1432336
上海	13482022	13041671	440351	3505975	1877725
江苏	15978607	15639576	339031	8473598	4769679
浙江	12959146	12640325	318821	6677439	3643655
安徽	3566111	3350677	215434	1953059	1344058
福建	3393007	3342301	50706	1746184	1304887
江西	1155063	1066109	88954	1096444	799483
山东	12158253	11526759	631494	5955092	3908700
河南	6506924	6215838	291087	4235661	3190469
湖北	7266799	6894296	372503	3114409	2126709
湖南	2966890	2765859	201031	2462640	1658300
广东	11508388	10995489	512899	5022156	2923502
广西	867505	835924	31581	484733	359109
海南	111130	108107	3023	99515	73230
重庆	3021762	2798169	223593	1730194	1170077
四川	4667366	4447906	219461	2961049	2128287
贵州	395127	384080	11047	329372	249999
云南	2986066	2864619	121447	1331150	956043
西藏	169091	131538	37554	189406	101108
陕西	2743123	2641705	101418	955698	771516
甘肃	1327378	1241505	85873	647622	553943
青海	241867	218239	23629	222094	231473
宁夏	538907	527308	11599	200930	161719
新疆	1806802	1741856	64945	795300	645242

2-B-2.77 各地区股份制总承包和专业承包企业实收资本

单位：万元

地区	合计	国家资本	集体资本	法人资本	个人资本	港澳台资本	外商资本
全国	**51597947**	**6450575**	**3826061**	**20324997**	**20957480**	**25590**	**13244**
北京	7502067	215880	178290	6503629	604267		
天津	1349215	149581	68128	825073	306422	10	
河北	2112352	253732	169156	526855	1162609		
山西	1049211	500155	67381	187345	294330		
内蒙古	781584	154467	92242	176150	358265	460	
辽宁	1569421	342369	159979	331606	735442	25	
吉林	852852	96118	30711	482342	243633		50
黑龙江	1432336	217137	142958	409458	660219	444	2121
上海	1877725	454613	227622	780981	414392		118
江苏	4769679	333050	276419	1233010	2921117	4787	1297
浙江	3643655	128319	170186	1116908	2227928	315	
安徽	1344058	162227	116044	484244	581543		
福建	1304887	83812	68626	307702	844352	219	175
江西	799483	162375	59981	261301	315360	466	
山东	3908700	413602	429965	1426667	1637039	601	826
河南	3190469	532083	319766	791456	1545278	1545	343
湖北	2126709	584438	197795	575889	761552	5000	2035
湖南	1658300	183243	107894	548021	819142		
广东	2923502	446763	287803	1184538	993165	9503	1730
广西	359109	49235	64699	123347	121828		
海南	73230	944	2480	38877	30929		
重庆	1170077	97478	64311	290004	716756	228	1300
四川	2128287	244935	102703	526137	1253061	1450	
贵州	249999	24933	16796	67057	141213		
云南	956043	122923	135318	272039	425727	35	
西藏	101108	47828	22543	22771	7966		
陕西	771516	149912	66932	233642	317278	503	3250
甘肃	553943	99801	97919	170099	186124		
青海	231473	24903	9518	147249	49802		
宁夏	161719	32854	17846	56333	54687		
新疆	645242	140868	54051	224268	226055		

2-B-2.78 各地区股份制总承包和专业承包企业收入情况

单位：万元

地区	工程结算收入	工程结算成本	工程结算税金及附加	工程结算利润	经营费用	其他业务收入	#其他业务利润
全国	**285161513**	**253348631**	**10223294**	**20136141**	**1453447**	**4859433**	**896377**
北京	24270608	22153122	701010	1365382	51095	351973	83143
天津	8784044	7870843	237533	665907	9762	214666	10518
河北	11743295	10442760	413588	850642	36304	229933	44500
山西	8110008	7458620	218248	412970	20171	46813	10470
内蒙古	4101465	3472288	183382	427953	17843	40431	9911
辽宁	9971285	8841163	360026	748655	21441	89259	28420
吉林	5092604	4468031	191920	413931	18721	35435	9227
黑龙江	3996601	3073897	557692	343673	21339	198872	66291
上海	17740322	16091754	541513	1082732	24323	226580	52667
江苏	35630533	31219949	1283052	2777724	349808	973898	107368
浙江	35752841	32690866	1226948	1758166	76861	265291	56090
安徽	6966357	6148404	255876	499171	62906	62714	12783
福建	7346589	6616920	270460	435016	24192	69191	16011
江西	3081221	2653430	129575	275792	22425	26599	1906
山东	17456982	15155900	562478	1611434	127170	751938	60086
河南	15485795	13556466	544711	1254699	129918	157599	35048
湖北	13184150	11699773	441116	942201	101060	157402	26963
湖南	8289162	7123056	363928	736991	65187	53327	14734
广东	15929957	14084620	587905	1189970	67462	320392	118646
广西	1508113	1331036	52954	113725	10399	53881	7237
海南	142881	115450	4760	20149	2521	715	528
重庆	6081130	5238050	213805	585008	44266	117910	15069
四川	8540813	7625811	304422	546563	64018	110431	31684
贵州	549704	472051	21978	51496	4179	6803	3739
云南	3176848	2812283	112062	232340	20162	80710	23310
西藏	197954	170603	5855	19689	1806	3207	869
陕西	5808050	5205668	226537	352408	23437	79830	19756
甘肃	2192033	1898637	82888	188773	21734	39040	9464
青海	288194	256677	10277	20208	1031	1913	1092
宁夏	534293	489148	17531	27277	337	7789	2252
新疆	3207683	2911357	99262	185495	11570	84892	16599

2-B-2.79　各地区股份制总承包和专业承包企业费用情况

单位：万元

地　区	管理费用	#税金	#财产保险费	#差旅费	#工会经费	财务费用	#利息支出
全　国	**9191165**	**496017**	**71852**	**532843**	**166963**	**1844803**	**1209789**
北　京	922975	16679	4820	42726	8764	504310	120458
天　津	296272	7824	629	11962	3630	77716	64333
河　北	362402	18799	2141	15836	7847	39766	41494
山　西	306407	9329	1232	13578	3675	27346	35567
内蒙古	161021	19325	832	5103	1869	25785	17886
辽　宁	322643	17837	2317	16552	6884	32055	26244
吉　林	160395	11512	2572	6989	1693	27710	19942
黑龙江	199806	13027	457	10245	2813	12189	5031
上　海	599149	14106	3348	25521	6394	52844	60745
江　苏	1119294	58173	13142	75279	26694	179724	129438
浙　江	656288	30493	5242	41244	14229	182713	190041
安　徽	245092	26136	2347	14032	4216	34599	25616
福　建	202528	13576	808	10438	2211	14253	9216
江　西	98738	7253	414	7343	1523	29260	9505
山　东	636755	41931	6460	36189	14220	141009	120385
河　南	535763	40262	4738	44626	14505	94091	63567
湖　北	461179	24118	2167	32221	6744	56707	43817
湖　南	255005	23206	5096	14919	8425	40794	23168
广　东	555450	27263	2750	25238	6553	67567	51289
广　西	66060	1972	182	2869	490	6483	3266
海　南	7768	207	29	662	56	181	107
重　庆	178706	18097	795	15049	8623	41303	28747
四　川	294880	16722	2698	32328	4710	62127	42118
贵　州	28119	1625	148	1470	411	2209	1561
云　南	128434	6923	712	6488	1737	25539	18591
西　藏	10357	473	77	292	81	2633	2374
陕　西	126260	13900	2965	9026	4231	25447	23524
甘　肃	88383	8001	1633	7712	1541	18199	12962
青　海	15744	405	125	461	134	887	432
宁　夏	21117	777	78	848	345	5058	4781
新　疆	128176	6066	899	5599	1718	14304	13587

2-B-2.80 各地区股份制总承包和专业承包企业利润及税金情况

单位：万元

地区	利润总额	#应交所得税	税金总额	工程结算税金及附加	管理费用中的税金
全国	**10069630**	**2022728**	**10719312**	**10223294**	**496017**
北京	268349	99941	717689	701010	16679
天津	322323	72148	245357	237533	7824
河北	467302	87255	432387	413588	18799
山西	97373	18447	227577	218248	9329
内蒙古	231692	39591	202707	183382	19325
辽宁	346855	82177	377863	360026	17837
吉林	239215	35150	203432	191920	11512
黑龙江	158743	37748	570719	557692	13027
上海	579965	126869	555619	541513	14106
江苏	1641288	326198	1341224	1283052	58173
浙江	1069436	235365	1257442	1226948	30493
安徽	226437	38175	282012	255876	26136
福建	227557	69080	284037	270460	13576
江西	137273	27280	136828	129575	7253
山东	813501	162635	604409	562478	41931
河南	503777	102131	584974	544711	40262
湖北	434292	74787	465234	441116	24118
湖南	490452	61529	387134	363928	23206
广东	651623	137570	615169	587905	27263
广西	49847	10037	54926	52954	1972
海南	12630	1037	4968	4760	207
重庆	326953	41428	231902	213805	18097
四川	263881	53416	321144	304422	16722
贵州	27421	6596	23603	21978	1625
云南	94730	18051	118985	112062	6923
西藏	7304	1025	6328	5855	473
陕西	225988	21955	240437	226537	13900
甘肃	82088	15700	90889	82888	8001
青海	2989	1006	10682	10277	405
宁夏	4678	1222	18309	17531	777
新疆	63667	17180	105328	99262	6066

2-B-2.81 各地区外商投资总承包和专业承包企业签订合同情况

单位：万元

地 区	合同总额	上年结转合同额	本年新签合同额
全 国	**6188616**	**2496332**	**3692284**
北 京	1385421	582193	803228
天 津	85428	32237	53191
河 北	25788	8401	17387
山 西	47276	8916	38360
内蒙古	2427		2427
辽 宁	427608	99399	328209
吉 林	28243	11241	17002
黑龙江	10917	558	10359
上 海	1603294	570190	1033104
江 苏	566410	207074	359336
浙 江	382203	117949	264253
安 徽	34298	9056	25242
福 建	72902	20000	52902
江 西	1900	265	1635
山 东	576575	332437	244138
河 南	14219	1322	12897
湖 北	192	25	167
湖 南	22778	647	22131
广 东	776166	460307	315859
广 西	84394	20932	63462
海 南	119		119
重 庆	10600	5422	5178
四 川	21682	3634	18048
贵 州			
云 南	1271	866	405
西 藏			
陕 西	5881	3261	2620
甘 肃	44		44
青 海	582		582
宁 夏			
新 疆			

2-B-2.82 各地区外商投资总承包和专业承包企业承包工程完成情况

单位：万元

地区	直接从建设单位承揽工程完成的产值	自行完成施工产值	分包出去工程的产值	从建设单位以外承揽工程完成的产值
全国	**3723706**	**3461986**	**261719**	**409366**
北京	584550	474529	110021	92837
天津	72999	72999		3036
河北	12138	12138		
山西	34826	34306	520	520
内蒙古	2096	2096		
辽宁	378082	377903	179	555
吉林	18633	18633		
黑龙江	10586	10586		
上海	914266	818740	95527	92636
江苏	479087	455864	23223	65977
浙江	175298	175298		125752
安徽	29076	29076		427
福建	49030	49030		2783
江西	1662	1662		
山东	267646	267646		5854
河南	13930	13930		
湖北	204	204		
湖南	21150	21150		
广东	571601	540304	31296	18890
广西	56734	56734		
海南	119	119		
重庆	6625	6625		
四川	16827	16827		16
贵州				
云南	1271	1271		
西藏				
陕西	4643	3690	953	83
甘肃	44	44		
青海	582	582		
宁夏				
新疆				

2-B-2.83 各地区外商投资总承包和专业承包企业建筑业总产值和竣工产值

单位：万元

地区	建筑业总产值	#装饰装修产值	#在外省完成的产值	按构成分组			竣工产值
				建筑工程产值	安装工程产值	其他产值	
全国	**3871352**	**726198**	**1296141**	**2914393**	**590591**	**366368**	**2538008**
北京	567366	232186	195594	512101	49511	5755	467580
天津	76035	4759	16159	46966	14503	14567	53391
河北	12138	468	6203		11670	468	7036
山西	34826	155	2350	22688	1151	10987	28155
内蒙古	2096			2096			2096
辽宁	378458	73563	8213	356187	21745	527	254173
吉林	18633			18633			11549
黑龙江	10586			10359	226		10359
上海	911376	225288	464663	647999	185866	77511	615567
江苏	521842	43008	152555	340612	181029	200	469482
浙江	301050	11253	201427	241864	59186		154100
安徽	29503		12534	21572	7125	806	27678
福建	51813	124	20249	45155	5895	763	38052
江西	1662	300		300	362	1000	1595
山东	273500	57	137351	36691	16095	220714	72621
河南	13930	3722		8581	3101	2248	13317
湖北	204	167	25	179		25	192
湖南	21150	1840	1840	375	7609	13166	9531
广东	559194	111871	68986	542910	14990	1294	249331
广西	56734	1043		42188	5967	8580	34441
海南	119				119		119
重庆	6625	4677		2852	1485	2289	6281
四川	16844	11090	5455	12190	131	4522	5968
贵州							
云南	1271			1271			1449
西藏							
陕西	3773		2537		2827	946	3320
甘肃	44	44		44			44
青海	582	582		582			582
宁夏							
新疆							

2-B-2.84 各地区外商投资总承包和专业承包企业房屋建筑面积

单位：万平方米

地区	房屋建筑施工面积(万平方米)	#本年新开工	#实行投标承包面积	#本年新开工	房屋建筑竣工面积(万平方米)	房屋建筑面积竣工率(%)
全国	**1649.2**	**694.3**	**1302.0**	**564.5**	**683.5**	**41.4**
北京	152.1	50.4	143.4	45.0	35.7	23.5
天津	87.1	16.7	9.8	9.8	49.9	57.3
河北						
山西	22.0	14.7	19.8	14.7	11.4	52.1
内蒙古	2.2	2.2			2.2	100.0
辽宁	159.1	92.4	125.7	66.1	81.9	51.5
吉林	27.6	17.4	17.4	17.4	13.4	48.6
黑龙江	5.8	5.8	5.8	5.8	5.8	100.0
上海	346.5	230.6	289.8	210.2	163.2	47.1
江苏	151.2	66.0	97.3	40.0	94.3	62.4
浙江	154.6	91.5	120.1	71.5	82.7	53.5
安徽	27.4	20.8	20.8	20.8	15.9	58.0
福建	30.8	24.6	13.6	13.6	12.4	40.2
江西						
山东	41.5	27.9	21.7	17.7	11.8	28.3
河南						
湖北						
湖南						
广东	407.3	22.4	406.5	21.7	69.0	16.9
广西	28.3	10.2	10.2	10.2	28.3	100.0
海南						
重庆	1.8				1.7	97.1
四川						
贵州						
云南	3.7	0.4			3.7	100.0
西藏						
陕西						
甘肃						
青海						
宁夏						
新疆						

2-B-2.85 各地区按主要用途分的外商投资总承包和专业承包企业房屋建筑竣工面积

单位：万平方米

地 区	合计	厂房、仓库	住宅	办公用房	批发和零售用房	住宿和餐饮用房
全 国	**683.5**	**373.3**	**234.2**	**59.3**		**0.6**
北 京	35.7	6.6	25.2	0.1		0.6
天 津	49.9	49.9				
河 北						
山 西	11.4		4.6	2.3		
内 蒙 古	2.2			2.2		
辽 宁	81.9	38.3	39.5	4.1		
吉 林	13.4		13.4			
黑 龙 江	5.8			5.8		
上 海	163.2	162.1		1.1		
江 苏	94.3	27.8	39.3	26.5		
浙 江	82.7	64.5	7.6	10.6		
安 徽	15.9	1.4	11.2	1.4		
福 建	12.4	7.1	5.3			
江 西						
山 东	11.8	9.9	1.9			
河 南						
湖 北						
湖 南						
广 东	69.0	0.8	68.3			
广 西	28.3	0.1	17.4	5.1		
海 南						
重 庆	1.7	1.7				
四 川						
贵 州						
云 南	3.7	3.1	0.6			
西 藏						
陕 西						
甘 肃						
青 海						
宁 夏						
新 疆						

2-B-2.85 续表　　　　　　　　　　　　　　　　　　　　　　　　单位：万平方米

地　区	居民服务业用房	教育用房	文化、体育和娱乐用房	卫生医疗用房	科研用房	其他用房
全　国	**5.1**	**2.4**	**1.8**	**0.7**		**6.1**
北　京			0.5	0.6		2.1
天　津						
河　北						
山　西		0.7	1.0			2.9
内蒙古						
辽　宁						
吉　林						
黑龙江						
上　海						
江　苏	0.5					0.1
浙　江						
安　徽		0.9				1.1
福　建						
江　西						
山　东						
河　南						
湖　北						
湖　南						
广　东						
广　西	4.6	0.9	0.2	0.2		
海　南						
重　庆						
四　川						
贵　州						
云　南						
西　藏						
陕　西						
甘　肃						
青　海						
宁　夏						
新　疆						

2-B-2.86　各地区按主要用途分的外商投资总承包和专业承包企业房屋建筑竣工价值

单位：万元

地　区	合计	厂房、仓库	住宅	办公用房	批发和零售用房	住宿和餐饮用房
全　国	**786026**	**401818**	**264827**	**92518**	**5**	**1041**
北　京	52341	10177	29834	278		1041
天　津	20510	20510				
河　北						
山　西	13162		4487	2793		
内蒙古	1790			1790		
辽　宁	82440	45684	33246	3511		
吉　林	11549		11549			
黑龙江	10359			10359		
上　海	217451	214329		3122		
江　苏	141849	24516	63853	52801	5	
浙　江	81414	63279	7213	10921		
安　徽	10827	992	7722	869		
福　建	11974	9611	2363			
江　西						
山　东	10490	9006	1484			
河　南						
湖　北						
湖　南						
广　东	83060	1154	81905			
广　西	33911	65	20769	6074		
海　南						
重　庆	1720	1720				
四　川						
贵　州						
云　南	1179	776	403			
西　藏						
陕　西						
甘　肃						
青　海						
宁　夏						
新　疆						

2-B-2.86 续表　　单位：万元

地　区	居民服务业用房	教育用房	文化、体育和娱乐用房	卫生医疗用房	科研用房	其他用房
全　国	**5986**	**2502**	**3033**	**672**		**13624**
北　京			1450	468		9094
天　津						
河　北						
山　西		893	1298			3693
内蒙古						
辽　宁						
吉　林						
黑龙江						
上　海						
江　苏	498					175
浙　江						
安　徽		583				661
福　建						
江　西						
山　东						
河　南						
湖　北						
湖　南						
广　东						
广　西	5488	1027	285	203		
海　南						
重　庆						
四　川						
贵　州						
云　南						
西　藏						
陕　西						
甘　肃						
青　海						
宁　夏						
新　疆						

2-B-2.87　各地区外商投资总承包和专业承包企业施工机械设备情况

地　区	年末自有施工机械设备总台数(台)	年末自有施工机械设备总功率(千瓦)	年末自有施工机械设备净值(万元)	技术装备率(元/人)	动力装备率(千瓦/人)
全　国	**28564**	**442095**	**109572**	**11892**	**4.8**
北　京	1434	41412	13142	21827	6.9
天　津	444	23762	3254	28698	21.0
河　北	19	10	15	512	
山　西	193	2523	1321	6903	1.3
内蒙古					
辽　宁	3054	70477	13162	10294	5.5
吉　林					
黑龙江	174	5685	965	48487	28.6
上　海	2608	34221	9231	10938	4.1
江　苏	9210	117548	16325	9404	6.8
浙　江	847	17235	23087	31207	2.3
安　徽	436	5407	1279	5791	2.4
福　建	237	5721	665	2162	1.9
江　西	205	5080	1532	53566	17.8
山　东	1995	40531	6505	5760	3.6
河　南	282	3633	1654	21563	4.7
湖　北	103	756	75	24867	25.2
湖　南	855	20551	1968	57713	60.3
广　东	3784	37967	10362	7411	2.7
广　西	1470	2682	4292	15177	0.9
海　南					
重　庆	815	6202	143	4068	17.6
四　川	79	30	120	1750	
贵　州					
云　南	150	340	269	538000	68.0
西　藏					
陕　西	62	118	22	807	0.4
甘　肃	97	124	137	105692	9.5
青　海	11	80	47	18192	3.1
宁　夏					
新　疆					

2-B-2.88 各地区外商投资总承包和专业承包企业营业额

单位：万元

地区	企业营业额	在境外完成的营业额	企业总产值	#建筑业总产值
全国	**4250922**	**37151**	**4213771**	**3871352**
北京	643523	9676	633847	567366
天津	124615		124615	76035
河北	12138		12138	12138
山西	34858		34858	34826
内蒙古	2096		2096	2096
辽宁	379267		379267	378458
吉林	18633		18633	18633
黑龙江	10586		10586	10586
上海	993666	1693	991972	911376
江苏	553643	3840	549803	521842
浙江	319390	18119	301272	301050
安徽	29575		29575	29503
福建	58184		58184	51813
江西	1662		1662	1662
山东	280719		280719	273500
河南	15034		15034	13930
湖北	204		204	204
湖南	21150		21150	21150
广东	665892	3823	662070	559194
广西	56831		56831	56734
海南	119		119	119
重庆	6625		6625	6625
四川	16844		16844	16844
贵州				
云南	1271		1271	1271
西藏				
陕西	3773		3773	3773
甘肃	44		44	44
青海	582		582	582
宁夏				
新疆				

2-B-2.89　各地区外商投资总承包和专业承包企业资产构成

单位：万元

地　区	资产合计	#流动资产小计	#长期投资	#固定资产小计	#无形及递延资产
全　国	**4081381**	**3518065**	**106227**	**397972**	**48698**
北　京	574255	497913	32683	37123	2499
天　津	118371	107364	50	6795	3101
河　北	8711	8254	120	338	
山　西	10474	8852	200	1421	1
内蒙古	1065	978		87	
辽　宁	281871	185887	2976	85142	7574
吉　林	16077	14719		1359	
黑龙江	17877	16794		1083	
上　海	1027500	953704	1244	62839	7375
江　苏	608458	520018	18191	64966	4384
浙　江	214419	168375	3850	36684	5423
安　徽	29528	24507	1330	2758	856
福　建	60675	49773	4627	4976	1253
江　西	4883	2558		1826	499
山　东	354251	270262	36179	42923	4364
河　南	25903	18009	240	7405	1
湖　北	2534	2205		328	
湖　南	21616	17436		3802	378
广　东	630899	599263	3452	26023	1362
广　西	8482	3761		4721	
海　南	12170	2550		6	9614
重　庆	23774	23333		441	
四　川	21706	18462	684	2544	8
贵　州					
云　南	1960			1960	
西　藏					
陕　西	3239	2590	400	239	10
甘　肃	376	239		137	
青　海	307	260		47	
宁　夏					
新　疆					

2-B-2.90 各地区外商投资总承包和专业承包企业流动资产、无形及递延资产

单位：万元

地区	流动资产	#存货	无形及递延资产	#无形资产
全国	**3518065**	**877626**	**48698**	**30561**
北京	497913	119965	2499	1118
天津	107364	27243	3101	448
河北	8254	1114		
山西	8852	161	1	1
内蒙古	978	64		
辽宁	185887	34635	7574	4293
吉林	14719	6135		
黑龙江	16794	608		
上海	953704	137815	7375	1074
江苏	520018	88440	4384	2768
浙江	168375	27296	5423	3978
安徽	24507	1993	856	856
福建	49773	5182	1253	1190
江西	2558	551	499	480
山东	270262	51923	4364	4192
河南	18009	5068	1	1
湖北	2205	108		
湖南	17436	1147	378	369
广东	599263	359253	1362	178
广西	3761	51		
海南	2550		9614	9614
重庆	23333	5097		
四川	18462	3212	8	
贵州				
云南				
西藏				
陕西	2590	436	10	
甘肃	239	41		
青海	260	89		
宁夏				
新疆				

2-B-2.91　各地区外商投资总承包和专业承包企业固定资产情况

单位：万元

地　区	固定资产小计	固定资产原价	#生产经营用	固定资产折旧	#本年折旧	在建工程
全　国	**397972**	**583520**	**431448**	**216891**	**39570**	**26684**
北　京	37123	68849	63369	33818	4843	2075
天　津	6795	10961	10574	4333	863	167
河　北	338	1477	1394	1139	287	
山　西	1421	2297	2297	876	206	
内蒙古	87	349	220	262	18	
辽　宁	85142	97400	73142	28522	4550	13576
吉　林	1359	2693	2693	1335	118	
黑龙江	1083	2157	2157	1166	235	92
上　海	62839	108606	36921	48377	6716	2611
江　苏	64966	84744	66595	23404	4646	3114
浙　江	36684	58129	51805	22448	4513	1002
安　徽	2758	4779	3826	2160	372	107
福　建	4976	10609	8271	5633	868	
江　西	1826	1851	1653	211	67	186
山　东	42923	62023	56610	19887	5882	717
河　南	7405	7518	5655	1320	888	1206
湖　北	328	485	485	157	12	
湖　南	3802	6395	5395	2593	765	
广　东	26023	42033	31399	17253	3380	711
广　西	4721	4545	4336	225	60	340
海　南	6	11		5	1	
重　庆	441	996	789	555	26	
四　川	2544	1759	712	742	152	782
贵　州						
云　南	1960	1976	269	16	16	
西　藏						
陕　西	239	300	300	61	43	
甘　肃	137	464	464	327	42	
青　海	47	117	117	70	2	
宁　夏						
新　疆						

2-B-2.92 各地区外商投资总承包和专业承包企业负债及所有者权益

单位：万元

地区	负债合计	流动负债	长期负债	所有者权益	#实收资本
全国	**2924124**	**2778503**	**145622**	**1157257**	**768660**
北京	394051	385897	8154	180204	131476
天津	104395	99239	5156	13977	15688
河北	5128	5128		3583	2600
山西	5552	5504	48	4923	5939
内蒙古	193	193		872	872
辽宁	152617	141834	10783	129254	84678
吉林	6077	6077		10000	6000
黑龙江	7481	7481		10397	10329
上海	825884	813972	11912	201616	134438
江苏	368658	367814	844	239800	152634
浙江	166142	162290	3853	48277	27450
安徽	14848	14848		14680	11454
福建	36835	36235	600	23840	17458
江西	2882	2882		2001	1998
山东	272641	169886	102755	81610	65034
河南	11725	11656	69	14177	5414
湖北	783	783		1750	1866
湖南	16913	16880	33	4703	7613
广东	505333	504372	960	125566	47597
广西	924	924		7558	5882
海南	1814	1814		10356	10000
重庆	6924	6924		16851	12115
四川	14001	13546	455	7705	6254
贵州					
云南				1960	1960
西藏					
陕西	2022	2022		1217	1200
甘肃	244	244		132	414
青海	59	59		249	300
宁夏					
新疆					

2-B-2.93　各地区外商投资总承包和专业承包企业实收资本

单位：万元

地　区	合计	国家资本	集体资本	法人资本	个人资本	港澳台资本	外商资本
全　国	**768660**	**9041**	**10607**	**164554**	**27513**	**6828**	**550118**
北　京	131476	367	1915	52299	1188	1251	74457
天　津	15688	250		3493	162		11783
河　北	2600			1950			650
山　西	5939	1240		1785	180		2734
内蒙古	872				218		654
辽　宁	84678	1622	2811	3424	18276		58546
吉　林	6000						6000
黑龙江	10329			243			10087
上　海	134438	3333	619	15850	1719	255	112663
江　苏	152634	1643		15033	1451	382	134127
浙　江	27450	486		15211	781	4807	6166
安　徽	11454			6934			4520
福　建	17458			646	336		16477
江　西	1998			375			1623
山　东	65034	50	5250	28960	2925	34	27815
河　南	5414			1238			4176
湖　北	1866			1254			611
湖　南	7613			213			7400
广　东	47597	50	13	9545	79	100	37811
广　西	5882			3369			2512
海　南	10000						10000
重　庆	12115			2362	200		9553
四　川	6254			350			5904
贵　州							
云　南	1960						1960
西　藏							
陕　西	1200						1200
甘　肃	414			21			393
青　海	300						300
宁　夏							
新　疆							

2-B-2.94 各地区外商投资总承包和专业承包企业收入情况

单位：万元

地区	工程结算收入	工程结算成本	工程结算税金及附加	工程结算利润	经营费用	其他业务收入	#其他业务利润
全国	**4343760**	**3716783**	**111950**	**459733**	**55294**	**138792**	**23274**
北京	800280	705213	20380	67646	7041	32819	4743
天津	56202	46332	1078	5992	2799	50992	3853
河北	12138	10701	130	1307		122	58
山西	33831	31242	722	585	1282	1039	2
内蒙古	885	813	27	45	1		
辽宁	314750	253792	10549	49278	1131	620	299
吉林	18479	17836	554	88	1		
黑龙江	10586	8714	539	1332			
上海	1143898	988451	23470	114624	17353	5877	2167
江苏	535696	451796	13056	63209	7635	16279	6370
浙江	265134	239771	4571	16028	4765	6983	685
安徽	25385	21048	641	3403	292	360	193
福建	55763	44955	2181	8599	28	226	129
江西	1662	1390	41	174	57		
山东	259087	220632	7611	26772	4072	327	112
河南	14154	8403	376	5114	261	880	735
湖北	202	157	6	27	12		
湖南	20312	14601	555	5121	34	1486	583
广东	698081	585339	22058	83238	7447	9030	2835
广西	51882	45351	2652	3879	1		
海南	119	90	2	24	4		
重庆	5051	3995	154	247	656	10694	236
四川	14784	11924	423	2242	195	104	103
贵州							
云南	1271	1174	43	34	21		
西藏							
陕西	3524	2590	112	634	187	951	172
甘肃	25	13	1	12			
青海	582	464	18	81	20		
宁夏							
新疆							

2-B-2.95 各地区外商投资总承包和专业承包企业费用情况

单位：万元

地区	管理费用	#税金	#财产保险费	#差旅费	#工会经费	财务费用	#利息支出
全国	**244229**	**4126**	**822**	**10294**	**1395**	**13465**	**11567**
北京	50937	386	148	2389	219	652	834
天津	3778	37	8	86	3	-126	78
河北	739	6	27	29	1	101	39
山西	299	9	1	40	2	2	1
内蒙古	41	2		2		-2	
辽宁	10192	484	64	812	178	2233	1173
吉林	30	16	1	1	1	1	1
黑龙江	536	2	9	29	8	567	565
上海	86561	1329	84	2598	437	397	1885
江苏	32955	722	204	2366	200	2924	1233
浙江	8730	229	152	477	122	2807	3064
安徽	1203	13	8	97	12	96	90
福建	7655	86		110	24	442	403
江西	95	4		3		33	15
山东	9018	178	55	382	59	2434	872
河南	2267	12	9	88	35	19	
湖北	49	1		1			
湖南	1739	17	12	157	6	68	75
广东	21379	455	10	502	62	678	1171
广西	2554	1		1		3	-1
海南	4						
重庆	532	3	3	24	2	48	
四川	2018	98	5	58	5	74	66
贵州							
云南	4						
西藏							
陕西	782	36	25	23	18	12	2
甘肃	64			1			
青海	68			17			
宁夏							
新疆							

2-B-2.96 各地区外商投资总承包和专业承包企业利润及税金情况

单位：万元

地区	利润总额	#应交所得税	税金总额	工程结算税金及附加	管理费用中的税金
全国	**221014**	**31565**	**116076**	**111950**	**4126**
北京	20477	2877	20766	20380	386
天津	6358	300	1116	1078	37
河北	590	84	136	130	6
山西	271	33	731	722	9
内蒙古	5		29	27	2
辽宁	37060	3635	11033	10549	484
吉林	57	7	571	554	16
黑龙江	229	57	541	539	2
上海	34218	7286	24799	23470	1329
江苏	31180	5107	13778	13056	722
浙江	4765	1463	4799	4571	229
安徽	2075	144	655	641	13
福建	1993	398	2267	2181	86
江西	16	1	45	41	4
山东	15210	1616	7790	7611	178
河南	3629	221	388	376	12
湖北	-22		7	6	1
湖南	3880	362	573	555	17
广东	57913	7677	22513	22058	455
广西	1321	158	2653	2652	1
海南	20	1	2	2	
重庆	-104	24	156	154	3
四川	-131	97	521	423	98
贵州					
云南	30	9	44	43	
西藏					
陕西	14	4	148	112	36
甘肃	-52		1	1	
青海	13	3	18	18	
宁夏					
新疆					

2-B-2.97　各地区港澳台商投资总承包和专业承包企业签订合同情况

单位：万元

地　区	合同总额	上年结转合同额	本年新签合同额
全　国	**5819203**	**2293735**	**3525468**
北　京	1265039	419070	845969
天　津	50254	14685	35568
河　北	31941	1148	30792
山　西	33954	6899	27055
内蒙古			
辽　宁	113467	33292	80175
吉　林	11516		11516
黑龙江	36887	34996	1891
上　海	1682795	649629	1033166
江　苏	366045	169069	196976
浙　江	443839	156387	287452
安　徽	26258	9615	16643
福　建	392673	183791	208881
江　西	37535	4024	33511
山　东	92766	13623	79142
河　南	31699	195	31505
湖　北	38129	13477	24652
湖　南	77335	9265	68070
广　东	1013511	541183	472329
广　西	32656	22544	10112
海　南			
重　庆	12855	4558	8297
四　川	6994	307	6688
贵　州	2095		2095
云　南	16253	5484	10769
西　藏			
陕　西	1091	30	1061
甘　肃	1025	465	560
青　海			
宁　夏	287		287
新　疆	306	1	305

2-B-2.98 各地区港澳台商投资总承包和专业承包企业承包工程完成情况

单位：万元

地区	直接从建设单位承揽工程完成的产值			从建设单位以外承揽工程完成的产值
		自行完成施工产值	分包出去工程的产值	
全国	**3258686**	**3040174**	**218512**	**170494**
北京	636872	590634	46238	47918
天津	30925	30925		711
河北	26456	24607	1849	638
山西	38842	38842		306
内蒙古				
辽宁	98598	98349	249	
吉林	11506	11506		
黑龙江	54088	54088		
上海	813745	693309	120436	77678
江苏	266739	254322	12418	26440
浙江	212857	212857		5134
安徽	22006	22006		
福建	285030	283980	1050	1835
江西	20416	20416		
山东	81321	81321		2758
河南	17583	17583		
湖北	29362	29311	51	351
湖南	52861	50620	2241	36
广东	519465	488409	31055	5647
广西	10738	7813	2925	
海南				
重庆	6143	6143		1041
四川	6453	6453		
贵州	2095	2095		
云南	11945	11945		
西藏				
陕西	1091	1090	1	1
甘肃	970	970		
青海	4	4		
宁夏	287	287		
新疆	291	291		

2-B-2.99　各地区港澳台商投资总承包和专业承包企业建筑业总产值和竣工产值

单位：万元

地　区	建筑业总产值	#装饰装修产值	#在外省完成的产值	按构成分组			竣工产值
				建筑工程产值	安装工程产值	其他产值	
全　国	**3210668**	**1243518**	**1231245**	**2578405**	**506740**	**125523**	**1737339**
北　京	638552	395888	371543	628525	9949	78	242009
天　津	31636	19509	5044	17252	4755	9629	26733
河　北	25245	15186	354	288	597	24361	24421
山　西	39149	9377		29301	6256	3591	20516
内蒙古							
辽　宁	98349	26622	35363	40488	57861		60940
吉　林	11506	10562		8394	945	2168	11496
黑龙江	54088	1406	51845	53251		837	25061
上　海	770987	374477	273845	629096	119368	22523	411707
江　苏	280762	70440	51898	224662	56096	4	172105
浙　江	217990	5225	135057	169002	47515	1473	167094
安　徽	22006	1102	7198	15078	4540	2388	17222
福　建	285816	119678	111800	255256	26352	4208	139383
江　西	20416	2503		15702	2990	1724	19272
山　东	84079	30928	7325	32330	18588	33161	28880
河　南	17583	9157	9009	17106	329	149	9486
湖　北	29661	21343	93	7050	15901	6710	23546
湖　南	50656	3904	22232	24364	26292		8282
广　东	494056	117547	144590	375774	107146	11136	306804
广　西	7813	479		7337	476		3464
海　南							
重　庆	7184	1584		5727	73	1384	1466
四　川	6453	4812		5746	707		5329
贵　州	2095			2095			2095
云　南	11945	123	4051	11945			7950
西　藏							
陕　西	1091	1091		1091			1091
甘　肃	970			970			410
青　海	4				4		
宁　夏	287	287		287			287
新　疆	291	291		291			291

2-B-2.100 各地区港澳台商投资总承包和专业承包企业房屋建筑面积

地区	房屋建筑施工面积（万平方米）	#本年新开工	#实行投标承包面积	#本年新开工	房屋建筑竣工面积（万平方米）	房屋建筑面积竣工率(%)
全国	**1385.6**	**488.7**	**812.8**	**421.4**	**421.2**	**30.4**
北京	357.2	139.4	185.1	131.6	16.1	4.5
天津						
河北						
山西	15.5	8.0	8.0	8.0	15.5	100.0
内蒙古						
辽宁	8.0	2.5	8.0	2.5	7.5	94.8
吉林						
黑龙江						
上海	32.9	6.8	22.5	1.5	9.7	29.4
江苏	116.1	15.4	78.9	11.2	21.7	18.7
浙江	238.6	78.3	161.0	62.7	149.7	62.7
安徽	21.2	7.3	5.1	5.1	8.8	41.7
福建	196.2	84.2	196.2	84.2	103.0	52.5
江西	15.7				1.7	10.7
山东	25.6	11.5	17.9	9.2	10.3	40.1
河南	20.9	20.9	20.9	20.9		
湖北	4.4	3.3	3.3	3.2	3.3	73.8
湖南	49.1	37.9	27.2	27.2	6.2	12.7
广东	267.1	63.5	67.7	44.6	61.6	23.1
广西	11.5	9.5	9.6	9.5	2.1	17.8
海南						
重庆	1.8	0.2	1.6			
四川						
贵州						
云南						
西藏						
陕西						
甘肃	4.0				4.0	100.0
青海						
宁夏						
新疆						

2-B-2.101　各地区按主要用途分的港澳台商投资总承包和专业承包企业房屋建筑竣工面积

单位：万平方米

地区	合计	厂房、仓库	住宅	办公用房	批发和零售用房	住宿和餐饮用房
全　国	**421.2**	**155.7**	**219.7**	**5.5**	**2.2**	**2.6**
北　京	16.1	6.3	6.4		1.4	1.1
天　津						
河　北						
山　西	15.5	0.6	5.2	0.1		1.2
内蒙古						
辽　宁	7.5		7.5			
吉　林						
黑龙江						
上　海	9.7	6.2	1.0	0.6		
江　苏	21.7	9.8	10.1	1.1		
浙　江	149.7	118.4	20.6	1.0	0.7	0.3
安　徽	8.8	4.4	2.1			
福　建	103.0		100.6		0.1	
江　西	1.7	1.7				
山　东	10.3		5.6	2.2		
河　南						
湖　北	3.3	2.8	0.5			
湖　南	6.2		2.7			
广　东	61.6	5.5	55.3	0.5		
广　西	2.1		2.1			
海　南						
重　庆						
四　川						
贵　州						
云　南						
西　藏						
陕　西						
甘　肃	4.0					
青　海						
宁　夏						
新　疆						

2-B-2.101 续表 单位：万平方米

地　区	居民服务业用房	教育用房	文化、体育和娱乐用房	卫生医疗用房	科研用房	其他用房
全　国	**2.5**	**5.7**	**2.8**			**24.6**
北　京		1.0				
天　津						
河　北						
山　西	1.5	1.2				5.8
内蒙古						
辽　宁						
吉　林						
黑龙江						
上　海						1.8
江　苏		0.2	0.1			0.4
浙　江		0.6	2.7			5.3
安　徽		2.3				
福　建						2.3
江　西						
山　东	1.0					1.5
河　南						
湖　北						
湖　南						3.5
广　东		0.4				
广　西						
海　南						
重　庆						
四　川						
贵　州						
云　南						
西　藏						
陕　西						
甘　肃						4.0
青　海						
宁　夏						
新　疆						

2-B-2.102　各地区按主要用途分的港澳台商投资总承包和专业承包企业房屋建筑竣工价值

单位：万元

地　区	合计	厂房、仓库	住宅	办公用房	批发和零售用房	住宿和餐饮用房
全　国	**463032**	**177604**	**242794**	**6574**	**2361**	**3310**
北　京	25336	9553	9818		1732	2260
天　津						
河　北						
山　西	8660	816	4209	85		749
内蒙古						
辽　宁	10745		10745			
吉　林						
黑龙江						
上　海	11027	2156	4637	1186		
江　苏	17090	10479	4951	1186		30
浙　江	158751	125278	19115	1422	480	270
安　徽	8746	4159	1800			
福　建	94215		92032		149	
江　西	3000	3000				
山　东	9803		5427	2096		
河　南						
湖　北	3660	3136	524			
湖　南	3802		1704			
广　东	105935	19028	85981	600		
广　西	1853		1853			
海　南						
重　庆						
四　川						
贵　州						
云　南						
西　藏						
陕　西						
甘　肃	410					
青　海						
宁　夏						
新　疆						

2-B-2.102 续表

单位：万元

地　区	居民服务业用房	教育用房	文化、体育和娱乐用房	卫生医疗用房	科研用房	其他用房
全　国	**2732**	**6602**	**4878**			**16178**
北　京		1973				
天　津						
河　北						
山　西	1668	735	3			395
内蒙古						
辽　宁						
吉　林						
黑龙江						
上　海						3049
江　苏		90	75			279
浙　江		690	4800			6696
安　徽		2788				
福　建						2035
江　西						
山　东	1064					1216
河　南						
湖　北						
湖　南						2098
广　东		326				
广　西						
海　南						
重　庆						
四　川						
贵　州						
云　南						
西　藏						
陕　西						
甘　肃						410
青　海						
宁　夏						
新　疆						

2-B-2.103　各地区港澳台商投资总承包和专业承包企业施工机械设备情况

地　区	年末自有施工机械设备总台数(台)	年末自有施工机械设备总功率(千瓦)	年末自有施工机械设备净值(万元)	技术装备率(元/人)	动力装备率(千瓦/人)
全　国	**31922**	**469813**	**93014**	**8877**	**4.5**
北　京	2396	12324	5624	5043	1.1
天　津	511	11127	734	4744	7.2
河　北	149	7177	333	3131	6.7
山　西	1641	28715	4344	17892	11.8
内蒙古					
辽　宁	3360	7027	6422	15509	1.7
吉　林	321	2370	50	982	4.7
黑龙江	530	18787	5163	44474	16.2
上　海	2361	16967	5801	4642	1.4
江　苏	4052	89193	16577	12136	6.5
浙　江	1888	22334	4362	5000	2.6
安　徽	493	10329	1661	9093	5.7
福　建	2301	14219	2757	1649	0.9
江　西	228	2667	541	6774	3.3
山　东	1135	42131	9676	28260	12.3
河　南	218	10610	100	632	6.7
湖　北	1681	2466	1035	8920	2.1
湖　南	2269	17438	3937	10700	4.7
广　东	5584	143177	21050	13143	8.9
广　西	166	5481	1607	14389	4.9
海　南					
重　庆	51	2833	576	21647	10.7
四　川	577	1681	578	18186	5.3
贵　州	4	300	60	13043	6.5
云　南					
西　藏					
陕　西	2	300	10	1538	4.6
甘　肃					
青　海					
宁　夏	3	100	15	1813	1.3
新　疆	1	60	2	3333	10.0

2-B-2.104 各地区港澳台商投资总承包和专业承包企业营业额

单位：万元

地区	企业营业额	在境外完成的营业额	企业总产值	#建筑业总产值
全国	**3456497**	**13713**	**3442784**	**3210668**
北京	668549	5079	663469	638552
天津	33089	3	33086	31636
河北	27246		27246	25245
山西	39149		39149	39149
内蒙古				
辽宁	100166		100166	98349
吉林	11946		11946	11506
黑龙江	54088		54088	54088
上海	866219	1913	864306	770987
江苏	346033	3579	342454	280762
浙江	218755		218755	217990
安徽	25398		25398	22006
福建	289000	1620	287380	285816
江西	25104	689	24416	20416
山东	84079		84079	84079
河南	17583		17583	17583
湖北	29755		29755	29661
湖南	56278		56278	50656
广东	522400	830	521571	494056
广西	10738		10738	7813
海南				
重庆	7184		7184	7184
四川	7057		7057	6453
贵州	2095		2095	2095
云南	11945		11945	11945
西藏				
陕西	1091		1091	1091
甘肃	970		970	970
青海	4		4	4
宁夏	287		287	287
新疆	291		291	291

2-B-2.105　各地区港澳台商投资总承包和专业承包企业资产构成

单位：万元

地　区	资产合计	#流动资产小计	#长期投资	#固定资产小计	#无形及递延资产
全　国	**3246505**	**2734927**	**130716**	**340916**	**31898**
北　京	643151	532237	77405	28304	4641
天　津	89595	73652	54	14938	827
河　北	12874	9700	371	2439	353
山　西	54197	41658	2062	10285	
内蒙古					
辽　宁	66622	55120		11330	169
吉　林	7193	6815	30	335	13
黑龙江	35197	27251		7562	384
上　海	760189	697822	12895	43243	1139
江　苏	446418	387227	8653	46566	3906
浙　江	118036	89086	5770	22562	608
安　徽	32509	20154	259	8441	3556
福　建	165191	141867	4766	17246	1238
江　西	32327	23710	2204	6390	23
山　东	98722	66032	2124	26520	3928
河　南	14135	12636		1499	
湖　北	78062	70368	1421	6110	32
湖　南	51369	38479	1612	10331	811
广　东	458791	367845	10997	69754	9121
广　西	6167	5189	8	970	
海　南					
重　庆	4871	4124		633	54
四　川	25005	22290		1649	771
贵　州	1890	620		1270	
云　南	37443	35410	5	1702	326
西　藏					
陕　西	1314	795	81	439	
甘　肃	3363	3267	1	95	
青　海	551	275		276	
宁　夏	459	445		15	
新　疆	866	853		13	

2-B-2.106 各地区港澳台商投资总承包和专业承包企业流动资产、无形及递延资产

单位：万元

地区	流动资产	#存货	无形及递延资产	#无形资产
全国	**2734927**	**568158**	**31898**	**26037**
北京	532237	147178	4641	4092
天津	73652	8422	827	584
河北	9700	1605	353	328
山西	41658	9234		
内蒙古				
辽宁	55120	4704	169	147
吉林	6815	102	13	
黑龙江	27251	3013	384	384
上海	697822	146843	1139	638
江苏	387227	68025	3906	3576
浙江	89086	29068	608	558
安徽	20154	1685	3556	
福建	141867	44439	1238	1177
江西	23710	8203	23	1
山东	66032	13573	3928	3846
河南	12636	149		
湖北	70368	20249	32	7
湖南	38479	4031	811	811
广东	367845	45404	9121	8737
广西	5189	1762		
海南				
重庆	4124	973	54	54
四川	22290	6406	771	771
贵州	620			
云南	35410	2609	326	326
西藏				
陕西	795	51		
甘肃	3267	89		
青海	275	13		
宁夏	445	295		
新疆	853	32		

2-B-2.107　各地区港澳台商投资总承包和专业承包企业固定资产情况

单位：万元

地　区	固定资产小计	固定资产原价	#生产经营用	固定资产折旧	#本年折旧	在建工程
全　国	**340916**	**498680**	**362978**	**186466**	**41606**	**19935**
北　京	28304	44978	39165	17434	6490	354
天　津	14938	22093	7296	7814	1320	355
河　北	2439	3637	1032	1267	136	68
山　西	10285	23441	20201	13237	1584	82
内蒙古						
辽　宁	11330	18790	18000	8818	1100	
吉　林	335	713	479	377	234	
黑龙江	7562	15941	15941	8379	1699	
上　海	43243	68288	19051	27293	4451	2038
江　苏	46566	70299	57707	26235	4706	1870
浙　江	22562	22346	20101	6399	2350	6545
安　徽	8441	9752	2949	1987	1291	
福　建	17246	25254	18307	10930	5057	2725
江　西	6390	8856	7323	2517	705	51
山　东	26520	39871	31883	14555	2358	1131
河　南	1499	1585	1262	467	76	382
湖　北	6110	7971	7020	3425	547	1564
湖　南	10331	12757	10638	3120	698	489
广　东	69754	90229	75020	26441	5799	2253
广　西	970	1954	1697	1034	98	
海　南						
重　庆	633	1123	804	494	445	4
四　川	1649	2436	1966	1060	178	
贵　州	1270	1270	1098	598	95	
云　南	1702	3448	2721	1773	147	26
西　藏						
陕　西	439	847	847	408	29	
甘　肃	95	319	318	224	9	
青　海	276	322		46		
宁　夏	15	45	37	31	4	
新　疆	13	118	118	104	3	

2-B-2.108　各地区港澳台商投资总承包和专业承包企业负债及所有者权益

单位：万元

地　区	负债合计	流动负债	长期负债	所有者权益	#实收资本
全　国	**2120809**	**2080684**	**40125**	**1125696**	**890720**
北　京	505315	492272	13044	137835	130209
天　津	92404	92340	64	-2808	32912
河　北	5710	5659	51	7164	4576
山　西	34557	34557		19640	17898
内蒙古					
辽　宁	41641	39849	1793	24981	20745
吉　林	3506	3506		3687	3229
黑龙江	11737	11737		23460	14191
上　海	519209	518069	1140	240980	191671
江　苏	280636	275563	5073	165782	112711
浙　江	71045	57285	13761	46991	30505
安　徽	13426	13426		19083	13816
福　建	101583	101554	29	63607	52814
江　西	18229	18229		14098	12814
山　东	49607	49387	220	49115	42886
河　南	8892	8892		5243	3838
湖　北	45325	45325		32736	29852
湖　南	24506	24423	83	26862	15398
广　东	227525	223414	4112	231266	142949
广　西	1457	1457		4709	4500
海　南					
重　庆	2226	2226		2646	1491
四　川	27359	26604	755	-2354	3808
贵　州	1196	1196		694	1000
云　南	30649	30648	1	6794	3044
西　藏					
陕　西	170	170		1144	1144
甘　肃	1391	1391		1973	2100
青　海	128	128		423	400
宁　夏	530	530		-71	60
新　疆	847	847		19	160

2-B-2.109　各地区港澳台商投资总承包和专业承包企业实收资本

单位：万元

地　区	合计	国家资本	集体资本	法人资本	个人资本	港澳台资本	外商资本
全　国	**890720**	**16057**	**12915**	**209541**	**12384**	**631717**	**8106**
北　京	130209	1974	1877	32535	565	92688	570
天　津	32912			7861	210	24841	
河　北	4576		245	1428		2903	
山　西	17898	2103		4871	1133	9790	
内蒙古							
辽　宁	20745	1436		2141	2952	14217	
吉　林	3229			1007	100	2122	
黑龙江	14191		528	2911	664	6916	3172
上　海	191671	4893	1748	36089	310	146676	1955
江　苏	112711	322	1192	24694	1172	84878	453
浙　江	30505			12673	208	17529	97
安　徽	13816			475		13341	
福　建	52814			11347	810	38798	1860
江　西	12814	379	760	3908	40	7727	
山　东	42886	440	6515	8000	200	27732	
河　南	3838			1188		2650	
湖　北	29852	1830	50	7216	690	20066	
湖　南	15398	845		375	522	13656	
广　东	142949	1835		48087	1560	91467	
广　西	4500			300	245	3955	
海　南							
重　庆	1491				200	1291	
四　川	3808				615	3193	
贵　州	1000			250		750	
云　南	3044			766	189	2089	
西　藏							
陕　西	1144					1144	
甘　肃	2100			1350		750	
青　海	400					400	
宁　夏	60					60	
新　疆	160			70		90	

2-B-2.110 各地区港澳台商投资总承包和专业承包企业收入情况

单位：万元

地　区	工程结算收入	工程结算成本	工程结算税金及附加	工程结算利润	经营费用	其他业务收入	#其他业务利润
全　国	**3506902**	**3079515**	**91905**	**298322**	**37159**	**123930**	**20860**
北　京	655113	589952	16538	42155	6468	5155	2109
天　津	50710	47351	1448	1628	283	26017	2012
河　北	28881	23736	626	4518	1	135	10
山　西	27343	24998	756	1534	55	2	-72
内蒙古							
辽　宁	99398	89232	2614	7307	245	801	562
吉　林	8860	7753	272	820	15	6	3
黑龙江	33671	29526	1016	3129	1		
上　海	963816	831947	20121	99343	12405	8267	1657
江　苏	325000	274886	8631	35112	6371	40294	2872
浙　江	210026	187551	4309	15041	3125	1985	1633
安　徽	22213	16616	696	4840	60	2445	-726
福　建	274164	245583	9295	18894	391	1287	430
江　西	33451	28653	1812	2968	18	441	54
山　东	82359	70455	2241	9223	441	60	60
河　南	17513	12916	552	4046	-1		
湖　北	29338	25457	836	2573	472	197	41
湖　南	51112	39862	2054	7451	1745	40	20
广　东	534791	479713	16860	33455	4762	36428	9844
广　西	14195	12800	417	970	8		
海　南							
重　庆	7309	6309	104	895	1	1	1
四　川	6036	4620	238	1031	147	125	125
贵　州	1977	1589		380	7		
云　南	26362	24980	382	865	135	228	227
西　藏							
陕　西	1091	974	22	95			
甘　肃	1622	1588	48	-15	1	15	
青　海	4	2		-4	5		
宁　夏	287	235	9	43			
新　疆	262	230	8	24			

2-B-2.111　各地区港澳台商投资总承包和专业承包企业费用情况

单位：万元

地　区	管理费用	#税金	#财产保险费	#差旅费	#工会经费	财务费用	#利息支出
全　国	**169639**	**4253**	**668**	**10883**	**1251**	**20265**	**16292**
北　京	29571	351	64	1493	101	4518	4297
天　津	3090	468	9	141		2648	2706
河　北	2792	124	4	63	49	-6	-20
山　西	1105	14	9	105	13	233	8
内蒙古							
辽　宁	4239	99	20	251	38	187	137
吉　林	385	18	16	39	4	7	2
黑龙江	2594	208		14	37	63	23
上　海	55692	400	40	3188	441	2863	1954
江　苏	16705	790	101	1496	168	3489	2748
浙　江	4969	103	44	231	62	783	646
安　徽	1682	64	7	67	12	-120	8
福　建	5864	441	42	657	40	531	361
江　西	1974	17		28	1	592	582
山　东	4648	280	84	323	9	1080	756
河　南	1591	41		216	13	-58	-28
湖　北	1821	232	9	131	13	62	56
湖　南	2119	65	35	841	107	266	-4
广　东	25585	473	167	1452	134	2619	1630
广　西	296	8		17		-1	-1
海　南							
重　庆	702	27	15	29	4	60	60
四　川	938	5		46	2	386	325
贵　州	253				1	-7	-8
云　南	723	21	1	45	2	43	43
西　藏							
陕　西	106	2		4		11	11
甘　肃	124			4		17	
青　海	1						
宁　夏	46			1	1		
新　疆	24	1		1			

2-B-2.112 各地区港澳台商投资总承包和专业承包企业利润及税金情况

单位：万元

地区	利润总额	#应交所得税	税金总额	工程结算税金及附加	管理费用中的税金
全国	**132644**	**22392**	**96158**	**91905**	**4253**
北京	10796	1992	16889	16538	351
天津	-2449	155	1916	1448	468
河北	1730	253	750	626	124
山西	110	65	771	756	14
内蒙古					
辽宁	3335	586	2713	2614	99
吉林	426	104	290	272	18
黑龙江	306	77	1224	1016	208
上海	43039	6858	20521	20121	400
江苏	18273	3364	9421	8631	790
浙江	13518	1175	4412	4309	103
安徽	2540	86	760	696	64
福建	13978	1832	9736	9295	441
江西	440	104	1829	1812	17
山东	3654	1082	2522	2241	280
河南	282	102	593	552	41
湖北	691	221	1068	836	232
湖南	5305	1314	2119	2054	65
广东	15796	2599	17333	16860	473
广西	676	311	425	417	8
海南					
重庆	124	21	131	104	27
四川	-181	9	243	238	5
贵州	135	34			
云南	315	49	403	382	21
西藏					
陕西	-22		24	22	2
甘肃	-163		48	48	
青海	-5		1		
宁夏	-3		9	9	
新疆	-1		9	8	1

3. 按行业分组

2-B-3.1 各行业总承包和专业承包企业签订合同情况

单位：万元

行业	合同总额	上年结转合同额	本年新签合同额
总计	**1042412852**	**378724529**	**663688323**
房屋和土木工程建筑业	930045430	349298828	580746602
房屋工程建筑	593774893	215107353	378667540
土木工程建筑	336270537	134191475	202079062
铁路道路隧道桥梁	213641764	86125895	127515870
水利和港口	57823526	27454864	30368662
工矿	31866773	11658713	20208061
架线和管道	22904894	6074406	16830489
其他	10033579	2877597	7155982
建筑安装业	73995861	21148899	52846963
建筑装饰业	26547211	5282224	21264987
其他建筑业	11824350	2994579	8829771

2-B-3.2 各行业总承包和专业承包企业承包工程完成情况

单位：万元

行业	直接从建设单位承揽工程完成的产值	自行完成施工产值	分包出去工程的产值	从建设单位以外承揽工程完成的产值
总计	**611543548**	**594871380**	**16672167**	**25496681**
房屋和土木工程建筑业	532526486	518674372	13852114	18934047
房屋工程建筑	363306845	356891740	6415106	10315627
土木工程建筑	169219641	161782633	7437008	8618420
铁路道路隧道桥梁	102402942	99435359	2967583	5209285
水利和港口	25178553	23370919	1807634	1468798
工矿	18060810	16580529	1480281	900746
架线和管道	16880170	16058907	821263	481988
其他	6697165	6336919	360247	557604
建筑安装业	49406497	47310180	2096317	4150378
建筑装饰业	20881015	20558601	322414	1350181
其他建筑业	8729550	8328227	401323	1062074

2-B-3.3 各行业总承包和专业承包企业建筑业总产值和竣工产值

单位：万元

行业	建筑业总产值	#装饰装修产值	#在外省完成的产值
总计	**620368061**	**36672143**	**176735321**
房屋和土木工程建筑业	537608420	15446140	159172677
房屋工程建筑	367207367	14398844	97898889
土木工程建筑	170401053	1047295	61273789
铁路道路隧道桥梁	104644644	567257	40419960
水利和港口	24839717	82398	8883838
工矿	17481275	115660	7591286
架线和管道	16540895	102484	3448504
其他	6894523	179496	930201
建筑安装业	51460559	2471072	11418376
建筑装饰业	21908782	18530124	4630753
其他建筑业	9390301	224806	1513515

2-B-3.3 续表

单位：万元

行业	按构成分组			竣工产值
	建筑工程产值	安装工程产值	其他产值	
总计	**538316046**	**62417355**	**19634660**	**393419741**
房屋和土木工程建筑业	492369306	31439475	13799639	337770700
房屋工程建筑	345049015	14516885	7641466	248249870
土木工程建筑	147320291	16922590	6158172	89520830
铁路道路隧道桥梁	99775091	1144029	3725525	52858279
水利和港口	23111772	1129531	598414	11434944
工矿	10500169	6223369	757737	9324582
架线和管道	8000778	8083041	457076	11447521
其他	5932482	342619	619422	4455504
建筑安装业	20733695	28216512	2510352	33519334
建筑装饰业	18766824	1572629	1569329	15769014
其他建筑业	6446221	1188739	1755341	6360693

2-B-3.4　各行业总承包和专业承包企业房屋建筑面积

行　业	房屋建筑施工面积（万平方米）	#本年新开工	#实行投标承包面积	#本年新开工	房屋建筑竣工面积（万平方米）	房屋建筑面积竣工率（%）
总计	**530518.6**	**271377.9**	**438751.8**	**233120.1**	**223592**	**42.1**
房屋和土木工程建筑业	517433.1	263868.6	429507.6	227447.9	217365.7	42
房屋工程建筑	501883.2	256345	417043.3	221079.6	211230.1	42.1
土木工程建筑	15549.9	7523.5	12464.3	6368.3	6135.6	39.5
铁路道路隧道桥梁	7947.5	3997.5	6145.3	3396.6	3186.8	40.1
水利和港口	1041.2	600.8	718.2	459.9	484.4	46.5
工矿	3075.4	1200.3	2861.4	1107.3	1137.1	37
架线和管道	763.3	404.6	487.7	297.4	281.2	36.8
其他	2722.5	1320.2	2251.7	1107.1	1046	38.4
建筑安装业	11512.5	6583.2	8282.6	5048	5447.6	47.3
建筑装饰业	180.8	81	62.9	52.2	41	22.7
其他建筑业	1392.2	845.1	898.7	572	737.6	53

2-B-3.5　各行业总承包和专业承包企业机械设备情况

行　业	年末自有施工机械设备总台数（台）	年末自有施工机械设备总功率（千瓦）	年末自有施工机械设备净值（万元）	技术装备率（元/人）	动力装备率（千瓦/人）
总计	**9448056**	**181953677**	**32869151**	**9915**	**5.5**
房屋和土木工程建筑业	7912808	159766669	28816531	9905	5.5
房屋工程建筑	6060961	101924700	15597873	6808	4.4
土木工程建筑	1851847	57841969	13218658	21385	9.4
铁路道路隧道桥梁	891727	33131798	7572991	20435	8.9
水利和港口	376590	12480619	3022590	34565	14.3
工矿	251981	5725306	1268473	19629	8.9
架线和管道	224703	4178854	848806	14152	7
其他	106846	2325392	505797	14253	6.6
建筑安装业	855152	13465434	2366308	9776	5.6
建筑装饰业	487000	4396923	665460	5940	3.9
其他建筑业	193096	4324651	1020852	19813	8.4

2-B-3.6 按主要用途分的各行业总承包和专业承包企业房屋建筑竣工面积

单位：万平方米

行业	合计	厂房、仓库	住宅	办公用房	批发和零售用房	住宿和餐饮用房
总计	**223592.0**	**41834.2**	**133880.7**	**16996.6**	**4597.0**	**3470.9**
房屋和土木工程建筑业	217365.7	39768.4	130892.9	16546.8	4525.7	3396.0
房屋工程建筑	211230.1	37957.7	127926.7	16082.3	4411.0	3310.1
土木工程建筑	6135.6	1810.8	2966.1	464.5	114.7	86.0
铁路道路隧道桥梁	3186.8	743.2	1666.7	274.7	98.5	40.7
水利和港口	484.4	115.8	230.7	38.3	2.1	1.6
工矿	1137.1	588.7	387.3	69.3	0.8	26.0
架线和管道	281.2	82.5	175.6	8.8	0.1	1.0
其他	1046.0	280.6	505.9	73.4	13.1	16.8
建筑安装业	5447.6	1696.8	2701.2	411.3	65.3	68.7
建筑装饰业	41.0	8.3	14.8	9.0		0.2
其他建筑业	737.6	360.6	271.7	29.6	6.0	6.1

2-B-3.6 续表

单位：万平方米

行业	合计					
	居民服务业用房	教育用房	文化、体育和娱乐用房	卫生医疗用房	科研用房	其他用房
总计	**2577.8**	**7977.8**	**2488.6**	**2048.0**	**685.9**	**7034.5**
房屋和土木工程建筑业	2541.1	7788.5	2422.3	2016.7	679.7	6787.7
房屋工程建筑	2458.1	7593.8	2349.8	1980.7	669.4	6490.5
土木工程建筑	82.9	194.7	72.5	36.0	10.3	297.2
铁路道路隧道桥梁	57.6	100.0	16.6	16.5	4.7	167.7
水利和港口	9.0	32.7	3.4	0.9		49.9
工矿	6.8	22.4	1.8	4.7	2.6	26.8
架线和管道	2.4	2.7			0.4	7.8
其他	7.2	36.9	50.7	13.9	2.6	45.0
建筑安装业	34.3	179.8	62.1	27.5	5.6	194.9
建筑装饰业		0.9	1.5	1.0		5.3
其他建筑业	2.4	8.6	2.7	2.8	0.5	46.6

2-B-3.7　按主要用途分的各行业总承包和专业承包企业房屋建筑竣工价值

单位：万元

行　　业	合计	厂房、仓库	住宅	办公用房	批发和零售用房	住宿和餐饮用房
总计	**217225210**	**37678336**	**125208450**	**19712338**	**4775009**	**4024235**
房屋和土木工程建筑业	211704430	35950788	122589509	19266034	4704558	3949753
房屋工程建筑	205449720	34062054	119773023	18717931	4538287	3862315
土木工程建筑	6254710	1888734	2816486	548103	166271	87438
铁路道路隧道桥梁	3160389	615479	1613994	353982	147627	36547
水利和港口	412743	107304	180946	39844	1906	1538
工矿	1476457	858618	408131	88601	1142	33570
架线和管道	272033	107908	139803	9336	33	1199
其他	933088	199424	473612	56339	15564	14585
建筑安装业	5012515	1530393	2404167	416465	66291	65009
建筑装饰业	40678	8236	13584	9306	5	300
其他建筑业	467587	188919	201190	20533	4155	9173

2-B-3.7　续表

单位：万元

行　　业	合计					
	居民服务业用房	教育用房	文化、体育和娱乐用房	卫生医疗用房	科研用房	其他用房
总计	**2685746**	**8175894**	**3733473**	**2665717**	**962317**	**7603695**
房屋和土木工程建筑业	2652199	7986733	3659906	2633696	953180	7358075
房屋工程建筑	2570704	7760679	3575515	2601434	940951	7046827
土木工程建筑	81495	226054	84391	32262	12229	311248
铁路道路隧道桥梁	56934	111160	17151	13787	8254	185473
水利和港口	6407	39492	2242	967		32099
工矿	7639	33580	3455	6246	2050	33427
架线和管道	2962	2064	18		449	8260
其他	7553	39759	61526	11263	1475	51990
建筑安装业	31432	177392	70236	27958	8960	214211
建筑装饰业	68	1477	1539	1029	32	5102
其他建筑业	2048	10292	1792	3034	145	26307

2-B-3.8 各行业总承包和专业承包企业资产构成

单位：万元

行业	资产合计	#流动资产小计	#长期投资	#固定资产小计	#无形及递延资产
总计	**517119296**	**389437747**	**34858844**	**77793144**	**11466772**
房屋和土木工程建筑业	433479943	323964606	31150119	65102212	10090519
房屋工程建筑	252495917	192458674	16801281	36861199	5124131
土木工程建筑	180984027	131505933	14348838	28241013	4966388
铁路道路隧道桥梁	111261162	82356939	10131059	15602231	2399105
水利和港口	28398648	17803372	2115375	5889932	1704707
工矿	15398873	11749808	580762	2547898	408270
架线和管道	18660783	14252259	1145236	2829852	310336
其他	7264561	5343555	376407	1371100	143971
建筑安装业	54456065	42875002	2636546	7761538	937359
建筑装饰业	18504780	15077691	621922	2502185	225799
其他建筑业	10678508	7520448	450257	2427210	213095

2-B-3.9 各行业总承包和专业承包企业流动资产、无形及递延资产

单位：万元

行业	流动资产	#存货	#无形及递延资产	#无形资产
总计	**389437747**	**104156876**	**11466772**	**9295145**
房屋和土木工程建筑业	323964606	87174169	10090519	8211012
房屋工程建筑	192458674	53292476	5124131	4360568
土木工程建筑	131505933	33881692	4966388	3850444
铁路道路隧道桥梁	82356939	21518947	2399105	1947918
水利和港口	17803372	4460050	1704707	1214022
工矿	11749808	2946332	408270	325088
架线和管道	14252259	3857869	310336	235444
其他	5343555	1098494	143971	127972
建筑安装业	42875002	11788750	937359	750673
建筑装饰业	15077691	3630950	225799	166699
其他建筑业	7520448	1563008	213095	166761

2-B-3.10　各行业总承包和专业承包企业固定资产情况

单位：万元

行　　业	固定资产小计	固定资产原价		固定资产折旧		在建工程
			#生产经营用		#本年折旧	
总计	**77793144**	**102579990**	**79662830**	**36033133**	**7157798**	**7449189**
房屋和土木工程建筑业	65102212	86068611	67654808	30219704	5959246	6146870
房屋工程建筑	36861199	45557767	34156635	14067971	2888809	3396174
土木工程建筑	28241013	40510844	33498173	16151733	3070437	2750696
铁路道路隧道桥梁	15602231	22605372	18846328	8954453	1806073	1250605
水利和港口	5889932	8506280	7069088	3520100	527885	731423
工矿	2547898	3904289	3271328	1650339	329005	244478
架线和管道	2829852	3950943	3120546	1513749	289599	251782
其他	1371100	1543960	1190883	513092	117876	272408
建筑安装业	7761538	10198462	7414993	3686385	729925	816908
建筑装饰业	2502185	3117843	2136304	1040072	215051	284338
其他建筑业	2427210	3195074	2456725	1086972	253576	201073

2-B-3.11　各行业总承包和专业承包企业负债及所有者权益

单位：万元

行　　业	负债合计			所有者权益	
		流动负债	长期负债		#实收资本
总计	**340349799**	**322175753**	**18174046**	**176769317**	**118872226**
房屋和土木工程建筑业	288177681	271765394	16412287	145302083	95668625
房屋工程建筑	162409662	155149172	7260491	90086254	61286078
土木工程建筑	125768018	116616222	9151796	55215829	34382546
铁路道路隧道桥梁	77141200	71873034	5268166	34119782	20223542
水利和港口	19609950	16874365	2735584	8788698	5911798
工矿	11574054	11093315	480740	3824819	2491815
架线和管道	12961949	12648181	313768	5698834	3657692
其他	4480865	4127327	353539	2783696	2097700
建筑安装业	35726834	34514654	1212181	18729230	13351148
建筑装饰业	10387784	10132855	254929	8116997	6412574
其他建筑业	6057501	5762851	294650	4621008	3439880

2-B-3.12 各行业总承包和专业承包企业实收资本

单位：万元

行业	合计	国家资本	集体资本	法人资本	个人资本	港澳台资本	外商资本
总计	**118872226**	**24705997**	**9853604**	**31405436**	**51667469**	**667972**	**571747**
房屋和土木工程建筑业	95668625	21577789	8170130	25361747	39996464	249954	312539
房屋工程建筑	61286078	8047767	6393162	15767411	30729409	134005	214324
土木工程建筑	34382546	13530022	1776968	9594337	9267055	115949	98215
铁路道路隧道桥梁	20223542	7481263	909352	6166668	5572783	48027	45449
水利和港口	5911798	3099913	199618	1572757	1030312	4567	4631
工矿	2491815	1321990	99733	583861	432183	33026	21022
架线和管道	3657692	1178222	439683	827016	1181712	19201	11858
其他	2097700	448634	128582	444035	1050065	11128	15256
建筑安装业	13351148	2241552	1273583	3464705	6025101	190919	155287
建筑装饰业	6412574	293033	241267	1764019	3848689	186876	78689
其他建筑业	3439880	593624	168623	814965	1797214	40223	25232

2-B-3.13 各行业总承包和专业承包企业收入情况

单位：万元

行业	工程结算收入	工程结算成本	工程结算税金及附加	工程结算利润	经营费用	其他业务收入	#其他业务利润
总计	**597179372**	**527145590**	**21476375**	**44906881**	**3650527**	**10185057**	**1977084**
房屋和土木工程建筑业	515144786	457770612	18690454	35963232	2720489	7464676	1357495
房屋工程建筑	336952341	301088842	12376232	21625660	1861606	4650655	798652
土木工程建筑	178192446	156681769	6314221	14337572	858883	2814020	558843
铁路道路隧道桥梁	107728864	95720358	4097332	7445269	465905	1000254	231585
水利和港口	26920500	23586297	842101	2380926	111176	525056	80767
工矿	19195853	16829408	607381	1693156	65908	515118	67427
架线和管道	17356251	14538152	525956	2157144	134999	634405	147257
其他	6990977	6007554	241452	661077	80894	139188	31808
建筑安装业	51041698	43144446	1697227	5653040	546986	2025397	473211
建筑装饰业	21494841	18326935	779669	2140988	247250	327321	81925
其他建筑业	9498047	7903597	309027	1149621	135802	367664	64453

2-B-3.14　各行业总承包和专业承包企业费用情况

单位：万元

地　区	管理费用	#税金	#财产保险费	#差旅费	#工会经费	财务费用	#利息支出
总计	**21148873**	**1173458**	**164995**	**1282394**	**360104**	**3651096**	**2555838**
房屋和土木工程建筑业	16174903	937946	131528	985122	303612	3292554	2311615
房屋工程建筑	9148101	620819	79826	576207	190012	1763131	1343840
土木工程建筑	7026802	317126	51702	408915	113600	1529424	967775
铁路道路隧道桥梁	3503441	159395	29066	209803	54752	1135736	648386
水利和港口	1079441	48644	7855	67481	17893	247893	183349
工矿	912649	34952	3900	52849	20098	61808	66354
架线和管道	1180149	56899	7687	54993	16488	45707	38055
其他	351123	17236	3194	23789	4369	38281	31632
建筑安装业	3145996	141573	19710	174033	39165	198536	135051
建筑装饰业	1232120	61270	9271	82542	10349	98657	68214
其他建筑业	595854	32669	4487	40697	6978	61348	40958

2-B-3.15　各行业总承包和专业承包企业利润及税金情况

单位：万元

行　业	利润总额	#应交所得税	税金总额	工程结算税金及附加	管理费用中的税金
总计	**22018389**	**4406553**	**22649833**	**21476375**	**1173458**
房屋和土木工程建筑业	17963413	3584285	19628399	18690454	937946
房屋工程建筑	11339169	2347535	12997052	12376232	620819
土木工程建筑	6624244	1236750	6631347	6314221	317126
铁路道路隧道桥梁	3247550	623418	4256727	4097332	159395
水利和港口	1147163	204248	890745	842101	48644
工矿	759088	110551	642333	607381	34952
架线和管道	1171320	236880	582855	525956	56899
其他	299124	61654	258687	241452	17236
建筑安装业	2700950	532892	1838800	1697227	141573
建筑装饰业	865281	185116	840939	779669	61270
其他建筑业	488745	104261	341696	309027	32669

4. 按中央、地方分组

2-B-4.1 各地区中央总承包和专业承包企业签订合同情况

单位：万元

地区	合同总额	上年结转合同额	本年新签合同额
全国	**268072513**	**117247803**	**150824710**
北京	33679094	15005316	18673778
天津	18505163	6431810	12073353
河北	10598776	4132486	6466290
山西	16757870	7721690	9036180
内蒙古	1340454	639565	700889
辽宁	14449759	5958068	8491691
吉林	4909335	2938615	1970720
黑龙江	3159493	1331715	1827778
上海	20289867	7165743	13124124
江苏	6157104	3080100	3077004
浙江	2028626	1060730	967895
安徽	7830576	3746168	4084409
福建	2391584	1206461	1185123
江西	2247719	890058	1357662
山东	9930031	4692553	5237478
河南	14692715	5985699	8707016
湖北	29873299	14984460	14888839
湖南	9843966	4446813	5397153
广东	12807768	5205191	7602577
广西	1692796	712482	980315
海南	12090	1925	10165
重庆	3703531	1825642	1877890
四川	12119094	5117201	7001893
贵州	2622280	1101866	1520415
云南	1843242	965741	877501
西藏			
陕西	17853233	8068077	9785156
甘肃	1020628	447625	573003
青海	1575450	793055	782395
宁夏	382337	137232	245105
新疆	3754633	1453719	2300914

2-B-4.2　各地区中央总承包和专业承包企业承包工程完成情况

单位：万元

地　区	直接从建设单位承揽工程完成的产值	自行完成施工产值	分包出去工程的产值	从建设单位以外承揽工程完成的产值
全　国	**114982809**	**107646601**	**7336208**	**6242085**
北　京	14894195	12140930	2753265	1960050
天　津	8382643	7131706	1250938	521930
河　北	4606936	4559749	47187	170905
山　西	6474761	6419020	55741	83804
内蒙古	676275	676275		56997
辽　宁	5787972	5734315	53657	45449
吉　林	1998649	1971758	26891	7781
黑龙江	2519328	2454620	64708	9054
上　海	9234533	8537740	696794	655543
江　苏	3272089	3033166	238922	124717
浙　江	1125901	833775	292126	52040
安　徽	3277282	3114826	162456	32830
福　建	1070343	1056192	14150	14029
江　西	1302469	1283732	18737	518
山　东	4910058	4732834	177225	139351
河　南	7095063	7021556	73507	216496
湖　北	9666479	9614642	51838	369314
湖　南	3430694	3410694	20000	273188
广　东	4559117	3792821	766295	833501
广　西	710733	709937	796	85894
海　南	10988	10988		
重　庆	1162553	1146584	15969	51933
四　川	5244323	5017694	226629	303991
贵　州	1328281	1322765	5516	19474
云　南	717620	705330	12290	
西　藏				
陕　西	8043722	7975723	67998	75608
甘　肃	717787	634267	83520	17396
青　海	554650	521368	33283	23186
宁　夏	288934	288934		3920
新　疆	1918432	1792660	125772	93188

2-B-4.3 各地区中央总承包和专业承包企业建筑业总产值和竣工产值

单位：万元

地　区	建筑业总产值	#装饰装修产值	#在外省完成的产值	按构成分组			竣工产值
				建筑工程产值	安装工程产值	其他产值	
全　国	**113888685**	**2502702**	**67754155**	**97620571**	**13400381**	**2867733**	**45787303**
北　京	14100980	1380463	10934731	13379293	560396	161292	6027570
天　津	7653636	37341	4736467	6413588	993989	246059	4091628
河　北	4730654	72526	2563453	3586428	890591	253636	2550853
山　西	6502824	26056	4779070	5980958	473620	48247	1334932
内蒙古	733272	7647	341040	679060	34586	19626	284937
辽　宁	5779763	35796	1972668	4846549	831518	101696	3105176
吉　林	1979540	92	1482485	1554555	404619	20366	1040072
黑龙江	2463674	2662	681618	1641762	809103	12809	1119990
上　海	9193282	145591	5744169	7808344	1094468	290471	3332776
江　苏	3157883	20026	1929004	2649561	458127	50195	1192435
浙　江	885814	5460	395937	552848	246249	86718	495387
安　徽	3147655	21595	1840682	2810353	296738	40565	1069028
福　建	1070221	4460	576795	962040	105261	2920	579593
江　西	1284250	80	809343	1117545	117048	49657	482225
山　东	4872185	34483	2779775	3143955	1126919	601311	2398325
河　南	7238052	33927	4152201	5976084	1146481	115487	2263404
湖　北	9983956	119475	6556332	9017607	826535	139814	3373555
湖　南	3683882	94200	2623647	3135373	446621	101888	1990520
广　东	4626322	101853	1942177	4403164	197554	25604	1465398
广　西	795831	8291	120574	511144	260432	24254	565295
海　南	10988			418	10570		5559
重　庆	1198517	18880	741597	1083934	110746	3837	531566
四　川	5321685	124818	3244806	4517725	586384	217576	1974701
贵　州	1342239	5514	655013	1062943	256943	22353	393657
云　南	705330		303445	674873	18238	12219	188101
西　藏							
陕　西	8051331	193183	4835313	7522307	382119	146905	2037425
甘　肃	651663		215816	335047	291696	24920	441830
青　海	544554		345048	450827	78057	15669	97964
宁　夏	292854	136	75264	201399	90487	969	163883
新　疆	1885848	8150	375685	1600889	254288	30671	1189520

2-B-4.4　各地区中央总承包和专业承包企业房屋建筑面积

地区	房屋建筑施工面积(万平方米)	#本年新开工	#实行投标承包面积	#本年新开工	房屋建筑竣工面积(万平方米)	房屋建筑面积竣工率(%)
全国	**37996.9**	**14714.1**	**35232.6**	**13768.6**	**8488.2**	**22.3**
北京	8925.3	3067.8	8359.9	2901.4	1725.8	19.3
天津	2547.4	843.9	2514.1	837.9	482.7	18.9
河北	1278.1	673.2	1246.9	658.9	293.8	23.0
山西	391.7	158.7	390.3	157.4	76.6	19.6
内蒙古	150.2	80.7	120.9	68.8	65.0	43.3
辽宁	1034.6	463.8	926.9	396.2	295.4	28.6
吉林	122.3	71.6	122.3	71.6	62.5	51.1
黑龙江	158.1	98.3	120.7	87.6	91.0	57.5
上海	3294.5	1334.1	3277.1	1329.4	696.7	21.1
江苏	782.2	269.1	762.0	260.6	234.2	29.9
浙江	47.4	13.0	45.1	11.9	16.6	35.0
安徽	1198.8	567.2	1189.5	567.2	253.9	21.2
福建	370.8	133.5	256.4	123.5	110.9	29.9
江西	157.6	98.7	122.5	98.4	60.6	38.4
山东	1476.1	500.3	1455.8	480.9	359.7	24.4
河南	1660.7	835.6	1571.1	794.7	336.1	20.2
湖北	4643.5	1907.1	3750.2	1508.2	848.1	18.3
湖南	2737.4	864.5	2711.5	855.9	518.4	18.9
广东	2546.0	878.0	2105.2	795.0	493.0	19.4
广西	165.3	45.6	165.3	45.6	52.6	31.8
海南						
重庆	305.3	100.7	276.3	91.0	163.5	53.5
四川	1199.0	518.3	1061.2	474.6	416.3	34.7
贵州	1048.9	375.1	1030.8	372.1	156.4	14.9
云南	85.3	53.5	80.2	47.3	68.7	80.5
西藏						
陕西	773.3	218.9	716.9	209.8	191.1	24.7
甘肃	105.9	49.5	84.3	33.3	47.1	44.5
青海	16.2	6.9	15.2	5.9	4.6	28.5
宁夏	114.5	69.2	114.5	69.2	22.0	19.2
新疆	660.4	417.1	639.3	414.3	345.3	52.3

2-B-4.5 各地区按主要用途分的中央总承包和专业承包企业房屋建筑竣工面积

单位：万平方米

地区	合计	厂房、仓库	住宅	办公用房	批发和零售用房	住宿和餐饮用房
全国	**8488.2**	**1968.9**	**3896.0**	**1003.9**	**212.2**	**158.7**
北京	1725.8	237.2	684.6	412.2	56.2	26.1
天津	482.7	233.2	145.6	58.8	3.2	3.1
河北	293.8	122.4	105.9	23.0	12.4	3.4
山西	76.6	27.3	28.8	13.1		
内蒙古	65.0	24.9	4.6			3.6
辽宁	295.4	125.8	140.3	8.5	4.1	11.5
吉林	62.5	56.8	5.7			
黑龙江	91.0	14.4	37.6	14.0		
上海	696.7	276.1	166.3	88.6		16.6
江苏	234.2	63.5	53.6	61.4	6.4	7.5
浙江	16.6	16.2		0.2		
安徽	253.9	66.1	123.8	27.7	5.1	2.5
福建	110.9	14.1	70.7	3.4		
江西	60.6	23.1	31.7	0.8		
山东	359.7	87.3	208.6	33.7	5.8	3.2
河南	336.1	65.0	209.8	28.1	4.3	4.8
湖北	848.1	143.4	356.6	80.6	91.2	35.0
湖南	518.4	27.8	375.3	57.9	0.3	24.3
广东	493.0	44.0	398.3	11.0		5.9
广西	52.6	10.7	35.1	3.4	3.1	
海南						
重庆	163.5	79.3	74.1	2.5		0.8
四川	416.3	62.0	113.3	10.0	10.5	4.1
贵州	156.4	24.6	108.7	8.4		
云南	68.7	31.4	24.6	12.1		0.3
西藏						
陕西	191.1	37.1	115.6	19.7	4.0	1.1
甘肃	47.1	6.1	30.9	5.1	0.6	
青海	4.6		4.3			
宁夏	22.0	7.0	4.2	0.8		1.2
新疆	345.3	42.0	237.2	19.0	5.0	3.6

2-B-4.5　续表

单位：万平方米

地区	居民服务业用房	教育用房	文化、体育和娱乐用房	卫生医疗用房	科研用房	其他用房
全　国	**170.9**	**285.8**	**203.6**	**143.4**	**52.9**	**392.0**
北　京	26.1	81.5	105.9	59.5	17.4	19.1
天　津		13.7	0.1	2.5	2.3	20.0
河　北	3.1	6.6	8.5	2.5		5.9
山　西		3.2		2.1		2.0
内蒙古		2.0	0.5	27.4		2.0
辽　宁	2.6	0.9	0.7			0.9
吉　林						
黑龙江		2.6	3.8			18.6
上　海	68.0	41.8	6.9	2.1		30.3
江　苏		5.2	10.0	1.4	11.1	14.1
浙　江						0.2
安　徽		10.4	1.4	14.6		2.1
福　建	2.3	18.5				1.9
江　西		3.4				1.5
山　东	3.3	5.9	1.0	5.4	1.5	4.0
河　南	0.1	10.4	0.4	3.1	0.2	9.8
湖　北	63.0	26.5	28.7	5.3	2.0	15.7
湖　南		6.4	13.8	8.0	3.1	1.4
广　东		6.1			2.5	25.2
广　西			0.4			
海　南						
重　庆		6.6				0.2
四　川		1.3	1.9		11.5	201.8
贵　州			13.6			1.1
云　南			0.2			
西　藏						
陕　西	1.1	9.7	0.7	1.1	0.3	0.8
甘　肃		1.0		0.9		2.5
青　海					0.3	
宁　夏		4.6	1.8			2.2
新　疆	1.3	17.5	3.1	7.3	0.5	8.8

2-B-4.6　各地区按主要用途分的中央总承包和专业承包企业房屋建筑竣工价值

单位：万元

地　区	合计	厂房、仓库	住宅	办公用房	批发和零售用房	住宿和餐饮用房
全　国	**12129816**	**3190438**	**4466919**	**1937842**	**201846**	**292435**
北　京	3339511	403623	910121	1053127	78198	96183
天　津	724607	337866	185435	119254	3119	3684
河　北	435828	186602	132730	48275	18597	3838
山　西	155055	74816	46690	24746		
内蒙古	75404	41509	3495			5100
辽　宁	548655	343124	169064	9902	3167	15639
吉　林	68586	63368	5218			
黑龙江	130016	25938	59076	15069		
上　海	1162471	498662	218462	187669	8	29468
江　苏	271411	80433	55450	71896	2203	10172
浙　江	11589	11046		322		
安　徽	333388	90721	141427	52104	6495	2639
福　建	139806	14006	84852	2075		
江　西	79280	19685	31684	1112		
山　东	476587	146578	224294	46214	5878	4870
河　南	372040	64495	224189	41508	5300	5202
湖　北	991241	211665	355794	107213	44729	36583
湖　南	704016	66245	457086	51313	300	58247
广　东	508269	62722	392135	12621		8348
广　西	86530	10363	69213	2688	3958	
海　南	20	20				
重　庆	209083	117109	74147	2020		750
四　川	392926	111347	105993	10065	20000	5115
贵　州	167861	49139	93771	9064		
云　南	43611	20031	20686	2152		437
西　藏						
陕　西	261998	56185	153175	34821	3450	1184
甘　肃	67485	8930	48123	7764	640	
青　海	4011		3080			
宁　夏	24957	9750	3443	804		1395
新　疆	343575	64461	198086	24044	5806	3581

2-B-4.6　续表　　　　　　　　　　　　　　　　　　单位：万元

地　区	居民服务业用房	教育用房	文化、体育和娱乐用房	卫生医疗用房	科研用房	其他用房
全　国	**224424**	**481356**	**441661**	**258676**	**87991**	**546228**
北　京	53274	173505	330806	129434	42646	68596
天　津		25050	209	8400	1670	39921
河　北	3987	7714	10714	2413		20959
山　西		5965		2243		594
内蒙古		2672	514	18914		3200
辽　宁	3153	1422	891			2294
吉　林						
黑龙江		4352	1023			24558
上　海	69777	82014	10512	4312		61587
江　苏		5401	11218	2578	11851	20210
浙　江						221
安　徽		11878	2799	23308		2017
福　建	3750	26435				8688
江　西		25491				1309
山　东	21450	6310	927	8662	3026	8378
河　南	60	16030	749	3425	368	10713
湖　北	66120	21502	22400	14078	613	110544
湖　南		6694	23510	27534	11223	1863
广　东		6655			3593	22194
广　西			292			15
海　南						
重　庆		14908				150
四　川		1126	1967		11313	126000
贵　州			14107			1779
云　南			305			
西　藏						
陕　西	1363	9934	1343	242	58	244
甘　肃		753		1000		276
青　海					931	
宁　夏		4198	2719			2649
新　疆	1490	21347	4656	12134	700	7270

2-B-4.7 各地区中央总承包和专业承包企业施工机械设备情况

地区	年末自有施工机械设备总台数(台)	年末自有施工机械设备总功率(千瓦)	年末自有施工机械设备净值(万元)	技术装备率(元/人)	动力装备率(千瓦/人)
全国	**774950**	**25502573**	**6337300**	**22926**	**9.2**
北京	43612	2003781	370548	24787	13.4
天津	33320	1375299	733580	46070	8.6
河北	43752	1323377	255169	27439	14.2
山西	26507	1452578	309538	16585	7.8
内蒙古	5026	182966	27773	9449	6.2
辽宁	43702	1434012	356163	25357	10.2
吉林	59326	464440	116533	20219	8.1
黑龙江	28076	657546	137216	28526	13.7
上海	23660	1217060	517057	37906	8.9
江苏	30224	677158	155295	26449	11.5
浙江	14136	289571	115419	67311	16.9
安徽	19114	540937	111287	9356	4.5
福建	11140	228920	29604	5454	4.2
江西	14509	194187	46507	14940	6.2
山东	37951	1152140	227290	12733	6.5
河南	53089	2221891	466879	20740	9.9
湖北	79518	2889083	649821	35510	15.8
湖南	33022	759604	168671	12606	5.7
广东	15504	661879	257570	27167	7.0
广西	11662	335182	67691	24532	12.1
海南	895	850	230	4426	1.6
重庆	6730	359138	45894	15087	11.8
四川	51042	1463183	354750	21205	8.7
贵州	7422	216993	52595	9813	4.0
云南	8688	209929	33921	15035	9.3
西藏					
陕西	35589	1789689	388793	15224	7.0
甘肃	8357	234378	122708	58354	11.1
青海	6658	418885	73866	50576	28.7
宁夏	2336	43382	17243	31518	7.9
新疆	20383	704535	127688	18241	10.1

2-B-4.8　各地区中央总承包和专业承包企业主要生产效益指标

地　区	建筑业企业个数(个)	计算建筑业劳动生产率的平均人数(人)	按总产值计算的劳动生产率(元/人)	人均竣工产值(元/人)	人均施工面积(平方米/人)	人均竣工面积(平方米/人)
全　国	**1293**	**3907877**	**291434**	**117167**	**97.2**	**21.7**
北　京	202	550057	256355	109581	162.3	31.4
天　津	50	194959	392577	209871	130.7	24.8
河　北	53	161275	293328	158168	79.2	18.2
山　西	54	223852	290497	59635	17.5	3.4
内蒙古	8	40151	182629	70966	37.4	16.2
辽　宁	78	187688	307945	165443	55.1	15.7
吉　林	17	84734	233618	122745	14.4	7.4
黑龙江	35	123769	199054	90490	12.8	7.3
上　海	59	168007	547196	198371	196.1	41.5
江　苏	36	102986	306632	115786	76.0	22.7
浙　江	20	21432	413314	231144	22.1	7.7
安　徽	30	140591	223887	76038	85.3	18.1
福　建	20	54448	196558	106449	68.1	20.4
江　西	23	36096	355787	133595	43.7	16.8
山　东	73	192785	252726	124404	76.6	18.7
河　南	65	264017	274151	85729	62.9	12.7
湖　北	65	174102	573454	193769	266.7	48.7
湖　南	31	177959	207007	111853	153.8	29.1
广　东	68	96104	481387	152480	264.9	51.3
广　西	16	27893	285316	202665	59.3	18.9
海　南	2	519	211707	107100	0.7	0.7
重　庆	31	68758	174309	77310	44.4	23.8
四　川	61	233939	227482	84411	51.3	17.8
贵　州	22	53379	251454	73747	196.5	29.3
云　南	8	19238	366634	97775	44.4	35.7
西　藏						
陕　西	53	339506	237148	60011	22.8	5.6
甘　肃	23	22902	284544	192922	46.2	20.6
青　海	9	15046	361926	65110	10.8	3.1
宁　夏	11	15486	189109	105827	74.0	14.2
新　疆	70	116199	162295	102369	56.8	29.7

2-B-4.9 各地区中央总承包和专业承包企业营业额

单位：万元

地区	企业营业额	在境外完成的营业额	企业总产值	#建筑业总产值
全国	**133757963**	**7959434**	**125798530**	**113888685**
北京	21634486	3459399	18175087	14100980
天津	9523076	251266	9271809	7653636
河北	5273844	308827	4965017	4730654
山西	6749452	124140	6625312	6502824
内蒙古	804602		804602	733272
辽宁	6100817	160386	5940431	5779763
吉林	2042745	29619	2013127	1979540
黑龙江	3074526	295300	2779226	2463674
上海	10409621	221255	10188366	9193282
江苏	3377314	111643	3265671	3157883
浙江	1021446	23595	997852	885814
安徽	3546215	260490	3285725	3147655
福建	1072898		1072898	1070221
江西	1356053	19330	1336723	1284250
山东	5293952	30988	5262964	4872185
河南	7555476	208391	7347085	7238052
湖北	12189623	659510	11530113	9983956
湖南	3832322	124814	3707509	3683882
广东	4919161	26590	4892571	4626322
广西	1356946	246198	1110748	795831
海南	10988		10988	10988
重庆	1386856	4699	1382157	1198517
四川	5981746	393957	5587790	5321685
贵州	1428210	15923	1412287	1342239
云南	871116	78529	792587	705330
西藏				
陕西	9046105	610102	8436004	8051331
甘肃	759484	27176	732308	651663
青海	717637	115789	601848	544554
宁夏	296276		296276	292854
新疆	2124971	151520	1973451	1885848

2-B-4.10　各地区中央总承包和专业承包企业资产构成

单位：万元

地　区	资产合计	#流动资产小计	#长期投资	#固定资产小计	#无形及递延资产
全　国	**123471780**	**90514799**	**14939699**	**12386615**	**3789008**
北　京	32478600	19812935	10776694	1208298	294028
天　津	8404831	6093857	647150	1291711	204152
河　北	4439295	3644749	112858	560440	86880
山　西	6154785	5250507	289518	466888	109772
内蒙古	610748	471386	9835	64946	64433
辽　宁	4073339	3182198	99785	575525	174948
吉　林	1708169	1187621	114287	213885	180411
黑龙江	2456033	2043928	18766	232605	159215
上　海	9116559	6758829	739866	1054226	221190
江　苏	2392630	1995085	16921	265412	72197
浙　江	773857	540340	6229	181396	40699
安　徽	3117181	2606786	147262	219460	97073
福　建	590957	491789	5889	62808	14018
江　西	985685	812666	18379	124539	27330
山　东	4616326	3780413	198621	469119	134395
河　南	5651614	4484140	156803	686517	196194
湖　北	11131099	8177678	233727	1465403	986388
湖　南	2540378	1972035	114005	329933	102907
广　东	4780481	3528554	493448	577290	115933
广　西	852352	641991	30507	140850	33302
海　南	18614	11483	1360	5709	63
重　庆	889191	746347	17123	96529	15085
四　川	4137590	3207087	226013	536817	125893
贵　州	1023980	849934	45798	87686	30581
云　南	639963	447473	17838	110778	62784
西　藏					
陕　西	6959625	5664440	292334	782828	123496
甘　肃	496880	356935	6862	107412	22498
青　海	659947	461550	71141	112685	12052
宁　夏	266980	199512	10984	51811	4259
新　疆	1504093	1092554	19695	303109	76831

2-B-4.11 各地区中央总承包和专业承包企业流动资产、无形及递延资产

单位：万元

地 区	流动资产	#存货	无形及递延资产	#无形资产
全 国	**90514799**	**24457085**	**3789008**	**2814242**
北 京	19812935	3515016	294028	222659
天 津	6093857	1901171	204152	140504
河 北	3644749	1208055	86880	60136
山 西	5250507	764412	109772	63664
内蒙古	471386	140674	64433	61120
辽 宁	3182198	1189721	174948	146748
吉 林	1187621	536493	180411	176695
黑龙江	2043928	562910	159215	158547
上 海	6758829	1989292	221190	167882
江 苏	1995085	470810	72197	55988
浙 江	540340	65117	40699	31297
安 徽	2606786	728918	97073	76797
福 建	491789	119451	14018	11156
江 西	812666	278758	27330	18518
山 东	3780413	1009340	134395	84010
河 南	4484140	1340423	196194	160482
湖 北	8177678	2910238	986388	641650
湖 南	1972035	575371	102907	64310
广 东	3528554	893960	115933	83252
广 西	641991	250633	33302	31259
海 南	11483	318	63	
重 庆	746347	222810	15085	10508
四 川	3207087	1013380	125893	86029
贵 州	849934	222322	30581	18661
云 南	447473	110382	62784	50365
西 藏				
陕 西	5664440	1977485	123496	85233
甘 肃	356935	88750	22498	17812
青 海	461550	134960	12052	11714
宁 夏	199512	50562	4259	3088
新 疆	1092554	185355	76831	74158

2-B-4.12　各地区中央总承包和专业承包企业固定资产情况

单位：万元

地　区	固定资产小计	固定资产原价	#生产经营用	固定资产折旧	#本年折旧	在建工程
全　国	**12386615**	**19230981**	**16728982**	**8268319**	**1743448**	**1146356**
北　京	1208298	1701236	1450307	657318	166303	144088
天　津	1291711	1773065	1632856	748843	170926	267383
河　北	560440	864745	748094	365848	60222	56121
山　西	466888	724544	676981	279134	72100	15096
内蒙古	64946	103117	101363	38922	4731	
辽　宁	575525	1043668	936942	504483	99928	33030
吉　林	213885	351559	260620	143876	24739	2216
黑龙江	232605	454343	451789	242194	64423	664
上　海	1054226	1722794	1596240	811087	108150	120692
江　苏	265412	390428	347993	154870	35431	23980
浙　江	181396	317834	307634	137021	21163	582
安　徽	219460	346440	322204	147991	30364	9220
福　建	62808	108797	89750	49319	8414	3330
江　西	124539	210746	168180	105538	18614	9187
山　东	469119	820260	730265	394536	70695	31812
河　南	686517	1105348	992770	493736	142159	61935
湖　北	1465403	2107455	1688294	828504	154024	175397
湖　南	329933	450409	382165	173039	69963	21295
广　东	577290	815928	757566	378416	74148	77500
广　西	140850	242704	225782	106419	19249	4564
海　南	5709	7322	367	2039	555	
重　庆	96529	138274	136130	59178	15602	11367
四　川	536817	903070	713575	387738	57798	13954
贵　州	87686	151475	104775	75652	9387	1951
云　南	110778	152379	132461	69353	16359	27426
西　藏						
陕　西	782828	1331312	1036111	559984	167070	5997
甘　肃	107412	177328	163287	76098	16562	326
青　海	112685	153031	75107	58445	7866	15284
宁　夏	51811	85057	83923	34014	4590	768
新　疆	303109	476314	415453	184727	31917	11195

2-B-4.13 各地区中央总承包和专业承包企业负债及所有者权益

单位：万元

地区	负债合计	流动负债	长期负债	所有者权益	#实收资本
全国	**94448611**	**87328819**	**7119792**	**29023169**	**17036914**
北京	18982877	17186027	1796849	13495723	6541425
天津	6414010	5926038	487972	1990821	1216653
河北	3893067	3749675	143393	546228	354128
山西	5440403	5267872	172531	714382	523009
内蒙古	507887	458141	49747	102861	78649
辽宁	3337418	3112506	224911	735921	546650
吉林	1348963	1126639	222323	359206	202189
黑龙江	2272146	1810406	461740	183888	296737
上海	7358768	7032750	326019	1757790	1141650
江苏	1967954	1910301	57653	424676	293224
浙江	561321	530519	30802	212536	118109
安徽	2676013	2603762	72251	441168	287419
福建	481617	475751	5866	109340	94889
江西	850276	813450	36826	135409	91538
山东	3881130	3689000	192129	735196	575864
河南	4695735	4493386	202349	955879	727108
湖北	9327802	7829117	1498685	1803297	929708
湖南	2114890	2025505	89386	425488	239710
广东	3654811	3408097	246714	1125671	825418
广西	682144	658779	23365	170208	114446
海南	6041	6041		12573	3600
重庆	766780	726271	40508	122411	83961
四川	3453061	3299118	153943	684529	473238
贵州	838068	791163	46906	185912	94519
云南	528760	450366	78394	111203	61741
西藏					
陕西	6127215	5896598	230617	832410	620665
甘肃	402163	373334	28830	94717	87924
青海	560963	431563	129400	98984	61635
宁夏	216687	216247	440	50293	44859
新疆	1099643	1030397	69246	404450	306251

2-B-4.14　各地区中央总承包和专业承包企业实收资本

单位：万元

地　区	合计	国家资本	集体资本	法人资本	个人资本	港澳台资本	外商资本
全　国	**17036914**	**8807344**	**116888**	**7862531**	**194368**	**47315**	**8469**
北　京	6541425	879298	8060	5614232	25647	8513	5676
天　津	1216653	483020	800	638849	93984		
河　北	354128	229186	5152	117190	2600		
山　西	523009	454701	27894	39572	842		
内蒙古	78649	74061	601	184	3803		
辽　宁	546650	425739	12700	103288	4923		
吉　林	202189	130098	537	63481	8073		
黑龙江	296737	285030	2675	6396	2636		
上　海	1141650	438134	208	699434	1029	2844	
江　苏	293224	192938		94267	5053	966	
浙　江	118109	67476		40244	6019	2549	1821
安　徽	287419	183260	1168	102641	350		
福　建	94889	70360	32	21130	2377	990	
江　西	91538	88919	2319	300			
山　东	575864	544478	6492	19187	5707		
河　南	727108	691650	117	34520	821		
湖　北	929708	872691	14190	40357	1721	750	
湖　南	239710	213036	665	26008			
广　东	825418	754346	6861	34918	1130	27190	973
广　西	114446	114306	50		90		
海　南	3600	3600					
重　庆	83961	56336		24217	3408		
四　川	473238	413959	10714	47097	1468		
贵　州	94519	93910	609				
云　南	61741	59996	1505	240			
西　藏							
陕　西	620665	557567	9426	43324	6836	3512	
甘　肃	87924	74362	320	13242			
青　海	61635	61635					
宁　夏	44859	27242	356	17261			
新　疆	306251	266012	3436	20953	15851		

2-B-4.15 各地区中央总承包和专业承包企业收入情况

单位：万元

地区	工程结算收入	工程结算成本	工程结算税金及附加	工程结算利润	经营费用	其他业务收入	#其他业务利润
全国	**127687507**	**115680250**	**4105630**	**7615584**	**286043**	**2122296**	**360682**
北京	19143644	17720683	541152	860606	21204	251939	63462
天津	9046129	8133676	251884	656831	3738	125790	3670
河北	4797377	4370874	150856	267667	7980	131468	19718
山西	7286313	6755323	196408	330623	3958	55692	11550
内蒙古	708005	653293	23540	30175	997	62057	6198
辽宁	5886967	5246209	223288	409521	7949	64455	10116
吉林	2046367	1871371	74222	99597	1178	24876	2564
黑龙江	2741812	2263414	251176	220995	6228	64338	60582
上海	10547909	9498213	309393	714979	25324	121795	20687
江苏	3416740	3014109	101492	268774	32365	32303	5161
浙江	1127234	994892	34595	96306	1441	13840	4840
安徽	4044922	3747545	131819	162223	3335	37636	5495
福建	1030877	946640	34886	45552	3799	2221	689
江西	1366292	1242137	53533	68734	1887	12416	1847
山东	5164687	4689824	152555	299474	22834	109237	3803
河南	7043590	6437691	225077	375122	5700	135705	14315
湖北	10814431	9644483	328877	764729	76343	300267	35496
湖南	3783044	3380533	116788	284236	1487	38035	3951
广东	5456191	4905276	161691	379624	9600	43458	10563
广西	920030	830839	26763	61549	880	6729	2415
海南	16430	13221	584	2355	270	241	56
重庆	1247979	1111428	44032	69654	22865	84400	6875
四川	5334080	4857185	160466	304497	11931	209623	35948
贵州	1377496	1256403	42861	76758	1474	30736	9348
云南	827455	742522	22483	62218	232	5325	2498
西藏							
陕西	8933831	8098795	347244	481228	6564	52634	10535
甘肃	685239	625885	14042	44355	957	24175	2501
青海	674966	593396	22461	56760	2349	21054	-2041
宁夏	293379	275724	9365	7918	372	18013	1249
新疆	1924091	1758667	52095	112523	806	41842	6593

2-B-4.16 各地区中央总承包和专业承包企业费用情况

单位：万元

地区	管理费用	#税金	#财产保险费	#差旅费	#工会金费	财务费用	#利息支出
全国	**4285955**	**140787**	**21901**	**256615**	**65428**	**1041848**	**644549**
北京	590635	10222	1445	30584	6615	453003	68155
天津	256917	5361	511	14117	3398	72407	58078
河北	166734	5371	606	10326	1885	13192	27038
山西	246632	4944	1005	11555	3528	8217	29585
内蒙古	25204	1409	91	1798	324	3307	2835
辽宁	213230	11125	1413	14365	2835	18474	19332
吉林	67364	2847	1325	2982	586	15900	12767
黑龙江	108601	11667	140	2936	1534	24109	2075
上海	393764	7841	2171	23133	5176	54848	61669
江苏	120002	2011	1170	8497	1389	15016	10686
浙江	70305	1302	324	4574	860	3235	2459
安徽	109822	7889	489	7133	1764	2926	11015
福建	25999	650	59	1714	295	5551	3569
江西	42827	877	150	2472	1093	5827	6649
山东	176287	8890	1427	10601	2914	2695	24031
河南	235914	5692	1750	15069	4300	50923	50238
湖北	396780	10637	1541	25651	7143	107373	93914
湖南	121634	2993	710	7595	1385	17727	14403
广东	137550	4815	403	9577	2655	22146	22686
广西	51389	1136	60	1774	598	-150	3694
海南	1376	32		44	17	-28	
重庆	24454	4455	159	2183	1952	6398	5410
四川	199313	7243	1191	18381	3830	40843	31065
贵州	59876	3344	27	3989	1329	7762	6409
云南	35638	418	16	1548	138	7033	6716
西藏							
陕西	241114	11950	2349	15669	4501	62156	57232
甘肃	31418	407	172	1002	595	2127	2127
青海	32726	517	51	1698	621	9231	2329
宁夏	14077	505	66	631	300	732	410
新疆	88374	4241	1082	5021	1870	8870	7973

2-B-4.17 各地区中央总承包和专业承包企业利润及税金情况

单位：万元

地区	利润总额	#应交所得税	税金总额	工程结算税金及附加	管理费用中的税金
全国	**2991619**	**545427**	**4246417**	**4105630**	**140787**
北京	234011	85048	551373	541152	10222
天津	336510	68316	257246	251884	5361
河北	118710	19741	156227	150856	5371
山西	100515	11694	201352	196408	4944
内蒙古	10525	1001	24949	23540	1409
辽宁	99332	18149	234413	223288	11125
吉林	20946	4166	77069	74222	2847
黑龙江	106784	10088	262843	251176	11667
上海	324841	70021	317233	309393	7841
江苏	138395	25578	103503	101492	2011
浙江	27856	5351	35897	34595	1302
安徽	56941	10607	139708	131819	7889
福建	13826	1865	35536	34886	650
江西	20681	2814	54411	53533	877
山东	118135	26571	161446	152555	8890
河南	102437	22204	230769	225077	5692
湖北	290191	36441	339513	328877	10637
湖南	153045	13047	119781	116788	2993
广东	221557	38197	166506	161691	4815
广西	14233	4389	27898	26763	1136
海南	991	70	617	584	32
重庆	43746	4183	48486	44032	4455
四川	128986	18780	167709	160466	7243
贵州	22647	4908	46204	42861	3344
云南	20378	2770	22901	22483	418
西藏					
陕西	216103	24690	359194	347244	11950
甘肃	12197	3429	14449	14042	407
青海	15260	6631	22978	22461	517
宁夏	1875	388	9871	9365	505
新疆	19965	4289	56336	52095	4241

2-B-4.18　各地区地方总承包和专业承包企业签订合同情况

单位：万元

地　区	合同总额	上年结转合同额	本年新签合同额
全　国	**774340339**	**261476726**	**512863613**
北　京	29562065	13120479	16441587
天　津	11316620	3328518	7988102
河　北	21009595	6193351	14816244
山　西	9971797	3032599	6939198
内蒙古	8940960	2111160	6829801
辽　宁	25212232	7033995	18178238
吉　林	9622540	1913721	7708819
黑龙江	9496041	2007335	7488706
上　海	43811009	18097776	25713232
江　苏	108081349	31396259	76685090
浙　江	133883965	49408560	84475405
安　徽	21960577	6051381	15909196
福　建	29784112	11750204	18033908
江　西	13585269	4386237	9199031
山　东	42705132	11780984	30924148
河　南	28826306	8321052	20505254
湖　北	22583441	5748670	16834771
湖　南	34871407	12150178	22721229
广　东	55583857	25276945	30306912
广　西	11570979	4449890	7121089
海　南	2163512	789386	1374126
重　庆	22233572	7507128	14726444
四　川	31994142	10929074	21065068
贵　州	5041609	2284006	2757604
云　南	12136705	4111573	8025132
西　藏	907796	220320	687477
陕　西	11338069	3628002	7710067
甘　肃	6177842	1942994	4234848
青　海	1324492	473089	851404
宁　夏	2490336	578806	1911531
新　疆	6153011	1453057	4699954

2-B-4.19 各地区地方总承包和专业承包企业承包工程完成情况

单位：万元

地区	直接从建设单位承揽工程完成的产值	自行完成施工产值	分包出去工程的产值	从建设单位以外承揽工程完成的产值
全国	**496560738**	**487224779**	**9335959**	**19254596**
北京	16025654	15263848	761806	1296870
天津	6624152	6514230	109922	369989
河北	15520906	15474984	45922	242488
山西	6988514	6976403	12111	75188
内蒙古	7033351	7023082	10269	44141
辽宁	19119850	19066030	53820	205899
吉林	7853469	7819319	34150	147653
黑龙江	7850396	7840446	9951	63406
上海	23394086	20141552	3252535	3122882
江苏	77180782	76868262	312520	5988975
浙江	78931655	78363697	567958	2311091
安徽	15267561	15125618	141943	273143
福建	16589261	16481651	107610	975523
江西	8877999	8849439	28559	195733
山东	32924412	32841432	82981	505728
河南	20833594	20747907	85688	254576
湖北	15805336	15683987	121350	382873
湖南	17188809	17077230	111579	393319
广东	29674782	27115929	2558853	960505
广西	6673974	6501162	172813	235110
海南	1100374	1096159	4216	4691
重庆	13747349	13305808	441542	458871
四川	20411085	20310378	100707	297417
贵州	2588734	2582224	6510	12258
云南	8275664	8263802	11862	99920
西藏	725492	725492		3595
陕西	8417929	8304984	112945	155491
甘肃	4086238	4068215	18022	92866
青海	884902	883580	1322	1836
宁夏	1611870	1611095	775	11499
新疆	4352556	4296836	55719	71062

2-B-4.20　各地区地方总承包和专业承包企业建筑业总产值和竣工产值

单位：万元

地　区	建筑业总产值	#装饰装修产值	#在外省完成的产值	按构成分组			竣工产值
				建筑工程产值	安装工程产值	其他产值	
全　国	**506479376**	**34169441**	**108981166**	**440695474**	**49016974**	**16766927**	**347632438**
北　京	16560718	4367254	3944857	15935988	477573	147158	11275333
天　津	6884219	363635	480332	5281932	970610	631677	3866427
河　北	15717473	576913	2449404	13344328	1515667	857478	11225578
山　西	7051591	349164	468135	5748696	935013	367881	4040642
内蒙古	7067223	144160	332538	6205004	621432	240788	5368968
辽　宁	19271929	1318946	1537518	16452689	2437517	381723	13193033
吉　林	7966972	312848	266807	6877562	790418	298992	6002038
黑龙江	7903851	380584	891032	6393592	1244520	265740	5186077
上　海	23264434	2847968	4307798	18424094	3863516	976824	14452803
江　苏	82857237	3987732	28254057	75624471	6666820	565946	66511987
浙　江	80674788	5320751	36805200	71756582	6611155	2307051	54606161
安　徽	15398761	921179	1871787	13134146	1545143	719472	10284840
福　建	17457174	950279	5254478	15592148	1445999	419028	11857356
江　西	9045172	449378	1563714	7853107	585606	606459	6022958
山　东	33347160	1746025	2164106	27623004	4102531	1621625	21107184
河　南	21002483	1205050	2729963	18309727	1898069	794688	14429782
湖　北	16066860	870142	1801652	13602571	1439947	1024342	11210827
湖　南	17470549	878441	3387210	14801144	1278952	1390453	11625145
广　东	28076434	4486910	3284207	23742510	3597063	736861	18639552
广　西	6736271	234265	483227	5888316	561259	286697	4360363
海　南	1100849	41263	33255	1029397	64457	6995	597862
重　庆	13764679	633561	1616943	12011935	1119625	633118	8895874
四　川	20607795	843842	2907141	17894816	2000874	712105	12780611
贵　州	2594482	54028	349492	2306082	223318	65083	1491044
云　南	8363722	217393	339912	7359003	839498	165222	5748351
西　藏	729087	17592		701508	14017	13562	532554
陕　西	8460475	300006	772549	7395224	867175	198077	4405494
甘　肃	4161081	173098	437436	3478524	564169	118389	2635088
青　海	885416	16271	89113	673703	117147	94566	554399
宁　夏	1622594	37711	117539	1534250	67455	20888	1389853
新　疆	4367898	123053	39765	3719424	550431	98044	3334258

2-B-4.21 各地区地方总承包和专业承包企业房屋建筑面积

地区	房屋建筑施工面积（万平方米）	#本年新开工	#实行投标承包面积	#本年新开工	房屋建筑竣工面积（万平方米）	房屋建筑面积竣工率（%）
全国	**492521.7**	**256663.8**	**403519.2**	**219351.5**	**215103.8**	**43.7**
北京	10611.8	3751.6	9489.8	3341.2	3077.2	29.0
天津	3400.2	1805.2	2812.4	1586.8	1161.0	34.1
河北	14631.4	8288.0	12712.3	7536.9	6716.1	45.9
山西	5325.0	2656.7	4610.2	2330.8	2244.1	42.1
内蒙古	5127.2	3632.1	4556.9	3394.9	3173.7	61.9
辽宁	13582.2	8323.6	12061.5	7658.3	6412.1	47.2
吉林	5313.5	4123.7	4589.8	3772.2	3315.5	62.4
黑龙江	5322.5	4038.4	3985.2	3144.7	2323.5	43.7
上海	14760.5	5927.0	12118.9	4861.3	5027.2	34.1
江苏	89652.2	46363.4	79426.8	40763.9	40501.7	45.2
浙江	92520.7	44733.2	78223.7	39452.3	37322.4	40.3
安徽	15584.1	9019.5	12620.1	7627.8	7620.4	48.9
福建	19657.5	8567.1	16226.8	7061.5	7526.9	38.3
江西	10511.3	5704.4	8292.3	4910.0	5178.0	49.3
山东	32629.9	19536.5	26588.3	17031.0	15181.2	46.5
河南	20305.7	12269.9	17325.3	10875.0	10058.3	49.5
湖北	13629.4	8786.1	10357.4	7198.9	8304.4	60.9
湖南	18725.6	9648.0	15740.7	8409.4	8559.2	45.7
广东	27749.6	11305.8	15688.6	7017.2	10420.8	37.6
广西	8346.0	3436.4	6589.6	2769.9	3089.6	37.0
海南	962.8	509.1	815.6	446.3	340.7	35.4
重庆	15313.6	7879.8	10360.9	6131.0	6321.8	41.3
四川	22663.2	11798.7	16630.6	9335.9	9437.6	41.6
贵州	3174.6	1324.5	2711.3	1117.5	1054.6	33.2
云南	6586.6	3663.3	4945.9	3001.3	3268.0	49.6
西藏	255.9	212.2	164.5	140.3	128.7	50.3
陕西	6967.8	3523.4	5905.3	3153.5	2829.0	40.6
甘肃	3685.6	2176.7	2924.8	1850.7	1795.7	48.7
青海	388.3	265.5	260.2	188.6	184.6	47.5
宁夏	1562.8	948.9	1440.5	871.8	719.3	46.0
新疆	3574.3	2445.2	3342.9	2370.6	1810.7	50.7

2-B-4.22 各地区按主要用途分的地方总承包和专业承包企业房屋建筑竣工面积

单位：万平方米

地区	合计	厂房、仓库	住宅	办公用房	批发和零售用房	住宿和餐饮用房
全国	**215103.8**	**39865.2**	**129984.7**	**15992.8**	**4384.7**	**3312.2**
北京	3077.2	266.4	1569.0	515.2	100.7	185.1
天津	1161.0	324.0	542.0	83.0	10.7	9.2
河北	6716.1	895.5	4611.8	427.4	101.5	54.8
山西	2244.1	142.9	1607.9	184.6	21.0	45.0
内蒙古	3173.7	117.7	2396.8	267.4	60.6	24.2
辽宁	6412.1	854.5	4696.8	281.8	81.5	49.6
吉林	3315.5	201.2	2536.5	130.1	95.4	15.9
黑龙江	2323.5	219.8	1600.7	124.3	35.3	17.3
上海	5027.2	1665.5	2338.3	282.9	109.2	90.3
江苏	40501.7	7882.8	25137.1	2887.1	844.8	600.7
浙江	37322.4	11591.5	17210.5	3343.9	1173.4	739.5
安徽	7620.4	1141.1	4823.5	585.5	91.3	74.2
福建	7526.9	1937.8	4299.4	534.7	116.4	83.8
江西	5178.0	709.6	3305.0	401.5	80.2	70.5
山东	15181.2	2828.0	9540.0	981.9	306.9	228.6
河南	10058.3	1091.8	6686.0	897.8	110.7	116.2
湖北	8304.4	1317.6	5212.0	585.9	107.4	68.9
湖南	8559.2	1076.9	5315.4	762.8	218.5	151.4
广东	10420.8	2752.7	5486.0	666.2	109.9	200.6
广西	3089.6	306.7	1960.4	283.7	37.2	26.8
海南	340.7	17.3	205.4	19.9	16.4	13.4
重庆	6321.8	583.6	4790.8	218.3	104.2	50.7
四川	9437.6	951.4	6652.6	497.4	184.4	189.8
贵州	1054.6	71.3	652.6	111.8	14.8	16.3
云南	3268.0	231.0	2041.6	276.7	91.6	63.8
西藏	128.7	10.0	65.7	22.8	0.7	4.0
陕西	2829.0	298.7	1876.5	249.8	43.7	37.4
甘肃	1795.7	179.1	1127.7	146.9	28.8	36.3
青海	184.6	9.8	111.1	25.1	1.2	1.1
宁夏	719.3	73.9	398.7	39.9	46.0	10.2
新疆	1810.7	115.2	1187.1	156.6	40.3	36.7

2-B-4.22 续表 单位：万平方米

地 区	居民服务业用房	教育用房	文化、体育和娱乐用房	卫生医疗用房	科研用房	其他用房
全 国	**2407.0**	**7692.0**	**2285.0**	**1904.7**	**632.9**	**6642.5**
北 京	30.0	71.5	94.9	61.0	27.8	155.4
天 津	25.4	58.1	8.9	6.3	8.5	84.9
河 北	65.9	256.4	52.7	45.8	10.7	193.5
山 西	29.1	89.5	29.6	18.6	7.4	68.5
内 蒙 古	33.5	105.9	27.3	19.0		121.3
辽 宁	48.6	145.0	34.0	36.8	9.4	174.2
吉 林	33.2	78.9	59.8	48.1	26.9	89.4
黑 龙 江	43.3	72.8	27.7	21.8	1.3	159.4
上 海	60.2	118.8	77.0	37.5	11.5	236.0
江 苏	460.3	1036.9	420.6	319.6	159.7	752.1
浙 江	395.5	944.2	432.8	223.5	164.8	1102.8
安 徽	71.6	500.9	33.5	82.0	5.8	210.9
福 建	55.6	223.5	69.9	48.5	15.5	141.8
江 西	58.7	223.6	54.7	31.1	5.7	237.3
山 东	205.4	392.9	101.7	90.4	22.8	482.6
河 南	117.9	479.3	77.9	151.9	25.5	303.3
湖 北	68.5	442.9	90.6	122.2	22.3	266.1
湖 南	117.1	380.8	65.5	91.8	18.2	360.6
广 东	158.2	468.0	174.1	92.0	26.1	287.1
广 西	19.0	176.5	41.5	53.1	12.1	172.6
海 南	1.6	40.3	2.4	8.3		15.6
重 庆	107.7	215.5	27.9	43.4	5.0	174.8
四 川	86.1	381.9	83.6	93.5	24.8	292.2
贵 州	6.4	112.5	12.0	26.4		30.6
云 南	25.7	227.3	59.4	44.8	6.2	199.9
西 藏	1.1	11.6	0.3	1.7	0.2	10.6
陕 西	34.1	170.4	41.9	29.0	2.9	44.8
甘 肃	16.7	96.2	17.7	21.9	1.1	123.5
青 海	2.0	18.7	1.0	4.7		9.8
宁 夏	3.9	43.7	31.8	5.2	0.3	65.6
新 疆	24.6	107.7	32.2	24.8	10.3	75.3

2-B-4.23 各地区按主要用途分的地方总承包和专业承包企业房屋建筑竣工价值

单位：万元

地区	合计	厂房、仓库	住宅	办公用房	批发和零售用房	住宿和餐饮用房
全国	**205095394**	**34487898**	**120741531**	**17774496**	**4573164**	**3731801**
北京	5455345	393629	2205186	1019789	172839	338739
天津	1405207	357091	588756	117713	17786	5638
河北	6246451	959340	4028424	448779	87765	52115
山西	2142180	166059	1431260	201786	21549	45114
内蒙古	3097419	131483	2136428	348683	97567	29734
辽宁	6093272	925675	4188609	319491	79688	64991
吉林	3168951	217001	2280374	165265	91846	19477
黑龙江	2327995	244070	1548468	147443	26067	22661
上海	6249894	1666798	2881543	505305	150498	166293
江苏	41770242	7327676	25669902	3299940	869973	681012
浙江	37569176	9224264	18429980	3848145	1345444	887363
安徽	5900216	828779	3729041	507225	66663	70579
福建	7416084	1568742	4448905	551438	178589	88687
江西	3571168	418577	2249090	304360	61876	53425
山东	13017492	2181521	8013378	1009134	297006	251040
河南	8279182	1012936	5193972	837266	91703	98374
湖北	7126074	1140370	4277921	583041	86547	60019
湖南	7147245	885881	4265535	746784	173876	133837
广东	10107291	2191950	5557959	694393	105264	209119
广西	2585210	255418	1570405	290817	26919	21203
海南	379006	20385	222276	23721	17732	15468
重庆	5330130	470739	3993191	219613	99220	45401
四川	7714771	800143	5288509	449211	169889	162117
贵州	771646	66922	462047	90375	12259	13606
云南	3079482	225128	1906545	274862	82122	58429
西藏	157130	13636	74425	29270	491	5195
陕西	2658322	304833	1636417	302573	38493	36883
甘肃	1758429	272811	1003391	173175	28844	45219
青海	182568	12386	98384	29159	1251	1134
宁夏	676634	64307	339047	44385	38794	8355
新疆	1711185	139347	1022162	191355	34605	40577

2-B-4.23 续表 单位：万元

地 区	居民服务业用房	教育用房	文化、体育和娱乐用房	卫生医疗用房	科研用房	其他用房
全 国	**2461322**	**7694538**	**3291811**	**2407040**	**874326**	**7057467**
北 京	74697	126708	501505	150825	88704	382722
天 津	35692	92107	14666	15013	13859	146887
河 北	54026	246024	85372	50375	14277	219955
山 西	26503	87652	50187	25927	6463	79680
内蒙古	42488	126201	35039	27086		122709
辽 宁	54032	158152	36458	44487	11607	210083
吉 林	29912	68079	88349	72318	27320	109011
黑龙江	48044	83842	26289	29138	1320	150652
上 海	71335	188333	155213	102909	22738	338930
江 苏	496577	1249450	536471	447307	213440	978495
浙 江	465452	1083173	580422	318941	221043	1164949
安 徽	53165	364891	39867	60194	7553	172259
福 建	58720	236735	77621	56035	18885	131727
江 西	48614	183275	49845	25756	9675	166675
山 东	197071	378049	122704	96700	17571	453317
河 南	96339	404491	76425	144182	28479	295016
湖 北	67204	419989	105888	137309	22902	224884
湖 南	114177	320104	70813	96547	24977	314713
广 东	168460	423866	241584	146274	38239	330184
广 西	13958	143355	42892	72669	23588	123986
海 南	1785	50957	2287	9457		14937
重 庆	83433	188027	24327	44650	4726	156805
四 川	57096	334065	84767	75772	27400	265802
贵 州	3422	76335	8780	17613	45	20242
云 南	19543	216907	72655	46090	8108	169094
西 藏	1298	19411	610	2362	188	10245
陕 西	28092	157996	57221	36675	3804	55336
甘 肃	19870	90618	19930	18475	1280	84817
青 海	2613	20844	1044	5117		10638
宁 夏	2812	47688	39870	5653	268	85454
新 疆	24893	107215	42714	25186	15868	67263

2-B-4.24 各地区地方总承包和专业承包企业施工机械设备情况

地区	年末自有施工机械设备总台数(台)	年末自有施工机械设备总功率(千瓦)	年末自有施工机械设备净值(万元)	技术装备率(元/人)	动力装备率(千瓦/人)
全国	**8673106**	**156451104**	**26531851**	**8732**	**5.1**
北京	133041	2962521	439418	13975	9.4
天津	68256	1793213	370405	18153	8.8
河北	419522	6435009	1031918	9712	6.1
山西	200721	3264826	638483	14724	7.5
内蒙古	111245	2164856	378510	9537	5.5
辽宁	316780	6814307	1248095	13170	7.2
吉林	139871	2212570	277710	8515	6.8
黑龙江	133098	3065000	660890	15333	7.1
上海	138003	2159168	588663	8809	3.2
江苏	1217159	25989061	3853883	8139	5.5
浙江	823860	12740482	2788221	6535	3.0
安徽	375512	5255764	999627	7931	4.2
福建	234110	4220067	857227	7126	3.5
江西	149114	2131517	424681	6767	3.4
山东	681712	11227422	2025362	8173	4.5
河南	626929	8980149	1468729	8371	5.1
湖北	422230	6285280	1261568	10947	5.5
湖南	408232	6159460	1045649	8399	4.9
广东	614059	8654696	1583556	10011	5.5
广西	184459	2581009	372517	8509	5.9
海南	16958	356204	46010	5672	4.4
重庆	190693	3110931	756737	7404	3.0
四川	356968	5427717	1100154	6319	3.1
贵州	54642	1071607	182279	7363	4.3
云南	163972	2908131	656149	10523	4.7
西藏	10650	516686	81113	18992	12.1
陕西	176124	3696450	521724	11459	8.1
甘肃	155007	11274429	361003	9043	28.2
青海	30958	541534	102528	16094	8.5
宁夏	37354	860690	144528	23932	14.3
新疆	81867	1590348	264515	21628	13.0

2-B-4.25 各地区地方总承包和专业承包企业主要生产效益指标

地区	建筑业企业个数（个）	计算建筑业劳动生产率的平均人数（人）	按总产值计算的劳动生产率（元/人）	人均竣工产值（元/人）	人均施工面积（平方米/人）	人均竣工面积（平方米/人）
全　国	**69802**	**34432662**	**147093**	**100960**	**143.0**	**62.5**
北　京	3007	834644	198417	135092	127.1	36.9
天　津	1279	301216	228548	128361	112.9	38.5
河　北	2177	1215446	129314	92358	120.4	55.3
山　西	1720	555728	126889	72709	95.8	40.4
内蒙古	745	653299	108177	82182	78.5	48.6
辽　宁	3725	1447358	133152	91153	93.8	44.3
吉　林	1075	623552	127768	96256	85.2	53.2
黑龙江	1936	690861	114406	75067	77.0	33.6
上　海	2988	937804	248074	154113	157.4	53.6
江　苏	8376	4819411	171924	138009	186.0	84.0
浙　江	4619	4290236	188043	127280	215.7	87.0
安　徽	2283	1269243	121322	81031	122.8	60.0
福　建	1983	1366442	127756	86775	143.9	55.1
江　西	1312	645280	140174	93339	162.9	80.2
山　东	6276	2796304	119254	75482	116.7	54.3
河　南	3762	1747132	120211	82591	116.2	57.6
湖　北	2907	1174363	136813	95463	116.1	70.7
湖　南	1894	1305483	133824	89049	143.4	65.6
广　东	4243	1613964	173959	115489	171.9	64.6
广　西	1106	441347	152630	98797	189.1	70.0
海　南	147	82671	133160	72318	116.5	41.2
重　庆	2351	1150514	119639	77321	133.1	54.9
四　川	3826	1952275	105558	65465	116.1	48.3
贵　州	586	231800	111928	64325	137.0	45.5
云　南	1933	635326	131645	90479	103.7	51.4
西　藏	171	63789	114297	83487	40.1	20.2
陕　西	911	617649	136979	71327	112.8	45.8
甘　肃	837	440844	94389	59774	83.6	40.7
青　海	402	83745	105728	66201	46.4	22.0
宁　夏	472	156404	103744	88863	99.9	46.0
新　疆	753	288532	151383	115559	123.9	62.8

2-B-4.26　各地区地方总承包和专业承包企业营业额

单位：万元

地　　区	企业营业额	在境外完成的营业额	企业总产值	#建筑业总产值
全　　国	**539397726**	**4620890**	**534776836**	**506479376**
北　　京	18058662	339302	17719360	16560718
天　　津	7270133	10581	7259552	6884219
河　　北	16144743	130770	16013973	15717473
山　　西	7588845	65072	7523773	7051591
内 蒙 古	7186117	2469	7183648	7067223
辽　　宁	19589944	41701	19548244	19271929
吉　　林	8114185	4516	8109669	7966972
黑 龙 江	8438477	105734	8332742	7903851
上　　海	26460687	456435	26004253	23264434
江　　苏	86799751	444973	86354777	82857237
浙　　江	82592747	565012	82027735	80674788
安　　徽	16327051	410618	15916434	15398761
福　　建	17714163	110441	17603722	17457174
江　　西	9789506	191369	9598137	9045172
山　　东	35653961	473267	35180694	33347160
河　　南	21836579	274192	21562387	21002483
湖　　北	16442522	58178	16384344	16066860
湖　　南	17939915	55387	17884529	17470549
广　　东	30392835	326210	30066625	28076434
广　　西	7010907	42194	6968714	6736271
海　　南	1108649		1108649	1100849
重　　庆	14051726	20894	14030832	13764679
四　　川	29393430	153052	29240378	20607795
贵　　州	2665130	5463	2659666	2594482
云　　南	9298360	50838	9247522	8363722
西　　藏	759605	192	759413	729087
陕　　西	9255399	113674	9141725	8460475
甘　　肃	4372093	117666	4254426	4161081
青　　海	931915	26773	905142	885416
宁　　夏	1660456	4993	1655463	1622594
新　　疆	4549235	18924	4530311	4367898

2-B-4.27 各地区地方总承包和专业承包企业资产构成

单位：万元

地区	资产合计	#流动资产小计	#长期投资	#固定资产小计	#无形及递延资产
全国	**393647516**	**298922947**	**19919146**	**65406530**	**7677764**
北京	23430052	18653693	2303771	1963034	351523
天津	7606370	6037100	408476	1051119	79651
河北	11575428	8086094	471245	2643840	346791
山西	7394377	5640598	235497	1426026	66596
内蒙古	5291625	3716559	269822	1152611	130559
辽宁	15326302	11652003	466549	2859408	323627
吉林	4826906	3460791	124769	1140822	98930
黑龙江	7940994	5878407	166420	1775793	96756
上海	27804319	23512366	2252371	1698167	240907
江苏	51554394	41506970	1876349	7267999	759398
浙江	40867232	32447954	2386201	5352298	599803
安徽	10840072	7890911	326253	2288414	287172
福建	11867554	9290303	424306	1942309	191568
江西	5968362	3883315	301444	1552961	205354
山东	30440464	22420806	1434158	5736540	710913
河南	13288294	8815627	310495	3636660	444748
湖北	11418162	7374930	286765	3334571	333213
湖南	10291291	6875540	338360	2703156	340349
广东	32686873	26560675	1604450	3879757	454793
广西	5286984	3705466	495402	898374	168440
海南	814771	683860	11488	95894	21082
重庆	11136849	8311370	619361	1888597	243600
四川	16530993	11920022	1185288	2936824	364819
贵州	2947975	2217900	112163	521569	58476
云南	9392462	6593898	780395	1716271	262454
西藏	760912	422425	36405	266236	31505
陕西	5585803	3868617	195816	1255670	150324
甘肃	3802432	2475400	116189	1107631	82612
青海	1097318	694302	50756	303121	47697
宁夏	1890796	1384034	96701	365377	36878
新疆	3981152	2941012	231481	645481	147229

2-B-4.28　各地区地方总承包和专业承包企业流动资产、无形及递延资产

单位：万元

地　区	流动资产	#存货	无形及递延资产	#无形资产
全　国	**298922947**	**79699791**	**7677764**	**6480903**
北　京	18653693	5526024	351523	277917
天　津	6037100	1715551	79651	62144
河　北	8086094	2057317	346791	304594
山　西	5640598	1167449	66596	50196
内蒙古	3716559	578632	130559	114251
辽　宁	11652003	2225634	323627	267316
吉　林	3460791	393202	98930	92912
黑龙江	5878407	1095280	96756	81040
上　海	23512366	7006389	240907	175513
江　苏	41506970	12411660	759398	658967
浙　江	32447954	9925780	599803	532330
安　徽	7890911	1972391	287172	238296
福　建	9290303	3014520	191568	164427
江　西	3883315	855733	205354	168035
山　东	22420806	5828184	710913	622552
河　南	8815627	2321923	444748	390698
湖　北	7374930	2044074	333213	274324
湖　南	6875540	1375744	340349	281552
广　东	26560675	7144658	454793	363391
广　西	3705466	817732	168440	115691
海　南	683860	182812	21082	18738
重　庆	8311370	2542416	243600	217235
四　川	11920022	3138143	364819	304737
贵　州	2217900	457991	58476	51816
云　南	6593898	1514166	262454	230200
西　藏	422425	111167	31505	28993
陕　西	3868617	799479	150324	133042
甘　肃	2475400	589961	82612	48602
青　海	694302	103274	47697	41695
宁　夏	1384034	342175	36878	34062
新　疆	2941012	440331	147229	135640

2-B-4.29 各地区地方总承包和专业承包企业固定资产情况

单位：万元

地区	固定资产小计	固定资产原价	#生产经营用	固定资产折旧	#本年折旧	在建工程
全国	**65406530**	**83349009**	**62933848**	**27764813**	**5414350**	**6302832**
北京	1963034	2765513	2057939	1019005	171128	182999
天津	1051119	1382705	990600	467437	90562	110037
河北	2643840	3152058	2423083	1057918	174902	239018
山西	1426026	1962458	1464408	671895	112384	90196
内蒙古	1152611	1454388	1200359	447242	63553	94098
辽宁	2859408	3958312	3457396	1382145	256087	143048
吉林	1140822	1453474	1061299	492704	125445	82578
黑龙江	1775793	2345974	2041949	783169	185216	149830
上海	1698167	2585736	1814039	1119130	189518	167980
江苏	7267999	9615961	7812652	3463016	600091	728798
浙江	5352298	6761441	5421274	2147359	421904	604975
安徽	2288414	2759298	2040601	827246	174411	240955
福建	1942309	2462852	1803380	719571	159534	144886
江西	1552961	1707329	1022068	442941	128563	159821
山东	5736540	7070243	5148930	2297837	475686	572399
河南	3636660	4371882	3306063	1240710	300604	307498
湖北	3334571	3983481	2502010	1143846	207506	265494
湖南	2703156	3283140	2434763	1078744	219596	271262
广东	3879757	5461124	4099981	2151054	424500	373005
广西	898374	1092866	771211	322037	59865	68016
海南	95894	121221	91018	37034	5719	5725
重庆	1888597	2094402	1501146	704162	174014	381197
四川	2936824	3705135	2628952	1179454	207670	293493
贵州	521569	625459	417344	194007	24388	68284
云南	1716271	2239879	1685194	784316	128281	166288
西藏	266236	283577	181282	96289	14803	46883
陕西	1255670	1483083	1135626	400083	122876	126674
甘肃	1107631	1318383	975430	398851	77128	101810
青海	303121	400065	270856	147506	26964	35642
宁夏	365377	507300	429775	169944	32047	23705
新疆	645481	940272	743221	378162	59404	56238

2-B-4.30 各地区地方总承包和专业承包企业负债及所有者权益

单位：万元

地区	负债合计	流动负债	长期负债	所有者权益	#实收资本
全国	**245901188**	**234846934**	**11054254**	**147746148**	**101835312**
北京	16963619	16211889	751730	6466432	4477921
天津	5687809	5380471	307338	1918561	1701512
河北	6784893	6556896	227997	4790535	3507058
山西	4843086	4564591	278495	2551291	2072697
内蒙古	2992396	2757732	234664	2299049	1359739
辽宁	9428517	8996582	431934	5897785	4030519
吉林	2676680	2556147	120533	2150226	1654195
黑龙江	4692744	4431546	261198	3248250	2836013
上海	19695273	19104940	590333	8109046	5140614
江苏	32439202	31602705	836497	19115192	11183454
浙江	25640003	24975009	664994	15227229	9031374
安徽	6689920	6388024	301896	4150152	2958658
福建	7012057	6792724	219333	4855497	3496018
江西	3182987	2974090	208898	2785375	2078416
山东	19170249	18188896	981353	11270215	7851929
河南	6461599	6231648	229951	6826694	5131793
湖北	5853318	5464862	388456	5564844	4115605
湖南	5628343	4986241	642102	4662948	3296060
广东	22139192	20958119	1181073	10547681	6638302
广西	3294976	3116974	178001	1992008	1520380
海南	425345	421040	4305	389426	220215
重庆	6547837	5944520	603317	4589012	3361995
四川	9531420	9060903	470516	6999574	5044800
贵州	1992735	1877990	114745	955239	817549
云南	5636879	5301483	335396	3755583	2933418
西藏	317490	270239	47250	443422	287599
陕西	3447724	3297196	150529	2138079	1678361
甘肃	2319775	2176749	143026	1482657	1237825
青海	536415	500860	35555	560904	533742
宁夏	1186259	1141550	44708	704538	553971
新疆	2682447	2614317	68130	1298704	1083581

2-B-4.31 各地区地方总承包和专业承包企业实收资本

单位：万元

地区	合计	国家资本	集体资本	法人资本	个人资本	港澳台资本	外商资本
全国	**101835312**	**15898654**	**9736717**	**23542905**	**51473102**	**620657**	**563278**
北京	4477921	442943	341783	2001283	1537135	85426	69352
天津	1701512	381615	191521	514234	577509	24851	11783
河北	3507058	553126	304959	695282	1950138	2903	650
山西	2072697	595282	155718	365335	943838	9790	2734
内蒙古	1359739	193806	108020	298675	758125	460	654
辽宁	4030519	740287	444005	372744	2400696	14242	58546
吉林	1654195	158965	69534	650166	767358	2122	6050
黑龙江	2836013	601928	313263	593157	1304927	7360	15379
上海	5140614	807793	334334	1225925	2513741	144087	114735
江苏	11183454	923966	691056	2328641	7014509	89405	135877
浙江	9031374	382383	336359	1901910	6386181	20100	4442
安徽	2958658	633042	277653	744457	1285646	13341	4520
福建	3496018	392527	168840	535268	2342845	38027	18511
江西	2078416	589729	390317	419612	668664	8193	1902
山东	7851929	1001552	1202157	2246049	3345164	28366	28641
河南	5131793	692645	629544	1074417	2726474	4195	4518
湖北	4115605	808135	382217	1095939	1802351	24316	2646
湖南	3296060	827348	407347	726269	1314041	13656	7400
广东	6638302	1298800	874429	1897684	2454941	73880	38568
广西	1520380	527052	277921	212831	496109	3955	2512
海南	220215	41417	33995	60716	74088		10000
重庆	3361995	507599	191719	502817	2147487	1519	10853
四川	5044800	733374	425859	871197	3003823	4643	5904
贵州	817549	376192	96551	99811	244245	750	
云南	2933418	604720	330653	678591	1315371	2124	1960
西藏	287599	101204	46981	87316	52098		
陕西	1678361	316159	297550	429277	629278	1646	4450
甘肃	1237825	253008	247215	297114	439345	750	393
青海	533742	124739	52315	231234	124754	400	300
宁夏	553971	124064	29236	83042	317569	60	
新疆	1083581	163256	83670	301914	534652	90	

2-B-4.32　各地区地方总承包和专业承包企业收入情况

单位：万元

地　区	工程结算收入	工程结算成本	工程结算税金及附加	工程结算利润	经营费用	其他业务收入	#其他业务利润
全　国	**469491865**	**411465339**	**17370745**	**37291297**	**3364484**	**8062761**	**1616403**
北　京	18560342	16541192	574149	1323916	121086	559960	139422
天　津	6775208	6087744	196067	460870	30527	297321	35641
河　北	14675989	12890257	531079	1182500	72154	188305	33861
山　西	6883442	6063509	219614	538269	62050	94034	20934
内蒙古	6853501	5682235	306750	836133	28383	64150	27589
辽　宁	18436829	16199815	629212	1533332	74471	207486	54993
吉　林	6981611	6004341	271354	663535	42381	34658	10733
黑龙江	7809251	6254335	770400	745262	39254	298099	138513
上　海	26525482	23993730	762461	1682991	86299	372349	90888
江　苏	68233500	59195688	2433773	5874764	729274	1918397	208805
浙　江	68307778	61917975	2382185	3779647	227972	494674	108708
安　徽	13951273	12116754	503802	1177316	153401	234378	31398
福　建	16718937	14954856	642115	1050255	71711	131538	34389
江　西	8140747	6992735	381099	703594	63319	87154	22695
山　东	29547762	25142320	985763	3176513	243166	892788	91611
河　南	19319905	16599671	691819	1807990	220425	206713	48205
湖　北	15221820	13078595	558111	1391645	193469	123165	34690
湖　南	16024136	13681016	741204	1463417	138500	103211	35336
广　东	32385953	28547944	1200094	2434417	203499	796641	215424
广　西	6098736	5458479	243285	362776	34196	89829	19129
海　南	1121860	977571	38410	90404	15475	2041	1586
重　庆	13432504	11384980	537715	1440197	69611	108416	19486
四　川	18349639	16149236	684420	1343816	172167	195568	55558
贵　州	2464559	2208856	93637	150540	11527	55836	9760
云　南	7633613	6639156	266730	643504	84223	147269	43187
西　藏	606017	496901	21679	75980	11457	7557	3085
陕　西	7737017	6780970	298822	587775	69451	114944	27845
甘　肃	3947383	3362411	171213	357753	56006	77163	14912
青　海	840401	730703	35266	62994	11438	13172	3684
宁　夏	1645945	1491631	53198	95160	5955	30561	7769
新　疆	4260728	3839735	145322	254032	21640	115388	26572

2-B-4.33 各地区地方总承包和专业承包企业费用情况

单位：万元

地区	管理费用	#税金	#财产保险费	#差旅费	#工会金费	财务费用	#利息支出
全国	**16862918**	**1032671**	**143094**	**1025780**	**294676**	**2609248**	**1911289**
北京	1007453	18593	6589	43227	5747	133059	123779
天津	338183	11723	1260	9114	2682	45418	38860
河北	512089	32939	2952	20613	11644	59601	37850
山西	372334	15325	1853	21827	4827	53559	31759
内蒙古	250180	25902	1258	9031	3765	47924	37114
辽宁	745242	41986	4897	31933	16064	77977	46454
吉林	236896	23096	3366	11934	2742	32675	19419
黑龙江	392947	29733	1360	17943	6535	22395	12723
上海	989311	22009	3452	36670	6042	63071	59781
江苏	2403283	126791	27587	165093	49121	389493	267807
浙江	1473746	80973	13337	108794	25090	418301	392653
安徽	552740	48726	3801	31369	11089	72874	49425
福建	491704	26780	2322	28706	5961	49632	35269
江西	263725	25211	1352	16558	3864	65552	22593
山东	1158674	90706	14569	65131	24256	259415	196437
河南	758637	64792	7402	66439	21049	99258	55053
湖北	624636	50525	4793	40919	12583	87707	48614
湖南	495710	45607	10389	32182	17415	87807	43994
广东	1250973	68886	8141	61146	14914	122637	88303
广西	234510	10070	881	10828	2398	20329	14473
海南	27650	1015	79	1804	227	313	233
重庆	428016	45632	3607	35474	14341	90437	66417
四川	709151	45780	6183	85281	11951	118566	76712
贵州	100479	5612	500	6108	1638	17850	15779
云南	332688	17877	2886	19080	4637	55756	41522
西藏	26867	3624	390	2425	168	6267	3847
陕西	223609	24167	3284	14639	6763	42245	30506
甘肃	181469	19229	2990	18407	3256	33590	24931
青海	40634	1386	250	1772	342	5333	2891
宁夏	61340	2599	299	3444	1057	11944	9329
新疆	178043	5377	1069	7890	2507	18263	16764

2-B-4.34　各地区地方总承包和专业承包企业利润及税金情况

单位：万元

地　区	利润总额	#应交所得税	税金总额	工程结算税金及附加	管理费用中的税金
全　国	**19026769**	**3861126**	**18403416**	**17370745**	**1032671**
北　京	329889	78868	592742	574149	18593
天　津	138894	33960	207790	196067	11723
河　北	600195	123548	564018	531079	32939
山　西	131220	38495	234939	219614	15325
内蒙古	524819	95575	332651	306750	25902
辽　宁	784170	203892	671197	629212	41986
吉　林	391517	63919	294450	271354	23096
黑龙江	350876	80912	800133	770400	29733
上　海	848960	194828	784470	762461	22009
江　苏	3438240	694636	2560564	2433773	126791
浙　江	2117331	486528	2463158	2382185	80973
安　徽	576422	98097	552528	503802	48726
福　建	505753	145647	668895	642115	26780
江　西	370314	59838	406310	381099	25211
山　东	1687168	329725	1076469	985763	90706
河　南	833426	169935	756611	691819	64792
湖　北	643838	123784	608636	558111	50525
湖　南	968126	115315	786811	741204	45607
广　东	1235334	273167	1268980	1200094	68886
广　西	138300	34621	253355	243285	10070
海　南	55768	4911	39425	38410	1015
重　庆	848194	123909	583347	537715	45632
四　川	587311	116185	730200	684420	45780
贵　州	41878	11473	99249	93637	5612
云　南	258729	47449	284607	266730	17877
西　藏	45873	5351	25303	21679	3624
陕　西	276465	38596	322989	298822	24167
甘　肃	145521	31918	190442	171213	19229
青　海	21070	4384	36652	35266	1386
宁　夏	30060	7634	55797	53198	2599
新　疆	101108	24026	150699	145322	5377

C.总承包企业

2-C-1 各地区总承包建筑业企业签订合同情况

单位：万元

地 区	合同总额	上年结转合同额	本年新签合同额
全 国	**251410015**	**102598738**	**148811277**
北 京	14483317	6686699	7796618
天 津	9896421	3466174	6430247
河 北	6906129	2487825	4418304
山 西	6527329	2741264	3786065
内蒙古	1471661	519438	952224
辽 宁	10823221	4032753	6790468
吉 林	2135957	666883	1469073
黑龙江	5593632	1812736	3780896
上 海	11203835	4420825	6783010
江 苏	7269258	2390904	4878354
浙 江	4330578	1858610	2471968
安 徽	11959549	5246874	6712675
福 建	5334659	2098143	3236516
江 西	5627453	2152552	3474902
山 东	10859800	4511787	6348013
河 南	8136943	2402956	5733987
湖 北	20775220	10877229	9897991
湖 南	20857381	7287328	13570053
广 东	21565530	9998569	11566961
广 西	6930949	2925221	4005728
海 南	1464303	509994	954309
重 庆	5392982	1963959	3429023
四 川	16531688	6563447	9968241
贵 州	6107471	2815205	3292266
云 南	4300490	1840308	2460182
西 藏	173574	35546	138027
陕 西	16405989	7003472	9402518
甘 肃	1631888	659152	972736
青 海	2013288	965338	1047950
宁 夏	1072486	311979	760507
新 疆	3627033	1345565	2281467

2-C-2　各地区总承包建筑业企业承包工程完成情况

单位：万元

地　区	直接从建设单位承揽工程完成的产值	自行完成施工产值	分包出去工程的产值	从建设单位以外承揽工程完成的产值
全　国	**123186395**	**117501984**	**5684410**	**4814590**
北　京	6515894	5922722	593172	611519
天　津	4937932	4601200	336732	287975
河　北	4437640	4409779	27861	77127
山　西	3891041	3834178	56863	79182
内蒙古	959578	959578		64096
辽　宁	5569920	5491338	78582	63385
吉　林	1291072	1263481	27591	15419
黑龙江	4437484	4372776	64708	18519
上　海	5770354	4699198	1071155	737097
江　苏	4753798	4419950	333848	288868
浙　江	2315886	2048829	267057	112463
安　徽	5797909	5662788	135121	95392
福　建	2798919	2750464	48455	69659
江　西	3304836	3277804	27032	14541
山　东	6587430	6422322	165108	174899
河　南	4926696	4878350	48346	176594
湖　北	6837851	6802929	34922	278695
湖　南	7280856	7203721	77135	165335
广　东	8924231	7364112	1560120	752809
广　西	3328296	3314200	14096	203135
海　南	616096	615550	546	1546
重　庆	2551015	2302380	248635	115943
四　川	7720581	7535644	184937	195180
贵　州	2945414	2937009	8405	22004
云　南	2280946	2268656	12290	6766
西　藏	131037	131037		
陕　西	7772122	7709162	62960	77103
甘　肃	1048729	954814	93915	25775
青　海	866743	833193	33550	23386
宁　夏	694347	694347		1249
新　疆	1891744	1820474	71270	58930

2-C-3 各地区总承包企业建筑业总产值和竣工产值

单位：万元

地区	建筑业总产值	#装饰装修产值	#在外省完成的产值	按构成分组			竣工产值
				建筑工程产值	安装工程产值	其他产值	
全国	**122316574**	**3514747**	**43506878**	**102441278**	**16428751**	**3446545**	**63831511**
北京	6534241	1078243	3657126	6130704	317745	85793	3565633
天津	4889174	43589	2415870	4165361	493248	230566	2389881
河北	4486906	48584	1452331	3409662	805704	271541	3004255
山西	3913360	96646	1054914	3257356	536727	119278	1761222
内蒙古	1023674	7647	277337	905220	45250	73204	504588
辽宁	5554723	50631	1346228	4454592	1041389	58743	3436376
吉林	1278900	182	383369	1004679	239106	35115	710963
黑龙江	4391294	35299	908823	2989456	1357190	44649	2176656
上海	5436296	226432	2460812	4264258	813989	358049	2713251
江苏	4708819	40310	1622229	3996016	676090	36713	3198448
浙江	2161292	44864	593285	1544869	509812	106612	1427413
安徽	5758180	117455	2158787	5192538	428013	137629	2481921
福建	2820123	54490	677546	2478640	279098	62385	1489827
江西	3292346	153880	1322265	2780003	366424	145918	1973334
山东	6597221	65324	2235893	4938965	1477571	180684	3613008
河南	5054943	107758	2113171	3888946	1081338	84660	2529365
湖北	7081624	48992	3866555	5940750	767551	373323	2909986
湖南	7369056	191407	3802081	6247995	881172	239889	4339138
广东	8116920	616133	1567695	7203937	792367	120616	4801299
广西	3517335	50818	484341	2997719	432227	87390	2082241
海南	617097	25584	18172	599534	16995	567	317829
重庆	2418323	61337	485833	2058443	255850	104030	1191413
四川	7730824	130416	2588635	6706705	894112	130008	3875066
贵州	2959013	9415	976896	2561276	345867	51870	1162585
云南	2275422	4837	307868	1952414	297008	26000	1092348
西藏	131037	1445		125258	817	4962	105144
陕西	7786264	152165	3688615	7116206	533513	136546	2388529
甘肃	980589	36858	209820	626385	326937	27267	615262
青海	856579	620	400858	643088	124899	88592	303256
宁夏	695596	771	109974	600429	89827	5340	445968
新疆	1879404	12617	319549	1659878	200917	18610	1225307

2-C-4　各地区总承包建筑业企业房屋建筑面积

地　区	房屋建筑施工面积(万平方米)	#本年新开工	#实行投标承包面积	#本年新开工	房屋建筑竣工面积(万平方米)	房屋建筑面积竣工率(%)
全　国	**518804.9**	**264434.4**	**431598.2**	**228401.3**	**217804.7**	**42.0**
北　京	19219.3	6711.4	17686.6	6199.1	4750.9	24.7
天　津	5764.3	2590.5	5287.3	2389.6	1518.5	26.3
河　北	15480.9	8699.4	13641.1	8020.7	6812.1	44.0
山　西	5506.2	2694.3	4838.3	2402.1	2261.1	41.1
内蒙古	5253.0	3690.5	4657.7	3443.5	3221.7	61.3
辽　宁	14197.4	8492.0	12733.8	7866.2	6485.9	45.7
吉　林	5089.6	3923.2	4439.3	3617.0	3155.3	62.0
黑龙江	5420.0	4078.3	4052.1	3178.4	2398.6	44.3
上　海	17588.3	6986.7	15042.4	5951.6	5478.4	31.1
江　苏	89497.0	46152.9	79611.3	40689.0	40332.7	45.1
浙　江	91662.1	44188.1	77901.7	39244.9	36709.7	40.0
安　徽	16237.0	9242.6	13505.3	7971.2	7608.7	46.9
福　建	19624.8	8405.9	16248.9	7017.6	7385.5	37.6
江　西	10299.3	5576.8	8167.8	4871.1	4956.9	48.1
山　东	32657.6	19064.7	27209.8	16833.2	14832.3	45.4
河　南	21469.6	12816.1	18551.6	11435.5	10151.1	47.3
湖　北	17382.7	10050.2	13417.8	8189.3	8646.8	49.7
湖　南	21275.5	10394.1	18351.6	9183.9	8965.4	42.1
广　东	29663.1	11858.9	17520.0	7627.4	10681.4	36.0
广　西	8451.1	3464.2	6746.7	2809.5	3111.7	36.8
海　南	940.1	493.4	799.8	430.5	332.6	35.4
重　庆	14671.9	7569.2	9898.7	5932.7	6236.7	42.5
四　川	22893.0	11809.5	17212.2	9447.4	9371.2	40.9
贵　州	4218.5	1696.6	3740.4	1488.7	1208.6	28.6
云　南	6536.4	3649.5	4945.7	3006.3	3257.2	49.8
西　藏	235.3	192.9	145.2	122.9	125.4	53.3
陕　西	7606.1	3643.1	6509.5	3281.0	2956.8	38.9
甘　肃	3717.2	2196.4	2980.9	1873.3	1802.1	48.5
青　海	392.6	261.6	268.7	187.8	182.0	46.4
宁　夏	1671.4	1015.3	1551.5	940.5	738.9	44.2
新　疆	4183.6	2826.4	3934.6	2749.3	2128.5	50.9

2-C-5 各地区按主要用途分的总承包建筑业企业房屋建筑竣工面积

单位：万平方米

地区	合计	厂房、仓库	住宅	办公用房	批发和零售用房	住宿和餐饮用房
全国	**217804.7**	**39173.0**	**131584.4**	**16729.9**	**4525.2**	**3404.3**
北京	4750.9	487.2	2235.3	918.7	155.2	206.3
天津	1518.5	473.0	648.0	141.0	14.0	11.9
河北	6812.1	943.9	4617.7	442.5	113.9	56.9
山西	2261.1	155.4	1603.7	192.8	19.0	43.9
内蒙古	3221.7	140.4	2389.6	267.3	60.6	27.6
辽宁	6485.9	907.3	4708.7	286.9	85.6	61.0
吉林	3155.3	246.5	2380.9	102.4	85.2	15.6
黑龙江	2398.6	230.8	1630.5	134.6	35.3	17.0
上海	5478.4	1740.8	2472.5	366.3	108.3	106.9
江苏	40332.7	7759.5	25053.0	2927.4	842.6	599.4
浙江	36709.7	11082.1	17184.3	3334.5	1166.0	738.1
安徽	7608.7	1068.2	4853.1	600.6	95.8	75.9
福建	7385.5	1754.8	4328.5	528.6	116.4	83.6
江西	4956.9	543.1	3299.4	392.8	76.6	69.8
山东	14832.3	2519.0	9507.2	988.0	306.2	222.9
河南	10151.1	1087.2	6754.4	916.9	114.7	119.9
湖北	8646.8	1331.3	5256.1	645.2	196.2	102.5
湖南	8965.4	1058.0	5649.5	807.1	218.3	175.7
广东	10681.4	2738.6	5745.9	666.0	109.7	190.4
广西	3111.7	307.8	1977.4	285.9	40.3	26.8
海南	332.6	16.1	199.8	19.5	16.4	13.4
重庆	6236.7	598.7	4711.5	214.5	97.8	46.7
四川	9371.2	890.5	6497.5	472.8	192.4	184.3
贵州	1208.6	96.0	760.2	119.8	14.8	16.3
云南	3257.2	248.4	2039.9	281.3	73.9	64.1
西藏	125.4	10.0	65.1	22.2	0.7	2.0
陕西	2956.8	318.3	1957.7	266.0	47.7	37.5
甘肃	1802.1	181.8	1126.8	148.3	29.4	35.5
青海	182.0	8.7	113.1	25.1	1.2	1.1
宁夏	738.9	79.6	402.3	40.6	45.8	11.4
新疆	2128.5	150.2	1414.7	174.3	45.3	39.9

2-C-5　续表

单位：万平方米

地　区	居民服务业用房	教育用房	文化、体育和娱乐用房	卫生医疗用房	科研用房	其他用房
全　国	**2556.4**	**7877.1**	**2396.6**	**2010.3**	**682.6**	**6864.9**
北　京	56.0	152.9	200.8	119.7	45.2	173.6
天　津	25.4	71.8	9.0	8.8	10.8	104.8
河　北	67.0	260.3	57.8	46.6	10.7	194.9
山　西	29.1	91.7	28.2	20.7	7.4	69.2
内蒙古	33.5	107.3	27.8	44.3		123.2
辽　宁	51.2	143.0	26.3	36.8	9.4	169.7
吉　林	33.2	74.9	59.8	47.0	26.9	83.0
黑龙江	43.3	74.9	31.4	21.6	1.3	178.0
上　海	128.1	159.8	82.2	39.6	11.5	262.5
江　苏	459.0	1035.2	421.4	311.9	168.9	754.3
浙　江	395.2	938.7	394.9	222.3	164.8	1088.8
安　徽	71.4	504.1	34.1	95.7	5.8	204.0
福　建	57.9	240.5	69.7	48.5	15.4	141.7
江　西	58.2	225.4	49.8	30.7	5.7	205.4
山　东	207.0	393.3	98.3	94.5	23.1	472.7
河　南	114.4	481.6	76.3	154.6	25.8	305.3
湖　北	125.3	456.1	119.0	127.0	24.3	264.0
湖　南	117.1	387.0	77.8	98.1	21.3	355.4
广　东	156.9	471.4	173.7	91.7	28.6	308.4
广　西	19.0	176.5	41.8	53.0	12.1	171.3
海　南	1.6	39.7	2.4	8.1		15.6
重　庆	107.6	217.8	25.1	42.0	5.0	169.9
四　川	82.5	362.0	78.1	84.9	36.3	489.8
贵　州	6.4	112.3	24.7	26.4		31.7
云　南	25.6	223.6	57.0	44.7	6.2	192.7
西　藏	1.1	11.6	0.3	1.7	0.2	10.6
陕　西	34.9	177.1	41.2	29.6	3.2	43.5
甘　肃	16.7	96.7	17.7	22.8	1.1	125.4
青　海	2.0	17.3	1.0	4.1	0.3	8.0
宁　夏	3.9	48.3	33.7	5.2	0.3	67.8
新　疆	25.9	124.3	35.3	27.7	10.9	80.1

2-C-6 各地区按主要用途分的总承包建筑业企业房屋建筑竣工价值

单位：万元

地区	合计	厂房、仓库	住宅	办公用房	批发和零售用房	住宿和餐饮用房
全国	**22165089**	**3961516**	**11396784**	**2149412**	**311748**	**599980**
北京	2551444	208061	769010	428858	52846	179236
天津	389164	127100	152394	34698		2625
河北	747503	298915	256647	77756	2882	7497
山西	810938	119464	466544	65330	8961	20741
内蒙古	109947	46814	47770	1702		5100
辽宁	491435	77419	338835	27881	2788	4265
吉林	178388	42717	115814	4442		3908
黑龙江	383185	53591	219516	25416	3027	6723
上海	760920	399375	148629	7600	1470	27241
江苏	818406	238422	409439	82375	5521	14380
浙江	258812	34229	144625	44225	9064	
安徽	934682	123382	536347	122883	9439	5715
福建	797421	100341	510871	31197	11220	13075
江西	648346	83511	371101	61348	5445	10926
山东	684155	194042	311526	80948	18973	4631
河南	389286	78845	211712	36328	1179	7033
湖北	695930	172251	347700	55477	19616	24282
湖南	1794264	291203	1008685	158067	35446	70517
广东	2634573	467181	1476509	203245	27076	50907
广西	964886	117951	582787	113277	9767	3923
海南	208236	10522	117885	14552	400	11032
重庆	509795	63592	371601	26113	977	4441
四川	1779632	197303	1058096	110727	46578	74567
贵州	541226	99261	309579	60521	2050	9169
云南	417559	34682	288166	34608	10497	7958
西藏	9113	353	2411	4357		552
陕西	857869	161319	457241	125820	13396	8237
甘肃	228902	41101	110505	47771	2601	15894
青海	33650	970	22917	1978		
宁夏	194467	22594	47810	14420	7853	1716
新疆	340957	55006	184117	45492	2680	3692

2-C-6　续表

单位：万元

地　区	居民服务业用房	教育用房	文化、体育和娱乐用房	卫生医疗用房	科研用房	其他用房
全　国	**302043**	**925851**	**1062215**	**424739**	**197904**	**832896**
北　京	74929	31990	568555	85704	67820	84435
天　津		19698		8570		44079
河　北	7986	24831	43150	6234	563	21043
山　西	4280	34201	39827	14519	4219	32852
内 蒙 古		2888	514			5159
辽　宁	10666	15519	4452	4070		5540
吉　林		4180			6325	1003
黑 龙 江	7678	19760	5335	3657	201	38282
上　海	25998	75564	41888	5833	3680	23643
江　苏	5405	20878	15924	289	1950	23824
浙　江	4500	306	9380	6802		5682
安　徽	5007	57373	19295	30517	1140	23584
福　建	8072	56546	12312	26431	2641	24716
江　西	6883	52051	8178	7505	4636	36764
山　东	6867	12624	6427	17743	3211	27163
河　南	4282	36767	995	4274	2590	5281
湖　北	6960	22710	17057	12242	965	16670
湖　南	50821	40887	36289	50781	27135	24434
广　东	31763	120160	97883	45000	16221	98631
广　西	332	32730	19132	46742	21270	16976
海　南	940	39855	742	5558		6750
重　庆	14829	14827	940	2477		9999
四　川	4227	70498	27808	8252	28143	153435
贵　州	527	27369	17531	9446		5774
云　南	3471	15842	4195	3806	1379	12956
西　藏	230	927				284
陕　西	8072	24621	40088	2664	1851	14561
甘　肃	1528	3470	252	2806	334	2641
青　海		3897			931	2958
宁　夏	1717	21921	17168	1452		57816
新　疆	4076	20964	6899	11368	700	5963

2-C-7 各地区总承包建筑业企业机械设备情况

地区	年末自有施工机械设备总台数(台)	年末自有施工机械设备总功率(千瓦)	年末自有施工机械设备净值(万元)	技术装备率(元/人)	动力装备率(千瓦/人)
全国	**7957397**	**158961577**	**28277335**	**9672**	**5.4**
北京	115971	4168681	635322	20120	13.2
天津	63292	2146230	804991	29130	7.8
河北	416075	6903231	1132222	10918	6.7
山西	185243	3966363	778960	15102	7.7
内蒙古	111390	2242761	389792	9789	5.6
辽宁	270560	6532576	1294313	14935	7.5
吉林	181591	2362151	343927	10770	7.4
黑龙江	144139	3391895	715328	17339	8.2
上海	119378	2925837	937294	14192	4.4
江苏	1001537	22709865	3208056	7610	5.4
浙江	717247	11725507	2578649	6485	2.9
安徽	337946	5064366	965822	7911	4.1
福建	192564	3860982	772635	7131	3.6
江西	145081	2053124	416516	6963	3.4
山东	623377	10768022	1926464	8212	4.6
河南	570790	9866220	1718940	9879	5.7
湖北	423604	7945502	1695139	14788	6.9
湖南	393280	6321229	1113547	8677	4.9
广东	486993	7880531	1571988	11314	5.7
广西	183075	2732462	406170	9405	6.3
海南	15959	334418	40677	5364	4.4
重庆	174762	3094943	692637	7325	3.3
四川	348282	6020580	1270353	7444	3.5
贵州	59408	1241213	223694	7778	4.3
云南	158868	2837448	632119	10726	4.8
西藏	9974	506459	77970	19008	12.3
陕西	198706	4434960	849462	12709	6.6
甘肃	148682	11221113	441243	11245	28.6
青海	32685	888314	160209	23554	13.1
宁夏	33727	740287	128426	24158	13.9
新疆	93211	2074307	354473	20233	11.8

2-C-8　各地区总承包建筑业企业营业额

单位：万元

地　区	企业营业额	在境外完成的营业额	企业总产值	#建筑业总产值
全　国	**137565230**	**6430034**	**131135196**	**122316574**
北　京	10675335	1917623	8757712	6534241
天　津	5090359	32407	5057952	4889174
河　北	4685527	86747	4598781	4486906
山　西	4072366	40379	4031988	3913360
内蒙古	1095427		1095427	1023674
辽　宁	5673742	26098	5647644	5554723
吉　林	1326591	28936	1297656	1278900
黑龙江	5046453	327189	4719264	4391294
上　海	6956657	370893	6585764	5436296
江　苏	5005512	154628	4850883	4708819
浙　江	2516937	111479	2405458	2161292
安　徽	6289397	406488	5882909	5758180
福　建	2927060	89256	2837805	2820123
江　西	3560957	95592	3465364	3292346
山　东	7145953	54432	7091521	6597221
河　南	5403933	215449	5188484	5054943
湖　北	8599652	519864	8079788	7081624
湖　南	7683334	176513	7506821	7369056
广　东	8588003	30975	8557028	8116920
广　西	4159271	283929	3875343	3517335
海　南	617097		617097	617097
重　庆	2450403	9251	2441153	2418323
四　川	8495971	398602	8097369	7730824
贵　州	3061615	20482	3041133	2959013
云　南	2574358	119030	2455328	2275422
西　藏	131295		131295	131037
陕　西	8814017	652658	8161360	7786264
甘　肃	1139258	68015	1071243	980589
青　海	1056623	142563	914060	856579
宁　夏	704704		704704	695596
新　疆	2017424	50558	1966867	1879404

2-C-9 各地区总承包建筑业企业资产构成

单位：万元

地　区	资产合计	#流动资产小计	#长期投资	#固定资产小计	#无形及递延资产
全　国	**438134874**	**329135418**	**31540469**	**64217039**	**10084896**
北　京	49305657	33065944	12717116	2478711	553946
天　津	11824906	9028094	808020	1562915	235802
河　北	14175749	10378704	524093	2832765	392229
山　西	11641950	9461308	484709	1485871	152402
内蒙古	5596148	3980950	267578	1145065	185016
辽　宁	15090890	11612548	451016	2588337	378312
吉　林	5626971	4019503	215270	1115869	263667
黑龙江	9015927	6882411	157273	1722827	240835
上　海	31778164	25878325	2853651	2204198	418032
江　苏	43576642	35435265	1545554	5793734	652372
浙　江	35804641	28416823	2091168	4687386	530774
安　徽	11644062	8800169	371172	2049587	336808
福　建	10154442	7949330	334785	1653054	184853
江　西	5955735	3972398	278397	1467732	211416
山　东	29812051	22441917	1346174	5183767	726689
河　南	16045446	11217154	387086	3653261	587149
湖　北	19575616	13627713	449867	3913475	1259740
湖　南	11398774	7831613	386504	2722215	405506
广　东	29931377	23893399	1815740	3565186	440876
广　西	5514757	3875198	477263	946949	191581
海　南	689055	582496	8151	86517	10112
重　庆	10002145	7549035	521569	1639767	228830
四　川	17146385	12497448	1249090	2824213	429324
贵　州	3686502	2852055	138160	571525	85219
云　南	8599674	6026614	661543	1590707	286453
西　藏	634288	340518	15922	242002	31505
陕　西	11890403	9049053	473563	1902451	265032
甘　肃	3800620	2497692	101953	1082228	100535
青　海	1576682	1047494	110365	360569	54800
宁　夏	1765279	1326865	83709	314716	36825
新　疆	4873936	3597381	214010	829441	208260

2-C-10　各地区总承包建筑业企业流动资产、无形及递延资产

单位：万元

地　区	流动资产		无形及递延资产	
		#存货		#无形资产
全　国	**329135418**	**89074112**	**10084896**	**8180410**
北　京	33065944	7446930	553946	425224
天　津	9028094	2760742	235802	173938
河　北	10378704	2946469	392229	328555
山　西	9461308	1642692	152402	95214
内蒙古	3980950	675189	185016	167158
辽　宁	11612548	2831153	378312	308832
吉　林	4019503	852974	263667	255141
黑龙江	6882411	1465099	240835	226639
上　海	25878325	7743786	418032	310238
江　苏	35435265	10738568	652372	579450
浙　江	28416823	8698148	530774	467471
安　徽	8800169	2335707	336808	273472
福　建	7949330	2599081	184853	159376
江　西	3972398	958348	211416	170873
山　东	22441917	5983382	726689	615232
河　南	11217154	3132293	587149	505168
湖　北	13627713	4457919	1259740	866300
湖　南	7831613	1765287	405506	316951
广　东	23893399	6663269	440876	341800
广　西	3875198	982149	191581	138166
海　南	582496	156568	10112	8313
重　庆	7549035	2341729	228830	208864
四　川	12497448	3404682	429324	342091
贵　州	2852055	647216	85219	68990
云　南	6026614	1390501	286453	245729
西　藏	340518	88755	31505	28993
陕　西	9049053	2619902	265032	210196
甘　肃	2497692	619856	100535	65037
青　海	1047494	218735	54800	48518
宁　夏	1326865	334282	36825	33321
新　疆	3597381	572706	208260	195163

2-C-11 各地区总承包建筑业企业固定资产情况

单位：万元

地区	固定资产小计	固定资产原价	#生产经营用	固定资产折旧	#本年折旧	在建工程
全国	**64217039**	**84807621**	**66608986**	**29848163**	**5899349**	**6154384**
北京	2478711	3519793	2822362	1308587	260202	232802
天津	1562915	2208939	1923557	857161	196361	191744
河北	2832765	3508247	2760575	1250793	203622	280723
山西	1485871	2150311	1747818	782224	151214	78827
内蒙古	1145065	1452449	1221263	449922	62876	92573
辽宁	2588337	3818805	3388472	1458058	277463	131986
吉林	1115869	1502829	1093407	536082	123673	71267
黑龙江	1722827	2377574	2096280	870234	214317	139175
上海	2204198	3476568	2881681	1596767	236746	251523
江苏	5793734	7807931	6433748	2866325	484519	566680
浙江	4687386	5963266	4886558	1909522	370706	512205
安徽	2049587	2531211	1971172	794001	166904	210647
福建	1653054	2128620	1560708	606608	134156	101851
江西	1467732	1668434	1023571	473023	128095	148556
山东	5183767	6564779	4960578	2256280	449032	530834
河南	3653261	4680187	3722622	1496074	378726	328444
湖北	3913475	5043415	3575388	1685260	310273	357412
湖南	2722215	3357509	2528568	1137959	261627	264196
广东	3565186	5006192	3956122	2012666	390002	356366
广西	946949	1205378	904623	380490	69308	67745
海南	86517	108976	75704	32722	5137	5195
重庆	1639767	1824398	1341260	643570	159350	356943
四川	2824213	3742463	2758163	1261450	214781	248110
贵州	571525	729008	490936	255942	30638	68184
云南	1590707	2090079	1608864	733017	126020	172494
西藏	242002	256351	176833	77346	12276	45675
陕西	1902451	2621323	2023236	889732	264362	121341
甘肃	1082228	1302354	995968	403262	81024	99109
青海	360569	477611	291403	183531	30812	49368
宁夏	314716	438607	376621	143892	25140	16598
新疆	829441	1244016	1010925	495663	79990	55812

2-C-12　各地区总承包建筑业企业负债及所有者权益

单位：万元

地　区	负债合计	流动负债	长期负债	所有者权益	#实收资本
全　国	**293680013**	**277212147**	**16467866**	**144454861**	**95356164**
北　京	31495240	29015211	2480029	17810417	9235080
天　津	9597342	9013400	583942	2227564	1925687
河　北	9678013	9324738	353276	4497736	3278729
山　西	9193960	8766609	427351	2447989	1897690
内蒙古	3347395	3064558	282837	2248753	1337386
辽　宁	10248302	9747775	500527	4842588	3294943
吉　林	3639941	3314356	325584	1987031	1414219
黑龙江	6317320	5599785	717535	2698607	2577067
上　海	23729664	22910915	818749	8048500	5038578
江　苏	28252352	27492575	759777	15324290	8595863
浙　江	22537312	21919063	618249	13267329	7697229
安　徽	8021896	7686983	334913	3622166	2522040
福　建	6277663	6068317	209347	3876779	2759871
江　西	3409030	3192247	216783	2546705	1876569
山　东	19967425	18914489	1052936	9844626	6853694
河　南	9832172	9443509	388663	6213274	4682734
湖　北	13605938	11867085	1738853	5969678	3996144
湖　南	6894857	6212844	682013	4503917	3073608
广　东	21063667	19782302	1281365	8867710	5635976
广　西	3627527	3436326	191202	1887230	1432041
海　南	351378	347164	4213	337678	180616
重　庆	6126835	5550907	575928	3875310	2769663
四　川	10946991	10423726	523265	6199395	4420595
贵　州	2653180	2508243	144937	1033322	812973
云　南	5332158	4963089	369069	3267517	2500345
西　藏	258751	213632	45119	375537	256735
陕　西	9161497	8798764	362733	2728906	2084950
甘　肃	2438017	2282294	155723	1362603	1123368
青　海	1028393	866030	162362	548289	487891
宁　夏	1204819	1170552	34266	560460	450942
新　疆	3440980	3314659	126321	1432956	1142939

2-C-13 各地区总承包建筑业企业实收资本

单位：万元

地区	合计	国家资本	集体资本	法人资本	个人资本	港澳台资本	外商资本
全国	**95356164**	**21849841**	**8247901**	**25368305**	**39255333**	**322368**	**312415**
北京	9235080	1240449	264691	6880851	754501	49851	44737
天津	1925687	771095	145744	763713	242662		2474
河北	3278729	694905	281222	656676	1645226	700	
山西	1897690	923899	142323	253282	574160	3631	395
内蒙古	1337386	248757	91121	279260	717134	460	654
辽宁	3294943	975530	318448	386563	1583014	2100	29288
吉林	1414219	263869	53769	554503	536078		6000
黑龙江	2577067	820334	265926	481036	990740	4920	14112
上海	5038578	1161904	267802	1631560	1810582	91497	75233
江苏	8595863	847489	558293	1826960	5247930	36798	78393
浙江	7697229	391211	276533	1584145	5439694	5123	522
安徽	2522040	712391	216416	614599	966619	11903	112
福建	2759871	387590	129220	412635	1806889	12072	11466
江西	1876569	596598	367248	335863	570466	6116	279
山东	6853694	1385489	1028611	1748627	2663734	16480	10754
河南	4682734	1290191	523246	860279	2005605	2420	993
湖北	3996144	1474135	315105	856820	1340199	7850	2035
湖南	3073608	893521	373445	636510	1163434	5698	1000
广东	5635976	1810870	739703	1393540	1609360	56806	25696
广西	1432041	615516	265491	168337	377184	3000	2512
海南	180616	42814	33995	46188	57620		
重庆	2769663	460559	164548	392034	1751978	44	500
四川	4420595	951956	354946	681161	2432482		50
贵州	812973	442249	93538	86849	190337		
云南	2500345	601386	296432	555015	1045519	35	1960
西藏	256735	79847	46481	79231	51176		
陕西	2084950	814539	275140	442189	545818	4015	3250
甘肃	1123368	275564	212087	252517	382750	450	
青海	487891	172214	46695	172533	96050	400	
宁夏	450942	111735	28667	82986	227554		
新疆	1142939	391234	71016	251847	428842		

2-C-14　各地区总承包建筑业企业收入情况

单位：万元

地　区	工程结算收　入	工程结算成本	工程结算税金及附加	工程结算利润	经营费用	其他业务收　入	#其他业务利润
全　国	**519744338**	**462113951**	**18863924**	**36125028**	**2641435**	**7690602**	**1452834**
北　京	31311459	28686485	923735	1658750	42489	565006	153513
天　津	12534444	11407257	366993	749701	10494	265885	14745
河　北	17621741	15723638	620514	1213070	64520	304305	49039
山　西	12480438	11369839	362821	706768	41009	111125	23305
内蒙古	7257859	6079369	320402	830954	27135	116727	32327
辽　宁	19775730	17696955	696548	1343216	39010	146698	38261
吉　林	7805580	6855317	300706	617328	32228	53930	11870
黑龙江	9630792	7782189	985914	831195	31494	257207	168074
上　海	31384774	28611298	916240	1799325	57911	341009	67162
江　苏	60680915	53121869	2171214	4817119	570713	1553615	148974
浙　江	63296716	57667981	2230935	3217040	180760	373959	81789
安　徽	15739770	13994496	546660	1081499	117115	165935	24890
福　建	15230727	13799057	588003	798256	45411	87710	22212
江　西	8432891	7320804	392301	662280	57508	83971	19558
山　东	30437927	26370472	1007409	2873658	186388	864680	71847
河　南	23428394	20665760	814506	1774198	173929	282075	51223
湖　北	23214879	20372936	789899	1842596	209448	384208	62705
湖　南	18389852	15911550	797140	1562012	119150	122257	30363
广　东	29474436	26369101	1017539	1958392	129404	527866	149185
广　西	6531524	5882660	253479	366899	28487	86838	17669
海　南	1032677	902457	35677	80643	13900	1711	1109
重　庆	12966784	11074980	508432	1306286	77087	92385	14930
四　川	20496208	18251386	737353	1352939	154531	283284	66909
贵　州	3676142	3324459	131101	209154	11429	83127	17197
云　南	7602696	6650397	261805	619579	70915	113825	31903
西　藏	522721	423011	19112	69225	11372	7207	2790
陕　西	15960059	14333857	610252	951962	63988	137346	34606
甘　肃	4087529	3547054	167285	331218	41971	83497	13048
青　海	1402066	1224701	54212	110897	12256	31243	109
宁　夏	1695791	1558717	55011	78028	4035	24848	4005
新　疆	5640817	5133898	180726	310844	15350	137127	27516

2-C-15 各地区总承包建筑业企业费用情况

单位：万元

地　区	管理费用	#税金	#财产保险费	#差旅费	#工会金费	财务费用	#利息支出
全　国	**16333857**	**940425**	**129738**	**983136**	**304063**	**3248716**	**2275629**
北　京	1164435	21373	6406	52869	10867	573869	183134
天　津	404906	11109	1130	18042	4216	94970	79032
河　北	577274	33516	2892	25406	11623	64909	59050
山　西	504831	15769	2343	24998	7115	53896	55231
内蒙古	257312	25627	1271	10181	3939	50046	39297
辽　宁	616044	35108	4566	31526	14898	66210	47457
吉　林	240094	20975	3210	11469	2707	41318	29276
黑龙江	416001	37523	1310	17319	6848	42629	13862
上　海	1001836	23378	4532	43880	9943	102991	109777
江　苏	1893618	96266	22116	120069	42445	341591	238899
浙　江	1216451	67249	10766	89332	22949	371985	351242
安　徽	525860	41963	3225	27916	10522	64482	53186
福　建	353231	20895	1730	20133	4188	47746	34852
江　西	257764	22963	1242	16013	4150	65477	25625
山　东	1076131	79083	12724	59935	23598	223891	192738
河　南	805006	56357	7170	64379	21949	132816	96123
湖　北	843806	49646	4895	55281	17284	181700	134724
湖　南	532478	41503	9267	33121	16939	99701	54830
广　东	902626	54314	5339	45368	12869	116613	91249
广　西	241762	9775	807	10969	2685	17747	16566
海　南	21785	907	67	1280	200	274	198
重　庆	358205	42792	3345	30680	13829	84542	62093
四　川	707273	42123	6010	86043	12665	142340	98076
贵　州	145011	8440	442	9347	2692	24409	21270
云　南	304976	16124	2458	16055	3744	56204	42997
西　藏	21151	3538	376	2336	163	5726	3044
陕　西	427364	32088	4824	27991	10199	99476	83414
甘　肃	172999	17052	2854	15096	2954	31620	23414
青　海	65073	1614	249	3081	804	14519	5133
宁　夏	54340	2534	272	2497	980	11186	8295
新　疆	224215	8822	1902	10529	4100	23834	21549

2-C-16　各地区总承包建筑业企业利润及税金情况

单位：万元

地　区	利润总额	#应交所得税	税金总额	工程结算税金及附加	管理费用中的税金
全　国	**18032977**	**3596021**	**19804349**	**18863924**	**940425**
北　京	486548	127862	945108	923735	21373
天　津	290714	68281	378102	366993	11109
河　北	600745	121736	654030	620514	33516
山　西	182302	39401	378591	362821	15769
内蒙古	519755	93932	346029	320402	25627
辽　宁	628138	165437	731656	696548	35108
吉　林	339925	58214	321681	300706	20975
黑龙江	392107	74608	1023437	985914	37523
上　海	911849	205293	939618	916240	23378
江　苏	2864546	567250	2267480	2171214	96266
浙　江	1791778	416402	2298184	2230935	67249
安　徽	513260	90050	588624	546660	41963
福　建	388292	121221	608898	588003	20895
江　西	332458	55593	415263	392301	22963
山　东	1481138	286139	1086492	1007409	79083
河　南	796047	163818	870863	814506	56357
湖　北	806811	137882	839545	789899	49646
湖　南	996036	110009	838643	797140	41503
广　东	1058080	234289	1071853	1017539	54314
广　西	136215	35544	263254	253479	9775
海　南	51508	4270	36584	35677	907
重　庆	793768	113915	551224	508432	42792
四　川	601251	114247	779475	737353	42123
贵　州	60843	15368	139541	131101	8440
云　南	248287	44084	277929	261805	16124
西　藏	45134	5249	22650	19112	3538
陕　西	424571	55164	642340	610252	32088
甘　肃	127592	29485	184337	167285	17052
青　海	35424	10621	55827	54212	1614
宁　夏	24441	6156	57545	55011	2534
新　疆	103416	24502	189548	180726	8822

D. 专业承包企业

2-D-1 各地区专业承包建筑业企业签订合同情况

单位：万元

地区	合同总额	上年结转合同额	本年新签合同额
全国	**101869444**	**25809132**	**76060312**
北京	7362317	2276399	5085919
天津	4805234	1156168	3649066
河北	2655374	831921	1823453
山西	2230831	603247	1627584
内蒙古	368855	42403	326452
辽宁	5350318	1005077	4345242
吉林	1549186	118016	1431170
黑龙江	993428	138846	854581
上海	7334694	2240412	5094281
江苏	11774896	2434116	9340781
浙江	8577008	2161106	6415902
安徽	2954514	565749	2388765
福建	3492663	918472	2574191
江西	1188009	327667	860342
山东	5143975	888495	4255480
河南	4263604	1095017	3168587
湖北	3544852	754090	2790762
湖南	2030738	416386	1614352
广东	12350456	3729597	8620860
广西	673527	165654	507873
海南	175040	35499	139541
重庆	3185064	1272767	1912296
四川	5274055	1547503	3726552
贵州	209472	51568	157905
云南	1206405	224806	981599
西藏	181213	87704	93509
陕西	1127044	304897	822147
甘肃	751273	229924	521349
青海	118343	25689	92654
宁夏	298330	36412	261917
新疆	698729	123527	575202

2-D-2　各地区专业承包建筑业企业承包工程完成情况

单位：万元

地　区	直接从建设单位承揽工程完成的产值			从建设单位以外承揽工程完成的产值
		自行完成施工产值	分包出去工程的产值	
全　国	**73110933**	**71374239**	**1736694**	**6725722**
北　京	4790517	4525963	264554	1183427
天　津	3015517	2740916	274601	288035
河　北	2057160	2028455	28705	96969
山　西	1610251	1606643	3609	61564
内蒙古	312750	312307	443	749
辽　宁	4510772	4495871	14901	60750
吉　林	1426037	1407048	18988	40030
黑龙江	951379	951282	97	24197
上　海	4757746	4467279	290467	784408
江　苏	9645005	9575532	69473	1736232
浙　江	6016595	5927788	88807	740868
安　徽	2314111	2255959	58152	58184
福　建	2253252	2223330	29922	341796
江　西	1057314	1054578	2736	29053
山　东	4510313	4499925	10388	99381
河　南	2852166	2839120	13046	206525
湖　北	2850535	2809125	41410	146823
湖　南	1409103	1383308	25795	111781
广　东	7727675	7301609	426066	423782
广　西	483687	480288	3399	33255
海　南	105157	104095	1062	1137
重　庆	1693271	1682291	10980	104352
四　川	3285606	3265183	20423	84335
贵　州	157157	156957	200	4679
云　南	920316	915862	4454	25432
西　藏	142509	142509		
陕　西	861052	831608	29445	26877
甘　肃	513927	512628	1299	1654
青　海	125461	125233	228	557
宁　夏	248329	248329		2027
新　疆	506262	503218	3044	6866

2-D-3 各地区专业承包企业建筑业总产值和竣工产值

单位：万元

地区	建筑业总产值	#装饰装修产值	#在外省完成的产值	按构成分组			竣工产值
				建筑工程产值	安装工程产值	其他产值	
全国	**78099961**	**20466080**	**15510204**	**49539406**	**23345302**	**5215253**	**52735819**
北京	5709389	2695395	1615052	5322219	330663	56507	3497608
天津	3028951	337623	317082	1403441	1156654	468855	1698071
河北	2125423	314954	470484	956984	853141	315298	1545917
山西	1668206	170488	263883	956741	486754	224711	807261
内蒙古	313055	27725	11662	136647	133398	43010	226090
辽宁	4556621	1070958	730765	2771494	1688338	96789	3156599
吉林	1447079	222281	22921	746096	553322	147661	1213879
黑龙江	975479	144739	139555	404116	485489	85875	562921
上海	5251688	1912427	995836	3354529	1517395	379764	3255726
江苏	11311764	3204414	2765770	7953732	3222061	135971	9036574
浙江	6668656	2226697	1482228	4202420	2215457	250780	5045139
安徽	2314143	380603	405541	1355103	716622	242418	1833035
福建	2565126	614171	777132	1773769	700549	90809	1650553
江西	1083631	133751	306754	746326	188020	149285	812952
山东	4599306	823572	387312	2353738	1687177	558391	2994441
河南	3045646	533703	628865	1709654	1007046	328946	2026096
湖北	2955948	515696	426735	1886932	615800	453215	1893848
湖南	1495089	233139	292543	735304	552871	206914	965438
广东	7725391	3602599	2102491	5344605	2116303	264483	5034976
广西	513543	87665	21822	221132	228509	63902	361128
海南	105232	12224	5239	57283	45163	2786	59834
重庆	1786642	292310	167582	1102446	533053	151144	960572
四川	3349518	418902	937930	2095509	1015122	238887	1769882
贵州	161636	28384	3565	95862	61560	4214	125423
云南	941295	146320	27939	575915	326036	39343	627752
西藏	142509	1536		134359	3188	4962	89393
陕西	858484	170231	114647	435382	295509	127594	478446
甘肃	514282	49712	15365	223676	245301	45304	325918
青海	125790	13386	13972	53874	55727	16189	85786
宁夏	250356	27553	36266	207768	35463	7125	212317
新疆	510084	52925	23269	222347	273614	14123	382247

2-D-4　各地区专业承包建筑业企业房屋建筑面积

地　区	房屋建筑施工面积(万平方米)	#本年新开工	#实行投标承包面积	#本年新开工	房屋建筑竣工面积(万平方米)	房屋建筑面积竣工率(%)
全　国	**11713.8**	**6943.5**	**7153.6**	**4718.8**	**5787.3**	**49.4**
北　京	317.8	107.9	163.1	43.4	52.0	16.4
天　津	183.3	58.6	39.1	35.1	125.2	68.3
河　北	428.6	261.7	318.1	175.0	197.7	46.1
山　西	210.5	121.1	162.2	86.2	59.6	28.3
内蒙古	24.4	22.3	20.2	20.2	17.0	69.8
辽　宁	419.4	295.4	254.7	188.2	221.5	52.8
吉　林	346.1	272.2	272.9	226.8	222.8	64.4
黑龙江	60.6	58.4	53.9	53.9	15.9	26.3
上　海	466.7	274.4	353.5	239.2	245.5	52.6
江　苏	937.5	479.6	577.5	335.6	403.2	43.0
浙　江	906.0	558.2	367.1	219.3	629.3	69.5
安　徽	545.9	344.1	304.4	223.7	265.5	48.6
福　建	403.5	294.7	234.3	167.3	252.2	62.5
江　西	369.6	226.4	247.0	137.3	281.7	76.2
山　东	1448.4	972.2	834.3	678.7	708.6	48.9
河　南	496.8	289.4	344.9	234.1	243.3	49.0
湖　北	890.2	643.0	689.8	517.8	505.7	56.8
湖　南	187.5	118.4	100.5	81.4	112.1	59.8
广　东	632.5	324.9	273.7	184.8	232.4	36.7
广　西	60.2	17.8	8.3	6.0	30.5	50.7
海　南	22.6	15.7	15.8	15.7	8.1	35.6
重　庆	947.0	411.3	738.4	289.4	248.6	26.3
四　川	969.3	507.6	479.6	363.1	482.7	49.8
贵　州	5.0	3.1	1.7	0.9	2.5	49.3
云　南	135.6	67.3	80.4	42.4	79.5	58.6
西　藏	20.6	19.4	19.4	17.4	3.2	15.7
陕　西	135.0	99.2	112.8	82.4	63.3	46.9
甘　肃	74.3	29.8	28.2	10.7	40.7	54.8
青　海	11.9	10.9	6.7	6.7	7.2	60.4
宁　夏	5.9	2.8	3.5	0.5	2.4	40.2
新　疆	51.1	35.9	47.6	35.6	27.5	53.7

2-D-5 各地区按主要用途分的专业承包建筑业企业房屋建筑竣工面积

单位：万平方米

地区	合计	厂房、仓库	住宅	办公用房	批发和零售用房	住宿和餐饮用房
全国	**5787.3**	**2661.2**	**2296.2**	**266.8**	**71.7**	**66.6**
北京	52.0	16.4	18.3	8.6	1.7	4.9
天津	125.2	84.2	39.6	0.9		0.5
河北	197.7	74.0	99.9	7.9		1.4
山西	59.6	14.9	33.0	4.9	2.0	1.2
内蒙古	17.0	2.2	11.7	0.1		0.2
辽宁	221.5	73.0	128.4	3.3		0.1
吉林	222.8	11.6	161.3	27.7	10.3	0.3
黑龙江	15.9	3.5	7.8	3.7		0.3
上海	245.5	200.8	32.1	5.2	0.9	
江苏	403.2	186.8	137.7	21.1	8.5	8.7
浙江	629.3	525.6	26.2	9.6	7.4	1.4
安徽	265.5	139.1	94.2	12.6	0.6	0.8
福建	252.2	197.1	41.6	9.5		0.2
江西	281.7	189.6	37.4	9.4	3.7	0.7
山东	708.6	396.4	241.4	27.5	6.5	8.8
河南	243.3	69.6	141.4	9.0	0.3	1.1
湖北	505.7	129.7	312.6	21.3	2.4	1.5
湖南	112.1	46.8	41.2	13.6	0.5	
广东	232.4	58.0	138.4	11.2	0.2	16.1
广西	30.5	9.6	18.1	1.2		
海南	8.1	1.2	5.7	0.3		
重庆	248.6	64.2	153.3	6.3	6.4	4.7
四川	482.7	122.9	268.4	34.6	2.4	9.6
贵州	2.5		1.1	0.4		
云南	79.5	14.0	26.4	7.5	17.7	
西藏	3.2		0.6	0.6		2.0
陕西	63.3	17.4	34.3	3.5		0.9
甘肃	40.7	3.3	31.8	3.7		0.8
青海	7.2	1.1	2.3			
宁夏	2.4	1.4	0.6	0.2	0.2	
新疆	27.5	7.0	9.6	1.3		0.4

2-D-5　续表　　　　单位：万平方米

地区	居民服务业用房	教育用房	文化、体育和娱乐用房	卫生医疗用房	科研用房	其他用房
全　国	**21.5**	**100.8**	**92.0**	**37.7**	**3.3**	**169.6**
北　京	0.2	0.2		0.9		0.9
天　津						
河　北	2.1	2.6	3.4	1.8		4.6
山　西		1.1	1.3			1.3
内蒙古		0.5		2.1		0.1
辽　宁		2.9	8.4			5.5
吉　林		4.0		1.2		6.4
黑龙江		0.4	0.1	0.2		
上　海	0.1	0.7	1.8			3.8
江　苏	1.3	6.9	9.3	9.1	2.0	11.9
浙　江	0.3	5.5	37.9	1.2		14.2
安　徽	0.2	7.3	0.8	0.9		9.0
福　建		1.6	0.2			2.0
江　西	0.5	1.7	4.9	0.4		33.4
山　东	1.7	5.5	4.4	1.2	1.3	14.0
河　南	3.5	8.1	2.1	0.5		7.7
湖　北	6.2	13.3	0.3	0.5		17.8
湖　南		0.2	1.5	1.7		6.6
广　东	1.3	2.7	0.4	0.2		4.0
广　西			0.2	0.1		1.3
海　南		0.6		0.2		
重　庆		4.3	2.8	1.4		5.1
四　川	3.6	21.1	7.3	8.6		4.2
贵　州		0.2	0.8			
云　南	0.1	3.8	2.6	0.1		7.2
西　藏						
陕　西	0.2	2.9	1.4	0.5		2.1
甘　肃		0.5				0.6
青　海		1.3		0.6		1.8
宁　夏						
新　疆		0.9		4.3		4.0

2-D-6 各地区按主要用途分的专业承包建筑业企业房屋建筑竣工价值

单位：万元

地区	合计	厂房、仓库	住宅	办公用房	批发和零售用房	住宿和餐饮用房
全　国	**4174281**	**1510272**	**1885361**	**267757**	**60942**	**50974**
北　京	52076	8217	21574	14955	1801	2739
天　津	52548	40075	10672	1105		688
河　北	153941	46525	85929	7201		1743
山　西	53434	11455	31654	4614	430	1438
内蒙古	14823	3485	9021	130		70
辽　宁	162072	61868	83647	3153		61
吉　林	244355	11470	172527	40000	8407	316
黑龙江	12666	1836	7024	2754		212
上　海	157727	105107	36688	6742	958	
江　苏	332153	115128	136392	21135	7201	6785
浙　江	397813	285364	22759	8132	5432	1157
安　徽	214847	109091	80895	10030	1184	550
福　建	163795	108781	41264	10099		363
江　西	138942	72591	30941	7215	3530	577
山　东	455555	206275	187742	24461	4139	5698
河　南	157306	35325	99193	5433	360	766
湖　北	374303	59816	252709	20456	1430	1061
湖　南	75090	22790	31200	11289	430	
广　东	185847	45973	113702	9595	90	10461
广　西	21989	3315	16874	964		20
海　南	7805	2080	4489	386		
重　庆	205982	42617	128653	7038	7128	5056
四　川	334913	71983	189327	30780	1990	6909
贵　州	1756		465	185		
云　南	81956	9061	32684	12697	16315	30
西　藏	4671		596	1272		2804
陕　西	61367	17698	32571	3284		952
甘　肃	16084	805	13295	1050		120
青　海	7089	945	2539			
宁　夏	1396	831	300	148	118	
新　疆	29983	9768	8041	1459		400

2-D-6　续表　　单位：万元

地　区	居民服务业用房	教育用房	文化、体育和娱乐用房	卫生医疗用房	科研用房	其他用房
全　国	**16287**	**84753**	**90849**	**44045**	**1518**	**161522**
北　京	363	231		1013		1184
天　津						9
河　北	464	2717	3184	1054		5125
山　西		1068	1384			1391
内蒙古		509		1500		108
辽　宁		3700	4539		8	5098
吉　林		5195		1864		4576
黑龙江		340	139	204		158
上　海	141	657	2268			5166
江　苏	1889	4255	9012	14192	698	15467
浙　江	510	3533	48040	1176		21709
安　徽	211	5759	770	786		5572
福　建		1299	102		26	1862
江　西	546	1432	3920	252		17938
山　东	1206	4803	1468	1276	755	17735
河　南	2290	5195	1109	449		7187
湖　北	4166	12485	564	710		20906
湖　南		219	1539	1574		6049
广　东	1190	1392	192	205		3048
广　西			40	81		696
海　南		605		245		
重　庆	52	5515	2173	2120		5632
四　川	2892	16320	5000	6549		3163
贵　州		96	1010			
云　南	160	2132	2859	100	32	5887
西　藏						
陕　西	208	3251	1539	364		1500
甘　肃		372				442
青　海		987		417		2200
宁　夏						
新　疆		686		7915		1715

2-D-7 各地区专业承包建筑业企业机械设备情况

地　区	年末自有施工机械设备总台数(台)	年末自有施工机械设备总功率(千瓦)	年末自有施工机械设备净值(万元)	技术装备率(元/人)	动力装备率(千瓦/人)
全　国	**1490659**	**22992100**	**4591816**	**11735**	**5.9**
北　京	60682	797621	174644	11787	5.4
天　津	38284	1022282	298995	34395	11.8
河　北	47199	855155	154865	13075	7.2
山　西	41985	751041	169061	16184	7.2
内蒙古	4881	105061	16491	5875	3.7
辽　宁	89922	1715743	309945	13989	7.7
吉　林	17606	314859	50316	7808	4.9
黑龙江	17035	330651	82778	12438	5.0
上　海	42285	450391	168426	11679	3.1
江　苏	245846	3956354	801122	13864	6.8
浙　江	120749	1304546	324991	10583	4.2
安　徽	56680	732335	145092	9156	4.6
福　建	52686	588005	114195	6574	3.4
江　西	18542	272580	54673	9024	4.5
山　东	96286	1611540	326188	10499	5.2
河　南	109228	1335820	216669	9037	5.6
湖　北	78144	1228861	216250	11435	6.5
湖　南	47974	597835	100774	10561	6.3
广　东	142570	1436044	269138	9374	5.0
广　西	13046	183729	34039	10158	5.5
海　南	1894	22636	5562	9594	3.9
重　庆	22661	375126	109994	10291	3.5
四　川	59728	870320	184551	9147	4.3
贵　州	2656	47387	11180	8246	3.5
云　南	13792	280612	57951	10215	4.9
西　藏	676	10227	3144	18612	6.1
陕　西	13007	1051179	61055	14430	24.8
甘　肃	14682	287694	42468	15236	10.3
青　海	4931	72105	16186	15726	7.0
宁　夏	5963	163785	33345	26254	12.9
新　疆	9039	220576	37730	22049	12.9

2-D-8　各地区专业承包建筑业企业营业额

单位：万元

地　区	企业营业额	在境外完成的营业额	企业总产值	#建筑业总产值
全　国	**83772426**	**472904**	**83299522**	**78099961**
北　京	6360092	34978	6325114	5709389
天　津	3446867	7617	3439250	3028951
河　北	2151803	15525	2136278	2125423
山　西	1780178	11046	1769132	1668206
内蒙古	315475		315475	313055
辽　宁	4667695	4248	4663447	4556621
吉　林	1473253	420	1472833	1447079
黑龙江	1319168	1666	1317502	975479
上　海	5615033	16641	5598392	5251688
江　苏	11996647	18280	11978368	11311764
浙　江	6883518	28559	6854959	6668656
安　徽	2571238	59432	2511807	2314143
福　建	2604398	2067	2602331	2565126
江　西	1176055	3996	1172058	1083631
山　东	4899092	14740	4884353	4599306
河　南	3207395	69247	3138148	3045646
湖　北	3498947	4887	3494059	2955948
湖　南	1560057	1448	1558609	1495089
广　东	8538361	133030	8405331	7725391
广　西	540178	4576	535602	513543
海　南	105232		105232	105232
重　庆	1883421		1883421	1786642
四　川	3513308	18535	3494773	3349518
贵　州	169822		169822	161636
云　南	984967	6371	978596	941295
西　藏	142509		142509	142509
陕　西	877523	14278	863246	858484
甘　肃	522181	429	521752	514282
青　海	145071		145071	125790
宁　夏	271871	889	270982	250356
新　疆	551073		551073	510084

2-D-9 各地区专业承包建筑业企业资产构成

单位：万元

地区	资产合计	#流动资产小计	#长期投资	#固定资产小计	#无形及递延资产
全国	**78984422**	**60302328**	**3318375**	**13576105**	**1381876**
北京	6602994	5400685	363348	692620	91605
天津	4186295	3102863	247606	779915	48001
河北	1838974	1352139	60010	371515	41442
山西	1907212	1429797	40306	407043	23966
内蒙古	306225	206994	12079	72491	9975
辽宁	4308750	3221652	115319	846597	120263
吉林	908103	628909	23786	238838	15675
黑龙江	1381100	1039925	27914	285572	15137
上海	5142714	4392870	138586	548195	44065
江苏	10370382	8066790	347717	1739677	179224
浙江	5836448	4571470	301262	846307	109728
安徽	2313192	1697529	102343	458288	47437
福建	2304069	1832761	95410	352063	20733
江西	998311	723583	41427	209768	21269
山东	5244739	3759302	286605	1021893	118619
河南	2894461	2082613	80211	669916	53793
湖北	2973644	1924894	70625	886499	59861
湖南	1432896	1015962	65861	310874	37751
广东	7535977	6195830	282157	891861	129849
广西	624579	472259	48647	92274	10161
海南	144330	112846	4697	15085	11034
重庆	2023895	1508682	114916	345358	29854
四川	3522198	2629661	162211	649429	61387
贵州	285452	215779	19801	37730	3838
云南	1432751	1014756	136690	236342	38785
西藏	126624	81907	20483	24234	
陕西	655025	484004	14587	136046	8789
甘肃	498692	334643	21099	132816	4575
青海	180583	108357	11533	55236	4949
宁夏	392497	256681	23976	102473	4312
新疆	611308	436185	37166	119149	15800

2-D-10 各地区专业承包建筑业企业流动资产、无形及递延资产

单位：万元

地 区	流动资产	#存货	无形及递延资产	#无形资产
全 国	**60302328**	**15082764**	**1381876**	**1114735**
北 京	5400685	1594110	91605	75352
天 津	3102863	855980	48001	28709
河 北	1352139	318903	41442	36175
山 西	1429797	289170	23966	18647
内蒙古	206994	44117	9975	8213
辽 宁	3221652	584202	120263	105231
吉 林	628909	76721	15675	14466
黑龙江	1039925	193091	15137	12948
上 海	4392870	1251895	44065	33157
江 苏	8066790	2143902	179224	135505
浙 江	4571470	1292750	109728	96156
安 徽	1697529	365601	47437	41621
福 建	1832761	534891	20733	16207
江 西	723583	176143	21269	15680
山 东	3759302	854142	118619	91329
河 南	2082613	530053	53793	46013
湖 北	1924894	496393	59861	49675
湖 南	1015962	185829	37751	28911
广 东	6195830	1375348	129849	104843
广 西	472259	86216	10161	8784
海 南	112846	26562	11034	10425
重 庆	1508682	423498	29854	18879
四 川	2629661	746842	61387	48675
贵 州	215779	33097	3838	1487
云 南	1014756	234047	38785	34836
西 藏	81907	22413		
陕 西	484004	157062	8789	8079
甘 肃	334643	58855	4575	1377
青 海	108357	19498	4949	4891
宁 夏	256681	58454	4312	3829
新 疆	436185	52980	15800	14635

2-D-11 各地区专业承包建筑业企业固定资产情况

单位：万元

地区	固定资产小计	固定资产原价		固定资产折旧		在建工程
			#生产经营用		#本年折旧	
全国	**13576105**	**17772369**	**13053844**	**6184970**	**1258448**	**1294805**
北京	692620	946957	685884	367735	77229	94285
天津	779915	946831	699900	359119	65126	185676
河北	371515	508556	410601	172973	31501	14415
山西	407043	536690	393571	168805	33269	26464
内蒙古	72491	105056	80459	36242	5408	1526
辽宁	846597	1183175	1005865	428569	78552	44093
吉林	238838	302204	228512	100497	26511	13527
黑龙江	285572	422743	397459	155129	35321	11319
上海	548195	831962	528598	333451	60922	37149
江苏	1739677	2198458	1726898	751561	151002	186098
浙江	846307	1116008	842350	374858	72362	93352
安徽	458288	574526	391633	181236	37870	39528
福建	352063	443028	332422	162281	33793	46365
江西	209768	249640	166677	75456	19083	20452
山东	1021893	1325724	918617	436093	97349	73376
河南	669916	797043	576211	238372	64037	40989
湖北	886499	1047521	614915	287089	51257	83479
湖南	310874	376041	288361	113824	27932	28361
广东	891861	1270860	901425	516803	108646	94139
广西	92274	130193	92370	47966	9807	4834
海南	15085	19567	15680	6351	1137	530
重庆	345358	408278	296016	119771	30266	35621
四川	649429	865742	584363	305743	50687	59337
贵州	37730	47926	31184	13718	3138	2050
云南	236342	302179	208791	120652	18620	21220
西藏	24234	27227	4449	18943	2527	1209
陕西	136046	193072	148502	70335	25585	11330
甘肃	132816	193357	142749	71688	12666	3027
青海	55236	75485	54560	22419	4017	1558
宁夏	102473	153750	137077	60066	11497	7875
新疆	119149	172569	147748	67225	11331	11622

2-D-12　各地区专业承包建筑业企业负债及所有者权益

单位：万元

地　区	负债合计	流动负债	长期负债	所有者权益	#实收资本
全　国	**46669786**	**44963606**	**1706180**	**32314456**	**23516062**
北　京	4451256	4382706	68550	2151739	1784267
天　津	2504477	2293109	211368	1681819	992478
河　北	999947	981833	18114	839027	582456
山　西	1089529	1065854	23675	817683	698017
内蒙古	152888	151315	1573	153156	101002
辽　宁	2517632	2361314	156319	1791118	1282226
吉　林	385702	368430	17272	522401	442166
黑龙江	647570	642166	5404	733530	555683
上　海	3324377	3226774	97602	1818337	1243686
江　苏	6154804	6020431	134373	4215578	2880815
浙　江	3664012	3586465	77546	2172437	1452254
安　徽	1344038	1304804	39234	969154	724036
福　建	1216011	1200159	15852	1088058	831036
江　西	624233	595292	28941	374079	293385
山　东	3083954	2963408	120546	2160785	1574099
河　南	1325162	1281525	43637	1569299	1176168
湖　北	1575181	1426894	148287	1398463	1049169
湖　南	848377	798902	49475	584519	462162
广　东	4730336	4583914	146422	2805642	1827744
广　西	349592	339428	10164	274987	202785
海　南	80009	79917	92	64322	43199
重　庆	1187782	1119884	67898	836113	676293
四　川	2037490	1936296	101195	1484708	1097442
贵　州	177624	160910	16714	107829	99095
云　南	833481	788760	44721	599270	494814
西　藏	58738	56607	2132	67886	30864
陕　西	413443	395031	18412	241582	214075
甘　肃	283922	267788	16133	214770	202380
青　海	68985	66393	2592	111599	107485
宁　夏	198127	187245	10882	194370	147888
新　疆	341111	330055	11056	270198	246894

2-D-13 各地区专业承包建筑业企业实收资本

单位：万元

地区	合计	国家资本	集体资本	法人资本	个人资本	港澳台资本	外商资本
全国	**23516062**	**2856156**	**1605703**	**6037131**	**12412136**	**345604**	**259332**
北京	1784267	81792	85152	734664	808281	44088	30290
天津	992478	93540	46577	389370	428831	24851	9309
河北	582456	87406	28889	155796	307512	2203	650
山西	698017	126084	41289	151625	370520	6159	2339
内蒙古	101002	19109	17500	19598	44795		
辽宁	1282226	190495	138257	89469	822606	12142	29258
吉林	442166	25195	16302	159144	239354	2122	50
黑龙江	555683	66624	50011	118518	316823	2440	1267
上海	1243686	84023	66740	293800	704188	55433	39503
江苏	2880815	269416	132762	595949	1771632	53573	57484
浙江	1452254	58647	59826	358008	952506	17527	5741
安徽	724036	103911	62404	232499	319376	1438	4408
福建	831036	75297	39652	143763	538333	26945	7045
江西	293385	82050	25389	84049	98198	2077	1623
山东	1574099	160540	180039	516610	687137	11887	17886
河南	1176168	94103	106416	248659	721690	1775	3525
湖北	1049169	206691	81302	279475	463874	17216	611
湖南	462162	146863	34567	115768	150607	7958	6400
广东	1827744	242275	141586	539062	846711	44265	13845
广西	202785	25842	12479	44494	119014	955	
海南	43199	2203		14528	16468		10000
重庆	676293	103376	27171	135000	398917	1476	10353
四川	1097442	195377	81627	237134	572809	4643	5854
贵州	99095	27854	3622	12962	53908	750	
云南	494814	63330	35726	123817	269852	2089	
西藏	30864	21357	500	8085	922		
陕西	214075	59187	31836	30411	90297	1144	1200
甘肃	202380	51805	35448	57839	56595	300	393
青海	107485	14160	5620	58701	28705		300
宁夏	147888	39571	925	17317	90015	60	
新疆	246894	38035	16089	71019	121660	90	

2-D-14 各地区专业承包建筑业企业收入情况

单位：万元

地区	工程结算收入	工程结算成本	工程结算税金及附加	工程结算利润	经营费用	其他业务收入	#其他业务利润
全国	**77435034**	**65031638**	**2612451**	**8781853**	**1009091**	**2494456**	**524251**
北京	6392528	5575389	191566	525772	99801	246892	49370
天津	3286892	2814163	80958	368000	23772	157226	24566
河北	1851624	1537493	61422	237097	15613	15468	4540
山西	1689317	1448993	53201	162124	24998	38601	9179
内蒙古	303646	256159	9888	35354	2245	9479	1460
辽宁	4548066	3749068	155952	599637	43409	125243	26848
吉林	1222398	1020395	44870	145803	11330	5603	1427
黑龙江	920271	735560	35661	135062	13988	105230	31021
上海	5688617	4880645	155614	598646	53713	153135	44413
江苏	10969325	9087928	364051	1326420	190926	397085	64992
浙江	6138296	5244886	185845	658913	48652	134554	31759
安徽	2256425	1869803	88960	258041	39621	106079	12003
福建	2519087	2102439	88998	297552	30099	46049	12865
江西	1074148	914068	42332	110049	7699	15599	4983
山东	4274521	3461672	130910	602329	79611	137345	23566
河南	2935101	2371601	102390	408914	52196	60342	11297
湖北	2821371	2350141	97089	313778	60363	39224	7480
湖南	1417328	1149999	60852	185640	20836	18989	8923
广东	8367708	7084118	344246	855649	83695	312233	76801
广西	487242	406658	16569	57426	6589	9720	3874
海南	105613	88335	3318	12116	1845	571	533
重庆	1713698	1421428	73314	203566	15390	100431	11430
四川	3187510	2755035	107534	295374	29568	121907	24598
贵州	165913	140800	5397	18145	1571	3446	1911
云南	858372	731281	27408	86143	13540	38769	13782
西藏	83297	73890	2567	6755	85	350	295
陕西	710789	545907	35814	117041	12027	30232	3775
甘肃	545094	441243	17970	70890	14991	17840	4365
青海	113301	99399	3515	8857	1530	2983	1535
宁夏	243534	208639	7553	25049	2292	23726	5013
新疆	544003	464504	16691	55711	7096	20102	5648

2-D-15 各地区专业承包建筑业企业费用情况

单位：万元

地　区	管理费用	#税金	#财产保险费	#财产保险费	#劳动失业保险费	财务费用	#利息支出
全　国	**4815016**	**233034**	**35257**	**299258**	**56041**	**402379**	**280209**
北　京	433653	7441	1628	20942	1495	12193	8800
天　津	190194	5976	642	5188	1863	22854	17906
河　北	101549	4794	666	5533	1905	7884	5838
山　西	114135	4500	515	8385	1240	7880	6113
内蒙古	18072	1684	78	648	150	1185	651
辽　宁	342428	18003	1743	14772	4001	30241	18330
吉　林	64166	4968	1481	3447	622	7257	2910
黑龙江	85547	3877	190	3560	1221	3875	936
上　海	381239	6471	1092	15922	1276	14929	11673
江　苏	629667	32536	6641	53521	8065	62917	39595
浙　江	327600	15026	2895	24035	3001	49552	43870
安　徽	136702	14652	1064	10586	2331	11318	7254
福　建	164472	6535	651	10287	2069	7438	3986
江　西	48788	3125	260	3017	807	5902	3618
山　东	258830	20513	3272	15797	3572	38219	27729
河　南	189545	14127	1982	17129	3401	17365	9169
湖　北	177610	11516	1439	11289	2442	13380	7804
湖　南	84866	7097	1832	6656	1861	5833	3567
广　东	485897	19387	3204	25354	4699	28170	19741
广　西	44137	1430	134	1633	312	2432	1600
海　南	7240	140	12	568	44	11	36
重　庆	94265	7295	421	6977	2464	12293	9734
四　川	201191	10900	1364	17620	3116	17069	9700
贵　州	15344	516	84	751	276	1203	918
云　南	63351	2170	443	4573	1031	6586	5241
西　藏	5716	86	14	90	4	541	803
陕　西	37359	4029	809	2317	1066	4925	4324
甘　肃	39888	2585	308	4313	897	4096	3643
青　海	8287	288	52	390	159	45	87
宁　夏	21076	570	93	1578	378	1490	1445
新　疆	42202	796	249	2382	277	3298	3188

2-D-16　各地区专业承包建筑业企业利润及税金情况

单位：万元

地　区	利润总额	#应交所得税	税金总额	工程结算税金及附加	管理费用中的税金
全　国	**3985411**	**810532**	**2845485**	**2612451**	**233034**
北　京	77352	36054	199007	191566	7441
天　津	184690	33995	86933	80958	5976
河　北	118159	21553	66216	61422	4794
山　西	49434	10788	57701	53201	4500
内蒙古	15589	2644	11572	9888	1684
辽　宁	255365	56604	173955	155952	18003
吉　林	72539	9871	49838	44870	4968
黑龙江	65553	16391	39538	35661	3877
上　海	261953	59555	162085	155614	6471
江　苏	712089	152964	396587	364051	32536
浙　江	353410	75478	200871	185845	15026
安　徽	120103	18654	103612	88960	14652
福　建	131287	26291	95532	88998	6535
江　西	58537	7059	45457	42332	3125
山　东	324166	70158	151423	130910	20513
河　南	139815	28321	116517	102390	14127
湖　北	127218	22343	108605	97089	11516
湖　南	125135	18353	67949	60852	7097
广　东	398812	77075	363633	344246	19387
广　西	16319	3466	17999	16569	1430
海　南	5251	711	3458	3318	140
重　庆	98172	14176	80609	73314	7295
四　川	115047	20718	118433	107534	10900
贵　州	3682	1013	5913	5397	516
云　南	30819	6135	29578	27408	2170
西　藏	738	102	2653	2567	86
陕　西	67997	8122	39843	35814	4029
甘　肃	30126	5862	20554	17970	2585
青　海	906	394	3803	3515	288
宁　夏	7493	1866	8124	7553	570
新　疆	17657	3814	17487	16691	796

E. 劳务分包企业

2-E-1 各地区劳务分包建筑业企业生产经营情况

单位：万元

地区	建筑业总产值	营业收入	工程结算税金及附加	利润总额	从业人员劳动报酬	#劳动、失业保险费
全国	**6649973**	**6209880**	**188407**	**203168**	**3151759**	**59131**
北京	94798	105262	2351	2222	22224	908
天津	181737	194335	7604	5332	49954	635
河北	145241	141633	4306	7724	97805	3101
山西	42699	52727	1238	523	17979	573
内蒙古	19653	18432	758	1626	6239	97
辽宁	110310	110594	3158	5440	40281	2040
吉林	28318	28479	751	795	8208	234
黑龙江	38751	39129	1094	2695	9443	150
上海	367907	369257	9082	4597	74959	2037
江苏	1206828	1038704	38121	55716	485102	22441
浙江	1099090	1060303	31468	10107	622106	4516
安徽	360182	332149	11907	18545	218673	2822
福建	685200	640197	12315	4970	537094	1244
江西	14948	10699	454	865	3046	121
山东	206855	196664	7850	16848	56034	3010
河南	521619	449816	14239	17586	242720	5771
湖北	258400	237080	8067	17197	100547	1021
湖南	355740	315005	13149	15566	88322	5038
广东	122705	104323	1934	399	50410	863
广西	114130	108313	2999	-92	94411	126
海南						
重庆	192115	190725	7163	6696	122600	548
四川	411670	393853	6051	7490	179520	1249
贵州	3062	3062	106	1	1770	21
云南	6628	5774	155	437	1047	22
西藏	1045	1043	46	264	211	
陕西	3301	3291	191	177	1778	43
甘肃	9959	11494	307	465	2115	143
青海	4722	4662	188	-145	2087	101
宁夏	3546	3703	105	-104	1394	86
新疆	38816	39175	1251	-774	13680	171

2-E-2　各地区劳务分包建筑业企业个数和人员情况

地　区	企业个数(个)	计算劳动生产率的平均人数(人)	年末从业人数(人)	#管理人员	#工程技术人员	#现场施工工人
全　国	**6837**	**1882393**	**1895875**	**90366**	**126453**	**1612604**
北　京	137	13784	8642	757	861	6925
天　津	261	36077	30947	2141	2990	23486
河　北	223	66149	58694	5268	5252	50366
山　西	91	13235	8978	999	1201	7012
内蒙古	59	6188	5769	458	494	3984
辽　宁	234	19803	16046	1618	1727	12023
吉　林	65	6197	6101	329	375	4431
黑龙江	131	8829	8464	861	790	6173
上　海	233	49690	37782	1933	1791	33674
江　苏	1348	276401	264939	18789	21760	220597
浙　江	464	339867	338985	7591	16038	314955
安　徽	345	122180	125293	7217	9071	104452
福　建	237	293910	279830	3060	7415	264362
江　西	45	2388	2501	180	230	1635
山　东	492	43242	42990	3610	5544	31540
河　南	792	170112	180623	12800	18048	141024
湖　北	350	70945	74222	4810	7603	61298
湖　南	332	54454	81019	4561	8622	59833
广　东	103	38457	46166	1017	795	40567
广　西	68	46982	58623	600	789	56410
海　南						
重　庆	231	70825	81178	3334	4977	71487
四　川	366	116906	125617	7196	8437	88606
贵　州	10	821	656	44	30	102
云　南	22	1493	1313	146	539	594
西　藏	7	209	174	24	20	97
陕　西	10	1013	947	61	74	819
甘　肃	24	2734	2720	267	272	846
青　海	34	1790	1143	210	269	743
宁　夏	22	773	530	100	74	352
新　疆	101	6939	4983	385	365	4211

F. 资质以外企业

2-F-1 各地区资质以外企业建筑业总产值和竣工产值

单位：万元

地区	建筑业总产值	#装饰装修产值	按构成分组			竣工产值
			建筑工程产值	安装工程产值	其他产值	
全国	**60427033**	**10582720**	**39537819**	**12784512**	**8104702**	**40574530**
北京	1415669	432363	1091691	251553	72426	663200
天津	1650106	196569	1142842	311312	195952	547458
河北	1100545	116743	686191	240245	174108	762791
山西	497674	100453	322221	114748	60704	237405
内蒙古	2491407	497962	1545821	432851	512735	1740786
辽宁	2533284	512175	1607383	755529	170371	1574918
吉林	3608598	705902	1882995	826094	899509	2718845
黑龙江	1196200	189571	686560	364937	144702	819096
上海	2989719	765093	1487802	1096015	405901	1355343
江苏	8090744	1439007	5432373	1676212	982160	5176489
浙江	1514160	412535	934546	344126	235488	831336
安徽	2613466	322821	2087738	322172	203555	1720276
福建	1600703	133843	1131214	239738	229752	807260
江西	1838885	381132	1280717	291271	266897	1283017
山东	6771070	1071622	4241897	1495033	1034140	6828682
河南	3469699	327178	3024420	266150	179129	3087385
湖北	2653425	548831	1656402	523847	473175	1682396
湖南	2418262	296643	1837319	377919	203025	1711431
广东	3336282	780925	1648947	1323714	363621	1836640
广西	159836	35993	89658	45173	25006	105145
海南	200110	48291	92672	77574	29864	153724
重庆	1583426	248153	1095107	192680	295639	919790
四川	1220987	330048	757287	248014	215686	639229
贵州	198195	34529	88625	87626	21944	134991
云南	364895	46902	268964	66909	29023	232081
西藏	50845	1354	47865	2416	565	48438
陕西	3931457	467803	2792289	642837	496332	2228583
甘肃	725529	112333	464543	114700	146285	608722
青海	40568	2046	26518	6569	7481	32359
宁夏	59976	12789	25665	14531	19780	20455
新疆	101315	11113	59549	32017	9749	66263

2-F-2　各地区资质以外建筑业企业房屋建筑面积

地　区	房屋建筑施工面积(万平方米)	#本年新开工	房屋建筑竣工面积(万平方米)	#住宅	房屋建筑面积竣工率(%)
全　国	**44300.8**	**24073.7**	**29545.2**	**18730.2**	**66.7**
北　京	227.3	130.3	77.7	41.1	34.2
天　津	275.8	136.2	130.4	42.1	47.3
河　北	495.6	408.6	455.0	272.1	91.8
山　西	117.6	52.2	65.8	34.9	55.9
内蒙古	640.4	481.1	527.1	359.6	82.3
辽　宁	5292.5	912.9	2873.2	2535.9	54.3
吉　林	5637.3	2787.0	3406.2	1110.0	60.4
黑龙江	289.5	196.9	245.0	188.0	84.6
上　海	102.5	59.3	74.0	18.2	72.2
江　苏	4301.2	2932.6	3506.0	2290.5	81.5
浙　江	207.1	90.5	131.2	63.1	63.4
安　徽	2303.3	1477.5	1738.1	1166.6	75.5
福　建	866.5	461.9	294.6	173.4	34.0
江　西	4153.1	718.3	1316.6	738.6	31.7
山　东	5864.6	4186.1	4584.2	3273.7	78.2
河　南	3313.0	2748.0	2882.6	1958.5	87.0
湖　北	2519.9	1537.0	1773.9	1119.9	70.4
湖　南	1830.7	1499.8	1406.3	1100.5	76.8
广　东	1098.6	607.8	508.0	219.7	46.2
广　西	52.1	26.2	28.9	10.0	55.4
海　南	111.1	46.3	47.1	26.3	42.4
重　庆	721.9	382.2	469.8	326.9	65.1
四　川	995.7	339.3	747.8	278.6	75.1
贵　州	82.4	42.7	54.2	18.1	65.7
云　南	113.6	57.1	95.6	63.1	84.1
西　藏	40.4	40.2	36.4	28.6	90.2
陕　西	2151.1	1348.7	1630.3	1049.7	75.8
甘　肃	385.0	329.1	362.4	208.6	94.1
青　海	8.0	4.6	4.2	2.2	52.4
宁　夏	28.1	23.2	12.8	10.0	45.8
新　疆	75.2	10.1	59.8	1.8	79.5

2-F-3 各地区资质以外建筑业企业资产负债情况

单位：万元

地区	固定资产原价	本年折旧	实收资本
全国	**21839022**	**1558369**	**27326978**
北京	764874	56546	2278128
天津	671771	31520	652689
河北	512781	36981	657054
山西	285082	27286	345304
内蒙古	908902	61876	621192
辽宁	882892	72734	1327802
吉林	1307994	114248	650481
黑龙江	515297	47741	594328
上海	464530	61875	1495643
江苏	3864688	140284	2744060
浙江	1004999	44789	1144317
安徽	581505	43997	813961
福建	662017	45943	1056955
江西	589825	45744	552130
山东	2428019	199579	2061215
河南	769357	57125	958744
湖北	1327624	92372	1656696
湖南	507868	46893	487061
广东	1169004	105927	2791921
广西	48509	4324	186425
海南	123860	16355	469878
重庆	557419	51683	582670
四川	342903	27247	664133
贵州	37550	3241	138247
云南	159558	12308	348346
西藏	23981	1193	27036
陕西	942847	75939	1535940
甘肃	275596	26174	303719
青海	26596	1873	32474
宁夏	22810	1787	54476
新疆	58363	2784	93954

2-F-4　各地区资质以外建筑业企业损益及分配情况

单位：万元

地　区	营业收入	#主营业务收入	主营业务成本	主营业务税金及附加	费用合计	营业利润
全　国	**61350031**	**60878778**	**46283401**	**2202406**	**5515596**	**12443426**
北　京	1886821	1789891	1557452	45996	275264	246653
天　津	1662243	1653707	1391961	54777	105246	196117
河　北	1128392	1123414	818042	44153	114615	259635
山　西	458962	451890	349725	18433	57778	89426
内蒙古	2709427	2700412	1851592	126312	205363	661193
辽　宁	2607016	2595300	2026629	90719	242579	472459
吉　林	3692409	3690994	2703297	118836	179370	853054
黑龙江	1196336	1194531	937322	37476	93420	215705
上　海	3852504	3815669	2354446	120726	386693	646070
江　苏	7569964	7468280	5841429	245669	629862	1503630
浙　江	1569866	1560180	1267217	51043	211044	257949
安　徽	2359932	2337769	1857090	91945	157754	394814
福　建	1602673	1592661	1094372	61706	225906	434080
江　西	1646682	1641673	1129111	85319	127755	416847
山　东	6493423	6477285	4858211	230740	571226	1398848
河　南	3296236	3280678	2378272	88841	323947	805794
湖　北	3349111	3325363	2520638	119594	284644	644644
湖　南	2262241	2258513	1688147	96345	139473	484005
广　东	3580154	3541497	2665899	133211	452160	762377
广　西	165757	163723	122405	5974	24174	37426
海　南	231811	229373	184063	8599	31913	37234
重　庆	1714062	1703509	1770698	85731	147127	491750
四　川	1204967	1195366	940265	44916	163170	196503
贵　州	171591	171226	136851	5475	23241	26690
云　南	366773	360223	302365	11290	42418	55899
西　藏	53525	53364	34644	1721	8023	14409
陕　西	3571369	3567125	2806962	143774	223941	631318
甘　肃	699738	691777	510035	25093	38512	159851
青　海	54065	53948	44840	1319	8393	7692
宁　夏	75037	73124	57209	2141	6388	14968
新　疆	116947	116317	82213	4535	14199	26387

2-F-5 各地区资质以外建筑业企业个数和人员情况

地　区	企业个数（个）	计算劳动生产率的平均人数（人）	年末从业人数（人）	#管理人员	#工程技术人员	#现场施工工人
全　国	**111527**	**4044691**	**3893261**	**397350**	**425456**	**2490017**
北　京	4264	92739	68594	16434	14217	38598
天　津	2341	126939	69600	13764	5366	32372
河　北	2055	95614	101351	8860	10235	66851
山　西	1775	37529	46705	6986	6437	21803
内蒙古	1968	125573	106598	11045	10806	70646
辽　宁	7433	208435	169566	21025	21733	94314
吉　林	2459	298936	162915	17130	19384	114232
黑龙江	2568	114814	96785	9202	9410	60953
上　海	8499	155451	184338	15842	11328	107125
江　苏	13112	384913	384857	32894	37472	263532
浙　江	5710	98141	97021	14995	15081	54374
安　徽	5519	194541	215391	19721	21023	153060
福　建	2537	80861	95379	11559	12138	61716
江　西	1426	156046	96531	8625	11501	66334
山　东	14614	547469	503527	47660	61208	346743
河　南	4107	344309	361890	23964	27770	263223
湖　北	6296	177378	235049	22831	23981	126112
湖　南	2887	122692	129790	11197	13718	83257
广　东	7684	143547	172409	23151	23139	91053
广　西	804	12904	15396	2466	1747	7139
海　南	821	8693	14164	2700	1397	5160
重　庆	2522	103881	109847	10249	12585	76320
四　川	2719	81743	105776	11522	15042	56966
贵　州	494	10828	17837	2358	2100	7341
云　南	1090	24698	28332	4260	4417	15228
西　藏	65	4790	4948	326	344	4126
陕　西	4027	218362	208901	17938	21741	145505
甘　肃	899	58418	69717	5692	7310	47740
青　海	133	4164	6394	577	635	3107
宁　夏	239	2378	4702	769	579	1803
新　疆	460	7905	8951	1608	1612	3284

G. 非建筑企业所属建筑业产业活动单位基本情况

2-G-1　各地区非建筑业企业所属建筑业产业活动单位基本情况

地　区	单位数（个）	从业人员（人）	经营性收入（万元）
全　国	**2436**	**184666**	**5397223**
北　京	102	6791	151291
天　津	33	3326	184483
河　北	65	1038	25562
山　西	158	14049	550895
内蒙古	56	6591	399778
辽　宁	119	27585	760309
吉　林	22	761	9107
黑龙江	125	6567	107246
上　海	56	986	17435
江　苏	147	3153	69917
浙　江	173	16200	277290
安　徽	70	13236	479274
福　建	38	3267	82278
江　西	25	1357	16380
山　东	191	11362	582451
河　南	62	6613	136718
湖　北	198	4343	79091
湖　南	28	1907	14465
广　东	217	14447	358028
广　西	52	1013	5133
海　南	33	1741	16737
重　庆	40	1112	23022
四　川	67	4612	167613
贵　州	35	2227	97646
云　南	46	813	6525
西　藏	3	52	360
陕　西	65	9638	328093
甘　肃	30	4081	119912
青　海	10	581	2443
宁　夏	3	74	971
新　疆	167	15143	326770

附　录

主要指标解释

规模以上工业企业科技情况

科技活动人员　指工业企业在报告年度直接从事或参与科技活动的人员，包括参加科技项目人员、从事科技活动管理和为科技活动提供直接服务的人员。

参加科技项目人员　指编入各类科技活动项目组并从事(或参与)项目研究活动的人员。

科技管理和服务人员　指企业中专门从事科技活动管理和为科技活动提供直接服务的人员。

科学家和工程师　指科技活动人员中具有高、中级技术职称（职务）的人员和不具有高、中级技术职称（职务）的大学本科及以上学历人员。

高中级技术职称人员　指企业科技活动人员中已评定高级和中级技术职称(职务)的人员。

科技活动经费筹集总额：指企业在报告年度从各种渠道筹集到的计划用于科技活动的经费，包括企业资金、金融机构贷款、政府资金、国外资金、其他资金等。

企业科技活动经费内部支出　指企业在报告年度用于企业内部开展科技活动实际支出的费用。包括经常费支出和科研基建费支出。

经常费支出　指企业为开展科技活动使用非基建项目资金支付的科技活动人员劳务费、设备购置费和其他日常支出。

科研基建费支出　指企业在报告年度为改善科研条件、提高研制开发能力，使用基本建设资金、技措技改等资金进行新建、改建、扩建、购置、安装科研用固定资产、以及进行科研设备改造及大修理等的实际支出。

劳务费　指以货币或实物形式直接或间接支付给科技活动人员的劳动报酬及各种补贴，包括各种形式的工资、补助工资、津贴、价格补贴、住房补贴、奖金、福利、失业保险、养老保险、医疗保险、工伤保险、人民助学金等。

科技活动经费外部支出　指企业在报告年度委托其他单位或与其他单位合作开展科技活动而支付给其他单位的经费。

对研究院所和高等学校的支出　指报告年度内企业委托或与国内独立研究院所或高等学校合作开展科技活动而支付予其的经费。

对其他企业支出　指报告年度内企业委托或与国内其他企业合作开展科技活动而支付予其的经费。

研究与试验发展(R&D)人员　指企业科技活动人员中从事基础研究、应用研究和试验发展三类活动的人员。

R&D人员折合全时当量　指报告年度企业研究与试验发展（R&D）人员按实际从事研发活动的时间计算的工作量。

研究与试验发展(R&D)经费内部支出　指报告年度在企业科技活动经费内部支出中用于基础研究、应用研究和试验发展三类项目的费用以及用于这三类项目的管理和服务的费用支出。

新产品开发经费支出　指报告年度内在企业科技活动经费内部支出中用于新产品研究开发的经费支出。包括新产品的研究、设计、模型研制、测试、试验等费用支出。

新产品产值　指报告年度本企业生产的新产品的产值。新产品是指采用新技术原理、新设计构思研制、生产的全新产品，或在结构、材质、工艺等某一方面比原有产品有明显改进，从而显著提高了产品性能或扩大了使用功能的产品。

新产品销售收入　指报告年度本企业销售新产品实现的销售收入。

新产品出口收入　指报告年度本企业将新产品出售给外贸部门和直接出售给外商所实现的销售收入。

专利申请数　指企业在报告年度内向专利行政部门提出专利申请并被受理的件数。

发明专利申请数　指企业在报告年度内向专利行政部门提出发明专利申请并被受理的件数。

拥有发明专利数　指企业作为专利权人在报告年度拥有的、经国内外专利行政部门授权且在有效期内的发明专利件数。

技术改造经费支出　指本企业在报告年度进行技术改造而发生的费用支出。技术改造指企业在坚持科技进步的前提下，将科技成果应用于生产的各个领域(产品、设备、工艺等)，用先进技术改造落后技术，用先进工艺代替落后工艺、设备，实现以内涵为主的扩大再生产，从而提高产品质量、促进产品更新换代、节约能源、降低消耗，全面提高综合经济效益。

技术引进经费支出　指企业在报告年度用于购买国外技术的费用支出，包括产品设计、工艺流程、图纸、配方、专利等技术资料的费用支出，以及购买关键设备、仪器、样机和样件等的费用支出。

消化吸收经费支出　指本企业在报告年度对国外引进项目进行消化吸收所支付的经费。包括：人员培训费、测绘费、参加消化吸收人员的工资、工装、工艺开发费、必备的配套设备费、翻版费等。

购买国内技术经费支出　指本企业在报告年度购买国内其他单位科技成果的经费支出。包括购买产品设计、工艺流程、图纸、配方、专利、技术诀窍及关键设备的费用支出。

建筑业生产经营活动主要统计指标解释

签订的合同额 指建筑业企业在报告期直接同建设单位签订合同的总价款和以前年度同建设单位签定合同的未完工程跨入本年度继续施工工程合同的总价款余额。

上年结转合同额 指以前年度同建设单位签订合同的未完工程跨入本年度继续施工工程合同的总价款余额。

本年新签合同额 指建筑业企业在报告期内同建设单位直接新签订的各种国内工程合同的总价款，不包括与其他建筑业企业新签的分包合同额。

直接从建设单位承揽工程完成的产值 指总承包企业或专业承包企业直接与建设单位(业主)签订的承包合同(包括报告期及以往年度签订的合同，不包括无效合同和中途解除的合同)，在报告期内完成的工程总值。包括企业向其他专业承包企业或劳务分包企业分包出去的工程所完成产值，还包括分包企业缴纳的管理费。

自行完成施工产值 指总承包企业或专业承包企业直接与建设单位(业主)签订的总承包合同或专业承包合同中，自行完成的工程总值。包括总承包企业和专业承包企业自行完成的工作量和分包企业缴纳的管理费。

分包出去工程的产值 指专业承包企业或劳务分包企业与总承包企业或专业承包企业签订的专业承包或劳务分包合同中在报告期所完成的产值。分包企业如果是一个独立核算的经济实体，其完成的产量产值，不包括在总承包企业或专业承包企业自行完成产值中。

从建设单位以外承揽工程完成的产值 指总承包企业或专业承包企业从其他总承包企业或专业承包企业处承揽工程而完成的产值。不包括总承包企业或专业承包企业从建设单位承揽工程中自行完成的产值和分包企业缴纳的管理费。

建筑业总产值: 建筑业总产值是以货币表现的建筑业企业在一定时期内生产的建筑业产品和服务的总和。建筑业总产值包括建筑工程产值、安装工程产值和其他产值三部分内容。

装饰装修产值 包括装饰、装修两部分产值。装修装饰指对新旧房屋及建筑物进行的内外装修装饰；对新建房屋及建筑物经过施工后，尚未完全达到使用标准，而进行的二次装修装饰；以及对原有房屋经使用若干年后进行的二次内外装饰。包括抹灰、门窗、玻璃、吊顶、隔断、饰面板(砖)、涂料、裱糊、刷浆、花饰等。

在外省完成的产值 指建筑业企业在其他省份施工所完成的建筑业产值。

竣工产值 一般是以单位工程为对象，当该工程按照设计所规定的工程内容全部完成，达到了设计规定的交工条件，经有关部门检查验收鉴定合格的单位工程价值，即为竣工产值。竣工产值包括范围应是报告期内竣工单位工程从开工到竣工的全部自行完成的价值，如果一个单位工程跨两个年度施工，其竣工价值应当包括上年度完成的价值。有些大型单位工程，如大型厂房、高级宾馆、各种管道、公路、铁路等，能够分跨、分层、分段施工并按合同规定，能够分开交付使用的，可以分开计算竣工产值。竣工产值不包括附属辅助企业或内部核算的其他单位为外单位生产和服务的价值。

房屋建筑施工面积 指报告期内施过工的全部房屋建筑面积，它包括本期新开工的面积、上期跨入本期继续施工的房屋面积、上期停缓建在本期恢复施工的房屋面积、本期竣工的房屋面积以及本期施工后又停缓建的房屋面积。

房屋新开工面积 指在报告期内新开工的各个房屋单位工程的建筑面积之和。它不包括在上期开工跨入报告期继续施工的房屋建筑面积和上期停缓建而在本期复工的建筑面积。新开工面积用于反映报告期内投入施工的房屋建筑规模，为科学组织施工提供依据。

实行投标承包面积 是指报告期内建筑施工企业经过投标招标而承担的全部房屋建筑面积。

房屋建筑竣工面积 指在报告期内房屋建筑按照设计要求已全部完工，达到了使用条件，经检查验收鉴定合格的房屋建筑面积。计算房屋竣工面积，必须严格执行房屋竣工验收标准。对民用建筑来讲，一般应按设计要求在土建工程和房屋本身附属的水、卫、气、暖等工程已经完工，通风、电梯等设备已安装完毕，做到水通、灯亮、经验收鉴定合格，并正式交付给使用单位后，才能计算竣工面积。对于工业及科研等生产性房屋建筑：一般应按设计要求在土建工程(包括水、暖、电、卫、通风)及属于房屋组成部分的生活间、操作间等已经完成，经验收合格后才计算竣工面积。只差安装工艺设备、管线工程的亦可以计算竣工面积。

竣工房屋价值 指在报告期内按规定已经上报竣工的房屋本身的建造价值。一般按房屋设计和预算规定的内容计算。可按“竣工结算价”或“中标价”填报。

年末自有施工机械设备净值 指本企业(或单位)自有施工机械设备经过使用、磨损后实际存在的价值，即原值减去折旧后的净额。

年末自有施工机械设备总台数 指年末本企业(或单位)自有的直接用于工程施工的各种机械设备的台数。但不包括附属辅助生产机械设备、运输机械设备、生产试验机械设备的台数。

年末自有施工机械设备总功率 指年末本企业(或单位)自有的直接用于工程施工的各种机械设备年末总功率，按设定能力或查定能力计算。包括施工机械本身的动力和为该机械服务的单独动力设备，如电动机等。但不包括附属辅助生产机械设备、运输机械设备、生产试验机械设备的功率。计量单位用千瓦，动力换算可按 1 马力＝0.735 千瓦折合成千瓦数。电焊机、变压器、锅炉不计算动力。

企业总产值　指建筑业企业在报告期内全部经济活动的最终成果的货币表现。在企业总产值中除包括建筑业总产值外,还包括建筑业企业从事其他经济活动所创造的价值(如工业产值、交通运输产值、商业服务业产值、其他产值收入和劳务收入等)。

境外完成的营业额　指建筑业企业报告期内在国外及港、澳、台等区域所有经营活动的货币表现。

资产总计　是企业拥有或控制的能以货币计量的经济资源，包括各种财产、债权和其他权利。建筑业企业的资产其按流动性分为：流动资产、长期投资、固定资产、无形资产、递延资产和其他资产。即:

资产总计=流动资产+长期投资+固定资产+无形资产+递延资产+其他资产

负债合计　是企业所承担的能以货币计量、将以资产或劳务偿付的债务。负债一般按其偿还期长短分为流动负债和长期负债。

(1)流动负债合计：指将在一年或者超过一年的一个营业周期内偿还的债务。包括短期借款、应付票据、应付帐款、预收帐款、应付工资、应交税金、应付利润、其他应付款、预提费用等。本项根据“资产负债表”中“流动负债合计”项的期末数填列。

(2)长期负债合计：指偿还期在一年或者超过一年的一个营业周期以上的债务。它是除了投资人投入企业的资本以外，企业向债权人筹集，可供企业长期使用的资金。本项根据“资产负债表”中“长期负债合计”项的期末数填列。

所有者权益合计　是企业投资人对企业净资产的所有权，企业净资产等于企业全部资产减去全部负债后的余额。其中包括实收资本、资本公积、盈余公积和未分配利润四部分。本项根据“资产负债表”中“所有者权益合计”项的期末数填列。

实收资本　指企业实际收到的投资人投入的资本。按照投资主体划分为国家资本、集体资本、法人资本、个人资本、港澳台资本和外商资本六种。企业在填报实收资本时，应根据会计“资产负债表”中“实收资本”项的期末数填列，实收资本中如有外币形式投入的资本，要折合成人民币形式填报。

工程结算收入(主营业务收入)　指本企业承包工程实现的工程价款结算收入以及向发包单位收取的除工程价款以外按规定列作营业收入的各种款项，如临时设施费、劳动保险费、施工机构调迁费等以及向发包单位收取的各种索赔款。本项根据“损益表”中“工程结算收入”项的本年累计数填列。

工程结算成本(主营业务成本)　指在报告期内与发包单位办理工程价款结算的已完工程实际成本。本项根据“损益表”中“工程结算成本”项的本年累计数填列。

工程结算税金及附加(业务税金及附加)　指因从事建筑业生产活动，取得工程价款结算收入而按规定应该交纳的营业税、城市维护建设税等以及随同营业税金一并计算交纳的教育费附加等。根据会计“利润表”中对应指标年末累计数填列。

工程结算利润　指已结算工程实现的利润。

其计算公式为:

工程结算利润=工程结算收入-工程结算成本-经营费用-工程结算税金及附加

本项根据“损益表”中“工程结算利润”项的本年累计数填列(亏损以“-”号表示)。

其他业务收入　指企业除工程结算收入外的其他业务收入，如产品销售收入、机械作业收入、材料销售收入、无形资产转让收入、固定资产出租收入等。本项根据会计“其他业务收入”科目的本年贷方发生额归纳填报。

营业收入(企业总收入)　指与企业生产经营直接有关的各项收入，包括工程结算收入与其他业务收入。即:

企业总收入=工程结算收入+其他业务收入

其他业务利润：指企业除结算收入外的其他业务收入扣除其他业务支出(包括其他业务成本及应负担的费用、税金)后的净收益(如为净支出应以“-”号表示)。本项目根据“损益表”中“其他业务利润”项的本年累计数填列。

经营费用　指企业从事施工生产活动过程中发生的各项费用。包括应由企业负担的运输费、装卸费、包装费、保险费、维修费、展览费、差旅费、广告费和其他经费。

根据会计“利润表”中对应指标计算填列。执行 2001 年《企业会计制度》的企业，用“营业费用”年末数代替。

管理费用：指企业行政管理部门为组织和管理生产经营活动而发生的各项费用。包括公司经费、工会经费、职工教育经费、劳动保险费、待业保险费、董事会费、咨询费、审计费、诉讼费、排污费、绿化费、税金、土地使用费、土地损失补偿费、技术转让费、技术开发费、无形资产摊销、开办费摊销、业务招待费、坏帐损失、存货盘亏、毁损和报废(减盘盈)损失，以及其他管理费用。本项根据“损益表”中“管理费用”项的本年累计数填列。

营业利润　指企业生产经营活动所实现的利润。分为主营业务利润和其他利润。

营业利润=工程结算利润+其他业务利润-管理费用-财务费用

本项根据“损益表”中“营业利润”项的本年累计数填列。

营业外收入　指企业经营业务以外的收入。根据企业会计“损益表”中“营业外收入”项的年末数填列。

营业外支出　指企业经营业务外的支出。根据企业会计“损益表”中“营业外支出”项的年末数填列。

利润总额　指企业在工程施工生产过程中，取得工程价款收入、机械作业收入等，扣除投入的成本及其他一系列费用，再加减非经营性质的收支及投资收益，即为施工企业全年实现的利润总额（或亏损总额）。亏损以“-”号表示。本项根据“损益表”中“利润总额”项的本年累计数填列。

利润总额=营业利润+投资收益+营业外收入-营业外支出

从业人员劳动报酬　指在报告期内支付给本单位从业人员的全部劳动报酬，包括工资、福利费、奖金、津贴及各种补助。根据会计“应付工资”、“应付福利费”本年贷方累计发生额及其他会计核算资料计算填列。

中国经济普查年鉴

China Economic Census Yearbook

2008

第三产业卷

国务院第二次全国经济普查领导小组办公室 编

中国统计出版社
China Statistics Press

(京)新登字041号

图书在版编目（CIP）数据

中国经济普查年鉴. 2008/国务院第二次全国经济普查领导小组办公室编. ——北京：中国统计出版社，2010.9

ISBN 978-7-5037-5948-2

Ⅰ.①中… Ⅱ.①国… Ⅲ.①经济－普查－中国－2008－年鉴 Ⅳ.①F123-54

中国版本图书馆CIP数据核字（2010）第096521号

中国经济普查年鉴—2008/第三产业卷

作　　者/国务院第二次全国经济普查领导小组办公室
责任编辑/王振宇
封面设计/黄俊杰　李雪燕
出版发行/中国统计出版社
通信地址/北京市西城区月坛南街57号
邮政编码/100826
办公地址/北京市丰台区西三环南路甲6号
邮政编码/100073
网　　址/www.stats.gov.cn/tjshujia
电　　话/邮购（010）63376907　书店（010）68783172
印　　刷/河北天普润印刷厂
经　　销/新华书店
开　　本/880×1230毫米　1/16
字　　数/870千字
印　　张/27.75
版　　别/2010年10月第1版
版　　次/2010年10月第1次印刷
书　　号/ISBN 978-7-5037-5948-2/F·2917
定　　价/990.00元（全五册附光盘）

编辑委员会

第三产业卷　目录

第一篇　批发和零售业企业基本情况、经营情况和财务状况

A．行业部分

1-A-1　批发业法人企业基本情况 …… 3
1-A-2　批发业法人企业经营情况 …… 6
1-A-3　批发业法人企业财务状况 …… 9
1-A-4　批发业法人企业分类商品销售情况 …… 21
1-A-5　零售业法人企业基本情况 …… 22
1-A-6　零售业法人企业经营情况 …… 26
1-A-7　零售业法人企业财务状况 …… 30
1-A-8　零售业法人企业分类商品销售情况 …… 46

B．地区部分

1-B-1　各地区批发业法人企业基本情况 …… 47
1-B-2　各地区批发业法人企业基本情况(按国民经济行业分) …… 48
1-B-3　各地区批发业法人企业经营情况 …… 57
1-B-4　各地区批发业法人企业经营情况(按国民经济行业分) …… 58
1-B-5　各地区批发业法人企业财务状况 …… 67
1-B-6　各地区批发业法人企业财务状况(按国民经济行业分) …… 71
1-B-7　各地区零售业法人企业基本情况 …… 107
1-B-8　各地区零售业法人企业基本情况(按国民经济行业分) …… 108
1-B-9　各地区零售业法人企业经营情况 …… 117
1-B-10　各地区零售业法人企业经营情况(按国民经济行业分) …… 118
1-B-11　各地区零售业法人企业财务状况 …… 127
1-B-12　各地区零售业法人企业财务状况(按国民经济行业分) …… 131

C．其他行业法人单位附属的批发和零售业产业活动单位

1-C-1　其他行业法人单位附属的批发业产业活动单位商品销售情况 …… 167
1-C-2　其他行业法人单位附属的零售业产业活动单位商品销售情况 …… 170

第二篇　住宿和餐饮业企业基本情况、经营情况和财务状况

A．行业部分

2-A-1　住宿业法人企业基本情况 …… 177
2-A-2　住宿业法人企业经营情况 …… 179
2-A-3　住宿业法人企业财务情况 …… 181
2-A-4　餐饮业法人企业基本情况 …… 189
2-A-5　餐饮业法人企业经营情况 …… 191
2-A-6　餐饮业法人企业财务情况 …… 193

B．地区部分

2-B-1　各地区住宿业法人企业基本情况 …… 201
2-B-2　各地区住宿业法人企业基本情况(按国民经济行业分) …… 202
2-B-3　各地区住宿业法人企业经营情况 …… 205
2-B-4　各地区住宿业法人企业经营情况(按国民经济行业分) …… 206
2-B-5　各地区住宿业法人企业财务状况 …… 209
2-B-6　各地区住宿业法人企业财务状况(按国民经济行业分) …… 213
2-B-7　各地区餐饮业法人企业基本情况 …… 225
2-B-8　各地区餐饮业法人企业基本情况(按国民经济行业分) …… 226
2-B-9　各地区餐饮业法人企业经营情况 …… 230
2-B-10　各地区餐饮业法人企业经营情况(按国民经济行业分) …… 231
2-B-11　各地区餐饮业法人企业财务状况 …… 235
2-B-12　各地区餐饮业法人企业财务状况(按国民经济行业分) …… 239

C．其他行业法人单位附属的住宿和餐饮业产业活动单位

2-C-1　其他行业法人单位附属的住宿业产业活动单位经营情况 …… 255
2-C-2　其他行业法人单位附属的餐饮业产业活动单位经营情况 …… 259

第三篇　房地产业生产经营及财务状况

A．房地产开发企业

3-A-1　各地区按登记注册类型分房地产开发企业个数 …… 265
3-A-2　各地区按资质等级分房地产开发企业个数 …… 269
3-A-3　各地区按登记注册类型分房地产开发企业年末从业人数 …… 270
3-A-4　各地区按资质等级分房地产开发企业年末从业人数 …… 274
3-A-5　各地区按用途分房地产开发企业房屋施工面积 …… 275
3-A-6　各地区按资质等级分房地产开发企业房屋施工面积 …… 276
3-A-7　各地区按用途分房地产开发企业房屋新开工面积 …… 277

3-A-8　各地区按资质等级分房地产开发企业房屋新开工面积 …… 278
3-A-9　各地区按用途分房地产开发企业房屋竣工面积 …… 279
3-A-10　各地区按资质等级分房地产开发企业房屋竣工面积 …… 280
3-A-11　各地区按用途分房地产开发企业竣工房屋价值 …… 281
3-A-12　各地区房地产开发企业建造的房屋面积和造价 …… 282
3-A-13　各地区按用途分房地产开发企业商品房销售面积 …… 283
3-A-14　各地区按资质等级分房地产开发企业商品房销售面积 …… 284
3-A-15　各地区按用途分房地产开发企业商品房期房销售面积 …… 285
3-A-16　各地区按用途分房地产开发企业出租房屋面积 …… 286
3-A-17　各地区按用途分房地产开发企业商品房销售额 …… 287
3-A-18　各地区按资质等级分房地产开发企业商品房销售额 …… 288
3-A-19　各地区房地产开发企业商品房屋空置情况 …… 289
3-A-20　各地区按用途分房地产开发企业商品房空置面积 …… 290
3-A-21　各地区房地产开发企业土地开发及其购置情况 …… 291
3-A-22　各地区按登记注册类型分房地产开发企业资产总计 …… 292
3-A-23　各地区按登记注册类型分房地产开发企业负债总计 …… 296
3-A-24　各地区房地产开发企业主营业务收入及其构成 …… 300
3-A-25　各地区按登记注册类型分房地产开发企业主营业务收入 …… 301
3-A-26　各地区按登记注册类型分房地产开发企业利润总额 …… 305

B．物业管理企业

3-B-1　各地区按登记注册类型分物业管理企业个数 …… 309
3-B-2　各地区按资质等级分物业管理企业个数 …… 313
3-B-3　各地区按登记注册类型分物业管理企业从业人员数 …… 314
3-B-4　各地区按资质等级分物业管理企业从业人员数 …… 318
3-B-5　各地区物业管理企业主要指标完成情况 …… 319
3-B-6　各地区按资质等级分物业管理企业主营业务收入 …… 320
3-B-7　各地区按资质等级分物业管理企业营业利润 …… 321

C．中介服务业

3-C-1　各地区按登记注册类型分中介服务企业个数 …… 322
3-C-2　各地区按登记注册类型分中介服务企业从业人员数 …… 326
3-C-3　各地区中介服务企业主要指标完成情况 …… 330
3-C-4　各地区按登记注册类型分中介服务企业主营业务收入 …… 331
3-C-5　各地区按登记注册类型分中介服务企业营业利润 …… 335

D．其他房地产业企业

3-D-1　各地区按登记注册类型分其他房地产业企业个数 …… 339
3-D-2　各地区按登记注册类型分其他房地产业企业从业人员数 …… 343
3-D-3　各地区按登记注册类型分其他房地产业企业主营业务收入 …… 347
3-D-4　各地区按登记注册类型分其他房地产业企业营业利润 …… 351

第四篇　交通运输、仓储和邮政业生产经营及财务状况

4-1　分行业交通运输、仓储和邮政业资产 …… 357
4-2　分行业交通运输、仓储和邮政业实收资本 …… 358
4-3　分行业交通运输、仓储和邮政业营业状况 …… 359

第五篇　其他服务业企业生产经营及财务状况

5-1　按行业（中类）分组的其他服务业企业财务状况 …… 362
5-2　按登记注册类型分组的其他服务业企业财务状况 …… 368
5-3　按行业（中类）分组的国有控股其他服务业企业财务状况 …… 369
5-4　按登记注册类型分组的国有控股其他服务业企业财务状况 …… 376

第六篇　行政事业、社团及其他单位财务状况

6-1　按行业（中类）分组的行政事业单位财务状况 …… 380
6-2　按登记注册类型分组的行政事业单位财务状况 …… 400
6-3　按行业（中类）分组的社团及其他单位财务状况 …… 404
6-4　按登记注册类型分组的社团及其他单位财务状况 …… 424

附录　主要指标解释 …… 431

第 1 篇

批发和零售业企业基本情况、经营情况和财务状况

A. 行业部分

1-A-1　批发业法人企业基本情况

指标名称	法人单位数(个)	年末从业人数(人)	年末零售营业面积(万平方米)
总计	**853765**	**10543775**	**5398.1**
1.按国民经济行业分组			
农畜产品批发	41731	703329	590.0
谷物、豆及薯类批发	13332	272292	190.4
种子、饲料批发	15013	164269	55.3
棉、麻批发	3415	105441	17.5
牲畜批发	1993	34606	14.4
其他农畜产品批发	7978	126721	312.5
食品、饮料及烟草制品批发	63727	1392336	419.7
米、面制品及食用油批发	10413	184187	85.9
糕点、糖果及糖批发	3427	49509	9.2
果品、蔬菜批发	9645	190822	104.2
肉、禽、蛋及水产品批发	6754	136133	81.3
盐及调味品批发	3522	95300	17.9
饮料及茶叶批发	13757	214640	43.0
烟草制品批发	2231	334362	37.7
其他食品批发	13978	187383	40.7
纺织、服装及日用品批发	88614	1080764	306.0
纺织品、针织品及原料批发	32455	299777	38.6
服装批发	21255	360515	97.0
鞋帽批发	3097	52036	7.8
厨房、卫生间用具及日用杂货批发	6851	72071	27.7
化妆品及卫生用品批发	6680	106215	15.4
其他日用品批发	18276	190150	119.5
文化、体育用品及器材批发	27250	305972	84.0
文具用品批发	10335	83487	17.7
体育用品批发	2180	29656	9.0
图书批发	3538	61008	29.2
报刊批发	301	11747	1.0
音像制品及电子出版物批发	828	10628	3.2
首饰、工艺品及收藏品批发	5427	65796	14.7
其他文化用品批发	4641	43650	9.2

1-A-1 续表 1

指标名称	法人单位数 (个)	年末从业人数 (人)	年末零售营业面积 (万平方米)
医药及医疗器材批发	25531	557908	126.4
西药批发	6653	277575	71.5
中药材及中成药批发	4396	137440	33.1
医疗用品及器材批发	14482	142893	21.7
矿产品、建材及化工产品批发	287203	3210539	2925.0
煤炭及制品批发	20939	375394	399.2
石油及制品批发	14631	465610	1689.4
非金属矿及制品批发	5404	51860	14.0
金属及金属矿批发	84641	763244	187.2
建材批发	68950	610657	300.3
化肥批发	26301	327855	224.7
农药批发	7637	61038	18.6
农用薄膜批发	611	5760	2.8
其他化工产品批发	58089	549121	88.8
机械设备、五金交电及电子产品批发	239344	2456616	543.5
农业机械批发	6873	76296	67.4
汽车、摩托车及零配件批发	21114	270769	145.5
五金、交电批发	57807	481864	109.8
家用电器批发	12352	216822	28.4
计算机、软件及辅助设备批发	20558	224630	35.2
通讯及广播电视设备批发	8203	125972	12.9
其他机械设备及电子产品批发	112437	1060263	144.3
贸易经纪与代理	19629	209068	36.3
其他批发	60736	627243	367.1
再生物资回收与批发	28502	293437	199.1
其他未列明的批发	32234	333806	168.0
2.按登记注册类型分组			
内资企业	840386	10066950	5356.5
国有企业	24223	1103027	723.0
集体企业	25139	436091	401.9
股份合作企业	7342	96482	63.1
联营企业	1744	31834	9.0

1-A-1　续表 2

指标名称	法人单位数（个）	年末从业人数（人）	年末零售营业面积（万平方米）
国有联营企业	322	10844	1.4
集体联营企业	661	7757	2.3
国有与集体联营企业	210	3976	1.1
其他联营企业	551	9257	4.2
有限责任公司	106113	1685257	750.7
国有独资公司	1277	86779	15.5
其他有限责任公司	104836	1598478	735.1
股份有限公司	14455	486185	1133.5
私营企业	644764	6003462	2139.4
私营独资企业	138268	1257297	686.9
私营合伙企业	24455	257069	111.4
私营有限责任公司	460499	4251324	1033.8
私营股份有限公司	21542	237772	307.3
其他企业	16606	224612	136.0
港、澳、台商投资企业	4740	175018	16.9
合资经营企业(港或澳、台资)	666	40601	5.0
合作经营企业(港或澳、台资)	96	3725	0.3
港、澳、台商独资经营企业	3785	124375	10.9
港、澳、台商投资股份有限公司	193	6317	0.7
外商投资企业	8639	301807	24.6
中外合资经营企业	1281	50427	13.0
中外合作经营企业	128	6404	0.4
外资企业	6924	236071	10.9
外商投资股份有限公司	306	8905	0.4
3.按控股情况分组			
国有控股	34086	1685420	1995.2
集体控股	32040	612509	470.5
私人控股	697868	6766395	2311.7
港澳台商控股	4698	165442	15.3
外商控股	8258	278300	21.2
其他	76815	1035709	584.2
4.按经营形式分组			
独立门店	611484	7047062	3304.3
连锁总店	2478	227113	890.3
连锁门店	2768	76224	235.5
其他	237035	3193376	968.0

1-A-2 批发业法人企业经营情况

单位：万元

指标名称	商品购进总额	进口额	商品销售总额	出口额	年末商品库存总额
总计	**1987563246.1**	**150422507.6**	**2232245229.0**	**156481583.2**	**166111113.1**
1.按国民经济行业分组					
农畜产品批发	47478947.5	4853726.5	52157681.2	1756870.5	12113712.5
谷物、豆及薯类批发	20392578.0	2907259.0	21433799.4	433454.0	6280026.9
种子、饲料批发	8252863.7	560842.7	9897351.0	116829.7	1200045.7
棉、麻批发	9109679.9	547515.3	9743074.8	86086.5	2464676.9
牲畜批发	1336962.7	15744.0	1673723.2	60786.4	98031.4
其他农畜产品批发	8386863.2	822365.5	9409732.8	1059713.9	2070931.6
食品、饮料及烟草制品批发	147381254.5	4750019.6	180033672.1	5803878.9	19416478.3
米、面制品及食用油批发	20040316.9	1969361.8	21568834.3	1392575.7	6564886.9
糕点、糖果及糖批发	5759436.6	123893.5	6377493.2	120141.1	622203.9
果品、蔬菜批发	7505134.2	126639.0	8740563.8	694944.3	371174.7
肉、禽、蛋及水产品批发	8821691.2	267484.8	10426610.4	1468733.7	629595.3
盐及调味品批发	4376361.7	50150.8	5625926.4	77786.9	549826.5
饮料及茶叶批发	17858386.7	972143.6	21951960.5	528415.7	2230913.3
烟草制品批发	68802679.9	348320.5	88939053.4	484832.8	5600162.6
其他食品批发	14217247.3	892025.6	16403230.1	1036448.7	2847715.1
纺织、服装及日用品批发	131883776.1	9499993.0	155878516.9	51968406.8	12259499.5
纺织品、针织品及原料批发	55392733.2	3414586.8	61944362.6	20190752.1	3391201.6
服装批发	39866029.6	3343785.4	48238281.8	20346708.0	4942449.7
鞋帽批发	7406960.6	395405.4	9372376.5	4333087.5	689573.9
厨房、卫生间用具及日用杂货批发	5309850.0	127408.2	6526107.3	1353772.5	566352.2
化妆品及卫生用品批发	6573203.8	273088.2	9262043.8	227339.6	787067.1
其他日用品批发	17334998.9	1945719.0	20535344.9	5516747.1	1882855.0
文化、体育用品及器材批发	29516865.7	2204896.1	33975107.9	2900321.2	5059459.2
文具用品批发	9804639.3	1116477.7	11165890.0	584299.2	1293938.3
体育用品批发	3223968.0	264504.2	3831858.4	701484.2	338347.7
图书批发	5211458.7	119115.8	5565648.0	63505.6	1219165.3
报刊批发	210845.0	49.7	268548.8	282.1	21826.4
音像制品及电子出版物批发	500291.9	29657.6	580339.2	21912.0	166569.7
首饰、工艺品及收藏品批发	6280834.3	416569.5	7558847.5	1025848.1	1485230.5
其他文化用品批发	4284828.5	258521.6	5003976.0	502990.0	534381.3

1-A-2　续表 1

单位：万元

指标名称	商品购进总额	进口额	商品销售总额	出口额	年末商品库存总额
医药及医疗器材批发	65571104.0	3214780.5	74487175.3	1861461.2	6843085.1
西药批发	41978849.6	1165369.8	46526087.2	1260838.7	4014232.2
中药材及中成药批发	14199430.3	389972.9	16414104.4	175457.3	1497234.7
医疗用品及器材批发	9392824.1	1659437.8	11546983.7	425165.2	1331618.2
矿产品、建材及化工产品批发	1119811553.9	74230647.4	1220577851.8	36679244.6	66697887.1
煤炭及制品批发	112399631.1	2265813.9	133490013.1	1589981.2	5822155.6
石油及制品批发	306532330.8	17473273.1	320369657.8	1938319.4	12772163.9
非金属矿及制品批发	7554206.8	925258.5	8516993.2	847452.0	457791.4
金属及金属矿批发	461990048.3	35971221.5	499191531.3	18131580.0	26795632.1
建材批发	71216393.0	2780602.0	80427044.3	3577384.4	6765929.6
化肥批发	34540374.2	1472491.2	37068687.4	1009302.3	5301439.6
农药批发	6051231.6	713415.7	6197497.3	739721.3	1596375.7
农用薄膜批发	514230.5	1949.4	590908.8	18916.0	34808.9
其他化工产品批发	119013107.6	12626622.1	134725518.6	8826588.0	7151590.3
机械设备、五金交电及电子产品批发	326086408.0	38700497.8	379670611.0	38247599.0	36046640.6
农业机械批发	5469353.6	199573.6	6301182.4	796072.2	635603.2
汽车、摩托车及零配件批发	80804287.4	13595643.2	92901470.2	4400548.3	7197118.8
五金、交电批发	39461837.0	1373096.5	42596755.5	6483813.9	3551467.8
家用电器批发	38538303.7	2659197.1	48456907.8	2580545.7	4073132.7
计算机、软件及辅助设备批发	29303818.0	3181107.8	35143011.6	1779004.4	3474754.5
通讯及广播电视设备批发	22419248.9	1069566.2	25875952.1	597409.5	2402844.8
其他机械设备及电子产品批发	110089559.4	16622313.4	128395331.4	21610205.0	14711718.8
贸易经纪与代理	41703407.1	9633173.8	47926066.8	12627984.0	2973062.0
其他批发	78129929.3	3334772.9	87538546.0	4635817.0	4701288.8
再生物资回收与批发	41423676.6	453026.8	45419236.3	63514.9	1317698.3
其他未列明的批发	36706252.7	2881746.1	42119309.7	4572302.1	3383590.5
2.按登记注册类型分组					
内资企业	1823027743.3	110984550.2	2033498750.1	143074960.6	146851152.6
国有企业	309998886.8	21933965.1	352603049.2	23606846.4	28386673.8
集体企业	34416822.7	2140966.6	36820358.1	2215250.2	4239262.8
股份合作企业	9795144.3	792046.4	11554025.2	2017053.6	1056077.5
联营企业	7750377.3	449502.7	8549993.1	489253.0	581312.5

1-A-2 续表 2

单位：万元

指标名称	商品购进总额	进口额	商品销售总额	出口额	年末商品库存总额
国有联营企业	4363071.8	283310.2	4528253.7	251016.9	305691.4
集体联营企业	757035.1	102978.5	912381.0	57357.4	50330.6
国有与集体联营企业	916379.6	5876.8	1276224.0	33591.8	122226.7
其他联营企业	1713890.8	57337.2	1833134.4	147286.9	103063.8
有限责任公司	490554001.5	48119332.0	537212909.2	49539895.0	41138441.0
国有独资公司	79033952.6	12497189.6	80271605.4	4405922.8	10010385.3
其他有限责任公司	411520048.9	35622142.4	456941303.8	45133972.2	31128055.7
股份有限公司	217635083.2	10633123.9	235043772.8	13566510.5	11264723.0
私营企业	739313569.5	26658256.2	835374588.4	51138612.2	59044555.4
私营独资企业	79562098.6	469214.0	95385620.2	1515484.9	7046070.8
私营合伙企业	17207481.2	350582.3	20213453.2	978839.2	1267174.3
私营有限责任公司	613961158.9	25091975.4	686586730.9	46419808.6	48045538.4
私营股份有限公司	28582830.8	746484.5	33188784.1	2224479.5	2685771.9
其他企业	13563858.0	257357.3	16340054.1	501539.7	1140106.6
港、澳、台商投资企业	39925600.0	6608564.4	47597224.9	1835094.9	4575499.2
合资经营企业(港或澳、台资)	9868870.2	424273.3	12959313.5	412107.9	685255.8
合作经营企业(港或澳、台资)	1284838.0	268575.6	1342368.9	6141.8	145738.5
港、澳、台商独资经营企业	27059707.0	5800725.9	31571354.1	1310657.8	3594117.0
港、澳、台商投资股份有限公司	1712184.8	114989.6	1724188.4	106187.4	150387.9
外商投资企业	124609902.8	32829393.0	151149254.0	11571527.7	14684461.3
中外合资经营企业	27293625.7	3197427.7	29444363.0	1974837.9	2026022.7
中外合作经营企业	8726749.3	25952.9	9243262.1	15050.3	360420.8
外资企业	87013322.3	29418390.1	111139103.0	9405860.1	11899196.8
外商投资股份有限公司	1576205.5	187622.3	1322525.9	175779.4	398821.0
3.按控股情况分组					
国有控股	717143482.9	62032828.1	782822726.4	51749098.8	57231091.7
集体控股	73682348.1	3409826.6	80408086.5	6972433.8	7290612.5
私人控股	893415628.9	36281129.7	1006392791.7	70791167.3	70751356.3
港澳台商控股	38243591.9	6717766.4	45879481.7	1915873.2	4469840.4
外商控股	100277966.1	30223560.3	126100762.7	9761176.1	13296024.7
其他	164800228.2	11757396.5	190641380.0	15291834.0	13072187.5
4.按经营形式分组					
独立门店	1267299761.1	80323883.2	1418175448.7	91152483.1	100850908.4
连锁总店	59954300.2	1712473.2	56922412.0	72065.8	3777849.6
连锁门店	15527286.5	55394.4	16500227.8	346668.9	909551.1
其他	644781898.3	68330756.8	740647140.5	64910365.4	60572804.0

1-A-3　批发业法人企业财务状况

单位：万元

指标名称	固定资产原　价	本年折旧	资产总计	所有者权益合计	实收资本
总计	**119141092.0**	**8649567.6**	**960558523.4**	**303630207.1**	**203261795.2**
1.按国民经济行业分组					
农畜产品批发	10380122.1	610892.1	46206520.8	14977247.7	9715717.2
谷物、豆及薯类批发	5196449.3	289394.7	23956068.0	7066959.9	4186515.7
种子、饲料批发	1904009.4	140818.0	6638385.1	3113115.0	2446080.8
棉、麻批发	1585217.7	73822.4	8386256.8	1888543.2	1318263.1
牲畜批发	348302.4	24386.4	705049.4	380185.9	286187.8
其他农畜产品批发	1346143.3	82470.6	6520761.5	2528443.7	1478669.8
食品、饮料及烟草制品批发	18019059.7	1205487.6	89786211.7	43101943.2	15865536.4
米、面制品及食用油批发	3379717.3	187328.4	19234320.4	4199430.0	3328556.9
糕点、糖果及糖批发	417613.4	30700.8	4362097.9	1232588.0	1140420.2
果品、蔬菜批发	1657224.9	101500.1	3909564.5	1824358.9	1308436.3
肉、禽、蛋及水产品批发	1448150.4	97918.0	4577836.9	1884852.2	2302030.4
盐及调味品批发	1058543.3	67716.1	3148662.6	1522307.8	863124.7
饮料及茶叶批发	1617976.2	121694.1	11274729.2	3707380.6	2744714.2
烟草制品批发	7212252.1	505696.0	35018593.4	26256087.6	2094217.4
其他食品批发	1227582.1	92934.1	8260406.8	2474938.1	2084036.3
纺织、服装及日用品批发	8328025.4	678596.5	70495893.2	22429187.5	16855667.3
纺织品、针织品及原料批发	2885901.2	239620.7	26523783.0	8349073.6	6021083.4
服装批发	2697447.9	210742.5	23519633.1	7256503.3	5276871.3
鞋帽批发	368771.6	25605.8	3731633.5	1300117.9	746945.1
厨房、卫生间用具及日用杂货批发	538195.7	41681.9	2856510.3	1061273.3	917022.1
化妆品及卫生用品批发	456398.2	47960.6	3987739.9	1304732.0	1056833.9
其他日用品批发	1381310.8	112985.0	9876593.4	3157487.4	2836911.5
文化、体育用品及器材批发	2626985.0	209858.3	19828454.2	7142669.3	5048312.7
文具用品批发	564682.9	50493.3	5235564.5	1556788.3	1293142.3
体育用品批发	148494.8	24136.0	1737451.2	512116.8	321054.5
图书批发	949563.7	61740.7	4884068.9	2280768.2	1293691.2
报刊批发	36204.5	3451.9	154499.6	63839.2	61073.5
音像制品及电子出版物批发	87064.0	8006.9	505618.3	172503.8	179238.7
首饰、工艺品及收藏品批发	550365.9	37798.8	4174644.5	1688943.3	1176796.5
其他文化用品批发	290609.2	24230.7	3136607.2	867709.7	723316.0

1-A-3 续表 1

单位：万元

指标名称	所有者权益合计					
	实收资本					
	国家资本	集体资本	法人资本	个人资本	港澳台资本	外商资本
总计	**34579348.1**	**7056173.4**	**51179373.3**	**93136155.6**	**4996940.6**	**12313804.2**
1.按国民经济行业分组						
农畜产品批发	3261911.3	880963.4	1694121.0	3667990.1	29857.6	180873.8
谷物、豆及薯类批发	2557086.2	166796.4	443304.0	990565.3	4050.6	24713.2
种子、饲料批发	313559.4	138289.4	562058.9	1279090.8	9648.8	143433.5
棉、麻批发	167594.3	274378.0	301535.3	571206.0	2441.8	1107.7
牲畜批发	25316.7	13075.6	58504.6	185748.4	3503.3	39.2
其他农畜产品批发	198354.7	288424.0	328718.2	641379.6	10213.1	11580.2
食品、饮料及烟草制品批发	4774013.1	567366.6	4018232.9	5099526.6	279520.6	1126876.6
米、面制品及食用油批发	1601963.0	96770.1	602214.0	844008.2	33935.8	149665.8
糕点、糖果及糖批发	136065.3	16713.0	315691.7	396881.8	20486.4	254582.0
果品、蔬菜批发	110786.7	140542.3	280217.0	744460.8	6032.8	26396.7
肉、禽、蛋及水产品批发	339146.7	104936.4	1288424.3	550085.1	7734.5	11703.4
盐及调味品批发	458569.6	46257.3	136567.1	158175.5	3382.4	60172.8
饮料及茶叶批发	132457.8	59993.1	765289.5	1254121.5	149995.2	382857.1
烟草制品批发	1804674.0	20265.3	178000.9	89210.5	660.1	1406.6
其他食品批发	190350.0	81889.1	451828.4	1062583.2	57293.4	240092.2
纺织、服装及日用品批发	1727741.7	474518.7	3600477.7	8549660.6	1106726.9	1396541.7
纺织品、针织品及原料批发	590829.5	191553.3	1486358.0	3461497.5	144767.1	146078.0
服装批发	761099.2	104905.3	1080814.2	2344763.0	566245.2	419044.4
鞋帽批发	67771.9	18532.9	131631.1	340245.5	136027.9	52735.8
厨房、卫生间用具及日用杂货批发	26594.1	37055.8	145328.3	564652.3	41172.2	102219.4
化妆品及卫生用品批发	130613.1	14156.0	150433.3	378668.2	44041.7	338921.6
其他日用品批发	150833.9	108315.4	605912.8	1459834.1	174472.8	337542.5
文化、体育用品及器材批发	985996.1	118682.2	1107943.7	2205632.5	265022.5	365035.7
文具用品批发	73192.9	24466.3	287073.6	752364.6	30342.2	125702.7
体育用品批发	9609.5	5441.8	73863.0	165456.7	34174.1	32509.4
图书批发	614289.8	30024.4	306762.1	324194.1	4255.4	14165.4
报刊批发	13284.5	3142.4	21550.8	18024.7		5071.1
音像制品及电子出版物批发	17928.6	4505.6	43203.3	78422.2	4556.9	30622.1
首饰、工艺品及收藏品批发	230371.0	41963.3	222401.9	489775.3	158190.4	34094.6
其他文化用品批发	27319.8	9138.4	153089.0	377394.9	33503.5	122870.4

1-A-3　续表 2

单位：万元

指标名称	主营业务收　入	主营业务成　本	主营业务税金及附加	主营业务利　润	三项费用合　计
总计	**2041291889.9**	**1839123497.8**	**9100918.7**	**180407048.1**	**115453206.5**
1.按国民经济行业分组					
农畜产品批发	49609676.1	43020304.1	404648.2	5796361.9	4025261.5
谷物、豆及薯类批发	20628540.7	18420193.2	146089.0	1996435.2	1806931.9
种子、饲料批发	9480434.5	7759427.0	106950.7	1447238.4	846517.0
棉、麻批发	9030631.9	8153130.2	43813.6	800137.2	548469.0
牲畜批发	1640075.6	1348644.0	26358.8	257318.6	124617.4
其他农畜产品批发	8829993.4	7338909.7	81436.1	1295232.5	698726.2
食品、饮料及烟草制品批发	162809648.1	131219663.5	971519.1	29632471.4	14255815.2
米、面制品及食用油批发	20497820.6	18500665.4	98565.6	1785740.5	1508907.3
糕点、糖果及糖批发	5793177.6	5027794.8	27623.4	717349.4	644514.3
果品、蔬菜批发	8150907.9	6728755.7	101624.4	1281073.2	708328.5
肉、禽、蛋及水产品批发	9953604.5	8574845.5	70521.9	1279556.0	756031.1
盐及调味品批发	5226815.7	4100445.7	34999.6	1059341.1	815175.8
饮料及茶叶批发	19685367.3	15559677.5	130325.9	3986806.2	2693390.2
烟草制品批发	78605247.0	60194487.2	410318.5	17444021.5	5511190.8
其他食品批发	14896707.5	12532991.7	97539.8	2078583.5	1618277.2
纺织、服装及日用品批发	145407207.9	126162699.9	641396.0	17211370.5	13279540.3
纺织品、针织品及原料批发	57454533.8	51663849.7	185766.4	4833511.3	3446203.0
服装批发	45512306.5	39542434.1	152173.1	5512323.5	4081069.0
鞋帽批发	9052541.3	7549310.4	22440.7	1425157.8	1071507.3
厨房、卫生间用具及日用杂货批发	6092358.0	5231299.6	36367.9	784782.7	674365.8
化妆品及卫生用品批发	8269348.0	5865181.3	42637.3	2271604.0	2053409.9
其他日用品批发	19026120.3	16310624.8	202010.6	2383991.2	1952985.3
文化、体育用品及器材批发	30714809.7	26523454.0	162675.5	3641648.3	2901178.9
文具用品批发	10036927.1	9072568.7	37713.6	836090.5	671834.5
体育用品批发	3445065.1	2773236.9	15310.4	637582.3	492835.3
图书批发	4821399.7	4033582.5	32269.2	729760.3	590732.3
报刊批发	253317.5	188597.2	4091.8	56974.2	56067.2
音像制品及电子出版物批发	536593.5	446039.6	4519.4	83178.6	79582.5
首饰、工艺品及收藏品批发	6951488.3	6019155.1	48825.4	844265.6	588879.7
其他文化用品批发	4670018.5	3990274.0	19945.7	453796.8	421247.4

1-A-3 续表 3

单位：万元

指标名称	三项费用合计		营业利润	职工工资和福利费	本年应交增值税	全部从业人员年平均人数(人)
	税金	利息支出				
总计	**2516293.2**	**4997194.7**	**77552071.0**	**27066937.4**	**28347808.2**	**10352381**
1.按国民经济行业分组						
农畜产品批发	146227.1	636814.0	2370925.2	1161938.0	531365.7	686902
谷物、豆及薯类批发	59453.6	417522.3	603469.2	444505.2	202027.8	266541
种子、饲料批发	35918.1	52401.0	669651.1	289541.0	125092.6	162971
棉、麻批发	19266.9	129407.6	325211.0	152409.3	65075.0	105277
牲畜批发	6173.1	5692.4	137820.1	54951.3	35318.6	33385
其他农畜产品批发	25415.4	31790.7	634773.8	220531.2	103851.7	118728
食品、饮料及烟草制品批发	328780.2	276027.0	16754477.8	4268321.5	4767299.0	1366628
米、面制品及食用油批发	42156.5	217271.7	453610.0	362909.0	242390.9	181325
糕点、糖果及糖批发	11135.6	40897.5	136070.4	123728.2	94307.7	48712
果品、蔬菜批发	24145.2	24416.4	644945.4	267272.0	127805.6	175670
肉、禽、蛋及水产品批发	21252.1	41395.4	577054.3	251316.4	144043.7	130695
盐及调味品批发	19942.0	9768.7	295856.0	263797.2	164450.6	97213
饮料及茶叶批发	31737.1	54148.3	1462422.5	514581.0	598119.8	208986
烟草制品批发	148200.6	-157095.7	12578575.5	2091741.8	3088331.0	347892
其他食品批发	30211.1	45224.7	605943.7	392975.9	307849.7	176135
纺织、服装及日用品批发	207103.1	296489.8	4922872.6	2935436.5	2609314.4	1050762
纺织品、针织品及原料批发	67424.9	149246.8	1599566.8	821799.2	817305.1	294431
服装批发	64214.0	83637.0	1771501.6	984542.3	915202.8	350032
鞋帽批发	10602.3	4332.5	431160.6	161027.4	179713.0	50593
厨房、卫生间用具及日用杂货批发	13238.8	16210.6	148607.3	182554.0	121309.3	70443
化妆品及卫生用品批发	18602.9	4673.5	327281.3	345742.9	280769.5	102074
其他日用品批发	33020.2	38389.4	644755.0	439770.7	295014.7	183189
文化、体育用品及器材批发	48326.0	49756.9	1041427.7	834591.5	514565.7	297619
文具用品批发	14158.4	17860.5	222132.0	194875.3	113667.8	82232
体育用品批发	4049.3	3575.1	162363.9	89051.7	88428.4	27367
图书批发	11679.8	-2635.0	200723.5	175263.5	97117.6	61428
报刊批发	604.6	72.2	9072.2	32397.9	6404.4	12272
音像制品及电子出版物批发	1775.4	1967.9	13546.6	28232.9	10642.6	10325
首饰、工艺品及收藏品批发	8553.9	19643.6	301867.3	170114.8	127985.1	61570
其他文化用品批发	7504.6	9272.6	131722.2	144655.4	70319.8	42425

1-A-3 续表 4

单位：万元

指标名称	固定资产原价	本年折旧	资产总计	所有者权益合计	实收资本
医药及医疗器材批发	3998028.6	293764.2	34086414.8	9439361.6	6826115.6
西药批发	2026965.3	138091.1	19772372.4	5054281.6	3513985.9
中药材及中成药批发	986521.5	70877.0	7621386.0	2025083.2	1511469.6
医疗用品及器材批发	984541.8	84796.1	6692656.4	2359996.8	1800660.1
矿产品、建材及化工产品批发	49443489.9	3469157.5	401572494.4	129834001.7	91487875.0
煤炭及制品批发	5817762.8	403919.6	49815386.6	20671275.6	11994689.8
石油及制品批发	16634580.3	997020.3	71153603.7	28158131.5	18810483.2
非金属矿及制品批发	581908.2	46363.5	3468127.0	1375362.4	1171033.1
金属及金属矿批发	10065687.3	786193.3	164200410.5	43244048.8	31371853.7
建材批发	6869711.7	506321.4	42835838.4	15074764.6	12298323.6
化肥批发	3446479.9	229858.2	19757115.6	5334935.1	4046363.0
农药批发	663617.9	44626.7	3220856.1	938905.4	631673.5
农用薄膜批发	64977.6	4709.2	207269.7	97394.9	82079.6
其他化工产品批发	5298764.2	450145.3	46913886.8	14939183.4	11081375.5
机械设备、五金交电及电子产品批发	18337382.6	1585329.9	218436571.5	54589808.2	41789472.9
农业机械批发	938055.9	57427.4	2991442.0	1190701.3	924917.6
汽车、摩托车及零配件批发	2809439.6	227131.7	44515580.4	9399147.1	6875308.1
五金、交电批发	3568419.1	303307.9	50290604.3	7202993.3	5972051.8
家用电器批发	1060238.9	103715.1	17651618.0	3860200.9	3209500.3
计算机、软件及辅助设备批发	1218819.0	107977.7	12587540.6	4170322.0	4195138.9
通讯及广播电视设备批发	1084735.8	110918.7	13653388.2	5258283.8	3058134.2
其他机械设备及电子产品批发	7657674.3	674851.4	76746398.0	23508159.8	17554422.0
贸易经纪与代理	2345139.9	168695.1	37683933.7	11237450.7	7612244.8
其他批发	5662858.8	427786.4	42462029.1	10878537.2	8060853.3
再生物资回收与批发	2425270.6	185871.3	9204389.6	3170729.7	2609978.1
其他未列明的批发	3237588.2	241915.1	33257639.5	7707807.5	5450875.2
2.按登记注册类型分组					
内资企业	113823993.5	8103765.6	861130000.9	275953735.0	184681280.7
国有企业	24068421.8	1474139.7	153276015.0	56917763.6	24384345.9
集体企业	4206370.8	252182.4	20882868.2	5021356.2	3676305.9
股份合作企业	998768.4	62485.8	4616742.7	1613965.9	1303694.6
联营企业	443834.5	25845.7	3188738.1	879996.5	568595.0

1-A-3 续表 5

单位：万元

指标名称	所有者权益合计					
	实收资本					
	国家资本	集体资本	法人资本	个人资本	港澳台资本	外商资本
医药及医疗器材批发	1134061.5	250534.5	1775917.8	3257977.2	145692.1	261932.5
西药批发	804026.9	160464.9	913632.6	1463229.2	86081.3	86551.0
中药材及中成药批发	243043.1	65940.8	484864.7	669204.6	28358.2	20058.2
医疗用品及器材批发	86991.5	24128.8	377420.5	1125543.4	31252.6	155323.3
矿产品、建材及化工产品批发	18281106.4	3199385.5	23102144.3	42563369.2	1612792.5	2729077.1
煤炭及制品批发	1637990.8	414772.6	3723321.8	6135628.9	55464.8	27510.9
石油及制品批发	9161862.3	289098.3	5791189.1	2902403.6	216079.6	449850.3
非金属矿及制品批发	152281.7	58624.9	307738.3	615597.1	4521.6	32269.5
金属及金属矿批发	5286222.1	635264.4	6809929.2	17392423.4	962974.6	285040.0
建材批发	776603.9	339809.9	2901841.4	7493497.4	166654.1	619916.9
化肥批发	293736.2	1035640.1	562839.1	1370753.1	2214.3	781180.2
农药批发	32061.7	77841.2	116890.6	358723.7	2493.6	43662.7
农用薄膜批发	1803.6	10887.9	23533.9	44921.9	674.9	257.4
其他化工产品批发	938544.1	337446.2	2864860.9	6249420.1	201715.0	489389.2
机械设备、五金交电及电子产品批发	2633465.6	998936.8	10126560.0	21310048.3	1175442.3	5545019.9
农业机械批发	83304.0	55586.0	228426.5	548729.3	2463.4	6408.4
汽车、摩托车及零配件批发	642250.0	152474.3	1486302.6	2693286.1	195029.7	1705965.4
五金、交电批发	292809.9	243562.1	1237510.1	3928772.5	72901.2	196496.0
家用电器批发	77186.0	109897.5	541076.1	1293832.2	72663.1	1114845.4
计算机、软件及辅助设备批发	79879.7	65370.7	1384265.3	2188743.4	203861.4	273018.4
通讯及广播电视设备批发	209723.6	31306.9	780780.6	1195226.5	104096.7	736999.9
其他机械设备及电子产品批发	1248312.4	340739.3	4468198.8	9461458.3	524426.8	1511286.4
贸易经纪与代理	946441.3	130261.9	3857397.3	2162931.0	147541.3	367672.0
其他批发	834611.1	435523.8	1896578.6	4319020.1	234344.8	340774.9
再生物资回收与批发	101795.1	197307.2	531475.0	1755887.4	11773.7	11739.7
其他未列明的批发	732816.0	238216.6	1365103.6	2563132.7	222571.1	329035.2
2.按登记注册类型分组						
内资企业	34122095.5	6998402.8	50236449.5	92702857.4	369032.7	252442.8
国有企业	18602074.3	166191.0	5326221.8	283966.5	3826.8	2065.5
集体企业	108486.9	3005082.3	245271.6	315705.7	680.8	1078.6
股份合作企业	195917.7	256951.1	349977.2	498941.3	1450.6	456.7
联营企业	199727.8	116276.8	154987.7	97179.4	100.3	323.0

1-A-3 续表 6

单位：万元

指标名称	主营业务收入	主营业务成本	主营业务税金及附加	主营业务利润	三项费用合计
医药及医疗器材批发	67054804.8	59088725.1	274997.5	7401174.7	5667068.1
西药批发	41634478.0	37762529.0	115192.6	3672944.8	2713064.0
中药材及中成药批发	14843943.1	12964459.3	82857.8	1771055.7	1291926.3
医疗用品及器材批发	10576383.7	8361736.8	76947.1	1957174.2	1662077.8
矿产品、建材及化工产品批发	1111991430.6	1033638971.4	4473682.9	69071097.0	40999586.4
煤炭及制品批发	125294819.2	110852145.2	877421.9	13211657.3	7258809.4
石油及制品批发	289594169.9	274707519.4	377653.8	13720563.4	7745582.6
非金属矿及制品批发	7985678.5	7026289.7	84194.0	856364.7	497123.1
金属及金属矿批发	448047896.6	424046442.1	1508449.3	20769562.6	12376568.1
建材批发	74799719.7	66107516.3	535774.5	7319467.0	4408214.9
化肥批发	36439576.9	32534570.0	331129.3	3330806.8	1854805.2
农药批发	5993464.1	5258693.0	60339.9	633563.4	377920.3
农用薄膜批发	555493.1	485211.2	6220.3	62153.8	34304.3
其他化工产品批发	123280612.6	112620584.5	692499.9	9166958.0	6446258.5
机械设备、五金交电及电子产品批发	344573432.9	303666521.6	1477046.0	36305264.0	27288431.2
农业机械批发	6039795.9	5108984.2	59441.4	801407.7	446497.2
汽车、摩托车及零配件批发	85368927.0	77710468.4	210697.9	6771217.0	4943133.6
五金、交电批发	39834642.0	33852382.2	311979.6	4903677.0	3164490.6
家用电器批发	38727907.9	34516956.4	107825.9	4010264.4	3528274.2
计算机、软件及辅助设备批发	31753714.8	29290574.3	131292.8	2146580.5	1854587.0
通讯及广播电视设备批发	23827734.9	20116010.2	71966.8	3576890.9	2413825.0
其他机械设备及电子产品批发	119020710.4	103071145.9	583841.6	14095226.5	10937623.6
贸易经纪与代理	45585281.5	41716733.6	206000.9	3435804.7	2616194.0
其他批发	83545598.3	74086424.6	488952.6	7911855.6	4420130.9
再生物资回收与批发	43805554.3	39655304.9	248113.4	3622019.9	1619420.4
其他未列明的批发	39740044.0	34431119.7	240839.2	4289835.7	2800710.5
2.按登记注册类型分组					
内资企业	1862989431.8	1685946708.2	8756312.5	156687307.3	95422594.1
国有企业	319783827.6	287179500.5	1044328.3	30407073.3	15052885.4
集体企业	34464482.0	30764366.3	279524.4	3250015.6	2052411.1
股份合作企业	10865560.3	9791569.2	59427.4	914425.1	568175.1
联营企业	7931034.3	7327831.6	24551.1	553660.2	331912.6

1-A-3 续表 7 单位：万元

指标名称	三项费用合计		营业利润	职工工资和福利费	本年应交增值税	全部从业人员年平均人数(人)
	税金	利息支出				
医药及医疗器材批发	91276.5	174086.5	2223818.5	1457314.3	1318121.5	540682
西药批发	42178.8	121855.8	1152309.6	691911.8	544529.5	265907
中药材及中成药批发	24972.3	39456.3	548919.5	304435.6	469836.7	133971
医疗用品及器材批发	24125.4	12774.4	522589.4	460966.9	303755.3	140804
矿产品、建材及化工产品批发	1029388.6	2861445.0	31928804.9	7610010.6	11493509.2	3190629
煤炭及制品批发	163412.7	172042.6	6953663.4	892892.4	2398022.3	428587
石油及制品批发	166647.0	562934.2	6339721.0	1390729.5	2759594.6	453156
非金属矿及制品批发	17096.8	17636.3	394658.4	105093.1	110167.6	50393
金属及金属矿批发	296196.4	1331581.0	9665318.9	1955433.1	3200733.8	750234
建材批发	159014.2	259370.2	3368433.0	1177206.8	1172695.7	583246
化肥批发	73624.7	190783.7	1612319.0	523593.6	411969.4	322453
农药批发	14139.1	37419.4	293393.4	105905.1	52152.5	59733
农用薄膜批发	1336.5	826.0	29534.4	10333.9	5916.4	5839
其他化工产品批发	137921.2	288851.6	3271763.4	1448823.1	1382256.9	536988
机械设备、五金交电及电子产品批发	469999.9	283069.4	12886850.8	6850271.6	5640951.6	2409168
农业机械批发	20685.1	14945.9	376901.7	127355.0	108254.6	74729
汽车、摩托车及零配件批发	80490.7	81642.6	2590747.8	755257.7	1202962.8	264291
五金、交电批发	86604.8	46865.6	1988890.6	999464.2	616593.7	465360
家用电器批发	41597.6	57805.2	711654.8	666567.8	739865.7	229801
计算机、软件及辅助设备批发	34231.6	56.8	503323.9	584400.0	320509.2	218057
通讯及广播电视设备批发	25788.5	54257.7	1794393.3	597268.7	570836.3	122033
其他机械设备及电子产品批发	180601.6	27495.6	4920938.7	3119958.2	2081929.3	1034897
贸易经纪与代理	54845.8	242474.3	1517262.3	666404.2	522195.7	196795
其他批发	140346.0	177031.8	3905631.2	1282649.2	950485.4	613196
再生物资回收与批发	71178.1	104667.5	2091692.5	510930.4	408902.3	289515
其他未列明的批发	69167.9	72364.3	1813938.7	771718.8	541583.1	323681
2.按登记注册类型分组						
内资企业	2380674.2	4979124.1	70572254.4	23256362.6	24834179.1	9853340
国有企业	369743.8	788778.2	17136387.7	4075286.0	5728966.1	1088372
集体企业	67877.7	141838.8	1422348.4	657611.4	559519.4	413295
股份合作企业	17865.8	25614.2	411777.0	174711.2	169180.7	93394
联营企业	9379.4	28127.1	251164.3	89172.0	95352.1	34596

1-A-3　续表 8　　　　　　　　　　　　　　　　　　单位：万元

指标名称	固定资产原价	本年折旧	资产总计	所有者权益合计	实收资本
国有联营企业	245985.9	11697.6	965545.4	330975.0	199856.6
集体联营企业	66857.7	4678.5	786080.0	132987.1	111110.4
国有与集体联营企业	52549.2	3870.6	605067.6	163501.5	105317.9
其他联营企业	78441.7	5599.0	832045.1	252532.9	152310.1
有限责任公司	20552375.2	1504976.0	264901079.1	67248545.7	44019620.7
国有独资公司	2406946.5	142046.4	39342754.8	12116640.3	4873580.7
其他有限责任公司	18145428.7	1362929.6	225558324.3	55131905.4	39146040.0
股份有限公司	12780065.7	716982.1	74865446.3	31672741.3	16767192.4
私营企业	49054698.9	3944781.8	332507683.7	109724432.0	91657641.7
私营独资企业	12692580.9	930938.0	34635265.4	16307802.5	13161681.1
私营合伙企业	2027012.4	138417.3	7045698.0	3028876.4	2571990.4
私营有限责任公司	32184169.9	2704881.8	278095205.5	85634875.0	71965064.6
私营股份有限公司	2150935.7	170544.7	12731514.8	4752878.1	3958905.6
其他企业	1719458.2	122372.1	6891427.8	2874933.8	2303884.5
港、澳、台商投资企业	1526121.2	131726.8	28493883.3	6797255.5	5198063.0
合资经营企业(港或澳、台资)	479431.8	31253.0	12426465.5	1591009.8	1063856.4
合作经营企业(港或澳、台资)	14528.3	1703.2	343989.5	105760.4	63955.2
港、澳、台商独资经营企业	911284.7	84306.0	14376574.4	4479016.2	3531876.1
港、澳、台商投资股份有限公司	120876.4	14464.6	1346853.9	621469.1	538375.3
外商投资企业	3790977.3	414075.2	70934639.2	20879216.6	13382451.5
中外合资经营企业	984887.6	76524.9	8787505.9	2113107.5	1804158.6
中外合作经营企业	95182.7	5909.1	1393631.1	203936.7	271006.2
外资企业	2667544.7	328421.4	60082623.2	18335145.4	11108309.2
外商投资股份有限公司	43362.3	3219.8	670879.0	227027.0	198977.5
3.按控股情况分组					
国有控股	40775878.8	2403799.5	310535868.4	114472106.3	54355283.1
集体控股	6712817.6	412493.6	48011427.9	10148743.8	7213154.2
私人控股	56615368.8	4597596.4	406120659.5	129638129.0	107275290.8
港澳台商控股	1343248.2	121847.5	20151267.8	6550735.4	5043977.7
外商控股	3149146.1	374242.9	65377484.1	19560487.5	12263633.9
其他	10544632.5	739587.7	110361815.7	23260005.1	17110455.5
4.按经营形式分组					
独立门店	78947891.1	5795574.7	543057782.7	178618705.3	122642696.1
连锁总店	6212762.4	356842.2	17247473.0	8314091.1	4065971.0
连锁门店	1057345.0	66150.0	3864949.9	1743713.7	923092.0
其他	32923093.5	2431000.7	396388317.8	114953697.0	75630036.1

1-A-3 续表 9

单位：万元

指标名称	所有者权益合计					
	实收资本					
	国家资本	集体资本	法人资本	个人资本	港澳台资本	外商资本
国有联营企业	147505.9	6143.4	35196.5	11010.8		
集体联营企业	1216.2	77647.8	19353.6	12892.8		
国有与集体联营企业	38767.9	15767.9	34614.2	16167.6	0.3	
其他联营企业	12237.8	16717.7	65823.4	57108.2	100.0	323.0
有限责任公司	8040309.8	2078363.5	19886343.6	13739900.0	160831.9	113871.9
国有独资公司	3371279.8	16990.8	1470785.9	14073.8		450.4
其他有限责任公司	4669030.0	2061372.7	18415557.7	13725826.2	160831.9	113421.5
股份有限公司	6624581.6	572321.2	6631157.2	2873298.7	47988.4	17845.3
私营企业	277748.9	722135.8	16823851.8	73568475.0	150170.8	115259.4
私营独资企业	100276.8	162493.9	2211061.2	10634524.5	29345.4	23979.3
私营合伙企业	27472.5	53963.5	488934.5	1996969.2	4510.3	140.4
私营有限责任公司	139072.0	459145.2	13227531.0	57964061.6	107192.1	68062.7
私营股份有限公司	10927.6	46533.2	896325.1	2972919.7	9123.0	23077.0
其他企业	73248.5	81081.1	818638.6	1325390.8	3983.1	1542.4
港、澳、台商投资企业	89355.5	24327.7	392042.1	145662.7	4437681.8	108993.2
合资经营企业(港或澳、台资)	59190.2	21061.0	313633.2	81310.7	570460.6	18200.7
合作经营企业(港或澳、台资)	4151.3	353.6	11540.1	4387.2	42434.5	1088.5
港、澳、台商独资经营企业	913.8	1558.8	57199.7	41780.7	3344183.5	86239.6
港、澳、台商投资股份有限公司	25100.2	1354.3	9669.1	18184.1	480603.2	3464.4
外商投资企业	367897.1	33442.9	550881.7	287635.5	190226.1	11952368.2
中外合资经营企业	336309.4	27024.9	380676.4	128629.1	76692.0	854826.8
中外合作经营企业	11332.8	6223.6	44121.0	34432.2	10722.9	164173.7
外资企业	611.5	107.8	102933.6	88348.7	95356.3	10820951.3
外商投资股份有限公司	19643.4	86.6	23150.7	36225.5	7454.9	112416.4
3.按控股情况分组						
国有控股	33569622.4	440643.4	18859495.1	1191379.5	103606.8	190535.9
集体控股	194155.4	5356584.7	871355.0	743162.5	26090.4	21806.2
私人控股	382041.5	665517.3	21101077.4	84763010.9	178899.7	184744.0
港澳台商控股	20403.1	13993.9	324804.4	90783.7	4518885.9	75106.7
外商控股	76469.1	10860.0	256150.4	159927.2	101941.7	11658285.5
其他	336656.6	568574.1	9766491.0	6187891.8	67516.1	183325.9
4.按经营形式分组						
独立门店	19755576.5	4727054.9	27582355.7	63512058.0	2054718.4	5010932.6
连锁总店	3225950.3	91085.3	253750.2	385720.1	65285.3	44179.8
连锁门店	459874.3	32888.3	163828.3	242658.7	14486.0	9356.4
其他	11137947.0	2205144.9	23179439.1	28995718.8	2862450.9	7249335.4

1-A-3　续表 10　　　　单位：万元

指标名称	主营业务收　入	主营业务成　本	主营业务税金及附加	主营业务利　润	三项费用合　计
国有联营企业	4108403.6	3826867.8	11830.6	269466.5	154396.7
集体联营企业	890699.4	781715.7	5358.1	101456.5	45822.8
国有与集体联营企业	1215931.3	1129695.7	2976.4	70818.0	52214.6
其他联营企业	1716000.0	1589552.4	4386.0	111919.2	79478.5
有限责任公司	491435977.6	456528219.7	1729759.6	32169665.9	21984017.9
国有独资公司	71863498.8	68574557.6	183275.7	3039470.1	1941683.1
其他有限责任公司	419572478.8	387953662.1	1546483.9	29130195.8	20042334.8
股份有限公司	212800366.0	199275523.1	583557.7	11933075.7	7261972.0
私营企业	770194818.7	682266289.6	4847871.8	75113138.5	47107929.6
私营独资企业	90330826.6	73574720.3	1453471.4	14554158.0	6834940.9
私营合伙企业	18939373.8	16149397.8	199189.5	2409251.9	1344384.3
私营有限责任公司	630052308.3	564911643.7	2981785.6	55333722.7	37091489.7
私营股份有限公司	30872310.0	27630527.8	213425.3	2816005.9	1837114.7
其他企业	15513365.3	12813408.2	187292.2	2346253.0	1063290.4
港、澳、台商投资企业	42338538.0	37249935.2	54196.9	4902537.9	4108527.5
合资经营企业(港或澳、台资)	11567984.5	10581181.6	15853.4	909734.8	677656.5
合作经营企业(港或澳、台资)	1160266.2	1071215.6	1045.9	87583.6	73892.2
港、澳、台商独资经营企业	28122739.4	24294067.1	34028.1	3730508.6	3194973.8
港、澳、台商投资股份有限公司	1487547.9	1303470.9	3269.5	174710.9	162005.0
外商投资企业	135963920.1	115926854.4	290409.3	18817202.9	15922084.9
中外合资经营企业	29741546.7	27308601.0	80542.9	2120530.4	1858107.0
中外合作经营企业	9159737.4	8635023.1	2367.0	120765.9	500711.1
外资企业	95815224.1	78971468.7	203942.5	16341256.0	13373198.6
外商投资股份有限公司	1247411.9	1011761.6	3556.9	234650.6	190068.2
3.按控股情况分组					
国有控股	711522215.5	657703123.2	1954825.0	49672431.8	26965179.8
集体控股	74632207.9	67399129.0	445549.0	6308546.0	4086982.9
私人控股	928549592.8	827466508.5	5537340.4	86837754.2	56048688.2
港澳台商控股	40849410.7	35836712.3	52211.0	4837275.4	4067880.9
外商控股	109781990.7	91345216.5	252329.2	17891431.6	14756013.6
其他	175956472.3	159372808.3	858664.1	14859609.1	9528461.1
4.按经营形式分组					
独立门店	1294013523.7	1168684573.8	6477936.0	112428366.9	68825389.4
连锁总店	57604006.3	52508828.5	101713.4	4476991.0	2661176.9
连锁门店	12862459.8	11499739.8	49958.5	1226294.2	594833.2
其他	676811900.1	606430355.7	2471310.8	62275396.0	43371807.0

1-A-3 续表 11

单位：万元

指标名称	三项费用合计		营业利润	职工工资和福利费	本年应交增值税	全部从业人员年平均人数(人)
	税金	利息支出				
国有联营企业	3163.8	12776.0	124700.7	47117.6	49315.5	11430
集体联营企业	1709.2	5393.2	56815.8	11599.3	16158.1	10300
国有与集体联营企业	823.2	3027.5	31067.8	10592.0	13142.9	4026
其他联营企业	3683.2	6930.4	38580.0	19863.1	16735.6	8840
有限责任公司	406031.4	1648391.4	13049011.8	4658528.9	5563219.9	1669936
国有独资公司	40923.3	356828.7	1663660.8	433364.2	508459.8	87545
其他有限责任公司	365108.1	1291562.7	11385351.0	4225164.7	5054760.1	1582391
股份有限公司	144252.4	493222.6	5593843.4	1386914.6	2150253.1	464171
私营企业	1325477.9	1810846.3	31343833.0	11853952.4	10341608.9	5874309
私营独资企业	364612.0	232594.7	8028976.4	2153482.8	1699202.6	1236839
私营合伙企业	57153.5	43073.3	1168900.9	435983.1	358911.6	250014
私营有限责任公司	851325.5	1472242.9	21012938.1	8809769.9	7886810.7	4156572
私营股份有限公司	52386.9	62935.4	1133017.6	454716.6	396684.0	230884
其他企业	40045.8	42305.5	1363888.8	360186.1	226078.9	215267
港、澳、台商投资企业	33875.0	-1364.7	1178490.6	859853.4	887720.4	167772
合资经营企业(港或澳、台资)	5939.3	19621.1	308963.1	134231.0	290846.9	35722
合作经营企业(港或澳、台资)	1035.3	1618.3	12074.9	13295.1	8656.0	3597
港、澳、台商独资经营企业	20839.8	-13685.8	824321.3	681326.4	565298.7	122288
港、澳、台商投资股份有限公司	6060.6	-8918.3	33131.3	31000.9	22918.8	6165
外商投资企业	101744.0	19435.3	5801326.0	2950721.4	2625908.7	331269
中外合资经营企业	21473.6	71455.9	830656.3	259344.3	292438.2	59239
中外合作经营企业	2728.5	-17106.4	22687.3	32342.8	60814.6	6209
外资企业	76888.7	-37111.9	4885977.9	2627257.2	2241634.5	257045
外商投资股份有限公司	653.2	2197.7	62004.5	31777.1	31021.4	8776
3.按控股情况分组						
国有控股	568695.1	1817660.8	26555050.5	6546493.0	9487497.5	1667608
集体控股	102905.4	280657.0	2731258.0	1102539.9	1017714.2	587184
私人控股	1481753.6	2340178.7	35335389.8	13569220.3	12185278.7	6621453
港澳台商控股	30191.4	-875.7	1159095.2	849002.9	817024.5	161105
外商控股	89754.3	-11340.3	5151705.7	2816617.1	2418227.1	298704
其他	242993.4	570914.2	6619571.8	2183064.2	2422066.2	1016327
4.按经营形式分组						
独立门店	1776914.3	3537051.5	49737280.9	16547131.1	17215169.9	6982977
连锁总店	66130.4	77632.1	2079325.4	634772.9	886049.1	226480
连锁门店	13346.3	16371.2	681594.0	166714.6	213488.9	67729
其他	659902.2	1366139.9	25053870.7	9718318.8	10033100.3	3075195

1-A-4　批发业法人企业分类商品销售情况

单位：万元

指标名称	销售额
1.粮油、食品、饮料、烟酒类	203176328.1
(1)粮油、食品类	91157875.2
其中：粮油类	39765194.1
肉禽蛋类	7772935.6
水产品类	4288546.2
蔬菜类	5336705.0
干鲜果品类	5603412.8
(2)饮料类	11664778.7
(3)烟酒类	100353674.2
2.服装、鞋帽、针纺织品类	116153474.1
(1)服装类	49594372.0
(2)鞋帽类	12772495.1
(3)针纺织品	53786607.0
3.化妆品类	3750723.3
4.金银珠宝类	6130256.3
5.日用品类	38852094.0
其中：洗涤用品类	5725899.7
儿童玩具类	1093277.4
6.五金、电料类	24618691.2
7.体育、娱乐用品类	5941466.3
8.书报杂志类	5451586.0
9.电子出版物及音像制品类	3457557.7
10.家用电器和音像器材类	54271013.4
11.中西药品类	65736010.0
其中：西药	44313964.1
中草药及中成药类	11374990.8
12.文化办公用品类	41849683.4
13.家具类	3940769.0
14.通讯器材类	30824666.6
15.煤炭及制品类	141485011.8
16.木材及制品类	6676325.9
17.石油及制品类	329283874.8
18.化工材料及制品类	179884763.9
其中：化肥类	37056917.2
19.金属材料类	519446757.5
20.建筑及装潢材料类	56872937.9
21.机电产品及设备类	153627342.5
其中：农机类	5510792.2
22.汽车类	89403841.6
23.种子饲料类	10016518.7
24.棉麻类	10702659.8
25.其他类	130690875.2

1-A-5 零售业法人企业基本情况

指标名称	法人单位数（个）	年末从业人数（人）	年末零售营业面积（万平方米）
总计	**548998**	**8368366**	**29791.0**
1.按国民经济行业分组			
综合零售	63664	2859509	11160.4
百货零售	27568	1320852	5882.1
超级市场零售	12451	1176916	4327.5
其他综合零售	23645	361741	950.8
食品、饮料及烟草制品专门零售	44829	492140	1060.2
粮油零售	7623	88598	342.1
糕点、面包零售	2899	47313	47.0
果品、蔬菜零售	2961	36487	119.1
肉、禽、蛋及水产品零售	4648	70712	156.7
饮料及茶叶零售	9900	83999	128.2
烟草制品零售	3873	37039	65.0
其他食品零售	12925	127992	202.1
纺织、服装及日用品专门零售	59566	748876	1678.9
纺织品及针织品零售	7328	77115	160.3
服装零售	24767	399820	1051.0
鞋帽零售	3553	61121	99.7
钟表、眼镜零售	4419	51045	71.7
化妆品及卫生用品零售	6172	53552	83.4
其他日用品零售	13327	106223	212.9
文化、体育用品及器材专门零售	36480	405213	915.6
文具用品零售	9549	60694	98.1
体育用品零售	3028	29609	52.9
图书零售	6349	149782	489.5
报刊零售	426	10420	7.4
音像制品及电子出版物零售	1617	11533	16.3
珠宝首饰零售	5150	69459	105.8
工艺美术品及收藏品零售	5576	40005	85.4
照相器材零售	856	6953	10.7
其他文化用品零售	3929	26758	49.6

1-A-5　续表 1

指标名称	法人单位数（个）	年末从业人数（人）	年末零售营业面积（万平方米）
医药及医疗器材专门零售	49438	625075	1214.6
药品零售	39788	549550	1100.6
医疗用品及器材零售	9650	75525	113.9
汽车、摩托车、燃料及零配件专门零售	79883	1228563	7583.7
汽车零售	22760	599195	3317.8
汽车零配件零售	15842	122570	289.5
摩托车及零配件零售	10501	93954	283.9
机动车燃料零售	30780	412844	3692.5
家用电器及电子产品专门零售	90932	972641	2192.6
家用电器零售	21875	403933	1473.9
计算机、软件及辅助设备零售	34979	268228	313.1
通信设备零售	13247	159424	231.6
其他电子产品零售	20831	141056	173.9
五金、家具及室内装修材料专门零售	72505	568485	2312.7
五金零售	35471	241844	458.0
家具零售	11264	131639	1257.6
涂料零售	2670	18989	37.5
其他室内装修材料零售	23100	176013	559.7
无店铺及其他零售	51701	467864	1672.7
流动货摊零售	145	1107	3.9
邮购及电子销售	554	11707	7.5
生活用燃料零售	9878	115388	778.5
花卉零售	2657	25270	117.4
旧货零售	547	4238	19.4
其他未列明的零售	37920	310154	746.0
2.按登记注册类型分组			
内资企业	545651	7842035	27725.5
国有企业	13494	465556	1782.2
集体企业	25914	434191	1350.2
股份合作企业	8125	108169	334.5
联营企业	1714	25037	84.5
国有联营企业	286	6387	20.4

1-A-5 续表 2

指标名称	法人单位数（个）	年末从业人数（人）	年末零售营业面积（万平方米）
集体联营企业	646	7588	22.7
国有与集体联营企业	212	4005	15.0
其他联营企业	570	7057	26.5
有限责任公司	59184	1757985	7430.1
国有独资公司	487	32291	126.6
其他有限责任公司	58697	1725694	7303.5
股份有限公司	10521	650077	3602.1
私营企业	408735	4224190	12620.0
私营独资企业	164483	1326718	4187.1
私营合伙企业	19608	191921	608.1
私营有限责任公司	211159	2505387	7199.6
私营股份有限公司	13485	200164	625.3
其他企业	17964	176830	521.8
港、澳、台商投资企业	1363	195826	683.0
合资经营企业(港或澳、台资)	319	58317	251.5
合作经营企业(港或澳、台资)	67	6904	29.1
港、澳、台商独资经营企业	888	125754	381.3
港、澳、台商投资股份有限公司	89	4851	21.0
外商投资企业	1984	330505	1383.1
中外合资经营企业	639	161712	786.2
中外合作经营企业	106	30056	98.5
外资企业	1112	123162	429.2
外商投资股份有限公司	127	15575	69.1
3.按控股情况分组			
国有控股	19070	1088018	5442.2
集体控股	30913	699022	2703.0
私人控股	435677	5018714	15781.4
港澳台商控股	1330	180747	600.1
外商控股	1658	292170	1224.0
其他	60350	1089695	4040.3

1-A-5　续表 3

指标名称	法人单位数 (个)	年末从业人数 (人)	年末零售营业面积 (万平方米)
4.按经营形式分组			
独立门店	450620	5782840	20556.6
连锁总店	5218	1304228	5210.5
连锁门店	8936	277471	1206.3
其他	84224	1003827	2817.6
5.按零售业态分组			
有店铺零售	516082	8129952	29668.5
食杂店	12668	131675	334.0
便利店	17280	225600	532.6
折扣店	673	13693	48.5
超市	21369	930697	3208.8
大型超市	2771	587483	2428.8
仓储会员店	1030	29697	234.4
百货店	27390	1064973	4437.7
专业店	280754	3125223	10497.4
专卖店	117387	1473808	4827.9
家居建材商店	12359	121894	1154.2
购物中心	2980	227384	1351.8
厂家直销中心	19421	197825	612.3
无店铺零售	11976	89120	105.9
电视购物	254	7285	8.3
邮购	922	12039	7.4
网上商店	702	7156	6.5
自动售货亭	238	2622	5.9
电话购物	9860	60018	78.0

1-A-6 零售业法人企业经营情况

单位：万元

指标名称	商品购进总额	进口额	商品销售总额	出口额	年末商品库存总额
总计	**403378931.2**	**4919812.8**	**486645694.2**	**203238.1**	**54225388.8**
1.按国民经济行业分组					
综合零售	105897852.0	285924.5	131539548.6	54730.7	15589270.5
百货零售	53374034.7	185642.3	67988091.3	52925.9	6775634.6
超级市场零售	44565178.7	34633.4	54430407.1	874.7	7386292.5
其他综合零售	7958638.6	65648.8	9121050.2	930.1	1427343.4
食品、饮料及烟草制品专门零售	11186258.9	206873.6	13637591.3	8023.6	1730297.3
粮油零售	2182956.4	78170.3	2463923.9	26.0	494819.7
糕点、面包零售	629007.0	1827.9	838887.8	3.5	65312.9
果品、蔬菜零售	623513.7	774.0	769482.3	57.2	56477.0
肉、禽、蛋及水产品零售	1676280.9	1537.7	2027941.3	2690.5	126724.2
饮料及茶叶零售	1730802.0	12982.4	2101864.0	60.2	320268.5
烟草制品零售	1702377.1	73683.5	2184562.9	4784.6	249098.2
其他食品零售	2641321.8	37897.8	3250929.1	401.6	417596.8
纺织、服装及日用品专门零售	19048803.3	401942.6	23820602.1	8184.2	4709305.1
纺织品及针织品零售	1501461.1	7034.6	1933788.3	4239.6	247667.7
服装零售	10790660.3	334990.3	13276208.2	3350.1	2708665.4
鞋帽零售	1313464.3	25492.9	1674951.9	240.2	356651.8
钟表、眼镜零售	1381400.3	19616.4	1585973.2	7.8	591860.9
化妆品及卫生用品零售	1143678.7	2919.5	1684749.2	75.0	398484.8
其他日用品零售	2918138.6	11888.9	3664931.3	271.5	405974.5
文化、体育用品及器材专门零售	13483363.9	217930.6	14903371.5	4314.0	4162441.8
文具用品零售	1587367.4	2832.9	1977606.6	140.0	521162.2
体育用品零售	744798.1	5528.7	913428.5	219.1	173422.3
图书零售	5495979.7	54894.8	5528210.3	2426.3	1699092.3
报刊零售	211459.5	74719.1	277748.3	1013.8	26811.0
音像制品及电子出版物零售	226091.3	542.8	292372.3		62978.1
珠宝首饰零售	3340299.9	68379.2	3668977.4	229.1	1155455.0
工艺美术品及收藏品零售	816448.0	1545.0	997646.4	128.1	289499.8
照相器材零售	334405.8	1107.8	396852.4	15.2	41624.2
其他文化用品零售	726514.2	8380.3	850529.3	142.4	192396.9

1-A-6　续表 1　　　　单位：万元

指标名称	商品购进总　额	进口额	商品销售总　额	出口额	年末商品库存总额
医药及医疗器材专门零售	19340857.8	186348.1	22148950.6	19189.5	3024594.8
药品零售	17485080.2	85212.3	19745817.4	17904.9	2667891.2
医疗用品及器材零售	1855777.6	101135.8	2403133.2	1284.6	356703.6
汽车、摩托车、燃料及零配件专门零售	158658210.2	3151760.9	192598172.6	58664.9	14680952.4
汽车零售	95900594.6	3064148.8	106748099.9	45982.3	10614396.6
汽车零配件零售	4372781.8	65622.5	4920005.4	8907.7	701790.8
摩托车及零配件零售	3604140.2	5843.0	4122195.4		670490.3
机动车燃料零售	54780693.6	16146.6	76807871.9	3774.9	2694274.7
家用电器及电子产品专门零售	46488463.1	111333.9	52060655.3	7355.4	5634022.7
家用电器零售	26073621.8	20091.3	28721631.8	3943.1	2989716.5
计算机、软件及辅助设备零售	11794636.4	22111.0	12993665.2	771.0	1384775.5
通信设备零售	5453656.0	20444.6	6310633.4	26.0	756508.1
其他电子产品零售	3166548.9	48687.0	4034724.9	2615.3	503022.6
五金、家具及室内装修材料专门零售	15688518.7	93484.6	19276165.2	21597.3	3039318.0
五金零售	6157287.7	28383.1	7712390.0	1071.5	1416006.1
家具零售	3954413.4	34523.5	4724927.2	1395.2	787101.7
涂料零售	506966.8	8072.7	603059.2	1.0	77489.3
其他室内装修材料零售	5069850.8	22505.3	6235788.8	19129.6	758720.9
无店铺及其他零售	13586603.3	264214.0	16660637.0	21178.5	1655186.2
流动货摊零售	18847.6	28.0	25675.7	13.0	2062.3
邮购及电子销售	738866.6	1061.3	928583.3		95677.0
生活用燃料零售	4590781.3	49013.5	5478293.7	1053.7	339407.0
花卉零售	344342.9	842.1	455279.0	142.8	72579.6
旧货零售	86573.8	185.5	108359.9	0.3	14088.3
其他未列明的零售	7807191.1	213083.6	9664445.4	19968.7	1131372.0
2.按登记注册类型分组					
内资企业	364034752.0	3494722.2	435067133.3	191494.8	49095088.5
国有企业	21139974.1	176020.6	27115545.8	29356.4	3021944.5
集体企业	10612068.7	11340.4	12145861.3	178.9	1440506.2
股份合作企业	3244843.6	12976.4	3755489.5	1298.6	628051.3
联营企业	2230911.3	687.3	2552714.0		159744.7
国有联营企业	829511.0	478.2	956634.5		58972.6

1-A-6 续表 2

单位：万元

指标名称	商品购进总额	进口额	商品销售总额	出口额	年末商品库存总额
集体联营企业	222502.7	1.0	256801.2		23627.3
国有与集体联营企业	773460.5		823761.0		29352.7
其他联营企业	405437.1	208.1	515517.3		47792.1
有限责任公司	103421959.5	1277241.9	120771015.0	56710.2	13174920.5
国有独资公司	1905981.4	70337.8	2090724.2	0.1	314921.9
其他有限责任公司	101515978.1	1206904.1	118680290.8	56710.1	12859998.6
股份有限公司	62114416.3	233695.5	80941896.1	56799.7	5637043.4
私营企业	155544268.1	1753373.3	180243241.9	46961.9	24335429.4
私营独资企业	35432023.8	49266.1	41017783.2	769.8	6019917.8
私营合伙企业	4596211.5	13667.2	5518271.8	139.6	684307.0
私营有限责任公司	108194702.1	1649468.5	125055886.5	45613.4	16060076.8
私营股份有限公司	7321330.7	40971.5	8651300.4	439.1	1571127.8
其他企业	5726310.4	29386.8	7541369.7	189.1	697448.5
港、澳、台商投资企业	13846770.5	881092.5	17368347.6	540.4	2290118.4
合资经营企业(港或澳、台资)	5020051.4	343801.5	6483802.2		442909.7
合作经营企业(港或澳、台资)	360856.2		741874.1	378.0	29115.7
港、澳、台商独资经营企业	8073580.3	537291.0	9689008.4	162.4	1768263.7
港、澳、台商投资股份有限公司	392282.6		453662.9		49829.3
外商投资企业	25497408.7	543998.1	34210213.3	11202.9	2840181.9
中外合资经营企业	13229058.1	162622.4	17741935.1	167.2	1191896.2
中外合作经营企业	3447930.8	42916.2	5637274.4	402.8	296416.0
外资企业	7732022.9	335415.5	9461940.4	10632.9	1257842.0
外商投资股份有限公司	1088396.9	3044.0	1369063.4		94027.7
3.按控股情况分组					
国有控股	84171441.8	501192.6	112795090.2	75146.0	8478555.4
集体控股	25672724.6	102730.5	29419972.0	4334.7	3409191.7
私人控股	203397010.1	2401371.4	234791148.2	79940.8	30240037.9
港澳台商控股	13059173.1	844373.9	15923225.7	540.4	2170766.7
外商控股	21191690.5	452813.7	27380119.1	11070.6	2622012.0
其他	55886891.1	617330.7	66336139.0	32205.6	7304825.1

1-A-6 续表 3

单位：万元

指标名称	商品购进总额	进口额	商品销售总额	出口额	年末商品库存总额
4.按经营形式分组					
独立门店	259317069.3	3878582.0	305025952.2	163055.3	36728772.6
连锁总店	84706205.9	108627.1	108418642.6	10164.5	9371592.1
连锁门店	16970359.0	48122.8	21127929.9	404.2	1883448.6
其他	42385297.0	884480.9	52073169.5	29614.1	6241575.5
5.按零售业态分组					
有店铺零售	399988241.2	4771561.3	482394279.4	195458.1	53664531.2
食杂店	3482951.4	37352.6	4145503.9	178.7	674304.9
便利店	5256781.0	11935.5	6762729.7	266.6	752702.9
折扣店	584842.5	5300.3	674722.7	4.0	52108.1
超市	24897184.6	28221.8	31046109.3	140.9	4773664.0
大型超市	28285306.7	12526.1	33570556.3	2125.0	3673374.2
仓储会员店	2081824.2	432.7	2284680.4	660.1	226953.4
百货店	44445985.6	225463.5	56097304.0	44825.0	5725775.8
专业店	165308030.4	1609579.5	201664792.2	71854.7	20353238.9
专卖店	105789752.7	2533202.1	121289147.0	27337.5	13476661.7
家居建材商店	4224199.9	26878.2	5067222.6	18894.7	639696.2
购物中心	7891888.6	126206.6	10313401.8	1181.2	1605541.8
厂家直销中心	7739493.6	154462.4	9478109.5	27989.7	1710509.3
无店铺零售	3351584.9	148251.5	4001276.6	7780.0	542625.4
电视购物	589766.4	23.4	784562.1	80.6	29207.0
邮购	212315.9	6538.4	267166.5	494.8	31248.6
网上商店	573704.9	5847.9	619253.7	4881.7	108828.4
自动售货亭	58752.5	6.6	75657.8		26189.7
电话购物	1917045.2	135835.2	2254636.5	2322.9	347151.7

1-A-7 零售业法人企业财务状况

单位：万元

指标名称	固定资产原价	本年折旧	资产总计	所有者权益合计	实收资本
总计	**77232029.1**	**5141288.9**	**255635564.7**	**89185703.4**	**69084570.4**
1.按国民经济行业分组					
综合零售	27530385.6	1667126.3	73644644.6	21473901.4	15893830.9
百货零售	17014463.2	924033.9	43727800.7	13945136.7	9072898.6
超级市场零售	8362130.8	605278.7	24874533.0	5499915.6	4953512.7
其他综合零售	2153791.6	137813.7	5042310.9	2028849.1	1867419.6
食品、饮料及烟草制品专门零售	3940675.4	253951.3	9942086.3	4423665.8	3375504.5
粮油零售	1072457.0	61675.2	2359081.1	861232.9	753184.9
糕点、面包零售	242684.6	19004.1	535306.6	245494.1	193608.6
果品、蔬菜零售	293962.1	15926.0	558667.2	264291.3	198397.5
肉、禽、蛋及水产品零售	618093.6	43196.2	1397765.4	609670.0	403824.1
饮料及茶叶零售	542846.8	35133.6	1676475.7	731925.7	655553.8
烟草制品零售	435527.8	24548.8	1294689.2	789460.8	333563.3
其他食品零售	735103.5	54467.4	2120101.1	921591.0	837372.3
纺织、服装及日用品专门零售	4767532.4	326049.8	15972319.9	5551540.3	5351865.2
纺织品及针织品零售	483610.4	33217.2	1517587.9	666649.5	589176.2
服装零售	2743120.4	175749.3	9382489.3	2827325.5	2781303.5
鞋帽零售	255270.3	17805.5	1046272.6	373756.1	361435.2
钟表、眼镜零售	290233.4	21124.0	1055623.3	410871.2	410774.9
化妆品及卫生用品零售	281175.3	22208.6	885112.8	363701.6	403000.1
其他日用品零售	714122.6	55945.2	2085234.0	909236.4	806175.3
文化、体育用品及器材专门零售	3828999.9	257839.2	12507180.2	5470654.5	3564056.5
文具用品零售	400148.1	32217.9	1418841.5	601290.1	505596.1
体育用品零售	167422.9	12833.8	648621.5	247809.2	257675.5
图书零售	2133542.7	123411.4	5722390.9	2590980.8	1028008.8
报刊零售	65661.9	11427.3	358541.2	172353.7	101500.7
音像制品及电子出版物零售	67347.8	8639.3	258061.4	59440.0	122505.5
珠宝首饰零售	552945.3	37088.9	2311484.8	980738.6	823037.8
工艺美术品及收藏品零售	266980.2	17773.5	1054211.7	520200.7	429342.0
照相器材零售	40417.2	3338.5	169220.5	70382.2	69130.6
其他文化用品零售	134533.8	11108.6	565806.7	227459.2	227259.5

1-A-7　续表 1

单位：万元

指标名称	所有者权益合计					
	实收资本					
	国家资本	集体资本	法人资本	个人资本	港澳台资本	外商资本
总计	**7369391.9**	**3690208.6**	**15471943.3**	**36611596.5**	**2329399.5**	**3612030.6**
1.按国民经济行业分组						
综合零售	1759292.6	1751176.9	3575073.6	5670415.5	1180995.5	1956876.8
百货零售	1309796.0	1028095.5	2129764.9	3094549.5	699560.9	811131.8
超级市场零售	281282.7	250906.5	1183800.6	1730197.5	460402.2	1046923.2
其他综合零售	168213.9	472174.9	261508.1	845668.5	21032.4	98821.8
食品、饮料及烟草制品专门零售	612494.9	216590.5	654538.4	1828049.9	30332.6	33498.2
粮油零售	325250.1	49673.6	96749.4	280236.9	1104.3	170.6
糕点、面包零售	3912.3	9769.1	45862.5	113141.0	13796.6	7127.1
果品、蔬菜零售	17943.6	19801.2	40668.6	119301.8	225.8	456.5
肉、禽、蛋及水产品零售	63858.6	50647.2	85116.3	201882.5	1806.2	513.3
饮料及茶叶零售	22909.1	20602.4	138015.8	452338.3	6185.3	15502.9
烟草制品零售	116536.6	18788.8	56337.0	140550.3	368.0	982.6
其他食品零售	62084.6	47308.2	191788.8	520599.1	6846.4	8745.2
纺织、服装及日用品专门零售	215015.4	235013.9	1043736.4	2917137.5	528773.8	412188.2
纺织品及针织品零售	74636.7	55840.9	114677.5	329585.0	8163.7	6272.4
服装零售	65734.4	84033.7	534465.8	1495448.7	368396.9	233224.0
鞋帽零售	5246.2	4481.5	78573.9	202664.7	49873.6	20595.3
钟表、眼镜零售	41893.6	12224.8	81753.0	181622.4	59953.0	33328.1
化妆品及卫生用品零售	3247.3	10276.2	59321.3	213575.7	25424.3	91155.3
其他日用品零售	24257.2	68156.8	174944.9	494241.0	16962.3	27613.1
文化、体育用品及器材专门零售	718552.7	128991.7	706157.9	1782507.7	79546.8	148299.7
文具用品零售	30515.4	20049.4	101255.2	321087.4	8808.4	23880.3
体育用品零售	7129.2	3397.7	47499.1	136500.4	1873.4	61275.7
图书零售	570868.8	22993.2	147219.6	279324.2	94.7	7508.3
报刊零售	14808.5	1575.7	66928.9	18167.6	20.0	
音像制品及电子出版物零售	5473.9	1958.9	24641.4	69652.4	100.0	20678.9
珠宝首饰零售	46221.9	43450.9	163527.2	483749.2	57571.0	28517.6
工艺美术品及收藏品零售	36548.7	27186.7	82259.8	275277.0	3920.9	4148.9
照相器材零售	2027.7	1509.6	13230.6	51235.5	616.9	510.3
其他文化用品零售	4958.6	6869.6	59596.1	147514.0	6541.5	1779.7

1-A-7 续表 2

单位：万元

指标名称	主营业务收入	主营业务成本	主营业务税金及附加	主营业务利润	三项费用合计
总计	**433534292.0**	**365799866.6**	**3881557.9**	**59345692.1**	**45869967.6**
1.按国民经济行业分组					
综合零售	114160003.7	94550435.3	1093255.6	17427147.7	16060128.7
百货零售	57852606.6	47146409.1	581003.3	9735696.9	8100010.4
超级市场零售	47715431.8	40690076.9	379302.4	6069102.3	6833307.8
其他综合零售	8591965.3	6713949.3	132949.9	1622348.5	1126810.5
食品、饮料及烟草制品专门零售	12847339.1	9973598.4	209956.6	2513583.3	1688566.2
粮油零售	2351940.2	1926239.1	39361.1	363603.4	282777.6
糕点、面包零售	818373.6	574529.3	12788.5	219363.2	154515.0
果品、蔬菜零售	740526.3	561937.1	14952.8	162642.7	92233.1
肉、禽、蛋及水产品零售	1929566.9	1551414.4	29779.5	332136.4	199527.3
饮料及茶叶零售	1968948.7	1487394.5	35102.6	420888.8	288566.0
烟草制品零售	1971396.2	1545189.4	27160.4	392660.4	209261.5
其他食品零售	3066587.2	2326894.6	50811.7	622288.4	461685.7
纺织、服装及日用品专门零售	21897745.6	15694123.8	287588.8	5026193.2	4043386.1
纺织品及针织品零售	1852479.8	1359842.4	33173.3	375625.5	272722.5
服装零售	12113756.1	8647828.2	151025.8	2777766.8	2291824.2
鞋帽零售	1586155.8	1125438.1	18386.6	381329.2	291232.8
钟表、眼镜零售	1417306.2	1023866.0	18056.0	359513.2	294732.5
化妆品及卫生用品零售	1548531.0	1056463.3	20533.6	437017.7	395085.1
其他日用品零售	3379516.7	2480685.8	46413.5	694940.8	497789.0
文化、体育用品及器材专门零售	13565306.6	10203944.0	200136.8	2877332.9	2331416.8
文具用品零售	1803119.9	1318673.6	26517.8	369656.8	263431.0
体育用品零售	853226.5	646492.2	12096.6	165431.3	141792.5
图书零售	4960834.8	3679864.2	46092.7	1215893.4	1029117.3
报刊零售	261722.2	193917.1	2801.8	62410.9	56541.2
音像制品及电子出版物零售	297547.5	221914.0	4634.9	58501.9	57435.3
珠宝首饰零售	3313623.2	2586197.3	79053.7	589030.0	448445.4
工艺美术品及收藏品零售	926488.5	644688.1	16187.1	239934.9	192602.9
照相器材零售	358178.5	315322.7	2226.1	38485.4	32419.9
其他文化用品零售	790565.5	596874.8	10526.1	137988.3	109631.3

1-A-7　续表 3　　单位：万元

指标名称	三项费用合计		营业利润	职工工资和福利费	本年应交增值税	全部从业人员年平均人数(人)
	税金	利息支出				
总计	**1208103.9**	**1481326.6**	**21234396.3**	**15224461.1**	**8580764.4**	**8129949**
1.按国民经济行业分组						
综合零售	315351.3	467634.1	5625935.9	4941854.1	2642557.1	2771513
百货零售	200241.5	350603.1	3402212.6	2396231.9	1489264.4	1268812
超级市场零售	73965.2	96652.4	1572095.4	2023378.6	965358.3	1158052
其他综合零售	41144.6	20378.6	651627.9	522243.6	187934.4	344649
食品、饮料及烟草制品专门零售	65600.8	49801.6	1036827.9	773514.6	293031.1	468448
粮油零售	13858.1	21661.9	140157.1	121269.3	39235.1	84478
糕点、面包零售	3593.0	1623.0	78260.4	73294.4	29711.8	43836
果品、蔬菜零售	5057.2	3213.8	80405.3	49042.8	16645.2	35366
肉、禽、蛋及水产品零售	9247.4	6812.2	149051.7	105007.0	32374.4	67805
饮料及茶叶零售	11071.5	6778.3	153749.5	127335.3	45563.4	77497
烟草制品零售	6551.4	2402.1	217374.0	88655.8	55258.9	36381
其他食品零售	16222.2	7310.3	217829.9	208910.0	74242.3	123085
纺织、服装及日用品专门零售	92670.0	77326.8	1407410.7	1375203.7	595270.7	730205
纺织品及针织品零售	10264.8	7745.6	137730.2	113421.1	40090.5	73699
服装零售	50113.6	48030.9	733031.6	774446.2	348438.8	395350
鞋帽零售	7872.4	4439.6	124019.4	107774.0	39039.0	59086
钟表、眼镜零售	5196.6	8788.5	82449.9	105370.1	37099.3	49623
化妆品及卫生用品零售	6148.2	1543.8	77973.5	96382.8	28721.6	50520
其他日用品零售	13074.4	6778.4	252206.1	177809.5	101881.5	101927
文化、体育用品及器材专门零售	58628.8	36575.8	799366.7	884739.1	325051.6	398001
文具用品零售	8574.8	8249.3	123917.4	110427.1	36178.1	60028
体育用品零售	3590.3	3296.0	36411.8	53906.2	19203.8	27241
图书零售	23823.3	2095.1	297547.1	398309.5	122432.9	151293
报刊零售	601.1	-718.7	11986.7	22384.7	3745.2	9738
音像制品及电子出版物零售	1366.4	653.9	7746.1	29147.4	5742.5	11330
珠宝首饰零售	10844.4	18196.0	199923.4	137352.7	89091.4	68092
工艺美术品及收藏品零售	4973.4	2995.9	67311.6	74143.6	24920.8	37895
照相器材零售	887.9	359.7	9613.9	11750.1	7912.7	6692
其他文化用品零售	3967.2	1448.6	44908.7	47317.8	15824.2	25692

1-A-7 续表 4 单位：万元

指标名称	固定资产原价	本年折旧	资产总计	所有者权益合计	实收资本
医药及医疗器材专门零售	3190504.9	235281.6	12523696.9	4234894.4	3542419.1
药品零售	2764693.8	196369.2	9916772.1	3353827.8	2802826.0
医疗用品及器材零售	425811.1	38912.4	2606924.8	881066.6	739593.1
汽车、摩托车、燃料及零配件专门零售	18717902.9	1329159.5	74324638.8	26080083.4	18191506.6
汽车零售	7576500.7	589488.4	47052533.1	11884674.8	10111594.4
汽车零配件零售	948767.3	76551.5	3189542.6	1363509.5	1251714.3
摩托车及零配件零售	833983.2	57878.8	2147853.7	993637.8	796131.7
机动车燃料零售	9358651.7	605240.8	21934709.4	11838261.3	6032066.2
家用电器及电子产品专门零售	5220468.8	395292.7	29030703.9	10352214.8	8655346.7
家用电器零售	2348819.8	159716.8	16231020.0	4462421.3	3095701.6
计算机、软件及辅助设备零售	1359641.8	114770.0	6476471.3	2994552.1	2733642.4
通信设备零售	807030.0	59629.8	3087682.2	1311231.8	1309830.8
其他电子产品零售	704977.2	61176.1	3235530.4	1584009.6	1516171.9
五金、家具及室内装修材料专门零售	5569397.3	374657.3	14663104.4	6157851.4	5695195.0
五金零售	1795711.8	144765.6	5622370.0	2431355.0	2161632.5
家具零售	1978300.8	95326.8	3828705.2	1599019.6	1417093.6
涂料零售	123037.8	10169.5	401838.3	176400.1	161046.8
其他室内装修材料零售	1672346.9	124395.4	4810190.9	1951076.7	1955422.1
无店铺及其他零售	4466161.9	301931.2	13027189.7	5440897.4	4814845.9
流动货摊零售	10113.8	541.6	21042.9	11023.0	8916.3
邮购及电子销售	56931.3	6815.2	712029.2	50031.1	187829.6
生活用燃料零售	2081744.9	113674.1	4130054.8	1862378.8	1557674.0
花卉零售	194658.3	16756.5	491830.3	264683.7	219386.1
旧货零售	39437.5	2638.2	85083.1	54812.4	43790.4
其他未列明的零售	2083276.1	161505.6	7587149.4	3197968.4	2797249.5
2.按登记注册类型分组					
内资企业	70298516.0	4648434.0	231621836.5	82222692.5	62260367.2
国有企业	6352990.2	378487.7	15786865.1	5845720.8	3276896.8
集体企业	3160235.9	184105.8	7369835.2	2733824.8	2318328.4
股份合作企业	772471.9	47866.6	2339805.0	735223.5	624956.4
联营企业	285439.0	17208.3	1003680.8	327694.9	254774.4
国有联营企业	103218.1	7230.8	355437.7	107098.4	58443.7

1-A-7　续表 5　　单位：万元

指标名称	所有者权益合计					
	实收资本					
	国家资本	集体资本	法人资本	个人资本	港澳台资本	外商资本
医药及医疗器材专门零售	318824.6	139342.7	851090.0	2177135.8	12354.6	43671.4
药品零售	308957.3	128344.4	696452.5	1661310.0	4672.3	3089.5
医疗用品及器材零售	9867.3	10998.3	154637.5	515825.8	7682.3	40581.9
汽车、摩托车、燃料及零配件专门零售	2977738.6	599198.5	4462960.7	9667167.5	240886.8	243554.5
汽车零售	419623.4	338141.0	2726047.8	6335576.0	190982.1	101224.1
汽车零配件零售	39091.9	27897.4	318007.5	834278.2	21478.2	10961.1
摩托车及零配件零售	12033.6	13519.4	136781.2	632876.0	614.5	307.0
机动车燃料零售	2506989.7	219640.7	1282124.2	1864437.3	27812.0	131062.3
家用电器及电子产品专门零售	268701.4	172661.8	1919428.4	5951523.3	58347.3	284684.5
家用电器零售	48446.7	81448.1	734764.5	2059858.0	8899.3	162285.0
计算机、软件及辅助设备零售	32620.2	36652.8	580504.6	1981560.0	34774.0	67530.8
通信设备零售	159575.1	24500.4	235336.7	863925.6	4189.7	22303.3
其他电子产品零售	28059.4	30060.5	368822.6	1046179.7	10484.3	32565.4
五金、家具及室内装修材料专门零售	125838.8	196346.7	1182917.2	3831678.2	81472.1	276942.0
五金零售	61776.8	100686.3	463689.8	1521115.4	6367.5	7996.7
家具零售	10497.6	52230.5	267226.1	910563.6	58324.9	118250.9
涂料零售	1328.7	5067.5	30173.6	123041.8	510.6	924.6
其他室内装修材料零售	52235.7	38362.4	421827.7	1276957.4	16269.1	149769.8
无店铺及其他零售	372932.9	250885.9	1076040.7	2785981.1	116690.0	212315.3
流动货摊零售	281.0	622.8	2351.7	5660.8		
邮购及电子销售	9369.5	14552.7	41075.3	50381.2	169.8	72281.1
生活用燃料零售	259316.6	76528.3	288047.9	751330.0	85766.2	96685.0
花卉零售	5526.8	13821.4	34857.9	154463.8	7378.9	3337.3
旧货零售	1038.9	1001.4	16959.0	24133.2	500.0	157.9
其他未列明的零售	97400.1	144359.3	692748.9	1800012.1	22875.1	39854.0
2.按登记注册类型分组						
内资企业	7041538.1	3660784.3	14859481.1	36495857.1	101583.4	101123.2
国有企业	2770653.3	48156.7	370045.1	87175.9	266.3	599.5
集体企业	39572.8	1905117.6	147131.9	224725.4	1149.7	631.0
股份合作企业	17884.1	122025.3	180906.7	302201.2	1422.2	516.9
联营企业	71174.4	52371.2	98556.5	32487.3	178.0	7.0
国有联营企业	39993.7	1775.7	14179.1	2495.2		

1-A-7 续表 6　　单位：万元

指标名称	主营业务收入	主营业务成本	主营业务税金及附加	主营业务利润	三项费用合计
医药及医疗器材专门零售	19992372.9	16209832.0	207317.6	3401144.8	2395712.3
药品零售	17739701.4	14523677.4	173935.2	2919133.2	2034375.9
医疗用品及器材零售	2252671.5	1686154.6	33382.4	482011.6	361336.4
汽车、摩托车、燃料及零配件专门零售	169326923.1	152457927.3	816922.8	15500479.0	9839406.1
汽车零售	96593209.7	88468810.2	384848.1	7558515.0	5803096.0
汽车零配件零售	4575968.7	3738588.7	59818.5	721435.5	487547.6
摩托车及零配件零售	3881005.5	3115738.8	60981.2	667765.9	344808.1
机动车燃料零售	64276739.2	57134789.6	311275.0	6552762.6	3203954.4
家用电器及电子产品专门零售	47563767.4	40564771.4	473908.0	6094638.5	5031308.2
家用电器零售	26050505.7	22642679.7	233262.0	2999693.8	2690676.7
计算机、软件及辅助设备零售	11862810.7	10115684.4	119579.1	1520239.4	1128003.3
通信设备零售	5853557.9	4834191.2	63943.2	882698.0	697958.8
其他电子产品零售	3796893.1	2972216.1	57123.7	692007.3	514669.4
五金、家具及室内装修材料专门零售	18285596.8	13917704.5	354544.8	3600537.9	2456081.4
五金零售	7473503.0	5742832.2	130599.2	1364433.1	807563.4
家具零售	4367682.8	3166494.6	101947.8	986873.8	747478.6
涂料零售	569041.7	450239.8	9531.4	97970.4	60194.2
其他室内装修材料零售	5875369.3	4558137.9	112466.4	1151260.6	840845.2
无店铺及其他零售	15895236.8	12227529.9	237926.9	2904634.8	2023961.8
流动货摊零售	25830.7	17998.5	508.8	5862.4	2883.1
邮购及电子销售	826866.6	650270.6	6037.5	172722.4	216587.0
生活用燃料零售	5180771.1	4144696.5	67729.9	896730.8	544085.1
花卉零售	447643.9	316671.8	9883.5	108664.2	63397.9
旧货零售	106836.3	80847.3	2615.5	20506.4	13830.8
其他未列明的零售	9307288.2	7017045.2	151151.7	1700148.6	1183177.9
2.按登记注册类型分组					
内资企业	390906621.7	329899275.6	3603473.6	52872110.5	38992996.1
国有企业	24230797.2	20682144.1	178946.6	3272310.7	2563341.0
集体企业	11317566.2	9259260.6	164210.8	1746698.3	1133709.6
股份合作企业	3423049.9	2799912.7	45621.0	534077.3	412489.0
联营企业	2703680.5	2262878.5	45969.6	375227.0	224920.5
国有联营企业	859523.5	752894.9	11226.9	94512.6	49700.4

1-A-7　续表 7

单位：万元

指标名称	三项费用合计		营业利润	职工工资和福利费	本年应交增值税	全部从业人员年平均人数（人）
	税金	利息支出				
医药及医疗器材专门零售	72811.7	72551.0	1183822.6	1019673.2	446829.5	607528
药品零售	61771.6	68720.2	1036504.8	880010.3	381560.6	534644
医疗用品及器材零售	11040.1	3830.8	147317.8	139662.9	65268.9	72884
汽车、摩托车、燃料及零配件专门零售	300291.7	586523.0	6354602.8	2653208.6	2569849.4	1204815
汽车零售	133698.5	488174.6	2190672.0	1482313.6	1419852.3	588419
汽车零配件零售	20989.4	13051.5	270650.3	209504.3	87930.7	117382
摩托车及零配件零售	21557.8	15417.0	339706.8	146936.2	73662.3	93556
机动车燃料零售	124046.0	69879.9	3553573.7	814454.5	988404.1	405458
家用电器及电子产品专门零售	128713.8	63932.8	2351674.4	1812030.2	936880.3	952122
家用电器零售	56370.4	21979.7	1247444.5	752063.6	554859.9	400950
计算机、软件及辅助设备零售	33627.6	20888.6	579075.6	520427.4	174317.3	261033
通信设备零售	20811.6	14809.7	298619.6	279716.4	116792.6	155454
其他电子产品零售	17904.2	6254.8	226534.7	259822.8	90910.5	134685
五金、家具及室内装修材料专门零售	101526.4	74732.0	1394528.6	970109.6	421849.8	557169
五金零售	46250.9	16540.8	619900.0	379764.2	155710.6	236936
家具零售	22618.8	36706.8	334058.5	229494.2	122686.7	129355
涂料零售	2739.1	1269.3	42082.9	31287.6	12123.2	18119
其他室内装修材料零售	29917.6	20215.1	398487.2	329563.6	131329.3	172759
无店铺及其他零售	72509.4	52249.5	1080226.7	794128.0	349444.9	440148
流动货摊零售	218.8	93.8	3294.2	1570.6	290.8	1063
邮购及电子销售	935.6	11716.2	-33957.5	37343.8	22713.6	11416
生活用燃料零售	22476.4	23950.9	389555.3	215057.7	117471.3	114052
花卉零售	3475.5	1803.6	50930.7	39707.0	9735.9	24326
旧货零售	670.6	196.1	8890.6	6653.8	1808.5	4027
其他未列明的零售	44732.5	14488.9	661513.4	493795.1	197424.8	285264
2.按登记注册类型分组						
内资企业	1161278.3	1417108.4	19811064.9	13648008.4	7398284.5	7612721
国有企业	77533.1	73764.9	1056687.7	895823.1	499587.7	456890
集体企业	56736.5	39052.7	740010.0	551041.6	214177.2	413917
股份合作企业	16225.9	22952.5	189939.6	176904.9	70784.8	106565
联营企业	3736.4	5868.2	169864.1	48293.1	27379.7	24642
国有联营企业	1174.7	522.8	49077.4	13154.6	13036.4	6434

1-A-7 续表 8

单位：万元

指标名称	固定资产原价	本年折旧	资产总计	所有者权益合计	实收资本
集体联营企业	51536.1	3186.9	125517.6	58793.7	50036.2
国有与集体联营企业	48368.4	2778.1	303974.4	106608.5	89129.2
其他联营企业	82316.4	4012.5	218751.1	55194.3	57165.3
有限责任公司	14949070.0	1017072.6	64579865.7	16757554.2	13480813.7
国有独资公司	602635.3	28126.3	1839493.7	649993.8	369294.9
其他有限责任公司	14346434.7	988946.3	62740372.0	16107560.4	13111518.8
股份有限公司	12080715.3	667306.2	35035854.7	15522815.4	6871229.9
私营企业	31309695.9	2234430.9	102278742.9	38967658.9	34295476.2
私营独资企业	11440757.7	786128.4	22390757.9	11467001.0	9659558.3
私营合伙企业	1841809.5	94227.3	3061415.7	1647052.5	1431471.4
私营有限责任公司	16499498.1	1245389.7	72289447.1	24099286.6	21798409.3
私营股份有限公司	1527630.6	108685.5	4537122.2	1754318.8	1406037.2
其他企业	1387897.8	101955.9	3227187.1	1332200.0	1137891.4
港、澳、台商投资企业	2509318.3	169336.7	9121457.3	3063985.1	2502254.6
合资经营企业(港或澳、台资)	1155718.2	77083.8	3197612.7	1150929.7	808423.0
合作经营企业(港或澳、台资)	131922.5	8349.2	307290.8	136057.0	123342.8
港、澳、台商独资经营企业	1147554.3	80188.0	5367616.9	1710349.1	1458358.5
港、澳、台商投资股份有限公司	74123.3	3715.7	248936.9	66649.3	112130.3
外商投资企业	4424194.8	323518.2	14892270.9	3899025.8	4321948.6
中外合资经营企业	1833668.9	151326.1	6491777.8	1832141.6	1552692.7
中外合作经营企业	393028.5	27602.7	1748569.3	212136.4	377690.9
外资企业	1823437.0	128969.0	5665201.6	1489138.1	2094262.1
外商投资股份有限公司	374060.4	15620.4	986722.2	365609.7	297302.9
3.按控股情况分组					
国有控股	18835494.3	1055201.8	49834480.8	20438076.6	10135809.7
集体控股	5774213.7	335375.7	16716144.4	5308282.1	3850790.5
私人控股	37001207.0	2672700.7	131223534.4	47290134.6	40730422.1
港澳台商控股	1852671.1	130071.7	8063059.1	2643280.1	2292172.8
外商控股	3806517.3	278374.5	13309184.5	3287190.3	3859700.7
其他	9961925.7	669564.5	36489161.5	10218739.7	8215674.6

1-A-7 续表 9

单位：万元

指标名称	所有者权益合计					
	实收资本					
	国家资本	集体资本	法人资本	个人资本	港澳台资本	外商资本
集体联营企业	707.2	34619.0	5070.0	9583.0	50.0	7.0
国有与集体联营企业	12044.9	12062.5	61634.6	3337.2	50.0	
其他联营企业	18428.6	3914.0	17672.8	17071.9	78.0	
有限责任公司	1644903.2	803833.6	5499048.2	5441443.5	50738.2	40847.0
国有独资公司	300325.7	1219.2	65245.3	2503.7		1.0
其他有限责任公司	1344577.5	802614.4	5433802.9	5438939.8	50738.2	40846.0
股份有限公司	2347950.3	364732.3	2068071.3	2045445.6	6113.6	38916.8
私营企业	130108.4	321617.7	6152616.0	27633460.1	39752.5	17921.5
私营独资企业	32180.3	79415.9	1386994.5	8145571.7	11288.8	4107.1
私营合伙企业	5052.9	30372.4	199613.6	1194593.7	1485.5	353.3
私营有限责任公司	89974.8	192050.9	4256541.3	17223097.8	25814.1	10930.4
私营股份有限公司	2900.4	19778.5	309466.6	1070196.9	1164.1	2530.7
其他企业	19291.6	42929.9	343105.4	728918.1	1962.9	1683.5
港、澳、台商投资企业	130983.7	11854.6	188393.2	34001.7	2105390.6	31630.8
合资经营企业(港或澳、台资)	124273.5	5173.0	120214.5	17066.9	524652.6	17042.5
合作经营企业(港或澳、台资)	2604.2	6432.0	7099.3	2255.2	97452.1	7500.0
港、澳、台商独资经营企业		118.1	45332.7	11772.2	1394147.2	6988.3
港、澳、台商投资股份有限公司	4106.0	131.5	15746.7	2907.4	89138.7	100.0
外商投资企业	196870.1	17569.7	424069.0	81737.7	122425.5	3479276.6
中外合资经营企业	100391.6	11708.2	308470.9	52883.9	44950.7	1034287.4
中外合作经营企业	3249.0	3114.4	37108.9	1807.2	32358.9	300052.5
外资企业	480.0	135.0	27118.7	10952.3	24806.6	2030769.5
外商投资股份有限公司	92749.5	2612.1	51370.5	16094.3	20309.3	114167.2
3.按控股情况分组						
国有控股	6976259.8	164447.3	2016753.4	799612.5	103080.9	75655.8
集体控股	49610.5	2922268.0	465820.8	401986.5	2165.8	8938.9
私人控股	137351.7	293615.3	7734812.7	32482101.7	59424.7	23116.0
港澳台商控股	7421.1	10735.2	135753.4	22911.9	2103116.4	12234.8
外商控股	85437.3	5370.9	300279.5	30879.4	15324.0	3422409.6
其他	113311.5	293771.9	4818523.5	2874104.5	46287.7	69675.5

1-A-7 续表 10

单位：万元

指标名称	主营业务收入	主营业务成本	主营业务税金及附加	主营业务利润	三项费用合计
集体联营企业	242002.3	191733.4	2674.2	37997.8	22697.9
国有与集体联营企业	1128921.9	919004.5	28974.5	180330.4	109817.6
其他联营企业	473232.8	399245.7	3094.0	62386.2	42704.6
有限责任公司	107014379.8	92841685.1	639244.4	12561944.0	11479416.1
国有独资公司	1826747.5	1527664.6	9582.1	285659.1	263253.3
其他有限责任公司	105187632.3	91314020.5	629662.3	12276284.9	11216162.8
股份有限公司	68065446.7	59705130.5	360992.1	7695618.5	5221027.8
私营企业	167176183.1	137050500.4	2035016.7	25453319.4	17271671.7
私营独资企业	39301935.0	29200295.3	855285.5	8155724.8	3906031.5
私营合伙企业	5261478.5	4057865.2	108593.8	1040895.8	562191.9
私营有限责任公司	114823915.6	97246648.0	983201.0	15166556.1	12026031.0
私营股份有限公司	7788854.0	6545691.9	87936.4	1090142.7	777417.3
其他企业	6975518.3	5297763.7	133472.4	1232915.3	686420.4
港、澳、台商投资企业	14940510.4	12382334.1	72136.9	2461691.8	2353558.4
合资经营企业(港或澳、台资)	5386345.9	4536162.4	17576.4	828598.0	757847.7
合作经营企业(港或澳、台资)	650872.9	546027.6	1516.3	103203.6	85945.3
港、澳、台商独资经营企业	8473047.2	6937540.3	49963.2	1465472.5	1452899.2
港、澳、台商投资股份有限公司	430244.4	362603.8	3081.0	64417.7	56866.2
外商投资企业	27687159.9	23518256.9	205947.4	4011889.8	4523413.1
中外合资经营企业	13319858.1	11534811.6	138572.1	1849782.7	1841118.1
中外合作经营企业	4847864.2	4218248.9	19975.3	481029.1	646775.3
外资企业	8375075.1	6805420.4	42564.7	1510334.3	1834650.7
外商投资股份有限公司	1144362.5	959776.0	4835.3	170743.7	200869.0
3.按控股情况分组					
国有控股	93667520.2	81358330.1	517630.5	11399657.1	8286878.8
集体控股	26725660.6	22657317.0	264528.1	3586756.9	2710471.4
私人控股	215293924.4	179261514.4	2272835.7	30741793.5	22127487.6
港澳台商控股	13644632.6	11195258.7	85809.9	2335119.9	2256396.3
外商控股	23786130.2	20261782.8	179836.2	3381650.4	4008446.4
其他	60416424.0	51065663.6	560917.5	7900714.3	6480287.1

1-A-7　续表 11　　　　单位：万元

指标名称	三项费用合计		营业利润	职工工资和福利费	本年应交增值税	全部从业人员年平均人数(人)
	税金	利息支出				
集体联营企业	1010.1	363.4	18594.3	10915.9	3737.2	7515
国有与集体联营企业	619.9	700.2	74892.4	9639.4	4874.0	3815
其他联营企业	931.7	4281.8	27300.0	14583.2	5732.1	6878
有限责任公司	225861.0	413984.9	3436271.1	3386637.0	2039910.1	1725869
国有独资公司	5416.0	5285.9	75133.2	79148.0	34026.8	33056
其他有限责任公司	220445.0	408699.0	3361137.9	3307489.0	2005883.3	1692813
股份有限公司	119398.6	208889.3	3476464.4	1388898.3	1122216.9	628604
私营企业	632387.8	636085.3	10082154.8	6913044.4	3271379.0	4082777
私营独资企业	263905.4	123991.6	4595645.5	1930071.0	848114.0	1308089
私营合伙企业	33381.8	19170.7	522950.1	272946.1	102858.2	187109
私营有限责任公司	306254.4	467835.1	4539012.0	4394208.3	2125264.9	2395063
私营股份有限公司	28846.2	25087.9	424547.2	315819.0	195141.9	192516
其他企业	29399.0	16510.6	659673.2	287366.0	152849.1	173457
港、澳、台商投资企业	18436.9	24931.8	699952.2	574259.3	461120.2	191287
合资经营企业(港或澳、台资)	6451.4	12880.4	344119.6	169809.3	213817.5	54522
合作经营企业(港或澳、台资)	1122.4	-321.5	38335.9	20087.4	13590.8	6922
港、澳、台商独资经营企业	10080.2	8449.7	299758.1	370089.7	226816.4	126069
港、澳、台商投资股份有限公司	782.9	3923.2	17738.6	14272.9	6895.5	3774
外商投资企业	28388.7	39286.4	723379.2	1002193.4	721359.7	325941
中外合资经营企业	9871.4	2850.3	447109.9	478534.8	329446.4	158737
中外合作经营企业	3307.5	3133.1	177618.2	98967.5	91970.1	30776
外资企业	12882.8	23449.2	74062.5	371987.2	243446.6	121191
外商投资股份有限公司	2327.0	9853.8	24588.6	52703.9	56496.6	15237
3.按控股情况分组						
国有控股	172476.8	229149.5	4621646.0	2426619.8	1722616.1	1056441
集体控股	104295.5	106019.1	1340356.0	1038934.0	512394.5	675603
私人控股	730835.9	867368.5	11539527.8	8369016.8	4160382.9	4868304
港澳台商控股	14915.9	16806.2	596445.4	539329.8	374033.8	179557
外商控股	24810.3	27875.0	555719.0	886240.9	632007.2	291914
其他	160769.5	234108.3	2580702.1	1964319.8	1179329.9	1058130

1-A-7 续表 12

单位：万元

指标名称	固定资产原价	本年折旧	资产总计	所有者权益合计	
					实收资本
4.按经营形式分组					
独立门店	53297597.5	3646663.2	168493739.4	59715211.7	48730335.7
连锁总店	12636372.1	790277.5	44686537.4	14642853.5	8280933.3
连锁门店	2887367.3	173402.3	8584882.0	2414646.7	1662962.8
其他	8410692.2	530945.9	33870405.9	12412991.5	10410338.6
5.按零售业态分组					
有店铺零售	76869509.2	5095650.5	249393796.0	87930323.0	67694380.0
食杂店	843720.5	53382.7	2615724.6	1114561.4	902616.3
便利店	1423684.3	91657.4	3593613.0	1385182.0	1251410.9
折扣店	135949.3	7581.3	304068.3	29644.0	123503.2
超市	5384326.0	379050.1	14665589.5	4406232.1	3712018.3
大型超市	5068125.6	373221.8	15502214.9	3351277.8	2842632.6
仓储会员店	201903.6	11035.2	838807.1	21264.3	239765.3
百货店	14526265.2	766624.3	37296436.1	12222909.0	7743577.2
专业店	29082186.8	1984900.3	100553776.3	39591230.0	30098529.3
专卖店	14476837.1	1041418.2	56500014.2	20144514.9	15677444.1
家居建材商店	1459367.4	100054.6	3969047.8	1402223.1	1386431.9
购物中心	2642169.6	157872.8	6233645.7	1542613.6	1239099.3
厂家直销中心	1624973.8	128851.8	7320858.5	2718670.8	2477351.6
无店铺零售	339469.1	37393.0	3876787.0	1136649.7	1280097.0
电视购物	34757.9	4467.5	233305.6	42309.1	105921.3
邮购	37561.1	4171.3	317658.7	121676.2	128250.7
网上商店	33279.8	4383.7	721464.5	46865.6	112332.7
自动售货亭	26354.0	1691.2	48075.5	21113.1	19697.6
电话购物	207516.3	22679.3	2556282.7	904685.7	913894.7

1-A-7　续表 13　　单位：万元

指标名称	所有者权益合计					
	实收资本					
	国家资本	集体资本	法人资本	个人资本	港澳台资本	外商资本
4.按经营形式分组						
独立门店	3623031.5	2711654.6	10690253.2	29088121.0	1162007.6	1455267.8
连锁总店	2036512.8	254833.9	2058384.2	1713131.5	709174.9	1508896.0
连锁门店	318343.1	132538.1	416048.1	629937.5	71457.1	94638.9
其他	1391504.5	591182.0	2307257.8	5180406.5	386759.9	553227.9
5.按零售业态分组						
有店铺零售	7312332.1	3646206.0	15137843.0	35791774.9	2286945.4	3519278.6
食杂店	120518.9	124158.2	152786.8	404406.8	98620.2	2125.4
便利店	164315.4	145705.2	231970.6	615831.3	24294.6	69293.8
折扣店	17637.0	3786.3	13478.1	30402.5	726.1	57473.2
超市	247205.9	203631.7	834168.3	2059866.5	85946.7	281199.2
大型超市	137054.5	99278.0	607498.2	690299.8	421524.7	886977.4
仓储会员店	15412.1	10001.3	39877.5	84675.4	1222.3	88576.7
百货店	1193330.2	1055648.7	1904891.3	2501753.9	623671.3	464281.8
专业店	3969479.8	1171364.7	6434194.2	17273929.4	434804.6	814756.6
专卖店	1171478.8	532333.7	3699559.3	9338249.7	516129.9	419692.7
家居建材商店	28061.9	42471.2	324863.4	800710.6	9002.6	181322.2
购物中心	149336.2	95861.1	286688.1	505333.5	25616.4	176264.0
厂家直销中心	98501.4	161965.9	607867.2	1486315.5	45386.0	77315.6
无店铺零售	45716.2	39606.6	326338.9	733239.2	42444.1	92752.0
电视购物	7682.1	644.7	27839.7	35554.4	31853.1	2347.3
邮购	8564.6	766.5	58392.1	53355.7	1130.0	6041.8
网上商店	9530.0	328.9	18367.4	42599.7	228.4	41278.3
自动售货亭	877.4	583.2	5508.4	10620.2	231.5	1876.9
电话购物	19062.1	37283.3	216231.3	591109.2	9001.1	41207.7

1-A-7 续表 14

单位：万元

指标名称	主营业务收入	主营业务成本	主营业务税金及附加	主营业务利润	三项费用合计
4.按经营形式分组					
独立门店	276623352.1	231458310.3	2879675.8	39500557.9	28013159.5
连锁总店	91103389.3	79005205.9	497305.1	10892319.6	10245177.5
连锁门店	18243003.1	15789955.8	91564.3	2194384.6	1976042.1
其他	47564547.5	39546394.6	413012.7	6758430.0	5635588.5
5.按零售业态分组					
有店铺零售	428805483.9	362471727.5	3849196.4	58720876.7	45108540.5
食杂店	3939277.0	3217797.8	47614.5	628999.6	502310.1
便利店	6327819.4	5050589.3	77311.8	1151650.2	891515.4
折扣店	579740.3	497385.3	2871.7	77964.3	102232.4
超市	28149959.1	23543705.8	266528.5	4149265.6	3640749.2
大型超市	28478539.3	24187838.4	250505.0	3674693.8	4272844.6
仓储会员店	2000325.1	1742518.2	7942.2	166242.3	295340.7
百货店	48278959.8	39247690.0	509837.3	8296719.6	6863601.9
专业店	178596426.0	151300188.0	1562858.2	23677158.3	16141320.0
专卖店	110123710.6	95546405.2	851797.1	13091784.3	9394983.1
家居建材商店	4740916.1	3676263.9	87062.8	938818.6	761444.7
购物中心	8630639.5	7029749.9	82754.9	1495176.4	1265229.9
厂家直销中心	8959171.7	7431595.7	102112.4	1372403.7	976968.5
无店铺零售	3663408.8	3052226.3	23574.2	579420.5	742617.8
电视购物	674783.7	528127.3	4859.8	141342.6	154803.2
邮购	262359.1	172021.3	2899.1	87253.8	88818.8
网上商店	560863.9	498113.4	2984.1	60557.4	100208.6
自动售货亭	70293.2	53901.6	2231.3	11731.1	8354.8
电话购物	2095108.9	1800062.7	10599.9	278535.6	390432.4

1-A-7　续表 15　　　　单位：万元

指标名称	三项费用合计		营业利润	职工工资和福利费	本年应交增值税	全部从业人员年平均人数(人)
	税金	利息支出				
4.按经营形式分组						
独立门店	942910.4	1170899.2	14919703.7	9978894.8	5540037.2	5621485
连锁总店	111327.4	141889.7	3695680.1	2811525.7	1748936.6	1291460
连锁门店	27747.3	20644.9	679808.4	542279.7	363099.1	272943
其他	126118.8	147892.8	1939204.1	1891760.9	928691.5	944061
5.按零售业态分组						
有店铺零售	1201854.7	1479101.7	21259874.0	14893081.0	8484241.8	8016132
食杂店	16120.8	14070.1	227151.2	238775.3	95449.5	133356
便利店	24964.5	14144.4	413423.7	367550.8	127427.9	223672
折扣店	1190.3	3424.2	-4093.5	30520.3	11840.7	13279
超市	75759.3	91396.0	1326917.2	1431899.5	532871.3	912776
大型超市	40196.3	41976.7	895937.4	1057699.0	589243.9	577560
仓储会员店	2079.7	2969.2	36343.9	71442.2	39864.8	31200
百货店	168977.5	301377.3	2885800.4	1995294.8	1269776.8	1028850
专业店	529652.6	458126.9	9728244.9	5744047.6	3327177.5	3088355
专卖店	253229.0	427852.8	4542365.5	2986628.1	1947315.5	1461455
家居建材商店	20820.9	33379.6	261564.8	242078.6	120087.1	127409
购物中心	31337.0	55714.3	452974.7	347393.4	259293.6	221217
厂家直销中心	37526.8	34670.2	493243.8	379751.4	163893.2	197003
无店铺零售	5879.5	3412.1	-85161.9	208728.9	93364.8	88285
电视购物	585.3	627.9	-7523.7	21822.1	27412.6	7341
邮购	403.8	359.8	3098.1	30795.1	8219.6	11810
网上商店	398.5	-595.5	-44217.0	22609.3	6119.0	7074
自动售货亭	385.6	88.4	4448.2	4107.0	999.5	2467
电话购物	4106.3	2931.5	-40967.5	129395.4	50614.1	59593

1-A-8 零售业法人企业分类商品销售情况

单位：万元

指标名称	销售额
1.粮油、食品、饮料、烟酒类	63189910.4
(1)粮油、食品类	43240837.5
其中：粮油类	10828473.7
肉禽蛋类	7140589.6
水产品类	1734595.8
蔬菜类	1842914.2
干鲜果品类	2731339.0
(2)饮料类	7060619.4
(3)烟酒类	12888453.5
2.服装、鞋帽、针纺织品类	49636652.3
(1)服装类	34794066.0
(2)鞋帽类	8729348.4
(3)针纺织品	6113237.9
3.化妆品类	7788059.5
4.金银珠宝类	8687757.4
5.日用品类	19444920.8
其中：洗涤用品类	5198214.8
儿童玩具类	1007481.2
6.五金、电料类	8528241.5
7.体育、娱乐用品类	2985708.2
8.书报杂志类	5967939.8
9.电子出版物及音像制品类	1158006.5
10.家用电器和音像器材类	39261576.6
11.中西药品类	22318416.3
其中：西药	14384640.8
中草药及中成药类	3944857.1
12.文化办公用品类	15482764.2
13.家具类	5415883.8
14.通讯器材类	11616317.2
15.煤炭及制品类	1710630.9
16.木材及制品类	48397.5
17.石油及制品类	80789511.3
18.化工材料及制品类	1176401.6
其中：化肥类	715577.9
19.金属材料类	302714.5
20.建筑及装潢材料类	8400992.8
21.机电产品及设备类	6564553.9
其中：农机类	111239.8
22.汽车类	112266953.9
23.种子饲料类	87138.8
24.棉麻类	60411.2
25.其他类	13718732.3

B. 地区部分

1-B-1 各地区批发业法人企业基本情况

地区	法人单位数（个）	年末从业人数（人）	年末零售营业面积（万平方米）
全国	**853765**	**10543775**	**5398.1**
北京	40803	490106	229.2
天津	25060	252329	86.8
河北	26819	373025	384.6
山西	13728	248768	238.8
内蒙古	12475	167126	82.6
辽宁	48836	441224	199.0
吉林	13268	221014	152.6
黑龙江	20346	272256	90.8
上海	83685	968118	92.1
江苏	96236	977970	357.6
浙江	72600	662933	113.5
安徽	18578	305972	131.8
福建	27222	329882	75.3
江西	7961	148167	65.2
山东	76507	1002566	960.1
河南	23113	417918	415.3
湖北	29278	371267	129.9
湖南	13484	222576	290.7
广东	93572	1185473	304.5
广西	12542	163203	75.7
海南	2302	33162	5.9
重庆	14077	214809	125.7
四川	24280	327378	213.5
贵州	6148	101286	43.3
云南	12526	177040	206.7
西藏	125	3241	2.2
陕西	13365	190933	115.0
甘肃	7740	98751	69.4
青海	1334	22707	8.7
宁夏	3124	31782	6.8
新疆	12631	120793	124.7

1-B-2 各地区批发业法人企业基本情况(按国民经济行业分)

农畜产品批发

地　区	法人单位数(个)	年末从业人数(人)	年末零售营业面积(万平方米)
全　国	**41731**	**703329**	**590.0**
北　京	724	8747	1.2
天　津	516	6121	0.7
河　北	1992	28449	29.3
山　西	1072	13166	9.1
内蒙古	1687	25035	20.4
辽　宁	2384	34280	21.6
吉　林	2213	49256	34.6
黑龙江	2431	48401	10.5
上　海	398	3813	0.5
江　苏	4083	56413	14.7
浙　江	1319	13669	0.9
安　徽	1970	39309	6.1
福　建	716	8039	1.3
江　西	830	17242	2.2
山　东	4383	77655	38.5
河　南	2869	79636	47.3
湖　北	2777	45618	28.3
湖　南	976	20572	234.5
广　东	1585	21952	20.9
广　西	692	9876	4.7
海　南	127	1437	0.8
重　庆	868	14398	6.1
四　川	1792	26725	20.0
贵　州	221	2450	0.6
云　南	431	7072	6.4
西　藏	10	169	0.0
陕　西	789	10470	10.2
甘　肃	640	8013	9.9
青　海	56	521	1.2
宁　夏	203	2716	0.9
新　疆	977	22109	6.6

1-B-2　续表 1

食品、饮料及烟草制品批发

地　区	法人单位数（个）	年末从业人数（人）	年末零售营业面积（万平方米）
全　国	**63727**	**1392336**	**419.7**
北　京	3012	44597	13.8
天　津	1355	23178	2.6
河　北	2336	47357	14.9
山　西	1282	30377	28.4
内蒙古	714	18651	4.9
辽　宁	4012	54594	15.1
吉　林	730	18304	8.0
黑龙江	1461	28858	5.2
上　海	3486	65841	15.1
江　苏	5429	91764	20.3
浙　江	5286	80971	6.2
安　徽	1970	68485	8.2
福　建	3116	63371	5.9
江　西	848	32026	5.3
山　东	6196	134831	108.6
河　南	1908	77704	28.8
湖　北	2823	65955	15.0
湖　南	1533	41947	16.2
广　东	6569	143004	25.3
广　西	1073	22426	5.2
海　南	355	5920	0.5
重　庆	1221	33601	7.1
四　川	2283	56190	11.7
贵　州	556	35105	3.3
云　南	1268	40405	16.9
西　藏	33	1288	0.4
陕　西	1049	29653	18.6
甘　肃	713	16918	4.4
青　海	140	3374	1.1
宁　夏	175	4242	0.9
新　疆	795	11399	1.8

1-B-2 续表 2

纺织、服装及日用品批发

地　区	法人单位数(个)	年末从业人数(人)	年末零售营业面积(万平方米)
全　国	**88614**	**1080764**	**306.0**
北　京	3582	45592	49.6
天　津	1611	18706	37.6
河　北	1157	18594	4.9
山　西	410	7507	0.8
内蒙古	355	3493	0.8
辽　宁	4098	30902	2.6
吉　林	478	6467	2.6
黑龙江	1102	14660	2.8
上　海	12049	181224	6.4
江　苏	12906	128404	21.0
浙　江	16964	159170	8.2
安　徽	1074	19044	1.9
福　建	3557	45479	4.0
江　西	480	5842	2.0
山　东	6022	103138	78.3
河　南	912	13409	9.1
湖　北	1825	20285	4.1
湖　南	795	12972	2.3
广　东	14232	175684	36.8
广　西	669	7233	1.5
海　南	173	1638	0.4
重　庆	700	14025	5.4
四　川	1063	19674	9.6
贵　州	255	2925	0.4
云　南	592	5727	5.8
西　藏	3	20	
陕　西	502	8578	6.0
甘　肃	298	4006	0.8
青　海	32	590	0.1
宁　夏	101	1130	
新　疆	617	4646	0.3

1-B-2 续表 3

文化、体育用品及器材批发

地区	法人单位数（个）	年末从业人数（人）	年末零售营业面积（万平方米）
全国	**27250**	**305972**	**84.0**
北京	2895	35907	7.7
天津	800	6587	1.2
河北	397	4053	1.1
山西	227	2750	0.3
内蒙古	127	1720	0.6
辽宁	1293	9797	1.4
吉林	234	3240	1.1
黑龙江	480	6095	0.8
上海	3814	41386	6.3
江苏	2013	21879	5.3
浙江	2830	24768	2.1
安徽	382	4250	1.5
福建	1173	14485	8.7
江西	227	2979	0.4
山东	1843	22224	9.0
河南	435	5656	2.2
湖北	784	9079	2.1
湖南	308	4973	1.8
广东	4234	54958	17.0
广西	350	4204	4.0
海南	82	1174	0.4
重庆	328	3831	1.5
四川	484	5216	0.4
贵州	189	2427	2.4
云南	367	3401	0.8
西藏	2	28	0.4
陕西	386	4021	0.6
甘肃	201	1791	0.2
青海	37	284	0.1
宁夏	61	646	0.4
新疆	267	2163	2.4

1-B-2 续表 4

医药及医疗器材批发

地　区	法人单位数(个)	年末从业人数(人)	年末零售营业面积(万平方米)
全　国	**25531**	**557908**	**126.4**
北　京	1889	32128	7.4
天　津	468	8968	1.4
河　北	859	22121	6.5
山　西	350	11021	1.3
内蒙古	261	5711	3.6
辽　宁	1190	20427	4.9
吉　林	449	11216	1.8
黑龙江	885	13823	3.0
上　海	1870	40971	3.6
江　苏	1429	31134	5.7
浙　江	1454	25828	2.4
安　徽	999	26328	6.5
福　建	749	15639	2.7
江　西	378	14577	1.7
山　东	2058	34475	13.9
河　南	750	19313	5.7
湖　北	1116	23453	7.4
湖　南	574	16025	4.3
广　东	3091	69295	11.5
广　西	479	9963	2.0
海　南	331	9094	0.3
重　庆	513	14733	5.0
四　川	1071	29664	7.5
贵　州	320	7502	0.7
云　南	584	16262	9.1
西　藏	8	383	0.1
陕　西	513	12909	3.0
甘　肃	372	7730	2.1
青　海	75	1241	0.3
宁　夏	85	1220	0.4
新　疆	361	4754	0.7

1-B-2 续表 5

矿产品、建材及化工产品批发

地 区	法人单位数（个）	年末从业人数（人）	年末零售营业面积（万平方米）
全 国	**287203**	**3210539**	**2925.0**
北 京	9476	97801	103.3
天 津	9235	88432	21.0
河 北	12537	166116	270.4
山 西	6071	132103	187.0
内蒙古	5556	74053	35.8
辽 宁	18281	160305	119.4
吉 林	4416	65316	82.9
黑龙江	7011	88950	48.6
上 海	25450	223099	24.1
江 苏	34369	322592	218.0
浙 江	23640	186967	74.9
安 徽	6389	83041	80.9
福 建	8128	86221	39.5
江 西	2494	39281	42.5
山 东	27594	335196	553.8
河 南	9023	138441	283.9
湖 北	9652	110497	38.9
湖 南	4499	61005	15.0
广 东	22205	253970	94.1
广 西	4718	62190	48.3
海 南	605	6957	1.9
重 庆	5145	68579	77.2
四 川	8708	100228	84.5
贵 州	2508	30434	29.3
云 南	5338	63182	150.0
西 藏	14	262	0.1
陕 西	4981	68141	53.3
甘 肃	2910	33066	39.7
青 海	557	11226	2.7
宁 夏	1359	12233	1.8
新 疆	4334	40655	101.8

1-B-2 续表 6

机械设备、五金交电及电子产品批发

地　区	法人单位数（个）	年末从业人数（人）	年末零售营业面积（万平方米）
全　国	**239344**	**2456616**	**543.5**
北　京	16406	195652	38.0
天　津	7209	66849	17.5
河　北	5849	67335	30.7
山　西	3242	39729	8.8
内蒙古	2577	26954	13.9
辽　宁	14945	105363	24.2
吉　林	3311	50245	12.5
黑龙江	4520	45358	13.9
上　海	29287	332963	23.2
江　苏	25811	222063	39.9
浙　江	17007	144662	15.5
安　徽	4135	44114	15.2
福　建	7132	68614	8.3
江　西	1616	22297	7.3
山　东	19808	199631	82.2
河　南	5161	58256	17.8
湖　北	7145	64679	18.5
湖　南	3030	41522	10.6
广　东	30529	355015	65.7
广　西	2859	30361	5.1
海　南	372	3707	0.7
重　庆	3865	47690	8.8
四　川	6596	66592	21.2
贵　州	1500	14797	2.5
云　南	3013	31077	7.7
西　藏	32	492	0.6
陕　西	4301	47399	14.6
甘　肃	2159	21540	6.6
青　海	344	3993	2.0
宁　夏	921	7265	1.1
新　疆	4662	30402	9.0

1-B-2　续表 7

贸易经纪与代理

地　区	法人单位数（个）	年末从业人数（人）	年末零售营业面积（万平方米）
全　国	**19629**	**209068**	**36.3**
北　京	1027	13881	0.7
天　津	480	5976	0.2
河　北	214	2176	1.4
山　西	229	1997	0.2
内蒙古	416	3522	0.6
辽　宁	794	8571	2.8
吉　林	288	4044	0.8
黑龙江	1004	8911	0.5
上　海	1610	22124	0.8
江　苏	1947	18600	2.5
浙　江	801	4074	
安　徽	286	3713	0.2
福　建	594	6097	0.8
江　西	134	1984	0.1
山　东	2175	22947	6.1
河　南	232	2552	1.9
湖　北	704	10111	4.6
湖　南	346	5012	1.4
广　东	4231	39825	6.0
广　西	747	6786	0.9
海　南	73	754	0.2
重　庆	364	5682	0.9
四　川	227	2720	0.3
贵　州	45	289	0.1
云　南	129	932	0.6
西　藏	1	20	
陕　西	249	3283	0.9
甘　肃	57	711	0.1
青　海	12	91	
宁　夏	31	211	0.1
新　疆	182	1472	0.6

1-B-2 续表 8

其他批发

地　区	法人单位数（个）	年末从业人数（人）	年末零售营业面积（万平方米）
全　国	**60736**	**627243**	**367.1**
北　京	1792	15801	7.6
天　津	3386	27512	4.7
河　北	1478	16824	25.3
山　西	845	10118	3.0
内蒙古	782	7987	2.0
辽　宁	1839	16985	6.9
吉　林	1149	12926	8.3
黑龙江	1452	17200	5.4
上　海	5721	56697	12.1
江　苏	8249	85121	30.3
浙　江	3299	22824	3.3
安　徽	1373	17688	11.2
福　建	2057	21937	4.0
江　西	954	11939	3.7
山　东	6428	72469	69.8
河　南	1823	22951	18.7
湖　北	2452	21590	11.0
湖　南	1423	18548	4.5
广　东	6896	71770	27.3
广　西	955	10164	4.0
海　南	184	2481	0.6
重　庆	1073	12270	13.7
四　川	2056	20369	58.4
贵　州	554	5357	4.0
云　南	804	8982	9.4
西　藏	22	579	0.7
陕　西	595	6479	7.8
甘　肃	390	4976	5.6
青　海	81	1387	1.3
宁　夏	188	2119	1.1
新　疆	436	3193	1.4

1-B-3 各地区批发业法人企业经营情况

单位：万元

地区	商品购进总额	进口额	商品销售总额	出口额	年末商品库存总额
全国	**1987563246.1**	**150422507.6**	**2232245229.0**	**156481583.2**	**166111113.1**
北京	221542512.3	39029350.3	236151251.3	14611537.8	25710494.1
天津	92178517.4	5088373.0	101511621.5	4087802.0	5245580.4
河北	43760734.9	906489.1	53960037.7	1130011.2	3252170.2
山西	33469463.9	438452.2	38563249.7	392746.0	3296166.5
内蒙古	26153751.8	1439781.8	31960878.0	220673.9	2378339.4
辽宁	82391825.8	3145266.5	98153361.3	3603259.0	5363284.0
吉林	30842695.7	1937570.5	36508934.2	439790.8	2208724.0
黑龙江	24217001.9	2010133.0	28917688.4	2153071.6	2354493.8
上海	270358637.2	33629732.0	312799731.6	25671781.2	22769164.3
江苏	211477054.2	8336757.7	238646693.9	18350184.0	12009366.5
浙江	191093584.4	10794581.2	207050835.1	32970254.0	10015629.9
安徽	42353822.2	2073933.4	46604820.0	2237424.6	3879116.1
福建	53226013.2	3568513.8	58894348.8	9296993.4	6656670.7
江西	12376789.7	87624.1	15745597.2	628256.5	1321551.7
山东	114374887.1	5043104.4	129771455.7	6998357.4	10166391.5
河南	37351373.5	1401454.6	42682718.0	1027634.8	4014695.0
湖北	57255734.0	2317917.9	64586616.4	1620533.6	3976666.3
湖南	25993817.4	295889.7	25990459.4	913742.2	2140144.1
广东	221892861.2	20911836.2	239660135.8	24169300.0	16408796.4
广西	18110599.6	389420.8	20231623.8	695814.4	1731061.6
海南	5393035.1	182750.9	6204280.6	199356.2	508061.3
重庆	26601903.0	135330.6	30395778.4	732394.4	1939404.5
四川	33121330.9	599721.5	40886206.9	1179816.0	3896335.9
贵州	8948323.7	73882.4	11648271.8	442680.7	1233639.9
云南	28874288.9	1170951.0	31994659.1	1214095.7	4939425.8
西藏	158277.1	1200.0	344265.2	3475.8	44055.3
陕西	22463633.7	797287.5	28250528.3	350119.5	2722788.7
甘肃	15919688.5	12231.4	16363043.1	93529.4	1885781.2
青海	3057349.5	3876.4	3332330.0	75346.6	372164.8
宁夏	4703649.4	7150.9	5213811.5	154636.2	408273.8
新疆	27900088.9	4561942.8	29219996.3	816964.3	3262675.4

1-B-4 各地区批发业法人企业经营情况(按国民经济行业分)

农畜产品批发

单位：万元

地 区	商品购进总额	进口额	商品销售总额	出口额	年末商品库存总额
全 国	**47478947.5**	**4853726.5**	**52157681.2**	**1756870.5**	**12113712.5**
北 京	5593943.2	3370516.7	5465903.7	157732.3	1237341.9
天 津	644150.0	49553.2	705294.1	84723.4	283002.3
河 北	1294836.7	81017.4	1520446.0	4497.1	241940.1
山 西	353461.3		379716.1	1579.3	170775.9
内蒙古	1851200.9	5834.9	1983934.4	10705.6	429400.7
辽 宁	2928282.7	36574.0	3506459.5	205737.9	567804.2
吉 林	2920689.6	119402.2	3572747.5	42979.9	466400.3
黑龙江	1882237.6	1542.2	2156986.6	19489.8	471876.0
上 海	793076.6	54001.9	1018945.8	38623.8	161260.9
江 苏	3991420.4	22375.4	4564170.4	54861.4	471291.4
浙 江	1634715.2	256019.9	1753892.5	457384.0	217602.8
安 徽	1379997.0	3016.3	1450038.9	12049.3	446092.4
福 建	707504.2	144353.7	691531.4	45177.4	264524.0
江 西	679357.3	317.2	722696.1	1025.8	307665.3
山 东	4380638.4	121926.8	5093166.2	67816.9	499560.3
河 南	3366623.4	235905.7	3427595.5	20006.1	1272399.0
湖 北	1859162.1	224.3	2072695.5	14959.2	585644.9
湖 南	1094793.7	1434.0	1270338.2	69296.0	205897.8
广 东	2154111.3	149341.1	2500246.5	281331.8	289502.2
广 西	307821.9	8288.6	366772.0	9021.2	86623.8
海 南	57664.8	197.2	68949.1	371.3	10630.2
重 庆	452007.9		577116.4	36525.2	57943.0
四 川	787574.8	524.3	978996.8	39982.8	187864.8
贵 州	81560.0		80298.0	353.1	26995.3
云 南	1863887.9	78606.5	1594312.5	11744.7	1471135.6
西 藏	15466.2		11557.8	715.4	9720.0
陕 西	299537.9	0.5	366683.7	11640.5	68037.4
甘 肃	282908.5	740.8	306177.7	12011.4	112834.8
青 海	4984.1		7534.8		5930.8
宁 夏	95558.8		144039.8	1364.1	21551.2
新 疆	3719773.1	112011.7	3798437.7	43163.8	1464463.2

1-B-4　续表 1

食品、饮料及烟草制品批发　　单位：万元

地　区	商品购进总额	进口额	商品销售总额	出口额	年末商品库存总额
全　国	**147381254.5**	**4750019.6**	**180033672.1**	**5803878.9**	**19416478.3**
北　京	8678763.1	731666.6	9655734.9	533485.9	3333455.0
天　津	3148620.3	27906.4	2871413.0	25791.6	306857.6
河　北	4349791.9	20591.3	5374159.2	48836.2	308579.1
山　西	2272531.9	197.7	2765080.3	2367.5	338324.6
内蒙古	1699376.2	948.5	2150612.2	7266.5	203476.0
辽　宁	4560448.0	118515.6	5818754.9	193469.0	591367.7
吉　林	1393119.3	597.9	2024343.1	4697.5	262914.3
黑龙江	1851958.5	18327.2	2414697.9	83161.8	206654.2
上　海	12213165.6	2117562.4	14673998.9	417901.9	2388691.0
江　苏	10783778.7	157933.7	13819803.4	593775.6	919973.0
浙　江	13897060.1	302009.1	16480205.5	875763.1	974609.3
安　徽	4374627.7	117286.9	5748587.3	185643.4	405131.0
福　建	7624962.7	208820.7	8936322.3	741198.3	577513.3
江　西	2282389.2	1057.0	2981881.9	40598.7	274673.6
山　东	12469317.8	128090.6	15212816.1	418664.8	844609.1
河　南	4873224.2	12110.9	6257584.2	25830.5	684046.5
湖　北	4591793.1	59234.3	6111438.5	62772.0	469944.9
湖　南	4768582.4	6351.1	5613120.7	57670.5	567500.4
广　东	16108829.1	623041.8	19438330.2	1065928.1	1512284.9
广　西	2409347.9	12055.3	2814048.7	35299.3	360931.8
海　南	1245944.2	9710.6	1370315.3	7628.4	68588.2
重　庆	3717235.0	20.7	4325463.5	1733.9	340105.6
四　川	4271411.2	9215.3	6236197.4	41123.4	722009.3
贵　州	2156028.1	896.4	3536681.1	43410.9	598376.5
云　南	6729929.1	59939.9	7506484.9	195906.5	1450517.8
西　藏	88491.4		231913.2		15108.1
陕　西	2004951.4	338.2	2459143.7	16979.1	305935.3
甘　肃	920604.8	283.2	1104832.5	13885.4	130852.0
青　海	450052.9		507994.2	120.8	44251.9
宁　夏	299482.9	10.5	393880.1	196.6	44927.2
新　疆	1145435.8	5299.8	1197833.0	62771.7	164269.1

1-B-4 续表 2

纺织、服装及日用品批发 单位：万元

地 区	商品购进总额	进口额	商品销售总额	出口额	年末商品库存总额
全 国	**131883776.1**	**9499993.0**	**155878516.9**	**51968406.8**	**12259499.5**
北 京	3961070.5	512412.4	4298437.5	919115.2	696160.9
天 津	1875488.2	120717.9	2528497.9	777155.3	148355.6
河 北	817770.3	13867.0	1033225.4	224198.4	126152.7
山 西	201413.6		219486.5	9716.7	46603.1
内蒙古	213405.1		277330.0	1785.8	27904.1
辽 宁	2398744.9	80704.7	3159421.5	801103.2	201937.4
吉 林	282081.2	444.8	383467.6	10171.4	44720.2
黑龙江	1737900.3	116095.8	2100229.5	1109359.3	78117.8
上 海	19198849.5	2541640.9	24472326.8	6886926.6	2747780.7
江 苏	22033220.1	1401302.3	27608792.9	7251253.5	1434652.2
浙 江	35006562.2	1800642.4	38198972.9	17097440.8	1753984.5
安 徽	2034942.1	38937.1	2613788.9	662049.3	142062.2
福 建	8161674.9	193100.2	9677092.8	4168891.5	588727.4
江 西	551942.8	41095.4	647331.7	211509.3	47898.3
山 东	7447912.1	1238965.8	7724895.4	2073401.1	1419635.3
河 南	701621.3	6319.4	934696.8	220948.4	107228.3
湖 北	1116800.2	122910.3	1285274.1	237476.6	142574.4
湖 南	765643.8	33384.6	927193.1	106833.8	50113.4
广 东	19799736.9	1165481.3	23716841.2	8362628.6	1786974.6
广 西	335192.2	3240.9	393855.1	63185.4	40215.6
海 南	191205.6	2877.9	213614.1	58623.2	17658.1
重 庆	572926.0	764.1	664412.0	47791.6	75205.5
四 川	1205006.5	58152.0	1362939.8	432151.8	141044.3
贵 州	85228.3	1518.3	101679.5	6302.3	15088.3
云 南	230124.1	1338.6	274357.0	67228.2	155431.5
西 藏	935.3		959.3		215.9
陕 西	392888.5	798.2	530849.4	24859.0	87439.5
甘 肃	191499.7	172.3	121420.4	6069.3	57874.6
青 海	51904.5		43736.0	27827.0	13216.9
宁 夏	97665.6		107474.3	41969.7	17149.2
新 疆	222419.8	3108.4	255917.5	60434.5	47377.0

1-B-4　续表 3

文化、体育用品及器材批发　　单位：万元

地　区	商品购进总额	进口额	商品销售总额	出口额	年末商品库存总额
全　国	**29516865.7**	**2204896.1**	**33975107.9**	**2900321.2**	**5059459.2**
北　京	4624121.9	278612.5	5154654.6	239620.7	771622.2
天　津	402772.9	8643.3	551071.4	57900.1	92249.3
河　北	270493.7	184.6	303120.8	13453.0	33913.7
山　西	188275.7		202532.9	25682.1	21215.1
内蒙古	113482.4	3931.7	140759.0	88.9	10430.9
辽　宁	535366.7	2716.0	742878.1	55464.4	61820.3
吉　林	215223.8	11.2	243935.5	2251.8	29764.5
黑龙江	213322.1	1305.5	359805.5	170.3	17204.9
上　海	5164925.5	1304475.8	6273757.7	363934.6	856831.4
江　苏	2711448.1	28304.0	2930337.5	268630.6	453510.1
浙　江	3669002.5	154955.0	3922674.5	740274.8	428795.4
安　徽	498008.6	42256.2	529925.8	51303.5	67866.8
福　建	986827.7	7050.1	1068201.0	179985.9	144664.9
江　西	269232.2		300353.7	685.8	45325.4
山　东	1773706.6	9639.9	1912820.5	86034.1	557598.3
河　南	311563.9	10329.3	363403.3	27880.3	58403.2
湖　北	433417.3	175.4	485687.1	863.1	61352.1
湖　南	614563.1	495.1	613587.7	44371.8	96688.0
广　东	4522160.9	346687.6	5590682.2	704249.6	650358.8
广　西	280493.6	3.6	321028.9	26418.6	34959.9
海　南	120991.0		108348.3	3232.9	38326.3
重　庆	213173.2	1200.0	236848.1	2190.1	35002.2
四　川	243298.7	297.7	295481.9	26.4	157584.0
贵　州	205453.7		186975.9		54279.5
云　南	275729.7	1913.1	346006.0	2053.1	120190.2
西　藏	7928.1		7888.7		5333.0
陕　西	268445.0	1705.3	388456.1	3032.0	34847.9
甘　肃	91458.4		86147.4	241.2	25367.4
青　海	4612.4		4558.6		2213.0
宁　夏	75563.2		78123.6		13763.9
新　疆	211803.1	3.2	225055.6	281.5	77976.6

1-B-4 续表 4

医药及医疗器材批发

单位：万元

地区	商品购进总额	进口额	商品销售总额	出口额	年末商品库存总额
全国	**65571104.0**	**3214780.5**	**74487175.3**	**1861461.2**	**6843085.1**
北京	6192089.3	834713.0	6797994.8	205800.7	785964.9
天津	1926578.0	44169.5	2113142.6	56250.8	127538.3
河北	2117622.8	4842.4	2728299.3	36080.5	230098.0
山西	633928.5	337.2	609010.2		73914.0
内蒙古	345009.4	3.8	382215.2	217.8	36712.1
辽宁	2373991.1	30473.6	2707648.0	17197.4	210494.7
吉林	600441.2	290.0	765125.1	7725.6	79511.6
黑龙江	876259.3	558.7	1128340.1	6739.9	57635.9
上海	7312996.2	1074594.3	8668023.5	363491.9	815813.9
江苏	3750771.5	137470.7	4356228.6	143248.5	326093.7
浙江	4646092.2	316128.8	5144991.9	588402.4	421522.3
安徽	3430253.0	14604.4	3686346.6	117150.5	251836.0
福建	1460881.5	11066.3	1637920.3	8091.2	161418.9
江西	1050320.0	484.0	1231675.5	33939.7	94400.6
山东	3290614.2	34330.7	3650693.8	26974.3	306183.9
河南	1996920.0	22981.2	2236626.7	303.0	194455.7
湖北	2156485.8	41422.9	2413986.4	13696.0	287646.4
湖南	1744738.2	2431.9	1863330.2	14.3	173461.6
广东	8837611.2	491130.6	10297429.0	121551.8	1031910.8
广西	691607.4	918.5	737290.9	4258.7	78510.9
海南	913894.9	92418.4	1207104.1	2661.7	179395.1
重庆	2193192.6	38928.9	2426309.3	53468.2	183492.8
四川	3365697.1	13863.5	3522400.2	32436.7	294124.7
贵州	498766.6	2167.0	542350.2	197.4	59065.5
云南	1465524.7	4040.2	1619080.1	18650.0	152192.9
西藏	3263.9		35666.3		3236.9
陕西	863817.1	97.5	1037275.5	196.4	114154.7
甘肃	367608.4	174.3	396356.6	643.1	42712.6
青海	37781.5		60045.4		7441.4
宁夏	41590.6	15.2	53574.9	1520.7	5743.7
新疆	384755.8	123.0	430694.0	552.0	56400.6

1-B-4　续表 5

矿产品、建材及化工产品批发　　单位：万元

地　　区	商品购进总　额	进口额	商品销售总　额	出口额	年末商品库存总额
全　　国	**1119811553.9**	**74230647.4**	**1220577851.8**	**36679244.6**	**66697887.1**
北　　京	118580384.7	16211390.1	119049622.3	4521314.7	11120538.0
天　　津	70809588.0	2933385.8	76791171.2	2308452.0	2979791.5
河　　北	28965496.5	745320.8	35492561.3	417836.4	1668676.5
山　　西	27010217.8	428279.5	31275846.3	300679.9	2231013.6
内 蒙 古	18035274.3	1245819.3	22369325.0	96596.2	1115437.2
辽　　宁	58019420.5	2029791.6	68039393.6	1274707.6	2732592.5
吉　　林	9933112.2	266290.9	11356350.5	311295.5	491999.9
黑 龙 江	13225347.2	1658960.1	14831179.2	487390.0	1120404.1
上　　海	156335102.1	12282164.6	175280748.4	7313324.2	7647361.0
江　　苏	116845124.1	4858095.1	124499856.0	3885066.6	4707988.2
浙　　江	99090180.9	6509062.8	105437997.5	5207530.1	4323760.7
安　　徽	21284434.3	1547124.8	23156656.0	266028.4	1697354.5
福　　建	23193878.0	2363412.4	25217681.1	2238446.6	2205634.8
江　　西	4362066.0	26609.7	6068988.3	154650.3	298200.3
山　　东	59190382.9	2352609.3	65707996.9	1169428.4	3667212.8
河　　南	18858976.6	1013748.7	22360553.0	449794.8	1103771.4
湖　　北	32903427.3	70256.3	36251723.7	204348.3	1533238.0
湖　　南	11281005.9	160489.4	9022230.9	346918.4	636789.9
广　　东	120393152.4	10387475.7	121422951.3	3482155.4	6628052.0
广　　西	11197202.4	322131.5	12222698.5	232515.0	827111.9
海　　南	1920927.6	68425.8	2185804.0	49764.4	110097.0
重　　庆	11655311.1	49971.6	13515605.4	215533.6	710358.8
四　　川	16659841.5	449345.3	20716764.0	232478.7	1596946.1
贵　　州	4402749.7	62189.2	5434789.9	349218.3	322330.1
云　　南	13861910.8	993051.4	15855802.7	638428.0	966693.7
西　　藏	9279.4		12356.4		4344.9
陕　　西	14717025.7	775734.7	18724248.0	87863.4	1658880.3
甘　　肃	12457896.6	9974.4	12595416.5	27066.7	1196826.5
青　　海	2170400.5	3873.4	2386952.6	47393.8	172936.9
宁　　夏	3331157.5	3342.1	3575420.2	103311.3	183939.7
新　　疆	19111279.4	4402321.1	19719161.1	259707.6	1037604.3

1-B-4 续表 6

机械设备、五金交电及电子产品批发

单位：万元

地 区	商品购进总 额	进口额	商品销售总 额	出口额	年末商品库存总额
全 国	**326086408.0**	**38700497.8**	**379670611.0**	**38247599.0**	**36046640.6**
北 京	59736263.9	13252417.0	71276900.4	6106548.1	6479902.7
天 津	8909315.8	1571187.0	10467073.6	235541.1	1057769.7
河 北	5169535.3	24276.4	6501447.5	244935.7	585869.2
山 西	2146493.4	4647.8	2374754.1	15056.6	280210.0
内蒙古	2796018.1	9431.4	3315927.1	31146.0	499948.7
辽 宁	10227127.4	842852.5	12523760.0	1018878.0	920405.7
吉 林	14676404.3	1545341.6	17081443.0	52522.2	752784.2
黑龙江	3068638.4	46663.3	4102568.7	345962.5	276153.5
上 海	57069394.6	11920668.4	66668835.8	6998553.1	6843930.5
江 苏	26308830.8	1160094.2	33464876.0	3676293.7	2759841.0
浙 江	24578865.3	1078467.3	27298331.9	7814095.5	1679925.8
安 徽	7020968.6	208414.8	6770012.7	806984.2	781852.5
福 建	6845182.2	332233.0	6876488.9	694831.3	2436481.5
江 西	1834431.7	16048.8	2220882.3	168931.5	193680.2
山 东	18618331.8	942859.5	21628379.5	2603543.4	2300861.8
河 南	6087610.4	78345.2	5695322.0	210455.3	499104.9
湖 北	4806160.7	165859.5	6050522.4	141069.3	521143.0
湖 南	3429900.0	41274.0	4041883.2	127564.3	303783.9
广 东	35611048.5	5289996.3	40189551.8	5319521.6	3501186.8
广 西	2107026.7	12017.5	2408875.8	137405.4	248545.4
海 南	839929.6	1816.5	926905.5	57439.3	69354.7
重 庆	6557083.9	40895.9	7225592.1	366576.4	485359.9
四 川	5155156.3	65928.4	6193354.7	335220.0	723732.3
贵 州	1227530.3	7111.5	1432631.6	40742.0	130126.1
云 南	2861034.3	7218.5	3282431.0	182788.8	400032.2
西 藏	17125.3		21306.6		4815.5
陕 西	3497377.6	14431.4	4203522.9	150834.2	400733.0
甘 肃	1503518.0	878.6	1622899.8	33288.8	302353.7
青 海	317489.8		297930.9		122574.9
宁 夏	586980.0	3783.1	623927.5	4141.4	102501.6
新 疆	2475635.0	15338.4	2882271.7	326729.3	381675.7

1-B-4　续表 7

贸易经纪与代理　　单位：万元

地　区	商品购进总　额	进口额	商品销售总　额	出口额	年末商品库存总额
全　国	**41703407.1**	**9633173.8**	**47926066.8**	**12627984.0**	**2973062.0**
北　京	8168858.1	3570280.7	8217311.2	1538596.8	875012.4
天　津	860604.1	122248.2	1034693.9	327725.2	47629.0
河　北	171800.2	15656.8	201310.8	127227.0	10256.4
山　西	36387.5	4760.0	83293.8	34678.8	26671.6
内蒙古	531853.0	169491.3	652165.3	53560.0	13126.9
辽　宁	303887.0	2207.2	423025.6	27674.2	27768.9
吉　林	118644.4	3168.0	209293.5	5567.8	12701.7
黑龙江	316384.6	28340.3	461112.9	85413.3	15162.2
上　海	5739830.5	1377466.2	7919772.5	2529575.5	692072.9
江　苏	4392566.9	306582.7	4961495.4	1703805.5	245643.3
浙　江					
安　徽	108926.0	3173.9	123132.1	23477.7	10422.6
福　建	938640.1	54981.6	1188397.5	589000.4	37290.0
江　西	87119.0	1992.0	110095.9	7538.4	5930.1
山　东	1915785.9	63512.4	2574726.8	316704.5	114786.7
河　南	78378.5	9.4	96688.9	2876.1	7847.4
湖　北	8252789.3	1853369.1	8573542.3	934387.5	298881.8
湖　南	621523.5	9427.9	809179.3	122737.0	36923.4
广　东	8415160.7	2007801.9	9425943.7	3926409.6	423202.3
广　西	154233.2	4896.2	222041.8	104837.0	10130.4
海　南	4573.1	2364.4	9982.6	640.8	203.3
重　庆	103740.2	3482.2	132363.4	8374.5	8738.1
四　川	114965.6	1368.5	146767.9	45791.1	6706.9
贵　州	4165.6		6607.4	513.9	493.4
云　南	22971.4	1474.9	30836.2	8075.8	2769.7
西　藏	1200.0	1200.0	1800.0	1800.0	
陕　西	101509.9	2064.6	168496.4	45639.0	24470.5
甘　肃	13691.4		14350.7	311.5	3998.1
青　海	366.1		542.0		29.7
宁　夏	6950.0		8123.0		3484.9
新　疆	115901.3	21853.4	118974.0	55045.1	10707.4

1-B-4 续表 8

其他批发 单位：万元

地 区	商品购进总 额	进口额	商品销售总 额	出口额	年末商品库存总额
全 国	**78129929.0**	**3334772.9**	**87538546.0**	**4635817.0**	**4701288.8**
北 京	6007018.0	267341.3	6234692.0	389323.4	410496.1
天 津	3601400.1	210561.7	4449263.8	214262.5	202387.1
河 北	603387.5	732.4	805467.4	12946.9	46684.5
山 西	626754.2	230.0	653529.5	2985.1	107438.6
内 蒙 古	568132.4	4320.9	688609.8	19307.1	41902.8
辽 宁	1044557.5	1431.3	1232020.1	9027.3	49092.6
吉 林	702979.7	2023.9	872228.4	2579.1	67927.3
黑 龙 江	1044953.9	138339.9	1362768.0	15384.7	111285.2
上 海	6531297.0	957157.5	7823322.0	759449.6	615422.0
江 苏	20659894.0	264599.6	22441134.0	773248.6	690373.6
浙 江	8571106.0	377295.9	8813768.0	189363.3	215429.1
安 徽	2221664.9	99119.0	2526331.7	112738.3	76498.1
福 建	3306461.9	253495.8	3600713.5	631370.8	240415.9
江 西	1259931.5	20.0	1461691.8	9377.0	53777.9
山 东	5288197.4	151169.4	6265961.0	235789.9	455943.3
河 南	1076455.2	21704.8	1310247.6	69540.3	87438.6
湖 北	1135698.2	4465.8	1341746.4	10961.6	76240.8
湖 南	1673066.8	40601.7	1829596.1	38336.1	68985.7
广 东	6051050.0	480879.9	7078160.0	905523.5	585324.0
广 西	627674.3	25868.7	745012.1	82873.8	44031.9
海 南	97904.3	4940.1	113257.6	18994.2	13808.4
重 庆	1137233.1	67.2	1292068.2	200.9	43198.6
四 川	1318379.2	1026.5	1433304.2	20605.1	66323.5
贵 州	286841.4		326258.2	1942.8	26885.2
云 南	1563176.9	23367.9	1485348.7	89220.6	220462.2
西 藏	14587.5		20816.9	960.4	1281.0
陕 西	318080.6	2117.1	371852.6	9075.9	28290.1
甘 肃	90502.7	7.8	115441.5	12.0	12961.5
青 海	19757.7	3.0	23035.5	5.0	3569.3
宁 夏	168700.8		229248.1	2132.4	15212.4
新 疆	513085.6	1883.8	591651.7	8278.8	22201.5

1-B-5　各地区批发业法人企业财务状况

单位：万元

地　区	固定资产原价	本年折旧	资产总计	所有者权益合计	实收资本
全　国	**119141092.0**	**8649567.6**	**960558523.4**	**303630207.1**	**203261795.2**
北　京	6587270.8	487635.3	154355614.4	55775224.1	32061095.1
天　津	2414088.1	223308.0	87915046.6	8450735.3	6782472.1
河　北	4330227.4	282336.6	18957405.2	7126832.9	5368898.9
山　西	2872089.1	193486.3	15876157.1	5094827.5	3171128.4
内蒙古	3041092.0	159340.4	10523473.8	4314588.1	3099285.4
辽　宁	5112055.8	461450.3	30202765.2	9805678.0	6809764.8
吉　林	5753302.8	476825.1	11912062.6	3501565.4	2913592.0
黑龙江	3606117.1	222475.2	13544342.5	3836871.4	3506890.9
上　海	6772453.7	554504.2	108180872.3	34105910.2	24284750.3
江　苏	11067543.5	867034.9	73198177.6	23531456.9	14810565.8
浙　江	7785112.1	556299.9	84006806.7	24409881.5	16828718.3
安　徽	2825645.0	197836.9	16250917.5	5338418.3	3522951.6
福　建	3272999.0	217634.6	31413850.4	12901273.1	8528404.3
江　西	1962497.5	113750.5	6606300.0	2743203.0	1879266.1
山　东	11882875.8	746222.4	47497471.0	16917187.5	11373044.5
河　南	4010763.5	224744.4	17578971.9	6819352.9	4966469.6
湖　北	4474128.9	291878.0	21849022.9	7037015.8	5868491.6
湖　南	2436210.3	159080.0	9393613.6	4258472.8	2905536.1
广　东	12143759.6	1080044.6	96923684.1	29946119.2	21096185.3
广　西	1485006.4	101020.1	8867370.2	3259265.3	2393175.2
海　南	360575.7	20646.1	3143535.7	1411455.9	904244.9
重　庆	2105163.3	195655.0	10635860.3	3510618.7	2364392.9
四　川	2651982.7	189266.8	19277030.1	6098671.6	3927692.9
贵　州	1006304.3	57486.0	6478617.6	2740775.1	1313926.9
云　南	2965188.8	161272.5	19354560.1	7752467.5	2972702.2
西　藏	92140.2	1970.3	287147.7	155947.2	78934.2
陕　西	2146967.0	161220.3	11490293.9	4437506.9	3627541.3
甘　肃	1238702.8	79680.2	6641937.8	2573741.7	1762731.0
青　海	365961.0	15102.2	2456537.8	1023762.7	460226.0
宁　夏	350071.7	19380.0	2534324.3	835941.8	682488.9
新　疆	2022796.1	130980.5	13204752.5	3915438.8	2996227.7

1-B-5 续表 1

单位：万元

地区	所有者权益合计					
	实收资本					
	国家资本	集体资本	法人资本	个人资本	港澳台资本	外商资本
全国	**34579348.1**	**7056173.4**	**51179373.3**	**93136155.6**	**4996940.6**	**12313804.2**
北京	3455988.6	247305.4	17524768.8	5138109.2	669846.4	5025076.7
天津	1040882.6	171332.9	2471683.0	2766863.7	90691.6	241018.3
河北	676095.8	226042.9	1225597.1	3182535.9	50640.2	7987.0
山西	865218.3	290386.9	330315.3	1625481.0	35418.7	24308.2
内蒙古	372573.2	119970.0	743275.3	1859912.0	2856.2	698.7
辽宁	1265553.7	348483.6	1089182.6	3820399.5	53253.8	232891.6
吉林	846569.1	83532.0	672736.7	1303502.2	2426.8	4825.2
黑龙江	818724.5	200782.0	980475.3	1453527.8	12952.4	40428.9
上海	3790500.6	506403.9	4292125.5	9733472.5	1323757.1	4638490.7
江苏	2013758.6	434997.1	1101475.4	10751285.8	232887.3	276161.6
浙江	1652221.5	607078.9	3224936.2	11030044.9	143377.6	171059.2
安徽	940230.5	162580.2	767901.3	1504788.6	131482.5	15968.5
福建	1881995.3	210985.1	1758102.0	4204114.1	175862.8	297345.0
江西	580335.4	42233.8	376614.5	843853.0	15317.3	20912.1
山东	1192456.2	609734.5	2392215.5	6953946.2	131843.9	92848.2
河南	1444789.2	461805.3	671581.6	2372754.4	11779.8	3759.3
湖北	1609865.1	275882.1	1337610.4	2420392.4	116805.4	107936.2
湖南	615264.9	124663.8	287985.2	1818212.4	32524.7	26885.1
广东	4283588.2	691275.5	4688263.3	9573386.4	1010908.0	848763.9
广西	634714.2	163100.1	430600.0	1149005.3	7020.3	8735.3
海南	180367.8	38403.5	283236.9	230176.6	164897.5	7162.6
重庆	580476.9	105793.4	667574.1	951094.5	28019.2	31434.8
四川	776460.8	208188.3	850996.0	1985657.0	28461.8	77929.0
贵州	363423.1	188324.8	240929.3	474514.1	16013.4	30722.2
云南	719541.9	144766.7	726331.5	1350980.4	20863.2	10218.5
西藏	56627.3	2245.0	9651.1	10407.8		3.0
陕西	764735.0	157231.4	591486.7	2061353.8	12975.8	39758.6
甘肃	541686.9	77917.1	400865.3	733504.1	6719.5	2038.1
青海	58857.4	10458.2	195056.4	173788.2	4430.0	17635.8
宁夏	88088.5	19499.6	212093.0	359586.2	2396.7	824.9
新疆	467757.0	124769.4	633708.0	1299505.6	460510.7	9977.0

1-B-5　续表 2　　　　单位：万元

地　区	主营业务收　入	主营业务成　本	主营业务税金及附加	主营业务利　润	三项费用合　计
全　国	**2041291889.9**	**1839123497.8**	**9100918.7**	**180407048.1**	**115453206.5**
北　京	206077756.4	189666974.8	466898.0	15943883.6	12859487.3
天　津	89527399.9	84574219.1	163293.4	4685231.8	2748556.0
河　北	49003017.3	43399868.2	325683.0	5163426.3	2846484.4
山　西	37565079.2	33898814.6	207905.7	3089059.4	2047881.8
内蒙古	31314216.4	23968686.2	613893.0	6666554.9	1778412.6
辽　宁	89817186.9	81552815.6	642812.2	7512149.2	4284469.1
吉　林	36050244.2	32048553.7	289986.6	3251980.2	1814436.3
黑龙江	27860653.8	23708438.2	305499.1	3188228.9	1811931.5
上　海	290569158.5	264169208.7	623107.5	19230458.1	17168355.6
江　苏	215799209.7	191599685.7	800013.1	22821068.8	12101865.6
浙　江	185207391.1	174080391.6	376443.7	10750553.7	8073360.6
安　徽	40096318.3	36111260.9	141950.9	3612841.4	2176440.3
福　建	56884245.0	51858322.3	251636.5	4639219.1	3161168.0
江　西	14657453.2	11790049.5	227486.8	2485123.9	1407166.9
山　东	121944696.3	104713400.4	1036985.4	15526822.4	8115227.0
河　南	39308748.8	35036351.2	229588.6	3879267.5	2324466.7
湖　北	57849514.7	52592453.3	287605.6	4559690.6	2460095.5
湖　南	25194731.0	20736308.0	368551.5	3724007.4	2084164.9
广　东	219457506.2	198395395.3	605343.1	20082556.7	13749692.3
广　西	18349272.4	16304144.1	114126.0	1753182.4	1158895.0
海　南	5968626.6	5359945.0	13834.6	599624.9	425635.9
重　庆	28639174.1	25613427.1	153510.2	2583192.1	1564733.7
四　川	37311199.9	33556942.0	206670.7	3310524.3	2116828.9
贵　州	10952189.3	9020977.4	144182.1	1491491.4	920764.8
云　南	29732729.8	26343625.6	147738.8	3139222.3	1872645.8
西　藏	318903.9	266314.4	2412.6	45125.5	33498.4
陕　西	25401869.9	22064139.5	210141.7	3447429.8	1727469.3
甘　肃	16178488.4	14912761.8	49707.9	1186344.3	877087.7
青　海	3339312.4	2748324.7	17439.2	372136.1	211644.5
宁　夏	4506848.8	4153491.0	22379.5	312787.6	239572.5
新　疆	26408747.5	24878207.9	54091.7	1353863.5	1290767.6

1-B-5 续表 3

单位：万元

地区	三项费用合计		营业利润	职工工资和福利费	本年应交增值税	全部从业人员年平均人数（人）
	税金	利息支出				
全国	**2516293.2**	**4997194.7**	**77552071.0**	**27066937.4**	**28347808.2**	**10352381**
北京	110057.7	690652.8	5803819.2	2665011.9	1885721.9	499670
天津	33227.7	151600.6	2119508.2	592819.2	1054605.1	237537
河北	95072.7	122009.8	2480789.8	605151.3	745116.2	368271
山西	44989.6	93514.1	1344425.7	418850.2	811253.9	235313
内蒙古	87954.4	46799.4	4995693.9	361975.7	933760.6	166182
辽宁	101482.2	150321.7	3089714.3	900838.9	1035189.1	437000
吉林	73218.0	50253.8	1864002.4	527611.4	319737.4	231137
黑龙江	46779.5	75454.4	1474734.4	488480.2	624222.1	265677
上海	147025.6	216525.8	5023699.7	3681211.3	2828043.5	897036
江苏	263229.0	497573.6	11400674.6	2776221.4	3007020.5	974814
浙江	164867.2	718900.0	3222797.7	1701300.3	1906664.9	629599
安徽	52345.0	84505.5	1624200.6	621394.6	680746.1	288607
福建	59743.7	153890.1	1919741.1	839983.8	572726.8	324541
江西	64485.3	27657.1	1165657.4	302865.9	289493.6	152121
山东	269225.9	323366.8	7692716.1	1993301.7	1836472.9	979165
河南	70583.8	158849.6	1669857.9	728787.2	564464.6	409381
湖北	84304.6	134010.6	2279068.8	746741.3	1022000.9	367391
湖南	119388.3	36241.1	2041939.9	552922.4	700999.3	236147
广东	247826.3	650342.5	7292824.2	3392376.2	3494148.3	1152071
广西	57490.8	46022.1	672770.1	301242.4	335562.9	146952
海南	6391.9	8043.5	176498.9	81071.4	104585.9	32029
重庆	108306.7	79548.2	1405417.5	473003.8	568526.9	208997
四川	49943.9	98802.1	1367805.9	631467.3	686214.0	318657
贵州	18817.1	15084.9	856073.2	235534.9	273413.1	99187
云南	41582.5	84704.1	1483417.8	483940.2	731381.4	183134
西藏	342.2	1011.1	14730.2	6395.0	3430.0	2824
陕西	56481.1	53462.9	1796800.3	396429.1	690369.0	186810
甘肃	16146.3	73656.5	353640.9	179291.5	139092.5	99712
青海	3621.6	7747.2	567408.4	49908.8	63666.6	22141
宁夏	4669.8	18320.4	77376.6	70985.6	46480.8	87477
新疆	16692.8	128322.4	274265.3	259822.5	392697.4	112801

1-B-6　各地区批发业法人企业财务状况(按国民经济行业分)

农畜产品批发　　　　单位：万元

地　　区	固定资产原　　价	本年折旧	资产总计	所有者权益合计	实收资本
全　　国	**10380122.1**	**610892.1**	**46206520.8**	**14977247.7**	**9715717.2**
北　　京	261146.3	11472.4	9919721.7	4711010.0	1354499.8
天　　津	69906.5	6776.3	724028.9	276097.8	254338.2
河　　北	362782.3	21392.2	1137234.7	413739.7	320038.0
山　　西	123852.1	6917.9	467178.2	114277.3	93839.8
内 蒙 古	465832.8	20093.4	1269527.8	493115.5	376229.2
辽　　宁	541775.0	28902.0	2677131.5	568159.3	519689.2
吉　　林	1377991.9	106413.1	2391389.2	790834.6	745799.1
黑 龙 江	726747.6	39884.5	2135577.5	476313.4	494530.9
上　　海	49938.7	2877.4	458140.2	147897.0	105827.6
江　　苏	779938.0	56620.9	2193738.9	715780.9	529173.5
浙　　江	191161.7	10763.3	1243947.3	396471.4	256705.0
安　　徽	384378.9	25113.4	1268586.1	364467.1	333397.0
福　　建	84148.1	5782.4	643791.8	193050.3	152202.5
江　　西	235695.9	12237.8	702826.4	165543.3	170186.1
山　　东	872461.1	56071.0	2513715.0	1042843.1	733421.4
河　　南	992281.4	32826.5	3852360.3	894319.8	822127.1
湖　　北	561676.9	27441.0	1661288.3	528811.4	473851.8
湖　　南	230787.1	10191.0	782370.8	392261.1	305915.3
广　　东	332214.3	25602.6	1242476.3	387849.9	313335.9
广　　西	89278.8	6290.0	315003.7	123488.9	98630.3
海　　南	9931.7	708.5	68140.2	42497.2	21690.0
重　　庆	126700.9	11275.2	270180.7	121361.4	90112.8
四　　川	299559.2	20787.9	899166.2	345823.3	250878.4
贵　　州	27349.5	987.3	113285.1	37874.8	36153.2
云　　南	109924.3	5820.0	1939845.6	191792.2	92942.2
西　　藏	10237.8	302.1	39692.7	14018.3	8308.0
陕　　西	148877.7	9096.9	440442.3	110073.7	128539.0
甘　　肃	127947.5	5780.7	430863.9	110865.7	89294.3
青　　海	22643.8	2106.1	25250.0	4998.6	4738.2
宁　　夏	40992.2	2050.7	102372.2	35157.5	37660.7
新　　疆	721962.1	38307.6	4277247.3	766453.2	501662.7

1-B-6 续表 1

农畜产品批发

单位：万元

地区	所有者权益合计					
	实收资本					
	国家资本	集体资本	法人资本	个人资本	港澳台资本	外商资本
全国	**3261911.3**	**880963.4**	**1694121.0**	**3667990.1**	**29857.6**	**180873.8**
北京	842910.1	9150.9	290445.6	71912.0	2263.9	137817.3
天津	175320.9	8338.2	17730.2	50344.8	150.0	2454.1
河北	105373.0	30418.2	61065.0	122704.2	319.9	157.7
山西	30557.7	7569.9	6247.3	49464.9		
内蒙古	78503.7	23496.7	108367.4	165708.6	60.0	92.8
辽宁	116752.4	27903.1	84505.3	288068.8	71.0	2388.6
吉林	242539.3	24611.1	162080.2	316460.9	100.0	7.6
黑龙江	173527.4	38906.5	90422.9	184357.7	3914.9	3401.5
上海	26371.3	7256.8	16364.2	41242.3	4150.3	10442.7
江苏	158032.0	48743.2	23229.9	296290.7	320.8	2556.9
浙江	30947.0	31999.7	48593.0	144632.6	432.7	100.0
安徽	152804.6	37875.3	40594.7	101577.7		544.7
福建	31335.1	10956.6	28263.7	71549.0	4424.0	5674.1
江西	107113.9	6550.9	19396.2	37125.1		
山东	62733.8	38604.1	144350.3	478641.5	576.3	8515.4
河南	191185.0	282142.1	61856.8	286476.8	420.1	46.3
湖北	100780.3	50296.8	99731.1	220308.0	2205.0	530.6
湖南	136358.2	31238.1	15529.5	121354.0		1435.5
广东	59147.7	22977.2	75911.8	149891.6	4164.6	1243.0
广西	41455.4	10926.8	12664.5	32709.1	724.5	150.0
海南	2230.3	855.0	5580.0	11371.6	1653.1	
重庆	27466.6	5077.5	18860.2	37976.6	728.7	3.2
四川	78165.5	17829.6	61785.7	91114.8	103.5	1879.3
贵州	15136.6	2488.2	4333.2	13685.2	510.0	
云南	39122.9	9041.3	14086.7	29722.9	318.9	649.5
西藏	7785.0		493.0	30.0		
陕西	34278.1	28313.8	15424.9	50320.2	200.0	2.0
甘肃	27589.7	5298.7	22311.8	33195.5	867.6	31.0
青海	620.0	190.1	2122.5	1785.6	20.0	
宁夏	14168.5	3075.2	5566.1	14850.9		
新疆	151599.3	58831.8	136207.3	153116.5	1157.8	750.0

1-B-6 续表 2

农畜产品批发 单位：万元

地区	主营业务收入	主营业务成本	主营业务税金及附加	主营业务利润	三项费用合计
全国	**49609676.1**	**43020304.1**	**404648.2**	**5796361.9**	**4025261.5**
北京	4975515.5	4814054.8	1418.9	160041.8	394440.2
天津	650044.0	605581.5	3549.4	38333.7	42553.0
河北	1403814.1	1218612.9	13084.7	170809.2	103302.3
山西	374031.9	325272.2	2722.9	39154.5	32821.1
内蒙古	1968175.4	1667303.4	22364.8	270049.4	144616.5
辽宁	3394234.5	2938498.6	24871.9	362736.1	275646.6
吉林	3566637.1	2974036.5	48579.9	539320.4	231060.9
黑龙江	2107038.0	1782531.9	21261.7	251066.5	177475.5
上海	955169.5	906776.1	535.0	37017.3	40187.3
江苏	4319001.6	3664565.8	39767.6	612170.5	330273.4
浙江	1630888.9	1511698.6	3879.9	115310.4	108895.2
安徽	1412329.2	1188916.6	7249.0	149542.5	126154.5
福建	651353.0	598542.6	2325.0	50512.7	45920.2
江西	719806.7	531562.4	15288.5	148960.0	113218.0
山东	4890796.9	3915476.7	56577.0	896401.8	438121.8
河南	3228538.9	2855532.5	26160.1	331777.6	294450.2
湖北	1941670.1	1657561.2	21604.0	240091.7	142570.3
湖南	1283223.2	1023789.9	23110.0	217547.6	122713.5
广东	2372529.2	1885647.9	20467.7	465830.6	285549.4
广西	320452.2	268875.2	10105.3	36811.4	30560.6
海南	66617.7	58325.2	231.7	7800.2	5254.3
重庆	531809.0	428827.1	7750.0	94475.2	48184.8
四川	947930.7	795789.1	8971.6	120605.4	83437.8
贵州	77228.9	65837.6	232.5	10201.1	11521.0
云南	1410385.7	1319194.1	1757.7	88133.1	56607.8
西藏	11408.2	16450.7	8.9	-5548.8	3378.3
陕西	354382.4	265208.4	10293.7	76419.0	36736.7
甘肃	291351.9	244750.9	2740.9	36266.9	26209.5
青海	7622.4	6280.9	41.0	1216.2	884.9
宁夏	140131.3	128367.8	810.0	8682.0	8942.2
新疆	3605558.0	3356435.0	6886.9	224625.9	263573.7

1-B-6 续表 3

农畜产品批发

单位：万元

地区	三项费用合计		营业利润	职工工资和福利费	本年应交增值税	全部从业人员年平均人数(人)
	税金	利息支出				
全国	**146227.1**	**636814.0**	**2370925.2**	**1161938.0**	**531365.7**	**686902**
北京	2710.5	129048.3	37707.3	64530.3	20861.6	8872
天津	461.2	8485.1	2756.7	11994.7	9015.4	5695
河北	4094.2	14593.0	74934.6	33519.9	15871.2	27768
山西	791.6	8342.6	14937.3	11279.2	4149.8	11937
内蒙古	10235.0	17826.9	160059.5	39135.0	26592.7	24747
辽宁	8656.0	40258.6	102606.5	51754.4	47927.0	33375
吉林	18201.1	30925.2	317048.5	98749.9	23997.1	51687
黑龙江	7621.8	28097.6	85043.7	57364.3	23517.9	41712
上海	532.9	234.2	4604.1	8659.9	8502.8	3492
江苏	13263.4	29347.5	292311.9	115070.1	67094.2	55365
浙江	1803.8	22681.4	20830.5	31647.7	14395.9	12894
安徽	3505.3	17900.5	37935.3	47741.6	14009.2	35935
福建	1097.3	6685.6	6918.4	12886.0	2957.2	7263
江西	6839.8	7243.1	48812.0	24962.7	5588.6	19239
山东	22702.3	50807.4	476103.1	137608.1	88076.5	80965
河南	7042.4	74051.9	62383.1	85047.9	28109.0	78408
湖北	7340.6	28334.9	114460.2	61081.1	23618.5	44791
湖南	8237.0	5243.9	115729.6	38610.1	24068.9	21727
广东	4245.5	10271.5	196237.9	57168.2	29687.3	22072
广西	1774.0	2780.1	13534.2	11965.4	11928.7	8694
海南	35.1	695.9	3398.7	1684.1	322.3	1370
重庆	3318.7	4350.4	48878.8	20556.9	10559.5	14025
四川	2920.0	11877.3	55912.5	45131.9	8780.3	25454
贵州	354.6	1508.6	560.9	3365.9	321.9	2209
云南	2053.3	2349.9	35796.5	12909.0	3708.5	4736
西藏	6.1	327.7	-8866.0	530.5	644.2	186
陕西	2352.8	4353.5	40427.6	13126.4	8237.4	10215
甘肃	1253.2	6456.1	11894.8	9723.6	1496.2	8121
青海	9.9	0.7	698.3	521.5	65.0	493
宁夏	246.7	1404.4	526.5	3873.6	2459.9	2378
新疆	2521.0	70330.2	-3257.8	49738.1	4801.0	21077

1-B-6　续表 4

食品、饮料及烟草制品批发　　单位：万元

地　区	固定资产原　价	本年折旧	资产总计	所有者权益合计	实收资本
全　国	**18019059.7**	**1205487.6**	**89786211.7**	**43101943.2**	**15865536.4**
北　京	565125.1	34084.7	7776667.1	2104396.5	1377820.9
天　津	229502.5	16829.1	1750516.2	603874.2	265534.5
河　北	528627.3	35701.3	2137565.8	1334204.6	439116.9
山　西	403622.1	31647.2	1224880.2	698604.4	170672.7
内蒙古	247829.6	16468.4	851877.2	494236.6	187876.1
辽　宁	730023.1	70735.6	3431703.7	1671309.2	533009.9
吉　林	641507.6	48218.2	1353302.8	634785.6	169091.7
黑龙江	433689.2	24399.0	1356833.0	711229.6	383790.7
上　海	867641.6	50246.2	7855999.0	2935742.5	2719985.7
江　苏	1196508.0	82713.8	6315366.0	3733273.3	733298.2
浙　江	1367841.3	91123.8	7335597.5	3460524.8	1139430.0
安　徽	449313.1	38871.6	2544614.8	1448256.1	333702.1
福　建	586335.8	36168.4	3895482.1	2549460.3	700874.6
江　西	410553.2	23113.6	1269028.7	772887.0	211313.4
山　东	1650998.2	111079.1	5064407.1	2403524.5	1011877.7
河　南	704385.1	39433.9	2317012.3	1176116.0	378614.2
湖　北	786263.0	60412.6	2595442.0	1388786.2	601661.1
湖　南	643924.1	38315.5	2151261.0	1415974.0	560451.6
广　东	1537519.1	108259.8	8022216.7	3711347.1	1461503.8
广　西	290678.3	19605.9	2078462.4	769577.0	348584.9
海　南	91348.6	5834.5	539626.2	283306.1	132846.9
重　庆	362876.8	38476.1	1863347.3	725695.1	278401.4
四　川	694577.9	38756.1	4522272.6	1588505.4	470990.0
贵　州	436512.6	26775.8	2505670.1	1388402.0	198379.9
云　南	1191544.1	58583.8	5487526.4	3287593.0	389700.8
西　藏	41881.5	845.3	108109.8	87744.8	23846.1
陕　西	374717.9	24420.7	1092278.6	648836.0	218408.4
甘　肃	237912.8	17333.7	769504.7	427103.9	125069.8
青　海	49857.8	2820.6	275615.9	198069.9	33110.4
宁　夏	61674.1	3456.8	247837.7	167503.6	37452.9
新　疆	204268.3	10756.5	1046186.8	281073.9	229119.1

1-B-6 续表 5

食品、饮料及烟草制品批发 单位：万元

地区	所有者权益合计					
	实收资本					
	国家资本	集体资本	法人资本	个人资本	港澳台资本	外商资本
全国	**4774013.1**	**567366.6**	**4018232.9**	**5099526.6**	**279520.6**	**1126876.6**
北京	194877.7	15710.9	532926.6	239291.8	76941.5	318072.4
天津	44496.7	10207.7	97902.6	92350.4	1439.1	19138.0
河北	134866.3	32345.7	146564.8	124295.9	260.0	784.2
山西	70383.8	25293.5	6909.5	67766.6	113.1	206.2
内蒙古	96520.6	13460.4	19939.6	57634.3	321.2	
辽宁	140116.7	27092.8	90819.1	258980.5	1592.7	14408.1
吉林	49560.6	14754.7	38076.1	66464.0	230.0	6.3
黑龙江	178974.9	11961.4	94823.1	97250.7	730.6	50.0
上海	508412.0	51425.5	1312916.9	331407.6	31774.0	484049.7
江苏	168763.2	31323.7	53306.2	450699.5	15585.6	13620.0
浙江	235708.4	28127.8	334520.3	532496.8	4488.5	4088.2
安徽	112897.0	9854.5	66858.3	113825.9	26341.7	3924.7
福建	173490.9	10272.1	160603.2	322552.5	15232.4	18723.5
江西	120175.3	869.0	25023.8	60168.9	3896.1	1180.3
山东	217827.5	98808.4	166196.1	513480.4	4711.5	10853.8
河南	185398.2	17400.2	42921.6	132312.2	413.1	168.9
湖北	257947.8	35516.2	69235.0	182564.7	1161.4	55236.0
湖南	307764.7	20071.9	48841.7	164085.0	4785.8	14902.5
广东	369389.5	34615.2	305822.9	525799.4	81033.4	144843.4
广西	129242.7	6324.3	40799.7	171550.8	465.0	202.4
海南	86549.0	650.6	23794.4	20177.3	1509.6	166.0
重庆	156719.0	11656.8	56494.3	52895.6	341.8	293.9
四川	192395.8	11204.1	70532.8	178381.7	344.4	18131.2
贵州	151425.8	6282.2	17944.0	21210.4	490.0	1027.5
云南	209646.8	16049.0	69624.9	89566.0	3348.6	1465.5
西藏	21493.3	270.8	183.0	1899.0		
陕西	74911.2	14649.2	25563.2	101972.6	397.0	915.2
甘肃	48385.9	3821.8	35136.6	37054.9	602.5	68.1
青海	19014.1	633.6	4637.3	8525.4	300.0	
宁夏	16256.6	3067.3	7787.1	9811.3	180.0	350.6
新疆	100401.1	3645.3	51528.2	73054.5	490.0	

1-B-6　续表 6

食品、饮料及烟草制品批发　　单位：万元

地　区	主营业务收入	主营业务成本	主营业务税金及附加	主营业务利润	三项费用合计
全　国	**162809648.1**	**131219663.5**	**971519.1**	**29632471.4**	**14255815.2**
北　京	8460381.0	7431954.7	14067.5	1014358.8	877859.6
天　津	2707011.1	2311347.3	15822.2	374585.9	182918.0
河　北	4554392.7	3787457.6	24661.1	739804.1	304155.1
山　西	2496412.6	1933374.6	15816.7	494145.4	175436.3
内蒙古	2070416.0	1564756.1	20487.2	474375.6	188893.7
辽　宁	5366306.0	4405406.7	43360.1	915160.3	443441.5
吉　林	1961564.1	1544613.0	16037.7	394737.2	142725.9
黑龙江	2292267.5	1766659.2	23245.5	460629.4	206384.0
上　海	13251067.2	11010414.7	28491.1	1985979.9	1635828.9
江　苏	12410461.0	10012951.3	77715.7	2282100.2	804901.0
浙　江	14474769.9	12169790.5	54444.4	2250533.0	924358.4
安　徽	5211733.5	4064540.0	35787.3	1081560.4	414689.9
福　建	7645805.8	6561465.6	54130.5	1011266.7	471826.7
江　西	2722963.2	2040341.7	26915.5	636221.4	259200.6
山　东	13990055.2	10825823.6	127966.9	2965398.9	1342536.8
河　南	5552433.1	4297080.7	35062.2	1199027.0	577638.4
湖　北	5724989.6	4277939.6	47336.7	1349823.0	511753.8
湖　南	5261200.6	4117208.7	70684.9	1039308.4	533005.9
广　东	17918826.7	14717477.4	75096.7	3108096.8	1535681.9
广　西	2492144.7	2049073.5	13808.6	421206.8	231149.6
海　南	1223825.5	1103106.4	1993.7	116554.8	53674.2
重　庆	3983165.3	3286104.4	23552.9	536273.9	304326.9
四　川	5636945.6	4360934.8	41031.9	1184383.4	533753.6
贵　州	3173096.0	2006622.9	20880.2	960649.7	395335.8
云　南	7048765.3	5483207.4	26274.7	1600985.6	674063.5
西　藏	210124.1	169288.5	679.5	38317.2	18560.4
陕　西	2052420.4	1532740.7	24228.3	494375.3	218417.1
甘　肃	1061737.3	812167.9	7041.2	239957.9	100554.2
青　海	465179.0	387200.2	1697.8	74513.2	40706.4
宁　夏	311577.3	229301.8	1193.3	79924.1	27146.0
新　疆	1077610.8	959312.0	2007.1	108217.1	124891.1

1-B-6 续表 7

食品、饮料及烟草制品批发 单位：万元

地 区	三项费用合计		营业利润	职工工资和福利费	本年应交增值税	全部从业人员年平均人数(人)
	税金	利息支出				
全 国	**328780.2**	**276027.0**	**16754477.8**	**4268321.5**	**4767299.0**	**1366628**
北 京	7876.6	34755.0	278027.7	196244.8	148127.9	45226
天 津	2382.4	-1577.9	201534.1	66093.1	70997.3	21903
河 北	9935.9	5557.7	450084.6	109992.8	98187.4	47978
山 西	4013.3	6186.3	334433.4	62161.0	79335.9	29588
内蒙古	8336.5	1750.3	290337.4	56074.1	63305.0	18880
辽 宁	9642.7	11291.3	485857.7	131788.2	138094.9	51342
吉 林	4919.6	4062.8	254662.2	63102.8	46109.2	18749
黑龙江	4677.4	-2904.9	262155.1	75395.3	60775.0	29971
上 海	12588.8	51492.0	486088.6	262468.4	320406.4	63957
江 苏	20191.4	8770.7	1534901.4	254178.8	327171.8	90347
浙 江	17660.1	18635.4	1383122.1	298591.5	355665.8	77209
安 徽	9772.6	-7612.7	709536.7	169062.6	202846.6	62909
福 建	8601.0	10608.9	672521.2	152769.2	141154.1	53140
江 西	14631.7	3600.8	377838.8	83295.5	98480.3	31821
山 东	37033.5	31299.1	1701737.1	320893.4	415649.1	129659
河 南	21465.8	16959.2	637909.5	259070.5	188246.7	76717
湖 北	17845.6	-3514.1	851346.3	169208.4	230217.1	65386
湖 南	20288.1	-1024.4	546485.4	153598.3	190052.6	43440
广 东	25375.7	29942.3	1658531.0	468251.9	494409.4	139778
广 西	6313.1	13256.1	227541.2	84837.9	67914.7	21570
海 南	1520.7	188.5	64799.6	21116.9	17947.2	5520
重 庆	12172.0	10009.0	354362.9	98965.0	84623.0	32396
四 川	16069.8	19636.1	692423.9	152017.0	195874.6	54380
贵 州	8628.9	-4914.1	751295.0	123504.7	160313.9	35481
云 南	15491.0	-7153.1	1008259.1	238375.0	420052.1	53766
西 藏	162.2	95.6	20961.2	2528.3	1983.4	954
陕 西	6040.0	2046.8	288489.1	86153.9	74642.6	29273
甘 肃	2038.4	1571.7	143019.5	45345.2	37192.1	17697
青 海	668.5	-917.9	36657.5	12965.5	11245.9	3319
宁 夏	372.9	103.9	53664.3	11485.6	10876.5	3600
新 疆	2064.0	23826.6	-4105.8	38785.9	15400.5	10672

1-B-6　续表 8

纺织、服装及日用品批发　　　　单位：万元

地　区	固定资产原　价	本年折旧	资产总计	所有者权益合计	实收资本
全　国	**8328025.4**	**678596.5**	**70495893.2**	**22429187.5**	**16855667.3**
北　京	329884.0	16668.1	3494260.8	1392744.4	1186440.8
天　津	143994.3	9864.6	1301557.2	450317.6	243482.4
河　北	127592.7	8563.3	570824.6	217094.1	208613.4
山　西	40044.0	2006.9	176942.0	96054.8	87950.4
内蒙古	92787.2	2220.9	158138.0	89775.4	35311.2
辽　宁	252097.9	25358.1	1697286.6	926936.4	493706.7
吉　林	160813.3	14267.0	238538.1	75236.9	61577.0
黑龙江	187535.5	8799.7	606105.6	163677.2	180997.2
上　海	1134659.2	108869.4	12729505.5	3987298.5	3227221.6
江　苏	1346429.0	138138.6	10184961.5	3014772.8	1980548.1
浙　江	1424037.3	109073.6	16374107.2	4439120.2	3396116.3
安　徽	148008.5	13637.0	981697.4	212986.2	237993.7
福　建	336410.9	20352.6	3961213.6	1411512.5	1079447.8
江　西	73213.9	3823.4	616796.5	87112.6	74788.3
山　东	744165.2	42677.0	3724337.2	1299748.4	792613.4
河　南	100077.9	6400.8	472051.2	163349.8	140996.4
湖　北	147093.3	7493.8	638426.9	239018.3	288766.2
湖　南	67892.1	5745.9	227054.5	111415.1	109647.6
广　东	1078364.7	104474.4	10076613.1	3173878.4	2320904.5
广　西	39916.0	3093.0	230083.0	102472.9	77098.0
海　南	7349.3	740.6	90482.3	24220.9	30790.3
重　庆	63798.4	7237.7	411550.7	163574.0	100596.0
四　川	70973.9	5798.5	520105.6	188744.6	152913.4
贵　州	11697.2	784.2	56321.7	23477.1	20877.2
云　南	39078.4	2515.4	199036.6	82278.4	68319.1
西　藏	4127.4		5890.8	665.4	350.0
陕　西	81158.3	6742.7	296915.6	135999.6	129928.1
甘　肃	23459.0	1613.7	83755.5	50502.6	39003.5
青　海	14170.4	52.0	56430.8	32970.7	12515.8
宁　夏	16073.6	293.9	138656.4	21217.0	21134.8
新　疆	21122.6	1289.7	176246.7	51014.7	55018.1

1-B-6 续表 9

纺织、服装及日用品批发　　　　单位：万元

地　区	所有者权益合计					
	实收资本					
	国家资本	集体资本	法人资本	个人资本	港澳台资本	外商资本
全　国	**1727741.7**	**474518.7**	**3600477.7**	**8549660.6**	**1106726.9**	**1396541.7**
北　京	108739.7	8086.8	701772.7	315463.3	28402.8	23975.5
天　津	31098.9	8782.7	71877.8	103504.5	1985.8	26232.7
河　北	38352.2	9576.1	39136.5	100721.0	20363.9	463.7
山　西	6874.7	5915.2	8143.1	45546.9	21470.5	
内蒙古	3.6	291.4	9815.7	25200.5		
辽　宁	56998.5	7750.9	123307.3	286176.8	5502.7	13970.5
吉　林	4810.4	1639.6	22189.6	31867.4	810.0	260.0
黑龙江	7275.3	7497.6	80900.3	82444.9	2425.2	453.9
上　海	384251.5	69282.8	459113.0	951139.8	434378.5	929056.0
江　苏	448460.6	36869.8	142515.8	1225939.7	53028.3	73733.9
浙　江	129344.9	93146.0	699299.2	2317952.7	83045.3	73328.2
安　徽	22329.6	3651.1	33780.1	75343.4	101099.2	1790.3
福　建	69920.2	15805.0	318763.9	548305.7	87565.6	39087.4
江　西	6695.6	1010.1	24050.2	42476.4	86.3	469.7
山　东	60954.3	40092.0	216890.3	439211.3	27133.3	8332.2
河　南	23031.3	6212.4	15274.1	94957.6	728.0	793.0
湖　北	7074.3	34437.7	54418.7	102039.3	66045.0	24751.2
湖　南	6364.4	4607.9	14338.2	83238.9	659.9	438.3
广　东	241619.7	60935.0	411374.3	1302877.3	135687.4	168410.8
广　西	4565.5	7475.8	24168.7	39626.4	1261.6	
海　南	3070.5	6051.2	10586.4	10982.2	100.0	
重　庆	5362.6	7139.6	21417.2	45887.8	20741.5	47.3
四　川	6298.4	16093.0	23394.0	83659.3	13014.1	10454.6
贵　州	3038.0	1394.6	5589.8	9672.0	1050.0	132.8
云　南	3505.9	4481.4	16938.3	43343.5	50.0	
西　藏	300.0			50.0		
陕　西	41457.9	9010.9	12133.5	67168.8	60.0	97.0
甘　肃	1287.6	3645.7	14476.6	19478.9	32.0	82.7
青　海			226.6	12289.2		
宁　夏	1108.9	153.4	13626.0	6126.5		120.0
新　疆	3546.7	3483.0	10959.8	36968.6		60.0

1-B-6　续表 10

纺织、服装及日用品批发　　单位：万元

地　区	主营业务收　入	主营业务成　本	主营业务税金及附加	主营业务利　润	三项费用合　计
全　国	**145407207.9**	**126162699.9**	**641396.0**	**17211370.5**	**13279540.3**
北　京	3848910.4	3399219.4	6595.9	443095.1	511846.4
天　津	2429128.9	2032075.4	8036.4	382317.3	168523.6
河　北	937437.7	798055.7	5633.5	132642.0	75283.2
山　西	214810.6	185717.7	2033.8	14181.6	23632.8
内蒙古	275434.8	217553.2	6952.7	50252.8	20833.7
辽　宁	3000240.5	2579328.7	45100.7	376292.0	270909.4
吉　林	381324.6	296631.5	7047.0	71646.6	20687.2
黑龙江	2053253.2	1746586.9	18377.3	271797.7	188355.8
上　海	23159359.6	17973013.7	146030.4	3945262.5	3772799.6
江　苏	25478697.0	21758658.4	88916.7	3532652.4	2239664.3
浙　江	35244126.6	32808569.3	83327.1	2352230.2	1800144.1
安　徽	2326273.7	1881270.5	4568.0	426478.8	419257.7
福　建	9149298.1	8284002.0	23347.0	840163.7	627774.9
江　西	614024.2	505312.2	10397.7	92728.1	55351.1
山　东	7526553.7	6457611.5	55673.5	979532.4	580565.8
河　南	841025.4	757003.6	3757.7	74857.6	56644.6
湖　北	1087395.6	935252.4	10347.4	133715.8	92906.4
湖　南	911633.0	708823.7	19887.9	149518.2	102185.0
广　东	22133496.1	19533678.5	66429.4	2507566.2	1918291.6
广　西	358670.3	293623.8	2907.3	58490.4	32944.3
海　南	213762.3	202595.8	168.1	10623.8	11903.8
重　庆	632497.6	538982.5	5937.6	79569.9	52297.1
四　川	1261070.1	1114997.8	7673.8	118595.9	104687.5
贵　州	93327.6	84197.7	377.5	10100.2	10583.2
云　南	258084.7	228565.1	1630.8	24984.4	22032.1
西　藏	1054.2	981.9	1.6	54.9	85.7
陕　西	479318.5	391046.0	6799.7	79768.3	52009.7
甘　肃	120850.3	108051.0	1366.4	19335.6	13751.3
青　海	43736.0	39834.1	76.5	4213.4	4204.6
宁　夏	98020.3	86487.2	1337.6	10198.9	9825.9
新　疆	234392.3	214972.7	659.0	18503.8	19557.9

1-B-6 续表 11

纺织、服装及日用品批发

单位：万元

地区	三项费用合计		营业利润	职工工资和福利费	本年应交增值税	全部从业人员年平均人数(人)
	税金	利息支出				
全国	**207103.1**	**296489.8**	**4922872.6**	**2935436.5**	**2609314.4**	**1050762**
北京	4100.3	13092.7	1571.1	145989.1	52326.4	45976
天津	2954.6	2287.1	223110.4	41700.7	64618.5	18334
河北	2887.1	3375.0	58919.5	26784.7	8248.1	18362
山西	1145.3	592.2	-3134.5	6711.8	3717.6	6589
内蒙古	729.8	226.9	29768.5	7617.5	5664.3	3623
辽宁	5174.4	1256.6	111453.8	67223.2	35085.2	31764
吉林	2792.2	1022.4	51201.0	13097.5	3963.8	6827
黑龙江	2340.1	3802.0	94995.1	24762.1	18994.1	14740
上海	26485.6	17351.8	583119.2	695888.9	482036.7	169464
江苏	41246.1	62699.6	1357473.6	438289.3	666901.0	127711
浙江	34529.8	127454.6	648028.5	394029.6	345625.6	152174
安徽	4685.8	3994.9	28773.2	81099.1	80244.4	16870
福建	7882.2	9349.8	272525.8	114446.7	71616.7	44702
江西	1980.1	823.6	41934.4	10683.5	12844.1	6154
山东	13646.8	21420.4	425561.8	179937.8	78172.4	102547
河南	2180.7	1685.2	20346.2	18822.1	8095.8	13059
湖北	2328.2	2107.0	48076.1	34331.9	21008.6	19762
湖南	5914.4	1290.7	83545.9	27192.1	19286.0	13702
广东	30659.4	10990.8	711092.6	491282.2	561658.2	170102
广西	3530.7	361.8	27774.9	10587.4	11930.6	6896
海南	91.2	20.5	-587.2	2537.4	1155.0	1557
重庆	2314.9	2430.9	35391.9	25309.9	16853.3	13610
四川	1548.3	3979.9	27917.2	34621.0	13531.2	19276
贵州	424.2	190.4	625.3	3558.8	936.8	2750
云南	756.1	450.6	6768.6	8194.9	4057.6	5338
西藏	0.3		-17.8	32.9	1.1	20
陕西	2505.2	1060.4	29359.4	15695.5	14463.8	8481
甘肃	1075.4	596.8	5348.8	5464.8	2616.3	4095
青海	383.7	207.9	285.3	804.7	825.9	611
宁夏	346.5	2210.8	866.1	2733.0	320.6	1630
新疆	463.7	156.5	777.9	6006.4	2514.7	4036

1-B-6　续表 12

文化、体育用品及器材批发　　单位：万元

地区	固定资产原价	本年折旧	资产总计	所有者权益合计	实收资本
全国	**2626985.0**	**209858.3**	**19828454.2**	**7142669.3**	**5048312.7**
北京	278174.2	28423.1	3401661.4	1166401.1	852703.8
天津	33913.4	2593.5	696653.0	77014.8	86406.2
河北	38002.6	2172.3	187378.1	71079.5	40977.6
山西	25271.9	2438.7	177812.9	62925.2	41070.2
内蒙古	39826.4	1380.7	92302.5	54807.3	49013.5
辽宁	64684.5	7099.5	357672.9	154354.4	120075.5
吉林	90759.8	7609.7	178823.3	64239.7	40477.6
黑龙江	85704.9	4675.8	233886.1	88257.6	80471.6
上海	199666.4	19396.3	2992007.5	861247.1	710691.4
江苏	272781.6	19597.5	1433237.9	597729.1	293088.0
浙江	269030.7	16983.2	2403653.7	903744.1	509233.2
安徽	40300.4	2930.7	352873.6	187530.1	128610.5
福建	169367.9	9875.7	842038.2	328780.0	290078.5
江西	45282.0	5606.1	225431.1	164749.2	156854.8
山东	159191.1	12342.5	810259.8	286242.9	189209.0
河南	36934.4	2388.8	180254.3	78032.6	62010.7
湖北	64109.0	4225.3	279243.6	105631.4	88034.1
湖南	64722.1	5528.1	273691.6	100742.7	49470.8
广东	311286.1	31748.5	3018308.3	1044835.1	795111.9
广西	36449.8	2146.9	204151.0	90517.1	51580.4
海南	12511.5	1044.8	76156.1	34621.4	33667.0
重庆	25027.6	4487.9	138475.6	47424.6	34417.5
四川	19907.0	2112.3	159149.1	61866.1	54391.0
贵州	44585.3	1939.5	173826.5	54616.2	45085.1
云南	69059.7	3086.7	420755.5	194394.2	77701.2
西藏	2862.5	56.1	5451.2	2339.6	1896.6
陕西	39183.3	2967.2	231659.5	132054.0	100090.3
甘肃	41146.6	2610.4	80871.6	49760.6	29803.6
青海	823.6	60.8	4368.5	2818.0	2139.4
宁夏	6614.0	453.4	53909.7	22957.0	11193.2
新疆	39804.7	1876.3	142490.1	50956.6	22758.5

1-B-6 续表 13

文化、体育用品及器材批发 单位：万元

地区	所有者权益合计					
	实收资本					
	国家资本	集体资本	法人资本	个人资本	港澳台资本	外商资本
全 国	**985996.1**	**118682.2**	**1107943.7**	**2205632.5**	**265022.5**	**365035.7**
北 京	200825.9	16715.3	319488.7	278714.5	22682.6	14276.8
天 津	9469.8	4888.8	30171.6	37101.8	1026.1	3748.1
河 北	5530.0	2340.2	14664.4	18443.0		
山 西	20195.3	1451.7	1439.5	17978.0		5.7
内蒙古	27228.8	55.7	4756.1	16872.9	100.0	
辽 宁	18923.4	2244.1	16630.2	78267.6	825.7	3184.5
吉 林	15632.8	149.0	9229.9	15442.3	23.6	
黑龙江	4074.2	9740.5	11702.5	28474.4	30.0	26450.0
上 海	34677.1	9160.7	87382.0	259360.7	64705.5	255405.4
江 苏	58801.1	5678.2	22121.0	167365.5	25307.5	13814.7
浙 江	84724.8	22384.8	71969.9	318456.6	3196.7	8500.4
安 徽	14204.5	1172.4	89776.7	23456.9		
福 建	123014.0	1840.7	55513.3	92619.7	15195.4	1895.4
江 西	123276.4	132.0	12262.3	20427.0		757.1
山 东	14613.6	5849.8	47260.7	117477.9	2803.4	1203.6
河 南	13486.5	1685.9	6754.4	38590.1	70.0	1423.8
湖 北	18140.5	3284.7	16083.3	48048.4	2163.2	314.0
湖 南	8409.5	3492.5	5198.6	32370.2		
广 东	72203.1	12990.0	162793.6	400378.9	124971.2	21775.1
广 西	20747.9	2716.4	8813.6	19059.0	82.7	160.8
海 南	1299.7	90.0	27624.0	4447.3	206.0	
重 庆	4528.6	747.0	15540.0	13533.0	0.2	68.7
四 川	6653.6	2226.1	13087.3	31301.3	1100.0	22.7
贵 州	28250.2	570.8	1269.9	7991.2	3.0	7000.0
云 南	6679.5	3434.5	30813.3	35855.7	29.7	888.5
西 藏	1746.6	50.0		100.0		
陕 西	34567.9	3336.0	9964.5	47581.5	500.0	4140.4
甘 肃	6254.9	177.0	8573.4	14798.3		
青 海	427.2		620.0	1092.2		
宁 夏	2604.9	10.0	1275.8	7302.5		
新 疆	4803.8	67.4	5163.2	12724.1		

1-B-6　续表 14

文化、体育用品及器材批发　　单位：万元

地　区	主营业务收　入	主营业务成　本	主营业务税金及附加	主营业务利　润	三项费用合　计
全　国	**30714809.7**	**26523454.0**	**162675.5**	**3641648.3**	**2901178.9**
北　京	4574101.5	3805530.7	12996.7	755574.1	623160.4
天　津	502966.6	456738.3	1677.6	40476.0	35442.2
河　北	235925.2	204062.8	1699.1	30154.7	21508.1
山　西	195992.4	172782.9	982.3	21960.9	20200.3
内蒙古	140432.6	113921.7	3091.7	22787.7	9965.9
辽　宁	675901.4	558455.4	13430.2	104015.4	74037.3
吉　林	246647.1	194050.4	3363.2	47773.6	15387.9
黑龙江	362387.9	292630.1	11307.5	51563.1	27954.2
上　海	5731942.9	4943915.6	12386.5	491910.7	551026.2
江　苏	2619616.9	2277934.3	14198.9	320644.0	222997.3
浙　江	3526693.5	3257138.0	9395.8	260159.7	209855.1
安　徽	445629.5	393208.5	1853.2	46115.6	32775.7
福　建	928650.8	810090.2	3531.2	112641.3	104247.8
江　西	268979.8	216194.1	4620.9	46631.7	32936.1
山　东	1771322.6	1487449.0	22000.9	258754.5	153000.2
河　南	319566.8	273303.3	2656.5	37332.8	27043.7
湖　北	428979.4	364013.2	3465.7	45166.1	37478.8
湖　南	590420.0	479626.3	7418.4	92109.1	47842.1
广　东	5132856.2	4562311.4	17397.7	538793.4	433601.4
广　西	293101.4	243972.6	2193.1	42296.4	32237.9
海　南	102897.7	92129.3	367.5	10394.4	8803.1
重　庆	232184.5	200717.9	1838.8	24855.2	16772.1
四　川	266478.6	232404.2	2600.7	24167.8	18999.1
贵　州	150043.8	126873.0	269.8	18607.3	16974.1
云　南	297727.7	223637.1	2133.7	71649.4	39661.8
西　藏	5389.0	4595.3	9.1	784.6	695.5
陕　西	333203.1	237368.3	4219.3	89888.4	59300.0
甘　肃	82769.2	72627.4	593.8	9387.6	7830.1
青　海	4708.8	3856.1	43.3	768.9	782.1
宁　夏	69799.3	63068.9	258.6	6472.3	3189.9
新　疆	177493.5	158847.7	673.8	17811.6	15472.5

1-B-6 续表 15

文化、体育用品及器材批发

单位：万元

地区	三项费用合计		营业利润	职工工资和福利费	本年应交增值税	全部从业人员年平均人数(人)
	税金	利息支出				
全国	**48326.0**	**49756.9**	**1041427.7**	**834591.5**	**514565.7**	**297619**
北京	3993.2	4693.3	166354.2	137007.9	95318.7	35449
天津	583.9	713.0	8663.7	11796.3	6466.5	6418
河北	729.9	137.1	9271.4	5259.2	2914.8	3978
山西	391.6	939.4	4189.5	3959.6	2600.4	2624
内蒙古	716.6	180.9	12347.6	3737.0	2694.1	1747
辽宁	1333.9	1523.6	32125.4	20343.9	14838.2	10349
吉林	1171.2	108.4	32813.5	6526.3	3008.9	3171
黑龙江	852.2	243.8	24935.2	9864.5	1938.2	6097
上海	3804.8	532.6	71579.6	170712.5	78245.1	39838
江苏	4483.3	5250.7	102615.1	66253.4	55346.8	21461
浙江	5610.2	9878.3	61252.8	54952.2	37169.1	23717
安徽	647.3	-424.5	30188.8	10059.7	6125.9	4188
福建	2247.2	1167.6	16981.6	35729.8	9386.5	13921
江西	906.4	-13.5	14039.6	7806.8	5668.2	3165
山东	3427.8	3863.1	110547.8	44401.9	29708.1	20844
河南	860.9	1021.0	13181.9	8796.1	5765.4	5113
湖北	957.8	51.3	14160.7	17636.4	8253.1	9210
湖南	2115.6	-48.0	55634.4	14071.1	14457.1	5475
广东	7733.8	13502.5	147231.7	142712.9	89958.6	52255
广西	1101.2	1208.6	12397.1	8553.4	6917.0	4026
海南	176.5	118.8	1824.5	2482.0	902.7	1107
重庆	1054.3	648.7	12484.0	13010.0	2888.6	3790
四川	521.7	143.1	9550.3	8211.3	3408.2	4962
贵州	368.7	218.1	3193.5	4561.8	2507.6	2431
云南	686.1	3096.9	33712.7	7864.4	8635.9	3320
西藏		-10.0	89.1	154.2	33.1	28
陕西	1220.5	334.1	31114.0	8672.8	15214.6	4029
甘肃	254.3	397.1	1743.2	3393.8	618.6	1825
青海	10.6	14.9	130.5	362.8	107.3	285
宁夏	158.6	53.7	3545.4	1182.7	672.8	638
新疆	205.9	212.3	3528.9	4514.8	2795.6	2158

1-B-6　续表 16

医药及医疗器材批发　　单位：万元

地　区	固定资产原价	本年折旧	资产总计	所有者权益合计	实收资本
全　国	**3998028.6**	**293764.2**	**34086414.8**	**9439361.6**	**6826115.6**
北　京	244333.6	21488.6	3559730.9	1049156.4	683690.3
天　津	62549.2	4877.7	896343.9	254904.8	168246.0
河　北	183740.4	11051.8	1000530.4	175232.8	196099.0
山　西	103077.2	2452.9	374239.1	69455.1	65505.6
内蒙古	69536.1	1839.7	221925.5	74341.7	57904.2
辽　宁	178760.0	13290.7	1267064.9	284780.2	199865.8
吉　林	158997.5	12367.5	449010.1	135029.1	83866.0
黑龙江	79485.8	7072.0	455289.2	119162.8	104756.4
上　海	446163.9	30375.6	4646045.5	1412900.9	753400.7
江　苏	208294.4	19385.4	1925235.7	399505.6	299565.3
浙　江	190309.1	13624.1	2055225.5	544113.4	355386.2
安　徽	148661.7	10972.0	1077314.8	200502.4	193003.8
福　建	127517.5	7890.3	856144.8	264646.1	243300.2
江　西	89247.5	5300.8	470044.3	173896.7	131653.9
山　东	237459.1	14253.7	1502964.6	364058.1	320793.3
河　南	86586.8	5823.1	759356.9	169386.1	180907.8
湖　北	168250.9	14519.8	1126485.6	317332.1	290816.5
湖　南	118793.6	8042.8	744616.1	198294.9	154294.0
广　东	439873.3	39157.8	4973963.5	1548733.2	1057068.8
广　西	56016.6	3687.5	366249.0	98806.4	76919.6
海　南	28866.9	3125.8	796787.2	307623.3	160347.7
重　庆	114713.3	11957.6	884222.1	238244.4	138513.6
四　川	168474.6	10736.8	1391884.5	352328.1	293898.3
贵　州	32004.1	1823.8	352139.7	115244.3	87150.0
云　南	86998.1	5159.0	759191.3	232160.7	207837.8
西　藏	2506.2	47.4	32664.0	8307.9	10614.4
陕　西	72752.4	5732.2	483307.1	121419.0	141832.3
甘　肃	44020.1	3476.1	286155.5	86774.8	72626.1
青　海	4934.9	354.8	43359.2	15556.1	12417.9
宁　夏	9223.0	438.6	41573.0	11420.7	8649.1
新　疆	35880.8	3438.3	287350.9	96043.5	75185.0

1-B-6 续表 17

医药及医疗器材批发 单位：万元

地区	所有者权益合计					
	实收资本					
	国家资本	集体资本	法人资本	个人资本	港澳台资本	外商资本
全国	**1134061.5**	**250534.5**	**1775917.8**	**3257977.2**	**145692.1**	**261932.5**
北京	74133.4	8857.2	342300.2	208057.5	19442.1	30899.9
天津	20210.0	3416.0	81589.8	48697.6	3198.7	11133.9
河北	48136.6	4277.3	34938.1	108747.0		
山西	8855.7	5234.4	3357.7	47797.8	200.0	60.0
内蒙古	263.0	213.4	31043.8	26384.0		
辽宁	25975.9	8100.5	33867.3	124704.1	1951.1	5266.9
吉林	1314.0	1101.0	28860.6	52389.1	200.0	1.3
黑龙江	7970.1	11017.6	28761.9	53909.5	3047.3	50.0
上海	387360.3	12997.2	62975.5	185299.2	24480.4	80288.1
江苏	14266.2	5762.5	35413.3	239220.0	936.8	3966.5
浙江	51022.9	23678.1	85908.7	191356.9	2896.6	523.0
安徽	18256.5	15272.6	53692.2	105120.9	530.0	131.6
福建	22591.6	5565.2	57076.7	121776.8	1106.3	35183.6
江西	34542.3	364.0	19208.5	77539.1		
山东	43756.9	15437.3	72602.5	184520.2	3092.0	1384.4
河南	21833.1	4588.0	58970.1	95411.6	105.0	
湖北	21816.6	15207.7	80728.0	159328.0	414.0	13322.2
湖南	7257.3	1865.6	25075.1	109901.0	9245.0	950.0
广东	143249.9	67403.6	274024.0	474858.9	48196.6	49335.8
广西	5886.2	6206.6	18886.3	45883.4	45.0	12.1
海南	2754.9	397.6	89658.6	50242.9	15265.3	2028.4
重庆	36688.5	2726.6	38471.3	58459.3	577.1	1590.8
四川	28056.0	6892.6	81907.0	169558.8	554.0	6929.9
贵州	6289.7	2528.3	10609.7	49212.1	10.0	18500.2
云南	64387.4	9565.2	41981.0	82752.4	9151.8	
西藏	1489.4	700.0	3020.0	5405.0		
陕西	19868.9	4551.9	40844.8	75957.2	600.0	9.5
甘肃	5144.3	6346.6	18603.6	41720.2	447.0	364.4
青海	100.0	5.0	5379.1	6933.8		
宁夏	481.5		2604.7	5562.9		
新疆	10102.4	254.9	13557.7	51270.0		

1-B-6　续表 18

医药及医疗器材批发　　单位：万元

地　区	主营业务收入	主营业务成本	主营业务税金及附加	主营业务利润	三项费用合计
全　国	**67054804.8**	**59088725.1**	**274997.5**	**7401174.7**	**5667068.1**
北　京	5940767.2	5303406.3	10656.5	626704.4	560973.5
天　津	1829412.7	1676090.4	3618.5	146323.4	108416.8
河　北	2444978.7	2245409.1	26679.4	171121.3	112861.0
山　西	589333.1	517231.8	2490.4	61245.8	39731.2
内蒙古	377647.6	310449.7	5045.1	61216.8	24442.9
辽　宁	2468809.8	2242503.0	17529.0	208628.8	150540.7
吉　林	748063.9	617612.0	7649.9	119452.2	71681.4
黑龙江	1104856.1	936335.2	13260.6	140682.6	105833.9
上　海	7763261.1	6533817.0	14036.0	1089247.9	1026375.2
江　苏	3868273.5	3187825.3	13132.4	652254.3	472552.4
浙　江	4565933.1	4165961.0	9293.6	390678.5	326433.1
安　徽	3259712.1	3087697.4	7642.6	159074.6	105734.8
福　建	1456999.1	1309434.8	5416.3	133474.8	116406.8
江　西	1125780.8	907642.2	13848.8	188540.8	138336.6
山　东	3309833.2	2755849.0	21043.4	528857.3	312499.4
河　南	2020085.9	1911386.8	3809.2	101838.1	70175.2
湖　北	2194121.2	1980872.5	12752.8	183632.6	137523.9
湖　南	1735100.6	1518047.3	16052.9	185578.9	112850.2
广　东	9314707.8	8091538.5	34297.2	1185359.9	885102.0
广　西	672785.0	596597.3	2799.6	69958.9	51971.3
海　南	1173133.1	937632.2	3365.2	234736.0	148698.1
重　庆	2128948.9	1908316.7	7085.8	183196.5	106215.2
四　川	3185068.4	2964422.4	8867.2	189839.1	161168.5
贵　州	509857.0	487594.8	1581.7	35384.8	34226.6
云　南	1446413.7	1296265.4	3531.2	143411.6	130198.0
西　藏	35556.3	34394.3	684.5	433.6	3189.7
陕　西	905456.0	785308.1	6005.9	112574.7	84160.1
甘　肃	390967.3	350290.7	1570.9	38551.9	29251.8
青　海	60312.1	49886.6	216.1	8564.6	5657.0
宁　夏	45527.3	38814.7	246.0	10173.0	4844.1
新　疆	383102.2	340092.6	788.8	40437.0	29016.7

1-B-6 续表 19

医药及医疗器材批发

单位：万元

地区	三项费用合计		营业利润	职工工资和福利费	本年应交增值税	全部从业人员年平均人数(人)
	税金	利息支出				
全国	**91276.5**	**174086.5**	**2223818.5**	**1457314.3**	**1318121.5**	**540682**
北京	2677.6	16871.3	173112.7	149652.2	89296.1	31566
天津	684.0	8752.0	41410.2	23765.3	25414.0	8877
河北	5002.8	7070.9	62021.4	29022.6	26055.2	21196
山西	638.7	835.5	27480.3	13325.4	6244.9	10206
内蒙古	1536.3	387.5	36886.6	9730.8	4747.7	5697
辽宁	4038.8	7983.7	61149.6	32707.3	50893.5	17633
吉林	4633.6	537.3	48238.9	24238.7	11071.6	10871
黑龙江	2140.0	561.6	39760.0	25686.2	20666.6	14063
上海	4746.2	9894.9	190454.0	242714.9	249285.9	39323
江苏	4727.6	8259.0	175917.3	126749.2	95893.3	30164
浙江	4327.7	18969.1	78761.1	73647.1	63381.4	24734
安徽	3574.9	5177.7	60306.1	43820.7	28101.5	25601
福建	2360.7	7911.3	40431.6	33314.1	17064.0	15494
江西	2400.6	3475.4	55210.3	31097.1	25584.6	14358
山东	5559.4	5131.1	225744.8	71946.0	41088.6	32605
河南	1953.6	1078.5	34448.1	27097.4	17000.6	18876
湖北	3648.6	7713.0	63387.2	44018.9	31721.4	22523
湖南	5149.9	1653.3	91554.1	32489.4	42806.5	15978
广东	12711.8	36851.4	380131.7	212194.4	263288.3	67939
广西	2056.5	2520.6	20749.8	16966.2	11058.9	9537
海南	1380.6	1869.3	86766.7	24387.6	47558.5	9243
重庆	5532.9	8536.8	109275.3	30040.8	26394.2	13826
四川	3486.5	2959.6	42135.2	51456.9	51811.1	29137
贵州	987.4	1606.3	5569.8	12385.6	7099.2	7214
云南	1587.0	3784.0	16275.5	29319.4	33167.1	16321
西藏	28.8	339.4	-2404.1	1054.0	431.7	383
陕西	1502.6	270.5	28526.6	20647.4	16262.0	13003
甘肃	1175.8	1975.6	10086.0	10778.2	6413.0	7603
青海	99.2	74.0	3844.3	1496.8	1045.2	1217
宁夏	110.7	448.3	1784.1	1639.2	706.7	1128
新疆	815.7	587.6	14803.3	9924.5	6568.2	4366

1-B-6　续表 20

矿产品、建材及化工产品批发　　单位：万元

地　区	固定资产原　价	本年折旧	资产总计	所有者权益合计	实收资本
全　国	**49443489.9**	**3469157.5**	**401572494.4**	**129834001.7**	**91487875.0**
北　京	2221857.4	128590.9	64897550.9	24656013.4	13953702.5
天　津	1104627.1	120465.3	19397585.3	4771801.0	3903110.2
河　北	2494493.9	161819.8	10461493.9	3764532.1	3168032.4
山　西	1846953.7	124067.3	11547072.8	3404024.7	2129621.6
内蒙古	1635578.3	93827.2	6260334.8	2491396.0	1897618.7
辽　宁	2285439.8	206248.8	14475583.3	3993313.0	3008178.8
吉　林	1586803.6	134563.2	3574890.6	943774.0	851969.9
黑龙江	1368851.3	88881.5	6315662.5	1429239.2	1281945.7
上　海	1916573.6	141693.6	43588253.5	14152072.3	9344207.5
江　苏	4566191.5	334238.5	30860303.0	9092366.0	6836498.9
浙　江	3004494.5	201460.0	40104118.5	10417185.9	7941757.6
安　徽	1270555.9	75562.3	7040066.3	2059734.3	1564308.9
福　建	1284510.0	78714.4	14367040.8	5558126.9	4142373.5
江　西	656566.9	40412.0	1923293.6	856010.7	668047.1
山　东	5442147.0	333385.5	19868235.7	7155271.6	4680122.4
河　南	1600466.5	106246.4	7131073.4	3328236.1	2454441.1
湖　北	1984930.8	120487.5	9942372.6	3007574.7	2756921.8
湖　南	743895.1	52737.3	3063492.3	1159042.0	948658.7
广　东	5523478.2	467350.0	41254142.2	11775202.8	8320601.2
广　西	735079.0	48384.2	3899895.0	1465041.1	1249771.1
海　南	181807.9	6531.2	1165946.5	576268.0	392343.8
重　庆	1009133.0	84554.6	4056872.5	1435229.9	1104737.9
四　川	963676.7	72312.2	8368968.7	2393866.2	1734742.6
贵　州	343812.6	16358.9	2396197.7	880071.7	694299.3
云　南	1105945.7	60678.7	7738682.8	2702474.4	1436194.3
西　藏	5887.7	234.2	7506.4	3363.8	2775.8
陕　西	871998.7	69170.5	5908986.3	2151451.2	1874699.6
甘　肃	542413.6	34940.6	3731229.3	1348773.8	1044418.1
青　海	245080.2	6763.1	1826422.1	672135.5	324604.4
宁　夏	159354.9	8465.4	1423486.8	398093.5	382506.7
新　疆	740884.8	50012.4	4975734.3	1792315.9	1394662.9

1-B-6 续表 21

矿产品、建材及化工产品批发 单位：万元

地区	所有者权益合计					
	实收资本					
	国家资本	集体资本	法人资本	个人资本	港澳台资本	外商资本
全国	**18281106.4**	**3199385.5**	**23102144.3**	**42563369.2**	**1612792.5**	**2729077.1**
北京	1370138.2	109935.4	9389302.0	1722865.3	348657.6	1012804.0
天津	625385.1	61711.3	1485706.3	1657401.1	23526.9	49379.5
河北	307389.7	102813.8	695547.7	2029562.3	27649.2	5069.7
山西	687529.7	210326.2	238897.7	957198.7	12215.0	23454.3
内蒙古	152175.6	70831.6	445209.1	1227048.7	2099.0	254.7
辽宁	747681.0	178927.4	384253.2	1660302.7	12142.3	24872.2
吉林	209435.8	23270.6	181008.7	437032.1	313.2	909.5
黑龙江	396616.5	88839.6	217574.4	569471.0	1328.9	8115.3
上海	1895932.5	192666.0	1177936.9	4951108.5	156055.3	970508.3
江苏	811070.8	181926.4	520598.7	5173665.4	85418.4	63819.2
浙江	955593.7	316129.1	1340163.9	5254657.5	27346.5	47866.9
安徽	578528.1	51155.9	287636.7	638773.2	1912.1	6302.9
福建	1244588.4	130744.4	675492.1	1963067.5	23263.3	105217.8
江西	163408.9	21819.1	150345.2	317467.7	9937.6	5068.6
山东	463594.3	261653.3	976520.1	2919810.5	30539.4	28004.8
河南	948515.1	125284.9	313675.2	1058756.0	7427.6	782.3
湖北	1038565.9	83025.1	580065.1	1022453.4	29526.6	3285.7
湖南	96881.6	31750.6	127932.7	673466.9	14590.3	4036.6
广东	2918419.1	272400.9	1436780.5	3243254.6	187075.1	262671.0
广西	377716.0	102843.6	200928.6	560085.0	840.3	7357.6
海南	80341.2	25370.8	70564.7	65137.8	145973.5	4955.8
重庆	285566.3	31914.2	314463.3	446788.2	3148.6	22857.3
四川	406833.6	124363.5	360390.0	821183.1	10300.8	11671.6
贵州	136260.3	161105.6	120628.9	259515.2	13072.2	3717.1
云南	225221.2	69464.0	403077.7	730191.0	3629.9	4610.5
西藏	1095.7		816.0	861.1		3.0
陕西	482322.0	62869.0	309426.9	990494.3	1685.7	27901.7
甘肃	425402.4	39748.0	180002.4	394419.6	3808.2	1037.5
青海	36418.1	7814.4	148504.2	110702.1	4110.0	17055.6
宁夏	50476.5	10657.6	97146.7	222503.1	1533.0	189.8
新疆	162003.1	48023.2	271548.7	484125.6	423666.0	5296.3

1-B-6 续表 22

矿产品、建材及化工产品批发 单位：万元

地区	主营业务收入	主营业务成本	主营业务税金及附加	主营业务利润	三项费用合计
全国	**1111991430.6**	**1033638971.4**	**4473682.9**	**69071097.0**	**40999586.4**
北京	105747302.1	101784549.9	322109.9	3640642.3	2620347.8
天津	67046869.7	64460787.9	85489.4	2463577.8	1360008.3
河北	32524993.4	29085139.1	201877.3	3163280.7	1809838.3
山西	30629167.7	28095707.4	158216.0	2170307.9	1562219.9
内蒙古	21872241.0	16481553.8	461795.3	4908334.3	1069121.6
辽宁	61690037.5	57375874.2	320210.3	3979053.7	2118799.0
吉林	11191877.8	9970446.3	126160.8	1079977.2	374656.3
黑龙江	14016399.2	12363405.2	133827.4	1251210.4	646881.6
上海	161814386.3	154509016.9	291175.7	4681012.0	3788790.2
江苏	112086515.0	101602805.1	360593.5	9777311.8	4858318.4
浙江	92351481.8	88768584.6	134982.8	3447914.3	3094798.4
安徽	18878260.3	17582380.6	48406.8	1209385.5	694019.1
福建	25981152.2	24266031.6	117971.3	1511870.3	1063456.6
江西	5629218.5	4754367.7	92261.5	757459.5	443049.4
山东	61251271.7	54404617.9	454007.2	5977998.9	3052914.7
河南	20765929.2	19154589.4	113088.0	1432697.4	868926.4
湖北	32332815.4	30197810.1	92516.1	1869998.2	1040207.5
湖南	8815987.2	7428211.1	141057.0	1148264.3	641264.2
广东	109544426.8	102292304.7	199670.2	6837806.4	4489649.3
广西	11097120.7	10194366.1	57795.4	786906.1	544127.7
海南	2145855.1	2024318.7	6119.3	112932.2	96500.4
重庆	12867329.6	11712992.5	67522.3	987493.0	572338.8
四川	18834140.5	17727644.3	71340.5	997025.3	764429.3
贵州	5325472.9	4774009.2	114761.8	355346.7	351871.6
云南	14741841.2	13606071.3	100494.5	891948.3	702732.9
西藏	11609.1	7314.1	775.6	3276.1	1746.8
陕西	17115875.8	15431195.6	112765.7	1916109.4	896767.6
甘肃	12480304.0	11820998.7	20849.7	621354.3	605642.6
青海	2442951.1	1981161.2	14500.5	252318.3	140867.1
宁夏	3073262.8	2904548.1	15835.8	145463.0	137427.1
新疆	17685335.0	16876168.1	35505.3	692821.4	587867.5

1-B-6 续表 23

矿产品、建材及化工产品批发 单位：万元

地　区	三项费用合计		营业利润	职工工资和福利费	本年应交增值税	全部从业人员年平均人数(人)
	税金	利息支出				
全　国	**1029388.6**	**2861445.0**	**31928804.9**	**7610010.6**	**11493509.2**	**3190629**
北　京	36194.4	340507.4	1613626.9	522132.9	255096.9	98659
天　津	17636.9	116502.5	1172619.1	213930.9	565948.7	84250
河　北	55239.7	81575.9	1440426.6	267669.8	500527.8	164073
山　西	31411.6	72524.5	838345.9	256796.9	674210.3	124789
内蒙古	52406.5	21633.5	3878942.9	164758.7	724465.8	73673
辽　宁	51321.2	78788.3	1639122.8	347087.3	549777.2	162633
吉　林	21517.9	19878.2	704661.5	155440.5	85622.2	70054
黑龙江	18143.9	41029.7	634104.7	174210.1	404158.1	85759
上　海	47758.7	185643.3	1487512.2	700952.9	698556.9	196685
江　苏	107759.5	280749.6	5326185.1	881195.2	1044569.9	320826
浙　江	63203.7	414381.3	605106.1	458585.6	771216.6	177203
安　徽	17955.3	49362.7	543843.8	162073.9	182156.2	79881
福　建	20783.8	89013.8	571033.0	250981.1	206663.7	90637
江　西	20917.4	8362.8	337906.5	78565.1	83475.0	40272
山　东	118761.6	164010.9	3001587.7	646140.2	768702.2	326358
河　南	26149.6	49990.9	606670.7	191178.3	212098.2	132544
湖　北	30596.1	73519.6	884701.8	237902.7	471055.4	107876
湖　南	42827.4	19258.3	615205.6	142123.9	233028.8	66964
广　东	83456.5	406243.1	2667625.6	775283.7	1103276.0	257087
广　西	28446.7	23710.7	248012.6	97412.6	172556.2	55115
海　南	2697.1	2018.5	23620.6	17469.7	27403.3	6708
重　庆	51537.0	39001.6	521398.8	147290.6	193064.6	66538
四　川	15898.6	49500.4	341028.8	183966.5	322505.4	96839
贵　州	5808.3	13860.2	80136.0	56814.8	80018.8	29231
云　南	14106.6	74446.0	287676.2	110339.2	205127.0	59771
西　藏	101.6	31.9	1366.9	407.9	36.6	145
陕　西	28948.9	38467.3	1063062.1	144663.4	493849.1	66225
甘　肃	6516.0	59023.7	43968.4	67003.3	68160.0	32547
青　海	2137.6	8203.7	511691.4	26961.6	43368.5	10756
宁　夏	2443.4	13679.7	8528.3	36015.3	26433.3	69013
新　疆	6705.1	26525.0	229086.3	94656.0	326380.5	37518

1-B-6　续表 24

机械设备、五金交电及电子产品批发　　单位：万元

地　区	固定资产原　价	本年折旧	资产总计	所有者权益合计	实收资本
全　国	**18337382.6**	**1585329.9**	**218436571.5**	**54589808.2**	**41789472.9**
北　京	2017224.3	210142.9	38592457.2	13395632.1	8420501.7
天　津	518946.9	39740.3	49285568.0	1281387.2	1191882.3
河　北	445112.3	31149.8	3021377.5	964987.3	825952.7
山　西	245624.8	17525.6	1569845.8	532848.9	472340.0
内蒙古	341565.5	16816.5	1280258.2	443239.0	377180.2
辽　宁	877993.5	96019.1	5665423.7	1917838.5	1675567.7
吉　林	1302900.3	115452.0	3149465.2	627423.3	778583.2
黑龙江	489733.0	33609.9	1614431.0	548444.4	688513.9
上　海	1728071.5	158214.6	28645044.2	8475474.6	5927202.9
江　苏	1657216.4	132305.8	13560147.4	3916226.0	2673235.2
浙　江	1092353.4	92956.3	12306593.4	3566145.6	2788716.1
安　徽	273039.6	22112.3	2465872.5	651291.5	543043.3
福　建	367533.0	38643.7	4026306.8	1462496.1	1218784.1
江　西	264195.6	15004.0	917212.7	342966.4	303114.5
山　东	1734518.2	111834.2	10234645.8	2919492.9	2578572.2
河　南	333213.6	21137.1	2245158.9	728212.5	705671.0
湖　北	493312.9	39744.5	3261200.3	971359.5	954420.8
湖　南	315860.0	23809.4	1398340.1	546123.0	487189.8
广　东	1925499.7	208951.1	19260146.7	6050189.6	4884725.0
广　西	152396.4	11228.7	1349677.4	454153.2	350206.3
海　南	13612.7	1283.1	291854.2	90577.4	79544.8
重　庆	304549.7	28283.6	2583056.8	594150.3	476762.3
四　川	295673.3	27680.4	2740909.6	877233.8	742644.1
贵　州	62743.2	6398.9	636019.7	163518.3	166627.0
云　南	191334.9	16981.3	1985980.4	660531.0	474164.0
西　藏	15096.6	162.5	27359.0	13744.3	4768.2
陕　西	445131.6	35544.6	2699073.4	985185.7	894690.6
甘　肃	167154.7	11124.8	1054222.8	448619.7	309088.7
青　海	19060.5	1249.5	200491.7	84152.7	58181.7
宁　夏	39936.9	3023.9	358763.8	104149.5	103314.1
新　疆	206777.6	17199.5	2009667.3	772013.9	634284.5

1-B-6 续表 25

机械设备、五金交电及电子产品批发 单位：万元

地区	所有者权益合计					
	实收资本					
	国家资本	集体资本	法人资本	个人资本	港澳台资本	外商资本
全国	**2633465.6**	**998936.8**	**10126560.0**	**21310048.3**	**1175442.3**	**5545019.9**
北京	333290.0	55875.6	2598802.1	1957660.0	142952.0	3331922.0
天津	73022.8	37174.0	452726.7	483273.9	43969.9	101715.0
河北	27607.6	32085.0	198640.1	564784.1	1577.2	1258.7
山西	24928.6	18061.7	53340.0	374007.6	1420.1	582.0
内蒙古	16549.2	6255.3	90237.3	263547.2	240.0	351.2
辽宁	149753.5	74395.0	313282.3	963082.5	7427.8	167626.6
吉林	322273.0	15715.1	165380.7	271634.1	750.0	2830.3
黑龙江	30111.0	16198.9	372697.2	267571.9	622.7	1312.2
上海	328353.9	117309.7	944659.7	2550202.4	436671.4	1550005.8
江苏	149989.7	87651.1	199219.3	2118854.6	31406.5	86114.0
浙江	149882.6	80059.5	569013.9	1935422.3	20412.4	33925.4
安徽	21637.1	25474.5	157572.6	333485.3	1599.5	3274.3
福建	69707.9	21974.2	319835.6	750214.2	24868.9	32183.3
江西	10400.7	4555.3	85349.5	194661.9	1035.0	7112.1
山东	259427.7	64972.8	551425.1	1619357.7	60990.7	22398.2
河南	34133.0	15771.8	137162.6	516316.1	1970.6	316.9
湖北	32642.9	36531.0	364199.5	496596.5	13987.2	10463.7
湖南	29000.0	15859.7	32015.2	405842.7	900.0	3572.2
广东	263430.1	122653.1	1469152.7	2533348.5	328162.5	167978.1
广西	37822.3	19254.5	91074.0	200298.0	1716.6	40.9
海南	3400.4	4020.6	35278.5	36832.9		12.4
重庆	55467.4	27041.5	156256.3	235526.1	1171.3	1299.7
四川	39443.6	20765.2	169195.9	505205.0	2584.0	5450.4
贵州	13909.3	5137.1	54927.9	92008.1	300.0	344.6
云南	61681.0	21167.9	119680.3	265890.1	3141.6	2603.1
西藏	1257.2	724.2	1269.4	1517.4		
陕西	57216.3	26692.9	136091.3	659304.8	9531.3	5854.0
甘肃	17761.8	15213.2	106672.7	168471.8	741.2	228.0
青海	1574.9	649.0	26991.1	28386.5		580.2
宁夏	466.6	1886.5	21627.9	79115.5	155.0	62.6
新疆	17323.5	7810.9	132782.6	437628.6	35136.9	3602.0

1-B-6　续表 26

机械设备、五金交电及电子产品批发　　单位：万元

地　区	主营业务收　入	主营业务成　本	主营业务税金及附加	主营业务利　润	三项费用合　计
全　国	**344573432.9**	**303666521.6**	**1477046.0**	**36305264.0**	**27288431.2**
北　京	58110862.2	49596904.7	77549.1	8436408.4	6466695.3
天　津	9400698.8	8506159.9	25215.4	836171.0	604952.2
河　北	5959261.7	5299151.8	38359.6	591744.8	350164.1
山　西	2312616.8	2036531.2	18863.2	213771.4	145013.0
内 蒙 古	3284996.3	2570913.4	62764.6	634739.4	233214.6
辽　宁	11660139.1	10134731.6	152668.6	1348540.4	836156.2
吉　林	16891067.7	15618145.9	60208.1	801639.9	893162.8
黑 龙 江	4113048.4	3380056.5	54945.6	506716.7	306051.1
上　海	62708438.2	55268670.0	103947.3	5610925.4	5137620.8
江　苏	29786561.2	26430294.6	114272.6	3205876.3	2083781.0
浙　江	24635621.4	22945888.2	53520.2	1636213.0	1407345.0
安　徽	5999758.0	5494881.0	20285.4	416535.4	319752.0
福　建	6218981.4	5575168.2	26139.1	608072.8	479332.5
江　西	2057402.9	1591890.0	41555.5	387481.9	229672.8
山　东	20642996.8	17657124.8	192910.9	2711075.9	1621432.2
河　南	5234508.0	4695731.6	30060.4	477632.1	302767.4
湖　北	5542847.1	4912765.3	46184.8	491387.9	339789.5
湖　南	3969545.6	3204148.8	54290.0	600116.6	333340.0
广　东	37291914.1	33117328.9	131792.8	3986016.7	3231399.6
广　西	2191937.8	1904128.7	15264.8	259454.5	179134.4
海　南	921411.8	834395.0	988.3	84660.6	85310.5
重　庆	6932879.5	6368286.3	27796.5	538876.2	393786.9
四　川	5643285.8	4982760.6	55914.6	551761.4	373169.7
贵　州	1307234.8	1199045.8	4363.2	78956.6	81416.0
云　南	3037664.6	2798993.9	7388.9	215656.9	184615.5
西　藏	21227.8	16045.8	169.4	2740.4	1713.3
陕　西	3669488.6	3037421.0	37220.0	582268.1	325419.0
甘　肃	1622031.6	1399079.4	13555.1	202628.4	80954.7
青　海	291128.3	263557.0	542.4	25115.6	14840.7
宁　夏	547638.2	495168.8	1886.3	45188.0	37587.2
新　疆	2566238.4	2331152.9	6423.3	216891.3	208841.2

1-B-6 续表 27

机械设备、五金交电及电子产品批发

单位：万元

地区	三项费用合计		营业利润	职工工资和福利费	本年应交增值税	全部从业人员年平均人数(人)
	税金	利息支出				
全国	**469999.9**	**283069.4**	**12886850.8**	**6850271.6**	**5640951.6**	**2409168**
北京	44299.5	-40775.5	2969861.3	1280390.5	1177630.4	204182
天津	5369.9	13643.6	294392.9	151439.0	235754.7	62787
河北	13648.2	7555.0	284509.3	106837.8	73011.1	66148
山西	4857.9	3338.8	85619.8	50801.4	26315.8	38136
内蒙古	9637.1	3780.3	424392.2	58491.1	61028.1	26640
辽宁	17607.8	7696.1	550037.8	211863.2	175544.4	104890
吉林	13902.4	-8403.1	321215.1	129106.7	136977.7	51925
黑龙江	6763.3	3553.8	223788.5	78586.8	68696.0	46706
上海	40402.5	-38948.1	1792075.8	1269180.0	797480.6	313527
江苏	46746.7	54509.0	1229781.8	610678.8	476451.6	224437
浙江	30445.3	74993.3	321295.1	337138.4	283302.8	136258
安徽	8939.3	10144.0	149800.0	78695.5	139662.9	42422
福建	10702.9	11249.7	186266.2	165640.0	76745.1	71243
江西	10214.2	1703.6	175659.5	42968.2	41578.9	22984
山东	40012.6	29650.1	1137609.7	425811.8	274825.5	193814
河南	7271.2	2621.4	193410.0	93518.5	85719.2	56720
湖北	11517.8	12732.1	205112.3	124266.7	191403.0	63754
湖南	18769.4	3769.8	386220.5	93242.2	94005.2	43147
广东	61373.8	90838.5	968673.1	980822.3	711574.3	338176
广西	10825.6	995.1	92361.7	51798.5	38727.0	28983
海南	252.3	2934.3	-719.8	7534.1	7177.9	3732
重庆	25135.0	12090.0	235971.0	109109.5	209680.5	47520
四川	6491.8	7147.3	137377.3	122167.0	76788.1	66607
贵州	1792.9	1580.3	9194.6	23829.9	17609.5	14661
云南	4676.4	3737.0	52551.5	55701.2	43025.9	30859
西藏	21.9	181.6	1765.8	727.4	228.5	497
陕西	10884.2	4797.8	271913.6	93703.5	60358.2	46490
甘肃	3246.1	2422.4	130734.1	31493.1	20415.2	22276
青海	210.2	152.8	11716.0	5448.6	6524.0	3982
宁夏	773.6	-301.9	10999.6	10300.3	4068.9	6830
新疆	3208.1	3680.3	33264.5	48979.6	28640.6	28835

1-B-6　续表 28

贸易经纪与代理　　　　单位：万元

地　区	固定资产原　价	本年折旧	资产总计	所有者权益合计	实收资本
全　国	**2345139.9**	**168695.1**	**37683933.7**	**11237450.7**	**7612244.8**
北　京	451751.8	21990.1	19736851.6	6390172.2	3581843.4
天　津	52039.1	2358.8	853266.3	200356.0	127970.2
河　北	16210.5	1293.2	101660.3	43886.3	42863.0
山　西	23516.5	2216.9	81189.6	38139.4	34234.3
内蒙古	49976.9	2178.1	155215.3	62572.4	38676.3
辽　宁	67162.4	5173.1	275459.4	159479.1	155028.2
吉　林	89988.4	7920.3	111110.0	58484.2	51471.0
黑龙江	44159.1	2940.6	301039.7	99284.9	87781.3
上　海	187389.6	17636.0	3610783.9	1054904.7	783426.5
江　苏	194173.9	13930.5	2096145.6	541993.7	420044.9
浙　江	57445.7	6225.4	333044.0	147456.8	128644.2
安　徽	11419.4	1082.3	58437.8	27658.9	24981.7
福　建	65080.1	3894.1	557463.0	202634.3	163567.8
江　西	23099.7	1507.3	33177.3	23451.9	19420.5
山　东	225222.2	14352.5	1090177.3	377775.1	316202.2
河　南	20157.7	844.4	74160.1	25590.2	30961.5
湖　北	105442.2	5380.9	1825214.6	239241.2	195837.6
湖　南	63373.4	3538.1	284230.3	95449.0	78260.1
广　东	438763.6	37492.7	5286187.5	1122481.7	1025752.1
广　西	23203.7	2047.0	136142.2	39182.3	47319.1
海　南	3625.5	391.9	44238.4	21426.5	23400.2
重　庆	20028.6	1642.5	74390.1	46100.9	30573.6
四　川	21760.6	1711.3	119933.7	46675.3	40610.7
贵　州	600.8	255.8	5626.1	1615.3	2479.5
云　南	14505.2	1504.5	49758.9	26504.7	25112.0
西　藏	188.0	9.0	500.0	500.0	500.0
陕　西	39030.5	2507.4	152602.8	75684.0	71264.1
甘　肃	12351.1	593.4	96446.8	8937.5	13822.3
青　海	528.0	45.7	1663.1	1098.9	950.0
宁　夏	950.3	60.7	9014.2	4761.5	6000.0
新　疆	21995.4	5970.6	128803.8	53951.8	43246.5

1-B-6 续表 29

贸易经纪与代理

单位：万元

地区	所有者权益合计					
	实收资本					
	国家资本	集体资本	法人资本	个人资本	港澳台资本	外商资本
全 国	**946441.3**	**130261.9**	**3857397.3**	**2162931.0**	**147541.3**	**367672.0**
北 京	258159.6	3820.2	2961540.5	207045.9	10771.2	140506.0
天 津	8879.1	3065.4	62367.8	36823.7	6253.3	10580.9
河 北	3657.3	1196.0	7095.6	30721.1		193.0
山 西	2865.0	1463.3	8416.4	21489.6		
内蒙古	281.7	927.0	9693.5	27749.1	25.0	
辽 宁	6097.3	6270.9	31129.8	87617.2	23515.3	397.7
吉 林	196.0	223.5	20689.9	30361.6		
黑龙江	7399.7	3918.3	31635.9	44762.2	64.2	1.0
上 海	181110.2	13996.9	133459.0	234609.4	29583.6	190667.4
江 苏	147059.6	6429.1	23097.1	241392.1	326.5	1740.5
浙 江	6009.1	3796.7	28677.8	88681.4	704.1	775.1
安 徽	2319.2	2956.7	5738.0	13967.8		
福 建	22083.9	1909.2	48659.8	88188.9	411.0	2315.0
江 西	777.3	150.0	9958.7	8383.9	150.6	
山 东	11261.5	10875.9	67066.8	221250.7	796.4	4950.9
河 南	2851.5	233.0	6613.7	21263.3		
湖 北	119276.9	4112.0	18297.4	53451.3	700.0	
湖 南	7296.1	2230.0	8452.8	59297.5	943.7	40.0
广 东	100605.2	56089.5	292339.4	489428.7	72906.4	14382.9
广 西	9314.2	782.1	11224.3	25987.1		11.4
海 南	294.9	559.8	8557.5	13798.0	190.0	
重 庆	4291.4	1073.4	11333.2	13874.9		0.7
四 川	9306.3	150.0	11477.7	19435.9	200.0	40.8
贵 州	419.6	100.0	448.7	1511.2		
云 南	3973.1	580.1	6276.0	14281.4		1.4
西 藏		500.0				
陕 西	10385.5	1382.2	23796.6	34916.5		783.3
甘 肃	3887.8	189.5	2845.0	6900.0		
青 海	100.0	30.0	120.0	700.0		
宁 夏	1847.0	451.2	889.0	2797.5		15.3
新 疆	14435.3	800.0	5499.4	22243.1		268.7

1-B-6　续表 30

贸易经纪与代理　　单位：万元

地　区	主营业务收　入	主营业务成　本	主营业务税金及附加	主营业务利　润	三项费用合　计
全　国	**45585281.5**	**41716733.6**	**206000.9**	**3435804.7**	**2616194.0**
北　京	8513630.3	7946570.3	17765.1	549294.9	501037.8
天　津	986509.2	913386.7	1857.4	69075.0	64699.9
河　北	194789.6	167763.5	4015.7	21066.9	14449.6
山　西	106946.6	70050.9	845.8	13048.7	10440.6
内蒙古	639448.7	510236.9	13591.1	114741.5	46054.8
辽　宁	399511.2	332235.9	8256.4	58953.1	38274.9
吉　林	204377.9	162383.7	3088.2	37410.9	10959.5
黑龙江	458447.6	381598.3	10760.9	50964.0	39121.4
上　海	7500295.6	6665516.7	11498.3	723844.4	719605.6
江　苏	4563081.0	4113380.3	17071.3	429151.2	246818.2
浙　江	86302.9	49490.9	2228.1	34583.9	24987.5
安　徽	117675.2	98281.0	1154.6	16113.9	8945.8
福　建	1138086.7	1060368.8	4401.8	69412.3	48506.3
江　西	108545.1	65505.1	3836.4	34605.5	22011.8
山　东	2516030.0	2180681.8	25991.7	295345.9	161154.6
河　南	91796.8	72755.7	1452.1	16714.5	7014.7
湖　北	7290043.6	7149619.6	34435.0	102028.8	88881.0
湖　南	809455.3	717496.1	7954.6	70288.7	53816.1
广　东	9049828.1	8381787.1	24923.7	609910.9	425405.9
广　西	211872.7	185804.2	2959.7	20641.1	15057.3
海　南	9692.1	4320.6	283.1	4889.6	4879.2
重　庆	119525.4	87980.6	1836.9	28126.0	12664.1
四　川	139156.6	120760.2	1039.1	13766.4	13739.4
贵　州	5701.6	3848.8	196.9	643.1	582.3
云　南	29282.5	24363.6	272.2	9992.0	4308.9
西　藏	1800.0	1734.0	6.5	59.5	211.0
陕　西	156347.9	126470.1	3627.4	28492.8	15737.5
甘　肃	14068.8	11516.5	259.6	1761.7	2462.7
青　海	537.0	151.8	24.4	360.8	476.6
宁　夏	7020.3	6156.4	62.2	799.8	757.9
新　疆	115475.2	104517.5	304.7	9716.9	13131.1

1-B-6 续表 31

贸易经纪与代理

单位：万元

地区	三项费用合计		营业利润	职工工资和福利费	本年应交增值税	全部从业人员年平均人数(人)
	税金	利息支出				
全国	**54845.8**	**242474.3**	**1517262.3**	**666404.2**	**522195.7**	**196795**
北京	6012.8	175922.2	501679.0	115274.4	18033.3	13919
天津	981.2	162.1	9846.3	19747.9	8631.3	4013
河北	857.6	283.6	9582.0	3012.9	6269.2	2130
山西	306.0	80.3	10492.6	2521.6	2777.6	1782
内蒙古	946.0	316.9	68973.1	6503.0	29209.9	3490
辽宁	1396.3	459.2	23275.9	14105.7	5910.8	8674
吉林	646.7	141.7	26469.5	9885.8	1827.1	4381
黑龙江	1046.8	343.7	17080.0	12156.7	9103.0	8886
上海	3913.8	-1368.6	127321.3	189312.3	115331.0	21472
江苏	5152.7	10123.9	196156.0	52972.9	79305.3	18644
浙江	728.6	547.6	10777.6	7512.9	2407.7	3382
安徽	215.5	92.0	8375.6	4545.7	3958.8	3509
福建	1809.9	718.0	23975.8	13130.7	6812.6	5297
江西	1418.8	793.9	18492.6	3755.7	2053.3	1998
山东	6603.0	5550.7	142028.3	41188.7	27528.7	22469
河南	326.5	30.9	9278.1	2827.8	1282.1	2358
湖北	6086.3	8966.6	15884.5	24743.0	28502.3	9901
湖南	2904.9	3434.7	31485.4	12820.7	49388.0	5935
广东	9389.3	34489.8	224145.9	102817.1	108931.0	36897
广西	1681.2	324.8	7060.3	4840.3	4848.7	3045
海南	64.6	-41.9	192.1	1102.7	88.1	624
重庆	963.4	451.1	16816.8	7465.9	5301.8	5257
四川	396.1	285.2	3529.5	4775.2	1750.1	2405
贵州	3.1	2.7	245.7	272.1	48.9	232
云南	104.7	58.8	929.8	1235.4	295.7	806
西藏			-151.5	40.0		35
陕西	590.8	378.7	14199.6	4688.4	1963.7	3026
甘肃	50.3	622.6	-650.9	683.6	113.4	705
青海	9.3		-113.8	132.3	0.7	98
宁夏	29.4	35.4	183.6	354.3	8.6	209
新疆	210.2	-732.3	-298.4	1978.5	513.0	1216

1-B-6　续表 32

其他批发　　　　单位：万元

地　　区	固定资产原　　价	本年折旧	资产总计	所有者权益合计	实收资本
全　　国	**5662858.8**	**427786.4**	**42462029.1**	**10878537.2**	**8060853.3**
北　　京	217774.1	14774.5	2976712.8	909698.0	649891.9
天　　津	198609.1	19802.4	13009527.8	534981.9	541502.1
河　　北	133665.4	9192.9	339339.9	142076.5	127205.9
山　　西	60126.8	4212.9	256996.5	78497.7	75893.8
内 蒙 古	98159.2	4515.5	233894.5	111104.2	79476.0
辽　　宁	114119.6	8623.4	355439.2	129507.9	104643.0
吉　　林	343540.4	30014.1	465533.3	171758.0	130756.5
黑 龙 江	190210.7	12212.2	525517.9	201262.3	204103.2
上　　海	242349.2	25195.1	3655093.0	1078372.6	712786.4
江　　苏	846010.7	70103.9	4629041.6	1519809.5	1045113.7
浙　　江	188438.4	14090.2	1850519.6	535119.3	312729.7
安　　徽	99967.5	7555.3	461454.2	185991.7	163910.6
福　　建	252095.7	16313.0	2264369.3	930566.6	537775.3
江　　西	164642.8	6745.5	448489.4	156585.2	143887.5
山　　东	816713.7	50226.9	2688728.5	1068230.9	750232.9
河　　南	136660.1	9643.4	547544.5	256109.8	190739.8
湖　　北	163049.9	12172.6	519349.0	239261.0	218181.7
湖　　南	186962.8	11171.9	468556.9	239171.0	211648.2
广　　东	556760.6	57007.7	3789629.8	1131601.4	917182.1
广　　西	61987.8	4536.9	287706.5	116026.4	93065.5
海　　南	11521.6	985.7	70304.6	30915.1	29614.2
重　　庆	78335.0	7739.8	353764.5	138838.1	110277.8
四　　川	117379.5	9371.3	554640.1	243628.8	186624.4
贵　　州	46999.0	2161.8	239531.0	75955.4	62875.7
云　　南	156798.4	6943.1	773782.6	374738.9	200730.8
西　　藏	9352.5	313.7	59973.8	25263.1	25875.1
陕　　西	74116.6	5038.1	185028.3	76803.7	68088.9
甘　　肃	42297.4	2206.8	108887.7	42403.1	39604.6
青　　海	8861.8	1649.6	22936.5	11962.3	11568.2
宁　　夏	15252.7	1136.6	158710.5	70681.5	74577.4
新　　疆	30099.8	2129.6	161025.3	51615.3	40290.4

1-B-6 续表 33

其他批发

单位：万元

地　区	所有者权益合计					
	实收资本					
	国家资本	集体资本	法人资本	个人资本	港澳台资本	外商资本
全　国	**834611.1**	**435523.8**	**1896578.6**	**4319020.1**	**234344.8**	**340774.9**
北　京	72914.0	19153.1	388190.4	137098.9	17732.7	14802.8
天　津	52999.3	33748.8	171610.2	257365.9	9141.8	16636.1
河　北	5183.1	10990.6	27944.9	82557.3	470.0	60.0
山　西	13027.8	15071.0	3564.1	44230.9		
内蒙古	1047.0	4438.5	24212.8	49766.7	11.0	
辽　宁	3255.0	15798.9	11388.1	73199.3	225.2	776.5
吉　林	807.2	2067.4	45221.0	81850.7		810.2
黑龙江	12775.4	12701.6	51957.1	125285.5	788.6	595.0
上　海	44031.8	32308.3	97318.3	229102.6	141958.1	168067.3
江　苏	57315.4	30613.1	81974.1	837858.3	20556.9	16795.9
浙　江	8988.1	7757.2	46789.5	246388.1	854.8	1952.0
安　徽	17253.9	15167.2	32252.0	99237.5		
福　建	125263.3	11917.7	93893.7	245839.8	3795.9	57064.9
江　西	13945.0	6783.4	31020.1	85603.0	211.7	6324.3
山　东	58286.6	73440.9	149903.6	460196.0	1200.9	7204.9
河　南	24355.5	8487.0	28353.1	128670.7	645.4	228.1
湖　北	13619.9	13470.9	54852.3	135602.8	603.0	32.8
湖　南	15933.1	13547.5	10601.4	168656.2	1400.0	1510.0
广　东	115523.9	41211.0	260064.1	453548.5	28710.8	18123.8
广　西	7964.0	6570.0	22040.3	53806.5	1884.6	800.1
海　南	426.9	407.9	11592.8	17186.6		
重　庆	4386.5	18416.8	34738.3	46153.0	1310.0	5273.2
四　川	9308.0	8664.2	59225.6	85817.1	261.0	23348.5
贵　州	8693.6	8718.0	25177.2	19708.7	578.2	
云　南	105324.1	10983.3	23853.3	59377.4	1192.7	
西　藏	21460.1		3869.7	545.3		
陕　西	9727.2	6425.5	18241.0	33637.9	1.8	55.5
甘　肃	5972.5	3476.6	12243.2	17464.9	221.0	226.4
青　海	603.1	1136.1	6455.6	3373.4		
宁　夏	678.0	198.4	61569.7	11516.0	528.7	86.6
新　疆	3541.8	1852.9	6461.1	28374.6	60.0	

1-B-6　续表 34

其他批发　　单位：万元

地　区	主营业务收　入	主营业务成　本	主营业务税金及附加	主营业务利　润	三项费用合　计
全　国	**83545598.3**	**74086424.6**	**488952.6**	**7911855.6**	**4420130.9**
北　京	5906286.2	5584784.0	3738.4	317763.8	303126.3
天　津	3974758.9	3612051.7	18027.1	334371.7	181042.0
河　北	747424.2	594215.7	9672.6	142802.6	54922.7
山　西	645767.5	562145.9	5934.6	61243.2	38386.6
内蒙古	685424.0	531998.0	17800.5	130057.4	41268.9
辽　宁	1162006.9	985781.5	17385.0	158769.4	76663.5
吉　林	858684.0	670634.4	17851.8	160022.2	54114.4
黑龙江	1352955.9	1058634.9	18512.6	203598.5	113874.0
上　海	7685238.1	6358068.0	15007.2	665258.0	496121.8
江　苏	20667002.5	18551270.6	74344.4	2008908.1	842559.6
浙　江	8691573.0	8403270.5	25371.8	262930.7	176543.8
安　徽	2444946.8	2320085.3	15004.0	108034.7	55110.8
福　建	3713917.9	3393218.5	14374.3	301804.5	203696.2
江　西	1410732.0	1177234.1	18762.0	192495.0	113390.5
山　东	6045836.2	5028766.1	80813.9	913456.8	453001.5
河　南	1254864.7	1018967.6	13542.4	207390.4	119806.1
湖　北	1306652.7	1116619.4	18963.1	143846.5	68984.3
湖　南	1818165.5	1538956.1	28095.8	221275.6	137147.9
广　东	6698921.2	5813320.9	35267.7	843175.8	545011.2
广　西	711187.6	567702.7	6292.2	57416.8	41711.9
海　南	111431.3	103121.8	317.7	17033.3	10612.3
重　庆	1210834.3	1081219.1	10189.4	110326.2	58147.8
四　川	1397123.6	1257228.6	9231.3	110379.6	63444.0
贵　州	310226.7	272947.6	1518.5	21601.9	18254.2
云　南	1462564.4	1363327.7	4255.1	92461.0	58425.3
西　藏	20735.2	15509.8	77.5	5008.0	3917.7
陕　西	335377.2	257381.3	4981.7	67533.8	38921.6
甘　肃	114408.0	93279.3	1730.3	17100.0	10430.8
青　海	23137.7	16396.8	297.2	5065.1	3225.1
宁　夏	213872.0	201577.3	749.7	5886.5	9852.2
新　疆	563542.1	536709.4	842.8	24838.5	28415.9

1-B-6 续表 35

其他批发

单位：万元

地区	三项费用合计		营业利润	职工工资和福利费	本年应交增值税	全部从业人员年平均人数（人）
	税金	利息支出				
全国	**140346.0**	**177031.8**	**3905631.2**	**1282649.2**	**950485.4**	**613196**
北京	2192.8	16538.1	61879.0	53789.8	29030.6	15821
天津	2173.6	2633.1	165174.8	52351.3	67758.7	25260
河北	2677.3	1861.6	91040.4	23051.6	14031.4	16638
山西	1433.6	674.5	32061.4	11293.3	11901.6	9662
内蒙古	3410.6	696.2	93986.1	15928.5	16053.0	7685
辽宁	2311.1	1064.3	84084.8	23965.7	17117.9	16340
吉林	5433.3	1980.9	107692.2	27463.2	7159.8	13472
黑龙江	3194.0	727.1	92872.1	30454.2	16373.2	17743
上海	6792.3	-8306.3	280944.9	141321.5	78198.1	49278
江苏	19658.3	37863.6	1185332.4	230833.7	194286.6	85859
浙江	6558.0	31359.0	93623.9	45195.3	33500.0	22028
安徽	3049.0	5870.9	55441.1	24295.8	23640.6	17292
福建	4258.7	17185.4	129087.5	61086.2	40326.9	22844
江西	5176.3	1667.4	95763.7	19731.3	14220.6	12130
山东	21478.9	11634.0	471795.8	125373.8	112721.8	69904
河南	3333.1	11410.6	92230.3	42428.6	18147.6	25586
湖北	3983.6	4100.2	81939.7	33552.2	16221.5	24188
湖南	13181.6	2662.8	116079.0	38774.6	33906.2	19779
广东	12880.5	17212.6	339154.7	161843.5	131365.2	67765
广西	1761.8	864.3	23338.3	14280.7	9681.1	9086
海南	173.8	239.6	-2796.3	2756.9	2030.9	2168
重庆	6278.5	2029.7	70838.0	21255.2	19161.4	12035
四川	2611.1	3273.2	57931.2	29120.5	11765.0	19597
贵州	449.0	1032.4	5252.4	7241.3	4556.5	4978
云南	2121.3	3934.0	41447.9	20001.7	13311.6	8217
西藏	21.3	44.9	1986.6	919.8	71.4	576
陕西	2436.1	1753.8	29708.3	9077.8	5377.6	6068
甘肃	536.8	590.5	7497.0	5405.9	2067.7	4843
青海	92.6	11.1	2498.9	1215.0	484.1	1380
宁夏	188.0	686.1	-2721.3	3401.6	933.5	2051
新疆	499.1	3736.2	466.4	5238.7	5083.3	2923

1-B-7　各地区零售业法人企业基本情况

地　区	法人单位数（个）	年末从业人数（人）	年末零售营业面积（万平方米）
全　国	**548998**	**8368366**	**29791.0**
北　京	44245	452960	1576.6
天　津	18998	217211	664.9
河　北	20053	311952	1213.2
山　西	15241	257642	787.1
内蒙古	10904	168901	642.8
辽　宁	23864	334216	1360.0
吉　林	16261	218369	737.3
黑龙江	13429	183182	548.0
上　海	34847	500431	1190.5
江　苏	38486	635975	2292.2
浙　江	24525	351975	1059.8
安　徽	12550	220963	798.3
福　建	14753	205264	731.4
江　西	7804	144964	399.4
山　东	52546	918107	3564.9
河　南	24351	483999	1821.4
湖　北	29181	412280	1398.5
湖　南	14325	267940	1077.4
广　东	47745	762390	3015.0
广　西	9009	144122	441.8
海　南	3314	41950	156.0
重　庆	13348	215125	621.4
四　川	15242	270273	893.6
贵　州	5088	68212	250.3
云　南	7744	131968	482.4
西　藏	543	10458	51.2
陕　西	14319	232725	1103.5
甘　肃	6294	84395	301.3
青　海	1533	23837	126.6
宁　夏	2545	30706	154.0
新　疆	5911	65874	330.1

1-B-8 各地区零售业法人企业基本情况(按国民经济行业分)

综合零售

地　区	法人单位数(个)	年末从业人数(人)	年末零售营业面积(万平方米)
全　国	**63664**	**2859509**	**11160.4**
北　京	2473	127214	598.0
天　津	1824	47421	237.0
河　北	2579	130180	477.8
山　西	2373	80213	213.3
内蒙古	936	43943	115.3
辽　宁	2348	126926	477.8
吉　林	1370	48053	299.0
黑龙江	1362	66114	242.9
上　海	3007	157899	541.5
江　苏	4279	246893	919.3
浙　江	1258	106105	479.0
安　徽	2099	103201	350.4
福　建	1378	62309	211.4
江　西	1124	47592	152.3
山　东	8104	370747	1574.1
河　南	5315	196992	743.3
湖　北	4415	162534	608.4
湖　南	3233	105221	427.9
广　东	3625	200477	888.6
广　西	1170	44801	181.7
海　南	337	9071	30.9
重　庆	1537	74908	262.1
四　川	1727	92635	333.4
贵　州	617	16059	57.2
云　南	917	39051	142.4
西　藏	54	2206	7.4
陕　西	2386	91381	319.2
甘　肃	1009	28098	105.4
青　海	142	6666	25.0
宁　夏	188	8413	45.5
新　疆	478	16186	93.0

1-B-8　续表 1

食品、饮料及烟草制品专门零售

地　区	法人单位数（个）	年末从业人数（人）	年末零售营业面积（万平方米）
全　国	**44829**	**492140**	**1060.2**
北　京	3716	29391	56.3
天　津	1414	15062	16.0
河　北	1595	13340	36.7
山　西	1558	20239	49.8
内 蒙 古	733	7492	31.3
辽　宁	2016	19388	26.7
吉　林	1287	14856	31.6
黑 龙 江	899	7956	16.1
上　海	2968	28123	39.6
江　苏	3395	37303	86.8
浙　江	1868	19563	31.7
安　徽	811	10240	19.1
福　建	1665	14973	18.8
江　西	719	8826	12.7
山　东	4485	55068	154.6
河　南	2139	35471	77.9
湖　北	2143	24911	45.9
湖　南	884	9712	22.0
广　东	3446	34704	45.2
广　西	919	13090	13.3
海　南	235	2930	3.8
重　庆	960	12312	20.9
四　川	1181	13731	39.9
贵　州	404	5130	8.5
云　南	783	10856	32.3
西　藏	101	1645	14.5
陕　西	1211	14098	47.0
甘　肃	557	5908	23.7
青　海	179	1718	23.0
宁　夏	174	1697	9.4
新　疆	384	2407	5.1

1-B-8 续表 2

纺织、服装及日用品专门零售

地 区	法人单位数（个）	年末从业人数（人）	年末零售营业面积（万平方米）
全 国	**59566**	**748876**	**1678.9**
北 京	4532	48487	119.9
天 津	3908	53490	48.9
河 北	1643	24972	86.6
山 西	1456	26253	58.6
内蒙古	996	13810	33.4
辽 宁	3283	30352	77.4
吉 林	2007	24333	77.9
黑龙江	1167	13400	35.7
上 海	4978	61928	88.2
江 苏	4131	45273	121.2
浙 江	2302	26605	49.1
安 徽	1233	14279	28.9
福 建	2003	17205	33.8
江 西	689	9168	16.9
山 东	5021	64655	162.7
河 南	2758	44599	111.5
湖 北	3174	37497	69.1
湖 南	1451	21057	55.5
广 东	5241	69677	123.2
广 西	670	8610	20.6
海 南	494	4706	14.3
重 庆	1435	17639	42.6
四 川	1311	20092	37.3
贵 州	232	4685	16.6
云 南	663	7964	18.4
西 藏	32	406	1.3
陕 西	1349	20268	75.9
甘 肃	574	7255	15.9
青 海	112	2343	7.6
宁 夏	257	2017	4.9
新 疆	464	5851	25.0

1-B-8　续表 3

文化、体育用品及器材专门零售

地　区	法人单位数 (个)	年末从业人数 (人)	年末零售营业面积 (万平方米)
全　国	**36480**	**405213**	**915.6**
北　京	6102	40340	79.5
天　津	1593	11767	16.2
河　北	1042	11519	27.4
山　西	829	10035	20.0
内蒙古	608	6956	11.9
辽　宁	1429	16336	37.9
吉　林	936	15675	26.3
黑龙江	689	8703	18.3
上　海	2961	27928	45.4
江　苏	2667	29241	66.5
浙　江	1517	16835	37.9
安　徽	625	8304	20.2
福　建	891	6859	11.3
江　西	427	7049	12.9
山　东	2534	30727	76.1
河　南	1262	22643	60.4
湖　北	1335	14913	25.9
湖　南	709	11177	24.6
广　东	3203	37653	88.3
广　西	505	6495	12.1
海　南	213	2395	4.6
重　庆	632	8648	15.0
四　川	888	14905	23.2
贵　州	290	3429	6.7
云　南	502	9704	25.6
西　藏	40	376	0.6
陕　西	884	11996	79.1
甘　肃	447	4819	12.0
青　海	128	1762	9.6
宁　夏	193	1681	3.2
新　疆	399	4343	16.9

1-B-8 续表 4

医药及医疗器材专门零售

地区	法人单位数(个)	年末从业人数(人)	年末零售营业面积(万平方米)
全国	**49438**	**625075**	**1214.6**
北京	3016	26042	49.4
天津	833	7669	20.0
河北	1567	16922	30.0
山西	1024	14132	20.9
内蒙古	751	9019	14.5
辽宁	2087	31750	134.3
吉林	1594	18856	30.4
黑龙江	1986	25800	44.5
上海	1301	21059	25.8
江苏	3484	49390	93.1
浙江	7181	46412	75.9
安徽	923	13114	20.9
福建	935	10973	23.5
江西	903	18665	33.6
山东	4671	58333	114.5
河南	1449	35577	90.7
湖北	3375	30328	59.5
湖南	1655	27504	58.0
广东	3604	54366	81.6
广西	623	11407	17.4
海南	158	2696	4.1
重庆	1177	14675	27.2
四川	1748	22144	42.0
贵州	363	5491	7.5
云南	474	14504	30.3
西藏	65	1588	1.6
陕西	1366	17970	27.8
甘肃	428	6695	11.8
青海	208	3272	3.6
宁夏	161	3241	6.2
新疆	328	5481	14.2

1-B-8　续表 5

汽车、摩托车、燃料及零配件专门零售

地　区	法人单位数(个)	年末从业人数(人)	年末零售营业面积(万平方米)
全　国	**79883**	**1228563**	**7583.7**
北　京	2802	49917	286.5
天　津	1308	23005	194.7
河　北	5483	54252	357.0
山　西	2505	49667	255.6
内蒙古	2098	34912	211.0
辽　宁	4223	48499	333.6
吉　林	2450	31581	116.9
黑龙江	1883	18926	78.3
上　海	2324	45838	134.1
江　苏	5721	90242	576.6
浙　江	3756	69227	220.4
安　徽	2469	28609	225.8
福　建	2597	40900	296.3
江　西	1135	18767	81.5
山　东	9069	125014	734.0
河　南	3701	56973	411.9
湖　北	3038	46143	235.4
湖　南	1841	38358	269.5
广　东	6461	144888	1260.3
广　西	1496	21263	114.4
海　南	357	8514	71.1
重　庆	1652	24869	88.8
四　川	3449	52893	291.4
贵　州	1123	14921	117.5
云　南	1774	25862	151.1
西　藏	70	2591	17.4
陕　西	2524	30000	207.0
甘　肃	700	9174	55.7
青　海	273	3452	22.7
宁　夏	505	5473	46.4
新　疆	1096	13833	121.0

1-B-8 续表 6

家用电器及电子产品专门零售

地区	法人单位数(个)	年末从业人数(人)	年末零售营业面积(万平方米)
全国	**90932**	**972641**	**2192.6**
北京	11907	75154	172.9
天津	1824	16807	46.1
河北	2518	30521	73.5
山西	1996	21858	46.5
内蒙古	1798	20679	36.7
辽宁	3687	29638	83.8
吉林	2355	25997	63.5
黑龙江	1995	18017	48.2
上海	4033	57125	84.6
江苏	6895	79534	202.2
浙江	3453	44289	105.5
安徽	2146	22378	49.9
福建	2391	29292	56.2
江西	1086	16052	33.9
山东	6989	87752	231.3
河南	3897	47391	115.1
湖北	4901	44792	110.8
湖南	2032	26670	81.7
广东	9984	115742	215.3
广西	1683	20368	34.2
海南	612	5907	10.6
重庆	2679	31442	60.2
四川	2665	33700	66.6
贵州	978	10360	20.7
云南	1189	12376	33.7
西藏	53	561	0.8
陕西	1931	22007	56.8
甘肃	1199	9624	17.3
青海	234	2481	7.2
宁夏	500	4533	10.4
新疆	1322	9594	16.0

1-B-8　续表 7

五金、家具及室内装修材料专门零售

地　区	法人单位数（个）	年末从业人数（人）	年末零售营业面积（万平方米）
全　国	**72505**	**568485**	**2312.7**
北　京	5746	28394	134.9
天　津	3633	22952	49.5
河　北	2232	17465	72.0
山　西	1890	18216	66.8
内蒙古	1825	20444	58.8
辽　宁	3445	21464	127.5
吉　林	2904	25752	51.9
黑龙江	1867	12321	25.5
上　海	7548	51481	160.9
江　苏	4256	29959	122.3
浙　江	2226	13814	42.1
安　徽	1316	11173	51.7
福　建	1890	12983	59.0
江　西	766	9004	31.2
山　东	6464	70806	297.2
河　南	2266	26063	140.3
湖　北	3693	25784	62.6
湖　南	1293	13995	79.7
广　东	7005	55029	202.7
广　西	1042	8121	22.5
海　南	543	3005	8.5
重　庆	1913	19174	88.7
四　川	1313	11089	40.0
贵　州	565	3560	9.3
云　南	766	5604	25.1
西　藏	35	226	1.6
陕　西	1860	17220	209.4
甘　肃	729	5437	20.9
青　海	99	655	4.0
宁　夏	407	2138	25.1
新　疆	968	5157	21.1

1-B-8 续表 8

无店铺及其他零售

地 区	法人单位数 (个)	年末从业人数 (人)	年末零售营业面积 (万平方米)
全 国	**51701**	**467864**	**1672.7**
北 京	3951	28021	79.2
天 津	2661	19038	36.4
河 北	1394	12781	52.2
山 西	1610	17029	55.6
内蒙古	1159	11646	129.9
辽 宁	1346	9863	61.2
吉 林	1358	13266	39.8
黑龙江	1581	11945	38.6
上 海	5727	49050	70.4
江 苏	3658	28140	104.4
浙 江	964	9125	18.1
安 徽	928	9665	31.5
福 建	1003	9770	21.1
江 西	955	9841	24.3
山 东	5209	55005	220.5
河 南	1564	18290	70.4
湖 北	3107	25378	180.9
湖 南	1227	14246	58.5
广 东	5176	49854	109.9
广 西	901	9967	25.6
海 南	365	2726	8.0
重 庆	1363	11458	15.9
四 川	960	9084	19.8
贵 州	516	4577	6.2
云 南	676	6047	23.5
西 藏	93	859	6.0
陕 西	808	7785	81.4
甘 肃	651	7385	38.6
青 海	158	1488	24.2
宁 夏	160	1513	2.9
新 疆	472	3022	18.0

1-B-9　各地区零售业法人企业经营情况

单位：万元

地　区	商品购进总额	进口额	商品销售总额	出口额	年末商品库存总额
全　国	**403378931.2**	**4919812.8**	**486645694.2**	**203238.1**	**54225388.8**
北　京	35089484.5	701629.6	38537136.4	41052.4	4272298.0
天　津	10724372.3	173580.0	13508202.1	5883.6	1263535.3
河　北	10999748.2	27010.7	12859291.7	61.4	1471092.5
山　西	8625096.9	5742.7	10941812.8	0.1	1361590.5
内蒙古	7201863.9	3689.4	8579825.0	700.8	933879.5
辽　宁	16366616.8	336668.3	20564025.6	10993.1	1897327.0
吉　林	7477221.0	10625.8	9875560.7	456.6	1543252.5
黑龙江	6497074.0	30281.5	8061955.5	6537.8	887674.9
上　海	30483991.5	761547.3	38794795.9	26534.8	4869525.1
江　苏	38123649.7	98626.1	45764756.2	50160.7	3859141.9
浙　江	29634110.7	503449.6	32724690.9	21002.1	3158917.5
安　徽	8728757.5	9760.4	9876583.1	532.3	1435226.7
福　建	10252122.7	188721.5	14562072.4	3047.6	1409533.8
江　西	5202304.6	10824.9	6413479.1		849439.9
山　东	39676889.2	169944.3	45252820.0	15523.3	5466401.8
河　南	16277808.3	61037.9	18156656.3	20.5	2245853.7
湖　北	16218211.5	84270.3	18848804.5	929.4	2155428.9
湖　南	9704235.3	84271.6	14937167.6	87.1	1260520.9
广　东	43578744.2	1022733.7	54764920.8	10423.0	5453611.7
广　西	4861282.8	40447.7	5886634.4	6087.3	795680.4
海　南	2097313.1	6447.5	2385642.6	29.0	268530.0
重　庆	9139554.0	115502.6	10670237.5	275.3	1065646.7
四　川	11982589.5	219627.0	14876371.9	191.4	1893536.8
贵　州	2849233.2	15722.7	3535481.0	1466.9	496987.0
云　南	5239266.2	159915.1	6708608.4	24.4	1020352.2
西　藏	392751.3	508.8	467153.6		73666.2
陕　西	8207003.1	45564.2	9891222.2	10.3	1248005.7
甘　肃	1965138.7	858.6	2555970.1	14.3	513368.6
青　海	686958.4	5.0	838566.9		155466.8
宁　夏	1442552.7	4884.9	1667070.2		270250.1
新　疆	3652985.4	25913.1	4138178.8	1192.6	629646.2

1-B-10 各地区零售业法人企业经营情况(按国民经济行业分)

综合零售 单位：万元

地区	商品购进总额	进口额	商品销售总额	出口额	年末商品库存总额
全国	**105897852.0**	**285924.5**	**131539548.6**	**54730.7**	**15589270.5**
北京	8627184.7	78160.9	10327401.7	2618.3	765735.5
天津	2199797.6	23825.1	2720722.2	3.8	297562.5
河北	3641440.0		4365041.7		547225.4
山西	1355306.3	80.1	1626007.4		266585.4
内蒙古	855703.1	1584.4	1069759.7	114.0	160027.0
辽宁	4075549.5	6741.6	5926014.0	10314.0	602586.1
吉林	1984857.7	989.7	2769277.2		276099.8
黑龙江	1807163.7	2717.6	2448426.5	9.0	210372.7
上海	9997174.9	55036.7	15177025.0		2042804.8
江苏	10413846.7	6195.9	13392631.8	23187.8	1229847.7
浙江	5949531.8	8561.9	6973014.3	16651.4	726986.4
安徽	3050730.8	678.0	3445784.5	80.0	564569.2
福建	2011281.7	2429.2	2481456.1	759.1	323885.6
江西	1221785.9	11.0	1470324.1		132707.3
山东	14550636.0	50973.2	16123381.8	200.0	2525278.5
河南	4528986.4	3491.6	5120492.7	7.4	611527.7
湖北	5729136.0	5845.2	6762263.9	205.6	977865.0
湖南	3020780.3	2937.3	3615188.7		432033.1
广东	9002309.1	32008.7	11081922.2	387.6	1089533.6
广西	1276986.6	506.7	1395809.2	187.4	236222.7
海南	206636.7	528.5	235706.6		42952.9
重庆	2858223.4	47.0	3365142.8		286646.5
四川	2549153.1	1340.1	3286748.7		284873.6
贵州	354243.4		370186.4		51095.1
云南	798750.7	1113.2	1083804.6		169811.6
西藏	27303.0	39.0	30189.2		4565.3
陕西	2430284.3	58.9	3038894.0	5.3	359542.9
甘肃	391051.4	23.0	606136.3		229554.0
青海	128989.9		173999.9		19335.5
宁夏	348445.3		405080.8		58275.1
新疆	504582.0		651714.6		63162.0

1-B-10　续表 1

食品、饮料及烟草制品专门零售　　单位：万元

地　区	商品购进总额	进口额	商品销售总额	出口额	年末商品库存总额
全　国	**11186258.9**	**206873.6**	**13637591.3**	**8023.6**	**1730297.3**
北　京	519615.7	4859.4	633628.1		109173.9
天　津	161706.9	1884.8	303987.4		21693.9
河　北	219933.6	94.0	282858.5	39.9	32522.0
山　西	319495.0		381814.7		78151.1
内蒙古	190560.1		244307.6		42329.0
辽　宁	422527.7	70.0	527056.1		47698.9
吉　林	350371.8	88.0	499643.9	194.4	55370.9
黑龙江	132458.2	5214.0	188588.8		29977.7
上　海	856299.4	82415.2	1013906.8	4528.0	119263.6
江　苏	1330017.7	424.1	1716360.9	153.2	149319.1
浙　江	580062.8	771.9	673832.1		71783.7
安　徽	229981.1	817.4	244974.6	3.5	41522.8
福　建	392341.7	1085.7	468517.3	3.0	51260.0
江　西	205821.8		238563.3		30299.8
山　东	1600323.9	2682.0	1836320.6	2709.4	177314.1
河　南	785142.9	296.9	898300.6	0.1	102746.9
湖　北	406088.8	738.6	535840.3	309.1	51999.1
湖　南	280260.6	183.6	321312.1		34190.2
广　东	877817.0	101371.4	1073893.1		143133.3
广　西	155808.8	1314.6	193597.3	5.0	26778.4
海　南	23319.9	215.7	29011.1	29.0	6059.0
重　庆	221149.5	45.0	264375.6		24431.0
四　川	229598.2	155.4	274185.3	32.0	54841.3
贵　州	81223.0	198.0	83222.0		22857.6
云　南	174744.6	1647.7	200973.7	4.7	81425.4
西　藏	36515.6		40899.3		10704.3
陕　西	230304.3	241.6	269244.1		52177.5
甘　肃	92916.5	8.6	112280.7	12.3	32341.5
青　海	13922.0		12943.6		8678.5
宁　夏	28147.9		31681.7		9667.0
新　疆	37781.9	50.0	41470.1		10585.8

1-B-10 续表 2

纺织、服装及日用品专门零售

单位：万元

地区	商品购进总额	进口额	商品销售总额	出口额	年末商品库存总额
全国	**19048803.3**	**401942.6**	**23820602.1**	**8184.2**	**4709305.1**
北京	1340869.5	50161.0	1752589.2	4377.3	447616.5
天津	1388145.5	610.6	2033668.1	517.1	395975.5
河北	294480.5	32.7	402327.0		47558.7
山西	283961.7	5.0	425392.1		100841.3
内蒙古	257028.3		321726.9		55176.5
辽宁	895920.7	4591.0	1255541.3	22.4	174706.7
吉林	541177.7	4576.6	693792.0	84.0	98891.5
黑龙江	240317.3	4379.1	323349.1	45.8	54478.8
上海	1921107.6	200330.0	2535027.6	555.2	684642.9
江苏	1441090.4	3243.6	1775304.2	701.0	193588.4
浙江	900786.7	24307.5	1090447.6		222432.1
安徽	257359.3	475.0	294597.0	2.6	62594.8
福建	312811.2	495.7	401595.3		64257.6
江西	226528.3		279956.9		46841.5
山东	2266865.8	877.7	2585209.7	981.2	238371.3
河南	886635.4	3842.1	937887.6		225998.5
湖北	675778.3	469.1	837678.2		159102.4
湖南	624460.8	566.1	714491.4		93814.9
广东	2308665.0	100558.0	2794956.0	839.5	679894.3
广西	124241.9	794.0	158191.3	1.0	83783.2
海南	82427.7	145.6	114750.8		12428.6
重庆	333745.5	872.3	415877.4		56494.8
四川	399422.0	2.1	506696.8		185408.1
贵州	223603.5		149220.2	25.2	97104.8
云南	142282.1		167848.7		41438.3
西藏	2201.1	23.0	3852.8		621.0
陕西	404667.6	211.4	517126.5		106683.2
甘肃	48297.0		54998.2		19439.1
青海	19136.5		28386.8		4078.0
宁夏	27313.0	373.4	39332.8		15309.3
新疆	177475.4		208782.6	31.9	39732.5

1-B-10　续表 3

文化、体育用品及器材专门零售　　单位：万元

地　区	商品购进总额	进口额	商品销售总额	出口额	年末商品库存总额
全　国	**13483363.9**	**217930.6**	**14903371.5**	**4314.0**	**4162441.8**
北　京	1443299.6	111830.4	1668668.7	1403.7	381003.8
天　津	339213.0	4649.3	408742.6		88384.3
河　北	258302.3	7.0	282361.9		73517.2
山　西	278050.5	5.0	331990.7		86132.1
内蒙古	150056.5		192250.4		30043.7
辽　宁	517766.6	492.8	646854.4	120.0	116197.5
吉　林	294142.1	535.5	366720.4		64690.3
黑龙江	247964.0	30.3	299065.8		59209.5
上　海	1421142.1	61809.6	1609548.6	2387.5	610309.8
江　苏	1285556.9	610.3	1470207.8	99.3	340245.3
浙　江	784517.6	13578.2	832108.1		276965.5
安　徽	401249.0		323241.1		158603.9
福　建	190122.3	61.6	220515.6	7.0	68794.7
江　西	285681.1		312886.2		34076.4
山　东	1004002.1	456.9	1110833.9	63.3	216273.7
河　南	797881.7	120.8	709897.3		217678.9
湖　北	337660.1	913.7	398380.0	35.6	116568.3
湖　南	476395.5	23.4	475524.1		100789.9
广　东	854316.1	21178.6	1004850.4	117.4	274154.8
广　西	156762.0	115.7	172692.8	20.2	33659.0
海　南	30109.3	19.5	39337.9		8954.6
重　庆	339799.6		401901.4		53290.9
四　川	528990.3	13.6	504862.9		353325.2
贵　州	81588.4	780.0	81574.9	60.0	33163.8
云　南	272631.1	46.7	288275.2		90492.3
西　藏	9068.2		7210.1		4727.9
陕　西	344648.1	551.0	424133.0		152746.7
甘　肃	96014.6		104754.4		26175.0
青　海	26718.2		25583.2		11728.1
宁　夏	36945.2		38787.4		29884.4
新　疆	192769.8	100.7	149610.3		50654.3

1-B-10 续表 4

医药及医疗器材专门零售 单位：万元

地区	商品购进总额	进口额	商品销售总额	出口额	年末商品库存总额
全国	**19340857.8**	**186348.1**	**22148950.6**	**19189.5**	**3024594.8**
北京	1074006.0	58677.4	1256857.6	1152.9	208623.6
天津	211173.7	4032.8	294105.2		20829.0
河北	321016.3	410.5	392541.9		56766.9
山西	316007.5	23.4	377509.4		63327.9
内蒙古	185902.1	1.6	230874.3		35305.9
辽宁	743460.4	18017.9	852973.6		97637.7
吉林	462370.7		615163.8		72593.2
黑龙江	830336.6	93.2	1009886.7	4.6	101680.6
上海	642790.8	62796.6	857333.0	9180.8	125030.7
江苏	2873691.6	4753.1	3222445.5	8743.4	270582.7
浙江	2142839.6	466.6	2363061.9	5.8	281117.8
安徽	540911.3	2367.7	582587.0	30.8	75919.7
福建	530177.0	168.0	600252.8	3.9	161772.7
江西	415445.9		502052.1		64479.5
山东	1868654.5	1049.9	2166837.1	10.2	233150.0
河南	686919.3	217.1	753450.0		107357.4
湖北	989972.2	3051.7	766528.9	2.0	95100.6
湖南	797990.7	264.2	902116.2	6.3	103717.8
广东	1240032.1	28335.6	1528874.8	0.1	214204.5
广西	302480.4	21.1	320764.2	5.0	64761.2
海南	29195.1		28765.8		9525.5
重庆	390332.1	565.9	488466.6		65936.2
四川	495925.8	941.2	583999.1	43.5	72356.3
贵州	90764.7	6.2	84074.6		34754.3
云南	278716.5	9.6	336098.7		124598.8
西藏	38110.5		51799.5		3916.2
陕西	297625.2	28.0	381244.5		84483.6
甘肃	68373.9		86953.8		19854.5
青海	38506.2	5.0	41107.9		48595.0
宁夏	125114.8		137311.2		26935.1
新疆	312014.3	43.8	332912.9	0.2	79679.9

1-B-10　续表 5

汽车、摩托车、燃料及零配件专门零售　　单位：万元

地　区	商品购进总额	进口额	商品销售总额	出口额	年末商品库存总额
全　国	**158658210.2**	**3151760.9**	**192598172.6**	**58664.9**	**14680952.4**
北　京	14060508.8	159925.5	14323292.8	12173.5	1110810.4
天　津	4332122.7	134661.7	5080219.3	4710.5	214657.7
河　北	4394964.8	25821.3	4971240.1	20.0	457167.1
山　西	4675261.7	2523.5	5994548.4	0.1	474048.5
内蒙古	4016091.5	721.4	4680423.5		384977.6
辽　宁	7011911.6	299886.3	8078700.7	512.6	556769.6
吉　林	1989320.5	3115.7	2381357.9	24.2	231828.1
黑龙江	1768359.2	16779.5	1940884.0	6452.7	213266.4
上　海	10551079.5	244813.7	11570814.9	844.2	762793.1
江　苏	12517250.9	73021.9	14692086.2	15553.1	989962.9
浙　江	15661133.3	452928.9	16751067.4	4059.9	1161633.8
安　徽	2792532.8	1038.8	3334322.1	3.8	303381.5
福　建	4582575.5	156991.6	7932244.6	1903.7	414261.4
江　西	1717245.0	10813.9	2276622.6		383642.9
山　东	10393741.0	111677.3	12804724.2	233.3	1172164.0
河　南	5650384.3	51169.4	6528425.3	8.0	536255.2
湖　北	5508405.3	69374.6	6260344.7	96.0	424197.5
湖　南	2497467.1	79716.3	6533162.4		263506.1
广　东	21666542.6	647326.5	28276788.9	4803.0	2093666.3
广　西	1916703.9	36926.4	2522321.9	5694.9	199761.3
海　南	1461670.0	3783.5	1618353.4		130927.3
重　庆	2646569.0	113502.7	2973277.7	36.0	266454.1
四　川	6006085.4	212965.3	7608437.9		577693.6
贵　州	1520483.7	14736.5	2197256.7	1352.7	181434.6
云　南	2794109.2	154910.4	3677887.0	19.7	383275.5
西　藏	251226.7	446.8	282491.5		34628.9
陕　西	2724064.2	42505.9	3128979.9	5.0	269242.7
甘　肃	858946.7	63.3	1096421.4	2.0	100949.4
青　海	334361.2		395065.5		42548.2
宁　夏	543923.0	4511.5	632157.3		72937.1
新　疆	1813169.1	25100.8	2054252.4	156.0	272109.6

1-B-10 续表 6

家用电器及电子产品专门零售 单位：万元

地区	商品购进总额	进口额	商品销售总额	出口额	年末商品库存总额
全国	**46488463.1**	**111333.9**	**52060655.3**	**7355.4**	**5634022.7**
北京	5921299.5	52805.2	6054907.9	1621.5	738872.9
天津	937122.9	1525.1	1015332.4		102379.5
河北	1111708.0	635.6	1300520.4	1.5	159008.7
山西	615632.1	306.1	816033.9		119307.5
内蒙古	751379.2	10.8	885235.2		109064.2
辽宁	1651589.7	399.2	1938879.3		189534.4
吉林	839342.1	424.6	1095585.1		137049.7
黑龙江	908243.8	235.5	1019797.3	24.0	139335.0
上海	3006099.7	4454.6	3391893.2	83.3	244348.3
江苏	5739584.9	8864.2	6480446.1	1268.2	447254.2
浙江	2654929.2	203.6	2937200.0		310336.9
安徽	985702.1	551.1	1108621.9	1.0	133211.0
福建	1240341.4	2281.1	1403609.3	179.7	202365.5
江西	585857.2		659730.2		82280.5
山东	3955547.3	306.0	3960101.2	26.2	446074.5
河南	1852661.9	696.1	1993165.1		295400.1
湖北	1559649.0	1515.1	1934535.1	15.8	183349.0
湖南	1027296.6	200.5	1144963.9	6.7	119642.4
广东	4701020.9	28159.6	5455885.1	3646.7	593168.1
广西	608447.5	402.3	715680.0	10.7	103997.7
海南	186310.1	0.1	217264.8		35051.4
重庆	1345473.0	195.1	1543976.3		159923.7
四川	1399225.4	3929.6	1634079.1	75.0	193710.6
贵州	372612.9		423813.5		51936.7
云南	543170.4	2165.2	611630.2		80371.2
西藏	14307.1		22069.7		6209.3
陕西	1070930.7	35.6	1271994.7		112001.6
甘肃	194723.1	563.9	247028.5		45053.7
青海	81684.0		92164.3		10307.5
宁夏	232233.3		268715.3		39582.2
新疆	394338.1	468.1	415796.3	395.1	43894.7

1-B-10　续表 7

五金、家具及室内装修材料专门零售　　单位：万元

地　区	商品购进总　额	进口额	商品销售总　额	出口额	年末商品库存总额
全　国	**15688518.7**	**93484.6**	**19276165.2**	**21597.3**	**3039318.0**
北　京	840596.1	33579.8	1058958.8	9657.0	231266.9
天　津	712234.2	870.9	991396.8	15.0	76247.1
河　北	477728.7	0.4	498530.5		62781.4
山　西	317726.2		396223.2		72434.4
内蒙古	534889.2	51.2	621235.5	64.1	72958.4
辽　宁	709295.4	5957.2	905236.4	24.1	77153.5
吉　林	693336.8	521.4	1019520.5	49.0	564698.0
黑龙江	320221.7	359.3	473379.6	1.7	42780.4
上　海	1089739.3	13503.8	1380762.0	8954.3	173721.7
江　苏	1307343.0	452.5	1574583.2	454.7	137432.2
浙　江	481151.4	2274.5	556331.3	285.0	82002.8
安　徽	246702.2	411.9	286103.4	362.0	63224.4
福　建	499013.6	5831.1	577319.0	130.0	69198.1
江　西	266849.7		332015.6		47338.4
山　东	2229193.7	1457.4	2573307.7	22.7	279777.8
河　南	643747.0	577.9	704149.7	5.0	90567.3
湖　北	504531.6	387.0	657782.2	160.9	92821.1
湖　南	454110.5	327.2	523697.4	74.1	67980.9
广　东	1373098.5	24373.3	1672696.1	534.1	215075.4
广　西	119753.8	16.3	164783.2	25.0	26687.4
海　南	33546.4	101.6	43153.3		12115.4
重　庆	726940.4	223.8	892146.6	109.3	116188.3
四　川	236115.4	279.7	299587.9	30.9	150711.9
贵　州	56075.2		65244.9	29.0	11991.0
云　南	71975.3	0.8	91675.8		26862.8
西　藏	3540.3		4185.6		1750.5
陕　西	458034.0	1796.8	554215.3		76418.3
甘　肃	68067.9	38.0	78539.2		22486.0
青　海	6556.3		7620.4		2334.6
宁　夏	36991.1		51028.1		13378.3
新　疆	169413.8	90.8	220756.0	609.4	58933.3

1-B-10 续表 8

无店铺及其他零售

单位：万元

地区	商品购进总额	进口额	商品销售总额	出口额	年末商品库存总额
全国	**13586603.3**	**264214.0**	**16660637.0**	**21178.5**	**1655186.2**
北京	1262104.6	151630.0	1460831.6	8048.2	279194.5
天津	442855.8	1519.7	660028.1	637.2	45805.8
河北	280174.0	9.2	363869.7		34545.1
山西	463655.9	2799.6	592293.0		100762.3
内蒙古	260253.9	1320.0	334011.9	522.7	43997.2
辽宁	338595.2	512.3	432769.8		35042.6
吉林	322301.6	374.3	434499.9	105.0	42031.0
黑龙江	242009.5	473.0	358577.7		36573.8
上海	998558.2	36387.1	1258484.8	1.5	106610.2
江苏	1215267.6	1060.5	1440690.5		100909.4
浙江	479158.3	356.5	547628.2		25658.5
安徽	223588.9	3420.5	256351.5	48.6	32199.4
福建	493458.3	19377.5	476562.4	61.2	53738.2
江西	277089.7		341328.1		27773.6
山东	1807924.9	463.9	2092103.8	11277.0	177997.9
河南	445449.4	626.0	510888.0		58321.7
湖北	506990.2	1975.3	695451.2	104.4	54425.9
湖南	525473.2	53.0	706711.4		44845.6
广东	1554942.9	39422.0	1875054.2	94.6	150781.4
广西	200097.9	350.6	242794.5	138.1	20029.5
海南	44097.9	1653.0	59298.9		10515.3
重庆	277321.5	50.8	325073.1	130.0	36281.2
四川	138073.9		177774.2	10.0	20616.2
贵州	68638.4	2.0	80887.8		12649.1
云南	162886.3	21.5	250414.5		22076.3
西藏	10478.8		24455.9		6542.8
陕西	246444.7	135.0	305390.2		34709.2
甘肃	146747.6	161.8	168857.6		17515.4
青海	37084.1		61695.3		7861.4
宁夏	63439.1		62975.6		4281.6
新疆	51441.0	58.9	62883.6		10894.1

1-B-11　各地区零售业法人企业财务状况

单位：万元

地　区	固定资产原　价	本年折旧	资产总计	所有者权益合计	实收资本
全　国	**77232029.1**	**5141288.9**	**255635564.7**	**89185703.4**	**69084570.4**
北　京	4174085.1	295371.9	23922530.6	7742861.7	6776554.4
天　津	1818410.8	127625.9	10540694.0	1996350.0	1719546.0
河　北	2510591.4	150431.9	6829513.5	2316000.6	1985736.8
山　西	2365696.6	114694.0	6335412.1	2274639.6	1883528.6
内蒙古	1313856.2	74487.1	3771988.6	1468935.2	1202106.6
辽　宁	3430628.8	326157.0	9697760.5	3386585.1	2608465.0
吉　林	5005573.3	429054.5	7163091.4	2035266.3	1605023.9
黑龙江	1910837.7	113443.1	4345925.8	1476625.4	1367916.0
上　海	4815047.9	236550.5	21153434.4	6543910.9	5136706.1
江　苏	6223324.0	471128.4	21097226.9	7181611.4	5389627.5
浙　江	3717708.7	217660.3	15682526.5	4693987.0	3668541.5
安　徽	1566792.0	98326.6	5397595.6	1899234.3	1460923.9
福　建	1405823.7	99597.8	5932765.0	2506388.4	2112755.7
江　西	1518502.4	85756.9	2925841.7	1323305.5	1048397.8
山　东	8512193.2	569039.3	23859526.0	9366713.1	6139395.6
河　南	3117082.1	167672.4	8476932.0	3211303.7	2840832.4
湖　北	3794069.7	215613.3	9303406.2	3626739.7	3070338.7
湖　南	2631862.0	153320.0	7224192.7	4046082.0	2216275.0
广　东	6378615.2	476108.4	24939794.0	8942126.4	6624782.7
广　西	964943.8	65518.0	3211542.7	1265541.8	986052.6
海　南	438621.5	21772.5	1207907.0	551901.4	483758.4
重　庆	1684864.2	123244.6	4645466.7	1808507.0	1272672.3
四　川	1836623.5	131663.9	7380450.9	2588917.2	1781899.4
贵　州	983736.7	27973.1	1980461.1	653506.4	618737.3
云　南	1147809.4	109118.8	4034682.2	1474439.1	1079583.1
西　藏	191685.8	10491.7	1391849.1	215665.2	162272.3
陕　西	1905107.7	127533.0	5323389.6	2386782.9	2027922.5
甘　肃	816197.3	29711.5	1932408.6	806191.6	685402.7
青　海	178746.4	7913.5	2833160.8	229728.1	205107.4
宁　夏	276778.1	22430.2	958146.0	346169.5	276116.1
新　疆	596213.9	41878.8	2135942.5	819686.9	647592.1

1-B-11 续表 1

单位：万元

地区	所有者权益合计					
	实收资本					
	国家资本	集体资本	法人资本	个人资本	港澳台资本	外商资本
全　国	**7369391.9**	**3690208.6**	**15471943.3**	**36611596.5**	**2329399.5**	**3612030.6**
北　京	346082.4	207923.3	2657986.9	2788882.4	131874.6	643804.8
天　津	113768.6	56319.3	706942.8	671316.5	94874.8	76324.0
河　北	149968.2	156832.4	438309.9	1208929.2	19782.8	11914.3
山　西	217984.3	131381.8	153594.9	1366489.5	12253.2	1824.9
内蒙古	99436.6	34863.7	261273.0	803537.3	2344.3	651.7
辽　宁	287799.1	129631.7	336068.8	1653332.1	57038.3	144595.0
吉　林	46691.4	52817.0	575753.8	907570.1	4005.8	18185.8
黑龙江	146125.1	74637.4	429494.4	685417.0	18332.1	13910.0
上　海	955229.5	286453.0	1000003.3	1770419.5	364588.0	760012.8
江　苏	281154.2	175740.6	561226.3	3549759.7	179462.5	642284.2
浙　江	349031.0	187041.3	867324.5	1969985.8	92101.4	203057.5
安　徽	206371.6	83718.5	362873.7	772541.9	12263.6	23154.6
福　建	220389.7	69066.2	612242.4	1067326.7	76537.9	67192.8
江　西	179514.5	42796.1	168534.8	643245.8	9075.2	5231.4
山　东	461280.4	530689.3	1178544.9	3802620.2	50929.0	115331.8
河　南	275348.0	218723.6	433164.3	1813888.1	79590.7	20117.7
湖　北	364021.2	296555.5	687007.8	1591328.8	92231.0	39194.4
湖　南	385245.2	119319.5	152362.3	1465863.5	23016.3	70468.2
广　东	816933.5	235145.9	1597271.0	2772199.0	782283.4	420949.9
广　西	181510.7	88575.8	254464.7	429457.3	22356.0	9688.1
海　南	126867.4	25858.3	104201.2	204931.6	5527.4	16372.5
重　庆	124060.5	72923.8	346387.6	636705.7	28187.1	64407.6
四　川	229670.8	62440.3	343296.1	927667.5	98599.3	120225.4
贵　州	187507.4	36416.2	90255.3	286509.6	2171.3	15877.5
云　南	173980.0	54727.1	251871.0	534083.3	30000.1	34921.6
西　藏	48802.9	8272.7	53626.2	51376.2	142.3	52.0
陕　西	170342.4	153918.1	366027.9	1248657.9	29794.3	59181.9
甘　肃	83160.2	51327.0	178799.1	367919.5	3241.6	955.3
青　海	43470.9	14285.2	32840.8	113588.8	121.4	800.3
宁　夏	26387.7	8981.5	96396.1	142052.7	1265.8	1032.3
新　疆	71256.5	22826.5	173797.5	363993.3	5408.0	10310.3

1-B-11　续表 2

单位：万元

地　区	主营业务收　入	主营业务成　本	主营业务税金及附加	主营业务利　润	三项费用合　计
全　国	**433534292.0**	**365799866.6**	**3881557.9**	**59345692.1**	**45869967.6**
北　京	33836597.7	29815607.9	103139.4	3917608.2	4577534.7
天　津	12004459.5	9488555.7	83587.5	1479335.2	1178793.9
河　北	11111024.8	9494388.0	98882.4	1464478.3	1040997.5
山　西	10355111.1	8904011.4	80556.2	1153913.7	829687.7
内蒙古	8319901.1	6537196.1	109856.4	1617533.3	817413.6
辽　宁	18709475.6	15692624.1	216374.5	2781301.9	2039902.3
吉　林	9029603.2	7130104.6	189774.7	1676888.4	749281.2
黑龙江	7341903.8	6118759.7	82428.7	1018607.5	683283.1
上　海	35207307.4	29306813.8	196092.6	3910979.4	4587152.1
江　苏	38053946.2	32337708.9	250760.1	5320417.4	3988733.2
浙　江	28274878.0	25500876.1	99568.9	2674232.9	2505116.5
安　徽	8770927.4	7623907.2	61692.1	1034062.4	794046.2
福　建	10414287.8	9074723.9	76475.5	1224520.8	998871.8
江　西	6001831.9	4581083.5	129409.5	1159009.6	736761.5
山　东	42455079.3	33984725.9	695910.6	7660663.2	4519144.2
河　南	16340734.5	14111053.0	174565.8	2004689.0	1251487.6
湖　北	16098819.0	13347562.2	185552.0	2381066.6	1605220.4
湖　南	14182081.7	11772587.2	164580.0	2128184.7	1440045.0
广　东	49214538.9	41915304.6	235596.2	6877069.9	5523958.8
广　西	5233312.4	4441112.0	49350.0	693411.0	554689.0
海　南	2263369.8	2024877.0	7600.9	227517.9	197795.0
重　庆	9715447.7	8140055.3	111320.5	1384001.1	1001273.2
四　川	13279046.8	11489490.2	204176.6	1716747.2	1293940.9
贵　州	3378313.3	2956701.8	17791.3	353362.6	381380.9
云　南	6176978.7	5324054.7	31022.3	779006.2	608047.7
西　藏	461923.5	358260.9	3273.4	95410.6	61693.8
陕　西	8957927.1	7083981.3	159411.2	1693401.2	1060831.9
甘　肃	2469813.6	2108250.3	24462.1	318540.5	232820.5
青　海	810084.7	686910.8	3672.5	82279.4	87548.6
宁　夏	1454080.9	1270493.6	22474.2	159753.0	135074.7
新　疆	3611484.6	3178084.9	12199.8	357699.0	387440.1

1-B-11 续表 3

单位：万元

地区	三项费用合计		营业利润	职工工资和福利费	本年应交增值税	全部从业人员年平均人数（人）
	税金	利息支出				
全国	**1208103.9**	**1481326.6**	**21234396.3**	**15224461.1**	**8580764.4**	**8129949**
北京	29647.8	103114.2	350070.6	1237527.3	590927.2	455708
天津	14089.0	30083.4	669113.6	437783.9	198385.8	206923
河北	48265.4	42336.8	596914.8	395667.7	205733.3	307851
山西	29970.9	49251.3	450628.1	269772.7	155302.9	249717
内蒙古	70622.5	21418.9	830571.5	334727.7	135423.5	164270
辽宁	63457.2	51490.3	912437.2	529885.1	411290.9	319091
吉林	44066.2	39097.1	979251.9	382857.0	108453.6	217787
黑龙江	25401.1	36499.4	469259.8	316143.8	175210.9	185744
上海	41125.6	67901.1	652053.1	1191700.1	628702.5	462841
江苏	88358.9	144666.8	1858503.2	1476686.7	694856.4	621550
浙江	46165.9	141854.8	603307.1	743870.0	454182.1	336289
安徽	21955.5	30154.5	453484.2	296243.9	174950.8	211610
福建	28827.3	36257.8	361126.9	364458.3	182528.5	189180
江西	38535.5	25356.1	554316.8	233605.7	119628.3	143875
山东	159984.3	180068.9	3451267.2	1525260.2	949250.4	894419
河南	52370.2	37042.6	904726.1	557585.5	249104.6	470420
湖北	54490.7	69367.9	1062812.7	638142.5	360555.1	406942
湖南	62490.4	39040.7	884795.0	474678.2	306764.9	273630
广东	91872.1	121927.0	2275888.3	1787362.8	994264.9	742875
广西	28290.0	14628.2	234084.3	230842.9	124081.2	137655
海南	4036.3	4772.3	63250.4	63362.3	37634.2	39384
重庆	50395.9	50728.8	641345.3	343610.4	243721.4	203030
四川	31743.3	36092.5	638049.2	436418.9	304658.6	260254
贵州	7273.9	16242.7	82180.9	101742.4	55365.2	67079
云南	9759.1	27307.2	215534.9	200159.0	187520.2	123090
西藏	1567.4	536.2	42375.3	16846.7	9079.5	10684
陕西	44105.1	30534.1	764510.0	349051.7	346984.4	230820
甘肃	7732.0	12503.2	118601.5	102061.4	34087.6	82249
青海	1572.0	1836.2	7938.4	29184.5	19415.0	22423
宁夏	3769.7	5832.8	40037.7	46881.9	20773.1	30348
新疆	6162.7	13382.8	65960.3	110339.9	101927.4	62211

1-B-12　各地区零售业法人企业财务状况(按国民经济行业分)

综合零售　　　　单位：万元

地　区	固定资产原　价	本年折旧	资产总计	所有者权益合计	实收资本
全　国	**27530385.6**	**1667126.3**	**73644644.6**	**21473901.4**	**15893830.9**
北　京	1763634.3	101658.0	7223145.2	2320824.1	1331543.7
天　津	725236.7	42746.0	2216096.2	473700.0	463624.5
河　北	1080177.8	55413.8	2322588.3	583061.9	467715.0
山　西	707498.2	28094.6	1413383.3	296813.4	279423.0
内蒙古	224462.2	10933.1	549791.5	189748.7	154722.1
辽　宁	1559884.4	149416.4	3563363.5	1098490.9	646439.0
吉　林	966522.3	58011.2	1472845.7	359232.6	293519.6
黑龙江	793096.2	46262.7	1380758.5	328967.4	317151.6
上　海	2539364.8	84638.5	8309331.9	2280329.2	1623661.8
江　苏	2609055.5	191464.3	6770337.4	1913333.1	1407303.5
浙　江	1423826.2	75528.4	4376791.5	983028.2	781454.6
安　徽	673194.8	40640.7	1896540.7	556098.7	390473.9
福　建	409595.4	26439.3	1265961.6	458662.1	309425.2
江　西	437512.8	23345.8	822288.6	298709.9	214736.7
山　东	3217979.2	218296.3	8305819.8	2404800.6	1712461.4
河　南	1102989.0	56032.9	2543377.0	711733.8	715133.7
湖　北	1517269.2	75069.6	3235445.1	1117998.5	818829.3
湖　南	898934.2	53608.0	2014509.8	856283.2	610485.6
广　东	1740514.2	124416.7	5793777.9	1587915.3	1331450.8
广　西	362102.4	24844.0	868882.3	304180.3	221233.3
海　南	56328.2	3706.7	165900.9	35245.4	45980.6
重　庆	523568.3	37918.1	1250998.5	400070.3	231042.7
四　川	504942.5	32040.6	1833246.8	462027.8	365221.9
贵　州	104373.4	4983.6	235091.3	71165.6	74476.9
云　南	272148.5	18632.8	710748.1	253318.5	173361.2
西　藏	31165.3	511.3	59142.5	33108.7	24445.0
陕　西	693839.2	44951.2	1667895.9	589894.4	506126.1
甘　肃	258643.2	11105.5	557560.7	204599.3	180316.3
青　海	60789.2	2228.8	109481.7	38429.2	33684.5
宁　夏	101237.0	7891.2	271165.7	112359.4	66489.6
新　疆	170501.0	16296.2	438376.7	149770.9	101897.8

1-B-12 续表 1

综合零售 单位：万元

地区	所有者权益合计					
	实收资本					
	国家资本	集体资本	法人资本	个人资本	港澳台资本	外商资本
全国	**1759292.6**	**1751176.9**	**3575073.6**	**5670415.5**	**1180995.5**	**1956876.8**
北京	170162.8	59488.5	619232.7	221942.0	40254.4	220463.3
天津	48559.2	16577.0	236136.9	113740.9	16905.1	31705.4
河北	48820.9	96208.5	85418.2	226712.5	1015.6	9539.3
山西	21861.9	49798.3	26510.0	180732.8	20.0	500.0
内蒙古	17218.9	7308.8	28493.0	101038.2	315.5	347.7
辽宁	143876.2	41571.6	89537.7	273845.5	29833.2	67774.8
吉林	10747.4	30388.4	89498.7	148639.9	37.5	14207.7
黑龙江	60223.0	39993.5	89705.2	104426.4	12927.0	9876.5
上海	342076.0	123016.6	445300.4	173089.7	138912.6	401266.5
江苏	85448.5	81923.5	253914.0	484796.2	108164.6	393056.7
浙江	29121.7	69164.7	193837.3	300560.1	47045.4	141725.4
安徽	51373.5	41461.5	76232.1	195289.6	9044.9	17072.3
福建	22781.2	34661.4	90598.1	118177.8	5253.0	37953.7
江西	6621.2	19087.3	42410.0	140342.6	5059.7	1215.9
山东	285938.0	319713.4	295408.6	698470.7	23297.2	89633.5
河南	42895.8	137860.8	87072.0	367716.7	67726.0	11862.4
湖北	68290.4	180141.7	119155.5	368895.3	57529.1	24817.3
湖南	26097.8	69724.6	45807.3	382884.8	18003.8	67967.3
广东	70448.1	55400.5	211509.9	283552.4	491493.2	219046.7
广西	54118.0	49489.5	42806.5	68266.3	4593.3	1959.7
海南	2569.3	5890.7	10384.9	19739.4	1776.4	5619.9
重庆	20833.1	15974.8	45833.5	85127.4	22336.4	40937.5
四川	29962.2	23187.1	64048.1	131952.5	43765.7	72306.3
贵州	10169.7	13908.3	10383.4	33295.5	700.0	6020.0
云南	11185.3	28203.1	29209.2	78965.3	3000.0	22798.3
西藏	2645.9	214.1	16922.3	4662.7		
陕西	46943.1	88305.6	123147.1	182163.1	26935.9	38631.3
甘肃	7910.4	28675.8	47588.6	95750.7	20.0	370.8
青海	5449.3	9118.5	4715.5	14401.2		
宁夏	5237.7	3607.1	36159.2	21485.6		
新疆	9706.1	11111.7	18097.7	49751.7	5030.0	8200.6

1-B-12　续表 2

综合零售　　单位：万元

地　区	主营业务收　入	主营业务成　本	主营业务税金及附加	主营业务利　润	三项费用合　计
全　国	**114160003.7**	**94550435.3**	**1093255.6**	**17427147.7**	**16060128.7**
北　京	8787173.2	7402735.6	45646.5	1338791.1	1613106.9
天　津	2342219.7	1876878.8	18769.3	332208.0	400080.0
河　北	3418824.5	2905004.8	22434.4	465338.2	456625.6
山　西	1465550.9	1203744.6	15304.2	205764.8	186229.1
内蒙古	1033623.0	838479.1	11234.6	180430.2	109843.0
辽　宁	5314456.5	4381661.8	56667.0	869676.9	844781.4
吉　林	2049377.9	1696734.6	23698.1	322470.9	213027.1
黑龙江	2001077.6	1600437.1	19053.6	360295.8	285808.3
上　海	13267021.2	10908334.2	56296.4	1515937.9	1902107.7
江　苏	11645860.5	9826015.0	72625.7	1700852.8	1509616.6
浙　江	6052267.5	5274951.9	29430.6	747884.9	864454.6
安　徽	2962016.2	2540092.8	15418.3	392179.5	345907.2
福　建	2225097.7	1850884.5	21018.0	347595.6	318287.0
江　西	1359033.5	1031857.6	23571.8	293000.2	194259.8
山　东	14979653.8	12152024.2	228697.7	2569533.3	1667682.2
河　南	4431004.9	3743505.0	56133.8	614759.9	434798.5
湖　北	4916607.9	4009522.0	47502.8	826744.6	708492.9
湖　南	3431578.7	2738642.5	42269.2	635602.7	485793.1
广　东	9429083.2	7832864.2	57986.3	1502430.8	1625759.2
广　西	1222888.6	1012119.7	11045.5	182451.0	177779.7
海　南	216070.8	178383.6	1935.9	34738.4	39804.4
重　庆	2970668.1	2485602.1	26344.4	446631.7	394814.1
四　川	2904445.1	2409499.0	124863.1	569205.0	448478.7
贵　州	347936.8	276424.6	3674.7	55075.4	62710.0
云　南	966109.4	791015.3	4300.8	156852.8	143603.8
西　藏	30237.8	21111.6	522.8	8318.9	5973.3
陕　西	2755512.7	2204982.5	40950.4	504778.6	364593.2
甘　肃	574306.3	472343.9	6689.7	90626.0	85509.4
青　海	146105.5	121390.7	838.5	21985.0	27482.5
宁　夏	348545.8	290622.6	4177.3	52449.4	45406.5
新　疆	565648.4	472569.4	4154.2	82537.4	97312.9

1-B-12 续表 3

综合零售

单位：万元

地区	三项费用合计		营业利润	职工工资和福利费	本年应交增值税	全部从业人员年平均人数(人)
	税金	利息支出				
全国	**315351.3**	**467634.1**	**5625935.9**	**4941854.1**	**2642557.1**	**2771513**
北京	10948.9	32308.2	307808.6	370553.0	223594.4	125692
天津	5096.6	22798.0	65125.8	99116.0	58851.0	47623
河北	18675.3	15335.4	128568.4	153596.8	59378.0	128304
山西	5543.4	13503.8	68904.3	65583.2	30387.1	78335
内蒙古	8195.1	5066.7	88914.1	78699.3	17722.4	40458
辽宁	16029.7	23963.9	156978.0	193276.1	137218.8	114908
吉林	8122.1	17527.2	144055.0	73342.9	24667.5	47127
黑龙江	7959.1	18735.4	154816.2	130879.1	64550.5	69686
上海	8796.3	28716.6	409970.8	437388.8	248865.5	158903
江苏	25549.3	41159.2	535117.5	579587.4	252532.5	243382
浙江	11799.1	31020.4	140988.2	229593.5	128999.3	104584
安徽	6771.1	13340.3	121060.1	117973.5	84891.7	100153
福建	6278.7	12119.3	86379.3	105741.7	57679.3	59682
江西	8862.5	10835.6	115106.6	61465.1	21525.0	47000
山东	53114.9	71585.9	1133771.2	608780.5	312339.2	355280
河南	16889.0	9911.4	287270.7	198663.8	84162.3	188052
湖北	20178.9	30640.5	280017.3	218595.6	110345.2	157389
湖南	18410.7	13623.1	212506.3	167859.9	88147.2	105111
广东	17549.5	11468.1	395689.7	471479.9	247254.4	196019
广西	5319.5	4433.2	53566.3	70043.1	30125.2	43645
海南	457.3	318.0	7755.7	11130.8	4096.0	8127
重庆	7350.7	10305.3	197644.7	103954.8	99524.4	65899
四川	7398.2	5008.7	213263.9	127822.6	87700.6	88463
贵州	1000.4	3016.4	7068.7	19155.7	8290.3	15681
云南	2017.6	5018.1	37335.5	45998.1	27056.3	34708
西藏	114.8	136.6	5027.9	3252.1	380.7	2447
陕西	11373.7	6757.5	225251.1	124866.1	97654.3	88042
甘肃	2613.1	6936.6	24558.4	27170.4	9671.9	26373
青海	383.7	436.0	-646.1	6991.9	2288.4	6319
宁夏	870.0	-252.1	11012.0	13697.7	9778.5	8551
新疆	1682.1	1860.8	11049.7	25594.7	12879.2	15570

1-B-12 续表 4

食品、饮料及烟草制品专门零售 单位：万元

地区	固定资产原价	本年折旧	资产总计	所有者权益合计	实收资本
全国	**3940675.4**	**253951.3**	**9942086.3**	**4423665.8**	**3375504.5**
北京	191030.4	23454.5	911259.2	344958.2	288952.3
天津	61413.5	5545.7	210522.4	82525.1	72387.4
河北	92619.0	6376.2	202389.6	91380.7	85139.4
山西	130958.5	6051.8	339685.9	108279.8	92443.4
内蒙古	65849.9	3343.6	162218.8	65465.2	57929.6
辽宁	122799.4	11390.6	311547.2	131388.1	115029.4
吉林	320100.7	29301.0	463394.0	156813.1	125677.5
黑龙江	84656.2	4061.4	158100.5	65735.6	59602.1
上海	180814.4	10130.8	688440.7	244026.0	195199.1
江苏	309757.9	25601.0	836535.7	387442.7	243896.0
浙江	126088.5	8104.3	426729.4	221066.4	148659.3
安徽	71838.2	3702.2	157279.6	65603.2	55820.7
福建	101905.1	6514.7	291010.6	172899.4	136381.7
江西	106814.5	5889.8	140513.2	73288.6	66270.4
山东	444225.9	24355.1	964024.5	484361.9	360253.1
河南	240096.4	10635.5	439690.3	205296.6	146253.2
湖北	185959.5	9775.8	349594.1	156573.1	138609.2
湖南	116760.1	4156.1	199906.7	127864.9	102204.9
广东	353216.8	18462.4	907089.3	505284.8	262508.1
广西	66196.7	4035.0	329089.9	77849.9	62861.4
海南	11619.1	895.4	40206.1	12854.3	19060.0
重庆	72426.4	5896.4	144229.5	72832.0	51149.0
四川	96457.4	6640.1	282276.3	112889.0	90233.8
贵州	34629.8	1466.5	98020.9	37707.1	42270.1
云南	91461.0	3027.8	288624.4	114813.7	92638.8
西藏	47866.1	2854.0	75617.7	44393.0	34063.4
陕西	118812.7	7697.4	294875.9	156681.6	129553.0
甘肃	54772.0	1371.1	110597.6	42878.5	43275.5
青海	13347.3	1332.1	39160.1	26784.1	22524.7
宁夏	10759.0	858.2	28572.0	13007.5	14336.9
新疆	15423.0	1024.8	50884.2	20721.7	20321.1

1-B-12 续表 5

食品、饮料及烟草制品专门零售 单位：万元

地区	所有者权益合计					
	实收资本					
	国家资本	集体资本	法人资本	个人资本	港澳台资本	外商资本
全　国	**612494.9**	**216590.5**	**654538.4**	**1828049.9**	**30332.6**	**33498.2**
北　京	29287.9	15114.5	110452.2	127638.3	1111.5	5347.9
天　津	11300.9	3272.7	16375.8	39515.0	1493.0	430.0
河　北	12975.6	5973.2	21860.9	44184.7	53.0	92.0
山　西	26796.6	12898.1	4301.7	48203.8	243.2	
内蒙古	10248.1	2506.5	11764.7	33305.3	55.0	50.0
辽　宁	19299.9	6857.3	17593.7	70242.4	217.9	818.2
吉　林	4914.1	1583.3	55357.1	63688.0	55.0	80.0
黑龙江	3663.1	3032.7	17859.6	34970.1	76.6	
上　海	28342.4	13134.0	54051.3	89831.0	2706.9	7133.5
江　苏	19234.4	19119.6	14266.3	188935.3	1256.2	1084.2
浙　江	22539.9	10840.1	27959.5	86027.3	700.9	591.6
安　徽	10214.5	2048.5	13372.9	29373.8		811.0
福　建	17711.6	4607.4	22075.0	78813.4	3198.6	9975.7
江　西	19471.3	5296.4	7508.5	33252.6	130.0	611.6
山　东	17793.9	24090.6	59643.7	255637.7	1201.1	1886.1
河　南	19733.5	9800.8	23328.6	93131.8	239.3	19.2
湖　北	22816.0	10636.6	27337.5	75037.6	2760.0	21.5
湖　南	37194.7	5828.2	2050.8	56668.0	114.2	349.0
广　东	71017.6	14664.6	50303.8	111720.1	11550.9	3251.1
广　西	15987.7	7737.0	12063.6	26979.6	43.5	50.0
海　南	4849.6	1472.5	4922.5	7683.7	131.7	
重　庆	2699.5	8226.1	11720.8	28339.2	55.0	108.4
四　川	30647.7	5060.0	13867.0	40068.3	392.8	198.0
贵　州	22839.1	3209.0	5742.8	10364.7	113.5	1.0
云　南	42912.0	5323.5	13599.4	30008.0	700.0	95.9
西　藏	23750.8	600.9	3782.9	5928.8		
陕　西	38469.0	8415.4	10813.9	70878.3	512.3	464.1
甘　肃	8426.3	2561.6	11470.3	20764.3	25.5	27.5
青　海	9406.2	535.2	2564.9	9898.4	120.0	
宁　夏	4870.6	1018.1	1715.8	5657.4	1075.0	
新　疆	3080.4	1126.1	4810.9	11303.0		0.7

1-B-12 续表 6

食品、饮料及烟草制品专门零售　　单位：万元

地　区	主营业务收　入	主营业务成　本	主营业务税金及附加	主营业务利　润	三项费用合　计
全　国	**12847339.1**	**9973598.4**	**209956.6**	**2513583.3**	**1688566.2**
北　京	622825.1	477010.5	3654.8	142159.8	154872.7
天　津	280253.9	212003.2	4927.3	60712.6	36763.2
河　北	253536.3	193197.8	5648.2	51885.2	27434.4
山　西	373734.6	310042.7	3935.6	53734.3	45333.5
内蒙古	244753.9	176112.8	6060.0	57772.2	29960.8
辽　宁	495097.1	389930.1	9952.8	95119.9	64636.5
吉　林	494244.4	369701.5	11894.1	112018.6	44447.3
黑龙江	185863.2	143844.6	4224.1	34891.4	16225.3
上　海	951227.2	752879.8	5062.7	128414.5	161411.2
江　苏	1549149.6	1236381.6	17261.6	295042.4	171143.6
浙　江	596891.3	495539.2	3432.3	97919.8	78074.8
安　徽	230650.2	187893.5	2631.9	39494.2	24208.5
福　建	446305.4	352473.3	7973.7	83167.6	53902.5
江　西	234913.9	152080.2	7298.5	67262.4	37399.1
山　东	1754134.4	1331221.0	37328.0	375511.5	201166.9
河　南	838259.0	684563.4	13687.0	133998.5	65740.2
湖　北	515486.8	377803.0	18234.4	109231.4	59555.5
湖　南	316683.2	243287.5	7493.3	59695.2	41900.9
广　东	990970.4	740451.1	12505.4	237495.4	154320.1
广　西	179055.2	134491.3	3468.9	37454.5	32196.9
海　南	30053.3	23429.9	520.3	6027.5	5017.7
重　庆	252331.7	194095.1	5530.7	49283.4	29069.0
四　川	261099.6	207159.8	3734.3	45381.6	31941.1
贵　州	79115.8	58725.0	728.7	15816.4	11385.8
云　南	195912.5	165918.4	1792.9	27588.8	32791.6
西　藏	37608.6	28899.9	182.2	6608.0	6172.9
陕　西	250128.5	177285.7	8265.2	63799.2	41052.3
甘　肃	108741.0	87921.0	1753.3	15762.2	12467.8
青　海	12404.1	10437.7	142.9	2420.8	4250.5
宁　夏	26894.9	22937.5	260.1	1917.4	3012.9
新　疆	39014.0	35880.3	371.4	5996.6	10710.7

1-B-12 续表 7

食品、饮料及烟草制品专门零售 单位：万元

地区	三项费用合计		营业利润	职工工资和福利费	本年应交增值税	全部从业人员年平均人数(人)
	税金	利息支出				
全国	**65600.8**	**49801.6**	**1036827.9**	**773514.6**	**293031.1**	**468448**
北京	1233.1	950.8	3521.8	59770.5	21125.1	28489
天津	583.0	89.1	26198.6	20686.6	7024.6	11280
河北	1711.1	686.0	27988.9	14507.2	5758.6	12941
山西	1302.7	2758.7	24700.1	18416.1	7422.1	19894
内蒙古	2473.0	1143.8	29444.3	12652.9	4613.9	7338
辽宁	2286.7	743.2	32087.1	25554.6	10857.7	17473
吉林	2386.6	2483.7	67264.3	26407.7	5082.2	14415
黑龙江	1444.5	1317.6	20475.3	10255.0	2926.4	7985
上海	1741.4	288.1	17787.9	61994.8	21959.1	25610
江苏	5493.2	5678.7	131153.0	80177.9	36186.5	35998
浙江	2232.2	2599.9	29444.1	34069.2	14424.2	18146
安徽	738.6	1711.7	16834.8	12867.5	4569.1	9816
福建	2401.2	1100.4	34995.9	23362.0	7340.4	13167
江西	2754.7	1873.0	34860.4	13929.7	4570.4	9046
山东	9677.7	6957.1	180789.0	86738.7	49848.7	54395
河南	4814.6	2823.4	75178.5	41058.1	12410.0	35678
湖北	3565.1	1423.7	55067.5	34870.9	18462.2	23732
湖南	2854.2	1120.8	25220.5	16613.2	6504.3	9879
广东	4222.7	1605.3	100198.6	65068.4	22796.1	32427
广西	2182.9	588.7	10330.8	18399.8	5712.9	12368
海南	94.7	85.0	1170.3	2934.7	741.1	2354
重庆	2901.6	1393.6	23926.6	17442.8	4807.7	12151
四川	1645.3	3299.4	20239.1	17214.3	4199.4	12936
贵州	398.5	559.3	6578.7	5211.7	2134.6	4296
云南	896.0	2895.4	1916.9	16611.0	1772.6	10301
西藏	141.7	54.0	2419.6	2264.8	1317.6	1650
陕西	2789.2	1612.3	31822.4	20292.7	5684.2	13677
甘肃	351.8	1473.9	4452.3	7379.9	1776.3	5601
青海	70.9	146.8	-533.0	2066.9	250.8	1567
宁夏	93.9	90.5	-197.6	1686.3	224.3	1597
新疆	118.0	247.7	1491.2	3008.7	528.0	2241

1-B-12　续表 8

纺织、服装及日用品专门零售　　　　单位：万元

地　区	固定资产原　价	本年折旧	资产总计	所有者权益合计	实收资本
全　国	**4767532.4**	**326049.8**	**15972319.9**	**5551540.3**	**5351865.2**
北　京	203496.1	15873.6	1407789.2	331828.9	504293.3
天　津	146990.1	12725.7	1263869.1	251433.1	189501.9
河　北	155744.8	8338.8	326373.1	126086.8	118074.0
山　西	165109.4	10271.1	357962.4	146485.9	152573.3
内蒙古	108403.2	6338.4	204779.0	91455.1	74732.5
辽　宁	239743.8	20165.7	667206.9	286662.5	233311.3
吉　林	565537.4	49702.6	711867.5	172775.2	160722.0
黑龙江	122443.5	6176.1	228052.7	107753.5	104053.3
上　海	477456.3	34705.0	1939060.8	511792.7	595106.2
江　苏	281891.8	20806.5	1083190.3	396569.9	375607.3
浙　江	213494.2	10317.1	1021741.0	263492.6	244085.7
安　徽	52176.3	3567.3	205852.1	92968.1	76364.0
福　建	62800.5	4867.2	273619.1	135774.3	130681.2
江　西	82544.3	4735.0	138104.9	74682.5	59692.0
山　东	515849.7	29631.8	1027588.6	490057.3	396450.2
河　南	214812.1	13594.9	534827.3	239497.1	234837.3
湖　北	194190.2	10569.7	576625.1	268707.0	254043.7
湖　南	145099.9	6571.6	310366.9	172231.1	149736.7
广　东	212037.6	22950.9	1841291.4	670412.4	603144.1
广　西	28654.5	1954.6	104465.4	51842.0	49181.2
海　南	67820.5	1955.2	150580.0	45578.9	44988.5
重　庆	86909.2	8479.5	250868.1	105027.7	85061.6
四　川	83132.0	4958.9	308474.6	109174.2	119153.2
贵　州	39665.3	1588.3	150983.7	31831.8	28632.9
云　南	45156.8	1446.9	193459.6	81767.6	86861.9
西　藏	6687.5	144.2	8925.9	6718.6	5956.0
陕　西	160924.4	9203.6	365077.1	163204.2	149121.8
甘　肃	36660.9	1469.2	93703.3	55583.3	51918.0
青　海	10211.2	329.8	34962.0	16982.9	13624.4
宁　夏	9259.4	576.2	34103.0	13957.9	12980.3
新　疆	32629.5	2034.4	156549.8	39205.2	47375.4

1-B-12 续表 9

纺织、服装及日用品专门零售

单位：万元

地区	所有者权益合计					
	实收资本					
	国家资本	集体资本	法人资本	个人资本	港澳台资本	外商资本
全国	**215015.4**	**235013.9**	**1043736.4**	**2917137.5**	**528773.8**	**412188.2**
北京	31408.7	13568.7	147803.9	199064.7	30638.5	81808.8
天津	3497.1	2638.7	38985.6	60543.0	65816.3	18021.2
河北	4135.6	10939.2	32070.5	66043.0	3829.5	1056.2
山西	4317.1	13298.1	9856.7	124308.5	235.0	557.9
内蒙古	70.0	3628.0	16053.3	54848.3	130.9	2.0
辽宁	10492.4	7592.3	25025.5	157409.2	10783.8	22008.1
吉林	1161.0	3559.3	66628.6	86195.5	2200.0	977.6
黑龙江	697.0	4354.6	46767.3	50135.8	2042.3	56.3
上海	27638.3	24692.9	52365.6	211906.9	140264.8	138237.7
江苏	11289.5	7290.4	29273.4	246354.5	20037.5	61362.0
浙江	3492.3	8124.8	62963.1	150550.3	8358.1	10597.1
安徽	1636.8	3300.9	23014.4	47781.9	630.0	
福建	3465.6	8618.3	30183.8	82409.4	5112.4	891.7
江西	1831.7	1031.7	12084.6	43185.0	369.0	1190.0
山东	12207.4	22253.6	70491.4	289095.1	791.0	1611.7
河南	10449.2	20944.9	40658.2	161955.2	634.0	195.8
湖北	3248.1	6972.2	57624.6	156354.0	26776.8	3068.0
湖南	2827.7	4556.2	1556.3	139396.1	1002.0	398.4
广东	36098.7	27735.9	131446.2	213517.7	147599.0	46746.6
广西	3161.9	4262.3	13812.8	22197.2	4674.9	1072.1
海南	5194.8	6665.8	7545.2	15039.2	455.9	10087.6
重庆	1062.0	3028.5	26667.5	52762.1	1454.9	86.6
四川	6114.0	5775.6	22474.9	52915.5	30457.4	1415.8
贵州	3805.8	1552.2	5335.9	16301.8	87.0	1550.2
云南	1710.1	2713.8	21547.1	31978.4	23302.3	5610.2
西藏	30.0	136.2	646.4	5123.4		20.0
陕西	5585.3	12522.3	27730.5	101357.7	879.0	1047.0
甘肃	14864.7	1615.1	14420.5	20932.2	74.5	11.0
青海	63.0	937.0	1417.0	10407.4		800.0
宁夏		154.4	1769.2	10719.1	137.0	200.6
新疆	3459.6	550.0	5516.4	36349.4		1500.0

1-B-12 续表 10

纺织、服装及日用品专门零售 单位：万元

地区	主营业务收入	主营业务成本	主营业务税金及附加	主营业务利润	三项费用合计
全国	**21897745.6**	**15694123.8**	**287588.8**	**5026193.2**	**4043386.1**
北京	1533879.3	1141926.2	8210.9	383742.2	465057.5
天津	1901164.0	922474.9	10028.2	333832.3	249387.6
河北	359577.8	277641.9	6505.2	75091.8	46431.7
山西	414353.6	288446.0	6437.6	88378.9	56007.3
内蒙古	320482.6	222165.3	7921.4	86591.0	49406.6
辽宁	1167908.8	907558.9	19830.9	239633.4	166209.4
吉林	701069.6	508321.6	18612.0	172133.9	69461.6
黑龙江	311222.3	249797.0	5318.2	48081.5	28462.4
上海	2305952.4	1511134.1	24135.0	654538.9	733596.5
江苏	1594052.1	1254707.2	20277.8	313788.5	238354.5
浙江	941596.3	753348.7	5501.4	182746.2	163482.4
安徽	266446.4	209012.9	3015.6	51409.3	34813.4
福建	371217.1	284756.9	5651.6	79619.0	61175.8
江西	270968.9	182353.7	7913.2	71390.2	55515.2
山东	2407954.6	1845016.1	43909.7	506123.8	285424.1
河南	865032.0	683769.6	15498.9	155333.7	82786.7
湖北	796050.6	603146.7	14642.5	163841.6	105227.5
湖南	684186.6	521714.1	13389.5	138506.1	89988.0
广东	2542877.9	1719659.5	18405.2	803786.8	697966.6
广西	134135.5	95621.6	2334.3	32129.4	24999.6
海南	99367.4	74182.1	820.8	23812.0	21784.8
重庆	392003.2	281313.1	7660.9	93281.4	61861.4
四川	466685.3	364399.9	4953.1	90879.7	73598.8
贵州	134427.1	108412.3	1080.4	23823.5	27830.7
云南	158200.4	127307.5	1457.4	28338.1	30765.1
西藏	3819.8	2017.8	116.7	1463.3	550.7
陕西	471016.7	334614.8	10833.4	126558.9	70046.5
甘肃	53478.6	37960.3	1445.0	13152.5	7699.4
青海	25921.4	17461.2	234.5	7276.6	7013.0
宁夏	35364.0	28351.5	420.1	6308.3	5131.2
新疆	167333.3	135530.4	1027.4	30600.4	33350.1

1-B-12 续表 11

纺织、服装及日用品专门零售 单位：万元

地区	三项费用合计		营业利润	职工工资和福利费	本年应交增值税	全部从业人员年平均人数(人)
	税金	利息支出				
全　国	**92670.0**	**77326.8**	**1407410.7**	**1375203.7**	**595270.7**	**730205**
北　京	1690.4	9420.8	-49476.5	125196.3	43117.8	47461
天　津	2144.0	-1456.0	220037.7	136179.8	31116.0	52408
河　北	2525.2	3313.2	33556.1	27995.4	8666.4	24359
山　西	2621.9	2058.3	31264.8	23180.5	6813.2	25584
内蒙古	4431.3	924.7	40211.0	23622.3	8286.5	13684
辽　宁	5224.4	2056.9	74305.4	47778.5	24951.8	29586
吉　林	4042.4	3335.9	104922.2	39037.8	7290.4	23647
黑龙江	1397.7	1333.3	24733.8	16555.8	15024.4	13155
上　海	6024.6	2059.2	4861.7	162419.5	97387.8	56823
江　苏	6414.3	4533.6	99225.5	95447.8	41462.1	45551
浙　江	3949.3	11515.3	28600.1	48017.8	26412.2	24059
安　徽	1337.6	992.4	20508.0	17952.5	10229.5	13341
福　建	1904.3	927.1	21802.1	28418.1	6568.7	16159
江　西	2567.5	1211.5	35082.5	12373.5	5755.8	8677
山　东	10903.7	6684.9	225655.3	102490.8	70444.5	64984
河　南	3777.7	2284.1	77524.3	48858.2	14657.1	42534
湖　北	3673.3	2495.7	70064.3	59397.4	18894.5	38195
湖　南	5216.5	2916.6	62543.6	37254.5	12489.2	20828
广　东	8504.9	6783.0	125453.1	182221.9	84500.3	70730
广　西	2079.8	165.6	10673.9	11033.6	4009.9	7965
海　南	288.1	2140.3	9390.6	6328.0	2840.0	4585
重　庆	4006.3	2217.4	37860.3	26302.4	8231.1	17236
四　川	1788.0	1363.6	26252.6	31361.3	10830.5	19326
贵　州	1036.5	1302.4	2759.8	5773.4	3203.9	4213
云　南	304.1	1912.1	-46.7	10560.7	7399.6	7277
西　藏	27.4	0.2	940.3	469.4	10.5	387
陕　西	3560.4	1495.5	59608.5	29994.9	17218.3	20968
甘　肃	492.6	312.1	6634.5	6303.1	1039.0	7117
青　海	83.0	400.7	317.1	2422.5	671.1	2280
宁　夏	272.3	324.4	1672.5	2305.9	371.1	1959
新　疆	380.5	2302.0	472.3	7950.1	5377.5	5127

1-B-12　续表 12

文化、体育用品及器材专门零售　　单位：万元

地　区	固定资产原　价	本年折旧	资产总计	所有者权益合计	实收资本
全　国	**3828999.9**	**257839.2**	**12507180.2**	**5470654.5**	**3564056.5**
北　京	233555.7	16412.0	1584622.3	538016.2	563932.0
天　津	60511.6	4483.3	285049.3	102950.2	73871.6
河　北	117385.0	6465.8	310236.0	125970.4	84445.1
山　西	90197.1	5431.5	307006.3	140618.9	98567.8
内蒙古	60193.6	3373.1	115545.6	46612.4	44614.0
辽　宁	147131.5	12648.2	445306.0	149757.3	128371.7
吉　林	245616.9	24010.3	341725.2	95497.7	71496.6
黑龙江	76700.7	4403.0	196377.5	82718.9	60354.5
上　海	171369.7	12946.3	1142705.1	404130.1	310861.3
江　苏	267780.0	23919.6	1025063.8	408155.4	246886.8
浙　江	237999.6	10479.3	838856.1	405911.5	191696.2
安　徽	97262.4	4764.5	342525.5	152215.2	99180.6
福　建	26415.6	2065.0	164448.1	93234.2	86171.2
江　西	94526.4	6143.1	205226.5	138936.3	63275.9
山　东	347733.7	19673.3	794251.0	375521.6	219177.3
河　南	225145.1	11049.5	487994.8	244788.4	139270.5
湖　北	149623.6	8257.5	324563.5	140515.3	120016.1
湖　南	132234.7	7484.8	307122.7	162923.1	93451.2
广　东	281357.2	22517.5	914169.4	430136.0	346035.3
广　西	94021.3	5623.4	178165.2	74531.0	44505.6
海　南	25072.7	1175.2	57583.3	29351.2	28441.7
重　庆	109756.1	5481.1	304428.5	127686.8	47919.4
四　川	128633.7	17736.2	701586.6	462343.0	82442.9
贵　州	24656.9	1354.1	103198.8	47132.8	39883.8
云　南	98218.8	3646.4	301551.0	129765.7	66102.4
西　藏	11463.7	339.5	19093.5	12246.0	10179.2
陕　西	116321.6	6604.4	351912.2	182000.9	112689.4
甘　肃	56885.0	3219.4	122126.0	57894.2	31107.0
青　海	15899.9	641.0	31967.8	12570.5	11078.6
宁　夏	20487.4	2392.6	41566.7	14138.8	12644.1
新　疆	64842.7	3098.3	161205.9	82384.5	35386.7

1-B-12 续表 13

文化、体育用品及器材专门零售

单位：万元

地区	所有者权益合计					
	实收资本					
	国家资本	集体资本	法人资本	个人资本	港澳台资本	外商资本
全国	**718552.7**	**128991.7**	**706157.9**	**1782507.7**	**79546.8**	**148299.7**
北京	36355.8	11595.7	194298.6	281785.2	5555.7	34341.0
天津	16758.9	1514.0	17846.3	36156.8	365.6	1230.0
河北	33283.6	1935.7	12138.3	36626.7	460.0	0.8
山西	17598.0	5875.4	3501.8	71438.6	154.0	
内蒙古	7362.0	1737.4	8455.6	26907.4	17.8	133.8
辽宁	25057.5	7453.9	10265.7	78045.1	306.9	7242.6
吉林	10653.8	973.3	23023.6	36814.2		31.7
黑龙江	11203.0	3088.7	18274.7	27685.5	100.0	2.6
上海	64634.7	13314.9	40942.5	108927.8	32144.7	50896.7
江苏	36190.4	8859.3	9530.6	181307.3	159.4	10839.8
浙江	40167.8	6057.0	44861.2	99970.2	100.0	540.0
安徽	48849.1	6760.4	19970.1	23481.0	120.0	
福建	5968.9	3812.0	17051.4	58655.3	437.6	246.0
江西	28423.4	2055.1	7528.7	24937.0	331.7	
山东	20875.0	6212.0	44665.4	146820.1	505.2	99.6
河南	54477.9	2027.7	12431.4	70184.9	146.4	2.2
湖北	23174.2	3770.3	27650.4	63028.3	2392.9	
湖南	37384.0	3136.2	6009.5	46537.9		383.6
广东	76516.8	8448.7	85371.5	126815.1	35279.0	13604.2
广西	18845.4	926.0	5932.8	18416.6	49.5	335.3
海南	2657.2	3069.2	8001.3	14648.2	65.8	
重庆	13059.0	2794.2	8963.8	22068.7	610.0	423.7
四川	21257.0	3933.7	18944.3	33984.9	64.3	4258.7
贵州	19516.9	572.6	2613.1	10072.8	3.0	7105.4
云南	13114.4	1346.1	15569.3	34429.6		1643.0
西藏	715.8	6192.5	2324.7	903.9	42.3	
陕西	15857.8	2981.1	19016.2	59866.3	50.0	14918.0
甘肃	7741.6	2355.9	6324.8	14622.7	55.0	7.0
青海	4117.9	587.9	1905.7	4467.1		
宁夏	1900.3	69.0	3615.1	7015.7	30.0	14.0
新疆	4834.6	5535.8	9129.5	15886.8		

1-B-12 续表 14

文化、体育用品及器材专门零售

单位：万元

地 区	主营业务收入	主营业务成本	主营业务税金及附加	主营业务利润	三项费用合计
全 国	**13565306.6**	**10203944.0**	**200136.8**	**2877332.9**	**2331416.8**
北 京	1518191.0	1225268.7	7020.9	285901.4	317250.7
天 津	384866.5	204691.4	3597.1	44859.9	41791.0
河 北	250768.9	186027.5	4491.8	59427.4	41795.2
山 西	317715.7	235409.7	5236.4	60153.0	39455.0
内蒙古	191225.4	136471.7	4364.7	49192.2	26187.3
辽 宁	583823.9	447034.3	12985.4	123758.4	90465.6
吉 林	358787.3	256327.6	10884.0	89248.1	36687.6
黑龙江	290578.9	234558.0	3872.1	47230.1	33138.6
上 海	1469067.1	1115427.1	22046.9	255690.6	290134.7
江 苏	1305725.0	995062.0	20788.4	279484.8	204221.2
浙 江	715871.7	564648.5	10005.2	141218.0	121127.5
安 徽	295414.8	221339.6	2785.0	69588.3	47088.2
福 建	203779.4	163311.9	3942.4	35560.7	26255.8
江 西	293145.3	204593.9	7126.9	73270.5	50787.6
山 东	1011886.6	745590.5	20686.5	240829.4	157876.6
河 南	641177.8	507744.2	7549.9	122556.0	85006.1
湖 北	360403.9	268596.7	7812.2	74448.4	52573.2
湖 南	452684.4	346554.3	6734.6	93627.0	74260.3
广 东	945437.0	688270.7	13416.7	243601.6	231646.9
广 西	153391.9	116417.3	2103.9	32691.7	28778.3
海 南	37512.1	27986.9	262.5	8607.9	8695.9
重 庆	322210.2	252058.1	2905.3	65444.4	52771.4
四 川	435592.7	290790.4	4719.9	138788.2	97611.2
贵 州	74198.6	59980.6	574.7	14744.5	15925.0
云 南	266059.3	199820.4	2258.2	62395.4	46077.7
西 藏	6829.6	4921.0	106.2	1851.1	1515.2
陕 西	379550.9	271881.4	7854.7	96989.3	53222.3
甘 肃	98768.4	71984.6	2796.1	21343.1	19360.7
青 海	25834.0	19849.8	159.8	5660.7	5900.6
宁 夏	33552.3	35302.2	355.2	6026.1	6109.5
新 疆	141256.0	106023.0	693.2	33144.7	27699.9

1-B-12 续表 15

文化、体育用品及器材专门零售

单位：万元

地区	三项费用合计		营业利润	职工工资和福利费	本年应交增值税	全部从业人员年平均人数(人)
	税金	利息支出				
全国	**58628.8**	**36575.8**	**799366.7**	**884739.1**	**325051.6**	**398001**
北京	2352.7	1688.2	-1292.1	113164.0	35239.3	40827
天津	385.0	333.4	36401.5	23641.1	3798.7	10693
河北	1673.3	227.9	22400.4	18741.7	7220.8	11397
山西	2057.1	427.1	25609.7	16085.0	11244.7	10277
内蒙古	1813.5	186.8	24489.2	12351.5	5162.6	6866
辽宁	2888.0	2315.4	20749.2	30113.8	12740.5	17184
吉林	2089.3	1076.5	54831.2	23353.8	8920.4	13487
黑龙江	1124.2	910.4	16827.2	13036.4	5163.0	8663
上海	1427.8	7215.9	29965.9	69376.6	32575.1	25929
江苏	4894.7	3301.4	89927.9	80324.4	28449.9	28699
浙江	2436.8	3238.6	29512.8	40087.0	18108.8	15772
安徽	1144.7	42.3	27610.7	18283.0	4810.1	8542
福建	985.9	765.0	11063.9	12210.2	3426.5	6458
江西	2755.5	878.0	29447.1	19708.3	7859.2	7238
山东	6312.0	2188.9	91044.0	64329.5	28450.4	30349
河南	3679.0	1806.4	42966.3	33478.7	11635.7	22633
湖北	2434.5	1252.9	29202.2	26877.0	12623.1	15091
湖南	3949.0	1271.4	28943.3	26079.7	10244.7	11250
广东	4249.4	1333.0	39402.4	98566.9	27109.5	37755
广西	1497.4	623.0	7997.7	13728.7	4033.0	6378
海南	270.6	7.1	920.8	3378.5	943.0	2345
重庆	1902.3	4259.6	18446.6	18571.0	5995.3	8731
四川	1072.4	-2231.5	41265.0	37081.6	4776.2	13825
贵州	333.3	472.1	627.6	6278.3	2194.8	3413
云南	836.5	1161.3	20314.7	17211.7	15121.6	9531
西藏	25.5	38.0	1001.5	705.8	39.4	367
陕西	2753.1	1232.9	45274.1	23547.0	8569.0	11979
甘肃	607.2	263.1	4033.0	8517.8	2697.9	4751
青海	59.9	121.9	570.7	2649.7	521.1	1767
宁夏	169.6	236.0	873.6	2878.9	750.2	1671
新疆	448.6	-67.2	8938.6	10381.5	4627.1	4133

1-B-12　续表 16

医药及医疗器材专门零售　　单位：万元

地　区	固定资产原　价	本年折旧	资产总计	所有者权益合计	实收资本
全　国	**3190504.9**	**235281.6**	**12523696.9**	**4234894.4**	**3542419.1**
北　京	80833.0	9077.9	1046550.8	453744.6	332006.5
天　津	40902.5	2145.6	121546.5	40156.4	43621.6
河　北	61925.6	4033.5	189425.9	60930.6	64755.1
山　西	56968.5	3895.5	228419.9	88195.3	87141.9
内蒙古	46023.5	3029.5	119725.2	57269.3	46928.3
辽　宁	145238.8	12100.6	480612.8	176221.8	148240.9
吉　林	405721.5	34927.8	578980.8	192909.6	129422.9
黑龙江	161626.3	10300.4	426345.1	135711.0	138259.2
上　海	64198.9	4514.1	465817.3	210311.2	164849.7
江　苏	315792.7	24285.0	1942456.0	418613.1	281838.9
浙　江	213530.1	14020.2	1063530.9	330339.5	265607.3
安　徽	58825.8	4159.4	302481.5	73623.0	67346.7
福　建	68869.5	3483.0	313495.7	100727.3	81945.1
江　西	116640.6	6291.8	245387.0	83398.0	94761.5
山　东	387420.8	28606.2	1071303.2	356353.0	320179.9
河　南	109469.3	6338.2	339170.8	111546.0	120123.6
湖　北	168698.0	11517.7	587723.2	226288.4	206961.5
湖　南	139812.1	9004.9	438847.5	235135.5	193163.2
广　东	136327.7	13123.7	852473.8	284355.6	230207.7
广　西	39587.1	3172.8	187504.3	52203.9	45202.1
海　南	4675.8	389.4	37533.8	16409.5	17559.7
重　庆	76583.6	6781.9	214655.3	89299.5	72919.7
四　川	65615.4	4293.3	306736.6	94187.6	81923.8
贵　州	11335.4	683.2	62152.6	17322.0	22389.9
云　南	42259.2	3183.2	219069.9	58661.1	48742.4
西　藏	6791.0	267.2	36000.3	13063.3	11836.1
陕　西	81475.4	5835.5	260622.5	134437.7	126386.2
甘　肃	25894.0	1444.7	73853.0	28004.8	29011.7
青　海	10799.0	432.0	45270.1	20583.2	19406.8
宁　夏	19195.0	1037.7	75793.9	12979.9	14348.1
新　疆	27468.8	2905.7	190210.7	61912.7	35331.1

1-B-12 续表 17

医药及医疗器材专门零售 单位：万元

地区	所有者权益合计					
	实收资本					
	国家资本	集体资本	法人资本	个人资本	港澳台资本	外商资本
全国	**318824.6**	**139342.7**	**851090.0**	**2177135.8**	**12354.6**	**43671.4**
北京	2354.3	3810.2	136907.3	150063.7	1189.1	37681.9
天津	1171.0	2287.8	9874.3	28427.7	1481.5	379.3
河北	3223.6	4759.5	16708.7	39960.8	62.0	40.5
山西	18495.9	2741.6	7106.2	58768.2	30.0	
内蒙古	427.3	2056.4	14663.9	29601.4	179.3	
辽宁	25863.0	6529.7	21896.2	93542.6	92.0	317.4
吉林	1697.5	4143.1	43870.0	79645.3	60.0	7.0
黑龙江	25330.0	2255.8	32670.8	77702.0	133.2	167.4
上海	41524.2	7530.3	65250.7	48139.6	97.2	2307.7
江苏	24164.5	14802.3	34790.9	206775.3	1073.0	232.9
浙江	14098.3	12670.9	62588.4	175796.4	291.7	161.6
安徽	11990.1	2524.7	13700.9	38580.5	545.5	5.0
福建	11277.6	1660.1	15682.2	53078.7	242.0	4.5
江西	23473.5	965.8	10685.2	59570.9	34.1	32.0
山东	18412.2	7790.9	54901.8	238670.2	263.3	141.5
河南	12099.2	3610.9	25245.9	79107.2	50.2	10.2
湖北	10577.6	20625.3	47531.5	127874.6	296.8	55.7
湖南	5965.7	11783.8	23561.4	151654.2	78.1	120.0
广东	18550.9	9297.6	69591.1	129592.0	2727.9	448.2
广西	3285.8	3383.5	15504.6	23012.0	10.0	6.2
海南	1848.6	523.4	6973.7	8134.0	80.0	
重庆	8049.7	2884.7	17666.4	44123.6	138.0	57.3
四川	2988.6	1615.2	16144.0	60544.9	428.6	202.5
贵州	2209.6	163.3	3748.6	15198.4		1070.0
云南	5216.1	1375.7	11258.2	30044.1	682.0	166.3
西藏	1046.1	192.0	5110.5	5485.5		2.0
陕西	11669.6	4771.0	33419.6	76255.6	260.0	10.4
甘肃	976.8	1504.6	10114.7	14633.9	1758.1	23.6
青海	2623.8	388.7	6609.5	9784.5		0.3
宁夏	3600.8	467.5	3830.7	6429.1		20.0
新疆	4612.7	226.4	13482.1	16938.9	71.0	

1-B-12　续表 18

医药及医疗器材专门零售　　单位：万元

指标名称	主营业务收入	主营业务成本	主营业务税金及附加	主营业务利润	三项费用合计
全　国	**19992372.9**	**16209832.0**	**207317.6**	**3401144.8**	**2395712.3**
北　京	1113861.1	928901.0	3577.3	181140.6	188866.5
天　津	263211.1	198734.7	4155.9	60244.3	24997.4
河　北	352035.9	286994.0	5039.7	57484.6	37703.6
山　西	338626.6	268264.4	3287.1	51694.3	33994.0
内蒙古	227687.3	162097.7	4102.7	52434.6	30458.0
辽　宁	798144.8	644758.9	9643.2	142342.3	110920.7
吉　林	604291.1	465435.4	16305.0	120155.3	46668.3
黑龙江	831431.2	669055.3	10946.4	136208.4	73142.4
上　海	775533.4	595618.1	3559.4	141465.4	139086.3
江　苏	2833265.8	2409833.3	15515.4	396687.5	279832.8
浙　江	2053581.9	1790453.4	10344.2	252784.3	194404.9
安　徽	513886.8	456263.3	2199.9	51739.7	41832.3
福　建	537374.2	471267.6	4695.3	61287.1	46500.8
江　西	479525.0	357612.0	9005.0	100782.8	67858.0
山　东	1983664.4	1580394.7	27068.0	373666.9	226386.4
河　南	697795.7	595296.4	8943.3	89455.4	54929.5
湖　北	714433.2	534816.1	13022.8	138566.7	84219.7
湖　南	871697.7	685880.9	15446.7	157440.5	112241.2
广　东	1415592.6	1066108.6	10716.2	338297.0	249136.7
广　西	283030.8	232794.2	2408.9	45932.9	37338.3
海　南	28593.0	21403.4	209.2	6196.5	6408.4
重　庆	449671.0	342627.7	8280.6	96454.6	61486.8
四　川	511578.8	421778.0	5390.3	79537.2	49527.7
贵　州	76965.2	59196.7	447.0	16268.1	14600.7
云　南	308270.8	229656.2	1704.7	74072.6	62298.3
西　藏	51752.6	29205.8	640.7	21610.4	20700.0
陕　西	339482.9	238022.2	8269.6	91646.7	45677.4
甘　肃	84395.4	68311.4	1127.9	15103.3	12672.0
青　海	41964.5	34469.5	224.8	6317.5	6310.3
宁　夏	120319.9	106499.0	414.1	13114.2	12265.5
新　疆	290708.2	258082.1	626.3	31013.1	23247.4

1-B-12 续表 19

医药及医疗器材专门零售

单位：万元

地区	三项费用合计		营业利润	职工工资和福利费	本年应交增值税	全部从业人员年平均人数(人)
	税金	利息支出				
全国	**72811.7**	**72551.0**	**1183822.6**	**1019673.2**	**446829.5**	**607528**
北京	1134.2	1903.8	6341.3	64865.6	28436.8	25752
天津	349.4	228.8	36099.3	10110.3	2478.4	7032
河北	1480.1	738.1	22500.7	19191.2	5850.2	16670
山西	1173.3	1147.7	23411.5	14347.1	5311.1	13854
内蒙古	2509.5	433.7	26085.2	14781.9	5353.5	8944
辽宁	3382.9	1472.3	34263.2	39023.0	27721.9	30105
吉林	2740.2	1429.0	74409.0	34050.9	6307.0	19522
黑龙江	3930.3	3347.8	67141.7	36993.4	17930.4	24906
上海	628.2	337.0	21867.6	47549.0	24492.4	20494
江苏	6620.9	13514.0	134671.0	117665.1	48436.0	47523
浙江	4889.1	11863.0	81106.3	86614.0	36147.7	43838
安徽	1215.6	939.5	15868.5	19237.9	7279.9	12521
福建	1447.2	3957.2	18830.9	19784.5	11426.3	10601
江西	3492.4	1149.6	42925.2	27937.5	10949.6	18245
山东	9947.8	11640.7	146081.7	91140.7	44020.1	56321
河南	2640.3	1821.8	36751.3	37281.6	10376.7	35523
湖北	4260.4	2209.9	64209.1	48565.7	22839.2	34034
湖南	5328.3	3262.2	59729.1	44286.2	21504.4	27651
广东	3801.9	2416.6	104520.2	95083.6	45887.3	48168
广西	1468.5	1121.7	11111.2	18934.5	6861.7	11472
海南	63.5	2.2	657.8	2130.0	967.6	2075
重庆	3716.6	1991.5	38238.7	23503.8	7924.6	14278
四川	1559.6	983.3	35386.5	27608.8	17482.5	21567
贵州	301.6	281.4	3052.1	6825.1	2403.4	5521
云南	500.4	905.3	16094.6	26508.7	9662.0	13694
西藏	220.0	22.4	468.3	826.1	157.4	1559
陕西	2777.0	933.4	46673.7	23220.6	8669.3	17911
甘肃	413.5	195.5	4448.5	7604.3	1918.8	7069
青海	185.4	192.2	368.0	2451.3	760.1	2307
宁夏	292.2	1062.1	1296.4	4558.5	2602.8	3233
新疆	341.4	1047.3	9214.0	6992.3	4670.4	5138

1-B-12　续表 20

汽车、摩托车、燃料及零配件专门零售　　单位：万元

地　区	固定资产原　价	本年折旧	资产总计	所有者权益合计	实收资本
全　国	**18717902.9**	**1329159.5**	**74324638.8**	**26080083.4**	**18191506.6**
北　京	1041627.9	64744.7	4648387.7	1403810.2	1313947.7
天　津	454946.8	30781.4	4974242.6	555842.6	431438.2
河　北	608187.6	41169.9	2154542.7	826021.5	683829.5
山　西	790666.6	37665.2	2361422.4	903922.2	685065.3
内蒙古	471213.9	25009.3	1610063.9	500985.7	412425.1
辽　宁	724011.2	78081.2	2635733.8	866739.8	724694.5
吉　林	745857.3	65971.5	1361131.9	473942.4	336934.7
黑龙江	277865.5	16919.4	957276.7	322973.4	291716.0
上　海	762322.5	45603.5	3271969.6	1317393.1	967875.4
江　苏	1306868.2	99889.4	4502840.9	1533441.5	1227233.5
浙　江	1118165.0	71771.3	5716112.9	1693822.2	1365655.8
安　徽	386294.8	24545.2	1564192.8	552483.9	425887.9
福　建	427730.6	34807.5	2030552.1	846577.6	729579.4
江　西	363281.0	19689.2	784522.6	349007.5	285283.0
山　东	1590527.6	129636.2	6912197.4	3144156.1	1413506.1
河　南	683899.1	38549.4	2424156.5	905328.2	751572.0
湖　北	780255.4	54626.6	1957487.7	721316.4	606527.0
湖　南	784382.5	45473.1	2919969.5	1931252.5	563944.3
广　东	2449728.0	172591.9	8757719.4	3325008.1	1920100.7
广　西	211240.7	14096.5	888302.9	378892.2	286872.0
海　南	223953.1	11307.8	452326.3	278191.4	190590.1
重　庆	330239.3	25775.1	1183928.4	434429.8	345766.1
四　川	670120.5	44778.1	2505235.4	859976.3	614922.9
贵　州	287267.3	14211.1	901526.3	295356.2	257054.2
云　南	456903.5	71426.7	1738621.5	556864.3	388529.8
西　藏	64034.0	4956.9	125754.0	70663.0	45887.2
陕　西	352666.7	24907.2	1224974.4	529728.3	455000.4
甘　肃	67269.2	3985.0	371267.8	133797.8	132003.1
青　海	40978.3	1565.9	2461249.0	61500.0	53977.8
宁　夏	64657.3	5369.3	263695.8	79174.5	70582.7
新　疆	180741.5	9254.0	663233.9	227484.7	213104.2

1-B-12 续表 21

汽车、摩托车、燃料及零配件专门零售　　单位：万元

地区	所有者权益合计					
	实收资本					
	国家资本	集体资本	法人资本	个人资本	港澳台资本	外商资本
全国	**2977738.6**	**599198.5**	**4462960.7**	**9667167.5**	**240886.8**	**243554.5**
北京	41870.9	20931.3	748905.5	439003.2	21717.3	41519.5
天津	16556.3	9920.7	260575.8	121717.8	6627.2	16040.4
河北	21102.4	21940.1	148698.0	478480.4	13597.0	11.6
山西	109472.2	28299.9	66412.8	476946.4	3930.0	4.0
内蒙古	54173.4	3374.2	84012.7	270726.8	136.0	2.0
辽宁	35240.8	37153.4	90420.6	518277.0	14762.4	28840.3
吉林	11276.9	5627.6	107304.6	210767.5	1030.0	928.1
黑龙江	30105.3	8762.5	85458.1	167248.1	92.0	50.0
上海	417556.0	60285.3	144697.3	311644.8	17354.1	16337.9
江苏	88309.6	22760.8	149036.0	912295.2	10619.2	44212.7
浙江	220913.1	63794.2	332388.1	689571.7	29672.1	29316.6
安徽	67266.1	17571.7	132613.9	207547.8	706.0	182.4
福建	87966.0	4977.9	285665.9	343297.0	6571.0	1101.6
江西	93609.6	7439.7	37801.7	145714.2	216.0	501.8
山东	42858.4	75348.2	294361.0	977738.7	22021.8	1178.0
河南	105871.9	16792.3	124316.1	498268.7	461.2	5861.8
湖北	110387.8	23678.4	180387.6	287639.8	130.5	4302.9
湖南	256281.8	11857.3	42887.3	251571.7	1346.2	
广东	435126.6	70973.7	465551.4	877992.3	50561.7	19895.0
广西	73641.2	7891.7	94361.9	98154.5	8648.0	4174.7
海南	107834.8	3365.0	25690.4	51076.9	2000.0	623.0
重庆	66727.1	24392.9	119094.2	126855.3	1859.0	6837.6
四川	118503.7	14415.4	108721.7	330123.1	22562.2	20596.8
贵州	122717.3	7923.4	28286.3	97386.3	712.0	28.9
云南	95820.4	5978.9	104619.3	179789.1	1954.9	367.2
西藏	17337.4	855.0	5093.2	22501.6	100.0	
陕西	33041.9	18255.3	66639.1	335961.4	1075.0	27.7
甘肃	33483.0	1814.8	26636.2	69902.1	165.0	2.0
青海	19340.6	131.0	8507.2	25999.0		
宁夏	5284.2	413.5	28209.1	36674.9		1.0
新疆	38061.9	2272.4	65607.7	106294.2	259.0	609.0

1-B-12　续表 22

汽车、摩托车、燃料及零配件专门零售

单位：万元

地　区	主营业务收　入	主营业务成　本	主营业务税金及附加	主营业务利　润	三项费用合　计
全　国	**169326923.1**	**152457927.3**	**816922.8**	**15500479.0**	**9839406.1**
北　京	12600118.3	11872874.4	11223.9	716020.0	721092.2
天　津	4419240.5	4109567.8	7740.1	299660.5	211823.8
河　北	4565686.3	4058261.0	27909.2	465431.0	262253.4
山　西	5714088.8	5167868.5	25960.1	465065.7	312593.4
内蒙古	4484489.5	3666496.1	43780.9	764206.3	360311.7
辽　宁	7335899.0	6429144.8	57553.0	842289.8	432174.7
吉　林	2322986.3	1968379.5	27265.0	325399.0	135104.3
黑龙江	1934032.0	1729751.7	13728.7	171475.4	107584.0
上　海	10392719.8	9829659.2	13705.6	516206.4	449374.7
江　苏	10752920.0	9565230.7	40500.6	1124150.4	733018.6
浙　江	14393272.0	13555251.3	23081.6	814739.1	667565.6
安　徽	3011575.3	2744011.8	21178.0	227949.7	159614.8
福　建	4373278.1	3996851.2	14647.5	342906.6	264880.5
江　西	2071004.6	1731774.4	36100.0	262434.6	157034.7
山　东	11699583.4	9758723.5	158353.1	1770679.5	987390.7
河　南	5930930.2	5437672.0	28938.4	457501.7	277139.4
湖　北	5776741.2	5195261.5	27117.2	534672.5	307266.2
湖　南	6138336.7	5455052.9	36654.4	632723.1	354786.1
广　东	25551455.5	22935859.8	53117.2	2426604.8	1355623.6
广　西	2249658.0	2024732.7	14682.2	201233.5	132414.4
海　南	1540058.9	1427341.4	2205.6	109689.9	74319.9
重　庆	2755341.2	2475527.0	15039.3	254995.2	163953.6
四　川	6777602.6	6164515.4	24735.7	545143.4	400271.2
贵　州	2133503.8	1934612.8	6985.6	167979.8	126339.9
云　南	3441713.7	3100484.4	13333.9	327844.5	205755.5
西　藏	281064.4	230361.7	551.6	48576.8	22422.0
陕　西	2847592.7	2366648.1	48053.6	427926.0	267058.8
甘　肃	1063250.5	966835.8	4069.0	89848.5	44062.1
青　海	395577.0	355586.5	1343.1	22876.9	19166.8
宁　夏	550957.6	494963.2	15280.4	37922.5	29081.6
新　疆	1822245.2	1708626.2	2088.3	106325.9	97927.9

1-B-12 续表 23

汽车、摩托车、燃料及零配件专门零售　　单位：万元

地区	三项费用合计		营业利润	职工工资和福利费	本年应交增值税	全部从业人员年平均人数(人)
	税金	利息支出				
全国	**300291.7**	**586523.0**	**6354602.8**	**2653208.6**	**2569849.4**	**1204815**
北京	5605.2	44471.1	98127.3	164228.6	109909.7	55771
天津	2170.6	7593.3	93488.5	46890.6	60248.8	23980
河北	13170.5	15385.9	217964.1	85137.1	75211.2	54849
山西	9394.7	23901.0	164012.3	68055.2	59842.7	46215
内蒙古	33564.5	10512.6	402382.9	90911.0	45414.3	34220
辽宁	20959.6	18068.3	415651.1	96980.5	91988.9	48927
吉林	7408.4	7402.4	190670.2	63352.7	26859.7	31961
黑龙江	4357.7	8198.1	70932.8	40905.2	43111.2	18882
上海	8677.3	26066.2	75065.6	112696.0	113511.8	43887
江苏	17972.3	57235.8	431626.9	212721.5	144535.6	80074
浙江	12433.0	71155.8	200646.7	177715.9	151577.4	65964
安徽	6625.5	8843.4	170603.9	48732.9	34115.8	27297
福建	7559.7	14981.6	97356.9	79552.6	45253.3	34366
江西	7022.2	6468.7	141766.0	41761.3	44370.9	18625
山东	30799.9	50819.6	801709.1	223970.9	254305.4	122825
河南	10503.3	12722.4	174868.1	84430.1	69270.9	54876
湖北	8604.5	19114.5	247597.0	95138.6	117894.7	44695
湖南	10084.4	10171.1	296283.0	79733.4	111483.0	43394
广东	29106.2	76341.8	1194906.5	398697.4	377255.9	144156
广西	6998.5	6504.8	79508.5	41984.9	50050.7	20167
海南	2130.5	2120.4	39843.8	21850.3	22949.6	8715
重庆	10131.9	19344.9	110811.4	52509.4	52332.0	24627
四川	12869.1	21490.3	198532.3	113618.0	131379.4	51690
贵州	2488.6	9236.6	50324.8	26283.8	29374.9	16260
云南	3421.5	13764.3	108737.7	50161.1	111159.2	24827
西藏	895.1	170.7	28750.8	7276.3	6940.7	2642
陕西	10476.3	12804.7	169054.6	55947.2	106725.6	29431
甘肃	1072.9	2406.0	46091.7	22170.4	10193.3	9217
青海	337.2	471.7	8321.2	6861.4	8107.0	3688
宁夏	1422.6	2661.7	10605.5	9657.7	3467.1	5366
新疆	2028.0	6093.3	18361.6	33276.6	61008.7	13221

1-B-12　续表 24

家用电器及电子产品专门零售　　单位：万元

地　区	固定资产原价	本年折旧	资产总计	所有者权益合计	实收资本
全　国	**5220468.8**	**395292.7**	**29030703.9**	**10352214.8**	**8655346.7**
北　京	195657.2	23618.2	3994929.0	1469684.4	1317200.2
天　津	74114.3	5963.5	515277.4	141693.2	112106.3
河　北	141705.7	9235.7	604318.1	225836.6	207081.4
山　西	152201.7	9770.9	521304.3	203293.5	185289.7
内蒙古	111671.0	7439.7	394254.2	170688.4	147379.7
辽　宁	162053.5	15911.1	821006.4	326407.4	272149.2
吉　林	649384.3	62376.9	835962.4	213644.4	175718.3
黑龙江	120821.6	8148.3	464693.5	175898.5	156750.7
上　海	197665.7	16215.2	1972110.6	618461.8	426151.6
江　苏	498159.3	37554.7	3237058.8	1347730.7	953292.1
浙　江	151817.2	12113.5	1373171.1	435603.0	351313.1
安　徽	82816.7	6687.4	515514.2	196868.4	166443.0
福　建	93028.7	6641.6	731693.3	263066.7	234301.5
江　西	117309.4	7127.3	299277.2	136708.3	114639.1
山　东	650795.3	38704.9	2065569.0	784447.9	655404.2
河　南	227925.2	12684.1	941936.4	399099.5	363956.3
湖　北	381279.4	20287.2	1349030.9	488005.7	466092.1
湖　南	157230.0	9344.5	436033.7	236448.4	214605.5
广　东	326267.3	35163.2	3142165.7	978059.0	844147.7
广　西	65311.2	5114.4	352824.5	149038.0	127717.5
海　南	15781.9	836.6	134404.3	50834.3	56973.7
重　庆	185208.8	12120.6	623027.8	254281.5	205914.0
四　川	148850.3	10250.4	955248.4	286510.1	228702.7
贵　州	19455.0	1297.2	265062.1	79172.3	80192.4
云　南	43979.5	2911.8	261131.5	114321.7	88478.8
西　藏	2605.7	108.6	1017940.4	5200.6	4263.4
陕　西	140913.3	10629.5	562830.0	288219.4	243172.3
甘　肃	45611.3	2592.0	218023.6	115295.7	102458.8
青　海	6492.2	439.4	54832.9	23995.5	22715.8
宁　夏	18011.6	1390.2	151275.6	55665.0	42647.1
新　疆	36344.5	2614.1	218796.6	118034.9	88088.5

1-B-12 续表 25

家用电器及电子产品专门零售　单位：万元

地区	所有者权益合计					
	实收资本					
	国家资本	集体资本	法人资本	个人资本	港澳台资本	外商资本
全　国	**268701.4**	**172661.8**	**1919428.4**	**5951523.3**	**58347.3**	**284684.5**
北　京	6926.5	25584.5	363079.9	794898.9	26082.7	100627.7
天　津	1178.9	2616.8	37406.7	68879.5	466.6	1557.8
河　北	9906.7	4932.3	52100.0	139270.4	356.7	515.3
山　西	5549.1	2836.2	16649.9	160103.9		150.6
内蒙古	1492.4	4023.5	44563.1	96487.7	713.2	99.8
辽　宁	8657.8	5540.9	31839.9	224857.6	346.0	907.0
吉　林	473.4	682.0	69982.5	103945.8	613.0	21.6
黑龙江	2842.8	2587.2	61110.9	89176.2	954.5	79.1
上　海	3977.2	6542.1	94372.5	269285.0	1662.4	50312.4
江　苏	4863.4	2703.6	39319.3	809142.4	1530.3	95733.1
浙　江	3260.9	4957.1	75533.9	266928.9	132.3	500.0
安　徽	4696.7	2596.2	47620.0	109429.1	350.0	1751.0
福　建	8694.8	4328.2	45494.9	169093.0	1546.8	5143.8
江　西	2164.9	1059.1	23194.6	84457.9	2637.0	1125.6
山　东	45078.6	18363.8	141426.7	449713.0	295.5	526.6
河　南	6720.0	10951.6	59092.3	284399.4	2290.0	503.0
湖　北	110578.5	14666.6	119344.2	218316.6	1190.7	1995.5
湖　南	8246.3	4495.2	13474.0	186880.0	1255.0	255.0
广　东	7068.2	14085.4	264922.5	533328.6	12643.3	12099.7
广　西	3755.8	3036.5	34090.4	85824.6	906.4	103.8
海　南	660.9	2823.0	20402.1	33042.7	45.0	
重　庆	5301.9	7054.0	62138.1	121607.1	1330.8	8482.1
四　川	3668.1	2452.9	56451.5	164650.6	773.3	706.3
贵　州	1723.2	3037.3	20270.9	55139.0	20.0	2.0
云　南	100.0	3259.8	19605.3	65512.0		1.7
西　藏			2308.0	1955.4		
陕　西	5298.9	8205.5	39159.8	190153.0	80.1	275.0
甘　肃	1907.3	5628.2	27280.9	67134.4	82.5	425.5
青　海	33.6	97.5	1969.8	20613.5	1.4	
宁　夏	501.1	2910.0	11675.8	26772.9	3.8	783.5
新　疆	3373.5	604.8	23548.0	60524.2	38.0	

1-B-12　续表 26

家用电器及电子产品专门零售　　单位：万元

地　区	主营业务收　入	主营业务成　本	主营业务税金及附加	主营业务利　润	三项费用合　计
全　国	**47563767.4**	**40564771.4**	**473908.0**	**6094638.5**	**5031308.2**
北　京	5361282.1	4890349.5	13328.5	457604.1	605429.8
天　津	895272.7	758445.4	6237.0	87913.2	80878.8
河　北	1117037.4	971262.8	10932.2	129447.8	86710.1
山　西	766528.2	642583.3	6862.2	85205.2	64107.4
内蒙古	878584.9	672513.3	12894.4	184730.4	88744.9
辽　宁	1756826.8	1514016.9	20303.2	220929.0	159782.8
吉　林	1059412.3	814971.2	30971.5	208731.4	80967.4
黑龙江	964398.5	852729.3	9060.3	87348.2	71304.8
上　海	3218650.8	2782285.9	44274.5	252171.3	393649.4
江　苏	5646958.9	4854419.7	33491.3	718617.5	536711.2
浙　江	2542963.0	2235723.1	11510.9	295729.0	301953.9
安　徽	985572.2	860167.2	6519.5	112085.4	88002.4
福　建	1261976.7	1108227.3	8002.8	141463.3	130274.4
江　西	632585.7	483371.8	14195.3	115690.9	78405.4
山　东	4144763.4	3205694.1	92056.4	833547.6	469068.7
河　南	1784997.2	1524740.4	22970.0	229580.0	150533.8
湖　北	1749582.4	1430155.6	27037.9	273850.0	149293.2
湖　南	1092167.9	873929.2	16286.5	175093.0	125457.7
广　东	4959019.0	4297808.1	29688.1	622837.2	629838.1
广　西	639553.2	541216.1	5949.6	89586.5	71597.0
海　南	209282.0	187650.2	833.9	20534.2	24593.5
重　庆	1400087.8	1185497.2	15158.1	182607.6	125909.2
四　川	1469235.0	1293777.4	10056.6	154271.3	126611.1
贵　州	390331.5	341309.5	2004.9	43504.1	103993.8
云　南	557777.2	500721.8	2731.0	58123.6	53747.0
西　藏	22043.8	18564.6	372.4	2622.2	1181.8
陕　西	1115849.7	885589.1	14657.3	211846.6	133496.9
甘　肃	241582.1	207814.3	2486.2	29872.2	23142.2
青　海	89307.2	81199.4	386.8	7587.4	11034.3
宁　夏	231935.1	207219.6	925.5	22117.6	21901.3
新　疆	378202.7	340818.1	1723.2	39390.7	42985.9

1-B-12 续表 27

家用电器及电子产品专门零售

单位：万元

地区	三项费用合计		营业利润	职工工资和福利费	本年应交增值税	全部从业人员年平均人数(人)
	税金	利息支出				
全国	**128713.8**	**63932.8**	**2351674.4**	**1812030.2**	**936880.3**	**952122**
北京	2856.7	-782.6	31061.8	191081.2	67060.2	74172
天津	696.5	-314.9	49414.5	28071.8	6190.4	15510
河北	3397.2	1440.8	62841.1	37880.2	22078.9	29338
山西	2786.1	1391.0	43304.7	27274.7	18029.1	21586
内蒙古	5544.2	1207.8	91694.7	40308.0	24454.7	21223
辽宁	5276.6	869.9	97053.6	46790.1	79263.8	28855
吉林	5060.4	2573.4	138348.9	47285.9	10788.0	26802
黑龙江	1649.2	1072.5	42883.8	28936.3	17716.6	17821
上海	9573.1	2016.5	71124.1	134842.3	35734.4	52041
江苏	11113.0	7464.6	252283.8	185159.6	83383.9	78195
浙江	4659.1	3739.3	60246.9	87817.4	54893.8	43038
安徽	2009.3	2317.8	39676.6	34880.7	18481.8	22191
福建	4468.6	1548.2	50615.2	52190.2	37768.4	27385
江西	4232.8	1280.7	58751.3	26118.4	11701.3	15951
山东	12700.8	13347.2	395947.8	142342.5	70123.5	85699
河南	4486.0	2785.1	101839.2	61929.1	25532.8	47885
湖北	4880.5	-729.1	168201.9	77312.7	33469.5	44204
湖南	7302.3	2449.8	89212.8	48988.7	19761.5	26792
广东	11613.6	7402.6	154925.4	252347.3	98349.6	112766
广西	3244.4	542.4	33563.2	33614.6	13190.6	19666
海南	339.6	63.6	1894.4	9124.0	3178.4	5788
重庆	9856.6	3431.9	102042.3	54752.3	40346.4	30493
四川	2993.9	3130.1	64876.4	52821.8	38985.8	32913
贵州	624.4	766.9	8175.8	22907.9	4945.8	9949
云南	716.6	753.4	15792.1	17641.0	10355.8	11642
西藏	29.3	15.0	1611.7	572.1	86.3	557
陕西	4325.8	2114.9	100650.9	35996.2	74421.1	24127
甘肃	1146.1	358.5	11097.6	10554.1	2850.4	9532
青海	131.5	7.7	-2441.8	2968.0	4774.2	2451
宁夏	355.6	1086.4	5732.3	6444.6	2043.8	4514
新疆	644.0	581.4	9251.4	13076.5	6919.5	9036

1-B-12　续表 28

五金、家具及室内装修材料专门零售　　单位：万元

地　区	固定资产原　价	本年折旧	资产总计	所有者权益合计	实收资本
全　国	**5569397.3**	**374657.3**	**14663104.4**	**6157851.4**	**5695195.0**
北　京	300425.2	22156.8	1679541.0	495874.1	623001.8
天　津	128662.1	12081.5	465043.8	143040.8	152163.8
河　北	134346.7	11131.6	398957.7	140280.3	141373.0
山　西	123236.3	5945.4	349193.0	171659.9	143621.9
内蒙古	140559.6	9550.0	391296.2	239787.3	172116.4
辽　宁	194489.0	16477.9	511453.2	213014.7	214429.3
吉　林	743771.3	70657.7	942549.2	238587.4	196722.8
黑龙江	139725.2	9572.4	285529.4	129342.4	128060.0
上　海	260323.3	17049.9	1682261.9	606348.8	564588.5
江　苏	322181.0	22128.8	960241.5	404236.4	355885.9
浙　江	104191.3	7486.1	498170.6	208269.9	186545.5
安　徽	79554.6	5123.5	206749.3	108668.1	92756.5
福　建	79272.2	6216.2	365242.1	171496.9	168844.6
江　西	88091.3	5273.5	135851.0	77641.4	67661.5
山　东	797054.7	43890.6	1479603.9	713873.3	567277.0
河　南	176675.3	10264.3	401670.8	228992.3	208068.7
湖　北	200131.4	13183.2	440055.3	243948.0	220301.3
湖　南	132387.1	8075.5	282019.2	158827.7	131561.2
广　东	366984.0	32930.6	1318858.2	532354.6	543295.8
广　西	43881.2	3093.9	133858.7	76497.9	65621.6
海　南	15584.8	464.9	60491.2	34225.2	31881.2
重　庆	162372.2	14624.1	466629.5	214054.7	140390.5
四　川	81025.2	6112.0	275440.3	100156.5	106658.4
贵　州	442570.6	612.1	73602.4	32369.0	33793.9
云　南	44302.8	1889.4	124753.2	70437.4	66204.1
西　藏	3639.6	108.3	7947.2	5324.7	5047.1
陕　西	181499.9	13409.5	430745.8	244465.9	223658.3
甘　肃	37626.1	1820.0	87870.9	51585.8	48368.4
青　海	3277.6	181.9	12894.3	8375.9	7079.2
宁　夏	19814.3	2111.7	54610.0	27350.8	24017.0
新　疆	21741.4	1034.0	139973.6	66763.3	64199.8

1-B-12 续表 29

五金、家具及室内装修材料专门零售

单位：万元

地区	所有者权益合计					
	实收资本					
	国家资本	集体资本	法人资本	个人资本	港澳台资本	外商资本
全国	**125838.8**	**196346.7**	**1182917.2**	**3831678.2**	**81472.1**	**276942.0**
北京	23271.3	22659.7	186195.9	324054.7	419.4	66400.8
天津	2827.1	3536.2	41894.7	97754.1	801.9	5349.8
河北	5723.1	5252.1	26742.4	103651.8		3.6
山西	5107.2	11048.8	9092.0	117567.0	280.0	526.9
内蒙古	2147.3	2983.3	28242.6	138567.8	160.0	15.4
辽宁	13982.0	8306.8	37153.8	150374.9	442.0	4169.8
吉林	2427.4	4068.9	70553.4	117792.7	10.3	1870.1
黑龙江	3485.6	3865.8	42980.9	72210.2	1860.4	3657.1
上海	8525.9	17717.7	69711.5	388632.9	27321.6	52678.9
江苏	1395.9	6907.9	20162.0	267394.0	28471.2	31554.9
浙江	505.2	2999.0	31330.9	132665.8	2149.8	16894.8
安徽	1910.5	2469.8	17747.6	68807.0		1821.6
福建	3271.7	2473.5	41575.0	109715.3	2917.8	8891.3
江西	654.7	955.5	11425.7	54080.2	98.0	447.4
山东	5051.7	35787.6	109987.4	405365.2	613.6	10471.5
河南	6296.0	11390.3	34077.1	155952.5	308.1	44.7
湖北	1644.8	9654.0	47454.4	157025.4	865.0	3657.7
湖南	2635.9	2528.9	1822.0	124429.4	140.0	5.0
广东	10963.1	15328.5	169524.2	294105.1	13681.8	39693.1
广西	3877.8	3857.7	16075.1	41584.5	153.5	73.0
海南	905.7	618.4	8934.9	21200.2	180.0	42.0
重庆	5229.7	6169.5	32054.7	90290.9	249.7	6396.0
四川	2107.1	2909.2	16387.4	70988.6	15.0	14251.1
贵州	1467.3	880.2	7668.7	23712.7	65.0	
云南	562.0	2477.3	17732.8	41039.0	205.0	4188.0
西藏	659.1		3235.7	1152.3		
陕西	7826.2	5643.5	33635.2	172750.8		3802.6
甘肃	795.7	3197.8	15362.6	28924.4	53.0	34.9
青海		154.0	935.3	5989.9		
宁夏	30.0	105.6	4725.7	19155.7		
新疆	551.8	399.2	28495.6	34743.2	10.0	

1-B-12　续表 30

五金、家具及室内装修材料专门零售　　单位：万元

地　区	主营业务收　入	主营业务成　本	主营业务税金及附加	主营业务利　润	三项费用合　计
全　国	**18285596.8**	**13917704.5**	**354544.8**	**3600537.9**	**2456081.4**
北　京	970764.2	764181.7	4559.1	202023.4	241490.2
天　津	898631.3	713575.8	15747.8	159700.3	80739.6
河　北	458266.3	352774.1	9904.5	94625.3	48381.2
山　西	392587.9	303977.9	7319.3	73749.2	37148.9
内蒙古	606146.0	429487.7	12344.2	159186.0	80844.0
辽　宁	847954.8	661858.4	21017.7	163642.5	115551.0
吉　林	1014316.5	743492.5	36238.4	225962.8	86011.5
黑龙江	466875.1	361644.5	9714.7	75391.8	39394.4
上　海	1478715.0	1002163.2	12038.7	246870.8	273173.2
江　苏	1418684.8	1150353.5	14574.8	251812.3	171292.3
浙　江	494137.3	413862.4	3900.5	76374.4	60206.9
安　徽	266515.6	212107.9	5666.5	47204.0	29157.7
福　建	527411.5	438816.9	6755.9	78227.4	55466.9
江　西	324753.6	216884.4	13939.3	84352.0	42986.2
山　东	2464424.0	1860086.3	48040.9	543671.5	293396.3
河　南	666179.2	545666.9	12681.1	118600.7	55342.8
湖　北	618019.3	442499.7	15903.6	128088.6	66846.7
湖　南	516428.5	393335.4	10154.0	99391.2	69050.2
广　东	1565045.4	1196700.0	22781.1	344278.5	312303.0
广　西	151520.7	114733.3	3173.7	31654.7	21402.6
海　南	43500.1	35865.4	360.5	7851.0	7985.0
重　庆	863104.4	679188.8	24710.7	142875.4	79960.0
四　川	284014.4	208563.4	21742.5	59765.8	46995.8
贵　州	63287.2	50713.6	861.5	7983.7	7774.2
云　南	88309.5	70779.9	1171.2	17238.6	14058.5
西　藏	4173.6	3050.1	71.6	999.2	629.0
陕　西	516799.7	382684.6	15105.3	116714.9	62004.0
甘　肃	77255.0	61008.7	2440.6	12002.7	6579.6
青　海	8039.3	5992.9	119.0	1455.1	1541.0
宁　夏	46014.6	32010.0	450.4	12456.5	5784.1
新　疆	143722.0	69644.6	1055.7	16387.6	42584.6

1-B-12 续表 31

五金、家具及室内装修材料专门零售　　单位：万元

地区	三项费用合计		营业利润	职工工资和福利费	本年应交增值税	全部从业人员年平均人数(人)
	税金	利息支出				
全国	**101526.4**	**74732.0**	**1394528.6**	**970109.6**	**421849.8**	**557169**
北京	1513.1	10162.9	-8722.6	66982.1	29480.9	29166
天津	1590.0	402.7	86373.4	44262.6	20049.0	20374
河北	3235.2	2337.5	48127.5	22030.1	10416.0	17382
山西	2625.5	1905.0	34537.1	17974.2	5583.1	17559
内蒙古	8351.4	1384.4	83099.0	40349.5	13822.2	19921
辽宁	5165.6	1456.4	50910.7	35079.1	16176.5	22039
吉林	8749.9	1923.7	139445.7	50531.9	14190.1	27234
黑龙江	1845.3	1018.3	38498.5	22027.6	4652.2	12635
上海	2845.0	4102.5	26723.8	100256.1	30804.6	44606
江苏	5651.4	7722.1	86261.4	66199.1	31528.2	34641
浙江	2653.6	3491.1	19337.5	23813.7	14346.2	12622
安徽	1356.2	1399.5	20583.6	15418.1	5528.1	10871
福建	2523.8	1537.6	26131.2	22867.3	7183.5	12249
江西	3109.2	972.1	47987.8	14222.7	5899.2	9267
山东	14304.1	9500.4	254593.9	116006.8	68933.9	70215
河南	3496.2	1794.2	66835.5	29845.1	12474.1	25310
湖北	3511.2	1788.0	73076.3	39109.5	14016.0	24953
湖南	4569.3	2327.1	47356.2	24808.5	15129.2	14278
广东	6908.7	5366.8	57014.0	109768.5	43602.2	53370
广西	2689.9	344.9	12129.0	10266.8	3244.4	7377
海南	153.7	27.7	-117.9	3160.6	812.9	2936
重庆	7105.3	6843.1	82090.3	28852.9	18688.1	18651
四川	1471.5	2217.7	20441.4	15984.5	6266.3	10759
贵州	721.2	345.5	1991.9	4110.5	1238.0	3433
云南	359.2	327.2	4537.8	6536.0	1635.2	5506
西藏	33.5	-0.7	410.2	323.3	16.2	225
陕西	4147.1	2727.0	55842.8	23803.6	20044.8	16892
甘肃	442.6	229.2	6625.2	5478.6	1321.7	5114
青海	45.1	10.4	26.2	655.1	188.9	637
宁夏	157.2	417.1	7372.8	3253.9	570.8	2031
新疆	195.4	650.6	5008.4	6131.3	4007.3	4916

1-B-12　续表 32

无店铺及其他零售　　单位：万元

地　区	固定资产原　价	本年折旧	资产总计	所有者权益合计	实收资本
全　国	**4466161.9**	**301931.2**	**13027189.7**	**5440897.4**	**4814845.9**
北　京	163825.3	18376.2	1426306.2	384121.0	501676.9
天　津	125633.2	11153.2	489046.7	205008.6	180830.7
河　北	118499.2	8266.6	320682.1	136431.8	133324.3
山　西	148860.3	7568.0	457034.6	215370.7	159402.3
内蒙古	85479.3	5470.4	224314.2	106923.1	91258.9
辽　宁	135277.2	9965.3	261530.7	137902.6	125799.7
吉　林	363061.6	34095.5	454634.7	131863.9	114809.5
黑龙江	133902.5	7599.4	248791.9	127524.7	111968.6
上　海	161532.3	10747.2	1681736.5	351118.0	288412.5
江　苏	311837.6	25479.1	739502.5	372088.6	297683.5
浙　江	128596.6	7840.1	367423.0	152453.7	133524.0
安　徽	64828.4	5136.4	206459.9	100705.7	86650.6
福　建	136206.1	8563.3	496742.4	263949.9	235425.8
江　西	111782.1	7261.4	154670.7	90933.0	82077.7
山　东	560606.3	36244.9	1239168.6	613141.4	494686.4
河　南	136070.6	8523.6	364108.1	165021.8	161617.1
湖　北	216663.0	12326.0	482881.3	263387.3	238958.5
湖　南	125021.4	9601.5	315416.7	165115.6	157122.4
广　东	512182.4	33951.5	1412248.9	628600.6	543892.5
广　西	53948.7	3583.4	168449.5	100506.6	82857.9
海　南	17785.4	1041.3	108881.1	49211.2	48282.9
重　庆	137800.3	6167.8	206701.1	110824.7	92509.3
四　川	57846.5	4854.3	212205.9	101652.7	92639.8
贵　州	19783.0	1777.0	90823.0	41449.6	40043.2
云　南	53379.3	2953.8	196723.0	94489.1	68663.7
西　藏	17432.9	1201.7	41427.6	24947.3	20594.9
陕　西	58654.5	4294.7	164455.8	98150.5	82215.0
甘　肃	232835.6	2704.6	297405.7	116552.2	66943.9
青　海	16951.7	762.6	43342.9	20506.8	21015.6
宁　夏	13357.1	803.1	37363.3	17535.7	18070.3
新　疆	46521.5	3617.3	116711.1	53409.0	41887.5

1-B-12 续表 33

无店铺及其他零售 单位：万元

地区	所有者权益合计					
	实收资本					
	国家资本	集体资本	法人资本	个人资本	港澳台资本	外商资本
全国	**372932.9**	**250885.9**	**1076040.7**	**2785981.1**	**116690.0**	**212315.3**
北京	4444.2	35170.2	151110.9	250431.7	4906.0	55613.9
天津	11919.2	13955.4	47846.7	104581.7	917.6	1610.1
河北	10796.7	4891.8	42572.9	73998.9	409.0	655.0
山西	8786.3	4585.4	10163.8	128420.3	7361.0	85.5
内蒙古	6297.2	7245.6	25024.1	52054.4	636.6	1.0
辽宁	5329.5	8625.8	12335.7	86737.8	254.1	12516.8
吉林	3339.9	1791.1	49535.3	60081.2		62.0
黑龙江	8575.3	6696.6	34666.9	61862.7	146.1	21.0
上海	20954.8	20219.2	33311.5	168961.8	4123.7	40841.5
江苏	10258.0	11373.2	10933.8	252759.5	8151.1	4207.9
浙江	14931.8	8433.5	35862.1	67915.1	3651.1	2730.4
安徽	8434.3	4984.8	18601.8	52251.2	867.2	1511.3
福建	59252.3	3927.4	63916.1	54086.8	51258.7	2984.5
江西	3264.2	4905.5	15895.8	57705.4	199.7	107.1
山东	13065.2	21129.2	107658.9	341109.5	1940.3	9783.3
河南	16804.5	5344.3	26942.7	103171.7	7735.5	1618.4
湖北	13303.8	26410.4	60522.1	137157.2	289.2	1275.8
湖南	8611.3	5409.1	15193.7	125841.4	1077.0	989.9
广东	91143.5	19211.0	149050.4	201575.7	16746.6	66165.3
广西	4837.1	7991.6	19817.0	45022.0	3276.9	1913.3
海南	346.5	1430.3	11346.2	34367.3	792.6	
重庆	1098.5	2399.1	22248.6	65531.4	153.3	1078.4
四川	14422.4	3091.2	26257.2	42439.1	140.0	6289.9
贵州	3058.5	5169.9	6205.6	25038.4	470.8	100.0
云南	3359.7	4048.9	18730.4	42317.8	155.9	51.0
西藏	2617.8	82.0	14202.5	3662.6		30.0
陕西	5650.6	4818.4	12466.5	59271.7	2.0	5.8
甘肃	7054.4	3973.2	19600.5	35254.8	1008.0	53.0
青海	2436.5	2335.4	4215.9	12027.8		
宁夏	4963.0	236.3	4695.5	8142.3	20.0	13.2
新疆	3575.9	1000.1	5109.6	32201.9		

1-B-12　续表 34

无店铺及其他零售　　单位：万元

地　区	主营业务收入	主营业务成本	主营业务税金及附加	主营业务利润	三项费用合计
全　国	**15895236.8**	**12227529.9**	**237926.9**	**2904634.8**	**2023961.8**
北　京	1328503.4	1112360.3	5917.5	210225.6	270368.2
天　津	619599.8	492183.7	12384.8	100204.1	52332.5
河　北	335291.4	263224.1	6017.2	65747.0	33662.3
山　西	571924.8	483674.3	6213.7	70168.3	54819.1
内蒙古	332908.5	233372.4	7153.5	82990.4	41657.3
辽　宁	409363.9	316660.0	8421.3	83909.7	55380.2
吉　林	425117.8	306740.7	13906.6	100768.4	36906.1
黑龙江	356425.0	276942.2	6510.6	57684.9	28222.9
上　海	1348420.5	809312.2	14973.4	199683.6	244618.4
江　苏	1307329.5	1045705.9	15724.5	239981.2	144542.4
浙　江	484297.0	417097.6	2362.2	64837.2	53845.9
安　徽	238849.9	193018.2	2277.4	42412.3	23421.7
福　建	467847.7	408134.3	3788.3	54693.5	42128.1
江　西	335901.4	220555.5	10259.5	90826.0	52515.5
山　东	2009014.7	1505975.5	39770.3	447099.7	230752.3
河　南	485358.5	388095.1	8163.4	82903.1	45210.6
湖　北	651493.7	485760.9	14278.6	131622.8	71745.5
湖　南	678318.0	514190.4	16151.8	136105.9	86567.5
广　东	1815057.9	1437582.6	16980.0	357737.8	267364.6
广　西	220078.5	168985.8	4183.0	40276.8	28182.2
海　南	58932.2	48634.1	452.2	10060.5	9185.4
重　庆	310030.1	244146.2	5690.5	52427.4	31447.7
四　川	168793.3	129006.9	3981.1	33775.0	18905.3
贵　州	78547.3	67326.7	1433.8	8167.1	10820.8
云　南	194625.9	138350.8	2272.2	26551.8	18950.2
西　藏	24393.3	20128.4	709.2	3360.7	2548.9
陕　西	281993.3	222272.9	5421.7	53141.0	23680.5
甘　肃	168036.3	134070.3	1654.3	30830.0	21327.3
青　海	64931.7	40523.1	223.1	6699.4	4849.6
宁　夏	60496.7	52588.0	191.1	7441.0	6382.1
新　疆	63354.8	50910.8	460.1	12302.6	11620.7

1-B-12 续表 35

无店铺及其他零售

单位：万元

地区	三项费用合计		营业利润	职工工资和福利费	本年应交增值税	全部从业人员年平均人数(人)
	税金	利息支出				
全国	**72509.4**	**52249.5**	**1080226.7**	**794128.0**	**349444.9**	**440148**
北京	2313.5	2991.0	-37299.0	81686.0	32963.0	28378
天津	1073.9	409.0	55974.3	28825.1	8628.9	18023
河北	2397.5	2872.0	32967.6	16588.0	11153.2	12611
山西	2466.2	2158.7	34883.6	18856.7	10669.8	16413
内蒙古	3740.0	558.4	44251.1	21051.3	10593.4	11616
辽宁	2243.7	544.0	30438.9	15289.4	10371.0	10014
吉林	3466.9	1345.3	65305.4	25493.4	4348.3	13592
黑龙江	1693.1	566.0	32950.5	16555.0	4136.2	12011
上海	1411.9	-2900.9	-5314.3	65177.0	23371.8	34548
江苏	4649.8	4057.4	98236.2	59403.9	28341.7	27487
浙江	1113.7	3231.4	13424.5	16141.5	9272.5	8266
安徽	756.9	567.6	20738.0	10897.8	5044.8	6878
福建	1257.9	-678.6	13951.5	20331.7	5882.1	9113
江西	3738.7	686.9	48389.9	16089.2	6996.9	9826
山东	12223.4	7344.2	221675.2	89459.8	50784.7	54351
河南	2084.1	1093.8	41492.2	22040.8	8585.0	17929
湖北	3382.3	11171.8	75377.1	38275.1	12010.7	24649
湖南	4775.7	1898.6	63000.2	29054.1	21501.4	14447
广东	5915.2	9209.8	103778.4	114128.9	47509.6	47484
广西	2809.1	303.9	15203.7	12836.9	6852.8	8617
海南	238.3	8.0	1734.9	3325.4	1105.6	2459
重庆	3424.6	941.5	30284.4	17721.0	5871.8	10964
四川	945.3	830.9	17792.0	12906.0	3037.9	8775
贵州	369.4	262.1	1601.5	5196.0	1579.5	4313
云南	707.2	570.1	10852.3	8930.7	3357.9	5604
西藏	80.1	100.0	1745.0	1156.8	130.7	850
陕西	1902.5	855.9	30331.9	11383.4	7997.8	7793
甘肃	592.2	328.3	10660.3	6882.8	2618.3	7475
青海	275.3	48.8	1956.1	2117.7	1853.4	1407
宁夏	136.3	206.7	1670.2	2398.4	964.5	1426
新疆	324.7	666.9	2173.1	3928.2	1909.7	2829

C．其他行业法人单位附属的批发和零售业产业活动单位

1-C-1 其他行业法人单位附属的批发业产业活动单位商品销售情况

指标名称	单位数(个)	年末从业人员数(人)	年末零售营业面积(万平方米)	商品购进额(万元)	商品销售额(万元)	年末商品库存额(万元)
总计	**13761**	**261456**	**122.9**	**28471114.6**	**50764463.5**	**1964575.9**
1.按国民经济行业分组						
农畜产品批发	1701	13748	14.9	643412.5	835925.7	106243.3
谷物、豆及薯类批发	259	3422	2.2	162461.0	180521.3	53877.5
种子、饲料批发	843	3963	2.6	145427.4	164057.9	17878.3
棉、麻批发	80	2569	0.1	96975.0	100731.3	17092.8
牲畜批发	29	148	0.5	3632.2	5396.5	33.7
其他农畜产品批发	490	3646	9.4	234916.9	385218.7	17361.0
食品、饮料及烟草制品批发	1597	52365	26.6	2802015.8	3570497.6	201602.9
米、面制品及食用油批发	219	4806	3.7	598790.8	658732.0	15970.4
糕点、糖果及糖批发	143	21911	0.5	355874.8	467729.6	52376.2
果品、蔬菜批发	85	1620	2.2	33144.7	42173.5	863.4
肉、禽、蛋及水产品批发	167	1975	1.6	209978.4	240460.7	10355.7
盐及调味品批发	103	1511	1.0	27628.4	93512.7	7910.2
饮料及茶叶批发	612	13092	16.7	826780.5	1212093.9	64269.6
烟草制品批发	18	227	0.1	46118.8	123411.7	961.8
其他食品批发	250	7223	0.9	703699.4	732383.5	48895.6
纺织、服装及日用品批发	1118	27054	8.9	1428544.1	1796183.6	199529.6
纺织品、针织品及原料批发	348	4993	2.1	236136.3	366896.5	6748.8
服装批发	335	7413	1.0	488933.1	611870.3	131896.8
鞋帽批发	22	810	0.1	64569.8	70504.9	6566.4
厨房、卫生间用具及日用杂货批发	143	2882	0.3	155667.4	206687.4	2173.1
化妆品及卫生用品批发	76	2181	0.3	167117.1	173848.3	7342.2
其他日用品批发	194	8775	5.1	316120.4	366376.2	44802.3
文化、体育用品及器材批发	467	10711	1.4	1478831.4	1749225.0	152232.1
文具用品批发	133	1666	0.2	1323256.0	1348205.0	38633.1
体育用品批发	26	152	0.3	13225.1	18738.2	3109.1
图书批发	52	666	0.2	16118.1	118120.5	103112.2
报刊批发	64	5195		59696.4	175364.0	890.8
音像制品及电子出版物批发	9	61		1295.8	1551.8	1.0
首饰、工艺品及收藏品批发	143	2616	0.5	35638.3	51005.7	3145.0
其他文化用品批发	40	355	0.2	29601.7	36239.8	3340.9
医药及医疗器材批发	195	4301	0.7	54526.3	98064.0	4068.9
西药批发	77	972	0.3	33919.0	53607.5	2651.0

1-C-1 续表 1

指标名称	单位数(个)	年末从业人员数(人)	年末零售营业面积(万平方米)	商品购进额(万元)	商品销售额(万元)	年末商品库存额(万元)
中药材及中成药批发	74	3031	0.3	13802.3	34980.8	238.3
医疗用品及器材批发	44	298	0.1	6805.0	9475.7	1179.6
矿产品、建材及化工产品批发	4885	81027	50.5	14147359.3	30011733.0	819797.4
煤炭及制品批发	145	16064	16.6	1991853.5	6698403.5	61226.4
石油及制品批发	280	7484	5.7	5174131.9	7039632.8	17558.4
非金属矿及制品批发	62	1088	1.6	26386.3	76438.5	275.5
金属及金属矿批发	343	24593	3.5	3356414.5	11859437.3	555980.6
建材批发	726	11586	5.6	1208000.4	1741140.1	63075.1
化肥批发	2200	12561	13.0	893572.3	938485.5	67721.9
农药批发	702	2057	1.7	59293.6	61897.7	5447.2
农用薄膜批发	19	96		10143.5	9765.4	255.0
其他化工产品批发	408	5498	2.8	1427563.3	1586532.2	48257.3
机械设备、五金交电及电子产品批发	2710	53047	13.3	6630345.0	10270065.5	400395.7
农业机械批发	92	593	0.7	14681.0	20661.0	1553.9
汽车、摩托车及零配件批发	206	13278	3.2	4574425.0	6812860.4	183375.0
五金、交电批发	788	7653	2.8	393480.9	497544.2	39653.0
家用电器批发	113	5109	0.7	232736.9	837709.7	7214.6
计算机、软件及辅助设备批发	81	937	0.2	42109.8	97541.0	1216.8
通讯及广播电视设备批发	68	860	0.2	213583.5	263792.3	19754.3
其他机械设备及电子产品批发	1362	24617	5.5	1159327.9	1739956.9	147628.1
贸易经纪与代理	116	2624	1.0	377779.9	510044.7	26456.5
贸易经纪与代理	116	2624	1.0	377779.9	510044.7	26456.5
其他批发	972	16579	5.7	908300.3	1922724.4	54249.5
再生物资回收与批发	434	3516	2.2	183015.2	222150.7	13817.4
其他未列明的批发	538	13063	3.5	725285.1	1700573.7	40432.1
2.按登记注册类型分组						
内资企业	12177	186018	94.7	21354377.0	41229325.8	1455852.8
国有企业	2168	50799	16.5	6335237.9	11886853.3	649354.8
集体企业	1807	11971	12.8	436332.9	529390.9	40260.6
股份合作企业	191	2406	0.8	54084.1	80755.5	4736.3
联营企业	89	478	0.2	6282.8	176921.0	943.3
国有联营企业	15	108		329.4	1762.4	14.8
集体联营企业	53	146	0.1	3524.0	3884.6	601.2
国有与集体联营企业	4	163		1975.0	170616.6	183.9
其他联营企业	17	61	0.1	454.4	657.4	143.4

1-C-1　续表 2

指标名称	单位数(个)	年末从业人员数(人)	年末零售营业面积(万平方米)	商品购进额(万元)	商品销售额(万元)	年末商品库存额(万元)
有限责任公司	1745	45228	33.6	8302173.6	11985471.0	255226.6
国有独资公司	103	10688	3.3	4409490.4	6369938.1	21099.3
其他有限责任公司	1642	34540	30.3	3892683.2	5615532.9	234127.3
股份有限公司	546	22742	4.0	2473234.3	12132244.0	289446.9
私营企业	4651	45157	23.4	2225625.8	2841760.2	161223.2
私营独资企业	1542	6720	7.7	430883.1	487755.7	17732.7
私营合伙企业	153	1612	0.8	16251.0	39656.4	1611.9
私营有限责任公司	2745	34892	12.4	1613237.6	2139810.4	124898.9
私营股份有限公司	211	1933	2.4	165254.1	174537.7	16979.7
其他企业	980	7237	3.3	1521405.6	1595929.9	54661.1
港、澳、台商投资企业	464	19103	7.3	1122217.2	2171123.1	167487.5
合资经营企业(港或澳、台资)	214	7033	2.3	446321.6	554440.8	128850.7
合作经营企业(港或澳、台资)	17	551		42626.3	45844.3	202.1
港、澳、台商独资经营企业	208	10842	4.9	517775.1	1113398.0	38361.1
港、澳、台商投资股份有限公司	25	677		115494.2	457440.0	73.6
外商投资企业	1120	56335	20.8	5994520.4	7364014.6	341235.6
中外合资经营企业	289	8160	2.9	3495345.9	3821306.1	162689.3
中外合作经营企业	24	4113	0.3	185987.8	286610.8	13214.4
外资企业	677	36737	16.3	1831348.7	2749266.8	129388.0
外商投资股份有限公司	130	7325	1.2	481838.0	506830.9	35943.9
3.按经营形式分组						
独立门店	9399	125490	71.8	10859899.2	14300950.4	888175.7
连锁总店(总部)	3	54		43.0	157.4	117.1
连锁门店	1323	17353	21.3	1234799.9	1720950.7	169828.1
其他	3036	118559	29.7	16376372.5	34742405.0	906455.0
4.按所属法人行业分组						
农业法人	550	6259	4.5	526881.3	644258.4	137102.6
工业法人	5640	211806	80.8	25000269.2	46504132.9	1570083.7
建筑业法人	294	4470	0.9	417885.9	466137	35815
交通运输、仓储和邮政业法人	372	14562	4.0	941464.7	1044898	50196.3
批发和零售业法人						
住宿和餐饮业法人	82	683	0.2	12685.1	17590.6	1224.3
房地产业法人	252	2059	1.1	103167.8	113816.4	8083.9
其他	6571	21617	31.4	1468760.6	1973630.2	162070.1

1-C-2 其他行业法人单位附属的零售业产业活动单位商品销售情况

指标名称	单位数（个）	年末从业人员数（人）	年末零售营业面积（万平方米）	商品购进额（万元）	商品销售额（万元）	年末商品库存额（万元）
总计	**20360**	**201200**	**415.7**	**8244369.6**	**11255204.2**	**745916.2**
1.按国民经济行业分组						
综合零售	3491	31623	83.4	1222274.1	1701834.1	62757.3
百货零售	1039	12784	39.7	472215.1	743231.8	23204.8
超级市场零售	292	7723	19.3	574302.7	715913.3	15182.1
其他综合零售	2160	11116	24.3	175756.3	242689.0	24370.4
食品、饮料及烟草制品专门零售	6100	46450	40.3	619499.7	828435.0	46613.3
粮油零售	443	3165	5.3	80554.5	85425.8	12165.7
糕点、面包零售	2073	22704	11.3	124400.2	172016.9	3768.1
果品、蔬菜零售	126	748	1.7	8824.7	12869.7	1208.3
肉、禽、蛋及水产品零售	839	3689	3.6	179910.9	212267.5	3841.9
饮料及茶叶零售	818	5420	5.7	54148.6	89917.2	11504.0
烟草制品零售	169	595	0.8	16740.1	24330.2	2179.0
其他食品零售	1632	10129	12.0	154920.7	231607.7	11946.3
纺织、服装及日用品专门零售	2769	21979	38.6	606161.1	876973.0	107890.9
纺织品及针织品零售	398	2700	4.4	47850.3	68810.4	4077.5
服装零售	1534	14342	26.3	249661.0	300362.9	93081.9
鞋帽零售	227	1008	1.8	28050.9	30186.2	3636.3
钟表、眼镜零售	68	462	0.7	3195.5	5279.5	971.5
化妆品及卫生用品零售	112	1152	1.6	218559.7	399639.6	536.4
其他日用品零售	430	2315	3.7	58843.7	72694.4	5587.3
文化、体育用品及器材专门零售	1854	16261	11.4	240782.5	470273.1	102753.1
文具用品零售	380	1449	2.1	40421.4	38307.4	4731.0
体育用品零售	42	184	0.3	1329.8	2763.8	165.6
图书零售	151	1271	1.3	22714.8	51508.8	67861.8
报刊零售	708	9113	1.0	12920.5	131079.6	473.9
音像制品及电子出版物零售	75	510	0.4	15094.1	12916.5	3523.4
珠宝首饰零售	128	1182	2.0	72210.9	134556.2	17454.3
工艺美术品及收藏品零售	252	2008	3.2	55627.0	71717.2	7693.5
照相器材零售	28	84	0.1	389.3	1854.9	41.4
其他文化用品零售	90	460	1.1	20074.7	25568.7	808.2

1-C-2　续表 1

指标名称	单位数(个)	年末从业人员数(人)	年末零售营业面积(万平方米)	商品购进额(万元)	商品销售额(万元)	年末商品库存额(万元)
医药及医疗器材专门零售	846	7399	7.5	380442.3	571924.4	26872.1
药品零售	803	7107	6.8	378550.3	567229.3	26610.3
医疗用品及器材零售	43	292	0.6	1892.0	4695.1	261.8
汽车、摩托车、燃料及零配件专门零售	1238	23157	96.4	2163733.4	2400792.1	89348.1
汽车零售	169	2806	16.4	961185.4	979412.8	48139.6
汽车零配件零售	300	3560	9.9	58547.7	121614.2	9612.0
摩托车及零配件零售	45	373	0.6	2567.4	3565.5	387.3
机动车燃料零售	724	16418	69.5	1141432.9	1296199.6	31209.2
家用电器及电子产品专门零售	886	14298	10.7	646548.8	1026089.4	137897.7
家用电器零售	326	7687	4.6	258666.1	679059.4	22728.5
计算机、软件及辅助设备零售	233	1546	1.5	195505.6	73479.6	96220.5
通信设备零售	158	3637	2.0	179126.0	241073.0	16352.8
其他电子产品零售	169	1428	2.6	13251.1	32477.4	2595.9
五金、家具及室内装修材料专门零售	1663	15852	58.9	381437.8	593811.5	32235.0
五金零售	562	4853	6.0	155720.4	220874.3	11825.1
家具零售	635	8056	41.6	132155.3	267119.6	11472.1
涂料零售	52	158	0.4	3729.4	4789.9	307.8
其他室内装修材料零售	414	2785	11.0	89832.7	101027.7	8630.0
无店铺及其他零售	1513	24181	68.6	1983489.9	2785071.6	139548.7
流动货摊零售	3	14		53.5	66.8	
邮购及电子销售	5	30		57.8	108.1	3.5
生活用燃料零售	442	5770	36.1	193241.4	236402.1	9097.6
花卉零售	82	794	9.7	5379.5	6726.4	215.6
旧货零售	4	142	0.1	276.0	262.0	22.0
其他未列明的零售	977	17431	22.6	1784481.7	2541506.2	130210.0
2.按登记注册类型分组						
内资企业	17889	155843	356.9	5117881.1	7031537.4	535020.9
国有企业	3272	44771	100.6	1602846.3	2032559.1	154857.0
集体企业	2260	17386	36.4	381243.8	574623.2	35343.5
股份合作企业	275	2308	19.8	82214.6	64631.4	9072.5
联营企业	99	443	0.5	3078.7	4476.9	1363.7
国有联营企业	10	33		155.7	381.0	1122.5

1-C-2 续表 2

指标名称	单位数(个)	年末从业人员数(人)	年末零售营业面积(万平方米)	商品购进额(万元)	商品销售额(万元)	年末商品库存额(万元)
集体联营企业	36	265	0.2	1753.4	2529.9	163.5
国有与集体联营企业	28	74	0.1	801.7	1043.8	53.0
其他联营企业	25	71	0.2	367.9	522.2	24.7
有限责任公司	2792	29230	60.1	1059284.7	1559431.9	181913.1
国有独资公司	123	5501	2.5	30301.6	273123.2	4044.7
其他有限责任公司	2669	23729	57.7	1028983.1	1286308.7	177868.4
股份有限公司	466	11348	13.7	992312.8	1359098.2	53584.4
私营企业	7185	40858	106.2	796655.0	1108183.6	81581.2
私营独资企业	1979	10545	18.9	133196.2	181971.9	19905.7
私营合伙企业	186	876	2.7	15489.9	17650.8	2042.5
私营有限责任公司	4737	27661	81.2	620206.3	859350.7	56974.2
私营股份有限公司	283	1776	3.3	27762.6	49210.2	2658.8
其他企业	1540	9499	19.6	200245.2	328533.1	17305.5
港、澳、台商投资企业	1405	27418	32.6	1159266.9	1527489.0	75317.3
合资经营企业(港或澳、台资)	718	18874	14.7	489793.9	682438.4	64632.2
合作经营企业(港或澳、台资)	66	418	0.5	20832.5	28913.8	3640.0
港、澳、台商独资经营企业	611	7911	16.8	643106.6	809796.1	6981.6
港、澳、台商投资股份有限公司	10	215	0.5	5533.9	6340.7	63.5
外商投资企业	1066	17939	26.2	1967221.6	2696177.8	135578.0
中外合资经营企业	277	6716	5.9	70110.9	155910.5	9066.3
中外合作经营企业	116	1100	0.6	11305.8	30479.1	404.5
外资企业	662	9993	19.7	1885415.4	2507746.0	126070.4
外商投资股份有限公司	11	130	0.1	389.5	2042.2	36.8
3.按经营形式分组						
独立门店	12298	99888	261.7	3552330.2	4794815.9	348319.7
连锁总店(总部)	6	502	0.1	6281.7	6416.0	4.3
连锁门店	5009	48553	63.3	3260939.8	4211314.2	242789.5
其他	3047	52257	90.6	1424817.9	2242658.1	154802.7

1-C-2　续表 3

指标名称	单位数(个)	年末从业人员数(人)	年末零售营业面积(万平方米)	商品购进额(万元)	商品销售额(万元)	年末商品库存额(万元)
4.按零售业态分组						
有店铺零售	20021	198475	415.1	8201504.3	11205291.3	744348.4
食杂店	2080	9010	13.0	87955.0	109632.8	9290.5
便利店	1741	8441	13.9	134345.7	153104.5	18709.5
折扣店	19	202	0.5	1518.4	4086.2	164.1
超市	521	6414	18.1	114209.5	139285.9	21928.8
大型超市	31	3708	13.2	469284.0	603880.1	3996.3
仓储会员店	21	638	0.8	3743.4	14000.0	356.2
百货店	1409	15380	46.1	495615.7	670204.6	32742.2
专业店	6116	47536	111.4	1959172.8	2428703.6	266553.4
专卖店	6329	71597	118.2	3612470.8	5041271.8	290822.8
家居建材商店	386	4946	25.9	91655.1	152129.1	6075.6
购物中心	76	3189	15.3	87416.7	107340.4	4436.8
厂家直销中心	1292	27414	38.8	1144117.2	1781652.3	89272.2
无店铺零售	92	470	0.3	4017.4	5978.6	1201.7
电视购物	2	16		8.0	7.3	0.7
邮购	11	40		417.2	773.5	187.5
网上商店	7	25		406.0	764.0	125.0
自动售货亭	26	80		615.3	1009.0	9.0
电话购物	46	309	0.2	2570.9	3424.8	879.5
5.按所属法人行业分组						
农业法人	340	2931	9.0	77346.5	84090.4	10162
工业法人	11095	114683	194.9	5368911.1	7754333.7	395847.7
建筑业法人	389	3798	26.4	94530.1	98325.4	13185
交通运输、仓储和邮政业法人	1335	17507	29.4	561515.2	596059	142734.8
批发和零售业法人						
住宿和餐饮业法人	882	6717	17.5	344611.4	476376.3	16428.5
房地产业法人	566	5817	27.3	221168.1	262078.7	17867.4
其他	5753	49747	111.0	1576287.2	1983940.7	149690.8

第2篇

住宿和餐饮业企业基本情况、经营情况和财务状况

A. **行业部分**

2-A-1　住宿业法人企业基本情况

指标名称	法　人单位数（个）	年末从业人数（人）	客房间数(间)	床位数(个)	餐位数(位)	年末餐饮营业面积(万平方米)
总计	**54237**	**2671488**	**3915922**	**7257217**	**11046913**	**2926.8**
1.按国民经济行业分组						
旅游饭店	17830	1900384	2143860	3935024	8982476	2145.3
一般旅馆	33184	691641	1624892	3023643	1824473	696.9
其他住宿服务	3223	79463	147170	298550	239964	84.6
2.按登记注册类型分组						
内资企业	52786	2379093	3645662	6828765	10426062	2643.6
国有企业	7733	591600	672571	1289763	2526352	607.8
集体企业	4545	125675	287825	664516	2939553	146.1
股份合作企业	995	34816	51824	98902	85476	38.2
联营企业	301	13999	42070	82952	35633	21.3
国有联营企业	83	6334	7338	13241	14714	5.2
集体联营企业	118	2648	4520	9813	7577	4.6
国有与集体联营企业	46	2541	3276	6398	6299	8.9
其他联营企业	54	2476	26936	53500	7043	2.6
有限责任公司	6036	544638	675476	1197519	1350423	604.4
国有独资公司	194	26146	26665	48500	59105	22.9
其他有限责任公司	5842	518492	648811	1149019	1291318	581.5
股份有限公司	1382	97893	118649	227398	287516	104.2
私营企业	30254	927875	1729909	3141318	3076394	1074.8
私营独资企业	15307	291922	592030	1112779	1152256	373.0
私营合伙企业	2933	67390	151940	281140	217684	78.8
私营有限责任公司	10886	518762	902873	1588946	1548440	566.1
私营股份有限公司	1128	49801	83066	158453	158014	56.9
其他企业	1540	42597	67338	126397	124715	46.7

2-A-1 续表

指标名称	法人单位数（个）	年末从业人数（人）	客房间数（间）	床位数（个）	餐位数（位）	年末餐饮营业面积（万平方米）
港、澳、台商投资企业	759	169947	145308	233826	364082	136.5
合资经营企业(港或澳、台资)	350	89302	73738	117300	187318	65.3
合作经营企业(港或澳、台资)	91	25604	19910	33552	49875	18.4
港、澳、台商独资经营企业	287	50404	44999	71803	113658	47.7
港、澳、台商投资股份有限公司	31	4637	6661	11171	13231	5.0
外商投资企业	692	122448	124952	194626	256769	146.7
中外合资经营企业	279	60026	53074	84239	135896	64.8
中外合作经营企业	98	22365	19228	31809	42632	18.3
外资企业	277	35931	47602	69940	70375	59.9
外商投资股份有限公司	38	4126	5048	8638	7866	3.7
3.按控股情况分组						
国有控股	9142	807246	866570	1622490	2989380	779.9
集体控股	5195	188158	363861	805520	3093908	246.6
私人控股	32821	1145044	1981021	3602032	3666017	1316.7
港澳台商控股	639	134845	120415	191773	282842	112.4
外商控股	459	72029	79617	121408	141552	99.8
其他	5981	324166	504438	913994	873214	371.4
4.按经营形式分组						
独立门店	49105	2435130	3503150	6504818	10459900	2705.6
连锁总店	167	15716	37811	59675	21845	7.9
连锁门店	495	28509	58796	92200	53786	18.9
其他	4470	192133	316165	600524	511382	194.4

2-A-2　住宿业法人企业经营情况

单位：万元

指标名称	营业额				
		客房收入	餐费收入	商品销售收入	其他收入
总计	**26522623.4**	**13763435.5**	**9753070.1**	**702512.7**	**2303605.1**
1.按国民经济行业分组					
旅游饭店	20368379.5	9573540.9	8244843.1	565351.4	1984644.1
一般旅馆	5547456.3	3822453.9	1338917.0	121103.8	264981.6
其他住宿服务	606787.6	367440.7	169310.0	16057.5	53979.4
2.按登记注册类型分组					
内资企业	21879833.8	11368731.9	8135719.5	601867.4	1773515.0
国有企业	5582832.7	2720445.2	2131159.4	165307.7	565920.4
集体企业	984455.2	521051.4	357077.3	20431.6	85894.9
股份合作企业	293843.1	158419.9	100870.8	8033.9	26518.5
联营企业	142999.0	75447.0	50696.4	2464.3	14391.3
国有联营企业	69782.5	35487.2	24889.8	736.8	8668.7
集体联营企业	16684.9	9564.2	5317.6	447.1	1356.0
国有与集体联营企业	28623.9	15714.2	10385.5	965.2	1559.0
其他联营企业	27907.7	14681.4	10103.5	315.2	2807.6
有限责任公司	5626265.1	2772688.4	2149545.4	151289.2	552742.1
国有独资公司	327120.1	163824.1	116861.2	13255.3	33179.5
其他有限责任公司	5299145.0	2608864.3	2032684.2	138033.9	519562.6
股份有限公司	946206.0	467150.2	362487.2	41026.8	75541.8
私营企业	7948217.6	4455700.8	2855356.9	201204.9	435955.0
私营独资企业	2408657.2	1484916.8	773154.6	67847.6	82738.2
私营合伙企业	544422.4	326611.3	178780.4	15445.7	23585.0
私营有限责任公司	4605704.5	2423043.0	1762486.2	109213.8	310961.5
私营股份有限公司	389433.5	221129.7	140935.7	8697.8	18670.3
其他企业	355015.1	197829.0	128526.1	12109.0	16551.0

2-A-2 续表 单位：万元

指标名称	营业额				
		客房收入	餐费收入	商品销售收入	其他收入
港、澳、台商投资企业	2498264.5	1250450.9	907553.1	65538.7	274721.8
合资经营企业(港或澳、台资)	1452738.2	775070.5	517203.4	18714.5	141749.8
合作经营企业(港或澳、台资)	418202.7	181312.9	146415.1	35169.1	55305.6
港、澳、台商独资经营企业	578623.8	271823.0	223114.1	11172.4	72514.3
港、澳、台商投资股份有限公司	48699.8	22244.5	20820.5	482.7	5152.1
外商投资企业	2144525.1	1144252.7	709797.5	35106.6	255368.3
中外合资经营企业	1104593.1	561403.7	367397.2	15059.6	160732.6
中外合作经营企业	377445.8	189884.9	141501.9	8580.9	37478.1
外资企业	609366.2	362680.3	182276.3	10844.7	53564.9
外商投资股份有限公司	53120.0	30283.8	18622.1	621.4	3592.7
3.按控股情况分组					
国有控股	8702023.1	4284185.9	3203023.0	252645.3	962168.9
集体控股	1612418.3	816282.5	610821.8	38419.6	146894.4
私人控股	9939995.0	5413900.5	3667554.8	248725.4	609814.3
港澳台商控股	1913815.3	951792.9	693760.9	54616.8	213644.7
外商控股	1246438.5	698082.9	400543.2	21966.0	125846.4
其他	3107933.2	1599190.8	1177366.4	86139.6	245236.4
4.按经营形式分组					
独立门店	24125968.5	12401185.1	9028438.3	641619.1	2054726.0
连锁总店	250002.3	196004.4	35432.3	6725.2	11840.4
连锁门店	381313.9	260230.6	90964.9	2116.9	28001.5
其他	1765338.7	906015.4	598234.6	52051.5	209037.2

2-A-3 住宿业法人企业财务情况

单位：万元

指标名称	固定资产原价	本年折旧	资产总计	所有者权益合计	实收资本
总计	**59818319.9**	**3226877.5**	**78778743.1**	**27952946.5**	**30317935.7**
1.按国民经济行业分组					
旅游饭店	50295033.1	2617586.6	64255925.6	21609968.0	24078800.9
一般旅馆	8361517.0	539032.5	12771842.0	5543677.3	5433117.4
其他住宿服务	1161769.8	70258.4	1750975.5	799301.2	806017.4
2.按登记注册类型分组					
内资企业	45532160.5	2565940.1	61785134.3	23738109.3	23263828.3
国有企业	15345575.9	795758.2	17783161.0	8180161.5	7344047.1
集体企业	2014366.1	117352.2	2328480.4	1001038.6	1311208.0
股份合作企业	580751.5	28491.3	676849.5	251675.1	285111.7
联营企业	334250.1	15264.0	454840.8	182052.1	154733.2
国有联营企业	160696.7	6554.8	176885.4	78255.0	63433.0
集体联营企业	57966.0	2680.3	131884.9	27392.7	24159.8
国有与集体联营企业	57858.9	2564.1	77761.0	32589.9	31526.6
其他联营企业	57728.5	3464.8	68309.5	43814.5	35613.8
有限责任公司	12471149.4	710021.1	18068458.0	6271878.1	6361845.5
国有独资公司	848898.6	37603.8	1140080.2	658588.3	539430.9
其他有限责任公司	11622250.8	672417.3	16928377.8	5613289.8	5822414.6
股份有限公司	1951519.4	100814.9	2831909.1	1040963.4	1064859.6
私营企业	12381163.3	769737.1	19070889.9	6583164.1	6501731.8
私营独资企业	3541742.2	211788.3	4664650.9	2433924.2	2097025.5
私营合伙企业	749672.9	44607.7	1026587.5	505042.1	459385.6
私营有限责任公司	7350578.6	474154.9	12330737.1	3285321.2	3614007.0
私营股份有限公司	739169.6	39186.2	1048914.4	358876.6	331313.7
其他企业	453384.8	28501.3	570545.6	227176.4	240291.4

2-A-3 续表 1 单位：万元

指标名称	所有者权益合计					
	实收资本					
	国家资本	集体资本	法人资本	个人资本	港澳台资本	外商资本
总计	**10021206.9**	**2140421.4**	**5807203.5**	**7172915.7**	**3160009.3**	**2016178.9**
1.按国民经济行业分组						
旅游饭店	8755678.7	1624144.7	4585792.3	4570389.0	2855086.5	1687709.7
一般旅馆	1056990.5	442058.2	1006607.3	2390039.4	274815.8	262606.2
其他住宿服务	208537.7	74218.5	214803.9	212487.3	30107.0	65863.0
2.按登记注册类型分组						
内资企业	9233509.3	2071474.1	4869434.8	7001736.6	49449.8	38223.7
国有企业	6713225.6	53147.3	540470.1	31956.0	3977.4	1270.7
集体企业	36825.7	1185150.1	53388.6	35640.4	49.6	153.6
股份合作企业	35145.9	107179.3	58689.2	82584.8	1205.0	307.5
联营企业	78934.9	52251.8	12992.1	10554.4		
国有联营企业	42073.5	16136.8	4301.6	921.1		
集体联营企业	1787.1	16183.9	1798.3	4390.5		
国有与集体联营企业	15085.4	13715.9	2262.1	463.2		
其他联营企业	19988.9	6215.2	4630.1	4779.6		
有限责任公司	2033662.7	488946.5	2395729.0	1399827.5	30500.7	13179.1
国有独资公司	371985.1	2680.2	164318.6	447.0		
其他有限责任公司	1661677.6	486266.3	2231410.4	1399380.5	30500.7	13179.1
股份有限公司	239461.2	90753.1	434327.0	288234.7	5629.2	6454.4
私营企业	36611.6	81523.5	1307667.6	5052116.8	8084.9	15727.4
私营独资企业	15074.4	13745.1	303505.1	1761486.6	2701.2	513.1
私营合伙企业	1839.5	14912.5	63202.2	379192.4	134.0	105.0
私营有限责任公司	19431.3	48134.3	863422.6	2664569.6	3587.9	14861.3
私营股份有限公司	266.4	4731.6	77537.7	246868.2	1661.8	248.0
其他企业	59641.7	12522.5	66171.2	100822.0	3.0	1131.0

2-A-3　续表 2　　　　单位：万元

指标名称	主营业务收入	主营业务成本	主营业务税金及附加	主营业务利润	三项费用合计
总计	**26855227.5**	**9922806.6**	**1407313.5**	**15420775.4**	**15414251.9**
1.按国民经济行业分组					
旅游饭店	20715020.6	6992020.3	1092637.4	12439854.5	12668238.3
一般旅馆	5537124.7	2667399.5	283203.8	2682268.7	2455716.4
其他住宿服务	603082.2	263386.8	31472.3	298652.2	290297.2
2.按登记注册类型分组					
内资企业	21806912.6	8406421.3	1163602.8	12164126.6	12302350.9
国有企业	5565141.8	2126302.9	288866.6	3253079.2	3458026.0
集体企业	969635.7	451791.3	49851.6	489960.7	470950.8
股份合作企业	293472.3	134864.5	15070.6	153278.4	149166.4
联营企业	142557.0	46399.0	8192.3	87205.6	82633.0
国有联营企业	69838.0	19960.8	4014.6	45853.3	44499.1
集体联营企业	16159.3	7742.6	839.0	6854.5	7109.5
国有与集体联营企业	28938.3	9223.5	1555.1	18012.7	18123.4
其他联营企业	27621.4	9472.1	1783.6	16485.1	12901.0
有限责任公司	5646605.8	1821482.7	314657.8	3422983.4	3657595.9
国有独资公司	329231.1	105510.0	17811.1	203288.3	210483.0
其他有限责任公司	5317374.7	1715972.7	296846.7	3219695.1	3447112.9
股份有限公司	945104.0	369587.3	48793.4	520628.7	492587.6
私营企业	7892819.1	3298936.0	419269.0	4068485.8	3845378.2
私营独资企业	2380611.7	1185030.7	117639.3	1037055.0	734921.8
私营合伙企业	538029.1	261419.0	28232.9	240297.1	182534.0
私营有限责任公司	4591739.6	1697505.9	253747.5	2588958.4	2731621.6
私营股份有限公司	382438.7	154980.4	19649.3	202175.3	196300.8
其他企业	351576.9	157057.6	18901.5	168504.8	146013.0

2-A-3 续表 3 单位：万元

指标名称	三项费用合计		营业利润	职工工资和福利费	全部从业人员年平均人数(人)
	税金	利息支出			
总计	**378282.1**	**636570.6**	**640712.9**	**5261194.7**	**2649646**
1.按国民经济行业分组					
旅游饭店	297389.6	562743.9	201956.4	4072365.7	1892783
一般旅馆	72200.4	64368.5	412216.9	1060792.1	679276
其他住宿服务	8692.1	9458.2	26539.6	128036.9	77587
2.按登记注册类型分组					
内资企业	302394.7	503594.8	391886.2	4372925.6	2352186
国有企业	83515.7	93169.4	-61862.1	1263606.2	587428
集体企业	12673.8	9939.3	51561.3	201377.9	124135
股份合作企业	4039.1	6789.4	12888.6	56811.3	33979
联营企业	1458.1	1346.2	5656.4	29245.9	14209
国有联营企业	634.5	654.2	1805.1	16036.5	6436
集体联营企业	149.2	59.6	-50.7	3625.1	2587
国有与集体联营企业	501.9	403.9	-3.6	5086.3	2409
其他联营企业	172.5	228.5	3905.6	4498.0	2777
有限责任公司	81132.0	176746.5	-102853.7	1121946.5	542182
国有独资公司	5269.6	7591.5	-4572.6	66088.6	26307
其他有限责任公司	75862.4	169155.0	-98281.1	1055857.9	515875
股份有限公司	15658.8	22771.4	48431.4	166459.7	95299
私营企业	99207.4	191031.7	404088.1	1467825.4	912704
私营独资企业	33168.9	30326.4	352783.6	406205.3	287410
私营合伙企业	6605.7	10065.3	69493.0	91154.3	65705
私营有限责任公司	54763.9	142475.8	-35266.9	889304.2	510658
私营股份有限公司	4668.9	8164.2	17078.4	81161.6	48931
其他企业	4709.8	1800.9	33976.2	65652.7	42250

2-A-3 续表 4

单位：万元

指标名称	固定资产原价	本年折旧	资产总计	所有者权益合计	
					实收资本
港、澳、台商投资企业	7855268.9	372161.6	9545625.2	1923486.0	3915464.1
合资经营企业(港或澳、台资)	4439121.1	202825.7	4810076.7	650347.6	1844349.9
合作经营企业(港或澳、台资)	1154323.2	54021.9	1301001.1	213987.9	533379.6
港、澳、台商独资经营企业	2083043.3	104528.3	3191540.8	1033651.2	1431902.2
港、澳、台商投资股份有限公司	178781.3	10785.7	243006.6	25499.3	105832.4
外商投资企业	6430890.5	288775.8	7447983.6	2291351.2	3138643.3
中外合资经营企业	3082270.5	136942.9	3403246.4	1164166.2	1360267.2
中外合作经营企业	1199277.8	37359.4	1257240.0	117156.4	457568.1
外资企业	1941371.1	101717.1	2546667.5	914623.2	1190665.7
外商投资股份有限公司	207971.1	12756.4	240829.7	95405.4	130142.3
3.按控股情况分组					
国有控股	24199009.4	1216000.2	28316041.6	12143498.2	11609453.2
集体控股	3470170.4	194598.6	4251454.6	1641718.3	2012120.8
私人控股	16320158.8	998756.2	25897907.7	8719975.1	8658490.8
港澳台商控股	6006078.0	270602.3	7549289.3	1519616.0	3222206.6
外商控股	3554170.5	167709.7	4204053.8	1518600.2	2016400.5
其他	6268732.8	379210.5	8559996.1	2409538.7	2799263.8
4.按经营形式分组					
独立门店	54876697.2	2950786.5	71492983.6	25122763.2	27555734.4
连锁总店	400408.3	30091.6	567307.0	265321.3	282144.7
连锁门店	585073.8	37095.7	1088670.9	332285.9	260061.7
其他	3956140.6	208903.7	5629781.6	2232576.1	2219994.9

2-A-3 续表 5

单位：万元

指标名称	所有者权益合计					
	实收资本					
	国家资本	集体资本	法人资本	个人资本	港澳台资本	外商资本
港、澳、台商投资企业	440979.7	40429.9	528874.2	70798.0	2768954.1	65428.2
合资经营企业(港或澳、台资)	315138.0	24845.4	439506.4	55219.5	983385.3	26255.3
合作经营企业(港或澳、台资)	124715.2	14784.5	63651.4	9574.1	310282.5	10371.9
港、澳、台商独资经营企业	746.5	800.0	13251.2	1676.8	1387126.7	28301.0
港、澳、台商投资股份有限公司	380.0		12465.2	4327.6	88159.6	500.0
外商投资企业	346717.9	28517.4	408894.5	100381.1	341605.4	1912527.0
中外合资经营企业	278932.4	23386.4	285696.8	71881.5	226859.6	473510.5
中外合作经营企业	55623.4	4231.0	86757.6	9028.7	90618.6	211308.8
外资企业	3000.0		6826.9	15447.4	16430.8	1148960.6
外商投资股份有限公司	9162.1	900.0	29613.2	4023.5	7696.4	78747.1
3.按控股情况分组						
国有控股	9572976.9	93311.3	1516131.2	92146.2	201863.9	133023.7
集体控股	37779.4	1813093.4	91892.0	56696.7	8499.0	4160.3
私人控股	51878.6	79261.4	2010167.0	6452824.7	34820.3	29538.8
港澳台商控股	123311.3	15756.3	330241.6	17496.2	2718014.2	17387.0
外商控股	31672.0	14236.9	124407.9	32124.4	65855.5	1748103.8
其他	203588.7	124762.1	1734363.8	521627.5	130956.4	83965.3
4.按经营形式分组						
独立门店	9284104.9	1986549.6	5118442.2	6632079.3	2916212.6	1618345.8
连锁总店	55136.6	5345.6	15903.8	24596.6	12468.2	168693.9
连锁门店	40340.3	3990.0	77144.4	58987.1	35621.4	43978.5
其他	641625.1	144536.2	595713.1	457252.7	195707.1	185160.7

2-A-3 续表 6 单位：万元

指标名称	主营业务收入	主营业务成本	主营业务税金及附加	主营业务利润	三项费用合计
港、澳、台商投资企业	2816796.3	856559.1	128718.5	1820685.1	1773158.2
合资经营企业(港或澳、台资)	1766568.0	576769.8	75079.1	1109148.5	1022913.1
合作经营企业(港或澳、台资)	413753.2	107763.5	20146.5	285619.1	274490.2
港、澳、台商独资经营企业	586307.0	156235.9	30903.1	394235.0	438220.9
港、澳、台商投资股份有限公司	50168.1	15789.9	2589.8	31682.5	37534.0
外商投资企业	2231518.6	659826.2	114992.2	1435963.7	1338742.8
中外合资经营企业	1141590.1	265508.2	58368.6	811925.5	701031.1
中外合作经营企业	382904.5	130189.3	19353.5	233261.3	240489.6
外资企业	653963.6	252433.1	34856.3	356853.3	356324.7
外商投资股份有限公司	53060.4	11695.6	2413.8	33923.6	40897.4
3.按控股情况分组					
国有控股	9046275.6	3242917.0	459254.7	5429918.4	5536826.4
集体控股	1606517.7	679956.5	84208.0	858343.6	840148.7
私人控股	9880428.0	4005575.8	529960.1	5231157.2	5093661.8
港澳台商控股	1940951.2	511413.8	99670.7	1320324.5	1347253.6
外商控股	1285987.8	425027.2	66936.7	779126.4	740652.9
其他	3095067.2	1057916.3	167283.3	1801905.3	1855708.5
4.按经营形式分组					
独立门店	24469491.4	9112506.6	1281351.1	14009034.2	13988241.9
连锁总店	253911.5	119381.6	13392.2	120216.1	130164.6
连锁门店	374746.3	82342.3	20320.5	261389.3	252872.8
其他	1757078.3	608576.1	92249.7	1030135.8	1042972.6

2-A-3 续表 7 单位：万元

指标名称	三项费用合计		营业利润	职工工资和福利费	全部从业人员年平均人数(人)
	税金	利息支出			
港、澳、台商投资企业	40907.7	92954.8	99790.0	492280.1	171421
合资经营企业(港或澳、台资)	25331.0	65840.4	109156.4	292722.0	90618
合作经营企业(港或澳、台资)	6125.8	14429.6	16576.4	65525.5	25712
港、澳、台商独资经营企业	8622.0	13139.1	-20693.1	123334.9	50572
港、澳、台商投资股份有限公司	828.9	-454.3	-5249.7	10697.7	4519
外商投资企业	34979.7	40021.0	149036.7	395989.0	126039
中外合资经营企业	21362.7	29868.3	139219.7	203985.9	61511
中外合作经营企业	4304.5	14944.9	-1352.7	65585.6	22634
外资企业	8811.8	-6728.8	11119.4	116399.2	37905
外商投资股份有限公司	500.7	1936.6	50.3	10018.3	3989
3.按控股情况分组					
国有控股	134330.6	179885.3	97669.8	1873949.6	803083
集体控股	21818.3	24559.0	64070.5	322108.4	185990
私人控股	130959.7	274775.2	358441.6	1854065.7	1131285
港澳台商控股	29641.3	60580.1	21387.9	378717.8	135887
外商控股	18632.6	12287.1	61812.1	233721.8	74791
其他	42899.6	84483.9	37331.0	598631.4	318610
4.按经营形式分组					
独立门店	346813.9	589302.4	569335.9	4781809.4	2418311
连锁总店	1532.4	3676.2	-6569.2	36906.4	14599
连锁门店	4155.7	4821.1	24678.6	66225.1	27519
其他	25780.1	38770.9	53267.6	376253.8	189217

2-A-4　餐饮业法人企业基本情况

指标名称	法　人单位数（个）	年末从业人数（人）	客房间数(间)	床位数(个)	餐位数(位)	年末餐饮营业面积(万平方米)
总计	**90830**	**3180888**	**609871**	**1176112**	**19499909**	**6628.4**
1.按国民经济行业分组						
正餐服务	74969	2626482	582297	1122488	17022982	5845.7
快餐服务	6156	372896	9478	18883	1434559	411.1
饮料及冷饮服务	3894	54505	2391	4168	302291	124.3
其他餐饮服务	5811	127005	15705	30573	740077	247.2
2.按登记注册类型分组						
内资企业	88293	2747400	591061	1143602	17854292	6152.8
国有企业	1979	100376	135159	268426	602826	190.3
集体企业	2399	56497	19352	38211	400093	127.4
股份合作企业	1277	35727	6512	12830	206946	73.8
联营企业	210	5476	705	1611	45753	12.3
国有联营企业	21	694	64	178	3528	1.3
集体联营企业	77	1373	358	667	11178	3.0
国有与集体联营企业	23	319	160	580	3972	1.8
其他联营企业	89	3090	123	186	27075	6.2
有限责任公司	6797	397366	76445	145449	1959544	824.0
国有独资公司	63	2911	1248	2498	12046	4.2
其他有限责任公司	6734	394455	75197	142951	1947498	819.8
股份有限公司	1341	78941	31075	60639	394567	154.4
私营企业	69618	1964008	307778	590069	13313369	4527.8
私营独资企业	39319	810822	128125	258417	6786814	2022.5
私营合伙企业	4957	129771	22604	43830	911574	324.9
私营有限责任公司	23438	944314	139155	255940	5197500	2018.0
私营股份有限公司	1904	79101	17894	31882	417481	162.3
其他企业	4672	109009	14035	26367	931194	242.9

2-A-4 续表

指标名称	法人单位数(个)	年末从业人数(人)	客房间数(间)	床位数(个)	餐位数(位)	年末餐饮营业面积(万平方米)
港、澳、台商投资企业	955	132764	9597	15480	558336	180.2
合资经营企业(港或澳、台资)	246	30733	4837	7893	115698	54.3
合作经营企业(港或澳、台资)	52	7527	296	529	22538	11.8
港、澳、台商独资经营企业	614	76813	3934	6160	378645	101.6
港、澳、台商投资股份有限公司	43	17691	530	898	41455	12.5
外商投资企业	1582	300724	9213	17030	1087281	295.4
中外合资经营企业	379	62831	4476	7790	222979	73.6
中外合作经营企业	80	15010	385	720	46066	14.8
外资企业	1036	214257	3900	7699	786687	194.0
外商投资股份有限公司	87	8626	452	821	31549	13.0
3.按控股情况分组						
国有控股	2562	147310	146676	289985	850616	295.4
集体控股	3228	102883	28555	55331	618963	255.5
私人控股	73000	2176838	356725	683183	14398604	4908.7
港澳台商控股	901	124554	7633	11927	443760	154.5
外商控股	1364	275977	6697	12811	996203	257.8
其他	9775	353326	63585	122875	2191763	756.5
4.按经营形式分组						
独立门店	82189	2531538	549197	1057495	16486819	5714.9
连锁总店	943	393928	3355	7432	1332001	406.3
连锁门店	1695	61455	5324	8931	485059	105.2
其他	6003	193967	51995	102254	1196030	402.0

2-A-5　餐饮业法人企业经营情况

单位：万元

指标名称	营业额	客房收入	餐费收入	商品销售收入	其他收入
总计	**34807133.2**	**1511148.9**	**31715936.6**	**1051516.4**	**528531.3**
1.按国民经济行业分组					
正餐服务	28082439.6	1454619.6	25251994.1	934172.8	441653.1
快餐服务	5025891.2	18675.3	4946646.6	34114.9	26454.4
饮料及冷饮服务	470530.0	4572.0	416851.1	27316.7	21790.2
其他餐饮服务	1228272.4	33282.0	1100444.8	55912.0	38633.6
2.按登记注册类型分组					
内资企业	28210420.5	1433499.2	25360019.2	979077.8	437824.3
国有企业	844851.9	158117.4	609700.3	40666.1	36368.1
集体企业	483052.9	40966.8	414286.4	16357.4	11442.3
股份合作企业	326932.7	16603.6	291181.9	9867.6	9279.6
联营企业	56744.7	1647.1	53491.5	1132.3	473.8
国有联营企业	7625.7	120.4	6892.2	367.0	246.1
集体联营企业	8331.3	347.0	7646.3	266.2	71.8
国有与集体联营企业	2474.3	179.5	2174.3	105.9	14.6
其他联营企业	38313.4	1000.2	36778.7	393.2	141.3
有限责任公司	4082037.6	250745.8	3570649.3	147777.6	112864.9
国有独资公司	27212.0	2772.6	21554.1	825.7	2059.6
其他有限责任公司	4054825.6	247973.2	3549095.2	146951.9	110805.3
股份有限公司	838705.9	72543.9	695505.0	46760.8	23896.2
私营企业	20468595.8	856115.3	18704495.7	672271.1	235713.7
私营独资企业	8421662.5	332073.0	7666531.2	345355.6	77702.7
私营合伙企业	1156909.1	51039.1	1056979.8	39239.1	9651.1
私营有限责任公司	10126916.7	423727.3	9301431.0	266485.7	135272.7
私营股份有限公司	763107.5	49275.9	679553.7	21190.7	13087.2
其他企业	1109499.0	36759.3	1020709.1	44244.9	7785.7

2-A-5 续表 单位：万元

指标名称	营业额				
		客房收入	餐费收入	商品销售收入	其他收入
港、澳、台商投资企业	2008681.0	39782.3	1873963.0	43830.8	51104.9
合资经营企业(港或澳、台资)	450273.7	19663.1	375359.4	22378.3	32872.9
合作经营企业(港或澳、台资)	138708.3	2123.9	129634.0	5569.6	1380.8
港、澳、台商独资经营企业	1178239.0	15786.3	1133665.8	12991.8	15795.1
港、澳、台商投资股份有限公司	241460.0	2209.0	235303.8	2891.1	1056.1
外商投资企业	4588031.7	37867.4	4481954.4	28607.8	39602.1
中外合资经营企业	1083799.1	12585.2	1047247.5	7646.4	16320.0
中外合作经营企业	224617.8	839.5	210028.1	3283.7	10466.5
外资企业	3161605.0	22529.1	3109588.0	17016.1	12471.8
外商投资股份有限公司	118009.8	1913.6	115090.8	661.6	343.8
3.按控股情况分组					
国有控股	1460622.8	210965.3	1086267.9	82089.1	81300.5
集体控股	1040140.2	86293.2	870718.5	45484.5	37644.0
私人控股	22483638.8	962978.8	20513244.1	731027.5	276388.4
港澳台商控股	1880258.0	31799.1	1781951.7	34308.7	32198.5
外商控股	4242403.6	30010.0	4160369.6	22477.5	29546.5
其他	3700069.8	189102.5	3303384.8	136129.1	71453.4
4.按经营形式分组					
独立门店	26559984.9	1383271.8	23795875.6	942112.4	438725.1
连锁总店	5730983.6	10958.0	5647327.2	48627.2	24071.2
连锁门店	634927.5	13798.7	600628.8	13454.8	7045.2
其他	1881237.2	103120.4	1672105.0	47322.0	58689.8

2-A-6　餐饮业法人企业财务情况

单位：万元

指标名称	固定资产原　价	本年折旧	资产总计	所有者权益合计	实收资本
总计	**17865882.0**	**1347074.8**	**32012116.9**	**12832123.3**	**12317060.7**
1.按国民经济行业分组					
正餐服务	14948257.7	1101387.0	27669445.8	11094900.4	10161250.5
快餐服务	2091100.8	176976.2	2743472.1	1014983.8	877608.5
饮料及冷饮服务	243115.1	22812.5	466040.9	218625.8	272203.3
其他餐饮服务	583408.4	45899.1	1133158.1	503613.3	1005998.4
2.按登记注册类型分组					
内资企业	14929096.6	1105624.6	27482042.5	11275430.4	10361238.6
国有企业	1179079.9	63372.3	1611238.7	810908.4	719229.3
集体企业	410491.0	29599.4	573688.8	270884.1	251185.3
股份合作企业	229723.4	11350.4	441030.6	171591.8	137941.1
联营企业	36285.2	2625.7	104539.1	39228.5	36821.3
国有联营企业	8488.8	952.7	69393.9	22611.7	19285.1
集体联营企业	10697.1	284.1	9994.7	3999.2	4482.9
国有与集体联营企业	3591.1	141.1	6877.2	3349.1	3384.0
其他联营企业	13508.2	1247.8	18273.3	9268.5	9669.3
有限责任公司	2283840.3	175444.1	4785119.0	1567740.3	1450961.8
国有独资公司	19124.1	1125.2	37269.8	16460.6	17276.4
其他有限责任公司	2264716.2	174318.9	4747849.2	1551279.7	1433685.4
股份有限公司	725683.1	49362.4	1325526.0	637350.1	387544.3
私营企业	9576872.9	735134.4	17848744.3	7382396.0	7077995.3
私营独资企业	4613844.3	335973.7	7256185.1	3777237.7	3103904.5
私营合伙企业	560084.5	43614.4	869552.4	492591.0	433398.7
私营有限责任公司	4010534.9	327198.5	8993627.3	2841404.1	3292274.8
私营股份有限公司	392409.2	28347.8	729379.5	271163.2	248417.3
其他企业	487120.8	38735.9	792156.0	395331.2	299560.2

2-A-6 续表 1

单位：万元

指标名称	所有者权益合计					
	实收资本					
	国家资本	集体资本	法人资本	个人资本	港澳台资本	外商资本
总计	**931583.8**	**474077.2**	**2508920.6**	**6773751.9**	**752344.8**	**876382.4**
1.按国民经济行业分组						
正餐服务	851129.4	427612.8	1761101.8	6110892.2	505361.4	505152.9
快餐服务	28430.1	11991.4	117830.9	259288.8	147166.9	312900.4
饮料及冷饮服务	7828.2	3383.2	36930.4	155667.5	44201.1	24192.9
其他餐饮服务	44196.1	31089.8	593057.5	247903.4	55615.4	34136.2
2.按登记注册类型分组						
内资企业	892171.1	445167.5	2297716.2	6698741.5	13259.0	14183.3
国有企业	637277.0	9984.6	59745.2	12222.5		
集体企业	11160.3	200254.1	14654.5	25116.4		
股份合作企业	3230.5	21827.4	18569.3	93972.3	261.6	80.0
联营企业	13902.9	9743.2	4183.5	8991.7		
国有联营企业	10359.1	6260.0	648.0	2018.0		
集体联营企业	311.0	2625.2	395.0	1151.7		
国有与集体联营企业	3032.8	249.0	63.0	39.2		
其他联营企业	200.0	609.0	3077.5	5782.8		
有限责任公司	152743.4	111452.5	502192.4	670495.6	6147.7	7930.2
国有独资公司	15422.1	50.0	1781.8	22.5		
其他有限责任公司	137321.3	111402.5	500410.6	670473.1	6147.7	7930.2
股份有限公司	37482.8	31470.1	124052.8	193202.2	396.6	939.8
私营企业	25737.1	50730.7	1510638.4	5482864.2	3570.7	4454.2
私营独资企业	8813.6	14594.1	413676.6	2663889.7	706.1	2224.4
私营合伙企业	1133.4	10054.9	55096.9	366910.0	170.0	33.5
私营有限责任公司	15309.1	25176.7	984458.8	2262454.3	2679.6	2196.3
私营股份有限公司	481.0	905.0	57406.1	189610.2	15.0	
其他企业	10637.1	9704.9	63680.1	211876.6	2882.4	779.1

2-A-6　续表 2　　单位：万元

指标名称	主营业务收　入	主营业务成　本	主营业务税金及附加	主营业务利　润	三项费用合　计
总计	**34613578.5**	**17902059.6**	**1814135.2**	**14711089.8**	**12065223.9**
1.按国民经济行业分组					
正餐服务	27886907.4	14954777.9	1480640.8	11299538.1	9193637.9
快餐服务	5034168.1	2061822.9	248372.0	2708543.7	2278446.8
饮料及冷饮服务	460163.9	202413.6	29539.4	227019.3	220738.0
其他餐饮服务	1232339.1	683045.2	55583.0	475988.7	372401.2
2.按登记注册类型分组					
内资企业	28033660.0	15270171.0	1442825.8	11125410.1	8730607.4
国有企业	853605.8	458273.3	39368.9	349084.1	320522.6
集体企业	483093.4	269077.3	22938.8	187386.9	146167.3
股份合作企业	327198.5	181226.8	17242.5	128047.3	113142.6
联营企业	56687.8	32685.8	3604.7	18262.4	15692.7
国有联营企业	7618.1	4678.9	532.4	2398.6	5194.8
集体联营企业	8310.3	4803.7	373.7	2889.2	2001.8
国有与集体联营企业	2492.7	1451.7	191.3	815.5	486.4
其他联营企业	38266.7	21751.5	2507.3	12159.1	8009.7
有限责任公司	4037317.5	2071105.2	212590.3	1711743.9	1646260.5
国有独资公司	26697.4	14481.5	1125.2	10826.9	12446.8
其他有限责任公司	4010620.1	2056623.7	211465.1	1700917.0	1633813.7
股份有限公司	854138.7	410985.8	42283.3	395450.7	343089.0
私营企业	20317299.5	11216812.5	1050923.7	7923007.2	5901995.3
私营独资企业	8361856.7	4825710.7	407254.1	3112923.1	1671107.4
私营合伙企业	1146340.6	647591.9	59177.3	429752.7	276958.1
私营有限责任公司	10051437.1	5326380.1	544098.9	4087298.6	3690956.1
私营股份有限公司	757665.1	417129.8	40393.4	293032.8	262973.7
其他企业	1104318.8	630004.3	53873.6	412427.6	243737.4

2-A-6 续表 3 单位：万元

指标名称	三项费用合计		营业利润	职工工资和福利费	全部从业人员年平均人数(人)
	税金	利息支出			
总计	**256057.3**	**190560.5**	**3205536.3**	**5376787.2**	**3165123**
1.按国民经济行业分组					
正餐服务	226585.6	171503.2	2543262.2	4343548.0	2590324
快餐服务	14322.2	13121.0	521421.8	739696.6	399621
饮料及冷饮服务	4837.9	932.4	16109.9	86264.9	52116
其他餐饮服务	10311.6	5003.9	124742.4	207277.7	123062
2.按登记注册类型分组					
内资企业	241952.9	167387.0	2783188.5	4417181.6	2699107
国有企业	10234.4	3790.2	52693.1	183590.7	98031
集体企业	4404.1	2670.5	47793.2	85729.4	55064
股份合作企业	2790.8	2856.0	20820.6	55116.2	35468
联营企业	956.1	1810.8	7600.1	10119.5	5393
国有联营企业	425.6	1752.8	302.5	1335.9	671
集体联营企业	128.3	14.0	960.6	1998.0	1249
国有与集体联营企业	38.5	-0.4	367.8	375.5	316
其他联营企业	363.7	44.4	5969.2	6410.1	3157
有限责任公司	28337.8	31388.8	172558.2	694350.7	391819
国有独资公司	160.7	307.7	-1245.9	5871.6	2846
其他有限责任公司	28177.1	31081.1	173804.1	688479.1	388973
股份有限公司	8919.9	11975.3	67345.7	148088.5	78340
私营企业	175151.0	109015.6	2234851.9	3077066.9	1926401
私营独资企业	95800.5	39165.1	1508657.9	1188024.7	801571
私营合伙企业	13521.1	4408.5	165687.1	187825.6	127143
私营有限责任公司	61234.2	61606.7	518218.8	1577350.0	920703
私营股份有限公司	4595.2	3835.3	42288.1	123866.6	76984
其他企业	11158.8	3879.8	179525.7	163119.7	108591

2-A-6 续表 4 单位：万元

指标名称	固定资产原价	本年折旧	资产总计	所有者权益合计	实收资本
港、澳、台商投资企业	974266.9	72171.4	1735504.9	642292.4	868917.0
合资经营企业(港或澳、台资)	273053.8	22433.7	509810.4	160298.2	229071.6
合作经营企业(港或澳、台资)	73986.5	5700.6	137785.0	68779.0	84877.6
港、澳、台商独资经营企业	516980.4	38822.7	981755.7	359066.2	511624.0
港、澳、台商投资股份有限公司	110246.2	5214.4	106153.8	54149.0	43343.8
外商投资企业	1962518.5	169278.8	2794569.5	914400.5	1086905.1
中外合资经营企业	518994.1	39110.4	712199.3	305479.6	295478.9
中外合作经营企业	79727.1	13652.5	146552.6	19523.7	77599.2
外资企业	1313069.8	113860.2	1843639.4	565700.4	665494.3
外商投资股份有限公司	50727.5	2655.7	92178.2	23696.8	48332.7
3.按控股情况分组					
国有控股	1810070.0	110393.4	2763448.8	1350057.0	1083587.3
集体控股	840102.6	57373.6	1352097.3	582520.8	468304.3
私人控股	10658180.9	810758.0	20233510.4	8085368.6	7794984.9
港澳台商控股	834952.5	62092.3	1546490.7	595460.2	794793.4
外商控股	1796198.8	153014.2	2484146.6	796454.1	954812.0
其他	1926377.2	153443.3	3632423.1	1422262.6	1220578.8
4.按经营形式分组					
独立门店	14468667.6	1073899.7	26252855.6	10658425.2	10028835.8
连锁总店	2104470.7	179788.0	3181987.2	1161964.3	806381.1
连锁门店	188960.9	18573.8	450029.6	195556.1	199936.2
其他	1103782.8	74813.3	2127244.5	816177.7	1281907.6

2-A-6 续表 5

单位：万元

指标名称	所有者权益合计					
	实收资本					
	国家资本	集体资本	法人资本	个人资本	港澳台资本	外商资本
港、澳、台商投资企业	27842.9	16348.7	66320.9	39365.4	711593.1	7446.0
合资经营企业(港或澳、台资)	18986.0	1989.1	31166.0	35301.5	136515.2	5113.8
合作经营企业(港或澳、台资)	8856.9	2593.0	25719.0	206.0	47502.7	
港、澳、台商独资经营企业		117.0	9156.6	2668.7	497438.4	2243.3
港、澳、台商投资股份有限公司		11649.6	279.3	1189.2	30136.8	88.9
外商投资企业	11569.8	12561.0	144883.5	35645.0	27492.7	854753.1
中外合资经营企业	8172.1	11903.8	100138.0	28574.0	7751.9	138939.1
中外合作经营企业	998.5	647.2	8322.0	949.6	7652.2	59029.7
外资企业	2399.2	10.0	13162.3	5384.8	12083.6	632454.4
外商投资股份有限公司			23261.2	736.6	5.0	24329.9
3.按控股情况分组						
国有控股	861947.5	20486.5	136754.5	49383.1	8766.0	6249.7
集体控股	4351.4	365156.7	59114.8	37433.2	1866.5	381.7
私人控股	32044.0	26683.5	1630207.5	6078245.1	16900.9	10903.9
港澳台商控股	9241.6	13763.7	52567.4	15056.3	699510.3	4654.1
外商控股	4102.6	9804.6	91139.3	12776.0	4763.6	832225.9
其他	19896.7	38182.2	539137.1	580858.2	20537.5	21967.1
4.按经营形式分组						
独立门店	813075.0	407620.8	1708573.5	6086182.8	572707.5	440676.2
连锁总店	3860.1	8925.0	127608.7	164543.2	137965.7	363478.4
连锁门店	13225.0	9513.5	43109.3	100354.9	17149.8	16583.7
其他	101423.7	48017.9	629629.1	422671.0	24521.8	55644.1

2-A-6　续表 6　　　　单位：万元

指标名称	主营业务收入	主营业务成本	主营业务税金及附加	主营业务利润	三项费用合计
港、澳、台商投资企业	1995737.5	852430.4	103973.7	1024911.1	996629.8
合资经营企业(港或澳、台资)	452014.7	199540.2	22651.5	229106.5	210080.7
合作经营企业(港或澳、台资)	134152.7	55387.9	6355.3	71365.9	71309.2
港、澳、台商独资经营企业	1168324.6	508161.3	62634.3	584910.5	597008.4
港、澳、台商投资股份有限公司	241245.5	89341.0	12332.6	139528.2	118231.5
外商投资企业	4584181.0	1779458.2	267335.7	2560768.6	2337986.7
中外合资经营企业	1081933.3	420917.2	54992.6	604179.7	505713.4
中外合作经营企业	220477.8	93374.2	11115.2	107638.5	116724.2
外资企业	3165520.6	1218300.4	195110.8	1785499.9	1656952.1
外商投资股份有限公司	116249.3	46866.4	6117.1	63450.5	58597.0
3.按控股情况分组					
国有控股	1496578.9	745064.4	69512.3	672294.0	641905.4
集体控股	1033500.8	539665.5	51173.6	431895.1	355098.5
私人控股	22304997.3	12263978.0	1150368.9	8747338.2	6730272.3
港澳台商控股	1864711.9	798113.1	97976.2	953670.0	926079.2
外商控股	4241254.4	1632803.6	249208.7	2391383.2	2168284.1
其他	3672535.2	1922435.0	195895.5	1514509.3	1243584.4
4.按经营形式分组					
独立门店	26381342.5	14269762.0	1357914.6	10594138.3	8460259.7
连锁总店	5709446.5	2291287.7	329247.7	3101817.9	2735546.8
连锁门店	628935.8	307064.0	31554.2	283188.1	228730.3
其他	1893853.7	1033945.9	95418.7	731945.5	640687.1

2-A-6 续表 7

单位：万元

指标名称	三项费用合计		营业利润	职工工资和福利费	全部从业人员年平均人数(人)
	税金	利息支出			
港、澳、台商投资企业	5749.2	5401.8	130005.2	295763.4	131316
合资经营企业(港或澳、台资)	2162.4	3808.5	18515.9	70993.0	30282
合作经营企业(港或澳、台资)	396.3	963.7	2538.1	22326.2	7783
港、澳、台商独资经营企业	2983.6	555.8	12457.6	163673.9	76324
港、澳、台商投资股份有限公司	206.9	73.8	96493.6	38770.3	16927
外商投资企业	8355.2	17771.7	292342.6	663842.2	334700
中外合资经营企业	1806.2	6239.7	96902.1	147578.7	79353
中外合作经营企业	447.4	648.0	841.2	31768.3	14571
外资企业	5742.8	10678.1	189445.0	470910.1	233527
外商投资股份有限公司	358.8	205.9	5154.3	13585.1	7249
3.按控股情况分组					
国有控股	16605.1	11672.2	74826.8	302468.5	144362
集体控股	8150.8	7710.3	95987.8	176648.5	101340
私人控股	186516.6	125837.9	2278784.4	3431298.1	2135715
港澳台商控股	5421.6	3282.7	127895.2	276604.9	122830
外商控股	6740.4	15647.8	281887.5	615626.0	310522
其他	32622.8	26409.6	346154.6	574141.2	350354
4.按经营形式分组					
独立门店	222776.5	155954.4	2483194.1	4139146.9	2490734
连锁总店	10502.2	20735.9	530664.6	814715.0	424550
连锁门店	5556.7	2518.6	69014.5	100605.4	60701
其他	17221.9	11351.6	122663.1	322319.9	189138

B. 地区部分

2-B-1　各地区住宿业法人企业基本情况

地　区	法人单位数(个)	年末从业人数(人)	客房间数(间)	床位数(个)	餐位数(位)	年末餐饮营业面积(万平方米)
全　国	**54237**	**2671488**	**3915922**	**7257217**	**11046913**	**2926.8**
北　京	3538	194014	314363	585521	342553	202.5
天　津	632	33214	70191	129775	70049	41.0
河　北	1617	90465	109468	219077	422413	120.1
山　西	1282	75242	68840	136548	173777	69.3
内蒙古	1229	51119	59378	118386	184132	102.6
辽　宁	1948	79745	115388	243472	269890	117.7
吉　林	860	34583	39825	91615	196439	64.3
黑龙江	1119	37788	48897	100740	121540	45.2
上　海	2442	113169	188726	314454	214779	75.6
江　苏	2878	149739	178071	302895	481044	186.9
浙　江	3420	186235	237653	413463	537175	166.9
安　徽	1497	67329	82428	154323	207709	81.3
福　建	1786	88937	134213	230953	239613	136.2
江　西	1444	58731	84173	158183	206428	67.9
山　东	2881	135242	154778	300006	403397	215.2
河　南	2708	126013	210139	416040	375006	149.8
湖　北	2672	91437	133226	239749	1054631	140.3
湖　南	2476	115263	153321	286425	366678	115.7
广　东	5220	374487	440585	726752	744347	294.2
广　西	1303	61843	122624	213586	196975	49.7
海　南	669	53715	79031	143686	132559	34.5
重　庆	1198	49298	62676	111533	131828	49.8
四　川	2516	107233	308331	558540	442864	109.3
贵　州	730	31209	39858	73347	77436	28.5
云　南	1773	71926	184923	447431	2908200	63.0
西　藏	231	8049	14281	28259	19537	6.7
陕　西	1843	89972	131925	225199	235117	83.4
甘　肃	991	35094	50223	98078	100899	33.9
青　海	335	12363	19828	38044	26056	11.1
宁　夏	259	10213	26711	51864	30656	16.6
新　疆	740	37821	51848	99273	133186	47.6

2-B-2 各地区住宿业法人企业基本情况(按国民经济行业分)

旅游饭店

地　区	法人单位数(个)	年末从业人数(人)	客房间数(间)	床位数(个)	餐位数(位)	年末餐饮营业面积(万平方米)
全　国	**17830**	**1900384**	**2143860**	**3935024**	**8982476**	**2145.3**
北　京	979	147971	151038	264130	278252	151.7
天　津	169	19312	21499	35766	37218	24.3
河　北	558	56161	60166	113726	274083	76.5
山　西	353	42559	30882	59038	98037	42.4
内蒙古	360	28712	26973	50115	101792	44.8
辽　宁	660	59551	72142	135633	210906	89.8
吉　林	323	23578	23299	48257	106856	41.0
黑龙江	352	23541	25622	49568	76403	29.4
上　海	454	76325	81095	131047	144581	48.9
江　苏	955	114273	104655	176475	390805	158.4
浙　江	1177	147553	136004	233457	453552	143.9
安　徽	561	47384	47687	89563	160182	61.3
福　建	722	69626	72890	119919	183273	114.7
江　西	571	39525	47795	88207	139088	48.7
山　东	873	99130	86108	156971	306646	167.0
河　南	782	75521	129868	247527	224460	95.9
湖　北	832	59469	65159	121012	947974	97.3
湖　南	863	78580	80483	149331	245162	78.2
广　东	1818	289867	224966	376988	622140	244.5
广　西	521	44956	53364	99045	154929	37.6
海　南	406	47633	68089	124168	119063	30.2
重　庆	325	35056	31676	54611	96885	38.0
四　川	861	74252	212591	372440	355160	73.5
贵　州	261	21175	21781	38998	54986	21.2
云　南	669	49682	117020	314019	2830389	46.9
西　藏	123	6337	10209	19737	15908	5.5
陕　西	546	56302	55102	102416	157885	53.5
甘　肃	243	20744	22794	43163	68594	21.6
青　海	98	8560	10236	19378	22215	9.1
宁　夏	77	6420	19358	37442	17370	7.4
新　疆	338	30629	33309	62877	87682	42.1

2-B-2 续表 1

一般旅馆

地　区	法人单位数（个）	年末从业人数（人）	客房间数（间）	床位数（个）	餐位数（位）	年末餐饮营业面积（万平方米）
全　国	**33184**	**691641**	**1624892**	**3023643**	**1824473**	**696.9**
北　京	2357	41540	153143	301143	55261	44.7
天　津	362	9769	34570	65687	25850	11.4
河　北	988	30423	44198	94965	140022	39.7
山　西	845	29520	34558	69612	70774	24.8
内蒙古	811	20760	29751	62661	74998	54.4
辽　宁	1168	18391	38270	90237	53290	24.9
吉　林	474	9036	13896	37222	69644	21.6
黑龙江	654	12201	19884	43836	37977	12.2
上　海	1859	34462	101354	173418	60795	25.3
江　苏	1711	30945	65723	113065	78721	25.3
浙　江	2197	37291	97772	167353	78980	21.9
安　徽	852	17981	32249	60023	42032	18.0
福　建	947	17303	57154	103583	49304	19.4
江　西	810	18099	34186	65435	64252	18.3
山　东	1829	31927	62484	129471	83349	38.4
河　南	1797	47234	75966	159034	142685	50.5
湖　北	1534	26467	57471	98719	98467	38.3
湖　南	1449	32509	65101	121650	110281	34.2
广　东	3086	74778	199192	322091	103921	43.8
广　西	709	15650	65298	106954	40707	11.4
海　南	236	5601	10008	17811	13096	4.1
重　庆	797	12574	27525	50780	30647	10.3
四　川	1539	28605	90084	175569	75073	31.2
贵　州	430	9087	16495	30360	18625	6.6
云　南	990	20121	63891	125566	71075	14.2
西　藏	99	1491	3749	7754	2920	1.0
陕　西	1221	31619	73815	116735	70496	24.4
甘　肃	671	12572	24202	48585	29588	10.5
青　海	213	3348	8446	16392	2271	1.6
宁　夏	168	3544	6781	13358	13136	9.2
新　疆	381	6793	17676	34574	16236	5.2

2-B-2 续表 2

其他住宿服务

地 区	法人单位数(个)	年末从业人数(人)	客房间数(间)	床位数(个)	餐位数(位)	年末餐饮营业面积(万平方米)
全 国	**3223**	**79463**	**147170**	**298550**	**239964**	**84.6**
北 京	202	4503	10182	20248	9040	6.1
天 津	101	4133	14122	28322	6981	5.3
河 北	71	3881	5104	10386	8308	3.8
山 西	84	3163	3400	7898	4966	2.0
内蒙古	58	1647	2654	5610	7342	3.4
辽 宁	120	1803	4976	17602	5694	2.9
吉 林	63	1969	2630	6136	19939	1.8
黑龙江	113	2046	3391	7336	7160	3.7
上 海	129	2382	6277	9989	9403	1.4
江 苏	212	4521	7693	13355	11518	3.1
浙 江	46	1391	3877	12653	4643	1.1
安 徽	84	1964	2492	4737	5495	2.0
福 建	117	2008	4169	7451	7036	2.1
江 西	63	1107	2192	4541	3088	0.9
山 东	179	4185	6186	13564	13402	9.9
河 南	129	3258	4305	9479	7861	3.4
湖 北	306	5501	10596	20018	8190	4.7
湖 南	164	4174	7737	15444	11235	3.3
广 东	316	9842	16427	27673	18286	5.9
广 西	73	1237	3962	7587	1339	0.7
海 南	27	481	934	1707	400	0.2
重 庆	76	1668	3475	6142	4296	1.5
四 川	116	4376	5656	10531	12631	4.6
贵 州	39	947	1582	3989	3825	0.7
云 南	114	2123	4012	7846	6736	2.0
西 藏	9	221	323	768	709	0.1
陕 西	76	2051	3008	6048	6736	5.5
甘 肃	77	1778	3227	6330	2717	1.8
青 海	24	455	1146	2274	1570	0.3
宁 夏	14	249	572	1064	150	
新 疆	21	399	863	1822	29268	0.3

2-B-3　各地区住宿业法人企业经营情况

单位：万元

地　区	营业额				
		客房收入	餐费收入	商品销售收入	其他收入
全　国	**26522623.4**	**13763435.5**	**9753070.1**	**702512.7**	**2303605.1**
北　京	2957621.0	1622277.8	794075.7	67762.5	473505.0
天　津	367414.9	198756.3	115674.9	11255.6	41728.1
河　北	647341.3	295116.1	292870.1	14228.0	45127.1
山　西	482493.4	231078.7	205988.5	19783.4	25642.8
内蒙古	412635.7	218201.1	176444.5	4986.4	13003.7
辽　宁	883659.0	451981.8	346687.7	22919.3	62070.2
吉　林	308725.7	150776.1	132683.5	8210.3	17055.8
黑龙江	287866.7	174271.2	92834.8	10287.0	10473.7
上　海	1878793.3	1089874.9	539931.7	23064.9	225921.8
江　苏	1869033.1	925133.5	753624.6	77647.5	112627.5
浙　江	2277869.6	1071002.9	1039390.4	39035.9	128440.4
安　徽	522615.8	251083.0	219896.2	18257.8	33378.8
福　建	868398.1	412540.0	377200.4	17423.8	61233.9
江　西	485485.1	262040.0	181116.3	23441.9	18886.9
山　东	1457015.8	641446.5	657276.3	70375.7	87917.3
河　南	1004618.9	514765.6	383809.1	45454.9	60589.3
湖　北	728641.4	410981.9	262894.3	15810.6	38954.6
湖　南	1066243.5	605745.8	367046.6	30664.4	62786.7
广　东	3807697.5	1881548.2	1398792.2	62240.6	465116.5
广　西	430015.3	237288.1	151109.1	21809.1	19809.0
海　南	521080.1	326979.4	151313.1	4044.8	38742.8
重　庆	464398.4	234122.5	177402.4	18034.3	34839.2
四　川	838831.6	460446.7	277734.0	20393.5	80257.4
贵　州	202291.6	124145.5	63234.5	6174.3	8737.3
云　南	480771.6	280113.4	140678.7	10136.3	49843.2
西　藏	38906.1	22311.6	10416.9	316.9	5860.7
陕　西	652387.2	361496.4	238771.5	18036.7	34082.6
甘　肃	181861.3	107682.9	58720.2	3368.1	12090.1
青　海	66893.4	40674.4	18268.7	1537.4	6412.9
宁　夏	67498.4	35703.8	22852.9	4288.9	4652.8
新　疆	263518.6	123849.4	104330.3	11521.9	23817.0

2-B-4 各地区住宿业法人企业经营情况（按国民经济行业分）

旅游饭店 单位：万元

地区	营业额	客房收入	餐费收入	商品销售收入	其他收入
全国	**20368379.5**	**9573540.9**	**8244843.1**	**565351.4**	**1984644.1**
北京	2511641.1	1301711.4	721210.6	62989.3	425729.8
天津	244230.4	125517.7	85765.2	8601.1	24346.4
河北	436219.1	187452.3	208754.6	9363.1	30649.1
山西	311454.8	142712.7	136773.1	13247.2	18721.8
内蒙古	231732.2	103668.7	115845.7	2398.0	9819.8
辽宁	719144.7	344710.3	300043.2	19482.0	54909.2
吉林	219837.0	97351.4	101979.0	6501.5	14005.1
黑龙江	185434.2	101259.3	67843.9	7559.3	8771.7
上海	1451429.9	773354.8	465879.2	19850.8	192345.1
江苏	1488213.2	653133.0	664409.2	68002.5	102668.5
浙江	1934398.2	811263.4	973149.7	36077.2	113907.9
安徽	405211.3	180266.4	182302.4	15389.7	27252.8
福建	712948.5	307685.2	334573.8	15829.7	54859.8
江西	312049.4	156286.8	123313.1	15669.8	16779.7
山东	1121083.7	417303.4	563785.3	56591.8	83403.2
河南	608871.9	265419.5	263245.6	32513.4	47693.4
湖北	490110.1	254908.2	192134.5	9768.1	33299.3
湖南	739549.9	363274.2	300258.9	21094.4	54922.4
广东	3053031.9	1337240.3	1266290.4	49947.0	399554.2
广西	318948.0	158184.4	125891.9	18790.5	16081.2
海南	495003.4	309668.7	143543.3	3639.7	38151.7
重庆	333455.6	138123.2	150833.7	14638.2	29860.5
四川	614217.2	306552.9	226584.3	14188.0	66892.0
贵州	148385.7	85955.7	50705.3	5229.3	6495.4
云南	370733.9	208401.1	117256.0	7285.9	37790.9
西藏	31478.1	16779.6	9063.9	178.2	5456.4
陕西	429947.6	209646.2	179156.9	13411.4	27733.1
甘肃	123272.9	64911.2	45752.7	2207.8	10401.2
青海	52135.1	28947.2	16102.6	1173.2	5912.1
宁夏	47910.6	24442.8	16686.4	2886.0	3895.4
新疆	226299.9	97408.9	95708.7	10847.3	22335.0

2-B-4　续表 1

一般旅馆　　单位：万元

地　区	营业额	客房收入	餐费收入	商品销售收入	其他收入
全　国	**5547456.3**	**3822453.9**	**1338917.0**	**121103.8**	**264981.6**
北　京	405219.5	297158.1	63661.4	4221.7	40178.3
天　津	81314.4	51514.3	19803.9	1144.4	8851.8
河　北	185950.7	97627.4	75546.7	4341.2	8435.4
山　西	150267.3	76500.0	61699.7	6377.2	5690.4
内蒙古	163658.6	103574.1	54857.9	2189.6	3037.0
辽　宁	153008.3	100418.0	42981.5	3192.9	6415.9
吉　林	76720.0	46074.9	26174.9	1577.7	2892.5
黑龙江	88873.0	64000.5	21143.7	2132.9	1595.9
上　海	398090.9	298816.0	65313.6	2186.0	31775.3
江　苏	337437.7	242071.0	78146.3	8857.7	8362.7
浙　江	331697.5	253406.1	61467.6	2756.8	14067.0
安　徽	108095.1	65335.2	34513.5	2746.9	5499.5
福　建	140067.7	93894.6	39255.6	1523.4	5394.1
江　西	165752.9	100091.4	56278.6	7383.9	1999.0
山　东	302346.2	205613.8	81083.6	11765.5	3883.3
河　南	372571.8	234269.2	114530.4	11935.4	11836.8
湖　北	205390.9	131843.0	62907.1	5447.6	5193.2
湖　南	291148.4	214118.0	61289.7	8988.4	6752.3
广　东	672546.6	496708.9	109839.2	10672.0	55326.5
广　西	101975.9	73639.8	22069.6	2777.0	3489.5
海　南	24659.5	16144.6	7592.8	380.0	542.1
重　庆	117452.1	85666.7	24424.1	3266.2	4095.1
四　川	196809.5	141101.1	41562.2	4644.6	9501.6
贵　州	49528.1	35626.1	11108.0	825.6	1968.4
云　南	96292.4	64430.2	20632.1	2672.0	8558.1
西　藏	6639.5	5084.7	1013.1	138.7	403.0
陕　西	205686.8	143049.0	53755.8	3793.0	5089.0
甘　肃	51972.0	38635.3	10833.7	927.0	1576.0
青　海	12364.2	10177.7	1432.7	353.9	399.9
宁　夏	18423.8	10505.7	5988.5	1220.2	709.4
新　疆	35495.0	25358.5	8009.5	664.4	1462.6

2-B-4 续表 2

其他住宿服务 单位：万元

地 区	营业额	客房收入	餐费收入	商品销售收入	其他收入
全 国	**606787.6**	**367440.7**	**169310.0**	**16057.5**	**53979.4**
北 京	40760.4	23408.3	9203.7	551.5	7596.9
天 津	41870.1	21724.3	10105.8	1510.1	8529.9
河 北	25171.5	10036.4	8568.8	523.7	6042.6
山 西	20771.3	11866.0	7515.7	159.0	1230.6
内蒙古	17244.9	10958.3	5740.9	398.8	146.9
辽 宁	11506.0	6853.5	3663.0	244.4	745.1
吉 林	12168.7	7349.8	4529.6	131.1	158.2
黑龙江	13559.5	9011.4	3847.2	594.8	106.1
上 海	29272.5	17704.1	8738.9	1028.1	1801.4
江 苏	43382.2	29929.5	11069.1	787.3	1596.3
浙 江	11773.9	6333.4	4773.1	201.9	465.5
安 徽	9309.4	5481.4	3080.3	121.2	626.5
福 建	15381.9	10960.2	3371.0	70.7	980.0
江 西	7682.8	5661.8	1524.6	388.2	108.2
山 东	33585.9	18529.3	12407.4	2018.4	630.8
河 南	23175.2	15076.9	6033.1	1006.1	1059.1
湖 北	33140.4	24230.7	7852.7	594.9	462.1
湖 南	35545.2	28353.6	5498.0	581.6	1112.0
广 东	82119.0	47599.0	22662.6	1621.6	10235.8
广 西	9091.4	5463.9	3147.6	241.6	238.3
海 南	1417.2	1166.1	177.0	25.1	49.0
重 庆	13490.7	10332.6	2144.6	129.9	883.6
四 川	27804.9	12792.7	9587.5	1560.9	3863.8
贵 州	4377.8	2563.7	1421.2	119.4	273.5
云 南	13745.3	7282.1	2790.6	178.4	3494.2
西 藏	788.5	447.3	339.9		1.3
陕 西	16752.8	8801.2	5858.8	832.3	1260.5
甘 肃	6616.4	4136.4	2133.8	233.3	112.9
青 海	2394.1	1549.5	733.4	10.3	100.9
宁 夏	1164.0	755.3	178.0	182.7	48.0
新 疆	1723.7	1082.0	612.1	10.2	19.4

2-B-5　各地区住宿业法人企业财务状况

单位：万元

地　区	固定资产原价	本年折旧	资产总计	所有者权益合计	实收资本
全　国	**59818319.9**	**3226877.5**	**78778743.1**	**27952946.5**	**30317935.7**
北　京	7110901.6	315812.3	9514313.3	2835002.4	3023255.3
天　津	813585.3	37219.3	1355638.7	455395.0	457612.4
河　北	1636083.0	82392.3	2205017.8	881523.0	906156.1
山　西	958118.5	52200.5	1230279.6	434375.8	513411.2
内蒙古	739529.1	36327.1	973064.9	442033.8	419105.2
辽　宁	2655815.1	133746.6	2898570.2	846883.0	1143605.8
吉　林	942046.0	45783.0	1017634.9	414658.2	334275.5
黑龙江	853950.8	35043.5	867925.6	350127.4	437111.6
上　海	4271633.3	175215.8	6161409.8	2181745.0	2141377.3
江　苏	3641255.7	250010.2	5165906.9	1938643.6	1929158.7
浙　江	4323457.2	236023.5	6599799.9	2063509.3	2376791.9
安　徽	1102884.4	62210.9	1606182.0	636881.7	595087.9
福　建	1638009.6	76324.3	2160073.2	914378.1	1034525.1
江　西	913734.7	48719.0	1193473.8	532764.3	542022.0
山　东	2638561.3	171981.6	3297841.4	1249504.8	1032496.1
河　南	1740380.4	93214.7	2225274.9	853114.1	987696.7
湖　北	1833915.0	108921.8	2088505.2	909640.3	964922.2
湖　南	2160909.0	147549.8	2937142.1	1299591.3	1190973.7
广　东	7752731.0	498930.3	10582400.8	3328969.7	4111407.8
广　西	1151837.4	72990.2	1314284.2	465733.6	572234.4
海　南	1750136.6	62878.3	2144637.5	643513.3	867305.7
重　庆	809383.7	63210.2	1112023.6	402892.3	408062.6
四　川	2513522.1	148793.7	3168026.4	1132630.9	1135495.8
贵　州	421851.0	19111.3	527376.1	209498.7	239312.1
云　南	1779301.3	87623.8	2132450.6	888370.6	952656.1
西　藏	294026.0	8755.1	335258.2	231997.0	203878.8
陕　西	1489219.1	69084.0	1749429.9	432252.1	806093.0
甘　肃	590728.4	32239.8	681707.7	372482.4	359661.3
青　海	228025.1	8891.5	303497.3	152482.5	131935.5
宁　夏	186414.7	8335.3	237097.4	93554.4	92466.7
新　疆	876373.5	37337.8	992499.2	358797.9	407841.2

2-B-5 续表 1

单位：万元

地区	所有者权益合计					
	实收资本					
	国家资本	集体资本	法人资本	个人资本	港澳台资本	外商资本
全 国	**10021206.9**	**2140421.4**	**5807203.5**	**7172915.7**	**3160009.3**	**2016178.9**
北 京	698295.0	104190.4	1385803.4	185232.9	458014.0	191719.6
天 津	92894.6	23856.5	161226.6	80586.1	21365.1	77683.5
河 北	420156.4	69915.7	149446.3	230764.1	25147.8	10725.8
山 西	194872.1	31390.0	62382.4	218953.7	4694.0	1119.0
内蒙古	104162.4	37441.4	78149.6	148197.6	26420.5	24733.7
辽 宁	363900.4	66371.1	144399.3	308701.3	141255.7	118978.0
吉 林	141380.7	14995.8	77121.8	54932.2	34479.2	11365.8
黑龙江	208503.1	19193.3	80922.6	66252.1	42821.0	19419.5
上 海	1036450.8	116734.1	212076.5	293495.6	335317.2	147303.1
江 苏	798548.1	76852.7	217714.0	529094.1	106452.5	200497.3
浙 江	442296.4	473426.4	557621.8	624185.6	217296.9	61964.8
安 徽	212149.7	24488.6	81968.1	187362.4	63095.4	26023.7
福 建	232525.5	49180.7	179978.2	215470.1	228497.7	128872.9
江 西	180159.8	19509.1	70661.0	224572.7	22932.8	24186.6
山 东	330958.1	128670.2	182572.3	259658.6	38295.4	92341.5
河 南	316593.5	103069.9	127388.5	333577.6	98728.3	8338.9
湖 北	331846.7	88508.3	156656.2	285647.2	66566.3	35697.5
湖 南	392941.9	70908.4	124515.8	503784.5	49090.3	49732.8
广 东	1172339.5	185628.4	658751.4	717931.7	884921.1	491835.7
广 西	196536.2	38267.6	97598.1	137573.2	76989.6	25269.7
海 南	321113.9	96047.7	208707.3	149607.8	46910.1	44918.9
重 庆	127602.5	14738.4	60621.9	167191.5	15167.3	22741.0
四 川	333403.5	49928.5	226895.8	433819.0	34027.4	57421.6
贵 州	98185.2	7996.6	27833.0	84234.8	18439.4	2623.1
云 南	416235.2	84358.6	162698.4	195116.6	51319.5	42927.8
西 藏	101337.1	25649.4	46683.9	26275.4	284.6	3648.4
陕 西	305901.1	64426.9	96389.9	241884.4	32213.8	65276.9
甘 肃	137485.9	26290.1	65057.3	112469.6	8082.0	10276.4
青 海	49153.8	7520.0	16211.6	42519.7	600.0	15930.4
宁 夏	31981.8	2724.5	19889.3	34926.1	340.0	2605.0
新 疆	231296.0	18142.1	69261.2	78897.5	10244.4	

2-B-5　续表 2

单位：万元

地　区	主营业务收　入	主营业务成　本	主营业务税金及附加	主营业务利　润	三项费用合　计
全　国	**26855227.5**	**9922806.6**	**1407313.5**	**15420775.4**	**15414251.9**
北　京	3007925.4	702943.8	155324.8	2149656.8	2162774.1
天　津	361598.5	106982.0	20535.9	235892.8	244205.8
河　北	638977.6	281980.5	33778.2	314535.9	343081.1
山　西	481523.0	426735.9	23971.9	226783.6	251010.0
内蒙古	414007.5	194477.4	18549.6	196918.5	152885.1
辽　宁	903800.3	320932.7	47982.9	530798.0	524098.6
吉　林	307594.9	134793.3	15961.5	153534.1	142272.8
黑龙江	286154.2	121355.9	14705.1	146030.0	147996.5
上　海	1883108.2	478525.0	98325.5	1223321.5	1363505.9
江　苏	1856659.5	754768.8	94599.0	978867.4	909746.6
浙　江	2604700.7	1039044.9	127093.8	1438560.2	1468306.9
安　徽	520727.1	217863.2	27188.0	260733.9	268584.8
福　建	862091.2	309146.0	49714.3	500588.4	486546.7
江　西	484240.8	223849.0	25531.6	223330.8	184546.1
山　东	1439416.3	586329.9	67468.4	770990.0	633801.1
河　南	975952.4	462954.0	47422.2	459915.0	427226.5
湖　北	720575.2	302241.3	37375.3	366618.5	344361.8
湖　南	1063953.1	515635.7	52290.3	485288.7	430422.3
广　东	3862838.0	1266144.5	223948.8	2361678.8	2414707.1
广　西	450529.6	150833.6	24254.8	261968.2	278068.2
海　南	521740.6	119274.5	27250.8	351934.5	340676.8
重　庆	456801.1	182511.2	22253.4	238343.7	219721.2
四　川	822439.9	279721.7	44785.9	487711.7	534678.3
贵　州	199346.5	68583.5	12188.5	108079.0	125646.8
云　南	471271.6	167402.4	26657.7	277640.4	320653.1
西　藏	38223.3	16097.7	1264.9	20095.0	30014.6
陕　西	644051.6	238696.2	33589.9	373061.4	316675.8
甘　肃	181428.1	82917.2	10601.9	86560.7	91344.1
青　海	65821.5	30073.8	3254.0	30662.7	48009.7
宁　夏	65644.7	24450.8	3605.2	37585.0	41651.6
新　疆	262085.1	115540.2	15839.4	123090.2	167031.9

2-B-5 续表 3 单位：万元

地区	三项费用合计		营业利润	职工工资和福利费	全部从业人员年平均人数(人)
	税金	利息支出			
全 国	**378282.1**	**636570.6**	**640712.9**	**5261194.7**	**2649646**
北 京	53264.3	126981.7	41744.1	606451.0	195616
天 津	4507.3	11394.4	4427.3	67410.3	31880
河 北	9366.2	15333.1	-11901.1	134225.0	92154
山 西	6580.3	10746.3	-3104.8	86761.4	72928
内 蒙 古	7094.0	2998.6	47980.8	89426.5	51523
辽 宁	16274.9	9618.3	18548.1	147602.5	78021
吉 林	5158.5	8635.0	15458.4	58614.1	36227
黑 龙 江	4039.4	5567.3	3251.2	58219.8	36900
上 海	18241.1	61353.4	-71378.9	330275.3	113100
江 苏	21575.8	25218.3	105690.4	380972.9	150862
浙 江	20405.3	86177.7	3871.3	390384.7	183696
安 徽	5708.9	10027.4	13436.1	102765.5	65420
福 建	9593.3	15431.0	28335.9	164677.0	87459
江 西	8203.9	8277.9	59972.3	86002.0	57554
山 东	19877.4	19100.3	163763.7	264748.8	133664
河 南	21270.4	16059.0	43025.3	171412.8	124988
湖 北	14730.2	13454.8	48712.1	149076.6	91240
湖 南	20729.8	22476.3	73265.5	208909.5	117065
广 东	43792.8	74923.3	17805.7	855633.1	370903
广 西	8154.8	12997.1	5063.9	99408.1	60800
海 南	10477.5	6856.7	35193.8	109808.2	52582
重 庆	7349.1	16260.2	36449.3	84981.8	48627
四 川	10015.0	15229.1	-24232.8	172348.3	104488
贵 州	3103.9	4202.2	-2687.9	43025.9	30349
云 南	10023.9	11047.4	-23897.3	109145.2	69739
西 藏	270.7	618.5	-7757.0	11408.8	8024
陕 西	9643.2	14318.6	65122.1	139581.4	92201
甘 肃	3047.0	3655.7	193.5	43470.1	34246
青 海	497.8	1555.6	-13613.4	21096.0	11540
宁 夏	949.2	2472.6	-2946.6	14196.2	10349
新 疆	4336.2	3582.8	-29078.1	59155.9	35501

2-B-6　各地区住宿业法人企业财务状况(按国民经济行业分)

旅游饭店　　　　单位：万元

地　区	固定资产原　价	本年折旧	资产总计	所有者权益合计	实收资本
全　国	**50295033.1**	**2617586.6**	**64255925.6**	**21609968.0**	**24078800.9**
北　京	6493602.6	283742.9	8414596.3	2434988.5	2633589.5
天　津	546856.3	24813.6	875539.7	333358.9	310164.4
河　北	1189386.6	57387.1	1601441.7	583476.6	614094.6
山　西	689299.4	40966.4	862503.2	277308.9	341383.3
内蒙古	495601.4	25991.8	656486.4	286914.7	273735.4
辽　宁	2316967.4	113130.9	2468644.5	649758.0	982147.8
吉　林	759196.2	30960.1	806168.5	323455.2	262717.5
黑龙江	642467.7	24335.4	658991.2	245372.7	336973.1
上　海	3916632.8	151679.3	4982427.1	1875712.5	1790715.6
江　苏	3215819.2	217190.8	4521915.5	1679170.2	1686950.5
浙　江	3832348.1	201136.8	5446801.8	1636564.4	1936776.1
安　徽	869930.9	48685.1	1267678.4	478521.3	429382.0
福　建	1437993.4	63603.1	1857323.6	772639.1	875577.8
江　西	648792.5	35587.4	869738.4	371892.3	387169.5
山　东	2294396.2	145847.4	2784474.7	993563.0	818634.0
河　南	1314158.2	66294.6	1588826.8	555206.2	716507.7
湖　北	1409086.7	81733.7	1564441.9	597514.6	692456.6
湖　南	1754652.0	118153.0	2411707.6	1033929.3	906629.5
广　东	6535646.8	397367.4	8834927.8	2533385.7	3262134.2
广　西	966236.0	59356.1	1061644.5	340356.0	453633.2
海　南	1677325.0	58923.1	2045324.1	607607.8	826099.2
重　庆	620992.5	50436.8	847558.1	272894.2	288169.6
四　川	2046511.3	115641.1	2482452.0	840021.5	869088.6
贵　州	322340.1	14381.9	380352.1	135702.4	167416.9
云　南	1390447.4	69551.7	1628843.1	654589.5	735479.8
西　藏	243941.5	7532.3	267699.8	184325.9	157856.5
陕　西	1174219.7	48828.6	1329355.9	203012.6	571050.4
甘　肃	415562.0	20097.6	478063.0	234668.6	237648.3
青　海	184800.0	7461.4	246807.0	118303.3	99125.8
宁　夏	119943.8	5769.5	154731.6	51444.6	59332.4
新　疆	769879.4	30999.7	858459.3	304309.5	356161.1

2-B-6 续表 1

旅游饭店 单位：万元

地区	所有者权益合计					
	实收资本					
	国家资本	集体资本	法人资本	个人资本	港澳台资本	外商资本
全国	**8755678.7**	**1624144.7**	**4585792.3**	**4570389.0**	**2855086.5**	**1687709.7**
北京	602109.4	76502.3	1191722.9	126445.6	446249.8	190559.5
天津	57117.5	19696.9	121282.7	69572.3	16560.3	25934.7
河北	333983.4	32181.1	107040.6	105525.9	24637.8	10725.8
山西	151377.9	11468.2	46983.5	125955.7	4569.0	1029.0
内蒙古	83015.4	25813.0	41664.5	77279.6	26120.5	19842.4
辽宁	332817.1	54130.4	121388.7	224334.5	138923.2	110553.9
吉林	119950.0	11140.0	59147.7	30974.2	30601.8	10903.8
黑龙江	172783.6	12785.2	62578.3	41302.8	28148.4	19374.8
上海	957936.0	86450.8	142140.4	150491.6	330583.0	123113.8
江苏	762587.7	55425.5	207136.3	384490.4	86673.2	190637.4
浙江	418169.1	440901.2	462296.6	426627.1	132846.8	55935.3
安徽	166666.3	14771.2	63227.1	96666.8	62211.0	25839.6
福建	205682.1	39167.4	151658.8	148704.9	204514.1	125850.5
江西	156127.7	11023.9	46339.1	130081.0	20213.2	23384.6
山东	291831.9	113643.3	144505.5	148366.1	36343.8	83943.4
河南	257322.3	77473.6	86829.9	197232.5	90691.2	6958.2
湖北	282804.1	61436.0	101742.2	174001.6	39491.6	32981.1
湖南	330150.0	54418.4	98182.5	329007.8	45623.8	49247.0
广东	1044354.3	136796.0	498818.8	463059.6	823263.5	295842.0
广西	173188.1	25882.4	62446.9	93420.7	74365.9	24329.2
海南	312561.0	94236.5	196488.8	131397.9	46641.1	44773.9
重庆	92230.2	6700.7	34912.0	120252.0	11351.8	22722.9
四川	278204.8	25593.5	183945.7	301462.8	22836.2	57045.6
贵州	75935.4	3837.1	21424.0	50917.3	12680.0	2623.1
云南	372406.5	49427.5	121708.0	103295.4	48276.7	40365.7
西藏	86357.0	16968.1	31698.1	20355.1	284.6	2193.6
陕西	243490.2	31832.8	67462.9	133739.8	32213.8	62310.9
甘肃	107283.7	16523.2	31445.3	64095.7	8027.0	10273.4
青海	45887.7	2602.7	8752.0	25968.8		15914.6
宁夏	27084.0	1282.5	8762.1	19703.8		2500.0
新疆	214264.3	14033.3	62060.4	55659.7	10143.4	

2-B-6　续表 2

旅游饭店　　　　单位：万元

地　区	主营业务收　入	主营业务成　本	主营业务税金及附加	主营业务利　润	三项费用合　计
全　国	**20715020.6**	**6992020.3**	**1092637.4**	**12439854.5**	**12668238.3**
北　京	2555138.7	578632.4	131174.6	1845331.7	1807136.4
天　津	239186.5	70309.7	12403.2	155891.1	165221.5
河　北	430275.0	178062.1	22912.5	222205.3	260148.8
山　西	309986.2	125685.4	15858.1	164562.1	186948.1
内 蒙 古	232960.5	101610.4	11338.5	118389.6	104759.3
辽　宁	742258.8	246670.8	39339.9	452282.6	459599.0
吉　林	218947.8	82784.8	12385.6	121910.3	119034.9
黑 龙 江	184244.8	66239.2	9999.7	107476.8	117342.9
上　海	1459993.6	373486.2	74429.0	971413.9	1041323.3
江　苏	1477851.2	580377.3	76414.1	797992.2	762164.9
浙　江	2262432.9	909781.7	108979.0	1243670.4	1267068.7
安　徽	403971.4	161259.4	21844.1	209059.1	224660.8
福　建	713292.4	244929.1	41420.7	426046.1	422523.7
江　西	310932.2	131715.2	16530.7	153584.0	143945.9
山　东	1108192.1	424041.4	53971.2	619280.4	545153.3
河　南	592913.1	251696.5	30403.1	309060.4	322849.6
湖　北	484156.2	190908.3	25718.3	262580.1	276172.1
湖　南	735720.8	334028.0	37289.3	361489.5	336553.0
广　东	3065484.6	904965.9	178306.1	1972839.1	2016951.7
广　西	346207.3	110402.9	18710.4	206992.2	227826.1
海　南	495800.5	108037.3	26010.6	340636.1	328577.8
重　庆	328371.2	122439.2	15556.2	181590.0	180745.8
四　川	602772.9	180148.1	33207.2	388061.5	435505.1
贵　州	146081.5	45941.4	8636.7	83065.7	96341.4
云　南	364223.8	120688.5	20835.6	224352.6	267995.6
西　藏	31094.5	12614.9	979.1	17163.4	26512.4
陕　西	424047.8	140621.2	21464.8	262288.2	244087.4
甘　肃	123204.1	52130.6	7745.3	62942.3	68459.9
青　海	51839.7	23470.0	2537.3	24829.4	40561.5
宁　夏	47025.8	16197.5	2544.2	28277.8	30684.4
新　疆	226412.7	102144.9	13692.3	104590.6	141383.0

2-B-6 续表 3

旅游饭店

单位：万元

地区	三项费用合计		营业利润	职工工资和福利费	全部从业人员年平均人数（人）
	税金	利息支出			
全国	**297389.6**	**562743.9**	**201956.4**	**4072365.7**	**1892783**
北京	47992.6	123656.7	86676.0	506544.3	149694
天津	3225.1	8278.8	1838.5	44095.0	18744
河北	6079.0	12813.7	-25323.0	90340.5	57868
山西	3817.7	9168.9	-16460.3	54726.3	41336
内蒙古	4774.6	2054.1	15126.8	54978.3	28882
辽宁	14105.7	8927.1	2728.0	118418.0	59028
吉林	3947.2	7727.9	5568.5	42275.3	24922
黑龙江	2659.7	4840.5	-8569.3	41734.2	23707
上海	16172.6	54292.5	-40426.6	254755.1	77555
江苏	17953.8	21724.8	61846.2	302718.9	115536
浙江	17413.8	76948.9	3528.0	327637.2	146752
安徽	4528.7	8273.0	2514.5	78491.6	46691
福建	7397.6	13965.0	13791.9	135406.2	67222
江西	5435.9	6209.9	26776.3	61164.4	38512
山东	15553.6	16524.5	96182.2	209492.7	98657
河南	15714.6	12795.5	-8055.1	112733.9	75383
湖北	11389.1	10742.0	1093.0	104520.4	59610
湖南	12792.1	20389.7	33331.2	151619.9	79496
广东	35335.1	66578.3	5558.0	687449.5	287477
广西	6076.1	11336.0	-4443.7	75453.2	44127
海南	10140.3	6806.9	34545.6	103616.3	46956
重庆	4416.1	15411.3	11140.5	63964.0	34722
四川	7034.8	11554.9	-36065.4	127063.1	72176
贵州	2284.4	3445.6	-2488.8	30787.7	20715
云南	8314.6	8191.2	-30387.4	83528.7	49151
西藏	201.2	587.2	-7496.3	9527.1	6346
陕西	5886.1	10513.3	23772.6	93779.6	57901
甘肃	1986.6	2803.5	-3886.2	29097.0	20524
青海	348.3	1290.4	-13239.2	17240.5	7839
宁夏	628.3	1426.4	-2070.9	9178.8	6591
新疆	3784.3	3465.4	-25149.2	50028.0	28663

2-B-6　续表 4

一般旅店　　单位：万元

地　区	固定资产原　价	本年折旧	资产总计	所有者权益合计	实收资本
全　国	**8361517.0**	**539032.5**	**12771842.0**	**5543677.3**	**5433117.4**
北　京	497917.8	27251.2	917134.2	332136.8	302309.0
天　津	189886.4	9884.7	322629.4	26599.9	55256.6
河　北	373809.7	20435.1	509041.2	252016.0	243266.6
山　西	244919.0	9877.1	338823.7	147576.7	157038.5
内蒙古	217025.6	9760.5	284619.5	140626.6	130686.1
辽　宁	291783.0	18539.3	372330.0	170334.2	144687.5
吉　林	164068.4	13299.7	184145.2	81670.6	63938.6
黑龙江	183524.9	9482.8	173304.5	89846.4	81113.2
上　海	331585.0	22018.2	1070256.3	281705.3	318790.5
江　苏	384424.5	29886.1	587925.3	234635.0	219060.5
浙　江	466217.8	33544.2	1107995.9	407319.7	418491.9
安　徽	208987.6	12398.2	306242.7	146096.8	152587.7
福　建	174581.8	11380.1	267233.4	121213.0	138353.9
江　西	253723.6	12543.0	308036.1	152481.9	146782.8
山　东	294522.3	22413.7	416375.1	210184.7	175032.2
河　南	406638.4	25963.2	594550.2	275509.1	252316.3
湖　北	345531.9	21577.5	409313.1	241308.3	223168.6
湖　南	334853.6	22201.6	438808.1	259241.6	225922.5
广　东	1070443.9	89969.7	1572749.3	719171.7	779558.6
广　西	169612.0	11415.0	235059.9	116427.1	110085.7
海　南	68801.6	3339.9	87415.0	32350.7	37415.3
重　庆	169224.7	11363.7	236788.4	114906.4	106794.9
四　川	403448.9	30121.3	596684.6	250373.1	238434.9
贵　州	90648.0	3497.6	121420.5	62467.6	61434.5
云　南	345877.4	16599.3	444027.5	195069.3	184014.8
西　藏	47070.1	1198.5	63482.8	43764.4	42120.6
陕　西	281894.4	17984.7	376282.5	201477.1	210517.4
甘　肃	148361.5	11323.3	173886.6	116596.0	106346.9
青　海	37869.5	1235.5	48981.5	28380.0	27277.2
宁　夏	62075.4	2397.5	76586.7	40005.3	30773.5
新　疆	102188.3	6130.3	129712.8	52186.0	49540.1

2-B-6 续表 5

一般旅店　　　　单位：万元

地　区	所有者权益合计					
	实收资本					
	国家资本	集体资本	法人资本	个人资本	港澳台资本	外商资本
全　国	**1056990.5**	**442058.2**	**1006607.3**	**2390039.4**	**274815.8**	**262606.2**
北　京	83496.6	21988.7	130044.0	55683.3	10349.8	746.6
天　津	13637.4	3265.1	26013.1	7246.0	1850.1	3244.9
河　北	64028.2	36039.6	24503.7	118685.1	10.0	
山　西	38599.3	18527.9	13825.3	85921.0	125.0	40.0
内蒙古	19793.0	11081.1	30355.6	64265.1	300.0	4891.3
辽　宁	30467.1	11759.7	15852.1	77141.4	2332.5	7134.7
吉　林	20848.9	3165.5	16670.3	22751.9	40.0	462.0
黑龙江	29958.5	5923.2	12638.7	22485.7	10062.4	44.7
上　海	76191.7	25349.3	59985.0	132379.2	4647.2	20238.1
江　苏	32695.3	17585.7	9673.1	131010.8	19228.1	8867.5
浙　江	23036.3	32034.6	84121.0	191465.4	81805.1	6029.5
安　徽	39497.5	9395.6	18253.4	84372.7	884.4	184.1
福　建	22558.1	6435.9	23767.9	59406.6	23663.0	2522.4
江　西	23674.2	8190.5	20763.0	90633.5	2719.6	802.0
山　东	31823.8	13580.4	30120.5	96250.9	1931.6	1325.0
河　南	56353.3	24569.7	35395.2	126580.3	8037.1	1380.7
湖　北	40427.8	22761.7	30627.7	99560.3	27074.7	2716.4
湖　南	22496.5	15212.9	24891.5	160465.8	2750.0	105.8
广　东	106127.3	42480.4	150908.2	228167.3	58588.2	193287.2
广　西	22320.8	11540.0	33985.2	40793.2	506.0	940.5
海　南	7067.6	1705.8	10488.9	17901.9	106.1	145.0
重　庆	33082.8	7788.1	24639.9	38450.5	2815.5	18.1
四　川	45176.8	21717.2	41626.3	118347.4	11191.2	376.0
贵　州	20183.1	3317.9	6057.0	31856.5	20.0	
云　南	37068.6	20590.6	35746.1	85362.2	2685.2	2562.1
西　藏	12888.4	8201.3	13655.8	5920.3		1454.8
陕　西	58890.4	19326.7	27596.6	101737.7		2966.0
甘　肃	21694.5	9264.7	30339.4	44996.3	52.0	
青　海	2524.1	3707.6	5998.6	14431.1	600.0	15.8
宁　夏	3880.9	1442.0	11016.2	13989.4	340.0	105.0
新　疆	16501.7	4108.8	7048.0	21780.6	101.0	

2-B-6　续表 6

一般旅店　　　　单位：万元

地　区	主营业务收　入	主营业务成　本	主营业务税金及附加	主营业务利　润	三项费用合　计
全　国	**5537124.7**	**2667399.5**	**283203.8**	**2682268.7**	**2455716.4**
北　京	411777.2	112074.0	21994.1	277709.1	318828.5
天　津	80807.4	27080.2	4420.1	48548.7	49329.1
河　北	183593.9	92353.2	9517.0	80748.5	68423.8
山　西	150595.6	292181.2	7237.4	52484.5	54569.3
内蒙古	163706.0	83449.4	6408.5	71523.5	44801.2
辽　宁	150103.2	68051.3	8129.6	73833.5	60453.2
吉　林	75881.7	45081.5	2985.6	26302.4	16469.1
黑龙江	88307.6	46631.4	4143.2	34637.6	26229.0
上　海	399188.7	92447.1	22715.9	242285.2	305294.6
江　苏	335644.0	153263.1	16161.3	161893.1	130646.3
浙　江	330443.2	125078.7	17643.9	187720.6	193543.0
安　徽	107734.7	51717.4	4903.2	48093.8	40455.9
福　建	132383.7	56999.6	7562.1	66637.1	57748.3
江　西	165622.2	87816.9	8693.5	67083.5	38674.7
山　东	297987.7	146513.1	11913.5	135855.1	78473.7
河　南	360194.5	200270.1	16032.7	140512.6	96758.7
湖　北	203028.7	95562.4	9839.4	90716.2	57309.0
湖　南	290745.0	160163.7	13263.6	109896.5	81838.5
广　东	715785.5	332647.2	41371.3	340338.2	350703.6
广　西	95296.2	35482.8	5148.6	51498.8	47699.9
海　南	24550.1	10759.2	1171.0	10436.6	10968.9
重　庆	114879.1	53536.6	5969.1	51678.7	34486.0
四　川	192003.4	88517.9	10086.0	86149.9	86944.9
贵　州	48748.9	20809.4	3276.5	22753.0	26925.3
云　南	93724.5	41795.9	5123.3	45641.0	46388.3
西　藏	6340.2	3112.8	265.6	2547.5	3209.8
陕　西	203260.0	90820.9	11115.5	102295.3	67139.1
甘　肃	51592.7	27376.0	2479.0	20682.0	19805.9
青　海	11632.1	5444.4	585.8	5017.8	6267.5
宁　夏	17728.9	7842.6	1004.0	8884.9	10255.6
新　疆	33838.1	12519.5	2043.5	17863.5	25075.7

2-B-6 续表 7

一般旅店 单位：万元

地区	三项费用合计		营业利润	职工工资和福利费	全部从业人员年平均人数(人)
	税金	利息支出			
全国	**72200.4**	**64368.5**	**412216.9**	**1060792.1**	**679276**
北京	4645.7	1878.0	-35290.6	88823.7	41366
天津	1074.7	2931.8	-102.5	15926.7	8917
河北	3046.9	1508.8	15400.8	38371.3	30333
山西	2118.8	1411.7	11874.6	28433.8	28469
内蒙古	2041.3	883.6	29086.0	31762.5	20759
辽宁	2056.6	632.8	15104.8	26894.2	17364
吉林	928.9	510.8	11313.5	13402.0	9416
黑龙江	1222.5	649.2	11553.6	14076.4	11236
上海	1953.6	6274.5	-23893.3	70714.6	33304
江苏	3203.5	3393.7	40562.9	67900.6	31058
浙江	2956.3	8828.7	848.8	60650.7	35635
安徽	1007.9	1546.4	10691.2	22138.2	16876
福建	1981.8	1066.8	12185.1	26265.0	18350
江西	2669.6	1879.5	32110.4	23548.7	17910
山东	3499.4	2330.8	61208.1	49361.8	31089
河南	5300.8	2789.7	47860.6	55043.5	46567
湖北	2912.3	2868.1	41652.7	36157.6	26223
湖南	6898.6	1803.5	37617.6	50451.1	33292
广东	7591.4	6848.7	9132.3	148248.3	73904
广西	1908.3	1624.4	8193.5	21854.6	15392
海南	319.8	38.3	892.9	5774.3	5172
重庆	2286.0	803.0	23189.8	18789.5	12253
四川	2669.4	3002.0	9869.6	38862.9	28005
贵州	785.5	713.3	-262.4	11100.0	8761
云南	1602.7	2695.6	4691.5	22624.9	18569
西藏	67.8	11.3	-341.9	1639.9	1459
陕西	3545.0	3357.9	38167.2	42288.4	32209
甘肃	924.5	755.8	3989.6	12854.1	12221
青海	136.5	206.5	-461.5	3411.8	3213
宁夏	298.9	1005.9	-608.5	4770.1	3519
新疆	545.4	117.4	-4019.5	8650.9	6435

2-B-6 续表 8

其他住宿服务 单位：万元

地 区	固定资产原 价	本年折旧	资产总计	所有者权益合计	实收资本
全 国	**1161769.8**	**70258.4**	**1750975.5**	**799301.2**	**806017.4**
北 京	119381.2	4818.2	182582.8	67877.1	87356.8
天 津	76842.6	2521.0	157469.6	95436.2	92191.4
河 北	72886.7	4570.1	94534.9	46030.4	48794.9
山 西	23900.1	1357.0	28952.7	9490.2	14989.4
内蒙古	26902.1	574.8	31959.0	14492.5	14683.7
辽 宁	47064.7	2076.4	57595.7	26790.8	16770.5
吉 林	18781.4	1523.2	27321.2	9532.4	7619.4
黑龙江	27958.2	1225.3	35629.9	14908.3	19025.3
上 海	23415.5	1518.3	108726.4	24327.2	31871.2
江 苏	41012.0	2933.3	56066.1	24838.4	23147.7
浙 江	24891.3	1342.5	45002.2	19625.2	21523.9
安 徽	23965.9	1127.6	32260.9	12263.6	13118.2
福 建	25434.4	1341.1	35516.2	20526.0	20593.4
江 西	11218.6	588.6	15699.3	8390.1	8069.7
山 东	49642.8	3720.5	96991.6	45757.1	38829.9
河 南	19583.8	956.9	41897.9	22398.8	18872.7
湖 北	79296.4	5610.6	114750.2	70817.4	49297.0
湖 南	71403.4	7195.2	86626.4	6420.4	58421.7
广 东	146640.3	11593.2	174723.7	76412.3	69715.0
广 西	15989.4	2219.1	17579.8	8950.5	8515.5
海 南	4010.0	615.3	11898.4	3554.8	3791.2
重 庆	19166.5	1409.7	27677.1	15091.7	13098.1
四 川	63561.9	3031.3	88889.8	42236.3	27972.3
贵 州	8862.9	1231.8	25603.5	11328.7	10460.7
云 南	42976.5	1472.8	59580.0	38711.8	33161.5
西 藏	3014.4	24.3	4075.6	3906.7	3901.7
陕 西	33105.0	2270.7	43791.5	27762.4	24525.2
甘 肃	26804.9	818.9	29758.1	21217.8	15666.1
青 海	5355.6	194.6	7708.8	5799.2	5532.5
宁 夏	4395.5	168.3	5779.1	2104.5	2360.8
新 疆	4305.8	207.8	4327.1	2302.4	2140.0

2-B-6 续表 9

其他住宿服务 单位：万元

地区	所有者权益合计					
	实收资本					
	国家资本	集体资本	法人资本	个人资本	港澳台资本	外商资本
全　国	**208537.7**	**74218.5**	**214803.9**	**212487.3**	**30107.0**	**65863.0**
北　京	12689.0	5699.4	64036.5	3104.0	1414.4	413.5
天　津	22139.7	894.5	13930.8	3767.8	2954.7	48503.9
河　北	22144.8	1695.0	17902.0	6553.1	500.0	
山　西	4894.9	1393.9	1573.6	7077.0		50.0
内蒙古	1354.0	547.3	6129.5	6652.9		
辽　宁	616.2	481.0	7158.5	7225.4		1289.4
吉　林	581.8	690.3	1303.8	1206.1	3837.4	
黑龙江	5761.0	484.9	5705.6	2463.6	4610.2	
上　海	2323.1	4934.0	9951.1	10624.8	87.0	3951.2
江　苏	3265.1	3841.5	904.6	13592.9	551.2	992.4
浙　江	1091.0	490.6	11204.2	6093.1	2645.0	
安　徽	5985.9	321.8	487.6	6322.9		
福　建	4285.3	3577.4	4551.5	7358.6	320.6	500.0
江　西	357.9	294.7	3558.9	3858.2		
山　东	7302.4	1446.5	7946.3	15041.6	20.0	7073.1
河　南	2917.9	1026.6	5163.4	9764.8		
湖　北	8614.8	4310.6	24286.3	12085.3		
湖　南	40295.4	1277.1	1441.8	14310.9	716.5	380.0
广　东	21857.9	6352.0	9024.4	26704.8	3069.4	2706.5
广　西	1027.3	845.2	1166.0	3359.3	2117.7	
海　南	1485.3	105.4	1729.6	308.0	162.9	
重　庆	2289.5	249.6	1070.0	8489.0	1000.0	
四　川	10021.9	2617.8	1323.8	14008.8		
贵　州	2066.7	841.6	352.0	1461.0	5739.4	
云　南	6760.1	14340.5	5244.3	6459.0	357.6	
西　藏	2091.7	480.0	1330.0			
陕　西	3520.5	13267.4	1330.4	6406.9		
甘　肃	8507.7	502.2	3272.6	3377.6	3.0	3.0
青　海	742.0	1209.7	1461.0	2119.8		
宁　夏	1016.9		111.0	1232.9		
新　疆	530.0		152.8	1457.2		

2-B-6 续表 10

其他住宿服务

单位：万元

地 区	主营业务收入	主营业务成本	主营业务税金及附加	主营业务利润	三项费用合计
全 国	**603082.2**	**263386.8**	**31472.3**	**298652.2**	**290297.2**
北 京	41009.5	12237.4	2156.1	26616.0	36809.2
天 津	41604.6	9592.1	3712.6	31453.0	29655.2
河 北	25108.7	11565.2	1348.7	11582.1	14508.5
山 西	20941.2	8869.3	876.4	9737.0	9492.6
内蒙古	17341.0	9417.6	802.6	7005.4	3324.6
辽 宁	11438.3	6210.6	513.4	4681.9	4046.4
吉 林	12765.4	6927.0	590.3	5321.4	6768.8
黑龙江	13601.8	8485.3	562.2	3915.6	4424.6
上 海	23925.9	12591.7	1180.6	9622.4	16888.0
江 苏	43164.3	21128.4	2023.6	18982.1	16935.4
浙 江	11824.6	4184.5	470.9	7169.2	7695.2
安 徽	9021.0	4886.4	440.7	3581.0	3468.1
福 建	16415.1	7217.3	731.5	7905.2	6274.7
江 西	7686.4	4316.9	307.4	2663.3	1925.5
山 东	33236.5	15775.4	1583.7	15854.5	10174.1
河 南	22844.8	10987.4	986.4	10342.0	7618.2
湖 北	33390.3	15770.6	1817.6	13322.2	10880.7
湖 南	37487.3	21444.0	1737.4	13902.7	12030.8
广 东	81567.9	28531.4	4271.4	48501.5	47051.8
广 西	9026.1	4947.9	395.8	3477.2	2542.2
海 南	1390.0	478.0	69.2	861.8	1130.1
重 庆	13550.8	6535.4	728.1	5075.0	4489.4
四 川	27663.6	11055.7	1492.7	13500.3	12228.3
贵 州	4516.1	1832.7	275.3	2260.3	2380.1
云 南	13323.3	4918.0	698.8	7646.8	6269.2
西 藏	788.6	370.0	20.2	384.1	292.4
陕 西	16743.8	7254.1	1009.6	8477.9	5449.3
甘 肃	6631.3	3410.6	377.6	2936.4	3078.3
青 海	2349.7	1159.4	130.9	815.5	1180.7
宁 夏	890.0	410.7	57.0	422.3	711.6
新 疆	1834.3	875.8	103.6	636.1	573.2

2-B-6 续表 11

其他住宿服务 单位：万元

地区	三项费用合计		营业利润	职工工资和福利费	全部从业人员年平均人数（人）
	税金	利息支出			
全国	**8692.1**	**9458.2**	**26539.6**	**128036.9**	**77587**
北京	626.0	1447.0	-9641.3	11083.0	4556
天津	207.5	183.8	2691.3	7388.6	4219
河北	240.3	1010.6	-1978.9	5513.2	3953
山西	643.8	165.7	1480.9	3601.3	3123
内蒙古	278.1	60.9	3768.0	2685.7	1882
辽宁	112.6	58.4	715.3	2290.3	1629
吉林	282.4	396.3	-1423.6	2936.8	1889
黑龙江	157.2	77.6	266.9	2409.2	1957
上海	114.9	786.4	-7059.0	4805.6	2241
江苏	418.5	99.8	3281.3	10353.4	4268
浙江	35.2	400.1	-505.5	2096.8	1309
安徽	172.3	208.0	230.4	2135.7	1853
福建	213.9	399.2	2358.9	3005.8	1887
江西	98.4	188.5	1085.6	1288.9	1132
山东	824.4	245.0	6373.4	5894.3	3918
河南	255.0	473.8	3219.8	3635.4	3038
湖北	428.8	-155.3	5966.4	8398.6	5407
湖南	1039.1	283.1	2316.7	6838.5	4277
广东	866.3	1496.3	3115.4	19935.3	9522
广西	170.4	36.7	1314.1	2100.3	1281
海南	17.4	11.5	-244.7	417.6	454
重庆	647.0	45.9	2119.0	2228.3	1652
四川	310.8	672.2	1963.0	6422.3	4307
贵州	34.0	43.3	63.3	1138.2	873
云南	106.6	160.6	1798.6	2991.6	2019
西藏	1.7	20.0	81.2	241.8	219
陕西	212.1	447.4	3182.3	3513.4	2091
甘肃	135.9	96.4	90.1	1519.0	1501
青海	13.0	58.7	87.3	443.7	488
宁夏	22.0	40.3	-267.2	247.3	239
新疆	6.5		90.6	477.0	403

2-B-7 各地区餐饮业法人企业基本情况

地区	法人单位数(个)	年末从业人数(人)	客房间数(间)	床位数(个)	餐位数(位)	年末餐饮营业面积(万平方米)
全国	**90830**	**3180888**	**609871**	**1176112**	**19499909**	**6628.4**
北京	7129	254835	9115	17660	1357458	571.7
天津	3200	88569	4356	8508	535804	199.9
河北	2328	83806	15592	34256	456057	181.2
山西	1573	85457	19569	37469	345463	120.7
内蒙古	1817	66780	22295	45619	446480	155.8
辽宁	3710	98156	13439	31753	559678	236.7
吉林	1604	38126	13899	28163	284769	102.6
黑龙江	1211	35372	5725	13419	243864	87.5
上海	6753	269341	15611	25586	1138654	409.4
江苏	5488	213048	42269	72723	1266428	387.3
浙江	3006	134676	26670	50609	755503	247.6
安徽	2528	78806	19858	35852	491938	193.2
福建	1896	71065	11834	20163	522468	150.2
江西	1511	51807	13298	25126	382742	91.4
山东	10297	284427	70273	136265	2032573	849.0
河南	6098	146622	26012	53137	978971	340.6
湖北	5182	147216	44732	88823	1203327	307.8
湖南	4071	108012	21641	40153	1014949	267.9
广东	8071	433491	35791	61064	2085566	698.6
广西	839	36171	8111	14804	211644	56.0
海南	358	14556	1615	2803	85740	28.7
重庆	2944	91044	15452	30777	728902	184.7
四川	3177	119506	21213	38784	893804	299.0
贵州	519	18474	3134	5821	109332	53.1
云南	753	27583	6308	13290	223644	56.7
西藏	49	1345	86	154	4487	4.3
陕西	3120	119070	107069	213416	741148	182.9
甘肃	892	31501	6929	14585	206561	76.9
青海	174	7633	1125	2088	58369	26.3
宁夏	230	11827	3436	6388	53994	25.5
新疆	302	12566	3414	6854	79592	35.2

2-B-8 各地区餐饮业法人企业基本情况(按国民经济行业分)

正餐服务

地区	法人单位数(个)	年末从业人数(人)	客房间数(间)	床位数(个)	餐位数(位)	年末餐饮营业面积(万平方米)
全国	**74969**	**2626482**	**582297**	**1122488**	**17022982**	**5845.7**
北京	5653	206393	8768	17052	1090881	489.1
天津	2800	67352	3791	7286	469346	179.9
河北	2113	79809	14543	31313	438205	171.0
山西	1382	78644	18516	35419	322947	112.9
内蒙古	1707	64000	21711	44301	434449	150.9
辽宁	3206	74771	13204	31211	475747	208.3
吉林	1382	34705	13489	27245	255934	95.7
黑龙江	1055	32484	5165	12046	230202	83.4
上海	4705	189815	14402	23446	909353	333.8
江苏	4407	163014	41108	70761	1067566	333.8
浙江	2282	101974	25470	48084	616731	207.8
安徽	2159	68815	18582	33291	440183	170.7
福建	1471	54867	10847	18355	462587	118.8
江西	1362	46240	12944	24479	348637	81.7
山东	9062	256448	65714	128356	1853613	793.3
河南	5150	131242	24711	50282	852978	301.9
湖北	4300	123361	42180	83901	1094224	274.5
湖南	3452	92525	20147	37370	878971	229.9
广东	6285	330413	34338	58526	1717287	593.3
广西	673	29337	7963	14553	187823	47.6
海南	263	11863	1427	2509	75286	24.7
重庆	2468	80021	14190	28142	634705	165.6
四川	2573	101713	19316	35531	807238	262.5
贵州	423	16855	3033	5649	102957	48.4
云南	630	23658	6066	12853	206921	51.1
西藏	32	962	86	154	3951	3.8
陕西	2618	108368	106492	212176	679947	166.9
甘肃	757	28205	6269	13204	190600	68.4
青海	134	6488	1100	2036	50898	18.8
宁夏	208	11367	3403	6322	51564	24.3
新疆	257	10773	3322	6635	71251	32.9

2-B-8　续表 1

快餐服务

地　区	法人单位数（个）	年末从业人数（人）	客房间数（间）	床位数（个）	餐位数（位）	年末餐饮营业面积（万平方米）
全　国	**6156**	**372896**	**9478**	**18883**	**1434559**	**411.1**
北　京	562	33031	7	7	201001	48.9
天　津	152	16232	107	177	49861	11.6
河　北	102	2117	263	566	8075	5.7
山　西	95	4756	254	493	14070	4.5
内蒙古	76	2191	505	1117	8243	2.7
辽　宁	246	19724	55	105	67216	21.7
吉　林	101	1535	91	220	10956	3.2
黑龙江	82	1763	120	299	9673	2.4
上　海	450	51746	144	254	127877	36.1
江　苏	409	37115	230	395	116593	29.4
浙　江	280	23965	830	1727	95576	24.5
安　徽	142	6077	739	1556	29144	8.0
福　建	192	11701	356	679	40037	24.3
江　西	61	3595	243	379	15291	4.8
山　东	817	21707	1906	3849	109213	37.4
河　南	605	10044	690	1450	77854	23.9
湖　北	335	15193	733	1380	52158	16.5
湖　南	138	6446	471	1002	44647	10.4
广　东	821	81244	975	1751	245459	65.9
广　西	58	4283	60	110	12716	3.9
海　南	11	327			1173	0.4
重　庆	82	3933	27	97	25001	3.7
四　川	99	3788	269	442	23625	6.4
贵　州	18	382	55	94	1796	0.5
云　南	34	2224	20	40	10167	3.0
西　藏	3	139			243	0.1
陕　西	101	4137	164	317	21771	6.1
甘　肃	43	1537	74	162	5949	2.2
青　海	1	15			80	0.1
宁　夏	7	286			1238	0.7
新　疆	33	1663	90	215	7856	2.1

2-B-8 续表 2

饮料及冷饮服务

地　　区	法人单位数（个）	年末从业人数（人）	客房间数（间）	床位数（个）	餐位数（位）	年末餐饮营业面积（万平方米）
全　　国	**3894**	**54505**	**2391**	**4168**	**302291**	**124.3**
北　　京	501	4829	18	44	28887	13.5
天　　津	78	992	5	5	4248	1.8
河　　北	38	447	22	54	1230	1.0
山　　西	27	274	24	100	1121	0.5
内 蒙 古	8	51	2	4	445	0.2
辽　　宁	106	1256	41	124	6046	3.0
吉　　林	33	304	34	68	2260	0.9
黑 龙 江	23	148	31	76	829	0.3
上　　海	726	8199	23	39	35722	16.3
江　　苏	233	3302	158	268	20044	6.7
浙　　江	278	4384	229	420	29779	9.6
安　　徽	120	2008	196	257	11221	6.5
福　　建	114	1451	43	73	5508	2.8
江　　西	37	852	36	65	4737	2.0
山　　东	104	1362	73	105	7018	3.1
河　　南	63	780	4	4	6088	2.1
湖　　北	146	2372	277	613	9095	4.7
湖　　南	210	3795	256	336	42521	12.8
广　　东	364	7067	70	126	39849	13.3
广　　西	22	446			1502	0.7
海　　南	40	884	51	97	2707	1.5
重　　庆	114	1373	154	329	9205	3.1
四　　川	264	4627	494	664	17638	11.4
贵　　州	32	605	8	13	1695	1.4
云　　南	36	232	20	40	1620	0.5
西　　藏	8	146			165	0.2
陕　　西	128	1807	91	182	8103	3.1
甘　　肃	21	281	18	36	1436	0.7
青　　海	10	179			1379	0.6
宁　　夏	7	36	13	26	133	0.1
新　　疆	3	16			60	

2-B-8 续表 3

其他餐饮服务

地区	法人单位数(个)	年末从业人数(人)	客房间数(间)	床位数(个)	餐位数(位)	年末餐饮营业面积(万平方米)
全国	**5811**	**127005**	**15705**	**30573**	**740077**	**247.2**
北京	413	10582	322	557	36689	20.2
天津	170	3993	453	1040	12349	6.6
河北	75	1433	764	2323	8547	3.5
山西	69	1783	775	1457	7325	2.8
内蒙古	26	538	77	197	3343	2.0
辽宁	152	2405	139	313	10669	3.7
吉林	88	1582	285	630	15619	2.9
黑龙江	51	977	409	998	3160	1.4
上海	872	19581	1042	1847	65702	23.2
江苏	439	9617	773	1299	62225	17.4
浙江	166	4353	141	378	13417	5.8
安徽	107	1906	341	748	11390	8.0
福建	119	3046	588	1056	14336	4.2
江西	51	1120	75	203	14077	2.9
山东	314	4910	2580	3955	62729	15.2
河南	280	4556	607	1401	42051	12.7
湖北	401	6290	1542	2929	47850	12.1
湖南	271	5246	767	1445	48810	14.8
广东	601	14767	408	661	82971	26.0
广西	86	2105	88	141	9603	3.7
海南	44	1482	137	197	6574	2.1
重庆	280	5717	1081	2209	59991	12.3
四川	241	9378	1134	2147	45303	18.8
贵州	46	632	38	65	2884	2.8
云南	53	1469	202	357	4936	2.2
西藏	6	98			128	0.1
陕西	273	4758	322	741	31327	6.8
甘肃	71	1478	568	1183	8576	5.7
青海	29	951	25	52	6012	6.8
宁夏	8	138	20	40	1059	0.4
新疆	9	114	2	4	425	0.2

2-B-9 各地区餐饮业法人企业经营情况

单位：万元

地区	营业额	客房收入	餐费收入	商品销售收入	其他收入
全国	**34807133.2**	**1511148.9**	**31715936.6**	**1051516.4**	**528531.3**
北京	3545879.4	26340.5	3364796.7	64838.7	89903.5
天津	1012261.0	15009.4	972424.7	11991.3	12835.6
河北	679774.9	46411.4	603079.3	21255.1	9029.1
山西	640457.2	70085.6	534366.6	27176.6	8828.4
内蒙古	569573.4	76577.1	483066.1	6779.6	3150.6
辽宁	1320040.4	43626.5	1238714.0	20016.4	17683.5
吉林	360083.6	29828.5	315192.1	7310.3	7752.7
黑龙江	324236.3	15943.3	264753.4	40448.6	3091.0
上海	3341809.4	41148.9	3243308.4	30172.2	27179.9
江苏	2738385.5	174396.9	2428553.2	84654.1	50781.3
浙江	1761194.3	74026.8	1637467.4	18020.9	31679.2
安徽	651170.8	49023.4	540341.6	46322.9	15482.9
福建	857204.2	25760.2	795832.2	21526.4	14085.4
江西	503855.0	29123.5	412535.5	58817.1	3378.9
山东	3449195.1	208135.3	2965845.7	241228.9	33985.2
河南	1548966.4	85159.8	1375420.9	64847.3	23538.4
湖北	1312448.7	82162.5	1189314.9	30287.7	10683.6
湖南	1169256.2	65245.0	1055898.0	34040.0	14073.2
广东	4830207.2	133109.6	4555797.1	73337.5	67963.0
广西	256844.1	13848.4	235408.7	4366.4	3220.6
海南	120819.6	2420.0	115150.0	1736.1	1513.5
重庆	943096.7	33687.9	866942.5	30012.6	12453.7
四川	1056394.1	44579.1	941415.2	37717.3	32682.5
贵州	122733.4	5851.6	112090.5	2701.1	2090.2
云南	232827.8	13956.6	207238.8	7785.2	3847.2
西藏	6799.1	500.4	6022.4	47.0	229.3
陕西	1029371.1	74603.6	883362.0	50537.3	20868.2
甘肃	188997.1	10497.9	170179.5	6426.0	1893.7
青海	40928.4	2450.1	37862.4	46.7	569.2
宁夏	87198.3	11839.5	68729.5	4658.0	1971.3
新疆	105124.5	5799.6	94827.3	2411.1	2086.5

2-B-10　各地区餐饮业法人企业经营情况(按国民经济行业分)

正餐服务　　单位：万元

地　区	营业额	客房收入	餐费收入	商品销售收入	其他收入
全　国	**28082439.6**	**1454619.6**	**25251994.1**	**934172.8**	**441653.1**
北　京	2720393.9	25894.4	2579955.9	48321.2	66222.4
天　津	716230.3	13167.1	685638.3	7920.2	9504.7
河　北	653562.5	44334.0	580499.1	19959.6	8769.8
山　西	569470.5	67654.8	467955.0	25681.2	8179.5
内蒙古	551008.9	75262.0	466093.6	6714.1	2939.2
辽　宁	932306.1	43142.1	863637.9	14199.4	11326.7
吉　林	328235.0	28744.3	286285.6	5996.2	7208.9
黑龙江	301737.1	14135.7	245394.3	39465.8	2741.3
上　海	2515477.7	38568.8	2436544.5	20217.4	20147.0
江　苏	2118801.2	170138.0	1823530.7	76536.0	48596.5
浙　江	1320880.1	72362.7	1207929.9	11599.6	28987.9
安　徽	578496.3	47238.2	477939.8	44411.1	8907.2
福　建	648590.9	23613.2	598769.2	15344.3	10864.2
江　西	438906.0	28619.5	351379.4	56286.0	2621.1
山　东	3086253.9	201040.1	2622689.1	229444.7	33080.0
河　南	1353226.5	80280.1	1192598.3	58061.5	22286.6
湖　北	1090478.8	76702.2	980848.2	25524.1	7404.3
湖　南	984229.3	62089.5	884433.3	28549.6	9156.9
广　东	3556572.7	127938.0	3302954.3	63466.4	62214.0
广　西	194829.1	13743.6	173861.9	4315.9	2907.7
海　南	104841.3	2289.6	100048.1	1437.1	1066.5
重　庆	836516.5	31762.2	767202.8	26666.5	10885.0
四　川	892995.0	42957.5	788857.9	35395.7	25783.9
贵　州	115552.1	5729.1	106490.3	1716.2	1616.5
云　南	183870.1	13336.1	162233.6	5668.7	2631.7
西　藏	5333.9	500.4	4789.6	15.0	28.9
陕　西	916534.7	73552.1	775443.5	48107.4	19431.7
甘　肃	162211.4	9844.9	144558.8	6111.2	1696.5
青　海	34352.1	2436.8	31375.6	45.2	494.5
宁　夏	84907.6	11801.3	66582.7	4658.0	1865.6
新　疆	85638.1	5741.3	75472.9	2337.5	2086.4

2-B-10 续表 1

快餐服务

单位：万元

地区	营业额	客房收入	餐费收入	商品销售收入	其他收入
全国	**5025891.2**	**18675.3**	**4946646.6**	**34114.9**	**26454.4**
北京	656600.9	26.2	640864.6	5288.6	10421.5
天津	259675.6	66.1	257486.2	1559.0	564.3
河北	13771.7	607.0	12934.7	117.4	112.6
山西	59884.4	605.1	58104.9	1093.6	80.8
内蒙古	12694.4	1043.2	11623.7	9.5	18.0
辽宁	349067.3	230.4	347747.0	479.9	610.0
吉林	16011.8	143.8	15385.7	175.2	307.1
黑龙江	15551.5	614.1	14152.1	725.3	60.0
上海	572359.1	419.4	569022.8	2076.9	840.0
江苏	474480.9	360.8	471686.2	1925.5	508.4
浙江	356182.6	554.0	352772.2	1092.4	1764.0
安徽	51479.9	1194.1	44261.1	551.0	5473.7
福建	166020.3	450.2	163884.5	563.5	1122.1
江西	48484.0	299.7	47048.8	955.9	179.6
山东	293201.7	3443.5	283674.5	5755.7	328.0
河南	134050.0	2511.6	126605.8	4482.1	450.5
湖北	164102.9	1347.0	161366.1	1051.1	338.7
湖南	102244.1	585.4	99968.5	1098.9	591.3
广东	1008927.0	3450.1	1002372.6	1897.3	1207.0
广西	50275.2	15.6	50106.1	50.5	103.0
海南	4041.5		4041.5		
重庆	27480.5	11.9	27349.9	117.2	1.5
四川	47958.5	343.3	47301.1	133.3	180.8
贵州	2171.3	5.1	1626.9	514.3	25.0
云南	37425.9	13.7	34450.3	2090.0	871.9
西藏	441.0		441.0		
陕西	62002.2	141.8	61365.6	221.8	273.0
甘肃	18472.3	134.9	18300.5	15.4	21.5
青海	46.0		46.0		
宁夏	1435.0		1435.0		
新疆	19351.7	57.3	19220.7	73.6	0.1

2-B-10 续表 2

饮料及冷饮服务 单位：万元

地 区	营业额	客房收入	餐费收入	商品销售收入	其他收入
全 国	**470530.0**	**4572.0**	**416851.1**	**27316.7**	**21790.2**
北 京	65207.9	40.5	55376.2	6786.0	3005.2
天 津	7212.2	6.0	6936.0	109.5	160.7
河 北	3266.1	18.0	2297.6	932.3	18.2
山 西	2639.4	7.6	2089.3	87.5	455.0
内蒙古	518.8	1.1	507.7		10.0
辽 宁	13225.2	30.4	10949.2	525.5	1720.1
吉 林	3291.4	63.7	2622.8	395.1	209.8
黑龙江	1327.5	35.1	974.4	120.3	197.7
上 海	72216.2	36.7	64884.7	5409.7	1885.1
江 苏	33122.4	227.5	31155.9	1495.4	243.6
浙 江	37772.7	402.7	36853.6	325.6	190.8
安 徽	10277.5	113.0	9059.9	342.3	762.3
福 建	9199.0	238.6	7930.5	166.6	863.3
江 西	6102.8	95.6	4585.2	878.2	543.8
山 东	15741.9	237.3	14022.0	1262.2	220.4
河 南	7238.7	10.0	6366.9	486.4	375.4
湖 北	15141.7	1120.8	12219.5	1268.1	533.3
湖 南	32743.1	240.8	29296.2	2538.1	668.0
广 东	74171.6	564.4	70173.8	1894.8	1538.6
广 西	1489.7		1463.3		26.4
海 南	3440.5	50.1	3203.2		187.2
重 庆	12841.0	270.7	10625.5	616.4	1328.4
四 川	25085.9	540.2	18859.5	375.9	5310.3
贵 州	2296.4	50.3	1633.4	204.4	408.3
云 南	799.4	20.5	723.1	13.4	42.4
西 藏	449.0		424.0		25.0
陕 西	11644.3	103.0	9942.9	992.8	605.6
甘 肃	1231.5	10.0	980.7	90.2	150.6
青 海	555.3		555.3		
宁 夏	246.1	37.4	104.0		104.7
新 疆	34.8		34.8		

2-B-10 续表 3

其他餐饮服务 单位：万元

地区	营业额				
		客房收入	餐费收入	商品销售收入	其他收入
全 国	**1228272.4**	**33282.0**	**1100444.8**	**55912.0**	**38633.6**
北 京	103676.7	379.4	88600.0	4442.9	10254.4
天 津	29142.9	1770.2	22364.2	2402.6	2605.9
河 北	9174.6	1452.4	7347.9	245.8	128.5
山 西	8462.9	1818.1	6217.4	314.3	113.1
内蒙古	5351.3	270.8	4841.1	56.0	183.4
辽 宁	25441.8	223.6	16379.9	4811.6	4026.7
吉 林	12545.4	876.7	10898.0	743.8	26.9
黑龙江	5620.2	1158.4	4232.6	137.2	92.0
上 海	181756.4	2124.0	172856.4	2468.2	4307.8
江 苏	111981.0	3670.6	102180.4	4697.2	1432.8
浙 江	46358.9	707.4	39911.7	5003.3	736.5
安 徽	10917.1	478.1	9080.8	1018.5	339.7
福 建	33394.0	1458.2	25248.0	5452.0	1235.8
江 西	10362.2	108.7	9522.1	697.0	34.4
山 东	53997.6	3414.4	45460.1	4766.3	356.8
河 南	54451.2	2358.1	49849.9	1817.3	425.9
湖 北	42725.3	2992.5	34881.1	2444.4	2407.3
湖 南	50039.7	2329.3	42200.0	1853.4	3657.0
广 东	190535.9	1157.1	180296.4	6079.0	3003.4
广 西	10250.1	89.2	9977.4		183.5
海 南	8496.3	80.3	7857.2	299.0	259.8
重 庆	66258.7	1643.1	61764.3	2612.5	238.8
四 川	90354.7	738.1	86396.7	1812.4	1407.5
贵 州	2713.6	67.1	2339.9	266.2	40.4
云 南	10732.4	586.3	9831.8	13.1	301.2
西 藏	575.2		367.8	32.0	175.4
陕 西	39189.9	806.7	36610.0	1215.3	557.9
甘 肃	7081.9	508.1	6339.5	209.2	25.1
青 海	5975.0	13.3	5885.5	1.5	74.7
宁 夏	609.6	0.8	607.8		1.0
新 疆	99.9	1.0	98.9		

2-B-11　各地区餐饮业法人企业财务状况

地　区	固定资产原　价	本年折旧	资产总计	所 有 者权益合计	实收资本
全　国	**17865882.0**	**1347074.8**	**32012116.9**	**12832123.3**	**12317060.7**
北　京	944567.2	74935.0	2531355.6	559352.4	741684.7
天　津	464198.9	31666.0	910797.3	275806.2	239192.4
河　北	435764.8	31784.7	728793.4	355165.5	329289.2
山　西	418379.2	22457.0	803267.7	335637.5	276060.5
内蒙古	351957.3	24139.7	687835.7	310629.2	257548.5
辽　宁	839836.8	76009.6	1217453.0	454051.6	405298.4
吉　林	546425.6	40026.4	653499.7	312285.9	260117.0
黑龙江	241932.0	16618.0	372271.0	155302.1	141173.8
上　海	945955.1	81881.1	2453624.4	586155.8	873926.7
江　苏	1628638.7	130342.8	2729119.4	1091505.9	899387.3
浙　江	785309.8	57139.2	1744691.7	630408.3	561480.0
安　徽	481552.3	30843.2	1518943.3	367547.1	332247.1
福　建	333988.0	23584.7	596842.0	311649.4	301134.4
江　西	324030.2	20344.1	470129.4	259457.0	223099.6
山　东	2182005.6	150538.6	3286652.5	1573329.0	1709202.6
河　南	804827.3	53490.5	1164987.3	665583.9	592881.0
湖　北	831207.0	68261.0	1289970.5	611198.8	567172.9
湖　南	668185.9	48398.0	939047.8	512438.5	489194.7
广　东	1940958.1	177825.0	3172716.7	1270154.8	1183590.3
广　西	161881.0	12283.4	258640.2	126563.2	98024.1
海　南	62425.1	5036.0	111139.1	48696.3	56009.0
重　庆	447416.5	43742.0	785873.8	393555.4	275603.4
四　川	714581.8	47012.9	1410037.6	570714.2	488498.2
贵　州	103851.4	8987.5	183991.2	88042.4	80671.5
云　南	207860.1	9885.7	354040.1	158558.3	132604.0
西　藏	5515.9	271.3	16781.0	12157.1	5825.9
陕　西	618035.6	42916.4	1024864.2	529572.8	519683.5
甘　肃	165574.8	7524.6	245869.9	129026.1	117039.0
青　海	27616.0	929.0	54944.4	27791.6	27141.8
宁　夏	87846.3	3726.0	130652.1	46328.4	57236.5
新　疆	93557.7	4475.4	163284.9	63458.6	75042.7

2-B-11 续表 1

地区	所有者权益合计					
	实收资本					
	国家资本	集体资本	法人资本	个人资本	港澳台资本	外商资本
全国	931583.8	474077.2	2508920.6	6773751.9	752344.8	876382.4
北京	20339.2	33501.8	227025.7	276689.8	74691.8	109436.4
天津	5849.6	11223.5	73358.3	121968.9	2256.2	24535.9
河北	17678.7	5344.9	55621.5	249717.1	538.8	388.2
山西	18144.1	10733.6	29492.9	213493.0	620.0	3576.9
内蒙古	24489.6	8682.7	61544.6	160150.5	735.0	1946.1
辽宁	28712.1	15835.2	39958.2	249090.9	15891.7	55810.3
吉林	61165.5	14390.1	62012.3	120942.0	110.0	1497.1
黑龙江	10552.8	2027.8	31332.1	81877.3	9339.9	6043.9
上海	35787.7	35775.5	109955.0	333427.0	148475.3	210506.2
江苏	76177.3	41356.4	69822.1	559659.0	56167.4	96205.1
浙江	24735.5	41924.7	117864.7	302404.0	27399.2	47151.9
安徽	29721.2	7759.3	44885.6	235848.4	6654.6	7678.0
福建	18683.9	9601.8	45224.6	151376.5	53458.8	22788.8
江西	23008.1	3065.4	37210.0	145610.8	11007.3	3198.0
山东	166530.3	73529.6	659700.2	719516.1	43286.8	46639.6
河南	26371.3	16963.2	73825.1	450405.9	10643.1	14672.4
湖北	68475.4	19609.1	107572.3	343547.9	8461.1	19507.1
湖南	35407.1	8254.5	16506.8	411266.0	4690.8	13069.5
广东	55649.1	47587.4	228478.9	501329.9	226774.1	123770.9
广西	8750.0	4924.8	11480.6	65914.2	3585.7	3368.8
海南	2020.2	1732.5	15901.4	32479.5	788.3	3087.1
重庆	15833.6	15114.6	53588.7	173608.4	4401.2	13056.9
四川	44147.7	9632.4	93996.8	313025.4	6700.3	20995.6
贵州	8176.7	2501.8	14614.6	55168.5	50.0	159.9
云南	24288.4	8385.6	32545.4	56242.4	5942.9	5199.3
西藏	1850.0	27.2	1878.1	2023.1		47.5
陕西	34714.6	13259.8	112853.1	319350.5	20098.1	19407.4
甘肃	3784.2	10112.4	31133.0	61204.8	9089.9	1714.7
青海	1130.8	139.7	6114.4	19250.4	456.5	50.0
宁夏	5516.0	824.5	24134.0	26375.2		386.8
新疆	33893.1	255.4	19289.6	20788.5	30.0	786.1

2-B-11　续表 2

地　区	主营业务收　入	主营业务成　本	主营业务税金及附加	主营业务利　润	三项费用合　计
全　国	**34613578.5**	**17902059.6**	**1814135.2**	**14711089.8**	**12065223.9**
北　京	3552718.4	1635603.7	178108.6	1739006.1	1756555.3
天　津	1010870.1	534111.9	50746.3	418449.7	294494.7
河　北	676730.0	373560.2	34156.9	263555.4	167956.2
山　西	631232.3	373223.9	34096.0	247614.9	235910.6
内蒙古	567148.9	301878.2	25030.8	236997.2	136355.9
辽　宁	1315648.4	657796.0	72749.5	584055.1	408421.7
吉　林	358879.3	221466.6	14247.4	118535.3	68554.2
黑龙江	323369.3	189628.7	23696.2	109180.5	82922.5
上　海	3346284.2	1569397.6	215418.7	1525791.3	1731616.5
江　苏	2724123.5	1401100.2	138214.7	1159691.1	857586.5
浙　江	1760226.1	941396.2	92881.0	725948.9	668174.3
安　徽	657460.1	378649.3	31071.9	238902.7	192261.7
福　建	847894.2	456151.5	46136.8	343619.1	273433.0
江　西	501929.1	274348.6	27606.8	196934.0	118697.8
山　东	3424984.8	1792012.3	152509.5	1464543.3	844542.6
河　南	1522900.0	940247.6	69738.3	508428.6	285716.9
湖　北	1294115.1	684851.6	70755.9	520131.9	388622.3
湖　南	1164575.1	671546.1	53180.5	427106.6	293185.9
广　东	4773329.1	2304479.8	256593.9	2201436.7	1948556.5
广　西	254084.2	129322.4	14009.6	107492.5	86191.5
海　南	120374.8	66234.1	6681.0	46486.0	43430.5
重　庆	947086.5	510411.0	44695.1	385731.9	211876.9
四　川	1054538.9	537670.5	61032.7	432247.6	394108.7
贵　州	121499.2	68766.7	7151.7	40234.2	47040.0
云　南	224336.3	123811.6	12002.4	87173.5	75536.5
西　藏	6685.1	3521.2	161.9	2938.9	2423.2
陕　西	1013397.7	532405.7	55817.3	419271.6	294493.2
甘　肃	187771.2	105575.6	12345.2	69024.0	56625.4
青　海	40627.0	23076.4	2203.8	14484.9	16205.9
宁　夏	86324.5	43974.7	4792.2	36862.6	37990.2
新　疆	102435.1	55839.7	6302.6	39213.7	45736.8

2-B-11 续表 3

地 区	三项费用合计		营业利润	职工工资和福利费	全部从业人员年平均人数(人)
	税金	利息支出			
全 国	**256057.3**	**190560.5**	**3205536.3**	**5376787.2**	**3165123**
北 京	7605.1	9622.1	129.7	556007.6	273219
天 津	2538.5	3133.9	127524.7	133039.7	84182
河 北	7323.5	4491.6	104400.5	103262.5	81977
山 西	5478.1	5616.9	41694.1	96135.4	83182
内蒙古	8686.9	2978.4	106553.6	113882.0	64486
辽 宁	9345.4	5517.3	179418.2	180561.4	107381
吉 林	2900.1	1923.3	54509.1	62189.1	38082
黑龙江	3218.4	868.4	29040.2	55142.8	34572
上 海	7561.8	15127.9	5026.5	498618.1	258419
江 苏	19303.7	19778.6	326529.1	467347.9	211208
浙 江	8793.3	13111.6	72508.4	224744.0	130573
安 徽	5272.7	6822.4	58857.6	112094.9	76943
福 建	5823.0	2223.0	74639.2	108801.3	68291
江 西	6827.6	3652.3	83531.8	77998.5	51683
山 东	31906.7	25505.9	649522.6	482443.0	283859
河 南	17799.1	7065.0	230885.6	179903.5	146086
湖 北	18269.2	9388.1	158982.2	231249.1	145594
湖 南	19157.4	5165.6	150116.4	176779.9	111822
广 东	23598.6	14521.7	285431.3	854935.8	433363
广 西	3134.2	1033.6	26631.1	49985.7	35046
海 南	967.7	-607.3	5306.7	17781.8	14367
重 庆	16390.4	5919.2	199444.2	137875.3	89351
四 川	5782.1	9134.0	72242.5	161527.6	115840
贵 州	1642.0	1413.7	2511.2	23257.9	18149
云 南	1526.1	2266.2	14277.4	37487.1	27081
西 藏	42.6	24.0	616.7	1100.5	1426
陕 西	11514.8	8882.7	133197.7	159061.9	116630
甘 肃	1845.9	1387.4	15410.1	31327.1	31083
青 海	275.1	306.2	-411.4	8026.6	7818
宁 夏	866.1	1633.6	-326.9	16724.9	11395
新 疆	661.2	2653.2	-2663.8	17494.3	12015

2-B-12　各地区餐饮业法人企业财务状况(按国民经济行业分)

正餐服务　　单位：万元

地　区	固定资产原　价	本年折旧	资产总计	所有者权益合计	实收资本
全　国	**14948257.7**	**1101387.0**	**27669445.8**	**11094900.4**	**10161250.5**
北　京	692103.7	56598.7	2080301.2	403045.4	586260.9
天　津	332605.0	23804.6	706467.4	210991.4	186363.2
河　北	403361.0	29236.8	683774.2	338375.3	315170.5
山　西	386082.6	21182.7	747334.6	308183.7	256224.8
内蒙古	343256.3	23601.4	670409.2	299840.8	248129.0
辽　宁	658456.6	49295.4	988216.2	366716.9	341231.9
吉　林	502351.8	36185.1	602404.2	292810.2	243652.6
黑龙江	219130.4	15193.5	342297.2	145581.5	129650.6
上　海	628467.3	52830.4	1987270.7	531226.3	627986.8
江　苏	1379482.4	112632.6	2358316.1	936590.7	791030.0
浙　江	614796.4	41554.9	1517431.8	533047.9	488902.3
安　徽	422702.9	27390.5	1430825.0	329534.8	292744.5
福　建	233693.1	16246.6	460012.5	260311.2	242155.8
江　西	290045.5	17977.1	431174.4	234351.4	205830.5
山　东	2012083.4	137433.6	3046768.8	1455670.6	1117448.5
河　南	696528.9	46942.1	1041829.4	588458.9	533308.3
湖　北	714570.7	58666.7	1142390.3	552503.1	501358.3
湖　南	555592.9	39246.6	803581.4	438259.7	417102.0
广　东	1464759.1	131051.2	2432094.2	934128.7	930970.8
广　西	130203.3	9388.5	216126.6	104988.0	81823.4
海　南	49376.1	4405.1	89387.9	38392.3	43186.8
重　庆	399650.5	39870.7	716454.7	351796.6	240555.5
四　川	633720.5	40524.2	1221628.1	510162.4	431894.3
贵　州	94488.1	8664.6	168007.7	79327.1	71995.8
云　南	188213.5	8496.3	312204.4	135041.5	114557.0
西　藏	4358.5	249.5	13422.0	9151.9	3930.2
陕　西	562280.6	38531.0	917688.6	467026.4	461818.4
甘　肃	141532.3	6079.9	211343.9	111802.1	102296.8
青　海	24651.3	815.0	50259.7	24282.1	24364.2
宁　夏	86574.8	3639.5	127924.2	44629.5	55946.5
新　疆	83138.2	3652.2	152099.2	58672.0	73360.3

2-B-12 续表 1

正餐服务

单位：万元

地区	所有者权益合计					
	实收资本					
	国家资本	集体资本	法人资本	个人资本	港澳台资本	外商资本
全　国	**851129.4**	**427612.8**	**1761101.8**	**6110892.2**	**505361.4**	**505152.9**
北　京	14493.7	30260.6	191285.0	235096.8	51258.6	63866.2
天　津	5063.0	5545.3	63841.4	104877.6	1670.5	5365.4
河　北	14195.3	4974.4	53056.9	242167.7	438.0	338.2
山　西	17896.4	10483.6	26586.9	199629.5	490.0	1138.4
内蒙古	24218.7	8489.0	58246.1	154594.1	635.0	1946.1
辽　宁	20206.1	15328.1	37499.3	229542.3	12327.2	26328.9
吉　林	57441.6	13789.1	58009.8	112955.0	110.0	1347.1
黑龙江	10234.9	1915.4	26691.1	78041.8	9289.8	3477.6
上　海	31301.5	30699.1	82700.0	280967.9	69307.3	133011.0
江　苏	71784.3	38765.6	61611.6	499461.7	51664.1	67742.7
浙　江	21894.1	40837.5	95169.1	270662.1	26684.5	33655.0
安　徽	19994.2	6994.2	41515.3	213198.4	3790.1	7252.3
福　建	18066.3	9441.3	38510.4	131609.3	34535.8	9992.7
江　西	22808.1	3036.4	34902.6	133608.5	10616.8	858.1
山　东	160899.0	71095.0	149115.4	666404.7	37890.5	32043.9
河　南	23690.3	15924.1	63975.7	406429.1	10355.0	12934.1
湖　北	67114.3	15431.0	99255.5	311653.5	5509.3	2394.7
湖　南	29838.4	7805.5	15967.3	357291.7	3210.8	2988.3
广　东	53695.1	42771.4	184746.0	438965.0	158710.7	52082.6
广　西	8554.9	4628.8	9467.7	57727.7	310.3	1134.0
海　南	1957.5	1402.5	8167.3	28306.7	379.7	2973.1
重　庆	12268.6	10423.7	47564.4	159905.9	2333.5	8059.4
四　川	38966.6	9055.0	85710.8	283201.6	428.6	14531.7
贵　州	8052.0	2101.5	13111.4	48580.9	50.0	100.0
云　南	22829.3	4917.9	30536.0	54077.2	1323.9	872.7
西　藏	1850.0	27.0	945.1	1071.1		37.0
陕　西	27823.2	12274.7	107627.8	293473.2	2545.0	18074.5
甘　肃	3651.4	8145.2	27304.9	54180.4	9009.9	5.0
青　海	1120.8	30.0	4785.4	17921.5	456.5	50.0
宁　夏	5460.0	824.5	23986.0	25289.2		386.8
新　疆	33759.8	195.4	19209.6	20000.1	30.0	165.4

2-B-12　续表 2

正餐服务　　　　单位：万元

地　区	主营业务收　入	主营业务成　本	主营业务税金及附加	主营业务利　润	三项费用合　计
全　国	**27886907.4**	**14954777.9**	**1480640.8**	**11299538.1**	**9193637.9**
北　京	2737236.8	1296914.4	137948.7	1302373.7	1340486.4
天　津	716118.7	414364.1	35696.3	260305.0	175361.3
河　北	650466.6	358603.7	33109.2	253980.3	163351.3
山　西	561303.2	343436.1	30772.4	211618.1	210734.0
内蒙古	548705.7	292067.1	24319.9	229296.3	132943.3
辽　宁	924921.1	502715.8	53027.6	368759.6	241048.3
吉　林	327273.1	200175.3	13117.6	110041.9	64540.3
黑龙江	300577.5	176831.0	22391.3	100291.2	76134.3
上　海	2515072.9	1220856.4	173799.2	1095245.7	1262657.4
江　苏	2108241.2	1133322.9	107592.8	844090.9	619020.4
浙　江	1322074.3	751301.6	71159.1	499613.6	487443.2
安　徽	576108.2	331504.0	28219.0	207957.4	167796.6
福　建	640193.9	363726.1	35651.4	239041.3	180351.2
江　西	437014.2	245936.9	23897.2	164666.2	98610.4
山　东	3063766.3	1627740.9	137346.0	1283982.7	724442.1
河　南	1327243.8	830123.9	62140.1	432504.5	246936.9
湖　北	1075628.9	588071.3	60087.6	413393.7	303987.7
湖　南	979487.5	578814.7	45083.2	345704.8	232610.1
广　东	3498433.3	1767012.4	191585.4	1532010.0	1356268.1
广　西	192506.1	103034.8	10953.6	75324.8	60666.4
海　南	104511.8	57083.9	5838.7	40873.9	39010.1
重　庆	838310.3	456401.5	40082.5	337973.3	188575.7
四　川	885440.5	461614.3	47847.2	350643.9	321634.3
贵　州	114311.4	65285.3	6764.4	37415.0	44848.0
云　南	173386.6	99865.8	9683.1	62999.2	57493.7
西　藏	5259.9	2948.4	120.8	2202.6	1763.2
陕　西	901458.3	482490.8	49624.6	364094.9	259498.1
甘　肃	160871.3	92422.1	10909.8	56693.3	47108.2
青　海	34067.6	19597.3	1881.9	11794.6	13977.8
宁　夏	84084.9	42728.5	4679.9	35997.0	37280.2
新　疆	82831.5	47786.6	5310.3	28648.7	37058.9

2-B-12 续表 3

正餐服务

单位：万元

地区	三项费用合计		营业利润	职工工资和福利费	全部从业人员年平均人数（人）
	税金	利息支出			
全国	**226585.6**	**171503.2**	**2543262.2**	**4343548.0**	**2590324**
北京	6620.8	8329.4	-25604.9	435978.1	209945
天津	1873.0	3306.5	88938.3	98002.9	63709
河北	7121.5	4474.0	99456.0	98614.0	78000
山西	5186.6	5591.5	30522.7	89052.1	76589
内蒙古	8516.2	2959.3	101795.6	110131.2	61852
辽宁	8430.3	5064.8	130513.2	121569.7	76165
吉林	2676.9	1810.4	49632.9	56551.7	34747
黑龙江	3018.6	830.5	26328.0	52248.3	31862
上海	6345.8	7811.7	-44653.0	359406.8	182839
江苏	17157.6	16970.1	251767.1	366293.7	162938
浙江	7480.4	12963.3	26688.6	174972.5	97601
安徽	4667.4	6504.6	51818.7	93893.5	67253
福建	4680.4	1843.3	62616.0	82444.1	52524
江西	6314.8	3406.2	70906.6	71689.3	46275
山东	29029.1	24470.5	588058.0	431521.1	256114
河南	15645.1	6170.2	192291.4	158804.4	129120
湖北	16714.3	9109.1	130952.3	188723.6	121842
湖南	14906.1	4379.1	126386.6	155409.9	95812
广东	20335.6	12982.2	205100.3	622738.1	324919
广西	2687.2	771.4	19764.9	40453.7	28472
海南	795.7	-577.6	4095.8	15123.0	11843
重庆	14215.7	4865.9	169624.8	120860.1	79417
四川	5352.2	9123.3	57958.3	135611.2	98480
贵州	1569.9	1394.5	1485.4	21684.3	16666
云南	1450.8	2340.3	7471.0	29901.5	23296
西藏	33.1	7.7	509.1	819.2	948
陕西	10350.4	8788.3	112215.1	144318.7	105588
甘肃	1725.8	1331.8	12539.5	28026.9	27595
青海	239.4	301.0	-903.8	7158.2	6708
宁夏	825.6	1605.1	-520.0	16236.6	10948
新疆	619.3	2574.8	-4492.3	15309.6	10257

2-B-12 续表 4

快餐服务 单位：万元

地区	固定资产原价	本年折旧	资产总计	所有者权益合计	
					实收资本
全国	**2091100.8**	**176976.2**	**2743472.1**	**1014983.8**	**877608.5**
北京	200436.8	12597.3	315213.2	117646.4	86522.8
天津	102401.1	6571.0	114779.0	45940.7	26035.8
河北	19447.4	1616.7	21975.8	7086.5	7148.1
山西	22599.1	819.5	32535.0	18321.3	10264.1
内蒙古	4995.5	331.2	9891.1	6193.4	6264.8
辽宁	162316.9	24809.8	192068.7	67241.7	38220.7
吉林	20173.5	1680.6	19065.8	6690.0	5860.1
黑龙江	16921.3	941.5	21362.5	4347.2	6340.1
上海	222116.2	19964.7	255149.9	15371.2	115445.0
江苏	190451.5	12483.0	247794.6	79250.2	58716.0
浙江	136805.2	12710.2	158945.9	59490.7	41534.8
安徽	38667.3	2200.7	55999.2	23364.8	24621.9
福建	74896.1	5296.2	91463.1	27907.2	30391.0
江西	22336.5	1627.5	26452.1	15316.3	9052.4
山东	121268.8	9593.2	172128.2	82909.8	62381.9
河南	80021.2	4011.7	85710.3	51477.3	39970.0
湖北	76493.1	6200.0	89048.1	23422.8	33757.3
湖南	53540.0	5264.2	56703.9	21757.2	21881.7
广东	401988.2	39053.5	576405.4	251618.9	173416.8
广西	23287.7	2236.5	29016.4	11973.3	7799.7
海南	1187.8	61.7	3229.3	1787.7	2136.1
重庆	12700.8	414.4	16498.5	8789.6	10038.6
四川	23321.8	1982.8	41394.7	6242.3	13529.5
贵州	2813.0	140.7	4184.7	2590.0	2594.3
云南	13792.2	302.0	24693.4	11616.0	9752.2
西藏	268.0	7.3	781.9	655.9	350.0
陕西	25104.4	2301.6	56596.8	32745.6	26133.2
甘肃	10135.8	856.5	13051.1	7587.9	5234.2
青海	87.5	23.6	87.5	80.0	80.0
宁夏	762.3	70.7	1419.7	1013.0	740.0
新疆	9763.8	805.9	9826.3	4548.9	1395.4

2-B-12 续表 5

快餐服务

单位：万元

地区	所有者权益合计					
	实收资本					
	国家资本	集体资本	法人资本	个人资本	港澳台资本	外商资本
全国	**28430.1**	**11991.4**	**117830.9**	**259288.8**	**147166.9**	**312900.4**
北京	211.0	1247.5	19726.8	16463.1	11976.8	36897.6
天津	746.7	643.2	2718.3	3639.9	459.7	17828.0
河北	2699.0	73.0	492.7	3782.6	100.8	
山西	46.2	75.0	1046.0	6728.4	130.0	2238.5
内蒙古	17.4		1502.5	4644.9	100.0	
辽宁	32.2	220.9	1197.5	10960.9	1633.6	24175.6
吉林	165.4		1466.4	4128.3		100.0
黑龙江	24.5	94.9	1750.2	1988.0	0.1	2482.4
上海	2652.2	860.5	5730.6	12247.2	36945.2	57009.3
江苏	2570.3	1419.6	5444.8	22727.3	3731.3	22822.7
浙江	791.2	202.1	15379.3	11789.2	492.2	12880.8
安徽	9680.2	43.8	1489.3	10503.0	2799.9	105.7
福建		7.2	2088.7	8026.3	16194.2	4074.6
江西		10.0	1109.3	5353.8	390.5	2188.8
山东	3827.4	1353.6	6846.7	35373.8	1668.9	13311.5
河南	1868.4	755.0	6747.5	28860.8		1738.3
湖北	499.7	643.6	3182.1	10675.8	1775.4	16980.7
湖南	1066.9	240.0	198.7	10082.4	810.0	9483.7
广东	679.4	3394.1	31175.2	31776.5	37576.0	68815.6
广西	127.6	240.0	851.3	1365.5	2980.5	2234.8
海南	20.0		1754.5	3.0	358.6	
重庆		284.7	536.0	2622.7	2067.7	4527.5
四川			1706.5	3478.8	3265.7	5078.5
贵州	49.0		305.7	2239.6		
云南	255.0	62.6	709.0	321.4	4141.7	4262.5
西藏			250.0	100.0		
陕西	267.1		882.0	6163.1	17488.1	1332.9
甘肃		60.1	1383.3	2001.1	80.0	1709.7
青海			80.0			
宁夏				740.0		
新疆	133.3	60.0	80.0	501.4		620.7

2-B-12 续表 6

快餐服务　　单位：万元

地区	主营业务收入	主营业务成本	主营业务税金及附加	主营业务利润	三项费用合计
全国	**5034168.1**	**2061822.9**	**248372.0**	**2708543.7**	**2278446.8**
北京	647367.5	254184.7	32481.9	360700.9	330347.2
天津	258387.3	98483.3	12992.7	146335.3	108564.1
河北	13842.6	8192.5	510.3	4493.1	2279.6
山西	59397.5	24409.9	2828.1	31915.0	22003.7
内蒙古	12947.8	6861.5	511.3	5449.4	2603.8
辽宁	352349.1	136730.9	17994.5	197150.2	153385.8
吉林	16040.0	10307.7	662.7	4514.7	2142.3
黑龙江	15938.7	8664.0	894.1	7103.6	5510.0
上海	576998.5	225889.9	28467.1	320559.8	325640.2
江苏	471474.2	189252.5	23206.5	258159.7	199748.5
浙江	354423.8	143959.9	17805.1	192658.8	151776.1
安徽	60288.6	36258.7	1804.4	21973.1	18646.4
福建	165089.0	68567.6	8474.6	87720.6	79953.2
江西	48597.8	19134.8	2610.4	26649.0	17561.1
山东	291457.0	126928.9	12606.5	151169.4	104721.8
河南	134370.6	73975.3	5093.7	54160.8	28446.2
湖北	160410.8	64913.6	8055.9	84353.2	72118.0
湖南	102294.6	43647.1	4891.2	52867.1	41539.0
广东	1020296.8	405217.8	52184.0	560219.9	495737.0
广西	49952.0	19911.3	2506.4	27410.4	22882.1
海南	4041.5	2108.8	176.5	1753.1	1518.7
重庆	29706.5	12597.5	1546.9	14808.1	11945.5
四川	47399.0	24348.9	2441.6	21053.0	20711.5
贵州	2144.1	945.7	85.8	1024.7	910.1
云南	37770.5	15369.8	1929.3	19997.9	14558.1
西藏	401.0	211.4	20.2	168.4	116.5
陕西	61410.3	24083.1	3565.7	33552.5	26345.7
甘肃	18470.1	7934.9	962.8	9499.9	7531.1
青海	46.0	17.2	2.5	26.3	84.5
宁夏	1415.0	736.5	79.3	599.2	508.6
新疆	19439.9	7977.2	980.0	10496.6	8610.4

2-B-12 续表 7

快餐服务 单位：万元

指标名称	三项费用合计		营业利润	职工工资和福利费	全部从业人员年平均人数(人)
	税金	利息支出			
全　国	**14322.2**	**13121.0**	**521421.8**	**739696.6**	**399621**
北　京	637.9	877.8	35129.7	91670.1	48342
天　津	267.7	-249.2	37114.3	28879.1	15987
河　北	56.7	9.9	2138.3	2601.3	2091
山　西	166.9	-8.5	9941.6	5069.6	4712
内蒙古	129.4	15.8	3059.3	3019.9	2062
辽　宁	513.2	471.7	43327.7	51538.1	26840
吉　林	74.6	31.8	2503.3	2602.0	1472
黑龙江	76.1	35.9	1727.1	1550.6	1681
上　海	519.5	6853.6	73348.8	89767.6	50333
江　苏	767.6	1613.6	55060.5	75680.1	35524
浙　江	473.2	-36.1	40118.3	35838.2	24715
安　徽	313.5	195.9	3784.4	13425.8	6010
福　建	733.8	213.0	8285.9	18730.2	11378
江　西	216.5	115.5	9158.6	3822.4	3542
山　东	2105.3	765.7	47118.3	40751.9	21404
河　南	1507.7	708.8	26340.0	14598.2	11753
湖　北	1168.8	116.4	15058.1	30901.2	15225
湖　南	1452.2	166.7	11904.9	7571.7	6961
广　东	1968.3	1146.0	66634.3	189531.1	87397
广　西	180.7	210.6	4470.7	6242.8	4178
海　南	5.5		162.6	448.8	317
重　庆	303.2	42.9	4738.4	4708.3	2862
四　川	115.8	-198.8	2670.3	5106.6	3870
贵　州	25.9	-4.0	178.9	344.3	329
云　南	21.0	-39.7	5941.1	4077.0	2200
西　藏		5.3	83.2	32.9	236
陕　西	415.5	-24.4	7568.0	6782.2	4477
甘　肃	31.8	-5.7	1994.4	1911.4	1767
青　海	2.5		-55.7	18.0	15
宁　夏	33.9	17.1	96.3	357.0	285
新　疆	37.5	73.4	1820.2	2118.2	1656

2-B-12 续表 8

饮料及冷饮服务　　单位：万元

地　区	固定资产原　价	本年折旧	资产总计	所有者权益合计	实收资本
全　国	**243115.1**	**22812.5**	**466040.9**	**218625.8**	**272203.3**
北　京	23939.3	3388.4	55819.8	21956.0	34124.1
天　津	2148.6	227.0	3930.5	1020.4	1413.4
河　北	941.0	52.9	10116.1	1750.2	1864.5
山　西	968.4	63.2	1888.8	843.5	867.4
内蒙古	267.8	7.4	1374.9	383.7	399.0
辽　宁	7420.7	735.2	11450.7	5721.4	9625.5
吉　林	5850.1	535.5	7301.3	2601.0	1856.4
黑龙江	1249.9	107.7	1604.4	1296.7	1256.6
上　海	26833.0	2862.1	77751.3	14996.5	53546.5
江　苏	18588.5	1656.8	29267.3	16053.9	15167.0
浙　江	16370.6	1605.6	30503.6	15421.0	15356.2
安　徽	8753.7	507.0	16158.0	9356.4	9193.3
福　建	3601.5	454.0	7901.7	4991.9	5387.3
江　西	4664.2	273.1	6339.9	4732.6	3993.0
山　东	8863.4	765.4	13013.4	8719.7	7098.1
河　南	2501.5	318.4	4573.6	2453.0	2466.7
湖　北	9377.5	1029.7	15627.2	9556.2	9018.0
湖　南	27922.2	2080.2	33152.6	25292.9	24903.6
广　东	26333.5	2827.2	42045.2	24837.6	29934.8
广　西	1545.2	157.4	3559.7	2771.2	2964.8
海　南	5307.7	142.3	7637.1	2694.2	2870.4
重　庆	8447.0	818.8	11402.5	7565.3	5799.1
四　川	17608.8	1396.0	52019.0	18721.2	18546.8
贵　州	2230.2	47.1	3451.2	2081.2	2234.9
云　南	1145.0	57.0	1937.9	1265.0	1177.3
西　藏	129.3	14.5	320.3	152.3	145.5
陕　西	7860.2	580.4	12806.6	9844.1	9636.8
甘　肃	1768.5	55.8	1561.1	688.2	655.4
青　海	329.3	36.6	1097.8	640.6	521.9
宁　夏	146.5	9.6	324.4	162.9	129.0
新　疆	2.0	0.2	103.0	55.0	50.0

2-B-12 续表 9

饮料及冷饮服务

单位：万元

地区	所有者权益合计					
	实收资本					
	国家资本	集体资本	法人资本	个人资本	港澳台资本	外商资本
全国	**7828.2**	**3383.2**	**36930.4**	**155667.5**	**44201.1**	**24192.9**
北京	4335.0	107.0	7910.6	10777.6	9460.3	1533.6
天津		10.0	126.0	1141.4	126.0	10.0
河北		0.8	735.1	1128.6		
山西	50.0		70.0	747.4		
内蒙古			30.0	369.0		
辽宁	5.0	15.9	156.3	5109.1	1880.9	2458.3
吉林		30.0	849.1	977.3		
黑龙江		7.5	100.0	1125.2		23.9
上海	1275.0	257.5	6855.1	17694.6	14180.5	13283.8
江苏	302.0	9.3	838.0	11812.1	622.0	1583.6
浙江	255.3	769.8	2049.3	11535.2	222.5	524.1
安徽		401.3	1396.0	7311.4	64.6	20.0
福建			1085.0	4006.7		295.6
江西			1020.0	2923.0		50.0
山东			974.7	4333.9	818.0	971.5
河南			496.6	1970.1		
湖北	50.0	100.0	1335.8	6419.7	1071.4	41.1
湖南	110.0	25.0	130.0	24158.6	480.0	
广东	14.1	818.0	2689.1	11465.2	12486.0	2462.4
广西			504.4	2350.5	109.9	
海南		150.0	416.9	2189.5		114.0
重庆	6.0		2166.8	3576.3		50.0
四川	1069.7	339.0	1984.0	11839.5	2614.0	700.6
贵州			842.5	1332.5		59.9
云南	52.1	34.1	267.0	824.1		
西藏			103.0	32.0		10.5
陕西	294.0	305.0	1516.1	7456.7	65.0	
甘肃		3.0	188.0	464.4		
青海	10.0		77.0	434.9		
宁夏			18.0	111.0		
新疆				50.0		

2-B-12 续表 10

饮料及冷饮服务　　单位：万元

地　区	主营业务收　入	主营业务成　本	主营业务税金及附加	主营业务利　润	三项费用合　计
全　国	**460163.9**	**202413.6**	**29539.4**	**227019.3**	**220738.0**
北　京	64804.5	20958.3	3143.9	40702.3	46113.2
天　津	7190.8	3835.9	321.7	2547.2	2218.1
河　北	3276.1	1673.5	122.5	1480.1	773.2
山　西	2671.9	1781.2	159.4	600.4	384.8
内蒙古	518.3	318.2	28.4	171.5	54.2
辽　宁	13278.1	5821.6	726.1	6670.0	5490.7
吉　林	3056.7	2330.5	87.5	610.7	288.3
黑龙江	1317.0	767.9	81.2	464.3	206.4
上　海	73282.9	27283.0	4787.5	41107.2	58499.2
江　苏	33073.6	16187.3	2104.3	14128.3	10752.2
浙　江	38069.3	18285.7	2020.1	17763.5	16102.3
安　徽	10292.4	5056.6	536.5	4630.9	3171.5
福　建	9198.4	4176.9	677.1	4579.1	3654.2
江　西	5952.9	3454.1	355.8	1827.1	874.7
山　东	15612.4	7857.1	628.5	6940.5	3844.3
河　南	6848.3	3937.3	314.6	2392.8	1010.4
湖　北	15199.1	7803.5	731.2	6099.0	4037.5
湖　南	32711.6	17155.7	1542.5	13014.0	8806.7
广　东	63895.1	26402.6	3450.7	33786.3	33036.9
广　西	1517.8	759.6	128.8	800.1	499.5
海　南	3435.4	1856.4	164.7	1311.8	979.1
重　庆	12824.7	5572.2	706.3	7352.1	2848.0
四　川	24684.2	10533.5	5714.8	10579.2	12175.4
贵　州	2295.6	1266.1	180.4	600.5	602.2
云　南	831.6	509.8	31.0	316.7	272.9
西　藏	449.0	138.4	8.0	277.6	319.1
陕　西	11709.0	5467.8	641.8	5522.6	3115.8
甘　肃	1362.1	830.1	95.3	421.2	288.5
青　海	555.3	255.6	38.8	235.2	238.3
宁　夏	215.0	116.0	7.4	76.1	66.5
新　疆	34.8	21.2	2.6	11.0	13.9

2-B-12 续表 11

饮料及冷饮服务

单位：万元

地区	三项费用合计		营业利润	职工工资和福利费	全部从业人员年平均人数（人）
	税金	利息支出			
全国	**4837.9**	**932.4**	**16109.9**	**86264.9**	**52116**
北京	136.6	13.9	-5182.9	10689.9	4973
天津	6.9		439.1	908.3	802
河北	23.9	0.3	714.0	546.1	450
山西	29.3	0.5	338.6	290.9	239
内蒙古	1.5	0.4	116.3	43.7	46
辽宁	125.1	-28.9	1204.5	2325.0	1263
吉林	43.8	20.1	444.0	559.3	337
黑龙江	6.9	1.0	260.3	175.6	143
上海	471.0	218.3	-15392.5	14678.2	7355
江苏	335.5	131.8	4079.4	6362.3	3227
浙江	300.7	117.8	2103.6	7238.2	4237
安徽	108.3	85.5	1550.6	2211.6	1937
福建	105.7	1.0	784.3	2057.0	1357
江西	97.6	11.3	1254.7	986.4	780
山东	102.8	32.8	3250.6	2180.5	1352
河南	99.6	5.2	1412.1	871.5	721
湖北	174.2	51.6	2776.2	3495.9	2335
湖南	1170.9	185.9	5380.1	5750.1	3794
广东	501.4	55.9	1402.9	11558.5	6595
广西	40.3	41.7	428.0	480.1	379
海南	50.5	-31.5	201.3	867.5	779
重庆	369.0	84.2	4906.1	2035.5	1312
四川	177.5	-81.9	676.0	6305.8	4391
贵州	21.9	-1.1	209.3	629.9	623
云南	4.3	-42.3	69.6	178.1	185
西藏			-41.5	117.9	137
陕西	248.9	56.3	2547.5	2306.5	1869
甘肃	52.9		141.3	222.4	276
青海	29.1		-2.1	147.8	179
宁夏	1.8	2.6	41.4	34.6	29
新疆			-2.9	9.8	14

2-B-12 续表 12

其他餐饮服务　　单位：万元

地　区	固定资产原　价	本年折旧	资产总计	所有者权益合计	实收资本
全　国	**583408.4**	**45899.1**	**1133158.1**	**503613.3**	**1005998.4**
北　京	28087.4	2350.6	80021.4	16704.6	34776.9
天　津	27044.2	1063.4	85620.4	17853.7	25380.0
河　北	12015.4	878.3	12927.3	7953.5	5106.1
山　西	8729.1	391.6	21509.3	8289.0	8704.2
内蒙古	3437.7	199.7	6160.5	4211.3	2755.7
辽　宁	11642.6	1169.2	25717.4	14371.6	16220.3
吉　林	18050.2	1625.2	24728.4	10184.7	8747.9
黑龙江	4630.4	375.3	7006.9	4076.7	3926.5
上　海	68538.6	6223.9	133452.5	24561.8	76948.4
江　苏	40116.3	3570.4	93741.4	59611.1	34474.3
浙　江	17337.6	1268.5	37810.4	22448.7	15686.7
安　徽	11428.4	745.0	15961.1	5291.1	5687.4
福　建	21797.3	1587.9	37464.7	18439.1	23200.3
江　西	6984.0	466.4	6163.0	5056.7	4223.7
山　东	39790.0	2746.4	54742.1	26028.9	522274.1
河　南	25775.7	2218.3	32874.0	23194.7	17136.0
湖　北	30765.7	2364.6	42904.9	25716.7	23039.3
湖　南	31130.8	1807.0	45609.9	27128.7	25307.4
广　东	47877.3	4893.1	122171.9	59569.6	49267.9
广　西	6844.8	501.0	9937.5	6830.7	5436.2
海　南	6553.5	426.9	10884.8	5822.1	7815.7
重　庆	26618.2	2638.1	41518.1	25403.9	19210.2
四　川	39930.7	3109.9	94995.8	35588.3	24527.6
贵　州	4320.1	135.1	8347.6	4044.1	3846.5
云　南	4709.4	1030.4	15204.4	10635.8	7117.5
西　藏	760.1		2256.8	2197.0	1400.2
陕　西	22790.4	1503.4	37772.2	19956.7	22095.1
甘　肃	12138.2	532.4	19913.8	8947.9	8852.6
青　海	2547.9	53.8	3499.4	2788.9	2175.7
宁　夏	362.7	6.2	983.8	523.0	421.0
新　疆	653.7	17.1	1256.4	182.7	237.0

2-B-12 续表 13

其他餐饮服务

单位：万元

地区	所有者权益合计					
	实收资本					
	国家资本	集体资本	法人资本	个人资本	港澳台资本	外商资本
全国	**44196.1**	**31089.8**	**593057.5**	**247903.4**	**55615.4**	**34136.2**
北京	1299.5	1886.7	8103.3	14352.3	1996.1	7139.0
天津	39.9	5025.0	6672.6	12310.0		1332.5
河北	784.4	296.7	1336.8	2638.2		50.0
山西	151.5	175.0	1790.0	6387.7		200.0
内蒙古	253.5	193.7	1766.0	542.5		
辽宁	8468.8	270.3	1105.1	3478.6	50.0	2847.5
吉林	3558.5	571.0	1687.0	2881.4		50.0
黑龙江	293.4	10.0	2790.8	722.3	50.0	60.0
上海	559.0	3958.4	14669.3	22517.3	28042.3	7202.1
江苏	1520.7	1161.9	1927.7	25657.9	150.0	4056.1
浙江	1794.9	115.3	5267.0	8417.5		92.0
安徽	46.8	320.0	485.0	4835.6		
福建	617.6	153.3	3540.5	7734.2	2728.8	8425.9
江西	200.0	19.0	178.1	3725.5		101.1
山东	1803.9	1081.0	502763.4	13403.7	2909.4	312.7
河南	812.6	284.1	2605.3	13145.9	288.1	
湖北	811.4	3434.5	3798.9	14798.9	105.0	90.6
湖南	4391.8	184.0	210.8	19733.3	190.0	597.5
广东	1260.5	603.9	9868.6	19123.2	18001.4	410.3
广西	67.5	56.0	657.2	4470.5	185.0	
海南	42.7	180.0	5562.7	1980.3	50.0	
重庆	3559.0	4406.2	3321.5	7503.5		420.0
四川	4111.4	238.4	4595.5	14505.5	392.0	684.8
贵州	75.7	400.3	355.0	3015.5		64.1
云南	1152.0	3371.0	1033.4	1019.7	477.3	
西藏		0.2	580.0	820.0		
陕西	6330.3	680.1	2827.2	12257.5		
甘肃	132.8	1904.1	2256.8	4558.9		
青海		109.7	1172.0	894.0		
宁夏	56.0		130.0	235.0		
新疆				237.0		

2-B-12 续表 14

其他餐饮服务　　单位：万元

地　区	主营业务收　入	主营业务成　本	主营业务税金及附加	主营业务利　润	三项费用合　计
全　国	**1232339.1**	**683045.2**	**55583.0**	**475988.7**	**372401.2**
北　京	103309.6	63546.3	4534.1	35229.2	39608.5
天　津	29173.3	17428.6	1735.6	9262.2	8351.2
河　北	9144.7	5090.5	414.9	3601.9	1552.1
山　西	7859.7	3596.7	336.1	3481.4	2788.1
内蒙古	4977.1	2631.4	171.2	2080.0	754.6
辽　宁	25100.1	12527.7	1001.3	11475.3	8496.9
吉　林	12509.5	8653.1	379.6	3368.0	1583.3
黑龙江	5536.1	3365.8	329.6	1321.4	1071.8
上　海	180929.9	95368.3	8364.9	68878.6	84819.7
江　苏	111334.5	62337.5	5311.1	43312.2	28065.4
浙　江	45658.7	27849.0	1896.7	15913.0	12852.7
安　徽	10770.9	5830.0	512.0	4341.3	2647.2
福　建	33412.9	19680.9	1333.7	12278.1	9474.4
江　西	10364.2	5822.8	743.4	3791.7	1651.6
山　东	54149.1	29485.4	1928.5	22450.7	11534.4
河　南	54437.3	32211.1	2189.9	19370.5	9323.4
湖　北	42876.3	24063.2	1881.2	16286.0	8479.1
湖　南	50081.4	31928.6	1663.6	15520.7	10230.1
广　东	190703.9	105847.0	9373.8	75420.5	63514.5
广　西	10108.3	5616.7	420.8	3957.2	2143.5
海　南	8386.1	5185.0	501.1	2547.2	1922.6
重　庆	66245.0	35839.8	2359.4	25598.4	8507.7
四　川	97015.2	41173.8	5029.1	49971.5	39587.5
贵　州	2748.1	1269.6	121.1	1194.0	679.7
云　南	12347.6	8066.2	359.0	3859.7	3211.8
西　藏	575.2	223.0	12.9	290.3	224.4
陕　西	38820.1	20364.0	1985.2	16101.6	5533.6
甘　肃	7067.7	4388.5	377.3	2409.6	1697.6
青　海	5958.1	3206.3	280.6	2428.8	1905.3
宁　夏	609.6	393.7	25.6	190.3	134.9
新　疆	128.9	54.7	9.7	57.4	53.6

2-B-12 续表 15

其他餐饮服务

单位：万元

地　区	三项费用合计		营业利润	职工工资和福利费	全部从业人员年平均人数(人)
	税金	利息支出			
全　国	**10311.6**	**5003.9**	**124742.4**	**207277.7**	**123062**
北　京	209.8	401.0	-4212.2	17669.5	9959
天　津	390.9	76.6	1033.0	5249.4	3684
河　北	121.4	7.4	2092.2	1501.1	1436
山　西	95.3	33.4	891.2	1722.8	1642
内蒙古	39.8	2.9	1582.4	687.2	526
辽　宁	276.8	9.7	4372.8	5128.6	3113
吉　林	104.8	61.0	1928.9	2476.1	1526
黑龙江	116.8	1.0	724.8	1168.3	886
上　海	225.5	244.3	-8276.8	34765.5	17892
江　苏	1043.0	1063.1	15622.1	19011.8	9519
浙　江	539.0	66.6	3597.9	6695.1	4020
安　徽	183.5	36.4	1703.9	2564.0	1743
福　建	303.1	165.7	2953.0	5570.0	3032
江　西	198.7	119.3	2211.9	1500.4	1086
山　东	669.5	236.9	11095.7	7989.5	4989
河　南	546.7	180.8	10842.1	5629.4	4492
湖　北	211.9	111.0	10195.6	8128.4	6192
湖　南	1628.2	433.9	6444.8	8048.2	5255
广　东	793.3	337.6	12293.8	31108.1	14452
广　西	226.0	9.9	1967.5	2809.1	2017
海　南	116.0	1.8	847.0	1342.5	1428
重　庆	1502.5	926.2	20174.9	10271.4	5760
四　川	136.6	291.4	10937.9	14504.0	9099
贵　州	24.3	24.3	637.6	599.4	531
云　南	50.0	7.9	795.7	3330.5	1400
西　藏	9.5	11.0	65.9	130.5	105
陕　西	500.0	62.5	10867.1	5654.5	4696
甘　肃	35.4	61.3	734.9	1166.4	1445
青　海	4.1	5.2	550.2	702.6	916
宁　夏	4.8	8.8	55.4	96.7	133
新　疆	4.4	5.0	11.2	56.7	88

C. 其他行业法人单位附属的住宿和餐饮业产业活动单位

2-C-1　其他行业法人单位附属的住宿业产业活动单位经营情况

指标名称	单位数(个)	年末从业人员数(人)	客房数(间)	床位数(个)	餐位数(位)	年末餐饮营业面积(万平方米)
总计	**5196**	**175412**	**275042**	**546936**	**449550**	**152.9**
1.按国民经济行业分组						
旅游饭店	1029	101456	128511	218977	299502	101.8
一般饭店	3658	64230	122300	247839	127921	43.5
其他住宿服务	509	9726	24231	80120	22127	7.7
2.按登记注册类型分组						
内资企业	5112	158340	261124	525674	428742	142.2
国有企业	1709	54340	93391	210667	177207	50.5
集体企业	778	8955	18875	39065	23813	6.7
股份合作企业	93	1874	4574	9086	3647	0.8
联营企业	41	633	1220	2384	1529	0.5
国有联营企业	9	133	316	596	270	
集体联营企业	19	145	376	799	230	0.3
国有与集体联营企业	4	71	177	350	400	
其他联营企业	9	284	351	639	629	0.2
有限责任公司	892	43312	69055	119834	109171	39.2
国有独资公司	89	4630	5528	10763	12121	3.1
其他有限责任公司	803	38682	63527	109071	97050	36.1
股份有限公司	166	14154	13812	24644	27448	10.3
私营企业	1152	30101	50678	94953	72252	30.1
私营独资企业	256	3669	7637	16598	11518	3.5
私营合伙企业	42	580	1206	2464	3869	0.6
私营有限责任公司	778	23332	38497	69597	51267	22.8
私营股份有限公司	76	2520	3338	6294	5598	3.2
其他企业	281	4971	9519	25041	13675	4.0

2-C-1 续表 1 单位：万元

指标名称	营业额				
		客房收入	餐费收入	商品销售额	其他收入
总计	**2630551.4**	**1668072.8**	**751581.3**	**77009.7**	**134258.6**
1.按国民经济行业分组					
旅游饭店	1674400.5	989882.9	515864.2	66989.7	101663.7
一般饭店	899830.9	643699.6	222153.8	8302.2	26046.3
其他住宿服务	56320.0	34490.3	13563.3	1717.8	6548.6
2.按登记注册类型分组					
内资企业	2259213.2	1436942.0	635054.8	74579.1	113008.3
国有企业	487800.5	286482.8	147673.9	15786.3	37857.5
集体企业	359138.1	280621.0	45843.1	30495.9	2178.1
股份合作企业	10783.1	7346.6	3021.2	7.8	407.5
联营企业	4493.8	2446.5	1469.7	488.3	89.3
国有联营企业	605.8	448.8	157.0		
集体联营企业	549.9	531.5	8.0	10.0	0.4
国有与集体联营企业	584.1	416.4	167.7		
其他联营企业	2754.0	1049.8	1137.0	478.3	88.9
有限责任公司	848402.2	525668.5	268845.1	20041.6	34185.5
国有独资公司	30534.7	14323.3	9449.4	5220.0	1542.0
其他有限责任公司	817867.5	511345.2	259395.7	14821.6	32643.5
股份有限公司	198878.9	100143.9	72499.0	2762.0	23474.0
私营企业	300676.0	197406.0	86413.0	4502.5	12387.0
私营独资企业	25992.9	16744.5	7214.1	1210.2	856.6
私营合伙企业	5368.5	4442.1	790.8	128.1	7.5
私营有限责任公司	248429.1	165432.2	70162.2	1911.3	10923.4
私营股份有限公司	20885.5	10787.2	8245.9	1252.9	599.5
其他企业	49040.6	36826.7	9289.8	494.7	2429.4

2-C-1　续表 2

指标名称	单位数(个)	年末从业人员数(人)	客房数(间)	床位数(个)	餐位数(位)	年末餐饮营业面积(万平方米)
港、澳、台商投资企业	49	5201	6117	8946	7760	1.4
合资经营企业(港或澳、台资)	14	2930	2112	2913	3406	0.7
合作经营企业(港或澳、台资)	7	1234	1155	1649	1858	
港、澳、台商独资经营企业	27	1036	2548	3780	2496	0.7
港、澳、台商投资股份有限公司	1	1	302	604		
外商投资企业	35	11871	7801	12316	13048	9.3
中外合资经营企业	19	5854	4342	7249	7349	4.7
中外合作经营企业	5	1709	1216	1560	1261	0.7
外资企业	10	4253	2087	3264	4438	3.3
外商投资股份有限公司	1	55	156	243		0.6
3.按经营形式分组						
独立门店	3857	134323	215288	418479	380687	125.8
连锁总店(总部)	2	414	194	306	5	
连锁门店	236	8391	14346	24418	8421	4.0
其他	1101	32284	45214	103733	60437	23.1
4.按所属法人行业分组						
农业法人	227	3568	6024	14318	22298	7.7
工业法人	912	35679	56875	113290	144824	52.0
建筑业法人	218	5952	7853	15625	16190	5.2
交通运输、仓储和邮政业法人	440	11707	18717	37381	21853	6.3
批发和零售业法人	1238	20326	41754	81665	54825	24.1
住宿和餐饮业法人						
房地产业法人	509	38567	53034	88343	72673	23.1
其他	1652	59613	90785	196314	116887	34.5

2-C-1 续表 3

单位：万元

指标名称	营业额				
		客房收入	餐费收入	商品销售额	其他收入
港、澳、台商投资企业	123729.8	76202.2	37121.9	175.2	10230.5
合资经营企业(港或澳、台资)	28339.8	15009.6	9778.0	37.7	3514.5
合作经营企业(港或澳、台资)	82285.6	51873.8	24346.7	108.0	5957.1
港、澳、台商独资经营企业	13104.4	9318.8	2997.2	29.5	758.9
港、澳、台商投资股份有限公司					
外商投资企业	247608.4	154928.6	79404.6	2255.4	11019.8
中外合资经营企业	122382.7	83209.2	30576.7	1421.4	7175.4
中外合作经营企业	32652.3	21525.3	9608.3		1518.7
外资企业	91789.0	49499.8	39129.5	834.0	2325.7
外商投资股份有限公司	784.4	694.3	90.1		
3.按经营形式分组					
独立门店	2016664.0	1186793.7	654330.4	62579.1	112993.3
连锁总店(总部)	2036.9	891.9	99.6		1045.4
连锁门店	113840.7	83143.4	23255.3	2539.6	4902.4
其他	498009.8	397243.8	73896.0	11891.0	15317.5
4.按所属法人行业分组					
农业法人	29806.6	20576.5	7918.9	239.9	1071.3
工业法人	402339.4	177240.6	201679.4	10269.1	13488.8
建筑业法人	29243.6	16526.8	10272.3	725.4	1719.1
交通运输、仓储和邮政业法人	84614.2	53289.0	22012.5	1596.2	7716.5
批发和零售业法人	387986.6	302584.7	58935.8	10297.3	16168.8
住宿和餐饮业法人					
房地产业法人	648826.8	376664.1	215288.2	8041.0	48833.5
其他	1047734.2	721191.1	235474.2	45840.8	45260.6

2-C-2　其他行业法人单位附属的餐饮业产业活动单位经营情况

指标名称	单位数(个)	年末从业人员数(人)	客房数(间)	床位数(个)	餐位数(位)	年末餐饮营业面积(万平方米)
总计	**13851**	**185115**	**30470**	**77933**	**2678109**	**550.6**
1.按餐饮行业中类分组						
正餐服务	8593	125033	27849	60481	1575816	356.0
快餐服务	1385	21783	794	4749	290264	51.4
饮料及冷饮服务	331	2214	60	98	19508	5.5
其他餐饮服务	3542	36085	1767	12605	792521	137.8
2.按登记注册类型分组						
内资企业	13641	176831	27730	73903	2631537	537.8
国有企业	3837	61579	6731	20076	997739	210.5
集体企业	2010	17761	1926	10379	290176	57.9
股份合作企业	93	966	223	509	10324	2.1
联营企业	38	1049	125	226	15912	1.8
国有联营企业	7	640	25	36	10412	0.7
集体联营企业	16	127		10	3231	0.4
国有与集体联营企业	3	99			215	0.1
其他联营企业	12	183	100	180	2054	0.6
有限责任公司	678	18465	4969	10099	234632	40.9
国有独资公司	36	1262	386	715	5914	2.1
其他有限责任公司	642	17203	4583	9384	228718	38.8
股份有限公司	188	7904	4191	10886	90782	8.1
私营企业	3520	39983	6289	12116	453339	116.5
私营独资企业	1959	16251	1584	3992	241989	57.7
私营合伙企业	231	2374	189	382	51614	8.0
私营有限责任公司	1185	19587	4356	7424	142566	46.0
私营股份有限公司	145	1771	160	318	17170	4.8
其他企业	3277	29124	3276	9612	538633	99.9

2-C-2 续表 1 单位：万元

指标名称	营业额				
		客房收入	餐费收入	商品销售额	其他收入
总计	**2124185.8**	**99666.8**	**1713923.2**	**47274.3**	**263254.0**
1.按餐饮行业中类分组					
正餐服务	1508186.1	88160.5	1175110.9	26178.8	218776.7
快餐服务	186012.0	1227.4	147812.4	4006.6	32965.6
饮料及冷饮服务	16580.7	897.9	13249.4	1250.7	1182.7
其他餐饮服务	413407.0	9381.0	377750.5	15838.2	10329.0
2.按登记注册类型分组					
内资企业	2015598.7	85889.0	1622209.3	46554.3	260878.6
国有企业	764142.2	15579.3	715089.9	20011.8	13352.9
集体企业	354551.6	9955.2	152611.8	3178.5	188806.1
股份合作企业	9791.1	550.8	8957.4	263.8	19.1
联营企业	8845.6	206.2	8624.6	5.0	9.8
国有联营企业	3473.5	40.2	3433.3		
集体联营企业	522.8	26.0	491.8	5.0	
国有与集体联营企业	1207.2		1200.0		7.2
其他联营企业	3642.1	140.0	3499.5		2.6
有限责任公司	226865.8	32950.5	146054.4	4785.6	43075.3
国有独资公司	10161.2	3322.3	6645.6	88.0	105.3
其他有限责任公司	216704.6	29628.2	139408.8	4697.6	42970.0
股份有限公司	75905.1	3137.3	72283.9	235.1	248.8
私营企业	324340.6	16900.3	287331.9	11338.3	8788.9
私营独资企业	135929.0	6203.7	120929.4	6827.9	1986.8
私营合伙企业	22739.0	408.4	21963.5	87.1	280.0
私营有限责任公司	154013.9	10225.9	133246.1	4325.3	6216.6
私营股份有限公司	11658.7	62.3	11192.9	98.0	305.5
其他企业	251156.7	6609.4	231255.4	6736.2	6577.7

2-C-2　续表 2

指标名称	单位数(个)	年末从业人员数(人)	客房数(间)	床位数(个)	餐位数(位)	年末餐饮营业面积(万平方米)
港、澳、台商投资企业	53	1846	716	1216	14938	2.5
合资经营企业(港或澳、台资)	31	1543	529	880	10420	2.1
合作经营企业(港或澳、台资)	2	21			41	
港、澳、台商独资经营企业	20	282	187	336	4477	0.4
港、澳、台商投资股份有限公司						
外商投资企业	157	6438	2024	2814	31634	10.3
中外合资经营企业	42	1471	603	877	8721	2.2
中外合作经营企业	11	1393	1288	1666	3127	1.8
外资企业	81	2837	133	271	15281	4.9
外商投资股份有限公司	23	737			4505	1.4
3.按经营形式分组						
独立门店	8198	109832	25984	64407	1488631	319.2
连锁总店(总部)	2	14			60	
连锁门店	392	11168	411	757	39747	12.3
其他	5259	64101	4075	12769	1149671	219.1
4.按所属法人行业分组						
农业法人	99	1386	1001	2421	14435	5.3
工业法人	2629	37620	7277	14532	264512	78.9
建筑业法人	82	1598	674	1345	10859	4.1
交通运输、仓储和邮政业法人	136	3678	482	957	18362	5.6
批发和零售业法人	1639	21170	7922	18130	227260	47.8
住宿和餐饮业法人						
房地产业法人	260	8326	4136	7328	42413	15.2
其他	9006	111337	8978	33220	2100268	393.7

2-C-2 续表 3

单位：万元

指标名称	营业额	客房收入	餐费收入	商品销售额	其他收入
港、澳、台商投资企业	31773.5	6311.4	23796.0	65.8	1600.3
合资经营企业(港或澳、台资)	29393.6	5711.4	22085.1		1597.1
合作经营企业(港或澳、台资)	80.1		80.1		
港、澳、台商独资经营企业	2299.8	600.0	1630.8	65.8	3.2
港、澳、台商投资股份有限公司					
外商投资企业	76813.6	7466.4	67917.9	654.2	775.1
中外合资经营企业	16197.6	2963.5	12777.4	2.9	453.8
中外合作经营企业	8049.0	4142.5	3716.6	3.1	186.8
外资企业	48460.5	360.4	47317.4	648.2	134.5
外商投资股份有限公司	4106.5		4106.5		
3.按经营形式分组					
独立门店	1455079.4	83470.1	1100979.0	31235.3	239318.5
连锁总店(总部)	125.3		125.3		
连锁门店	80256.5	1063.3	69794.8	3012.9	6385.5
其他	588724.6	15133.4	543024.1	13026.1	17550.0
4.按所属法人行业分组					
农业法人	9998.8	942.5	8704.1	305.4	46.8
工业法人	264151.2	21463.8	218016.7	9851.9	14820.1
建筑业法人	12121.1	2252.1	8917.9	750.8	200.3
交通运输、仓储和邮政业法人	72597.0	928.4	34580.4	3703.6	33384.6
批发和零售业法人	217153.1	15000.4	192845.9	7151.4	2155.4
住宿和餐饮业法人					
房地产业法人	72393.0	19260.0	48494.1	1182.7	3456.2
其他	1475771.6	39819.6	1202364.1	24328.5	209190.6

第3篇

房地产业生产经营及财务状况

A. 房地产开发企业

3-A-1　各地区按登记注册类型分房地产开发企业个数

单位：个

地　区	总　计	内　资					
			国　有	集　体	股份合作	国有联营	集体联营
全　国	**87881**	**81598**	**3961**	**1534**	**530**	**59**	**41**
北　京	3433	3112	99	26	6		
天　津	1257	1124	218	32	5	2	2
河　北	2564	2499	55	6	17		
山　西	1836	1813	127	25	8		
内蒙古	2232	2222	36	5	7		
辽　宁	4841	4326	131	47	49	1	
吉　林	1376	1338	32	7	3		
黑龙江	1589	1547	102	11	7	1	
上　海	3898	3384	326	128	12	21	7
江　苏	6928	6251	221	125	21	2	5
浙　江	5601	5290	163	67	15	5	2
安　徽	3279	3140	141	31	27	2	1
福　建	3268	2540	222	58	11	4	4
江　西	2410	2247	155	29	33		2
山　东	5825	5554	240	158	50	2	2
河　南	4149	4003	135	32	23	2	
湖　北	3412	3247	167	53	19		1
湖　南	3595	3422	189	33	30	3	1
广　东	6821	5755	325	435	44	5	3
广　西	3134	2934	182	52	30	1	3
海　南	1564	1438	68	27	23	2	2
重　庆	2280	2157	85	10	8	1	
四　川	3911	3755	142	37	26	1	2
贵　州	2078	2029	91	31	5	1	
云　南	2222	2182	83	14	15	1	1
西　藏	55	55	8				
陕　西	1373	1336	111	19	18	1	1
甘　肃	1080	1053	58	28	13		
青　海	370	357	13	2	4	1	
宁　夏	370	366	3	5	1		1
新　疆	1130	1122	33	1			1

3-A-1 续表 1

单位：个

地区	内资						
	国有与集体联营	其他联营	国有独资公司	其他有限责任公司	股份有限公司	私营独资	私营合伙
全国	**39**	**49**	**624**	**30753**	**4353**	**2030**	**565**
北京			63	1963	133	2	
天津		1	12	381	37	16	2
河北	1	1	4	1022	173	65	17
山西			4	528	72	25	12
内蒙古	1		7	1172	113	102	7
辽宁			10	1104		224	21
吉林		1	10	613	115	29	5
黑龙江			11	697	145	26	11
上海	12	7	58	1137	51	53	11
江苏	1	1	30	1551	298	228	44
浙江	7	2	56	1915	119	48	25
安徽	3	2	31	1516	239	58	23
福建	1	3	37	797	83	33	30
江西	1	2	11	880	275	78	39
山东		1	21	2147	431	133	37
河南		2	14	2013	402	95	32
湖北	3	1	17	1153	241	146	35
湖南	1	2	40	1206	201	122	41
广东	1	15	41	2270	174	131	42
广西	1	3	10	688	169	109	29
海南	2	1	10	671	96	39	17
重庆		1	38	557	50	17	11
四川	1	1	31	1386	256	45	13
贵州			13	841	47	36	21
云南	1		11	787	109	64	15
西藏	1	1		15	6	4	
陕西		1	6	629	82	48	9
甘肃			2	519	67	29	5
青海	1		6	127	18	13	5
宁夏			13	74	4	4	2
新疆			7	394	8	8	4

3-A-1　续表 2　　单位：个

地　区	内　资			港澳台商投　资		
	私营有限责任公司	私营股份有限公司	其他内资企　业		合资经营	合作经营
全　国	**33338**	**2843**	**879**	**3912**	**1512**	**535**
北　京	770	48	2	185	69	93
天　津	387	17	12	66	28	6
河　北	991	117	30	39	24	
山　西	922	75	15	20	12	1
内蒙古	723	40	9	6	6	
辽　宁	2394	163	43	254	114	16
吉　林	489	29	5	25	15	2
黑龙江	462	67	7	23	15	1
上　海	1439	89	33	306	134	19
江　苏	3385	265	74	386	173	18
浙　江	2749	64	53	162	84	5
安　徽	945	79	42	78	34	4
福　建	1140	106	11	527	112	25
江　西	579	132	31	118	60	3
山　东	1977	178	177	153	83	15
河　南	1058	134	61	66	35	3
湖　北	1265	123	23	109	48	2
湖　南	1233	264	56	112	62	4
广　东	2122	98	49	802	168	294
广　西	1510	138	9	113	58	11
海　南	415	34	31	86	23	1
重　庆	1249	116	14	78	39	4
四　川	1637	141	36	79	36	4
贵　州	807	131	5	32	14	
云　南	966	84	31	34	25	2
西　藏	19	1				
陕　西	378	23	10	21	13	2
甘　肃	302	23	7	17	15	
青　海	136	30	1	10	9	
宁　夏	246	13				
新　疆	643	21	2	5	4	

3-A-1 续表 3

单位：个

地区	港澳台商投资		外商投资				
	独资	股份有限		合资经营	合作经营	独资	股份有限
全国	**1767**	**98**	**2371**	**1040**	**231**	**1032**	**68**
北京	23		136	55	59	19	3
天津	32		67	36	5	24	2
河北	15		26	13	1	11	1
山西	7		3	3			
内蒙古			4	1		3	
辽宁	115	9	261	134	14	112	1
吉林	7	1	13	9	1	3	
黑龙江	5	2	19	9	2	8	
上海	148	5	208	79	18	107	4
江苏	188	7	291	124	13	151	3
浙江	62	11	149	79	2	64	4
安徽	37	3	61	27	1	25	8
福建	372	18	201	54	9	131	7
江西	52	3	45	22		17	6
山东	50	5	118	68	12	37	1
河南	27	1	80	45		31	4
湖北	51	8	56	21	5	29	1
湖南	45	1	61	34	4	18	5
广东	329	11	264	70	64	121	9
广西	40	4	87	48	7	31	1
海南	58	4	40	12	1	21	6
重庆	32	3	45	24	2	19	
四川	38	1	77	32	7	36	2
贵州	17	1	17	6	3	8	
云南	7		6	5		1	
西藏							
陕西	6		16	13	1	2	
甘肃	2		10	8		2	
青海	1		3	3			
宁夏			4	3		1	
新疆	1		3	3			

3-A-2　各地区按资质等级分房地产开发企业个数

单位：个

地　区	总　计	一　级	二　级	三　级	四　级	暂　定	其　他
全　国	**87881**	**941**	**7328**	**22901**	**16825**	**28741**	**11145**
北　京	3433	117	272	345	998	855	846
天　津	1257	16	87	177	520	301	156
河　北	2564	16	128	394	1073	818	135
山　西	1836	8	100	309	857	553	9
内蒙古	2232	12	133	380	1065	481	161
辽　宁	4841	63	244	1321	149	1832	1232
吉　林	1376	7	97	346	473	402	51
黑龙江	1589	15	214	974	132	208	46
上　海	3898	77	313	457	12	2040	999
江　苏	6928	82	1252	2351	304	2185	754
浙　江	5601	116	539	1686	769	1678	813
安　徽	3279	21	231	937	448	1566	76
福　建	3268	25	133	764	658	1196	492
江　西	2410	5	253	919	523	585	125
山　东	5825	77	211	995	1441	2009	1092
河　南	4149	22	268	808	530	2279	242
湖　北	3412	16	364	934	776	1102	220
湖　南	3595	16	168	1869	468	860	214
广　东	6821	65	595	1039	1696	1819	1607
广　西	3134	8	77	646	517	1612	274
海　南	1564	8	37	107	109	534	769
重　庆	2280	36	407	894	117	783	43
四　川	3911	37	545	2247	322	486	274
贵　州	2078	6	79	403	723	700	167
云　南	2222	14	130	294	823	815	146
西　藏	55	2	7	14	14	17	1
陕　西	1373	20	161	437	484	212	59
甘　肃	1080	1	82	362	305	279	51
青　海	370	5	71	118	82	83	11
宁　夏	370	11	61	91	90	74	43
新　疆	1130	17	69	283	347	377	37

3-A-3 各地区按登记注册类型分房地产开发企业年末从业人数

单位：人

地区	总计	内资					
			国有	集体	股份合作	国有联营	集体联营
全国	**2077214**	**1879544**	**126294**	**28524**	**12717**	**1841**	**605**
北京	97684	79449	4004	661	220		
天津	30388	26013	6247	489	52	39	31
河北	67873	65685	2261	161	443		
山西	41723	40583	4276	565	172		
内蒙古	55310	54872	879	102	136		
辽宁	77200	67791	2370	495	667	18	
吉林	30932	29820	706	151	43		
黑龙江	35862	35006	3205	211	167	10	
上海	96076	71875	8263	1869	184	905	133
江苏	150884	133308	5785	1910	342	34	47
浙江	95202	88588	3734	718	227	156	4
安徽	74951	71224	5096	546	450	62	1
福建	63620	49028	5265	859	263	86	69
江西	60162	54779	4277	930	1002		18
山东	168394	159706	10284	4128	1565	32	115
河南	91885	87160	4490	602	430	10	
湖北	92548	87876	10642	1175	1034		8
湖南	95396	90255	6000	888	1383	216	30
广东	184004	145022	8648	7765	1362	67	18
广西	59730	55214	3997	714	341	22	53
海南	23078	18857	1513	165	343	20	11
重庆	86094	81302	4159	289	312	8	
四川	103859	97709	6719	714	600	18	11
贵州	39611	38653	2115	630	52	77	
云南	41870	40167	1778	133	249	19	7
西藏	3992	3992	1110				
陕西	43417	41792	5583	737	419	21	17
甘肃	27966	26872	1809	824	144		
青海	7538	7248	348	36	77	21	
宁夏	9563	9417	64	54	38		15
新疆	20402	20281	667	3			17

3-A-3　续表 1　　　　单位：人

地　区	内　资						
	国有与集体联营	其他联营	国有独资公司	其他有限责任公司	股份有限公司	私营独资	私营合伙
全　国	**726**	**1152**	**26828**	**725331**	**137544**	**47480**	**10576**
北　京			2370	51660	8504	2	
天　津		18	939	8126	1260	251	59
河　北	12	24	341	25998	7051	1713	293
山　西			82	13231	1720	345	273
内蒙古	8		95	22140	5570	9442	120
辽　宁			1682	20527	2681	3564	214
吉　林		26	225	14852	2294	796	80
黑龙江			281	16022	3098	418	470
上　海	183	134	2831	24816	3802	1080	123
江　苏	12	18	694	36524	8121	3827	835
浙　江	104	19	1255	34240	2696	466	172
安　徽	95	40	951	34934	4941	2031	355
福　建	17	22	1137	16172	1505	384	391
江　西	30	160	194	19327	7752	1993	1235
山　东		16	1026	65636	13992	3873	987
河　南		73	573	44607	8614	2346	514
湖　北	82	10	1831	31345	9743	2814	734
湖　南	36	58	1207	33404	6614	2645	847
广　东	45	310	3864	53078	12456	2039	753
广　西	10	60	616	13068	2820	1625	429
海　南	34	17	384	8759	1656	545	100
重　庆		7	1338	24789	2339	561	205
四　川	20	18	924	33983	7963	1105	209
贵　州			213	16451	1856	475	343
云　南	9		164	16927	2229	771	191
西　藏	10	119		530	188	194	
陕　西		3	304	18726	3324	1150	205
甘　肃			77	14185	2002	605	40
青　海	19		291	2450	441	219	171
宁　夏			532	1850	174	100	21
新　疆			407	6974	138	101	207

3-A-3 续表 2

单位：人

地 区	内资			港澳台商投资		
	私营有限责任公司	私营股份有限公司	其他内资企业		合资经营	合作经营
全 国	**671917**	**66562**	**21447**	**108632**	**45517**	**14120**
北 京	11317	709	2	10068	3354	4779
天 津	7929	426	147	2192	844	331
河 北	23657	3167	564	1096	608	
山 西	18281	1280	358	1092	877	56
内蒙古	13919	2280	181	299	299	
辽 宁	32812	2362	399	4209	1801	171
吉 林	9722	526	399	700	334	25
黑龙江	9441	1166	517	313	153	10
上 海	25760	1429	363	10860	5210	1164
江 苏	68733	4947	1479	9071	4047	262
浙 江	42441	1246	1110	3527	2042	99
安 徽	19283	1734	705	2197	916	89
福 建	20664	1897	297	10345	2549	397
江 西	13841	3156	864	4303	2455	124
山 东	45254	6325	6473	4514	2825	281
河 南	20865	2662	1374	1767	920	159
湖 北	24953	2971	534	2717	1373	25
湖 南	29021	6591	1315	3035	1863	103
广 东	51274	2659	684	20018	4529	5356
广 西	28864	2405	190	2411	1265	284
海 南	4466	309	535	3667	834	25
重 庆	38848	7489	958	3086	1750	160
四 川	41470	3108	847	3127	1836	87
贵 州	13989	2399	53	563	304	
云 南	15912	1092	686	1444	962	69
西 藏	1703	138				
陕 西	10516	561	226	989	619	64
甘 肃	6478	550	158	748	714	
青 海	2828	333	14	171	145	
宁 夏	6352	217				
新 疆	11324	428	15	103	89	

3-A-3 续表 3

单位：人

地　区	港澳台商投资		外商投资				
	独　资	股份有限		合资经营	合作经营	独　资	股份有限
全　国	**45094**	**3901**	**89038**	**31969**	**10945**	**44306**	**1818**
北　京	1935		8167	2348	4279	1171	369
天　津	1017		2183	1515	157	500	11
河　北	488		1092	322	29	735	6
山　西	159		48	48			
内蒙古			139	32		107	
辽　宁	2074	163	5200	2407	326	2463	4
吉　林	293	48	412	337	36	39	
黑龙江	110	40	543	223	45	275	
上　海	4304	182	13341	4445	2002	6597	297
江　苏	4566	196	8505	3636	325	4453	91
浙　江	1132	254	3087	1526	48	1464	49
安　徽	1149	43	1530	575	65	774	116
福　建	7145	254	4247	1236	65	2856	90
江　西	1685	39	1080	591		393	96
山　东	1298	110	4174	2696	349	1114	15
河　南	653	35	2958	1536		1295	127
湖　北	1178	141	1955	459	473	1007	16
湖　南	1046	23	2106	858	25	1145	78
广　东	9712	421	18964	2539	2286	13843	296
广　西	817	45	2105	1285	123	682	15
海　南	968	1840	554	201	1	281	71
重　庆	1139	37	1706	949	32	725	
四　川	1185	19	3023	1003	132	1817	71
贵　州	248	11	395	146	35	214	
云　南	413		259	113		146	
西　藏							
陕　西	306		636	432	112	92	
甘　肃	34		346	317		29	
青　海	26		119	119			
宁　夏			146	57		89	
新　疆	14		18	18			

3-A-4 各地区按资质等级分房地产开发企业年末从业人数

单位：人

地区	总计	一级	二级	三级	四级	暂定	其他
全国	**2077214**	**91450**	**329213**	**597916**	**356523**	**538890**	**163222**
北京	97684	10861	17477	12329	25048	17524	14445
天津	30388	1656	4657	6022	10921	5129	2003
河北	67873	5303	9236	13282	24873	13735	1444
山西	41723	583	5828	9801	17933	7494	84
内蒙古	55310	2112	5268	12270	26983	7129	1548
辽宁	77200	4934	7782	23610	1958	28328	10588
吉林	30932	352	3606	9454	8190	8540	790
黑龙江	35862	817	7375	19925	3176	3541	1028
上海	96076	6660	14842	10792	1321	41927	20534
江苏	150884	5982	39245	48101	4398	44121	9037
浙江	95202	6027	18456	31115	9315	23248	7041
安徽	74951	995	11313	21973	9093	30898	679
福建	63620	1090	5570	18685	10665	20453	7157
江西	60162	847	9780	26826	9883	11278	1548
山东	168394	6295	16624	38280	40690	49511	16994
河南	91885	1440	12372	20994	9976	41504	5599
湖北	92548	5337	17728	25121	20285	20718	3359
湖南	95396	1111	12813	51834	8605	17326	3707
广东	184004	11966	23448	39279	36428	37908	34975
广西	59730	429	3594	16932	9075	27403	2297
海南	23078	83	1064	3094	3115	10209	5513
重庆	86094	4867	28392	27703	2305	21698	1129
四川	103859	4282	23540	55908	5294	9675	5160
贵州	39611	672	3414	11038	13485	9701	1301
云南	41870	918	6083	7793	14936	10748	1392
西藏	3992	80	586	1306	652	1342	26
陕西	43417	3138	7455	13940	13040	4841	1003
甘肃	27966	118	4492	10192	7096	5140	928
青海	7538	255	2145	2046	1535	1472	85
宁夏	9563	807	2461	2231	1717	1390	957
新疆	20402	1433	2567	6040	4532	4959	871

3-A-5　各地区按用途分房地产开发企业房屋施工面积

单位：平方米

地　区	房屋施工面　积	住　宅	#经济适用房　屋	#别墅、高档公　寓	办公楼	商业营业用　房	其 他
全　国	**2829650766**	**2225652767**	**126468923**	**146111599**	**95719673**	**304334472**	**203943854**
北　京	100143166	55382293	5448638	9547147	12871756	14298361	17590756
天　津	57042684	43063258	9086777	2448615	3073714	6017060	4888652
河　北	89580744	77556969	5123301	2382891	1751016	6776556	3496203
山　西	38959471	32746425	2805209	532079	1029797	4037839	1145410
内蒙古	70071257	56930175	6346387	4221993	2335156	8256431	2549495
辽　宁	149045641	117356274	5616830	5305033	3164876	20212509	8311982
吉　林	48965968	41257325	2380175	2494600	851454	4980421	1876768
黑龙江	36109487	29066535	2329182	2612527	401381	4528881	2112690
上　海	107842299	70897454		13743088	11114724	12353074	13477047
江　苏	289121897	224237307	9914729	18603341	8309270	38640785	17934535
浙　江	192733308	136884433	7700536	9964961	11189236	19963909	24695730
安　徽	117191530	93890502	3720754	2023439	3012751	15239381	5048896
福　建	114597202	85369768	3175016	4774787	3526390	9363197	16337847
江　西	63447028	53966589	3344540	1297566	550571	6378753	2551115
山　东	200559317	165081969	6828731	4391071	4557411	22122715	8797222
河　南	139061822	116662052	7686515	3512822	3843640	13799733	4756397
湖　北	78004088	66613737	7802958	3001698	1527744	6240229	3622378
湖　南	107063338	87346343	2943448	6073699	1792307	11599612	6325076
广　东	236796145	183499393	805237	20678850	8206119	21117053	23973580
广　西	68738315	55680719	1474264	2321649	913168	7477332	4667096
海　南	15001046	12935538	287640	4115901	416610	1095643	553255
重　庆	116392710	91662054	9355426	5991103	2321834	12486376	9922446
四　川	155600243	129954867	2989846	5803319	3044320	12704820	9896236
贵　州	52651847	42393531	4891013	721858	1122984	6023678	3111654
云　南	53676381	44699058	2316882	6211611	854766	5636609	2485948
西　藏	1446050	1290823	398751	183888	33170	116748	5309
陕　西	57525663	49570795	4363096	1281764	2037195	4399906	1517767
甘　肃	23102532	19021115	3263227	48195	456798	2579242	1045377
青　海	6982109	6199995	345325	365904	83413	581667	117034
宁　夏	15806877	11957467	1183228	154429	551683	2708148	589579
新　疆	26390601	22478004	2541262	1301771	774419	2597804	540374

3-A-6 各地区按资质等级分房地产开发企业房屋施工面积

单位：平方米

地 区	总 计	一 级	二 级	三 级	四 级	暂 定	其 他
全 国	**2829650766**	**164308476**	**550317573**	**825649336**	**388090731**	**797136099**	**104148551**
北 京	100143166	17060702	21191180	10541146	33286743	13811494	4251901
天 津	57042684	3784184	7528347	9059099	22352394	13363125	955535
河 北	89580744	8411180	14197966	21997506	33873669	9783756	1316667
山 西	38959471	678260	6659988	11507195	14874168	5194499	45361
内蒙古	70071257	1538073	10764094	15325278	25832623	15006337	1604852
辽 宁	149045641	9315492	15459168	42065949	2105338	68460626	11639068
吉 林	48965968	759464	6820880	14674429	9966771	15831287	913137
黑龙江	36109487	841267	9271873	18985658	1677867	4499794	833028
上 海	107842299	5067671	15155361	14959672	496508	65943393	6219694
江 苏	289121897	19234678	100670113	68607919	3380521	89417906	7810760
浙 江	192733308	14213288	39693781	66782274	11546760	50505989	9991216
安 徽	117191530	1555364	20642215	32629395	7089700	54823371	451485
福 建	114597202	5538255	17568208	34549957	15422244	30793361	10725177
江 西	63447028	622577	12547203	27948484	8373126	13030476	925162
山 东	200559317	9152186	21054573	50408359	40101018	73592042	6251139
河 南	139061822	3238522	26208041	34259644	12136921	61601763	1616931
湖 北	78004088	5411245	22347461	23521219	11490557	14431929	801677
湖 南	107063338	1990320	12381217	63453262	8334708	19005682	1898149
广 东	236796145	16266422	28011492	57270196	49466201	56845047	28936787
广 西	68738315	1589886	5572658	21383919	8876893	30569415	745544
海 南	15001046	24469	1065332	2999266	1418442	8716267	777270
重 庆	116392710	11077181	40347674	29821239	1784980	32854938	506698
四 川	155600243	11134895	45649134	82418503	3743774	10951238	1702699
贵 州	52651847	1516521	7887259	14812175	16230791	11494326	710775
云 南	53676381	2636728	13796302	11232168	18046817	7523180	441186
西 藏	1446050	53475	396741	720189	100100	175545	
陕 西	57525663	3933231	10899639	20276561	14589029	7348380	478823
甘 肃	23102532	403749	5036110	9458539	4461340	3586235	156559
青 海	6982109	987247	3194255	1407555	638879	743485	10688
宁 夏	15806877	2357911	4325568	4179388	2030343	1774742	1138925
新 疆	26390601	3914033	3973740	8393193	4361506	5456471	291658

3-A-7　各地区按用途分房地产开发企业房屋新开工面积

单位：平方米

地　区	房屋新开工面　积	住　宅	#经济适用房　屋	#别墅、高档公　寓	办公楼	商业营业用　房	其　他
全　国	**1024893666**	**835794021**	**55985868**	**43363308**	**24678787**	**100277158**	**64143700**
北　京	23372160	15653005	2538457	1808024	1597527	2870666	3250962
天　津	24402403	18892164	5611983	716467	1412536	2105298	1992405
河　北	37688073	33197733	2593010	743280	567551	2382085	1540704
山　西	14147536	12464493	630940	28056	324070	986138	372835
内蒙古	38019702	30808424	3980962	1447381	939353	4686475	1585450
辽　宁	67618855	55632668	2140202	2109511	842648	7774292	3369247
吉　林	29137998	24846874	1138518	1161482	325083	2846062	1119979
黑龙江	22408834	18398417	1820327	334637	284076	2552295	1174046
上　海	27723654	18810925		3856470	2750256	2518335	3644138
江　苏	107080131	82675284	4398079	6031440	2881280	15315563	6208004
浙　江	52565209	37089751	1105410	2765775	3181442	5653928	6640088
安　徽	45787604	37270596	1590873	1153632	783793	6029459	1703756
福　建	27977439	21894584	1113522	874907	452978	2191322	3438555
江　西	25299030	22081362	1536073	507360	207127	2181437	829104
山　东	76659298	65291280	2994351	1028764	1067994	7376813	2923211
河　南	55512618	48270884	3277133	1090478	938468	4347989	1955277
湖　北	31129933	26935562	4541944	1260809	478362	2090936	1625073
湖　南	42298364	35783950	1165669	2082758	450711	3594250	2469453
广　东	65310787	51431625	333304	6202078	1722283	5295096	6861783
广　西	22573832	19081409	733772	489111	233176	1997880	1261367
海　南	5946873	5187242	136852	1305869	270705	303346	185580
重　庆	35086162	28576980	3161020	1327939	223290	3253703	3032189
四　川	49764540	42335342	1386628	1227106	744912	3373878	3310408
贵　州	16053137	13150688	1023362	169234	235138	1555278	1112033
云　南	21671097	17989036	1216358	2252130	388893	2285237	1007931
西　藏	601186	529842	192795	63659	32770	36967	1607
陕　西	20492491	17778428	1319262	488668	629615	1471329	613119
甘　肃	9860932	8688744	1468110		52794	783191	336203
青　海	2991224	2749696	218675	45608	14010	194506	33012
宁　夏	8673923	7289554	1011340	67116	204887	932300	247182
新　疆	17038641	15007479	1606937	723559	441059	1291104	298999

3-A-8 各地区按资质等级分房地产开发企业房屋新开工面积

单位：平方米

地区	总计	一级	二级	三级	四级	暂定	其他
全国	**1024893666**	**53735693**	**167758002**	**287813170**	**146515745**	**337385609**	**31685447**
北京	23372160	5390426	4337075	2484758	5194017	4914652	1051232
天津	24402403	1378065	2668579	3303816	8606333	8084013	361597
河北	37688073	2692126	5029018	8676694	14860645	5541424	888166
山西	14147536	205534	1885034	3975317	5386209	2682442	13000
内蒙古	38019702	592669	4397542	8269905	14346245	9374613	1038728
辽宁	67618855	2928830	6713104	19372960	1149957	32702818	4751186
吉林	29137998	463733	4087470	8772326	6937121	8660532	216816
黑龙江	22408834	841267	5774697	10353956	1340434	3445653	652827
上海	27723654	1456052	3190220	4246744		17363372	1467266
江苏	107080131	6588481	33041893	24560966	1439518	39027755	2421518
浙江	52565209	3706895	8697885	16061488	3061083	18739944	2297914
安徽	45787604	432019	6059093	11990476	3699091	23374883	232042
福建	27977439	815123	3723896	9450793	2758886	9874453	1354288
江西	25299030	197682	3967331	10458674	4130306	5909137	635900
山东	76659298	3547903	5307499	18648169	14685334	31564673	2905720
河南	55512618	782138	9947874	11211200	5933978	26999871	637557
湖北	31129933	3408041	6771748	8562095	5350858	6832503	204688
湖南	42298364	624712	4559397	21742721	3727789	10878842	764903
广东	65310787	4190252	5496586	14388045	14643466	19871485	6720953
广西	22573832	813713	1063803	6098865	3102910	11142419	352122
海南	5946873	24469	277760	1181670	716148	3436826	310000
重庆	35086162	1917403	11242137	10255337	672138	10979812	19335
四川	49764540	4294069	12116124	25387660	1133859	6258912	573916
贵州	16053137	519250	1585583	4196711	4467677	4959167	324749
云南	21671097	1006798	5019732	4446917	6831303	4041587	324760
西藏	601186	6315	171132	256118	36892	130729	
陕西	20492491	1002868	3088363	6897666	5649802	3669120	184672
甘肃	9860932	238694	1729520	3585719	2233278	1981162	92559
青海	2991224	344679	1182459	632808	380539	450739	
宁夏	8673923	962428	2497620	2648676	1100131	769301	695767
新疆	17038641	2363059	2127828	5693920	2939798	3722770	191266

3-A-9　各地区按用途分房地产开发企业房屋竣工面积

单位：平方米

地　区	房屋竣工面　积	住　宅	#经济适用房　屋	#别墅、高档公　寓	办公楼	商业营业用　房	其 他
全　国	**664135575**	**542181591**	**32143807**	**29912114**	**18246358**	**64017347**	**39690279**
北　京	25579878	13993037	1011490	2329690	3646023	3131133	4809685
天　津	17993746	14925368	2483236	900284	481796	1877230	709352
河　北	16635548	15014182	676609	560354	253709	1093503	274154
山　西	9205159	7812003	587884	134447	73160	1002659	317337
内蒙古	19232453	16127758	1448806	614645	508391	2137020	459284
辽　宁	38260795	32646751	1936709	778797	435103	3573788	1605153
吉　林	15238367	13291077	580505	965447	238090	1324809	384391
黑龙江	14045131	11600798	1048582	242245	126015	1773934	544384
上　海	25707435	18014532		2344532	2137752	2262490	3292661
江　苏	82471496	67362055	3738791	5030664	1494448	9431438	4183555
浙　江	44582633	32608268	1952249	1970255	1927442	4113671	5933252
安　徽	25414173	21270077	883640	294930	415659	2799611	928826
福　建	19061506	14068302	214453	830521	976415	1749769	2267020
江　西	15866976	13463562	871690	228762	160685	1722386	520343
山　东	45196354	39212290	1746653	1102784	733359	3871607	1379098
河　南	30260396	25970308	2334943	592571	668135	2878230	743723
湖　北	20567810	17948857	2431242	502314	290671	1631644	696638
湖　南	23938442	20402295	961874	1280280	210474	2381747	943926
广　东	50541980	40230089	89785	4007039	1644121	4285881	4381889
广　西	12534715	10499331	437434	583371	94456	1296602	644326
海　南	3088458	2683135	23882	947573	34805	229114	141404
重　庆	23679415	19513454	1854078	779821	451806	2155618	1558537
四　川	33296065	28862623	647421	1095400	367449	2605581	1460412
贵　州	7364066	6009597	609041	134039	101772	934078	318619
云　南	10516544	8836056	438039	769909	169809	964849	545830
西　藏	545709	474223	102010	121429	10110	57674	3702
陕　西	8756854	8086909	965240	317622	129012	443776	97157
甘　肃	5465173	4804703	579663	7068	103974	453696	102800
青　海	2253028	2051851	135824	230977		159648	41529
宁　夏	6342321	4964055	143045	74765	178683	1001163	198420
新　疆	10492949	9434045	1208989	139579	183034	672998	202872

3-A-10 各地区按资质等级分房地产开发企业房屋竣工面积

单位：平方米

地 区	总 计	一 级	二 级	三 级	四 级	暂 定	其 他
全 国	**664135575**	**44767470**	**133313419**	**221390655**	**106899599**	**134861608**	**22902824**
北 京	25579878	4363309	6288837	3711577	8379644	1337563	1498948
天 津	17993746	1283362	2206937	3754583	8547705	1480301	720858
河 北	16635548	901311	2525438	4858333	7355611	951263	43592
山 西	9205159	145248	1268837	2805534	4296415	689125	
内蒙古	19232453	734458	1668844	4817293	8321344	3023899	666615
辽 宁	38260795	3631745	4562639	14751567	1027987	11989318	2297539
吉 林	15238367	390714	1854568	6133848	3807574	2884147	167516
黑龙江	14045131	388481	3254998	7211568	921726	1745015	523343
上 海	25707435	1592754	3679682	4012788	61798	14809817	1550596
江 苏	82471496	6248572	28220231	24196904	1446824	20909159	1449806
浙 江	44582633	3652478	11411666	17108589	3477474	7021291	1911135
安 徽	25414173	476731	5415133	8675281	2524041	8262846	60141
福 建	19061506	1156206	2109578	5968703	3783660	4008198	2035161
江 西	15866976	149063	2825781	7804214	2517972	2439765	130181
山 东	45196354	2275391	5224251	13263203	10960866	11935011	1537632
河 南	30260396	778501	5753472	8848086	4080664	10634089	165584
湖 北	20567810	1244800	5786806	6411169	3800982	2801193	522860
湖 南	23938442	251567	2680149	15284088	2657334	2645705	419599
广 东	50541980	3431353	5887044	12875459	12230460	10253159	5864505
广 西	12534715	161831	757832	5367469	2198801	3898335	150447
海 南	3088458		260563	733349	434741	1524116	135689
重 庆	23679415	2994768	8780939	7589707	532040	3754961	27000
四 川	33296065	3240469	9153203	18319058	1247662	971878	363795
贵 州	7364066	179385	1818337	2441209	1882424	980228	62483
云 南	10516544	385483	2770116	2595112	3942779	818554	4500
西 藏	545709	38738	227509	150566	77280	51616	
陕 西	8756854	898377	1625855	3477046	1944439	734917	76220
甘 肃	5465173	119071	1181498	2083558	1663258	368188	49600
青 海	2253028	461362	1083944	519284	144420	34030	9988
宁 夏	6342321	1204114	1786974	1794668	642843	533667	380055
新 疆	10492949	1987828	1241758	3826842	1988831	1370254	77436

3-A-11　各地区按用途分房地产开发企业竣工房屋价值

单位：万元

地　区	竣工房屋价值	住　宅			办公楼	商业营业用房	其　他
			#经济适用房屋	#别墅、高档公寓			
全　国	**119204104**	**92746037**	**4152691**	**7865356**	**4996314**	**13612181**	**7849572**
北　京	6712851	3322088	145372	792855	1220077	907460	1263226
天　津	4038747	3368947	397459	207778	88169	436868	144763
河　北	3166034	2787282	121043	207321	55102	286563	37087
山　西	1331125	1114899	63512	29195	16450	147610	52166
内蒙古	2739730	2182820	175553	113205	99530	390475	66905
辽　宁	6399392	5234726	254560	201268	109228	759340	296098
吉　林	2106448	1791150	60263	203576	36521	220054	58723
黑龙江	1678909	1301245	104279	41592	17003	267269	93392
上　海	6446624	4180257		664552	786670	705643	774054
江　苏	15497821	12379107	433603	1340958	344291	2078266	696157
浙　江	9507644	6848107	393502	589494	533347	953001	1173189
安　徽	4108936	3304885	98533	60659	100601	562733	140717
福　建	2931748	2164005	21920	156826	136650	320629	310464
江　西	2037908	1651031	78743	41960	19621	303914	63342
山　东	7852281	6523234	240516	218183	201998	830429	296620
河　南	4039489	3307500	241174	121729	128937	494101	108951
湖　北	4133522	3495954	376049	182659	75200	375110	187258
湖　南	3209378	2621093	107349	283055	34494	416459	137332
广　东	13093308	10115673	13968	1167869	620234	1217576	1139825
广　西	1535744	1224009	26817	81343	10783	230274	70678
海　南	728264	639242	3707	291077	9410	58128	21484
重　庆	4023212	3191531	208609	278710	99855	429392	302434
四　川	4349144	3698788	68064	205481	69842	372918	207596
贵　州	884270	685590	92976	23177	13934	144499	40247
云　南	1695532	1378622	53113	148618	36646	216152	64112
西　藏	120136	111382	29394	23606	3265	5189	300
陕　西	1589990	1407337	104853	105675	42888	115080	24685
甘　肃	712092	613482	61458	1060	20037	64998	13575
青　海	359510	323265	19913	40093		31929	4316
宁　夏	806249	602522	16240	15503	29092	147419	27216
新　疆	1368066	1176264	140149	26279	36439	122703	32660

3-A-12 各地区房地产开发企业建造的房屋面积和造价

地区	房屋施工面积(平方米)	房屋竣工面积(平方米)	房屋建筑面积竣工率(%)	竣工房屋价值(万元)	竣工房屋造价(元/平方米)
全国	**2829650766**	**664135575**	**23.5**	**119204104**	**1795**
北京	100143166	25579878	25.5	6712851	2624
天津	57042684	17993746	31.5	4038747	2245
河北	89580744	16635548	18.6	3166034	1903
山西	38959471	9205159	23.6	1331125	1446
内蒙古	70071257	19232453	27.4	2739730	1425
辽宁	149045641	38260795	25.7	6399392	1673
吉林	48965968	15238367	31.1	2106448	1382
黑龙江	36109487	14045131	38.9	1678909	1195
上海	107842299	25707435	23.8	6446624	2508
江苏	289121897	82471496	28.5	15497821	1879
浙江	192733308	44582633	23.1	9507644	2133
安徽	117191530	25414173	21.7	4108936	1617
福建	114597202	19061506	16.6	2931748	1538
江西	63447028	15866976	25.0	2037908	1284
山东	200559317	45196354	22.5	7852281	1737
河南	139061822	30260396	21.8	4039489	1335
湖北	78004088	20567810	26.4	4133522	2010
湖南	107063338	23938442	22.4	3209378	1341
广东	236796145	50541980	21.3	13093308	2591
广西	68738315	12534715	18.2	1535744	1225
海南	15001046	3088458	20.6	728264	2358
重庆	116392710	23679415	20.3	4023212	1699
四川	155600243	33296065	21.4	4349144	1306
贵州	52651847	7364066	14.0	884270	1201
云南	53676381	10516544	19.6	1695532	1612
西藏	1446050	545709	37.7	120136	2201
陕西	57525663	8756854	15.2	1589990	1816
甘肃	23102532	5465173	23.7	712092	1303
青海	6982109	2253028	32.3	359510	1596
宁夏	15806877	6342321	40.1	806249	1271
新疆	26390601	10492949	39.8	1368066	1304

3-A-13　各地区按用途分房地产开发企业商品房销售面积

单位：平方米

地　区	商品房销售面积	住　宅	#经济适用房屋	#别墅、高档公寓	办公楼	商业营业用房	其 他
全　国	**658695401**	**592095425**	**36121807**	**28668506**	**11570423**	**42005804**	**13023749**
北　京	13353664	10314252	1083150	1645290	1393695	1124100	521617
天　津	12520438	11353520	1682600	466209	293022	748926	124970
河　北	22318434	21288631	1682927	342657	26937	787870	214996
山　西	9947073	8931029	579228	185650	134471	762639	118934
内蒙古	23510105	20497869	2456080	960670	396461	2214134	401641
辽　宁	40911584	37311931	1374881	1307188	358676	2680152	560825
吉　林	15588287	14122939	767405	673163	156715	1039191	269442
黑龙江	14863765	12866198	748025	258154	89502	1593543	314522
上　海	23392946	20074792		2655398	1469424	1174022	674708
江　苏	60841754	52770952	3142532	3093462	1053420	5946674	1070708
浙　江	29921980	24807376	1532444	1593540	1295521	2397058	1422025
安　徽	27845530	25413071	551947	344533	310062	1921419	200978
福　建	16255890	12499423	838130	621832	665180	942983	2148304
江　西	17276001	16048566	1571528	284386	49689	952514	225232
山　东	54794555	50360374	2022634	932510	566306	3075621	792254
河　南	31919757	29433568	2045510	655482	431348	1867639	187202
湖　北	19417094	18214747	2208890	585379	115792	788748	297807
湖　南	26539829	24121777	973455	1095654	220830	1874621	322601
广　东	48501077	43580613	112990	4234277	928713	2500810	1490941
广　西	17669748	16369216	474981	474002	103641	886825	310066
海　南	3724413	3587164	82314	1082297	13431	116258	7560
重　庆	28721949	26699338	3327902	1173824	348715	1265281	408615
四　川	35073023	32531040	399164	958484	324444	1780238	437301
贵　州	9213088	8607800	1350365	130964	102621	470569	32098
云　南	16430769	14782537	1048138	1862921	220717	1169705	257810
西　藏	664924	620751	74857	163881	414	43484	275
陕　西	15060653	14191224	1496874	388511	305095	509081	55253
甘　肃	6246578	5886314	932646	6488	36347	285361	38556
青　海	1478916	1412316	11669	78683	9426	55414	1760
宁　夏	5148108	4532613	208474	80923	66217	518740	30538
新　疆	9543469	8863484	1340067	332094	83591	512184	84210

3-A-14 各地区按资质等级分房地产开发企业商品房销售面积

单位：平方米

地区	总计	一级	二级	三级	四级	暂定	其他
全国	**658695401**	**33749998**	**120050678**	**208868084**	**109870686**	**164601686**	**21554269**
北京	13353664	2927720	3792674	1214040	3278424	1421273	719533
天津	12520438	353170	1431481	2392147	5193663	1829778	1320199
河北	22318434	3220020	2816514	4874116	9633105	1537721	236958
山西	9947073	422263	1090110	2963418	4471241	1000041	
内蒙古	23510105	567752	2803826	5246323	9463753	4740256	688195
辽宁	40911584	1905131	4578104	13900029	578922	16557392	3392006
吉林	15588287	638234	1755928	5316020	4342263	3425884	109958
黑龙江	14863765	553384	4396527	7524458	886306	1281399	221691
上海	23392946	1047731	3838082	4275004	57065	13450621	724443
江苏	60841754	3474970	19123522	17098112	1257321	18034340	1853489
浙江	29921980	2087403	5613570	10069016	2726659	7986439	1438893
安徽	27845530	359675	4706662	8417973	2468753	11810963	81504
福建	16255890	514089	2316896	6043037	2246049	4333883	801936
江西	17276001	182105	3512307	7545716	2924923	2815051	295899
山东	54794555	1736853	5425027	14127408	13165944	18571326	1767997
河南	31919757	788496	5910053	8250959	4731081	11907660	331508
湖北	19417094	931039	4946811	6202266	3585379	3260364	491235
湖南	26539829	382910	2660096	16708671	2713649	3529959	544544
广东	48501077	2690629	6214850	10985146	13147587	10638524	4824341
广西	17669748	237581	1029774	6195002	2738929	7228853	239609
海南	3724413	3876	226758	745290	574536	2047734	126219
重庆	28721949	2754994	8869069	9310050	714215	6985813	87808
四川	35073023	2160026	9549382	19737751	1027848	2192848	405168
贵州	9213088	109357	1210463	2943091	2987738	1873548	88891
云南	16430769	366039	4514937	3930322	5755062	1838952	25457
西藏	664924	10247	135118	178277	163071	99511	78700
陕西	15060653	764612	3227112	4961433	4385991	1584349	137156
甘肃	6246578	19842	1292136	2432710	1990705	464927	46258
青海	1478916	172542	500405	445214	177369	173398	9988
宁夏	5148108	733372	1505382	1420645	552343	630110	306256
新疆	9543469	1633936	1057102	3414440	1930792	1348769	158430

3-A-15　各地区按用途分房地产开发企业商品房期房销售面积

单位：平方米

地　区	商品房期房销售面积	住　宅	#经济适用房　屋	#别墅、高档公　寓	办公楼	商业营业用　房	其 他
全　国	**433240428**	**399330621**	**22703139**	**20213597**	**6791800**	**19963218**	**7154789**
北　京	9521095	8227326	1007498	1257534	591102	542644	160023
天　津	8393416	7740165	846887	181715	68953	513294	71004
河　北	15243530	14717949	1150819	288084	9616	356415	159550
山　西	5614462	5310280	269691	142688	41570	231339	31273
内蒙古	12175613	10888510	1381104	861720	302473	848778	135852
辽　宁	23895609	22467234	604732	1008869	134972	1031060	262343
吉　林	7565353	7035830	357606	466259	72884	315704	140935
黑龙江	7510576	6856235	420831	82631	32707	524667	96967
上　海	15866690	13976268		1949559	943879	758455	188088
江　苏	41604749	36958056	1931300	2127330	642807	3375477	628409
浙　江	23582780	20563166	1276716	1306160	947407	1256118	816089
安　徽	20554192	19163050	358184	198000	214373	1086918	89851
福　建	14037609	10937142	727226	426651	568733	588456	1943278
江　西	9293840	8764243	700644	171564	38951	369550	121096
山　东	31024450	28864995	700434	479826	291621	1421455	446379
河　南	20165576	18859017	1324529	430413	318407	904888	83264
湖　北	11730231	11234675	1437952	427048	60582	256103	178871
湖　南	16854318	15525534	569022	807008	154444	1001412	172928
广　东	31175485	29114694	31613	2517167	460719	974118	625954
广　西	13889241	13154700	462219	379054	87720	484091	162730
海　南	2432202	2369339	66743	638713	6727	54420	1716
重　庆	21623779	20875675	2456344	1052501	111727	458342	178035
四　川	25836031	24658825	244395	679822	169832	812374	195000
贵　州	7297903	6942570	1275205	115092	59555	282887	12891
云　南	13180576	12045099	719370	1608968	146930	791605	196942
西　藏	169889	166183	25200	23362	414	3292	
陕　西	10719592	10201938	1002936	240160	236695	257699	23260
甘　肃	2645515	2566939	502472	974	13047	60962	4567
青　海	1135198	1099132		58481	6752	29314	
宁　夏	2741559	2512248	137148	15568	32774	189785	6752
新　疆	5759369	5533604		270676	23427	181596	20742

3-A-16 各地区按用途分房地产开发企业出租房屋面积

单位：平方米

地 区	出租房屋面积	住 宅	#经济适用房屋	#别墅、高档公寓	办公楼	商业营业用房	其 他
全 国	**60730252**	**4700709**	**111402**	**1208737**	**12185300**	**31433759**	**12410484**
北 京	7009465	439641		300703	2811631	3106167	652026
天 津	802194	1483			22874	159680	618157
河 北	302341	35759			25354	223932	17296
山 西	248763	9494			85854	151412	2003
内蒙古	224160	84275		1275	80468	55917	3500
辽 宁	969569	18838			261327	592998	96406
吉 林	1866436	1000			225790	766465	873181
黑龙江	297539				1500	286039	10000
上 海	11482826	927374		737898	3555692	3180474	3819286
江 苏	3298962	246507		23180	331279	2472054	249122
浙 江	2907110	128129			382599	1936353	460029
安 徽	1983144	238602		988	104021	1561971	78550
福 建	4389899	545283	119	31468	721653	1715334	1407629
江 西	402548	36470			1200	356465	8413
山 东	3529167	149534	9450		994302	1240620	1144711
河 南	1289471	8229			81163	1145217	54862
湖 北	988964	168870	10000		51526	760147	8421
湖 南	934449	44926	9916	464	69099	746611	73813
广 东	9050710	957002	30	74834	1493601	4536540	2063567
广 西	703585	65425			18406	575248	44506
海 南	320958	132986			10097	173976	3899
重 庆	2268338	42126	309	352	136940	1812104	277168
四 川	1781497	152495	15425	7290	353035	1121996	153971
贵 州	724431	15900	3499		63131	502806	142594
云 南	152531	3940			9859	126669	12063
西 藏	124320					119320	5000
陕 西	488453	111019	30500		57258	228596	91580
甘 肃	591451	27053	500		76283	486956	1159
青 海	103576	457			11945	90089	1085
宁 夏	417490	14909			33963	360555	8063
新 疆	1075905	92983	31654	30285	113450	841048	28424

3-A-17 各地区按用途分房地产开发企业商品房销售额

单位：万元

地区	商品房销售额	住宅	#经济适用房屋	#别墅、高档公寓	办公楼	商业营业用房	其他
全国	**250423519**	**211756053**	**6964785**	**22362728**	**9693084**	**24737542**	**4236840**
北京	16583129	12013685	413030	3215143	2307189	1927582	334673
天津	7531570	6355728	600906	517832	286667	774270	114905
河北	6202410	5838850	371533	218436	9944	308416	45200
山西	2342907	2011783	84900	106579	82233	218623	30268
内蒙古	5808821	4604227	407034	394259	191183	906992	106419
辽宁	15376463	13338922	288019	949652	171558	1647920	218063
吉林	3913525	3391105	146367	415686	51033	384802	86585
黑龙江	4209404	3399086	133547	139762	25092	689934	95292
上海	19171177	16290753		3396706	1731406	775973	373045
江苏	24661600	20091155	603933	2393746	622186	3673397	274862
浙江	18736825	15241113	473768	1501683	1258668	1784836	452208
安徽	8210509	7136248	95565	139826	142084	889102	43075
福建	7125761	5622404	193833	456049	358234	782920	362203
江西	3689630	3244430	172538	89320	14114	384759	46327
山东	16288490	14337851	368904	675893	317190	1414102	219347
河南	7464593	6294019	280542	237149	188354	946036	36184
湖北	5826697	5279209	424964	362391	59314	383565	104609
湖南	6110306	5098149	135093	439025	93005	855645	63507
广东	28899043	24971858	26013	2886401	980134	2158529	788522
广西	4994246	4313258	89287	218103	51394	538882	90712
海南	2027094	1951875	13877	980363	7832	63488	3899
重庆	8000006	7048198	582674	742133	162761	687333	101714
四川	11076245	9982578	50530	758714	184547	804279	104841
贵州	2145208	1818552	260036	62049	37679	279556	9421
云南	4403093	3607721	151040	601798	107275	608548	79549
西藏	212894	192646	15805	58150	414	19801	33
陕西	4433609	3988869	252978	217154	169972	257371	17397
甘肃	1222879	1089747	117855	1351	10536	114370	8226
青海	363745	336669	1417	21783	3083	23531	462
宁夏	1253781	1004196	30166	43250	24672	220119	4794
新疆	2137859	1861169	178631	122342	43331	212861	20498

3-A-18 各地区按资质等级分房地产开发企业商品房销售额

单位：万元

地区	总计	一级	二级	三级	四级	暂定	其他
全国	**250423519**	**18869807**	**51530758**	**67195298**	**34786442**	**66594594**	**11446620**
北京	16583129	2511144	4884197	1449513	5372221	1566311	799743
天津	7531570	248013	887815	1593957	3486663	841305	473817
河北	6202410	1385962	814604	1323433	2194018	400017	84376
山西	2342907	115385	282861	724064	960768	259829	
内蒙古	5808821	197290	760678	1245756	2189983	1321172	93942
辽宁	15376463	894475	1761910	4668801	146499	6689238	1215540
吉林	3913525	195151	513889	1370063	900557	902802	31063
黑龙江	4209404	150787	1396350	2109450	158765	352745	41307
上海	19171177	1128175	3003396	3331692	60850	10958145	688919
江苏	24661600	1726426	8377544	5691536	282599	7918390	665105
浙江	18736825	2000284	3785922	5813842	1093291	5004190	1039296
安徽	8210509	123056	1536596	2301184	511315	3724432	13926
福建	7125761	338799	1089924	2217159	1079508	1808593	591778
江西	3689630	74481	817740	1585523	533066	629532	49288
山东	16288490	759292	1790789	4200693	3210296	5751657	575763
河南	7464593	338655	1670342	1794375	811899	2766799	82523
湖北	5826697	377579	2174841	1607626	600711	913992	151948
湖南	6110306	149390	666678	3990203	408259	793077	102699
广东	28899043	2975543	5093893	5590482	5501136	5457440	4280549
广西	4994246	77111	357969	1650015	678172	2182718	48261
海南	2027094	263	204475	437745	312244	1020255	52112
重庆	8000006	1051947	2538837	1976081	105653	2288579	38909
四川	11076245	875806	3221387	5695321	236601	891505	155625
贵州	2145208	43312	376807	599152	606645	500175	19117
云南	4403093	184673	1427496	1058038	1286105	442292	4489
西藏	212894	1965	84159	49791	22970	22894	31115
陕西	4433609	219954	974802	1434847	1178205	593122	32679
甘肃	1222879	9319	262659	525821	330671	89537	4872
青海	363745	62557	119360	108907	42804	29018	1099
宁夏	1253781	222741	423863	287517	122704	147234	49722
新疆	2137859	430272	228975	762711	361264	327599	27038

3-A-19　各地区房地产开发企业商品房屋待售情况

单位：平方米

地　区	待售面积 合　计	待　售 一年以下	待　售 一年以上	待售一年以上占比重(%)
全　国	**186460466**	**70977341**	**115483125**	**61.9**
北　京	14382941	9450752	4932189	34.3
天　津	2806258	520614	2285644	81.4
河　北	4293559	1630464	2663095	62.0
山　西	3355608	1504559	1851049	55.2
内蒙古	4964400	2212086	2752314	55.4
辽　宁	15892864	3977870	11914994	75.0
吉　林	6631270	3882659	2748611	41.4
黑龙江	8836262	2427990	6408272	72.5
上　海	11336608	7001780	4334828	38.2
江　苏	16219103	5280764	10938339	67.4
浙　江	10373203	3304961	7068242	68.1
安　徽	3647764	938813	2708951	74.3
福　建	4063898	1626242	2437656	60.0
江　西	2897469	1113854	1783615	61.6
山　东	9977438	3258005	6719433	67.3
河　南	5230622	2221354	3009268	57.5
湖　北	5605204	1788389	3816815	68.1
湖　南	4532739	1204781	3327958	73.4
广　东	20026628	5782742	14243886	71.1
广　西	2321893	726930	1594963	68.7
海　南	431092	114789	316303	73.4
重　庆	6074343	1834750	4239593	69.8
四　川	8218141	3146253	5071888	61.7
贵　州	1446580	351611	1094969	75.7
云　南	1391613	297434	1094179	78.6
西　藏	89217		89217	100.0
陕　西	1298469	522848	775621	59.7
甘　肃	1712061	442297	1269764	74.2
青　海	274951	87267	187684	68.3
宁　夏	4230340	2667481	1562859	36.9
新　疆	3897928	1657002	2240926	57.5

3-A-20 各地区按用途分房地产开发企业商品房待售面积

单位：平方米

地区	商品房待售面积	住宅	#经济适用房屋	#别墅、高档公寓	办公楼	商业营业用房	其他
全国	**186460466**	**106960144**	**3277118**	**9142134**	**9893148**	**49865255**	**19741919**
北京	14382941	5227168	382184	1711372	2445852	3799108	2910813
天津	2806258	1985089	59465	91907	149342	324262	347565
河北	4293559	3209676	92037	122188	296299	689938	97646
山西	3355608	2486673	136218	46689	31356	732803	104776
内蒙古	4964400	3835733	150124	165327	173777	801707	153183
辽宁	15892864	10742858	105311	341231	529816	3825577	794613
吉林	6631270	4870870	282320	101654	125457	1290939	344004
黑龙江	8836262	5455949	360585	283616	255387	2504532	620394
上海	11336608	5030176		1133553	1289507	2332227	2684698
江苏	16219103	9879604	420823	1666834	476725	4855370	1007404
浙江	10373203	4309263	155471	331302	569469	3478454	2016017
安徽	3647764	2255325	101657	98289	179562	976945	235932
福建	4063898	1668355	11793	164497	403689	1320426	671428
江西	2897469	1660793	2131	119882	26188	1053761	156727
山东	9977438	7203343	166524	138325	298410	2199341	276344
河南	5230622	3589304	142078	105385	121812	1352365	167141
湖北	5605204	3909937	157691	252646	206720	1225646	262901
湖南	4532739	2797670	22294	170182	50249	1298973	385847
广东	20026628	11374137	42583	1323177	1036042	4663460	2952989
广西	2321893	1005674	15376	48103	47160	924080	344979
海南	431092	297614	14019	100366	8682	101094	23702
重庆	6074343	1373172	52355	71010	392795	2761173	1547203
四川	8218141	4436811	16945	169214	241682	2676533	863115
贵州	1446580	521663	25612	13312	64524	693904	166489
云南	1391613	763965	7699	65449	56123	397478	174047
西藏	89217	63232	8860	23730	684	21340	3961
陕西	1298469	896228	17631	73137	85900	270504	45837
甘肃	1712061	1132808	105387	9526	90576	424235	64442
青海	274951	136560	14062	17143	10895	105262	22234
宁夏	4230340	2381369	35055	75345	132670	1585773	130528
新疆	3897928	2459125	172828	107743	95798	1178045	164960

3-A-21　各地区房地产开发企业土地开发及其购置情况

地　区	本年完成开发土地面积（平方米）	待开发土地面积（平方米）	本年购置土地面积（平方米）	本年土地成交价款（万元）
全　国	**288022797**	**480286732**	**392054125**	**48377432**
北　京	3515284	19779058	8234351	5035820
天　津	9514553	8628832	5127590	903366
河　北	14029745	8067807	19476245	1770223
山　西	5508278	4439036	7646087	738526
内蒙古	12796736	5747699	17536113	1048558
辽　宁	17965046	17093049	29538218	3080834
吉　林	3172125	1129366	8137625	573156
黑龙江	5686399	3197363	8680090	883036
上　海	1375981	5250223	3263623	1252237
江　苏	32852366	58919662	32948390	5617258
浙　江	12518811	20594721	18342911	4600122
安　徽	15166738	29224885	22461650	2143662
福　建	4752065	15245057	10762372	2677960
江　西	8228853	16724528	9918604	892035
山　东	26987021	46820209	26826637	2467656
河　南	14187717	12973228	21075384	1890973
湖　北	9447069	15980263	9928735	1050251
湖　南	12543857	25523712	20397422	1486219
广　东	21973952	66306658	25888159	2897816
广　西	6049831	9914570	14414557	1179005
海　南	2154762	5198652	9468405	180050
重　庆	8950651	26316306	11644097	1603700
四　川	7866841	18644908	10081172	1903182
贵　州	2891480	8548582	5853198	435095
云　南	8924262	11122426	14442193	790789
西　藏	714641	621435	204555	8270
陕　西	4185407	7077369	5413938	585213
甘　肃	3499414	2064078	4124123	293740
青　海	1196984	484487	1112446	63153
宁　夏	1721159	1126995	1588627	73555
新　疆	7644769	7521568	7516608	251972

3-A-22 各地区按登记注册类型分房地产开发企业资产总计

单位：万元

地 区	总 计	内 资					
			国 有	集 体	股份合作	国有联营	集体联营
全 国	**1448458213**	**1192325774**	**131209465**	**12389370**	**4768740**	**5501937**	**249321**
北 京	176743192	140404374	6593648	722818	312311		
天 津	50141324	43555802	13827525	534537	131211	29404	3355
河 北	25101857	23776310	722495	22140	104843		
山 西	11448895	10907046	745341	78227	64952		
内蒙古	13142104	13002300	284121	23746	8133		
辽 宁	60238752	44201855	1460800	271573	149727	50	
吉 林	10677959	9766056	290364	22950	7014		
黑龙江	14624206	13693829	1463595	22841	18404	267	
上 海	193184877	151802252	39943268	2411616	337483	4553933	66222
江 苏	126460569	105450834	10228923	1506873	402127	24885	1270
浙 江	115353961	103285189	3905118	530735	213061	189609	3501
安 徽	31547182	28648260	3055780	47170	122760	80752	
福 建	54481197	38779704	8759583	339468	146306	157541	37445
江 西	17114720	14614406	1846266	99194	169958		866
山 东	68202891	61038208	4979480	1163324	412465	6876	61504
河 南	26964335	23523185	953314	96381	63854	4081	
湖 北	34460725	29850865	5316729	200474	144215		470
湖 南	32949272	30734575	2729761	80166	135135	118845	400
广 东	180049649	125605428	7008896	3214343	600658	98253	12922
广 西	21257452	18924608	3017071	117279	63894	3443	36260
海 南	14012658	11540235	562012	68367	202161	3626	2744
重 庆	40490907	34780817	4059560	89731	102830	28923	
四 川	58331122	48407638	4741738	92456	535267	44155	7263
贵 州	12964372	12176070	451667	102448	12118	141951	
云 南	21773993	20003681	1218116	160845	183291	2109	603
西 藏	364453	364453	53934				
陕 西	17771048	15653653	1920579	274208	87105	12378	4848
甘 肃	5349556	4904319	522677	57499	17712		
青 海	2255968	2109037	185502	11074	17216	857	
宁 夏	4022778	3894283	97791	25988	2528		4858
新 疆	6976239	6926503	263815	898			4791

3-A-22　续表 1　　单位：万元

地　区	内　资						
	国有与集体联　营	其他联营	国有独资公　司	其他有限责任公司	股份有限公　司	私营独资	私营合伙
全　国	**1167855**	**785684**	**44263266**	**519985431**	**84723443**	**11104435**	**3073391**
北　京			5736019	96329594	16986506	500	
天　津		13956	2187391	12293720	2758060	274371	28059
河　北	37079	1000	237322	10843226	2114140	369635	21288
山　西			20846	3396498	360467	91581	41555
内蒙古	2350		55769	7647200	319743	150505	15738
辽　宁			744626	17026152	1437459	1116882	88468
吉　林		1273	276299	5300461	517117	115119	13154
黑龙江			1639174	4950842	744640	80927	107866
上　海	882016	291950	5593663	52222623	8550566	1668177	70662
江　苏	696	4869	2579566	38791473	4951763	1631712	308878
浙　江	63357	1461	2799240	50724746	5477015	431126	109496
安　徽	53785	22856	945496	14315805	2183838	335211	199018
福　建	6349	14911	2030041	13271738	903194	115521	119718
江　西	50863	4700	202532	6356431	1594361	358934	146834
山　东		1013	1133775	28346065	5210544	679094	233309
河　南		4396	241182	12723398	2003045	203252	69893
湖　北	37494	1093	1970299	11263839	2396277	598043	72348
湖　南	157	19943	4272199	13309253	1122285	328932	115948
广　东	3148	378419	3626645	52768036	14115213	1069948	180863
广　西	1240	15262	116345	4588392	656009	218369	63108
海　南	4755	2376	1839738	5068778	1344994	209758	18474
重　庆		1419	1958990	11094025	1509908	147553	40984
四　川	9923	4769	2335319	18045197	3917025	341100	46708
贵　州			316958	5858121	471975	51528	99492
云　南	1566		330873	8437982	1734846	79717	76802
西　藏	4012			61791	43136	68650	
陕　西		20	253714	8512731	865189	273970	36381
甘　肃			16961	2669868	262869	25506	7591
青　海	9066		161102	740063	42972	27061	181579
宁　夏			463127	704602	19939	26273	2914
新　疆			178058	2322783	108350	15482	556266

3-A-22 续表 2

单位：万元

地 区	内资			港澳台商投资		
	私营有限责任公司	私营股份有限公司	其他内资企业		合资经营	合作经营
全 国	**340009944**	**23783826**	**9309667**	**149507337**	**51321264**	**27793873**
北 京	13216118	506861		21175106	4487567	10279699
天 津	10155887	759139	559190	2628047	1009052	790574
河 北	7792225	1291666	219252	488104	284201	
山 西	5717136	320002	70441	504838	355002	13738
内蒙古	4400198	84160	10639	91205	91205	
辽 宁	20713602	966471	226046	7998198	3405288	402815
吉 林	3035641	139770	46895	707018	315130	6074
黑龙江	4246936	253547	164790	288001	152273	14532
上 海	32367095	1925188	917790	21838625	11066439	1115021
江 苏	41253348	2753333	1011121	11326712	4799589	533656
浙 江	36082951	1172430	1581344	5129903	2810241	350873
安 徽	6686369	402420	197000	1776231	690472	44465
福 建	11828535	879546	169810	12135378	3022727	465277
江 西	3057626	568393	157447	1880300	883760	11118
山 东	16268876	1447486	1094398	3988305	2350000	352197
河 南	6363100	549052	248238	1144825	495595	149038
湖 北	6991068	708208	150309	2748169	814781	7048
湖 南	6910856	1083079	507619	1408605	856794	156396
广 东	37107610	4560225	860250	36617738	6819624	12208434
广 西	9544533	458759	24643	1447558	784587	209402
海 南	2008263	45717	158472	2064233	689102	24563
重 庆	14630289	895470	221135	3858918	1744816	456608
四 川	17136071	629564	521083	4908572	1465925	79786
贵 州	4030603	600161	39048	290674	209156	
云 南	7430153	261690	85090	1575975	739269	43019
西 藏	123323	9607				
陕 西	3229534	134047	48949	1023559	561920	79542
甘 肃	1264367	46605	12666	332415	293568	
青 海	580202	147537	4808	88553	87224	
宁 夏	2484731	61532				
新 疆	3352700	122162	1197	41573	35958	

3-A-22　续表 3　　　　单位：万元

地　区	港澳台商投资		外商投资				
	独　资	股份有限		合资经营	合作经营	独　资	股份有限
全　国	**66644432**	**3747769**	**106625103**	**37137899**	**11966003**	**53172782**	**4348418**
北　京	6407840		15163712	6427413	4778347	2227668	1730285
天　津	828421		3957475	1864991	348269	1703732	40484
河　北	203903		837443	178624	47614	598453	12751
山　西	136099		37011	37011			
内蒙古			48600	17238		31362	
辽　宁	4013115	176979	8038699	3473360	590741	3974549	50
吉　林	363595	22220	204885	153690	35893	15303	
黑龙江	106387	14809	642377	362761	22597	257019	
上　海	9494998	162166	19544001	5522604	1176102	11540113	1305182
江　苏	5829452	164015	9683023	3619145	673260	5290534	100084
浙　江	1722495	246294	6938869	2416984	19901	4445064	56920
安　徽	993873	47422	1122691	585461	26813	449490	60927
福　建	8385770	261605	3566115	930484	63803	2457201	114628
江　西	939575	45847	620014	451525		136125	32363
山　东	1223726	62382	3176378	2196607	245229	688186	46355
河　南	491892	8300	2296325	927419		1273351	95555
湖　北	1307244	619095	1861691	298173	605742	957277	500
湖　南	392837	2577	806091	340255	7417	419905	38514
广　东	16364254	1225427	17826483	3399118	2130647	11752773	543944
广　西	434432	19136	885286	383139	135099	365353	1695
海　南	738563	612005	408190	179608	100	189683	38800
重　庆	1605661	51834	1851172	781439	316808	752925	
四　川	3358400	4462	5014913	1274504	565579	3045447	129382
贵　州	80325	1192	497629	176085	57019	264525	
云　南	793687		194338	76085		118253	
西　藏							
陕　西	382097		1093837	869968	119025	104844	
甘　肃	38847		112822	99547		13275	
青　海	1329		58378	58378			
宁　夏			128495	28123		100372	
新　疆	5615		8163	8163			

3-A-23　各地区按登记注册类型分房地产开发企业负债总计

单位：万元

地　区	总　　计	内　　资	国　　有	集　　体	股份合作	国有联营	集体联营
全　国	**1047838554**	**875859568**	**89893068**	**9914100**	**3415178**	**4094406**	**212435**
北　京	137699559	109624046	5363213	582553	282824		
天　津	35994005	31494244	10021003	451602	119017	25611	1213
河　北	19397019	18362912	712071	14541	89701		
山　西	8796071	8350295	660176	54723	64594		
内蒙古	9599549	9496162	226217	21488	2992		
辽　宁	44967126	35725508	1277604	228779	114195		
吉　林	8027452	7322329	250773	10503	4314		
黑龙江	9494489	8797750	1186017	7076	10965	162	
上　海	124204390	101252482	22478838	1931912	208303	3387433	58958
江　苏	91082705	78038331	6826661	1254739	339102	16544	517
浙　江	88377852	80180844	3054944	410197	138480	119578	1380
安　徽	22470351	20308740	2170993	33231	98473	70096	
福　建	39562710	27989571	6566227	270692	89223	109387	33523
江　西	11462771	9784089	1140467	74008	116287		287
山　东	50133245	44803719	3650011	899480	284602	2760	52084
河　南	17873731	15322837	563697	68184	35834	2116	
湖　北	23540138	20474731	3820815	132451	83928		
湖　南	23546461	22056978	1603488	44480	102388	106768	
广　东	133158873	94675830	5849153	2659596	417393	84316	8125
广　西	15387469	13707188	2195992	77414	57046	594	36690
海　南	9054227	7797275	451296	20465	127588	4019	959
重　庆	26950521	23502705	2460038	70841	89095	2000	
四　川	42613108	36505436	3677313	46286	388441	24613	7935
贵　州	10398783	9777362	364772	92153	4335	127404	
云　南	17302586	15912384	1061550	157068	64021	1109	295
西　藏	218302	218302	26814				
陕　西	13136401	11552047	1451755	228839	58037	9640	4058
甘　肃	3797332	3474612	379330	39772	10421		
青　海	1555976	1448637	119010	6718	11929	257	
宁　夏	3223567	3129022	101071	23615	1650		3260
新　疆	4811785	4773199	181760	697			3150

3-A-23 续表 1

单位：万元

地　区	内资						
	国有与集体联营	其他联营	国有独资公司	其他有限责任公司	股份有限公司	私营独资	私营合伙
全　国	**958965**	**589789**	**31072638**	**394375120**	**54026650**	**7803386**	**2022154**
北　京			4735912	77751760	10224683		
天　津		6585	1660484	8916958	1746621	225147	24546
河　北	32100	600	227745	8739787	1564586	264660	11708
山　西			16186	2682464	277755	60198	33768
内蒙古	1150		49554	5649707	191125	60526	6688
辽　宁			750476	13681187	1063182	890445	63170
吉　林		469	188075	4054775	375669	89497	8057
黑龙江			621528	3285883	346304	51265	75000
上　海	743495	229588	3060145	37761473	4536028	1221995	49031
江　苏	10	4117	1409135	29265450	3516909	1156286	239567
浙　江	38409	261	2160308	39798834	3881563	332015	82845
安　徽	45634	4745	784693	10074491	1469486	224740	142731
福　建	6345	4823	1501351	9613582	554683	67138	100183
江　西	47530	380	132693	4399216	1006086	244020	94691
山　东			852200	21348763	3853320	391913	154666
河　南		614	120592	8634233	1009802	95014	35949
湖　北	31573	79	1524056	7765208	1530783	334699	31733
湖　南	4	641	2879362	10326404	780597	206831	65369
广　东	1120	321901	2585334	39508266	8673851	875242	129645
广　西	440	11611	61133	3299444	463697	125637	45262
海　南	1400	1599	1616144	3217199	719267	125740	9248
重　庆		1014	1263730	8028326	783274	126398	28854
四　川	5284	747	1420137	13936201	3084391	245463	35273
贵　州			333544	4762919	296663	43891	85013
云　南	1552		281178	6751882	1134924	50323	32970
西　藏	1582			29889	35821	58084	
陕　西		16	193416	6509096	599781	185734	18240
甘　肃			14461	1868235	185571	11750	5310
青　海	1338		103481	510639	22365	9884	151085
宁　夏			432471	528447	13980	22834	798
新　疆			93116	1674403	83884	6018	260756

3-A-23 续表 2 单位：万元

地区	内资			港澳台商投资		
	私营有限责任公司	私营股份有限公司	其他内资企业		合资经营	合作经营
全国	**253834282**	**16812123**	**6835273**	**100184082**	**34416524**	**20726293**
北京	10316298	366803		16228753	3264751	8096907
天津	7302748	574441	418269	1981778	700349	692536
河北	5593987	933447	177978	350740	204258	
山西	4215907	228950	55574	409077	290778	12826
内蒙古	3230666	53274	2774	65283	65283	
辽宁	16680560	777501	198411	4676762	2189040	210703
吉林	2228953	77135	34109	540711	217817	4012
黑龙江	2989107	120261	104184	210726	92908	10895
上海	23452078	1451328	681877	11783585	5913788	708883
江苏	31229911	2047066	732318	7123228	3462873	293409
浙江	28107202	833906	1220922	3235369	1980410	295447
安徽	4776020	261899	151508	1367129	543178	37446
福建	8338413	622353	111649	9086191	2247308	375053
江西	2059481	356179	112765	1280266	658470	7214
山东	11577966	1122362	613594	2906470	1785196	306544
河南	4332468	280832	143501	942606	398904	108836
湖北	4651212	461567	106627	1836310	587212	1679
湖南	4774796	795064	370790	955883	602294	120262
广东	29677475	3188451	695962	25337663	4467490	8690211
广西	7057023	256568	18637	1064223	609083	162350
海南	1361314	20936	120102	989704	384768	15400
重庆	9945841	545345	157949	2400106	1203033	412008
四川	12717986	448091	467278	2758094	1015313	60367
贵州	3165479	462375	38815	219701	160934	
云南	6137898	180909	56705	1280111	591006	37352
西藏	61098	5014				
陕西	2197086	62288	34061	816255	471130	65953
甘肃	929881	24157	5725	233106	209161	
青海	402820	107164	1948	71373	70844	
宁夏	1954994	45902				
新疆	2367617	100558	1241	32882	28947	

3-A-23　续表 3　　　　　　　　　　　　　　　　　　　　单位：万元

地　区	港澳台商投资		外商投资				
	独　资	股份有限		合资经营	合作经营	独　资	股份有限
全　国	**43089148**	**1952117**	**71794904**	**25701424**	**8760420**	**34694421**	**2638640**
北　京	4867094		11846760	5377107	3828888	1574882	1065884
天　津	588893		2517983	1151924	217002	1128706	20351
河　北	146482		683368	145467	44740	482441	10721
山　西	105473		36700	36700			
内蒙古			38104	14214		23890	
辽　宁	2184971	92048	4564855	2188226	468898	1907732	
吉　林	312975	5907	164413	117048	35140	12225	
黑龙江	102519	4404	486014	334179	16157	135678	
上　海	5044352	116562	11168324	2630539	737042	7089944	710798
江　苏	3285382	81564	5921146	2503773	414619	2923274	79480
浙　江	844807	114706	4961639	1709987	7930	3201518	42205
安　徽	751606	34899	794483	431796	499	315581	46607
福　建	6285864	177966	2486948	720775	31931	1669778	64464
江　西	596081	18501	398416	306510		72042	19865
山　东	788986	25743	2423056	1775134	179959	466837	1125
河　南	428198	6668	1608288	683372		861268	63648
湖　北	790156	457262	1229098	231631	390406	606761	300
湖　南	231598	1729	533600	220325	452	282775	30048
广　东	11561051	618911	13145381	2472130	1562308	8748874	362069
广　西	275868	16922	616058	236561	108336	269592	1569
海　南	455878	133658	267247	84187		160669	22391
重　庆	741533	43532	1047710	418695	218048	410967	
四　川	1682414		3349578	976644	339887	1935930	97116
贵　州	57632	1135	401720	168845	54208	178667	
云　南	651753		110091	31638		78454	
西　藏							
陕　西	279172		768098	600608	103972	63519	
甘　肃	23945		89614	77787		11827	
青　海	529		35966	35966			
宁　夏			94546	13956		80590	
新　疆	3935		5704	5704			

3-A-24 各地区房地产开发企业主营业务收入及其构成

单位：万元

地区	主营业务收入总计	土地转让收入	商品房屋销售收入	房屋出租收入	其他收入
全国	**266941763**	**4686196**	**243854363**	**5209034**	**13192171**
北京	20385188	935689	17310255	1115371	1023874
天津	5115049	272432	4291861	19369	531387
河北	5789257	48206	5602960	10882	127209
山西	1925919	5938	1813379	15493	91109
内蒙古	5560829	91454	5331983	12736	124655
辽宁	11731198	102669	11439215	52501	136813
吉林	3080473		3003631	56124	20718
黑龙江	3439803	7543	3367291	11831	53138
上海	27740593	591645	20842622	2180631	4125695
江苏	35060391	407399	33793295	138344	721354
浙江	22258442	162831	21674005	94736	326870
安徽	6952669	44760	6680892	25581	201435
福建	7976011	71602	7507192	69011	328206
江西	4449119	48206	4179723	8311	212879
山东	17274116	251727	16379160	68454	574775
河南	7046582	53621	6772130	29211	191620
湖北	6880377	52714	6498640	20126	308897
湖南	6170976	150125	5696739	27407	296706
广东	29586481	431448	26056571	731660	2366802
广西	3774960	68243	3614561	17793	74363
海南	1865071	313788	1477981	13167	60135
重庆	8371133	121685	7605826	187455	456167
四川	10223329	248128	9522560	59954	392686
贵州	1600455	16834	1544612	15028	23981
云南	3770095	119528	3330813	154122	165632
西藏	94188	550	91007	556	2075
陕西	4030553	50182	3828468	17608	134296
甘肃	1219872	13689	1156665	14362	35156
青海	321860	1374	280670	3022	36794
宁夏	1170449	631	1150469	9076	10274
新疆	2076328	1555	2009187	29115	36471

3-A-25　各地区按登记注册类型分房地产开发企业主营业务收入

单位：万元

地　区	总　计	内　资					
			国　有	集　体	股份合作	国有联营	集体联营
全　国	**266941763**	**229787735**	**12463992**	**2683134**	**899319**	**513025**	**46664**
北　京	20385188	16031873	331673	59505	4273		
天　津	5115049	4469192	819145	24072		10131	462
河　北	5789257	5541970	102825	10194	17177		
山　西	1925919	1805558	163974	17662	13199		
内蒙古	5560829	5453877	83262	9831	2929		
辽　宁	11731198	9854738	199383	57773	51198		
吉　林	3080473	2906665	118184	13775	2448		
黑龙江	3439803	3319644	191407	10610	19564		
上　海	27740593	21728690	1675963	468543	375	344407	17614
江　苏	35060391	30086530	1356764	414962	109239	15042	2614
浙　江	22258442	20625520	616840	76103	10085	37556	3981
安　徽	6952669	6446088	452702	22220	40121	4625	
福　建	7976011	5773438	727855	90290	3748	42261	761
江　西	4449119	4038861	285830	68227	53757		2159
山　东	17274116	15929933	897734	327122	103953	773	7870
河　南	7046582	6526287	240179	75222	78398	279	
湖　北	6880377	6153996	722373	57319	68304		180
湖　南	6170976	5780703	406142	33600	51455		
广　东	29586481	22208062	965481	689844	102561	10420	3
广　西	3774960	3349733	288383	28298	15789		4247
海　南	1865071	1280778	23067	4355	37054	1684	
重　庆	8371133	7715872	427907	13341	10800		
四　川	10223329	9220511	523057	27418	72530		
贵　州	1600455	1578295	102428	7366	4851	45847	
云　南	3770095	3465294	75672	12269	1186		396
西　藏	94188	94188	17095				
陕　西	4030553	3764580	471530	32676	18713		3801
甘　肃	1219872	1142999	70989	16077	1184		
青　海	321860	316955	19360	4288	3254		
宁　夏	1170449	1102808	8458	10044	1176		1536
新　疆	2076328	2074097	78333	130			1041

3-A-25 续表 1 单位: 万元

地区	内资						
	国有与集体联营	其他联营	国有独资公司	其他有限责任公司	股份有限公司	私营独资	私营合伙
全国	**138291**	**129844**	**3767419**	**108195083**	**15169150**	**2968034**	**960644**
北京			552950	12193386	1526927		
天津			309741	1555099	423966	58227	1526
河北		1500	22246	2644749	535586	80666	22217
山西				647252	101650	3105	3314
内蒙古	6053		5790	3048794	275476	176748	3149
辽宁			90455	3424631	431503	261320	38587
吉林		3914	14309	1430275	167172	45138	2719
黑龙江			42450	1435873	233955	7641	10154
上海	66915	63901	401618	12096526	851086	202470	17354
江苏	42	5782	245339	10978824	1527968	619902	136641
浙江	4132		479947	11200845	1061852	69859	5122
安徽	31159	74	129146	3328906	452756	72246	52262
福建	173	391	248888	2185302	161835	26986	8046
江西	12550	380	8000	1640332	496868	77647	79214
山东			212432	7257912	1535566	227390	158269
河南		4390	35002	3684793	352985	98135	33090
湖北	10232		104602	2624315	512128	169031	13467
湖南		6350	63102	2511332	268902	87610	48133
广东	2669	40235	373808	9909165	2154631	313319	52267
广西	6	2858	13245	861529	167018	44063	21274
海南	3310		14863	760264	156822	38218	110
重庆		68	70626	2911015	202515	39958	7746
四川	66		175208	3692354	838384	103148	11353
贵州			929	636315	95236	8067	21297
云南	176		1904	1835778	260937	16330	10853
西藏	808			21936	11416	29075	
陕西			39871	1963065	273315	62401	3255
甘肃			4755	675968	50119	7992	3485
青海			1661	116477	6035	4837	53237
宁夏			86384	225847	540	6637	1386
新疆			18148	696224	34005	9868	141116

3-A-25 续表 2

单位：万元

地 区	内 资			港澳台商投 资		
	私营有限责任公司	私营股份有限公司	其他内资企 业		合资经营	合作经营
全 国	**73846889**	**6013541**	**1992709**	**21695034**	**8274348**	**3275148**
北 京	1306034	57125		2109387	629862	781954
天 津	1104718	152993	9112	428721	142517	221014
河 北	1894068	160087	50655	157683	50900	
山 西	782486	57058	15859	119924	79814	
内蒙古	1723740	95508	22599	103706	103706	
辽 宁	4974177	263316	62395	829427	380399	4333
吉 林	987758	116768	4205	130499	88598	1422
黑龙江	1176722	74344	116924	28768	9170	
上 海	5161478	298854	61585	2886315	1348869	190301
江 苏	13477897	867427	328086	2679062	1074104	204409
浙 江	6726080	179379	153740	1012176	521592	10845
安 徽	1655959	129896	74017	306044	164176	9928
福 建	2046440	199120	31342	1606828	447213	35279
江 西	998535	239085	76277	283970	152665	149
山 东	4310810	484088	406014	973510	693802	30915
河 南	1583922	262426	77466	167788	66429	9389
湖 北	1599638	248617	23792	435124	194189	428
湖 南	1832480	357838	113759	188068	130681	4191
广 东	6704366	791474	97821	4973316	972132	1595982
广 西	1769648	127672	5704	261141	161385	36831
海 南	207807	7282	25942	509273	162505	7709
重 庆	3579168	381381	71348	487268	231866	72040
四 川	3528263	133073	115659	574780	171207	42568
贵 州	567487	87471	1003	11948	9412	
云 南	1200190	39403	10200	301533	185757	9840
西 藏	11329	2530				
陕 西	816491	49842	29620	77860	63802	5623
甘 肃	280936	24883	6612	45064	32064	
青 海	94057	12776	974	3786	3466	
宁 夏	735283	25516				
新 疆	1008923	86310		2067	2067	

3-A-25 续表 3

单位：万元

地区	港澳台商投资		外商投资				
	独资	股份有限		合资经营	合作经营	独资	股份有限
全国	**9250093**	**895444**	**15458994**	**5818513**	**2021209**	**6846625**	**772647**
北京	697572		2243928	1026993	846590	350576	19770
天津	65190		217136	165781	101	51254	
河北	106782		89604	57675	560	31369	
山西	40109		438	438			
内蒙古			3245	3245			
辽宁	368861	75834	1047033	615381	203975	227677	
吉林	10079	30400	43309	6759	34550	2000	
黑龙江	19185	413	91392	36087	1700	53605	
上海	1341478	5667	3125588	966394	344234	1407597	407363
江苏	1355241	45309	2294799	931958	219823	1113646	29372
浙江	345154	134585	620746	328655	634	291457	
安徽	131913	28	200536	76528		123707	301
福建	1106705	17632	595745	127665	7898	459024	1159
江西	131157		126287	79909		36422	9956
山东	230346	18446	370674	279221	6937	55449	29067
河南	86324	5646	352508	147368		166381	38758
湖北	217321	23186	291257	55313	69388	166557	
湖南	52346	850	202205	22573	133	171513	7986
广东	2171664	233538	2405103	338037	220094	1625846	221126
广西	62587	338	164085	104153	7911	52021	
海南	40323	298736	75020	12956		54275	7789
重庆	178957	4404	167993	93183	32367	42443	
四川	361006		428037	158328	1582	268128	
贵州	2102	434	10211	1236	990	7985	
云南	105936		3268	3268			
西藏							
陕西	8436		188113	142241	21744	24128	
甘肃	13000		31809	31809			
青海	320		1119	1119			
宁夏			67641	4077		63564	
新疆			164	164			

3-A-26　各地区按登记注册类型分房地产开发企业利润总额

单位：万元

地区	总计	内资					
			国有	集体	股份合作	国有联营	集体联营
全国	**36216306**	**28895231**	**1997751**	**304605**	**98056**	**128254**	**1493**
北京	3055290	2066729	99368	8139	-6649		
天津	803251	749036	191885	4142	-201	898	174
河北	454576	445279	5995	1615	710		
山西	-13901	-11435	648	169	-184		
内蒙古	1064184	1036936	12900	1117	273		
辽宁	1087841	969647	5397	5606	6185		
吉林	261506	239976	8227	4397	302		
黑龙江	241335	238229	9422	151	43	-4	
上海	6835668	4721756	531818	60699	2302	98356	2320
江苏	5380987	4546394	171197	44732	18906	2937	232
浙江	2883197	2726196	58102	4045	-1001	7685	-851
安徽	504149	459363	40173	-464	4541	-2624	
福建	1158438	799269	199508	-592	763	9569	-776
江西	525443	498402	23565	10236	3202		138
山东	2326222	2082046	124288	39812	16453	518	57
河南	694067	647087	34759	2557	8330	-49	
湖北	883818	775362	99644	4583	23828		20
湖南	502497	456272	40999	2611	2761	7	
广东	4923256	3278422	231924	113111	14628	4251	-1303
广西	324268	264528	29509	1413	1262	-64	1084
海南	370842	157007	-4269	540	3669	172	-13
重庆	953015	913049	34367	97	-983	-117	
四川	696572	596186	27673	2314	7079	-216	-298
贵州	-58152	-52218	4278	-326	-7547	7308	
云南	104389	74207	-2139	1423	-1176	-209	3
西藏	-8447	-8447	259				
陕西	131244	118201	13095	-7660	931	-156	112
甘肃	29432	22229	4360	-442	-61		
青海	-8196	-8535	-1830	475	-351	-10	
宁夏	35710	19869	-378	114	41		226
新疆	73806	74188	3008	-8			367

3-A-26 续表 1

单位：万元

地区	内资						
	国有与集体联营	其他联营	国有独资公司	其他有限责任公司	股份有限公司	私营独资	私营合伙
全国	**23959**	**-32431**	**547909**	**14509191**	**2640220**	**284500**	**76325**
北京			33982	1658662	372629		
天津		-266	44493	201181	65161	11069	-489
河北	-21	300	-1943	190184	64094	5292	345
山西			924	-20619	15559	-1426	-651
内蒙古	1281		-783	590168	54538	20599	886
辽宁			-8384	358417	46481	9170	1818
吉林		24	295	136888	5716	5834	66
黑龙江			4193	100027	19722	-224	-101
上海	15845	-34692	147164	2546692	324820	18931	2168
江苏	-3	1707	35667	1746361	291372	101300	19068
浙江	711	-84	72100	1710826	284064	4622	-407
安徽	3594	-114	11796	267381	48509	3758	5634
福建	-32	-883	32518	308828	-756	3668	199
江西	1755	-15	-227	196440	97984	7040	14252
山东		-29	18636	917654	243103	31711	16444
河南		43	3294	392824	21424	11096	3599
湖北	890		6384	402131	48887	34453	-204
湖南		1111	1239	150025	24781	7746	5530
广东	46	553	70488	1699589	466186	-6999	1634
广西	-23	103	1221	80232	12319	2269	-428
海南	148	-135	4007	107333	37879	5293	-213
重庆			17207	368415	41292	89	443
四川	13	-49	41583	226891	8754	8866	1431
贵州			-961	-21993	9581	-851	-658
云南	26		97	105362	25007	215	-20966
西藏	-145			1044	-4193	-4615	
陕西		-6	5845	45658	13473	4269	5
甘肃			2126	15703	956	802	523
青海	-127		-562	-17	-585	-428	-728
宁夏			4076	3985	-1180	1128	-132
新疆			1433	22918	2640	-176	27255

3-A-26　续表 2　　单位：万元

地　区	内资			港澳台商投资		
	私营有限责任公司	私营股份有限公司	其他内资企业		合资经营	合作经营
全　国	**7533132**	**578460**	**203808**	**4510547**	**1539639**	**638181**
北　京	-87963	-11439		437207	73737	132264
天　津	208246	27896	-5152	43034	21452	22595
河　北	175047	-2018	5679	17661	1044	
山　西	593	-3850	-2598	-2380	-4096	-267
内蒙古	344315	11459	184	27049	27049	
辽　宁	518207	20320	6431	72091	42167	-3534
吉　林	66025	11669	534	18497	19473	233
黑龙江	91215	-832	14618	-3180	-746	
上　海	951834	53760	-261	1061133	507446	43468
江　苏	1938503	134629	39785	509558	152294	48726
浙　江	567165	4098	15121	147362	89639	-4708
安　徽	68949	2995	5236	19608	2741	203
福　建	228176	15082	3997	294867	76592	4155
江　西	104338	14659	25036	16610	-86	-114
山　东	594122	31813	47463	192937	135988	-825
河　南	123136	34947	11126	9700	10700	1054
湖　北	127307	23539	3903	68403	36243	136
湖　南	180240	31344	7879	7472	9259	187
广　东	544416	133932	5966	1184463	308580	371484
广　西	120852	15180	-401	49881	31577	4638
海　南	-817	301	3112	197775	2656	1330
重　庆	422298	24836	5106	31499	8465	10626
四　川	259598	3272	9274	71308	-40510	4660
贵　州	-35879	-2814	-2358	-1553	-794	
云　南	-28614	-2801	-2023	33898	26132	313
西　藏	-703	-94				
陕　西	33008	3725	5900	3266	5254	1556
甘　肃	-1837	-324	421	2696	-2339	
青　海	-3429	-892	-53	62	78	
宁　夏	11534	454				
新　疆	13252	3614	-114	-377	-358	

3-A-26 续表 3

单位：万元

地区	港澳台商投资		外商投资				
	独资	股份有限		合资经营	合作经营	独资	股份有限
全国	**1985876**	**346852**	**2810528**	**936994**	**311097**	**1334993**	**227445**
北京	231207		551353	166548	130720	213010	41075
天津	-1013		11181	12413	-2760	2304	-775
河北	16617		-8365	7067	-1253	-14179	
山西	1983		-87	-87			
内蒙古			199	1200		-1001	
辽宁	14653	18806	46103	31206	27664	-12767	
吉林	-1661	451	3034	1614	872	548	
黑龙江	-1819	-615	6286	1851	-828	5263	
上海	510574	-355	1052779	345168	134233	462739	110638
江苏	301526	7013	325035	129973	13673	176132	5257
浙江	18649	43782	9639	21945	-124	-11074	-1108
安徽	18057	-1393	25178	2068	-1927	25371	-334
福建	213434	686	64301	12781	3004	48708	-191
江西	17664	-854	10431	8806		2149	-524
山东	55891	1883	51239	48993	-2592	-1505	6343
河南	-3463	1409	37281	6292		25475	5514
湖北	29796	2229	40052	6834	11130	22088	
湖南	-2063	88	38753	-1717	-90	39996	564
广东	422123	82276	460372	96096	7231	294942	62103
广西	13993	-328	9859	10566	-4920	4345	-133
海南	1390	192399	16060	3214		10841	2006
重庆	12953	-545	8467	8507	1301	-1341	
四川	107340	-183	29079	11169	-3645	24545	-2990
贵州	-863	104	-4381	-4004	-593	217	
云南	7453		-3717	-1470		-2246	
西藏							
陕西	-3544		9776	5529		4247	
甘肃	5035		4507	4668		-162	
青海	-16		277	277			
宁夏			15841	-507		16348	
新疆	-20		-4	-4			

B. **物业管理企业**

3-B-1　各地区按登记注册类型分物业管理企业个数

单位：个

地　区	总　计	内　资	国　有	集　体	股份合作	国有联营	集体联营
全　国	**58406**	**57063**	**3391**	**2918**	**765**	**54**	**61**
北　京	3314	3193	261	247	52	1	2
天　津	1101	1058	71	57	9		2
河　北	1688	1682	101	62	16		2
山　西	1056	1054	69	72	8	1	1
内蒙古	1055	1052	37	12	7		
辽　宁	3659	3533	351	175	42	2	3
吉　林	1196	1195	73	14	13	1	
黑龙江	1449	1442	123	24	26	1	
上　海	3165	2965	330	261	7	7	2
江　苏	4282	4205	129	205	29		6
浙　江	2715	2673	121	103	12		4
安　徽	1805	1777	93	73	29	4	
福　建	1869	1758	126	88	24	2	4
江　西	952	937	101	51	25		
山　东	3986	3962	153	284	43	1	6
河　南	1465	1459	37	29	10	1	
湖　北	2959	2927	202	173	64	3	3
湖　南	1524	1509	89	58	17	3	1
广　东	8507	8120	361	650	228	19	12
广　西	1020	1011	36	27	12		2
海　南	604	592	43	17	4		
重　庆	1708	1688	58	25	22	1	2
四　川	2511	2485	84	46	33	2	1
贵　州	729	723	53	24	12		1
云　南	844	837	33	13	2		2
西　藏	35	35	9	4		1	
陕　西	1328	1317	101	63	9	1	5
甘　肃	684	682	39	29	5	1	
青　海	220	220	21	9	4		
宁　夏	259	257	25	4		2	
新　疆	717	715	61	19	1		

3-B-1 续表 1

单位：个

地区	内资						
	国有与集体联营	其他联营	国有独资公司	其他有限责任公司	股份有限公司	私营独资	私营合伙
全国	**25**	**51**	**302**	**14319**	**2186**	**4536**	**1073**
北京	2	1	72	1261	94	8	4
天津			2	319	31	46	11
河北		1	4	446	112	182	40
山西		5	1	252	49	93	15
内蒙古			3	372	31	47	13
辽宁			11	723	100	330	42
吉林		1	1	272	55	210	17
黑龙江		2	5	348	81	219	21
上海	7	4	23	430	16	142	74
江苏	1		13	689	85	380	69
浙江		2	16	714	42	97	30
安徽		3	8	436	69	150	35
福建	2	2	7	413	78	116	46
江西		2	2	203	78	141	50
山东			8	837	233	395	59
河南			7	576	82	122	35
湖北	3	1	8	626	147	453	121
湖南		2	10	325	89	215	62
广东	3	13	40	2084	191	352	98
广西		1	9	226	81	57	24
海南		1	2	252	22	13	18
重庆	2	1	12	340	55	193	48
四川		3	12	634	170	220	58
贵州		2	6	297	21	28	15
云南	1	1	2	240	42	42	11
西藏				6		1	1
陕西	4	1	5	286	75	204	39
甘肃		1	1	343	50	37	4
青海		1	3	63		15	5
宁夏			4	69	3	11	3
新疆			5	237	4	17	5

3-B-1　续表 2　　　　单位：个

地　区	内　资			港澳台商投　资		
	私营有限责任公司	私营股份有限公司	其他内资企　业		合资经营	合作经营
全　国	**23991**	**1777**	**1614**	**792**	**224**	**55**
北　京	1136	51	1	78	43	10
天　津	448	22	40	21	9	
河　北	554	73	89	3		
山　西	424	38	26			
内蒙古	474	17	39	2		
辽　宁	1601	93	60	41	18	3
吉　林	459	34	45			
黑龙江	448	73	71	4	2	
上　海	1539	110	13	129	24	10
江　苏	2404	143	52	39	13	
浙　江	1425	46	61	20	6	3
安　徽	753	59	65	16	2	3
福　建	717	49	84	75	15	3
江　西	206	39	39	6	1	1
山　东	1644	140	159	15	2	
河　南	500	29	31	3	1	
湖　北	853	113	157	12	3	
湖　南	481	79	78	10	3	
广　东	3655	159	255	265	67	21
广　西	470	43	23	4	3	
海　南	185	19	16	8	1	1
重　庆	792	90	47	9	3	
四　川	1056	104	62	16	2	
贵　州	231	27	6	2	1	
云　南	405	24	19	5	2	
西　藏	11		2			
陕　西	414	61	49	7	3	
甘　肃	152	9	11	1		
青　海	72	24	3			
宁　夏	123	4	9			
新　疆	359	5	2	1		

3-B-1 续表 3

单位：个

地区	港澳台商投资		外商投资				
	独资	股份有限		合资经营	合作经营	独资	股份有限
全国	**488**	**25**	**551**	**188**	**42**	**298**	**23**
北京	24	1	43	21	5	17	
天津	12		22	10		12	
河北	3		3	2	1		
山西			2	1		1	
内蒙古	1	1	1	1			
辽宁	18	2	85	33	6	45	1
吉林			1			1	
黑龙江	2		3	3			
上海	95		71	19	8	42	2
江苏	23	3	38	9	2	26	1
浙江	10	1	22	8	1	10	3
安徽	7	4	12	3	1	5	3
福建	57		36	7	2	25	2
江西	4		9	2		7	
山东	13		9	4		4	1
河南	1	1	3	2		1	
湖北	9		20	8	1	10	1
湖南	7		5	2		2	1
广东	168	9	122	37	14	65	6
广西	1		5	2	1	2	
海南	6		4	1		3	
重庆	5	1	11	3		8	
四川	12	2	10	3		5	2
贵州	1		4	1		3	
云南	3		2	1		1	
西藏							
陕西	4		4	3		1	
甘肃	1		1			1	
青海							
宁夏			2	1		1	
新疆	1		1	1			

3-B-2　各地区按资质等级分物业管理企业个数

单位：个

地　区	总　计	一　级	二　级	三　级	其　他
全　国	**58406**	**1224**	**2880**	**25178**	**29124**
北　京	3314	119	211	1641	1343
天　津	1101	38	41	436	586
河　北	1688	28	55	901	704
山　西	1056	8	29	474	545
内蒙古	1055	9	45	133	868
辽　宁	3659	46	88	1245	2280
吉　林	1196	21	32	375	768
黑龙江	1449	41	53	618	737
上　海	3165	52	314	1299	1500
江　苏	4282	92	264	2113	1813
浙　江	2715	73	132	1116	1394
安　徽	1805	16	65	986	738
福　建	1869	33	65	861	910
江　西	952	15	60	415	462
山　东	3986	48	157	1537	2244
河　南	1465	26	54	885	500
湖　北	2959	78	154	910	1817
湖　南	1524	18	61	577	868
广　东	8507	245	364	2648	5250
广　西	1020	18	60	639	303
海　南	604	10	29	376	189
重　庆	1708	71	151	923	563
四　川	2511	44	147	1386	934
贵　州	729	10	28	440	251
云　南	844	5	32	559	248
西　藏	35	2		14	19
陕　西	1328	37	62	456	773
甘　肃	684	8	23	491	162
青　海	220	4	59	89	68
宁　夏	259	2	19	171	67
新　疆	717	7	26	464	220

3-B-3 各地区按登记注册类型分物业管理企业从业人员数

单位：人

地 区	总 计	内 资	国 有	集 体	股份合作	国有联营	集体联营
全 国	**2501195**	**2349600**	**304855**	**97956**	**31390**	**2377**	**2982**
北 京	230477	199807	20051	9782	1330	39	91
天 津	44518	39913	3497	1753	91		44
河 北	87322	86984	36612	2547	458		100
山 西	29661	29602	3495	1926	303	27	9
内蒙古	33171	33054	2151	261	392		
辽 宁	103228	95322	12877	3543	2236	112	62
吉 林	36313	36280	5619	379	903	6	
黑龙江	76117	75911	38491	465	508	3	
上 海	232775	196683	40337	17800	544	304	571
江 苏	177489	170149	11398	7548	945		392
浙 江	127334	125169	7829	4179	199		82
安 徽	58734	57764	4302	2387	806	45	
福 建	75959	68677	8821	2468	1302	383	73
江 西	27441	26925	3788	920	502		
山 东	125539	124794	21007	6365	1510	30	331
河 南	59929	59012	2772	2196	987	15	
湖 北	76521	72144	7598	2642	1999	46	87
湖 南	58192	57056	5370	1854	606	157	49
广 东	412960	372422	27570	18658	10113	744	711
广 西	40344	39919	2873	864	426		52
海 南	19255	19042	2684	424	114		
重 庆	82336	80709	6546	995	2964	64	15
四 川	107883	105921	8217	2206	1366	280	12
贵 州	22973	22874	1966	783	239		10
云 南	34351	34063	3491	1179	43		124
西 藏	1216	1216	387	99		34	
陕 西	46476	46114	5633	875	322	21	167
甘 肃	23096	22619	2536	1231	91	21	
青 海	6950	6950	685	831	69		
宁 夏	14726	14630	3179	257		46	
新 疆	27909	27875	3073	539	22		

3-B-3　续表 1　　　单位：人

地区	内资						
	国有与集体联营	其他联营	国有独资公司	其他有限责任公司	股份有限公司	私营独资	私营合伙
全　国	**950**	**2034**	**29542**	**747900**	**90025**	**97552**	**23514**
北　京	26	24	6059	109276	6229	16	23
天　津			11	16584	1217	1006	140
河　北		3	69	16728	3901	3005	1031
山　西		44	78	8744	1074	1378	1199
内蒙古			823	11210	817	1198	221
辽　宁			695	29428	2754	4619	812
吉　林		9	60	9703	3896	4968	215
黑龙江		18	1680	11562	2050	6215	436
上　海	559	481	4791	44317	2300	4510	3007
江　苏	89		1016	39846	4466	8617	1233
浙　江		37	1220	43470	2885	1873	917
安　徽		207	460	21831	2030	2087	641
福　建	25	109	1715	19813	2128	1833	1155
江　西		41	80	6805	4175	2471	809
山　东			306	30868	7563	8019	1284
河　南			548	20157	2695	9806	545
湖　北	42	38	251	17443	5156	8442	1658
湖　南		22	873	16364	3931	4370	1581
广　东	74	794	3480	135298	9359	6626	1607
广　西		40	868	10213	3954	938	662
海　南		23	52	9263	821	153	274
重　庆	19	35	1616	21732	1784	4243	1047
四　川		60	1228	31187	6938	4156	1219
贵　州		11	85	11423	962	355	263
云　南	6	5	117	9665	1771	786	299
西　藏				268		5	16
陕　西	110	15	177	14232	3136	4145	844
甘　肃		10	27	12163	1823	687	79
青　海		8	122	2478		215	234
宁　夏			208	5148	46	643	29
新　疆			827	10681	164	167	34

3-B-3 续表 2

单位：人

地 区	内资			港澳台商投资	合资经营	合作经营
	私营有限责任公司	私营股份有限公司	其他内资企业			
全 国	**814891**	**61798**	**41834**	**84385**	**33166**	**7132**
北 京	44624	2204	33	24533	13959	3904
天 津	13279	1239	1052	2048	648	
河 北	17634	1980	2916	305		
山 西	9911	988	426			
内蒙古	15032	656	293	90		
辽 宁	33886	3205	1093	2259	936	366
吉 林	8820	532	1170			
黑龙江	11130	1726	1627	75	25	
上 海	71182	5288	692	20770	4489	1572
江 苏	85873	5277	3449	1715	839	
浙 江	59261	2348	869	659	196	84
安 徽	20592	1161	1215	484	145	47
福 建	25019	2725	1108	4560	1481	45
江 西	5877	840	617	220	45	30
山 东	40781	3352	3378	458	69	
河 南	17546	912	833	144	70	
湖 北	21030	3045	2667	1044	167	
湖 南	16605	3232	2042	358	146	
广 东	144133	5455	7800	22387	9243	1051
广 西	15061	3348	620	165	156	
海 南	4117	305	812	135	56	33
重 庆	34913	3913	823	462	178	
四 川	43026	3245	2781	533	149	
贵 州	5999	640	138	34	28	
云 南	14228	1018	1331	261	113	
西 藏	327		80			
陕 西	13006	2065	1366	212	28	
甘 肃	3708	78	165	457		
青 海	1441	789	78			
宁 夏	4649	74	351			
新 疆	12201	158	9	17		

3-B-3　续表 3　　单位：人

地　区	港澳台商投资		外商投资				
	独　资	股份有限		合资经营	合作经营	独　资	股份有限
全　国	**42799**	**1288**	**67210**	**28771**	**3132**	**33286**	**2021**
北　京	5932	738	6137	4884	231	1022	
天　津	1400		2557	1041		1516	
河　北	305		33	23	10		
山　西			59	8		51	
内蒙古	20	70	27	27			
辽　宁	940	17	5647	2887	120	2621	19
吉　林			33			33	
黑龙江	50		131	131			
上　海	14709		15322	6866	1743	6700	13
江　苏	736	140	5625	2058	33	3528	6
浙　江	373	6	1506	873	52	431	150
安　徽	253	39	486	83	62	130	211
福　建	3034		2722	566	22	2103	31
江　西	145		296	55		241	
山　东	389		287	235		21	31
河　南	58	16	773	731		42	
湖　北	877		3333	2731	42	549	11
湖　南	212		778	88		19	671
广　东	11896	197	18151	4898	593	12049	611
广　西	9		260	19	224	17	
海　南	46		78	17		61	
重　庆	253	31	1165	201		964	
四　川	350	34	1429	151		1011	267
贵　州	6		65	8		57	
云　南	148		27	5		22	
西　藏							
陕　西	184		150	100		50	
甘　肃	457		20			20	
青　海							
宁　夏			96	68		28	
新　疆	17		17	17			

3-B-4 各地区按资质等级分物业管理企业从业人员数

单位：人

地 区	总 计	一 级	二 级	三 级	其 他
全 国	**2501195**	**345517**	**406339**	**1024627**	**724712**
北 京	230477	47815	45197	97337	40128
天 津	44518	7500	5258	19115	12645
河 北	87322	2580	4485	31450	48807
山 西	29661	125	2814	14382	12340
内蒙古	33171	909	3713	5637	22912
辽 宁	103228	5387	9547	40921	47373
吉 林	36313	3201	2072	15883	15157
黑龙江	76117	31594	3905	18705	21913
上 海	232775	40224	66413	82836	43302
江 苏	177489	21053	32766	76441	47229
浙 江	127334	19134	20503	55181	32516
安 徽	58734	1384	7821	35711	13818
福 建	75959	6600	11502	38474	19383
江 西	27441	504	5721	11793	9423
山 东	125539	4962	10195	50841	59541
河 南	59929	2997	17453	30624	8855
湖 北	76521	5966	11516	26644	32395
湖 南	58192	2484	6638	20556	28514
广 东	412960	98582	62840	133247	118291
广 西	40344	3132	7906	23201	6105
海 南	19255	2004	2814	11384	3053
重 庆	82336	16918	17555	33620	14243
四 川	107883	7482	20480	55171	24750
贵 州	22973	1306	2751	14087	4829
云 南	34351	1511	3944	23283	5613
西 藏	1216	205		483	528
陕 西	46476	3488	7274	15776	19938
甘 肃	23096	2494	2828	15211	2563
青 海	6950	316	2425	2836	1373
宁 夏	14726	613	4055	7531	2527
新 疆	27909	3047	3948	16266	4648

3-B-5　各地区物业管理企业主要指标完成情况

单位：平方米

地　区	在管物业占地面积	在管房屋建筑面积	住　宅	办公用房	商业营业用房	厂　房
全　国	**8464760744**	**12546321713**	**7598969211**	**1210694898**	**780632453**	**541049186**
北　京	279384409	436919675	322615871	61121249	21649750	6343318
天　津	124134083	152336393	99276363	8404646	5795757	4935593
河　北	223399651	416685824	348763089	7606695	27087132	3664893
山　西	44336859	101043912	81004638	6490284	4119937	1934734
内蒙古	239512059	463202127	377821454	21934507	14062088	2015683
辽　宁	1105678680	739507137	575041933	36048860	25519838	16063771
吉　林	100585919	262960618	130877392	11381632	20223502	2342000
黑龙江	258272948	189825300	143388940	9206943	13352203	2255773
上　海	394182077	670007019	411758832	121637116	47142410	27102970
江　苏	398968173	767172391	558858891	65067832	48051712	39568596
浙　江	2237594784	1640990068	802668615	447052864	100606391	217886460
安　徽	146894990	191051026	139908899	15345236	13795172	3408145
福　建	259572401	272143097	197803409	18650991	18117910	9695837
江　西	100839669	198880390	116555428	10391070	19403500	2056675
山　东	372634013	478101755	355267489	44019301	32633966	16982771
河　南	107948359	141043759	101422426	17587189	9612575	2095611
湖　北	302788406	501053531	277316076	23825714	15726175	4104900
湖　南	47690059	81049531	53155040	6380172	7669931	4959548
广　东	828134113	2851713307	1003454813	180449276	189078194	142754445
广　西	73563765	130363258	66731983	5808325	6528599	701578
海　南	38452673	49062617	37191647	3961269	3482458	3133721
重　庆	108401874	241949804	182758892	16759107	25868967	4910397
四　川	223684179	463168293	373031661	20928084	22647388	6753283
贵　州	26882763	72870585	52200454	5115104	9290544	554703
云　南	55703776	93259848	65261577	6250215	5069112	992912
西　藏	5993938	6277060	4662838	280851	1161002	10000
陕　西	149946884	240693203	138860523	13620296	40881295	10314550
甘　肃	36939727	75074847	53247869	10562656	4666777	724907
青　海	11019062	14050406	11297005	859802	507867	564963
宁　夏	75276382	80792884	46452572	8692518	18638448	542976
新　疆	86344069	523072048	470312592	5255094	8241853	1673473

3-B-6 各地区按资质等级分物业管理企业主营业务收入

单位：万元

地区	总计	一级	二级	三级	其他
全国	**20766546**	**2885711**	**3654973**	**5922925**	**8302937**
北京	2553464	607474	402529	1006294	537168
天津	223342	53576	23401	77469	68896
河北	1408113	7484	16376	119126	1265127
山西	133208	434	7651	67165	57958
内蒙古	525572	32060	33992	115847	343673
辽宁	829200	40089	50357	284721	454033
吉林	360486	59409	9182	98172	193723
黑龙江	937004	526177	21424	116030	273372
上海	3243970	300550	1707469	637688	598263
江苏	1015858	86998	140028	405688	383144
浙江	629268	91080	93123	247756	197310
安徽	220157	6586	29015	105178	79378
福建	327823	22336	39506	141978	124003
江西	160286	2638	32170	73232	52246
山东	1116798	34727	71723	337194	673154
河南	186838	8381	37408	93773	47276
湖北	459880	29169	62223	114696	253792
湖南	264122	7179	26402	91330	139212
广东	4281645	776440	443480	1034429	2027296
广西	151374	15543	21355	90396	24080
海南	64583	13414	8377	32287	10505
重庆	374386	56699	110724	128615	78348
四川	444029	37589	119420	153969	133051
贵州	68098	3760	12268	36134	15936
云南	125095	6375	18061	72999	27659
西藏	7407	100		3926	3382
陕西	358703	26619	44594	94719	192771
甘肃	89147	8518	28807	42375	9447
青海	24720	6990	7283	7241	3206
宁夏	56297	3463	14704	23652	14477
新疆	125677	13856	21923	68846	21052

3-B-7　各地区按资质等级分物业管理企业营业利润

单位：万元

地　区	总　计	一　级	二　级	三　级	其　他
全　国	**1575514**	**197259**	**154338**	**330438**	**893478**
北　京	-33615	25349	10922	-20310	-49576
天　津	-1128	1236	-1156	-3022	1815
河　北	2209	779	508	1748	-827
山　西	-3443	-20	789	-1184	-3028
内蒙古	231475	13042	11984	56309	150140
辽　宁	47512	538	2686	23131	21159
吉　林	76744	13754	1043	14909	47038
黑龙江	53551	2804	2632	9967	38148
上　海	-60164	10942	19922	-60767	-30260
江　苏	125363	8803	10482	51796	54282
浙　江	27239	3390	1507	12956	9385
安　徽	9280	862	413	1528	6477
福　建	29029	1166	4089	7180	16595
江　西	30615	879	5926	14627	9183
山　东	190085	6738	12584	57155	113608
河　南	12553	189	-1036	5472	7928
湖　北	58039	611	5602	10919	40907
湖　南	41310	763	3611	13403	23533
广　东	566953	88740	27608	71368	379236
广　西	17063	1017	1635	11305	3107
海　南	-546	-65	703	-1759	576
重　庆	84316	5999	20738	28917	28662
四　川	16018	1845	6054	9053	-935
贵　州	-3088	-239	1034	-3322	-561
云　南	7337	918	1914	929	3576
西　藏	1240	100		557	583
陕　西	54609	6748	4244	20333	23284
甘　肃	1035	170	205	1006	-346
青　海	-1877	104	-1434	-198	-350
宁　夏	-7815	151	-1298	-3229	-3440
新　疆	3614	-53	427	-337	3578

C. **中介服务企业**

3-C-1 各地区按登记注册类型分中介服务企业个数

单位：个

地 区	总 计	内 资					
			国 有	集 体	股份合作	国有联营	集体联营
全 国	**33890**	**33400**	**949**	**607**	**262**	**11**	**21**
北 京	2471	2405	37	24	18		1
天 津	628	617	27	8	2	1	
河 北	709	709	37	22	11		
山 西	301	301	5	10	8		
内蒙古	290	290	20	2			
辽 宁	1802	1779	54	33	19		1
吉 林	420	420	18	5	1		
黑龙江	833	833	25	15	10		
上 海	3597	3488	72	34	1	4	4
江 苏	2935	2907	36	57	8		
浙 江	2802	2789	30	14	11	1	
安 徽	815	812	39	37	10		2
福 建	995	972	48	16	6	1	1
江 西	338	338	35	4	11		
山 东	2602	2580	74	75	16		2
河 南	750	749	41	33	3		
湖 北	1583	1573	48	38	29		2
湖 南	350	346	29	4	2		1
广 东	4289	4160	71	60	44	1	2
广 西	729	727	18	19	8	1	1
海 南	396	385	20	20	3	2	
重 庆	780	768	18	2	7		
四 川	1262	1250	28	24	18		1
贵 州	263	263	28	7	3		1
云 南	719	717	22	10	2		2
西 藏							
陕 西	443	435	30	14	3		
甘 肃	253	253	6	4	4		
青 海	67	67	13	9	3		
宁 夏	120	120	2	2	1		
新 疆	348	347	18	5			

3-C-1 续表 1

单位：个

地区	内资						
	国有与集体联营	其他联营	国有独资公司	其他有限责任公司	股份有限公司	私营独资	私营合伙
全国	**6**	**21**	**44**	**4937**	**820**	**4573**	**1582**
北京			5	468	36	29	15
天津	1		1	101	7	47	12
河北		1		132	39	75	28
山西				47	8	23	8
内蒙古				82	7	17	16
辽宁			5	206	34	147	40
吉林		1		114	23	47	7
黑龙江		1	2	129	27	141	20
上海	3	2	2	46	2	1730	103
江苏		1	2	174	40	301	56
浙江			2	270	35	170	671
安徽		2	8	105	39	92	36
福建		1	2	145	18	126	32
江西				75	21	64	24
山东	1			336	67	320	59
河南		1	2	204	33	55	12
湖北		3	1	247	52	278	116
湖南				69	25	55	18
广东		4	1	825	77	308	101
广西			3	96	46	92	31
海南			3	142	12	14	18
重庆	1	2		151	26	126	42
四川		1	2	293	74	133	39
贵州				94	2	20	18
云南			1	124	34	51	12
西藏							
陕西		1	1	58	19	65	28
甘肃				115	13	15	6
青海				14		3	5
宁夏			1	21	2	15	2
新疆				54	2	14	7

3-C-1 续表 2

单位：个

地区	内资			港澳台商投资		
	私营有限责任公司	私营股份有限公司	其他内资企业		合资经营	合作经营
全国	**17783**	**1032**	**752**	**261**	**49**	**13**
北京	1703	69		35	14	
天津	365	22	23	6	3	
河北	302	18	44			
山西	174	13	5			
内蒙古	133	5	8			
辽宁	1169	51	20	8	3	
吉林	175	17	12			
黑龙江	315	43	105			
上海	1413	66	6	53	5	1
江苏	2106	96	30	12	2	
浙江	1490	62	33	8	3	
安徽	404	20	18			
福建	521	23	32	16	2	1
江西	66	24	14			
山东	1506	64	60	4	2	
河南	329	19	17	1		
湖北	599	72	88	3		
湖南	117	20	6	3		
广东	2444	99	123	86	13	10
广西	368	32	12	2		
海南	122	21	8	5	1	
重庆	328	42	23	4		
四川	551	62	24	7	1	
贵州	75	11	4			
云南	414	30	15	1		
西藏						
陕西	178	21	17	6		1
甘肃	85	4	1			
青海	19		1			
宁夏	70	2	2			
新疆	242	4	1	1		

3-C-1　续表 3　　　　单位：个

地　区	港澳台商投资		外商投资				
	独　资	股份有限		合资经营	合作经营	独　资	股份有限
全　国	**190**	**9**	**229**	**46**	**8**	**164**	**11**
北　京	21		31	3	1	27	
天　津	3		5	2		3	
河　北							
山　西							
内蒙古							
辽　宁	5		15	4		11	
吉　林							
黑龙江							
上　海	46	1	56	4	1	49	2
江　苏	9	1	16	5		10	1
浙　江	5		5	2		2	1
安　徽			3	1		1	1
福　建	12	1	7	3		3	1
江　西							
山　东	2		18	1		15	2
河　南	1						
湖　北	3		7	1		5	1
湖　南	2	1	1	1			
广　东	60	3	43	13	5	24	1
广　西	2						
海　南	3	1	6	1	1	4	
重　庆	4		8	3		5	
四　川	6		5	1		3	1
贵　州							
云　南	1		1	1			
西　藏							
陕　西	4	1	2			2	
甘　肃							
青　海							
宁　夏							
新　疆	1						

3-C-2 各地区按登记注册类型分中介服务企业从业人员数

单位：人

地区	总计	内资					
			国有	集体	股份合作	国有联营	集体联营
全国	**374302**	**328925**	**18338**	**9882**	**2121**	**111**	**157**
北京	36197	31067	702	281	140		2
天津	7886	6787	369	78	5	11	
河北	6887	6887	486	435	86		
山西	3124	3124	51	289	51		
内蒙古	3069	3069	507	6			
辽宁	15714	13875	1406	696	233		9
吉林	5060	5060	365	106	13		
黑龙江	6958	6958	403	280	65		
上海	41002	28126	1478	395	6	30	55
江苏	28068	26734	850	831	156		
浙江	19677	19087	354	174	101	17	
安徽	8802	8770	619	465	80		13
福建	10161	9605	1089	128	32	4	3
江西	4478	4478	895	66	95		
山东	28170	27846	1546	1005	177		11
河南	10270	10261	1292	666	25		
湖北	13689	13369	530	624	241		28
湖南	6438	6282	282	900	10		5
广东	63068	43588	1744	628	221	20	8
广西	7740	7686	228	291	55	9	6
海南	3224	3088	299	385	28	20	
重庆	10047	9446	384	17	34		
四川	13563	12853	800	360	154		5
贵州	2252	2252	255	66	40		4
云南	5338	5311	203	117	8		8
西藏							
陕西	5949	5847	616	405	11		
甘肃	2051	2051	65	36	21		
青海	1076	1076	294	108	12		
宁夏	1576	1576	69	27	21		
新疆	2768	2766	157	17			

3-C-2　续表 1　　　　单位：人

地　区	内　资						
	国有与集体联营	其他联营	国有独资公司	其他有限责任公司	股份有限公司	私营独资	私营合伙
全　国	**51**	**151**	**641**	**58264**	**10454**	**26350**	**9049**
北　京			69	6001	296	64	87
天　津	5		2	1304	65	267	70
河　北		2		1609	384	456	178
山　西				339	59	147	50
内蒙古				868	131	177	141
辽　宁			134	2429	216	1252	261
吉　林		16		1602	338	456	56
黑龙江		5	14	1155	271	1216	209
上　海	34	15	10	685	387	6343	675
江　苏		4	10	2554	1102	1420	505
浙　江			29	2786	394	609	2292
安　徽		10	185	1388	353	653	238
福　建		25	48	1744	138	650	179
江　西				862	216	842	241
山　东	9			4552	1039	3519	601
河　南		10	13	2523	766	477	93
湖　北		15	2	2770	503	1696	795
湖　南				1512	742	649	219
广　东		21	6	8211	773	1715	594
广　西			14	1107	324	459	206
海　南			20	1096	94	94	73
重　庆	3	16		2752	314	910	276
四　川		4	43	3495	824	896	367
贵　州				839	13	84	121
云　南			18	1159	386	226	56
西　藏							
陕　西		8	13	831	134	786	312
甘　肃				978	174	83	47
青　海				336		20	39
宁　夏			11	275	8	125	33
新　疆				502	10	59	35

3-C-2 续表 2

单位：人

地 区	内 资			港澳台商投 资		
	私营有限责任公司	私营股份有限公司	其他内资企 业		合资经营	合作经营
全 国	**175657**	**10844**	**6855**	**30258**	**8239**	**3224**
北 京	22487	938		3236	1085	
天 津	4340	175	96	588	15	
河 北	2678	174	399			
山 西	1968	129	41			
内蒙古	1150	56	33			
辽 宁	6835	250	154	1729	1400	
吉 林	1781	175	152			
黑龙江	2003	407	930			
上 海	16723	1258	32	5761	48	12
江 苏	18310	831	161	465	23	
浙 江	11216	887	228	314	19	
安 徽	4455	194	117			
福 建	5129	246	190	370	189	50
江 西	962	208	91			
山 东	14324	521	542	125	65	
河 南	3686	147	563	9		
湖 北	5126	485	554	53		
湖 南	1601	307	55	113		
广 东	27574	830	1243	16529	5383	3138
广 西	4426	478	83	54		
海 南	711	100	168	23	2	
重 庆	3999	561	180	374		
四 川	4966	576	363	441	10	
贵 州	749	59	22			
云 南	2773	171	186	2		
西 藏						
陕 西	1905	570	256	70		24
甘 肃	630	15	2			
青 海	265		2			
宁 夏	949	52	6			
新 疆	1936	44	6	2		

3-C-2　续表 3　　单位：人

地区	港澳台商投资		外商投资				
	独　资	股份有限		合资经营	合作经营	独　资	股份有限
全　国	**18108**	**687**	**15119**	**2310**	**189**	**11520**	**1100**
北　京	2151		1894	30	1	1863	
天　津	573		511	11		500	
河　北							
山　西							
内蒙古							
辽　宁	329		110	18		92	
吉　林							
黑龙江							
上　海	5139	562	7115	80	12	7005	18
江　苏	436	6	869	212		555	102
浙　江	295		276	269		4	3
安　徽			32	5		5	22
福　建	108	23	186	78		46	62
江　西							
山　东	60		199	5		172	22
河　南	9						
湖　北	53		267	200		62	5
湖　南	75	38	43	43			
广　东	7980	28	2951	1234	170	741	806
广　西	54						
海　南	6	15	113	12	6	95	
重　庆	374		227	61		166	
四　川	431		269	27		182	60
贵　州							
云　南	2		25	25			
西　藏							
陕　西	31	15	32			32	
甘　肃							
青　海							
宁　夏							
新　疆	2						

3-C-3 各地区中介服务企业主要指标完成情况

地区	房屋代理销售			房屋代理出租		
	成交合同面积（平方米）	成交合同数（个）	成交合同金额（万元）	成交合同面积（平方米）	成交合同数（个）	成交合同金额（万元）
全国	**200293463**	**5673833**	**178936544**	**135038687**	**1875235**	**5041963**
北京	8889010	88316	8470451	14554589	153554	37449
天津	2032213	29439	1961365	1280643	14703	1061284
河北	9588162	87410	37148089	3531525	17953	64497
山西	332508	1723	116451	818801	2342	3609
内蒙古	1051307	5018	67827	1383139	3251	7561
辽宁	4047756	42494	1381049	3434592	51415	22861
吉林	12149551	19346	234037	8362471	16736	27505
黑龙江	12419341	909070	10074410	2063775	574169	66262
上海	14951490	133087	15223923	18611883	167103	468694
江苏	8052913	77640	3694169	8284262	88348	249167
浙江	33544413	186018	7930943	6145952	128834	1013201
安徽	3338519	35391	997546	909944	8881	6167
福建	6035701	14349	58551037	2329184	27717	371253
江西	1301550	12672	294449	792839	8387	19158
山东	19294361	403257	3625785	10847527	111382	320967
河南	1714449	17455	489435	964996	9518	14228
湖北	7806754	25796	5141577	1053106	12956	165919
湖南	436628	3877	87946	149904	1592	3390
广东	20939366	160662	14367084	28244165	249008	294242
广西	3322636	25340	968064	882585	9333	31649
海南	1353006	2168	504736	177844	1515	33059
重庆	4765480	486766	1952575	6927421	150554	34322
四川	3193820	32237	1701720	10469639	36682	367880
贵州	629548	195864	252397	173764	3111	6358
云南	899451	2619422	354525	636544	6724	42119
西藏						
陕西	8991356	48886	2525284	865510	7608	207862
甘肃	580941	4013	626658	402186	6399	5491
青海	28016	584	8548	75677	1242	1575
宁夏	7890461	1832	107972	142896	1541	74632
新疆	712756	3701	76496	521324	2677	19603

3-C-4　各地区按登记注册类型分中介服务企业主营业务收入

单位：万元

地　区	总　计	内　资					
			国　有	集　体	股份合作	国有联营	集体联营
全　国	**5724006**	**5019407**	**354571**	**84547**	**32547**	**5463**	**1545**
北　京	522388	440810	14584	1880	475		20
天　津	74822	66090	3503	469	10	164	
河　北	33594	33594	1935	1797	375		
山　西	24150	24150	824	1891	1032		
内蒙古	70412	70412	37	11			
辽　宁	154344	138237	12403	2301	4872		4
吉　林	91527	91527	8716	299	80		
黑龙江	101891	101891	4221	1237	388		
上　海	1796458	1549460	66557	2773	16	4191	795
江　苏	353790	336687	10888	21017	1351		
浙　江	265977	260925	49647	1586	7440	170	
安　徽	79451	79424	2817	2772	1038		198
福　建	95674	87526	15689	756	101	31	5
江　西	58996	58996	11929	580	1579		
山　东	433043	428836	46627	16450	1607		159
河　南	76519	76173	22445	1913	42		
湖　北	145937	143554	4043	2572	2863		113
湖　南	42601	41617	2748	114	153		125
广　东	837189	549616	50519	9705	3018	886	36
广　西	45203	44470	1089	1384	454	21	64
海　南	31329	27841	1383	1142	71		
重　庆	96482	87313	7618	100	184		
四　川	125070	119876	4950	9066	4064		6
贵　州	11337	11337	1269	255	253		10
云　南	35424	35250	808	662	905		11
西　藏							
陕　西	74542	67939	2859	897	26		
甘　肃	7579	7579	370	107	50		
青　海	5787	5787	1623	500	69		
宁　夏	15743	15743	1520	92	32		
新　疆	16747	16747	953	221			

3-C-4 续表 1 单位：万元

地区	内资						
	国有与集体联营	其他联营	国有独资公司	其他有限责任公司	股份有限公司	私营独资	私营合伙
全国	**13084**	**1661**	**10624**	**738292**	**121039**	**267798**	**96826**
北京			1628	101671	10928	3607	2333
天津	10898		12	13920	759	2018	1887
河北		1		9658	3363	3400	735
山西				1049	272	1207	227
内蒙古				36510	481	2973	626
辽宁			607	28896	2412	12131	2159
吉林				28312	16859	8585	1389
黑龙江		10	53	20536	2195	15088	7350
上海	2123	643	401	57361	5424	28191	10008
江苏			94	40940	16283	17291	4836
浙江			321	40369	4614	8335	20816
安徽		585	3492	17415	3425	7646	2036
福建		44	1618	16390	774	3829	1622
江西				10563	5380	10362	3190
山东	57			43614	9748	60020	6647
河南		109	415	16053	3975	3327	1049
湖北		76	9	26266	6817	19594	10272
湖南				9572	2845	5337	2465
广东		52		86722	9883	19575	4841
广西			12	7051	3335	1758	1892
海南			150	17776	601	844	317
重庆	6	102		25637	2082	10806	2071
四川		14	411	42154	5035	6255	2701
贵州				6059	59	341	407
云南			1265	5199	1198	273	205
西藏							
陕西		26		15902	1783	13437	4143
甘肃				3369	420	129	145
青海				2454		101	131
宁夏			137	1544	68	1277	162
新疆				5329	23	66	166

3-C-4　续表 2　　　　单位：万元

地　区	内　资			港澳台商投　资		
	私营有限责任公司	私营股份有限公司	其他内资企　业		合资经营	合作经营
全　国	**3075942**	**121228**	**94244**	**428174**	**57303**	**35023**
北　京	295654	8032		52847	17917	
天　津	30271	671	1508	5859	22	
河　北	10170	597	1563			
山　西	16496	1031	120			
内蒙古	28649	595	531			
辽　宁	68309	1532	2612	13732	10096	
吉　林	25252	1124	912			
黑龙江	33781	3266	13767			
上　海	1344158	24809	2012	147371	293	276
江　苏	206794	15187	2007	7582	441	
浙　江	117458	7822	2348	2937		
安　徽	34968	2284	750			
福　建	45223	509	936	4994	1348	501
江　西	10817	3733	864			
山　东	227511	7328	9070	674	367	
河　南	24283	1858	705	346		
湖　北	60693	3579	6660	311		
湖　南	13455	3355	1448	752		
广　东	319416	8172	36791	174281	26719	33915
广　西	25785	1217	409	733		
海　南	2529	1156	1871	1169		
重　庆	31779	5532	1397	5011		
四　川	38157	5261	1804	3700	100	
贵　州	2359	275	51			
云　南	20514	1340	2871	2		
西　藏						
陕　西	17113	10596	1158	5874		332
甘　肃	2933	56	1			
青　海	837		72			
宁　夏	10794	112	8			
新　疆	9788	199	1			

3-C-4 续表 3

单位：万元

地 区	港澳台商投资		外商投资				
	独 资	股份有限		合资经营	合作经营	独 资	股份有限
全 国	**296023**	**39825**	**276424**	**50121**	**1786**	**165838**	**58679**
北 京	34930		28731	93		28638	
天 津	5837		2873	39		2835	
河 北							
山 西							
内蒙古							
辽 宁	3636		2374	806		1568	
吉 林							
黑龙江							
上 海	108832	37971	99626	1884	198	94768	2776
江 苏	7121	20	9521	2958		5715	848
浙 江	2937		2116	1966			150
安 徽			27			10	17
福 建	3048	97	3154	1541		418	1196
江 西							
山 东	307		3533	80		1001	2452
河 南	346						
湖 北	311		2072	283		1769	20
湖 南	267	485	233	233			
广 东	113583	64	113292	39367	1577	21453	50895
广 西	733						
海 南	1	1168	2319		11	2308	
重 庆	5011		4159	554		3605	
四 川	3600		1494	147		1021	325
贵 州							
云 南	2		172	172			
西 藏							
陕 西	5522	20	729			729	
甘 肃							
青 海							
宁 夏							
新 疆							

3-C-5　各地区按登记注册类型分中介服务企业营业利润

单位：万元

地区	总计	内资					
			国有	集体	股份合作	国有联营	集体联营
全国	**736377**	**736147**	**54125**	**12643**	**4051**	**2950**	**331**
北京	-7691	14457	-2282	-111	31		-5
天津	5886	7984	543	2	1	17	
河北	2691	2691	233	-48	109		
山西	3688	3688	-467	56	171		
内蒙古	26309	26309	4				
辽宁	9650	7767	1979	321	652		-11
吉林	25381	25381	2972	183	30		
黑龙江	19951	19951	537	332	83		
上海	255324	255288	7576	-25		3167	191
江苏	54785	54635	1825	3654	392		
浙江	28594	32716	10570	-98	340	194	
安徽	12720	12922	-113	443	321		-1
福建	10502	10254	4495	373	22	6	
江西	10447	10447	2080	102	242		
山东	104113	102903	15776	4130	198		42
河南	954	928	-3687	376	9		
湖北	22191	21595	388	477	154		56
湖南	10464	10430	1097	53	41		60
广东	91507	69452	4864	1098	669	143	-15
广西	7239	7120	280	189	153	8	13
海南	-1870	-2700	-1137	-1	-108	-584	
重庆	33524	31323	5077	3	75		
四川	2044	3228	-63	702	118		-5
贵州	-745	-745	-229	58	90		1
云南	1533	1604	95	63	222		5
西藏							
陕西	6498	5830	470	186	5		
甘肃	-460	-460	44	-19	20		
青海	850	850	772	111	8		
宁夏	523	523	668	13	2		
新疆	-223	-223	-244	21			

3-C-5 续表 1

单位：万元

地 区	内 资						
	国有与集体联营	其他联营	国有独资公司	其他有限责任公司	股份有限公司	私营独资	私营合伙
全 国	**4202**	**4**	**1797**	**94573**	**19498**	**57455**	**20558**
北 京			995	-2430	151	3369	1643
天 津	3673		2	3156	-30	67	1260
河 北				1374	-342	569	15
山 西				62	-81	107	-3
内蒙古				12819	95	717	118
辽 宁			-1558	835	398	1288	199
吉 林				6394	8120	2546	299
黑龙江		2	3	3001	350	4386	1689
上 海	523	-210	159	31234	-855	4287	-790
江 苏		-63	47	3523	1523	2765	1019
浙 江			40	2505	278	2008	6295
安 徽		146	1690	2438	858	1244	377
福 建		-8	89	3533	47	664	30
江 西				2911	627	1228	590
山 东	5			8972	2127	15316	1593
河 南		102	437	-1711	410	785	325
湖 北		11	2	3380	1349	4031	2134
湖 南				2552	288	1044	789
广 东		-4		4659	2298	2138	1326
广 西			-10	1070	1182	161	261
海 南			-30	302	-265	81	47
重 庆	1	22		5156	1028	5666	894
四 川		3	-68	-2651	-628	1350	124
贵 州				-405	-13	14	41
云 南			32	292	28	-29	72
西 藏							
陕 西		3		981	578	1907	230
甘 肃				-534	-4	-32	33
青 海				3		44	-9
宁 夏			-35	-26	-17	-246	-26
新 疆				1179	-3	-16	-18

3-C-5 续表 2

单位：万元

地 区	内资			港澳台商投资		
	私营有限责任公司	私营股份有限公司	其他内资企业		合资经营	合作经营
全 国	**419840**	**20851**	**23269**	**-19045**	**1887**	**503**
北 京	13158	-62		-6938	-675	
天 津	-918	31	181	-993	-43	
河 北	655	13	114			
山 西	3538	279	27			
内蒙古	12048	324	184			
辽 宁	3309	133	224	1113	1312	
吉 林	4524	184	130			
黑龙江	6511	387	2671			
上 海	202673	6796	563	-9038	-100	-163
江 苏	36582	3094	275	138	1	
浙 江	11076	-423	-71	-2444	-611	
安 徽	5248	74	197			
福 建	1139	8	-143	-74	-406	170
江 西	1345	996	326			
山 东	51333	1959	1452	104	185	
河 南	3944	-162	101	25		
湖 北	7480	719	1416	77		
湖 南	3482	735	289	-3		
广 东	37271	1176	13829	-1485	2262	494
广 西	3393	246	175	118		
海 南	-922	-138	54	6	-105	
重 庆	10143	2740	518	-145		
四 川	3471	490	383	53	67	
贵 州	-270	-37	6			
云 南	839	95	-109	-27		
西 藏						
陕 西	-389	1376	482	468		1
甘 肃	34	-2	-2			
青 海	-81		2			
宁 夏	361	-172				
新 疆	-1134	-7	-3			

3-C-5 续表 3

单位：万元

地 区	港澳台商投资		外商投资				
	独 资	股份有限		合资经营	合作经营	独 资	股份有限
全 国	**-22114**	**680**	**19275**	**6092**	**205**	**2236**	**10742**
北 京	-6263		-15209	-243	-77	-14890	
天 津	-950		-1105	-1		-1104	
河 北							
山 西							
内蒙古							
辽 宁	-199		770	184		587	
吉 林							
黑龙江							
上 海	-9296	521	9074	-48	3	10866	-1748
江 苏	137	1	12	-17		67	-38
浙 江	-1833		-1678	-1769		-16	107
安 徽			-202	-17		-23	-163
福 建	158	3	323	165		101	57
江 西							
山 东	-82		1107	-51		79	1079
河 南	25						
湖 北	77		520	35		476	8
湖 南	24	-27	38	38			
广 东	-4420	179	23540	8144	275	3682	11439
广 西	118						
海 南	-2	113	824	-41	3	863	
重 庆	-145		2346	-52		2398	
四 川	-14		-1238	-189		-1049	1
贵 州							
云 南	-27		-45	-45			
西 藏							
陕 西	577	-110	200			200	
甘 肃							
青 海							
宁 夏							
新 疆							

D. 其他房地产业企业

3-D-1　各地区按登记注册类型分其他房地产业企业个数

单位：个

地　区	总　计	内　资					
			国　有	集　体	股份合作	国有联营	集体联营
全　国	**34220**	**33228**	**5536**	**6779**	**862**	**45**	**56**
北　京	1737	1677	235	209	74	4	2
天　津	839	780	136	74	7		2
河　北	562	557	163	108	7		2
山　西	693	691	205	171	8		1
内蒙古	328	328	119	5	4		
辽　宁	1077	1028	344	166	38	1	1
吉　林	369	368	66	11	1		
黑龙江	555	553	138	70	6	2	1
上　海	1190	1137	136	212	6	3	3
江　苏	2825	2711	214	290	19		3
浙　江	2149	2104	342	284	39		4
安　徽	1231	1218	279	259	27	3	3
福　建	1594	1523	502	336	7	5	5
江　西	470	467	222	102	4		2
山　东	1602	1588	204	160	18	1	2
河　南	401	400	74	62	1		
湖　北	2168	2146	296	361	100	1	8
湖　南	535	530	177	107	7		
广　东	8910	8477	569	2780	402	17	13
广　西	745	742	216	229	13		
海　南	199	196	69	67	3		1
重　庆	595	589	67	123	24		1
四　川	743	733	86	96	13	2	1
贵　州	652	648	307	150	7	1	
云　南	513	509	119	81	12		
西　藏	4	4	2				
陕　西	967	959	167	213	11	4	1
甘　肃	46	46	10	5			
青　海	56	56	13	3	2		
宁　夏	29	29	7	2	1		
新　疆	436	434	52	43	1	1	

3-D-1 续表 1

单位：个

地　区	内　资						
	国有与集体联　　营	其他联营	国有独资公　　司	其他有限责任公司	股份有限公　　司	私营独资	私营合伙
全　国	**30**	**16**	**201**	**4501**	**767**	**2134**	**600**
北　京	8		25	445	41	24	6
天　津			4	143	9	45	6
河　北	1			81	21	39	7
山　西			5	65	16	37	6
内蒙古			2	69	5	17	1
辽　宁	1		5	116	14	54	11
吉　林			2	72	16	41	9
黑龙江	1		1	84	19	73	4
上　海	1		11	58	5	69	33
江　苏	1	3	8	330	60	210	137
浙　江	1		29	228	11	228	55
安　徽		2	10	103	32	87	27
福　建	2	1	13	165	42	60	10
江　西			1	29	12	32	9
山　东	1			237	52	143	33
河　南			1	84	14	15	5
湖　北	4		2	284	73	284	69
湖　南	1		4	50	18	46	11
广　东	6	8	46	1111	164	333	88
广　西			4	57	14	10	10
海　南		1	1	24	3	4	5
重　庆		1	8	95	21	69	10
四　川			7	131	48	67	9
贵　州	1		1	72	14	28	9
云　南	1		5	78	19	19	9
西　藏				1			
陕　西			3	154	20	83	19
甘　肃				10	2	5	
青　海				7		2	
宁　夏			1	6		1	1
新　疆			2	112	2	9	1

3-D-1　续表 2　　　　单位：个

地　区	内　资			港澳台商投　资		
	私营有限责任公司	私营股份有限公司	其他内资企　业		合资经营	合作经营
全　国	**10117**	**652**	**932**	**579**	**165**	**54**
北　京	570	33	1	33	20	9
天　津	319	12	23	16	6	
河　北	91	16	21	2	1	
山　西	162	14	1	1		
内蒙古	98	3	5			
辽　宁	252	11	14	22	11	1
吉　林	92	8	50	1	1	
黑龙江	116	14	24	1		
上　海	541	48	11	29	5	3
江　苏	1327	71	38	52	10	4
浙　江	835	17	31	21	13	
安　徽	347	20	19	7	2	
福　建	314	15	46	37	11	1
江　西	36	6	12	2	1	
山　东	634	43	60	5	2	
河　南	128	8	8	1	1	
湖　北	409	81	174	14	6	1
湖　南	72	14	23	3	2	
广　东	2577	114	249	309	66	33
广　西	162	18	9	1		
海　南	13	2	3	3		
重　庆	127	24	19	3	1	1
四　川	223	24	26	5	1	
贵　州	45	6	7	3		
云　南	142	7	17	1	1	
西　藏	1					
陕　西	234	16	34	5	3	1
甘　肃	8	1	5			
青　海	26	3				
宁　夏	9	1				
新　疆	207	2	2	2	1	

3-D-1 续表 3

单位：个

地区	港澳台商投资		外商投资				
	独资	股份有限		合资经营	合作经营	独资	股份有限
全国	**340**	**20**	**413**	**116**	**60**	**227**	**10**
北京	4		27	12	2	13	
天津	10		43	18		24	1
河北	1		3	2		1	
山西	1		1			1	
内蒙古							
辽宁	8	2	27	9	4	14	
吉林							
黑龙江	1		1	1			
上海	20	1	24	2	4	18	
江苏	33	5	62	10	11	40	1
浙江	8		24	6	1	16	1
安徽	5		6	1		5	
福建	23	2	34	6	6	19	3
江西	1		1	1			
山东	3		9	3	1	5	
河南							
湖北	7		8	1	2	5	
湖南	1		2		1	1	
广东	202	8	124	39	27	55	3
广西	1		2	1		1	
海南	3						
重庆	1		3	1		2	
四川	4		5	3		2	
贵州	2	1	1			1	
云南			3			2	1
西藏							
陕西		1	3		1	2	
甘肃							
青海							
宁夏							
新疆	1						

3-D-2　各地区按登记注册类型分其他房地产业企业从业人员数

单位：人

地　区	总　计	内　资					
			国　有	集　体	股份合作	国有联营	集体联营
全　国	**569279**	**552498**	**136178**	**102631**	**25835**	**1121**	**634**
北　京	45510	42749	11723	9083	1029	121	19
天　津	15194	14154	5585	2871	116		9
河　北	13341	13135	4639	2134	166		41
山　西	14248	14179	4843	3616	130		2
内蒙古	5349	5349	2045	72	242		
辽　宁	20424	19992	9233	3873	1081	83	12
吉　林	11071	11051	4878	188	5		
黑龙江	11650	11641	5473	739	179	53	4
上　海	21413	20232	3850	6003	497	75	64
江　苏	42562	40870	5616	5169	242		27
浙　江	20430	19871	5527	2868	329		18
安　徽	19367	18987	5569	4038	307	43	101
福　建	20080	19438	7541	4030	195	46	33
江　西	8708	8670	5496	1324	41		5
山　东	33411	33264	5466	2943	473	9	19
河　南	7500	7480	2203	1419	20		
湖　北	40382	40118	8861	6107	1426	35	71
湖　南	10460	10354	3585	2192	170		
广　东	122108	115943	11443	28865	17687	550	185
广　西	10399	10367	3649	1863	318		
海　南	2859	2835	1238	914	23		3
重　庆	11815	11350	1962	2092	250		16
四　川	12098	11842	1661	1538	118	77	3
贵　州	9856	9793	5521	1676	41	5	
云　南	8775	8736	1553	1678	379		
西　藏	45	45	26				
陕　西	21879	21743	5351	4704	342	19	2
甘　肃	970	970	121	75			
青　海	857	857	288	24	19		
宁　夏	606	606	131	31	3		
新　疆	5912	5877	1101	502	7	5	

3-D-2 续表 1 单位：人

地区	内资						
	国有与集体联营	其他联营	国有独资公司	其他有限责任公司	股份有限公司	私营独资	私营合伙
全国	**812**	**386**	**4414**	**87062**	**19261**	**25876**	**7016**
北京	431		854	11960	1371	72	48
天津			28	1654	112	367	30
河北	18			1647	1249	590	207
山西			387	1774	142	383	70
内蒙古			11	1283	59	448	7
辽宁	12		44	1998	98	473	113
吉林			16	2139	372	864	190
黑龙江	25		3	1222	255	1712	21
上海	4		223	1508	243	583	526
江苏	10	173	68	9086	1399	1893	755
浙江	6		399	3000	366	878	277
安徽		9	104	2008	611	948	369
福建	59	5	156	2182	649	691	64
江西			13	449	111	307	101
山东	20			5571	1167	3284	460
河南			8	1735	278	249	24
湖北	88		21	5519	2955	3894	1754
湖南	34		239	925	310	824	145
广东	90	190	1320	16336	3683	2754	966
广西			33	1621	238	87	95
海南		4	1	273	11	68	33
重庆		5	151	2220	469	1015	138
四川			186	2181	1074	817	114
贵州	11		30	1317	251	192	49
云南	4		47	1401	952	229	86
西藏				4			
陕西			25	3998	788	1787	335
甘肃				175	14	415	
青海				151		11	
宁夏			43	253		3	11
新疆			4	1472	34	38	28

3-D-2 续表 2

单位：人

地区	内资			港澳台商投资		
	私营有限责任公司	私营股份有限公司	其他内资企业		合资经营	合作经营
全国	**116602**	**12317**	**12353**	**9524**	**3660**	**1280**
北京	5540	483	15	1340	625	187
天津	3128	89	165	249	221	
河北	1601	518	325	137	95	
山西	2513	314	5	22		
内蒙古	1015	106	61			
辽宁	2763	77	132	257	115	1
吉林	1647	219	533	20	20	
黑龙江	1652	168	135	7		
上海	5910	575	171	378	47	55
江苏	14782	1190	460	1296	914	58
浙江	5978	112	113	169	117	
安徽	3972	724	184	124	69	
福建	2917	110	760	407	180	3
江西	531	176	116	30	10	
山东	10549	2325	978	51	10	
河南	1273	179	92	20	20	
湖北	5418	1748	2221	182	55	27
湖南	1161	185	584	50	20	
广东	27141	1463	3270	4075	1004	590
广西	2177	230	56	5		
海南	225	34	8	24		
重庆	2313	489	230	374	11	357
四川	3500	293	280	95	14	
贵州	554	39	107	52		
云南	1807	60	540	27	27	
西藏	15					
陕西	3252	352	788	98	74	2
甘肃	144	10	16			
青海	349	15				
宁夏	121	10				
新疆	2654	24	8	35	12	

3-D-2 续表 3

单位：人

地区	港澳台商投资		外商投资				
	独资	股份有限		合资经营	合作经营	独资	股份有限
全国	**4365**	**219**	**7257**	**2528**	**595**	**4048**	**86**
北京	528		1421	1164	11	246	
天津	28		791	143		638	10
河北	42		69	68		1	
山西	22		47			47	
内蒙古							
辽宁	128	13	175	52	4	119	
吉林							
黑龙江	7		2	2			
上海	233	43	803	36	87	680	
江苏	296	28	396	60	56	277	3
浙江	52		390	173	13	203	1
安徽	55		256	2		254	
福建	216	8	235	47	69	113	6
江西	20		8	8			
山东	41		96	41	14	41	
河南							
湖北	100		82	7	33	42	
湖南	30		56		26	30	
广东	2392	89	2090	631	270	1128	61
广西	5		27	8		19	
海南	24						
重庆	6		91	8		83	
四川	81		161	78		83	
贵州	36	16	11			11	
云南			12			7	5
西藏							
陕西		22	38		12	26	
甘肃							
青海							
宁夏							
新疆	23						

3-D-3　各地区按登记注册类型分其他房地产业企业主营业务收入

单位：万元

地　区	总　计	内　资					
			国　有	集　体	股份合作	国有联营	集体联营
全　国	**12432401**	**11509700**	**2794691**	**9519**	**373052**	**35113**	**10169**
北　京	1094683	888095	170855	870	13518	11241	840
天　津	219692	174475	22607	163	644		120
河　北	165513	158841	33919	212	3639		194
山　西	75716	75675	11688	257	60		1
内蒙古	60637	60637	14285	7	2795		
辽　宁	212176	181562	53233	388	2673	50	254
吉　林	132772	132772	22188	19	86		
黑龙江	92186	91986	18813	76	53	405	22
上　海	1475827	1414708	543241	631	4089	3762	981
江　苏	1789181	1734949	664131	490	2400		1891
浙　江	520493	496421	243231	280	2963		634
安　徽	322956	286543	50139	294	4137	400	528
福　建	317768	294497	133329	340	1229	566	197
江　西	76328	73177	28406	119	360		85
山　东	756403	749998	246993	319	5013	355	474
河　南	40347	40247	13418	121	29		
湖　北	649355	633882	62577	575	9322	185	255
湖　南	97453	94998	29326	188	1084		
广　东	3081066	2753990	154913	2794	307221	16121	3041
广　西	88283	87499	33106	180	787		
海　南	14708	8846	1280	68	185		2
重　庆	207769	177837	45349	206	3351		122
四　川	221759	182620	58007	147	637	542	40
贵　州	39304	38689	15813	160	189	10	
云　南	95306	95219	32402	138	563		
西　藏	84	84					
陕　西	500772	497991	77469	417	6008	1455	490
甘　肃	1705	1705	189	5			
青　海	8864	8864	1030	2	11		
宁　夏	3167	3167	422	3			
新　疆	70128	69726	12330	52	9	22	

3-D-3 续表 1

单位：万元

地　区	内　资						
	国有与集体联营	其他联营	国有独资公司	其他有限责任公司	股份有限公司	私营独资	私营合伙
全　国	**8169**	**4061**	**175409**	**1963138**	**579420**	**549965**	**110376**
北　京	4651		14011	373923	98852	1120	229
天　津			3239	27425	54075	11348	93
河　北	70			27265	16292	14828	3507
山　西			105	9286	1337	2548	5351
内蒙古			33	18775	472	9917	15
辽　宁	190		528	25741	1573	6112	1061
吉　林				26303	1509	13104	2416
黑龙江	315		13	6613	5416	23015	61
上　海	77		26218	67081	55768	39402	12225
江　苏	636	1760	1024	235581	33357	56355	32743
浙　江	71		39317	48853	4711	11757	2641
安　徽			1380	46523	7766	24469	3524
福　建	396	465	1158	45146	17836	10932	1725
江　西			264	5089	2690	4943	437
山　东	358			108895	21581	48084	7220
河　南			26	12428	1388	1729	35
湖　北	372			85351	64434	88578	21087
湖　南	20		975	12231	6148	11321	2394
广　东	830	1831	70955	513747	106700	87042	6898
广　西			1676	12263	1043	316	587
海　南		5	310	3854	52	165	126
重　庆		1	5730	22225	6248	12803	1503
四　川			4984	28684	9288	11406	506
贵　州	8		29	8830	2263	3198	355
云　南	176		2488	16482	4216	1828	363
西　藏				11			
陕　西			771	145504	54241	53435	3122
甘　肃				585	59	52	
青　海				2622		77	
宁　夏			178	1478		21	4
新　疆				24343	104	62	148

3-D-3　续表 2　　　　　　　　　　　　　　　　　　　　　　单位：万元

地　区	内　资			港澳台商投　资		
	私营有限责任公司	私营股份有限公司	其他内资企　业		合资经营	合作经营
全　国	**2814367**	**336255**	**379666**	**529444**	**178790**	**73913**
北　京	131395	4953	29	108446	74460	18409
天　津	33541	292	4887	12966	9484	
河　北	32974	4935	12121	5946	5400	
山　西	33120	970		30		
内蒙古	12869	532	27			
辽　宁	55453	9515	2522	11569	4314	
吉　林	61847	622	3974			
黑龙江	24944	5530	3063			
上　海	395207	12731	76225	17804	380	6768
江　苏	500465	47362	7445	30000	4524	4531
浙　江	111268	5106	4727	8168	6086	
安　徽	114578	23137	1244	32627	27210	
福　建	53324	1924	4961	13079	3013	392
江　西	9204	1674	1677	3034	169	
山　东	192342	42595	24015	764	229	
河　南	6545	747	248	100	100	
湖　北	99557	122331	56755	12982	9380	223
湖　南	15030	4439	4775	1080	480	
广　东	646342	26220	140344	199665	30505	18584
广　西	16050	944	299	413		
海　南	1424	61	9	5862		
重　庆	44946	8909	17413	25796	780	25006
四　川	54083	4629	1807	35896	20	
贵　州	2344	186	1201	584		
云　南	27150	1205	2447	23	23	
西　藏	73					
陕　西	110000	4580	7379	2209	2075	
甘　肃	415	5	62			
青　海	2601	42				
宁　夏	755					
新　疆	24523	77	12	402	157	

3-D-3 续表 3

单位：万元

地 区	港澳台商投资		外商投资				
	独 资	股份有限		合资经营	合作经营	独 资	股份有限
全 国	**275737**	**1004**	**393258**	**90939**	**26545**	**275639**	**135**
北 京	15577		98143	42612	260	55270	
天 津	3481		32251	4648		27603	
河 北	546		726	726			
山 西	30		11			11	
内蒙古							
辽 宁	7255		19045	414	23	18609	
吉 林							
黑龙江			200	200			
上 海	10382	274	43315	1102	4689	37525	
江 苏	20861	85	24231	10153	3782	10292	5
浙 江	2082		15904	7450	62	8392	
安 徽	5418		3786			3786	
福 建	9638	36	10192	3205	822	6134	31
江 西	2866		117	117			
山 东	535		5641	2060	3440	142	
河 南							
湖 北	3378		2491	69	162	2261	
湖 南	600		1375		650	725	
广 东	150123	452	127412	15375	12351	99635	52
广 西	413		372	75		297	
海 南	5862						
重 庆	10		4135	2000		2135	
四 川	35876		3243	736		2507	
贵 州	560	24	31			31	
云 南			65			18	47
西 藏							
陕 西		134	573		305	268	
甘 肃							
青 海							
宁 夏							
新 疆	244						

3-D-4 各地区按登记注册类型分其他房地产业企业营业利润

单位：万元

地 区	总 计	内 资					
			国 有	集 体	股份合作	国有联营	集体联营
全 国	**1919609**	**1862684**	**613788**	**226094**	**22384**	**7685**	**2083**
北 京	82331	77855	-9261	5719	-1327	243	70
天 津	31202	36186	4686	5319	57		20
河 北	16121	18380	-504	-339	121		83
山 西	8073	8449	-151	-367	3		
内蒙古	19079	19079	357	564	141		
辽 宁	14082	10978	6381	3309	-1863	15	89
吉 林	18341	18341	1215	319	56		
黑龙江	13874	14383	2666	1473	4	403	14
上 海	159086	168527	26967	9166	664	3351	-102
江 苏	258986	259032	111841	23077	-12		1317
浙 江	123498	128625	118298	2549	628		-146
安 徽	49121	46005	7592	1137	572	147	53
福 建	73983	67185	46866	3087	211	289	27
江 西	15730	15553	7172	2547	116		18
山 东	313235	312266	190152	13925	538	208	39
河 南	1174	1232	3263	184	5		
湖 北	123712	108774	12172	2557	941	15	-10
湖 南	18915	18538	7405	2707	346		
广 东	377537	336338	8260	138028	17556	2451	412
广 西	8781	8538	4115	1040	-209		
海 南	2742	1370	-152	273	69		-2
重 庆	77777	76746	19359	1178	1796		28
四 川	36246	34445	19023	414	173	85	29
贵 州	-2123	-2133	-1243	-479	-4	-1	
云 南	-9293	-9268	4783	536	49		
西 藏	-7	-7					
陕 西	85586	85445	15471	8405	1760	519	145
甘 肃	-161	-161	94	-2			
青 海	897	897	-131	93	-1		
宁 夏	-6191	-6191	26	-253			
新 疆	7273	7279	7069	-74	-5	-41	

3-D-4 续表 1

单位：万元

地 区	内 资						
	国有与集体联营	其他联营	国有独资公司	其他有限责任公司	股份有限公司	私营独资	私营合伙
全 国	**-2231**	**-1455**	**7468**	**324654**	**116525**	**99342**	**18125**
北 京	-1375		-5194	46263	42451	321	-16
天 津			379	1092	20493	1503	-8
河 北	3			7605	-5773	4986	732
山 西			-110	1065	383	48	303
内蒙古			30	8999	115	3562	9
辽 宁	25		47	1611	40	573	186
吉 林			2	5756	120	2352	411
黑龙江	12			711	716	2881	1
上 海	12		-3710	104132	283	1786	-1812
江 苏	-883	248	198	22521	2486	8139	10109
浙 江	-38		-5537	-3539	107	2602	1059
安 徽			41	6043	2740	5001	397
福 建	-49		46	2146	2887	2239	13
江 西			140	1437	421	490	61
山 东	163			37218	4328	12684	1241
河 南			2	1323	136	470	9
湖 北	-2			9911	21530	19652	4891
湖 南	6		-868	1229	411	2980	381
广 东	-60	-1702	14637	43656	18267	10028	-489
广 西			1490	922	26	60	120
海 南			-38	1253	32	-57	-59
重 庆		-1	2679	4770	3698	4217	416
四 川			1603	1503	538	2398	11
贵 州	-7			800	-880	127	-223
云 南	-38		1980	-14095	-2025	-278	-12
西 藏				-9			
陕 西			228	33303	2911	10809	761
甘 肃				-22	1	-207	
青 海				1137		24	
宁 夏			-576	-4750		-4	-37
新 疆				664	83	-43	-329

3-D-4　续表 2　　　　单位：万元

地　区	内　资			港澳台商投　资		
	私营有限责任公司	私营股份有限公司	其他内资企　业		合资经营	合作经营
全　国	**301260**	**35145**	**91816**	**32850**	**5112**	**3900**
北　京	1262	-1302	1	-695	1861	-3993
天　津	1582	-30	1094	-3029	-2418	
河　北	4236	1153	6079	-309	-303	
山　西	7179	96		-9		
内蒙古	5081	206	16			
辽　宁	276	231	59	1726	-39	
吉　林	7350	-23	781			
黑龙江	4433	404	666	-589		
上　海	10920	2428	14442	-7190	-1128	1687
江　苏	73188	5115	1690	4516	346	175
浙　江	7664	1759	3219	-600	-190	
安　徽	22082	290	-89	2726	2312	
福　建	8218	112	1093	4273	382	160
江　西	2365	209	577	88	-53	
山　东	37486	9576	4711	137	91	
河　南	-521	-3728	89	-58	-58	
湖　北	19560	10158	7398	12938	4864	118
湖　南	2044	333	1565	189	140	
广　东	49142	1450	34700	10753	-1423	6446
广　西	955	5	14	224		
海　南	54	-3	-1	1372		
重　庆	21905	5703	10999	-223	557	-693
四　川	8121	297	250	6550	-116	
贵　州	-590	-9	375	10		
云　南	-190	-3	23	-46	-46	
西　藏	2					
陕　西	8170	905	2058	102	317	
甘　肃	-10	-12	-3			
青　海	-188	-37				
宁　夏	-550	-49				
新　疆	35	-90	9	-6	15	

3-D-4 续表 3

单位：万元

地区	港澳台商投资		外商投资				
	独资	股份有限		合资经营	合作经营	独资	股份有限
全国	**25718**	**-1879**	**24076**	**-5317**	**-1675**	**35382**	**-4315**
北京	1437		5170	1381	-729	4519	
天津	-611		-1955	-87		-1868	
河北	-6		-1949	-1949			
山西	-9		-367			-367	
内蒙古							
辽宁	1765		1378	-511		1888	
吉林							
黑龙江	-589		79	79			
上海	-6478	-1272	-2251	97	-787	-1561	
江苏	4020	-25	-4561	-2427	-522	-1616	4
浙江	-410		-4526	-3119	-36	-1371	
安徽	414		391			391	
福建	3729	2	2526	6	149	2374	-3
江西	142		89	89			
山东	47		831	163	630	38	
河南							
湖北	7956		2001	17	60	1925	
湖南	49		189		-3	192	
广东	6089	-360	30446	2000	-471	33240	-4323
广西	224		19	-19		38	
海南	1372						
重庆	-87		1255	67		1188	
四川	6666		-4749	-1104		-3645	
贵州	20	-10	1			1	
云南			22			15	7
西藏							
陕西		-215	39		36	3	
甘肃							
青海							
宁夏							
新疆	-21						

第4篇

交通运输、仓储和邮政业生产经营及财务状况

4-1 分行业交通运输、仓储和邮政业资产

单位：亿元

行业类别	代码	固定资产原价	本年折旧	资产总计	所有者权益
交通运输、仓储和邮政业	F	**45119.6**	**2129.9**	**74807.5**	**32211.0**
铁路运输业	5100	14004.7		14936.2	8790.4
道路运输业	5200	12102.7	869.1	24829.4	8122.3
公路旅客运输	5210	1462.4	163.6	1776.0	742.2
道路货物运输	5220	2813.7	315.0	10115.1	1856.2
道路运输辅助活动	5230	7826.6	390.5	12938.2	5523.9
城市公共交通业	5300	2508.7	204.7	3517.6	1554.0
公共电汽车客运	5310	1116.4	110.7	1149.2	456.1
轨道交通	5320	756.9	16.3	1498.3	698.6
出租车客运	5330	581.1	71.8	797.9	365.2
城市轮渡	5340	14.9	1.0	21.0	12.4
其他城市公共交通	5390	39.3	4.9	51.2	21.8
水上运输业	5400	6283.2	383.6	10502.4	5613.4
水上旅客运输	5410	179.9	16.3	229.3	122.9
水上货物运输	5420	3064.7	193.0	4791.7	2317.0
水上运输辅助活动	5430	3038.5	174.3	5481.4	3173.6
航空运输业	5500	4789.3	243.1	6871.4	1966.0
航空客货运输	5510	3614.7	185.0	4614.4	627.2
通用航空服务	5520	58.6	6.3	105.4	66.0
航空运输辅助活动	5530	1116.0	51.8	2151.5	1272.7
管道运输业	5600	774.6	55.7	1286.9	778.1
管道运输业	5600	774.6	55.7	1286.9	778.1
装卸搬运和其他运输服务业	5700	1466.8	131.1	5585.6	2728.8
装卸搬运	5710	562.7	44.4	818.7	457.1
运输代理服务	5720	904.0	86.7	4766.9	2271.7
仓储业	5800	2092.9	145.2	5694.5	2000.9
谷物、棉花等农产品仓储	5810	743.0	53.7	2800.8	532.6
其他仓储	5890	1349.9	91.4	2893.7	1468.3
邮政业	5900	1096.7	97.4	1583.4	656.9
国家邮政	5910	1031.6	85.9	1385.0	583.5
其他寄递服务	5990	65.1	11.5	198.4	73.4

4-2 分行业交通运输、仓储和邮政业实收资本

单位：亿元

行业类别	代码	实收资本	国家资本	集体资本	法人资本	个人资本	港澳台资本	外商资本
交通运输、仓储和邮政业	F	**22985.8**	**13612.7**	**468.4**	**4720.7**	**2670.1**	**755.0**	**758.7**
铁路运输业	5100	8760.4	8429.6	9.3	319.9	1.0	0.6	
道路运输业	5200	4831.7	1833.3	210.2	1395.8	1058.8	205.9	127.7
公路旅客运输	5210	492.6	121.2	51.6	130.5	174.7	11.1	3.6
道路货物运输	5220	1417.8	155.8	73.2	389.6	732.7	36.4	30.0
道路运输辅助活动	5230	2921.3	1556.3	85.4	875.6	151.4	158.4	94.1
城市公共交通业	5300	1109.8	593.0	31.6	285.6	154.9	23.4	21.3
公共电汽车客运	5310	348.9	212.2	9.7	69.8	37.2	11.8	8.1
轨道交通	5320	484.2	349.3	0.2	121.8	5.2	7.5	0.3
出租车客运	5330	251.1	22.3	20.6	87.0	104.8	3.6	12.9
城市轮渡	5340	8.8	2.6	0.7	2.5	2.8	0.2	0.0
其他城市公共交通	5390	16.7	6.5	0.5	4.4	4.9	0.3	0.0
水上运输业	5400	2948.8	884.9	86.5	1080.2	420.3	224.2	252.6
水上旅客运输	5410	71.7	18.3	6.3	27.9	14.9	2.4	1.9
水上货物运输	5420	1123.5	262.7	50.9	429.2	315.6	3.5	61.5
水上运输辅助活动	5430	1753.6	603.9	29.3	623.1	89.8	218.3	189.2
航空运输业	5500	1332.6	628.1	11.5	467.9	66.9	89.2	68.9
航空客货运输	5510	636.9	295.8	10.1	182.6	49.3	62.5	36.6
通用航空服务	5520	44.2	9.9	0.4	26.8	6.8	0.1	0.2
航空运输辅助活动	5530	651.4	322.4	1.0	258.4	10.8	26.7	32.1
管道运输业	5600	411.3	273.6	0.1	117.2	3.1	3.7	13.5
管道运输业	5600	411.3	273.6	0.1	117.2	3.1	3.7	13.5
装卸搬运和其他运输服务业	5700	1840.3	243.4	37.7	619.2	707.6	104.3	128.0
装卸搬运	5710	345.0	83.1	14.6	118.6	53.6	36.4	38.6
运输代理服务	5720	1495.4	160.3	23.1	500.6	654.0	67.9	89.4
仓储业	5800	1413.4	477.5	78.2	376.6	245.2	90.4	145.4
谷物、棉花等农产品仓储	5810	406.0	279.3	14.5	71.7	33.5	1.2	5.9
其他仓储	5890	1007.4	198.3	63.8	304.9	211.7	89.3	139.5
邮政业	5900	337.5	249.2	3.2	58.3	12.3	13.3	1.3
国家邮政	5910	293.0	240.5	2.4	49.1	1.0		
其他寄递服务	5990	44.5	8.7	0.8	9.2	11.2	13.3	1.3

4-3 分行业交通运输、仓储和邮政业营业状况

单位：亿元

行业类别	代码	营业收入	主营业务成本	主营业务税金及附加	营业费用、管理费用、财务费用合计	营业利润	全部从业人员年平均人数（万人）
交通运输、仓储和邮政业	**F**	**31168.0**	**21218.0**	**778.4**	**3486.6**	**3270.3**	**847.9**
铁路运输业	5100	3457.6				6.8	
道路运输业	5200	9128.5	6293.9	353.7	1244.2	1909.6	337.4
公路旅客运输	5210		1040.0	59.1	209.0	254.9	93.1
道路货物运输	5220		4410.6	234.6	618.7	1177.3	197.1
道路运输辅助活动	5230		843.2	59.9	416.5	477.4	47.2
城市公共交通业	5300	1392.9	1166.0	56.3	270.6	-18.3	156.6
公共电汽车客运	5310		681.6	25.3	127.1	-117.0	87.5
轨道交通	5320		86.9	6.8	27.5	-13.6	5.2
出租车客运	5330		361.4	22.3	108.0	108.6	59.9
城市轮渡	5340		5.7	0.3	2.9	1.3	0.7
其他城市公共交通	5390		30.4	1.6	5.1	2.4	3.3
水上运输业	5400	5000.8	3612.7	119.0	467.4	902.9	81.1
水上旅客运输	5410		99.8	5.0	20.2	24.5	5.7
水上货物运输	5420		2740.3	72.7	241.6	511.2	47.8
水上运输辅助活动	5430		772.7	41.3	205.6	367.2	27.6
航空运输业	5500	2778.0	2495.9	71.9	317.9	-275.8	30.9
航空客货运输	5510		2305.0	60.3	248.4	-324.1	21.9
通用航空服务	5520		13.6	0.7	3.4	1.4	0.6
航空运输辅助活动	5530		177.3	11.0	66.1	46.9	8.4
管道运输业	5600	344.2	225.0	7.3	41.8	85.0	2.4
管道运输业	5600		225.0	7.3	41.8	85.0	2.4
装卸搬运和其他运输服务业	5700	5106.0	4207.9	90.0	541.6	441.7	104.8
装卸搬运	5710		276.8	16.0	73.6	86.9	37.2
运输代理服务	5720		3931.1	74.0	468.0	354.8	67.6
仓储业	5800	3020.9	2507.9	63.0	349.2	240.3	53.9
谷物、棉花等农产品仓储	5810		1257.9	15.2	143.3	57.2	18.4
其他仓储	5890		1250.0	47.8	205.9	183.1	35.5
邮政业	5900	939.1	708.8	17.2	254.0	-22.0	80.7
国家邮政	5910		615.0	11.5	184.8	-43.2	69.3
其他寄递服务	5990		93.8	5.7	69.2	21.2	11.4

第 5 篇

其他服务业企业生产经营及财务状况

5-1 按行业(中类)分组的

行业中类	代码	固定资产原价	本年折旧	资产总计	实收资本		
						国家资本	集体资本
总计	0000	**67667.9**	**5196.8**	**274040.9**	**89078.5**	**51207.5**	**2723.4**
信息传输、计算机服务和软件业	G	**24855.1**	**2413.6**	**33763.1**	**11212.9**	**4723.7**	**240.2**
电信和其他信息传输服务业	6000	23382.6	2247.1	27114.6	8298.7	4571.7	81.0
电信	6010	22100.1	2131.8	25135.3	7630.4	4342.9	52.6
互联网信息服务	6020	551.9	54.8	860.3	253.9	33.6	4.5
广播电视传输服务	6030	645.0	57.5	877.9	280.5	137.9	23.6
卫星传输服务	6040	85.6	3.0	241.1	133.9	57.4	0.3
计算机服务业	6100	727.5	79.6	2482.9	1137.6	41.7	31.6
计算机系统服务	6110	244.6	25.0	1277.0	605.6	26.4	24.6
数据处理	6120	29.4	3.1	91.1	31.3	2.0	1.2
计算机维修	6130	18.9	1.6	51.2	23.2	0.7	0.6
其他计算机服务	6190	434.6	49.9	1063.7	477.5	12.5	5.2
软件业	6200	745.0	86.9	4165.5	1776.6	110.3	127.6
公共软件服务	6210	592.2	69.0	3387.9	1505.4	94.3	121.2
其他软件服务	6290	152.8	18.0	777.6	271.3	16.1	6.4
租赁和商务服务业	L	**31046.8**	**1933.8**	**192783.4**	**67288.8**	**43468.1**	**2082.5**
租赁业	7300	643.9	58.6	1414.7	472.0	53.3	21.5
机械设备租赁	7310	629.7	57.3	1387.9	460.5	50.9	20.7
文化及日用品出租	7320	14.2	1.3	26.7	11.5	2.4	0.8
商务服务业	7400	30402.9	1875.2	191368.7	66816.8	43414.8	2061.0
企业管理服务	7410	25792.9	1519.4	172219.7	61052.1	42438.9	1709.4
法律服务	7420	76.2	6.8	177.0	61.8	5.6	5.7
咨询与调查	7430	878.4	74.6	8142.0	2355.6	338.7	103.1
广告业	7440	627.2	59.9	2500.0	642.8	41.6	16.7
知识产权服务	7450	36.6	2.5	179.2	78.1	14.6	0.5
职业中介服务	7460	136.0	11.3	452.2	130.9	18.2	11.3
市场管理	7470	1476.6	97.6	2876.2	913.3	93.2	136.5
旅行社	7480	362.7	28.0	1060.2	423.9	156.7	21.7
其他商务服务	7490	1016.2	75.0	3762.2	1158.3	307.3	56.1
科学研究、技术服务和地质勘查业	M	**4232.6**	**318.6**	**32047.6**	**5265.3**	**1180.2**	**124.1**
研究与试验发展	7500	506.6	50.4	2683.4	803.2	187.8	15.6
自然科学研究与试验发展	7510	48.2	3.4	177.4	98.8	47.3	3.9
工程和技术研究与试验发展	7520	360.1	38.7	2097.0	512.4	120.7	6.9
农业科学研究与试验发展	7530	38.3	3.0	126.3	58.6	12.7	2.3
医学研究与试验发展	7540	57.8	5.2	277.3	130.5	7.0	2.2
社会人文科学研究与试验发展	7550	2.1	0.2	5.4	2.9	0.1	0.4
专业技术服务业	7600	2053.3	162.0	22163.9	2260.7	679.3	67.0
气象服务	7610	8.0	0.8	33.6	3.6	1.5	0.4
地震服务	7620	0.6	0.1	1.3	0.5	0.1	0.0
海洋服务	7630	2.4	0.3	8.9	4.1	1.2	0.0
测绘服务	7640	33.7	3.5	68.2	23.3	6.4	1.7
技术检测	7650	195.1	17.5	346.6	146.9	42.2	9.6
环境监测	7660	11.0	1.0	37.7	16.9	2.4	0.7
工程技术与规划管理	7670	1167.2	104.2	18626.9	1439.3	456.6	43.8
其他专业技术服务	7690	635.3	34.7	3040.8	626.1	168.9	10.7

其他服务业企业财务状况

单位：亿元

法人资本	个人资本	港澳台资本	外商资本	营业收入	主营业务成本	主营业务税金及附加	营业费用、管理费用、财务费用合计	营业利润	全部从业人员年平均人数（万人）	代码
16979.6	**11107.7**	**2829.0**	**4227.6**	**49243.7**	**30263.5**	**1485.1**	**11743.4**	**9556.5**	**1697.4**	**0000**
1788.2	**1316.7**	**1728.7**	**1415.5**	**15113.7**	**7870.9**	**420.5**	**3677.8**	**3434.3**	**305.7**	**G**
1017.3	207.1	1458.2	963.4	9912.5	4706.9	294.0	2315.7	2821.2	144.3	6000
776.5	94.2	1428.8	935.5		4270.0	266.2	2075.9	2711.3	117.2	6010
75.2	93.0	21.5	26.1		237.2	17.5	155.2	40.9	14.2	6020
92.8	17.2	7.3	1.8		182.4	9.6	79.0	67.4	12.2	6030
72.9	2.7	0.6	0.0		17.2	0.7	5.7	1.6	0.7	6040
279.6	599.9	58.6	126.3	2349.9	1585.8	60.6	465.7	251.8	74.2	6100
152.0	292.9	40.1	69.6		769.8	24.4	232.2	97.5	23.2	6110
7.1	7.0	3.3	10.7		24.8	2.4	21.8	11.8	2.6	6120
5.1	14.2	1.0	1.5		37.8	1.6	14.8	5.9	3.3	6130
115.4	285.8	14.1	44.5		753.4	32.3	196.9	136.6	45.1	6190
491.3	509.6	211.9	325.8	2851.4	1578.3	65.9	896.4	361.2	87.2	6200
409.6	437.8	173.3	269.2		1349.8	54.0	735.2	277.1	72.7	6210
81.7	71.9	38.6	56.7		228.5	11.9	161.2	84.1	14.5	6290
11635.8	**7112.3**	**749.1**	**2237.6**	**18900.0**	**12402.6**	**568.4**	**4838.8**	**4032.6**	**676.9**	**L**
134.5	192.1	19.0	51.6	420.3	247.3	17.2	103.7	72.3	21.1	7300
131.7	188.0	19.0	50.2		239.7	16.6	98.8	70.8	20.1	7310
2.7	4.1	0.1	1.4		7.6	0.6	4.9	1.5	0.9	7320
11501.3	6920.3	730.1	2186.0	18479.8	12155.3	551.2	4735.2	3960.2	655.9	7400
9779.9	4846.0	489.4	1785.9		6311.9	226.1	2563.3	2816.4	190.0	7410
11.5	38.4	0.3	0.3		101.2	17.7	87.7	115.4	15.0	7420
680.8	781.4	150.0	301.4		938.7	86.4	731.8	199.9	94.9	7430
201.3	348.5	20.1	14.5		1561.9	78.6	372.9	260.1	59.4	7440
47.4	12.8	0.4	2.4		30.2	3.8	32.1	19.9	3.4	7450
34.7	64.2	0.8	1.7		703.4	18.9	133.4	75.7	104.7	7460
230.8	408.8	28.5	15.6		477.9	37.2	281.6	173.6	38.6	7470
121.6	110.2	8.7	5.0		1245.0	22.4	133.5	111.0	30.1	7480
393.1	310.1	32.0	59.2		785.1	59.9	398.8	188.2	119.7	7490
2306.6	**1182.2**	**143.5**	**328.5**	**8745.4**	**6167.6**	**246.7**	**1610.1**	**1087.5**	**267.9**	**M**
255.9	170.7	59.3	113.9	1183.1	869.2	20.1	222.3	94.6	28.7	7500
23.2	12.6	9.5	2.4		35.7	1.1	21.0	-4.8	2.2	7510
167.3	106.7	33.1	77.7		744.8	15.5	163.4	83.4	19.7	7520
21.2	16.2	4.3	1.9		27.2	1.4	8.1	7.7	2.5	7530
43.2	34.1	12.3	31.7		59.7	2.0	28.8	7.4	4.0	7540
1.0	1.2		0.1		1.8	0.2	0.9	0.8	0.3	7550
815.1	592.3	36.0	70.9	4887.2	3309.9	170.5	939.1	619.0	168.7	7600
0.9	0.8		0.0		6.5	0.5	3.0	2.4	0.8	7610
0.1	0.2		0.1		0.7	0.1	0.4	0.2	0.1	7620
0.5	2.3	0.0	0.1		3.6	0.3	1.1	1.1	0.2	7630
4.3	10.6	0.1	0.2		34.0	3.3	19.2	12.8	4.5	7640
35.6	47.1	4.9	7.6		139.2	12.3	78.9	46.5	15.8	7650
6.4	6.9	0.1	0.5		18.0	1.0	5.8	4.3	1.3	7660
552.3	354.3	14.6	17.7		2561.5	127.9	647.8	437.2	114.5	7670
215.0	170.3	16.3	44.7		546.5	25.1	182.9	114.4	31.6	7690

5-1 续表 1

行业中类	代码	固定资产原价	本年折旧	资产总计	实收资本		
						国家资本	集体资本
科技交流和推广服务业	7700	713.7	53.5	4744.6	1432.5	216.4	37.9
技术推广服务	7710	514.8	40.0	3589.4	1134.7	129.0	27.8
科技中介服务	7720	95.6	6.3	391.2	149.3	55.7	7.4
其他科技服务	7790	103.3	7.3	763.9	148.5	31.6	2.7
地质勘查业	7800	959.0	52.6	2455.7	769.0	96.7	3.6
矿产地质勘查	7810	905.7	47.7	2306.8	712.0	73.7	2.6
基础地质勘查	7820	17.1	1.5	36.3	12.8	6.5	0.2
地质勘查技术服务	7830	36.3	3.4	112.7	44.2	16.5	0.9
水利、环境和公共设施管理业	**N**	**2592.5**	**149.7**	**7278.1**	**2004.3**	**1020.3**	**111.3**
水利管理业	7900	600.7	21.6	1155.0	353.4	292.3	6.2
防洪管理	7910	16.0	1.5	135.1	23.5	14.9	0.3
水资源管理	7920	443.3	15.5	721.5	241.1	202.7	4.1
其他水利管理	7990	141.4	4.6	298.3	88.8	74.7	1.8
环境管理业	8000	390.5	33.9	882.2	289.3	105.2	15.2
自然保护	8010	56.4	4.2	82.5	29.4	6.5	0.7
环境治理	8020	334.0	29.7	799.7	260.0	98.6	14.5
公共设施管理业	8100	1601.4	94.3	5240.9	1361.7	622.8	89.9
市政公共设施管理	8110	676.5	41.2	2978.6	527.6	316.5	21.3
城市绿化管理	8120	152.6	12.8	692.6	242.0	26.7	12.4
游览景区管理	8130	772.3	40.3	1569.6	592.0	279.6	56.2
居民服务和其他服务业	**O**	**1356.8**	**110.2**	**2846.0**	**1057.2**	**137.8**	**54.0**
居民服务业	8200	636.2	53.9	1156.4	441.7	30.8	24.7
家庭服务	8210	11.7	1.1	23.9	10.6	0.4	0.4
托儿所	8220	2.7	0.2	2.2	2.2	0.0	0.0
洗染服务	8230	22.9	2.0	40.9	17.0	0.3	0.6
理发及美容保健服务	8240	102.9	9.1	192.4	84.7	0.5	0.8
洗浴服务	8250	196.2	16.5	394.1	131.2	3.9	4.8
婚姻服务	8260	9.4	0.8	14.2	7.7	0.1	0.2
殡葬服务	8270	100.6	7.4	184.1	63.1	11.9	7.2
摄影扩印服务	8280	59.3	5.5	77.1	41.6	1.2	1.3
其他居民服务	8290	130.6	11.2	227.6	83.6	12.6	9.4
其他服务业	8300	720.6	56.3	1689.6	615.5	107.1	29.3
修理与维护	8310	281.8	25.6	531.9	245.0	12.0	9.7
清洁服务	8320	62.6	6.2	148.6	59.1	2.0	3.2
其他未列明的服务	8390	376.2	24.5	1009.0	311.4	93.1	16.4
教育	**P**	**881.5**	**50.5**	**694.0**	**390.3**	**48.6**	**29.6**
教育	8400	881.5	50.5	694.0	390.3	48.6	29.6
学前教育	8410	56.4	4.6	41.1	51.6	1.1	3.1
初等教育	8420	34.3	2.6	22.4	19.1	0.9	1.4
中等教育	8430	98.6	7.6	66.7	49.9	4.7	5.3
高等教育	8440	72.5	5.2	42.1	32.5	8.1	1.5
其他教育	8490	619.6	30.6	521.6	237.2	33.8	18.2

单位：亿元

				营业收入	主营业务成本	主营业务税金及附加	营业费用、管理费用、财务费用合计	营业利润	全部从业人员年平均人数（万人）	代码
法人资本	个人资本	港澳台资本	外商资本							
656.5	358.2	46.8	116.6	1938.8	1421.7	38.5	363.6	162.2	53.2	7700
561.2	286.3	39.8	90.7		1097.2	28.1	291.9	112.7	41.0	7710
43.3	36.2	1.5	5.1		76.4	5.5	33.6	20.4	5.2	7720
52.0	35.7	5.5	20.8		248.0	5.0	38.1	29.0	7.0	7790
579.1	60.9	1.4	27.2	736.4	566.8	17.5	85.2	211.7	17.3	7800
561.7	49.1	0.4	24.5		498.8	13.9	71.5	202.1	12.7	7810
3.9	1.9	0.3	0.1		23.8	1.4	4.8	3.7	1.8	7820
13.6	9.9	0.8	2,6		44.2	2.2	8.9	6.0	2.8	7830
401.0	**333.9**	**45.9**	**91.9**	**1202.6**	**814.5**	**41.6**	**248.7**	**186.4**	**67.8**	**N**
46.6	7.6	0.2	0.4	93.5	66.9	2.3	22.3	5.1	5.8	7900
7.5	0.7		0.0		4.5	0.2	1.7	0.4	0.5	7910
29.8	3.8	0.2	0.4		40.9	1.4	13.4	-1.9	3.7	7920
9.2	3.1	0.0	0.0		21.5	0.8	7.2	6.6	1.5	7990
72.1	58.8	19.9	18.1	219.8	147.9	5.7	53.3	19.0	17.7	8000
9.3	4.4	4.5	3.9		8.2	0.6	7.2	4.2	1.3	8010
62.9	54.3	15.4	14.2		139.7	5.0	46.1	14.8	16.4	8020
282.2	267.6	25.7	73.4	889.3	599.8	33.6	173.1	162.3	44.4	8100
110.5	29.1	8.8	41.5		165.6	7.0	45.0	28.4	6.9	8110
66.8	120.1	1.7	14.2		312.2	16.4	51.3	62.9	19.5	8120
104.9	118.4	15.2	17.7		121.9	10.2	76.8	71.0	18.0	8130
281.1	**516.5**	**31.7**	**36.1**	**2023.7**	**1149.1**	**78.1**	**452.5**	**393.1**	**176.1**	**O**
98.2	259.1	16.0	12.9	926.7	475.3	39.7	225.2	213.6	82.2	8200
2.6	7.3	0.0	0.0		17.1	1.3	7.1	5.4	4.2	8210
0.6	1.5	0.0	0.0		2.3	0.2	0.9	1.2	0.5	8220
5.3	9.0	0.8	1.1		16.8	1.3	9.1	5.8	3.3	8230
13.6	63.8	2.8	3.3		103.9	10.3	51.7	50.0	21.0	8240
28.7	87.3	3.4	2.9		126.7	12.9	69.1	57.8	25.1	8250
1.8	5.2	0.1	0.3		8.4	0.8	4.6	4.2	1.6	8260
17.3	22.7	3.2	0.8		52.3	2.1	22.3	21.7	4.2	8270
9.9	26.3	2.1	0.8		48.3	4.4	24.7	22.5	7.9	8280
18.4	36.0	3.6	3.7		99.6	6.4	35.6	45.0	14.3	8290
182.9	257.4	15.7	23.2	1096.9	673.8	38.5	227.4	179.5	93.9	8300
67.2	137.5	9.4	9.2		361.2	18.1	103.3	101.0	38.9	8310
13.8	34.6	1.7	3.7		96.2	8.0	53.6	21.4	29.4	8320
101.9	85.2	4.5	10.3		216.4	12.4	70.5	57.1	25.5	8390
102.0	**181.1**	**16.2**	**12.8**	**593.9**	**295.7**	**21.6**	**185.9**	**100.7**	**56.0**	**P**
102.0	181.1	16.2	12.8	593.9	295.7	21.6	185.9	100.7	56.0	8400
7.7	38.6	0.7	0.4		34.3	2.6	21.6	13.7	10.5	8410
5.2	11.4	0.1	0.1		14.1	1.0	9.0	5.3	4.0	8420
18.0	19.3	1.7	0.8		33.9	1.7	19.6	11.4	6.3	8430
12.4	8.2	2.2	0.1		21.8	1.0	11.7	8.5	2.6	8440
58.6	103.6	11.5	11.4		191.6	15.3	124.0	61.9	32.6	8490

5-1 续表 2

行业中类	代码	固定资产原价	本年折旧	资产总计	实收资本		
						国家资本	集体资本
卫生、社会保障和社会福利业	Q	**716.8**	**61.2**	**846.8**	**474.3**	**99.5**	**27.9**
卫生	8500	680.9	59.2	803.5	450.5	93.1	26.2
医院	8510	562.4	48.3	642.3	362.4	84.3	16.4
卫生院及社区医疗活动	8520	46.0	3.8	54.9	27.3	4.5	6.0
门诊部医疗活动	8530	47.9	4.6	63.4	40.0	2.0	2.7
计划生育技术服务活动	8540	1.8	0.2	2.7	1.2	0.2	0.2
妇幼保健活动	8550	3.6	0.4	5.2	1.9	0.3	0.0
专科疾病防治活动	8560	3.4	0.3	4.0	2.4	0.1	0.2
疾病预防控制及防疫活动	8570	2.2	0.2	5.0	1.7	0.7	0.1
其他卫生活动	8590	13.5	1.4	26.0	13.5	1.1	0.6
社会保障业	8600	2.1	0.2	7.6	4.0	2.1	0.2
社会福利业	8700	33.9	1.7	35.8	19.8	4.3	1.5
提供住宿的社会福利	8710	27.2	1.4	21.8	13.8	2.7	1.3
不提供住宿的社会福利	8720	6.7	0.4	13.9	6.1	1.5	0.2
文化、体育和娱乐业	R	**1985.6**	**159.2**	**3781.9**	**1385.3**	**529.3**	**53.8**
新闻出版业	8800	515.1	45.4	1170.8	280.2	228.2	3.1
新闻业	8810	28.3	2.9	41.0	5.2	3.8	0.0
出版业	8820	486.8	42.5	1129.8	275.0	224.4	3.1
广播、电视、电影和音像业	8900	470.0	35.9	858.7	356.2	192.7	15.2
广播	8910	23.3	1.8	25.0	12.9	8.6	1.1
电视	8920	288.8	22.8	478.8	199.7	124.1	8.7
电影	8930	146.3	10.1	318.3	124.6	58.3	5.1
音像制作	8940	11.7	1.2	36.7	19.0	1.7	0.3
文化艺术业	9000	115.1	8.6	386.7	159.3	52.2	5.0
文艺创作与表演	9010	36.3	2.6	117.2	52.6	32.3	1.6
艺术表演场馆	9020	16.4	1.6	30.2	12.3	7.2	0.4
图书馆与档案馆	9030	1.3	0.1	1.9	1.2	0.1	0.8
文物及文化保护	9040	5.3	0.4	56.5	6.3	2.3	0.8
博物馆	9050	12.0	0.4	10.2	7.1	2.0	0.2
烈士陵园、纪念馆	9060	1.8	0.1	2.7	1.1	0.2	0.4
群众文化活动	9070	11.1	0.7	20.3	7.9	2.8	0.4
文化艺术经纪代理	9080	10.2	1.1	52.3	25.2	1.9	0.2
其他文化艺术	9090	20.7	1.8	95.4	45.6	3.6	0.3
体育	9100	119.8	7.9	203.2	86.8	31.7	3.1
体育组织	9110	18.3	1.6	44.4	21.3	1.7	0.7
体育场馆	9120	81.1	5.2	94.1	34.7	17.8	2.1
其他体育	9190	20.4	1.1	64.7	30.9	12.2	0.3
娱乐业	9200	765.6	61.3	1162.5	502.9	24.5	27.4
室内娱乐活动	9210	202.6	18.4	285.9	150.5	3.0	3.6
游乐园	9220	116.0	9.0	156.1	61.8	10.1	2.2
休闲健身娱乐活动	9230	386.1	28.9	620.2	250.5	8.6	20.0
其他娱乐活动	9290	60.8	5.0	100.3	40.1	2.8	1.6

单位：亿元

法人资本	个人资本	港澳台资本	外商资本	营业收入	主营业务成本	主营业务税金及附加	营业费用、管理费用、财务费用合计	营业利润	全部从业人员年平均人数（万人）	代码
124.7	**193.7**	**16.5**	**12.0**	**708.4**	**436.4**	**18.8**	**169.7**	**87.7**	**54.4**	Q
118.0	187.3	13.9	11.9	690.1	424.8	18.3	164.4	86.1	52.3	8500
96.3	143.2	13.0	9.2		326.6	12.0	118.7	54.3	36.8	8510
5.2	11.4	0.0	0.2		34.2	1.7	7.8	10.1	5.3	8520
10.0	23.6	0.4	1.2		42.9	3.0	23.4	14.4	7.4	8530
0.2	0.6	0.0	0.1		1.8	0.1	1.0	0.7	0.3	8540
0.5	0.7		0.3		3.6	0.4	3.4	1.9	0.5	8550
0.5	1.6	0.0	0.0		2.2	0.2	1.7	1.1	0.4	8560
0.2	0.7		0.0		1.7	0.1	0.7	0.6	0.3	8570
5.0	5.4	0.5	1.0		11.9	0.8	7.7	3.1	1.4	8590
0.8	0.9			5.5	3.9	0.2	1.0	0.5	0.5	8600
5.9	5.5	2.6	0.1	12.9	7.7	0.4	4.2	1.2	1.7	8700
5.2	4.4	0.1	0.0		5.4	0.3	3.3	1.0	1.4	8710
0.7	1.1	2.5	0.0		2.2	0.1	0.9	0.2	0.3	8720
340.4	**271.2**	**97.4**	**93.2**	**1956.0**	**1126.6**	**89.3**	**560.0**	**234.3**	**92.6**	R
40.4	7.4	0.3	0.8	881.4	562.9	26.5	221.3	87.3	24.2	8800
1.2	0.2				15.2	1.1	4.7	3.3	0.6	8810
39.1	7.3	0.3	0.8		547.7	25.5	216.6	84.0	23.7	8820
94.9	44.7	3.2	5.5	403.7	238.2	19.0	111.1	43.9	15.2	8900
1.4	1.1		0.6		8.7	0.6	4.3	1.8	0.8	8910
48.3	17.3	0.7	0.6		157.4	13.7	62.6	33.2	7.0	8920
39.2	16.9	2.1	3.0		60.0	3.8	38.3	6.2	6.4	8930
5.9	9.4	0.4	1.3		12.2	1.0	5.9	2.8	1.0	8940
56.5	39.6	3.2	2.7	115.4	63.9	5.0	37.0	14.9	7.8	9000
7.3	9.7	1.5	0.2		18.4	1.5	11.8	6.3	2.8	9010
1.7	2.0	0.0	1.1		5.1	0.5	3.6	2.1	0.8	9020
0.1	0.3		0.0		0.5	0.1	0.5	0.2	0.1	9030
1.7	1.4	0.1	0.0		1.6	0.1	1.2	0.5	0.3	9040
3.5	0.7		0.7		1.5	0.1	1.2	1.0	0.2	9050
0.3	0.2	0.1			0.5	0.0	0.2	0.3	0.1	9060
1.1	3.6	0.0	0.1		3.8	0.4	2.5	0.7	0.6	9070
12.1	10.1	0.5	0.4		12.6	1.1	8.0	1.4	1.2	9080
28.7	11.5	1.0	0.4		20.1	1.3	8.1	2.5	1.6	9090
24.9	18.7	4.7	3.7	45.2	23.2	2.4	21.9	-2.2	2.8	9100
9.8	6.8	1.9	0.3		9.3	0.7	8.0	-1.1	0.9	9110
9.0	2.8	0.7	2.2		8.2	0.9	8.6	-1.3	1.2	9120
6.1	9.1	2.1	1.2		5.7	0.8	5.3	0.2	0.7	9190
123.8	160.8	86.0	80.5	510.3	238.4	36.4	168.7	90.3	42.5	9200
31.2	92.4	10.5	9.9		135.8	19.9	65.9	61.0	23.2	9210
22.2	10.8	6.8	9.7		13.3	1.8	16.1	6.6	2.5	9220
58.4	42.8	64.3	56.4		70.6	12.6	76.9	14.1	13.9	9230
12.0	14.9	4.4	4.4		18.7	2.0	9.9	8.6	2.9	9290

5-2 按登记注册类型分组的

登记注册类型	固定资产原价	本年折旧	资产总计	实收资本		
					国家资本	集体资本
总计	**67667.9**	**5196.8**	**274039.5**	**89078.5**	**51207.5**	**2723.4**
内资	**54683.9**	**3968.6**	**241620.4**	**80757.6**	**50412.7**	**2690.1**
国有	14573.4	1078.9	77305.5	22995.8	19723.1	72.8
集体	2311.8	176.2	5310.0	1204.0	44.5	1013.5
股份合作	661.1	45.9	1446.6	420.6	118.3	105.5
联营企业	165.8	11.6	614.8	315.4	207.2	44.7
国有联营	82.4	6.2	196.3	64.7	28.2	4.0
集体联营	38.0	2.7	85.2	25.8	0.3	21.3
国有与集体联营	25.2	1.4	228.0	200.8	177.5	17.4
其他联营	20.2	1.3	105.3	24.1	1.1	2.0
有限责任公司	10439.3	648.8	91390.6	38542.6	26951.0	732.1
国有独资公司	4168.6	201.9	51146.8	26238.7	24676.6	46.2
其他有限责任公司	6270.7	446.9	40243.8	12303.8	2274.4	686.0
股份有限公司	18429.6	1323.7	34610.9	7513.6	3241.8	180.8
私营企业	6404.7	546.7	28554.5	8775.5	73.7	128.6
私营独资	1598.5	134.9	2468.6	1123.4	7.4	12.3
私营合伙	415.8	35.2	682.6	340.7	2.2	6.4
私营有限责任公司	4083.1	351.7	24218.9	6755.7	61.7	104.1
私营股份有限公司	307.3	25.0	1184.4	555.7	2.4	5.8
其他内资	1698.2	136.9	2387.3	990.0	53.0	412.0
港澳台商投资	**6229.3**	**526.9**	**9992.5**	**3405.1**	**594.1**	**12.2**
与港澳台合资经营	525.7	53.8	1181.7	438.9	42.4	3.0
与港澳台合作经营	130.6	9.1	255.8	97.1	4.2	1.3
港澳台商独资	4706.8	385.7	7791.2	2645.6	515.9	7.6
港澳台商投资股份有限公司	866.2	78.3	763.8	223.5	31.6	0.3
外商投资	**6754.8**	**701.3**	**22426.7**	**4915.8**	**200.6**	**21.0**
中外合资经营	686.1	67.9	2647.2	723.7	45.8	7.8
中外合作经营	377.4	32.3	509.6	194.3	13.9	1.2
外资企业	4548.0	493.6	16246.4	3416.1	93.5	11.9
外商投资股份有限公司	1143.3	107.6	3023.5	581.7	47.4	0.1

其他服务业企业财务状况

单位：亿元

				主营业务成　　本	主营业务税金及附加	营业费用、管理费用、财务费用合计	营业利润	全部从业人员年平均人数（万人）
法人资本	个人资本	港澳台资本	外商资本					
16979.6	**11107.7**	**2829.0**	**4227.6**	**30263.5**	**1485.1**	**11743.4**	**9556.5**	**1697.4**
16178.2	**10971.4**	**130.0**	**371.3**	**24585.5**	**1188.5**	**8664.3**	**7645.4**	**1538.3**
2988.1	203.1	3.9	4.8	6213.5	256.7	2173.4	2267.1	283.9
89.5	54.9	1.0	0.5	711.2	44.3	337.5	326.2	94.3
68.2	117.4	10.6	0.6	226.7	14.0	122.2	89.5	39.5
51.9	11.0	0.1	0.6	55.8	3.8	30.9	37.4	5.3
31.0	1.5	0.0	0.0	24.1	1.9	13.4	10.4	1.6
2.6	1.4	0.0	0.0	10.6	0.6	5.1	3.4	1.5
2.9	2.6	0.0	0.5	9.1	0.5	5.8	4.0	0.8
15.3	5.6	0.0	0.0	12.0	0.8	6.5	19.6	1.4
7930.3	2872.1	20.6	36.4	6807.4	250.7	2101.4	1552.8	296.7
1492.5	16.1	1.2	6.1	1029.5	44.7	397.4	490.7	27.8
6437.8	2856.0	19.4	30.3	5777.9	205.9	1704.0	1062.2	268.9
2562.1	1160.6	55.4	312.9	2888.4	125.8	936.2	1188.0	90.8
2320.3	6198.9	35.7	14.5	7247.6	462.3	2760.9	1860.2	666.1
242.9	855.5	3.5	1.8	1193.5	93.6	335.9	551.1	159.4
74.5	253.3	0.7	3.7	373.4	35.3	166.0	204.0	51.0
1857.6	4690.6	29.2	8.8	5369.8	315.0	2137.8	1019.6	427.6
145.3	399.5	2.3	0.2	310.9	18.4	121.3	85.5	28.2
167.7	353.5	2.8	1.0	434.8	30.9	201.7	324.1	61.6
219.2	**42.4**	**2473.6**	**63.6**	**2014.3**	**112.4**	**1004.0**	**787.5**	**59.6**
144.4	14.5	229.0	5.6	277.0	15.2	132.5	107.8	10.1
10.2	2.0	73.6	5.8	109.3	7.9	45.7	10.7	3.9
34.9	24.8	2011.5	51.0	1445.0	78.8	737.4	583.7	39.1
29.6	1.2	159.5	1.3	183.0	10.4	88.3	85.3	6.5
582.3	**93.9**	**225.3**	**3792.8**	**3663.7**	**184.2**	**2075.1**	**1123.6**	**99.4**
245.7	35.2	82.1	307.2	490.8	23.5	231.6	78.8	17.3
39.9	6.6	40.2	92.6	117.6	9.0	66.8	16.9	4.8
90.0	26.4	83.2	3111.1	2772.6	133.7	1574.9	890.3	68.3
206.7	25.6	19.9	281.9	282.8	18.0	201.8	137.6	9.0

5-3 按行业(中类)分组的国有控股

行业中类	代码	固定资产原价	本年折旧	资产总计	实收资本		
						国家资本	集体资本
总计	**0000**	**42707.0**	**3001.6**	**182096.4**	**62215.9**	**49821.7**	**241.5**
信息传输、计算机服务和软件业	**G**	**15938.5**	**1507.8**	**19461.8**	**5491.8**	**4131.1**	**56.0**
电信和其他信息传输服务业	6000	15755.1	1487.3	18463.6	5162.8	3995.3	54.7
电信	6010	14729.4	1401.4	17122.9	4741.1	3774.2	37.2
互联网信息服务	6020	383.6	33.0	398.1	67.6	32.7	2.6
广播电视传输服务	6030	562.6	50.3	711.9	227.3	131.0	14.8
卫星传输服务	6040	79.5	2.6	230.6	126.7	57.4	0.1
计算机服务业	6100	75.5	8.6	438.3	129.5	33.5	0.6
计算机系统服务	6110	54.4	6.4	308.4	91.7	21.1	0.1
数据处理	6120	4.9	0.4	10.9	2.9	0.8	0.1
计算机维修	6130	1.4	0.2	1.7	0.9	0.3	
其他计算机服务	6190	14.8	1.6	117.3	33.9	11.3	0.4
软件业	6200	107.8	12.0	559.9	199.5	102.3	0.8
公共软件服务	6210	73.4	7.3	404.3	157.7	88.8	0.7
其他软件服务	6290	34.4	4.7	155.5	41.8	13.4	0.0
租赁和商务服务业	**L**	**20997.1**	**1124.1**	**141741.2**	**51959.3**	**43103.1**	**147.6**
租赁业	7300	132.0	12.0	316.5	102.9	48.8	2.5
机械设备租赁	7310	129.4	11.8	309.4	100.2	46.5	2.5
文化及日用品出租	7320	2.6	0.2	7.1	2.7	2.4	
商务服务业	7400	20865.1	1112.2	141424.7	51856.4	43054.2	145.1
企业管理服务	7410	19805.2	1042.8	135891.6	50392.7	42167.3	122.9
法律服务	7420	5.1	0.2	24.7	5.5	5.1	0.1
咨询与调查	7430	164.2	8.9	2019.4	498.4	319.1	1.1
广告业	7440	59.7	5.7	305.8	82.2	34.7	0.6
知识产权服务	7450	6.6	0.5	86.0	18.9	13.7	0.1
职业中介服务	7460	28.6	2.2	161.8	28.3	15.0	0.8
市场管理	7470	239.2	15.8	544.3	141.6	76.5	9.7
旅行社	7480	137.3	9.9	535.7	206.3	151.8	1.1
其他商务服务	7490	419.2	26.2	1855.5	482.7	271.0	8.7
科学研究、技术服务和地质勘查业	**M**	**2719.8**	**174.5**	**12645.7**	**2818.6**	**1112.5**	**16.3**
研究与试验发展	7500	259.6	23.9	1087.2	267.1	176.3	1.3
自然科学研究与试验发展	7510	30.7	1.9	102.6	58.7	46.8	0.0
工程和技术研究与试验发展	7520	211.7	20.8	882.4	183.0	113.2	1.0
农业科学研究与试验发展	7530	6.9	0.6	45.3	14.2	11.4	0.0
医学研究与试验发展	7540	10.0	0.7	56.1	10.9	4.8	0.3
社会人文科学研究与试验发展	7550	0.4	0.0	0.8	0.3	0.1	
专业技术服务业	7600	1281.3	87.0	7081.9	1220.3	636.2	10.5
气象服务	7610	5.6	0.6	28.5	1.7	1.2	0.0
地震服务	7620	0.1	0.0	0.3	0.1	0.1	
海洋服务	7630	0.7	0.1	2.8	1.3	1.1	
测绘服务	7640	11.2	1.2	23.3	7.6	5.9	0.1
技术检测	7650	68.8	5.8	132.5	41.8	27.9	0.8
环境监测	7660	3.3	0.2	14.2	6.1	2.2	0.0
工程技术与规划管理	7670	742.6	64.2	5666.6	868.1	434.5	9.1
其他专业技术服务	7690	449.0	15.0	1213.7	293.5	163.3	0.5

其他服务业企业财务状况

单位：亿元

法人资本	个人资本	港澳台资本	外商资本	主营业务成本	主营业务税金及附加	营业费用、管理费用、财务费用合计	营业利润	全部从业人员年平均人数（万人）	代码
10286.7	**986.9**	**274.1**	**604.9**	**12569.3**	**499.5**	**4118.4**	**4453.3**	**442.5**	**0000**
964.7	**66.0**	**79.6**	**194.5**	**3032.1**	**172.5**	**1288.4**	**1639.4**	**94.8**	**G**
812.5	31.9	78.7	189.7	2672.8	161.6	1191.1	1579.2	85.3	6000
639.3	23.2	78.1	189.0	2444.0	149.4	1082.9	1521.6	73.9	6010
30.8	1.0	0.0	0.4	81.0	4.6	46.7	12.0	1.9	6020
73.1	7.7	0.5	0.3	133.2	7.0	57.2	44.0	9.0	6030
69.3	0.0			14.5	0.6	4.4	1.6	0.5	6040
71.9	22.4	0.3	0.8	180.9	5.1	38.3	26.9	3.9	6100
49.7	20.2	0.3	0.3	133.9	3.5	25.8	19.8	2.6	6110
1.8	0.0		0.1	2.0	0.2	1.9	0.6	0.2	6120
0.6	0.0			2.3	0.1	0.2	0.4	0.1	6130
19.8	2.1	0.0	0.4	42.6	1.3	10.4	6.1	1.1	6190
80.2	11.7	0.6	4.0	178.5	5.8	58.9	33.3	5.6	6200
56.7	7.6	0.4	3.4	152.5	4.7	46.9	21.1	4.5	6210
23.5	4.1	0.3	0.5	26.0	1.1	12.0	12.3	1.1	6290
7406.6	**747.8**	**179.3**	**374.9**	**4396.0**	**151.4**	**1713.6**	**2019.0**	**172.3**	**L**
38.2	4.5	0.1	8.7	39.5	2.3	13.9	6.9	3.2	7300
38.1	4.4	0.1	8.7	38.5	2.2	13.1	6.9	3.0	7310
0.1	0.2		0.0	1.0	0.1	0.7	0.0	0.2	7320
7368.4	743.3	179.2	366.2	4356.5	149.2	1699.7	2012.1	169.1	7400
6866.3	708.2	167.1	361.0	3023.4	105.6	1377.0	1836.1	66.4	7410
0.2	0.1		0.0	1.9	0.3	1.7	0.7	0.3	7420
169.2	7.2	1.1	0.7	71.0	4.7	40.2	12.3	4.9	7430
39.5	5.0	0.9	1.4	159.2	8.7	34.4	33.7	4.0	7440
4.8	0.2		0.1	4.7	0.7	3.5	9.2	0.4	7450
11.6	0.9		0.0	351.7	4.8	39.2	14.6	30.9	7460
49.0	4.8	0.1	1.5	65.6	4.8	41.5	24.1	5.8	7470
46.2	4.6	1.7	0.8	448.1	5.1	44.3	21.3	7.6	7480
181.6	12.3	8.3	0.7	230.9	14.5	117.9	60.0	48.8	7490
1535.4	**123.1**	**0.3**	**31.0**	**3912.6**	**115.4**	**643.4**	**592.9**	**91.9**	**M**
84.9	4.3	0.1	0.2	530.8	8.4	81.4	50.1	9.8	7500
11.1	0.8	0.1		14.9	0.4	12.6	-6.9	1.0	7510
66.4	2.2	0.0	0.2	504.9	7.3	63.6	54.7	7.7	7520
2.0	0.7		0.0	7.1	0.4	2.4	1.8	0.6	7530
5.2	0.6		0.0	3.7	0.2	2.7	0.1	0.4	7540
0.2	0.0			0.4	0.1	0.1	0.4	0.1	7550
497.3	71.3	0.2	4.7	2180.0	81.9	401.9	293.7	58.2	7600
0.4	0.1			3.6	0.4	2.1	1.5	0.4	7610
0.0	0.0			0.2	0.0	0.1	0.0	0.0	7620
0.0	0.2			0.7	0.1	0.3	0.6	0.0	7630
1.4	0.2		0.0	12.5	1.1	6.1	3.8	1.4	7640
11.6	0.9	0.0	0.6	46.6	4.0	24.4	13.4	4.5	7650
3.6	0.2	0.0	0.0	5.9	0.2	1.4	1.1	0.3	7660
368.8	55.2	0.1	0.5	1860.7	69.1	311.6	238.3	45.3	7670
111.4	14.6	0.0	3.7	249.7	7.1	55.9	35.0	6.2	7690

5-3 续表 1

行业中类	代码	固定资产原价	本年折旧	资产总计	实收资本		
						国家资本	集体资本
科技交流和推广服务业	7700	271.2	15.3	2224.9	632.5	204.5	3.1
技术推广服务	7710	183.0	11.1	1851.1	512.4	123.2	2.4
科技中介服务	7720	43.1	2.0	190.5	67.6	51.7	0.4
其他科技服务	7790	45.1	2.3	183.3	52.4	29.6	0.2
地质勘查业	7800	907.6	48.2	2251.7	698.8	95.4	1.4
矿产地质勘查	7810	870.3	44.8	2161.2	667.0	72.8	1.2
基础地质勘查	7820	11.5	1.0	29.5	8.8	6.3	0.1
地质勘查技术服务	7830	25.8	2.4	61.1	22.9	16.3	0.1
水利、环境和公共设施管理业	**N**	**1468.1**	**77.0**	**4964.5**	**979.7**	**776.2**	**12.8**
水利管理业	7900	469.2	16.5	1083.8	295.7	260.7	1.9
防洪管理	7910	12.6	1.4	131.8	21.3	14.0	0.2
水资源管理	7920	326.7	11.2	676.7	194.0	173.0	1.4
其他水利管理	7990	129.9	3.9	275.3	80.4	73.7	0.3
环境管理业	8000	207.1	17.7	478.7	124.8	93.9	4.3
自然保护	8010	15.3	0.6	30.2	8.2	6.1	0.0
环境治理	8020	191.9	17.1	448.5	116.6	87.8	4.3
公共设施管理业	8100	791.7	42.8	3402.0	559.2	421.6	6.6
市政公共设施管理	8110	535.8	31.0	2598.5	388.7	303.8	2.4
城市绿化管理	8120	27.4	2.2	221.7	33.0	22.1	0.4
游览景区管理	8130	228.5	9.5	581.7	137.6	95.7	3.8
居民服务和其他服务业	**O**	**291.2**	**15.6**	**742.8**	**199.4**	**128.0**	**2.2**
居民服务业	8200	62.8	4.9	137.9	41.2	25.7	0.7
家庭服务	8210	0.6	0.0	2.2	0.4	0.3	0.0
托儿所	8220	0.0	0.0	0.1	0.0	0.0	
洗染服务	8230	3.8	0.3	14.2	3.2	0.3	0.0
理发及美容保健服务	8240	1.5	0.2	2.1	0.9	0.3	0.0
洗浴服务	8250	5.4	0.4	7.7	4.6	3.4	0.0
婚姻服务	8260	0.2	0.0	0.4	0.2	0.1	0.0
殡葬服务	8270	26.2	1.8	41.7	12.4	8.6	0.5
摄影扩印服务	8280	4.0	0.4	6.7	2.0	1.0	0.0
其他居民服务	8290	21.1	1.7	62.8	17.3	11.7	0.2
其他服务业	8300	228.4	10.7	605.0	158.2	102.3	1.5
修理与维护	8310	21.9	1.8	43.1	17.5	10.7	0.4
清洁服务	8320	4.6	0.5	9.3	3.1	1.7	0.3
其他未列明的服务	8390	202.0	8.4	552.5	137.6	89.8	0.8
教育	**P**	**93.4**	**7.2**	**130.6**	**56.8**	**35.0**	**1.0**
教育	8400	93.4	7.2	130.6	56.8	35.0	1.0
学前教育	8410	2.4	0.2	1.6	1.1	0.7	0.2
初等教育	8420	2.1	0.1	2.4	1.9	0.8	0.0
中等教育	8430	9.2	0.7	7.0	3.8	3.1	0.0
高等教育	8440	9.3	0.7	5.2	3.9	1.8	0.0
其他教育	8490	70.4	5.5	114.4	46.2	28.6	0.8

单位：亿元

				主营业务成本	主营业务税金及附加	营业费用、管理费用、财务费用合计	营业利润	全部从业人员年平均人数（万人）	代码
法人资本	个人资本	港澳台资本	外商资本						
393.6	21.1	0.1	10.2	695.1	10.9	87.5	62.0	9.8	7700
357.1	19.5	0.1	10.1	559.0	8.8	71.9	49.3	7.6	7710
15.1	0.3		0.0	17.0	1.1	7.7	6.5	1.2	7720
21.3	1.3		0.1	119.0	1.1	7.9	6.2	1.1	7790
559.7	26.5	0.0	15.8	506.7	14.2	72.6	187.2	14.2	7800
551.2	25.9		15.8	457.4	11.8	64.5	181.4	11.1	7810
2.3	0.2	0.0	0.0	18.9	1.1	3.3	2.1	1.4	7820
6.2	0.3			30.4	1.3	4.8	3.7	1.7	7830
162.8	**22.7**	**3.5**	**1.8**	**297.1**	**12.2**	**106.5**	**32.9**	**21.6**	**N**
32.7	0.4	0.0	0.1	40.1	1.4	14.8	1.7	3.3	7900
7.1	0.0		0.0	2.4	0.1	1.2	-0.1	0.3	7910
19.4	0.1		0.1	23.5	0.9	8.7	-2.3	2.3	7920
6.2	0.3	0.0		14.2	0.5	4.9	4.1	0.7	7990
24.2	2.0	0.1	0.4	54.7	1.5	20.0	-1.8	6.9	8000
2.1	0.0			1.9	0.1	1.7	0.6	0.6	8010
22.1	2.0	0.1	0.4	52.8	1.4	18.4	-2.5	6.4	8020
106.0	20.3	3.4	1.2	202.3	9.2	71.6	33.0	11.4	8100
69.6	8.5	3.2	1.2	110.6	3.5	32.3	10.8	3.1	8110
9.7	0.8		0.0	64.3	2.4	9.0	5.6	2.9	8120
26.8	11.0	0.2	0.1	27.4	3.4	30.3	16.6	5.5	8130
61.4	**5.6**	**1.9**	**0.4**	**120.5**	**5.2**	**38.1**	**21.5**	**11.2**	**O**
11.7	2.4	0.4	0.3	35.5	2.0	15.4	12.8	3.8	8200
0.1	0.0			2.3	0.1	0.5	0.1	0.1	8210
0.0	0.0			0.1	0.0	0.0	0.1	0.0	8220
2.6	0.1	0.0	0.2	2.7	0.1	1.9	-0.2	0.3	8230
0.4	0.2	0.0		0.8	0.1	0.6	0.5	0.2	8240
0.7	0.5	0.0		1.4	0.2	0.9	0.5	0.5	8250
0.0	0.1			0.2	0.0	0.1	0.1	0.1	8260
2.3	0.6	0.4	0.1	14.8	0.6	6.1	7.2	0.9	8270
0.8	0.1			2.1	0.2	1.4	0.6	0.3	8280
4.7	0.8	0.0	0.0	11.1	0.8	3.9	4.0	1.5	8290
49.7	3.2	1.4	0.2	85.0	3.1	22.6	8.7	7.4	8300
3.9	1.1	1.4	0.0	31.4	0.8	7.4	3.5	2.3	8310
0.8	0.2	0.0	0.0	9.3	0.5	3.2	0.7	2.2	8320
45.0	1.8	0.0	0.2	44.3	1.8	12.0	4.4	2.8	8390
7.1	**6.7**	**6.8**	**0.2**	**37.3**	**2.1**	**18.1**	**10.5**	**5.5**	**P**
7.1	6.7	6.8	0.2	37.3	2.1	18.1	10.5	5.5	8400
0.1	0.0		0.0	1.6	0.1	0.7	0.7	0.4	8410
0.9	0.2		0.0	0.8	0.1	0.6	0.3	0.3	8420
0.3	0.4			4.4	0.2	1.3	0.9	0.6	8430
0.2	1.9			5.1	0.0	0.3	3.3	0.4	8440
5.6	4.2	6.8	0.2	25.4	1.7	15.2	5.4	3.8	8490

5-3 续表 2

行业中类	代码	固定资产原价	本年折旧	资产总计	实收资本		
						国家资本	集体资本
卫生、社会保障和社会福利业	Q	**209.6**	**16.9**	**250.6**	**104.8**	**74.2**	**1.5**
卫生	8500	202.5	16.5	238.3	98.2	68.9	1.5
医院	8510	183.4	14.9	214.3	87.8	62.0	0.7
卫生院及社区医疗活动	8520	9.2	0.6	8.6	4.8	3.3	0.7
门诊部医疗活动	8530	5.0	0.4	5.6	2.8	1.8	0.1
计划生育技术服务活动	8540	0.4	0.0	0.5	0.3	0.2	0.0
妇幼保健活动	8550	0.8	0.1	1.0	0.3	0.2	
专科疾病防治活动	8560	0.4	0.0	0.4	0.2	0.1	
疾病预防控制及防疫活动	8570	1.3	0.1	2.9	0.7	0.6	
其他卫生活动	8590	2.0	0.2	4.9	1.4	0.7	0.0
社会保障业	8600	0.8	0.1	4.4	2.6	2.0	0.0
社会福利业	8700	6.3	0.3	8.0	4.0	3.2	0.1
提供住宿的社会福利	8710	3.0	0.2	2.6	2.1	1.7	0.1
不提供住宿的社会福利	8720	3.3	0.1	5.4	1.9	1.5	0.0
文化、体育和娱乐业	R	**989.3**	**78.5**	**2159.1**	**605.3**	**461.8**	**4.1**
新闻出版业	8800	396.0	37.2	1099.5	197.3	173.0	0.1
新闻业	8810	27.4	2.8	40.1	4.7	3.7	
出版业	8820	368.6	34.4	1059.4	192.6	169.3	0.1
广播、电视、电影和音像业	8900	379.0	28.5	577.9	244.2	187.1	1.7
广播	8910	17.6	1.3	17.1	9.3	8.4	0.0
电视	8920	257.8	20.4	363.2	152.8	121.1	1.1
电影	8930	100.4	6.4	191.6	78.9	56.0	0.6
音像制作	8940	3.1	0.4	6.1	3.1	1.6	
文化艺术业	9000	49.9	3.2	221.3	68.1	51.2	1.9
文艺创作与表演	9010	18.7	1.1	85.3	36.6	31.9	0.9
艺术表演场馆	9020	10.2	1.0	20.2	7.5	7.0	0.0
图书馆与档案馆	9030	1.1	0.1	0.9	0.8	0.1	0.7
文物及文化保护	9040	2.2	0.2	48.6	2.4	2.2	0.0
博物馆	9050	3.9	0.0	4.9	1.9	1.9	
烈士陵园、纪念馆	9060	0.8	0.1	0.3	0.5	0.2	0.3
群众文化活动	9070	6.5	0.3	11.4	3.0	2.7	0.0
文化艺术经纪代理	9080	2.2	0.2	25.2	10.0	1.8	0.0
其他文化艺术	9090	4.4	0.3	24.6	5.5	3.5	0.0
体育	9100	58.4	3.4	101.4	45.9	28.7	0.1
体育组织	9110	8.3	0.3	10.4	3.3	0.7	0.0
体育场馆	9120	45.7	3.0	54.8	20.6	16.0	0.0
其他体育	9190	4.4	0.2	36.2	22.1	12.0	0.0
娱乐业	9200	106.0	6.1	158.9	49.7	21.8	0.4
室内娱乐活动	9210	9.1	0.5	10.3	2.9	1.7	0.1
游乐园	9220	41.1	2.5	58.0	20.5	9.8	
休闲健身娱乐活动	9230	49.6	2.7	66.0	21.7	7.8	0.3
其他娱乐活动	9290						

单位：亿元

				主营业务成　本	主营业务税金及附加	营业费用、管理费用、财务费用合计	营业利润	全部从业人员年平均人数（万人）	代码
法人资本	个人资本	港澳台资本	外商资本						
25.9	**2.8**	**0.0**	**0.3**	**132.3**	**3.4**	**36.5**	**26.2**	**13.7**	Q
24.7	2.8	0.0	0.3	128.7	3.3	35.4	26.0	13.3	8500
22.8	2.1	0.0	0.2	114.7	2.7	30.6	21.8	11.0	8510
0.4	0.4		0.0	6.2	0.2	1.7	2.1	1.2	8520
0.8	0.2		0.0	3.5	0.2	1.3	0.9	0.6	8530
0.0			0.1	0.3	0.0	0.1	0.1	0.0	8540
0.0	0.0			1.0	0.1	0.3	0.4	0.1	8550
0.1				0.3	0.0	0.1	0.1	0.0	8560
	0.0			0.7	0.0	0.3	0.1	0.1	8570
0.6	0.1			2.0	0.1	0.8	0.4	0.2	8590
0.5	0.0			2.1	0.0	0.3	0.0	0.1	8600
0.7	0.0			1.5	0.0	0.8	0.1	0.3	8700
0.3	0.0			0.4	0.0	0.4	0.1	0.2	8710
0.4	0.0			1.1	0.0	0.4	0.0	0.1	8720
122.8	**12.1**	**2.8**	**1.8**	**641.5**	**37.3**	**274.0**	**110.8**	**31.5**	R
23.8	0.3	0.0	0.2	439.2	20.7	165.5	78.2	18.4	8800
1.0	0.0			14.8	1.0	4.4	3.1	0.5	8810
22.8	0.3	0.0	0.2	424.4	19.6	161.1	75.1	17.8	8820
50.7	3.9	0.3	0.5	167.9	13.2	73.9	31.5	8.7	8900
0.8	0.0			6.3	0.4	2.9	1.1	0.5	8910
28.6	2.0	0.0	0.0	129.8	11.0	49.5	28.6	4.2	8920
19.8	1.8	0.3	0.4	30.0	1.5	20.5	1.2	3.9	8930
1.4	0.0	0.0	0.0	1.9	0.1	1.0	0.6	0.1	8940
14.2	0.7	0.1	0.0	16.2	1.0	12.2	2.2	1.7	9000
3.4	0.4	0.0		6.5	0.4	6.4	0.7	0.8	9010
0.4	0.1			1.9	0.2	2.0	0.4	0.3	9020
0.0	0.0		0.0	0.2	0.0	0.2	0.0	0.1	9030
0.2	0.0			0.5	0.0	0.4	0.1	0.1	9040
0.0	0.0			0.2	0.0	0.1	0.8	0.0	9050
0.0	0.0			0.2	0.0	0.1	0.1	0.0	9060
0.1	0.1		0.0	0.9	0.1	0.9	0.0	0.2	9070
8.1	0.0	0.0	0.0	2.6	0.1	1.0	0.2	0.1	9080
2.0	0.1		0.0	3.3	0.2	1.1	-0.2	0.2	9090
10.7	5.8	0.7	0.0	7.7	0.7	7.4	-1.5	0.6	9100
2.6	0.0			2.7	0.2	2.5	-0.4	0.2	9110
4.5	0.0			3.5	0.4	3.0	-1.0	0.3	9120
3.7	5.8	0.7	0.0	1.5	0.1	1.9	-0.1	0.1	9190
23.5	1.3	1.7	1.1	10.5	1.8	15.0	0.3	2.2	9200
0.9	0.2	0.0	0.1	1.3	0.2	1.5	0.2	0.3	9210
9.1	0.6	0.5	0.5	3.9	0.6	5.7	1.6	0.8	9220
11.6	0.3	1.2	0.5	4.0	0.8	6.3	-1.6	0.8	9230
									9290

5-4 按登记注册类型分组的

登记注册类型	固定资产原价	本年折旧	资产总计	实收资本		
					国家资本	集体资本
总计	**42707.0**	**3001.6**	**182096.4**	**62215.9**	**49821.7**	**241.5**
内资	**38607.2**	**2658.1**	**176813.8**	**61073.7**	**49632.2**	**234.2**
国有	14197.7	1055.9	77305.5	22794.1	19573.6	68.9
集体	15.2	0.9	48.0	15.3	9.3	2.9
股份合作	32.4	3.7	337.5	107.7	77.2	0.7
联营企业	98.1	6.9	229.4	75.8	32.8	6.4
国有联营	82.0	6.1	196.3	64.2	27.9	3.9
集体联营	1.3	0.1	3.4	1.3	0.2	1.0
国有与集体联营	11.6	0.6	24.7	7.5	4.3	1.4
其他联营	3.2	0.1	5.0	2.8	0.4	0.0
有限责任公司	7243.6	401.9	68719.6	32045.4	26746.2	123.9
国有独资公司	4168.5	201.9	51146.8	26238.5	24676.5	46.2
其他有限责任公司	3075.1	200.0	17572.8	5806.9	2069.7	77.7
股份有限公司	16897.4	1170.4	29662.4	5963.7	3166.7	29.1
私营企业	48.1	12.2	128.4	42.3	13.9	0.6
私营独资	11.0	1.0	14.1	6.2	1.9	0.2
私营合伙	2.0	0.1	2.9	1.0	0.1	0.0
私营有限责任公司	31.9	11.0	107.8	32.2	11.9	0.3
私营股份有限公司	3.0	0.1	3.5	3.0	0.0	0.0
其他内资	74.7	6.1	382.9	29.3	12.4	1.7
港澳台商投资	**2136.8**	**150.4**	**1696.2**	**271.1**	**47.4**	**1.8**
与港澳台合资经营	272.5	33.4	454.4	143.1	16.7	0.7
与港澳台合作经营	23.5	1.4	30.1	14.8	2.3	1.0
港澳台商独资	1396.6	75.5	959.8	62.7	8.9	0.2
港澳台商投资股份有限公司	444.2	40.0	251.8	50.5	19.6	
外商投资	**1963.0**	**193.2**	**3586.4**	**871.1**	**142.1**	**5.5**
中外合资经营	201.3	18.9	558.8	243.5	30.7	0.1
中外合作经营	11.0	1.0	66.2	29.9	8.8	
外资企业	1042.0	110.0	842.3	269.8	60.2	5.4
外商投资股份有限公司	708.6	63.3	2119.1	327.8	42.5	

国有控股其他服务业企业财务状况

单位：亿元

				主营业务成本	主营业务税金及附加	营业费用、管理费用、财务费用合计	营业利润	全部从业人员年平均人数（万人）
法人资本	个人资本	港澳台资本	外商资本					
10286.7	**986.9**	**274.1**	**604.9**	**12569.3**	**499.5**	**4118.4**	**4453.3**	**442.5**
9888.5	**970.5**	**61.3**	**287.0**	**11863.2**	**455.9**	**3693.0**	**4026.0**	**421.2**
2945.2	197.7	3.9	4.8	6026.3	248.1	2089.2	2249.6	271.4
2.3	0.8	0.0	0.0	8.9	0.6	4.3	2.6	1.6
4.9	24.9	0.0	0.0	28.8	1.2	12.2	8.6	1.7
32.7	3.3	0.0	0.5	28.3	2.1	17.3	13.5	2.1
30.9	1.4	0.0	0.0	23.9	1.9	13.3	10.3	1.6
0.0	0.0			0.2	0.0	0.2	0.1	0.0
1.2	0.1		0.5	3.4	0.2	3.2	2.2	0.4
0.5	1.8	0.0	0.0	0.8	0.0	0.5	0.9	0.2
5056.5	107.2	5.0	6.5	3606.9	111.3	940.5	865.9	94.6
1492.5	16.0	1.2	6.1	1029.4	44.7	397.4	490.7	27.8
3564.1	91.2	3.8	0.4	2577.5	66.5	543.1	375.2	66.8
1828.1	615.2	52.3	272.2	2111.4	89.3	607.4	871.9	44.2
14.4	10.4	0.1	3.0	35.6	1.9	10.3	6.5	3.7
1.4	2.4	0.0	0.1	6.3	0.4	1.7	2.2	0.8
0.4	0.5	0.1		2.9	0.2	0.6	0.6	0.2
10.1	7.0	0.0	2.9	25.1	1.2	7.6	3.5	2.4
2.4	0.5			1.3	0.1	0.4	0.2	0.3
4.3	10.9	0.0	0.0	17.1	1.3	12.0	7.5	1.7
99.3	**0.3**	**121.8**	**0.4**	**233.0**	**16.4**	**158.9**	**167.9**	**8.8**
71.7	0.1	53.7	0.1	45.1	3.4	37.4	34.4	1.2
2.2		9.0	0.3	4.4	0.3	2.6	1.1	0.4
	0.1	53.6		115.5	9.0	88.0	105.2	4.7
25.4	0.1	5.5		68.0	3.7	30.9	27.2	2.4
298.8	**16.1**	**91.0**	**317.4**	**473.1**	**27.2**	**266.5**	**259.4**	**12.6**
107.3	3.4	56.2	45.8	142.3	5.5	48.0	22.0	3.5
9.8	0.2	5.7	5.5	6.5	0.4	3.0	1.3	0.1
22.1	0.0	28.6	153.4	192.6	13.1	122.6	158.4	5.7
159.6	12.6	0.4	112.7	131.7	8.2	92.9	77.8	3.2

第 6 篇

行政事业、社团及其他单位财务状况

6-1 按行业(中类)分组的

行业中类	代码	固定资产原 价	本年收入合 计	财政拨款	事业收入	经营收入
总计	0000	**73843.85**	**53777.44**	**31835.08**	**13695.04**	**2895.12**
交通运输、仓储和邮政业	F	**600.56**	**547.70**	**216.83**	**181.88**	**65.03**
道路运输业	5200	465.72	492.07	191.96	165.79	55.97
公路旅客运输	5210	0.91	0.76	0.45	0.17	0.13
道路货物运输	5220	1.14	1.17	0.38	0.35	0.27
道路运输辅助活动	5230	463.66	490.14	191.13	165.27	55.57
城市公共交通业	5300	1.78	1.20	0.43	0.58	0.06
公共电汽车客运	5310	0.12	0.21	0.13	0.03	0.01
轨道交通	5320	0.07	0.04	0.01		0.03
出租车客运	5330	0.54	0.38	0.14	0.18	0.00
城市轮渡	5340	0.87	0.41	0.07	0.32	0.02
其他城市公共交通	5390	0.19	0.16	0.08	0.06	0.00
水上运输业	5400	41.50	20.42	11.58	5.40	2.04
水上旅客运输	5410	0.24	0.18	0.04	0.06	0.04
水上货物运输	5420	0.09	0.04	0.01	0.02	0.01
水上运输辅助活动	5430	41.17	20.20	11.54	5.31	2.00
航空运输业	5500	42.37	12.07	3.87	6.55	0.55
航空客货运输	5510	0.30	0.16		0.15	
通用航空服务	5520	0.37	0.13	0.05	0.01	
航空运输辅助活动	5530	41.70	11.79	3.82	6.40	0.55
装卸搬运和其他运输服务业	5700	1.18	1.08	0.26	0.56	0.12
装卸搬运	5710	0.53	0.54	0.07	0.33	0.06
运输代理服务	5720	0.65	0.53	0.19	0.23	0.06
仓储业	5800	47.57	20.37	8.63	2.99	6.24
谷物、棉花等农产品仓储	5810	15.17	12.19	3.35	1.06	5.63
其他仓储	5890	32.40	8.18	5.28	1.92	0.62
邮政业	5900	0.44	0.51	0.10	0.01	0.05
国家邮政	5910	0.41	0.23	0.10	0.01	0.05
其他寄递服务	5990	0.03	0.28	0.00	0.00	
信息传输、计算机服务和软件业	G	**274.24**	**146.22**	**58.87**	**53.98**	**22.50**
电信和其他信息传输服务业	6000	212.72	97.18	35.88	37.54	17.09
电信	6010	7.18	2.88	1.80	0.43	0.46
互联网信息服务	6020	18.82	8.11	6.26	0.56	0.62
广播电视传输服务	6030	183.72	85.26	27.52	36.04	15.95
卫星传输服务	6040	3.00	0.92	0.30	0.51	0.07
计算机服务业	6100	56.69	43.75	21.37	15.86	2.45
计算机系统服务	6110	22.54	21.57	5.69	13.33	0.92
数据处理	6120	14.89	12.33	9.85	0.86	0.53
计算机维修	6130	2.34	1.82	1.51	0.28	0.00
其他计算机服务	6190	16.93	8.03	4.33	1.39	1.00
软件业	6200	4.82	5.29	1.61	0.58	2.95
公共软件服务	6210	3.44	4.30	1.33	0.48	2.36
其他软件服务	6290	1.39	0.99	0.28	0.10	0.60

行政事业单位财务状况

单位：亿元

本年支出合计	工资福利支出	商品和服务支出	取暖费(降温费)	劳务费	差旅费	出国费	代码
50833.40	**15686.75**	**16950.84**	**420.35**	**941.85**	**555.96**	**56.18**	0000
414.52	**118.00**	**90.90**	**2.88**	**6.22**	**3.96**	**0.28**	F
365.14	102.17	73.05	2.53	5.71	3.12	0.25	5200
0.67	0.32	0.19	0.01	0.02	0.01		5210
0.84	0.42	0.24	0.01	0.06	0.02		5220
363.63	101.44	72.61	2.52	5.62	3.09	0.25	5230
1.09	0.47	0.44	0.01	0.00	0.01		5300
0.17	0.09	0.04	0.00	0.00	0.00		5310
0.02	0.01	0.01	0.00		0.00		5320
0.35	0.16	0.14	0.00	0.00	0.01		5330
0.39	0.13	0.22	0.00	0.00	0.00		5340
0.16	0.07	0.03	0.00	0.00	0.00		5390
17.33	5.71	5.73	0.04	0.17	0.23	0.01	5400
0.15	0.07	0.02	0.00	0.00	0.00		5410
0.05	0.03	0.01	0.00	0.00	0.00		5420
17.13	5.61	5.70	0.04	0.17	0.23	0.01	5430
14.78	5.01	7.21	0.08	0.17	0.45	0.01	5500
0.15	0.08	0.06	0.00	0.00	0.00		5510
0.13	0.06	0.04	0.00	0.00	0.00	0.00	5520
14.51	4.88	7.11	0.08	0.16	0.45	0.01	5530
0.71	0.31	0.19	0.01	0.00	0.01		5700
0.31	0.12	0.07	0.00	0.00	0.00		5710
0.40	0.18	0.11	0.01	0.00	0.01		5720
14.99	4.22	4.24	0.20	0.18	0.13	0.00	5800
7.47	1.49	2.40	0.05	0.10	0.06	0.00	5810
7.52	2.73	1.84	0.15	0.07	0.07	0.00	5890
0.47	0.11	0.04	0.00	0.00	0.00		5900
0.20	0.08	0.04	0.00	0.00	0.00		5910
0.28	0.03	0.00	0.00	0.00			5990
134.96	**30.00**	**64.66**	**1.11**	**3.24**	**1.21**	**0.18**	G
89.71	23.56	38.47	0.97	2.50	0.84	0.12	6000
2.57	1.00	0.94	0.01	0.02	0.02	0.00	6010
7.60	1.27	3.58	0.02	0.04	0.07	0.01	6020
78.71	20.97	33.57	0.87	2.44	0.74	0.11	6030
0.83	0.33	0.38	0.08	0.00	0.01		6040
40.59	5.72	23.92	0.13	0.66	0.29	0.06	6100
19.45	3.00	12.84	0.07	0.27	0.11	0.05	6110
12.61	1.32	8.50	0.04	0.13	0.12	0.01	6120
1.69	0.22	0.25	0.00	0.00	0.01		6130
6.83	1.17	2.33	0.01	0.26	0.05	0.00	6190
4.66	0.72	2.28	0.01	0.09	0.08	0.00	6200
4.03	0.50	2.10	0.01	0.09	0.08	0.00	6210
0.62	0.22	0.18	0.00	0.00	0.01	0.00	6290

6-1 续表 1

行业中类	代码	本年支			
		商品和服务支出		对个人和家庭补助	
		工会经费	福利费		抚恤金
总计	0000	**171.26**	**564.66**	**5261.84**	**168.45**
交通运输、仓储和邮政业	F	**1.43**	**5.92**	**28.87**	**1.33**
道路运输业	5200	1.15	4.66	23.43	1.19
公路旅客运输	5210	0.00	0.01	0.09	0.00
道路货物运输	5220	0.00	0.01	0.12	0.00
道路运输辅助活动	5230	1.14	4.64	23.21	1.19
城市公共交通业	5300	0.00	0.01	0.10	0.00
公共电汽车客运	5310	0.00	0.00	0.02	0.00
轨道交通	5320	0.00	0.00		
出租车客运	5330	0.00	0.01	0.03	
城市轮渡	5340	0.00	0.00	0.02	0.00
其他城市公共交通	5390	0.00	0.00	0.03	0.00
水上运输业	5400	0.07	0.46	2.96	0.06
水上旅客运输	5410	0.00	0.00	0.00	0.00
水上货物运输	5420	0.00	0.00	0.01	0.00
水上运输辅助活动	5430	0.07	0.46	2.95	0.06
航空运输业	5500	0.10	0.58	0.83	0.00
航空客货运输	5510	0.01	0.00	0.01	
通用航空服务	5520	0.00	0.00	0.01	
航空运输辅助活动	5530	0.10	0.57	0.81	0.00
装卸搬运和其他运输服务业	5700	0.00	0.01	0.07	0.00
装卸搬运	5710	0.00	0.01	0.01	0.00
运输代理服务	5720	0.00	0.00	0.06	0.00
仓储业	5800	0.10	0.20	1.47	0.07
谷物、棉花等农产品仓储	5810	0.05	0.08	0.40	0.04
其他仓储	5890	0.05	0.11	1.07	0.03
邮政业	5900	0.00	0.00	0.00	
国家邮政	5910	0.00	0.00	0.00	
其他寄递服务	5990				
信息传输、计算机服务和软件业	G	**0.40**	**1.58**	**6.93**	**0.09**
电信和其他信息传输服务业	6000	0.31	1.22	4.31	0.08
电信	6010	0.02	0.06	0.16	0.00
互联网信息服务	6020	0.02	0.09	0.23	0.00
广播电视传输服务	6030	0.26	1.06	3.87	0.07
卫星传输服务	6040	0.00	0.01	0.05	0.00
计算机服务业	6100	0.09	0.33	2.55	0.01
计算机系统服务	6110	0.05	0.23	1.77	0.01
数据处理	6120	0.02	0.04	0.58	0.00
计算机维修	6130	0.00	0.02	0.03	0.00
其他计算机服务	6190	0.01	0.04	0.17	0.00
软件业	6200	0.01	0.03	0.07	0.00
公共软件服务	6210	0.00	0.01	0.03	
其他软件服务	6290	0.00	0.03	0.04	0.00

单位：亿元

出合计				经营支出	经营税金	全部从业人员年平均人数(万人)	代码
生活补助费	救济费	助学金	退职(役)费				
446.92	**237.05**	**365.14**	**150.82**	**1753.97**	**149.25**	**5702.49**	**0000**
2.33	**0.21**	**0.04**	**1.61**	**27.49**	**1.61**	**40.60**	**F**
2.16	0.19	0.03	1.50	21.59	1.01	36.78	5200
0.00	0.00	0.00	0.00	0.06	0.00	0.11	5210
0.06	0.00	0.00		0.12	0.00	0.16	5220
2.09	0.19	0.03	1.50	21.41	1.01	36.52	5230
0.01			0.00	0.03	0.00	0.15	5300
0.00				0.01	0.00	0.04	5310
				0.01		0.00	5320
0.00				0.00	0.00	0.05	5330
0.00			0.00	0.01	0.00	0.04	5340
0.01				0.00		0.02	5390
0.07	0.02	0.01	0.04	1.08	0.44	1.38	5400
0.00	0.00		0.00	0.01	0.00	0.03	5410
0.00				0.00	0.00	0.01	5420
0.07	0.01	0.01	0.04	1.07	0.44	1.33	5430
0.01	0.00		0.02	0.94	0.05	0.63	5500
0.00			0.00			0.02	5510
0.00						0.01	5520
0.01	0.00		0.02	0.94	0.05	0.60	5530
0.01		0.00	0.00	0.03	0.00	0.11	5700
0.00				0.00	0.00	0.04	5710
0.01		0.00	0.00	0.02	0.00	0.07	5720
0.07	0.01	0.00	0.05	3.80	0.10	1.51	5800
0.03	0.00	0.00	0.02	3.36	0.04	0.52	5810
0.05	0.01	0.00	0.03	0.44	0.06	0.99	5890
0.00			0.00	0.02		0.04	5900
0.00			0.00	0.02		0.03	5910
						0.01	5990
0.24	**0.02**	**0.06**	**0.11**	**9.97**	**1.54**	**7.78**	**G**
0.21	0.02	0.01	0.09	6.39	1.09	6.55	6000
0.00	0.00	0.00	0.01	0.43	0.02	0.21	6010
0.02	0.00	0.00	0.00	0.42	0.04	0.32	6020
0.18	0.02	0.01	0.08	5.54	1.01	5.94	6030
0.00	0.00		0.00	0.00	0.02	0.07	6040
0.03	0.00	0.05	0.02	1.83	0.29	1.04	6100
0.02	0.00	0.05	0.00	0.79	0.09	0.54	6110
0.01	0.00		0.01	0.31	0.10	0.27	6120
0.00				0.00	0.00	0.05	6130
0.00	0.00	0.00	0.01	0.73	0.10	0.19	6190
0.00			0.00	1.75	0.16	0.18	6200
0.00			0.00	1.37	0.14	0.12	6210
0.00			0.00	0.38	0.02	0.06	6290

6-1 续表 2

行业中类	代码	固定资产原价	本年收入合计			
				财政拨款	事业收入	经营收入
批发和零售业	H	**0.23**	**0.12**	**0.06**	**0.00**	**0.06**
批发业	6300	0.19	0.10	0.04	0.00	0.06
农畜产品批发	6310	0.07	0.06	0.02		0.04
纺织、服装及日用品批发	6330	0.04	0.02	0.02		
医药及医疗器材批发	6350					
矿产品、建材及化工产品批发	6360	0.04	0.02	0.01	0.00	0.01
机械设备、五金交电及电子产品批发	6370					
贸易经纪与代理	6380					
其他批发	6390	0.04	0.01			0.01
零售业	6500	0.04	0.02	0.02	0.00	
综合零售	6510	0.04	0.02	0.02	0.00	
住宿和餐饮业	I	**1.19**	**0.49**	**0.14**	**0.07**	**0.27**
住宿业	6600	0.89	0.37	0.10	0.07	0.20
旅游饭店	6610	0.09	0.01	0.00	0.00	
一般旅馆	6620	0.78	0.33	0.07	0.06	0.20
其他住宿服务	6690	0.03	0.03	0.03	0.00	0.00
餐饮业	6700	0.30	0.12	0.04	0.01	0.07
正餐服务	6710	0.23	0.11	0.04		0.07
其他餐饮服务	6790	0.07	0.01	0.00	0.01	
金融业	J	**223.03**	**94.94**	**44.73**	**27.61**	**4.47**
银行业	6800	199.26	57.97	36.09	3.85	3.04
中央银行	6810	198.34	57.69	35.87	3.84	3.01
商业银行	6820	0.23	0.16	0.12	0.00	0.03
其他银行	6890	0.70	0.12	0.10	0.01	
证券业	6900	5.53	4.30	4.08	0.02	0.00
证券市场管理	6910	5.52	4.28	4.07	0.02	0.00
证券经纪与交易	6920	0.01	0.01	0.01	0.00	
证券投资	6930	0.00	0.00	0.00		
保险业	7000	2.97	5.23	2.91	0.03	0.31
人寿保险	7010	0.13	0.39	0.03	0.01	0.30
非人寿保险	7020	1.38	2.55	0.84	0.01	0.01
保险辅助服务	7030	1.46	2.28	2.03	0.01	
其他金融活动	7100	15.27	27.44	1.65	23.71	1.12
金融信托与管理	7110	0.24	0.34	0.16	0.08	0.08
金融租赁	7120	0.02	0.01	0.01		0.00
财务公司	7130	0.41	0.02	0.02	0.00	
邮政储蓄	7140	0.03	0.12		0.12	
典当	7150	0.08	0.00		0.00	0.00
其他未列明的金融活动	7190	14.49	26.95	1.46	23.50	1.04
房地产业	K	**18.08**	**24.79**	**7.08**	**8.29**	**8.08**
房地产业	7200	18.08	24.79	7.08	8.29	8.08
房地产开发经营	7210	0.31	0.15	0.11	0.02	0.01
物业管理	7220	3.34	0.69	0.23	0.20	0.16
房地产中介服务	7230	1.32	1.10	0.15	0.67	0.23
其他房地产活动	7290	13.12	22.85	6.58	7.39	7.67

单位：亿元

本年支出合计	工资福利支出	商品和服务支出	取暖费(降温费)	劳务费	差旅费	出国费	代码
0.10	**0.04**	**0.03**	**0.00**	**0.00**	**0.01**		H
0.08	0.03	0.02	0.00	0.00	0.01		6300
0.04	0.01	0.02	0.00	0.00	0.01		6310
0.02	0.00	0.00					6330
							6350
0.01	0.01	0.00	0.00		0.00		6360
							6370
							6380
0.01	0.01	0.00					6390
0.02	0.01	0.01	0.00				6500
0.02	0.01	0.01	0.00				6510
0.36	**0.14**	**0.10**	**0.01**	**0.00**	**0.00**		I
0.26	0.09	0.07	0.01	0.00	0.00		6600
0.01	0.00	0.00		0.00	0.00		6610
0.22	0.08	0.05	0.01		0.00		6620
0.03	0.01	0.02	0.00	0.00	0.00		6690
0.10	0.05	0.03	0.00	0.00	0.00		6700
0.09	0.05	0.03	0.00	0.00	0.00		6710
0.01	0.01	0.00	0.00		0.00		6790
313.15	**28.25**	**25.74**	**0.94**	**0.87**	**3.24**	**0.16**	J
291.83	25.36	23.02	0.89	0.66	2.88	0.11	6800
291.56	25.27	22.87	0.89	0.65	2.86	0.11	6810
0.15	0.06	0.09	0.00	0.00	0.01		6820
0.12	0.04	0.07	0.00	0.00	0.01		6890
2.19	0.79	0.84	0.01	0.02	0.11	0.01	6900
2.18	0.78	0.83	0.01	0.02	0.11	0.01	6910
0.01	0.00	0.01	0.00		0.00		6920
0.00	0.00	0.00	0.00		0.00		6930
4.76	0.78	1.08	0.03	0.03	0.09	0.00	7000
0.15	0.03	0.01	0.00	0.00	0.00		7010
2.33	0.12	0.11	0.02	0.03	0.00	0.00	7020
2.28	0.62	0.96	0.01	0.00	0.09	0.00	7030
14.37	1.33	0.80	0.02	0.17	0.16	0.03	7100
0.23	0.13	0.09	0.01	0.01	0.01		7110
0.00	0.00	0.00	0.00	0.00	0.00		7120
0.03	0.02	0.01		0.00	0.00		7130
0.05	0.04	0.01	0.00		0.00		7140
0.00	0.00	0.00		0.00	0.00		7150
14.06	1.14	0.69	0.01	0.15	0.15	0.03	7190
17.86	**3.51**	**3.31**	**0.12**	**0.11**	**0.16**	**0.01**	K
17.86	3.51	3.31	0.12	0.11	0.16	0.01	7200
0.14	0.12	0.02	0.00		0.00		7210
0.57	0.38	0.14	0.01	0.01	0.01		7220
0.89	0.42	0.27	0.02	0.01	0.02	0.00	7230
16.26	2.59	2.89	0.09	0.10	0.13	0.01	7290

6-1 续表 3

行业中类	代码	本年支			
		商品和服务支出		对个人和家庭补助	
		工会经费	福利费		抚恤金
批发和零售业	H	**0.00**	**0.00**	**0.02**	**0.00**
批发业	6300	0.00	0.00	0.02	0.00
农畜产品批发	6310	0.00	0.00	0.01	0.00
纺织、服装及日用品批发	6330		0.00	0.01	0.00
医药及医疗器材批发	6350				
矿产品、建材及化工产品批发	6360	0.00	0.00	0.00	0.00
机械设备、五金交电及电子产品批发	6370				
贸易经纪与代理	6380				
其他批发	6390				
零售业	6500		0.00	0.01	0.00
综合零售	6510		0.00	0.01	0.00
住宿和餐饮业	I	**0.00**	**0.01**	**0.02**	**0.00**
住宿业	6600	0.00	0.01	0.01	0.00
旅游饭店	6610		0.00		
一般旅馆	6620	0.00	0.00	0.01	0.00
其他住宿服务	6690			0.01	
餐饮业	6700	0.00		0.00	
正餐服务	6710	0.00		0.00	
其他餐饮服务	6790			0.00	
金融业	J	**0.50**	**3.04**	**6.65**	**0.06**
银行业	6800	0.44	2.77	3.80	0.05
中央银行	6810	0.44	2.76	3.79	0.05
商业银行	6820	0.00	0.01	0.00	0.00
其他银行	6890	0.00	0.00	0.01	
证券业	6900	0.02	0.09	0.12	0.00
证券市场管理	6910	0.02	0.09	0.12	0.00
证券经纪与交易	6920		0.00	0.00	
证券投资	6930			0.00	
保险业	7000	0.01	0.08	2.14	0.00
人寿保险	7010	0.00	0.00	0.00	0.00
非人寿保险	7020	0.00	0.00	2.08	
保险辅助服务	7030	0.01	0.07	0.05	
其他金融活动	7100	0.03	0.10	0.60	0.01
金融信托与管理	7110	0.00	0.01	0.01	0.00
金融租赁	7120	0.00		0.00	
财务公司	7130	0.00	0.00	0.00	0.00
邮政储蓄	7140		0.00	0.00	
典当	7150		0.00	0.00	
其他未列明的金融活动	7190	0.03	0.09	0.58	0.01
房地产业	K	**0.05**	**0.22**	**1.20**	**0.01**
房地产业	7200	0.05	0.22	1.20	0.01
房地产开发经营	7210	0.00	0.00	0.00	
物业管理	7220	0.00	0.04	0.02	0.00
房地产中介服务	7230	0.01	0.02	0.05	0.00
其他房地产活动	7290	0.04	0.16	1.13	0.01

单位：亿元

出合计				经营支出	经营税金	全部从业人员年平均人数(万人)	代码
生活补助费	救济费	助学金	退职(役)费				
0.00	**0.00**	**0.00**	**0.00**	**0.04**	**0.00**	**0.02**	H
0.00	0.00	0.00	0.00	0.04	0.00	0.01	6300
0.00	0.00		0.00	0.03	0.00	0.00	6310
						0.00	6330
							6350
		0.00		0.01		0.00	6360
							6370
							6380
				0.00	0.00	0.00	6390
						0.00	6500
						0.00	6510
0.00	**0.00**		**0.00**	**0.22**	**0.04**	**0.08**	I
0.00	0.00		0.00	0.20	0.01	0.07	6600
						0.00	6610
0.00	0.00		0.00	0.20	0.01	0.06	6620
0.00				0.00	0.00	0.00	6690
0.00				0.02	0.03	0.02	6700
0.00				0.02	0.03	0.02	6710
						0.00	6790
0.24	**0.00**	**0.00**	**0.12**	**25.48**	**1.29**	**4.60**	J
0.22	0.00	0.00	0.11	24.41	0.01	4.13	6800
0.22	0.00	0.00	0.11	24.41	0.01	4.10	6810
				0.00		0.02	6820
0.00						0.01	6890
0.00			0.01	0.00		0.11	6900
0.00			0.01	0.00		0.11	6910
0.00						0.00	6920
						0.00	6930
0.00	0.00	0.00	0.00	0.21		0.14	7000
		0.00		0.20		0.01	7010
0.00	0.00	0.00		0.01		0.04	7020
0.00			0.00			0.09	7030
0.01	0.00	0.00	0.00	0.86	1.28	0.21	7100
0.00	0.00	0.00		0.08	0.00	0.05	7110
				0.00		0.00	7120
						0.01	7130
						0.00	7140
		0.00		0.00		0.00	7150
0.01	0.00		0.00	0.78	1.27	0.15	7190
0.04	**0.00**	**0.00**	**0.01**	**5.37**	**0.25**	**1.24**	K
0.04	0.00	0.00	0.01	5.37	0.25	1.24	7200
				0.01		0.03	7210
0.00		0.00	0.00	0.07	0.01	0.18	7220
0.00	0.00	0.00	0.00	0.14	0.07	0.18	7230
0.03	0.00	0.00	0.01	5.15	0.16	0.86	7290

6-1 续表 4

行业中类	代码	固定资产原价	本年收入合计			
				财政拨款	事业收入	经营收入
租赁和商务服务业	L	**1092.44**	**714.05**	**300.21**	**190.17**	**134.27**
租赁业	7300	1.30	0.79	0.33	0.09	0.33
机械设备租赁	7310	1.22	0.73	0.31	0.08	0.30
文化及日用品出租	7320	0.08	0.06	0.03	0.01	0.02
商务服务业	7400	1091.14	713.26	299.88	190.08	133.94
企业管理服务	7410	706.49	460.26	199.30	102.69	92.20
法律服务	7420	29.24	39.73	10.89	17.00	9.62
咨询与调查	7430	48.17	53.22	30.07	12.27	5.66
广告业	7440	3.27	4.88	0.63	1.74	1.31
知识产权服务	7450	7.94	14.47	3.82	9.83	0.37
职业中介服务	7460	48.06	48.63	24.04	13.74	5.82
市场管理	7470	158.87	38.14	8.02	16.18	11.04
旅行社	7480	3.02	3.55	0.62	0.44	0.95
其他商务服务	7490	86.06	50.39	22.48	16.19	6.97
科学研究、技术服务和地质勘查业	M	**2794.58**	**3080.65**	**1282.33**	**1111.41**	**446.28**
研究与试验发展	7500	1396.35	1513.98	463.97	754.58	164.26
自然科学研究与试验发展	7510	328.95	272.20	140.95	99.21	14.03
工程和技术研究与试验发展	7520	733.13	979.21	158.73	601.54	135.71
农业科学研究与试验发展	7530	202.28	147.92	95.31	27.65	8.89
医学研究与试验发展	7540	73.90	51.37	23.93	14.73	4.00
社会人文科学研究与试验发展	7550	58.09	63.28	45.05	11.45	1.63
专业技术服务业	7600	857.14	987.16	494.41	264.41	158.10
气象服务	7610	111.77	71.72	46.02	4.81	11.65
地震服务	7620	34.12	23.40	19.81	1.09	1.02
海洋服务	7630	21.39	20.96	15.26	3.87	0.18
测绘服务	7640	64.18	76.46	34.37	26.36	13.30
技术检测	7650	216.92	227.98	93.24	96.05	23.93
环境监测	7660	79.11	66.69	46.05	10.63	3.60
工程技术与规划管理	7670	277.21	446.18	213.17	104.59	96.88
其他专业技术服务	7690	52.44	53.77	26.48	17.00	7.54
科技交流和推广服务业	7700	377.05	294.14	183.78	55.21	32.37
技术推广服务	7710	201.98	213.04	137.18	36.62	21.34
科技中介服务	7720	36.86	37.79	22.68	7.99	4.69
其他科技服务	7790	138.21	43.31	23.92	10.60	6.34
地质勘查业	7800	164.05	285.37	140.17	37.21	91.55
矿产地质勘查	7810	82.61	134.56	66.60	13.12	50.81
基础地质勘查	7820	44.18	82.77	41.85	13.83	22.71
地质勘查技术服务	7830	37.26	68.03	31.72	10.26	18.03
水利、环境和公共设施管理业	N	**3367.04**	**1344.77**	**807.60**	**265.04**	**124.86**
水利管理业	7900	2230.33	340.28	175.00	71.52	59.06
防洪管理	7910	417.91	64.07	43.18	9.84	6.99
水资源管理	7920	1559.49	187.26	83.56	43.21	42.74
其他水利管理	7990	252.93	88.95	48.26	18.47	9.32
环境管理业	8000	335.50	373.27	261.71	64.21	14.37
自然保护	8010	55.07	36.60	22.66	6.29	3.72

单位：亿元

本年支出合计	工资福利支出	商品和服务支出	取暖费(降温费)	劳务费	差旅费	出国费	代码
605.70	**159.35**	**201.09**	**5.81**	**12.10**	**7.38**	**0.88**	L
0.65	0.16	0.08	0.01	0.01	0.00		7300
0.60	0.13	0.07	0.01	0.01	0.00		7310
0.05	0.03	0.01	0.00	0.00	0.00		7320
605.04	159.20	201.01	5.80	12.09	7.37	0.88	7400
386.74	85.72	115.63	4.06	4.78	3.61	0.38	7410
33.91	13.34	11.67	0.21	0.84	0.78	0.07	7420
48.10	16.41	17.09	0.61	1.44	1.13	0.14	7430
3.03	0.97	1.63	0.01	0.10	0.06	0.00	7440
11.84	3.38	6.95	0.04	1.98	0.30	0.10	7450
44.57	13.23	18.47	0.26	1.17	0.63	0.03	7460
32.56	14.30	11.17	0.23	0.79	0.40	0.03	7470
1.48	0.40	0.65	0.01	0.03	0.03	0.01	7480
42.80	11.46	17.75	0.37	0.95	0.42	0.11	7490
2737.44	**626.90**	**1134.00**	**18.96**	**65.49**	**46.29**	**5.52**	M
1330.94	247.15	673.78	9.28	35.40	20.32	3.60	7500
240.86	46.77	101.81	1.59	5.78	5.80	1.37	7510
849.05	131.99	470.91	5.04	22.10	9.05	1.40	7520
135.09	40.63	53.32	1.62	4.48	3.32	0.34	7530
47.36	11.11	22.79	0.34	0.89	0.54	0.08	7540
58.58	16.63	24.95	0.69	2.14	1.60	0.41	7550
905.91	218.60	305.75	5.81	17.90	17.54	1.34	7600
61.57	20.05	21.49	0.79	0.79	1.52	0.11	7610
22.32	6.31	7.59	0.36	0.44	0.56	0.04	7620
18.37	3.89	9.45	0.21	0.37	0.39	0.11	7630
66.26	19.44	30.22	0.46	2.68	2.52	0.16	7640
206.70	59.75	87.28	1.30	3.17	3.88	0.31	7650
58.09	16.25	26.25	0.33	1.30	1.52	0.05	7660
422.75	77.93	104.47	1.96	7.55	5.32	0.46	7670
49.85	14.99	19.00	0.40	1.58	1.83	0.09	7690
265.95	97.49	82.84	2.13	5.23	4.28	0.38	7700
197.23	83.48	57.78	1.66	3.21	3.19	0.21	7710
31.99	6.75	13.15	0.20	1.30	0.47	0.12	7720
36.73	7.26	11.90	0.27	0.72	0.63	0.06	7790
234.65	63.67	71.63	1.74	6.97	4.14	0.20	7800
106.31	30.08	26.31	0.85	3.19	1.75	0.06	7810
77.51	19.84	29.93	0.55	2.19	1.23	0.09	7820
50.83	13.75	15.40	0.35	1.59	1.16	0.06	7830
2490.98	**400.13**	**348.73**	**8.09**	**30.81**	**8.98**	**0.61**	N
1571.75	109.93	89.92	2.56	8.82	3.98	0.22	7900
60.39	18.79	17.97	0.43	1.57	0.72	0.07	7910
171.96	63.88	49.45	1.59	4.92	2.06	0.10	7920
1339.40	27.26	22.51	0.54	2.34	1.20	0.06	7990
356.88	151.42	106.19	2.37	9.32	2.02	0.10	8000
32.07	11.51	11.74	0.38	0.83	0.48	0.02	8010

6-1 续表 5

行业中类	代码	本年支			
		商品和服务支出		对个人和家庭补助	
		工会经费	福利费		抚恤金
租赁和商务服务业	L	**2.27**	**10.74**	**50.76**	**0.96**
租赁业	7300	0.00	0.01	0.05	0.00
机械设备租赁	7310	0.00	0.01	0.04	0.00
文化及日用品出租	7320	0.00	0.00	0.01	0.00
商务服务业	7400	2.27	10.73	50.71	0.95
企业管理服务	7410	1.29	6.37	36.88	0.72
法律服务	7420	0.14	0.69	1.27	0.02
咨询与调查	7430	0.26	1.01	3.38	0.07
广告业	7440	0.01	0.04	0.07	0.00
知识产权服务	7450	0.06	0.22	0.40	0.01
职业中介服务	7460	0.19	0.95	4.77	0.04
市场管理	7470	0.17	0.89	1.28	0.05
旅行社	7480	0.01	0.03	0.12	0.00
其他商务服务	7490	0.15	0.53	2.54	0.04
科学研究、技术服务和地质勘查业	M	**8.85**	**33.24**	**229.90**	**5.67**
研究与试验发展	7500	4.22	16.00	95.59	2.12
自然科学研究与试验发展	7510	0.67	2.02	28.35	0.39
工程和技术研究与试验发展	7520	2.24	11.60	35.05	0.99
农业科学研究与试验发展	7530	0.65	1.56	19.56	0.52
医学研究与试验发展	7540	0.15	0.37	5.04	0.07
社会人文科学研究与试验发展	7550	0.51	0.46	7.59	0.16
专业技术服务业	7600	2.86	10.53	67.65	1.25
气象服务	7610	0.27	0.72	6.28	0.18
地震服务	7620	0.08	0.23	2.79	0.07
海洋服务	7630	0.03	0.30	1.68	0.03
测绘服务	7640	0.31	1.04	5.20	0.13
技术检测	7650	0.79	2.55	12.67	0.21
环境监测	7660	0.22	0.59	3.79	0.07
工程技术与规划管理	7670	0.99	3.86	30.35	0.46
其他专业技术服务	7690	0.19	1.24	4.89	0.10
科技交流和推广服务业	7700	0.95	3.50	20.68	0.55
技术推广服务	7710	0.73	2.87	16.66	0.47
科技中介服务	7720	0.08	0.27	1.73	0.03
其他科技服务	7790	0.13	0.36	2.28	0.05
地质勘查业	7800	0.82	3.20	45.99	1.74
矿产地质勘查	7810	0.42	1.58	22.13	0.93
基础地质勘查	7820	0.25	0.99	13.77	0.54
地质勘查技术服务	7830	0.15	0.64	10.09	0.27
水利、环境和公共设施管理业	N	**4.77**	**14.97**	**77.07**	**2.18**
水利管理业	7900	1.32	4.82	20.05	0.77
防洪管理	7910	0.25	0.90	4.92	0.16
水资源管理	7920	0.73	2.86	9.18	0.41
其他水利管理	7990	0.35	1.06	5.95	0.20
环境管理业	8000	1.62	4.77	25.32	0.68
自然保护	8010	0.14	0.34	2.48	0.08

单位：亿元

出合计				经营支出	经营税金	全部从业人员年平均人数(万人)	代码
生活补助费	救济费	助学金	退职(役)费				
3.61	**0.57**	**0.56**	**0.97**	**76.25**	**10.10**	**770.31**	L
0.00			0.00	0.21	0.01	0.07	7300
0.00			0.00	0.20	0.01	0.06	7310
0.00				0.01	0.00	0.01	7320
3.61	0.57	0.56	0.97	76.04	10.10	770.23	7400
2.29	0.21	0.27	0.70	54.70	4.84	24.46	7410
0.11	0.01	0.01	0.03	3.80	1.26	3.64	7420
0.23	0.02	0.25	0.07	3.88	0.74	4.21	7430
0.01	0.00	0.00	0.00	0.57	0.24	0.25	7440
0.02		0.00	0.00	0.23	0.47	0.45	7450
0.68	0.23	0.01	0.09	2.91	0.47	3.61	7460
0.16	0.02	0.01	0.04	5.40	1.20	729.32	7470
0.01	0.00		0.01	0.34	0.04	0.15	7480
0.08	0.09	0.01	0.03	4.22	0.84	4.15	7490
12.99	**0.93**	**4.53**	**5.09**	**303.31**	**31.37**	**154.59**	M
3.38	0.34	4.20	1.58	120.79	10.47	46.04	7500
0.31	0.03	3.17	0.15	12.91	1.17	7.45	7510
2.06	0.20	0.74	0.83	96.35	8.35	20.89	7520
0.74	0.10	0.14	0.53	5.88	0.39	11.93	7530
0.05	0.00	0.08	0.01	4.11	0.10	2.22	7540
0.21	0.01	0.07	0.06	1.53	0.46	3.56	7550
2.67	0.19	0.11	1.33	90.39	13.28	53.10	7600
0.37	0.02	0.01	0.23	7.83	0.78	5.66	7610
0.09	0.00	0.01	0.03	0.51	0.09	1.60	7620
0.03	0.00	0.00	0.02	0.05	0.02	0.61	7630
0.26	0.02	0.00	0.13	8.23	1.47	3.76	7640
0.52	0.04	0.02	0.25	14.54	2.42	14.11	7650
0.14	0.01	0.00	0.14	2.18	0.38	4.30	7660
1.10	0.09	0.03	0.44	52.11	7.66	19.41	7670
0.17	0.01	0.05	0.10	4.94	0.46	3.65	7690
2.09	0.15	0.13	0.79	19.42	3.33	36.12	7700
1.91	0.13	0.06	0.71	12.05	0.94	32.27	7710
0.06	0.01	0.00	0.04	2.49	0.72	1.76	7720
0.12	0.01	0.07	0.04	4.88	1.68	2.10	7790
4.85	0.25	0.08	1.39	72.72	4.29	19.33	7800
2.44	0.07	0.04	0.85	44.22	2.20	9.98	7810
1.19	0.14	0.03	0.37	16.72	1.26	5.54	7820
1.22	0.04	0.02	0.17	11.78	0.83	3.81	7830
4.24	**0.38**	**0.15**	**2.56**	**89.33**	**5.40**	**147.84**	N
1.55	0.17	0.04	0.98	38.38	1.38	39.42	7900
0.36	0.02	0.00	0.23	4.32	0.12	5.95	7910
0.75	0.10	0.03	0.54	28.10	0.89	24.49	7920
0.45	0.05	0.01	0.22	5.96	0.37	8.98	7990
1.31	0.09	0.07	0.69	10.81	1.23	66.64	8000
0.26	0.01	0.00	0.06	1.78	0.50	4.47	8010

6-1 续表 6

行业中类	代码	固定资产原价	本年收入合计			
				财政拨款	事业收入	经营收入
环境治理	8020	280.43	336.66	239.06	57.92	10.65
公共设施管理业	8100	801.21	631.23	370.89	129.31	51.44
市政公共设施管理	8110	312.00	351.07	223.44	53.44	28.58
城市绿化管理	8120	101.47	133.78	91.46	17.80	6.00
游览景区管理	8130	387.74	146.37	55.99	58.07	16.86
居民服务和其他服务业	O	**218.45**	**142.61**	**32.74**	**65.13**	**29.84**
居民服务业	8200	186.46	112.66	21.91	56.99	23.29
家庭服务	8210	3.03	0.49	0.29	0.15	0.03
托儿所	8220	2.02	1.73	0.63	0.55	0.39
洗染服务	8230	0.09	0.07		0.07	
理发及美容保健服务	8240	1.62	1.15	0.83	0.24	0.00
洗浴服务	8250	0.30	0.24	0.02	0.08	0.13
婚姻服务	8260	0.73	1.48	0.73	0.24	0.47
殡葬服务	8270	140.43	82.82	8.69	48.56	20.27
摄影扩印服务	8280	0.05	0.10	0.06	0.04	0.01
其他居民服务	8290	38.19	24.59	10.67	7.06	1.98
其他服务业	8300	31.99	29.95	10.83	8.14	6.55
修理与维护	8310	1.45	1.66	0.67	0.40	0.46
清洁服务	8320	7.14	5.67	2.01	2.49	0.57
其他未列明的服务	8390	23.40	22.61	8.15	5.25	5.52
教育	P	**22613.14**	**12317.39**	**7844.76**	**3175.94**	**235.81**
教育	8400	22613.14	12317.39	7844.76	3175.94	235.81
学前教育	8410	334.20	240.96	124.33	85.33	10.76
初等教育	8420	4301.87	2791.35	2381.89	200.20	28.93
中等教育	8430	8337.81	4645.18	3195.18	1038.03	84.11
高等教育	8440	8531.94	4038.03	1785.48	1694.08	70.11
其他教育	8490	1107.31	601.88	357.88	158.29	41.90
卫生、社会保障和社会福利业	Q	**9339.05**	**9150.61**	**1451.79**	**6109.59**	**1006.23**
卫生	8500	8954.24	8626.95	1094.99	6032.30	983.30
医院	8510	6829.05	6699.94	589.45	4987.38	734.38
卫生院及社区医疗活动	8520	1170.16	1076.64	194.62	615.83	190.52
门诊部医疗活动	8530	93.92	86.54	12.62	49.71	19.43
计划生育技术服务活动	8540	153.99	81.59	47.51	22.75	5.23
妇幼保健活动	8550	236.26	226.97	44.33	159.35	15.40
专科疾病防治活动	8560	79.28	82.06	25.30	44.38	9.34
疾病预防控制及防疫活动	8570	255.38	269.55	141.91	97.45	6.47
其他卫生活动	8590	136.20	103.66	39.24	55.45	2.53
社会保障业	8600	142.21	300.65	197.21	47.88	15.19
社会保障业	8600	142.21	300.65	197.21	47.88	15.19
社会福利业	8700	242.60	223.01	159.59	29.40	7.74
提供住宿的社会福利	8710	202.89	155.24	125.40	13.53	4.09
不提供住宿的社会福利	8720	39.71	67.77	34.18	15.87	3.65

单位：亿元

本年支出合计	工资福利支出	商品和服务支出					代码
			取暖费(降温费)	劳务费	差旅费	出国费	
324.82	139.91	94.44	1.99	8.49	1.54	0.08	8020
562.35	138.77	152.63	3.15	12.66	2.98	0.29	8100
305.90	56.67	72.75	1.29	5.27	1.31	0.09	8110
124.80	37.39	40.36	0.85	5.10	0.67	0.07	8120
131.64	44.71	39.51	1.02	2.30	1.00	0.13	8130
126.20	**39.32**	**46.52**	**1.50**	**3.46**	**1.21**	**0.08**	O
99.29	30.38	37.40	0.89	2.65	0.95	0.06	8200
0.42	0.21	0.13	0.01	0.05	0.00	0.00	8210
1.65	0.86	0.39	0.01	0.04	0.04	0.01	8220
0.07	0.03	0.05	0.00		0.00		8230
1.15	0.66	0.32	0.01	0.01	0.01	0.00	8240
0.21	0.07	0.08	0.00	0.00	0.00		8250
1.01	0.28	0.50	0.01	0.01	0.08	0.00	8260
71.87	20.10	29.78	0.69	2.21	0.68	0.04	8270
0.09	0.02	0.01	0.00	0.00	0.00		8280
22.84	8.15	6.15	0.15	0.33	0.14	0.01	8290
26.91	8.94	9.12	0.62	0.81	0.25	0.02	8300
1.32	0.67	0.29	0.02	0.04	0.01		8310
5.20	2.02	2.32	0.03	0.20	0.05	0.00	8320
20.39	6.25	6.51	0.57	0.57	0.19	0.01	8390
11916.87	**5291.37**	**2898.90**	**146.75**	**201.10**	**119.83**	**12.85**	P
11916.87	5291.37	2898.90	146.75	201.10	119.83	12.85	8400
230.89	136.78	50.92	2.45	3.72	1.83	0.06	8410
2745.73	1653.70	448.82	31.65	26.09	18.31	0.50	8420
4512.45	2253.64	947.34	55.54	59.31	31.55	1.79	8430
3870.52	1045.55	1266.03	49.00	97.54	62.02	9.65	8440
557.27	201.71	185.79	8.11	14.43	6.12	0.85	8490
8374.54	**2378.89**	**4597.65**	**59.97**	**109.35**	**34.65**	**2.53**	Q
7909.53	2270.59	4488.67	56.20	105.44	31.60	2.28	8500
6140.22	1638.35	3664.40	40.25	70.72	16.22	1.81	8510
993.80	370.98	458.51	8.82	20.58	7.61	0.20	8520
75.60	26.21	37.42	0.66	1.44	0.52	0.02	8530
74.11	31.33	25.97	0.78	1.60	1.72	0.02	8540
205.04	72.42	101.05	2.14	3.58	1.24	0.04	8550
77.10	24.80	39.07	0.49	1.79	0.65	0.03	8560
246.35	76.65	119.21	2.00	4.27	2.69	0.12	8570
97.30	29.86	43.04	1.06	1.46	0.94	0.05	8590
262.84	62.26	65.47	1.02	1.86	1.92	0.16	8600
262.84	62.26	65.47	1.02	1.86	1.92	0.16	8600
202.17	46.04	43.51	2.75	2.06	1.12	0.09	8700
150.95	37.57	30.21	2.43	1.64	0.83	0.04	8710
51.23	8.47	13.30	0.31	0.42	0.29	0.06	8720

6-1 续表 7

行业中类	代码	本年支			
		商品和服务支出		对个人和家庭补助	
		工会经费	福利费		抚恤金
环境治理	8020	1.48	4.43	22.84	0.60
公共设施管理业	8100	1.83	5.38	31.70	0.73
市政公共设施管理	8110	0.78	2.43	12.28	0.36
城市绿化管理	8120	0.43	1.30	8.55	0.17
游览景区管理	8130	0.61	1.65	10.87	0.20
居民服务和其他服务业	O	**0.59**	**2.25**	**8.07**	**0.25**
居民服务业	8200	0.48	1.82	5.84	0.20
家庭服务	8210	0.00	0.03	0.05	0.00
托儿所	8220	0.02	0.03	0.14	0.00
洗染服务	8230	0.00	0.00		
理发及美容保健服务	8240	0.00	0.01	0.10	0.01
洗浴服务	8250	0.00	0.00	0.01	0.00
婚姻服务	8260	0.00	0.04	0.06	0.00
殡葬服务	8270	0.34	1.22	3.57	0.15
摄影扩印服务	8280	0.00	0.00	0.05	0.00
其他居民服务	8290	0.11	0.48	1.86	0.04
其他服务业	8300	0.11	0.43	2.23	0.05
修理与维护	8310	0.01	0.02	0.14	0.00
清洁服务	8320	0.03	0.08	0.32	0.01
其他未列明的服务	8390	0.08	0.32	1.77	0.04
教育	P	**43.52**	**133.36**	**1631.63**	**29.22**
教育	8400	43.52	133.36	1631.63	29.22
学前教育	8410	1.32	4.16	21.41	0.41
初等教育	8420	11.37	35.28	394.87	10.52
中等教育	8430	19.09	59.09	551.75	10.77
高等教育	8440	9.40	28.41	590.62	6.22
其他教育	8490	2.34	6.43	72.98	1.32
卫生、社会保障和社会福利业	Q	**26.68**	**93.21**	**557.90**	**10.45**
卫生	8500	25.69	88.43	388.51	7.42
医院	8510	18.45	61.45	286.54	4.70
卫生院及社区医疗活动	8520	3.91	16.32	48.00	1.56
门诊部医疗活动	8530	0.28	1.29	3.79	0.09
计划生育技术服务活动	8540	0.33	1.56	5.84	0.10
妇幼保健活动	8550	1.00	2.55	10.90	0.25
专科疾病防治活动	8560	0.27	1.28	6.04	0.16
疾病预防控制及防疫活动	8570	1.05	2.68	19.97	0.44
其他卫生活动	8590	0.39	1.29	7.44	0.12
社会保障业	8600	0.49	2.64	93.95	1.06
社会保障业	8600	0.49	2.64	93.95	1.06
社会福利业	8700	0.50	2.15	75.44	1.97
提供住宿的社会福利	8710	0.40	1.77	64.01	1.47
不提供住宿的社会福利	8720	0.09	0.37	11.43	0.51

单位：亿元

出合计				经营支出	经营税金	全部从业人员年平均人数(万人)	代码
生活补助费	救济费	助学金	退职(役)费				
1.05	0.08	0.07	0.63	9.03	0.73	62.17	8020
1.37	0.12	0.03	0.90	40.13	2.79	41.79	8100
0.63	0.04	0.01	0.29	28.87	1.02	16.52	8110
0.35	0.02	0.00	0.30	3.51	0.38	12.35	8120
0.39	0.07	0.01	0.31	7.75	1.40	12.92	8130
0.71	**0.34**	**0.04**	**0.31**	**16.50**	**2.25**	**11.07**	O
0.64	0.28	0.03	0.26	12.22	0.51	8.18	8200
0.00	0.00	0.00		0.01	0.00	0.09	8210
0.02	0.00	0.00	0.00	0.20	0.01	0.33	8220
					0.00	0.01	8230
0.02	0.00	0.01	0.00	0.04	0.00	0.20	8240
0.00	0.00			0.04	0.00	0.04	8250
0.00	0.00	0.00	0.00	0.07	0.02	0.11	8260
0.28	0.04	0.00	0.09	10.31	0.35	4.85	8270
0.04	0.00		0.00	0.01	0.00	0.01	8280
0.27	0.23	0.02	0.16	1.54	0.12	2.54	8290
0.07	0.06	0.01	0.04	4.28	1.75	2.90	8300
0.01	0.00	0.00	0.00	0.23	0.01	0.24	8310
0.02	0.00	0.00	0.01	0.16	0.01	0.84	8320
0.04	0.06	0.01	0.03	3.89	1.72	1.82	8390
79.80	**9.06**	**330.92**	**43.74**	**143.77**	**15.61**	**1499.04**	P
79.80	9.06	330.92	43.74	143.77	15.61	1499.04	8400
1.33	0.08	0.36	0.69	5.15	0.18	42.57	8410
30.69	1.92	26.42	21.49	15.37	0.46	561.07	8420
35.69	3.25	100.12	17.31	52.94	1.78	651.65	8430
8.76	3.31	189.48	2.84	45.24	11.01	189.58	8440
3.33	0.50	14.55	1.41	25.06	2.17	54.18	8490
26.68	**11.63**	**1.06**	**18.48**	**509.75**	**8.83**	**1417.11**	Q
14.07	2.22	0.63	9.63	496.15	8.57	1383.82	8500
7.07	0.99	0.29	4.88	371.26	6.16	336.74	8510
4.08	0.68	0.19	3.34	95.71	1.59	974.43	8520
0.27	0.02	0.01	0.16	10.06	0.37	8.98	8530
0.69	0.14	0.04	0.19	3.42	0.09	11.77	8540
0.65	0.16	0.02	0.28	8.34	0.09	18.79	8550
0.22	0.08	0.00	0.19	1.91	0.08	5.61	8560
0.82	0.12	0.03	0.49	4.05	0.15	20.44	8570
0.27	0.03	0.05	0.09	1.39	0.04	7.06	8590
6.90	4.44	0.07	5.79	7.78	0.08	19.90	8600
6.90	4.44	0.07	5.79	7.78	0.08	19.90	8600
5.71	4.97	0.36	3.06	5.82	0.17	13.39	8700
4.45	2.69	0.05	2.48	2.81	0.10	11.01	8710
1.25	2.28	0.31	0.57	3.02	0.07	2.38	8720

6-1 续表 8

行业中类	代码	固定资产原价	本年收入合计			
				财政拨款	事业收入	经营收入
文化、体育和娱乐业	R	**2347.92**	**1495.09**	**513.23**	**701.95**	**184.74**
新闻出版业	8800	173.16	205.72	34.99	69.86	84.05
新闻业	8810	51.53	39.23	13.61	15.12	3.66
出版业	8820	121.63	166.49	21.38	54.74	80.38
广播、电视、电影和音像业	8900	888.02	700.11	109.91	483.63	72.56
广播	8910	200.92	112.37	37.73	55.83	11.86
电视	8920	623.39	554.52	64.56	409.39	56.22
电影	8930	61.40	31.44	7.40	17.08	4.30
音像制作	8940	2.30	1.77	0.21	1.32	0.17
文化艺术业	9000	890.50	401.38	282.09	68.21	19.70
文艺创作与表演	9010	79.16	82.42	55.03	16.03	2.61
艺术表演场馆	9020	58.15	22.40	10.91	7.96	1.55
图书馆与档案馆	9030	264.48	85.72	72.30	6.34	2.73
文物及文化保护	9040	60.06	36.57	21.36	10.30	2.74
博物馆	9050	223.10	74.05	55.82	9.70	3.80
烈士陵园、纪念馆	9060	52.62	12.20	8.10	2.21	1.06
群众文化活动	9070	138.11	71.56	46.05	13.49	4.68
文化艺术经纪代理	9080	1.97	2.51	1.99	0.22	0.19
其他文化艺术	9090	12.85	13.95	10.52	1.96	0.34
体育	9100	325.00	116.93	77.89	25.51	5.32
体育组织	9110	108.89	72.09	50.83	14.53	1.33
体育场馆	9120	196.20	30.60	17.63	8.12	2.91
其他体育	9190	19.91	14.24	9.43	2.86	1.08
娱乐业	9200	71.24	70.96	8.35	54.74	3.12
室内娱乐活动	9210	9.84	2.55	1.43	0.43	0.42
游乐园	9220	5.85	3.43	1.03	1.23	1.10
休闲健身娱乐活动	9230	20.59	4.48	2.67	0.73	0.77
其他娱乐活动	9290	34.96	60.50	3.23	52.35	0.84
公共管理和社会组织	S	**30953.88**	**24718.00**	**19274.70**	**1803.99**	**632.69**
中国共产党机关	9300	851.39	853.52	770.31	18.45	4.72
中国共产党机关	9300	851.39	853.52	770.31	18.45	4.72
国家机构	9400	29665.28	23358.79	18097.85	1747.75	615.99
国家权力机构	9410	506.80	333.95	287.93	15.77	1.89
国家行政机构	9420	27786.83	22128.84	17014.48	1693.48	605.76
人民法院和人民检察院	9430	1082.76	683.70	630.61	16.41	1.59
其他国家机构	9490	288.89	212.30	164.84	22.09	6.75
人民政协和民主党派	9500	135.75	135.43	128.30	0.83	0.30
人民政协	9510	116.91	116.45	110.29	0.72	0.29
民主党派	9520	18.84	18.97	18.01	0.11	0.01
群众团体、社会团体和宗教组织	9600	278.21	358.10	274.53	35.42	7.86
群众团体	9610	148.94	188.32	143.41	16.42	1.58
社会团体	9620	124.47	166.53	129.09	18.61	6.00
宗教组织	9630	4.80	3.25	2.03	0.39	0.29
基层群众自治组织	9700	23.26	12.17	3.72	1.54	3.82
社区自治组织	9710	2.90	2.76	1.35	0.17	0.71
村民自治组织	9720	20.36	9.41	2.37	1.37	3.11

单位：亿元

本年支出合　计	工资福利支　出	商 品 和服务支出					代码
			取暖费(降温费)	劳务费	差旅费	出国费	
1362.44	**363.48**	**558.60**	**11.41**	**44.86**	**16.48**	**3.74**	R
177.49	48.15	62.63	1.15	4.70	2.50	0.33	8800
39.86	11.85	14.04	0.31	0.85	0.70	0.20	8810
137.63	36.30	48.59	0.84	3.85	1.80	0.13	8820
644.27	138.10	303.14	4.27	24.78	6.53	0.88	8900
107.83	33.54	44.69	0.96	3.42	1.47	0.28	8910
507.00	96.47	242.98	3.02	20.84	4.69	0.58	8920
27.91	7.65	14.70	0.26	0.50	0.35	0.01	8930
1.52	0.44	0.78	0.02	0.02	0.02	0.01	8940
376.22	136.56	122.99	4.28	9.16	4.59	0.69	9000
78.50	34.46	22.94	0.91	2.56	1.44	0.23	9010
20.07	6.94	7.48	0.19	0.41	0.18	0.02	9020
81.42	29.19	24.03	1.12	1.21	0.74	0.13	9030
31.86	9.62	14.29	0.31	0.75	0.55	0.06	9040
65.05	17.71	23.08	0.77	1.69	0.68	0.13	9050
11.52	4.11	4.32	0.16	0.15	0.11	0.01	9060
70.70	30.03	21.19	0.72	2.12	0.72	0.09	9070
2.11	0.42	1.14	0.01	0.02	0.01	0.00	9080
15.00	4.09	4.51	0.09	0.25	0.16	0.02	9090
107.81	34.18	45.41	1.57	2.74	2.57	1.78	9100
66.04	20.42	28.01	0.96	1.31	1.96	1.47	9110
28.76	8.69	12.57	0.45	1.07	0.44	0.21	9120
13.01	5.07	4.83	0.16	0.35	0.17	0.10	9190
56.65	6.49	24.44	0.15	3.48	0.30	0.06	9200
2.29	1.03	0.62	0.02	0.03	0.02	0.00	9210
2.03	0.93	0.69	0.01	0.07	0.03		9220
3.32	1.22	1.01	0.05	0.08	0.03	0.00	9230
49.02	3.32	22.12	0.06	3.30	0.21	0.06	9290
22338.29	**6247.38**	**6980.59**	**162.80**	**464.22**	**312.58**	**29.32**	S
821.65	243.54	347.63	7.10	10.79	21.22	1.72	9300
821.65	243.54	347.63	7.10	10.79	21.22	1.72	9300
21008.50	5879.44	6401.64	152.92	447.08	283.39	24.72	9400
320.36	100.67	117.36	2.79	3.65	7.60	1.68	9410
19838.54	5446.98	5992.43	141.49	433.12	253.62	21.97	9420
661.36	271.99	233.33	7.26	7.08	19.51	0.67	9430
188.24	59.80	58.53	1.38	3.23	2.65	0.40	9490
134.13	45.53	53.09	1.17	1.26	4.06	1.01	9500
115.39	38.03	46.38	0.98	1.08	3.50	0.91	9510
18.75	7.50	6.71	0.18	0.18	0.56	0.10	9520
362.63	75.34	175.12	1.59	4.93	3.78	1.84	9600
181.59	46.18	77.40	0.78	2.13	2.10	0.84	9610
178.87	28.37	96.89	0.75	2.79	1.64	0.99	9620
2.17	0.79	0.82	0.05	0.01	0.03	0.01	9630
11.38	3.54	3.11	0.03	0.16	0.13	0.02	9700
2.54	1.13	0.87	0.01	0.05	0.02	0.00	9710
8.84	2.41	2.24	0.02	0.11	0.11	0.02	9720

6-1 续表 9

行业中类	代码	本年支			
		商品和服务支出		对个人和家庭补助	
		工会经费	福利费		抚恤金
文化、体育和娱乐业	R	**4.17**	**21.07**	**85.48**	**1.68**
新闻出版业	8800	0.58	2.04	8.71	0.16
新闻业	8810	0.14	0.18	3.36	0.03
出版业	8820	0.45	1.85	5.35	0.12
广播、电视、电影和音像业	8900	1.62	13.39	26.09	0.39
广播	8910	0.39	1.34	8.16	0.13
电视	8920	1.15	11.68	16.30	0.20
电影	8930	0.08	0.35	1.55	0.05
音像制作	8940	0.00	0.03	0.07	0.00
文化艺术业	9000	1.51	4.41	39.55	0.94
文艺创作与表演	9010	0.32	0.88	13.22	0.32
艺术表演场馆	9020	0.07	0.22	1.75	0.06
图书馆与档案馆	9030	0.34	0.87	9.11	0.16
文物及文化保护	9040	0.10	0.38	1.94	0.05
博物馆	9050	0.30	0.61	4.20	0.11
烈士陵园、纪念馆	9060	0.05	0.21	0.82	0.03
群众文化活动	9070	0.28	1.09	6.98	0.19
文化艺术经纪代理	9080	0.00	0.01	0.37	0.00
其他文化艺术	9090	0.04	0.15	1.16	0.03
体育	9100	0.34	0.91	9.82	0.17
体育组织	9110	0.17	0.46	5.82	0.08
体育场馆	9120	0.10	0.32	2.14	0.04
其他体育	9190	0.08	0.13	1.86	0.06
娱乐业	9200	0.11	0.32	1.32	0.02
室内娱乐活动	9210	0.01	0.04	0.21	0.00
游乐园	9220	0.02	0.04	0.13	0.00
休闲健身娱乐活动	9230	0.04	0.03	0.40	0.01
其他娱乐活动	9290	0.04	0.21	0.58	0.01
公共管理和社会组织	S	**78.03**	**245.07**	**2577.35**	**116.56**
中国共产党机关	9300	3.43	9.21	83.13	3.06
中国共产党机关	9300	3.43	9.21	83.13	3.06
国家机构	9400	70.49	230.40	2442.78	112.14
国家权力机构	9410	1.24	4.36	40.73	1.60
国家行政机构	9420	65.34	215.24	2318.59	108.54
人民法院和人民检察院	9430	3.08	7.82	63.12	1.53
其他国家机构	9490	0.82	2.98	20.35	0.47
人民政协和民主党派	9500	0.59	1.49	18.81	0.59
人民政协	9510	0.40	1.22	16.08	0.54
民主党派	9520	0.19	0.27	2.73	0.06
群众团体、社会团体和宗教组织	9600	3.49	3.24	32.33	0.75
群众团体	9610	3.07	1.65	19.10	0.45
社会团体	9620	0.41	1.55	13.07	0.29
宗教组织	9630	0.00	0.04	0.16	0.00
基层群众自治组织	9700	0.03	0.72	0.30	0.01
社区自治组织	9710	0.01	0.14	0.08	0.00
村民自治组织	9720	0.02	0.59	0.22	0.01

单位：亿元

出合计				经营支出	经营税金	全部从业人员年平均人数（万人）	代码
生活补助费	救济费	助学金	退职(役)费				
6.39	**0.39**	**1.02**	**1.80**	**100.58**	**37.20**	**89.43**	R
0.51	0.04	0.02	0.14	55.22	5.87	10.99	8800
0.10	0.01	0.00	0.02	2.39	0.36	2.07	8810
0.42	0.03	0.01	0.12	52.82	5.51	8.92	8820
3.68	0.12	0.04	0.68	30.61	28.34	30.94	8900
0.26	0.05	0.02	0.22	6.15	2.58	7.56	8910
3.32	0.06	0.02	0.40	22.39	24.50	20.02	8920
0.10	0.01	0.00	0.06	1.95	1.25	3.24	8930
0.00		0.00	0.00	0.12	0.02	0.12	8940
1.68	0.21	0.07	0.61	9.53	1.80	38.60	9000
0.56	0.02	0.02	0.20	1.58	0.34	11.27	9010
0.07	0.01	0.01	0.02	0.56	0.28	2.15	9020
0.31	0.02	0.02	0.16	1.21	0.23	7.55	9030
0.13	0.01	0.00	0.05	0.73	0.16	2.98	9040
0.12	0.03	0.01	0.04	1.80	0.19	4.06	9050
0.04	0.01	0.00	0.01	0.52	0.04	1.23	9060
0.40	0.11	0.01	0.12	2.78	0.48	8.10	9070
0.00	0.00		0.00	0.16	0.02	0.15	9080
0.04	0.00	0.00	0.02	0.19	0.06	1.12	9090
0.45	0.02	0.88	0.35	4.25	1.05	7.20	9100
0.26	0.01	0.52	0.26	1.51	0.49	3.95	9110
0.11	0.01	0.09	0.02	2.15	0.50	2.01	9120
0.07	0.01	0.27	0.07	0.60	0.05	1.25	9190
0.06	0.01	0.02	0.02	0.97	0.15	1.69	9200
0.02	0.00	0.00	0.01	0.15	0.05	0.34	9210
0.00			0.00	0.10	0.04	0.24	9220
0.01	0.00	0.01	0.01	0.22	0.02	0.37	9230
0.03	0.00	0.00	0.00	0.49	0.05	0.73	9290
309.66	**213.50**	**26.76**	**76.01**	**445.90**	**33.75**	**1558.79**	S
6.78	1.89	0.39	2.35	2.42	0.28	61.73	9300
6.78	1.89	0.39	2.35	2.42	0.28	61.73	9300
299.43	209.49	25.76	72.46	436.17	32.66	1457.67	9400
3.43	1.20	0.09	1.30	0.81	0.22	22.52	9410
290.99	207.04	25.27	69.06	430.88	31.95	1363.51	9420
2.63	0.81	0.19	1.66	1.18	0.15	59.34	9430
2.38	0.43	0.20	0.43	3.30	0.34	12.31	9490
0.98	0.08	0.03	0.50	0.09	0.00	9.85	9500
0.82	0.06	0.02	0.45	0.08	0.00	8.27	9510
0.17	0.01	0.00	0.05	0.00	0.00	1.58	9520
2.34	2.00	0.57	0.69	5.81	0.53	28.14	9600
1.61	0.93	0.43	0.29	1.24	0.11	12.72	9610
0.72	1.07	0.14	0.38	4.40	0.40	14.98	9620
0.02	0.00	0.00	0.03	0.18	0.01	0.44	9630
0.12	0.03	0.01	0.01	1.41	0.28	1.40	9700
0.01	0.00	0.01	0.00	0.19	0.10	0.60	9710
0.11	0.03	0.01	0.01	1.22	0.18	0.80	9720

6-2 按登记注册类型分组的

登记注册类型	固定资产原价	本年收入合计	财政拨款	事业收入	经营收入
总计	**73843.85**	**53777.44**	**31835.08**	**13695.04**	**2895.12**
内资	**73831.20**	**53767.68**	**31834.71**	**13690.02**	**2891.02**
国有	70616.93	51611.86	31040.81	12894.12	2579.20
集体	1375.47	960.00	330.60	389.18	148.62
股份合作	77.60	49.29	6.53	30.17	9.76
联营企业	66.15	39.60	5.70	10.64	17.75
国有联营	29.69	22.59	1.91	2.22	14.28
集体联营	8.06	4.79	1.74	1.84	0.87
国有与集体联营	5.28	3.91	1.49	1.59	0.22
其他联营	23.12	8.31	0.56	4.98	2.37
有限责任公司	14.31	13.88	2.17	2.39	7.43
国有独资公司	0.40	6.68	0.51	0.30	5.83
其他有限责任公司	13.91	7.20	1.66	2.08	1.60
股份有限公司	1.17	0.98	0.07	0.13	0.66
私营企业	102.41	44.18	2.44	27.18	12.33
私营独资	63.16	26.10	1.46	15.31	7.78
私营合伙	17.56	9.98	0.52	5.74	3.27
私营有限责任公司	7.82	5.02	0.39	3.50	1.04
私营股份有限公司	13.87	3.08	0.07	2.63	0.23
其他企业	1577.17	1047.90	446.39	336.22	115.26
港、澳、台商投资	**6.33**	**2.43**	**0.27**	**2.09**	**0.04**
与港澳台合资经营	0.02	0.11	0.00	0.11	0.00
与港澳台合作经营	0.73	0.51	0.17	0.29	0.02
港、澳、台商独资	5.58	1.79	0.08	1.69	0.01
港、澳、台商投资股份有限公司	0.01	0.02	0.02		
外商投资	**6.32**	**7.32**	**0.09**	**2.93**	**4.06**
中外合资经营	0.01	0.08	0.01	0.02	0.05
中外合作经营	4.64	2.45	0.03	1.93	0.32
外资企业	1.67	4.79	0.05	0.98	3.69

行政事业单位财务状况

单位：亿元

本年支出合计	工资福利支出	商品和服务支出				
			取暖费(降温费)	劳务费	差旅费	出国费
50833.40	**15686.75**	**16950.84**	**420.35**	**941.85**	**555.96**	**56.18**
50825.30	**15683.84**	**16948.71**	**420.30**	**941.44**	**555.90**	**56.18**
48926.02	14970.99	16300.20	404.46	897.01	537.22	53.91
880.18	353.69	329.13	7.23	19.49	7.56	0.64
40.93	12.21	18.98	0.35	1.27	0.29	0.01
26.07	9.46	9.98	0.20	0.46	0.25	0.03
11.67	3.83	4.85	0.06	0.06	0.06	0.00
4.11	1.54	1.54	0.03	0.14	0.06	0.02
3.21	1.56	1.22	0.02	0.07	0.04	0.00
7.09	2.52	2.38	0.08	0.20	0.09	0.01
7.32	1.74	2.59	0.01	0.29	0.06	0.01
1.38	0.45	0.51	0.00	0.00	0.01	
5.94	1.30	2.08	0.01	0.28	0.05	0.01
0.70	0.25	0.26	0.04	0.03	0.00	
40.48	18.53	13.85	0.41	1.14	0.60	0.03
24.87	11.79	8.25	0.27	0.66	0.35	0.02
8.80	3.97	2.73	0.10	0.30	0.20	0.01
4.01	1.75	1.67	0.03	0.17	0.03	0.00
2.80	1.03	1.20	0.01	0.01	0.02	0.00
903.59	316.97	273.73	7.61	21.76	9.90	1.54
2.25	**1.00**	**0.75**	**0.05**	**0.33**	**0.03**	**0.00**
0.03	0.02	0.01	0.00	0.00	0.00	0.00
0.43	0.25	0.11	0.01	0.00	0.00	
1.77	0.73	0.63	0.04	0.33	0.02	
0.02	0.00	0.00			0.00	
5.85	**1.91**	**1.37**	**0.00**	**0.08**	**0.04**	**0.00**
0.07	0.01	0.05	0.00	0.02	0.01	0.00
2.42	0.46	1.11	0.00	0.02	0.02	0.00
3.36	1.44	0.22	0.00	0.03	0.01	

6-2 续表

登记注册类型	本年支				
	商品和服务支出		对个人和家庭补助		
	工会经费	福利费		抚恤金	生活补助费
总计	**171.26**	**564.66**	**5261.84**	**168.45**	**446.92**
内资	**171.25**	**564.55**	**5261.49**	**168.45**	**446.92**
国有	163.21	532.66	5109.56	164.83	434.77
集体	3.54	15.26	58.78	1.93	5.77
股份合作	0.15	0.62	3.09	0.03	0.10
联营企业	0.11	0.38	2.14	0.03	0.12
国有联营	0.05	0.15	0.76	0.01	0.03
集体联营	0.02	0.06	0.26	0.01	0.01
国有与集体联营	0.03	0.05	0.26	0.01	0.04
其他联营	0.02	0.12	0.86	0.00	0.05
有限责任公司	0.02	0.11	0.04	0.00	0.00
国有独资公司	0.01	0.03	0.01	0.00	
其他有限责任公司	0.01	0.08	0.03		0.00
股份有限公司	0.00	0.00	0.02	0.00	0.00
私营企业	0.19	1.07	1.62	0.05	0.12
私营独资	0.11	0.73	1.04	0.02	0.08
私营合伙	0.05	0.23	0.36	0.02	0.03
私营有限责任公司	0.02	0.09	0.15	0.00	0.02
私营股份有限公司	0.01	0.02	0.06	0.00	0.00
其他企业	4.03	14.44	86.24	1.58	6.04
港、澳、台商投资	**0.00**	**0.06**	**0.26**	**0.00**	**0.00**
与港澳台合资经营	0.00	0.00	0.00	0.00	0.00
与港澳台合作经营	0.00	0.03	0.04	0.00	0.00
港、澳、台商独资		0.03	0.21		0.00
港、澳、台商投资股份有限公司	0.00	0.00	0.01		0.00
外商投资	**0.00**	**0.05**	**0.10**		**0.00**
中外合资经营	0.00	0.00	0.00		
中外合作经营	0.00	0.01	0.09		
外资企业	0.00	0.04	0.00		0.00

单位：亿元

出合计			经营支出	经营税金	全部从业人员年平均人数（万人）
救济费	助学金	退职(役)费			
237.05	**365.14**	**150.82**	**1753.97**	**149.25**	**5702.49**
237.04	**365.01**	**150.82**	**1753.76**	**149.24**	**5702.05**
234.90	347.95	146.16	1597.01	141.04	5488.20
0.90	4.91	2.21	75.15	4.07	106.23
0.00	0.35	0.00	4.22	0.15	3.80
0.03	0.22	0.10	3.59	0.05	2.98
0.02	0.11	0.09	1.88	0.02	1.31
0.01	0.04	0.00	0.42	0.02	0.51
0.00	0.01	0.01	0.17	0.00	0.46
0.00	0.06	0.00	1.11	0.01	0.71
	0.00	0.00	5.60	0.02	0.65
			5.39	0.01	0.20
	0.00	0.00	0.20	0.01	0.44
	0.02	0.00	0.30	0.00	0.14
0.02	0.60	0.02	5.20	0.31	8.61
0.02	0.36	0.01	3.44	0.10	5.82
0.00	0.18	0.00	1.14	0.19	1.91
0.00	0.05	0.00	0.53	0.02	0.54
	0.00	0.00	0.08	0.00	0.34
1.17	10.97	2.32	62.69	3.59	91.44
0.01	**0.04**	**0.00**	**0.04**	**0.00**	**0.24**
	0.00	0.00	0.01	0.00	0.01
	0.00		0.02		0.08
	0.04	0.00	0.01	0.00	0.16
0.01	0.00				0.00
	0.09		**0.18**	**0.01**	**0.20**
			0.01	0.00	0.00
	0.09		0.02	0.00	0.10
			0.15	0.00	0.07

6-3 按行业(中类)分组的社团

行业中类	代码	固定资产原价	本年收入合计	捐赠收入
总计	**0000**	**11058.13**	**4243.03**	**428.11**
交通运输、仓储和邮政业	**F**	**2.03**	**2.03**	**0.10**
道路运输业	5200	0.58	1.14	0.10
公路旅客运输	5210			
道路货物运输	5220	0.01	0.01	
道路运输辅助活动	5230	0.57	1.13	0.10
城市公共交通业	5300	0.20	0.14	
公共电汽车客运	5310	0.18	0.08	
轨道交通	5320			
出租车客运	5330			
城市轮渡	5340			
其他城市公共交通	5390	0.02	0.06	
水上运输业	5400	0.04	0.05	
水上旅客运输	5410	0.01	0.03	
水上货物运输	5420	0.00	0.00	
水上运输辅助活动	5430	0.04	0.02	
航空运输业	5500	0.00	0.01	
航空客货运输	5510	0.00	0.01	
通用航空服务	5520			
航空运输辅助活动	5530			
装卸搬运和其他运输服务业	5700	0.09	0.10	
装卸搬运	5710	0.07	0.05	
运输代理服务	5720	0.02	0.05	
仓储业	5800	1.12	0.59	0.00
谷物、棉花等农产品仓储	5810	0.79	0.44	
其他仓储	5890	0.33	0.16	0.00
邮政业	5900	0.00	0.00	
国家邮政	5910	0.00	0.00	
其他寄递服务	5990			
信息传输、计算机服务和软件业	**G**	**4.64**	**1.97**	**0.10**
电信和其他信息传输服务业	6000	4.00	1.37	0.00
电信	6010	2.60	0.15	
互联网信息服务	6020	0.21	0.21	0.00
广播电视传输服务	6030	1.19	1.02	0.00
卫星传输服务	6040	0.00	0.00	
计算机服务业	6100	0.57	0.47	0.09
计算机系统服务	6110	0.03	0.01	
数据处理	6120	0.01	0.00	
计算机维修	6130	0.00	0.01	
其他计算机服务	6190	0.53	0.44	0.09
软件业	6200	0.07	0.13	0.01
公共软件服务	6210	0.04	0.07	
其他软件服务	6290	0.04	0.06	0.01

及其他单位财务状况

单位：亿元

会费收入	提供服务收入	政府补助收入	本年费用合计	业务活动成本	人员费用	日常费用	代码
135.42	**1717.52**	**778.85**	**3580.15**	**1902.09**	**683.75**	**461.45**	**0000**
0.01	**1.21**	**0.14**	**0.89**	**0.59**	**0.26**	**0.13**	**F**
0.00	0.84	0.04	0.39	0.26	0.14	0.04	5200
							5210
	0.01		0.01	0.00	0.00	0.00	5220
0.00	0.83	0.04	0.38	0.26	0.14	0.04	5230
	0.10		0.12	0.09	0.06	0.01	5300
	0.04		0.07	0.04	0.03		5310
							5320
							5330
							5340
	0.06		0.05	0.05	0.03	0.01	5390
	0.02	0.00	0.02	0.02	0.01	0.00	5400
	0.00	0.00	0.00	0.00	0.00	0.00	5410
		0.00	0.00				5420
	0.02		0.01	0.01	0.01	0.00	5430
	0.01		0.01	0.01	0.00	0.01	5500
	0.01		0.01	0.01	0.00	0.01	5510
							5520
							5530
	0.10	0.00	0.06	0.03	0.01	0.01	5700
	0.05	0.00	0.04	0.03	0.01	0.01	5710
	0.05	0.00	0.02	0.01	0.00	0.00	5720
0.01	0.14	0.10	0.30	0.18	0.04	0.05	5800
0.01	0.06	0.10	0.20	0.13	0.02	0.05	5810
	0.09	0.00	0.11	0.05	0.02	0.01	5890
0.00	0.00		0.00	0.00	0.00	0.00	5900
0.00	0.00		0.00	0.00	0.00	0.00	5910
							5990
0.01	**0.91**	**0.13**	**2.25**	**1.44**	**0.31**	**0.38**	**G**
0.01	0.49	0.09	1.74	1.11	0.23	0.29	6000
0.00	0.11	0.00	0.43	0.36	0.05	0.19	6010
0.00	0.14	0.00	0.18	0.13	0.04	0.05	6020
0.00	0.24	0.08	1.13	0.62	0.13	0.05	6030
		0.00	0.00	0.00	0.00		6040
0.00	0.33	0.01	0.37	0.29	0.07	0.09	6100
0.00	0.01		0.01	0.00	0.00	0.00	6110
0.00	0.00	0.00	0.00	0.00	0.00	0.00	6120
	0.01		0.00	0.00	0.00	0.00	6130
0.00	0.31	0.01	0.36	0.28	0.06	0.09	6190
	0.09	0.03	0.14	0.03	0.01	0.00	6200
	0.07	0.00	0.06	0.00	0.00	0.00	6210
	0.01	0.03	0.07	0.03	0.01	0.00	6290

6-3 续表 1

行业中类	代码	本年费		
		业务活动成本		管理费用
		固定资产折旧	税费	
总计	0000	**272.42**	**26.50**	**1203.47**
交通运输、仓储和邮政业	F	**0.04**	**0.02**	**0.24**
道路运输业	5200	0.02	0.01	0.07
公路旅客运输	5210			
道路货物运输	5220	0.00		0.00
道路运输辅助活动	5230	0.02	0.01	0.07
城市公共交通业	5300	0.01	0.01	0.04
公共电汽车客运	5310	0.01	0.00	0.03
轨道交通	5320			
出租车客运	5330			
城市轮渡	5340			
其他城市公共交通	5390		0.01	0.00
水上运输业	5400	0.00	0.00	0.00
水上旅客运输	5410	0.00		
水上货物运输	5420			0.00
水上运输辅助活动	5430	0.00	0.00	0.00
航空运输业	5500			
航空客货运输	5510			
通用航空服务	5520			
航空运输辅助活动	5530			
装卸搬运和其他运输服务业	5700	0.00		0.02
装卸搬运	5710	0.00		0.01
运输代理服务	5720			0.01
仓储业	5800	0.01	0.00	0.12
谷物、棉花等农产品仓储	5810	0.01	0.00	0.07
其他仓储	5890	0.00	0.00	0.05
邮政业	5900		0.00	
国家邮政	5910		0.00	
其他寄递服务	5990			
信息传输、计算机服务和软件业	G	**0.20**	**0.03**	**0.63**
电信和其他信息传输服务业	6000	0.15	0.01	0.46
电信	6010	0.10	0.01	0.05
互联网信息服务	6020	0.01	0.00	0.04
广播电视传输服务	6030	0.03	0.00	0.36
卫星传输服务	6040			
计算机服务业	6100	0.04	0.01	0.08
计算机系统服务	6110	0.00	0.00	0.01
数据处理	6120		0.00	0.00
计算机维修	6130			0.00
其他计算机服务	6190	0.03	0.01	0.07
软件业	6200	0.01	0.00	0.09
公共软件服务	6210	0.00	0.00	0.05
其他软件服务	6290	0.01	0.00	0.04

单位：亿元

用合计				净资产变动额	全部从业人员年平均人数（万人）	代码
人员费用	日常费用	固定资产折旧	税费			
529.13	**340.18**	**183.75**	**14.68**	**497.22**	**805.83**	**0000**
0.15	**0.05**	**0.02**	**0.00**	**0.23**	**0.27**	**F**
0.04	0.02	0.00	0.00	0.22	0.09	5200
					0.00	5210
0.00	0.00	0.00	0.00		0.01	5220
0.04	0.02	0.00	0.00	0.22	0.08	5230
0.03	0.00	0.00			0.05	5300
0.03		0.00			0.02	5310
						5320
						5330
						5340
0.00	0.00	0.00			0.02	5390
0.00	0.00	0.00			0.01	5400
					0.00	5410
0.00	0.00				0.00	5420
0.00	0.00	0.00			0.01	5430
					0.00	5500
					0.00	5510
						5520
						5530
0.01	0.00	0.00	0.00	0.00	0.04	5700
0.01	0.00	0.00		0.00	0.02	5710
0.00	0.00	0.00	0.00	0.00	0.02	5720
0.07	0.03	0.01	0.00	0.01	0.09	5800
0.04	0.01	0.01	0.00	0.00	0.06	5810
0.02	0.02	0.00	0.00	0.01	0.03	5890
					0.00	5900
					0.00	5910
						5990
0.18	**0.16**	**0.04**	**0.00**	**0.17**	**0.30**	**G**
0.09	0.11	0.02	0.00	-0.01	0.19	6000
0.02	0.02	0.00	0.00	-0.03	0.02	6010
0.02	0.02	0.01	0.00	0.03	0.03	6020
0.06	0.07	0.01	0.00	0.00	0.14	6030
					0.00	6040
0.05	0.01	0.01	0.00	0.13	0.09	6100
0.00	0.00	0.00		0.00	0.01	6110
0.00					0.00	6120
					0.00	6130
0.05	0.01	0.01	0.00	0.13	0.08	6190
0.04	0.04	0.01	0.00	0.05	0.02	6200
0.02	0.03	0.00	0.00	0.01	0.01	6210
0.02	0.01	0.01	0.00	0.04	0.01	6290

6-3 续表 2

行业中类	代码	固定资产原价	本年收入合计	捐赠收入
批发和零售业	**H**	**0.07**	**0.08**	
批发业	6300	0.07	0.08	
农畜产品批发	6310			
纺织、服装及日用品批发	6330			
医药及医疗器材批发	6350	0.05	0.01	
矿产品、建材及化工产品批发	6360			
机械设备、五金交电及电子产品批发	6370	0.02	0.01	
贸易经纪与代理	6380	0.00	0.06	
其他批发	6390			
零售业	6500	0.00	0.00	
综合零售	6510	0.00	0.00	
住宿和餐饮业	**I**	**0.00**	**0.00**	**0.00**
住宿业	6600		0.00	0.00
旅游饭店	6610			
一般旅馆	6620		0.00	0.00
其他住宿服务	6690			
餐饮业	6700	0.00	0.00	
正餐服务	6710			
其他餐饮服务	6790	0.00	0.00	
金融业	**J**	**0.60**	**0.53**	**0.02**
银行业	6800	0.03	0.07	
中央银行	6810			
商业银行	6820	0.03	0.06	
其他银行	6890	0.01	0.01	
证券业	6900			
证券市场管理	6910			
证券经纪与交易	6920			
证券投资	6930			
保险业	7000	0.01	0.06	
人寿保险	7010	0.00	0.01	
非人寿保险	7020	0.00	0.00	
保险辅助服务	7030	0.00	0.04	
其他金融活动	7100	0.56	0.41	0.02
金融信托与管理	7110	0.01	0.02	
金融租赁	7120			
财务公司	7130	0.00	0.01	
邮政储蓄	7140			
典当	7150	0.00	0.00	
其他未列明的金融活动	7190	0.54	0.39	0.02
房地产业	**K**	**0.02**	**0.02**	
房地产业	7200	0.02	0.02	
房地产开发经营	7210			
物业管理	7220	0.01	0.00	
房地产中介服务	7230	0.01	0.01	
其他房地产活动	7290	0.00	0.01	

单位：亿元

会费收入	提供服务收入	政府补助收入	本年费用合计	业务活动成本	人员费用	日常费用	代码
0.00	**0.00**		**0.04**	**0.02**	**0.01**	**0.00**	**H**
0.00			0.04	0.02	0.00		6300
							6310
							6330
			0.02	0.02	0.00		6350
							6360
0.00			0.01	0.01	0.00		6370
			0.00				6380
							6390
	0.00		0.00	0.00	0.00	0.00	6500
	0.00		0.00	0.00	0.00	0.00	6510
	0.00		**0.00**	**0.00**	**0.00**	**0.00**	**I**
			0.00	0.00	0.00	0.00	6600
							6610
			0.00	0.00	0.00	0.00	6620
							6690
	0.00		0.00	0.00	0.00	0.00	6700
							6710
	0.00		0.00	0.00	0.00	0.00	6790
0.02	**0.40**	**0.04**	**0.45**	**0.30**	**0.12**	**0.09**	**J**
0.00	0.06		0.04	0.02	0.01	0.00	6800
							6810
0.00	0.05		0.03	0.01	0.01	0.00	6820
0.00	0.01		0.01	0.00	0.00	0.00	6890
							6900
							6910
							6920
							6930
0.00	0.05	0.00	0.05	0.03	0.00	0.03	7000
0.00	0.01		0.00	0.00	0.00	0.00	7010
		0.00	0.00				7020
0.00	0.04		0.04	0.03	0.00	0.03	7030
0.01	0.29	0.04	0.37	0.25	0.11	0.05	7100
0.00	0.02	0.00	0.01	0.00	0.00	0.00	7110
							7120
	0.01		0.00	0.00	0.00	0.00	7130
							7140
	0.00		0.00	0.00	0.00	0.00	7150
0.01	0.26	0.04	0.35	0.24	0.10	0.05	7190
0.00	**0.01**	**0.01**	**0.01**	**0.01**	**0.00**	**0.00**	**K**
0.00	0.01	0.01	0.01	0.01	0.00	0.00	7200
							7210
	0.00		0.00	0.00	0.00		7220
	0.00	0.00	0.01	0.00	0.00	0.00	7230
0.00	0.01	0.00	0.01	0.00	0.00	0.00	7290

6-3 续表 4

行业中类	代码	本年费		
		业务活动成本		管理费用
		固定资产折旧	税费	
批发和零售业	**H**	**0.01**		**0.01**
批发业	6300	0.01		0.01
农畜产品批发	6310			
纺织、服装及日用品批发	6330			
医药及医疗器材批发	6350	0.01		0.01
矿产品、建材及化工产品批发	6360			
机械设备、五金交电及电子产品批发	6370			0.00
贸易经纪与代理	6380			0.00
其他批发	6390			
零售业	6500			0.00
综合零售	6510			0.00
住宿和餐饮业	**I**			**0.00**
住宿业	6600			
旅游饭店	6610			
一般旅馆	6620			
其他住宿服务	6690			
餐饮业	6700			0.00
正餐服务	6710			
其他餐饮服务	6790			0.00
金融业	**J**	**0.04**	**0.01**	**0.14**
银行业	6800	0.00	0.00	0.02
中央银行	6810			
商业银行	6820	0.00	0.00	0.01
其他银行	6890	0.00		0.00
证券业	6900			
证券市场管理	6910			
证券经纪与交易	6920			
证券投资	6930			
保险业	7000	0.00		0.01
人寿保险	7010			0.00
非人寿保险	7020			0.00
保险辅助服务	7030	0.00		0.01
其他金融活动	7100	0.03	0.01	0.11
金融信托与管理	7110	0.00	0.00	0.01
金融租赁	7120			
财务公司	7130	0.00		0.00
邮政储蓄	7140			
典当	7150	0.00		0.00
其他未列明的金融活动	7190	0.03	0.01	0.10
房地产业	**K**	**0.00**	**0.00**	**0.01**
房地产业	7200	0.00	0.00	0.01
房地产开发经营	7210			
物业管理	7220	0.00		0.00
房地产中介服务	7230	0.00	0.00	0.00
其他房地产活动	7290			0.00

单位：亿元

用合计				净资产变动额	全部从业人员年平均人数（万人）	代码
人员费用	日常费用	固定资产折旧	税费			
0.01	**0.00**	**0.00**			**0.10**	H
0.01	0.00				0.10	6300
						6310
						6330
0.01	0.00				0.00	6350
						6360
0.00					0.00	6370
0.00					0.06	6380
						6390
		0.00			0.00	6500
		0.00			0.00	6510
0.00	**0.00**				**0.00**	I
					0.00	6600
						6610
					0.00	6620
						6690
0.00	0.00				0.00	6700
						6710
0.00	0.00				0.00	6790
0.07	**0.05**	**0.01**	**0.00**	**0.02**	**0.11**	J
0.00	0.01	0.00		0.00	0.01	6800
						6810
0.00	0.01	0.00		0.00	0.00	6820
0.00	0.00				0.00	6890
						6900
						6910
						6920
						6930
0.01	0.00	0.00	0.00	0.00	0.00	7000
0.00	0.00	0.00			0.00	7010
0.00					0.00	7020
0.01		0.00	0.00	0.00	0.00	7030
0.05	0.03	0.01	0.00	0.02	0.10	7100
0.00	0.00	0.00		0.00	0.00	7110
						7120
0.00		0.00			0.00	7130
						7140
	0.00	0.00		0.00	0.00	7150
0.05	0.03	0.01	0.00	0.01	0.09	7190
0.00	**0.00**	**0.00**	**0.00**	**0.00**	**0.01**	K
0.00	0.00	0.00	0.00	0.00	0.01	7200
						7210
0.00	0.00	0.00	0.00	0.00	0.00	7220
0.00	0.00			0.00	0.00	7230
0.00	0.00	0.00	0.00	0.00	0.00	7290

6-3 续表 4

行业中类	代码	固定资产原价	本年收入合计	捐赠收入
租赁和商务服务业	L	**492.41**	**221.75**	**1.27**
租赁业	7300	0.50	0.33	0.00
机械设备租赁	7310	0.41	0.28	
文化及日用品出租	7320	0.09	0.05	0.00
商务服务业	7400	491.91	221.42	1.27
企业管理服务	7410	463.23	177.53	0.97
法律服务	7420	11.63	24.76	0.05
咨询与调查	7430	3.90	6.45	0.10
广告业	7440	0.28	0.19	
知识产权服务	7450	0.08	0.16	
职业中介服务	7460	1.44	2.77	0.02
市场管理	7470	7.76	4.28	0.04
旅行社	7480	0.49	0.29	0.00
其他商务服务	7490	3.11	5.00	0.10
科学研究、技术服务和地质勘查业	M	**32.69**	**45.39**	**1.10**
研究与试验发展	7500	7.04	6.52	0.34
自然科学研究与试验发展	7510	0.46	0.63	0.19
工程和技术研究与试验发展	7520	2.12	1.36	0.04
农业科学研究与试验发展	7530	2.11	2.09	0.01
医学研究与试验发展	7540	1.81	1.89	0.07
社会人文科学研究与试验发展	7550	0.55	0.54	0.04
专业技术服务业	7600	6.53	15.24	0.09
气象服务	7610	0.11	0.11	0.01
地震服务	7620	0.02	0.07	
海洋服务	7630	0.03	0.07	
测绘服务	7640	0.05	0.11	0.01
技术检测	7650	0.90	0.92	0.05
环境监测	7660	0.13	0.27	0.00
工程技术与规划管理	7670	4.22	12.20	0.00
其他专业技术服务	7690	1.06	1.49	0.02
科技交流和推广服务业	7700	18.27	22.48	0.67
技术推广服务	7710	15.95	20.01	0.57
科技中介服务	7720	1.12	1.34	0.07
其他科技服务	7790	1.19	1.13	0.03
地质勘查业	7800	0.86	1.16	
矿产地质勘查	7810	0.09	0.01	
基础地质勘查	7820		0.46	
地质勘查技术服务	7830	0.77	0.68	
水利、环境和公共设施管理业	N	**47.30**	**10.46**	**0.90**
水利管理业	7900	8.48	2.32	0.02
防洪管理	7910	0.54	0.10	0.00
水资源管理	7920	7.32	1.65	0.01
其他水利管理	7990	0.63	0.57	0.01
环境管理业	8000	2.74	2.19	0.15
自然保护	8010	0.47	0.34	0.14

单位：亿元

会费收入	提供服务收入	政府补助收入	本年费用合计	业务活动成本			代码
					人员费用	日常费用	
1.68	**89.60**	**15.51**	**215.40**	**139.22**	**43.19**	**16.80**	L
0.01	0.29	0.01	0.27	0.23	0.09	0.05	7300
	0.25	0.01	0.23	0.20	0.06	0.04	7310
0.01	0.04		0.04	0.04	0.02	0.01	7320
1.67	89.32	15.50	215.13	138.98	43.11	16.75	7400
0.85	55.67	13.37	178.27	115.93	31.15	11.22	7410
0.23	21.06	0.38	20.23	12.74	6.76	3.04	7420
0.39	4.44	0.75	5.64	3.49	1.87	0.88	7430
0.00	0.16	0.02	0.16	0.10	0.04	0.03	7440
0.01	0.11	0.01	0.16	0.05	0.02	0.02	7450
0.02	1.85	0.17	2.36	1.44	0.70	0.23	7460
0.03	3.24	0.19	3.84	2.14	0.77	0.88	7470
0.06	0.16	0.01	0.26	0.18	0.09	0.04	7480
0.07	2.63	0.60	4.21	2.91	1.71	0.40	7490
1.41	**22.30**	**5.24**	**36.71**	**26.48**	**8.99**	**5.73**	M
0.13	4.52	0.56	6.09	3.81	1.43	1.04	7500
0.03	0.23	0.04	0.61	0.40	0.15	0.08	7510
0.01	0.89	0.15	1.26	0.75	0.27	0.27	7520
0.03	1.64	0.17	1.87	1.13	0.46	0.29	7530
0.03	1.42	0.09	1.86	1.24	0.45	0.33	7540
0.02	0.33	0.10	0.49	0.28	0.10	0.07	7550
0.18	4.66	2.31	9.43	7.50	1.33	1.48	7600
0.00	0.08	0.01	0.12	0.05	0.01	0.02	7610
	0.05	0.01	0.06	0.02	0.01	0.01	7620
0.00	0.07		0.01	0.01	0.00	0.00	7630
0.01	0.07	0.01	0.07	0.05	0.02	0.01	7640
0.01	0.65	0.11	0.86	0.59	0.27	0.23	7650
0.01	0.24	0.01	0.24	0.11	0.02	0.08	7660
0.07	2.56	2.04	6.93	5.90	0.69	0.85	7670
0.07	0.95	0.11	1.14	0.77	0.30	0.28	7690
1.10	12.91	2.36	19.95	14.34	6.09	3.11	7700
0.90	11.45	2.11	17.77	13.08	5.67	2.80	7710
0.07	0.76	0.18	1.12	0.65	0.24	0.16	7720
0.12	0.71	0.07	1.06	0.60	0.18	0.16	7790
0.01	0.21	0.00	1.23	0.84	0.14	0.09	7800
0.00	0.01	0.00	0.02	0.01	0.00		7810
	0.04		0.04	0.02	0.00	0.01	7820
0.01	0.15	0.00	1.18	0.81	0.13	0.08	7830
0.06	**4.35**	**3.79**	**9.12**	**5.30**	**2.08**	**1.12**	N
0.03	1.49	0.49	1.81	1.15	0.53	0.23	7900
0.00	0.04	0.06	0.28	0.25	0.03	0.02	7910
0.02	1.16	0.23	1.00	0.64	0.37	0.14	7920
0.01	0.29	0.21	0.54	0.25	0.13	0.07	7990
0.02	0.82	0.94	2.01	1.13	0.57	0.25	8000
0.01	0.05	0.09	0.33	0.10	0.05	0.02	8010

6-3 续表 5

行业中类	代码	本年费		
		业务活动成本		管理费用
		固定资产折旧	税费	
租赁和商务服务业	L	**65.94**	**2.39**	**55.10**
租赁业	7300	0.01	0.01	0.02
机械设备租赁	7310	0.01	0.01	0.02
文化及日用品出租	7320	0.00	0.00	0.00
商务服务业	7400	65.93	2.38	55.08
企业管理服务	7410	65.05	1.48	43.73
法律服务	7420	0.39	0.70	5.98
咨询与调查	7430	0.12	0.11	1.82
广告业	7440	0.00	0.00	0.06
知识产权服务	7450	0.00	0.00	0.06
职业中介服务	7460	0.06	0.02	0.70
市场管理	7470	0.22	0.03	1.56
旅行社	7480	0.01	0.00	0.07
其他商务服务	7490	0.07	0.03	1.10
科学研究、技术服务和地质勘查业	M	**1.06**	**0.35**	**8.02**
研究与试验发展	7500	0.26	0.07	1.63
自然科学研究与试验发展	7510	0.01	0.01	0.15
工程和技术研究与试验发展	7520	0.08	0.01	0.44
农业科学研究与试验发展	7530	0.05	0.04	0.48
医学研究与试验发展	7540	0.11	0.02	0.41
社会人文科学研究与试验发展	7550	0.01	0.01	0.15
专业技术服务业	7600	0.21	0.09	1.50
气象服务	7610	0.01	0.00	0.07
地震服务	7620	0.00	0.00	0.04
海洋服务	7630			0.01
测绘服务	7640	0.00	0.00	0.02
技术检测	7650	0.02	0.02	0.23
环境监测	7660	0.00	0.01	0.10
工程技术与规划管理	7670	0.14	0.05	0.74
其他专业技术服务	7690	0.03	0.01	0.31
科技交流和推广服务业	7700	0.54	0.15	4.51
技术推广服务	7710	0.48	0.12	3.73
科技中介服务	7720	0.02	0.02	0.37
其他科技服务	7790	0.03	0.01	0.40
地质勘查业	7800	0.05	0.04	0.37
矿产地质勘查	7810	0.00		0.00
基础地质勘查	7820	0.01	0.00	0.01
地质勘查技术服务	7830	0.04	0.04	0.36
水利、环境和公共设施管理业	N	**1.09**	**0.10**	**2.75**
水利管理业	7900	0.10	0.02	0.45
防洪管理	7910	0.00	0.00	0.03
水资源管理	7920	0.08	0.01	0.28
其他水利管理	7990	0.02	0.00	0.14
环境管理业	8000	0.10	0.03	0.69
自然保护	8010	0.00	0.00	0.21

单位：亿元

用合计				净资产变动额	全部从业人员年平均人数（万人）	代码
人员费用	日常费用	固定资产折旧	税费			
20.87	**11.83**	**15.86**	**1.08**	**34.26**	**14.03**	L
0.01	0.00	0.00	0.00	0.02	0.04	7300
0.01	0.00	0.00	0.00	0.01	0.03	7310
0.00	0.00			0.00	0.01	7320
20.86	11.83	15.86	1.08	34.25	13.99	7400
15.35	8.66	15.12	0.62	32.35	7.16	7410
3.17	1.57	0.28	0.27	0.52	3.33	7420
0.81	0.57	0.12	0.04	0.22	1.02	7430
0.02	0.01	0.00	0.00	0.00	0.04	7440
0.03	0.01	0.00	0.00	0.00	0.02	7450
0.25	0.30	0.03	0.01	0.14	0.46	7460
0.63	0.41	0.22	0.06	0.28	0.58	7470
0.05	0.02	0.00	0.00	0.00	0.05	7480
0.56	0.28	0.08	0.06	0.74	1.34	7490
4.36	**2.01**	**0.57**	**0.08**	**1.22**	**8.43**	M
0.86	0.49	0.15	0.03	0.11	1.27	7500
0.08	0.04	0.01	0.00	0.02	0.10	7510
0.23	0.14	0.04	0.01	0.00	0.21	7520
0.25	0.15	0.05	0.01	0.05	0.36	7530
0.23	0.11	0.04	0.00	0.02	0.41	7540
0.07	0.04	0.01	0.00	0.03	0.18	7550
0.84	0.36	0.11	0.03	0.34	1.20	7600
0.05	0.00	0.00	0.00	0.03	0.03	7610
0.01	0.02	0.00	0.00	0.01	0.01	7620
0.00	0.00	0.00			0.01	7630
0.01	0.01	0.00	0.00	0.02	0.03	7640
0.13	0.06	0.03	0.00	0.06	0.23	7650
0.05	0.02	0.01	0.00	0.00	0.03	7660
0.40	0.18	0.04	0.02	0.15	0.48	7670
0.19	0.07	0.02	0.00	0.08	0.39	7690
2.59	1.09	0.28	0.03	0.75	5.79	7700
2.26	0.90	0.22	0.02	0.71	5.04	7710
0.19	0.08	0.03	0.00	0.05	0.43	7720
0.14	0.12	0.02	0.00	-0.01	0.32	7790
0.07	0.07	0.04	0.00	0.03	0.17	7800
0.00	0.00	0.00			0.03	7810
0.00	0.00	0.00	0.00	0.02	0.07	7820
0.07	0.07	0.03	0.00	0.01	0.07	7830
1.15	**0.57**	**0.88**	**0.02**	**3.59**	**2.17**	N
0.28	0.08	0.06	0.00	0.51	0.69	7900
0.02	0.01	0.00		0.00	0.04	7910
0.18	0.04	0.05	0.00	0.50	0.50	7920
0.09	0.03	0.01	0.00	0.01	0.15	7990
0.41	0.21	0.02	0.01	0.25	0.80	8000
0.06	0.13	0.01	0.00	0.02	0.10	8010

6-3 续表 6

行业中类	代码	固定资产原价	本年收入合计	捐赠收入
环境治理	8020	2.27	1.84	0.01
公共设施管理业	8100	36.08	5.96	0.74
市政公共设施管理	8110	17.14	2.06	0.30
城市绿化管理	8120	0.60	0.38	0.01
游览景区管理	8130	18.33	3.52	0.43
居民服务和其他服务业	**O**	**38.82**	**20.72**	**0.36**
居民服务业	8200	24.85	18.10	0.25
家庭服务	8210	1.51	1.47	0.02
托儿所	8220	2.96	3.94	0.02
洗染服务	8230	0.02	0.06	
理发及美容保健服务	8240	0.51	0.42	0.00
洗浴服务	8250	0.21	0.10	0.00
婚姻服务	8260	0.57	0.94	0.00
殡葬服务	8270	11.62	5.07	0.01
摄影扩印服务	8280	0.17	0.09	0.00
其他居民服务	8290	7.28	6.01	0.19
其他服务业	8300	13.97	2.62	0.11
修理与维护	8310	10.18	0.48	0.02
清洁服务	8320	0.11	0.25	0.00
其他未列明的服务	8390	3.68	1.89	0.08
教育	**P**	**1427.33**	**736.62**	**7.14**
教育	8400	1427.33	736.62	7.14
学前教育	8410	227.26	154.35	0.58
初等教育	8420	178.16	79.90	0.80
中等教育	8430	520.32	197.57	3.57
高等教育	8440	307.82	129.36	0.52
其他教育	8490	193.76	175.44	1.66
卫生、社会保障和社会福利业	**Q**	**366.46**	**297.52**	**38.35**
卫生	8500	261.93	224.55	1.13
医院	8510	141.25	103.04	0.61
卫生院及社区医疗活动	8520	44.16	38.90	0.08
门诊部医疗活动	8530	67.61	75.31	0.18
计划生育技术服务活动	8540	1.02	0.88	0.03
妇幼保健活动	8550	0.93	0.44	0.00
专科疾病防治活动	8560	2.11	2.50	0.01
疾病预防控制及防疫活动	8570	0.42	0.45	0.00
其他卫生活动	8590	4.44	3.03	0.21
社会保障业	8600	2.27	2.34	0.50
社会保障业	8600	2.27	2.34	0.50
社会福利业	8700	102.26	70.62	36.72
提供住宿的社会福利	8710	95.80	28.60	1.80
不提供住宿的社会福利	8720	6.46	42.03	34.92

单位：亿元

会费收入	提供服务收入	政府补助收入	本年费用合计	业务活动成本	人员费用	日常费用	代码
0.01	0.77	0.84	1.68	1.03	0.52	0.23	8020
0.01	2.04	2.35	5.30	3.02	0.98	0.64	8100
0.01	0.27	1.32	1.49	0.65	0.47	0.09	8110
0.00	0.27	0.06	0.35	0.25	0.11	0.05	8120
0.00	1.49	0.98	3.46	2.12	0.39	0.50	8130
0.49	**13.48**	**2.65**	**18.45**	**10.67**	**4.51**	**2.46**	O
0.41	11.57	2.43	16.34	9.19	3.61	2.24	8200
0.08	0.83	0.43	1.14	0.49	0.23	0.19	8210
0.01	2.68	0.10	3.66	2.05	0.87	0.29	8220
	0.06	0.00	0.06	0.05	0.01	0.04	8230
0.01	0.30	0.07	0.35	0.23	0.13	0.05	8240
	0.09	0.00	0.11	0.06	0.03	0.01	8250
0.14	0.70	0.05	0.81	0.42	0.19	0.09	8260
0.10	4.14	0.12	4.45	2.86	0.66	0.92	8270
0.01	0.08	0.00	0.04	0.04	0.02	0.01	8280
0.05	2.70	1.66	5.72	2.99	1.47	0.64	8290
0.08	1.90	0.22	2.11	1.49	0.90	0.22	8300
0.00	0.36	0.07	0.42	0.32	0.12	0.06	8310
0.00	0.14	0.07	0.17	0.10	0.07	0.02	8320
0.08	1.40	0.09	1.52	1.07	0.70	0.14	8390
9.80	**584.46**	**30.35**	**661.95**	**414.91**	**203.87**	**114.04**	P
9.80	584.46	30.35	661.95	414.91	203.87	114.04	8400
1.57	127.20	3.28	144.49	92.58	48.95	20.17	8410
0.81	56.99	4.25	75.60	48.94	25.68	12.99	8420
2.97	153.04	9.79	186.26	119.64	63.62	30.92	8430
1.99	105.25	4.76	99.33	59.03	22.64	21.46	8440
2.46	141.98	8.26	156.27	94.72	42.98	28.51	8490
1.60	**199.93**	**20.22**	**252.06**	**172.16**	**64.75**	**52.46**	Q
1.04	185.80	5.39	198.48	138.93	56.39	41.84	8500
0.28	86.30	1.53	95.56	64.82	23.54	21.66	8510
0.16	32.43	1.71	33.78	24.07	10.06	7.35	8520
0.43	62.04	1.58	62.81	45.90	21.05	11.57	8530
0.01	0.36	0.38	0.83	0.51	0.24	0.17	8540
0.00	0.35	0.02	0.39	0.21	0.10	0.05	8550
0.01	2.18	0.03	2.02	1.51	0.69	0.42	8560
0.00	0.28	0.02	0.40	0.28	0.11	0.10	8570
0.14	1.86	0.12	2.71	1.63	0.61	0.53	8590
0.01	0.88	0.65	1.85	1.10	0.40	0.19	8600
0.01	0.88	0.65	1.85	1.10	0.40	0.19	8600
0.56	13.24	14.18	51.72	32.13	7.96	10.43	8700
0.19	12.03	10.61	28.28	15.36	6.19	5.23	8710
0.37	1.21	3.56	23.44	16.77	1.77	5.19	8720

6-3 续表 7

行业中类	代码	本年费		
		业务活动成本		管理费用
		固定资产折旧	税费	
环境治理	8020	0.10	0.02	0.48
公共设施管理业	8100	0.89	0.05	1.62
市政公共设施管理	8110	0.06	0.01	0.81
城市绿化管理	8120	0.00	0.00	0.09
游览景区管理	8130	0.83	0.04	0.72
居民服务和其他服务业	**O**	**1.19**	**0.16**	**5.65**
居民服务业	8200	1.01	0.14	5.15
家庭服务	8210	0.02	0.01	0.64
托儿所	8220	0.30	0.01	1.13
洗染服务	8230	0.00		0.01
理发及美容保健服务	8240	0.02	0.02	0.09
洗浴服务	8250	0.00	0.01	0.02
婚姻服务	8260	0.02	0.01	0.34
殡葬服务	8270	0.47	0.03	1.01
摄影扩印服务	8280	0.00	0.00	0.01
其他居民服务	8290	0.17	0.05	1.92
其他服务业	8300	0.17	0.02	0.51
修理与维护	8310	0.07	0.01	0.07
清洁服务	8320	0.00	0.00	0.04
其他未列明的服务	8390	0.10	0.01	0.39
教育	**P**	**41.92**	**4.56**	**206.39**
教育	8400	41.92	4.56	206.39
学前教育	8410	7.57	0.66	43.04
初等教育	8420	4.70	0.24	23.39
中等教育	8430	12.09	0.88	54.95
高等教育	8440	10.34	0.29	33.94
其他教育	8490	7.22	2.49	51.07
卫生、社会保障和社会福利业	**Q**	**13.48**	**1.90**	**55.98**
卫生	8500	11.43	1.78	42.56
医院	8510	6.60	0.56	22.66
卫生院及社区医疗活动	8520	1.68	0.56	6.99
门诊部医疗活动	8530	2.82	0.54	11.17
计划生育技术服务活动	8540	0.03	0.00	0.25
妇幼保健活动	8550	0.01	0.00	0.16
专科疾病防治活动	8560	0.12	0.03	0.34
疾病预防控制及防疫活动	8570	0.02	0.00	0.09
其他卫生活动	8590	0.14	0.07	0.90
社会保障业	8600	0.02	0.00	0.54
社会保障业	8600	0.02	0.00	0.54
社会福利业	8700	2.03	0.12	12.87
提供住宿的社会福利	8710	1.89	0.10	10.45
不提供住宿的社会福利	8720	0.14	0.02	2.42

单位：亿元

用合计				净资产变动额	全部从业人员年平均人数（万人）	代码
人员费用	日常费用	固定资产折旧	税费			
0.35	0.08	0.01	0.00	0.23	0.70	8020
0.46	0.28	0.80	0.01	2.83	0.68	8100
0.10	0.07	0.63	0.00	2.66	0.23	8110
0.05	0.01	0.01	0.00	0.01	0.11	8120
0.31	0.20	0.16	0.00	0.16	0.34	8130
2.98	**1.48**	**0.47**	**0.14**	**0.75**	**3.99**	O
2.75	1.30	0.43	0.13	0.69	3.28	8200
0.48	0.07	0.01	0.02	0.01	0.26	8210
0.60	0.29	0.03	0.05	0.03	0.58	8220
0.01	0.00	0.00	0.00		0.00	8230
0.03	0.04	0.00	0.00	0.02	0.10	8240
0.01	0.00	0.00	0.00	0.12	0.11	8250
0.18	0.10	0.01	0.01	0.03	0.17	8260
0.38	0.26	0.23	0.01	0.37	0.49	8270
0.00	0.00	0.00	0.00	0.00	0.02	8280
1.07	0.53	0.13	0.04	0.11	1.55	8290
0.23	0.18	0.04	0.01	0.06	0.71	8300
0.03	0.01	0.01	0.00	0.03	0.06	8310
0.03	0.00	0.00	0.00	0.01	0.17	8320
0.17	0.16	0.03	0.01	0.02	0.48	8390
94.52	**63.49**	**24.95**	**2.11**	**75.30**	**137.88**	P
94.52	63.49	24.95	2.11	75.30	137.88	8400
24.54	10.57	4.17	0.29	5.89	46.12	8410
10.71	6.54	2.90	0.31	5.81	18.31	8420
25.69	15.72	8.02	0.43	20.36	34.85	8430
11.18	14.03	5.81	0.29	35.84	10.23	8440
22.41	16.63	4.04	0.79	7.40	28.36	8490
24.95	**16.43**	**6.35**	**0.72**	**17.91**	**43.30**	Q
19.46	12.02	4.87	0.60	10.79	34.20	8500
9.07	6.92	2.97	0.21	5.97	12.55	8510
3.71	1.57	0.71	0.22	1.32	6.41	8520
5.88	3.06	0.98	0.15	3.20	13.78	8530
0.16	0.07	0.01	0.00	0.02	0.37	8540
0.09	0.05	0.01	0.00	0.02	0.11	8550
0.14	0.09	0.02	0.01	0.15	0.33	8560
0.03	0.05	0.00	0.00	0.06	0.12	8570
0.36	0.21	0.15	0.01	0.06	0.52	8590
0.27	0.18	0.02	0.02	0.31	0.46	8600
0.27	0.18	0.02	0.02	0.31	0.46	8600
5.22	4.23	1.47	0.10	6.80	8.64	8700
4.32	3.61	1.34	0.07	2.08	7.06	8710
0.90	0.62	0.13	0.03	4.73	1.59	8720

6-3 续表 8

行业中类	代码	固定资产原价	本年收入合计	捐赠收入
文化、体育和娱乐业	R	**109.72**	**127.00**	**3.31**
新闻出版业	8800	1.22	2.54	0.01
新闻业	8810	0.04	0.06	0.00
出版业	8820	1.18	2.48	0.01
广播、电视、电影和音像业	8900	65.29	101.03	0.04
广播	8910	0.09	0.06	0.00
电视	8920	0.96	0.50	0.04
电影	8930	1.15	0.40	0.00
音像制作	8940	63.09	100.08	0.00
文化艺术业	9000	29.37	11.20	1.30
文艺创作与表演	9010	3.65	4.01	0.18
艺术表演场馆	9020	0.13	0.11	0.00
图书馆与档案馆	9030	0.24	0.14	0.02
文物及文化保护	9040	6.52	0.93	0.35
博物馆	9050	9.26	1.52	0.09
烈士陵园、纪念馆	9060	3.10	0.37	0.15
群众文化活动	9070	5.11	2.59	0.22
文化艺术经纪代理	9080	0.10	0.20	0.02
其他文化艺术	9090	1.27	1.33	0.27
体育	9100	6.82	8.47	1.87
体育组织	9110	3.11	7.40	1.82
体育场馆	9120	0.96	0.23	0.03
其他体育	9190	2.74	0.84	0.02
娱乐业	9200	7.02	3.75	0.10
室内娱乐活动	9210	1.83	1.12	0.04
游乐园	9220	0.20	0.09	0.00
休闲健身娱乐活动	9230	4.43	2.15	0.05
其他娱乐活动	9290	0.57	0.39	0.01
公共管理和社会组织	S	**8536.04**	**2778.93**	**375.46**
中国共产党机关	9300	0.23	0.52	0.00
中国共产党机关	9300	0.23	0.52	0.00
国家机构	9400	10.73	16.98	0.75
国家权力机构	9410	0.12	0.18	0.00
国家行政机构	9420	10.25	16.20	0.74
人民法院和人民检察院	9430	0.02	0.01	
其他国家机构	9490	0.33	0.59	0.01
人民政协和民主党派	9500	0.09	0.11	0.01
人民政协	9510	0.03	0.03	
民主党派	9520	0.07	0.07	0.01
群众团体、社会团体和宗教组织	9600	1556.16	892.79	333.74
群众团体	9610	56.87	81.70	18.37
社会团体	9620	343.99	678.50	237.45
宗教组织	9630	1155.30	132.59	77.92
基层群众自治组织	9700	6968.83	1868.54	40.95
社区自治组织	9710	1039.56	341.62	6.50
村民自治组织	9720	5929.28	1526.92	34.46

单位：亿元

会费收入	提供服务收入	政府补助收入	本年费用合计	业务活动成本	人员费用	日常费用	代码
1.55	**13.59**	**103.56**	**104.58**	**51.05**	**17.35**	**3.84**	R
0.02	1.81	0.30	1.95	1.27	0.23	0.76	8800
0.00	0.02	0.03	0.05	0.03	0.02	0.01	8810
0.02	1.78	0.28	1.90	1.25	0.22	0.75	8820
0.04	0.55	100.14	78.90	35.56	12.31	0.15	8900
	0.03	0.01	0.05	0.02	0.01	0.00	8910
	0.23	0.07	0.39	0.25	0.13	0.08	8920
0.04	0.22	0.06	0.40	0.25	0.15	0.06	8930
0.00	0.07	100.00	78.06	35.04	12.03	0.01	8940
0.41	6.43	1.45	9.95	5.70	2.71	1.31	9000
0.10	3.11	0.19	3.56	2.27	1.25	0.43	9010
0.00	0.10	0.00	0.11	0.07	0.03	0.02	9020
0.01	0.05	0.04	0.13	0.07	0.02	0.03	9030
0.05	0.23	0.13	0.74	0.40	0.16	0.10	9040
0.01	0.79	0.40	1.41	0.50	0.20	0.17	9050
0.00	0.11	0.04	0.30	0.16	0.03	0.03	9060
0.15	1.26	0.60	2.43	1.51	0.73	0.31	9070
0.01	0.08	0.02	0.14	0.07	0.04	0.02	9080
0.08	0.68	0.04	1.13	0.66	0.24	0.20	9090
0.78	2.55	1.38	10.33	6.65	1.26	1.22	9100
0.70	1.83	1.31	9.18	5.98	0.99	1.03	9110
0.03	0.10	0.02	0.22	0.14	0.06	0.04	9120
0.05	0.62	0.05	0.93	0.53	0.21	0.16	9190
0.30	2.26	0.28	3.45	1.87	0.84	0.40	9200
0.04	0.74	0.07	0.96	0.57	0.31	0.12	9210
	0.03	0.03	0.08	0.05	0.02	0.01	9220
0.24	1.23	0.15	2.08	1.05	0.43	0.22	9230
0.02	0.27	0.03	0.33	0.20	0.09	0.05	9290
118.79	**787.27**	**597.22**	**2278.22**	**1079.95**	**338.31**	**264.40**	S
0.01	0.09	0.40	0.30	0.11	0.03	0.07	9300
0.01	0.09	0.40	0.30	0.11	0.03	0.07	9300
0.19	2.62	10.55	16.50	11.05	1.67	0.58	9400
0.01	0.03	0.10	0.22	0.12	0.03	0.09	9410
0.18	2.52	10.05	15.62	10.86	1.59	0.48	9420
	0.01	0.00	0.01	0.01	0.01	0.00	9430
0.00	0.06	0.40	0.65	0.07	0.05	0.01	9490
0.00	0.02	0.06	0.08	0.06	0.04	0.01	9500
	0.01	0.02	0.02	0.01	0.01		9510
0.00	0.01	0.04	0.06	0.05	0.03	0.01	9520
106.59	210.14	100.24	691.52	447.54	117.00	114.80	9600
15.73	6.41	19.94	71.64	42.20	12.76	9.68	9610
86.18	172.95	75.79	508.33	345.47	85.11	88.49	9620
4.68	30.78	4.52	111.55	59.87	19.12	16.63	9630
12.00	574.39	485.96	1569.81	621.19	219.57	148.94	9700
4.08	118.81	88.02	285.59	130.32	48.27	25.09	9710
7.92	455.58	397.94	1284.22	490.86	171.31	123.85	9720

6-3 续表 9

行业中类	代码	本年费		
		业务活动成本		管理费用
		固定资产折旧	税费	
文化、体育和娱乐业	R	**1.01**	**0.22**	**10.70**
新闻出版业	8800	0.02	0.02	0.57
新闻业	8810	0.00	0.00	0.02
出版业	8820	0.02	0.02	0.54
广播、电视、电影和音像业	8900	0.04	0.01	2.49
广播	8910	0.00	0.00	0.03
电视	8920	0.02	0.00	0.12
电影	8930	0.03	0.01	0.12
音像制作	8940	0.00	0.00	2.22
文化艺术业	9000	0.53	0.10	3.60
文艺创作与表演	9010	0.16	0.05	1.13
艺术表演场馆	9020	0.01	0.00	0.03
图书馆与档案馆	9030	0.01	0.00	0.05
文物及文化保护	9040	0.07	0.00	0.25
博物馆	9050	0.08	0.01	0.86
烈士陵园、纪念馆	9060	0.07	0.00	0.10
群众文化活动	9070	0.11	0.02	0.75
文化艺术经纪代理	9080	0.00	0.00	0.06
其他文化艺术	9090	0.03	0.01	0.37
体育	9100	0.20	0.05	2.86
体育组织	9110	0.08	0.03	2.53
体育场馆	9120	0.01	0.00	0.08
其他体育	9190	0.10	0.01	0.25
娱乐业	9200	0.21	0.05	1.18
室内娱乐活动	9210	0.05	0.01	0.31
游乐园	9220	0.00	0.00	0.02
休闲健身娱乐活动	9230	0.14	0.04	0.73
其他娱乐活动	9290	0.02	0.00	0.12
公共管理和社会组织	S	**146.45**	**16.77**	**857.85**
中国共产党机关	9300	0.00	0.00	0.12
中国共产党机关	9300	0.00	0.00	0.12
国家机构	9400	0.23	0.22	3.75
国家权力机构	9410	0.00	0.00	0.10
国家行政机构	9420	0.23	0.21	3.17
人民法院和人民检察院	9430	0.00	0.00	0.00
其他国家机构	9490	0.00	0.01	0.48
人民政协和民主党派	9500	0.00	0.00	0.02
人民政协	9510	0.00	0.00	0.01
民主党派	9520	0.00		0.01
群众团体、社会团体和宗教组织	9600	24.24	4.20	168.05
群众团体	9610	0.85	0.20	15.04
社会团体	9620	8.72	3.81	113.25
宗教组织	9630	14.66	0.19	39.77
基层群众自治组织	9700	121.97	12.35	685.91
社区自治组织	9710	32.44	4.38	117.75
村民自治组织	9720	89.53	7.96	568.16

单位：亿元

用合计				净资产变动额	全部从业人员年平均人数（万人）	代码
人员费用	日常费用	固定资产折旧	税费			
4.18	**1.80**	**0.70**	**0.25**	**-1.05**	**7.80**	R
0.19	0.09	0.02	0.16	0.06	0.30	8800
0.01	0.01	0.00	0.00	0.00	0.02	8810
0.18	0.08	0.02	0.16	0.06	0.29	8820
0.75	0.06	0.02	0.00	0.03	0.32	8900
0.02	0.00	0.00		0.00	0.03	8910
0.07	0.03	0.01	0.00	0.00	0.11	8920
0.09	0.02	0.01	0.00	0.02	0.15	8930
0.58	0.01	0.00			0.03	8940
1.89	0.87	0.40	0.04	0.55	4.24	9000
0.70	0.26	0.08	0.01	0.00	2.08	9010
0.02	0.00	0.00	0.00	0.00	0.05	9020
0.02	0.02	0.00	0.01	0.00	0.03	9030
0.12	0.06	0.04	0.00	0.14	0.27	9040
0.39	0.22	0.15	0.00	0.21	0.16	9050
0.03	0.01	0.05	0.00	0.00	0.05	9060
0.39	0.18	0.06	0.01	0.12	1.30	9070
0.03	0.02	0.00	0.00	0.00	0.04	9080
0.20	0.09	0.02	0.01	0.08	0.26	9090
0.86	0.47	0.15	0.02	-1.75	1.76	9100
0.71	0.38	0.10	0.01	-1.79	1.45	9110
0.05	0.02	0.00	0.00	-0.02	0.08	9120
0.10	0.08	0.05	0.00	0.06	0.23	9190
0.49	0.31	0.11	0.02	0.07	1.17	9200
0.19	0.04	0.05	0.00	0.06	0.31	9210
0.01	0.01	0.00	0.00		0.02	9220
0.25	0.25	0.05	0.01	-0.03	0.74	9230
0.04	0.01	0.01	0.00	0.04	0.11	9290
375.71	**242.32**	**133.89**	**10.28**	**364.81**	**587.43**	S
0.09	0.01	0.00			0.10	9300
0.09	0.01	0.00			0.10	9300
1.65	1.33	0.22	0.07	2.18	2.46	9400
0.04	0.05	0.00	0.00	0.00	0.05	9410
1.25	1.17	0.22	0.07	2.18	2.17	9420
0.00	0.00	0.00			0.01	9430
0.35	0.11	0.00	0.00	0.00	0.24	9490
0.01	0.00	0.00		0.00	0.12	9500
0.00	0.00	0.00			0.02	9510
0.01	0.00	0.00		0.00	0.10	9520
75.95	51.44	16.95	2.15	121.75	189.50	9600
7.37	4.58	0.92	0.28	6.06	13.89	9610
52.76	35.96	7.23	1.75	91.64	124.80	9620
15.82	10.90	8.79	0.12	24.05	50.81	9630
298.00	189.53	116.72	8.05	240.87	395.25	9700
58.54	26.99	20.11	3.02	37.84	56.78	9710
239.46	162.54	96.61	5.03	203.04	338.47	9720

6-4 按登记注册类型分组的

登记注册类型	固定资产原价	本年收入合计		
			捐赠收入	会费收入
总计	**11058.13**	**4243.03**	**428.11**	**135.42**
内资	**11018.31**	**4227.43**	**427.68**	**135.01**
国有	320.42	469.22	111.69	36.80
集体	232.12	127.10	7.43	4.40
股份合作	63.21	33.45	0.58	0.21
联营企业	12.00	7.97	0.28	0.63
国有联营	2.25	1.23	0.01	0.11
集体联营	3.49	2.75	0.05	0.29
国有与集体联营	1.27	0.55	0.14	0.01
其他联营	4.98	3.44	0.08	0.22
有限责任公司	31.58	10.63	0.08	0.46
国有独资公司	4.17	0.85	0.02	0.03
其他有限责任公司	27.41	9.78	0.06	0.43
股份有限公司	17.36	8.71	0.27	0.11
私营企业	612.02	333.99	3.35	4.48
私营独资	440.53	223.99	2.17	2.29
私营合伙	131.85	86.32	0.84	1.71
私营有限责任公司	30.96	17.94	0.31	0.32
私营股份有限公司	8.67	5.74	0.03	0.16
其他企业	9729.61	3236.36	304.00	87.92
港、澳、台商投资	**9.64**	**4.27**	**0.31**	**0.14**
与港澳台合资经营	1.17	0.91	0.10	0.04
与港澳台合作经营	0.85	0.89	0.00	0.00
港、澳、台商独资	4.54	1.80	0.04	0.06
港、澳、台商投资股份有限公司	3.07	0.67	0.16	0.04
外商投资	**30.18**	**11.34**	**0.13**	**0.27**
中外合资经营	2.93	0.93	0.02	0.04
中外合作经营	22.13	5.63	0.08	0.02
外资企业	4.39	4.53	0.03	0.18
外商投资股份有限公司	0.73	0.25	0.01	0.03

社团及其他单位财务状况

单位：亿元

提供服务收入	政府补助收入	本年费用合计	业务活动成本		
				人员费用	日常费用
1717.52	**778.85**	**3580.15**	**1902.09**	**683.75**	**461.45**
1706.49	**777.30**	**3564.80**	**1893.05**	**680.39**	**459.69**
87.70	165.22	375.47	221.55	54.36	43.76
74.16	10.63	112.03	69.12	25.05	14.45
25.05	1.29	29.54	19.02	8.73	4.38
4.80	0.47	7.13	4.93	2.42	1.36
0.80	0.05	1.14	0.87	0.47	0.29
1.76	0.15	2.44	1.69	0.57	0.49
0.25	0.04	0.46	0.26	0.14	0.08
1.99	0.24	3.09	2.11	1.24	0.49
6.32	0.75	10.09	5.95	2.36	1.10
0.47	0.23	1.36	0.37	0.16	0.07
5.85	0.52	8.74	5.58	2.20	1.03
6.74	0.08	7.26	4.50	1.89	1.32
252.65	13.75	295.06	190.28	92.78	48.63
168.54	10.82	198.87	129.10	63.47	33.10
66.22	2.01	74.99	49.25	24.18	12.14
13.66	0.77	16.26	9.25	4.07	2.73
4.23	0.14	4.93	2.68	1.06	0.66
1249.05	585.11	2728.22	1377.70	492.79	344.69
2.41	**0.11**	**4.39**	**2.60**	**1.00**	**0.48**
0.66	0.00	0.70	0.57	0.35	0.15
0.45	0.00	0.82	0.34	0.18	0.08
1.16	0.08	1.88	1.11	0.28	0.18
0.15	0.03	0.98	0.58	0.18	0.07
8.62	**1.43**	**10.96**	**6.44**	**2.36**	**1.28**
0.50	0.11	1.09	0.61	0.21	0.07
4.10	1.17	5.06	3.21	1.75	0.86
3.82	0.14	4.57	2.48	0.35	0.32
0.19	0.02	0.24	0.14	0.05	0.03

6-4 续表

登记注册类型	本年费		
	业务活动成本		管理费用
	固定资产折旧	税费	
总计	**272.42**	**26.50**	**1203.47**
内资	**271.59**	**26.31**	**1197.88**
国有	5.07	1.98	70.39
集体	9.86	0.96	30.22
股份合作	1.88	0.15	8.55
联营企业	0.29	0.07	1.64
国有联营	0.06	0.02	0.23
集体联营	0.14	0.03	0.41
国有与集体联营	0.01	0.00	0.18
其他联营	0.08	0.02	0.82
有限责任公司	1.59	0.11	3.46
国有独资公司	0.11	0.00	0.88
其他有限责任公司	1.48	0.11	2.58
股份有限公司	0.46	0.07	2.37
私营企业	17.30	2.34	81.73
私营独资	12.47	1.30	53.91
私营合伙	3.93	0.75	20.65
私营有限责任公司	0.61	0.25	5.48
私营股份有限公司	0.29	0.04	1.70
其他企业	235.14	20.62	999.52
港、澳、台商投资	**0.33**	**0.13**	**1.62**
与港澳台合资经营	0.02	0.02	0.12
与港澳台合作经营	0.06	0.00	0.48
港、澳、台商独资	0.08	0.03	0.69
港、澳、台商投资股份有限公司	0.17	0.08	0.33
外商投资	**0.50**	**0.07**	**3.97**
中外合资经营	0.09	0.01	0.41
中外合作经营	0.28	0.01	1.78
外资企业	0.10	0.04	1.71
外商投资股份有限公司	0.03	0.00	0.06

单位：亿元

用合计				净资产变动额	全部从业人员年平均人数（万人）
人员费用	日常费用	固定资产折旧	税费		
529.13	**340.18**	**183.75**	**14.68**	**497.22**	**805.83**
526.93	**339.15**	**182.74**	**14.64**	**494.66**	**804.20**
30.05	22.15	4.93	0.96	40.10	46.28
13.46	8.17	4.55	0.37	20.16	22.17
4.02	2.44	1.30	0.07	4.39	5.66
0.80	0.34	0.14	0.02	0.35	2.39
0.14	0.05	0.04	0.00	0.08	0.35
0.22	0.08	0.03	0.00	0.04	0.80
0.07	0.04	0.02	0.00	0.00	0.11
0.37	0.17	0.06	0.01	0.22	1.12
1.24	1.51	0.39	0.06	8.50	1.89
0.22	0.54	0.07	0.00	0.01	0.15
1.01	0.97	0.32	0.06	8.49	1.73
1.12	0.74	0.29	0.03	1.00	1.32
39.37	22.31	9.73	0.93	23.77	68.22
26.21	14.23	7.05	0.52	13.93	47.78
9.93	5.97	1.95	0.29	6.30	16.82
2.30	1.74	0.57	0.10	2.85	2.73
0.93	0.37	0.15	0.01	0.70	0.90
436.88	281.50	161.41	12.21	396.39	656.27
0.91	**0.35**	**0.18**	**0.01**	**0.08**	**0.53**
0.07	0.02	0.03	0.00	0.11	0.14
0.27	0.16	0.03	0.00	0.00	0.10
0.36	0.16	0.11	0.00	-0.03	0.23
0.21	0.01	0.00	0.00	0.00	0.07
1.30	**0.68**	**0.83**	**0.03**	**2.48**	**1.10**
0.07	0.19	0.03	0.00	-0.24	0.30
0.66	0.18	0.75	0.02	2.61	0.35
0.51	0.30	0.05	0.01	0.08	0.35
0.06	0.00	0.00	0.00	0.02	0.10

附　录

主要指标解释

批发和零售业

年末从业人员数　指在本单位工作并取得劳动报酬或收入的年末实有人员数。期末从业人员包括在各单位工作的外方人员和港澳台方人员、兼职人员、再就业的离退休人员、借用的外单位人员和第二职业者。但不包括离开本单位仍保留劳动关系的职工。

年末零售营业面积　指批发和零售业法人企业（单位）用于零售的对外营业的门店建筑面积，不包括其办公用房、仓库和加工场地。该指标按年末实有建筑面积统计。

商品购进额　指从归属法人企业（单位）以外的单位和个人购进（包括从国外直接进口）作为转卖或加工后转卖的商品金额（含增值税）。本指标反映批发和零售业从国内外市场上购进商品的总价。

进口额　指直接从国外进口或委托外贸企业代理进口的商品金额，不包括从国内有关单位购进的进口商品。对外贸易企业只统计自主经营进口的商品，不统计受托代理进口的商品。

商品销售额　指对归属法人企业（单位）以外的单位和个人出售的商品金额（包括售给本单位消费用的商品，含增值税），本指标反映批发和零售业在国内市场上销售商品以及出口商品的总量。

出口额　指直接向国（境）外出口商品和委托外贸企业代理出口的商品金额，商品出口不包括售给外贸企业出口或加工后出口的商品，以及在国内市场以外币销售的商品。外贸企业只统计自主经营出口的商品，不包括受托代理出口的商品。

年末商品库存总额　指批发和零售业企业（单位）已取得所有权的全部商品金额（含增值税）。这个指标反映批发和零售业的商品库存情况，以及对市场商品供应的保证程度。

固定资产原价　指企业在购置、自行建造、安装、改建、扩建、技术改造某项固定资产时所支出的全部支出总额。

本年折旧：指企业在报告期内提取的固定资产折旧合计数。

资产总计　指企业拥有或控制的能以货币计量的经济资源，包括各种财产、债权和其他权利。资产按其流动性（即资产的变现能力和支付能力）划分为：流动资产、长期投资、固定资产、无形资产、递延资产和其他资产。

所有者权益合计　所有者权益是指所有者在企业资产中享有的经济利益，它等于企业资产减去负债后的余额。包括实收资本（或股本）、资本公积、盈余公积和未分配利润等。

实收资本　指投资者按照企业章程，或合同、协议的约定，实际投入企业的资本。企业实收资本按照投资主体划分为国家资本、集体资本、法人资本、个人资本、港澳台资本和外商资本六种。

国家资本　指有权代表国家投资的政府部门或机构以国有资产投入企业形成的资本。不论企业的资本是哪个政府部门或机构投入的，只要是以国家资金进行投资的，均作为国家资本。

集体资本　指劳动群众集体所有的资产实际投人企业形成的资本。

法人资本　指我国具有法人资格的单位以其依法可以支配的资产投入企业形成的资本。

个人资本　指我国公民以其合法财产投入企业形成的资本。

港澳台资本　指我国香港、澳门和台湾地区投资者将所有的资产实际投入企业形成的资本。

外商资本　指外国投资者（不包括我国香港、澳门和台湾地区投资者）将所有的资产实际投入企业形成的资本。

主营业务收入　指企业经营主要业务所取得的收入总额。

主营业务成本　指企业经营主要业务发生的实际成本。

主营业务税金及附加　指企业经营主要业务应负担的营业税、消费税、城市维护建设税、资源税、土地增值税、教育费附加。

主营业务利润　指企业经营主要业务实现的利润。

三项费用合计　指企业报告期内营业费用、管理费用、财务费用三项费用的合计。

税金　指企业按照规定从管理费用中支付的房产税、印花税、车船使用税和土地使用税。

利息支出　指企业短期借款利息、长期借款利息、应付票据利息、票据贴现利息、应付债券利息、长期应付引进国外设备款利息等利息支出（除资本化的利息外）减去银行存款等的利息收入后的净额。

营业利润　指企业从事生产经营活动所取得的利润，即主营业务收入减主营业务成本和主营业务税金及附加，加上其他业务利润，减去营业费用、管理费用、财务费用后的金额。

职工工资和福利费　职工工资和福利费包括职工工资总额和职工福利费两部分，是企业为获得职工提供服务而给予的各种形式的报酬以及其他相关支出。其中：工资总额是指企业在报告期内支付给本单位全部职工的劳动报酬，包括工资、奖金、津贴和补贴，它反映企业报告期内累计应付的工资总额。职工福利费是指企业在报告期内根据国家有关规定开支的各项福利支出，包括企业为职工提存的基本养老保险基金、基本医疗保险费、失业保险费、工伤保险费、生育保险费、住房公积金、补充养老保险费和补充医疗保险费，以及从成本费用中列支的集体福利补贴、职工生活困难补助、房租补贴、上下班交通补贴、冬季取暖费，以及按规定发生的其他职工福利支出，它反映企业在报告期实际发生的各项福利费用。

本年应交增值税 指企业按税法规定，从事货物销售或提供加工、修理修配劳务等增加货物价值的活动本期应交纳的税金。指企业在报告期应交增值税额。计算公式为：

本年应交增值税=销项税额－（进项税额-进项税额转出）－出口抵减内销产品应纳税额-减免税款+出口退税

全部从业人员年平均人数：指企业单位年内各月平均拥有的人数，其计算公式为：

$$全部从业人员年平均人数=\frac{1月平均人数+2月平均人数+\cdots+12月平均人数}{12}$$

$$月平均人数=\frac{月初从业人员数+月末从业人员数}{2}$$

住宿和餐饮业

年末从业人员数 指在本单位工作并取得劳动报酬或收入的年末实有人员数。期末从业人员包括在各单位工作的外方人员和港澳台方人员、兼职人员、再就业的离退休人员、借用的外单位人员和第二职业者。但不包括离开本单位仍保留劳动关系的职工。

客房数 指住宿和餐饮业企业（单位）提供住宿服务的房间数，该指标按年内正常情况下的实有数统计。

床位数 指住宿和餐饮业企业（单位）供应旅客使用的床位数，不包括临时加的床位和企业内部工作人员使用的床位。该指标按年内正常情况下的实有数统计。

餐位数 指住宿和餐饮业企业（单位）为顾客提供就餐服务时，正常可同时容纳就餐人员的餐位数量，不包括临时加的餐位。该指标按年内正常情况下的实有数统计。

年末餐饮营业面积 指住宿和餐饮业企业（单位）对外提供就餐服务的门店建筑面积和从事食品加工、烹饪、调制的厨房面积，不包括办公用房和仓库等面积。该指标按年末实有面积统计。

营业额 指住宿和餐饮业企业（单位）在经营活动中因提供服务或销售商品所取得的总收入。包括：客房收入、餐费收入、商品销售额（含增值税）和其他收入。

客房收入 指住宿和餐饮业企业（单位）在经营活动中因提供住宿服务取得的收入。

餐费收入 指住宿和餐饮业企业（单位）提供就餐服务取得的收入。包括经烹饪、调制加工后出售的各种食品，如主食、炒菜、凉拌菜等所取得的收入。

商品销售额 指住宿和餐饮业企业（单位）出售商品的总金额（含增值税）。

其他收入 指营业额中除客房收入、餐费收入、商品销售额（含增值税）以外的其他收入，包括娱乐、健身和商务服务等。

固定资产原价 指企业在购置、自行建造、安装、改建、扩建、技术改造某项固定资产时所支出的全部支出总额。

本年折旧 指企业在报告期内提取的固定资产折旧合计数。

资产总计 指企业拥有或控制的能以货币计量的经济资源，包括各种财产、债权和其他权利。资产按其流动性（即资产的变现能力和支付能力）划分为：流动资产、长期投资、固定资产、无形资产、递延资产和其他资产。

所有者权益合计 所有者权益是指所有者在企业资产中享有的经济利益，它等于企业资产减去负债后的余额。包括实收资本（或股本）、资本公积、盈余公积和未分配利润等。

实收资本 指投资者按照企业章程，或合同、协议的约定，实际投入企业的资本。企业实收资本按照投资主体划分为国家资本、集体资本、法人资本、个人资本、港澳台资本和外商资本六种。

国家资本 指有权代表国家投资的政府部门或机构以国有资产投入企业形成的资本。不论企业的资本是哪个政府部门或机构投入的，只要是以国家资金进行投资的，均作为国家资本。

集体资本 指劳动群众集体所有的资产实际投人企业形成的资本。

法人资本 指我国具有法人资格的单位以其依法可以支配的资产投入企业形成的资本。

个人资本：指我国公民以其合法财产投入企业形成的资本。

港澳台资本 指我国香港、澳门和台湾地区投资者将所有的资产实际投入企业形成的资本。

外商资本 指外国投资者（不包括我国香港、澳门和台湾地区投资者）将所有的资产实际投入企业形成的资本。

主营业务收入 指企业经营主要业务所取得的收入总额。

主营业务成本 指企业经营主要业务发生的实际成本。

主营业务税金及附加 指企业经营主要业务应负担的营业税、消费税、城市维护建设税、资源税、土地增值税、教育费附加。

主营业务利润 指企业经营主要业务实现的利润。

三项费用合计 指企业报告期内营业费用、管理费用、财务费用三项费用的合计。

税金 指企业按照规定从管理费用中支付的房产税、印花税、车船使用税和土地使用税。

利息支出 指企业短期借款利息、长期借款利息、应付票据利息、票据贴现利息、应付债券利息、长期应付引进国外设备款利息等利息支出（除资本化的利息外）减去银行存款等的利息收入后的净额。

营业利润 指企业从事生产经营活动所取得的利润，即主营业务收入减主营业务成本和主营业务税金及附加，加上其他业务利润，减去营业费用、管理费用、财务费用后的金额。

职工工资和福利费 职工工资和福利费包括职工工资总额和职工福利费两部分，是企业为获得职工提供服务而给予的各种形式的报酬以及其他相关支出。其中：工资总额是指企业在报告期内支付给本单位全部职工的劳动报酬，包括工资、奖金、津贴和补贴，它反映企业报告期内累计应付的工资总额。职工福利费是指企业在报告期内根据国家有关规定开支的各项福利支出，包括企业为职工提存的基本养老保险基金、基本医疗保险费、失业保险费、工伤保险费、生育保险费、住房公积金、补充养老保险费和补充医疗保险费，以及从成本费用中列支的集体福利补贴、职工生活困难补助、房租补贴、上下班交通补贴、冬季取暖费，以及按规定发生的其他职工福利支出，它反映企业在报告期实际发生的各项福利费用。

全部从业人员年平均人数 指企业单位年内各月平均拥有的人数，其计算公式为：

$$\text{全部从业人员年平均人数}=\frac{\text{1月平均人数}+\text{2月平均人数}+\cdots+\text{12月平均人数}}{12}$$

$$\text{月平均人数}=\frac{\text{月初从业人员数}+\text{月末从业人员数}}{2}$$

房地产业

房地产业生产经营及财务状况包括房地产开发、物业管理、中介服务以及其他房地产业四部分内容：

因调查口径存在差异，普查数据不宜于以往年度数据直接进行对比。

一、房地产开发主要统计指标解释

住宅 指专供居住的房屋，包括别墅、公寓、职工家属宿舍和集体宿舍(包括职工单身宿舍和学生宿舍)等。但不包括住宅楼中作为人防用、不住人的地下室等。住宅按照用途可以划分为经济适用住房和别墅、高档公寓等。

别墅、高档公寓 指建筑造价和销售价格明显高于一般商品住宅的商品住宅。别墅一般指地处郊区，独立成栋的商品住宅；高档公寓一般指地处市内高尚社区，高层或多层的商品住宅。别墅、高档公寓的确定标准：一是经有房地产投资计划审批权的主管部门审批建设的别墅、高档公寓开发项目；二是销售价格高于当地同等地段商品住宅平均销售价格一倍以上的别墅、公寓开发项目。

经济适用房 指根据地方经济适用房计划安排建设的政策性住宅。经济是指房屋建筑造价和销售价格低于一般商品住宅；适用是指适合中低收入家庭购买使用。经济适用房主要是由地方政府统一下达投资计划，房地产公司开发，对外销售；用地一般采用行政划拨或招标投标方式，免收土地出让金；对各种经批准的收费减半征收，开发利润不超过3%；销售价格实行政府指导价。

办公楼 指企业、事业、机关、团体、学校、医院等单位使用的各类办公用房(又称写字楼)。

商业营业用房 指商业、粮食、供销、饮食服务业等部门对外营业的用房，如度假村、饭店、商店、门市部、粮店、书店、供销店、饮食店、菜店、加油站、日杂等房屋。

其他 凡不属于上述各项用途的房屋建筑物，如中小学教学用房、托儿所、幼儿园、图书馆、体育馆等。

房屋施工面积 指报告期内施工的全部房屋（包括地下室、半地下室以及配套房屋）建筑面积。包括本期新开工的面积和上年开工跨入本期继续施工的房屋面积，以及上期已停建在本期恢复施工的房屋面积。本期竣工和本期施工后又停建缓建的房屋面积仍包括在施工面积中。多层建筑施工面积为各层建筑面积之和。

房屋新开工面积 指在报告期内新开工建设的房屋面积。不包括上期跨入报告期继续施工的房屋面积和上期停缓建而在本期恢复施工的房屋面积。房屋的开工时间以房屋正式开始破土刨槽(地基处理或打永久桩)的日期为准。

房屋竣工面积 指报告期内房屋建筑按照设计要求已全部完工，达到住人和使用条件，经验收鉴定合格或达到竣工验收标准，可正式移交使用的各栋房屋建筑面积的总和

竣工房屋价值 指在报告期内竣工房屋本身的建造价值。竣工房屋的价值一般按房屋设计和预算规定的内容计算。包括竣工房屋本身的基础、结构、屋面、装修以及水、电、卫等附属工程的建筑价值，也包括作为房屋建筑组成部分而列入房屋建筑工程预算内的设备(如电梯、通风设备等)的购置和安装费用；不包括厂房内的工艺设备、工艺管线的购置和安装，工艺设备基础的建造；办公和生活用家具的购

置等费用；购置土地的费用；迁移补偿费和场地平整的费用及城市建设配套投资。竣工房屋价值一般按结算价格计算。

房屋建筑面积竣工率 房屋竣工面积占房屋施工面积的比重。

竣工房屋造价 每平方米房屋竣工面积所分摊的竣工房屋价值。

商品房销售面积 指报告期内房地产开发企业出售商品房屋的合同总面积(即双方签署的正式买卖合同中所确定的建筑面积)。由现房销售建筑面积和期房销售建筑面积两部分组成。

期房销售面积 指在报告期内正式签订买卖合同、正在建设尚未竣工交付使用的商品房屋建筑面积。包括以一次性付款方式和分期付款方式销售的商品房屋建筑面积。期房销售建筑面积在竣工后不再结转为现房销售建筑面积。

出租房屋面积 指在报告期期末房屋开发单位出租的商品房屋的全部面积。

商品房销售额 指报告期内出售商品房屋的合同总价款(即双方签署的正式买卖合同中所确定的合同总价)。该指标与商品房销售面积同口径，由现房销售额和期房销售额两部分组成。

待售面积 指报告期末已竣工的可供销售或出租的商品房屋建筑面积中，尚未销售或出租的商品房屋建筑面积，包括以前年度竣工和本期竣工的房屋面积，但不包括报告期已竣工的拆迁还建、统建代建、公共配套建筑、房地产公司自用及周转房等不可销售或出租的房屋面积。未竣工的烂尾楼不计入待售面积。

本年完成开发土地面积 指报告期内对土地进行开发并已完成“七通一平”等前期开发工程，具备进行房屋建筑物施工或出让条件的土地面积。

待开发土地面积 指经有关部门批准，通过各种方式获得土地使用权，但尚未进行开发的土地面积。

本年购置土地面积 指在本年内通过各种方式获得土地使用权的土地面积。

本年土地成交价款 指进行土地使用权交易活动的最终金额。在土地一级市场，是指土地最后的划拨款、“招拍挂”价格和出让价；在土地二级市场是指土地转让、出租、抵押等最后确定的合同价格。土地成交价款与土地购置面积同口径。

二、物业管理主要统计指标解释

在管物业占地面积 指报告期末物业管理单位正在进行管理的物业所占用的全部土地面积。

在管房屋建筑面积 指报告期末物业管理单位正在进行管理的已竣工交付使用的全部房屋建筑面积。

住宅 指专供居住的房屋，包括别墅、公寓、职工家属宿舍和集体宿舍(包括职工单身宿舍和学生宿舍)等。但不包括住宅楼中作为人防用、不住人的地下室等。

办公用房 指企业、事业、机关、团体、学校、医院等单位使用的各类办公用房(又称写字楼)。

商业营业用房 指商业、粮食、供销、饮食服务业等部门对外营业的用房，如度假村、饭店、商店、门市部、粮店、书店、供销店、饮食店、菜店、加油站、日杂等房屋。

厂房 指直接用于生产或为生产配套的各种房屋，包括主要车间、辅助用房及附属设施用房。凡工业、农业、建筑业、交通运输业、商业等单位中的厂房都包括在内。

三、房地产中介服务主要统计指标解释

房屋代理销售成交合同面积 指经房地产中介服务机构代理，并签订销售合同的商品房及以外的所有房屋的成交面积。

房屋代理销售成交合同数 指房地产中介服务机构代理销售商品房及以外的所有房屋，并签订销售合同的业务笔数。

房屋代理销售成交合同金额 指房地产中介服务机构对商品房及以外的所有房产进行销售，并签订销售合同的商品房成交金额。

房屋代理出租成交合同面积 指经房地产中介服务机构代理，并签订租赁合同的商品房及以外的所有出租房屋的总面积。

房屋代理出租成交合同数 指房地产中介服务机构代理出租商品房及以外的所有房屋，并签订租赁合同的业务笔数。

房屋代理出租成交合同金额 指房地产中介服务机构对商品房及以外的所有房产进行租赁，并签订租赁合同的商品房成交金额。

四、房地产开发、物业管理、中介服务及其他房地产业企业财务状况指标解释

资产总计 指企业拥有或控制的能以货币计量的经济资源，包括各种财产、债权和其他权利。资产按其流动性（即资产的变现能力和支付能力）划分为：流动资产、长期投资、固定资产、无形资产、递延资产和其他资产。

负债合计 指企业所承担的能以货币计量，将以资产或劳务偿付的债务，偿还形式包括货币、资产或提供劳务。负债一般按偿还期长短分为流动负债和长期负债。

主营业务收入 指房地产开发企业（单位）从事对外转让、销售商品房屋、代建工程结算和出租开发产品等日常主要业务活动所得到的收入总额。

土地转让收入 指房地产开发企业（单位）按国家规定在报告期转让已经开发的土地和未经开发的土地所得到的收入。

商品房屋销售收入 指房地产开发企业（单位）在报告期售出商品房屋的收入，一次收款的，一次性全部计入销售收入，按合同规定分期收款的，可按合同规定的时间分次计入收入。

房屋出租收入 指房地产开发企业（单位）在报告期内，在不改变现有财产所有权关系的条件下，将企业的全部或部分房屋出租给其他单位或个人使用所得到的租金收入。

其他收入 指房地产开发企业（单位）在报告期内从事除以上收入外的其他业务活动所得到的收入，包括配套设施销售收入、代建工程结算收入等。

营业利润　指企业从事生产经营活动所取得的利润，即主营业务收入减主营业务成本和主营业务税金及附加，加上其他业务利润，扣除管理费用、财务费用后的净额。

利润总额　指企业在生产经营过程中各种收入扣除各种耗费后的盈余，反映企业在报告期内实现的亏盈总额，包括营业利润、补贴收入、投资净收益和营业外收支净额。

交通运输、仓储和邮政业及其他服务业

固定资产原价　指企业在购置、自行建造、安装、改建、扩建、技术改造某项固定资产时所支出的全部支出总额。根据会计“资产负债表”中“固定资产原价”项目的期末数填列。执行2006年《企业会计准则》的企业，根据“资产负债表附表”中的“固定资产原价”项目的期末数填列。

本年折旧　指企业在报告期内提取的固定资产折旧合计数。根据会计核算中《资产减值准备、投资及固定资产情况表》内“当年计提的固定资产折旧总额”项本年增加数填列。

资产总计　指企业拥有或控制的能以货币计量的经济资源，包括各种财产、债权和其他权利。资产按其流动性（即资产的变现能力和支付能力）划分为：流动资产、长期投资、固定资产、无形资产、递延资产和其他资产。根据会计“资产负债表”中“资产总计”项的期末数填列。

所有者权益　指所有者在企业资产中享有的经济利益，它等于企业资产减去负债后的余额。包括实收资本（或股本）、资本公积、盈余公积和未分配利润等。根据“资产负债表”中的“所有者权益合计”项填列。

实收资本　指投资者按照企业章程，或合同、协议的约定，实际投入企业的资本。企业实收资本按照投资主体划分为国家资本、集体资本、法人资本、个人资本、港澳台资本和外商资本六种。根据“资产负债表”中的“实收资本”项填列。实收资本中如有以外币形式投入的资本，需折合成人民币形式填写。

营业收入　指企业（单位）在报告期内从事销售商品、提供劳务及转让资产使用权等日常活动中所形成的总收入，包括主营业务收入和其他业务收入。根据会计“利润表”中对应指标计算填列。

主营业务成本　指企业经营主要业务发生的实际成本。根据会计“利润表”中对应指标计算填列。执行2006年《企业会计准则》的企业，如果未设置该科目，则以营业成本发生额代替填列。

主营业务税金及附加　指企业经营主要业务应负担的营业税、消费税、城市维护建设税、资源税、土地增值税、教育费附加。根据会计“利润表”中对应指标“本年累计数”填列。执行2006年《企业会计准则》的企业，如未设置该项以营业税金及附加代替填列。

营业费用、管理费用和财务费用合计　指企业报告期内营业费用、管理费用、财务费用三项费用的合计。

营业费用　指企业在销售商品过程中发生的各项费用，根据“利润表”中对应项目的“本年累计数”填列。

管理费用　指企业行政管理部门和企业的董事会为组织和管理企业生产经营活动而发生的各项费用，根据“利润表”中“管理费用”项的“本年累计数”填列。

财务费用　指企业为筹集生产经营所需资金等发生的费用，包括利息净支出、汇兑净损失（已减汇兑收益）、以及相关的手续费等，根据会计“利润表”中“财务费用”项的“本年累计数”填列。

营业利润　指企业从事生产经营活动所取得的利润，即主营业务收入减主营业务成本和主营业务税金及附加，加上其他业务利润，减去营业费用、管理费用、财务费用后的金额。本指标根据会计“利润表”中对应指标的“本年累计数”填列。执行2006年《企业会计准则》的企业，同样根据会计“利润表”中对应指标的“本年累计数”直接填列。

全部从业人员年平均人数　指企业单位年内各月平均拥有的人数，其计算公式为：

$$全部从业人员年平均人数=\frac{1月平均人数+2月平均人数+\cdots+12月平均人数}{12}$$

$$月平均人数=\frac{月初从业人员数+月末从业人员数}{2}$$

行政事业、社团及其他单位

固定资产原价　指使用年限在一年以上，单位价值在规定标准以上，并在使用过程中基本保持原来物质形态的资产。包括房屋和建筑物、专用设备、一般设备、文物和陈列品、图书、其他固定资产等。取自“资产负债表”中的固定资产原值年末数。

本年收入合计（行政事业）　指行政事业单位从各种渠道获得的收入，包括财政拨款、行政单位预算外资金、上级补助收入、事业收入、事业单位经营收入、附属单位上缴收入和其他收入。根据行政事业单位“收入支出决算总表”中的“本年收入合计”项目填报。

本年支出合计（行政事业） 指行政事业单位在业务活动中发生的各项资产耗费和损失等支出情况。根据行政事业单位“收入支出决算总表”中的“本年支出合计”项目填报。

经营支出（行政事业） 填列行政事业单位在专业业务活动及辅助活动之外开展非独立核算经营活动发生的支出。根据行政事业单位收入支出决算总表中的“经营支出”项目填报。

经营税金（行政事业） 指事业单位提供劳务或销售产品应负担的税金及附加，包括营业税、城市维护建设税、资源税和教育费附加。根据实际情况计算填列。

本年收入合计（社团及其他单位） 指民间非营利组织从各种渠道获得的收入，包括捐赠收入、会费收入、提供服务收入、商品销售收入、政府补助收入、投资收益和其他收入。根据会计“业务活动表”中“收入合计”科目的发生额填列。

本年费用合计（社团及其他单位） 指民间非营利组织为完成各种目标所发生的费用，包括业务活动成本、管理费用、筹资费用和其他费用。根据会计“业务活动表”中“费用合计”科目的发生额填列。

净资产变动额（社团及其他单位） 根据会计“业务活动表”中“净资产变动额”科目下对应的指标本年累计数填列。

中国经济普查年鉴

China Economic Census Yearbook

2008

综 | 合 | 卷

国务院第二次全国经济普查领导小组办公室 编

中国统计出版社
China Statistics Press

(京)新登字041号

图书在版编目（CIP）数据

中国经济普查年鉴. 2008/ 国务院第二次全国经济普查领导小组办公室编. ——北京：中国统计出版社，2010.9

ISBN 978-7-5037-5948-2

Ⅰ. ①中… Ⅱ. ①国… Ⅲ. ①经济－普查－中国－2008－年鉴 Ⅳ. ①F123-54

中国版本图书馆CIP数据核字（2010）第096521号

中国经济普查年鉴—2008/ 综合卷

作　　者/国务院第二次全国经济普查领导小组办公室
责任编辑/王振宇
封面设计/黄俊杰　李雪燕
出版发行/中国统计出版社
通信地址/北京市西城区月坛南街57号
邮政编码/100826
办公地址/北京市丰台区西三环南路甲6号
邮政编码/100073
网　　址/www.stats.gov.cn/tjshujia
电　　话/邮购（010）63376907　书店（010）68783172
印　　刷/河北天普润印刷厂
经　　销/新华书店
开　　本/880×1230毫米　1/16
字　　数/856千字
印　　张/27.75
版　　别/2010年10月第1版
版　　次/2010年10月第1次印刷
书　　号/ISBN 978-7-5037-5948-2/F·2917
定　　价/990.00元（全五册附光盘）

编 者 说 明

为便于社会各界共同分享第二次全国经济普查的成果，更方便地开发利用普查资料，我们将经济普查资料编辑整理，汇编成《中国经济普查年鉴—2008》一书。全书共四卷五册，即综合卷、第二产业卷（上、下册）、第三产业卷和能源卷，并随书配送同版本光盘一张。《综合卷》为单位基本情况资料，卷中分“综合篇”、“企业篇”和“事业、机关、社团、民办非企业篇”以及“附录”四个部分。《第二产业卷》按内容分为上、下两册。上册两篇：第一篇为“工业企业生产经营及财务状况”，第二篇是“主要工业产品产量”。下册两篇：第一篇为“规模以上工业企业科技情况”，第二篇是“建筑业企业生产经营及财务状况”。《第三产业卷》分六篇。第 一篇为“批发和零售业商品销售和财务状况”，第二篇为“住宿和餐饮业经营情况及财务状况”，第三篇为“房地产业生产经营及财务状况”，第四篇为“交通运输、仓储和邮政业生产经营及财务状况”，第五篇为“其他服务业企业生产经营及财务状况”，第六篇为“行政事业单位财务状况”。《能源卷》共四篇。第一篇为“全国能源消费情况”，第二篇为“规模以上工业能源消费情况”，第三篇为“水消费情况”，第四篇为“主要耗能设备情况”。

为使读者能够更好地使用本资料，现对有关问题做如下说明：

一、第二次全国经济普查的标准时点为2008年12月31日，时期资料为2008年度；

二、每卷后附有该卷详细的指标解释，使用时请仔细阅读；

三、综合卷中汇总表1-01的法人单位数包括了铁路运输业的数据，其余汇总表均不包括铁路运输业的数据；

四、本资料按在地原则汇总，即按单位实际所在地进行汇总；

五、本资料对部分数据由于单位取舍不同或四舍五入而产生的差数均未作调整；

六、表中空格表示该项统计指标数据不详或无该项数据，“＃”表示其中的主要项。

我们希望此书的面世，能使社会各界对我国第二次全国经济普查有一个全面概括的了解，更愿本书的内容，能为社会经济研究工作者提供有价值的参考。

第二次全国经济普查资料是全国普查工作者共同辛勤工作的成果，也是广大普查对象积极支持配合的结果。在此，我们向全国所有普查工作者、普查对象和所有参与和支持普查工作的人员致以崇高的敬意和衷心的感谢!

编者说明

马建堂局长在第二次全国经济普查工作座谈会暨总结表彰会上的讲话
（代　序）

2010年1月30日

第二次全国经济普查是我国经济社会发展中的一件大事，是重大的国情国力调查。在国务院的统一领导下，在各地方、各部门的大力支持下，在广大普查对象的积极参与下，经过广大普查工作人员的辛勤努力和扎实工作，历时两年的经济普查取得圆满成功。在此，我代表国务院第二次全国经济普查领导小组和国家统计局，向荣获第二次全国经济普查先进称号的集体和个人表示热烈的祝贺！向全体普查人员表示亲切的慰问！向支持与配合普查工作的各界人士致以诚挚的谢意！

这次全国经济普查工作艰巨，任务繁重，责任重大，要求很高。普查实施期间，是我国经济社会发展很不寻常、很不平凡的时期，是新世纪以来最为困难的时期，全党、全国人民倾力抗击四川汶川特大地震造成的自然灾害，倾力举办北京奥运会、残奥会，倾力应对国际金融危机冲击。在这种形势下，要动员数百万普查人员高质量完成对第二产业、第三产业所有经济活动单位的调查，工作极为艰巨。与第一次全国经济普查时相比，我国经济规模大幅增长，普查对象不断增加，经济结构更加复杂，经济形式更加多样，加之普查内容增加，普查任务十分繁重。普查需要摸清经济底数，掌握真实情况，为党和国家制定规划和政策，为社会公众参与经济活动，为完善统计调查体系，提供准确而系统的数据支持，责任异常重大。在应对国际金融危机冲击中，为及时科学制定保持经济平稳较快发展的政策和举措，要求普查数据更加真实、更加准确、更加完整。

国务院高度重视经济普查工作，温家宝总理、李克强副总理多次作出重要指示。国务院制定了《全国经济普查条例》，印发了《关于开展第二次全国经济普查的通知》，国务院常务会议听取了经济普查工作汇报。李克强副总理亲自担任国务院第二次全国经济普查领导小组组长，多次听取普查工作汇报并作出重要指示，亲赴企业视察普查登记情况，深入国家统计局指导普查工作，今天又专门发来《贺信》对经济普查工作给予充分肯定。国务院的高度重视，中央领导同志的亲切关怀，指明了普查工作的方向，极大地鼓舞了普查工作者的士气，是普查成功的根本。

在国务院第二次全国经济普查领导小组的具体领导下，在广大人民群众的密切配合下，在各级经济普查机构和普查人员团结奋斗、努力工作下，我们建立了覆盖全国行政区域、横向分工明确、纵向执行有力的普查领导机构和工作班子；设计了基本适合我国国情、充分借鉴国际和我国历次普查经验、基本科学统一规范的经济普查方案；全国共动员组织了 300多万名普查员和普查指导员，对有证照的2874万个个体经营户进行了地毯式单位清查，对从事工业、建筑业和服务业的710万个法人单位、886万个产业活动单位，进行了规模空前的现场登记；对全国93个县、186个普查区进行了事后质量抽查；对获得的海量数据进行了认真审核汇总。

通过普查，基本摸清了我国二、三产业的规模、布局和结构，查清了第二、三产业的效益情况、技术现状、生产要素以及常规统计无法全面反映的服务业发展状况，查实了二、三产业的能源和水资源消耗状况，查清了二、三产业所有单位的基本情况，摸准了第二、三产业个体经营户的基本情况。进一步查实了我国GDP总量和结构。

全国经济普查的数据资料，客观地反映了改革开放以来我国现代化建设所取得的成果，反映了社会生产力、综合国力和人民生活水平提高的情况，反映了经济结构、发展方式的现状和水平，反映了主要资源的消耗和结构情况。不久前，全国经济普查第一、二、三号公报已经陆续发布，国内外媒体进行了积极报道，社会各界普遍认同。经济普查结果是一笔非常宝贵的财富，为制定宏观调控政策、国家产业政策、经济社会发展中长期规划，保障和改善民生提供了可靠的基础数据，对于提高宏观调控水平，推进经济结构战略性调整，转变经济发展方式，提高经济发展质量和效益，维护社会稳定与和谐，全面建设小康社会，都具有重要的作用和影响。

第二次全国经济普查任务的顺利完成，是党中央、国务院科学决策、正确领导的结果，是广大人民群众和普查对象大力支持配合的结果，是各地区、各部门、各级经济普查机构和普查人员迎难而上、团结拼搏的结果。广大统计工作者和普查人员勤勤恳恳工作，兢兢业业普查，默默无闻奉献，做了大量卓有成效的工作，创造了优良的业绩。

伟大的事业孕育伟大的精神，伟大的精神推动伟大的事业。第二次全国经济普查以来，广大普查工作者牢记使命、真实普查，铸就了可歌可泣的普查人精神。

开拓创新、迎难而上的进取思想。面对数量空前的普查对象，面对异常复杂的普查环境和非常艰巨的普查任务，广大普查工作者知难而进、勤于探索、勇于开拓，构建了新的普查指标体系，创新了普查数据采集方式、单位清查方式、质量抽查方式，开发了新的高效的普查数据处理系统，不仅设计出科学适用统一的普查方案和实施方案，而且形成了一套确保普查数据质量的科学管理方法。

科学求实、严谨认真的工作作风。广大普查工作者始终把确保普查数据质量作为最高准则和根本追求，以确保普查数据的真实准确为中心，依靠科学、反复试点、博采众长，深入普查基层、深入普查对象、深入普查现场，精心组织、精心指挥、精心实施，认真登记普查报表、细心审核普查数据、严格加工普查资料，恪守独立普查、独立上报、独立监督的职业操守，在任务面前斗志昂扬、连续作战，在困难面前坚忍不拔、百折不挠，创造出了辉煌的业绩。

团结协作、群策群力的大局意识。各地区、各部门按照“全国统一领导、部门分工协作、地方分级负责、各方共同参与”的原则，自觉服从大局，充分发挥我们的体制优势，主动开展工作，积极推动普查，相互支持，通力协作。各级统计部门特别是普查机构有效地发挥了日常组织和综合协调的作用。财政、发展改革等部门在财力和物力上对普查工作给予支持和保障。宣传部门和新闻单位广泛深入地开展了宣传动员。各级工商、税务、民政、机构编制和质检等部门认真进行了单位核实、认定和督促检查工作。铁路、银行、证券、保险、邮政、军队、武警等部门很好地完成了本部门、本系统的经济普查任务。

不计得失、默默奉献的崇高品质。这次普查，绝大多数普查工作者都是临时抽调、借调或选聘的。他们不计得失，不求名利，以苦为乐，无怨无悔，为普查数据的真实准确奉献着聪明才智，书写出许许多多可歌可泣的感人事迹，涌现出许许多多可敬可佩的无名英模。特别是基层普查机构工作人员和广大普查指导员、普查员，经常加班加点、不分昼夜，冒着盛夏酷暑，顶着三九严寒，奔波于大街小巷之中逐门逐户进行普查，攀登于高楼大厦之间逐层逐室进行走访，久坐于书桌电脑之旁逐表逐数审核录入，为普查工作的成功做出了非凡贡献。

恪遵法纪、严守秘密的法制观念。各级普查机构和普查人员坚决贯彻执行《统计法》和《全国经济普查条例》，严格依法布置普查工作，严格依法采集普查数据，严格依法加工、审核、上报、发布普查资料；大力加强普查法制宣传，努力增强全社会依法支持、配合、参与普查的意识，依法如实填报普查登记表的意识；不断加大执法检查力度，依法严肃查处在普查中的各种弄虚作假行为；严格保守普查对象的商业秘密和个人隐私，确保普查资料不作为任何单位实施处罚的依据，消除了普查对象的思想顾虑。

第二次全国经济普查的圆满完成，为进一步完善普查制度，组织实施好各项重大国情国力调查，推进统计改革和发展，积累了有益的经验。

健全普查组织是普查成功的保障。国务院成立了第二次全国经济普查领导小组，统一领导全国普查工作。地方各级政府成立了相应的普查机构，乡镇政府、街道办事处以及城市居民委员会都成立了普查小组，全力做好组织实施工作。为强化责任意识，下级与上级普查机构层层签订“第二次全国经济普查目标责任书”。发展改革、宣传、机构编制、监察、民政、财政、税务、工商、质检等部门和铁路、银行、证券、保险、军队、武警等系统密切配合，通力协作，认真履行职责。许多地方的党政一把手亲自过问指导普查工作，各级普查机构负责同志亲自带队督促检查组织实施情况。在充分考虑责任心、业务能力、普查经验的基础上，经认真选调和选聘，全国组建了300万人的普查队伍，自上而下、逐级逐层对所有普查人员进行职业道德、普查制度、调查技能等方面的培训。实践证明，强有力的组织领导，各部门的密切配合，各基层组织的积极参与，高素质的普查队伍，为普查成功提供了重要保障。

科学设计方案是普查成功的前提。国务院经普办全面吸取第一次全国经济普查的经验，充分借鉴国际上经济普查的成熟做法，认真征求各地方、各部门、基层统计机构和普查对象的意见，积极听取专家学者的建议，深入开展综合试点和不同形式的专项试点，广泛调查研究，不断进行修订和完善，制定了科学的普查方案。与第一次全国经济普查相比，这次普查方案的特点在于，普查范围更加全面，把能源和水资源消耗调查范围，由规模以上工业扩大到全部第二、三产业单位；普查内容更加丰富，增加了企业效益和技术情况的指标，增加了高耗能行业通用设备情况调查；普查方案更加统一，制定了全国统一的单位清查标准、办法和统一的个体经营户普查办法；普查方式更加科学，实现了常规调查与普查的有机结合；普查队伍更加注重普查员的选调和培训，制定了严格的普查指导员、普查员选聘和培训细则。科学适用、统一完善的普查方案，对有序组织实施普查，确保普查数据质量发挥了极为重要的作用。

扎实开展单位清查是普查成功的基础。这次单位清查，将每一个居委会、村委会所管辖的区域设置为一个普查区。按照统一的清查标准和办法，分别由各级普查机构，依据现有的行政区划，在上级普查办的指导下，自上而下划定普查区域，绘制普查区划图，实现了普查区对地域的全面覆盖、不重不漏。普查员实地逐街逐巷、逐楼逐室、逐门逐户，对辖区内所有法人单位、产业活动单位和从事第二、三产业的个体经营户进行“地毯式”清查，基本实现了普查单位的不重不漏。通过与工商、税务、质检、民政、编制部门提供的单位和个体经营户行政记录进行比对，保障每一个普查对象都被纳入普查总体。在这次经济普查中，全国不少省份已经建立了具有村（居）委会边界的普查区电子地图，有些地区还将普查对象关联到建筑物，这对查清基本单位发挥了重要作用。全面细致的单位清查，为实施普查登记和健全基本单位名录库奠定了良好基础。

认真做好普查表填报是普查成功的核心。国务院经普办与中宣部联合下发了《关于认真做好第二次全国经济普查宣传工作的通知》，各级普查机构和宣传部门组织各类新闻媒体，采取电视、广播、网络、报刊、杂志和户外标牌、横幅等多种形式，广泛深入地宣传《中华人民共和国统计法》、《全国经济普查条例》、《统计违法违纪行为处分规定》和普查方案的主要内容，基本做到了家喻户晓，提高了普查对象的配合程度。在普查表填报阶段，普查指导员和普查员各负其责，按照全国统一要求，严格依据单位清查的单位名录发放普查表，逐门逐户组织指导普查对象填写普查表，认真审核、验收、汇集普查资料。各级普查机构派出大量的工作组，深入登记现场进行督察指导，有效地推动了填报工作的顺利开展。广大普查对象认真整理普查基础资料，积极配合普查工作，认真填写普查登记表，及时报送普查资料。普查填报工作的高质量完成，使我们获得海量的扎实的微观数据，为普查数据的真实、准确、完整奠定了坚实的基础。

强化过程控制是普查成功的关键。各级普查机构和广大普查人员坚持依法普查，认真贯彻执行《中华人民共和国统计法》和《全国经济普查条例》，独立组织实施普查，独立加工上报数据，严守普查对象商业秘密和个人隐私，严肃查处普查违法违纪行为。制定普查工作进度表和业务流程图，保证了普查工作稳步有序推进。建立实施数据质量控制单位责任制，对每个环节进行严格的数据质量控制和验收。各级普查机构都设立了专门的数据质量控制小组，指定专人负责数据质量工作。基层普查机构对单位清查表进行了全面的人工审核并组织各普查区进行交叉审核。对普查对象报送的所有普查表，普查指导员组织普查员按照制度规定的审核要求，逐一进行了专项检查；各基层普查机构组织有经验的财务、统计人员，对普查表填报质量进行人工审核，重点核对调查单位数、产业活动单位数、主要统计指标的关联性和匹配性。数据录入计算机后，县、市和省级普查机构又运用全国统一设计的数据处理软件，对所有数据进行逻辑审核。上级普查机构对下级普查机构上报的数据还实行了严格的质量验收。

事后质量抽查是检验普查成功的依据。按照李克强副总理“经济普查要做到全面准确客观真实”的要求，为准确判断这次经济普查的数据质量，根据国际惯例和历次普查的经验，制定了科学严谨的数据质量抽查方案，明确了严格的抽查纪律和规范。国务院经普办共抽调近400名业务骨干组成30个抽查组，由国家统计局各内设机构和部分国家统计局调查总队主要负责同志带队，按照严格保密、随机抽选、异地核查的原则，对各地普查主要数据进行了一次大规模的事后质量抽查。抽查结果显示，这次经济普查的数据填报质量符合普查方案设计要求。

经济普查已经取得显著成绩，但要全面完成普查任务，还有许多工作要做。要积极应用普查成果。各地区、各部门要以本次普查数据为重要依据，科学制订“十二五”规划和有关政策。统计部门要积极做好普查数据提供工作，确保普查成果在部门之间充分共享。加大经济普查资料的开发力度，积极组织有关专家学者对普查资料进行深度开发，最大限度地发挥普查资料的作用。充分利用普查成果，健全基本单位名录库，稳步推进统计地理信息系统建设。按照既简朴节约又能激励先进的原则，及时表彰普查先进集体和先进个人，特别要做好对基层普查工作者的表彰。我们要发扬成绩，再接再厉，善始善终地做好各项普查后续工作。

辉煌成为过去，重任接踵而至。让我们大力弘扬伟大的普查人精神，在第六次全国人口普查等重大统计调查中再立新功，向党、国家和人民交出新的合格的答卷。

综合卷 目录

第一篇 综合篇

1-01 按地区、行业(门类)分组的法人单位数 …… 3
1-02 按机构类型、人员组距、开业（成立）时间分组的法人单位数、产业活动单位数及从业人员数 …… 6
1-03 按地区分组的法人单位数、产业活动单位数及从业人员数 …… 7
1-04 按行业（中类）分组的法人单位数、产业活动单位数及从业人员数 …… 9
1-05 按东中西部及东北地区、登记注册类型分组的法人单位数、产业活动单位数及从业人员数 …… 19
1-06 按地区、机构类型分组的法人单位数 …… 20
1-07 按地区、机构类型分组的法人单位从业人员数 …… 21
1-08 按行业（大类）、地区分组的法人单位数 …… 23
1-09 按行业（大类）、地区分组的法人单位从业人员数 …… 30
1-10 按行业（大类）、开业（成立）时间分组的法人单位数 …… 38
1-11 按地区、开业（成立）时间分组的法人单位数 …… 42
1-12 按地区、学历分组的法人单位从业人员数 …… 44
1-13 按行业（大类）、学历分组的法人单位从业人员数 …… 45
1-14 按登记注册类型、学历分组的法人单位从业人员数 …… 48
1-15 按地区、专业技术职称分组的法人单位从业人员数 …… 49
1-16 按行业（大类）、专业技术职称分组的法人单位从业人员数 …… 50
1-17 按登记注册类型、专业技术职称分组的法人单位从业人员数 …… 53
1-18 按地区、技术等级分组的法人单位从业人员数 …… 54
1-19 按行业（大类）、技术等级分组的法人单位从业人员数 …… 55
1-20 按登记注册类型、技术等级分组的法人单位从业人员数 …… 57
1-21 按行业（大类）、经营性质分组的产业活动单位数及从业人员数 …… 58
1-22 按地区、经营性质分组的产业活动单位数及从业人员数 …… 60
1-23 按地区分组的有证照个体经营户数和人数 …… 61
1-24 按行业分组的有证照个体经营户数和人数 …… 62

第二篇 企业篇

2-01 按行业（大类）、地区分组的企业法人单位数 …… 64
2-02 按行业（大类）、地区分组的国有控股企业法人单位数 …… 72
2-03 按行业（大类）、地区分组的企业法人单位从业人员数 …… 80
2-04 按行业（大类）、地区分组的国有控股企业法人单位从业人员数 …… 88

2-05 按行业（中类）、营业状态分组的企业法人单位数 ······ 96
2-06 按登记注册类型、营业状态分组的企业法人单位数 ······ 106
2-07 按地区、营业状态分组的企业法人单位数 ······ 107
2-08 按行业（中类）、营业状态分组的国有控股企业法人单位数 ······ 108
2-09 按行业（中类）、营业状态分组的企业法人单位从业人员数 ······ 118
2-10 按登记注册类型、营业状态分组的企业法人单位从业人员数 ······ 129
2-11 按行业（中类）、开业（成立）时间分组的企业法人单位数 ······ 130
2-12 按地区、开业（成立）时间分组的企业法人单位数 ······ 150
2-13 按地区、营业状态分组的国有控股企业法人单位数 ······ 152
2-14 按行业（中类）、登记注册类型分组的企业法人单位数 ······ 154
2-15 按地区、登记注册类型分组的企业法人单位数 ······ 174
2-16 按行业（中类）、登记注册类型分组的企业法人单位从业人员数 ······ 176
2-17 按地区、登记注册类型分组的企业法人单位从业人员数 ······ 196
2-18 按行业（中类）、登记注册类型分组的全年营业收入 ······ 198
2-19 按地区、登记注册类型分组的全年营业收入 ······ 218
2-20 按行业（中类）、从业人员数组距分组的企业法人单位数 ······ 220
2-21 按地区、从业人员数组距分组的企业法人单位数 ······ 240
2-22 按登记注册类型、从业人员数组距分组的企业法人单位数 ······ 242
2-23 按行业（中类）、全年营业收入组距分组的企业法人单位数 ······ 244
2-24 按地区、全年营业收入组距分组的企业法人单位数 ······ 264
2-25 按登记注册类型、全年营业收入组距分组的企业法人单位数 ······ 266
2-26 按行业（中类）、资产总额组距分组的企业法人单位数 ······ 268
2-27 按地区、资产总额组距分组的企业法人单位数 ······ 288
2-28 按登记注册类型、资产总额组距分组的企业法人单位数 ······ 290
2-29 按地区、学历分组的企业法人单位从业人员数 ······ 292
2-30 按行业（中类）、学历分组的企业法人单位从业人员数 ······ 293
2-31 按登记注册类型、学历分组的企业法人单位从业人员数 ······ 303
2-32 按地区、专业技术职称分组的企业法人单位从业人员数 ······ 304
2-33 按行业（中类）、专业技术职称分组的企业法人单位从业人员数 ······ 305
2-34 按登记注册类型、专业技术职称分组的企业法人单位从业人员数 ······ 315
2-35 按地区、技术等级分组的企业法人单位从业人员数 ······ 316
2-36 按行业（中类）、技术等级分组的企业法人单位从业人员数 ······ 317
2-37 按登记注册类型、技术等级分组的企业法人单位从业人员数 ······ 327

第三篇 事业、机关、社团、民办非企业篇

3-01 按行业（中类）分组的事业法人单位数及从业人员数 ······ 331
3-02 按地区分组的事业法人单位数及从业人员数 ······ 337
3-03 按行业（中类）、地区分组的事业法人单位数 ······ 338
3-04 按行业（中类）、地区分组的事业法人单位从业人员数 ······ 362
3-05 按地区、学历分组的事业法人单位从业人员数 ······ 386
3-06 按行业（中类）、学历分组的事业法人单位从业人员数 ······ 387
3-07 按地区、专业技术职称分组的事业法人单位从业人员数 ······ 393
3-08 按行业（中类）、专业技术职称分组的事业法人单位从业人员数 ······ 394

3-09　按地区、技术等级分组的事业法人单位从业人员数 …… 400
3-10　按行业（中类）、技术等级分组的事业法人单位从业人员数 …… 401
3-11　按地区分组的机关法人单位数及从业人员数 …… 407
3-12　按地区、从业人员数组距分组的机关法人单位数 …… 408
3-13　按地区、学历分组的机关法人单位从业人员数 …… 409
3-14　按地区、专业技术职称分组的机关法人单位从业人员数 …… 410
3-15　按地区、技术等级分组的机关法人单位从业人员数 …… 411
3-16　按地区分组的社团法人单位数及从业人员数 …… 412
3-17　按地区、从业人员数组距分组的社团法人单位数 …… 413
3-18　按地区、学历分组的社团法人单位从业人员数 …… 414
3-19　按地区、专业技术职称分组的社团法人单位从业人员数 …… 415
3-20　按地区、技术等级分组的社团法人单位从业人员数 …… 416
3-21　按地区分组的民办非企业法人单位数及从业人员数 …… 417
3-22　按地区、从业人员数组距分组的民办非企业法人单位数 …… 418
3-23　按地区、学历分组的民办非企业法人单位从业人员数 …… 419
3-24　按地区、专业技术职称分组的民办非企业法人单位从业人员数 …… 420
3-25　按地区、技术等级分组的民办非企业法人单位从业人员数 …… 421

附录　主要指标解释及分类规定 …… 425

第 1 篇

综 合 篇

1-01 按地区、行业(门类)分组的法人单位数

地 区	法 人 单位数 (个)	农、林、牧、渔业	采矿业	制造业	电力、燃气及水的生产和供应业	建筑业	交通运输、仓储和邮政业
全 国	**7099242**	**2023**	**97316**	**1818384**	**57923**	**226787**	**157739**
北 京	268346	31	143	28799	359	9182	6152
天 津	145411		99	41354	307	5466	7416
河 北	278581	10	7794	78240	977	5164	4967
山 西	160748	15	7969	22410	770	4203	2964
内蒙古	113568	64	4174	15279	986	3106	3212
辽 宁	315408	43	5522	82603	1488	14959	8958
吉 林	124427	24	1877	24865	1094	4092	2901
黑龙江	150273	208	2287	29131	869	5821	3124
上 海	360466	19	1	80736	262	19312	13330
江 苏	630836	19	1145	265261	3218	25046	13813
浙 江	560177	85	1529	242892	3884	12936	10251
安 徽	205275	52	3162	52886	1935	9197	5015
福 建	232603	31	2466	61938	5871	5983	5763
江 西	147815	34	3703	34665	3422	3027	3344
山 东	603846		4581	175986	1569	23740	13025
河 南	351074	52	7454	105315	1367	9083	4885
湖 北	293352	24	4862	54633	2517	12453	6009
湖 南	258434	3	7919	55536	4423	5339	3664
广 东	617659	52	2330	191810	7182	14457	14804
广 西	154748	210	2258	19683	2271	2329	3178
海 南	29411	104	223	2325	263	1718	632
重 庆	139074	54	3389	28221	1870	5565	3691
四 川	310270	28	5436	49258	5288	7864	5835
贵 州	94296	85	4285	8893	1123	1591	1210
云 南	122667	127	4681	13922	1670	3725	2206
西 藏	15324	1	101	309	80	251	161
陕 西	178971	14	3643	27644	1091	5530	2930
甘 肃	94361	265	1570	10550	863	2058	1323
青 海	24394	158	521	2077	231	721	409
宁 夏	29312	8	567	3810	138	886	444
新 疆	88115	203	1625	7353	535	1763	2123

1-01 续表 1

地 区	法人单位数（个）						
	信息传输、计算机服务和软件业	批发和零售业	住宿和餐饮业	金融业	房地产业	租赁和商务服务业	科学研究、技术服务和地质勘查业
全 国	**153291**	**1403143**	**145302**	**28668**	**214405**	**427009**	**201697**
北 京	15776	85052	10672	1025	10969	45005	20460
天 津	1843	44056	3844	580	3825	9546	4971
河 北	3993	46879	3947	880	5523	7816	4140
山 西	2603	28977	2866	731	3886	6615	3957
内蒙古	1630	23379	3047	983	3905	5776	3588
辽 宁	6330	72700	5658	1410	11379	20085	10705
吉 林	1668	29534	2467	671	3361	6260	4160
黑龙江	2214	33775	2330	938	4426	8342	5236
上 海	10745	118526	9281	707	11850	43380	14823
江 苏	11692	134732	8366	2310	16970	33041	13009
浙 江	11514	97126	6426	1961	13267	37945	12396
安 徽	4880	31128	4025	1151	7130	8806	4341
福 建	4949	42037	3695	1164	7725	13888	6279
江 西	1310	15765	2955	556	4170	4568	3294
山 东	11451	129114	13190	1795	14013	26729	11477
河 南	4631	47473	8809	1076	6765	9821	5266
湖 北	6024	58526	7877	1074	10122	13630	9841
湖 南	7213	27809	6547	848	6004	8165	6378
广 东	14467	141359	13309	1969	28526	55996	16717
广 西	5040	21560	2152	636	5628	10535	7141
海 南	715	5630	1033	200	2763	2698	957
重 庆	3269	27425	4142	909	5363	8942	3502
四 川	8384	39561	5696	1503	8426	13675	10348
贵 州	1699	11236	1251	521	3722	3652	2901
云 南	2526	20283	2531	772	4298	6397	4911
西 藏	141	668	281	105	94	192	145
陕 西	2822	27687	4964	698	4111	5938	4287
甘 肃	804	14040	1884	525	2062	2911	1963
青 海	358	2878	517	175	713	924	848
宁 夏	621	5682	493	190	778	1238	617
新 疆	1979	18546	1047	605	2631	4493	3039

1-01　续表 2

地　区	法人单位数（个）					
	水利、环境和公共设施管理业	居民服务和其他服务业	教育	卫生、社会保障和社会福利业	文化、体育和娱乐业	公共管理和社会组织
全　国	**57553**	**120467**	**335068**	**206517**	**81883**	**1364067**
北　京	1719	10239	6245	2307	7374	6837
天　津	987	5566	3130	1505	1181	9735
河　北	1514	2814	18885	7105	1982	75951
山　西	1720	2685	9003	5292	2299	51783
内蒙古	1584	1601	5296	4379	1602	29977
辽　宁	2642	5711	11564	10138	3477	40036
吉　林	1276	2140	5638	3610	1758	27031
黑龙江	1516	3233	7445	4743	1754	32881
上　海	1906	12409	5186	2412	3692	11889
江　苏	4935	8560	14470	9660	5187	59402
浙　江	3580	5589	15711	7104	4703	71278
安　徽	1654	2647	13152	7048	2177	44889
福　建	1953	3433	11401	5970	3128	44929
江　西	1404	1929	9826	7448	1939	44456
山　东	3169	9351	20484	15637	4213	124322
河　南	2206	3700	22536	26057	3492	81086
湖　北	3760	6022	16788	12213	4191	62786
湖　南	2684	4445	14497	8136	3687	84917
广　东	3979	12140	29205	8323	5764	55270
广　西	2081	1607	16435	6207	2600	43197
海　南	286	499	2092	749	547	5977
重　庆	1203	2499	7393	5793	1904	23940
四　川	3021	3394	19476	14255	4342	104480
贵　州	1004	1145	9401	3852	1369	35356
云　南	1764	1566	7271	4226	2139	37652
西　藏	34	93	1035	506	160	10967
陕　西	1788	2465	14779	14223	2328	52029
甘　肃	821	1158	8974	3461	1121	38008
青　海	282	215	1185	757	373	11052
宁　夏	224	366	1344	791	298	10817
新　疆	857	1246	5221	2610	1102	31137

1-02 按机构类型、人员组距、开业(成立)时间分组的法人单位数、产业活动单位数及从业人员数

分 组	法人单位					产业活动单位		
	单位数(个)	单产业法 人	多产业法 人	从 业人员数(人)	#女性	单位数(个)	#多产业法人所属的产业活动单位数	从 业人员数(人)
按机构类型分组	**7098765**	**6738242**	**360523**	**271537187**	**94594096**	**8869595**	**2131353**	**278632867**
企业法人	4959671	4805606	154065	218893553	74191490	5838294	1032688	224526330
事业法人	708728	643976	64752	30510489	13828874	1247805	603829	32417577
机关法人	249670	188187	61483	11317359	2866187	404252	216065	10537875
社会法人	186286	183363	2923	2140849	622947	210308	26945	2287166
民办非企业单位	152517	151634	883	2357459	1333216	151634		2286576
基金会	803	793	10	5970	2336	978	185	7959
居委会	80219	76199	4020	723272	380812	82178	5979	718268
村委会	610391	539419	70972	3649343	632592	617215	77796	3496269
其他组织机构	150480	149065	1415	1938893	735642	316931	167866	2354847
按从业人员数分组	**7098765**	**6738242**	**360523**	**271537187**	**94594096**	**8869595**	**2131353**	**278632867**
7人及以下	3137540	3064270	73270	12208572	3934105	4324979	1260709	15942338
8-19人	1918977	1842860	76117	22758018	7502313	2316687	473827	27395065
20-49人	1152260	1079856	72404	34590694	12237079	1299690	219834	38850958
50-99人	451206	396755	54451	30806002	11649314	482862	86107	32846874
100-299人	317180	263124	54056	51790846	20165465	323430	60306	52586265
300-499人	58021	45782	12239	21887272	8217240	58503	12721	22038088
500-999人	37419	28556	8863	25538290	9123692	37823	9267	25828729
1000-4999人	23805	15952	7853	44651657	14597036	23756	7804	44126333
5000-9999人	1576	787	789	10712654	3213526	1328	541	8992535
10000人及以上	781	300	481	16593182	3954326	537	237	10025682
按开业(成立)年份分组	**7098765**	**6738242**	**360523**	**271537187**	**94594096**	**8869595**	**2131353**	**278632867**
1949年以前	86962	73792	13170	7774891	2837273	128690	54898	6595893
1950-1977年	474481	401694	72787	34803017	10921159	723215	321521	32099527
1978-1991年	822850	738229	84621	34160855	11016582	1133912	395683	34813262
1992-1995年	387265	360280	26985	25281434	9055440	511367	151087	25331462
1996年	124640	116622	8018	6758558	2479255	164247	47625	6849925
1997年	125294	118034	7260	7253492	2647300	160729	42695	7446528
1998年	205445	194803	10642	10488818	3631627	273257	78454	10770883
1999年	202572	191407	11165	9563175	3398157	250320	58913	9850746
2000年	310616	297502	13114	12779016	4767426	377129	79627	13171007
2001年	376565	360980	15585	15482768	5361985	450159	89179	16005990
2002年	414896	398215	16681	16432726	5958112	499365	101150	17388718
2003年	494382	477957	16425	17312212	6403044	587413	109456	18388669
2004年	515959	500632	15327	16560440	5930578	607350	106718	17623183
2005年	584023	570748	13275	16101113	5774905	689004	118256	17485944
2006年	675854	663719	12135	16330221	5785224	783722	120003	17642490
2007年	670272	659713	10559	14114761	5060424	781874	122161	15512043
2008年	515402	510092	5310	9011844	3234636	613702	103610	10261246
开业时间不详	111287	103823	7464	1327846	330969	134140	30317	1395351

1-03 按地区分组的法人单位数、产业活动单位数及从业人员数

地区	法人单位				
	单位数（个）	单产业法人	多产业法人	从业人员数（人）	#女性
全 国	**7098765**	**6738242**	**360523**	**271537187**	**94594096**
北 京	267869	252800	15069	7938702	3202239
天 津	145411	142124	3287	4410393	1519220
河 北	278581	269152	9429	11049947	3581364
山 西	160748	142260	18488	6647248	1996052
内蒙古	113568	107328	6240	4335440	1417495
辽 宁	315408	305721	9687	10307797	3303957
吉 林	124427	120526	3901	4714335	1527266
黑龙江	150273	141219	9054	6441358	2151709
上 海	360466	345355	15111	10412240	4744478
江 苏	630836	615159	15677	27087242	9453167
浙 江	560177	536671	23506	20790477	7358598
安 徽	205275	192188	13087	8331974	2643889
福 建	232603	215389	17214	9539333	3605893
江 西	147815	140042	7773	6155166	2129296
山 东	603846	580901	22945	23902656	8128011
河 南	351074	340475	10599	14904203	4614031
湖 北	293352	272664	20688	9637009	3125261
湖 南	258434	245750	12684	9294830	2926136
广 东	617659	587445	30214	30993946	12890341
广 西	154748	140684	14064	4885707	1755439
海 南	29411	27669	1742	1162145	441523
重 庆	139074	128643	10431	5640513	1682767
四 川	310270	291677	18593	11077015	3375531
贵 州	94296	87620	6676	3025165	903180
云 南	122667	110014	12653	4506052	1423367
西 藏	15324	14133	1191	322627	93213
陕 西	178971	167025	11946	5991175	1871172
甘 肃	94361	85638	8723	3222270	960457
青 海	24394	21925	2469	779915	253226
宁 夏	29312	27944	1368	887349	311116
新 疆	88115	82101	6014	3142958	1204702

1-03 续表

地区	产业活动单位				
	单位数(个)	#多产业法人所属的产业活动单位数	从业人员数(人)	单产业法人所属的从业人员数	多产业法人所属的从业人员数
全国	**8869595**	**2131353**	**278632867**	**211684189**	**66948678**
北京	308423	55623	7672087	5390279	2281808
天津	161796	19672	4658598	3427591	1231007
河北	329407	60255	11337323	9112051	2225272
山西	235364	93104	7054470	4390166	2664304
内蒙古	147492	40164	4454588	3235928	1218660
辽宁	373300	67579	10721880	7948144	2773736
吉林	152338	31812	4864216	3944223	919993
黑龙江	205069	63850	6482495	3714628	2767867
上海	416355	71000	10773807	8671631	2102176
江苏	704456	89297	27298151	23298856	3999295
浙江	644215	107544	20937061	15354157	5582904
安徽	270988	78800	8557083	6442960	2114123
福建	299281	83892	9766187	8167142	1599045
江西	198830	58788	6353919	5074309	1279610
山东	747999	167098	24489590	18982980	5506610
河南	442468	101993	15092978	12357243	2735735
湖北	373480	100816	10068664	7286757	2781907
湖南	331741	85991	9502765	7666001	1836764
广东	765079	177634	32619198	25282938	7336260
广西	219343	78659	5175238	3463699	1711539
海南	40589	12920	1193138	712060	481078
重庆	182541	53898	5831064	4221089	1609975
四川	391327	99650	11297963	8405934	2892029
贵州	138487	50867	3131521	2044973	1086548
云南	189869	79855	4595176	3134358	1460818
西藏	20011	5878	338394	265109	73285
陕西	228871	61846	6340582	4623387	1717195
甘肃	139900	54262	3409818	2176215	1233603
青海	34162	12237	876141	507727	368414
宁夏	37080	9136	937449	618549	318900
新疆	139334	57233	2801323	1763105	1038218

1-04　按行业(中类)分组的法人单位数、产业活动单位数及从业人员数

行业中类	代码	法人单位					产业活动单位		
		单位数(个)	单产业法人	多产业法人	从业人员数(人)	#女性	单位数(个)	#多产业法人所属的产业活动单位数	从业人员数(人)
总　计	**0000**	**7098765**	**6738242**	**360523**	**271537187**	**94594096**	**8869595**	**2131353**	**278632867**
农、林、牧、渔业	**A**	**2023**	**606**	**1417**	**1952739**	**769116**	**21103**	**20497**	**1006607**
农业	0100	678	106	572	1283632	539778	2306	2200	565572
谷物及其他作物的种植	0110	435	41	394	1203929	503309	1240	1199	550223
蔬菜、园艺作物的种植	0120	103	25	78	35586	17253	209	184	3679
水果、坚果、饮料和香料作物的种植	0130	125	35	90	43596	19112	831	796	10643
中药材的种植	0140	15	5	10	521	104	26	21	1027
林业	0200	528	111	417	579754	196587	2902	2791	301920
林木的培育和种植	0210	319	110	209	86605	22870	2425	2315	45544
木材和竹材的采运	0220	88	1	87	218591	55282	315	314	53487
林产品的采集	0230	121		121	274558	118435	162	162	202889
畜牧业	0300	415	246	169	51629	19192	1080	834	30272
牲畜的饲养	0310	154	99	55	32901	12869	322	223	10071
猪的饲养	0320	130	88	42	3227	922	378	290	6655
家禽的饲养	0330	93	45	48	14112	5033	292	247	12138
狩猎和捕捉动物	0340	1		1	2		2	2	5
其他畜牧业	0390	37	14	23	1387	368	86	72	1403
渔业	0400	64	17	47	6085	1658	604	587	9670
海洋渔业	0410	19	7	12	1301	348	72	65	4672
内陆渔业	0420	45	10	35	4784	1310	532	522	4998
农、林、牧、渔服务业	0500	338	126	212	31639	11901	14211	14085	99173
农业服务业	0510	179	69	110	20496	8946	5123	5054	40184
林业服务业	0520	50	20	30	8350	2279	3500	3480	26601
畜牧服务业	0530	101	36	65	2101	471	5418	5382	31508
渔业服务业	0540	8	1	7	692	205	170	169	880
采矿业	**B**	**97315**	**95609**	**1706**	**9907544**	**1544434**	**102336**	**6727**	**9484019**
煤炭开采和洗选业	0600	21931	21163	768	5786535	814015	23818	2655	5403528
烟煤和无烟煤的开采洗选	0610	20901	20168	733	5595746	787726	22640	2472	5200520
褐煤的开采洗选	0620	562	529	33	169795	22650	682	153	177779
其他煤炭采选	0690	468	466	2	20994	3639	496	30	25229
石油和天然气开采业	0700	1363	1314	49	1126201	308168	1795	481	886527
天然原油和天然气开采	0710	291	269	22	639916	198926	479	210	495879
与石油和天然气开采有关的服务活动	0790	1072	1045	27	486285	109242	1316	271	390648
黑色金属矿采选业	0800	17469	17214	255	928632	123568	18182	968	1007105
铁矿采选	0810	15609	15375	234	844163	111025	16114	739	914796
其他黑色金属矿采选	0890	1860	1839	21	84469	12543	2068	229	92309
有色金属矿采选业	0900	10686	10472	214	743014	120498	11148	676	840402
常用有色金属矿采选	0910	7491	7336	155	433407	66895	7792	456	510540
贵金属矿采选	0920	2039	2005	34	195505	34619	2111	106	203693
稀有稀土金属矿采选	0930	1156	1131	25	114102	18984	1245	114	126169
非金属矿采选业	1000	45161	44747	414	1307197	175817	46669	1922	1329857
土砂石开采	1010	38507	38239	268	966139	114001	39670	1431	987634
化学矿采选	1020	1552	1486	66	87777	13787	1665	179	86950
采盐	1030	850	819	31	121024	26709	966	147	121507
石棉及其他非金属矿采选	1090	4252	4203	49	132257	21320	4368	165	133766
其他采矿业	1100	705	699	6	15965	2368	724	25	16600
制造业	**C**	**1818370**	**1792475**	**25895**	**104330564**	**42423297**	**1859197**	**66722**	**105596796**
农副食品加工业	1300	102309	100535	1774	4547146	1751652	106656	6121	4575857
谷物磨制	1310	28585	28346	239	758942	184008	29185	839	766846
饲料加工	1320	11888	11712	176	475380	120899	12156	444	476789

1-04 续表 1

行业中类	代码	法人单位					产业活动单位		
		单位数(个)	单产业法人	多产业法人	从业人员数(人)	#女性	单位数(个)	#多产业法人所属的产业活动单位数	从业人员数(人)
植物油加工	1330	9820	9635	185	381971	104687	10091	456	389493
制糖	1340	627	571	56	182691	65991	682	111	173646
屠宰及肉类加工	1350	16060	15413	647	1003121	434633	18591	3178	1007476
水产品加工	1360	8509	8371	138	566873	279135	8647	276	566614
蔬菜、水果和坚果加工	1370	13743	13560	183	636620	343008	13954	394	643806
其他农副食品加工	1390	13077	12927	150	541548	219291	13350	423	551187
食品制造业	1400	41714	40550	1164	2187868	1047858	43070	2520	2194840
焙烤食品制造	1410	10140	9652	488	402978	215457	10703	1051	403247
糖果、巧克力及蜜饯制造	1420	4638	4583	55	219988	112702	4682	99	215592
方便食品制造	1430	6491	6400	91	388392	193965	6647	247	380763
液体乳及乳制品制造	1440	1912	1817	95	234532	99231	2067	250	237653
罐头制造	1450	2986	2935	51	238019	141332	3056	121	240456
调味品、发酵制品制造	1460	6683	6538	145	298131	120600	6817	279	309401
其他食品制造	1490	8864	8625	239	405828	164571	9098	473	407728
饮料制造业	1500	34980	33982	998	1660363	645251	36367	2385	1676289
酒精制造	1510	438	428	10	56328	15736	454	26	54598
酒的制造	1520	13436	13083	353	890651	346632	13712	629	897335
软饮料制造	1530	12085	11717	368	489928	185262	12526	809	493138
精制茶加工	1540	9021	8754	267	223456	97621	9675	921	231218
烟草制品业	1600	251	228	23	208318	77221	317	89	232534
烟叶复烤	1610	87	84	3	30109	14677	100	16	30600
卷烟制造	1620	82	66	16	167939	58360	132	66	191446
其他烟草制品加工	1690	82	78	4	10270	4184	85	7	10488
纺织业	1700	108024	106334	1690	8138660	5096295	109953	3619	8197209
棉、化纤纺织及印染精加工	1710	42300	41632	668	3970937	2438771	42865	1233	3995516
毛纺织和染整精加工	1720	5162	5105	57	430594	264211	5237	132	433227
麻纺织	1730	977	962	15	123549	76032	998	36	126127
丝绢纺织及精加工	1740	6766	6577	189	455522	291283	7145	568	451550
纺织制成品制造	1750	23984	23654	330	1220947	733443	24336	682	1235248
针织品、编织品及其制品制造	1760	28835	28404	431	1937111	1292555	29372	968	1955541
纺织服装、鞋、帽制造业	1800	79494	78283	1211	6448028	4386278	80875	2592	6576773
纺织服装制造	1810	74422	73243	1179	6044645	4121101	75756	2513	6164708
纺织面料鞋的制造	1820	3569	3545	24	280630	174109	3604	59	283647
制帽	1830	1503	1495	8	122753	91068	1515	20	128418
皮革、毛皮、羽毛(绒)及其制品业	1900	31232	30816	416	3386625	1970922	31891	1075	3436943
皮革鞣制加工	1910	2572	2544	28	219661	96130	2718	174	221166
皮革制品制造	1920	24545	24203	342	2956690	1756907	25004	801	3003536
毛皮鞣制及制品加工	1930	2442	2423	19	101088	50652	2480	57	102228
羽毛(绒)加工及制品制造	1940	1673	1646	27	109186	67233	1689	43	110013
木材加工及木、竹、藤、棕、草制品业	2000	62693	62236	457	2390195	890154	63827	1591	2411959
锯材、木片加工	2010	23643	23533	110	575457	175361	24189	656	583755
人造板制造	2020	17459	17327	132	1055862	404052	17677	350	1049928
木制品制造	2030	14502	14341	161	488684	175359	14754	413	501463
竹、藤、棕、草制品制造	2040	7089	7035	54	270192	135382	7207	172	276813
家具制造业	2100	36117	35420	697	1583494	485383	36760	1340	1609876
木质家具制造	2110	26598	26092	506	1046916	297879	27040	948	1066993
竹、藤家具制造	2120	673	665	8	30556	12702	678	13	30324
金属家具制造	2130	4014	3950	64	282816	95775	4087	137	284851
塑料家具制造	2140	531	525	6	22533	8793	547	22	23140
其他家具制造	2190	4301	4188	113	200673	70234	4408	220	204568

1-04　续表 2

行业中类	代码	法人单位					产业活动单位		
		单位数(个)	单产业法人	多产业法人	从业人员数(人)	#女性	单位数(个)	#多产业法人所属的产业活动单位数	从业人员数(人)
造纸及纸制品业	2200	48625	48181	444	2190967	835758	49340	1159	2229119
纸浆制造	2210	871	859	12	61677	18135	889	30	68350
造纸	2220	12087	11929	158	925723	315313	12250	321	931023
纸制品制造	2230	35667	35393	274	1203567	502310	36201	808	1229746
印刷业和记录媒介的复制	2300	52693	51959	734	1544478	660662	54048	2089	1591369
印刷	2310	47810	47160	650	1419382	606647	49008	1848	1462871
装订及其他印刷服务活动	2320	4643	4569	74	107095	47012	4790	221	110637
记录媒介的复制	2330	240	230	10	18001	7003	250	20	17861
文教体育用品制造业	2400	20118	19819	299	1680598	965044	20775	956	1792387
文化用品制造	2410	5400	5294	106	247525	131194	5532	238	257304
体育用品制造	2420	4725	4667	58	393209	190504	4836	169	404397
乐器制造	2430	1335	1310	25	99489	46059	1360	50	100799
玩具制造	2440	7942	7875	67	901747	580396	8279	404	988097
游艺器材及娱乐用品制造	2450	716	673	43	38628	16891	768	95	41790
石油加工、炼焦及核燃料加工业	2500	6424	6231	193	921134	235485	6641	410	894227
精炼石油产品的制造	2510	4671	4552	119	473993	136817	4802	250	449874
炼焦	2520	1731	1659	72	436552	94879	1815	156	433876
化学原料及化学制品制造业	2600	96172	94665	1507	5625078	1817457	98017	3352	5665341
基础化学原料制造	2610	16815	16540	275	1304728	338954	17260	720	1310321
肥料制造	2620	8989	8823	166	855313	230009	9248	425	873157
农药制造	2630	2500	2426	74	214552	70247	2544	118	209282
涂料、油墨、颜料及类似产品制造	2640	18423	18156	267	589992	157037	18664	508	596880
合成材料制造	2650	6065	5948	117	467145	147521	6177	229	449099
专用化学产品制造	2660	34186	33761	425	1784804	686466	34763	1002	1814120
日用化学产品制造	2670	9194	9011	183	408544	187223	9361	350	412482
医药制造业	2700	15286	14918	368	1682985	774084	15685	767	1711696
化学药品原药制造	2710	2235	2187	48	339153	123953	2310	123	343182
化学药品制剂制造	2720	2267	2199	68	449521	218279	2336	137	463011
中药饮片加工	2730	2027	1978	49	102679	48160	2079	101	105040
中成药制造	2740	2731	2631	100	412607	202642	2839	208	418599
兽用药品制造	2750	1345	1313	32	87144	36680	1372	59	87503
生物、生化制品的制造	2760	2404	2360	44	145730	55472	2446	86	147612
卫生材料及医药用品制造	2770	2277	2250	27	146151	88898	2303	53	146749
化学纤维制造业	2800	4521	4470	51	475685	219316	4578	108	451967
纤维素纤维原料及纤维制造	2810	790	776	14	116344	44983	812	36	107001
合成纤维制造	2820	3731	3694	37	359341	174333	3766	72	344966
橡胶制品业	2900	20744	20491	253	1282569	507454	21144	653	1304051
轮胎制造	2910	1880	1830	50	336581	89635	1921	91	340036
橡胶板、管、带的制造	2920	3995	3950	45	178327	61455	4073	123	187643
橡胶零件制造	2930	6041	5969	72	220319	93340	6188	219	223770
再生橡胶制造	2940	1104	1096	8	38244	11380	1108	12	38385
日用及医用橡胶制品制造	2950	1010	997	13	71719	41290	1026	29	72693
橡胶靴鞋制造	2960	1865	1836	29	265825	141687	1891	55	265468
其他橡胶制品制造	2990	4849	4813	36	171554	68667	4937	124	176056
塑料制品业	3000	98293	97377	916	3899242	1746737	100210	2833	4035220
塑料薄膜制造	3010	8904	8806	98	339712	130892	9053	247	341009
塑料板、管、型材的制造	3020	14099	13959	140	527024	179465	14336	377	545101
塑料丝、绳及编织品的制造	3030	10401	10276	125	472547	259723	10646	370	482798
泡沫塑料制造	3040	5030	4985	45	158215	57677	5108	123	161176
塑料人造革、合成革制造	3050	1153	1140	13	107707	35599	1170	30	108825

1-04 续表 3

行业中类	代码	法人单位					产业活动单位		
		单位数(个)	单产业法人	多产业法人	从业人员数(人)	#女性	单位数(个)	#多产业法人所属的产业活动单位数	从业人员数(人)
塑料包装箱及容器制造	3060	10962	10871	91	366370	171071	11154	283	375599
塑料零件制造	3070	13315	13176	139	526272	259706	13572	396	551010
日用塑料制造	3080	12832	12713	119	633006	316305	13042	329	650451
其他塑料制品制造	3090	21597	21451	146	768389	336299	22129	678	819251
非金属矿物制品业	3100	211193	209421	1772	9390564	2520463	214836	5415	9540004
水泥、石灰和石膏的制造	3110	14651	14356	295	1415523	322830	15014	658	1438840
水泥及石膏制品制造	3120	48940	48625	315	1274283	221371	50165	1540	1299336
砖瓦、石材及其他建筑材料制造	3130	99510	98943	567	3828144	957394	100781	1838	3864701
玻璃及玻璃制品制造	3140	15922	15654	268	1169588	443872	16165	511	1182907
陶瓷制品制造	3150	8938	8828	110	748240	342233	9078	250	749886
耐火材料制品制造	3160	11601	11522	79	488481	114369	11744	222	500546
石墨及其他非金属矿物制品制造	3190	11631	11493	138	466305	118394	11889	396	503788
黑色金属冶炼及压延加工业	3200	18939	18544	395	3372463	687720	19441	897	2946472
炼铁	3210	2687	2642	45	332479	70267	2756	114	368096
炼钢	3220	788	763	25	552482	100818	842	79	494508
钢压延加工	3230	12400	12141	259	2172485	449667	12660	519	1767138
铁合金冶炼	3240	3064	2998	66	315017	66968	3183	185	316730
有色金属冶炼及压延加工业	3300	21498	21191	307	2036208	507343	22013	822	1955808
常用有色金属冶炼	3310	5907	5788	119	938724	219734	6136	348	889032
贵金属冶炼	3320	591	576	15	70835	14475	615	39	65422
稀有稀土金属冶炼	3330	1402	1375	27	129179	30917	1443	68	116873
有色金属合金制造	3340	2156	2138	18	118164	32222	2189	51	119642
有色金属压延加工	3350	11442	11314	128	779306	209995	11630	316	764839
金属制品业	3400	132747	131238	1509	5023298	1538291	135321	4083	5162767
结构性金属制品制造	3410	47440	46885	555	1559857	371107	48439	1554	1619825
金属工具制造	3420	17669	17526	143	603979	215781	17880	354	617892
集装箱及金属包装容器制造	3430	5619	5545	74	336958	97491	5729	184	340606
金属丝绳及其制品的制造	3440	7026	6933	93	286902	84044	7120	187	292055
建筑、安全用金属制品制造	3450	15167	14952	215	628003	213263	15481	529	644325
金属表面处理及热处理加工	3460	10935	10824	111	412835	134367	11247	423	432263
搪瓷制品制造	3470	989	978	11	65121	24397	1008	30	55369
不锈钢及类似日用金属制品制造	3480	12439	12274	165	616859	228429	12647	373	628209
其他金属制品制造	3490	15463	15321	142	512784	169412	15770	449	532223
通用设备制造业	3500	181969	179742	2227	7243788	1905604	184861	5119	7408985
锅炉及原动机制造	3510	7091	6965	126	482778	122514	7240	275	487234
金属加工机械制造	3520	22490	22229	261	836591	197065	22840	611	850062
起重运输设备制造	3530	5620	5445	175	455674	95682	5793	348	457339
泵、阀门、压缩机及类似机械的制造	3540	23853	23459	394	1093110	297329	24207	748	1114775
轴承、齿轮、传动和驱动部件的制造	3550	12586	12444	142	712547	223339	12709	265	715359
烘炉、熔炉及电炉制造	3560	1749	1735	14	50442	11879	1773	38	53112
风机、衡器、包装设备等通用设备制造	3570	21411	21103	308	912404	261685	21756	653	943053
通用零部件制造及机械修理	3580	55742	55194	548	1398165	411587	56812	1618	1464480
金属铸、锻加工	3590	31427	31168	259	1302077	284524	31731	563	1323571
专用设备制造业	3600	92806	91517	1289	4343877	1207651	94726	3209	4450536
矿山、冶金、建筑专用设备制造	3610	15987	15737	250	1068196	230742	16494	757	1116021
化工、木材、非金属加工专用设备制造	3620	26268	25981	287	957512	262959	26751	770	1009061
食品、饮料、烟草及饲料生产专用设备制造	3630	3557	3516	41	157680	36604	3602	86	162183
印刷、制药、日化生产专用设备制造	3640	5747	5661	86	225548	58524	5863	202	228299
纺织、服装和皮革工业专用设备制造	3650	8808	8655	153	353582	109363	8942	287	358497
农、林、牧、渔专用机械制造	3670	7464	7368	96	386247	88272	7616	248	392248

1-04 续表 4

行业中类	代码	法人单位					产业活动单位		
		单位数(个)	单产业法人	多产业法人	从业人员数(人)	#女性	单位数(个)	#多产业法人所属的产业活动单位数	从业人员数(人)
医疗仪器设备及器械制造	3680	5473	5378	95	298257	149060	5590	212	299846
环保、社会公共安全及其他专用设备制造	3690	13380	13194	186	437181	110684	13595	401	442880
交通运输设备制造业	3700	79692	78284	1408	5812002	1628070	82498	4214	5910260
铁路运输设备制造	3710	2761	2695	66	361239	87040	2904	209	371009
汽车制造	3720	54588	53719	869	3566533	1036381	56609	2890	3632735
摩托车制造	3730	6807	6684	123	533596	179783	6962	278	544286
自行车制造	3740	5662	5533	129	276040	92077	5736	203	285824
船舶及浮动装置制造	3750	8034	7881	153	702227	118091	8378	497	718513
航空航天器制造	3760	383	335	48	317121	98804	427	92	298126
交通器材及其他交通运输设备制造	3790	1457	1437	20	55246	15894	1482	45	59767
电气机械及器材制造业	3900	93754	91975	1779	6294621	2700405	95747	3772	6429497
电机制造	3910	10001	9830	171	740415	297689	10171	341	766204
输配电及控制设备制造	3920	31390	30743	647	1736574	749033	32151	1408	1799923
电线、电缆、光缆及电工器材制造	3930	16688	16357	331	987837	391838	17019	662	1031038
电池制造	3940	3827	3757	70	508992	240338	3886	129	511693
家用电力器具制造	3950	11395	11163	232	1193472	480466	11695	532	1163280
非电力家用器具制造	3960	3360	3287	73	136703	48966	3418	131	137643
照明器具制造	3970	12816	12611	205	829914	427640	13024	413	847964
其他电气机械及器材制造	3990	4277	4227	50	160714	64435	4383	156	171752
通信设备、计算机及其他电子设备制造业	4000	45455	44683	772	7004903	3678848	46816	2133	7140207
通信设备制造	4010	4737	4606	131	895613	410035	5005	399	912331
雷达及配套设备制造	4020	121	111	10	44436	16032	133	22	51433
广播电视设备制造	4030	1497	1468	29	121843	62352	1532	64	125377
电子计算机制造	4040	3845	3752	93	1465569	722225	4030	278	1496082
电子器件制造	4050	6377	6266	111	1068604	562643	6521	255	1054145
电子元件制造	4060	20432	20165	267	2454168	1380458	20913	748	2507469
家用视听设备制造	4070	3331	3266	65	593859	333798	3437	171	615544
其他电子设备制造	4090	5115	5049	66	360811	191305	5245	196	377826
仪器仪表及文化、办公用机械制造业	4100	23731	23263	468	1496156	682306	24569	1306	1542441
通用仪器仪表制造	4110	11650	11413	237	504642	183165	11930	517	498317
专用仪器仪表制造	4120	3993	3913	80	202729	76503	4090	177	204877
钟表与计时仪器制造	4130	1755	1737	18	169757	92603	1981	244	204367
光学仪器及眼镜制造	4140	3481	3406	75	323967	170258	3579	173	329924
文化、办公用机械制造	4150	1632	1584	48	262760	148516	1713	129	268724
其他仪器仪表的制造及修理	4190	1220	1210	10	32301	11261	1276	66	36232
工艺品及其他制造业	4200	48693	47990	703	2255917	1192121	49753	1763	2311486
工艺美术品制造	4210	31067	30551	516	1555098	853885	31779	1228	1589023
日用杂品制造	4220	7861	7752	109	445566	255127	8018	266	457368
煤制品制造	4230	4502	4480	22	69868	14141	4578	98	72790
其他未列明的制造业	4290	5232	5176	56	184433	68777	5344	168	191233
废弃资源和废旧材料回收加工业	4300	8203	8132	71	203334	61464	8462	330	210676
金属废料和碎屑的加工处理	4310	3957	3916	41	120797	34817	4111	195	127532
非金属废料和碎屑的加工处理	4320	4246	4216	30	82537	26647	4351	135	83144
电力、燃气及水的生产和供应业	**D**	**57923**	**54651**	**3272**	**4045931**	**1126802**	**84862**	**30211**	**4361012**
电力、热力的生产和供应业	4400	38016	35684	2332	3143214	814597	60102	24418	3371724
电力生产	4410	31804	30767	1037	1400946	367280	36212	5445	1437894
电力供应	4420	3052	1893	1159	1479160	382772	20031	18138	1617921
热力生产和供应	4430	3160	3024	136	263108	64545	3859	835	315909
燃气生产和供应业	4500	3128	2876	252	226700	71154	3888	1012	256306
水的生产和供应业	4600	16779	16091	688	676017	241051	20872	4781	732982
自来水的生产和供应	4610	14480	13821	659	617200	223512	18356	4535	667874
污水处理及其再生利用	4620	1783	1758	25	51462	15854	1944	186	56084
其他水的处理、利用与分配	4690	516	512	4	7355	1685	572	60	9024

1-04 续表 5

行业中类	代码	法人单位					产业活动单位		
		单位数（个）	单产业法人	多产业法人	从业人员数（人）	#女性	单位数（个）	#多产业法人所属的产业活动单位数	从业人员数（人）
建筑业	E	**226768**	**219444**	**7324**	**39070264**	**4728049**	**253211**	**33767**	**39954674**
房屋和土木工程建筑业	4700	93054	88195	4859	32429089	3715332	111566	23371	32898741
房屋工程建筑	4710	59935	56495	3440	25420433	2735242	74153	17658	25798249
土木工程建筑	4720	33119	31700	1419	7008656	980090	37413	5713	7100492
建筑安装业	4800	43759	42736	1023	3226536	518182	47638	4902	3439184
建筑装饰业	4900	66286	65114	1172	1866382	318720	69102	3988	1988537
其他建筑业	5000	23669	23399	270	1548257	175815	24905	1506	1628212
工程准备	5010	8717	8596	121	438644	58984	9089	493	460258
提供施工设备服务	5020	2753	2730	23	234844	24941	2943	213	252672
其他未列明的建筑活动	5090	12198	12072	126	874749	91884	12872	800	915262
交通运输、仓储和邮政业	F	**157589**	**150099**	**7490**	**8976298**	**2249937**	**225259**	**75160**	**9614746**
铁路运输业	5100	440	426	14	55648	11789	592	166	126332
铁路旅客运输	5110	17	16	1	5567	1524	29	13	20738
铁路货物运输	5120	203	195	8	34562	6912	285	90	72553
铁路运输辅助活动	5130	220	215	5	15519	3353	278	63	33041
道路运输业	5200	73202	69426	3776	3757924	842557	93982	24556	4018707
公路旅客运输	5210	7745	6807	938	944799	296844	10489	3682	903741
道路货物运输	5220	53276	51786	1490	1957276	276359	57909	6123	2069227
道路运输辅助活动	5230	12181	10833	1348	855849	269354	25584	14751	1045739
城市公共交通业	5300	7689	7275	414	1602044	397725	8963	1688	1635679
公共电汽车客运	5310	2054	1826	228	900593	298860	2738	912	930386
轨道交通	5320	85	77	8	55096	16070	119	42	50847
出租车客运	5330	5129	4973	156	605635	71475	5612	639	614861
城市轮渡	5340	91	87	4	7723	1443	103	16	8033
其他城市公共交通	5390	330	312	18	32997	9877	391	79	31552
水上运输业	5400	8009	7657	352	812911	141502	9085	1428	748074
水上旅客运输	5410	915	874	41	57797	12860	1130	256	59348
水上货物运输	5420	4857	4658	199	469137	73163	5248	590	422637
水上运输辅助活动	5430	2237	2125	112	285977	55479	2707	582	266089
航空运输业	5500	808	713	95	320362	118274	1314	601	323789
航空客货运输	5510	300	258	42	220222	83879	605	347	227643
通用航空服务	5520	152	147	5	5839	1616	190	43	7008
航空运输辅助活动	5530	356	308	48	94301	32779	519	211	89138
管道运输业	5600	85	75	10	25054	6263	121	46	42247
装卸搬运和其他运输服务业	5700	44661	43004	1657	1074379	289538	50923	7919	1205392
装卸搬运	5710	7331	7174	157	387377	57950	7977	803	435583
运输代理服务	5720	37330	35830	1500	687002	231588	42946	7116	769809
仓储业	5800	18207	17629	578	534918	147053	21091	3462	601990
谷物、棉花等农产品仓储	5810	5600	5320	280	177041	49335	7195	1875	186665
其他仓储	5890	12607	12309	298	357877	97718	13896	1587	415325
邮政业	5900	4488	3894	594	793058	295236	39188	35294	912536
国家邮政	5910	621	171	450	673721	266471	33944	33773	792033
其他寄递服务	5990	3867	3723	144	119337	28765	5244	1521	120503
信息传输、计算机服务和软件业	G	**153290**	**149424**	**3866**	**3206954**	**1190433**	**211421**	**61997**	**3593578**
电信和其他信息传输服务业	6000	22590	20313	2277	1540412	638307	76557	56244	1893816
电信	6010	6777	5071	1706	1198040	522432	53365	48294	1497219
互联网信息服务	6020	10638	10404	234	151109	58778	11864	1460	170748

1-04　续表 6

行业中类	代码	法人单位 单位数(个)	单产业法人	多产业法人	从业人员数(人)	女性	产业活动单位 单位数(个)	#多产业法人所属的产业活动单位数	从业人员数(人)
广播电视传输服务	6030	4946	4617	329	183488	54121	11051	6434	217176
卫星传输服务	6040	229	221	8	7775	2976	277	56	8673
计算机服务业	6100	90843	90027	816	769355	271058	93441	3414	788019
计算机系统服务	6110	14702	14409	293	242587	77474	15360	951	253744
数据处理	6120	997	971	26	31352	15949	1097	126	33009
计算机维修	6130	3165	3090	75	34577	10668	3444	354	35103
其他计算机服务	6190	71979	71557	422	460839	166967	73540	1983	466163
软件业	6200	39857	39084	773	897187	281068	41423	2339	911743
公共软件服务	6210	32602	31940	662	747257	231043	33860	1920	759899
其他软件服务	6290	7255	7144	111	149930	50025	7563	419	151844
批发和零售业	**H**	**1403141**	**1343605**	**59536**	**18919762**	**8093936**	**1745277**	**401672**	**19592227**
批发业	6300	854007	823572	30435	10549388	3827763	969427	145855	10728355
农畜产品批发	6310	41760	39738	2022	703804	212830	53630	13892	720778
食品、饮料及烟草制品批发	6320	63784	60431	3353	1394362	503844	73999	13568	1429130
纺织、服装及日用品批发	6330	88629	85927	2702	1081013	554176	93320	7393	1122000
文化、体育用品及器材批发	6340	27255	26222	1033	306056	140979	28945	2723	313504
医药及医疗器材批发	6350	25541	24105	1436	558034	249072	28288	4183	547239
矿产品、建材及化工产品批发	6360	287252	276566	10686	3211571	1023466	346295	69729	3203731
机械设备、五金交电及电子产品批发	6370	239381	232246	7135	2457103	866373	251002	18756	2517173
贸易经纪与代理	6380	19650	19285	365	209932	78047	20644	1359	215095
其他批发	6390	60755	59052	1703	627513	198976	73304	14252	659705
零售业	6500	549134	520033	29101	8370374	4266173	775850	255817	8863872
综合零售	6510	63693	56909	6784	2859867	1769115	116227	59318	2858737
食品、饮料及烟草制品专门零售	6520	44851	41953	2898	492535	219214	68693	26740	563277
纺织、服装及日用品专门零售	6530	59570	55817	3753	749027	463731	78097	22280	809422
文化、体育用品及器材专门零售	6540	36487	34215	2272	405394	212287	46628	12413	434491
医药及医疗器材专门零售	6550	49441	45742	3699	625087	364827	104921	59179	695540
汽车、摩托车、燃料及零配件专门零售	6560	79907	76878	3029	1229100	442037	118363	41485	1400728
家用电器及电子产品专门零售	6570	90954	87467	3487	972755	423362	102071	14604	1004036
五金、家具及室内装修材料专门零售	6580	72517	70725	1792	568584	216176	79570	8845	595771
无店铺及其他零售	6590	51714	50327	1387	468025	155424	61280	10953	501870
住宿和餐饮业	**I**	**145297**	**138720**	**6577**	**5857510**	**3278408**	**181401**	**42681**	**6249069**
住宿业	6600	54316	51466	2850	2673057	1522314	62010	10544	2770989
旅游饭店	6610	17850	16293	1557	1900688	1060294	19478	3185	1920657
一般旅馆	6620	33233	32007	1226	692793	415413	38605	6598	757634
其他住宿服务	6690	3233	3166	67	79576	46607	3927	761	92698
餐饮业	6700	90981	87254	3727	3184453	1756094	119391	32137	3478080
正餐服务	6710	75029	72204	2825	2628709	1451168	90389	18185	2839049
快餐服务	6720	6171	5694	477	373083	204671	13279	7585	403722
饮料及冷饮服务	6730	3902	3735	167	54622	31180	5144	1409	59778
其他餐饮服务	6790	5879	5621	258	128039	69075	10579	4958	175531
金融业	**J**	**28668**	**17717**	**10951**	**5095109**	**2576588**	**225378**	**207661**	**6028460**
银行业	6800	7706	1957	5749	2820740	1328784	149712	147755	3305230
中央银行	6810	626	289	337	108700	36596	2824	2535	128158
商业银行	6820	6449	1403	5046	2616074	1251466	140953	139550	3041940
其他银行	6890	631	265	366	95966	40722	5935	5670	135132
证券业	6900	1116	829	287	148254	61491	5272	4443	169540
证券市场管理	6910	76	69	7	4803	1657	133	64	5417
证券经纪与交易	6920	699	440	259	130328	54446	4648	4208	151191
证券投资	6930	197	181	16	10869	4557	329	148	10369

1-04 续表 7

行业中类	代码	法人单位					产业活动单位		
		单位数(个)	单产业法人	多产业法人	从业人员数(人)	#女性	单位数(个)	#多产业法人所属的产业活动单位数	从业人员数(人)
证券分析与咨询	6940	144	139	5	2254	831	162	23	2563
保险业	7000	9146	4766	4380	1904912	1080295	47396	42630	2297780
人寿保险	7010	2904	1066	1838	1420360	849864	23061	21995	1719074
非人寿保险	7020	3678	1396	2282	421749	201096	20765	19369	495292
保险辅助服务	7030	2564	2304	260	62803	29335	3570	1266	83414
其他金融活动	7100	10700	10165	535	221203	106018	22998	12833	255910
金融信托与管理	7110	814	790	24	25237	9145	1114	324	23449
金融租赁	7120	102	99	3	2046	839	121	22	2126
财务公司	7130	329	322	7	6438	2929	357	35	6466
邮政储蓄	7140	358	50	308	89620	53524	11667	11617	123518
典当	7150	3035	2958	77	25816	9845	3176	218	25979
其他未列明的金融活动	7190	6062	5946	116	72046	29736	6563	617	74372
房地产业	K	**214391**	**204522**	**9869**	**5521938**	**1851135**	**244565**	**40043**	**5834561**
房地产业	7200	214391	204522	9869	5521938	1851135	244565	40043	5834561
房地产开发经营	7210	87880	86074	1806	2077206	655586	90012	3938	2059153
物业管理	7220	58405	54310	4095	2501183	849589	69966	15656	2779799
房地产中介服务	7230	33890	31142	2748	374302	153504	46539	15397	406102
其他房地产活动	7290	34216	32996	1220	569247	192456	38048	5052	589507
租赁和商务服务业	L	**427001**	**416102**	**10899**	**7706947**	**2664955**	**490843**	**74741**	**8494310**
租赁业	7300	18330	18019	311	218866	51476	19408	1389	251993
机械设备租赁	7310	17496	17203	293	209139	47903	18460	1257	241701
文化及日用品出租	7320	834	816	18	9727	3573	948	132	10292
商务服务业	7400	408671	398083	10588	7488081	2613479	471435	73352	8242317
企业管理服务	7410	93579	90242	3337	2379384	864038	124682	34440	2935327
法律服务	7420	21832	21713	119	226645	70665	26354	4641	245393
咨询与调查	7430	105085	103231	1854	1041343	455343	111546	8315	1087404
广告业	7440	72543	71713	830	608555	232033	74245	2532	620408
知识产权服务	7450	3803	3737	66	40269	18729	3982	245	40899
职业中介服务	7460	21588	21149	439	1121169	409913	24023	2874	1144496
市场管理	7470	18529	17655	874	461719	160869	23412	5757	489618
旅行社	7480	21245	19479	1766	302271	161351	27701	8222	310039
其他商务服务	7490	50467	49164	1303	1306726	240538	55490	6326	1368733
科学研究、技术服务和地质勘查业	M	**201689**	**195831**	**5858**	**4475880**	**1306013**	**237048**	**41217**	**4809137**
研究与试验发展	7500	21317	20747	570	786385	261577	22916	2169	822030
自然科学研究与试验发展	7510	2102	2036	66	98453	33392	2228	192	100417
工程和技术研究与试验发展	7520	9298	9072	226	425752	132204	9790	718	453986
农业科学研究与试验发展	7530	5097	4917	180	152043	50218	5762	845	155544
医学研究与试验发展	7540	3246	3170	76	69261	30503	3376	206	69012
社会人文科学研究与试验发展	7550	1574	1552	22	40876	15260	1760	208	43071
专业技术服务业	7600	99966	97318	2648	2264156	650909	112570	15252	2420306
气象服务	7610	3896	3576	320	64830	21932	4442	866	66784
地震服务	7620	1409	1370	39	17247	4947	1611	241	24544
海洋服务	7630	217	212	5	8409	1893	270	58	9007
测绘服务	7640	3751	3682	69	85974	23998	4162	480	91440
技术检测	7650	14708	14437	271	308472	103849	17784	3347	350478
环境监测	7660	3009	2957	52	57741	20813	3672	715	64958
工程技术与规划管理	7670	47094	45572	1522	1348990	360232	53142	7570	1410329
其他专业技术服务	7690	25882	25512	370	372493	113245	27487	1975	402766
科技交流和推广服务业	7700	76591	74210	2381	1032937	304172	97193	22983	1143434
技术推广服务	7710	62518	60336	2182	853323	248689	81547	21211	955881

1-04　续表 8

行业中类	代码	法人单位					产业活动单位		
		单位数（个）	单产业法　人	多产业法　人	从　业人员数（人）	#女性	单位数（个）	#多产业法人所属的产业活动单位数	从　业人员数（人）
科技中介服务	7720	6766	6671	95	81093	24750	7404	733	84829
其他科技服务	7790	7307	7203	104	98521	30733	8242	1039	102724
地质勘查业	7800	3815	3556	259	392402	89355	4369	813	423367
矿产地质勘查	7810	1702	1574	128	244608	53341	1843	269	262933
基础地质勘查	7820	795	713	82	77476	18881	1068	355	78357
地质勘查技术服务	7830	1318	1269	49	70318	17133	1458	189	82077
水利、环境和公共设施管理业	N	**57553**	**55144**	**2409**	**2214135**	**841566**	**74997**	**19853**	**2375337**
水利管理业	7900	20827	19752	1075	475648	122704	32103	12351	528572
防洪管理	7910	2627	2501	126	65155	15865	4079	1578	70532
水资源管理	7920	10549	9859	690	301049	79650	15863	6004	327724
其他水利管理	7990	7651	7392	259	109444	27189	12161	4769	130316
环境管理业	8000	12801	12327	474	861627	403082	16271	3944	924914
自然保护	8010	2295	2132	163	61669	18459	3387	1255	67669
环境治理	8020	10506	10195	311	799958	384623	12884	2689	857245
公共设施管理业	8100	23925	23065	860	876860	315780	26623	3558	921851
市政公共设施管理	8110	5222	5030	192	238615	73517	6292	1262	264334
城市绿化管理	8120	10862	10595	267	316626	112290	11552	957	329610
游览景区管理	8130	7841	7440	401	321619	129973	8779	1339	327907
居民服务和其他服务业	O	**120467**	**117022**	**3445**	**1990364**	**848654**	**137709**	**20687**	**2174725**
居民服务业	8200	61339	58982	2357	965828	490603	73406	14424	1067854
家庭服务	8210	3823	3727	96	48700	26362	4105	378	50696
托儿所	8220	1308	1296	12	15250	12137	1441	145	17472
洗染服务	8230	2216	1977	239	34397	17481	3396	1419	40539
理发及美容保健服务	8240	16490	15480	1010	219534	136878	19951	4471	236845
洗浴服务	8250	10350	10171	179	256120	134077	11342	1171	271127
婚姻服务	8260	3438	3395	43	18986	9936	3660	265	20003
殡葬服务	8270	4496	4349	147	94468	26123	5457	1108	99901
摄影扩印服务	8280	6932	6534	398	77348	40686	8145	1611	80791
其他居民服务	8290	12286	12053	233	201025	86923	15909	3856	250480
其他服务业	8300	59128	58040	1088	1024536	358051	64303	6263	1106871
修理与维护	8310	33120	32455	665	397276	87567	36244	3789	442230
清洁服务	8320	10565	10421	144	334832	185785	10952	531	340466
其他未列明的服务	8390	15443	15164	279	292428	84699	17107	1943	324175
教育	P	**335065**	**302078**	**32987**	**17236288**	**8537462**	**546479**	**244401**	**17946594**
教育	8400	335065	302078	32987	17236288	8537462	546479	244401	17946594
学前教育	8410	65638	64754	884	1030873	866043	81086	16332	1149480
初等教育	8420	129233	106656	22577	5933689	3090518	310008	203352	6648135
中等教育	8430	74372	67142	7230	7033420	3169177	81019	13877	6900814
高等教育	8440	5512	4914	598	2052582	903202	6688	1774	2063933
其他教育	8490	60310	58612	1698	1185724	508522	67678	9066	1184232
卫生、社会保障和社会福利业	Q	**206480**	**192658**	**13822**	**6803553**	**3852308**	**414299**	**221641**	**7418712**
卫生	8500	171449	158146	13303	6358529	3662313	364144	205998	6891989
医院	8510	22031	18951	3080	3931574	2422446	25333	6382	4030626
卫生院及社区医疗活动	8520	51724	42865	8859	1421232	705303	92190	49325	1418640
门诊部医疗活动	8530	70262	69789	473	313894	139543	205023	135234	660907
计划生育技术服务活动	8540	13060	12913	147	129172	74719	23346	10433	199984
妇幼保健活动	8550	3041	2863	178	196675	146114	3370	507	196933
专科疾病防治活动	8560	1888	1754	134	64081	32979	2282	528	65770
疾病预防控制及防疫活动	8570	5387	5039	348	210883	97037	6635	1596	216245
其他卫生活动	8590	4056	3972	84	91018	44172	5965	1993	102884

1-04 续表 9

行业中类	代码	法人单位					产业活动单位		
		单位数（个）	单产业法人	多产业法人	从业人员数（人）	#女性	单位数（个）	#多产业法人所属的产业活动单位数	从业人员数（人）
社会保障业	8600	11428	11209	219	195742	66419	17621	6412	238959
社会福利业	8700	23603	23303	300	249282	123576	32534	9231	287764
提供住宿的社会福利	8710	18122	17929	193	204720	104834	24186	6257	231080
不提供住宿的社会福利	8720	5481	5374	107	44562	18742	8348	2974	56684
文化、体育和娱乐业	R	**81878**	**79471**	**2407**	**1940677**	**821458**	**102171**	**22700**	**2047469**
新闻出版业	8800	6278	5979	299	356272	146553	7167	1188	358100
新闻业	8810	915	890	25	31117	12191	1205	315	32104
出版业	8820	5363	5089	274	325155	134362	5962	873	325996
广播、电视、电影和音像业	8900	13481	12671	810	477789	177785	20074	7403	506236
广播	8910	2962	2836	126	85297	32409	6035	3199	99701
电视	8920	4465	4095	370	277338	101143	7270	3175	288398
电影	8930	4801	4504	297	102951	39404	5458	954	105109
音像制作	8940	1253	1236	17	12203	4829	1311	75	13028
文化艺术业	9000	33830	33244	586	519512	230272	43044	9800	565014
文艺创作与表演	9010	5633	5557	76	164225	68146	6178	621	172276
艺术表演场馆	9020	1071	1038	33	30924	13258	1184	146	32754
图书馆与档案馆	9030	4744	4649	95	78115	44521	5335	686	82546
文物及文化保护	9040	2570	2499	71	35453	13776	3144	645	38453
博物馆	9050	1776	1728	48	45518	19624	1948	220	46812
烈士陵园、纪念馆	9060	955	937	18	13541	5658	1179	242	15014
群众文化活动	9070	11176	11000	176	104688	46159	17823	6823	128536
文化艺术经纪代理	9080	2068	2043	25	14630	6011	2112	69	14738
其他文化艺术	9090	3837	3793	44	32418	13119	4141	348	33885
体育	9100	7405	7226	179	125852	43665	8267	1041	131128
体育组织	9110	4203	4114	89	68837	22553	4627	513	69917
体育场馆	9120	1507	1450	57	33623	12682	1739	289	35522
其他体育	9190	1695	1662	33	23392	8430	1901	239	25689
娱乐业	9200	20884	20351	533	461252	223183	23619	3268	486991
室内娱乐活动	9210	12186	11947	239	241141	118121	13749	1802	255787
游乐园	9220	671	650	21	28404	12997	724	74	27985
休闲健身娱乐活动	9230	5924	5698	226	154116	76920	6826	1128	162859
其他娱乐活动	9290	2103	2056	47	37591	15145	2320	264	40360
公共管理和社会组织	S	**1363857**	**1213064**	**150793**	**22284730**	**5889545**	**1712039**	**498975**	**22050834**
中国共产党机关	9300	39846	36857	2989	611164	130118	43885	7028	599474
国家机构	9400	396222	326548	69674	14725490	4014693	691188	364640	14433140
国家权力机构	9410	6844	6042	802	230584	53948	8822	2780	234364
国家行政机构	9420	377840	311563	66277	13770972	3766118	660810	349247	13452235
人民法院和人民检察院	9430	7488	5164	2324	597060	157359	15784	10620	607287
其他国家机构	9490	4050	3779	271	126874	37268	5772	1993	139254
人民政协和民主党派	9500	6209	6052	157	100652	24179	6630	578	101640
人民政协	9510	3488	3346	142	83334	18044	3867	521	83899
民主党派	9520	2721	2706	15	17318	6135	2763	57	17741
群众团体、社会团体和宗教组织	9600	234644	231561	3083	2542034	736884	281483	49922	2780469
群众团体	9610	25591	24469	1122	304408	120322	30811	6342	365270
社会团体	9620	149698	148161	1537	1685331	445425	165057	16896	1760447
宗教组织	9630	59355	58931	424	552295	171137	85615	26684	654752
基层群众自治组织	9700	686936	612046	74890	4305390	983671	688853	76807	4136111
社区自治组织	9710	78921	74948	3973	687984	363341	79864	4916	687421
村民自治组织	9720	608015	537098	70917	3617406	620330	608989	71891	3448690

1-05　按东中西部及东北地区、登记注册类型分组的法人单位数、产业活动单位数及从业人员数

分　组	法人单位					产业活动单位		
	单位数(个)	单产业法人	多产业法人	从业人员数(人)	#女性	单位数(个)	#多产业法人所属的产业活动单位数	从业人员数(人)
按地区分组	**7098765**	**6738242**	**360523**	**271537187**	**94594096**	**8869595**	**2131353**	**278632867**
东部地区	3726859	3572665	154194	147287081	54924834	4417600	844935	150745140
中部地区	1416698	1333379	83319	54970430	17434665	1852871	519492	56629879
西部地区	1365100	1264732	100368	47816186	15251665	1868417	603685	49189257
东北地区	590108	567466	22642	21463490	6982932	730707	163241	22068591
按登记注册类型分组	**7098765**	**6738242**	**360523**	**271537187**	**94594096**	**8869595**	**2131353**	**278632867**
内资企业	**6912470**	**6560196**	**352274**	**240356569**	**79476719**	**8618227**	**2058031**	**246375297**
国有企业	1106291	966000	140291	63120633	22607450	1936934	970934	65624498
集体企业	264959	246817	18142	10474507	3279011	445293	198476	11193333
股份合作企业	67013	63260	3753	2782936	1028217	109187	45927	2809810
联营企业	13545	13001	544	654166	192313	18618	5617	686207
国有联营企业	2336	2207	129	167606	51207	3622	1415	184585
集体联营企业	5389	5210	179	203148	59365	7203	1993	204902
国有与集体联营企业	1742	1640	102	102098	34301	2295	655	108887
其他联营企业	4078	3944	134	181314	47440	5498	1554	187833
有限责任公司	555366	528952	26414	45018024	12490688	675137	146185	44557473
国有独资公司	10761	9154	1607	4579948	1213307	18047	8893	4022116
其他有限责任公司	544605	519798	24807	40438076	11277381	657090	137292	40535357
股份有限公司	98507	88336	10171	14729043	5061056	235223	146887	15383004
私营企业	3671752	3598721	73031	92686925	31333364	3870777	272056	93867238
私营独资企业	1367231	1355922	11309	26407607	9271403	1415293	59371	26701608
私营合伙企业	231025	228258	2767	5148828	1653397	239001	10743	5208201
私营有限责任公司	1962311	1906704	55607	56996256	19130147	2094376	187672	57761069
私营股份有限公司	111185	107837	3348	4134234	1278417	122107	14270	4196360
其他企业	1135037	1055109	79928	10890335	3484620	1327058	271949	12253734
港、澳、台商投资企业	**84004**	**80632**	**3372**	**14474042**	**7173009**	**108765**	**28133**	**14880694**
合资经营企业(港、澳、台资)	22137	21113	1024	3834705	1714268	27200	6087	3919216
合作经营企业(港、澳、台资)	4171	3984	187	594684	291863	5251	1267	634755
港、澳、台商独资经营企业	55042	53035	2007	9570762	4965352	70711	17676	9753255
港、澳、台商投资股份有限公司	2654	2500	154	473891	201526	5603	3103	573468
外商投资企业	**102291**	**97414**	**4877**	**16706576**	**7944368**	**142603**	**45189**	**17376876**
中外合资经营企业	32611	31064	1547	5577192	2360697	41556	10492	5853392
中外合作经营企业	3938	3731	207	584180	270652	4855	1124	596646
外资企业	62533	59668	2865	9822042	5021201	89562	29894	10166260
外商投资股份有限公司	3209	2951	258	723162	291818	6630	3679	760578

1-06 按地区、机构类型分组的法人单位数

地区	法人单位数(个)	企业法人	事业法人	机关法人	社会团体	民办非企业单位	基金会	居委会	村委会	其他组织机构
全国	**7098765**	**4959671**	**708728**	**249670**	**186286**	**152517**	**803**	**80219**	**610391**	**150480**
北京	267869	249861	7632	1347	1999	1953	95	177	2353	2452
天津	145411	125627	6256	1773	1823	1473	15	1409	3888	3147
河北	278581	170979	32706	12054	5065	3580	19	2911	49155	2112
山西	160748	87418	23492	8973	5001	2947	19	1823	28208	2867
内蒙古	113568	67531	16284	7634	5185	1915	22	2375	11384	1238
辽宁	315408	243786	26969	9468	7780	7754	12	3918	11773	3948
吉林	124427	82884	17174	5836	3754	1963	7	1877	9350	1582
黑龙江	150273	99162	19216	9976	4598	3345	8	3010	9074	1884
上海	360466	337764	8058	1823	2810	3423	58	3671	1828	1031
江苏	630836	532309	36909	10202	13143	8078	66	6036	16341	7752
浙江	560177	450955	27691	8397	13991	8349	92	3745	30166	16791
安徽	205275	134362	23199	9885	8050	5015	12	3281	15692	5779
福建	232603	159718	24793	8001	10268	4259	52	2040	14850	8622
江西	147815	78570	23729	9264	5699	5485	10	2577	17119	5362
山东	603846	431421	36596	12136	12359	16948	21	6125	80342	7898
河南	351074	212815	39934	11787	5467	18600	15	3448	47835	11173
湖北	293352	184717	38613	10352	9101	10341	23	3679	26533	9993
湖南	258434	140456	39833	12875	7124	5546	36	4143	44407	4014
广东	617659	509178	39342	11513	9321	9288	70	6217	21003	11727
广西	154748	74120	37611	9803	7379	3874	11	1660	14525	5765
海南	29411	19434	3412	1355	789	997	9	422	2610	383
重庆	139074	97413	16322	4544	3606	3748	22	2105	8993	2321
四川	310270	157395	51029	19584	14809	9190	44	5532	47917	4770
贵州	94296	40599	21356	7350	3193	1611	2	1609	17379	1197
云南	122667	65929	19711	10870	6548	2654	15	1210	12932	2798
西藏	15324	2407	2147	3894	541	10	1	164	5335	825
陕西	178971	91652	31558	10041	4557	6307	12	1595	27877	5372
甘肃	94361	40099	17853	7058	5042	1722	15	1126	16175	5271
青海	24394	9872	3663	2727	1359	359	1	332	4177	1904
宁夏	29312	15526	2753	1465	2098	492	5	421	2324	4228
新疆	88115	45712	12887	7683	3827	1291	14	1581	8846	6274

1-07　按地区、机构类型分组的法人单位从业人员数

地　区	从业人员数（人）	企业法人	事业法人	机关法人	社会团体	民办非企业单位	基金会	居委会	村委会	其他组织机构
全　国	**271537187**	**218893553**	**30510489**	**11317359**	**2140849**	**2357459**	**5970**	**723272**	**3649343**	**1938893**
北　京	7938702	6596901	897379	261093	25098	66219	1227	997	45719	44069
天　津	4410393	3773838	379406	112801	22059	29450	96	10293	41897	40553
河　北	11049947	8459422	1510854	630461	61152	79525	117	25556	253980	28880
山　西	6647248	4862368	1015710	391463	64690	82275	146	17629	170775	42192
内蒙古	4335440	3097076	742410	318033	58212	26430	127	13469	61367	18316
辽　宁	10307797	8422292	1155527	422380	88989	78345	62	42250	66096	31856
吉　林	4714335	3488756	786005	266233	43883	31669	56	22841	49708	25184
黑龙江	6441358	4915661	946231	360463	71142	39482	43	19590	55445	33301
上　海	10412240	9529927	546799	136602	22576	95245	366	27929	26819	25977
江　苏	27087242	24162923	1752284	574553	109780	173975	438	58474	162182	92633
浙　江	20790477	18643501	1141793	455490	80506	137207	392	30359	196962	104267
安　徽	8331974	6459811	1056648	405248	121875	92063	56	30204	111706	54363
福　建	9539333	8041152	792151	283070	88542	79337	342	24749	150444	79546
江　西	6155166	4552214	936629	362597	54447	84007	469	16058	89427	59318
山　东	23902656	19807516	2195459	835952	217304	190230	193	71116	477270	107616
河　南	14904203	11426478	2064043	725988	90114	177158	110	24967	278892	116453
湖　北	9637009	7240136	1457252	442073	99479	120549	135	30987	151485	94913
湖　南	9294830	6911038	1445315	526631	82391	85056	253	24228	180777	39141
广　东	30993946	27306338	2041937	874869	101819	250706	409	78641	196746	142481
广　西	4885707	3289493	1065900	276832	60295	53815	72	18956	89575	30769
海　南	1162145	835457	202531	68178	6955	20696	55	3612	16965	7696
重　庆	5640513	4649202	599550	198167	56690	45804	115	15367	50727	24891
四　川	11077015	8266203	1565626	577853	180455	112584	258	37079	264882	72075
贵　州	3025165	1912339	653963	286303	39016	29226	7	12906	76526	14879
云　南	4506052	3024049	849695	385622	81648	43770	91	11564	73465	36148
西　藏	322627	131418	65691	71452	8326	494	18	1157	25998	18073
陕　西	5991175	4291739	1036055	361371	49477	80225	117	12407	123341	36443
甘　肃	3222270	2071660	660367	258898	90331	21734	70	16587	68926	33697
青　海	779915	476319	148812	80463	16162	5457	16	3513	23064	26109
宁　夏	887349	610240	162574	61373	18245	6855	37	3001	9313	15711
新　疆	3142958	1638086	635893	304847	29191	17871	77	16786	58864	441343

1-08 按行业(大类)、

行业大类	代码	法人单位数(个)	北京	天津	河北	山西	内蒙古
总计	**0000**	**7098765**	**267869**	**145411**	**278581**	**160748**	**113568**
农、林、牧、渔业	**A**	**2023**	**31**		**10**	**15**	**64**
农业	0100	678	14			6	26
林业	0200	528	2		5	3	22
畜牧业	0300	415	8		3	4	5
渔业	0400	64	2			1	2
农、林、牧、渔服务业	0500	338	5		2	1	9
采矿业	**B**	**97315**	**142**	**99**	**7794**	**7969**	**4174**
煤炭开采和洗选业	0600	21931	38	6	777	4817	888
石油和天然气开采业	0700	1363	10	19	13	12	36
黑色金属矿采选业	0800	17469	16	9	4534	1493	1171
有色金属矿采选业	0900	10686		2	347	127	511
非金属矿采选业	1000	45161	78	57	2106	1520	1510
其他采矿业	1100	705		6	17		58
制造业	**C**	**1818370**	**28785**	**41354**	**78240**	**22410**	**15279**
农副食品加工业	1300	102309	723	1183	4738	1743	1958
食品制造业	1400	41714	822	952	2068	948	809
饮料制造业	1500	34980	308	259	1102	515	608
烟草制品业	1600	251	2	1	4	1	2
纺织业	1700	108024	580	1311	4529	270	683
纺织服装、鞋、帽制造业	1800	79494	1999	1876	1683	248	249
皮革、毛皮、羽毛(绒)及其制品业	1900	31232	173	311	1623	32	127
木材加工及木、竹、藤、棕、草制品业	2000	62693	592	542	1414	239	798
家具制造业	2100	36117	1142	770	1491	227	156
造纸及纸制品业	2200	48625	811	1295	2409	563	210
印刷业和记录媒介的复制	2300	52693	1433	990	2037	650	545
文教体育用品制造业	2400	20118	271	429	469	47	9
石油加工、炼焦及核燃料加工业	2500	6424	169	153	395	440	101
化学原料及化学制品制造业	2600	96172	1795	2629	4600	1543	982
医药制造业	2700	15286	483	362	487	261	164
化学纤维制造业	2800	4521	28	51	174	15	12
橡胶制品业	2900	20744	180	645	1624	166	54
塑料制品业	3000	98293	1275	2118	3967	565	399
非金属矿物制品业	3100	211193	2151	1734	11090	5758	3010
黑色金属冶炼及压延加工业	3200	18939	129	863	1478	621	473
有色金属冶炼及压延加工业	3300	21498	206	453	1209	341	384
金属制品业	3400	132747	2902	5478	6978	1179	1011
通用设备制造业	3500	181969	2550	4795	9900	3373	995
专用设备制造业	3600	92806	2036	2601	3630	879	425
交通运输设备制造业	3700	79692	1165	3063	3408	573	472
电气机械及器材制造业	3900	93754	1758	1993	3078	427	261
通信设备、计算机及其他电子设备制造业	4000	45455	1303	1403	615	140	57
仪器仪表及文化、办公用机械制造业	4100	23731	1104	907	610	125	38
工艺品及其他制造业	4200	48693	632	1861	1153	442	209
废弃资源和废旧材料回收加工业	4300	8203	63	326	277	79	78
电力、燃气及水的生产和供应业	**D**	**57923**	**359**	**307**	**977**	**770**	**986**
电力、热力的生产和供应业	4400	38016	241	154	572	402	642
燃气生产和供应业	4500	3128	37	50	122	103	71
水的生产和供应业	4600	16779	81	103	283	265	273
建筑业	**E**	**226768**	**9163**	**5466**	**5164**	**4203**	**3106**
房屋和土木工程建筑业	4700	93054	1928	1580	2760	1700	1529
建筑安装业	4800	43759	2032	1741	916	784	408
建筑装饰业	4900	66286	4531	1437	1082	1224	916
其他建筑业	5000	23669	672	708	406	495	253
交通运输、仓储和邮政业	**F**	**157589**	**6002**	**7416**	**4967**	**2964**	**3212**
铁路运输业	5100	440		35	1	60	39
道路运输业	5200	73202	2971	3009	2987	1697	2135

地区分组的法人单位数

辽　宁	吉　林	黑龙江	上　海	江　苏	浙　江	安　徽	福　建	江　西	山　东	代码
315408	**124427**	**150273**	**360466**	**630836**	**560177**	**205275**	**232603**	**147815**	**603846**	**0000**
43	**24**	**208**	**19**	**19**	**85**	**52**	**31**	**34**		**A**
12	3	117	8	5	28	23	10	7		0100
15	17	67	2	2	10	14	10	13		0200
6	4	12	6	2	25	3	8	10		0300
7		7	1	2	9	5	1	1		0400
3		5	2	8	13	7	2	3		0500
5522	**1877**	**2287**	**1**	**1145**	**1529**	**3162**	**2466**	**3703**	**4581**	**B**
734	264	1252		40	15	226	280	695	534	0600
103	185	178	1	6			1	1	43	0700
1569	227	63		76	16	507	244	308	736	0800
767	183	53		8	73	287	278	453	278	0900
2341	996	719		1009	1421	2123	1641	2202	2929	1000
8	22	22		6	4	19	22	44	61	1100
82603	**24865**	**29131**	**80736**	**265261**	**242892**	**52886**	**61938**	**34665**	**175986**	**C**
4896	3178	4295	723	6882	4092	5513	3080	3006	15432	1300
1881	950	1162	1121	2767	1844	1202	1841	1040	4950	1400
1260	1136	1160	259	2034	2336	1746	2459	842	2796	1500
6	18	11	3	9	7	8	7	4	15	1600
2214	334	539	4252	28540	26366	1976	2965	1503	10620	1700
3523	367	310	5803	15148	11448	2261	4955	1614	6557	1800
585	89	106	1075	2259	7358	585	3143	411	1998	1900
2283	2084	3161	1548	7124	4024	2903	3637	2719	8776	2000
1080	439	634	2686	2307	2976	1019	1176	694	3674	2100
1602	396	522	2533	5935	7288	969	2263	727	4413	2200
2102	971	992	2556	5801	7318	1227	1820	825	3896	2300
298	61	137	1212	4004	4870	675	686	314	1624	2400
927	111	294	147	577	231	62	89	51	671	2500
5088	1441	1549	3522	13207	7500	2553	2325	3923	11786	2600
735	754	419	549	1521	1119	460	306	525	1380	2700
112	26	24	128	1783	960	96	130	30	336	2800
1179	200	178	1119	3253	2933	465	830	194	2512	2900
3822	967	1047	5104	14958	18121	2427	3545	899	8883	3000
7970	3105	2956	3093	17139	9046	11024	8101	7144	20920	3100
1301	144	180	364	2831	2019	332	429	235	1048	3200
926	135	126	784	3672	2418	399	344	842	936	3300
5660	1312	1580	9891	22699	16933	2665	2859	1153	11346	3400
14784	1764	2682	10318	36682	33141	3521	2961	1247	19319	3500
5322	1158	1715	6248	18809	12059	1855	2085	853	9747	3600
4119	1961	1066	3204	11279	14326	2204	2204	1110	6441	3700
4569	798	1078	5570	16001	20708	2142	2168	985	5704	3900
1055	190	304	2363	9206	5976	762	1343	537	2315	4000
1644	285	375	1806	3829	4583	389	639	263	1357	4100
1445	404	459	2544	3919	10028	974	3392	731	5898	4200
215	87	70	211	1086	864	472	156	244	636	4300
1488	**1094**	**869**	**262**	**3218**	**3884**	**1935**	**5871**	**3422**	**1569**	**D**
957	798	588	49	392	2622	793	5031	2851	653	4400
115	88	53	44	220	118	107	45	84	306	4500
416	208	228	169	2606	1144	1035	795	487	610	4600
14959	**4092**	**5821**	**19312**	**25046**	**12936**	**9197**	**5983**	**3027**	**23740**	**E**
5015	1823	2485	4728	9365	4946	4686	2487	1600	11556	4700
4004	919	1244	4858	5501	1948	1024	1029	383	4462	4800
4586	958	1387	8297	7466	4391	2164	1524	815	5322	4900
1354	392	705	1429	2714	1651	1323	943	229	2400	5000
8958	**2901**	**3124**	**13330**	**13813**	**10251**	**5015**	**5763**	**3344**	**13025**	**F**
19		1	12	18		**8**	**15**	**2**	**57**	5100
3784	1665	1550	3422	6968	4649	2748	2341	2167	4734	5200

1-08 续表 1

行业大类	代码	法人单位数(个)	北京	天津	河北	山西	内蒙古
城市公共交通业	5300	7689	268	95	323	242	190
水上运输业	5400	8009	8	172	72	13	9
航空运输业	5500	808	22	13	5	31	33
管道运输业	5600	85	1	5	6	1	
装卸搬运和其他运输服务业	5700	44661	1679	3256	935	430	402
仓储业	5800	18207	668	775	584	461	352
邮政业	5900	4488	385	56	54	29	52
信息传输、计算机服务和软件业	**G**	**153290**	**15775**	**1843**	**3993**	**2603**	**1630**
电信和其他信息传输服务业	6000	22590	2326	272	399	591	348
计算机服务业	6100	90843	5313	1006	3169	1714	1031
软件业	6200	39857	8136	565	425	298	251
批发和零售业	**H**	**1403141**	**85050**	**44056**	**46879**	**28977**	**23379**
批发业	6300	854007	40805	25058	26821	13734	12475
零售业	6500	549134	44245	18998	20058	15243	10904
住宿和餐饮业	**I**	**145297**	**10667**	**3844**	**3947**	**2866**	**3047**
住宿业	6600	54316	3538	637	1618	1290	1229
餐饮业	6700	90981	7129	3207	2329	1576	1818
金融业	**J**	**28668**	**1025**	**580**	**880**	**731**	**983**
银行业	6800	7706	84	250	300	251	259
证券业	6900	1116	118	53	7	14	25
保险业	7000	9146	428	105	285	238	224
其他金融活动	7100	10700	395	172	288	228	475
房地产业	**K**	**214391**	**10955**	**3825**	**5523**	**3886**	**3905**
房地产业	7200	214391	10955	3825	5523	3886	3905
租赁和商务服务业	**L**	**427001**	**44997**	**9546**	**7816**	**6615**	**5776**
租赁业	7300	18330	1802	463	376	320	354
商务服务业	7400	408671	43195	9083	7440	6295	5422
科学研究、技术服务和地质勘查业	**M**	**201689**	**20452**	**4971**	**4140**	**3957**	**3588**
研究与试验发展	7500	21317	2219	304	336	492	296
专业技术服务业	7600	99966	7520	2785	2618	2159	1918
科技交流和推广服务业	7700	76591	10508	1830	1067	1168	1061
地质勘查业	7800	3815	205	52	119	138	313
水利、环境和公共设施管理业	**N**	**57553**	**1719**	**987**	**1514**	**1720**	**1584**
水利管理业	7900	20827	201	242	478	725	668
环境管理业	8000	12801	390	257	251	345	388
公共设施管理业	8100	23925	1128	488	785	650	528
居民服务和其他服务业	**O**	**120467**	**10239**	**5566**	**2814**	**2685**	**1601**
居民服务业	8200	61339	5367	2041	1420	1361	961
其他服务业	8300	59128	4872	3525	1394	1324	640
教育	**P**	**335065**	**6242**	**3130**	**18885**	**9003**	**5296**
教育	8400	335065	6242	3130	18885	9003	5296
卫生、社会保障和社会福利业	**Q**	**206480**	**2270**	**1505**	**7105**	**5292**	**4379**
卫生	8500	171449	1821	1088	6053	4288	3508
社会保障业	8600	11428	75	201	302	522	379
社会福利业	8700	23603	374	216	750	482	492
文化、体育和娱乐业	**R**	**81878**	**7369**	**1181**	**1982**	**2299**	**1602**
新闻出版业	8800	6278	1241	141	119	267	153
广播、电视、电影和音像业	8900	13481	1186	117	388	353	361
文化艺术业	9000	33830	2957	334	945	1071	760
体育	9100	7405	571	179	156	237	120
娱乐业	9200	20884	1414	410	374	371	208
公共管理和社会组织	**S**	**1363857**	**6627**	**9735**	**75951**	**51783**	**29977**
中国共产党机关	9300	39846	57	253	1728	1624	913
国家机构	9400	396222	1947	2259	16286	14475	9694
人民政协和民主党派	9500	6209	33	61	280	255	155
群众团体、社会团体和宗教组织	9600	234644	2068	1953	5601	5460	5456
基层群众自治组织	9700	686936	2522	5209	52056	29969	13759

辽 宁	吉 林	黑龙江	上 海	江 苏	浙 江	安 徽	福 建	江 西	山 东	代码
571	174	308	219	490	353	245	211	202	414	5300
284	22	62	214	1173	864	613	890	198	564	5400
32	35	45	27	28	42	12	33	17	40	5500
6	8	2	4	6			2	1	10	5600
3173	360	468	6949	3441	3336	719	1680	426	4107	5700
876	555	610	1745	1233	604	582	439	274	2883	5800
213	82	78	738	456	403	88	152	57	216	5900
6330	**1668**	**2214**	**10745**	**11692**	**11514**	**4880**	**4949**	**1310**	**11451**	**G**
975	479	436	845	1311	1038	727	789	391	1592	6000
2553	631	952	6246	7070	7242	3621	3123	715	7601	6100
2802	558	826	3654	3311	3234	532	1037	204	2258	6200
72700	**29534**	**33775**	**118526**	**134732**	**97126**	**31128**	**42037**	**15765**	**129114**	**H**
48836	13269	20346	83681	96242	72601	18578	27266	7961	76547	6300
23864	16265	13429	34845	38490	24525	12550	14771	7804	52567	6500
5658	**2467**	**2330**	**9281**	**8366**	**6426**	**4025**	**3695**	**2955**	**13190**	**I**
1948	862	1119	2447	2878	3420	1497	1792	1444	2881	6600
3710	1605	1211	6834	5488	3006	2528	1903	1511	10309	6700
1410	**671**	**938**	**707**	**2310**	**1961**	**1151**	**1164**	**556**	**1795**	**J**
277	178	302	125	250	269	301	203	191	368	6800
51	38	39	97	71	52	36	36	9	57	6900
533	222	305	293	608	477	337	315	231	676	7000
549	233	292	192	1381	1163	477	610	125	694	7100
11379	**3361**	**4426**	**11850**	**16970**	**13267**	**7130**	**7725**	**4170**	**14013**	**K**
11379	3361	4426	11850	16970	13267	7130	7725	4170	14013	7200
20085	**6260**	**8342**	**43380**	**33041**	**37945**	**8806**	**13888**	**4568**	**26729**	**L**
740	263	345	1434	1546	1250	552	847	218	1480	7300
19345	5997	7997	41946	31495	36695	8254	13041	4350	25249	7400
10705	**4160**	**5236**	**14823**	**13009**	**12396**	**4341**	**6279**	**3294**	**11477**	**M**
1444	504	737	1126	1418	1075	440	566	290	1318	7500
5238	1904	2566	8525	6992	6667	2398	3704	1563	5365	7600
3844	1650	1773	5138	4494	4558	1393	1897	1353	4596	7700
179	102	160	34	105	96	110	112	88	198	7800
2642	**1276**	**1516**	**1906**	**4935**	**3580**	**1654**	**1953**	**1404**	**3169**	**N**
919	545	494	192	1701	729	591	638	565	817	7900
646	281	374	527	971	861	303	529	339	532	8000
1077	450	648	1187	2263	1990	760	786	500	1820	8100
5711	**2140**	**3233**	**12409**	**8560**	**5589**	**2647**	**3433**	**1929**	**9351**	**O**
3450	1066	1853	6251	4160	2709	1462	1756	956	4559	8200
2261	1074	1380	6158	4400	2880	1185	1677	973	4792	8300
11564	**5638**	**7445**	**5186**	**14470**	**15711**	**13152**	**11401**	**9826**	**20484**	**P**
11564	5638	7445	5186	14470	15711	13152	11401	9826	20484	8400
10138	**3610**	**4743**	**2412**	**9660**	**7104**	**7048**	**5970**	**7448**	**15637**	**Q**
8085	2448	3754	1268	7125	5417	6078	4737	6025	13713	8500
427	192	403	250	696	307	229	454	347	569	8600
1626	970	586	894	1839	1380	741	779	1076	1355	8700
3477	**1758**	**1754**	**3692**	**5187**	**4703**	**2177**	**3128**	**1939**	**4213**	**R**
274	174	166	250	259	265	138	224	136	283	8800
502	372	329	344	821	709	380	406	446	536	8900
1379	753	767	792	1995	1643	945	1296	741	1728	9000
420	163	150	435	538	684	196	244	120	393	9100
902	296	342	1871	1574	1402	518	958	496	1273	9200
40036	**27031**	**32881**	**11889**	**59402**	**71278**	**44889**	**44929**	**44456**	**124322**	**S**
1677	796	1239	214	1838	1286	1640	1032	1411	1781	9300
13862	10645	14436	3328	19857	15225	13612	13190	15391	23126	9400
241	135	218	146	268	307	266	239	218	323	9500
8568	4228	4972	2843	15202	20549	10461	13841	7819	12956	9600
15688	11227	12016	5358	22237	33911	18910	16627	19617	86136	9700

1-08 续表 2

行业大类	代码	河 南	湖 北	湖 南	广 东	广 西	海 南
总　计	**0000**	**351074**	**293352**	**258434**	**617659**	**154748**	**29411**
农、林、牧、渔业	**A**	**52**	**24**	**3**	**52**	**210**	**104**
农业	0100	7	13		15	66	7
林业	0200	9	5	2	17	56	94
畜牧业	0300	21	3		8	51	1
渔业	0400				4	17	
农、林、牧、渔服务业	0500	15	3	1	8	20	2
采矿业	**B**	**7454**	**4862**	**7919**	**2330**	**2258**	**223**
煤炭开采和洗选业	0600	1223	528	1772	3	49	
石油和天然气开采业	0700	8	7		18	2	1
黑色金属矿采选业	0800	1144	1027	986	315	517	9
有色金属矿采选业	0900	1194	433	1190	213	552	133
非金属矿采选业	1000	3846	2803	3933	1748	1114	71
其他采矿业	1100	39	64	38	33	24	9
制造业	**C**	**105315**	**54633**	**55536**	**191810**	**19683**	**2325**
农副食品加工业	1300	11910	5561	5060	3412	1486	322
食品制造业	1400	3366	1582	1762	3470	876	173
饮料制造业	1500	2214	2277	1545	1402	796	94
烟草制品业	1600	13	13	15	30	5	2
纺织业	1700	3505	2945	1628	8625	661	40
纺织服装、鞋、帽制造业	1800	1536	2817	878	13962	338	78
皮革、毛皮、羽毛(绒)及其制品业	1900	1197	253	783	7357	281	4
木材加工及木、竹、藤、棕、草制品业	2000	6392	1703	3697	3092	1880	138
家具制造业	2100	3256	1141	1439	5886	337	81
造纸及纸制品业	2200	1800	969	1855	7581	783	69
印刷业和记录媒介的复制	2300	1780	1514	1386	8512	779	131
文教体育用品制造业	2400	310	139	252	3901	92	2
石油加工、炼焦及核燃料加工业	2500	267	120	135	328	42	9
化学原料及化学制品制造业	2600	4767	2642	5748	8158	1494	162
医药制造业	2700	930	661	471	915	353	102
化学纤维制造业	2800	98	63	54	257	9	7
橡胶制品业	2900	758	357	326	2389	139	27
塑料制品业	3000	3347	2068	1478	17035	736	84
非金属矿物制品业	3100	28207	11037	12245	9610	3197	287
黑色金属冶炼及压延加工业	3200	827	513	1300	886	425	16
有色金属冶炼及压延加工业	3300	1419	484	1508	1983	326	12
金属制品业	3400	4634	2968	1988	20771	703	76
通用设备制造业	3500	7556	3480	2979	8348	914	33
专用设备制造业	3600	5001	2026	1520	8892	676	39
交通运输设备制造业	3700	2822	3309	1690	4157	1013	204
电气机械及器材制造业	3900	2377	1524	1334	16383	454	40
通信设备、计算机及其他电子设备制造业	4000	448	713	527	14346	225	20
仪器仪表及文化、办公用机械制造业	4100	578	554	309	2776	94	7
工艺品及其他制造业	4200	3225	875	1178	6350	495	54
废弃资源和废旧材料回收加工业	4300	775	325	446	996	74	12
电力、燃气及水的生产和供应业	**D**	**1367**	**2517**	**4423**	**7182**	**2271**	**263**
电力、热力的生产和供应业	4400	605	1182	3541	5811	1694	165
燃气生产和供应业	4500	128	150	88	182	38	21
水的生产和供应业	4600	634	1185	794	1189	539	77
建筑业	**E**	**9083**	**12453**	**5559**	**14457**	**2329**	**1718**
房屋和土木工程建筑业	4700	5238	5197	3415	4114	1087	379
建筑安装业	4800	1084	2191	718	3579	315	294
建筑装饰业	4900	1856	3101	880	5439	680	849
其他建筑业	5000	905	1964	546	1325	247	196
交通运输、仓储和邮政业	**F**	**4885**	**6009**	**3664**	**14804**	**3178**	**632**
铁路运输业	5100	42	21		13	17	3
道路运输业	5200	2629	3143	1928	5320	1629	247

重 庆	四 川	贵 州	云 南	西 藏	陕 西	甘 肃	青 海	宁 夏	新 疆	代码
139074	**310270**	**94296**	**122667**	**15324**	**178971**	**94361**	**24394**	**29312**	**88115**	**0000**
54	**28**	**85**	**127**	**1**	**14**	**265**	**158**	**8**	**203**	**A**
14	5	20	32	1	2	55	17	8	157	0100
3	12	22	44		6	38	32		6	0200
8	5	37	8		2	114	42		19	0300
		2				1			2	0400
29	6	4	43		4	57	67		19	0500
3389	**5436**	**4285**	**4681**	**101**	**3643**	**1570**	**521**	**567**	**1625**	**B**
1195	1665	1747	1455	2	755	314	46	279	332	0600
18	52	1	4		521	9	2	46	66	0700
207	392	215	559	17	246	230	46	9	581	0800
32	563	332	1382	53	591	269	98	5	279	0900
1919	2710	1969	1259	29	1501	715	324	228	340	1000
18	54	21	22		29	33	5		27	1100
28221	**49258**	**8893**	**13922**	**309**	**27644**	**10550**	**2077**	**3810**	**7353**	**C**
2284	4072	721	1265	40	1806	1369	190	560	809	1300
972	2051	345	597	12	1069	486	78	178	340	1400
1137	3125	729	1280	24	732	344	48	104	309	1500
4	11	8	28		12	10		1	1	1600
1416	1044	56	224	9	626	163	25	116	259	1700
411	609	59	130	11	363	88	26	25	122	1800
492	695	14	33	4	65	94	9	40	36	1900
639	1403	319	687	17	515	131	27	31	178	2000
975	1192	100	212	7	643	166	16	48	147	2100
598	1145	189	404	2	850	166	11	72	195	2200
876	1737	358	539	15	903	431	77	162	330	2300
65	120	15	24		49	19	2	4	18	2400
63	181	154	134		265	61	8	54	185	2500
1072	2895	702	1002	16	1284	625	186	337	639	2600
232	732	196	228	24	531	211	49	32	94	2700
19	46	4	2		25	9	2	2	19	2800
259	383	94	95		257	55	4	23	46	2900
900	1823	259	481	4	784	356	36	142	663	3000
4051	10532	2200	2527	58	7048	3109	627	935	1282	3100
319	732	329	358		246	233	87	130	91	3200
282	558	237	681	1	523	139	46	56	68	3300
1535	2610	351	648	8	1422	544	170	198	475	3400
1744	4117	386	681		2608	466	83	217	325	3500
891	1772	167	320	2	1387	317	35	93	246	3600
5176	2073	482	587	17	917	323	96	84	147	3700
693	1502	156	298	2	1149	256	41	83	222	3900
183	805	47	43		469	43	1	4	12	4000
473	354	32	115		384	48	4	28	21	4100
346	650	145	216	36	608	249	82	44	49	4200
114	289	39	83		104	39	11	7	25	4300
1870	**5288**	**1123**	**1670**	**80**	**1091**	**863**	**231**	**138**	**535**	**D**
1067	3217	842	1252	67	526	694	169	72	367	4400
156	536	28	36	2	102	27	7	20	44	4500
647	1535	253	382	11	463	142	55	46	124	4600
5565	**7864**	**1591**	**3725**	**251**	**5530**	**2058**	**721**	**886**	**1763**	**E**
2725	3910	692	1752	238	3185	1279	387	474	794	4700
642	1180	188	570	5	791	330	123	134	362	4800
1384	2010	528	1153	4	1171	348	142	235	406	4900
814	764	183	250	4	383	101	69	43	201	5000
3691	**5835**	**1210**	**2206**	**161**	**2930**	**1323**	**409**	**444**	**2123**	**F**
	12	13	5	1	14	5	8	4	15	5100
2003	3522	730	1252	95	1612	669	252	267	1077	5200

1-08 续表 3

行业大类	代码	河 南	湖 北	湖 南	广 东	广 西	海 南
城市公共交通业	5300	397	349	405	478	197	47
水上运输业	5400	77	518	199	924	351	98
航空运输业	5500	12	19	24	91	37	34
管道运输业	5600	1	4	6	3		1
装卸搬运和其他运输服务业	5700	560	1331	726	6125	466	133
仓储业	5800	1100	488	264	1244	419	42
邮政业	5900	67	136	112	606	62	27
信息传输、计算机服务和软件业	G	**4631**	**6024**	**7213**	**14467**	**5040**	**715**
电信和其他信息传输服务业	6000	427	1254	664	2391	919	121
计算机服务业	6100	3708	3878	5917	6094	3785	456
软件业	6200	496	892	632	5982	336	138
批发和零售业	H	**47473**	**58526**	**27809**	**141359**	**21560**	**5630**
批发业	6300	23120	29323	13484	93602	12548	2311
零售业	6500	24353	29203	14325	47757	9012	3319
住宿和餐饮业	I	**8809**	**7877**	**6547**	**13309**	**2152**	**1033**
住宿业	6600	2709	2682	2476	5228	1310	674
餐饮业	6700	6100	5195	4071	8081	842	359
金融业	J	**1076**	**1074**	**848**	**1969**	**636**	**200**
银行业	6800	355	262	271	477	279	46
证券业	6900	24	41	34	140	12	9
保险业	7000	430	394	357	807	178	58
其他金融活动	7100	267	377	186	545	167	87
房地产业	K	**6765**	**10122**	**6004**	**28526**	**5628**	**2763**
房地产业	7200	6765	10122	6004	28526	5628	2763
租赁和商务服务业	L	**9821**	**13630**	**8165**	**55996**	**10535**	**2698**
租赁业	7300	494	626	252	916	263	221
商务服务业	7400	9327	13004	7913	55080	10272	2477
科学研究、技术服务和地质勘查业	M	**5266**	**9841**	**6378**	**16717**	**7141**	**957**
研究与试验发展	7500	567	679	606	3781	451	169
专业技术服务业	7600	2870	4287	2782	9894	2899	533
科技交流和推广服务业	7700	1697	4748	2887	2919	3696	217
地质勘查业	7800	132	127	103	123	95	38
水利、环境和公共设施管理业	N	**2206**	**3760**	**2684**	**3979**	**2081**	**286**
水利管理业	7900	741	1674	1475	1059	1130	101
环境管理业	8000	406	878	441	1135	380	73
公共设施管理业	8100	1059	1208	768	1785	571	112
居民服务和其他服务业	O	**3700**	**6022**	**4445**	**12140**	**1607**	**499**
居民服务业	8200	2443	2931	2906	5757	677	255
其他服务业	8300	1257	3091	1539	6383	930	244
教育	P	**22536**	**16788**	**14497**	**29205**	**16435**	**2092**
教育	8400	22536	16788	14497	29205	16435	2092
卫生、社会保障和社会福利业	Q	**26057**	**12213**	**8136**	**8323**	**6207**	**749**
卫生	8500	24331	9969	6385	6953	4332	639
社会保障业	8600	567	617	660	285	1227	28
社会福利业	8700	1159	1627	1091	1085	648	82
文化、体育和娱乐业	R	**3492**	**4191**	**3687**	**5764**	**2600**	**547**
新闻出版业	8800	154	291	169	396	158	57
广播、电视、电影和音像业	8900	543	717	664	797	871	84
文化艺术业	9000	1973	2002	1401	1758	960	208
体育	9100	227	308	192	728	189	32
娱乐业	9200	595	873	1261	2085	422	166
公共管理和社会组织	S	**81086**	**62786**	**84917**	**55270**	**43197**	**5977**
中国共产党机关	9300	1413	1759	2562	1375	2275	144
国家机构	9400	20597	19951	24338	17116	16342	1970
人民政协和民主党派	9500	230	258	250	330	247	51
群众团体、社会团体和宗教组织	9600	7967	10920	9267	9931	8302	810
基层群众自治组织	9700	50879	29898	48500	26518	16031	3002

重 庆	四 川	贵 州	云 南	西 藏	陕 西	甘 肃	青 海	宁 夏	新 疆	代码
130	406	99	138	28	341	145	32	47	145	5300
371	189	52	39		21	6	2	4		5400
18	36	13	28	4	20	25	5	6	21	5500
1	2		1		6	1		2	5	5600
851	1207	145	491	9	301	227	43	58	627	5700
237	351	136	194	8	580	213	52	45	193	5800
80	110	22	58	16	35	32	15	11	40	5900
3269	**8384**	**1699**	**2526**	**141**	**2822**	**804**	**358**	**621**	**1979**	**G**
902	1152	374	388	67	476	325	78	69	464	6000
1792	6155	1173	1610	74	1710	407	249	496	1352	6100
575	1077	152	528		636	72	31	56	163	6200
27425	**39561**	**11236**	**20283**	**668**	**27687**	**14040**	**2878**	**5682**	**18546**	**H**
14077	24304	6148	12531	125	13366	7745	1338	3131	12634	6300
13348	15257	5088	7752	543	14321	6295	1540	2551	5912	6500
4142	**5696**	**1251**	**2531**	**281**	**4964**	**1884**	**517**	**493**	**1047**	**I**
1198	2518	732	1775	232	1843	992	341	261	745	6600
2944	3178	519	756	49	3121	892	176	232	302	6700
909	**1503**	**521**	**772**	**105**	**698**	**525**	**175**	**190**	**605**	**J**
510	463	167	299	83	236	263	106	38	243	6800
11	49	13	13	3	42	12	3	2	5	6900
134	440	123	256	14	269	165	30	46	168	7000
254	551	218	204	5	151	85	36	104	189	7100
5363	**8426**	**3722**	**4298**	**94**	**4111**	**2062**	**713**	**778**	**2631**	**K**
5363	8426	3722	4298	94	4111	2062	713	778	2631	7200
8942	**13675**	**3652**	**6397**	**192**	**5938**	**2911**	**924**	**1238**	**4493**	**L**
705	951	254	320	37	516	213	66	180	326	7300
8237	12724	3398	6077	155	5422	2698	858	1058	4167	7400
3502	**10348**	**2901**	**4911**	**145**	**4287**	**1963**	**848**	**617**	**3039**	**M**
264	694	198	406	14	389	232	56	44	202	7500
1686	4372	1227	2281	65	1832	923	413	377	1603	7600
1477	5082	1381	2055	56	1939	739	335	179	854	7700
75	200	95	169	10	127	69	44	17	380	7800
1203	**3021**	**1004**	**1764**	**34**	**1788**	**821**	**282**	**224**	**857**	**N**
403	1418	565	848	12	928	405	163	83	317	7900
305	769	179	356	10	334	186	72	52	231	8000
495	834	260	560	12	526	230	47	89	309	8100
2499	**3394**	**1145**	**1566**	**93**	**2465**	**1158**	**215**	**366**	**1246**	**O**
1399	1762	543	686	39	1282	563	115	125	484	8200
1100	1632	602	880	54	1183	595	100	241	762	8300
7393	**19476**	**9401**	**7271**	**1035**	**14779**	**8974**	**1185**	**1344**	**5221**	**P**
7393	19476	9401	7271	1035	14779	8974	1185	1344	5221	8400
5793	**14255**	**3852**	**4226**	**506**	**14223**	**3461**	**757**	**791**	**2610**	**Q**
4354	11752	3417	3535	493	13209	3126	624	702	2220	8500
530	790	214	331	1	442	135	56	46	146	8600
909	1713	221	360	12	572	200	77	43	244	8700
1904	**4342**	**1369**	**2139**	**160**	**2328**	**1121**	**373**	**298**	**1102**	**R**
133	255	89	114	8	135	64	22	27	116	8800
187	757	238	292	84	418	168	75	46	290	8900
791	2144	774	1154	45	1170	580	170	108	486	9000
122	361	75	170	6	172	57	44	42	74	9100
671	825	193	409	17	433	252	62	75	136	9200
23940	**104480**	**35356**	**37652**	**10967**	**52029**	**38008**	**11052**	**10817**	**31137**	**S**
747	3623	1187	1791	585	2262	1049	380	183	1022	9300
8151	30945	11631	13767	3558	15453	10239	3051	1822	9958	9400
153	409	138	239	33	272	194	62	66	132	9500
3791	16094	3502	7785	1299	5015	9298	3063	6013	9610	9600
11098	53409	18898	14070	5492	29027	17228	4496	2733	10415	9700

1-09 按行业(大类)、地区

行业大类	代码	从业人员数(人)	北京	天津	河北	山西	内蒙古
总　计	0000	**271537187**	**7938702**	**4410393**	**11049947**	**6647248**	**4335440**
农、林、牧、渔业	A	**1952739**	**9167**		**805**	**2039**	**78954**
农业	0100	1283632	658			1466	24599
林业	0200	579754	77		445	77	48212
畜牧业	0300	51629	7916		196	269	190
渔业	0400	6085	109			60	109
农、林、牧、渔服务业	0500	31639	407		164	167	5844
采矿业	B	**9907544**	**51436**	**82903**	**583347**	**1181261**	**390188**
煤炭开采和洗选业	0600	5786535	21752	1377	242329	1101740	212290
石油和天然气开采业	0700	1126201	23256	70080	29986	1488	5946
黑色金属矿采选业	0800	928632	4228	185	231769	49545	69526
有色金属矿采选业	0900	743014		5	16556	6820	57484
非金属矿采选业	1000	1307197	2200	11136	62114	21668	43609
其他采矿业	1100	15965		120	593		1333
制造业	C	**104330564**	**1346902**	**1814154**	**4339782**	**1576139**	**942260**
农副食品加工业	1300	4547146	39567	36317	174445	49855	86178
食品制造业	1400	2187868	44053	41694	106883	37584	55958
饮料制造业	1500	1660363	29937	16546	59718	31166	35491
烟草制品业	1600	208318	816	936	6502	1263	2123
纺织业	1700	8138660	35853	61732	359848	28447	60820
纺织服装、鞋、帽制造业	1800	6448028	90929	120292	138336	13112	14460
皮革、毛皮、羽毛(绒)及其制品业	1900	3386625	5393	16453	111560	1043	5061
木材加工及木、竹、藤、棕、草制品业	2000	2390195	8007	13475	52796	4811	38002
家具制造业	2100	1583494	28831	32309	44516	4303	4068
造纸及纸制品业	2200	2190967	19502	35555	108158	16631	13006
印刷业和记录媒介的复制	2300	1544478	63926	23554	60651	15453	10878
文教体育用品制造业	2400	1680598	12356	22369	18779	4090	187
石油加工、炼焦及核燃料加工业	2500	921134	19268	18815	55674	189618	17405
化学原料及化学制品制造业	2600	5625078	53135	94839	261772	156685	88864
医药制造业	2700	1682985	52685	38735	81692	31660	20350
化学纤维制造业	2800	475685	1369	2212	15286	1845	301
橡胶制品业	2900	1282569	10162	38068	75482	9107	2088
塑料制品业	3000	3899242	30888	77231	131371	17714	12435
非金属矿物制品业	3100	9390564	87407	65905	563440	260033	140818
黑色金属冶炼及压延加工业	3200	3372463	39420	116778	524429	188254	106964
有色金属冶炼及压延加工业	3300	2036208	8931	14199	51636	88619	55231
金属制品业	3400	5023298	68780	161533	266370	41451	26584
通用设备制造业	3500	7243788	98446	149524	382643	134685	41013
专用设备制造业	3600	4343877	99803	105357	180446	94789	50104
交通运输设备制造业	3700	5812002	119927	172597	213469	44486	23751
电气机械及器材制造业	3900	6294621	70288	90714	152363	27627	13802
通信设备、计算机及其他电子设备制造业	4000	7004903	143674	163728	54144	64471	4633
仪器仪表及文化、办公用机械制造业	4100	1496156	43882	25448	25123	8466	693
工艺品及其他制造业	4200	2255917	17936	46851	55652	7921	9010
废弃资源和废旧材料回收加工业	4300	203334	1731	10388	6598	950	1982
电力、燃气及水的生产和供应业	D	**4045931**	**67316**	**54659**	**189886**	**124919**	**127582**
电力、热力的生产和供应业	4400	3143214	50966	42507	149159	98066	107053
燃气生产和供应业	4500	226700	9050	6565	11931	6409	4144
水的生产和供应业	4600	676017	7300	5587	28796	20444	16385
建筑业	E	**39070264**	**547006**	**467374**	**1322248**	**683596**	**529880**
房屋和土木工程建筑业	4700	32429089	353296	326079	1152187	561379	458422
建筑安装业	4800	3226536	87888	81572	101170	65439	36202
建筑装饰业	4900	1866382	84675	29554	34316	26786	19957
其他建筑业	5000	1548257	21147	30169	34575	29992	15299
交通运输、仓储和邮政业	F	**8976298**	**461637**	**182343**	**342187**	**170783**	**192344**
铁路运输业	5100	55648		2286	22	2487	8386
道路运输业	5200	3757924	89147	56881	207411	88275	105108

分组的法人单位从业人员数

辽 宁	吉 林	黑龙江	上 海	江 苏	浙 江	安 徽	福 建	江 西	山 东	代码
10307797	**4714335**	**6441358**	**10412240**	**27087242**	**20790477**	**8331974**	**9539333**	**6155166**	**23902656**	**0000**
12352	**30881**	**838948**	**600**	**14530**	**3740**	**10679**	**5699**	**3256**		**A**
7849	1669	626474	260	9086	896	7624	4635	640		0100
2219	27378	201432	122	39	1314	1633	754	1664		0200
298	1834	8852	142	275	955	285	217	286		0300
1869		1690	60	40	273	959	55	374		0400
117		500	16	5090	302	178	38	292		0500
548214	**244445**	**627002**	**165**	**209486**	**51187**	**422723**	**134127**	**252011**	**977899**	**B**
192304	100634	412649		101571	3728	312623	57628	129368	602297	0600
126731	72875	179872	165	16098			8	69	136669	0700
107306	20057	4316		12358	2290	43181	17660	18773	51558	0800
51492	17595	7391		1897	6801	15370	12450	45865	57302	0900
69740	32654	22438		77406	38334	51112	46156	56815	128012	1000
641	630	336		156	34	437	225	1121	2061	1100
3998106	**1391753**	**1415257**	**3842954**	**13660420**	**10498335**	**2507693**	**4427387**	**2366169**	**10697569**	**C**
252192	154931	179096	37909	254000	126047	151566	155838	106762	1045335	1300
72519	39277	61590	74606	112441	99673	60079	109964	61296	307518	1400
50196	56252	55368	15314	107149	78881	71681	92720	38355	159634	1500
2592	4354	5392	3977	5768	6301	9713	4585	5004	8343	1600
121378	31851	42916	187508	1661735	1445470	179288	287272	163109	1253449	1700
247612	24130	8359	343119	1243002	922691	157949	522233	127208	538413	1800
31469	3045	2608	68511	193055	531473	43300	619456	90375	194441	1900
73721	123956	143473	37000	324421	126674	87806	159253	111679	311394	2000
49051	14634	29112	86744	87676	193897	21300	74025	26623	144236	2100
57335	22300	25865	64629	193588	221291	39986	119602	41300	269949	2200
41139	22646	20640	79018	132395	150021	33782	53798	31192	108240	2300
11850	2528	6167	74503	243499	201627	52627	78887	29493	126401	2400
72665	11214	54632	24794	33582	10770	7625	5858	10974	97358	2500
213378	107249	97447	150360	686473	305520	131858	102287	288737	711038	2600
59240	60980	55650	57900	153296	116688	52266	23155	80839	175557	2700
32420	13842	1597	6831	132546	112066	7486	21336	6836	32069	2800
51813	5678	9789	56447	162882	140910	35016	83267	13494	200638	2900
132886	31036	31932	179831	458103	485316	79679	209402	48985	288408	3000
351297	171266	131604	116943	687226	334190	397144	398379	354210	1035179	3100
302036	39630	32486	46876	327279	116538	82528	52444	73577	269165	3200
84348	14647	16713	43990	187810	105610	48483	30050	113984	142123	3300
192030	35717	39810	305911	767568	608028	91586	119570	51862	387623	3400
553758	67468	114167	406689	1269646	1088668	155119	131420	62670	896891	3500
215360	51255	82284	225970	682792	350677	79877	88263	51823	475471	3600
321562	219986	76170	299413	698633	656434	166792	146837	105547	446040	3700
197946	28470	47607	307112	927836	986988	148712	176433	117945	396074	3900
103976	12186	9693	388679	1541825	365435	53283	228470	73726	315157	4000
46106	8012	13833	84942	220687	225690	15685	67416	22813	63832	4100
46685	10006	17381	63579	141026	365237	33632	262510	49019	281087	4200
9546	3207	1876	3849	22481	19524	11845	2657	6732	16506	4300
211503	**136092**	**198053**	**46049**	**179923**	**152205**	**125488**	**134980**	**131915**	**303993**	**D**
154136	111965	167366	21293	111260	111917	96453	113355	107511	237315	4400
16684	4635	8422	11073	14139	6022	5967	2172	4121	21421	4500
40683	19492	22265	13683	54524	34266	23068	19453	20283	45257	4600
1282706	**556011**	**591809**	**1030319**	**5417704**	**4727090**	**1720660**	**1635639**	**761430**	**3217936**	**E**
976741	392024	444728	700590	4523101	4354826	1376071	1218718	640012	2625432	4700
204682	97919	101737	168669	465678	124286	135511	92511	60199	341341	4800
71954	43938	26341	129116	264642	173904	78250	66301	40375	163321	4900
29329	22130	19003	31944	164283	74074	130828	258109	20844	87842	5000
355876	**170925**	**176232**	**628746**	**722477**	**420832**	**326848**	**297263**	**252569**	**700117**	**F**
3663		283	157	1342		512	2355	29	4582	5100
138399	85556	65230	109418	292498	175450	166824	133284	151197	326360	5200

1-09 续表 1

行业大类	代码	从业人员数(人)	北京	天津	河北	山西	内蒙古
城市公共交通业	5300	1602044	200245	22696	40509	29095	21387
水上运输业	5400	812911	106	24356	25020	168	85
航空运输业	5500	320362	48243	3974	1587	2459	4747
管道运输业	5600	25054	1857	258	1875	10	
装卸搬运和其他运输服务业	5700	1074379	44801	43779	23755	13629	14061
仓储业	5800	534918	17876	18365	15191	12318	9264
邮政业	5900	793058	59362	9748	26817	22342	29306
信息传输、计算机服务和软件业	**G**	**3206954**	**466353**	**39160**	**79036**	**56775**	**69518**
电信和其他信息传输服务业	6000	1540412	103822	16739	56250	41397	60192
计算机服务业	6100	769355	122504	9964	15198	11715	6032
软件业	6200	897187	240027	12457	7588	3663	3294
批发和零售业	**H**	**18919762**	**943076**	**469530**	**685019**	**506709**	**336027**
批发业	6300	10549388	490116	252319	373030	249041	167126
零售业	6500	8370374	452960	217211	311989	257668	168901
住宿和餐饮业	**I**	**5857510**	**448849**	**121941**	**174312**	**161164**	**117913**
住宿业	6600	2673057	194014	33251	90471	75694	51119
餐饮业	6700	3184453	254835	88690	83841	85470	66794
金融业	**J**	**5095109**	**251263**	**79253**	**280348**	**132161**	**113199**
银行业	6800	2820740	111643	48897	136078	93150	68620
证券业	6900	148254	19108	1806	1326	1672	892
保险业	7000	1904912	101896	25553	135448	32971	36957
其他金融活动	7100	221203	18616	2997	7496	4368	6730
房地产业	**K**	**5521938**	**409868**	**97986**	**175423**	**88756**	**96899**
房地产业	7200	5521938	409868	97986	175423	88756	96899
租赁和商务服务业	**L**	**7706947**	**954823**	**161589**	**172674**	**130257**	**95217**
租赁业	7300	218866	16989	5799	4637	4657	3421
商务服务业	7400	7488081	937834	155790	168037	125600	91796
科学研究、技术服务和地质勘查业	**M**	**4475880**	**564443**	**127265**	**171299**	**94096**	**83121**
研究与试验发展	7500	786385	136896	16783	18775	15484	10390
专业技术服务业	7600	2264156	201521	75897	75452	49803	41952
科技交流和推广服务业	7700	1032937	196231	17053	15717	14363	15145
地质勘查业	7800	392402	29795	17532	61355	14446	15634
水利、环境和公共设施管理业	**N**	**2214135**	**92756**	**47702**	**81275**	**62560**	**68157**
水利管理业	7900	475648	7571	8539	17640	15487	18320
环境管理业	8000	861627	42136	13729	24966	24008	27432
公共设施管理业	8100	876860	43049	25434	38669	23065	22405
居民服务和其他服务业	**O**	**1990364**	**140962**	**138232**	**42840**	**39000**	**26612**
居民服务业	8200	965828	54939	36172	20830	19720	17126
其他服务业	8300	1024536	86023	102060	22010	19280	9486
教育	**P**	**17236288**	**430834**	**199631**	**870427**	**509386**	**365484**
教育	8400	17236288	430834	199631	870427	509386	365484
卫生、社会保障和社会福利业	**Q**	**6803553**	**199715**	**94194**	**300159**	**181779**	**131472**
卫生	8500	6358529	187569	84525	284980	169144	120476
社会保障业	8600	195742	2396	5916	5510	7555	6245
社会福利业	8700	249282	9750	3753	9669	5080	4751
文化、体育和娱乐业	**R**	**1940677**	**186353**	**28834**	**62310**	**56478**	**38750**
新闻出版业	8800	356272	68988	4479	9900	10172	6442
广播、电视、电影和音像业	8900	477789	34145	5280	20746	13471	12506
文化艺术业	9000	519512	37495	7491	18394	22137	14080
体育	9100	125852	13128	4116	3791	4239	1893
娱乐业	9200	461252	32597	7468	9479	6459	3829
公共管理和社会组织	**S**	**22284730**	**365943**	**203643**	**1176570**	**889390**	**531863**
中国共产党机关	9300	611164	8493	5139	36609	24342	15122
国家机构	9400	14725490	282608	123527	790547	597493	377484
人民政协和民主党派	9500	100652	1991	971	4996	3863	3805
群众团体、社会团体和宗教组织	9600	2542034	26409	23011	64945	76242	60616
基层群众自治组织	9700	4305390	46442	50995	279473	187450	74836

辽 宁	吉 林	黑龙江	上 海	江 苏	浙 江	安 徽	福 建	江 西	山 东	代码
56977	29495	16975	167476	101968	59174	54279	33051	30319	83424	5300
30581	779	6158	55443	127674	51628	45662	37139	18205	80230	5400
9744	4441	2697	60953	7591	7515	1324	10695	2836	9221	5500
1431	253	44	1190	10107			62	10	628	5600
69604	12640	13265	139899	92455	66372	21366	43859	23783	82867	5700
20298	19057	23286	54364	32397	16831	15531	10691	12467	79020	5800
25179	18704	48294	39846	56445	43862	21350	26127	13723	33785	5900
132925	**69538**	**82305**	**250989**	**203432**	**173674**	**68266**	**95709**	**43610**	**168611**	G
59752	53124	62321	45164	85917	76773	45275	46910	29827	91462	6000
21572	8081	8471	88661	48742	42593	15831	23175	8525	48863	6100
51601	8333	11513	117164	68773	54308	7160	25624	5258	28286	6200
775440	**439507**	**455438**	**1468199**	**1614343**	**1014910**	**526935**	**535776**	**293131**	**1922025**	H
441224	221038	272256	967795	978333	662935	305972	330373	148167	1003573	6300
334216	218469	183182	500404	636010	351975	220963	205403	144964	918452	6500
177901	**72813**	**73160**	**383540**	**362787**	**320911**	**146135**	**161126**	**110538**	**420099**	I
79745	34675	37788	113279	149739	186235	67329	88986	58731	135242	6600
98156	38138	35372	270261	213048	134676	78806	72140	51807	284857	6700
220650	**122426**	**127796**	**231426**	**326757**	**279351**	**166432**	**154164**	**102777**	**352401**	J
138849	75234	78639	114181	157624	166504	88210	98814	62026	176661	6800
2208	2353	1106	27704	8182	5357	4318	3654	843	4062	6900
72039	40256	41650	72684	142953	93650	67076	42218	36573	154872	7000
7554	4583	6401	16857	17998	13840	6828	9478	3335	16806	7100
216566	**83376**	**130587**	**391266**	**399003**	**262643**	**161854**	**169819**	**100789**	**355499**	K
216566	83376	130587	391266	399003	262643	161854	169819	100789	355499	7200
313347	**101075**	**140708**	**738596**	**696009**	**457605**	**164120**	**197196**	**102558**	**397638**	L
7792	4405	6447	24549	16697	7986	7960	7107	2995	16860	7300
305555	96670	134261	714047	679312	449619	156160	190089	99563	380778	7400
190368	**88614**	**98861**	**292588**	**270086**	**207211**	**102640**	**100576**	**86324**	**233270**	M
34100	16784	19173	58410	44283	20631	16063	8624	10428	32920	7500
99508	43339	47669	167259	145308	137073	55774	70765	34584	112501	7600
43043	21045	22578	63965	66771	43536	18303	16374	26275	71330	7700
13717	7446	9441	2954	13724	5971	12500	4813	15037	16519	7800
112178	**58153**	**63757**	**82074**	**168220**	**116636**	**58957**	**48149**	**51221**	**138475**	N
20461	13645	12958	5653	30893	10535	17691	8094	9379	26154	7900
48962	27242	29671	42958	65197	53656	19049	19400	23812	46436	8000
42755	17266	21128	33463	72130	52445	22217	20655	18030	65885	8100
74962	**36987**	**48127**	**182088**	**141329**	**75693**	**45849**	**53481**	**41093**	**118889**	O
47418	17410	29129	73183	62610	39601	23698	29144	23139	55379	8200
27544	19577	18998	108905	78719	36092	22151	24337	17954	63510	8300
563126	**409266**	**459857**	**328737**	**1040466**	**696712**	**667398**	**516787**	**537357**	**1179890**	P
563126	409266	459857	328737	1040466	696712	667398	516787	537357	1179890	8400
285005	**165656**	**204213**	**184681**	**442657**	**312469**	**244793**	**161525**	**190232**	**580450**	Q
260014	152596	192076	160811	417340	294826	236215	151935	179064	502174	8500
7279	3431	4876	5390	8626	4986	2674	3804	2927	62824	8600
17712	9629	7261	18480	16691	12657	5904	5786	8241	15452	8700
74009	**45168**	**49249**	**76479**	**101167**	**102980**	**47057**	**63971**	**49209**	**109678**	R
12779	11904	8767	13594	13634	11765	8594	6405	6344	17829	8800
17549	10732	16682	11297	23658	38779	13153	17041	12814	28013	8900
22109	13309	13721	17528	26593	21499	14177	14778	12781	30234	9000
6580	3292	2900	6642	6881	4996	2841	3957	2861	6208	9100
14992	5931	7179	27418	30401	25941	8292	21790	14409	27394	9200
762563	**491649**	**659999**	**252744**	**1116446**	**916293**	**817447**	**645959**	**678977**	**2028217**	S
27404	14480	16891	4600	32245	19697	22268	13041	17863	38182	9300
522995	352588	487816	172536	734296	545736	514685	341197	483741	1217138	9400
3542	2085	2866	1091	4249	3513	3464	2909	3661	6765	9500
100283	49947	77950	23170	126275	120026	136702	117252	69709	223083	9600
108339	72549	74476	51347	219381	227321	140328	171560	104003	543049	9700

1-09 续表 2

行业大类	代码	河 南	湖 北	湖 南	广 东	广 西	海 南
总 计	0000	**14904203**	**9637009**	**9294830**	**30993946**	**4885707**	**1162145**
农、林、牧、渔业	A	**4423**	**7976**	**722**	**18195**	**38508**	**230878**
农业	0100	1330	6839		9607	21114	7579
林业	0200	429	821	678	4184	13004	222748
畜牧业	0300	570	199		3980	3144	86
渔业	0400				159	247	
农、林、牧、渔服务业	0500	2094	117	44	265	999	465
采矿业	B	**910011**	**218969**	**443092**	**96356**	**97288**	**12534**
煤炭开采和洗选业	0600	597138	43480	237340	76	17120	
石油和天然气开采业	0700	69022	38309		3331	30	32
黑色金属矿采选业	0800	43433	38809	33175	15699	19228	5841
有色金属矿采选业	0900	93755	16083	72104	16641	29861	3457
非金属矿采选业	1000	105644	80768	99708	59997	30538	3156
其他采矿业	1100	1019	1520	765	612	511	48
制造业	C	**5361601**	**2864513**	**2865051**	**17708462**	**1377307**	**139238**
农副食品加工业	1300	449094	164562	175825	205296	139046	29970
食品制造业	1400	219607	80166	93970	207172	37056	9578
饮料制造业	1500	133170	86100	54083	90205	36286	5112
烟草制品业	1600	16453	8620	24209	8249	4315	499
纺织业	1700	369489	305514	137915	870053	69393	1898
纺织服装、鞋、帽制造业	1800	108175	185804	54958	1455037	21831	7610
皮革、毛皮、羽毛(绒)及其制品业	1900	76627	13898	46462	1181185	30570	242
木材加工及木、竹、藤、棕、草制品业	2000	202917	51104	127531	158594	102422	5316
家具制造业	2100	91008	23108	36816	465165	11154	3166
造纸及纸制品业	2200	134724	44351	93929	410407	46989	6632
印刷业和记录媒介的复制	2300	58335	42316	38111	382741	20703	3099
文教体育用品制造业	2400	13611	5052	10630	749807	7672	21
石油加工、炼焦及核燃料加工业	2500	33529	11901	21456	27856	2975	724
化学原料及化学制品制造业	2600	303731	177625	423403	386013	106808	11509
医药制造业	2700	119050	72510	46978	96673	35814	9817
化学纤维制造业	2800	23460	7678	6971	22540	577	1113
橡胶制品业	2900	53054	16707	18281	208826	8323	1432
塑料制品业	3000	120563	73383	47281	1211026	29374	1976
非金属矿物制品业	3100	1067415	379424	480066	716378	206772	14291
黑色金属冶炼及压延加工业	3200	141568	167088	117096	87962	58957	2175
有色金属冶炼及压延加工业	3300	194262	47981	124684	159770	63865	1051
金属制品业	3400	169210	99618	73574	1213787	24817	2299
通用设备制造业	3500	370426	160029	136471	443093	46883	1303
专用设备制造业	3600	301822	83462	135876	549380	42616	1322
交通运输设备制造业	3700	194065	315081	126238	455434	101744	10868
电气机械及器材制造业	3900	148025	95884	84899	1961311	33441	2294
通信设备、计算机及其他电子设备制造业	4000	39173	85266	52536	3011679	35067	2473
仪器仪表及文化、办公用机械制造业	4100	42243	25714	27533	426288	6151	369
工艺品及其他制造业	4200	149501	26644	38360	513111	43408	961
废弃资源和废旧材料回收加工业	4300	17294	7923	8909	33424	2278	118
电力、燃气及水的生产和供应业	D	**239498**	**159166**	**161722**	**314895**	**165716**	**21439**
电力、热力的生产和供应业	4400	179523	115485	125812	239488	146330	15092
燃气生产和供应业	4500	17403	5981	4969	11343	1476	979
水的生产和供应业	4600	42572	37700	30941	64064	17910	5368
建筑业	E	**2522208**	**1669588**	**1596489**	**1920242**	**544190**	**96018**
房屋和土木工程建筑业	4700	2086301	1339779	1428268	1469597	440787	77540
建筑安装业	4800	209991	131398	84967	217751	36567	8847
建筑装饰业	4900	79992	103332	30612	178122	10801	6131
其他建筑业	5000	145924	95079	52642	54772	56035	3500
交通运输、仓储和邮政业	F	**387823**	**432029**	**266394**	**930828**	**195608**	**50204**
铁路运输业	5100	15047	1351		543	1214	228
道路运输业	5200	213569	143103	129873	302836	97709	14469

重 庆	四 川	贵 州	云 南	西 藏	陕 西	甘 肃	青 海	宁 夏	新 疆	代码
5640513	**11077015**	**3025165**	**4506052**	**322627**	**5991175**	**3222270**	**779915**	**887349**	**3142958**	0000
1703	**4077**	**3604**	**72436**	**267**	**2367**	**15753**	**8523**	**13843**	**517814**	A
1027	466	1109	17820	267	973	11517	5047	13843	499238	0100
109	2921	1585	44261		1307	948	598		795	0200
160	397	803	516		14	1700	1493		16852	0300
		23				7			51	0400
407	293	84	9839		73	1581	1385		878	0500
279237	**588889**	**339737**	**331079**	**6307**	**346171**	**145767**	**59096**	**61775**	**214842**	B
202066	341914	298016	190486	18	157084	83798	8725	57990	58994	0600
2319	78608	4	114		111504	9802	26582	365	122936	0700
13639	41503	6554	35239	2070	12600	13251	2183	202	12454	0800
1362	42350	10843	74330	3270	35453	21200	12776	157	12344	0900
59422	83083	23977	30752	949	29060	16970	8718	3061	8000	1000
429	1431	343	158		470	746	112		114	1100
1596854	**3074652**	**590666**	**855307**	**18127**	**1536483**	**727916**	**149315**	**217833**	**422359**	C
78988	192160	19277	67355	1164	65789	57003	6707	11913	32959	1300
36883	91664	12257	19799	457	43397	20167	3545	9053	17962	1400
35772	158084	39121	39354	1377	37658	24323	3336	5641	12333	1500
6305	11615	16960	33335		7010	2532		29	518	1600
75949	157718	7145	19754	644	88099	15926	3908	9903	84676	1700
22299	46141	3344	3643	392	15257	4378	3526	895	2893	1800
32426	77623	262	789	118	3266	4144	267	707	796	1900
16211	48604	12591	27261	1461	11391	3478	455	534	3857	2000
23306	57967	1243	3924	139	15022	4271	321	772	4787	2100
24727	73011	6639	20885	12	43795	10778	331	16529	8531	2200
23961	48710	8653	18583	1394	27814	10984	2050	3194	6497	2300
2286	2592	948	293		1619	391	8	30	275	2400
8867	37309	16134	21608		31045	33543	1570	9814	32551	2500
90298	250139	68104	90628	655	91860	66512	26101	30671	51379	2600
31012	84825	23314	22976	1752	48787	15509	4275	4926	4074	2700
883	11693	173	348		784	2746	17	113	8547	2800
16698	27606	13628	3243		11545	2001	125	4221	2038	2900
31288	77735	8645	14746	144	31032	16423	1002	3982	15425	3000
201857	493288	89818	124560	5302	257615	141377	29758	34434	53168	3100
38340	145634	64199	69721		35406	61681	19728	13083	28421	3200
39351	52660	35943	124514	1	59855	81570	16755	20403	7169	3300
57177	99068	20908	16124	201	42522	16339	5039	6963	11229	3400
101080	212801	17390	27758		112288	29709	10325	14556	6869	3500
64649	149429	13015	20466	31	101925	30601	1489	6166	7357	3600
425186	181697	57734	29900	438	179296	15466	1867	1032	4312	3700
47280	92965	11237	15910	16	70855	26152	1521	4941	7973	3900
19848	151609	9742	2754		57878	10473	27	116	3182	4000
30368	19486	3032	5706		29192	3915	757	2407	367	4100
10773	15806	8631	7969	2429	12689	10987	4347	766	2003	4200
2786	5013	579	1401		1792	1537	158	39	211	4300
72761	**233509**	**91395**	**99562**	**5699**	**107941**	**79699**	**17605**	**30655**	**60106**	D
46947	178590	78360	87306	5175	84321	67998	15382	26417	50666	4400
9444	24766	3027	2614	7	6758	1780	179	828	2391	4500
16370	30153	10008	9642	517	16862	9921	2044	3410	7049	4600
1245523	**2149761**	**322260**	**678232**	**50590**	**924009**	**494422**	**86440**	**71616**	**207268**	E
1060915	1921705	287336	606378	48060	820688	427001	72134	63152	175842	4700
57455	116504	20715	38633	2237	49368	50252	9947	4328	22772	4800
59363	57843	7831	22280	155	34683	11299	2461	3103	4944	4900
67790	53709	6378	10941	138	19270	5870	1898	1033	3710	5000
291184	**334191**	**76655**	**129974**	**10287**	**196458**	**106620**	**27135**	**28825**	**110904**	F
	1382	819	138	3	6421	791	542	950	115	5100
152279	175244	35738	65593	6789	92079	49180	12662	13636	62127	5200

1-09 续表 3

行业大类	代码	河南	湖北	湖南	广东	广西	海南
城市公共交通业	5300	62573	92543	56589	187513	24776	3925
水上运输业	5400	7828	92599	9070	121101	18628	8189
航空运输业	5500	5625	6731	5898	65638	2712	13415
管道运输业	5600	10	497	1499	256		123
装卸搬运和其他运输服务业	5700	16858	54256	26225	122589	24199	6277
仓储业	5800	40560	15312	10378	42236	9105	621
邮政业	5900	25753	25637	26862	88116	17265	2957
信息传输、计算机服务和软件业	**G**	**87083**	**103413**	**111290**	**381433**	**68070**	**12570**
电信和其他信息传输服务业	6000	57888	60353	58188	147727	43237	7519
计算机服务业	6100	22531	26626	40205	88128	21548	3869
软件业	6200	6664	16434	12897	145578	3285	1182
批发和零售业	**H**	**902648**	**785305**	**490516**	**1948393**	**308143**	**75549**
批发业	6300	418334	372646	222576	1185815	163985	33444
零售业	6500	484314	412659	267940	762578	144158	42105
住宿和餐饮业	**I**	**272649**	**238949**	**223275**	**808251**	**98329**	**68360**
住宿业	6600	126016	91572	115263	374577	62050	53770
餐饮业	6700	146633	147377	108012	433674	36279	14590
金融业	**J**	**261570**	**189659**	**192673**	**501388**	**112287**	**23077**
银行业	6800	147388	108754	114647	248911	65646	14692
证券业	6900	1830	4121	4278	38564	899	1057
保险业	7000	104862	67704	65427	196868	42293	6332
其他金融活动	7100	7490	9080	8321	17045	3449	996
房地产业	**K**	**169584**	**223140**	**170486**	**782132**	**118213**	**48416**
房地产业	7200	169584	223140	170486	782132	118213	48416
租赁和商务服务业	**L**	**182137**	**212590**	**167834**	**1238643**	**142800**	**30914**
租赁业	7300	5498	7448	7583	17374	2865	2000
商务服务业	7400	176639	205142	160251	1221269	139935	28914
科学研究、技术服务和地质勘查业	**M**	**156417**	**196960**	**135277**	**370640**	**105742**	**20338**
研究与试验发展	7500	27816	27723	21171	83621	13710	5006
专业技术服务业	7600	81409	102607	65308	237266	54982	10793
科技交流和推广服务业	7700	27695	56054	36721	41293	31507	3469
地质勘查业	7800	19497	10576	12077	8460	5543	1070
水利、环境和公共设施管理业	**N**	**111821**	**115325**	**92653**	**178409**	**69807**	**16651**
水利管理业	7900	32773	32685	30218	29439	13959	3464
环境管理业	8000	30610	44018	31287	69690	33355	3593
公共设施管理业	8100	48438	38622	31148	79280	22493	9594
居民服务和其他服务业	**O**	**59343**	**79527**	**112376**	**270823**	**25878**	**7553**
居民服务业	8200	39784	38586	81037	125002	10484	4540
其他服务业	8300	19559	40941	31339	145821	15394	3013
教育	**P**	**1218728**	**757206**	**769283**	**1362443**	**591688**	**118497**
教育	8400	1218728	757206	769283	1362443	591688	118497
卫生、社会保障和社会福利业	**Q**	**450606**	**337669**	**317549**	**514032**	**211752**	**37464**
卫生	8500	430307	315990	297389	490882	198969	36004
社会保障业	8600	7718	5548	11104	5722	6333	631
社会福利业	8700	12581	16131	9056	17428	6450	829
文化、体育和娱乐业	**R**	**97124**	**85340**	**96215**	**199868**	**43497**	**20658**
新闻出版业	8800	18764	19241	11622	31967	5962	2406
广播、电视、电影和音像业	8900	24618	23699	22449	39696	11015	5257
文化艺术业	9000	38360	23409	19997	33560	13130	3578
体育	9100	3897	4991	3741	18876	3233	566
娱乐业	9200	11485	14000	38406	75769	10157	8851
公共管理和社会组织	**S**	**1508929**	**959685**	**1081933**	**1448513**	**570884**	**131787**
中国共产党机关	9300	32903	29922	37971	26901	22466	2388
国家机构	9400	1046133	637496	736501	1058667	372979	101489
人民政协和民主党派	9500	5479	4704	4448	3836	3181	603
群众团体、社会团体和宗教组织	9600	125871	108535	98541	109679	66824	7140
基层群众自治组织	9700	298543	179028	204472	249430	105434	20167

重 庆	四 川	贵 州	云 南	西 藏	陕 西	甘 肃	青 海	宁 夏	新 疆	代码
37335	58045	14225	15109	1509	48951	25863	4354	4522	17142	5300
43848	5008	1798	860		572	128	15	33		5400
4302	12188	2736	3776	255	9666	2999	777	1170	4447	5500
30	596		145		2177	18		1067	911	5600
28271	29246	5496	23550	107	8303	10495	1019	1174	10179	5700
11683	9710	5026	5959	240	13334	7331	1419	1139	3909	5800
13436	42772	10817	14844	1384	14955	9815	6347	5134	12074	5900
63439	**132159**	**31142**	**49989**	**4155**	**84988**	**22937**	**11210**	**13237**	**29938**	**G**
40979	76991	22423	34632	3812	51621	18787	9375	10055	21900	6000
10240	31668	6517	10059	343	15176	2938	1527	2526	5527	6100
12220	23500	2202	5298		18191	1212	308	656	2511	6200
429934	**597979**	**169498**	**309099**	**13699**	**423669**	**183295**	**46651**	**62622**	**186697**	**H**
214809	327606	101286	177080	3241	190938	98895	22735	31892	120808	6300
215125	270373	68212	132019	10458	232731	84400	23916	30730	65889	6500
140342	**226752**	**49719**	**99889**	**9457**	**209053**	**66607**	**20085**	**22106**	**50498**	**I**
49298	107238	31245	71952	8112	89972	35106	12432	10224	37932	6600
91044	119514	18474	27937	1345	119081	31501	7653	11882	12566	6700
99346	**228990**	**60982**	**116518**	**7636**	**153064**	**84986**	**14728**	**33309**	**74492**	**J**
51684	117991	42959	78589	6429	91899	42505	12863	16786	43867	6800
2642	3772	617	1202	464	2464	835	260	58	600	6900
39743	96712	14813	33736	604	55548	39402	1203	15019	27850	7000
5277	10515	2593	2991	139	3153	2244	402	1446	2175	7100
190292	**237383**	**74692**	**90334**	**5253**	**117721**	**54075**	**16421**	**26471**	**56991**	**K**
190292	237383	74692	90334	5253	117721	54075	16421	26471	56991	7200
133941	**274142**	**67068**	**122850**	**3331**	**96447**	**79361**	**18611**	**19061**	**93805**	**L**
7053	9684	3000	4281	1072	5934	2741	560	858	2614	7300
126888	264458	64068	118569	2259	90513	76620	18051	18203	91191	7400
83036	**224901**	**50967**	**93505**	**4756**	**153554**	**65250**	**22039**	**16253**	**65483**	**M**
12481	44818	6900	12879	524	46036	13425	1571	1948	7012	7500
43705	99113	23223	45920	2117	59937	25269	9975	9449	34678	7600
21113	57237	13886	25293	929	30732	14498	5524	3480	11777	7700
5737	23733	6958	9413	1186	16849	12058	4969	1376	12016	7800
37579	**90587**	**27740**	**53384**	**1670**	**60506**	**36163**	**8346**	**14538**	**48686**	**N**
5844	16938	4542	8548	165	24989	16847	3961	5771	22485	7900
15232	43490	13598	21718	736	16131	9776	2511	5032	12196	8000
16503	30159	9600	23118	769	19386	9540	1874	3735	14005	8100
42167	**56155**	**20851**	**29803**	**1274**	**36800**	**17608**	**3872**	**4621**	**15569**	**O**
22158	26495	11271	15490	543	21051	9577	1988	1768	6556	8200
20009	29660	9580	14313	731	15749	8031	1884	2853	9013	8300
371144	**912432**	**415998**	**504292**	**35803**	**578028**	**338928**	**66220**	**83908**	**336332**	**P**
371144	912432	415998	504292	35803	578028	338928	66220	83908	336332	8400
139554	**342171**	**110542**	**167782**	**9491**	**200522**	**100033**	**28503**	**30739**	**126144**	**Q**
130464	322775	107003	160975	9339	190306	96788	26913	29384	121296	8500
3062	7320	1697	3216	6	4377	1572	616	609	1772	8600
6028	12076	1842	3591	146	5839	1673	974	746	3076	8700
37300	**71454**	**21797**	**41166**	**3535**	**60978**	**27863**	**8101**	**7818**	**26271**	**R**
10005	14198	3765	6178	183	7791	4320	1174	1553	5547	8800
6914	15608	5336	7985	1287	17559	6891	2379	1925	9305	8900
8487	21585	7105	13855	1422	24155	10601	2915	2558	8469	9000
1400	3974	1232	2554	356	2863	1264	733	437	1410	9100
10494	16089	4359	10594	287	8610	4787	900	1345	1540	9200
385177	**1296831**	**499852**	**660851**	**131290**	**702416**	**574987**	**167014**	**128119**	**498759**	**S**
10480	35400	16787	23551	5419	28655	15907	5002	3100	17936	9300
247673	727937	352450	457920	73475	481878	359544	94336	80248	352377	9400
1611	6402	2819	5202	467	3921	3667	1184	873	2484	9500
59319	225798	42235	90415	24862	53580	111125	40075	31916	50499	9600
66094	301294	85561	83763	27067	134382	84744	26417	11982	75463	9700

1-10 按行业(大类)、开业(成立)

行业大类	代码	法人单位数(个)	1949年以前	1950-1977年	1978-1991年	1992-1995年	1996年	1997年	1998年
总　计	0000	**7098765**	**86966**	**474481**	**822850**	**387265**	**124640**	**125294**	**205445**
农、林、牧、渔业	A	**2023**	**48**	**914**	**204**	**58**	**24**	**24**	**51**
农业	0100	678	28	395	37	11	4	3	20
林业	0200	528	12	338	65	18	5	5	5
畜牧业	0300	415	5	36	13	15	7	8	13
渔业	0400	64	1	8	5	3	3	6	2
农、林、牧、渔服务业	0500	338	2	137	84	11	5	2	11
采矿业	B	**97315**	**70**	**1509**	**5634**	**4597**	**1837**	**1653**	**3288**
煤炭开采和洗选业	0600	21931	38	816	2419	1681	679	566	939
石油和天然气开采业	0700	1363	2	9	27	48	13	17	158
黑色金属矿采选业	0800	17469	3	73	477	436	195	153	321
有色金属矿采选业	0900	10686	5	117	486	474	192	184	284
非金属矿采选业	1000	45161	22	489	2200	1940	753	727	1564
其他采矿业	1100	705		5	25	18	5	6	22
制造业	C	**1818370**	**969**	**20497**	**85406**	**109996**	**37658**	**39871**	**67075**
农副食品加工业	1300	102309	37	1559	4393	5445	2265	2463	4643
食品制造业	1400	41714	33	560	2024	2647	962	1107	1960
饮料制造业	1500	34980	57	672	2296	2213	879	926	1785
烟草制品业	1600	251	18	23	41	23	5	6	13
纺织业	1700	108024	63	813	3660	5178	1842	2081	3543
纺织服装、鞋、帽制造业	1800	79494	18	493	2210	3952	1280	1428	2104
皮革、毛皮、羽毛(绒)及其制品业	1900	31232	9	196	1110	2160	720	671	1043
木材加工及木、竹、藤、棕、草制品业	2000	62693	9	351	1676	2190	935	960	1898
家具制造业	2100	36117	3	215	1035	1799	780	811	1399
造纸及纸制品业	2200	48625	33	419	2516	3170	1208	1189	1882
印刷业和记录媒介的复制	2300	52693	108	1047	5001	4985	1545	1641	2500
文教体育用品制造业	2400	20118	10	126	851	1347	423	414	658
石油加工、炼焦及核燃料加工业	2500	6424	7	64	309	395	129	143	242
化学原料及化学制品制造业	2600	96172	68	1196	5102	6633	2169	2370	4023
医药制造业	2700	15286	39	360	799	1221	368	392	671
化学纤维制造业	2800	4521	2	21	150	246	72	90	127
橡胶制品业	2900	20744	11	238	1166	1416	523	507	834
塑料制品业	3000	98293	9	455	3692	5662	1913	2099	3420
非金属矿物制品业	3100	211193	71	3029	15855	15097	5271	4649	8859
黑色金属冶炼及压延加工业	3200	18939	10	217	809	1039	351	352	591
有色金属冶炼及压延加工业	3300	21498	12	185	864	1258	415	456	676
金属制品业	3400	132747	29	1292	5487	7424	2403	2735	4426
通用设备制造业	3500	181969	96	2282	8787	10842	3606	3921	6614
专用设备制造业	3600	92806	66	1405	3620	4862	1679	1870	3015
交通运输设备制造业	3700	79692	81	1207	3995	5237	1682	1799	2938
电气机械及器材制造业	3900	93754	35	961	3776	5827	1840	2095	3119
通信设备、计算机及其他电子设备制造业	4000	45455	10	321	1131	2621	758	882	1242
仪器仪表及文化、办公用机械制造业	4100	23731	18	385	1107	1924	570	638	902
工艺品及其他制造业	4200	48693	7	396	1765	2954	998	1083	1772
废弃资源和废旧材料回收加工业	4300	8203		9	179	229	67	93	176
电力、燃气及水的生产和供应业	D	**57923**	**155**	**3578**	**8288**	**3937**	**1362**	**1388**	**2146**
电力、热力的生产和供应业	4400	38016	90	2517	5033	2327	806	868	1369
燃气生产和供应业	4500	3128	8	20	153	185	66	61	104
水的生产和供应业	4600	16779	57	1041	3102	1425	490	459	673
建筑业	E	**226768**	**102**	**5446**	**13210**	**15886**	**4641**	**4806**	**7747**
房屋和土木工程建筑业	4700	93054	87	4925	9607	8248	2100	2109	3748
建筑安装业	4800	43759	9	360	1947	3096	960	1122	1625
建筑装饰业	4900	66286	3	61	1068	3565	1298	1263	1807
其他建筑业	5000	23669	3	100	588	977	283	312	567
交通运输、仓储和邮政业	F	**157589**	**291**	**5362**	**8697**	**7893**	**2528**	**2843**	**4787**
铁路运输业	5100	440	2	13	70	43	10	6	23
道路运输业	5200	73202	112	2640	4155	3220	1094	1254	2075

时间分组的法人单位数

1999年	2000年	2001年	2002年	2003年	2004年	2005年	2006年	2007年	2008年	开业时间不详	代码
202572	**310616**	**376565**	**414896**	**494382**	**515959**	**584023**	**675854**	**670272**	**515402**	**111283**	**0000**
40	**56**	**49**	**63**	**76**	**85**	**71**	**81**	**86**	**92**	**1**	A
13	20	18	18	19	22	17	19	22	12		0100
8	8	6	7	7	8	12	9	9	5	1	0200
14	19	13	26	33	37	29	38	42	67		0300
4	3	2	3	8	5	2	5	4			0400
1	6	10	9	9	13	11	10	9	8		0500
2520	**4313**	**5514**	**5632**	**8249**	**9935**	**10956**	**12014**	**10552**	**7838**	**1204**	B
674	1011	1217	1109	1779	1915	2055	1877	1562	1202	392	0600
48	71	79	68	93	112	114	178	159	156	11	0700
292	619	814	900	1502	2408	2512	2402	2237	1855	270	0800
273	426	526	549	789	961	1176	1602	1443	983	216	0900
1214	2160	2834	2973	4038	4481	5016	5844	5059	3541	306	1000
19	26	44	33	48	58	83	111	92	101	9	1100
63621	**99648**	**121068**	**133289**	**160954**	**161301**	**174335**	**204461**	**189294**	**135095**	**13832**	C
4155	6658	7300	7663	8974	9116	10042	10591	9616	6660	729	1300
1604	2593	2919	2877	3423	3463	3866	4270	4061	3041	304	1400
1535	2258	2425	2483	2837	2737	3087	3307	3118	2116	249	1500
12	12	15	7	16	11	15	19	3	10	2	1600
3647	6560	7251	9801	11289	10493	10978	12933	10637	6727	528	1700
2198	4112	4954	5682	6974	7346	8261	10469	10417	7149	447	1800
1045	1647	2031	2240	2533	2540	2984	3758	3668	2653	224	1900
1754	3159	4035	4412	5684	5838	7054	8853	8516	5113	256	2000
1255	2014	2381	2477	3159	3383	3654	4378	4219	2936	219	2100
1879	2780	3370	3768	4373	4280	4449	5134	4695	3228	252	2200
1950	3020	3605	3827	4734	4280	3969	4363	3652	2346	120	2300
683	1039	1319	1374	1862	1903	1883	2265	2211	1622	128	2400
216	335	445	496	674	676	582	606	546	441	118	2500
3872	5753	7115	7276	8490	8258	9056	10067	8140	5733	851	2600
598	857	1105	1122	1336	1391	1395	1343	1179	933	177	2700
157	278	273	383	524	461	413	593	452	251	28	2800
796	1151	1468	1534	1820	1753	1939	2112	1934	1394	148	2900
3466	5562	6815	8048	8855	8864	9626	11460	10436	7232	679	3000
7194	11322	13354	13520	17038	16846	18639	22998	20795	15295	1361	3100
603	905	1152	1377	2149	2121	1965	1892	1827	1386	193	3200
726	1087	1392	1452	1770	1917	2120	2599	2604	1707	258	3300
4649	6999	8786	9740	11819	11907	13047	15355	14538	10947	1164	3400
6165	9600	11987	13384	16367	16632	17661	19893	18839	13798	1495	3500
3092	4673	6040	6806	8328	8534	9321	10844	10177	7485	989	3600
2809	4008	4839	5584	6900	6881	7316	8907	8411	6322	776	3700
3424	4858	6189	6861	8130	8209	8494	10503	10429	8040	964	3900
1286	2173	2976	3314	3834	4277	4532	5500	5526	4531	541	4000
954	1286	1733	1708	2064	2050	2013	2368	2220	1619	172	4100
1704	2621	3336	3557	4247	4295	4964	5897	5241	3515	341	4200
193	328	458	516	751	839	1010	1184	1187	865	119	4300
1868	**2536**	**2947**	**3456**	**4738**	**4857**	**4698**	**4526**	**3792**	**2852**	**799**	D
1229	1515	1896	2315	3309	3561	3388	3053	2437	1721	582	4400
127	180	208	234	317	283	288	316	292	234	52	4500
512	841	843	907	1112	1013	1022	1157	1063	897	165	4600
7384	**10085**	**13926**	**14814**	**16977**	**18933**	**22074**	**25200**	**24384**	**19122**	**2031**	E
3177	4246	6304	6063	6248	6474	7709	8540	7617	5185	667	4700
1635	2119	2792	2937	3441	3875	4438	4887	4624	3528	364	4800
1933	2833	3520	4111	5239	6140	7146	8501	9155	7971	672	4900
639	887	1310	1703	2049	2444	2781	3272	2988	2438	328	5000
4209	**6243**	**8199**	**9279**	**11760**	**14421**	**17495**	**19445**	**18843**	**14565**	**729**	F
14	24	23	19	26	26	42	27	37	29	6	5100
1911	2933	4158	4560	5625	6748	7530	9191	8990	6707	299	5200

1-10 续表

行业大类	代码	法人单位数(个)	1949年以前	1950-1977年	1978-1991年	1992-1995年	1996年	1997年	1998年
城市公共交通业	5300	7689	13	231	458	985	280	338	402
水上运输业	5400	8009	14	534	845	557	141	169	276
航空运输业	5500	808	1	9	48	72	11	21	33
管道运输业	5600	85			8	9		3	6
装卸搬运和其他运输服务业	5700	44661	29	521	1424	1622	612	628	971
仓储业	5800	18207	85	1368	1636	1336	355	368	656
邮政业	5900	4488	35	46	53	49	25	56	345
信息传输、计算机服务和软件业	**G**	**153290**	**42**	**626**	**1525**	**2061**	**813**	**1054**	**1971**
电信和其他信息传输服务业	6000	22590	37	595	1066	778	222	254	451
计算机服务业	6100	90843	3	26	334	676	325	428	907
软件业	6200	39857	2	5	125	607	266	372	613
批发和零售业	**H**	**1403141**	**1642**	**25457**	**37243**	**49661**	**20044**	**22963**	**41421**
批发业	6300	854007	566	12315	20343	28822	11630	13402	24506
零售业	6500	549134	1076	13142	16900	20839	8414	9561	16915
住宿和餐饮业	**I**	**145297**	**97**	**1833**	**7402**	**7105**	**2737**	**2849**	**4671**
住宿业	6600	54316	53	1176	5100	3883	1352	1363	2094
餐饮业	6700	90981	44	657	2302	3222	1385	1486	2577
金融业	**J**	**28668**	**160**	**831**	**2642**	**1321**	**1044**	**629**	**544**
银行业	6800	7706	117	812	2204	629	614	290	190
证券业	6900	1116	1	2	33	203	48	60	34
保险业	7000	9146	40	6	226	187	302	189	146
其他金融活动	7100	10700	2	11	179	302	80	90	174
房地产业	**K**	**214391**	**92**	**3529**	**7787**	**16452**	**3724**	**4355**	**7029**
房地产业	7200	214391	92	3529	7787	16452	3724	4355	7029
租赁和商务服务业	**L**	**427001**	**508**	**5474**	**22928**	**22219**	**6245**	**7320**	**10701**
租赁业	7300	18330	3	165	386	645	252	252	410
商务服务业	7400	408671	505	5309	22542	21574	5993	7068	10291
科学研究、技术服务和地质勘查业	**M**	**201689**	**307**	**13240**	**25302**	**12253**	**3376**	**3328**	**4697**
研究与试验发展	7500	21317	69	1964	2561	956	261	314	441
专业技术服务业	7600	99966	118	4760	10788	6332	1967	1798	2558
科技交流和推广服务业	7700	76591	110	5828	11496	4747	1100	1170	1608
地质勘查业	7800	3815	10	688	457	218	48	46	90
水利、环境和公共设施管理业	**N**	**57553**	**229**	**7321**	**11529**	**4285**	**1178**	**1296**	**1759**
水利管理业	7900	20827	125	5544	6368	1783	441	437	523
环境管理业	8000	12801	44	934	2363	914	253	318	424
公共设施管理业	8100	23925	60	843	2798	1588	484	541	812
居民服务和其他服务业	**O**	**120467**	**69**	**1648**	**4422**	**5148**	**1919**	**2161**	**3603**
居民服务业	8200	61339	53	1203	2276	2350	932	1121	1925
其他服务业	8300	59128	16	445	2146	2798	987	1040	1678
教育	**P**	**335065**	**27065**	**90137**	**57329**	**19836**	**6172**	**5669**	**8128**
教育	8400	335065	27065	90137	57329	19836	6172	5669	8128
卫生、社会保障和社会福利业	**Q**	**206480**	**2285**	**54437**	**42533**	**15093**	**4325**	**3489**	**5650**
卫生	8500	171449	2162	52080	33792	12116	3502	2835	4698
社会保障业	8600	11428	16	147	1926	1162	292	216	224
社会福利业	8700	23603	107	2210	6815	1815	531	438	728
文化、体育和娱乐业	**R**	**81878**	**935**	**9287**	**15804**	**5084**	**1393**	**1325**	**1950**
新闻出版业	8800	6278	112	422	1761	825	162	97	176
广播、电视、电影和音像业	8900	13481	110	2456	3320	1031	252	226	326
文化艺术业	9000	33830	678	5750	8926	1991	548	535	703
体育	9100	7405	19	550	1123	477	166	147	186
娱乐业	9200	20884	16	109	674	760	265	320	559
公共管理和社会组织	**S**	**1363857**	**51900**	**223355**	**464965**	**84380**	**23620**	**18271**	**28227**
中国共产党机关	9300	39846	3033	10025	13874	2655	786	658	564
国家机构	9400	396222	8565	57802	115775	34756	9645	8633	10596
人民政协和民主党派	9500	6209	271	1432	2835	302	106	103	136
群众团体、社会团体和宗教组织	9600	234644	7309	14696	53233	18521	5840	4497	8000
基层群众自治组织	9700	686936	32722	139400	279248	28146	7243	4380	8931

1999年	2000年	2001年	2002年	2003年	2004年	2005年	2006年	2007年	2008年	开业时间不详	代码
368	433	551	567	538	584	551	544	497	328	21	5300
214	312	385	513	569	683	716	738	776	510	57	5400
34	41	51	53	70	81	64	85	71	59	4	5500
1	11	5	3	9	8	6	7	4	3	2	5600
968	1477	1911	2322	3237	4479	6509	6586	6168	5034	163	5700
558	827	934	1020	1397	1387	1566	1698	1652	1202	162	5800
141	185	181	222	289	425	511	569	648	693	15	5900
2842	**6498**	**8421**	**10307**	**14585**	**15578**	**18799**	**25229**	**24926**	**17621**	**392**	**G**
670	1177	1462	1438	2011	2175	2289	2896	2836	2205	28	6000
1273	3538	4788	6342	9184	9274	11683	16279	15515	10168	100	6100
899	1783	2171	2527	3390	4129	4827	6054	6575	5248	264	6200
43876	**67759**	**82593**	**94373**	**120043**	**126406**	**146630**	**180886**	**186334**	**149594**	**6216**	**H**
26313	39697	50218	58333	75121	78192	90062	111161	116055	92676	4595	6300
17563	28062	32375	36040	44922	48214	56568	69725	70279	56918	1621	6500
4393	**7325**	**7689**	**8323**	**10601**	**11948**	**14892**	**17945**	**19051**	**15972**	**464**	**I**
1826	2725	2657	2907	3632	3983	4776	5594	5922	5054	219	6600
2567	4600	5032	5416	6969	7965	10116	12351	13129	10918	245	6700
479	**663**	**803**	**1336**	**2069**	**1952**	**2629**	**3149**	**4159**	**4158**	**100**	**J**
156	151	115	86	166	212	412	483	581	483	5	6800
50	49	83	76	84	50	50	68	104	118	3	6900
70	136	231	608	992	960	1077	1160	1386	1412	18	7000
203	327	374	566	827	730	1090	1438	2088	2145	74	7100
7316	**10604**	**13064**	**14957**	**18214**	**18600**	**20210**	**23802**	**25376**	**15717**	**3563**	**K**
7316	10604	13064	14957	18214	18600	20210	23802	25376	15717	3563	7200
12627	**18703**	**21668**	**23834**	**31638**	**36665**	**44823**	**52108**	**56774**	**51108**	**1658**	**L**
430	714	949	1086	1399	1629	2090	2552	2784	2507	77	7300
12197	17989	20719	22748	30239	35036	42733	49556	53990	48601	1581	7400
4734	**7554**	**9859**	**11386**	**13902**	**14870**	**17751**	**19679**	**20517**	**18056**	**878**	**M**
438	821	1036	1062	1274	1434	1793	2261	2373	2039	220	7500
2772	4108	5205	6048	7559	8178	9477	10198	9794	7998	308	7600
1440	2514	3461	4138	4897	5047	6203	6915	7969	7626	322	7700
84	111	157	138	172	211	278	305	381	393	28	7800
1494	**2214**	**2525**	**2928**	**3421**	**3152**	**3518**	**3634**	**3527**	**3162**	**381**	**N**
374	516	602	659	621	506	654	618	499	537	20	7900
333	558	641	714	866	810	879	899	872	882	97	8000
787	1140	1282	1555	1934	1836	1985	2117	2156	1743	264	8100
3479	**5720**	**6537**	**7393**	**9704**	**11038**	**12915**	**15456**	**15777**	**13214**	**264**	**O**
1792	2975	3311	3905	4965	5567	6593	7630	7911	6731	99	8200
1687	2745	3226	3488	4739	5471	6322	7826	7866	6483	165	8300
7253	**11304**	**11403**	**12297**	**13845**	**13405**	**14991**	**14531**	**12215**	**9373**	**112**	**P**
7253	11304	11403	12297	13845	13405	14991	14531	12215	9373	112	8400
4333	**7245**	**7472**	**7421**	**8829**	**8057**	**9842**	**10015**	**8884**	**6517**	**53**	**Q**
3473	5763	5927	5811	6279	6146	7857	7809	6391	4780	28	8500
251	630	678	704	1408	790	721	877	820	562	4	8600
609	852	867	906	1142	1121	1264	1329	1673	1175	21	8700
1645	**2681**	**3099**	**3613**	**4517**	**4798**	**6021**	**6888**	**6967**	**5707**	**164**	**R**
186	268	266	244	313	375	335	291	259	182	4	8800
223	383	461	642	558	629	764	786	731	569	14	8900
519	892	1128	1244	1546	1458	1877	2070	2111	1802	52	9000
176	323	375	419	512	525	603	612	659	523	10	9100
541	815	869	1064	1588	1811	2442	3129	3207	2631	84	9200
28459	**39465**	**49729**	**50195**	**40260**	**39958**	**41373**	**36805**	**38814**	**25639**	**78442**	**S**
381	666	1078	1182	634	426	430	327	292	155	2680	9300
7113	10895	17411	21255	14680	12759	15205	11463	10375	6954	22340	9400
72	119	113	102	99	72	77	46	41	19	264	9500
6708	10298	9562	10319	11579	12328	15207	16816	17404	12291	36	9600
14185	17487	21565	17337	13268	14373	10454	8153	10702	6220	53122	9700

1-11 按地区、开业(成立)

地 区	法人单位数(个)	1949年以前	1950-1977年	1978-1991年	1992-1995年	1996年	1997年	1998年	1999年
全 国	**7098765**	**86966**	**474481**	**822850**	**387265**	**124640**	**125294**	**205445**	**202572**
北 京	267869	574	3269	12837	15247	4349	4874	7469	8927
天 津	145411	894	3087	9760	9009	3081	3084	4339	4528
河 北	278581	19018	28392	41522	12173	5371	4659	7943	7193
山 西	160748	5069	22652	30396	6829	2173	2396	4617	3668
内蒙古	113568	1415	13110	13257	3761	1605	1655	2737	2510
辽 宁	315408	2767	16197	33657	17273	4997	5334	8974	10024
吉 林	124427	1719	12576	15642	5060	1967	1601	3843	3248
黑龙江	150273	2262	15081	19334	6420	2431	2287	4344	4172
上 海	360466	659	3116	12676	22933	6651	7497	10251	11322
江 苏	630836	2521	16629	44333	29572	9819	10357	18093	16582
浙 江	560177	5215	14492	46229	30920	10295	10889	16004	17539
安 徽	205275	1916	13823	20656	11646	3994	3545	4913	4463
福 建	232603	2701	13796	31478	15182	4972	5375	6940	6858
江 西	147815	1862	17091	27879	6687	2262	2049	3735	3276
山 东	603846	5541	23956	91075	23423	8819	8718	17467	16775
河 南	351074	5103	31872	57239	18884	7099	6648	11537	9834
湖 北	293352	2634	22106	41930	13562	5582	4566	8303	7392
湖 南	258434	1778	16279	26504	11611	3515	3524	10043	4890
广 东	617659	4379	23759	41582	43238	11081	12624	19340	29516
广 西	154748	2974	20906	23820	12056	4529	3244	3252	3126
海 南	29411	171	4213	2806	2199	480	449	625	703
重 庆	139074	1118	6346	9646	7823	2285	2953	5013	3499
四 川	310270	2922	42626	47113	21656	5172	5240	8761	7151
贵 州	94296	1451	9304	14759	14734	1148	1333	1887	1774
云 南	122667	1230	12946	17311	6008	2243	2376	3216	3627
西 藏	15324	558	3130	4947	852	691	192	336	413
陕 西	178971	3540	28181	33722	8810	4715	4670	5804	4540
甘 肃	94361	2470	15624	23236	4150	1451	1348	2344	1890
青 海	24394	588	4486	6172	913	280	257	524	450
宁 夏	29312	321	3010	5496	1280	537	447	855	671
新 疆	88115	1596	12426	15836	3354	1046	1103	1936	2011

时间分组的法人单位数

2000年	2001年	2002年	2003年	2004年	2005年	2006年	2007年	2008年	开业时间不详
310616	**376565**	**414896**	**494382**	**515959**	**584023**	**675854**	**670272**	**515402**	**111283**
12772	16346	18568	22893	27220	28955	29410	31657	22366	136
6696	8882	8297	11269	11747	13548	16414	15515	14888	373
12150	13174	14887	15832	16506	18500	21929	19662	14869	4801
5608	6460	8173	8715	8931	10053	11551	11287	8416	3754
4724	5391	5892	6466	7350	9461	12558	11763	8632	1281
13887	15399	17850	21430	23707	27596	32002	32366	26397	5551
6462	7521	6595	8011	8241	11004	12613	11528	6312	484
7697	9849	8355	9558	10375	11331	13405	13736	9012	624
16431	20383	26383	33489	39990	45676	40689	34490	27125	705
30815	43456	45468	53577	51530	56145	71046	71244	50304	9345
25687	31382	38981	44120	42900	46021	59321	62411	53276	4495
7914	8491	10478	12516	15092	16905	21926	23815	21678	1504
9076	10066	12355	15723	16137	17815	20560	21236	20151	2182
5596	7345	7898	9896	8936	10445	12819	11456	7258	1325
31011	39297	37845	46025	45133	52181	60927	55085	34725	5843
15502	17241	17879	21611	21255	28440	29682	28043	18711	4494
14147	16186	16803	19114	20961	24613	27742	25948	20046	1717
9085	12400	11715	14868	15385	19097	20934	17354	10608	48844
25344	30821	36337	44435	48552	54628	66661	69179	52136	4047
4377	5193	8881	8789	7895	10401	10854	12007	11841	603
862	1293	1409	1837	1928	2240	2703	2922	2276	295
6133	9857	8821	10704	11198	11158	13091	15775	13013	641
11360	14444	14395	19735	19222	20503	22384	24321	20355	2910
2554	3441	4192	5439	6181	5301	6162	7984	5967	685
10460	4780	5704	7167	7453	8080	9868	9722	9506	970
222	172	765	306	335	379	318	355	405	948
6796	8375	8656	8886	8768	9697	11521	11775	9399	1116
2688	3569	4359	4408	4651	4978	5473	5839	4845	1038
813	1050	1156	1144	1095	1133	1316	1515	1374	128
1031	987	1387	2006	2108	2098	2368	2321	2278	111
2716	3314	4412	4413	5177	5641	7607	7961	7233	333

1-12 按地区、学历分组的法人单位从业人员数

地区	法人单位数(个)	从业人员数(人)	具有研究生及以上学历人员	具有大学本科学历人员	具有大专学历人员	具有高中学历人员	具有初中及以下学历人员
全国	**7098765**	**271537187**	**3601268**	**31036245**	**47737629**	**85210107**	**103951938**
北京	267869	7938702	446821	1884943	1616635	2181070	1809233
天津	145411	4410393	83722	642737	768816	1300406	1614712
河北	278581	11049947	94978	1189226	1976079	3456309	4333355
山西	160748	6647248	56948	790395	1314058	2023002	2462845
内蒙古	113568	4335440	45538	652038	1005501	1386002	1246361
辽宁	315408	10307797	207654	1455795	2073577	2841781	3728990
吉林	124427	4714335	88627	759737	1004147	1544896	1316928
黑龙江	150273	6441358	112566	959320	1343613	2177775	1848084
上海	360466	10412240	248409	1444429	1693819	2907130	4118453
江苏	630836	27087242	237113	2274396	3867975	8884350	11823408
浙江	560177	20790477	132347	1608482	2490552	5601827	10957269
安徽	205275	8331974	84015	866274	1489930	2559231	3332524
福建	232603	9539333	71492	863602	1311719	2686565	4605955
江西	147815	6155166	153778	598762	1051430	2001851	2349345
山东	603846	23902656	203197	2504830	3935984	8098583	9160062
河南	351074	14904203	137187	1485263	2827793	5088140	5365820
湖北	293352	9637009	168984	1259096	1953076	3483805	2772048
湖南	258434	9294830	98337	1089198	1849725	3098937	3158633
广东	617659	30993946	364731	2844071	4649586	10549494	12586064
广西	154748	4885707	63970	622096	1097648	1568832	1533161
海南	29411	1162145	13987	152274	221789	369095	405000
重庆	139074	5640513	62439	641527	985785	1745167	2205595
四川	310270	11077015	136903	1328620	2177991	3320289	4113212
贵州	94296	3025165	23554	424628	742548	729919	1104516
云南	122667	4506052	48049	620586	954175	1139994	1743248
西藏	15324	322627	3171	40796	62170	61297	155193
陕西	178971	5991175	109745	834006	1352146	1972957	1722321
甘肃	94361	3222270	44034	434023	717952	1048511	977750
青海	24394	779915	10311	118975	186523	230352	233754
宁夏	29312	887349	13885	145336	200147	256638	271343
新疆	88115	3142958	34776	500784	814740	895902	896756

1-13　按行业(大类)、学历分组的法人单位从业人员数

行业大类	代码	法　人单位数(个)	从　业人员数(人)	具有研究生及以上学历人员	具有大学本　科学历人员	具有大专学历人员	具有高中学历人员	具有初中及以下学历人员
总　计	**0000**	**7098765**	**271537187**	**3601268**	**31036245**	**47737629**	**85210107**	**103951938**
农、林、牧、渔业	**A**	**2023**	**1952739**	**1620**	**65038**	**188994**	**658649**	**1038438**
农业	0100	678	1283632	711	39774	112358	447216	683573
林业	0200	528	579754	385	20848	65663	187316	305542
畜牧业	0300	415	51629	221	1850	5072	15561	28925
渔业	0400	64	6085	29	432	645	2080	2899
农、林、牧、渔服务业	0500	338	31639	274	2134	5256	6476	17499
采矿业	**B**	**97315**	**9907544**	**64137**	**438877**	**859742**	**2976350**	**5568438**
煤炭开采和洗选业	0600	21931	5786535	42497	205702	455536	1587311	3495489
石油和天然气开采业	0700	1363	1126201	12254	166444	198444	480099	268960
黑色金属矿采选业	0800	17469	928632	4794	23923	70709	276396	552810
有色金属矿采选业	0900	10686	743014	3070	23217	63734	253521	399472
非金属矿采选业	1000	45161	1307197	1434	19029	69893	373903	842938
其他采矿业	1100	705	15965	88	562	1426	5120	8769
制造业	**C**	**1818370**	**104330564**	**653430**	**4907491**	**10525255**	**35093226**	**53151162**
农副食品加工业	1300	102309	4547146	19957	144221	391494	1487087	2504387
食品制造业	1400	41714	2187868	12712	105829	252297	742988	1074042
饮料制造业	1500	34980	1660363	8819	81819	207941	595668	766116
烟草制品业	1600	251	208318	2576	22545	41809	64303	77085
纺织业	1700	108024	8138660	18786	152912	507720	2540061	4919181
纺织服装、鞋、帽制造业	1800	79494	6448028	12987	121316	372409	1807130	4134186
皮革、毛皮、羽毛(绒)及其制品业	1900	31232	3386625	24117	51942	178157	896003	2236406
木材加工及木、竹、藤、棕、草制品业	2000	62693	2390195	5359	42168	140988	707548	1494132
家具制造业	2100	36117	1583494	3359	40227	116083	459178	964647
造纸及纸制品业	2200	48625	2190967	5447	65415	190710	721816	1207579
印刷业和记录媒介的复制	2300	52693	1544478	5536	60855	175327	576931	725829
文教体育用品制造业	2400	20118	1680598	4731	36499	99944	462134	1077290
石油加工、炼焦及核燃料加工业	2500	6424	921134	7342	84355	157076	346667	325694
化学原料及化学制品制造业	2600	96172	5625078	43793	355557	746906	2020771	2458051
医药制造业	2700	15286	1682985	29169	204720	331073	627583	490440
化学纤维制造业	2800	4521	475685	8684	21000	64271	171311	210419
橡胶制品业	2900	20744	1282569	3694	41634	113998	421788	701455
塑料制品业	3000	98293	3899242	12547	119892	321511	1263093	2182199
非金属矿物制品业	3100	211193	9390564	30388	216046	644238	2809269	5690623
黑色金属冶炼及压延加工业	3200	18939	3372463	25311	202415	429200	1289273	1426264
有色金属冶炼及压延加工业	3300	21498	2036208	15496	111187	250435	708033	951057
金属制品业	3400	132747	5023298	20200	185531	479576	1647587	2690404
通用设备制造业	3500	181969	7243788	38337	396114	855920	2541690	3411727

1-13 续表 1

行业大类	代码	法人单位数（个）	从业人员数（人）	具有研究生及以上学历人员	具有大学本科学历人员	具有大专学历人员	具有高中学历人员	具有初中及以下学历人员
专用设备制造业	3600	92806	4343877	43130	348104	636153	1633510	1682980
交通运输设备制造业	3700	79692	5812002	68690	459600	814168	2173710	2295834
电气机械及器材制造业	3900	93754	6294621	44736	404042	763225	2248713	2833905
通信设备、计算机及其他电子设备制造业	4000	45455	7004903	110725	626438	856287	2870158	2541295
仪器仪表及文化、办公用机械制造业	4100	23731	1496156	19364	142748	211834	527498	594712
工艺品及其他制造业	4200	48693	2255917	6374	57149	158214	671858	1362322
废弃资源和废旧材料回收加工业	4300	8203	203334	1064	5211	16291	59867	120901
电力、燃气及水的生产和供应业	**D**	**57923**	**4045931**	**52102**	**498251**	**947357**	**1462452**	**1085769**
电力、热力的生产和供应业	4400	38016	3143214	46048	417812	757014	1109680	812660
燃气生产和供应业	4500	3128	226700	2266	27213	49753	85071	62397
水的生产和供应业	4600	16779	676017	3788	53226	140590	267701	210712
建筑业	**E**	**226768**	**39070264**	**111785**	**1837251**	**4075101**	**11219485**	**21826642**
房屋和土木工程建筑业	4700	93054	32429089	76388	1336170	3065838	9132695	18817998
建筑安装业	4800	43759	3226536	16971	259201	507002	1049448	1393914
建筑装饰业	4900	66286	1866382	11360	154293	329970	597835	772924
其他建筑业	5000	23669	1548257	7066	87587	172291	439507	841806
交通运输、仓储和邮政业	**F**	**157589**	**8976298**	**46060**	**665848**	**1544436**	**3748166**	**2971788**
铁路运输业	5100	440	55648	197	5294	11204	25920	13033
道路运输业	5200	73202	3757924	12857	201248	570534	1595803	1377482
城市公共交通业	5300	7689	1602044	3392	46214	162666	807465	582307
水上运输业	5400	8009	812911	5167	73575	143259	305393	285517
航空运输业	5500	808	320362	4839	92818	113133	72990	36582
管道运输业	5600	85	25054	343	5608	7303	7225	4575
装卸搬运和其他运输服务业	5700	44661	1074379	10308	123310	232961	345646	362154
仓储业	5800	18207	534918	3615	43116	109142	209547	169498
邮政业	5900	4488	793058	5342	74665	194234	378177	140640
信息传输、计算机服务和软件业	**G**	**153290**	**3206954**	**175583**	**1083809**	**980904**	**740307**	**226351**
电信和其他信息传输服务业	6000	22590	1540412	47881	430938	537073	422236	102284
计算机服务业	6100	90843	769355	33348	190791	201321	239662	104233
软件业	6200	39857	897187	94354	462080	242510	78409	19834
批发和零售业	**H**	**1403141**	**18919762**	**188166**	**2016974**	**4452659**	**7788975**	**4472988**
批发业	6300	854007	10549388	137142	1366930	2630582	3997020	2417714
零售业	6500	549134	8370374	51024	650044	1822077	3791955	2055274
住宿和餐饮业	**I**	**145297**	**5857510**	**19299**	**249836**	**803433**	**2471260**	**2313682**
住宿业	6600	54316	2673057	9816	132963	424315	1157036	948927
餐饮业	6700	90981	3184453	9483	116873	379118	1314224	1364755

1-13　续表 2

行业大类	代码	法人单位数（个）	从业人员数（人）	具有研究生及以上学历人员	具有大学本科学历人员	具有大专学历人员	具有高中学历人员	具有初中及以下学历人员
金融业	J	**28668**	**5095109**	**143147**	**1423232**	**1916173**	**1343484**	**269073**
银行业	6800	7706	2820740	76169	910319	1128511	583097	122644
证券业	6900	1116	148254	24236	70651	42477	9472	1418
保险业	7000	9146	1904912	31438	378922	663637	696641	134274
其他金融活动	7100	10700	221203	11304	63340	81548	54274	10737
房地产业	K	**214391**	**5521938**	**71589**	**743814**	**1362379**	**1910896**	**1433260**
房地产业	7200	214391	5521938	71589	743814	1362379	1910896	1433260
租赁和商务服务业	L	**427001**	**7706947**	**209627**	**1408889**	**1944306**	**2341532**	**1802593**
租赁业	7300	18330	218866	2661	20394	45545	86990	63276
商务服务业	7400	408671	7488081	206966	1388495	1898761	2254542	1739317
科学研究、技术服务和地质勘查业	M	**201689**	**4475880**	**301071**	**1399042**	**1272200**	**992762**	**510805**
研究与试验发展	7500	21317	786385	122262	267722	172215	142058	82128
专业技术服务业	7600	99966	2264156	121122	812402	721227	436361	173044
科技交流和推广服务业	7700	76591	1032937	47300	231531	292227	286916	174963
地质勘查业	7800	3815	392402	10387	87387	86531	127427	80670
水利、环境和公共设施管理业	N	**57553**	**2214135**	**18071**	**218951**	**432169**	**686932**	**858012**
水利管理业	7900	20827	475648	4510	60664	130607	166331	113536
环境管理业	8000	12801	861627	5077	55886	108283	222366	470015
公共设施管理业	8100	23925	876860	8484	102401	193279	298235	274461
居民服务和其他服务业	O	**120467**	**1990364**	**11199**	**121443**	**327833**	**769992**	**759897**
居民服务业	8200	61339	965828	4694	54882	163919	401190	341143
其他服务业	8300	59128	1024536	6505	66561	163914	368802	418754
教育	P	**335065**	**17236288**	**822013**	**6512051**	**6331574**	**2818207**	**752443**
教育	8400	335065	17236288	822013	6512051	6331574	2818207	752443
卫生、社会保障和社会福利业	Q	**206480**	**6803553**	**189684**	**1409479**	**2308169**	**2229682**	**666539**
卫生	8500	171449	6358529	184709	1341093	2193453	2074000	565274
社会保障业	8600	11428	195742	2751	44067	62187	77481	9256
社会福利业	8700	23603	249282	2224	24319	52529	78201	92009
文化、体育和娱乐业	R	**81878**	**1940677**	**55325**	**463138**	**528908**	**567557**	**325749**
新闻出版业	8800	6278	356272	27226	150923	91899	55111	31113
广播、电视、电影和音像业	8900	13481	477789	10983	144080	156466	124977	41283
文化艺术业	9000	33830	519512	11305	109390	162072	156638	80107
体育	9100	7405	125852	3007	29840	39126	34348	19531
娱乐业	9200	20884	461252	2804	28905	79345	196483	153715
公共管理和社会组织	S	**1363857**	**22284730**	**467360**	**5572831**	**6936037**	**5390193**	**3918309**
中国共产党机关	9300	39846	611164	37921	290063	203237	62872	17071
国家机构	9400	396222	14725490	365426	4740105	5743877	2924133	951949
人民政协和民主党派	9500	6209	100652	5593	41548	36916	13010	3585
群众团体、社会团体和宗教组织	9600	234644	2542034	53201	406833	503800	662960	915240
基层群众自治组织	9700	686936	4305390	5219	94282	448207	1727218	2030464

1-14 按登记注册类型、学历分组的法人单位从业人员数

登记注册类型	法人单位数(个)	从业人员数(人)	具有研究生及以上学历人员	具有大学本科学历人员	具有大专学历人员	具有高中学历人员	具有初中及以下学历人员
总计	**7098765**	**271537187**	**3601268**	**31036245**	**47737629**	**85210107**	**103951938**
内资企业	**6912470**	**240356569**	**3169776**	**28331897**	**43826947**	**74578976**	**90448973**
国有企业	1106291	63120633	1756602	15663357	18833065	16137813	10729796
集体企业	264959	10474507	49644	589871	1433036	3512166	4889790
股份合作企业	67013	2782936	21840	231035	465485	893259	1171317
联营企业	13545	654166	6962	58848	96774	215412	276170
国有联营企业	2336	167606	2492	22690	32071	60328	50025
集体联营企业	5389	203148	1363	11018	24629	67586	98552
国有与集体联营企业	1742	102098	819	8530	15185	33236	44328
其他联营企业	4078	181314	2288	16610	24889	54262	83265
有限责任公司	555366	45018024	428605	3676613	6760220	15162488	18990098
国有独资公司	10761	4579948	75739	534399	813436	1582963	1573411
其他有限责任公司	544605	40438076	352866	3142214	5946784	13579525	17416687
股份有限公司	98507	14729043	215564	1993497	2989688	5013487	4516807
私营企业	3671752	92686925	558602	5032355	11424768	29962003	45709197
私营独资企业	1367231	26407607	90917	756237	2329069	8637780	14593604
私营合伙企业	231025	5148828	39577	257560	501760	1580946	2768985
私营有限责任公司	1962311	56996256	393549	3750270	8031578	18373112	26447747
私营股份有限公司	111185	4134234	34559	268288	562361	1370165	1898861
其他企业	1135037	10890335	131957	1086321	1823911	3682348	4165798
港、澳、台商投资企业	**84004**	**14474042**	**135628**	**937206**	**1602603**	**4760084**	**7038521**
合资经营企业(港、澳、台资)	22137	3834705	32313	275231	468701	1281652	1776808
合作经营企业(港、澳、台资)	4171	594684	5424	41238	66775	189446	291801
港、澳、台商独资经营企业	55042	9570762	91504	560999	984138	3126165	4807956
港、澳、台商投资股份有限公司	2654	473891	6387	59738	82989	162821	161956
外商投资企业	**102291**	**16706576**	**295864**	**1767142**	**2308079**	**5871047**	**6464444**
中外合资经营企业	32611	5577192	81402	568919	826784	1907888	2192199
中外合作经营企业	3938	584180	8514	58614	84931	193429	238692
外资企业	62533	9822042	170381	1034982	1250467	3538017	3828195
外商投资股份有限公司	3209	723162	35567	104627	145897	231713	205358

1-15　按地区、专业技术职称分组的法人单位从业人员数

地　区	法　人 单位数 (个)	从　业 人员数 (人)	#具有高级 技术职称 人　员	#具有中级 技术职称 人　员	#具有初级 技术职称 人　员
全　国	**7098765**	**271537187**	**5141100**	**17440690**	**22896249**
北　京	267869	7938702	339106	686577	762531
天　津	145411	4410393	122448	277196	340989
河　北	278581	11049947	205082	794081	973261
山　西	160748	6647248	124219	503583	657990
内蒙古	113568	4335440	107333	351271	367144
辽　宁	315408	10307797	286937	773693	715164
吉　林	124427	4714335	127865	363625	385673
黑龙江	150273	6441358	188404	534845	553723
上　海	360466	10412240	175087	559052	693270
江　苏	630836	27087242	334503	1225072	1759630
浙　江	560177	20790477	234607	903235	1475253
安　徽	205275	8331974	164939	635159	810384
福　建	232603	9539333	147804	502877	724491
江　西	147815	6155166	129321	421612	585163
山　东	603846	23902656	380585	1320154	1845154
河　南	351074	14904203	260913	984180	1237692
湖　北	293352	9637009	255109	818732	893177
湖　南	258434	9294830	198422	801005	1030327
广　东	617659	30993946	364268	1313110	1846368
广　西	154748	4885707	90435	477044	641001
海　南	29411	1162145	23987	83014	126823
重　庆	139074	5640513	108347	386765	568907
四　川	310270	11077015	236665	864052	1202569
贵　州	94296	3025165	59194	249849	444396
云　南	122667	4506052	106664	426131	636024
西　藏	15324	322627	5251	17406	26689
陕　西	178971	5991175	154497	474138	649578
甘　肃	94361	3222270	72593	261411	377574
青　海	24394	779915	23718	75057	85078
宁　夏	29312	887349	29978	92030	106517
新　疆	88115	3142958	82819	264734	373709

1-16 按行业(大类)、专业技术职称分组的法人单位从业人员数

行业大类	代码	法人单位数(个)	从业人员数(人)	#具有高级技术职称人员	#具有中级技术职称人员	#具有初级技术职称人员
总计	**0000**	**7098765**	**271537187**	**5141100**	**17440690**	**22896249**
农、林、牧、渔业	**A**	**2023**	**1952739**	**19208**	**75453**	**134809**
农业	0100	678	1283632	12767	40323	81776
林业	0200	528	579754	5831	32386	48209
畜牧业	0300	415	51629	332	1147	2316
渔业	0400	64	6085	39	145	292
农、林、牧、渔服务业	0500	338	31639	239	1452	2216
采矿业	**B**	**97315**	**9907544**	**103088**	**351376**	**557956**
煤炭开采和洗选业	0600	21931	5786535	56585	191164	324773
石油和天然气开采业	0700	1363	1126201	28487	94325	113470
黑色金属矿采选业	0800	17469	928632	6695	21664	33713
有色金属矿采选业	0900	10686	743014	6514	22790	37058
非金属矿采选业	1000	45161	1307197	4670	20731	48404
其他采矿业	1100	705	15965	137	702	538
制造业	**C**	**1818370**	**104330564**	**825112**	**2663375**	**4697783**
农副食品加工业	1300	102309	4547146	23164	90604	186622
食品制造业	1400	41714	2187868	13870	51384	93413
饮料制造业	1500	34980	1660363	12719	46348	88996
烟草制品业	1600	251	208318	884	12134	23014
纺织业	1700	108024	8138660	30035	109975	262601
纺织服装、鞋、帽制造业	1800	79494	6448028	15930	59299	161980
皮革、毛皮、羽毛(绒)及其制品业	1900	31232	3386625	6592	25595	69551
木材加工及木、竹、藤、棕、草制品业	2000	62693	2390195	7763	39049	74696
家具制造业	2100	36117	1583494	6160	23330	49305
造纸及纸制品业	2200	48625	2190967	10112	36733	85097
印刷业和记录媒介的复制	2300	52693	1544478	10280	37062	61206
文教体育用品制造业	2400	20118	1680598	5244	16947	39114
石油加工、炼焦及核燃料加工业	2500	6424	921134	18777	51707	67037
化学原料及化学制品制造业	2600	96172	5625078	65339	213425	358004
医药制造业	2700	15286	1682985	26905	91350	161260
化学纤维制造业	2800	4521	475685	3456	14272	19495
橡胶制品业	2900	20744	1282569	7191	23252	43679
塑料制品业	3000	98293	3899242	17651	65763	126519
非金属矿物制品业	3100	211193	9390564	47488	174856	344743
黑色金属冶炼及压延加工业	3200	18939	3372463	41576	130883	205277
有色金属冶炼及压延加工业	3300	21498	2036208	25308	76515	114840
金属制品业	3400	132747	5023298	35022	119642	209999
通用设备制造业	3500	181969	7243788	84519	251402	411244

1-16 续表 1

行业大类	代码	法人单位数(个)	从业人员数(人)	#具有高级技术职称人员	#具有中级技术职称人员	#具有初级技术职称人员
专用设备制造业	3600	92806	4343877	68303	195919	269947
交通运输设备制造业	3700	79692	5812002	84527	247316	388380
电气机械及器材制造业	3900	93754	6294621	60258	177361	316655
通信设备、计算机及其他电子设备制造业	4000	45455	7004903	61543	183122	307299
仪器仪表及文化、办公用机械制造业	4100	23731	1496156	24232	64089	91004
工艺品及其他制造业	4200	48693	2255917	9179	30626	60166
废弃资源和废旧材料回收加工业	4300	8203	203334	1085	3415	6640
电力、燃气及水的生产和供应业	D	**57923**	**4045931**	**95264**	**304122**	**572151**
电力、热力的生产和供应业	4400	38016	3143214	83138	253288	491636
燃气生产和供应业	4500	3128	226700	3970	14468	20301
水的生产和供应业	4600	16779	676017	8156	36366	60214
建筑业	E	**226768**	**39070264**	**427157**	**2069480**	**3724582**
房屋和土木工程建筑业	4700	93054	32429089	320429	1638533	3129286
建筑安装业	4800	43759	3226536	55458	222312	314175
建筑装饰业	4900	66286	1866382	28494	122069	156260
其他建筑业	5000	23669	1548257	22776	86566	124861
交通运输、仓储和邮政业	F	**157589**	**8976298**	**61096**	**269624**	**445618**
铁路运输业	5100	440	55648	386	2002	2934
道路运输业	5200	73202	3757924	25321	101705	182371
城市公共交通业	5300	7689	1602044	6545	28802	44305
水上运输业	5400	8009	812911	9966	50665	71797
航空运输业	5500	808	320362	2235	18145	24863
管道运输业	5600	85	25054	752	2453	2801
装卸搬运和其他运输服务业	5700	44661	1074379	4926	24130	40096
仓储业	5800	18207	534918	4777	20047	33396
邮政业	5900	4488	793058	6188	21675	43055
信息传输、计算机服务和软件业	G	**153290**	**3206954**	**81002**	**257852**	**343100**
电信和其他信息传输服务业	6000	22590	1540412	34109	132665	210875
计算机服务业	6100	90843	769355	15344	39519	42027
软件业	6200	39857	897187	31549	85668	90198
批发和零售业	H	**1403141**	**18919762**	**171358**	**625897**	**926772**
批发业	6300	854007	10549388	108799	396793	541833
零售业	6500	549134	8370374	62559	229104	384939
住宿和餐饮业	I	**145297**	**5857510**	**35713**	**117621**	**209286**
住宿业	6600	54316	2673057	17281	60615	107795
餐饮业	6700	90981	3184453	18432	57006	101491
金融业	J	**28668**	**5095109**	**57330**	**623203**	**931432**
银行业	6800	7706	2820740	36130	523112	815860
证券业	6900	1116	148254	2511	17354	13044
保险业	7000	9146	1904912	12438	62011	83755
其他金融活动	7100	10700	221203	6251	20726	18773

1-16 续表 2

行业大类	代码	法人单位数(个)	从业人员数(人)	#具有高级技术职称人员	#具有中级技术职称人员	#具有初级技术职称人员
房地产业	K	**214391**	**5521938**	**126352**	**501876**	**471386**
房地产业	7200	214391	5521938	126352	501876	471386
租赁和商务服务业	L	**427001**	**7706947**	**142924**	**402327**	**434034**
租赁业	7300	18330	218866	2480	7364	10036
商务服务业	7400	408671	7488081	140444	394963	423998
科学研究、技术服务和地质勘查业	M	**201689**	**4475880**	**444053**	**768608**	**694707**
研究与试验发展	7500	21317	786385	118960	138593	106788
专业技术服务业	7600	99966	2264156	240977	445509	381658
科技交流和推广服务业	7700	76591	1032937	54445	127671	139873
地质勘查业	7800	3815	392402	29671	56835	66388
水利、环境和公共设施管理业	N	**57553**	**2214135**	**36727**	**117740**	**161103**
水利管理业	7900	20827	475648	14564	47428	68054
环境管理业	8000	12801	861627	7976	20660	29094
公共设施管理业	8100	23925	876860	14187	49652	63955
居民服务和其他服务业	O	**120467**	**1990364**	**23092**	**63189**	**78732**
居民服务业	8200	61339	965828	9307	25321	33458
其他服务业	8300	59128	1024536	13785	37868	45274
教育	P	**335065**	**17236288**	**1668019**	**5506729**	**4641646**
教育	8400	335065	17236288	1668019	5506729	4641646
卫生、社会保障和社会福利业	Q	**206480**	**6803553**	**415273**	**1350696**	**2350686**
卫生	8500	171449	6358529	410511	1326522	2319255
社会保障业	8600	11428	195742	2623	15997	17707
社会福利业	8700	23603	249282	2139	8177	13724
文化、体育和娱乐业	R	**81878**	**1940677**	**93651**	**213046**	**232999**
新闻出版业	8800	6278	356272	30965	51683	45857
广播、电视、电影和音像业	8900	13481	477789	21679	62633	83882
文化艺术业	9000	33830	519512	33679	81407	83270
体育	9100	7405	125852	5010	10264	8932
娱乐业	9200	20884	461252	2318	7059	11058
公共管理和社会组织	S	**1363857**	**22284730**	**314681**	**1158476**	**1287467**
中国共产党机关	9300	39846	611164	5394	13248	10902
国家机构	9400	396222	14725490	239255	990588	1110181
人民政协和民主党派	9500	6209	100652	1723	2899	1226
群众团体、社会团体和宗教组织	9600	234644	2542034	60834	119257	98221
基层群众自治组织	9700	686936	4305390	7475	32484	66937

1-17　按登记注册类型、专业技术职称分组的法人单位从业人员数

登记注册类型	法人单位数（个）	从业人员数（人）	#具有高级技术职称人员	#具有中级技术职称人员	#具有初级技术职称人员
总　计	**7098765**	**271537187**	**5141100**	**17440690**	**22896249**
内资企业	**6912470**	**240356569**	**4919799**	**16722320**	**21670034**
国有企业	1106291	63120633	2890630	9402354	10252166
集体企业	264959	10474507	110120	533157	985599
股份合作企业	67013	2782936	38604	142548	271111
联营企业	13545	654166	11832	34718	49480
国有联营企业	2336	167606	4395	12634	16229
集体联营企业	5389	203148	2299	7313	13429
国有与集体联营企业	1742	102098	1694	5578	8669
其他联营企业	4078	181314	3444	9193	11153
有限责任公司	555366	45018024	663875	2313921	3536965
国有独资公司	10761	4579948	114757	323062	450681
其他有限责任公司	544605	40438076	549118	1990859	3086284
股份有限公司	98507	14729043	215288	970138	1433230
私营企业	3671752	92686925	810219	2847901	4588132
私营独资企业	1367231	26407607	143087	460138	836468
私营合伙企业	231025	5148828	43088	131521	214836
私营有限责任公司	1962311	56996256	575685	2084039	3258301
私营股份有限公司	111185	4134234	48359	172203	278527
其他企业	1135037	10890335	179231	477583	553351
港、澳、台商投资企业	**84004**	**14474042**	**90421**	**298726**	**542724**
合资经营企业(港、澳、台资)	22137	3834705	32632	109772	185885
合作经营企业(港、澳、台资)	4171	594684	3539	11833	20553
港、澳、台商独资经营企业	55042	9570762	48916	158391	299306
港、澳、台商投资股份有限公司	2654	473891	5334	18730	36980
外商投资企业	**102291**	**16706576**	**130880**	**419644**	**683491**
中外合资经营企业	32611	5577192	58245	183721	291170
中外合作经营企业	3938	584180	4426	13217	21331
外资企业	62533	9822042	60226	189131	323849
外商投资股份有限公司	3209	723162	7983	33575	47141

1-18 按地区、技术等级分组的法人单位从业人员数

地区	法人单位数(个)	从业人员数(人)	#高级技师	#技师	#高级工	#中级工
全国	**7098765**	**271537187**	**979426**	**2768715**	**7419406**	**11681406**
北京	267869	7938702	31574	67950	245122	318247
天津	145411	4410393	12611	34219	133020	154587
河北	278581	11049947	40000	126075	417999	561549
山西	160748	6647248	29494	93190	206299	339512
内蒙古	113568	4335440	25017	59367	129002	135967
辽宁	315408	10307797	45605	124456	396231	397231
吉林	124427	4714335	17315	49132	140885	157783
黑龙江	150273	6441358	34389	123265	294011	273393
上海	360466	10412240	22052	63332	143610	355472
江苏	630836	27087242	70820	243034	519360	1187054
浙江	560177	20790477	52563	146201	268692	572855
安徽	205275	8331974	25654	89594	235569	425724
福建	232603	9539333	28786	79465	178772	316590
江西	147815	6155166	20975	66877	198304	267753
山东	603846	23902656	64548	220778	602301	1073047
河南	351074	14904203	55281	183752	625238	864797
湖北	293352	9637009	64564	153308	342540	433812
湖南	258434	9294830	41366	117228	315715	730418
广东	617659	30993946	91987	241682	420638	808263
广西	154748	4885707	15692	41336	141415	245909
海南	29411	1162145	4064	9327	21184	38423
重庆	139074	5640513	24540	69403	159954	329639
四川	310270	11077015	43509	136071	379975	581343
贵州	94296	3025165	9086	25094	79694	121596
云南	122667	4506052	14331	48608	185503	220186
西藏	15324	322627	809	1967	8795	9957
陕西	178971	5991175	23216	75686	246099	307862
甘肃	94361	3222270	13418	31624	153979	190266
青海	24394	779915	3185	8818	38490	28474
宁夏	29312	887349	5076	8240	27617	46296
新疆	88115	3142958	47899	29636	163393	187401

1-19　按行业(大类)、技术等级分组的法人单位从业人员数

行业大类	代码	法人单位数(个)	从业人员数(人)	#高级技师	#技师	#高级工	#中级工
总　计	**0000**	**7098765**	**271537187**	**979426**	**2768715**	**7419406**	**11681406**
农、林、牧、渔业	**A**	**2023**	**1952739**	**6770**	**29500**	**124314**	**142421**
农业	0100	678	1283632	4978	22293	92000	117812
林业	0200	528	579754	1705	6615	28191	22100
畜牧业	0300	415	51629	45	88	1558	1070
渔业	0400	64	6085	17	136	121	214
农、林、牧、渔服务业	0500	338	31639	25	368	2444	1225
采矿业	**B**	**97315**	**9907544**	**26533**	**124323**	**517993**	**654734**
煤炭开采和洗选业	0600	21931	5786535	16659	82908	207186	413688
石油和天然气开采业	0700	1363	1126201	3331	17150	232156	125823
黑色金属矿采选业	0800	17469	928632	2137	8143	35494	43473
有色金属矿采选业	0900	10686	743014	2232	7115	20751	34448
非金属矿采选业	1000	45161	1307197	2140	8941	22280	36664
其他采矿业	1100	705	15965	34	66	126	638
制造业	**C**	**1818370**	**104330564**	**399726**	**1055635**	**2430727**	**4312118**
农副食品加工业	1300	102309	4547146	11608	33742	59310	138765
食品制造业	1400	41714	2187868	8882	18653	29288	64423
饮料制造业	1500	34980	1660363	7743	19552	27519	65314
烟草制品业	1600	251	208318	597	4535	26712	34655
纺织业	1700	108024	8138660	48631	48238	87717	235446
纺织服装、鞋、帽制造业	1800	79494	6448028	8575	28813	54793	148904
皮革、毛皮、羽毛(绒)及其制品业	1900	31232	3386625	4456	13191	24677	66581
木材加工及木、竹、藤、棕、草制品业	2000	62693	2390195	4227	14514	25972	62554
家具制造业	2100	36117	1583494	3714	10647	19142	42800
造纸及纸制品业	2200	48625	2190967	5244	15225	27957	70645
印刷业和记录媒介的复制	2300	52693	1544478	5250	16117	38303	62776
文教体育用品制造业	2400	20118	1680598	2776	7928	11754	30247
石油加工、炼焦及核燃料加工业	2500	6424	921134	7401	17994	100575	85908
化学原料及化学制品制造业	2600	96172	5625078	25701	73524	210237	320595
医药制造业	2700	15286	1682985	9705	26502	54783	91062
化学纤维制造业	2800	4521	475685	1440	4734	14889	23959
橡胶制品业	2900	20744	1282569	3785	9786	18945	49553
塑料制品业	3000	98293	3899242	10218	28891	37779	89469
非金属矿物制品业	3100	211193	9390564	21285	68145	126380	295656
黑色金属冶炼及压延加工业	3200	18939	3372463	12093	55516	258962	320240
有色金属冶炼及压延加工业	3300	21498	2036208	14875	30416	91263	113041
金属制品业	3400	132747	5023298	17217	48089	82556	174183
通用设备制造业	3500	181969	7243788	37737	110224	230700	427977
专用设备制造业	3600	92806	4343877	29612	84860	207930	299658
交通运输设备制造业	3700	79692	5812002	29976	99033	280616	457914
电气机械及器材制造业	3900	93754	6294621	25679	66600	115366	237228
通信设备、计算机及其他电子设备制造业	4000	45455	7004903	27208	65966	98865	182185
仪器仪表及文化、办公用机械制造业	4100	23731	1496156	8892	19447	38492	59706
工艺品及其他制造业	4200	48693	2255917	4794	13702	27009	55929
废弃资源和废旧材料回收加工业	4300	8203	203334	405	1051	2236	4745
电力、燃气及水的生产和供应业	**D**	**57923**	**4045931**	**21791**	**120143**	**510812**	**370274**
电力、热力的生产和供应业	4400	38016	3143214	18630	106030	452320	294461
燃气生产和供应业	4500	3128	226700	836	3495	14408	20147
水的生产和供应业	4600	16779	676017	2325	10618	44084	55666
建筑业	**E**	**226768**	**39070264**	**189511**	**636574**	**1448200**	**3429388**
房屋和土木工程建筑业	4700	93054	32429089	152866	520173	1203078	2942786
建筑安装业	4800	43759	3226536	19029	62248	147575	243463
建筑装饰业	4900	66286	1866382	10211	29493	42931	95810
其他建筑业	5000	23669	1548257	7405	24660	54616	147329
交通运输、仓储和邮政业	**F**	**157589**	**8976298**	**19925**	**75658**	**325858**	**469021**
铁路运输业	5100	440	55648	61	704	5764	5368
道路运输业	5200	73202	3757924	9147	39875	139725	166343

1-19 续表

行业大类	代码	法人单位数(个)	从业人员数(人)	#高级技师	#技师	#高级工	#中级工
城市公共交通业	5300	7689	1602044	2663	9710	61310	113572
水上运输业	5400	8009	812911	2590	8690	28420	45251
航空运输业	5500	808	320362	796	2697	10277	7392
管道运输业	5600	85	25054	47	396	4232	2554
装卸搬运和其他运输服务业	5700	44661	1074379	1347	3947	9457	18394
仓储业	5800	18207	534918	1613	4027	12293	15156
邮政业	5900	4488	793058	1661	5612	54380	94991
信息传输、计算机服务和软件业	**G**	**153290**	**3206954**	**16104**	**30337**	**73080**	**89232**
电信和其他信息传输服务业	6000	22590	1540412	4522	13607	59325	68798
计算机服务业	6100	90843	769355	2906	5093	5459	8294
软件业	6200	39857	897187	8676	11637	8296	12140
批发和零售业	**H**	**1403141**	**18919762**	**54750**	**115947**	**182434**	**362960**
批发业	6300	854007	10549388	29442	55799	94138	175572
零售业	6500	549134	8370374	25308	60148	88296	187388
住宿和餐饮业	**I**	**145297**	**5857510**	**21433**	**53639**	**84606**	**149783**
住宿业	6600	54316	2673057	9406	26446	56585	91137
餐饮业	6700	90981	3184453	12027	27193	28021	58646
金融业	**J**	**28668**	**5095109**	**6008**	**10216**	**22882**	**32245**
银行业	6800	7706	2820740	4208	6985	12648	15991
证券业	6900	1116	148254	141	86	121	121
保险业	7000	9146	1904912	1110	2129	2611	4362
其他金融活动	7100	10700	221203	549	1016	7502	11771
房地产业	**K**	**214391**	**5521938**	**27590**	**58047**	**105710**	**162688**
房地产业	7200	214391	5521938	27590	58047	105710	162688
租赁和商务服务业	**L**	**427001**	**7706947**	**20351**	**47688**	**110519**	**169830**
租赁业	7300	18330	218866	797	1694	2687	4956
商务服务业	7400	408671	7488081	19554	45994	107832	164874
科学研究、技术服务和地质勘查业	**M**	**201689**	**4475880**	**25628**	**59738**	**195301**	**171783**
研究与试验发展	7500	21317	786385	4677	13759	50049	33848
专业技术服务业	7600	99966	2264156	13186	25540	65418	60380
科技交流和推广服务业	7700	76591	1032937	6121	11371	28034	33057
地质勘查业	7800	3815	392402	1644	9068	51800	44498
水利、环境和公共设施管理业	**N**	**57553**	**2214135**	**7328**	**32208**	**203530**	**164097**
水利管理业	7900	20827	475648	2182	10441	66059	56780
环境管理业	8000	12801	861627	1138	7035	48298	43248
公共设施管理业	8100	23925	876860	4008	14732	89173	64069
居民服务和其他服务业	**O**	**120467**	**1990364**	**12369**	**35871**	**39504**	**64520**
居民服务业	8200	61339	965828	6306	21512	16172	21380
其他服务业	8300	59128	1024536	6063	14359	23332	43140
教育	**P**	**335065**	**17236288**	**53426**	**84234**	**283325**	**202198**
教育	8400	335065	17236288	53426	84234	283325	202198
卫生、社会保障和社会福利业	**Q**	**206480**	**6803553**	**25350**	**55939**	**188770**	**174489**
卫生	8500	171449	6358529	24457	52250	174519	162925
社会保障业	8600	11428	195742	342	1071	4016	4433
社会福利业	8700	23603	249282	551	2618	10235	7131
文化、体育和娱乐业	**R**	**81878**	**1940677**	**5214**	**16833**	**60480**	**54815**
新闻出版业	8800	6278	356272	709	2565	11075	6690
广播、电视、电影和音像业	8900	13481	477789	1557	5888	23126	23441
文化艺术业	9000	33830	519512	1541	3754	18385	15689
体育	9100	7405	125852	336	1099	4407	3418
娱乐业	9200	20884	461252	1071	3527	3487	5577
公共管理和社会组织	**S**	**1363857**	**22284730**	**39619**	**126185**	**511361**	**504810**
中国共产党机关	9300	39846	611164	1511	6567	16660	9927
国家机构	9400	396222	14725490	30836	104027	466947	458049
人民政协和民主党派	9500	6209	100652	299	1697	4253	2531
群众团体、社会团体和宗教组织	9600	234644	2542034	5274	10305	20137	23374
基层群众自治组织	9700	686936	4305390	1699	3589	3364	10929

1-20　按登记注册类型、技术等级分组的法人单位从业人员数

登记注册类型	法　人单位数（个）	从　业人员数（人）	#高级技师	#技师	#高级工	#中级工
总　计	**7098765**	**271537187**	**979426**	**2768715**	**7419406**	**11681406**
内资企业	**6912470**	**240356569**	**883438**	**2525488**	**6979524**	**10814776**
国有企业	1106291	63120633	239315	671756	2998387	2881926
集体企业	264959	10474507	29162	88845	204007	498008
股份合作企业	67013	2782936	11867	29783	46675	92101
联营企业	13545	654166	2824	9921	22050	33085
国有联营企业	2336	167606	963	4608	13047	13327
集体联营企业	5389	203148	859	2379	3244	7775
国有与集体联营企业	1742	102098	396	1339	3193	7677
其他联营企业	4078	181314	606	1595	2566	4306
有限责任公司	555366	45018024	196514	651429	1806805	3171598
国有独资公司	10761	4579948	24538	105946	462705	556859
其他有限责任公司	544605	40438076	171976	545483	1344100	2614739
股份有限公司	98507	14729043	66112	197503	615321	965738
私营企业	3671752	92686925	317424	835252	1223526	3068820
私营独资企业	1367231	26407607	59406	164083	232998	598925
私营合伙企业	231025	5148828	12568	34814	49679	131690
私营有限责任公司	1962311	56996256	224082	587038	859300	2138610
私营股份有限公司	111185	4134234	21368	49317	81549	199595
其他企业	1135037	10890335	20220	40999	62753	103500
港、澳、台商投资企业	**84004**	**14474042**	**41703**	**108060**	**194058**	**385612**
合资经营企业(港、澳、台资)	22137	3834705	14201	33995	68296	147501
合作经营企业(港、澳、台资)	4171	594684	1329	5059	6688	14682
港、澳、台商独资经营企业	55042	9570762	25105	64506	104970	203275
港、澳、台商投资股份有限公司	2654	473891	1068	4500	14104	20154
外商投资企业	**102291**	**16706576**	**54285**	**135167**	**245824**	**481018**
中外合资经营企业	32611	5577192	23038	60589	122535	244252
中外合作经营企业	3938	584180	1310	3437	7516	12770
外资企业	62533	9822042	27825	63524	91131	187651
外商投资股份有限公司	3209	723162	2112	7617	24642	36345

1-21 按行业(大类)、经营性质分组的产业活动单位数及从业人员数

行业大类	代码	产业活动单位数(个)	经营性单位	非经营性单位	从业人员数(人)	经营性单位	非经营性单位
总计	0000	**8869595**	**5769168**	**3100427**	**278632867**	**223787393**	**54845474**
农、林、牧、渔业	A	**21103**	**5085**	**16018**	**1006607**	**842819**	**163788**
农业	0100	2306	1561	745	565572	513914	51658
林业	0200	2902	1404	1498	301920	275421	26499
畜牧业	0300	1080	807	273	30272	27602	2670
渔业	0400	604	317	287	9670	8325	1345
农、林、牧、渔服务业	0500	14211	996	13215	99173	17557	81616
采矿业	B	**102336**	**99067**	**3269**	**9484019**	**9424204**	**59815**
煤炭开采和洗选业	0600	23818	23609	209	5403528	5396811	6717
石油和天然气开采业	0700	1795	1787	8	886527	886197	330
黑色金属矿采选业	0800	18182	17681	501	1007105	991407	15698
有色金属矿采选业	0900	11148	10978	170	840402	836157	4245
非金属矿采选业	1000	46669	44313	2356	1329857	1297385	32472
其他采矿业	1100	724	699	25	16600	16247	353
制造业	C	**1859197**	**1828984**	**30213**	**105596796**	**105001713**	**595083**
农副食品加工业	1300	106656	103420	3236	4575857	4528951	46906
食品制造业	1400	43070	41926	1144	2194840	2175619	19221
饮料制造业	1500	36367	35250	1117	1676289	1658043	18246
烟草制品业	1600	317	314	3	232534	232518	16
纺织业	1700	109953	108857	1096	8197209	8164357	32852
纺织服装、鞋、帽制造业	1800	80875	79801	1074	6576773	6545861	30912
皮革、毛皮、羽毛(绒)及其制品业	1900	31891	31474	417	3436943	3423517	13426
木材加工及木、竹、藤、棕、草制品业	2000	63827	61967	1860	2411959	2377244	34715
家具制造业	2100	36760	35889	871	1609876	1596267	13609
造纸及纸制品业	2200	49340	48683	657	2229119	2216668	12451
印刷业和记录媒介的复制	2300	54048	53152	896	1591369	1576916	14453
文教体育用品制造业	2400	20775	20621	154	1792387	1789052	3335
石油加工、炼焦及核燃料加工业	2500	6641	6577	64	894227	892827	1400
化学原料及化学制品制造业	2600	98017	96976	1041	5665341	5642189	23152
医药制造业	2700	15685	15555	130	1711696	1708685	3011
化学纤维制造业	2800	4578	4550	28	451967	451413	554
橡胶制品业	2900	21144	20949	195	1304051	1300164	3887
塑料制品业	3000	100210	98860	1350	4035220	4009810	25410
非金属矿物制品业	3100	214836	207112	7724	9540004	9367392	172612
黑色金属冶炼及压延加工业	3200	19441	19253	188	2946472	2942915	3557
有色金属冶炼及压延加工业	3300	22013	21842	171	1955808	1951896	3912
金属制品业	3400	135321	133848	1473	5162767	5141054	21713
通用设备制造业	3500	184861	183400	1461	7408985	7383300	25685
专用设备制造业	3600	94726	93899	827	4450536	4435676	14860
交通运输设备制造业	3700	82498	81574	924	5910260	5892979	17281
电气机械及器材制造业	3900	95747	95197	550	6429497	6419287	10210
通信设备、计算机及其他电子设备制造业	4000	46816	46636	180	7140207	7136592	3615
仪器仪表及文化、办公用机械制造业	4100	24569	24432	137	1542441	1539101	3340
工艺品及其他制造业	4200	49753	48754	999	2311486	2294124	17362
废弃资源和废旧材料回收加工业	4300	8462	8216	246	210676	207296	3380
电力、燃气及水的生产和供应业	D	**84862**	**81583**	**3279**	**4361012**	**4311929**	**49083**
电力、热力的生产和供应业	4400	60102	58320	1782	3371724	3339395	32329
燃气生产和供应业	4500	3888	3817	71	256306	254401	1905
水的生产和供应业	4600	20872	19446	1426	732982	718133	14849
建筑业	E	**253211**	**248842**	**4369**	**39954674**	**39754985**	**199689**
房屋和土木工程建筑业	4700	111566	109020	2546	32898741	32743473	155268
建筑安装业	4800	47638	47152	486	3439184	3420469	18715
建筑装饰业	4900	69102	68155	947	1988537	1974586	13951
其他建筑业	5000	24905	24515	390	1628212	1616457	11755
交通运输、仓储和邮政业	F	**225259**	**203326**	**21933**	**9614746**	**8912051**	**702695**
铁路运输业	5100	592	552	40	126332	123996	2336
道路运输业	5200	93982	76476	17506	4018707	3437628	581079

1-21　续表

行业大类	代码	产业活动单位数（个）	经营性单位	非经营性单位	从业人员数（人）	经营性单位	非经营性单位
城市公共交通业	5300	8963	8645	318	1635679	1615240	20439
水上运输业	5400	9085	8141	944	748074	721385	26689
航空运输业	5500	1314	1228	86	323789	315619	8170
管道运输业	5600	121	121		42247	42247	
装卸搬运和其他运输服务业	5700	50923	49948	975	1205392	1183965	21427
仓储业	5800	21091	19946	1145	601990	572647	29343
邮政业	5900	39188	38269	919	912536	899324	13212
信息传输、计算机服务和软件业	G	**211421**	**193817**	**17604**	**3593578**	**3410367**	**183211**
电信和其他信息传输服务业	6000	76557	67523	9034	1893816	1766595	127221
计算机服务业	6100	93441	85310	8131	788019	738507	49512
软件业	6200	41423	40984	439	911743	905265	6478
批发和零售业	H	**1745277**	**1708193**	**37084**	**19592227**	**19300516**	**291711**
批发业	6300	969427	954017	15410	10728355	10590801	137554
零售业	6500	775850	754176	21674	8863872	8709715	154157
住宿和餐饮业	I	**181401**	**168435**	**12966**	**6249069**	**6024222**	**224847**
住宿业	6600	62010	58616	3394	2770989	2702086	68903
餐饮业	6700	119391	109819	9572	3478080	3322136	155944
金融业	J	**225378**	**219427**	**5951**	**6028460**	**5835430**	**193030**
银行业	6800	149712	145558	4154	3305230	3163235	141995
证券业	6900	5272	5122	150	169540	165543	3997
保险业	7000	47396	46708	688	2297780	2259325	38455
其他金融活动	7100	22998	22039	959	255910	247327	8583
房地产业	K	**244565**	**236313**	**8252**	**5834561**	**5700256**	**134305**
房地产业	7200	244565	236313	8252	5834561	5700256	134305
租赁和商务服务业	L	**490843**	**404325**	**86518**	**8494310**	**7541027**	**953283**
租赁业	7300	19408	18601	807	251993	244717	7276
商务服务业	7400	471435	385724	85711	8242317	7296310	946007
科学研究、技术服务和地质勘查业	M	**237048**	**133948**	**103100**	**4809137**	**2908056**	**1901081**
研究与试验发展	7500	22916	14451	8465	822030	323537	498493
专业技术服务业	7600	112570	75901	36669	2420306	1781450	638856
科技交流和推广服务业	7700	97193	40975	56218	1143434	594076	549358
地质勘查业	7800	4369	2621	1748	423367	208993	214374
水利、环境和公共设施管理业	N	**74997**	**23883**	**51114**	**2375337**	**714506**	**1660831**
水利管理业	7900	32103	2382	29721	528572	63629	464943
环境管理业	8000	16271	5019	11252	924914	187726	737188
公共设施管理业	8100	26623	16482	10141	921851	463151	458700
居民服务和其他服务业	O	**137709**	**118700**	**19009**	**2174725**	**1919452**	**255273**
居民服务业	8200	73406	59012	14394	1067854	884590	183264
其他服务业	8300	64303	59688	4615	1106871	1034862	72009
教育	P	**546479**	**29838**	**516641**	**17946594**	**603584**	**17343010**
教育	8400	546479	29838	516641	17946594	603584	17343010
卫生、社会保障和社会福利业	Q	**414299**	**24536**	**389763**	**7418712**	**646992**	**6771720**
卫生	8500	364144	23126	341018	6891989	617939	6274050
社会保障业	8600	17621	319	17302	238959	12103	226856
社会福利业	8700	32534	1091	31443	287764	16950	270814
文化、体育和娱乐业	R	**102171**	**39551**	**62620**	**2047469**	**911939**	**1135530**
新闻出版业	8800	7167	3280	3887	358100	205066	153034
广播、电视、电影和音像业	8900	20074	6655	13419	506236	156844	349392
文化艺术业	9000	43044	8084	34960	565014	83530	481484
体育	9100	8267	1985	6282	131128	29583	101545
娱乐业	9200	23619	19547	4072	486991	436916	50075
公共管理和社会组织	S	**1712039**	**1315**	**1710724**	**22050834**	**23345**	**22027489**
中国共产党机关	9300	43885		43885	599474		599474
国家机构	9400	691188	15	691173	14433140	1463	14431677
人民政协和民主党派	9500	6630		6630	101640		101640
群众团体、社会团体和宗教组织	9600	281483	1258	280225	2780469	21218	2759251
基层群众自治组织	9700	688853	42	688811	4136111	664	4135447

1-22 按地区、经营性质分组的产业活动单位数及从业人员数

地区	产业活动单位数(个)	经营性单位	非经营性单位	从业人员数(人)	经营性单位	非经营性单位
全国	**8869595**	**5769168**	**3100427**	**278632867**	**223787393**	**54845474**
北京	308423	286372	22051	7672087	6396261	1275826
天津	161796	134192	27604	4658598	3966663	691935
河北	329407	185537	143870	11337323	8574716	2762607
山西	235364	111116	124248	7054470	5124260	1930210
内蒙古	147492	86115	61377	4454588	3178225	1276363
辽宁	373300	280722	92578	10721880	8811600	1910280
吉林	152338	94243	58095	4864216	3574346	1289870
黑龙江	205069	125857	79212	6482495	4810252	1672243
上海	416355	385899	30456	10773807	9855398	918409
江苏	704456	585357	119099	27298151	24329711	2968440
浙江	644215	517757	126458	20937061	18753792	2183269
安徽	270988	154213	116775	8557083	6585483	1971600
福建	299281	178228	121053	9766187	8107431	1658756
江西	198830	91393	107437	6353919	4633447	1720472
山东	747999	481178	266821	24489590	20207924	4281666
河南	442468	244410	198058	15092978	11384620	3708358
湖北	373480	209141	164339	10068664	7440178	2628486
湖南	331741	156434	175307	9502765	6918313	2584452
广东	765079	613769	151310	32619198	28876103	3743095
广西	219343	105603	113740	5175238	3489860	1685378
海南	40589	23246	17343	1193138	837195	355943
重庆	182541	121263	61278	5831064	4798062	1033002
四川	391327	205758	185569	11297963	8465121	2832842
贵州	138487	51482	87005	3131521	1974696	1156825
云南	189869	87044	102825	4595176	3073362	1521814
西藏	20011	3469	16542	338394	136048	202346
陕西	228871	105459	123412	6340582	4500065	1840517
甘肃	139900	51856	88044	3409818	2147502	1262316
青海	34162	12803	21359	876141	555396	320745
宁夏	37080	17917	19163	937449	647234	290215
新疆	139334	61335	77999	2801323	1634129	1167194

1-23　按地区分组的有证照个体经营户数和人数

地　区	有证照户数 (万户)	有证照人数 (万人)
全　国	**2873.69**	**8195.36**
北　京	44.33	97.49
天　津	24.43	55.67
河　北	124.46	420.89
山　西	63.20	173.07
内蒙古	73.32	206.36
辽　宁	128.68	369.29
吉　林	67.50	217.21
黑龙江	89.37	191.25
上　海	29.84	42.44
江　苏	176.76	547.24
浙　江	169.44	505.44
安　徽	109.85	263.13
福　建	98.60	365.43
江　西	69.58	179.84
山　东	217.73	664.18
河　南	218.13	584.38
湖　北	114.98	302.70
湖　南	131.77	419.20
广　东	230.17	895.84
广　西	118.34	310.37
海　南	18.39	52.39
重　庆	58.74	165.31
四　川	169.92	459.52
贵　州	53.87	102.82
云　南	81.74	192.08
西　藏	5.98	12.09
陕　西	65.41	173.70
甘　肃	40.75	80.04
青　海	11.21	21.80
宁　夏	15.38	29.48
新　疆	51.84	94.70

1-24 按行业分组的有证照个体经营户数和人数

行　　业	有证照户数 (万户)	有证照人数 (万人)
总　　计	**2873.70**	**8195.40**
工业	227.39	1402.69
建筑业	26.38	199.87
交通运输业	459.56	845.78
批发业	185.54	514.75
零售业	1363.55	3162.89
住宿业	24.67	92.55
餐饮业	201.59	885.23
房地产业	3.51	9.79
租赁和商务服务业	27.04	71.16
教育	6.75	34.05
卫生和福利业	57.00	127.00
居民服务业	143.92	442.81
文化、体育和娱乐业	20.98	79.50
其他服务业	125.40	326.24
其他	0.40	1.08

第 2 篇

企业篇

2-01 按行业(大类)、地区分组

行业大类	代码	企业法人单位数(个)	北京	天津	河北	山西	内蒙古
总 计	0000	**4959671**	**249861**	**125627**	**170979**	**87418**	**67531**
农、林、牧、渔业	A	**1395**	**25**		**8**	**13**	**56**
农业	0100	501	13			5	26
林业	0200	376	1		4	3	22
畜牧业	0300	378	7		3	4	5
渔业	0400	58	2			1	2
农、林、牧、渔服务业	0500	82	2		1		1
采矿业	B	**97313**	**142**	**99**	**7794**	**7969**	**4174**
煤炭开采和洗选业	0600	21931	38	6	777	4817	888
石油和天然气开采业	0700	1363	10	19	13	12	36
黑色金属矿采选业	0800	17469	16	9	4534	1493	1171
有色金属矿采选业	0900	10686		2	347	127	511
非金属矿采选业	1000	45159	78	57	2106	1520	1510
其他采矿业	1100	705		6	17		58
制造业	C	**1818331**	**28783**	**41354**	**78240**	**22410**	**15279**
农副食品加工业	1300	102307	722	1183	4738	1743	1958
食品制造业	1400	41714	822	952	2068	948	809
饮料制造业	1500	34978	308	259	1102	515	608
烟草制品业	1600	251	2	1	4	1	2
纺织业	1700	108023	580	1311	4529	270	683
纺织服装、鞋、帽制造业	1800	79494	1999	1876	1683	248	249
皮革、毛皮、羽毛(绒)及其制品业	1900	31232	173	311	1623	32	127
木材加工及木、竹、藤、棕、草制品业	2000	62693	592	542	1414	239	798
家具制造业	2100	36116	1142	770	1491	227	156
造纸及纸制品业	2200	48624	811	1295	2409	563	210
印刷业和记录媒介的复制	2300	52680	1433	990	2037	650	545
文教体育用品制造业	2400	20118	271	429	469	47	9
石油加工、炼焦及核燃料加工业	2500	6424	169	153	395	440	101
化学原料及化学制品制造业	2600	96171	1795	2629	4600	1543	982
医药制造业	2700	15285	483	362	487	261	164
化学纤维制造业	2800	4521	28	51	174	15	12
橡胶制品业	2900	20743	180	645	1624	166	54
塑料制品业	3000	98293	1275	2118	3967	565	399
非金属矿物制品业	3100	211191	2151	1734	11090	5758	3010
黑色金属冶炼及压延加工业	3200	18939	129	863	1478	621	473
有色金属冶炼及压延加工业	3300	21497	206	453	1209	341	384
金属制品业	3400	132747	2902	5478	6978	1179	1011
通用设备制造业	3500	181966	2550	4795	9900	3373	995
专用设备制造业	3600	92805	2036	2601	3630	879	425
交通运输设备制造业	3700	79689	1165	3063	3408	573	472
电气机械及器材制造业	3900	93753	1758	1993	3078	427	261
通信设备、计算机及其他电子设备制造业	4000	45454	1303	1403	615	140	57
仪器仪表及文化、办公用机械制造业	4100	23730	1104	907	610	125	38
工艺品及其他制造业	4200	48690	631	1861	1153	442	209
废弃资源和废旧材料回收加工业	4300	8203	63	326	277	79	78
电力、燃气及水的生产和供应业	D	**57022**	**359**	**302**	**967**	**716**	**957**
电力、热力的生产和供应业	4400	37582	241	153	570	384	637
燃气生产和供应业	4500	3103	37	49	122	99	71
水的生产和供应业	4600	16337	81	100	275	233	249
建筑业	E	**226745**	**9159**	**5466**	**5160**	**4202**	**3106**
房屋和土木工程建筑业	4700	93036	1924	1580	2757	1699	1529
建筑安装业	4800	43758	2032	1741	915	784	408
建筑装饰业	4900	66284	4531	1437	1082	1224	916
其他建筑业	5000	23667	672	708	406	495	253

的企业法人单位数

辽 宁	吉 林	黑龙江	上 海	江 苏	浙 江	安 徽	福 建	江 西	山 东	代码
243786	**82884**	**99162**	**337764**	**532309**	**450955**	**134362**	**159718**	**78570**	**431421**	**0000**
38	**24**	**192**	**18**	**12**	**59**	**34**	**24**	**29**		**A**
12	3	115	8	5	23	19	8	7		0100
12	17	58	1	1	5	3	7	9		0200
5	4	11	6	2	18	3	8	10		0300
7		6	1	2	8	5	1	1		0400
2		2	2	2	5	4		2		0500
5522	**1877**	**2287**	**1**	**1145**	**1529**	**3161**	**2466**	**3703**	**4581**	**B**
734	264	1252		40	15	226	280	695	534	0600
103	185	178	1	6			1	1	43	0700
1569	227	63		76	16	507	244	308	736	0800
767	183	53		8	73	287	278	453	278	0900
2341	996	719		1009	1421	2122	1641	2202	2929	1000
8	22	22		6	4	19	22	44	61	1100
82599	**24865**	**29131**	**80734**	**265254**	**242892**	**52883**	**61937**	**34665**	**175984**	**C**
4896	3178	4295	723	6882	4092	5513	3080	3006	15432	1300
1881	950	1162	1121	2767	1844	1202	1841	1040	4950	1400
1260	1136	1160	259	2034	2336	1746	2459	842	2796	1500
6	18	11	3	9	7	8	7	4	15	1600
2214	334	539	4251	28540	26366	1976	2965	1503	10620	1700
3523	367	310	5803	15148	11448	2261	4955	1614	6557	1800
585	89	106	1075	2259	7358	585	3143	411	1998	1900
2283	2084	3161	1548	7124	4024	2903	3637	2719	8776	2000
1080	439	634	2686	2307	2976	1019	1176	694	3673	2100
1602	396	522	2533	5935	7288	969	2263	727	4412	2200
2101	971	992	2556	5796	7318	1225	1819	825	3896	2300
298	61	137	1212	4004	4870	675	686	314	1624	2400
927	111	294	147	577	231	62	89	51	671	2500
5088	1441	1549	3522	13207	7500	2553	2325	3923	11786	2600
735	754	419	549	1521	1119	460	306	525	1380	2700
112	26	24	128	1783	960	96	130	30	336	2800
1179	200	178	1119	3253	2933	465	830	194	2512	2900
3822	967	1047	5104	14958	18121	2427	3545	899	8883	3000
7969	3105	2956	3093	17139	9046	11023	8101	7144	20920	3100
1301	144	180	364	2831	2019	332	429	235	1048	3200
926	135	126	784	3672	2418	399	344	842	936	3300
5660	1312	1580	9891	22699	16933	2665	2859	1153	11346	3400
14784	1764	2682	10318	36682	33141	3521	2961	1247	19319	3500
5322	1158	1715	6248	18809	12059	1855	2085	853	9747	3600
4118	1961	1066	3204	11279	14326	2204	2204	1110	6441	3700
4569	798	1078	5570	16000	20708	2142	2168	985	5704	3900
1055	190	304	2363	9206	5976	762	1343	537	2315	4000
1644	285	375	1806	3828	4583	389	639	263	1357	4100
1444	404	459	2543	3919	10028	974	3392	731	5898	4200
215	87	70	211	1086	864	472	156	244	636	4300
1441	**1082**	**847**	**260**	**3209**	**3858**	**1909**	**5766**	**3359**	**1545**	**D**
943	795	580	49	388	2601	783	4946	2804	646	4400
114	87	53	43	220	118	106	45	83	304	4500
384	200	214	168	2601	1139	1020	775	472	595	4600
14957	**4092**	**5821**	**19312**	**25046**	**12936**	**9197**	**5982**	**3027**	**23738**	**E**
5013	1823	2485	4728	9365	4946	4686	2486	1600	11555	4700
4004	919	1244	4858	5501	1948	1024	1029	383	4462	4800
4586	958	1387	8297	7466	4391	2164	1524	815	5322	4900
1354	392	705	1429	2714	1651	1323	943	229	2399	5000

2-01 续表 1

行业大类	代码	企业法人单位数(个)	北京	天津	河北	山西	内蒙古
交通运输、仓储和邮政业	F	**148451**	**5987**	**6758**	**4394**	**2709**	**2811**
铁路运输业	5100	415		35		54	38
道路运输业	5200	66527	2969	2520	2474	1486	1765
城市公共交通业	5300	7503	268	88	318	236	182
水上运输业	5400	7430	8	159	69	11	4
航空运输业	5500	735	22	13	4	30	28
管道运输业	5600	83	1	4	6	1	
装卸搬运和其他运输服务业	5700	43955	1673	3125	920	421	396
仓储业	5800	17416	661	760	549	441	346
邮政业	5900	4387	385	54	54	29	52
信息传输、计算机服务和软件业	G	**144941**	**15689**	**1679**	**3898**	**2338**	**1481**
电信和其他信息传输服务业	6000	18545	2302	234	363	486	255
计算机服务业	6100	86969	5264	899	3114	1570	981
软件业	6200	39427	8123	546	421	282	245
批发和零售业	H	**1402651**	**85049**	**43814**	**46877**	**28977**	**23379**
批发业	6300	853760	40805	24967	26819	13734	12475
零售业	6500	548891	44244	18847	20058	15243	10904
住宿和餐饮业	I	**140219**	**10615**	**3257**	**3914**	**2715**	**2951**
住宿业	6600	52259	3486	550	1601	1216	1196
餐饮业	6700	87960	7129	2707	2313	1499	1755
金融业	J	**26930**	**1008**	**566**	**837**	**686**	**930**
银行业	6800	6971	78	247	278	230	234
证券业	6900	1052	116	51	5	13	24
保险业	7000	8925	424	98	279	230	219
其他金融活动	7100	9982	390	170	275	213	453
房地产业	K	**209915**	**10867**	**3711**	**5385**	**3772**	**3754**
房地产业	7200	209915	10867	3711	5385	3772	3754
租赁和商务服务业	L	**359285**	**42218**	**8414**	**6427**	**4857**	**4372**
租赁业	7300	17819	1799	433	371	298	343
商务服务业	7400	341466	40419	7981	6056	4559	4029
科学研究、技术服务和地质勘查业	M	**125400**	**19360**	**4105**	**2408**	**1872**	**1637**
研究与试验发展	7500	13709	1797	203	165	194	114
专业技术服务业	7600	70557	7146	2264	1701	1178	943
科技交流和推广服务业	7700	38711	10235	1600	487	424	339
地质勘查业	7800	2423	182	38	55	76	241
水利、环境和公共设施管理业	N	**22064**	**1255**	**406**	**635**	**530**	**453**
水利管理业	7900	1843	42	34	46	78	49
环境管理业	8000	4649	264	79	81	92	101
公共设施管理业	8100	15572	949	293	508	360	303
居民服务和其他服务业	O	**106491**	**9970**	**4632**	**2475**	**2227**	**1318**
居民服务业	8200	50743	5160	1557	1167	1043	734
其他服务业	8300	55748	4810	3075	1308	1184	584
教育	P	**21423**	**2153**	**185**	**582**	**480**	**353**
教育	8400	21423	2153	185	582	480	353
卫生、社会保障和社会福利业	Q	**15941**	**969**	**355**	**406**	**387**	**175**
卫生	8500	15058	946	327	377	365	165
社会保障业	8600	235	5	21		9	3
社会福利业	8700	648	18	7	29	13	7
文化、体育和娱乐业	R	**35154**	**6253**	**524**	**572**	**558**	**345**
新闻出版业	8800	2443	736	44	34	39	28
广播、电视、电影和音像业	8900	5548	1123	44	107	90	70
文化艺术业	9000	7539	2646	93	74	137	76
体育	9100	1733	378	45	24	33	13
娱乐业	9200	17891	1370	298	333	259	158

辽　宁	吉　林	黑龙江	上　海	江　苏	浙　江	安　徽	福　建	江　西	山　东	代码
8685	**2707**	**2859**	**13282**	**13427**	**9917**	**4809**	**5372**	**2860**	**12677**	**F**
19			12	17		7	15	2	54	5100
3556	1501	1308	3422	6755	4409	2634	2084	1818	4567	5200
567	171	306	219	482	350	241	208	189	399	5300
270	21	56	214	1089	814	593	858	152	554	5400
28	32	45	27	24	36	11	30	12	36	5500
6	8	2	4	6			2	1	10	5600
3168	356	461	6915	3402	3322	710	1625	379	4051	5700
858	541	604	1731	1200	583	527	413	255	2803	5800
213	77	77	738	452	403	86	137	52	203	5900
6032	**1568**	**2120**	**10637**	**10945**	**11047**	**4533**	**4371**	**1035**	**10799**	**G**
775	412	368	805	854	827	612	604	245	1355	6000
2471	606	936	6205	6817	7007	3400	2749	595	7228	6100
2786	550	816	3627	3274	3213	521	1018	195	2216	6200
72700	**29530**	**33775**	**118524**	**134730**	**97044**	**31092**	**42032**	**15765**	**129103**	**H**
48836	13268	20346	83679	96240	72523	18567	27262	7961	76540	6300
23864	16262	13429	34845	38490	24521	12525	14770	7804	52563	6500
5611	**2390**	**2227**	**9212**	**8365**	**6385**	**3827**	**3379**	**2661**	**12615**	**I**
1918	832	1061	2421	2878	3383	1409	1645	1285	2748	6600
3693	1558	1166	6791	5487	3002	2418	1734	1376	9867	6700
1316	**629**	**884**	**689**	**2155**	**1915**	**1039**	**1064**	**517**	**1670**	**J**
252	164	271	123	230	251	267	173	172	329	6800
45	37	38	92	62	50	34	35	8	53	6900
524	215	297	291	590	471	323	293	225	652	7000
495	213	278	183	1273	1143	415	563	112	636	7100
11026	**3248**	**4304**	**11846**	**16951**	**12989**	**6925**	**7299**	**3995**	**13708**	**K**
11026	3248	4304	11846	16951	12989	6925	7299	3995	13708	7200
16886	**5273**	**6979**	**41923**	**28451**	**28972**	**7380**	**10729**	**3136**	**23617**	**L**
734	256	335	1426	1514	1219	536	794	201	1435	7300
16152	5017	6644	40497	26937	27753	6844	9935	2935	22182	7400
7246	**2192**	**3075**	**14113**	**8541**	**9317**	**2358**	**3115**	**1053**	**7526**	**M**
1117	299	402	936	1093	655	227	246	57	714	7500
3749	1182	1623	8242	5348	5332	1597	2273	640	4047	7600
2272	658	956	4904	2031	3276	464	542	324	2622	7700
108	53	94	31	69	54	70	54	32	143	7800
896	**367**	**503**	**1467**	**2280**	**2245**	**715**	**789**	**309**	**1769**	**N**
82	37	41	84	147	155	38	99	17	143	7900
172	72	100	329	478	461	120	206	44	274	8000
642	258	362	1054	1655	1629	557	484	248	1352	8100
5092	**1916**	**2773**	**11913**	**7472**	**4961**	**2291**	**2910**	**1458**	**7937**	**O**
2899	888	1477	5853	3293	2187	1198	1366	633	3437	8200
2193	1028	1296	6060	4179	2774	1093	1544	825	4500	8300
1011	**378**	**463**	**496**	**1281**	**1618**	**646**	**767**	**280**	**1370**	**P**
1011	378	463	496	1281	1618	646	767	280	1370	8400
1235	**288**	**356**	**619**	**731**	**879**	**742**	**593**	**161**	**917**	**Q**
1149	254	317	552	694	787	706	574	150	842	8500
37	3	19	5	11	27	11	3	2	29	8600
49	31	20	62	26	65	25	16	9	46	8700
1493	**458**	**566**	**2718**	**2314**	**2392**	**821**	**1123**	**557**	**1865**	**R**
141	51	40	155	93	100	29	36	26	119	8800
225	89	79	251	362	552	138	127	109	247	8900
347	80	174	388	397	348	195	123	58	410	9000
96	17	17	145	105	107	25	48	17	63	9100
684	221	256	1779	1357	1285	434	789	347	1026	9200

2-01 续表 2

行业大类	代码	河 南	湖 北	湖 南	广 东	广 西
总 计	0000	**212815**	**184717**	**140456**	**509178**	**74120**
农、林、牧、渔业	A	**40**	**14**		**37**	**127**
农业	0100	7	11		13	41
林业	0200	5			9	20
畜牧业	0300	21	2		8	46
渔业	0400				4	14
农、林、牧、渔服务业	0500	7	1		3	6
采矿业	B	**7454**	**4862**	**7919**	**2329**	**2258**
煤炭开采和洗选业	0600	1223	528	1772	3	49
石油和天然气开采业	0700	8	7		18	2
黑色金属矿采选业	0800	1144	1027	986	315	517
有色金属矿采选业	0900	1194	433	1190	213	552
非金属矿采选业	1000	3846	2803	3933	1747	1114
其他采矿业	1100	39	64	38	33	24
制造业	C	**105314**	**54633**	**55536**	**191806**	**19682**
农副食品加工业	1300	11910	5561	5060	3412	1486
食品制造业	1400	3366	1582	1762	3470	876
饮料制造业	1500	2214	2277	1545	1402	796
烟草制品业	1600	13	13	15	30	5
纺织业	1700	3505	2945	1628	8625	661
纺织服装、鞋、帽制造业	1800	1536	2817	878	13962	338
皮革、毛皮、羽毛(绒)及其制品业	1900	1197	253	783	7357	281
木材加工及木、竹、藤、棕、草制品业	2000	6392	1703	3697	3092	1880
家具制造业	2100	3256	1141	1439	5886	337
造纸及纸制品业	2200	1800	969	1855	7581	783
印刷业和记录媒介的复制	2300	1780	1514	1386	8512	779
文教体育用品制造业	2400	310	139	252	3901	92
石油加工、炼焦及核燃料加工业	2500	267	120	135	328	42
化学原料及化学制品制造业	2600	4767	2642	5748	8157	1494
医药制造业	2700	930	661	471	915	353
化学纤维制造业	2800	98	63	54	257	9
橡胶制品业	2900	758	357	326	2388	139
塑料制品业	3000	3347	2068	1478	17035	736
非金属矿物制品业	3100	28207	11037	12245	9610	3197
黑色金属冶炼及压延加工业	3200	827	513	1300	886	425
有色金属冶炼及压延加工业	3300	1418	484	1508	1983	326
金属制品业	3400	4634	2968	1988	20771	703
通用设备制造业	3500	7556	3480	2979	8346	914
专用设备制造业	3600	5001	2026	1520	8892	676
交通运输设备制造业	3700	2822	3309	1690	4157	1012
电气机械及器材制造业	3900	2377	1524	1334	16383	454
通信设备、计算机及其他电子设备制造业	4000	448	713	527	14346	225
仪器仪表及文化、办公用机械制造业	4100	578	554	309	2776	94
工艺品及其他制造业	4200	3225	875	1178	6350	495
废弃资源和废旧材料回收加工业	4300	775	325	446	996	74
电力、燃气及水的生产和供应业	D	**1324**	**2464**	**4398**	**7074**	**2219**
电力、热力的生产和供应业	4400	592	1161	3524	5731	1674
燃气生产和供应业	4500	127	146	88	178	37
水的生产和供应业	4600	605	1157	786	1165	508
建筑业	E	**9083**	**12450**	**5559**	**14457**	**2329**
房屋和土木工程建筑业	4700	5238	5197	3415	4114	1087
建筑安装业	4800	1084	2191	718	3579	315
建筑装饰业	4900	1856	3099	880	5439	680
其他建筑业	5000	905	1963	546	1325	247

海南	重庆	四川	贵州	云南	西藏	陕西	甘肃	青海	宁夏	新疆	代码
19434	**97413**	**157395**	**40599**	**65929**	**2407**	**91652**	**40099**	**9872**	**15526**	**45712**	**0000**
102	**23**	**17**	**73**	**85**	**1**	**7**	**202**	**60**	**6**	**69**	**A**
7	13	4	17	30	1	2	53	13	6	39	0100
93	1	9	16	39		4	22	9		6	0200
1	8	4	36	8		1	108	34		15	0300
			1				1			2	0400
1	1		3	8			18	4		7	0500
223	**3389**	**5436**	**4285**	**4681**	**101**	**3643**	**1570**	**521**	**567**	**1625**	**B**
	1195	1665	1747	1455	2	755	314	46	279	332	0600
1	18	52	1	4		521	9	2	46	66	0700
9	207	392	215	559	17	246	230	46	9	581	0800
133	32	563	332	1382	53	591	269	98	5	279	0900
71	1919	2710	1969	1259	29	1501	715	324	228	340	1000
9	18	54	21	22		29	33	5		27	1100
2324	**28221**	**49255**	**8892**	**13917**	**309**	**27643**	**10549**	**2077**	**3810**	**7353**	**C**
322	2284	4072	721	1265	40	1806	1368	190	560	809	1300
173	972	2051	345	597	12	1069	486	78	178	340	1400
94	1137	3125	729	1278	24	732	344	48	104	309	1500
2	4	11	8	28		12	10		1	1	1600
40	1416	1044	56	224	9	626	163	25	116	259	1700
78	411	609	59	130	11	363	88	26	25	122	1800
4	492	695	14	33	4	65	94	9	40	36	1900
138	639	1403	319	687	17	515	131	27	31	178	2000
81	975	1192	100	212	7	643	166	16	48	147	2100
69	598	1145	189	404	2	850	166	11	72	195	2200
130	876	1737	357	538	15	902	431	77	162	330	2300
2	65	120	15	24		49	19	2	4	18	2400
9	63	181	154	134		265	61	8	54	185	2500
162	1072	2895	702	1002	16	1284	625	186	337	639	2600
102	232	732	196	227	24	531	211	49	32	94	2700
7	19	46	4	2		25	9	2	2	19	2800
27	259	383	94	95		257	55	4	23	46	2900
84	900	1823	259	481	4	784	356	36	142	663	3000
287	4051	10532	2200	2527	58	7048	3109	627	935	1282	3100
16	319	732	329	358		246	233	87	130	91	3200
12	282	558	237	681	1	523	139	46	56	68	3300
76	1535	2610	351	648	8	1422	544	170	198	475	3400
33	1744	4116	386	681		2608	466	83	217	325	3500
39	891	1771	167	320	2	1387	317	35	93	246	3600
204	5176	2073	482	586	17	917	323	96	84	147	3700
40	693	1502	156	298	2	1149	256	41	83	222	3900
20	183	804	47	43		469	43	1	4	12	4000
7	473	354	32	115		384	48	4	28	21	4100
54	346	650	145	216	36	608	249	82	44	49	4200
12	114	289	39	83		104	39	11	7	25	4300
250	**1866**	**5281**	**1114**	**1630**	**76**	**1060**	**813**	**219**	**135**	**522**	**D**
156	1065	3216	836	1251	63	525	666	167	72	363	4400
21	156	535	28	36	2	101	26	7	20	44	4500
73	645	1530	250	343	11	434	121	45	43	115	4600
1718	**5565**	**7863**	**1591**	**3724**	**251**	**5530**	**2058**	**718**	**886**	**1762**	**E**
379	2725	3909	692	1751	238	3185	1279	384	474	793	4700
294	642	1180	188	570	5	791	330	123	134	362	4800
849	1384	2010	528	1153	4	1171	348	142	235	406	4900
196	814	764	183	250	4	383	101	69	43	201	5000

2-01 续表 3

行业大类	代码	河南	湖北	湖南	广东	广西
交通运输、仓储和邮政业	F	**4593**	**5428**	**3365**	**14244**	**2676**
铁路运输业	5100	40	19		12	16
道路运输业	5200	2468	2770	1705	4988	1271
城市公共交通业	5300	374	328	395	466	188
水上运输业	5400	74	456	172	884	301
航空运输业	5500	10	17	22	87	31
管道运输业	5600	1	4	6	3	
装卸搬运和其他运输服务业	5700	539	1262	715	6053	452
仓储业	5800	1026	446	244	1163	357
邮政业	5900	61	126	106	588	60
信息传输、计算机服务和软件业	G	**4160**	**5142**	**6901**	**13981**	**4635**
电信和其他信息传输服务业	6000	337	897	453	2192	628
计算机服务业	6100	3347	3403	5819	5855	3682
软件业	6200	476	842	629	5934	325
批发和零售业	H	**47473**	**58523**	**27809**	**141318**	**21559**
批发业	6300	23120	29320	13484	93587	12547
零售业	6500	24353	29203	14325	47731	9012
住宿和餐饮业	I	**8309**	**7162**	**6531**	**13012**	**2047**
住宿业	6600	2529	2453	2468	5053	1237
餐饮业	6700	5780	4709	4063	7959	810
金融业	J	**981**	**985**	**811**	**1885**	**609**
银行业	6800	314	231	253	439	257
证券业	6900	20	36	33	137	11
保险业	7000	421	380	349	796	176
其他金融活动	7100	226	338	176	513	165
房地产业	K	**6743**	**9547**	**5958**	**27964**	**5613**
房地产业	7200	6743	9547	5958	27964	5613
租赁和商务服务业	L	**7897**	**10499**	**6003**	**46529**	**5558**
租赁业	7300	456	554	243	905	255
商务服务业	7400	7441	9945	5760	45624	5303
科学研究、技术服务和地质勘查业	M	**2475**	**4194**	**2028**	**13713**	**1792**
研究与试验发展	7500	246	232	263	3313	126
专业技术服务业	7600	1576	2418	1124	8473	1234
科技交流和推广服务业	7700	576	1486	596	1854	382
地质勘查业	7800	77	58	45	73	50
水利、环境和公共设施管理业	N	**755**	**976**	**508**	**1813**	**408**
水利管理业	7900	45	164	68	103	30
环境管理业	8000	97	219	86	524	90
公共设施管理业	8100	613	593	354	1186	288
居民服务和其他服务业	O	**3099**	**4786**	**4122**	**10965**	**1384**
居民服务业	8200	1969	2090	2651	4884	528
其他服务业	8300	1130	2696	1471	6081	856
教育	P	**999**	**904**	**999**	**2971**	**299**
教育	8400	999	904	999	2971	299
卫生、社会保障和社会福利业	Q	**1138**	**814**	**449**	**1717**	**282**
卫生	8500	1108	776	430	1648	272
社会保障业	8600	5	11	8	5	1
社会福利业	8700	25	27	11	64	9
文化、体育和娱乐业	R	**978**	**1334**	**1560**	**3363**	**643**
新闻出版业	8800	37	112	67	252	35
广播、电视、电影和音像业	8900	163	233	127	495	122
文化艺术业	9000	266	268	156	453	96
体育	9100	45	57	29	277	24
娱乐业	9200	467	664	1181	1886	366

海　南	重　庆	四　川	贵　州	云　南	西　藏	陕　西	甘　肃	青　海	宁　夏	新　疆	代码
563	**3560**	**5370**	**1027**	**1883**	**118**	**2580**	**1111**	**293**	**407**	**1979**	**F**
3		12	12	5	1	11	5	7	4	15	5100
207	1914	3156	576	996	57	1317	489	151	237	957	5200
47	127	399	98	135	28	335	143	29	45	142	5300
87	353	134	44	30		13	4	2	4		5400
28	16	32	13	26	4	19	25	4	5	18	5500
1	1	2		1		6			2	5	5600
125	841	1204	143	451	9	295	218	41	58	625	5700
39	230	323	121	182	3	550	196	44	41	179	5800
26	78	108	20	57	16	34	31	15	11	38	5900
681	**3117**	**8019**	**1547**	**2293**	**117**	**2698**	**716**	**321**	**588**	**1853**	**G**
115	834	833	303	261	47	375	271	62	55	385	6000
431	1715	6113	1102	1517	70	1687	373	228	478	1307	6100
135	568	1073	142	515		636	72	31	55	161	6200
5621	**27425**	**39561**	**11229**	**20248**	**668**	**27684**	**14039**	**2876**	**5682**	**18545**	**H**
2309	14077	24304	6143	12508	125	13366	7745	1338	3131	12634	6300
3312	13348	15257	5086	7740	543	14318	6294	1538	2551	5911	6500
947	**4079**	**5680**	**1159**	**2369**	**252**	**4804**	**1776**	**475**	**482**	**1011**	**I**
631	1190	2510	676	1665	216	1786	934	313	253	716	6600
316	2889	3170	483	704	36	3018	842	162	229	295	6700
189	**852**	**1426**	**490**	**696**	**92**	**655**	**465**	**144**	**175**	**570**	**J**
43	480	419	148	246	71	214	228	85	31	213	6800
9	9	47	12	12	2	42	10	2	2	5	6900
56	130	438	121	251	14	265	157	27	45	168	7000
81	233	522	209	187	5	134	70	30	97	184	7100
2733	**5261**	**8366**	**3608**	**4179**	**92**	**3968**	**2023**	**706**	**764**	**2610**	**K**
2733	5261	8366	3608	4179	92	3968	2023	706	764	2610	7200
2456	**8012**	**11367**	**2738**	**5261**	**164**	**4870**	**2418**	**784**	**1054**	**4041**	**L**
217	696	942	238	305	36	513	199	63	179	324	7300
2239	7316	10425	2500	4956	128	4357	2219	721	875	3717	7400
589	**1740**	**3353**	**807**	**1830**	**35**	**1960**	**681**	**302**	**342**	**1641**	**M**
85	175	384	93	228	1	174	63	14	20	73	7500
402	1084	2155	561	1205	24	1074	480	219	256	1007	7600
78	438	698	96	278	4	640	109	50	57	235	7700
24	43	116	57	119	6	72	29	19	9	326	7800
123	**602**	**701**	**228**	**456**	**9**	**402**	**119**	**32**	**73**	**240**	**N**
11	62	59	45	31	1	68	17	5	7	35	7900
35	205	212	40	91	2	81	22	13	12	47	8000
77	335	430	143	334	6	253	80	14	54	158	8100
436	**2185**	**2855**	**953**	**1377**	**73**	**2288**	**998**	**185**	**337**	**1103**	**O**
203	1121	1305	403	553	31	1126	437	91	101	358	8200
233	1064	1550	550	824	42	1162	561	94	236	745	8300
123	**454**	**1049**	**294**	**334**	**21**	**351**	**180**	**43**	**52**	**287**	**P**
123	454	1049	294	334	21	351	180	43	52	287	8400
40	**198**	**583**	**280**	**328**	**12**	**822**	**116**	**34**	**64**	**251**	**Q**
35	183	552	277	309	11	804	113	33	64	238	8500
2		6	1	8			1			2	8600
3	15	25	2	11	1	18	2	1		11	8700
316	**864**	**1213**	**284**	**638**	**16**	**687**	**265**	**82**	**102**	**250**	**R**
26	66	68	8	16		51	9	2	4	19	8800
53	91	197	62	103	2	141	34	20	23	69	8900
84	116	165	47	146	1	111	30	7	5	42	9000
19	19	49	13	24		23	5	5	2	9	9100
134	572	734	154	349	13	361	187	48	68	111	9200

2-02 按行业(大类)、地区分组的

行业大类	代码	企业法人单位数(个)	北京	天津	河北	山西	内蒙古
总　计	0000	**220330**	**13836**	**7262**	**7244**	**7589**	**3686**
农、林、牧、渔业	A	**717**	**10**		**6**	**4**	**53**
农业	0100	339	6			2	25
林业	0200	297			4	2	22
畜牧业	0300	38	3		1		4
渔业	0400	15	1				1
农、林、牧、渔服务业	0500	28			1		1
采矿业	B	**2714**	**14**	**17**	**113**	**355**	**109**
煤炭开采和洗选业	0600	1225	4		53	309	56
石油和天然气开采业	0700	155	3	9	3	5	7
黑色金属矿采选业	0800	248	3		27	15	5
有色金属矿采选业	0900	475		1	6	8	19
非金属矿采选业	1000	592	4	7	24	18	21
其他采矿业	1100	19					1
制造业	C	**32364**	**1550**	**1852**	**1126**	**1007**	**501**
农副食品加工业	1300	2774	41	41	72	114	35
食品制造业	1400	1068	31	51	38	52	23
饮料制造业	1500	975	22	27	32	22	18
烟草制品业	1600	144	2	1	4	1	2
纺织业	1700	1200	34	156	53	20	14
纺织服装、鞋、帽制造业	1800	577	18	39	17	9	12
皮革、毛皮、羽毛(绒)及其制品业	1900	176	7	19	4	4	1
木材加工及木、竹、藤、棕、草制品业	2000	657	11	18	8	3	24
家具制造业	2100	208	11	14	13	3	3
造纸及纸制品业	2200	509	20	37	12	3	4
印刷业和记录媒介的复制	2300	1998	171	66	64	67	47
文教体育用品制造业	2400	160	15	17	1	4	
石油加工、炼焦及核燃料加工业	2500	309	7	12	15	23	10
化学原料及化学制品制造业	2600	2452	86	135	96	96	36
医药制造业	2700	824	63	47	17	27	11
化学纤维制造业	2800	105	3	7	5	3	
橡胶制品业	2900	276	10	33	5	7	3
塑料制品业	3000	727	35	75	24	17	3
非金属矿物制品业	3100	2941	114	81	132	113	69
黑色金属冶炼及压延加工业	3200	494	12	49	31	30	7
有色金属冶炼及压延加工业	3300	665	20	22	20	25	33
金属制品业	3400	1318	56	126	56	25	22
通用设备制造业	3500	2672	104	150	98	119	43
专用设备制造业	3600	2183	156	166	105	81	26
交通运输设备制造业	3700	2801	135	147	92	52	31
电气机械及器材制造业	3900	1564	77	103	55	42	11
通信设备、计算机及其他电子设备制造业	4000	1238	150	105	19	14	4
仪器仪表及文化、办公用机械制造业	4100	772	101	72	19	16	2
工艺品及其他制造业	4200	443	30	32	14	9	5
废弃资源和废旧材料回收加工业	4300	134	8	4	5	6	2
电力、燃气及水的生产和供应业	D	**10245**	**133**	**122**	**463**	**304**	**391**
电力、热力的生产和供应业	4400	6154	89	80	294	145	283
燃气生产和供应业	4500	442	9	13	23	26	6
水的生产和供应业	4600	3649	35	29	146	133	102
建筑业	E	**11982**	**632**	**389**	**382**	**438**	**161**
房屋和土木工程建筑业	4700	8036	351	193	294	328	123
建筑安装业	4800	1973	112	102	45	54	21
建筑装饰业	4900	920	129	45	15	15	6
其他建筑业	5000	1053	40	49	28	41	11

国有控股企业法人单位数

辽 宁	吉 林	黑龙江	上 海	江 苏	浙 江	安 徽	福 建	江 西	山 东	代码
12784	**4306**	**7818**	**12117**	**10371**	**9701**	**7435**	**8183**	**6409**	**11636**	**0000**
26	**17**	**180**	**2**	**5**	**6**	**19**	**15**	**15**		**A**
10	1	113	2	3	2	13	6	5		0100
12	14	58			2	1	6	7		0200
1	2	4			1		2			0300
2		4				2	1	1		0400
1		1		2	1	3		2		0500
76	**65**	**103**	**1**	**46**	**24**	**72**	**85**	**135**	**191**	**B**
27	16	45		12	1	25	20	38	91	0600
7	18	21	1	2			1		22	0700
7	7	2		6	3	12	8	2	14	0800
9	10	9		3	4	8	13	52	25	0900
25	13	24		23	16	27	41	43	38	1000
1	1	2					2		1	1100
2715	**625**	**1401**	**1775**	**1275**	**781**	**1011**	**944**	**1067**	**1828**	**C**
135	45	119	22	76	53	251	111	103	142	1300
90	14	47	50	45	26	24	48	46	57	1400
34	23	47	19	38	35	33	61	54	66	1500
3	8	6	2	6	3	4	6	1	12	1600
85	3	45	68	64	50	33	21	47	66	1700
47	11	14	47	39	19	11	22	33	44	1800
18		7	16	1	5	3	11	7	4	1900
35	48	90	19	6	8	24	30	53	26	2000
10	2	21	19	4	1	2	14	12	9	2100
33	11	32	17	9	8	11	27	19	37	2200
148	35	75	109	78	45	59	70	67	108	2300
6	1	7	28	6	6	1	3	4	10	2400
39	8	19	7	12	4	4	6	5	27	2500
186	45	84	122	99	74	57	59	67	171	2600
53	22	31	72	35	21	28	13	33	40	2700
8	2	1	8	12	10	2		3	12	2800
34	3	11	20	9	7	8	3	4	23	2900
63	11	46	53	27	19	21	19	23	28	3000
208	67	110	93	81	72	79	107	126	158	3100
60	9	14	14	14	11	14	9	4	26	3200
34	2	6	16	18	9	6	16	36	18	3300
112	16	71	98	47	24	33	20	31	87	3400
404	53	144	187	122	70	62	53	61	167	3500
208	35	95	143	95	39	58	44	47	115	3600
299	91	107	192	123	52	95	58	80	177	3700
187	22	70	93	67	41	41	41	41	87	3900
82	13	30	102	86	37	28	29	28	47	4000
64	17	27	88	44	19	9	10	11	28	4100
22	4	20	40	9	6	8	26	14	30	4200
8	4	5	11	3	7	2	7	7	6	4300
404	**262**	**327**	**73**	**230**	**514**	**343**	**418**	**377**	**456**	**D**
270	172	227	26	92	271	202	277	260	274	4400
20	10	5	16	19	17	8	8	8	30	4500
114	80	95	31	119	226	133	133	109	152	4600
911	**214**	**500**	**471**	**599**	**342**	**458**	**338**	**370**	**875**	**E**
576	158	320	246	377	239	302	213	241	583	4700
211	35	106	89	108	59	73	40	69	141	4800
62	6	33	108	55	19	29	23	30	67	4900
62	15	41	28	59	25	54	62	30	84	5000

2-02 续表 1

行业大类	代码	企业法人单位数（个）	北 京	天 津	河 北	山 西	内蒙古
交通运输、仓储和邮政业	F	**15027**	**492**	**550**	**509**	**467**	**299**
铁路运输业	5100	170		16		22	19
道路运输业	5200	4772	114	119	187	179	79
城市公共交通业	5300	1151	73	32	33	22	9
水上运输业	5400	895	2	46	18	3	
航空运输业	5500	258	9	5	4	6	14
管道运输业	5600	41	1	3	3		
装卸搬运和其他运输服务业	5700	2334	161	142	71	31	41
仓储业	5800	4747	126	169	179	191	112
邮政业	5900	659	6	18	14	13	25
信息传输、计算机服务和软件业	G	**4896**	**532**	**76**	**110**	**100**	**117**
电信和其他信息传输服务业	6000	3256	137	26	84	87	99
计算机服务业	6100	826	177	27	16	8	11
软件业	6200	814	218	23	10	5	7
批发和零售业	H	**53174**	**2697**	**1524**	**2068**	**2716**	**846**
批发业	6300	34116	1630	1062	1349	1600	495
零售业	6500	19058	1067	462	719	1116	351
住宿和餐饮业	I	**10983**	**1061**	**225**	**517**	**357**	**201**
住宿业	6600	8560	835	165	440	274	151
餐饮业	6700	2423	226	60	77	83	50
金融业	J	**9128**	**221**	**315**	**222**	**261**	**256**
银行业	6800	3654	31	217	94	97	95
证券业	6900	491	28	29	4	6	15
保险业	7000	3559	71	29	96	114	99
其他金融活动	7100	1424	91	40	28	44	47
房地产业	K	**18801**	**1699**	**695**	**359**	**434**	**120**
房地产业	7200	18801	1699	695	359	434	120
租赁和商务服务业	L	**23200**	**2069**	**584**	**545**	**521**	**301**
租赁业	7300	711	69	34	16	16	8
商务服务业	7400	22489	2000	550	529	505	293
科学研究、技术服务和地质勘查业	M	**13291**	**1416**	**503**	**353**	**282**	**132**
研究与试验发展	7500	1170	133	53	38	20	15
专业技术服务业	7600	8608	691	324	241	203	75
科技交流和推广服务业	7700	2899	566	108	57	34	18
地质勘查业	7800	614	26	18	17	25	24
水利、环境和公共设施管理业	N	**3375**	**166**	**74**	**132**	**73**	**57**
水利管理业	7900	673	13	16	22	24	14
环境管理业	8000	717	42	10	28	11	11
公共设施管理业	8100	1985	111	48	82	38	32
居民服务和其他服务业	O	**3253**	**264**	**223**	**100**	**106**	**54**
居民服务业	8200	1399	89	61	45	48	26
其他服务业	8300	1854	175	162	55	58	28
教育	P	**1466**	**111**	**28**	**57**	**38**	**26**
教育	8400	1466	111	28	57	38	26
卫生、社会保障和社会福利业	Q	**1353**	**25**	**14**	**67**	**58**	**20**
卫生	8500	1170	18	11	55	52	18
社会保障业	8600	63	1	1		2	2
社会福利业	8700	120	6	2	12	4	
文化、体育和娱乐业	R	**4361**	**744**	**71**	**115**	**68**	**42**
新闻出版业	8800	1445	481	25	23	19	10
广播、电视、电影和音像业	8900	1714	111	20	65	32	22
文化艺术业	9000	563	71	7	10	8	4
体育	9100	183	38	6	2	4	1
娱乐业	9200	456	43	13	15	5	5

辽宁	吉林	黑龙江	上海	江苏	浙江	安徽	福建	江西	山东	代码
851	**433**	**677**	**753**	**798**	**680**	**628**	**661**	**452**	**779**	**F**
8				5		2	5	1	20	5100
230	125	190	157	214	232	211	215	172	208	5200
56	18	24	93	56	68	37	67	21	59	5300
44	9	18	71	70	80	27	64	29	52	5400
13	9	8	14	8	8	3	11	5	17	5500
3	1	2	2	5					5	5600
184	32	53	238	181	140	49	138	32	155	5700
290	225	361	169	227	129	274	148	178	240	5800
23	14	21	9	32	23	25	13	14	23	5900
173	**153**	**143**	**227**	**219**	**173**	**122**	**131**	**127**	**242**	**G**
113	133	112	59	125	117	92	84	106	131	6000
23	7	16	76	41	21	13	30	14	74	6100
37	13	15	92	53	35	17	17	7	37	6200
3072	**1109**	**2018**	**2543**	**2424**	**1638**	**1713**	**2040**	**1724**	**2694**	**H**
2072	777	1357	1639	1730	1073	1229	1456	1123	1516	6300
1000	332	661	904	694	565	484	584	601	1178	6500
500	**225**	**347**	**474**	**516**	**341**	**277**	**266**	**301**	**650**	**I**
402	165	293	337	384	279	219	226	243	348	6600
98	60	54	137	132	62	58	40	58	302	6700
377	**239**	**322**	**198**	**467**	**404**	**455**	**249**	**256**	**464**	**J**
122	88	141	29	136	115	167	84	96	152	6800
24	19	16	57	36	15	19	9	4	20	6900
186	99	122	66	207	177	164	109	121	218	7000
45	33	43	46	88	97	105	47	35	74	7100
798	**173**	**476**	**1549**	**930**	**913**	**737**	**1008**	**557**	**864**	**K**
798	173	476	1549	930	913	737	1008	557	864	7200
1117	**294**	**544**	**1951**	**1535**	**2103**	**694**	**1100**	**479**	**1139**	**L**
37	8	21	46	32	24	16	17	16	44	7300
1080	286	523	1905	1503	2079	678	1083	463	1095	7400
956	**242**	**382**	**1175**	**613**	**900**	**486**	**485**	**244**	**677**	**M**
127	25	30	73	65	42	36	22	7	53	7500
579	168	257	618	409	613	373	381	164	469	7600
218	36	77	474	114	223	56	67	55	121	7700
32	13	18	10	25	22	21	15	18	34	7800
149	**55**	**68**	**213**	**219**	**373**	**110**	**150**	**71**	**191**	**N**
42	16	23	17	33	75	16	31	6	39	7900
26	13	10	71	49	51	18	25	9	39	8000
81	26	35	125	137	247	76	94	56	113	8100
172	**70**	**104**	**300**	**161**	**107**	**76**	**111**	**78**	**211**	**O**
105	30	67	115	80	58	43	58	20	92	8200
67	40	37	185	81	49	33	53	58	119	8300
100	**24**	**47**	**68**	**80**	**97**	**53**	**51**	**27**	**95**	**P**
100	24	47	68	80	97	53	51	27	95	8400
137	**38**	**102**	**33**	**46**	**37**	**68**	**30**	**29**	**85**	**Q**
110	34	93	23	41	18	57	25	28	73	8500
19	1	7	1	1	6	6	1		9	8600
8	3	2	9	4	13	5	4	1	3	8700
250	**68**	**77**	**311**	**208**	**268**	**113**	**101**	**100**	**195**	**R**
94	19	17	124	55	73	15	15	16	39	8800
70	30	33	70	63	112	84	48	67	115	8900
44	10	8	48	40	58	8	9	7	20	9000
18	2	4	19	14	6		7		6	9100
24	7	15	50	36	19	6	22	10	15	9200

2-02 续表 2

行业大类	代码	河 南	湖 北	湖 南	广 东	广 西
总　计	0000	**8553**	**10866**	**6850**	**16696**	**6359**
农、林、牧、渔业	A	**6**	**11**		**19**	**34**
农业	0100	4	9		8	20
林业	0200	1			8	9
畜牧业	0300		1		1	1
渔业	0400					1
农、林、牧、渔服务业	0500	1	1		2	3
采矿业	B	**135**	**69**	**129**	**62**	**99**
煤炭开采和洗选业	0600	82	7	76	1	9
石油和天然气开采业	0700	3	3		5	
黑色金属矿采选业	0800	3	12	5	8	27
有色金属矿采选业	0900	34	8	33	13	37
非金属矿采选业	1000	13	38	15	34	22
其他采矿业	1100		1		1	4
制造业	C	**1094**	**1737**	**1034**	**2301**	**1012**
农副食品加工业	1300	124	187	100	263	174
食品制造业	1400	25	43	29	74	45
饮料制造业	1500	23	40	26	77	49
烟草制品业	1600	7	8	7	8	4
纺织业	1700	51	74	54	85	28
纺织服装、鞋、帽制造业	1800	19	39	23	55	5
皮革、毛皮、羽毛(绒)及其制品业	1900	6	8	6	25	6
木材加工及木、竹、藤、棕、草制品业	2000	10	22	23	30	45
家具制造业	2100	3	15	2	18	1
造纸及纸制品业	2200	16	20	27	55	28
印刷业和记录媒介的复制	2300	48	103	51	135	78
文教体育用品制造业	2400	3	3	4	29	2
石油加工、炼焦及核燃料加工业	2500	9	9	11	14	5
化学原料及化学制品制造业	2600	88	101	77	134	73
医药制造业	2700	16	26	21	60	26
化学纤维制造业	2800	5		2	2	1
橡胶制品业	2900	7	12	4	28	8
塑料制品业	3000	12	20	17	83	18
非金属矿物制品业	3100	146	183	124	157	129
黑色金属冶炼及压延加工业	3200	16	19	22	20	18
有色金属冶炼及压延加工业	3300	52	24	47	29	23
金属制品业	3400	30	89	30	123	18
通用设备制造业	3500	102	140	68	121	49
专用设备制造业	3600	101	107	63	103	52
交通运输设备制造业	3700	65	218	80	159	72
电气机械及器材制造业	3900	48	76	53	156	25
通信设备、计算机及其他电子设备制造业	4000	25	57	22	174	11
仪器仪表及文化、办公用机械制造业	4100	21	54	17	35	6
工艺品及其他制造业	4200	10	28	17	45	10
废弃资源和废旧材料回收加工业	4300	6	12	7	4	3
电力、燃气及水的生产和供应业	D	**347**	**467**	**577**	**573**	**479**
电力、热力的生产和供应业	4400	212	259	372	397	292
燃气生产和供应业	4500	11	9	12	25	4
水的生产和供应业	4600	124	199	193	151	183
建筑业	E	**471**	**727**	**479**	**804**	**232**
房屋和土木工程建筑业	4700	340	472	364	518	170
建筑安装业	4800	69	105	61	145	28
建筑装饰业	4900	22	52	19	74	13
其他建筑业	5000	40	98	35	67	21

海　南	重　庆	四　川	贵　州	云　南	西　藏	陕　西	甘　肃	青　海	宁　夏	新　疆	代码
1931	**5220**	**8253**	**4536**	**4439**	**694**	**6192**	**3322**	**1113**	**969**	**3960**	**0000**
100	**1**	**10**	**10**	**56**	**1**	**3**	**39**	**10**	**6**	**53**	**A**
6	1	2	3	17	1	2	31	7	6	34	0100
92		7	5	32		1	6	2		6	0200
1		1	1	1			1	1		11	0300
			1							1	0400
1				6			1			1	0500
14	**52**	**112**	**131**	**107**	**16**	**152**	**64**	**33**	**14**	**119**	**B**
	33	32	89	35	1	79	26	9	11	38	0600
1	9	16		2		6	2	2		7	0700
	4	18	2	10	4	6	6	2	1	29	0800
9	1	28	15	32	6	39	19	10		24	0900
4	5	17	24	27	5	21	10	10	2	21	1000
		1	1	1		1	1				1100
303	**619**	**1070**	**718**	**582**	**71**	**1101**	**498**	**116**	**128**	**522**	**C**
103	40	88	85	31	10	70	41	16	12	70	1300
17	19	27	23	20	2	41	15	5	2	39	1400
15	14	38	56	30	4	27	24	1	4	16	1500
1	4	6	7	20		6	3		1	1	1600
7	9	24	9	9	1	45	14		1	30	1700
3	3	11	5	7		9	1	1	2	12	1800
	4	3	3		1	3	3			1	1900
15	9	18	31	22	9	14	2		1	3	2000
4	5	5	2	2		7	2			4	2100
6	9	11	13	11	1	14	3		4	11	2200
16	30	64	51	44	8	57	35	10	9	50	2300
	2	3	2	1		2					2400
1	4	14	5	4		11	9	1	2	12	2500
19	53	101	83	71	5	95	44	25	18	52	2600
6	25	38	5	14	7	35	15	4	1	12	2700
2		5		1		2	3		1	5	2800
3	3	4	9	6		7	1	1		3	2900
7	7	15	13	8		17	16		2	28	3000
27	45	108	76	59	12	101	61	10	24	69	3100
1	10	17	15	18		16	6	2	3	7	3200
1	19	25	19	54		38	25	12	3	13	3300
11	19	44	14	24	1	44	23	2	5	17	3400
1	52	68	32	28		96	45	13	10	10	3500
5	37	62	31	27	2	117	33	1	9	20	3600
20	110	115	59	31	4	92	21	5	4	15	3700
3	31	45	24	15		55	34	3	7	11	3900
6	19	75	18	6		44	5			2	4000
	33	23	8	15		24	6		1	2	4100
2	3	6	16	4	4	11	7	4	2	5	4200
1	1	7	4			1	1			2	4300
88	**328**	**837**	**386**	**341**	**73**	**264**	**295**	**71**	**67**	**235**	**D**
54	131	427	220	206	61	126	211	43	37	144	4400
6	36	86	6	5	2	12	4		3	3	4500
28	161	324	160	130	10	126	80	28	27	88	4600
87	**304**	**449**	**208**	**191**	**37**	**309**	**206**	**84**	**104**	**210**	**E**
54	223	329	151	138	33	240	144	71	87	158	4700
11	27	77	18	30	2	39	45	9	12	30	4800
11	20	18	12	6	2	9	8		2	10	4900
11	34	25	27	17		21	9	4	3	12	5000

2-02 续表 3

行业大类	代码	河南	湖北	湖南	广东	广西
交通运输、仓储和邮政业	F	**766**	**734**	**488**	**1146**	**462**
铁路运输业	5100	15	9		6	7
道路运输业	5200	248	255	174	391	112
城市公共交通业	5300	40	64	71	95	28
水上运输业	5400	13	76	19	149	15
航空运输业	5500	4	10	7	24	12
管道运输业	5600			2		
装卸搬运和其他运输服务业	5700	37	119	54	208	44
仓储业	5800	389	163	112	231	218
邮政业	5900	20	38	49	42	26
信息传输、计算机服务和软件业	G	**130**	**302**	**190**	**355**	**114**
电信和其他信息传输服务业	6000	91	218	156	199	88
计算机服务业	6100	27	52	14	74	19
软件业	6200	12	32	20	82	7
批发和零售业	H	**3200**	**2769**	**1266**	**4349**	**1661**
批发业	6300	2154	1661	751	3042	966
零售业	6500	1046	1108	515	1307	695
住宿和餐饮业	I	**436**	**507**	**390**	**744**	**288**
住宿业	6600	337	349	307	607	224
餐饮业	6700	99	158	83	137	64
金融业	J	**394**	**370**	**332**	**576**	**218**
银行业	6800	169	131	114	195	118
证券业	6900	7	14	17	65	3
保险业	7000	186	169	171	242	75
其他金融活动	7100	32	56	30	74	22
房地产业	K	**396**	**894**	**637**	**1819**	**563**
房地产业	7200	396	894	637	1819	563
租赁和商务服务业	L	**467**	**886**	**577**	**2065**	**544**
租赁业	7300	24	28	27	40	23
商务服务业	7400	443	858	550	2025	521
科学研究、技术服务和地质勘查业	M	**323**	**656**	**318**	**806**	**333**
研究与试验发展	7500	28	47	37	107	21
专业技术服务业	7600	237	417	210	573	240
科技交流和推广服务业	7700	33	170	54	87	58
地质勘查业	7800	25	22	17	39	14
水利、环境和公共设施管理业	N	**78**	**196**	**97**	**214**	**76**
水利管理业	7900	11	55	26	44	12
环境管理业	8000	13	47	20	37	18
公共设施管理业	8100	54	94	51	133	46
居民服务和其他服务业	O	**77**	**171**	**77**	**243**	**76**
居民服务业	8200	36	56	39	106	24
其他服务业	8300	41	115	38	137	52
教育	P	**36**	**73**	**51**	**144**	**24**
教育	8400	36	73	51	144	24
卫生、社会保障和社会福利业	Q	**75**	**81**	**49**	**110**	**20**
卫生	8500	70	74	45	104	17
社会保障业	8600	1	1	1	1	
社会福利业	8700	4	6	3	5	3
文化、体育和娱乐业	R	**122**	**216**	**159**	**366**	**124**
新闻出版业	8800	23	51	42	129	20
广播、电视、电影和音像业	8900	67	89	73	128	77
文化艺术业	9000	19	48	19	47	9
体育	9100	3	11	3	23	
娱乐业	9200	10	17	22	39	18

海 南	重 庆	四 川	贵 州	云 南	西 藏	陕 西	甘 肃	青 海	宁 夏	新 疆	代码
117	**368**	**509**	**248**	**192**	**48**	**335**	**201**	**102**	**63**	**219**	**F**
1		5	9	1		6	1	7	3	2	5100
32	141	225	108	77	24	137	60	41	12	103	5200
8	27	53	14	14	10	26	16	2	3	12	5300
19	41	22	3	3		1	1				5400
2	4	12	10	3	3	10	11	2	5	5	5500
1	1	2		1		5			1	3	5600
24	57	45	12	18	1	21	16	5	5	20	5700
15	55	111	82	47	2	116	77	31	28	52	5800
15	42	34	10	28	8	13	19	14	6	22	5900
28	**215**	**330**	**93**	**105**	**26**	**119**	**75**	**43**	**26**	**100**	**G**
15	187	290	77	86	26	109	62	41	24	82	6000
9	15	13	12	12		6	8	1	2	8	6100
4	13	27	4	7		4	5	1		10	6200
357	**973**	**1651**	**1008**	**892**	**192**	**1846**	**861**	**214**	**211**	**898**	**H**
157	607	1053	610	583	47	1004	478	95	116	684	6300
200	366	598	398	309	145	842	383	119	95	214	6500
128	**214**	**525**	**216**	**324**	**59**	**414**	**180**	**53**	**48**	**199**	**I**
118	155	376	187	301	57	346	162	49	37	187	6600
10	59	149	29	23	2	68	18	4	11	12	6700
55	**610**	**469**	**166**	**301**	**85**	**265**	**222**	**72**	**38**	**249**	**J**
17	451	173	64	113	71	103	103	49	10	109	6800
4	3	27	6	8		22	7	2	1	4	6900
25	89	185	64	129	11	119	88	11	20	97	7000
9	67	84	32	51	3	21	24	10	7	39	7100
263	**479**	**547**	**537**	**301**	**21**	**423**	**168**	**81**	**78**	**282**	**K**
263	479	547	537	301	21	423	168	81	78	282	7200
187	**488**	**905**	**397**	**501**	**41**	**358**	**214**	**101**	**76**	**417**	**L**
23	17	17	36	10	7	17	16	2	2	18	7300
164	471	888	361	491	34	341	198	99	74	399	7400
96	**258**	**395**	**192**	**258**	**12**	**255**	**150**	**82**	**56**	**255**	**M**
9	26	40	24	23		29	17	7	2	14	7500
68	187	256	132	182	7	155	104	57	41	177	7600
13	37	61	16	32	1	48	15	9	10	31	7700
6	8	38	20	21	4	23	14	9	3	33	7800
26	**110**	**120**	**64**	**87**	**3**	**101**	**21**	**13**	**16**	**52**	**N**
2	31	23	19	13	1	20	6	2	4	17	7900
5	39	40	16	24	2	23	2	2	5	11	8000
19	40	57	29	50		58	13	9	7	24	8100
21	**58**	**76**	**55**	**57**	**3**	**77**	**53**	**9**	**11**	**52**	**O**
9	26	37	24	25		39	19	3	1	18	8200
12	32	39	31	32	3	38	34	6	10	34	8300
14	**27**	**49**	**27**	**43**	**3**	**18**	**19**	**9**	**2**	**25**	**P**
14	27	49	27	43	3	18	19	9	2	25	8400
5	**29**	**50**	**24**	**32**	**2**	**40**	**22**	**5**	**6**	**14**	**Q**
3	25	44	24	30	2	32	22	5	6	11	8500
1										1	8600
1	4	6		2		8				2	8700
42	**87**	**149**	**56**	**69**	**1**	**112**	**34**	**15**	**19**	**59**	**R**
15	29	48	5	8		31	5	1	3	10	8800
20	33	70	39	33	1	56	16	13	13	44	8900
5	15	14	8	8		14	3	1		1	9000
	5	5		2		3			1		9100
2	5	12	4	18		8	10		2	4	9200

2-03 按行业(大类)、地区分组的

行业大类	代码	从业人员数(人)	北京	天津	河北	山西	内蒙古
总　计	0000	**218893553**	**6596901**	**3773838**	**8459422**	**4862368**	**3097076**
农、林、牧、渔业	A	**1487326**	**8807**		**785**	**1836**	**73124**
农业	0100	868940	655			1430	24599
林业	0200	545935	2		426	77	48212
畜牧业	0300	47045	7697		196	269	190
渔业	0400	5779	109			60	109
农、林、牧、渔服务业	0500	19627	344		163		14
采矿业	B	**9907369**	**51436**	**82903**	**583347**	**1181261**	**390188**
煤炭开采和洗选业	0600	5786535	21752	1377	242329	1101740	212290
石油和天然气开采业	0700	1126201	23256	70080	29986	1488	5946
黑色金属矿采选业	0800	928632	4228	185	231769	49545	69526
有色金属矿采选业	0900	743014		5	16556	6820	57484
非金属矿采选业	1000	1307022	2200	11136	62114	21668	43609
其他采矿业	1100	15965		120	593		1333
制造业	C	**104323466**	**1346889**	**1814154**	**4339782**	**1576139**	**942260**
农副食品加工业	1300	4547100	39559	36317	174445	49855	86178
食品制造业	1400	2187868	44053	41694	106883	37584	55958
饮料制造业	1500	1660349	29937	16546	59718	31166	35491
烟草制品业	1600	208318	816	936	6502	1263	2123
纺织业	1700	8138641	35853	61732	359848	28447	60820
纺织服装、鞋、帽制造业	1800	6448028	90929	120292	138336	13112	14460
皮革、毛皮、羽毛(绒)及其制品业	1900	3386625	5393	16453	111560	1043	5061
木材加工及木、竹、藤、棕、草制品业	2000	2390195	8007	13475	52796	4811	38002
家具制造业	2100	1583432	28831	32309	44516	4303	4068
造纸及纸制品业	2200	2190961	19502	35555	108158	16631	13006
印刷业和记录媒介的复制	2300	1543512	63926	23554	60651	15453	10878
文教体育用品制造业	2400	1680598	12356	22369	18779	4090	187
石油加工、炼焦及核燃料加工业	2500	921134	19268	18815	55674	189618	17405
化学原料及化学制品制造业	2600	5624940	53135	94839	261772	156685	88864
医药制造业	2700	1682534	52685	38735	81692	31660	20350
化学纤维制造业	2800	475685	1369	2212	15286	1845	301
橡胶制品业	2900	1282568	10162	38068	75482	9107	2088
塑料制品业	3000	3899242	30888	77231	131371	17714	12435
非金属矿物制品业	3100	9390534	87407	65905	563440	260033	140818
黑色金属冶炼及压延加工业	3200	3372463	39420	116778	524429	188254	106964
有色金属冶炼及压延加工业	3300	2034949	8931	14199	51636	88619	55231
金属制品业	3400	5023298	68780	161533	266370	41451	26584
通用设备制造业	3500	7243605	98446	149524	382643	134685	41013
专用设备制造业	3600	4343870	99803	105357	180446	94789	50104
交通运输设备制造业	3700	5811964	119927	172597	213469	44486	23751
电气机械及器材制造业	3900	6294577	70288	90714	152363	27627	13802
通信设备、计算机及其他电子设备制造业	4000	7001203	143674	163728	54144	64471	4633
仪器仪表及文化、办公用机械制造业	4100	1496106	43882	25448	25123	8466	693
工艺品及其他制造业	4200	2255833	17931	46851	55652	7921	9010
废弃资源和废旧材料回收加工业	4300	203334	1731	10388	6598	950	1982
电力、燃气及水的生产和供应业	D	**4009933**	**67316**	**54583**	**189451**	**121710**	**124362**
电力、热力的生产和供应业	4400	3125705	50966	42451	149088	97140	104739
燃气生产和供应业	4500	225713	9050	6560	11931	6026	4144
水的生产和供应业	4600	658515	7300	5572	28432	18544	15479
建筑业	E	**39068150**	**546701**	**467374**	**1321420**	**683567**	**529880**
房屋和土木工程建筑业	4700	32427758	352991	326079	1152059	561350	458422
建筑安装业	4800	3225836	87888	81572	100470	65439	36202
建筑装饰业	4900	1866360	84675	29554	34316	26786	19957
其他建筑业	5000	1548196	21147	30169	34575	29992	15299

企业法人单位从业人员数

辽 宁	吉 林	黑龙江	上 海	江 苏	浙 江	安 徽	福 建	江 西	山 东	代码
8422292	**3488756**	**4915661**	**9529927**	**24162923**	**18643501**	**6459811**	**8041152**	**4552214**	**19807516**	**0000**
12073	**30881**	**824665**	**496**	**14413**	**2367**	**9036**	**5276**	**2616**		**A**
7849	1669	626443	260	9086	847	7486	4584	640		0100
2026	27378	187379	18	33	771	158	420	1119		0200
221	1834	8822	142	275	544	285	217	286		0300
1869		1547	60	40	170	959	55	374		0400
108		474	16	4979	35	148		197		0500
548214	**244445**	**627002**	**165**	**209486**	**51187**	**422658**	**134127**	**252011**	**977899**	**B**
192304	100634	412649		101571	3728	312623	57628	129368	602297	0600
126731	72875	179872	165	16098			8	69	136669	0700
107306	20057	4316		12358	2290	43181	17660	18773	51558	0800
51492	17595	7391		1897	6801	15370	12450	45865	57302	0900
69740	32654	22438		77406	38334	51047	46156	56815	128012	1000
641	630	336		156	34	437	225	1121	2061	1100
3997972	**1391753**	**1415257**	**3842928**	**13660126**	**10498335**	**2507658**	**4427271**	**2366169**	**10697501**	**C**
252192	154931	179096	37909	254000	126047	151566	155838	106762	1045335	1300
72519	39277	61590	74606	112441	99673	60079	109964	61296	307518	1400
50196	56252	55368	15314	107149	78881	71681	92720	38355	159634	1500
2592	4354	5392	3977	5768	6301	9713	4585	5004	8343	1600
121378	31851	42916	187489	1661735	1445470	179288	287272	163109	1253449	1700
247612	24130	8359	343119	1243002	922691	157949	522233	127208	538413	1800
31469	3045	2608	68511	193055	531473	43300	619456	90375	194441	1900
73721	123956	143473	37000	324421	126674	87806	159253	111679	311394	2000
49051	14634	29112	86744	87676	193897	21300	74025	26623	144174	2100
57335	22300	25865	64629	193588	221291	39986	119602	41300	269943	2200
41117	22646	20640	79018	132195	150021	33749	53682	31192	108240	2300
11850	2528	6167	74503	243499	201627	52627	78887	29493	126401	2400
72665	11214	54632	24794	33582	10770	7625	5858	10974	97358	2500
213378	107249	97447	150360	686473	305520	131858	102287	288737	711038	2600
59240	60980	55650	57900	153296	116688	52266	23155	80839	175557	2700
32420	13842	1597	6831	132546	112066	7486	21336	6836	32069	2800
51813	5678	9789	56447	162882	140910	35016	83267	13494	200638	2900
132886	31036	31932	179831	458103	485316	79679	209402	48985	288408	3000
351269	171266	131604	116943	687226	334190	397142	398379	354210	1035179	3100
302036	39630	32486	46876	327279	116538	82528	52444	73577	269165	3200
84348	14647	16713	43990	187810	105610	48483	30050	113984	142123	3300
192030	35717	39810	305911	767568	608028	91586	119570	51862	387623	3400
553758	67468	114167	406689	1269646	1088668	155119	131420	62670	896891	3500
215360	51255	82284	225970	682792	350677	79877	88263	51823	475471	3600
321550	219986	76170	299413	698633	656434	166792	146837	105547	446040	3700
197946	28470	47607	307112	927792	986988	148712	176433	117945	396074	3900
103976	12186	9693	388679	1541825	365435	53283	228470	73726	315157	4000
46106	8012	13833	84942	220637	225690	15685	67416	22813	63832	4100
46613	10006	17381	63572	141026	365237	33632	262510	49019	281087	4200
9546	3207	1876	3849	22481	19524	11845	2657	6732	16506	4300
208573	**135845**	**196437**	**46007**	**179640**	**151761**	**125047**	**133608**	**130711**	**302859**	**D**
152582	111915	166449	21293	111084	111625	96345	112194	106819	237075	4400
16539	4611	8422	11057	14139	6022	5944	2172	4117	21364	4500
39452	19319	21566	13657	54417	34114	22758	19242	19775	44420	4600
1282676	**556011**	**591809**	**1030319**	**5417704**	**4727090**	**1720660**	**1635632**	**761430**	**3217830**	**E**
976711	392024	444728	700590	4523101	4354826	1376071	1218711	640012	2625372	4700
204682	97919	101737	168669	465678	124286	135511	92511	60199	341341	4800
71954	43938	26341	129116	264642	173904	78250	66301	40375	163321	4900
29329	22130	19003	31944	164283	74074	130828	258109	20844	87796	5000

2-03 续表 1

行业大类	代码	从业人员数(人)	北京	天津	河北	山西	内蒙古
交通运输、仓储和邮政业	F	**8461703**	**461031**	**174898**	**288981**	**149457**	**167799**
铁路运输业	5100	53364		2286		2362	8353
道路运输业	5200	3331598	89042	50892	156581	68848	81438
城市公共交通业	5300	1589895	200245	22513	40408	29014	21169
水上运输业	5400	794361	106	24155	24918	159	59
航空运输业	5500	313126	48243	3974	1417	2066	4656
管道运输业	5600	24989	1857	211	1875	10	
装卸搬运和其他运输服务业	5700	1060110	44485	42849	23131	13330	13979
仓储业	5800	510798	17691	18281	13834	11326	8839
邮政业	5900	783462	59362	9737	26817	22342	29306
信息传输、计算机服务和软件业	G	**3081726**	**458873**	**37439**	**76871**	**52815**	**66495**
电信和其他信息传输服务业	6000	1452784	102047	16402	54463	38389	57558
计算机服务业	6100	739346	117582	9228	14857	10862	5719
软件业	6200	889596	239244	11809	7551	3564	3218
批发和零售业	H	**18907576**	**943073**	**466363**	**684978**	**506709**	**336027**
批发业	6300	10545075	490116	251348	372989	249041	167126
零售业	6500	8362501	452957	215015	311989	257668	168901
住宿和餐饮业	I	**5687081**	**443946**	**111100**	**172324**	**155820**	**113882**
住宿业	6600	2581884	189111	30147	89042	72316	49784
餐饮业	6700	3105197	254835	80953	83282	83504	64098
金融业	J	**4937420**	**247490**	**78078**	**272473**	**126891**	**106280**
银行业	6800	2698047	109086	47946	128671	88322	62640
证券业	6900	140969	18366	1730	1272	1630	853
保险业	7000	1886234	101447	25416	135129	32758	36298
其他金融活动	7100	212170	18591	2986	7401	4181	6489
房地产业	K	**5428838**	**403757**	**95292**	**171260**	**86278**	**93574**
房地产业	7200	5428838	403757	95292	171260	86278	93574
租赁和商务服务业	L	**6831465**	**875612**	**146143**	**151186**	**99368**	**65461**
租赁业	7300	213256	16963	5554	4507	4309	3265
商务服务业	7400	6618209	858649	140589	146679	95059	62196
科学研究、技术服务和地质勘查业	M	**2683460**	**428921**	**97599**	**110780**	**39694**	**30669**
研究与试验发展	7500	283891	42141	6937	4489	3365	1503
专业技术服务业	7600	1654187	173864	61413	51881	28843	19295
科技交流和推广服务业	7700	568931	186227	13460	6630	3913	4151
地质勘查业	7800	176451	26689	15789	47780	3573	5720
水利、环境和公共设施管理业	N	**649832**	**40747**	**10342**	**18844**	**13587**	**16101**
水利管理业	7900	38761	1023	618	1369	1367	1065
环境管理业	8000	175845	16204	2078	2378	2296	3542
公共设施管理业	8100	435226	23520	7646	15097	9924	11494
居民服务和其他服务业	O	**1762846**	**130660**	**121323**	**37269**	**33558**	**22593**
居民服务业	8200	803594	47529	27958	16331	16362	13921
其他服务业	8300	959252	83131	93365	20938	17196	8672
教育	P	**402653**	**25508**	**1670**	**10234**	**10076**	**6175**
教育	8400	402653	25508	1670	10234	10076	6175
卫生、社会保障和社会福利业	Q	**438137**	**19812**	**5483**	**14313**	**11780**	**6267**
卫生	8500	421500	19424	5003	13827	10981	6154
社会保障业	8600	6772	113	384		649	18
社会福利业	8700	9865	275	96	486	150	95
文化、体育和娱乐业	R	**824572**	**96322**	**9094**	**15124**	**11822**	**5939**
新闻出版业	8800	164637	28249	521	1926	2008	640
广播、电视、电影和音像业	8900	137756	16622	1015	2437	2587	1116
文化艺术业	9000	76157	14675	590	942	1875	781
体育	9100	26826	4833	925	898	382	154
娱乐业	9200	419196	31943	6043	8921	4970	3248

辽　宁	吉　林	黑龙江	上　海	江　苏	浙　江	安　徽	福　建	江　西	山　东	代码
330635	**159101**	**160205**	**628113**	**704788**	**400506**	**317849**	**285314**	**227774**	**679361**	**F**
3663			157	1316		486	2355	29	3193	5100
114808	78828	50281	109418	279754	158210	160233	124555	133041	314171	5200
56800	29295	16959	167476	101547	59158	53997	32870	28512	81148	5300
30234	767	5757	55443	124837	49798	45059	35780	17511	79211	5400
9695	4414	2697	60953	7194	6653	1102	10397	2481	8977	5500
1431	253	44	1190	10107			62	10	628	5600
69559	12568	13200	139556	91896	66260	21327	43014	20661	81726	5700
19266	17987	22978	54074	31746	16565	14317	10357	11853	77664	5800
25179	14989	48289	39846	56391	43862	21328	25924	13676	32643	5900
127563	**67121**	**80246**	**249090**	**191803**	**159610**	**65306**	**89770**	**40343**	**162549**	**G**
55417	51222	60440	44421	75936	64176	43291	43726	28005	87830	6000
20710	7657	8401	87952	47413	41280	14933	20745	7179	46956	6100
51436	8242	11405	116717	68454	54154	7082	25299	5159	27763	6200
775440	**439278**	**455438**	**1468173**	**1614324**	**1014399**	**526645**	**535667**	**293131**	**1921739**	**H**
441224	221008	272256	967769	978314	662458	305879	330298	148167	1003387	6300
334216	218270	183182	500404	636010	351941	220766	205369	144964	918352	6500
175594	**68013**	**68744**	**382155**	**362783**	**316849**	**140686**	**150139**	**98628**	**401447**	**I**
78016	31173	35452	112460	149739	182344	64184	83272	52564	128079	6600
97578	36840	33292	269695	213044	134505	76502	66867	46064	273368	6700
217063	**118592**	**124239**	**228880**	**320555**	**274062**	**158606**	**148977**	**97866**	**338614**	**J**
135855	71894	75295	113343	153887	161759	82759	94225	57693	170667	6800
2055	2315	1100	26995	8007	5235	3027	3651	796	3948	6900
71970	39999	41552	72300	141670	93450	66705	41966	36127	147779	7000
7183	4384	6292	16242	16991	13618	6115	9135	3250	16220	7100
204207	**80185**	**126741**	**391234**	**398625**	**258481**	**158082**	**163804**	**97549**	**350118**	**K**
204207	80185	126741	391234	398625	258481	158082	163804	97549	350118	7200
272432	**89020**	**112575**	**704767**	**639154**	**405892**	**145911**	**162959**	**77273**	**353631**	**L**
7727	4342	6375	24463	16492	7719	7793	6480	2845	16281	7300
264705	84678	106200	680304	622662	398173	138118	156479	74428	337350	7400
114042	**39535**	**42236**	**246227**	**167296**	**158392**	**52634**	**60713**	**32861**	**148840**	**M**
17278	5590	3912	28532	18092	9311	5607	2940	1174	13932	7500
67210	25316	26116	156620	115885	113991	39446	50162	15165	81011	7600
25628	7271	10076	58313	25128	32958	5140	6356	15826	45654	7700
3926	1358	2132	2762	8191	2132	2441	1255	696	8243	7800
19469	**9333**	**10257**	**62559**	**61462**	**55269**	**15311**	**17520**	**9160**	**49787**	**N**
2429	1026	866	2188	2466	2645	619	1000	329	3181	7900
4443	1074	2127	32578	13319	13556	2408	4901	860	9336	8000
12597	7233	7264	27793	45677	39068	12284	11619	7971	37270	8100
65432	**31058**	**41008**	**170510**	**125612**	**66799**	**39304**	**45318**	**33297**	**101778**	**O**
39369	14160	23088	64813	51424	32119	19362	23374	18170	43396	8200
26063	16898	17920	105697	74188	34680	19942	21944	15127	58382	8300
14357	**6053**	**6988**	**15842**	**21413**	**25488**	**14837**	**12676**	**6178**	**29923**	**P**
14357	6053	6988	15842	21413	25488	14837	12676	6178	29923	8400
28080	**12665**	**18209**	**16302**	**27512**	**19205**	**22159**	**8260**	**5313**	**27351**	**Q**
27277	12274	17848	15031	26995	17724	21781	8129	5188	23413	8500
313	49	235	53	88	605	128	20	22	3140	8600
490	342	126	1218	429	876	250	111	103	798	8700
28470	**9867**	**13605**	**46160**	**46227**	**57809**	**17422**	**24121**	**19904**	**46289**	**R**
7974	1978	2160	8953	3612	6580	4294	1051	2480	9917	8800
3587	1554	3480	5455	7980	21954	2674	2434	2688	6769	8900
2479	1056	1925	3835	4676	3492	2901	1106	1365	4638	9000
1299	623	125	1597	1808	1177	119	615	659	767	9100
13131	4656	5915	26320	28151	24606	7434	18915	12712	24198	9200

2-03 续表 2

行业大类	代码	河 南	湖 北	湖 南	广 东	广 西
总 计	0000	**11426478**	**7240136**	**6911038**	**27306338**	**3289493**
农、林、牧、渔业	A	**4063**	**6951**		**15792**	**26887**
农业	0100	1330	6781		9582	20779
林业	0200	208			1984	2449
畜牧业	0300	570	95		3980	3030
渔业	0400				159	204
农、林、牧、渔服务业	0500	1955	75		87	425
采矿业	B	**910011**	**218969**	**443092**	**96246**	**97288**
煤炭开采和洗选业	0600	597138	43480	237340	76	17120
石油和天然气开采业	0700	69022	38309		3331	30
黑色金属矿采选业	0800	43433	38809	33175	15699	19228
有色金属矿采选业	0900	93755	16083	72104	16641	29861
非金属矿采选业	1000	105644	80768	99708	59887	30538
其他采矿业	1100	1019	1520	765	612	511
制造业	C	**5360342**	**2864513**	**2865051**	**17708148**	**1377301**
农副食品加工业	1300	449094	164562	175825	205296	139046
食品制造业	1400	219607	80166	93970	207172	37056
饮料制造业	1500	133170	86100	54083	90205	36286
烟草制品业	1600	16453	8620	24209	8249	4315
纺织业	1700	369489	305514	137915	870053	69393
纺织服装、鞋、帽制造业	1800	108175	185804	54958	1455037	21831
皮革、毛皮、羽毛(绒)及其制品业	1900	76627	13898	46462	1181185	30570
木材加工及木、竹、藤、棕、草制品业	2000	202917	51104	127531	158594	102422
家具制造业	2100	91008	23108	36816	465165	11154
造纸及纸制品业	2200	134724	44351	93929	410407	46989
印刷业和记录媒介的复制	2300	58335	42316	38111	382741	20703
文教体育用品制造业	2400	13611	5052	10630	749807	7672
石油加工、炼焦及核燃料加工业	2500	33529	11901	21456	27856	2975
化学原料及化学制品制造业	2600	303731	177625	423403	385875	106808
医药制造业	2700	119050	72510	46978	96673	35814
化学纤维制造业	2800	23460	7678	6971	22540	577
橡胶制品业	2900	53054	16707	18281	208825	8323
塑料制品业	3000	120563	73383	47281	1211026	29374
非金属矿物制品业	3100	1067415	379424	480066	716378	206772
黑色金属冶炼及压延加工业	3200	141568	167088	117096	87962	58957
有色金属冶炼及压延加工业	3300	193003	47981	124684	159770	63865
金属制品业	3400	169210	99618	73574	1213787	24817
通用设备制造业	3500	370426	160029	136471	442918	46883
专用设备制造业	3600	301822	83462	135876	549380	42616
交通运输设备制造业	3700	194065	315081	126238	455434	101738
电气机械及器材制造业	3900	148025	95884	84899	1961311	33441
通信设备、计算机及其他电子设备制造业	4000	39173	85266	52536	3011679	35067
仪器仪表及文化、办公用机械制造业	4100	42243	25714	27533	426288	6151
工艺品及其他制造业	4200	149501	26644	38360	513111	43408
废弃资源和废旧材料回收加工业	4300	17294	7923	8909	33424	2278
电力、燃气及水的生产和供应业	D	**234266**	**158412**	**161505**	**311229**	**164604**
电力、热力的生产和供应业	4400	176803	115150	125664	237377	145618
燃气生产和供应业	4500	17392	5918	4969	11309	1472
水的生产和供应业	4600	40071	37344	30872	62543	17514
建筑业	E	**2522208**	**1669551**	**1596489**	**1920242**	**544190**
房屋和土木工程建筑业	4700	2086301	1339779	1428268	1469597	440787
建筑安装业	4800	209991	131398	84967	217751	36567
建筑装饰业	4900	79992	103310	30612	178122	10801
其他建筑业	5000	145924	95064	52642	54772	56035

海南	重庆	四川	贵州	云南	西藏	陕西	甘肃	青海	宁夏	新疆	代码
835457	**4649202**	**8266203**	**1912339**	**3024049**	**131418**	**4291739**	**2071660**	**476319**	**610240**	**1638086**	**0000**
230741	**1152**	**3163**	**3004**	**70921**	**267**	**2194**	**14375**	**5538**	**12897**	**103006**	**A**
7579	857	448	941	17642	267	973	11485	4995	12897	86836	0100
222692	30	2615	1242	43831		1211	660	199		795	0200
86	160	100	793	516		10	1670	306		14751	0300
			6				7			51	0400
384	105		22	8932			553	38		573	0500
12534	**279237**	**588889**	**339737**	**331079**	**6307**	**346171**	**145767**	**59096**	**61775**	**214842**	**B**
	202066	341914	298016	190486	18	157084	83798	8725	57990	58994	0600
32	2319	78608	4	114		111504	9802	26582	365	122936	0700
5841	13639	41503	6554	35239	2070	12600	13251	2183	202	12454	0800
3457	1362	42350	10843	74330	3270	35453	21200	12776	157	12344	0900
3156	59422	83083	23977	30752	949	29060	16970	8718	3061	8000	1000
48	429	1431	343	158		470	746	112		114	1100
139110	**1596854**	**3070937**	**590661**	**854808**	**18127**	**1536035**	**727878**	**149315**	**217833**	**422359**	**C**
29970	78988	192160	19277	67355	1164	65789	56965	6707	11913	32959	1300
9578	36883	91664	12257	19799	457	43397	20167	3545	9053	17962	1400
5112	35772	158084	39121	39340	1377	37658	24323	3336	5641	12333	1500
499	6305	11615	16960	33335		7010	2532		29	518	1600
1898	75949	157718	7145	19754	644	88099	15926	3908	9903	84676	1700
7610	22299	46141	3344	3643	392	15257	4378	3526	895	2893	1800
242	32426	77623	262	789	118	3266	4144	267	707	796	1900
5316	16211	48604	12591	27261	1461	11391	3478	455	534	3857	2000
3166	23306	57967	1243	3924	139	15022	4271	321	772	4787	2100
6632	24727	73011	6639	20885	12	43795	10778	331	16529	8531	2200
2971	23961	48710	8648	18569	1394	27366	10984	2050	3194	6497	2300
21	2286	2592	948	293		1619	391	8	30	275	2400
724	8867	37309	16134	21608		31045	33543	1570	9814	32551	2500
11509	90298	250139	68104	90628	655	91860	66512	26101	30671	51379	2600
9817	31012	84825	23314	22525	1752	48787	15509	4275	4926	4074	2700
1113	883	11693	173	348		784	2746	17	113	8547	2800
1432	16698	27606	13628	3243		11545	2001	125	4221	2038	2900
1976	31288	77735	8645	14746	144	31032	16423	1002	3982	15425	3000
14291	201857	493288	89818	124560	5302	257615	141377	29758	34434	53168	3100
2175	38340	145634	64199	69721		35406	64681	19728	13083	28421	3200
1051	39351	52660	35943	124514	1	59855	81570	16755	20403	7169	3300
2299	57177	99068	20908	16124	201	42522	16339	5039	6963	11229	3400
1303	101080	212793	17390	27758		112288	29709	10325	14556	6869	3500
1322	64649	149422	13015	20466	31	101925	30601	1489	6166	7357	3600
10868	425186	181697	57734	29880	438	179296	15466	1867	1032	4312	3700
2294	47280	92965	11237	15910	16	70855	26152	1521	4941	7973	3900
2473	19848	147909	9742	2754		57878	10473	27	116	3182	4000
369	30368	19486	3032	5706		29192	3915	757	2407	367	4100
961	10773	15806	8631	7969	2429	12689	10987	4347	766	2003	4200
118	2786	5013	579	1401		1792	1537	158	39	211	4300
21060	**72700**	**233152**	**90884**	**98930**	**5666**	**106242**	**76015**	**17399**	**30583**	**59376**	**D**
14762	46908	178567	77921	87291	5142	84319	66205	15326	26417	50470	4400
979	9444	24574	3027	2614	7	6754	1758	179	828	2391	4500
5319	16348	30011	9936	9025	517	15169	8052	1894	3338	6515	4600
96018	**1245523**	**2149685**	**322260**	**678155**	**50590**	**924009**	**494422**	**86277**	**71616**	**206812**	**E**
77540	1060915	1921629	287336	606301	48060	820688	427001	71971	63152	175386	4700
8847	57455	116504	20715	38633	2237	49368	50252	9947	4328	22772	4800
6131	59363	57843	7831	22280	155	34683	11299	2461	3103	4944	4900
3500	67790	53709	6378	10941	138	19270	5870	1898	1033	3710	5000

2-03 续表 3

行业大类	代码	河 南	湖 北	湖 南	广 东	广 西
交通运输、仓储和邮政业	F	**367821**	**403343**	**249914**	**905956**	**177811**
铁路运输业	5100	14774	1341		532	1213
道路运输业	5200	202858	120580	115643	282695	83981
城市公共交通业	5300	59428	91980	56177	186833	24625
水上运输业	5400	7801	90079	8675	120085	17775
航空运输业	5500	5373	6669	5831	65310	2319
管道运输业	5600	10	497	1499	256	
装卸搬运和其他运输服务业	5700	16027	52972	26016	121740	23758
仓储业	5800	36907	13697	9343	40791	8111
邮政业	5900	24643	25528	26730	87714	16029
信息传输、计算机服务和软件业	G	**81478**	**93543**	**106943**	**371428**	**65008**
电信和其他信息传输服务业	6000	54621	54362	54373	141850	41127
计算机服务业	6100	20453	23622	39712	85783	20716
软件业	6200	6404	15559	12858	143795	3165
批发和零售业	H	**902648**	**785272**	**490516**	**1945434**	**307593**
批发业	6300	418334	372613	222576	1184637	163435
零售业	6500	484314	412659	267940	760797	144158
住宿和餐饮业	I	**255129**	**225746**	**223043**	**795943**	**94170**
住宿业	6600	117451	87033	115179	366607	59178
餐饮业	6700	137678	138713	107864	429336	34992
金融业	J	**252426**	**178017**	**189265**	**490148**	**109225**
银行业	6800	140526	101298	111740	240606	62688
证券业	6900	1803	1033	4217	38435	865
保险业	7000	104690	67016	65110	194533	42232
其他金融活动	7100	5407	8670	8198	16574	3440
房地产业	K	**168907**	**214872**	**169748**	**771830**	**118094**
房地产业	7200	168907	214872	169748	771830	118094
租赁和商务服务业	L	**146306**	**172677**	**137787**	**1121931**	**106007**
租赁业	7300	5085	6563	7502	17105	2792
商务服务业	7400	141221	166114	130285	1104826	103215
科学研究、技术服务和地质勘查业	M	**76779**	**96127**	**59487**	**293470**	**38360**
研究与试验发展	7500	8699	5137	7236	62201	1587
专业技术服务业	7600	51079	67951	39931	199627	31625
科技交流和推广服务业	7700	7489	19798	9857	28870	3590
地质勘查业	7800	9512	3241	2463	2772	1558
水利、环境和公共设施管理业	N	**21505**	**20500**	**16728**	**69935**	**13676**
水利管理业	7900	1670	1812	2914	2382	499
环境管理业	8000	2839	4882	1906	21887	2964
公共设施管理业	8100	16996	13806	11908	45666	10213
居民服务和其他服务业	O	**47206**	**64179**	**105383**	**245203**	**23186**
居民服务业	8200	30301	28518	76820	105883	8639
其他服务业	8300	16905	35661	28563	139320	14547
教育	P	**20121**	**13736**	**21419**	**73279**	**4969**
教育	8400	20121	13736	21419	73279	4969
卫生、社会保障和社会福利业	Q	**24002**	**19815**	**20068**	**49283**	**5449**
卫生	8500	23578	19274	19666	47916	5253
社会保障业	8600	54	195	236	79	3
社会福利业	8700	370	346	166	1288	193
文化、体育和娱乐业	R	**31260**	**33913**	**54600**	**120841**	**15675**
新闻出版业	8800	10967	13865	7909	23578	1475
广播、电视、电影和音像业	8900	4691	5518	5633	14091	2700
文化艺术业	9000	5848	2001	3216	5342	1937
体育	9100	457	780	661	6098	192
娱乐业	9200	9297	11749	37181	71732	9371

海　南	重　庆	四　川	贵　州	云　南	西　藏	陕　西	甘　肃	青　海	宁　夏	新　疆	代码
46366	**281466**	**302207**	**65902**	**111198**	**5761**	**177428**	**89511**	**19022**	**25957**	**96228**	**F**
228		1382	814	138	3	6352	791	531	950	115	5100
11559	146305	146176	26653	48390	2430	75806	33717	5091	11013	48601	5200
3925	36986	57721	14222	15036	1509	48637	25786	4319	4512	17088	5300
7932	41603	3922	1312	756		473	106	15	33		5400
12856	3929	12067	2736	3698	255	8746	2999	648	1167	3604	5500
123	30	596		145		2177			1067	911	5600
6211	27845	29181	5482	22563	107	8143	10181	999	1174	10170	5700
581	11388	8593	4496	5634	73	12168	6587	1072	907	3672	5800
2951	13380	42569	10187	14838	1384	14926	9344	6347	5134	12067	5900
12164	**61165**	**128443**	**28484**	**47658**	**3762**	**83299**	**21467**	**10923**	**12116**	**27951**	**G**
7312	39276	73516	20392	33121	3440	50075	17524	9175	9120	20177	6000
3697	9800	31443	6054	9326	322	15033	2731	1440	2425	5315	6100
1155	12089	23484	2038	5211		18191	1212	308	571	2459	6200
74900	**429934**	**597979**	**169459**	**305960**	**13699**	**423587**	**183257**	**46639**	**62622**	**186693**	**H**
33380	214809	327606	101265	176531	3241	190938	98895	22735	31892	120808	6300
41520	215125	270373	68194	129429	10458	232649	84362	23904	30730	65885	6500
64362	**137051**	**225749**	**46938**	**93961**	**8810**	**205158**	**62961**	**18970**	**21362**	**45618**	**I**
51533	49011	106604	29277	67990	7673	88504	32923	11734	9678	33826	6600
12829	88040	119145	17661	25971	1137	116654	30038	7236	11684	11792	6700
22563	**96848**	**224249**	**57342**	**108265**	**6652**	**148439**	**78926**	**13191**	**31959**	**71239**	**J**
14276	49714	113707	39488	72562	5460	87485	36736	11532	15545	40642	6800
1057	2559	3673	595	1164	449	2464	782	235	58	600	6900
6311	39401	96641	14725	31679	604	55502	39236	1157	14981	27850	7000
919	5174	10228	2534	2860	139	2988	2172	267	1375	2147	7100
47934	**188285**	**236270**	**72815**	**88472**	**5227**	**114942**	**53274**	**16134**	**26204**	**56643**	**K**
47934	188285	236270	72815	88472	5227	114942	53274	16134	26204	56643	7200
26325	**123770**	**248959**	**59178**	**108467**	**3029**	**81278**	**74478**	**16861**	**16767**	**86261**	**L**
1924	6952	9603	2915	4163	1067	5912	2634	536	857	2531	7300
24401	116818	239356	56263	104304	1962	75366	71844	16325	15910	83730	7400
9539	**45758**	**111053**	**19958**	**39157**	**785**	**59532**	**21435**	**7670**	**7584**	**26327**	**M**
933	5142	11220	2752	3161	8	7566	2190	262	248	746	7500
7575	33796	67448	14310	29365	409	38135	15130	5832	6513	19243	7600
807	5962	24070	1495	3466	80	10466	2927	618	556	2149	7700
224	858	8315	1401	3165	288	3365	1188	958	267	4189	7800
7054	**15466**	**25884**	**6096**	**19717**	**669**	**10717**	**2418**	**1061**	**1834**	**6824**	**N**
153	1609	1805	601	360	9	1086	355	137	134	1044	7900
609	4542	13610	1347	5119	440	2215	307	268	249	1561	8000
6292	9315	10469	4148	14238	220	7416	1756	656	1451	4219	8100
6478	**38532**	**50635**	**17756**	**27281**	**1102**	**34286**	**14971**	**3580**	**4338**	**13211**	**O**
3649	19040	21775	9137	14034	440	18709	7424	1742	1569	4538	8200
2829	19492	28860	8619	13247	662	15577	7547	1838	2769	8673	8300
6054	**8794**	**18732**	**6301**	**7346**	**286**	**5952**	**2640**	**557**	**1106**	**3943**	**P**
6054	8794	18732	6301	7346	286	5952	2640	557	1106	3943	8400
1124	**6730**	**19131**	**10108**	**15961**	**335**	**8661**	**3060**	**2593**	**2181**	**6925**	**Q**
857	6533	18697	10019	15520	331	8240	3031	2591	2181	6764	8500
250		41	11	45			6			35	8600
17	197	393	78	396	4	421	23	2		126	8700
11131	**19937**	**31086**	**5456**	**16713**	**344**	**23809**	**4805**	**1493**	**1506**	**3828**	**R**
1074	7411	7589	272	2547		3379	824	108	19	1277	8800
2058	1851	4936	916	2149	13	8746	373	646	249	834	8900
1190	1356	2422	511	2001	110	3309	214	61	13	290	9000
410	439	965	124	258		304	25	54	12	66	9100
6399	8880	15174	3633	9758	221	8071	3369	624	1213	1361	9200

2-04 按行业(大类)、地区分组的国有控股

行业大类	代码	从业人员数(人)	北京	天津	河北	山西	内蒙古
总计	0000	**43846465**	**2185171**	**1036154**	**1838572**	**2033038**	**900363**
农、林、牧、渔业	A	**1455667**	**6948**		**672**	**1452**	**73080**
农业	0100	859790	551			1405	24585
林业	0200	543154			426	47	48212
畜牧业	0300	31837	6292		83		180
渔业	0400	2928	105				89
农、林、牧、渔服务业	0500	17958			163		14
采矿业	B	**5008189**	**42794**	**79908**	**261259**	**704250**	**128522**
煤炭开采和洗选业	0600	3486566	16487		191596	696517	111041
石油和天然气开采业	0700	1073267	23155	69985	29755	1204	4643
黑色金属矿采选业	0800	141486	2681		23439	3587	3152
有色金属矿采选业	0900	174084		2	1703	1857	4484
非金属矿采选业	1000	132424	471	9921	14766	1085	5195
其他采矿业	1100	362					7
制造业	C	**11032743**	**381467**	**311001**	**548890**	**436317**	**208659**
农副食品加工业	1300	229489	8251	2828	5011	4812	4032
食品制造业	1400	166041	6848	5526	4680	3515	11567
饮料制造业	1500	254904	14112	4684	6579	11815	5944
烟草制品业	1600	196788	816	936	6502	1263	2123
纺织业	1700	460575	9633	20381	44308	10509	5951
纺织服装、鞋、帽制造业	1800	107819	5223	2728	7122	3489	2890
皮革、毛皮、羽毛(绒)及其制品业	1900	19940	572	688	999	207	129
木材加工及木、竹、藤、棕、草制品业	2000	89718	685	419	259	128	2056
家具制造业	2100	12368	1760	536	762	124	220
造纸及纸制品业	2200	131444	1603	1826	5124	183	575
印刷业和记录媒介的复制	2300	169104	22355	4692	8261	4584	2057
文教体育用品制造业	2400	20892	3084	633	30	658	
石油加工、炼焦及核燃料加工业	2500	422361	15565	13988	12620	39204	5433
化学原料及化学制品制造业	2600	1082587	15712	27803	57040	74853	14359
医药制造业	2700	315469	20110	17572	22048	5706	4928
化学纤维制造业	2800	107795	594	407	8262	261	
橡胶制品业	2900	121964	5153	3034	2214	2972	916
塑料制品业	3000	91440	3205	6462	7906	1569	180
非金属矿物制品业	3100	601583	23043	7489	45190	25014	10461
黑色金属冶炼及压延加工业	3200	1358642	35513	59435	145235	71827	48428
有色金属冶炼及压延加工业	3300	626316	2657	1498	5416	39647	23076
金属制品业	3400	185232	6472	11335	10058	2428	2414
通用设备制造业	3500	733030	20974	18654	28624	25190	10915
专用设备制造业	3600	786722	40148	25944	39971	60064	38754
交通运输设备制造业	3700	1591359	62853	39459	43354	20544	7774
电气机械及器材制造业	3900	374840	10983	12437	19505	14197	413
通信设备、计算机及其他电子设备制造业	4000	556422	26185	13295	7284	6471	551
仪器仪表及文化、办公用机械制造业	4100	150885	10587	4900	2752	3933	82
工艺品及其他制造业	4200	61020	6293	1376	1578	1052	2305
废弃资源和废旧材料回收加工业	4300	5994	478	36	196	98	126
电力、燃气及水的生产和供应业	D	**3000383**	**56330**	**37022**	**168611**	**102842**	**97464**
电力、热力的生产和供应业	4400	2438258	46568	27132	136200	81679	85669
燃气生产和供应业	4500	115167	3070	5745	7869	4379	195
水的生产和供应业	4600	446958	6692	4145	24542	16784	11600
建筑业	E	**7528605**	**228278**	**223853**	**226319**	**356164**	**111909**
房屋和土木工程建筑业	4700	6616618	204280	198250	207108	332137	103806
建筑安装业	4800	668825	14032	19505	14633	15846	6633
建筑装饰业	4900	95344	6238	1868	1450	625	292
其他建筑业	5000	147818	3728	4230	3128	7556	1178

企业法人单位从业人员数

辽　宁	吉　林	黑龙江	上　海	江　苏	浙　江	安　徽	福　建	江　西	山　东	代码
2215854	**978386**	**2515786**	**1871069**	**1967270**	**1254169**	**1702879**	**971292**	**1019733**	**3037146**	**0000**
9984	**30472**	**824181**	**146**	**14011**	**719**	**7777**	**5103**	**2039**		**A**
7358	1519	626393	146	9032	87	7385	4559	550		0100
2026	27177	187379			604	128	413	918		0200
14	1776	8440			25		76			0300
518		1512				149	55	374		0400
68		457		4979	3	115		197		0500
282072	**128679**	**475965**	**165**	**135348**	**9874**	**294734**	**35730**	**83920**	**694135**	**B**
135237	56546	302497		87501	3574	271521	23218	60708	518495	0600
124816	62386	169423	165	16045			8		134832	0700
12740	4689	515		8241	1744	17343	2453	773	10788	0800
5115	4522	2536		887	1691	2321	882	19945	22606	0900
4085	531	985		22674	2865	3549	9156	2494	7405	1000
79	5	9					13		9	1100
774671	**313027**	**344421**	**467020**	**473509**	**234876**	**383931**	**146913**	**289219**	**790630**	**C**
6885	3245	13843	2139	4327	5353	8547	2446	6117	26626	1300
6436	312	15501	10359	8723	3909	10792	4159	2933	3803	1400
1154	2071	3203	2997	9746	7923	18098	4698	5174	30511	1500
2135	3862	4643	3967	5704	6058	8630	4570	4910	8185	1600
6241	203	1738	12330	31238	14435	26050	3576	7607	47592	1700
3058	4246	333	6084	14318	3872	3399	3288	6637	7232	1800
274		111	4678	6	1962	42	195	349	436	1900
1830	32102	9343	1898	525	1233	1595	2588	2459	1257	2000
64	22	1849	2886	107	12	18	232	274	453	2100
1881	4151	4617	590	1564	2251	3813	7405	754	20333	2200
7185	2017	4040	9406	5139	3243	3756	6399	7629	8590	2300
303	28	1477	4070	461	556	9	135	61	866	2400
38172	4534	35881	21248	12596	8020	5236	2547	7323	44340	2500
64197	44414	43076	27817	71349	29445	33011	14075	15250	82401	2600
19464	5176	24495	22160	13606	11913	21101	2851	16556	24282	2700
26962	12545	160	491	9878	3317	2901		2310	6926	2800
4171	281	231	7919	3388	19916	351	169	126	17398	2900
4001	1280	2606	5638	3748	1195	6107	2433	1507	1593	3000
21606	31148	10611	16829	16802	14726	18092	10604	23316	48792	3100
203627	19418	8897	31027	14208	16465	54166	12719	39428	124056	3200
22358	5745	9957	3926	3339	1921	26245	10431	36573	24745	3300
8816	1614	5765	14546	14470	2841	4188	1916	2840	9481	3400
84396	12862	36281	67518	49437	21298	17024	7774	9288	60714	3500
61174	10274	31423	27831	16058	5609	11623	8303	5248	49814	3600
126249	103911	45326	101586	93163	24289	65835	14692	54343	97811	3700
17350	1180	14865	15550	18150	7080	22141	6140	12489	13717	3900
24742	4500	3323	24563	36286	12953	8517	10793	10553	23627	4000
3188	950	5947	13703	13585	1966	1091	763	6368	3724	4100
5959	144	4546	2774	1538	933	1496	739	511	1038	4200
793	792	333	490	50	182	57	273	286	287	4300
162663	**106311**	**162725**	**39210**	**101661**	**100911**	**100266**	**74429**	**94207**	**243732**	**D**
118204	88110	139727	18576	75252	76404	86076	60210	80096	201661	4400
9545	1878	6006	10344	4982	2868	1497	1311	1135	10220	4500
34914	16323	16992	10290	21427	21639	12693	12908	12976	31851	4600
341860	**97995**	**218734**	**250815**	**357718**	**211714**	**427607**	**261869**	**225552**	**389473**	**E**
293138	58982	174505	216720	298805	186104	380803	219811	193545	341572	4700
42371	37463	41284	21698	40774	16458	23397	23994	24174	37721	4800
3020	277	1087	10660	4726	3672	16550	1476	2514	2896	4900
3331	1273	1858	1737	13413	5480	6857	16588	5319	7284	5000

2-04 续表 1

行业大类	代码	从业人员数(人)	北 京	天 津	河 北	山 西	内蒙古
交通运输、仓储和邮政业	F	**3568940**	**256615**	**81447**	**103718**	**83649**	**76712**
铁路运输业	5100	43640		1846		1646	6902
道路运输业	5200	865187	20192	12220	29389	29109	13860
城市公共交通业	5300	904688	134004	16560	25030	19161	13119
水上运输业	5400	385542	39	18967	8675	67	
航空运输业	5500	244750	37594	3400	1417	1306	4465
管道运输业	5600	23024	1857	206	1779		
装卸搬运和其他运输服务业	5700	202539	14066	12316	3476	3250	4189
仓储业	5800	215695	7933	8337	7900	7072	5195
邮政业	5900	683875	40930	7595	26052	22038	28982
信息传输、计算机服务和软件业	G	**958699**	**65571**	**10519**	**25337**	**25987**	**32423**
电信和其他信息传输服务业	6000	861306	24488	9079	24822	25838	31831
计算机服务业	6100	39913	18680	797	177	107	163
软件业	6200	57480	22403	643	338	42	429
批发和零售业	H	**2775099**	**163452**	**59469**	**103617**	**138877**	**47261**
批发业	6300	1687519	93198	32907	66572	91531	31340
零售业	6500	1087580	70254	26562	37045	47346	15921
住宿和餐饮业	I	**896158**	**108867**	**15762**	**41917**	**26193**	**15876**
住宿业	6600	757732	92450	12929	36825	20810	11959
餐饮业	6700	138426	16417	2833	5092	5383	3917
金融业	J	**3307544**	**159267**	**65110**	**180150**	**77022**	**70680**
银行业	6800	1913470	86119	40315	81847	50436	39058
证券业	6900	106995	13391	1279	1261	1012	647
保险业	7000	1158362	46177	21459	92149	22832	27961
其他金融活动	7100	128717	13580	2057	4893	2742	3014
房地产业	K	**888750**	**115924**	**26106**	**43627**	**16799**	**4305**
房地产业	7200	888750	115924	26106	43627	16799	4305
租赁和商务服务业	L	**1773077**	**328474**	**62131**	**47004**	**32837**	**15355**
租赁业	7300	33461	2559	999	498	957	255
商务服务业	7400	1739616	325915	61132	46506	31880	15100
科学研究、技术服务和地质勘查业	M	**912863**	**196595**	**44809**	**65970**	**15626**	**5826**
研究与试验发展	7500	91592	18249	4302	2755	824	261
专业技术服务业	7600	544880	80742	23639	14886	11629	3669
科技交流和推广服务业	7700	130767	74036	1897	1421	544	387
地质勘查业	7800	145624	23568	14971	46908	2629	1509
水利、环境和公共设施管理业	N	**200431**	**17444**	**3120**	**7216**	**2418**	**6594**
水利管理业	7900	22406	754	341	725	698	563
环境管理业	8000	68678	9703	818	989	576	1867
公共设施管理业	8100	109347	6987	1961	5502	1144	4164
居民服务和其他服务业	O	**113910**	**13722**	**12897**	**2758**	**3606**	**1456**
居民服务业	8200	38317	3830	3330	680	1650	784
其他服务业	8300	75593	9892	9567	2078	1956	672
教育	P	**46855**	**3366**	**434**	**1561**	**1607**	**738**
教育	8400	46855	3366	434	1561	1607	738
卫生、社会保障和社会福利业	Q	**113298**	**2200**	**875**	**4499**	**4208**	**2587**
卫生	8500	109548	2095	827	4336	3636	2579
社会保障业	8600	1566	17	13		537	8
社会福利业	8700	2184	88	35	163	35	
文化、体育和娱乐业	R	**265254**	**37857**	**1691**	**5447**	**3184**	**916**
新闻出版业	8800	144957	24935	405	1743	1605	310
广播、电视、电影和音像业	8900	77297	7286	734	1675	1254	480
文化艺术业	9000	17348	2419	33	177	148	81
体育	9100	5532	1327	65	134	32	5
娱乐业	9200	20120	1890	454	1718	145	40

辽　宁	吉　林	黑龙江	上　海	江　苏	浙　江	安　徽	福　建	江　西	山　东	代码
148240	**58553**	**93051**	**316937**	**208557**	**143239**	**99912**	**104611**	**69737**	**239213**	**F**
3183				229		137	2237	20	2178	5100
30894	14768	14500	27310	48131	40235	42266	31337	26116	69576	5200
34874	12853	6363	115117	37468	39970	21096	20249	10972	51918	5300
20340	126	1365	51710	31019	14840	4477	6408	5749	44165	5400
5921	4244	2397	58578	6919	3647	936	3525	1709	8610	5500
1291	30	44	978	10084					535	5600
18844	3136	2954	21445	16946	10641	2043	12630	3376	12789	5700
9621	9303	18044	11850	9401	4885	9178	5064	8626	19906	5800
23272	14093	47384	29949	48360	29021	19779	23161	13169	29536	5900
25285	**39037**	**55492**	**32945**	**51801**	**41036**	**20360**	**29778**	**24947**	**53943**	**G**
23745	38380	53725	19441	47831	38780	19874	27220	24210	50403	6000
281	302	656	5069	1040	994	211	519	652	1914	6100
1259	355	1111	8435	2930	1262	275	2039	85	1626	6200
130131	**51533**	**101874**	**150595**	**136171**	**79267**	**115984**	**78840**	**72739**	**187093**	**H**
63548	41773	60328	69690	86784	52516	85299	55639	50442	101816	6300
66583	9760	41546	80905	49387	26751	30685	23201	22297	85277	6500
25975	**13557**	**15600**	**52551**	**47538**	**39512**	**24504**	**23301**	**14749**	**60984**	**I**
23514	10150	13635	46044	40083	33534	19357	20224	12417	38896	6600
2461	3407	1965	6507	7455	5978	5147	3077	2332	22088	6700
140979	**85094**	**94010**	**177513**	**213618**	**175882**	**111967**	**102381**	**71401**	**194988**	**J**
96112	54780	58101	95835	117590	108311	60406	73880	42598	100617	6800
1149	471	326	21730	7540	4084	2889	3031	769	3357	6900
40337	27727	31271	46064	80779	57867	44845	21207	25423	82079	7000
3381	2116	4312	13884	7709	5620	3827	4263	2611	8935	7100
24439	**13041**	**53667**	**87598**	**37314**	**32841**	**23243**	**32457**	**16171**	**51809**	**K**
24439	13041	53667	87598	37314	32841	23243	32457	16171	51809	7200
72631	**18248**	**38166**	**168634**	**128345**	**113245**	**49091**	**46988**	**31774**	**65222**	**L**
1244	95	2982	7164	1380	255	862	343	259	1068	7300
71387	18153	35184	161470	126965	112990	48229	46645	31515	64154	7400
42684	**10586**	**12949**	**61807**	**29870**	**35565**	**23782**	**16746**	**11576**	**28402**	**M**
8927	1868	1044	6483	2995	1750	3298	597	249	2600	7500
22207	7468	8164	43788	16209	29514	18230	14209	6866	17932	7600
8606	601	2990	9058	3025	2873	607	1139	3986	1636	7700
2944	649	751	2478	7641	1428	1647	801	475	6234	7800
6168	**1576**	**2926**	**32108**	**9579**	**16251**	**3772**	**5279**	**3104**	**10340**	**N**
2043	753	622	807	866	2071	286	421	160	1467	7900
1407	180	631	22581	2350	3682	437	546	153	2709	8000
2718	643	1673	8720	6363	10498	3049	4312	2791	6164	8100
2844	**1659**	**1659**	**13445**	**4125**	**2409**	**1534**	**2445**	**1710**	**4417**	**O**
1787	542	1071	3367	2625	1313	694	1086	625	1877	8200
1057	1117	588	10078	1500	1096	840	1359	1085	2540	8300
3250	**391**	**1254**	**3329**	**2721**	**2720**	**1812**	**1002**	**575**	**2756**	**P**
3250	391	1254	3329	2721	2720	1812	1002	575	2756	8400
11666	**5869**	**13513**	**1261**	**3665**	**990**	**6203**	**592**	**1323**	**6058**	**Q**
11443	5806	13430	1054	3488	616	6060	570	1322	5751	8500
172	9	76	6	35	81	77	8		206	8600
51	54	7	201	142	293	66	14	1	101	8700
10312	**2758**	**5599**	**14990**	**11719**	**13118**	**6400**	**2828**	**4990**	**13951**	**R**
7328	1540	1981	8430	3140	6392	4054	824	2197	7951	8800
1505	708	2497	3007	4689	5463	2001	1084	1976	4678	8900
607	220	75	1306	1721	923	174	81	164	389	9000
356	76	49	413	528	174		150		100	9100
516	214	997	1834	1641	166	171	689	653	833	9200

2-04 续表 2

行业大类	代码	河 南	湖 北	湖 南	广 东	广 西
总 计	0000	**2435744**	**1916910**	**1522215**	**2748839**	**925515**
农、林、牧、渔业	A	**3199**	**6243**		**11230**	**23043**
农业	0100	1277	6091		9212	20356
林业	0200	109			1928	2283
畜牧业	0300		77		19	19
渔业	0400					111
农、林、牧、渔服务业	0500	1813	75		71	274
采矿业	B	**508228**	**46160**	**92675**	**22291**	**23632**
煤炭开采和洗选业	0600	419311	1663	72868	9	8463
石油和天然气开采业	0700	67725	37945		2489	
黑色金属矿采选业	0800	1620	821	347	3594	2276
有色金属矿采选业	0900	17171	3424	15344	7330	8456
非金属矿采选业	1000	2401	2302	4116	8839	4288
其他采矿业	1100		5		30	149
制造业	C	**601506**	**573299**	**429229**	**580622**	**239699**
农副食品加工业	1300	13686	9880	12055	20196	29238
食品制造业	1400	20150	7818	6438	10105	2699
饮料制造业	1500	11728	5224	2840	10243	3549
烟草制品业	1600	13901	8036	22924	7128	4305
纺织业	1700	29784	19482	6801	20647	8623
纺织服装、鞋、帽制造业	1800	2025	12946	2066	5282	424
皮革、毛皮、羽毛(绒)及其制品业	1900	2136	1568	94	1901	124
木材加工及木、竹、藤、棕、草制品业	2000	2159	3746	1751	2989	8061
家具制造业	2100	159	436	43	1316	5
造纸及纸制品业	2200	8480	4041	20140	16633	6224
印刷业和记录媒介的复制	2300	5754	6707	5613	13293	5985
文教体育用品制造业	2400	163	68	42	7929	121
石油加工、炼焦及核燃料加工业	2500	9263	7747	15735	15478	1828
化学原料及化学制品制造业	2600	57253	34901	31869	18987	22260
医药制造业	2700	7284	6390	8032	21513	3720
化学纤维制造业	2800	16942		2798	364	67
橡胶制品业	2900	8905	2938	4164	10597	3857
塑料制品业	3000	1196	3019	1565	15115	1681
非金属矿物制品业	3100	49970	34838	31419	17903	18337
黑色金属冶炼及压延加工业	3200	48752	125506	48011	23533	20501
有色金属冶炼及压延加工业	3300	87236	20507	35089	8724	30201
金属制品业	3400	8113	8492	4963	19261	1512
通用设备制造业	3500	46202	36076	26170	18468	10382
专用设备制造业	3600	71330	18457	48058	14650	17569
交通运输设备制造业	3700	40006	127896	53437	61974	30250
电气机械及器材制造业	3900	15049	21768	15706	53713	3132
通信设备、计算机及其他电子设备制造业	4000	9435	32771	10875	152276	3234
仪器仪表及文化、办公用机械制造业	4100	12805	6363	8092	6351	905
工艺品及其他制造业	4200	1401	5401	2163	3956	850
废弃资源和废旧材料回收加工业	4300	239	277	276	97	55
电力、燃气及水的生产和供应业	D	**173830**	**123545**	**110588**	**201445**	**137783**
电力、热力的生产和供应业	4400	144637	95579	88679	165403	124049
燃气生产和供应业	4500	5382	1986	792	5612	494
水的生产和供应业	4600	23811	25980	21117	30430	13240
建筑业	E	**444539**	**391337**	**402388**	**465603**	**188002**
房屋和土木工程建筑业	4700	386161	347825	360997	389828	166254
建筑安装业	4800	39634	29156	30656	53863	19068
建筑装饰业	4900	4589	4480	5404	10769	735
其他建筑业	5000	14155	9876	5331	11143	1945

海 南	重 庆	四 川	贵 州	云 南	西 藏	陕 西	甘 肃	青 海	宁 夏	新 疆	代码
418608	**993896**	**1921316**	**846694**	**882996**	**50962**	**1621178**	**745426**	**210068**	**227986**	**851230**	**0000**
230657	**24**	**2802**	**2098**	**67839**	**267**	**1932**	**11945**	**5093**	**12897**	**99814**	**A**
7566	24	250	603	16094	267	973	11153	4921	12897	84536	0100
222621		2528	1149	42823		959	473	156		795	0200
86		24	340	20			5	16		14345	0300
			6							9	0400
384				8902			314			129	0500
2194	**61305**	**185058**	**104147**	**57090**	**2100**	**210993**	**76192**	**47277**	**49247**	**162245**	**B**
	55823	78371	100911	23996	3	102021	60356	6681	49123	32029	0600
32	2125	77319		90		96373	7962	26582		118208	0700
	3081	17116	160	10400	1194	2113	2942	329	1	3347	0800
453	18	8273	1812	13197	751	9577	4592	9319		5816	0900
1709	258	3949	1258	9406	152	899	331	4366	123	2845	1000
		30	6	1		10	9				1100
27415	**304788**	**561496**	**260695**	**233190**	**6967**	**524028**	**286122**	**52487**	**49588**	**197061**	**C**
3407	5040	5593	2123	1804	184	4005	3260	1804	531	12221	1300
533	4398	2365	1722	829	50	3206	1493	85	109	4978	1400
1202	3934	51134	18059	2114	164	7466	4785	45	220	3488	1500
487	6305	11291	16940	31766		6352	2502		29	518	1600
622	6180	15076	2991	6569	138	39347	6464		128	55931	1700
35	24	6208	1287	672		538	5	560	612	1216	1800
	101	379	24		91	1813	1060			1	1900
1457	569	1014	1703	5473	1294	450	484		5	186	2000
138	94	43	138	375		153	42			107	2100
164	1023	4477	1691	2197	7	498	105		5518	3576	2200
864	2326	8314	2580	3611	1006	6317	3579	744	326	2732	2300
	9	38	63	31		57					2400
132	3639	22215	746	3697		16854	31544	1	3093	23682	2500
6146	31770	62539	36783	33319	352	40838	37068	14644	6296	32760	2600
1633	9596	7476	305	3564	664	6683	4230	870	169	1372	2700
274		7791		334		32	2529		13	1637	2800
147	2824	3125	11267	1187		3265	67	37		1345	2900
415	960	1208	1035	508		8647	2747		64	3850	3000
2640	13469	27709	14645	9107	2620	15342	12989	2728	4460	19684	3100
430	18376	57671	27382	21174		13245	41477	11781	1519	14835	3200
10	9677	13090	22986	59085		28144	67339	11451	11391	3852	3300
256	3195	8997	14232	2889	7	7735	2050	233	2964	1149	3400
65	26680	23552	7109	8368		33861	13247	6660	4916	325	3500
563	37701	51247	7816	10067	31	55676	14386	25	3883	3025	3600
4960	88632	72245	47443	12782	117	139158	8726	268	25	2251	3700
128	7522	16993	3146	6496		26918	15000	207	1912	953	3900
672	6809	74879	8200	1368		39000	3186			74	4000
	13667	4421	1761	2478		18019	994		1389	101	4100
18	230	119	6354	1326	242	369	4762	344	16	1187	4200
17	38	287	164			40	2			25	4300
17686	**49539**	**150637**	**78409**	**68092**	**5621**	**82233**	**61976**	**14086**	**28067**	**48462**	**D**
12980	32860	121662	66933	59803	5105	66891	53483	12429	24558	41643	4400
228	6905	11680	2604	2228	7	3611	1197		379	1018	4500
4478	9774	17295	8872	6061	509	11731	7296	1657	3130	5801	4600
46844	**177583**	**461296**	**196741**	**154687**	**8355**	**390060**	**113067**	**30598**	**23998**	**103647**	**E**
43960	158481	414129	182241	137271	7176	371324	96560	27248	22180	95417	4700
2103	7872	40842	11899	13249	1050	12287	15501	3011	1610	7041	4800
267	6939	980	558	268	129	2070	629		27	149	4900
514	4291	5345	2043	3899		4379	377	339	181	1040	5000

2-04 续表 3

行业大类	代码	河 南	湖 北	湖 南	广 东	广 西
交通运输、仓储和邮政业	F	**166158**	**237808**	**104877**	**397550**	**52990**
铁路运输业	5100	13351	711		242	1097
道路运输业	5200	75164	50069	34668	88979	7136
城市公共交通业	5300	29049	62435	25824	94541	15276
水上运输业	5400	410	77244	1404	75085	1181
航空运输业	5500	4895	5514	5029	48520	2143
管道运输业	5600			1391		
装卸搬运和其他运输服务业	5700	1674	12729	5307	13332	6141
仓储业	5800	17500	6435	5411	11514	4580
邮政业	5900	24115	22671	25843	65337	15436
信息传输、计算机服务和软件业	G	**34514**	**38094**	**42414**	**88668**	**24925**
电信和其他信息传输服务业	6000	33014	34647	41557	79750	24624
计算机服务业	6100	365	1295	220	3498	225
软件业	6200	1135	2152	637	5420	76
批发和零售业	H	**186931**	**173120**	**69283**	**190138**	**60140**
批发业	6300	122422	83822	38307	118766	35485
零售业	6500	64509	89298	30976	71372	24655
住宿和餐饮业	I	**35720**	**30998**	**34041**	**76120**	**19754**
住宿业	6600	32135	25049	30602	66229	17037
餐饮业	6700	3585	5949	3439	9891	2717
金融业	J	**169888**	**112221**	**129226**	**313129**	**76426**
银行业	6800	89406	75118	79140	163231	40415
证券业	6900	1410	517	2927	29664	42
保险业	7000	75476	30809	41183	109286	33869
其他金融活动	7100	3596	5777	5976	10948	2100
房地产业	K	**14787**	**37324**	**22709**	**86757**	**15170**
房地产业	7200	14787	37324	22709	86757	15170
租赁和商务服务业	L	**28576**	**65149**	**31726**	**183890**	**37086**
租赁业	7300	693	1757	3306	1576	502
商务服务业	7400	27883	63392	28420	182314	36584
科学研究、技术服务和地质勘查业	M	**36008**	**42647**	**26354**	**54205**	**13622**
研究与试验发展	7500	5325	2570	3983	7089	635
专业技术服务业	7600	21115	33261	19162	42816	10868
科技交流和推广服务业	7700	1344	4238	1210	2128	1049
地质勘查业	7800	8224	2578	1999	2172	1070
水利、环境和公共设施管理业	N	**3543**	**5548**	**5689**	**13407**	**5308**
水利管理业	7900	908	994	2044	1289	310
环境管理业	8000	330	1933	689	2869	808
公共设施管理业	8100	2305	2621	2956	9249	4190
居民服务和其他服务业	O	**1821**	**6575**	**2748**	**11640**	**2538**
居民服务业	8200	744	1786	1293	2294	1228
其他服务业	8300	1077	4789	1455	9346	1310
教育	P	**1001**	**2947**	**1662**	**5765**	**704**
教育	8400	1001	2947	1662	5765	704
卫生、社会保障和社会福利业	Q	**9123**	**7629**	**4141**	**9653**	**433**
卫生	8500	9022	7368	4081	9512	369
社会保障业	8600	6	102	1	27	
社会福利业	8700	95	159	59	114	64
文化、体育和娱乐业	R	**16372**	**16266**	**12465**	**36726**	**4260**
新闻出版业	8800	10714	12077	7527	21186	1273
广播、电视、电影和音像业	8900	3337	3105	3800	8739	2226
文化艺术业	9000	2040	564	444	1628	139
体育	9100	79	206	235	955	
娱乐业	9200	202	314	459	4218	622

海 南	重 庆	四 川	贵 州	云 南	西 藏	陕 西	甘 肃	青 海	宁 夏	新 疆	代码
21822	**105094**	**117860**	**40336**	**44976**	**3617**	**72933**	**32333**	**14138**	**13079**	**59178**	**F**
190		960	680	16		5965	560	531	949	10	5100
6510	41675	25627	11426	14805	1228	19745	3218	1797	619	32618	5200
2463	22048	29741	11104	8587	782	19467	10799	3799	3335	6684	5300
5655	14671	929	720	221		3	72				5400
56	2974	10639	2401	3281	251	7239	1864	638	1167	3471	5500
123	30	596		145		2134			1044	757	5600
3726	6337	4203	406	1546	10	611	2770	79	122	1445	5700
324	4341	4581	3592	1931	63	5081	3958	955	766	2348	5800
2775	13018	40584	10007	14444	1283	12688	9092	6339	5077	11845	5900
6110	**22543**	**47438**	**16900**	**27481**	**3092**	**26145**	**15003**	**9070**	**5091**	**16750**	**G**
5936	22163	43664	16689	26889	3092	25769	14183	9064	5024	15574	6000
76	81	1011	149	354		336	429	5	67	240	6100
98	299	2763	62	238		40	391	1		936	6200
12003	**80344**	**84396**	**54963**	**62735**	**7248**	**85657**	**30611**	**7835**	**9840**	**42952**	**H**
4749	38090	51988	43815	48227	2115	55425	19473	4497	5935	31020	6300
7254	42254	32408	11148	14508	5133	30232	11138	3338	3905	11932	6500
14712	**17831**	**33877**	**11266**	**21895**	**3660**	**34771**	**11489**	**4494**	**3386**	**15258**	**I**
14300	14428	29068	10143	20400	3555	29484	10945	4302	2599	14629	6600
412	3403	4809	1123	1495	105	5287	544	192	787	629	6700
16371	**80391**	**135930**	**36692**	**75220**	**6090**	**107487**	**48452**	**10450**	**19318**	**50191**	**J**
12499	48383	73234	25318	54010	5460	63743	24990	9732	11523	31263	6800
954	2196	1712	481	555		2034	701	235	50	581	6900
2673	26577	54926	9552	19153	504	39981	21118	367	7273	17438	7000
245	3235	6058	1341	1502	126	1729	1643	116	472	909	7100
7559	**25979**	**28189**	**12492**	**9931**	**1802**	**21038**	**7671**	**2609**	**4977**	**10415**	**K**
7559	25979	28189	12492	9931	1802	21038	7671	2609	4977	10415	7200
5979	**29935**	**44130**	**13522**	**24109**	**1362**	**14435**	**37471**	**5130**	**5120**	**27312**	**L**
483	308	347	1336	182	481	810	204	17	23	516	7300
5496	29627	43783	12186	23927	881	13625	37267	5113	5097	26796	7400
2421	**18000**	**42578**	**10383**	**14717**	**272**	**25583**	**8288**	**3062**	**1945**	**9985**	**M**
110	2481	3118	1953	1432		5376	847	151	93	227	7500
1923	14429	29908	6607	10666	109	17557	5771	1814	1517	8205	7600
258	754	3185	811	586	20	1027	642	220	124	365	7700
130	336	6367	1012	2033	143	1623	1028	877	211	1188	7800
2616	**5410**	**9214**	**2387**	**8191**	**449**	**5895**	**931**	**700**	**651**	**2597**	**N**
43	1159	978	306	184	9	508	135	71	88	803	7900
205	1539	6045	481	2411	440	1318	69	21	201	690	8000
2368	2712	2191	1600	5596		4069	727	608	362	1104	8100
568	**2735**	**3396**	**1717**	**3178**	**28**	**2643**	**1181**	**467**	**204**	**1785**	**O**
175	865	714	660	1495		1177	244	75	76	230	8200
393	1870	2682	1057	1683	28	1466	937	392	128	1555	8300
274	**1943**	**933**	**846**	**1400**	**20**	**639**	**542**	**137**	**222**	**304**	**P**
274	1943	933	846	1400	20	639	542	137	222	304	8400
321	**2260**	**2987**	**2016**	**2867**	**3**	**1916**	**1309**	**1732**	**103**	**1296**	**Q**
163	2163	2960	2016	2858	3	1629	1309	1732	103	1247	8500
155										30	8600
3	97	27		9		287				19	8700
3056	**8192**	**9099**	**1084**	**5398**	**9**	**12790**	**843**	**703**	**253**	**1978**	**R**
592	6453	5272	257	2503		2611	349	103	15	1190	8800
1870	1139	2601	628	1106	9	7949	249	597	187	718	8900
462	424	336	115	724		1920	19	3		12	9000
	99	454		56		29			10		9100
132	77	436	84	1009		281	226		41	58	9200

2-05 按行业(中类)、营业状态分组的企业法人单位数

行业中类	代码	企业法人单位数(个)	营业	停业(歇业)	筹建	当年关闭	当年破产	其他
总　计	0000	**4959671**	**4466938**	**271872**	**126478**	**49681**	**5735**	**38967**
农、林、牧、渔业	A	**1395**	**1321**	**43**	**15**	**6**	**2**	**8**
农业	0100	501	483	6	4	3	1	4
谷物及其他作物的种植	0110	313	310	1	1			1
蔬菜、园艺作物的种植	0120	91	79	4	2	3	1	2
水果、坚果、饮料和香料作物的种植	0130	85	82	1	1			1
中药材的种植	0140	12	12					
林业	0200	376	362	8	3	1		2
林木的培育和种植	0210	181	167	8	3	1		2
木材和竹材的采运	0220	78	78					
林产品的采集	0230	117	117					
畜牧业	0300	378	346	22	8	1		1
牲畜的饲养	0310	138	123	12	2	1		
猪的饲养	0320	122	111	6	5			
家禽的饲养	0330	86	82	3				1
狩猎和捕捉动物	0340	1		1				
其他畜牧业	0390	31	30		1			
渔业	0400	58	54	1		1	1	1
海洋渔业	0410	19	18			1		
内陆渔业	0420	39	36	1			1	1
农、林、牧、渔服务业	0500	82	76	6				
农业服务业	0510	53	48	5				
林业服务业	0520	17	16	1				
畜牧服务业	0530	7	7					
渔业服务业	0540	5	5					
采矿业	B	**97313**	**78880**	**10783**	**4790**	**2300**	**201**	**359**
煤炭开采和洗选业	0600	21931	17109	2708	1025	905	39	145
烟煤和无烟煤的开采洗选	0610	20901	16229	2632	971	891	37	141
褐煤的开采洗选	0620	562	477	48	31	5	1	
其他煤炭采选	0690	468	403	28	23	9	1	4
石油和天然气开采业	0700	1363	1232	59	61	4		7
天然原油和天然气开采	0710	291	258	12	19	1		1
与石油和天然气开采有关的服务活动	0790	1072	974	47	42	3		6
黑色金属矿采选业	0800	17469	13216	2549	1233	392	34	45
铁矿采选	0810	15609	11736	2353	1104	359	27	30
其他黑色金属矿采选	0890	1860	1480	196	129	33	7	15
有色金属矿采选业	0900	10686	7527	1711	1113	243	35	57
常用有色金属矿采选	0910	7491	5141	1288	814	185	20	43
贵金属矿采选	0920	2039	1552	245	188	37	9	8
稀有稀土金属矿采选	0930	1156	834	178	111	21	6	6
非金属矿采选业	1000	45159	39304	3652	1270	741	89	103
土砂石开采	1010	38505	33910	2931	900	609	68	87
化学矿采选	1020	1552	1147	251	98	45	8	3
采盐	1030	850	805	27	12	5		1
石棉及其他非金属矿采选	1090	4252	3442	443	260	82	13	12
其他采矿业	1100	705	492	104	88	15	4	2
制造业	C	**1818331**	**1638467**	**96234**	**51402**	**21578**	**3239**	**7411**
农副食品加工业	1300	102307	93848	4871	2145	938	244	261
谷物磨制	1310	28585	27054	966	225	206	71	63

2-05　续表 1

行业中类	代码	企业法人单位数(个)	营业	停业(歇业)	筹建	当年关闭	当年破产	其他
饲料加工	1320	11888	10797	645	269	110	28	39
植物油加工	1330	9820	8944	485	235	98	40	18
制糖	1340	627	550	43	19	8	2	5
屠宰及肉类加工	1350	16060	14804	674	347	148	31	56
水产品加工	1360	8509	7556	540	285	93	9	26
蔬菜、水果和坚果加工	1370	13742	12389	792	373	134	30	24
其他农副食品加工	1390	13076	11754	726	392	141	33	30
食品制造业	1400	41714	37319	2490	1131	493	99	182
焙烤食品制造	1410	10140	9245	511	214	107	21	42
糖果、巧克力及蜜饯制造	1420	4638	4278	216	75	48	5	16
方便食品制造	1430	6491	5869	341	180	62	14	25
液体乳及乳制品制造	1440	1912	1636	171	63	25	5	12
罐头制造	1450	2986	2612	231	72	53	8	10
调味品、发酵制品制造	1460	6683	6057	375	133	74	19	25
其他食品制造	1490	8864	7622	645	394	124	27	52
饮料制造业	1500	34978	31379	2094	903	419	65	118
酒精制造	1510	438	352	44	23	15	2	2
酒的制造	1520	13436	11957	925	315	164	36	39
软饮料制造	1530	12083	10824	691	339	161	16	52
精制茶加工	1540	9021	8246	434	226	79	11	25
烟草制品业	1600	251	224	17	4	3		3
烟叶复烤	1610	87	78	5	2	2		
卷烟制造	1620	82	77	2	1	1		1
其他烟草制品加工	1690	82	69	10	1			2
纺织业	1700	108023	97852	5773	2200	1618	269	311
棉、化纤纺织及印染精加工	1710	42300	38795	2006	729	547	129	94
毛纺织和染整精加工	1720	5162	4633	329	72	92	25	11
麻纺织	1730	977	850	82	18	20	3	4
丝绢纺织及精加工	1740	6766	6004	486	165	88	11	12
纺织制成品制造	1750	23984	21653	1287	547	372	38	87
针织品、编织品及其制品制造	1760	28834	25917	1583	669	499	63	103
纺织服装、鞋、帽制造业	1800	79494	70643	4831	2181	1372	132	335
纺织服装制造	1810	74422	66054	4574	2047	1296	126	325
纺织面料鞋的制造	1820	3569	3198	182	121	54	6	8
制帽	1830	1503	1391	75	13	22		2
皮革、毛皮、羽毛(绒)及其制品业	1900	31232	27441	2236	860	536	60	99
皮革鞣制加工	1910	2572	2159	331	33	35	4	10
皮革制品制造	1920	24545	21621	1617	761	426	46	74
毛皮鞣制及制品加工	1930	2442	2187	165	29	45	8	8
羽毛(绒)加工及制品制造	1940	1673	1474	123	37	30	2	7
木材加工及木、竹、藤、棕、草制品业	2000	62693	57717	2948	1065	692	105	166
锯材、木片加工	2010	23643	22090	971	281	205	37	59
人造板制造	2020	17459	16169	690	317	218	35	30
木制品制造	2030	14502	13058	884	328	155	18	59
竹、藤、棕、草制品制造	2040	7089	6400	403	139	114	15	18
家具制造业	2100	36116	32869	1672	934	431	42	168
木质家具制造	2110	26597	24341	1193	611	309	34	109
竹、藤家具制造	2120	673	612	35	14	11		1
金属家具制造	2130	4014	3607	186	152	52	4	13

2-05 续表 2

行业中类	代码	企业法人单位数(个)	营业	停业(歇业)	筹建	当年关闭	当年破产	其他
塑料家具制造	2140	531	461	39	23	6	1	1
其他家具制造	2190	4301	3848	219	134	53	3	44
造纸及纸制品业	2200	48624	44278	2421	987	635	104	199
纸浆制造	2210	871	721	69	42	29	5	5
造纸	2220	12087	10739	760	259	228	49	52
纸制品制造	2230	35666	32818	1592	686	378	50	142
印刷业和记录媒介的复制	2300	52680	49685	1785	521	413	78	198
印刷	2310	47798	45080	1624	486	370	75	163
装订及其他印刷服务活动	2320	4642	4378	153	33	42	3	33
记录媒介的复制	2330	240	227	8	2	1		2
文教体育用品制造业	2400	20118	18198	950	619	256	31	64
文化用品制造	2410	5400	4835	312	152	68	13	20
体育用品制造	2420	4725	4226	214	206	60	4	15
乐器制造	2430	1335	1207	64	37	14	3	10
玩具制造	2440	7942	7303	320	188	103	11	17
游艺器材及娱乐用品制造	2450	716	627	40	36	11		2
石油加工、炼焦及核燃料加工业	2500	6424	5261	599	326	187	25	26
精炼石油产品的制造	2510	4671	4004	363	227	49	9	19
炼焦	2520	1731	1238	235	98	138	16	6
化学原料及化学制品制造业	2600	96171	85178	6010	3114	1229	223	417
基础化学原料制造	2610	16815	14549	1246	649	250	55	66
肥料制造	2620	8989	7497	831	432	148	36	45
农药制造	2630	2500	2163	203	71	33	14	16
涂料、油墨、颜料及类似产品制造	2640	18423	16590	1010	523	215	22	63
合成材料制造	2650	6065	5391	315	226	82	13	38
专用化学产品制造	2660	34185	30954	1781	885	386	59	120
日用化学产品制造	2670	9194	8034	624	328	115	24	69
医药制造业	2700	15285	13277	899	829	151	37	92
化学药品原药制造	2710	2235	1883	157	145	35	6	9
化学药品制剂制造	2720	2267	1999	122	117	11	8	10
中药饮片加工	2730	2027	1792	107	89	24	5	10
中成药制造	2740	2731	2431	138	115	24	7	16
兽用药品制造	2750	1345	1229	63	35	11	5	2
生物、生化制品的制造	2760	2403	1916	205	230	22	2	28
卫生材料及医药用品制造	2770	2277	2027	107	98	24	4	17
化学纤维制造业	2800	4521	4028	254	128	85	11	15
纤维素纤维原料及纤维制造	2810	790	684	49	36	12	6	3
合成纤维制造	2820	3731	3344	205	92	73	5	12
橡胶制品业	2900	20743	18864	1038	504	232	38	67
轮胎制造	2910	1880	1662	115	57	30	6	10
橡胶板、管、带的制造	2920	3995	3613	204	113	44	9	12
橡胶零件制造	2930	6041	5581	260	135	47	9	9
再生橡胶制造	2940	1104	998	65	21	13	5	2
日用及医用橡胶制品制造	2950	1010	928	55	16	9	2	
橡胶靴鞋制造	2960	1865	1677	116	33	26	3	10
其他橡胶制品制造	2990	4848	4405	223	129	63	4	24
塑料制品业	3000	98293	89615	4578	2530	1114	144	312
塑料薄膜制造	3010	8904	8215	373	199	81	16	20

2-05　续表 3

行业中类	代码	企业法人单位数(个)	营业	停业(歇业)	筹建	当年关闭	当年破产	其他
塑料板、管、型材的制造	3020	14099	12757	674	450	148	21	49
塑料丝、绳及编织品的制造	3030	10401	9553	533	144	114	30	27
泡沫塑料制造	3040	5030	4639	235	82	53	7	14
塑料人造革、合成革制造	3050	1153	1021	66	48	13		5
塑料包装箱及容器制造	3060	10962	10095	465	253	102	9	38
塑料零件制造	3070	13315	12207	568	371	128	11	30
日用塑料制造	3080	12832	11656	613	308	205	27	23
其他塑料制品制造	3090	21597	19472	1051	675	270	23	106
非金属矿物制品业	3100	211191	192484	10813	4323	2500	439	632
水泥、石灰和石膏的制造	3110	14651	12964	892	375	332	50	38
水泥及石膏制品制造	3120	48940	45425	2098	820	400	65	132
砖瓦、石材及其他建筑材料制造	3130	99509	91090	4807	1935	1236	169	272
玻璃及玻璃制品制造	3140	15922	14275	886	452	206	41	62
陶瓷制品制造	3150	8938	8149	407	195	85	69	33
耐火材料制品制造	3160	11601	10244	978	220	94	28	37
石墨及其他非金属矿物制品制造	3190	11630	10337	745	326	147	17	58
黑色金属冶炼及压延加工业	3200	18939	15902	1780	704	398	72	83
炼铁	3210	2687	1991	463	83	115	21	14
炼钢	3220	788	644	79	36	18	3	8
钢压延加工	3230	12400	10739	917	480	192	24	48
铁合金冶炼	3240	3064	2528	321	105	73	24	13
有色金属冶炼及压延加工业	3300	21497	18292	1723	949	373	43	117
常用有色金属冶炼	3310	5907	4634	750	328	127	22	46
贵金属冶炼	3320	591	504	44	31	9	1	2
稀有稀土金属冶炼	3330	1402	1139	137	78	32	2	14
有色金属合金制造	3340	2155	1871	140	102	35	1	6
有色金属压延加工	3350	11442	10144	652	410	170	17	49
金属制品业	3400	132747	119019	7136	4204	1442	174	772
结构性金属制品制造	3410	47440	42203	2772	1621	523	52	269
金属工具制造	3420	17669	16027	895	456	191	22	78
集装箱及金属包装容器制造	3430	5619	5128	257	151	54	6	23
金属丝绳及其制品的制造	3440	7026	6312	436	144	70	22	42
建筑、安全用金属制品制造	3450	15167	13529	851	537	142	16	92
金属表面处理及热处理加工	3460	10935	10033	491	244	120	7	40
搪瓷制品制造	3470	989	839	74	56	11	3	6
不锈钢及类似日用金属制品制造	3480	12439	11156	572	457	168	17	69
其他金属制品制造	3490	15463	13792	788	538	163	29	153
通用设备制造业	3500	181966	164828	9157	5177	1773	276	755
锅炉及原动机制造	3510	7091	6373	399	177	82	20	40
金属加工机械制造	3520	22489	20126	1182	755	254	29	143
起重运输设备制造	3530	5620	5174	199	187	37	8	15
泵、阀门、压缩机及类似机械的制造	3540	23852	21681	1093	735	213	33	97
轴承、齿轮、传动和驱动部件的制造	3550	12586	11594	511	306	110	34	31
烘炉、熔炉及电炉制造	3560	1749	1603	72	47	17	1	9
风机、衡器、包装设备等通用设备制造	3570	21410	19210	1101	737	201	27	134
通用零部件制造及机械修理	3580	55742	50177	3010	1715	541	75	224
金属铸、锻加工	3590	31427	28890	1590	518	318	49	62
专用设备制造业	3600	92805	83158	4803	3357	844	138	505

2-05 续表 4

行业中类	代码	企业法人单位数(个)	营业	停业(歇业)	筹建	当年关闭	当年破产	其他
矿山、冶金、建筑专用设备制造	3610	15987	14263	862	624	123	30	85
化工、木材、非金属加工专用设备制造	3620	26268	23879	1194	842	230	21	102
食品、饮料、烟草及饲料生产专用设备制造	3630	3557	3230	196	83	27	6	15
印刷、制药、日化生产专用设备制造	3640	5747	5160	306	190	45	11	35
纺织、服装和皮革工业专用设备制造	3650	8808	7954	512	213	78	15	36
农、林、牧、渔专用机械制造	3670	7464	6736	422	154	96	24	32
医疗仪器设备及器械制造	3680	5473	4872	218	290	44	3	46
环保、社会公共安全及其他专用设备制造	3690	13379	11697	787	638	136	18	103
交通运输设备制造业	3700	79689	71796	3677	3042	764	112	298
铁路运输设备制造	3710	2761	2518	129	74	19	9	12
汽车制造	3720	54585	49659	2318	1879	476	79	174
摩托车制造	3730	6807	6303	262	152	74	3	13
自行车制造	3740	5662	4948	370	206	73	16	49
船舶及浮动装置制造	3750	8034	6768	489	630	103	4	40
航空航天器制造	3760	383	335	12	30	2		4
交通器材及其他交通运输设备制造	3790	1457	1265	97	71	17	1	6
电气机械及器材制造业	3900	93753	83328	4963	3884	1040	112	426
电机制造	3910	10001	8919	501	415	112	14	40
输配电及控制设备制造	3920	31390	28173	1629	1138	274	34	142
电线、电缆、光缆及电工器材制造	3930	16688	15060	821	538	184	25	60
电池制造	3940	3827	3315	210	226	53	4	19
家用电力器具制造	3950	11395	9915	611	645	162	15	47
非电力家用器具制造	3960	3360	2860	198	248	39	1	14
照明器具制造	3970	12816	11383	702	501	159	14	57
其他电气机械及器材制造	3990	4276	3703	291	173	57	5	47
通信设备、计算机及其他电子设备制造业	4000	45454	40211	2158	2216	561	53	255
通信设备制造	4010	4737	4173	243	235	51	5	30
雷达及配套设备制造	4020	121	113	5	2	1		
广播电视设备制造	4030	1497	1363	72	37	15	3	7
电子计算机制造	4040	3844	3438	165	176	40	1	24
电子器件制造	4050	6377	5606	297	364	73	5	32
电子元件制造	4060	20432	18069	959	1011	280	26	87
家用视听设备制造	4070	3331	2995	148	125	44	5	14
其他电子设备制造	4090	5115	4454	269	266	57	8	61
仪器仪表及文化、办公用机械制造业	4100	23730	21517	1114	727	203	23	146
通用仪器仪表制造	4110	11649	10655	542	294	87	9	62
专用仪器仪表制造	4120	3993	3612	165	156	27	4	29
钟表与计时仪器制造	4130	1755	1589	85	46	17	7	11
光学仪器及眼镜制造	4140	3481	3119	166	140	35	3	18
文化、办公用机械制造	4150	1632	1452	73	67	29		11
其他仪器仪表的制造及修理	4190	1220	1090	83	24	8		15
工艺品及其他制造业	4200	48690	43370	2772	1411	712	70	355
工艺美术品制造	4210	31066	27602	1806	981	485	43	149
日用杂品制造	4220	7861	7214	310	206	84	8	39
煤制品制造	4230	4502	4114	270	52	52	8	6
其他未列明的制造业	4290	5230	4412	385	171	90	11	161
废弃资源和废旧材料回收加工业	4300	8203	6886	672	427	164	20	34
金属废料和碎屑的加工处理	4310	3957	3288	332	225	83	9	20
非金属废料和碎屑的加工处理	4320	4246	3598	340	202	81	11	14

2-05 续表 5

行业中类	代码	企业法人单位数（个）						
			营业	停业(歇业)	筹建	当年关闭	当年破产	其他
电力、燃气及水的生产和供应业	D	**57022**	**52192**	**1337**	**2958**	**305**	**43**	**187**
电力、热力的生产和供应业	4400	37582	34172	918	2134	197	27	134
电力生产	4410	31470	28515	739	1950	156	19	91
电力供应	4420	3018	2820	85	69	19	1	24
热力生产和供应	4430	3094	2837	94	115	22	7	19
燃气生产和供应业	4500	3103	2749	113	180	37	8	16
水的生产和供应业	4600	16337	15271	306	644	71	8	37
自来水的生产和供应	4610	14087	13558	183	260	58	8	20
污水处理及其再生利用	4620	1743	1288	81	353	10		11
其他水的处理、利用与分配	4690	507	425	42	31	3		6
建筑业	E	**226745**	**201048**	**16185**	**5184**	**2007**	**151**	**2170**
房屋和土木工程建筑业	4700	93036	84531	5413	1680	656	71	685
房屋工程建筑	4710	59933	55259	2987	907	382	46	352
土木工程建筑	4720	33103	29272	2426	773	274	25	333
建筑安装业	4800	43758	39051	3056	871	379	29	372
建筑装饰业	4900	66284	57772	5429	1625	705	39	714
其他建筑业	5000	23667	19694	2287	1008	267	12	399
工程准备	5010	8717	6947	1071	502	119	4	74
提供施工设备服务	5020	2753	2328	239	115	30	5	36
其他未列明的建筑活动	5090	12196	10418	977	391	118	3	289
交通运输、仓储和邮政业	F	**148451**	**134269**	**7794**	**3621**	**1352**	**142**	**1273**
铁路运输业	5100	415	360	31	20	1		3
铁路旅客运输	5110	16	14	2				
铁路货物运输	5120	194	168	10	14	1		1
铁路运输辅助活动	5130	205	178	19	6			2
道路运输业	5200	66527	60255	3504	1388	713	92	575
公路旅客运输	5210	7591	7207	210	82	51	9	32
道路货物运输	5220	52098	46817	2975	1148	596	77	485
道路运输辅助活动	5230	6838	6231	319	158	66	6	58
城市公共交通业	5300	7503	7226	142	60	36	1	38
公共电汽车客运	5310	2011	1918	52	21	10		10
轨道交通	5320	82	76	2	3			1
出租车客运	5330	5031	4886	76	26	19	1	23
城市轮渡	5340	76	73	2	1			
其他城市公共交通	5390	303	273	10	9	7		4
水上运输业	5400	7430	6611	423	284	64	7	41
水上旅客运输	5410	873	802	43	19	5	2	2
水上货物运输	5420	4762	4289	262	136	44	4	27
水上运输辅助活动	5430	1795	1520	118	129	15	1	12
航空运输业	5500	735	667	29	22	9		8
航空客货运输	5510	290	265	11	11	2		1
通用航空服务	5520	142	129	8	1	1		3
航空运输辅助活动	5530	303	273	10	10	6		4
管道运输业	5600	83	77	2	4			
装卸搬运和其他运输服务业	5700	43955	39626	2421	1091	366	21	430
装卸搬运	5710	7157	6331	517	156	89	9	55
运输代理服务	5720	36798	33295	1904	935	277	12	375

2-05 续表 6

行业中类	代码	企业法人单位数(个)	营业	停业(歇业)	筹建	当年关闭	当年破产	其他
仓储业	5800	17416	15379	1078	662	119	21	157
谷物、棉花等农产品仓储	5810	5221	4779	295	59	31	14	43
其他仓储	5890	12195	10600	783	603	88	7	114
邮政业	5900	4387	4068	164	90	44		21
国家邮政	5910	591	579	6	2	3		1
其他寄递服务	5990	3796	3489	158	88	41		20
信息传输、计算机服务和软件业	G	**144941**	**135553**	**5445**	**2289**	**884**	**45**	**725**
电信和其他信息传输服务业	6000	18545	17241	774	254	139	10	127
电信	6010	6556	6110	263	76	44	5	58
互联网信息服务	6020	9882	9117	462	160	83	5	55
广播电视传输服务	6030	1928	1848	42	16	9		13
卫星传输服务	6040	179	166	7	2	3		1
计算机服务业	6100	86969	82811	2430	842	537	23	326
计算机系统服务	6110	14276	12890	790	385	97	5	109
数据处理	6120	748	681	33	28	2		4
计算机维修	6130	3080	2862	132	45	22	2	17
其他计算机服务	6190	68865	66378	1475	384	416	16	196
软件业	6200	39427	35501	2241	1193	208	12	272
公共软件服务	6210	32272	29144	1778	975	170	10	195
其他软件服务	6290	7155	6357	463	218	38	2	77
批发和零售业	H	**1402651**	**1280894**	**69265**	**24882**	**11951**	**1253**	**14406**
批发业	6300	853760	771191	46747	18270	7513	784	9255
农畜产品批发	6310	41719	37717	2535	673	409	146	239
食品、饮料及烟草制品批发	6320	63724	57903	3355	1395	520	63	488
纺织、服装及日用品批发	6330	88623	79528	5216	2071	838	50	920
文化、体育用品及器材批发	6340	27243	24943	1294	523	209	8	266
医药及医疗器材批发	6350	25534	24094	769	334	109	20	208
矿产品、建材及化工产品批发	6360	287180	258499	15808	6378	2696	302	3497
机械设备、五金交电及电子产品批发	6370	239346	219966	10831	4549	1665	107	2228
贸易经纪与代理	6380	19646	16621	1708	693	223	9	392
其他批发	6390	60745	51920	5231	1654	844	79	1017
零售业	6500	548891	509703	22518	6612	4438	469	5151
综合零售	6510	63664	58602	3246	514	606	116	580
食品、饮料及烟草制品专门零售	6520	44817	40811	2494	613	429	56	414
纺织、服装及日用品专门零售	6530	59544	55137	2494	782	493	42	596
文化、体育用品及器材专门零售	6540	36453	33797	1585	430	216	14	411
医药及医疗器材专门零售	6550	49427	47650	1007	280	223	19	248
汽车、摩托车、燃料及零配件专门零售	6560	79873	75024	2707	966	676	56	444
家用电器及电子产品专门零售	6570	90932	85034	3056	1127	669	58	988
五金、家具及室内装修材料专门零售	6580	72479	66442	3474	1101	632	58	772
无店铺及其他零售	6590	51702	47206	2455	799	494	50	698
住宿和餐饮业	I	**140219**	**132706**	**3998**	**1661**	**1248**	**89**	**517**
住宿业	6600	52259	49325	1573	801	346	39	175
旅游饭店	6610	17214	16202	484	381	110	7	30
一般旅馆	6620	32025	30366	965	351	207	27	109
其他住宿服务	6690	3020	2757	124	69	29	5	36
餐饮业	6700	87960	83381	2425	860	902	50	342
正餐服务	6710	72574	69022	1879	651	749	38	235
快餐服务	6720	5972	5694	146	49	51	3	29
饮料及冷饮服务	6730	3786	3556	135	43	36	2	14
其他餐饮服务	6790	5628	5109	265	117	66	7	64

2-05　续表 7

行业中类	代码	企业法人单位数（个）	营业	停业(歇业)	筹建	当年关闭	当年破产	其他
金融业	J	**26930**	**25325**	**729**	**642**	**127**	**12**	**95**
银行业	6800	6971	6941	1	20			9
中央银行	6810	51	51					
商业银行	6820	6353	6328	1	17			7
其他银行	6890	567	562		3			2
证券业	6900	1052	1003	28	13	4	1	3
证券市场管理	6910	39	36	2				1
证券经纪与交易	6920	683	672	6	3	1		1
证券投资	6930	190	167	15	7			1
证券分析与咨询	6940	140	128	5	3	3	1	
保险业	7000	8925	8712	84	93	22	4	10
人寿保险	7010	2847	2815	5	24	2		1
非人寿保险	7020	3612	3580	9	15	5	1	2
保险辅助服务	7030	2466	2317	70	54	15	3	7
其他金融活动	7100	9982	8669	616	516	101	7	73
金融信托与管理	7110	743	613	62	41	8	1	18
金融租赁	7120	97	85	4	5	3		
财务公司	7130	306	268	18	12	6	1	1
邮政储蓄	7140	348	347		1			
典当	7150	2947	2790	64	76	11	1	5
其他未列明的金融活动	7190	5541	4566	468	381	73	4	49
房地产业	K	**209915**	**176608**	**19663**	**7291**	**1893**	**183**	**4277**
房地产业	7200	209915	176608	19663	7291	1893	183	4277
房地产开发经营	7210	87835	71670	10153	2561	738	64	2649
物业管理	7220	56955	51126	2918	2053	382	32	444
房地产中介服务	7230	32997	28720	2672	793	458	22	332
其他房地产活动	7290	32128	25092	3920	1884	315	65	852
租赁和商务服务业	L	**359285**	**315067**	**24235**	**12237**	**3304**	**217**	**4225**
租赁业	7300	17819	15652	1217	521	193	24	212
机械设备租赁	7310	17044	14953	1180	506	186	24	195
文化及日用品出租	7320	775	699	37	15	7		17
商务服务业	7400	341466	299415	23018	11716	3111	193	4013
企业管理服务	7410	60582	48756	6184	3727	583	59	1273
法律服务	7420	8160	7883	132	51	42	2	50
咨询与调查	7430	97754	84596	7372	3785	891	37	1073
广告业	7440	71045	64482	3782	1432	740	22	587
知识产权服务	7450	3469	3239	139	49	20		22
职业中介服务	7460	17265	14966	1325	584	206	18	166
市场管理	7470	15452	14314	542	391	102	14	89
旅行社	7480	20510	19266	651	344	147	9	93
其他商务服务	7490	47229	41913	2891	1353	380	32	660
科学研究、技术服务和地质勘查业	M	**125400**	**110468**	**7498**	**4785**	**945**	**58**	**1646**
研究与试验发展	7500	13709	11205	1246	948	112	9	189
自然科学研究与试验发展	7510	1289	1001	148	98	10	1	31
工程和技术研究与试验发展	7520	7982	6692	644	503	60	5	78

2-05 续表 8

行业中类	代码	企业法人单位数(个)	营业	停业(歇业)	筹建	当年关闭	当年破产	其他
农业科学研究与试验发展	7530	1804	1396	205	140	26	3	34
医学研究与试验发展	7540	2424	1943	231	197	11		42
社会人文科学研究与试验发展	7550	210	173	18	10	5		4
专业技术服务业	7600	70557	63625	3576	2015	515	26	800
气象服务	7610	653	617	24	2	7		3
地震服务	7620	68	66	1		1		
海洋服务	7630	121	104	7	9			1
测绘服务	7640	2629	2467	83	43	18		18
技术检测	7650	6971	6382	295	197	40	3	54
环境监测	7660	1091	949	64	55	9		14
工程技术与规划管理	7670	35660	32769	1571	852	243	14	211
其他专业技术服务	7690	23364	20271	1531	857	197	9	499
科技交流和推广服务业	7700	38711	33752	2472	1547	301	21	618
技术推广服务	7710	28817	25300	1752	1176	188	15	386
科技中介服务	7720	4520	3905	330	150	37	2	96
其他科技服务	7790	5374	4547	390	221	76	4	136
地质勘查业	7800	2423	1886	204	275	17	2	39
矿产地质勘查	7810	1149	790	132	194	10	1	22
基础地质勘查	7820	342	314	14	7	1		6
地质勘查技术服务	7830	932	782	58	74	6	1	11
水利、环境和公共设施管理业	**N**	**22064**	**18602**	**1478**	**1560**	**204**	**15**	**205**
水利管理业	7900	1843	1617	126	69	5	1	25
防洪管理	7910	140	116	19	4			1
水资源管理	7920	990	871	60	45	3		11
其他水利管理	7990	713	630	47	20	2	1	13
环境管理业	8000	4649	3883	292	385	45	4	40
自然保护	8010	312	244	24	37	5		2
环境治理	8020	4337	3639	268	348	40	4	38
公共设施管理业	8100	15572	13102	1060	1106	154	10	140
市政公共设施管理	8110	2111	1799	146	101	20	2	43
城市绿化管理	8120	8481	7466	543	311	87	5	69
游览景区管理	8130	4980	3837	371	694	47	3	28
居民服务和其他服务业	**O**	**106491**	**98481**	**4275**	**1839**	**1025**	**46**	**825**
居民服务业	8200	50743	47388	1816	761	441	22	315
家庭服务	8210	3435	3015	243	101	49	1	26
托儿所	8220	289	274	2	9		1	3
洗染服务	8230	2130	2011	65	25	17	1	11
理发及美容保健服务	8240	15702	15004	389	135	117	4	53
洗浴服务	8250	9883	9426	251	99	73	5	29
婚姻服务	8260	2625	2362	140	70	28	2	23
殡葬服务	8270	1696	1580	42	56	10		8
摄影扩印服务	8280	6630	6305	170	76	47	4	28
其他居民服务	8290	8353	7411	514	190	100	4	134
其他服务业	8300	55748	51093	2459	1078	584	24	510
修理与维护	8310	32084	30261	1055	330	262	12	164
清洁服务	8320	10029	9039	565	238	111	3	73
其他未列明的服务	8390	13635	11793	839	510	211	9	273

2-05　续表 9

行业中类	代码	企业法人单位数(个)	营业	停业(歇业)	筹建	当年关闭	当年破产	其他
教育	P	**21423**	**19891**	**769**	**331**	**158**	**7**	**267**
教育	8400	21423	19891	769	331	158	7	267
学前教育	8410	3947	3794	64	19	11	2	57
初等教育	8420	558	532	6	3	3	1	13
中等教育	8430	903	822	37	11	18		15
高等教育	8440	188	174	7	3	1		3
其他教育	8490	15827	14569	655	295	125	4	179
卫生、社会保障和社会福利业	Q	**15941**	**15266**	**339**	**161**	**70**	**9**	**96**
卫生	8500	15058	14515	280	119	62	8	74
医院	8510	4205	4056	51	53	21	3	21
卫生院及社区医疗活动	8520	1937	1896	18	9	8		6
门诊部医疗活动	8530	7438	7198	144	39	23	2	32
计划生育技术服务活动	8540	301	287	9		1		4
妇幼保健活动	8550	85	77	5	1		1	1
专科疾病防治活动	8560	294	278	10	3	1		2
疾病预防控制及防疫活动	8570	122	115	2	2	1		2
其他卫生活动	8590	676	608	41	12	7	2	6
社会保障业	8600	235	211	12	4			8
社会福利业	8700	648	540	47	38	8	1	14
提供住宿的社会福利	8710	475	403	28	31	6		7
不提供住宿的社会福利	8720	173	137	19	7	2	1	7
文化、体育和娱乐业	R	**35154**	**31900**	**1802**	**830**	**324**	**23**	**275**
新闻出版业	8800	2443	2329	62	19	20	2	11
新闻业	8810	88	82	5	1			
出版业	8820	2355	2247	57	18	20	2	11
广播、电视、电影和音像业	8900	5548	5026	327	90	39	4	62
广播	8910	175	163	10	2			
电视	8920	1400	1313	48	23	7		9
电影	8930	2831	2520	209	35	23	4	40
音像制作	8940	1142	1030	60	30	9		13
文化艺术业	9000	7539	6715	450	226	63	3	82
文艺创作与表演	9010	1854	1636	130	61	14		13
艺术表演场馆	9020	309	263	26	9	4		7
图书馆与档案馆	9030	105	100	5				
文物及文化保护	9040	140	119	10	7			4
博物馆	9050	126	98	14	13	1		
烈士陵园、纪念馆	9060	21	17	1	2			1
群众文化活动	9070	835	751	49	25	5		5
文化艺术经纪代理	9080	1889	1717	93	40	14	1	24
其他文化艺术	9090	2260	2014	122	69	25	2	28
体育	9100	1733	1495	145	57	21		15
体育组织	9110	639	544	53	24	9		9
体育场馆	9120	582	507	53	14	6		2
其他体育	9190	512	444	39	19	6		4
娱乐业	9200	17891	16335	818	438	181	14	105
室内娱乐活动	9210	10898	10240	401	89	107	8	53
游乐园	9220	569	450	63	46	7		3
休闲健身娱乐活动	9230	4879	4366	229	201	51	5	27
其他娱乐活动	9290	1545	1279	125	102	16	1	22

2-06 按登记注册类型、营业状态分组的企业法人单位数

登记注册类型	企业法人单位数(个)	营业	停业(歇业)	筹建	当年关闭	当年破产	其他
总　计	**4959671**	**4466938**	**271872**	**126478**	**49681**	**5735**	**38967**
内资企业	**4774324**	**4300584**	**264930**	**117119**	**48174**	**5619**	**37898**
国有企业	142937	124419	12858	1535	1363	716	2046
集体企业	192248	167230	19049	1150	2393	531	1895
股份合作企业	63957	58723	3282	1106	442	58	346
联营企业	11226	9932	839	184	116	32	123
国有联营企业	1984	1749	156	39	17	8	15
集体联营企业	4474	3925	385	59	60	11	34
国有与集体联营企业	1529	1348	109	33	13	5	21
其他联营企业	3239	2910	189	53	26	8	53
有限责任公司	551233	498780	26262	16717	3678	433	5363
国有独资公司	10648	9559	505	373	51	33	127
其他有限责任公司	540585	489221	25757	16344	3627	400	5236
股份有限公司	97326	88543	4526	2933	594	102	628
私营企业	3596423	3247397	191433	91592	37926	3525	24550
私营独资企业	1314948	1210201	63911	19624	15313	2003	3896
私营合伙企业	216879	197502	10961	5083	2219	249	865
私营有限责任公司	1954499	1740375	111130	63160	19557	1178	19099
私营股份有限公司	110097	99319	5431	3725	837	95	690
其他企业	118974	105560	6681	1902	1662	222	2947
港、澳、台商投资企业	**83657**	**74942**	**3116**	**4354**	**749**	**56**	**440**
合资经营企业(港、澳、台资)	22055	19942	963	842	181	17	110
合作经营企业(港、澳、台资)	4127	3817	146	101	37	1	25
港、澳、台商独资经营企业	54845	48948	1901	3163	518	33	282
港、澳、台商投资股份有限公司	2630	2235	106	248	13	5	23
外商投资企业	**101690**	**91412**	**3826**	**5005**	**758**	**60**	**629**
中外合资经营企业	32474	29198	1448	1420	232	17	159
中外合作经营企业	3843	3489	176	110	37	4	27
外资企业	62219	55989	2046	3256	473	33	422
外商投资股份有限公司	3154	2736	156	219	16	6	21

2-07 按地区、营业状态分组的企业法人单位数

地区	企业法人单位数（个）	营业	停业(歇业)	筹建	当年关闭	当年破产	其他
全国	**4959671**	**4466938**	**271872**	**126478**	**49681**	**5735**	**38967**
北京	249861	240959	4122	1448	224	4	3104
天津	125627	100059	13812	6228	3358	154	2016
河北	170979	155975	10108	2657	1206	292	741
山西	87418	69911	11977	2934	1868	257	471
内蒙古	67531	61675	3148	1796	529	81	302
辽宁	243786	209216	25577	6034	1564	213	1182
吉林	82884	78205	2988	801	452	137	301
黑龙江	99162	90445	4742	964	724	114	2173
上海	337764	298349	19392	6362	3182	42	10437
江苏	532309	481149	26320	16225	7147	290	1178
浙江	450955	393026	31130	20244	6286	269	
安徽	134362	120226	6042	5576	1413	287	818
福建	159718	137549	9596	8672	2334	152	1415
江西	78570	72499	3221	1334	1045	119	352
山东	431421	407512	12529	4655	3766	744	2215
河南	212815	202400	6326	1506	1425	410	748
湖北	184717	169938	8215	3445	1386	352	1381
湖南	140156	134132	3569	1016	989	345	405
广东	509178	458853	29051	13600	4061	236	3377
广西	74120	63292	5258	2346	1444	134	1646
海南	19434	15745	1752	745	54	6	1132
重庆	97413	90889	2976	2120	741	108	579
四川	157395	142758	8020	4059	1339	257	962
贵州	40599	33764	3806	2198	405	97	329
云南	65929	55691	5698	3366	752	73	349
西藏	2407	2299	64	21	3	6	14
陕西	91652	83731	4537	1677	739	162	806
甘肃	40099	36561	2058	689	393	219	179
青海	9872	8447	734	457	131	38	65
宁夏	15526	13899	884	584	108	15	36
新疆	45712	37784	4220	2719	613	122	254

2-08 按行业(中类)、营业状态分组的国有控股企业法人单位数

行业中类	代码	企业法人单位数(个)	营业	停业(歇业)	筹建	当年关闭	当年破产	其他
总　计	**0000**	**220330**	**195510**	**16074**	**3293**	**1806**	**842**	**2805**
农、林、牧、渔业	**A**	**717**	**709**	**5**				**3**
农业	0100	339	338					1
谷物及其他作物的种植	0110	282	281					1
蔬菜、园艺作物的种植	0120	21	21					
水果、坚果、饮料和香料作物的种植	0130	32	32					
中药材的种植	0140	4	4					
林业	0200	297	294	1				2
林木的培育和种植	0210	111	108	1				2
木材和竹材的采运	0220	74	74					
林产品的采集	0230	112	112					
畜牧业	0300	38	37	1				
牲畜的饲养	0310	25	24	1				
猪的饲养	0320	5	5					
家禽的饲养	0330	6	6					
其他畜牧业	0390	2	2					
渔业	0400	15	15					
海洋渔业	0410	2	2					
内陆渔业	0420	13	13					
农、林、牧、渔服务业	0500	28	25	3				
农业服务业	0510	16	14	2				
林业服务业	0520	8	7	1				
畜牧服务业	0530	2	2					
渔业服务业	0540	2	2					
采矿业	**B**	**2714**	**2162**	**233**	**208**	**58**	**15**	**38**
煤炭开采和洗选业	0600	1225	961	97	103	23	11	30
烟煤和无烟煤的开采洗选	0610	1170	911	95	101	22	11	30
褐煤的开采洗选	0620	46	43	1	2			
其他煤炭采选	0690	9	7	1		1		
石油和天然气开采业	0700	155	145	3	5	1		1
天然原油和天然气开采	0710	91	86	2	2	1		
与石油和天然气开采有关的服务活动	0790	64	59	1	3			1
黑色金属矿采选业	0800	248	176	27	38	4	1	2
铁矿采选	0810	207	150	18	34	3		2
其他黑色金属矿采选	0890	41	26	9	4	1	1	
有色金属矿采选业	0900	475	376	46	37	11	2	3
常用有色金属矿采选	0910	208	159	17	28	2		2
贵金属矿采选	0920	180	140	24	6	7	2	1
稀有稀土金属矿采选	0930	87	77	5	3	2		
非金属矿采选业	1000	592	495	56	20	18	1	2
土砂石开采	1010	349	295	35	10	7	1	1
化学矿采选	1020	70	53	5	5	7		
采盐	1030	114	103	7	2	1		1
石棉及其他非金属矿采选	1090	59	44	9	3	3		
其他采矿业	1100	19	9	4	5	1		
制造业	**C**	**32364**	**26322**	**4052**	**556**	**461**	**418**	**555**
农副食品加工业	1300	2774	2306	358	23	38	23	26
谷物磨制	1310	599	493	78	5	13	4	6
饲料加工	1320	228	149	63	3	6	3	4

2-08　续表 1

行业中类	代码	企业法人单位数(个)	营业	停业(歇业)	筹建	当年关闭	当年破产	其他
植物油加工	1330	197	134	43	4	4	9	3
制糖	1340	74	55	16		1	1	1
屠宰及肉类加工	1350	1274	1162	89	3	9	2	9
水产品加工	1360	147	116	25	3	1	1	1
蔬菜、水果和坚果加工	1370	106	82	18	3	1	1	1
其他农副食品加工	1390	149	115	26	2	3	2	1
食品制造业	1400	1068	781	225	13	16	16	17
焙烤食品制造	1410	208	132	65		4	5	2
糖果、巧克力及蜜饯制造	1420	47	28	15		2		2
方便食品制造	1430	155	111	35	2	3	1	3
液体乳及乳制品制造	1440	124	108	14		1	1	
罐头制造	1450	83	55	23	1	1	2	1
调味品、发酵制品制造	1460	187	131	46		3	4	3
其他食品制造	1490	264	216	27	10	2	3	6
饮料制造业	1500	975	812	113	19	15	9	7
酒精制造	1510	25	16	6	1	1		1
酒的制造	1520	411	330	52	8	8	9	4
软饮料制造	1530	329	278	40	7	3		1
精制茶加工	1540	210	188	15	3	3		1
烟草制品业	1600	144	136	6		1		1
烟叶复烤	1610	58	54	3		1		
卷烟制造	1620	64	63					1
其他烟草制品加工	1690	22	19	3				
纺织业	1700	1200	799	297	4	34	37	29
棉、化纤纺织及印染精加工	1710	491	323	126	1	15	17	9
毛纺织和染整精加工	1720	98	60	32		2	4	
麻纺织	1730	34	22	9		1	2	
丝绢纺织及精加工	1740	78	37	35		1	3	2
纺织制成品制造	1750	250	167	55		10	4	14
针织品、编织品及其制品制造	1760	249	190	40	3	5	7	4
纺织服装、鞋、帽制造业	1800	577	466	82	6	7	7	9
纺织服装制造	1810	552	453	71	6	7	6	9
纺织面料鞋的制造	1820	18	10	7			1	
制帽	1830	7	3	4				
皮革、毛皮、羽毛(绒)及其制品业	1900	176	96	66	1	5	5	3
皮革鞣制加工	1910	22	8	12			1	1
皮革制品制造	1920	119	72	37	1	4	3	2
毛皮鞣制及制品加工	1930	17	7	9			1	
羽毛(绒)加工及制品制造	1940	18	9	8		1		
木材加工及木、竹、藤、棕、草制品业	2000	657	507	113	11	11	4	11
锯材、木片加工	2010	293	231	48	7	2	2	3
人造板制造	2020	169	135	26	1	3	2	2
木制品制造	2030	161	113	34	3	5		6
竹、藤、棕、草制品制造	2040	34	28	5		1		
家具制造业	2100	208	151	43	3	3	4	4
木质家具制造	2110	151	111	29	3	2	3	3
竹、藤家具制造	2120	3	3					
金属家具制造	2130	29	17	10		1		1

2-08 续表 2

行业中类	代码	企业法人单位数(个)	营业	停业(歇业)	筹建	当年关闭	当年破产	其他
塑料家具制造	2140	2	1				1	
其他家具制造	2190	23	19	4				
造纸及纸制品业	2200	509	361	98	7	18	11	14
纸浆制造	2210	38	27	8	1			2
造纸	2220	227	141	56	2	11	9	8
纸制品制造	2230	244	193	34	4	7	2	4
印刷业和记录媒介的复制	2300	1998	1796	137	3	25	15	22
印刷	2310	1835	1642	132	3	24	15	19
装订及其他印刷服务活动	2320	125	117	5		1		2
记录媒介的复制	2330	38	37					1
文教体育用品制造业	2400	160	132	22	1	1	1	3
文化用品制造	2410	75	60	13		1	1	
体育用品制造	2420	32	28	3	1			
乐器制造	2430	17	12	4				1
玩具制造	2440	33	29	2				2
游艺器材及娱乐用品制造	2450	3	3					
石油加工、炼焦及核燃料加工业	2500	309	262	19	20	3	1	4
精炼石油产品的制造	2510	216	188	12	12	2		2
炼焦	2520	86	69	7	7	1	1	1
化学原料及化学制品制造业	2600	2452	1994	285	70	32	39	32
基础化学原料制造	2610	664	522	84	31	9	8	10
肥料制造	2620	430	330	69	10	8	10	3
农药制造	2630	115	95	14	1	1	2	2
涂料、油墨、颜料及类似产品制造	2640	214	186	16	2	2	1	7
合成材料制造	2650	171	146	16	5	1		3
专用化学产品制造	2660	681	593	50	18	6	11	3
日用化学产品制造	2670	177	122	36	3	5	7	4
医药制造业	2700	824	709	76	12	8	10	9
化学药品原药制造	2710	140	117	18	3	1	1	
化学药品制剂制造	2720	208	192	9	2		5	
中药饮片加工	2730	60	50	6	1		1	2
中成药制造	2740	217	189	17	4	2		5
兽用药品制造	2750	66	53	9		1	2	1
生物、生化制品的制造	2760	92	75	14		2		1
卫生材料及医药用品制造	2770	41	33	3	2	2	1	
化学纤维制造业	2800	105	77	19	2	2	3	2
纤维素纤维原料及纤维制造	2810	32	24	4		2	2	
合成纤维制造	2820	73	53	15	2		1	2
橡胶制品业	2900	276	211	41	3	10	8	3
轮胎制造	2910	61	45	10	1	4	1	
橡胶板、管、带的制造	2920	38	31	4		2	1	
橡胶零件制造	2930	64	50	7		1	4	2
再生橡胶制造	2940	11	8	1			1	1
日用及医用橡胶制品制造	2950	22	19	3				
橡胶靴鞋制造	2960	28	20	6	1		1	
其他橡胶制品制造	2990	52	38	10	1	3		
塑料制品业	3000	727	583	103	6	13	8	14
塑料薄膜制造	3010	105	78	19	3	2	2	1

2-08　续表 3

行业中类	代码	企业法人单位数(个)	营业	停业(歇业)	筹建	当年关闭	当年破产	其他
塑料板、管、型材的制造	3020	159	131	20	3	4	1	
塑料丝、绳及编织品的制造	3030	96	77	12		2	2	3
泡沫塑料制造	3040	28	20	7				1
塑料人造革、合成革制造	3050	8	5	2				1
塑料包装箱及容器制造	3060	69	55	11		1	1	1
塑料零件制造	3070	53	43	7				3
日用塑料制造	3080	78	61	12		4	1	
其他塑料制品制造	3090	131	113	13			1	4
非金属矿物制品业	3100	2941	2355	379	76	48	38	45
水泥、石灰和石膏的制造	3110	745	606	70	30	19	13	7
水泥及石膏制品制造	3120	656	544	85	16	5		6
砖瓦、石材及其他建筑材料制造	3130	782	630	99	17	14	8	14
玻璃及玻璃制品制造	3140	259	201	41	2	4	9	2
陶瓷制品制造	3150	157	108	36		2	5	6
耐火材料制品制造	3160	125	96	24	2		2	1
石墨及其他非金属矿物制品制造	3190	217	170	24	9	4	1	9
黑色金属冶炼及压延加工业	3200	494	383	77	12	5	8	9
炼铁	3210	58	37	14	1	2	1	3
炼钢	3220	42	28	10	2	1		1
钢压延加工	3230	302	254	34	7		3	4
铁合金冶炼	3240	92	64	19	2	2	4	1
有色金属冶炼及压延加工业	3300	665	517	65	40	13	5	25
常用有色金属冶炼	3310	246	186	21	17	5	4	13
贵金属冶炼	3320	62	54	3	4	1		
稀有稀土金属冶炼	3330	78	59	6	4	4		5
有色金属合金制造	3340	57	47	5	4			1
有色金属压延加工	3350	222	171	30	11	3	1	6
金属制品业	3400	1318	1084	167	14	13	15	25
结构性金属制品制造	3410	519	439	60	7	2	1	10
金属工具制造	3420	173	137	24	1	3	4	4
集装箱及金属包装容器制造	3430	128	103	17		3	1	4
金属丝绳及其制品的制造	3440	89	70	16	1			2
建筑、安全用金属制品制造	3450	101	88	8	1	1	1	2
金属表面处理及热处理加工	3460	88	76	8	1	1	2	
搪瓷制品制造	3470	14	7	6			1	
不锈钢及类似日用金属制品制造	3480	74	55	12	1	1	3	2
其他金属制品制造	3490	132	109	16	2	2	2	1
通用设备制造业	3500	2672	2149	354	24	40	47	58
锅炉及原动机制造	3510	258	209	28	1	3	8	9
金属加工机械制造	3520	457	366	63	6	5	7	10
起重运输设备制造	3530	167	141	19	1		4	2
泵、阀门、压缩机及类似机械的制造	3540	356	285	44	5	10	5	7
轴承、齿轮、传动和驱动部件的制造	3550	174	129	22		2	9	12
烘炉、熔炉及电炉制造	3560	18	16	2				
风机、衡器、包装设备等通用设备制造	3570	331	270	43	5	4	3	6
通用零部件制造及机械修理	3580	617	494	93	6	10	6	8
金属铸、锻加工	3590	294	239	40		6	5	4
专用设备制造业	3600	2183	1782	236	46	28	36	55

2-08 续表 4

行业中类	代码	企业法人单位数(个)	营业	停业(歇业)	筹建	当年关闭	当年破产	其他
矿山、冶金、建筑专用设备制造	3610	608	504	56	15	5	14	14
化工、木材、非金属加工专用设备制造	3620	258	213	23	8	5	4	5
食品、饮料、烟草及饲料生产专用设备制造	3630	104	76	23	1	2		2
印刷、制药、日化生产专用设备制造	3640	97	82	10	3	1	1	
纺织、服装和皮革工业专用设备制造	3650	153	113	22		4	3	11
农、林、牧、渔专用机械制造	3670	221	147	55	2	5	4	8
医疗仪器设备及器械制造	3680	166	147	6	6	1	1	5
环保、社会公共安全及其他专用设备制造	3690	347	300	26	5	4	4	8
交通运输设备制造业	3700	2801	2463	221	50	16	16	35
铁路运输设备制造	3710	361	335	12	7	2	3	2
汽车制造	3720	1778	1565	150	27	8	10	18
摩托车制造	3730	80	72	6		1	1	
自行车制造	3740	58	28	13		2	1	14
船舶及浮动装置制造	3750	331	283	33	11	2	1	1
航空航天器制造	3760	150	143	3	4			
交通器材及其他交通运输设备制造	3790	43	37	4	1	1		
电气机械及器材制造业	3900	1564	1252	201	28	20	29	34
电机制造	3910	235	184	29	5	1	8	8
输配电及控制设备制造	3920	637	519	74	7	12	14	11
电线、电缆、光缆及电工器材制造	3930	271	232	26	4	2	4	3
电池制造	3940	114	84	24	2			4
家用电力器具制造	3950	104	76	19	2	2	1	4
非电力家用器具制造	3960	38	31	2	5			
照明器具制造	3970	85	63	15	2	3	1	1
其他电气机械及器材制造	3990	80	63	12	1		1	3
通信设备、计算机及其他电子设备制造业	4000	1238	1060	97	20	14	16	31
通信设备制造	4010	266	241	13	4		4	4
雷达及配套设备制造	4020	41	40	1				
广播电视设备制造	4030	55	44	5	2		3	1
电子计算机制造	4040	102	88	5	2	2		5
电子器件制造	4050	261	222	30	5		2	2
电子元件制造	4060	329	274	31	5	8	3	8
家用视听设备制造	4070	64	53	5	1		1	4
其他电子设备制造	4090	120	98	7	1	4	3	7
仪器仪表及文化、办公用机械制造业	4100	772	654	68	13	12	4	21
通用仪器仪表制造	4110	384	330	37	2	5	3	7
专用仪器仪表制造	4120	187	166	10	5	3	1	2
钟表与计时仪器制造	4130	37	23	7	2	1		4
光学仪器及眼镜制造	4140	83	68	4	4	3		4
文化、办公用机械制造	4150	47	40	4				3
其他仪器仪表的制造及修理	4190	34	27	6				1
工艺品及其他制造业	4200	443	337	75	14	9	3	5
工艺美术品制造	4210	227	161	47	9	5	2	3
日用杂品制造	4220	33	24	7		2		
煤制品制造	4230	44	30	10	2	2		
其他未列明的制造业	4290	131	114	11	3		1	2
废弃资源和废旧材料回收加工业	4300	134	107	9	15	1		2
金属废料和碎屑的加工处理	4310	63	55	4	3	1		
非金属废料和碎屑的加工处理	4320	71	52	5	12			2

2-08 续表 5

行业中类	代码	企业法人单位数(个)	营业	停业(歇业)	筹建	当年关闭	当年破产	其他
电力、燃气及水的生产和供应业	D	**10245**	**9451**	**215**	**473**	**51**	**9**	**46**
电力、热力的生产和供应业	4400	6154	5643	147	287	38	5	34
电力生产	4410	3374	2985	97	248	21	3	20
电力供应	4420	2106	2038	25	27	8		8
热力生产和供应	4430	674	620	25	12	9	2	6
燃气生产和供应业	4500	442	395	15	22	5	2	3
水的生产和供应业	4600	3649	3413	53	164	8	2	9
自来水的生产和供应	4610	3181	3074	36	57	7	2	5
污水处理及其再生利用	4620	442	318	17	103	1		3
其他水的处理、利用与分配	4690	26	21		4			1
建筑业	E	**11982**	**11027**	**662**	**126**	**80**	**12**	**75**
房屋和土木工程建筑业	4700	8036	7477	391	78	35	8	47
房屋工程建筑	4710	2963	2760	152	18	14	5	14
土木工程建筑	4720	5073	4717	239	60	21	3	33
建筑安装业	4800	1973	1815	112	19	15	2	10
建筑装饰业	4900	920	812	76	7	15	1	9
其他建筑业	5000	1053	923	83	22	15	1	9
工程准备	5010	419	371	31	7	8		2
提供施工设备服务	5020	79	65	9	2	2		1
其他未列明的建筑活动	5090	555	487	43	13	5	1	6
交通运输、仓储和邮政业	F	**15027**	**13857**	**703**	**221**	**95**	**37**	**114**
铁路运输业	5100	170	156	6	6	1		1
铁路旅客运输	5110	11	9	2				
铁路货物运输	5120	77	69	2	5	1		
铁路运输辅助活动	5130	82	78	2	1			1
道路运输业	5200	4772	4359	245	67	44	20	37
公路旅客运输	5210	1305	1238	36	8	9	7	7
道路货物运输	5220	1743	1528	151	20	20	11	13
道路运输辅助活动	5230	1724	1593	58	39	15	2	17
城市公共交通业	5300	1151	1120	15	5	5		6
公共电汽车客运	5310	584	571	7		3		3
轨道交通	5320	35	31	1	3			
出租车客运	5330	455	444	6	1	1		3
城市轮渡	5340	29	28		1			
其他城市公共交通	5390	48	46	1		1		
水上运输业	5400	895	797	60	28	5	1	4
水上旅客运输	5410	112	100	5	3	2	1	1
水上货物运输	5420	402	355	41	2	1		3
水上运输辅助活动	5430	381	342	14	23	2		
航空运输业	5500	258	241	5	10	1		1
航空客货运输	5510	106	100	1	4			1
通用航空服务	5520	27	26	1				
航空运输辅助活动	5530	125	115	3	6	1		
管道运输业	5600	41	40	1				
装卸搬运和其他运输服务业	5700	2334	2177	97	28	12	2	18
装卸搬运	5710	411	380	22	4	1	1	3
运输代理服务	5720	1923	1797	75	24	11	1	15

2-08 续表 6

行业中类	代码	企业法人单位数(个)	营业	停业(歇业)	筹建	当年关闭	当年破产	其他
仓储业	5800	4747	4320	269	73	24	14	47
谷物、棉花等农产品仓储	5810	3304	3048	175	21	17	12	31
其他仓储	5890	1443	1272	94	52	7	2	16
邮政业	5900	659	647	5	4	3		
国家邮政	5910	547	541	3		3		
其他寄递服务	5990	112	106	2	4			
信息传输、计算机服务和软件业	G	**4896**	**4691**	**100**	**30**	**32**	**2**	**41**
电信和其他信息传输服务业	6000	3256	3149	39	11	28	2	27
电信	6010	1968	1907	16	3	19	2	21
互联网信息服务	6020	261	248	5	2	3		3
广播电视传输服务	6030	969	942	15	6	4		2
卫星传输服务	6040	58	52	3		2		1
计算机服务业	6100	826	774	31	8	1		12
计算机系统服务	6110	346	332	10	3			1
数据处理	6120	39	37		1			1
计算机维修	6130	42	37	4	1			
其他计算机服务	6190	399	368	17	3	1		10
软件业	6200	814	768	30	11	3		2
公共软件服务	6210	669	629	27	8	3		2
其他软件服务	6290	145	139	3	3			
批发和零售业	H	**53174**	**46536**	**5075**	**263**	**484**	**230**	**586**
批发业	6300	34116	29641	3411	184	321	164	395
农畜产品批发	6310	7288	6325	699	16	97	76	75
食品、饮料及烟草制品批发	6320	7093	6327	622	23	57	19	45
纺织、服装及日用品批发	6330	1547	1269	208	7	20	8	35
文化、体育用品及器材批发	6340	1127	1060	47	8	3		9
医药及医疗器材批发	6350	1209	1098	79	1	6	8	17
矿产品、建材及化工产品批发	6360	8589	7436	898	66	68	29	92
机械设备、五金交电及电子产品批发	6370	4676	4004	510	30	43	16	73
贸易经纪与代理	6380	915	756	125	11	8		15
其他批发	6390	1672	1366	223	22	19	8	34
零售业	6500	19058	16895	1664	79	163	66	191
综合零售	6510	3038	2598	349	9	31	15	36
食品、饮料及烟草制品专门零售	6520	3908	3218	571	9	45	22	43
纺织、服装及日用品专门零售	6530	1036	879	121	4	10	4	18
文化、体育用品及器材专门零售	6540	3089	2993	71	3	10		12
医药及医疗器材专门零售	6550	1725	1634	61	3	9	5	13
汽车、摩托车、燃料及零配件专门零售	6560	2827	2619	134	24	26	6	18
家用电器及电子产品专门零售	6570	931	814	81	10	8	2	16
五金、家具及室内装修材料专门零售	6580	1058	889	125	11	10	3	20
无店铺及其他零售	6590	1446	1251	151	6	14	9	15
住宿和餐饮业	I	**10983**	**10321**	**468**	**54**	**81**	**11**	**48**
住宿业	6600	8560	8079	344	35	64	8	30
旅游饭店	6610	4125	3943	132	18	26	2	4
一般旅馆	6620	3964	3712	188	12	31	5	16
其他住宿服务	6690	471	424	24	5	7	1	10
餐饮业	6700	2423	2242	124	19	17	3	18
正餐服务	6710	2021	1871	105	17	16	2	10
快餐服务	6720	135	125	6	1	1		2
饮料及冷饮服务	6730	38	34	2			1	1
其他餐饮服务	6790	229	212	11	1			5

2-08　续表 7

行业中类	代码	企业法人单位数(个)	营业	停业(歇业)	筹建	当年关闭	当年破产	其他
金融业	J	**9128**	**8968**	**72**	**58**	**7**	**2**	**21**
银行业	6800	3654	3642		6			6
中央银行	6810	48	48					
商业银行	6820	3183	3173		5			5
其他银行	6890	423	421		1			1
证券业	6900	491	485	4	1			1
证券市场管理	6910	16	14	1				1
证券经纪与交易	6920	410	409		1			
证券投资	6930	49	46	3				
证券分析与咨询	6940	16	16					
保险业	7000	3559	3532	6	18	2	1	
人寿保险	7010	1434	1422		12			
非人寿保险	7020	1930	1921	2	5	2		
保险辅助服务	7030	195	189	4	1		1	
其他金融活动	7100	1424	1309	62	33	5	1	14
金融信托与管理	7110	190	167	13	7	1	1	1
金融租赁	7120	28	25		3			
财务公司	7130	97	92	3	2			
邮政储蓄	7140	329	328		1			
典当	7150	118	113	1	2	1		1
其他未列明的金融活动	7190	662	584	45	18	3		12
房地产业	K	**18801**	**16401**	**1481**	**222**	**132**	**49**	**516**
房地产业	7200	18801	16401	1481	222	132	49	516
房地产开发经营	7210	7724	6773	576	88	49	8	230
物业管理	7220	5108	4778	202	53	19	7	49
房地产中介服务	7230	1028	906	80	10	14	1	17
其他房地产活动	7290	4941	3944	623	71	50	33	220
租赁和商务服务业	L	**23200**	**20236**	**1683**	**603**	**181**	**38**	**459**
租赁业	7300	711	600	65	4	12	2	28
机械设备租赁	7310	646	553	59	4	12	2	16
文化及日用品出租	7320	65	47	6				12
商务服务业	7400	22489	19636	1618	599	169	36	431
企业管理服务	7410	9860	8080	969	415	86	24	286
法律服务	7420	240	229	7	2	2		
咨询与调查	7430	2672	2361	189	52	23	3	44
广告业	7440	1710	1600	78	12	9		11
知识产权服务	7450	133	124	6	2	1		
职业中介服务	7460	1290	1171	82	13	10	1	13
市场管理	7470	1265	1171	48	21	6	5	14
旅行社	7480	2304	2150	93	30	15		16
其他商务服务	7490	3015	2750	146	52	17	3	47
科学研究、技术服务和地质勘查业	M	**13291**	**12331**	**594**	**164**	**63**	**8**	**131**
研究与试验发展	7500	1170	1035	85	19	5	3	23
自然科学研究与试验发展	7510	121	112	5	2			2
工程和技术研究与试验发展	7520	673	607	43	8	1	1	13

2-08 续表 8

行业中类	代码	企业法人单位数(个)	营业	停业(歇业)	筹建	当年关闭	当年破产	其他
农业科学研究与试验发展	7530	226	187	26	3	3	2	5
医学研究与试验发展	7540	133	112	11	6	1		3
社会人文科学研究与试验发展	7550	17	17					
专业技术服务业	7600	8608	8134	274	93	36	3	68
气象服务	7610	317	303	11	1			2
地震服务	7620	16	16					
海洋服务	7630	20	19		1			
测绘服务	7640	422	408	5	1	3		5
技术检测	7650	1397	1310	54	11	9	1	12
环境监测	7660	142	135	3	2	1		1
工程技术与规划管理	7670	5091	4858	124	60	15	2	32
其他专业技术服务	7690	1203	1085	77	17	8		16
科技交流和推广服务业	7700	2899	2596	212	37	20	2	32
技术推广服务	7710	2105	1885	159	22	14	1	24
科技中介服务	7720	433	387	28	9	3	1	5
其他科技服务	7790	361	324	25	6	3		3
地质勘查业	7800	614	566	23	15	2		8
矿产地质勘查	7810	263	236	11	12	1		3
基础地质勘查	7820	143	134	5		1		3
地质勘查技术服务	7830	208	196	7	3			2
水利、环境和公共设施管理业	**N**	**3375**	**2956**	**155**	**204**	**18**	**1**	**41**
水利管理业	7900	673	603	35	21	3		11
防洪管理	7910	67	56	8	2			1
水资源管理	7920	382	342	16	17	1		6
其他水利管理	7990	224	205	11	2	2		4
环境管理业	8000	717	582	24	98	5		8
自然保护	8010	66	56	4	5			1
环境治理	8020	651	526	20	93	5		7
公共设施管理业	8100	1985	1771	96	85	10	1	22
市政公共设施管理	8110	589	515	28	31	4		11
城市绿化管理	8120	641	598	27	10		1	5
游览景区管理	8130	755	658	41	44	6		6
居民服务和其他服务业	**O**	**3253**	**2926**	**206**	**40**	**34**	**4**	**43**
居民服务业	8200	1399	1275	79	16	9	2	18
家庭服务	8210	47	40	4	2			1
托儿所	8220	12	11				1	
洗染服务	8230	57	53	3	1			
理发及美容保健服务	8240	133	121	11	1			
洗浴服务	8250	177	161	10	1	4		1
婚姻服务	8260	62	58	3				1
殡葬服务	8270	271	259	5	6			1
摄影扩印服务	8280	178	162	11		2		3
其他居民服务	8290	462	410	32	5	3	1	11
其他服务业	8300	1854	1651	127	24	25	2	25
修理与维护	8310	883	804	58	4	10	1	6
清洁服务	8320	218	197	12	5	2		2
其他未列明的服务	8390	753	650	57	15	13	1	17

2-08 续表 9

行业中类	代码	企业法人单位数（个）	营业	停业（歇业）	筹建	当年关闭	当年破产	其他
教育	**P**	**1466**	**1346**	**68**	**16**	**9**		**27**
教育	8400	1466	1346	68	16	9		27
学前教育	8410	136	129	5	1	1		
初等教育	8420	40	29	1	1			9
中等教育	8430	86	76	1		4		5
高等教育	8440	31	31					
其他教育	8490	1173	1081	61	14	4		13
卫生、社会保障和社会福利业	**Q**	**1353**	**1280**	**44**	**9**	**6**	**2**	**12**
卫生	8500	1170	1125	24	6	3	2	10
医院	8510	494	475	9	1	2	2	5
卫生院及社区医疗活动	8520	283	278	3	1			1
门诊部医疗活动	8530	232	220	8	2			2
计划生育技术服务活动	8540	30	29					1
妇幼保健活动	8550	14	14					
专科疾病防治活动	8560	12	11	1				
疾病预防控制及防疫活动	8570	28	28					
其他卫生活动	8590	77	70	3	2	1		1
社会保障业	8600	63	60	2				1
社会福利业	8700	120	95	18	3	3		1
提供住宿的社会福利	8710	62	53	8		1		
不提供住宿的社会福利	8720	58	42	10	3	2		1
文化、体育和娱乐业	**R**	**4361**	**3990**	**258**	**46**	**14**	**4**	**49**
新闻出版业	8800	1445	1425	14	3	1		2
新闻业	8810	28	28					
出版业	8820	1417	1397	14	3	1		2
广播、电视、电影和音像业	8900	1714	1516	141	13	9	4	31
广播	8910	61	58	3				
电视	8920	366	347	12	7			
电影	8930	1218	1044	124	6	9	4	31
音像制作	8940	69	67	2				
文化艺术业	9000	563	495	42	16	2		8
文艺创作与表演	9010	130	111	14	3			2
艺术表演场馆	9020	109	92	9	5	1		2
图书馆与档案馆	9030	32	32					
文物及文化保护	9040	36	30	2	1			3
博物馆	9050	22	18	1	2	1		
烈士陵园、纪念馆	9060	4	2		1			1
群众文化活动	9070	96	90	5	1			
文化艺术经纪代理	9080	66	62	3	1			
其他文化艺术	9090	68	58	8	2			
体育	9100	183	157	19	4			3
体育组织	9110	63	54	7	1			1
体育场馆	9120	78	71	6				1
其他体育	9190	42	32	6	3			1
娱乐业	9200	456	397	42	10	2		5
室内娱乐活动	9210	176	150	22	2	1		1
游乐园	9220	54	44	5	4			1
休闲健身娱乐活动	9230	137	131	3	1	1		1
其他娱乐活动	9290	89	72	12	3			2

2-09 按行业(中类)、营业状态分组的企业法人单位从业人员数

行业中类	代码	从业人员数(人)	营业	停业(歇业)	筹建	当年关闭	当年破产	其他
总　　计	**0000**	**218893553**	**213169801**	**2906036**	**1188847**	**780436**	**200537**	**647896**
农、林、牧、渔业	**A**	**1487326**	**1485930**	**358**	**241**	**33**	**23**	**741**
农业	0100	868940	868492	84	167	16	3	178
谷物及其他作物的种植	0110	828534	828345	13	114			62
蔬菜、园艺作物的种植	0120	16076	15944	63	39	16	3	11
水果、坚果、饮料和香料作物的种植	0130	23827	23700	8	14			105
中药材的种植	0140	503	503					
林业	0200	545935	545622	68	19	10		216
林木的培育和种植	0210	59825	59512	68	19	10		216
木材和竹材的采运	0220	213393	213393					
林产品的采集	0230	272717	272717					
畜牧业	0300	47045	46550	93	55	5		342
牲畜的饲养	0310	29195	29116	62	12	5		
猪的饲养	0320	3091	3037	23	31			
家禽的饲养	0330	14039	13691	6				342
狩猎和捕捉动物	0340	2		2				
其他畜牧业	0390	718	706		12			
渔业	0400	5779	5748	4		2	20	5
海洋渔业	0410	1301	1299			2		
内陆渔业	0420	4478	4449	4			20	5
农、林、牧、渔服务业	0500	19627	19518	109				
农业服务业	0510	17632	17537	95				
林业服务业	0520	1267	1253	14				
畜牧服务业	0530	123	123					
渔业服务业	0540	605	605					
采矿业	**B**	**9907369**	**9436431**	**232343**	**117457**	**58479**	**16084**	**46575**
煤炭开采和洗选业	0600	5786535	5524442	105139	62691	38307	13051	42905
烟煤和无烟煤的开采洗选	0610	5595746	5337032	103557	61083	38246	13038	42790
褐煤的开采洗选	0620	169795	168211	978	588	17	1	
其他煤炭采选	0690	20994	19199	604	1020	44	12	115
石油和天然气开采业	0700	1126201	1124838	453	735	23		152
天然原油和天然气开采	0710	639916	639493	122	295	4		2
与石油和天然气开采有关的服务活动	0790	486285	485345	331	440	19		150
黑色金属矿采选业	0800	928632	852760	48661	18356	6704	1057	1094
铁矿采选	0810	844163	774626	45007	16469	6488	542	1031
其他黑色金属矿采选	0890	84469	78134	3654	1887	216	515	63
有色金属矿采选业	0900	743014	687251	30570	20216	3770	269	938
常用有色金属矿采选	0910	433407	394747	21922	14104	1827	157	650
贵金属矿采选	0920	195505	185437	4963	3404	1546	24	131
稀有稀土金属矿采选	0930	114102	107067	3685	2708	397	88	157
非金属矿采选业	1000	1307022	1233421	46480	14460	9524	1666	1471
土砂石开采	1010	965964	907415	37486	9937	8542	1557	1027
化学矿采选	1020	87777	82386	3719	1150	412	26	84
采盐	1030	121024	119988	557	168	43		268

2-09　续表 1

行业中类	代码	从　业人员数(人)	营业	停业(歇业)	筹建	当年关闭	当年破产	其他
石棉及其他非金属矿采选	1090	132257	123632	4718	3205	527	83	92
其他采矿业	1100	15965	13719	1040	999	151	41	15
制造业	**C**	**104323466**	**101391134**	**1480690**	**549341**	**512678**	**142976**	**246647**
农副食品加工业	1300	4547100	4431107	61164	26147	14441	5784	8457
谷物磨制	1310	758942	737922	11372	2977	4146	639	1886
饲料加工	1320	475380	464660	5909	2731	1105	438	537
植物油加工	1330	381971	368966	7013	2699	1325	1462	506
制糖	1340	182691	178653	1066	1262	1496	2	212
屠宰及肉类加工	1350	1003121	983220	11093	4319	1937	1148	1404
水产品加工	1360	566873	554850	5385	2789	1053	804	1992
蔬菜、水果和坚果加工	1370	636582	618291	11270	3968	1734	883	436
其他农副食品加工	1390	541540	524545	8056	5402	1645	408	1484
食品制造业	1400	2187868	2120401	32774	13724	9510	3724	7735
焙烤食品制造	1410	402978	393248	5812	2457	741	263	457
糖果、巧克力及蜜饯制造	1420	219988	215109	2451	1024	1074	90	240
方便食品制造	1430	388392	376762	5782	2471	2305	193	879
液体乳及乳制品制造	1440	234532	227385	3833	1689	794	368	463
罐头制造	1450	238019	231515	2485	771	1937	1059	252
调味品、发酵制品制造	1460	298131	285441	4918	1285	1442	1459	3586
其他食品制造	1490	405828	390941	7493	4027	1217	292	1858
饮料制造业	1500	1660349	1613138	23605	10837	9052	1650	2067
酒精制造	1510	56328	52688	2891	287	166	282	14
酒的制造	1520	890651	867035	10671	4705	6638	1097	505
软饮料制造	1530	489914	475496	7201	4174	1811	180	1052
精制茶加工	1540	223456	217919	2842	1671	437	91	496
烟草制品业	1600	208318	207924	222	45	87		40
烟叶复烤	1610	30109	30042	54	10	3		
卷烟制造	1620	167939	167785	55	15	84		
其他烟草制品加工	1690	10270	10097	113	20			40
纺织业	1700	8138641	7908838	120993	17354	47819	28398	15239
棉、化纤纺织及印染精加工	1710	3970937	3857441	59329	6774	24253	17919	5221
毛纺织和染整精加工	1720	430594	415335	6967	942	2980	3415	955
麻纺织	1730	123549	118060	3159	424	1121	649	136
丝绢纺织及精加工	1740	455522	439616	10542	789	3031	879	665
纺织制成品制造	1750	1220947	1186025	18112	3615	5406	2484	5305
针织品、编织品及其制品制造	1760	1937092	1892361	22884	4810	11028	3052	2957
纺织服装、鞋、帽制造业	1800	6448028	6270392	89485	24927	41907	9048	12269
纺织服装制造	1810	6044645	5876662	85547	21849	39763	8688	12136
纺织面料鞋的制造	1820	280630	272917	2516	3007	1726	360	104
制帽	1830	122753	120813	1422	71	418		29
皮革、毛皮、羽毛(绒)及其制品业	1900	3386625	3303135	40063	7195	27470	4061	4701
皮革鞣制加工	1910	219661	212511	5698	288	898	208	58
皮革制品制造	1920	2956690	2886976	30550	6303	24777	3708	4376
毛皮鞣制及制品加工	1930	101088	97356	2224	180	1038	110	180

2-09 续表 2

行业中类	代码	从 业 人员数 (人)	营业	停业 (歇业)	筹建	当年 关闭	当年 破产	其他
羽毛(绒)加工及制品制造	1940	109186	106292	1591	424	757	35	87
木材加工及木、竹、藤、棕、草制品业	2000	2390195	2322458	42222	9840	11171	1686	2818
锯材、木片加工	2010	575457	557902	11230	2682	2222	424	997
人造板制造	2020	1055862	1028653	16931	4205	4849	808	416
木制品制造	2030	488684	472844	9787	1946	2724	206	1177
竹、藤、棕、草制品制造	2040	270192	263059	4274	1007	1376	248	228
家具制造业	2100	1583432	1542528	18381	7456	11666	761	2640
木质家具制造	2110	1046854	1018149	13397	4585	8744	429	1550
竹、藤家具制造	2120	30556	29966	194	76	307		13
金属家具制造	2130	282816	277031	2578	724	1701	283	499
塑料家具制造	2140	22533	22016	342	110	50	1	14
其他家具制造	2190	200673	195366	1870	1961	864	48	564
造纸及纸制品业	2200	2190961	2121518	37761	11225	12060	4115	4282
纸浆制造	2210	61677	57294	1844	1281	711	147	400
造纸	2220	925723	893360	18361	4817	5800	2460	925
纸制品制造	2230	1203561	1170864	17556	5127	5549	1508	2957
印刷业和记录媒介的复制	2300	1543512	1507506	19148	6177	4975	1670	4036
印刷	2310	1418428	1385706	17575	5398	4628	1608	3513
装订及其他印刷服务活动	2320	107083	104278	1248	777	342	62	376
记录媒介的复制	2330	18001	17522	325	2	5		147
文教体育用品制造业	2400	1680598	1645416	15307	6320	10847	957	1751
文化用品制造	2410	247525	237429	3525	1027	4826	149	569
体育用品制造	2420	393209	387474	2245	1429	1630	130	301
乐器制造	2430	99489	97563	886	446	161	78	355
玩具制造	2440	901747	884783	8386	3259	4203	600	516
游艺器材及娱乐用品制造	2450	38628	38167	265	159	27		10
石油加工、炼焦及核燃料加工业	2500	921134	880447	21433	9748	8163	282	1061
精炼石油产品的制造	2510	473993	461143	5580	5652	735	95	788
炼焦	2520	436552	408767	15850	4052	7428	187	268
化学原料及化学制品制造业	2600	5624940	5408371	108505	53785	24318	11820	18141
基础化学原料制造	2610	1304728	1240499	31143	20948	6739	1994	3405
肥料制造	2620	855313	813165	21104	7201	4462	3238	6143
农药制造	2630	214552	207651	3538	1659	427	885	392
涂料、油墨、颜料及类似产品制造	2640	589992	571169	10085	4293	2933	424	1088
合成材料制造	2650	467145	452010	8354	2677	2051	146	1907
专用化学产品制造	2660	1784666	1730809	26871	14067	5947	2674	4298
日用化学产品制造	2670	408544	393068	7410	2940	1759	2459	908
医药制造业	2700	1682534	1639945	17139	13000	3683	1772	6995
化学药品原药制造	2710	339153	330119	5165	2703	523	205	438
化学药品制剂制造	2720	449521	441201	3021	2569	1685	262	783
中药饮片加工	2730	102679	99355	1647	1154	259	11	253
中成药制造	2740	412607	403089	2748	1568	269	230	4703
兽用药品制造	2750	87144	84745	1176	461	500	231	31
生物、生化制品的制造	2760	145279	137992	2362	3543	224	750	408

2-09　续表 3

行业中类	代码	从业人员数(人)	营业	停业(歇业)	筹建	当年关闭	当年破产	其他
卫生材料及医药用品制造	2770	146151	143444	1020	1002	223	83	379
化学纤维制造业	2800	475685	453809	13541	2594	2176	3230	335
纤维素纤维原料及纤维制造	2810	116344	107652	5589	1625	121	1269	88
合成纤维制造	2820	359341	346157	7952	969	2055	1961	247
橡胶制品业	2900	1282568	1244917	20530	4823	8376	1431	2491
轮胎制造	2910	336581	326481	6186	1270	1495	966	183
橡胶板、管、带的制造	2920	178327	173194	3971	632	294	89	147
橡胶零件制造	2930	220319	214840	2672	978	1626	63	140
再生橡胶制造	2940	38244	36723	984	206	185	79	67
日用及医用橡胶制品制造	2950	71719	70557	865	252	36	9	
橡胶靴鞋制造	2960	265825	258429	2394	366	3236	153	1247
其他橡胶制品制造	2990	171553	164693	3458	1119	1504	72	707
塑料制品业	3000	3899242	3800144	49146	17755	22494	3197	6506
塑料薄膜制造	3010	339712	331656	4200	1728	1124	674	330
塑料板、管、型材的制造	3020	527024	511650	8633	3510	2043	318	870
塑料丝、绳及编织品的制造	3030	472547	460068	8367	1314	1517	563	718
泡沫塑料制造	3040	158215	152694	2053	582	2482	94	310
塑料人造革、合成革制造	3050	107707	106039	787	432	260		189
塑料包装箱及容器制造	3060	366370	357304	4717	1790	1528	281	750
塑料零件制造	3070	526272	515497	4786	1888	3096	88	917
日用塑料制造	3080	633006	620573	5607	1969	3946	454	457
其他塑料制品制造	3090	768389	744663	9996	4542	6498	725	1965
非金属矿物制品业	3100	9390534	9025978	194818	62547	71856	12775	22560
水泥、石灰和石膏的制造	3110	1415523	1351223	30994	12425	15902	2793	2186
水泥及石膏制品制造	3120	1274283	1231201	24946	9491	4782	943	2920
砖瓦、石材及其他建筑材料制造	3130	3828142	3679394	80259	23731	34681	3214	6863
玻璃及玻璃制品制造	3140	1169588	1129089	22694	5937	7565	808	3495
陶瓷制品制造	3150	748240	724964	10813	2450	4421	3969	1623
耐火材料制品制造	3160	488481	468732	13460	2854	1763	693	979
石墨及其他非金属矿物制品制造	3190	466277	441375	11652	5659	2742	355	4494
黑色金属冶炼及压延加工业	3200	3372463	3264405	69399	12483	13706	8482	3988
炼铁	3210	332479	303588	19004	2190	4524	2627	546
炼钢	3220	552482	541093	6918	1141	1776	61	1493
钢压延加工	3230	2172485	2126784	30654	6873	6324	676	1174
铁合金冶炼	3240	315017	292940	12823	2279	1082	5118	775
有色金属冶炼及压延加工业	3300	2034949	1943922	44474	20124	10931	2567	12931
常用有色金属冶炼	3310	938724	887462	26113	8247	4912	1184	10806
贵金属冶炼	3320	70835	69195	806	701	113	14	6
稀有稀土金属冶炼	3330	129179	122694	3388	1866	516	9	706
有色金属合金制造	3340	116905	109497	2163	3797	881	160	407
有色金属压延加工	3350	779306	755074	12004	5513	4509	1200	1006
金属制品业	3400	5023298	4876095	76249	31022	25358	2193	12381
结构性金属制品制造	3410	1559857	1504526	28328	12282	9926	479	4316
金属工具制造	3420	603979	588193	8872	2975	2214	295	1430

2-09 续表 4

行业中类	代码	从业人员数(人)						
			营业	停业(歇业)	筹建	当年关闭	当年破产	其他
集装箱及金属包装容器制造	3430	336958	326663	7513	1484	736	113	449
金属丝绳及其制品的制造	3440	286902	278204	5659	1238	757	299	745
建筑、安全用金属制品制造	3450	628003	612610	7796	3480	2757	171	1189
金属表面处理及热处理加工	3460	412835	402870	4186	2024	2354	310	1091
搪瓷制品制造	3470	65121	63131	876	696	213	59	146
不锈钢及类似日用金属制品制造	3480	616859	603041	5662	2727	4413	204	812
其他金属制品制造	3490	512784	496857	7357	4116	1988	263	2203
通用设备制造业	3500	7243605	7034136	109460	37762	25688	8366	28193
锅炉及原动机制造	3510	482778	468897	7682	2044	1219	1259	1677
金属加工机械制造	3520	836583	809339	14529	5814	3356	485	3060
起重运输设备制造	3530	455674	443199	7567	1667	246	1053	1942
泵、阀门、压缩机及类似机械的制造	3540	1093029	1067559	10891	5011	3537	585	5446
轴承、齿轮、传动和驱动部件的制造	3550	712547	695287	6314	2109	3100	523	5214
烘炉、熔炉及电炉制造	3560	50442	48329	1618	244	117	67	67
风机、衡器、包装设备等通用设备制造	3570	912310	888505	10778	5848	3752	987	2440
通用零部件制造及机械修理	3580	1398165	1349807	27557	9517	5331	2389	3564
金属铸、锻加工	3590	1302077	1263214	22524	5508	5030	1018	4783
专用设备制造业	3600	4343870	4219073	56000	28499	11226	6026	23046
矿山、冶金、建筑专用设备制造	3610	1068196	1038302	12633	7097	1567	3112	5485
化工、木材、非金属加工专用设备制造	3620	957512	934878	11116	5588	2770	623	2537
食品、饮料、烟草及饲料生产专用设备制造	3630	157680	152621	3759	615	216	116	353
印刷、制药、日化生产专用设备制造	3640	225548	219103	3429	1870	426	234	486
纺织、服装和皮革工业专用设备制造	3650	353582	343033	6491	1291	1461	217	1089
农、林、牧、渔专用机械制造	3670	386247	365549	7561	1267	795	1031	10044
医疗仪器设备及器械制造	3680	298257	291881	1929	2969	738	43	697
环保、社会公共安全及其他专用设备制造	3690	437174	421800	6343	5309	2075	345	1302
交通运输设备制造业	3700	5811964	5703798	51490	29990	11947	5230	9509
铁路运输设备制造	3710	361239	355195	2316	680	612	1574	862
汽车制造	3720	3566495	3501615	32088	17517	6929	2713	5633
摩托车制造	3730	533596	526674	4131	951	1114	245	481
自行车制造	3740	276040	267548	3653	1649	1217	346	1627
船舶及浮动装置制造	3750	702227	684336	7075	8056	1781	216	763
航空航天器制造	3760	317121	315372	1368	334	3		44
交通器材及其他交通运输设备制造	3790	55246	53058	859	803	291	136	99
电气机械及器材制造业	3900	6294577	6157110	60679	35287	23185	7180	11136
电机制造	3910	740415	724103	6546	4002	1973	2027	1764
输配电及控制设备制造	3920	1736574	1694832	18632	10514	5269	2933	4394
电线、电缆、光缆及电工器材制造	3930	987837	966394	10031	4750	3758	1140	1764
电池制造	3940	508992	497460	3464	4765	2754	35	514
家用电力器具制造	3950	1193472	1176585	7349	4244	3885	258	1151
非电力家用器具制造	3960	136703	131375	1998	2119	454	457	300
照明器具制造	3970	829914	811230	9567	3697	4468	240	712
其他电气机械及器材制造	3990	160670	155131	3092	1196	624	90	537
通信设备、计算机及其他电子设备制造业	4000	7001203	6889199	39292	26788	29957	4397	11570

2-09 续表 5

行业中类	代码	从业人员数(人)	营业	停业(歇业)	筹建	当年关闭	当年破产	其他
通信设备制造	4010	895613	885506	4623	3399	1408	190	487
雷达及配套设备制造	4020	44436	44352	35	4	45		
广播电视设备制造	4030	121843	117956	982	632	519	1414	340
电子计算机制造	4040	1461869	1448558	2382	1819	7492	831	787
电子器件制造	4050	1068604	1049121	7672	6805	4427	47	532
电子元件制造	4060	2454168	2407565	15592	10468	13269	1123	6151
家用视听设备制造	4070	593859	584348	4777	1628	2322	189	595
其他电子设备制造	4090	360811	351793	3229	2033	475	603	2678
仪器仪表及文化、办公用机械制造业	4100	1496106	1468082	11700	6336	6033	312	3643
通用仪器仪表制造	4110	504592	495797	4127	2244	938	181	1305
专用仪器仪表制造	4120	202729	198270	1440	1559	602	82	776
钟表与计时仪器制造	4130	169757	165895	2559	562	180	27	534
光学仪器及眼镜制造	4140	323967	319684	2152	1058	467	22	584
文化、办公用机械制造	4150	262760	257131	691	790	3806		342
其他仪器仪表的制造及修理	4190	32301	31305	731	123	40		102
工艺品及其他制造业	4200	2255833	2197112	29354	11518	10836	1605	5408
工艺美术品制造	4210	1555093	1515030	20277	7855	8110	1054	2767
日用杂品制造	4220	445566	438148	3458	1191	1784	138	847
煤制品制造	4230	69868	66532	2381	478	354	46	77
其他未列明的制造业	4290	184354	176520	3171	1992	587	367	1717
废弃资源和废旧材料回收加工业	4300	203334	190230	6356	4033	1740	257	718
金属废料和碎屑的加工处理	4310	120797	113508	3391	2325	1012	202	359
非金属废料和碎屑的加工处理	4320	82537	76722	2965	1708	728	55	359
电力、燃气及水的生产和供应业	**D**	**4009933**	**3886852**	**28733**	**51207**	**16527**	**1526**	**25088**
电力、热力的生产和供应业	4400	3125705	3022585	22155	42050	14416	987	23512
电力生产	4410	1393996	1315833	19666	37051	12613	875	7958
电力供应	4420	1473536	1467145	1152	2630	304	1	2304
热力生产和供应	4430	258173	239607	1337	2369	1499	111	13250
燃气生产和供应业	4500	225713	217223	3002	2523	1544	403	1018
水的生产和供应业	4600	658515	647044	3576	6634	567	136	558
自来水的生产和供应	4610	601172	595193	2590	2475	478	136	300
污水处理及其再生利用	4620	50068	45119	772	3899	84		194
其他水的处理、利用与分配	4690	7275	6732	214	260	5		64
建筑业	**E**	**39068150**	**38761574**	**192525**	**41529**	**30944**	**7963**	**33615**
房屋和土木工程建筑业	4700	32427758	32251617	109966	19231	20905	7439	18600
房屋工程建筑	4710	25420372	25298025	76358	11749	13998	6719	13523
土木工程建筑	4720	7007386	6953592	33608	7482	6907	720	5077
建筑安装业	4800	3225836	3177719	31966	8282	3333	229	4307
建筑装饰业	4900	1866360	1815449	33039	7196	4332	219	6125
其他建筑业	5000	1548196	1516789	17554	6820	2374	76	4583
工程准备	5010	438644	428532	6461	2104	969	21	557
提供施工设备服务	5020	234844	230418	2256	1500	348	35	287
其他未列明的建筑活动	5090	874688	857819	8837	3216	1057	20	3739

2-09 续表 6

行业中类	代码	从业人员数(人)	营业	停业(歇业)	筹建	当年关闭	当年破产	其他
交通运输、仓储和邮政业	F	**8461703**	**8281184**	**82865**	**46290**	**18606**	**4145**	**28613**
铁路运输业	5100	53364	51909	687	610	22		136
铁路旅客运输	5110	5566	5535	31				
铁路货物运输	5120	32668	31634	491	519	22		2
铁路运输辅助活动	5130	15130	14740	165	91			134
道路运输业	5200	3331598	3259862	32966	11800	11536	3429	12005
公路旅客运输	5210	939057	933270	2895	721	905	444	822
道路货物运输	5220	1930678	1877695	27595	8561	6169	2954	7704
道路运输辅助活动	5230	461863	448897	2476	2518	4462	31	3479
城市公共交通业	5300	1589895	1569878	5867	4111	1734	1	8304
公共电汽车客运	5310	895096	881769	4091	181	1525		7530
轨道交通	5320	54749	54586	67	88			8
出租车客运	5330	600754	594718	1533	3801	167	1	534
城市轮渡	5340	6864	6845	13	6			
其他城市公共交通	5390	32432	31960	163	35	42		232
水上运输业	5400	794361	772891	16990	3553	539	49	339
水上旅客运输	5410	57145	55750	1134	210	17	21	13
水上货物运输	5420	466114	458993	5202	1250	458	25	186
水上运输辅助活动	5430	271102	258148	10654	2093	64	3	140
航空运输业	5500	313126	312275	182	581	48		40
航空客货运输	5510	219918	219623	56	222	10		7
通用航空服务	5520	5699	5617	40	24	11		7
航空运输辅助活动	5530	87509	87035	86	335	27		26
管道运输业	5600	24989	24937	27	25			
装卸搬运和其他运输服务业	5700	1060110	1017899	16379	17681	3078	262	4811
装卸搬运	5710	380245	369349	5978	1612	1726	182	1398
运输代理服务	5720	679865	648550	10401	16069	1352	80	3413
仓储业	5800	510798	490500	9128	6703	1291	404	2772
谷物、棉花等农产品仓储	5810	167306	161815	3239	846	498	319	589
其他仓储	5890	343492	328685	5889	5857	793	85	2183
邮政业	5900	783462	781033	639	1226	358		206
国家邮政	5910	665253	665162	25	10	51		5
其他寄递服务	5990	118209	115871	614	1216	307		201
信息传输、计算机服务和软件业	G	**3081726**	**3021197**	**30838**	**15518**	**4393**	**306**	**9474**
电信和其他信息传输服务业	6000	1452784	1436058	8505	1744	1482	129	4866
电信	6010	1185595	1178019	2329	530	672	120	3925
互联网信息服务	6020	144126	136108	5939	865	700	9	505
广播电视传输服务	6030	116239	115303	221	224	94		397
卫星传输服务	6040	6824	6628	16	125	16		39
计算机服务业	6100	739346	719775	10808	4663	1853	78	2169
计算机系统服务	6110	235373	228013	4009	2186	347	8	810
数据处理	6120	28397	27917	138	182	2		158
计算机维修	6130	33574	32844	433	135	91	4	67
其他计算机服务	6190	442002	431001	6228	2160	1413	66	1134
软件业	6200	889596	865364	11525	9111	1058	99	2439
公共软件服务	6210	741368	723474	9195	6093	903	93	1610
其他软件服务	6290	148228	141890	2330	3018	155	6	829

2-09　续表 7

行业中类	代码	从业人员数(人)	营业	停业(歇业)	筹建	当年关闭	当年破产	其他
批发和零售业	H	**18907576**	**18195856**	**401276**	**126694**	**70393**	**12481**	**100876**
批发业	6300	10545075	10071367	271262	86600	42435	7917	65494
农畜产品批发	6310	703434	663444	27099	4906	3563	2193	2229
食品、饮料及烟草制品批发	6320	1393836	1351728	26015	7654	3204	815	4420
纺织、服装及日用品批发	6330	1080986	1033299	27171	9283	3811	606	6816
文化、体育用品及器材批发	6340	304902	294298	5573	2184	1259	39	1549
医药及医疗器材批发	6350	557883	547595	5686	2037	921	217	1427
矿产品、建材及化工产品批发	6360	3210534	3049554	88974	30247	15894	2391	23474
机械设备、五金交电及电子产品批发	6370	2456752	2357496	55672	19705	7783	958	15138
贸易经纪与代理	6380	209352	193328	9064	3359	1114	125	2362
其他批发	6390	627396	580625	26008	7225	4886	573	8079
零售业	6500	8362501	8124489	130014	40094	27958	4564	35382
综合零售	6510	2856634	2800276	31287	7226	7821	1531	8493
食品、饮料及烟草制品专门零售	6520	492288	467028	16064	3251	2049	445	3451
纺织、服装及日用品专门零售	6530	747958	723859	13580	3456	3467	231	3365
文化、体育用品及器材专门零售	6540	404706	392937	6497	2262	822	58	2130
医药及医疗器材专门零售	6550	624861	614923	5374	1304	1503	196	1561
汽车、摩托车、燃料及零配件专门零售	6560	1228206	1199715	13977	6936	3781	516	3281
家用电器及电子产品专门零售	6570	971459	942835	14596	5073	3416	447	5092
五金、家具及室内装修材料专门零售	6580	568497	541219	15380	4666	2868	382	3982
无店铺及其他零售	6590	467892	441697	13259	5920	2231	758	4027
住宿和餐饮业	I	**5687081**	**5584292**	**51098**	**27242**	**15969**	**1725**	**6755**
住宿业	6600	2581884	2536395	23120	14458	4498	837	2576
旅游饭店	6610	1840997	1817353	12272	8353	2089	302	628
一般旅馆	6620	666192	647088	9937	5075	2229	501	1362
其他住宿服务	6690	74695	71954	911	1030	180	34	586
餐饮业	6700	3105197	3047897	27978	12784	11471	888	4179
正餐服务	6710	2558204	2509303	24309	10585	10216	787	3004
快餐服务	6720	369873	367381	1241	463	434	17	337
饮料及冷饮服务	6730	53028	51549	876	311	208	11	73
其他餐饮服务	6790	124092	119664	1552	1425	613	73	765
金融业	J	**4937420**	**4924481**	**3940**	**6557**	**541**	**74**	**1827**
银行业	6800	2698047	2696724	3	645			675
中央银行	6810	10670	10670					
商业银行	6820	2595483	2594254	3	598			628
其他银行	6890	91894	91800		47			47
证券业	6900	140969	140550	223	79	11	1	105
证券市场管理	6910	2234	2207	5				22
证券经纪与交易	6920	125710	125544	29	52	4		81
证券投资	6930	10805	10638	151	14			2
证券分析与咨询	6940	2220	2161	38	13	7	1	
保险业	7000	1886234	1881520	826	3266	241	40	341

2-09 续表 8

行业中类	代码	从业人员数(人)	营业	停业(歇业)	筹建	当年关闭	当年破产	其他
人寿保险	7010	1408009	1404978	149	2647	35		200
非人寿保险	7020	418270	417756	111	130	171	20	82
保险辅助服务	7030	59955	58786	566	489	35	20	59
其他金融活动	7100	212170	205687	2888	2567	289	33	706
金融信托与管理	7110	24312	23310	499	227	34	10	232
金融租赁	7120	2019	1963	8	41	7		
财务公司	7130	6198	5855	216	82	37	5	3
邮政储蓄	7140	87383	87379		4			
典当	7150	25073	24361	274	356	36	7	39
其他未列明的金融活动	7190	67185	62819	1891	1857	175	11	432
房地产业	**K**	**5428838**	**5124829**	**173709**	**57360**	**14490**	**3470**	**54980**
房地产业	7200	5428838	5124829	173709	57360	14490	3470	54980
房地产开发经营	7210	2076097	1918428	92839	24675	5030	537	34588
物业管理	7220	2460033	2403180	27281	18454	3212	371	7535
房地产中介服务	7230	364929	344037	12566	3493	1903	985	1945
其他房地产活动	7290	527779	459184	41023	10738	4345	1577	10912
租赁和商务服务业	**L**	**6831465**	**6552041**	**127225**	**71052**	**16165**	**8554**	**56428**
租赁业	7300	213256	201577	6357	2064	752	123	2383
机械设备租赁	7310	203935	192936	5977	1968	735	123	2196
文化及日用品出租	7320	9321	8641	380	96	17		187
商务服务业	7400	6618209	6350464	120868	68988	15413	8431	54045
企业管理服务	7410	1952846	1850962	40711	24381	4308	7464	25020
法律服务	7420	104952	103259	634	303	194	24	538
咨询与调查	7430	966258	907897	28633	17951	3241	305	8231
广告业	7440	593520	565346	15711	6004	2863	136	3460
知识产权服务	7450	33932	33068	568	168	49		79
职业中介服务	7460	1066672	1045508	11199	4232	1115	125	4493
市场管理	7470	380167	370246	3884	3641	705	138	1553
旅行社	7480	294745	286909	3907	2443	732	50	704
其他商务服务	7490	1225117	1187269	15621	9865	2206	189	9967
科学研究、技术服务和地质勘查业	**M**	**2683460**	**2584741**	**41967**	**34144**	**5795**	**421**	**16392**
研究与试验发展	7500	283891	267256	7202	6770	796	50	1817
自然科学研究与试验发展	7510	21331	19764	668	648	39	1	211
工程和技术研究与试验发展	7520	195053	186472	3607	3279	571	19	1105
农业科学研究与试验发展	7530	23655	20774	1458	1042	109	30	242
医学研究与试验发展	7540	40877	37428	1389	1765	52		243
社会人文科学研究与试验发展	7550	2975	2818	80	36	25		16
专业技术服务业	7600	1654187	1605000	21163	16633	3494	212	7685
气象服务	7610	7176	6992	85	4	74		21
地震服务	7620	918	916	1		1		
海洋服务	7630	2164	1986	29	48			101
测绘服务	7640	43637	42758	487	206	61		125
技术检测	7650	153402	149148	1801	1525	165	32	731
环境监测	7660	13164	12114	492	380	33		145

2-09　续表 9

行业中类	代码	从业人员数(人)	营业	停业(歇业)	筹建	当年关闭	当年破产	其他
工程技术与规划管理	7670	1110052	1088442	9920	5949	1932	89	3720
其他专业技术服务	7690	323674	302644	8348	8521	1228	91	2842
科技交流和推广服务业	7700	568931	541753	11771	8922	1407	128	4950
技术推广服务	7710	442046	422597	8360	6483	893	104	3609
科技中介服务	7720	55716	52530	1553	770	199	6	658
其他科技服务	7790	71169	66626	1858	1669	315	18	683
地质勘查业	7800	176451	170732	1831	1819	98	31	1940
矿产地质勘查	7810	133648	129312	1186	1358	40	1	1751
基础地质勘查	7820	16015	15715	195	33	24		48
地质勘查技术服务	7830	26788	25705	450	428	34	30	141
水利、环境和公共设施管理业	**N**	**649832**	**617070**	**12391**	**16458**	**1356**	**123**	**2434**
水利管理业	7900	38761	36613	827	860	9	38	414
防洪管理	7910	3940	3730	110	99			1
水资源管理	7920	21233	19984	371	673	8		197
其他水利管理	7990	13588	12899	346	88	1	38	216
环境管理业	8000	175845	167343	3275	3877	592	48	710
自然保护	8010	12751	11994	148	401	31		177
环境治理	8020	163094	155349	3127	3476	561	48	533
公共设施管理业	8100	435226	413114	8289	11721	755	37	1310
市政公共设施管理	8110	67423	64697	1184	993	140	13	396
城市绿化管理	8120	189856	183659	3078	2113	381	13	612
游览景区管理	8130	177947	164758	4027	8615	234	11	302
居民服务和其他服务业	**O**	**1762846**	**1703251**	**26321**	**14560**	**10212**	**292**	**8210**
居民服务业	8200	803594	775422	11585	5969	7273	156	3189
家庭服务	8210	43507	41496	1087	565	167	4	188
托儿所	8220	3474	3407	3	19		15	30
洗染服务	8230	33497	32307	411	577	103	1	98
理发及美容保健服务	8240	209265	204753	2412	772	633	30	665
洗浴服务	8250	244898	239200	2832	1753	503	56	554
婚姻服务	8260	15204	14404	427	220	78	6	69
殡葬服务	8270	36369	35702	157	361	23		126
摄影扩印服务	8280	74246	72520	721	616	188	13	188
其他居民服务	8290	143134	131633	3535	1086	5578	31	1271
其他服务业	8300	959252	927829	14736	8591	2939	136	5021
修理与维护	8310	385233	373757	6367	1923	1384	25	1777
清洁服务	8320	316784	308827	3348	2690	588	27	1304
其他未列明的服务	8390	257235	245245	5021	3978	967	84	1940
教育	**P**	**402653**	**389784**	**5015**	**2193**	**786**	**18**	**4857**
教育	8400	402653	389784	5015	2193	786	18	4857
学前教育	8410	63735	62048	410	145	25	5	1102
初等教育	8420	21121	20403	30	24	38	9	617
中等教育	8430	35842	34476	294	133	79		860
高等教育	8440	11595	11459	88	38	3		7
其他教育	8490	270360	261398	4193	1853	641	4	2271

2-09 续表 10

行业中类	代码	从业人员数(人)	营业	停业(歇业)	筹建	当年关闭	当年破产	其他
卫生、社会保障和社会福利业	Q	**438137**	**431246**	**1988**	**2607**	**625**	**84**	**1587**
卫生	8500	421500	416067	1701	2100	519	83	1030
医院	8510	296363	293491	596	1410	197	52	617
卫生院及社区医疗活动	8520	36970	36441	104	165	136		124
门诊部医疗活动	8530	61337	60204	517	261	129	16	210
计划生育技术服务活动	8540	2605	2511	75		6		13
妇幼保健活动	8550	4059	4029	18	5		5	2
专科疾病防治活动	8560	3377	3303	58	8	1		7
疾病预防控制及防疫活动	8570	2607	2572	11	6	4		14
其他卫生活动	8590	14182	13516	322	245	46	10	43
社会保障业	8600	6772	6209	78	112			373
社会福利业	8700	9865	8970	209	395	106	1	184
提供住宿的社会福利	8710	7630	6951	147	329	81		122
不提供住宿的社会福利	8720	2235	2019	62	66	25	1	62
文化、体育和娱乐业	R	**824572**	**797908**	**12754**	**8397**	**2444**	**272**	**2797**
新闻出版业	8800	164637	163872	313	208	87	2	155
新闻业	8810	4865	4849	15	1			
出版业	8820	159772	159023	298	207	87	2	155
广播、电视、电影和音像业	8900	137756	133003	2766	861	216	57	853
广播	8910	5894	5781	106	7			
电视	8920	60909	60306	253	211	82		57
电影	8930	60517	57078	2160	499	110	57	613
音像制作	8940	10436	9838	247	144	24		183
文化艺术业	9000	76157	70909	2438	1764	413	8	625
文艺创作与表演	9010	27052	25005	1048	735	186		78
艺术表演场馆	9020	7751	7236	263	67	36		149
图书馆与档案馆	9030	882	868	14				
文物及文化保护	9040	2571	2463	23	60			25
博物馆	9050	1753	1543	25	183	2		
烈士陵园、纪念馆	9060	431	375	1	39			16
群众文化活动	9070	6054	5681	180	89	17		87
文化艺术经纪代理	9080	12316	11535	293	297	57	2	132
其他文化艺术	9090	17347	16203	591	294	115	6	138
体育	9100	26826	25030	905	404	442		45
体育组织	9110	8438	7587	264	166	400		21
体育场馆	9120	11308	10711	448	110	25		14
其他体育	9190	7080	6732	193	128	17		10
娱乐业	9200	419196	405094	6332	5160	1286	205	1119
室内娱乐活动	9210	226047	220020	3277	1115	876	108	651
游乐园	9220	25231	23912	559	684	31		45
休闲健身娱乐活动	9230	139706	134770	1601	2752	243	77	263
其他娱乐活动	9290	28212	26392	895	609	136	20	160

2-10　按登记注册类型、营业状态分组的企业法人单位从业人员数

登记注册类型	从业人员数（人）	营业	停业(歇业)	筹建	当年关闭	当年破产	其他
总　　计	**218893553**	**213169801**	**2906036**	**1188847**	**780436**	**200537**	**647896**
内资企业	**187763886**	**182507971**	**2751624**	**1060178**	**657347**	**186486**	**600280**
国有企业	22021786	21456550	307885	50180	54710	71597	80864
集体企业	9053539	8645820	274169	13968	67444	12599	39539
股份合作企业	2641447	2560509	40407	18239	7275	2017	13000
联营企业	590313	568920	11088	3275	3569	1103	2358
国有联营企业	150574	144645	3477	969	865	428	190
集体联营企业	186545	178926	4255	1008	1404	154	798
国有与集体联营企业	94975	92254	1423	411	289	333	265
其他联营企业	158219	153095	1933	887	1011	188	1105
有限责任公司	44920276	44098715	363729	220374	89865	31267	116326
国有独资公司	4575424	4522768	20535	9056	4596	10132	8337
其他有限责任公司	40344852	39575947	343194	211318	85269	21135	107989
股份有限公司	14671163	14448768	95676	55024	14892	4774	52029
私营企业	91491886	88490795	1601930	681044	404616	60308	253193
私营独资企业	25658180	24671545	596722	154936	163143	26862	44972
私营合伙企业	4868419	4651715	124224	51258	27938	2752	10532
私营有限责任公司	56857061	55185435	817678	435567	202137	27972	188272
私营股份有限公司	4108226	3982100	63306	39283	11398	2722	9417
其他企业	2373476	2237894	56740	18074	14976	2821	42971
港、澳、台商投资企业	**14451525**	**14200893**	**78401**	**53001**	**82934**	**8223**	**28073**
合资经营企业(港、澳、台资)	3829621	3762450	30007	11812	16225	949	8178
合作经营企业(港、澳、台资)	591501	581694	3878	1202	3527	51	1149
港、澳、台商独资经营企业	9558174	9393312	42471	36833	61910	6487	17161
港、澳、台商投资股份有限公司	472229	463437	2045	3154	1272	736	1585
外商投资企业	**16678142**	**16460937**	**76011**	**75668**	**40155**	**5828**	**19543**
中外合资经营企业	5570440	5492348	34186	26538	8340	3396	5632
中外合作经营企业	578109	566814	4123	1759	4573	51	789
外资企业	9808054	9689705	32169	44796	26733	2040	12611
外商投资股份有限公司	721539	712070	5533	2575	509	341	511

2-11 按行业(中类)、开业(成立)

行业中类	代码	企业法人单位数(个)	1949年以前	1950-1977年	1978-1991年	1992-1995年	1996年
总　计	**0000**	**4959671**	**3808**	**72277**	**193617**	**246723**	**84769**
农、林、牧、渔业	**A**	**1395**	**38**	**558**	**83**	**37**	**17**
农业	0100	501	26	258	32	11	4
谷物及其他作物的种植	0110	313	24	222	21	6	1
蔬菜、园艺作物的种植	0120	91	1	12	4	2	1
水果、坚果、饮料和香料作物的种植	0130	85	1	23	7	3	2
中药材的种植	0140	12		1			
林业	0200	376	9	248	29	9	4
林木的培育和种植	0210	181	3	84	19	6	3
木材和竹材的采运	0220	78	6	60	5		1
林产品的采集	0230	117		104	5	3	
畜牧业	0300	378	2	22	11	12	6
牲畜的饲养	0310	138	2	16	1	1	2
猪的饲养	0320	122		2	3	5	2
家禽的饲养	0330	86		2	6	5	2
狩猎和捕捉动物	0340	1					
其他畜牧业	0390	31		2	1	1	
渔业	0400	58	1	7	3	2	3
海洋渔业	0410	19		2	1	1	
内陆渔业	0420	39	1	5	2	1	3
农、林、牧、渔服务业	0500	82		23	8	3	
农业服务业	0510	53		15	1	3	
林业服务业	0520	17		4	7		
畜牧服务业	0530	7		2			
渔业服务业	0540	5		2			
采矿业	**B**	**97313**	**70**	**1507**	**5634**	**4597**	**1837**
煤炭开采和洗选业	0600	21931	38	816	2419	1681	679
烟煤和无烟煤的开采洗选	0610	20901	38	779	2349	1639	647
褐煤的开采洗选	0620	562		30	40	25	21
其他煤炭采选	0690	468		7	30	17	11
石油和天然气开采业	0700	1363	2	9	27	48	13
天然原油和天然气开采	0710	291	1	2	9	17	7
与石油和天然气开采有关的服务活动	0790	1072	1	7	18	31	6
黑色金属矿采选业	0800	17469	3	73	477	436	195
铁矿采选	0810	15609	3	52	418	390	172
其他黑色金属矿采选	0890	1860		21	59	46	23
有色金属矿采选业	0900	10686	5	117	486	474	192
常用有色金属矿采选	0910	7491	1	72	228	280	109
贵金属矿采选	0920	2039	3	25	221	157	47
稀有稀土金属矿采选	0930	1156	1	20	37	37	36
非金属矿采选业	1000	45159	22	487	2200	1940	753
土砂石开采	1010	38505	8	330	1596	1601	623
化学矿采选	1020	1552	2	37	113	79	33
采盐	1030	850	10	72	244	57	14
石棉及其他非金属矿采选	1090	4252	2	48	247	203	83
其他采矿业	1100	705		5	25	18	5
制造业	**C**	**1818331**	**969**	**20486**	**85398**	**109992**	**37658**
农副食品加工业	1300	102307	37	1559	4393	5445	2265
谷物磨制	1310	28585	18	311	1231	1679	705

时间分组的企业法人单位数

1997年	1998年	1999年	2000年	2001年	2002年	2003年	2004年	2005年	2006年	2007年	2008年	开业时间不详	代码
92566	**155992**	**156014**	**244415**	**297505**	**333989**	**420562**	**445938**	**508315**	**604767**	**600422**	**465339**	**32653**	**0000**
21	**39**	**35**	**49**	**41**	**51**	**71**	**72**	**62**	**71**	**72**	**77**	**1**	**A**
3	14	10	17	16	17	19	20	14	18	16	6		0100
1	4	1	1	3	7	5	5	4	4	2	2		0110
1	7	3	7	6	6	9	7	8	7	8	2		0120
1	1	6	8	6	4	3	7	1	4	6	2		0130
	2		1	1		2	1	1	3				0140
4	5	6	7	4	7	7	8	9	8	7	4	1	0200
3	5	5	7	4	6	5	3	8	8	7	4	1	0210
1		1				2	1	1					0220
					1		4						0230
8	13	14	19	13	22	32	34	29	36	40	65		0300
4	4	3	4	4	4	11	14	11	14	17	26		0310
1	3	8	5	5	8	10	12	7	13	11	27		0320
	5	2	9	3	7	6	7	6	5	12	9		0330
					1								0340
3	1	1	1	1	2	5	1	5	4		3		0390
6	2	4	3	2	3	7	5	2	4	4			0400
2	2	1	1	2	1	2	1	1	1	1			0410
4		3	2		2	5	4	1	3	3			0420
	5	1	3	6	2	6	5	8	5	5	2		0500
	4	1	2	2	2	3	3	7	4	4	2		0510
	1		1	1			1		1	1			0520
				3		2							0530
						1	1	1					0540
1653	**3288**	**2520**	**4313**	**5514**	**5632**	**8249**	**9935**	**10956**	**12014**	**10552**	**7838**	**1204**	**B**
566	939	674	1011	1217	1109	1779	1915	2055	1877	1562	1202	392	0600
543	899	645	961	1162	1051	1706	1832	1959	1760	1451	1094	386	0610
16	27	19	27	24	27	41	47	54	60	57	45	2	0620
7	13	10	23	31	31	32	36	42	57	54	63	4	0690
17	158	48	71	79	68	93	112	114	178	159	156	11	0700
9	66	17	15	12	12	21	14	20	25	24	13	7	0710
8	92	31	56	67	56	72	98	94	153	135	143	4	0790
153	321	292	619	814	900	1502	2408	2512	2402	2237	1855	270	0800
135	295	265	551	740	818	1333	2169	2222	2150	1997	1658	241	0810
18	26	27	68	74	82	169	239	290	252	240	197	29	0890
184	284	273	426	526	549	789	961	1176	1602	1443	983	216	0900
98	197	178	280	371	372	570	695	851	1217	1089	739	144	0910
61	62	72	108	115	127	141	167	147	193	207	141	45	0920
25	25	23	38	40	50	78	99	178	192	147	103	27	0930
727	1564	1214	2160	2834	2973	4038	4481	5016	5844	5059	3541	306	1000
589	1306	1019	1819	2460	2596	3556	3859	4401	5105	4385	3015	237	1010
34	59	39	85	77	79	113	143	147	179	161	150	22	1020
15	33	21	29	25	31	36	111	63	48	29	11	1	1030
89	166	135	227	272	267	333	368	405	512	484	365	46	1090
6	22	19	26	44	33	48	58	83	111	92	101	9	1100
39871	**67075**	**63620**	**99645**	**121067**	**133287**	**160953**	**161300**	**174333**	**204459**	**189294**	**135093**	**13831**	**C**
2463	4643	4155	6658	7300	7662	8974	9116	10041	10591	9616	6660	729	1300
755	1564	1216	2162	2367	2246	2591	2672	2729	2703	2184	1368	84	1310

2-11 续表 1

行业中类	代码	企业法人单位数(个)	1949年以前	1950-1977年	1978-1991年	1992-1995年	1996年
饲料加工	1320	11888		21	356	548	266
植物油加工	1330	9820	8	185	545	484	216
制糖	1340	627	1	49	65	50	8
屠宰及肉类加工	1350	16060	3	824	923	837	355
水产品加工	1360	8509	1	52	495	723	225
蔬菜、水果和坚果加工	1370	13742	1	32	332	606	275
其他农副食品加工	1390	13076	5	85	446	518	215
食品制造业	1400	41714	33	560	2024	2647	962
焙烤食品制造	1410	10140	8	138	467	555	231
糖果、巧克力及蜜饯制造	1420	4638	2	33	230	406	123
方便食品制造	1430	6491	4	79	283	373	136
液体乳及乳制品制造	1440	1912	2	37	87	80	39
罐头制造	1450	2986	2	28	162	221	59
调味品、发酵制品制造	1460	6683	10	184	465	466	189
其他食品制造	1490	8864	5	61	330	546	185
饮料制造业	1500	34978	57	672	2296	2213	879
酒精制造	1510	438	2	5	20	28	9
酒的制造	1520	13436	47	322	1203	1007	418
软饮料制造	1530	12083	5	47	317	579	253
精制茶加工	1540	9021	3	298	756	599	199
烟草制品业	1600	251	18	23	41	23	5
烟叶复烤	1610	87		2	12	9	1
卷烟制造	1620	82	18	17	13	4	1
其他烟草制品加工	1690	82		4	16	10	3
纺织业	1700	108023	63	813	3660	5178	1842
棉、化纤纺织及印染精加工	1710	42300	33	351	1417	1718	662
毛纺织和染整精加工	1720	5162	3	34	261	364	131
麻纺织	1730	977		16	59	43	16
丝绢纺织及精加工	1740	6766	6	57	221	281	91
纺织制成品制造	1750	23984	9	193	836	1219	431
针织品、编织品及其制品制造	1760	28834	12	162	866	1553	511
纺织服装、鞋、帽制造业	1800	79494	18	493	2210	3952	1280
纺织服装制造	1810	74422	13	427	2017	3640	1185
纺织面料鞋的制造	1820	3569	3	38	138	213	74
制帽	1830	1503	2	28	55	99	21
皮革、毛皮、羽毛(绒)及其制品业	1900	31232	9	196	1110	2160	720
皮革鞣制加工	1910	2572	1	30	126	228	67
皮革制品制造	1920	24545	6	129	842	1755	576
毛皮鞣制及制品加工	1930	2442	2	25	65	74	29
羽毛(绒)加工及制品制造	1940	1673		12	77	103	48
木材加工及木、竹、藤、棕、草制品业	2000	62693	9	351	1676	2190	935
锯材、木片加工	2010	23643	3	158	658	639	289
人造板制造	2020	17459	5	46	231	496	217
木制品制造	2030	14502	1	101	555	697	278
竹、藤、棕、草制品制造	2040	7089		46	232	358	151
家具制造业	2100	36116	3	215	1035	1799	780
木质家具制造	2110	26597	3	172	818	1349	604
竹、藤家具制造	2120	673		2	22	35	8
金属家具制造	2130	4014		30	113	239	88

1997年	1998年	1999年	2000年	2001年	2002年	2003年	2004年	2005年	2006年	2007年	2008年	开业时间不详	代码
322	543	536	746	789	862	1039	1043	1368	1390	1169	821	69	1320
194	386	388	636	768	783	954	943	871	931	823	630	75	1330
15	22	14	25	51	43	54	50	49	51	44	32	4	1340
408	749	623	952	1010	1105	1295	1347	1446	1455	1459	1158	111	1350
247	396	366	511	615	670	743	627	763	780	680	490	125	1360
280	498	516	807	883	1005	1177	1298	1454	1731	1628	1081	138	1370
242	485	496	819	817	948	1121	1136	1361	1550	1629	1080	123	1390
1107	1960	1604	2593	2919	2877	3423	3463	3866	4270	4061	3041	304	1400
242	448	346	600	680	633	841	829	930	1116	1152	865	59	1410
167	268	193	266	296	319	347	339	401	495	465	269	19	1420
148	295	243	438	431	437	506	542	619	674	672	558	53	1430
43	75	82	135	158	176	181	196	191	151	154	105	20	1440
94	138	113	197	219	212	248	251	310	297	235	180	20	1450
202	383	287	408	493	461	504	528	543	578	548	403	31	1460
211	353	340	549	642	639	796	778	872	959	835	661	102	1490
926	1785	1535	2258	2424	2482	2837	2737	3087	3307	3118	2116	249	1500
11	18	15	17	27	26	37	34	66	64	29	24	6	1510
468	853	701	981	955	912	1045	903	970	1023	935	606	87	1520
269	531	519	791	890	979	1078	1129	1248	1348	1188	795	117	1530
178	383	300	469	552	565	677	671	803	872	966	691	39	1540
6	13	12	12	15	7	16	11	15	19	3	10	2	1600
2	5	8	5	6	1	7	6	9	9	1	4		1610
	2	1	2	4		6	3	2	5	1	2	1	1620
4	6	3	5	5	6	3	2	4	5	1	4	1	1690
2081	3543	3646	6560	7251	9801	11289	10493	10978	12933	10637	6727	528	1700
815	1338	1369	2663	2925	4185	4591	4214	4566	5172	3854	2287	140	1710
126	224	220	354	372	428	493	417	412	539	482	283	19	1720
21	36	28	74	71	75	127	118	85	95	67	39	7	1730
111	242	233	483	479	672	1012	736	549	675	565	311	42	1740
492	843	847	1326	1534	2025	2296	2225	2491	2876	2418	1803	120	1750
516	860	949	1660	1870	2416	2770	2783	2875	3576	3251	2004	200	1760
1428	2104	2198	4112	4954	5682	6974	7346	8261	10469	10417	7149	447	1800
1308	1924	2029	3847	4605	5332	6525	6942	7772	9848	9841	6751	416	1810
77	123	123	159	243	221	297	281	346	474	430	300	29	1820
43	57	46	106	106	129	152	123	143	147	146	98	2	1830
671	1043	1045	1647	2031	2240	2533	2540	2984	3758	3668	2653	224	1900
65	108	88	150	197	229	226	206	278	258	180	130	5	1910
515	797	811	1257	1533	1713	1922	1971	2294	2962	3047	2208	207	1920
34	62	76	130	160	163	241	247	263	379	297	189	6	1930
57	76	70	110	141	135	144	116	149	159	144	126	6	1940
960	1898	1754	3159	4035	4412	5684	5838	7054	8853	8516	5113	256	2000
318	705	610	1157	1489	1651	2000	2144	2854	3531	3515	1864	58	2010
267	483	486	907	1191	1263	1832	1841	1910	2532	2298	1381	73	2020
263	469	437	715	909	944	1204	1277	1555	1873	1857	1279	88	2030
112	241	221	380	446	554	648	576	735	917	846	589	37	2040
811	1399	1255	2014	2381	2477	3159	3383	3654	4378	4219	2935	219	2100
615	1067	969	1557	1807	1802	2321	2477	2686	3130	3010	2062	148	2110
15	19	16	37	45	51	48	60	68	105	84	57	1	2120
90	154	128	196	256	314	351	366	362	512	457	323	35	2130

2-11 续表 2

行业中类	代码	企业法人单位数(个)	1949年以前	1950-1977年	1978-1991年	1992-1995年	1996年
塑料家具制造	2140	531		2	4	22	9
其他家具制造	2190	4301		9	78	154	71
造纸及纸制品业	2200	48624	33	419	2516	3170	1208
纸浆制造	2210	871		16	47	78	24
造纸	2220	12087	24	181	795	897	379
纸制品制造	2230	35666	9	222	1674	2195	805
印刷业和记录媒介的复制	2300	52680	108	1042	4997	4983	1545
印刷	2310	47798	102	956	4508	4496	1397
装订及其他印刷服务活动	2320	4642	5	81	472	467	140
记录媒介的复制	2330	240	1	5	17	20	8
文教体育用品制造业	2400	20118	10	126	851	1347	423
文化用品制造	2410	5400	7	74	269	344	144
体育用品制造	2420	4725		20	152	283	107
乐器制造	2430	1335	1	19	64	92	29
玩具制造	2440	7942	1	13	344	584	130
游艺器材及娱乐用品制造	2450	716	1		22	44	13
石油加工、炼焦及核燃料加工业	2500	6424	7	64	309	395	129
精炼石油产品的制造	2510	4671	6	42	247	313	101
炼焦	2520	1731	1	20	61	81	27
化学原料及化学制品制造业	2600	96171	68	1196	5102	6633	2169
基础化学原料制造	2610	16815	15	248	1065	1129	400
肥料制造	2620	8989	5	271	330	414	200
农药制造	2630	2500	2	52	193	210	70
涂料、油墨、颜料及类似产品制造	2640	18423	14	109	897	1395	440
合成材料制造	2650	6065	6	57	278	399	140
专用化学产品制造	2660	34185	13	381	1899	2263	671
日用化学产品制造	2670	9194	13	78	440	823	248
医药制造业	2700	15285	39	359	799	1221	368
化学药品原药制造	2710	2235	7	55	134	177	50
化学药品制剂制造	2720	2267	15	105	164	263	70
中药饮片加工	2730	2027	2	25	85	116	40
中成药制造	2740	2731	10	127	168	261	90
兽用药品制造	2750	1345		22	71	76	23
生物、生化制品的制造	2760	2403	4	7	66	164	50
卫生材料及医药用品制造	2770	2277	1	18	111	164	45
化学纤维制造业	2800	4521	2	21	150	246	72
纤维素纤维原料及纤维制造	2810	790	1	5	31	50	8
合成纤维制造	2820	3731	1	16	119	196	64
橡胶制品业	2900	20743	11	238	1166	1416	523
轮胎制造	2910	1880	1	25	82	99	44
橡胶板、管、带的制造	2920	3995	4	56	225	271	87
橡胶零件制造	2930	6041	1	80	394	461	178
再生橡胶制造	2940	1104		8	49	74	26
日用及医用橡胶制品制造	2950	1010		11	53	79	28
橡胶靴鞋制造	2960	1865	3	23	136	173	65
其他橡胶制品制造	2990	4848	2	35	227	259	95
塑料制品业	3000	98293	9	455	3692	5662	1913
塑料薄膜制造	3010	8904	1	67	353	563	205

1997年	1998年	1999年	2000年	2001年	2002年	2003年	2004年	2005年	2006年	2007年	2008年	开业时间不详	代码
10	18	19	25	34	40	43	50	50	71	74	55	5	2140
81	141	123	199	239	270	396	430	488	560	594	438	30	2190
1189	1882	1879	2779	3370	3768	4373	4280	4449	5134	4695	3228	252	2200
21	25	36	38	54	58	72	71	77	84	79	75	16	2210
314	463	493	697	851	946	1137	995	1021	1087	1034	712	61	2220
854	1394	1350	2044	2465	2764	3164	3214	3351	3963	3582	2441	175	2230
1641	2500	1950	3019	3605	3827	4734	4280	3968	4363	3652	2346	120	2300
1484	2281	1753	2739	3347	3470	4320	3866	3615	3930	3300	2120	114	2310
141	205	180	269	248	336	389	396	342	413	337	216	5	2320
16	14	17	11	10	21	25	18	11	20	15	10	1	2330
414	658	683	1039	1319	1374	1862	1903	1883	2265	2211	1622	128	2400
139	222	230	318	381	417	491	510	493	512	483	341	25	2410
82	157	161	243	278	338	402	501	468	583	512	397	41	2420
28	38	50	95	113	90	116	124	126	124	121	92	13	2430
148	215	227	354	504	479	781	692	731	964	1011	722	42	2440
17	26	15	29	43	50	72	76	65	82	84	70	7	2450
143	242	216	335	445	496	674	676	582	606	546	441	118	2500
113	185	181	274	358	358	395	397	401	461	441	316	82	2510
30	56	33	61	86	138	277	276	180	140	103	125	36	2520
2370	4023	3872	5753	7115	7276	8489	8258	9056	10067	8140	5733	851	2600
390	686	647	1005	1146	1157	1580	1468	1594	1708	1401	1004	172	2610
188	374	303	465	567	670	775	821	939	967	851	745	104	2620
68	137	123	161	189	157	201	174	219	212	183	133	16	2630
519	806	830	1175	1410	1521	1737	1637	1554	1688	1502	1039	150	2640
149	237	231	388	445	474	554	543	543	594	572	391	64	2650
758	1347	1307	2013	2658	2624	2868	2891	3467	4006	2868	1886	265	2660
298	436	431	546	700	673	774	724	740	892	763	535	80	2670
392	671	598	857	1105	1122	1336	1391	1395	1343	1179	933	177	2700
71	111	79	112	150	162	207	192	185	184	176	165	18	2710
61	111	87	135	184	187	177	173	179	136	105	87	28	2720
38	77	69	87	120	142	189	229	225	204	195	163	21	2730
84	148	102	160	219	192	243	237	208	189	153	117	23	2740
37	58	86	79	101	106	95	133	135	148	101	62	12	2750
47	73	92	144	154	180	210	221	247	238	245	205	56	2760
54	93	83	140	177	153	215	206	216	244	204	134	19	2770
90	127	157	278	273	383	524	461	413	593	452	251	28	2800
20	20	29	51	48	61	80	75	74	98	71	63	5	2810
70	107	128	227	225	322	444	386	339	495	381	188	23	2820
507	834	796	1151	1468	1534	1820	1753	1939	2112	1934	1394	147	2900
39	73	53	101	126	131	162	132	184	236	195	183	14	2910
99	155	148	210	293	315	368	313	397	377	376	272	29	2920
167	261	270	365	484	464	541	511	528	511	460	313	52	2930
22	34	33	51	77	79	103	101	92	119	135	93	8	2940
33	50	37	65	61	72	109	71	87	112	81	55	6	2950
56	71	88	111	107	134	126	151	145	186	173	110	7	2960
91	190	167	248	320	339	411	474	506	571	514	368	31	2990
2099	3420	3466	5562	6815	8048	8855	8864	9626	11460	10436	7232	679	3000
210	333	324	538	648	779	822	742	910	983	825	554	47	3010

2-11 续表 3

行业中类	代码	企业法人单位数(个)	1949年以前	1950-1977年	1978-1991年	1992-1995年	1996年
塑料板、管、型材的制造	3020	14099	3	86	439	707	214
塑料丝、绳及编织品的制造	3030	10401		64	478	580	236
泡沫塑料制造	3040	5030		13	215	301	126
塑料人造革、合成革制造	3050	1153		5	48	101	27
塑料包装箱及容器制造	3060	10962	1	51	390	600	225
塑料零件制造	3070	13315		44	499	762	259
日用塑料制造	3080	12832	2	62	584	900	275
其他塑料制品制造	3090	21597	2	63	686	1148	346
非金属矿物制品业	3100	211191	71	3029	15854	15097	5271
水泥、石灰和石膏的制造	3110	14651	14	694	1327	1215	404
水泥及石膏制品制造	3120	48940	8	317	2814	3120	1237
砖瓦、石材及其他建筑材料制造	3130	99509	22	1425	9280	7697	2569
玻璃及玻璃制品制造	3140	15922	10	149	703	934	331
陶瓷制品制造	3150	8938	7	186	467	635	202
耐火材料制品制造	3160	11601	9	155	752	861	272
石墨及其他非金属矿物制品制造	3190	11630	1	103	511	635	256
黑色金属冶炼及压延加工业	3200	18939	10	217	809	1039	351
炼铁	3210	2687		29	108	124	42
炼钢	3220	788	2	23	34	54	9
钢压延加工	3230	12400	8	140	520	745	244
铁合金冶炼	3240	3064		25	147	116	56
有色金属冶炼及压延加工业	3300	21497	12	184	864	1258	415
常用有色金属冶炼	3310	5907	3	60	194	285	95
贵金属冶炼	3320	591		16	27	42	18
稀有稀土金属冶炼	3330	1402		14	38	64	23
有色金属合金制造	3340	2155	1	18	82	128	34
有色金属压延加工	3350	11442	8	76	523	739	245
金属制品业	3400	132747	29	1292	5487	7424	2403
结构性金属制品制造	3410	47440	5	286	1485	2219	781
金属工具制造	3420	17669	6	340	740	1067	334
集装箱及金属包装容器制造	3430	5619	2	80	330	445	120
金属丝绳及其制品的制造	3440	7026	4	76	336	417	129
建筑、安全用金属制品制造	3450	15167	3	129	560	844	280
金属表面处理及热处理加工	3460	10935		157	997	841	208
搪瓷制品制造	3470	989	1	25	46	58	27
不锈钢及类似日用金属制品制造	3480	12439	4	91	405	759	262
其他金属制品制造	3490	15463	4	108	588	774	262
通用设备制造业	3500	181966	96	2281	8786	10841	3606
锅炉及原动机制造	3510	7091	12	215	501	527	178
金属加工机械制造	3520	22489	25	343	893	1096	358
起重运输设备制造	3530	5620	5	151	279	370	129
泵、阀门、压缩机及类似机械的制造	3540	23852	17	362	1149	1588	524
轴承、齿轮、传动和驱动部件的制造	3550	12586	3	159	515	688	285
烘炉、熔炉及电炉制造	3560	1749		17	69	117	28
风机、衡器、包装设备等通用设备制造	3570	21410	15	254	817	1248	420
通用零部件制造及机械修理	3580	55742	10	426	2497	2932	975
金属铸、锻加工	3590	31427	9	354	2066	2275	709
专用设备制造业	3600	92805	66	1405	3619	4862	1679

1997年	1998年	1999年	2000年	2001年	2002年	2003年	2004年	2005年	2006年	2007年	2008年	开业时间不详	代码
229	497	481	890	1038	1245	1335	1293	1342	1601	1473	1121	105	3020
246	454	352	622	781	882	930	927	979	1162	1018	643	47	3030
140	179	192	308	361	383	477	411	453	578	524	351	18	3040
28	52	55	61	82	100	85	106	106	112	89	83	13	3050
241	363	349	575	746	901	1038	998	1078	1309	1202	813	82	3060
269	414	481	728	885	1093	1188	1226	1272	1589	1508	1002	96	3070
314	510	513	731	911	1068	1102	1102	1186	1378	1246	832	116	3080
422	618	719	1109	1363	1597	1878	2059	2300	2748	2551	1833	155	3090
4649	8859	7194	11322	13354	13520	17038	16845	18639	22998	20795	15295	1361	3100
312	681	544	818	962	942	1246	1226	1087	1168	1071	829	111	3110
1130	2305	1698	2883	3262	3274	4046	3888	4502	5470	5110	3653	223	3120
2078	3966	3100	5012	5729	5847	7447	7326	8356	11384	10135	7550	586	3130
368	561	582	827	1020	1155	1386	1393	1551	1765	1728	1333	126	3140
218	390	385	495	629	668	811	747	864	851	806	498	79	3150
291	485	474	592	895	789	1074	1135	1122	1111	837	628	119	3160
252	471	411	695	857	845	1028	1130	1157	1249	1108	804	117	3190
352	591	603	905	1152	1377	2149	2121	1965	1892	1827	1386	193	3200
29	60	62	117	171	240	370	316	324	247	240	172	36	3210
18	18	26	38	49	67	98	91	58	66	70	59	8	3220
238	424	426	625	744	888	1282	1230	1269	1318	1252	935	112	3230
67	89	89	125	188	182	399	484	314	261	265	220	37	3240
456	676	726	1087	1392	1452	1770	1917	2120	2599	2604	1707	258	3300
114	160	208	296	342	332	471	552	618	813	808	461	95	3310
18	14	12	32	33	48	62	48	52	54	60	42	13	3320
33	51	38	56	76	81	101	133	176	203	165	136	14	3330
37	71	72	114	145	156	205	191	234	247	235	159	26	3340
254	380	396	589	796	835	931	993	1040	1282	1336	909	110	3350
2735	4426	4649	6999	8786	9740	11819	11907	13047	15355	14538	10947	1164	3400
859	1510	1508	2299	3060	3471	4305	4259	4789	5876	5733	4511	484	3410
436	671	684	1129	1223	1332	1578	1609	1709	1856	1670	1185	100	3420
149	223	250	315	366	433	438	472	543	539	525	344	45	3430
156	275	290	398	484	502	610	670	727	741	708	467	36	3440
325	461	531	800	1009	1177	1334	1362	1479	1841	1697	1181	154	3450
259	436	414	603	734	788	1004	907	917	1016	931	631	92	3460
22	34	29	55	70	61	69	81	89	107	99	98	18	3470
261	358	468	713	868	876	1104	1141	1209	1480	1315	1017	108	3480
268	458	475	687	972	1100	1377	1406	1585	1899	1860	1513	127	3490
3921	6614	6165	9600	11987	13384	16367	16632	17661	19893	18839	13798	1495	3500
210	343	287	413	489	475	580	588	622	617	569	412	53	3510
457	718	666	1153	1516	1512	2026	2076	2304	2609	2599	1925	213	3520
142	203	200	285	353	471	520	486	493	603	541	323	66	3530
561	905	873	1340	1635	1906	2115	2181	2199	2352	2258	1688	199	3540
258	419	445	697	878	991	1185	1147	1223	1366	1282	958	87	3550
47	55	59	81	107	110	181	155	159	209	200	144	11	3560
445	795	740	1117	1387	1622	1947	1965	2037	2380	2267	1762	192	3570
1050	1762	1766	2714	3433	3903	4862	5136	5598	6713	6577	4898	490	3580
751	1414	1129	1800	2189	2394	2951	2898	3026	3044	2546	1688	184	3590
1870	3015	3092	4673	6040	6806	8328	8534	9321	10844	10177	7485	989	3600

2-11 续表 4

行业中类	代码	企业法人单位数(个)	1949年以前	1950–1977年	1978–1991年	1992–1995年	1996年
矿山、冶金、建筑专用设备制造	3610	15987	14	310	636	785	273
化工、木材、非金属加工专用设备制造	3620	26268	5	153	699	1070	395
食品、饮料、烟草及饲料生产专用设备制造	3630	3557		110	227	276	108
印刷、制药、日化生产专用设备制造	3640	5747	6	76	238	354	122
纺织、服装和皮革工业专用设备制造	3650	8808	7	129	456	492	170
农、林、牧、渔专用机械制造	3670	7464	14	316	485	402	151
医疗仪器设备及器械制造	3680	5473	6	92	232	412	131
环保、社会公共安全及其他专用设备制造	3690	13379	4	120	494	799	245
交通运输设备制造业	3700	79689	81	1206	3995	5236	1682
铁路运输设备制造	3710	2761	18	92	384	221	58
汽车制造	3720	54585	35	724	2710	3543	1163
摩托车制造	3730	6807		40	279	581	207
自行车制造	3740	5662	3	53	176	338	102
船舶及浮动装置制造	3750	8034	21	213	375	458	126
航空航天器制造	3760	383	2	71	16	22	8
交通器材及其他交通运输设备制造	3790	1457	2	13	55	73	18
电气机械及器材制造业	3900	93753	35	961	3776	5827	1840
电机制造	3910	10001	6	168	355	600	184
输配电及控制设备制造	3920	31390	8	382	1504	2042	617
电线、电缆、光缆及电工器材制造	3930	16688	7	161	831	1190	360
电池制造	3940	3827	8	44	138	191	49
家用电力器具制造	3950	11395	3	66	325	690	250
非电力家用器具制造	3960	3360		17	77	139	53
照明器具制造	3970	12816	3	88	380	734	246
其他电气机械及器材制造	3990	4276		35	166	241	81
通信设备、计算机及其他电子设备制造业	4000	45454	10	320	1131	2621	758
通信设备制造	4010	4737	6	41	148	393	108
雷达及配套设备制造	4020	121	1	20	4	12	
广播电视设备制造	4030	1497		5	59	111	42
电子计算机制造	4040	3844		9	63	197	59
电子器件制造	4050	6377	1	73	154	326	76
电子元件制造	4060	20432	2	135	545	1122	337
家用视听设备制造	4070	3331		19	87	203	55
其他电子设备制造	4090	5115		18	71	257	81
仪器仪表及文化、办公用机械制造业	4100	23730	18	384	1107	1924	570
通用仪器仪表制造	4110	11649	10	173	558	910	285
专用仪器仪表制造	4120	3993	2	105	203	290	81
钟表与计时仪器制造	4130	1755	4	31	118	222	55
光学仪器及眼镜制造	4140	3481	1	39	110	272	75
文化、办公用机械制造	4150	1632	1	23	58	140	43
其他仪器仪表的制造及修理	4190	1220		13	60	90	31
工艺品及其他制造业	4200	48690	7	396	1764	2954	998
工艺美术品制造	4210	31066	2	247	1209	1974	647
日用杂品制造	4220	7861	3	69	253	494	169
煤制品制造	4230	4502	1	22	175	238	93
其他未列明的制造业	4290	5230	1	58	125	241	88
废弃资源和废旧材料回收加工业	4300	8203		9	179	229	67
金属废料和碎屑的加工处理	4310	3957		5	104	123	43
非金属废料和碎屑的加工处理	4320	4246		4	75	106	24

1997年	1998年	1999年	2000年	2001年	2002年	2003年	2004年	2005年	2006年	2007年	2008年	开业时间不详	代码
312	557	545	772	991	1132	1510	1476	1631	1861	1720	1250	212	3610
395	646	708	1173	1554	1855	2279	2528	2866	3517	3535	2625	265	3620
88	165	142	215	266	264	292	285	279	301	288	225	26	3630
166	209	237	351	393	433	524	504	539	594	555	393	53	3640
199	297	331	601	710	837	913	822	807	867	702	420	48	3650
187	324	291	420	537	526	631	574	696	721	665	487	37	3670
125	195	217	286	341	418	439	518	555	600	484	371	51	3680
280	443	440	618	860	924	1199	1241	1336	1598	1448	1116	214	3690
1799	2938	2809	4007	4839	5584	6900	6881	7316	8907	8411	6322	776	3700
45	121	100	174	156	167	186	188	209	231	238	153	20	3710
1236	2049	1969	2799	3381	3962	4936	4900	5094	6041	5573	4043	427	3720
230	314	319	377	441	507	630	584	594	634	596	445	29	3730
125	174	148	273	372	423	539	469	558	771	680	415	43	3740
133	218	220	291	367	400	469	587	686	997	1117	1123	233	3750
5	13	8	14	24	15	20	28	26	32	46	27	6	3760
25	49	45	79	98	110	120	125	149	201	161	116	18	3790
2095	3119	3424	4858	6189	6861	8130	8209	8494	10502	10429	8040	964	3900
207	331	366	516	708	787	910	957	897	1077	1030	806	96	3910
756	1044	1259	1638	2062	2350	2753	2745	2817	3380	3212	2536	285	3920
457	678	643	940	1172	1213	1407	1379	1457	1819	1658	1171	145	3930
69	131	106	186	228	242	346	330	377	473	490	359	60	3940
233	337	386	602	707	813	999	1014	1067	1318	1340	1070	175	3950
64	96	98	151	204	208	252	262	332	461	444	452	50	3960
225	378	429	639	831	962	1103	1099	1147	1439	1730	1273	110	3970
84	124	137	186	277	286	360	423	400	535	525	373	43	3990
882	1242	1286	2173	2976	3314	3834	4277	4532	5500	5526	4531	541	4000
108	160	183	267	367	357	381	404	418	487	458	401	50	4010
3	1	4	7	8	8	8	12	8	11	7	6	1	4020
48	66	51	100	123	115	125	135	124	142	141	103	7	4030
71	110	114	187	280	305	357	365	409	447	478	354	39	4040
118	144	139	293	458	459	559	595	689	756	790	668	79	4050
358	554	581	968	1258	1465	1733	1937	1977	2519	2552	2110	279	4060
83	83	97	146	194	253	248	371	352	423	404	282	31	4070
93	124	117	205	288	352	423	458	555	715	696	607	55	4090
638	902	954	1286	1733	1708	2064	2050	2013	2368	2220	1619	172	4100
336	498	521	639	878	842	1010	1007	1003	1123	1034	744	78	4110
84	148	138	212	294	295	373	344	337	402	367	286	32	4120
54	47	64	84	96	102	133	143	136	135	174	136	21	4130
82	111	122	203	266	261	317	326	288	364	361	257	26	4140
48	52	49	72	130	116	125	138	122	197	180	126	12	4150
34	46	60	76	69	92	106	92	127	147	104	70	3	4190
1083	1772	1704	2621	3336	3557	4247	4295	4964	5896	5241	3514	341	4200
698	1107	1075	1575	2058	2273	2749	2701	3033	3807	3412	2257	242	4210
171	273	255	442	546	576	656	716	789	911	861	639	38	4220
110	238	184	354	388	342	374	377	479	469	407	226	25	4230
104	152	190	247	343	360	466	499	661	709	559	391	36	4290
93	176	193	328	458	516	751	839	1010	1184	1187	865	119	4300
50	94	101	142	216	262	357	438	476	512	538	443	53	4310
43	82	92	186	242	254	394	401	534	672	649	422	66	4320

2-11 续表 5

行业中类	代码	企业法人单位数(个)	1949年以前	1950–1977年	1978–1991年	1992–1995年	1996年
电力、燃气及水的生产和供应业	D	**57022**	**154**	**3476**	**8053**	**3867**	**1317**
电力、热力的生产和供应业	4400	37582	89	2467	4941	2291	784
电力生产	4410	31470	41	1757	4191	1881	683
电力供应	4420	3018	47	696	552	214	51
热力生产和供应	4430	3094	1	14	198	196	50
燃气生产和供应业	4500	3103	8	20	149	184	66
水的生产和供应业	4600	16337	57	989	2963	1392	467
自来水的生产和供应	4610	14087	57	982	2891	1300	434
污水处理及其再生利用	4620	1743		7	26	37	12
其他水的处理、利用与分配	4690	507			46	55	21
建筑业	E	**226745**	**102**	**5442**	**13205**	**15884**	**4640**
房屋和土木工程建筑业	4700	93036	87	4921	9602	8247	2099
房屋工程建筑	4710	59933	60	3914	7150	5505	1457
土木工程建筑	4720	33103	27	1007	2452	2742	642
建筑安装业	4800	43758	9	360	1947	3095	960
建筑装饰业	4900	66284	3	61	1068	3565	1298
其他建筑业	5000	23667	3	100	588	977	283
工程准备	5010	8717		34	200	408	104
提供施工设备服务	5020	2753	1	9	59	88	27
其他未列明的建筑活动	5090	12196	2	57	328	481	152
交通运输、仓储和邮政业	F	**148451**	**236**	**3789**	**6667**	**7096**	**2313**
铁路运输业	5100	415	1	11	65	39	8
铁路旅客运输	5110	16	1	3		1	
铁路货物运输	5120	194		1	17	18	5
铁路运输辅助活动	5130	205		7	48	20	3
道路运输业	5200	66527	68	1372	2535	2600	925
公路旅客运输	5210	7591	32	513	556	442	173
道路货物运输	5220	52098	29	605	1488	1701	547
道路运输辅助活动	5230	6838	7	254	491	457	205
城市公共交通业	5300	7503	10	222	435	965	270
公共电汽车客运	5310	2011	7	178	137	129	39
轨道交通	5320	82		2	6	12	6
出租车客运	5330	5031	1	28	242	795	216
城市轮渡	5340	76	2	6	32	3	1
其他城市公共交通	5390	303		8	18	26	8
水上运输业	5400	7430	12	435	671	509	135
水上旅客运输	5410	873	3	77	119	68	25
水上货物运输	5420	4762	4	300	411	283	76
水上运输辅助活动	5430	1795	5	58	141	158	34
航空运输业	5500	735	1	6	36	65	9
航空客货运输	5510	290	1	1	23	25	4
通用航空服务	5520	142				11	1
航空运输辅助活动	5530	303		5	13	29	4
管道运输业	5600	83			8	9	
装卸搬运和其他运输服务业	5700	43955	29	511	1379	1590	601
装卸搬运	5710	7157	22	443	839	423	137
运输代理服务	5720	36798	7	68	540	1167	464

1997年	1998年	1999年	2000年	2001年	2002年	2003年	2004年	2005年	2006年	2007年	2008年	开业时间不详	代码
1373	**2114**	**1838**	**2496**	**2900**	**3422**	**4698**	**4808**	**4657**	**4492**	**3741**	**2823**	**793**	**D**
859	1350	1213	1501	1866	2295	3285	3532	3369	3038	2414	1709	579	4400
767	1137	967	1186	1553	1954	2803	3133	2885	2640	1989	1388	515	4410
47	115	164	149	134	115	155	123	145	106	106	79	20	4420
45	98	82	166	179	226	327	276	339	292	319	242	44	4430
61	103	127	180	204	233	315	281	283	315	289	233	52	4500
453	661	498	815	830	894	1098	995	1005	1139	1038	881	162	4600
423	607	448	727	722	727	891	804	798	889	771	560	56	4610
13	31	36	62	71	131	175	162	171	200	226	282	101	4620
17	23	14	26	37	36	32	29	36	50	41	39	5	4690
4806	**7747**	**7384**	**10085**	**13925**	**14812**	**16977**	**18931**	**22073**	**25198**	**24382**	**19121**	**2031**	**E**
2109	3748	3177	4246	6303	6063	6248	6473	7709	8538	7615	5184	667	4700
1406	2583	2039	2738	4322	3963	3617	3744	4592	5186	4478	2807	372	4710
703	1165	1138	1508	1981	2100	2631	2729	3117	3352	3137	2377	295	4720
1122	1625	1635	2119	2792	2937	3441	3875	4438	4887	4624	3528	364	4800
1263	1807	1933	2833	3520	4110	5239	6140	7145	8501	9155	7971	672	4900
312	567	639	887	1310	1702	2049	2443	2781	3272	2988	2438	328	5000
118	203	214	309	427	612	826	930	992	1168	1026	987	159	5010
23	61	72	98	132	204	212	304	327	429	391	275	41	5020
171	303	353	480	751	886	1011	1209	1462	1675	1571	1176	128	5090
2601	**4443**	**3975**	**5957**	**7838**	**8933**	**11391**	**14022**	**16976**	**18902**	**18355**	**14230**	**727**	**F**
6	20	14	24	23	17	25	25	40	26	37	28	6	5100
		1		1			3	4	2				5110
6	7	3	11	12	9	16	15	19	12	23	18	2	5120
	13	10	13	10	8	9	7	17	12	14	10	4	5130
1078	1834	1763	2746	3902	4337	5393	6482	7178	8816	8679	6520	299	5200
187	358	285	440	615	620	606	540	580	661	585	379	19	5210
668	1162	1177	1940	2893	3297	4243	5361	6017	7560	7491	5678	241	5220
223	314	301	366	394	420	544	581	581	595	603	463	39	5230
330	400	360	424	542	554	520	568	546	528	484	324	21	5300
70	98	96	116	124	146	137	152	153	165	150	108	6	5310
5	5	7	9	9	4		2	6	3	3	2	1	5320
250	287	241	280	381	377	360	382	358	331	300	191	11	5330
		2	1	3	4	4	6	4	2	3	3		5340
5	10	14	18	25	23	19	26	25	27	28	20	3	5390
155	260	199	301	366	479	540	659	689	719	750	495	56	5400
17	32	28	47	51	77	69	65	48	49	59	35	4	5410
88	146	125	170	228	300	355	453	486	477	511	324	25	5420
50	82	46	84	87	102	116	141	155	193	180	136	27	5430
20	29	32	37	42	45	67	77	63	80	67	55	4	5500
7	12	13	16	14	17	20	30	28	30	26	21	2	5510
6	5	4	7	10	7	19	16	11	16	18	11		5520
7	12	15	14	18	21	28	31	24	34	23	23	2	5530
3	6	1	11	4	2	9	8	6	7	4	3	2	5600
613	953	948	1446	1882	2287	3184	4411	6418	6508	6072	4960	163	5700
126	223	178	276	355	351	482	526	562	700	796	695	23	5710
487	730	770	1170	1527	1936	2702	3885	5856	5808	5276	4265	140	5720

2-11 续表 6

行业中类	代码	企业法人单位数(个)	1949年以前	1950-1977年	1978-1991年	1992-1995年	1996年
仓储业	5800	17416	80	1193	1492	1272	341
谷物、棉花等农产品仓储	5810	5221	71	958	718	379	94
其他仓储	5890	12195	9	235	774	893	247
邮政业	5900	4387	35	39	46	47	24
国家邮政	5910	591	34	36	35	17	7
其他寄递服务	5990	3796	1	3	11	30	17
信息传输、计算机服务和软件业	**G**	**144941**	**33**	**63**	**485**	**1577**	**692**
电信和其他信息传输服务业	6000	18545	28	45	196	373	124
电信	6010	6556	25	30	98	148	60
互联网信息服务	6020	9882		3	27	61	36
广播电视传输服务	6030	1928	3	11	66	145	24
卫星传输服务	6040	179		1	5	19	4
计算机服务业	6100	86969	3	14	178	612	304
计算机系统服务	6110	14276		8	43	244	107
数据处理	6120	748			7	17	6
计算机维修	6130	3080			13	48	28
其他计算机服务	6190	68865	3	6	115	303	163
软件业	6200	39427	2	4	111	592	264
公共软件服务	6210	32272	2	3	89	481	223
其他软件服务	6290	7155		1	22	111	41
批发和零售业	**H**	**1402651**	**1639**	**25440**	**37219**	**49647**	**20037**
批发业	6300	853760	565	12306	20335	28813	11627
农畜产品批发	6310	41719	119	3029	3029	1661	553
食品、饮料及烟草制品批发	6320	63724	73	2053	3201	2535	962
纺织、服装及日用品批发	6330	88623	21	471	1212	2285	965
文化、体育用品及器材批发	6340	27243	39	201	467	941	382
医药及医疗器材批发	6350	25534	3	453	580	948	357
矿产品、建材及化工产品批发	6360	287180	261	4851	6649	10451	4215
机械设备、五金交电及电子产品批发	6370	239346	22	640	3055	7479	3212
贸易经纪与代理	6380	19646	8	124	377	625	235
其他批发	6390	60745	19	484	1765	1888	746
零售业	6500	548891	1074	13134	16884	20834	8410
综合零售	6510	63664	474	7658	4993	2885	1000
食品、饮料及烟草制品专门零售	6520	44817	56	1845	2251	1771	629
纺织、服装及日用品专门零售	6530	59544	44	800	1603	1766	851
文化、体育用品及器材专门零售	6540	36453	430	1044	1088	1525	560
医药及医疗器材专门零售	6550	49427	21	679	1194	1176	530
汽车、摩托车、燃料及零配件专门零售	6560	79873	17	234	1924	4794	1825
家用电器及电子产品专门零售	6570	90932	7	127	826	1934	970
五金、家具及室内装修材料专门零售	6580	72479	11	350	1555	2785	1127
无店铺及其他零售	6590	51702	14	397	1450	2198	918
住宿和餐饮业	**I**	**140219**	**83**	**1582**	**6971**	**6853**	**2640**
住宿业	6600	52259	44	971	4771	3728	1310
旅游饭店	6610	17214	27	402	1481	1452	493
一般旅馆	6620	32025	17	517	2975	2059	753
其他住宿服务	6690	3020		52	315	217	64
餐饮业	6700	87960	39	611	2200	3125	1330
正餐服务	6710	72574	31	472	1864	2700	1148
快餐服务	6720	5972		44	111	196	78
饮料及冷饮服务	6730	3786		5	28	46	23
其他餐饮服务	6790	5628	8	90	197	183	81

1997年	1998年	1999年	2000年	2001年	2002年	2003年	2004年	2005年	2006年	2007年	2008年	开业时间不详	代码
341	603	521	786	901	993	1369	1371	1536	1663	1625	1168	161	5800
102	267	187	224	241	205	249	276	319	310	343	253	25	5810
239	336	334	562	660	788	1120	1095	1217	1353	1282	915	136	5890
55	338	137	182	176	219	284	421	500	555	637	677	15	5900
33	276	62	31	5	5	7	6	11	7	11	7	1	5910
22	62	75	151	171	214	277	415	489	548	626	670	14	5990
930	**1841**	**2699**	**6153**	**7927**	**9784**	**14012**	**15014**	**18102**	**24241**	**24039**	**16961**	**388**	**G**
171	372	587	1004	1260	1203	1811	1978	2093	2620	2665	1987	28	6000
90	177	366	436	582	519	717	754	643	689	639	573	10	6010
42	110	152	406	485	538	881	1023	1249	1760	1835	1258	16	6020
38	80	64	153	180	139	184	182	185	157	176	139	2	6030
1	5	5	9	13	7	29	19	16	14	15	17		6040
396	863	1225	3383	4522	6082	8847	8943	11234	15629	14862	9776	96	6100
117	250	352	709	846	891	1193	1465	1847	2174	2082	1910	38	6110
7	16	20	41	32	49	50	85	86	119	130	76	7	6120
30	58	67	135	145	195	284	316	396	515	468	379	3	6130
242	539	786	2498	3499	4947	7320	7077	8905	12821	12182	7411	48	6190
363	606	887	1766	2145	2499	3354	4093	4775	5992	6512	5198	264	6200
294	495	726	1496	1785	2046	2723	3348	3888	4852	5339	4272	210	6210
69	111	161	270	360	453	631	745	887	1140	1173	926	54	6290
22958	**41409**	**43861**	**67735**	**82579**	**94339**	**120006**	**126361**	**146585**	**180838**	**186272**	**149511**	**6215**	**H**
13398	24498	26306	39683	50212	58317	75103	78170	90047	111144	116022	92620	4594	6300
588	1293	1225	1992	2565	2660	3213	3330	4202	4271	4367	3470	152	6310
1029	2102	2218	3062	3593	3840	4666	4630	5585	7608	8798	7515	254	6320
1232	2046	2438	3899	4895	5842	7442	7889	10282	12918	13752	10659	375	6330
464	805	863	1330	1581	1919	2540	2681	2970	3500	3533	2951	76	6340
438	777	841	1155	1483	1831	2444	2545	3037	3338	3031	2207	66	6350
4620	8557	9297	13747	17313	20030	26023	26574	29212	36398	37541	29492	1949	6360
3957	6854	7407	10967	14447	17380	21807	22661	25574	32194	33544	27018	1128	6370
241	421	417	728	858	1131	1520	1857	2181	2758	3067	2935	163	6380
829	1643	1600	2803	3477	3684	5118	6003	7004	8159	8389	6373	431	6390
9560	16911	17555	28052	32367	36022	44903	48191	56538	69694	70250	56891	1621	6500
1019	1958	1873	3371	3604	3697	4340	4503	5279	6322	6132	4421	135	6510
684	1365	1484	2258	2487	2470	3124	3221	4129	5339	6191	5373	140	6520
1102	1801	2013	3243	3373	3641	4591	4927	6240	7701	8397	7272	179	6530
669	1033	1247	1847	1994	2356	3168	3237	3564	4377	4488	3718	108	6540
502	1155	1083	1915	2536	3669	4823	5512	6759	7055	6097	4659	62	6550
2038	3506	3209	5114	5660	6424	7175	6991	7486	8800	8216	6209	251	6560
1235	2221	2665	4297	5338	5946	7705	8475	10033	13336	13949	11588	280	6570
1319	2128	2263	3372	4343	4572	5818	6621	7556	9967	9991	8420	281	6580
992	1744	1718	2635	3032	3247	4159	4704	5492	6797	6789	5231	185	6590
2773	**4497**	**4271**	**7099**	**7467**	**8095**	**10304**	**11547**	**14432**	**17347**	**18392**	**15404**	**462**	**I**
1330	2008	1775	2649	2567	2825	3529	3866	4631	5432	5732	4873	218	6600
561	748	713	951	852	1027	1288	1336	1441	1513	1584	1233	112	6610
706	1150	939	1531	1552	1648	2068	2331	2942	3619	3809	3322	87	6620
63	110	123	167	163	150	173	199	248	300	339	318	19	6690
1443	2489	2496	4450	4900	5270	6775	7681	9801	11915	12660	10531	244	6700
1230	2165	2115	3730	4142	4392	5706	6297	8048	9760	10282	8311	181	6710
106	127	177	308	318	367	364	521	672	816	921	828	18	6720
26	52	65	147	156	219	326	378	449	586	656	619	5	6730
81	145	139	265	284	292	379	485	632	753	801	773	40	6790

2-11 续表 7

行业中类	代码	企业法人单位数(个)	1949年以前	1950-1977年	1978-1991年	1992-1995年	1996年
金融业	**J**	**26930**	**67**	**706**	**2417**	**1244**	**1002**
银行业	6800	6971	26	692	2029	612	587
中央银行	6810	51	9	6	18	2	4
商业银行	6820	6353	17	654	1955	561	392
其他银行	6890	567		32	56	49	191
证券业	6900	1052		1	27	192	45
证券市场管理	6910	39			2	7	
证券经纪与交易	6920	683		1	22	152	36
证券投资	6930	190			3	17	3
证券分析与咨询	6940	140				16	6
保险业	7000	8925	40	5	211	163	299
人寿保险	7010	2847	17	2	51	42	176
非人寿保险	7020	3612	23	3	156	109	114
保险辅助服务	7030	2466			4	12	9
其他金融活动	7100	9982	1	8	150	277	71
金融信托与管理	7110	743		1	53	25	8
金融租赁	7120	97			10	3	1
财务公司	7130	306			12	34	6
邮政储蓄	7140	348		1	9	4	1
典当	7150	2947		2	42	168	33
其他未列明的金融活动	7190	5541	1	4	24	43	22
房地产业	**K**	**209915**	**83**	**3306**	**7221**	**16026**	**3619**
房地产业	7200	209915	83	3306	7221	16026	3619
房地产开发经营	7210	87835	4	69	2263	9245	1678
物业管理	7220	56955	16	264	900	2615	1130
房地产中介服务	7230	32997	5	104	283	728	260
其他房地产活动	7290	32128	58	2869	3775	3438	551
租赁和商务服务业	**L**	**359285**	**172**	**2005**	**9547**	**15408**	**4400**
租赁业	7300	17819	3	138	364	626	247
机械设备租赁	7310	17044	3	112	334	588	237
文化及日用品出租	7320	775		26	30	38	10
商务服务业	7400	341466	169	1867	9183	14782	4153
企业管理服务	7410	60582	141	1343	4740	4938	952
法律服务	7420	8160	1	9	473	813	208
咨询与调查	7430	97754	6	34	678	2105	678
广告业	7440	71045	3	29	364	2306	864
知识产权服务	7450	3469		1	11	73	24
职业中介服务	7460	17265		12	340	496	118
市场管理	7470	15452	6	230	851	1160	431
旅行社	7480	20510	6	50	630	1056	344
其他商务服务	7490	47229	6	159	1096	1835	534
科学研究、技术服务和地质勘查业	**M**	**125400**	**19**	**814**	**3468**	**5997**	**1633**
研究与试验发展	7500	13709	1	139	335	536	135
自然科学研究与试验发展	7510	1289		17	29	36	13
工程和技术研究与试验发展	7520	7982		95	194	315	73

1997年	1998年	1999年	2000年	2001年	2002年	2003年	2004年	2005年	2006年	2007年	2008年	开业时间不详	代码
602	**490**	**415**	**603**	**734**	**1286**	**1908**	**1769**	**2542**	**3054**	**4004**	**3989**	**98**	**J**
276	159	137	138	107	81	93	116	400	467	569	477	5	6800
	1	1			1	3	2	3		1			6810
202	144	116	132	101	74	82	106	377	447	540	450	3	6820
74	14	20	6	6	6	8	8	20	20	28	27	2	6890
60	27	33	45	81	76	82	45	50	68	102	115	3	6900
2	1	1	2	4	1	7	1		6	3	2		6910
34	16	22	27	52	65	55	27	34	34	39	66	1	6920
7	5	3	9	17	6	15	11	10	16	42	25	1	6930
17	5	7	7	8	4	5	6	6	12	18	22	1	6940
185	142	69	118	210	597	977	933	1064	1146	1363	1385	18	7000
83	58	34	45	90	302	392	218	187	215	381	549	5	7010
98	77	26	43	65	215	258	324	505	541	542	511	2	7020
4	7	9	30	55	80	327	391	372	390	440	325	11	7030
81	162	176	302	336	532	756	675	1028	1373	1970	2012	72	7100
6	13	19	39	31	44	54	58	68	98	97	121	8	7110
2	1		2	4		1	5	12	12	29	15		7120
7	4	4	12	11	15	16	29	23	40	46	45	2	7130
1	3	3	1	2		2			3	82	236		7140
46	97	73	74	77	272	269	115	373	410	608	272	16	7150
19	44	77	174	211	201	414	468	552	810	1108	1323	46	7190
4249	**6869**	**7175**	**10373**	**12830**	**14650**	**17887**	**18306**	**19901**	**23468**	**24996**	**15416**	**3540**	**K**
4249	6869	7175	10373	12830	14650	17887	18306	19901	23468	24996	15416	3540	7200
2000	3367	3367	4998	6075	6474	7575	7080	8021	9342	9777	4597	1903	7210
1298	1861	2189	3026	3595	4248	5289	5575	6041	6754	6634	4842	678	7220
334	554	722	1177	1761	2080	2888	3427	3650	4752	5903	4170	199	7230
617	1087	897	1172	1399	1848	2135	2224	2189	2620	2682	1807	760	7290
5772	**7786**	**9352**	**15372**	**17475**	**20057**	**27665**	**33192**	**41001**	**48123**	**52693**	**47645**	**1620**	**L**
246	396	416	698	927	1064	1365	1592	2040	2482	2712	2427	76	7300
231	374	400	660	890	1005	1286	1522	1934	2405	2628	2361	74	7310
15	22	16	38	37	59	79	70	106	77	84	66	2	7320
5526	7390	8936	14674	16548	18993	26300	31600	38961	45641	49981	45218	1544	7400
1757	1463	1605	2226	2490	3058	4109	4029	5522	6652	7682	7415	460	7410
196	379	357	664	883	628	585	599	651	644	598	463	9	7420
850	1332	2453	4369	4052	5121	7280	9648	12334	14309	16462	15523	520	7430
1094	1554	1683	2851	3503	3906	5373	7029	8428	10430	11498	9947	183	7440
29	42	64	95	182	214	498	455	445	480	444	403	9	7450
142	288	304	575	747	925	1344	1806	2093	2440	2780	2766	89	7460
478	719	659	910	986	1162	1444	1309	1503	1296	1196	1031	81	7470
405	631	746	1248	1505	1360	1865	2031	2251	2410	2242	1675	55	7480
575	982	1065	1736	2200	2619	3802	4694	5734	6980	7079	5995	138	7490
1669	**2685**	**3311**	**5324**	**6805**	**7680**	**10226**	**11950**	**14225**	**16267**	**17221**	**15252**	**854**	**M**
166	267	300	608	766	794	1030	1161	1491	1931	2042	1793	214	7500
11	17	35	53	85	73	90	112	147	167	173	206	25	7510
93	147	152	314	361	438	583	649	869	1186	1304	1101	108	7520

2-11 续表 8

行业中类	代码	企业法人单位数(个)	1949年以前	1950-1977年	1978-1991年	1992-1995年	1996年
农业科学研究与试验发展	7530	1804	1	18	62	74	27
医学研究与试验发展	7540	2424		7	46	100	21
社会人文科学研究与试验发展	7550	210		2	4	11	1
专业技术服务业	7600	70557	11	459	2072	3615	1074
气象服务	7610	653		9	19	59	4
地震服务	7620	68				4	2
海洋服务	7630	121			5	17	1
测绘服务	7640	2629	1	6	62	112	22
技术检测	7650	6971	1	30	249	401	119
环境监测	7660	1091		1	16	50	12
工程技术与规划管理	7670	35660	7	360	1414	2267	674
其他专业技术服务	7690	23364	2	53	307	705	240
科技交流和推广服务业	7700	38711	7	152	894	1701	403
技术推广服务	7710	28817	5	120	681	1267	307
科技中介服务	7720	4520	1	4	122	210	42
其他科技服务	7790	5374	1	28	91	224	54
地质勘查业	7800	2423		64	167	145	21
矿产地质勘查	7810	1149		31	62	51	8
基础地质勘查	7820	342		12	48	42	6
地质勘查技术服务	7830	932		21	57	52	7
水利、环境和公共设施管理业	**N**	**22064**	**14**	**299**	**727**	**1056**	**315**
水利管理业	7900	1843	8	209	230	126	37
防洪管理	7910	140	1	17	14	11	1
水资源管理	7920	990	6	163	134	64	18
其他水利管理	7990	713	1	29	82	51	18
环境管理业	8000	4649	1	36	101	181	45
自然保护	8010	312		20	9	22	4
环境治理	8020	4337	1	16	92	159	41
公共设施管理业	8100	15572	5	54	396	749	233
市政公共设施管理	8110	2111	2	21	82	153	38
城市绿化管理	8120	8481	1	16	159	370	118
游览景区管理	8130	4980	2	17	155	226	77
居民服务和其他服务业	**O**	**106491**	**35**	**650**	**2979**	**4374**	**1659**
居民服务业	8200	50743	26	358	1232	1781	746
家庭服务	8210	3435		2	18	42	12
托儿所	8220	289		3	13	10	3
洗染服务	8230	2130	3	6	46	82	35
理发及美容保健服务	8240	15702	6	108	219	357	136
洗浴服务	8250	9883	7	48	155	252	162
婚姻服务	8260	2625		1	14	56	30
殡葬服务	8270	1696	1	22	138	210	54
摄影扩印服务	8280	6630	9	87	318	405	194
其他居民服务	8290	8353		81	311	367	120
其他服务业	8300	55748	9	292	1747	2593	913
修理与维护	8310	32084	1	169	1202	1740	649
清洁服务	8320	10029		5	103	263	74
其他未列明的服务	8390	13635	8	118	442	590	190

1997年	1998年	1999年	2000年	2001年	2002年	2003年	2004年	2005年	2006年	2007年	2008年	开业时间不详	代码
36	48	51	97	132	115	139	136	178	227	225	196	42	7530
24	50	60	131	175	158	202	243	278	319	311	261	38	7540
2	5	2	13	13	10	16	21	19	32	29	29	1	7550
1055	1620	2034	3141	4023	4669	6155	7141	8219	8984	8745	7237	303	7600
19	13	21	54	46	47	91	78	64	53	49	27		7610
3		3	5	8	2	8	7	10	3	10	3		7620
4	3	2	7	6	7	10	13	14	10	7	13	2	7630
27	50	64	110	156	192	309	334	363	339	280	192	10	7640
89	160	194	274	356	422	583	700	807	1100	823	622	41	7650
7	12	18	28	51	60	88	117	135	147	169	169	11	7660
609	935	1157	1776	2236	2623	3096	3515	3876	4123	3856	3009	127	7670
297	447	575	887	1164	1316	1970	2377	2950	3209	3551	3202	112	7690
422	749	928	1500	1907	2128	2896	3463	4261	5069	6074	5848	309	7700
314	558	712	1129	1406	1544	2084	2503	3084	3741	4526	4583	253	7710
55	89	100	185	225	246	363	384	485	599	757	621	32	7720
53	102	116	186	276	338	449	576	692	729	791	644	24	7790
26	49	49	75	109	89	145	185	254	283	360	374	28	7800
14	26	19	32	47	34	60	78	127	144	194	198	24	7810
6	7	14	9	12	17	29	31	23	36	21	28	1	7820
6	16	16	34	50	38	56	76	104	103	145	148	3	7830
351	**649**	**705**	**1141**	**1295**	**1538**	**2042**	**2065**	**2230**	**2512**	**2519**	**2236**	**370**	**N**
25	71	65	86	113	97	118	119	119	160	134	108	18	7900
1	7	4	9	9	9	12	8	10	10	14	3		7910
12	37	32	43	51	50	59	56	51	90	57	55	12	7920
12	27	29	34	53	38	47	55	58	60	63	50	6	7990
53	109	128	239	248	271	396	460	497	587	587	615	95	8000
5	11	18	19	13	15	17	32	29	34	28	24	12	8010
48	98	110	220	235	256	379	428	468	553	559	591	83	8020
273	469	512	816	934	1170	1528	1486	1614	1765	1798	1513	257	8100
29	55	77	94	116	132	184	200	216	254	246	199	13	8110
146	256	283	457	550	711	880	870	922	964	939	764	75	8120
98	158	152	265	268	327	464	416	476	547	613	550	169	8130
1876	**3164**	**3057**	**5038**	**5750**	**6549**	**8677**	**10018**	**11800**	**14182**	**14396**	**12031**	**256**	**O**
899	1569	1471	2444	2734	3249	4150	4794	5765	6701	6879	5849	96	8200
14	59	64	108	144	145	243	394	468	552	570	585	15	8210
7	14	8	16	22	24	25	25	29	30	27	33		8220
41	72	69	124	127	180	153	199	213	270	272	230	8	8230
185	383	379	659	784	1083	1356	1470	1988	2314	2303	1963	9	8240
194	381	360	576	555	663	990	1053	1103	1252	1204	916	12	8250
37	63	54	103	92	127	147	219	296	409	525	442	10	8260
62	72	51	98	101	81	141	150	136	128	135	102	14	8270
177	288	257	371	450	456	464	533	675	695	678	567	6	8280
182	237	229	389	459	490	631	751	857	1051	1165	1011	22	8290
977	1595	1586	2594	3016	3300	4527	5224	6035	7481	7517	6182	160	8300
650	1081	999	1609	1891	1974	2672	2961	3421	4145	3803	3059	58	8310
113	192	230	395	457	590	790	929	1091	1463	1781	1511	42	8320
214	322	357	590	668	736	1065	1334	1523	1873	1933	1612	60	8390

2-11 续表 9

行业中类	代码	企业法人单位数(个)	1949年以前	1950-1977年	1978-1991年	1992-1995年	1996年
教育	P	**21423**	**7**	**160**	**724**	**876**	**317**
教育	8400	21423	7	160	724	876	317
学前教育	8410	3947		92	249	212	88
初等教育	8420	558	7	20	32	16	9
中等教育	8430	903		16	59	47	17
高等教育	8440	188		1	9	15	5
其他教育	8490	15827		31	375	586	198
卫生、社会保障和社会福利业	Q	**15941**	**34**	**1295**	**1226**	**826**	**259**
卫生	8500	15058	34	1283	1155	781	241
医院	8510	4205	28	277	240	173	48
卫生院及社区医疗活动	8520	1937		244	182	147	34
门诊部医疗活动	8530	7438	6	715	643	392	130
计划生育技术服务活动	8540	301		19	32	14	9
妇幼保健活动	8550	85		4	8	2	3
专科疾病防治活动	8560	294		6	14	12	7
疾病预防控制及防疫活动	8570	122		9	10	8	1
其他卫生活动	8590	676		9	26	33	9
社会保障业	8600	235		2	11	15	2
社会福利业	8700	648		10	60	30	16
提供住宿的社会福利	8710	475		7	41	21	12
不提供住宿的社会福利	8720	173		3	19	9	4
文化、体育和娱乐业	R	**35154**	**53**	**699**	**1593**	**1366**	**414**
新闻出版业	8800	2443	14	68	445	270	48
新闻业	8810	88		2	10	7	2
出版业	8820	2355	14	66	435	263	46
广播、电视、电影和音像业	8900	5548	28	544	676	260	59
广播	8910	175		1	16	3	3
电视	8920	1400		7	28	84	20
电影	8930	2831	28	533	611	134	26
音像制作	8940	1142		3	21	39	10
文化艺术业	9000	7539	8	61	205	191	66
文艺创作与表演	9010	1854	3	15	55	60	31
艺术表演场馆	9020	309	5	29	43	11	6
图书馆与档案馆	9030	105			6	7	1
文物及文化保护	9040	140		2	9	9	1
博物馆	9050	126			6	5	2
烈士陵园、纪念馆	9060	21		1	2	5	
群众文化活动	9070	835		9	53	28	6
文化艺术经纪代理	9080	1889		2	10	32	9
其他文化艺术	9090	2260		3	21	34	10
体育	9100	1733		5	27	53	29
体育组织	9110	639		1	10	20	8
体育场馆	9120	582		3	12	21	15
其他体育	9190	512		1	5	12	6
娱乐业	9200	17891	3	21	240	592	212
室内娱乐活动	9210	10898	2	13	142	355	130
游乐园	9220	569		3	30	27	12
休闲健身娱乐活动	9230	4879		2	43	143	47
其他娱乐活动	9290	1545	1	3	25	67	23

1997年	1998年	1999年	2000年	2001年	2002年	2003年	2004年	2005年	2006年	2007年	2008年	开业时间不详	代码
317	**594**	**553**	**1104**	**1164**	**1329**	**1703**	**2124**	**2741**	**2888**	**2629**	**2114**	**79**	**P**
317	594	553	1104	1164	1329	1703	2124	2741	2888	2629	2114	79	8400
94	180	133	288	242	288	337	330	368	413	341	290	2	8410
13	27	33	39	43	40	55	31	57	47	61	28		8420
17	33	29	66	57	55	65	66	107	113	87	68	1	8430
1	5	7	8	9	12	12	23	14	22	19	25	1	8440
192	349	351	703	813	934	1234	1674	2195	2293	2121	1703	75	8490
281	**449**	**361**	**585**	**709**	**798**	**1209**	**1358**	**1799**	**1841**	**1636**	**1240**	**35**	**Q**
265	412	314	542	658	738	1142	1289	1709	1754	1543	1176	22	8500
51	80	72	120	132	230	385	448	574	560	417	363	7	8510
39	46	40	80	96	89	108	146	191	162	194	137	2	8520
158	250	171	294	349	349	547	565	760	840	720	541	8	8530
4	7	12	10	11	12	27	35	34	29	30	16		8540
1	1	1	3	4	1	8	3	9	11	16	10		8550
2	6	6	11	22	23	15	20	43	39	38	30		8560
2	2	5	6	6	10	8	13	7	13	10	12		8570
8	20	7	18	38	24	44	59	91	100	118	67	5	8590
2	7	8	10	17	26	20	28	28	19	26	12	2	8600
14	30	39	33	34	34	47	41	62	68	67	52	11	8700
11	16	29	29	25	28	32	30	41	53	53	38	9	8710
3	14	10	4	9	6	15	11	21	15	14	14	2	8720
463	**853**	**882**	**1343**	**1485**	**1747**	**2584**	**3166**	**3900**	**4869**	**5228**	**4358**	**149**	**R**
30	72	91	128	130	118	160	183	197	195	163	127	4	8800
2		2	7	3		5	7	8	14	9	10		8810
28	72	89	121	127	118	155	176	189	181	154	117	4	8820
64	110	121	203	214	243	334	459	525	622	619	455	12	8900
4	5	5	13	12	12	14	20	26	12	13	16		8910
21	31	44	67	70	77	126	151	163	217	202	90	2	8920
25	58	45	70	75	90	121	167	183	224	235	200	6	8930
14	16	27	53	57	64	73	121	153	169	169	149	4	8940
69	146	158	257	331	360	548	695	814	1059	1323	1202	46	9000
14	51	50	73	114	90	160	163	203	253	263	244	12	9010
5	7	8	5	12	8	10	31	22	43	35	25	4	9020
	3	8	10	4	6	7	8	10	13	13	9		9030
2	6	3	7	12	4	11	13	10	15	20	12	4	9040
2	3	1	5	6	8	8	12	8	25	16	12	7	9050
1	1			1		3	1	3	1		2		9060
8	18	14	28	28	44	65	77	80	122	141	108	6	9070
10	24	40	60	80	98	150	194	223	308	338	306	5	9080
27	33	34	69	74	102	134	196	255	279	497	484	8	9090
25	39	35	84	78	97	143	189	217	226	272	206	8	9100
6	13	12	29	27	32	52	63	76	97	107	83	3	9110
11	14	14	28	26	39	58	74	72	60	83	49	3	9120
8	12	9	27	25	26	33	52	69	69	82	74	2	9190
275	486	477	671	732	929	1399	1640	2147	2767	2851	2368	79	9200
193	330	309	405	431	522	857	994	1346	1704	1758	1398	9	9210
7	22	22	26	27	39	40	61	47	43	78	71	14	9220
57	94	95	177	196	265	399	461	593	784	773	712	38	9230
18	40	51	63	78	103	103	124	161	236	242	187	18	9290

2-12 按地区、开业(成立)

地区	企业法人单位数(个)	1949年以前	1950-1977年	1978-1991年	1992-1995年	1996年	1997年	1998年	1999年
全　国	**4959671**	**3808**	**72277**	**193617**	**246723**	**84769**	**92566**	**155992**	**156014**
北　京	249861	66	1083	7054	13587	4032	4587	7042	8538
天　津	125627	126	1162	4335	7727	2798	2777	3994	4090
河　北	170979	326	3627	7809	8309	3427	3525	6635	6121
山　西	87418	214	3827	5466	4128	1460	1647	3086	2775
内蒙古	67531	62	889	1727	1714	794	890	1874	1792
辽　宁	243786	480	3582	12533	13369	3820	4355	7677	8404
吉　林	82884	207	1476	3688	2742	1143	1173	3039	2643
黑龙江	99162	320	2423	4942	4300	1673	1662	3393	3326
上　海	337764	166	1040	7383	20869	5921	6819	9534	10642
江　苏	532309	226	4541	20495	23706	7855	8773	15625	14339
浙　江	450955	148	2668	13943	23018	8396	9010	13300	15280
安　徽	134362	83	2640	5776	5733	2316	2472	3478	3154
福　建	159718	67	3043	6563	10094	3464	3395	5205	5226
江　西	78570	73	2789	3416	2995	1113	1140	2375	2168
山　东	431421	248	3421	12552	15500	6554	6846	14236	14198
河　南	212815	199	4658	8136	9117	4214	4415	8243	7404
湖　北	184717	120	3486	8230	7110	2987	3001	5715	5069
湖　南	140456	76	2683	5813	5322	2092	1994	4587	3752
广　东	509178	195	4789	22932	33790	8733	10600	14044	16472
广　西	74120	34	3168	3684	4168	1219	1245	2057	1953
海　南	19434	1	804	872	1229	291	303	470	519
重　庆	97413	52	1453	3915	4978	1762	2344	3797	2867
四　川	157395	68	3094	7491	8422	3078	3265	5717	5113
贵　州	40599	23	1705	1570	1639	553	763	1212	1211
云　南	65929	35	1907	2964	3384	1339	1446	2164	2088
西　藏	2407	4	197	149	134	42	48	75	77
陕　西	91652	131	3552	5649	5091	1912	2112	3848	3184
甘　肃	40099	38	1293	2368	2305	856	921	1572	1410
青　海	9872	6	310	411	332	155	145	357	325
宁　夏	15526	2	336	540	613	299	312	561	497
新　疆	45712	12	631	1211	1298	471	581	1080	1377

时间分组的企业法人单位数

2000年	2001年	2002年	2003年	2004年	2005年	2006年	2007年	2008年	开业时间不详
244415	**297505**	**333989**	**420562**	**445938**	**508315**	**604767**	**600422**	**465339**	**32653**
12123	15586	17844	22149	26320	27976	28641	31059	22038	136
5829	6996	7579	10514	10938	12445	15181	14553	14210	373
10358	11740	12130	14006	14696	16313	19562	18161	13836	398
3942	4362	5022	6735	7184	8254	9789	9533	7075	2919
3315	3781	3880	4974	6012	7599	10140	10253	7538	297
11359	12758	14793	18600	20649	24409	28682	29137	24447	4732
5131	6129	5232	6569	7078	9297	11288	10371	5500	178
6068	6638	6195	7528	8348	9695	11983	12444	8010	214
15421	19322	25012	32347	38779	44494	39638	33345	26327	705
25100	32962	40322	49421	47379	52162	66566	67187	47092	8558
22157	25967	33523	39597	38489	41333	54752	56832	49295	3247
5507	6360	7803	10093	11155	12651	17474	19366	17464	837
7036	8219	9401	12846	13967	15495	18112	18739	17926	920
3836	5204	5517	6994	7003	8327	10374	9061	5946	239
25152	32606	32741	41496	40161	46828	56150	49443	31670	1619
11625	13489	14103	17591	18161	23046	25806	25379	16928	301
9767	11526	12312	15298	17018	19648	22911	22628	17589	302
7248	10090	9514	12689	13398	16590	18841	15270	9490	1007
22405	27008	31289	40049	44890	50547	63086	66147	49318	2884
2973	3513	4274	5332	5723	7109	8361	9696	9467	144
685	969	1072	1476	1627	1934	2385	2657	2057	83
4781	5693	5717	7870	7679	8729	10918	13097	11532	229
7956	9424	10151	12922	13018	14699	18048	18047	16381	501
1745	1947	2208	3000	3486	3923	4858	5626	4704	426
2711	2995	3430	4778	5807	6234	7797	8125	8101	624
125	110	139	174	190	243	255	271	174	
4744	5910	5567	6785	7138	7950	9756	9974	8111	238
2031	2479	2647	3164	3295	3458	4084	4183	3881	114
583	636	703	853	861	843	1043	1172	1107	30
740	755	966	1361	1534	1426	1754	1888	1874	68
1962	2331	2903	3351	3955	4658	6532	6778	6251	330

2-13 按地区、营业状态分组

地 区	企业法人单位数(个)		
		营业	停业(歇业)
全 国	**220330**	**195510**	**16074**
北 京	13836	13447	217
天 津	7262	5759	917
河 北	7244	6253	696
山 西	7589	6120	1088
内蒙古	3686	3424	100
辽 宁	12784	10377	1989
吉 林	4306	4027	156
黑龙江	7818	7112	443
上 海	12117	11169	649
江 苏	10371	9357	636
浙 江	9701	8622	712
安 徽	7435	6552	474
福 建	8183	6820	815
江 西	6409	5659	501
山 东	11636	10758	524
河 南	8553	7797	400
湖 北	10866	9724	713
湖 南	6850	6358	283
广 东	16696	14734	1392
广 西	6359	5230	706
海 南	1931	1631	199
重 庆	5220	4870	176
四 川	8253	7471	485
贵 州	4536	3729	522
云 南	4439	3917	278
西 藏	694	676	10
陕 西	6192	5441	497
甘 肃	3322	3057	160
青 海	1113	1002	56
宁 夏	969	912	26
新 疆	3960	3505	254

的国有控股企业法人单位数

筹建	当年关闭	当年破产	其他
3293	**1806**	**842**	**2805**
57	26		89
148	169	34	235
120	25	39	111
156	110	47	68
111	22	12	17
135	101	74	108
38	16	44	25
53	45	23	142
99	57	1	142
187	87	21	83
292	74	1	
149	92	49	119
235	100	19	194
49	85	27	88
124	82	34	114
58	83	32	183
141	93	67	128
35	41	77	56
206	120	21	223
93	94	29	207
28	8	2	63
75	40	27	32
165	52	23	57
129	41	37	78
140	40	13	51
2		1	5
88	46	39	81
39	22	25	19
27	4	7	17
21	4		6
93	27	17	64

2-14 按行业(中类)、登记注册类型分组

行业中类	代码	企业法人单位数(个)	内资企业	国有企业	集体企业	股份合作
总　　计	0000	**4959671**	**4774324**	**142937**	**192248**	**63957**
农、林、牧、渔业	A	**1395**	**1387**	**683**	**46**	**10**
农业	0100	501	497	326	13	3
谷物及其他作物的种植	0110	313	313	275	5	
蔬菜、园艺作物的种植	0120	91	89	16	7	1
水果、坚果、饮料和香料作物的种植	0130	85	83	32		2
中药材的种植	0140	12	12	3	1	
林业	0200	376	376	289	11	2
林木的培育和种植	0210	181	181	107	9	2
木材和竹材的采运	0220	78	78	70		
林产品的采集	0230	117	117	112	2	
畜牧业	0300	378	375	32	10	1
牲畜的饲养	0310	138	138	23	4	
猪的饲养	0320	122	120	3	3	1
家禽的饲养	0330	86	85	4	2	
狩猎和捕捉动物	0340	1	1			
其他畜牧业	0390	31	31	2	1	
渔业	0400	58	58	11	4	2
海洋渔业	0410	19	19	1	2	1
内陆渔业	0420	39	39	10	2	1
农、林、牧、渔服务业	0500	82	81	25	8	2
农业服务业	0510	53	52	14	5	2
林业服务业	0520	17	17	7	2	
畜牧服务业	0530	7	7	2	1	
渔业服务业	0540	5	5	2		
采矿业	B	**97313**	**96671**	**1557**	**5777**	**1129**
煤炭开采和洗选业	0600	21931	21854	766	2287	399
烟煤和无烟煤的开采洗选	0610	20901	20832	735	2204	382
褐煤的开采洗选	0620	562	558	25	58	10
其他煤炭采选	0690	468	464	6	25	7
石油和天然气开采业	0700	1363	1337	76	25	13
天然原油和天然气开采	0710	291	281	34	5	4
与石油和天然气开采有关的服务活动	0790	1072	1056	42	20	9
黑色金属矿采选业	0800	17469	17392	113	590	121
铁矿采选	0810	15609	15545	89	519	106
其他黑色金属矿采选	0890	1860	1847	24	71	15
有色金属矿采选业	0900	10686	10538	231	566	170
常用有色金属矿采选	0910	7491	7381	92	249	114
贵金属矿采选	0920	2039	2011	102	284	42
稀有稀土金属矿采选	0930	1156	1146	37	33	14
非金属矿采选业	1000	45159	44853	359	2287	416
土砂石开采	1010	38505	38280	207	1698	347
化学矿采选	1020	1552	1539	40	145	27
采盐	1030	850	843	80	251	4
石棉及其他非金属矿采选	1090	4252	4191	32	193	38
其他采矿业	1100	705	697	12	22	10
制造业	C	**1818331**	**1693049**	**17820**	**54155**	**24547**
农副食品加工业	1300	102307	98317	2047	2352	908
谷物磨制	1310	28585	28429	388	351	160

的企业法人单位数

联营	有限责任公司	股份有限公司	私营	其他企业	港、澳、台商投资企业	外商投资企业	代码
11226	**551233**	**97326**	**3596423**	**118974**	**83657**	**101690**	**0000**
3	**80**	**19**	**499**	**47**	**4**	**4**	**A**
1	29	8	112	5	2	2	0100
	11	2	19	1			0110
1	10	3	48	3		2	0120
	6	2	40	1	2		0130
	2	1	5				0140
	11	2	54	7			0200
	5	2	49	7			0210
	5		3				0220
	1		2				0230
1	27	4	269	31	2	1	0300
	7	2	93	9			0310
1	8		93	11	2		0320
	9	2	60	8		1	0330
				1			0340
	3		23	2			0390
1	5	4	28	3			0400
	1	1	13				0410
1	4	3	15	3			0420
	8	1	36	1		1	0500
	5	1	24	1		1	0510
	1		7				0520
	1		3				0530
	1		2				0540
341	**7036**	**1592**	**77505**	**1734**	**294**	**348**	**B**
123	2633	534	14876	236	40	37	0600
120	2484	508	14180	219	34	35	0610
2	110	18	330	5	4		0620
1	39	8	366	12	2	2	0690
2	258	51	900	12	12	14	0700
	75	35	125	3	7	3	0710
2	183	16	775	9	5	11	0790
35	1312	303	14620	298	37	40	0800
32	1189	263	13078	269	35	29	0810
3	123	40	1542	29	2	11	0890
56	1190	294	7878	153	49	99	0900
33	747	195	5832	119	40	70	0910
16	239	68	1241	19	6	22	0920
7	204	31	805	15	3	7	0930
122	1580	392	38676	1021	155	151	1000
98	1067	278	33677	908	118	107	1010
6	169	32	1094	26	7	6	1020
4	114	19	363	8	2	5	1030
14	230	63	3542	79	28	33	1090
3	63	18	555	14	1	7	1100
2639	**137037**	**22179**	**1402717**	**31955**	**59036**	**66246**	**C**
206	7057	1531	81640	2576	1296	2694	1300
55	1300	271	25076	828	52	104	1310

2-14 续表 1

行业中类	代码	企业法人单位数（个）	内资企业	国有企业	集体企业	股份合作
饲料加工	1320	11888	11387	145	137	122
植物油加工	1330	9820	9628	123	244	61
制糖	1340	627	591	40	14	5
屠宰及肉类加工	1350	16060	15684	1103	905	172
水产品加工	1360	8509	7409	99	283	173
蔬菜、水果和坚果加工	1370	13742	12645	60	179	78
其他农副食品加工	1390	13076	12544	89	239	137
食品制造业	1400	41714	38983	655	816	396
焙烤食品制造	1410	10140	9569	151	160	75
糖果、巧克力及蜜饯制造	1420	4638	4356	27	85	37
方便食品制造	1430	6491	6124	106	118	51
液体乳及乳制品制造	1440	1912	1758	51	37	30
罐头制造	1450	2986	2691	42	58	29
调味品、发酵制品制造	1460	6683	6357	128	190	81
其他食品制造	1490	8864	8128	150	168	93
饮料制造业	1500	34978	33654	568	1608	431
酒精制造	1510	438	419	13	10	3
酒的制造	1520	13436	13025	218	333	168
软饮料制造	1530	12083	11346	186	385	141
精制茶加工	1540	9021	8864	151	880	119
烟草制品业	1600	251	247	89	30	5
烟叶复烤	1610	87	85	28	6	2
卷烟制造	1620	82	81	48	9	1
其他烟草制品加工	1690	82	81	13	15	2
纺织业	1700	108023	99161	695	1815	931
棉、化纤纺织及印染精加工	1710	42300	39881	270	625	336
毛纺织和染整精加工	1720	5162	4754	56	100	53
麻纺织	1730	977	908	20	22	13
丝绢纺织及精加工	1740	6766	6341	49	101	50
纺织制成品制造	1750	23984	21781	148	524	248
针织品、编织品及其制品制造	1760	28834	25496	152	443	231
纺织服装、鞋、帽制造业	1800	79494	68589	323	1585	667
纺织服装制造	1810	74422	64130	307	1464	597
纺织面料鞋的制造	1820	3569	3208	12	86	51
制帽	1830	1503	1251	4	35	19
皮革、毛皮、羽毛(绒)及其制品业	1900	31232	26854	117	519	384
皮革鞣制加工	1910	2572	2249	18	62	44
皮革制品制造	1920	24545	20804	71	388	314
毛皮鞣制及制品加工	1930	2442	2276	12	41	9
羽毛(绒)加工及制品制造	1940	1673	1525	16	28	17
木材加工及木、竹、藤、棕、草制品业	2000	62693	60822	432	1181	406
锯材、木片加工	2010	23643	23423	217	484	112
人造板制造	2020	17459	16910	92	139	86
木制品制造	2030	14502	13753	99	427	146
竹、藤、棕、草制品制造	2040	7089	6736	24	131	62
家具制造业	2100	36116	33614	101	580	249
木质家具制造	2110	26597	25020	66	446	173
竹、藤家具制造	2120	673	623	3	11	2
金属家具制造	2130	4014	3593	23	78	39

联营	有限责任公司	股份有限公司	私营	其他企业	港、澳、台商投资企业	外商投资企业	代码
15	1256	281	9128	303	198	303	1320
11	720	134	8097	238	56	136	1330
3	151	29	339	10	16	20	1340
69	1336	298	11361	440	169	207	1350
13	675	116	5920	130	323	777	1360
18	777	196	10999	338	309	788	1370
22	842	206	10720	289	173	359	1390
58	3584	709	31735	1030	1034	1697	1400
8	704	102	8098	271	241	330	1410
3	272	39	3798	95	140	142	1420
15	459	104	5078	193	147	220	1430
4	362	106	1146	22	36	118	1440
4	228	57	2190	83	100	195	1450
11	555	109	5106	177	121	205	1460
13	1004	192	6319	189	249	487	1490
73	2668	612	26964	730	464	860	1500
	71	13	305	4	7	12	1510
20	1128	289	10673	196	123	288	1520
26	1087	206	9054	261	247	490	1530
27	382	104	6932	269	87	70	1540
1	57	9	51	5	3	1	1600
	28	3	17	1	1	1	1610
	17	2	4		1		1620
1	12	4	30	4	1		1690
86	6197	944	87127	1366	4964	3898	1700
29	2797	411	34851	562	1499	920	1710
7	359	52	4060	67	254	154	1720
4	81	24	728	16	39	30	1730
3	352	90	5639	57	246	179	1740
21	1277	193	19076	294	1035	1168	1750
22	1331	174	22773	370	1891	1447	1760
66	4242	593	59493	1620	5574	5331	1800
65	4007	566	55596	1528	5267	5025	1810
1	179	21	2785	73	186	175	1820
	56	6	1112	19	121	131	1830
25	1587	206	23500	516	2437	1941	1900
4	199	34	1841	47	189	134	1910
19	1163	131	18332	386	2100	1641	1920
	109	27	2022	56	72	94	1930
2	116	14	1305	27	76	72	1940
68	2569	471	53717	1978	884	987	2000
28	668	140	20461	1313	97	123	2010
13	898	190	15208	284	283	266	2020
17	791	104	11941	228	337	412	2030
10	212	37	6107	153	167	186	2040
31	2192	256	29298	907	1242	1260	2100
17	1501	174	22007	636	783	794	2110
	35	4	555	13	29	21	2120
10	281	43	3048	71	218	203	2130

2-14 续表 2

行业中类	代码	企业法人单位数(个)	内资企业			
				国有企业	集体企业	股份合作
塑料家具制造	2140	531	483	2	6	4
其他家具制造	2190	4301	3895	7	39	31
造纸及纸制品业	2200	48624	46096	272	1630	736
纸浆制造	2210	871	827	15	33	11
造纸	2220	12087	11448	125	497	167
纸制品制造	2230	35666	33821	132	1100	558
印刷业和记录媒介的复制	2300	52680	51354	1546	3467	1343
印刷	2310	47798	46595	1435	3092	1215
装订及其他印刷服务活动	2320	4642	4553	96	366	127
记录媒介的复制	2330	240	206	15	9	1
文教体育用品制造业	2400	20118	16653	89	380	180
文化用品制造	2410	5400	4803	52	161	76
体育用品制造	2420	4725	3652	14	65	35
乐器制造	2430	1335	1121	8	33	23
玩具制造	2440	7942	6440	14	113	40
游艺器材及娱乐用品制造	2450	716	637	1	8	6
石油加工、炼焦及核燃料加工业	2500	6424	6089	114	212	125
精炼石油产品的制造	2510	4671	4398	85	173	96
炼焦	2520	1731	1669	26	39	28
化学原料及化学制品制造业	2600	96171	89506	1131	3500	1499
基础化学原料制造	2610	16815	15903	298	823	293
肥料制造	2620	8989	8635	214	251	126
农药制造	2630	2500	2347	56	92	45
涂料、油墨、颜料及类似产品制造	2640	18423	16889	104	600	307
合成材料制造	2650	6065	5300	49	186	69
专用化学产品制造	2660	34185	32240	319	1261	504
日用化学产品制造	2670	9194	8192	91	287	155
医药制造业	2700	15285	13521	329	281	207
化学药品原药制造	2710	2235	1957	46	54	34
化学药品制剂制造	2720	2267	1871	77	38	21
中药饮片加工	2730	2027	1896	30	35	33
中成药制造	2740	2731	2445	88	48	35
兽用药品制造	2750	1345	1273	37	25	21
生物、生化制品的制造	2760	2403	2061	30	20	22
卫生材料及医药用品制造	2770	2277	2018	21	61	41
化学纤维制造业	2800	4521	4017	42	71	37
纤维素纤维原料及纤维制造	2810	790	697	13	16	8
合成纤维制造	2820	3731	3320	29	55	29
橡胶制品业	2900	20743	19115	152	794	345
轮胎制造	2910	1880	1729	20	56	23
橡胶板、管、带的制造	2920	3995	3811	25	154	58
橡胶零件制造	2930	6041	5682	34	287	111
再生橡胶制造	2940	1104	1077	5	43	9
日用及医用橡胶制品制造	2950	1010	851	13	38	17
橡胶靴鞋制造	2960	1865	1557	18	59	53
其他橡胶制品制造	2990	4848	4408	37	157	74
塑料制品业	3000	98293	90587	295	2361	1463
塑料薄膜制造	3010	8904	8175	42	224	113

联营	有限责任公司	股份有限公司	私营	其他企业	港、澳、台商投资企业	外商投资企业	代码
2	50	4	406	9	26	22	2140
2	325	31	3282	178	186	220	2190
58	3347	536	38679	838	1489	1039	2200
	80	19	649	20	26	18	2210
14	981	200	9170	294	363	276	2220
44	2286	317	28860	524	1100	745	2230
132	4378	694	38889	905	835	491	2300
122	3959	628	35348	796	763	440	2310
9	366	62	3420	107	54	35	2320
1	53	4	121	2	18	16	2330
22	920	123	14733	206	1983	1482	2400
11	233	35	4191	44	298	299	2410
3	263	36	3190	46	520	553	2420
	81	13	947	16	72	142	2430
8	294	37	5839	95	1045	457	2440
	49	2	566	5	48	31	2450
17	889	201	4457	74	126	209	2500
13	508	138	3334	51	102	171	2510
4	377	63	1115	17	24	38	2520
179	9926	1835	70196	1240	2882	3783	2600
32	2289	434	11541	193	343	569	2610
25	1112	278	6508	121	144	210	2620
5	364	93	1662	30	61	92	2630
20	1686	251	13662	259	755	779	2640
7	631	121	4170	67	326	439	2650
74	3069	516	26050	447	787	1158	2660
16	775	142	6603	123	466	536	2670
34	3012	804	8673	181	662	1102	2700
4	509	109	1179	22	107	171	2710
6	592	160	952	25	145	251	2720
5	328	89	1334	42	46	85	2730
6	695	249	1302	22	141	145	2740
3	225	53	895	14	18	54	2750
6	434	103	1424	22	105	237	2760
4	229	41	1587	34	100	159	2770
4	309	82	3433	39	277	227	2800
1	81	23	543	12	43	50	2810
3	228	59	2890	27	234	177	2820
21	1381	231	15930	261	809	819	2900
3	163	34	1396	34	58	93	2910
3	294	56	3170	51	90	94	2920
7	346	53	4775	69	149	210	2930
	82	16	899	23	16	11	2940
	67	9	697	10	74	85	2950
2	94	15	1298	18	193	115	2960
6	335	48	3695	56	229	211	2990
82	6711	802	77326	1547	4382	3324	3000
9	648	96	6888	155	416	313	3010

2-14 续表 3

行业中类	代码	企业法人单位数(个)	内资企业	国有企业	集体企业	股份合作
塑料板、管、型材的制造	3020	14099	13221	61	316	151
塑料丝、绳及编织品的制造	3030	10401	10081	43	376	164
泡沫塑料制造	3040	5030	4687	9	132	90
塑料人造革、合成革制造	3050	1153	990	4	26	15
塑料包装箱及容器制造	3060	10962	10128	31	254	170
塑料零件制造	3070	13315	12130	15	226	200
日用塑料制造	3080	12832	11629	39	397	332
其他塑料制品制造	3090	21597	19546	51	410	228
非金属矿物制品业	3100	211191	206311	1538	8994	2361
水泥、石灰和石膏的制造	3110	14651	14342	348	802	204
水泥及石膏制品制造	3120	48940	48278	354	1162	375
砖瓦、石材及其他建筑材料制造	3130	99509	98209	435	5531	1284
玻璃及玻璃制品制造	3140	15922	14810	110	382	184
陶瓷制品制造	3150	8938	8158	102	217	88
耐火材料制品制造	3160	11601	11332	69	544	105
石墨及其他非金属矿物制品制造	3190	11630	11182	120	356	121
黑色金属冶炼及压延加工业	3200	18939	18165	209	610	318
炼铁	3210	2687	2653	32	96	33
炼钢	3220	788	753	22	29	7
钢压延加工	3230	12400	11779	109	372	243
铁合金冶炼	3240	3064	2980	46	113	35
有色金属冶炼及压延加工业	3300	21497	20224	244	693	296
常用有色金属冶炼	3310	5907	5695	90	158	70
贵金属冶炼	3320	591	573	18	23	5
稀有稀土金属冶炼	3330	1402	1318	24	40	14
有色金属合金制造	3340	2155	1969	23	71	24
有色金属压延加工	3350	11442	10669	89	401	183
金属制品业	3400	132747	125223	677	4268	1831
结构性金属制品制造	3410	47440	45675	250	1429	578
金属工具制造	3420	17669	16655	105	544	214
集装箱及金属包装容器制造	3430	5619	5155	53	251	96
金属丝绳及其制品的制造	3440	7026	6687	55	275	91
建筑、安全用金属制品制造	3450	15167	14140	57	401	205
金属表面处理及热处理加工	3460	10935	10318	46	659	341
搪瓷制品制造	3470	989	919	8	40	10
不锈钢及类似日用金属制品制造	3480	12439	11247	34	245	131
其他金属制品制造	3490	15463	14427	69	424	165
通用设备制造业	3500	181966	173960	1547	6009	3322
锅炉及原动机制造	3510	7091	6795	147	357	158
金属加工机械制造	3520	22489	21437	255	694	314
起重运输设备制造	3530	5620	5194	103	206	83
泵、阀门、压缩机及类似机械的制造	3540	23852	22409	192	657	727
轴承、齿轮、传动和驱动部件的制造	3550	12586	11834	95	242	168
烘炉、熔炉及电炉制造	3560	1749	1655	15	50	24
风机、衡器、包装设备等通用设备制造	3570	21410	19903	187	561	358
通用零部件制造及机械修理	3580	55742	54081	395	2039	928
金属铸、锻加工	3590	31427	30652	158	1203	562
专用设备制造业	3600	92805	85619	1141	2326	1386

联营	有限责任公司	股份有限公司	私营	其他企业	港、澳、台商投资企业	外商投资企业	代码
12	1123	159	11203	196	398	480	3020
12	686	93	8547	160	137	183	3030
8	333	42	3985	88	213	130	3040
	107	11	818	9	101	62	3050
11	790	100	8577	195	441	393	3060
11	741	65	10752	120	641	544	3070
3	924	80	9698	156	759	444	3080
16	1359	156	16858	468	1276	775	3090
468	12106	2157	173920	4767	2273	2607	3100
70	1755	384	10530	249	155	154	3110
73	2431	436	42031	1416	345	317	3120
271	3642	654	84060	2332	595	705	3130
16	1413	218	12287	200	498	614	3140
7	681	129	6753	181	426	354	3150
14	976	154	9269	201	93	176	3160
17	1208	182	8990	188	161	287	3190
26	2100	306	14361	235	351	423	3200
5	303	44	2074	66	19	15	3210
2	128	23	530	12	20	15	3220
15	1164	164	9587	125	281	340	3230
4	505	75	2170	32	31	53	3240
45	2461	453	15740	292	598	675	3300
13	738	186	4353	87	92	120	3310
3	92	26	390	16	8	10	3320
7	235	46	928	24	25	59	3330
5	241	37	1549	19	65	121	3340
17	1155	158	8520	146	408	365	3350
160	9702	1314	104997	2274	3793	3731	3400
56	3917	590	37992	863	865	900	3410
21	1004	122	14413	232	461	553	3420
11	579	85	3991	89	217	247	3430
9	471	56	5646	84	139	200	3440
9	1114	145	11963	246	446	581	3450
21	606	98	8370	177	337	280	3460
1	82	9	756	13	30	40	3470
15	863	95	9674	190	723	469	3480
17	1066	114	12192	380	575	461	3490
238	13278	2154	145106	2306	2873	5133	3500
19	733	150	5124	107	74	222	3510
28	1916	294	17484	452	444	608	3520
11	648	103	3984	56	141	285	3530
22	2115	375	18076	245	409	1034	3540
19	858	154	10203	95	261	491	3550
2	129	19	1398	18	24	70	3560
24	1697	266	16524	286	554	953	3570
69	3327	500	46270	553	679	982	3580
44	1855	293	26043	494	287	488	3590
115	8726	1265	69557	1103	2909	4277	3600

2-14 续表 4

行业中类	代码	企业法人单位数(个)	内资企业	国有企业	集体企业	股份合作
矿山、冶金、建筑专用设备制造	3610	15987	15385	313	567	226
化工、木材、非金属加工专用设备制造	3620	26268	23524	119	425	350
食品、饮料、烟草及饲料生产专用设备制造	3630	3557	3343	67	117	99
印刷、制药、日化生产专用设备制造	3640	5747	5263	47	123	101
纺织、服装和皮革工业专用设备制造	3650	8808	8178	62	178	155
农、林、牧、渔专用机械制造	3670	7464	7261	160	304	109
医疗仪器设备及器械制造	3680	5473	4737	91	128	110
环保、社会公共安全及其他专用设备制造	3690	13379	12429	176	356	166
交通运输设备制造业	3700	79689	74427	1558	2988	1439
铁路运输设备制造	3710	2761	2671	244	453	66
汽车制造	3720	54585	50774	969	1996	1032
摩托车制造	3730	6807	6569	22	142	141
自行车制造	3740	5662	5195	34	91	60
船舶及浮动装置制造	3750	8034	7541	197	253	119
航空航天器制造	3760	383	302	64	8	3
交通器材及其他交通运输设备制造	3790	1457	1375	28	45	18
电气机械及器材制造业	3900	93753	84922	762	2572	1584
电机制造	3910	10001	9187	119	224	186
输配电及控制设备制造	3920	31390	28766	307	1085	729
电线、电缆、光缆及电工器材制造	3930	16688	15181	123	577	279
电池制造	3940	3827	3268	51	77	28
家用电力器具制造	3950	11395	10049	52	174	99
非电力家用器具制造	3960	3360	3163	12	54	30
照明器具制造	3970	12816	11330	49	194	168
其他电气机械及器材制造	3990	4276	3978	49	187	65
通信设备、计算机及其他电子设备制造业	4000	45454	34681	431	602	378
通信设备制造	4010	4737	3776	84	83	45
雷达及配套设备制造	4020	121	115	17		4
广播电视设备制造	4030	1497	1241	20	23	17
电子计算机制造	4040	3844	2542	31	34	16
电子器件制造	4050	6377	4625	86	78	47
电子元件制造	4060	20432	15741	115	277	198
家用视听设备制造	4070	3331	2407	23	38	14
其他电子设备制造	4090	5115	4234	55	69	37
仪器仪表及文化、办公用机械制造业	4100	23730	20787	396	711	541
通用仪器仪表制造	4110	11649	10745	180	364	284
专用仪器仪表制造	4120	3993	3605	113	139	80
钟表与计时仪器制造	4130	1755	1248	27	56	26
光学仪器及眼镜制造	4140	3481	2833	38	50	104
文化、办公用机械制造	4150	1632	1217	23	34	21
其他仪器仪表的制造及修理	4190	1220	1139	15	68	26
工艺品及其他制造业	4200	48690	43662	248	1017	705
工艺美术品制造	4210	31066	27332	127	666	520
日用杂品制造	4220	7861	6944	18	139	130
煤制品制造	4230	4502	4487	29	93	19
其他未列明的制造业	4290	5230	4874	71	119	36
废弃资源和废旧材料回收加工业	4300	8203	7889	72	183	74
金属废料和碎屑的加工处理	4310	3957	3743	23	117	28
非金属废料和碎屑的加工处理	4320	4246	4146	49	66	46

联营	有限责任公司	股份有限公司	私营	其他企业	港、澳、台商投资企业	外商投资企业	代码
31	2131	279	11626	212	165	437	3610
21	1998	210	20098	303	1286	1458	3620
2	318	67	2619	54	72	142	3630
6	510	69	4343	64	229	255	3640
9	514	80	7121	59	322	308	3650
18	511	117	5922	120	56	147	3670
9	630	92	3627	50	226	510	3680
15	1426	229	9899	162	297	653	3690
146	7685	1186	57995	1430	1669	3593	3700
10	382	54	1427	35	17	73	3710
102	5531	880	39407	857	1110	2701	3720
4	589	69	5564	38	114	124	3730
2	320	42	4256	390	254	213	3740
27	601	106	6152	86	130	363	3750
1	111	15	98	2	15	66	3760
	151	20	1091	22	29	53	3790
139	9457	1308	68181	919	4344	4487	3900
13	908	156	7489	92	329	485	3910
59	3413	513	22396	264	1220	1404	3920
22	1669	243	12104	164	800	707	3930
6	414	72	2582	38	273	286	3940
14	1248	113	8256	93	688	658	3950
6	367	43	2597	54	80	117	3960
12	1064	114	9586	143	846	640	3970
7	374	54	3171	71	108	190	3990
55	4412	610	27770	423	4922	5851	4000
9	670	97	2734	54	392	569	4010
	40	3	50	1	2	4	4020
4	151	30	987	9	120	136	4030
4	378	72	1970	37	622	680	4040
8	731	115	3522	38	688	1064	4050
20	1584	180	13191	176	2155	2536	4060
4	277	35	1976	40	549	375	4070
6	581	78	3340	68	394	487	4090
34	2529	361	15999	216	1307	1636	4100
10	1361	220	8234	92	280	624	4110
9	479	70	2682	33	117	271	4120
4	112	15	981	27	394	113	4130
1	308	30	2273	29	290	358	4140
4	143	18	961	13	199	216	4150
6	126	8	868	22	27	54	4190
40	2836	335	36789	1692	2557	2471	4200
32	1894	215	22617	1261	1816	1918	4210
1	378	43	6104	131	547	370	4220
4	131	24	4044	143	4	11	4230
3	423	52	4013	157	188	168	4290
10	719	91	6461	279	97	217	4300
7	423	63	2872	210	57	157	4310
3	296	28	3589	69	40	60	4320

2-14 续表 5

行业中类	代码	企业法人单位数(个)	内资企业	国有企业	集体企业	股份合作
电力、燃气及水的生产和供应业	D	**57022**	**55652**	**7288**	**7699**	**1337**
电力、热力的生产和供应业	4400	37582	36825	4131	3822	1080
电力生产	4410	31470	30806	2019	3483	1008
电力供应	4420	3018	3004	1693	203	32
热力生产和供应	4430	3094	3015	419	136	40
燃气生产和供应业	4500	3103	2771	222	88	54
水的生产和供应业	4600	16337	16056	2935	3789	203
自来水的生产和供应	4610	14087	13928	2621	3638	130
污水处理及其再生利用	4620	1743	1629	300	134	17
其他水的处理、利用与分配	4690	507	499	14	17	56
建筑业	E	**226745**	**225091**	**7901**	**10250**	**1778**
房屋和土木工程建筑业	4700	93036	92656	5484	6791	744
房屋工程建筑	4710	59933	59754	1999	4969	495
土木工程建筑	4720	33103	32902	3485	1822	249
建筑安装业	4800	43758	43286	1267	1814	400
建筑装饰业	4900	66284	65610	468	955	443
其他建筑业	5000	23667	23539	682	690	191
工程准备	5010	8717	8684	285	267	60
提供施工设备服务	5020	2753	2734	46	67	17
其他未列明的建筑活动	5090	12196	12120	351	355	114
交通运输、仓储和邮政业	F	**148451**	**144470**	**10604**	**7537**	**2057**
铁路运输业	5100	415	414	120	55	6
铁路旅客运输	5110	16	16	9		
铁路货物运输	5120	194	193	41	10	4
铁路运输辅助活动	5130	205	205	70	45	2
道路运输业	5200	66527	65613	3188	3238	1066
公路旅客运输	5210	7591	7499	865	515	264
道路货物运输	5220	52098	51515	1109	1880	628
道路运输辅助活动	5230	6838	6599	1214	843	174
城市公共交通业	5300	7503	7386	723	452	185
公共电汽车客运	5310	2011	1970	400	99	47
轨道交通	5320	82	70	13	2	1
出租车客运	5330	5031	4973	256	297	130
城市轮渡	5340	76	74	24	13	
其他城市公共交通	5390	303	299	30	41	7
水上运输业	5400	7430	7152	503	748	101
水上旅客运输	5410	873	845	61	146	21
水上货物运输	5420	4762	4693	230	484	59
水上运输辅助活动	5430	1795	1614	212	118	21
航空运输业	5500	735	688	156	16	14
航空客货运输	5510	290	267	62	2	4
通用航空服务	5520	142	139	19	6	1
航空运输辅助活动	5530	303	282	75	8	9
管道运输业	5600	83	73	26		
装卸搬运和其他运输服务业	5700	43955	42363	1358	1996	472
装卸搬运	5710	7157	7076	276	1423	100
运输代理服务	5720	36798	35287	1082	573	372

联营	有限责任公司	股份有限公司	私营	其他企业	港、澳、台商投资企业	外商投资企业	代码
454	**5993**	**1618**	**30058**	**1205**	**626**	**744**	**D**
328	4010	1220	21634	600	367	390	4400
297	2751	960	19770	518	328	336	4410
19	502	143	370	42	4	10	4420
12	757	117	1494	40	35	44	4430
12	546	140	1654	55	149	183	4500
114	1437	258	6770	550	110	171	4600
110	1008	200	5711	510	76	83	4610
3	368	52	721	34	32	82	4620
1	61	6	338	6	2	6	4690
489	**41387**	**6339**	**153301**	**3646**	**807**	**847**	**E**
291	19738	3385	54442	1781	146	234	4700
179	12729	2364	35653	1366	70	109	4710
112	7009	1021	18789	415	76	125	4720
87	8009	1034	30078	597	215	257	4800
61	9479	1319	52057	828	393	281	4900
50	4161	601	16724	440	53	75	5000
11	1311	173	6476	101	11	22	5010
6	495	82	1969	52	11	8	5020
33	2355	346	8279	287	31	45	5090
686	**19404**	**4345**	**95945**	**3892**	**2010**	**1971**	**F**
5	69	18	121	20		1	5100
	4		3				5110
4	45	11	70	8		1	5120
1	20	7	48	12			5130
331	8823	2236	44445	2286	497	417	5200
91	1448	614	3452	250	72	20	5210
137	6415	1321	38215	1810	318	265	5220
103	960	301	2778	226	107	132	5230
65	1672	507	3667	115	62	55	5300
28	468	144	749	35	24	17	5310
3	19	7	22	3	6	6	5320
33	1112	340	2733	72	27	31	5330
	10	1	23	3	2		5340
1	63	15	140	2	3	1	5390
50	1007	284	4279	180	127	151	5400
9	139	44	403	22	18	10	5410
32	613	176	2991	108	29	40	5420
9	255	64	885	50	80	101	5430
7	179	44	262	10	10	37	5500
3	60	22	112	2	5	18	5510
	33	9	67	4	1	2	5520
4	86	13	83	4	4	17	5530
	19	6	19	3	2	8	5600
125	5326	821	31486	779	891	701	5700
43	639	139	4226	230	32	49	5710
82	4687	682	27260	549	859	652	5720

2-14 续表 6

行业中类	代码	企业法人单位数(个)	内资企业	国有企业	集体企业	股份合作
仓储业	5800	17416	16468	3925	997	182
谷物、棉花等农产品仓储	5810	5221	5195	2987	193	34
其他仓储	5890	12195	11273	938	804	148
邮政业	5900	4387	4313	605	35	31
国家邮政	5910	591	591	539	10	5
其他寄递服务	5990	3796	3722	66	25	26
信息传输、计算机服务和软件业	G	**144941**	**139099**	**2351**	**589**	**820**
电信和其他信息传输服务业	6000	18545	17747	1841	266	149
电信	6010	6556	5942	1113	94	58
互联网信息服务	6020	9882	9717	105	23	57
广播电视传输服务	6030	1928	1914	590	148	28
卫星传输服务	6040	179	174	33	1	6
计算机服务业	6100	86969	85877	281	234	450
计算机系统服务	6110	14276	13684	120	70	73
数据处理	6120	748	651	23	8	3
计算机维修	6130	3080	3020	21	12	37
其他计算机服务	6190	68865	68522	117	144	337
软件业	6200	39427	35475	229	89	221
公共软件服务	6210	32272	28899	181	70	160
其他软件服务	6290	7155	6576	48	19	61
批发和零售业	H	**1402651**	**1385934**	**37726**	**51086**	**15475**
批发业	6300	853760	840386	24245	25160	7347
农畜产品批发	6310	41719	41535	5965	2678	508
食品、饮料及烟草制品批发	6320	63724	62736	5756	2336	775
纺织、服装及日用品批发	6330	88623	86029	854	1297	474
文化、体育用品及器材批发	6340	27243	26569	795	494	282
医药及医疗器材批发	6350	25534	25210	808	300	277
矿产品、建材及化工产品批发	6360	287180	284841	5441	11814	2306
机械设备、五金交电及电子产品批发	6370	239346	234534	2906	3566	2046
贸易经纪与代理	6380	19646	18933	569	280	155
其他批发	6390	60745	59999	1151	2395	524
零售业	6500	548891	545548	13481	25926	8128
综合零售	6510	63664	63114	2168	11420	937
食品、饮料及烟草制品专门零售	6520	44817	44520	3212	2561	894
纺织、服装及日用品专门零售	6530	59544	58793	726	2138	825
文化、体育用品及器材专门零售	6540	36453	36212	2469	1235	873
医药及医疗器材专门零售	6550	49427	49311	1193	1130	873
汽车、摩托车、燃料及零配件专门零售	6560	79873	79485	1513	2523	922
家用电器及电子产品专门零售	6570	90932	90545	469	787	988
五金、家具及室内装修材料专门零售	6580	72479	72217	680	2173	1045
无店铺及其他零售	6590	51702	51351	1051	1959	771
住宿和餐饮业	I	**140219**	**136272**	**8853**	**6743**	**2234**
住宿业	6600	52259	50821	7032	4407	975
旅游饭店	6610	17214	16113	3152	911	265
一般旅馆	6620	32025	31743	3480	3165	651
其他住宿服务	6690	3020	2965	400	331	59
餐饮业	6700	87960	85451	1821	2336	1259
正餐服务	6710	72574	70705	1522	1845	958
快餐服务	6720	5972	5635	88	131	120
饮料及冷饮服务	6730	3786	3625	25	52	69
其他餐饮服务	6790	5628	5486	186	308	112

联营	有限责任公司	股份有限公司	私营	其他企业	港、澳、台商投资企业	外商投资企业	代码
99	1884	358	8591	432	390	558	5800
27	389	91	1390	84	9	17	5810
72	1495	267	7201	348	381	541	5890
4	425	71	3075	67	31	43	5900
	15	1	15	6			5910
4	410	70	3060	61	31	43	5990
173	**13109**	**2447**	**115565**	**4045**	**1755**	**4087**	**G**
73	2411	931	11523	553	358	440	6000
38	923	526	3000	190	291	323	6010
21	1045	190	7978	298	57	108	6020
12	387	207	480	62	7	7	6030
2	56	8	65	3	3	2	6040
64	4644	732	76380	3092	345	747	6100
16	1964	276	10965	200	193	399	6110
	137	18	454	8	25	72	6120
	301	40	2550	59	27	33	6130
48	2242	398	62411	2825	100	243	6190
36	6054	784	27662	400	1052	2900	6200
31	4976	636	22550	295	890	2483	6210
5	1078	148	5112	105	162	417	6290
3458	**165291**	**24986**	**1053473**	**34439**	**6102**	**10615**	**H**
1745	106117	14460	644769	16543	4740	8634	6300
211	3897	1043	25584	1649	54	130	6310
210	7967	1165	42287	2240	349	639	6320
82	9393	1067	71810	1052	960	1634	6330
49	3405	432	20770	342	287	387	6340
51	4409	757	18165	443	114	210	6350
607	36490	5130	217795	5258	814	1525	6360
347	31324	3521	187867	2957	1691	3121	6370
44	2697	418	13584	1186	203	510	6380
144	6535	927	46907	1416	268	478	6390
1713	59174	10526	408704	17896	1362	1981	6500
358	5427	1292	38890	2622	199	351	6510
147	4237	749	30884	1836	116	181	6520
126	5650	919	46090	2319	390	361	6530
79	4278	670	25619	989	103	138	6540
266	5061	1119	37907	1762	45	71	6550
398	9901	1961	60085	2182	139	249	6560
100	11590	1739	73083	1789	143	244	6570
109	7723	1040	56949	2498	94	168	6580
130	5307	1037	39197	1899	133	218	6590
481	**12672**	**2665**	**97296**	**5328**	**1696**	**2251**	**I**
286	5975	1360	29446	1340	752	686	6600
87	3141	662	7578	317	596	505	6610
174	2527	620	20225	901	131	151	6620
25	307	78	1643	122	25	30	6690
195	6697	1305	67850	3988	944	1565	6700
158	5521	1110	56181	3410	725	1144	6710
12	463	68	4508	245	120	217	6720
6	313	43	3013	104	52	109	6730
19	400	84	4148	229	47	95	6790

2-14 续表 7

行业中类	代码	企业法人单位数(个)	内资企业	国有企业	集体企业	股份合作
金融业	J	**26930**	**25758**	**2784**	**1833**	**1458**
银行业	6800	6971	6650	1462	1697	1078
中央银行	6810	51	51	39		2
商业银行	6820	6353	6050	1069	1626	1041
其他银行	6890	567	549	354	71	35
证券业	6900	1052	995	98	1	8
证券市场管理	6910	39	39	10		1
证券经纪与交易	6920	683	634	72	1	5
证券投资	6930	190	183	14		1
证券分析与咨询	6940	140	139	2		1
保险业	7000	8925	8272	550	28	227
人寿保险	7010	2847	2485	203	9	81
非人寿保险	7020	3612	3390	292	13	114
保险辅助服务	7030	2466	2397	55	6	32
其他金融活动	7100	9982	9841	674	107	145
金融信托与管理	7110	743	732	82	15	13
金融租赁	7120	97	68	11		
财务公司	7130	306	294	28	3	2
邮政储蓄	7140	348	348	226		3
典当	7150	2947	2944	41	21	45
其他未列明的金融活动	7190	5541	5455	286	68	82
房地产业	K	**209915**	**200829**	**11681**	**11592**	**2339**
房地产业	7200	209915	200829	11681	11592	2339
房地产开发经营	7210	87835	81552	3938	1531	529
物业管理	7220	56955	55622	3005	2826	733
房地产中介服务	7230	32997	32510	702	579	249
其他房地产活动	7290	32128	31145	4036	6656	828
租赁和商务服务业	L	**359285**	**350725**	**14353**	**20727**	**4728**
租赁业	7300	17819	17656	442	485	250
机械设备租赁	7310	17044	16897	386	440	237
文化及日用品出租	7320	775	759	56	45	13
商务服务业	7400	341466	333069	13911	20242	4478
企业管理服务	7410	60582	58791	5784	11207	971
法律服务	7420	8160	8140	191	208	105
咨询与调查	7430	97754	92783	1585	1442	1048
广告业	7440	71045	70677	928	490	554
知识产权服务	7450	3469	3427	81	33	45
职业中介服务	7460	17265	17174	846	1071	203
市场管理	7470	15452	15344	886	3338	290
旅行社	7480	20510	20397	1592	559	419
其他商务服务	7490	47229	46336	2018	1894	843
科学研究、技术服务和地质勘查业	M	**125400**	**121190**	**9122**	**4513**	**2172**
研究与试验发展	7500	13709	12711	823	325	280
自然科学研究与试验发展	7510	1289	1229	85	23	25
工程和技术研究与试验发展	7520	7982	7350	486	172	113

联营	有限责任公司	股份有限公司	私营	其他企业	港、澳、台商投资企业	外商投资企业	代码
71	**4195**	**7884**	**7048**	**485**	**228**	**944**	**J**
23	75	2243	24	48	86	235	6800
	1	8	1				6810
21	59	2180	14	40	83	220	6820
2	15	55	9	8	3	15	6890
3	389	290	187	19	13	44	6900
1	10	9	4	4			6910
2	270	242	34	8	11	38	6920
	62	29	72	5	2	5	6930
	47	10	77	2		1	6940
11	987	4824	1538	107	84	569	7000
3	144	1946	73	26	9	353	7010
5	148	2663	123	32	55	167	7020
3	695	215	1342	49	20	49	7030
34	2744	527	5299	311	45	96	7100
4	203	57	328	30	4	7	7110
	22	6	29		7	22	7120
1	108	4	133	15	3	9	7130
	104	10	3	2			7140
17	951	151	1640	78	1	2	7150
12	1356	299	3166	186	30	56	7190
565	**55275**	**8053**	**107642**	**3682**	**5531**	**3555**	**K**
565	55275	8053	107642	3682	5531	3555	7200
188	31370	4352	38766	878	3912	2371	7210
183	14407	2138	30946	1384	785	548	7220
55	4858	808	24590	669	260	227	7230
139	4640	755	13340	751	574	409	7290
837	**50883**	**7920**	**238402**	**12875**	**3035**	**5525**	**L**
40	2282	435	13267	455	58	105	7300
37	2204	421	12738	434	51	96	7310
3	78	14	529	21	7	9	7320
797	48601	7485	225135	12420	2977	5420	7400
220	11021	1556	22958	5074	625	1166	7410
10	310	57	6157	1102	7	13	7420
112	13029	1607	72116	1844	1695	3276	7430
59	9193	1413	56718	1322	170	198	7440
5	452	49	2698	64	17	25	7450
54	2452	415	11547	586	34	57	7460
132	2279	454	7230	735	53	55	7470
80	3861	1038	12337	511	47	66	7480
125	6004	896	33374	1182	329	564	7490
373	**19804**	**3391**	**77705**	**4110**	**1324**	**2886**	**M**
42	1998	309	8573	361	320	678	7500
3	184	28	841	40	22	38	7510
18	1097	155	5155	154	212	420	7520

2-14 续表 8

行业中类	代码	企业法人单位数(个)	内资企业	国有企业	集体企业	股份合作
农业科学研究与试验发展	7530	1804	1746	159	75	39
医学研究与试验发展	7540	2424	2179	78	52	95
社会人文科学研究与试验发展	7550	210	207	15	3	8
专业技术服务业	7600	70557	68626	5989	2267	1072
气象服务	7610	653	653	243	113	11
地震服务	7620	68	66	13	8	2
海洋服务	7630	121	115	13	6	
测绘服务	7640	2629	2622	336	181	42
技术检测	7650	6971	6752	1038	484	158
环境监测	7660	1091	1075	102	46	29
工程技术与规划管理	7670	35660	34849	3591	929	504
其他专业技术服务	7690	23364	22494	653	500	326
科技交流和推广服务业	7700	38711	37493	1843	1856	785
技术推广服务	7710	28817	27876	1293	1349	602
科技中介服务	7720	4520	4372	310	317	117
其他科技服务	7790	5374	5245	240	190	66
地质勘查业	7800	2423	2360	467	65	35
矿产地质勘查	7810	1149	1103	186	28	18
基础地质勘查	7820	342	339	121	15	7
地质勘查技术服务	7830	932	918	160	22	10
水利、环境和公共设施管理业	**N**	**22064**	**21665**	**2231**	**1539**	**296**
水利管理业	7900	1843	1835	526	318	16
防洪管理	7910	140	140	52	17	
水资源管理	7920	990	985	298	194	8
其他水利管理	7990	713	710	176	107	8
环境管理业	8000	4649	4512	474	310	61
自然保护	8010	312	298	53	14	7
环境治理	8020	4337	4214	421	296	54
公共设施管理业	8100	15572	15318	1231	911	219
市政公共设施管理	8110	2111	2070	361	190	25
城市绿化管理	8120	8481	8434	386	277	109
游览景区管理	8130	4980	4814	484	444	85
居民服务和其他服务业	**O**	**106491**	**105257**	**2249**	**4447**	**2139**
居民服务业	8200	50743	50084	1007	2045	1065
家庭服务	8210	3435	3426	28	107	62
托儿所	8220	289	287	9	9	1
洗染服务	8230	2130	2083	30	59	60
理发及美容保健服务	8240	15702	15439	61	221	393
洗浴服务	8250	9883	9765	128	286	172
婚姻服务	8260	2625	2609	50	72	28
殡葬服务	8270	1696	1669	218	346	38
摄影扩印服务	8280	6630	6505	141	218	189
其他居民服务	8290	8353	8301	342	727	122
其他服务业	8300	55748	55173	1242	2402	1074
修理与维护	8310	32084	31808	599	1275	703
清洁服务	8320	10029	9928	126	297	135
其他未列明的服务	8390	13635	13437	517	830	236

联营	有限责任公司	股份有限公司	私营	其他企业	港、澳、台商投资企业	外商投资企业	代码
13	256	62	1058	84	24	34	7530
8	436	57	1392	61	62	183	7540
	25	7	127	22		3	7550
181	12019	2285	43241	1572	640	1291	7600
1	115	24	122	24			7610
	7	1	31	4		2	7620
1	17	3	74	1	1	5	7630
4	433	114	1423	89	2	5	7640
47	1327	318	3182	198	59	160	7650
3	178	42	638	37	3	13	7660
84	7025	1355	20652	709	250	561	7670
41	2917	428	17119	510	325	545	7690
145	5295	691	24769	2109	350	868	7700
115	3880	497	18430	1710	262	679	7710
21	609	73	2744	181	42	106	7720
9	806	121	3595	218	46	83	7790
5	492	106	1122	68	14	49	7800
3	233	55	557	23	9	37	7810
	61	10	116	9	2	1	7820
2	198	41	449	36	3	11	7830
103	**3737**	**835**	**12209**	**715**	**183**	**216**	**N**
13	267	55	536	104	4	4	7900
1	26	4	32	8			7910
7	138	23	250	67	2	3	7920
5	103	28	254	29	2	1	7990
18	790	161	2528	170	48	89	8000
2	45	12	145	20	4	10	8010
16	745	149	2383	150	44	79	8020
72	2680	619	9145	441	131	123	8100
9	462	64	897	62	18	23	8110
24	1386	257	5774	221	20	27	8120
39	832	298	2474	158	93	73	8130
262	**9206**	**1727**	**80325**	**4902**	**494**	**740**	**O**
139	3562	727	38776	2763	273	386	8200
4	339	66	2703	117	5	4	8210
1	7		215	45		2	8220
4	197	39	1604	90	17	30	8230
13	745	116	13070	820	84	179	8240
21	559	134	7950	515	58	60	8250
5	210	48	2063	133	4	12	8260
42	194	50	689	92	16	11	8270
14	487	102	5052	302	76	49	8280
35	824	172	5430	649	13	39	8290
123	5644	1000	41549	2139	221	354	8300
70	2771	539	24617	1234	110	166	8310
15	1174	192	7720	269	39	62	8320
38	1699	269	9212	636	72	126	8390

2-14 续表 9

行业中类	代码	企业法人单位数(个)	内资企业			
				国有企业	集体企业	股份合作
教育	P	**21423**	**21169**	**1132**	**951**	**468**
教育	8400	21423	21169	1132	951	468
学前教育	8410	3947	3916	109	215	28
初等教育	8420	558	554	34	22	12
中等教育	8430	903	891	70	35	20
高等教育	8440	188	184	27	6	5
其他教育	8490	15827	15624	892	673	403
卫生、社会保障和社会福利业	Q	**15941**	**15819**	**1159**	**1484**	**379**
卫生	8500	15058	14944	998	1313	362
医院	8510	4205	4148	435	173	177
卫生院及社区医疗活动	8520	1937	1934	252	373	15
门诊部医疗活动	8530	7438	7411	186	624	141
计划生育技术服务活动	8540	301	299	26	52	
妇幼保健活动	8550	85	81	12	5	3
专科疾病防治活动	8560	294	292	9	15	7
疾病预防控制及防疫活动	8570	122	122	27	26	3
其他卫生活动	8590	676	657	51	45	16
社会保障业	8600	235	235	55	73	2
社会福利业	8700	648	640	106	98	15
提供住宿的社会福利	8710	475	472	56	60	13
不提供住宿的社会福利	8720	173	168	50	38	2
文化、体育和娱乐业	R	**35154**	**34287**	**3443**	**1280**	**591**
新闻出版业	8800	2443	2430	1256	134	28
新闻业	8810	88	88	24	3	1
出版业	8820	2355	2342	1232	131	27
广播、电视、电影和音像业	8900	5548	5476	1371	361	74
广播	8910	175	173	40	13	2
电视	8920	1400	1386	230	56	18
电影	8930	2831	2790	1059	273	42
音像制作	8940	1142	1127	42	19	12
文化艺术业	9000	7539	7471	397	237	164
文艺创作与表演	9010	1854	1838	90	50	39
艺术表演场馆	9020	309	303	87	23	2
图书馆与档案馆	9030	105	105	28	31	1
文物及文化保护	9040	140	139	23	14	1
博物馆	9050	126	123	15	6	4
烈士陵园、纪念馆	9060	21	20	3	6	1
群众文化活动	9070	835	830	80	56	15
文化艺术经纪代理	9080	1889	1872	32	14	43
其他文化艺术	9090	2260	2241	39	37	58
体育	9100	1733	1655	121	52	31
体育组织	9110	639	614	40	14	15
体育场馆	9120	582	554	59	27	8
其他体育	9190	512	487	22	11	8
娱乐业	9200	17891	17255	298	496	294
室内娱乐活动	9210	10898	10691	128	298	158
游乐园	9220	569	535	35	30	13
休闲健身娱乐活动	9230	4879	4545	80	102	104
其他娱乐活动	9290	1545	1484	55	66	19

联营	有限责任公司	股份有限公司	私营	其他企业	港、澳、台商投资企业	外商投资企业	代码
105	**1634**	**385**	**13825**	**2669**	**88**	**166**	**P**
105	1634	385	13825	2669	88	166	8400
17	73	16	2685	773	16	15	8410
2	10	4	349	121	2	2	8420
6	47	21	508	184	6	6	8430
3	19	1	84	39	3	1	8440
77	1485	343	10199	1552	61	142	8490
69	**636**	**186**	**9973**	**1933**	**44**	**78**	**Q**
60	578	170	9615	1848	41	73	8500
14	262	90	2684	313	24	33	8510
12	42	18	872	350	2	1	8520
24	175	37	5192	1032	7	20	8530
4	2		158	57	1	1	8540
1	7		43	10		4	8550
1	13	2	227	18	1	1	8560
	9	1	47	9			8570
4	68	22	392	59	6	13	8590
2	22	11	53	17			8600
7	36	5	305	68	3	5	8700
7	21	3	256	56	1	2	8710
	15	2	49	12	2	3	8720
117	**3854**	**755**	**22935**	**1312**	**400**	**467**	**R**
19	283	50	553	107	4	9	8800
	10	1	34	15			8810
19	273	49	519	92	4	9	8820
22	862	187	2485	114	42	30	8900
2	35	12	64	5		2	8910
4	250	62	733	33	9	5	8920
13	386	80	877	60	25	16	8930
3	191	33	811	16	8	7	8940
22	1046	163	5142	300	28	40	9000
7	213	35	1278	126	8	8	9010
2	51	7	117	14	3	3	9020
	5	4	29	7			9030
1	29	8	53	10		1	9040
2	25	2	61	8		3	9050
1	2	1	5	1	1		9060
1	105	12	522	39	1	4	9070
3	302	44	1392	42	9	8	9080
5	314	50	1685	53	6	13	9090
6	283	39	1043	80	36	42	9100
3	118	14	372	38	14	11	9110
3	85	9	345	18	13	15	9120
	80	16	326	24	9	16	9190
48	1380	316	13712	711	290	346	9200
21	630	164	8842	450	97	110	9210
6	68	29	334	20	19	15	9220
15	534	82	3476	152	148	186	9230
6	148	41	1060	89	26	35	9290

2-15 按地区、登记注册类型

地区	企业法人单位数(个)				
		内资企业			
			国有企业	集体企业	股份合作
全　国	**4959671**	**4774324**	**142937**	**192248**	**63957**
北　京	249861	240243	6415	8525	10587
天　津	125627	119181	3869	5771	914
河　北	170979	168743	5386	8735	1589
山　西	87418	86945	5853	6904	1247
内蒙古	67531	67025	2241	1531	712
辽　宁	243786	234378	9353	16913	3869
吉　林	82884	81963	3053	2731	525
黑龙江	99162	98273	5389	4893	2053
上　海	337764	315098	5712	9697	2550
江　苏	532309	507040	6713	13279	3929
浙　江	450955	433265	5300	10694	8895
安　徽	134362	132538	5018	6250	1508
福　建	159718	147402	5368	7288	2126
江　西	78570	76895	4747	2931	2171
山　东	431421	418708	7604	10990	2115
河　南	212815	211521	6039	7520	1429
湖　北	184717	182560	7263	7793	2641
湖　南	140456	138756	5138	4923	1474
广　东	509178	461417	10978	22248	5423
广　西	74120	72662	4734	5206	1130
海　南	19434	18808	1401	776	203
重　庆	97413	96345	2763	3176	1108
四　川	157395	155611	5336	6250	2294
贵　州	40599	40219	3246	2243	679
云　南	65929	65113	2654	3748	994
西　藏	2407	2373	557	209	38
陕　西	91652	90790	4922	6460	657
甘　肃	40099	39850	2120	2674	714
青　海	9872	9769	795	509	158
宁　夏	15526	15404	644	371	75
新　疆	45712	45429	2326	1010	150

分组的法人单位数

联营	有限责任公司	股份有限公司	私营	其他企业	港、澳、台商投资企业	外商投资企业
11226	**551233**	**97326**	**3596423**	**118974**	**83657**	**101690**
354	49443	4587	160141	191	2975	6643
259	12241	1552	82395	12180	1629	4817
395	19828	5073	121712	6025	683	1553
327	11074	3681	56085	1774	184	289
105	13868	2276	44363	1929	159	347
379	36570	3969	160015	3310	1988	7420
192	10385	2322	60197	2558	183	738
311	15767	3374	61880	4606	292	597
987	15235	1648	278415	854	7052	15614
615	27254	6185	443155	5910	9703	15566
409	35641	4136	364022	4168	7761	9929
356	14006	3192	98967	3241	746	1078
602	17409	3156	107606	3847	7604	4712
228	9509	2897	52539	1873	974	701
617	33858	8062	339959	15503	2420	10293
361	27429	5548	156998	6197	558	736
803	23265	5336	127614	7845	1046	1111
470	10002	3306	107085	6358	928	772
1319	69622	6537	330057	15233	33479	14282
231	7364	2616	48924	2457	749	709
84	6688	704	8500	452	334	292
282	12224	2968	71097	2727	453	615
499	24013	6122	106811	4286	636	1148
181	10418	1297	21378	777	166	214
184	8367	2173	45892	1101	356	460
40	296	134	1054	45	4	30
284	12405	1934	62294	1834	300	562
192	6229	1504	25372	1045	106	143
36	1772	279	6073	147	46	57
31	1802	220	12137	124	32	90
93	7249	538	33686	377	111	172

2-16 按行业(中类)、登记注册类型分组

行业中类	代码	从业人员数(人)	内资企业			
				国有企业	集体企业	股份合作
总　　计	**0000**	**218893553**	**187763886**	**22021786**	**9053539**	**2641447**
农、林、牧、渔业	**A**	**1487326**	**1487016**	**1435386**	**2162**	**891**
农业	0100	868940	868761	853793	312	482
谷物及其他作物的种植	0110	828534	828534	818671	92	
蔬菜、园艺作物的种植	0120	16076	15995	13932	212	2
水果、坚果、饮料和香料作物的种植	0130	23827	23729	21018		480
中药材的种植	0140	503	503	172	8	
林业	0200	545935	545935	532629	965	5
林木的培育和种植	0210	59825	59825	54552	296	5
木材和竹材的采运	0220	213393	213393	206288		
林产品的采集	0230	272717	272717	271789	669	
畜牧业	0300	47045	46934	29163	135	7
牲畜的饲养	0310	29195	29195	24415	43	
猪的饲养	0320	3091	3005	386	11	7
家禽的饲养	0330	14039	14014	4252	74	
狩猎和捕捉动物	0340	2	2			
其他畜牧业	0390	718	718	110	7	
渔业	0400	5779	5779	2617	657	58
海洋渔业	0410	1301	1301	132	627	51
内陆渔业	0420	4478	4478	2485	30	7
农、林、牧、渔服务业	0500	19627	19607	17184	93	339
农业服务业	0510	17632	17612	15960	58	339
林业服务业	0520	1267	1267	722	19	
畜牧服务业	0530	123	123	75	16	
渔业服务业	0540	605	605	427		
采矿业	**B**	**9907369**	**9792445**	**2062237**	**535958**	**93000**
煤炭开采和洗选业	0600	5786535	5744505	1333605	318783	58058
烟煤和无烟煤的开采洗选	0610	5595746	5555282	1287321	309897	56019
褐煤的开采洗选	0620	169795	168371	45967	7588	1809
其他煤炭采选	0690	20994	20852	317	1298	230
石油和天然气开采业	0700	1126201	1121799	507732	9168	429
天然原油和天然气开采	0710	639916	637142	177708	237	152
与石油和天然气开采有关的服务活动	0790	486285	484657	330024	8931	277
黑色金属矿采选业	0800	928632	915042	62584	46676	11618
铁矿采选	0810	844163	834267	58702	40671	11015
其他黑色金属矿采选	0890	84469	80775	3882	6005	603
有色金属矿采选业	0900	743014	717252	70446	56670	10522
常用有色金属矿采选	0910	433407	415625	28080	16311	7360
贵金属矿采选	0920	195505	190090	25253	38632	2372
稀有稀土金属矿采选	0930	114102	111537	17113	1727	790
非金属矿采选业	1000	1307022	1278064	87589	103575	12122
土砂石开采	1010	965964	953634	26987	74544	9131
化学矿采选	1020	87777	85393	14325	9054	721
采盐	1030	121024	113374	40181	12660	720
石棉及其他非金属矿采选	1090	132257	125663	6096	7317	1550
其他采矿业	1100	15965	15783	281	1086	251
制造业	**C**	**104323466**	**78267074**	**3627792**	**2819800**	**1006268**
农副食品加工业	1300	4547100	3866095	115791	84516	43245
谷物磨制	1310	758942	745206	18903	6723	7944

的企业法人单位从业人员数

联营	有限责任公司	股份有限公司	私营	其他企业	港、澳、台商投资企业	外商投资企业	代码
590313	**44920276**	**14671163**	**91491886**	**2373476**	**14451525**	**16678142**	**0000**
31	**26701**	**5319**	**15459**	**1067**	**184**	**126**	**A**
5	9909	469	3176	615	98	81	0100
	8224	61	900	586			0110
5	512	320	988	24		81	0120
	1110	64	1052	5	98		0130
	63	24	236				0140
	7058	3577	1462	239			0200
	48	3577	1108	239			0210
	6950		155				0220
	60		199				0230
13	9226	179	8034	177	86	25	0300
	2649	68	1994	26			0310
13	764		1766	58	86		0320
	5696	111	3800	81		25	0330
				2			0340
	117		474	10			0390
13	313	780	1310	31			0400
	96	105	290				0410
13	217	675	1020	31			0420
	195	314	1477	5		20	0500
	149	314	787	5		20	0510
	24		502				0520
	10		22				0530
	12		166				0540
44274	**3047576**	**768158**	**3181166**	**60076**	**47184**	**67740**	**B**
29316	2331554	331425	1321147	20617	21553	20477	0600
29030	2250967	321704	1280414	19930	20089	20375	0610
136	76286	8425	27678	482	1424		0620
150	4301	1296	13055	205	40	102	0690
14	247087	334123	22831	415	2263	2139	0700
	125401	328063	5445	136	1190	1584	0710
14	121686	6060	17386	279	1073	555	0790
1626	169126	18535	591899	12978	6315	7275	0800
1385	158887	16499	534857	12251	6230	3666	0810
241	10239	2036	57042	727	85	3609	0890
6763	181585	47484	338432	5350	5807	19955	0900
3544	90340	31926	234433	3631	3659	14123	0910
1796	51119	14425	56091	402	1194	4221	0920
1423	40126	1133	47908	1317	954	1611	0930
6506	116610	36036	895172	20454	11231	17727	1000
5307	55736	18428	746416	17085	6010	6320	1010
254	19120	3122	38119	678	1250	1134	1020
162	29243	12195	17671	542	1616	6034	1030
783	12511	2291	92966	2149	2355	4239	1090
49	1614	555	11685	262	15	167	1100
207638	**15749355**	**5079481**	**48870243**	**906497**	**12415377**	**13641015**	**C**
9562	734385	201340	2622023	55233	213354	467651	1300
1227	89772	21127	587622	11888	4339	9397	1310

2-16 续表 1

行业中类	代码	从业人员数(人)	内资企业			
				国有企业	集体企业	股份合作
饲料加工	1320	475380	409275	4374	3154	4415
植物油加工	1330	381971	348478	8227	5314	3791
制糖	1340	182691	156205	10889	442	944
屠宰及肉类加工	1350	1003121	834553	49187	22529	8516
水产品加工	1360	566873	379997	16390	25533	9170
蔬菜、水果和坚果加工	1370	636582	515993	5048	6419	3984
其他农副食品加工	1390	541540	476388	2773	14402	4481
食品制造业	1400	2187868	1689309	59432	31744	16282
焙烤食品制造	1410	402978	299794	6334	3452	2905
糖果、巧克力及蜜饯制造	1420	219988	165282	571	2834	940
方便食品制造	1430	388392	291063	5429	9055	1616
液体乳及乳制品制造	1440	234532	169783	6625	2165	2487
罐头制造	1450	238019	187370	4467	2605	1471
调味品、发酵制品制造	1460	298131	250831	24465	4221	3277
其他食品制造	1490	405828	325186	11541	7412	3586
饮料制造业	1500	1660349	1355754	87364	35399	17535
酒精制造	1510	56328	49902	2619	583	745
酒的制造	1520	890651	765123	69016	10085	8887
软饮料制造	1530	489914	325049	6725	8774	4563
精制茶加工	1540	223456	215680	9004	15957	3340
烟草制品业	1600	208318	206050	112248	6034	1050
烟叶复烤	1610	30109	28357	8863	729	858
卷烟制造	1620	167939	167597	101389	2119	10
其他烟草制品加工	1690	10270	10096	1996	3186	182
纺织业	1700	8138641	6455220	186133	122021	55116
棉、化纤纺织及印染精加工	1710	3970937	3396881	124617	48578	24303
毛纺织和染整精加工	1720	430594	345846	9481	6150	5910
麻纺织	1730	123549	104765	2332	2589	941
丝绢纺织及精加工	1740	455522	400935	4725	5308	3609
纺织制成品制造	1750	1220947	929778	19100	23751	9019
针织品、编织品及其制品制造	1760	1937092	1277015	25878	35645	11334
纺织服装、鞋、帽制造业	1800	6448028	3944720	59385	98916	44638
纺织服装制造	1810	6044645	3711305	55237	91398	40193
纺织面料鞋的制造	1820	280630	168552	3764	5564	3791
制帽	1830	122753	64863	384	1954	654
皮革、毛皮、羽毛(绒)及其制品业	1900	3386625	1737090	12966	118193	17814
皮革鞣制加工	1910	219661	125751	448	7722	1247
皮革制品制造	1920	2956690	1454888	9903	107450	15365
毛皮鞣制及制品加工	1930	101088	77829	1138	1684	322
羽毛(绒)加工及制品制造	1940	109186	78622	1477	1337	880
木材加工及木、竹、藤、棕、草制品业	2000	2390195	2180827	47641	40928	15929
锯材、木片加工	2010	575457	559803	13873	8386	2231
人造板制造	2020	1055862	976059	20359	11768	3852
木制品制造	2030	488684	404214	12250	15112	3898
竹、藤、棕、草制品制造	2040	270192	240751	1159	5662	5948
家具制造业	2100	1583432	1095780	3825	15857	8419
木质家具制造	2110	1046854	767355	2093	11471	6372
竹、藤家具制造	2120	30556	22055	322	201	156
金属家具制造	2130	282816	170773	1168	2620	998

联营	有限责任公司	股份有限公司	私营	其他企业	港、澳、台商投资企业	外商投资企业	代码
827	80615	23682	286259	5949	24604	41501	1320
377	68297	10960	246568	4944	6105	27388	1330
1198	74890	25571	40604	1667	15452	11034	1340
3795	214994	46448	479152	9932	66090	102478	1350
294	79633	15554	227517	5906	42675	144201	1360
1006	48676	33155	408800	8905	36755	83834	1370
838	77508	24843	345501	6042	17334	47818	1390
2421	345314	118665	1090980	24471	181614	316945	1400
436	42103	6548	232790	5226	43899	59285	1410
156	20680	6461	131630	2010	20795	33911	1420
655	67563	19689	183464	3592	46045	51284	1430
388	56909	30231	69899	1079	6447	58302	1440
94	29610	11759	131991	5373	17913	32736	1450
385	51469	23604	139913	3497	20264	27036	1460
307	76980	20373	201293	3694	26251	54391	1490
1897	317275	147974	732680	15630	95913	208682	1500
	16391	1594	27662	308	774	5652	1510
738	224710	104942	342216	4529	34106	91422	1520
545	56146	35442	207815	5039	57893	106972	1530
614	20028	5996	154987	5754	3140	4636	1540
4	81897	3209	1452	156	1995	273	1600
	15768	1753	378	8	1479	273	1610
	62879	1009	191		342		1620
4	3250	447	883	148	174		1690
8777	1304577	292463	4432132	54001	1029751	653670	1700
5645	873494	168132	2128091	24021	379857	194199	1710
279	63605	10933	245264	4224	52402	32346	1720
371	30724	4920	62383	505	13524	5260	1730
75	69811	24318	291151	1938	35227	19360	1740
1293	117461	56195	693726	9233	135334	155835	1750
1114	149482	27965	1011517	14080	413407	246670	1760
6802	460084	97099	3115987	61809	1437353	1065955	1800
6796	435403	94381	2930516	57381	1349759	983581	1810
6	18236	1778	131577	3836	62339	49739	1820
	6445	940	53894	592	25255	32635	1830
4525	192891	30397	1339267	21037	969408	680127	1900
807	17559	9324	87239	1405	70427	23483	1910
3681	159062	15840	1126249	17338	875936	625866	1920
	6322	804	66012	1547	9131	14128	1930
37	9948	4429	59767	747	13914	16650	1940
2684	199685	52199	1784442	37319	108448	100920	2000
699	27383	10776	477714	18741	6621	9033	2010
1078	118017	30836	779230	10919	46274	33529	2020
556	39823	5405	322896	4274	39413	45057	2030
351	14462	5182	204602	3385	16140	13301	2040
770	141642	17744	885946	21577	253608	234044	2100
342	91525	12365	627620	15567	148093	131406	2110
	2542	52	18640	142	3763	4738	2120
238	23673	3967	136561	1548	60110	51933	2130

2-16 续表 2

行业中类	代码	从业人员数（人）	内资企业			
				国有企业	集体企业	股份合作
塑料家具制造	2140	22533	15698	42	551	409
其他家具制造	2190	200673	119899	200	1014	484
造纸及纸制品业	2200	2190961	1777671	38382	88989	27297
纸浆制造	2210	61677	45656	1518	1501	953
造纸	2220	925723	774686	25902	40911	7109
纸制品制造	2230	1203561	957329	10962	46577	19235
印刷业和记录媒介的复制	2300	1543512	1299933	117176	72294	30526
印刷	2310	1418428	1194449	107028	64273	28213
装订及其他印刷服务活动	2320	107083	92940	8639	7903	2308
记录媒介的复制	2330	18001	12544	1509	118	5
文教体育用品制造业	2400	1680598	766561	7845	46875	5371
文化用品制造	2410	247525	152789	1990	4593	1452
体育用品制造	2420	393209	147158	2745	5498	875
乐器制造	2430	99489	53248	632	1510	480
玩具制造	2440	901747	388218	2447	34870	2480
游艺器材及娱乐用品制造	2450	38628	25148	31	404	84
石油加工、炼焦及核燃料加工业	2500	921134	833142	114798	15300	8036
精炼石油产品的制造	2510	473993	439519	73242	10333	2416
炼焦	2520	436552	383034	33539	4967	5607
化学原料及化学制品制造业	2600	5624940	4958250	337383	164695	72451
基础化学原料制造	2610	1304728	1201271	130854	44028	16702
肥料制造	2620	855313	811336	76664	10853	13449
农药制造	2630	214552	196815	11035	2856	3500
涂料、油墨、颜料及类似产品制造	2640	589992	467531	9897	18682	10941
合成材料制造	2650	467145	381894	36667	13189	2178
专用化学产品制造	2660	1784666	1610478	65664	67906	21760
日用化学产品制造	2670	408544	288925	6602	7181	3921
医药制造业	2700	1682534	1349736	84522	22440	14680
化学药品原药制造	2710	339153	282084	13871	4788	2612
化学药品制剂制造	2720	449521	329300	37036	6360	2133
中药饮片加工	2730	102679	92282	1703	1492	1612
中成药制造	2740	412607	353488	20860	6088	4119
兽用药品制造	2750	87144	79821	3309	1058	1115
生物、生化制品的制造	2760	145279	110350	6824	473	938
卫生材料及医药用品制造	2770	146151	102411	919	2181	2151
化学纤维制造业	2800	475685	378148	39974	4869	3265
纤维素纤维原料及纤维制造	2810	116344	102517	12252	1256	299
合成纤维制造	2820	359341	275631	27722	3613	2966
橡胶制品业	2900	1282568	875549	26892	42447	16101
轮胎制造	2910	336581	209539	4450	6847	1374
橡胶板、管、带的制造	2920	178327	157106	5377	7173	3774
橡胶零件制造	2930	220319	166019	2798	7872	3711
再生橡胶制造	2940	38244	35318	273	1982	475
日用及医用橡胶制品制造	2950	71719	41191	2343	2821	251
橡胶靴鞋制造	2960	265825	152582	10309	9190	5006
其他橡胶制品制造	2990	171553	113794	1342	6562	1510
塑料制品业	3000	3899242	2696920	23528	101834	36910
塑料薄膜制造	3010	339712	246051	2976	7300	3330

联营	有限责任公司	股份有限公司	私营	其他企业	港、澳、台商投资企业	外商投资企业	代码
180	3212	70	11114	120	3599	3236	2140
10	20690	1290	92011	4200	38043	42731	2190
1987	311938	84072	1196929	28077	222399	190891	2200
	13218	7780	20196	490	7334	8687	2210
578	185827	58804	441025	14530	68063	82974	2220
1409	112893	17488	735708	13057	147002	99230	2230
4743	200143	35390	820374	19287	172203	71376	2300
4184	186394	31811	755570	16976	158938	65041	2310
195	8839	2681	60082	2293	10633	3510	2320
364	4910	898	4722	18	2632	2825	2330
3492	73799	19207	601762	8210	604501	309536	2400
288	14199	3571	125553	1143	52511	42225	2410
745	15430	4755	115696	1414	134028	112023	2420
	8133	2113	39799	581	11849	34392	2430
2459	33538	8718	298677	5029	399239	114290	2440
	2499	50	22037	43	6874	6606	2450
2349	223067	214364	253320	1908	34351	53641	2500
602	73642	185103	92931	1250	20114	14360	2510
1747	147138	29261	160244	531	14237	39281	2520
9808	1252556	508698	2574719	37940	266350	400340	2600
2181	358619	155349	485401	8137	40918	62539	2610
734	292583	123085	289092	4876	14127	29850	2620
93	56009	34646	87780	896	6813	10924	2630
645	80117	30099	312111	5039	59222	63239	2640
361	106683	63999	156457	2360	35209	50042	2650
4766	298487	75993	1062166	13736	59196	114992	2660
1028	60058	25527	181712	2896	50865	68754	2670
3706	463786	273484	478001	9117	111631	221167	2700
1303	120481	55125	81338	2566	22182	34887	2710
667	130554	70638	79912	2000	29280	90941	2720
480	22184	8991	54755	1065	4121	6276	2730
370	110272	105055	105084	1640	26239	32880	2740
192	20198	7274	46173	502	1070	6253	2750
640	33079	20856	47188	352	10763	24166	2760
54	27018	5545	63551	992	17976	25764	2770
320	79703	64801	182980	2236	55247	42290	2800
14	45510	17892	24406	888	5510	8317	2810
306	34193	46909	158574	1348	49737	33973	2820
1421	164628	74144	541763	8153	172839	234180	2900
461	70604	37071	87706	1026	30269	96773	2910
256	26257	6436	106277	1556	7483	13738	2920
206	22147	10807	115953	2525	21804	32496	2930
	4888	1281	26010	409	2334	592	2940
	8901	1524	25184	167	13761	16767	2950
401	20331	12557	93822	966	72644	40599	2960
97	11500	4468	86811	1504	24544	33215	2990
4887	363202	62556	2062927	41076	681338	520984	3000
421	37590	17569	173116	3749	56282	37379	3010

2-16 续表 3

行业中类	代码	从业人员数(人)	内资企业			
				国有企业	集体企业	股份合作
塑料板、管、型材的制造	3020	527024	403573	9882	13291	3636
塑料丝、绳及编织品的制造	3030	472547	436149	3165	19915	6932
泡沫塑料制造	3040	158215	126975	341	4432	2165
塑料人造革、合成革制造	3050	107707	70678	219	419	573
塑料包装箱及容器制造	3060	366370	267810	1516	6608	3964
塑料零件制造	3070	526272	298097	1227	11830	4974
日用塑料制造	3080	633006	367248	2310	13700	6084
其他塑料制品制造	3090	768389	480339	1892	24339	5252
非金属矿物制品业	3100	9390534	8602510	210432	461694	131247
水泥、石灰和石膏的制造	3110	1415523	1323240	71944	75928	24664
水泥及石膏制品制造	3120	1274283	1201400	30164	36913	10131
砖瓦、石材及其他建筑材料制造	3130	3828142	3672137	38421	266097	65794
玻璃及玻璃制品制造	3140	1169588	936572	21751	17489	9390
陶瓷制品制造	3150	748240	578209	19632	18710	8748
耐火材料制品制造	3160	488481	462713	8691	31315	5242
石墨及其他非金属矿物制品制造	3190	466277	428239	19829	15242	7278
黑色金属冶炼及压延加工业	3200	3372463	3095156	404032	80303	26274
炼铁	3210	332479	319791	18286	7510	1731
炼钢	3220	552482	521983	134380	2305	671
钢压延加工	3230	2172485	1957466	239052	60266	13760
铁合金冶炼	3240	315017	295916	12314	10222	10112
有色金属冶炼及压延加工业	3300	2034949	1802468	149129	85328	19675
常用有色金属冶炼	3310	938724	873277	110248	21527	7764
贵金属冶炼	3320	70835	69210	3561	1869	482
稀有稀土金属冶炼	3330	129179	118737	4811	1321	927
有色金属合金制造	3340	116905	86486	2650	3637	783
有色金属压延加工	3350	779306	654758	27859	56974	9719
金属制品业	3400	5023298	3980804	83263	169843	58755
结构性金属制品制造	3410	1559857	1369014	34472	54383	15387
金属工具制造	3420	603979	487625	7703	15860	6937
集装箱及金属包装容器制造	3430	336958	226040	3520	14999	5712
金属丝绳及其制品的制造	3440	286902	236855	12943	15435	2708
建筑、安全用金属制品制造	3450	628003	460960	4122	15552	6044
金属表面处理及热处理加工	3460	412835	346500	3279	27260	12490
搪瓷制品制造	3470	65121	56214	664	3674	582
不锈钢及类似日用金属制品制造	3480	616859	406587	3921	6887	4040
其他金属制品制造	3490	512784	391009	12639	15793	4855
通用设备制造业	3500	7243605	6211200	267811	273102	109600
锅炉及原动机制造	3510	482778	420515	43075	16663	7893
金属加工机械制造	3520	836583	753820	52128	24170	10848
起重运输设备制造	3530	455674	366785	21038	26323	3651
泵、阀门、压缩机及类似机械的制造	3540	1093029	905562	29609	24415	26274
轴承、齿轮、传动和驱动部件的制造	3550	712547	588411	27272	13307	7498
烘炉、熔炉及电炉制造	3560	50442	43025	1452	1378	991
风机、衡器、包装设备等通用设备制造	3570	912310	711975	28222	28940	11147
通用零部件制造及机械修理	3580	1398165	1243657	41430	82885	22579
金属铸、锻加工	3590	1302077	1177450	23585	55021	18719
专用设备制造业	3600	4343870	3501640	244944	90365	45851

联营	有限责任公司	股份有限公司	私营	其他企业	港、澳、台商投资企业	外商投资企业	代码
884	70725	13566	286849	4740	51079	72372	3020
313	55033	9384	337613	3794	14867	21531	3030
195	15764	2611	99429	2038	19422	11818	3040
	10955	2309	55906	297	17131	19898	3050
239	36548	5453	207905	5577	50876	47684	3060
1953	35470	1969	236418	4256	114209	113966	3070
45	46252	3456	290636	4765	186011	79747	3080
837	54865	6239	375055	11860	171461	116589	3090
35351	1215561	366223	6043245	138757	386777	401247	3100
6774	358387	134175	643539	7829	39116	53167	3110
11368	153386	34969	898005	26464	42977	29906	3120
13011	245179	34320	2934268	75047	85015	70990	3130
1288	198292	56228	618719	13415	115309	117707	3140
480	85366	55453	384653	5167	85502	84529	3150
1729	81222	19319	309796	5399	7184	18584	3160
701	93729	31759	254265	5436	11674	26364	3190
35167	1163899	362643	1012155	10683	136325	140982	3200
3541	102073	32817	149561	4272	4756	7932	3210
204	197737	64029	122234	423	18206	12293	3220
30502	775419	248246	585904	4317	108892	106127	3230
920	88670	17551	154456	1671	4471	14630	3240
2405	573247	242915	716992	12777	104221	128260	3300
1005	329664	161019	237341	4709	20167	45280	3310
88	27532	13737	21215	726	659	966	3320
414	35456	21667	53607	534	2977	7465	3330
218	25711	3000	49809	678	11991	18428	3340
680	154884	43492	355020	6130	68427	56121	3350
7947	583341	111696	2911518	54441	540676	501818	3400
4228	229018	46152	967435	17939	101652	89191	3410
1037	61640	11102	378080	5266	61032	55322	3420
500	47291	7468	143698	2852	50476	60442	3430
221	34920	14499	154621	1508	14369	35678	3440
111	59875	6111	360760	8385	87550	79493	3450
666	33682	5714	258935	4474	36068	30267	3460
1	16557	1311	33109	316	3028	5879	3470
326	48508	8734	329978	4193	121028	89244	3480
857	51850	10605	284902	9508	65473	56302	3490
11333	1162534	284591	4034950	67279	349880	682525	3500
1245	116675	39860	191728	3376	9350	52913	3510
1046	170042	45467	429355	20764	33844	48919	3520
866	107095	29903	175826	2083	23770	65119	3530
620	193798	52265	571351	7230	43693	143774	3540
1300	119624	33569	382810	3031	46387	77749	3550
132	7940	650	30211	271	1189	6228	3560
932	128015	33190	476250	5279	75514	124821	3570
1927	154794	21732	907051	11259	66810	87698	3580
3265	164551	27955	870368	13986	49323	75304	3590
5852	911504	246963	1924745	31416	371170	471060	3600

2-16 续表 4

行业中类	代码	从业人员数(人)	内资企业			
				国有企业	集体企业	股份合作
矿山、冶金、建筑专用设备制造	3610	1068196	961940	120448	29645	10592
化工、木材、非金属加工专用设备制造	3620	957512	641196	17528	14455	7645
食品、饮料、烟草及饲料生产专用设备制造	3630	157680	143929	6812	5764	2556
印刷、制药、日化生产专用设备制造	3640	225548	179223	7900	4297	2888
纺织、服装和皮革工业专用设备制造	3650	353582	283116	8683	6590	7188
农、林、牧、渔专用机械制造	3670	386247	353247	18673	10195	5231
医疗仪器设备及器械制造	3680	298257	205375	9945	4746	3235
环保、社会公共安全及其他专用设备制造	3690	437174	373177	21088	9220	4607
交通运输设备制造业	3700	5811964	4471555	456316	154592	62082
铁路运输设备制造	3710	361239	344587	108666	43959	4132
汽车制造	3720	3566495	2587224	176136	75908	42007
摩托车制造	3730	533596	464361	7229	10796	5820
自行车制造	3740	276040	162729	1558	3865	2902
船舶及浮动装置制造	3750	702227	573184	67690	17224	6790
航空航天器制造	3760	317121	292722	92497	919	53
交通器材及其他交通运输设备制造	3790	55246	46748	2540	1921	378
电气机械及器材制造业	3900	6294577	4222571	124237	169305	58413
电机制造	3910	740415	533874	26432	13701	6859
输配电及控制设备制造	3920	1736574	1225305	56124	57627	23978
电线、电缆、光缆及电工器材制造	3930	987837	688064	13989	30808	13212
电池制造	3940	508992	268863	4695	3184	2040
家用电力器具制造	3950	1193472	735370	11806	44592	4305
非电力家用器具制造	3960	136703	112990	331	2006	1778
照明器具制造	3970	829914	540971	4441	6223	4905
其他电气机械及器材制造	3990	160670	117134	6419	11164	1336
通信设备、计算机及其他电子设备制造业	4000	7001203	2299971	105898	110899	15519
通信设备制造	4010	895613	381945	25633	8495	1456
雷达及配套设备制造	4020	44436	44067	8455		64
广播电视设备制造	4030	121843	72775	4589	1187	387
电子计算机制造	4040	1461869	199499	5470	10789	775
电子器件制造	4050	1068604	340252	15080	12610	4572
电子元件制造	4060	2454168	848198	24609	48638	6364
家用视听设备制造	4070	593859	242533	14228	25191	680
其他电子设备制造	4090	360811	170702	7834	3989	1221
仪器仪表及文化、办公用机械制造业	4100	1496106	895138	65666	48408	16727
通用仪器仪表制造	4110	504592	407786	20193	10358	9271
专用仪器仪表制造	4120	202729	157280	26358	3990	2017
钟表与计时仪器制造	4130	169757	68747	4029	9792	947
光学仪器及眼镜制造	4140	323967	165847	11497	17281	3499
文化、办公用机械制造	4150	262760	70609	3246	5160	541
其他仪器仪表的制造及修理	4190	32301	24869	343	1827	452
工艺品及其他制造业	4200	2255833	1533125	38488	48603	26688
工艺美术品制造	4210	1555093	1045176	7909	36140	22862
日用杂品制造	4220	445566	280866	903	5307	2966
煤制品制造	4230	69868	69562	4820	3587	213
其他未列明的制造业	4290	184354	136751	24748	3569	647
废弃资源和废旧材料回收加工业	4300	203334	184181	2291	14007	772
金属废料和碎屑的加工处理	4310	120797	105878	731	9431	373
非金属废料和碎屑的加工处理	4320	82537	78303	1560	4576	399

联营	有限责任公司	股份有限公司	私营	其他企业	港、澳、台商投资企业	外商投资企业	代码
2637	283464	101204	406249	7701	32798	73458	3610
848	101706	20599	471058	7357	161358	154958	3620
25	28657	9325	88932	1858	3208	10543	3630
223	31669	12267	118489	1490	23912	22413	3640
1474	51616	22693	183456	1416	40538	29928	3650
237	104933	20206	189581	4191	9688	23312	3670
123	47642	16113	122726	845	29256	63626	3680
169	78497	18666	237187	3743	19338	44659	3690
12485	1231677	392467	2125772	36164	299091	1041318	3700
742	101801	31716	51568	2003	1489	15163	3710
7178	694865	296127	1272014	22989	171885	807386	3720
70	87750	18952	332108	1636	24711	44524	3730
147	18754	2085	127956	5462	56169	57142	3740
4325	145346	16193	312982	2634	34561	94482	3750
23	174978	20928	3208	116	7499	16900	3760
	8183	6466	25936	1324	2777	5721	3790
8261	929362	423382	2476337	33274	982782	1089224	3900
819	126946	63098	292200	3819	57225	149316	3910
3539	279008	85880	708050	11099	229948	281321	3920
1564	152406	49069	422328	4688	142687	157086	3930
292	66639	23473	167487	1053	106350	133779	3940
983	158840	156841	354396	3607	258623	199479	3950
150	27368	2756	76522	2079	10555	13158	3960
454	99120	40121	381148	4559	163165	125778	3970
460	19035	2144	74206	2370	14229	29307	3990
14618	631228	248729	1149301	23779	1947759	2753473	4000
4041	144424	81169	114269	2458	200515	313153	4010
	31703	1546	1772	527	142	227	4020
205	9238	12610	44148	411	23728	25340	4030
66	48070	34016	98732	1581	393502	868868	4040
2823	102939	48450	151769	2009	289517	438835	4050
1467	186851	52801	519594	7874	733533	872437	4060
5550	79025	10504	103747	3608	210978	140348	4070
466	28978	7633	115270	5311	95844	94265	4090
1336	204929	57668	488667	11737	263662	337306	4100
251	92919	40415	232560	1819	29711	67095	4110
385	35208	7128	80982	1212	13810	31639	4120
64	11878	849	37760	3428	77894	23116	4130
110	40527	3525	88672	736	71475	86645	4140
161	19208	4908	33229	4156	69077	123074	4150
365	5189	843	15464	386	1695	5737	4190
2239	201207	40926	1140501	34473	414719	307989	4200
2148	143379	30497	776203	26038	285886	224031	4210
38	30362	7809	229853	3628	100644	64056	4220
39	4572	590	54182	1559	114	192	4230
14	22448	1975	80102	3248	28018	19585	4290
489	30294	3472	128376	4480	6012	13141	4300
453	21310	2840	67337	3403	4233	10686	4310
36	8984	632	61039	1077	1779	2455	4320

2-16 续表 5

行业中类	代码	从业人员数(人)	内资企业			
				国有企业	集体企业	股份合作
电力、燃气及水的生产和供应业	D	**4009933**	**3772703**	**2004698**	**123881**	**24914**
电力、热力的生产和供应业	4400	3125705	2978369	1630389	68638	20106
电力生产	4410	1393996	1259981	469451	51394	16407
电力供应	4420	1473536	1470900	1093646	10824	2033
热力生产和供应	4430	258173	247488	67292	6420	1666
燃气生产和供应业	4500	225713	169208	46197	2165	1672
水的生产和供应业	4600	658515	625126	328112	53078	3136
自来水的生产和供应	4610	601172	572418	316575	50552	2358
污水处理及其再生利用	4620	50068	46090	11309	2326	357
其他水的处理、利用与分配	4690	7275	6618	228	200	421
建筑业	E	**39068150**	**38844362**	**4390922**	**2624146**	**299988**
房屋和土木工程建筑业	4700	32427758	32320125	3854801	2314885	245236
房屋工程建筑	4710	25420372	25348495	1807890	2072956	216417
土木工程建筑	4720	7007386	6971630	2046911	241929	28819
建筑安装业	4800	3225836	3178342	397533	208330	32005
建筑装饰业	4900	1866360	1805140	36801	36966	13037
其他建筑业	5000	1548196	1540755	101787	63965	9710
工程准备	5010	438644	435701	51265	14489	2674
提供施工设备服务	5020	234844	233912	3430	14664	476
其他未列明的建筑活动	5090	874688	871122	47092	34792	6560
交通运输、仓储和邮政业	F	**8461703**	**7919906**	**2252087**	**437099**	**117982**
铁路运输业	5100	53364	53314	30611	2081	165
铁路旅客运输	5110	5566	5566	4990		
铁路货物运输	5120	32668	32618	14349	628	130
铁路运输辅助活动	5130	15130	15130	11272	1453	35
道路运输业	5200	3331598	3247559	529516	185910	65800
公路旅客运输	5210	939057	929866	233440	45696	24008
道路货物运输	5220	1930678	1882273	158460	108952	30635
道路运输辅助活动	5230	461863	435420	137616	31262	11157
城市公共交通业	5300	1589895	1495031	458065	48394	16404
公共电汽车客运	5310	895096	850805	368663	17210	4344
轨道交通	5320	54749	53851	25501	13	72
出租车客运	5330	600754	552252	50213	30078	11501
城市轮渡	5340	6864	6227	2147	326	
其他城市公共交通	5390	32432	31896	11541	767	487
水上运输业	5400	794361	709504	217396	63819	10696
水上旅客运输	5410	57145	55402	7836	7294	4622
水上货物运输	5420	466114	455794	126932	52618	2802
水上运输辅助活动	5430	271102	198308	82628	3907	3272
航空运输业	5500	313126	223254	62161	938	1262
航空客货运输	5510	219918	141206	18235	13	27
通用航空服务	5520	5699	5584	2014	408	18
航空运输辅助活动	5530	87509	76464	41912	517	1217
管道运输业	5600	24989	23941	16226		
装卸搬运和其他运输服务业	5700	1060110	962835	113295	103619	15533
装卸搬运	5710	380245	371045	42864	84103	5363
运输代理服务	5720	679865	591790	70431	19516	10170

联营	有限责任公司	股份有限公司	私营	其他企业	港、澳、台商投资企业	外商投资企业	代码
16816	**968316**	**202230**	**417794**	**14054**	**105095**	**132135**	**D**
14242	761040	176361	299433	8160	65197	82139	4400
8561	354026	126264	227985	5893	59504	74511	4410
4973	319709	30331	8629	755	279	2357	4420
708	87305	19766	62819	1512	5414	5271	4430
243	74352	11479	32051	1049	24172	32333	4500
2331	132924	14390	86310	4845	15726	17663	4600
2283	115877	13255	67398	4120	14221	14533	4610
26	15776	1040	14571	685	1459	2519	4620
22	1271	95	4341	40	46	611	4690
118854	**14054418**	**2703909**	**14459874**	**192251**	**114600**	**109188**	**E**
89077	12062650	2373664	11243943	135869	47132	60501	4700
68180	9561384	1994626	9522662	104380	35786	36091	4710
20897	2501266	379038	1721281	31489	11346	24410	4720
9904	1054307	182444	1275885	17934	21329	26165	4800
8084	426690	96472	1166301	20789	42430	18790	4900
11789	510771	51329	773745	17659	3709	3732	5000
300	145944	10146	208571	2312	1540	1403	5010
325	72321	7347	134522	827	597	335	5020
11164	292506	33836	430652	14520	1572	1994	5090
54895	**1807058**	**561522**	**2576903**	**112360**	**240822**	**300975**	**F**
207	7791	7620	4621	218		50	5100
	520		56				5110
197	6203	7501	3544	66		50	5120
10	1068	119	1021	152			5130
24840	746667	233299	1402510	59017	42418	41621	5200
8580	293499	105556	208436	10651	7270	1921	5210
10476	332835	85109	1113910	41896	23204	25201	5220
5784	120333	42634	80164	6470	11944	14499	5230
11104	591166	88889	267408	13601	30354	64510	5300
3980	348272	41242	60416	6678	25666	18625	5310
109	23219	2848	2010	79	693	205	5320
6996	204569	43427	199522	5946	2965	45537	5330
	3204	102	411	37	637		5340
19	11902	1270	5049	861	393	143	5390
4262	127015	84801	191171	10344	41394	43463	5400
296	13943	5938	15123	350	1125	618	5410
3436	61800	48716	152828	6662	7228	3092	5420
530	51272	30147	23220	3332	33041	39753	5430
6592	56151	86642	9312	196	33087	56785	5500
6560	29206	79698	7356	111	30453	48259	5510
	1830	237	1027	50	100	15	5520
32	25115	6707	929	35	2534	8511	5530
	3403	3867	394	51	383	665	5600
5248	168325	37543	500601	18671	56023	41252	5700
2997	56923	18078	151245	9472	2971	6229	5710
2251	111402	19465	349356	9199	53052	35023	5720

2-16 续表 6

行业中类	代码	从业人员数(人)	内资企业	国有企业	集体企业	股份合作
仓储业	5800	510798	463767	172592	28643	5032
谷物、棉花等农产品仓储	5810	167306	166223	113593	4517	549
其他仓储	5890	343492	297544	58999	24126	4483
邮政业	5900	783462	740701	652225	3695	3090
国家邮政	5910	665253	665253	644356	3007	2186
其他寄递服务	5990	118209	75448	7869	688	904
信息传输、计算机服务和软件业	G	**3081726**	**2166891**	**366139**	**12998**	**15345**
电信和其他信息传输服务业	6000	1452784	934010	346265	8634	9367
电信	6010	1185595	686642	289888	4864	5878
互联网信息服务	6020	144126	125856	10499	298	656
广播电视传输服务	6030	116239	114752	44203	3466	999
卫星传输服务	6040	6824	6760	1675	6	1834
计算机服务业	6100	739346	627917	10658	2603	3183
计算机系统服务	6110	235373	183481	7223	917	670
数据处理	6120	28397	12048	937	277	38
计算机维修	6130	33574	24537	209	70	210
其他计算机服务	6190	442002	407851	2289	1339	2265
软件业	6200	889596	604964	9216	1761	2795
公共软件服务	6210	741368	504711	6960	1185	1986
其他软件服务	6290	148228	100253	2256	576	809
批发和零售业	H	**18907576**	**17907550**	**1569774**	**870799**	**204839**
批发业	6300	10545075	10068224	1104702	436337	96635
农畜产品批发	6310	703434	699300	169581	68535	7957
食品、饮料及烟草制品批发	6320	1393836	1338182	451870	48884	16808
纺织、服装及日用品批发	6330	1080986	964465	25748	21148	5822
文化、体育用品及器材批发	6340	304902	279321	29786	5407	2464
医药及医疗器材批发	6350	557883	535877	42161	5789	5516
矿产品、建材及化工产品批发	6360	3210534	3161382	266934	201636	30167
机械设备、五金交电及电子产品批发	6370	2456752	2282783	73687	42686	20611
贸易经纪与代理	6380	209352	195426	16861	4990	2275
其他批发	6390	627396	611488	28074	37262	5015
零售业	6500	8362501	7839326	465072	434462	108204
综合零售	6510	2856634	2516054	125012	266307	45131
食品、饮料及烟草制品专门零售	6520	492288	484976	71665	32341	9222
纺织、服装及日用品专门零售	6530	747958	666025	19339	34026	7975
文化、体育用品及器材专门零售	6540	404706	396056	85063	12793	6006
医药及医疗器材专门零售	6550	624861	621738	46652	11310	10245
汽车、摩托车、燃料及零配件专门零售	6560	1228206	1197211	68788	25907	10669
家用电器及电子产品专门零售	6570	971459	950201	10111	9130	6811
五金、家具及室内装修材料专门零售	6580	568497	552397	12062	21245	6499
无店铺及其他零售	6590	467892	454668	26380	21403	5646
住宿和餐饮业	I	**5687081**	**4965462**	**626682**	**178552**	**69440**
住宿业	6600	2581884	2292193	535434	123280	34094
旅游饭店	6610	1840997	1574936	411490	67677	21888
一般旅馆	6620	666192	646823	111239	50606	10853
其他住宿服务	6690	74695	70434	12705	4997	1353
餐饮业	6700	3105197	2673269	91248	55272	35346
正餐服务	6710	2558204	2395508	80033	48403	31667
快餐服务	6720	369873	124047	5638	2329	1327
饮料及冷饮服务	6730	53028	46332	505	515	630
其他餐饮服务	6790	124092	107382	5072	4025	1722

					港、澳、台商投资企业	外商投资企业	代码
联营	有限责任公司	股份有限公司	私营	其他企业			
2394	73651	14709	157520	9226	18320	28711	5800
675	15970	2853	26503	1563	274	809	5810
1719	57681	11856	131017	7663	18046	27902	5890
248	32889	4152	43366	1036	18843	23918	5900
	14880	8	363	453			5910
248	18009	4144	43003	583	18843	23918	5990
5227	**412046**	**340451**	**981812**	**32873**	**340068**	**574767**	**G**
3607	148284	269053	139925	8875	233630	285144	6000
1856	86278	241901	50608	5369	227176	271777	6010
1170	24792	6339	79737	2365	5778	12492	6020
318	35421	20438	8841	1066	636	851	6030
263	1793	375	739	75	40	24	6040
688	88645	16141	488439	17560	32842	78587	6100
320	46836	10731	114732	2052	17452	34440	6110
	3802	480	6367	147	2963	13386	6120
	2962	679	19891	516	5458	3579	6130
368	35045	4251	347449	14845	6969	27182	6190
932	175117	55257	353448	6438	73596	211036	6200
891	145704	46124	296863	4998	53095	183562	6210
41	29413	9133	56585	1440	20501	27474	6290
56901	**3442457**	**1135709**	**10225865**	**401206**	**370279**	**629747**	**H**
31914	1685450	486226	6002330	224630	175018	301833	6300
4476	79121	25507	320829	23294	1157	2977	6310
5105	214724	39109	526713	34969	24744	30910	6320
1546	153653	26211	685092	45245	49718	66803	6330
761	55613	4810	176891	3589	15901	9680	6340
527	169568	37973	263329	11014	7774	14232	6350
12536	478665	261640	1857286	52518	15134	34018	6360
4895	410753	70920	1631261	27970	48516	125453	6370
487	31963	4875	120736	13239	4942	8984	6380
1581	91390	15181	420193	12792	7132	8776	6390
24987	1757007	649483	4223535	176576	195261	327914	6500
6308	733657	347638	942665	49336	113655	226925	6510
1471	69318	13601	270482	16876	2791	4521	6520
1884	103574	20162	458998	20067	53820	28113	6530
792	74929	22851	186681	6941	3293	5357	6540
3537	168824	35496	332562	13112	1446	1677	6550
6907	255255	150876	658035	20774	9815	21180	6560
1913	214695	34922	656844	15775	2641	18617	6570
979	71302	11482	409838	18990	3862	12238	6580
1196	65453	12455	307430	14705	3938	9286	6590
18996	**933050**	**174892**	**2831366**	**132484**	**299338**	**422281**	**I**
13668	540466	97074	910933	37244	167634	122057	6600
10201	436034	75071	532955	19620	156108	109953	6610
3121	90522	19237	346803	14442	9435	9934	6620
346	13910	2766	31175	3182	2091	2170	6690
5328	392584	77818	1920433	95240	131704	300224	6700
4181	348316	71918	1724538	86452	76890	85806	6710
285	26297	1604	82820	3747	44949	200877	6720
58	4880	492	37511	1741	3764	2932	6730
804	13091	3804	75564	3300	6101	10609	6790

2-16 续表 7

行业中类	代码	从业人员数(人)	内资企业			
				国有企业	集体企业	股份合作
金融业	J	**4937420**	**4756229**	**923128**	**314808**	**366540**
银行业	6800	2698047	2656527	725981	312133	333882
中央银行	6810	10670	10670	7958		2114
商业银行	6820	2595483	2554904	667224	302754	321631
其他银行	6890	91894	90953	50799	9379	10137
证券业	6900	140969	131553	10605	18	288
证券市场管理	6910	2234	2234	976		17
证券经纪与交易	6920	125710	117537	7873	18	249
证券投资	6930	10805	9564	1728		13
证券分析与咨询	6940	2220	2218	28		9
保险业	7000	1886234	1760437	122579	1339	29326
人寿保险	7010	1408009	1300571	89670	751	20022
非人寿保险	7020	418270	402624	31583	412	8816
保险辅助服务	7030	59955	57242	1326	176	488
其他金融活动	7100	212170	207712	63963	1318	3044
金融信托与管理	7110	24312	24010	2915	432	554
金融租赁	7120	2019	1243	213		
财务公司	7130	6198	5988	625	39	21
邮政储蓄	7140	87383	87383	55896		524
典当	7150	25073	25038	463	114	425
其他未列明的金融活动	7190	67185	64050	3851	733	1520
房地产业	K	**5428838**	**5018241**	**531750**	**233831**	**70215**
房地产业	7200	5428838	5018241	531750	233831	70215
房地产开发经营	7210	2076097	1878427	125545	28489	12699
物业管理	7220	2460033	2308946	288538	95731	30730
房地产中介服务	7230	364929	319785	13806	9572	2066
其他房地产活动	7290	527779	511083	103861	100039	24720
租赁和商务服务业	L	**6831465**	**6494252**	**1144553**	**595710**	**266962**
租赁业	7300	213256	205796	22410	8408	2974
机械设备租赁	7310	203935	196920	21206	7890	2823
文化及日用品出租	7320	9321	8876	1204	518	151
商务服务业	7400	6618209	6288456	1122143	587302	263988
企业管理服务	7410	1952846	1830863	449821	201861	209136
法律服务	7420	104952	104545	2185	2205	1275
咨询与调查	7430	966258	828459	26263	17510	7174
广告业	7440	593520	571655	17498	4754	4444
知识产权服务	7450	33932	32553	2449	370	616
职业中介服务	7460	1066672	1063430	113194	98004	19107
市场管理	7470	380167	372852	38618	70247	7167
旅行社	7480	294745	290834	41697	8447	4868
其他商务服务	7490	1225117	1193265	430418	183904	10201
科学研究、技术服务和地质勘查业	M	**2683460**	**2507573**	**566845**	**76695**	**34726**
研究与试验发展	7500	283891	237732	71488	5769	2966
自然科学研究与试验发展	7510	21331	20261	7183	339	337
工程和技术研究与试验发展	7520	195053	164308	56832	3964	1183

联营	有限责任公司	股份有限公司	私营	其他企业	港、澳、台商投资企业	外商投资企业	代码
5867	**218633**	**2822383**	**87330**	**17540**	**22131**	**159060**	**J**
5219	21654	1246063	2214	9381	12305	29215	6800
	259	331	8				6810
5208	17703	1230008	2104	8272	11954	28625	6820
11	3692	15724	102	1109	351	590	6890
38	59357	57620	3102	525	4300	5116	6900
5	892	286	34	24			6910
33	52342	55249	1445	328	4277	3896	6920
	5235	1907	561	120	23	1218	6930
	888	178	1062	53		2	6940
186	64757	1499191	37966	5093	4692	121105	7000
37	37482	1144883	5203	2523	1066	106372	7010
130	9066	346288	4432	1897	2759	12887	7020
19	18209	8020	28331	673	867	1846	7030
424	72865	19509	44048	2541	834	3624	7100
39	14654	1792	3367	257	135	167	7110
	571	247	212		176	600	7120
1	4016	25	1109	152	57	153	7130
	29675	1052	28	208			7140
147	9014	1271	13059	545	6	29	7150
237	14935	15122	26273	1379	460	2675	7190
15790	**1670850**	**255685**	**2163698**	**76422**	**232171**	**178426**	**K**
15790	1670850	255685	2163698	76422	232171	178426	7200
4324	751984	137531	796409	21446	108632	89038	7210
8160	770016	88938	988215	38618	84026	67061	7220
447	58136	10332	219148	6278	30037	15107	7230
2859	90714	18884	159926	10080	9476	7220	7290
17409	**1360370**	**319965**	**2628235**	**161048**	**122556**	**214657**	**L**
883	37901	6748	121965	4507	2226	5234	7300
831	36407	6636	116778	4349	2055	4960	7310
52	1494	112	5187	158	171	274	7320
16526	1322469	313217	2506270	156541	120330	209423	7400
4973	366886	135345	399911	62930	34283	87700	7410
305	4213	661	81616	12085	54	353	7420
1295	166321	17620	575895	16381	57150	80649	7430
645	99489	18835	415804	10186	10096	11769	7440
29	6590	475	21591	433	237	1142	7450
2337	349008	72566	394646	14568	1296	1946	7460
2064	80667	20111	143404	10574	3627	3688	7470
1153	75526	22057	130870	6216	2035	1876	7480
3725	173769	25547	342533	23168	11552	20300	7490
8668	**607621**	**177092**	**966055**	**69871**	**52632**	**123255**	**M**
1391	47860	8183	96314	3761	12375	33784	7500
33	3801	453	7805	310	531	539	7510
818	32867	5004	61716	1924	9491	21254	7520

2-16 续表 8

行业中类	代码	从业人员数（人）	内资企业			
				国有企业	集体企业	股份合作
农业科学研究与试验发展	7530	23655	22711	4235	879	504
医学研究与试验发展	7540	40877	27490	2450	554	860
社会人文科学研究与试验发展	7550	2975	2962	788	33	82
专业技术服务业	7600	1654187	1575640	349876	45617	20470
气象服务	7610	7176	7176	2667	999	75
地震服务	7620	918	904	216	49	115
海洋服务	7630	2164	1960	378	44	
测绘服务	7640	43637	43386	8509	2972	650
技术检测	7650	153402	135775	30155	9483	3304
环境监测	7660	13164	12948	1404	857	399
工程技术与规划管理	7670	1110052	1080241	275895	22672	13257
其他专业技术服务	7690	323674	293250	30652	8541	2670
科技交流和推广服务业	7700	568931	519165	59216	23699	10367
技术推广服务	7710	442046	402193	40754	17880	7868
科技中介服务	7720	55716	52297	12476	3442	1568
其他科技服务	7790	71169	64675	5986	2377	931
地质勘查业	7800	176451	175036	86265	1610	923
矿产地质勘查	7810	133648	132549	62762	758	425
基础地质勘查	7820	16015	15880	10212	259	252
地质勘查技术服务	7830	26788	26607	13291	593	246
水利、环境和公共设施管理业	**N**	**649832**	**627643**	**124237**	**47060**	**8891**
水利管理业	7900	38761	38562	15044	4454	317
防洪管理	7910	3940	3940	1592	451	
水资源管理	7920	21233	21048	9222	2366	128
其他水利管理	7990	13588	13574	4230	1637	189
环境管理业	8000	175845	166867	41692	14688	2031
自然保护	8010	12751	10725	4515	236	141
环境治理	8020	163094	156142	37177	14452	1890
公共设施管理业	8100	435226	422214	67501	27918	6543
市政公共设施管理	8110	67423	64940	17750	6401	1668
城市绿化管理	8120	189856	187999	16659	8283	2457
游览景区管理	8130	177947	169275	33092	13234	2418
居民服务和其他服务业	**O**	**1762846**	**1665717**	**71500**	**110848**	**25057**
居民服务业	8200	803594	776615	27118	44406	12204
家庭服务	8210	43507	42694	771	2720	639
托儿所	8220	3474	3440	232	98	2
洗染服务	8230	33497	30300	1407	1412	297
理发及美容保健服务	8240	209265	201542	933	2063	3071
洗浴服务	8250	244898	239252	2978	5059	4079
婚姻服务	8260	15204	14692	394	386	106
殡葬服务	8270	36369	35371	4677	7643	648
摄影扩印服务	8280	74246	67701	2597	2281	1568
其他居民服务	8290	143134	141623	13129	22744	1794
其他服务业	8300	959252	889102	44382	66442	12853
修理与维护	8310	385233	375338	14863	16512	7498
清洁服务	8320	316784	266494	12236	14668	2913
其他未列明的服务	8390	257235	247270	17283	35262	2442

联营	有限责任公司	股份有限公司	私营	其他企业	港、澳、台商投资企业	外商投资企业	代码
220	3801	1466	10716	890	386	558	7530
320	6986	1227	14596	497	1967	11420	7540
	405	33	1481	140		13	7550
4197	442607	68086	619631	25156	28332	50215	7600
18	1905	183	1028	301			7610
	67	34	385	38		14	7620
47	290	31	1155	15	15	189	7630
80	9354	2003	18926	892	110	141	7640
844	33452	5843	49519	3175	8674	8953	7650
24	2621	716	6558	369	44	172	7660
2352	321729	49834	382438	12064	9922	19889	7670
832	73189	9442	159622	8302	9567	20857	7690
2819	102523	45639	234866	40036	11601	38165	7700
2255	79234	41065	177128	36009	8119	31734	7710
299	8135	894	24002	1481	1805	1614	7720
265	15154	3680	33736	2546	1677	4817	7790
261	14631	55184	15244	918	324	1091	7800
225	7072	53895	7081	331	155	944	7810
	2234	291	2438	194	130	5	7820
36	5325	998	5725	393	39	142	7830
4774	**155218**	**37048**	**237222**	**13193**	**11818**	**10371**	**N**
356	9004	1349	6941	1097	89	110	7900
30	796	405	509	157			7910
276	4955	288	3332	481	81	104	7920
50	3253	656	3100	459	8	6	7990
2205	45950	8418	47529	4354	4597	4381	8000
221	2280	137	2528	667	755	1271	8010
1984	43670	8281	45001	3687	3842	3110	8020
2213	100264	27281	182752	7742	7132	5880	8100
235	18322	3626	15407	1531	530	1953	8110
613	42510	5397	108776	3304	589	1268	8120
1365	39432	18258	58569	2907	6013	2659	8130
5037	**257650**	**36042**	**1093311**	**66272**	**37618**	**59511**	**O**
2736	87901	14651	546349	41250	16711	10268	8200
45	6663	747	29682	1427	803	10	8210
21	83		2427	577		34	8220
189	3438	810	21996	751	1557	1640	8230
116	12276	1446	169070	12567	4122	3601	8240
526	25545	4639	186874	9552	3437	2209	8250
31	1083	209	11542	941	273	239	8260
1179	5956	1539	11970	1759	725	273	8270
188	7223	1296	50174	2374	5418	1127	8280
441	25634	3965	62614	11302	376	1135	8290
2301	169749	21391	546962	25022	20907	49243	8300
1381	51182	8755	263399	11748	3696	6199	8310
427	52019	7079	172678	4474	13775	36515	8320
493	66548	5557	110885	8800	3436	6529	8390

2-16 续表 9

行业中类	代码	从业人员数(人)	内资企业	国有企业	集体企业	股份合作
教育	P	**402653**	**392148**	**34924**	**22421**	**9471**
教育	8400	402653	392148	34924	22421	9471
学前教育	8410	63735	62123	2760	3639	749
初等教育	8420	21121	20894	1456	492	437
中等教育	8430	35842	34277	4083	1016	1761
高等教育	8440	11595	11133	2208	39	172
其他教育	8490	270360	263721	24417	17235	6352
卫生、社会保障和社会福利业	Q	**438137**	**426161**	**100407**	**28478**	**15767**
卫生	8500	421500	409591	97700	24096	15224
医院	8510	296363	287455	80936	11752	12013
卫生院及社区医疗活动	8520	36970	36795	8377	6479	484
门诊部医疗活动	8530	61337	60203	4066	3712	1918
计划生育技术服务活动	8540	2605	2562	276	278	
妇幼保健活动	8550	4059	3522	957	598	136
专科疾病防治活动	8560	3377	3312	325	180	127
疾病预防控制及防疫活动	8570	2607	2607	1447	301	37
其他卫生活动	8590	14182	13135	1316	796	509
社会保障业	8600	6772	6772	949	3081	63
社会福利业	8700	9865	9798	1758	1301	480
提供住宿的社会福利	8710	7630	7614	1269	882	403
不提供住宿的社会福利	8720	2235	2184	489	419	77
文化、体育和娱乐业	R	**824572**	**752513**	**188725**	**18293**	**11151**
新闻出版业	8800	164637	163704	108006	3123	3791
新闻业	8810	4865	4865	4233	207	25
出版业	8820	159772	158839	103773	2916	3766
广播、电视、电影和音像业	8900	137756	134356	53727	3810	1332
广播	8910	5894	5823	2954	317	91
电视	8920	60909	59820	18054	850	467
电影	8930	60517	58795	31891	2290	678
音像制作	8940	10436	9918	828	353	96
文化艺术业	9000	76157	74577	12098	2904	1080
文艺创作与表演	9010	27052	26712	4842	722	334
艺术表演场馆	9020	7751	7482	2152	214	29
图书馆与档案馆	9030	882	882	202	193	1
文物及文化保护	9040	2571	2544	546	345	2
博物馆	9050	1753	1646	335	67	15
烈士陵园、纪念馆	9060	431	423	24	67	7
群众文化活动	9070	6054	6033	1385	430	66
文化艺术经纪代理	9080	12316	12081	553	135	226
其他文化艺术	9090	17347	16774	2059	731	400
体育	9100	26826	22842	3412	627	400
体育组织	9110	8438	7171	675	93	135
体育场馆	9120	11308	10047	2459	435	243
其他体育	9190	7080	5624	278	99	22
娱乐业	9200	419196	357034	11482	7829	4548
室内娱乐活动	9210	226047	216033	1765	3733	2573
游乐园	9220	25231	21164	5433	822	214
休闲健身娱乐活动	9230	139706	94753	2652	2309	1410
其他娱乐活动	9290	28212	25084	1632	965	351

联营	有限责任公司	股份有限公司	私营	其他企业	港、澳、台商投资企业	外商投资企业	代码
3533	**41748**	**9026**	**214083**	**56942**	**5303**	**5202**	**P**
3533	41748	9026	214083	56942	5303	5202	8400
488	1293	443	38514	14237	788	824	8410
48	474	30	12896	5061	199	28	8420
136	1431	611	15409	9830	1042	523	8430
1027	343	200	3994	3150	332	130	8440
1834	38207	7742	143270	24664	2942	3697	8490
2539	**39503**	**12739**	**188387**	**38341**	**4081**	**7895**	**Q**
2334	38229	11964	183673	36371	4050	7859	8500
1674	29551	10035	118205	23289	3602	5306	8510
258	1321	655	15321	3900	112	63	8520
234	3907	722	38650	6994	252	882	8530
31	29		1454	494	3	40	8540
4	112		1399	316		537	8550
55	328	61	2040	196	11	54	8560
	81	6	677	58			8570
78	2900	485	5927	1124	70	977	8590
15	420	738	516	990			8600
190	854	37	4198	980	31	36	8700
190	362	24	3631	853	9	7	8710
	492	13	567	127	22	29	8720
3064	**127706**	**29512**	**353083**	**20979**	**30268**	**41791**	**R**
1008	33732	5908	6559	1577	263	670	8800
	87	21	176	116			8810
1008	33645	5887	6383	1461	263	670	8820
350	25654	10566	36320	2597	1480	1920	8900
102	915	257	768	419		71	8910
80	12188	7958	18925	1298	298	791	8920
143	10477	1889	10651	776	997	725	8930
25	2074	462	5976	104	185	333	8940
250	14065	2333	38094	3753	759	821	9000
143	4355	857	13429	2030	226	114	9010
12	2410	256	2106	303	150	119	9020
	20	24	251	191			9030
9	792	150	589	111		27	9040
3	622	25	503	76		107	9050
10	206	10	94	5	8		9060
16	600	85	3081	370	7	14	9070
26	2294	303	8234	310	157	78	9080
31	2766	623	9807	357	211	362	9090
48	6510	1030	10143	672	2250	1734	9100
38	2585	284	3026	335	893	374	9110
10	2527	512	3678	183	514	747	9120
	1398	234	3439	154	843	613	9190
1408	47745	9675	261967	12380	25516	36646	9200
358	18500	4343	176724	8037	4332	5682	9210
125	4005	2169	8060	336	1790	2277	9220
736	21536	2345	60780	2985	18007	26946	9230
189	3704	818	16403	1022	1387	1741	9290

2-17 按地区、登记注册类型分组的

地区	从业人员数(人)	内资企业	国有企业	集体企业	股份合作
全国	**218893553**	**187763886**	**22021786**	**9053539**	**2641447**
北京	6596901	5477503	630918	216973	136713
天津	3773838	3027146	413641	163173	38478
河北	8459422	7949572	911744	377998	83613
山西	4862368	4703420	746148	373743	48589
内蒙古	3097076	2972736	447754	73259	38874
辽宁	8422292	7450608	1184960	613055	104074
吉林	3488756	3310762	432190	106068	31296
黑龙江	4915661	4725504	1865872	208391	62123
上海	9529927	6955117	620722	321553	90381
江苏	24162923	19607512	945311	723251	225676
浙江	18643501	16157039	542119	271349	252676
安徽	6459811	6150856	784965	290013	84245
福建	8041152	5856611	522044	210076	125990
江西	4552214	4158862	607146	231779	100311
山东	19807516	17751667	1445528	969723	194468
河南	11426478	11130961	1174369	538218	115635
湖北	7240136	6843492	1171373	312312	105503
湖南	6911038	6655635	933081	345462	83355
广东	27306338	16874582	1405178	1164085	337745
广西	3289493	3024607	493820	212946	49134
海南	835457	773171	356547	29914	4428
重庆	4649202	4465723	383847	135911	35409
四川	8266203	7979973	1062645	359314	117537
贵州	1912339	1867715	567163	86317	31600
云南	3024049	2928657	461090	187680	35761
西藏	131418	129497	36611	15674	770
陕西	4291739	4144989	949834	294867	42513
甘肃	2071660	2043650	340863	148901	48839
青海	476319	451746	93596	26751	6275
宁夏	610240	589708	97673	9554	5025
新疆	1638086	1604865	393034	35229	4411

企业法人单位从业人员数

联营	有限责任公司	股份有限公司	私营	其他企业	港、澳、台商投资企业	外商投资企业
590313	**44920276**	**14671163**	**91491886**	**2373476**	**14451525**	**16678142**
10630	2197099	599332	1682861	2977	389080	730318
9701	752717	189872	1300128	159436	181883	564809
33945	1937844	768155	3717130	119143	203825	306025
12104	1801323	361477	1327164	32872	83867	75081
5228	906887	299027	1162075	39632	45294	79046
18378	1578346	487859	3401952	61984	204223	767461
6595	727120	403971	1547789	55733	36564	141430
10276	983733	258446	1276550	60113	43043	147114
44580	1196737	451245	4206895	23004	747834	1826976
39143	3879801	1212356	12448141	133833	1633794	2921617
12000	3606343	1013770	10391880	66902	1139424	1347038
19163	1636528	563356	2694605	77981	112891	196064
48423	1264735	355407	3272658	57278	1321338	863203
10819	813503	275363	2084285	35656	232464	160888
48888	4356876	1357649	8996263	382272	410969	1644880
28875	3044099	993113	5083799	152853	150518	144999
30845	1624404	671756	2816448	110851	152720	243924
22380	1343592	536611	3244613	146541	124926	130477
78547	3733445	1123814	8690565	341203	6792519	3639237
7145	639315	283667	1298006	40574	121483	143403
2113	175065	58479	136353	10272	22067	40219
11450	1084976	275624	2496868	41638	71586	111893
25897	2052349	752280	3512297	97654	97803	188427
9492	465923	148301	547390	11529	12411	32213
12067	709847	264082	1236790	21340	42277	53115
1377	22019	10048	42088	910	158	1763
13671	1002369	367245	1426444	48046	42459	104291
10455	601522	210518	654291	28261	11294	16716
923	128185	71330	121938	2748	5559	19014
1672	173721	63650	236384	2029	1848	18684
3531	479853	243360	437236	8211	15404	17817

2-18 按行业(中类)、登记注册

行业中类	代码	全年营业收入(亿元)	内资企业			
				国有企业	集体企业	股份合作
总　计	**0000**	**1041672.02**	**844562.56**	**128977.54**	**21562.10**	**8899.25**
农、林、牧、渔业	**A**	**634.99**	**634.38**	**505.57**	**1.05**	**1.40**
农业	0100	356.39694	356.22	338.21	0.31	0.38
谷物及其他作物的种植	0110	338.20	338.20	325.81	0.09	
蔬菜、园艺作物的种植	0120	9.12	9.00	5.40	0.21	0.00
水果、坚果、饮料和香料作物的种植	0130	8.62	8.56	6.78		0.38
中药材的种植	0140	0.45	0.45	0.23	0.00	
林业	0200	145.48	145.48	132.86	0.29	0.00
林木的培育和种植	0210	23.36	23.36	20.29	0.09	0.00
木材和竹材的采运	0220	69.27	69.27	61.27		
林产品的采集	0230	52.84	52.84	51.29	0.21	
畜牧业	0300	115.18	114.81	29.43	0.11	0.80
牲畜的饲养	0310	15.80	15.80	10.61	0.01	
猪的饲养	0320	7.90	7.63	0.05	0.00	0.80
家禽的饲养	0330	90.92	90.81	18.66	0.09	
其他畜牧业	0390	0.57	0.57	0.11	0.01	
渔业	0400	9.84	9.84	1.66	0.25	0.06
海洋渔业	0410	4.47	4.47	0.10	0.23	0.06
内陆渔业	0420	5.36	5.36	1.57	0.02	0.00
农、林、牧、渔服务业	0500	8.10	8.04	3.41	0.08	0.15
农业服务业	0510	6.38	6.31	2.35	0.04	0.15
林业服务业	0520	0.34	0.34	0.15	0.03	
畜牧服务业	0530	0.05	0.05	0.02	0.01	
渔业服务业	0540	1.33	1.33	0.89		
采矿业	**B**	**39386.72**	**37696.18**	**7234.98**	**1579.06**	**291.70**
煤炭开采和洗选业	0600	17722.61	17306.12	3183.82	658.50	167.14
烟煤和无烟煤的开采洗选	0610	16681.24	16444.85	3075.95	641.69	165.21
褐煤的开采洗选	0620	1011.42	835.54	107.68	16.14	1.81
其他煤炭采选	0690	29.95	25.73	0.19	0.67	0.13
石油和天然气开采业	0700	11547.69	10733.32	3383.92	28.90	1.96
天然原油和天然气开采	0710	9589.31	8795.05	1960.46	2.12	0.54
与石油和天然气开采有关的服务活动	0790	1958.38	1938.27	1423.47	26.77	1.42
黑色金属矿采选业	0800	4232.45	4132.89	340.79	155.82	84.96
铁矿采选	0810	4002.79	3919.48	292.28	147.26	83.82
其他黑色金属矿采选	0890	229.66	213.41	48.51	8.56	1.14
有色金属矿采选业	0900	2968.66	2742.89	191.35	470.23	11.78
常用有色金属矿采选	0910	1500.77	1318.32	85.42	36.23	7.77
贵金属矿采选	0920	1056.29	1028.09	44.69	430.75	2.67
稀有稀土金属矿采选	0930	411.60	396.48	61.25	3.25	1.33
非金属矿采选业	1000	2885.69	2751.59	134.94	264.04	20.92
土砂石开采	1010	2037.04	1979.45	44.27	192.49	14.50
化学矿采选	1020	234.14	221.73	31.39	14.15	1.69
采盐	1030	275.71	245.04	43.64	40.44	0.67
石棉及其他非金属矿采选	1090	338.79	305.37	15.65	16.96	4.06
其他采矿业	1100	29.63	29.38	0.15	1.57	4.95
制造业	**C**	**478749.85**	**332634.00**	**22758.98**	**8266.45**	**3377.35**
农副食品加工业	1300	26048.91	19468.21	461.60	455.20	197.24
谷物磨制	1310	4398.98	4256.85	104.48	31.34	47.81
饲料加工	1320	3966.60	3064.45	31.77	22.79	20.34

类型分组的全年营业收入

联营	有限责任公司	股份有限公司	私营	其他企业	港、澳、台商投资企业	外商投资企业	代码
3421.48	**233602.68**	**129388.04**	**312043.89**	**6667.58**	**67064.24**	**130045.21**	**0000**
0.03	**74.94**	**8.25**	**42.44**	**0.70**	**0.33**	**0.29**	**A**
0.00	10.68	0.73	5.77	0.13	0.06	0.12	0100
	9.46	0.18	2.54	0.12			0110
0.00	0.54	0.35	2.49	0.01		0.12	0120
	0.61	0.16	0.63	0.00	0.06		0130
	0.07	0.04	0.12				0140
	8.82	1.39	1.97	0.15			0200
	0.20	1.39	1.25	0.15			0210
	7.92		0.08				0220
	0.70		0.65				0230
0.02	53.40	0.84	29.86	0.35	0.27	0.11	0300
	0.35	0.38	4.41	0.04			0310
0.02	2.17		4.35	0.24	0.27		0320
	50.84	0.46	20.69	0.08		0.11	0330
	0.05		0.41	0.00			0390
0.01	0.32	4.99	2.48	0.06			0400
	0.07	3.79	0.24				0410
0.01	0.26	1.20	2.24	0.06			0420
	1.72	0.31	2.35	0.01		0.06	0500
	1.70	0.31	1.75	0.01		0.06	0510
	0.00		0.16				0520
	0.00		0.02				0530
	0.01		0.43				0540
120.14	**13009.67**	**6211.86**	**9036.16**	**212.61**	**1132.53**	**558.00**	**B**
55.26	8050.75	1449.61	3651.69	89.36	203.55	212.93	0600
53.06	7630.05	1388.91	3401.65	88.33	27.62	208.77	0610
0.01	416.40	58.89	233.83	0.78	175.88		0620
2.19	4.30	1.80	16.21	0.25	0.05	4.16	0690
0.04	2995.44	4266.61	55.18	1.28	787.23	27.14	0700
	2554.18	4255.15	21.63	0.98	773.67	20.59	0710
0.04	441.26	11.46	33.55	0.31	13.56	6.54	0790
7.61	837.75	120.95	2519.26	65.74	49.14	50.43	0800
6.11	812.75	115.60	2397.23	64.44	48.90	34.41	0810
1.50	25.00	5.35	122.03	1.31	0.23	16.02	0890
37.72	787.33	270.42	958.97	15.09	26.20	199.57	0900
8.05	343.89	207.07	622.98	6.91	18.40	164.04	0910
27.75	311.63	61.06	149.03	0.52	2.76	25.44	0920
1.92	131.81	2.29	186.96	7.67	5.04	10.09	0930
19.46	335.74	103.95	1831.71	40.82	66.42	67.68	1000
10.59	167.99	38.76	1474.92	35.93	23.30	34.29	1010
0.32	75.78	9.37	88.44	0.57	7.54	4.87	1020
0.58	57.23	51.35	50.89	0.25	15.47	15.20	1030
7.97	34.73	4.47	217.45	4.07	20.11	13.32	1090
0.05	2.67	0.33	19.35	0.31		0.25	1100
1477.08	**93461.18**	**45865.20**	**155133.24**	**2294.52**	**49295.16**	**96820.69**	**C**
31.96	5192.16	1292.04	11670.67	167.35	1799.63	4781.07	1300
5.91	785.25	152.93	3087.39	41.73	43.61	98.52	1310
4.27	830.28	295.52	1825.88	33.60	331.44	570.72	1320

2-18 续表 1

行业中类	代码	全年营业收入(亿元)	内资企业			
				国有企业	集体企业	股份合作
植物油加工	1330	4938.01	2792.26	85.96	35.78	35.74
制糖	1340	600.39	498.49	29.22	0.25	4.17
屠宰及肉类加工	1350	5360.76	4104.55	153.81	71.90	41.05
水产品加工	1360	2466.49	1601.05	40.49	161.94	27.79
蔬菜、水果和坚果加工	1370	1988.36	1455.09	4.20	25.04	8.57
其他农副食品加工	1390	2329.31	1695.48	11.67	106.15	11.78
食品制造业	1400	8463.94	5520.74	166.60	105.45	57.27
焙烤食品制造	1410	1008.61	636.51	7.30	4.24	6.22
糖果、巧克力及蜜饯制造	1420	656.91	366.50	0.38	7.24	1.00
方便食品制造	1430	1435.33	905.01	16.44	53.16	5.69
液体乳及乳制品制造	1440	1558.15	907.37	28.76	7.56	19.84
罐头制造	1450	642.59	483.37	6.94	2.66	6.10
调味品、发酵制品制造	1460	1237.56	871.49	86.61	9.36	8.75
其他食品制造	1490	1924.78	1350.50	20.16	21.23	9.66
饮料制造业	1500	6880.20	4525.53	262.16	71.39	54.05
酒精制造	1510	410.46	367.92	12.54	0.79	1.11
酒的制造	1520	3417.46	2716.48	228.57	27.18	33.48
软饮料制造	1530	2550.34	966.49	11.45	14.54	13.44
精制茶加工	1540	501.94	474.64	9.59	28.88	6.02
烟草制品业	1600	4968.18	4963.38	3102.36	13.20	1.12
烟叶复烤	1610	80.02	78.24	50.02	0.37	0.99
卷烟制造	1620	4847.94	4846.12	3041.85	5.52	
其他烟草制品加工	1690	40.22	39.02	10.49	7.31	0.13
纺织业	1700	23373.65	18506.62	327.07	311.09	148.61
棉、化纤纺织及印染精加工	1710	12511.19	10505.31	238.46	119.54	69.71
毛纺织和染整精加工	1720	1550.99	1192.89	5.68	21.12	14.72
麻纺织	1730	249.06	202.92	1.65	1.63	4.32
丝绢纺织及精加工	1740	1396.53	1193.57	7.93	14.40	8.07
纺织制成品制造	1750	3606.61	2586.91	25.21	63.17	20.73
针织品、编织品及其制品制造	1760	4059.26	2825.03	48.14	91.22	31.05
纺织服装、鞋、帽制造业	1800	10709.11	6672.20	81.79	141.74	70.18
纺织服装制造	1810	10115.86	6289.86	80.91	132.47	64.00
纺织面料鞋的制造	1820	417.55	284.60	0.88	8.11	5.56
制帽	1830	175.71	97.74	0.00	1.16	0.62
皮革、毛皮、羽毛(绒)及其制品业	1900	6347.31	3574.33	17.82	116.32	38.27
皮革鞣制加工	1910	989.87	637.52	0.52	45.37	9.87
皮革制品制造	1920	4579.15	2375.42	11.94	61.74	23.60
毛皮鞣制及制品加工	1930	349.75	263.02	2.30	5.47	0.37
羽毛(绒)加工及制品制造	1940	428.54	298.37	3.06	3.74	4.43
木材加工及木、竹、藤、棕、草制品业	2000	6029.13	5302.11	55.62	103.40	27.63
锯材、木片加工	2010	1094.65	1036.35	15.64	14.65	5.44
人造板制造	2020	3313.24	2961.65	34.30	58.64	7.68
木制品制造	2030	1151.38	908.60	3.70	20.70	5.15
竹、藤、棕、草制品制造	2040	469.86	395.51	1.97	9.40	9.36
家具制造业	2100	3725.05	2475.69	4.78	20.24	14.76
木质家具制造	2110	2223.16	1620.69	2.12	16.05	11.86
竹、藤家具制造	2120	46.55	35.10	1.54	0.22	0.32
金属家具制造	2130	849.52	487.86	0.83	3.03	1.41

联营	有限责任公司	股份有限公司	私营	其他企业	港、澳、台商投资企业	外商投资企业	代码
3.39	1098.59	101.63	1415.82	15.35	254.57	1891.19	1330
6.40	258.95	88.53	107.46	3.51	60.28	41.62	1340
9.90	1215.86	334.47	2250.14	27.40	612.65	643.56	1350
0.25	370.39	82.31	892.34	25.55	217.96	647.49	1360
0.82	180.02	115.91	1111.06	9.47	163.27	370.00	1370
1.02	452.83	120.73	980.57	10.74	115.86	517.97	1390
3.78	1527.45	637.96	2974.63	47.61	964.74	1978.46	1400
0.33	123.78	11.75	476.18	6.70	153.99	218.11	1410
0.84	66.25	24.01	264.01	2.76	67.65	222.76	1420
0.89	248.06	71.39	501.78	7.60	280.49	249.83	1430
0.56	336.64	263.28	248.93	1.80	78.95	571.84	1440
0.09	84.33	56.15	313.80	13.30	48.65	110.57	1450
0.47	277.26	90.68	391.32	7.03	136.44	229.64	1460
0.60	391.13	120.68	778.62	8.43	198.58	375.71	1490
1.93	1533.52	617.96	1963.33	21.19	605.89	1748.77	1500
	147.00	15.54	190.86	0.09	8.48	34.05	1510
0.66	1076.89	400.65	942.50	6.54	162.32	538.66	1520
0.65	229.15	190.93	498.20	8.14	427.92	1155.93	1530
0.62	80.48	10.84	331.77	6.42	7.17	20.14	1540
0.00	1814.99	25.91	5.56	0.23	4.22	0.58	1600
	24.13	2.23	0.51		1.20	0.58	1610
	1780.39	18.18	0.18		1.83		1620
0.00	10.47	5.51	4.87	0.23	1.20		1690
20.97	4161.67	963.81	12464.42	108.98	2825.69	2041.33	1700
9.57	2824.80	510.47	6674.15	58.59	1340.50	665.38	1710
0.42	318.79	55.62	771.59	4.96	183.50	174.60	1720
2.13	42.98	6.67	143.13	0.40	25.25	20.88	1730
0.28	146.78	59.57	949.32	7.21	131.51	71.45	1740
4.85	443.99	246.09	1766.51	16.36	438.18	581.53	1750
3.72	384.32	85.38	2159.73	21.46	706.76	527.48	1760
17.36	946.62	324.03	5027.38	63.10	2281.32	1755.59	1800
17.36	917.53	319.49	4698.32	59.78	2177.33	1648.67	1810
0.00	18.20	2.10	247.09	2.67	74.20	58.75	1820
	10.88	2.44	81.97	0.65	29.80	48.17	1830
15.05	533.63	120.62	2708.11	24.51	1493.56	1279.42	1900
11.50	126.06	54.84	388.03	1.32	150.11	202.24	1910
1.57	348.61	49.65	1860.56	17.74	1243.61	960.12	1920
	20.85	1.12	228.75	4.16	29.24	57.49	1930
1.98	38.11	15.01	230.76	1.28	70.61	59.56	1940
4.40	689.44	123.97	4230.30	67.36	350.64	376.38	2000
0.57	86.67	17.10	866.47	29.80	21.10	37.20	2010
3.11	475.91	87.42	2268.07	26.51	198.51	153.08	2020
0.43	98.90	12.55	761.08	6.09	95.15	147.63	2030
0.28	27.96	6.90	334.67	4.96	35.88	38.48	2040
1.25	350.94	70.13	1973.79	39.81	638.44	610.93	2100
0.29	207.53	25.74	1327.54	29.55	303.35	299.12	2110
	5.42	0.13	27.23	0.24	4.59	6.85	2120
0.29	79.47	11.68	388.60	2.54	198.35	163.31	2130

2-18 续表 2

行业中类	代码	全年营业收入(亿元)	内资企业	国有企业	集体企业	股份合作
塑料家具制造	2140	51.39	35.70	0.04	0.37	0.41
其他家具制造	2190	554.43	296.34	0.25	0.57	0.77
造纸及纸制品业	2200	8635.86	6021.16	134.17	287.02	78.18
纸浆制造	2210	290.39	132.16	6.40	2.74	0.55
造纸	2220	4692.22	3286.91	114.12	147.96	24.06
纸制品制造	2230	3653.25	2602.09	13.65	136.33	53.57
印刷业和记录媒介的复制	2300	3611.44	2851.29	244.06	104.74	50.89
印刷	2310	3329.68	2632.59	208.60	93.15	48.51
装订及其他印刷服务活动	2320	197.33	164.39	28.80	11.45	2.38
记录媒介的复制	2330	84.43	54.30	6.66	0.15	0.01
文教体育用品制造业	2400	2819.94	1392.94	7.70	67.26	8.24
文化用品制造	2410	522.14	311.36	2.81	6.46	1.79
体育用品制造	2420	782.94	335.17	2.47	6.09	1.80
乐器制造	2430	193.83	100.05	0.71	2.38	0.72
玩具制造	2440	1221.74	576.34	1.68	51.39	3.67
游艺器材及娱乐用品制造	2450	99.30	70.02	0.03	0.94	0.26
石油加工、炼焦及核燃料加工业	2500	23418.93	20369.29	2893.43	83.24	125.54
精炼石油产品的制造	2510	18952.31	16605.19	2638.70	57.38	20.47
炼焦	2520	4418.73	3716.22	220.29	25.86	105.05
化学原料及化学制品制造业	2600	35891.68	26857.29	2184.61	626.70	377.90
基础化学原料制造	2610	9822.88	7719.61	1255.53	149.87	92.02
肥料制造	2620	4596.31	4267.47	374.50	37.19	100.33
农药制造	2630	1309.35	1139.81	47.21	11.84	14.06
涂料、油墨、颜料及类似产品制造	2640	3174.11	2000.41	36.95	68.72	44.05
合成材料制造	2650	5922.98	3819.00	166.96	114.88	8.13
专用化学产品制造	2660	8745.75	6793.30	294.98	226.40	108.73
日用化学产品制造	2670	2320.30	1117.69	8.46	17.80	10.59
医药制造业	2700	7736.73	5689.71	250.00	92.90	49.39
化学药品原药制造	2710	1757.99	1378.08	38.95	17.85	13.73
化学药品制剂制造	2720	2346.92	1407.76	113.39	40.31	9.39
中药饮片加工	2730	427.94	363.88	4.11	5.54	3.92
中成药制造	2740	1640.29	1382.72	62.40	22.62	11.91
兽用药品制造	2750	367.50	321.65	8.31	2.57	2.91
生物、生化制品的制造	2760	756.48	515.62	19.86	0.90	3.79
卫生材料及医药用品制造	2770	439.60	320.00	2.99	3.09	3.74
化学纤维制造业	2800	4116.98	2882.95	128.37	31.37	22.68
纤维素纤维原料及纤维制造	2810	484.75	364.65	23.14	11.09	1.49
合成纤维制造	2820	3632.23	2518.30	105.23	20.28	21.19
橡胶制品业	2900	4624.53	2963.17	54.20	106.42	40.48
轮胎制造	2910	2226.36	1251.81	12.49	24.05	3.45
橡胶板、管、带的制造	2920	581.69	486.99	12.36	17.33	13.76
橡胶零件制造	2930	495.60	368.48	4.86	18.27	7.27
再生橡胶制造	2940	161.99	120.36	0.31	7.94	2.02
日用及医用橡胶制品制造	2950	216.51	114.83	3.13	12.97	0.42
橡胶靴鞋制造	2960	474.10	303.94	17.46	7.23	9.76
其他橡胶制品制造	2990	468.29	316.76	3.59	18.64	3.80
塑料制品业	3000	11702.46	7971.93	36.80	187.59	112.53
塑料薄膜制造	3010	1574.86	1060.37	6.66	20.69	9.72

联营	有限责任公司	股份有限公司	私营	其他企业	港、澳、台商投资企业	外商投资企业	代码
0.65	5.82	0.09	28.21	0.13	8.83	6.86	2140
0.02	52.70	32.48	202.21	7.35	123.31	134.78	2190
4.85	1325.16	522.00	3555.54	114.25	1047.27	1567.43	2200
	47.35	26.04	48.60	0.49	64.50	93.73	2210
1.59	877.48	428.62	1599.06	94.03	517.93	887.38	2220
3.25	400.34	67.34	1907.88	19.73	464.84	586.32	2230
8.19	574.36	96.03	1742.63	30.38	494.40	265.76	2300
5.96	542.95	93.22	1611.85	28.35	466.04	231.05	2310
0.61	13.97	1.56	103.61	2.02	17.35	15.59	2320
1.62	17.43	1.25	27.18	0.01	11.00	19.12	2330
5.01	182.32	56.99	1054.47	10.95	801.01	625.99	2400
0.25	38.86	25.66	234.45	1.08	93.56	117.22	2410
1.11	42.10	10.58	269.41	1.60	218.97	228.80	2420
	22.50	3.39	69.10	1.24	22.13	71.64	2430
3.65	73.66	17.26	418.03	7.00	451.00	194.40	2440
	5.20	0.09	63.47	0.03	15.35	13.93	2450
18.79	3835.95	10607.42	2759.74	45.16	1253.05	1796.59	2500
10.06	2272.47	10296.46	1268.80	40.83	1068.39	1278.73	2510
8.72	1551.45	310.96	1489.73	4.15	184.66	517.85	2520
31.57	8166.45	4331.88	11012.72	125.46	2697.86	6336.53	2600
7.02	2290.78	1407.11	2486.64	30.65	442.08	1661.20	2610
2.92	1575.53	852.09	1305.37	19.53	88.12	240.73	2620
0.45	343.69	247.77	472.69	2.09	64.09	105.46	2630
2.97	426.73	188.48	1216.57	15.93	451.45	722.25	2640
1.47	1176.78	958.72	1383.63	8.43	690.25	1413.73	2650
16.02	1940.90	564.18	3600.64	41.45	508.41	1444.04	2660
0.72	412.05	113.51	547.18	7.38	453.48	749.13	2670
13.46	2063.52	1329.36	1867.13	23.94	582.46	1464.56	2700
4.64	605.49	295.75	392.61	9.06	163.25	216.66	2710
1.33	614.17	281.47	342.20	5.50	164.54	774.62	2720
2.44	105.32	33.45	206.82	2.28	25.99	38.07	2730
0.52	364.46	553.16	363.66	3.99	115.95	141.63	2740
0.38	90.15	30.85	185.25	1.24	4.61	41.24	2750
4.08	169.95	120.20	196.06	0.79	62.55	178.31	2760
0.07	113.99	14.48	180.55	1.08	45.57	74.04	2770
0.47	549.76	639.96	1498.74	11.61	694.95	539.07	2800
0.03	171.92	53.37	97.09	6.52	24.43	95.67	2810
0.44	377.84	586.58	1401.65	5.09	670.53	443.40	2820
2.51	718.91	475.33	1551.94	13.36	535.36	1125.99	2900
1.40	482.88	333.98	391.68	1.89	249.26	725.29	2910
0.30	71.16	19.30	350.72	2.06	31.01	63.69	2920
0.52	50.44	31.15	251.10	4.88	40.32	86.80	2930
	13.16	3.10	93.25	0.58	23.19	18.44	2940
	22.25	2.37	73.02	0.67	43.78	57.90	2950
0.08	39.78	55.39	173.47	0.76	103.97	66.19	2960
0.22	39.24	30.05	218.70	2.52	43.83	107.70	2990
7.83	1386.97	343.52	5820.50	76.20	1789.60	1940.93	3000
0.14	176.41	100.62	739.11	7.03	248.47	266.02	3010

2-18 续表 3

行业中类	代码	全年营业收入(亿元)	内资企业	国有企业	集体企业	股份合作
塑料板、管、型材的制造	3020	2371.68	1739.34	14.69	36.32	16.81
塑料丝、绳及编织品的制造	3030	1244.91	1120.40	2.88	36.26	20.72
泡沫塑料制造	3040	577.19	407.25	0.74	15.18	6.46
塑料人造革、合成革制造	3050	524.17	353.55	0.01	0.47	2.01
塑料包装箱及容器制造	3060	1112.90	745.18	2.96	11.16	9.96
塑料零件制造	3070	1208.00	654.39	2.60	20.97	15.66
日用塑料制造	3080	1302.11	789.11	3.08	18.22	13.09
其他塑料制品制造	3090	1786.65	1102.33	3.18	28.33	18.10
非金属矿物制品业	3100	25202.86	21640.60	471.24	728.64	306.34
水泥、石灰和石膏的制造	3110	5503.04	4813.32	199.16	159.42	72.83
水泥及石膏制品制造	3120	3972.02	3486.12	91.38	60.45	27.86
砖瓦、石材及其他建筑材料制造	3130	6796.85	6123.67	43.75	308.90	117.06
玻璃及玻璃制品制造	3140	3666.28	2709.21	33.42	39.99	22.34
陶瓷制品制造	3150	1363.34	1042.48	17.43	24.70	17.75
耐火材料制品制造	3160	1912.42	1727.64	32.45	91.36	17.05
石墨及其他非金属矿物制品制造	3190	1988.92	1738.16	53.66	43.81	31.45
黑色金属冶炼及压延加工业	3200	48755.60	42276.71	5059.67	777.04	252.45
炼铁	3210	2776.13	2631.90	146.93	24.29	4.30
炼钢	3220	8196.08	7325.87	1694.94	10.65	16.01
钢压延加工	3230	35360.04	30106.87	3156.66	671.88	140.52
铁合金冶炼	3240	2423.34	2212.08	61.15	70.22	91.62
有色金属冶炼及压延加工业	3300	21068.80	17771.53	1118.72	881.21	168.50
常用有色金属冶炼	3310	8616.34	7660.89	807.89	115.06	36.64
贵金属冶炼	3320	822.80	805.54	9.75	12.28	0.54
稀有稀土金属冶炼	3330	1048.50	951.56	23.73	13.06	2.43
有色金属合金制造	3340	776.03	534.48	10.98	23.06	2.65
有色金属压延加工	3350	9805.13	7819.06	266.38	717.75	126.24
金属制品业	3400	17433.58	12683.22	438.65	418.81	160.52
结构性金属制品制造	3410	5654.23	4738.22	102.55	116.96	52.24
金属工具制造	3420	1536.10	1171.64	8.88	41.55	11.12
集装箱及金属包装容器制造	3430	1751.39	719.61	9.56	26.04	19.20
金属丝绳及其制品的制造	3440	1591.31	1259.89	200.32	58.13	11.48
建筑、安全用金属制品制造	3450	1943.04	1354.16	13.85	40.24	13.18
金属表面处理及热处理加工	3460	1327.67	983.97	14.34	62.74	29.77
搪瓷制品制造	3470	173.32	142.99	0.46	7.92	2.15
不锈钢及类似日用金属制品制造	3480	1755.39	1073.30	17.70	11.93	9.53
其他金属制品制造	3490	1701.11	1239.44	71.00	53.29	11.86
通用设备制造业	3500	27992.97	21540.68	918.33	609.07	297.05
锅炉及原动机制造	3510	2627.04	1971.43	275.76	45.47	19.44
金属加工机械制造	3520	2701.17	2323.34	119.37	50.73	22.81
起重运输设备制造	3530	3101.83	2147.82	86.76	31.79	13.75
泵、阀门、压缩机及类似机械的制造	3540	4236.52	3001.68	83.77	57.40	74.76
轴承、齿轮、传动和驱动部件的制造	3550	2209.01	1683.93	54.49	28.04	16.22
烘炉、熔炉及电炉制造	3560	164.41	124.94	4.34	3.61	2.17
风机、衡器、包装设备等通用设备制造	3570	3983.50	2616.28	113.50	73.47	31.59
通用零部件制造及机械修理	3580	3850.83	3234.83	83.64	130.01	58.04
金属铸、锻加工	3590	5118.66	4436.43	96.70	188.55	58.27
专用设备制造业	3600	16127.12	12092.46	831.63	243.20	131.81

联营	有限责任公司	股份有限公司	私营	其他企业	港、澳、台商投资企业	外商投资企业	代码
3.02	428.44	104.18	1122.41	13.48	240.50	391.84	3020
0.48	167.48	25.49	861.97	5.13	42.16	82.35	3030
0.43	51.71	26.58	302.65	3.51	100.96	68.98	3040
	58.22	16.63	275.88	0.34	120.07	50.55	3050
0.67	132.55	35.62	542.38	9.87	169.36	198.36	3060
2.50	98.48	4.77	504.17	5.25	249.05	304.55	3070
0.07	128.29	8.92	612.22	5.22	297.26	215.74	3080
0.52	145.39	20.71	859.71	26.39	321.77	362.55	3090
74.96	4659.07	1553.43	13582.45	264.47	1644.60	1917.67	3100
28.71	1577.49	682.32	2061.61	31.78	313.01	376.71	3110
22.79	762.33	156.63	2311.98	52.68	258.27	227.64	3120
15.03	749.75	95.86	4700.96	92.36	335.10	338.07	3130
1.12	635.29	225.02	1694.87	57.16	455.09	501.98	3140
0.25	196.29	84.66	694.94	6.44	133.87	186.99	3150
4.10	269.19	124.74	1177.28	11.47	53.70	131.08	3160
2.95	468.73	184.19	940.79	12.59	95.55	155.20	3190
1000.03	17446.13	7125.94	10549.72	65.73	2744.90	3733.99	3200
47.04	876.41	597.81	918.64	16.48	30.78	113.46	3210
1.03	3356.88	884.38	1359.16	2.82	579.95	290.26	3220
946.68	12482.76	5475.40	7198.10	34.86	2070.70	3182.48	3230
5.28	730.09	168.36	1073.81	11.57	63.48	147.79	3240
19.06	6627.16	2586.56	6219.70	150.63	1343.60	1953.66	3300
4.60	3420.26	1483.98	1696.59	95.88	260.50	694.94	3310
3.79	420.75	127.27	227.82	3.35	14.88	2.38	3320
1.40	302.82	217.65	388.11	2.37	21.38	75.56	3330
4.09	171.15	22.16	297.98	2.41	92.24	149.31	3340
5.18	2312.20	735.50	3609.20	46.61	954.60	1031.47	3350
31.20	2195.34	521.57	8795.80	121.32	1994.06	2756.30	3400
17.11	971.28	234.11	3199.32	44.66	406.51	509.49	3410
2.35	150.78	39.04	905.22	12.70	175.97	188.49	3420
1.21	171.15	38.72	447.94	5.79	395.70	636.09	3430
0.89	216.58	75.70	693.38	3.42	123.97	207.45	3440
0.34	171.02	25.70	1069.13	20.70	233.49	355.38	3450
4.34	131.75	24.33	710.50	6.20	169.43	174.27	3460
0.03	40.74	2.54	88.93	0.21	9.00	21.33	3470
0.70	136.19	27.57	859.37	10.32	312.28	369.81	3480
4.23	205.85	53.87	822.01	17.33	167.70	293.97	3490
43.66	5130.56	1512.27	12783.69	246.06	1591.21	4861.09	3500
2.82	810.08	182.26	623.47	12.14	64.48	591.13	3510
1.38	635.58	191.58	1168.97	132.93	119.51	258.32	3520
10.77	826.27	442.97	729.18	6.34	200.72	753.28	3530
0.98	670.02	203.81	1895.59	15.34	218.21	1016.63	3540
4.53	409.40	103.89	1059.57	7.79	151.58	373.51	3550
0.39	18.30	2.82	92.95	0.36	2.49	36.99	3560
7.55	568.87	180.94	1628.97	11.40	365.62	1001.61	3570
3.58	470.94	90.72	2376.26	21.64	224.57	391.44	3580
11.67	721.11	113.28	3208.73	38.12	244.05	438.18	3590
14.59	3767.26	1464.04	5560.72	79.21	1175.40	2859.26	3600

2-18 续表 4

行业中类	代码	全年营业收入(亿元)	内资企业	国有企业	集体企业	股份合作
矿山、冶金、建筑专用设备制造	3610	5987.44	4677.42	547.31	75.67	47.12
化工、木材、非金属加工专用设备制造	3620	2568.55	1629.78	43.96	27.36	18.51
食品、饮料、烟草及饲料生产专用设备制造	3630	534.09	471.46	17.46	21.91	4.96
印刷、制药、日化生产专用设备制造	3640	646.51	479.04	18.19	16.67	6.85
纺织、服装和皮革工业专用设备制造	3650	1031.48	730.26	8.06	10.53	12.01
农、林、牧、渔专用机械制造	3670	1522.20	1304.89	26.16	41.02	14.20
医疗仪器设备及器械制造	3680	894.44	500.53	19.17	9.16	9.75
环保、社会公共安全及其他专用设备制造	3690	1602.10	1228.72	66.27	26.23	13.89
交通运输设备制造业	3700	35510.34	19937.21	1910.86	311.16	187.19
铁路运输设备制造	3710	1477.51	1304.29	389.52	53.08	7.32
汽车制造	3720	25158.73	12409.06	879.13	184.01	128.50
摩托车制造	3730	2374.04	1783.87	17.37	21.23	11.57
自行车制造	3740	855.52	461.35	2.63	7.25	7.09
船舶及浮动装置制造	3750	4221.91	2777.27	342.88	36.90	31.40
航空航天器制造	3760	1191.94	1018.60	274.82	1.42	0.06
交通器材及其他交通运输设备制造	3790	230.68	182.78	4.51	7.28	1.26
电气机械及器材制造业	3900	31524.81	20900.79	644.29	1104.25	267.06
电机制造	3910	3319.81	2240.33	94.63	51.63	19.39
输配电及控制设备制造	3920	7278.87	5129.48	362.28	177.28	80.21
电线、电缆、光缆及电工器材制造	3930	7740.03	6002.05	69.14	257.27	117.56
电池制造	3940	2821.29	1135.18	23.15	8.26	7.21
家用电力器具制造	3950	7102.84	4370.52	47.01	587.02	10.05
非电力家用器具制造	3960	614.95	488.72	0.12	2.21	19.02
照明器具制造	3970	2042.81	1210.57	8.42	8.20	9.90
其他电气机械及器材制造	3990	604.21	323.96	39.55	12.37	3.71
通信设备、计算机及其他电子设备制造业	4000	44408.28	8871.47	663.13	74.22	48.39
通信设备制造	4010	8373.98	2464.30	77.82	9.42	3.84
雷达及配套设备制造	4020	165.95	164.58	52.48		0.14
广播电视设备制造	4030	414.14	228.11	7.36	1.11	0.69
电子计算机制造	4040	15914.55	1295.71	55.26	5.46	6.00
电子器件制造	4050	6205.12	1171.14	36.86	7.90	19.31
电子元件制造	4060	8494.66	1767.06	59.84	38.53	14.72
家用视听设备制造	4070	3741.24	1346.62	350.95	8.85	2.39
其他电子设备制造	4090	1098.64	433.95	22.58	2.95	1.30
仪器仪表及文化、办公用机械制造业	4100	5329.34	2460.91	187.81	58.08	32.04
通用仪器仪表制造	4110	2081.44	1463.29	85.24	22.26	20.19
专用仪器仪表制造	4120	691.06	417.84	68.40	4.50	3.71
钟表与计时仪器制造	4130	214.87	94.21	4.15	12.94	1.76
光学仪器及眼镜制造	4140	765.60	267.14	25.07	11.04	4.11
文化、办公用机械制造	4150	1491.90	157.12	4.46	1.37	0.82
其他仪器仪表的制造及修理	4190	84.49	61.32	0.48	5.97	1.45
工艺品及其他制造业	4200	5018.54	3443.18	86.68	88.62	48.67
工艺美术品制造	4210	3484.59	2389.25	7.46	65.41	42.09
日用杂品制造	4220	891.39	557.82	0.71	13.68	5.05
煤制品制造	4230	154.04	153.28	7.79	6.77	0.61
其他未列明的制造业	4290	486.29	340.78	70.49	2.76	0.93
废弃资源和废旧材料回收加工业	4300	1273.58	1006.69	14.87	46.88	2.36
金属废料和碎屑的加工处理	4310	1052.32	808.28	10.37	38.26	1.04
非金属废料和碎屑的加工处理	4320	221.25	198.41	4.50	8.61	1.32

					港、澳、台商投资企业	外商投资企业	代码
联营	有限责任公司	股份有限公司	私营	其他企业			
5.70	1499.45	916.10	1567.07	18.98	261.51	1048.51	3610
3.43	296.77	93.17	1137.96	8.62	403.42	535.36	3620
0.05	98.67	32.16	283.07	13.19	12.24	50.39	3630
0.30	88.16	42.24	304.61	2.03	55.41	112.06	3640
3.85	167.85	66.77	459.76	1.43	136.95	164.27	3650
0.46	554.71	51.30	603.43	13.62	28.69	188.62	3670
0.26	124.15	69.28	266.94	1.82	88.56	305.35	3680
0.26	335.72	108.63	668.28	9.44	104.19	269.18	3690
36.73	7119.74	3115.68	7146.10	109.74	1792.60	13780.52	3700
1.31	483.01	210.36	154.31	5.38	17.24	155.98	3710
22.77	4187.78	2580.71	4350.33	75.84	817.51	11932.16	3720
0.09	357.72	117.70	1254.95	3.23	267.87	322.29	3730
0.45	66.04	5.85	356.45	15.59	176.92	217.26	3740
12.11	1320.94	87.98	936.18	8.89	428.52	1016.13	3750
0.00	669.73	60.09	12.23	0.24	70.28	103.07	3760
	34.52	52.98	81.65	0.57	14.28	33.63	3790
24.90	5937.97	3323.94	9495.68	102.72	3350.86	7273.16	3900
1.86	650.43	314.61	1095.99	11.78	231.95	847.53	3910
6.99	1504.28	619.01	2362.95	16.47	623.03	1526.37	3920
6.29	1854.23	592.03	3075.15	30.38	707.06	1030.92	3930
1.47	404.15	132.59	553.50	4.85	502.47	1183.65	3940
4.23	1034.56	1558.09	1110.41	19.14	805.88	1926.43	3950
0.15	164.12	8.44	290.00	4.64	48.96	77.27	3960
1.73	265.05	95.27	816.15	5.85	400.41	431.83	3970
2.17	61.15	3.89	191.53	9.60	31.10	249.15	3990
26.51	3567.96	1639.25	2789.09	62.92	10858.46	24678.36	4000
12.66	1611.00	415.49	303.89	30.19	912.55	4997.13	4010
	100.56	4.97	4.79	1.64	0.06	1.31	4020
1.63	34.34	68.77	113.96	0.25	72.25	113.78	4030
0.06	357.10	581.60	286.64	3.60	4179.22	10439.62	4040
3.91	396.94	247.01	456.59	2.62	1712.04	3321.95	4050
3.22	432.39	145.88	1061.28	11.20	2625.90	4101.70	4060
3.05	554.28	147.82	270.20	9.07	1081.73	1312.88	4070
1.98	81.35	27.71	291.73	4.36	274.71	389.98	4090
3.38	595.92	282.43	1280.03	21.22	872.10	1996.33	4100
1.49	336.04	205.13	789.30	3.64	166.52	451.63	4110
1.45	100.84	40.00	195.39	3.54	47.61	225.61	4120
0.01	14.39	0.38	54.85	5.73	91.90	28.76	4130
0.04	82.12	16.52	127.44	0.80	192.91	305.55	4140
0.18	41.26	20.14	82.09	6.80	370.19	964.58	4150
0.22	21.26	0.26	30.96	0.71	2.97	20.20	4190
10.76	608.44	128.36	2407.35	64.29	942.43	632.94	4200
10.67	441.07	95.89	1674.13	52.52	680.99	414.35	4210
0.03	65.50	20.13	447.86	4.87	186.60	146.98	4220
0.04	10.58	4.81	120.03	2.65	0.07	0.68	4230
0.03	89.93	7.44	164.96	4.26	74.66	70.85	4290
1.92	251.80	32.81	641.31	14.74	124.83	142.06	4300
1.84	220.29	32.09	491.65	12.74	117.28	126.77	4310
0.08	31.51	0.73	149.66	2.00	7.55	15.29	4320

2-18 续表 5

行业中类	代码	全年营业收入(亿元)	内资企业	国有企业	集体企业	股份合作
电力、燃气及水的生产和供应业	D	**35695.45**	**32267.91**	**21168.61**	**254.98**	**64.38**
电力、热力的生产和供应业	4400	32752.75	30154.03	20605.92	133.52	47.96
电力生产	4410	11049.46	8581.15	3229.66	80.82	36.92
电力供应	4420	20912.03	20884.18	17216.60	38.23	4.27
热力生产和供应	4430	791.25	688.70	159.66	14.47	6.77
燃气生产和供应业	4500	1756.57	1093.29	168.62	10.35	12.17
水的生产和供应业	4600	1186.13	1020.59	394.07	111.11	4.25
自来水的生产和供应	4610	973.55	872.59	371.60	105.60	3.04
污水处理及其再生利用	4620	130.30	114.84	22.05	5.30	0.62
其他水的处理、利用与分配	4690	82.28	33.16	0.42	0.21	0.59
建筑业	E	**67799.25**	**66872.70**	**11498.75**	**2760.63**	**445.45**
房屋和土木工程建筑业	4700	56280.31	55854.21	10150.50	2354.56	346.61
房屋工程建筑	4710	36686.20	36389.94	4020.34	2020.79	259.97
土木工程建筑	4720	19594.11	19464.27	6130.16	333.77	86.64
建筑安装业	4800	6602.27	6351.02	1023.46	297.72	70.08
建筑装饰业	4900	3207.14	2988.46	89.19	58.29	16.50
其他建筑业	5000	1709.53	1679.02	235.61	50.06	12.26
工程准备	5010	572.56	565.23	115.40	15.19	4.16
提供施工设备服务	5020	172.53	167.17	7.23	6.61	0.59
其他未列明的建筑活动	5090	964.43	946.60	112.98	28.24	7.51
交通运输、仓储和邮政业	F	**29321.04**	**25128.10**	**6975.26**	**707.41**	**401.81**
铁路运输业	5100	231.25	231.25	81.88	3.99	0.42
铁路旅客运输	5110	7.41	7.41	6.45		
铁路货物运输	5120	194.13	194.13	58.23	0.51	0.39
铁路运输辅助活动	5130	29.71	29.71	17.21	3.48	0.04
道路运输业	5200	9898.71	9395.30	1261.65	364.58	293.26
公路旅客运输	5210	1598.88	1578.01	382.72	69.06	36.92
道路货物运输	5220	6509.49	6309.74	441.50	244.28	233.06
道路运输辅助活动	5230	1790.33	1507.56	437.43	51.23	23.27
城市公共交通业	5300	1450.33	1378.05	361.62	47.98	21.95
公共电汽车客运	5310	705.22	661.94	272.63	15.24	5.56
轨道交通	5320	106.53	104.31	32.75	0.01	0.89
出租车客运	5330	588.75	564.11	45.80	30.06	15.24
城市轮渡	5340	8.88	7.39	1.33	0.27	
其他城市公共交通	5390	40.94	40.29	9.10	2.40	0.26
水上运输业	5400	5148.42	4443.00	2018.32	137.48	36.86
水上旅客运输	5410	149.90	131.68	15.51	8.66	0.57
水上货物运输	5420	3605.02	3429.98	1658.96	120.90	14.70
水上运输辅助活动	5430	1393.51	881.33	343.85	7.92	21.59
航空运输业	5500	2805.10	1580.29	278.09	1.04	2.29
航空客货运输	5510	2492.17	1344.15	167.07	0.10	0.05
通用航空服务	5520	19.63	18.75	10.60	0.35	0.01
航空运输辅助活动	5530	293.30	217.39	100.42	0.58	2.23
管道运输业	5600	363.75	350.08	150.77		
装卸搬运和其他运输服务业	5700	5273.80	3985.23	511.53	103.82	22.48
装卸搬运	5710	447.09	395.30	58.89	55.58	3.37
运输代理服务	5720	4826.71	3589.93	452.64	48.24	19.10

联营	有限责任公司	股份有限公司	私营	其他企业	港、澳、台商投资企业	外商投资企业	代码
134.75	**8442.23**	**1348.03**	**824.75**	**30.18**	**1385.16**	**2042.37**	**D**
127.73	7533.84	1116.40	568.29	20.38	1143.90	1454.81	4400
88.36	3787.85	920.12	424.34	13.09	1100.59	1367.72	4410
37.30	3431.94	134.76	19.40	1.69	1.41	26.44	4420
2.08	314.06	61.52	124.54	5.61	41.90	60.65	4430
2.69	583.24	197.16	117.15	1.93	200.48	462.80	4500
4.33	325.15	34.48	139.32	7.87	40.78	124.76	4600
4.22	249.03	30.83	101.86	6.41	34.43	66.53	4610
0.08	53.13	3.58	28.75	1.33	6.17	9.29	4620
0.03	22.99	0.06	8.70	0.14	0.19	48.94	4690
166.16	**27535.39**	**5124.51**	**19081.79**	**260.02**	**393.74**	**532.81**	**E**
135.09	23795.58	4536.73	14366.51	168.63	147.17	278.93	4700
77.09	15568.99	3048.99	11267.34	126.43	93.53	202.74	4710
58.00	8226.59	1487.75	3099.16	42.20	53.65	76.19	4720
14.48	2443.69	387.89	2080.37	33.33	94.70	156.56	4800
13.67	809.83	142.58	1821.78	36.63	137.59	81.09	4900
2.92	486.31	57.31	813.12	21.43	14.28	16.24	5000
0.47	148.85	11.75	265.13	4.27	3.75	3.58	5010
0.15	52.07	3.96	95.41	1.15	2.78	2.57	5020
2.30	285.39	41.59	452.58	16.01	7.74	10.08	5090
180.88	**5483.01**	**2989.74**	**8048.93**	**341.06**	**1906.36**	**2286.58**	**F**
0.68	23.72	101.24	18.95	0.36		0.00	5100
	0.90		0.06				5110
0.65	20.46	97.79	15.95	0.16		0.00	5120
0.03	2.36	3.46	2.94	0.20			5130
52.18	2209.38	646.47	4340.92	226.87	190.91	312.49	5200
15.86	514.77	159.27	380.40	19.00	16.52	4.35	5210
24.69	1140.86	265.16	3768.91	191.27	67.87	131.89	5220
11.63	553.75	222.04	191.60	16.60	106.52	176.25	5230
9.26	525.79	105.07	294.57	11.80	30.33	41.96	5300
4.34	246.58	45.03	66.91	5.65	24.52	18.76	5310
0.67	54.08	14.06	1.52	0.33	1.68	0.53	5320
4.25	206.11	41.77	215.75	5.13	2.15	22.49	5330
	4.31	0.89	0.47	0.11	1.49		5340
0.01	14.71	3.32	9.92	0.57	0.49	0.17	5390
15.50	642.20	871.99	688.87	31.78	291.01	414.41	5400
0.37	56.15	18.98	30.83	0.62	4.66	13.55	5410
12.15	293.76	717.83	595.57	16.13	102.58	72.46	5420
2.98	292.29	135.18	62.48	15.04	183.76	328.41	5430
68.57	340.67	811.70	77.33	0.61	510.13	714.68	5500
68.53	271.41	763.89	73.08	0.01	468.30	679.72	5510
	3.47	0.67	3.08	0.57	0.86	0.02	5520
0.04	65.79	47.14	1.17	0.03	40.96	34.94	5530
	136.28	61.06	1.16	0.82	2.26	11.40	5600
19.28	1077.20	141.10	2061.40	48.42	740.41	548.16	5700
11.99	79.49	31.40	148.29	6.29	20.07	31.71	5710
7.29	997.71	109.70	1913.11	42.13	720.34	516.45	5720

2-18 续表 6

行业中类	代码	全年营业收入(亿元)	内资企业	国有企业	集体企业	股份合作
仓储业	5800	3161.89	2894.60	1525.06	44.38	23.03
谷物、棉花等农产品仓储	5810	1467.67	1462.93	1208.22	9.62	2.35
其他仓储	5890	1694.22	1431.68	316.84	34.76	20.68
邮政业	5900	987.79	870.29	786.34	4.14	1.52
国家邮政	5910	796.38	796.38	778.35	2.33	1.03
其他寄递服务	5990	191.41	73.92	7.99	1.81	0.49
信息传输、计算机服务和软件业	**G**	**15265.26**	**8466.84**	**1997.91**	**32.95**	**48.49**
电信和其他信息传输服务业	6000	10005.78	4946.39	1904.68	23.13	37.61
电信	6010	9199.69	4320.92	1769.07	16.51	33.10
互联网信息服务	6020	450.49	295.15	33.97	1.11	1.49
广播电视传输服务	6030	330.78	305.54	97.50	5.51	0.96
卫星传输服务	6040	24.81	24.79	4.14	0.01	2.05
计算机服务业	6100	2362.02	1771.40	51.23	7.33	5.34
计算机系统服务	6110	1127.94	798.69	40.94	3.03	2.49
数据处理	6120	60.76	26.49	3.27	0.52	0.02
计算机维修	6130	59.91	45.36	0.42	0.10	0.23
其他计算机服务	6190	1113.41	900.85	6.61	3.67	2.61
软件业	6200	2897.47	1749.05	42.00	2.49	5.54
公共软件服务	6210	2413.28	1438.88	30.93	2.07	4.24
其他软件服务	6290	484.19	310.17	11.07	0.42	1.30
批发和零售业	**H**	**250854.18**	**228135.11**	**34852.46**	**4631.32**	**1448.17**
批发业	6300	206125.62	188060.24	32350.87	3478.89	1097.86
农畜产品批发	6310	5000.87	4904.72	1253.24	190.54	29.75
食品、饮料及烟草制品批发	6320	16530.57	15533.54	8027.71	227.62	63.80
纺织、服装及日用品批发	6330	14706.24	13051.55	910.37	104.26	53.93
文化、体育用品及器材批发	6340	3063.88	2464.06	361.17	29.17	25.53
医药及医疗器材批发	6350	6748.74	6279.91	605.41	40.29	34.51
矿产品、建材及化工产品批发	6360	112262.73	108440.14	17086.22	2142.47	566.78
机械设备、五金交电及电子产品批发	6370	34809.26	25298.95	1991.17	443.40	268.13
贸易经纪与代理	6380	4603.24	4188.67	1435.84	38.54	15.26
其他批发	6390	8400.10	7898.69	679.74	262.61	40.18
零售业	6500	44728.56	40074.87	2501.59	1152.43	350.31
综合零售	6510	11869.08	9057.33	373.33	627.79	110.80
食品、饮料及烟草制品专门零售	6520	1316.94	1300.05	182.77	67.88	19.53
纺织、服装及日用品专门零售	6530	2224.17	1849.03	47.34	59.83	12.80
文化、体育用品及器材专门零售	6540	1382.15	1345.67	299.12	25.49	16.86
医药及医疗器材专门零售	6550	2017.42	2006.08	130.58	31.34	21.83
汽车、摩托车、燃料及零配件专门零售	6560	17507.59	16512.72	1304.72	201.33	116.90
家用电器及电子产品专门零售	6570	4911.33	4715.30	43.78	28.03	20.20
五金、家具及室内装修材料专门零售	6580	1866.57	1749.75	29.25	55.48	15.83
无店铺及其他零售	6590	1633.31	1538.95	90.71	55.25	15.56
住宿和餐饮业	**I**	**6095.89**	**4926.59**	**604.76**	**145.91**	**62.41**
住宿业	6600	2664.87	2155.79	523.33	98.21	29.31
旅游饭店	6610	2055.57	1587.11	430.01	61.03	19.94
一般旅馆	6620	551.06	515.09	84.26	33.57	8.12
其他住宿服务	6690	58.23	53.59	9.06	3.61	1.25
餐饮业	6700	3431.02	2770.80	81.43	47.70	33.10
正餐服务	6710	2758.64	2520.57	70.72	42.10	29.99
快餐服务	6720	504.01	113.73	6.17	1.98	1.19
饮料及冷饮服务	6730	46.07	35.02	0.51	0.34	0.46
其他餐饮服务	6790	122.30	101.48	4.02	3.28	1.46

联营	有限责任公司	股份有限公司	私营	其他企业	港、澳、台商投资企业	外商投资企业	代码
15.26	499.05	247.00	521.26	19.56	73.98	193.31	5800
11.53	124.60	11.42	90.83	4.36	1.14	3.61	5810
3.73	374.45	235.59	430.43	15.20	72.84	189.70	5890
0.16	28.73	4.10	44.47	0.83	67.33	50.17	5900
	13.62	0.01	0.52	0.51			5910
0.16	15.11	4.09	43.94	0.32	67.33	50.17	5990
22.73	**1894.10**	**2391.28**	**1986.14**	**93.24**	**2679.22**	**4119.21**	**G**
19.34	633.20	2031.29	266.85	30.30	2073.39	2985.99	6000
14.60	433.98	1927.18	103.77	22.71	2038.73	2840.05	6010
1.30	74.77	29.93	146.85	5.73	30.51	124.84	6020
0.45	110.57	73.81	14.99	1.75	4.14	21.10	6030
2.98	13.88	0.37	1.25	0.10	0.02	0.01	6040
1.86	667.50	107.69	902.95	27.49	168.60	422.02	6100
1.37	276.24	91.66	378.76	4.21	140.60	188.64	6110
	7.56	2.93	12.10	0.09	3.69	30.58	6120
	7.31	0.88	35.79	0.64	10.18	4.37	6130
0.49	376.38	12.22	476.30	22.56	14.13	198.42	6190
1.53	593.40	252.30	816.34	35.45	437.23	711.19	6200
1.50	486.82	187.79	692.64	32.89	355.30	619.10	6210
0.03	106.58	64.51	123.70	2.56	81.93	92.09	6290
1073.16	**60480.93**	**28834.49**	**94540.02**	**2274.57**	**5846.75**	**16872.31**	**H**
797.78	49509.07	21701.25	77556.30	1568.22	4298.12	13767.26	6300
14.86	1262.45	152.27	1917.01	84.61	20.47	75.67	6310
99.72	3053.43	482.86	3426.97	151.45	363.19	633.83	6320
33.03	3427.36	812.31	7496.34	213.95	626.67	1028.01	6330
6.82	654.46	71.97	1299.12	15.81	280.10	319.72	6340
4.12	2598.49	695.33	2250.07	51.69	155.57	313.25	6350
507.07	28137.58	17593.37	41709.40	697.24	1107.20	2715.39	6360
74.67	7014.30	1568.94	13733.41	204.94	1411.78	8098.53	6370
2.98	1194.49	109.72	1322.33	69.52	103.15	311.42	6380
54.51	2166.49	214.48	4401.66	79.02	229.98	271.43	6390
275.38	10971.86	7133.23	16983.72	706.35	1548.63	3105.06	6500
13.75	3150.29	2195.63	2442.88	142.86	914.58	1897.18	6510
3.08	252.88	41.28	689.10	43.52	4.52	12.36	6520
5.31	325.00	57.61	1246.77	94.38	226.74	148.41	6530
2.92	332.96	105.01	537.73	25.58	18.23	18.25	6540
7.27	627.70	263.42	890.17	33.76	4.64	6.70	6550
172.75	4241.70	4104.30	6178.28	192.75	333.55	661.33	6560
62.72	1482.78	283.81	2736.14	57.85	10.68	185.35	6570
1.98	253.56	37.68	1284.86	71.10	14.97	101.85	6580
5.60	304.98	44.49	977.80	44.56	20.74	73.62	6590
20.48	**975.42**	**180.99**	**2805.35**	**131.25**	**482.93**	**686.37**	**I**
14.52	569.82	95.73	792.75	32.13	282.80	226.28	6600
11.78	483.02	78.93	485.92	16.48	269.74	198.72	6610
2.48	75.90	14.93	282.43	13.39	10.83	25.14	6620
0.26	10.89	1.87	24.39	2.25	2.23	2.42	6690
5.97	405.60	85.26	2012.60	99.13	200.13	460.09	6700
4.09	365.09	79.95	1837.84	90.78	117.13	120.95	6710
0.30	23.52	1.30	75.59	3.68	66.60	323.69	6720
0.04	3.97	0.32	28.12	1.25	7.25	3.80	6730
1.53	13.02	3.69	71.06	3.41	9.16	11.66	6790

2-18 续表 7

行业中类	代码	全年营业收入(亿元)	内资企业	国有企业	集体企业	股份合作
金融业	J	**52323.51**	**50571.97**	**12533.41**	**1357.82**	**2206.61**
银行业	6800	36565.48	35770.98	10807.70	1325.10	2059.52
中央银行	6810	75.59	75.59	55.99		12.25
商业银行	6820	34063.93	33278.48	9115.63	1281.76	1911.28
其他银行	6890	2425.96	2416.91	1636.08	43.34	135.98
证券业	6900	2771.03	2544.56	183.83	0.01	1.95
证券市场管理	6910	69.27	69.27	64.16		0.20
证券经纪与交易	6920	2516.08	2311.43	106.78	0.01	1.52
证券投资	6930	176.94	155.12	12.58		0.21
证券分析与咨询	6940	8.74	8.73	0.31		0.01
保险业	7000	11624.01	10967.64	1217.45	26.05	134.88
人寿保险	7010	8306.54	7765.74	911.08	16.82	64.50
非人寿保险	7020	3113.63	3006.74	265.59	9.15	69.27
保险辅助服务	7030	203.85	195.16	40.78	0.08	1.11
其他金融活动	7100	1362.99	1288.79	324.43	6.66	10.26
金融信托与管理	7110	364.27	352.26	30.66	1.22	1.78
金融租赁	7120	53.57	38.25	6.71		
财务公司	7130	255.44	244.04	22.06	0.07	0.04
邮政储蓄	7140	259.14	259.14	216.18		0.57
典当	7150	86.55	85.77	2.35	0.24	0.80
其他未列明的金融活动	7190	344.01	309.32	46.47	5.13	7.08
房地产业	K	**31106.22**	**26984.78**	**1944.20**	**532.83**	**163.51**
房地产业	7200	31106.22	26984.78	1944.20	532.83	163.51
房地产开发经营	7210	27138.47	23379.43	1269.42	275.06	91.06
物业管理	7220	2131.02	1936.32	378.76	109.37	29.50
房地产中介服务	7230	576.46	505.89	32.82	8.64	3.24
其他房地产活动	7290	1260.27	1163.15	263.20	139.76	39.71
租赁和商务服务业	L	**19583.63**	**16477.21**	**3420.24**	**930.18**	**228.53**
租赁业	7300	437.48	392.77	34.52	9.85	4.27
机械设备租赁	7310	423.16	380.19	33.13	9.43	3.80
文化及日用品出租	7320	14.33	12.58	1.39	0.41	0.47
商务服务业	7400	19146.15	16084.45	3385.72	920.33	224.26
企业管理服务	7410	9821.54	8159.23	2433.68	555.48	145.55
法律服务	7420	200.46	199.14	2.39	3.70	2.15
咨询与调查	7430	1962.90	1338.76	56.57	32.21	8.65
广告业	7440	2279.30	1725.47	73.37	12.98	9.50
知识产权服务	7450	73.92	65.05	4.73	0.51	1.19
职业中介服务	7460	928.89	915.69	207.59	47.91	9.14
市场管理	7470	942.97	899.49	72.29	150.69	15.17
旅行社	7480	1499.65	1464.56	270.42	29.09	19.47
其他商务服务	7490	1436.51	1317.06	264.68	87.77	13.43
科学研究、技术服务和地质勘查业	M	**8848.45**	**8138.04**	**2318.07**	**136.23**	**64.37**
研究与试验发展	7500	1173.73	1014.45	310.35	10.33	4.77
自然科学研究与试验发展	7510	55.20	45.09	19.75	0.87	0.37
工程和技术研究与试验发展	7520	976.25	864.64	278.28	7.91	2.28

联营	有限责任公司	股份有限公司	私营	其他企业	港、澳、台商投资企业	外商投资企业	代码
35.37	**1892.06**	**32232.51**	**231.00**	**83.19**	**273.84**	**1477.70**	**J**
32.96	226.77	21252.87	25.07	41.00	181.60	612.90	6800
	5.53	1.81	0.01				6810
32.95	202.98	20672.21	24.93	36.73	177.16	608.29	6820
0.01	18.25	578.86	0.13	4.26	4.44	4.61	6890
0.08	697.60	1640.68	17.91	2.50	54.06	172.40	6900
0.00	3.38	1.43	0.02	0.08			6910
0.08	561.71	1626.81	13.11	1.42	53.69	150.96	6920
	128.52	11.52	1.71	0.59	0.37	21.44	6930
	4.00	0.93	3.07	0.41		0.00	6940
0.75	310.79	9175.90	70.97	30.85	23.86	632.51	7000
0.03	153.92	6582.00	23.48	13.91	7.72	533.08	7010
0.69	122.43	2513.37	10.86	15.40	14.94	91.94	7020
0.03	34.44	80.53	36.64	1.54	1.20	7.48	7030
1.58	656.90	163.05	117.06	8.85	14.32	59.88	7100
0.07	286.36	22.65	7.66	1.87	6.98	5.03	7110
	19.88	11.04	0.62		1.26	14.06	7120
0.00	218.99	0.02	2.67	0.20	2.07	9.33	7130
	38.12	4.03	0.05	0.19			7140
1.16	29.18	19.30	31.73	1.02	0.23	0.55	7150
0.35	64.38	106.01	74.33	5.57	3.78	30.91	7190
105.19	**12216.29**	**1663.98**	**10082.44**	**276.34**	**2399.28**	**1722.16**	**K**
105.19	12216.29	1663.98	10082.44	276.34	2399.28	1722.16	7200
90.28	11368.54	1540.20	8543.21	201.66	2196.92	1562.12	7210
6.68	543.17	52.72	785.89	30.21	104.40	90.30	7220
2.20	76.13	12.08	362.17	8.60	42.81	27.76	7230
6.02	228.45	58.98	391.17	35.87	55.14	41.98	7290
39.14	**4208.62**	**1426.78**	**5884.79**	**338.93**	**967.37**	**2139.05**	**L**
1.76	93.43	9.60	232.56	6.77	16.19	28.52	7300
1.63	91.35	9.49	224.83	6.52	15.44	27.53	7310
0.13	2.08	0.11	7.73	0.25	0.75	1.00	7320
37.38	4115.19	1417.17	5652.23	332.16	951.18	2110.53	7400
17.85	2106.28	1028.30	1661.98	210.10	330.21	1332.11	7410
0.55	8.55	0.75	163.10	17.96	0.36	0.96	7420
1.06	302.08	29.38	885.95	22.86	212.87	411.27	7430
1.57	426.65	68.49	1113.39	19.52	324.59	229.24	7440
0.05	16.46	2.86	38.31	0.95	1.35	7.53	7450
2.44	312.31	22.72	304.11	9.47	7.50	5.70	7460
3.68	218.92	66.29	356.75	15.68	20.63	22.85	7470
5.01	451.07	140.09	533.32	16.10	15.20	19.88	7480
5.15	272.89	58.30	595.31	19.53	38.47	80.99	7490
14.52	**2903.34**	**885.06**	**1740.12**	**76.34**	**150.86**	**559.55**	**M**
3.43	440.76	30.89	208.33	5.60	32.45	126.82	7500
0.04	6.26	1.23	16.16	0.42	9.08	1.03	7510
3.01	394.69	23.36	151.82	3.29	18.31	93.30	7520

2-18 续表 8

行业中类	代码	全　年营业收入(亿元)	内资企业	国有企业	集体企业	股份合作
农业科学研究与试验发展	7530	42.24	41.17	7.63	0.85	0.64
医学研究与试验发展	7540	96.53	60.05	3.87	0.57	1.41
社会人文科学研究与试验发展	7550	3.51	3.51	0.83	0.13	0.06
专业技术服务业	7600	4967.92	4680.27	1558.20	81.63	32.00
气象服务	7610	12.06	12.06	4.39	1.00	0.09
地震服务	7620	1.41	1.33	0.26	0.11	0.10
海洋服务	7630	6.05	5.14	0.59	0.30	
测绘服务	7640	70.45	69.83	15.24	3.53	0.97
技术检测	7650	258.82	214.95	54.85	11.75	4.27
环境监测	7660	28.45	27.89	1.94	1.24	0.41
工程技术与规划管理	7670	3712.81	3574.68	1334.75	41.69	22.80
其他专业技术服务	7690	877.88	774.38	146.18	22.00	3.35
科技交流和推广服务业	7700	1952.12	1701.31	168.04	41.66	26.68
技术推广服务	7710	1490.45	1327.85	137.24	24.83	19.20
科技中介服务	7720	133.12	124.33	14.35	13.47	6.40
其他科技服务	7790	328.56	249.13	16.45	3.36	1.08
地质勘查业	7800	754.68	742.01	281.48	2.61	0.92
矿产地质勘查	7810	664.88	653.05	231.36	1.00	0.39
基础地质勘查	7820	30.77	30.62	18.59	0.58	0.26
地质勘查技术服务	7830	59.03	58.34	31.53	1.04	0.27
水利、环境和公共设施管理业	**N**	**1246.07**	**1156.44**	**235.64**	**55.61**	**13.80**
水利管理业	7900	71.51	71.10	26.27	4.28	0.70
防洪管理	7910	6.05	6.05	2.66	0.40	
水资源管理	7920	39.33	38.93	14.04	2.16	0.28
其他水利管理	7990	26.13	26.11	9.58	1.72	0.42
环境管理业	8000	224.97	179.74	37.71	8.77	2.54
自然保护	8010	19.27	13.31	3.00	0.26	0.15
环境治理	8020	205.70	166.43	34.71	8.51	2.39
公共设施管理业	8100	949.59	905.61	171.66	42.56	10.56
市政公共设施管理	8110	242.56	221.13	88.76	11.79	4.32
城市绿化管理	8120	440.78	431.27	43.22	9.48	2.89
游览景区管理	8130	266.24	253.20	39.68	21.29	3.36
居民服务和其他服务业	**O**	**2035.70**	**1919.70**	**96.31**	**91.09**	**27.24**
居民服务业	8200	919.57	884.66	36.13	41.27	12.46
家庭服务	8210	31.54	31.35	2.55	0.74	0.26
托儿所	8220	3.51	3.47	0.20	0.05	0.01
洗染服务	8230	33.44	30.98	2.96	1.04	0.21
理发及美容保健服务	8240	211.77	201.34	0.99	1.09	2.82
洗浴服务	8250	258.95	253.32	1.79	3.80	4.59
婚姻服务	8260	17.39	16.53	0.29	0.29	0.05
殡葬服务	8270	82.61	78.14	11.19	16.29	1.03
摄影扩印服务	8280	98.29	90.35	2.77	2.05	1.37
其他居民服务	8290	182.07	179.18	13.39	15.93	2.12
其他服务业	8300	1116.13	1035.04	60.17	49.82	14.77
修理与维护	8310	579.56	537.56	23.12	15.53	8.73
清洁服务	8320	177.87	158.13	8.52	6.51	1.38
其他未列明的服务	8390	358.70	339.35	28.53	27.78	4.66

联营	有限责任公司	股份有限公司	私营	其他企业	港、澳、台商投资企业	外商投资企业	代码
0.20	8.12	2.21	20.40	1.12	0.41	0.66	7530
0.19	31.14	4.03	18.18	0.64	4.66	31.83	7540
	0.54	0.05	1.76	0.13		0.00	7550
6.23	1549.30	395.23	1018.14	39.55	83.17	204.48	7600
0.04	3.66	0.22	2.33	0.34			7610
	0.08	0.05	0.63	0.09		0.08	7620
0.29	1.31	0.06	2.44	0.13	0.04	0.87	7630
0.12	15.51	1.92	31.29	1.26	0.44	0.18	7640
2.45	58.06	7.88	69.44	6.26	24.64	19.22	7650
0.05	12.30	1.30	10.02	0.63	0.17	0.39	7660
2.79	1158.67	363.27	631.71	18.99	34.48	103.65	7670
0.48	299.72	20.53	270.28	11.84	23.40	80.10	7690
4.38	855.78	91.19	483.78	29.80	34.26	216.56	7700
3.48	697.80	55.89	366.23	23.18	24.03	138.57	7710
0.61	40.09	1.85	46.19	1.37	4.19	4.60	7720
0.29	117.88	33.46	71.36	5.26	6.04	73.39	7790
0.48	57.51	367.74	29.87	1.40	0.98	11.69	7800
0.46	40.05	364.15	15.22	0.41	0.82	11.00	7810
	4.42	0.37	6.06	0.35	0.15	0.00	7820
0.02	13.03	3.23	8.59	0.64	0.01	0.68	7830
6.38	**312.90**	**68.91**	**443.19**	**20.00**	**36.06**	**53.57**	**N**
0.45	21.16	4.06	11.48	2.69	0.07	0.34	7900
0.01	1.19	1.18	0.54	0.08			7910
0.42	12.91	1.86	6.10	1.16	0.06	0.33	7920
0.02	7.06	1.02	4.84	1.46	0.01	0.01	7990
1.29	56.98	11.06	58.17	3.21	15.16	30.07	8000
0.08	5.33	0.06	3.59	0.84	1.45	4.51	8010
1.22	51.65	11.01	54.58	2.37	13.71	25.56	8020
4.63	234.76	53.79	373.54	14.10	20.82	23.16	8100
2.24	66.61	11.82	32.17	3.43	9.04	12.39	8110
1.41	105.07	13.69	249.60	5.93	3.27	6.24	8120
0.98	63.09	28.29	91.77	4.75	8.52	4.52	8130
11.64	**290.65**	**45.06**	**1269.65**	**88.07**	**42.93**	**73.07**	**O**
9.47	92.16	15.67	623.08	54.42	21.03	13.88	8200
0.10	5.06	0.65	21.06	0.93	0.18	0.00	8210
0.01	0.05		2.58	0.56		0.04	8220
0.31	4.38	0.60	20.68	0.80	1.28	1.18	8230
0.10	10.57	1.02	168.91	15.84	6.01	4.42	8240
0.38	23.52	3.58	202.24	13.43	3.81	1.81	8250
0.03	1.15	0.22	13.27	1.22	0.60	0.26	8260
7.53	13.24	3.96	20.56	4.34	2.32	2.15	8270
0.10	9.54	1.40	69.31	3.80	6.42	1.52	8280
0.89	24.65	4.24	104.48	13.50	0.40	2.49	8290
2.18	198.49	29.39	646.57	33.65	21.90	59.18	8300
1.32	79.13	13.28	378.31	18.13	13.13	28.88	8310
0.22	31.22	2.56	103.84	3.89	5.13	14.61	8320
0.64	88.14	13.55	164.42	11.63	3.65	15.70	8390

2-18 续表 9

行业中类	代码	全年营业收入(亿元)	内资企业	国有企业	集体企业	股份合作
教育	P	**450.43**	**419.59**	**38.76**	**21.37**	**9.29**
教育	8400	450.43	419.59	38.76	21.37	9.29
学前教育	8410	46.01	44.12	1.97	2.44	0.33
初等教育	8420	18.30	17.60	1.34	0.46	0.30
中等教育	8430	41.05	35.63	4.62	0.85	1.38
高等教育	8440	19.67	17.90	2.75	0.02	0.22
其他教育	8490	325.39	304.34	28.07	17.61	7.06
卫生、社会保障和社会福利业	Q	**590.78**	**560.49**	**158.64**	**29.75**	**19.37**
卫生	8500	574.76	544.62	154.27	27.73	19.08
医院	8510	417.29	400.34	132.67	15.77	14.66
卫生院及社区医疗活动	8520	40.74	40.34	8.19	6.89	0.67
门诊部医疗活动	8530	70.44	65.01	3.89	3.59	1.74
计划生育技术服务活动	8540	3.61	3.57	0.41	0.31	
妇幼保健活动	8550	8.02	4.81	1.29	0.17	0.18
专科疾病防治活动	8560	4.86	4.67	0.60	0.23	0.19
疾病预防控制及防疫活动	8570	7.24	7.24	5.35	0.21	0.02
其他卫生活动	8590	22.57	18.63	1.87	0.56	1.62
社会保障业	8600	5.58	5.58	2.51	0.68	0.00
社会福利业	8700	10.45	10.29	1.86	1.35	0.29
提供住宿的社会福利	8710	5.05	5.04	0.65	0.65	0.26
不提供住宿的社会福利	8720	5.39	5.26	1.21	0.69	0.03
文化、体育和娱乐业	R	**1684.61**	**1572.54**	**634.98**	**27.45**	**25.38**
新闻出版业	8800	637.54	633.36	443.62	9.65	16.73
新闻业	8810	20.79	20.79	19.63	0.04	0.01
出版业	8820	616.75	612.57	423.99	9.62	16.72
广播、电视、电影和音像业	8900	364.97	355.72	155.65	4.99	1.83
广播	8910	11.59	11.57	6.08	0.40	0.14
电视	8920	226.08	222.81	112.67	1.94	0.48
电影	8930	105.40	100.87	35.34	1.83	1.16
音像制作	8940	21.89	20.47	1.56	0.81	0.05
文化艺术业	9000	114.66	110.59	15.21	2.75	1.24
文艺创作与表演	9010	36.78	34.78	6.85	1.15	0.43
艺术表演场馆	9020	10.70	10.50	3.46	0.08	0.11
图书馆与档案馆	9030	0.96	0.96	0.20	0.20	0.00
文物及文化保护	9040	3.04	3.03	0.60	0.35	
博物馆	9050	2.46	2.11	0.39	0.10	0.05
烈士陵园、纪念馆	9060	0.64	0.63	0.02	0.25	0.03
群众文化活动	9070	6.94	6.91	1.48	0.28	0.04
文化艺术经纪代理	9080	22.80	22.03	1.18	0.11	0.18
其他文化艺术	9090	30.35	29.65	1.04	0.24	0.39
体育	9100	43.82	36.05	4.83	0.48	0.38
体育组织	9110	16.02	12.16	1.15	0.02	0.08
体育场馆	9120	15.89	14.21	3.23	0.39	0.29
其他体育	9190	11.91	9.69	0.44	0.07	0.02
娱乐业	9200	523.63	436.81	15.67	9.57	5.20
室内娱乐活动	9210	274.71	261.87	1.72	2.81	2.57
游乐园	9220	37.77	31.21	9.67	0.79	0.11
休闲健身娱乐活动	9230	172.42	110.79	2.44	4.95	2.04
其他娱乐活动	9290	38.73	32.94	1.84	1.03	0.48

联营	有限责任公司	股份有限公司	私营	其他企业	港、澳、台商投资企业	外商投资企业	代码
3.72	**57.36**	**10.13**	**218.88**	**60.07**	**15.55**	**15.29**	**P**
3.72	57.36	10.13	218.88	60.07	15.55	15.29	8400
0.24	0.86	0.23	28.22	9.83	0.54	1.35	8410
0.01	0.42	0.04	10.77	4.26	0.70	0.00	8420
0.05	1.60	0.42	14.03	12.68	3.57	1.85	8430
1.06	1.50	0.04	6.19	6.13	1.42	0.35	8440
2.37	52.98	9.40	159.69	27.17	9.32	11.73	8490
3.55	**61.65**	**14.94**	**216.48**	**56.11**	**8.26**	**22.03**	**Q**
3.43	60.49	14.46	210.33	54.83	8.14	22.00	8500
2.85	47.78	12.19	136.46	37.96	7.17	9.78	8510
0.20	1.27	0.75	17.45	4.94	0.08	0.31	8520
0.25	4.95	0.64	41.10	8.86	0.77	4.65	8530
0.01	0.08		1.73	1.02	0.00	0.03	8540
0.00	0.19		2.71	0.27		3.21	8550
0.03	0.39	0.04	2.63	0.56	0.05	0.14	8560
	0.60	0.00	0.89	0.17			8570
0.10	5.23	0.84	7.36	1.06	0.06	3.87	8590
0.02	0.48	0.47	0.65	0.77			8600
0.10	0.68	0.01	5.49	0.52	0.12	0.03	8700
0.10	0.32	0.01	2.61	0.43	0.02		8710
	0.36	0.00	2.88	0.08	0.10	0.03	8720
6.57	**302.96**	**86.32**	**458.51**	**30.36**	**47.92**	**64.16**	**R**
4.16	102.15	40.05	13.98	3.02	1.37	2.81	8800
	0.67	0.06	0.24	0.15			8810
4.16	101.48	39.98	13.74	2.88	1.37	2.81	8820
0.22	101.73	23.93	60.92	6.44	4.84	4.41	8900
0.12	1.87	0.56	1.59	0.81		0.02	8910
0.04	63.30	16.92	24.90	2.54	1.21	2.06	8920
0.04	31.40	5.61	22.67	2.80	3.30	1.23	8930
0.02	5.15	0.83	11.76	0.29	0.32	1.10	8940
0.30	29.47	7.47	50.96	3.20	1.90	2.16	9000
0.14	9.73	0.84	14.53	1.11	1.09	0.90	9010
0.05	2.60	0.15	3.44	0.63	0.12	0.08	9020
	0.01	0.08	0.29	0.18			9030
0.00	1.12	0.16	0.68	0.11		0.01	9040
0.00	1.11	0.03	0.35	0.09		0.34	9050
0.00	0.16	0.03	0.04	0.10	0.01		9060
0.01	1.13	0.08	3.55	0.33	0.00	0.04	9070
0.04	5.51	0.43	14.35	0.23	0.56	0.22	9080
0.05	8.11	5.67	13.72	0.43	0.12	0.58	9090
0.05	16.09	2.89	10.50	0.84	5.15	2.61	9100
0.04	7.31	0.53	2.65	0.36	3.27	0.60	9110
0.00	5.75	0.39	3.98	0.17	0.51	1.17	9120
	3.03	1.97	3.86	0.30	1.38	0.84	9190
1.85	53.42	11.99	322.15	16.86	34.65	52.17	9200
0.42	18.83	4.77	220.53	10.30	5.31	7.54	9210
0.14	6.33	3.34	10.62	0.22	1.84	4.73	9220
1.20	22.72	2.72	69.37	5.34	24.40	37.22	9230
0.08	5.74	1.17	21.62	0.99	3.10	2.69	9290

2-19 按地区、登记注册类型

地区	全年营业收入(亿元)	内资企业			
			国有企业	集体企业	股份合作
全国	**1041672.02**	**844562.56**	**128977.54**	**21562.10**	**8899.25**
北京	61230.19	46923.00	6952.55	618.08	302.26
天津	30668.34	23722.18	6606.51	419.06	203.27
河北	38605.41	34036.20	4624.60	782.74	357.02
山西	20081.31	19326.18	4212.37	704.70	297.50
内蒙古	18313.35	17207.99	2423.84	211.81	253.86
辽宁	45561.81	39145.05	6470.88	1179.09	381.19
吉林	17358.23	14206.49	2121.23	244.52	107.45
黑龙江	16900.39	15948.03	3768.52	441.11	141.36
上海	83733.27	54465.50	8855.88	919.12	512.31
江苏	123495.04	92445.26	8447.53	2649.79	922.57
浙江	84888.20	72164.27	6400.50	673.35	873.42
安徽	23260.62	21388.59	3511.82	437.96	222.35
福建	29597.92	20083.66	2758.59	441.47	397.99
江西	15019.82	13504.09	1876.34	441.09	280.26
山东	100963.48	88050.86	9576.11	4219.38	957.81
河南	41564.93	39255.84	4885.69	1529.97	407.83
湖北	29874.70	26254.25	8104.93	532.71	255.79
湖南	23225.70	21949.06	4168.13	560.88	270.42
广东	119991.51	75390.11	10535.20	2060.44	705.13
广西	11822.09	10251.39	2017.87	333.29	137.94
海南	3025.90	2293.60	428.47	34.24	14.36
重庆	15734.69	14156.51	1689.15	221.33	69.04
四川	29088.41	27124.97	5089.84	518.21	352.48
贵州	6173.11	5968.87	2182.43	113.77	107.73
云南	12747.30	12188.35	2728.71	313.09	72.28
西藏	300.03	290.19	108.21	15.91	2.04
陕西	16481.78	15601.89	4305.06	529.32	158.35
甘肃	7371.80	7212.92	1760.44	249.01	85.71
青海	1913.60	1659.09	440.48	38.26	15.93
宁夏	2730.94	2574.52	414.54	19.92	23.30
新疆	9948.14	9773.65	1511.14	108.48	10.27

分组的全年营业收入

联营	有限责任公司	股份有限公司	私营	其他企业	港、澳、台商投资企业	外商投资企业
3421.48	**233602.68**	**129388.04**	**312043.89**	**6667.58**	**67064.24**	**130045.21**
26.40	21373.10	10538.03	7106.97	5.62	3719.59	10587.60
80.51	6115.96	3028.52	6807.40	460.94	1530.76	5415.40
442.66	9355.12	4623.63	13607.66	242.78	1890.67	2678.54
27.73	7582.84	2153.66	4248.55	98.83	222.17	532.96
23.27	5662.40	2900.78	5569.01	163.02	317.64	787.73
48.50	8553.80	7905.82	14348.24	257.53	1337.52	5079.24
15.01	3323.79	3189.77	5048.18	156.55	235.74	2915.99
26.75	5766.97	1849.39	3783.55	170.37	167.63	784.73
406.41	13666.19	9267.07	20651.67	186.86	7863.95	21403.83
178.33	19625.18	10914.20	49125.13	582.53	9061.30	21988.47
100.89	18448.72	8453.30	36967.50	246.59	5606.22	7117.71
26.67	6379.01	4213.98	6447.40	149.39	560.24	1311.80
272.04	4675.78	2548.40	8873.28	116.11	4675.23	4839.03
20.68	3594.67	1619.44	5588.26	83.34	635.75	879.97
732.31	24267.03	11266.39	35546.79	1485.04	2510.95	10401.67
76.93	11647.84	5152.51	15137.91	417.16	1002.81	1306.28
197.24	5948.35	4315.32	6725.98	173.93	851.34	2769.11
72.02	4672.29	3026.32	8825.76	353.23	589.33	687.32
409.71	21074.82	12725.37	27145.11	734.33	22057.35	22544.05
17.60	2783.34	1576.51	3291.57	93.27	436.97	1133.72
5.03	897.61	534.64	354.18	25.07	115.93	616.37
25.05	4068.65	2013.86	5962.74	106.70	539.05	1039.13
60.28	8142.38	3701.25	9077.01	183.52	534.73	1428.70
17.29	1759.09	721.22	1050.34	17.00	53.99	150.25
18.99	3427.28	1959.25	3638.46	30.29	203.31	355.64
1.55	43.66	66.23	51.43	1.16	0.77	9.07
62.99	4517.58	2792.82	3166.65	69.12	178.22	701.67
11.23	2358.26	1662.42	1053.72	32.13	45.11	113.76
0.91	461.21	433.09	263.92	5.29	44.20	210.30
10.05	743.04	425.63	927.29	10.76	10.32	146.10
6.46	2666.71	3809.24	1652.22	9.13	65.43	109.06

2-20 按行业(中类)、从业人员数组距

行业中类	代码	企业法人单位数(个)	7人及以下	8-19人	20-49人
总　　计	0000	**4959671**	**1953795**	**1450395**	**895930**
农、林、牧、渔业	A	**1395**	**240**	**245**	**185**
农业	0100	501	46	70	66
谷物及其他作物的种植	0110	313	17	18	18
蔬菜、园艺作物的种植	0120	91	21	27	22
水果、坚果、饮料和香料作物的种植	0130	85	8	21	20
中药材的种植	0140	12		4	6
林业	0200	376	24	38	27
林木的培育和种植	0210	181	24	34	25
木材和竹材的采运	0220	78		2	1
林产品的采集	0230	117		2	1
畜牧业	0300	378	135	107	65
牲畜的饲养	0310	138	53	30	31
猪的饲养	0320	122	49	41	14
家禽的饲养	0330	86	19	29	15
狩猎和捕捉动物	0340	1	1		
其他畜牧业	0390	31	13	7	5
渔业	0400	58	14	12	9
海洋渔业	0410	19	6	5	2
内陆渔业	0420	39	8	7	7
农、林、牧、渔服务业	0500	82	21	18	18
农业服务业	0510	53	13	11	11
林业服务业	0520	17	6	2	5
畜牧服务业	0530	7	2	4	
渔业服务业	0540	5		1	2
采矿业	B	**97313**	**15855**	**28642**	**28790**
煤炭开采和洗选业	0600	21931	2157	2440	4846
烟煤和无烟煤的开采洗选	0610	20901	2040	2229	4573
褐煤的开采洗选	0620	562	60	66	106
其他煤炭采选	0690	468	57	145	167
石油和天然气开采业	0700	1363	325	382	361
天然原油和天然气开采	0710	291	53	47	68
与石油和天然气开采有关的服务活动	0790	1072	272	335	293
黑色金属矿采选业	0800	17469	2744	4598	6396
铁矿采选	0810	15609	2457	3904	5876
其他黑色金属矿采选	0890	1860	287	694	520
有色金属矿采选业	0900	10686	1944	2546	3243
常用有色金属矿采选	0910	7491	1498	1944	2271
贵金属矿采选	0920	2039	284	366	657
稀有稀土金属矿采选	0930	1156	162	236	315
非金属矿采选业	1000	45159	8488	18426	13753
土砂石开采	1010	38505	7257	16180	11788
化学矿采选	1020	1552	320	418	462
采盐	1030	850	73	324	191
石棉及其他非金属矿采选	1090	4252	838	1504	1312
其他采矿业	1100	705	197	250	191
制造业	C	**1818331**	**352140**	**576327**	**508563**
农副食品加工业	1300	102307	19456	36016	28917
谷物磨制	1310	28585	5691	12369	7667

分组的企业法人单位数

50-99人	100-299人	300-499人	500-999人	1000-2999人	3000-4999人	5000人及以上	代码
324189	**231828**	**47325**	**32418**	**18725**	**2795**	**2271**	**0000**
121	**144**	**45**	**64**	**167**	**100**	**84**	**A**
40	49	19	33	76	44	58	0100
25	25	15	29	68	41	57	0110
7	9		1	2	1	1	0120
8	13	4	3	6	2		0130
	2						0140
34	61	12	24	81	50	25	0200
29	45	7	6	4	5	2	0210
3	13	3	5	11	25	15	0220
2	3	2	13	66	20	8	0230
31	19	7	2	7	4	1	0300
10	2	2	1	6	2	1	0310
12	5	1					0320
4	11	4	1	1	2		0330
							0340
5	1						0390
10	6	3	4				0400
2	3		1				0410
8	3	3	3				0420
6	9	4	1	3	2		0500
5	5	2	1	3	2		0510
	3	1					0520
1							0530
	1	1					0540
11305	**9395**	**1636**	**883**	**539**	**106**	**162**	**B**
4746	5636	1036	522	354	78	116	0600
4574	5454	1003	502	344	74	108	0610
108	154	30	18	8	4	8	0620
64	28	3	2	2			0690
94	104	22	15	21	5	34	0700
23	57	8	5	9	3	18	0710
71	47	14	10	12	2	16	0790
2162	1207	181	107	59	7	8	0800
1968	1076	163	94	57	7	7	0810
194	131	18	13	2		1	0890
1328	1194	224	135	64	6	2	0900
882	659	131	71	30	4	1	0910
298	325	47	39	21	1	1	0920
148	210	46	25	13	1		0930
2924	1241	171	103	41	10	2	1000
2251	850	107	55	14	2	1	1010
183	124	23	16	4	2		1020
95	95	22	23	20	6	1	1030
395	172	19	9	3			1090
51	13	2	1				1100
194535	**136864**	**24751**	**15403**	**7874**	**1050**	**824**	**C**
9571	6442	1046	558	246	35	20	1300
1789	895	123	33	18			1310

2-20 续表 1

行业中类	代码	企业法人单位数(个)	7人及以下	8-19人	20-49人
饲料加工	1320	11888	2029	4143	3409
植物油加工	1330	9820	2106	3236	2695
制糖	1340	627	93	102	99
屠宰及肉类加工	1350	16060	3469	5102	4178
水产品加工	1360	8509	1568	2508	2461
蔬菜、水果和坚果加工	1370	13742	2179	3909	4521
其他农副食品加工	1390	13076	2321	4647	3887
食品制造业	1400	41714	8053	13774	11901
焙烤食品制造	1410	10140	2024	3743	2860
糖果、巧克力及蜜饯制造	1420	4638	636	1448	1705
方便食品制造	1430	6491	1256	2200	1753
液体乳及乳制品制造	1440	1912	232	377	528
罐头制造	1450	2986	458	718	898
调味品、发酵制品制造	1460	6683	1462	2475	1714
其他食品制造	1490	8864	1985	2813	2443
饮料制造业	1500	34978	8657	12109	8828
酒精制造	1510	438	57	74	99
酒的制造	1520	13436	2811	4317	3720
软饮料制造	1530	12083	3062	4420	2995
精制茶加工	1540	9021	2727	3298	2014
烟草制品业	1600	251	24	32	32
烟叶复烤	1610	87	10	9	10
卷烟制造	1620	82	3	3	5
其他烟草制品加工	1690	82	11	20	17
纺织业	1700	108023	15985	29004	31772
棉、化纤纺织及印染精加工	1710	42300	5246	11316	12419
毛纺织和染整精加工	1720	5162	598	1028	1695
麻纺织	1730	977	119	197	266
丝绢纺织及精加工	1740	6766	1076	1881	1788
纺织制成品制造	1750	23984	4541	7072	7181
针织品、编织品及其制品制造	1760	28834	4405	7510	8423
纺织服装、鞋、帽制造业	1800	79494	11924	16474	23732
纺织服装制造	1810	74422	11251	15286	22135
纺织面料鞋的制造	1820	3569	500	871	1127
制帽	1830	1503	173	317	470
皮革、毛皮、羽毛(绒)及其制品业	1900	31232	4248	6562	9250
皮革鞣制加工	1910	2572	356	581	857
皮革制品制造	1920	24545	3132	4730	7153
毛皮鞣制及制品加工	1930	2442	504	736	769
羽毛(绒)加工及制品制造	1940	1673	256	515	471
木材加工及木、竹、藤、棕、草制品业	2000	62693	9101	22268	20306
锯材、木片加工	2010	23643	3352	11007	7344
人造板制造	2020	17459	1333	3922	6565
木制品制造	2030	14502	3421	4945	3955
竹、藤、棕、草制品制造	2040	7089	995	2394	2442
家具制造业	2100	36116	7353	13091	9689
木质家具制造	2110	26597	5344	10149	7169
竹、藤家具制造	2120	673	117	222	217
金属家具制造	2130	4014	831	1057	1055

50-99人	100-299人	300-499人	500-999人	1000-2999人	3000-4999人	5000人及以上	代码
1348	822	80	42	12	2	1	1320
1011	642	93	23	11	2	1	1330
43	88	66	99	34	2	1	1340
1581	1219	259	148	81	11	12	1350
823	798	184	109	45	11	2	1360
1754	1172	136	50	17	3	1	1370
1222	806	105	54	28	4	2	1390
3944	2913	602	335	166	14	12	1400
763	556	117	55	21	1		1410
497	268	43	23	15	1	2	1420
636	434	95	77	33	3	4	1430
306	305	85	46	27	3	3	1440
372	388	80	42	28	2		1450
523	380	75	34	17		3	1460
847	582	107	58	25	4		1490
2707	1868	383	263	128	23	12	1500
69	103	18	11	5	2		1510
1208	856	238	182	77	17	10	1520
810	592	96	58	44	4	2	1530
620	317	31	12	2			1540
18	47	17	31	33	9	8	1600
6	28	5	10	8	1		1610
2	7	7	15	24	8	8	1620
10	12	5	6	1			1690
14678	12005	2319	1437	697	90	36	1700
5726	5246	1091	744	439	49	24	1710
927	682	117	82	25	4	4	1720
153	152	36	31	21	2		1730
954	831	138	66	22	9	1	1740
2813	1827	300	166	71	10	3	1750
4105	3267	637	348	119	16	4	1760
12202	11148	2208	1229	518	38	21	1800
11397	10572	2104	1138	489	32	18	1810
524	380	68	71	22	4	2	1820
281	196	36	20	7	2	1	1830
4704	4403	1003	600	373	45	44	1900
370	290	67	38	11	1	1	1910
3900	3798	865	535	345	44	43	1920
234	162	25	7	5			1930
200	153	46	20	12			1940
6532	3826	459	144	46	6	5	2000
1363	512	52	9	3	1		2010
3078	2215	244	68	27	3	4	2020
1306	700	119	47	8		1	2030
785	399	44	20	8	2		2040
3099	2160	360	235	115	10	4	2100
2096	1408	217	143	63	6	2	2110
59	42	10	5	1			2120
499	395	88	55	30	3	1	2130

2-20 续表 2

行业中类	代码	企业法人单位数（个）	7人及以下	8-19人	20-49人
塑料家具制造	2140	531	126	167	135
其他家具制造	2190	4301	935	1496	1113
造纸及纸制品业	2200	48624	9629	16601	13627
纸浆制造	2210	871	149	234	299
造纸	2220	12087	1969	3214	3468
纸制品制造	2230	35666	7511	13153	9860
印刷业和记录媒介的复制	2300	52680	13851	20043	12898
印刷	2310	47798	12344	18288	11736
装订及其他印刷服务活动	2320	4642	1466	1700	1116
记录媒介的复制	2330	240	41	55	46
文教体育用品制造业	2400	20118	3196	4804	6192
文化用品制造	2410	5400	1191	1666	1522
体育用品制造	2420	4725	804	1175	1356
乐器制造	2430	1335	256	357	355
玩具制造	2440	7942	767	1414	2766
游艺器材及娱乐用品制造	2450	716	178	192	193
石油加工、炼焦及核燃料加工业	2500	6424	1300	1920	1571
精炼石油产品的制造	2510	4671	1066	1657	1165
炼焦	2520	1731	229	257	400
化学原料及化学制品制造业	2600	96171	18853	28542	26795
基础化学原料制造	2610	16815	2441	4472	5091
肥料制造	2620	8989	1573	2644	2667
农药制造	2630	2500	353	557	770
涂料、油墨、颜料及类似产品制造	2640	18423	4931	6433	4570
合成材料制造	2650	6065	1150	1762	1638
专用化学产品制造	2660	34185	6080	9655	9643
日用化学产品制造	2670	9194	2325	3019	2416
医药制造业	2700	15285	2200	3096	3856
化学药品原药制造	2710	2235	304	376	503
化学药品制剂制造	2720	2267	222	285	421
中药饮片加工	2730	2027	278	520	689
中成药制造	2740	2731	304	374	573
兽用药品制造	2750	1345	131	326	401
生物、生化制品的制造	2760	2403	556	585	654
卫生材料及医药用品制造	2770	2277	405	630	615
化学纤维制造业	2800	4521	698	1469	1118
纤维素纤维原料及纤维制造	2810	790	132	222	225
合成纤维制造	2820	3731	566	1247	893
橡胶制品业	2900	20743	3971	6763	5651
轮胎制造	2910	1880	302	507	507
橡胶板、管、带的制造	2920	3995	736	1320	1115
橡胶零件制造	2930	6041	1347	2191	1563
再生橡胶制造	2940	1104	139	405	375
日用及医用橡胶制品制造	2950	1010	167	272	289
橡胶靴鞋制造	2960	1865	212	334	465
其他橡胶制品制造	2990	4848	1068	1734	1337
塑料制品业	3000	98293	21733	34219	26189
塑料薄膜制造	3010	8904	1885	3189	2503

50-99人	100-299人	300-499人	500-999人	1000-2999人	3000-4999人	5000人及以上	代码
48	43	9	3				2140
397	272	36	29	21	1	1	2190
4704	3088	512	305	140	9	9	2200
96	50	17	15	11			2210
1685	1221	234	182	99	7	8	2220
2923	1817	261	108	30	2	1	2230
3491	1897	274	170	52	3	1	2300
3208	1755	258	159	46	3	1	2310
241	97	8	8	6			2320
42	45	8	3				2330
2673	2218	481	337	184	22	11	2400
542	356	73	31	15	4		2410
619	517	111	96	41	2	4	2420
160	145	30	17	14	1		2430
1284	1137	255	186	112	14	7	2440
68	63	12	7	2	1		2450
530	585	169	184	120	22	23	2500
360	265	44	39	47	12	16	2510
168	320	125	145	72	8	7	2520
11448	7892	1248	841	450	61	41	2600
2401	1797	276	198	103	20	16	2610
930	619	214	188	128	13	13	2620
395	288	64	44	26	2	1	2630
1416	876	111	67	17	2		2640
778	524	87	61	51	9	5	2650
4803	3272	404	219	95	11	3	2660
725	516	92	64	30	4	3	2670
2514	2526	545	337	177	20	14	2700
415	410	105	67	46	3	6	2710
433	569	166	95	65	7	4	2720
288	213	20	17	2			2730
518	679	139	90	42	9	3	2740
256	198	18	13	2			2750
288	232	45	32	10	1		2760
316	225	52	23	10		1	2770
515	457	107	83	54	10	10	2800
92	62	18	18	14	3	4	2810
423	395	89	65	40	7	6	2820
2175	1532	286	210	126	15	14	2900
233	169	39	44	59	9	11	2910
435	318	37	21	13			2920
564	280	55	35	5		1	2930
123	53	7	1	1			2940
132	100	20	22	8			2950
289	364	95	66	33	5	2	2960
399	248	33	21	7	1		2990
8857	5727	901	472	173	12	10	3000
738	477	64	29	15	2	2	3010

2-20 续表 3

行业中类	代码	企业法人单位数（个）	7人及以下	8-19人	20-49人
塑料板、管、型材的制造	3020	14099	2895	5312	3764
塑料丝、绳及编织品的制造	3030	10401	1763	3114	3123
泡沫塑料制造	3040	5030	979	1873	1452
塑料人造革、合成革制造	3050	1153	193	223	261
塑料包装箱及容器制造	3060	10962	2358	3999	2937
塑料零件制造	3070	13315	3608	4704	3069
日用塑料制造	3080	12832	2877	4097	3425
其他塑料制品制造	3090	21597	5175	7708	5655
非金属矿物制品业	3100	211191	29459	67425	70073
水泥、石灰和石膏的制造	3110	14651	1901	3653	3193
水泥及石膏制品制造	3120	48940	8659	23204	12191
砖瓦、石材及其他建筑材料制造	3130	99509	11223	25848	40440
玻璃及玻璃制品制造	3140	15922	2764	4307	4256
陶瓷制品制造	3150	8938	1012	2197	2932
耐火材料制品制造	3160	11601	1881	3932	3750
石墨及其他非金属矿物制品制造	3190	11630	2019	4284	3311
黑色金属冶炼及压延加工业	3200	18939	3077	4901	4853
炼铁	3210	2687	430	827	605
炼钢	3220	788	102	171	169
钢压延加工	3230	12400	2194	3403	3283
铁合金冶炼	3240	3064	351	500	796
有色金属冶炼及压延加工业	3300	21497	3629	5900	6039
常用有色金属冶炼	3310	5907	935	1471	1743
贵金属冶炼	3320	591	77	146	147
稀有稀土金属冶炼	3330	1402	169	326	405
有色金属合金制造	3340	2155	374	648	678
有色金属压延加工	3350	11442	2074	3309	3066
金属制品业	3400	132747	30596	45967	35304
结构性金属制品制造	3410	47440	12050	17267	11870
金属工具制造	3420	17669	3880	6417	4885
集装箱及金属包装容器制造	3430	5619	946	1652	1579
金属丝绳及其制品的制造	3440	7026	1400	2491	1985
建筑、安全用金属制品制造	3450	15167	3430	4979	4073
金属表面处理及热处理加工	3460	10935	2184	3660	3084
搪瓷制品制造	3470	989	217	269	256
不锈钢及类似日用金属制品制造	3480	12439	2658	3724	3492
其他金属制品制造	3490	15463	3831	5508	4080
通用设备制造业	3500	181966	40118	63939	49325
锅炉及原动机制造	3510	7091	1297	2233	1936
金属加工机械制造	3520	22489	5174	8280	6016
起重运输设备制造	3530	5620	894	1465	1573
泵、阀门、压缩机及类似机械的制造	3540	23852	5173	7872	6242
轴承、齿轮、传动和驱动部件的制造	3550	12586	2137	3851	3692
烘炉、熔炉及电炉制造	3560	1749	432	660	439
风机、衡器、包装设备等通用设备制造	3570	21410	5102	7479	5376
通用零部件制造及机械修理	3580	55742	15732	21424	13447
金属铸、锻加工	3590	31427	4177	10675	10604
专用设备制造业	3600	92805	21556	31076	24103

50-99人	100-299人	300-499人	500-999人	1000-2999人	3000-4999人	5000人及以上	代码
1211	735	109	48	22		3	3020
1277	951	114	47	11	1		3030
464	224	22	11	5			3040
161	251	48	13	2		1	3050
1000	541	73	46	8			3060
990	685	132	89	32	4	2	3070
1283	857	160	94	35	2	2	3080
1733	1006	179	95	43	3		3090
27287	13513	1942	1028	408	39	17	3100
2002	2862	642	291	96	6	5	3110
3083	1586	137	48	28	3	1	3120
16679	4715	349	178	71	5	1	3130
2086	1808	340	235	109	11	6	3140
1136	1155	263	169	64	7	3	3150
1134	724	98	56	22	3	1	3160
1167	663	113	51	18	4		3190
2476	2362	540	334	221	74	101	3200
267	323	114	70	41	6	4	3210
96	96	32	30	53	23	16	3220
1484	1346	285	181	104	40	80	3230
629	597	109	53	23	5	1	3240
2726	2242	451	259	179	30	42	3300
726	615	158	110	100	17	32	3310
82	86	24	19	8	2		3320
239	203	33	15	7	3	2	3330
238	171	27	12	4	2	1	3340
1441	1167	209	103	60	6	7	3350
11631	7311	1093	567	249	16	13	3400
3638	2084	297	154	70	6	4	3410
1440	840	113	67	25	1	1	3420
725	528	92	72	24		1	3430
657	398	46	33	12		4	3440
1454	971	161	61	34	3	1	3450
1174	694	94	34	10	1		3460
124	90	17	10	5		1	3470
1203	1053	179	83	44	3		3480
1216	653	94	53	25	2	1	3490
15961	9672	1545	959	381	45	21	3500
782	562	129	88	54	7	3	3510
1685	1029	150	97	49	6	3	3520
833	611	115	78	38	9	4	3530
2388	1634	291	179	66	6	1	3540
1490	1053	197	126	32	3	5	3550
126	80	8	2	2			3560
1866	1171	210	143	53	7	3	3570
3243	1576	177	94	42	5	2	3580
3548	1956	268	152	45	2		3590
8566	5698	926	525	277	45	33	3600

2-20 续表 4

行业中类	代码	企业法人单位数(个)	7人及以下	8-19人	20-49人
矿山、冶金、建筑专用设备制造	3610	15987	2708	5122	4609
化工、木材、非金属加工专用设备制造	3620	26268	6977	8980	6287
食品、饮料、烟草及饲料生产专用设备制造	3630	3557	640	1186	1036
印刷、制药、日化生产专用设备制造	3640	5747	1250	1842	1604
纺织、服装和皮革工业专用设备制造	3650	8808	2200	3051	2142
农、林、牧、渔专用机械制造	3670	7464	1414	2556	2258
医疗仪器设备及器械制造	3680	5473	1290	1710	1308
环保、社会公共安全及其他专用设备制造	3690	13379	3616	4603	3320
交通运输设备制造业	3700	79689	15660	25796	20957
铁路运输设备制造	3710	2761	501	661	767
汽车制造	3720	54585	10884	18601	14113
摩托车制造	3730	6807	974	1793	2131
自行车制造	3740	5662	1163	2067	1380
船舶及浮动装置制造	3750	8034	1743	2119	2102
航空航天器制造	3760	383	48	60	76
交通器材及其他交通运输设备制造	3790	1457	347	495	388
电气机械及器材制造业	3900	93753	20188	27683	24060
电机制造	3910	10001	2070	3046	2444
输配电及控制设备制造	3920	31390	7260	9368	7999
电线、电缆、光缆及电工器材制造	3930	16688	3024	4886	4762
电池制造	3940	3827	578	862	975
家用电力器具制造	3950	11395	2651	3166	2689
非电力家用器具制造	3960	3360	888	1135	794
照明器具制造	3970	12816	2512	3698	3434
其他电气机械及器材制造	3990	4276	1205	1522	963
通信设备、计算机及其他电子设备制造业	4000	45454	8895	10550	10829
通信设备制造	4010	4737	997	1110	1090
雷达及配套设备制造	4020	121	26	20	21
广播电视设备制造	4030	1497	295	350	385
电子计算机制造	4040	3844	790	699	762
电子器件制造	4050	6377	1209	1415	1448
电子元件制造	4060	20432	3888	4853	5030
家用视听设备制造	4070	3331	466	676	832
其他电子设备制造	4090	5115	1224	1427	1261
仪器仪表及文化、办公用机械制造业	4100	23730	5643	7214	5891
通用仪器仪表制造	4110	11649	3064	3810	2799
专用仪器仪表制造	4120	3993	1006	1277	951
钟表与计时仪器制造	4130	1755	270	365	484
光学仪器及眼镜制造	4140	3481	560	874	1047
文化、办公用机械制造	4150	1632	344	462	339
其他仪器仪表的制造及修理	4190	1220	399	426	271
工艺品及其他制造业	4200	48690	10754	15815	12968
工艺美术品制造	4210	31066	6307	9287	8944
日用杂品制造	4220	7861	1591	2216	2148
煤制品制造	4230	4502	1404	2249	735
其他未列明的制造业	4290	5230	1446	2058	1128
废弃资源和废旧材料回收加工业	4300	8203	2333	3274	1837
金属废料和碎屑的加工处理	4310	3957	1134	1412	914
非金属废料和碎屑的加工处理	4320	4246	1199	1862	923

50–99人	100–299人	300–499人	500–999人	1000–2999人	3000–4999人	5000人及以上	代码
1789	1277	231	135	84	19	13	3610
2164	1472	222	120	42	1	3	3620
398	231	35	20	10	1		3630
586	369	59	29	8			3640
783	490	76	39	23	4		3650
683	400	84	38	24	1	6	3670
541	465	78	56	22	2	1	3680
1066	630	79	44	20	1		3690
8058	6268	1282	902	589	89	88	3700
346	323	68	35	35	14	11	3710
5214	3985	799	568	334	38	49	3720
908	679	154	107	48	11	2	3730
518	376	90	43	23	1	1	3740
907	794	147	101	101	11	9	3750
38	29	15	41	47	14	15	3760
127	82	9	7	1		1	3790
10231	8086	1638	1145	592	83	47	3900
1096	920	194	125	88	12	6	3910
3417	2449	434	306	128	18	11	3920
1961	1471	316	172	88	8		3930
526	549	147	108	64	7	11	3940
1160	1084	262	213	129	24	17	3950
285	196	29	22	9	2		3960
1480	1210	220	175	74	11	2	3970
306	207	36	24	12	1		3990
5712	5554	1465	1267	888	144	150	4000
552	573	144	144	92	8	27	4010
13	11	6	13	7	2	2	4020
231	155	45	21	13	2		4030
486	536	172	143	169	38	49	4040
844	813	208	213	176	26	25	4050
2569	2520	643	548	297	51	33	4060
482	499	141	117	96	11	11	4070
535	447	106	68	38	6	3	4090
2378	1793	359	272	138	28	14	4100
1033	698	126	85	28	4	2	4110
383	267	53	36	18	1	1	4120
252	265	53	42	23	1		4130
482	335	73	62	33	11	4	4140
164	175	51	45	34	11	7	4150
64	53	3	2	2			4190
4715	3356	558	357	151	13	3	4200
3328	2448	400	244	99	6	3	4210
982	682	128	74	36	4		4220
79	29	2	2	1	1		4230
320	196	28	37	15	2		4290
432	275	32	17	3			4300
255	196	27	17	2			4310
177	79	5		1			4320

2-20 续表 5

行业中类	代码	企业法人单位数(个)	7人及以下	8-19人	20-49人
电力、燃气及水的生产和供应业	D	**57022**	**22708**	**16444**	**8608**
电力、热力的生产和供应业	4400	37582	15641	10658	5141
电力生产	4410	31470	14867	9391	3890
电力供应	4420	3018	321	450	398
热力生产和供应	4430	3094	453	817	853
燃气生产和供应业	4500	3103	699	910	803
水的生产和供应业	4600	16337	6368	4876	2664
自来水的生产和供应	4610	14087	5737	4133	2035
污水处理及其再生利用	4620	1743	419	534	562
其他水的处理、利用与分配	4690	507	212	209	67
建筑业	E	**226745**	**66969**	**50120**	**40296**
房屋和土木工程建筑业	4700	93036	13426	14917	17147
房屋工程建筑	4710	59933	6249	8306	11075
土木工程建筑	4720	33103	7177	6611	6072
建筑安装业	4800	43758	13670	11063	8608
建筑装饰业	4900	66284	31727	17873	9974
其他建筑业	5000	23667	8146	6267	4567
工程准备	5010	8717	3325	2378	1582
提供施工设备服务	5020	2753	977	720	506
其他未列明的建筑活动	5090	12196	3844	3169	2478
交通运输、仓储和邮政业	F	**148451**	**57020**	**41749**	**25278**
铁路运输业	5100	415	97	102	94
铁路旅客运输	5110	16	3	1	5
铁路货物运输	5120	194	52	40	40
铁路运输辅助活动	5130	205	42	61	49
道路运输业	5200	66527	23561	18707	12298
公路旅客运输	5210	7591	1341	1595	1779
道路货物运输	5220	52098	19937	15525	9210
道路运输辅助活动	5230	6838	2283	1587	1309
城市公共交通业	5300	7503	1811	1335	1236
公共电汽车客运	5310	2011	216	280	398
轨道交通	5320	82	9	12	26
出租车客运	5330	5031	1465	956	749
城市轮渡	5340	76	20	19	12
其他城市公共交通	5390	303	101	68	51
水上运输业	5400	7430	1862	2046	1524
水上旅客运输	5410	873	244	228	203
水上货物运输	5420	4762	1118	1337	970
水上运输辅助活动	5430	1795	500	481	351
航空运输业	5500	735	238	130	101
航空客货运输	5510	290	79	53	39
通用航空服务	5520	142	62	30	28
航空运输辅助活动	5530	303	97	47	34
管道运输业	5600	83	9	19	16
装卸搬运和其他运输服务业	5700	43955	21748	12872	5602
装卸搬运	5710	7157	1907	2032	1656
运输代理服务	5720	36798	19841	10840	3946

50-99人	100-299人	300-499人	500-999人	1000-2999人	3000-4999人	5000人及以上	代码
3267	**3462**	**1120**	**888**	**453**	**31**	**41**	**D**
1831	2239	914	740	358	23	37	4400
1204	1246	355	282	216	12	7	4410
216	593	475	407	121	8	29	4420
411	400	84	51	21	3	1	4430
316	229	53	56	33	3	1	4500
1120	994	153	92	62	5	3	4600
945	933	146	90	60	5	3	4610
161	57	7	1	2			4620
14	4		1				4690
20726	**23820**	**8869**	**8211**	**5983**	**959**	**792**	**E**
10585	15743	7147	7124	5350	865	732	4700
6704	10736	5490	5742	4345	697	589	4710
3881	5007	1657	1382	1005	168	143	4720
4624	3809	906	629	375	42	32	4800
3479	2490	407	203	107	15	9	4900
2038	1778	409	255	151	37	19	5000
691	521	107	67	28	11	7	5010
232	195	50	35	28	7	3	5020
1115	1062	252	153	95	19	9	5090
11078	**9102**	**1816**	**1312**	**823**	**168**	**105**	**F**
50	42	9	9	8	3	1	5100
	2	2	2		1		5110
22	21	4	6	7	1	1	5120
28	19	3	1	1	1		5130
5606	4521	871	612	288	47	16	5200
1143	1113	248	210	130	26	6	5210
3716	2770	496	305	119	15	5	5220
747	638	127	97	39	6	5	5230
1005	1262	331	240	191	54	38	5300
324	370	109	120	127	42	25	5310
11	8	4	2	7		3	5320
621	846	212	109	54	10	9	5330
11	7	4	2	1			5340
38	31	2	7	2	2	1	5390
771	792	200	129	71	18	17	5400
91	69	18	12	6	2		5410
516	560	126	80	39	7	9	5420
164	163	56	37	26	9	8	5430
72	78	17	40	40	12	7	5500
29	33	9	17	17	7	7	5510
7	12		3				5520
36	33	8	20	23	5		5530
11	10	6	6	4	1	1	5600
1923	1396	222	131	51	5	5	5700
774	595	110	55	21	3	4	5710
1149	801	112	76	30	2	1	5720

2-20 续表 6

行业中类	代码	企业法人单位数(个)	7人及以下	8-19人	20-49人
仓储业	5800	17416	5523	5407	4027
谷物、棉花等农产品仓储	5810	5221	1140	1595	1576
其他仓储	5890	12195	4383	3812	2451
邮政业	5900	4387	2171	1131	380
国家邮政	5910	591	28	38	34
其他寄递服务	5990	3796	2143	1093	346
信息传输、计算机服务和软件业	**G**	**144941**	**96025**	**31043**	**10588**
电信和其他信息传输服务业	6000	18545	9695	4002	1942
电信	6010	6556	2527	1241	785
互联网信息服务	6020	9882	6493	2241	759
广播电视传输服务	6030	1928	607	466	370
卫星传输服务	6040	179	68	54	28
计算机服务业	6100	86969	65526	16636	3514
计算机系统服务	6110	14276	8124	3966	1447
数据处理	6120	748	351	199	101
计算机维修	6130	3080	2235	619	168
其他计算机服务	6190	68865	54816	11852	1798
软件业	6200	39427	20804	10405	5132
公共软件服务	6210	32272	16678	8642	4313
其他软件服务	6290	7155	4126	1763	819
批发和零售业	**H**	**1402651**	**841748**	**401692**	**111726**
批发业	6300	853760	499471	258226	70835
农畜产品批发	6310	41719	18830	14206	6391
食品、饮料及烟草制品批发	6320	63724	31468	19963	7908
纺织、服装及日用品批发	6330	88623	54536	24781	6688
文化、体育用品及器材批发	6340	27243	17572	7032	1919
医药及医疗器材批发	6350	25534	11395	8241	3807
矿产品、建材及化工产品批发	6360	287180	171592	88051	21118
机械设备、五金交电及电子产品批发	6370	239346	146653	71036	16843
贸易经纪与代理	6380	19646	11737	5879	1551
其他批发	6390	60745	35688	19037	4610
零售业	6500	548891	342277	143466	40891
综合零售	6510	63664	28524	17564	9409
食品、饮料及烟草制品专门零售	6520	44817	28639	11686	3268
纺织、服装及日用品专门零售	6530	59544	38194	15223	4222
文化、体育用品及器材专门零售	6540	36453	24609	8340	2403
医药及医疗器材专门零售	6550	49427	34587	10312	2730
汽车、摩托车、燃料及零配件专门零售	6560	79873	45098	23102	6934
家用电器及电子产品专门零售	6570	90932	59246	24344	5532
五金、家具及室内装修材料专门零售	6580	72479	50316	18246	3107
无店铺及其他零售	6590	51702	33064	14649	3286
住宿和餐饮业	**I**	**140219**	**31662**	**47652**	**34913**
住宿业	6600	52259	14251	14737	11181
旅游饭店	6610	17214	1571	2726	3981
一般旅馆	6620	32025	11580	11031	6610
其他住宿服务	6690	3020	1100	980	590
餐饮业	6700	87960	17411	32915	23732
正餐服务	6710	72574	12031	26812	20835
快餐服务	6720	5972	1701	2568	1218
饮料及冷饮服务	6730	3786	1689	1298	691
其他餐饮服务	6790	5628	1990	2237	988

50-99人	100-299人	300-499人	500-999人	1000-2999人	3000-4999人	5000人及以上	代码
1500	832	96	27	3		1	5800
598	291	18	3				5810
902	541	78	24	3		1	5890
140	169	64	118	167	28	19	5900
38	108	48	102	153	27	15	5910
102	61	16	16	14	1	4	5990
3380	**2505**	**519**	**483**	**337**	**40**	**21**	**G**
923	1053	285	328	269	31	17	6000
469	717	231	292	250	27	17	6010
209	123	28	20	8	1		6020
229	202	26	16	9	3		6030
16	11			2			6040
725	432	70	46	15	4	1	6100
416	250	37	26	9	1		6110
43	39	6	8		1		6120
33	18	2	1	4			6130
233	125	25	11	2	2	1	6190
1732	1020	164	109	53	5	3	6200
1503	864	134	89	42	5	2	6210
229	156	30	20	11		1	6290
28424	**14541**	**2257**	**1392**	**739**	**80**	**52**	**H**
16000	7352	963	588	289	24	12	6300
1506	678	74	21	9	3	1	6310
2399	1444	255	186	93	5	3	6320
1631	805	92	58	28	3	1	6330
447	210	33	20	9	1		6340
1260	671	83	49	27	1		6350
4203	1706	246	167	86	7	4	6360
3260	1309	135	73	31	3	3	6370
327	133	13	3	3			6380
967	396	32	11	3	1		6390
12424	7189	1294	804	450	56	40	6500
3601	2962	750	488	292	39	35	6510
757	388	48	20	10	1		6520
1076	635	117	54	20	2	1	6530
690	337	40	19	13	1	1	6540
907	681	116	73	15	6		6550
3277	1255	86	68	50	2	1	6560
1123	495	86	62	37	5	2	6570
515	251	26	11	7			6580
478	185	25	9	6			6590
13931	**9681**	**1597**	**630**	**121**	**16**	**16**	**I**
5417	5035	1134	453	51			6600
3299	4112	1047	430	48			6610
1911	801	69	20	3			6620
207	122	18	3				6690
8514	4646	463	177	70	16	16	6700
7944	4354	406	146	38	8		6710
230	154	29	21	29	6	16	6720
81	20	5	1	1			6730
259	118	23	9	2	2		6790

2-20 续表 7

行业中类	代码	企业法人单位数(个)	7人及以下	8-19人	20-49人
金融业	J	**26930**	**7437**	**5679**	**3795**
银行业	6800	6971	212	633	845
中央银行	6810	51	1	6	9
商业银行	6820	6353	184	556	733
其他银行	6890	567	27	71	103
证券业	6900	1052	242	264	240
证券市场管理	6910	39	14	9	9
证券经纪与交易	6920	683	62	173	182
证券投资	6930	190	97	43	27
证券分析与咨询	6940	140	69	39	22
保险业	7000	8925	1373	1681	1994
人寿保险	7010	2847	93	263	526
非人寿保险	7020	3612	185	628	1100
保险辅助服务	7030	2466	1095	790	368
其他金融活动	7100	9982	5610	3101	716
金融信托与管理	7110	743	370	195	86
金融租赁	7120	97	40	26	19
财务公司	7130	306	147	86	41
邮政储蓄	7140	348	14	13	34
典当	7150	2947	1627	1174	134
其他未列明的金融活动	7190	5541	3412	1607	402
房地产业	K	**209915**	**77201**	**65477**	**46284**
房地产业	7200	209915	77201	65477	46284
房地产开发经营	7210	87835	22432	32487	25424
物业管理	7220	56955	14851	17233	14211
房地产中介服务	7230	32997	22409	7225	2487
其他房地产活动	7290	32128	17509	8532	4162
租赁和商务服务业	L	**359285**	**224981**	**89378**	**29723**
租赁业	7300	17819	11433	4396	1432
机械设备租赁	7310	17044	10947	4193	1378
文化及日用品出租	7320	775	486	203	54
商务服务业	7400	341466	213548	84982	28291
企业管理服务	7410	60582	35102	14255	6554
法律服务	7420	8160	3386	3390	1160
咨询与调查	7430	97754	66184	22448	7053
广告业	7440	71045	48401	17917	3788
知识产权服务	7450	3469	2415	737	235
职业中介服务	7460	17265	10330	3736	1447
市场管理	7470	15452	6347	4835	2729
旅行社	7480	20510	11284	6473	1839
其他商务服务	7490	47229	30099	11191	3486
科学研究、技术服务和地质勘查业	M	**125400**	**62887**	**36629**	**17025**
研究与试验发展	7500	13709	7289	3836	1705
自然科学研究与试验发展	7510	1289	771	320	136
工程和技术研究与试验发展	7520	7982	3986	2321	1060

50-99人	100-299人	300-499人	500-999人	1000-2999人	3000-4999人	5000人及以上	代码
2265	**3796**	**1665**	**1346**	**750**	**122**	**75**	**J**
677	2120	1103	856	433	59	33	6800
5	22	3	4	1			6810
595	1873	1064	835	421	59	33	6820
77	225	36	17	11			6890
115	106	27	23	28	6	1	6900
	5	2					6910
96	94	24	21	24	6	1	6920
11	5	1	2	4			6930
8	2						6940
1219	1398	461	429	273	57	40	7000
384	638	300	320	229	57	37	7010
732	676	147	99	42		3	7020
103	84	14	10	2			7030
254	172	74	38	16		1	7100
58	28	2		4			7110
11	1						7120
26	5		1				7130
71	107	67	32	10			7140
9	3						7150
79	28	5	5	2		1	7190
13044	**6286**	**918**	**482**	**205**	**13**	**5**	**K**
13044	6286	918	482	205	13	5	7200
5341	1815	212	79	40	5		7210
5958	3608	597	344	142	6	5	7220
552	254	34	19	15	2		7230
1193	609	75	40	8			7290
7968	**4892**	**1006**	**699**	**476**	**86**	**76**	**L**
324	183	28	17	6			7300
306	171	26	17	6			7310
18	12	2					7320
7644	4709	978	682	470	86	76	7400
2276	1580	338	230	176	38	33	7410
185	38	1					7420
1408	519	69	43	25	3	2	7430
629	268	22	12	8			7440
54	19	8	1				7450
657	590	178	147	123	29	28	7460
870	544	69	49	8	1		7470
526	323	41	18	6			7480
1039	828	252	182	124	15	13	7490
5177	**2780**	**483**	**285**	**116**	**9**	**9**	**M**
495	267	55	41	20	1		7500
38	18	1	3	2			7510
327	191	45	36	15	1		7520

2-20 续表 8

行业中类	代码	企业法人单位数(个)	7人及以下	8-19人	20-49人
农业科学研究与试验发展	7530	1804	994	529	208
医学研究与试验发展	7540	2424	1415	607	284
社会人文科学研究与试验发展	7550	210	123	59	17
专业技术服务业	7600	70557	31353	21702	11367
气象服务	7610	653	355	215	67
地震服务	7620	68	32	26	8
海洋服务	7630	121	60	32	17
测绘服务	7640	2629	1051	1053	397
技术检测	7650	6971	2348	2634	1462
环境监测	7660	1091	541	384	142
工程技术与规划管理	7670	35660	13212	10750	7227
其他专业技术服务	7690	23364	13754	6608	2047
科技交流和推广服务业	7700	38711	23310	10401	3499
技术推广服务	7710	28817	17459	7532	2669
科技中介服务	7720	4520	2804	1217	367
其他科技服务	7790	5374	3047	1652	463
地质勘查业	7800	2423	935	690	454
矿产地质勘查	7810	1149	473	316	191
基础地质勘查	7820	342	76	106	89
地质勘查技术服务	7830	932	386	268	174
水利、环境和公共设施管理业	**N**	**22064**	**8701**	**6504**	**4158**
水利管理业	7900	1843	768	571	339
防洪管理	7910	140	47	49	29
水资源管理	7920	990	425	296	176
其他水利管理	7990	713	296	226	134
环境管理业	8000	4649	1896	1293	799
自然保护	8010	312	112	98	37
环境治理	8020	4337	1784	1195	762
公共设施管理业	8100	15572	6037	4640	3020
市政公共设施管理	8110	2111	796	622	399
城市绿化管理	8120	8481	3544	2592	1527
游览景区管理	8130	4980	1697	1426	1094
居民服务和其他服务业	**O**	**106491**	**53871**	**33859**	**13337**
居民服务业	8200	50743	25942	15011	6824
家庭服务	8210	3435	2149	811	312
托儿所	8220	289	126	115	41
洗染服务	8230	2130	1211	515	258
理发及美容保健服务	8240	15702	8325	4647	1960
洗浴服务	8250	9883	2740	3630	2384
婚姻服务	8260	2625	2091	432	88
殡葬服务	8270	1696	588	561	387
摄影扩印服务	8280	6630	3859	2020	565
其他居民服务	8290	8353	4853	2280	829
其他服务业	8300	55748	27929	18848	6513
修理与维护	8310	32084	15807	11737	3780
清洁服务	8320	10029	4701	2954	1393
其他未列明的服务	8390	13635	7421	4157	1340

50-99人	100-299人	300-499人	500-999人	1000-2999人	3000-4999人	5000人及以上	代码
47	22	4					7530
77	32	4	2	3			7540
6	4	1					7550
3585	1951	333	187	74	4	1	7600
11	5						7610
1	1						7620
9	3						7630
79	40	6	3				7640
342	153	16	10	6			7650
13	11						7660
2558	1439	265	148	58	2	1	7670
572	299	46	26	10	2		7690
925	442	71	41	16	3	3	7700
711	339	54	34	14	2	3	7710
82	42	4	2	1	1		7720
132	61	13	5	1			7790
172	120	24	16	6	1	5	7800
83	52	16	7	5	1	5	7810
35	27	4	5				7820
54	41	4	4	1			7830
1486	**946**	**153**	**87**	**27**	**1**	**1**	**N**
102	53	9	1				7900
7	5	3					7910
55	35	2	1				7920
40	13	4					7990
326	238	47	39	9	1	1	8000
27	29	8	1				8010
299	209	39	38	9	1	1	8020
1058	655	97	47	18			8100
156	111	14	8	5			8110
494	276	30	15	3			8120
408	268	53	24	10			8130
3446	**1591**	**220**	**111**	**44**	**6**	**6**	**O**
2029	809	82	34	10	1	1	8200
107	47	6	3				8210
6	1						8220
96	43	5	2				8230
624	133	10	1	2			8240
748	344	29	7	1			8250
9	5						8260
112	44	4					8270
116	62	6	2				8280
211	130	22	19	7	1	1	8290
1417	782	138	77	34	5	5	8300
553	188	10	6	2		1	8310
467	360	83	47	19	4	1	8320
397	234	45	24	13	1	3	8390

2-20 续表 9

行业中类	代码	企业法人单位数(个)	7人及以下	8-19人	20-49人
教育	P	**21423**	**9216**	**6575**	**4123**
教育	8400	21423	9216	6575	4123
学前教育	8410	3947	1310	1535	940
初等教育	8420	558	83	127	224
中等教育	8430	903	244	224	230
高等教育	8440	188	79	49	23
其他教育	8490	15827	7500	4640	2706
卫生、社会保障和社会福利业	Q	**15941**	**8075**	**3287**	**2629**
卫生	8500	15058	7689	2974	2494
医院	8510	4205	531	795	1434
卫生院及社区医疗活动	8520	1937	976	430	355
门诊部医疗活动	8530	7438	5423	1376	480
计划生育技术服务活动	8540	301	186	89	25
妇幼保健活动	8550	85	28	17	18
专科疾病防治活动	8560	294	178	71	30
疾病预防控制及防疫活动	8570	122	50	39	22
其他卫生活动	8590	676	317	157	130
社会保障业	8600	235	124	66	24
社会福利业	8700	648	262	247	111
提供住宿的社会福利	8710	475	167	199	89
不提供住宿的社会福利	8720	173	95	48	22
文化、体育和娱乐业	R	**35154**	**17059**	**9093**	**5909**
新闻出版业	8800	2443	829	689	419
新闻业	8810	88	46	23	9
出版业	8820	2355	783	666	410
广播、电视、电影和音像业	8900	5548	2571	1380	1088
广播	8910	175	64	54	31
电视	8920	1400	596	328	263
电影	8930	2831	1149	736	706
音像制作	8940	1142	762	262	88
文化艺术业	9000	7539	5073	1693	578
文艺创作与表演	9010	1854	1006	544	220
艺术表演场馆	9020	309	122	90	63
图书馆与档案馆	9030	105	76	20	8
文物及文化保护	9040	140	66	43	17
博物馆	9050	126	68	35	17
烈士陵园、纪念馆	9060	21	6	10	4
群众文化活动	9070	835	619	146	59
文化艺术经纪代理	9080	1889	1418	365	88
其他文化艺术	9090	2260	1692	440	102
体育	9100	1733	1010	419	200
体育组织	9110	639	403	140	62
体育场馆	9120	582	288	162	85
其他体育	9190	512	319	117	53
娱乐业	9200	17891	7576	4912	3624
室内娱乐活动	9210	10898	4355	3118	2397
游乐园	9220	569	201	141	129
休闲健身娱乐活动	9230	4879	2273	1234	835
其他娱乐活动	9290	1545	747	419	263

50-99人	100-299人	300-499人	500-999人	1000-2999人	3000-4999人	5000人及以上	代码
1060	**381**	**41**	**22**	**4**	**1**		**P**
1060	381	41	22	4	1		8400
143	18	1					8410
93	28	2	1				8420
114	81	8	2				8430
13	14	2	7	1			8440
697	240	28	12	3	1		8490
1140	**640**	**81**	**59**	**30**			**Q**
1111	626	78	57	29			8500
810	480	72	54	29			8510
110	64		2				8520
111	47	1					8530
1							8540
10	9	3					8550
13	2						8560
9	1	1					8570
47	23	1	1				8590
9	6	3	2	1			8600
20	8						8700
14	6						8710
6	2						8720
1836	**1002**	**148**	**61**	**37**	**7**	**2**	**R**
248	179	26	27	19	5	2	8800
1	4	2	2	1			8810
247	175	24	25	18	5	2	8820
317	150	20	13	8	1		8900
13	9	3	1				8910
98	87	13	7	7	1		8920
179	51	4	5	1			8930
27	3						8940
127	60	3	2	3			9000
59	21	1	1	2			9010
16	17		1				9020
	1						9030
9	5						9040
5		1					9050
	1						9060
7	4						9070
15	3						9080
16	8	1		1			9090
72	23	8	1				9100
25	7	2					9110
31	11	4	1				9120
16	5	2					9190
1072	590	91	18	7	1		9200
706	303	16	2	1			9210
47	35	9	4	3			9220
249	213	59	12	3	1		9230
70	39	7					9290

2-21 按地区、从业人员数组距分组

地区	企业法人单位数(个)	7人及以下	8-19人	20-49人	50-99人
全　国	**4959671**	**1953795**	**1450395**	**895930**	**324189**
北　京	249861	161055	46188	23713	9502
天　津	125627	63107	34496	16996	5836
河　北	170979	51253	50349	43266	14090
山　西	87418	35865	22844	15406	6027
内蒙古	67531	23259	22616	12561	4387
辽　宁	243786	118476	63377	36969	12582
吉　林	82884	23208	30820	18401	5400
黑龙江	99162	42527	27808	17634	5780
上　海	337764	163177	104907	40322	14965
江　苏	532309	194943	165414	98818	36213
浙　江	450955	201616	120952	71186	28543
安　徽	134362	51280	38028	25526	10397
福　建	159718	62807	42216	29727	11870
江　西	78570	17982	23446	19982	8041
山　东	431421	126352	155682	89299	29374
河　南	212815	44537	76951	57315	17348
湖　北	184717	75965	58443	29494	10459
湖　南	140456	32398	51780	33858	11398
广　东	509178	196502	133215	95876	37892
广　西	74120	28963	20953	13552	5258
海　南	19434	10191	4603	2596	938
重　庆	97413	34254	29289	19752	6761
四　川	157395	60866	43131	29418	11007
贵　州	40599	17237	11103	6428	2630
云　南	65929	28784	17148	10433	4233
西　藏	2407	736	592	532	233
陕　西	91652	31279	27741	20666	6396
甘　肃	40099	16115	10400	7439	3065
青　海	9872	3968	2779	1699	717
宁　夏	15526	7659	3847	2205	922
新　疆	45712	27434	9277	4861	1925

的企业法人单位数

100-299人	300-499人	500-999人	1000-2999人	3000-4999人	5000人及以上
231828	**47325**	**32418**	**18725**	**2795**	**2271**
6620	1306	846	475	80	76
3637	736	467	269	40	43
8144	1646	1216	824	111	80
4931	1101	690	421	72	61
3243	653	447	291	39	35
8811	1626	1129	632	95	89
3626	691	416	247	43	32
3725	741	450	300	85	112
10340	1926	1283	672	81	91
26025	4883	3388	2027	324	274
20071	4031	2702	1431	217	206
6039	1365	990	592	77	68
8902	1880	1372	740	106	98
6951	1069	711	309	47	32
21555	4192	2949	1634	220	164
11081	2698	1645	972	166	102
6936	1449	1119	716	75	61
7693	1622	978	596	82	51
30978	6700	4662	2714	386	253
3697	803	543	276	47	28
711	155	103	101	26	10
4998	1059	763	409	79	49
8592	1872	1454	861	107	87
2254	479	280	142	16	30
3655	824	514	272	39	27
227	58	21	7	1	
3844	720	548	339	54	65
1989	492	331	223	25	20
465	121	77	32	6	8
630	115	69	66	10	3
1458	312	255	135	39	16

2-22 按登记注册类型、从业

登记注册类型	企业法人单位数(个)	7人及以下	8-19人	20-49人
总　计	**4959671**	**1953795**	**1450395**	**895930**
内资企业	**4774324**	**1921438**	**1422648**	**858911**
国有企业	142937	37618	33572	29793
集体企业	192248	76158	48891	35938
股份合作企业	63957	26123	17302	11309
联营企业	11226	4058	3058	2172
国有联营企业	1984	606	536	389
集体联营企业	4474	1752	1223	851
国有与集体联营企业	1529	439	422	320
其他联营企业	3239	1261	877	612
有限责任公司	551233	194597	142274	100797
国有独资公司	10648	2233	2145	2281
其他有限责任公司	540585	192364	140129	98516
股份有限公司	97326	28100	25079	18546
私营企业	3596423	1500219	1114699	641928
私营独资企业	1314948	487646	457064	276668
私营合伙企业	216879	78751	70911	46518
私营有限责任公司	1954499	890290	554095	299127
私营股份有限公司	110097	43532	32629	19615
其他企业	118974	54565	37773	18428
港、澳、台商投资企业	83657	13383	11450	16364
合资经营企业(港、澳、台资)	22055	2920	2775	4102
合作经营企业(港、澳、台资)	4127	714	576	891
港、澳、台商独资经营企业	54845	9146	7617	10867
港、澳、台商投资股份有限公司	2630	603	482	504
外商投资企业	**101690**	**18974**	**16297**	**20655**
中外合资经营企业	32474	4630	4549	6559
中外合作经营企业	**3843**	**655**	**583**	**770**
外资企业	**62219**	**12855**	**10545**	**12758**
外商投资股份有限公司	**3154**	**834**	**620**	**568**

人员数组距分组的企业法人单位数

50-99人	100-299人	300-499人	500-999人	1000-2999人	3000-4999人	5000人及以上
324189	**231828**	**47325**	**32418**	**18725**	**2795**	**2271**
295359	**194872**	**37126**	**25106**	**14682**	**2307**	**1875**
15507	14862	4260	3562	2725	557	481
14981	11121	2494	1676	855	88	46
4336	3463	754	462	157	34	17
902	703	169	97	55	5	7
209	157	43	24	18		2
319	227	50	32	16	3	1
151	132	37	17	10		1
223	187	39	24	11	2	3
47837	42039	9989	7445	4709	809	737
1232	1239	386	421	408	135	168
46605	40800	9603	7024	4301	674	569
8538	8710	2863	2734	2072	364	320
198089	111577	16245	8929	4031	444	262
64004	25909	2435	941	250	24	7
13823	5961	568	275	65	6	1
112886	74691	12298	7121	3387	376	228
7376	5016	944	592	329	38	26
5169	2397	352	201	78	6	5
13601	18040	5018	3544	1907	198	152
3770	5358	1514	1034	513	37	32
638	827	245	152	71	10	3
8844	11448	3146	2266	1261	141	109
349	407	113	92	62	10	8
15229	**18916**	**5181**	**3768**	**2136**	**290**	**244**
5458	7173	1915	1327	708	81	74
588	**808**	**195**	**153**	**74**	**15**	**2**
8855	**10540**	**2927**	**2165**	**1248**	**175**	**151**
328	**395**	**144**	**123**	**106**	**19**	**17**

2-23 按行业(中类)、全年营业收入组距

行业中类	代码	企业法人单位数(个)	100万元及以下	100-200万元
总 计	**0000**	**4959671**	**1914253**	**667784**
农、林、牧、渔业	**A**	**1395**	**454**	**133**
农业	0100	501	130	35
谷物及其他作物的种植	0110	313	41	15
蔬菜、园艺作物的种植	0120	91	48	9
水果、坚果、饮料和香料作物的种植	0130	85	35	10
中药材的种植	0140	12	6	1
林业	0200	376	80	28
林木的培育和种植	0210	181	72	25
木材和竹材的采运	0220	78	2	1
林产品的采集	0230	117	6	2
畜牧业	0300	378	187	45
牲畜的饲养	0310	138	73	12
猪的饲养	0320	122	57	23
家禽的饲养	0330	86	36	9
狩猎和捕捉动物	0340	1	1	
其他畜牧业	0390	31	20	1
渔业	0400	58	21	10
海洋渔业	0410	19	9	1
内陆渔业	0420	39	12	9
农、林、牧、渔服务业	0500	82	36	15
农业服务业	0510	53	21	8
林业服务业	0520	17	8	5
畜牧服务业	0530	7	5	2
渔业服务业	0540	5	2	
采矿业	**B**	**97313**	**23643**	**9473**
煤炭开采和洗选业	0600	21931	3418	785
烟煤和无烟煤的开采洗选	0610	20901	3237	699
褐煤的开采洗选	0620	562	78	23
其他煤炭采选	0690	468	103	63
石油和天然气开采业	0700	1363	304	127
天然原油和天然气开采	0710	291	59	8
与石油和天然气开采有关的服务活动	0790	1072	245	119
黑色金属矿采选业	0800	17469	3696	1343
铁矿采选	0810	15609	3255	1050
其他黑色金属矿采选	0890	1860	441	293
有色金属矿采选业	0900	10686	3175	949
常用有色金属矿采选	0910	7491	2381	739
贵金属矿采选	0920	2039	498	119
稀有稀土金属矿采选	0930	1156	296	91
非金属矿采选业	1000	45159	12755	6180
土砂石开采	1010	38505	10868	5501
化学矿采选	1020	1552	517	138
采盐	1030	850	116	78
石棉及其他非金属矿采选	1090	4252	1254	463
其他采矿业	1100	705	295	89
制造业	**C**	**1818331**	**449198**	**242104**
农副食品加工业	1300	102307	20747	12584
谷物磨制	1310	28585	4292	3776

分组的企业法人单位数

200-500万元	500-1000万元	1000-2000万元	2000-5000万元	5000万元-1亿元	1亿元以上	代码
1245017	**361976**	**302829**	**222154**	**113780**	**131878**	**0000**
200	**112**	**82**	**168**	**108**	**138**	**A**
72	37	31	72	46	78	0100
35	18	22	68	41	73	0110
15	7	3	3	4	2	0120
21	9	5	1	1	3	0130
1	3	1				0140
54	29	24	72	43	46	0200
38	19	9	5	4	9	0210
12	6	2	12	14	29	0220
4	4	13	55	25	8	0230
58	33	18	13	12	12	0300
23	15	5	5	1	4	0310
16	10	8	3	5		0320
13	4	5	5	6	8	0330
						0340
6	4					0390
9	6	2	5	4	1	0400
3	4		1		1	0410
6	2	2	4	4		0420
7	7	7	6	3	1	0500
4	6	6	5	2	1	0510
2	1	1				0520
						0530
1			1	1		0540
38513	**6403**	**5434**	**6353**	**3629**	**3865**	**B**
5526	2521	2698	3288	1753	1942	0600
5152	2445	2658	3223	1689	1798	0610
118	51	32	59	62	139	0620
256	25	8	6	2	5	0690
609	63	39	44	37	140	0700
91	9	10	13	23	78	0710
518	54	29	31	14	62	0790
7048	1454	1134	1217	797	780	0800
6282	1365	1037	1123	748	749	0810
766	89	97	94	49	31	0890
3694	668	457	670	458	615	0900
2587	445	306	455	294	284	0910
781	115	99	117	80	230	0920
326	108	52	98	84	101	0930
21356	1683	1093	1129	578	385	1000
18483	1352	817	837	425	222	1010
488	113	107	93	56	40	1020
440	37	41	50	33	55	1030
1945	181	128	149	64	68	1090
280	14	13	5	6	3	1100
675596	**130536**	**94679**	**104393**	**57731**	**64094**	**C**
43569	5501	4651	6304	4202	4749	1300
13835	1550	1351	1850	1070	861	1310

2-23 续表 1

行业中类	代码	企业法人单位数(个)	100万元及以下	100-200万元
饲料加工	1320	11888	2286	1277
植物油加工	1330	9820	2094	1228
制糖	1340	627	134	48
屠宰及肉类加工	1350	16060	4063	1828
水产品加工	1360	8509	1683	932
蔬菜、水果和坚果加工	1370	13742	2958	1788
其他农副食品加工	1390	13076	3237	1707
食品制造业	1400	41714	11557	5692
焙烤食品制造	1410	10140	3129	1506
糖果、巧克力及蜜饯制造	1420	4638	1102	722
方便食品制造	1430	6491	1666	902
液体乳及乳制品制造	1440	1912	378	146
罐头制造	1450	2986	612	405
调味品、发酵制品制造	1460	6683	2079	952
其他食品制造	1490	8864	2591	1059
饮料制造业	1500	34978	12027	4710
酒精制造	1510	438	88	27
酒的制造	1520	13436	3880	1720
软饮料制造	1530	12083	4673	1686
精制茶加工	1540	9021	3386	1277
烟草制品业	1600	251	36	6
烟叶复烤	1610	87	10	1
卷烟制造	1620	82	7	
其他烟草制品加工	1690	82	19	5
纺织业	1700	108023	19110	11155
棉、化纤纺织及印染精加工	1710	42300	6020	4044
毛纺织和染整精加工	1720	5162	892	514
麻纺织	1730	977	160	69
丝绢纺织及精加工	1740	6766	886	439
纺织制成品制造	1750	23984	5212	2983
针织品、编织品及其制品制造	1760	28834	5940	3106
纺织服装、鞋、帽制造业	1800	79494	20377	9342
纺织服装制造	1810	74422	19257	8589
纺织面料鞋的制造	1820	3569	857	553
制帽	1830	1503	263	200
皮革、毛皮、羽毛(绒)及其制品业	1900	31232	6259	3768
皮革鞣制加工	1910	2572	435	276
皮革制品制造	1920	24545	4975	2956
毛皮鞣制及制品加工	1930	2442	483	391
羽毛(绒)加工及制品制造	1940	1673	366	145
木材加工及木、竹、藤、棕、草制品业	2000	62693	13073	9952
锯材、木片加工	2010	23643	4789	4736
人造板制造	2020	17459	2209	2009
木制品制造	2030	14502	4296	2017
竹、藤、棕、草制品制造	2040	7089	1779	1190
家具制造业	2100	36116	10481	5488
木质家具制造	2110	26597	7670	4188
竹、藤家具制造	2120	673	211	99
金属家具制造	2130	4014	1047	467

200-500万元	500-1000万元	1000-2000万元	2000-5000万元	5000万元-1亿元	1亿元以上	代码
4739	630	566	786	638	966	1320
4120	424	378	559	479	538	1330
118	32	28	33	67	167	1340
6104	858	713	964	646	884	1350
3428	493	399	572	437	565	1360
5619	839	675	945	534	384	1370
5606	675	541	595	331	384	1390
15742	2215	1719	2023	1289	1477	1400
4028	457	303	354	186	177	1410
2027	238	166	180	105	98	1420
2621	336	261	279	183	243	1430
533	142	123	200	144	246	1440
1008	202	189	254	168	148	1450
2414	345	264	258	175	196	1460
3111	495	413	498	328	369	1490
12408	1642	1080	1278	748	1085	1500
112	25	19	54	45	68	1510
5183	665	468	576	384	560	1520
3998	438	305	369	221	393	1530
3115	514	288	279	98	64	1540
40	7	9	26	31	96	1600
18	3	2	12	22	19	1610
3	1	1	5	3	62	1620
19	3	6	9	6	15	1690
38874	11693	8410	9500	4988	4293	1700
15874	3938	3332	4101	2522	2469	1710
1711	636	378	497	282	252	1720
377	72	59	105	75	60	1730
1469	1547	905	965	353	202	1740
9105	2214	1502	1557	744	667	1750
10338	3286	2234	2275	1012	643	1760
28520	6831	5035	5228	2424	1737	1800
26595	6413	4737	4966	2267	1598	1810
1324	257	193	168	108	109	1820
601	161	105	94	49	30	1830
11313	2892	2060	2449	1281	1210	1900
910	189	147	231	168	216	1910
8820	2355	1714	1961	949	815	1920
1019	219	84	99	68	79	1930
564	129	115	158	96	100	1940
28250	3472	2640	2862	1512	932	2000
12332	654	434	395	199	104	2010
7410	1344	1288	1645	971	583	2020
5589	1032	599	544	232	193	2030
2919	442	319	278	110	52	2040
14055	1802	1323	1480	825	662	2100
10919	1199	830	908	506	377	2110
256	36	23	29	10	9	2120
1222	310	273	314	202	179	2130

2-23 续表 2

行业中类	代码	企业法人单位数(个)		
			100万元及以下	100-200万元
塑料家具制造	2140	531	151	59
其他家具制造	2190	4301	1402	675
造纸及纸制品业	2200	48624	11679	7447
纸浆制造	2210	871	234	92
造纸	2220	12087	2550	1420
纸制品制造	2230	35666	8895	5935
印刷业和记录媒介的复制	2300	52680	17140	8793
印刷	2310	47798	15266	8067
装订及其他印刷服务活动	2320	4642	1829	698
记录媒介的复制	2330	240	45	28
文教体育用品制造业	2400	20118	4682	2479
文化用品制造	2410	5400	1465	724
体育用品制造	2420	4725	1089	582
乐器制造	2430	1335	399	147
玩具制造	2440	7942	1500	916
游艺器材及娱乐用品制造	2450	716	229	110
石油加工、炼焦及核燃料加工业	2500	6424	1313	540
精炼石油产品的制造	2510	4671	1001	478
炼焦	2520	1731	309	58
化学原料及化学制品制造业	2600	96171	21500	10853
基础化学原料制造	2610	16815	3026	1370
肥料制造	2620	8989	2282	936
农药制造	2630	2500	471	200
涂料、油墨、颜料及类似产品制造	2640	18423	4995	2391
合成材料制造	2650	6065	1225	622
专用化学产品制造	2660	34185	6477	4110
日用化学产品制造	2670	9194	3024	1224
医药制造业	2700	15285	3385	1197
化学药品原药制造	2710	2235	407	144
化学药品制剂制造	2720	2267	408	104
中药饮片加工	2730	2027	438	227
中成药制造	2740	2731	502	152
兽用药品制造	2750	1345	278	123
生物、生化制品的制造	2760	2403	772	198
卫生材料及医药用品制造	2770	2277	580	249
化学纤维制造业	2800	4521	661	343
纤维素纤维原料及纤维制造	2810	790	154	83
合成纤维制造	2820	3731	507	260
橡胶制品业	2900	20743	4939	2855
轮胎制造	2910	1880	408	197
橡胶板、管、带的制造	2920	3995	892	494
橡胶零件制造	2930	6041	1577	1016
再生橡胶制造	2940	1104	205	151
日用及医用橡胶制品制造	2950	1010	207	125
橡胶靴鞋制造	2960	1865	348	175
其他橡胶制品制造	2990	4848	1302	697
塑料制品业	3000	98293	24141	14376
塑料薄膜制造	3010	8904	1924	1248

200-500万元	500-1000万元	1000-2000万元	2000-5000万元	5000万元-1亿元	1亿元以上	代码
207	37	25	27	13	12	2140
1451	220	172	202	94	85	2190
18145	3380	2399	2666	1458	1450	2200
372	33	37	42	27	34	2210
4106	849	753	1061	586	762	2220
13667	2498	1609	1563	845	654	2230
19074	3138	1823	1520	659	533	2300
17268	2958	1720	1421	608	490	2310
1751	165	81	69	33	16	2320
55	15	22	30	18	27	2330
7657	1654	1209	1285	626	526	2400
1986	477	280	284	102	82	2410
1609	396	332	371	193	153	2420
441	89	84	92	46	37	2430
3425	638	476	490	262	235	2440
196	54	37	48	23	19	2450
1897	386	388	528	347	1025	2500
1619	297	242	328	219	487	2510
269	89	146	199	127	534	2520
33289	7103	5921	7280	4540	5685	2600
5354	1334	1288	1718	1224	1501	2610
3135	520	430	566	405	715	2620
809	184	176	211	195	254	2630
6234	1440	1045	1075	606	637	2640
1740	446	404	593	356	679	2650
13017	2649	2141	2685	1521	1585	2660
3000	530	437	432	233	314	2670
3900	1292	1218	1604	1164	1525	2700
460	183	197	282	204	358	2710
419	211	219	285	212	409	2720
644	162	125	217	129	85	2730
564	260	276	367	287	323	2740
393	124	104	123	101	99	2750
655	164	144	180	128	162	2760
765	188	153	150	103	89	2770
1136	647	391	548	303	492	2800
261	80	50	53	41	68	2810
875	567	341	495	262	424	2820
7680	1554	1188	1251	622	654	2900
646	96	99	138	87	209	2910
1529	305	253	269	126	127	2920
2273	403	314	263	120	75	2930
492	82	56	66	23	29	2940
340	94	62	88	46	48	2950
533	193	206	208	111	91	2960
1867	381	198	219	109	75	2990
36844	8059	5212	5111	2506	2044	3000
3416	768	505	486	274	283	3010

2-23 续表 3

行业中类	代码	企业法人单位数(个)	100万元及以下	100-200万元
塑料板、管、型材的制造	3020	14099	3263	1778
塑料丝、绳及编织品的制造	3030	10401	2043	1401
泡沫塑料制造	3040	5030	1051	733
塑料人造革、合成革制造	3050	1153	215	90
塑料包装箱及容器制造	3060	10962	2611	1687
塑料零件制造	3070	13315	3812	2263
日用塑料制造	3080	12832	3186	1900
其他塑料制品制造	3090	21597	6036	3276
非金属矿物制品业	3100	211191	47715	31161
水泥、石灰和石膏的制造	3110	14651	2670	1315
水泥及石膏制品制造	3120	48940	12808	8448
砖瓦、石材及其他建筑材料制造	3130	99509	21791	15741
玻璃及玻璃制品制造	3140	15922	3829	1805
陶瓷制品制造	3150	8938	1603	1090
耐火材料制品制造	3160	11601	2475	1352
石墨及其他非金属矿物制品制造	3190	11630	2539	1410
黑色金属冶炼及压延加工业	3200	18939	3392	1466
炼铁	3210	2687	527	243
炼钢	3220	788	136	57
钢压延加工	3230	12400	2274	1033
铁合金冶炼	3240	3064	455	133
有色金属冶炼及压延加工业	3300	21497	4183	1797
常用有色金属冶炼	3310	5907	1183	413
贵金属冶炼	3320	591	93	26
稀有稀土金属冶炼	3330	1402	229	85
有色金属合金制造	3340	2155	426	219
有色金属压延加工	3350	11442	2252	1054
金属制品业	3400	132747	36690	18585
结构性金属制品制造	3410	47440	13934	6538
金属工具制造	3420	17669	4622	2684
集装箱及金属包装容器制造	3430	5619	1142	665
金属丝绳及其制品的制造	3440	7026	1409	833
建筑、安全用金属制品制造	3450	15167	4108	2094
金属表面处理及热处理加工	3460	10935	2982	1613
搪瓷制品制造	3470	989	283	122
不锈钢及类似日用金属制品制造	3480	12439	3344	1607
其他金属制品制造	3490	15463	4866	2429
通用设备制造业	3500	181966	46243	25612
锅炉及原动机制造	3510	7091	1729	856
金属加工机械制造	3520	22489	6311	3306
起重运输设备制造	3530	5620	1019	613
泵、阀门、压缩机及类似机械的制造	3540	23852	5463	3251
轴承、齿轮、传动和驱动部件的制造	3550	12586	2533	1677
烘炉、熔炉及电炉制造	3560	1749	460	244
风机、衡器、包装设备等通用设备制造	3570	21410	5903	3099
通用零部件制造及机械修理	3580	55742	17756	8949
金属铸、锻加工	3590	31427	5069	3617
专用设备制造业	3600	92805	26701	12880

200-500万元	500-1000万元	1000-2000万元	2000-5000万元	5000万元-1亿元	1亿元以上	代码
5477	1133	755	848	447	398	3020
4194	882	599	672	408	202	3030
1891	483	320	325	126	101	3040
302	87	74	109	109	167	3050
4173	882	611	539	258	201	3060
4455	1137	655	570	216	207	3070
4795	1027	686	709	329	200	3080
8141	1660	1007	853	339	285	3090
97745	9748	6887	8382	4925	4628	3100
4656	910	1210	1765	979	1146	3110
22341	1319	955	1355	959	755	3120
51671	4015	2050	2193	1086	962	3130
5411	1329	1050	1145	652	701	3140
3858	617	486	639	385	260	3150
5110	714	544	574	427	405	3160
4698	844	592	711	437	399	3190
5178	1347	1249	1903	1371	3033	3200
986	160	141	173	120	337	3210
217	42	38	41	35	222	3220
3245	978	875	1199	842	1954	3230
730	167	195	490	374	520	3240
6354	1774	1432	1961	1383	2613	3300
1946	370	345	493	402	755	3310
194	38	27	65	42	106	3320
389	110	120	177	105	187	3330
633	234	143	214	112	174	3340
3192	1022	797	1012	722	1391	3350
48465	9601	6520	6707	3307	2872	3400
17807	2996	2013	2101	1061	990	3410
7067	1254	754	747	305	236	3420
1897	516	404	465	260	270	3430
2624	577	484	562	254	283	3440
5313	1253	807	836	419	337	3450
3766	1005	639	514	233	183	3460
301	77	63	81	28	34	3470
4389	896	697	785	424	297	3480
5301	1027	659	616	323	242	3490
67350	14498	9643	9382	4763	4475	3500
2562	518	388	456	238	344	3510
8585	1469	987	938	457	436	3520
1658	593	495	536	299	407	3530
8177	2245	1563	1554	825	774	3540
4523	1206	930	831	489	397	3550
674	145	71	99	33	23	3560
7136	1764	1130	1144	619	615	3570
20538	3585	1972	1718	733	491	3580
13497	2973	2107	2106	1070	988	3590
31401	7296	4879	4797	2404	2447	3600

2-23 续表 4

行业中类	代码	企业法人单位数（个）		
			100万元及以下	100-200万元
矿山、冶金、建筑专用设备制造	3610	15987	3424	1842
化工、木材、非金属加工专用设备制造	3620	26268	8412	4162
食品、饮料、烟草及饲料生产专用设备制造	3630	3557	843	454
印刷、制药、日化生产专用设备制造	3640	5747	1567	745
纺织、服装和皮革工业专用设备制造	3650	8808	2598	1389
农、林、牧、渔专用机械制造	3670	7464	1771	1022
医疗仪器设备及器械制造	3680	5473	1886	693
环保、社会公共安全及其他专用设备制造	3690	13379	4311	1764
交通运输设备制造业	3700	79689	21228	10450
铁路运输设备制造	3710	2761	591	341
汽车制造	3720	54585	14947	7413
摩托车制造	3730	6807	1257	1013
自行车制造	3740	5662	1471	668
船舶及浮动装置制造	3750	8034	2460	802
航空航天器制造	3760	383	80	26
交通器材及其他交通运输设备制造	3790	1457	422	187
电气机械及器材制造业	3900	93753	24047	11983
电机制造	3910	10001	2362	1189
输配电及控制设备制造	3920	31390	8136	4188
电线、电缆、光缆及电工器材制造	3930	16688	3359	1781
电池制造	3940	3827	941	328
家用电力器具制造	3950	11395	3280	1631
非电力家用器具制造	3960	3360	1128	414
照明器具制造	3970	12816	3448	1814
其他电气机械及器材制造	3990	4276	1393	638
通信设备、计算机及其他电子设备制造业	4000	45454	12522	5009
通信设备制造	4010	4737	1277	516
雷达及配套设备制造	4020	121	30	9
广播电视设备制造	4030	1497	374	176
电子计算机制造	4040	3844	1043	353
电子器件制造	4050	6377	1794	602
电子元件制造	4060	20432	5352	2320
家用视听设备制造	4070	3331	864	389
其他电子设备制造	4090	5115	1788	644
仪器仪表及文化、办公用机械制造业	4100	23730	7045	3179
通用仪器仪表制造	4110	11649	3387	1562
专用仪器仪表制造	4120	3993	1229	537
钟表与计时仪器制造	4130	1755	591	210
光学仪器及眼镜制造	4140	3481	922	501
文化、办公用机械制造	4150	1632	449	183
其他仪器仪表的制造及修理	4190	1220	467	186
工艺品及其他制造业	4200	48690	14011	7268
工艺美术品制造	4210	31066	8849	4299
日用杂品制造	4220	7861	1759	1279
煤制品制造	4230	4502	1372	921
其他未列明的制造业	4290	5230	2023	767
废弃资源和废旧材料回收加工业	4300	8203	2314	1134
金属废料和碎屑的加工处理	4310	3957	1108	471
非金属废料和碎屑的加工处理	4320	4246	1206	663

200-500万元	500-1000万元	1000-2000万元	2000-5000万元	5000万元-1亿元	1亿元以上	代码
5954	1260	1036	1067	610	794	3610
8184	2192	1287	1078	538	415	3620
1315	308	200	228	113	96	3630
2088	465	304	312	146	120	3640
2860	746	438	404	193	180	3650
3179	377	314	408	192	201	3670
1515	430	314	315	163	157	3680
4334	1052	664	677	302	275	3690
27100	5640	4284	4708	2566	3713	3700
910	199	190	244	126	160	3710
18580	3758	2781	3028	1617	2461	3720
2212	623	543	543	279	337	3730
2146	395	307	342	174	159	3740
2690	541	378	443	278	442	3750
58	21	18	25	28	127	3760
504	103	67	83	64	27	3790
28774	7942	6041	6559	3621	4786	3900
3238	822	663	738	420	569	3910
9733	2772	2150	2134	1072	1205	3920
5283	1557	1140	1367	843	1358	3930
1004	309	277	355	226	387	3940
3032	845	656	787	461	703	3950
1091	221	137	161	94	114	3960
3949	1156	835	835	418	361	3970
1444	260	183	182	87	89	3990
11589	4037	3242	3453	2048	3554	4000
1197	390	315	356	214	472	4010
19	10	11	10	12	20	4020
424	134	127	124	59	79	4030
764	316	277	338	203	550	4040
1388	595	480	535	332	651	4050
5694	1913	1470	1532	885	1266	4060
745	294	272	277	172	318	4070
1358	385	290	281	171	198	4090
7036	2161	1491	1381	666	771	4100
3520	1110	713	667	314	376	4110
1118	358	261	255	107	128	4120
474	133	128	114	65	40	4130
1110	347	237	181	87	96	4140
460	120	101	126	74	119	4150
354	93	51	38	19	12	4190
18824	2848	2076	1935	961	767	4200
12143	1910	1365	1306	684	510	4210
2892	653	528	410	180	160	4220
2056	49	32	41	15	16	4230
1726	229	148	174	82	81	4290
3387	376	259	282	191	260	4300
1503	173	139	179	149	235	4310
1884	203	120	103	42	25	4320

2-23 续表 5

行业中类	代码	企业法人单位数(个)	100万元及以下	100-200万元
电力、燃气及水的生产和供应业	D	**57022**	**26939**	**7220**
电力、热力的生产和供应业	4400	37582	18685	4695
电力生产	4410	31470	17721	4231
电力供应	4420	3018	413	168
热力生产和供应	4430	3094	551	296
燃气生产和供应业	4500	3103	758	295
水的生产和供应业	4600	16337	7496	2230
自来水的生产和供应	4610	14087	6591	1977
污水处理及其再生利用	4620	1743	659	163
其他水的处理、利用与分配	4690	507	246	90
建筑业	E	**226745**	**88359**	**25428**
房屋和土木工程建筑业	4700	93036	21649	7833
房屋工程建筑	4710	59933	11801	4694
土木工程建筑	4720	33103	9848	3139
建筑安装业	4800	43758	17309	5469
建筑装饰业	4900	66284	38389	8973
其他建筑业	5000	23667	11012	3153
工程准备	5010	8717	4310	1113
提供施工设备服务	5020	2753	1312	399
其他未列明的建筑活动	5090	12196	5390	1640
交通运输、仓储和邮政业	F	**148451**	**59256**	**18464**
铁路运输业	5100	415	129	55
铁路旅客运输	5110	16	6	
铁路货物运输	5120	194	55	21
铁路运输辅助活动	5130	205	68	34
道路运输业	5200	66527	23577	8650
公路旅客运输	5210	7591	1997	963
道路货物运输	5220	52098	18599	6842
道路运输辅助活动	5230	6838	2981	845
城市公共交通业	5300	7503	2289	964
公共电汽车客运	5310	2011	386	232
轨道交通	5320	82	23	8
出租车客运	5330	5031	1713	679
城市轮渡	5340	76	35	9
其他城市公共交通	5390	303	132	36
水上运输业	5400	7430	2125	772
水上旅客运输	5410	873	402	110
水上货物运输	5420	4762	1108	413
水上运输辅助活动	5430	1795	615	249
航空运输业	5500	735	276	73
航空客货运输	5510	290	90	29
通用航空服务	5520	142	65	21
航空运输辅助活动	5530	303	121	23
管道运输业	5600	83	11	7
装卸搬运和其他运输服务业	5700	43955	22014	5058
装卸搬运	5710	7157	3272	1180
运输代理服务	5720	36798	18742	3878

200-500万元	500-1000万元	1000-2000万元	2000-5000万元	5000万元-1亿元	1亿元以上	代码
12769	**2284**	**1826**	**1973**	**1169**	**2842**	**D**
7494	1180	1013	1270	850	2395	4400
5765	858	678	685	401	1131	4410
613	76	102	253	303	1090	4420
1116	246	233	332	146	174	4430
1019	203	197	219	149	263	4500
4256	901	616	484	170	184	4600
3591	715	505	401	148	159	4610
526	172	105	77	20	21	4620
139	14	6	6	2	4	4690
34480	**21181**	**17451**	**18920**	**10849**	**10077**	**E**
13684	9927	9771	13036	8691	8445	4700
8457	6477	6466	9638	6590	5810	4710
5227	3450	3305	3398	2101	2635	4720
7515	4755	3397	3085	1214	1014	4800
9102	4325	2854	1726	526	389	4900
4179	2174	1429	1073	418	229	5000
1461	762	479	367	147	78	5010
467	238	159	118	38	22	5020
2251	1174	791	588	233	129	5090
26152	**15141**	**11500**	**9848**	**4193**	**3897**	**F**
70	33	32	40	26	30	5100
	3	1	1	2	3	5110
32	13	15	23	12	23	5120
38	17	16	16	12	4	5130
13031	7252	5666	4899	1927	1525	5200
1491	925	772	806	331	306	5210
10488	5750	4413	3635	1383	988	5220
1052	577	481	458	213	231	5230
1279	924	741	759	300	247	5300
374	256	215	255	141	152	5310
8	9	5	9	8	12	5320
846	623	493	467	135	75	5330
9	8	4	3	8		5340
42	28	24	25	8	8	5390
1382	804	695	752	391	509	5400
136	67	50	48	34	26	5410
992	563	511	563	289	323	5420
254	174	134	141	68	160	5430
96	56	52	48	27	107	5500
37	25	20	21	7	61	5510
22	8	12	7	3	4	5520
37	23	20	20	17	42	5530
9	7	5	11	8	25	5600
6346	4059	2709	2137	876	756	5700
1364	624	357	222	79	59	5710
4982	3435	2352	1915	797	697	5720

2-23 续表 6

行业中类	代码	企业法人单位数(个)		
			100万元及以下	100-200万元
仓储业	5800	17416	6038	2430
谷物、棉花等农产品仓储	5810	5221	1384	618
其他仓储	5890	12195	4654	1812
邮政业	5900	4387	2797	455
国家邮政	5910	591	52	19
其他寄递服务	5990	3796	2745	436
信息传输、计算机服务和软件业	G	**144941**	**102229**	**17039**
电信和其他信息传输服务业	6000	18545	10973	2098
电信	6010	6556	2741	688
互联网信息服务	6020	9882	7392	1102
广播电视传输服务	6030	1928	754	279
卫星传输服务	6040	179	86	29
计算机服务业	6100	86969	67514	10044
计算机系统服务	6110	14276	8543	1872
数据处理	6120	748	403	101
计算机维修	6130	3080	2187	363
其他计算机服务	6190	68865	56381	7708
软件业	6200	39427	23742	4897
公共软件服务	6210	32272	19270	3987
其他软件服务	6290	7155	4472	910
批发和零售业	H	**1402651**	**533537**	**189763**
批发业	6300	853760	284277	108377
农畜产品批发	6310	41719	13199	5552
食品、饮料及烟草制品批发	6320	63724	22073	8269
纺织、服装及日用品批发	6330	88623	30348	10561
文化、体育用品及器材批发	6340	27243	12085	3435
医药及医疗器材批发	6350	25534	7633	3574
矿产品、建材及化工产品批发	6360	287180	79131	33303
机械设备、五金交电及电子产品批发	6370	239346	87361	34040
贸易经纪与代理	6380	19646	8616	2163
其他批发	6390	60745	23831	7480
零售业	6500	548891	249260	81386
综合零售	6510	63664	23182	9103
食品、饮料及烟草制品专门零售	6520	44817	23571	6279
纺织、服装及日用品专门零售	6530	59544	29433	8290
文化、体育用品及器材专门零售	6540	36453	20096	4601
医药及医疗器材专门零售	6550	49427	26897	7240
汽车、摩托车、燃料及零配件专门零售	6560	79873	22623	12327
家用电器及电子产品专门零售	6570	90932	43169	14635
五金、家具及室内装修材料专门零售	6580	72479	35513	10975
无店铺及其他零售	6590	51702	24776	7936
住宿和餐饮业	I	**140219**	**52228**	**47077**
住宿业	6600	52259	22197	14419
旅游饭店	6610	17214	3322	3328
一般旅馆	6620	32025	17240	10165
其他住宿服务	6690	3020	1635	926
餐饮业	6700	87960	30031	32658
正餐服务	6710	72574	21779	27571
快餐服务	6720	5972	2753	2223
饮料及冷饮服务	6730	3786	2471	1013
其他餐饮服务	6790	5628	3028	1851

200-500万元	500-1000万元	1000-2000万元	2000-5000万元	5000万元-1亿元	1亿元以上	代码
3553	1847	1486	1056	518	488	5800
1036	497	566	547	299	274	5810
2517	1350	920	509	219	214	5890
386	159	114	146	120	210	5900
39	36	55	95	104	191	5910
347	123	59	51	16	19	5990
12396	**5056**	**3074**	**2361**	**1020**	**1766**	**G**
1719	965	664	651	353	1122	6000
659	447	365	408	252	996	6010
735	298	135	109	49	62	6020
306	205	151	125	50	58	6030
19	15	13	9	2	6	6040
5619	1822	884	588	251	247	6100
1850	812	515	358	160	166	6110
112	53	28	31	11	9	6120
346	105	42	21	10	6	6130
3311	852	299	178	70	66	6190
5058	2269	1526	1122	416	397	6200
4209	1897	1294	940	344	331	6210
849	372	232	182	72	66	6290
321997	**122569**	**133605**	**49654**	**22248**	**29278**	**H**
156482	103936	121716	39011	17111	22850	6300
8053	4468	7860	1476	568	543	6310
11221	7138	9522	2482	1069	1950	6320
15748	11612	12443	4140	1798	1973	6330
4585	2892	2538	918	364	426	6340
4104	3114	3577	1596	835	1101	6350
52458	36788	47324	17971	8240	11965	6360
46577	29441	27596	7918	3058	3355	6370
3034	1967	2376	647	333	510	6380
10702	6516	8480	1863	846	1027	6390
165515	18633	11889	10643	5137	6428	6500
21154	3398	2162	2010	967	1688	6510
12615	1012	581	455	187	117	6520
18457	1414	820	643	272	215	6530
8589	1256	912	663	215	121	6540
12333	1137	727	614	259	220	6550
28165	4072	3158	3758	2395	3375	6560
25544	3216	1962	1478	471	457	6570
22855	1634	779	446	169	108	6580
15803	1494	788	576	202	127	6590
18907	**10504**	**6316**	**3787**	**986**	**414**	**I**
6221	3889	2784	1901	599	249	6600
3283	2572	2222	1677	567	243	6610
2707	1194	493	194	26	6	6620
231	123	69	30	6		6690
12686	6615	3532	1886	387	165	6700
11529	6169	3344	1757	334	91	6710
532	204	88	80	31	61	6720
210	55	23	10	1	3	6730
415	187	77	39	21	10	6790

2-23 续表 7

行业中类	代码	企业法人单位数(个)		
			100万元及以下	100-200万元
金融业	J	**26930**	**8409**	**2309**
银行业	6800	6971	338	179
中央银行	6810	51	7	2
商业银行	6820	6353	289	165
其他银行	6890	567	42	12
证券业	6900	1052	283	61
证券市场管理	6910	39	17	2
证券经纪与交易	6920	683	77	23
证券投资	6930	190	105	18
证券分析与咨询	6940	140	84	18
保险业	7000	8925	2058	611
人寿保险	7010	2847	244	84
非人寿保险	7020	3612	361	196
保险辅助服务	7030	2466	1453	331
其他金融活动	7100	9982	5730	1458
金融信托与管理	7110	743	410	95
金融租赁	7120	97	46	4
财务公司	7130	306	160	26
邮政储蓄	7140	348	18	16
典当	7150	2947	1639	581
其他未列明的金融活动	7190	5541	3457	736
房地产业	K	**209915**	**126113**	**18494**
房地产业	7200	209915	126113	18494
房地产开发经营	7210	87835	46168	3043
物业管理	7220	56955	33457	8351
房地产中介服务	7230	32997	25929	3065
其他房地产活动	7290	32128	20559	4035
租赁和商务服务业	L	**359285**	**239014**	**44807**
租赁业	7300	17819	12137	2302
机械设备租赁	7310	17044	11593	2197
文化及日用品出租	7320	775	544	105
商务服务业	7400	341466	226877	42505
企业管理服务	7410	60582	37791	6668
法律服务	7420	8160	4484	1463
咨询与调查	7430	97754	72083	10712
广告业	7440	71045	48406	9630
知识产权服务	7450	3469	2572	379
职业中介服务	7460	17265	11531	2105
市场管理	7470	15452	8132	2498
旅行社	7480	20510	9116	3650
其他商务服务	7490	47229	32762	5400
科学研究、技术服务和地质勘查业	M	**125400**	**76261**	**16978**
研究与试验发展	7500	13709	8876	1588
自然科学研究与试验发展	7510	1289	872	134
工程和技术研究与试验发展	7520	7982	4899	954

200-500万元	500-1000万元	1000-2000万元	2000-5000万元	5000万元-1亿元	1亿元以上	代码
2516	**1723**	**1713**	**2670**	**2116**	**5474**	**J**
336	311	375	994	1110	3328	6800
4	10	8	4	7	9	6810
288	274	342	915	1012	3068	6820
44	27	25	75	91	251	6890
73	75	121	206	68	165	6900
1	2	4	6	2	5	6910
45	55	103	174	62	144	6920
12	11	9	18	3	14	6930
15	7	5	8	1	2	6940
868	760	896	1139	802	1791	7000
163	172	230	392	391	1171	7010
345	436	582	694	393	605	7020
360	152	84	53	18	15	7030
1239	577	321	331	136	190	7100
70	40	28	33	22	45	7110
8	4	6	7	10	12	7120
24	20	6	10	10	50	7130
31	27	48	121	51	36	7140
443	178	61	35	8	2	7150
663	308	172	125	35	45	7190
20344	**12171**	**9887**	**10815**	**5751**	**6340**	**K**
20344	12171	9887	10815	5751	6340	7200
5890	5915	6719	8909	5172	6019	7210
8143	3645	1840	1086	297	136	7220
2451	879	385	183	66	39	7230
3860	1732	943	637	216	146	7290
40091	**16764**	**8515**	**5734**	**2172**	**2188**	**L**
2000	721	351	208	64	36	7300
1930	694	337	196	61	36	7310
70	27	14	12	3		7320
38091	16043	8164	5526	2108	2152	7400
6660	3547	2231	1763	802	1120	7410
1332	518	221	119	18	5	7420
9199	3173	1376	815	242	154	7430
7587	2860	1356	725	249	232	7440
281	134	49	31	16	7	7450
1809	856	413	326	126	99	7460
2387	1063	623	456	181	112	7470
3925	1821	877	654	215	252	7480
4911	2071	1018	637	259	171	7490
16421	**7141**	**4040**	**2689**	**930**	**940**	**M**
1517	725	415	312	122	154	7500
148	69	28	23	7	8	7510
935	448	288	236	95	127	7520

2-23 续表 8

行业中类	代码	企业法人单位数(个)	100万元及以下	100-200万元
农业科学研究与试验发展	7530	1804	1195	221
医学研究与试验发展	7540	2424	1765	253
社会人文科学研究与试验发展	7550	210	145	26
专业技术服务业	7600	70557	40007	10365
气象服务	7610	653	415	112
地震服务	7620	68	36	10
海洋服务	7630	121	57	13
测绘服务	7640	2629	1481	460
技术检测	7650	6971	3617	1200
环境监测	7660	1091	681	157
工程技术与规划管理	7670	35660	17369	5708
其他专业技术服务	7690	23364	16351	2705
科技交流和推广服务业	7700	38711	26112	4720
技术推广服务	7710	28817	19603	3442
科技中介服务	7720	4520	2984	606
其他科技服务	7790	5374	3525	672
地质勘查业	7800	2423	1266	305
矿产地质勘查	7810	1149	648	131
基础地质勘查	7820	342	119	52
地质勘查技术服务	7830	932	499	122
水利、环境和公共设施管理业	**N**	**22064**	**11510**	**3250**
水利管理业	7900	1843	1073	273
防洪管理	7910	140	74	27
水资源管理	7920	990	596	133
其他水利管理	7990	713	403	113
环境管理业	8000	4649	2589	665
自然保护	8010	312	171	39
环境治理	8020	4337	2418	626
公共设施管理业	8100	15572	7848	2312
市政公共设施管理	8110	2111	972	299
城市绿化管理	8120	8481	4130	1317
游览景区管理	8130	4980	2746	696
居民服务和其他服务业	**O**	**106491**	**71287**	**15218**
居民服务业	8200	50743	34303	7052
家庭服务	8210	3435	2795	327
托儿所	8220	289	198	44
洗染服务	8230	2130	1471	286
理发及美容保健服务	8240	15702	11301	1958
洗浴服务	8250	9883	5313	1796
婚姻服务	8260	2625	2212	216
殡葬服务	8270	1696	710	289
摄影扩印服务	8280	6630	4561	980
其他居民服务	8290	8353	5742	1156
其他服务业	8300	55748	36984	8166
修理与维护	8310	32084	20971	5056
清洁服务	8320	10029	6990	1347
其他未列明的服务	8390	13635	9023	1763

200-500万元	500-1000万元	1000-2000万元	2000-5000万元	5000万元-1亿元	1亿元以上	代码
225	100	31	24	5	3	7530
186	99	64	26	15	16	7540
23	9	4	3			7550
10330	4552	2566	1663	517	557	7600
75	32	12	5	1	1	7610
13	7	2				7620
25	14	5	5	2		7630
396	178	70	34	4	6	7640
1220	507	234	132	40	21	7650
147	59	33	10	2	2	7660
6078	2797	1736	1154	383	435	7670
2376	958	474	323	85	92	7690
4227	1668	933	611	251	189	7700
3119	1185	667	459	189	153	7710
498	208	144	50	18	12	7720
610	275	122	102	44	24	7790
347	196	126	103	40	40	7800
141	82	56	42	20	29	7810
70	39	26	25	5	6	7820
136	75	44	36	15	5	7830
3419	**1768**	**982**	**729**	**244**	**162**	**N**
240	115	82	37	11	12	7900
20	2	9	6	1	1	7910
115	64	49	19	7	7	7920
105	49	24	12	3	4	7990
637	356	185	144	43	30	8000
47	19	15	11	6	4	8010
590	337	170	133	37	26	8020
2542	1297	715	548	190	120	8100
329	189	129	103	47	43	8110
1448	755	384	307	92	48	8120
765	353	202	138	51	29	8130
12284	**4832**	**1696**	**843**	**233**	**98**	**O**
5551	2430	868	391	117	31	8200
220	60	22	7	2	2	8210
32	13	2				8220
242	87	30	10	2	2	8230
1419	773	176	64	8	3	8240
1605	708	292	136	26	7	8250
146	40	7	4			8260
322	173	109	75	14	4	8270
666	288	100	26	8	1	8280
899	288	130	69	57	12	8290
6733	2402	828	452	116	67	8300
3963	1403	405	209	60	17	8310
1061	372	164	67	20	8	8320
1709	627	259	176	36	42	8390

2-23 续表 9

行业中类	代码	企业法人单位数（个）	100万元及以下	100-200万元
教育	P	**21423**	**13451**	**3397**
教育	8400	21423	13451	3397
学前教育	8410	3947	2604	737
初等教育	8420	558	211	99
中等教育	8430	903	436	133
高等教育	8440	188	105	20
其他教育	8490	15827	10095	2408
卫生、社会保障和社会福利业	Q	**15941**	**10315**	**2036**
卫生	8500	15058	9679	1911
医院	8510	4205	1420	710
卫生院及社区医疗活动	8520	1937	1262	277
门诊部医疗活动	8530	7438	6050	729
计划生育技术服务活动	8540	301	211	61
妇幼保健活动	8550	85	44	11
专科疾病防治活动	8560	294	213	33
疾病预防控制及防疫活动	8570	122	72	18
其他卫生活动	8590	676	407	72
社会保障业	8600	235	165	35
社会福利业	8700	648	471	90
提供住宿的社会福利	8710	475	344	74
不提供住宿的社会福利	8720	173	127	16
文化、体育和娱乐业	R	**35154**	**22050**	**4594**
新闻出版业	8800	2443	973	313
新闻业	8810	88	54	9
出版业	8820	2355	919	304
广播、电视、电影和音像业	8900	5548	3350	700
广播	8910	175	87	26
电视	8920	1400	671	190
电影	8930	2831	1776	368
音像制作	8940	1142	816	116
文化艺术业	9000	7539	5828	712
文艺创作与表演	9010	1854	1361	191
艺术表演场馆	9020	309	178	48
图书馆与档案馆	9030	105	84	9
文物及文化保护	9040	140	89	18
博物馆	9050	126	91	18
烈士陵园、纪念馆	9060	21	9	4
群众文化活动	9070	835	702	58
文化艺术经纪代理	9080	1889	1455	198
其他文化艺术	9090	2260	1859	168
体育	9100	1733	1253	158
体育组织	9110	639	494	45
体育场馆	9120	582	397	64
其他体育	9190	512	362	49
娱乐业	9200	17891	10646	2711
室内娱乐活动	9210	10898	6319	1747
游乐园	9220	569	320	83
休闲健身娱乐活动	9230	4879	3033	662
其他娱乐活动	9290	1545	974	219

200-500万元	500-1000万元	1000-2000万元	2000-5000万元	5000万元-1亿元	1亿元以上	代码
2895	**1014**	**404**	**184**	**49**	**29**	**P**
2895	1014	404	184	49	29	8400
477	104	19	6			8410
156	70	15	4	3		8420
165	82	49	27	8	3	8430
26	11	9	4	5	8	8440
2071	747	312	143	33	18	8490
1783	**813**	**533**	**283**	**101**	**77**	**Q**
1697	798	521	278	99	75	8500
865	486	353	220	84	67	8510
228	95	51	19	3	2	8520
430	139	64	19	6	1	8530
22	4		3			8540
12	6	6	3	2	1	8550
26	11	7	4			8560
17	9	3	1	1	1	8570
97	48	37	9	3	3	8590
21	4	6	2	1	1	8600
65	11	6	3	1	1	8700
47	6	2	2			8710
18	5	4	1	1	1	8720
4254	**1964**	**1092**	**750**	**251**	**199**	**R**
388	171	184	190	97	127	8800
12	3	2	3	1	4	8810
376	168	182	187	96	123	8820
654	347	245	165	54	33	8900
24	14	12	5	5	2	8910
207	126	93	64	26	23	8920
296	165	118	84	16	8	8930
127	42	22	12	7		8940
590	239	94	52	19	5	9000
192	60	26	16	6	2	9010
31	26	18	5	2	1	9020
6	5	1				9030
19	7	4	3			9040
8	4	3	1	1		9050
4	2	2				9060
48	18	6	2	1		9070
148	58	12	14	4		9080
134	59	22	11	5	2	9090
152	94	32	30	9	5	9100
51	22	9	11	5	2	9110
54	40	11	12	3	1	9120
47	32	12	7	1	2	9190
2470	1113	537	313	72	29	9200
1589	740	339	139	20	5	9210
73	37	18	23	8	7	9220
612	255	139	123	40	15	9230
196	81	41	28	4	2	9290

2-24 按地区、全年营业收入组距

地 区	企业法人单位数(个)	100万元及以下	100-200万元	200-500万元
全 国	**4959671**	**1914253**	**667784**	**1245017**
北 京	249861	155692	22978	27076
天 津	125627	58828	11594	32264
河 北	170979	56739	22932	55816
山 西	87418	48048	9359	14017
内蒙古	67531	16871	9346	21786
辽 宁	243786	110293	30455	51810
吉 林	82884	17546	9485	35832
黑龙江	99162	34009	12145	33375
上 海	337764	178476	39256	48694
江 苏	532309	148453	67529	157905
浙 江	450955	170640	61207	101405
安 徽	134362	62608	19502	24100
福 建	159718	67444	19568	35097
江 西	78570	15974	9596	31175
山 东	431421	93108	79630	149132
河 南	212815	53018	32232	86406
湖 北	184717	79262	31767	43446
湖 南	140456	27475	27089	52959
广 东	509178	205969	68163	109714
广 西	74120	35480	9393	15442
海 南	19434	12737	1664	1878
重 庆	97413	36040	14248	26191
四 川	157395	72916	20217	31584
贵 州	40599	24294	4001	4413
云 南	65929	35116	7205	9451
西 藏	2407	1170	326	364
陕 西	91652	34401	14167	26844
甘 肃	40099	20479	5181	7901
青 海	9872	5859	1181	1115
宁 夏	15526	8112	1878	2073
新 疆	45712	27196	4490	5752

分组的企业法人单位数

500-1000万元	1000-2000万元	2000-5000万元	5000万元-1亿元	1亿元以上
361976	**302829**	**222154**	**113780**	**131878**
15066	10916	9044	3716	5373
6384	6938	4380	2163	3076
10829	9610	6489	3710	4854
4633	4231	3217	1583	2330
4985	5644	4568	1878	2453
15577	15041	9795	5321	5494
5931	7526	3097	1729	1738
6725	6999	2895	1438	1576
22860	18584	14022	6669	9203
55811	42461	29247	14439	16464
41529	29216	23575	10634	12749
10076	6640	5750	2720	2966
11384	9603	8036	4012	4574
6840	6159	4133	2391	2302
34828	29037	19863	12514	13309
11495	9015	8799	5420	6430
10346	7682	5871	3163	3180
9345	10244	6323	3767	3254
38297	32669	26237	13140	14989
4255	3372	2963	1483	1732
967	778	659	345	406
6778	5635	4316	2012	2193
8759	8543	7084	3891	4401
2411	2121	1744	751	864
4376	3696	2981	1387	1717
165	139	124	56	63
5311	5061	2832	1339	1697
2042	1881	1289	634	692
470	442	370	196	239
1047	909	740	365	402
2454	2037	1711	914	1158

2-25 按登记注册类型、全年

登记注册类型	企业法人单位数（个）	100万元及以下	100-200万元
总　计	**4959671**	**1914253**	**667784**
内资企业	**4774324**	**1876125**	**655959**
国有企业	142937	49737	15670
集体企业	192248	86913	24229
股份合作企业	63957	28372	8094
联营企业	11226	4532	1425
国有联营企业	1984	681	243
集体联营企业	4474	1967	603
国有与集体联营企业	1529	486	172
其他联营企业	3239	1398	407
有限责任公司	551233	200799	59462
国有独资公司	10648	2940	840
其他有限责任公司	540585	197859	58622
股份有限公司	97326	32626	10796
私营企业	3596423	1421519	517424
私营独资企业	1314948	475663	223657
私营合伙企业	216879	85984	34844
私营有限责任公司	1954499	816074	244522
私营股份有限公司	110097	43798	14401
其他企业	118974	51627	18859
港、澳、台商投资企业	**83657**	**17111**	**5499**
合资经营企业(港、澳、台资)	22055	3702	1044
合作经营企业(港、澳、台资)	4127	908	338
港、澳、台商独资经营企业	54845	11723	3904
港、澳、台商投资股份有限公司	2630	778	213
外商投资企业	**101690**	**21017**	**6326**
中外合资经营企业	32474	5836	1604
中外合作经营企业	3843	775	266
外资企业	62219	13483	4194
外商投资股份有限公司	3154	923	262

营业收入组距分组的企业法人单位数

200-500万元	500-1000万元	1000-2000万元	2000-5000万元	5000万元-1亿元	1亿元以上
1245017	**361976**	**302829**	**222154**	**113780**	**131878**
1216762	**342887**	**283011**	**196213**	**97426**	**105941**
24309	12580	12832	10493	5887	11429
42460	12538	10841	8138	3909	3220
13925	4545	3448	2643	1420	1510
2375	774	741	632	365	382
355	141	159	155	109	141
1044	287	237	173	94	69
286	122	142	148	89	84
690	224	203	156	73	88
100671	49453	45382	40935	23270	31261
1373	944	956	1099	644	1852
99298	48509	44426	39836	22626	29409
18159	7811	7108	6770	4264	9792
980879	249148	197657	124691	57457	47648
470674	60246	47452	21741	9554	5961
66867	12578	8884	4779	1867	1076
417780	167453	133943	93052	43462	38213
25558	8871	7378	5119	2574	2398
33984	6038	5002	1911	854	699
12943	**9099**	**9300**	**11971**	**7367**	**10367**
2637	2130	2515	3701	2398	3928
665	414	447	574	372	409
9150	6324	6133	7458	4446	5707
491	231	205	238	151	323
15312	**9990**	**10518**	**13970**	**8987**	**15570**
4349	3112	3500	4917	3249	5907
530	355	408	587	382	540
9938	6259	6356	8221	5154	8614
495	264	254	245	202	509

2-26 按行业(中类)、资产总额组距

行业中类	代码	企业法人单位数(个)	50万元及以下	50-100万元
总 计	**0000**	**4959671**	**1396967**	**829901**
农、林、牧、渔业	**A**	**1395**	**289**	**82**
农业	0100	501	70	27
谷物及其他作物的种植	0110	313	22	10
蔬菜、园艺作物的种植	0120	91	29	8
水果、坚果、饮料和香料作物的种植	0130	85	16	8
中药材的种植	0140	12	3	1
林业	0200	376	50	12
林木的培育和种植	0210	181	49	11
木材和竹材的采运	0220	78	1	
林产品的采集	0230	117		1
畜牧业	0300	378	128	35
牲畜的饲养	0310	138	47	10
猪的饲养	0320	122	40	13
家禽的饲养	0330	86	31	8
狩猎和捕捉动物	0340	1	1	
其他畜牧业	0390	31	9	4
渔业	0400	58	16	4
海洋渔业	0410	19	9	
内陆渔业	0420	39	7	4
农、林、牧、渔服务业	0500	82	25	4
农业服务业	0510	53	14	2
林业服务业	0520	17	8	
畜牧服务业	0530	7	2	2
渔业服务业	0540	5	1	
采矿业	**B**	**97313**	**16381**	**11057**
煤炭开采和洗选业	0600	21931	1325	744
烟煤和无烟煤的开采洗选	0610	20901	1195	646
褐煤的开采洗选	0620	562	35	24
其他煤炭采选	0690	468	95	74
石油和天然气开采业	0700	1363	125	106
天然原油和天然气开采	0710	291	10	11
与石油和天然气开采有关的服务活动	0790	1072	115	95
黑色金属矿采选业	0800	17469	2286	1555
铁矿采选	0810	15609	1872	1290
其他黑色金属矿采选	0890	1860	414	265
有色金属矿采选业	0900	10686	1717	884
常用有色金属矿采选	0910	7491	1282	672
贵金属矿采选	0920	2039	263	128
稀有稀土金属矿采选	0930	1156	172	84
非金属矿采选业	1000	45159	10736	7684
土砂石开采	1010	38505	9323	6787
化学矿采选	1020	1552	372	163
采盐	1030	850	66	114
石棉及其他非金属矿采选	1090	4252	975	620
其他采矿业	1100	705	192	84
制造业	**C**	**1818331**	**337736**	**282238**
农副食品加工业	1300	102307	19529	14538
谷物磨制	1310	28585	5234	4657

分组的企业法人单位数

					代码
100-500万元	500-1000万元	1000-5000万元	5000万元-1亿元	1亿元以上	
1628226	**403823**	**468265**	**98855**	**133634**	**0000**
293	**92**	**265**	**129**	**245**	**A**
96	35	98	56	119	0100
35	18	71	46	111	0110
30	6	10	3	5	0120
26	9	16	7	3	0130
5	2	1			0140
54	15	85	52	108	0200
46	12	44	2	17	0210
6	1	15	6	49	0220
2	2	26	44	42	0230
111	27	54	14	9	0300
41	7	23	6	4	0310
38	14	15	2		0320
21	5	12	4	5	0330
					0340
11	1	4	2		0390
13	6	12	4	3	0400
2	1	4	1	2	0410
11	5	8	3	1	0420
19	9	16	3	6	0500
11	6	12	2	6	0510
4	2	3			0520
3					0530
1	1	1	1		0540
38370	**11743**	**14462**	**2559**	**2741**	**B**
5575	4299	7205	1331	1452	0600
5255	4173	7046	1264	1322	0610
122	70	124	62	125	0620
198	56	35	5	5	0690
609	179	146	51	147	0700
97	32	35	22	84	0710
512	147	111	29	63	0790
7230	2705	2758	464	471	0800
6466	2541	2550	440	450	0810
764	164	208	24	21	0890
3913	1396	1886	441	449	0900
2840	994	1221	249	233	0910
739	279	399	124	107	0920
334	123	266	68	109	0930
20718	3107	2425	269	220	1000
17909	2535	1732	144	75	1010
556	147	210	44	60	1020
357	79	138	39	57	1030
1896	346	345	42	28	1090
325	57	42	3	2	1100
734728	**171278**	**207379**	**40419**	**44553**	**C**
42634	9755	11621	2281	1949	1300
13114	2500	2438	393	249	1310

2-26 续表 1

行业中类	代码	企业法人单位数（个）		
			50万元及以下	50-100万元
饲料加工	1320	11888	1885	1719
植物油加工	1330	9820	2050	1329
制糖	1340	627	90	56
屠宰及肉类加工	1350	16060	3824	2187
水产品加工	1360	8509	1140	905
蔬菜、水果和坚果加工	1370	13742	2371	1708
其他农副食品加工	1390	13076	2935	1977
食品制造业	1400	41714	9224	6312
焙烤食品制造	1410	10140	2839	1676
糖果、巧克力及蜜饯制造	1420	4638	873	763
方便食品制造	1430	6491	1512	1007
液体乳及乳制品制造	1440	1912	230	149
罐头制造	1450	2986	474	371
调味品、发酵制品制造	1460	6683	1587	1154
其他食品制造	1490	8864	1709	1192
饮料制造业	1500	34978	8801	5648
酒精制造	1510	438	47	33
酒的制造	1520	13436	2764	1891
软饮料制造	1530	12083	3117	2256
精制茶加工	1540	9021	2873	1468
烟草制品业	1600	251	29	8
烟叶复烤	1610	87	8	2
卷烟制造	1620	82	6	
其他烟草制品加工	1690	82	15	6
纺织业	1700	108023	14767	14810
棉、化纤纺织及印染精加工	1710	42300	4663	5693
毛纺织和染整精加工	1720	5162	544	550
麻纺织	1730	977	124	86
丝绢纺织及精加工	1740	6766	657	605
纺织制成品制造	1750	23984	4011	3837
针织品、编织品及其制品制造	1760	28834	4768	4039
纺织服装、鞋、帽制造业	1800	79494	17098	12167
纺织服装制造	1810	74422	16087	11342
纺织面料鞋的制造	1820	3569	779	610
制帽	1830	1503	232	215
皮革、毛皮、羽毛(绒)及其制品业	1900	31232	5689	4426
皮革鞣制加工	1910	2572	352	286
皮革制品制造	1920	24545	4650	3545
毛皮鞣制及制品加工	1930	2442	418	423
羽毛(绒)加工及制品制造	1940	1673	269	172
木材加工及木、竹、藤、棕、草制品业	2000	62693	13585	11362
锯材、木片加工	2010	23643	6088	4772
人造板制造	2020	17459	2187	2700
木制品制造	2030	14502	3353	2571
竹、藤、棕、草制品制造	2040	7089	1957	1319
家具制造业	2100	36116	8843	6523
木质家具制造	2110	26597	6594	4981
竹、藤家具制造	2120	673	222	102
金属家具制造	2130	4014	735	566

100-500万元	500-1000万元	1000-5000万元	5000万元-1亿元	1亿元以上	代码
4731	1254	1709	333	257	1320
3802	863	1215	265	296	1330
134	34	65	66	182	1340
5907	1568	1838	384	352	1350
3654	904	1288	356	262	1360
6080	1494	1712	240	137	1370
5212	1138	1356	244	214	1390
16114	3567	4461	1014	1022	1400
3969	700	713	138	105	1410
2114	382	369	65	72	1420
2507	540	615	144	166	1430
540	215	435	158	185	1440
1114	310	507	112	98	1450
2552	504	611	125	150	1460
3318	916	1211	272	246	1490
13043	2728	3009	703	1046	1500
102	45	107	34	70	1510
5259	1154	1477	352	539	1520
4355	868	861	232	394	1530
3327	661	564	85	43	1540
40	7	26	15	126	1600
18	2	5	5	47	1610
3		9	4	60	1620
19	5	12	6	19	1690
43260	12610	16649	3096	2831	1700
16806	4967	7056	1488	1627	1710
1978	708	1027	195	160	1720
369	106	188	53	51	1730
2436	1093	1541	247	187	1740
10040	2384	2841	479	392	1750
11631	3352	3996	634	414	1760
31210	7777	9048	1286	908	1800
29108	7256	8531	1229	869	1810
1414	337	369	34	26	1820
688	184	148	23	13	1830
12559	3254	4035	684	585	1900
1003	293	434	102	102	1910
9859	2556	3034	500	401	1920
1097	186	255	41	22	1930
600	219	312	41	60	1940
26912	5222	4520	636	456	2000
10521	1236	908	68	50	2010
7575	2237	2085	385	290	2020
5955	1261	1120	140	102	2030
2861	488	407	43	14	2040
14197	2715	2940	496	402	2100
10742	1788	1941	325	226	2110
237	57	45	6	4	2120
1463	506	552	90	102	2130

2-26 续表 2

行业中类	代码	企业法人单位数(个)	50万元及以下	50-100万元
塑料家具制造	2140	531	115	79
其他家具制造	2190	4301	1177	795
造纸及纸制品业	2200	48624	8796	7983
纸浆制造	2210	871	182	106
造纸	2220	12087	1980	1607
纸制品制造	2230	35666	6634	6270
印刷业和记录媒介的复制	2300	52680	10851	9325
印刷	2310	47798	9686	8230
装订及其他印刷服务活动	2320	4642	1137	1068
记录媒介的复制	2330	240	28	27
文教体育用品制造业	2400	20118	3567	3091
文化用品制造	2410	5400	1035	937
体育用品制造	2420	4725	766	635
乐器制造	2430	1335	275	204
玩具制造	2440	7942	1348	1212
游艺器材及娱乐用品制造	2450	716	143	103
石油加工、炼焦及核燃料加工业	2500	6424	841	636
精炼石油产品的制造	2510	4671	662	557
炼焦	2520	1731	177	76
化学原料及化学制品制造业	2600	96171	14944	12279
基础化学原料制造	2610	16815	1951	1552
肥料制造	2620	8989	1518	1064
农药制造	2630	2500	288	196
涂料、油墨、颜料及类似产品制造	2640	18423	3581	2737
合成材料制造	2650	6065	843	694
专用化学产品制造	2660	34185	4687	4607
日用化学产品制造	2670	9194	2076	1429
医药制造业	2700	15285	1800	1108
化学药品原药制造	2710	2235	225	97
化学药品制剂制造	2720	2267	186	81
中药饮片加工	2730	2027	299	203
中成药制造	2740	2731	241	141
兽用药品制造	2750	1345	140	99
生物、生化制品的制造	2760	2403	365	210
卫生材料及医药用品制造	2770	2277	344	277
化学纤维制造业	2800	4521	442	379
纤维素纤维原料及纤维制造	2810	790	104	89
合成纤维制造	2820	3731	338	290
橡胶制品业	2900	20743	3474	3267
轮胎制造	2910	1880	288	209
橡胶板、管、带的制造	2920	3995	594	569
橡胶零件制造	2930	6041	1077	1158
再生橡胶制造	2940	1104	176	152
日用及医用橡胶制品制造	2950	1010	117	131
橡胶靴鞋制造	2960	1865	276	205
其他橡胶制品制造	2990	4848	946	843
塑料制品业	3000	98293	17798	16499
塑料薄膜制造	3010	8904	1487	1402

100-500万元	500-1000万元	1000-5000万元	5000万元-1亿元	1亿元以上	代码
225	47	48	10	7	2140
1530	317	354	65	63	2190
20730	4148	5056	948	963	2200
362	67	88	25	41	2210
4416	1263	1871	388	562	2220
15952	2818	3097	535	360	2230
23542	3943	3866	599	554	2300
21513	3708	3623	548	490	2310
1969	222	201	26	19	2320
60	13	42	25	45	2330
8370	1901	2447	409	333	2400
2242	464	580	88	54	2410
1871	512	698	137	106	2420
506	132	154	34	30	2430
3476	722	925	133	126	2440
275	71	90	17	17	2450
2125	704	994	336	788	2500
1781	506	657	178	330	2510
337	195	334	158	454	2520
37251	10788	14166	2914	3829	2600
5922	2173	3489	722	1006	2610
3476	960	1116	320	535	2620
763	354	585	135	179	2630
7197	1838	2254	379	437	2640
2052	691	1027	280	478	2650
14360	3988	4711	882	950	2660
3481	784	984	196	244	2670
3979	1610	3864	1330	1594	2700
463	260	656	202	332	2710
364	173	655	335	473	2720
664	230	469	97	65	2730
501	234	808	404	402	2740
402	189	385	71	59	2750
715	255	526	136	196	2760
870	269	365	85	67	2770
1695	572	813	196	424	2800
306	81	122	20	68	2810
1389	491	691	176	356	2820
8657	2040	2447	419	439	2900
699	187	274	60	163	2910
1740	407	526	84	75	2920
2594	507	561	81	63	2930
503	127	121	17	8	2940
415	125	163	25	34	2950
645	244	377	71	47	2960
2061	443	425	81	49	2990
41826	9405	9784	1669	1312	3000
3847	894	886	176	212	3010

2-26 续表 3

行业中类	代码	企业法人单位数（个）	50万元及以下	50-100万元
塑料板、管、型材的制造	3020	14099	2222	2027
塑料丝、绳及编织品的制造	3030	10401	1684	1646
泡沫塑料制造	3040	5030	784	842
塑料人造革、合成革制造	3050	1153	164	109
塑料包装箱及容器制造	3060	10962	1960	1892
塑料零件制造	3070	13315	2542	2407
日用塑料制造	3080	12832	2486	2174
其他塑料制品制造	3090	21597	4469	4000
非金属矿物制品业	3100	211191	41346	36047
水泥、石灰和石膏的制造	3110	14651	2378	1483
水泥及石膏制品制造	3120	48940	13577	9820
砖瓦、石材及其他建筑材料制造	3130	99509	18370	18289
玻璃及玻璃制品制造	3140	15922	2645	2167
陶瓷制品制造	3150	8938	1076	1075
耐火材料制品制造	3160	11601	1614	1508
石墨及其他非金属矿物制品制造	3190	11630	1686	1705
黑色金属冶炼及压延加工业	3200	18939	2358	1899
炼铁	3210	2687	444	419
炼钢	3220	788	102	58
钢压延加工	3230	12400	1525	1255
铁合金冶炼	3240	3064	287	167
有色金属冶炼及压延加工业	3300	21497	2864	2259
常用有色金属冶炼	3310	5907	791	520
贵金属冶炼	3320	591	61	33
稀有稀土金属冶炼	3330	1402	152	88
有色金属合金制造	3340	2155	276	267
有色金属压延加工	3350	11442	1584	1351
金属制品业	3400	132747	26462	21881
结构性金属制品制造	3410	47440	9900	7805
金属工具制造	3420	17669	3422	3224
集装箱及金属包装容器制造	3430	5619	802	694
金属丝绳及其制品的制造	3440	7026	1123	1074
建筑、安全用金属制品制造	3450	15167	2986	2457
金属表面处理及热处理加工	3460	10935	2171	1794
搪瓷制品制造	3470	989	173	145
不锈钢及类似日用金属制品制造	3480	12439	2439	1847
其他金属制品制造	3490	15463	3446	2841
通用设备制造业	3500	181966	31175	30023
锅炉及原动机制造	3510	7091	1121	915
金属加工机械制造	3520	22489	4380	3865
起重运输设备制造	3530	5620	598	596
泵、阀门、压缩机及类似机械的制造	3540	23852	3347	3576
轴承、齿轮、传动和驱动部件的制造	3550	12586	1639	1744
烘炉、熔炉及电炉制造	3560	1749	312	314
风机、衡器、包装设备等通用设备制造	3570	21410	3516	3609
通用零部件制造及机械修理	3580	55742	12332	10912
金属铸、锻加工	3590	31427	3930	4492
专用设备制造业	3600	92805	16544	14406

100-500万元	500-1000万元	1000-5000万元	5000万元-1亿元	1亿元以上	代码
5942	1496	1823	321	268	3020
4691	1062	1068	178	72	3030
2213	520	547	78	46	3040
322	117	207	115	119	3050
4708	1037	1038	183	144	3060
5663	1160	1177	186	180	3070
5396	1245	1256	171	104	3080
9044	1874	1782	261	167	3090
94156	15330	17748	3448	3116	3100
4316	1454	3244	709	1067	3110
18576	2149	3371	918	529	3120
50388	6585	4799	656	422	3130
6149	1742	2228	465	526	3140
4312	922	1215	196	142	3150
5346	1239	1479	222	193	3160
5069	1239	1412	282	237	3190
5949	2143	3690	1020	1880	3200
846	241	370	128	239	3210
233	60	111	41	183	3220
4074	1404	2297	624	1221	3230
796	438	912	227	237	3240
7320	2534	3985	1059	1476	3300
2058	683	1061	307	487	3310
173	81	122	47	74	3320
398	197	350	90	127	3330
775	263	379	88	107	3340
3916	1310	2073	527	681	3350
54889	12344	13262	2144	1765	3400
19556	4273	4533	755	618	3410
7719	1498	1463	202	141	3420
2164	674	869	187	229	3430
3020	714	820	140	135	3440
6149	1468	1656	266	185	3450
4411	1167	1111	166	115	3460
401	93	132	22	23	3470
5153	1192	1409	231	168	3480
6316	1265	1269	175	151	3490
77446	17574	19314	3243	3191	3500
2812	769	960	212	302	3510
9499	1918	2107	357	363	3520
1881	757	1192	268	328	3530
9778	2609	3350	627	565	3540
5318	1375	1802	366	342	3550
726	185	167	26	19	3560
8609	2163	2547	454	512	3570
23962	4282	3516	417	321	3580
14861	3516	3673	516	439	3590
36962	9470	11235	2073	2115	3600

2-26 续表 4

行业中类	代码	企业法人单位数（个）	50万元及以下	50-100万元
矿山、冶金、建筑专用设备制造	3610	15987	2059	1914
化工、木材、非金属加工专用设备制造	3620	26268	5390	4563
食品、饮料、烟草及饲料生产专用设备制造	3630	3557	568	554
印刷、制药、日化生产专用设备制造	3640	5747	984	836
纺织、服装和皮革工业专用设备制造	3650	8808	1430	1577
农、林、牧、渔专用机械制造	3670	7464	1434	1224
医疗仪器设备及器械制造	3680	5473	985	811
环保、社会公共安全及其他专用设备制造	3690	13379	2498	2015
交通运输设备制造业	3700	79689	15250	12207
铁路运输设备制造	3710	2761	380	288
汽车制造	3720	54585	10875	8191
摩托车制造	3730	6807	1017	1109
自行车制造	3740	5662	967	1230
船舶及浮动装置制造	3750	8034	1727	1149
航空航天器制造	3760	383	31	20
交通器材及其他交通运输设备制造	3790	1457	253	220
电气机械及器材制造业	3900	93753	15530	13292
电机制造	3910	10001	1516	1419
输配电及控制设备制造	3920	31390	5058	4577
电线、电缆、光缆及电工器材制造	3930	16688	2232	1969
电池制造	3940	3827	545	455
家用电力器具制造	3950	11395	2187	1623
非电力家用器具制造	3960	3360	742	489
照明器具制造	3970	12816	2322	2036
其他电气机械及器材制造	3990	4276	928	724
通信设备、计算机及其他电子设备制造业	4000	45454	7786	5756
通信设备制造	4010	4737	716	476
雷达及配套设备制造	4020	121	12	13
广播电视设备制造	4030	1497	254	194
电子计算机制造	4040	3844	617	413
电子器件制造	4050	6377	972	716
电子元件制造	4060	20432	3480	2716
家用视听设备制造	4070	3331	595	477
其他电子设备制造	4090	5115	1140	751
仪器仪表及文化、办公用机械制造业	4100	23730	4266	3596
通用仪器仪表制造	4110	11649	1980	1776
专用仪器仪表制造	4120	3993	679	599
钟表与计时仪器制造	4130	1755	413	253
光学仪器及眼镜制造	4140	3481	613	528
文化、办公用机械制造	4150	1632	270	231
其他仪器仪表的制造及修理	4190	1220	311	209
工艺品及其他制造业	4200	48690	12039	9056
工艺美术品制造	4210	31066	7347	5795
日用杂品制造	4220	7861	1542	1305
煤制品制造	4230	4502	1602	1019
其他未列明的制造业	4290	5230	1546	936
废弃资源和废旧材料回收加工业	4300	8203	2038	1455
金属废料和碎屑的加工处理	4310	3957	950	592
非金属废料和碎屑的加工处理	4320	4246	1088	863

100-500万元	500-1000万元	1000-5000万元	5000万元-1亿元	1亿元以上	代码
6668	1897	2351	474	624	3610
10299	2325	2795	483	413	3620
1425	386	476	84	64	3630
2332	657	693	142	103	3640
3557	853	1041	169	181	3650
3250	648	667	127	114	3670
1992	586	772	166	161	3680
5166	1450	1684	298	268	3690
29757	7365	9620	2222	3268	3700
1049	324	465	91	164	3710
20374	5067	6402	1542	2134	3720
2667	661	978	168	207	3730
2123	465	633	136	108	3740
2899	667	875	237	480	3750
65	37	59	25	146	3760
580	144	208	23	29	3790
34901	10057	13618	2826	3529	3900
3752	1087	1420	350	457	3910
11739	3453	4687	860	1016	3920
6330	1922	2729	634	872	3930
1137	437	752	171	330	3940
4070	1080	1552	393	490	3950
1318	307	366	62	76	3960
4864	1375	1703	288	228	3970
1691	396	409	68	60	3990
14267	4819	7445	2045	3336	4000
1477	493	838	275	462	4010
25	15	15	13	28	4020
515	167	262	43	62	4030
982	398	692	215	527	4040
1818	660	1158	351	702	4050
6825	2197	3255	835	1124	4060
918	359	557	169	256	4070
1707	530	668	144	175	4090
8766	2469	3194	670	769	4100
4447	1226	1553	317	350	4110
1477	425	565	122	126	4120
553	199	249	45	43	4130
1327	355	454	90	114	4140
495	156	281	76	123	4150
467	108	92	20	13	4190
18963	3828	3848	510	446	4200
12253	2508	2571	317	275	4210
3244	766	808	120	76	4220
1628	154	78	9	12	4230
1833	395	377	61	82	4290
3208	599	674	128	101	4300
1442	345	447	102	79	4310
1766	254	227	26	22	4320

2-26 续表 5

行业中类	代码	企业法人单位数(个)	50万元及以下	50-100万元
电力、燃气及水的生产和供应业	D	**57022**	**10150**	**6801**
电力、热力的生产和供应业	4400	37582	5587	4143
电力生产	4410	31470	5009	3842
电力供应	4420	3018	260	135
热力生产和供应	4430	3094	318	166
燃气生产和供应业	4500	3103	440	313
水的生产和供应业	4600	16337	4123	2345
自来水的生产和供应	4610	14087	3670	2119
污水处理及其再生利用	4620	1743	319	131
其他水的处理、利用与分配	4690	507	134	95
建筑业	E	**226745**	**56545**	**34282**
房屋和土木工程建筑业	4700	93036	16068	8877
房屋工程建筑	4710	59933	10395	5416
土木工程建筑	4720	33103	5673	3461
建筑安装业	4800	43758	9784	6505
建筑装饰业	4900	66284	23947	14775
其他建筑业	5000	23667	6746	4125
工程准备	5010	8717	2506	1502
提供施工设备服务	5020	2753	798	547
其他未列明的建筑活动	5090	12196	3441	2076
交通运输、仓储和邮政业	F	**148451**	**39727**	**20960**
铁路运输业	5100	415	101	30
铁路旅客运输	5110	16	3	1
铁路货物运输	5120	194	44	13
铁路运输辅助活动	5130	205	54	16
道路运输业	5200	66527	16906	10320
公路旅客运输	5210	7591	1092	779
道路货物运输	5220	52098	13852	8690
道路运输辅助活动	5230	6838	1962	851
城市公共交通业	5300	7503	1296	721
公共电汽车客运	5310	2011	216	147
轨道交通	5320	82	6	2
出租车客运	5330	5031	967	521
城市轮渡	5340	76	16	13
其他城市公共交通	5390	303	91	38
水上运输业	5400	7430	1172	714
水上旅客运输	5410	873	229	123
水上货物运输	5420	4762	593	414
水上运输辅助活动	5430	1795	350	177
航空运输业	5500	735	153	78
航空客货运输	5510	290	39	29
通用航空服务	5520	142	40	20
航空运输辅助活动	5530	303	74	29
管道运输业	5600	83	6	4
装卸搬运和其他运输服务业	5700	43955	14713	6671
装卸搬运	5710	7157	2925	1170
运输代理服务	5720	36798	11788	5501

100-500万元	500-1000万元	1000-5000万元	5000万元-1亿元	1亿元以上	代码
21180	**5197**	**6630**	**2116**	**4948**	**D**
14891	3639	4075	1427	3820	4400
13419	3067	2947	814	2372	4410
553	198	447	389	1036	4420
919	374	681	224	412	4430
1006	313	513	182	336	4500
5283	1245	2042	507	792	4600
4672	1041	1630	351	604	4610
409	175	385	150	174	4620
202	29	27	6	14	4690
56353	**24849**	**37759**	**8361**	**8596**	**E**
18745	11685	24219	6472	6970	4700
10793	7643	16904	4434	4348	4710
7952	4042	7315	2038	2622	4720
13015	5468	6835	1065	1086	4800
16966	5513	4305	481	297	4900
7627	2183	2400	343	243	5000
2820	813	867	125	84	5010
871	218	270	28	21	5020
3936	1152	1263	190	138	5090
45053	**17754**	**17347**	**3408**	**4202**	**F**
111	57	54	14	48	5100
3	1	4	1	3	5110
48	19	26	9	35	5120
60	37	24	4	10	5130
22350	7030	7352	1247	1322	5200
2583	986	1487	309	355	5210
17830	5398	5084	756	488	5220
1937	646	781	182	479	5230
2365	1034	1496	271	320	5300
600	277	488	99	184	5310
15	9	17	9	24	5320
1641	713	940	150	99	5330
22	7	8	5	5	5340
87	28	43	8	8	5390
1870	917	1623	451	683	5400
251	76	119	42	33	5410
1125	660	1265	316	389	5420
494	181	239	93	261	5430
166	57	77	42	162	5500
73	28	28	21	72	5510
35	15	14	7	11	5520
58	14	35	14	79	5530
18	5	14	4	32	5600
12013	6329	3203	504	522	5700
1985	484	431	66	96	5710
10028	5845	2772	438	426	5720

2-26 续表 6

行业中类	代码	企业法人单位数(个)		
			50万元及以下	50-100万元
仓储业	5800	17416	2920	1756
谷物、棉花等农产品仓储	5810	5221	546	373
其他仓储	5890	12195	2374	1383
邮政业	5900	4387	2460	666
国家邮政	5910	591	35	15
其他寄递服务	5990	3796	2425	651
信息传输、计算机服务和软件业	G	**144941**	**74242**	**27070**
电信和其他信息传输服务业	6000	18545	7599	2890
电信	6010	6556	1918	756
互联网信息服务	6020	9882	5213	1876
广播电视传输服务	6030	1928	428	235
卫星传输服务	6040	179	40	23
计算机服务业	6100	86969	52496	16833
计算机系统服务	6110	14276	5361	2882
数据处理	6120	748	234	158
计算机维修	6130	3080	1737	584
其他计算机服务	6190	68865	45164	13209
软件业	6200	39427	14147	7347
公共软件服务	6210	32272	11410	5924
其他软件服务	6290	7155	2737	1423
批发和零售业	H	**1402651**	**440534**	**285487**
批发业	6300	853760	218973	172127
农畜产品批发	6310	41719	11592	6695
食品、饮料及烟草制品批发	6320	63724	18640	12150
纺织、服装及日用品批发	6330	88623	22595	18592
文化、体育用品及器材批发	6340	27243	8095	6210
医药及医疗器材批发	6350	25534	4899	4812
矿产品、建材及化工产品批发	6360	287180	65526	53697
机械设备、五金交电及电子产品批发	6370	239346	60808	54614
贸易经纪与代理	6380	19646	5853	3409
其他批发	6390	60745	20965	11948
零售业	6500	548891	221561	113360
综合零售	6510	63664	22102	11094
食品、饮料及烟草制品专门零售	6520	44817	21523	8694
纺织、服装及日用品专门零售	6530	59544	27237	12499
文化、体育用品及器材专门零售	6540	36453	16310	7196
医药及医疗器材专门零售	6550	49427	26550	8565
汽车、摩托车、燃料及零配件专门零售	6560	79873	21838	15504
家用电器及电子产品专门零售	6570	90932	35395	21312
五金、家具及室内装修材料专门零售	6580	72479	30287	17216
无店铺及其他零售	6590	51702	20319	11280
住宿和餐饮业	I	**140219**	**45825**	**25029**
住宿业	6600	52259	13962	7183
旅游饭店	6610	17214	1638	1150
一般旅馆	6620	32025	11303	5520
其他住宿服务	6690	3020	1021	513
餐饮业	6700	87960	31863	17846
正餐服务	6710	72574	24008	14738
快餐服务	6720	5972	2841	1265
饮料及冷饮服务	6730	3786	2101	736
其他餐饮服务	6790	5628	2913	1107

100-500万元	500-1000万元	1000-5000万元	5000万元-1亿元	1亿元以上	代码
5593	2189	3320	772	866	5800
1633	662	1268	339	400	5810
3960	1527	2052	433	466	5890
567	136	208	103	247	5900
54	26	134	95	232	5910
513	110	74	8	15	5990
28009	**5481**	**6311**	**1346**	**2482**	**G**
3727	898	1429	437	1565	6000
1212	396	682	262	1330	6010
1934	308	373	78	100	6020
534	176	339	92	124	6030
47	18	35	5	11	6040
13697	1756	1604	297	286	6100
3889	844	949	178	173	6110
186	69	75	11	15	6120
608	94	47	4	6	6130
9014	749	533	104	92	6190
10585	2827	3278	612	631	6200
8789	2351	2770	505	523	6210
1796	476	508	107	108	6290
462948	**101199**	**84896**	**13684**	**13903**	**H**
300149	76295	65308	10034	10874	6300
14546	4268	3552	527	539	6310
20938	5052	4945	809	1190	6320
31235	7909	6413	959	920	6330
9044	1833	1550	267	244	6340
8895	2678	3123	613	514	6350
103091	29305	26209	4279	5073	6360
86800	19047	14396	1900	1781	6370
6247	1855	1701	276	305	6380
19353	4348	3419	404	308	6390
162799	24904	19588	3650	3029	6500
20927	4180	3506	739	1116	6510
11532	1722	1117	160	69	6520
16064	2017	1353	200	174	6530
9561	1578	1474	209	125	6540
11432	1512	1096	152	120	6550
27904	5393	6531	1681	1022	6560
28046	3700	2041	227	211	6570
20997	2544	1206	122	107	6580
16336	2258	1264	160	85	6590
44947	**9819**	**10788**	**2020**	**1791**	**I**
16436	4933	6710	1540	1495	6600
4685	2414	4665	1291	1371	6610
10743	2317	1826	214	102	6620
1008	202	219	35	22	6690
28511	4886	4078	480	296	6700
24932	4463	3778	424	231	6710
1462	180	141	31	52	6720
821	89	31	5	3	6730
1296	154	128	20	10	6790

2-26 续表 7

行业中类	代码	企业法人单位数(个)		
			50万元及以下	50-100万元
金融业	J	**26930**	**4251**	**1834**
银行业	6800	6971	175	67
中央银行	6810	51	2	1
商业银行	6820	6353	140	57
其他银行	6890	567	33	9
证券业	6900	1052	137	51
证券市场管理	6910	39	10	4
证券经纪与交易	6920	683	54	17
证券投资	6930	190	28	17
证券分析与咨询	6940	140	45	13
保险业	7000	8925	1680	968
人寿保险	7010	2847	307	222
非人寿保险	7020	3612	416	270
保险辅助服务	7030	2466	957	476
其他金融活动	7100	9982	2259	748
金融信托与管理	7110	743	220	67
金融租赁	7120	97	18	5
财务公司	7130	306	104	22
邮政储蓄	7140	348	21	6
典当	7150	2947	546	179
其他未列明的金融活动	7190	5541	1350	469
房地产业	K	**209915**	**50946**	**22634**
房地产业	7200	209915	50946	22634
房地产开发经营	7210	87835	3520	1558
物业管理	7220	56955	20037	12127
房地产中介服务	7230	32997	19058	5223
其他房地产活动	7290	32128	8331	3726
租赁和商务服务业	L	**359285**	**168345**	**59058**
租赁业	7300	17819	6699	3276
机械设备租赁	7310	17044	6301	3146
文化及日用品出租	7320	775	398	130
商务服务业	7400	341466	161646	55782
企业管理服务	7410	60582	16731	5705
法律服务	7420	8160	4610	1291
咨询与调查	7430	97754	54048	15974
广告业	7440	71045	35345	15739
知识产权服务	7450	3469	2170	496
职业中介服务	7460	17265	9400	3085
市场管理	7470	15452	4282	1931
旅行社	7480	20510	10668	3365
其他商务服务	7490	47229	24392	8196
科学研究、技术服务和地质勘查业	M	**125400**	**49692**	**22102**
研究与试验发展	7500	13709	5110	2223
自然科学研究与试验发展	7510	1289	495	217
工程和技术研究与试验发展	7520	7982	2825	1372

100-500万元	500-1000万元	1000-5000万元	5000万元-1亿元	1亿元以上	代码
4030	**2345**	**4348**	**1530**	**8592**	**J**
196	106	445	306	5676	6800
7	1	6	5	29	6810
160	90	406	281	5219	6820
29	15	33	20	428	6890
112	56	111	95	490	6900
4	3	2	1	15	6910
45	20	57	73	417	6920
33	12	32	17	51	6930
30	21	20	4	7	6940
2110	891	1453	526	1297	7000
605	256	425	204	828	7010
886	434	864	297	445	7020
619	201	164	25	24	7030
1612	1292	2339	603	1129	7100
123	54	97	32	150	7110
10	10	8	8	38	7120
40	16	29	4	91	7130
41	11	21	12	236	7140
520	647	946	76	33	7150
878	554	1238	471	581	7190
35736	**18690**	**39172**	**14777**	**27960**	**K**
35736	18690	39172	14777	27960	7200
6789	10035	28245	12408	25280	7210
14954	3958	4277	833	769	7220
5566	1249	1388	250	263	7230
8427	3448	5262	1286	1648	7290
76112	**17863**	**22083**	**5595**	**10229**	**L**
5305	1125	1075	157	182	7300
5141	1087	1038	153	178	7310
164	38	37	4	4	7320
70807	16738	21008	5438	10047	7400
10921	5251	10495	3494	7985	7410
1779	296	155	15	14	7420
18663	3881	3658	748	782	7430
15798	2215	1551	203	194	7440
578	93	86	19	27	7450
3565	632	469	72	42	7460
4762	1523	2007	451	496	7470
4613	853	771	113	127	7480
10128	1994	1816	323	380	7490
34522	**7990**	**7948**	**1415**	**1731**	**M**
3640	971	1194	240	331	7500
329	103	107	16	22	7510
2124	562	714	152	233	7520

2-26 续表 8

行业中类	代码	企业法人单位数(个)	50万元及以下	50-100万元
农业科学研究与试验发展	7530	1804	750	243
医学研究与试验发展	7540	2424	929	360
社会人文科学研究与试验发展	7550	210	111	31
专业技术服务业	7600	70557	26593	12943
气象服务	7610	653	339	114
地震服务	7620	68	24	15
海洋服务	7630	121	39	18
测绘服务	7640	2629	1165	498
技术检测	7650	6971	2086	1210
环境监测	7660	1091	480	182
工程技术与规划管理	7670	35660	11235	6435
其他专业技术服务	7690	23364	11225	4471
科技交流和推广服务业	7700	38711	17306	6621
技术推广服务	7710	28817	12678	4898
科技中介服务	7720	4520	2207	704
其他科技服务	7790	5374	2421	1019
地质勘查业	7800	2423	683	315
矿产地质勘查	7810	1149	358	137
基础地质勘查	7820	342	77	55
地质勘查技术服务	7830	932	248	123
水利、环境和公共设施管理业	**N**	**22064**	**6764**	**3054**
水利管理业	7900	1843	654	259
防洪管理	7910	140	49	21
水资源管理	7920	990	332	122
其他水利管理	7990	713	273	116
环境管理业	8000	4649	1728	678
自然保护	8010	312	103	29
环境治理	8020	4337	1625	649
公共设施管理业	8100	15572	4382	2117
市政公共设施管理	8110	2111	601	264
城市绿化管理	8120	8481	2454	1375
游览景区管理	8130	4980	1327	478
居民服务和其他服务业	**O**	**106491**	**60402**	**17691**
居民服务业	8200	50743	30775	7213
家庭服务	8210	3435	2685	333
托儿所	8220	289	196	41
洗染服务	8230	2130	1255	337
理发及美容保健服务	8240	15702	11023	1844
洗浴服务	8250	9883	4303	1705
婚姻服务	8260	2625	2110	271
殡葬服务	8270	1696	485	151
摄影扩印服务	8280	6630	3841	1223
其他居民服务	8290	8353	4877	1308
其他服务业	8300	55748	29627	10478
修理与维护	8310	32084	16788	6263
清洁服务	8320	10029	5964	1829
其他未列明的服务	8390	13635	6875	2386

100-500万元	500-1000万元	1000-5000万元	5000万元-1亿元	1亿元以上	代码
525	119	117	26	24	7530
613	180	246	44	52	7540
49	7	10	2		7550
20570	4696	4256	656	843	7600
164	18	13	2	3	7610
22	6	1			7620
30	15	14	4	1	7630
716	136	96	12	6	7640
2553	588	434	53	47	7650
314	61	48	3	3	7660
11454	2803	2715	409	609	7670
5317	1069	935	173	174	7690
9563	2094	2196	449	482	7700
7203	1623	1712	329	374	7710
1101	215	192	51	50	7720
1259	256	292	69	58	7790
749	229	302	70	75	7800
304	100	158	36	56	7810
120	34	42	7	7	7820
325	95	102	27	12	7830
6282	**2045**	**2695**	**512**	**712**	**N**
506	147	154	32	91	7900
34	9	15	6	6	7910
272	96	89	17	62	7920
200	42	50	9	23	7990
1176	357	446	121	143	8000
88	28	26	19	19	8010
1088	329	420	102	124	8020
4600	1541	2095	339	478	8100
525	195	278	64	184	8110
2743	765	967	103	74	8120
1332	581	850	192	220	8130
21857	**3539**	**2472**	**322**	**208**	**O**
9592	1684	1252	150	77	8200
343	50	20	3	1	8210
45	7				8220
423	60	49	2	4	8230
2306	383	136	5	5	8240
2875	522	430	29	19	8250
204	27	12	1		8260
483	192	300	60	25	8270
1319	162	77	6	2	8280
1594	281	228	44	21	8290
12265	1855	1220	172	131	8300
7362	996	581	64	30	8310
1836	238	136	19	7	8320
3067	621	503	89	94	8390

2-26 续表 9

行业中类	代码	企业法人单位数(个)	50万元及以下	50-100万元
教育	P	**21423**	**10992**	**3191**
教育	8400	21423	10992	3191
学前教育	8410	3947	2455	585
初等教育	8420	558	147	83
中等教育	8430	903	320	118
高等教育	8440	188	74	28
其他教育	8490	15827	7996	2377
卫生、社会保障和社会福利业	Q	**15941**	**8599**	**1930**
卫生	8500	15058	8158	1800
医院	8510	4205	818	536
卫生院及社区医疗活动	8520	1937	1104	219
门诊部医疗活动	8530	7438	5439	844
计划生育技术服务活动	8540	301	188	49
妇幼保健活动	8550	85	39	7
专科疾病防治活动	8560	294	175	49
疾病预防控制及防疫活动	8570	122	66	15
其他卫生活动	8590	676	329	81
社会保障业	8600	235	141	26
社会福利业	8700	648	300	104
提供住宿的社会福利	8710	475	205	82
不提供住宿的社会福利	8720	173	95	22
文化、体育和娱乐业	R	**35154**	**15547**	**5401**
新闻出版业	8800	2443	695	348
新闻业	8810	88	38	13
出版业	8820	2355	657	335
广播、电视、电影和音像业	8900	5548	1590	780
广播	8910	175	44	27
电视	8920	1400	288	148
电影	8930	2831	731	414
音像制作	8940	1142	527	191
文化艺术业	9000	7539	4255	1281
文艺创作与表演	9010	1854	1091	313
艺术表演场馆	9020	309	102	38
图书馆与档案馆	9030	105	68	12
文物及文化保护	9040	140	55	11
博物馆	9050	126	58	16
烈士陵园、纪念馆	9060	21	6	2
群众文化活动	9070	835	523	120
文化艺术经纪代理	9080	1889	1039	348
其他文化艺术	9090	2260	1313	421
体育	9100	1733	895	233
体育组织	9110	639	338	86
体育场馆	9120	582	294	68
其他体育	9190	512	263	79
娱乐业	9200	17891	8112	2759
室内娱乐活动	9210	10898	4919	1822
游乐园	9220	569	170	49
休闲健身娱乐活动	9230	4879	2329	661
其他娱乐活动	9290	1545	694	227

100-500万元	500-1000万元	1000-5000万元	5000万元-1亿元	1亿元以上	代码
5391	**942**	**717**	**115**	**75**	**P**
5391	942	717	115	75	8400
770	91	44	2		8410
240	53	27	5	3	8420
271	78	89	18	9	8430
37	14	16	6	13	8440
4073	706	541	84	50	8490
3420	**886**	**853**	**135**	**118**	**Q**
3216	846	803	124	111	8500
1525	543	575	106	102	8510
433	101	70	6	4	8520
945	114	88	8		8530
57	5	2			8540
21	7	10		1	8550
53	9	8			8560
26	5	9		1	8570
156	62	41	4	3	8590
45	10	9	3	1	8600
159	30	41	8	6	8700
124	26	30	5	3	8710
35	4	11	3	3	8720
8995	**2111**	**2140**	**412**	**548**	**R**
647	173	322	98	160	8800
23	3	5	1	5	8810
624	170	317	97	155	8820
1819	534	618	97	110	8900
49	19	26	7	3	8910
493	154	210	44	63	8920
978	294	336	39	39	8930
299	67	46	7	5	8940
1392	274	257	32	48	9000
313	57	55	12	13	9010
93	37	29	4	6	9020
17	5	2	1		9030
38	9	17	3	7	9040
29	11	8	2	2	9050
3	3	6		1	9060
140	27	20	1	4	9070
379	58	57	3	5	9080
380	67	63	6	10	9090
364	76	104	25	36	9100
130	23	44	7	11	9110
125	37	32	11	15	9120
109	16	28	7	10	9190
4773	1054	839	160	194	9200
3103	633	374	35	12	9210
162	40	93	25	30	9220
1127	279	272	75	136	9230
381	102	100	25	16	9290

2-27 按地区、资产总额组距

地区	企业法人单位数（个）	50万元及以下	50-100万元
全国	**4959671**	**1396967**	**829901**
北京	249861	92572	39831
天津	125627	50468	18483
河北	170979	48681	26525
山西	87418	30626	12481
内蒙古	67531	17422	10211
辽宁	243786	82383	41203
吉林	82884	8139	5372
黑龙江	99162	30752	15395
上海	337764	112543	68421
江苏	532309	101567	103061
浙江	450955	114063	74433
安徽	134362	47269	21790
福建	159718	46793	23583
江西	78570	15609	10463
山东	431421	87164	79952
河南	212815	45659	38519
湖北	184717	66366	31152
湖南	140456	37233	24030
广东	509178	148245	80501
广西	74120	27152	10645
海南	19434	5328	3671
重庆	97413	32413	16929
四川	157395	49019	26472
贵州	40599	15001	5507
云南	65929	20208	9340
西藏	2407	576	264
陕西	91652	24815	14923
甘肃	40099	13118	6210
青海	9872	3676	1456
宁夏	15526	4673	2489
新疆	45712	17434	6589

分组的企业法人单位数

100-500万元	500-1000万元	1000-5000万元	5000万元-1亿元	1亿元以上
1628226	**403823**	**468265**	**98855**	**133634**
62025	18345	23279	5041	8768
33437	8192	9244	1996	3807
59699	14538	14835	2931	3770
23176	7056	9248	2069	2762
23704	6305	6296	1477	2116
73289	17753	19386	4135	5637
46469	11822	8031	1404	1647
33516	7576	8426	1496	2001
84231	24997	30493	6687	10392
202279	48022	52663	10709	14008
148285	39950	49339	10759	14126
37854	9841	11941	2461	3206
49475	14193	17470	3646	4558
31341	8157	9141	1932	1927
173611	36648	37767	7509	8770
87377	16186	17745	3530	3799
56271	11558	13372	2676	3322
52154	10413	11427	2266	2933
157607	41731	53377	11665	16052
20078	5464	7022	1600	2159
5166	1606	2197	592	874
29876	6339	7435	1682	2739
45498	12201	15927	3536	4742
9833	3307	4653	1032	1266
18176	5963	8008	1794	2440
619	259	452	104	133
33324	7075	7761	1574	2180
12056	2956	3884	822	1053
2244	731	1088	261	416
4413	1304	1768	365	514
11143	3335	4590	1104	1517

2-28 按登记注册类型、资产

登记注册类型	企业法人单位数（个）	50万元及以下	50-100万元
总　计	**4959671**	**1396967**	**829901**
内资企业	**4774324**	**1380991**	**820769**
国有企业	142937	27326	12571
集体企业	192248	60600	26163
股份合作企业	63957	21511	9233
联营企业	11226	3152	1365
国有联营企业	1984	366	195
集体联营企业	4474	1457	616
国有与集体联营企业	1529	255	137
其他联营企业	3239	1074	417
有限责任公司	551233	114310	70951
国有独资公司	10648	946	531
其他有限责任公司	540585	113364	70420
股份有限公司	97326	20713	12529
私营企业	3596423	1083753	666888
私营独资企业	1314948	455077	249937
私营合伙企业	216879	71491	40069
私营有限责任公司	1954499	527733	358404
私营股份有限公司	110097	29452	18478
其他企业	118974	49626	21069
港、澳、台商投资企业	**83657**	**6607**	**3791**
合资经营企业(港、澳、台资)	22055	1262	616
合作经营企业(港、澳、台资)	4127	297	157
港、澳、台商独资经营企业	54845	4620	2834
港、澳、台商投资股份有限公司	2630	428	184
外商投资企业	**101690**	**9369**	**5341**
中外合资经营企业	32474	2274	1143
中外合作经营企业	3843	279	124
外资企业	62219	6300	3813
外商投资股份有限公司	3154	516	261

总额组距分组的企业法人单位数

100-500万元	500-1000万元	1000-5000万元	5000万元-1亿元	1亿元以上
1628226	**403823**	**468265**	**98855**	**133634**
1589352	**379953**	**415197**	**82089**	**105973**
37055	15273	26265	7836	16611
60739	17097	20062	3470	4117
19066	5075	5911	1154	2007
3418	1078	1428	337	448
537	237	384	90	175
1447	383	416	85	70
482	184	292	80	99
952	274	336	82	104
154639	57458	91281	24856	37738
1527	852	2211	909	3672
153112	56606	89070	23947	34066
25957	9202	13953	4053	10919
1252942	269074	251184	39469	33113
495459	67892	40465	4037	2081
80690	14039	9309	834	447
640352	176937	189889	32541	28643
36441	10206	11521	2057	1942
35536	5696	5113	914	1020
17165	**11604**	**25301**	**7586**	**11603**
3129	2692	7283	2687	4386
856	539	1154	362	762
12573	8056	16316	4394	6052
607	317	548	143	403
21709	**12266**	**27767**	**9180**	**16058**
5768	4037	9939	3294	6019
690	479	1112	417	742
14484	7431	16179	5251	8761
767	319	537	218	536

2-29 按地区、学历分组的企业法人单位从业人员数

地 区	企业法人单位数(个)	从业人员数(人)	具有研究生及以上学历人员	具有大学本科学历人员	具有大专学历人员	具有高中学历人员	具有初中及以下学历人员
全 国	**4959671**	**218893553**	**1916138**	**16349076**	**30647720**	**73046510**	**96934109**
北 京	249861	6596901	273982	1397372	1339716	1963087	1622744
天 津	125627	3773838	49769	416689	606500	1169918	1530962
河 北	170979	8459422	43660	478980	1066750	2847566	4022466
山 西	87418	4862368	21894	331894	696585	1597711	2214284
内蒙古	67531	3097076	17064	255751	565345	1142189	1116727
辽 宁	243786	8422292	117920	846184	1446451	2502276	3509461
吉 林	82884	3488756	33895	353974	611458	1275288	1214141
黑龙江	99162	4915661	42790	454141	835041	1866903	1716786
上 海	337764	9529927	177839	1143962	1474638	2739771	3993717
江 苏	532309	24162923	124449	1336669	2962989	8257242	11481574
浙 江	450955	18643501	65614	935859	1913100	5156967	10571961
安 徽	134362	6459811	35417	368544	865281	2110455	3080114
福 建	159718	8041152	34202	468269	894051	2298563	4346067
江 西	78570	4552214	111195	215517	518066	1572468	2134968
山 东	431421	19807516	98800	1272436	2752791	7088491	8594998
河 南	212815	11426478	57166	630999	1531556	4171771	5034986
湖 北	184717	7240136	83282	639062	1163808	2854897	2499087
湖 南	140456	6911038	44297	462136	1001462	2492791	2910352
广 东	509178	27306338	248590	1872614	3442530	9604830	12137774
广 西	74120	3289493	25999	246887	531713	1158484	1326410
海 南	19434	835457	6775	78388	125148	268044	357102
重 庆	97413	4649202	29441	324926	655604	1546228	2093003
四 川	157395	8266203	63028	629665	1252495	2712597	3608418
贵 州	40599	1912339	7509	150365	290912	508381	955172
云 南	65929	3024049	17115	210061	417784	838103	1540986
西 藏	2407	131418	612	6990	14441	31603	77772
陕 西	91652	4291739	44159	390208	753343	1565027	1539002
甘 肃	40099	2071660	18725	145758	333465	757394	816318
青 海	9872	476319	3752	43059	88530	176104	164874
宁 夏	15526	610240	5341	56940	114740	203366	229853
新 疆	45712	1638086	11857	184777	381427	567995	492030

2-30　按行业(中类)、学历分组的企业法人单位从业人员数

行业中类	代码	企业法人单位数(个)	从业人员数(人)	具有研究生及以上学历人员	具有大学本科学历人员	具有大专学历人员	具有高中学历人员	具有初中及以下学历人员
总　　计	**0000**	**4959671**	**218893553**	**1916138**	**16349076**	**30647720**	**73046510**	**96934109**
农、林、牧、渔业	**A**	**1395**	**1487326**	**1317**	**48233**	**147947**	**525519**	**764310**
农业	0100	501	868940	510	25773	80497	329719	432441
谷物及其他作物的种植	0110	313	828534	456	24966	78470	318616	406026
蔬菜、园艺作物的种植	0120	91	16076	24	407	983	5491	9171
水果、坚果、饮料和香料作物的种植	0130	85	23827	30	396	1004	5376	17021
中药材的种植	0140	12	503		4	40	236	223
林业	0200	376	545935	326	19321	60173	176228	289887
林木的培育和种植	0210	181	59825	74	2929	8422	24962	23438
木材和竹材的采运	0220	78	213393	179	12962	35416	82426	82410
林产品的采集	0230	117	272717	73	3430	16335	68840	184039
畜牧业	0300	378	47045	192	1618	4556	14155	26524
牲畜的饲养	0310	138	29195	47	637	2495	8704	17312
猪的饲养	0320	122	3091	2	94	321	934	1740
家禽的饲养	0330	86	14039	142	836	1615	4252	7194
狩猎和捕捉动物	0340	1	2				2	
其他畜牧业	0390	31	718	1	51	125	263	278
渔业	0400	58	5779	29	409	597	1918	2826
海洋渔业	0410	19	1301	9	53	110	359	770
内陆渔业	0420	39	4478	20	356	487	1559	2056
农、林、牧、渔服务业	0500	82	19627	260	1112	2124	3499	12632
农业服务业	0510	53	17632	30	1011	1853	2947	11791
林业服务业	0520	17	1267	228	42	135	355	507
畜牧服务业	0530	7	123		10	36	48	29
渔业服务业	0540	5	605	2	49	100	149	305
采矿业	**B**	**97313**	**9907369**	**64137**	**438875**	**859725**	**2976331**	**5568301**
煤炭开采和洗选业	0600	21931	5786535	42497	205702	455536	1587311	3495489
烟煤和无烟煤的开采洗选	0610	20901	5595746	42186	197723	429750	1524847	3401240
褐煤的开采洗选	0620	562	169795	258	7571	24507	54964	82495
其他煤炭采选	0690	468	20994	53	408	1279	7500	11754
石油和天然气开采业	0700	1363	1126201	12254	166444	198444	480099	268960
天然原油和天然气开采	0710	291	639916	8180	96532	108222	276263	150719
与石油和天然气开采有关的服务活动	0790	1072	486285	4074	69912	90222	203836	118241
黑色金属矿采选业	0800	17469	928632	4794	23923	70709	276396	552810
铁矿采选	0810	15609	844163	4726	22257	64628	253358	499194
其他黑色金属矿采选	0890	1860	84469	68	1666	6081	23038	53616
有色金属矿采选业	0900	10686	743014	3070	23217	63734	253521	399472
常用有色金属矿采选	0910	7491	433407	1145	13316	36694	141730	240522
贵金属矿采选	0920	2039	195505	786	6529	17954	71546	98690
稀有稀土金属矿采选	0930	1156	114102	1139	3372	9086	40245	60260
非金属矿采选业	1000	45159	1307022	1434	19027	69876	373884	842801
土砂石开采	1010	38505	965964	791	9501	41097	265987	648588
化学矿采选	1020	1552	87777	134	2374	7455	26226	51588
采盐	1030	850	121024	279	4632	12405	40809	62899
石棉及其他非金属矿采选	1090	4252	132257	230	2520	8919	40862	79726
其他采矿业	1100	705	15965	88	562	1426	5120	8769
制造业	**C**	**1818331**	**104323466**	**652051**	**4904408**	**10524238**	**35092215**	**53150554**
农副食品加工业	1300	102307	4547100	19957	144221	391493	1487065	2504364
谷物磨制	1310	28585	758942	2064	15050	52411	250947	438470

2-30 续表 1

行业中类	代码	企业法人单位数(个)	从业人员数(人)	具有研究生及以上学历人员	具有大学本科学历人员	具有大专学历人员	具有高中学历人员	具有初中及以下学历人员
饲料加工	1320	11888	475380	6878	34994	65699	153240	214569
植物油加工	1330	9820	381971	1197	13476	38456	137935	190907
制糖	1340	627	182691	245	4322	16715	70725	90684
屠宰及肉类加工	1350	16060	1003121	3967	27702	86820	339326	545306
水产品加工	1360	8509	566873	1542	15821	40617	158865	350028
蔬菜、水果和坚果加工	1370	13742	636582	1158	15361	42629	190369	387065
其他农副食品加工	1390	13076	541540	2906	17495	48146	185658	287335
食品制造业	1400	41714	2187868	12712	105829	252297	742988	1074042
焙烤食品制造	1410	10140	402978	2293	13852	37924	141357	207552
糖果、巧克力及蜜饯制造	1420	4638	219988	898	6539	18005	70081	124465
方便食品制造	1430	6491	388392	1277	16933	44481	127811	197890
液体乳及乳制品制造	1440	1912	234532	2227	18935	49579	84534	79257
罐头制造	1450	2986	238019	1011	6946	17001	68891	144170
调味品、发酵制品制造	1460	6683	298131	1330	13762	31447	105281	146311
其他食品制造	1490	8864	405828	3676	28862	53860	145033	174397
饮料制造业	1500	34978	1660349	8819	81817	207940	595665	766108
酒精制造	1510	438	56328	141	2551	7222	23207	23207
酒的制造	1520	13436	890651	4649	40333	107121	326479	412069
软饮料制造	1530	12083	489914	3449	33120	77271	177549	198525
精制茶加工	1540	9021	223456	580	5813	16326	68430	132307
烟草制品业	1600	251	208318	2576	22545	41809	64303	77085
烟叶复烤	1610	87	30109	238	1254	3578	7741	17298
卷烟制造	1620	82	167939	2253	20567	36066	52279	56774
其他烟草制品加工	1690	82	10270	85	724	2165	4283	3013
纺织业	1700	108023	8138641	18779	152911	507718	2540055	4919178
棉、化纤纺织及印染精加工	1710	42300	3970937	7613	70750	243509	1304295	2344770
毛纺织和染整精加工	1720	5162	430594	2453	10373	35297	129604	252867
麻纺织	1730	977	123549	283	2104	7697	43818	69647
丝绢纺织及精加工	1740	6766	455522	1023	7127	22669	134090	290613
纺织制成品制造	1750	23984	1220947	4001	28211	85905	386539	716291
针织品、编织品及其制品制造	1760	28834	1937092	3406	34346	112641	541709	1244990
纺织服装、鞋、帽制造业	1800	79494	6448028	12987	121316	372409	1807130	4134186
纺织服装制造	1810	74422	6044645	12552	115396	350112	1692858	3873727
纺织面料鞋的制造	1820	3569	280630	277	3592	14374	78864	183523
制帽	1830	1503	122753	158	2328	7923	35408	76936
皮革、毛皮、羽毛(绒)及其制品业	1900	31232	3386625	24117	51942	178157	896003	2236406
皮革鞣制加工	1910	2572	219661	213	3770	12528	80065	123085
皮革制品制造	1920	24545	2956690	22936	44390	153270	758404	1977690
毛皮鞣制及制品加工	1930	2442	101088	70	1602	6156	26150	67110
羽毛(绒)加工及制品制造	1940	1673	109186	898	2180	6203	31384	68521
木材加工及木、竹、藤、棕、草制品业	2000	62693	2390195	5359	42168	140988	707548	1494132
锯材、木片加工	2010	23643	575457	1037	7278	27859	167857	371426
人造板制造	2020	17459	1055862	2319	20366	69517	314105	649555
木制品制造	2030	14502	488684	1611	11615	33010	152946	289502
竹、藤、棕、草制品制造	2040	7089	270192	392	2909	10602	72640	183649
家具制造业	2100	36116	1583432	3359	40227	116081	459160	964605
木质家具制造	2110	26597	1046854	2403	24597	73240	311423	635191
竹、藤家具制造	2120	673	30556	22	486	1839	8055	20154
金属家具制造	2130	4014	282816	420	8831	21765	74452	177348

2-30　续表 2

行业中类	代码	企业法人单位数(个)	从业人员数(人)	具有研究生及以上学历人员	具有大学本科学历人员	具有大专学历人员	具有高中学历人员	具有初中及以下学历人员
塑料家具制造	2140	531	22533	51	612	1851	6596	13423
其他家具制造	2190	4301	200673	463	5701	17386	58634	118489
造纸及纸制品业	2200	48624	2190961	5447	65415	190710	721810	1207579
纸浆制造	2210	871	61677	303	3838	7596	24013	25927
造纸	2220	12087	925723	2544	32046	88954	321826	480353
纸制品制造	2230	35666	1203561	2600	29531	94160	375971	701299
印刷业和记录媒介的复制	2300	52680	1543512	5505	60544	175057	576627	725779
印刷	2310	47798	1418428	4973	54208	158527	529841	670879
装订及其他印刷服务活动	2320	4642	107083	289	3861	12748	39209	50976
记录媒介的复制	2330	240	18001	243	2475	3782	7577	3924
文教体育用品制造业	2400	20118	1680598	4731	36499	99944	462134	1077290
文化用品制造	2410	5400	247525	513	7397	18462	71146	150007
体育用品制造	2420	4725	393209	937	9433	25691	118938	238210
乐器制造	2430	1335	99489	1887	2745	6746	31247	56864
玩具制造	2440	7942	901747	1272	15149	45526	229813	609987
游艺器材及娱乐用品制造	2450	716	38628	122	1775	3519	10990	22222
石油加工、炼焦及核燃料加工业	2500	6424	921134	7342	84355	157076	346667	325694
精炼石油产品的制造	2510	4671	473993	5658	63000	100383	178380	126572
炼焦	2520	1731	436552	1611	19761	53925	164330	196925
化学原料及化学制品制造业	2600	96171	5624940	43793	355553	746876	2020741	2457977
基础化学原料制造	2610	16815	1304728	8902	86318	187507	497532	524469
肥料制造	2620	8989	855313	4996	45961	119626	352613	332117
农药制造	2630	2500	214552	2258	17970	33465	78164	82695
涂料、油墨、颜料及类似产品制造	2640	18423	589992	5370	40791	76354	201983	265494
合成材料制造	2650	6065	467145	6571	44462	80804	177226	158082
专用化学产品制造	2660	34185	1784666	11552	89104	192893	568695	922422
日用化学产品制造	2670	9194	408544	4144	30947	56227	144528	172698
医药制造业	2700	15285	1682534	29121	204583	331003	627506	490321
化学药品原药制造	2710	2235	339153	5082	35515	65179	139836	93541
化学药品制剂制造	2720	2267	449521	7312	68085	96732	167369	110023
中药饮片加工	2730	2027	102679	1074	7102	14978	37172	42353
中成药制造	2740	2731	412607	4739	49278	87780	155380	115430
兽用药品制造	2750	1345	87144	1812	10856	17602	31302	25572
生物、生化制品的制造	2760	2403	145279	6663	25507	31324	45921	35864
卫生材料及医药用品制造	2770	2277	146151	2439	8240	17408	50526	67538
化学纤维制造业	2800	4521	475685	8684	21000	64271	171311	210419
纤维素纤维原料及纤维制造	2810	790	116344	415	5041	12350	49218	49320
合成纤维制造	2820	3731	359341	8269	15959	51921	122093	161099
橡胶制品业	2900	20743	1282568	3694	41634	113998	421787	701455
轮胎制造	2910	1880	336581	868	15100	35703	137166	147744
橡胶板、管、带的制造	2920	3995	178327	586	6661	17726	56823	96531
橡胶零件制造	2930	6041	220319	677	7532	23575	71424	117111
再生橡胶制造	2940	1104	38244	78	807	2700	12300	22359
日用及医用橡胶制品制造	2950	1010	71719	224	2480	5997	19701	43317
橡胶靴鞋制造	2960	1865	265825	271	3265	13212	69888	179189
其他橡胶制品制造	2990	4848	171553	990	5789	15085	54485	95204
塑料制品业	3000	98293	3899242	12547	119892	321511	1263093	2182199
塑料薄膜制造	3010	8904	339712	1218	13035	31907	114971	178581

2-30 续表 3

行业中类	代码	企业法人单位数(个)	从业人员数(人)	具有研究生及以上学历人员	具有大学本科学历人员	具有大专学历人员	具有高中学历人员	具有初中及以下学历人员
塑料板、管、型材的制造	3020	14099	527024	3437	28281	61199	182357	251750
塑料丝、绳及编织品的制造	3030	10401	472547	1362	8683	29851	140715	291936
泡沫塑料制造	3040	5030	158215	467	4063	12731	51220	89734
塑料人造革、合成革制造	3050	1153	107707	370	4024	11437	35453	56423
塑料包装箱及容器制造	3060	10962	366370	1081	10832	32975	117354	204128
塑料零件制造	3070	13315	526272	1237	16310	42742	178069	287914
日用塑料制造	3080	12832	633006	1317	13526	39241	195027	383895
其他塑料制品制造	3090	21597	768389	2058	21138	59428	247927	437838
非金属矿物制品业	3100	211191	9390534	30388	216045	644236	2809264	5690601
水泥、石灰和石膏的制造	3110	14651	1415523	6249	42234	129548	499507	737985
水泥及石膏制品制造	3120	48940	1274283	3996	32846	95551	396433	745457
砖瓦、石材及其他建筑材料制造	3130	99509	3828142	8288	46058	165716	962282	2645798
玻璃及玻璃制品制造	3140	15922	1169588	5365	43227	106284	391897	622815
陶瓷制品制造	3150	8938	748240	2192	17732	55590	249535	423191
耐火材料制品制造	3160	11601	488481	2011	14870	42231	150841	278528
石墨及其他非金属矿物制品制造	3190	11630	466277	2287	19078	49316	158769	236827
黑色金属冶炼及压延加工业	3200	18939	3372463	25311	202415	429200	1289273	1426264
炼铁	3210	2687	332479	1042	11665	28398	116440	174934
炼钢	3220	788	552482	11388	28691	51831	261643	198929
钢压延加工	3230	12400	2172485	11081	151653	321003	805718	883030
铁合金冶炼	3240	3064	315017	1800	10406	27968	105472	169371
有色金属冶炼及压延加工业	3300	21497	2034949	15322	110816	250139	707719	950953
常用有色金属冶炼	3310	5907	938724	8034	55512	128522	324981	421675
贵金属冶炼	3320	591	70835	382	3771	7204	27696	31782
稀有稀土金属冶炼	3330	1402	129179	1393	6864	15744	49391	55787
有色金属合金制造	3340	2155	116905	1353	7868	15945	42365	49374
有色金属压延加工	3350	11442	779306	4160	36801	82724	263286	392335
金属制品业	3400	132747	5023298	20200	185531	479576	1647587	2690404
结构性金属制品制造	3410	47440	1559857	6474	70207	174111	532372	776693
金属工具制造	3420	17669	603979	2111	19142	51758	200290	330678
集装箱及金属包装容器制造	3430	5619	336958	2175	18204	36218	113136	167225
金属丝绳及其制品的制造	3440	7026	286902	847	9614	25726	89770	160945
建筑、安全用金属制品制造	3450	15167	628003	1921	21419	58495	194643	351525
金属表面处理及热处理加工	3460	10935	412835	2202	11260	31754	122046	245573
搪瓷制品制造	3470	989	65121	869	2123	5159	22895	34075
不锈钢及类似日用金属制品制造	3480	12439	616859	1568	16851	50120	195066	353254
其他金属制品制造	3490	15463	512784	2033	16711	46235	177369	270436
通用设备制造业	3500	181966	7243605	38335	396068	855900	2541642	3411660
锅炉及原动机制造	3510	7091	482778	3394	39502	71262	182964	185656
金属加工机械制造	3520	22489	836583	5468	56218	120328	320869	333700
起重运输设备制造	3530	5620	455674	4405	45665	77868	142688	185048
泵、阀门、压缩机及类似机械的制造	3540	23852	1093029	5866	65298	129904	386162	505799
轴承、齿轮、传动和驱动部件的制造	3550	12586	712547	2174	28076	71223	254166	356908
烘炉、熔炉及电炉制造	3560	1749	50442	417	4166	7019	19152	19688
风机、衡器、包装设备等通用设备制造	3570	21410	912310	7207	65850	129152	333218	376883
通用零部件制造及机械修理	3580	55742	1398165	5189	55002	148840	490562	698572
金属铸、锻加工	3590	31427	1302077	4215	36291	100304	411861	749406
专用设备制造业	3600	92805	4343870	43130	348104	636152	1633508	1682976

2-30　续表 4

行业中类	代码	企业法人单位数(个)	从业人员数(人)	具有研究生及以上学历人员	具有大学本科学历人员	具有大专学历人员	具有高中学历人员	具有初中及以下学历人员
矿山、冶金、建筑专用设备制造	3610	15987	1068196	12936	99424	168289	397642	389905
化工、木材、非金属加工专用设备制造	3620	26268	957512	4546	50606	128773	373675	399912
食品、饮料、烟草及饲料生产专用设备制造	3630	3557	157680	1332	10493	20140	59101	66614
印刷、制药、日化生产专用设备制造	3640	5747	225548	1913	16427	32659	82526	92023
纺织、服装和皮革工业专用设备制造	3650	8808	353582	1844	16455	38521	130653	166109
农、林、牧、渔专用机械制造	3670	7464	386247	1082	19333	45651	153730	166451
医疗仪器设备及器械制造	3680	5473	298257	8028	32107	45788	103527	108807
环保、社会公共安全及其他专用设备制造	3690	13379	437174	6982	51954	75424	149308	153506
交通运输设备制造业	3700	79689	5811964	68690	459598	814150	2173701	2295825
铁路运输设备制造	3710	2761	361239	2589	35202	60103	150130	113215
汽车制造	3720	54585	3566495	53910	280512	488252	1375866	1367955
摩托车制造	3730	6807	533596	2076	25273	58542	196480	251225
自行车制造	3740	5662	276040	618	7660	24352	89738	153672
船舶及浮动装置制造	3750	8034	702227	3945	46492	90920	231396	329474
航空航天器制造	3760	383	317121	5260	61429	84382	111138	54912
交通器材及其他交通运输设备制造	3790	1457	55246	292	3030	7599	18953	25372
电气机械及器材制造业	3900	93753	6294577	44729	404008	763223	2248712	2833905
电机制造	3910	10001	740415	5171	47743	93547	269621	324333
输配电及控制设备制造	3920	31390	1736574	14855	139657	250987	619967	711108
电线、电缆、光缆及电工器材制造	3930	16688	987837	7608	51896	116629	356500	455204
电池制造	3940	3827	508992	4307	30688	53267	193367	227363
家用电力器具制造	3950	11395	1193472	5688	80225	134955	448402	524202
非电力家用器具制造	3960	3360	136703	881	10905	17986	49033	57898
照明器具制造	3970	12816	829914	4863	29646	70988	254058	470359
其他电气机械及器材制造	3990	4276	160670	1356	13248	24864	57764	63438
通信设备、计算机及其他电子设备制造业	4000	45454	7001203	109615	624267	855991	2870035	2541295
通信设备制造	4010	4737	895613	50333	155337	141126	310474	238343
雷达及配套设备制造	4020	121	44436	1714	9299	10536	13646	9241
广播电视设备制造	4030	1497	121843	1762	13402	16322	39527	50830
电子计算机制造	4040	3844	1461869	17294	140151	166288	735167	402969
电子器件制造	4050	6377	1068604	18340	107947	144909	466931	330477
电子元件制造	4060	20432	2454168	11676	121883	258556	990833	1071220
家用视听设备制造	4070	3331	593859	3444	40982	70689	203006	275738
其他电子设备制造	4090	5115	360811	5052	35266	47565	110451	162477
仪器仪表及文化、办公用机械制造业	4100	23730	1496106	19364	142746	211829	527468	594699
通用仪器仪表制造	4110	11649	504592	11742	76542	100742	167972	147594
专用仪器仪表制造	4120	3993	202729	3882	27213	39598	68461	63575
钟表与计时仪器制造	4130	1755	169757	408	4242	12081	50398	102628
光学仪器及眼镜制造	4140	3481	323967	1734	16192	30968	108098	166975
文化、办公用机械制造	4150	1632	262760	1055	14649	22900	121471	102685
其他仪器仪表的制造及修理	4190	1220	32301	543	3908	5540	11068	11242
工艺品及其他制造业	4200	48690	2255833	6374	57148	158213	671846	1362252
工艺美术品制造	4210	31066	1555093	3832	34046	103639	465687	947889
日用杂品制造	4220	7861	445566	694	9084	26174	116266	293348
煤制品制造	4230	4502	69868	107	1205	3983	22670	41903
其他未列明的制造业	4290	5230	184354	1706	12622	24186	66936	78904
废弃资源和废旧材料回收加工业	4300	8203	203334	1064	5211	16291	59867	120901
金属废料和碎屑的加工处理	4310	3957	120797	776	3141	9891	35155	71834
非金属废料和碎屑的加工处理	4320	4246	82537	288	2070	6400	24712	49067

2-30 续表 5

行业中类	代码	企业法人单位数(个)	从业人员数(人)	具有研究生及以上学历人员	具有大学本科学历人员	具有大专学历人员	具有高中学历人员	具有初中及以下学历人员
电力、燃气及水的生产和供应业	D	**57022**	**4009933**	**52033**	**495924**	**940311**	**1447296**	**1074369**
电力、热力的生产和供应业	4400	37582	3125705	46015	416735	754397	1102716	805842
电力生产	4410	31470	1393996	10963	157404	319004	520600	386025
电力供应	4420	3018	1473536	21186	239451	386904	483581	342414
热力生产和供应	4430	3094	258173	13866	19880	48489	98535	77403
燃气生产和供应业	4500	3103	225713	2262	27113	49507	84635	62196
水的生产和供应业	4600	16337	658515	3756	52076	136407	259945	206331
自来水的生产和供应	4610	14087	601172	2716	44644	122788	239981	191043
污水处理及其再生利用	4620	1743	50068	924	6732	12502	17826	12084
其他水的处理、利用与分配	4690	507	7275	116	700	1117	2138	3204
建筑业	E	**226745**	**39068150**	**111785**	**1837080**	**4074826**	**11218727**	**21825732**
房屋和土木工程建筑业	4700	93036	32427758	76388	1336039	3065620	9132175	18817536
房屋工程建筑	4710	59933	25420372	49802	772764	2086143	7128398	15383265
土木工程建筑	4720	33103	7007386	26586	563275	979477	2003777	3434271
建筑安装业	4800	43758	3225836	16971	259181	506972	1049228	1393484
建筑装饰业	4900	66284	1866360	11360	154288	329962	597827	772923
其他建筑业	5000	23667	1548196	7066	87572	172272	439497	841789
工程准备	5010	8717	438644	2083	27906	52614	120771	235270
提供施工设备服务	5020	2753	234844	884	7063	17462	68268	141167
其他未列明的建筑活动	5090	12196	874688	4099	52603	102176	250458	465352
交通运输、仓储和邮政业	F	**148451**	**8461703**	**42436**	**608870**	**1403721**	**3583778**	**2822898**
铁路运输业	5100	415	53364	184	5053	10629	25003	12495
铁路旅客运输	5110	16	5566	10	324	744	3022	1466
铁路货物运输	5120	194	32668	117	3548	6583	14777	7643
铁路运输辅助活动	5130	205	15130	57	1181	3302	7204	3386
道路运输业	5200	66527	3331598	10161	156890	451803	1463129	1249615
公路旅客运输	5210	7591	939057	2080	39786	127344	434726	335121
道路货物运输	5220	52098	1930678	5282	75853	230735	826933	791875
道路运输辅助活动	5230	6838	461863	2799	41251	93724	201470	122619
城市公共交通业	5300	7503	1589895	3379	45633	160309	801195	579379
公共电汽车客运	5310	2011	895096	1449	26175	97335	447494	322643
轨道交通	5320	82	54749	1189	8758	15984	18669	10149
出租车客运	5330	5031	600754	677	9513	43413	317553	229598
城市轮渡	5340	76	6864	10	273	914	2676	2991
其他城市公共交通	5390	303	32432	54	914	2663	14803	13998
水上运输业	5400	7430	794361	4984	70972	138160	299730	280515
水上旅客运输	5410	873	57145	566	3259	9845	22010	21465
水上货物运输	5420	4762	466114	2021	31756	67109	179317	185911
水上运输辅助活动	5430	1795	271102	2397	35957	61206	98403	73139
航空运输业	5500	735	313126	4690	89426	110800	71937	36273
航空客货运输	5510	290	219918	3476	67764	80459	43961	24258
通用航空服务	5520	142	5699	101	1098	1737	2059	704
航空运输辅助活动	5530	303	87509	1113	20564	28604	25917	11311
管道运输业	5600	83	24989	343	5607	7298	7184	4557
装卸搬运和其他运输服务业	5700	43955	1060110	10236	122238	230518	341100	356018
装卸搬运	5710	7157	380245	621	10227	29373	119750	220274
运输代理服务	5720	36798	679865	9615	112011	201145	221350	135744

2-30　续表 6

行业中类	代码	企业法人单位数（个）	从业人员数（人）	具有研究生及以上学历人员	具有大学本科学历人员	具有大专学历人员	具有高中学历人员	具有初中及以下学历人员
仓储业	5800	17416	510798	3471	40514	102502	199896	164415
谷物、棉花等农产品仓储	5810	5221	167306	901	12023	37558	72073	44751
其他仓储	5890	12195	343492	2570	28491	64944	127823	119664
邮政业	5900	4387	783462	4988	72537	191702	374604	139631
国家邮政	5910	591	665253	4301	61573	166475	317154	115750
其他寄递服务	5990	3796	118209	687	10964	25227	57450	23881
信息传输、计算机服务和软件业	**G**	**144941**	**3081726**	**171072**	**1051483**	**940810**	**704954**	**213407**
电信和其他信息传输服务业	6000	18545	1452784	45940	409081	506077	397368	94318
电信	6010	6556	1185595	35256	336619	416630	325634	71456
互联网信息服务	6020	9882	144126	7584	45600	48236	32121	10585
广播电视传输服务	6030	1928	116239	2192	24102	39292	38619	12034
卫星传输服务	6040	179	6824	908	2760	1919	994	243
计算机服务业	6100	86969	739346	31362	183633	194622	230171	99558
计算机系统服务	6110	14276	235373	18296	99401	72768	35341	9567
数据处理	6120	748	28397	1610	9831	9858	5529	1569
计算机维修	6130	3080	33574	743	7500	12811	10989	1531
其他计算机服务	6190	68865	442002	10713	66901	99185	178312	86891
软件业	6200	39427	889596	93770	458769	240111	77415	19531
公共软件服务	6210	32272	741368	76757	387081	201366	62641	13523
其他软件服务	6290	7155	148228	17013	71688	38745	14774	6008
批发和零售业	**H**	**1402651**	**18907576**	**188137**	**2016212**	**4449799**	**7783477**	**4469951**
批发业	6300	853760	10545075	137126	1366642	2629785	3995589	2415933
农畜产品批发	6310	41719	703434	4708	37785	110661	296341	253939
食品、饮料及烟草制品批发	6320	63724	1393836	10900	138458	312416	550170	381892
纺织、服装及日用品批发	6330	88623	1080986	12043	154600	292484	414562	207297
文化、体育用品及器材批发	6340	27243	304902	5034	49308	90113	113502	46945
医药及医疗器材批发	6350	25534	557883	9850	94884	177960	201701	73488
矿产品、建材及化工产品批发	6360	287180	3210534	33249	334033	718605	1278719	845928
机械设备、五金交电及电子产品批发	6370	239346	2456752	49550	461865	748888	839189	357260
贸易经纪与代理	6380	19646	209352	5893	42360	60414	65487	35198
其他批发	6390	60745	627396	5899	53349	118244	235918	213986
零售业	6500	548891	8362501	51011	649570	1820014	3787888	2054018
综合零售	6510	63664	2856634	9074	152693	461262	1390897	842708
食品、饮料及烟草制品专门零售	6520	44817	492288	2187	24159	83068	226350	156524
纺织、服装及日用品专门零售	6530	59544	747958	4081	51328	160766	364656	167127
文化、体育用品及器材专门零售	6540	36453	404706	4093	44894	117602	172812	65305
医药及医疗器材专门零售	6550	49427	624861	4388	54832	170602	299970	95069
汽车、摩托车、燃料及零配件专门零售	6560	79873	1228206	7114	104319	302322	514147	300304
家用电器及电子产品专门零售	6570	90932	971459	12346	133116	305239	382329	138429
五金、家具及室内装修材料专门零售	6580	72479	568497	3378	40939	119787	253843	150550
无店铺及其他零售	6590	51702	467892	4350	43290	99366	182884	138002
住宿和餐饮业	**I**	**140219**	**5687081**	**18628**	**242646**	**780850**	**2398431**	**2246526**
住宿业	6600	52259	2581884	9444	128361	410619	1118119	915341
旅游饭店	6610	17214	1840997	6891	98034	307801	796237	632034
一般旅馆	6620	32025	666192	2094	26389	91265	290735	255709
其他住宿服务	6690	3020	74695	459	3938	11553	31147	27598
餐饮业	6700	87960	3105197	9184	114285	370231	1280312	1331185
正餐服务	6710	72574	2558204	5674	74282	264884	1032019	1181345
快餐服务	6720	5972	369873	2908	32810	82747	175053	76355
饮料及冷饮服务	6730	3786	53028	230	2828	8702	24416	16852
其他餐饮服务	6790	5628	124092	372	4365	13898	48824	56633

2-30 续表 7

行业中类	代码	企业法人单位数(个)	从业人员数(人)	具有研究生及以上学历人员	具有大学本科学历人员	具有大专学历人员	具有高中学历人员	具有初中及以下学历人员
金融业	J	**26930**	**4937420**	**134226**	**1362121**	**1865563**	**1314046**	**261464**
银行业	6800	6971	2698047	70427	858051	1089178	563084	117307
中央银行	6810	51	10670	350	4005	3887	1802	626
商业银行	6820	6353	2595483	65317	822300	1051220	543546	113100
其他银行	6890	567	91894	4760	31746	34071	17736	3581
证券业	6900	1052	140969	22341	67780	40498	8957	1393
证券市场管理	6910	39	2234	655	849	513	192	25
证券经纪与交易	6920	683	125710	19294	60805	36602	7780	1229
证券投资	6930	190	10805	1931	5148	2812	792	122
证券分析与咨询	6940	140	2220	461	978	571	193	17
保险业	7000	8925	1886234	30658	375225	657313	690162	132876
人寿保险	7010	2847	1408009	19248	249968	460073	566504	112216
非人寿保险	7020	3612	418270	9399	110347	172819	108572	17133
保险辅助服务	7030	2466	59955	2011	14910	24421	15086	3527
其他金融活动	7100	9982	212170	10800	61065	78574	51843	9888
金融信托与管理	7110	743	24312	3307	9955	6580	3595	875
金融租赁	7120	97	2019	427	949	406	206	31
财务公司	7130	306	6198	925	2899	1559	723	92
邮政储蓄	7140	348	87383	1091	18384	36480	27057	4371
典当	7150	2947	25073	548	5050	9797	7757	1921
其他未列明的金融活动	7190	5541	67185	4502	23828	23752	12505	2598
房地产业	K	**209915**	**5428838**	**70465**	**730881**	**1336417**	**1879819**	**1411256**
房地产业	7200	209915	5428838	70465	730881	1336417	1879819	1411256
房地产开发经营	7210	87835	2076097	44598	448023	689506	601467	292503
物业管理	7220	56955	2460033	13616	157827	399157	953596	935837
房地产中介服务	7230	32997	364929	6679	71928	134225	116056	36041
其他房地产活动	7290	32128	527779	5572	53103	113529	208700	146875
租赁和商务服务业	L	**359285**	**6831465**	**181670**	**1219381**	**1712781**	**2103867**	**1613766**
租赁业	7300	17819	213256	2621	19911	44225	84587	61912
机械设备租赁	7310	17044	203935	2487	18949	41952	80500	60047
文化及日用品出租	7320	775	9321	134	962	2273	4087	1865
商务服务业	7400	341466	6618209	179049	1199470	1668556	2019280	1551854
企业管理服务	7410	60582	1952846	59256	349056	459551	575935	509048
法律服务	7420	8160	104952	13722	58178	23697	7641	1714
咨询与调查	7430	97754	966258	56318	337339	343515	178212	50874
广告业	7440	71045	593520	14068	154224	218681	155424	51123
知识产权服务	7450	3469	33932	3443	14336	10604	4616	933
职业中介服务	7460	17265	1066672	14524	99474	224180	401070	327424
市场管理	7470	15452	380167	1890	24781	65993	150845	136658
旅行社	7480	20510	294745	3722	51538	118622	95110	25753
其他商务服务	7490	47229	1225117	12106	110544	203713	450427	448327
科学研究、技术服务和地质勘查业	M	**125400**	**2683460**	**167213**	**894080**	**760016**	**572742**	**289409**
研究与试验发展	7500	13709	283891	33884	100060	70853	53264	25830
自然科学研究与试验发展	7510	1289	21331	2974	6443	5548	4337	2029
工程和技术研究与试验发展	7520	7982	195053	20933	72904	48530	35660	17026

2-30　续表 8

行业中类	代码	企业法人单位数（个）	从业人员数（人）	具有研究生及以上学历人员	具有大学本科学历人员	具有大专学历人员	具有高中学历人员	具有初中及以下学历人员
农业科学研究与试验发展	7530	1804	23655	1212	5258	6107	6654	4424
医学研究与试验发展	7540	2424	40877	8533	14326	9607	6155	2256
社会人文科学研究与试验发展	7550	210	2975	232	1129	1061	458	95
专业技术服务业	7600	70557	1654187	90462	603092	516761	312478	131394
气象服务	7610	653	7176	222	1973	2728	1864	389
地震服务	7620	68	918	139	340	260	162	17
海洋服务	7630	121	2164	150	666	603	513	232
测绘服务	7640	2629	43637	1130	10839	16367	11839	3462
技术检测	7650	6971	153402	5496	39081	46606	44134	18085
环境监测	7660	1091	13164	777	4190	4156	2983	1058
工程技术与规划管理	7670	35660	1110052	66543	447256	350099	172935	73219
其他专业技术服务	7690	23364	323674	16005	98747	95942	78048	34932
科技交流和推广服务业	7700	38711	568931	37876	149209	134251	146299	101296
技术推广服务	7710	28817	442046	29896	114288	98739	116613	82510
科技中介服务	7720	4520	55716	2921	14158	15202	13224	10211
其他科技服务	7790	5374	71169	5059	20763	20310	16462	8575
地质勘查业	7800	2423	176451	4991	41719	38151	60701	30889
矿产地质勘查	7810	1149	133648	3460	29623	27243	50605	22717
基础地质勘查	7820	342	16015	500	4266	3923	4243	3083
地质勘查技术服务	7830	932	26788	1031	7830	6985	5853	5089
水利、环境和公共设施管理业	**N**	**22064**	**649832**	**6713**	**66483**	**121997**	**207782**	**246857**
水利管理业	7900	1843	38761	679	6483	9859	12726	9014
防洪管理	7910	140	3940	77	694	1036	1069	1064
水资源管理	7920	990	21233	318	3228	5165	7456	5066
其他水利管理	7990	713	13588	284	2561	3658	4201	2884
环境管理业	8000	4649	175845	2199	15633	23800	45563	88650
自然保护	8010	312	12751	152	1073	2475	5133	3918
环境治理	8020	4337	163094	2047	14560	21325	40430	84732
公共设施管理业	8100	15572	435226	3835	44367	88338	149493	149193
市政公共设施管理	8110	2111	67423	906	10961	16285	21666	17605
城市绿化管理	8120	8481	189856	1987	20566	36614	57092	73597
游览景区管理	8130	4980	177947	942	12840	35439	70735	57991
居民服务和其他服务业	**O**	**106491**	**1762846**	**9233**	**99344**	**276129**	**685911**	**692229**
居民服务业	8200	50743	803594	3375	39469	124057	340273	296420
家庭服务	8210	3435	43507	207	2163	6007	16036	19094
托儿所	8220	289	3474	20	475	1294	1317	368
洗染服务	8230	2130	33497	109	1177	3999	12628	15584
理发及美容保健服务	8240	15702	209265	692	7205	28418	96577	76373
洗浴服务	8250	9883	244898	617	6851	28034	103403	105993
婚姻服务	8260	2625	15204	130	1915	5020	6365	1774
殡葬服务	8270	1696	36369	197	2223	6223	12548	15178
摄影扩印服务	8280	6630	74246	534	6289	18803	35342	13278
其他居民服务	8290	8353	143134	869	11171	26259	56057	48778
其他服务业	8300	55748	959252	5858	59875	152072	345638	395809
修理与维护	8310	32084	385233	2160	24500	73760	165835	118978
清洁服务	8320	10029	316784	760	8649	24435	91885	191055
其他未列明的服务	8390	13635	257235	2938	26726	53877	87918	85776

2-30 续表 9

行业中类	代码	企业法人单位数(个)	从业人员数(人)	具有研究生及以上学历人员	具有大学本科学历人员	具有大专学历人员	具有高中学历人员	具有初中及以下学历人员
教育	P	**21423**	**402653**	**10336**	**90990**	**120310**	**134847**	**46170**
教育	8400	21423	402653	10336	90990	120310	134847	46170
学前教育	8410	3947	63735	399	6673	23112	26207	7344
初等教育	8420	558	21121	239	5204	9151	4392	2135
中等教育	8430	903	35842	1182	15025	10934	5978	2723
高等教育	8440	188	11595	1581	5732	2601	1246	435
其他教育	8490	15827	270360	6935	58356	74512	97024	33533
卫生、社会保障和社会福利业	Q	**15941**	**438137**	**12783**	**101877**	**154136**	**129962**	**39379**
卫生	8500	15058	421500	12647	100529	150878	124382	33064
医院	8510	4205	296363	9442	75522	107077	82955	21367
卫生院及社区医疗活动	8520	1937	36970	533	6364	12644	13300	4129
门诊部医疗活动	8530	7438	61337	1380	12525	21880	20458	5094
计划生育技术服务活动	8540	301	2605	51	463	937	917	237
妇幼保健活动	8550	85	4059	582	971	1366	952	188
专科疾病防治活动	8560	294	3377	103	739	1443	914	178
疾病预防控制及防疫活动	8570	122	2607	95	747	870	592	303
其他卫生活动	8590	676	14182	461	3198	4661	4294	1568
社会保障业	8600	235	6772	48	685	1441	2028	2570
社会福利业	8700	648	9865	88	663	1817	3552	3745
提供住宿的社会福利	8710	475	7630	67	467	1236	2700	3160
不提供住宿的社会福利	8720	173	2235	21	196	581	852	585
文化、体育和娱乐业	R	**35154**	**824572**	**21903**	**140188**	**178144**	**286806**	**197531**
新闻出版业	8800	2443	164637	13758	65658	40183	25961	19077
新闻业	8810	88	4865	194	2217	1779	520	155
出版业	8820	2355	159772	13564	63441	38404	25441	18922
广播、电视、电影和音像业	8900	5548	137756	3257	31388	40784	46603	15724
广播	8910	175	5894	156	1684	2091	1562	401
电视	8920	1400	60909	1826	17145	18458	18727	4753
电影	8930	2831	60517	904	9443	16482	23900	9788
音像制作	8940	1142	10436	371	3116	3753	2414	782
文化艺术业	9000	7539	76157	2208	15122	21211	23675	13941
文艺创作与表演	9010	1854	27052	788	3875	5834	9316	7239
艺术表演场馆	9020	309	7751	116	945	1839	2931	1920
图书馆与档案馆	9030	105	882	13	147	372	289	61
文物及文化保护	9040	140	2571	29	344	776	764	658
博物馆	9050	126	1753	46	270	541	690	206
烈士陵园、纪念馆	9060	21	431		24	91	243	73
群众文化活动	9070	835	6054	165	1313	2027	1692	857
文化艺术经纪代理	9080	1889	12316	490	3825	4194	3068	739
其他文化艺术	9090	2260	17347	561	4379	5537	4682	2188
体育	9100	1733	26826	423	4463	6972	9047	5921
体育组织	9110	639	8438	158	1736	2424	2662	1458
体育场馆	9120	582	11308	103	1337	2446	4025	3397
其他体育	9190	512	7080	162	1390	2102	2360	1066
娱乐业	9200	17891	419196	2257	23557	68994	181520	142868
室内娱乐活动	9210	10898	226047	669	8703	33306	105433	77936
游乐园	9220	569	25231	141	1850	5140	11343	6757
休闲健身娱乐活动	9230	4879	139706	1163	11366	25809	53323	48045
其他娱乐活动	9290	1545	28212	284	1638	4739	11421	10130

2-31 按登记注册类型、学历分组的企业法人单位从业人员数

登记注册类型	企业法人单位数(个)	从业人员数(人)	具有研究生及以上学历人员	具有大学本科学历人员	具有大专学历人员	具有高中学历人员	具有初中及以下学历人员
总计	**4959671**	**218893553**	**1916138**	**16349076**	**30647720**	**73046510**	**96934109**
内资企业	**4774324**	**187763886**	**1486963**	**13658326**	**26748906**	**62431158**	**83438533**
国有企业	142937	22021786	247729	2497643	4117494	7755416	7403504
集体企业	192248	9053539	27357	337096	996503	3059978	4632605
股份合作企业	63957	2641447	17519	193623	430553	857920	1141832
联营企业	11226	590313	4434	43276	81968	199205	261430
国有联营企业	1984	150574	1900	17470	27711	56710	46783
集体联营企业	4474	186545	738	8407	21187	62637	93576
国有与集体联营企业	1529	94975	605	6465	13114	31643	43148
其他联营企业	3239	158219	1191	10934	19956	48215	77923
有限责任公司	551233	44920276	425956	3658454	6735911	15130944	18969011
国有独资公司	10648	4575424	75606	533517	812585	1581788	1571928
其他有限责任公司	540585	40344852	350350	3124937	5923326	13549156	17397083
股份有限公司	97326	14671163	213617	1982047	2974317	4995342	4505840
私营企业	3596423	91491886	530378	4787324	11073744	29597065	45503375
私营独资企业	1314948	25658180	76877	613494	2094359	8394915	14478535
私营合伙企业	216879	4868419	29236	188209	430149	1509133	2711692
私营有限责任公司	1954499	56857061	390349	3722961	7994548	18329814	26419389
私营股份有限公司	110097	4108226	33916	262660	554688	1363203	1893759
其他企业	118974	2373476	19973	158863	338416	835288	1020936
港、澳、台商投资企业	**83657**	**14451525**	**134536**	**931861**	**1596651**	**4753232**	**7035245**
合资经营企业(港、澳、台资)	22055	3829621	32168	273885	467298	1280068	1776202
合作经营企业(港、澳、台资)	4127	591501	5344	40387	65868	188629	291273
港、澳、台商独资经营企业	54845	9558174	90820	558300	980818	3122128	4806108
港、澳、台商投资股份有限公司	2630	472229	6204	59289	82667	162407	161662
外商投资企业	**101690**	**16678142**	**294639**	**1758889**	**2302163**	**5862120**	**6460331**
中外合资经营企业	32474	5570440	81258	567527	824954	1905064	2191637
中外合作经营企业	3843	578109	7891	56115	83666	192352	238085
外资企业	62219	9808054	169964	1031248	1248016	3533334	3825492
外商投资股份有限公司	3154	721539	35526	103999	145527	231370	205117

2-32 按地区、专业技术职称分组的企业法人单位从业人员数

地区	企业法人单位数(个)	从业人员数(人)	#具有高级技术职称人员	#具有中级技术职称人员	#具有初级技术职称人员
全国	**4959671**	**218893553**	**2437829**	**8733920**	**13894617**
北京	249861	6596901	195672	446558	553883
天津	125627	3773838	61988	156181	248880
河北	170979	8459422	86905	338848	518107
山西	87418	4862368	59824	237928	331348
内蒙古	67531	3097076	40101	151287	183570
辽宁	243786	8422292	133704	425820	487008
吉林	82884	3488756	54230	157169	219544
黑龙江	99162	4915661	84564	273895	352041
上海	337764	9529927	108514	379691	522130
江苏	532309	24162923	170130	702043	1279128
浙江	450955	18643501	126473	536883	1084530
安徽	134362	6459811	67539	278920	456548
福建	159718	8041152	68695	255750	440910
江西	78570	4552214	42032	161129	293588
山东	431421	19807516	171119	689014	1193329
河南	212815	11426478	117316	474933	708574
湖北	184717	7240136	121645	377981	541637
湖南	140456	6911038	83382	360523	666383
广东	509178	27306338	215108	722467	1232994
广西	74120	3289493	36264	151743	264068
海南	19434	835457	10610	38444	58827
重庆	97413	4649202	57710	226170	364153
四川	157395	8266203	116066	426677	667969
贵州	40599	1912339	21755	85710	164812
云南	65929	3024049	37915	162876	308594
西藏	2407	131418	2146	6555	9591
陕西	91652	4291739	67326	224938	324108
甘肃	40099	2071660	32345	113066	167393
青海	9872	476319	9373	29608	44918
宁夏	15526	610240	10822	39329	53036
新疆	45712	1638086	26556	101784	153016

2-33 按行业(中类)、专业技术职称分组的企业法人单位从业人员数

行业中类	代码	企业法人单位数(个)	从业人员数(人)	#具有高级技术职称人员	#具有中级技术职称人员	#具有初级技术职称人员
总　计	**0000**	**4959671**	**218893553**	**2437829**	**8733920**	**13894617**
农、林、牧、渔业	**A**	**1395**	**1487326**	**14365**	**57557**	**101971**
农业	0100	501	868940	8695	26790	54349
谷物及其他作物的种植	0110	313	828534	8452	26070	53029
蔬菜、园艺作物的种植	0120	91	16076	99	418	657
水果、坚果、饮料和香料作物的种植	0130	85	23827	142	294	656
中药材的种植	0140	12	503	2	8	7
林业	0200	376	545935	5241	29130	44689
林木的培育和种植	0210	181	59825	997	4393	6824
木材和竹材的采运	0220	78	213393	3779	17462	21551
林产品的采集	0230	117	272717	465	7275	16314
畜牧业	0300	378	47045	283	967	1888
牲畜的饲养	0310	138	29195	120	538	1072
猪的饲养	0320	122	3091	21	96	162
家禽的饲养	0330	86	14039	134	294	606
狩猎和捕捉动物	0340	1	2			
其他畜牧业	0390	31	718	8	39	48
渔业	0400	58	5779	37	134	264
海洋渔业	0410	19	1301	13	45	95
内陆渔业	0420	39	4478	24	89	169
农、林、牧、渔服务业	0500	82	19627	109	536	781
农业服务业	0510	53	17632	92	436	635
林业服务业	0520	17	1267	10	49	61
畜牧服务业	0530	7	123		15	27
渔业服务业	0540	5	605	7	36	58
采矿业	**B**	**97313**	**9907369**	**103088**	**351375**	**557956**
煤炭开采和洗选业	0600	21931	5786535	56585	191164	324773
烟煤和无烟煤的开采洗选	0610	20901	5595746	53708	183803	315182
褐煤的开采洗选	0620	562	169795	2746	6951	9002
其他煤炭采选	0690	468	20994	131	410	589
石油和天然气开采业	0700	1363	1126201	28487	94325	113470
天然原油和天然气开采	0710	291	639916	17500	50802	57162
与石油和天然气开采有关的服务活动	0790	1072	486285	10987	43523	56308
黑色金属矿采选业	0800	17469	928632	6695	21664	33713
铁矿采选	0810	15609	844163	6090	19805	30134
其他黑色金属矿采选	0890	1860	84469	605	1859	3579
有色金属矿采选业	0900	10686	743014	6514	22790	37058
常用有色金属矿采选	0910	7491	433407	3726	13116	21066
贵金属矿采选	0920	2039	195505	1910	6129	10749
稀有稀土金属矿采选	0930	1156	114102	878	3545	5243
非金属矿采选业	1000	45159	1307022	4670	20730	48404
土砂石开采	1010	38505	965964	2228	11653	28668
化学矿采选	1020	1552	87777	720	3053	5264
采盐	1030	850	121024	1009	3713	9838
石棉及其他非金属矿采选	1090	4252	132257	713	2311	4634
其他采矿业	1100	705	15965	137	702	538

2-33 续表 1

行业中类	代码	企业法人单位数(个)	从业人员数(人)	#具有高级技术职称人员	#具有中级技术职称人员	#具有初级技术职称人员
制造业	C	**1818331**	**104323466**	**823795**	**2662679**	**4695771**
农副食品加工业	1300	102307	4547100	23164	90603	186622
谷物磨制	1310	28585	758942	3284	13910	29610
饲料加工	1320	11888	475380	5246	16855	24112
植物油加工	1330	9820	381971	2247	8489	18677
制糖	1340	627	182691	592	4378	12100
屠宰及肉类加工	1350	16060	1003121	5129	18452	41911
水产品加工	1360	8509	566873	1828	8540	17570
蔬菜、水果和坚果加工	1370	13742	636582	2348	9770	21157
其他农副食品加工	1390	13076	541540	2490	10209	21485
食品制造业	1400	41714	2187868	13870	51384	93413
焙烤食品制造	1410	10140	402978	1999	8170	13760
糖果、巧克力及蜜饯制造	1420	4638	219988	686	2626	6591
方便食品制造	1430	6491	388392	2053	6898	12240
液体乳及乳制品制造	1440	1912	234532	1980	7714	12776
罐头制造	1450	2986	238019	1382	5001	13543
调味品、发酵制品制造	1460	6683	298131	1915	8209	14467
其他食品制造	1490	8864	405828	3855	12766	20036
饮料制造业	1500	34978	1660349	12718	46346	88995
酒精制造	1510	438	56328	425	1622	3177
酒的制造	1520	13436	890651	7362	28984	54778
软饮料制造	1530	12083	489914	3196	10276	18359
精制茶加工	1540	9021	223456	1735	5464	12681
烟草制品业	1600	251	208318	884	12134	23014
烟叶复烤	1610	87	30109	98	805	1549
卷烟制造	1620	82	167939	590	10818	20744
其他烟草制品加工	1690	82	10270	196	511	721
纺织业	1700	108023	8138641	30035	109975	262601
棉、化纤纺织及印染精加工	1710	42300	3970937	15479	57553	138287
毛纺织和染整精加工	1720	5162	430594	1514	6796	14561
麻纺织	1730	977	123549	362	2031	5099
丝绢纺织及精加工	1740	6766	455522	1389	6114	15790
纺织制成品制造	1750	23984	1220947	5953	17722	39244
针织品、编织品及其制品制造	1760	28834	1937092	5338	19759	49620
纺织服装、鞋、帽制造业	1800	79494	6448028	15930	59299	161980
纺织服装制造	1810	74422	6044645	15227	56457	153476
纺织面料鞋的制造	1820	3569	280630	506	1833	5162
制帽	1830	1503	122753	197	1009	3342
皮革、毛皮、羽毛(绒)及其制品业	1900	31232	3386625	6592	25595	69551
皮革鞣制加工	1910	2572	219661	581	2388	4631
皮革制品制造	1920	24545	2956690	5290	21193	60013
毛皮鞣制及制品加工	1930	2442	101088	418	984	2134
羽毛(绒)加工及制品制造	1940	1673	109186	303	1030	2773
木材加工及木、竹、藤、棕、草制品业	2000	62693	2390195	7763	39049	74696
锯材、木片加工	2010	23643	575457	1129	5650	13575
人造板制造	2020	17459	1055862	4055	22564	36659
木制品制造	2030	14502	488684	1799	7680	15978
竹、藤、棕、草制品制造	2040	7089	270192	780	3155	8484
家具制造业	2100	36116	1583432	6160	23330	49305
木质家具制造	2110	26597	1046854	3992	16414	33943
竹、藤家具制造	2120	673	30556	60	257	744

2-33　续表 2

行业中类	代码	企业法人单位数(个)	从业人员数(人)	#具有高级技术职称人员	#具有中级技术职称人员	#具有初级技术职称人员
金属家具制造	2130	4014	282816	1358	4016	9064
塑料家具制造	2140	531	22533	68	245	675
其他家具制造	2190	4301	200673	682	2398	4879
造纸及纸制品业	2200	48624	2190961	10112	36733	85097
纸浆制造	2210	871	61677	302	1813	4979
造纸	2220	12087	925723	5334	18349	44681
纸制品制造	2230	35666	1203561	4476	16571	35437
印刷业和记录媒介的复制	2300	52680	1543512	10222	36914	61116
印刷	2310	47798	1418428	9273	33810	55969
装订及其他印刷服务活动	2320	4642	107083	632	2277	3832
记录媒介的复制	2330	240	18001	317	827	1315
文教体育用品制造业	2400	20118	1680598	5244	16947	39114
文化用品制造	2410	5400	247525	903	3201	7615
体育用品制造	2420	4725	393209	1073	4427	10632
乐器制造	2430	1335	99489	406	1387	2650
玩具制造	2440	7942	901747	2609	7311	17186
游艺器材及娱乐用品制造	2450	716	38628	253	621	1031
石油加工、炼焦及核燃料加工业	2500	6424	921134	18777	51707	67037
精炼石油产品的制造	2510	4671	473993	11846	35377	42595
炼焦	2520	1731	436552	6302	15010	23352
化学原料及化学制品制造业	2600	96171	5624940	65329	213405	357994
基础化学原料制造	2610	16815	1304728	17503	56808	91437
肥料制造	2620	8989	855313	10501	39492	68439
农药制造	2630	2500	214552	3680	10723	18391
涂料、油墨、颜料及类似产品制造	2640	18423	589992	6167	19691	30586
合成材料制造	2650	6065	467145	7617	23964	30592
专用化学产品制造	2660	34185	1784666	16746	51711	99911
日用化学产品制造	2670	9194	408544	3115	11016	18638
医药制造业	2700	15285	1682534	26857	91235	161123
化学药品原药制造	2710	2235	339153	4884	19005	32572
化学药品制剂制造	2720	2267	449521	7737	24039	43751
中药饮片加工	2730	2027	102679	1310	4214	7857
中成药制造	2740	2731	412607	6570	25660	47171
兽用药品制造	2750	1345	87144	1735	5275	8398
生物、生化制品的制造	2760	2403	145279	3486	9076	13627
卫生材料及医药用品制造	2770	2277	146151	1135	3966	7747
化学纤维制造业	2800	4521	475685	3456	14272	19495
纤维素纤维原料及纤维制造	2810	790	116344	725	4159	3974
合成纤维制造	2820	3731	359341	2731	10113	15521
橡胶制品业	2900	20743	1282568	7191	23252	43679
轮胎制造	2910	1880	336581	1843	7118	14225
橡胶板、管、带的制造	2920	3995	178327	1396	4448	7853
橡胶零件制造	2930	6041	220319	1459	4745	7590
再生橡胶制造	2940	1104	38244	209	664	1497
日用及医用橡胶制品制造	2950	1010	71719	412	1211	2217
橡胶靴鞋制造	2960	1865	265825	770	1998	5199
其他橡胶制品制造	2990	4848	171553	1102	3068	5098
塑料制品业	3000	98293	3899242	17651	65763	126519
塑料薄膜制造	3010	8904	339712	2049	7629	14960

2-33 续表 3

行业中类	代码	企业法人单位数（个）	从业人员数（人）	#具有高级技术职称人员	#具有中级技术职称人员	#具有初级技术职称人员
塑料板、管、型材的制造	3020	14099	527024	3837	15948	23847
塑料丝、绳及编织品的制造	3030	10401	472547	1567	6443	14894
泡沫塑料制造	3040	5030	158215	765	3280	4817
塑料人造革、合成革制造	3050	1153	107707	689	1721	3716
塑料包装箱及容器制造	3060	10962	366370	1830	6632	14471
塑料零件制造	3070	13315	526272	1891	6942	14181
日用塑料制造	3080	12832	633006	1740	6243	15435
其他塑料制品制造	3090	21597	768389	3283	10925	20198
非金属矿物制品业	3100	211191	9390534	47488	174856	344743
水泥、石灰和石膏的制造	3110	14651	1415523	9981	43815	88962
水泥及石膏制品制造	3120	48940	1274283	7712	28973	51644
砖瓦、石材及其他建筑材料制造	3130	99509	3828142	9810	38222	93064
玻璃及玻璃制品制造	3140	15922	1169588	7157	25618	50022
陶瓷制品制造	3150	8938	748240	3758	11216	19241
耐火材料制品制造	3160	11601	488481	4307	12414	19711
石墨及其他非金属矿物制品制造	3190	11630	466277	4763	14598	22099
黑色金属冶炼及压延加工业	3200	18939	3372463	41576	130883	205277
炼铁	3210	2687	332479	2797	9051	17781
炼钢	3220	788	552482	5953	17345	29697
钢压延加工	3230	12400	2172485	30731	96271	141950
铁合金冶炼	3240	3064	315017	2095	8216	15849
有色金属冶炼及压延加工业	3300	21497	2034949	25063	76265	114700
常用有色金属冶炼	3310	5907	938724	13994	41997	59519
贵金属冶炼	3320	591	70835	947	2718	4299
稀有稀土金属冶炼	3330	1402	129179	1633	5065	8525
有色金属合金制造	3340	2155	116905	1569	4257	5573
有色金属压延加工	3350	11442	779306	6920	22228	36784
金属制品业	3400	132747	5023298	35022	119642	209999
结构性金属制品制造	3410	47440	1559857	13482	47756	80436
金属工具制造	3420	17669	603979	3306	11648	20066
集装箱及金属包装容器制造	3430	5619	336958	3693	10841	16005
金属丝绳及其制品的制造	3440	7026	286902	1505	7392	15627
建筑、安全用金属制品制造	3450	15167	628003	4057	13114	22477
金属表面处理及热处理加工	3460	10935	412835	2492	7893	15673
搪瓷制品制造	3470	989	65121	458	1452	2649
不锈钢及类似日用金属制品制造	3480	12439	616859	2415	8684	18444
其他金属制品制造	3490	15463	512784	3614	10862	18622
通用设备制造业	3500	181966	7243605	84509	251373	411207
锅炉及原动机制造	3510	7091	482778	9898	25765	38844
金属加工机械制造	3520	22489	836583	11423	35262	51186
起重运输设备制造	3530	5620	455674	7844	20591	31253
泵、阀门、压缩机及类似机械的制造	3540	23852	1093029	12674	38697	65031
轴承、齿轮、传动和驱动部件的制造	3550	12586	712547	6268	20075	37380
烘炉、熔炉及电炉制造	3560	1749	50442	871	2023	2810
风机、衡器、包装设备等通用设备制造	3570	21410	912310	12229	38124	57318
通用零部件制造及机械修理	3580	55742	1398165	11736	39528	67547
金属铸、锻加工	3590	31427	1302077	11566	31308	59838
专用设备制造业	3600	92805	4343870	68303	195918	269947
矿山、冶金、建筑专用设备制造	3610	15987	1068196	21140	58644	77582

2-33 续表 4

行业中类	代码	企业法人单位数(个)	从业人员数(人)	#具有高级技术职称人员	#具有中级技术职称人员	#具有初级技术职称人员
化工、木材、非金属加工专用设备制造	3620	26268	957512	10563	31424	47729
食品、饮料、烟草及饲料生产专用设备制造	3630	3557	157680	2166	6708	9503
印刷、制药、日化生产专用设备制造	3640	5747	225548	3096	9227	12905
纺织、服装和皮革工业专用设备制造	3650	8808	353582	3791	11830	18135
农、林、牧、渔专用机械制造	3670	7464	386247	3934	15147	21970
医疗仪器设备及器械制造	3680	5473	298257	4864	11577	16152
环保、社会公共安全及其他专用设备制造	3690	13379	437174	9479	23924	31761
交通运输设备制造业	3700	79689	5811964	84525	247313	388375
铁路运输设备制造	3710	2761	361239	8239	19629	27656
汽车制造	3720	54585	3566495	47839	145713	228150
摩托车制造	3730	6807	533596	4093	16093	29259
自行车制造	3740	5662	276040	1170	4591	8700
船舶及浮动装置制造	3750	8034	702227	8991	26336	53899
航空航天器制造	3760	383	317121	13542	33234	37994
交通器材及其他交通运输设备制造	3790	1457	55246	651	1717	2717
电气机械及器材制造业	3900	93753	6294577	60258	177360	316634
电机制造	3910	10001	740415	9263	25397	41304
输配电及控制设备制造	3920	31390	1736574	22739	64166	97412
电线、电缆、光缆及电工器材制造	3930	16688	987837	8828	27862	46179
电池制造	3940	3827	508992	4221	11395	19139
家用电力器具制造	3950	11395	1193472	7026	25435	68445
非电力家用器具制造	3960	3360	136703	1330	3764	6314
照明器具制造	3970	12816	829914	4444	12967	26954
其他电气机械及器材制造	3990	4276	160670	2407	6374	10887
通信设备、计算机及其他电子设备制造业	4000	45454	7001203	60603	182999	305742
通信设备制造	4010	4737	895613	10610	40721	52749
雷达及配套设备制造	4020	121	44436	2383	5097	6118
广播电视设备制造	4030	1497	121843	1265	3871	6981
电子计算机制造	4040	3844	1461869	12979	28508	62475
电子器件制造	4050	6377	1068604	11708	36874	54420
电子元件制造	4060	20432	2454168	13988	44626	82446
家用视听设备制造	4070	3331	593859	3755	12911	23500
其他电子设备制造	4090	5115	360811	3915	10391	17053
仪器仪表及文化、办公用机械制造业	4100	23730	1496106	24230	64086	90992
通用仪器仪表制造	4110	11649	504592	13662	34702	47010
专用仪器仪表制造	4120	3993	202729	5449	12409	17083
钟表与计时仪器制造	4130	1755	169757	698	2838	5336
光学仪器及眼镜制造	4140	3481	323967	2766	8630	13478
文化、办公用机械制造	4150	1632	262760	1155	4062	6735
其他仪器仪表的制造及修理	4190	1220	32301	500	1445	1350
工艺品及其他制造业	4200	48690	2255833	9178	30626	60164
工艺美术品制造	4210	31066	1555093	5301	18426	38132
日用杂品制造	4220	7861	445566	1384	4803	11095
煤制品制造	4230	4502	69868	277	987	1892
其他未列明的制造业	4290	5230	184354	2155	6328	8920
废弃资源和废旧材料回收加工业	4300	8203	203334	1085	3415	6640
金属废料和碎屑的加工处理	4310	3957	120797	702	2016	4141
非金属废料和碎屑的加工处理	4320	4246	82537	383	1399	2499

2-33 续表 5

行业中类	代码	企业法人单位数(个)	从业人员数(人)	#具有高级技术职称人员	#具有中级技术职称人员	#具有初级技术职称人员
电力、燃气及水的生产和供应业	D	**57022**	**4009933**	**94805**	**302430**	**569083**
电力、热力的生产和供应业	4400	37582	3125705	82957	252631	490401
电力生产	4410	31470	1393996	31145	105280	192787
电力供应	4420	3018	1473536	48159	132964	278013
热力生产和供应	4430	3094	258173	3653	14387	19601
燃气生产和供应业	4500	3103	225713	3953	14427	20216
水的生产和供应业	4600	16337	658515	7895	35372	58466
自来水的生产和供应	4610	14087	601172	6775	31975	53743
污水处理及其再生利用	4620	1743	50068	1031	3108	4332
其他水的处理、利用与分配	4690	507	7275	89	289	391
建筑业	E	**226745**	**39068150**	**427136**	**2069317**	**3724150**
房屋和土木工程建筑业	4700	93036	32427758	320418	1638408	3129080
房屋工程建筑	4710	59933	25420372	198640	1164506	2390924
土木工程建筑	4720	33103	7007386	121778	473902	738156
建筑安装业	4800	43758	3225836	55448	222282	313955
建筑装饰业	4900	66284	1866360	28494	122069	156260
其他建筑业	5000	23667	1548196	22776	86558	124855
工程准备	5010	8717	438644	9119	30835	35027
提供施工设备服务	5020	2753	234844	1822	8289	18398
其他未列明的建筑活动	5090	12196	874688	11830	47421	71428
交通运输、仓储和邮政业	F	**148451**	**8461703**	**54726**	**240699**	**403396**
铁路运输业	5100	415	53364	366	1889	2800
铁路旅客运输	5110	16	5566	30	65	110
铁路货物运输	5120	194	32668	259	1204	1720
铁路运输辅助活动	5130	205	15130	77	620	970
道路运输业	5200	66527	3331598	20087	78559	148093
公路旅客运输	5210	7591	939057	7510	27462	55695
道路货物运输	5220	52098	1930678	7210	35758	69184
道路运输辅助活动	5230	6838	461863	5367	15339	23214
城市公共交通业	5300	7503	1589895	6498	28542	43537
公共电汽车客运	5310	2011	895096	3239	15140	24200
轨道交通	5320	82	54749	899	2464	3528
出租车客运	5330	5031	600754	2219	9856	14395
城市轮渡	5340	76	6864	48	197	373
其他城市公共交通	5390	303	32432	93	885	1041
水上运输业	5400	7430	794361	9574	49277	70139
水上旅客运输	5410	873	57145	762	3240	3431
水上货物运输	5420	4762	466114	5053	28002	40114
水上运输辅助活动	5430	1795	271102	3759	18035	26594
航空运输业	5500	735	313126	2118	16438	23345
航空客货运输	5510	290	219918	1501	9940	15039
通用航空服务	5520	142	5699	61	436	325
航空运输辅助活动	5530	303	87509	556	6062	7981
管道运输业	5600	83	24989	752	2453	2801
装卸搬运和其他运输服务业	5700	43955	1060110	4856	23890	39519
装卸搬运	5710	7157	380245	863	4604	8983
运输代理服务	5720	36798	679865	3993	19286	30536

2-33 续表 6

行业中类	代码	企业法人单位数（个）	从业人员数（人）	#具有高级技术职称人员	#具有中级技术职称人员	#具有初级技术职称人员
仓储业	5800	17416	510798	4398	18647	31366
谷物、棉花等农产品仓储	5810	5221	167306	1807	8832	15778
其他仓储	5890	12195	343492	2591	9815	15588
邮政业	5900	4387	783462	6077	21004	41796
国家邮政	5910	591	665253	5656	19917	40192
其他寄递服务	5990	3796	118209	421	1087	1604
信息传输、计算机服务和软件业	**G**	**144941**	**3081726**	**76237**	**243508**	**324357**
电信和其他信息传输服务业	6000	18545	1452784	31477	122136	195414
电信	6010	6556	1185595	27629	106840	171770
互联网信息服务	6020	9882	144126	1922	6344	7105
广播电视传输服务	6030	1928	116239	1720	8448	16046
卫星传输服务	6040	179	6824	206	504	493
计算机服务业	6100	86969	739346	13557	36332	39504
计算机系统服务	6110	14276	235373	7751	20335	21220
数据处理	6120	748	28397	447	1321	1687
计算机维修	6130	3080	33574	525	1446	1790
其他计算机服务	6190	68865	442002	4834	13230	14807
软件业	6200	39427	889596	31203	85040	89439
公共软件服务	6210	32272	741368	25911	70589	75080
其他软件服务	6290	7155	148228	5292	14451	14359
批发和零售业	**H**	**1402651**	**18907576**	**171294**	**625645**	**926445**
批发业	6300	853760	10545075	108760	396677	541684
农畜产品批发	6310	41719	703434	7824	27464	42302
食品、饮料及烟草制品批发	6320	63724	1393836	8561	44932	82150
纺织、服装及日用品批发	6330	88623	1080986	6304	27889	40157
文化、体育用品及器材批发	6340	27243	304902	3113	10976	12686
医药及医疗器材批发	6350	25534	557883	8805	35178	66568
矿产品、建材及化工产品批发	6360	287180	3210534	29795	112244	146255
机械设备、五金交电及电子产品批发	6370	239346	2456752	35419	111121	118643
贸易经纪与代理	6380	19646	209352	4077	10890	10986
其他批发	6390	60745	627396	4862	15983	21937
零售业	6500	548891	8362501	62534	228968	384761
综合零售	6510	63664	2856634	9497	41361	94611
食品、饮料及烟草制品专门零售	6520	44817	492288	2507	9899	17619
纺织、服装及日用品专门零售	6530	59544	747958	3889	12711	19580
文化、体育用品及器材专门零售	6540	36453	404706	4706	13931	17812
医药及医疗器材专门零售	6550	49427	624861	7529	37541	85709
汽车、摩托车、燃料及零配件专门零售	6560	79873	1228206	15383	51852	66187
家用电器及电子产品专门零售	6570	90932	971459	11622	34839	47968
五金、家具及室内装修材料专门零售	6580	72479	568497	2852	11871	17473
无店铺及其他零售	6590	51702	467892	4549	14963	17802
住宿和餐饮业	**I**	**140219**	**5687081**	**33983**	**114029**	**204357**
住宿业	6600	52259	2581884	16311	58621	105255
旅游饭店	6610	17214	1840997	12949	44987	82609
一般旅馆	6620	32025	666192	2806	11850	19687
其他住宿服务	6690	3020	74695	556	1784	2959
餐饮业	6700	87960	3105197	17672	55408	99102
正餐服务	6710	72574	2558204	16122	50546	89367
快餐服务	6720	5972	369873	769	2391	4988
饮料及冷饮服务	6730	3786	53028	204	587	1019
其他餐饮服务	6790	5628	124092	577	1884	3728

2-33 续表 7

行业中类	代码	企业法人单位数(个)	从业人员数(人)	#具有高级技术职称人员	#具有中级技术职称人员	#具有初级技术职称人员
金融业	J	**26930**	**4937420**	**53135**	**575614**	**895862**
银行业	6800	6971	2698047	32593	478525	783231
中央银行	6810	51	10670	277	4359	2185
商业银行	6820	6353	2595483	29124	453431	754827
其他银行	6890	567	91894	3192	20735	26219
证券业	6900	1052	140969	2300	16617	12442
证券市场管理	6910	39	2234	146	343	119
证券经纪与交易	6920	683	125710	1760	14963	11014
证券投资	6930	190	10805	323	1198	1258
证券分析与咨询	6940	140	2220	71	113	51
保险业	7000	8925	1886234	12193	61082	82651
人寿保险	7010	2847	1408009	6429	28571	44783
非人寿保险	7020	3612	418270	4597	29282	34130
保险辅助服务	7030	2466	59955	1167	3229	3738
其他金融活动	7100	9982	212170	6049	19390	17538
金融信托与管理	7110	743	24312	2162	5970	2621
金融租赁	7120	97	2019	100	309	177
财务公司	7130	306	6198	648	1398	829
邮政储蓄	7140	348	87383	749	4037	7780
典当	7150	2947	25073	602	2065	1732
其他未列明的金融活动	7190	5541	67185	1788	5611	4399
房地产业	K	**209915**	**5428838**	**124996**	**495656**	**464468**
房地产业	7200	209915	5428838	124996	495656	464468
房地产开发经营	7210	87835	2076097	91388	341735	279368
物业管理	7220	56955	2460033	22194	107525	135048
房地产中介服务	7230	32997	364929	4841	20115	17664
其他房地产活动	7290	32128	527779	6573	26281	32388
租赁和商务服务业	L	**359285**	**6831465**	**122013**	**339424**	**373264**
租赁业	7300	17819	213256	2404	7192	9779
机械设备租赁	7310	17044	203935	2284	6877	9289
文化及日用品出租	7320	775	9321	120	315	490
商务服务业	7400	341466	6618209	119609	332232	363485
企业管理服务	7410	60582	1952846	47398	121915	139602
法律服务	7420	8160	104952	3337	8290	6719
咨询与调查	7430	97754	966258	41680	104198	64846
广告业	7440	71045	593520	6427	22010	23069
知识产权服务	7450	3469	33932	2013	2987	2246
职业中介服务	7460	17265	1066672	5735	26200	52143
市场管理	7470	15452	380167	2456	9441	13634
旅行社	7480	20510	294745	2654	13199	29880
其他商务服务	7490	47229	1225117	7909	23992	31346
科学研究、技术服务和地质勘查业	M	**125400**	**2683460**	**248650**	**422876**	**355256**
研究与试验发展	7500	13709	283891	27289	32456	27484
自然科学研究与试验发展	7510	1289	21331	2464	2176	1837
工程和技术研究与试验发展	7520	7982	195053	20810	24833	20707
农业科学研究与试验发展	7530	1804	23655	1283	1828	1782
医学研究与试验发展	7540	2424	40877	2382	3352	2950
社会人文科学研究与试验发展	7550	210	2975	350	267	208

2-33　续表 8

行业中类	代码	企业法人单位数(个)	从业人员数(人)	#具有高级技术职称人员	#具有中级技术职称人员	#具有初级技术职称人员
专业技术服务业	7600	70557	1654187	180531	316828	256305
气象服务	7610	653	7176	327	1291	1594
地震服务	7620	68	918	157	185	101
海洋服务	7630	121	2164	191	242	209
测绘服务	7640	2629	43637	1930	5450	6815
技术检测	7650	6971	153402	8178	17892	17236
环境监测	7660	1091	13164	873	1488	1381
工程技术与规划管理	7670	35660	1110052	152122	260923	196257
其他专业技术服务	7690	23364	323674	16753	29357	32712
科技交流和推广服务业	7700	38711	568931	29218	48591	41604
技术推广服务	7710	28817	442046	23875	39211	34416
科技中介服务	7720	4520	55716	2508	4318	3058
其他科技服务	7790	5374	71169	2835	5062	4130
地质勘查业	7800	2423	176451	11612	25001	29863
矿产地质勘查	7810	1149	133648	7480	17929	23932
基础地质勘查	7820	342	16015	1549	2897	2583
地质勘查技术服务	7830	932	26788	2583	4175	3348
水利、环境和公共设施管理业	**N**	**22064**	**649832**	**10318**	**32005**	**38142**
水利管理业	7900	1843	38761	1524	3342	3711
防洪管理	7910	140	3940	98	321	278
水资源管理	7920	990	21233	731	1701	2237
其他水利管理	7990	713	13588	695	1320	1196
环境管理业	8000	4649	175845	2146	5981	7696
自然保护	8010	312	12751	166	487	905
环境治理	8020	4337	163094	1980	5494	6791
公共设施管理业	8100	15572	435226	6648	22682	26735
市政公共设施管理	8110	2111	67423	1616	5095	5924
城市绿化管理	8120	8481	189856	3831	13268	13818
游览景区管理	8130	4980	177947	1201	4319	6993
居民服务和其他服务业	**O**	**106491**	**1762846**	**19899**	**54225**	**67615**
居民服务业	8200	50743	803594	7088	19244	26082
家庭服务	8210	3435	43507	197	705	1095
托儿所	8220	289	3474	53	169	182
洗染服务	8230	2130	33497	257	636	1037
理发及美容保健服务	8240	15702	209265	3603	7736	9251
洗浴服务	8250	9883	244898	881	3345	6036
婚姻服务	8260	2625	15204	128	285	372
殡葬服务	8270	1696	36369	218	810	1104
摄影扩印服务	8280	6630	74246	837	1961	2240
其他居民服务	8290	8353	143134	914	3597	4765
其他服务业	8300	55748	959252	12811	34981	41533
修理与维护	8310	32084	385233	8736	22217	24365
清洁服务	8320	10029	316784	956	3276	7624
其他未列明的服务	8390	13635	257235	3119	9488	9544

2-33 续表 9

行业中类	代码	企业法人单位数(个)	从业人员数(人)	#具有高级技术职称人员	#具有中级技术职称人员	#具有初级技术职称人员
教育	P	**21423**	**402653**	**13398**	**33676**	**31953**
教育	8400	21423	402653	13398	33676	31953
学前教育	8410	3947	63735	708	3068	4815
初等教育	8420	558	21121	684	2226	2473
中等教育	8430	903	35842	2477	5427	4755
高等教育	8440	188	11595	981	1617	1713
其他教育	8490	15827	270360	8548	21338	18197
卫生、社会保障和社会福利业	Q	**15941**	**438137**	**27810**	**71778**	**112387**
卫生	8500	15058	421500	27679	71380	111647
医院	8510	4205	296363	22199	55082	86699
卫生院及社区医疗活动	8520	1937	36970	1255	5107	9238
门诊部医疗活动	8530	7438	61337	3140	8412	11415
计划生育技术服务活动	8540	301	2605	83	286	398
妇幼保健活动	8550	85	4059	133	447	753
专科疾病防治活动	8560	294	3377	166	446	651
疾病预防控制及防疫活动	8570	122	2607	93	270	363
其他卫生活动	8590	676	14182	610	1330	2130
社会保障业	8600	235	6772	44	95	138
社会福利业	8700	648	9865	87	303	602
提供住宿的社会福利	8710	475	7630	52	195	384
不提供住宿的社会福利	8720	173	2235	35	108	218
文化、体育和娱乐业	R	**35154**	**824572**	**18181**	**41427**	**48184**
新闻出版业	8800	2443	164637	11367	20019	17764
新闻业	8810	88	4865	179	482	378
出版业	8820	2355	159772	11188	19537	17386
广播、电视、电影和音像业	8900	5548	137756	3301	11702	16290
广播	8910	175	5894	245	727	1218
电视	8920	1400	60909	1551	5963	8413
电影	8930	2831	60517	1290	4487	6120
音像制作	8940	1142	10436	215	525	539
文化艺术业	9000	7539	76157	1450	3378	3761
文艺创作与表演	9010	1854	27052	687	1262	1337
艺术表演场馆	9020	309	7751	87	252	380
图书馆与档案馆	9030	105	882	12	45	61
文物及文化保护	9040	140	2571	50	124	146
博物馆	9050	126	1753	21	71	115
烈士陵园、纪念馆	9060	21	431	6	6	19
群众文化活动	9070	835	6054	70	339	331
文化艺术经纪代理	9080	1889	12316	301	663	612
其他文化艺术	9090	2260	17347	216	616	760
体育	9100	1733	26826	298	763	789
体育组织	9110	639	8438	129	292	249
体育场馆	9120	582	11308	85	254	314
其他体育	9190	512	7080	84	217	226
娱乐业	9200	17891	419196	1765	5565	9580
室内娱乐活动	9210	10898	226047	662	2178	4102
游乐园	9220	569	25231	148	512	846
休闲健身娱乐活动	9230	4879	139706	830	2361	3760
其他娱乐活动	9290	1545	28212	125	514	872

2-34　按登记注册类型、专业技术职称分组的企业法人单位从业人员数

登记注册类型	企业法人单位数（个）	从业人员数（人）	#具有高级技术职称人员	#具有中级技术职称人员	#具有初级技术职称人员
总　计	**4959671**	**218893553**	**2437829**	**8733920**	**13894617**
内资企业	**4774324**	**187763886**	**2217928**	**8018517**	**12671871**
国有企业	142937	22021786	457044	1485688	2233087
集体企业	192248	9053539	60829	309717	638502
股份合作企业	63957	2641447	29600	121722	245269
联营企业	11226	590313	8204	26833	40460
国有联营企业	1984	150574	3259	10436	13230
集体联营企业	4474	186545	1653	5911	11726
国有与集体联营企业	1529	94975	1371	4610	7281
其他联营企业	3239	158219	1921	5876	8223
有限责任公司	551233	44920276	660678	2305337	3529305
国有独资公司	10648	4575424	114644	322496	450283
其他有限责任公司	540585	40344852	546034	1982841	3079022
股份有限公司	97326	14671163	213832	966057	1427546
私营企业	3596423	91491886	767378	2741263	4465717
私营独资企业	1314948	25658180	115873	391147	756595
私营合伙企业	216879	4868419	32963	106395	185210
私营有限责任公司	1954499	56857061	571231	2074208	3248889
私营股份有限公司	110097	4108226	47311	169513	275023
其他企业	118974	2373476	20363	61900	91985
港、澳、台商投资企业	**83657**	**14451525**	**89700**	**296947**	**540656**
合资经营企业(港、澳、台资)	22055	3829621	32486	109420	185216
合作经营企业(港、澳、台资)	4127	591501	3359	11492	20268
港、澳、台商独资经营企业	54845	9558174	48573	157572	298374
港、澳、台商投资股份有限公司	2630	472229	5282	18463	36798
外商投资企业	**101690**	**16678142**	**130201**	**418456**	**682090**
中外合资经营企业	32474	5570440	58062	183489	291020
中外合作经营企业	3843	578109	4212	12840	20814
外资企业	62219	9808054	60043	188757	323445
外商投资股份有限公司	3154	721539	7884	33370	46811

2-35 按地区、技术等级分组的企业法人单位从业人员数

地区	法人单位数(个)	从业人员数(人)	#高级技师	#技师	#高级工	#中级工
全国	**4959671**	**218893553**	**840828**	**2410905**	**5885655**	**10347854**
北京	249861	6596901	29400	60239	198015	280472
天津	125627	3773838	11496	32319	96376	142937
河北	170979	8459422	35226	89486	306787	491582
山西	87418	4862368	23775	67945	160748	282623
内蒙古	67531	3097076	13896	38258	95194	118689
辽宁	243786	8422292	41534	114142	332904	361399
吉林	82884	3488756	13834	40316	124248	141377
黑龙江	99162	4915661	24563	88561	261786	251526
上海	337764	9529927	21005	61255	136334	332387
江苏	532309	24162923	64546	227491	449510	1138069
浙江	450955	18643501	47018	131601	238213	552908
安徽	134362	6459811	21521	84040	192474	393752
福建	159718	8041152	25841	73861	139827	283198
江西	78570	4552214	17149	56409	139456	215806
山东	431421	19807516	57018	210753	528778	1015707
河南	212815	11426478	46444	158856	442563	709507
湖北	184717	7240136	55807	119740	284049	387650
湖南	140456	6911038	35509	104518	230854	622500
广东	509178	27306338	84926	231628	369074	752682
广西	74120	3289493	11179	36355	95061	188277
海南	19434	835457	3707	8270	17669	33629
重庆	97413	4649202	22328	64751	134952	308650
四川	157395	8266203	37138	117060	295745	501951
贵州	40599	1912339	6930	23187	58048	101934
云南	65929	3024049	11481	41637	132222	169942
西藏	2407	131418	648	1776	4083	6587
陕西	91652	4291739	18752	62872	172052	243575
甘肃	40099	2071660	10272	28373	115938	147998
青海	9872	476319	2482	7124	27352	23695
宁夏	15526	610240	2250	7280	20486	37432
新疆	45712	1638086	43153	20802	84857	109413

2-36　按行业(中类)、技术等级分组的企业法人单位从业人员数

行业中类	代码	企业法人单位数(个)	从业人员数(人)	#高级技师	#技师	#高级工	#中级工
总　计	0000	**4959671**	**218893553**	**840828**	**2410905**	**5885655**	**10347854**
农、林、牧、渔业	A	**1395**	**1487326**	**6336**	**26463**	**74458**	**85453**
农业	0100	501	868940	4593	19935	47134	64984
谷物及其他作物的种植	0110	313	828534	4536	19688	46209	62927
蔬菜、园艺作物的种植	0120	91	16076	41	205	315	627
水果、坚果、饮料和香料作物的种植	0130	85	23827	15	39	610	1430
中药材的种植	0140	12	503	1	3		
林业	0200	376	545935	1681	6387	25524	18881
林木的培育和种植	0210	181	59825	143	1470	2381	2658
木材和竹材的采运	0220	78	213393	336	2521	4030	4880
林产品的采集	0230	117	272717	1202	2396	19113	11343
畜牧业	0300	378	47045	43	83	1452	920
牲畜的饲养	0310	138	29195	15	45	1386	680
猪的饲养	0320	122	3091	6	18	21	44
家禽的饲养	0330	86	14039	22	18	45	196
狩猎和捕捉动物	0340	1	2				
其他畜牧业	0390	31	718		2		
渔业	0400	58	5779	17	36	94	199
海洋渔业	0410	19	1301	2	4	19	83
内陆渔业	0420	39	4478	15	32	75	116
农、林、牧、渔服务业	0500	82	19627	2	22	254	469
农业服务业	0510	53	17632	2	14	190	451
林业服务业	0520	17	1267		2	64	17
畜牧服务业	0530	7	123		6		
渔业服务业	0540	5	605				1
采矿业	B	**97313**	**9907369**	**26533**	**124323**	**517980**	**654720**
煤炭开采和洗选业	0600	21931	5786535	16659	82908	207186	413688
烟煤和无烟煤的开采洗选	0610	20901	5595746	15804	79590	197908	403161
褐煤的开采洗选	0620	562	169795	820	3150	9132	10071
其他煤炭采选	0690	468	20994	35	168	146	456
石油和天然气开采业	0700	1363	1126201	3331	17150	232156	125823
天然原油和天然气开采	0710	291	639916	1672	9119	142470	61284
与石油和天然气开采有关的服务活动	0790	1072	486285	1659	8031	89686	64539
黑色金属矿采选业	0800	17469	928632	2137	8143	35494	43473
铁矿采选	0810	15609	844163	1932	7597	34860	42047
其他黑色金属矿采选	0890	1860	84469	205	546	634	1426
有色金属矿采选业	0900	10686	743014	2232	7115	20751	34448
常用有色金属矿采选	0910	7491	433407	1213	4042	12971	18456
贵金属矿采选	0920	2039	195505	749	1937	5131	9764
稀有稀土金属矿采选	0930	1156	114102	270	1136	2649	6228
非金属矿采选业	1000	45159	1307022	2140	8941	22267	36650
土砂石开采	1010	38505	965964	1120	3959	6907	22208
化学矿采选	1020	1552	87777	263	1009	2569	3632
采盐	1030	850	121024	331	3151	11221	6756
石棉及其他非金属矿采选	1090	4252	132257	426	822	1570	4054
其他采矿业	1100	705	15965	34	66	126	638
制造业	C	**1818331**	**104323466**	**399225**	**1054996**	**2428958**	**4310232**
农副食品加工业	1300	102307	4547100	11608	33741	59310	138765
谷物磨制	1310	28585	758942	1608	5453	9592	22402

2-36 续表 1

行业中类	代码	企业法人单位数(个)	从业人员数(人)	#高级技师	#技师	#高级工	#中级工
饲料加工	1320	11888	475380	2168	6126	5843	13855
植物油加工	1330	9820	381971	1533	4458	8025	17841
制糖	1340	627	182691	299	1139	4949	12191
屠宰及肉类加工	1350	16060	1003121	2318	6537	11657	29996
水产品加工	1360	8509	566873	893	2679	6948	11489
蔬菜、水果和坚果加工	1370	13742	636582	1449	3981	6228	15309
其他农副食品加工	1390	13076	541540	1340	3368	6068	15682
食品制造业	1400	41714	2187868	8882	18653	29288	64423
焙烤食品制造	1410	10140	402978	2624	3156	4413	9817
糖果、巧克力及蜜饯制造	1420	4638	219988	310	1028	1740	3357
方便食品制造	1430	6491	388392	996	2761	4756	10744
液体乳及乳制品制造	1440	1912	234532	1616	2579	3872	7356
罐头制造	1450	2986	238019	821	2408	4047	10220
调味品、发酵制品制造	1460	6683	298131	855	2244	3408	8878
其他食品制造	1490	8864	405828	1660	4477	7052	14051
饮料制造业	1500	34978	1660349	7743	19552	27518	65313
酒精制造	1510	438	56328	199	787	1123	1946
酒的制造	1520	13436	890651	4445	11708	16770	38871
软饮料制造	1530	12083	489914	1934	4352	6662	16201
精制茶加工	1540	9021	223456	1165	2705	2963	8295
烟草制品业	1600	251	208318	597	4535	26712	34655
烟叶复烤	1610	87	30109	21	142	1013	1736
卷烟制造	1620	82	167939	543	4269	25498	32308
其他烟草制品加工	1690	82	10270	33	124	201	611
纺织业	1700	108023	8138641	48631	48238	87717	235446
棉、化纤纺织及印染精加工	1710	42300	3970937	41792	25940	53565	147815
毛纺织和染整精加工	1720	5162	430594	948	2519	4062	8882
麻纺织	1730	977	123549	179	1214	1513	4073
丝绢纺织及精加工	1740	6766	455522	588	2166	4437	10597
纺织制成品制造	1750	23984	1220947	2268	7013	10034	31066
针织品、编织品及其制品制造	1760	28834	1937092	2856	9386	14106	33013
纺织服装、鞋、帽制造业	1800	79494	6448028	8575	28813	54793	148904
纺织服装制造	1810	74422	6044645	8170	27657	51850	140524
纺织面料鞋的制造	1820	3569	280630	270	814	1841	5763
制帽	1830	1503	122753	135	342	1102	2617
皮革、毛皮、羽毛(绒)及其制品业	1900	31232	3386625	4456	13191	24677	66581
皮革鞣制加工	1910	2572	219661	421	1138	1910	4528
皮革制品制造	1920	24545	2956690	3585	10644	20371	57554
毛皮鞣制及制品加工	1930	2442	101088	316	1030	1332	2466
羽毛(绒)加工及制品制造	1940	1673	109186	134	379	1064	2033
木材加工及木、竹、藤、棕、草制品业	2000	62693	2390195	4227	14514	25972	62554
锯材、木片加工	2010	23643	575457	705	3362	5107	12882
人造板制造	2020	17459	1055862	2094	6249	13258	30000
木制品制造	2030	14502	488684	1033	3597	4921	12937
竹、藤、棕、草制品制造	2040	7089	270192	395	1306	2686	6735
家具制造业	2100	36116	1583432	3714	10647	19142	42800
木质家具制造	2110	26597	1046854	2697	7955	14465	32669
竹、藤家具制造	2120	673	30556	23	69	136	369
金属家具制造	2130	4014	282816	555	1441	2918	6587

2-36 续表 2

行业中类	代码	企业法人单位数（个）	从业人员数（人）	#高级技师	#技师	#高级工	#中级工
塑料家具制造	2140	531	22533	22	118	117	296
其他家具制造	2190	4301	200673	417	1064	1506	2879
造纸及纸制品业	2200	48624	2190961	5244	15225	27957	70645
纸浆制造	2210	871	61677	202	793	2110	3944
造纸	2220	12087	925723	2813	8031	15433	40543
纸制品制造	2230	35666	1203561	2229	6401	10414	26158
印刷业和记录媒介的复制	2300	52680	1543512	5250	16105	38076	62682
印刷	2310	47798	1418428	4853	14886	34928	58580
装订及其他印刷服务活动	2320	4642	107083	302	969	2909	3569
记录媒介的复制	2330	240	18001	95	250	239	533
文教体育用品制造业	2400	20118	1680598	2776	7928	11754	30247
文化用品制造	2410	5400	247525	485	1488	1555	4386
体育用品制造	2420	4725	393209	577	1507	2828	8106
乐器制造	2430	1335	99489	400	684	1492	3360
玩具制造	2440	7942	901747	1236	4027	5556	13648
游艺器材及娱乐用品制造	2450	716	38628	78	222	323	747
石油加工、炼焦及核燃料加工业	2500	6424	921134	7401	17994	100575	85908
精炼石油产品的制造	2510	4671	473993	1772	9649	77762	59840
炼焦	2520	1731	436552	4773	7742	19759	25213
化学原料及化学制品制造业	2600	96171	5624940	25699	73474	210237	320595
基础化学原料制造	2610	16815	1304728	5709	18394	72277	94655
肥料制造	2620	8989	855313	4642	14369	45323	70080
农药制造	2630	2500	214552	1314	3846	6619	12820
涂料、油墨、颜料及类似产品制造	2640	18423	589992	3254	6383	9286	17133
合成材料制造	2650	6065	467145	3352	7898	23510	32503
专用化学产品制造	2660	34185	1784666	6226	19779	47448	82466
日用化学产品制造	2670	9194	408544	1202	2805	5774	10938
医药制造业	2700	15285	1682534	9668	26502	54751	91057
化学药品原药制造	2710	2235	339153	1647	5387	13812	24864
化学药品制剂制造	2720	2267	449521	2068	6856	18421	24175
中药饮片加工	2730	2027	102679	625	1106	1708	4351
中成药制造	2740	2731	412607	3249	8760	13839	24889
兽用药品制造	2750	1345	87144	542	1247	2205	4111
生物、生化制品的制造	2760	2403	145279	916	1459	2693	3827
卫生材料及医药用品制造	2770	2277	146151	621	1687	2073	4840
化学纤维制造业	2800	4521	475685	1440	4734	14889	23959
纤维素纤维原料及纤维制造	2810	790	116344	461	1562	4135	9289
合成纤维制造	2820	3731	359341	979	3172	10754	14670
橡胶制品业	2900	20743	1282568	3785	9786	18945	49553
轮胎制造	2910	1880	336581	1143	3128	8311	25749
橡胶板、管、带的制造	2920	3995	178327	612	1538	2983	5731
橡胶零件制造	2930	6041	220319	627	1735	2809	6583
再生橡胶制造	2940	1104	38244	106	287	442	965
日用及医用橡胶制品制造	2950	1010	71719	114	371	939	1750
橡胶靴鞋制造	2960	1865	265825	679	1447	1527	4801
其他橡胶制品制造	2990	4848	171553	504	1280	1934	3974
塑料制品业	3000	98293	3899242	10218	28891	37779	89469
塑料薄膜制造	3010	8904	339712	1263	3647	3756	8572

2-36 续表 3

行业中类	代码	企业法人单位数(个)	从业人员数(人)	#高级技师	#技师	#高级工	#中级工
塑料板、管、型材的制造	3020	14099	527024	2281	5013	7430	16784
塑料丝、绳及编织品的制造	3030	10401	472547	860	2612	4570	10693
泡沫塑料制造	3040	5030	158215	359	809	1283	3108
塑料人造革、合成革制造	3050	1153	107707	259	760	889	2569
塑料包装箱及容器制造	3060	10962	366370	1015	2600	3481	9993
塑料零件制造	3070	13315	526272	1162	5523	4393	10081
日用塑料制造	3080	12832	633006	935	2682	5452	13555
其他塑料制品制造	3090	21597	768389	2084	5245	6525	14114
非金属矿物制品业	3100	211191	9390534	21285	68144	126372	295645
水泥、石灰和石膏的制造	3110	14651	1415523	3887	15703	34108	69435
水泥及石膏制品制造	3120	48940	1274283	3439	10009	15869	36671
砖瓦、石材及其他建筑材料制造	3130	99509	3828142	4874	17102	26439	79100
玻璃及玻璃制品制造	3140	15922	1169588	3951	11933	22044	43156
陶瓷制品制造	3150	8938	748240	1686	4456	9489	29315
耐火材料制品制造	3160	11601	488481	1719	4319	8638	14971
石墨及其他非金属矿物制品制造	3190	11630	466277	1729	4622	9785	22997
黑色金属冶炼及压延加工业	3200	18939	3372463	12093	55516	258962	320240
炼铁	3210	2687	332479	1462	5149	12064	23904
炼钢	3220	788	552482	1511	7261	31016	44143
钢压延加工	3230	12400	2172485	8266	40216	208982	237062
铁合金冶炼	3240	3064	315017	854	2890	6900	15131
有色金属冶炼及压延加工业	3300	21497	2034949	14869	30387	91039	112827
常用有色金属冶炼	3310	5907	938724	10563	17631	62431	67435
贵金属冶炼	3320	591	70835	236	823	1177	2695
稀有稀土金属冶炼	3330	1402	129179	715	1994	4990	7928
有色金属合金制造	3340	2155	116905	459	1113	4884	5931
有色金属压延加工	3350	11442	779306	2896	8826	17557	28838
金属制品业	3400	132747	5023298	17217	48089	82556	174183
结构性金属制品制造	3410	47440	1559857	6323	17172	30794	66644
金属工具制造	3420	17669	603979	1817	5438	10111	19440
集装箱及金属包装容器制造	3430	5619	336958	1680	3811	6555	14352
金属丝绳及其制品的制造	3440	7026	286902	766	3921	5975	14829
建筑、安全用金属制品制造	3450	15167	628003	2417	6094	8779	17751
金属表面处理及热处理加工	3460	10935	412835	1217	3154	5530	9786
搪瓷制品制造	3470	989	65121	198	629	1737	3351
不锈钢及类似日用金属制品制造	3480	12439	616859	1289	3510	5193	12071
其他金属制品制造	3490	15463	512784	1510	4360	7882	15959
通用设备制造业	3500	181966	7243605	37737	110223	230700	427947
锅炉及原动机制造	3510	7091	482778	3203	12533	31150	48381
金属加工机械制造	3520	22489	836583	6105	17572	34680	59558
起重运输设备制造	3530	5620	455674	2951	8647	18888	36578
泵、阀门、压缩机及类似机械的制造	3540	23852	1093029	5421	15849	34227	65032
轴承、齿轮、传动和驱动部件的制造	3550	12586	712547	2740	9686	22467	49318
烘炉、熔炉及电炉制造	3560	1749	50442	357	660	978	1832
风机、衡器、包装设备等通用设备制造	3570	21410	912310	5600	14495	25451	43916
通用零部件制造及机械修理	3580	55742	1398165	6201	17314	34774	62906
金属铸、锻加工	3590	31427	1302077	5159	13467	28085	60426
专用设备制造业	3600	92805	4343870	29612	84860	207930	299658

2-36　续表 4

行业中类	代码	企业法人单位数（个）	从业人员数（人）	#高级技师	#技师	#高级工	#中级工
矿山、冶金、建筑专用设备制造	3610	15987	1068196	8047	27336	71598	102613
化工、木材、非金属加工专用设备制造	3620	26268	957512	7292	17975	24304	45910
食品、饮料、烟草及饲料生产专用设备制造	3630	3557	157680	1182	3090	8175	11319
印刷、制药、日化生产专用设备制造	3640	5747	225548	1558	3664	7062	13373
纺织、服装和皮革工业专用设备制造	3650	8808	353582	1620	4788	10175	18580
农、林、牧、渔专用机械制造	3670	7464	386247	2014	7188	20475	34796
医疗仪器设备及器械制造	3680	5473	298257	1597	3658	5794	11194
环保、社会公共安全及其他专用设备制造	3690	13379	437174	3787	8180	15018	23487
交通运输设备制造业	3700	79689	5811964	29976	99031	280611	457905
铁路运输设备制造	3710	2761	361239	1987	7842	49421	46807
汽车制造	3720	54585	3566495	18753	58120	137853	269359
摩托车制造	3730	6807	533596	2463	7507	11473	27702
自行车制造	3740	5662	276040	592	1771	3825	10270
船舶及浮动装置制造	3750	8034	702227	3721	11941	32472	54199
航空航天器制造	3760	383	317121	2225	11300	44591	47688
交通器材及其他交通运输设备制造	3790	1457	55246	235	550	976	1880
电气机械及器材制造业	3900	93753	6294577	25679	66600	115366	237228
电机制造	3910	10001	740415	3393	10378	24883	49099
输配电及控制设备制造	3920	31390	1736574	8979	21311	35921	65790
电线、电缆、光缆及电工器材制造	3930	16688	987837	3876	9953	17871	34268
电池制造	3940	3827	508992	2396	5255	7143	14443
家用电力器具制造	3950	11395	1193472	3536	10894	14974	43945
非电力家用器具制造	3960	3360	136703	509	1264	2169	4288
照明器具制造	3970	12816	829914	2028	5382	8146	18017
其他电气机械及器材制造	3990	4276	160670	962	2163	4259	7378
通信设备、计算机及其他电子设备制造业	4000	45454	7001203	26754	65428	97645	180697
通信设备制造	4010	4737	895613	4004	10928	15283	23915
雷达及配套设备制造	4020	121	44436	94	1138	5037	5652
广播电视设备制造	4030	1497	121843	383	933	1544	2898
电子计算机制造	4040	3844	1461869	6274	16798	18935	27630
电子器件制造	4050	6377	1068604	5245	10521	20582	39381
电子元件制造	4060	20432	2454168	7133	16886	25595	58488
家用视听设备制造	4070	3331	593859	1861	4697	6482	13437
其他电子设备制造	4090	5115	360811	1760	3527	4187	9296
仪器仪表及文化、办公用机械制造业	4100	23730	1496106	8890	19442	38482	59696
通用仪器仪表制造	4110	11649	504592	5013	9473	15280	24151
专用仪器仪表制造	4120	3993	202729	1506	3184	8835	11336
钟表与计时仪器制造	4130	1755	169757	407	1710	2246	6018
光学仪器及眼镜制造	4140	3481	323967	918	3359	9409	12386
文化、办公用机械制造	4150	1632	262760	867	1398	2192	4853
其他仪器仪表的制造及修理	4190	1220	32301	179	318	520	952
工艺品及其他制造业	4200	48690	2255833	4794	13702	26967	55905
工艺美术品制造	4210	31066	1555093	3292	8935	16696	38010
日用杂品制造	4220	7861	445566	535	2143	2510	7696
煤制品制造	4230	4502	69868	139	401	651	1658
其他未列明的制造业	4290	5230	184354	811	2209	7096	8452
废弃资源和废旧材料回收加工业	4300	8203	203334	405	1051	2236	4745
金属废料和碎屑的加工处理	4310	3957	120797	241	665	1641	3316
非金属废料和碎屑的加工处理	4320	4246	82537	164	386	595	1429

2-36 续表 5

行业中类	代码	企业法人单位数(个)	从业人员数(人)	#高级技师	#技师	#高级工	#中级工
电力、燃气及水的生产和供应业	D	**57022**	**4009933**	**21560**	**119562**	**506520**	**365361**
电力、热力的生产和供应业	4400	37582	3125705	18481	105763	450339	292343
电力生产	4410	31470	1393996	7116	37036	154278	139461
电力供应	4420	3018	1473536	9703	63510	280118	135114
热力生产和供应	4430	3094	258173	1662	5217	15943	17768
燃气生产和供应业	4500	3103	225713	829	3472	14299	20056
水的生产和供应业	4600	16337	658515	2250	10327	41882	52962
自来水的生产和供应	4610	14087	601172	1852	9468	39566	49969
污水处理及其再生利用	4620	1743	50068	380	755	2114	2789
其他水的处理、利用与分配	4690	507	7275	18	104	202	204
建筑业	E	**226745**	**39068150**	**189509**	**636530**	**1447875**	**3429013**
房屋和土木工程建筑业	4700	93036	32427758	152864	520149	1202763	2942531
房屋工程建筑	4710	59933	25420372	110495	377134	810104	2437680
土木工程建筑	4720	33103	7007386	42369	143015	392659	504851
建筑安装业	4800	43758	3225836	19029	62228	147565	243343
建筑装饰业	4900	66284	1866360	10211	29493	42931	95810
其他建筑业	5000	23667	1548196	7405	24660	54616	147329
工程准备	5010	8717	438644	1560	5024	12247	32331
提供施工设备服务	5020	2753	234844	872	3496	7783	26937
其他未列明的建筑活动	5090	12196	874688	4973	16140	34586	88061
交通运输、仓储和邮政业	F	**148451**	**8461703**	**18125**	**62894**	**250491**	**406865**
铁路运输业	5100	415	53364	61	694	5416	5046
铁路旅客运输	5110	16	5566	10	109	64	6
铁路货物运输	5120	194	32668	31	275	2021	3623
铁路运输辅助活动	5130	205	15130	20	310	3331	1417
道路运输业	5200	66527	3331598	7479	27826	71597	110221
公路旅客运输	5210	7591	939057	3252	12259	31062	45295
道路货物运输	5220	52098	1930678	3045	12003	27342	48944
道路运输辅助活动	5230	6838	461863	1182	3564	13193	15982
城市公共交通业	5300	7503	1589895	2650	9627	60778	112975
公共电汽车客运	5310	2011	895096	2064	6606	50337	81797
轨道交通	5320	82	54749	86	334	2975	6406
出租车客运	5330	5031	600754	352	2481	6907	22227
城市轮渡	5340	76	6864	113	39	144	836
其他城市公共交通	5390	303	32432	35	167	415	1709
水上运输业	5400	7430	794361	2564	8460	25864	43208
水上旅客运输	5410	873	57145	145	260	847	1659
水上货物运输	5420	4762	466114	1462	4944	8557	16765
水上运输辅助活动	5430	1795	271102	957	3256	16460	24784
航空运输业	5500	735	313126	745	2632	9994	7301
航空客货运输	5510	290	219918	615	1746	3897	1860
通用航空服务	5520	142	5699	48	108	194	209
航空运输辅助活动	5530	303	87509	82	778	5903	5232
管道运输业	5600	83	24989	47	396	4232	2554
装卸搬运和其他运输服务业	5700	43955	1060110	1335	3924	9257	18100
装卸搬运	5710	7157	380245	344	1489	5391	9238
运输代理服务	5720	36798	679865	991	2435	3866	8862

2-36　续表 6

行业中类	代码	企业法人单位数(个)	从业人员数(人)	#高级技师	#技师	#高级工	#中级工
仓储业	5800	17416	510798	1583	3735	9508	13031
谷物、棉花等农产品仓储	5810	5221	167306	876	2031	4576	6453
其他仓储	5890	12195	343492	707	1704	4932	6578
邮政业	5900	4387	783462	1661	5600	53845	94429
国家邮政	5910	591	665253	1585	5476	52870	93409
其他寄递服务	5990	3796	118209	76	124	975	1020
信息传输、计算机服务和软件业	**G**	**144941**	**3081726**	**15477**	**28533**	**67377**	**83992**
电信和其他信息传输服务业	6000	18545	1452784	4048	12177	54245	64058
电信	6010	6556	1185595	3077	9768	48252	56084
互联网信息服务	6020	9882	144126	558	947	1022	1931
广播电视传输服务	6030	1928	116239	400	1438	4910	5912
卫星传输服务	6040	179	6824	13	24	61	131
计算机服务业	6100	86969	739346	2816	4822	4971	7909
计算机系统服务	6110	14276	235373	1373	2407	2337	3167
数据处理	6120	748	28397	71	68	145	245
计算机维修	6130	3080	33574	195	500	350	569
其他计算机服务	6190	68865	442002	1177	1847	2139	3928
软件业	6200	39427	889596	8613	11534	8161	12025
公共软件服务	6210	32272	741368	7725	9678	6767	10033
其他软件服务	6290	7155	148228	888	1856	1394	1992
批发和零售业	**H**	**1402651**	**18907576**	**54741**	**115897**	**182143**	**362789**
批发业	6300	853760	10545075	29438	55790	94045	175533
农畜产品批发	6310	41719	703434	2678	5447	12208	19218
食品、饮料及烟草制品批发	6320	63724	1393836	3275	7186	22541	40420
纺织、服装及日用品批发	6330	88623	1080986	1263	2502	2950	6175
文化、体育用品及器材批发	6340	27243	304902	640	1240	3495	4455
医药及医疗器材批发	6350	25534	557883	1959	4367	4511	9639
矿产品、建材及化工产品批发	6360	287180	3210534	6728	12986	23122	51802
机械设备、五金交电及电子产品批发	6370	239346	2456752	11103	19142	21397	36317
贸易经纪与代理	6380	19646	209352	432	620	754	1102
其他批发	6390	60745	627396	1360	2300	3067	6405
零售业	6500	548891	8362501	25303	60107	88098	187256
综合零售	6510	63664	2856634	4181	9373	19081	54999
食品、饮料及烟草制品专门零售	6520	44817	492288	884	2887	3894	7976
纺织、服装及日用品专门零售	6530	59544	747958	1243	2487	2829	6773
文化、体育用品及器材专门零售	6540	36453	404706	862	2234	12076	14148
医药及医疗器材专门零售	6550	49427	624861	2127	6708	8734	14457
汽车、摩托车、燃料及零配件专门零售	6560	79873	1228206	9782	23077	28364	59841
家用电器及电子产品专门零售	6570	90932	971459	3735	7797	6301	15292
五金、家具及室内装修材料专门零售	6580	72479	568497	975	2572	2953	6786
无店铺及其他零售	6590	51702	467892	1514	2972	3866	6984
住宿和餐饮业	**I**	**140219**	**5687081**	**20637**	**51788**	**77019**	**141519**
住宿业	6600	52259	2581884	9084	25440	50351	84781
旅游饭店	6610	17214	1840997	7586	19833	41234	70435
一般旅馆	6620	32025	666192	1338	5154	8129	12480
其他住宿服务	6690	3020	74695	160	453	988	1866
餐饮业	6700	87960	3105197	11553	26348	26668	56738
正餐服务	6710	72574	2558204	10870	24131	24559	51619
快餐服务	6720	5972	369873	294	1060	922	2581
饮料及冷饮服务	6730	3786	53028	104	250	196	420
其他餐饮服务	6790	5628	124092	285	907	991	2118

2-36 续表 7

行业中类	代码	企业法人单位数(个)	从业人员数(人)	#高级技师	#技师	#高级工	#中级工
金融业	J	**26930**	**4937420**	**5782**	**9076**	**21225**	**31002**
银行业	6800	6971	2698047	4057	6038	11125	14979
中央银行	6810	51	10670	43	87	211	40
商业银行	6820	6353	2595483	3777	5352	10179	13985
其他银行	6890	567	91894	237	599	735	954
证券业	6900	1052	140969	131	78	111	108
证券市场管理	6910	39	2234	2	1	20	
证券经纪与交易	6920	683	125710	109	69	51	94
证券投资	6930	190	10805	18	4	31	12
证券分析与咨询	6940	140	2220	2	4	9	2
保险业	7000	8925	1886234	1093	2111	2561	4251
人寿保险	7010	2847	1408009	465	1032	1296	2609
非人寿保险	7020	3612	418270	425	771	948	1043
保险辅助服务	7030	2466	59955	203	308	317	599
其他金融活动	7100	9982	212170	501	849	7428	11664
金融信托与管理	7110	743	24312	46	48	52	78
金融租赁	7120	97	2019	11	4	4	14
财务公司	7130	306	6198	19	16	17	18
邮政储蓄	7140	348	87383	177	370	7078	11159
典当	7150	2947	25073	110	135	108	178
其他未列明的金融活动	7190	5541	67185	138	276	169	217
房地产业	K	**209915**	**5428838**	**27336**	**57166**	**100428**	**158175**
房地产业	7200	209915	5428838	27336	57166	100428	158175
房地产开发经营	7210	87835	2076097	18180	34299	40558	70811
物业管理	7220	56955	2460033	6979	19228	51030	74342
房地产中介服务	7230	32997	364929	729	875	1812	3145
其他房地产活动	7290	32128	527779	1448	2764	7028	9877
租赁和商务服务业	L	**359285**	**6831465**	**17710**	**39012**	**80566**	**141355**
租赁业	7300	17819	213256	789	1593	2515	4755
机械设备租赁	7310	17044	203935	754	1530	2380	4528
文化及日用品出租	7320	775	9321	35	63	135	227
商务服务业	7400	341466	6618209	16921	37419	78051	136600
企业管理服务	7410	60582	1952846	6637	19324	44658	57118
法律服务	7420	8160	104952	190	146	143	266
咨询与调查	7430	97754	966258	3253	3822	4837	8385
广告业	7440	71045	593520	1646	3289	3546	6208
知识产权服务	7450	3469	33932	181	184	231	261
职业中介服务	7460	17265	1066672	2000	5068	13538	41785
市场管理	7470	15452	380167	734	1368	2968	5368
旅行社	7480	20510	294745	683	1010	1940	2948
其他商务服务	7490	47229	1225117	1597	3208	6190	14261
科学研究、技术服务和地质勘查业	M	**125400**	**2683460**	**16682**	**29048**	**57737**	**67398**
研究与试验发展	7500	13709	283891	2196	3484	7260	7571
自然科学研究与试验发展	7510	1289	21331	157	287	830	514
工程和技术研究与试验发展	7520	7982	195053	1511	2456	5767	6130

2-36　续表 8

行业中类	代码	企业法人单位数(个)	从业人员数(人)	#高级技师	#技师	#高级工	#中级工
农业科学研究与试验发展	7530	1804	23655	213	387	329	438
医学研究与试验发展	7540	2424	40877	312	342	299	451
社会人文科学研究与试验发展	7550	210	2975	3	12	35	38
专业技术服务业	7600	70557	1654187	10278	17513	32494	33753
气象服务	7610	653	7176	24	60	54	114
地震服务	7620	68	918	14	17	18	15
海洋服务	7630	121	2164	34	17	41	109
测绘服务	7640	2629	43637	218	521	1332	1393
技术检测	7650	6971	153402	1251	2126	4504	4417
环境监测	7660	1091	13164	119	115	155	195
工程技术与规划管理	7670	35660	1110052	6511	10848	20671	20773
其他专业技术服务	7690	23364	323674	2107	3809	5719	6737
科技交流和推广服务业	7700	38711	568931	3536	5528	6998	10297
技术推广服务	7710	28817	442046	2912	4561	5644	8525
科技中介服务	7720	4520	55716	249	448	576	743
其他科技服务	7790	5374	71169	375	519	778	1029
地质勘查业	7800	2423	176451	672	2523	10985	15777
矿产地质勘查	7810	1149	133648	405	1422	7046	12849
基础地质勘查	7820	342	16015	72	537	1846	1537
地质勘查技术服务	7830	932	26788	195	564	2093	1391
水利、环境和公共设施管理业	**N**	**22064**	**649832**	**2891**	**7015**	**23134**	**28157**
水利管理业	7900	1843	38761	179	541	2269	2248
防洪管理	7910	140	3940	6	79	264	120
水资源管理	7920	990	21233	126	364	1454	1469
其他水利管理	7990	713	13588	47	98	551	659
环境管理业	8000	4649	175845	505	1390	5526	6582
自然保护	8010	312	12751	140	128	618	713
环境治理	8020	4337	163094	365	1262	4908	5869
公共设施管理业	8100	15572	435226	2207	5084	15339	19327
市政公共设施管理	8110	2111	67423	284	828	3300	3617
城市绿化管理	8120	8481	189856	1499	3250	7646	10819
游览景区管理	8130	4980	177947	424	1006	4393	4891
居民服务和其他服务业	**O**	**106491**	**1762846**	**11299**	**32819**	**28835**	**55237**
居民服务业	8200	50743	803594	5540	19356	8476	14507
家庭服务	8210	3435	43507	70	163	343	585
托儿所	8220	289	3474	3	1	11	33
洗染服务	8230	2130	33497	169	319	282	853
理发及美容保健服务	8240	15702	209265	3018	8546	3608	4938
洗浴服务	8250	9883	244898	1138	7917	1246	2602
婚姻服务	8260	2625	15204	50	90	66	86
殡葬服务	8270	1696	36369	95	184	430	663
摄影扩印服务	8280	6630	74246	647	1084	859	997
其他居民服务	8290	8353	143134	350	1052	1631	3750
其他服务业	8300	55748	959252	5759	13463	20359	40730
修理与维护	8310	32084	385233	4578	10345	15534	26819
清洁服务	8320	10029	316784	315	861	1341	3353
其他未列明的服务	8390	13635	257235	866	2257	3484	10558

2-36 续表 9

行业中类	代码	企业法人单位数（个）	从业人员数（人）	#高级技师	#技师	#高级工	#中级工
教育	P	**21423**	**402653**	**2714**	**5686**	**7801**	**8250**
教育	8400	21423	402653	2714	5686	7801	8250
学前教育	8410	3947	63735	75	87	155	327
初等教育	8420	558	21121	82	44	48	98
中等教育	8430	903	35842	275	515	607	612
高等教育	8440	188	11595	117	127	230	77
其他教育	8490	15827	270360	2165	4913	6761	7136
卫生、社会保障和社会福利业	Q	**15941**	**438137**	**2431**	**4073**	**3437**	**4787**
卫生	8500	15058	421500	2415	4024	3315	4544
医院	8510	4205	296363	1706	2651	2508	3146
卫生院及社区医疗活动	8520	1937	36970	192	350	224	344
门诊部医疗活动	8530	7438	61337	332	757	343	653
计划生育技术服务活动	8540	301	2605	15	60	10	41
妇幼保健活动	8550	85	4059	65	44	30	22
专科疾病防治活动	8560	294	3377	19	22	25	64
疾病预防控制及防疫活动	8570	122	2607	11	25	20	15
其他卫生活动	8590	676	14182	75	115	155	259
社会保障业	8600	235	6772	1	17	42	82
社会福利业	8700	648	9865	15	32	80	161
提供住宿的社会福利	8710	475	7630	13	25	50	95
不提供住宿的社会福利	8720	173	2235	2	7	30	66
文化、体育和娱乐业	R	**35154**	**824572**	**1840**	**6024**	**9671**	**13549**
新闻出版业	8800	2443	164637	251	665	2712	1932
新闻业	8810	88	4865		5	129	107
出版业	8820	2355	159772	251	660	2583	1825
广播、电视、电影和音像业	8900	5548	137756	400	1697	4054	5854
广播	8910	175	5894	14	272	143	271
电视	8920	1400	60909	154	646	1473	2821
电影	8930	2831	60517	179	719	2366	2618
音像制作	8940	1142	10436	53	60	72	144
文化艺术业	9000	7539	76157	208	371	639	1083
文艺创作与表演	9010	1854	27052	48	89	154	330
艺术表演场馆	9020	309	7751	15	66	123	163
图书馆与档案馆	9030	105	882			15	15
文物及文化保护	9040	140	2571	21	10	16	16
博物馆	9050	126	1753	2	3	2	22
烈士陵园、纪念馆	9060	21	431				2
群众文化活动	9070	835	6054	12	51	86	115
文化艺术经纪代理	9080	1889	12316	51	71	51	122
其他文化艺术	9090	2260	17347	59	81	192	298
体育	9100	1733	26826	51	127	192	276
体育组织	9110	639	8438	26	50	49	81
体育场馆	9120	582	11308	15	41	106	143
其他体育	9190	512	7080	10	36	37	52
娱乐业	9200	17883	419196	930	3164	2074	4404
室内娱乐活动	9210	10901	226047	281	1215	871	2015
游乐园	9220	569	25231	101	221	310	428
休闲健身娱乐活动	9230	4879	139706	506	1443	720	1682
其他娱乐活动	9290	1545	28212	42	285	173	279

2-37　按登记注册类型、技术等级分组的企业法人单位从业人员数

登记注册类型	企业法人单位数（个）	从业人员数（人）	#高级技师	#技师	#高级工	#中级工
总　计	**4959671**	**218893553**	**840828**	**2410905**	**5885655**	**10347854**
内资企业	**4774324**	**187763886**	**745150**	**2167978**	**5446381**	**9482341**
国有企业	142937	22021786	126149	359433	1542512	1648793
集体企业	192248	9053539	24775	81158	182146	470868
股份合作企业	63957	2641447	11147	28432	44751	89943
联营企业	11226	590313	2441	9602	20672	32056
国有联营企业	1984	150574	891	4543	12656	12998
集体联营企业	4474	186545	745	2294	3083	7497
国有与集体联营企业	1529	94975	287	1298	2591	7536
其他联营企业	3239	158219	518	1467	2342	4025
有限责任公司	551233	44920276	196005	650444	1805822	3170277
国有独资公司	10648	4575424	24526	105911	462595	556719
其他有限责任公司	540585	40344852	171479	544533	1343227	2613558
股份有限公司	97326	14671163	65830	196800	613197	963109
私营企业	3596423	91491886	311772	825177	1213628	3055132
私营独资企业	1314948	25658180	55586	157368	226309	590189
私营合伙企业	216879	4868419	11537	33141	47758	128847
私营有限责任公司	1954499	56857061	223399	585657	858352	2136888
私营股份有限公司	110097	4108226	21250	49011	81209	199208
其他企业	118974	2373476	7031	16932	23653	52163
港、澳、台商投资企业	**83657**	**14451525**	**41529**	**107947**	**193870**	**385267**
合资经营企业(港、澳、台资)	22055	3829621	14200	33974	68273	147477
合作经营企业(港、澳、台资)	4127	591501	1329	5058	6663	14608
港、澳、台商独资经营企业	54845	9558174	24940	64424	104864	203061
港、澳、台商投资股份有限公司	2630	472229	1060	4491	14070	20121
外商投资企业	**101690**	**16678142**	**54149**	**134980**	**245404**	**480246**
中外合资经营企业	32474	5570440	23036	60562	122521	244231
中外合作经营企业	3843	578109	1238	3431	7507	12763
外资企业	62219	9808054	27766	63390	90763	186925
外商投资股份有限公司	3154	721539	2109	7597	24613	36327

第3篇

事业、机关、社团民办非企业篇

3-01 按行业(中类)分组的事业法人单位数及从业人员数

行业中类	代码	事业法人单位数(个)	单产业法人	多产业法人	从业人员数(人)	#女性
总 计	**0000**	**708728**	**643976**	**64752**	**30510489**	**13828874**
农、林、牧、渔业	**A**	**412**	**131**	**281**	**48870**	**13982**
农业	0100	34	12	22	2010	801
谷物及其他作物的种植	0110	15	5	10	1266	517
蔬菜、园艺作物的种植	0120	2		2	175	81
水果、坚果、饮料和香料作物的种植	0130	17	7	10	569	203
林业	0200	143	48	95	33610	9472
林木的培育和种植	0210	131	48	83	26684	7493
木材和竹材的采运	0220	8		8	5085	1497
林产品的采集	0230	4		4	1841	482
畜牧业	0300	19	9	10	2091	581
牲畜的饲养	0310	10	4	6	1599	455
猪的饲养	0320	4	3	1	62	17
家禽的饲养	0330	1	1		2	1
其他畜牧业	0390	4	1	3	428	108
渔业	0400	4	2	2	197	17
内陆渔业	0420	4	2	2	197	17
农、林、牧、渔服务业	0500	212	60	152	10962	3111
农业服务业	0510	89	15	74	2299	613
林业服务业	0520	31	12	19	7029	2064
畜牧服务业	0530	89	32	57	1547	423
渔业服务业	0540	3	1	2	87	11
采矿业	**B**	**2**	**1**	**1**	**175**	**53**
非金属矿采选业	1000	2	1	1	175	53
土砂石开采	1010	2	1	1	175	53
制造业	**C**	**27**	**27**		**6979**	**2316**
饮料制造业	1500	2	2		14	2
软饮料制造	1530	2	2		14	2
家具制造业	2100	1	1		62	40
木质家具制造	2110	1	1		62	40
印刷业和记录媒介的复制	2300	12	12		954	336
印刷	2310	12	12		954	336
化学原料及化学制品制造业	2600	1	1		138	17
专用化学产品制造	2660	1	1		138	17
医药制造业	2700	1	1		451	181
生物、生化制品的制造	2760	1	1		451	181
非金属矿物制品业	3100	1	1		28	9
石墨及其他非金属矿物制品制造	3190	1	1		28	9
有色金属冶炼及压延加工业	3300	1	1		1259	284
有色金属合金制造	3340	1	1		1259	284
通用设备制造业	3500	2	2		175	43
泵、阀门、压缩机及类似机械的制造	3540	1	1		81	14
风机、衡器、包装设备等通用设备制造	3570	1	1		94	29
交通运输设备制造业	3700	2	2		32	8
汽车制造	3720	2	2		32	8
电气机械及器材制造业	3900	1	1		44	12
其他电气机械及器材制造	3990	1	1		44	12
通信设备、计算机及其他电子设备制造业	4000	1	1		3700	1332
电子计算机制造	4040	1	1		3700	1332

3-01 续表 1

行业中类	代码	事业法人单位数(个)	单产业法人	多产业法人	从业人员数(人)	#女性
仪器仪表及文化、办公用机械制造业	4100	1	1		50	9
通用仪器仪表制造	4110	1	1		50	9
工艺品及其他制造业	4200	1	1		72	43
其他未列明的制造业	4290	1	1		72	43
电力、燃气及水的生产和供应业	D	**500**	**463**	**37**	**31461**	**10191**
电力、热力的生产和供应业	4400	180	167	13	14263	3572
电力生产	4410	102	100	2	4227	1322
电力供应	4420	25	19	6	5379	991
热力生产和供应	4430	53	48	5	4657	1259
燃气生产和供应业	4500	9	8	1	756	328
水的生产和供应业	4600	311	288	23	16442	6291
自来水的生产和供应	4610	272	249	23	15077	5785
污水处理及其再生利用	4620	35	35		1339	495
其他水的处理、利用与分配	4690	4	4		26	11
建筑业	E	**17**	**17**		**1955**	**327**
房屋和土木工程建筑业	4700	15	15		1240	311
房屋工程建筑	4710	1	1		1	
土木工程建筑	4720	14	14		1239	311
建筑安装业	4800	1	1		700	11
其他建筑业	5000	1	1		15	5
其他未列明的建筑活动	5090	1	1		15	5
交通运输、仓储和邮政业	F	**6466**	**5504**	**962**	**450810**	**129197**
铁路运输业	5100	17	16	1	1929	543
铁路旅客运输	5110	1	1		1	
铁路货物运输	5120	6	5	1	1691	474
铁路运输辅助活动	5130	10	10		237	69
道路运输业	5200	5230	4342	888	392355	112417
公路旅客运输	5210	50	45	5	2245	768
道路货物运输	5220	93	90	3	3056	732
道路运输辅助活动	5230	5087	4207	880	387054	110917
城市公共交通业	5300	86	81	5	5113	1402
公共电汽车客运	5310	24	22	2	2736	866
轨道交通	5320	3	2	1	347	169
出租车客运	5330	27	27		915	143
城市轮渡	5340	11	11		835	161
其他城市公共交通	5390	21	19	2	280	63
水上运输业	5400	432	405	27	14922	3058
水上旅客运输	5410	19	19		353	79
水上货物运输	5420	18	17	1	430	48
水上运输辅助活动	5430	395	369	26	14139	2931
航空运输业	5500	59	57	2	7015	2052
航空客货运输	5510	6	6		270	84
通用航空服务	5520	7	7		116	28
航空运输辅助活动	5530	46	44	2	6629	1940
管道运输业	5600	1	1		47	2
装卸搬运和其他运输服务业	5700	70	67	3	1294	377
装卸搬运	5710	20	19	1	516	130
运输代理服务	5720	50	48	2	778	247
仓储业	5800	540	513	27	19696	5889

3-01　续表 2

行业中类	代码	事业法人单位数(个)	单产业法人	多产业法人	从业人员数(人)	#女性
谷物、棉花等农产品仓储	5810	300	281	19	7623	2347
其他仓储	5890	240	232	8	12073	3542
邮政业	5900	31	22	9	8439	3457
国家邮政	5910	24	15	9	8347	3441
其他寄递服务	5990	7	7		92	16
信息传输、计算机服务和软件业	**G**	**3950**	**3813**	**137**	**85460**	**26981**
电信和其他信息传输服务业	6000	3222	3089	133	72835	22356
电信	6010	95	91	4	2583	912
互联网信息服务	6020	268	266	2	3706	1283
广播电视传输服务	6030	2811	2684	127	65610	19904
卫星传输服务	6040	48	48		936	257
计算机服务业	6100	637	633	4	10645	3812
计算机系统服务	6110	231	231		5324	1815
数据处理	6120	238	236	2	2877	1142
计算机维修	6130	27	26	1	495	164
其他计算机服务	6190	141	140	1	1949	691
软件业	6200	91	91		1980	813
公共软件服务	6210	70	70		1313	514
其他软件服务	6290	21	21		667	299
批发和零售业	**H**	**47**	**42**	**5**	**1376**	**569**
批发业	6300	21	21		596	249
农畜产品批发	6310	6	6		137	44
食品、饮料及烟草制品批发	6320	5	5		99	29
纺织、服装及日用品批发	6330	1	1		5	
文化、体育用品及器材批发	6340	3	3		254	127
矿产品、建材及化工产品批发	6360	2	2		25	7
机械设备、五金交电及电子产品批发	6370	2	2		18	5
其他批发	6390	2	2		58	37
零售业	6500	26	21	5	780	320
综合零售	6510	3	2	1	89	32
食品、饮料及烟草制品专门零售	6520	6	6		115	48
文化、体育用品及器材专门零售	6540	15	11	4	539	231
家用电器及电子产品专门零售	6570	1	1		35	8
无店铺及其他零售	6590	1	1		2	1
住宿和餐饮业	**I**	**936**	**894**	**42**	**68839**	**37779**
住宿业	6600	741	704	37	57534	31971
旅游饭店	6610	312	287	25	41183	22736
一般旅馆	6620	355	346	9	14136	7970
其他住宿服务	6690	74	71	3	2215	1265
餐饮业	6700	195	190	5	11305	5808
正餐服务	6710	151	146	5	10413	5398
快餐服务	6720	12	12		187	93
其他餐饮服务	6790	32	32		705	317
金融业	**J**	**715**	**562**	**153**	**52175**	**18212**
银行业	6800	312	162	150	43951	15190
中央银行	6810	225	120	105	31735	10589
商业银行	6820	41	21	20	8580	3364
其他银行	6890	46	21	25	3636	1237
证券业	6900	46	45	1	2645	868

3-01 续表 3

行业中类	代码	事业法人单位数(个)	单产业法人	多产业法人	从业人员数(人)	#女性
证券市场管理	6910	35	34	1	2541	831
证券经纪与交易	6920	5	5		43	13
证券投资	6930	6	6		61	24
保险业	7000	87	86	1	2392	944
人寿保险	7010	18	18		215	103
非人寿保险	7020	29	28	1	495	216
保险辅助服务	7030	40	40		1682	625
其他金融活动	7100	270	269	1	3187	1210
金融信托与管理	7110	42	41	1	726	241
金融租赁	7120	1	1		4	2
财务公司	7130	10	10		102	35
邮政储蓄	7140	6	6		55	25
典当	7150	2	2		8	1
其他未列明的金融活动	7190	209	209		2292	906
房地产业	**K**	**2296**	**2181**	**115**	**57483**	**22059**
房地产业	7200	2296	2181	115	57483	22059
房地产开发经营	7210	25	24	1	775	318
物业管理	7220	432	401	31	18246	6190
房地产中介服务	7230	268	260	8	4830	1915
其他房地产活动	7290	1571	1496	75	33632	13636
租赁和商务服务业	**L**	**30006**	**29152**	**854**	**511864**	**172728**
租赁业	7300	53	52	1	1124	360
机械设备租赁	7310	40	39	1	995	300
文化及日用品出租	7320	13	13		129	60
商务服务业	7400	29953	29100	853	510740	172368
企业管理服务	7410	13215	12779	436	263391	83949
法律服务	7420	5390	5365	25	36665	12360
咨询与调查	7430	4187	4149	38	44895	17944
广告业	7440	164	161	3	3912	1472
知识产权服务	7450	212	210	2	5312	2458
职业中介服务	7460	3161	3112	49	38078	16136
市场管理	7470	1840	1585	255	65794	23295
旅行社	7480	170	162	8	2217	934
其他商务服务	7490	1614	1577	37	50476	13820
科学研究、技术服务和地质勘查业	**M**	**66422**	**63484**	**2938**	**1658725**	**507241**
研究与试验发展	7500	5906	5603	303	481389	164989
自然科学研究与试验发展	7510	690	650	40	75007	25955
工程和技术研究与试验发展	7520	985	915	70	224555	72211
农业科学研究与试验发展	7530	2714	2560	154	122551	41510
医学研究与试验发展	7540	370	347	23	23513	11752
社会人文科学研究与试验发展	7550	1147	1131	16	35763	13561
专业技术服务业	7600	27394	26582	812	581396	180574
气象服务	7610	3201	2897	304	57188	19669
地震服务	7620	1324	1285	39	16222	4668
海洋服务	7630	86	83	3	6130	1441
测绘服务	7640	1047	1026	21	41122	11414
技术检测	7650	7439	7305	134	150942	50197
环境监测	7660	1872	1836	36	44117	16459
工程技术与规划管理	7670	10549	10327	222	224277	65035

3-01　续表 4

行业中类	代码	事业法人单位数(个)	单产业法人	多产业法人	从业人员数(人)	#女性
其他专业技术服务	7690	1876	1823	53	41398	11691
科技交流和推广服务业	7700	31774	30131	1643	381036	110013
技术推广服务	7710	28593	27028	1565	340241	96254
科技中介服务	7720	1697	1660	37	18326	6331
其他科技服务	7790	1484	1443	41	22469	7428
地质勘查业	7800	1348	1168	180	214904	51665
矿产地质勘查	7810	541	453	88	110842	25398
基础地质勘查	7820	441	375	66	61245	15570
地质勘查技术服务	7830	366	340	26	42817	10697
水利、环境和公共设施管理业	**N**	**32994**	**31210**	**1784**	**1524974**	**600197**
水利管理业	7900	17801	16789	1012	427578	111806
防洪管理	7910	2401	2280	121	60347	14904
水资源管理	7920	8778	8127	651	273748	73214
其他水利管理	7990	6622	6382	240	93483	23688
环境管理业	8000	7579	7212	367	670001	326846
自然保护	8010	1848	1709	139	47467	13650
环境治理	8020	5731	5503	228	622534	313196
公共设施管理业	8100	7614	7209	405	427395	161545
市政公共设施管理	8110	2962	2821	141	167168	52721
城市绿化管理	8120	2159	2054	105	123186	50774
游览景区管理	8130	2493	2334	159	137041	58050
居民服务和其他服务业	**O**	**5261**	**5120**	**141**	**117037**	**40672**
居民服务业	8200	3906	3790	116	86469	29791
家庭服务	8210	41	41		667	427
托儿所	8220	112	108	4	2994	2172
洗染服务	8230	1	1		79	41
理发及美容保健服务	8240	52	43	9	2145	1032
洗浴服务	8250	21	20	1	518	262
婚姻服务	8260	207	207		1253	731
殡葬服务	8270	2221	2157	64	31409	12708
摄影扩印服务	8280	15	14	1	213	101
其他居民服务	8290	1236	1199	37	27191	12317
其他服务业	8300	1355	1330	25	30568	10881
修理与维护	8310	129	127	2	2733	724
清洁服务	8320	255	251	4	8117	3697
其他未列明的服务	8390	971	952	19	19718	6460
教育	**P**	**223244**	**191870**	**31374**	**14940130**	**7226026**
教育	8400	223244	191870	31374	14940130	7226026
学前教育	8410	13173	12593	580	402197	345556
初等教育	8420	121887	99436	22451	5644556	2923404
中等教育	8430	65151	58112	7039	6476114	2903314
高等教育	8440	4403	3851	552	1881739	823120
其他教育	8490	18630	17878	752	535524	230632
卫生、社会保障和社会福利业	**Q**	**105541**	**92444**	**13097**	**5758208**	**3285638**
卫生	8500	85458	72747	12711	5446022	3163047
医院	8510	13486	10684	2802	3415366	2108843
卫生院及社区医疗活动	8520	39399	30719	8680	1292693	638814
门诊部医疗活动	8530	8656	8270	386	90986	44042
计划生育技术服务活动	8540	12204	12063	141	123083	71498

3-01 续表 5

行业中类	代码	事业法人单位数(个)	单产业法人	多产业法人	从业人员数(人)	#女性
妇幼保健活动	8550	2807	2633	174	190728	141969
专科疾病防治活动	8560	1286	1159	127	56380	28849
疾病预防控制及防疫活动	8570	5033	4693	340	206481	95253
其他卫生活动	8590	2587	2526	61	70305	33779
社会保障业	8600	10471	10260	211	182707	60325
社会福利业	8700	9612	9437	175	129479	62266
提供住宿的社会福利	8710	7366	7242	124	107793	52933
不提供住宿的社会福利	8720	2246	2195	51	21686	9333
文化、体育和娱乐业	**R**	**36949**	**35657**	**1292**	**1006278**	**409508**
新闻出版业	8800	3571	3407	164	187480	75324
新闻业	8810	774	755	19	25286	9820
出版业	8820	2797	2652	145	162194	65504
广播、电视、电影和音像业	8900	7539	6996	543	335223	123635
广播	8910	2711	2592	119	78656	30324
电视	8920	2933	2614	319	214717	78247
电影	8930	1832	1727	105	40525	14406
音像制作	8940	63	63		1325	658
文化艺术业	9000	22277	21824	453	392675	176413
文艺创作与表演	9010	2679	2630	49	112968	46916
艺术表演场馆	9020	713	694	19	22500	9391
图书馆与档案馆	9030	4549	4457	92	76506	43693
文物及文化保护	9040	2048	1982	66	30005	12026
博物馆	9050	1407	1362	45	41654	18013
烈士陵园、纪念馆	9060	840	822	18	12543	5325
群众文化活动	9070	8800	8649	151	83236	36115
文化艺术经纪代理	9080	95	93	2	1662	633
其他文化艺术	9090	1146	1135	11	11601	4301
体育	9100	2589	2480	109	73336	26611
体育组织	9110	989	930	59	39782	15166
体育场馆	9120	797	759	38	20697	7052
其他体育	9190	803	791	12	12857	4393
娱乐业	9200	973	950	23	17564	7525
室内娱乐活动	9210	315	309	6	4033	1583
游乐园	9220	60	57	3	2659	1306
休闲健身娱乐活动	9230	260	254	6	3606	1632
其他娱乐活动	9290	338	330	8	7266	3004
公共管理和社会组织	**S**	**192943**	**181404**	**11539**	**4187690**	**1325198**
中国共产党机关	9300	2014	1959	55	22943	6708
国家机构	9400	190646	179164	11482	4159733	1316915
国家权力机构	9410	631	586	45	16579	4981
国家行政机构	9420	187486	176149	11337	4076785	1290185
人民法院和人民检察院	9430	389	369	20	14395	4994
其他国家机构	9490	2140	2060	80	51974	16755
人民政协和民主党派	9500	277	276	1	2370	698
人民政协	9510	84	84		714	153
民主党派	9520	193	192	1	1656	545
群众团体、社会团体和宗教组织	9600	6	5	1	2644	877
社会团体	9620	6	5	1	2644	877

3-02　按地区分组的事业法人单位数及从业人员数

地　区	事业法人单位数(个)	单产业法人	多产业法人	从业人员数(人)	#女性
全　国	**708728**	**643976**	**64752**	**30510489**	**13828874**
北　京	7632	7130	502	897379	477058
天　津	6256	5671	585	379406	194320
河　北	32706	30569	2137	1510854	769727
山　西	23492	20690	2802	1015710	495879
内蒙古	16284	15264	1020	742410	347964
辽　宁	26969	25282	1687	1155527	571468
吉　林	17174	16118	1056	786005	376764
黑龙江	19216	17304	1912	946231	448084
上　海	8058	7812	246	546799	300398
江　苏	36909	34777	2132	1752284	785910
浙　江	27691	25237	2454	1141793	569675
安　徽	23199	20032	3167	1056648	408409
福　建	24793	22827	1966	792151	358476
江　西	23729	21386	2343	936629	360481
山　东	36596	32000	4596	2195459	900790
河　南	39934	37016	2918	2064043	934608
湖　北	38613	33897	4716	1457252	582279
湖　南	39833	35863	3970	1445315	605425
广　东	39342	36276	3066	2041937	999432
广　西	37611	34976	2635	1065900	486320
海　南	3412	2994	418	202531	87824
重　庆	16322	13672	2650	599550	257421
四　川	51029	46864	4165	1565626	659483
贵　州	21356	19231	2125	653963	260201
云　南	19711	16457	3254	849695	381219
西　藏	2147	1792	355	65691	28215
陕　西	31558	29826	1732	1036055	452762
甘　肃	17853	15711	2142	660367	251934
青　海	3663	3141	522	148812	65336
宁　夏	2753	2436	317	162574	76496
新　疆	12887	11725	1162	635893	334516

3-03 按行业(中类)、地区分组

行业中类	代码	事业法人单位数(个)	北京	天津	河北	山西	内蒙古
总计	0000	**708728**	**7632**	**6256**	**32706**	**23492**	**16284**
农、林、牧、渔业	A	**412**	**5**		**2**	**2**	**8**
农业	0100	34				1	
谷物及其他作物的种植	0110	15				1	
蔬菜、园艺作物的种植	0120	2					
水果、坚果、饮料和香料作物的种植	0130	17					
林业	0200	143	1		1		
林木的培育和种植	0210	131	1		1		
木材和竹材的采运	0220	8					
林产品的采集	0230	4					
畜牧业	0300	19	1				
牲畜的饲养	0310	10	1				
猪的饲养	0320	4					
家禽的饲养	0330	1					
其他畜牧业	0390	4					
渔业	0400	4					
内陆渔业	0420	4					
农、林、牧、渔服务业	0500	212	3		1	1	8
农业服务业	0510	89	3			1	1
林业服务业	0520	31			1		5
畜牧服务业	0530	89					2
渔业服务业	0540	3					
采矿业	B	**2**					
非金属矿采选业	1000	2					
土砂石开采	1010	2					
制造业	C	**27**					
饮料制造业	1500	2					
软饮料制造	1530	2					
家具制造业	2100	1					
木质家具制造	2110	1					
印刷业和记录媒介的复制	2300	12					
印刷	2310	12					
化学原料及化学制品制造业	2600	1					
专用化学产品制造	2660	1					
医药制造业	2700	1					
生物、生化制品的制造	2760	1					
非金属矿物制品业	3100	1					
石墨及其他非金属矿物制品制造	3190	1					
有色金属冶炼及压延加工业	3300	1					
有色金属合金制造	3340	1					
通用设备制造业	3500	2					
泵、阀门、压缩机及类似机械的制造	3540	1					
风机、衡器、包装设备等通用设备制造	3570	1					
交通运输设备制造业	3700	2					
汽车制造	3720	2					
电气机械及器材制造业	3900	1					
其他电气机械及器材制造	3990	1					
通信设备、计算机及其他电子设备制造业	4000	1					
电子计算机制造	4040	1					

的事业法人单位数

辽 宁	吉 林	黑龙江	上 海	江 苏	浙 江	安 徽	福 建	江 西	山 东	代码
26969	**17174**	**19216**	**8058**	**36909**	**27691**	**23199**	**24793**	**23729**	**36596**	**0000**
4		**16**	**1**	**7**	**16**	**18**	**6**	**5**		**A**
		2			1	4	2			0100
		1			1	2	2			0110
		1								0120
						2				0130
2		9	1	1	5	11	3	4		0200
2		8	1	1	5	10	3	2		0210
		1				1		1		0220
								1		0230
1		1			2					0300
		1								0310
					1					0320
										0330
1					1					0390
		1								0400
		1								0420
1		3		6	8	3	1	1		0500
1		3		6	1	3	1			0510
					3					0520
					4			1		0530
										0540
						1				**B**
						1				1000
						1				1010
4				**7**		**1**	**1**		**1**	**C**
										1500
										1530
									1	2100
									1	2110
1				5		1	1			2300
1				5		1	1			2310
										2600
										2660
										2700
										2760
1										3100
1										3190
										3300
										3340
										3500
										3540
										3570
1										3700
1										3720
				1						3900
				1						3990
										4000
										4040

3-03 续表 1

行业中类	代码	事业法人单位数(个)	北 京	天 津	河 北	山 西	内蒙古
仪器仪表及文化、办公用机械制造业	4100	1					
通用仪器仪表制造	4110	1					
工艺品及其他制造业	4200	1					
其他未列明的制造业	4290	1					
电力、燃气及水的生产和供应业	**D**	**500**		**2**	**10**	**49**	**25**
电力、热力的生产和供应业	4400	180		1	2	15	4
电力生产	4410	102			1	6	
电力供应	4420	25					1
热力生产和供应	4430	53		1	1	9	3
燃气生产和供应业	4500	9				4	
水的生产和供应业	4600	311		1	8	30	21
自来水的生产和供应	4610	272			8	24	13
污水处理及其再生利用	4620	35				6	7
其他水的处理、利用与分配	4690	4		1			1
建筑业	**E**	**17**	**4**		**3**	**1**	
房屋和土木工程建筑业	4700	15	4		2	1	
房屋工程建筑	4710	1	1				
土木工程建筑	4720	14	3		2	1	
建筑安装业	4800	1			1		
其他建筑业	5000	1					
其他未列明的建筑活动	5090	1					
交通运输、仓储和邮政业	**F**	**6466**	**9**	**23**	**507**	**238**	**363**
铁路运输业	5100	17			1	6	
铁路旅客运输	5110	1					
铁路货物运输	5120	6					
铁路运输辅助活动	5130	10			1	6	
道路运输业	5200	5230	2	18	473	203	345
公路旅客运输	5210	50				1	1
道路货物运输	5220	93		4	5	2	1
道路运输辅助活动	5230	5087	2	14	468	200	343
城市公共交通业	5300	86		1	3	6	4
公共电汽车客运	5310	24			1	3	2
轨道交通	5320	3				1	
出租车客运	5330	27		1	2	1	1
城市轮渡	5340	11					
其他城市公共交通	5390	21				1	1
水上运输业	5400	432		1	3	2	5
水上旅客运输	5410	19			1		
水上货物运输	5420	18					
水上运输辅助活动	5430	395		1	2	2	5
航空运输业	5500	59			1	1	3
航空客货运输	5510	6					
通用航空服务	5520	7					
航空运输辅助活动	5530	46			1	1	3
管道运输业	5600	1		1			
装卸搬运和其他运输服务业	5700	70		1	4	5	2
装卸搬运	5710	20			2	1	
运输代理服务	5720	50		1	2	4	2
仓储业	5800	540	7		22	15	4

辽　宁	吉　林	黑龙江	上　海	江　苏	浙　江	安　徽	福　建	江　西	山　东	代码
				1						4100
				1						4110
1										4200
1										4290
47	**9**	**16**	**1**	**9**	**6**	**5**	**23**	**16**	**16**	**D**
14	1	5		4	4	2	18	9	4	4400
				4	4	2	17	5		4410
	1	1					1	4	1	4420
14		4							3	4430
1			1							4500
32	8	11		5	2	3	5	7	12	4600
32	8	11		4	1	3	5	7	9	4610
				1	1				3	4620
										4690
2										**E**
2										4700
										4710
2										4720
										4800
										5000
										5090
262	**160**	**234**	**3**	**220**	**283**	**143**	**217**	**350**	**129**	**F**
		1		1		1			2	5100
										5110
		1				1			2	5120
				1						5130
222	145	221		136	215	87	182	276	71	5200
5	1	2		1	1	2	2	3		5210
1	6	4		3	1	2	4	6	2	5220
216	138	215		132	213	83	176	267	69	5230
4	1			4	1	2	2	6	5	5300
1								1	3	5310
					1				1	5320
2	1			1		1		2		5330
				2		1	1	2		5340
1				1			1	1	1	5390
13		5		58	45	11	14	41	3	5400
2								6		5410
				4		1	1	3		5420
11		5		54	45	10	13	32	3	5430
4				4	6	1	1	5	4	5500
				1	1			1	1	5510
2								1	1	5520
2				3	5	1	1	3	2	5530
										5600
3		2	1	2	1		1	7	8	5700
		1	1	1	1			5		5710
3		1		1			1	2	8	5720
16	10	5	2	15	15	40	16	14	30	5800

3-03 续表 2

行业中类	代码	事业法人单位数(个)	北京	天津	河北	山西	内蒙古
谷物、棉花等农产品仓储	5810	300			5	4	2
其他仓储	5890	240	7		17	11	2
邮政业	5900	31		1			
国家邮政	5910	24		1			
其他寄递服务	5990	7					
信息传输、计算机服务和软件业	**G**	**3950**	**69**	**34**	**43**	**84**	**125**
电信和其他信息传输服务业	6000	3222	21	4	34	58	90
电信	6010	95			3	3	5
互联网信息服务	6020	268	10	2	4	7	6
广播电视传输服务	6030	2811	11	2	26	47	77
卫星传输服务	6040	48			1	1	2
计算机服务业	6100	637	40	28	9	19	33
计算机系统服务	6110	231	11	20	7	8	7
数据处理	6120	238	16	2		3	22
计算机维修	6130	27	1			2	
其他计算机服务	6190	141	12	6	2	6	4
软件业	6200	91	8	2		7	2
公共软件服务	6210	70	6			6	2
其他软件服务	6290	21	2	2		1	
批发和零售业	**H**	**47**		**15**	**2**		
批发业	6300	21		6	2		
农畜产品批发	6310	6			2		
食品、饮料及烟草制品批发	6320	5		1			
纺织、服装及日用品批发	6330	1					
文化、体育用品及器材批发	6340	3		1			
矿产品、建材及化工产品批发	6360	2		1			
机械设备、五金交电及电子产品批发	6370	2		2			
其他批发	6390	2		1			
零售业	6500	26		9			
综合零售	6510	3					
食品、饮料及烟草制品专门零售	6520	6					
文化、体育用品及器材专门零售	6540	15		9			
家用电器及电子产品专门零售	6570	1					
无店铺及其他零售	6590	1					
住宿和餐饮业	**I**	**936**	**46**	**36**	**15**	**46**	**20**
住宿业	6600	741	46	33	15	38	9
旅游饭店	6610	312	28	8	6	1	4
一般旅馆	6620	355	13	17	9	35	5
其他住宿服务	6690	74	5	8		2	
餐饮业	6700	195		3		8	11
正餐服务	6710	151		3		8	9
快餐服务	6720	12					1
其他餐饮服务	6790	32					1
金融业	**J**	**715**	**12**	**5**	**29**	**15**	**25**
银行业	6800	312	5	2	16	10	11
中央银行	6810	225	4	2	15	10	9
商业银行	6820	41	1				2
其他银行	6890	46			1		
证券业	6900	46	2	1	2	1	1

辽 宁	吉 林	黑龙江	上 海	江 苏	浙 江	安 徽	福 建	江 西	山 东	代码
3	2	4		3	10	21	9	10	19	5810
13	8	1	2	12	5	19	7	4	11	5890
	4					1	1	1	6	5900
	4					1		1	4	5910
							1		2	5990
274	**67**	**61**	**67**	**451**	**304**	**108**	**157**	**124**	**173**	**G**
194	56	60	32	430	205	84	138	102	144	6000
4	2		4	1	4	7	1	3	8	6010
39	1	2	16	9	21	4	10	12	5	6020
150	51	55	12	417	180	68	127	87	131	6030
1	2	3		3		5				6040
69	11		27	10	96	20	17	20	28	6100
19	11		9	3	37	9	10	2	13	6110
37			3	2	38	5	3	14	5	6120
4					7	2	1	1	1	6130
9			15	5	14	4	3	3	9	6190
11		1	8	11	3	4	2	2	1	6200
10		1	8	5	3	4	2	1	1	6210
1				6				1		6290
						3	**5**		**3**	**H**
						1	4		2	6300
						1			2	6310
							1			6320
							1			6330
										6340
							1			6360
										6370
							1			6390
						2	1		1	6500
										6510
						1	1			6520
									1	6540
										6570
						1				6590
23	**12**	**44**	**10**		**25**	**32**	**46**	**46**	**95**	**I**
20	12	38	9		24	29	39	37	51	6600
9	9	19	4		15	10	18	27	18	6610
10	2	11	3		9	18	14	8	29	6620
1	1	8	2			1	7	2	4	6690
3		6	1		1	3	7	9	44	6700
2		5			1	2	6	9	32	6710
									5	6720
1		1	1			1	1		7	6790
70	**18**	**22**	**13**	**31**	**16**	**31**	**41**	**20**	**44**	**J**
13	6	10	2	4	7	14	8	12	18	6800
13	6	3	2	4	7	10	5	11	9	6810
		4				2	1		4	6820
		3				2	2	1	5	6890
5	1	1	3	5	2	1	1	1	3	6900

3-03 续表 3

行业中类	代码	事业法人单位数(个)	北京	天津	河北	山西	内蒙古
证券市场管理	6910	35	2	1	1	1	1
证券经纪与交易	6920	5					
证券投资	6930	6			1		
保险业	7000	87	3	2	2	1	1
人寿保险	7010	18		1			
非人寿保险	7020	29					
保险辅助服务	7030	40	3	1	2	1	1
其他金融活动	7100	270	2		9	3	12
金融信托与管理	7110	42			1	2	3
金融租赁	7120	1					
财务公司	7130	10					
邮政储蓄	7140	6					
典当	7150	2					
其他未列明的金融活动	7190	209	2		8	1	9
房地产业	**K**	**2296**	**74**	**18**	**91**	**75**	**141**
房地产业	7200	2296	74	18	91	75	141
房地产开发经营	7210	25	2		1		1
物业管理	7220	432	46	10	20	9	7
房地产中介服务	7230	268	4	2	13	3	18
其他房地产活动	7290	1571	22	6	57	63	115
租赁和商务服务业	**L**	**30006**	**731**	**447**	**821**	**1204**	**1047**
租赁业	7300	53		2	1	4	1
机械设备租赁	7310	40		2	1	4	1
文化及日用品出租	7320	13					
商务服务业	7400	29953	731	445	820	1200	1046
企业管理服务	7410	13215	323	166	263	469	489
法律服务	7420	5390	57	56	242	239	156
咨询与调查	7430	4187	117	79	90	193	161
广告业	7440	164	4	6	7	3	6
知识产权服务	7450	212	18	8	5	8	7
职业中介服务	7460	3161	128	37	90	142	88
市场管理	7470	1840	8	23	70	48	61
旅行社	7480	170	3	3	1	9	3
其他商务服务	7490	1614	73	67	52	89	75
科学研究、技术服务和地质勘查业	**M**	**66422**	**966**	**690**	**1538**	**1790**	**1838**
研究与试验发展	7500	5906	385	88	116	202	158
自然科学研究与试验发展	7510	690	73	10	7	21	19
工程和技术研究与试验发展	7520	985	125	16	23	36	20
农业科学研究与试验发展	7530	2714	42	38	59	92	72
医学研究与试验发展	7540	370	36	11	7	15	6
社会人文科学研究与试验发展	7550	1147	109	13	20	38	41
专业技术服务业	7600	27394	352	423	885	913	941
气象服务	7610	3201	35	35	156	123	139
地震服务	7620	1324	10	14	60	99	59
海洋服务	7630	86	6	6		1	
测绘服务	7640	1047	23	9	41	41	25
技术检测	7650	7439	165	125	327	205	238
环境监测	7660	1872	13	16	47	96	75
工程技术与规划管理	7670	10549	77	94	233	263	297

辽 宁	吉 林	黑龙江	上 海	江 苏	浙 江	安 徽	福 建	江 西	山 东	代码
4	1		2	1	2			1	3	6910
		1	1	1		1				6920
1				3			1			6930
5	4	4	1	4	2	5	20	1	5	7000
		2		1		1	4		2	7010
	3	2				3	10		1	7020
5	1		1	3	2	1	6	1	2	7030
47	7	7	7	18	5	11	12	6	18	7100
1	2			5		1	2		4	7110
										7120
1		1				3	2			7130
		3				1	1		1	7140
		1								7150
45	5	2	7	13	5	6	7	6	13	7190
328	**69**	**57**	**4**	**10**	**213**	**104**	**177**	**101**	**118**	**K**
328	69	57	4	10	213	104	177	101	118	7200
3					1				2	7210
131	15	17			11	6	10	19	22	7220
18	8	4			9	15	22	19	18	7230
176	46	36	4	10	192	83	145	63	76	7290
2435	**699**	**686**	**721**	**2165**	**1687**	**719**	**1757**	**911**	**1139**	**L**
1		3			3	3	2		2	7300
1		2			3	2	2		2	7310
		1				1				7320
2434	699	683	721	2165	1684	716	1755	911	1137	7400
1358	277	202	329	1005	791	184	762	414	344	7410
318	248	141	81	345	198	256	234	146	302	7420
374	61	122	127	361	300	110	325	136	178	7430
4	9	14	4	10	7	5	11	5	12	7440
6	5	2	7	14	8	4	8	5	19	7450
186	51	94	96	214	197	72	191	66	112	7460
93	22	54	19	101	92	37	120	75	65	7470
6	5	6	9	2	7	11	13	7	9	7480
89	21	48	49	113	84	37	91	57	96	7490
3141	**1845**	**1914**	**539**	**3879**	**2325**	**1644**	**2802**	**2044**	**2560**	**M**
249	175	237	145	239	227	159	251	208	293	7500
22	31	30	17	27	17	17	21	25	42	7510
57	31	46	37	48	39	21	23	28	69	7520
96	64	123	24	88	79	85	138	124	117	7530
13	3	17	25	25	20	16	15	9	23	7540
61	46	21	42	51	72	20	54	22	42	7550
1468	688	893	238	1496	1254	736	1296	863	1139	7600
106	65	97	15	100	129	87	98	106	146	7610
72	27	40	9	72	15	42	62	21	84	7620
6			2	4	8		11		19	7630
54	35	39	16	45	57	34	54	29	42	7640
590	257	294	56	349	353	178	252	168	269	7650
116	56	64	23	86	103	47	105	66	53	7660
488	224	289	98	724	564	313	590	377	409	7670

3-03 续表 4

行业中类	代码	事业法人单位数(个)	北 京	天 津	河 北	山 西	内蒙古
其他专业技术服务	7690	1876	23	124	21	85	108
科技交流和推广服务业	7700	31774	206	166	474	616	670
技术推广服务	7710	28593	130	100	411	493	587
科技中介服务	7720	1697	46	14	38	80	33
其他科技服务	7790	1484	30	52	25	43	50
地质勘查业	7800	1348	23	13	63	59	69
矿产地质勘查	7810	541	8	1	29	17	26
基础地质勘查	7820	441	10	7	21	24	24
地质勘查技术服务	7830	366	5	5	13	18	19
水利、环境和公共设施管理业	**N**	**32994**	**452**	**557**	**848**	**1127**	**1110**
水利管理业	7900	17801	156	204	424	619	611
防洪管理	7910	2401	10	37	49	55	67
水资源管理	7920	8778	71	71	285	378	301
其他水利管理	7990	6622	75	96	90	186	243
环境管理业	8000	7579	121	170	161	242	280
自然保护	8010	1848	11	9	27	54	91
环境治理	8020	5731	110	161	134	188	189
公共设施管理业	8100	7614	175	183	263	266	219
市政公共设施管理	8110	2962	40	94	118	88	97
城市绿化管理	8120	2159	67	71	74	90	75
游览景区管理	8130	2493	68	18	71	88	47
居民服务和其他服务业	**O**	**5261**	**217**	**289**	**204**	**124**	**162**
居民服务业	8200	3906	167	115	170	71	128
家庭服务	8210	41	3	3			
托儿所	8220	112	1	2	3	3	7
洗染服务	8230	1	1				
理发及美容保健服务	8240	52	2			1	1
洗浴服务	8250	21	1				2
婚姻服务	8260	207		2	8	6	9
殡葬服务	8270	2221	43	27	141	31	80
摄影扩印服务	8280	15				1	
其他居民服务	8290	1236	116	81	18	29	29
其他服务业	8300	1355	50	174	34	53	34
修理与维护	8310	129	6	4	6	9	
清洁服务	8320	255	9	6	1	4	1
其他未列明的服务	8390	971	35	164	27	40	33
教育	**P**	**223244**	**2618**	**2047**	**16172**	**6256**	**3924**
教育	8400	223244	2618	2047	16172	6256	3924
学前教育	8410	13173	333	221	1060	324	297
初等教育	8420	121887	593	674	10441	2795	1776
中等教育	8430	65151	705	524	3726	2318	1194
高等教育	8440	4403	158	118	214	173	82
其他教育	8490	18630	829	510	731	646	575
卫生、社会保障和社会福利业	**Q**	**105541**	**827**	**808**	**4893**	**3664**	**3204**
卫生	8500	85458	580	580	4084	2885	2610
医院	8510	13486	200	151	785	521	383
卫生院及社区医疗活动	8520	39399	233	227	2401	1494	1298
门诊部医疗活动	8530	8656	26	28	170	170	214
计划生育技术服务活动	8540	12204	3	39	243	270	244

辽　宁	吉　林	黑龙江	上　海	江　苏	浙　江	安　徽	福　建	江　西	山　东	代码
36	24	70	19	116	25	35	124	96	117	7690
1353	933	718	153	2108	802	711	1198	920	1076	7700
1216	862	651	109	1869	707	635	928	749	920	7710
105	37	36	21	116	70	54	188	94	57	7720
32	34	31	23	123	25	22	82	77	99	7790
71	49	66	3	36	42	38	57	53	52	7800
31	25	29		12	11	16	16	31	15	7810
26	17	17	2	14	21	13	18	5	19	7820
14	7	20	1	10	10	9	23	17	18	7830
1718	**883**	**987**	**393**	**2488**	**1219**	**855**	**1042**	**996**	**1279**	**N**
833	505	448	106	1520	538	504	501	479	644	7900
107	66	106	20	295	98	129	70	75	78	7910
327	259	248	29	631	275	292	194	276	410	7920
399	180	94	57	594	165	83	237	128	156	7990
460	199	266	168	432	363	168	282	284	233	8000
152	25	66	5	17	52	45	106	51	53	8010
308	174	200	163	415	311	123	176	233	180	8020
425	179	273	119	536	318	183	259	233	402	8100
170	69	119	62	248	127	62	75	94	162	8110
138	59	80	34	115	90	53	70	65	98	8120
117	51	74	23	173	101	68	114	74	142	8130
324	**81**	**210**	**144**	**357**	**277**	**172**	**162**	**130**	**317**	**O**
278	69	163	108	259	207	142	134	92	235	8200
1		11	1	3				2	3	8210
3	3	5	3	5	7	2	4	3	7	8220
										8230
1	1	9	3	2		3	4		1	8240
2		1		3			2		3	8250
22	9	14	3	12	2	9	6	5	23	8260
171	50	105	26	147	134	89	86	64	138	8270
				1	4			1	1	8280
78	6	18	72	86	60	39	32	17	59	8290
46	12	47	36	98	70	30	28	38	82	8300
9	2	5	2	15	5		3	2	20	8310
4	3	1	6	25	47	12	5	9	8	8320
33	7	41	28	58	18	18	20	27	54	8390
6161	**4065**	**4815**	**2651**	**8620**	**7770**	**9174**	**7525**	**5972**	**11255**	**P**
6161	4065	4815	2651	8620	7770	9174	7525	5972	11255	8400
735	191	178	747	1156	822	357	498	205	958	8410
2066	1638	1826	621	2952	3134	5042	4147	2932	5332	8420
2274	1525	2057	824	2999	2547	3121	1980	2207	3711	8430
177	150	168	91	294	235	166	181	123	244	8440
909	561	586	368	1219	1032	488	719	505	1010	8490
4318	**2404**	**3200**	**989**	**4759**	**3650**	**3491**	**2908**	**4117**	**4759**	**Q**
3309	1763	2692	584	3527	2916	3035	2219	3414	3774	8500
641	385	642	167	561	464	442	307	491	835	8510
1052	828	902	249	1552	1707	1727	956	1495	1646	8520
502	50	268	22	150	141	129	88	561	369	8530
320	179	380	21	702	175	325	559	360	304	8540

3-03 续表 5

行业中类	代码	事业法人单位数(个)	北 京	天 津	河 北	山 西	内蒙古
妇幼保健活动	8550	2807	21	20	173	127	109
专科疾病防治活动	8560	1286	12	11	16	29	56
疾病预防控制及防疫活动	8570	5033	41	28	218	156	215
其他卫生活动	8590	2587	44	76	78	118	91
社会保障业	8600	10471	69	148	300	500	371
社会福利业	8700	9612	178	80	509	279	223
提供住宿的社会福利	8710	7366	120	60	450	184	146
不提供住宿的社会福利	8720	2246	58	20	59	95	77
文化、体育和娱乐业	**R**	**36949**	**913**	**483**	**1282**	**1426**	**1150**
新闻出版业	8800	3571	483	91	82	214	122
新闻业	8810	774	13	12	11	85	42
出版业	8820	2797	470	79	71	129	80
广播、电视、电影和音像业	8900	7539	58	68	277	258	284
广播	8910	2711	6	19	54	55	118
电视	8920	2933	26	17	105	100	117
电影	8930	1832	23	29	117	101	48
音像制作	8940	63	3	3	1	2	1
文化艺术业	9000	22277	259	209	815	821	649
文艺创作与表演	9010	2679	28	32	108	165	105
艺术表演场馆	9020	713	6	21	35	27	12
图书馆与档案馆	9030	4549	53	50	230	196	187
文物及文化保护	9040	2048	32	11	129	123	81
博物馆	9050	1407	45	15	27	57	41
烈士陵园、纪念馆	9060	840	4	9	62	44	5
群众文化活动	9070	8800	72	32	197	135	187
文化艺术经纪代理	9080	95	4	6	2	5	2
其他文化艺术	9090	1146	15	33	25	69	29
体育	9100	2589	87	69	85	87	68
体育组织	9110	989	45	40	32	31	27
体育场馆	9120	797	20	22	28	22	19
其他体育	9190	803	22	7	25	34	22
娱乐业	9200	973	26	46	23	46	27
室内娱乐活动	9210	315	3	22	9	26	11
游乐园	9220	60	1	2	1	2	1
休闲健身娱乐活动	9230	260	7	9	4	10	7
其他娱乐活动	9290	338	15	13	9	8	8
公共管理和社会组织	**S**	**192943**	**689**	**802**	**6246**	**7391**	**3142**
中国共产党机关	9300	2014	2	7	72	174	29
国家机构	9400	190646	686	786	6172	7200	3108
国家权力机构	9410	631	2	8	12	39	11
国家行政机构	9420	187486	664	711	6094	7035	3043
人民法院和人民检察院	9430	389		1	5	16	4
其他国家机构	9490	2140	20	66	61	110	50
人民政协和民主党派	9500	277	1	8	2	17	5
人民政协	9510	84	1		2	3	1
民主党派	9520	193		8		14	4
群众团体、社会团体和宗教组织	9600	6		1			
社会团体	9620	6		1			

辽　宁	吉　林	黑龙江	上　海	江　苏	浙　江	安　徽	福　建	江　西	山　东	代码
132	68	111	18	104	82	111	86	92	143	8550
76	48	93	14	41	20	45	22	92	95	8560
509	130	210	27	272	242	187	114	224	251	8570
77	75	86	66	145	85	69	87	99	131	8590
383	185	270	224	648	271	201	438	328	463	8600
626	456	238	181	584	463	255	251	375	522	8700
475	384	189	102	473	302	213	185	299	449	8710
151	72	49	79	111	161	42	66	76	73	8720
1536	**1114**	**1022**	**657**	**2135**	**1469**	**1049**	**1451**	**1136**	**1602**	**R**
128	110	116	88	150	151	102	177	101	145	8800
31	23	28	11	29	38	11	51	28	28	8810
97	87	88	77	121	113	91	126	73	117	8820
273	275	241	91	421	152	231	263	327	270	8900
115	123	80	22	142	33	77	36	112	81	8910
89	96	80	33	170	96	98	138	130	109	8920
67	52	79	36	103	22	55	86	80	77	8930
2	4	2		6	1	1	3	5	3	8940
959	622	529	320	1350	997	619	869	620	1004	9000
103	80	84	43	147	71	104	104	100	165	9010
30	29	15	16	29	41	27	19	25	53	9020
239	128	143	68	200	215	148	180	146	246	9030
58	38	62	13	76	78	59	57	48	105	9040
52	27	30	27	91	81	36	83	65	98	9050
30	25	23	15	82	43	38	30	32	67	9060
398	283	156	128	679	411	198	325	177	190	9070
4	2	1	1	4	1	1	2	2	9	9080
45	10	15	9	42	56	8	69	25	71	9090
140	86	89	124	148	122	67	101	55	133	9100
36	28	32	37	42	48	20	38	29	61	9110
38	20	30	53	70	39	22	24	12	40	9120
66	38	27	34	36	35	25	39	14	32	9190
36	21	47	34	66	47	30	41	33	50	9200
8	9	9	21	19	6	15	12	13	13	9210
3		5		2	8	1	4	1	4	9220
10	6	22	7	19	9	5	11	9	10	9230
15	6	11	6	26	24	9	14	10	23	9290
6322	**5748**	**5932**	**1865**	**11771**	**8431**	**5649**	**6473**	**7761**	**13106**	**S**
54	40	28	14	83	117	60	83	69	127	9300
6263	5703	5900	1850	11681	8300	5577	6373	7674	12955	9400
7	5	29		38	14	21	16	55	62	9410
6211	5660	5785	1835	11525	8193	5516	6180	7540	12706	9420
11	17	25	3	16	36	5	1	13	32	9430
34	21	61	12	102	57	35	176	66	155	9490
5	5	4	1	7	14	12	17	18	22	9500
1			1	2	6	3	11	1	6	9510
4	5	4		5	8	9	6	17	16	9520
									2	9600
									2	9620

3-03 续表 6

行业中类	代码	河 南	湖 北	湖 南	广 东	广 西
总　计	**0000**	**39934**	**38613**	**39833**	**39342**	**37611**
农、林、牧、渔业	**A**	**7**	**9**	**3**	**14**	**53**
农业	0100		2		1	7
谷物及其他作物的种植	0110					1
蔬菜、园艺作物的种植	0120					
水果、坚果、饮料和香料作物的种植	0130		2		1	6
林业	0200	3	4	2	8	33
林木的培育和种植	0210	3	4	2	7	31
木材和竹材的采运	0220					2
林产品的采集	0230				1	
畜牧业	0300		1			3
牲畜的饲养	0310		1			1
猪的饲养	0320					2
家禽的饲养	0330					
其他畜牧业	0390					
渔业	0400					2
内陆渔业	0420					2
农、林、牧、渔服务业	0500	4	2	1	5	8
农业服务业	0510	2			1	8
林业服务业	0520		1		3	
畜牧服务业	0530	2		1	1	
渔业服务业	0540		1			
采矿业	**B**				**1**	
非金属矿采选业	1000				1	
土砂石开采	1010				1	
制造业	**C**	**1**			**3**	
饮料制造业	1500					
软饮料制造	1530					
家具制造业	2100					
木质家具制造	2110					
印刷业和记录媒介的复制	2300					
印刷	2310					
化学原料及化学制品制造业	2600				1	
专用化学产品制造	2660				1	
医药制造业	2700					
生物、生化制品的制造	2760					
非金属矿物制品业	3100					
石墨及其他非金属矿物制品制造	3190					
有色金属冶炼及压延加工业	3300	1				
有色金属合金制造	3340	1				
通用设备制造业	3500				2	
泵、阀门、压缩机及类似机械的制造	3540				1	
风机、衡器、包装设备等通用设备制造	3570				1	
交通运输设备制造业	3700					
汽车制造	3720					
电气机械及器材制造业	3900					
其他电气机械及器材制造	3990					
通信设备、计算机及其他电子设备制造业	4000					
电子计算机制造	4040					

海 南	重 庆	四 川	贵 州	云 南	西 藏	陕 西	甘 肃	青 海	宁 夏	新 疆	代码
3412	**16322**	**51029**	**21356**	**19711**	**2147**	**31558**	**17853**	**3663**	**2753**	**12887**	**0000**
1	**30**	**11**	**12**	**40**		**7**	**28**	**93**	**2**	**12**	**A**
	1	1	3	2			2	3	2		0100
				1			2	2	2		0110
	1										0120
		1	3	1				1			0130
1	1	3	6	5		2	15	22			0200
	1	3	6	2		1	15	22			0210
				3							0220
1						1					0230
		1	1			1	1	6			0300
						1	1	4			0310
			1								0320
								1			0330
		1						1			0390
			1								0400
			1								0420
	28	6	1	33		4	10	62		12	0500
	1	2	1	27		1	3	12		11	0510
		1		2			6	8		1	0520
	27	3		4		2	1	41			0530
						1		1			0540
											B
											1000
											1010
1		**1**	**1**	**5**		**1**					**C**
				2							1500
				2							1530
											2100
											2110
1			1	1		1					2300
1			1	1		1					2310
											2600
											2660
				1							2700
				1							2760
											3100
											3190
											3300
											3340
											3500
											3540
											3570
				1							3700
				1							3720
											3900
											3990
		1									4000
		1									4040

3-03 续表 7

行业中类	代码	河 南	湖 北	湖 南	广 东	广 西
仪器仪表及文化、办公用机械制造业	4100					
通用仪器仪表制造	4110					
工艺品及其他制造业	4200					
其他未列明的制造业	4290					
电力、燃气及水的生产和供应业	D	**24**	**17**	**7**	**32**	**27**
电力、热力的生产和供应业	4400	8	7	3	17	16
电力生产	4410	4	6		17	16
电力供应	4420	3	1	3		
热力生产和供应	4430	1				
燃气生产和供应业	4500				1	
水的生产和供应业	4600	16	10	4	14	11
自来水的生产和供应	4610	13	9	4	7	11
污水处理及其再生利用	4620	3	1		7	
其他水的处理、利用与分配	4690					
建筑业	E		**1**			
房屋和土木工程建筑业	4700					
房屋工程建筑	4710					
土木工程建筑	4720					
建筑安装业	4800					
其他建筑业	5000		1			
其他未列明的建筑活动	5090		1			
交通运输、仓储和邮政业	F	**172**	**327**	**278**	**342**	**449**
铁路运输业	5100				1	1
铁路旅客运输	5110					1
铁路货物运输	5120					
铁路运输辅助活动	5130				1	
道路运输业	5200	97	254	217	244	328
公路旅客运输	5210	2	7	1	3	1
道路货物运输	5220	4	10	5	2	11
道路运输辅助活动	5230	91	237	211	239	316
城市公共交通业	5300	5	8	6	3	7
公共电汽车客运	5310	3		3		3
轨道交通	5320					
出租车客运	5330	1	4	1	1	1
城市轮渡	5340		1		1	
其他城市公共交通	5390	1	3	2	1	3
水上运输业	5400	2	37	25	23	44
水上旅客运输	5410		1	3	1	1
水上货物运输	5420		1	2	1	4
水上运输辅助活动	5430	2	35	20	21	39
航空运输业	5500	2	2	2	3	5
航空客货运输	5510			1		
通用航空服务	5520		2			
航空运输辅助活动	5530	2		1	3	5
管道运输业	5600					
装卸搬运和其他运输服务业	5700	5	5	2	6	6
装卸搬运	5710	3	3	1		1
运输代理服务	5720	2	2	1	6	5
仓储业	5800	59	19	20	62	57

海　南	重　庆	四　川	贵　州	云　南	西　藏	陕　西	甘　肃	青　海	宁　夏	新　疆	代码
											4100
											4110
											4200
											4290
8	**4**	**7**	**3**	**35**	**4**	**28**	**43**	**12**	**2**	**13**	**D**
7	2	1	1	1	4	1	23	2		4	4400
7	1		1		2	1	8				4410
	1	1		1	2		4				4420
							11	2		4	4430
		1				1					4500
1	2	5	2	34		26	20	10	2	9	4600
1	1	4	1	33		26	19	8	1	9	4610
	1	1	1				1	1	1		4620
				1				1			4690
		1		**1**				**3**		**1**	**E**
		1		1				3		1	4700
											4710
		1		1				3		1	4720
											4800
											5000
											5090
38	**82**	**449**	**163**	**239**	**38**	**296**	**177**	**106**	**33**	**136**	**F**
						2		1			5100
											5110
						1		1			5120
						1					5130
28	53	359	140	220	33	257	164	95	28	117	5200
		2	1	3		3	3	3	1	1	5210
	2	4	3	4		3	3			1	5220
28	51	353	136	213	33	251	158	92	27	115	5230
	3	5				5		2		3	5300
		1				3					5310
											5320
	1	1				2		2		1	5330
	1	2									5340
	1	1								2	5390
6	17	54	7	7		7	2				5400
		2		1		1					5410
						1					5420
6	17	52	7	6		5	2				5430
2	2	3		2		1		1	1	3	5500
									1		5510
				1							5520
2	2	3		1		1		1		3	5530
											5600
		1	1	6		1					5700
											5710
		1	1	6		1					5720
2	7	26	13	4	5	22	10	7	4	12	5800

3-03 续表 8

行业中类	代码	河 南	湖 北	湖 南	广 东	广 西
谷物、棉花等农产品仓储	5810	35	11	7	53	46
其他仓储	5890	24	8	13	9	11
邮政业	5900	2	2	6		1
国家邮政	5910	2	2	2		1
其他寄递服务	5990			4		
信息传输、计算机服务和软件业	G	**99**	**184**	**205**	**172**	**300**
电信和其他信息传输服务业	6000	73	168	167	129	265
电信	6010	5	5	8	1	3
互联网信息服务	6020	10	25	9	15	21
广播电视传输服务	6030	56	134	150	107	236
卫星传输服务	6040	2	4		6	5
计算机服务业	6100	20	12	38	37	32
计算机系统服务	6110	3	5	3	14	2
数据处理	6120	13	4	31	5	22
计算机维修	6130			1	5	
其他计算机服务	6190	4	3	3	13	8
软件业	6200	6	4		6	3
公共软件服务	6210	6	2		3	3
其他软件服务	6290		2		3	
批发和零售业	H		**1**		**13**	
批发业	6300		1		5	
农畜产品批发	6310		1			
食品、饮料及烟草制品批发	6320				3	
纺织、服装及日用品批发	6330					
文化、体育用品及器材批发	6340				2	
矿产品、建材及化工产品批发	6360					
机械设备、五金交电及电子产品批发	6370					
其他批发	6390					
零售业	6500				8	
综合零售	6510				1	
食品、饮料及烟草制品专门零售	6520				1	
文化、体育用品及器材专门零售	6540				5	
家用电器及电子产品专门零售	6570				1	
无店铺及其他零售	6590					
住宿和餐饮业	I	**62**	**63**	**2**	**35**	**50**
住宿业	6600	46	32	1	28	44
旅游饭店	6610	19	10		15	17
一般旅馆	6620	24	12	1	12	23
其他住宿服务	6690	3	10		1	4
餐饮业	6700	16	31	1	7	6
正餐服务	6710	13	19	1	6	6
快餐服务	6720	2	2		1	
其他餐饮服务	6790	1	10			
金融业	J	**47**	**38**	**21**	**30**	**10**
银行业	6800	17	18	13	13	7
中央银行	6810	9	11	9	10	4
商业银行	6820	2	6	3	1	1
其他银行	6890	6	1	1	2	2
证券业	6900	3	2	1	2	1

海　南	重　庆	四　川	贵　州	云　南	西　藏	陕　西	甘　肃	青　海	宁　夏	新　疆	代码
2	3	12	4	1	3	15	4	1	2	9	5810
	4	14	9	3	2	7	6	6	2	3	5890
		1	2			1	1			1	5900
		1	2			1	1			1	5910
											5990
8	**47**	**342**	**62**	**129**	**19**	**99**	**37**	**15**	**15**	**76**	**G**
2	43	309	54	120	19	95	34	14	12	66	6000
1	5	10	1	2		1	2		4	2	6010
	4	16		5		5	2		3	5	6020
1	34	277	52	112	18	87	29	14	5	58	6030
		6	1	1	1	2	1			1	6040
6	3	31	5	7		4	3	1	3	8	6100
2		20	1	6		2	1	1	2	3	6110
3		4	1	1		1	1			2	6120
			1							1	6130
1	3	7	2			1	1		1	2	6190
	1	2	3	2						2	6200
	1	2	1	2						1	6210
			2							1	6290
1				**1**			**1**	**1**		**1**	**H**
											6300
											6310
											6320
											6330
											6340
											6360
											6370
											6390
1				1			1	1		1	6500
							1	1			6510
1				1						1	6520
											6540
											6570
											6590
9	**5**	**4**	**41**	**63**	**8**	**31**	**31**	**10**	**4**	**22**	**I**
7	2	3	35	53	7	23	29	9	2	20	6600
2		3	12	18	3	7	16	3	1	10	6610
5	2		22	29	2	14	11	6	1	8	6620
			1	6	2	2	2			2	6690
2	3	1	6	10	1	8	2	1	2	2	6700
2	1	1	5	8	1	5	1	1	2	2	6710
			1								6720
	2			2		3	1				6790
4	**16**	**20**	**16**	**28**	**11**	**21**	**21**	**20**	**8**	**12**	**J**
2	6	11	11	21	10	9	14	11	3	8	6800
	2	8	10	15	4	7	10	9	3	4	6810
		2	1	3	2	2	2			2	6820
2	4	1		3	4		2	2		2	6890
	2	2		1	1		1				6900

3-03 续表 9

行业中类	代码	河 南	湖 北	湖 南	广 东	广 西
证券市场管理	6910	2	2	1	2	1
证券经纪与交易	6920	1				
证券投资	6930					
保险业	7000	3	5	3	1	2
人寿保险	7010	1	3	1		
非人寿保险	7020	2		2		1
保险辅助服务	7030		2		1	1
其他金融活动	7100	24	13	4	14	
金融信托与管理	7110	4	4		3	
金融租赁	7120					
财务公司	7130	2			1	
邮政储蓄	7140					
典当	7150				1	
其他未列明的金融活动	7190	18	9	4	9	
房地产业	**K**	**21**	**118**	**46**	**160**	**6**
房地产业	7200	21	118	46	160	6
房地产开发经营	7210	1	3	1	5	
物业管理	7220	1	30	5	31	
房地产中介服务	7230	2	20	14	21	3
其他房地产活动	7290	17	65	26	103	3
租赁和商务服务业	**L**	**1076**	**1452**	**1694**	**2031**	**1650**
租赁业	7300	7	5	4	1	3
机械设备租赁	7310	3	4	3		2
文化及日用品出租	7320	4	1	1	1	1
商务服务业	7400	1069	1447	1690	2030	1647
企业管理服务	7410	355	490	960	1074	965
法律服务	7420	171	317	191	234	150
咨询与调查	7430	222	190	142	208	84
广告业	7440	9	8	11	7	3
知识产权服务	7450	10	21	12	11	3
职业中介服务	7460	120	160	162	262	190
市场管理	7470	128	157	156	124	139
旅行社	7480	11	12	8	14	10
其他商务服务	7490	43	92	48	96	103
科学研究、技术服务和地质勘查业	**M**	**2373**	**3652**	**4179**	**2661**	**5136**
研究与试验发展	7500	263	357	306	373	302
自然科学研究与试验发展	7510	20	31	41	35	37
工程和技术研究与试验发展	7520	23	54	29	59	28
农业科学研究与试验发展	7530	142	211	186	227	149
医学研究与试验发展	7540	18	11	6	20	17
社会人文科学研究与试验发展	7550	60	50	44	32	71
专业技术服务业	7600	1211	1452	1626	1297	1616
气象服务	7610	128	156	119	150	138
地震服务	7620	55	41	28	31	67
海洋服务	7630	2		2	16	
测绘服务	7640	48	48	70	74	51
技术检测	7650	357	341	590	326	356
环境监测	7660	95	88	64	85	91
工程技术与规划管理	7670	494	643	537	535	803

海南	重庆	四川	贵州	云南	西藏	陕西	甘肃	青海	宁夏	新疆	代码
	2	2		1	1		1				6910
											6920
											6930
		1	1	2		2	3	3	1		7000
				1				1			7010
			1	1		1	1	1			7020
		1				1	2	1	1		7030
2	8	6	4	4		10	3	6	4	4	7100
1	2	1					1	4	1		7110
										1	7120
											7130
											7140
											7150
1	6	5	4	4		10	2	2	3	3	7190
9	**16**	**34**	**74**	**89**	**2**	**99**	**18**	**4**	**3**	**17**	**K**
9	16	34	74	89	2	99	18	4	3	17	7200
1			1	1		1	1				7210
	1	2	8	1		20	7	1		2	7220
2	1	11	7	9		19	1	1		4	7230
6	14	21	58	78	2	59	9	2	3	11	7290
115	**336**	**1526**	**682**	**558**	**15**	**847**	**304**	**105**	**97**	**349**	**L**
	2	3		2			1	1		2	7300
	1	2		1			1	1		2	7310
	1	1		1							7320
115	334	1523	682	556	15	847	303	104	97	347	7400
38	100	532	455	225	3	351	79	32	44	136	7410
20	113	509	74	150	4	220	113	29	18	58	7420
20	42	228	71	60	3	81	33	10	15	44	7430
1	1	6		4		2	2		1	2	7440
1	4	9	2	3		3	3	1	3	2	7450
9	42	129	54	57		110	31	18	7	46	7460
9	11	57	9	28		52	31	5	6	40	7470
	2	4	1	3		7	2	1		1	7480
17	19	49	16	26	5	21	9	8	3	18	7490
329	**1576**	**6520**	**2013**	**2947**	**109**	**2138**	**1185**	**514**	**259**	**1316**	**M**
73	73	263	93	160	13	164	151	40	21	122	7500
3	6	30	15	23	4	19	25	5	1	16	7510
2	17	36	10	13	2	48	25	4	3	13	7520
53	37	119	54	78	5	46	62	21	9	74	7530
3	4	11	2	9		9	12		1	6	7540
12	9	67	12	37	2	42	27	10	7	13	7550
118	577	2167	637	1024	40	740	424	181	115	584	7600
25	46	270	96	174	19	146	91	48	29	129	7610
11	10	80	4	117	4	62	68	14	20	26	7620
3											7630
10	16	59	10	32	3	41	13	9	7	12	7640
30	125	714	95	184	4	175	84	36	24	172	7650
7	43	157	30	84	2	74	28	12	5	41	7660
27	299	789	377	403	8	226	117	54	30	167	7670

3-03 续表 10

行业中类	代码	河 南	湖 北	湖 南	广 东	广 西
其他专业技术服务	7690	32	135	216	80	110
科技交流和推广服务业	7700	847	1780	2190	945	3178
技术推广服务	7710	751	1565	2051	798	3003
科技中介服务	7720	68	97	69	89	83
其他科技服务	7790	28	118	70	58	92
地质勘查业	7800	52	63	57	46	40
矿产地质勘查	7810	32	19	19	24	15
基础地质勘查	7820	12	13	23	14	12
地质勘查技术服务	7830	8	31	15	8	13
水利、环境和公共设施管理业	N	**1378**	**2163**	**2013**	**2035**	**1540**
水利管理业	7900	678	1146	1270	931	989
防洪管理	7910	107	288	185	173	79
水资源管理	7920	411	546	567	478	470
其他水利管理	7990	160	312	518	280	440
环境管理业	8000	298	525	346	571	277
自然保护	8010	51	112	75	126	75
环境治理	8020	247	413	271	445	202
公共设施管理业	8100	402	492	397	533	274
市政公共设施管理	8110	150	187	170	241	94
城市绿化管理	8120	117	142	99	107	97
游览景区管理	8130	135	163	128	185	83
居民服务和其他服务业	O	**256**	**308**	**177**	**460**	**103**
居民服务业	8200	204	204	134	326	70
家庭服务	8210		1	3	5	
托儿所	8220		3	9	9	2
洗染服务	8230					
理发及美容保健服务	8240	4	2	6	4	2
洗浴服务	8250	3		1		
婚姻服务	8260	8	15	16	5	4
殡葬服务	8270	147	93	58	140	41
摄影扩印服务	8280	2	2			
其他居民服务	8290	40	88	41	163	21
其他服务业	8300	52	104	43	134	33
修理与维护	8310	7	7	3	8	3
清洁服务	8320	6	20	10	51	13
其他未列明的服务	8390	39	77	30	75	17
教育	P	**15987**	**11508**	**8943**	**18207**	**13039**
教育	8400	15987	11508	8943	18207	13039
学前教育	8410	509	524	474	879	307
初等教育	8420	9445	6951	4068	12322	9484
中等教育	8430	4783	2978	3449	3948	2544
高等教育	8440	216	175	201	334	114
其他教育	8490	1034	880	751	724	590
卫生、社会保障和社会福利业	Q	**6103**	**5370**	**6162**	**4103**	**4415**
卫生	8500	5065	4179	4937	3309	2935
医院	8510	945	562	685	780	347
卫生院及社区医疗活动	8520	1836	1530	2451	1320	1287
门诊部医疗活动	8530	1233	1010	189	230	57
计划生育技术服务活动	8540	526	530	952	396	823

海南	重庆	四川	贵州	云南	西藏	陕西	甘肃	青海	宁夏	新疆	代码
5	38	98	25	30		16	23	8		37	7690
124	894	4009	1246	1714	52	1180	571	268	115	557	7700
117	833	3732	1187	1635	45	1128	525	242	108	506	7710
3	19	134	20	40	2	30	22	14	4	14	7720
4	42	143	39	39	5	22	24	12	3	37	7790
14	32	81	37	49	4	54	39	25	8	53	7800
9	4	28	17	29	2	27	19	12		18	7810
4	10	26	11	14	2	17	11	6	7	21	7820
1	18	27	9	6		10	9	7	1	14	7830
153	**557**	**2236**	**747**	**1256**	**21**	**1334**	**625**	**239**	**144**	**599**	**N**
89	318	1317	511	800	9	823	324	156	74	274	7900
6	11	79	15	37	3	99	22	12	6	17	7910
75	201	718	99	298	1	344	176	73	53	221	7920
8	106	520	397	465	5	380	126	71	15	36	7990
38	90	536	129	252	7	250	160	52	37	182	8000
15	19	139	29	108	3	109	76	34	20	93	8010
23	71	397	100	144	4	141	84	18	17	89	8020
26	149	383	107	204	5	261	141	31	33	143	8100
10	68	109	36	67	1	99	33	6	13	53	8110
9	38	102	26	46	2	67	38	15	14	61	8120
7	43	172	45	91	2	95	70	10	6	29	8130
20	**87**	**286**	**58**	**90**	**14**	**67**	**59**	**17**	**7**	**82**	**O**
15	75	226	41	69	3	63	50	12	6	70	8200
	1	1				2				1	8210
	6	4	1	2		6	1			11	8220
											8230
1		1	2				2				8240
		1				1		1			8250
	7	13	1	1		2		1		4	8260
5	45	165	35	56	2	46	20	5	6	25	8270
		1		1						1	8280
9	16	40	2	9	1	6	27	5		28	8290
5	12	60	17	21	11	4	9	5	1	12	8300
	1	2	3	2		2	2			1	8310
	1	10		2		1					8320
5	10	48	14	17	11	1	7	5	1	11	8390
1171	**4661**	**12314**	**7814**	**4767**	**1002**	**11446**	**7573**	**869**	**988**	**3930**	**P**
1171	4661	12314	7814	4767	1002	11446	7573	869	988	3930	8400
36	281	529	275	293	36	344	294	47	43	220	8410
662	2652	6830	5166	1858	809	7812	5037	413	555	1854	8420
387	1204	3653	1945	1992	113	2562	1837	299	315	1430	8430
17	45	196	60	93	6	160	100	13	12	87	8440
69	479	1106	368	531	38	568	305	97	63	339	8490
549	**3554**	**9141**	**3047**	**3182**	**484**	**5735**	**2580**	**623**	**422**	**2080**	**Q**
488	2827	7875	2743	2696	475	4966	2362	515	353	1761	8500
70	282	738	276	360	97	478	309	113	66	403	8510
305	1051	4577	1324	1371	303	1793	1268	281	179	756	8520
8	659	109	22	47	11	1847	284	4	23	35	8530
12	652	1785	849	493	4	546	212	25	19	256	8540

3-03 续表 11

行业中类	代码	河南	湖北	湖南	广东	广西
妇幼保健活动	8550	140	98	131	102	110
专科疾病防治活动	8560	35	125	80	110	44
疾病预防控制及防疫活动	8570	205	200	332	203	153
其他卫生活动	8590	145	124	117	168	114
社会保障业	8600	537	416	636	255	1207
社会福利业	8700	501	775	589	539	273
提供住宿的社会福利	8710	385	661	469	410	165
不提供住宿的社会福利	8720	116	114	120	129	108
文化、体育和娱乐业	**R**	**1855**	**1782**	**1823**	**1713**	**1758**
新闻出版业	8800	110	156	95	129	113
新闻业	8810	10	48	15	40	22
出版业	8820	100	108	80	89	91
广播、电视、电影和音像业	8900	360	343	526	272	738
广播	8910	86	88	159	55	484
电视	8920	157	191	252	114	199
电影	8930	116	61	111	96	50
音像制作	8940	1	3	4	7	5
文化艺术业	9000	1271	1111	1057	1037	813
文艺创作与表演	9010	180	122	108	137	132
艺术表演场馆	9020	47	51	49	16	17
图书馆与档案馆	9030	183	196	179	224	190
文物及文化保护	9040	142	78	138	50	72
博物馆	9050	61	89	32	124	45
烈士陵园、纪念馆	9060	51	43	37	22	22
群众文化活动	9070	518	469	478	402	270
文化艺术经纪代理	9080	10	7	4	11	8
其他文化艺术	9090	79	56	32	51	57
体育	9100	73	129	109	199	80
体育组织	9110	32	47	49	81	25
体育场馆	9120	28	46	26	79	21
其他体育	9190	13	36	34	39	34
娱乐业	9200	41	43	36	76	14
室内娱乐活动	9210	15	10	10	10	4
游乐园	9220	5	4		3	
休闲健身娱乐活动	9230	14	15	10	13	6
其他娱乐活动	9290	7	14	16	50	4
公共管理和社会组织	**S**	**10473**	**11620**	**14280**	**7330**	**9075**
中国共产党机关	9300	120	89	137	73	81
国家机构	9400	10340	11502	14132	7248	8981
国家权力机构	9410	39	77	57	35	16
国家行政机构	9420	10174	11168	13915	7029	8848
人民法院和人民检察院	9430	27	77	35	14	5
其他国家机构	9490	100	180	125	170	112
人民政协和民主党派	9500	10	29	11	9	13
人民政协	9510	4	6	4	1	2
民主党派	9520	6	23	7	8	11
群众团体、社会团体和宗教组织	9600	3				
社会团体	9620	3				

海　南	重　庆	四　川	贵　州	云　南	西　藏	陕　西	甘　肃	青　海	宁　夏	新　疆	代码
25	41	185	90	141	11	106	103	18	21	88	8550
21	20	55	11	41	5	17	28	3	2	19	8560
28	59	225	109	164	41	149	116	49	34	142	8570
19	63	201	62	79	3	30	42	22	9	62	8590
24	498	764	211	315	1	437	129	55	45	142	8600
37	229	502	93	171	8	332	89	53	24	177	8700
27	186	342	66	133	7	245	68	38	15	118	8710
10	43	160	27	38	1	87	21	15	9	59	8720
185	**826**	**2714**	**1011**	**1325**	**138**	**1452**	**735**	**257**	**158**	**792**	**R**
28	61	179	79	96	8	73	51	19	20	94	8800
4	28	59	32	21		19	17	3	6	9	8810
24	33	120	47	75	8	54	34	16	14	85	8820
31	91	552	173	179	81	276	131	55	23	219	8900
6	28	299	106	48	11	90	48	14	7	109	8910
15	47	191	53	72	30	70	42	25	10	61	8920
10	15	62	13	58	40	115	40	16	6	48	8930
	1		1	1		1	1			1	8940
104	622	1798	703	940	41	982	491	152	93	420	9000
18	31	98	38	93	8	104	72	13	12	74	9010
1	8	39	5	14	1	48	11	2	1	18	9020
30	68	289	86	208	12	140	117	58	23	117	9030
10	38	160	44	86	5	144	47	14	14	36	9040
10	11	54	17	22	2	72	54	11	12	16	9050
1	11	70	10	12	1	32	8	3	2	6	9060
26	412	1006	462	439	11	379	154	41	23	142	9070
	1	2	1	1	1		2			1	9080
8	42	80	40	65		63	26	10	6	10	9090
12	34	138	45	81	6	101	37	23	18	43	9100
6	13	40	27	35	4	28	18	10	14	14	9110
1	13	35	10	26	1	26	7	4	2	13	9120
5	8	63	8	20	1	47	12	9	2	16	9190
10	18	47	11	29	2	20	25	8	4	16	9200
2	6	18	4	10	1	7	14	1	1	6	9210
1	2	2	1	3		2	1	1			9220
1	7	18	3	6		8	7	2	1	4	9230
6	3	9	3	10	1	3	3	4	2	6	9290
811	**4525**	**15423**	**5612**	**4956**	**282**	**7957**	**4436**	**775**	**611**	**3449**	**S**
7	26	116	40	44	3	204	67	14	3	31	9300
799	4490	15292	5569	4910	279	7730	4363	760	607	3416	9400
4	4	23	11		1	20	10	1	2	12	9410
760	4403	15165	5508	4865	275	7661	4311	751	597	3358	9420
2	1	12	2	5		9	8		2	5	9430
33	82	92	48	40	3	40	34	8	6	41	9490
5	9	15	3	2		23	6	1	1	2	9500
	1	8	1			16		1		2	9510
5	8	7	2	2		7	6		1		9520
											9600
											9620

3-04 按行业(中类)、地区分组的

行业中类	代码	从业人员数(人)	北京	天津	河北	山西	内蒙古
总计	0000	**30510489**	**897379**	**379406**	**1510854**	**1015710**	**742410**
农、林、牧、渔业	A	**48870**	**357**		**20**	**203**	**5830**
农业	0100	2010				36	
谷物及其他作物的种植	0110	1266				36	
蔬菜、园艺作物的种植	0120	175					
水果、坚果、饮料和香料作物的种植	0130	569					
林业	0200	33610	75		19		
林木的培育和种植	0210	26684	75		19		
木材和竹材的采运	0220	5085					
林产品的采集	0230	1841					
畜牧业	0300	2091	219				
牲畜的饲养	0310	1599	219				
猪的饲养	0320	62					
家禽的饲养	0330	2					
其他畜牧业	0390	428					
渔业	0400	197					
内陆渔业	0420	197					
农、林、牧、渔服务业	0500	10962	63		1	167	5830
农业服务业	0510	2299	63			167	36
林业服务业	0520	7029			1		5747
畜牧服务业	0530	1547					47
渔业服务业	0540	87					
采矿业	B	**175**					
非金属矿采选业	1000	175					
土砂石开采	1010	175					
制造业	C	**6979**					
饮料制造业	1500	14					
软饮料制造	1530	14					
家具制造业	2100	62					
木质家具制造	2110	62					
印刷业和记录媒介的复制	2300	954					
印刷	2310	954					
化学原料及化学制品制造业	2600	138					
专用化学产品制造	2660	138					
医药制造业	2700	451					
生物、生化制品的制造	2760	451					
非金属矿物制品业	3100	28					
石墨及其他非金属矿物制品制造	3190	28					
有色金属冶炼及压延加工业	3300	1259					
有色金属合金制造	3340	1259					
通用设备制造业	3500	175					
泵、阀门、压缩机及类似机械的制造	3540	81					
风机、衡器、包装设备等通用设备制造	3570	94					
交通运输设备制造业	3700	32					
汽车制造	3720	32					
电气机械及器材制造业	3900	44					
其他电气机械及器材制造	3990	44					
通信设备、计算机及其他电子设备制造业	4000	3700					
电子计算机制造	4040	3700					

事业法人单位从业人员数

辽　宁	吉　林	黑龙江	上　海	江　苏	浙　江	安　徽	福　建	江　西	山　东	代码
1155527	**786005**	**946231**	**546799**	**1752284**	**1141793**	**1056648**	**792151**	**936629**	**2195459**	**0000**
232		**14283**	**104**	**117**	**927**	**1643**	**402**	**640**		**A**
		31			23	138	51			0100
		26			23	56	51			0110
		5								0120
						82				0130
146		14053	104	6	543	1475	334	545		0200
146		9739	104	6	543	1372	334	197		0210
		4314				103		225		0220
								123		0230
77		30			94					0300
		30								0310
					41					0320
										0330
77					53					0390
		143								0400
		143								0420
9		26		111	267	30	17	95		0500
9		26		111	16	30	17			0510
					167					0520
					84			95		0530
										0540
						65				**B**
						65				1000
						65				1010
134				**294**		**21**	**116**		**62**	**C**
										1500
										1530
									62	2100
									62	2110
22				200		21	116			2300
22				200		21	116			2310
										2600
										2660
										2700
										2760
28										3100
28										3190
										3300
										3340
										3500
										3540
										3570
12										3700
12										3720
				44						3900
				44						3990
										4000
										4040

3-04 续表 1

行业中类	代码	从业人员数（人）	北京	天津	河北	山西	内蒙古
仪器仪表及文化、办公用机械制造业	4100	50					
通用仪器仪表制造	4110	50					
工艺品及其他制造业	4200	72					
其他未列明的制造业	4290	72					
电力、燃气及水的生产和供应业	D	**31461**		**61**	**435**	**3063**	**3180**
电力、热力的生产和供应业	4400	14263		56	71	792	2291
电力生产	4410	4227			57	135	
电力供应	4420	5379					2129
热力生产和供应	4430	4657		56	14	657	162
燃气生产和供应业	4500	756				383	
水的生产和供应业	4600	16442		5	364	1888	889
自来水的生产和供应	4610	15077			364	1751	577
污水处理及其再生利用	4620	1339				137	297
其他水的处理、利用与分配	4690	26		5			15
建筑业	E	**1955**	**305**		**804**	**29**	
房屋和土木工程建筑业	4700	1240	305		104	29	
房屋工程建筑	4710	1	1				
土木工程建筑	4720	1239	304		104	29	
建筑安装业	4800	700			700		
其他建筑业	5000	15					
其他未列明的建筑活动	5090	15					
交通运输、仓储和邮政业	F	**450810**	**290**	**1832**	**48040**	**20619**	**23133**
铁路运输业	5100	1929			22	125	
铁路旅客运输	5110	1					
铁路货物运输	5120	1691					
铁路运输辅助活动	5130	237			22	125	
道路运输业	5200	392355	105	1595	46370	19068	22527
公路旅客运输	5210	2245				76	20
道路货物运输	5220	3056		161	126	101	4
道路运输辅助活动	5230	387054	105	1434	46244	18891	22503
城市公共交通业	5300	5113		117	41	81	116
公共电汽车客运	5310	2736			14	28	72
轨道交通	5320	347				25	
出租车客运	5330	915		117	27	8	38
城市轮渡	5340	835					
其他城市公共交通	5390	280				20	6
水上运输业	5400	14922		48	102	9	26
水上旅客运输	5410	353			68		
水上货物运输	5420	430					
水上运输辅助活动	5430	14139		48	34	9	26
航空运输业	5500	7015			170	393	60
航空客货运输	5510	270					
通用航空服务	5520	116					
航空运输辅助活动	5530	6629			170	393	60
管道运输业	5600	47		47			
装卸搬运和其他运输服务业	5700	1294		20	49	111	38
装卸搬运	5710	516			27	21	
运输代理服务	5720	778		20	22	90	38
仓储业	5800	19696	185		1286	832	366

辽　宁	吉　林	黑龙江	上　海	江　苏	浙　江	安　徽	福　建	江　西	山　东	代码
				50						4100
				50						4110
72										4200
72										4290
2930	**197**	**1516**	**16**	**283**	**224**	**236**	**577**	**892**	**961**	**D**
1554	24	831		176	123	46	456	440	177	4400
				176	123	46	442	405		4410
	24	35					14	35	25	4420
1554		796							152	4430
145			16							4500
1231	173	685		107	101	190	121	452	784	4600
1231	173	685		104	5	190	121	452	706	4610
				3	96				78	4620
										4690
30										**E**
30										4700
										4710
30										4720
										4800
										5000
										5090
25120	**10653**	**15473**	**29**	**13456**	**19631**	**7779**	**8907**	**17887**	**14451**	**F**
		283		26		26			1365	5100
										5110
		283				26			1365	5120
				26						5130
23511	6101	14473		10417	16865	6116	7498	15597	8476	5200
75	10	190		108	20	134	246	42		5210
95	125	71		141	14	68	69	360	286	5220
23341	5966	14212		10168	16831	5914	7183	15195	8190	5230
177	56			365	1	71	116	597	1765	5300
115								509	1437	5310
					1				321	5320
38	56			23		15		23		5330
				315		56	115	59		5340
24				27			1	6	7	5390
342		398		1959	1671	216	775	540	818	5400
91								83		5410
				63		13	152	130		5420
251		398		1896	1671	203	623	327	818	5430
49				397	862	222	279	355	244	5500
				12	181			7	14	5510
24								2	15	5520
25				385	681	222	279	346	215	5530
										5600
36		17	6	25	3		15	248	122	5700
		5	6	20	3			242		5710
36		12		5			15	6	122	5720
1005	799	302	23	267	229	1107	222	546	676	5800

3-04 续表 2

行业中类	代码	从业人员数（人）	北京	天津	河北	山西	内蒙古
谷物、棉花等农产品仓储	5810	7623			204	131	55
其他仓储	5890	12073	185		1082	701	311
邮政业	5900	8439		5			
国家邮政	5910	8347		5			
其他寄递服务	5990	92					
信息传输、计算机服务和软件业	**G**	**85460**	**7239**	**459**	**1868**	**2663**	**2793**
电信和其他信息传输服务业	6000	72835	1747	97	1778	2346	2590
电信	6010	2583			98	18	158
互联网信息服务	6020	3706	731	15	29	66	39
广播电视传输服务	6030	65610	1016	82	1629	2238	2377
卫星传输服务	6040	936			22	24	16
计算机服务业	6100	10645	4784	152	90	245	165
计算机系统服务	6110	5324	3197	95	87	134	36
数据处理	6120	2877	842	14		60	88
计算机维修	6130	495	29			30	
其他计算机服务	6190	1949	716	43	3	21	41
软件业	6200	1980	708	210		72	38
公共软件服务	6210	1313	569			53	38
其他软件服务	6290	667	139	210		19	
批发和零售业	**H**	**1376**		**413**	**41**		
批发业	6300	596		144	41		
农畜产品批发	6310	137			41		
食品、饮料及烟草制品批发	6320	99		26			
纺织、服装及日用品批发	6330	5					
文化、体育用品及器材批发	6340	254		71			
矿产品、建材及化工产品批发	6360	25		1			
机械设备、五金交电及电子产品批发	6370	18		18			
其他批发	6390	58		28			
零售业	6500	780		269			
综合零售	6510	89					
食品、饮料及烟草制品专门零售	6520	115					
文化、体育用品及器材专门零售	6540	539		269			
家用电器及电子产品专门零售	6570	35					
无店铺及其他零售	6590	2					
住宿和餐饮业	**I**	**68839**	**4817**	**2153**	**1281**	**2486**	**1370**
住宿业	6600	57534	4817	2106	1281	2166	684
旅游饭店	6610	41183	4093	1136	550	31	228
一般旅馆	6620	14136	273	609	731	2093	456
其他住宿服务	6690	2215	451	361		42	
餐饮业	6700	11305		47		320	686
正餐服务	6710	10413		47		320	642
快餐服务	6720	187					30
其他餐饮服务	6790	705					14
金融业	**J**	**52175**	**2962**	**303**	**5108**	**1014**	**2919**
银行业	6800	43951	1764	181	4902	821	2767
中央银行	6810	31735	1665	181	4839	821	1721
商业银行	6820	8580	99				1046
其他银行	6890	3636			63		
证券业	6900	2645	742	58	54	42	39

辽　宁	吉　林	黑龙江	上　海	江　苏	浙　江	安　徽	福　建	江　西	山　东	代码
105	33	124		133	110	774	114	208	513	5810
900	766	178	23	134	119	333	108	338	163	5890
	3697					21	2	4	985	5900
	3697					21		4	968	5910
							2		17	5990
5243	**1845**	**1801**	**1325**	**9920**	**6036**	**1970**	**3017**	**1911**	**3450**	**G**
4311	1725	1798	702	9704	5317	1849	2814	1645	3146	6000
80	276		162	22	123	187	9	90	159	6010
309	1	14	170	217	155	25	70	87	41	6020
3893	1338	1767	370	9327	5039	1435	2735	1468	2946	6030
29	110	17		138		202				6040
799	120		529	92	713	105	160	232	278	6100
302	120		264	33	182	42	58	9	84	6110
410			59	5	414	38	78	85	51	6120
37					37	9	11	123	2	6130
50			206	54	80	16	13	15	141	6190
133		3	94	124	6	16	43	34	26	6200
124		3	94	65	6	16	43	18	26	6210
9				59				16		6290
						40	**109**		**116**	**H**
						24	75		68	6300
						24			68	6310
							16			6320
							5			6330
										6340
							24			6360
										6370
							30			6390
						16	34		48	6500
										6510
						14	34			6520
									48	6540
										6570
						2				6590
1666	**2413**	**2271**	**599**		**2122**	**2220**	**4016**	**3738**	**8370**	**I**
1498	2413	2089	598		2077	2103	2886	3352	5077	6600
1284	2254	1502	545		1818	1537	2270	2993	3579	6610
206	117	473	21		259	560	416	326	1434	6620
8	42	114	32			6	200	33	64	6690
168		182	1		45	117	1130	386	3293	6700
140		174			45	111	1119	386	3189	6710
									34	6720
28		8	1			6	11		70	6790
1406	**1991**	**1010**	**2013**	**1285**	**1441**	**1763**	**1869**	**2193**	**2085**	**J**
1011	1694	884	838	782	1102	1586	1552	2074	1631	6800
1011	1694	365	838	782	1102	704	1161	2031	1011	6810
		472				862	291		79	6820
		47				20	100	43	541	6890
108	38	6	554	136	122	3	3	47	104	6900

3-04 续表 3

行业中类	代码	从 业 人员数 (人)	北 京	天 津	河 北	山 西	内蒙古
证券市场管理	6910	2541	742	58	48	42	39
证券经纪与交易	6920	43					
证券投资	6930	61			6		
保险业	7000	2392	446	64	84	68	54
人寿保险	7010	215		7			
非人寿保险	7020	495					
保险辅助服务	7030	1682	446	57	84	68	54
其他金融活动	7100	3187	10		68	83	59
金融信托与管理	7110	726			18	80	10
金融租赁	7120	4					
财务公司	7130	102					
邮政储蓄	7140	55					
典当	7150	8					
其他未列明的金融活动	7190	2292	10		50	3	49
房地产业	**K**	**57483**	**5144**	**629**	**3397**	**1482**	**2879**
房地产业	7200	57483	5144	629	3397	1482	2879
房地产开发经营	7210	775	48		32		27
物业管理	7220	18246	4108	431	1783	356	403
房地产中介服务	7230	4830	50	38	200	17	503
其他房地产活动	7290	33632	938	160	1382	1109	1946
租赁和商务服务业	**L**	**511864**	**44652**	**7469**	**16262**	**24022**	**25911**
租赁业	7300	1124		11	24	133	11
机械设备租赁	7310	995		11	24	133	11
文化及日用品出租	7320	129					
商务服务业	7400	510740	44652	7458	16238	23889	25900
企业管理服务	7410	263391	27175	4473	6904	12306	19754
法律服务	7420	36665	1459	456	1515	1679	1070
咨询与调查	7430	44895	3095	519	1082	3982	1501
广告业	7440	3912	59	47	193	285	94
知识产权服务	7450	5312	3450	39	220	55	106
职业中介服务	7460	38078	3755	342	1435	2031	1224
市场管理	7470	65794	368	411	3082	1602	686
旅行社	7480	2217	30	15	5	91	23
其他商务服务	7490	50476	5261	1156	1802	1858	1442
科学研究、技术服务和地质勘查业	**M**	**1658725**	**133227**	**27699**	**57235**	**50847**	**50074**
研究与试验发展	7500	481389	94142	9789	13398	11179	8171
自然科学研究与试验发展	7510	75007	24194	3408	568	2570	758
工程和技术研究与试验发展	7520	224555	52246	4165	8451	3771	2929
农业科学研究与试验发展	7530	122551	4569	1202	3389	3594	3155
医学研究与试验发展	7540	23513	4492	488	281	430	352
社会人文科学研究与试验发展	7550	35763	8641	526	709	814	977
专业技术服务业	7600	581396	27447	13594	22976	20056	21535
气象服务	7610	57188	1664	513	2324	1580	6350
地震服务	7620	16222	1072	468	723	1115	462
海洋服务	7630	6130	463	1020		4	
测绘服务	7640	41122	1648	736	1668	725	828
技术检测	7650	150942	12146	3776	9724	3270	4819
环境监测	7660	44117	1088	520	1567	2336	1307
工程技术与规划管理	7670	224277	7363	4702	6029	7428	5969

辽　宁	吉　林	黑龙江	上　海	江　苏	浙　江	安　徽	福　建	江　西	山　东	代码
107	38		534	80	122			47	104	6910
		6	20	5		3				6920
1				51			3			6930
40	201	54	59	140	93	117	211	53	81	7000
		33		9		2	27		12	7010
	145	21				55	109		22	7020
40	56		59	131	93	60	75	53	47	7030
247	58	66	562	227	124	57	103	19	269	7100
11	19			84		12	7		177	7110
										7120
16		4				25	22			7130
		33				4	13		5	7140
		3								7150
220	39	26	562	143	124	16	61	19	87	7190
12005	**2354**	**2338**	**32**	**333**	**3310**	**2024**	**2310**	**2189**	**2635**	**K**
12005	2354	2338	32	333	3310	2024	2310	2189	2635	7200
65					169				44	7210
4844	355	539			129	147	85	852	615	7220
629	211	43			82	173	270	420	416	7230
6467	1788	1756	32	333	2930	1704	1955	917	1560	7290
33273	**9018**	**14192**	**17989**	**26972**	**20295**	**10993**	**20619**	**17644**	**19427**	**L**
43		11			73	99	37		135	7300
43		7			73	86	37		135	7310
		4				13				7320
33230	9018	14181	17989	26972	20222	10894	20582	17644	19292	7400
19665	5552	7955	8741	12808	9317	5054	10243	11049	6198	7410
1972	1427	896	1140	1988	1538	1357	1464	893	2402	7420
3339	600	1297	2301	3206	2352	1275	2722	952	1977	7430
51	119	970	102	74	59	73	224	31	514	7440
59	28	33	164	126	106	28	75	30	105	7450
1840	459	702	1974	2776	1552	920	1756	868	1409	7460
1619	358	685	640	1662	2924	890	2915	1802	1822	7470
58	108	53	67	28	38	170	177	493	92	7480
4627	367	1590	2860	4304	2336	1127	1006	1526	4773	7490
72841	**47655**	**54007**	**42803**	**87922**	**43378**	**44539**	**36413**	**50871**	**66487**	**M**
16131	10938	14112	28164	25553	10219	9918	5138	9007	16212	7500
2518	896	1951	6777	2184	1168	2059	836	1142	3413	7510
6933	3236	3862	14692	16717	2959	4092	282	2008	6055	7520
5231	5762	6886	1569	4672	3906	3162	2713	5092	4511	7530
373	60	828	2935	826	637	314	472	269	1092	7540
1076	984	585	2191	1154	1549	291	835	496	1141	7550
32003	17395	20973	9571	27292	22348	15090	19015	18541	28895	7600
1981	1209	1697	460	1610	2050	1459	1465	1501	2447	7610
897	327	307	156	632	130	499	527	89	823	7620
70			208	69	156		244		1054	7630
1803	1435	1988	920	1243	1661	1569	726	967	1177	7640
11987	5203	4385	3029	8056	6670	3310	3688	2406	6092	7650
2643	1330	1263	930	2532	2133	1142	1406	1613	1736	7660
9806	6557	9075	3412	11357	9147	6576	8874	9906	12903	7670

3-04 续表 4

行业中类	代码	从业人员数(人)	北京	天津	河北	山西	内蒙古
其他专业技术服务	7690	41398	2003	1859	941	3598	1800
科技交流和推广服务业	7700	381036	8532	2577	7318	8756	10602
技术推广服务	7710	340241	4549	1568	6505	7316	9462
科技中介服务	7720	18326	1669	299	567	861	371
其他科技服务	7790	22469	2314	710	246	579	769
地质勘查业	7800	214904	3106	1739	13543	10856	9766
矿产地质勘查	7810	110842	662	262	5232	4511	4638
基础地质勘查	7820	61245	1673	1337	5383	3987	3244
地质勘查技术服务	7830	42817	771	140	2928	2358	1884
水利、环境和公共设施管理业	**N**	**1524974**	**50831**	**36768**	**61892**	**47673**	**51289**
水利管理业	7900	427578	6487	7901	16244	13814	17204
防洪管理	7910	60347	581	1149	1623	919	1118
水资源管理	7920	273748	4232	3663	12483	10251	11939
其他水利管理	7990	93483	1674	3089	2138	2644	4147
环境管理业	8000	670001	25033	11207	22287	21170	23258
自然保护	8010	47467	1252	166	1173	1405	2081
环境治理	8020	622534	23781	11041	21114	19765	21177
公共设施管理业	8100	427395	19311	17660	23361	12689	10827
市政公共设施管理	8110	167168	2422	11525	11791	4919	5322
城市绿化管理	8120	123186	5152	4192	7285	4316	4169
游览景区管理	8130	137041	11737	1943	4285	3454	1336
居民服务和其他服务业	**O**	**117037**	**9295**	**6795**	**4103**	**1746**	**2713**
居民服务业	8200	86469	7021	3192	3580	940	2172
家庭服务	8210	667	30	19			
托儿所	8220	2994	15	186	78	53	139
洗染服务	8230	79	79				
理发及美容保健服务	8240	2145	17			1	103
洗浴服务	8250	518	1				25
婚姻服务	8260	1253		17	84	39	51
殡葬服务	8270	51409	1798	915	3070	479	1387
摄影扩印服务	8280	213				12	
其他居民服务	8290	27191	5081	2055	348	356	467
其他服务业	8300	30568	2274	3603	523	806	541
修理与维护	8310	2733	322	37	87	195	
清洁服务	8320	8117	440	237	38	82	4
其他未列明的服务	8390	19718	1512	3329	398	529	537
教育	**P**	**14940130**	**347939**	**177240**	**797194**	**427423**	**341405**
教育	8400	14940130	347939	177240	797194	427423	341405
学前教育	8410	402197	16208	7618	21021	12091	11270
初等教育	8420	5644556	56627	43100	322257	156335	142741
中等教育	8430	6476114	99776	56587	353847	195305	140893
高等教育	8440	1881739	141837	47877	73311	47997	31520
其他教育	8490	535524	33491	22058	26758	15695	14981
卫生、社会保障和社会福利业	**Q**	**5758208**	**169516**	**81882**	**263157**	**154854**	**115731**
卫生	8500	5446022	161330	75348	251103	144799	106814
医院	8510	3415366	129996	55136	164887	90153	63240
卫生院及社区医疗活动	8520	1292693	16791	12688	52269	31276	23949
门诊部医疗活动	8530	90986	1457	460	1723	3127	1398
计划生育技术服务活动	8540	123083	114	359	5169	3178	2664

辽　宁	吉　林	黑龙江	上　海	江　苏	浙　江	安　徽	福　建	江　西	山　东	代码
2816	1334	2258	456	1793	401	535	2085	2059	2663	7690
14916	13234	11613	4876	29544	6972	9488	8710	9020	13133	7700
13685	12103	10436	3790	26959	6283	8877	6755	7131	10962	7710
898	374	554	600	1290	451	394	797	764	767	7720
333	757	623	486	1295	238	217	1158	1125	1404	7790
9791	6088	7309	192	5533	3839	10043	3550	14303	8247	7800
4375	4004	4240		2233	1956	5803	1236	11886	2116	7810
4659	1372	1183	62	1630	594	3347	711	723	3132	7820
757	712	1886	130	1670	1289	893	1603	1694	2999	7830
91699	**48386**	**52948**	**16379**	**103112**	**59264**	**42908**	**29550**	**41102**	**85939**	**N**
17750	12432	12033	3450	28009	7744	16629	6877	8684	22421	7900
2397	1699	2812	766	6232	1322	3630	984	1081	3390	7910
11635	8205	7185	1275	12012	4994	9682	4351	6208	15193	7920
3718	2528	2036	1409	9765	1428	3317	1542	1395	3838	7990
43867	26051	27176	8258	49760	38843	16486	14050	22743	36222	8000
3082	1146	3624	74	311	1451	1317	857	2298	1011	8010
40785	24905	23552	8184	49449	37392	15169	13193	20445	35211	8020
30082	9903	13739	4671	25343	12677	9793	8623	9675	27296	8100
13155	2315	5987	2664	10408	3135	3653	2717	3754	11053	8110
10453	3721	4500	1259	4117	4723	2634	2182	3503	8386	8120
6474	3867	3252	748	10818	4819	3506	3724	2418	7857	8130
6995	**2105**	**5008**	**5169**	**6530**	**4964**	**3794**	**2775**	**2399**	**7368**	**O**
5670	1836	4226	3935	4774	3892	2814	2360	1378	4959	8200
30		265	5	39				51	93	8210
13	228	53	105	39	92	43	62	98	235	8220
										8230
4	6	162	160	38		59	61		65	8240
64		13		39			35		125	8250
166	52	73	20	70	5	43	21	15	180	8260
4292	1483	3541	1194	3168	2510	2076	1639	1061	3054	8270
				11	142			3	4	8280
1101	67	119	2451	1370	1143	593	542	150	1203	8290
1325	269	782	1234	1756	1072	980	415	1021	2409	8300
125	58	29	8	250	160		47	42	385	8310
859	11	5	154	509	628	666	152	674	309	8320
341	200	748	1072	997	284	314	216	305	1715	8390
495269	**380870**	**424357**	**242125**	**890119**	**553286**	**573932**	**436371**	**461961**	**1018047**	**P**
495269	380870	424357	242125	890119	553286	573932	436371	461961	1018047	8400
9503	6268	6892	28757	41354	30705	7829	14564	6783	22013	8410
164398	147638	144702	43635	299394	188354	221212	174724	208260	324011	8420
216419	139213	188083	84953	389988	238606	277207	183650	178388	511438	8430
83442	68259	64435	71932	132987	77706	56408	51466	56334	115431	8440
21507	19492	20245	12848	26396	17915	11276	11967	12196	45154	8490
230989	**141136**	**173877**	**148919**	**363298**	**270362**	**197795**	**136020**	**163773**	**481669**	**Q**
215378	132779	165436	139128	347627	260365	192478	129703	156977	417218	8500
160942	86879	117690	97688	205086	178278	108265	82614	95518	244362	8510
26572	26761	22440	29669	108513	59889	63323	29188	39122	123798	8520
1736	683	4092	1598	3905	2829	2243	1405	3096	8477	8530
2171	2054	2435	431	7608	2310	3053	4275	3420	7067	8540

3-04 续表 5

行业中类	代码	从业人员数(人)	北 京	天 津	河 北	山 西	内蒙古
妇幼保健活动	8550	190728	3325	1593	12948	6669	4595
专科疾病防治活动	8560	56380	643	411	838	1606	2070
疾病预防控制及防疫活动	8570	206481	5304	1784	10611	5784	6713
其他卫生活动	8590	70305	3700	2917	2658	3006	2185
社会保障业	8600	182707	2278	4714	5394	6752	6215
社会福利业	8700	129479	5908	1820	6660	3303	2702
提供住宿的社会福利	8710	107793	4472	1628	5836	2536	2085
不提供住宿的社会福利	8720	21686	1436	192	824	767	617
文化、体育和娱乐业	**R**	**1006278**	**88153**	**18092**	**45821**	**39637**	**31592**
新闻出版业	8800	187480	40400	3912	7959	7950	5759
新闻业	8810	25286	5055	248	205	1166	1120
出版业	8820	162194	35345	3664	7754	6784	4639
广播、电视、电影和音像业	8900	335223	17502	4209	18183	10827	11347
广播	8910	78656	4222	1703	2792	2232	3644
电视	8920	214717	12289	2019	12711	6073	6551
电影	8930	40525	931	473	2664	2488	1138
音像制作	8940	1325	60	14	16	34	14
文化艺术业	9000	392675	22201	6739	16790	18408	12819
文艺创作与表演	9010	112968	6784	2236	4359	6984	4734
艺术表演场馆	9020	22500	710	531	878	1264	241
图书馆与档案馆	9030	76506	4758	1527	3105	2643	3209
文物及文化保护	9040	30005	1321	231	3230	2111	869
博物馆	9050	41654	4689	670	933	1900	1101
烈士陵园、纪念馆	9060	12543	186	290	1076	491	94
群众文化活动	9070	83236	2947	750	2861	2107	2221
文化艺术经纪代理	9080	1662	94	59	26	122	32
其他文化艺术	9090	11601	712	445	322	786	318
体育	9100	73336	7362	2630	2479	1730	1329
体育组织	9110	39782	4300	2069	1123	943	763
体育场馆	9120	20697	2337	487	869	306	284
其他体育	9190	12857	725	74	487	481	282
娱乐业	9200	17564	688	602	410	722	338
室内娱乐活动	9210	4033	226	244	70	319	106
游乐园	9220	2659	8	156	12	78	6
休闲健身娱乐活动	9230	3606	189	86	33	167	77
其他娱乐活动	9290	7266	265	116	295	158	149
公共管理和社会组织	**S**	**4187690**	**32652**	**17611**	**204196**	**237949**	**81591**
中国共产党机关	9300	22943	262	85	1158	1292	774
国家机构	9400	4159733	32369	17499	203030	236469	80764
国家权力机构	9410	16579	26	218	330	527	456
国家行政机构	9420	4076785	31750	15886	201267	233099	78490
人民法院和人民检察院	9430	14395		5	126	386	594
其他国家机构	9490	51974	593	1390	1307	2457	1224
人民政协和民主党派	9500	2370	21	22	8	188	53
人民政协	9510	714	21		8	5	4
民主党派	9520	1656		22		183	49
群众团体、社会团体和宗教组织	9600	2644		5			
社会团体	9620	2644		5			

辽 宁	吉 林	黑龙江	上 海	江 苏	浙 江	安 徽	福 建	江 西	山 东	代码
5906	4803	6111	1932	6113	6986	5535	5046	5158	12788	8550
2954	2009	3374	1653	2000	1090	2140	855	1985	4113	8560
12217	7598	6427	3319	10360	6988	5944	4613	6711	12088	8570
2880	1992	2867	2838	4042	1995	1975	1707	1967	4525	8590
6911	3344	4149	5066	8236	4351	2465	3656	2756	58091	8600
8700	5013	4292	4725	7435	5646	2852	2661	4040	6360	8700
6890	4332	3749	3776	6518	4334	2539	2295	3542	5671	8710
1810	681	543	949	917	1312	313	366	498	689	8720
42251	**32816**	**33650**	**27672**	**49760**	**40334**	**26942**	**32158**	**25602**	**54450**	**R**
4774	9761	6476	4550	9899	5077	4231	5172	3684	7685	8800
602	4333	581	381	595	503	480	440	446	1434	8810
4172	5428	5895	4169	9304	4574	3751	4732	3238	6251	8820
13900	9097	13052	5828	15310	16806	10279	14356	9919	20956	8900
3473	2368	4733	475	4190	1093	2650	5632	2206	4811	8910
9334	5710	6787	4737	9543	15275	6435	7219	5582	14232	8920
1089	941	1176	616	1536	430	1193	1466	2060	1879	8930
4	78	356		41	8	1	39	71	34	8940
18675	11574	10896	12966	20230	16076	10036	9411	10433	20880	9000
3343	3697	3590	2676	4044	3068	3642	3005	3331	5886	9010
1336	1041	960	1117	908	1056	777	577	694	1043	9020
4569	2337	2355	2853	3721	3852	1678	1867	1910	4001	9030
1408	362	441	178	1142	964	544	443	729	1947	9040
1878	848	679	1471	2229	1880	760	1037	1136	2374	9050
619	306	420	593	1236	312	408	315	457	841	9060
5137	2821	2248	3821	6436	4431	2168	1695	1885	3789	9070
57	83	13	8	87	15	1	14	59	131	9080
328	79	190	249	427	498	58	458	232	868	9090
3765	2152	2476	3727	3132	1786	2101	2703	1244	3776	9100
1885	1028	1710	1020	916	748	1440	1700	870	2192	9110
766	488	553	1603	1462	581	301	637	167	785	9120
1114	636	213	1104	754	457	360	366	207	799	9190
1137	232	750	601	1189	589	295	516	322	1153	9200
65	113	209	320	216	22	130	234	64	166	9210
575		161		20	216	37	18	30	238	9220
122	62	237	202	273	36	30	98	111	60	9230
375	57	143	79	680	315	98	166	117	689	9290
133444	**104566**	**149500**	**41625**	**198883**	**116219**	**137984**	**76922**	**143827**	**429942**	**S**
477	285	241	131	1359	595	507	551	538	1726	9300
132910	104247	149223	41486	197475	115580	137359	76206	143156	427973	9400
116	74	1737		1425	87	726	151	1607	1890	9410
131999	103265	143338	40822	190532	114594	136009	73399	139583	423048	9420
213	647	907	511	599	297	219	175	674	583	9430
582	261	3241	153	4919	602	405	2481	1292	2452	9490
57	34	36	8	49	44	118	165	133	198	9500
4			8	23	3	20	87	20	50	9510
53	34	36		26	41	98	78	113	148	9520
									45	9600
									45	9620

3-04 续表 6

行业中类	代码	河 南	湖 北	湖 南	广 东	广 西
总　计	0000	**2064043**	**1457252**	**1445315**	**2041937**	**1065900**
农、林、牧、渔业	A	**284**	**959**	**722**	**2398**	**10876**
农业	0100		58		20	98
谷物及其他作物的种植	0110					7
蔬菜、园艺作物的种植	0120					
水果、坚果、饮料和香料作物的种植	0130		58		20	91
林业	0200	207	755	678	2200	10540
林木的培育和种植	0210	207	755	678	599	10327
木材和竹材的采运	0220					213
林产品的采集	0230				1601	
畜牧业	0300		104			72
牲畜的饲养	0310		104			61
猪的饲养	0320					11
家禽的饲养	0330					
其他畜牧业	0390					
渔业	0400					37
内陆渔业	0420					37
农、林、牧、渔服务业	0500	77	42	44	178	129
农业服务业	0510	54			9	129
林业服务业	0520		4		155	
畜牧服务业	0530	23		44	14	
渔业服务业	0540		38			
采矿业	B				**110**	
非金属矿采选业	1000				110	
土砂石开采	1010				110	
制造业	C	**1259**			**313**	
饮料制造业	1500					
软饮料制造	1530					
家具制造业	2100					
木质家具制造	2110					
印刷业和记录媒介的复制	2300					
印刷	2310					
化学原料及化学制品制造业	2600				138	
专用化学产品制造	2660				138	
医药制造业	2700					
生物、生化制品的制造	2760					
非金属矿物制品业	3100					
石墨及其他非金属矿物制品制造	3190					
有色金属冶炼及压延加工业	3300	1259				
有色金属合金制造	3340	1259				
通用设备制造业	3500				175	
泵、阀门、压缩机及类似机械的制造	3540				81	
风机、衡器、包装设备等通用设备制造	3570				94	
交通运输设备制造业	3700					
汽车制造	3720					
电气机械及器材制造业	3900					
其他电气机械及器材制造	3990					
通信设备、计算机及其他电子设备制造业	4000					
电子计算机制造	4040					

海 南	重 庆	四 川	贵 州	云 南	西 藏	陕 西	甘 肃	青 海	宁 夏	新 疆	代码
202531	**599550**	**1565626**	**653963**	**849695**	**65691**	**1036055**	**660367**	**148812**	**162574**	**635893**	**0000**
56	**492**	**914**	**600**	**1472**		**173**	**954**	**2961**	**946**	**305**	**A**
	170	18	168	178			32	43	946		0100
				70			32	19	946		0110
	170										0120
		18	168	108				24			0130
56	20	306	343	430		96	281	398			0200
	20	306	343	200		35	281	398			0210
				230							0220
56						61					0230
		297	10			4	3	1181			0300
						4	3	1178			0310
			10								0320
								2			0330
		297						1			0390
			17								0400
			17								0420
	302	293	62	864		73	638	1339		305	0500
	15	125	62	476		13	460	211		270	0510
		74		343			161	342		35	0520
	287	94		45		18	17	779			0530
						42		7			0540
											B
											1000
											1010
128		**3700**	**5**	**499**		**448**					**C**
				14							1500
				14							1530
											2100
											2110
128			5	14		448					2300
128			5	14		448					2310
											2600
											2660
				451							2700
				451							2760
											3100
											3190
											3300
											3340
											3500
											3540
											3570
				20							3700
				20							3720
											3900
											3990
		3700									4000
		3700									4040

3-04 续表 7

行业中类	代码	河 南	湖 北	湖 南	广 东	广 西
仪器仪表及文化、办公用机械制造业	4100					
通用仪器仪表制造	4110					
工艺品及其他制造业	4200					
其他未列明的制造业	4290					
电力、燃气及水的生产和供应业	D	**5071**	**373**	**107**	**2613**	**1036**
电力、热力的生产和供应业	4400	2677	157	80	1176	681
电力生产	4410	255	103		1176	681
电力供应	4420	1843	54	80		
热力生产和供应	4430	579				
燃气生产和供应业	4500				16	
水的生产和供应业	4600	2394	216	27	1421	355
自来水的生产和供应	4610	2237	163	27	1201	355
污水处理及其再生利用	4620	157	53		220	
其他水的处理、利用与分配	4690					
建筑业	E		**15**			
房屋和土木工程建筑业	4700					
房屋工程建筑	4710					
土木工程建筑	4720					
建筑安装业	4800					
其他建筑业	5000		15			
其他未列明的建筑活动	5090		15			
交通运输、仓储和邮政业	F	**13253**	**24285**	**15899**	**20578**	**16669**
铁路运输业	5100				11	1
铁路旅客运输	5110					1
铁路货物运输	5120					
铁路运输辅助活动	5130				11	
道路运输业	5200	8437	20403	14153	18039	13353
公路旅客运输	5210	103	606	4	65	18
道路货物运输	5220	140	106	333	44	371
道路运输辅助活动	5230	8194	19691	13816	17930	12964
城市公共交通业	5300	326	220	66	225	113
公共电汽车客运	5310	320		37		50
轨道交通	5320					
出租车客运	5330	3	131	10	12	23
城市轮渡	5340		9		208	
其他城市公共交通	5390	3	80	19	5	40
水上运输业	5400	22	2185	374	713	656
水上旅客运输	5410		10	29	13	4
水上货物运输	5420		5	4	14	45
水上运输辅助活动	5430	22	2170	341	686	607
航空运输业	5500	252	62	67	324	388
航空客货运输	5510			53		
通用航空服务	5520		62			
航空运输辅助活动	5530	252		14	324	388
管道运输业	5600					
装卸搬运和其他运输服务业	5700	124	88	72	90	117
装卸搬运	5710	97	72	16		7
运输代理服务	5720	27	16	56	90	110
仓储业	5800	3007	1319	1035	1176	873

海　南	重　庆	四　川	贵　州	云　南	西　藏	陕　西	甘　肃	青　海	宁　夏	新　疆	代码
											4100
											4110
											4200
											4290
300	**61**	**357**	**170**	**545**	**33**	**1690**	**3528**	**206**	**70**	**730**	**D**
283	39	23	102	15	33	2	1706	56		196	4400
283	3		102		10	2	228				4410
	36	23		15	23		1043				4420
							435	56		196	4430
		192				4					4500
17	22	142	68	530		1684	1822	150	70	534	4600
17	8	64	63	524		1684	1686	116	39	534	4610
	14	78	5				136	34	31		4620
				6							4690
		76		**77**				**163**		**456**	**E**
		76		77				163		456	4700
											4710
		76		77				163		456	4720
											4800
											5000
											5090
3373	**8592**	**31510**	**9786**	**17046**	**4198**	**17220**	**15719**	**7969**	**2839**	**14574**	**F**
						59		11			5100
											5110
						6		11			5120
						53					5130
2762	5346	29004	8238	16662	4031	14908	14750	7470	2604	13476	5200
		101	14	235		30	53	40	46	9	5210
	62	60	69	30		76	140			4	5220
2762	5284	28843	8155	16397	4031	14802	14557	7430	2558	13163	5230
	349	26				199		32		54	5300
		8				146					5310
											5320
	272	7				53		32		27	5330
	65	8									5340
	12	3								27	5390
152	2229	1063	483	56		63	22				5400
		31		5		19					5410
						4					5420
152	2229	1032	483	51		40	22				5430
425	373	120		78		920		129	3	843	5500
									3		5510
				13							5520
425	373	120		65		920		129		843	5530
											5600
		48	9	45		11					5700
											5710
		48	9	45		11					5720
34	295	1049	426	205	167	1031	476	327	232	199	5800

3-04 续表 8

行业中类	代码	河南	湖北	湖南	广东	广西
谷物、棉花等农产品仓储	5810	1468	611	172	924	611
其他仓储	5890	1539	708	863	252	262
邮政业	5900	1085	8	132		1168
国家邮政	5910	1085	8	59		1168
其他寄递服务	5990			73		
信息传输、计算机服务和软件业	**G**	**3201**	**5088**	**3833**	**6106**	**2366**
电信和其他信息传输服务业	6000	2957	4689	3637	5311	1946
电信	6010	54	163	144	13	51
互联网信息服务	6020	80	391	352	283	259
广播电视传输服务	6030	2754	4117	3141	4907	1606
卫星传输服务	6040	69	18		108	30
计算机服务业	6100	190	249	196	716	372
计算机系统服务	6110	32	77	43	289	16
数据处理	6120	138	15	143	28	310
计算机维修	6130			1	205	
其他计算机服务	6190	20	157	9	194	46
软件业	6200	54	150		79	48
公共软件服务	6210	54	24		60	48
其他软件服务	6290		126		19	
批发和零售业	**H**		**4**		**544**	
批发业	6300		4		240	
农畜产品批发	6310		4			
食品、饮料及烟草制品批发	6320				57	
纺织、服装及日用品批发	6330					
文化、体育用品及器材批发	6340				183	
矿产品、建材及化工产品批发	6360					
机械设备、五金交电及电子产品批发	6370					
其他批发	6390					
零售业	6500				304	
综合零售	6510				42	
食品、饮料及烟草制品专门零售	6520				5	
文化、体育用品及器材专门零售	6540				222	
家用电器及电子产品专门零售	6570				35	
无店铺及其他零售	6590					
住宿和餐饮业	**I**	**6482**	**2639**	**14**	**2462**	**2763**
住宿业	6600	5399	1726	2	2039	2497
旅游饭店	6610	3662	946		1638	1649
一般旅馆	6620	1537	622	2	337	779
其他住宿服务	6690	200	158		64	69
餐饮业	6700	1083	913	12	423	266
正餐服务	6710	1041	728	12	379	266
快餐服务	6720	38	27		44	
其他餐饮服务	6790	4	158			
金融业	**J**	**2144**	**5900**	**2047**	**1943**	**917**
银行业	6800	1897	5640	1770	1410	822
中央银行	6810	523	2451	929	1224	401
商业银行	6820	192	3169	819	80	283
其他银行	6890	1182	20	22	106	138
证券业	6900	21	80	61	126	34

海　南	重　庆	四　川	贵　州	云　南	西　藏	陕　西	甘　肃	青　海	宁　夏	新　疆	代码
34	54	235	82	53	112	478	86	3	54	142	5810
	241	814	344	152	55	553	390	324	178	57	5890
		200	630			29	471			2	5900
		200	630			29	471			2	5910
											5990
206	**1608**	**3508**	**683**	**1540**	**369**	**1531**	**945**	**193**	**944**	**1799**	**G**
162	1575	3327	610	1470	369	1512	921	185	913	1682	6000
76	209	255	1	10		14	81		104	26	6010
	98	71		37		42	14		44	66	6020
86	1268	2961	591	1418	350	1414	805	185	765	1582	6030
		40	18	5	19	42	21			8	6040
44	9	174	26	58		19	24	8	31	65	6100
14		90	1	53		10	9	8	29	10	6110
23		21	1	5		7	8			34	6120
			7							4	6130
7	9	63	17			2	7		2	17	6190
	24	7	47	12						52	6200
	24	7	3	12						26	6210
			44							26	6290
52				**6**			**38**	**9**		**4**	**H**
											6300
											6310
											6320
											6330
											6340
											6360
											6370
											6390
52				6			38	9		4	6500
							38	9			6510
52				6						4	6520
											6540
											6570
											6590
397	**111**	**589**	**1852**	**3238**	**161**	**1390**	**1744**	**501**	**634**	**4340**	**I**
280	33	503	1770	2577	153	936	1671	496	441	3864	6600
162		503	1047	1528	89	615	1153	337	435	3599	6610
118	33		720	788	34	293	497	159	6	237	6620
			3	261	30	28	21			28	6690
117	78	86	82	661	8	454	73	5	193	476	6700
117	27	86	68	467	8	300	67	5	193	476	6710
			14								6720
	51			194		154	6				6790
370	**294**	**889**	**2156**	**2270**	**676**	**655**	**1370**	**566**	**305**	**311**	**J**
327	168	689	2131	2151	661	507	1293	385	220	291	6800
	61	453	2030	1294	342	502	835	348	220	196	6810
		64	101	594	41	5	368			15	6820
327	107	172		263	278		90	37		80	6890
	83	99		38	15		32				6900

3-04 续表 9

行业中类	代码	河 南	湖 北	湖 南	广 东	广 西
证券市场管理	6910	12	80	61	126	34
证券经纪与交易	6920	9				
证券投资	6930					
保险业	7000	46	99	147	56	61
人寿保险	7010	8	29	80		
非人寿保险	7020	38		67		7
保险辅助服务	7030		70		56	54
其他金融活动	7100	180	81	69	351	
金融信托与管理	7110	39	29		44	
金融租赁	7120					
财务公司	7130	22			13	
邮政储蓄	7140					
典当	7150				5	
其他未列明的金融活动	7190	119	52	69	289	
房地产业	**K**	**673**	**2675**	**738**	**3959**	**57**
房地产业	7200	673	2675	738	3959	57
房地产开发经营	7210	35	42	14	251	
物业管理	7220	20	1132	203	1298	
房地产中介服务	7230	26	267	115	545	35
其他房地产活动	7290	592	1234	406	1865	22
租赁和商务服务业	**L**	**25014**	**20870**	**25170**	**41880**	**26136**
租赁业	7300	181	65	46	12	49
机械设备租赁	7310	138	45	38		40
文化及日用品出租	7320	43	20	8	12	9
商务服务业	7400	24833	20805	25124	41868	26087
企业管理服务	7410	7362	11099	12074	20650	10999
法律服务	7420	1570	1770	1298	2092	628
咨询与调查	7430	2414	1567	1164	2265	611
广告业	7440	117	110	186	111	29
知识产权服务	7450	73	136	103	78	15
职业中介服务	7460	1224	1123	1513	3907	2656
市场管理	7470	8288	3240	7696	10287	9801
旅行社	7480	109	124	64	163	43
其他商务服务	7490	3676	1636	1026	2315	1305
科学研究、技术服务和地质勘查业	**M**	**72376**	**79857**	**70887**	**71472**	**64727**
研究与试验发展	7500	18407	20499	13660	18627	11770
自然科学研究与试验发展	7510	588	1320	2222	2750	806
工程和技术研究与试验发展	7520	8984	9487	1277	4976	717
农业科学研究与试验发展	7530	6996	7312	8894	7739	6782
医学研究与试验发展	7540	663	1271	333	2299	1727
社会人文科学研究与试验发展	7550	1176	1109	934	863	1738
专业技术服务业	7600	29122	29587	24931	36149	22481
气象服务	7610	2081	2219	2111	2574	2168
地震服务	7620	1097	544	261	282	452
海洋服务	7630	17		65	2700	
测绘服务	7640	2333	2726	1915	2330	1981
技术检测	7650	9352	6106	5774	10962	4603
环境监测	7660	3415	1548	1725	2777	1735
工程技术与规划管理	7670	10385	13794	10526	13008	9249

海　南	重　庆	四　川	贵　州	云　南	西　藏	陕　西	甘　肃	青　海	宁　夏	新　疆	代码
	83	99		38	15		32				6910
											6920
											6930
		69	3	9		23	30	46	38		7000
				5				3			7010
			3	4		8	9	7			7020
		69				15	21	36	38		7030
43	43	32	22	72		125	15	135	47	20	7100
37	3	6					6	117	27		7110
										4	7120
											7130
											7140
											7150
6	40	26	22	72		125	9	18	20	16	7190
242	**339**	**795**	**958**	**969**	**26**	**2066**	**340**	**202**	**59**	**324**	**K**
242	339	795	958	969	26	2066	340	202	59	324	7200
17			3	10		14	4				7210
	8	72	83	3		484	207	13		76	7220
27	14	141	47	60		412	3	20		66	7230
198	317	582	825	896	26	1156	126	169	59	182	7290
3420	**4924**	**17283**	**4987**	**7598**	**145**	**12710**	**3502**	**1488**	**1452**	**6547**	**L**
	51	4		6			37	13		83	7300
	34	2		5			37	13		83	7310
	17	2		1							7320
3420	4873	17279	4987	7592	145	12710	3465	1475	1452	6464	7400
1359	2487	9564	3195	3062	92	7771	1526	727	512	3718	7410
114	848	2677	427	1068	18	1622	553	171	220	333	7420
345	463	1993	615	1167	20	813	295	138	290	535	7430
25	12	225		62		23	18		7	92	7440
5	19	112	18	12		33	39	3	22	18	7450
329	339	907	298	392		1377	283	160	111	416	7460
1041	187	811	260	393		604	602	141	221	756	7470
	8	21	26	21		155	18	7		10	7480
202	510	969	148	1415	15	312	131	126	69	586	7490
10506	**35152**	**107481**	**30079**	**52278**	**3956**	**91279**	**42067**	**13926**	**8372**	**38312**	**M**
3966	7240	33163	4023	9359	516	37987	10950	1257	1690	6204	7500
103	63	5430	714	1183	128	1569	1356	430	335	1568	7510
55	4208	19607	654	3098	112	32509	5009	186	575	703	7520
3579	1982	4443	2171	4042	132	1775	3148	423	525	3195	7530
67	587	772	118	413		456	670		12	276	7540
162	400	2911	366	623	144	1678	767	218	243	462	7550
3104	9291	30918	8680	15496	1693	21533	9790	3848	2771	15271	7600
467	828	3354	1660	2534	718	2060	1411	1314	608	2771	7610
193	49	610	62	1606	104	959	593	231	361	591	7620
60											7630
347	1034	1744	611	1196	20	3454	476	564	400	897	7640
650	2183	7518	1328	3348	84	4238	1522	649	631	3433	7650
231	775	2258	631	1518	51	1814	869	275	200	749	7660
1032	3715	14264	3591	4944	716	8150	4481	781	571	5966	7670

3-04 续表 10

行业中类	代码	河 南	湖 北	湖 南	广 东	广 西
其他专业技术服务	7690	442	2650	2554	1516	2293
科技交流和推广服务业	7700	14997	22514	22708	11070	26526
技术推广服务	7710	12872	19713	20707	9008	25114
科技中介服务	7720	1335	959	639	1183	541
其他科技服务	7790	790	1842	1362	879	871
地质勘查业	7800	9850	7257	9588	5626	3950
矿产地质勘查	7810	6556	1681	4113	3107	1107
基础地质勘查	7820	2112	2249	2780	1758	1769
地质勘查技术服务	7830	1182	3327	2695	761	1074
水利、环境和公共设施管理业	N	**88589**	**89111**	**75032**	**104912**	**55244**
水利管理业	7900	30457	28936	26917	26698	12722
防洪管理	7910	6163	9278	4184	5030	700
水资源管理	7920	19105	15804	16765	16810	9416
其他水利管理	7990	5189	3854	5968	4858	2606
环境管理业	8000	27610	37266	29252	46758	30319
自然保护	8010	1756	2536	1272	2949	1280
环境治理	8020	25854	34730	27980	43809	29039
公共设施管理业	8100	30522	22909	18863	31456	12203
市政公共设施管理	8110	12600	8691	5786	14946	3741
城市绿化管理	8120	8684	5597	5659	7096	3222
游览景区管理	8130	9238	8621	7418	9414	5240
居民服务和其他服务业	O	**7062**	**6221**	**3659**	**13056**	**1548**
居民服务业	8200	5174	3903	2561	9580	1109
家庭服务	8210		13	18	50	
托儿所	8220		26	142	254	23
洗染服务	8230					
理发及美容保健服务	8240	167	17	460	330	85
洗浴服务	8250	40		150		
婚姻服务	8260	43	78	108	37	19
殡葬服务	8270	3910	2379	1060	4528	817
摄影扩印服务	8280	14	7			
其他居民服务	8290	1000	1383	623	4381	165
其他服务业	8300	1888	2318	1098	3476	439
修理与维护	8310	332	64	68	56	48
清洁服务	8320	411	673	646	1286	191
其他未列明的服务	8390	1145	1581	384	2134	200
教育	P	**1061231**	**662610**	**672591**	**1053028**	**538610**
教育	8400	1061231	662610	672591	1053028	538610
学前教育	8410	18676	14124	10418	32770	10912
初等教育	8420	404586	217072	204040	437932	263453
中等教育	8430	515757	301190	359452	445950	215245
高等教育	8440	81180	110541	77590	109963	37680
其他教育	8490	41032	19683	21091	26413	11320
卫生、社会保障和社会福利业	Q	**358079**	**281950**	**283646**	**430519**	**195292**
卫生	8500	344433	267994	267021	413598	185333
医院	8510	215146	139359	155534	277797	105099
卫生院及社区医疗活动	8520	76482	81822	69732	81185	47640
门诊部医疗活动	8530	7920	12717	6599	7129	1027
计划生育技术服务活动	8540	10837	5836	8303	5671	9900

海南	重庆	四川	贵州	云南	西藏	陕西	甘肃	青海	宁夏	新疆	代码
124	707	1170	797	350		858	438	34		864	7690
2590	13742	28245	11821	21189	849	18306	10494	4810	2802	9082	7700
2378	12941	26568	10913	20248	763	17405	9741	4477	2696	8316	7710
74	211	759	273	419	36	531	213	199	25	273	7720
138	590	918	635	522	50	370	540	134	81	493	7790
846	4879	15155	5555	6234	898	13453	10833	4011	1109	7755	7800
573	1394	7995	3064	4533	871	9171	7689	2349		3485	7810
262	2291	4001	1415	1164	27	2056	1209	893	1068	3154	7820
11	1194	3159	1076	537		2226	1935	769	41	1116	7830
9273	**21650**	**63746**	**20783**	**32920**	**724**	**49436**	**33038**	**7200**	**12600**	**40976**	**N**
3308	4053	14939	3894	8136	135	23701	15958	3803	5632	20610	7900
56	132	701	135	230	35	2253	239	232	107	1169	7910
2906	2749	10772	1587	4582	4	13877	10825	1968	4990	18280	7920
346	1172	3466	2172	3324	96	7571	4894	1603	535	1161	7990
2984	10551	29429	11708	16470	295	13903	9447	2204	4765	10629	8000
351	345	3084	568	4083	65	1872	2639	914	658	1847	8010
2633	10206	26345	11140	12387	230	12031	6808	1290	4107	8782	8020
2981	7046	19378	5181	8314	294	11832	7633	1193	2203	9737	8100
1186	3445	6576	2471	2253	96	4651	2557	411	520	2418	8110
1201	1864	4176	805	1933	119	2686	2259	470	1371	5452	8120
594	1737	8626	1905	4128	79	4495	2817	312	312	1867	8130
673	**1221**	**3802**	**1159**	**1103**	**102**	**1547**	**1855**	**211**	**119**	**1940**	**O**
576	942	3232	797	761	49	1501	1625	167	88	1655	8200
	15	5				31				3	8210
	84	186	6	12		113	65			644	8220
											8230
195		6	91				118				8240
		3				9		14			8250
	34	56	2	4		18		1		17	8260
116	634	2640	687	618	37	1213	443	49	88	523	8270
		2		2						16	8280
265	175	334	11	125	12	117	999	103		452	8290
97	279	570	362	342	53	46	230	44	31	285	8300
	104	10	165	59		33	34			15	8310
	6	107		21		8					8320
97	169	453	197	262	53	5	196	44	31	270	8390
95679	**326661**	**803194**	**384395**	**460438**	**35226**	**501914**	**320210**	**61995**	**76906**	**317904**	**P**
95679	326661	803194	384395	460438	35226	501914	320210	61995	76906	317904	8400
1561	6779	16513	5982	11856	746	9647	6960	1438	2247	8692	8410
46238	137442	357832	200804	227212	19316	184443	130505	20905	34457	120931	8420
37576	131921	322215	141601	173345	12516	209753	139748	31251	31712	152529	8430
8632	40091	87696	22228	31064	1935	81452	31230	6135	6218	27162	8440
1672	10428	18938	13780	16961	713	16619	11767	2266	2272	8590	8490
34585	**120438**	**295193**	**94228**	**141629**	**9078**	**163634**	**91011**	**24128**	**27460**	**114360**	**Q**
33577	114991	282801	91308	136520	8978	155274	88445	22870	26251	110145	8500
19411	66958	164294	51468	76395	6296	95999	50662	16506	18651	75057	8510
8612	33816	82399	22603	40012	1549	32216	22744	3180	3659	18794	8520
279	3898	2609	258	1001	48	6110	1582	15	360	1205	8530
201	2999	8483	8267	3814	9	5507	2906	451	415	3176	8540

3-04 续表 11

行业中类	代码	河南	湖北	湖南	广东	广西
妇幼保健活动	8550	12592	11155	10137	17507	11333
专科疾病防治活动	8560	1936	4234	4062	8350	1313
疾病预防控制及防疫活动	8570	15071	9262	10157	12040	6965
其他卫生活动	8590	4449	3609	2497	3919	2056
社会保障业	8600	7424	4620	10725	5307	6245
社会福利业	8700	6222	9336	5900	11614	3714
提供住宿的社会福利	8710	4913	8437	4656	9616	2982
不提供住宿的社会福利	8720	1309	899	1244	1998	732
文化、体育和娱乐业	**R**	**54106**	**43440**	**37544**	**67349**	**25738**
新闻出版业	8800	7641	4856	3683	7717	4419
新闻业	8810	107	1513	547	1020	198
出版业	8820	7534	3343	3136	6697	4221
广播、电视、电影和音像业	8900	19356	17062	16676	25210	8191
广播	8910	3960	2050	2801	5933	2925
电视	8920	11693	13010	9875	16484	4327
电影	8930	3673	1916	3955	2577	910
音像制作	8940	30	86	45	216	29
文化艺术业	9000	23693	17849	14506	21462	10656
文艺创作与表演	9010	7529	4961	4361	5313	3924
艺术表演场馆	9020	1411	1518	1088	449	348
图书馆与档案馆	9030	3409	3454	2586	5114	2259
文物及文化保护	9040	2647	1093	1597	839	449
博物馆	9050	2009	1855	755	2884	832
烈士陵园、纪念馆	9060	851	735	723	665	285
群众文化活动	9070	4889	3506	3113	5400	2009
文化艺术经纪代理	9080	175	111	50	139	173
其他文化艺术	9090	773	616	233	659	377
体育	9100	2204	2960	2227	10771	2340
体育组织	9110	1295	1626	1331	6450	1613
体育场馆	9120	785	860	437	3190	416
其他体育	9190	124	474	459	1131	311
娱乐业	9200	1212	713	452	2189	132
室内娱乐活动	9210	355	158	97	181	23
游乐园	9220	473	71		126	
休闲健身娱乐活动	9230	125	136	147	311	26
其他娱乐活动	9290	259	348	208	1571	83
公共管理和社会组织	**S**	**365219**	**231255**	**253426**	**218695**	**123921**
中国共产党机关	9300	2501	1277	2544	863	734
国家机构	9400	360019	229577	250850	217729	123075
国家权力机构	9410	998	1676	1312	1309	202
国家行政机构	9420	355476	223426	244960	208906	120623
人民法院和人民检察院	9430	890	952	1896	1890	21
其他国家机构	9490	2655	3523	2682	5624	2229
人民政协和民主党派	9500	105	401	32	103	112
人民政协	9510	80	124	6	52	28
民主党派	9520	25	277	26	51	84
群众团体、社会团体和宗教组织	9600	2594				
社会团体	9620	2594				

海南	重庆	四川	贵州	云南	西藏	陕西	甘肃	青海	宁夏	新疆	代码
1803	2485	9786	2376	5767	305	6901	3712	550	1487	3324	8550
494	1177	1751	283	1098	36	427	919	278	246	2035	8560
1733	2405	10451	4849	7126	695	6264	4652	1641	1205	5504	8570
1044	1253	3028	1204	1307	40	1850	1268	249	228	1050	8590
364	2946	7156	1676	3102	6	4350	1518	556	607	1727	8600
644	2501	5236	1244	2007	94	4010	1048	702	602	2488	8700
551	2089	4289	1018	1625	93	3351	861	555	547	2007	8710
93	412	947	226	382	1	659	187	147	55	481	8720
6880	**14682**	**37166**	**15321**	**22171**	**3088**	**33934**	**21670**	**6152**	**5976**	**22131**	**R**
1323	2559	6554	3481	3594	183	4011	3468	1058	1399	4245	8800
74	447	1802	439	195		261	421	85	326	262	8810
1249	2112	4752	3042	3399	183	3750	3047	973	1073	3983	8820
3199	4835	10611	4411	5719	1267	8798	6467	1733	1676	8441	8900
117	346	2863	1080	1445	170	2508	1973	656	361	3244	8910
2516	3908	6128	3088	3681	757	4421	3859	947	1212	4314	8920
566	547	1620	236	588	340	1854	609	130	103	821	8930
	34		7	5		15	26			62	8940
2062	6502	17433	6200	10954	1258	19085	9733	2640	2468	8040	9000
849	1300	3658	1729	3492	691	5585	3057	779	906	3455	9010
5	221	799	142	542	19	1473	448	237	16	651	9020
436	1091	3310	1183	2449	173	2393	1775	627	508	1354	9030
171	771	1315	274	685	131	2049	1162	115	257	530	9040
139	551	2769	305	616	100	3330	1019	169	310	426	9050
1	132	515	320	99	1	291	150	13	18	100	9060
305	2150	4462	1921	2631	113	3276	1610	653	417	1464	9070
	57	28	64	4	30		28			2	9080
156	229	577	262	436		688	484	47	36	58	9090
153	498	1943	944	1672	356	1776	927	598	310	1265	9100
72	221	452	529	585	284	569	612	328	246	862	9110
5	165	815	286	989	27	672	82	92	50	200	9120
76	112	676	129	98	45	535	233	178	14	203	9190
143	288	625	285	232	24	264	1075	123	123	140	9200
25	40	178	55	82	2	40	217	5	17	54	9210
13	193	64	11	47		64	21	21			9220
6	44	169	123	18		78	600	11	2	27	9230
99	11	214	96	85	22	82	237	86	104	59	9290
36391	**63325**	**195423**	**86801**	**103896**	**7909**	**156428**	**122376**	**20942**	**23892**	**70880**	**S**
78	262	885	495	453	94	1470	654	211	76	365	9300
36292	63030	194395	86291	103348	7815	154827	121707	20716	23815	70501	9400
235	8	635	209		5	116	253	6	48	197	9410
34872	61973	189777	84995	102703	7717	152308	120000	20606	21996	69366	9420
58	10	404	306	237		644	580		255	316	9430
1127	1039	3579	781	408	93	1759	874	104	1516	622	9490
21	33	143	15	95		131	15	15	1	14	9500
	2	59	2			79		15		14	9510
21	31	84	13	95		52	15		1		9520
											9600
											9620

3-05 按地区、学历分组的事业法人单位从业人员数

地区	事业法人单位数(个)	从业人员数(人)	具有研究生及以上学历人员	具有大学本科学历人员	具有大专学历人员	具有高中学历人员	具有初中及以下学历人员
全国	**708728**	**30510489**	**1193646**	**9269821**	**10657826**	**6717440**	**2671756**
北京	7632	897379	136792	313862	177585	152511	116629
天津	6256	379406	26447	141635	98844	78249	34231
河北	32706	1510854	36126	466735	574158	326176	107659
山西	23492	1015710	24647	292792	378492	231341	88438
内蒙古	16284	742410	19190	244286	269915	142103	66916
辽宁	26969	1155527	59582	378661	371650	222618	123016
吉林	17174	786005	39510	275477	259020	162336	49662
黑龙江	19216	946231	45933	320120	319030	193456	67692
上海	8058	546799	54248	191895	130017	98140	72499
江苏	36909	1752284	81157	606297	563070	339702	162058
浙江	27691	1141793	47813	420994	320779	204119	148088
安徽	23199	1056648	31668	299527	385736	257291	82426
福建	24793	792151	26635	245445	254722	192127	73222
江西	23729	936629	27718	235554	330463	250471	92423
山东	36596	2195459	73230	781322	705754	506531	128622
河南	39934	2064043	57666	561862	840027	494005	110483
湖北	38613	1457252	61668	404120	501571	357983	131910
湖南	39833	1445315	40309	405969	548788	344802	105447
广东	39342	2041937	79110	581291	698836	481994	200706
广西	37611	1065900	25568	243261	410808	276658	109605
海南	3412	202531	4213	45610	61372	62764	28572
重庆	16322	599550	21969	197128	214027	113012	53414
四川	51029	1565626	49984	429084	593105	337166	156287
贵州	21356	653963	10302	161995	294580	133878	53208
云南	19711	849695	19492	237440	336970	175318	80475
西藏	2147	65691	1130	15370	22853	12799	13539
陕西	31558	1036055	48781	295553	386121	230942	74658
甘肃	17853	660367	17832	186239	248199	155985	52112
青海	3663	148812	3792	44484	58080	26773	15683
宁夏	2753	162574	6522	54780	56451	31601	13220
新疆	12887	635893	14612	191033	246803	124589	58856

3-06　按行业(中类)、学历分组的事业法人单位从业人员数

行业中类	代码	法人单位数(个)	从业人员数(人)	具有研究生及以上学历人员	具有大学本科学历人员	具有大专学历人员	具有高中学历人员	具有初中及以下学历人员
总　计	**0000**	**708728**	**30510489**	**1193646**	**9269821**	**10657826**	**6717440**	**2671756**
农、林、牧、渔业	**A**	**412**	**48870**	**105**	**2792**	**9149**	**15255**	**21569**
农业	0100	34	2010	3	49	316	762	880
谷物及其他作物的种植	0110	15	1266	1	31	154	456	624
蔬菜、园艺作物的种植	0120	2	175	1	8	31	92	43
水果、坚果、饮料和香料作物的种植	0130	17	569	1	10	131	214	213
林业	0200	143	33610	59	1520	5457	10993	15581
林木的培育和种植	0210	131	26684	31	1292	4467	7826	13068
木材和竹材的采运	0220	8	5085	3	139	742	2633	1568
林产品的采集	0230	4	1841	25	89	248	534	945
畜牧业	0300	19	2091	29	182	323	903	654
牲畜的饲养	0310	10	1599	25	76	160	762	576
猪的饲养	0320	4	62		3	7	18	34
家禽的饲养	0330	1	2		1	1		
其他畜牧业	0390	4	428	4	102	155	123	44
渔业	0400	4	197		23	46	106	22
内陆渔业	0420	4	197		23	46	106	22
农、林、牧、渔服务业	0500	212	10962	14	1018	3007	2491	4432
农业服务业	0510	89	2299	1	278	815	701	504
林业服务业	0520	31	7029	5	477	1561	1343	3643
畜牧服务业	0530	89	1547	8	252	571	431	285
渔业服务业	0540	3	87		11	60	16	
采矿业	**B**	**2**	**175**		**2**	**17**	**19**	**137**
非金属矿采选业	1000	2	175		2	17	19	137
土砂石开采	1010	2	175		2	17	19	137
制造业	**C**	**27**	**6979**	**1372**	**3082**	**1010**	**962**	**553**
饮料制造业	1500	2	14		2	1	3	8
软饮料制造	1530	2	14		2	1	3	8
家具制造业	2100	1	62			2	18	42
木质家具制造	2110	1	62			2	18	42
印刷业和记录媒介的复制	2300	12	954	31	311	267	301	44
印刷	2310	12	954	31	311	267	301	44
化学原料及化学制品制造业	2600	1	138		4	30	30	74
专用化学产品制造	2660	1	138		4	30	30	74
医药制造业	2700	1	451	48	137	70	77	119
生物、生化制品的制造	2760	1	451	48	137	70	77	119
非金属矿物制品业	3100	1	28		1	2	3	22
石墨及其他非金属矿物制品制造	3190	1	28		1	2	3	22
有色金属冶炼及压延加工业	3300	1	1259	174	371	296	314	104
有色金属合金制造	3340	1	1259	174	371	296	314	104
通用设备制造业	3500	2	175	2	46	20	47	60
泵、阀门、压缩机及类似机械的制造	3540	1	81		9	11	43	18
风机、衡器、包装设备等通用设备制造	3570	1	94	2	37	9	4	42
交通运输设备制造业	3700	2	32		2	18	7	5
汽车制造	3720	2	32		2	18	7	5
电气机械及器材制造业	3900	1	44	7	34	2	1	
其他电气机械及器材制造	3990	1	44	7	34	2	1	
通信设备、计算机及其他电子设备制造业	4000	1	3700	1110	2171	296	123	
电子计算机制造	4040	1	3700	1110	2171	296	123	

3-06 续表 1

行业中类	代码	法人单位数（个）	从业人员数（人）	具有研究生及以上学历人员	具有大学本科学历人员	具有大专学历人员	具有高中学历人员	具有初中及以下学历人员
仪器仪表及文化、办公用机械制造业	4100	1	50		2	5	30	13
通用仪器仪表制造	4110	1	50		2	5	30	13
工艺品及其他制造业	4200	1	72		1	1	8	62
其他未列明的制造业	4290	1	72		1	1	8	62
电力、燃气及水的生产和供应业	**D**	**500**	**31461**	**50**	**2183**	**6472**	**13047**	**9709**
电力、热力的生产和供应业	4400	180	14263	16	998	2192	5349	5708
电力生产	4410	102	4227	4	115	611	1889	1608
电力供应	4420	25	5379	4	377	720	1753	2525
热力生产和供应	4430	53	4657	8	506	861	1707	1575
燃气生产和供应业	4500	9	756	2	54	198	358	144
水的生产和供应业	4600	311	16442	32	1131	4082	7340	3857
自来水的生产和供应	4610	272	15077	29	949	3575	6810	3714
污水处理及其再生利用	4620	35	1339	1	179	496	510	153
其他水的处理、利用与分配	4690	4	26	2	3	11	20	-10
建筑业	**E**	**17**	**1955**		**151**	**249**	**710**	**845**
房屋和土木工程建筑业	4700	15	1240		119	216	490	415
房屋工程建筑	4710	1	1			1		
土木工程建筑	4720	14	1239		119	215	490	415
建筑安装业	4800	1	700		20	30	220	430
其他建筑业	5000	1	15		12	3		
其他未列明的建筑活动	5090	1	15		12	3		
交通运输、仓储和邮政业	**F**	**6466**	**450810**	**3450**	**54297**	**132127**	**138316**	**122620**
铁路运输业	5100	17	1929	13	213	482	722	499
铁路旅客运输	5110	1	1			1		
铁路货物运输	5120	6	1691	10	198	356	649	478
铁路运输辅助活动	5130	10	237	3	15	125	73	21
道路运输业	5200	5230	392355	2622	43331	114732	118684	112986
公路旅客运输	5210	50	2245	6	210	748	687	594
道路货物运输	5220	93	3056	50	434	910	1005	657
道路运输辅助活动	5230	5087	387054	2566	42687	113074	116992	111735
城市公共交通业	5300	86	5113	10	447	1410	2571	675
公共电汽车客运	5310	24	2736	3	193	707	1520	313
轨道交通	5320	3	347		39	288	20	
出租车客运	5330	27	915	6	141	224	432	112
城市轮渡	5340	11	835		24	87	515	209
其他城市公共交通	5390	21	280	1	50	104	84	41
水上运输业	5400	432	14922	175	2433	4665	4241	3408
水上旅客运输	5410	19	353	2	41	89	91	130
水上货物运输	5420	18	430	1	16	52	109	252
水上运输辅助活动	5430	395	14139	172	2376	4524	4041	3026
航空运输业	5500	59	7015	148	3369	2247	946	305
航空客货运输	5510	6	270	6	81	107	61	15
通用航空服务	5520	7	116	3	36	67	9	1
航空运输辅助活动	5530	46	6629	139	3252	2073	876	289
管道运输业	5600	1	47			2	35	10
装卸搬运和其他运输服务业	5700	70	1294	11	147	508	419	209
装卸搬运	5710	20	516	7	43	93	239	134
运输代理服务	5720	50	778	4	104	415	180	75
仓储业	5800	540	19696	123	2301	5751	7710	3811

3-06　续表 2

行业中类	代码	法　人 单位数 (个)	从　业 人员数 (人)					
				具有研究生及以上学历人员	具有大学本　科学历人员	具有大专学历人员	具有高中学历人员	具有初中及以下学历人员
谷物、棉花等农产品仓储	5810	300	7623	51	758	2250	3057	1507
其他仓储	5890	240	12073	72	1543	3501	4653	2304
邮政业	5900	31	8439	348	2056	2330	2988	717
国家邮政	5910	24	8347	343	2011	2306	2972	715
其他寄递服务	5990	7	92	5	45	24	16	2
信息传输、计算机服务和软件业	**G**	**3950**	**85460**	**3482**	**23918**	**28991**	**21921**	**7148**
电信和其他信息传输服务业	6000	3222	72835	1410	17599	26157	20896	6773
电信	6010	95	2583	51	659	873	627	373
互联网信息服务	6020	268	3706	401	1754	954	497	100
广播电视传输服务	6030	2811	65610	931	14889	23967	19565	6258
卫星传输服务	6040	48	936	27	297	363	207	42
计算机服务业	6100	637	10645	1744	5285	2375	885	356
计算机系统服务	6110	231	5324	1104	2409	1096	454	261
数据处理	6120	238	2877	336	1563	730	210	38
计算机维修	6130	27	495	53	251	94	84	13
其他计算机服务	6190	141	1949	251	1062	455	137	44
软件业	6200	91	1980	328	1034	459	140	19
公共软件服务	6210	70	1313	228	679	297	101	8
其他软件服务	6290	21	667	100	355	162	39	11
批发和零售业	**H**	**47**	**1376**	**4**	**60**	**300**	**761**	**251**
批发业	6300	21	596	1	24	109	363	99
农畜产品批发	6310	6	137		4	30	95	8
食品、饮料及烟草制品批发	6320	5	99	1	15	23	37	23
纺织、服装及日用品批发	6330	1	5				3	2
文化、体育用品及器材批发	6340	3	254		1	33	176	44
矿产品、建材及化工产品批发	6360	2	25			6	15	4
机械设备、五金交电及电子产品批	6370	2	18		4	7	7	
其他批发	6390	2	58			10	30	18
零售业	6500	26	780	3	36	191	398	152
综合零售	6510	3	89		4	22	34	29
食品、饮料及烟草制品专门零售	6520	6	115		9	17	52	37
文化、体育用品及器材专门零售	6540	15	539	3	23	121	306	86
家用电器及电子产品专门零售	6570	1	35			30	5	
无店铺及其他零售	6590	1	2			1	1	
住宿和餐饮业	**I**	**936**	**68839**	**292**	**4176**	**10831**	**29234**	**24306**
住宿业	6600	741	57534	250	3496	9250	24530	20008
旅游饭店	6610	312	41183	157	2437	6507	17668	14414
一般旅馆	6620	355	14136	73	927	2342	5913	4881
其他住宿服务	6690	74	2215	20	132	401	949	713
餐饮业	6700	195	11305	42	680	1581	4704	4298
正餐服务	6710	151	10413	38	614	1435	4411	3915
快餐服务	6720	12	187		11	37	80	59
其他餐饮服务	6790	32	705	4	55	109	213	324
金融业	**J**	**715**	**52175**	**4706**	**21657**	**15684**	**8269**	**1859**
银行业	6800	312	43951	2326	18282	13990	7590	1763
中央银行	6810	225	31735	2137	15091	8993	4441	1073
商业银行	6820	41	8580	98	1766	3597	2506	613
其他银行	6890	46	3636	91	1425	1400	643	77
证券业	6900	46	2645	1337	1004	199	94	11

3-06 续表 3

行业中类	代码	法人单位数(个)	从业人员数(人)	具有研究生及以上学历人员	具有大学本科学历人员	具有大专学历人员	具有高中学历人员	具有初中及以下学历人员
证券市场管理	6910	35	2541	1332	956	164	80	9
证券经纪与交易	6920	5	43		18	13	11	1
证券投资	6930	6	61	5	30	22	3	1
保险业	7000	87	2392	610	1070	463	239	10
人寿保险	7010	18	215	12	99	64	35	5
非人寿保险	7020	29	495	34	165	189	105	2
保险辅助服务	7030	40	1682	564	806	210	99	3
其他金融活动	7100	270	3187	433	1301	1032	346	75
金融信托与管理	7110	42	726	35	281	237	139	34
金融租赁	7120	1	4		2	2		
财务公司	7130	10	102		47	38	16	1
邮政储蓄	7140	6	55	1	16	30	8	
典当	7150	2	8		3	4	1	
其他未列明的金融活动	7190	209	2292	397	952	721	182	40
房地产业	**K**	**2296**	**57483**	**861**	**9638**	**18592**	**17362**	**11030**
房地产业	7200	2296	57483	861	9638	18592	17362	11030
房地产开发经营	7210	25	775	12	202	239	285	37
物业管理	7220	432	18246	166	1774	4674	6038	5594
房地产中介服务	7230	268	4830	101	920	1810	1628	371
其他房地产活动	7290	1571	33632	582	6742	11869	9411	5028
租赁和商务服务业	**L**	**30006**	**511864**	**14139**	**114940**	**157628**	**142266**	**82891**
租赁业	7300	53	1124	10	142	307	451	214
机械设备租赁	7310	40	995	8	101	252	424	210
文化及日用品出租	7320	13	129	2	41	55	27	4
商务服务业	7400	29953	510740	14129	114798	157321	141815	82677
企业管理服务	7410	13215	263391	4931	48369	77579	78779	53733
法律服务	7420	5390	36665	2170	16904	12445	4371	775
咨询与调查	7430	4187	44895	2306	17475	16685	7096	1333
广告业	7440	164	3912	265	1536	1220	789	102
知识产权服务	7450	212	5312	2035	1987	820	384	86
职业中介服务	7460	3161	38078	1163	12434	13994	7501	2986
市场管理	7470	1840	65794	310	7455	21459	25928	10642
旅行社	7480	170	2217	70	512	859	608	168
其他商务服务	7490	1614	50476	879	8126	12260	16359	12852
科学研究、技术服务和地质勘查业	**M**	**66422**	**1658725**	**129412**	**482383**	**483297**	**378559**	**185074**
研究与试验发展	7500	5906	481389	85843	160680	95721	84858	54287
自然科学研究与试验发展	7510	690	75007	21761	23874	11869	10713	6790
工程和技术研究与试验发展	7520	985	224555	38987	82438	44254	38260	20616
农业科学研究与试验发展	7530	2714	122551	11937	31693	26944	28916	23061
医学研究与试验发展	7540	370	23513	4443	7799	5414	3597	2260
社会人文科学研究与试验发展	7550	1147	35763	8715	14876	7240	3372	1560
专业技术服务业	7600	27394	581396	29665	201189	195121	116825	38596
气象服务	7610	3201	57188	2864	20763	19986	11169	2406
地震服务	7620	1324	16222	1308	5854	5654	2658	748
海洋服务	7630	86	6130	597	1928	1392	1464	749
测绘服务	7640	1047	41122	1522	11344	13883	10184	4189
技术检测	7650	7439	150942	7724	48759	53762	32269	8428
环境监测	7660	1872	44117	2477	16498	15032	7696	2414
工程技术与规划管理	7670	10549	224277	10290	83332	73902	41331	15422

3-06　续表 4

行业中类	代码	法　人 单位数 (个)	从　业 人员数 (人)	具有研究 生及以上 学历人员	具有大学 本　科 学历人员	具有大专 学历人员	具有高中 学历人员	具有初中 及 以 下 学历人员
其他专业技术服务	7690	1876	41398	2883	12711	11510	10054	4240
科技交流和推广服务业	7700	31774	381036	8542	75162	144401	110431	42500
技术推广服务	7710	28593	340241	5779	62688	131702	101634	38438
科技中介服务	7720	1697	18326	1319	6464	6046	3519	978
其他科技服务	7790	1484	22469	1444	6010	6653	5278	3084
地质勘查业	7800	1348	214904	5362	45352	48054	66445	49691
矿产地质勘查	7810	541	110842	1790	20242	23729	36919	28162
基础地质勘查	7820	441	61245	1883	14218	14008	17209	13927
地质勘查技术服务	7830	366	42817	1689	10892	10317	12317	7602
水利、环境和公共设施管理业	**N**	**32994**	**1524974**	**10993**	**149064**	**303737**	**466936**	**594244**
水利管理业	7900	17801	427578	3709	53266	118771	150097	101735
防洪管理	7910	2401	60347	631	9350	17148	21081	12137
水资源管理	7920	8778	273748	1838	28800	71144	98177	73789
其他水利管理	7990	6622	93483	1240	15116	30479	30839	15809
环境管理业	8000	7579	670001	2782	39296	82830	172677	372416
自然保护	8010	1848	47467	696	6721	12654	14553	12843
环境治理	8020	5731	622534	2086	32575	70176	158124	359573
公共设施管理业	8100	7614	427395	4502	56502	102136	144162	120093
市政公共设施管理	8110	2962	167168	1680	24665	43107	52831	44885
城市绿化管理	8120	2159	123186	1735	15229	26385	40861	38976
游览景区管理	8130	2493	137041	1087	16608	32644	50470	36232
居民服务和其他服务业	**O**	**5261**	**117037**	**1291**	**15429**	**31426**	**39868**	**29023**
居民服务业	8200	3906	86469	874	10976	24376	30672	19571
家庭服务	8210	41	667	215	79	149	167	57
托儿所	8220	112	2994	9	433	1330	922	300
洗染服务	8230	1	79		2	4	4	69
理发及美容保健服务	8240	52	2145	3	402	1078	474	188
洗浴服务	8250	21	518		39	112	258	109
婚姻服务	8260	207	1253	7	349	602	266	29
殡葬服务	8270	2221	51409	319	5219	13469	19155	13247
摄影扩印服务	8280	15	213	3	14	59	41	96
其他居民服务	8290	1236	27191	318	4439	7573	9385	5476
其他服务业	8300	1355	30568	417	4453	7050	9196	9452
修理与维护	8310	129	2733	29	310	714	1044	636
清洁服务	8320	255	8117	45	653	1217	2249	3953
其他未列明的服务	8390	971	19718	343	3490	5119	5903	4863
教育	**P**	**223244**	**14940130**	**745057**	**5861071**	**5585429**	**2210185**	**538388**
教育	8400	223244	14940130	745057	5861071	5585429	2210185	538388
学前教育	8410	13173	402197	2711	75544	181637	103775	38530
初等教育	8420	121887	5644556	34278	1193452	2937350	1334331	145145
中等教育	8430	65151	6476114	125224	3564869	2063494	530881	191646
高等教育	8440	4403	1881739	554388	802769	233936	156728	133918
其他教育	8490	18630	535524	28456	224437	169012	84470	29149
卫生、社会保障和社会福利业	**Q**	**105541**	**5758208**	**169475**	**1221463**	**1971292**	**1879510**	**516468**
卫生	8500	85458	5446022	165167	1160679	1876805	1764200	479171
医院	8510	13486	3415366	146207	897776	1153671	936981	280731
卫生院及社区医疗活动	8520	39399	1292693	5145	121002	433284	585541	147721
门诊部医疗活动	8530	8656	90986	1498	13041	29851	37241	9355
计划生育技术服务活动	8540	12204	123083	813	17361	59890	39951	5068

3-06 续表 5

行业中类	代码	法人单位数(个)	从业人员数(人)	具有研究生及以上学历人员	具有大学本科学历人员	具有大专学历人员	具有高中学历人员	具有初中及以下学历人员
妇幼保健活动	8550	2807	190728	2830	38490	77052	61514	10842
专科疾病防治活动	8560	1286	56380	1348	11366	19946	18067	5653
疾病预防控制及防疫活动	8570	5033	206481	5674	43739	76804	66230	14034
其他卫生活动	8590	2587	70305	1652	17904	26307	18675	5767
社会保障业	8600	10471	182707	2642	42637	59077	73914	4437
社会福利业	8700	9612	129479	1666	18147	35410	41396	32860
提供住宿的社会福利	8710	7366	107793	1205	13033	27291	35845	30419
不提供住宿的社会福利	8720	2246	21686	461	5114	8119	5551	2441
文化、体育和娱乐业	R	**36949**	**1006278**	**31281**	**307267**	**325302**	**244162**	**98266**
新闻出版业	8800	3571	187480	13232	83658	50352	28455	11783
新闻业	8810	774	25286	1384	11832	7531	3161	1378
出版业	8820	2797	162194	11848	71826	42821	25294	10405
广播、电视、电影和音像业	8900	7539	335223	7673	111753	114147	76585	25065
广播	8910	2711	78656	1966	27247	29050	16164	4229
电视	8920	2933	214717	5401	80629	75141	41662	11884
电影	8930	1832	40525	261	3415	9523	18466	8860
音像制作	8940	63	1325	45	462	433	293	92
文化艺术业	9000	22277	392675	8452	88950	130975	115675	48623
文艺创作与表演	9010	2679	112968	1156	15456	26502	45589	24265
艺术表演场馆	9020	713	22500	267	3491	6128	8808	3806
图书馆与档案馆	9030	4549	76506	2441	26066	30808	14260	2931
文物及文化保护	9040	2048	30005	861	6765	11192	8102	3085
博物馆	9050	1407	41654	1783	12209	14009	9465	4188
烈士陵园、纪念馆	9060	840	12543	180	2286	4153	3804	2120
群众文化活动	9070	8800	83236	1154	18339	33637	22890	7216
文化艺术经纪代理	9080	95	1662	63	328	464	559	248
其他文化艺术	9090	1146	11601	547	4010	4082	2198	764
体育	9100	2589	73336	1538	19291	24101	18316	10090
体育组织	9110	989	39782	977	11224	12940	9094	5547
体育场馆	9120	797	20697	276	3787	6214	6768	3652
其他体育	9190	803	12857	285	4280	4947	2454	891
娱乐业	9200	973	17564	386	3615	5727	5131	2705
室内娱乐活动	9210	315	4033	34	690	1256	1443	610
游乐园	9220	60	2659	40	348	979	863	429
休闲健身娱乐活动	9230	260	3606	66	842	1117	976	605
其他娱乐活动	9290	338	7266	246	1735	2375	1849	1061
公共管理和社会组织	S	**192943**	**4187690**	**77676**	**996248**	**1576293**	**1110098**	**427375**
中国共产党机关	9300	2014	22943	1296	9546	8140	2839	1122
国家机构	9400	190646	4159733	76300	985747	1566822	1104734	426130
国家权力机构	9410	631	16579	510	5604	6268	3323	874
国家行政机构	9420	187486	4076785	73315	957154	1541009	1087315	417992
人民法院和人民检察院	9430	389	14395	781	7454	4674	1286	200
其他国家机构	9490	2140	51974	1694	15535	14871	12810	7064
人民政协和民主党派	9500	277	2370	78	873	968	328	123
人民政协	9510	84	714	21	249	312	117	15
民主党派	9520	193	1656	57	624	656	211	108
群众团体、社会团体和宗教组织	9600	6	2644	2	82	363	2197	
社会团体	9620	6	2644	2	82	363	2197	

3-07　按地区、专业技术职称分组的事业法人单位从业人员数

地　区	事业法人单位数（个）	从业人员数（人）	#具有高级技术职称人员	#具有中级技术职称人员	#具有初级技术职称人员
全　国	**708728**	**30510489**	**2354135**	**7646226**	**7803084**
北　京	7632	897379	129329	216691	184598
天　津	6256	379406	53216	109898	83213
河　北	32706	1510854	104736	417371	412591
山　西	23492	1015710	54282	227114	285502
内蒙古	16284	742410	61074	178459	163987
辽　宁	26969	1155527	140240	316990	200083
吉　林	17174	786005	66712	188036	149784
黑龙江	19216	946231	92768	226098	173448
上　海	8058	546799	55236	148460	145761
江　苏	36909	1752284	142951	449748	402487
浙　江	27691	1141793	92955	310109	323554
安　徽	23199	1056648	83159	310274	303945
福　建	24793	792151	66628	212793	244151
江　西	23729	936629	71163	224841	250364
山　东	36596	2195459	181361	539641	532730
河　南	39934	2064043	125748	448380	468357
湖　北	38613	1457252	114637	382115	290469
湖　南	39833	1445315	100201	388722	315376
广　东	39342	2041937	128825	524837	525458
广　西	37611	1065900	46156	289256	334818
海　南	3412	202531	11443	40000	61956
重　庆	16322	599550	43489	141550	183708
四　川	51029	1565626	104231	388114	480726
贵　州	21356	653963	33729	149344	252243
云　南	19711	849695	59086	233781	289082
西　藏	2147	65691	2247	9109	15656
陕　西	31558	1036055	75323	218214	290130
甘　肃	17853	660367	35428	133803	188908
青　海	3663	148812	13037	40557	33624
宁　夏	2753	162574	17019	45292	46073
新　疆	12887	635893	47726	136629	170302

3-08 按行业(中类)、专业技术职称分组的事业法人单位从业人员数

行业中类	代码	事业法人单位数(个)	从业人员数(人)	#具有高级技术职称人员	#具有中级技术职称人员	#具有初级技术职称人员
总　计	0000	**708728**	**30510489**	**2354135**	**7646226**	**7803084**
农、林、牧、渔业	A	**412**	**48870**	**777**	**4408**	**5333**
农业	0100	34	2010	27	116	191
谷物及其他作物的种植	0110	15	1266	10	58	81
蔬菜、园艺作物的种植	0120	2	175	16	11	11
水果、坚果、饮料和香料作物的种植	0130	17	569	1	47	99
林业	0200	143	33610	588	3246	3514
林木的培育和种植	0210	131	26684	537	2478	3175
木材和竹材的采运	0220	8	5085	15	674	201
林产品的采集	0230	4	1841	36	94	138
畜牧业	0300	19	2091	35	140	188
牲畜的饲养	0310	10	1599	27	99	130
猪的饲养	0320	4	62		3	9
家禽的饲养	0330	1	2	1	1	
其他畜牧业	0390	4	428	7	37	49
渔业	0400	4	197	2	11	28
内陆渔业	0420	4	197	2	11	28
农、林、牧、渔服务业	0500	212	10962	125	895	1412
农业服务业	0510	89	2299	46	297	529
林业服务业	0520	31	7029	31	295	548
畜牧服务业	0530	89	1547	47	298	329
渔业服务业	0540	3	87	1	5	6
采矿业	B	**2**	**175**		**1**	
非金属矿采选业	1000	2	175		1	
土砂石开采	1010	2	175		1	
制造业	C	**27**	**6979**	**1317**	**692**	**2012**
饮料制造业	1500	2	14	1	2	1
软饮料制造	1530	2	14	1	2	1
家具制造业	2100	1	62			
木质家具制造	2110	1	62			
印刷业和记录媒介的复制	2300	12	954	58	146	90
印刷	2310	12	954	58	146	90
化学原料及化学制品制造业	2600	1	138	10	20	10
专用化学产品制造	2660	1	138	10	20	10
医药制造业	2700	1	451	48	115	137
生物、生化制品的制造	2760	1	451	48	115	137
非金属矿物制品业	3100	1	28			
石墨及其他非金属矿物制品制造	3190	1	28			
有色金属冶炼及压延加工业	3300	1	1259	245	250	140
有色金属合金制造	3340	1	1259	245	250	140
通用设备制造业	3500	2	175	10	29	37
泵、阀门、压缩机及类似机械的制造	3540	1	81	3	14	7
风机、衡器、包装设备等通用设备制造	3570	1	94	7	15	30
交通运输设备制造业	3700	2	32	2	3	5
汽车制造	3720	2	32	2	3	5
电气机械及器材制造业	3900	1	44		1	21
其他电气机械及器材制造	3990	1	44		1	21
通信设备、计算机及其他电子设备制造业	4000	1	3700	940	123	1557
电子计算机制造	4040	1	3700	940	123	1557

3-08　续表 1

行业中类	代码	事业法人单位数(个)	从业人员数(人)	#具有高级技术职称人员	#具有中级技术职称人员	#具有初级技术职称人员
仪器仪表及文化、办公用机械制造业	4100	1	50	2	3	12
通用仪器仪表制造	4110	1	50	2	3	12
工艺品及其他制造业	4200	1	72	1		2
其他未列明的制造业	4290	1	72	1		2
电力、燃气及水的生产和供应业	**D**	**500**	**31461**	**389**	**1558**	**2619**
电力、热力的生产和供应业	4400	180	14263	135	561	835
电力生产	4410	102	4227	80	283	469
电力供应	4420	25	5379	19	97	205
热力生产和供应	4430	53	4657	36	181	161
燃气生产和供应业	4500	9	756	2	23	69
水的生产和供应业	4600	311	16442	252	974	1715
自来水的生产和供应	4610	272	15077	227	811	1464
污水处理及其再生利用	4620	35	1339	25	157	241
其他水的处理、利用与分配	4690	4	26		6	10
建筑业	**E**	**17**	**1955**	**21**	**153**	**418**
房屋和土木工程建筑业	4700	15	1240	11	123	198
房屋工程建筑	4710	1	1			
土木工程建筑	4720	14	1239	11	123	198
建筑安装业	4800	1	700	10	30	220
其他建筑业	5000	1	15			
其他未列明的建筑活动	5090	1	15			
交通运输、仓储和邮政业	**F**	**6466**	**450810**	**6006**	**27562**	**39844**
铁路运输业	5100	17	1929	20	112	131
铁路旅客运输	5110	1	1			
铁路货物运输	5120	6	1691	20	106	124
铁路运输辅助活动	5130	10	237		6	7
道路运输业	5200	5230	392355	5075	22440	33199
公路旅客运输	5210	50	2245	19	79	96
道路货物运输	5220	93	3056	40	100	216
道路运输辅助活动	5230	5087	387054	5016	22261	32887
城市公共交通业	5300	86	5113	23	114	356
公共电汽车客运	5310	24	2736	2	49	143
轨道交通	5320	3	347		2	15
出租车客运	5330	27	915	12	28	50
城市轮渡	5340	11	835	8	25	131
其他城市公共交通	5390	21	280	1	10	17
水上运输业	5400	432	14922	348	1262	1530
水上旅客运输	5410	19	353		16	42
水上货物运输	5420	18	430		9	17
水上运输辅助活动	5430	395	14139	348	1237	1471
航空运输业	5500	59	7015	117	1702	1500
航空客货运输	5510	6	270	2	24	45
通用航空服务	5520	7	116	1	11	19
航空运输辅助活动	5530	46	6629	114	1667	1436
管道运输业	5600	1	47			
装卸搬运和其他运输服务业	5700	70	1294	9	41	45
装卸搬运	5710	20	516		15	12
运输代理服务	5720	50	778	9	26	33
仓储业	5800	540	19696	319	1234	1835

3-08 续表 2

行业中类	代码	事业法人单位数(个)	从业人员数(人)	#具有高级技术职称人员	#具有中级技术职称人员	#具有初级技术职称人员
谷物、棉花等农产品仓储	5810	300	7623	84	460	656
其他仓储	5890	240	12073	235	774	1179
邮政业	5900	31	8439	95	657	1248
国家邮政	5910	24	8347	89	640	1211
其他寄递服务	5990	7	92	6	17	37
信息传输、计算机服务和软件业	**G**	**3950**	**85460**	**3992**	**12057**	**15676**
电信和其他信息传输服务业	6000	3222	72835	2287	9085	13223
电信	6010	95	2583	86	216	367
互联网信息服务	6020	268	3706	240	499	666
广播电视传输服务	6030	2811	65610	1913	8177	12033
卫星传输服务	6040	48	936	48	193	157
计算机服务业	6100	637	10645	1558	2677	2005
计算机系统服务	6110	231	5324	897	1462	1101
数据处理	6120	238	2877	373	746	484
计算机维修	6130	27	495	32	105	133
其他计算机服务	6190	141	1949	256	364	287
软件业	6200	91	1980	147	295	448
公共软件服务	6210	70	1313	89	196	247
其他软件服务	6290	21	667	58	99	201
批发和零售业	**H**	**47**	**1376**	**25**	**66**	**70**
批发业	6300	21	596	10	28	32
农畜产品批发	6310	6	137	4	7	4
食品、饮料及烟草制品批发	6320	5	99		5	5
纺织、服装及日用品批发	6330	1	5			
文化、体育用品及器材批发	6340	3	254	6	11	14
矿产品、建材及化工产品批发	6360	2	25			
机械设备、五金交电及电子产品批发	6370	2	18		5	7
其他批发	6390	2	58			2
零售业	6500	26	780	15	38	38
综合零售	6510	3	89	3	3	3
食品、饮料及烟草制品专门零售	6520	6	115		4	7
文化、体育用品及器材专门零售	6540	15	539	12	31	28
家用电器及电子产品专门零售	6570	1	35			
无店铺及其他零售	6590	1	2			
住宿和餐饮业	**I**	**936**	**68839**	**906**	**1779**	**2139**
住宿业	6600	741	57534	719	1409	1596
旅游饭店	6610	312	41183	469	963	1005
一般旅馆	6620	355	14136	233	409	512
其他住宿服务	6690	74	2215	17	37	79
餐饮业	6700	195	11305	187	370	543
正餐服务	6710	151	10413	180	346	503
快餐服务	6720	12	187	2	9	2
其他餐饮服务	6790	32	705	5	15	38
金融业	**J**	**715**	**52175**	**1772**	**17610**	**11293**
银行业	6800	312	43951	1417	16386	10513
中央银行	6810	225	31735	1312	13897	7545
商业银行	6820	41	8580	54	1417	2122
其他银行	6890	46	3636	51	1072	846
证券业	6900	46	2645	131	347	126

3-08　续表 3

行业中类	代码	事业法人单位数(个)	从业人员数(人)	#具有高级技术职称人员	#具有中级技术职称人员	#具有初级技术职称人员
证券市场管理	6910	35	2541	126	340	115
证券经纪与交易	6920	5	43		7	11
证券投资	6930	6	61	5		
保险业	7000	87	2392	100	287	235
人寿保险	7010	18	215	7	12	7
非人寿保险	7020	29	495	11	53	42
保险辅助服务	7030	40	1682	82	222	186
其他金融活动	7100	270	3187	124	590	419
金融信托与管理	7110	42	726	14	64	29
金融租赁	7120	1	4			1
财务公司	7130	10	102	1	25	11
邮政储蓄	7140	6	55		1	
典当	7150	2	8			
其他未列明的金融活动	7190	209	2292	109	500	378
房地产业	**K**	**2296**	**57483**	**934**	**4652**	**5470**
房地产业	7200	2296	57483	934	4652	5470
房地产开发经营	7210	25	775	43	118	80
物业管理	7220	432	18246	153	654	980
房地产中介服务	7230	268	4830	172	507	575
其他房地产活动	7290	1571	33632	566	3373	3835
租赁和商务服务业	**L**	**30006**	**511864**	**15000**	**46269**	**45463**
租赁业	7300	53	1124	32	98	115
机械设备租赁	7310	40	995	29	94	98
文化及日用品出租	7320	13	129	3	4	17
商务服务业	7400	29953	510740	14968	46171	45348
企业管理服务	7410	13215	263391	6837	24138	24795
法律服务	7420	5390	36665	1384	3405	3154
咨询与调查	7430	4187	44895	2731	7830	6755
广告业	7440	164	3912	323	541	472
知识产权服务	7450	212	5312	417	1257	748
职业中介服务	7460	3161	38078	1032	3325	3137
市场管理	7470	1840	65794	898	2760	2917
旅行社	7480	170	2217	19	96	97
其他商务服务	7490	1614	50476	1327	2819	3273
科学研究、技术服务和地质勘查业	**M**	**66422**	**1658725**	**189849**	**334428**	**327346**
研究与试验发展	7500	5906	481389	89820	104119	77808
自然科学研究与试验发展	7510	690	75007	17768	17867	11966
工程和技术研究与试验发展	7520	985	224555	40380	50527	38304
农业科学研究与试验发展	7530	2714	122551	16699	21482	18296
医学研究与试验发展	7540	370	23513	4618	5593	5402
社会人文科学研究与试验发展	7550	1147	35763	10355	8650	3840
专业技术服务业	7600	27394	581396	58310	124317	121966
气象服务	7610	3201	57188	4132	17089	17277
地震服务	7620	1324	16222	1806	3356	2278
海洋服务	7630	86	6130	724	1241	1167
测绘服务	7640	1047	41122	2658	6691	9168
技术检测	7650	7439	150942	14688	30149	33072
环境监测	7660	1872	44117	4628	8727	8362
工程技术与规划管理	7670	10549	224277	25396	50359	43442

3-08 续表 4

行业中类	代码	事业法人单位数(个)	从业人员数(人)	#具有高级技术职称人员	#具有中级技术职称人员	#具有初级技术职称人员
其他专业技术服务	7690	1876	41398	4278	6705	7200
科技交流和推广服务业	7700	31774	381036	23730	74281	91143
技术推广服务	7710	28593	340241	19673	66859	84009
科技中介服务	7720	1697	18326	1935	3557	3095
其他科技服务	7790	1484	22469	2122	3865	4039
地质勘查业	7800	1348	214904	17989	31711	36429
矿产地质勘查	7810	541	110842	7285	15215	18011
基础地质勘查	7820	441	61245	5884	9345	10652
地质勘查技术服务	7830	366	42817	4820	7151	7766
水利、环境和公共设施管理业	N	**32994**	**1524974**	**25882**	**84350**	**120989**
水利管理业	7900	17801	427578	12855	43473	63529
防洪管理	7910	2401	60347	1857	6411	8746
水资源管理	7920	8778	273748	7119	24709	39013
其他水利管理	7990	6622	93483	3879	12353	15770
环境管理业	8000	7579	670001	5691	14377	20881
自然保护	8010	1848	47467	1619	3943	5916
环境治理	8020	5731	622534	4072	10434	14965
公共设施管理业	8100	7614	427395	7336	26500	36579
市政公共设施管理	8110	2962	167168	3476	12458	16452
城市绿化管理	8120	2159	123186	1891	7421	10268
游览景区管理	8130	2493	137041	1969	6621	9859
居民服务和其他服务业	O	**5261**	**117037**	**2099**	**6063**	**7204**
居民服务业	8200	3906	86469	1471	4251	4869
家庭服务	8210	41	667	23	29	31
托儿所	8220	112	2994	67	464	428
洗染服务	8230	1	79			1
理发及美容保健服务	8240	52	2145	135	963	561
洗浴服务	8250	21	518	5	61	127
婚姻服务	8260	207	1253	7	45	26
殡葬服务	8270	2221	51409	913	1717	2049
摄影扩印服务	8280	15	213	2	8	7
其他居民服务	8290	1236	27191	319	964	1639
其他服务业	8300	1355	30568	628	1812	2335
修理与维护	8310	129	2733	37	188	175
清洁服务	8320	255	8117	34	192	271
其他未列明的服务	8390	971	19718	557	1432	1889
教育	P	**223244**	**14940130**	**1549391**	**5235195**	**4378099**
教育	8400	223244	14940130	1549391	5235195	4378099
学前教育	8410	13173	402197	11692	103856	99452
初等教育	8420	121887	5644556	225354	2277205	1912171
中等教育	8430	65151	6476114	802633	2194341	1978414
高等教育	8440	4403	1881739	448186	521633	293983
其他教育	8490	18630	535524	61526	138160	94079
卫生、社会保障和社会福利业	Q	**105541**	**5758208**	**365159**	**1208407**	**2110884**
卫生	8500	85458	5446022	361099	1187057	2084799
医院	8510	13486	3415366	300113	842171	1275847
卫生院及社区医疗活动	8520	39399	1292693	21688	185113	566057
门诊部医疗活动	8530	8656	90986	2937	13794	30036
计划生育技术服务活动	8540	12204	123083	2820	18052	28246

3-08　续表 5

行业中类	代码	事业法人单位数(个)	从业人员数(人)	#具有高级技术职称人员	#具有中级技术职称人员	#具有初级技术职称人员
妇幼保健活动	8550	2807	190728	10464	48268	75983
专科疾病防治活动	8560	1286	56380	3979	13227	20458
疾病预防控制及防疫活动	8570	5033	206481	15059	53306	67471
其他卫生活动	8590	2587	70305	4039	13126	20701
社会保障业	8600	10471	182707	2526	15705	17350
社会福利业	8700	9612	129479	1534	5645	8735
提供住宿的社会福利	8710	7366	107793	1177	4330	7146
不提供住宿的社会福利	8720	2246	21686	357	1315	1589
文化、体育和娱乐业	**R**	**36949**	**1006278**	**72717**	**167066**	**180804**
新闻出版业	8800	3571	187480	19372	31329	27673
新闻业	8810	774	25286	2448	3766	4007
出版业	8820	2797	162194	16924	27563	23666
广播、电视、电影和音像业	8900	7539	335223	18294	50607	67044
广播	8910	2711	78656	5473	13222	16405
电视	8920	2933	214717	11519	32985	45285
电影	8930	1832	40525	1120	4244	5230
音像制作	8940	63	1325	182	156	124
文化艺术业	9000	22277	392675	31307	76486	78045
文艺创作与表演	9010	2679	112968	14122	26086	25536
艺术表演场馆	9020	713	22500	1987	4300	3873
图书馆与档案馆	9030	4549	76506	5415	18476	17103
文物及文化保护	9040	2048	30005	1389	4003	5270
博物馆	9050	1407	41654	3217	6698	7217
烈士陵园、纪念馆	9060	840	12543	335	1065	1263
群众文化活动	9070	8800	83236	4158	14438	16317
文化艺术经纪代理	9080	95	1662	100	220	238
其他文化艺术	9090	1146	11601	584	1200	1228
体育	9100	2589	73336	3397	7698	6997
体育组织	9110	989	39782	1997	3475	2813
体育场馆	9120	797	20697	505	1338	1542
其他体育	9190	803	12857	895	2885	2642
娱乐业	9200	973	17564	347	946	1045
室内娱乐活动	9210	315	4033	89	309	266
游乐园	9220	60	2659	51	95	129
休闲健身娱乐活动	9230	260	3606	124	229	253
其他娱乐活动	9290	338	7266	83	313	397
公共管理和社会组织	**S**	**192943**	**4187690**	**117899**	**493910**	**547421**
中国共产党机关	9300	2014	22943	570	1324	1014
国家机构	9400	190646	4159733	117241	492386	546331
国家权力机构	9410	631	16579	402	1194	1268
国家行政机构	9420	187486	4076785	114478	484724	538762
人民法院和人民检察院	9430	389	14395	321	1588	1162
其他国家机构	9490	2140	51974	2040	4880	5139
人民政协和民主党派	9500	277	2370	88	197	76
人民政协	9510	84	714	4	16	11
民主党派	9520	193	1656	84	181	65
群众团体、社会团体和宗教组织	9600	6	2644		3	
社会团体	9620	6	2644		3	

3-09 按地区、技术等级分组的事业法人单位从业人员数

地区	事业法人单位数(个)	从业人员数(人)	#高级技师	#技师	#高级工	#中级工
全　国	**708728**	**30510489**	**97559**	**244210**	**1180499**	**965128**
北　京	7632	897379	1552	6715	41350	29756
天　津	6256	379406	576	1473	33423	9641
河　北	32706	1510854	3244	24293	83055	49865
山　西	23492	1015710	4354	17537	32135	38898
内蒙古	16284	742410	7956	17091	27293	13254
辽　宁	26969	1155527	2791	7220	55855	30656
吉　林	17174	786005	2517	5866	13527	13401
黑龙江	19216	946231	7205	25821	26167	15927
上　海	8058	546799	693	1432	6255	21197
江　苏	36909	1752284	4356	11183	59988	40108
浙　江	27691	1141793	3882	8414	23909	14812
安　徽	23199	1056648	2662	3102	33610	24870
福　建	24793	792151	1730	3428	28765	23262
江　西	23729	936629	2496	6796	42972	35488
山　东	36596	2195459	5003	5887	53311	36035
河　南	39934	2064043	6590	17528	146459	119483
湖　北	38613	1457252	5896	25341	49260	36220
湖　南	39833	1445315	3856	8771	67783	80560
广　东	39342	2041937	4701	6612	37184	39828
广　西	37611	1065900	3623	3777	40580	50028
海　南	3412	202531	223	638	2787	3908
重　庆	16322	599550	1468	2558	20553	16536
四　川	51029	1565626	4318	11251	66685	59974
贵　州	21356	653963	1707	1128	16309	12435
云　南	19711	849695	1813	3623	38156	34359
西　藏	2147	65691	71	123	2789	2140
陕　西	31558	1036055	3106	8563	57987	48371
甘　肃	17853	660367	2558	2007	28859	32361
青　海	3663	148812	378	956	9100	3898
宁　夏	2753	162574	2676	567	5551	6836
新　疆	12887	635893	3558	4509	28842	21021

3-10 按行业(中类)、技术等级分组的事业法人单位从业人员数

行业中类	代码	事业法人单位数(个)	从业人员数(人)	#高级技师	#技师	#高级工	#中级工
总 计	**0000**	**708728**	**30510489**	**97559**	**244210**	**1180499**	**965128**
农、林、牧、渔业	**A**	**412**	**48870**	**120**	**808**	**5570**	**4454**
农业	0100	34	2010	71	139	594	347
谷物及其他作物的种植	0110	15	1266	56	128	464	258
蔬菜、园艺作物的种植	0120	2	175		2	85	39
水果、坚果、饮料和香料作物的种植	0130	17	569	15	9	45	50
林业	0200	143	33610	24	226	2659	3213
林木的培育和种植	0210	131	26684	11	103	2409	2987
木材和竹材的采运	0220	8	5085		99	152	85
林产品的采集	0230	4	1841	13	24	98	141
畜牧业	0300	19	2091	2	5	102	149
牲畜的饲养	0310	10	1599	2	4	78	120
猪的饲养	0320	4	62			20	21
家禽的饲养	0330	1	2				
其他畜牧业	0390	4	428		1	4	8
渔业	0400	4	197		100	27	15
内陆渔业	0420	4	197		100	27	15
农、林、牧、渔服务业	0500	212	10962	23	338	2188	730
农业服务业	0510	89	2299	15	9	182	264
林业服务业	0520	31	7029		323	1940	402
畜牧服务业	0530	89	1547	8	6	66	64
渔业服务业	0540	3	87				
采矿业	**B**	**2**	**175**			**13**	**14**
非金属矿采选业	1000	2	175			13	14
土砂石开采	1010	2	175			13	14
制造业	C	27	6979	501	636	1768	1883
饮料制造业	1500	2	14			1	1
软饮料制造	1530	2	14			1	1
家具制造业	2100	1	62				
木质家具制造	2110	1	62				
印刷业和记录媒介的复制	2300	12	954		12	227	94
印刷	2310	12	954		12	227	94
化学原料及化学制品制造业	2600	1	138	2	50		
专用化学产品制造	2660	1	138	2	50		
医药制造业	2700	1	451	37		32	5
生物、生化制品的制造	2760	1	451	37		32	5
非金属矿物制品业	3100	1	28		1	8	11
石墨及其他非金属矿物制品制造	3190	1	28		1	8	11
有色金属冶炼及压延加工业	3300	1	1259	6	29	224	214
有色金属合金制造	3340	1	1259	6	29	224	214
通用设备制造业	3500	2	175		1		30
泵、阀门、压缩机及类似机械的制造	3540	1	81		1		30
风机、衡器、包装设备等通用设备制造	3570	1	94				
交通运输设备制造业	3700	2	32			4	6
汽车制造	3720	2	32			4	6
电气机械及器材制造业	3900	1	44				
其他电气机械及器材制造	3990	1	44				
通信设备、计算机及其他电子设备制造业	4000	1	3700	454	538	1220	1488
电子计算机制造	4040	1	3700	454	538	1220	1488

3-10 续表 1

行业中类	代码	事业法人单位数(个)	从业人员数(人)	#高级技师	#技师	#高级工	#中级工
仪器仪表及文化、办公用机械制造业	4100	1	50	2	5	10	10
通用仪器仪表制造	4110	1	50	2	5	10	10
工艺品及其他制造业	4200	1	72			42	24
其他未列明的制造业	4290	1	72			42	24
电力、燃气及水的生产和供应业	**D**	**500**	**31461**	**172**	**525**	**4166**	**4705**
电力、热力的生产和供应业	4400	180	14263	131	233	1893	1963
电力生产	4410	102	4227	14	35	662	679
电力供应	4420	25	5379	9	126	796	893
热力生产和供应	4430	53	4657	108	72	435	391
燃气生产和供应业	4500	9	756	5	14	106	81
水的生产和供应业	4600	311	16442	36	278	2167	2661
自来水的生产和供应	4610	272	15077	34	250	2129	2555
污水处理及其再生利用	4620	35	1339	2	27	37	104
其他水的处理、利用与分配	4690	4	26		1	1	2
建筑业	**E**	**17**	**1955**	**2**	**44**	**318**	**375**
房屋和土木工程建筑业	4700	15	1240	2	24	308	255
房屋工程建筑	4710	1	1				
土木工程建筑	4720	14	1239	2	24	308	255
建筑安装业	4800	1	700		20	10	120
其他建筑业	5000	1	15				
其他未列明的建筑活动	5090	1	15				
交通运输、仓储和邮政业	**F**	**6466**	**450810**	**1724**	**12518**	**74704**	**61053**
铁路运输业	5100	17	1929		10	348	322
铁路旅客运输	5110	1	1				
铁路货物运输	5120	6	1691		10	338	305
铁路运输辅助活动	5130	10	237			10	17
道路运输业	5200	5230	392355	1625	11850	67745	55515
公路旅客运输	5210	50	2245		31	244	163
道路货物运输	5220	93	3056	1	29	227	173
道路运输辅助活动	5230	5087	387054	1624	11790	67274	55179
城市公共交通业	5300	86	5113	11	70	477	486
公共电汽车客运	5310	24	2736	1	8	120	258
轨道交通	5320	3	347			2	6
出租车客运	5330	27	915	8	38	174	43
城市轮渡	5340	11	835		2	171	167
其他城市公共交通	5390	21	280	2	22	10	12
水上运输业	5400	432	14922	16	218	2535	1938
水上旅客运输	5410	19	353		1	47	82
水上货物运输	5420	18	430		72	13	92
水上运输辅助活动	5430	395	14139	16	145	2475	1764
航空运输业	5500	59	7015	47	65	256	86
航空客货运输	5510	6	270		2	7	5
通用航空服务	5520	7	116			5	3
航空运输辅助活动	5530	46	6629	47	63	244	78
管道运输业	5600	1	47				
装卸搬运和其他运输服务业	5700	70	1294	1	7	55	124
装卸搬运	5710	20	516		1	11	32
运输代理服务	5720	50	778	1	6	44	92
仓储业	5800	540	19696	24	286	2753	2025

3-10　续表 2

行业中类	代码	事业法人单位数(个)	从业人员数(人)	#高级技师	#技师	#高级工	#中级工
谷物、棉花等农产品仓储	5810	300	7623	13	48	547	533
其他仓储	5890	240	12073	11	238	2206	1492
邮政业	5900	31	8439		12	535	557
国家邮政	5910	24	8347		12	533	554
其他寄递服务	5990	7	92			2	3
信息传输、计算机服务和软件业	**G**	**3950**	**85460**	**454**	**1470**	**5391**	**4820**
电信和其他信息传输服务业	6000	3222	72835	439	1357	4966	4599
电信	6010	95	2583	4	45	375	151
互联网信息服务	6020	268	3706	24	31	222	145
广播电视传输服务	6030	2811	65610	409	1244	4268	4220
卫星传输服务	6040	48	936	2	37	101	83
计算机服务业	6100	637	10645	13	105	414	206
计算机系统服务	6110	231	5324	6	43	321	131
数据处理	6120	238	2877	6	19	36	29
计算机维修	6130	27	495		2	38	18
其他计算机服务	6190	141	1949	1	41	19	28
软件业	6200	91	1980	2	8	11	15
公共软件服务	6210	70	1313	2	4	9	13
其他软件服务	6290	21	667		4	2	2
批发和零售业	**H**	**47**	**1376**	**2**	**1**	**273**	**110**
批发业	6300	21	596	1	1	93	31
农畜产品批发	6310	6	137	1	1	29	10
食品、饮料及烟草制品批发	6320	5	99			11	4
纺织、服装及日用品批发	6330	1	5				
文化、体育用品及器材批发	6340	3	254			52	17
矿产品、建材及化工产品批发	6360	2	25			1	
机械设备、五金交电及电子产品批发	6370	2	18				
其他批发	6390	2	58				
零售业	6500	26	780	1		180	79
综合零售	6510	3	89				
食品、饮料及烟草制品专门零售	6520	6	115	1		11	5
文化、体育用品及器材专门零售	6540	15	539			169	74
家用电器及电子产品专门零售	6570	1	35				
无店铺及其他零售	6590	1	2				
住宿和餐饮业	**I**	**936**	**68839**	**268**	**884**	**6699**	**6684**
住宿业	6600	741	57534	172	708	5931	5861
旅游饭店	6610	312	41183	135	485	4093	4384
一般旅馆	6620	355	14136	29	186	1682	1336
其他住宿服务	6690	74	2215	8	37	156	141
餐饮业	6700	195	11305	96	176	768	823
正餐服务	6710	151	10413	94	172	733	790
快餐服务	6720	12	187			22	10
其他餐饮服务	6790	32	705	2	4	13	23
金融业	**J**	**715**	**52175**	**59**	**337**	**592**	**357**
银行业	6800	312	43951	47	313	524	257
中央银行	6810	225	31735	26	258	465	208
商业银行	6820	41	8580	17	45	37	20
其他银行	6890	46	3636	4	10	22	29
证券业	6900	46	2645	4	7	10	13

3-10 续表 3

行业中类	代码	事业法人单位数(个)	从业人员数(人)	#高级技师	#技师	#高级工	#中级工
证券市场管理	6910	35	2541	4	7	10	12
证券经纪与交易	6920	5	43				1
证券投资	6930	6	61				
保险业	7000	87	2392		7	18	23
人寿保险	7010	18	215				6
非人寿保险	7020	29	495			8	5
保险辅助服务	7030	40	1682		7	10	12
其他金融活动	7100	270	3187	8	10	40	64
金融信托与管理	7110	42	726		3	10	18
金融租赁	7120	1	4		1		
财务公司	7130	10	102			4	2
邮政储蓄	7140	6	55				
典当	7150	2	8				
其他未列明的金融活动	7190	209	2292	8	6	26	44
房地产业	**K**	**2296**	**57483**	**156**	**658**	**4964**	**3971**
房地产业	7200	2296	57483	156	658	4964	3971
房地产开发经营	7210	25	775	2	5	29	22
物业管理	7220	432	18246	46	263	2474	1464
房地产中介服务	7230	268	4830	12	41	371	376
其他房地产活动	7290	1571	33632	96	349	2090	2109
租赁和商务服务业	**L**	**30006**	**511864**	**1840**	**6555**	**28293**	**24251**
租赁业	7300	53	1124		53	162	96
机械设备租赁	7310	40	995		53	159	94
文化及日用品出租	7320	13	129			3	2
商务服务业	7400	29953	510740	1840	6502	28131	24155
企业管理服务	7410	13215	263391	1290	5046	19194	13006
法律服务	7420	5390	36665	103	86	393	498
咨询与调查	7430	4187	44895	135	280	900	1086
广告业	7440	164	3912	3	42	197	106
知识产权服务	7450	212	5312	4	9	38	49
职业中介服务	7460	3161	38078	89	290	998	1051
市场管理	7470	1840	65794	90	275	4423	6476
旅行社	7480	170	2217	6	6	32	47
其他商务服务	7490	1614	50476	120	468	1956	1836
科学研究、技术服务和地质勘查业	**M**	**66422**	**1658725**	**8186**	**29376**	**135543**	**102066**
研究与试验发展	7500	5906	481389	2300	9960	42443	25991
自然科学研究与试验发展	7510	690	75007	136	950	4935	2725
工程和技术研究与试验发展	7520	985	224555	1258	4549	21446	13271
农业科学研究与试验发展	7530	2714	122551	784	4042	13900	8625
医学研究与试验发展	7540	370	23513	28	114	1029	686
社会人文科学研究与试验发展	7550	1147	35763	94	305	1133	684
专业技术服务业	7600	27394	581396	2753	7691	32266	25908
气象服务	7610	3201	57188	221	291	791	886
地震服务	7620	1324	16222	87	176	854	589
海洋服务	7630	86	6130	9	63	697	207
测绘服务	7640	1047	41122	240	555	3801	2487
技术检测	7650	7439	150942	776	2576	9102	7891
环境监测	7660	1872	44117	218	622	2458	2089
工程技术与规划管理	7670	10549	224277	982	2703	11945	9460

3-10 续表 4

行业中类	代码	事业法人单位数(个)	从业人员数(人)	#高级技师	#技师	#高级工	#中级工
其他专业技术服务	7690	1876	41398	220	705	2618	2299
科技交流和推广服务业	7700	31774	381036	2172	5207	20089	21492
技术推广服务	7710	28593	340241	1965	4686	17904	19577
科技中介服务	7720	1697	18326	89	224	902	719
其他科技服务	7790	1484	22469	118	297	1283	1196
地质勘查业	7800	1348	214904	961	6518	40745	28675
矿产地质勘查	7810	541	110842	650	3230	22686	16344
基础地质勘查	7820	441	61245	183	1762	11018	7590
地质勘查技术服务	7830	366	42817	128	1526	7041	4741
水利、环境和公共设施管理业	**N**	**32994**	**1524974**	**4332**	**24917**	**179701**	**135015**
水利管理业	7900	17801	427578	1976	9825	63496	54172
防洪管理	7910	2401	60347	445	1674	9501	6466
水资源管理	7920	8778	273748	897	6144	42714	38076
其他水利管理	7990	6622	93483	634	2007	11281	9630
环境管理业	8000	7579	670001	623	5538	42632	36475
自然保护	8010	1848	47467	199	874	5311	5203
环境治理	8020	5731	622534	424	4664	37321	31272
公共设施管理业	8100	7614	427395	1733	9554	73573	44368
市政公共设施管理	8110	2962	167168	524	3889	27175	15355
城市绿化管理	8120	2159	123186	864	2981	21193	12765
游览景区管理	8130	2493	137041	345	2684	25205	16248
居民服务和其他服务业	**O**	**5261**	**117037**	**450**	**1593**	**9772**	**8103**
居民服务业	8200	3906	86469	326	1093	7186	6252
家庭服务	8210	41	667	3	3	24	6
托儿所	8220	112	2994	12	7	200	74
洗染服务	8230	1	79			2	6
理发及美容保健服务	8240	52	2145	84	7	14	42
洗浴服务	8250	21	518		1	37	32
婚姻服务	8260	207	1253	2	11	38	44
殡葬服务	8270	2221	51409	192	921	5625	4934
摄影扩印服务	8280	15	213		1	101	9
其他居民服务	8290	1236	27191	33	142	1145	1105
其他服务业	8300	1355	30568	124	500	2586	1851
修理与维护	8310	129	2733	35	49	549	288
清洁服务	8320	255	8117	3	67	365	559
其他未列明的服务	8390	971	19718	86	384	1672	1004
教育	**P**	**223244**	**14940130**	**42449**	**65027**	**259263**	**174408**
教育	8400	223244	14940130	42449	65027	259263	174408
学前教育	8410	13173	402197	951	2288	13110	10401
初等教育	8420	121887	5644556	15024	8079	31509	35774
中等教育	8430	65151	6476114	19797	30621	111259	78582
高等教育	8440	4403	1881739	4008	17851	83497	36707
其他教育	8490	18630	535524	2669	6188	19888	12944
卫生、社会保障和社会福利业	**Q**	**105541**	**5758208**	**20502**	**46775**	**181045**	**163337**
卫生	8500	85458	5446022	19785	43409	167482	152907
医院	8510	13486	3415366	12498	27338	112146	83653
卫生院及社区医疗活动	8520	39399	1292693	4736	8642	29566	43964
门诊部医疗活动	8530	8656	90986	298	602	1550	1980
计划生育技术服务活动	8540	12204	123083	377	900	3749	5919

3-10 续表 5

行业中类	代码	事业法人单位数（个）	从业人员数（人）	#高级技师	#技师	#高级工	#中级工
妇幼保健活动	8550	2807	190728	585	1582	5637	4959
专科疾病防治活动	8560	1286	56380	230	691	2317	1925
疾病预防控制及防疫活动	8570	5033	206481	804	2635	9493	7899
其他卫生活动	8590	2587	70305	257	1019	3024	2608
社会保障业	8600	10471	182707	331	1031	3940	4302
社会福利业	8700	9612	129479	386	2335	9623	6128
提供住宿的社会福利	8710	7366	107793	301	2056	8308	5153
不提供住宿的社会福利	8720	2246	21686	85	279	1315	975
文化、体育和娱乐业	**R**	**36949**	**1006278**	**2964**	**10416**	**50211**	**40581**
新闻出版业	8800	3571	187480	342	1865	8280	4697
新闻业	8810	774	25286	64	259	1133	515
出版业	8820	2797	162194	278	1606	7147	4182
广播、电视、电影和音像业	8900	7539	335223	1112	4123	18997	17492
广播	8910	2711	78656	378	1036	4266	3777
电视	8920	2933	214717	595	2459	10174	9181
电影	8930	1832	40525	135	601	4532	4517
音像制作	8940	63	1325	4	27	25	17
文化艺术业	9000	22277	392675	1206	3271	17598	14363
文艺创作与表演	9010	2679	112968	338	491	2642	3069
艺术表演场馆	9020	713	22500	121	183	1303	1117
图书馆与档案馆	9030	4549	76506	259	672	2876	2073
文物及文化保护	9040	2048	30005	99	370	2432	1778
博物馆	9050	1407	41654	137	484	2553	1765
烈士陵园、纪念馆	9060	840	12543	20	239	1260	872
群众文化活动	9070	8800	83236	214	753	4133	3301
文化艺术经纪代理	9080	95	1662		4	60	64
其他文化艺术	9090	1146	11601	18	75	339	324
体育	9100	2589	73336	232	922	4025	3007
体育组织	9110	989	39782	151	449	1737	1132
体育场馆	9120	797	20697	34	347	1786	1477
其他体育	9190	803	12857	47	126	502	398
娱乐业	9200	973	17564	72	235	1311	1022
室内娱乐活动	9210	315	4033	9	90	508	258
游乐园	9220	60	2659	18	17	336	298
休闲健身娱乐活动	9230	260	3606	13	64	229	177
其他娱乐活动	9290	338	7266	32	64	238	289
公共管理和社会组织	**S**	**192943**	**4187690**	**13378**	**41670**	**232213**	**228941**
中国共产党机关	9300	2014	22943	42	256	740	532
国家机构	9400	190646	4159733	13328	41385	231388	228353
国家权力机构	9410	631	16579	39	129	472	651
国家行政机构	9420	187486	4076785	13003	40698	228402	225393
人民法院和人民检察院	9430	389	14395	178	53	166	135
其他国家机构	9490	2140	51974	108	505	2348	2174
人民政协和民主党派	9500	277	2370	8	29	84	56
人民政协	9510	84	714	4	14	31	25
民主党派	9520	193	1656	4	15	53	31
群众团体、社会团体和宗教组织	9600	6	2644			1	
社会团体	9620	6	2644			1	

3-11　按地区分组的机关法人单位数及从业人员数

地　区	机关法人单位数(个)	单产业法人	多产业法人	从业人员数(人)	#女性
全　国	**249670**	**188187**	**61483**	**11317359**	**2866187**
北　京	1347	1076	271	261093	87728
天　津	1773	1491	282	112801	27278
河　北	12054	9174	2880	630461	166169
山　西	8973	5829	3144	391463	104648
内蒙古	7634	5764	1870	318033	91284
辽　宁	9468	7640	1828	422380	104291
吉　林	5836	4612	1224	266233	70567
黑龙江	9976	7603	2373	360463	97383
上　海	1823	1715	108	136602	39857
江　苏	10202	9199	1003	574553	122677
浙　江	8397	6890	1507	455490	103938
安　徽	9885	7122	2763	405248	90876
福　建	8001	5922	2079	283070	61514
江　西	9264	6689	2575	362597	77636
山　东	12136	7552	4584	835952	208974
河　南	11787	8527	3260	725988	200369
湖　北	10352	8299	2053	442073	100495
湖　南	12875	9454	3421	526631	125610
广　东	11513	8812	2701	874869	223633
广　西	9803	8122	1681	276832	69705
海　南	1355	895	460	68178	15653
重　庆	4544	3581	963	198167	46769
四　川	19584	15988	3596	577853	155126
贵　州	7350	5067	2283	286303	74251
云　南	10870	7568	3302	385622	105252
西　藏	3894	3318	576	71452	20703
陕　西	10041	7303	2738	361371	82348
甘　肃	7058	4544	2514	258898	65589
青　海	2727	1859	868	80463	22902
宁　夏	1465	890	575	61373	15876
新　疆	7683	5682	2001	304847	87086

3-12　按地区、从业人员数组距分组的机关法人单位数

地　区	机关法人单位数(个)	7人及以下	8-19人	20-49人	50-99人	100-299人	300-499人	500-999人	1000-2999人	3000-4999人	5000人及以上
全　国	**249670**	**53863**	**67694**	**69571**	**34875**	**19589**	**2551**	**1096**	**375**	**43**	**13**
北　京	1347	32	84	306	292	445	105	57	20	4	2
天　津	1773	464	313	479	254	212	24	14	12	1	
河　北	12054	1711	2591	3623	2638	1311	135	34	10	1	
山　西	8973	1539	2277	2756	1598	711	60	27	5		
内蒙古	7634	1184	2352	2375	1097	555	45	16	9	1	
辽　宁	9468	1856	2815	2586	1371	665	107	49	17	2	
吉　林	5836	1004	1657	1803	810	458	67	32	3	2	
黑龙江	9976	2671	2846	2645	1106	603	71	26	6	2	
上　海	1823	520	444	404	182	207	35	10	18	2	1
江　苏	10202	1974	2928	2866	1251	918	142	76	39	7	1
浙　江	8397	1792	1723	2618	1287	769	120	55	32	1	
安　徽	9885	2462	2760	2377	1403	740	101	32	10		
福　建	8001	2479	2133	1686	1134	500	48	16	4	1	
江　西	9264	2167	2248	2784	1372	590	73	25	5		
山　东	12136	1819	2766	3142	1941	2087	237	115	26	2	1
河　南	11787	1183	2264	3676	2956	1450	176	69	12	1	
湖　北	10352	2246	3038	3087	1083	689	149	49	9	1	1
湖　南	12875	3000	3352	3613	1709	1039	120	37	5		
广　东	11513	2106	2706	2982	1767	1495	217	156	71	9	4
广　西	9803	3017	3388	2118	807	397	48	24	4		
海　南	1355	218	352	407	226	123	20	8	1		
重　庆	4544	967	1208	1432	554	312	47	12	10	1	1
四　川	19584	5794	6270	5171	1432	768	89	43	13	3	1
贵　州	7350	1189	2305	2285	1090	401	51	25	4		
云　南	10870	2294	3196	3328	1438	508	75	24	7		
西　藏	3894	1785	1211	646	168	69	10	4	1		
陕　西	10041	2239	2985	2859	1291	583	63	18	2		1
甘　肃	7058	1355	1982	2176	1142	354	32	13	4		
青　海	2727	602	978	790	242	95	15	4	1		
宁　夏	1465	235	390	462	255	108	13	2			
新　疆	7683	1959	2132	2089	979	427	56	24	15	2	

3-13　按地区、学历分组的机关法人单位从业人员数

地　区	机关法人单位数（个）	从业人员数（人）	具有研究生及以上学历人员	具有大学本科学历人员	具有大专学历人员	具有高中学历人员	具有初中及以下学历人员
全　国	**249670**	**11317359**	**334440**	**4105947**	**4428116**	**1901103**	**547753**
北　京	1347	261093	23361	126473	66034	29159	16066
天　津	1773	112801	4537	56166	37883	11217	2998
河　北	12054	630461	11509	205370	260641	124107	28834
山　西	8973	391463	6663	118162	165890	81497	19251
内蒙古	7634	318033	6456	121050	132772	43971	13784
辽　宁	9468	422380	23140	176346	168446	38902	15546
吉　林	5836	266233	11430	104966	96761	43929	9147
黑龙江	9976	360463	15108	150156	136464	48947	9788
上　海	1823	136602	7982	60536	44607	19318	4159
江　苏	10202	574553	21267	237413	201950	89426	24497
浙　江	8397	455490	12647	182048	150100	86214	24481
安　徽	9885	405248	12085	145013	159478	69243	19429
福　建	8001	283070	5478	103980	99994	58090	15528
江　西	9264	362597	9862	109315	150006	74595	18819
山　东	12136	835952	20946	344553	303653	133951	32849
河　南	11787	725988	15947	228902	316561	143084	21494
湖　北	10352	442073	15198	149821	186213	73744	17097
湖　南	12875	526631	9483	176680	228047	96001	16420
广　东	11513	874869	27256	292204	336421	170755	48233
广　西	9803	276832	9688	106847	113021	37676	9600
海　南	1355	68178	1672	21187	25454	16246	3619
重　庆	4544	198167	6817	90075	69462	23326	8487
四　川	19584	577853	15845	201201	226319	90575	43913
贵　州	7350	286303	4620	95280	128816	42161	15426
云　南	10870	385622	7210	140767	158219	57816	21610
西　藏	3894	71452	1253	16877	22848	12711	17763
陕　西	10041	361371	10788	111419	155030	69663	14471
甘　肃	7058	258898	5677	84787	107273	48346	12815
青　海	2727	80463	2205	27162	32525	11377	7194
宁　夏	1465	61373	1395	26556	22198	8996	2228
新　疆	7683	304847	6915	94635	125030	46060	32207

3-14 按地区、专业技术职称分组的机关法人单位从业人员数

地 区	事业法人单位数(个)	从业人员数(人)	#具有高级技术职称人员	#具有中级技术职称人员	#具有初级技术职称人员
全 国	**249670**	**11317359**	**2459312**	**4174370**	**3777649**
北 京	1347	261093	100202	128561	119902
天 津	1773	112801	27535	36083	31474
河 北	12054	630461	111030	204683	182174
山 西	8973	391463	69525	150700	130592
内蒙古	7634	318033	64636	109421	93611
辽 宁	9468	422380	75716	111582	94092
吉 林	5836	266233	58140	76867	66388
黑龙江	9976	360463	77578	125590	105418
上 海	1823	136602	39484	59886	53024
江 苏	10202	574553	138524	225097	195789
浙 江	8397	455490	117341	234383	220161
安 徽	9885	405248	89741	165863	143237
福 建	8001	283070	65566	119659	107336
江 西	9264	362597	80280	149259	136626
山 东	12136	835952	252454	375676	336786
河 南	11787	725988	150640	262571	222929
湖 北	10352	442073	91669	129224	113425
湖 南	12875	526631	120237	200053	171266
广 东	11513	874869	219498	370785	363615
广 西	9803	276832	60457	118221	112432
海 南	1355	68178	12132	20050	18200
重 庆	4544	198167	49295	77749	71029
四 川	19584	577853	90528	168767	151886
贵 州	7350	286303	39006	94682	97600
云 南	10870	385622	66260	125797	120597
西 藏	3894	71452	9498	12576	10452
陕 西	10041	361371	61408	100680	91045
甘 肃	7058	258898	41735	76365	76262
青 海	2727	80463	15379	26754	25501
宁 夏	1465	61373	14991	29002	27600
新 疆	7683	304847	48827	87784	87200

3-15　按地区、技术等级分组的机关法人单位从业人员数

地　区	机关法人单位数（个）	从业人员数（人）	#高级技师	#技师	#高级工	#中级工
全　国	**249670**	**11317359**	**19373**	**71256**	**256572**	**242117**
北　京	1347	261093	176	488	4581	6409
天　津	1773	112801	213	106	2363	815
河　北	12054	630461	1009	11095	26265	17745
山　西	8973	391463	808	6250	11880	15432
内蒙古	7634	318033	2644	3369	5692	3308
辽　宁	9468	422380	591	1893	5892	3460
吉　林	5836	266233	510	2240	2586	2246
黑龙江	9976	360463	1607	6306	4732	2572
上　海	1823	136602	9	51	365	708
江　苏	10202	574553	711	2407	7430	5529
浙　江	8397	455490	614	3924	4939	3308
安　徽	9885	405248	520	640	7678	4940
福　建	8001	283070	278	748	7609	6811
江　西	9264	362597	560	1748	13302	13202
山　东	12136	835952	1015	1469	16523	16461
河　南	11787	725988	1065	4846	32072	31114
湖　北	10352	442073	984	4707	5003	4589
湖　南	12875	526631	992	2388	14573	19568
广　东	11513	874869	844	665	10287	10645
广　西	9803	276832	364	334	4617	6040
海　南	1355	68178	75	274	590	469
重　庆	4544	198167	212	1102	3458	2895
四　川	19584	577853	994	5089	13562	14768
贵　州	7350	286303	250	453	4710	6402
云　南	10870	385622	424	2480	13537	13757
西　藏	3894	71452	87	66	1839	1123
陕　西	10041	361371	536	3031	14238	12950
甘　肃	7058	258898	310	634	8104	8538
青　海	2727	80463	289	654	1854	695
宁　夏	1465	61373	119	330	1404	1705
新　疆	7683	304847	563	1469	4887	3913

3-16 按地区分组的社团法人单位数及从业人员数

地区	社团法人单位数（个）	单产业法人单位	多产业法人单位	从业人员数（人）	#女性
全国	**186286**	**183363**	**2923**	**2140849**	**622947**
北京	1999	1659	340	25098	10998
天津	1823	1813	10	22059	9004
河北	5065	5018	47	61152	13287
山西	5001	4882	119	64690	22438
内蒙古	5185	5149	36	58212	18927
辽宁	7780	7706	74	88989	30544
吉林	3754	3722	32	43883	14818
黑龙江	4598	4541	57	71142	22405
上海	2810	2767	43	22576	9829
江苏	13143	13008	135	109780	29038
浙江	13991	13790	201	80506	23899
安徽	8050	7955	95	121875	39531
福建	10268	10035	233	88542	24730
江西	5699	5630	69	54447	13039
山东	12359	12196	163	217304	53301
河南	5467	5389	78	90114	35308
湖北	9101	9002	99	99479	28333
湖南	7124	7033	91	82391	24574
广东	9321	9096	225	101819	35510
广西	7379	7288	91	60295	14631
海南	789	776	13	6955	1548
重庆	3606	3538	68	56690	15373
四川	14809	14678	131	180455	51179
贵州	3193	3147	46	39016	10531
云南	6548	6413	135	81648	24062
西藏	541	533	8	8326	1653
陕西	4557	4458	99	49477	12569
甘肃	5042	4960	82	90331	16523
青海	1359	1333	26	16162	2880
宁夏	2098	2079	19	18245	3957
新疆	3827	3769	58	29191	8528

3-17 按地区、从业人员数组距分组的社团法人单位数

地区	社团法人单位数(个)	7人及以下	8-19人	20-49人	50-99人	100-299人	300-499人	500-999人	1000-2999人	3000-4999人	5000人及以上
全国	**186286**	**140102**	**29431**	**9747**	**4103**	**2295**	**338**	**171**	**84**	**9**	**6**
北京	1999	1195	480	235	61	26	1	1			
天津	1823	1386	274	92	33	29	4	4	1		
河北	5065	3724	816	281	170	57	11	2	4		
山西	5001	3586	922	271	132	76	8	2	3	1	
内蒙古	5185	3667	1052	284	127	42	7	5		1	
辽宁	7780	5907	1127	430	194	97	12	9	4		
吉林	3754	2477	811	313	97	51	3	1	1		
黑龙江	4598	3312	777	279	140	66	9	8	5	2	
上海	2810	2222	400	122	36	27	2	1			
江苏	13143	10526	1719	549	199	122	21	6	1		
浙江	13991	12064	1375	331	144	65	3	8	1		
安徽	8050	5930	1243	454	227	152	26	10	7		1
福建	10268	8337	1381	312	127	84	18	5	4		
江西	5699	4440	803	293	95	53	8	6	1		
山东	12359	7789	2765	1043	461	221	50	22	6	1	1
河南	5467	3454	1237	474	143	130	15	9	5		
湖北	9101	6768	1585	491	136	88	17	10	5		1
湖南	7124	5158	1263	433	147	94	22	5	2		
广东	9321	7059	1446	464	213	113	15	5	6		
广西	7379	5932	1028	230	130	51	3	3	2		
海南	789	585	149	36	11	8					
重庆	3606	2624	595	199	114	58	7	4	4	1	
四川	14809	11405	2035	783	327	197	28	22	10	2	
贵州	3193	2315	535	176	92	68	5	2			
云南	6548	5114	928	227	128	120	17	10	3	1	
西藏	541	375	70	63	21	10	1	1			
陕西	4557	3089	958	309	142	57	2				
甘肃	5042	3672	832	305	126	78	13	8	5		3
青海	1359	987	203	92	49	24	4				
宁夏	2098	1733	244	71	36	9	3	1	1		
新疆	3827	3270	378	105	45	22	3	1	3		

3-18 按地区、学历分组的社团法人单位从业人员数

地 区	社团法人单位数(个)	从业人员数(人)	具有研究生及以上学历人员	具有大学本科学历人员	具有大专学历人员	具有高中学历人员	具有初中及以下学历人员
全 国	**186286**	**2140849**	**51496**	**400488**	**483581**	**578066**	**627218**
北 京	1999	25098	3541	12564	5500	2506	987
天 津	1823	22059	950	8690	5341	4931	2147
河 北	5065	61152	1236	9521	15985	17556	16854
山 西	5001	64690	1502	17095	20970	16659	8464
内蒙古	5185	58212	1354	17453	14259	12572	12574
辽 宁	7780	88989	2641	18975	21855	19139	26379
吉 林	3754	43883	1371	8975	9782	11698	12057
黑龙江	4598	71142	5220	14495	18147	16679	16601
上 海	2810	22576	1187	7264	6505	4611	3009
江 苏	13143	109780	2397	19766	25579	32723	29315
浙 江	13991	80506	2359	22024	23373	17164	15586
安 徽	8050	121875	1965	18188	20721	30536	50465
福 建	10268	88542	1966	17513	18357	25423	25283
江 西	5699	54447	1036	9203	12368	14141	17699
山 东	12359	217304	3396	28427	36657	62530	86294
河 南	5467	90114	1180	11694	18410	25701	33129
湖 北	9101	99479	2210	20459	26993	31983	17834
湖 南	7124	82391	1459	13378	21345	24670	21539
广 东	9321	101819	3375	23541	30562	28088	16253
广 西	7379	60295	1114	8686	11459	18641	20395
海 南	789	6955	206	1672	1775	2173	1129
重 庆	3606	56690	1712	10510	15753	14557	14158
四 川	14809	180455	2952	29935	39152	49224	59192
贵 州	3193	39016	441	5700	7770	8883	16222
云 南	6548	81648	1476	14699	17506	17694	30273
西 藏	541	8326	100	1058	944	1243	4981
陕 西	4557	49477	1264	8906	12814	15546	10947
甘 肃	5042	90331	782	7944	11629	36650	33326
青 海	1359	16162	299	1960	2362	3472	8069
宁 夏	2098	18245	261	4240	2574	3749	7421
新 疆	3827	29191	544	5953	7134	6924	8636

3-19　按地区、专业技术职称分组的社团法人单位从业人员数

地　区	社团法人单位数(个)	从业人员数(人)	#具有高级技术职称人员	#具有中级技术职称人员	#具有初级技术职称人员
全　国	**186286**	**2140849**	**59233**	**117381**	**96661**
北　京	1999	25098	4199	3118	1780
天　津	1823	22059	1633	1804	1739
河　北	5065	61152	2041	2080	1712
山　西	5001	64690	1780	3737	2710
内蒙古	5185	58212	605	1401	890
辽　宁	7780	88989	2383	4502	3496
吉　林	3754	43883	716	1738	1441
黑龙江	4598	71142	1939	3174	1879
上　海	2810	22576	1586	3148	1738
江　苏	13143	109780	2787	5903	5088
浙　江	13991	80506	3523	8938	4942
安　徽	8050	121875	3416	7911	6744
福　建	10268	88542	3572	6442	4865
江　西	5699	54447	2867	2935	2307
山　东	12359	217304	3009	7986	8482
河　南	5467	90114	1123	2367	2047
湖　北	9101	99479	2413	5306	5385
湖　南	7124	82391	1956	5471	4369
广　东	9321	101819	3221	5991	5718
广　西	7379	60295	1255	3232	2418
海　南	789	6955	256	386	250
重　庆	3606	56690	1809	2783	3216
四　川	14809	180455	4238	11371	10020
贵　州	3193	39016	451	1351	1622
云　南	6548	81648	2661	4971	4069
西　藏	541	8326	132	597	181
陕　西	4557	49477	1617	2525	1890
甘　肃	5042	90331	1059	2525	2466
青　海	1359	16162	183	624	467
宁　夏	2098	18245	410	2055	1020
新　疆	3827	29191	393	1009	1710

3-20 按地区、技术等级分组的社团法人单位从业人员数

地区	社团法人单位数(个)	从业人员数(人)				
			#高级技师	#技师	#高级工	#中级工
全国	**186286**	**2140849**	**5162**	**10105**	**19884**	**22910**
北京	1999	25098	118	72	376	228
天津	1823	22059	179	66	350	545
河北	5065	61152	94	451	838	661
山西	5001	64690	127	752	828	1184
内蒙古	5185	58212	201	189	228	183
辽宁	7780	88989	144	227	623	630
吉林	3754	43883	45	180	218	229
黑龙江	4598	71142	488	684	554	840
上海	2810	22576	26	35	53	138
江苏	13143	109780	275	362	581	572
浙江	13991	80506	451	1096	707	519
安徽	8050	121875	224	538	701	696
福建	10268	88542	198	294	1322	1438
江西	5699	54447	185	370	1135	1286
山东	12359	217304	258	586	1366	1640
河南	5467	90114	161	403	1306	1229
湖北	9101	99479	154	457	959	1067
湖南	7124	82391	281	380	1007	2256
广东	9321	101819	313	582	1556	1249
广西	7379	60295	108	81	298	343
海南	789	6955	6	25	37	51
重庆	3606	56690	123	122	246	678
四川	14809	180455	383	1121	2056	2077
贵州	3193	39016	44	87	197	276
云南	6548	81648	310	369	778	1032
西藏	541	8326	3	1	69	53
陕西	4557	49477	162	203	591	755
甘肃	5042	90331	22	154	544	678
青海	1359	16162	8	26	76	81
宁夏	2098	18245	18	45	85	172
新疆	3827	29191	53	147	199	124

3-21　按地区分组的民办非企业法人单位数及从业人员数

地　区	民办非企业法人单位数（个）	单产业法人单位	多产业法人单位	从业人员数（人）	#女性
全　国	**152517**	**151634**	**883**	**2357459**	**1333216**
北　京	1953	1923	30	66219	41177
天　津	1473	1466	7	29450	18113
河　北	3580	3566	14	79525	45409
山　西	2947	2922	25	82275	48842
内蒙古	1915	1905	10	26430	14392
辽　宁	7754	7699	55	78345	47055
吉　林	1963	1958	5	31669	16777
黑龙江	3345	3334	11	39482	21778
上　海	3423	3396	27	95245	60616
江　苏	8078	8014	64	173975	94279
浙　江	8349	8269	80	137207	88905
安　徽	5015	4976	39	92063	48136
福　建	4259	4222	37	79337	47681
江　西	5485	5465	20	84007	42628
山　东	16948	16892	56	190230	98801
河　南	18600	18583	17	177158	90580
湖　北	10341	10233	108	120549	59588
湖　南	5546	5532	14	85056	46459
广　东	9288	9228	60	250706	154180
广　西	3874	3844	30	53815	33496
海　南	997	992	5	20696	12308
重　庆	3748	3700	48	45804	24710
四　川	9190	9136	54	112584	62169
贵　州	1611	1602	9	29226	16519
云　南	2654	2636	18	43770	26525
西　藏	10	10		494	99
陕　西	6307	6296	11	80225	40188
甘　肃	1722	1709	13	21734	12051
青　海	359	351	8	5457	3521
宁　夏	492	489	3	6855	4429
新　疆	1291	1286	5	17871	11805

3-22 按地区、从业人员数组距分组的民办非企业法人单位数

地区	民办非企业法人单位数(个)	7人及以下	8-19人	20-49人	50-99人	100-299人	300-499人	500-999人	1000-2999人	3000-4999人
全国	**152517**	**90737**	**34841**	**18350**	**5274**	**2748**	**360**	**155**	**52**	
北京	1953	801	437	414	178	96	15	9	3	
天津	1473	652	413	255	109	41	3			
河北	3580	1734	873	624	205	119	19	6		
山西	2947	1001	889	655	249	129	19	3	2	
内蒙古	1915	1051	474	297	65	28				
辽宁	7754	5222	1660	642	155	68	5	2		
吉林	1963	890	744	245	45	26	10	3		
黑龙江	3345	2224	726	260	102	26	5	2		
上海	3423	1226	886	844	315	122	24	5	1	
江苏	8078	4066	2029	1335	341	237	52	16	2	
浙江	8349	4393	2198	1300	267	160	22	9		
安徽	5015	2724	1318	626	188	139	12	5	3	
福建	4259	2014	1331	643	163	91	8	7	2	
江西	5485	3791	923	481	151	113	13	7	6	
山东	16948	12378	2795	1241	301	186	21	17	9	
河南	18600	14304	2453	1231	386	199	17	5	5	
湖北	10341	6690	2527	805	191	103	10	11	4	
湖南	5546	3049	1597	620	180	82	13	3	2	
广东	9288	2942	2794	2367	782	350	32	21		
广西	3874	2150	1065	486	111	53	8	1		
海南	997	395	371	163	43	20	1	3	1	
重庆	3748	2409	890	321	76	42	6	2	2	
四川	9190	6264	1840	727	222	104	20	8	5	
贵州	1611	608	567	329	78	25	3	1		
云南	2654	1392	714	393	104	38	9	4		
西藏	10	3	2	3	1	1				
陕西	6307	4336	1107	584	159	106	6	4	5	
甘肃	1722	929	548	174	51	17	2	1		
青海	359	130	169	47	8	4	1			
宁夏	492	259	144	66	16	6	1			
新疆	1291	710	357	172	32	17	3			

3-23 按地区、学历分组的民办非企业法人单位从业人员数

地区	民办非企业法人单位数(个)	从业人员数(人)	具有研究生及以上学历人员	具有大学本科学历人员	具有大专学历人员	具有高中学历人员	具有初中及以下学历人员
全国	**152517**	**2357459**	**73053**	**611510**	**743884**	**645756**	**283256**
北京	1953	66219	4832	23259	17554	13982	6592
天津	1473	29450	1407	12833	7345	4996	2869
河北	3580	79525	1973	20991	29981	20002	6578
山西	2947	82275	1584	21446	31580	18280	9385
内蒙古	1915	26430	815	7287	9564	6324	2440
辽宁	7754	78345	3284	23918	24782	17620	8741
吉林	1963	31669	1854	9749	9892	6924	3250
黑龙江	3345	39482	2420	12151	13728	8937	2246
上海	3423	95245	4567	32372	23976	16773	17557
江苏	8078	173975	6204	54785	56101	38989	17896
浙江	8349	137207	2682	32483	41816	39684	20542
安徽	5015	92063	2051	24870	31206	22243	11693
福建	4259	79337	2309	19370	21952	23958	11748
江西	5485	84007	3002	22858	23001	23397	11749
山东	16948	190230	4380	48832	63222	51875	21921
河南	18600	177158	3596	34151	63289	59062	17060
湖北	10341	120549	4001	26589	32788	41742	15429
湖南	5546	85056	2154	22874	26515	25120	8393
广东	9288	250706	4426	50519	79440	82347	33974
广西	3874	53815	1154	11751	17776	16866	6268
海南	997	20696	996	4268	5174	6512	3746
重庆	3748	45804	1673	12601	13354	12618	5558
四川	9190	112584	4118	28667	34163	31969	13667
贵州	1611	29226	400	7589	9434	7638	4165
云南	2654	43770	1947	10716	11730	12937	6440
西藏	10	494		33	56	43	362
陕西	6307	80225	3845	21268	26622	20633	7857
甘肃	1722	21734	677	5497	6423	6510	2627
青海	359	5457	111	1030	1854	1749	713
宁夏	492	6855	253	1990	2524	1576	512
新疆	1291	17871	338	4763	7042	4450	1278

3-24 按地区、专业技术职称分组的民办非企业法人单位从业人员数

地区	事业法人单位数(个)	从业人员数(人)	#具有高级技术职称人员	#具有中级技术职称人员	#具有初级技术职称人员
全国	**152517**	**2357459**	**120130**	**280402**	**315916**
北京	1953	66219	5487	8217	7119
天津	1473	29450	4066	5128	2768
河北	3580	79525	3835	9291	10980
山西	2947	82275	2932	8666	11211
内蒙古	1915	26430	1013	2369	2383
辽宁	7754	78345	5411	8689	7227
吉林	1963	31669	1512	3154	2966
黑龙江	3345	39482	2600	3774	2933
上海	3423	95245	7694	17527	12143
江苏	8078	173975	9230	26602	31610
浙江	8349	137207	5658	14299	19650
安徽	5015	92063	4812	11844	13699
福建	4259	79337	4157	8456	11702
江西	5485	84007	5753	11732	13247
山东	16948	190230	7015	18992	24458
河南	18600	177158	5706	17078	20474
湖北	10341	120549	6646	16288	17192
湖南	5546	85056	4356	11848	9989
广东	9288	250706	8633	24335	30737
广西	3874	53815	2241	6362	8752
海南	997	20696	1126	2238	3350
重庆	3748	45804	2490	5603	6366
四川	9190	112584	6015	14399	16342
贵州	1611	29226	1215	2642	3919
云南	2654	43770	2647	4923	6108
西藏	10	494	8	6	8
陕西	6307	80225	4716	10309	11912
甘肃	1722	21734	1297	2627	2959
青海	359	5457	281	493	763
宁夏	492	6855	438	683	697
新疆	1291	17871	1140	1828	2252

3-25 按地区、技术等级分组的民办非企业法人单位从业人员数

地 区	民办非企业法人单位数（个）	从 业 人员数（人）	#高级技师	#技师	#高级工	#中级工
全 国	**152517**	**2357459**	**10240**	**17621**	**19232**	**24546**
北 京	1953	66219	236	328	364	662
天 津	1473	29450	72	77	275	197
河 北	3580	79525	328	517	671	1256
山 西	2947	82275	184	265	339	579
内蒙古	1915	26430	235	185	228	211
辽 宁	7754	78345	425	678	677	587
吉 林	1963	31669	264	379	207	193
黑龙江	3345	39482	176	269	325	245
上 海	3423	95245	257	470	439	667
江 苏	8078	173975	596	1074	1240	1630
浙 江	8349	137207	401	698	602	577
安 徽	5015	92063	356	728	841	858
福 建	4259	79337	365	520	519	710
江 西	5485	84007	454	1156	859	1186
山 东	16948	190230	690	1089	1101	1210
河 南	18600	177158	689	1338	1602	1797
湖 北	10341	120549	1038	1847	1872	2422
湖 南	5546	85056	502	823	728	1613
广 东	9288	250706	757	1287	1640	2175
广 西	3874	53815	370	564	483	801
海 南	997	20696	27	87	40	256
重 庆	3748	45804	292	617	648	612
四 川	9190	112584	506	1114	1580	1676
贵 州	1611	29226	94	120	190	256
云 南	2654	43770	189	224	404	402
西 藏	10	494				
陕 西	6307	80225	490	668	824	1164
甘 肃	1722	21734	137	260	231	321
青 海	359	5457	22	38	87	39
宁 夏	492	6855	4	11	86	106
新 疆	1291	17871	84	190	130	138

附　录

主要指标解释及分类规定

主要指标解释

法人单位　指具备以下条件的单位:

(1)依法成立，有自己的名称、组织机构和场所，能够独立承担民事责任;

(2)独立拥有和使用(或授权使用)资产，承担负债，有权与其他单位签订合同;

(3)会计上独立核算，能够编制资产负债表。

法人单位包括企业法人、事业单位法人、机关法人、社会团体法人和其他法人。

企业法人　指依据《中华人民共和国企业法人登记管理条例》、《中华人民共和国公司登记管理条例》等，经各级工商行政管理机关登记注册，领取《企业法人营业执照》，取得法人资格的企业。

企业法人包括:

(1)公司;

(2)非公司制企业法人。

依据《个人独资企业法》及《合伙企业法》，经各级工商行政管理机关登记注册、领取《营业执照》的不具有法人资格的个人独资企业、合伙企业视同非公司制企业法人。

事业单位法人　指经国务院机构编制管理部门批准、国家事业单位登记管理部门登记或备案；或经地方县级以上机构编制管理部门批准、地方县级以上事业单位登记管理部门登记或备案，领取《事业单位法人证书》，取得法人资格的事业单位。

事业单位法人包括:

(1)各级党委、政府直属事业单位;

(2)党中央、国务院直属事业单位举办的事业单位;

(3)各级人大、政协机关，人民法院、人民检察院和各民主党派机关举办的事业单位;

(4)各级党委部门和政府部门举办的事业单位;

(5)使用财政性经费的群众团体举办的事业单位;

(6)国有企业及其他组织利用国有资产举办的事业单位;

(7)依照法律或有关规定，应当由各级登记管理机关登记的其他事业单位。

机关法人　指各级政党机关和国家机关。

机关法人包括:

(1)县级以上各级中国共产党委员会及其所属各工作部门;

(2)县级以上各级人民代表大会机关;

(3)县级以上各级人民政府及其所属各工作部门，以及地区行政行署;

(4)县级以上各级政治协商会议机关;

(5)县级以上各级人民法院、检察院机关;

(6)县级以上各民主党派机关;

(7)乡、镇中国共产党委员会和人民政府。

社会团体法人　指依据《社会团体登记管理条例》，经国务院民政部门和县级以上地方各级人民政府民政部门登记注册或备案、领取《社会团体法人登记证书》的各类社会团体；以及依法不需要办理法人登记、由机构编制管理部门管理其机关机构编制的群众团体。

其他法人　指除企业法人、事业单位法人、机关法人和社会团体法人以外的其他符合法人条件的单位。

其中包括:

(1)依据《中华人民共和国居民委员会组织法》和《中华人民共和国村民委员会组织法》批准设立的居民委员会和村民委员会;

(2)依据《基金会管理条例》规定，由民政部和省级民政部门核准登记、领取《基金会法人登记证书》的基金会;

(3)依据《民办非企业单位登记管理暂行条例》，经国务院民政部门和县级以上地方各级人民政府民政部门核准登记，领取《民办非企业单位(法人)登记证书》的民办非企业单位。

法人单位所属的产业活动单位　指具备以下条件的单位：(1)在一个场所从事一种或主要从事一种社会经济活动;(2)相对独立组织生产经营或业务活动;(3)能够掌握收入和支出等业务核算资料。

单产业法人　法人单位只位于一个场所并主要从事一种社会经济活动，称为单产业法人。单产业法人本身也是一个产业活动单位。

多产业法人　法人单位从事多种经济活动，或者位于多个地点，称为多产业法人。多产业法人由两个或两个以上产业活动单位组成。

产业活动单位总数　指单产业法人数与多产业法人所属的产业活动单位数之和。

从业人员　指 2008 年 12 月 31 日在第二、三产业单位和有证照的个体经经营户在岗的从业人员。未包括上述范围之外的从业人员。

实收资本　指投资者按照企业章程，或合同、协议的约定，实际投入企业的资本。企业实收资本按照投资主体划分为国家资本、集体资本、法人资本、个人资本、港澳台资本和外商资本六种。

（1）国家资本：指有权代表国家投资的政府部门或机构以国有资产投入企业形成的资本。不论企业的资本是哪个政府部门或机构投入的，只要是以国家资金进行投资的，均作为国家资本。根据会计“实收资本”科目期末余额分析填列。（2）集体资本：指劳动群众集体所有的资产实际投入企业形成的资本。根据会计“实收资本”科目期末余额分析填列。(3) 法人资本：指我国具有法人资格的单位以其依法可以支配的资产投入企业形成的资本。可根据会计“实收资本”科目期末余额分析填列。(4) 个人资本：指我国公民以其合法财产投入企业形成的资本。根据会计“实收资本”科目期末余额分析填列。(5) 港澳台资本：指我国香港、澳门和台湾地区投资者将所有的资产实际投入企业形成的资本。根据会计“实收资本”科目期末余额分析填列。(6) 外商资本：指外国投资者（不包括我国香港、澳门和台湾地区投资者）将所有的资产实际投入企业形成的资本。根据会计“实收资本”科目期末余额分析填列。

全年营业收入合计 指企业（单位）全年生产经营活动中通过销售商品或提供劳务以及让渡资产取得的收入。营业收入合计分为主营业务收入和其他业务收入。主营业务收入指企业在销售商品、提供劳务等日常活动中所产生的收入总额。其他业务收入指各类企业主营业务以外其他业务的收入。

分类规定

行业分类　本资料行业分类采用的是《国民经济行业分类》（GB/T4754－2002）标准。

三次产业（1）第一产业是指农、林、牧、渔业。（2）第二产业是指采矿业，制造业，电力、燃气及水的生产和供应业，建筑业。（3）第三产业　是指除第一、二产业以外的其他行业。第三产业包括：交通运输、仓储和邮政业，信息传输、计算机服务和软件业，批发和零售业，住宿和餐饮业，金融业，房地产业，租赁和商务服务业，科学研究、技术服务和地质勘查业，水利、环境和公共设施管理业，居民服务和其他服务业，教育，卫生、社会保障和社会福利业，文化、体育和娱乐业，公共管理和社会组织，国际组织。

东中西部和东北地区（1）东部包括：北京、天津、河北、上海、江苏、浙江、福建、山东、广东和海南。（2）中部包括：山西、安徽、江西、河南、湖北和湖南。（3）西部包括：内蒙古、广西、重庆、四川、贵州、云南、西藏、陕西、甘肃、青海、宁夏和新疆。（4）东北地区包括：辽宁、吉林和黑龙江。

登记注册类型　工商行政管理部门对企业登记注册的类型为依据，将企业登记注册类型分为以下几种：

（1）国有企业：指企业全部资产归国家所有，并按《中华人民共和国企业法人登记管理条例》规定登记注册的非公司制的经济组织。不包括有限责任公司中的国有独资公司。

（2）集体企业：指企业资产归集体所有，并按《中华人民共和国企业法人登记管理条例》规定登记注册的经济组织。

（3）股份合作企业：指以合作制为基础，由企业职工共同出资入股，吸收一定比例的社会资产投资组建，实行自主经营，自负盈亏，共同劳动，民主管理，按劳分配与按股分红相结合的一种集体经济组织。

（4）联营企业：指两个及两个以上相同或不同所有制性质的企业法人或事业单位法人，按自愿、平等、互利的原则，共同投资组成的经济组织。

（5）有限责任公司：指根据《中华人民共和国公司登记管理条例》规定登记注册，由两个以上，五十个以下的股东共同出资，每个股东以其所认缴的出资额对公司承担有限责任，公司以其全部资产对其债务承担责任的经济组织。

有限责任公司包括国有独资公司以及其他有限责任公司。

国有独资公司是指国家授权的投资机构或者国家授权的部门单独投资设立的有限责任公司。

其他有限责任公司是指国有独资公司以外的其他有限责任公司。

（6）股份有限公司：指根据《中华人民共和国公司登记管理条例》规定登记注册，其全部注册资本由等额股份构成并通过发行股票筹集资本，股东以其认购的股份对公司承担有限责任，公司以其全部资产对其债务承担责任的经济组织。

（7）私营企业：指由自然人投资设立或由自然人控股，以雇佣劳动为基础的营利性经济组织。包括按照《公司法》、《合伙企业法》、《私营企业暂行条例》规定登记注册的私营有限责任公司、私营股份有限公司、私营合伙企业和私营独资企业。

私营独资企业是指按《私营企业暂行条例》的规定，由一名自然人投资经营，以雇佣劳动为基础，投资者对企业债务承担无限责任的企业。

私营合伙企业是指按《合伙企业法》或《私营企业暂行条例》的规定，由两个以上自然人按照协议共同投资、共同经营、共负盈亏，以雇佣劳动为基础，对债务承担无限责任的企业。

私营有限责任公司是指按《公司法》、《私营企业暂行条例》的规定，由两个以上自然人投资或由单个自然人控股的有限责任公司。

私营股份有限公司是指按《公司法》的规定，由五个以上自然人投资，或由单个自然人控股的股份有限公司。

（8）其他企业：指上述第三条至第九条之外的其他内资经济组织。

（9）与港澳台商合资经营企业：指港澳台地区投资者与内地企业依照《中华人民共和国中外合资经营企业法》及有关法律的规定，按合同规定的比例投资设立、分享利润和分担风险的企业。

（10）与港澳台商合作经营企业：指港澳台地区投资者与内地企业依照《中华人民共和国中外合作经营企业法》及有关法律的规定，依照合作合同的约定进行投资或提供条件设立、分配利润和分担风险的企业。

（11）港澳台商独资经营企业：指依照《中华人民共和国外资企业法》及有关法律的规定，在内地由港澳台地区投资者全额投资设立的企业。

（12）港澳台商投资股份有限公司：指根据国家有关规定，经商务部（包括原外经贸部）依法批准设立，其中港、澳、台商的股本占公司注册资本的比例达25%以上的股份有限公司。凡其中港、澳、台商的股本占公司注册资本的比例小于25%的，属于内资企业中的股份有限公司。

（13）中外合资经营企业：指外国企业或外国人与中国内地企业依照《中华人民共和国中外合资经营企业法》及有关法律的规定，按合同规定的比例投资设立、分享利润和分担风险的企业。

（14）中外合作经营企业：指外国企业或外国人与中国

内地企业依照《中华人民共和国中外合作经营企业法》及有关法律的规定，依照合作合同的约定进行投资或提供条件设立、分配利润和分担风险的企业。

（15）外资企业：外资企业是指依照《中华人民共和国外资企业法》及有关法律的规定，在中国内地由外国投资者全额投资设立的企业。

（16）外商投资股份有限公司：指根据国家有关规定，经外经贸部依法批准设立，其中外资的股本占公司注册资本的比例达 25% 以上的股份有限公司。凡其中外资股本占公司注册资本的比例小于 25%的，属于内资企业中的股份有限公司。

控股情况 （1）绝对控股是指在企业的全部实收资本中，某种经济成分的出资人拥有的实收资本(股本)所占企业的全部实收资本（股本）的比例大于 50%。投资双方各占 50%，且未明确由谁绝对控股的企业，若其中一方为国有或集体的，一律按公有绝对控股经济处理;若投资双方分别为国有、集体的，则按国有绝对控股处理。(2) 相对控股是指在企业的全部实收资本中，某经济成分的出资人拥有的实收资本(股本)所占的比例虽未大于 50%，但根据协议规定拥有企业的实际控制权（协议控股）；或者相对大于其他任何一种经济成分的出资人所占比例（相对控股）。

中国经济普查年鉴

China Economic Census Yearbook

能｜源｜卷

国务院第二次全国经济普查领导小组办公室 编

(京)新登字041号

图书在版编目（CIP）数据

中国经济普查年鉴. 2008/ 国务院第二次全国经济普查领导小组办公室编. ——北京：中国统计出版社，2010.9

ISBN 978-7-5037-5948-2

Ⅰ. ①中… Ⅱ. ①国… Ⅲ. ①经济－普查－中国－2008－年鉴 Ⅳ. ①F123-54

中国版本图书馆CIP数据核字（2010）第096521号

中国经济普查年鉴—2008/ 能源卷

作　　者/国务院第二次全国经济普查领导小组办公室
责任编辑/王振宇
封面设计/黄俊杰　李雪燕
出版发行/中国统计出版社
通信地址/北京市西城区月坛南街57号
邮政编码/100826
办公地址/北京市丰台区西三环南路甲6号
邮政编码/100073
网　　址/www.stats.gov.cn/tjshujia
电　　话/邮购（010）63376907　书店（010）68783172
印　　刷/河北天普润印刷厂
经　　销/新华书店
开　　本/880×1230毫米　1/16
字　　数/796千字
印　　张/25.5
版　　别/2010年10月第1版
版　　次/2010年10月第1次印刷
书　　号/ISBN 978-7-5037-5948-2/F・2917
定　　价/990.00元（全五册附光盘）

编辑委员会

能源卷 目录

第一篇 全国能源消费情况

1-1 分行业能源消费量 …… 3
1-2 工业分行业能源消费量 …… 5
1-3 分地区分品种能源消费量 …… 7

第二篇 规模以上工业能源消费情况

A.分地区分行业规模以上工业企业综合能源消费量

2-A-1 分地区规模以上工业企业综合能源消费量 …… 11
2-A-2 分地区规模以上煤炭开采和洗选业工业企业综合能源消费量 …… 12
2-A-3 分地区规模以上石油和天然气开采业工业企业综合能源消费量 …… 13
2-A-4 分地区规模以上黑色金属矿采选业工业企业综合能源消费量 …… 14
2-A-5 分地区规模以上有色金属矿采选业工业企业综合能源消费量 …… 15
2-A-6 分地区规模以上非金属矿采选业工业企业综合能源消费量 …… 16
2-A-7 分地区规模以上其他采矿业工业企业综合能源消费量 …… 17
2-A-8 分地区规模以上农副食品加工业工业企业综合能源消费量 …… 18
2-A-9 分地区规模以上食品制造业工业企业综合能源消费量 …… 19
2-A-10 分地区规模以上饮料制造业工业企业综合能源消费量 …… 20
2-A-11 分地区规模以上烟草制品业工业企业综合能源消费量 …… 21
2-A-12 分地区规模以上纺织业工业企业综合能源消费量 …… 22
2-A-13 分地区规模以上纺织服装、鞋、帽制造业工业企业综合能源消费量 …… 23
2-A-14 分地区规模以上皮革、毛皮、羽毛(绒)及其制品业工业企业综合能源消费量 …… 24
2-A-15 分地区规模以上木材加工及木、竹、藤、棕、草制品业工业企业综合能源消费量 …… 25
2-A-16 分地区规模以上家具制造业工业企业综合能源消费量 …… 26
2-A-17 分地区规模以上造纸及纸制品业工业企业综合能源消费量 …… 27
2-A-18 分地区规模以上印刷业和记录媒介的复制工业企业综合能源消费量 …… 28
2-A-19 分地区规模以上文教体育用品制造业工业企业综合能源消费量 …… 29
2-A-20 分地区规模以上石油加工、炼焦及核燃料加工业工业企业综合能源消费量 …… 30
2-A-21 分地区规模以上化学原料及化学制品制造业工业企业综合能源消费量 …… 31
2-A-22 分地区规模以上医药制造业工业企业综合能源消费量 …… 32
2-A-23 分地区规模以上化学纤维制造业工业企业综合能源消费量 …… 33
2-A-24 分地区规模以上橡胶制品业工业企业综合能源消费量 …… 34
2-A-25 分地区规模以上塑料制品业工业企业综合能源消费量 …… 35
2-A-26 分地区规模以上非金属矿物制品业工业企业综合能源消费量 …… 36

2-A-27　分地区规模以上黑色金属冶炼及压延加工业工业企业综合能源消费量 …… 37
2-A-28　分地区规模以上有色金属冶炼及压延加工业工业企业综合能源消费量 …… 38
2-A-29　分地区规模以上金属制品业工业企业综合能源消费量 …… 39
2-A-30　分地区规模以上通用设备制造业工业企业综合能源消费量 …… 40
2-A-31　分地区规模以上专用设备制造业工业企业综合能源消费量 …… 41
2-A-32　分地区规模以上交通运输设备制造业工业企业综合能源消费量 …… 42
2-A-33　分地区规模以上电气机械及器材制造业工业企业综合能源消费量 …… 43
2-A-34　分地区规模以上通信设备、计算机及其他电子设备制造业工业企业综合能源消费量 …… 44
2-A-35　分地区规模以上仪器仪表及文化、办公用机械制造业工业企业综合能源消费量 …… 45
2-A-36　分地区规模以上工艺品及其他制造业工业企业综合能源消费量 …… 46
2-A-37　分地区规模以上废弃资源和废旧材料回收加工业工业企业综合能源消费量 …… 47
2-A-38　分地区规模以上电力、热力的生产和供应业工业企业综合能源消费量 …… 48
2-A-39　分地区规模以上燃气生产和供应业工业企业综合能源消费量 …… 49
2-A-40　分地区规模以上水的生产和供应业工业企业综合能源消费量 …… 50

B.分地区分行业分能源品种规模以上工业企业能源消费量

2-B-1　分地区分能源品种规模以上工业企业能源消费量 …… 51
2-B-2　分地区分能源品种规模以上煤炭开采和洗选业工业企业能源消费量 …… 54
2-B-3　分地区分能源品种规模以上石油和天然气开采业工业企业能源消费量 …… 57
2-B-4　分地区分能源品种规模以上黑色金属矿采选业工业企业能源消费量 …… 60
2-B-5　分地区分能源品种规模以上有色金属矿采选业工业企业能源消费量 …… 63
2-B-6　分地区分能源品种规模以上非金属矿采选业工业企业能源消费量 …… 66
2-B-7　分地区分能源品种规模以上其他采矿业工业企业能源消费量 …… 69
2-B-8　分地区分能源品种规模以上农副食品加工业工业企业能源消费量 …… 72
2-B-9　分地区分能源品种规模以上食品制造业工业企业能源消费量 …… 75
2-B-10　分地区分能源品种规模以上饮料制造业工业企业能源消费量 …… 78
2-B-11　分地区分能源品种规模以上烟草制品业工业企业能源消费量 …… 81
2-B-12　分地区分能源品种规模以上纺织业工业企业能源消费量 …… 84
2-B-13　分地区分能源品种规模以上纺织服装、鞋、帽制造业工业企业能源消费量 …… 87
2-B-14　分地区分能源品种规模以上皮革、毛皮、羽毛(绒)及其制品业工业企业能源消费量 …… 90
2-B-15　分地区分能源品种规模以上木材加工及木、竹、藤、棕、草制品业工业企业能源消费量 …… 93
2-B-16　分地区分能源品种规模以上家具制造业工业企业能源消费量 …… 96
2-B-17　分地区分能源品种规模以上造纸及纸制品业工业企业能源消费量 …… 99
2-B-18　分地区分能源品种规模以上印刷业和记录媒介的复制工业企业能源消费量 …… 102
2-B-19　分地区分能源品种规模以上文教体育用品制造业工业企业能源消费量 …… 105
2-B-20　分地区分能源品种规模以上石油加工、炼焦及核燃料加工业工业企业能源消费量 …… 108
2-B-21　分地区分能源品种规模以上化学原料及化学制品制造业工业企业能源消费量 …… 111
2-B-22　分地区分能源品种规模以上医药制造业工业企业能源消费量 …… 114
2-B-23　分地区分能源品种规模以上化学纤维制造业工业企业能源消费量 …… 117
2-B-24　分地区分能源品种规模以上橡胶制品业工业企业能源消费量 …… 120
2-B-25　分地区分能源品种规模以上塑料制品业工业企业能源消费量 …… 123
2-B-26　分地区分能源品种规模以上非金属矿物制品业工业企业能源消费量 …… 126

2-B-27　分地区分能源品种规模以上黑色金属冶炼及压延加工业工业企业能源消费量 ……………… 129
2-B-28　分地区分能源品种规模以上有色金属冶炼及压延加工业工业企业能源消费量 ……………… 132
2-B-29　分地区分能源品种规模以上金属制品业工业企业能源消费量 …………………………………… 135
2-B-30　分地区分能源品种规模以上通用设备制造业工业企业能源消费量 ……………………………… 138
2-B-31　分地区分能源品种规模以上专用设备制造业工业企业能源消费量 ……………………………… 141
2-B-32　分地区分能源品种规模以上交通运输设备制造业工业企业能源消费量 ………………………… 144
2-B-33　分地区分能源品种规模以上电气机械及器材制造业工业企业能源消费量 ……………………… 147
2-B-34　分地区分能源品种规模以上通信设备、计算机及其他电子设备制造业
　　　　工业企业能源消费量 ……………………………………………………………………………… 150
2-B-35　分地区分能源品种规模以上仪器仪表及文化、办公用机械制造业工业企业能源消费量 … 153
2-B-36　分地区分能源品种规模以上工艺品及其他制造业工业企业能源消费量 ……………………… 156
2-B-37　分地区分能源品种规模以上废弃资源和废旧材料回收加工业工业企业能源消费量 ……… 159
2-B-38　分地区分能源品种规模以上电力、热力的生产和供应业工业企业能源消费量 ……………… 162
2-B-39　分地区分能源品种规模以上燃气生产和供应业工业企业能源消费量 ………………………… 165
2-B-40　分地区分能源品种规模以上水的生产和供应业工业企业能源消费量 ………………………… 168

C.分地区分行业分能源品种规模以上工业企业工业生产消费量

2-C-1　分地区分能源品种规模以上工业企业工业生产消费量 ………………………………………… 171
2-C-2　分地区分能源品种规模以上煤炭开采和洗选业工业企业工业生产消费量 ………………… 174
2-C-3　分地区分能源品种规模以上石油和天然气开采业工业企业工业生产消费量 ……………… 177
2-C-4　分地区分能源品种规模以上黑色金属矿采选业工业企业工业生产消费量 ………………… 180
2-C-5　分地区分能源品种规模以上有色金属矿采选业工业企业工业生产消费量 ………………… 183
2-C-6　分地区分能源品种规模以上非金属矿采选业工业企业工业生产消费量 …………………… 186
2-C-7　分地区分能源品种规模以上其他采矿业工业企业工业生产消费量 ………………………… 189
2-C-8　分地区分能源品种规模以上农副食品加工业工业企业工业生产消费量 …………………… 192
2-C-9　分地区分能源品种规模以上食品制造业工业企业工业生产消费量 ………………………… 195
2-C-10　分地区分能源品种规模以上饮料制造业工业企业工业生产消费量 ………………………… 198
2-C-11　分地区分能源品种规模以上烟草制品业工业企业工业生产消费量 ………………………… 201
2-C-12　分地区分能源品种规模以上纺织业工业企业工业生产消费量 ……………………………… 204
2-C-13　分地区分能源品种规模以上纺织服装、鞋、帽制造业工业企业工业生产消费量 ………… 207
2-C-14　分地区分能源品种规模以上皮革、毛皮、羽毛(绒)及其制品业工业
　　　　企业工业生产消费量 ……………………………………………………………………………… 210
2-C-15　分地区分能源品种规模以上木材加工及木、竹、藤、棕、草制品业
　　　　工业企业工业生产消费量 ………………………………………………………………………… 213
2-C-16　分地区分能源品种规模以上家具制造业工业企业工业生产消费量 ………………………… 216
2-C-17　分地区分能源品种规模以上造纸及纸制品业工业企业工业生产消费量 …………………… 219
2-C-18　分地区分能源品种规模以上印刷业和记录媒介的复制工业企业工业生产消费量 ………… 222
2-C-19　分地区分能源品种规模以上文教体育用品制造业工业企业工业生产消费量 ……………… 225
2-C-20　分地区分能源品种规模以上石油加工、炼焦及核燃料加工业工业企业工业生产消费量 … 228
2-C-21　分地区分能源品种规模以上化学原料及化学制品制造业工业企业工业生产消费量 ……… 231
2-C-22　分地区分能源品种规模以上医药制造业工业企业工业生产消费量 ………………………… 234
2-C-23　分地区分能源品种规模以上化学纤维制造业工业企业工业生产消费量 …………………… 237
2-C-24　分地区分能源品种规模以上橡胶制品业工业企业工业生产消费量 ………………………… 240

2-C-25 分地区分能源品种规模以上塑料制品业工业企业工业生产消费量 …… 243
2-C-26 分地区分能源品种规模以上非金属矿物制品业工业企业工业生产消费量 …… 246
2-C-27 分地区分能源品种规模以上黑色金属冶炼及压延加工业工业企业工业生产消费量 …… 249
2-C-28 分地区分能源品种规模以上有色金属冶炼及压延加工业工业企业工业生产消费量 …… 252
2-C-29 分地区分能源品种规模以上金属制品业工业企业工业生产消费量 …… 255
2-C-30 分地区分能源品种规模以上通用设备制造业工业企业工业生产消费量 …… 258
2-C-31 分地区分能源品种规模以上专用设备制造业工业企业工业生产消费量 …… 261
2-C-32 分地区分能源品种规模以上交通运输设备制造业工业企业工业生产消费量 …… 264
2-C-33 分地区分能源品种规模以上电气机械及器材制造业工业企业工业生产消费量 …… 267
2-C-34 分地区分能源品种规模以上通信设备、计算机及其他电子设备制造业工业企业工业生产消费量 …… 270
2-C-35 分地区分能源品种规模以上仪器仪表及文化、办公用机械制造业工业企业工业生产消费量 …… 273
2-C-36 分地区分能源品种规模以上工艺品及其他制造业工业企业工业生产消费量 …… 276
2-C-37 分地区分能源品种规模以上废弃资源和废旧材料回收加工业工业企业工业生产消费量 … 279
2-C-38 分地区分能源品种规模以上电力、热力的生产和供应业工业企业工业生产消费量 …… 282
2-C-39 分地区分能源品种规模以上燃气生产和供应业工业企业工业生产消费量 …… 285
2-C-40 分地区分能源品种规模以上水的生产和供应业工业企业工业生产消费量 …… 288

第三篇　水消费情况

3-1 分行业水消费量 …… 293
3-2 规模以上工业企业分行业取水量 …… 295
3-3 分地区规模以上工业企业取水量 …… 296
3-4 分地区规模以上采矿业工业企业取水量 …… 297
3-5 分地区规模以上煤炭开采和洗选业工业企业取水量 …… 298
3-6 分地区规模以上石油和天然气开采业工业企业取水量 …… 299
3-7 分地区规模以上黑色金属矿采选业工业企业取水量 …… 300
3-8 分地区规模以上有色金属矿采选业工业企业取水量 …… 301
3-9 分地区规模以上非金属矿采选业工业企业取水量 …… 302
3-10 分地区规模以上其他采矿业工业企业取水量 …… 303
3-11 分地区规模以上制造业工业企业取水量 …… 304
3-12 分地区规模以上农副食品加工业工业企业取水量 …… 305
3-13 分地区规模以上食品制造业工业企业取水量 …… 306
3-14 分地区规模以上饮料制造业工业企业取水量 …… 307
3-15 分地区规模以上烟草制品业工业企业取水量 …… 308
3-16 分地区规模以上纺织业工业企业取水量 …… 309
3-17 分地区规模以上工业纺织服装、鞋、帽制造业取水量 …… 310
3-18 分地区规模以上皮革、毛皮、羽毛(绒)及其制品业取水量 …… 311
3-19 分地区规模以上木材加工及木、竹、藤、棕、草制品业工业企业取水量 …… 312
3-20 分地区规模以上家具制造业工业企业取水量 …… 313
3-21 分地区规模以上造纸及纸制品业工业企业取水量 …… 314
3-22 分地区规模以上印刷业和记录媒介的复制工业企业取水量 …… 315
3-23 分地区规模以上文教体育用品制造业工业企业取水量 …… 316

3-24 分地区规模以上石油加工、炼焦及核燃料加工业工业企业取水量 …… 317
3-25 分地区规模以上化学原料及化学制品制造业工业企业取水量 …… 318
3-26 分地区规模以上医药制造业工业企业取水量 …… 319
3-27 分地区规模以上化学纤维制造业工业企业取水量 …… 320
3-28 分地区规模以上橡胶制品业工业企业取水量 …… 321
3-29 分地区规模以上塑料制品业工业企业取水量 …… 322
3-30 分地区规模以上非金属矿物制品业工业企业取水量 …… 323
3-31 分地区规模以上黑色金属冶炼及压延加工业工业企业取水量 …… 324
3-32 分地区规模以上有色金属冶炼及压延加工业工业企业取水量 …… 325
3-33 分地区规模以上金属制品业工业企业取水量 …… 326
3-34 分地区规模以上通用设备制造业工业企业取水量 …… 327
3-35 分地区规模以上专用设备制造业工业企业取水量 …… 328
3-36 分地区规模以上交通运输设备制造业工业企业取水量 …… 329
3-37 分地区规模以上电气机械及器材制造业工业企业取水量 …… 330
3-38 分地区规模以上通信设备、计算机及其他电子设备制造业工业企业取水量 …… 331
3-39 分地区规模以上仪器仪表及文化、办公用机械制造业工业企业取水量 …… 332
3-40 分地区规模以上工艺品及其他制造业工业企业取水量 …… 333
3-41 分地区规模以上废弃资源和废旧材料回收加工业工业企业取水量 …… 334
3-42 分地区规模以上电力、燃气工业企业取水量 …… 335
3-43 分地区规模以上电力、热力的生产和供应业工业企业取水量 …… 336
3-44 分地区规模以上燃气生产和供应业工业企业取水量 …… 337

第四篇 主要耗能设备情况

4-1 炼焦生产企业焦炉情况 …… 341
4-2 烧碱生产企业烧碱隔膜电解槽情况 …… 343
4-3 烧碱生产企业烧碱离子电解槽情况 …… 344
4-4 电石生产企业内燃式电石炉情况 …… 345
4-5 电石生产企业密闭式电石炉情况 …… 347
4-6 黄磷生产企业电炉情况 …… 349
4-7 铜冶炼企业熔炼炉情况 …… 351
4-8 铜冶炼企业吹炼炉情况 …… 354
4-9 铝冶炼企业氧化铝熟料窑情况 …… 355
4-10 铝冶炼企业氧化铝焙烧窑(炉)情况 …… 356
4-11 铝冶炼企业铝电解槽情况 …… 357
4-12 铅、锌冶炼企业铅鼓风炉(含ISP工艺)情况 …… 359
4-13 铅、锌冶炼企业铅烧结炉(含ISP工艺)情况 …… 360
4-14 铅、锌冶炼企业铅艾萨炉情况 …… 361
4-15 铅、锌冶炼企业铅富氧底吹炉情况 …… 362
4-16 铅、锌冶炼企业铅卡而多炉情况 …… 363
4-17 铅、锌冶炼企业炼锌竖罐(蒸馏炉)情况 …… 364
4-18 铅、锌冶炼企业锌湿法冶炼回转窑情况 …… 365
4-19 铅、锌冶炼企业锌电解槽情况 …… 366
4-20 水泥生产企业水泥窑炉情况 …… 367

4-21　水泥生产企业磨机情况 …… 369
4-22　原油加工和石油制品生产企业常减压蒸馏装置情况 …… 370
4-23　原油加工和石油制品生产企业催化裂化装置情况 …… 371
4-24　原油加工和石油制品生产企业加氢裂化装置情况 …… 372
4-25　原油加工和石油制品生产企业催化重整装置情况 …… 373
4-26　原油加工和石油制品生产企业聚丙烯装置情况 …… 374
4-27　原油加工和石油制品生产企业乙烯装置情况 …… 375
4-28　原油加工和石油制品生产企业高压聚乙烯装置情况 …… 376
4-29　原油加工和石油制品生产企业低压聚乙烯装置情况 …… 377
4-30　原油加工和石油制品生产企业顺丁橡胶装置情况 …… 378
4-31　原油加工和石油制品生产企业精对苯二甲酸装置情况 …… 379
4-32　钢铁生产企业炼铁高炉情况 …… 380
4-33　钢铁生产企业炼钢转炉情况 …… 382
4-34　钢铁生产企业炼钢电弧炉情况 …… 384
4-35　钢铁生产企业连铸机情况 …… 386
4-36　钢铁生产企业轧机(包括冷拔机)情况 …… 387
4-37　钢铁生产企业铁合金炉情况 …… 388
4-38　电力生产企业机组设备情况一 …… 390
4-39　电力生产企业机组设备情况二 …… 392

附录　主要指标解释 …… 397

第 1 篇

全国能源消费情况

1-1　分行业能源消费量

行　　业	能源消费量（万吨标准煤）	煤炭（万吨）	煤气（亿立方米）	汽油（万吨）	煤油（万吨）
总　　计	**291448.29**	**281095.92**	**2705.81**	**6145.52**	**1294.01**
农、林、牧、渔业	**6013.13**	**1522.57**		**160.44**	**1.26**
工业	**209302.15**	**265574.20**	**2509.82**	**586.11**	**49.08**
建筑业	**3812.53**	**603.18**		**196.19**	**9.67**
房屋和土木工程建筑业	2103.54	443.83		159.58	7.86
建筑安装业	294.00	85.38		19.00	0.94
建筑装饰业	161.48	5.92		12.68	0.62
其他建筑业	1253.51	68.04		4.92	0.25
交通运输储运业和邮政业	**22917.25**	**665.41**	**0.28**	**3090.43**	**1174.59**
铁路运输业	2448.18	617.20	0.18	8.94	0.09
道路运输业	9284.27	17.91	0.01	1313.71	4.50
城市公共交通业	3744.76	2.19		1259.77	0.40
水上运输业	3177.98	8.99		104.79	3.20
航空运输业	1983.32	11.71	0.07	54.13	1166.23
管道运输业	527.84	0.08	0.02	0.06	
装卸搬运及其他运输服务业	305.63	0.77		72.12	0.10
仓储业	442.75	1.78		83.69	0.02
邮政业	1002.54	4.78		193.22	0.05
批发、零售业和住宿、餐饮业	**5733.58**	**1791.39**	**10.05**	**135.28**	**20.82**
批发和零售业	2866.17	662.84	1.43	125.02	20.14
住宿和餐饮业	2867.41	1128.55	8.62	10.26	0.68
其他	**11771.34**	**1791.56**	**1.79**	**1121.93**	**25.90**
信息传输、计算机服务和软件业	625.67	17.31	0.03	50.74	0.18
金融业	518.17	47.08	0.06	74.19	0.30
房地产业	1937.12	322.54	0.25	35.11	0.48
租赁和商务服务业	1151.15	160.70	0.10	102.30	2.80
科学研究、技术服务和地质勘查业	593.59	59.25	0.03	72.39	9.02
水利、环境和公共设施管理业	696.10	34.35	0.01	34.60	1.41
居民服务和其他服务业	436.89	66.51	0.09	24.11	1.37
教育	1993.37	498.84	0.36	82.21	2.81
卫生、社会保障和社会福利业	1036.36	206.79	0.30	55.82	1.23
文化、体育和娱乐业	389.16	19.15	0.10	20.22	0.30
公共管理和社会组织	2393.75	359.05	0.47	570.23	6.01
生活消费	**31898.32**	**9147.61**	**183.87**	**855.14**	**12.68**
城镇	19615.20	2434.68	182.44	608.63	1.72
乡村	12283.12	6712.93	1.43	246.51	10.96

注：此表能源消费量是按发电煤耗计算法计算。发电煤耗计算法是指电力按当年平均火力发电煤耗换算成标准煤(下表同)。

1-1 续表

行　　业	柴油 （万吨）	燃料油 （万吨）	液化石油气 （万吨）	天然气 （亿立方米）	电力 （亿千瓦时）
总　　计	**13532.58**	**3237.15**	**2118.92**	**812.94**	**34541.35**
农、林、牧、渔业	**1098.87**	**1.50**	**3.71**		**887.05**
工业	**2517.02**	**2039.47**	**499.37**	**531.60**	**25388.63**
建筑业	**370.79**	**37.70**	**6.16**	**0.99**	**367.34**
房屋和土木工程建筑业	305.63	37.32	0.38	0.99	294.85
建筑安装业	43.53		5.68		35.91
建筑装饰业	19.67	0.25	0.10		32.29
其他建筑业	1.95	0.13			4.30
交通运输储运业和邮政业	**7649.31**	**1142.77**	**56.68**	**71.55**	**571.82**
铁路运输业	623.87	1.56	0.69	0.59	299.24
道路运输业	4832.89	1.48	6.02	2.47	66.48
城市公共交通业	693.72	1.56	33.33	53.58	31.88
水上运输业	985.98	1078.47	14.08		3.20
航空运输业	22.59	53.12	0.05	0.32	18.73
管道运输业	0.05	6.58	2.00	9.43	21.59
装卸搬运及其他运输服务业	112.78			1.92	2.00
仓储业	68.26			1.53	59.61
邮政业	309.17		0.51	1.70	69.09
批发、零售业和住宿、餐饮业	**152.72**	**6.25**	**51.35**	**17.75**	**1017.44**
批发和零售业	112.03	1.99	8.37	3.05	634.88
住宿和餐饮业	40.69	4.26	42.98	14.70	382.56
其他	**1151.80**	**9.46**	**44.68**	**20.92**	**1912.97**
信息传输、计算机服务和软件业	19.88	0.13	0.39	0.16	189.24
金融业	11.95	0.05	0.81	0.19	116.06
房地产业	76.90	6.31	2.48	7.21	321.45
租赁和商务服务业	143.67	0.24	3.20	1.50	205.74
科学研究、技术服务和地质勘查业	287.66	0.56	2.21	1.10	81.10
水利、环境和公共设施管理业	99.60	0.38	3.70	0.20	193.04
居民服务和其他服务业	49.45	0.20	1.37	0.63	78.96
教育	91.99	0.38	13.00	5.23	198.95
卫生、社会保障和社会福利业	56.11	0.40	3.23	2.11	149.04
文化、体育和娱乐业	20.62	0.03	1.58	0.59	107.80
公共管理和社会组织	293.97	0.79	12.73	2.01	271.59
生活消费	**592.08**		**1456.97**	**170.12**	**4396.10**
城镇	439.33		1108.10	169.52	2557.28
乡村	152.75		348.87	0.60	1838.82

1-2　工业分行业能源消费量

行　　业	能源消费量（万吨标准煤）	煤炭（万吨）	焦炭（万吨）	煤气（亿立方米）	汽油（万吨）
工　业	**209302.15**	**265574.20**	**29756.70**	**2509.82**	**586.11**
采矿业	**17050.44**	**19501.07**	**181.87**	**15.97**	**65.73**
煤炭开采和洗选业	9356.17	18317.30	55.80	12.63	22.36
石油和天然气开采业	4210.04	299.41	0.01		27.84
黑色金属矿采选业	1408.03	182.05	102.92	3.34	5.96
有色金属矿采选业	863.14	95.75	12.17		4.39
非金属矿采选业	1028.27	605.16	10.97		5.14
其他采矿业	184.79	1.39			0.04
制造业	**172106.52**	**108176.80**	**29538.48**	**2475.42**	**492.78**
农副食品加工业	2731.34	1641.55	13.20	0.02	17.58
食品制造业	1544.66	1071.85	7.92	0.42	9.87
饮料制造业	1161.85	856.53	1.05		9.14
烟草制品业	232.60	94.94	0.83	0.23	0.88
纺织业	6396.38	2529.12	5.28	0.47	22.48
纺织服装、鞋、帽制造业	725.34	229.35	3.23	0.08	12.58
皮革、毛皮、羽毛(绒)及其制品业	388.73	85.60	0.22		6.05
木材加工及木、竹、藤、棕、草制品业	981.91	440.00	2.59		7.89
家具制造业	181.80	33.46	1.06	0.02	4.03
造纸及纸制品业	3998.65	3858.05	5.66	0.12	11.96
印刷业和记录媒介的复制	349.81	41.52	0.32	0.02	8.18
文教体育用品制造业	219.76	18.25	5.30		4.23
石油加工、炼焦及核燃料加工业	13747.01	26437.72	103.48	116.33	20.05
化学原料及化学制品制造业	28961.13	15067.46	2248.82	34.22	51.75
医药制造业	1360.49	717.67	1.55	0.18	11.33
化学纤维制造业	1448.58	751.47	18.48		2.04
橡胶制品业	1335.83	458.39	2.50	0.03	13.73
塑料制品业	1852.37	312.40	4.38	0.01	17.14
非金属矿物制品业	25460.52	23049.05	305.49	26.32	38.03
黑色金属冶炼及压延加工业	51862.92	24126.17	25477.78	2156.92	24.72
有色金属冶炼及压延加工业	11287.99	3301.39	498.07	87.44	7.00
金属制品业	3023.79	342.56	90.83	0.35	29.38
通用设备制造业	2758.11	436.37	473.50	13.45	40.51
专用设备制造业	1630.28	548.01	91.58	22.81	21.60
交通运输设备制造业	2732.58	835.57	139.70	1.28	46.46
电气机械及器材制造业	1791.10	179.34	25.78	1.13	26.68
通信设备、计算机及其他电子设备制造业	2197.44	185.11	0.87	0.25	16.13
仪器仪表及文化、办公用机械制造业	284.98	26.55	3.77	0.01	5.15
工艺品及其他制造业	1401.72	491.79	2.18	2.96	5.84
废弃资源和废旧材料回收加工业	56.84	9.54	3.04	0.34	0.38
电力、燃气及水的生产和供应业	**20145.19**	**137896.33**	**36.35**	**28.43**	**27.60**
电力、热力的生产和供应业	18676.48	136725.09	7.13	16.64	21.99
燃气生产和供应业	634.60	1136.08	29.15	11.79	2.10
水的生产和供应业	834.11	35.16	0.07		3.51

1-2 续表

行　业	煤油（万吨）	柴油（万吨）	燃料油（万吨）	液化石油气（万吨）	天然气（亿立方米）	电力（亿千瓦时）
工　业	**49.08**	**2517.02**	**2039.47**	**499.37**	**531.60**	**25388.63**
采矿业	**5.38**	**525.91**	**49.12**	**2.01**	**109.67**	**1701.27**
煤炭开采和洗选业	2.87	93.48	6.44	0.25	5.14	639.93
石油和天然气开采业	0.13	272.77	41.43	1.41	104.41	318.43
黑色金属矿采选业	1.03	54.66	0.65		0.04	320.08
有色金属矿采选业	0.77	19.64	0.20	0.03	0.04	222.46
非金属矿采选业	0.58	83.47	0.41	0.32	0.05	146.00
其他采矿业		1.90				54.37
制造业	**43.46**	**1688.64**	**1604.91**	**428.12**	**337.92**	**18588.88**
农副食品加工业	0.42	59.28	10.86	4.01	0.54	362.28
食品制造业	0.26	30.17	15.43	4.20	2.10	166.44
饮料制造业	0.49	20.57	11.35	0.59	0.95	110.97
烟草制品业		6.66	1.06	0.01	0.38	38.62
纺织业	1.38	51.24	36.01	3.39	1.49	1126.38
纺织服装、鞋、帽制造业	0.49	38.06	6.98	1.37	0.20	130.07
皮革、毛皮、羽毛(绒)及其制品业	0.24	20.49	11.12	0.14	0.06	76.99
木材加工及木、竹、藤、棕、草制品业	0.46	16.80	1.99	0.27	0.22	175.40
家具制造业	0.18	13.81	0.29	1.53	0.39	34.90
造纸及纸制品业	0.91	36.32	23.91	3.60	1.11	471.79
印刷业和记录媒介的复制	0.53	17.19	1.80	1.68	0.46	77.26
文教体育用品制造业	0.17	18.49	2.67	1.38		47.72
石油加工、炼焦及核燃料加工业	2.08	59.26	320.27	141.12	26.03	423.80
化学原料及化学制品制造业	3.87	194.22	286.71	69.67	200.03	2761.34
医药制造业	0.43	15.03	6.00	1.18	1.81	182.90
化学纤维制造业	0.29	13.62	32.43	0.53	0.48	264.28
橡胶制品业	0.15	9.09	15.85	0.42	0.53	271.06
塑料制品业	1.04	51.43	16.13	2.33	1.09	435.88
非金属矿物制品业	2.32	329.57	515.13	86.81	43.75	1959.68
黑色金属冶炼及压延加工业	2.25	124.97	98.40	24.24	17.06	3693.10
有色金属冶炼及压延加工业	2.18	75.37	98.41	8.63	6.08	2511.23
金属制品业	2.65	74.89	15.44	17.16	2.06	728.52
通用设备制造业	6.32	71.25	9.33	6.48	5.50	490.99
专用设备制造业	0.98	41.04	7.27	4.60	5.08	251.28
交通运输设备制造业	9.05	118.85	14.23	10.25	11.62	471.93
电气机械及器材制造业	1.58	69.40	12.04	20.06	2.33	402.25
通信设备、计算机及其他电子设备制造业	0.86	76.22	30.44	8.33	6.26	530.93
仪器仪表及文化、办公用机械制造业	1.39	13.49	0.20	0.26	0.25	66.35
工艺品及其他制造业	0.44	18.13	2.53	3.76	0.05	313.06
废弃资源和废旧材料回收加工业	0.05	3.74	0.65	0.13		11.47
电力、燃气及水的生产和供应业	**0.25**	**302.46**	**385.44**	**69.23**	**84.01**	**5098.48**
电力、热力的生产和供应业	0.23	284.23	382.83	0.04	73.92	4804.88
燃气生产和供应业	0.01	14.55	2.05	69.19	9.99	55.08
水的生产和供应业	0.01	3.68	0.56		0.10	238.52

1-3　分地区分品种能源消费量

地　区	能源消费量（万吨标准煤）	煤炭（万吨）	焦炭（万吨）	天然气（亿立方米）	电力（亿千瓦小时）
北　京	6327.1	2747.7	232.9	60.7	708.2
天　津	5363.6	3972.8	719.2	16.8	535.3
河　北	24321.9	24418.6	6007.7	17.2	2095.0
山　西	15675.4	28372.7	2358.8	6.6	1313.5
内蒙古	14100.3	22241.8	1380.6	30.5	1220.6
辽　宁	17801.3	15346.7	2440.8	16.2	1412.0
吉　林	7221.4	8367.4	541.8	13.8	496.5
黑龙江	9979.4	11203.9	227.3	31.5	697.1
上　海	10207.4	5463.9	714.4	30.0	1138.2
江　苏	22232.2	20736.7	1889.0	63.1	3118.3
浙　江	15106.9	13040.9	486.0	17.7	2322.9
安　徽	8325.4	11377.1	851.2	7.2	858.9
福　建	8254.0	6595.9	368.0	1.5	1149.8
江　西	5383.0	5267.5	581.4	2.5	546.8
山　东	30569.9	34389.6	2611.9	34.5	2727.0
河　南	18976.3	23867.5	1489.0	38.2	2092.6
湖　北	12844.7	10196.1	952.3	15.6	1076.2
湖　南	12355.3	10169.0	998.9	8.2	1128.5
广　东	23476.2	13298.2	449.6	53.6	3506.8
广　西	6497.1	4676.3	580.0	1.0	760.8
海　南	1135.3	471.9	14.9	26.8	123.0
重　庆	6472.4	5272.7	342.4	48.8	485.9
四　川	15145.1	10727.4	1119.1	108.9	1213.3
贵　州	7084.0	9732.2	451.0	4.7	679.2
云　南	7510.8	7915.7	1331.4	5.3	829.4
陕　西	7417.5	8941.3	388.0	51.6	708.0
甘　肃	5346.3	4682.9	544.2	12.0	677.8
青　海	2279.2	1316.5	150.2	22.9	313.2
宁　夏	3229.3	4287.0	238.0	11.0	439.6
新　疆	7069.4	5708.6	456.1	69.8	479.4

注：由于折算系数的不同，各地区相加的能源消费总量数与全国数不等。

1-3 续表

地区	原油（万吨）	汽油（万吨）	煤油（万吨）	柴油（万吨）	燃料油（万吨）
北京	1116.8	340.9	318.4	227.2	25.6
天津	790.3	148.8	18.1	289.8	92.5
河北	1357.6	211.1	7.4	531.7	65.8
山西		236.6	14.7	472.8	12.1
内蒙古	189.3	260.9	7.2	686.2	13.8
辽宁	5945.2	410.5	25.0	778.4	379.7
吉林	915.2	130.3	1.2	312.6	39.8
黑龙江	1736.0	279.0	0.5	440.5	69.9
上海	1951.6	340.5	321.5	427.1	788.7
江苏	2313.1	561.8	21.5	646.2	218.0
浙江	2287.3	475.4	54.9	898.6	219.9
安徽	426.3	127.4	11.0	309.6	15.6
福建	311.0	250.5	52.0	433.1	142.3
江西	411.0	75.7	8.0	288.5	27.0
山东	4627.0	588.6	30.7	1257.7	355.4
河南	704.2	191.8	16.5	543.5	46.1
湖北	884.3	624.2	49.7	613.5	107.0
湖南	614.1	231.8	25.4	375.5	41.4
广东	3046.2	886.9	183.1	1518.9	1077.8
广西	133.3	202.0	16.1	355.5	9.9
海南	796.8	38.9	80.2	93.8	29.6
重庆		96.6	30.4	257.6	8.1
四川	285.5	375.9	126.6	473.9	12.6
贵州		123.4	3.0	226.5	23.2
云南	0.1	178.9	38.2	412.0	5.2
陕西	1764.7	219.1	15.6	443.6	5.9
甘肃	1394.4	50.2	5.5	168.6	12.7
青海	109.2	21.4	0.4	78.4	0.1
宁夏	183.7	20.7	3.7	96.5	2.0
新疆	1940.5	123.7	38.2	335.4	27.3

第2篇

规模以上工业能源消费情况

A. 分地区分行业规模以上工业企业综合能源消费量

2-A-1　分地区规模以上工业企业综合能源消费量

地　区	企业数 (个)	综合能源消费量 (吨标准煤)
北　京	6928	21865772
天　津	7442	31775468
河　北	12302	166838270
山　西	4347	128816580
内蒙古	3974	106567994
辽　宁	21792	117448421
吉　林	5255	47763914
黑龙江	4343	54443758
上　海	18553	52927168
江　苏	65581	175063563
浙　江	58790	94330654
安　徽	11253	63927038
福　建	17193	44367220
江　西	7366	36726417
山　东	42571	228833026
河　南	18237	142999552
湖　北	12014	62858788
湖　南	12311	60638652
广　东	52602	133202313
广　西	5327	37632051
海　南	535	6466797
重　庆	6118	27574866
四　川	13678	90262588
贵　州	2618	37761306
云　南	3296	42205325
西　藏	85	281821
陕　西	4004	47054101
甘　肃	1934	35150725
青　海	474	11895480
宁　夏	896	24716901
新　疆	1844	37921061

2-A-2 分地区规模以上煤炭开采和洗选业工业企业综合能源消费量

地 区	企业数 (个)	综合能源消费量 (吨标准煤)
北 京	24	31881
天 津	2	82
河 北	202	8047546
山 西	1518	24771472
内蒙古	353	8613953
辽 宁	247	6995061
吉 林	151	2359909
黑龙江	315	8133806
上 海		
江 苏	21	1839464
浙 江	1	266168
安 徽	116	4111791
福 建	208	68116
江 西	244	2734763
山 东	321	11898282
河 南	737	11213596
湖 北	189	55512
湖 南	899	2091787
广 东		
广 西	14	55373
海 南		
重 庆	603	2475742
四 川	1072	6985760
贵 州	604	2109277
云 南	453	1584510
西 藏		
陕 西	460	1181989
甘 肃	76	534805
青 海	14	130550
宁 夏	107	2148394
新 疆	119	813090

2-A-3　分地区规模以上石油和天然气开采业工业企业综合能源消费量

地　区	企业数 (个)	综合能源消费量 (吨标准煤)
北　京	3	151135
天　津	7	1128733
河　北	5	919082
山　西	2	4323
内蒙古	9	193398
辽　宁	17	3725307
吉　林	59	1781752
黑龙江	28	4521752
上　海	1	4634
江　苏	2	241254
浙　江		
安　徽		
福　建		
江　西		
山　东	25	3194453
河　南	6	2007179
湖　北	6	501675
湖　南		
广　东	9	708049
广　西	1	1265
海　南	1	1376
重　庆	4	77459
四　川	18	1393812
贵　州		
云　南	1	1
西　藏		
陕　西	59	3542648
甘　肃	2	355306
青　海	2	1718890
宁　夏	1	1295
新　疆	29	6891969

2-A-4 分地区规模以上黑色金属矿采选业工业企业综合能源消费量

地 区	企业数 (个)	综合能源消费量 (吨标准煤)
北 京	8	48735
天 津	1	30
河 北	892	1890383
山 西	184	397359
内蒙古	188	648286
辽 宁	901	1242582
吉 林	81	356764
黑龙江	12	22396
上 海		
江 苏	34	121581
浙 江	7	38708
安 徽	120	232036
福 建	90	146624
江 西	109	173773
山 东	229	602063
河 南	139	155343
湖 北	172	748426
湖 南	161	191781
广 东	83	121982
广 西	87	153314
海 南	5	25926
重 庆	44	104137
四 川	121	634567
贵 州	34	55257
云 南	59	617186
西 藏	8	1914
陕 西	41	56293
甘 肃	60	182899
青 海	11	11634
宁 夏	1	27541
新 疆	66	231626

2-A-5　分地区规模以上有色金属矿采选业工业企业综合能源消费量

地　区	企业数 (个)	综合能源消费量 (吨标准煤)
北　京		
天　津		
河　北	31	67812
山　西	10	32513
内蒙古	130	449164
辽　宁	240	552820
吉　林	40	109933
黑龙江	13	38001
上　海		
江　苏	4	6568
浙　江	28	22557
安　徽	80	39121
福　建	105	84967
江　西	153	160911
山　东	126	360574
河　南	343	471984
湖　北	60	51517
湖　南	341	490734
广　东	59	57052
广　西	161	150528
海　南	23	17324
重　庆	5	8288
四　川	131	302405
贵　州	37	38924
云　南	107	208244
西　藏	9	2995
陕　西	133	140634
甘　肃	76	88560
青　海	16	43066
宁　夏		
新　疆	35	99094

2-A-6 分地区规模以上非金属矿采选业工业企业综合能源消费量

地 区	企业数 (个)	综合能源消费量 (吨标准煤)
北 京	17	25914
天 津	8	167583
河 北	89	131993
山 西	13	31261
内蒙古	96	351713
辽 宁	353	297270
吉 林	84	253423
黑龙江	34	98529
上 海		
江 苏	216	682061
浙 江	267	206295
安 徽	215	351871
福 建	181	144272
江 西	134	333874
山 东	434	481087
河 南	276	287983
湖 北	379	362828
湖 南	250	776456
广 东	287	182996
广 西	80	66183
海 南	8	6031
重 庆	118	190002
四 川	213	1255877
贵 州	42	33669
云 南	40	293308
西 藏	2	1107
陕 西	44	33232
甘 肃	26	52611
青 海	8	67522
宁 夏	1	1378
新 疆	17	66930

2-A-7　分地区规模以上其他采矿业工业企业综合能源消费量

地　区	企业数 (个)	综合能源消费量 (吨标准煤)
北　京		
天　津		
河　北		
山　西		
内蒙古	2	7086
辽　宁	2	4169
吉　林	3	2410
黑龙江		
上　海		
江　苏		
浙　江		
安　徽		
福　建		
江　西		
山　东	7	5830
河　南	1	366
湖　北	3	117
湖　南	1	47
广　东		
广　西	2	35
海　南		
重　庆		
四　川	4	9749
贵　州		
云　南		
西　藏		
陕　西		
甘　肃		
青　海	2	1055
宁　夏		
新　疆		

2-A-8 分地区规模以上农副食品加工业工业企业综合能源消费量

地区	企业数(个)	综合能源消费量(吨标准煤)
北京	222	154910
天津	159	125729
河北	644	2108970
山西	140	271774
内蒙古	505	1041963
辽宁	1623	1299741
吉林	703	3072867
黑龙江	661	1210410
上海	204	156573
江苏	1676	1033390
浙江	1022	404909
安徽	1103	439360
福建	881	451017
江西	450	228577
山东	4499	6179745
河南	1906	2332492
湖北	1212	900254
湖南	849	820164
广东	910	1922671
广西	472	4567842
海南	83	44445
重庆	381	134481
四川	1099	2075932
贵州	137	48561
云南	246	401235
西藏	7	420
陕西	292	329987
甘肃	258	233568
青海	31	17311
宁夏	77	66908
新疆	227	804670

2-A-9 分地区规模以上食品制造业工业企业综合能源消费量

地 区	企业数 (个)	综合能源消费量 (吨标准煤)
北 京	203	187076
天 津	147	178860
河 北	276	828224
山 西	95	289592
内蒙古	147	1431436
辽 宁	410	348565
吉 林	155	335229
黑龙江	172	628990
上 海	302	240693
江 苏	461	586592
浙 江	446	353503
安 徽	223	967735
福 建	429	467360
江 西	168	671658
山 东	1256	3744510
河 南	624	2583363
湖 北	280	1047782
湖 南	308	394177
广 东	788	927187
广 西	144	204183
海 南	29	28218
重 庆	149	134856
四 川	396	677810
贵 州	50	42559
云 南	71	101147
西 藏	3	966
陕 西	134	210014
甘 肃	61	142252
青 海	20	10394
宁 夏	40	328685
新 疆	107	450677

2-A-10 分地区规模以上饮料制造业工业企业综合能源消费量

地区	企业数 (个)	综合能源消费量 (吨标准煤)
北京	67	329690
天津	44	330829
河北	172	553944
山西	57	310095
内蒙古	118	594669
辽宁	235	413718
吉林	201	1543520
黑龙江	134	889376
上海	70	137339
江苏	287	1109901
浙江	343	466486
安徽	247	336560
福建	364	312234
江西	114	160070
山东	537	897816
河南	424	1694986
湖北	293	420669
湖南	235	275703
广东	243	732275
广西	131	467493
海南	18	15124
重庆	79	139293
四川	487	1877577
贵州	92	193549
云南	132	185514
西藏	6	8517
陕西	103	416388
甘肃	79	191660
青海	8	11929
宁夏	21	37165
新疆	48	113746

2-A-11 分地区规模以上烟草制品业工业企业综合能源消费量

地 区	企业数 (个)	综合能源消费量 (吨标准煤)
北 京	2	5518
天 津	1	9992
河 北	4	40855
山 西	1	11877
内蒙古	2	9481
辽 宁	4	10097
吉 林	5	16419
黑龙江	6	37409
上 海	2	18250
江 苏	6	39132
浙 江	4	29622
安 徽	8	46606
福 建	5	33522
江 西	1	20423
山 东	12	58433
河 南	16	52867
湖 北	11	72657
湖 南	7	113503
广 东	14	38105
广 西	3	29487
海 南	1	3728
重 庆	4	25431
四 川	7	51673
贵 州	8	113521
云 南	22	212683
西 藏		
陕 西	8	45305
甘 肃	2	20928
青 海		
宁 夏	1	1
新 疆	1	10973

2-A-12 分地区规模以上纺织业工业企业综合能源消费量

地区	企业数(个)	综合能源消费量(吨标准煤)
北京	152	88733
天津	183	229831
河北	808	1310947
山西	36	89941
内蒙古	201	316800
辽宁	544	502188
吉林	62	102750
黑龙江	73	127007
上海	961	502971
江苏	9095	8665820
浙江	8643	10887923
安徽	632	498963
福建	1004	1719558
江西	441	312138
山东	3806	8420840
河南	1001	1692319
湖北	992	1058568
湖南	327	639617
广东	2966	5518400
广西	162	188897
海南	7	6877
重庆	224	320497
四川	416	1995653
贵州	11	11909
云南	24	106089
西藏	1	207
陕西	121	300937
甘肃	32	72637
青海	7	12439
宁夏	42	14733
新疆	107	310744

2-A-13　分地区规模以上纺织服装、鞋、帽制造业工业企业综合能源消费量

地　区	企业数（个）	综合能源消费量（吨标准煤）
北　京	281	97248
天　津	264	63100
河　北	282	117065
山　西	14	11455
内蒙古	38	19636
辽　宁	814	347682
吉　林	56	41546
黑龙江	15	1793
上　海	1210	181254
江　苏	3960	1100745
浙　江	3196	659672
安　徽	446	49451
福　建	1246	248863
江　西	256	65632
山　东	1423	880254
河　南	258	140391
湖　北	425	131734
湖　南	132	49107
广　东	3563	1592484
广　西	45	5063
海　南	2	757
重　庆	53	11906
四　川	108	78015
贵　州	5	2614
云　南	4	1817
西　藏	1	230
陕　西	26	4413
甘　肃	8	5407
青　海	4	1256
宁　夏	1	65
新　疆	6	1387

2-A-14 分地区规模以上皮革、毛皮、羽毛(绒)及其制品业工业企业综合能源消费量

地 区	企业数（个）	综合能源消费量（吨标准煤）
北 京	35	3779
天 津	52	11736
河 北	364	439922
山 西	1	56
内蒙古	19	7991
辽 宁	190	53733
吉 林	15	9154
黑龙江	13	3958
上 海	270	35813
江 苏	671	142726
浙 江	2171	450333
安 徽	170	38048
福 建	1137	446653
江 西	125	37337
山 东	544	452197
河 南	306	365938
湖 北	51	16931
湖 南	117	89198
广 东	1845	738743
广 西	77	28798
海 南	3	52
重 庆	124	10143
四 川	266	280391
贵 州	1	90
云 南	1	37
西 藏	1	50
陕 西	3	844
甘 肃	12	10302
青 海	1	120
宁 夏	11	2211
新 疆	7	5041

2-A-15　分地区规模以上木材加工及木、竹、藤、棕、草制品业工业企业综合能源消费量

地　区	企业数 (个)	综合能源消费量 (吨标准煤)
北　京	41	14897
天　津	63	32007
河　北	127	377309
山　西	5	35240
内蒙古	113	260159
辽　宁	521	264119
吉　林	365	698733
黑龙江	308	210119
上　海	216	55445
江　苏	1659	1155804
浙　江	923	401305
安　徽	469	224899
福　建	985	682813
江　西	288	190865
山　东	1463	1403518
河　南	550	654626
湖　北	197	180452
湖　南	516	608436
广　东	625	423193
广　西	379	391107
海　南	26	11526
重　庆	41	20618
四　川	230	306374
贵　州	64	22056
云　南	55	94211
西　藏	3	329
陕　西	16	17894
甘　肃	5	6769
青　海		
宁　夏	1	88
新　疆	18	54377

2-A-16 分地区规模以上家具制造业工业企业综合能源消费量

地 区	企业数 (个)	综合能源消费量 (吨标准煤)
北 京	141	30032
天 津	101	44559
河 北	103	127288
山 西	6	341
内蒙古	10	13118
辽 宁	259	157112
吉 林	57	23882
黑龙江	64	36538
上 海	341	45574
江 苏	325	48178
浙 江	816	150215
安 徽	91	4872
福 建	292	70790
江 西	57	15544
山 东	600	301152
河 南	233	82765
湖 北	63	8782
湖 南	98	57761
广 东	1414	434277
广 西	26	3221
海 南	8	1990
重 庆	52	5400
四 川	184	119860
贵 州	2	104
云 南	4	263
西 藏		
陕 西	12	1690
甘 肃	5	1111
青 海	1	105
宁 夏	4	902
新 疆	9	9300

2-A-17　分地区规模以上造纸及纸制品业工业企业综合能源消费量

地　区	企业数（个）	综合能源消费量（吨标准煤）
北　京	139	104681
天　津	184	162680
河　北	299	1729104
山　西	28	86273
内蒙古	37	346791
辽　宁	355	460094
吉　林	75	683168
黑龙江	81	437556
上　海	396	388398
江　苏	980	4451930
浙　江	1524	4314424
安　徽	196	999487
福　建	610	1344573
江　西	155	630288
山　东	1004	7547296
河　南	427	4313608
湖　北	244	827590
湖　南	363	2014306
广　东	1858	5970057
广　西	221	1110672
海　南	15	374400
重　庆	128	415578
四　川	367	1998172
贵　州	41	87543
云　南	81	394758
西　藏	1	24
陕　西	75	632239
甘　肃	24	96844
青　海	2	1844
宁　夏	18	707595
新　疆	37	233703

2-A-18 分地区规模以上印刷业和记录媒介的复制工业企业综合能源消费量

地 区	企业数（个）	综合能源消费量（吨标准煤）
北 京	327	107803
天 津	93	30118
河 北	113	81512
山 西	23	8389
内蒙古	23	4098
辽 宁	203	45238
吉 林	62	24166
黑龙江	59	12755
上 海	455	99988
江 苏	662	100661
浙 江	925	137295
安 徽	148	40975
福 建	234	44583
江 西	84	15067
山 东	455	194094
河 南	205	83171
湖 北	169	90243
湖 南	144	65151
广 东	1446	499428
广 西	70	8439
海 南	15	1771
重 庆	81	16969
四 川	227	145174
贵 州	28	3705
云 南	62	11184
西 藏	5	320
陕 西	50	20812
甘 肃	21	8576
青 海	10	2529
宁 夏	10	3305
新 疆	31	6561

2-A-19　分地区规模以上文教体育用品制造业工业企业综合能源消费量

地　区	企业数 (个)	综合能源消费量 (吨标准煤)
北　京	42	24034
天　津	70	20182
河　北	50	16554
山　西	12	32576
内蒙古		
辽　宁	67	19757
吉　林	14	4036
黑龙江	34	3760
上　海	300	76388
江　苏	813	150571
浙　江	1117	158587
安　徽	159	22884
福　建	228	57852
江　西	71	14258
山　东	398	251524
河　南	44	13507
湖　北	17	4839
湖　南	31	11836
广　东	1266	728479
广　西	14	1611
海　南		
重　庆	6	498
四　川	9	15224
贵　州	3	476
云　南		
西　藏		
陕　西	2	157
甘　肃	2	1050
青　海		
宁　夏		
新　疆		

2-A-20 分地区规模以上石油加工、炼焦及核燃料加工业工业企业综合能源消费量

地 区	企业数(个)	综合能源消费量(吨标准煤)
北 京	44	6313657
天 津	49	2014097
河 北	117	5882372
山 西	240	22812002
内蒙古	39	5102436
辽 宁	296	12651322
吉 林	41	727811
黑龙江	69	8082910
上 海	58	10965767
江 苏	203	3374867
浙 江	62	3375854
安 徽	23	1250634
福 建	23	454304
江 西	22	1879394
山 东	275	16261516
河 南	87	3639668
湖 北	35	1546050
湖 南	37	2150004
广 东	110	10698551
广 西	11	215271
海 南	3	899456
重 庆	31	215692
四 川	91	4256795
贵 州	48	868400
云 南	48	2214880
西 藏		
陕 西	195	4528793
甘 肃	29	5499082
青 海	3	384932
宁 夏	31	806532
新 疆	74	6085238

2-A-21　分地区规模以上化学原料及化学制品制造业工业企业综合能源消费量

地　区	企业数（个）	综合能源消费量（吨标准煤）
北　京	427	1157852
天　津	615	3357247
河　北	888	11918147
山　西	269	12210781
内蒙古	375	11058470
辽　宁	1271	8685201
吉　林	371	7298281
黑龙江	241	3029241
上　海	1226	6737261
江　苏	4951	29031282
浙　江	2193	7422848
安　徽	700	6562731
福　建	727	4088603
江　西	824	1976047
山　东	3673	31775385
河　南	1061	15934874
湖　北	908	11568075
湖　南	1603	9378757
广　东	2669	7186903
广　西	502	3498126
海　南	44	2048516
重　庆	291	5270623
四　川	999	16210423
贵　州	167	5377087
云　南	301	8016287
西　藏	2	82
陕　西	248	6438282
甘　肃	150	2822923
青　海	73	1410777
宁　夏	103	5793633
新　疆	144	4601962

2-A-22 分地区规模以上医药制造业工业企业综合能源消费量

地 区	企业数 (个)	综合能源消费量 (吨标准煤)
北 京	213	163920
天 津	127	244738
河 北	181	1058854
山 西	102	273763
内蒙古	74	562714
辽 宁	277	736388
吉 林	296	505657
黑龙江	118	561773
上 海	251	256283
江 苏	642	862949
浙 江	503	880209
安 徽	210	256172
福 建	110	283609
江 西	245	304321
山 东	657	1770532
河 南	359	1345038
湖 北	310	801438
湖 南	229	377854
广 东	378	672744
广 西	165	167982
海 南	51	15601
重 庆	104	277774
四 川	391	1143864
贵 州	97	68449
云 南	101	97238
西 藏	7	1411
陕 西	176	440309
甘 肃	55	81274
青 海	24	22798
宁 夏	12	185419
新 疆	21	54721

2-A-23 分地区规模以上化学纤维制造业工业企业综合能源消费量

地 区	企业数 (个)	综合能源消费量 (吨标准煤)
北 京	14	8739
天 津	17	9178
河 北	35	307190
山 西	3	38396
内蒙古	1	304
辽 宁	32	846978
吉 林	8	664549
黑龙江	3	57500
上 海	62	78606
江 苏	940	2962732
浙 江	466	2275985
安 徽	27	614900
福 建	88	383930
江 西	12	209554
山 东	104	777175
河 南	36	793772
湖 北	23	264800
湖 南	15	301410
广 东	92	283050
广 西	2	1120
海 南	3	9063
重 庆	4	8406
四 川	22	393831
贵 州	1	208
云 南	1	69190
西 藏		
陕 西	5	9415
甘 肃	3	407301
青 海		
宁 夏		
新 疆	8	382417

2-A-24 分地区规模以上橡胶制品业工业企业综合能源消费量

地 区	企业数(个)	综合能源消费量(吨标准煤)
北 京	44	64615
天 津	113	216439
河 北	289	457745
山 西	22	43328
内蒙古	4	5605
辽 宁	279	490535
吉 林	27	15750
黑龙江	16	104362
上 海	289	262699
江 苏	721	847948
浙 江	663	644626
安 徽	120	181272
福 建	232	316773
江 西	53	89199
山 东	607	2122198
河 南	176	902298
湖 北	86	71708
湖 南	69	81751
广 东	605	545959
广 西	25	73049
海 南	2	4786
重 庆	52	52103
四 川	78	242433
贵 州	9	185162
云 南	9	12252
西 藏		
陕 西	27	39649
甘 肃	7	2280
青 海	1	550
宁 夏	4	77563
新 疆	6	27077

2-A-25　分地区规模以上塑料制品业工业企业综合能源消费量

地　区	企业数 (个)	综合能源消费量 (吨标准煤)
北　京	273	98266
天　津	354	161100
河　北	429	656937
山　西	48	21436
内蒙古	53	270855
辽　宁	837	520374
吉　林	149	73893
黑龙江	126	37635
上　海	1174	474465
江　苏	2766	1103277
浙　江	3459	1759368
安　徽	532	222990
福　建	929	493552
江　西	197	56995
山　东	1490	804623
河　南	451	666208
湖　北	448	235438
湖　南	248	154752
广　东	4246	2606182
广　西	139	50051
海　南	14	8444
重　庆	173	64194
四　川	435	392362
贵　州	49	18102
云　南	80	33983
西　藏		
陕　西	72	27918
甘　肃	57	27694
青　海	5	422
宁　夏	26	6190
新　疆	112	41332

2-A-26 分地区规模以上非金属矿物制品业工业企业综合能源消费量

地 区	企业数(个)	综合能源消费量(吨标准煤)
北 京	474	1987967
天 津	254	1024729
河 北	1150	11083973
山 西	416	3150521
内蒙古	360	4616866
辽 宁	1851	9537083
吉 林	470	4803968
黑龙江	260	2281584
上 海	707	1271618
江 苏	2923	13679869
浙 江	1692	10569760
安 徽	987	11699226
福 建	1923	8880320
江 西	877	7533029
山 东	3922	22514556
河 南	2861	15254977
湖 北	1244	8920107
湖 南	1247	9357252
广 东	2691	20972617
广 西	556	7217195
海 南	46	777158
重 庆	533	5706752
四 川	1441	15472154
贵 州	297	2929303
云 南	311	5102728
西 藏	14	220844
陕 西	360	4678741
甘 肃	166	2700380
青 海	54	953742
宁 夏	117	1874308
新 疆	167	2963414

2-A-27　分地区规模以上黑色金属冶炼及压延加工业工业企业综合能源消费量

地　区	企业数(个)	综合能源消费量(吨标准煤)
北　京	43	3928946
天　津	402	11186417
河　北	483	78177688
山　西	180	20883961
内蒙古	218	17403612
辽　宁	581	35862424
吉　林	60	5612424
黑龙江	50	3114118
上　海	150	13496856
江　苏	1418	34672349
浙　江	821	6578243
安　徽	140	12400378
福　建	187	5552221
江　西	97	7844830
山　东	417	33312727
河　南	299	16324028
湖　北	155	14504756
湖　南	382	11009233
广　东	404	6968028
广　西	256	8524833
海　南	5	188705
重　庆	118	3092621
四　川	368	14337416
贵　州	207	4475303
云　南	140	10578281
西　藏		
陕　西	92	2540549
甘　肃	120	6873397
青　海	43	2141294
宁　夏	74	2257861
新　疆	44	3736494

2-A-28 分地区规模以上有色金属冶炼及压延加工业工业企业综合能源消费量

地 区	企业数 (个)	综合能源消费量 (吨标准煤)
北 京	102	42909
天 津	127	114199
河 北	212	381169
山 西	119	8062683
内蒙古	172	5930752
辽 宁	392	2042155
吉 林	46	359906
黑龙江	25	191552
上 海	284	297643
江 苏	1465	1451299
浙 江	897	1040823
安 徽	161	584607
福 建	139	381107
江 西	455	1241654
山 东	363	9008714
河 南	519	16066839
湖 北	167	1473852
湖 南	642	4057295
广 东	759	2089641
广 西	150	3634701
海 南	6	2684
重 庆	118	945570
四 川	229	2225174
贵 州	98	3259122
云 南	210	3286342
西 藏	2	1638
陕 西	144	2172820
甘 肃	55	4028585
青 海	23	3623006
宁 夏	25	1915108
新 疆	27	343298

2-A-29　分地区规模以上金属制品业工业企业综合能源消费量

地　区	企业数 (个)	综合能源消费量 (吨标准煤)
北　京	485	112436
天　津	845	405803
河　北	813	798062
山　西	96	77635
内蒙古	78	54180
辽　宁	1185	809833
吉　林	147	89637
黑龙江	149	68181
上　海	1771	487445
江　苏	4681	2266082
浙　江	3706	1107421
安　徽	534	143255
福　建	525	175102
江　西	209	99333
山　东	1795	1264108
河　南	602	731480
湖　北	481	320730
湖　南	310	634425
广　东	4766	2655382
广　西	121	79314
海　南	7	11608
重　庆	204	86992
四　川	548	457404
贵　州	29	277668
云　南	63	19477
西　藏	1	82
陕　西	107	48913
甘　肃	58	26725
青　海	19	9109
宁　夏	30	32717
新　疆	62	74870

2-A-30 分地区规模以上通用设备制造业工业企业综合能源消费量

地　区	企业数 (个)	综合能源消费量 (吨标准煤)
北　京	579	194409
天　津	685	324715
河　北	1116	1324950
山　西	269	417887
内蒙古	110	138582
辽　宁	3382	2494347
吉　林	246	347605
黑龙江	334	352121
上　海	2280	789747
江　苏	7920	3570933
浙　江	6727	1796233
安　徽	924	482394
福　建	701	360811
江　西	243	96426
山　东	4279	3853410
河　南	1281	1854687
湖　北	761	821868
湖　南	734	594585
广　东	1954	955224
广　西	189	88550
海　南	3	2354
重　庆	358	279752
四　川	1032	1369752
贵　州	54	31239
云　南	97	71009
西　藏		
陕　西	220	188676
甘　肃	86	76723
青　海	11	32395
宁　夏	42	69721
新　疆	43	15762

2-A-31　分地区规模以上专用设备制造业工业企业综合能源消费量

地　区	企业数 (个)	综合能源消费量 (吨标准煤)
北　京	570	178038
天　津	500	168753
河　北	523	571009
山　西	110	517493
内蒙古	55	329815
辽　宁	1232	670870
吉　林	229	152487
黑龙江	243	604169
上　海	1251	232405
江　苏	3729	791191
浙　江	2276	403384
安　徽	436	78039
福　建	395	94801
江　西	146	46110
山　东	1990	1723124
河　南	943	1222969
湖　北	440	154466
湖　南	394	430660
广　东	1889	684735
广　西	152	55321
海　南	6	240
重　庆	128	102353
四　川	498	831225
贵　州	33	16423
云　南	54	30221
西　藏		
陕　西	192	237662
甘　肃	71	72287
青　海	5	799
宁　夏	11	32024
新　疆	32	18274

2-A-32 分地区规模以上交通运输设备制造业工业企业综合能源消费量

地 区	企业数 (个)	综合能源消费量 (吨标准煤)
北 京	410	454517
天 津	553	532217
河 北	480	587994
山 西	83	224041
内蒙古	39	55314
辽 宁	832	1304949
吉 林	473	1428646
黑龙江	145	345955
上 海	1056	817819
江 苏	2832	1451783
浙 江	3208	1056556
安 徽	616	317940
福 建	557	225689
江 西	213	278394
山 东	1499	1973495
河 南	601	1512624
湖 北	995	1212373
湖 南	335	334869
广 东	1284	1035684
广 西	313	190500
海 南	40	14430
重 庆	1330	933812
四 川	526	1257197
贵 州	67	113776
云 南	44	39984
西 藏	1	29
陕 西	114	522090
甘 肃	21	35351
青 海	3	421
宁 夏	3	75
新 疆	10	9893

2-A-33 分地区规模以上电气机械及器材制造业工业企业综合能源消费量

地 区	企业数 (个)	综合能源消费量 (吨标准煤)
北 京	447	96589
天 津	446	194778
河 北	509	433218
山 西	56	45114
内蒙古	62	123251
辽 宁	1086	709124
吉 林	144	67091
黑龙江	157	121930
上 海	1639	396672
江 苏	4534	1709726
浙 江	5296	999123
安 徽	724	340252
福 建	566	228794
江 西	306	201289
山 东	1628	2696008
河 南	529	864291
湖 北	402	246544
湖 南	375	338816
广 东	5471	3042069
广 西	131	72477
海 南	5	4725
重 庆	205	75830
四 川	490	462657
贵 州	43	23193
云 南	67	16676
西 藏	1	59
陕 西	154	117639
甘 肃	50	72816
青 海	10	9901
宁 夏	25	11918
新 疆	36	22391

2-A-34 分地区规模以上通信设备、计算机及其他电子设备制造业工业企业综合能源消费量

地区	企业数（个）	综合能源消费量（吨标准煤）
北京	475	282050
天津	457	273193
河北	104	126774
山西	31	161639
内蒙古	17	13557
辽宁	285	207842
吉林	48	54286
黑龙江	31	10270
上海	820	707209
江苏	2889	2742565
浙江	1577	521630
安徽	198	47196
福建	461	206677
江西	164	43530
山东	750	882144
河南	110	328071
湖北	238	58627
湖南	191	242433
广东	4820	4747525
广西	89	12441
海南	4	4955
重庆	47	13537
四川	319	262420
贵州	23	9953
云南	15	2496
西藏		
陕西	78	280484
甘肃	8	19347
青海	1	9
宁夏		
新疆	6	350314

2-A-35　分地区规模以上仪器仪表及文化、办公用机械制造业工业企业综合能源消费量

地　区	企业数（个）	综合能源消费量（吨标准煤）
北　京	358	33400
天　津	155	18973
河　北	68	53234
山　西	18	5208
内蒙古	2	6
辽　宁	319	40759
吉　林	37	11590
黑龙江	50	26838
上　海	424	48576
江　苏	870	227694
浙　江	1122	151409
安　徽	80	9101
福　建	218	64210
江　西	62	11404
山　东	305	154580
河　南	159	71053
湖　北	133	21508
湖　南	118	42295
广　东	770	439414
广　西	26	2464
海　南	1	13
重　庆	103	25896
四　川	102	34779
贵　州	11	2014
云　南	33	4556
西　藏		
陕　西	49	32842
甘　肃	6	821
青　海	1	737
宁　夏	6	3130
新　疆	5	549

2-A-36 分地区规模以上工艺品及其他制造业工业企业综合能源消费量

地 区	企业数(个)	综合能源消费量(吨标准煤)
北 京	101	63652
天 津	190	55306
河 北	101	41143
山 西	5	2216
内蒙古	15	17655
辽 宁	199	123182
吉 林	26	35869
黑龙江	29	806444
上 海	250	39314
江 苏	574	150967
浙 江	1919	262543
安 徽	132	40342
福 建	935	160359
江 西	108	31435
山 东	1023	627610
河 南	287	281168
湖 北	97	40518
湖 南	100	64377
广 东	1333	579718
广 西	95	15230
海 南	5	162
重 庆	26	9446
四 川	58	83234
贵 州	9	6723
云 南	15	9084
西 藏	2	108
陕 西	18	38596
甘 肃	7	91600
青 海	5	2861
宁 夏	1	541
新 疆	4	5179

2-A-37　分地区规模以上废弃资源和废旧材料回收加工业工业企业综合能源消费量

地　区	企业数 (个)	综合能源消费量 (吨标准煤)
北　京	15	13227
天　津	67	8125
河　北	18	30630
山　西		
内蒙古	10	9084
辽　宁	34	7992
吉　林	6	15271
黑龙江	6	6426
上　海	49	24172
江　苏	162	57540
浙　江	195	62575
安　徽	44	12323
福　建	16	5992
江　西	17	9675
山　东	64	42238
河　南	40	42299
湖　北	21	16069
湖　南	79	80351
广　东	172	89521
广　西	10	7404
海　南		
重　庆	12	6033
四　川	23	20905
贵　州	1	304
云　南	7	6535
西　藏		
陕　西	3	741
甘　肃	3	4609
青　海		
宁　夏		
新　疆		

2-A-38 分地区规模以上电力、热力的生产和供应业工业企业综合能源消费量

地 区	企业数 (个)	综合能源消费量 (吨标准煤)
北 京	104	5158350
天 津	70	8889018
河 北	248	34075242
山 西	103	33434882
内蒙古	256	46214754
辽 宁	331	22590690
吉 林	192	13839569
黑龙江	223	18169428
上 海	32	13203602
江 苏	240	52224671
浙 江	351	34317971
安 徽	144	20205347
福 建	369	15570731
江 西	189	8948034
山 东	380	49806861
河 南	232	36194182
湖 北	179	14006584
湖 南	286	12208000
广 东	430	45805629
广 西	236	6246234
海 南	30	1918071
重 庆	98	6244229
四 川	417	10258306
贵 州	171	17172224
云 南	305	8248536
西 藏	4	37545
陕 西	113	17738242
甘 肃	206	10261702
青 海	32	1263490
宁 夏	36	8267151
新 疆	144	9057426

2-A-39　分地区规模以上燃气生产和供应业工业企业综合能源消费量

地　区	企业数 (个)	综合能源消费量 (吨标准煤)
北　京	18	28217
天　津	13	11935
河　北	28	21810
山　西	7	2352
内蒙古	10	292448
辽　宁	37	213865
吉　林	16	171988
黑龙江	8	7324
上　海	13	306517
江　苏	66	237497
浙　江	43	10059
安　徽	32	18859
福　建	12	50114
江　西	20	17073
山　东	71	431182
河　南	35	758853
湖　北	28	9627
湖　南	30	13611
广　东	79	103903
广　西	11	901
海　南	7	6444
重　庆	43	9992
四　川	155	264260
贵　州	6	139512
云　南	3	119417
西　藏		
陕　西	18	9402
甘　肃	4	13717
青　海	1	88
宁　夏	5	816
新　疆	15	8491

2-A-40 分地区规模以上水的生产和供应业工业企业综合能源消费量

地 区	企业数 (个)	综合能源消费量 (吨标准煤)
北 京	28	77952
天 津	24	28455
河 北	49	61621
山 西	25	46706
内蒙古	33	57989
辽 宁	69	163256
吉 林	35	67978
黑龙江	38	49843
上 海	39	89172
江 苏	183	169964
浙 江	181	146034
安 徽	65	54305
福 建	81	65723
江 西	57	43512
山 东	140	157171
河 南	73	63687
湖 北	100	83075
湖 南	108	96157
广 东	304	444455
广 西	59	45379
海 南	9	9836
重 庆	44	61962
四 川	101	81971
贵 州	39	23326
云 南	30	13963
西 藏	4	2943
陕 西	40	26863
甘 肃	23	26825
青 海	23	7504
宁 夏	9	41931
新 疆	20	18072

B. 分地区分行业分能源品种规模以上工业企业能源消费量

2-B-1　分地区分能源品种规模以上工业企业能源消费量

地　区	原煤 (吨)	洗精煤 (吨)	其他洗煤 (吨)	煤制品 (吨)	焦炭 (吨)	其他焦化产品 (吨)	焦炉煤气 (万立方米)	高炉煤气 (万立方米)
北　京	18252420	2239365	88487	249393	2328695	305772	81005	621207
天　津	29481232	4866165	59506	76194	7192316	177365	103705	690268
河　北	197797009	54949808	5673526	1079989	58912487	1394970	668376	7700498
山　西	320180461	110996364	6923582	1346556	18108096	1251113	1433158	3121740
内蒙古	210325114	17098409	1548234	189962	13280898	1542135	205689	1625084
辽　宁	125654916	26799344	9967777	166687	24326840	357807	607761	5523240
吉　林	76202794	5745386	601011	71714	4364079	6095	100366	655855
黑龙江	124685428	11564483	1697598	267646	2268613	738	116178	230009
上　海	37101481	11368114	363592	3008285	7039199	395322	271673	2361481
江　苏	191952563	18456112	4291701	220462	23564908	322431	267428	3656848
浙　江	118852892	2054924	39224	242331	4808495	5078	47306	771463
安　徽	108353673	11446238	808206	161598	8512845	112292	248371	2237287
福　建	52074589	1281222	10658	802110	3680430	36287	41851	610227
江　西	46903668	7047669	312519	306315	5688518	3610	175392	1687709
山　东	322135460	46074409	9648486	1749445	26120989	549657	286734	1973836
河　南	247411874	19389983	1127837	619443	14650703	197157	238619	1702924
湖　北	63403473	11377522	200470	195606	9521598	120012	313640	2827181
湖　南	69194741	6464632	906776	670717	8479725	82075	123131	1978864
广　东	119766890	3041159	31220	4270028	4445400	48239	38170	849868
广　西	36309711	4637003	153927	131733	5782968	41335	126866	1132271
海　南	4313024		108988	2	148819			
重　庆	36762906	4932295	1071689	72142	1864819	105421	76158	594639
四　川	103180339	14893801	2462420	714185	10836179	396396	252251	2093323
贵　州	77216071	6566661	257068	338954	3206054	51069	81616	176622
云　南	60872563	12330314	732305	129493	12626994	240281	134881	1012775
西　藏	266853							
陕　西	80468996	5826966	114037	51382	3235247	21972	50860	369558
甘　肃	36810752	4440966	6	11719	5379005	98520	106390	957646
青　海	10143150	1027448	37450	11105	1431508	7752	22946	138758
宁　夏	51271617	2520115	820118	31998	354840	88695	27874	39922
新　疆	45721815	3822454	101417	12567	4148896	161790	44861	205283

2-B-1 续表 1

地 区	其他煤气(万立方米)	天然气(万立方米)	液化天然气(吨)	原油(吨)	汽油(吨)	煤油(吨)	柴油(吨)
北 京	1874	244665		11145968	141295	1914	322389
天 津	42889	104242	5201	7903259	103381	9096	385901
河 北	258727	138582	5962	13430332	249832	13974	645909
山 西	160836	59350	1439	19	166669	36811	661515
内蒙古	45286	188071	263	1302815	107018	3692	793120
辽 宁	204608	147642	1425	59158825	628098	94485	1470576
吉 林	12182	71871	1176	8856868	140050	1809	370361
黑龙江	256638	254189	1869	15639478	145812	5122	476398
上 海	351422	194617	12563	19435963	244290	14439	630030
江 苏	95296	446773	45761	23052539	437117	33078	1216491
浙 江	33329	148315	15658	22873517	427463	42193	1177504
安 徽	10014	26346	5553	4263385	67855	4382	277102
福 建	34931	5142	38040	3122227	137372	12110	558196
江 西	35481	9609	40610	4109991	37314	6467	292290
山 东	227277	259346	40529	44269660	725057	32863	1218537
河 南	360855	344621	3906	6609133	456278	21771	985411
湖 北	225156	68027	1919	8386583	168362	8297	426641
湖 南	201524	39754	8014	6128454	215301	12547	490605
广 东	80489	266062	1244761	30396604	628216	84563	5003326
广 西	119452	731	6697	1333985	59421	1000	264248
海 南		257724	4026	7967714	7414	47	42905
重 庆	27661	374015	1187	209	82865	6831	204740
四 川	77508	1065292	4621	2846215	183535	26284	751818
贵 州	17763	46358	1557	788	38425	11527	137335
云 南	33389	49653		577	40970	2052	294450
西 藏					1377	121	10533
陕 西	8564	236747	205	17647258	79908	18072	344536
甘 肃	55205	97491	6150	13963750	60784	1847	216934
青 海		149615	10312	1092019	22178	2063	212416
宁 夏	5029	87158	21	1837537	10421	266	57546
新 疆	8296	620768	243	18499550	45748	371	379171

2-B-1　续表 2

地　区	燃料油（吨）	液化石油气（吨）	炼厂干气（吨）	其他石油制品（吨）	热力（百万千焦）	电力（万千瓦时）	其他燃料（吨标准煤）
北　京	367669	193514	817221	4792039	52196508	2162313	58708
天　津	578440	46456	232694	442147	54133950	3877058	343331
河　北	385816	43073	371469	1034452	109566774	13916074	870260
山　西	118833	14646		69447	71158458	10023123	3678435
内蒙古	80762	1546	37213	4214	46341538	11550206	1068222
辽　宁	2702212	422665	1999095	2829961	142955881	10420454	909543
吉　林	345780	38008	230675	2642038	92593424	3589253	220894
黑龙江	487183	413217	791890	1172273	45435541	4604820	1062324
上　海	964576	521374	1264837	7346995	88214526	6513915	121235
江　苏	1387954	455569	548494	9873538	372255368	24980770	830316
浙　江	2076818	222370	630416	1597481	281573640	14499979	1090135
安　徽	115159	15332	148322	314734	59068602	5955448	438087
福　建	452885	141211	116251	187891	37915667	7197559	924166
江　西	267828	58325	155734	928357	17177771	3984780	875759
山　东	4141898	655075	765561	9733194	480844651	25320843	2419559
河　南	467274	70979	243150	2246293	104862078	18188109	905663
湖　北	253927	52591	329297	581601	76343433	8333045	526611
湖　南	230454	382649	205013	1229328	61223996	7666496	741299
广　东	9616447	1995364	810704	10051740	47341303	20329179	1869806
广　西	96811	39855	14520	122855	36743007	5460277	3756908
海　南	67548	646	239061	364134	1841108	586436	907529
重　庆	4949	4077		21454	20336730	3413583	705337
四　川	81049	93899	19617	355986	59992518	11099675	1666717
贵　州	120827	2296		312739	35844150	4783951	576216
云　南	51107	3876		46023	4166220	5590128	1180104
西　藏				63		67128	392
陕　西	13013	3960	29762	215341	15241304	4775070	1089483
甘　肃	127306	883	719947	1327615	63554791	5081965	122367
青　海	1277	6	59020	360443	2470765	2798651	10957
宁　夏	70102	99051	51686	366790	12512077	3774713	2328112
新　疆	389691	63742	659271	255445	40843478	3076356	80422

2-B-2 分地区分能源品种规模以上煤炭开采和洗选业工业企业能源消费量

地区	原煤(吨)	洗精煤(吨)	其他洗煤(吨)	煤制品(吨)	焦炭(吨)	其他焦化产品(吨)	焦炉煤气(万立方米)	高炉煤气(万立方米)
北京	14743							
天津								
河北	64904705	7060572	3546676		158234		5164	53675
山西	150961246	2432401	3433927	478222	370140	7199	33110	
内蒙古	38417762	909407	18591	20336	79486			
辽宁	33044009	643401	117957	420	637			
吉林	8235162				252			
黑龙江	54569368	1722193	278568		257		17200	
上海								
江苏	11854542		304605					
浙江	539267							
安徽	29368154	1744630	103124		133		54	
福建	476712							
江西	9098467	520700	355					
山东	86156734	683068	5844531	129056	185469		1425	10735
河南	74931474	1561145	523282	121525	22372	9269	4949	
湖北	90987							
湖南	10399291				374			
广东								
广西	13321				10211			
海南								
重庆	13126589	18867	502667	21740	1355			
四川	34340079	44210	78819	120	6622			
贵州	18981474	484739	196945	17				
云南	10134585	31500	361579		48914		10	
西藏								
陕西	8325487				57			
甘肃	1569571	10775			9			
青海	926459							
宁夏	19548788	174685	53514		12010	5840		
新疆	3448721	101206	81986		5792			

2-B-2　续表 1

地　区	其他煤气(万立方米)	天然气(万立方米)	液化天然气(吨)	原油(吨)	汽油(吨)	煤油(吨)	柴油(吨)
北　京					843	2	1113
天　津					144		
河　北		2451		2	7385	8890	28832
山　西	4488	13902			98392	14547	281274
内蒙古					9043		455103
辽　宁	573				7033	6213	46702
吉　林					3298		12022
黑龙江		1208			14941	596	68943
上　海							
江　苏					1518	826	9932
浙　江					945		504
安　徽					4235	320	24243
福　建					1033		2701
江　西					2043	1	4481
山　东	863		2	75	9164	87	30327
河　南	3292	211	8	2	32869	2699	84568
湖　北					1107		2936
湖　南				11	3073	62	14385
广　东							
广　西					506		643
海　南							
重　庆	2841	63			3980	196	11900
四　川	1261	16435			9702	2677	60480
贵　州		881	6	37	4873	595	33151
云　南					4006	67	33425
西　藏							
陕　西					3906	263	48408
甘　肃					3040		23345
青　海					297		59561
宁　夏		945			1909	23	27262
新　疆		3	13		3974		30288

2-B-2 续表 2

地 区	燃料油（吨）	液化石油气（吨）	炼厂干气（吨）	其他石油制品（吨）	热力（百万千焦）	电力（万千瓦时）	其他燃料（吨标准煤）
北 京					3627	12767	2670
天 津					1656	21	
河 北	58	6		263	1379654	463314	189020
山 西	134			2589	9603591	1946595	1061289
内蒙古	4677				856533	386740	120017
辽 宁				23	521372	270640	306344
吉 林						105088	
黑龙江	21			214	315846	353938	774523
上 海							
江 苏	5729	240		85	169231	311970	12413
浙 江						13881	
安 徽				17		431034	38914
福 建				3		41071	400
江 西	1			32768		94604	118147
山 东	2470	21		289	18078229	1224827	604514
河 南				2446	325685	1400144	166056
湖 北						30420	
湖 南	52	10		71		270127	15555
广 东							
广 西				87		32668	
海 南							
重 庆	12			249		153387	227881
四 川	19	126		22		277919	531678
贵 州	39	5		40		260491	477157
云 南				14		111617	147418
西 藏							
陕 西		4		964		202328	94553
甘 肃				619		69280	94985
青 海						6231	
宁 夏				955	210627	131006	114970
新 疆				362	84612	62957	4487

2-B-3 分地区分能源品种规模以上石油和天然气开采业工业企业能源消费量

地 区	原煤 (吨)	洗精煤 (吨)	其他洗煤 (吨)	煤制品 (吨)	焦炭 (吨)	其他焦化产品 (吨)	焦炉煤气 (万立方米)	高炉煤气 (万立方米)
北 京	2112							
天 津	183718							
河 北	31520						81	
山 西								
内蒙古	37424				98			
辽 宁	1068302							
吉 林	750035							
黑龙江	22103							
上 海								
江 苏	38140							
浙 江								
安 徽								
福 建								
江 西								
山 东	20076						54	
河 南	392873							
湖 北	226236							
湖 南								
广 东								
广 西								
海 南								
重 庆								
四 川	32263							
贵 州								
云 南								
西 藏								
陕 西	704281							
甘 肃	14920							
青 海	2248							
宁 夏	860							
新 疆	652441							

2-B-3 续表 1

地 区	其他煤气 (万立方米)	天然气 (万立方米)	液化天然气 (吨)	原油 (吨)	汽油 (吨)	煤油 (吨)	柴油 (吨)
北 京		713			3072		99032
天 津		15439	1	270154	11065		230654
河 北		25642		313495	6088		10482
山 西					110		297
内蒙古		200		78791	3766		11899
辽 宁		43978		1152599	19497		201174
吉 林		34741		373801	17680		115853
黑龙江		131390		698290	61612		282364
上 海		290			40		17
江 苏		1442		85959	2980	1	43324
浙 江							
安 徽							
福 建							
江 西							
山 东		43902	5	2237945	28285	87	195564
河 南		30497	60	1700607	30460		291584
湖 北		3937		65698	14529		77588
湖 南							
广 东		31765		130322	146	200	63316
广 西							
海 南					86		
重 庆		5986			118		29
四 川		72189		1022380	17833		270016
贵 州							
云 南							
西 藏							
陕 西		142871		581439	25569		167870
甘 肃		7643		28222	19455		41110
青 海		110929		1091943	2090		15896
宁 夏					36		259
新 疆		474249	2	1405093	13838		204896

2-B-3　续表 2

地　区	燃料油(吨)	液化石油气(吨)	炼厂干气(吨)	其他石油制品(吨)	热力(百万千焦)	电力(万千瓦时)	其他燃料(吨标准煤)
北　京		154				2605	
天　津		600		2	754162	108342	
河　北		30				99080	
山　西						3055	
内蒙古						30497	
辽　宁	789232	506	7006		2113508	219344	
吉　林	117	41			6678175	154925	1402
黑龙江	4005					1024139	
上　海		1		17		611	
江　苏	14	533			143136	30156	
浙　江							
安　徽							
福　建							
江　西							
山　东	22549	354	75412	64017	5148550	534746	8907
河　南	99557	863	33914	166598	3924532	260951	
湖　北	4155					116247	
湖　南							
广　东	15632	3				5524	322
广　西						1029	
海　南						1017	
重　庆						4550	
四　川	35432	283	19617			27437	
贵　州							
云　南						1	
西　藏							
陕　西		1193			1073486	294849	1603
甘　肃				50500		56820	
青　海			59020			53304	
宁　夏						361	
新　疆	67	858	31088		2915552	302599	

2-B-4 分地区分能源品种规模以上黑色金属矿采选业工业企业能源消费量

地 区	原煤(吨)	洗精煤(吨)	其他洗煤(吨)	煤制品(吨)	焦炭(吨)	其他焦化产品(吨)	焦炉煤气(万立方米)	高炉煤气(万立方米)
北 京	8159							
天 津	42							
河 北	943204	1450		342	20937	15051		22078
山 西	114508	56781		32	90505		1530	13016
内蒙古	307057							
辽 宁	219185	35	8	2477	119352		15002	2943
吉 林	99118	1593		690	181360	4690		
黑龙江	7614							
上 海								
江 苏	27242				48952			
浙 江		30105						
安 徽	124983				253			
福 建	16641	77			2100			
江 西	67732						5658	1200
山 东	121425	620021		455	220698			21912
河 南	49948				21444			
湖 北	895468	10			15120			
湖 南	129102				7383	1200	644	
广 东	14802				24208			
广 西	51785				22336			
海 南	1313				36			
重 庆	44630	1782			122			
四 川	189944	52611	2491	158168	77449			13373
贵 州	47655				14929			
云 南	104726				148616		16181	167724
西 藏	10							
陕 西	30728				2033			
甘 肃	126245				1042			
青 海	4444							
宁 夏								
新 疆	189131				10542			

2-B-4　续表 1

地　区	其他煤气(万立方米)	天然气(万立方米)	液化天然气(吨)	原油(吨)	汽油(吨)	煤油(吨)	柴油(吨)
北　京					375		11093
天　津					75		
河　北					24777	90	219296
山　西					1786	130	49549
内蒙古					10838	4	66350
辽　宁					12292	93	205502
吉　林					2053		27909
黑龙江					55		2836
上　海							
江　苏					401		1737
浙　江					50		785
安　徽					891		30307
福　建				2	504	536	39860
江　西					224		13096
山　东					1843	34	28826
河　南					2518	240	17137
湖　北		1804	4		554	25	11040
湖　南				21	1847	122	18491
广　东					1710		29136
广　西					373		9887
海　南					527		6458
重　庆	3133	238			183		4681
四　川	9680				2504	15	89620
贵　州					100		1261
云　南					1192		38457
西　藏					83		184
陕　西					312		4054
甘　肃					5912	23	32898
青　海					64		1599
宁　夏							
新　疆					575		21499

2-B-4 续表 2

地 区	燃料油 (吨)	液化石油气 (吨)	炼厂干气 (吨)	其他石油制品 (吨)	热力 (百万千焦)	电力 (万千瓦时)	其他燃料 (吨标准煤)
北 京		3			628	21289	
天 津						250	
河 北	1621			188		797059	425
山 西				158		120280	
内蒙古	225					264356	
辽 宁	834	20		10		470009	
吉 林						49166	
黑龙江						11323	
上 海							
江 苏						43993	
浙 江						8577	
安 徽	3502					98442	
福 建	1			4		62948	
江 西						56481	3300
山 东	100	9		60		139073	
河 南					83	59452	
湖 北	217					43867	
湖 南		18				45816	1590
广 东	1			2		38293	
广 西						68272	231
海 南	6					18752	
重 庆						12721	43148
四 川				123		163039	
贵 州						4088	
云 南						112562	
西 藏						1396	
陕 西						23015	
甘 肃						30238	
青 海						5487	
宁 夏						10866	14186
新 疆						46690	

2-B-5 分地区分能源品种规模以上有色金属矿采选业工业企业能源消费量

地 区	原煤 (吨)	洗精煤 (吨)	其他洗煤 (吨)	煤制品 (吨)	焦炭 (吨)	其他焦化产品 (吨)	焦炉煤气 (万立方米)	高炉煤气 (万立方米)
北 京								
天 津								
河 北	24278	1805			155			
山 西	6967				13126			
内蒙古	262582				4450			
辽 宁	211256	75329	19118	240	36997			
吉 林	89640				34			
黑龙江	25348			140	15			
上 海								
江 苏	338							
浙 江	5564							
安 徽	3598				1			
福 建	141							
江 西	58872	2114			6031			
山 东	328901				68			
河 南	83276			12	13185			
湖 北	7347				8783			
湖 南	344058	2299		5	5039			
广 东	8461				14			
广 西	36310				2893			
海 南								
重 庆	10580							
四 川	67227	6578		20006	1927			
贵 州	32940				1934			
云 南	11248				5128			
西 藏								
陕 西	64135				1325			
甘 肃	52106				248			
青 海	5826				176			
宁 夏								
新 疆	44962				20297			

2-B-5 续表 1

地 区	其他煤气(万立方米)	天然气(万立方米)	液化天然气(吨)	原油(吨)	汽油(吨)	煤油(吨)	柴油(吨)
北 京							
天 津							
河 北					2548	653	9665
山 西					84		1105
内蒙古					17635	320	38059
辽 宁					2632	173	7759
吉 林					1594	221	5904
黑龙江					284	350	2701
上 海							
江 苏					31		374
浙 江					94	21	2643
安 徽		102			320	38	2034
福 建					367	715	21788
江 西					1160	1221	8931
山 东		104			3807	17	11806
河 南			12		23681	6842	57815
湖 北					402	23	1178
湖 南					3166	508	45225
广 东					1077	530	8157
广 西					3566	25	18625
海 南					290	27	6956
重 庆					23		20
四 川	2554	210			16076	69	41265
贵 州					290		1835
云 南					1837	38	26166
西 藏					117		210
陕 西					1202	880	10039
甘 肃		22			941	1	8412
青 海					235		11467
宁 夏							
新 疆					516		4966

2-B-5　续表 2

地　区	燃料油（吨）	液化石油气（吨）	炼厂干气（吨）	其他石油制品（吨）	热力（百万千焦）	电力（万千瓦时）	其他燃料（吨标准煤）
北　京							
天　津							
河　北	36					28141	
山　西						12099	
内蒙古	3					166366	
辽　宁					673	236308	
吉　林						34065	
黑龙江						12892	
上　海							
江　苏						4819	
浙　江				12		13090	
安　徽				26		26754	
福　建						42278	
江　西	15	25				73621	8309
山　东		3				102881	
河　南						227145	
湖　北	13	2				29560	
湖　南				3		134018	9005
广　东	1348	20		12		31663	10
广　西	470					76461	616
海　南	138	310				5522	
重　庆						544	
四　川				12		118377	
贵　州		4				23895	
云　南				1088		130129	416
西　藏						2329	
陕　西					16070	69128	
甘　肃						34213	
青　海						20351	
宁　夏							
新　疆		1		5		40612	

2-B-6 分地区分能源品种规模以上非金属矿采选业工业企业能源消费量

地区	原煤(吨)	洗精煤(吨)	其他洗煤(吨)	煤制品(吨)	焦炭(吨)	其他焦化产品(吨)	焦炉煤气(万立方米)	高炉煤气(万立方米)
北京	18726			188	2709			
天津	241217							
河北	160991			120	6082			
山西	33565			60			72	
内蒙古	403156				10			
辽宁	187238	34729		50	6753			
吉林	293447				20			
黑龙江	92595							
上海								
江苏	676754	16896						
浙江	104033							
安徽	425537							
福建	107758			58	6417			
江西	205278			2			24	
山东	406015		1610		536			
河南	226286			1800				
湖北	347923			1274	33277			
湖南	927503	400		397	11687			
广东	38700				1000			
广西	42489	204		11200				
海南								
重庆	475919			210	250			
四川	1674431	1650			126			
贵州	10721			7354	1089			
云南	339083	271			12			
西藏								
陕西	70641							
甘肃	34267				3653			
青海	95002				405			
宁夏	1800							
新疆	86128							

2-B-6　续表 1

地　区	其他煤气(万立方米)	天然气(万立方米)	液化天然气(吨)	原油(吨)	汽油(吨)	煤油(吨)	柴油(吨)
北　京					252		5091
天　津		1			518		1528
河　北					1686	10	10125
山　西					27		482
内蒙古					2169	190	13687
辽　宁					2829	23	46569
吉　林					4138		14678
黑龙江					183		6143
上　海							
江　苏					1112	1	37589
浙　江					727		48022
安　徽					10398	17	21672
福　建					452		16572
江　西					188	20	104826
山　东					2588	7	21522
河　南					11872		34908
湖　北				657	1520	673	17819
湖　南		271	21	23	8347	430	16644
广　东					3909		55969
广　西					1745		9065
海　南					12		1247
重　庆		99			429	467	11695
四　川		2276			2836	39	40507
贵　州					375		1789
云　南					392		41064
西　藏					64		622
陕　西					92		2881
甘　肃					1880		10108
青　海					469		7399
宁　夏					5		21
新　疆					208		6208

2-B-6 续表 2

地 区	燃料油 (吨)	液化石油气 (吨)	炼厂干气 (吨)	其他石油制品 (吨)	热力 (百万千焦)	电力 (万千瓦时)	其他燃料 (吨标准煤)
北 京		6		10		2018	
天 津					2750870	12944	
河 北				3		35423	
山 西						5076	
内蒙古	51			8		112192	
辽 宁		8			274	49259	
吉 林						13304	
黑龙江				11		19734	
上 海							
江 苏				44	6681856	78162	
浙 江	24			132		54122	
安 徽	230				3974468	35670	
福 建	109			189	2161	27802	2476
江 西						26777	1500
山 东					987478	110108	
河 南						48031	
湖 北	47			133		56285	30
湖 南	6			38	5681465	75637	5456
广 东	663	159		87		58076	1187
广 西						14798	662
海 南						3919	
重 庆	7			2		30060	
四 川	25				3045603	107308	23
贵 州						14572	
云 南						43015	
西 藏						252	
陕 西				1		2348	
甘 肃						6112	
青 海						5757	
宁 夏						44	
新 疆				5		4195	

2-B-7　分地区分能源品种规模以上其他采矿业工业企业能源消费量

地　区	原煤(吨)	洗精煤(吨)	其他洗煤(吨)	煤制品(吨)	焦炭(吨)	其他焦化产品(吨)	焦炉煤气(万立方米)	高炉煤气(万立方米)
北　京								
天　津								
河　北								
山　西								
内蒙古	6594							
辽　宁	1055							
吉　林								
黑龙江								
上　海								
江　苏								
浙　江								
安　徽								
福　建								
江　西								
山　东	5168							
河　南								
湖　北								
湖　南								
广　东								
广　西								
海　南								
重　庆								
四　川								
贵　州								
云　南								
西　藏								
陕　西								
甘　肃								
青　海	1335							
宁　夏								
新　疆								

2-B-7 续表 1

地 区	其他煤气(万立方米)	天然气(万立方米)	液化天然气(吨)	原油(吨)	汽油(吨)	煤油(吨)	柴油(吨)
北 京							
天 津							
河 北							
山 西							
内蒙古					234		143
辽 宁					4		2308
吉 林					17		595
黑龙江							
上 海							
江 苏							
浙 江							
安 徽							
福 建							
江 西							
山 东		109			37		200
河 南					11		
湖 北							60
湖 南							3
广 东							
广 西					18		
海 南							
重 庆							
四 川					51		915
贵 州							
云 南							
西 藏							
陕 西							
甘 肃							
青 海		5					
宁 夏							
新 疆							

2-B-7　续表 2

地　区	燃料油(吨)	液化石油气(吨)	炼厂干气(吨)	其他石油制品(吨)	热力(百万千焦)	电力(万千瓦时)	其他燃料(吨标准煤)
北　京							
天　津							
河　北							
山　西							
内蒙古						1791	
辽　宁						183	
吉　林						1235	
黑龙江							
上　海							
江　苏							
浙　江							
安　徽							
福　建							
江　西							
山　东						296	
河　南						291	
湖　北						85	
湖　南						35	
广　东							
广　西						28	
海　南							
重　庆							
四　川						6806	
贵　州							
云　南							
西　藏							
陕　西							
甘　肃							
青　海						38	
宁　夏							
新　疆							

2-B-8 分地区分能源品种规模以上农副食品加工业工业企业能源消费量

地　区	原煤(吨)	洗精煤(吨)	其他洗煤(吨)	煤制品(吨)	焦炭(吨)	其他焦化产品(吨)	焦炉煤气(万立方米)	高炉煤气(万立方米)
北　京	144405			201	497			
天　津	77529	300		1794				
河　北	2660476		202894	836	7185			
山　西	310369		183	1997	3162	92		
内蒙古	1311030		2009	29128	3954			
辽　宁	853266	50746	112324	7429	87639			
吉　林	4832286			415	700			
黑龙江	1391418	7963	244	653	11984			
上　海	119379	1128	2287	2447	64			
江　苏	688043	20	440	8114	955			
浙　江	236104	15		4485	31			
安　徽	338588	241	684	2417	232			
福　建	329768	86		4293	1753			
江　西	160142		2382		292			
山　东	5759091	71886	52641	38106	13489		1684	
河　南	2357628	104	41	2773	16557			
湖　北	820630		67	5319	272			
湖　南	721037	2173	2437	5073	19250			
广　东	1039495	592	183	7441	3708			
广　西	2297090	620	291	4093	12966			
海　南	6958				5			
重　庆	78229	20	70	100	224			
四　川	1976738	31581	1398	5234	15783			
贵　州	54673							
云　南	577888	685	4721	307	1637		12	
西　藏								
陕　西	383672			1438	26			
甘　肃	258722			346	121			
青　海	10184							
宁　夏	75354							
新　疆	1092853			5504	30383			

2-B-8 续表 1

地 区	其他煤气(万立方米)	天然气(万立方米)	液化天然气(吨)	原油(吨)	汽油(吨)	煤油(吨)	柴油(吨)
北 京		510			5467		3847
天 津		228	36		1709	3	5606
河 北		26			9643	1	10955
山 西	376	51			820		729
内蒙古		2	19		10904		13767
辽 宁			11		36796	1087	50874
吉 林			4		11967	82	14586
黑龙江	19	2811	36	255	4448	202	5192
上 海	6	183	51		2621		8329
江 苏		947	92	19	5116	674	19620
浙 江	11	32	161		3163	4	22894
安 徽		93	90		2321	19	4236
福 建		11	133		4237	99	15631
江 西		33			1373		2813
山 东		2923	2620	387	62011	732	93243
河 南		1626		60	41829	32	33100
湖 北		727	1800		3701	171	14445
湖 南		281		55	14023	117	11413
广 东		30	18	928	8557	809	70967
广 西		340	9	40	2724	9	16489
海 南		561	30		506		4401
重 庆		2908	2		1596	157	1025
四 川		13576	10		9620	94	10613
贵 州					490	2	474
云 南					2215	2	12019
西 藏					117		10
陕 西		13			1594		1555
甘 肃					3099	295	3159
青 海		674			132	8	155
宁 夏		35			288		135
新 疆		165			1585	13	2814

2-B-8 续表 2

地 区	燃料油(吨)	液化石油气(吨)	炼厂干气(吨)	其他石油制品(吨)	热力(百万千焦)	电力(万千瓦时)	其他燃料(吨标准煤)
北 京	1056	248			357801	27764	
天 津					997492	23292	
河 北	857	59			3445638	221170	
山 西	182	1		1	271246	29750	
内蒙古				56	2036090	114995	
辽 宁	34679	11968		14856	1954224	200386	441
吉 林					12817	237843	1463
黑龙江	1599	18		4167	2632756	137042	50
上 海	2915	666		719	296605	25979	
江 苏	1356	515		1187	5908564	242333	2512
浙 江	3642	946		30	2384084	94859	2366
安 徽	97	193		185	68655	137587	19320
福 建	15493	8600		24	7138	126130	14153
江 西	514	494			580	50395	44563
山 东	9089	17021		23	24840305	965317	35471
河 南	2687	40			1191129	401737	5745
湖 北	123	2006		721	267644	134639	95797
湖 南	56	11		14	3975	182995	30291
广 东	85523	2434	37339	214	2294230	270595	672204
广 西	3684	425	143	143	10262401	389086	3214278
海 南	1524					22789	918
重 庆					149453	28624	
四 川	1675	33		63	270501	347923	8624
贵 州		23		18		8899	
云 南	36	16				75246	852600
西 藏						409	
陕 西	203	16			446	43930	
甘 肃	25					35689	
青 海						2448	
宁 夏					579425	9616	
新 疆	1	4		2272	2357087	57191	

2-B-9　分地区分能源品种规模以上食品制造业工业企业能源消费量

地　区	原煤 (吨)	洗精煤 (吨)	其他洗煤 (吨)	煤制品 (吨)	焦炭 (吨)	其他焦化产品 (吨)	焦炉煤气 (万立方米)	高炉煤气 (万立方米)
北　京	96827			116	151			
天　津	113476	1940		2183				
河　北	964473			1091	3416			
山　西	344162	693	11290	3644			29	
内蒙古	2384674							
辽　宁	176813	3516	38240	1399	29159			
吉　林	246996				250			
黑龙江	694548	59184		388	54			
上　海	50866	2010					112	
江　苏	459738		183		50			
浙　江	241078			2917	7			
安　徽	1176037	802		409	206			
福　建	385557		746	271	969			
江　西	1068014	285		25				
山　东	3516291	286022		15264	170498		1	
河　南	2860018	150			28262		62	
湖　北	1319458			81	1857			
湖　南	397166			2086	790			360
广　东	474523	107		13958	73	233		
广　西	171611			4593	1157			
海　南	15326							
重　庆	91996			96	170			
四　川	519460	12446	3200	1016	3841			
贵　州	34571				10911			
云　南	108845	2813	89		64		662	
西　藏								
陕　西	233632		709	9699				
甘　肃	170053	3						
青　海	9125							
宁　夏	494457							
新　疆	532683							

2-B-9 续表 1

地 区	其他煤气（万立方米）	天然气（万立方米）	液化天然气（吨）	原油（吨）	汽油（吨）	煤油（吨）	柴油（吨）
北 京		2039			4979		5420
天 津	7	1135	148		1122		2077
河 北		242			2608		4164
山 西		168			951		709
内蒙古			144		2012		2738
辽 宁		25	15		5059	205	9891
吉 林	2				2096		3836
黑龙江	34	163	632		2317	75	3116
上 海	52	2804	80		5855	2	30058
江 苏	1423	1899	125		2457	10	6844
浙 江	3	374	1894		2688	173	7694
安 徽		1100	1544		1153		1351
福 建		145	139		1618	205	6654
江 西			2330		939		1495
山 东		4378	2186	14	26173	420	33937
河 南		855	2		31108		28249
湖 北		1416			2454	532	4560
湖 南		873	163		4451	68	4462
广 东		1306	11		7687	1040	70759
广 西			9		643	1	1965
海 南		223	34		180		926
重 庆		2797	37		1205	26	3295
四 川		11155	252		4212	162	4052
贵 州	127		7		474	12	430
云 南					968		5823
西 藏					40		606
陕 西		626			728	7	881
甘 肃		15			340		2034
青 海		157			294		279
宁 夏		5	9		433		554
新 疆		281			1060		2843

2-B-9　续表 2

地　区	燃料油(吨)	液化石油气(吨)	炼厂干气(吨)	其他石油制品(吨)	热力(百万千焦)	电力(万千瓦时)	其他燃料(吨标准煤)
北　京	3588	1798		16	763789	36800	
天　津	25	652			1276831	32149	
河　北					1550541	64839	115
山　西		5			61209	25047	3706
内蒙古	1281	1			9281024	144639	
辽　宁	6598	9543		3997	1813308	54273	
吉　林					166971	118633	748
黑龙江	8119	99		10	673232	48265	8135
上　海	13306	4300		126	540051	55034	
江　苏	610	2519			6032699	86269	
浙　江	1341	3015		17	2748071	49618	4498
安　徽	1920	72			12596229	103329	2576
福　建	13209	4201			152835	107229	17232
江　西	45				1890769	40384	32543
山　东	6348	802		507	30031793	450492	12013
河　南	299	311		115	10007122	253529	7450
湖　北	1963	27			12113963	89601	7126
湖　南	329	514			8	64589	6190
广　东	92237	13962		945	3142863	197199	6287
广　西	4869	865		193		22624	33369
海　南	322	154				5236	6037
重　庆		1		25	467296	18481	9289
四　川		144		5	425	114049	
贵　州		1				4865	
云　南		24				9791	76
西　藏						69	
陕　西		2			225837	19846	
甘　肃		2				15436	
青　海						1223	
宁　夏					2994847	20997	
新　疆		126		66	2825481	30685	

2-B-10 分地区分能源品种规模以上饮料制造业工业企业能源消费量

地区	原煤(吨)	洗精煤(吨)	其他洗煤(吨)	煤制品(吨)	焦炭(吨)	其他焦化产品(吨)	焦炉煤气(万立方米)	高炉煤气(万立方米)
北 京	366903							
天 津	379027			175				
河 北	638460							
山 西	403042		750					
内蒙古	777695							
辽 宁	390788	9318	33833	2054	63			
吉 林	1872904	17516						
黑龙江	1170858	80					5145	
上 海	78168	2266						
江 苏	1190842	106	40		256			
浙 江	384165	17	705	3987				
安 徽	364664			4				
福 建	279773			78	905			
江 西	181288							
山 东	881649	3			514			
河 南	2080419			6741	547			
湖 北	447351			530	10			
湖 南	265514		2	596	2471			
广 东	385312			15545	2997			
广 西	650243	94		1297				
海 南								
重 庆	112734				112			
四 川	2197939	17897	1169	9	11878			
贵 州	254426							
云 南	193460	47602	1889				289	
西 藏	9226							
陕 西	497542				7635			
甘 肃	227531							
青 海	16311							
宁 夏	53658							
新 疆	127061							

2-B-10 续表 1

地 区	其他煤气(万立方米)	天然气(万立方米)	液化天然气(吨)	原油(吨)	汽油(吨)	煤油(吨)	柴油(吨)
北 京		37			3818	2	4656
天 津		136			414	232	1218
河 北					8142	3	4928
山 西	78				451		447
内蒙古					1925		1873
辽 宁					8449	2	12919
吉 林			2		5152		7261
黑龙江					1789	33	1466
上 海		639			1524	40	10324
江 苏		1832	3		8768		12145
浙 江		30	183		2113		9776
安 徽		402	22		652	19	585
福 建					1303	784	4608
江 西		11			669		1070
山 东	30	799	25	2	5017	4	6647
河 南	489	454	5		6641		4911
湖 北		192	12		3681	104	8236
湖 南		1296	6		3345	5	7297
广 东		401	928	336	5305		34177
广 西		13			2356	1	2965
海 南		532			448		1250
重 庆		1595			4983	1	1352
四 川		11222			8097	5	10594
贵 州					1143		451
云 南					1120		1446
西 藏					104		5
陕 西		347	11		845		356
甘 肃		851			2250	10	2001
青 海		13			277		440
宁 夏					71		50
新 疆		170	28		582	7	222

2-B-10 续表 2

地　区	燃料油(吨)	液化石油气(吨)	炼厂干气(吨)	其他石油制品(吨)	热力(百万千焦)	电力(万千瓦时)	其他燃料(吨标准煤)
北　京	55	144		125	577964	32451	
天　津				21	571152	33583	
河　北	2135				1073418	44750	
山　西					102001	17071	
内蒙古					1572157	32723	
辽　宁	2233	8		14	1050180	51031	
吉　林					6045802	103426	
黑龙江					7448770	75912	911
上　海	5033	412			376240	26921	
江　苏	284	20			2801236	103158	632
浙　江	4546	430			3999692	92012	2387
安　徽	256	217			872671	34054	5618
福　建	12185	377			266155	55087	9918
江　西		17				21598	5178
山　东		297			4713156	106778	1279
河　南	24	16			451181	166825	11288
湖　北	611	119		37	62339	55864	15045
湖　南	84			1		45953	726
广　东	152776	4068		91	2334345	112077	1228
广　西	7323	39				34692	20317
海　南	71	13				3057	2932
重　庆						24821	958
四　川	670	5			812894	164488	2210
贵　州		11				10650	182
云　南	1181	1			26165	17591	795
西　藏						1583	
陕　西					816965	40829	35
甘　肃						20689	
青　海						2784	
宁　夏						2780	
新　疆					572483	10630	

2-B-11　分地区分能源品种规模以上烟草制品业工业企业能源消费量

地　区	原煤（吨）	洗精煤（吨）	其他洗煤（吨）	煤制品（吨）	焦炭（吨）	其他焦化产品（吨）	焦炉煤气（万立方米）	高炉煤气（万立方米）
北　京								
天　津	19985							
河　北	41040							
山　西		14965						
内蒙古	19994							
辽　宁	684							
吉　林	19409							
黑龙江	52560							
上　海								
江　苏	3725							
浙　江								
安　徽	11609							
福　建	16413							
江　西	8310	5927					596	
山　东	6645						24	
河　南	31251							
湖　北	29411							
湖　南	129350	3506	6737		8335			
广　东	18298							
广　西	18525							
海　南								
重　庆	16014							
四　川	30050	5911	4157					
贵　州	148452						76	
云　南	255868	3620						
西　藏								
陕　西	66578							
甘　肃	10612							
青　海								
宁　夏	4							
新　疆	13297							

2-B-11 续表 1

地 区	其他煤气(万立方米)	天然气(万立方米)	液化天然气(吨)	原油(吨)	汽油(吨)	煤油(吨)	柴油(吨)
北 京		586			51		
天 津							
河 北		318			229	1	1049
山 西					44		42
内蒙古		382			104		78
辽 宁					28		5472
吉 林		154			113		1498
黑龙江					208		4718
上 海	1335	3	3		63		61
江 苏		565			214		4457
浙 江		2			97		7053
安 徽		955			471		559
福 建					210		1069
江 西					176		941
山 东		673			361		123
河 南	42	656			508		484
湖 北		3015			266	2	2180
湖 南		1344			2053		5487
广 东	63	128	170		383		6899
广 西					28		363
海 南		239			27		190
重 庆		691			338		121
四 川		567			314		29
贵 州					791	5	1109
云 南					1504	2	1536
西 藏							
陕 西		8			221	1	226
甘 肃		699			5		1085
青 海							
宁 夏					1		
新 疆					40		

2-B-11　续表 2

地　区	燃料油 (吨)	液化石油气 (吨)	炼厂干气 (吨)	其他石油制品 (吨)	热力 (百万千焦)	电力 (万千瓦时)	其他燃料 (吨标准煤)
北　京					715	1330	
天　津						1578	
河　北					15551	5527	
山　西						1359	
内蒙古		7				1620	
辽　宁						2219	
吉　林					10543	3033	
黑龙江					6757	4048	
上　海					67699	6887	
江　苏					432188	11033	
浙　江					312290	7579	
安　徽					442417	13187	
福　建	4965	31			58797	9814	
江　西						5206	
山　东					923763	14469	
河　南					455878	10544	
湖　北					41283	14170	
湖　南		5			137762	20657	1017
广　东		64			44199	12818	
广　西	5726					5287	
海　南						626	
重　庆						5984	
四　川		10			99751	10655	
贵　州						14302	
云　南		67			319691	45856	
西　藏							
陕　西					7107	7145	
甘　肃						3685	
青　海							
宁　夏						2	
新　疆						1200	

2-B-12 分地区分能源品种规模以上纺织业工业企业能源消费量

地区	原煤(吨)	洗精煤(吨)	其他洗煤(吨)	煤制品(吨)	焦炭(吨)	其他焦化产品(吨)	焦炉煤气(万立方米)	高炉煤气(万立方米)
北京	72162			19	29			
天津	122086			1258				
河北	918810	215	52	1113	5594	100	204	
山西	67150			1433				
内蒙古	429044	1391						
辽宁	420704	7478	32489	2210	23505			
吉林	79671			1404	70			
黑龙江	138777	50		49				
上海	371539	3990	9874	15181				
江苏	5051284	11221	32185	37020	9999			
浙江	6600031	3215	1100	33870	3539			
安徽	252798		2	11	689		120	
福建	1224603	3106	3880	104999				
江西	199957		14	89				
山东	8317292	12506	8228	15956	7921		3303	
河南	1293423	377	20294	7310	1126		25	
湖北	598889		27	233	1479			
湖南	507719			15189	9185			
广东	5194312	33047	47	33620	8114			
广西	87852		1294	1024				
海南	2515							
重庆	320327	160						
四川	2090271	20872	1332	39	3487			
贵州	5819							
云南	133791						13	
西藏								
陕西	236843				32			
甘肃	91359							
青海	13273							
宁夏	16237							
新疆	201141							

2-B-12　续表 1

地　区	其他煤气(万立方米)	天然气(万立方米)	液化天然气(吨)	原油(吨)	汽油(吨)	煤油(吨)	柴油(吨)
北　京		255			2673	5	1993
天　津		2389	85		881	2	628
河　北	509	452	2	3	6377	39	3638
山　西					235	7	343
内蒙古		56			6336	6	1809
辽　宁	10			2	9514	86	4639
吉　林					651		574
黑龙江		100			393	10	298
上　海	147	667	5		9336	38	15913
江　苏		5886	2114	250	44960	1189	46811
浙　江		720	166	1	54351	2091	61808
安　徽		109	275		1123	42	1235
福　建			257	7	6844	160	18685
江　西					1898	167	3513
山　东	1	6743	663	91	38025	884	30349
河　南	15	398			16199	23	12346
湖　北		168		1	3555	1201	14411
湖　南		45			2166	44	2888
广　东	10	273	28	32	69732	1261	230612
广　西					454	4	746
海　南		185			92		233
重　庆		1887			1240	4	1000
四　川		14254			1821	18	3051
贵　州					23	3	59
云　南					202	3	97
西　藏					4		140
陕　西		42			566	30	116
甘　肃		42			198		94
青　海					78		
宁　夏		10			218		56
新　疆		19			738	18	613

2-B-12 续表 2

地区	燃料油（吨）	液化石油气（吨）	炼厂干气（吨）	其他石油制品（吨）	热力（百万千焦）	电力（万千瓦时）	其他燃料（吨标准煤）
北京		291			381742	16029	
天津	295	224			1075023	63825	370
河北	118			2596	5886674	376118	1430
山西		161			580573	21264	
内蒙古					748572	39874	
辽宁	1358	1900		966	1986225	119707	
吉林		19			240854	29160	
黑龙江					225156	24910	
上海	9116	2712		601	783813	103060	
江苏	34161	9400		2244	69181768	2362742	18498
浙江	18977	6900		2617	115389822	1996647	117341
安徽	326	1223			2258705	191618	4198
福建	25333	1062		66	1818682	519256	13366
江西	214				9133	111760	46537
山东	10309	1184	2820	49	43373237	2272199	74937
河南				549	1099294	576167	
湖北	280	959		36	1381918	453580	5184
湖南		85		15256	122840	154372	47398
广东	262151	9346		320	3556991	924133	18683
广西	8	4	337	854		40476	76534
海南						2200	
重庆					128060	57300	6840
四川	3			10	171918	349659	28434
贵州						6378	
云南				94	6081	10454	
西藏						9	
陕西				30	543898	127203	
甘肃					221828	7947	
青海						3509	
宁夏	5			3		3073	
新疆				17	1688323	125788	

2-B-13　分地区分能源品种规模以上纺织服装、鞋、帽制造业工业企业能源消费量

地　区	原煤(吨)	洗精煤(吨)	其他洗煤(吨)	煤制品(吨)	焦炭(吨)	其他焦化产品(吨)	焦炉煤气(万立方米)	高炉煤气(万立方米)
北　京	96592			551	53			
天　津	64067	110		118				
河　北	106560			583	661	3500	7	
山　西	16806			438				
内蒙古	25801							
辽　宁	221517	15416	5214	1250	29092			
吉　林	30786							
黑龙江	2832							
上　海	91673	525	279	1888	101			
江　苏	762460	2845	2027	42149	8038			
浙　江	349539	497	572	4464	415			
安　徽	23960	2602	27	133				
福　建	89639	150		1847				
江　西	37247							
山　东	752776	6101	305	4949	1409			
河　南	133809				2368			
湖　北	104695			19				
湖　南	38546	218		151	13			
广　东	788701			10275				
广　西	600							
海　南								
重　庆	4106							
四　川	45247	6687	452					
贵　州	1794				19		128	
云　南	2171							
西　藏								
陕　西	3582							
甘　肃	12797							
青　海	255							
宁　夏								
新　疆	731							

2-B-13 续表 1

地 区	其他煤气(万立方米)	天然气(万立方米)	液化天然气(吨)	原油(吨)	汽油(吨)	煤油(吨)	柴油(吨)
北 京		26			4825		1908
天 津		257	5		1813	11	924
河 北		34			2247	3	2310
山 西					272		90
内蒙古		6			195		258
辽 宁	6	4			16114	110	19208
吉 林			5		1251		112
黑龙江		20		45	86		38
上 海	182	82	523		12409	70	15438
江 苏		1198	92	455	21055	194	28554
浙 江		53	38	2	19706	136	23021
安 徽		16	1		717	112	884
福 建		3	625	3	7296	54	11870
江 西					685	17	1393
山 东		611	589	1729	24239	1537	14699
河 南		54			2114		539
湖 北		260			5928	3	5735
湖 南		1	6		2211	5	2415
广 东	3	310	112	12	25911	966	199094
广 西					63		277
海 南					11		4
重 庆		235			642		166
四 川		221			655		432
贵 州					32		41
云 南					74		240
西 藏					1		
陕 西		12			68		4
甘 肃					58		3
青 海		229			53		21
宁 夏					58		
新 疆					88		25

2-B-13　续表 2

地　区	燃料油（吨）	液化石油气（吨）	炼厂干气（吨）	其他石油制品（吨）	热力（百万千焦）	电力（万千瓦时）	其他燃料（吨标准煤）
北　京		210			217334	10608	
天　津	4	128			47722	11044	
河　北					34423	32285	110
山　西						1189	
内蒙古					4601	1374	
辽　宁	1992	6240			133639	74260	225
吉　林	18				350204	6653	
黑龙江						268	
上　海	663	1082			207264	48872	
江　苏	2773	481		11	6676654	273853	1836
浙　江	577	226		478	4949870	162595	1201
安　徽	9	8			61637	22105	325
福　建	1100	102		4	20887	133802	587
江　西	73	8				17520	15825
山　东	8230	123		12	2447694	156622	445
河　南	289				68640	29022	
湖　北		2			17222	29981	
湖　南	9				36	13758	400
广　东	105482	6881		164	491599	459341	14948
广　西						3533	
海　南						613	
重　庆						4478	
四　川						30671	
贵　州						372	
云　南						269	
西　藏						187	
陕　西					50	1540	
甘　肃						909	
青　海						604	
宁　夏						67	
新　疆					13405	197	

2-B-14 分地区分能源品种规模以上皮革、毛皮、羽毛(绒)及其制品业工业企业能源消费量

地 区	原煤(吨)	洗精煤(吨)	其他洗煤(吨)	煤制品(吨)	焦炭(吨)	其他焦化产品(吨)	焦炉煤气(万立方米)	高炉煤气(万立方米)
北 京	2778							
天 津	13525							
河 北	414181			22	41			
山 西	55							
内蒙古	6325							
辽 宁	13625	2558	27559					
吉 林	11165							
黑龙江	4551							
上 海	5447		37					
江 苏	84015	128	74	236	75			
浙 江	249765	7		153				
安 徽	30518	1039		51				
福 建	116820			39333	37			
江 西	8594							
山 东	407097		930		548			
河 南	391946			19	3074			
湖 北	17283							
湖 南	46740			23	5950			
广 东	85568	2618		13991	690			
广 西	29631							
海 南								
重 庆	5111				265			
四 川	190700	3222	2700	2373	10851			
贵 州	48							
云 南	54							
西 藏								
陕 西	337							
甘 肃	14712							
青 海								
宁 夏	2895							
新 疆	6067							

2-B-14 续表 1

地 区	其他煤气 (万立方米)	天然气 (万立方米)	液化天然气 (吨)	原油 (吨)	汽油 (吨)	煤油 (吨)	柴油 (吨)
北 京					387	1	158
天 津		2			482		103
河 北		18			6163	6	3188
山 西					5		
内蒙古					169		160
辽 宁					4351	6	1856
吉 林					244		322
黑龙江		28			25		3
上 海	25	71	1		2316	2	739
江 苏			10	8	4287	10	2860
浙 江			3	5	13061	607	22897
安 徽					471		243
福 建			1		12816	17	20328
江 西		25			388		398
山 东		25	118	1970	10945	925	7416
河 南		2456			5602		1939
湖 北					435	1	319
湖 南			5		439	32	971
广 东	7	103	118	377	17783	1145	81105
广 西					549	24	393
海 南							
重 庆		99	4		657	5	167
四 川	11	6458			1355	39	1222
贵 州					15		
云 南							
西 藏					3		
陕 西					110		
甘 肃					56		31
青 海		14			4		3
宁 夏					12		6
新 疆					66		70

2-B-14 续表 2

地区	燃料油 (吨)	液化石油气 (吨)	炼厂干气 (吨)	其他石油制品 (吨)	热力 (百万千焦)	电力 (万千瓦时)	其他燃料 (吨标准煤)
北京		17			4354	754	
天津					1169	3523	
河北					2243910	51364	
山西						8	
内蒙古					38770	1508	
辽宁	1798	35			15462	9506	
吉林						934	
黑龙江		130				482	
上海	189	111		12	222666	14868	
江苏	2958	17		6	532890	47845	
浙江	934	198		1288	1772406	141250	4036
安徽						10294	2167
福建	16658	198		698	42903	232610	
江西						19053	7364
山东	9252	15		3	759558	84587	662
河南					116552	32494	
湖北				50		2916	
湖南		16			37542	36597	2100
广东	82092	1576		42	609	378640	270
广西						5003	139
海南						43	
重庆						3775	
四川						42282	
贵州						28	
云南						8	
西藏						37	
陕西					28470	200	
甘肃						2096	
青海						10	
宁夏						130	
新疆						458	

2-B-15　分地区分能源品种规模以上木材加工及木、竹、藤、棕、草制品业工业企业能源消费量

地　区	原煤 (吨)	洗精煤 (吨)	其他洗煤 (吨)	煤制品 (吨)	焦炭 (吨)	其他焦化产品 (吨)	焦炉煤气 (万立方米)	高炉煤气 (万立方米)
北　京	3010							
天　津	19741			80				
河　北	419076			280	50			
山　西	37570							
内蒙古	124673							
辽　宁	151052	13204	12592	615	10140			
吉　林	781068		25		230			
黑龙江	201590							
上　海	22017		78					
江　苏	1123040			2355	391			
浙　江	89923	720	1713	1464				
安　徽	178123			632	352			
福　建	161035			16	9			
江　西	67455			3610				
山　东	1173060	12312	2359		158537			
河　南	740192		480		7138			
湖　北	129742			743				
湖　南	533710		4	22	3525			
广　东	115202			68951		10		
广　西	97996			316				
海　南								
重　庆	17817	11						
四　川	252172	11447			306			
贵　州	17932							
云　南	74831	21	3					
西　藏								
陕　西	15311							
甘　肃	8751							
青　海								
宁　夏	120							
新　疆	49788		19431					

2-B-15 续表 1

地区	其他煤气(万立方米)	天然气(万立方米)	液化天然气(吨)	原油(吨)	汽油(吨)	煤油(吨)	柴油(吨)
北京		130			510		654
天津		218			5225	21	883
河北		23			1713		3070
山西					11		134
内蒙古					1309	8	6014
辽宁		917			14342	31	6488
吉林				2099	12682		20130
黑龙江		1			1507	21	2914
上海		613	2		2232	48	2004
江苏		4			3686	56	8591
浙江			21		3486	1423	7544
安徽		20	8		501		1349
福建				32	1401	10	3729
江西					1154		1635
山东		4			8598	20	8848
河南					8298	25	8874
湖北		2			644	8	12305
湖南			8		2381	71	4093
广东					4066	72	21785
广西					2403	9	6764
海南					123		1264
重庆		19			393		287
四川		1616			1540	9	3114
贵州					195		460
云南				299	275	10	921
西藏					55		30
陕西					31		21
甘肃					54		155
青海							
宁夏					8		
新疆					62		365

2-B-15　续表 2

地　区	燃料油(吨)	液化石油气(吨)	炼厂干气(吨)	其他石油制品(吨)	热力(百万千焦)	电力(万千瓦时)	其他燃料(吨标准煤)
北　京		5			14877	7389	
天　津				4	4287	6271	
河　北					95678	56799	
山　西						6718	
内蒙古					196740	31701	120176
辽　宁	13567	55		150	348046	46417	2240
吉　林					219400	78776	70632
黑龙江				9	186724	53352	288
上　海	2232	24				18052	
江　苏	210	463			1018751	237198	12015
浙　江	40	469		29	1274980	86280	170987
安　徽	42	7		88	225190	74541	9939
福　建	17	48			338774	126578	395751
江　西				25		61840	60690
山　东	172			95	4860684	205333	2801
河　南				19		82306	1011
湖　北		3		105		49472	8898
湖　南						97824	95266
广　东	3524	163		16	160157	187946	30677
广　西		3		1		119714	181015
海　南	93					5960	2294
重　庆						3466	2651
四　川						72308	676
贵　州						6045	1016
云　南	16					27677	12222
西　藏						167	
陕　西					2677	6307	
甘　肃						366	
青　海							
宁　夏						27	
新　疆					28800	9637	

2-B-16 分地区分能源品种规模以上家具制造业工业企业能源消费量

地 区	原煤(吨)	洗精煤(吨)	其他洗煤(吨)	煤制品(吨)	焦炭(吨)	其他焦化产品(吨)	焦炉煤气(万立方米)	高炉煤气(万立方米)
北 京	13697			132	80			
天 津	29932			2400	215			
河 北	136588				210			
山 西	40			83				
内蒙古	12503							
辽 宁	100722	760	20148	254	8152			
吉 林	17524			349				
黑龙江	35315							
上 海	456	60			496			
江 苏	14174				1482			
浙 江	22706			62	3826			
安 徽	377							
福 建	7133			492				
江 西	10400							
山 东	260820	1732	464	985	757			
河 南	68883							
湖 北	4279							
湖 南	36738							
广 东	15178	1293		178	2812			
广 西	280							
海 南								
重 庆	585							
四 川	47032	39			15683			
贵 州								
云 南								
西 藏								
陕 西	287							
甘 肃	960							
青 海								
宁 夏	1003		46					
新 疆	5355							

2-B-16 续表 1

地 区	其他煤气(万立方米)	天然气(万立方米)	液化天然气(吨)	原油(吨)	汽油(吨)	煤油(吨)	柴油(吨)
北 京		77			3332		886
天 津		101	416		718	5	625
河 北		13		14	2538		1457
山 西					38		16
内蒙古					122		81
辽 宁		5		5	7831		10026
吉 林		12			1681	1	2575
黑龙江					1376	4	1031
上 海	83	150	137		3598		5444
江 苏		95	91		1498	26	2270
浙 江		221	11	20	6015	72	20698
安 徽					382	45	493
福 建					1722	1085	6263
江 西					122		208
山 东		129	12	76	12539	300	9494
河 南					2137		3187
湖 北					899		679
湖 南			6		1460	52	2533
广 东	2	54	101	53	12563	282	67090
广 西					199	1	690
海 南					46		366
重 庆		67			415		386
四 川		3056	5	1	1217	20	1196
贵 州					14		9
云 南					116		82
西 藏							
陕 西		8			167		152
甘 肃					40		25
青 海		4			10		9
宁 夏					61		30
新 疆		6			160		145

2-B-16 续表 2

地 区	燃料油 (吨)	液化石油气 (吨)	炼厂干气 (吨)	其他石油制品 (吨)	热力 (百万千焦)	电力 (万千瓦时)	其他燃料 (吨标准煤)
北 京	229	67			92258	9100	
天 津		1548			58759	12275	
河 北		113		16		21139	
山 西					337	183	
内蒙古						1411	3400
辽 宁	31	221			110361	37850	
吉 林					260	4180	
黑龙江					2138	9285	393
上 海	8	478				22797	
江 苏	260	593			13879	24916	696
浙 江	385	1560		137	541084	58681	3836
安 徽		22			4	3080	50
福 建	309	3659				34626	9781
江 西						4554	2818
山 东	2	46			249240	77064	267
河 南					60000	19916	
湖 北	1					2940	1
湖 南		1				21056	137
广 东	26308	9257		26		229105	5436
广 西						1777	8
海 南	5					1148	
重 庆						3472	
四 川		6				24443	181
贵 州						58	
云 南						121	
西 藏							
陕 西						859	
甘 肃						286	
青 海						28	
宁 夏						140	
新 疆		23			60826	2331	

2-B-17　分地区分能源品种规模以上造纸及纸制品业工业企业能源消费量

地　区	原煤(吨)	洗精煤(吨)	其他洗煤(吨)	煤制品(吨)	焦炭(吨)	其他焦化产品(吨)	焦炉煤气(万立方米)	高炉煤气(万立方米)
北　京	95945			22				
天　津	138460			600				
河　北	1830991	8000	101538	7613	747	11053		
山　西	46086	7010	98125	589			1033	
内蒙古	481855							
辽　宁	503170	10961	81577	1812	36609			
吉　林	849108			508				
黑龙江	632181			1170				
上　海	242911	3192	39					
江　苏	5243218	285	62	1516	1585			
浙　江	3412186	64		651	96			
安　徽	1131638							
福　建	1362693	20	3839	8524	172			
江　西	664685							
山　东	7972720	1259	7	5794	3151			
河　南	4614817	600		111	5232			
湖　北	853513			20788			38	3
湖　南	2536597	4247		5368	3390			
广　东	7444192	47		16762	20208			
广　西	1382635		55092	3377				
海　南	297141							
重　庆	450582			3469				
四　川	2501713	123100	23760	10869	1810			
贵　州	125167		830	520				
云　南	564235	1597	23617	4249				
西　藏								
陕　西	821138	1572		509				
甘　肃	116716							
青　海	929							
宁　夏	1057440	1409						
新　疆	290373							

2-B-17 续表 1

地 区	其他煤气(万立方米)	天然气(万立方米)	液化天然气(吨)	原油(吨)	汽油(吨)	煤油(吨)	柴油(吨)
北 京		182			2572		7354
天 津		293	75	624	1243	147	1486
河 北		70			6433	26	6867
山 西					438		940
内蒙古					183		1484
辽 宁		126			10723	6	8912
吉 林		127			1060	10	3455
黑龙江		180		152	642		1811
上 海		1270	104		5890	41	7071
江 苏		10263	223		5507	70	24294
浙 江	1	60	217		10358	42	23780
安 徽		204	10	12	626	4	2271
福 建		61	14	12	4894	18	14371
江 西					668	5	1778
山 东	9	4065	1226		15714	264	25858
河 南				256	13716	28	30579
湖 北		130			964	50	2553
湖 南		583		100	5442	128	11166
广 东	9	234	86	64	21613	1800	111048
广 西					960	142	7487
海 南		9533			159		1563
重 庆		1027			677		22761
四 川		3165	10		3691	85	6951
贵 州		962			242	14	491
云 南				278	788	2	1710
西 藏					6		
陕 西					3998		631
甘 肃					67	1	60
青 海		14			2		2
宁 夏		166			156	1	389
新 疆		1			207		896

2-B-17　续表 2

地　区	燃料油（吨）	液化石油气（吨）	炼厂干气（吨）	其他石油制品（吨）	热力（百万千焦）	电力（万千瓦时）	其他燃料（吨标准煤）
北　京	975	263			43150	14345	
天　津	984	1		26	579012	30497	
河　北					4528238	214910	12265
山　西						16831	8478
内蒙古	433				13152	40887	
辽　宁	270	135			1585338	62800	
吉　林	603				6057957	100168	
黑龙江	328				1229197	45696	2100
上　海	32830	2020			904476	70320	2311
江　苏	5098	9638		23	29050364	674048	24769
浙　江	5215	792		1088	43098013	727470	117995
安　徽		136			3901076	109491	93122
福　建	9202	711		10	8495009	289309	77710
江　西		4821		1	1448731	122808	86136
山　东	17113	35		2	84209133	1131501	24683
河　南	201			4	11114895	493819	
湖　北	1054	1			4751618	118654	53978
湖　南	311	1923		1	9851562	247826	32110
广　东	132912	8983		109	8766298	965956	31458
广　西	6169	935			1194212	145870	47996
海　南	22569				610926	134878	892759
重　庆						53874	1625
四　川	950			556	2423199	212700	4283
贵　州				1	26094	13433	54
云　南				2	26475	47967	64557
西　藏						17	
陕　西					46608	52591	
甘　肃					3784	11181	
青　海						942	
宁　夏	633				1468083	82302	31986
新　疆	2387			31	2600416	24298	

2-B-18 分地区分能源品种规模以上印刷业和记录媒介的复制工业企业能源消费量

地 区	原煤(吨)	洗精煤(吨)	其他洗煤(吨)	煤制品(吨)	焦炭(吨)	其他焦化产品(吨)	焦炉煤气(万立方米)	高炉煤气(万立方米)
北 京	26623			241				
天 津	17722		4					
河 北	47430		172	125	355			
山 西	5383		1790	530				
内蒙古	2233			690				
辽 宁	12442	1420	2111	1285	132			
吉 林	23889							
黑龙江	13308			418				
上 海	12105							
江 苏	19640	1175						
浙 江	43641			112	240			
安 徽	24077			35				
福 建	10684							
江 西	4588			91				
山 东	146656		1600		137			
河 南	58319							
湖 北	82040				455		27	
湖 南	48221	825	9		9			
广 东	44577		160	2215				
广 西	1853			11				
海 南								
重 庆	1142							
四 川	139879	981		9	1131			
贵 州	795						30	
云 南	1000				2		25	
西 藏								
陕 西	5686			1482	872			
甘 肃	11022							
青 海	173							
宁 夏	1424							
新 疆	2707							

2-B-18　续表 1

地　区	其他煤气(万立方米)	天然气(万立方米)	液化天然气(吨)	原油(吨)	汽油(吨)	煤油(吨)	柴油(吨)
北　京		1385			7114	85	1727
天　津		136			1152	10	567
河　北		132			2782	16	1218
山　西				4	379	2	350
内蒙古					244		131
辽　宁					3430	1586	1906
吉　林					666	1	250
黑龙江					472		159
上　海	129	280	72		7451	81	4863
江　苏		514	14		6341	78	4048
浙　江		78	36		8225	15	7942
安　徽			9		1331	11	570
福　建					1895	134	1219
江　西					562	25	550
山　东		194	25		4782	147	4361
河　南		47	9		2158	17	1468
湖　北		143			2230	28	1448
湖　南		84	4		1914	88	1172
广　东		175	1321	3	16196	784	134382
广　西					505	6	215
海　南					140	1	129
重　庆		442	5		1047	5	624
四　川		988			2686	96	1510
贵　州					217	18	132
云　南					838	5	471
西　藏					92		19
陕　西		183			687	4	353
甘　肃		6			153	3	
青　海		113			95	1	5
宁　夏		39			110		41
新　疆		6			312	3	69

2-B-18 续表 2

地 区	燃料油（吨）	液化石油气（吨）	炼厂干气（吨）	其他石油制品（吨）	热力（百万千焦）	电力（万千瓦时）	其他燃料（吨标准煤）
北 京		1208		6	469358	39832	
天 津	1				160813	9471	
河 北		11			460477	21911	
山 西		3		4	32486	3009	
内蒙古		141				1201	
辽 宁	950	279			114076	15685	
吉 林		194			7335	5468	
黑龙江					40225	3292	
上 海	2085	1669		7	213685	45213	
江 苏	178	399		44	82423	55323	
浙 江	2424	243		19	172291	64377	10
安 徽					38983	17441	70
福 建	203	1964		582	1241	24241	
江 西						8737	
山 东		79			383975	54481	
河 南	120	9		2	26572	29877	
湖 北		3			8618	19620	
湖 南	3	217			80600	17910	335
广 东	47323	10620		350		227398	184
广 西		10				5453	
海 南						1191	2
重 庆						7583	
四 川	60	36		153		37940	
贵 州		1				1992	
云 南		4			2872	7702	
西 藏						351	
陕 西		3		31	75927	7783	
甘 肃				650		2210	
青 海						935	
宁 夏						1460	
新 疆	2				68540	1355	

2-B-19　分地区分能源品种规模以上文教体育用品制造业工业企业能源消费量

地　区	原煤 (吨)	洗精煤 (吨)	其他洗煤 (吨)	煤制品 (吨)	焦炭 (吨)	其他焦化产品 (吨)	焦炉煤气 (万立方米)	高炉煤气 (万立方米)
北　京	18738							
天　津	14060							
河　北	13832				1024			
山　西	113409	85845			8828		42	
内蒙古								
辽　宁	14432	300	1686	156	261			
吉　林	4138							
黑龙江	4456							
上　海	27322	16	991		90			
江　苏	49322	234		106	26926			
浙　江	27562	40	26	490	210			
安　徽	17740				2470			
福　建	6256			8	532			
江　西	7067			10				
山　东	196679	65	44	6	602		3	
河　南	7437			137				
湖　北	3075				60			
湖　南	9284							
广　东	24361			30	20			
广　西								
海　南								
重　庆	305							
四　川	5	20			11883			
贵　州					138			
云　南								
西　藏								
陕　西	120							
甘　肃	1165							
青　海								
宁　夏								
新　疆								

2-B-19 续表 1

地　区	其他煤气（万立方米）	天然气（万立方米）	液化天然气（吨）	原油（吨）	汽油（吨）	煤油（吨）	柴油（吨）
北　京					807		94
天　津		18	211		673	27	261
河　北		87			1080	10	467
山　西					68	213	389
内蒙古							
辽　宁					1143	40	529
吉　林					52		21
黑龙江					107	37	20
上　海	7	506			3470	34	4404
江　苏		191	1155		5048	67	6933
浙　江		22	5		6380	451	8807
安　徽					1026		441
福　建			25	1	1543	14	4342
江　西					109		37
山　东		125	135		8512	105	6993
河　南					467		1289
湖　北					79		4
湖　南					261		30
广　东	76	44	336		11778	924	148527
广　西					45		52
海　南							
重　庆		1			1		34
四　川		251			76		18
贵　州					9		
云　南							
西　藏							
陕　西	4						
甘　肃					46		15
青　海							
宁　夏							
新　疆							

2-B-19　续表 2

地　区	燃料油(吨)	液化石油气(吨)	炼厂干气(吨)	其他石油制品(吨)	热力(百万千焦)	电力(万千瓦时)	其他燃料(吨标准煤)
北　京		50			166282	3081	
天　津		8		2	48175	6591	710
河　北						2583	
山　西		7				1262	
内蒙古							
辽　宁		48			5824	4814	
吉　林						832	
黑龙江					540	1115	
上　海	1536	1285			44980	25988	
江　苏	189	2873			79722	53449	
浙　江	3	1141		1843	214679	70848	26741
安　徽		9				5491	158
福　建	1111	1216		216	236175	28024	1030
江　西						7406	30
山　东	2575	133			994730	47655	
河　南						5771	
湖　北						2006	
湖　南						4014	
广　东	50824	13887			104841	348041	1696
广　西						1278	
海　南							
重　庆						369	
四　川						360	
贵　州						268	
云　南							
西　藏							
陕　西						56	
甘　肃						104	
青　海							
宁　夏							
新　疆							

2-B-20　分地区分能源品种规模以上石油加工、炼焦及核燃料加工业工业企业能源消费量

地　区	原煤(吨)	洗精煤(吨)	其他洗煤(吨)	煤制品(吨)	焦炭(吨)	其他焦化产品(吨)	焦炉煤气(万立方米)	高炉煤气(万立方米)
北　京	148945			359				
天　津	836578	1375952	48092				22907	
河　北	1532002	28662681	165033	2139	120	121938	124371	31163
山　西	63996200	99731893	1893879	73546	707969	499060	965091	173960
内蒙古	14560126	9223868	301604		16209	485153	11591	
辽　宁	856151	3639107	91207	1972	12055		1419	
吉　林	55624	1457003			170			
黑龙江	9210920	6942946		44947	45		27464	43068
上　海	3198686	1786653			64973	27886		
江　苏	2510308	2457392	480		2690		12810	
浙　江	311230				701273			
安　徽	424874	642920					5750	
福　建	8747	182357					7856	
江　西	705165	2726693		8310	82		14735	
山　东	3635527	24939145	2317	70533	100430	46405	34181	117972
河　南	16943035	11108841			2789	62208	11560	
湖　北	31806	1878643	3050				4150	
湖　南	1013620	1794693	5293		1800		5167	
广　东	874120	297056						
广　西	6362							
海　南								
重　庆	407014	1145238	5	4159			6622	
四　川	5245917	10002894	711403		172474		16554	368884
贵　州	5925981	2813080					1229	
云　南	6767201	10419634	229438		56694	117205	61582	107639
西　藏								
陕　西	12156952	4367586	92215				3294	12425
甘　肃	1250998	8						
青　海	1813310	946613					13281	
宁　夏	2347823	936666	60117		9716	16410	3085	
新　疆	8591453	923854					7672	

2-B-20 续表 1

地 区	其他煤气(万立方米)	天然气(万立方米)	液化天然气(吨)	原油(吨)	汽油(吨)	煤油(吨)	柴油(吨)
北 京		37559		11145968	621	9	1872
天 津		4594		7625688	779	19	3637
河 北	1610	1033		13113039	2690		21874
山 西	7978				7144	19636	82940
内蒙古				1222707	410	18	4102
辽 宁		315		52600904	6158	6053	6208
吉 林	119			1672851	838		1076
黑龙江		69603		14661848	2032	218	12590
上 海		6273		19435963	1993	3921	6969
江 苏		1307	3	15379969	5168	9	8744
浙 江		3399		22790125	583	35	4907
安 徽				4252596	125		1280
福 建				3121645	1115		1333
江 西	8998			4109991	467		3021
山 东		24236		36715897	6274	14	16250
河 南	1485	840		4906322	1591	591	5843
湖 北		962		8317741	863	13	1901
湖 南	10753	92		4309519	951	57	3422
广 东				30263098	1336	23872	11856
广 西				1333945	344	2	1062
海 南		1060		7967714	4		
重 庆		184			1127	283	1327
四 川		4056		1821921	2746	107	12558
贵 州					213	140	3272
云 南					870	8	5680
西 藏							
陕 西		8354		17065799	934	102	6534
甘 肃		34269		13935528	3925	47	11939
青 海					200	124	5983
宁 夏	579			1837537	257		2402
新 疆		52950		17094377	2852	43	5506

2-B-20 续表 2

地 区	燃料油(吨)	液化石油气(吨)	炼厂干气(吨)	其他石油制品(吨)	热力(百万千焦)	电力(万千瓦时)	其他燃料(吨标准煤)
北 京	151819	178017	808171	4421199	21772095	240800	
天 津	414117	33767	232694	252918	7824653	129409	204144
河 北	24077	470	368250	947005	1961439	211467	
山 西	257			209	9081323	493017	577120
内蒙古		1141	37213			74001	
辽 宁	906701	54695	1628440	2022003	27287443	449477	396287
吉 林	22932	37285	29927	7707	7571	24084	13703
黑龙江	281425	364715	780015	1140669	3472476	300977	4822
上 海	213232	254950	1248664	4369344	33029236	444123	
江 苏	67103	6636	360317	2736670	14671174	165644	
浙 江	388666	2396	630403	1140103	445076	163173	
安 徽	11092	31	108901	188972	11931108	57648	
福 建	7761	288	116251	156670	2121229	25346	
江 西	122685	147	155124	788918	8191465	56433	14395
山 东	2731455	497874	675134	7441118	49852526	809833	302236
河 南	33262	5	191259	1058395	8723996	128533	
湖 北	11927	30720	308655	519940	8415994	77584	136716
湖 南	54016	356131	134101	367854	2542701	53561	
广 东	332526	48603	751451	6857503	14896522	300896	137
广 西	6588	3	14040	26723	253922	15071	
海 南	42510		219628	363423	459680	58779	
重 庆	10					9422	
四 川		89937		246474	1716724	94235	
贵 州					28684	13981	
云 南					338605	77289	14735
西 藏							
陕 西	11453		29762	201501		139388	
甘 肃	32350	154	709841	1027345	33373063	258602	
青 海						6212	
宁 夏	65460	99043	51686	44353		37693	14036
新 疆	386177	62298	627089	226785	9909869	230566	

2-B-21 分地区分能源品种规模以上化学原料及化学制品制造业工业企业能源消费量

地 区	原煤(吨)	洗精煤(吨)	其他洗煤(吨)	煤制品(吨)	焦炭(吨)	其他焦化产品(吨)	焦炉煤气(万立方米)	高炉煤气(万立方米)
北 京	859997		25544	2625	93			
天 津	2963559	185	2405	6252	7485	23		11
河 北	10332502	1165124	71066	18206	773995	334991	4909	
山 西	10737513	1132636	535514	218997	1501468	652031	85608	
内蒙古	5018577	124472	358741		3645036	333993	1230	
辽 宁	5307782	182521	58315	8447	202283	177767	16446	2717
吉 林	2825217	409345	555237	1416	2900		5006	
黑龙江	1716771	1138022	242471	148285	125056	442	19794	1874
上 海	1611298	13509	7373	25214	1164	269151	8578	4600
江 苏	19123193	581450	6016	22970	377456	160450	28673	
浙 江	6216722	84601	2099	120998	120387	963	176	4954
安 徽	6614982	801879	236288	95869	19952	100658	7933	
福 建	4538487	11469	1883	6683	41953	31340		
江 西	1847091	22050	25657	212882	40092	2910	289	6769
山 东	28890585	2235246	319575	175512	778794	168953	26407	3762
河 南	16382339	130891	9203	409450	321261		308	
湖 北	10602344	184457	18885	22157	1040784	23971		
湖 南	8944451	40930	26481	609002	164789	8706	1054	
广 东	1468758		1103	9355	8474	1125		
广 西	3792026	156585	52931	25968	85840			
海 南	2777							
重 庆	2601839	111452	40954	38679	22953	87311	420	
四 川	9467791	737023	121664	138802	528897	43178	5811	1548
贵 州	4536511	124820	56569	263991	291988		1280	
云 南	6750688	40861	29567	59798	2577227	27568	7250	
西 藏								
陕 西	5296782	5571		30610	1026122	1023	976	
甘 肃	1574629	212331		8981	365867	52921		
青 海	1037391		37450		210162			
宁 夏	3814200	468829	12956	2747	34349	31785		
新 疆	2967873				563233	142985	324	

2-B-21 续表 1

地 区	其他煤气(万立方米)	天然气(万立方米)	液化天然气(吨)	原油(吨)	汽油(吨)	煤油(吨)	柴油(吨)
北 京	1874	1447			7192	371	8751
天 津	199	13156	217	60	12147	7491	24249
河 北	1021	54435	246		39342	1452	17596
山 西	3431	1378		1	4900	509	13033
内蒙古		112865			2481	135	12036
辽 宁		72020		5350551	30912	3991	39202
吉 林		6792		6750060	9389		19129
黑龙江	55639	29828	1	278382	6471		8846
上 海	687	38225	578		22212	4104	40869
江 苏	4126	110899	4692	7574475	38140	5766	85962
浙 江	602	3781	1	4	23051	3063	46936
安 徽	9968	6161	51	9437	5558	153	12634
福 建	332			43	10909	3974	13731
江 西		310	2		2452	431	12419
山 东	9241	24069	1168	5106736	57766	7209	70256
河 南	17795	31947	36		26686	554	17169
湖 北	39260	13812			14114	114	36892
湖 南		2086	17	1818327	28904	375	35217
广 东	4	165	380	20	42465	15078	181856
广 西					6149	31	14420
海 南		172543	12		408		442
重 庆	1726	214000	3		10078	285	5806
四 川		496112	1233	1295	8852	1067	18356
贵 州		44515			3810	8	19397
云 南	2976	49639			3177	80	16560
西 藏					37		5
陕 西	200	63354			6598	109	8888
甘 肃		28746			2312	4	5998
青 海		8210			11995	17	97465
宁 夏		73693			408	1	4806
新 疆	5096	89145			3187	252	29374

2-B-21　续表 2

地　区	燃料油(吨)	液化石油气(吨)	炼厂干气(吨)	其他石油制品(吨)	热力(百万千焦)	电力(万千瓦时)	其他燃料(吨标准煤)
北　京	48499	729	1662	217186	10343747	179361	
天　津	107753	175		176859	27589707	683809	16020
河　北	3271	3113	3219	81341	46625252	1321564	883
山　西	26895			1356	5662987	1516233	80673
内蒙古	9			217	475767	2239932	3625
辽　宁	337973	65178	177502	473881	31366174	699362	
吉　林	306176	41	200748	2633338	40302052	459872	16757
黑龙江	98925	45766	11875	19795	17115393	267454	21259
上　海	93813	172525	1316	2901316	24044650	786245	1479
江　苏	376963	252759	183521	6835558	145531581	3133123	17775
浙　江	749388	2514		390604	45183267	1300393	59821
安　徽	8692	258	266	66708	7959515	647792	18902
福　建	6589	5368		7302	13935180	569954	78224
江　西	36850	1612	610	908	5447369	389209	73232
山　东	322981	82067	12173	2114768	121433511	3759319	88884
河　南	6149	54599	17975	622158	19801046	1742977	24451
湖　北	4543	138		7454	26015814	1666531	16626
湖　南	9680	5524	70886	787133	24511671	961837	51161
广　东	496046	80381	453	3072921	3640315	846909	7710
广　西	3680	27		20	7821096	430190	79929
海　南	192		19433		765150	32759	1938
重　庆		3		418	18432279	449382	268
四　川	39419	2		758	17521745	1840063	4254
贵　州	6	13		2	16001495	911177	2014
云　南	1599	7		175	3417981	1255526	52218
西　藏						32	
陕　西	431	1506		1247	5251437	794319	2349
甘　肃	12735	233	10106	9789	5366506	500046	350
青　海				56	1821	180815	
宁　夏	3011			38	4540614	1013888	1243421
新　疆		30	216	5298	8548243	696517	7880

2-B-22 分地区分能源品种规模以上医药制造业工业企业能源消费量

地区	原煤(吨)	洗精煤(吨)	其他洗煤(吨)	煤制品(吨)	焦炭(吨)	其他焦化产品(吨)	焦炉煤气(万立方米)	高炉煤气(万立方米)
北京	114118			147	2			
天津	177790							
河北	434244	200	360	1018	260		731	
山西	292082	2986		565	1060		37	
内蒙古	696318	12485		26629	18731			
辽宁	671549	5549	7379	3386	10387			
吉林	657422		450	550				
黑龙江	706983		12065					
上海	147382	1256		988				
江苏	607960	2019		3794	11236			
浙江	572428	257		6122	206			
安徽	220765				27			
福建	290218							
江西	279079		1800	1500			70	
山东	1405486		9642	603	866		488	
河南	1286589	447	2581	220	21455		960	400
湖北	892769			1	677			
湖南	370575			350	3810			30
广东	487962							
广西	147119	127		3420				
海南	2304							
重庆	202438	343			8			
四川	994746	51408	20706	7	7315			
贵州	71852						538	
云南	113381	780		1332	6		19	
西藏								
陕西	536199			426				
甘肃	94602			13	241			
青海	19381							
宁夏	277848							
新疆	67316							

2-B-22　续表 1

地　区	其他煤气(万立方米)	天然气(万立方米)	液化天然气(吨)	原油(吨)	汽油(吨)	煤油(吨)	柴油(吨)
北　京		1904			3721		3693
天　津		544			1277	14	2110
河　北		165			1704	3	1048
山　西			15		840		881
内蒙古					596		979
辽　宁		113			6000	30	5559
吉　林		127		5	5587		3910
黑龙江	241	911			2394	4	2614
上　海	72	539	35		2891	58	12531
江　苏		1235	7		7016	67	11808
浙　江		551	3	7	4479	181	6102
安　徽		453			785	121	719
福　建			70		2912	1	1462
江　西	9				831		1267
山　东		4839	7263		10625	3179	10248
河　南		355	76		16772	60	13814
湖　北		399	6	763	7429	8	4445
湖　南		304	100		4106	451	8561
广　东	179	196	1	54	6053	73	46718
广　西		35			641		1813
海　南		229			586		2547
重　庆		5421			1261	18	859
四　川		12674	2	16	5255	7	4287
贵　州	13				1094	107	350
云　南		13			812		1044
西　藏					68		80
陕　西		813			2786		315
甘　肃		306			422	1	305
青　海		415			1367		50
宁　夏					44		60
新　疆		39			182		159

2-B-22 续表 2

地区	燃料油(吨)	液化石油气(吨)	炼厂干气(吨)	其他石油制品(吨)	热力(百万千焦)	电力(万千瓦时)	其他燃料(吨标准煤)
北 京	110	113			443197	29097	
天 津		1		28	1582564	51142	
河 北		16			13536768	243265	
山 西					190033	52036	1355
内蒙古					916856	79370	
辽 宁	7794	13			6813625	177506	
吉 林		1			357949	29175	780
黑龙江		17			904960	60421	265
上 海	1752	198		77	1271981	55227	19749
江 苏	1374	76		8	7505884	156381	4058
浙 江	3925	134		556	9501176	181701	10228
安 徽		12			878035	41202	12447
福 建	2934	36		1214	79546	52018	1162
江 西	38	2			172123	43451	46759
山 东	384	9		47	11141202	295431	
河 南		62		1350	3896446	220098	1780
湖 北	154	10026		20	81797	106179	1000
湖 南	35	8		2200	1472	66029	6660
广 东	72849	549		479	82130	130789	153
广 西	1160	625				24470	29317
海 南	99				5352	5717	
重 庆					750258	60772	
四 川	66	1		15	3640086	139793	
贵 州		19				9682	73
云 南	615	5			14004	12506	
西 藏						1027	
陕 西					504202	24102	
甘 肃						9568	
青 海						2257	
宁 夏					1578068	37315	
新 疆					283087	1644	

2-B-23　分地区分能源品种规模以上化学纤维制造业工业企业能源消费量

地　区	原煤（吨）	洗精煤（吨）	其他洗煤（吨）	煤制品（吨）	焦炭（吨）	其他焦化产品（吨）	焦炉煤气（万立方米）	高炉煤气（万立方米）
北　京	477							
天　津	5776							
河　北	253130				280			
山　西	65755							
内蒙古	8							
辽　宁	1490365	50						
吉　林	1039397							
黑龙江	90794							
上　海	20359			732				
江　苏	2132135			2698	1612			
浙　江	906903	473		14484	2635			
安　徽	816897				1100			
福　建	85264			80804	177			
江　西	291435							
山　东	1034264	3725			15		7088	
河　南	811647				34750			
湖　北	367289						705	
湖　南	262510				52137			
广　东	42477							
广　西	1067							
海　南								
重　庆	1508	3071						
四　川	153387							
贵　州								
云　南	92097							
西　藏								
陕　西	11134							
甘　肃	448176				10458	35718		
青　海								
宁　夏								
新　疆	414394							

2-B-23 续表 1

地 区	其他煤气(万立方米)	天然气(万立方米)	液化天然气(吨)	原油(吨)	汽油(吨)	煤油(吨)	柴油(吨)
北 京		209			91		361
天 津		52			80	1	42
河 北		46			382		311
山 西							26
内蒙古				1	1		
辽 宁		500			969		3110
吉 林		10			346		1037
黑龙江					39		53
上 海		227			453	2	1605
江 苏	2746	4078	4		2109	65	25442
浙 江		2742			4997	1	6973
安 徽					83		373
福 建					668	16	1343
江 西					116		102
山 东		20			1251	3	1568
河 南		2452			802	2	962
湖 北		23			259		203
湖 南				70	393		774
广 东		225			6479	85	70310
广 西							1
海 南					24		
重 庆		50			96		82
四 川		3766			168	1	561
贵 州							2
云 南					17		12
西 藏							
陕 西							4
甘 肃					280		225
青 海							
宁 夏							
新 疆					250	2	254

2-B-23　续表 2

地　区	燃料油（吨）	液化石油气（吨）	炼厂干气（吨）	其他石油制品（吨）	热力（百万千焦）	电力（万千瓦时）	其他燃料（吨标准煤）
北　京				1	18950	3710	
天　津					12342	3187	
河　北					2520035	36613	
山　西						5297	
内蒙古						250	
辽　宁	13196	12	64374		8389189	58934	
吉　林	811				11144026	61963	
黑龙江					926326	10426	
上　海	2854	11		8	512337	29300	
江　苏	84753	2754		78483	20932414	860918	
浙　江	140708	2325		7349	11203394	839758	3183
安　徽					11768	52131	
福　建	13267	9			809759	191853	
江　西						26281	
山　东		21		91	3174340	94261	136
河　南	457	125			1286273	125024	
湖　北					2302489	29074	3060
湖　南				10200	3126045	49126	
广　东	68364	100			541113	98907	59
广　西						290	
海　南						7379	
重　庆						2521	800
四　川	60				4930885	56414	
贵　州						167	
云　南						5482	
西　藏							
陕　西						1189	
甘　肃						42929	
青　海							
宁　夏							
新　疆				16	3144883	32730	

2-B-24 分地区分能源品种规模以上橡胶制品业工业企业能源消费量

地 区	原煤 (吨)	洗精煤 (吨)	其他洗煤 (吨)	煤制品 (吨)	焦炭 (吨)	其他焦化产品 (吨)	焦炉煤气 (万立方米)	高炉煤气 (万立方米)
北 京	48675			5				
天 津	149941	30						
河 北	510013			70	754			
山 西	20277						2316	
内蒙古	450							
辽 宁	508895	1995	23010	443	12227			
吉 林	17356							
黑龙江	167490							
上 海	189826	74	1522	15938				
江 苏	429472	5892	412	999	182	176		
浙 江	440645			3628	198	579		
安 徽	137535	65		20	31			
福 建	97325		192	7868				19
江 西	77283	488						
山 东	2181852	63	4432	937	1780			
河 南	857079				93469		3	
湖 北	66919				1260			
湖 南	77294		2	2				
广 东	269514		303	4056			1	
广 西	121616							
海 南								
重 庆	32895							
四 川	238559	175		81	1366	401		
贵 州	227363							
云 南	14015							
西 藏								
陕 西	37586				2040			
甘 肃	2486							
青 海	283							
宁 夏	12519		86321					
新 疆	31966			1565		343		

2-B-24　续表 1

地　区	其他煤气(万立方米)	天然气(万立方米)	液化天然气(吨)	原油(吨)	汽油(吨)	煤油(吨)	柴油(吨)
北　京		12			1124	2	192
天　津		1855	1		2524	3	1239
河　北		225	3		4707	14	965
山　西					316	5	585
内蒙古					22		14
辽　宁		4			18156		4257
吉　林					377		192
黑龙江		7		3	515		310
上　海		1473	6		4298	16	3623
江　苏		3381	25		5860	29	4770
浙　江	20		6	37	18514	92	19807
安　徽		7			1983	47	1224
福　建			3		4142	6	4248
江　西					735		356
山　东		434	472	3	12916	83	9584
河　南		15			9212	2	2794
湖　北		20			672	1	387
湖　南		213			3378	32	1391
广　东		349	6		7293	380	23542
广　西					395		29
海　南		283			3		220
重　庆		758			1680		429
四　川		1591		198	2374	85	468
贵　州					1540	5	172
云　南					196		9
西　藏							
陕　西					315	1	45
甘　肃					90		7
青　海							
宁　夏					4		12
新　疆		3			46		64

2-B-24 续表 2

地 区	燃料油(吨)	液化石油气(吨)	炼厂干气(吨)	其他石油制品(吨)	热力(百万千焦)	电力(万千瓦时)	其他燃料(吨标准煤)
北 京		38		64	369954	12382	
天 津	7353	102		33	622308	45101	
河 北		2		155	75005	69626	
山 西					6010	10998	
内蒙古					140226	413	
辽 宁	952	105		313	254540	58797	41
吉 林						2344	
黑龙江						10999	
上 海	3132	1266		183	92278	60418	
江 苏	30488	787		5236	5085744	220966	
浙 江	1832	108		2336	3443114	153684	3201
安 徽	171			10	2285200	41893	35441
福 建	6187	23		840	2478213	107653	6626
江 西	8848					14858	1380
山 东	18194	1346		272	15753430	345445	260
河 南	96			310	2579436	76356	
湖 北	39				75673	15109	
湖 南				5	378706	13460	3241
广 东	80475	518		5367	102140	168859	450
广 西						11448	
海 南						1099	
重 庆	1203			458		13122	
四 川	664	3		1187		43180	
贵 州						25715	
云 南						2812	
西 藏							
陕 西				38	1200	9141	
甘 肃						415	
青 海						283	
宁 夏						10790	
新 疆					3498	3014	

2-B-25　分地区分能源品种规模以上塑料制品业工业企业能源消费量

地区	原煤(吨)	洗精煤(吨)	其他洗煤(吨)	煤制品(吨)	焦炭(吨)	其他焦化产品(吨)	焦炉煤气(万立方米)	高炉煤气(万立方米)
北　京	49254			205				
天　津	42412			5404				
河　北	614246		380	510	1977	100		
山　西	23719	1000			6			
内蒙古	325706							
辽　宁	291207	847	14588	1540	33646			
吉　林	68883		700	195	437			
黑龙江	14948		1080	251				
上　海	128426	201	846	8144				
江　苏	518085	4416	840	309	7698			
浙　江	1152161	168	1430	3485	723			
安　徽	76912	15	203	20	124			
福　建	226715			6346	118			
江　西	18612			13				
山　东	574689	914	393	5425	3038		14	
河　南	791912			1195	3142			
湖　北	136279		41	5	123			
湖　南	85073			35	3832	69		
广　东	536531	2475		23639	1120			
广　西	7769			2				
海　南	2356							
重　庆	23543	7229		6	462			
四　川	114525	4178		1855	17807			
贵　州	6298							
云　南	9225				17			
西　藏								
陕　西	5002							
甘　肃	14961	1			2775			
青　海	40							
宁　夏	1514							
新　疆	7997			241				

2-B-25 续表 1

地 区	其他煤气(万立方米)	天然气(万立方米)	液化天然气(吨)	原油(吨)	汽油(吨)	煤油(吨)	柴油(吨)
北 京		106			3120		2909
天 津		584	77	8	3541	41	10302
河 北		206			8124	4	5957
山 西		10			300		210
内蒙古					267		1135
辽 宁		3	7	1	15537	7591	21789
吉 林		4	210		2625		2059
黑龙江		114		456	971		685
上 海	87	800			11872	33	15061
江 苏		2159	658		13794	133	24580
浙 江		546	40	4	17798	823	35416
安 徽		572	192	9	1545	4	2257
福 建			4	336	6245	99	16086
江 西			4		435		590
山 东		1490	410	12	17175	616	13366
河 南		30			9922	69	5596
湖 北		78		272	3003	4	2992
湖 南		127		38	3392	242	6785
广 东	6	231	19	11	36416	781	305630
广 西					344	1	205
海 南		142			47		170
重 庆		309	8		1035	12	1073
四 川		3436			3270	224	1283
贵 州					293	7	278
云 南					823	14	1657
西 藏							
陕 西		187			356		1169
甘 肃		42			421	61	180
青 海		4			15		18
宁 夏		19			74	1	118
新 疆		78	22		611		431

2-B-25　续表 2

地　区	燃料油(吨)	液化石油气(吨)	炼厂干气(吨)	其他石油制品(吨)	热力(百万千焦)	电力(万千瓦时)	其他燃料(吨标准煤)
北　京		683		4	191569	37836	
天　津		15			131078	96052	
河　北	1729	32		319	106978	157740	3
山　西		51		2	3171	12519	
内蒙古	4				722	69869	
辽　宁	8013	655	42	7177	510595	142236	8
吉　林					30848	13689	
黑龙江					69086	17585	600
上　海	13789	2373	80	5740	269093	232840	402
江　苏	2136	1931		3633	1716467	518913	2590
浙　江	26233	6036		2980	1855571	640259	6686
安　徽	75	5		1171	4220	125921	2361
福　建	7670	1122		2494	210307	229613	695
江　西						29961	5659
山　东	326	2528		578	443418	265421	
河　南		102		280		109956	
湖　北		238		4292		99723	2867
湖　南	4	13		908		58678	2372
广　东	199496	8059		1988	47119	1244974	15550
广　西		112		4777		32298	
海　南		117				3677	
重　庆		2		23		29090	90
四　川	43	191		1088		196759	
贵　州		16				10532	
云　南						20219	
西　藏							
陕　西					25805	15469	
甘　肃				3716	8932	11029	
青　海						264	
宁　夏						4018	
新　疆				3108	108317	21314	250

2-B-26 分地区分能源品种规模以上非金属矿物制品业工业企业能源消费量

地区	原煤(吨)	洗精煤(吨)	其他洗煤(吨)	煤制品(吨)	焦炭(吨)	其他焦化产品(吨)	焦炉煤气(万立方米)	高炉煤气(万立方米)
北京	1718463			3466	49128			
天津	602157			9603	178305	2216	1308	
河北	12148554	28316	18766	127341	90526	112571	27673	1180
山西	3027044	30404	14902	39568	83182	56842	32604	
内蒙古	5573782	46093	144869	15146	83595	22694	23900	
辽宁	6332106	1351329	257932	13729	1200920	13890	656	7584
吉林	5589751	186798	38885	31727	115012	1405	4869	23395
黑龙江	2666861	103330	5765	10485	92951	296	374	
上海	504691	16958	2252	13684	21573	31142		
江苏	13279349	190390	5659	43346	149596	124155	757	7834
浙江	11038282	28507	9003	20431	5933	2700		
安徽	15170752	18294	11659	37218	7877	2400	708	522
福建	9361175	8097		148203	4542	657		40137
江西	8575488	47215	10408	76556	2906	700	41196	22950
山东	22747172	2076884	118311	270190	97215	23150	16860	12011
河南	14352748	71608	57107	23812	358401	52871	22618	
湖北	10342987	1998	145079	134351	22460	47431	982	233
湖南	10488257	248111	1020	17505	38431	340	59	39371
广东	17784387	7800	6814	872272	29246	43887		
广西	8993193	11622	25134	69357	104604	41335	34	
海南	719131		108988					
重庆	4692135	999944	16062	577	1790	15500	2241	11781
四川	14191351	544666	418789	57175	154007	40927	10250	305
贵州	3281344	9500	2724	51317	5734	20719	2	
云南	6701320	62846	47008	14184	21504	5325	1476	54
西藏	257020							
陕西	5445050	118463	6000	290	42720	5829	90	6090
甘肃	2827672	96121			123470	8908		
青海	811887	62908		225				170
宁夏	1452266	594942		29251	617	27327		
新疆	3604789	7226		3662	32604	18462		

2-B-26　续表 1

地　区	其他煤气(万立方米)	天然气(万立方米)	液化天然气(吨)	原油(吨)	汽油(吨)	煤油(吨)	柴油(吨)
北　京		8265			7304	29	73970
天　津	72	9731	55	3465	2025	30	22368
河　北	292	29217	2455	3651	13392	543	54934
山　西	17382	7143	1143		2748	105	37659
内蒙古		2046			11792	36	32295
辽　宁	10784	9173	113	647	33789	2466	139388
吉　林	4174	4516	50	58021	15045	41	41750
黑龙江	11730	4385			2670	15	14989
上　海	1899	12673	66		8645	249	98294
江　苏	2666	26166	4210	8982	19726	590	224898
浙　江	1	20553	1874	12	8899	556	183174
安　徽		5257	128	793	4781	140	78658
福　建	5160	3955	613		17779	1045	195467
江　西	267	9107	38191		1585	573	22482
山　东	28025	73009	3527	106048	42147	1188	100802
河　南	81331	119850	2695		44817	976	69561
湖　北		19273	19	1282	14933	315	43475
湖　南	162	17127	6999	51	32354	882	49622
广　东		8271	15275	393	22704	7425	705705
广　西	11	330			5643	51	61234
海　南		9564			91		10920
重　庆	801	64597	3		3331	150	69887
四　川	26584	203579	1779	6	13838	204	57891
贵　州				740	2133	4	9975
云　南					1484	12	20090
西　藏					382		1849
陕　西		1233	137		2057	141	19603
甘　肃		13186			1595	9	15675
青　海		3990			496	1768	3599
宁　夏		356			485	5	7559
新　疆		1267			2102	5	27816

2-B-26 续表 2

地 区	燃料油(吨)	液化石油气(吨)	炼厂干气(吨)	其他石油制品(吨)	热力(百万千焦)	电力(万千瓦时)	其他燃料(吨标准煤)
北 京	59905	1844		113375	1744164	225269	7086
天 津	11138	170		4196	40633	116307	95022
河 北	290085	7092		1	638941	975526	68617
山 西	75813	3072		55231	11035	345041	16656
内蒙古	64314	19		1	103602	547243	8008
辽 宁	354104	20403	5100	145445	289761	1114289	62982
吉 林	266	36		992	1027359	436344	35757
黑龙江	333	481		10	516829	226649	41201
上 海	117582	20659		4226	302789	212388	2683
江 苏	607766	28176	4656	157300	1507370	1482920	58261
浙 江	436317	64585		1936	12689444	1142098	60206
安 徽	35643	2438		37507	2226583	919918	58807
福 建	207644	22025		3143	74868	991395	145203
江 西	24551	22816		4079		597654	147461
山 东	837212	27002		88249	1939816	2475058	170198
河 南	136260	3518		102242	1815377	2025303	60711
湖 北	75286	921		8909	45407	809208	25378
湖 南	85322	2974		20927	307421	775220	233643
广 东	1849282	683726		10824	286214	2133274	152706
广 西	40706	4853		10318	184714	619359	54846
海 南	17			691		66377	631
重 庆	122	2670		47	136200	492402	128558
四 川	345	74		39430	31000	1162087	605752
贵 州	5300			65394		309691	55485
云 南	38715	165		1512		454679	3703
西 藏				63		28595	392
陕 西		369		6631	64460	468150	1602
甘 肃	97	3		42	354043	293418	7519
青 海				46240	5249	188898	10957
宁 夏				6380	190358	209670	82774
新 疆		363	878	10097	216427	257980	15754

2-B-27　分地区分能源品种规模以上黑色金属冶炼及压延加工业工业企业能源消费量

地　区	原煤(吨)	洗精煤(吨)	其他洗煤(吨)	煤制品(吨)	焦炭(吨)	其他焦化产品(吨)	焦炉煤气(万立方米)	高炉煤气(万立方米)
北　京	1045979	2194224	302	55	2241222	3218	79165	491347
天　津	2175593	3467241		29650	6923019	175107	79491	690257
河　北	14596748	18018345	1472881	895989	57075170	783555	487640	7409765
山　西	5574878	7301290	105273	460564	14924764	1493	233070	2928743
内蒙古	7003512	6467137	712928	764	9256101	669817	168075	1589340
辽　宁	10807724	20338664	218444	16343	21140739	157472	573888	5508685
吉　林	868933	2769013		15212	3990160		75422	632460
黑龙江	489105	1207301	175222	55503	1944889		46201	182716
上　海	2814410	8726197	334331	2908296	6666496	67142	223192	2201811
江　苏	6844497	14979904	170629	15167	21519539	12946	215732	3380042
浙　江	2829104	1778393	21884	1464	3583253		47130	766509
安　徽	3390873	8115525	224315	24082	8262494	9230	231784	2236759
福　建	973390	1071781		376982	3571898	3033	33115	570071
江　西	1489586	3708545	269109		5536671		111047	1656790
山　东	7980160	13098226	1532244	398170	22917039	295603	150172	1603230
河　南	2945095	5733814	50884	4090	10627209	72809	179741	1700108
湖　北	4396390	9147662		197	8111689	43203	297995	2763517
湖　南	1962302	4276823	860008	73	7015944	70788	116042	1938986
广　东	2126553	1888064	533	1435	3835245		38169	849868
广　西	1161925	4355611		2033	5274544		124557	1132271
海　南	9236				148645			
重　庆	681385	2129441			1721077		65310	582858
四　川	2161279	2992811	185222	199147	9083174	295927	219612	1709213
贵　州	900830	1919532		15262	2625614	22239	51282	157847
云　南	2061585	348395	4590	18998	9105958	7886	45731	737351
西　藏								
陕　西	430952	462213			1974492	15120	25486	166896
甘　肃	1251510	4039955	6	1640	4551935	973	95823	828155
青　海	160324	17658			1173433	7752	9665	138588
宁　夏	99717	330735	9156		288566	7333	8242	39922
新　疆	1147044	2790168			3420869		36691	204895

2-B-27 续表 1

地 区	其他煤气 (万立方米)	天然气 (万立方米)	液化天然气 (吨)	原油 (吨)	汽油 (吨)	煤油 (吨)	柴油 (吨)
北 京		7467			2152	35	36451
天 津	42587	29612	508		5809	100	17456
河 北	254942	9609	351		5466	103	87581
山 西	67284	16020			6656	17	101069
内蒙古	45286				3251	353	33660
辽 宁	169934	3016			27140	974	173304
吉 林	7887	140			2324		10348
黑龙江	59230	25			894		7441
上 海	290087	37639	93		1456	9	17672
江 苏	79429	39931	4554		11184	1145	55168
浙 江	32598	2396	58		3680	134	24225
安 徽		2929			1390	4	15629
福 建	29376		627		1379	13	10939
江 西	25857				941		10266
山 东	20444	5213	1934		9173	62	78861
河 南	55370	12097			3547	57	29784
湖 北	136671	4342	1	166	6576	150	26607
湖 南	163249	3	2		4166	24	25799
广 东	16877	155			8798	195	174906
广 西	16324				3843	19	19677
海 南		192	92				14
重 庆	18087	12141			1008	50	6258
四 川	37405	36595	1		3162	60	27881
贵 州	17623				7363	94	11851
云 南	30413				1054	13	11673
西 藏							
陕 西					601	2	2574
甘 肃	34062	13	6145		595	3	8910
青 海		2170			373		2522
宁 夏	4450				150	4	1635
新 疆	3200	452			1598		13874

2-B-27　续表 2

地　区	燃料油 (吨)	液化石油气 (吨)	炼厂干气 (吨)	其他石油制品 (吨)	热力 (百万千焦)	电力 (万千瓦时)	其他燃料 (吨标准煤)
北　京	946	5			5301848	365547	
天　津	23062	330		1060	658030	948756	
河　北	57471	21899		1641	9439900	5326404	133384
山　西	1			12	8952850	1661535	16466
内蒙古	300			3879	17826784	3176048	137458
辽　宁	29161	18306		3	39543846	3072885	135181
吉　林	6				733	571809	
黑龙江	4286			5227	1105925	291113	
上　海	32187	3901		117	17551105	1428198	
江　苏	30087	17483		3914	25152381	3471249	
浙　江	6932	30662		1536	5806280	942147	4622
安　徽	1080	382		4	7516200	1052790	
福　建	16410	8152		750	6592669	690089	50860
江　西	1227	453		71		676275	
山　东	1945	3939		6	5187908	2430873	51099
河　南	52830			5683	3100	1557531	10467
湖　北	138307	2		28630	18932708	1467140	3
湖　南	2	8		7521	12386840	1373534	20975
广　东	48039	249616		201	2772332	811918	
广　西	2807	123		905		1507122	6083
海　南		20				29195	
重　庆	29			1774		413798	
四　川	20	50		7506	24651573	1809963	5762
贵　州	13			3244	92	1066447	13217
云　南		1239		9820		786097	200
西　藏							
陕　西					786091	349712	147153
甘　肃					5648249	1072241	
青　海					2255274	661552	
宁　夏				1403		823657	766655
新　疆		10		47	3111799	421688	

2-B-28 分地区分能源品种规模以上有色金属冶炼及压延加工业工业企业能源消费量

地 区	原煤(吨)	洗精煤(吨)	其他洗煤(吨)	煤制品(吨)	焦炭(吨)	其他焦化产品(吨)	焦炉煤气(万立方米)	高炉煤气(万立方米)
北 京	15221	32		30	1728			
天 津	73269		7453	700	1782			
河 北	260967	2949	5118	81	46881	10110		
山 西	8594719	117046	20000	49749	181355	34395	61605	2112
内蒙古	7484762		9437	6551	147661	30478		
辽 宁	1295527	205159	21871	722	372971			
吉 林	327422	500	365	23	6596			
黑龙江	32491				22867			
上 海	45029	464	323	14652	5737			
江 苏	584520	9062	1106	658	71084			
浙 江	344502	12420		2692	85573	554		
安 徽	253237	4639			35797			
福 建	59075				3528			
江 西	618383	4590		1649	67450			
山 东	10739126	650	652	10539	159931		2020	2762
河 南	15670860	27404	65969	24177	1150604		1847	
湖 北	919270	8448	13029	657	83509	4980		
湖 南	2354691	83498	2258	6909	883104	800	100	
广 东	640100	12653	19610	2002	264921	2667		
广 西	3321063	107736	613	4252	179165			
海 南	52							
重 庆	287832	460054	4780		21969		1336	
四 川	429976	74616	28621	94863	118330	13217		
贵 州	1373607	285319		228	51612	8111		
云 南	1073487	58871	28960	30187	588520	29090	644	
西 藏								
陕 西	5074082	871562		4	145458		21014	
甘 肃	2748670	76343		427	290702			
青 海	2720136	69		4815	47202			
宁 夏	646583				9170		16547	
新 疆	391670			1573	27087			

2-B-28　续表 1

地　区	其他煤气(万立方米)	天然气(万立方米)	液化天然气(吨)	原油(吨)	汽油(吨)	煤油(吨)	柴油(吨)
北　京		86			1131	5	642
天　津		1059	200	3140	642		2440
河　北		1636	117	65	2364	61	5271
山　西	35678	13480			2565	78	16401
内蒙古		3222	100		4475	2462	14755
辽　宁	217				33460	451	53487
吉　林		424	878		3219		5954
黑龙江	7811	4			308		431
上　海	7	472			2717	764	32267
江　苏	81	14161	3799	1069	5827	1479	36256
浙　江		2706	302		4593	904	42742
安　徽		2442			1026	305	9795
福　建		427	12		1141	547	14787
江　西		50	26		3586	1995	57801
山　东	166911	22995	1818	22	5193	1431	18564
河　南	117396	28295	2		13221	4589	46003
湖　北		4105			2253	74	6935
湖　南	17702	814	1	14	8789	2507	51215
广　东	58410	6448	6994	630	5797	981	142145
广　西	102779		9		1997	134	37260
海　南		52			36		22
重　庆	146	11181	20		848	200	2141
四　川		27760	352		1649	209	5304
贵　州			4		688	10	9903
云　南					4310	1376	32349
西　藏					18	120	576
陕　西		1939			1943	351	11613
甘　肃	18646	5820			3492	865	34357
青　海		6446			397	85	3357
宁　夏		5624			512	25	2431
新　疆		8	166		334		4384

2-B-28 续表 2

地 区	燃料油(吨)	液化石油气(吨)	炼厂干气(吨)	其他石油制品(吨)	热力(百万千焦)	电力(万千瓦时)	其他燃料(吨标准煤)
北 京	555	81		16	89194	18928	
天 津	785	15			30787	26607	54
河 北	364	15			634	82931	7350
山 西		98		32	31116874	1691696	226139
内蒙古	3845				927445	2203171	159982
辽 宁	25861	442		54331	646221	418772	
吉 林					373	81262	100
黑龙江	1893				398589	117730	
上 海	43177	4144		123	37293	97395	1766
江 苏	58172	15549		152	886393	490050	
浙 江	73796	5319		1310	920455	366324	12681
安 徽	47904	1003		1		216981	1312
福 建	23574	2418		4897		216424	
江 西	70951	20934		9181		445648	18526
山 东	118916	774		13	20727741	1778006	49421
河 南	102876	116	2	281660	29178682	4399668	
湖 北	1890	224		22		742888	4301
湖 南	35716	7032		905	1281447	1050905	24039
广 东	177650	126213		310	57811	493467	3033
广 西	7831	192		77583	16410474	1096718	3524
海 南						1639	
重 庆	429	59		10688	271245	428367	
四 川		3		17281	163690	997828	22417
贵 州	115269			243766	19232322	1297415	4028
云 南	8940	408		32489	8226	1524216	672
西 藏						974	
陕 西	528	20		300	35438	687189	
甘 肃	68956	409		234394	16084056	1905584	
青 海	839			314147	149187	1590508	
宁 夏		6		313633	919180	1002493	43037
新 疆	504				4096	65605	

2-B-29　分地区分能源品种规模以上金属制品业工业企业能源消费量

地　区	原煤(吨)	洗精煤(吨)	其他洗煤(吨)	煤制品(吨)	焦炭(吨)	其他焦化产品(吨)	焦炉煤气(万立方米)	高炉煤气(万立方米)
北　京	39254			254	766			
天　津	194133	152	32	8713	10568	20		
河　北	613503	122	79	1323	69600			
山　西	40053	644		1077	37114		86	
内蒙古	46040	841			2480			
辽　宁	265452	12090	15286	1605	62511			
吉　林	88636			666	2538			
黑龙江	82219			420	2138			
上　海	94938	5795	181		4304		15	
江　苏	1254868	7021	5375	3583	49197			
浙　江	430587	1460		2755	14641			
安　徽	86730	460	48	76	1524			
福　建	20388			960	470			
江　西	42484	572	1000	901	9686			
山　东	905465	8523	1012	5661	84897			
河　南	506879	20	460	1456	200435			
湖　北	199038		1346	75	2326			
湖　南	316204	426	1	327	45664	39		
广　东	353730	2107	1374	14921	40628			
广　西	18939			229	28635			
海　南								
重　庆	21537	2421		91	1811		13	
四　川	102448	14218	221	17795	40204			
贵　州	90171				158157			18775
云　南	9691				3424			
西　藏								
陕　西	44673			50	971			
甘　肃	24751	13			63			
青　海	10066				15			
宁　夏	5482		26350		44			
新　疆	24838			22	34426		175	

2-B-29 续表 1

地　区	其他煤气 (万立方米)	天然气 (万立方米)	液化天然气 (吨)	原油 (吨)	汽油 (吨)	煤油 (吨)	柴油 (吨)
北　京		894			7969	16	3788
天　津		3253	208	16	6471	457	7560
河　北		2322	7		14232	123	15506
山　西		6	50		1204	144	1168
内蒙古		10			609		591
辽　宁		494	278	53655	72271	10516	67863
吉　林		213		12	2197		1686
黑龙江		24	436		1342	7	1477
上　海	912	1805	2455		20569	1303	37563
江　苏	30	6915	4765	378	33348	2592	52179
浙　江	1	2350	360	40	27618	3447	84155
安　徽		93	2826	3	1983	23	4052
福　建		1	1307		3723	350	13109
江　西			14		783	53	1628
山　东	2	5030	5976	535	28466	984	20667
河　南	294	535	63		7984	27	5045
湖　北		2969	2		8067	226	8000
湖　南	8992	9347	50	35	6760	703	10558
广　东	110	2347	1021	42	43400	14450	349156
广　西			21		2511	1	4393
海　南		621			64	4	57
重　庆	60	2586	19	113	1603	34	1823
四　川	12	13972	158	6	6363	284	2777
贵　州					493	16	1104
云　南					952	48	398
西　藏					19		
陕　西		272	1		952	87	740
甘　肃		145			707	4	590
青　海					92	13	88
宁　夏		29			307		66
新　疆		388			753		1121

2-B-29　续表 2

地　区	燃料油(吨)	液化石油气(吨)	炼厂干气(吨)	其他石油制品(吨)	热力(百万千焦)	电力(万千瓦时)	其他燃料(吨标准煤)
北　京	44	4277		44	261286	37145	
天　津	1	513		964	191938	162124	144
河　北	112	2398		153	74455	191149	
山　西		1		7	3318	11172	
内蒙古	5				5	17384	
辽　宁	12658	20234		38903	235591	197755	1
吉　林	277				36601	12703	
黑龙江		9			431359	11437	
上　海	10438	7367	243	1440	224703	203431	1869
江　苏	9295	9014		3092	1192878	890366	294
浙　江	20827	13324		2245	1080225	433598	5750
安　徽	18	607		12		54727	100
福　建	5811	11410		56	131856	85958	26
江　西	30	156		700		36376	9165
山　东	2924	3844		72	464868	309096	1034
河　南	27	348		282	73849	117617	4078
湖　北	153	282			19513	95259	29
湖　南	1535	43		149	527243	164711	2925
广　东	294069	98993		1204	129805	1003218	156
广　西	174	1		1		21969	1052
海　南						3200	
重　庆		148		689		27448	
四　川	133	1		17	14316	109709	1435
贵　州						37325	22924
云　南		418				6167	
西　藏						44	
陕　西		9				15017	
甘　肃					45755	7268	
青　海	38					1530	
宁　夏						8779	
新　疆	60	2		15	123396	10954	

2-B-30 分地区分能源品种规模以上通用设备制造业工业企业能源消费量

地区	原煤(吨)	洗精煤(吨)	其他洗煤(吨)	煤制品(吨)	焦炭(吨)	其他焦化产品(吨)	焦炉煤气(万立方米)	高炉煤气(万立方米)
北京	60794			376	23971			
天津	137914		350	270	51697			
河北	664667		4162	14749	547406		745	14
山西	325050	800		6194	96716		76	509
内蒙古	71054	402	55	3003	4706		836	
辽宁	774059	73107	102871	17440	688219	28	146	
吉林	182916	300		1745	18034		46	
黑龙江	279309	486		613	59534			2351
上海	63920	16687	676	372	40329	1	5	
江苏	1310126	24704	1110	4924	868839	1949	28	
浙江	567616	2707	83	5318	180245			
安徽	128527	5576		204	153970	4	94	6
福建	94660	4062		214	36814			
江西	52777	258	425		12889			
山东	2799735	17419	10389	19847	714442	15234	4770	556
河南	1115582		90	9447	505109			
湖北	393383	156211	18946	441	126686		1628	2670
湖南	407167	4076	5	4394	76735	133	1	117
广东	132477		1092	23526	85895			
广西	12146		287	85	23129			
海南					133			
重庆	50734	2694		607	36799		215	
四川	557541	35138	4195	5977	341650			
贵州	9469	809			7548		56	
云南	22123	12		407	36995			
西藏								
陕西	129133		13998	651	21388			
甘肃	104356	1		99	5911			
青海	63069	200		6000	38			
宁夏	64685	49			8			
新疆	8345				2367			

2-B-30　续表 1

地区	其他煤气(万立方米)	天然气(万立方米)	液化天然气(吨)	原油(吨)	汽油(吨)	煤油(吨)	柴油(吨)
北　京		853			8535	184	8605
天　津		952	262	21	5918	119	5541
河　北	246	1131	87	60	13877	544	15261
山　西	990	180	229	9	2769	83	5804
内蒙古		1586			643	5	679
辽　宁	2337	1239	754	301	108196	20073	97476
吉　林		12543			5350	65	3187
黑龙江	3784	25	2	19	4414	295	2890
上　海	36843	2141	3437		26521	2455	60035
江　苏	92	8706	1350	274	46639	6710	81343
浙　江	3	868	630	15	46190	21821	110792
安　徽	46	341	58	21	4695	595	9192
福　建			115	3	6177	765	13718
江　西			14		736	198	1210
山　东	92	6489	3168	73	56278	5811	59380
河　南	4437	4113	563	17	18351	1475	23420
湖　北	48911	1191	24		9623	624	12500
湖　南	665	848	4	28	17537	614	27291
广　东	4540	646	473	4	20689	2898	95863
广　西			4		1254	107	2504
海　南		32			143	1	5
重　庆	285	8537	141		5493	1161	6962
四　川		18231	129	173	9917	856	9977
贵　州			50		591	146	522
云　南					942	155	580
西　藏							
陕　西		201	5		2382	236	5243
甘　肃		126	5		993	185	1069
青　海		136		76	263	46	323
宁　夏		1269	11		639	187	450
新　疆		30	9		625	12	701

2-B-30 续表 2

地区	燃料油(吨)	液化石油气(吨)	炼厂干气(吨)	其他石油制品(吨)	热力(百万千焦)	电力(万千瓦时)	其他燃料(吨标准煤)
北京		959		418	859930	55237	
天津	81	966		2463	505316	121182	24
河北	26	449		307	337732	217101	5
山西	799	1346			2160	86373	
内蒙古	2			54	629135	29506	
辽宁	40907	50844		23076	3634457	457935	4366
吉林		220			15560	27875	246
黑龙江	321	1563		1111	944564	50621	
上海	37465	7254		3989	313628	301173	
江苏	14829	6746		4031	734220	1210183	2525
浙江	14315	12501		12319	715297	739343	8413
安徽	2461	618		2097	16869	170930	1410
福建	12449	1351		598	3513	169182	
江西	773	1		59		33930	557
山东	1440	1727	13	1218	1154374	731579	200
河南	183	1285		398	565040	357212	
湖北	452	247		1316	100685	167990	20
湖南	207	89	26	1643	32803	118350	5073
广东	68072	20108		1680	11429	390756	1921
广西	15	18		39		43345	
海南		29				1272	
重庆	1	39		1153		74785	
四川	1411	343		1205	27140	302382	362
贵州		15		31		12388	
云南	5			112		15175	
西藏							
陕西		264		118	81010	50052	
甘肃	430	82		2		22297	
青海						7183	
宁夏		2		25	30875	18017	
新疆		6			68241	2386	

2-B-31　分地区分能源品种规模以上专用设备制造业工业企业能源消费量

地　区	原煤(吨)	洗精煤(吨)	其他洗煤(吨)	煤制品(吨)	焦炭(吨)	其他焦化产品(吨)	焦炉煤气(万立方米)	高炉煤气(万立方米)
北　京	171182		15	559	4010		302	
天　津	78047			218	163			
河　北	383685			122	23041		8695	90
山　西	470717	72489	54314	3659	2487		8730	
内蒙古	80583	390		861	14088			
辽　宁	232200	64240	9228	3232	58202	5	199	1311
吉　林	116927		5350	400	2293			
黑龙江	225226	382358		3057	3401			
上　海	127863	15			569		128	
江　苏	161778	577	714	3146	106641	210		
浙　江	79630	64120	99	223	22878	95		
安　徽	21664	28	6	5	1585			
福　建	9464				932			
江　西	18867	414	530		2094			
山　东	1458926	4016	17935	894	92466	260		
河　南	816425	913		305	199866			
湖　北	112174				9504	428		
湖　南	242426	1944		2250	42921			
广　东	56013	332			1276			
广　西	9906				5207			
海　南								
重　庆	93145	2	10	197	711			
四　川	270861	3270	1100		85658			
贵　州	11306				699			
云　南	16241		845		3458	5	8	6
西　藏								
陕　西	199283		15	2620	5897			
甘　肃	95159			34	860			
青　海	205				78			
宁　夏	40047				157			
新　疆	46579				714			

2-B-31 续表 1

地 区	其他煤气(万立方米)	天然气(万立方米)	液化天然气(吨)	原油(吨)	汽油(吨)	煤油(吨)	柴油(吨)
北 京		1698			9830	78	4964
天 津		628	493	8	5886	23	6513
河 北		1617	104		11519	104	9484
山 西	23088	96			2951	131	2790
内蒙古		8859			612	122	1743
辽 宁	12775	484	6		26873	598	25250
吉 林		535		19	3723	34	3064
黑龙江	86812	284			6322	49	7737
上 海	233	1095	17		14590	138	11465
江 苏	12	1973	2020	19	24255	754	35110
浙 江	3	245	41		16413	667	29076
安 徽		150	5	480	2274	41	4451
福 建			24		4014	109	11319
江 西					554	27	911
山 东		4212	484	27	36741	604	51313
河 南	46211	405	6		16115	223	23474
湖 北		69	6		4308	627	4261
湖 南		283	38	2	16107	420	40968
广 东		79	515	112	19842	444	103819
广 西			2		1153	88	5029
海 南					64		110
重 庆		1797	5		2226	146	1630
四 川		25564	98	3	5372	329	16454
贵 州					830	59	710
云 南					730	35	3365
西 藏							
陕 西		808			2981	133	4296
甘 肃		1755			742	43	524
青 海		27			55		19
宁 夏		167			152		262
新 疆		13	4		364	10	281

2-B-31 续表 2

地区	燃料油（吨）	液化石油气（吨）	炼厂干气（吨）	其他石油制品（吨）	热力（百万千焦）	电力（万千瓦时）	其他燃料（吨标准煤）
北京	890	139		425	685032	44709	
天津	18	332		750	406954	70948	6
河北	33	569		221	143487	168021	
山西		20		9838	2638162	81673	
内蒙古		236			4178691	58946	
辽宁	17479	28699		13785	1563259	144027	1164
吉林					492061	25926	62
黑龙江	13062	6		93	2341907	80795	54
上海	1072	790		4072	145271	112650	
江苏	1062	3387		1137	602758	380566	414
浙江	994	1069	5	2655	145601	167762	646
安徽	10	706		2399		38947	
福建	1849	253		4346		49360	
江西	36					21091	2200
山东	327	2851		3082	3331044	348442	12
河南	13981	1528		656	1837509	236874	
湖北	337	754		41		40350	
湖南	51	87		3310	109227	102855	1873
广东	56870	5251		2034	50	344021	31
广西	1179	177		158		27684	829
海南						198	
重庆				1275		33932	
四川	12	57		368		172149	55
贵州				2		6161	
云南		10		6		8371	
西藏							
陕西		1		457	979998	61721	
甘肃	1			13		15875	
青海		6				428	
宁夏						7010	
新疆		1			96717	2471	

2-B-32 分地区分能源品种规模以上交通运输设备制造业工业企业能源消费量

地 区	原煤（吨）	洗精煤（吨）	其他洗煤（吨）	煤制品（吨）	焦炭（吨）	其他焦化产品（吨）	焦炉煤气（万立方米）	高炉煤气（万立方米）
北 京	302841			138	3620			
天 津	190305	24		106	18073			
河 北	404890	30	10	5512	40572	2000	390	
山 西	164519	1355	31465	1793	55103		146	
内蒙古	14164	6959			1266			
辽 宁	649852	5606	196543	6830	86921			
吉 林	1568949	2577		7927	42349		330	
黑龙江	482707	200		104	3065			
上 海	54266	1195	2315	492	672			
江 苏	227253	3521	83	115	55731			
浙 江	239305	11669	185	3504	34818			
安 徽	181865	343	47	136	18187			
福 建	5152			1274	5189	10		
江 西	71424	3473		472	6757		135	
山 东	1107004	23		3032	294645		3270	
河 南	381423			3512	977118			
湖 北	1266978	94		7434	58165			
湖 南	150638		70	342	32686			
广 东	25716	180		14	4903			
广 西	10681		18284	476	31636			
海 南				2				
重 庆	123757	6512	2296	1077	51827			
四 川	585642	71280	35654	477	43992	70		
贵 州	58086			265	2630		406	
云 南	10572			31	11281		517	
西 藏								
陕 西	452556			16	540			
甘 肃	44686	9						
青 海	400							
宁 夏								
新 疆	2197				583			388

2-B-32　续表 1

地　区	其他煤气(万立方米)	天然气(万立方米)	液化天然气(吨)	原油(吨)	汽油(吨)	煤油(吨)	柴油(吨)
北　京		6086			11847	994	17370
天　津		5742	1616	10	10630	147	14415
河　北	107	2908	228		12050	756	28837
山　西		1719	2	5	1053	1171	1892
内蒙古		199			1235	4	8289
辽　宁	103	2298			34255	30513	122173
吉　林		11491	27		11726	1356	25541
黑龙江	313	1045	752		4313	3132	2243
上　海	2557	2259	4532		23931	540	89063
江　苏	28	10189	5207	70	38935	8986	128636
浙　江	36	1717	7550	3	33367	3222	144040
安　徽		1452	14	16	6087	2253	13469
福　建			613		5881	455	26042
江　西		73	16		2207	1640	15503
山　东	764	13267	1750	91	41112	1511	93649
河　南		1084	14	135	14267	1066	25929
湖　北	309	5872	18		28630	3209	52472
湖　南		1592	328	3	17970	4298	23306
广　东	58	3053	1415		22167	1247	170479
广　西	338	13	4		7039	286	21697
海　南		325			1243	13	636
重　庆	124	30257	900	55	23079	3548	24861
四　川	1	20699	1	12	14147	17668	12120
贵　州			1491	11	1693	10266	1634
云　南					1389	172	3357
西　藏					4		
陕　西		2623	50		7379	15523	18120
甘　肃	10	124			447	226	1727
青　海		4			16		12
宁　夏					35		
新　疆		40			179	1	381

2-B-32 续表 2

地 区	燃料油(吨)	液化石油气(吨)	炼厂干气(吨)	其他石油制品(吨)	热力(百万千焦)	电力(万千瓦时)	其他燃料(吨标准煤)
北 京	208	591		3558	1622736	102002	
天 津	201	2670		1921	1881455	175976	
河 北		2746		239	556374	156111	
山 西	8	91		8	378184	61863	
内蒙古					432228	8734	
辽 宁	53213	3154	213	3187	2839007	278430	138
吉 林	9010	27		2	14207867	265570	
黑龙江		398		184	1575288	79925	848
上 海	32334	19811		4162	2541698	313827	
江 苏	25008	28264		3040	1811071	623397	5532
浙 江	21473	9778	2	14878	428723	421845	717
安 徽	512	131		2900	685133	107759	313
福 建	9506	4979		580	17762	123198	
江 西	64	336		89919	6209	77902	1201
山 东	515	2331	9	972	2308425	450814	4457
河 南	35	3674		1322	146368	183084	
湖 北	1814	2964		1415	1041169	367498	1030
湖 南	4351	257		1101	17213	102248	1789
广 东	56875	61403		516	364189	450192	45
广 西	1688	1170		653		82994	389
海 南		4		20		7614	
重 庆	407	1113		4557	6	309258	1
四 川	2	140		6167	57111	320207	6065
贵 州	193	261		86		43699	66
云 南				242		10062	
西 藏						19	
陕 西	228	511		3743	904545	128210	
甘 肃						5167	
青 海						77	
宁 夏						34	
新 疆				18	137205	985	

2-B-33　分地区分能源品种规模以上电气机械及器材制造业工业企业能源消费量

地　区	原煤(吨)	洗精煤(吨)	其他洗煤(吨)	煤制品(吨)	焦炭(吨)	其他焦化产品(吨)	焦炉煤气(万立方米)	高炉煤气(万立方米)
北　京	22018	91		311	22			
天　津	78593		500	1986	75			
河　北	210916			760	27432			
山　西	35285	1300			627			
内蒙古	319685							
辽　宁	333833	9825	45971	7580	29903			
吉　林	61719			3108	674			
黑龙江	108811			300	2320			
上　海	57818	144	188	257	520			
江　苏	797324	75	13395	2039	35588			
浙　江	127930	733	11	1396	19460	30		
安　徽	144849	167		261	3899			
福　建	36282	18		727	1912	1248		
江　西	73599	4286		206	522		550	
山　东	3924156	23627	8544	563	29992	52	2502	
河　南	377780	865		1307	12788		57	
湖　北	128073			1275	2593			
湖　南	274561			204	18313			
广　东	92381	3855		281	6795			
广　西	13832	4404			637			
海　南								
重　庆	7862	101			1067			
四　川	95364	2212	2131	124	60260	3		
贵　州	2551				8			
云　南	3138				52		462	
西　藏								
陕　西	14937			641	1494			
甘　肃	80615				1116			
青　海	1575			12				
宁　夏	14014				202			
新　疆	18550							

2-B-33 续表 1

地 区	其他煤气（万立方米）	天然气（万立方米）	液化天然气（吨）	原油（吨）	汽油（吨）	煤油（吨）	柴油（吨）
北 京		1317			7399	8	1461
天 津		660	15	45	3942	86	8312
河 北		722	2361	1	5559	482	5629
山 西	31				530	7	530
内蒙古					1307	7	1072
辽 宁	1132	5089	1		26418	1377	35749
吉 林		8			2502		1435
黑龙江	1115	53	10	21	2400	12	1360
上 海	1526	1106	6		20392	229	12924
江 苏	10	5529	6023	550	32505	735	44808
浙 江	49	1236	1649	57	40116	705	64599
安 徽		316	128		3187	44	6917
福 建	62		66	66	5410	772	14403
江 西			14		1187	38	2590
山 东		5928	1751	131	44982	985	33022
河 南	853	31222	18	67	9107	211	8134
湖 北	5	907	27	1	5373	63	9264
湖 南	1	150	259	159	3988	25	7954
广 东	46	3369	1322	28	56774	2973	421478
广 西			2		2903	31	2498
海 南		22			137		200
重 庆	457	2135	41		2637	23	1358
四 川		11696	128	190	6722	173	2479
贵 州					336	1	497
云 南					726	7	898
西 藏					14		8
陕 西		2220		20	2384	124	1823
甘 肃		493			740	29	795
青 海		32	10312		89		16
宁 夏		84			310	3	124
新 疆		56			546		462

2-B-33　续表 2

地　区	燃料油(吨)	液化石油气(吨)	炼厂干气(吨)	其他石油制品(吨)	热力(百万千焦)	电力(万千瓦时)	其他燃料(吨标准煤)
北　京	105	297		881	561547	27724	
天　津	102	4083		774	261671	86526	
河　北	118	3690			2584114	137987	769
山　西	900				238580	8693	
内蒙古					3933	16926	
辽　宁	12154	11467	314	19925	1054282	138753	
吉　林		98			43041	11407	
黑龙江	12			735	362890	34490	377
上　海	10868	6763		537	274322	199719	
江　苏	4528	16470		2603	4512353	756184	252
浙　江	7671	49415		6303	645165	532931	3577
安　徽	70	6704		12638	572489	135919	7695
福　建	487	10179		1452	7909	126074	
江　西	556	4489		1598		100659	3154
山　东	1530	4204		6148	1416558	466585	3
河　南	243	1876		1086	431598	111072	
湖　北	5	2136		3205		93488	3
湖　南	59	7		9665	85417	75771	5999
广　东	368578	83939		3437	917954	1380489	787
广　西		41		32		41451	104
海　南						3435	
重　庆		42		7		30795	
四　川	27	170		881		150870	
贵　州		35		114	11130	16239	
云　南		44		446		7966	6
西　藏						147	
陕　西	21	49		206	895589	37590	
甘　肃				545		9748	
青　海						1444	
宁　夏						2172	
新　疆				5600	109951	5305	

2-B-34 分地区分能源品种规模以上通信设备、计算机及其他电子设备制造业工业企业能源消费量

地　区	原煤 (吨)	洗精煤 (吨)	其他洗煤 (吨)	煤制品 (吨)	焦炭 (吨)	其他焦化产品 (吨)	焦炉煤气 (万立方米)	高炉煤气 (万立方米)
北　京	3785			15	330			
天　津	40087			26	29			
河　北	51405		1240	45			517	17
山　西	38226	3300	12294	3816	30		851	
内蒙古	1459	5203						
辽　宁	35108	1960	1026	328	5336			
吉　林	38587							
黑龙江	2580	370						
上　海	150	50						
江　苏	135048	120	310	22	3187			
浙　江	83682	34712	266	118	3678	156		
安　徽	6888	459		16				
福　建	623			92				
江　西	16896							
山　东	683637	1703			1498		178	
河　南	41948							
湖　北	6521			26	510			
湖　南	90534	462	2449	5	1110			
广　东	42396			14858				
广　西	418							
海　南								
重　庆	336				40			
四　川	41115	2861			9598			
贵　州	1824						31	
云　南								
西　藏								
陕　西	71865		1100		160			
甘　肃	26991							
青　海								
宁　夏								
新　疆	450195							

2-B-34　续表 1

地　区	其他煤气(万立方米)	天然气(万立方米)	液化天然气(吨)	原油(吨)	汽油(吨)	煤油(吨)	柴油(吨)
北　京		3282			6758	75	1110
天　津	23	3232	162	19	3959	59	2848
河　北		3154		3	1373	1	224
山　西	32				21732	10	738
内蒙古		112			42		1535
辽　宁	19	5			5256	2	7670
吉　林					546		101
黑龙江				6	359		80
上　海	173	3306	360		8286	138	14343
江　苏		13959	1936	16	23018	302	54537
浙　江		862	15	7	10995	291	23835
安　徽		95	12		996	13	2562
福　建				7	3702	5	3051
江　西					656	2	431
山　东	32	2185	896	2612	43527	1231	9250
河　南	6	16328	14		3281	1353	1969
湖　北		67			4180	16	3348
湖　南		1679			3026	70	5339
广　东	10	4059	2876	6	73759	1066	571244
广　西			85		755	17	1002
海　南		56			38		33
重　庆		353			531	4	306
四　川		3995	3		4447	39	1329
贵　州					246	2	102
云　南					114		
西　藏							
陕　西		9098			1718	44	813
甘　肃					159	6	50
青　海							
宁　夏							
新　疆		22			130		436

2-B-34 续表 2

地区	燃料油(吨)	液化石油气(吨)	炼厂干气(吨)	其他石油制品(吨)	热力(百万千焦)	电力(万千瓦时)	其他燃料(吨标准煤)
北京	14	410			1779692	150006	
天津	456	78		7	534227	160581	
河北	764	333			298773	31020	
山西		9790			1636286	61961	
内蒙古						3848	
辽宁	4700	28217			905815	67656	126
吉林					281714	13489	
黑龙江					158939	2850	
上海	2130	949		3021	1157435	473579	20
江苏	10577	15813		177	8155952	1777142	
浙江	8381	1333		195	776609	283351	6880
安徽	681	1			12379	29709	
福建	8131	12142		33		140958	159
江西	83					24641	
山东	1832	2103		145	1200412	252454	
河南		797		460	19722	59844	
湖北	2077	5				31724	
湖南	28885	22		269		85792	13
广东	515796	18243		327	65744	2645504	746
广西		3				8319	142
海南						3542	
重庆						7556	
四川				153	153173	149352	273
贵州		1				6775	
云南		10			6120	1807	
西藏							
陕西	3	6			1779188	70736	
甘肃						8002	
青海						5	
宁夏							
新疆		4			9952	83839	

2-B-35　分地区分能源品种规模以上仪器仪表及文化、办公用机械制造业工业企业能源消费量

地　区	原煤（吨）	洗精煤（吨）	其他洗煤（吨）	煤制品（吨）	焦炭（吨）	其他焦化产品（吨）	焦炉煤气（万立方米）	高炉煤气（万立方米）
北　京	4614			12				
天　津	179							
河　北	52980				2352			
山　西	1000				120			
内蒙古	35							
辽　宁	21210	140	1477	946				
吉　林	11040							
黑龙江	38406				34			
上　海	420				28			
江　苏	42334	2		24	11368			
浙　江	12731			79	3919			
安　徽	4780				110			
福　建	1868				1			
江　西	3688				228			
山　东	140038	3		167	10218			
河　南	41181				4548		3	
湖　北	17883							
湖　南	26721			27	3140			
广　东	793			33	71			
广　西	78							
海　南								
重　庆	1521			1134	1724			
四　川	11386						24	
贵　州	1060							
云　南	1612							
西　藏								
陕　西	9868			1800	20			
甘　肃	26							
青　海								
宁　夏	10459							
新　疆								

2-B-35 续表 1

地区	其他煤气(万立方米)	天然气(万立方米)	液化天然气(吨)	原油(吨)	汽油(吨)	煤油(吨)	柴油(吨)
北京		293			4547	7	205
天津		264	9		994	1	145
河北					1269	29	292
山西					309	14	65
内蒙古							
辽宁			1		2772	17	816
吉林					593		67
黑龙江					762	8	631
上海	17	26			4176	11	1853
江苏	1	555	1617		7682	193	9376
浙江	1	32	41	11	9052	1031	13043
安徽		1			196		133
福建				19	1558	28	1093
江西					478	51	567
山东		85	1423	36	8331	58	2557
河南			127		3194	567	2011
湖北		24			399	1	385
湖南		200			2118	38	2372
广东	5	194	45	78	7440	1802	73988
广西					169	6	77
海南							
重庆		854	1		1880	48	824
四川		439	5		935	1464	81
贵州					121	1	25
云南					238		89
西藏							
陕西		143	2		1590	16	4205
甘肃					25	30	4
青海		51			100	1	
宁夏					266	2	
新疆					90		24

2-B-35　续表 2

地　区	燃料油(吨)	液化石油气(吨)	炼厂干气(吨)	其他石油制品(吨)	热力(百万千焦)	电力(万千瓦时)	其他燃料(吨标准煤)
北　京		89		3	371049	9511	
天　津	68			18	96600	9604	
河　北		5			104445	7160	
山　西				1	96888	1321	
内蒙古						5	
辽　宁	4	301			85165	15853	
吉　林					352	2368	
黑龙江					75565	4625	
上　海	6	159		26		31443	
江　苏	1359	1047		55	148346	130348	
浙　江	408	199		368	81097	93292	526
安　徽		6			757	4355	
福　建	89	35		52	12098	48504	
江　西		2		2		5730	100
山　东	15	12		17	172302	23549	
河　南		101		12	6093	26440	
湖　北		1				6207	
湖　南						12117	110
广　东	51095	1245		11		216129	380
广　西						1991	
海　南						10	
重　庆				35		8116	
四　川		4				14860	
贵　州						1084	
云　南						2677	
西　藏							
陕　西		7		26	433886	7466	
甘　肃						661	
青　海						351	
宁　夏						1155	
新　疆					8467	76	

2-B-36 分地区分能源品种规模以上工艺品及其他制造业工业企业能源消费量

地 区	原煤(吨)	洗精煤(吨)	其他洗煤(吨)	煤制品(吨)	焦炭(吨)	其他焦化产品(吨)	焦炉煤气(万立方米)	高炉煤气(万立方米)
北 京	225432	45017		1000				
天 津	48378	30	670	1230				
河 北	27000				1976			
山 西	3101							
内蒙古	19583				177			
辽 宁	138628	526	20066	53568	518	8610	5	
吉 林	104107			275				
黑龙江	1957883			540				
上 海	11567				80			
江 苏	68290	3029	1383	206	5465			
浙 江	96926	23	50	2239	926			
安 徽	32639	20355			558			
福 建	21862		119	6004	3			
江 西	16245	60	840					
山 东	555380	635	265	72	3123			
河 南	770455		76	10	2734			
湖 北	89467							
湖 南	50671			373	3653			
广 东	47416	740823			1040	317		
广 西	1005				8			
海 南								
重 庆	5744	10300				2610		
四 川	227089	25			9			
贵 州	17738	19					174	
云 南	9145				38			
西 藏								
陕 西	61286				1548			
甘 肃	2100							
青 海	3723							
宁 夏	740							
新 疆	73							

2-B-36　续表 1

地　区	其他煤气(万立方米)	天然气(万立方米)	液化天然气(吨)	原油(吨)	汽油(吨)	煤油(吨)	柴油(吨)
北　京		197			1462	5	633
天　津		89	400		897	43	1677
河　北		111			2171		3055
山　西					47		63
内蒙古					112		181
辽　宁			240	160	4426	84	3045
吉　林					525		665
黑龙江	29318				593		1908
上　海	64	1			2400	30	4002
江　苏		105	181		2489	70	2365
浙　江		79	353	22	9839	179	18903
安　徽			180		249	2	220
福　建		541	778	51	4487	60	12424
江　西					241		838
山　东	1	557	883		14071	1389	10524
河　南					8971	38	11569
湖　北		17			344	5	519
湖　南	1				427	16	288
广　东	71	88	169	1	10270	569	75314
广　西					329		540
海　南					21		
重　庆		52			210	4	484
四　川		375	31		263	32	539
贵　州					170	3	144
云　南					133	3	403
西　藏					7		
陕　西					532		27
甘　肃					449		868
青　海		107			137		26
宁　夏							
新　疆					31		40

2-B-36 续表 2

地 区	燃料油 (吨)	液化石油气 (吨)	炼厂干气 (吨)	其他石油制品 (吨)	热力 (百万千焦)	电力 (万千瓦时)	其他燃料 (吨标准煤)
北 京	19	372		4	250446	8195	
天 津		65			13478	14768	
河 北		7		4	142862	10078	
山 西					18854	437	
内蒙古	18					2874	
辽 宁	318	506		7899	193334	14018	
吉 林					15738	2682	
黑龙江					25	43433	
上 海	287	106		96	1213	16628	
江 苏	3472	194		1253	163140	62243	
浙 江	2056	3529	6	670	158174	119510	9471
安 徽		38				7510	50
福 建	4383	5077		1669		79109	175
江 西	20	2013				12819	200
山 东	422	412		5	365332	159513	
河 南		1604			740663	32275	
湖 北	2	10				10511	700
湖 南		7187				9337	28
广 东	90756	12782		1504		219704	7358
广 西		3786		159		5265	277
海 南						114	
重 庆						1856	
四 川		779				10229	
贵 州	1	3				1952	
云 南		9				2162	
西 藏						99	
陕 西		1				18881	
甘 肃					2385400	6313	
青 海						330	
宁 夏						10	
新 疆				1625	17506	2018	

2-B-37 分地区分能源品种规模以上废弃资源和废旧材料回收加工业工业企业能源消费量

地 区	原煤(吨)	洗精煤(吨)	其他洗煤(吨)	煤制品(吨)	焦炭(吨)	其他焦化产品(吨)	焦炉煤气(万立方米)	高炉煤气(万立方米)
北 京	6830				285		158	
天 津	1809			3418	904			
河 北	7922				5288		37	4313
山 西								
内蒙古	3886				2850			
辽 宁	3307							
吉 林	13399							
黑龙江	220							
上 海	7889				1706			
江 苏	16051	428			5604	800		
浙 江	14250			739	19385			
安 徽	11880				71			
福 建	440			3559				
江 西	4537				2818			
山 东	38906				17			
河 南	46890				1418			
湖 北	1716						1195	
湖 南	70291			10	13456			
广 东	33254			540	10371			
广 西	7534							
海 南								
重 庆	1919				84			
四 川	14269			38	2408	87		
贵 州	240							
云 南	3138				3834			
西 藏								
陕 西								
甘 肃					838			
青 海								
宁 夏								
新 疆								

2-B-37 续表 1

地区	其他煤气(万立方米)	天然气(万立方米)	液化天然气(吨)	原油(吨)	汽油(吨)	煤油(吨)	柴油(吨)
北京					156		1024
天津					547	5	262
河北		140			165		3280
山西							
内蒙古					61		179
辽宁					812		1021
吉林					247		1128
黑龙江	591				49		270
上海		34			461		1571
江苏					273	121	5107
浙江					621		3918
安徽					138		1166
福建					10		38
江西					38		192
山东					290		431
河南			162		261		446
湖北					243		1902
湖南					12		1233
广东			80		2172	370	11831
广西					19		230
海南							
重庆		192			79		150
四川		201			57		98
贵州					4		
云南					15		210
西藏							
陕西					9		307
甘肃					55		1407
青海							
宁夏							
新疆							

2-B-37　续表 2

地　区	燃料油(吨)	液化石油气(吨)	炼厂干气(吨)	其他石油制品(吨)	热力(百万千焦)	电力(万千瓦时)	其他燃料(吨标准煤)
北　京		14		7	7371	4181	
天　津	174					2663	
河　北					244	6378	
山　西							
内蒙古					15700	2730	
辽　宁	200				367	2808	
吉　林					55259	1467	
黑龙江					30526	1372	
上　海	1355	212	31			3849	17027
江　苏		378		1300	15472	23443	
浙　江	1569	231		1376	107406	16416	
安　徽		11				1686	
福　建						2533	
江　西	31					2708	55
山　东					4200	12092	
河　南					91215	2510	353
湖　北	309			109		3389	
湖　南	1595					11073	200
广　东	2310	657		468		28482	
广　西						1414	42
海　南							
重　庆						1424	
四　川						4559	
贵　州						112	
云　南						368	
西　藏							
陕　西						245	
甘　肃						1353	
青　海							
宁　夏							
新　疆							

2-B-38 分地区分能源品种规模以上电力、热力的生产和供应业工业企业能源消费量

地区	原煤 (吨)	洗精煤 (吨)	其他洗煤 (吨)	煤制品 (吨)	焦炭 (吨)	其他焦化产品 (吨)	焦炉煤气 (万立方米)	高炉煤气 (万立方米)
北京	12430174		62626	238244		302554	1381	129860
天津	20248505	20201						
河北	80398763		83100		166		6729	178203
山西	74265618	1527	709876		30337		7123	3400
内蒙古	124013859			85004			57	35744
辽宁	57985689	37459	8377709	6831	1365	35		
吉林	44258944			4314				
黑龙江	47322242		982183		3			
上海	26917877							155070
江苏	114600882		3744573	20635			5250	268972
浙江	81082670							
安徽	47148446		231804		529			
福建	31634425							
江西	20843206							
山东	114531108	119245	1710055	576731	66248		15241	200896
河南	81007738	10179	397371		12158		16486	2416
湖北	27452655						6921	60759
湖南	24920740						63	
广东	79019967	48111		3120130	91572			
广西	13800811							
海南	3253913							
重庆	12769099	32653	504845					
四川	21733991	17773	813239		6128	2586		
贵州	40965320						13823	
云南	24652620	825			1545			
西藏								
陕西	39029166							184147
甘肃	23482139	5407		180	19697		10567	129491
青海	2409331			32				
宁夏	21095274	12800	571658					
新疆	21198877							

2-B-38　续表 1

地　区	其他煤气(万立方米)	天然气(万立方米)	液化天然气(吨)	原油(吨)	汽油(吨)	煤油(吨)	柴油(吨)
北　京		161866			11884		6171
天　津		7484	1		6939		7959
河　北					14929	7	44703
山　西		5196			5890	2	58617
内蒙古		21502		1316	10995	22	66035
辽　宁					7980	41	17988
吉　林					4368		15466
黑龙江		11974			16753	1	25557
上　海	25	49543			6620		62450
江　苏	2017	170499		47	1619	131	62871
浙　江		102267		83146	13266	5	37713
安　徽		1497			3427		19090
福　建			14084		7190	31	13504
江　西					5802		12350
山　东	863	51		95146	20953	740	82903
河　南	30383	39969	34	1667	13086	6	77106
湖　北		1673		1	12334	24	31026
湖　南					2933	43	37076
广　东		190910	1198167		17574	5	106404
广　西					5844	5	13198
海　南		61329	3857		1482		2445
重　庆		251			5675		18390
四　川		10297		15	6534	143	30408
贵　州					6940	10	35454
云　南					6709		32176
西　藏					107		6173
陕　西	8360	820			3177	18	20416
甘　肃	2487	2472			5169	2	7617
青　海		15760			2329		2018
宁　夏		4710			2969		8814
新　疆		1029		80	7415		17041

2-B-38 续表 2

地区	燃料油(吨)	液化石油气(吨)	炼厂干气(吨)	其他石油制品(吨)	热力(百万千焦)	电力(万千瓦时)	其他燃料(吨标准煤)
北京	98650	349	7388	34696	2318504	309562	48952
天津	11824	1		100	3408576	590296	26838
河北	2941	4			9468982	1988268	455884
山西	13844				470301	1677732	1686552
内蒙古	5595				5939804	1607439	515557
辽宁	23282	20	65210	3	5489306	867146	
吉林	5564				4703437	461901	79245
黑龙江	72853	16		39	2208936	1138336	206498
上海	268585	17			1001226	956862	73929
江苏	5162	5		32255	3118046	3836606	665245
浙江	133220	42		71	9530285	2200064	442129
安徽	366		39155		528311	884969	122793
福建	18248					1377747	98630
江西	226			128		627296	118775
山东	13268	3		10914	17973376	2471211	985080
河南	17697			264	4819978	2482661	612273
湖北	8166	804	20642	5166	667577	1185827	148818
湖南	8145			155		1073245	133111
广东	3714925	26	21461	88475	2530105	2605894	893936
广西	2733			210	616188	484473	5046
海南						140266	18
重庆	2728			52	1933	550920	283227
四川	12			32501	260784	1335276	444233
贵州	6			40		617451	
云南		146		23		737716	30486
西藏						27128	
陕西	146			48	660915	972571	842189
甘肃	12711	1			16087	596678	19513
青海	400				59234	50056	
宁夏	993					326368	17046
新疆	493			79	1683160	502960	52052

2-B-39　分地区分能源品种规模以上燃气生产和供应业工业企业能源消费量

地　区	原煤(吨)	洗精煤(吨)	其他洗煤(吨)	煤制品(吨)	焦炭(吨)	其他焦化产品(吨)	焦炉煤气(万立方米)	高炉煤气(万立方米)
北　京	151							
天　津	80							
河　北	11620						473	
山　西	31482							
内蒙古	23526	299323						
辽　宁	17458				20149			
吉　林	33614	900740					14694	
黑龙江								
上　海	82785	785729			230296		39643	
江　苏	20298	153201		4330	183485	21745	4177	
浙　江	24							
安　徽	6179	86199			675		1927	
福　建	17402			2474			880	
江　西	9428						1093	
山　东	260601	1849356					17049	
河　南	1940320	742625						
湖　北								
湖　南	5510							
广　东	40665							
广　西							2274	
海　南								
重　庆								
四　川	228063							
贵　州	18049	928843			33044		12561	
云　南	59500	1309981			12067	53201		
西　藏								
陕　西								
甘　肃	11326							
青　海								
宁　夏								
新　疆	195							

2-B-39 续表 1

地 区	其他煤气(万立方米)	天然气(万立方米)	液化天然气(吨)	原油(吨)	汽油(吨)	煤油(吨)	柴油(吨)
北 京		4749			2076		2500
天 津		398			683		83
河 北		367			782		1386
山 西					58		8
内蒙古		37023			220		127
辽 宁	6718	7833			1682		823
吉 林		32			490		430
黑龙江		6			692		155
上 海	14264	27421			1945	80	859
江 苏	2634	191	790		1165		1378
浙 江		391			494		634
安 徽		1582			258	2	574
福 建			18531		50		69
江 西	350				507		254
山 东		437			1602		1168
河 南	1456	17827			996		831
湖 北		408			394		419
湖 南		112			401		1997
广 东		10447	12777		2678		7685
广 西			6552		44		136
海 南					158		67
重 庆		197			597	2	300
四 川		12479	424		1561	1	728
贵 州					143		150
云 南					332		336
西 藏							
陕 西		236			521		151
甘 肃		551			144		56
青 海							
宁 夏					216		
新 疆		255			98		736

2-B-39　续表 2

地　区	燃料油(吨)	液化石油气(吨)	炼厂干气(吨)	其他石油制品(吨)	热力(百万千焦)	电力(万千瓦时)	其他燃料(吨标准煤)
北　京				2	35763	7272	
天　津		12				4825	
河　北		15			27539	3611	
山　西						794	
内蒙古						9312	
辽　宁		88357	50894	15	88349	7633	
吉　林		46			8344	5283	
黑龙江						5262	
上　海	8606	3161	14503	47033	1786787	19148	
江　苏		20407			6361	12063	
浙　江		945				2176	
安　徽	2	493				4005	
福　建		34174				7287	
江　西						4280	
山　东		1836		420	714978	79626	
河　南						46399	
湖　北						2657	
湖　南		467				4813	188
广　东	7932	413462		95		13131	
广　西		26441				708	
海　南						5221	
重　庆						5433	
四　川		1503		1		28581	
贵　州		1888			544332	7116	
云　南		1303				7466	
西　藏							
陕　西						4806	
甘　肃						449	
青　海						72	
宁　夏						431	
新　疆		17			14718	2637	

2-B-40 分地区分能源品种规模以上水的生产和供应业工业企业能源消费量

地 区	原煤 (吨)	洗精煤 (吨)	其他洗煤 (吨)	煤制品 (吨)	焦炭 (吨)	其他焦化产品 (吨)	焦炉煤气 (万立方米)	高炉煤气 (万立方米)
北 京	2796			123				
天 津	1541			11				
河 北	30639						11	
山 西	12867							
内蒙古	57597	440		1850				
辽 宁	46556			95				
吉 林	37605			789				
黑龙江	30041			324				
上 海								
江 苏	2275							
浙 江								
安 徽								
福 建								
江 西	300							
山 东	112548	32						
河 南	1950			35	144			
湖 北	1205							
湖 南	9928				800			
广 东								
广 西								
海 南								
重 庆								
四 川	19889				125			
贵 州	5							
云 南								
西 藏	598							
陕 西	2492			1146	420			
甘 肃	3391							
青 海	6464			21				
宁 夏	134408							
新 疆	4024							

2-B-40 续表 1

地 区	其他煤气(万立方米)	天然气(万立方米)	液化天然气(吨)	原油(吨)	汽油(吨)	煤油(吨)	柴油(吨)
北 京		435			1297	1	689
天 津					455		179
河 北		32			1297		1006
山 西					545		143
内蒙古					703		78
辽 宁					2966	50	1663
吉 林					1637		555
黑龙江					1076	54	379
上 海	2				1057		346
江 苏					1389		768
浙 江			1		1438		645
安 徽					469	9	233
福 建					744	2	340
江 西					618	3	351
山 东		17			3544	197	3963
河 南		3			1907		971
湖 北		21			1418	3	1212
湖 南					1007	16	761
广 东					5694	53	20271
广 西					908		617
海 南					220		32
重 庆		8		41	463		245
四 川		137			1619	3	653
贵 州					441		98
云 南					421		109
西 藏					35	1	17
陕 西		337			595		103
甘 肃		165			426		96
青 海		111			156		84
宁 夏		7			230	14	6
新 疆		90			346	6	170

2-B-40 续表 2

地 区	燃料油 (吨)	液化石油气 (吨)	炼厂干气 (吨)	其他石油制品 (吨)	热力 (百万千焦)	电力 (万千瓦时)	其他燃料 (吨标准煤)
北 京		43			74555	55677	
天 津					14509	21537	
河 北					208613	37646	
山 西						31936	
内蒙古					3000	28332	
辽 宁		90			13046	111496	
吉 林					72221	31148	
黑龙江					34618	22624	
上 海		1				70871	
江 苏		3				136796	
浙 江		4				118266	
安 徽						44465	
福 建						52499	
江 西					11392	34832	
山 东		72		2	83361	83809	562
河 南		1			4123	48657	
湖 北		1				64801	
湖 南						70651	323
广 东	5647	65		16		354859	59
广 西		4				35648	165
海 南						7991	
重 庆						49696	
四 川				11		52820	
贵 州						18507	
云 南						11358	
西 藏						2256	
陕 西						19163	
甘 肃					47088	17060	
青 海						2737	
宁 夏						8340	
新 疆					28423	10844	

C.分地区分行业分能源品种规模以上工业企业工业生产消费量

2-C-1 分地区分能源品种规模以上工业企业工业生产消费量

地 区	原煤(吨)	洗精煤(吨)	其他洗煤(吨)	煤制品(吨)	焦炭(吨)	其他焦化产品(吨)	焦炉煤气(万立方米)	高炉煤气(万立方米)
北 京	18015962	2239353	88472	217336	2328570	305772	81005	621207
天 津	29248633	4865895	59082	73426	7192305	177365	103705	690257
河 北	196156120	54940253	5657825	1077304	58854198	1394790	659779	7700498
山 西	317892968	110981851	6901893	1335264	18086015	1251113	1357413	3121725
内蒙古	209726598	17091963	1546899	187911	13280774	1542135	205689	1625084
辽 宁	124388474	26782310	9899207	160292	24315287	357807	607630	5523240
吉 林	75568376	5742806	601011	67972	4363536	6095	100359	655855
黑龙江	122939488	11482413	1697578	264596	2246203	738	115481	230009
上 海	37101481	11368114	363592	3008285	7039199	395322	271673	2361481
江 苏	191311279	18423612	4291058	216637	23542965	322425	265708	3602002
浙 江	118687333	2054559	37474	237434	4807749	5055	47306	771463
安 徽	108089183	11418791	808194	156377	8512583	111292	223851	2229714
福 建	52004191	1281218	10648	801417	3680148	36287	41851	610227
江 西	46772518	7047603	312510	306287	5688497	3610	164554	1687709
山 东	320435848	45979164	9469525	1742088	26001661	549397	282235	1955923
河 南	246653798	19336571	1126449	614090	14649410	197157	235997	1702924
湖 北	63178309	11377522	200313	195476	9521290	120012	306747	2822681
湖 南	69013362	6404609	906772	662746	8478640	82075	122361	1944334
广 东	119497662	3040916	31220	4269710	4445296	48239	38169	849868
广 西	36258954	4637003	153927	131733	5782968	41335	124592	1132271
海 南	4309563		108988	2	148811			
重 庆	36635084	4931238	1071223	71831	1863742	105421	75606	594639
四 川	102992136	14890376	2458200	712817	10816084	396396	251558	2093323
贵 州	76931253	6562700	202730	338937	3199328	51069	81580	176622
云 南	60487108	12330241	730179	129241	12580168	239014	134867	1012775
西 藏	266846							
陕 西	79810452	5826966	113967	47153	3234500	21657	50703	369558
甘 肃	35440655	4415419		11314	5358496	98520	105251	951677
青 海	9997084	1027154	37450	5057	1430276	7752	22821	138719
宁 夏	51098662	2517949	813855	31989	354807	88695	27874	39922
新 疆	45431962	3822454	101417	12567	4148891	161790	44861	205283

2-C-1 续表 1

地区	其他煤气(万立方米)	天然气(万立方米)	液化天然气(吨)	原油(吨)	汽油(吨)	煤油(吨)	柴油(吨)
北京	1874	242914		11145968	119981	1908	307389
天津	42886	102439	5052	7903212	59421	8484	307737
河北	258673	137834	5956	13430331	197953	13826	586688
山西	157643	55311	1426	16	51631	36591	569262
内蒙古	45286	168569	253	1302814	85348	3661	769766
辽宁	201361	147534	1424	59144890	526063	93772	1345155
吉林	12182	68641	1154	8856848	118271	1748	327252
黑龙江	256611	253806	1863	15639442	105794	4808	426719
上海	351422	194617	12563	19435963	244290	14439	630030
江苏	91593	443212	43125	23052464	274518	31974	1011353
浙江	33305	148036	15310	22873480	249762	41555	1041243
安徽	8612	25107	5232	4263302	47215	4181	238029
福建	34931	5141	37442	3122176	94657	10851	522812
江西	35476	9584	40604	4109991	24555	6445	276745
山东	220503	253717	39449	44237258	509192	29446	981250
河南	359245	342200	3862	6609133	385681	21561	923885
湖北	223924	67908	1889	8386583	143449	8029	387988
湖南	201517	38619	7864	6114051	165982	12225	454632
广东	80368	263489	1243563	30396345	290300	82159	4429690
广西	119452	731	140	1333985	47553	922	239108
海南		257680	4026	7967714	3600	34	36520
重庆	27616	370298	1157	163	67712	6343	188536
四川	77497	1055023	4551	2846012	134343	26094	661351
贵州	17763	44821	1547	787	30565	11434	119728
云南	33389	49564		577	18971	1975	249689
西藏					433	120	9863
陕西	8564	236017	173	17647238	57786	18022	273781
甘肃	55205	96796	6150	13963750	47962	1768	192214
青海		147856	3743	1092019	16282	1920	200524
宁夏	5029	86419	21	1837537	6979	250	52173
新疆	8296	576333	230	18235848	34129	367	329231

2-C-1 续表 2

地 区	燃料油(吨)	液化石油气(吨)	炼厂干气(吨)	其他石油制品(吨)	热力(百万千焦)	电力(万千瓦时)	其他燃料(吨标准煤)
北 京	360284	192965	817221	4792039	51295523	2128697	58708
天 津	578372	45560	232694	442075	47997437	3826557	343070
河 北	385618	42705	371469	1034433	106567635	13754889	870255
山 西	118814	14210		69148	64754673	9719443	3678435
内蒙古	80762	1539	37213	4214	41381886	11417545	1068222
辽 宁	2691200	418095	1999081	2829890	138876633	10327686	908970
吉 林	345576	37949	230675	2642038	79505833	3531288	220894
黑龙江	483442	408520	791814	1172224	37967038	4509348	1061759
上 海	964576	521374	1264837	7346995	88214526	6513915	121235
江 苏	1383616	450645	548494	9873045	367910872	24693255	829550
浙 江	2074508	216697	630416	1597163	279252914	14305363	1089162
安 徽	111865	15191	148322	314554	58605721	5835577	436910
福 建	451580	99029	116251	187759	37821578	7102539	923714
江 西	261520	57981	155588	928351	17177120	3917269	875278
山 东	4117604	654003	765552	9730717	467130621	24836472	2419300
河 南	466501	70878	243150	2246236	102968671	18042635	905663
湖 北	253800	51587	329297	580912	75554967	8232074	526334
湖 南	230198	381489	205013	1229239	59977301	7501939	740778
广 东	9505733	1966909	810704	10051656	46369068	19586751	1869070
广 西	96735	13441	14520	122854	36662336	5376843	3756816
海 南	67522	642	239061	364134	1841108	565409	907511
重 庆	4541	4054		21418	20323330	3369231	704901
四 川	79874	93423	19617	355964	59967304	10989331	1666408
贵 州	120827	2274		312736	35764772	4658149	570216
云 南	51107	3855		46023	4166220	5476970	1180104
西 藏				63		65468	392
陕 西	13013	2843	29762	215291	13649640	4580757	1089483
甘 肃	126752	655	719947	1327607	58978360	4978982	122367
青 海	1277	6	59020	359643	1487041	2760972	10957
宁 夏	70102	99051	51686	366686	12095526	3739165	2322564
新 疆	389691	63548	659271	255435	38638247	3039917	80019

2-C-2 分地区分能源品种规模以上煤炭开采和洗选业工业企业工业生产消费量

地区	原煤(吨)	洗精煤(吨)	其他洗煤(吨)	煤制品(吨)	焦炭(吨)	其他焦化产品(吨)	焦炉煤气(万立方米)	高炉煤气(万立方米)
北京	14743							
天津								
河北	64649780	7060572	3531913		158234		4784	53675
山西	149448990	2428557	3430998	478222	370121	7199	29124	
内蒙古	38168863	909407	17311	20336	79486			
辽宁	32794984	643401	117957	420	637			
吉林	8112593				252			
黑龙江	53974000	1722193	278568		257		17200	
上海								
江苏	11771546		304605					
浙江	539267							
安徽	29325292	1744630	103124		133		54	
福建	468041							
江西	9089947	520700	355					
山东	85938211	683068	5809852	129056	183187		1425	10735
河南	74760192	1561146	522511	118525	22372	9269	4949	
湖北	85387							
湖南	10387649				374			
广东								
广西	12386				10211			
海南								
重庆	13079676	18867	502667	21740	1130			
四川	34285567	44210	78819		6622			
贵州	18954905	484739	142607					
云南	10127595	31500	361522		48914			
西藏								
陕西	8149193				57			
甘肃	1510248				9			
青海	919564							
宁夏	19486619	174685	47251		12010	5840		
新疆	3413695	101206	81986		5787			

2-C-2　续表 1

地　区	其他煤气 (万立方米)	天然气 (万立方米)	液化天然气 (吨)	原油 (吨)	汽油 (吨)	煤油 (吨)	柴油 (吨)
北　京					843	2	1113
天　津							
河　北		2451		2	5898	8874	26467
山　西	4488	12548			23913	14485	235456
内蒙古					6577		450634
辽　宁	573				5670	6213	46463
吉　林					2691		10347
黑龙江		1208			8527	584	53956
上　海							
江　苏					825	643	6372
浙　江					623		504
安　徽					3230	319	20890
福　建					786		2656
江　西					1005	1	3467
山　东	863		2	75	5820	87	26864
河　南	3183	211	8	2	24443	2698	76097
湖　北					830		2723
湖　南				8	2071	45	12976
广　东							
广　西					243		453
海　南							
重　庆	2841	63			3481	183	10608
四　川	1261	16418			8191	2673	57256
贵　州		881		36	2448	553	30170
云　南					1443	47	27810
西　藏							
陕　西					1947	263	40164
甘　肃					2645		23033
青　海					147		58987
宁　夏		945			935	23	24896
新　疆		1			3456		28904

2-C-2 续表 2

地 区	燃料油(吨)	液化石油气(吨)	炼厂干气(吨)	其他石油制品(吨)	热力(百万千焦)	电力(万千瓦时)	其他燃料(吨标准煤)
北 京					3627	12767	2670
天 津					1656	21	
河 北	58	6		263	1379654	436425	189020
山 西	115			2294	5375442	1763319	1061289
内蒙古	4677				726738	354462	120017
辽 宁				23	521372	270639	306344
吉 林						104836	
黑龙江	21			214	63170	309425	774523
上 海							
江 苏	5700	77		82	61496	298175	12413
浙 江						13881	
安 徽						400845	38914
福 建				3		39889	400
江 西	1			32768		86018	118147
山 东	2470	21		283	15765852	1158124	604514
河 南				2436	286026	1351754	166056
湖 北						29656	
湖 南	52	10		71		266491	15555
广 东							
广 西				87		29487	
海 南							
重 庆	12			249		147138	227448
四 川	19	126		22		264533	531678
贵 州	39	5		40		240851	471157
云 南				14		104675	147418
西 藏							
陕 西				964		185476	94553
甘 肃				611		58775	94985
青 海						5659	
宁 夏				859	210627	115304	114970
新 疆				362	55484	60940	4084

2-C-3　分地区分能源品种规模以上石油和天然气开采业工业企业工业生产消费量

地　区	原煤(吨)	洗精煤(吨)	其他洗煤(吨)	煤制品(吨)	焦炭(吨)	其他焦化产品(吨)	焦炉煤气(万立方米)	高炉煤气(万立方米)
北　京	2112							
天　津	170959							
河　北	2332						81	
山　西								
内蒙古	27462				98			
辽　宁	1046130							
吉　林	717762							
黑龙江	22103							
上　海								
江　苏	19108							
浙　江								
安　徽								
福　建								
江　西								
山　东	19970						54	
河　南	250851							
湖　北	149360							
湖　南								
广　东								
广　西								
海　南								
重　庆								
四　川	28194							
贵　州								
云　南								
西　藏								
陕　西	551557							
甘　肃	14920							
青　海	1971							
宁　夏	616							
新　疆	619874							

2-C-3 续表 1

地区	其他煤气(万立方米)	天然气(万立方米)	液化天然气(吨)	原油(吨)	汽油(吨)	煤油(吨)	柴油(吨)
北京		713			2824		91693
天津		15114	1	270154	4265		187688
河北		25642		313495	3787		4044
山西					106		291
内蒙古		200		78791	3522		11077
辽宁		43978		1152599	12844		169084
吉林		34741		373801	13856		109865
黑龙江		131390		698290	60904		280890
上海		290			40		17
江苏		1442		85959	1740	1	34949
浙江							
安徽							
福建							
江西							
山东		43902	5	2237945	27957	87	194874
河南		29908	16	1700607	21307		272992
湖北		3937		65698	7264		66187
湖南							
广东		31765		130322	59	200	63016
广西							
海南					86		
重庆		5900			110		23
四川		69878		1022194	13345		220163
贵州							
云南							
西藏							
陕西		142856		581439	17439		119878
甘肃		7643		28222	19442		41078
青海		110309		1091943	1225		12758
宁夏					32		259
新疆		429881	2	1141391	9457		173685

2-C-3　续表 2

地　区	燃料油 (吨)	液化石油气 (吨)	炼厂干气 (吨)	其他石油制品 (吨)	热力 (百万千焦)	电力 (万千瓦时)	其他燃料 (吨标准煤)
北　京		149				2398	
天　津					608106	96960	
河　北						94857	
山　西						3045	
内蒙古						30496	
辽　宁	788113	295	7006		2113508	211839	
吉　林	117	41			6678175	152520	1402
黑龙江	4005					1024130	
上　海		1		17		611	
江　苏	14	74			62690	24292	
浙　江							
安　徽							
福　建							
江　西							
山　东	22547	353	75412	64017	5148550	534716	8907
河　南	99125	816	33914	166598	3924532	250589	
湖　北	4155					110418	
湖　南							
广　东	15632					5501	322
广　西						1029	
海　南						1017	
重　庆						4536	
四　川	35432		19617			24955	
贵　州							
云　南						1	
西　藏							
陕　西		87			1073486	274593	1603
甘　肃				50500		56820	
青　海			59020			51548	
宁　夏						350	
新　疆	67	695	31088		1675285	290579	

2-C-4 分地区分能源品种规模以上黑色金属矿采选业工业企业工业生产消费量

地　区	原煤（吨）	洗精煤（吨）	其他洗煤（吨）	煤制品（吨）	焦炭（吨）	其他焦化产品（吨）	焦炉煤气（万立方米）	高炉煤气（万立方米）
北　京	8159							
天　津	42							
河　北	887593	1450		342	20801	15051		22078
山　西	108570	56781		30	90505		1530	13016
内蒙古	301068							
辽　宁	217020	35		2437	119352		15002	2943
吉　林	98801	1593		690	181360	4690		
黑龙江	5987							
上　海								
江　苏	27242				48952			
浙　江		30105						
安　徽	123918				253			
福　建	16641	77			2100			
江　西	67732						5658	1200
山　东	109832	620021			220663			21912
河　南	49922				21444			
湖　北	895436	10			15120			
湖　南	128946				7383	1200	644	
广　东	14802				24208			
广　西	51785				22336			
海　南	1313				28			
重　庆	44615	1782			122			
四　川	186309	52611	2491	158150	77449			13373
贵　州	47645				14929			
云　南	104726				148616		16181	167724
西　藏	2							
陕　西	30047				2033			
甘　肃	125426				1042			
青　海	3895							
宁　夏								
新　疆	185569				10542			

2-C-4 续表 1

地 区	其他煤气(万立方米)	天然气(万立方米)	液化天然气(吨)	原油(吨)	汽油(吨)	煤油(吨)	柴油(吨)
北 京					375		11093
天 津							
河 北					21453	86	215631
山 西					466	130	48303
内蒙古					10261	4	65000
辽 宁					12085	93	204170
吉 林					2013		27233
黑龙江					50		2836
上 海							
江 苏					394		1709
浙 江					34		785
安 徽					735		27830
福 建				2	238	536	37339
江 西					132		12881
山 东					1244	34	22592
河 南					2332	240	16196
湖 北		1804	4		388	25	11012
湖 南				21	1825	122	18277
广 东					1469		27425
广 西					335		9588
海 南					468		6133
重 庆	3133	238			179		4663
四 川	9680				2242	15	88087
贵 州					17		1170
云 南					462		30950
西 藏					31		163
陕 西					194		3684
甘 肃					5697		32131
青 海					33		1559
宁 夏							
新 疆					514		21426

2-C-4 续表 2

地 区	燃料油 (吨)	液化石油气 (吨)	炼厂干气 (吨)	其他石油制品 (吨)	热力 (百万千焦)	电力 (万千瓦时)	其他燃料 (吨标准煤)
北 京		3			628	21289	
天 津							
河 北	1621			188		788446	425
山 西				158		118424	
内蒙古	225					262894	
辽 宁	834	20		10		469024	
吉 林						49055	
黑龙江						11322	
上 海							
江 苏						41904	
浙 江						8478	
安 徽	504					82118	
福 建	1			4		62712	
江 西						56352	3300
山 东	100			60		132318	
河 南					83	58070	
湖 北	217					43691	
湖 南		18				45742	1590
广 东	1			2		37240	
广 西						67985	231
海 南	6					12471	
重 庆						12721	43148
四 川				123		160643	
贵 州						4063	
云 南						111023	
西 藏						1326	
陕 西						22134	
甘 肃						30183	
青 海						5314	
宁 夏						10866	14186
新 疆						46458	

2-C-5 分地区分能源品种规模以上有色金属矿采选业工业企业工业生产消费量

地 区	原煤(吨)	洗精煤(吨)	其他洗煤(吨)	煤制品(吨)	焦炭(吨)	其他焦化产品(吨)	焦炉煤气(万立方米)	高炉煤气(万立方米)
北 京								
天 津								
河 北	19535	1805			155			
山 西	4827				13126			
内蒙古	249801				4335			
辽 宁	198908	75329	19118	240	36997			
吉 林	83985				34			
黑龙江	24138			140	15			
上 海								
江 苏	338							
浙 江	4786							
安 徽	3498				1			
福 建	141							
江 西	58549	2114			6030			
山 东	307726				68			
河 南	73822			8	13185			
湖 北	7340				8783			
湖 南	343281	2299		5	4999			
广 东	8443				14			
广 西	36291				2893			
海 南								
重 庆	10580							
四 川	64747	6578		20006	1927			
贵 州	32873				1934			
云 南	10721				5128			
西 藏								
陕 西	57226				1309			
甘 肃	47962				248			
青 海	3384				176			
宁 夏								
新 疆	33454				20297			

2-C-5 续表 1

地区	其他煤气(万立方米)	天然气(万立方米)	液化天然气(吨)	原油(吨)	汽油(吨)	煤油(吨)	柴油(吨)
北京							
天津							
河北					2489	653	9615
山西					46		1054
内蒙古					16488	320	36063
辽宁					2274	173	7539
吉林					1498	221	5328
黑龙江					248	350	2701
上海							
江苏							374
浙江					18	21	2639
安徽		80			182	38	1934
福建					279	707	21767
江西					615	1221	8508
山东		104			2822	14	8943
河南			12		23387	6842	57474
湖北					226	23	1025
湖南					2700	508	44595
广东					556	528	7606
广西					3143	25	18201
海南					140	27	6951
重庆					23		20
四川	2554	210			15906	69	40867
贵州					104		1160
云南					1096	38	24737
西藏					15		135
陕西					796	880	9552
甘肃		22			705		8066
青海					190		11409
宁夏							
新疆					417		4824

2-C-5　续表 2

地　区	燃料油（吨）	液化石油气（吨）	炼厂干气（吨）	其他石油制品（吨）	热力（百万千焦）	电力（万千瓦时）	其他燃料（吨标准煤）
北　京							
天　津							
河　北						27317	
山　西						11970	
内蒙古	3					166003	
辽　宁					673	234693	
吉　林						33568	
黑龙江						12892	
上　海							
江　苏						4704	
浙　江				12		12388	
安　徽				26		26499	
福　建						42066	
江　西	15					71522	8309
山　东		2				99303	
河　南						226358	
湖　北	13	2				29180	
湖　南				3		130101	9005
广　东	1348	20		12		29574	10
广　西	462					75502	616
海　南	138	310				5062	
重　庆						544	
四　川				12		117277	
贵　州						9538	
云　南				1088		127333	416
西　藏						2260	
陕　西					16070	66358	
甘　肃						33347	
青　海						19182	
宁　夏							
新　疆				5		38990	

2-C-6 分地区分能源品种规模以上非金属矿采选业工业企业工业生产消费量

地区	原煤(吨)	洗精煤(吨)	其他洗煤(吨)	煤制品(吨)	焦炭(吨)	其他焦化产品(吨)	焦炉煤气(万立方米)	高炉煤气(万立方米)
北京	18026			188	2709			
天津	228898							
河北	102741			120	6082			
山西	33541			60			72	
内蒙古	400932				10			
辽宁	181860	34672			6753			
吉林	293447				20			
黑龙江	91429							
上海								
江苏	676338	16168						
浙江	103843							
安徽	425311							
福建	107758			58	6417			
江西	205278						24	
山东	401696		1410		526			
河南	225553			1800				
湖北	347866			1268	33277			
湖南	926599	400		397	11687			
广东	38700				1000			
广西	42468	204		11200				
海南								
重庆	475731			210	250			
四川	1672642	1650			126			
贵州	10664			7354	1089			
云南	339075	271			7			
西藏								
陕西	70533							
甘肃	33999				3653			
青海	84438				403			
宁夏	1800							
新疆	86128							

2-C-6　续表 1

地　区	其他煤气 (万立方米)	天然气 (万立方米)	液化天然气 (吨)	原油 (吨)	汽油 (吨)	煤油 (吨)	柴油 (吨)
北　京					252		5091
天　津					271		1386
河　北					1098	10	9443
山　西					8		482
内蒙古					1778	190	13122
辽　宁					2593	23	45250
吉　林					4122		14672
黑龙江					183		6053
上　海							
江　苏					845	1	36709
浙　江					523		45518
安　徽					10087	3	20009
福　建					323		16150
江　西					97	20	104783
山　东					1592	1	18803
河　南					11711		34773
湖　北				657	810	673	14047
湖　南		271	11	23	8306	430	16291
广　东					3245		52480
广　西					1461		8619
海　南							1231
重　庆		99			343	450	10805
四　川		2276			2300	39	39996
贵　州					271		1598
云　南					198		38331
西　藏					4		550
陕　西					70		2748
甘　肃					1824		10009
青　海					207		5883
宁　夏					5		21
新　疆					186		5899

2-C-6 续表 2

地 区	燃料油(吨)	液化石油气(吨)	炼厂干气(吨)	其他石油制品(吨)	热力(百万千焦)	电力(万千瓦时)	其他燃料(吨标准煤)
北 京		6		10		2018	
天 津					2750870	11962	
河 北				3		34492	
山 西						4987	
内蒙古	51			8		111630	
辽 宁					274	48665	
吉 林						13304	
黑龙江				11		19718	
上 海							
江 苏				44	6681856	75169	
浙 江	24			132		53812	
安 徽	230				3974468	35049	
福 建	109			189	2161	27734	2476
江 西						26726	1500
山 东					977478	107785	
河 南						47250	
湖 北	47			133		55516	30
湖 南	6			38	5333092	72768	5456
广 东	663	157		87		57465	1187
广 西						14507	662
海 南						3447	
重 庆	7			2		30003	
四 川	25				3045603	106242	23
贵 州						14529	
云 南						42544	
西 藏						244	
陕 西				1		2321	
甘 肃						6109	
青 海						5524	
宁 夏						44	
新 疆				5		4171	

2-C-7　分地区分能源品种规模以上其他采矿业工业企业工业生产消费量

地　区	原煤(吨)	洗精煤(吨)	其他洗煤(吨)	煤制品(吨)	焦炭(吨)	其他焦化产品(吨)	焦炉煤气(万立方米)	高炉煤气(万立方米)
北　京								
天　津								
河　北								
山　西								
内蒙古	6594							
辽　宁	805							
吉　林								
黑龙江								
上　海								
江　苏								
浙　江								
安　徽								
福　建								
江　西								
山　东	5166							
河　南								
湖　北								
湖　南								
广　东								
广　西								
海　南								
重　庆								
四　川								
贵　州								
云　南								
西　藏								
陕　西								
甘　肃								
青　海	1335							
宁　夏								
新　疆								

2-C-7 续表 1

地 区	其他煤气 (万立方米)	天然气 (万立方米)	液化天然气 (吨)	原油 (吨)	汽油 (吨)	煤油 (吨)	柴油 (吨)
北 京							
天 津							
河 北							
山 西							
内蒙古					229		134
辽 宁					4		2308
吉 林					17		595
黑龙江							
上 海							
江 苏							
浙 江							
安 徽							
福 建							
江 西							
山 东		109			33		195
河 南					11		
湖 北							10
湖 南							3
广 东							
广 西							
海 南							
重 庆							
四 川					40		910
贵 州							
云 南							
西 藏							
陕 西							
甘 肃							
青 海		5					
宁 夏							
新 疆							

2-C-7 续表 2

地区	燃料油（吨）	液化石油气（吨）	炼厂干气（吨）	其他石油制品（吨）	热力（百万千焦）	电力（万千瓦时）	其他燃料（吨标准煤）
北京							
天津							
河北							
山西							
内蒙古						1789	
辽宁						183	
吉林						1235	
黑龙江							
上海							
江苏							
浙江							
安徽							
福建							
江西							
山东						289	
河南						285	
湖北						83	
湖南						35	
广东							
广西						28	
海南							
重庆							
四川						6806	
贵州							
云南							
西藏							
陕西							
甘肃							
青海						38	
宁夏							
新疆							

2-C-8 分地区分能源品种规模以上农副食品加工业工业企业工业生产消费量

地 区	原煤(吨)	洗精煤(吨)	其他洗煤(吨)	煤制品(吨)	焦炭(吨)	其他焦化产品(吨)	焦炉煤气(万立方米)	高炉煤气(万立方米)
北 京	124676			161	497			
天 津	74762	300		1794				
河 北	2651980		202894	836	7182			
山 西	307008		180	1645	3102	92		
内蒙古	1299929		2009	29128	3954			
辽 宁	840345	47855	109876	7269	86826			
吉 林	4800592			355	700			
黑龙江	1327138	7933	224	653	11972			
上 海	119379	1128	2287	2447	64			
江 苏	687560	20	440	8114	955			
浙 江	234552	15		4354	31			
安 徽	336986	241	684	2402	232			
福 建	329519	82		4217	1753			
江 西	160100		2382		292			
山 东	5667907	74750	52608	37942	13458		1684	
河 南	2348453	104	40	2772	16412			
湖 北	819907		67	5319	272			
湖 南	719032	2173	2437	4990	19250			
广 东	1038757	586	183	7441	3708			
广 西	2292228	620	291	4093	12966			
海 南	6958				5			
重 庆	77482		70	100	217			
四 川	1974914	31581	1398	5097	15783			
贵 州	52110							
云 南	577507	685	4721	307	1637		11	
西 藏								
陕 西	380668			1438	26			
甘 肃	254492			307	96			
青 海	9646							
宁 夏	75004							
新 疆	1060603			5504	30383			

2-C-8　续表 1

地　区	其他煤气(万立方米)	天然气(万立方米)	液化天然气(吨)	原油(吨)	汽油(吨)	煤油(吨)	柴油(吨)
北　京		509			4479		3628
天　津		218	36		557		3676
河　北		17			7768	1	9347
山　西	376	51			399		642
内蒙古		2	10		5740		12600
辽　宁			11		27227	1050	47482
吉　林			2		10885	82	10739
黑龙江	19	2664	34	255	2835	3	4289
上　海	6	183	51		2621		8329
江　苏		947	92		4045	646	16883
浙　江	10	32	161		1612	4	19711
安　徽		93	85		1586	11	2978
福　建		11	133		2389	98	13732
江　西		33			784		2612
山　东		2884	2560	371	41275	683	57936
河　南		1626		60	38366	32	31726
湖　北		727	1800		3062	171	14018
湖　南		280		55	6098	86	9969
广　东		30	6	928	5061	776	66336
广　西		340	9	40	1131		11051
海　南		521	30		324		1502
重　庆		2866	2		1271	154	830
四　川		13193	6		7234	69	7918
贵　州					309	2	387
云　南					1067	1	8287
西　藏					1		
陕　西		12			1186		1304
甘　肃					2591	287	2917
青　海		674			27		12
宁　夏		34			151		79
新　疆		163			1143	9	2067

2-C-8 续表 2

地区	燃料油(吨)	液化石油气(吨)	炼厂干气(吨)	其他石油制品(吨)	热力(百万千焦)	电力(万千瓦时)	其他燃料(吨标准煤)
北 京	1056	238			357801	26935	
天 津					997492	22843	
河 北	857	59			3437367	219825	
山 西	182	1		1	271246	29344	
内蒙古				56	1891797	113412	
辽 宁	34669	11925		14856	1949074	198358	232
吉 林					12817	237693	1463
黑龙江	1455	15		4160	2311940	135920	50
上 海	2915	666		719	296605	25979	
江 苏	1356	486		1187	5825227	240704	2512
浙 江	3639	915		24	2367248	92515	2366
安 徽	97	173		185	68655	136248	19320
福 建	15442	3218		24	7138	120508	14153
江 西	508	485			580	50153	44563
山 东	9017	17018		23	24403415	948370	35451
河 南	2405	34			1173579	399384	5745
湖 北	123	2004		721	267644	133782	95537
湖 南	50	9		14	3975	181604	30290
广 东	84857	2373	37339	214	2294230	266891	672198
广 西	3680	425	143	142	10262401	381202	3214276
海 南	1498					22065	918
重 庆					149453	28197	
四 川	1675	31		63	270501	346446	8624
贵 州		23		18		8348	
云 南	36	8				73841	852600
西 藏						341	
陕 西	203	16			446	43029	
甘 肃	25					34823	
青 海						2401	
宁 夏					579425	9535	
新 疆	1	4		2272	2241183	56982	

2-C-9　分地区分能源品种规模以上食品制造业工业企业工业生产消费量

地　区	原煤(吨)	洗精煤(吨)	其他洗煤(吨)	煤制品(吨)	焦炭(吨)	其他焦化产品(吨)	焦炉煤气(万立方米)	高炉煤气(万立方米)
北　京	96289			116	151			
天　津	111232	1940		2183				
河　北	959496			1091	3416			
山　西	339365	589	10418	3631			29	
内蒙古	2380231							
辽　宁	170338	3500	38158	1399	28229			
吉　林	244810				250			
黑龙江	683311	59184		329	54			
上　海	50866	2010					112	
江　苏	454425		183		50			
浙　江	235955			2913	7			
安　徽	1173475	802		409	206			
福　建	384799		746	214	969			
江　西	1067986	285		25				
山　东	3502128	286022		15264	170438		1	
河　南	2855492	150			28262		62	
湖　北	1309517			81	1857			
湖　南	395003			2026	790			360
广　东	474382	68		13915	73	233		
广　西	170810			4593	1157			
海　南	15326							
重　庆	91820			96	170			
四　川	517902	12437	3194	1013	3841			
贵　州	34511				10911			
云　南	106648	2813	89		64		662	
西　藏								
陕　西	229662		639	8156				
甘　肃	168242	2						
青　海	8983							
宁　夏	493857							
新　疆	526873							

2-C-9 续表 1

地 区	其他煤气(万立方米)	天然气(万立方米)	液化天然气(吨)	原油(吨)	汽油(吨)	煤油(吨)	柴油(吨)
北 京		2039			4582		5331
天 津	7	1132	148		480		737
河 北		236			1456		3414
山 西		162			389		339
内蒙古			144		1116		928
辽 宁		25	15		3826	15	9054
吉 林	2				1925		3796
黑龙江	34	163	632		1067	75	2386
上 海	52	2804	80		5855	2	30058
江 苏	1423	1863	125		1782	10	5338
浙 江	3	374	1742		1160	154	6446
安 徽		1095	1544		836		797
福 建		145	139		1186	205	6520
江 西			2330		632		1192
山 东		4318	1937	12	21949	306	29561
河 南		846	2		29403		27325
湖 北		1416			2140	532	4205
湖 南		873	163		4062	66	4065
广 东		1305	11		4798	1030	65234
广 西			9		391	1	1819
海 南		223	34		122		877
重 庆		2764	35		933	26	2995
四 川		11111	251		2487	162	3586
贵 州	127		2		325	12	416
云 南					521		5697
西 藏					6		602
陕 西		615			497	7	589
甘 肃		15			164		1991
青 海		157			249		272
宁 夏			9		131		199
新 疆		281			873		2428

2-C-9　续表 2

地　区	燃料油(吨)	液化石油气(吨)	炼厂干气(吨)	其他石油制品(吨)	热力(百万千焦)	电力(万千瓦时)	其他燃料(吨标准煤)
北　京	3588	1752		16	756320	36508	
天　津	25	649			1191031	31730	
河　北					1527599	64120	115
山　西		4			61093	24768	3706
内蒙古	1281	1			9281024	142564	
辽　宁	6597	9459		3997	1799152	52642	
吉　林					166971	118632	748
黑龙江	8119	99		10	672120	47981	8135
上　海	13306	4300		126	540051	55034	
江　苏	610	2516			6018550	85058	
浙　江	1341	2943		17	2745560	48795	4498
安　徽	1920	72			12588096	102895	2576
福　建	13197	4189			152835	104934	17232
江　西	45				1890769	40271	32543
山　东	6257	787		469	29911416	445759	12013
河　南	299	311		115	10007122	252161	7450
湖　北	1963	22			12113963	86763	7126
湖　南	327	514			8	64347	6190
广　东	90227	13033		945	3142859	193642	6287
广　西	4869	865		193		22369	33369
海　南	322	154				4916	6022
重　庆		1		25	467296	18326	9289
四　川		144		5	425	113631	
贵　州		1				4853	
云　南		23				9739	76
西　藏						65	
陕　西		2			225837	19522	
甘　肃		2				15272	
青　海						1212	
宁　夏					2994847	20917	
新　疆		126		66	2818027	30208	

2-C-10 分地区分能源品种规模以上饮料制造业工业企业工业生产消费量

地区	原煤(吨)	洗精煤(吨)	其他洗煤(吨)	煤制品(吨)	焦炭(吨)	其他焦化产品(吨)	焦炉煤气(万立方米)	高炉煤气(万立方米)
北京	362542							
天津	379027			175				
河北	630513							
山西	399113							
内蒙古	773381							
辽宁	366394	9318	28355	1916	63			
吉林	1846458	17516						
黑龙江	1158962	80					5145	
上海	78168	2266						
江苏	1178517	106	40		256			
浙江	380440	17	705	3987				
安徽	359516			4				
福建	279221			78	905			
江西	181288							
山东	836037				489			
河南	2078134			6741	535			
湖北	444726			522	10			
湖南	260032		2	581	2471			
广东	384939			15545	2997			
广西	650211	94		1297				
海南								
重庆	112549				112			
四川	2194593	17887	1169	9	11878			
贵州	252428							
云南	193089	47602	1889				289	
西藏	9226							
陕西	476553				7635			
甘肃	211765							
青海	11386							
宁夏	52234							
新疆	125197							

2-C-10　续表 1

地　区	其他煤气(万立方米)	天然气(万立方米)	液化天然气(吨)	原油(吨)	汽油(吨)	煤油(吨)	柴油(吨)
北　京		29			3675	2	3738
天　津		135			182	2	958
河　北					7732	3	4691
山　西	78				252		170
内蒙古					1247		1154
辽　宁					6635	2	12269
吉　林			2		4800		6912
黑龙江					906	31	953
上　海		639			1524	40	10324
江　苏		1817	2		8242		10624
浙　江		30	183		476		7945
安　徽		402	21		109	8	232
福　建					678	784	4159
江　西		11			489		608
山　东		799	17		2748	4	3435
河　南	488	448	5		2952		2619
湖　北		189	12		2799	9	6760
湖　南		1296	6		2957		7119
广　东		401	928	336	2831		30970
广　西		13			2035	1	2721
海　南		531			169		1026
重　庆		1589			4883	1	989
四　川		10955			6489	5	9422
贵　州					914		333
云　南					365		806
西　藏					4		5
陕　西		347	11		590		303
甘　肃		846			1916	7	1951
青　海		13			32		157
宁　夏					45		20
新　疆		143	28		420	7	153

2-C-10 续表 2

地 区	燃料油(吨)	液化石油气(吨)	炼厂干气(吨)	其他石油制品(吨)	热力(百万千焦)	电力(万千瓦时)	其他燃料(吨标准煤)
北 京	55	131		125	567534	32316	
天 津				21	571152	33547	
河 北	2135				1068564	44236	
山 西					102001	16623	
内蒙古					1558930	32636	
辽 宁	2233	8		14	1030571	50118	
吉 林					6045802	102969	
黑龙江					7428032	75184	911
上 海	5033	412			376240	26921	
江 苏	284	3			2789922	100574	562
浙 江	4546	430			3952602	90296	2387
安 徽	256	217			858018	32322	5617
福 建	12185	371			265946	54213	9916
江 西		17				21385	5178
山 东		296			4660229	102734	1179
河 南	1				451021	165271	11288
湖 北	611	118		37	62339	55317	15045
湖 南	84			1		45157	726
广 东	152669	3849		91	2330535	108510	1228
广 西	7323	25				33028	20317
海 南	71	13				2655	2932
重 庆						24669	958
四 川	670	5			812894	160922	2210
贵 州		11				9221	182
云 南	1181	1			26165	17100	795
西 藏						1558	
陕 西					696040	39309	35
甘 肃						19662	
青 海						2747	
宁 夏						2766	
新 疆					567631	10126	

2-C-11　分地区分能源品种规模以上烟草制品业工业企业工业生产消费量

地　区	原煤(吨)	洗精煤(吨)	其他洗煤(吨)	煤制品(吨)	焦炭(吨)	其他焦化产品(吨)	焦炉煤气(万立方米)	高炉煤气(万立方米)
北　京								
天　津	11991							
河　北	41040							
山　西		11465						
内蒙古	6458							
辽　宁	684							
吉　林	13204							
黑龙江	38438							
上　海								
江　苏	3725							
浙　江								
安　徽	11214							
福　建	16413							
江　西	8310	5927					596	
山　东	5911						24	
河　南	25967							
湖　北	24853							
湖　南	105950	2916	6737		8335			
广　东	18145							
广　西	18525							
海　南								
重　庆	14683							
四　川	30050	5911	3761					
贵　州	134006						39	
云　南	225946	3620						
西　藏								
陕　西	52261							
甘　肃	8433							
青　海								
宁　夏								
新　疆	13297							

2-C-11 续表 1

地　区	其他煤气 (万立方米)	天然气 (万立方米)	液化天然气 (吨)	原油 (吨)	汽油 (吨)	煤油 (吨)	柴油 (吨)
北　京		383			51		
天　津							
河　北		267				1	1049
山　西							34
内蒙古		297			52		3
辽　宁					1		4955
吉　林		145			14		988
黑龙江							3582
上　海	1335	3	3		63		61
江　苏		468			83		4368
浙　江					33		6996
安　徽		941			92		288
福　建					164		1031
江　西							799
山　东		672			63		58
河　南	42	594			84		284
湖　北		2995			214		1556
湖　南		1095			648		4172
广　东	56	120	168		4		6608
广　西					14		355
海　南		239					8
重　庆		663			54		44
四　川		519			49		5
贵　州					70	5	363
云　南					244	1	1057
西　藏							
陕　西		8			127	1	62
甘　肃		699			5		988
青　海							
宁　夏							
新　疆							

2-C-11　续表 2

地　区	燃料油(吨)	液化石油气(吨)	炼厂干气(吨)	其他石油制品(吨)	热力(百万千焦)	电力(万千瓦时)	其他燃料(吨标准煤)
北　京					715	627	
天　津						1161	
河　北					15551	5079	
山　西						1228	
内蒙古						1237	
辽　宁						1942	
吉　林					10543	2908	
黑龙江					6757	3663	
上　海					67699	6887	
江　苏					371322	10077	
浙　江					306748	7258	
安　徽					372265	11436	
福　建	4917	1			58797	8970	
江　西						4755	
山　东					824569	13773	
河　南					416121	9886	
湖　北					41283	12999	
湖　南					137762	16053	1017
广　东		36			35643	11251	
广　西	5726					5064	
海　南						438	
重　庆						5489	
四　川					86888	10015	
贵　州						13782	
云　南		63			319691	37657	
西　藏							
陕　西					4123	6059	
甘　肃						3556	
青　海							
宁　夏						1	
新　疆						1200	

2-C-12 分地区分能源品种规模以上纺织业工业企业工业生产消费量

地 区	原煤(吨)	洗精煤(吨)	其他洗煤(吨)	煤制品(吨)	焦炭(吨)	其他焦化产品(吨)	焦炉煤气(万立方米)	高炉煤气(万立方米)
北 京	67091				29			
天 津	120108			1258				
河 北	896836	215	52	913	5590		204	
山 西	60191			1433				
内蒙古	399753	1382						
辽 宁	394721	7355	32216	2210	23487			
吉 林	78748			1404	70			
黑龙江	129704	50		49				
上 海	371539	3990	9874	15181				
江 苏	4999551	11219	32150	33889	9943			
浙 江	6569754	3173	1078	33305	3507			
安 徽	250420		2	11	689		120	
福 建	1222826	3106	3880	104872				
江 西	174605		14	89				
山 东	8283179	12506	8228	15546	7786		3301	
河 南	1265822	377	20284	7310	1126		25	
湖 北	593760		27	233	1479			
湖 南	504761			15173	9184			
广 东	5177146	33047	47	33620	8114			
广 西	86815		1294	1024				
海 南	2515							
重 庆	314484	160						
四 川	2088796	20711	1332	39	3487			
贵 州	5713							
云 南	131577						13	
西 藏								
陕 西	206200				17			
甘 肃	82563							
青 海	11443							
宁 夏	15761							
新 疆	199219							

2-C-12　续表 1

地　区	其他煤气(万立方米)	天然气(万立方米)	液化天然气(吨)	原油(吨)	汽油(吨)	煤油(吨)	柴油(吨)
北　京		255			2080	5	1811
天　津		2370	85		252	2	353
河　北	509	449		3	4543	38	2928
山　西					156	7	331
内蒙古		11			5695	6	1323
辽　宁	10			2	5791	80	3791
吉　林					581		522
黑龙江		99			138	9	173
上　海	147	667	5		9336	38	15913
江　苏		5847	2103	250	31539	1157	37959
浙　江		718	162	1	36222	2014	51262
安　徽		109	5		686	35	886
福　建			250	7	4678	160	17708
江　西					1572	167	3100
山　东	1	6699	613	82	26145	843	25255
河　南	15	398			14856	19	12020
湖　北		167		1	2979	1192	14153
湖　南					1781	44	2567
广　东	10	258	10		15902	1212	172767
广　西					190	4	660
海　南		185			14		218
重　庆		1862			1051	4	845
四　川		14215			1299	18	2887
贵　州					7	3	40
云　南					126	3	62
西　藏					3		133
陕　西		42			397	30	85
甘　肃		35			126		74
青　海					14		
宁　夏		9			168		43
新　疆		18			454	18	556

2-C-12 续表 2

地区	燃料油(吨)	液化石油气(吨)	炼厂干气(吨)	其他石油制品(吨)	热力(百万千焦)	电力(万千瓦时)	其他燃料(吨标准煤)
北京		285			365447	15489	
天津	295	224			1075023	63420	370
河北	118			2596	5529610	366761	1430
山西		161			580573	20695	
内蒙古					697984	39581	
辽宁	1342	1528		966	1887208	117619	
吉林		18			240854	29080	
黑龙江					186958	24249	
上海	9116	2712		601	783813	103060	
江苏	33845	9216		2244	68695634	2339765	18498
浙江	18679	6706		2614	115044172	1969857	117059
安徽	326	1223			2198239	189850	4198
福建	25310	794		66	1818681	505517	13366
江西	214				9133	110370	46537
山东	10244	1159	2820	49	40732862	2225985	74937
河南				549	1064789	571030	
湖北	236	955		32	1336403	448789	5184
湖南		85		15256	122840	152345	47028
广东	260357	8781		290	3556991	903401	18295
广西	8	4	337	854		39162	76534
海南						2200	
重庆					128060	56183	6840
四川				10	171918	348077	28434
贵州						6310	
云南				94	6081	10013	
西藏						7	
陕西				28	494382	120818	
甘肃					189857	7404	
青海						3453	
宁夏	5			3		3072	
新疆				17	1358496	124930	

2-C-13　分地区分能源品种规模以上纺织服装、鞋、帽制造业工业企业工业生产消费量

地　区	原煤 (吨)	洗精煤 (吨)	其他洗煤 (吨)	煤制品 (吨)	焦炭 (吨)	其他焦化产品 (吨)	焦炉煤气 (万立方米)	高炉煤气 (万立方米)
北　京	95046			551	53			
天　津	61572	110		117				
河　北	92777			583	623	3500	5	
山　西	13562			438				
内蒙古	24441							
辽　宁	212317	15115	5088	1196	28563			
吉　林	29244							
黑龙江	1601							
上　海	91673	525	279	1888	101			
江　苏	750568	2835	1942	42104	7791			
浙　江	344206	492	569	4398	403			
安　徽	22577	2578	27	125				
福　建	89074	150		1639				
江　西	35977							
山　东	748186	5927	197	4736	1350			
河　南	132861				2368			
湖　北	104156			19				
湖　南	37550	218		151	13			
广　东	780081			10234				
广　西	545							
海　南								
重　庆	4100							
四　川	43878	6687	452					
贵　州	1794				19		128	
云　南	1617							
西　藏								
陕　西	3449							
甘　肃	6380							
青　海	135							
宁　夏								
新　疆	731							

2-C-13 续表 1

地 区	其他煤气(万立方米)	天然气(万立方米)	液化天然气(吨)	原油(吨)	汽油(吨)	煤油(吨)	柴油(吨)
北 京		26			4126		1451
天 津		247	5		496	3	535
河 北		24			1407	3	1417
山 西					212		82
内蒙古					129		238
辽 宁	6	3			11781	98	17902
吉 林					418		100
黑龙江		20		45	16		8
上 海	182	82	523		12409	70	15438
江 苏		1182	43	455	13769	191	24578
浙 江		53	37	2	11393	109	19154
安 徽		16	1		331	110	530
福 建		2	135	3	4119	52	10655
江 西					486	17	1219
山 东		569	561	1729	18495	1457	11923
河 南		54			1841		456
湖 北		256			5709	1	5632
湖 南		1	3		1231	5	2201
广 东	3	268	45	12	14620	840	184676
广 西					14		255
海 南							2
重 庆		225			617		143
四 川		209			313		305
贵 州					32		35
云 南					41		234
西 藏							
陕 西		6			57		
甘 肃					33		
青 海		30			50		17
宁 夏							
新 疆					88		25

2-C-13　续表 2

地　区	燃料油 (吨)	液化石油气 (吨)	炼厂干气 (吨)	其他石油制品 (吨)	热力 (百万千焦)	电力 (万千瓦时)	其他燃料 (吨标准煤)
北　京		195			216976	10373	
天　津		4			45681	10869	
河　北					34423	31534	110
山　西						909	
内蒙古					4601	1370	
辽　宁	1817	6126			124875	73772	225
吉　林	18				350204	6653	
黑龙江						267	
上　海	663	1082			207264	48872	
江　苏	2773	365		11	6652849	268706	1836
浙　江	567	155		478	4918643	158021	1140
安　徽	9	1			61637	21844	325
福　建	1095	78		4	20887	129377	587
江　西	73	8				17492	15825
山　东	8177	86		12	2399929	153061	445
河　南	260				68640	28799	
湖　北					17180	29898	
湖　南	9				36	13441	400
广　东	104428	5582		163	491598	442548	14927
广　西						3494	
海　南						613	
重　庆						4329	
四　川						30095	
贵　州						372	
云　南						212	
西　藏						187	
陕　西					50	1454	
甘　肃						652	
青　海						577	
宁　夏						53	
新　疆					13405	197	

2-C-14 分地区分能源品种规模以上皮革、毛皮、羽毛(绒)及其制品业工业企业工业生产消费量

地 区	原煤(吨)	洗精煤(吨)	其他洗煤(吨)	煤制品(吨)	焦炭(吨)	其他焦化产品(吨)	焦炉煤气(万立方米)	高炉煤气(万立方米)
北 京	2743							
天 津	10161							
河 北	408623			20	41			
山 西	55							
内蒙古	6171							
辽 宁	13123	2046	27559					
吉 林	10085							
黑龙江	3891							
上 海	5447		37					
江 苏	80587	128	74	209	75			
浙 江	246837	4		127				
安 徽	30372	1026						
福 建	115146			39328	37			
江 西	8576							
山 东	402000		930		548			
河 南	391072			19	3074			
湖 北	17279							
湖 南	46637				5950			
广 东	84165	2616		13913	690			
广 西	29631							
海 南								
重 庆	4983				265			
四 川	189889	3157	2700	2371	10851			
贵 州	48							
云 南	40							
西 藏								
陕 西	327							
甘 肃	10688							
青 海								
宁 夏	2864							
新 疆	6067							

2-C-14　续表 1

地　区	其他煤气 (万立方米)	天然气 (万立方米)	液化天然气 (吨)	原油 (吨)	汽油 (吨)	煤油 (吨)	柴油 (吨)
北　京					344	1	155
天　津					132		43
河　北		18			3176	6	2510
山　西					5		
内蒙古					137		150
辽　宁					4219	6	1471
吉　林					231		318
黑龙江		28			21		3
上　海	25	71	1		2316	2	739
江　苏				8	2609	10	1937
浙　江			2	5	7496	585	19963
安　徽					349		167
福　建					4166	14	18064
江　西					302		123
山　东		16	52	1970	9608	569	6418
河　南		2456			5488		1487
湖　北					354	1	312
湖　南			1		373	32	876
广　东		97	30	370	6639	1086	66513
广　西					513		339
海　南							
重　庆		56	2		589	5	156
四　川	11	6435			415	39	1070
贵　州					15		
云　南							
西　藏					3		
陕　西					107		
甘　肃					51		30
青　海		10					
宁　夏					10		3
新　疆					50		63

2-C-14 续表 2

地 区	燃料油(吨)	液化石油气(吨)	炼厂干气(吨)	其他石油制品(吨)	热力(百万千焦)	电力(万千瓦时)	其他燃料(吨标准煤)
北 京		17			4354	738	
天 津					1169	3402	
河 北					2243910	51195	
山 西						8	
内蒙古					38770	1498	
辽 宁	1798	27			5812	9493	
吉 林						934	
黑龙江		130				472	
上 海	189	111		12	222666	14868	
江 苏	2778			6	513738	46108	
浙 江	914	85		1288	1748529	135192	4036
安 徽						10176	2167
福 建	16643	159		698	42903	226151	
江 西						18900	7364
山 东	8775			3	708190	81445	662
河 南					116552	32472	
湖 北				50		2898	
湖 南		2			37542	36491	2100
广 东	81814	867		41	609	361308	269
广 西						4987	139
海 南						43	
重 庆						3736	
四 川						41951	
贵 州						28	
云 南						7	
西 藏						37	
陕 西					6120	199	
甘 肃						2073	
青 海						10	
宁 夏						129	
新 疆						441	

2-C-15 分地区分能源品种规模以上木材加工及木、竹、藤、棕、草制品业工业企业工业生产消费量

地区	原煤(吨)	洗精煤(吨)	其他洗煤(吨)	煤制品(吨)	焦炭(吨)	其他焦化产品(吨)	焦炉煤气(万立方米)	高炉煤气(万立方米)
北京	2974							
天津	18954							
河北	417691			280	50			
山西	37565							
内蒙古	124441							
辽宁	149950	13129	12573	615	10140			
吉林	725067		25		230			
黑龙江	186872							
上海	22017		78					
江苏	1122757			2355	391			
浙江	89728	720	1713	1457				
安徽	177977			632	352			
福建	160907			15	9			
江西	67455			3610				
山东	1171753	12312	2146		158537			
河南	737741		480		7138			
湖北	129647			743				
湖南	533671		4		3525			
广东	114958			68951		10		
广西	97996			316				
海南								
重庆	17794	11						
四川	252111	11445			306			
贵州	17932							
云南	74732	21	3					
西藏								
陕西	14991							
甘肃	8632							
青海								
宁夏	93							
新疆	49740		19431					

2-C-15 续表 1

地 区	其他煤气(万立方米)	天然气(万立方米)	液化天然气(吨)	原油(吨)	汽油(吨)	煤油(吨)	柴油(吨)
北 京		130			445		654
天 津		218			4894	21	709
河 北		11			1164		3019
山 西					11		134
内蒙古					1097	8	5843
辽 宁		917			13356	6	6008
吉 林				2096	9736		15532
黑龙江		1			1251		2783
上 海		613	2		2232	48	2004
江 苏		4			2983	52	6928
浙 江			21		1916	1421	6625
安 徽		20	8		257		1196
福 建				32	1056	9	3436
江 西					837		1575
山 东		4			6822	13	7801
河 南					6144	25	8383
湖 北		2			444	8	11684
湖 南			7		2098	71	3993
广 东					2135	72	19434
广 西					2079	9	6324
海 南					72		1249
重 庆		11			339		261
四 川		1594			1169	9	2958
贵 州					129		441
云 南				299	89	3	736
西 藏					55		30
陕 西					25		21
甘 肃					17		101
青 海							
宁 夏							
新 疆					41		353

2-C-15　续表 2

地　区	燃料油(吨)	液化石油气(吨)	炼厂干气(吨)	其他石油制品(吨)	热力(百万千焦)	电力(万千瓦时)	其他燃料(吨标准煤)
北　京		4			14877	7377	
天　津				4	4287	6170	
河　北					95678	56312	
山　西						6668	
内蒙古					196740	31687	120176
辽　宁	13566	47		150	348046	46036	2240
吉　林					219400	78725	70632
黑龙江				8	186724	53119	288
上　海	2232	24				18052	
江　苏	160	118			1014953	236446	12015
浙　江	40	469		29	1274980	85631	170713
安　徽	42	7		88	225190	74238	9920
福　建	17	48			338774	125520	395319
江　西				25		61733	60690
山　东	168			95	4860684	203640	2801
河　南				19		82021	1011
湖　北		3		79		49329	8884
湖　南						97252	95266
广　东	3522	111		16	160157	184094	30677
广　西		3		1		119222	181015
海　南	93					5836	2294
重　庆						3449	2651
四　川						72178	676
贵　州						6020	1016
云　南	16					27405	12222
西　藏						167	
陕　西					2677	5717	
甘　肃						351	
青　海							
宁　夏						17	
新　疆					28800	9618	

2-C-16 分地区分能源品种规模以上家具制造业工业企业工业生产消费量

地 区	原煤(吨)	洗精煤(吨)	其他洗煤(吨)	煤制品(吨)	焦炭(吨)	其他焦化产品(吨)	焦炉煤气(万立方米)	高炉煤气(万立方米)
北 京	13135			59	80			
天 津	29153			2320	215			
河 北	135551				210			
山 西	40			83				
内蒙古	12480							
辽 宁	99530	110	20102	254	8152			
吉 林	17340			349				
黑龙江	32033							
上 海	456	60			496			
江 苏	14164				1482			
浙 江	22398			62	3826			
安 徽	368							
福 建	7133			492				
江 西	9600							
山 东	257920	1732	464	985	751			
河 南	68721							
湖 北	4270							
湖 南	36656							
广 东	13372	1293		178	2812			
广 西	280							
海 南								
重 庆	510							
四 川	46950	39			15683			
贵 州								
云 南								
西 藏								
陕 西	272							
甘 肃	960							
青 海								
宁 夏	853		46					
新 疆	5355							

2-C-16 续表 1

地 区	其他煤气(万立方米)	天然气(万立方米)	液化天然气(吨)	原油(吨)	汽油(吨)	煤油(吨)	柴油(吨)
北 京		71			2987		694
天 津		72	414		179	5	280
河 北		13		14	1571		1359
山 西					24		9
内蒙古					95		74
辽 宁		5		5	6713		7069
吉 林		12			1566	1	2574
黑龙江					621		718
上 海	83	150	137		3598		5444
江 苏		85	91		597	21	1843
浙 江		213	9	20	3435	69	19571
安 徽					194	45	317
福 建					1025	1	5581
江 西					60		187
山 东		129		36	8526	295	8596
河 南					1815		3102
湖 北					810		640
湖 南			6		1299	52	2478
广 东	2	47	98	53	4542	253	58058
广 西					146	1	442
海 南					34		358
重 庆		10			323		240
四 川		3056	5	1	466	15	924
贵 州					14		9
云 南					47		46
西 藏							
陕 西		7			157		81
甘 肃					37		13
青 海		4			10		9
宁 夏					50		30
新 疆		6			145		139

2-C-16 续表 2

地 区	燃料油(吨)	液化石油气(吨)	炼厂干气(吨)	其他石油制品(吨)	热力(百万千焦)	电力(万千瓦时)	其他燃料(吨标准煤)
北 京	229	60			92258	8703	
天 津		1548			58759	12200	
河 北		113		16		20804	
山 西					337	173	
内蒙古						1407	3400
辽 宁	31	200			110361	37437	
吉 林					260	4144	
黑龙江					810	9175	393
上 海	8	478				22797	
江 苏	260	565			13879	24440	
浙 江	385	1516		137	509674	56684	3823
安 徽		22			4	3017	50
福 建	309	2144				34086	9781
江 西						4482	2818
山 东	2	43			183972	74357	267
河 南					60000	19886	
湖 北	1					2932	1
湖 南		1				21016	137
广 东	26301	8541		25		220167	5394
广 西						1752	8
海 南	5					1147	
重 庆						3335	
四 川		6				24211	181
贵 州						58	
云 南						103	
西 藏							
陕 西						857	
甘 肃						286	
青 海						28	
宁 夏						125	
新 疆		23			60826	2331	

2-C-17　分地区分能源品种规模以上造纸及纸制品业工业企业工业生产消费量

地　区	原煤(吨)	洗精煤(吨)	其他洗煤(吨)	煤制品(吨)	焦炭(吨)	其他焦化产品(吨)	焦炉煤气(万立方米)	高炉煤气(万立方米)
北　京	94877			22				
天　津	136808			600				
河　北	1823789	8000	101538	7573	747	10973		
山　西	45786	7010	98125	569			1033	
内蒙古	481760							
辽　宁	494459	10961	81498	1146	36609			
吉　林	793162			508				
黑龙江	621683			416				
上　海	242911	3192	39					
江　苏	5235646	285	62	1512	1585			
浙　江	3408040	64		640	96			
安　徽	1131420							
福　建	1362104	20	3839	8482	172			
江　西	664685							
山　东	7911052	1253	7	5794	3139			
河　南	4601780	600		102	5232			
湖　北	853426			20776			38	3
湖　南	2530243	4247		132	3390			
广　东	7434045	47		16762	20207			
广　西	1382391		55092	3377				
海　南	297141							
重　庆	450250			3469				
四　川	2500021	122753	23580	10869	1810			
贵　州	125157		830	520				
云　南	559510	1597	23617	4249				
西　藏								
陕　西	820132	1572		509				
甘　肃	116385							
青　海	895							
宁　夏	1057218	1409						
新　疆	290373							

2-C-17 续表 1

地 区	其他煤气(万立方米)	天然气(万立方米)	液化天然气(吨)	原油(吨)	汽油(吨)	煤油(吨)	柴油(吨)
北 京		178			2281		7315
天 津		291	72	624	555	147	643
河 北		61			5702	26	4990
山 西					361		572
内蒙古					67		1325
辽 宁		126			7921	1	6963
吉 林		127			903	10	3300
黑龙江		180		152	455		1284
上 海		1270	104		5890	41	7071
江 苏		10183	223		3356	70	16060
浙 江	1	60	217		7305	42	18730
安 徽		195	8	12	395	4	1091
福 建		61	14	12	3688	18	12389
江 西					463	5	1129
山 东	9	4048	1206		11837	215	20934
河 南				256	6542	28	30045
湖 北		130			776	48	2197
湖 南		583		100	4849	114	10756
广 东	9	169	85	61	11896	1609	90117
广 西					830	142	6500
海 南		9533			12		573
重 庆		1007			459		22511
四 川		3103	10		1697	47	5243
贵 州		962			224	14	484
云 南				278	289	2	1025
西 藏					6		
陕 西					2010		588
甘 肃					23	1	30
青 海		5			2		2
宁 夏		166			71	1	305
新 疆		1			185		845

2-C-17　续表 2

地　区	燃料油 (吨)	液化石油气 (吨)	炼厂干气 (吨)	其他石油制品 (吨)	热力 (百万千焦)	电力 (万千瓦时)	其他燃料 (吨标准煤)
北　京	975	254			43150	14176	
天　津	984			26	579012	30091	
河　北					4349843	212159	12265
山　西						16816	8478
内蒙古	433				10150	40817	
辽　宁	270	135			1103027	60803	
吉　林	603				6003524	99565	
黑龙江	292				1172657	45497	2100
上　海	32830	2020			904476	70320	2311
江　苏	5082	9627		23	28972420	669647	24769
浙　江	5215	781		1087	42779905	720901	117995
安　徽		136			3901076	109130	93122
福　建	9202	709		10	8406108	282077	77705
江　西		4821		1	1448731	122670	86136
山　东	16412	34		2	83343262	1107794	24683
河　南	201			4	11114895	493140	
湖　北	1054				4738561	118381	53978
湖　南	311	1923		1	9851562	244820	32110
广　东	132502	8618		109	8766298	958209	31458
广　西	6126	935			1194212	144760	47996
海　南	22569				610926	132951	892759
重　庆						53724	1625
四　川	950			556	2423199	211475	4283
贵　州				1	26094	13368	54
云　南				2	26475	46613	64557
西　藏						13	
陕　西					46608	52273	
甘　肃					3784	10986	
青　海						927	
宁　夏	633				1468083	82042	31986
新　疆	2387			31	2549695	24055	

2-C-18 分地区分能源品种规模以上印刷业和记录媒介的复制工业企业工业生产消费量

地 区	原煤 (吨)	洗精煤 (吨)	其他洗煤 (吨)	煤制品 (吨)	焦炭 (吨)	其他焦化产品 (吨)	焦炉煤气 (万立方米)	高炉煤气 (万立方米)
北 京	25447			241				
天 津	17080							
河 北	45388			125	345			
山 西	4632			300				
内蒙古	2138			690				
辽 宁	11971	1420	2047	1285	109			
吉 林	22119							
黑龙江	9943			418				
上 海	12105							
江 苏	19498	1165						
浙 江	43520			64	240			
安 徽	23646			20				
福 建	10509							
江 西	4588			91				
山 东	145117		1600					
河 南	57635							
湖 北	81845				455		27	
湖 南	48188	825	9		9			
广 东	44510		160	2215				
广 西	1853			11				
海 南								
重 庆	1131							
四 川	139631	981			1131			
贵 州	795						30	
云 南	1000				2		25	
西 藏								
陕 西	5663			963	872			
甘 肃	7163							
青 海	27							
宁 夏	1421							
新 疆	2707							

2-C-18　续表 1

地　区	其他煤气(万立方米)	天然气(万立方米)	液化天然气(吨)	原油(吨)	汽油(吨)	煤油(吨)	柴油(吨)
北　京		1160			5870	85	1404
天　津		130			518	4	402
河　北		132			2426	16	1050
山　西				1	192	2	286
内蒙古					168		91
辽　宁					2873	1541	1702
吉　林					512	1	212
黑龙江					330		127
上　海	129	280	72		7451	81	4863
江　苏		419	9		3860	78	3149
浙　江		78	31		5315	15	6337
安　徽			9		885	7	312
福　建					1182	134	931
江　西					405	25	458
山　东		194	25		2815	125	2881
河　南		47	9		1958	12	984
湖　北		143			2056	28	1346
湖　南		84	1		1530	88	1012
广　东		165	1308	3	6881	724	64688
广　西					364	6	171
海　南					101	1	126
重　庆		425	5		842	5	546
四　川		969			2065	95	1042
贵　州					211	18	129
云　南					268	5	330
西　藏					18		3
陕　西		178			533	4	127
甘　肃		6			103	3	
青　海		111			55	1	2
宁　夏		39			72		1
新　疆		6			296	3	67

2-C-18 续表 2

地 区	燃料油（吨）	液化石油气（吨）	炼厂干气（吨）	其他石油制品（吨）	热力（百万千焦）	电力（万千瓦时）	其他燃料（吨标准煤）
北 京		1202		6	449856	38386	
天 津					160813	9175	
河 北		11			460477	21457	
山 西				4	27364	2669	
内蒙古		141				1186	
辽 宁	950	271			104271	15345	
吉 林		194			7335	5468	
黑龙江					28160	3102	
上 海	2085	1669		7	213685	45213	
江 苏	178	378		44	78738	54331	
浙 江	2424	226		19	172291	63560	10
安 徽					38983	17004	64
福 建	203	1952		582	1241	24020	
江 西						8482	
山 东		78			383818	53569	
河 南	120			2	26572	29273	
湖 北		3			8618	19567	
湖 南	3	216			80600	17686	335
广 东	47234	10395		350		220212	
广 西		10				5317	
海 南						1170	
重 庆						7346	
四 川	60	36		153		37623	
贵 州		1				1980	
云 南		4			2872	7597	
西 藏						235	
陕 西		3		31	75927	7694	
甘 肃				650		2092	
青 海						926	
宁 夏						1432	
新 疆	2				68540	1355	

2-C-19　分地区分能源品种规模以上文教体育用品制造业工业企业工业生产消费量

地　区	原煤(吨)	洗精煤(吨)	其他洗煤(吨)	煤制品(吨)	焦炭(吨)	其他焦化产品(吨)	焦炉煤气(万立方米)	高炉煤气(万立方米)
北　京	18670							
天　津	12176							
河　北	13526				1024			
山　西	112840	85845			8828		42	
内蒙古								
辽　宁	13847	300	1502	156	261			
吉　林	4098							
黑龙江	3297							
上　海	27322	16	991		90			
江　苏	48375	234		90	26926			
浙　江	26422	14		485	189			
安　徽	17427				2470			
福　建	6255			8	532			
江　西	7063			10				
山　东	191219	65	38		602		3	
河　南	7432			137				
湖　北	3075				60			
湖　南	9274							
广　东	24361			30	20			
广　西								
海　南								
重　庆								
四　川	5	20			11883			
贵　州					138			
云　南								
西　藏								
陕　西	120							
甘　肃	1165							
青　海								
宁　夏								
新　疆								

2-C-19 续表 1

地区	其他煤气(万立方米)	天然气(万立方米)	液化天然气(吨)	原油(吨)	汽油(吨)	煤油(吨)	柴油(吨)
北京					704		87
天津		18	210		232	27	190
河北		87			844	10	337
山西					54	148	163
内蒙古							
辽宁					948	40	420
吉林					38		21
黑龙江					9		20
上海	7	506			3470	34	4404
江苏		191	1152		3185	31	6103
浙江		22	2		3653	450	7118
安徽					697		196
福建			25	1	876	14	4001
江西					56		10
山东		119	115		7353	51	6003
河南					172		554
湖北					77		4
湖南					187		30
广东	72	7	295		6020	889	138863
广西					29		14
海南							
重庆					1		27
四川		251			64		18
贵州					9		
云南							
西藏							
陕西	4						
甘肃					46		15
青海							
宁夏							
新疆							

2-C-19　续表 2

地　区	燃料油（吨）	液化石油气（吨）	炼厂干气（吨）	其他石油制品（吨）	热力（百万千焦）	电力（万千瓦时）	其他燃料（吨标准煤）
北　京		50			166282	3070	
天　津		7		2	47777	6403	710
河　北						2568	
山　西		7				1198	
内蒙古							
辽　宁		48			5824	4742	
吉　林						832	
黑龙江					540	1093	
上　海	1536	1285			44980	25988	
江　苏	152	2842			77484	52110	
浙　江	3	1077		1842	207880	69075	26524
安　徽		9				5331	158
福　建	1111	1208		216	231449	26719	1030
江　西						7387	30
山　东	2536	95			970691	45550	
河　南						5753	
湖　北						2005	
湖　南						3981	
广　东	50505	7147			104841	332558	1696
广　西						1260	
海　南							
重　庆						369	
四　川						331	
贵　州						268	
云　南							
西　藏							
陕　西						48	
甘　肃						104	
青　海							
宁　夏							
新　疆							

2-C-20 分地区分能源品种规模以上石油加工、炼焦及核燃料加工业工业企业工业生产消费量

地区	原煤(吨)	洗精煤(吨)	其他洗煤(吨)	煤制品(吨)	焦炭(吨)	其他焦化产品(吨)	焦炉煤气(万立方米)	高炉煤气(万立方米)
北京	146256			359				
天津	836448	1375952	48092				22907	
河北	1531050	28662681	165033	2139	120	121938	120541	31163
山西	63995792	99731893	1893879	73546	707969	499060	896401	173945
内蒙古	14559518	9223868	301604		16209	485153	11591	
辽宁	828810	3639107	90707	1633	11138		1419	
吉林	55510	1457003			170			
黑龙江	9209319	6942946		44932	45		27464	43068
上海	3198686	1786653			64973	27886		
江苏	2509560	2434352	480		2690		12810	
浙江	311230				701273			
安徽	424874	642920					5750	
福建	8747	182357					7856	
江西	705165	2726693		8310	82		14679	
山东	3627664	24889383	2317	70532	100420	46405	34181	117972
河南	16942991	11108841			2789	62208	11560	
湖北	29031	1878643	3050				4150	
湖南	1013564	1794693	5293		1800		5167	
广东	874120	297056						
广西	6362							
海南								
重庆	406210	1144294	5	4159			6622	
四川	5244814	10002894	711403		172474		16405	368884
贵州	5925981	2813080					1229	
云南	6767148	10419634	229369		56694	117205	61582	107639
西藏								
陕西	12148962	4367586	92215				3171	12425
甘肃	1248611	7						
青海	1761575	946613					13281	
宁夏	2347616	936042	60117		9716	16410	3085	
新疆	8591453	923854					7672	

2-C-20　续表 1

地　区	其他煤气（万立方米）	天然气（万立方米）	液化天然气（吨）	原油（吨）	汽油（吨）	煤油（吨）	柴油（吨）
北　京		37559		11145968	621	9	1872
天　津		4592		7625688	779	19	3637
河　北	1610	1033		13113039	2690		21874
山　西	7978				7144	19636	82940
内蒙古				1222707	410	18	4102
辽　宁		315		52600904	6158	6053	6208
吉　林	119			1672851	838		1076
黑龙江		69483		14661848	2032	218	12590
上　海		6273		19435963	1993	3921	6969
江　苏		1295	1	15379969	5168	9	8744
浙　江		3399		22790125	583	35	4907
安　徽				4252596	125		1280
福　建				3121645	1115		1333
江　西	8998			4109991	467		3021
山　东		24236		36715897	6274	14	16250
河　南	1485	840		4906322	1591	591	5843
湖　北		962		8317741	863	13	1901
湖　南	10753	92		4309519	951	57	3422
广　东				30263098	1336	23872	11856
广　西				1333945	344	2	1062
海　南		1060		7967714	4		
重　庆		182			1127	283	1327
四　川		4047		1821921	2746	107	12558
贵　州					213	140	3272
云　南					870	8	5680
西　藏							
陕　西		8354		17065799	934	102	6534
甘　肃		34269		13935528	3925	47	11939
青　海					200	124	5983
宁　夏	579			1837537	257		2402
新　疆		52950		17094377	2852	43	5506

2-C-20 续表 2

地 区	燃料油(吨)	液化石油气(吨)	炼厂干气(吨)	其他石油制品(吨)	热力(百万千焦)	电力(万千瓦时)	其他燃料(吨标准煤)
北 京	151819	178017	808171	4421199	21772095	240800	
天 津	414117	33767	232694	252918	7824653	129409	204144
河 北	24077	470	368250	947005	1961439	211467	
山 西	257			209	9081323	493017	577120
内蒙古		1141	37213			74001	
辽 宁	906701	54695	1628440	2022003	27287443	449477	396287
吉 林	22932	37285	29927	7707	7571	24084	13703
黑龙江	281425	364715	780015	1140669	3472476	300977	4822
上 海	213232	254950	1248664	4369344	33029236	444123	
江 苏	67103	6636	360317	2736670	14671174	165644	
浙 江	388666	2396	630403	1140103	445076	163173	
安 徽	11092	31	108901	188972	11931108	57648	
福 建	7761	288	116251	156670	2121229	25346	
江 西	122685	147	155124	788918	8191465	56433	14395
山 东	2731455	497874	675134	7441118	49852526	809833	302236
河 南	33262	5	191259	1058395	8723996	128533	
湖 北	11927	30720	308655	519940	8415994	77584	136716
湖 南	54016	356131	134101	367854	2542701	53561	
广 东	332526	48603	751451	6857503	14896522	300896	137
广 西	6588	3	14040	26723	253922	15071	
海 南	42510		219628	363423	459680	58779	
重 庆	10					9422	
四 川		89937		246474	1716724	94235	
贵 州					28684	13981	
云 南					338605	77289	14735
西 藏							
陕 西	11453		29762	201501		139388	
甘 肃	32350	154	709841	1027345	33373063	258602	
青 海						6212	
宁 夏	65460	99043	51686	44353		37693	14036
新 疆	386177	62298	627089	226785	9909869	230566	

2-C-21　分地区分能源品种规模以上化学原料及化学制品制造业工业企业工业生产消费量

地　区	原煤(吨)	洗精煤(吨)	其他洗煤(吨)	煤制品(吨)	焦炭(吨)	其他焦化产品(吨)	焦炉煤气(万立方米)	高炉煤气(万立方米)
北　京	858320		25544	2613	93			
天　津	2955664	185	2405	6247	7485	23		
河　北	10117425	1165061	71066	18204	740541	334991	4909	
山　西	10513395	1132636	535514	213255	1501448	652031	85523	
内蒙古	5006818	124472	358741		3645036	333993	1230	
辽　宁	5255323	180365	58190	8344	202283	177767	16446	2717
吉　林	2815287	409345	555237	1380	2900		5004	
黑龙江	1683637	1137662	242471	148285	124981	442	19097	1874
上　海	1611298	13509	7373	25214	1164	269151	8578	4600
江　苏	19097353	581329	6016	22970	377453	160450	28673	
浙　江	6206427	84589	2099	120956	120384	963	176	4954
安　徽	6576632	789464	236288	90817	19952	100658	7933	
福　建	4534256	11469	1883	6667	41953	31340		
江　西	1847020	22050	25657	212869	40092	2910	289	6769
山　东	28768764	2219953	319575	175250	778700	168953	26407	3762
河　南	16368819	130891	9203	409450	320791		308	
湖　北	10568271	184457	18885	22092	1040778	23971		
湖　南	8930969	40739	26477	606959	164789	8706	1054	
广　东	1465271		1103	9340	8474	1125		
广　西	3785891	156585	52931	25968	85840			
海　南	2777							
重　庆	2601201	111433	40619	38645	22953	87311	420	
四　川	9462423	735886	121580	137809	526823	43178	5281	1548
贵　州	4485271	120866	56569	263991	286214		1280	
云　南	6690279	40861	29567	59798	2550422	27568	7250	
西　藏								
陕　西	5276568	5571		30458	1025467	708	942	
甘　肃	1543193	212328		8851	365667	52921		
青　海	1020653		37450		208931			
宁　夏	3779638	468156	12956	2738	34316	31785		
新　疆	2963733				563233	142985	324	

2-C-21 续表 1

地 区	其他煤气(万立方米)	天然气(万立方米)	液化天然气(吨)	原油(吨)	汽油(吨)	煤油(吨)	柴油(吨)
北 京	1874	1417			5836	371	8350
天 津	199	13138	217	60	9720	7489	22612
河 北	980	54318	246		36090	1444	14903
山 西	3366	1378		1	3288	508	10789
内蒙古		112850			1806	135	10726
辽 宁		71929		5336616	26554	3953	33115
吉 林		5514		6750060	7692		15343
黑龙江	55639	29810	1	278382	2434		4565
上 海	687	38225	578		22212	4104	40869
江 苏	4126	110834	4659	7574475	25045	5645	69312
浙 江	602	3781		4	16520	3062	36393
安 徽	8566	6161	51	9437	4358	86	9861
福 建	332			42	9188	3974	11151
江 西		310			1301	431	11068
山 东	9241	23898	1165	5106643	42229	6982	50052
河 南	17795	31946	36		24152	554	15251
湖 北	39260	13808			13112	108	31788
湖 南		2086	11	1803960	21091	373	30676
广 东	3	128	337	20	27805	15023	160396
广 西					5687	19	13681
海 南		172542	12		89		314
重 庆	1726	213112			9618	284	5073
四 川		495089	1233	1295	5679	1058	13298
贵 州		42977			3344	3	14116
云 南	2976	49551			1499	80	13189
西 藏					32		
陕 西	200	63352			6058	89	7401
甘 肃		28746			573	1	3786
青 海		7878			11668	17	94846
宁 夏		73693			192	1	4299
新 疆	5096	89145			2330	252	26967

2-C-21　续表 2

地　区	燃料油(吨)	液化石油气(吨)	炼厂干气(吨)	其他石油制品(吨)	热力(百万千焦)	电力(万千瓦时)	其他燃料(吨标准煤)
北　京	48499	722	1662	217186	10338099	179002	
天　津	107753	159		176859	23155126	681781	15829
河　北	3271	3113	3219	81323	46053583	1308401	883
山　西	26895			1356	5263916	1502341	80673
内蒙古	9			217	473067	2237807	3625
辽　宁	337811	65176	177502	473881	30341941	689453	
吉　林	306176		200748	2633338	36807465	456160	16757
黑龙江	98925	41096	11799	19795	12737695	259443	21259
上　海	93813	172525	1316	2901316	24044650	786245	1479
江　苏	376781	252714	183521	6835085	145198191	3114176	17775
浙　江	749386	2437		390604	44952815	1292055	59821
安　徽	8692	258	266	66708	7959515	639867	18902
福　建	6489	5355		7302	13935180	566910	78224
江　西	36850	1612	610	908	5447369	388454	73232
山　东	322477	82063	12173	2112443	120064825	3708924	88883
河　南	6149	54599	17975	622158	19791938	1733570	24451
湖　北	4542	138		7454	25750856	1656122	16626
湖　南	9679	4518	70886	787133	23858060	951325	51135
广　东	495892	79952	453	3072917	3638905	835657	7710
广　西	3680	26		20	7821096	422699	79923
海　南	192		19433		765150	32678	1938
重　庆				418	18418881	446163	268
四　川	39419	2		758	17521745	1824898	4254
贵　州	6	13		2	16001495	900173	2014
云　南	1599			175	3417981	1237462	52218
西　藏						29	
陕　西	431	1505		1247	5065016	790246	2349
甘　肃	12735	217	10106	9789	4999210	494175	350
青　海				56	1821	179505	
宁　夏	3011			30	4291148	1009966	1239894
新　疆			216	5291	8304350	695868	7880

2-C-22 分地区分能源品种规模以上医药制造业工业企业工业生产消费量

地区	原煤(吨)	洗精煤(吨)	其他洗煤(吨)	煤制品(吨)	焦炭(吨)	其他焦化产品(吨)	焦炉煤气(万立方米)	高炉煤气(万立方米)
北京	113517			83	2			
天津	177006							
河北	428850	200	360	1018	260		731	
山西	279871	2364		565	1060		36	
内蒙古	687683	10136		26629	18731			
辽宁	666233	5549	7379	3386	10387			
吉林	641622		450	550				
黑龙江	680425		12065					
上海	147382	1256		988				
江苏	605727	2019		3741	11236			
浙江	571329	256		4600	206			
安徽	219748				27			
福建	287678							
江西	278897		1800	1500			70	
山东	1399502		9642	577	776		488	
河南	1283033	447	2581	220	21455		950	400
湖北	891915				677			
湖南	369848			350	3810			30
广东	487945							
广西	146919	127		3420				
海南	2304							
重庆	201991	343			8			
四川	994085	51286	20706	7	7315			
贵州	71850						538	
云南	113049	780		1332	6		16	
西藏								
陕西	531745			328				
甘肃	92156			11	241			
青海	19381							
宁夏	277848							
新疆	67316							

2-C-22　续表 1

地　区	其他煤气(万立方米)	天然气(万立方米)	液化天然气(吨)	原油(吨)	汽油(吨)	煤油(吨)	柴油(吨)
北　京		1849			3066		3671
天　津		544			436	3	1882
河　北		161			1042	3	592
山　西			11		370		250
内蒙古					434		809
辽　宁		113			5170		5268
吉　林		115			4235		2987
黑龙江	241	883			462	4	595
上　海	72	539	35		2891	58	12531
江　苏		1135	7		5063	67	10826
浙　江		551	3		2219	151	5196
安　徽		444			523	121	489
福　建			70		2640	1	1324
江　西	9				563		1014
山　东		4820	7263		8281	3179	8326
河　南		353	76		16038	53	13579
湖　北		399	6	763	7091	8	4245
湖　南		304	100		2965	451	7309
广　东	170	191	1	41	2225	28	45129
广　西		35			308		1654
海　南		228			91		2528
重　庆		5362			1028	16	699
四　川		12508	2		3255	7	3582
贵　州	13				967	107	292
云　南		13			301		850
西　藏					35		78
陕　西		778			2452		280
甘　肃		302			114	1	66
青　海		414			1337		11
宁　夏					18		26
新　疆		39			111		136

2-C-22 续表 2

地 区	燃料油(吨)	液化石油气(吨)	炼厂干气(吨)	其他石油制品(吨)	热力(百万千焦)	电力(万千瓦时)	其他燃料(吨标准煤)
北 京	110	112			440445	28567	
天 津		1		28	1473450	49899	
河 北		16			13128622	240593	
山 西					174861	50369	1355
内蒙古					891082	78159	
辽 宁	6093	2			6683577	175524	
吉 林					357859	28846	780
黑龙江		10			897933	58857	265
上 海	1752	198		77	1271981	55227	19749
江 苏	1374	75		8	7467523	154388	4058
浙 江	3925	117		556	9445117	178774	10228
安 徽		12			875304	40666	12446
福 建	2921	34		1214	79546	50932	1162
江 西	38	2			171472	42543	46278
山 东	274	9		47	10981883	291446	
河 南		62		1350	3895734	218984	1780
湖 北	154	10024		20	81797	105729	1000
湖 南	35	8		2200	1472	65379	6660
广 东	72769	476		479	77681	127777	153
广 西	1160	625				24250	29317
海 南	99				5352	5517	
重 庆					750258	60395	
四 川	66			15	3640086	138782	
贵 州		1				9575	73
云 南	615	5			14004	12066	
西 藏						1014	
陕 西					503857	23537	
甘 肃						9452	
青 海						1964	
宁 夏					1578068	37309	
新 疆					282691	1638	

2-C-23　分地区分能源品种规模以上化学纤维制造业工业企业工业生产消费量

地　区	原煤（吨）	洗精煤（吨）	其他洗煤（吨）	煤制品（吨）	焦炭（吨）	其他焦化产品（吨）	焦炉煤气（万立方米）	高炉煤气（万立方米）
北　京	475							
天　津	5716							
河　北	253033				240			
山　西	46451							
内蒙古								
辽　宁	1490344	50						
吉　林	1039397							
黑龙江	73485							
上　海	20359			732				
江　苏	2125577			2698	1612			
浙　江	903725	473		14484	2635			
安　徽	816834				1100			
福　建	85168			80804	177			
江　西	291435							
山　东	1023493	3725			15		7088	
河　南	791628				34750			
湖　北	367289						705	
湖　南	262510				52137			
广　东	42444							
广　西	1067							
海　南								
重　庆	1490	3071						
四　川	153313							
贵　州								
云　南	91585							
西　藏								
陕　西	11134							
甘　肃	446146				10458	35718		
青　海								
宁　夏								
新　疆	414394							

2-C-23 续表 1

地 区	其他煤气(万立方米)	天然气(万立方米)	液化天然气(吨)	原油(吨)	汽油(吨)	煤油(吨)	柴油(吨)
北 京		209			84		361
天 津		52			58	1	32
河 北		46			248		292
山 西							26
内蒙古							
辽 宁		500			892		3057
吉 林		10			166		334
黑龙江					20		53
上 海		227			453	2	1605
江 苏	2746	4056			1051	3	24766
浙 江		2728			3076	1	5900
安 徽					68		373
福 建					460	15	1049
江 西					52		79
山 东		20			996	3	1468
河 南		2452			324	2	367
湖 北		23			213		203
湖 南				70	322		313
广 东		225			338	85	8315
广 西							1
海 南							
重 庆		50			96		82
四 川		3761			116		423
贵 州							2
云 南							
西 藏							
陕 西							4
甘 肃					108		101
青 海							
宁 夏							
新 疆					200	2	217

2-C-23　续表 2

地　区	燃料油(吨)	液化石油气(吨)	炼厂干气(吨)	其他石油制品(吨)	热力(百万千焦)	电力(万千瓦时)	其他燃料(吨标准煤)
北　京				1	18950	3710	
天　津					12342	3185	
河　北					2366885	35926	
山　西						4213	
内蒙古						248	
辽　宁	13196	12	64374		7285844	56806	
吉　林	811				9707982	60604	
黑龙江					926326	9360	
上　海	2854	11		8	512337	29300	
江　苏	84751	2701		78483	20826340	852528	
浙　江	140708	2320		7349	11086857	829467	3183
安　徽					11768	51358	
福　建	13171	9			809759	187785	
江　西						26235	
山　东		21		91	3132252	91890	136
河　南	457	125			1283408	124779	
湖　北					2302489	29074	3060
湖　南				10200	3126045	44828	
广　东	68364	100			541113	98385	59
广　西						290	
海　南						7375	
重　庆						2321	800
四　川	60				4930885	56274	
贵　州						167	
云　南						5482	
西　藏							
陕　西						1185	
甘　肃						42629	
青　海							
宁　夏							
新　疆				16	3144883	32695	

2-C-24　分地区分能源品种规模以上橡胶制品业工业企业工业生产消费量

地　区	原煤(吨)	洗精煤(吨)	其他洗煤(吨)	煤制品(吨)	焦炭(吨)	其他焦化产品(吨)	焦炉煤气(万立方米)	高炉煤气(万立方米)
北　京	48481			5				
天　津	148922	30						
河　北	504195				754			
山　西	20221						2316	
内蒙古	450							
辽　宁	501418	1995	23009	443	12227			
吉　林	16876							
黑龙江	167310							
上　海	189826	74	1522	15938				
江　苏	427639	5892	412	976	182	176		
浙　江	431472			3628	198	556		
安　徽	137517	45			31			
福　建	97314		192	7868				19
江　西	76943	488						
山　东	2138825	63	4432	935	1780			
河　南	856682				93469		3	
湖　北	66912				1260			
湖　南	75598		2	2				
广　东	257759		303	4056				
广　西	117481							
海　南								
重　庆	32624							
四　川	238559	175		80	1366	401		
贵　州	214605							
云　南	13913							
西　藏								
陕　西	37586				2040			
甘　肃	2451							
青　海	283							
宁　夏	12519		86321					
新　疆	31966			1565		343		

2-C-24　续表 1

地　区	其他煤气(万立方米)	天然气(万立方米)	液化天然气(吨)	原油(吨)	汽油(吨)	煤油(吨)	柴油(吨)
北　京		12			1097	2	181
天　津		1855			2201	3	1087
河　北		225			3932	6	773
山　西					315	5	585
内蒙古					14		4
辽　宁		4			17588		4102
吉　林					364		192
黑龙江		7		3	465		289
上　海		1473	6		4298	16	3623
江　苏		3381	21		4273	26	4111
浙　江			6	37	16650	64	18793
安　徽		7			1545	47	250
福　建					3207	6	3958
江　西					730		356
山　东		421	472	3	11049	74	8666
河　南		15			8984	2	2789
湖　北		20			622	1	268
湖　南		213			3328	32	1353
广　东		338			4416	361	18617
广　西					395		23
海　南		283			3		220
重　庆		728			1519		176
四　川		1591		198	2194	85	436
贵　州					1540	5	171
云　南					178		4
西　藏							
陕　西					288	1	45
甘　肃					18		
青　海							
宁　夏							
新　疆		3			46		64

2-C-24 续表 2

地 区	燃料油(吨)	液化石油气(吨)	炼厂干气(吨)	其他石油制品(吨)	热力(百万千焦)	电力(万千瓦时)	其他燃料(吨标准煤)
北 京		38		64	369954	12356	
天 津	7353	102		33	620712	44896	
河 北				155	75005	68963	
山 西					6010	10988	
内蒙古					140226	413	
辽 宁	952	105		313	254540	58296	40
吉 林						2344	
黑龙江						10996	
上 海	3132	1266		183	92278	60418	
江 苏	30486	735		5236	5071758	219101	
浙 江	1815	96		2336	3006139	146229	3191
安 徽	171			10	2285200	41729	35441
福 建	6187	4		840	2478213	106272	6626
江 西	8848					14857	1380
山 东	17985	1346		263	15416583	339023	260
河 南	96			310	2579436	76142	
湖 北	39				75673	15058	
湖 南				5	350947	13324	3117
广 东	79675	465		5367	102140	161114	450
广 西						11371	
海 南						1099	
重 庆	1083			458		12955	
四 川	664	3		1187		42927	
贵 州						23879	
云 南						2757	
西 藏							
陕 西				38	1200	8750	
甘 肃						408	
青 海						283	
宁 夏						10790	
新 疆					3498	3014	

2-C-25　分地区分能源品种规模以上塑料制品业工业企业工业生产消费量

地　区	原煤(吨)	洗精煤(吨)	其他洗煤(吨)	煤制品(吨)	焦炭(吨)	其他焦化产品(吨)	焦炉煤气(万立方米)	高炉煤气(万立方米)
北　京	48992			205				
天　津	39321			5368				
河　北	611592		380	220	1970	100		
山　西	22650				6			
内蒙古	324898							
辽　宁	287091	847	14079	1519	33576			
吉　林	67428		700	195	437			
黑龙江	13026		1080	251				
上　海	128426	201	846	8144				
江　苏	511875	4416	840	309	7698			
浙　江	1149828	147	1430	3459	723			
安　徽	76658	15	203		124			
福　建	226527			6224	113			
江　西	18612							
山　东	569634	877		5257	3038		14	
河　南	791781			1195	3142			
湖　北	136067		38		123			
湖　南	84953				3832	69		
广　东	534824	2475		23631	1120			
广　西	7666			2				
海　南	2356							
重　庆	23277	7163			462			
四　川	113281	3778		1855	17807			
贵　州	6291							
云　南	9189							
西　藏								
陕　西	5002							
甘　肃	10891	1			2775			
青　海	40							
宁　夏	1268							
新　疆	7447			241				

2-C-25 续表 1

地 区	其他煤气(万立方米)	天然气(万立方米)	液化天然气(吨)	原油(吨)	汽油(吨)	煤油(吨)	柴油(吨)
北 京		104			2793		2735
天 津		374	77	8	1935	10	700
河 北		206			5699	4	5334
山 西		10			151		160
内蒙古					143		1081
辽 宁		3	7	1	12402	7590	19917
吉 林		4	210		2438		1979
黑龙江		114		456	401		630
上 海	87	800			11872	33	15061
江 苏		2156	647		6986	117	19647
浙 江		546	17	4	8516	798	30012
安 徽		565	189	9	952	4	1648
福 建				336	4004	99	13898
江 西					371		516
山 东		1432	389		12155	583	9894
河 南					9343	69	5155
湖 北		78		272	2734		2493
湖 南		127		38	2860	242	6629
广 东		194	4	1	15402	543	275381
广 西					219	1	145
海 南		142			25		109
重 庆		303	1		814	11	823
四 川		3419			1923	224	888
贵 州					240	1	226
云 南					511		1433
西 藏							
陕 西		187			319		1126
甘 肃					89	55	123
青 海		4					18
宁 夏		19			51	1	39
新 疆		78	22		453		346

2-C-25 续表 2

地 区	燃料油(吨)	液化石油气(吨)	炼厂干气(吨)	其他石油制品(吨)	热力(百万千焦)	电力(万千瓦时)	其他燃料(吨标准煤)
北 京		679		4	185242	37675	
天 津		13			127662	95033	
河 北	1729	27		319	100937	156921	3
山 西		51		2	2871	11991	
内蒙古	4					56571	
辽 宁	8011	612	42	7177	494513	141288	
吉 林					30848	13649	
黑龙江					63413	17387	400
上 海	13789	2373	80	5740	269093	232840	402
江 苏	2069	1880		3633	1681576	512134	2590
浙 江	26170	5883		2965	1844967	631719	6684
安 徽	75	5		1171	4220	124457	2361
福 建	7453	1097		2494	210307	225686	695
江 西						29897	5659
山 东	266	2523		575	441193	259308	
河 南		102		280		109566	
湖 北		238		4292		98868	2867
湖 南	4	13		820		57735	2372
广 东	188767	7463		1987	47119	1204033	15550
广 西		112		4777		31969	
海 南		117				3642	
重 庆		2		23		28353	88
四 川		89		1088		195966	
贵 州		16				10494	
云 南						20070	
西 藏							
陕 西					24890	15377	
甘 肃				3716		10717	
青 海						264	
宁 夏						4007	
新 疆				3108	103220	21285	250

2-C-26 分地区分能源品种规模以上非金属矿物制品业工业企业工业生产消费量

地 区	原煤(吨)	洗精煤(吨)	其他洗煤(吨)	煤制品(吨)	焦炭(吨)	其他焦化产品(吨)	焦炉煤气(万立方米)	高炉煤气(万立方米)
北 京	1708428			3420	49128			
天 津	594803			9603	178305	2216	1308	
河 北	12117607	28316	18294	127341	90439	112571	27606	1180
山 西	2978319	30404	14782	39089	82569	56842	32365	
内蒙古	5545776	46018	144869	15146	83595	22694	23900	
辽 宁	6235448	1348376	256693	13729	1196877	13890	656	7584
吉 林	5554581	186798	38885	31487	115012	1405	4869	23395
黑龙江	2641974	88465	5765	10485	92951	296	374	
上 海	504691	16958	2252	13684	21573	31142		
江 苏	13261771	189248	5659	43346	149595	124149	757	7834
浙 江	11033400	28507	9003	20141	5918	2700		
安 徽	15145766	18274	11651	37193	7858	1400	708	522
福 建	9353484	8097		148178	4541	657		40137
江 西	8575248	47215	10408	76556	2906	700	41196	22950
山 东	22652437	2062719	118100	269634	96716	23150	16860	12011
河 南	14219413	71608	56502	21619	358401	52871	22618	
湖 北	10334468	1998	145079	134351	22460	47431	982	233
湖 南	10480819	248111	1020	17455	38431	340	59	39371
广 东	17780519	7800	6814	872272	29218	43887		
广 西	8989778	11622	25134	69357	104604	41335	34	
海 南	719131		108988					
重 庆	4680641	999944	16062	369	1790	15500	2241	11781
四 川	14170544	544638	418789	57143	153956	40927	10236	305
贵 州	3270147	9500	2724	51317	5734	20719	2	
云 南	6503241	62846	45008	14184	21504	5325	1476	54
西 藏	257020							
陕 西	5426456	118463	6000	270	42720	5829	90	6090
甘 肃	2750502	96120			123462	8908		
青 海	808699	62683		225				131
宁 夏	1446186	594122		29251	617	27327		
新 疆	3583527	7226		3662	32604	18462		

2-C-26 续表 1

地 区	其他煤气(万立方米)	天然气(万立方米)	液化天然气(吨)	原油(吨)	汽油(吨)	煤油(吨)	柴油(吨)
北 京		8158			6240	29	72271
天 津	72	9720	52	3465	1071	23	17304
河 北	292	29209	2455	3651	9177	472	45467
山 西	17382	7143	1143		1855	105	36091
内蒙古		2043			9929	36	29187
辽 宁	10783	9173	113	647	29293	2466	118039
吉 林	4174	4516	50	58021	14472	41	38611
黑龙江	11730	4381			1903	11	12410
上 海	1899	12673	66		8645	249	98294
江 苏	2666	26056	4210	8948	15288	587	180163
浙 江	1	20451	1873	12	4697	556	158590
安 徽		5252	126	793	2873	121	66276
福 建	5160	3955	613		15752	972	188260
江 西	267	9107	38191		1125	573	20481
山 东	28025	72836	3510	106027	34048	1120	84136
河 南	81331	119837	2695		37312	957	61717
湖 北		19273	18	1282	14067	309	39553
湖 南	162	17126	6996	29	30445	771	44540
广 东		8265	15257	393	13359	7210	664951
广 西	11	330			4454	51	53497
海 南		9564			64		10841
重 庆	801	64311	3		2650	150	65534
四 川	26581	202804	1763	5	11285	197	51788
贵 州				740	1817	4	9374
云 南					692	12	16983
西 藏					86		1800
陕 西		1223	137		1547	129	18468
甘 肃		13186			756	9	9245
青 海		3990			147	1768	2890
宁 夏		356			229	5	7295
新 疆		1267			1762	5	26141

2-C-26 续表 2

地　区	燃料油(吨)	液化石油气(吨)	炼厂干气(吨)	其他石油制品(吨)	热力(百万千焦)	电力(万千瓦时)	其他燃料(吨标准煤)
北　京	59884	1800		113375	1743278	223584	7086
天　津	11138	170		4196	39481	114676	95022
河　北	290085	7089		1	593676	970768	68617
山　西	75813	3072		55228	11035	338802	16656
内蒙古	64314	19		1	103602	533286	8008
辽　宁	354009	20337	5100	145445	244739	1108436	62982
吉　林	266	32		992	1025190	435410	35757
黑龙江	333	481		10	516829	223347	41201
上　海	117582	20659		4226	302789	212388	2683
江　苏	605690	28068	4656	157297	1502450	1471777	58261
浙　江	436317	63647		1936	12641667	1136005	60206
安　徽	35347	2435		37443	2226583	911144	58807
福　建	207575	22013		3143	74868	979200	145190
江　西	24551	22816		4079		595826	147461
山　东	818426	26773		88249	1907419	2445718	170122
河　南	136260	3518		102242	1813722	2014874	60711
湖　北	75246	920		8909	45407	803106	25375
湖　南	85322	2974		20927	307203	770232	233643
广　东	1849039	682809		10818	278854	2096379	152706
广　西	40706	4853		10318	184714	612483	54846
海　南	17			691		64989	631
重　庆	122	2670		47	136200	489530	128558
四　川	110	69		39430	30964	1154281	605752
贵　州	5300			65394		304139	55485
云　南	38715	165		1512		449436	3703
西　藏				63		27696	392
陕　西		368		6631	62460	463130	1602
甘　肃	97			42	103123	289256	7519
青　海				45440	5249	187092	10957
宁　夏				6380	190358	208710	82774
新　疆		363	878	10094	215505	256662	15754

2-C-27　分地区分能源品种规模以上黑色金属冶炼及压延加工业工业企业工业生产消费量

地　区	原煤（吨）	洗精煤（吨）	其他洗煤（吨）	煤制品（吨）	焦炭（吨）	其他焦化产品（吨）	焦炉煤气（万立方米）	高炉煤气（万立方米）
北　京	999879	2194224	302	51	2241222	3218	79165	491347
天　津	2168378	3467041		29650	6923014	175107	79491	690257
河　北	14496927	18008974	1472881	895509	57050939	783555	483384	7409765
山　西	5520713	7301290	105273	460434	14904352	1493	230852	2928743
内蒙古	6951268	6467137	712928	732	9256099	669817	168075	1589340
辽　宁	10548728	20338654	218440	16311	21140498	157472	573888	5508685
吉　林	860731	2766553		15212	3990117		75422	632460
黑龙江	470822	1207301	175222	55503	1923669		46201	182716
上　海	2814410	8726197	334331	2908296	6666496	67142	223192	2201811
江　苏	6821709	14972674	170629	15160	21519416	12946	214012	3325196
浙　江	2826800	1778393	20200	1387	3583249		47130	766509
安　徽	3388409	8115525	224315	24082	8262494	9230	209071	2229186
福　建	973199	1071781		376982	3571898	3033	33115	570071
江　西	1489586	3708545	269100		5536663		100265	1656790
山　东	7881188	13091099	1456924	398170	22807653	295603	145717	1585318
河　南	2936997	5680401	50884	4090	10626998	72809	177137	1700108
湖　北	4395310	9147662		197	8111589	43203	291102	2759017
湖　南	1961868	4217582	860008	71	7015554	70788	115272	1904456
广　东	2126539	1888064	533	1435	3835245		38169	849868
广　西	1159835	4355611		2033	5274544		124557	1132271
海　南	9236				148645			
重　庆	680944	2129441			1721050		65310	582858
四　川	2160380	2992468	185219	199146	9067744	295927	219612	1709213
贵　州	900207	1919532		15262	2624662	22239	51282	157847
云　南	2060697	348395	4590	18998	9094105	7886	45731	737351
西　藏								
陕　西	422541	462213			1974492	15120	25486	166896
甘　肃	1240088	4034777		1640	4543873	973	94684	822186
青　海	160196	17658			1173433	7752	9540	138588
宁　夏	99637	330735	9156		288566	7333	8242	39922
新　疆	1136032	2790168			3420869		36691	204895

2-C-27 续表 1

地 区	其他煤气(万立方米)	天然气(万立方米)	液化天然气(吨)	原油(吨)	汽油(吨)	煤油(吨)	柴油(吨)
北 京		7370			2130	35	36443
天 津	42587	29567	508		4291	87	16250
河 北	254929	9609	351		2767	103	77481
山 西	67284	13590			3007	17	84440
内蒙古	45286				3115	353	33264
辽 宁	169934	3016			24101	958	160137
吉 林	7887	129			2311		10335
黑龙江	59230	25			546		4509
上 海	290087	37639	93		1456	9	17672
江 苏	75727	39869	4550		6191	1141	40675
浙 江	32598	2396	58		1737	110	22683
安 徽		2929			1121		14956
福 建	29376		627		1108	8	10719
江 西	25852				891		10225
山 东	13741	5209	1923		4001	60	42369
河 南	55205	10797			2313	40	26259
湖 北	135439	4342	1	166	3925	150	25333
湖 南	163249	3	2		3367	24	20243
广 东	16877	155			6356	181	171079
广 西	16324				3671	19	18931
海 南		192	92				11
重 庆	18087	11718			841	37	5970
四 川	37398	35857	1		2437	53	27671
贵 州	17623				6699	94	9546
云 南	30413				596	13	11175
西 藏							
陕 西					552	2	2549
甘 肃	34062	13	6145		442		8074
青 海		2168			249		2409
宁 夏	4450				70	4	1416
新 疆	3200	452			355		6053

2-C-27　续表 2

地　区	燃料油 (吨)	液化石油气 (吨)	炼厂干气 (吨)	其他石油制品 (吨)	热力 (百万千焦)	电力 (万千瓦时)	其他燃料 (吨标准煤)
北　京	946	5			5301848	361417	
天　津	23062	327		1060	624096	947099	
河　北	57464	21899		1641	9439900	5290658	133384
山　西	1			12	8601266	1651822	16466
内蒙古	300			3879	15565552	3126290	137458
辽　宁	29161	18300		3	39431580	3063830	135181
吉　林	6				733	570140	
黑龙江	4270			5227	1105925	290029	
上　海	32187	3901		117	17551105	1428198	
江　苏	30087	17381		3914	23771566	3437619	
浙　江	6909	30655		1536	5601699	939458	4610
安　徽	1080	382		4	7346200	1033305	
福　建	16410	8152		750	6592669	689533	50860
江　西	1227	453		71		673508	
山　东	1945	3934		6	3126866	2380709	51099
河　南	52830			5683	3100	1545318	10467
湖　北	138303			28630	18932708	1438164	3
湖　南	2	7		7521	12172646	1280970	20975
广　东	48039	249387		201	2222131	807169	
广　西	2807	123		905		1505103	6083
海　南		20				28796	
重　庆	29			1774		406847	
四　川	20	50		7506	24651573	1800677	5762
贵　州	13			3244	92	1052096	13217
云　南		1239		9820		778891	200
西　藏							
陕　西					751061	348256	147153
甘　肃					5509245	1065414	
青　海					1271550	657140	
宁　夏				1403		819023	764634
新　疆		10		47	3111799	409809	

2-C-28 分地区分能源品种规模以上有色金属冶炼及压延加工业工业企业工业生产消费量

地 区	原煤(吨)	洗精煤(吨)	其他洗煤(吨)	煤制品(吨)	焦炭(吨)	其他焦化产品(吨)	焦炉煤气(万立方米)	高炉煤气(万立方米)
北 京	15220	32		30	1728			
天 津	72723		7453	700	1782			
河 北	254113	2949	5118	80	46881	10110		
山 西	8574187	117046	20000	49749	181335	34395	61455	2112
内蒙古	7456478		9437	6389	147661	30478		
辽 宁	1286058	205159	21721	562	372930			
吉 林	326324	500	365	23	6596			
黑龙江	30863				22206			
上 海	45029	464	323	14652	5737			
江 苏	580469	9045	1106	658	70737			
浙 江	342272	12194		2621	85566	554		
安 徽	251062	4569			35795			
福 建	58985				3528			
江 西	616855	4590		1649	67437			
山 东	10733699	650	583	10539	159929		2016	2762
河 南	15633324	27404	65969	24177	1150604		1843	
湖 北	918088	8448	12875	657	83509	4980		
湖 南	2352103	83498	2258	6909	882638	800	100	
广 东	639810	12653	19610	2002	264921	2667		
广 西	3316557	107736	613	4252	179165			
海 南	52							
重 庆	282260	460054	4780		21969		784	
四 川	428333	74027	28621	94854	118204	13217		
贵 州	1368754	285319		228	51612	8111		
云 南	1054646	58799	28960	30051	580892	27823	644	
西 藏								
陕 西	5053825	871562		4	145456		21014	
甘 肃	2019145	66758		427	278672			
青 海	2705536			4815	47202			
宁 夏	624118				9170		16547	
新 疆	388590			1573	27087			

2-C-28　续表 1

地　区	其他煤气（万立方米）	天然气（万立方米）	液化天然气（吨）	原油（吨）	汽油（吨）	煤油（吨）	柴油（吨）
北　京		86			1092	5	637
天　津		1058	200	3140	366		2241
河　北		1635	117	65	1836	61	4620
山　西	32550	13462			960	77	13767
内蒙古		2839	100		3837	2453	14439
辽　宁	217				31855	451	52056
吉　林		424	878		3194		5937
黑龙江	7811	4			242		431
上　海	7	472			2717	764	32267
江　苏	81	13758	3797	1069	3494	1467	32694
浙　江		2682	301		2551	899	40301
安　徽		2431			667	279	9133
福　建		427	12		706	537	14540
江　西		50	26		2318	1985	54419
山　东	166911	22909	1743	20	3812	1390	16273
河　南	117395	28295	2		11377	4552	44958
湖　北		4105			1560	74	6297
湖　南	17702	813	1	5	6494	2507	49629
广　东	58410	6242	6994	630	2394	952	137228
广　西	102779		9		1508	131	34544
海　南		52					21
重　庆	146	11146	20		593	200	1505
四　川		27724	316		913	209	4759
贵　州			4		662	8	9822
云　南					2351	1348	24656
西　藏						120	190
陕　西		1938			1350	349	6476
甘　肃	18646	5572			2381	865	24727
青　海		6254			258	85	2905
宁　夏		4951			253	24	2181
新　疆		8	166		275		4196

2-C-28 续表 2

地 区	燃料油 (吨)	液化石油气 (吨)	炼厂干气 (吨)	其他石油制品 (吨)	热力 (百万千焦)	电力 (万千瓦时)	其他燃料 (吨标准煤)
北 京	555	81		16	87863	18530	
天 津	785	15			30787	26519	54
河 北	364	15				80977	7350
山 西		76		32	30094391	1657253	226139
内蒙古	3845				927445	2194958	159982
辽 宁	25826	442		54331	646221	417847	
吉 林					373	80978	100
黑龙江	1893				398589	116419	
上 海	43177	4144		123	37293	97395	1766
江 苏	58134	15510		152	871170	486271	
浙 江	73774	5174		1310	919890	361919	12673
安 徽	47904	1003		1		212860	1312
福 建	23574	2418		4897		214549	
江 西	64658	20631		9181		416758	18526
山 东	118296	768		13	19282274	1763359	49421
河 南	102876	116	2	281660	28633763	4393168	
湖 北	1857	224		22		730664	4301
湖 南	35716	7032		905	1281447	1040817	24039
广 东	177585	125965		310	57811	484423	3033
广 西	7831	191		77583	16329803	1079353	3514
海 南						1634	
重 庆	374	58		10688	271245	426957	
四 川		3		17281	156617	992294	22115
贵 州	115269			243766	19232322	1272354	4028
云 南	8940	408		32489	8226	1478389	672
西 藏						964	
陕 西	528	15		300	35438	662208	
甘 肃	68956	354		234394	12305748	1849264	
青 海	839			314147	149187	1587116	
宁 夏		6		313633	752095	993943	43037
新 疆	504				4096	65255	

2-C-29　分地区分能源品种规模以上金属制品业工业企业工业生产消费量

地　区	原煤(吨)	洗精煤(吨)	其他洗煤(吨)	煤制品(吨)	焦炭(吨)	其他焦化产品(吨)	焦炉煤气(万立方米)	高炉煤气(万立方米)
北　京	35995			228	766			
天　津	186273	83	32	8603	10568	20		
河　北	597650		79	1323	69600			
山　西	34171			965	37094		86	
内蒙古	45663	841			2480			
辽　宁	251889	11230	15133	1501	62398			
吉　林	87046			635	2538			
黑龙江	68180			204	2138			
上　海	94938	5795	181		4304		15	
江　苏	1250240	7009	5335	3185	48938			
浙　江	428131	1459		2697	14543			
安　徽	86390	458	48	76	1516			
福　建	20288			960	470			
江　西	42480	572	1000	901	9686			
山　东	898933	8516	1012	5610	84782			
河　南	506229	20	460	1451	200435			
湖　北	198590		1346	75	2326			
湖　南	316066	426	1	262	45661	39		
广　东	353137	2107	1374	14853	40611			
广　西	18902			229	28635			
海　南								
重　庆	21089	2421		81	1811		13	
四　川	101605	14218	213	17791	39917			
贵　州	85952				158157			18775
云　南	9359				3424			
西　藏								
陕　西	35785			50	971			
甘　肃	20315	11			63			
青　海	9967				15			
宁　夏	5194		26350		44			
新　疆	24735			22	34426		175	

2-C-29 续表 1

地 区	其他煤气(万立方米)	天然气(万立方米)	液化天然气(吨)	原油(吨)	汽油(吨)	煤油(吨)	柴油(吨)
北 京		859			6505	16	3439
天 津		3216	204	12	3084	244	5246
河 北		2225	7		12493	96	14234
山 西		6	50		474	144	1053
内蒙古		10			345		559
辽 宁		494	278	53655	68081	10455	64965
吉 林		213			1771		1613
黑龙江		24	436		638	7	1201
上 海	912	1805	2455		20569	1303	37563
江 苏	30	6887	4721	378	13769	2471	44933
浙 江	1	2337	357	40	16271	3342	76328
安 徽		85	2826		1179	21	2958
福 建		1	1306		2335	331	11914
江 西			14		536	45	1425
山 东	2	5018	5763	496	22478	961	16123
河 南	294	535	63		6975	27	4740
湖 北		2967	2		7312	226	7227
湖 南	8992	9347	49	35	5667	703	8228
广 东	110	2331	993	40	23140	14308	321641
广 西			21		2334	1	4313
海 南		621			26	4	51
重 庆	28	2568	18	113	1125	33	1523
四 川	12	13873	158	6	4379	276	2295
贵 州					441	16	862
云 南					718	48	265
西 藏					19		
陕 西		272			754	86	612
甘 肃		57			522	2	474
青 海					23	2	6
宁 夏		22			197		15
新 疆		388			746		1086

2-C-29　续表 2

地　区	燃料油(吨)	液化石油气(吨)	炼厂干气(吨)	其他石油制品(吨)	热力(百万千焦)	电力(万千瓦时)	其他燃料(吨标准煤)
北　京		4237		44	249012	36611	
天　津		508		964	187787	160904	75
河　北	97	2398		153	71652	188279	
山　西		1		7	3318	10836	
内蒙古	5				5	17367	
辽　宁	12573	20145		38903	223536	196438	1
吉　林	277				36601	12673	
黑龙江		9			298021	10508	
上　海	10438	7367	243	1440	224703	203431	1869
江　苏	9267	8888		3092	1186231	879730	294
浙　江	20800	13174		2243	1028544	424351	5746
安　徽	18	603		12		54006	100
福　建	5805	11392		56	131680	84194	26
江　西	30	156		700		36340	9165
山　东	2822	3841		72	464268	302227	985
河　南	26	348		282	73849	117331	4078
湖　北	153	280			19513	94338	29
湖　南	1535	41		149	527243	164068	2925
广　东	293712	97683		1193	129802	978895	96
广　西	174	1		1		21763	1052
海　南						3026	
重　庆		147		689		27143	
四　川	130	1		17	14316	108602	1435
贵　州						36030	22924
云　南		418				5971	
西　藏						44	
陕　西		9				14005	
甘　肃					45755	6886	
青　海	38					1526	
宁　夏						8751	
新　疆	60	2		15	123396	10941	

2-C-30 分地区分能源品种规模以上通用设备制造业工业企业工业生产消费量

地区	原煤(吨)	洗精煤(吨)	其他洗煤(吨)	煤制品(吨)	焦炭(吨)	其他焦化产品(吨)	焦炉煤气(万立方米)	高炉煤气(万立方米)
北京	58294			359	23971			
天津	132140		30	228	51697			
河北	636672		4138	14538	547299		713	14
山西	286184			5735	96146		76	509
内蒙古	68413	402		3003	4699		836	
辽宁	711502	68241	101276	14490	685241	28	15	
吉林	161749	300		1715	17534		46	
黑龙江	264506	486		313	59237			2351
上海	63920	16687	676	372	40329	1	5	
江苏	1299620	24640	921	4869	848451	1949	28	
浙江	561683	2707	74	5248	180022			
安徽	126284	5575		204	153761	4	94	6
福建	94649	4062		214	36539			
江西	52653	258	425		12889			
山东	2732362	17388	10338	15448	710420	15234	4769	556
河南	1105023		90	9366	504997			
湖北	389824	156211	18946	421	126636		1628	2670
湖南	405850	4076	5	4371	76721	133	1	117
广东	131926		1092	23526	85895			
广西	12127		287	85	23129			
海南					133			
重庆	50128	2686		607	36796		215	
四川	556792	34953	4135	5976	340330			
贵州	8571	809			7548		56	
云南	22104	12		322	36995			
西藏								
陕西	116998		13998	632	21339			
甘肃	57538	1		78	5895			
青海	33533	200			38			
宁夏	44589				8			
新疆	8345				2367			

2-C-30　续表 1

地　区	其他煤气(万立方米)	天然气(万立方米)	液化天然气(吨)	原油(吨)	汽油(吨)	煤油(吨)	柴油(吨)
北　京		777			7345	184	8450
天　津		894	256	12	3454	119	4136
河　北	246	976	86	60	11183	538	14018
山　西	990		221	9	2272	83	5396
内蒙古		1586			447	5	591
辽　宁	2337	1239	754	301	89035	19899	90374
吉　林		12543			4744	59	2906
黑龙江	3776	21	2	5	1720	270	2605
上　海	36843	2141	3437		26521	2455	60035
江　苏	92	8494	1320	274	30342	6620	69997
浙　江	2	868	618	15	26595	21731	101608
安　徽	46	341	58	21	2504	595	8242
福　建			114	3	4755	747	13373
江　西			14		427	194	1052
山　东	92	6274	3150	42	42755	5566	49644
河　南	4437	4111	563	17	14752	1360	22355
湖　北	48911	1190			8568	622	12011
湖　南	657	844	3	28	14648	514	25555
广　东	4490	641	437	3	8604	2813	82907
广　西			4		930	107	2241
海　南		32			143	1	5
重　庆	285	8010	129		4727	1097	6531
四　川		17461	122	173	6159	831	8109
贵　州			50		524	146	461
云　南					498	154	341
西　藏							
陕　西		195	5		1805	233	5050
甘　肃		66	5		696	185	989
青　海		118		76	54	46	169
宁　夏		1226	11		604	187	432
新　疆		30	9		625	12	701

2-C-30 续表 2

地 区	燃料油(吨)	液化石油气(吨)	炼厂干气(吨)	其他石油制品(吨)	热力(百万千焦)	电力(万千瓦时)	其他燃料(吨标准煤)
北 京		935		418	818473	53974	
天 津	81	960		2463	426103	118263	24
河 北	26	368		307	237484	214912	
山 西	799	1346				81667	
内蒙古	2			54	629135	29487	
辽 宁	40901	50638		23074	3482209	450615	4011
吉 林		220			15560	27869	246
黑龙江	321	1563		1111	920156	49373	
上 海	37465	7254		3989	313628	301173	
江 苏	14177	6376		4024	654645	1197314	2525
浙 江	14235	12357		12267	696087	726495	8411
安 徽	2461	547		2097	16869	169013	1410
福 建	12441	1335		598	3513	167022	
江 西	773	1		57		33850	557
山 东	1421	1690	13	1203	1118006	709170	200
河 南	183	1282		398	453555	353574	
湖 北	452	153		1316	100685	166239	20
湖 南	205	83	26	1643	30263	116455	5073
广 东	67961	19635		1680	11429	381353	1921
广 西	15	18		39		42584	
海 南		29				1245	
重 庆	1	37		1153		72042	
四 川	522	339		1199	27140	298837	356
贵 州		15		31		12133	
云 南	5			112		14816	
西 藏							
陕 西		263		118	80911	47393	
甘 肃	430	82		2		20754	
青 海						5223	
宁 夏		2		25	30875	17710	
新 疆		6			66521	2323	

2-C-31　分地区分能源品种规模以上专用设备制造业工业企业工业生产消费量

地　区	原煤(吨)	洗精煤(吨)	其他洗煤(吨)	煤制品(吨)	焦炭(吨)	其他焦化产品(吨)	焦炉煤气(万立方米)	高炉煤气(万立方米)
北　京	86233			559	3885		302	
天　津	72281			200	163			
河　北	338156			120	22896		8683	90
山　西	369475	72489	54314	625	2362		8719	
内蒙古	61468			854	14088			
辽　宁	218521	63277	8915	3152	58153	5	199	1311
吉　林	116513		5350		2293			
黑龙江	192343	315913		1680	3296			
上　海	127863	15			569		128	
江　苏	160107	533	710	3136	106342	210		
浙　江	78705	64120	91	182	22691	95		
安　徽	21271	28	2		1574			
福　建	9425				932			
江　西	18832	414	530		2094			
山　东	1440655	4016	17926	542	90413			
河　南	803441	913		282	199855			
湖　北	112023				9499	428		
湖　南	241844	1944		2238	42921			
广　东	55969	330			1276			
广　西	9906				5207			
海　南								
重　庆	93096	2		197	711			
四　川	270039	3260	1100		85561			
贵　州	9971				699			
云　南	16241		845		3458	5	8	6
西　藏								
陕　西	167731		15	2600	5897			
甘　肃	44537				731			
青　海	205				78			
宁　夏	29679				157			
新　疆	45550				714			

2-C-31 续表 1

地 区	其他煤气(万立方米)	天然气(万立方米)	液化天然气(吨)	原油(吨)	汽油(吨)	煤油(吨)	柴油(吨)
北 京		1567			8388	76	4925
天 津		450	486	8	3379	18	5016
河 北		1576	104		9405	104	8651
山 西	23088	96			2589	128	2615
内蒙古		8859			392	122	1667
辽 宁	12775	484	6		21605	592	23188
吉 林		518		19	3316	24	2923
黑龙江	86812	283			5150	49	7193
上 海	233	1095	17		14590	138	11465
江 苏	12	1895	1901	19	11653	653	29315
浙 江	3	245	36		8321	657	25612
安 徽		150	4	400	1359	38	4106
福 建			10		2851	109	10733
江 西					402	27	837
山 东		4212	483	21	28722	568	42405
河 南	44900	403	6		14233	222	22915
湖 北		69	6		3907	627	4122
湖 南		257	38		14066	411	39784
广 东		71	515		8949	309	92827
广 西			1		658	88	4576
海 南							
重 庆		1660	5		1706	129	1345
四 川		25110	98	3	3597	314	10729
贵 州					787	59	654
云 南					379	35	3073
西 藏							
陕 西		797			2487	127	4227
甘 肃		1588			420	40	328
青 海					40		8
宁 夏		167			136		237
新 疆		13	4		334	10	253

2-C-31　续表 2

地　区	燃料油(吨)	液化石油气(吨)	炼厂干气(吨)	其他石油制品(吨)	热力(百万千焦)	电力(万千瓦时)	其他燃料(吨标准煤)
北　京	869	134		425	665576	39971	
天　津	18	271		750	359515	68824	5
河　北	33	554		221	141145	165961	
山　西		20		9838	2584839	76094	
内蒙古		236			2758703	58736	
辽　宁	17479	28604		13785	1470503	141364	1164
吉　林					482835	25541	62
黑龙江	10236	4		90	2103404	79622	54
上　海	1072	790		4072	145271	112650	
江　苏	1062	3186		1132	583480	371156	414
浙　江	973	946	5	2625	137028	164661	565
安　徽	10	706		2399		38080	
福　建	1849	252		4346		48537	
江　西	36					21084	2200
山　东	305	2839		3080	3328294	342251	12
河　南	13975	1527		626	1522581	235081	
湖　北	337	740		41		40186	
湖　南	31	60		3310	109227	100770	1873
广　东	56658	4937		2022	50	327494	31
广　西	1179	176		158		26330	829
海　南						196	
重　庆				1275		31028	
四　川	9	45		359		168514	55
贵　州						5227	
云　南		9		6		8242	
西　藏							
陕　西		1		457	700710	57456	
甘　肃	1			13		14602	
青　海		6				404	
宁　夏						6609	
新　疆		1			96002	2462	

2-C-32 分地区分能源品种规模以上交通运输设备制造业工业企业工业生产消费量

地区	原煤(吨)	洗精煤(吨)	其他洗煤(吨)	煤制品(吨)	焦炭(吨)	其他焦化产品(吨)	焦炉煤气(万立方米)	高炉煤气(万立方米)
北京	260640			136	3620			
天津	179985	24		36	18073			
河北	341345	30	10	4295	40545	2000	390	
山西	92397	1355	26641	1074	54881		92	
内蒙古	13279	3775			1266			
辽宁	512099	5606	152757	5403	86386			
吉林	1528380	2457		4992	42349		324	
黑龙江	358382			44	3065			
上海	54266	1195	2315	492	672			
江苏	224149	3492	61	106	55721			
浙江	235932	11669	185	3489	34764			
安徽	179076	144	47	136	18177			
福建	5152			1274	5189	10		
江西	71372	3467		472	6757		135	
山东	1070131	23		2997	294531		3270	
河南	369363			3512	976816			
湖北	1230026	94		7434	58023			
湖南	150031		70	201	32686			
广东	23998	180		8	4903			
广西	10484		18284	476	31636			
海南				2				
重庆	121777	6512	2176	1028	51011			
四川	582899	71280	32171	447	43478	70		
贵州	55054			265	2630		406	
云南	10480				11281		517	
西藏								
陕西	387747			16	540			
甘肃	36215	8						
青海	400							
宁夏								
新疆	2197				583			388

2-C-32 续表 1

地区	其他煤气(万立方米)	天然气(万立方米)	液化天然气(吨)	原油(吨)	汽油(吨)	煤油(吨)	柴油(吨)
北京		5965			8563	991	16126
天津		5649	1592	10	7354	139	12390
河北	107	2781	228		10520	753	27745
山西		1667	2	5	655	1130	1530
内蒙古		173			1109	4	8224
辽宁	103	2296			27712	30512	110215
吉林		9599	12		8792	1311	12024
黑龙江	294	1033	752		3405	3122	1754
上海	2557	2259	4532		23931	540	89063
江苏	28	10087	5146	66	29012	8881	107931
浙江	35	1715	7438		19835	3170	133937
安徽		1446	12	16	4369	2232	11052
福建			552		4450	453	24465
江西		73	16		1751	1640	14038
山东	755	9126	1745	91	34198	1338	70389
河南		1074	14	135	12996	1065	25439
湖北	309	5841	13		26864	3074	49486
湖南		1112	321	3	8861	4296	22252
广东	58	2933	1397		11982	1192	154559
广西	338	13	1		6245	270	20710
海南		325			278		561
重庆	121	29439	897	48	16434	3195	21666
四川	1	19645		12	12314	17630	11326
贵州			1491	11	1404	10227	1508
云南					1085	169	3058
西藏					4		
陕西		2186	19		6178	15519	16542
甘肃	10	124			358	226	1620
青海					16		12
宁夏					22		
新疆		40			179	1	381

2-C-32 续表 2

地 区	燃料油（吨）	液化石油气（吨）	炼厂干气（吨）	其他石油制品（吨）	热力（百万千焦）	电力（万千瓦时）	其他燃料（吨标准煤）
北 京	208	515		3558	1589460	101064	
天 津	171	2669		1921	1880869	174170	
河 北		2526		239	436870	153072	
山 西	8	90		8	178096	42401	
内蒙古					431138	8728	
辽 宁	52195	2846	213	3135	2382874	270319	138
吉 林	9010	15		2	7745549	238279	
黑龙江		398		184	640658	71252	500
上 海	32334	19811		4162	2541698	313827	
江 苏	24967	27466		3037	1625352	611864	5532
浙 江	19812	9689	2	14839	415105	410015	715
安 徽	512	127		2801	685133	104308	313
福 建	9506	4942		508	17686	121275	
江 西	58	331		89919	6209	71631	1201
山 东	513	2205		972	2234808	442258	4444
河 南	35	3674		1322	87255	180944	
湖 北	1810	2911		775	905201	354435	1030
湖 南	4351	160		1101	17213	97121	1789
广 东	56287	59919		516	364189	434685	45
广 西	1686	1170		653		80602	389
海 南				20		7197	
重 庆	395	1101		4521	5	299362	1
四 川	2	131		6167	57111	312272	6065
贵 州	193	261		86		37805	66
云 南				242		9742	
西 藏						19	
陕 西	228	511		3743	625733	117555	
甘 肃						3866	
青 海						77	
宁 夏						34	
新 疆				18	137205	985	

2-C-33　分地区分能源品种规模以上电气机械及器材制造业工业企业工业生产消费量

地　区	原煤(吨)	洗精煤(吨)	其他洗煤(吨)	煤制品(吨)	焦炭(吨)	其他焦化产品(吨)	焦炉煤气(万立方米)	高炉煤气(万立方米)
北　京	20782	80		292	22			
天　津	72656		400	200	75			
河　北	202117			589	27432			
山　西	33294				627			
内蒙古	319355							
辽　宁	321186	9393	43861	7558	29870			
吉　林	61160			3108	674			
黑龙江	85879			300	2280			
上　海	57818	144	188	257	520			
江　苏	794038	24	13127	2035	35459			
浙　江	124838	726	11	1319	19441	30		
安　徽	144452	97		251	3895			
福　建	36282	18		727	1912	1248		
江　西	72989	4286		206	522		550	
山　东	3894048	23615	8544	338	29990	52	2502	
河　南	376757	865		1272	12788		57	
湖　北	127926			1262	2589			
湖　南	273502			140	18138			
广　东	92095	3855		277	6789			
广　西	13794	4404			637			
海　南								
重　庆	7757	101			1067			
四　川	95096	2212	2131	116	60258	3		
贵　州	2528				8			
云　南	3138				52		462	
西　藏								
陕　西	13448			407	1494			
甘　肃	73923				1076			
青　海	1575			12				
宁　夏	11320				202			
新　疆	18545							

2-C-33 续表 1

地区	其他煤气(万立方米)	天然气(万立方米)	液化天然气(吨)	原油(吨)	汽油(吨)	煤油(吨)	柴油(吨)
北京		1283			6222	8	1432
天津		602	1	31	2239	85	6815
河北		722	2361		3329	481	4564
山西	31				291	7	344
内蒙古					1096	7	1048
辽宁	1105	5089			22218	1364	33938
吉林					2301		1380
黑龙江	1115	5	6	6	689	12	410
上海	1526	1106	6		20392	229	12924
江苏	10	5324	5837	537	19975	643	38143
浙江	49	1231	1641	57	17825	609	55848
安徽		315	105		1866	39	6391
福建	62		66	64	3901	772	13439
江西			14		526	38	2430
山东		5886	1699	98	30977	669	28632
河南	853	31222	18	67	7351	208	7769
湖北	5	855	27	1	4772	63	8888
湖南	1	141	145	159	2837	24	7552
广东	43	2121	979		24616	2695	385375
广西			1		2564	31	2337
海南		22			65		159
重庆	448	2085	38		1871	23	1060
四川		11603	127	190	3778	172	2010
贵州					260	1	381
云南					276	7	641
西藏							
陕西		2213			2139	124	1786
甘肃		418			523	25	752
青海		32	3743		39		
宁夏		75			190	3	50
新疆		56			531		462

2-C-33　续表 2

地　区	燃料油(吨)	液化石油气(吨)	炼厂干气(吨)	其他石油制品(吨)	热力(百万千焦)	电力(万千瓦时)	其他燃料(吨标准煤)
北　京	105	282		881	557557	27455	
天　津	70	4079		774	252176	85667	
河　北	118	3690			1830480	136230	769
山　西	900				237924	8406	
内蒙古					3933	16918	
辽　宁	12154	11223	300	19908	1010811	136948	
吉　林		98			43041	11398	
黑龙江	12			735	362890	34126	360
上　海	10868	6763		537	274322	199719	
江　苏	4528	16271		2603	4307387	739810	252
浙　江	7642	49075		6268	604055	518457	3574
安　徽	70	6702		12638	572489	133382	7492
福　建	485	10153		1452	7909	124227	
江　西	556	4489		1598		100370	3154
山　东	1525	3952		6103	993871	450660	3
河　南	243	1876		1070	229556	109284	
湖　北	5	2117		3186		93009	3
湖　南	59	7		9665	85417	73100	5999
广　东	367048	79512		3429	914494	1333945	787
广　西		41		32		41159	104
海　南						3342	
重　庆		38		7		30164	
四　川	27	154		880		148698	
贵　州		35		114	11130	16148	
云　南		43		446		7931	6
西　藏						48	
陕　西	21	49		205	884956	36645	
甘　肃				545		8933	
青　海						1444	
宁　夏						1958	
新　疆				5600	109951	5305	

2-C-34 分地区分能源品种规模以上通信设备、计算机及其他电子设备制造业工业企业工业生产消费量

地 区	原煤(吨)	洗精煤(吨)	其他洗煤(吨)	煤制品(吨)	焦炭(吨)	其他焦化产品(吨)	焦炉煤气(万立方米)	高炉煤气(万立方米)
北 京	3447			15	330			
天 津	32638			26	24			
河 北	49697		970	45			508	17
山 西	17876	600	1893	3816	30		539	
内蒙古	1178	5203						
辽 宁	31961	1960	1014	283	5115			
吉 林	38587							
黑龙江	1780	200						
上 海	150	50						
江 苏	130376	120	310	13	3157			
浙 江	82199	34691	266	97	3678	156		
安 徽	6622	393		16				
福 建	609			92				
江 西	16869							
山 东	680617	1693			1498		178	
河 南	40027							
湖 北	6521			26	510			
湖 南	90385	462	2449		1110			
广 东	41214			14837				
广 西	384							
海 南								
重 庆	336				40			
四 川	41106	2844			9403			
贵 州	1403						31	
云 南								
西 藏								
陕 西	48426		1100		160			
甘 肃	14191							
青 海								
宁 夏								
新 疆	450195							

2-C-34　续表 1

地　区	其他煤气(万立方米)	天然气(万立方米)	液化天然气(吨)	原油(吨)	汽油(吨)	煤油(吨)	柴油(吨)
北　京		2942			5923	75	917
天　津	20	2990	155		924	17	2361
河　北		3145		3	1013	1	141
山　西	32				145	10	652
内蒙古		112			20		1528
辽　宁	18	5			3603		7017
吉　林					408		95
黑龙江					106		68
上　海	173	3306	360		8286	138	14343
江　苏		12342	1520	11	9360	239	41268
浙　江		769	13		5292	284	20797
安　徽		95			547	13	2086
福　建				7	1709	5	1402
江　西					542	2	276
山　东		2172	845	2600	8119	1000	6336
河　南	6	16327	14		2965	1353	1864
湖　北		67			4038	16	3340
湖　南		1578			2383	70	5232
广　东		3599	2540	5	32333	818	515998
广　西			85		605	2	986
海　南		56					
重　庆		331			371	4	203
四　川		3714	3		1926	38	1108
贵　州					237	2	98
云　南					52		
西　藏							
陕　西		9063			1414	43	780
甘　肃					13	3	22
青　海							
宁　夏							
新　疆		22			128		434

2-C-34 续表 2

地 区	燃料油 (吨)	液化石油气 (吨)	炼厂干气 (吨)	其他石油制品 (吨)	热力 (百万千焦)	电力 (万千瓦时)	其他燃料 (吨标准煤)
北 京	14	385			1598628	144983	
天 津	456	32		7	470063	156445	
河 北	764	321			259269	30764	
山 西		9380			1529297	59338	
内蒙古						3701	
辽 宁	4700	27994			760984	65911	126
吉 林					275857	13489	
黑龙江					151141	2774	
上 海	2130	949		3021	1157435	473579	20
江 苏	10523	15372		177	7573982	1731333	
浙 江	8376	1026		195	567716	276403	6878
安 徽	681	1			11895	29055	
福 建	7541	11619		33		138897	159
江 西	81					24542	
山 东	1832	2092		144	1122221	244758	
河 南		797		460	19722	59346	
湖 北	2077	5				31625	
湖 南	28885	22		269		84503	13
广 东	514759	13327		320	65744	2522086	712
广 西		3				7817	68
海 南						3426	
重 庆						6736	
四 川				153	147932	135343	273
贵 州		1				6738	
云 南		10			6120	1786	
西 藏							
陕 西	3	6			1386534	68165	
甘 肃						7448	
青 海						5	
宁 夏							
新 疆		4			9952	83839	

2-C-35　分地区分能源品种规模以上仪器仪表及文化、办公用机械制造业工业企业工业生产消费量

地　区	原煤(吨)	洗精煤(吨)	其他洗煤(吨)	煤制品(吨)	焦炭(吨)	其他焦化产品(吨)	焦炉煤气(万立方米)	高炉煤气(万立方米)
北　京	2828			12				
天　津	162							
河　北	52462				2352			
山　西	1000				120			
内蒙古								
辽　宁	19830		1477	942				
吉　林	11040							
黑龙江	26259				34			
上　海	420				28			
江　苏	41530	2		24	11318			
浙　江	11622			46	3860			
安　徽	4780				110			
福　建	1868				1			
江　西	3623				228			
山　东	135863	3		167	10163			
河　南	36378				4548			
湖　北	17877							
湖　南	26683			8	3140			
广　东	491				71			
广　西	78							
海　南								
重　庆	1510			1130	1724			
四　川	11381						24	
贵　州	1060							
云　南	1612							
西　藏								
陕　西	9601			750	10			
甘　肃	26							
青　海								
宁　夏	2071							
新　疆								

2-C-35 续表 1

地 区	其他煤气(万立方米)	天然气(万立方米)	液化天然气(吨)	原油(吨)	汽油(吨)	煤油(吨)	柴油(吨)
北 京		178			3827	7	193
天 津		251	9		456		133
河 北					818	29	209
山 西					66	4	63
内蒙古							
辽 宁			1		1917	17	580
吉 林					491		67
黑龙江					375	8	566
上 海	17	26			4176	11	1853
江 苏	1	404	15		4820	178	8257
浙 江	1	21	30		3938	1028	11385
安 徽		1			134		78
福 建				17	1048	28	1031
江 西					430	51	553
山 东		50	1343	36	5620	15	1763
河 南			127		2972	567	1941
湖 北		24			328	1	333
湖 南		85			1168	23	1945
广 东	5	38		28	2659	1716	70021
广 西					70	6	54
海 南							
重 庆		818	1		1612	48	705
四 川		438	5		528	1464	60
贵 州					98	1	25
云 南					92		62
西 藏							
陕 西		124	2		1221	16	4202
甘 肃					9	30	
青 海		22			79	1	
宁 夏					159	2	
新 疆					90		24

2-C-35　续表 2

地　区	燃料油(吨)	液化石油气(吨)	炼厂干气(吨)	其他石油制品(吨)	热力(百万千焦)	电力(万千瓦时)	其他燃料(吨标准煤)
北　京		89		3	355521	8956	
天　津	68			18	96600	9368	
河　北		5			95335	7066	
山　西				1	78315	1229	
内蒙古						5	
辽　宁		231			70254	15224	
吉　林					336	2339	
黑龙江					51422	3976	
上　海	6	159		26		31443	
江　苏	1359	1046		55	142368	125695	
浙　江	388	136		309	77171	90172	526
安　徽		6			289	4262	
福　建	87	33		52	12098	48103	
江　西				2		5704	100
山　东	2	12		17	171147	22567	
河　南		101		12	6093	26037	
湖　北		1				6104	
湖　南						11838	110
广　东	51052	762		9		207774	380
广　西						1804	
海　南						10	
重　庆				35		7281	
四　川		2				14709	
贵　州						874	
云　南						2586	
西　藏							
陕　西		7		25	239106	6250	
甘　肃						607	
青　海						305	
宁　夏						1150	
新　疆					8467	76	

2-C-36 分地区分能源品种规模以上工艺品及其他制造业工业企业工业生产消费量

地　区	原煤(吨)	洗精煤(吨)	其他洗煤(吨)	煤制品(吨)	焦炭(吨)	其他焦化产品(吨)	焦炉煤气(万立方米)	高炉煤气(万立方米)
北　京	224358	45017		1000				
天　津	46425	30	670	700				
河　北	25412				1976			
山　西	1450							
内蒙古	19374				177			
辽　宁	131235	496	19643	53568	517	8610	5	
吉　林	103997			265				
黑龙江	1797721			270				
上　海	11567				80			
江　苏	68107	3029	1383	172	5465			
浙　江	93940	23	50	560	916			
安　徽	32619	20355			558			
福　建	21835		108	5990	3			
江　西	15345		840					
山　东	548986	625	260	40	3029			
河　南	770370		76	9	2734			
湖　北	89465							
湖　南	50538			316	3653			
广　东	47372	740628			1040	317		
广　西	1005				8			
海　南								
重　庆	5632	10300				2610		
四　川	227001	25			9			
贵　州	17207	12					174	
云　南	9139				38			
西　藏								
陕　西	61261				1548			
甘　肃	2070							
青　海	3290							
宁　夏	740							
新　疆	73							

2-C-36　续表 1

地 区	其他煤气(万立方米)	天然气(万立方米)	液化天然气(吨)	原油(吨)	汽油(吨)	煤油(吨)	柴油(吨)
北 京		165			1242	5	526
天 津		74	323		305	27	619
河 北		111			1923		2869
山 西							
内蒙古					59		40
辽 宁			240	160	3889	84	2731
吉 林					418		614
黑龙江	29318				550		1903
上 海	64	1			2400	30	4002
江 苏		103	142		1605	68	1654
浙 江		77	352	22	4383	172	13848
安 徽			180		178	2	165
福 建		541	761	5	2867	57	11603
江 西					127		673
山 东	1	556	863		7889	1085	5307
河 南					8406	38	11515
湖 北		17			246	5	387
湖 南	1				275	16	234
广 东	50	15	103	1	5974	478	67693
广 西					305		524
海 南					15		
重 庆		52			168	4	362
四 川		364	30		185	32	474
贵 州					160	3	121
云 南					76	3	370
西 藏							
陕 西					530		23
甘 肃					280		417
青 海		3			63		16
宁 夏							
新 疆					28		40

2-C-36 续表 2

地 区	燃料油(吨)	液化石油气(吨)	炼厂干气(吨)	其他石油制品(吨)	热力(百万千焦)	电力(万千瓦时)	其他燃料(吨标准煤)
北 京	19	361		4	248840	8018	
天 津		42			13478	14536	
河 北		7		4	129094	9883	
山 西					18854	437	
内蒙古	18					2827	
辽 宁	318	484		7899	192796	13715	
吉 林					15738	2681	
黑龙江					25	43102	
上 海	287	106		96	1213	16628	
江 苏	3472	169		1253	159728	61275	
浙 江	2045	3427	6	669	147062	115341	9471
安 徽		38				7429	45
福 建	4337	5062		1669		77463	175
江 西	20	2013				12570	200
山 东	422	253		5	356139	157604	
河 南		1591			739463	32201	
湖 北	2	10				9924	700
湖 南		7187				9268	28
广 东	89766	12274		1504		212092	7358
广 西		3786		159		5175	277
海 南						114	
重 庆						1841	
四 川		749				10194	
贵 州	1	3				1912	
云 南		9				2157	
西 藏						88	
陕 西						18825	
甘 肃					2385400	6313	
青 海						292	
宁 夏						10	
新 疆				1625	17506	2018	

2-C-37 分地区分能源品种规模以上废弃资源和废旧材料回收加工业工业企业工业生产消费量

地 区	原煤(吨)	洗精煤(吨)	其他洗煤(吨)	煤制品(吨)	焦炭(吨)	其他焦化产品(吨)	焦炉煤气(万立方米)	高炉煤气(万立方米)
北 京	6830				285		158	
天 津	1725			3418	904			
河 北	7910				5288		37	4313
山 西								
内蒙古	3816				2850			
辽 宁	3303							
吉 林	13399							
黑龙江	220							
上 海	7889				1706			
江 苏	16049	428			5604	800		
浙 江	14019			728	19385			
安 徽	11880				71			
福 建	440			3559				
江 西	4537				2818			
山 东	38822				17			
河 南	46890				1418			
湖 北	1696						1195	
湖 南	70286			10	13456			
广 东	33254			540	10317			
广 西	7534							
海 南								
重 庆	1919				84			
四 川	14249			38	2408	87		
贵 州	240							
云 南	3138				3834			
西 藏								
陕 西								
甘 肃					838			
青 海								
宁 夏								
新 疆								

2-C-37 续表 1

地区	其他煤气(万立方米)	天然气(万立方米)	液化天然气(吨)	原油(吨)	汽油(吨)	煤油(吨)	柴油(吨)
北 京					156		1024
天 津					118	3	232
河 北		138			88		3094
山 西							
内蒙古					53		174
辽 宁					684		675
吉 林					247		1128
黑龙江	591				46		267
上 海		34			461		1571
江 苏					140	121	4894
浙 江					247		3741
安 徽					102		1068
福 建					1		17
江 西					13		174
山 东					240		386
河 南			162		233		184
湖 北					232		1798
湖 南					1		673
广 东			80		862	369	10075
广 西					17		230
海 南							
重 庆		192			68		137
四 川		201			31		93
贵 州					4		
云 南					11		205
西 藏							
陕 西					9		307
甘 肃					55		1407
青 海							
宁 夏							
新 疆							

2-C-37　续表 2

地区	燃料油(吨)	液化石油气(吨)	炼厂干气(吨)	其他石油制品(吨)	热力(百万千焦)	电力(万千瓦时)	其他燃料(吨标准煤)
北　京		14		7	7371	4181	
天　津	174					2583	
河　北					244	6378	
山　西							
内蒙古					10052	2723	
辽　宁	200				367	2747	
吉　林					55259	1467	
黑龙江					30526	1372	
上　海	1355	212	31			3849	17027
江　苏		378		1300	15472	23414	
浙　江	1569	228		1376	107406	16111	
安　徽		11				1663	
福　建						2530	
江　西	31					2707	55
山　东					4200	11827	
河　南					91215	2498	353
湖　北	309			109		3382	
湖　南	1595					11073	200
广　东	2308	629		468		27491	
广　西						1411	42
海　南							
重　庆						1405	
四　川						4547	
贵　州						103	
云　南						362	
西　藏							
陕　西						228	
甘　肃						1353	
青　海							
宁　夏							
新　疆							

2-C-38 分地区分能源品种规模以上电力、热力的生产和供应业工业企业工业生产消费量

地 区	原煤(吨)	洗精煤(吨)	其他洗煤(吨)	煤制品(吨)	焦炭(吨)	其他焦化产品(吨)	焦炉煤气(万立方米)	高炉煤气(万立方米)
北 京	12428148		62626	206583		302554	1381	129860
天 津	20141312	20201						
河 北	79774714		83100		166		6729	178203
山 西	74148038	1527	709876		30337		7123	3400
内蒙古	123915951			85004			57	35744
辽 宁	57831169	37459	8368866	6831	1365	35		
吉 林	44108120			4314				
黑龙江	46832407		982183		3			
上 海	26917877							155070
江 苏	114272871		3744573	20635			5250	268972
浙 江	81030009							
安 徽	47018737		231804		529			
福 建	31594398							
江 西	20752591							
山 东	113927308	117792	1642393	576731	66248		15241	200896
河 南	80901070	10179	397371		12158		16486	2416
湖 北	27423954						6921	60759
湖 南	24827065						63	
广 东	78817503	48111		3120130	91572			
广 西	13778971							
海 南	3250452							
重 庆	12720813	32653	504845					
四 川	21662085	17773	813239		6128	2586		
贵 州	40817533						13823	
云 南	24594870	825			1027			
西 藏								
陕 西	39006121							184147
甘 肃	23215168	5407			19697		10567	129491
青 海	2408871			5				
宁 夏	21093800	12800	571658					
新 疆	21075824							

2-C-38　续表 1

地　区	其他煤气(万立方米)	天然气(万立方米)	液化天然气(吨)	原油(吨)	汽油(吨)	煤油(吨)	柴油(吨)
北　京		161785			10386		6007
天　津		7088			3915		7726
河　北					10474	4	38718
山　西		5196			3796	2	56468
内蒙古		21500		1316	7468		62986
辽　宁					5936	41	15735
吉　林					3451		14349
黑龙江		11974			7445	1	20616
上　海	25	49543			6620		62450
江　苏	2017	170499		47	566	128	57694
浙　江		102267		83137	8659	1	35380
安　徽		1497			1735		17749
福　建			14084		5146	2	12240
江　西					3623		10902
山　东	863	49		94346	8453	52	74289
河　南	30383	39969	34	1667	9160	6	74489
湖　北		1673		1	10718	22	29610
湖　南					1814	38	35955
广　东		190918	1198167		6453	1	99416
广　西					3808	5	11659
海　南		61329	3857		1128		1437
重　庆		251			5052		17762
四　川		10046		15	4391	142	28683
贵　州					5701	10	31916
云　南					2772		30182
西　藏					107		6173
陕　西	8360	820			1571	16	18515
甘　肃	2487	2472			1516	2	6168
青　海		15655			44		1304
宁　夏		4710			2655		8516
新　疆		1003		80	5059		14115

2-C-38 续表 2

地 区	燃料油(吨)	液化石油气(吨)	炼厂干气(吨)	其他石油制品(吨)	热力(百万千焦)	电力(万千瓦时)	其他燃料(吨标准煤)
北 京	91352	199	7388	34696	1821011	302190	48952
天 津	11824			99	3404888	589903	26838
河 北	2801	4			9468982	1964807	455884
山 西	13844				470301	1670631	1686552
内蒙古	5595				5041211	1604796	515557
辽 宁	22764	13	65210	3	5476811	856510	
吉 林	5360				3080586	444790	79245
黑龙江	72135				1863449	1124827	206498
上 海	268585	17			1001226	956862	73929
江 苏	4600			32255	2898152	3821215	665245
浙 江	133220	30		68	9526069	2178846	442129
安 徽	366		39155		392517	875992	121850
福 建	18248					1369959	98630
江 西	226			125		616879	118775
山 东	13268			10914	17127769	2421203	985080
河 南	17697			264	4395322	2466227	612273
湖 北	8166		20642	5166	338653	1181166	148818
湖 南	7923			155		1071355	133111
广 东	3627888	18	21461	88475	2139816	2370985	893936
广 西	2716			210	616188	459526	5046
海 南						133249	18
重 庆	2507			52	1933	550302	283227
四 川	12			32495	260784	1330749	444233
贵 州	6			39		596418	
云 南		146		23		728178	30486
西 藏						27089	
陕 西	146			2	646000	895478	842189
甘 肃	12157	1			16087	588966	19513
青 海	400				59234	30190	
宁 夏	993					326153	17046
新 疆	493			79	1508826	499235	52052

2-C-39　分地区分能源品种规模以上燃气生产和供应业工业企业工业生产消费量

地　区	原煤 (吨)	洗精煤 (吨)	其他洗煤 (吨)	煤制品 (吨)	焦炭 (吨)	其他焦化产品 (吨)	焦炉煤气 (万立方米)	高炉煤气 (万立方米)
北　京	151							
天　津	80							
河　北	10685						473	
山　西	31482							
内蒙古	23526	299323						
辽　宁	17420				20149			
吉　林	33614	900740					14694	
黑龙江								
上　海	82785	785729			230296		39643	
江　苏	20293	153201		4330	183485	21745	4177	
浙　江	24							
安　徽	6155	71652			675		120	
福　建	17402			2474			880	
江　西	9428						1093	
山　东	259764	1839368					17013	
河　南	1940320	742625						
湖　北								
湖　南	5492							
广　东	40665							
广　西								
海　南								
重　庆								
四　川	228063							
贵　州	18049	928843			33044		12561	
云　南	59500	1309981			12067	53201		
西　藏								
陕　西								
甘　肃	11326							
青　海								
宁　夏								
新　疆	195							

2-C-39 续表 1

地区	其他煤气(万立方米)	天然气(万立方米)	液化天然气(吨)	原油(吨)	汽油(吨)	煤油(吨)	柴油(吨)
北京		4737			1641		2317
天津		381			615		12
河北		309			668		1371
山西					18		
内蒙古		18087			26		4
辽宁	3500	7820			1046		570
吉林		30			372		278
黑龙江		6			581		11
上海	14264	27421			1945	80	859
江苏	2634	190	790		588		619
浙江		391			351		429
安徽		438			201	2	422
福建			18531		50		69
江西	350				111		254
山东		30			1088		1041
河南	1432	17436			670		670
湖北		408			294		419
湖南		9			127		1783
广东		10447	12777		1745		5261
广西					5		12
海南					19		
重庆		197			494		266
四川		11241	421		1092	1	416
贵州					143		150
云南					19		201
西藏							
陕西		221			424		141
甘肃		551			22		4
青海							
宁夏					205		
新疆		255			87		735

2-C-39 续表 2

地 区	燃料油 (吨)	液化石油气 (吨)	炼厂干气 (吨)	其他石油制品 (吨)	热力 (百万千焦)	电力 (万千瓦时)	其他燃料 (吨标准煤)
北 京				2	35144	7248	
天 津		12				4805	
河 北		15			27539	3290	
山 西						792	
内蒙古						9223	
辽 宁		88063	50894	15	76229	7492	
吉 林		46			8344	5283	
黑龙江						5193	
上 海	8606	3161	14503	47033	1786787	19148	
江 苏		19574			6361	11656	
浙 江		945				2015	
安 徽	2	493				3623	
福 建						7286	
江 西						4280	
山 东		1836		420	714978	79558	
河 南						46199	
湖 北						2618	
湖 南		467				4731	188
广 东	7932	413431		95		12868	
广 西		43				652	
海 南						5221	
重 庆						5400	
四 川		1503		1		28436	
贵 州		1888			464954	5966	
云 南		1303				7411	
西 藏							
陕 西						4746	
甘 肃						445	
青 海						72	
宁 夏						419	
新 疆		17			14718	2632	

2-C-40 分地区分能源品种规模以上水的生产和供应业工业企业工业生产消费量

地区	原煤(吨)	洗精煤(吨)	其他洗煤(吨)	煤制品(吨)	焦炭(吨)	其他焦化产品(吨)	焦炉煤气(万立方米)	高炉煤气(万立方米)
北京	2158			51				
天津	1051							
河北	25319							
山西	9917							
内蒙古	55785							
辽宁	31520			95				
吉林	35500			789				
黑龙江	26420			324				
上海								
江苏	2275							
浙江								
安徽								
福建								
江西	300							
山东	108140							
河南	1810			35	115			
湖北	1205							
湖南	9916				800			
广东								
广西								
海南								
重庆								
四川	19889				125			
贵州								
云南								
西藏	598							
陕西	660			572	420			
甘肃	2739							
青海	5778							
宁夏	134104							
新疆	2964							

2-C-40　续表 1

地　区	其他煤气(万立方米)	天然气(万立方米)	液化天然气(吨)	原油(吨)	汽油(吨)	煤油(吨)	柴油(吨)
北　京		401			967	1	269
天　津					343		176
河　北					694		360
山　西					462		133
内蒙古					424		42
辽　宁					1804		1297
吉　林					769		277
黑龙江					888	54	342
上　海	2				1057		346
江　苏					781		567
浙　江					647		369
安　徽					185		82
福　建					599	2	331
江　西					314	3	310
山　东					2094	1	1268
河　南					1512		939
湖　北		21			1121	2	1166
湖　南					626	8	522
广　东					3105	15	18691
广　西					608		551
海　南					113		8
重　庆		7		1	376		217
四　川		136			974		354
贵　州					396		81
云　南					111		39
西　藏					7		
陕　西		223			356		69
甘　肃		165			330		65
青　海					23		5
宁　夏		7			196		6
新　疆		82			270	6	123

2-C-40 续表 2

地 区	燃料油(吨)	液化石油气(吨)	炼厂干气(吨)	其他石油制品(吨)	热力(百万千焦)	电力(万千瓦时)	其他燃料(吨标准煤)
北 京		15			51332	55259	
天 津					14509	21520	
河 北					6818	33976	
山 西						31528	
内蒙古						28246	
辽 宁					13046	110403	
吉 林					72221	31142	
黑龙江					34618	22575	
上 海		1				70871	
江 苏						135365	
浙 江						117611	
安 徽						43868	
福 建						52365	
江 西					11392	34166	
山 东				1	82864	81355	562
河 南					4123	47623	
湖 北						63977	
湖 南						70203	323
广 东	5647	52		16		329044	59
广 西		4				35403	165
海 南						7859	
重 庆						49636	
四 川				11		52076	
贵 州						18410	
云 南						11182	
西 藏						2038	
陕 西						18220	
甘 肃					47088	16786	
青 海						2715	
宁 夏						8340	
新 疆					28423	10831	

第3篇

水消费情况

3-1　分行业水消费量

行　业	水消费总量 (亿立方米)	比重 (%)
总　计	**1005.02**	**100.00**
工业	**793.17**	**78.92**
采矿业	49.57	4.93
煤炭开采和洗选业	16.14	1.61
石油和天然气开采业	9.09	0.90
黑色金属矿采选业	8.57	0.85
有色金属矿采选业	5.18	0.52
非金属矿采选业	10.57	1.05
其他采矿业	0.02	
制造业	293.56	29.21
农副食品加工业	13.97	1.39
食品制造业	6.44	0.64
饮料制造业	9.62	0.96
烟草制品业	0.58	0.06
纺织业	26.65	2.65
纺织服装、鞋、帽制造业	5.49	0.55
皮革、毛皮、羽毛(绒)及其制品业	3.87	0.38
木材加工及制品业	2.23	0.22
家具制造业	1.37	0.14
造纸及纸制品业	25.99	2.59
印刷业和记录媒介的复制	1.67	0.17
文教体育用品制造业	1.57	0.16
石油加工、炼焦及核燃料加工业	10.57	1.05
化学原料及化学制品制造业	50.35	5.01
医药制造业	6.92	0.69
化学纤维制造业	5.15	0.51
橡胶制品业	2.58	0.26
塑料制品业	4.83	0.48
非金属矿物制品业	21.05	2.09
黑色金属冶炼及压延加工业	34.21	3.40
有色金属冶炼及压延加工业	11.53	1.15
金属制品业	6.48	0.64
通用设备制造业	6.22	0.62
专用设备制造业	4.60	0.46
交通运输设备制造业	8.59	0.85
电气机械及器材制造业	6.54	0.65
通信、计算机、电子设备制造业	9.93	0.99
仪器仪表及办公用机械制造业	1.28	0.13
工艺品及其他制造业	2.95	0.29
废弃资源和废旧材料回收加工业	0.33	0.03

3-1 续表

行　　业	水消费总量 （亿立方米）	比重 （%）
电力、燃气及水的生产供应业	450.04	44.78
电力、热力的生产和供应业	441.17	43.90
燃气生产和供应业	0.83	0.08
水的生产和供应业		
建筑业	**50.36**	**5.01**
房屋和土木工程建筑业	2.11	0.21
建筑安装业	0.36	0.04
建筑装饰业	0.57	0.06
其他建筑业	0.22	0.02
交通运输仓储和邮政业	**9.00**	**0.90**
铁路运输业	0.07	0.01
道路运输业	4.52	0.45
城市公共交通业	0.82	0.08
水上运输业	0.88	0.09
航空运输业	1.47	0.15
管道运输业	0.08	0.01
装卸搬运和其他运输服务业	0.03	
仓储业	0.70	0.07
邮政业	0.42	0.04
信息传输、计算机服务和软件业	**1.74**	**0.17**
批发和零售业	**14.71**	**1.46**
住宿和餐饮业	**16.69**	**1.66**
金融业	**2.56**	**0.25**
房地产业	**12.09**	**1.20**
租赁和商务服务业	**7.29**	**0.72**
科学研究、技术服务、地址勘查	**3.64**	**0.36**
水利、环境和公共设施管理业	**10.57**	**1.05**
居民服务和其他服务	**2.65**	**0.26**
教育	**38.25**	**3.81**
卫生、社会保障、社会福利业	**17.03**	**1.69**
文化、体育、娱乐业	**2.61**	**0.26**
公共管理和社会组织	**22.67**	**2.26**

3-2 规模以上工业企业分行业取水量

单位：万立方米

行业	取水总量	其中		
		地表水	地下水	自来水
总 计	**6755152**	**4740627**	**840549**	**1055933**
采矿业	**408382**	**145513**	**193131**	**55634**
煤炭开采和洗选业	150419	54457	62994	22616
石油和天然气开采业	90541	14939	48117	27391
黑色金属矿采选业	66604	31952	32845	1512
有色金属矿采选业	42992	27900	12838	1788
非金属矿采选业	57762	16253	36306	2306
其他采矿业	65	12	31	21
制造业	**2572665**	**1071202**	**515241**	**914794**
农副食品加工业	115851	55764	30359	28871
食品制造业	54115	10588	17487	25435
饮料制造业	73137	12907	28624	30312
烟草制品业	5736	340	904	4451
纺织业	243315	111134	27389	101508
纺织服装、鞋、帽制造业	41352	3353	2948	34737
皮革、毛皮、羽毛(绒)等	31186	3712	6763	20519
木材加工及木、竹、藤等	14542	3493	3822	7137
家具制造业	8909	306	793	7796
造纸及纸制品业	244880	159012	57671	21779
印刷业和记录媒介的复制	10804	190	1018	9579
文教体育用品制造业	11731	245	852	10592
石油加工炼焦及核燃料	104544	40426	26795	22939
化学原料及化学制品制造	480649	264881	103071	98213
医药制造业	66319	18963	15170	31224
化学纤维制造业	50817	28880	7284	13724
橡胶制品业	18087	4379	2989	10637
塑料制品业	32131	2940	3137	25849
非金属矿物制品业	133323	45289	39874	46217
黑色金属冶炼及压延	337586	199567	76494	41059
有色金属冶炼及压延	110604	60589	20884	27092
金属制品业	46069	5614	5315	34975
通用设备制造业	45179	4375	8071	32496
专用设备制造业	35075	5619	6416	22809
交通运输设备制造业	77627	14503	8717	53143
电气机械及器材制造业	54324	3701	4826	45616
通信设备、计算机及其他	91246	1954	3186	85599
仪器仪表及文化、办公用	9790	128	656	8991
工艺品及其他制造业	21853	8117	3407	10238
废弃资源和废旧材料回收	1883	233	319	1258
电力、煤气及水的生产等	**3774105**	**3523912**	**132176**	**85505**
电力、热力的生产和供应	3766389	3522202	129497	82307
燃气生产和供应业	7716	1709	2679	3199

3-3 分地区规模以上工业企业取水量

单位: 万立方米

地区	取水总量	其中		
		地表水	地下水	自来水
全国	**6755152**	**4740627**	**840549**	**1055933**
北京	31645	5406	13688	7541
天津	35706	8143	10970	15431
河北	261908	125896	107921	18637
山西	93953	20819	51787	19068
内蒙古	78704	21046	38984	15823
辽宁	152316	39739	61375	39769
吉林	92981	69175	16193	6838
黑龙江	150275	95058	28654	23137
上海	661196	594941	561	51339
江苏	1435049	1261106	25803	145036
浙江	310702	181891	9349	116593
安徽	190386	144464	18680	25187
福建	239879	172516	13295	45685
江西	262484	232525	9821	19457
山东	318734	69440	165818	74406
河南	170028	59759	82556	20438
湖北	332810	281323	7082	43141
湖南	386150	341505	16129	28110
广东	417679	166967	13652	232567
广西	177959	152169	8918	16145
海南	14486	6757	1239	2206
重庆	180068	156393	1383	15053
四川	164110	121718	20188	20457
贵州	86570	76808	3028	5580
云南	216006	196156	10755	6170
西藏	1739	345	171	131
陕西	59665	18586	29360	9888
甘肃	67746	37661	11352	13698
青海	12409	2980	8112	1310
宁夏	26854	9296	13472	2465
新疆	124955	70038	40253	14629

3-4 分地区规模以上采矿业工业企业取水量

单位：万立方米

地 区	取水总量	其 中		
		地表水	地下水	自来水
全 国	**408382**	**145513**	**193131**	**55634**
北 京	550	132	320	97
天 津	1199		439	748
河 北	30103	4990	22297	664
山 西	24491	3045	14088	6845
内蒙古	13881	1593	10365	1888
辽 宁	24319	6465	15438	1790
吉 林	7806	2181	5497	128
黑龙江	20528	1206	5497	13119
上 海	5			5
江 苏	12043	8344	3475	219
浙 江	1636	1338	152	146
安 徽	13313	5242	5976	1538
福 建	6677	5924	531	155
江 西	10491	7352	2312	669
山 东	64560	4374	46358	9604
河 南	29550	11662	13303	2274
湖 北	3993	3120	569	303
湖 南	36019	29393	5777	827
广 东	5451	3913	1058	478
广 西	3790	2911	310	466
海 南	1011	228	384	399
重 庆	7874	5942	717	1208
四 川	17069	12801	2513	1443
贵 州	3726	1987	1228	496
云 南	10326	8249	1753	187
西 藏	118	106	8	4
陕 西	11145	2690	6858	1338
甘 肃	4449	1124	1744	377
青 海	2870	251	2549	70
宁 夏	2722	403	488	1156
新 疆	36667	8545	21127	6994

3-5 分地区规模以上煤炭开采和洗选业工业企业取水量

单位：万立方米

地 区	取水总量	其中		
		地表水	地下水	自来水
全 国	**150419**	**54457**	**62994**	**22616**
北 京	183	77	104	2
天 津	1			1
河 北	8272	182	5398	547
山 西	20996	2625	11047	6815
内蒙古	5756	309	3617	1825
辽 宁	3503	250	1415	1542
吉 林	939	500	342	96
黑龙江	5234	101	2750	1706
上 海				
江 苏	3618	1203	2381	32
浙 江	390	320	42	28
安 徽	7991	1680	4543	1226
福 建	3822	3720	51	20
江 西	1733	1046	435	253
山 东	15878	1511	11128	1886
河 南	16251	3633	8259	2063
湖 北	364	74	141	148
湖 南	29183	23947	4694	521
广 东				
广 西	170	76	7	87
海 南				
重 庆	6764	5700	604	455
四 川	5503	3549	1203	453
贵 州	3337	1639	1205	479
云 南	1470	891	415	139
西 藏				
陕 西	2410	157	1285	708
甘 肃	2228	624	98	307
青 海	115	15	32	68
宁 夏	2692	403	461	1152
新 疆	1615	222	1336	58

3-6 分地区规模以上石油和天然气开采业工业企业取水量

单位：万立方米

地区	取水总量	其中		
		地表水	地下水	自来水
全国	**90541**	**14939**	**48117**	**27391**
北京	96		1	95
天津	936		188	739
河北	1453		1384	69
山西	9		9	1
内蒙古	480		478	1
辽宁	5129		4937	137
吉林	4951	6	4925	20
黑龙江	14717	753	2528	11407
上海	5			5
江苏	2003	1141	764	98
浙江				
安徽				
福建				
江西				
山东	10913	2001	1810	7102
河南	4921	1093	3825	3
湖北	1051	1050		1
湖南				
广东	93			93
广西				
海南	17		17	
重庆	50			50
四川	45	3	18	24
贵州				
云南	4	4		
西藏				
陕西	6972	1028	5322	622
甘肃	1327	2	1326	
青海	1949		1949	
宁夏	27		27	
新疆	33393	7860	18609	6923

3-7 分地区规模以上黑色金属矿采选业工业企业取水量

单位：万立方米

地 区	取水总量	其 中		
		地表水	地下水	自来水
全 国	**66604**	**31952**	**32845**	**1512**
北 京	248	54	193	
天 津	4		4	
河 北	19293	4705	14540	41
山 西	3232	373	2834	25
内蒙古	3732	911	2798	23
辽 宁	11822	4523	7033	80
吉 林	1209	1164	35	10
黑龙江	70	2	63	5
上 海				
江 苏	2279	2192	82	5
浙 江	72	60		12
安 徽	4304	2739	1269	282
福 建	932	700	197	2
江 西	2343	1673	647	23
山 东	2110	640	1438	20
河 南	1427	1179	230	3
湖 北	934	821	86	27
湖 南	489	333	131	24
广 东	904	589	306	9
广 西	664	526	61	62
海 南	475	73	4	398
重 庆	174	70	105	
四 川	5580	4923	250	403
贵 州	19	17	1	1
云 南	2735	2652	68	12
西 藏	87	83		4
陕 西	499	478	21	
甘 肃	356	155	160	36
青 海	20	11	9	
宁 夏	3			3
新 疆	586	305	279	3

3-8　分地区规模以上有色金属矿采选业工业企业取水量

单位：万立方米

地　区	取水总量	其　　中		
		地表水	地下水	自来水
全　国	**42992**	**27900**	**12838**	**1788**
北　京				
天　津				
河　北	372	60	310	2
山　西	229	47	182	
内蒙古	2620	59	2508	34
辽　宁	3547	1651	1785	23
吉　林	702	509	191	1
黑龙江	260	167	93	
上　海				
江　苏	88	62	2	24
浙　江	208	142	25	42
安　徽	251	113	122	16
福　建	1357	1248	97	9
江　西	5629	4029	1106	337
山　东	2229	136	1992	100
河　南	6517	5733	637	147
湖　北	983	842	135	6
湖　南	3511	2750	585	175
广　东	2062	1848	111	103
广　西	1791	1267	182	255
海　南	390	28	362	
重　庆	4	4		
四　川	2310	1669	202	439
贵　州	322	306	7	9
云　南	4644	3477	1023	35
西　藏	31	23	8	
陕　西	1206	1023	176	7
甘　肃	491	325	144	23
青　海	632	225	406	1
宁　夏				
新　疆	606	157	448	

3-9 分地区规模以上非金属矿采选业工业企业取水量

单位：万立方米

地区	取水总量	其中		
		地表水	地下水	自来水
全国	**57762**	**16253**	**36306**	**2306**
北京	22		22	
天津	258		246	8
河北	713	43	665	5
山西	23		16	4
内蒙古	1270	314	940	5
辽宁	308	38	262	7
吉林	5	1	3	
黑龙江	247	184	62	
上海				
江苏	4055	3746	246	60
浙江	966	816	85	64
安徽	766	710	41	15
福建	566	255	185	124
江西	786	605	125	57
山东	33429	86	29989	496
河南	433	24	351	58
湖北	660	332	207	120
湖南	2836	2362	366	108
广东	2392	1476	642	273
广西	1162	1042	60	60
海南	129	126	1	2
重庆	881	169	9	703
四川	3612	2655	840	106
贵州	48	25	16	7
云南	1467	1218	247	1
西藏				
陕西	59	4	54	1
甘肃	46	19	16	11
青海	154		154	
宁夏				
新疆	466		455	11

3-10　分地区规模以上其他采矿业工业企业取水量

单位：万立方米

地　区	取水总量	其中		
		地表水	地下水	自来水
全　国	**65**	**12**	**31**	**21**
北　京				
天　津				
河　北				
山　西				
内蒙古	24		24	
辽　宁	9	3	6	
吉　林				
黑龙江				
上　海				
江　苏				
浙　江				
安　徽				
福　建				
江　西				
山　东	1		1	
河　南	1		1	
湖　北	2	1		1
湖　南				
广　东				
广　西	2			2
海　南				
重　庆				
四　川	19	1		18
贵　州				
云　南	6	6		
西　藏				
陕　西				
甘　肃				
青　海	1			1
宁　夏				
新　疆				

3-11 分地区规模以上制造业工业企业取水量

单位：万立方米

地区	取水总量	其中		
		地表水	地下水	自来水
全国	**2572665**	**1071202**	**515241**	**914794**
北京	19352	2619	9622	6044
天津	27124	3138	9677	13558
河北	98322	9371	69574	14077
山西	44731	9789	25663	8566
内蒙古	34277	9989	14658	9255
辽宁	96053	22890	37554	26756
吉林	40296	28050	6614	4858
黑龙江	32604	11995	11469	7193
上海	93635	30011	519	49702
江苏	283928	126450	17895	136923
浙江	270687	148723	9116	110191
安徽	70603	37201	9103	22939
福建	102336	38243	12759	43622
江西	59818	35042	6203	18049
山东	196060	39696	100414	53059
河南	97835	26963	55134	13558
湖北	105548	58420	6445	39423
湖南	105178	68042	10310	26442
广东	314572	71932	12194	227196
广西	101719	77485	8492	15122
海南	11142	4552	730	1617
重庆	33125	19002	664	13262
四川	119896	83269	16612	18581
贵州	23824	16024	1781	4879
云南	53856	40144	5477	5523
西藏	1611	239	163	117
陕西	34834	9216	16753	7438
甘肃	42447	26225	7008	8800
青海	8645	2248	5314	1075
宁夏	15931	3881	11018	982
新疆	32675	10351	16305	5985

3-12　分地区规模以上农副食品加工业工业企业取水量

单位：万立方米

地　区	取水总量	其　中		
		地表水	地下水	自来水
全　国	**115851**	**55764**	**30359**	**28871**
北　京	554		436	117
天　津	428		62	366
河　北	2230	181	1638	411
山　西	389		355	33
内蒙古	1546	16	1364	166
辽　宁	2065	64	1121	878
吉　林	2311	743	850	685
黑龙江	2476	318	1633	525
上　海	833		35	797
江　苏	3112	565	890	1650
浙　江	3211	113	228	2869
安　徽	1708	97	1044	563
福　建	3706	1218	439	2018
江　西	1338	189	191	958
山　东	15931	2371	8816	4602
河　南	3703	174	2621	906
湖　北	1648	128	295	1218
湖　南	2408	626	418	1349
广　东	9977	4314	1982	3601
广　西	30110	26716	1621	1747
海　南	3284	2941	117	225
重　庆	564	149	26	383
四　川	2677	551	996	1107
贵　州	150	25	20	104
云　南	15932	13579	1184	700
西　藏	31	31		
陕　西	487	22	372	92
甘　肃	885	21	470	387
青　海	237	2	69	166
宁　夏	196		167	29
新　疆	1725	609	895	221

3-13 分地区规模以上食品制造业工业企业取水量

单位：万立方米

地区	取水总量	其中		
		地表水	地下水	自来水
全国	**54115**	**10588**	**17487**	**25435**
北京	730		297	413
天津	719	3	222	494
河北	1865	8	1387	463
山西	497	37	192	267
内蒙古	2179	2	685	1492
辽宁	829	40	394	395
吉林	329	43	207	79
黑龙江	1534	4	1131	399
上海	1774	234	49	1491
江苏	2644	1021	192	1429
浙江	3200	414	232	2553
安徽	4427	2744	327	862
福建	3434	840	698	1875
江西	1250	319	487	444
山东	6814	782	3688	2309
河南	2115	48	1657	408
湖北	3969	1668	605	1697
湖南	1702	54	553	1088
广东	4871	773	168	3930
广西	1500	79	591	823
海南	334	12	284	39
重庆	765	360	41	363
四川	2290	875	475	938
贵州	222	15	10	196
云南	514	61	115	334
西藏	19			19
陕西	741	8	400	333
甘肃	602	124	390	88
青海	19		2	17
宁夏	502		480	22
新疆	1724	21	1526	175

3-14　分地区规模以上饮料制造业工业企业取水量

单位：万立方米

地　区	取水总量	其　中		
		地表水	地下水	自来水
全　国	**73137**	**12907**	**28624**	**30312**
北　京	1327		1030	287
天　津	1043		473	570
河　北	3258	3	2862	392
山　西	726	1	494	231
内蒙古	1381		1263	117
辽　宁	2267	87	1346	835
吉　林	2679	1060	1210	408
黑龙江	2213	55	1642	516
上　海	1595		123	1468
江　苏	4539	881	1617	2038
浙　江	4602	1128	372	3102
安　徽	2185	262	931	991
福　建	2870	703	193	1971
江　西	1745	41	892	812
山　东	5965	194	3192	2521
河　南	5200	587	3375	1222
湖　北	3306	1060	546	1643
湖　南	1782	672	367	743
广　东	7662	2258	560	4811
广　西	2806	773	590	1338
海　南	187	1	163	23
重　庆	893	47	28	817
四　川	4686	1858	1574	1251
贵　州	1008	606	165	236
云　南	1096	497	280	316
西　藏	1096	7	115	
陕　西	1882	61	708	1108
甘　肃	2360	47	1914	382
青　海	148	3	99	46
宁　夏	151		149	3
新　疆	479	14	353	112

3-15 分地区规模以上烟草制品业工业企业取水量

单位：万立方米

地区	取水总量	其中		
		地表水	地下水	自来水
全国	**5736**	**340**	**904**	**4451**
北京	32		32	
天津	21			21
河北	124		22	102
山西	39			39
内蒙古	74		61	13
辽宁	39			39
吉林	68		18	50
黑龙江	105		62	43
上海	74			74
江苏	218		51	162
浙江	96			96
安徽	332	1	8	323
福建	120		42	78
江西	174	3		171
山东	288		139	132
河南	240		36	199
湖北	472			472
湖南	782	8		773
广东	164	8	15	141
广西	82			82
海南	8		8	
重庆	49			49
四川	253	39	6	205
贵州	488	165	26	297
云南	1051	116	304	623
西藏				
陕西	220		63	157
甘肃	91			91
青海				
宁夏	10		10	
新疆	21		1	20

3-16　分地区规模以上纺织业工业企业取水量

单位：万立方米

地　区	取水总量	其　中		
		地表水	地下水	自来水
全　国	**243315**	**111134**	**27389**	**101508**
北　京	276		154	91
天　津	838	40	384	414
河　北	3749	393	2950	391
山　西	365		302	63
内蒙古	746	2	530	215
辽　宁	1332	71	757	504
吉　林	283	5	215	64
黑龙江	236	8	135	93
上　海	3620	652	96	2808
江　苏	50755	20812	3672	24755
浙　江	86835	55898	2450	27718
安　徽	2816	477	312	1998
福　建	12595	1405	1161	9888
江　西	2077	535	211	1331
山　东	15245	4150	6082	4794
河　南	2560	110	1689	565
湖　北	4409	771	749	2867
湖　南	3536	1811	1138	577
广　东	37363	15766	1722	19691
广　西	1656	614	203	805
海　南	66	60	4	2
重　庆	806	506	26	265
四　川	7650	6268	625	719
贵　州	33	7	7	20
云　南	874	675	92	103
西　藏	7	7		
陕　西	1384	79	983	322
甘　肃	189		5	183
青　海	24	4	1	18
宁　夏	69		2	68
新　疆	919	9	731	177

3-17 分地区规模以上纺织服装、鞋、帽制造业工业企业取水量

单位：万立方米

地区	取水总量	其中		
		地表水	地下水	自来水
全国	**41352**	**3353**	**2948**	**34737**
北京	209		92	111
天津	170	4	77	90
河北	378	2	319	55
山西	43		39	4
内蒙古	31		9	22
辽宁	396	9	150	237
吉林	80		7	72
黑龙江	4			4
上海	2083	161	7	1896
江苏	8533	1091	225	7198
浙江	6844	519	240	6052
安徽	339	6	18	315
福建	3780	474	508	2792
江西	276	8	12	254
山东	2320	70	717	1513
河南	127	2	88	36
湖北	575	4	22	548
湖南	84	7	23	54
广东	14677	924	306	13244
广西	40		1	39
海南	8			8
重庆	60			59
四川	184	53	57	73
贵州	33	19		14
云南	13			13
西藏				
陕西	18		5	14
甘肃	26		18	7
青海	3			3
宁夏	1			1
新疆	18		8	10

3-18　分地区规模以上皮革、毛皮、羽毛(绒)及其制品业工业企业取水量

单位：万立方米

地　区	取水总量	其　中		
		地表水	地下水	自来水
全　国	**31186**	**3712**	**6763**	**20519**
北　京	21		8	11
天　津	69		38	30
河　北	3363		3257	106
山　西	1		1	
内蒙古	111		109	2
辽　宁	85		51	34
吉　林	34		33	1
黑龙江	24		2	22
上　海	449	25	1	417
江　苏	1504	316	118	1054
浙　江	4609	1248	447	2873
安　徽	610	268	175	168
福　建	4509	61	392	4018
江　西	309	3	13	293
山　东	1445	99	557	767
河　南	675	53	583	40
湖　北	56	22	4	29
湖　南	538	344	112	82
广　东	11355	952	285	10096
广　西	394	4	140	250
海　南	1	1		
重　庆	150	53	11	45
四　川	700	253	325	116
贵　州	1	1		
云　南	2	2		
西　藏	5	5		
陕　西	2			2
甘　肃	71		13	58
青　海				
宁　夏	8		7	1
新　疆	84		81	3

3-19 分地区规模以上木材加工及木、竹、藤、棕、草制品业工业企业取水量

单位：万立方米

地 区	取水总量	其 中		
		地表水	地下水	自来水
全 国	**14542**	**3493**	**3822**	**7137**
北 京	37		6	30
天 津	62		39	23
河 北	138		122	16
山 西	6		5	1
内蒙古	81		71	10
辽 宁	207	24	98	85
吉 林	989	533	241	215
黑龙江	469	34	43	391
上 海	315	2		313
江 苏	1025	260	252	512
浙 江	1129	123	78	904
安 徽	421	52	152	218
福 建	1523	535	334	651
江 西	888	374	50	464
山 东	899	29	694	175
河 南	246	80	159	7
湖 北	371	77	153	142
湖 南	1618	894	275	446
广 东	2380	47	644	1661
广 西	985	257	200	528
海 南	15	1	7	8
重 庆	55	7	2	47
四 川	319	39	136	144
贵 州	67	30	2	35
云 南	237	93	26	88
西 藏	2	2		1
陕 西	8		3	5
甘 肃	19		16	3
青 海				
宁 夏	1			1
新 疆	30		16	14

3-20　分地区规模以上家具制造业工业企业取水量

单位：万立方米

地　区	取水总量	其中		
		地表水	地下水	自来水
全　国	**8909**	**306**	**793**	**7796**
北　京	89		35	52
天　津	259	2	15	243
河　北	54		34	19
山　西	4			4
内蒙古	3	1		2
辽　宁	113		40	73
吉　林	14		5	9
黑龙江	51	2	4	45
上　海	552			552
江　苏	424	6	5	412
浙　江	1315	103	50	1158
安　徽	56		22	34
福　建	413	17	36	357
江　西	66	2		63
山　东	436	105	153	177
河　南	72	12	56	5
湖　北	38	1	7	30
湖　南	113	10	26	76
广　东	4526	27	203	4294
广　西	89		2	82
海　南	10	5	5	1
重　庆	29		1	28
四　川	149	12	89	48
贵　州	1			1
云　南	2			2
西　藏				
陕　西	5		2	3
甘　肃	1			1
青　海				
宁　夏	3			3
新　疆	23		2	20

3-21 分地区规模以上造纸及纸制品业工业企业取水量

单位：万立方米

地　区	取水总量	其　中		
		地表水	地下水	自来水
全　国	**244880**	**159012**	**57671**	**21779**
北　京	202	3	150	43
天　津	393	51	159	72
河　北	9700	1	8956	625
山　西	473	13	392	68
内蒙古	1654	681	866	108
辽　宁	1721	525	966	203
吉　林	4563	3916	636	11
黑龙江	2472	1689	658	18
上　海	1729	805		924
江　苏	12666	9557	852	2085
浙　江	46495	42608	983	2307
安　徽	2932	2165	527	225
福　建	12837	10741	695	973
江　西	4069	2893	633	544
山　东	29342	10447	16058	2740
河　南	16263	2725	12935	500
湖　北	6966	5533	285	1011
湖　南	15513	12956	1748	802
广　东	25582	18606	681	6228
广　西	13502	11813	255	1300
海　南	4002	38	3	9
重　庆	2413	2207	6	196
四　川	14244	13031	804	409
贵　州	737	714	12	11
云　南	2596	2250	206	55
西　藏				
陕　西	3148	460	2226	226
甘　肃	977	212	759	5
青　海	2		1	2
宁　夏	6044	2370	3636	38
新　疆	1645	3	1584	44

3-22　分地区规模以上印刷业和记录媒介的复制工业企业取水量

单位：万立方米

地　区	取水总量	其　中		
		地表水	地下水	自来水
全　国	**10804**	**190**	**1018**	**9579**
北　京	409		147	254
天　津	60	3	9	48
河　北	130		75	55
山　西	33		5	28
内蒙古	6			6
辽　宁	88		6	81
吉　林	16		1	14
黑龙江	42		30	12
上　海	523		2	521
江　苏	600	7	90	504
浙　江	678	23	24	629
安　徽	144	3	9	129
福　建	267		19	248
江　西	136		1	135
山　东	410	68	116	226
河　南	145	5	59	81
湖　北	233		1	233
湖　南	251	39	8	204
广　东	5611	12	40	5557
广　西	101		3	98
海　南	12		2	10
重　庆	112		1	111
四　川	503	16	345	141
贵　州	21			21
云　南	82		2	80
西　藏	9	1	1	7
陕　西	104	5	24	75
甘　肃	42			42
青　海	13			13
宁　夏	4	2		2
新　疆	17	2		14

3-23 分地区规模以上文教体育用品制造业工业企业取水量

单位：万立方米

地区	取水总量	其中		
		地表水	地下水	自来水
全国	**11731**	**245**	**852**	**10592**
北京	45		24	17
天津	85		5	61
河北	8		2	3
山西	51		46	5
内蒙古				
辽宁	42		10	27
吉林	3		1	1
黑龙江	7		3	4
上海	585	2	18	565
江苏	766	46	28	690
浙江	1129	45	99	984
安徽	114	4	14	90
福建	424	4	28	393
江西	132		5	127
山东	367	50	139	175
河南	7		7	1
湖北	14	1		13
湖南	23	4	1	18
广东	7895	74	415	7406
广西	24	15	1	8
海南				
重庆	2			2
四川	3			2
贵州	4		3	1
云南				
西藏				
陕西				
甘肃	1			1
青海				
宁夏				
新疆				

3-24　分地区规模以上石油加工、炼焦及核燃料加工业工业企业取水量

单位：万立方米

地　区	取水总量	其中		
		地表水	地下水	自来水
全　国	**104544**	**40426**	**26795**	**22939**
北　京	1084		419	26
天　津	2087	258	1306	302
河　北	4640	39	3871	326
山　西	10468	2011	7706	642
内蒙古	1313	14	622	677
辽　宁	7379	1229	2983	2512
吉　林	427	365	22	40
黑龙江	5335	2915	1182	1196
上　海	15636	3674		555
江　苏	4513	3674	48	788
浙　江	2117	1966		149
安　徽	1907	1	133	1772
福　建	888	74	4	70
江　西	1251	261	13	977
山　东	11351	4701	4416	2142
河　南	1818	335	995	487
湖　北	1392	1216	15	160
湖　南	3403	2340	43	1013
广　东	5656	4095	6	1542
广　西	260		20	240
海　南	627		1	602
重　庆	405	265	109	31
四　川	2644	2149	31	461
贵　州	249	201	24	18
云　南	2203	1754	281	165
西　藏				
陕　西	2653	1385	1122	146
甘　肃	5738	1557	360	3821
青　海	230		230	
宁　夏	851	148	543	148
新　疆	6019	3796	291	1929

3-25 分地区规模以上化学原料及化学制品制造业工业企业取水量

单位：万立方米

地 区	取水总量	其 中		
		地表水	地下水	自来水
全 国	**480649**	**264881**	**103071**	**98213**
北 京	2184	832	858	429
天 津	5379	795	2242	2150
河 北	12319	1281	9632	1318
山 西	9740	1872	7000	493
内蒙古	6578	968	3594	2016
辽 宁	16657	5996	4990	3670
吉 林	11810	9634	798	653
黑龙江	3012	459	452	1657
上 海	21424	12750	31	7031
江 苏	66190	40974	4472	20319
浙 江	42488	29942	756	11034
安 徽	13977	10484	1161	2120
福 建	10967	5497	297	1260
江 西	13279	10751	664	1746
山 东	45989	5768	32775	8833
河 南	16348	5346	9454	1295
湖 北	28745	21707	1795	5218
湖 南	26188	19240	1796	4987
广 东	15738	4725	606	8600
广 西	17845	14761	1571	1465
海 南	1461	1211	28	69
重 庆	9574	7085	36	2425
四 川	29632	24195	2241	3125
贵 州	9633	8171	278	1178
云 南	12540	9785	731	792
西 藏	12	1		11
陕 西	9092	3557	4017	724
甘 肃	5698	4318	363	662
青 海	3981	1808	1841	331
宁 夏	4028	946	2805	271
新 疆	8142	24	5785	2329

3-26　分地区规模以上医药制造业工业企业取水量

单位：万立方米

地　区	取水总量	其　中		
		地表水	地下水	自来水
全　国	**66319**	**18963**	**15170**	**31224**
北　京	778	1	351	429
天　津	984	5	293	685
河　北	3475		2395	1057
山　西	699	5	222	470
内蒙古	812		685	127
辽　宁	2129	21	909	1192
吉　林	1090	37	735	317
黑龙江	1364	7	816	541
上　海	1770	10	10	1750
江　苏	5916	2410	408	3095
浙　江	5623	1437	176	3961
安　徽	2217	406	873	924
福　建	3100	1279	46	1527
江　西	1939	309	392	1237
山　东	4687	278	2354	2013
河　南	4248	602	2351	985
湖　北	2816	602	16	2178
湖　南	1937	703	76	1158
广　东	4620	1902	70	2647
广　西	1802	557	117	1106
海　南	157	20	17	120
重　庆	990	139	14	837
四　川	9789	8028	653	905
贵　州	619	24	60	535
云　南	598	81	90	410
西　藏	77	2		76
陕　西	1091	80	492	519
甘　肃	333	15	53	262
青　海	101			101
宁　夏	466		453	13
新　疆	90		42	47

3-27 分地区规模以上化学纤维制造业工业企业取水量

单位：万立方米

地 区	取水总量	其 中		
		地表水	地下水	自来水
全 国	**50817**	**28880**	**7284**	**13724**
北 京	9		5	5
天 津	19		13	6
河 北	1355	37	815	502
山 西	234	186	47	1
内蒙古	1			1
辽 宁	3079	2656	161	262
吉 林	3485	2900	515	70
黑龙江	91		91	
上 海	240	16	2	223
江 苏	10585	7455	456	2566
浙 江	4029	1261	75	2626
安 徽	984	764	213	7
福 建	920	68	110	742
江 西	4238	4195		43
山 东	3184	1278	683	1215
河 南	3444	4	1194	2107
湖 北	4534	2677		1857
湖 南	1557	1097	1	459
广 东	924	285	9	629
广 西	3			3
海 南	5		5	
重 庆	9			9
四 川	3069	2380	7	77
贵 州				
云 南	72			72
西 藏				
陕 西	110		60	50
甘 肃	1536	1337	194	5
青 海				
宁 夏				
新 疆	3101	283	2629	189

3-28　分地区规模以上橡胶制品业工业企业取水量

单位：万立方米

地　区	取水总量	其中		
		地表水	地下水	自来水
全　国	**18087**	**4379**	**2989**	**10637**
北　京	107		87	19
天　津	250	3	68	179
河　北	545	12	478	55
山　西	78		15	63
内蒙古	2			2
辽　宁	761	13	413	335
吉　林	3			2
黑龙江	466	457	4	5
上　海	933	58	33	820
江　苏	2515	867	46	1556
浙　江	2385	635	169	1572
安　徽	568	135	68	365
福　建	859	104	130	625
江　西	288	116	19	153
山　东	2119	144	650	1325
河　南	353	29	216	107
湖　北	263	27	3	234
湖　南	764	543	29	190
广　东	2928	276	131	2521
广　西	566	376	150	40
海　南	55	48		6
重　庆	229	85	8	135
四　川	250	129	46	76
贵　州	406	262		144
云　南	49	15		34
西　藏				
陕　西	147		144	3
甘　肃	5		1	4
青　海				
宁　夏	136		72	64
新　疆	59	45	8	6

3-29 分地区规模以上塑料制品业工业企业取水量

单位：万立方米

地区	取水总量	其中		
		地表水	地下水	自来水
全国	**32131**	**2940**	**3137**	**25849**
北京	164		59	100
天津	366	4	32	326
河北	440		308	128
山西	42		4	38
内蒙古	464	379	4	78
辽宁	695	25	152	517
吉林	28	5	12	10
黑龙江	60		16	44
上海	1551	15	1	1534
江苏	3405	311	76	2942
浙江	4876	666	267	3922
安徽	685	40	47	598
福建	1446	51	243	1141
江西	271	28	17	226
山东	1233	100	664	448
河南	227	16	145	66
湖北	673	297	24	351
湖南	491	88	61	342
广东	13211	836	325	12026
广西	233	5	5	214
海南	7		3	4
重庆	157	5	15	136
四川	409	37	107	264
贵州	52	2	9	40
云南	146	8	10	114
西藏				
陕西	109	18	18	72
甘肃	74		7	54
青海	1			1
宁夏	60		54	6
新疆	556		451	104

3-30　分地区规模以上非金属矿物制品业工业企业取水量

单位：万立方米

地　区	取水总量	其　中		
		地表水	地下水	自来水
全　国	**133323**	**45289**	**39874**	**46217**
北　京	1319	105	819	381
天　津	702	44	290	354
河　北	3945	154	2911	812
山　西	1123	71	803	246
内蒙古	1437	1	1269	154
辽　宁	3328	465	1886	896
吉　林	2391	1677	544	157
黑龙江	1018	253	532	233
上　海	2790	582	29	2157
江　苏	9666	3669	1877	4057
浙　江	7013	3894	309	2789
安　徽	6133	4084	756	1243
福　建	13312	4748	5455	2946
江　西	4956	951	1739	1966
山　东	8990	1347	5124	2467
河　南	5465	611	3834	964
湖　北	5347	2099	1474	1671
湖　南	7126	3973	980	2169
广　东	20333	4584	1941	13657
广　西	4808	2585	1207	965
海　南	293	213	29	50
重　庆	3387	1500	158	1711
四　川	7699	3612	1863	1999
贵　州	1867	1231	217	371
云　南	2499	1321	614	305
西　藏	219	55	47	
陕　西	1704	243	1062	379
甘　肃	2102	920	474	700
青　海	245	71	110	64
宁　夏	453	33	358	62
新　疆	1653	194	1165	294

3-31 分地区规模以上黑色金属冶炼及压延加工业工业企业取水量

单位：万立方米

地 区	取水总量	其 中		
		地表水	地下水	自来水
全 国	**337586**	**199567**	**76494**	**41059**
北 京	4971	1607	3158	6
天 津	7440	1736	2959	2652
河 北	39185	7191	23089	4437
山 西	10977	3829	4239	2715
内蒙古	12164	7835	2137	2092
辽 宁	40769	10245	17664	7326
吉 林	6760	6639	104	17
黑龙江	4625	1669	1591	36
上 海	11610	10176		1250
江 苏	31365	26287	1031	4043
浙 江	6845	3666	76	3099
安 徽	15669	14687	60	858
福 建	13293	9588	722	1045
江 西	7965	7133	364	389
山 东	15906	5179	5228	2419
河 南	11883	5139	5482	245
湖 北	7616	6787	27	801
湖 南	20563	18631	386	1382
广 东	9755	7061	120	2106
广 西	7568	6362	374	704
海 南	157	2	47	
重 庆	4038	3711	9	315
四 川	20905	16341	2931	1517
贵 州	3918	1778	383	694
云 南	6985	6129	425	324
西 藏				
陕 西	1504	618	773	114
甘 肃	5381	3842	1299	233
青 海	1137	34	990	113
宁 夏	1207	380	753	64
新 疆	5427	5283	74	62

3-32　分地区规模以上有色金属冶炼及压延加工业工业企业取水量

单位：万立方米

地　区	取水总量	其中		
		地表水	地下水	自来水
全　国	**110604**	**60589**	**20884**	**27092**
北　京	129		89	39
天　津	147	11	43	90
河　北	554	31	374	94
山　西	5863	1598	2963	1302
内蒙古	2641	70	993	1321
辽　宁	2730	998	391	855
吉　林	382	331	41	9
黑龙江	380	31	304	45
上　海	937	81	5	837
江　苏	2917	255	115	2522
浙　江	1823	502	70	1205
安　徽	6445	142	1793	4144
福　建	1029	377	83	568
江　西	8011	6114	107	1789
山　东	4841	956	2283	1400
河　南	13086	8748	3793	545
湖　北	3600	3184	59	357
湖　南	5586	2349	1392	1845
广　东	6144	1142	64	4901
广　西	13242	11945	684	592
海　南	153			150
重　庆	1591	1227	20	344
四　川	3211	2302	478	403
贵　州	1733	1566	119	49
云　南	5571	3714	899	496
西　藏	129	129		
陕　西	3360	2517	683	157
甘　肃	10823	9882	56	883
青　海	2186	321	1803	62
宁　夏	945	1	844	77
新　疆	414	65	338	11

3-33 分地区规模以上金属制品业工业企业取水量

单位：万立方米

地 区	取水总量	其中		
		地表水	地下水	自来水
全 国	**46069**	**5614**	**5315**	**34975**
北 京	302		148	141
天 津	574	16	158	397
河 北	1493	2	1255	199
山 西	59		33	26
内蒙古	37	1	5	31
辽 宁	696	12	252	431
吉 林	25	2	8	15
黑龙江	165		71	94
上 海	2917	54	11	2847
江 苏	9326	3460	303	5546
浙 江	6352	764	622	4926
安 徽	474	10	31	433
福 建	1112	27	108	975
江 西	258	63	42	154
山 东	1621	151	472	977
河 南	689	64	515	110
湖 北	1307	28	61	1218
湖 南	1149	99	75	974
广 东	15297	355	641	14299
广 西	195	22	20	150
海 南	88		2	86
重 庆	328	30	4	294
四 川	441	35	86	305
贵 州	530	409	4	116
云 南	42	4	13	25
西 藏				
陕 西	173	3	124	46
甘 肃	81	2	12	65
青 海	25		15	10
宁 夏	206		189	17
新 疆	106		36	66

3-34　分地区规模以上通用设备制造业工业企业取水量

单位：万立方米

地　区	取水总量	其　中		
		地表水	地下水	自来水
全　国	**45179**	**4375**	**8071**	**32496**
北　京	450	38	138	267
天　津	594	17	111	460
河　北	1027	2	643	382
山　西	397	2	215	179
内蒙古	186	19	47	120
辽　宁	2209	107	831	1238
吉　林	142	27	32	83
黑龙江	449	6	186	256
上　海	4281	302	5	3969
江　苏	7033	556	256	6166
浙　江	6135	433	400	5287
安　徽	1211	117	196	898
福　建	1275	124	329	812
江　西	472	90	45	330
山　东	4035	335	1603	2073
河　南	1385	229	638	517
湖　北	2013	712	16	1267
湖　南	1357	113	251	991
广　东	4761	386	155	4193
广　西	485	26	90	360
海　南	7		3	4
重　庆	836	84	40	701
四　川	1811	558	425	826
贵　州	251	42	75	134
云　南	185	15	53	117
西　藏				
陕　西	1339	27	850	462
甘　肃	404	7	177	219
青　海	253		153	95
宁　夏	170		106	64
新　疆	25		1	24

3-35 分地区规模以上专用设备制造业工业企业取水量

单位：万立方米

地区	取水总量	其中		
		地表水	地下水	自来水
全国	**35075**	**5619**	**6416**	**22809**
北京	715	31	392	275
天津	590	10	63	511
河北	1232		542	688
山西	906	21	199	684
内蒙古	607		225	382
辽宁	986	42	299	644
吉林	169	73	26	70
黑龙江	2757	2371	189	197
上海	1692	76	19	1587
江苏	4178	411	68	3682
浙江	2021	134	89	1791
安徽	428	23	27	378
福建	558	17	61	478
江西	352	3	55	295
山东	2693	138	1233	1271
河南	1648	136	598	913
湖北	1098	111	7	981
湖南	1850	461	215	1174
广东	5317	426	92	4793
广西	572	63	213	296
海南	17	1	2	14
重庆	1522	748	2	772
四川	1347	88	838	351
贵州	239	87	65	86
云南	152	18	57	77
西藏				
陕西	764	66	366	297
甘肃	340	62	191	82
青海	2			2
宁夏	260		247	13
新疆	63		36	26

3-36 分地区规模以上交通运输设备制造业工业企业取水量

单位：万立方米

地区	取水总量	其中		
		地表水	地下水	自来水
全国	**77627**	**14503**	**8717**	**53143**
北京	1251		351	896
天津	1466	28	216	1157
河北	1557	32	810	713
山西	514	144	213	158
内蒙古	61		3	58
辽宁	3127	165	1155	1798
吉林	1973	51	331	1591
黑龙江	1268	85	512	671
上海	4497	100	3	4390
江苏	6666	963	112	5565
浙江	4994	159	143	4678
安徽	1864	154	84	1532
福建	1262	61	81	1119
江西	1652	325	170	1154
山东	2985	201	722	2016
河南	1179	67	556	485
湖北	21785	9511	182	11222
湖南	2395	533	113	1749
广东	5307	141	141	5024
广西	1598	155	309	1126
海南	100		1	99
重庆	3580	720	87	2763
四川	2411	207	785	1406
贵州	1260	635	258	357
云南	170	2	74	93
西藏	2			2
陕西	2282	66	1141	1063
甘肃	391		162	229
青海	1			1
宁夏	1			1
新疆	27			27

3-37 分地区规模以上电气机械及器材制造业工业企业取水量

单位：万立方米

	取水总量	其中		
		地表水	地下水	自来水
全　国	**54324**	**3701**	**4826**	**45616**
北　京	263		84	175
天　津	625	1	217	404
河　北	1057		537	520
山　西	194		144	24
内蒙古	89		67	22
辽　宁	1090	13	325	750
吉　林	37	8	8	21
黑龙江	173	2	86	85
上　海	2596	183	18	2393
江　苏	6718	125	281	6297
浙　江	6479	600	419	5425
安　徽	1496	63	95	1338
福　建	1259	110	151	997
江　西	1205	12	51	1142
山　东	2972	491	967	1512
河　南	632	37	196	399
湖　北	1326	150	15	1161
湖　南	1113	320	112	681
广　东	21737	1129	254	20333
广　西	781	334	76	360
海　南	30			29
重　庆	305	24	5	229
四　川	994	92	464	437
贵　州	76	5	13	59
云　南	96		14	71
西　藏				
陕　西	630		85	545
甘　肃	173		14	159
青　海	4			4
宁　夏	119		105	14
新　疆	55		22	32

3-38　分地区规模以上通信设备、计算机及其他电子设备制造业工业企业取水量

单位：万立方米

地 区	取水总量	其　中		
		地表水	地下水	自来水
全　国	**91246**	**1954**	**3186**	**85599**
北　京	1447		208	1235
天　津	1423	106	122	1190
河　北	346		196	148
山　西	743		3	741
内蒙古	20			19
辽　宁	690		36	646
吉　林	193		6	187
黑龙江	30		3	27
上　海	5630	32	4	5588
江　苏	23891	336	251	23274
浙　江	3502	298	105	3071
安　徽	351	4	14	334
福　建	2148	19	22	2096
江　西	671	323	16	332
山　东	2352	39	270	2025
河　南	286	4	150	132
湖　北	611	23	38	550
湖　南	837	64	21	752
广　东	42033	577	292	41099
广　西	167	12	31	123
海　南	53			53
重　庆	115	3		94
四　川	1486	113	187	1186
贵　州	108		28	80
云　南	33			33
西　藏				
陕　西	1616	2	896	407
甘　肃	209		59	150
青　海				
宁　夏				
新　疆	254		228	26

3-39 分地区规模以上仪器仪表及文化、办公用机械制造业工业企业取水量

单位：万立方米

地区	取水总量	其中		
		地表水	地下水	自来水
全国	**9790**	**128**	**656**	**8991**
北京	125		7	117
天津	107			104
河北	73		32	41
山西	42		6	36
内蒙古				
辽宁	199		63	136
吉林	5		3	2
黑龙江	31		1	31
上海	429			429
江苏	1421	13	61	1346
浙江	1382	20	30	1326
安徽	43			43
福建	623	1	9	613
江西	214	1	7	207
山东	365	27	45	293
河南	218	1	81	137
湖北	172	1	25	146
湖南	288	10	51	228
广东	3546	5	120	3420
广西	35		7	28
海南	3			3
重庆	127	41	11	75
四川	79	1	19	58
贵州	24	6	1	17
云南	58		6	52
西藏				
陕西	128		33	92
甘肃	7			7
青海	4			4
宁夏	39		38	1
新疆	1			1

3-40　分地区规模以上工艺品及其他制造业工业企业取水量

单位：万立方米

地　区	取水总量	其　中		
		地表水	地下水	自来水
全　国	**21853**	**8117**	**3407**	**10238**
北　京	114		37	71
天　津	107	1	51	54
河　北	60		42	13
山　西	26		22	4
内蒙古	50		49	2
辽　宁	247	1	103	143
吉　林	5	1	3	1
黑龙江	1713	1623	88	2
上　海	448	10		437
江　苏	634	99	15	518
浙　江	2360	108	207	1983
安　徽	49	5	14	29
福　建	1790	99	348	1340
江　西	265	2	5	259
山　东	1155	197	469	486
河　南	3527	1798	1648	75
湖　北	101	3	21	77
湖　南	114	28	11	75
广　东	4788	220	153	4413
广　西	94	3	11	79
海　南	3			3
重　庆	25	2	4	18
四　川	53	8	17	28
贵　州	72	22	2	48
云　南	30	3		27
西　藏	2			2
陕　西	114		87	27
甘　肃	3879	3877		2
青　海	26	5		19
宁　夏				
新　疆	1			1

3-41 分地区规模以上废弃资源和废旧材料回收加工业工业企业取水量

单位：万立方米

地区	取水总量	其中		
		地表水	地下水	自来水
全国	**1883**	**233**	**319**	**1258**
北京	10		3	7
天津	115		11	104
河北	24		18	7
山西				
内蒙古	3		3	1
辽宁	97	84	1	13
吉林	4			4
黑龙江	34	8		
上海	119	7	18	81
江苏	202	22	25	155
浙江	119	14	2	103
安徽	18		1	9
福建	17		12	5
江西	71	1		56
山东	118	1	103	14
河南	45		24	20
湖北	92	20	1	71
湖南	110	24	26	60
广东	414	27	53	334
广西	176	5	1	171
海南				
重庆	9	2		7
四川	8		2	5
贵州	18			18
云南	30	18		1
西藏				
陕西	16		16	
甘肃	13			13
青海				
宁夏				
新疆				

3-42　分地区规模以上电力、燃气工业企业取水量

单位：万立方米

地区	取水总量	其中		
		地表水	地下水	自来水
全　国	**3774105**	**3523912**	**132176**	**85505**
北　京	11743	2655	3747	1399
天　津	7384	5005	854	1126
河　北	133483	111535	16050	3896
山　西	24731	7985	12036	3657
内蒙古	30546	9463	13961	4680
辽　宁	31944	10383	8383	11224
吉　林	44879	38945	4082	1853
黑龙江	97143	81857	11687	2825
上　海	567556	564930	41	1631
江　苏	1139079	1126311	4434	7894
浙　江	38378	31829	81	6256
安　徽	106470	102021	3601	709
福　建	130867	128349	6	1908
江　西	192174	190130	1306	738
山　东	58113	25370	19046	11742
河　南	42643	21134	14118	4606
湖　北	223269	219783	68	3415
湖　南	244953	244070	43	841
广　东	97655	91122	399	4893
广　西	72451	71774	116	558
海　南	2333	1977	125	189
重　庆	139069	131449	2	582
四　川	27145	25647	1062	433
贵　州	59021	58797	19	204
云　南	151824	147763	3525	460
西　藏	10			10
陕　西	13686	6680	5750	1112
甘　肃	20850	10312	2600	4521
青　海	894	480	249	165
宁　夏	8201	5012	1966	328
新　疆	55613	51142	2822	1649

3-43 分地区规模以上电力、热力的生产和供应业工业企业取水量

单位：万立方米

地区	取水总量	其中		
		地表水	地下水	自来水
全国	**3766389**	**3522202**	**129497**	**82307**
北京	11623	2652	3741	1289
天津	7359	5005	853	1101
河北	133435	111535	16042	3856
山西	24705	7985	12036	3632
内蒙古	30483	9463	13947	4631
辽宁	31851	10383	8376	11138
吉林	44853	38944	4068	1840
黑龙江	97128	81857	11687	2810
上海	566133	564026	35	1118
江苏	1137005	1126288	2481	7796
浙江	38333	31829	80	6211
安徽	106371	102021	3601	610
福建	130784	128349	5	1827
江西	192151	190128	1306	717
山东	57558	25370	18929	11427
河南	41196	20520	13748	4144
湖北	223243	219783	68	3390
湖南	244911	244069	41	801
广东	96965	91120	398	4206
广西	72442	71774	115	550
海南	2331	1977	125	187
重庆	138896	131449	2	413
四川	26986	25640	1041	304
贵州	58858	58647	13	199
云南	151668	147761	3375	456
西藏	10			10
陕西	13665	6680	5748	1093
甘肃	20763	10312	2600	4435
青海	894	480	249	165
宁夏	8194	5012	1966	320
新疆	55593	51142	2821	1630

3-44 分地区规模以上燃气生产和供应业工业企业取水量

单位：万立方米

地区	取水总量	其中		
		地表水	地下水	自来水
全国	**7716**	**1709**	**2679**	**3199**
北京	120	2	6	110
天津	25		1	24
河北	48		7	40
山西	26			25
内蒙古	63		14	49
辽宁	92		7	85
吉林	26		14	12
黑龙江	15			15
上海	1422	903	6	513
江苏	2074	23	1952	98
浙江	46		1	45
安徽	99			99
福建	83	1	1	82
江西	23	2		21
山东	555		117	316
河南	1447	614	370	463
湖北	26			26
湖南	42		2	40
广东	690	2	1	687
广西	9		1	8
海南	2			1
重庆	173			169
四川	159	8	21	129
贵州	163	151	6	5
云南	156	2	149	4
西藏				
陕西	20		1	19
甘肃	86			86
青海				
宁夏	7			7
新疆	20		1	19

第 4 篇

主要耗能设备情况

4-1　炼焦生产企业焦炉情况

地　区	数量(台)	设计生产能力(万吨/年)			
		合计	按炭化室高度分		
			小于4.3米	大于等于4.3米，小于6米	大于等于6米
全　国	**3072**	**52377.9**	**14660.0**	**28604.7**	**9113.2**
北　京	12	175.7	2.0	126.7	47.0
天　津	8	272.0		172.0	100.0
河　北	199	6180.1	1259.0	4012.0	909.1
山　西	568	16299.4	3631.4	11656.1	1012.0
内蒙古	119	1838.8	956.0	572.0	310.8
辽　宁	56	2170.9	162.9	804.0	1204.0
吉　林	20	440.7	98.5	232.2	110.0
黑龙江	63	1296.0	770.0	526.0	
上　海	18	707.0		194.0	513.0
江　苏	42	1293.5	284.5	408.0	601.0
浙　江	9	200.2	30.0	115.2	55.0
安　徽	22	929.5	139.5	250.0	540.0
福　建	4	170.0		170.0	
江　西	30	675.4	140.2	473.2	62.0
山　东	145	4499.5	927.8	3111.8	460.0
河　南	123	2741.0	1440.0	1154.0	147.0
湖　北	23	1055.0	86.0	319.0	650.0
湖　南	141	829.4	553.4	41.0	235.0
广　东	13	254.1	47.0	95.0	112.1
广　西	27	455.0	40.0	185.0	230.0
海　南					
重　庆	86	368.1	174.0	176.0	18.1
四　川	113	1807.5	1171.9	390.0	245.6
贵　州	445	1444.4	680.9	760.6	3.0
云　南	162	2055.1	884.1	1071.0	100.0
西　藏					
陕　西	248	1897.4	513.9	607.0	776.5
甘　肃	12	435.0	50.0	275.0	110.0
青　海	4	156.0		156.0	
宁　夏	38	473.1	333.1	110.0	30.0
新　疆	322	1258.2	284.2	442.0	532.0

4-1 续表

地区	设计生产能力(万吨/年)			
	按投产日期分			
	1980年及以前	1981～1990年	1991～2000年	2001～2008年
全　国	**1158.5**	**2329.1**	**4818.3**	**44072.1**
北　京	43.4	43.4	89.0	
天　津		112.0	100.0	60.0
河　北	70.5	299.5	683.5	5126.6
山　西	18.0	212.0	1412.6	14656.8
内蒙古	129.0	43.0	188.8	1478.0
辽　宁	118.0	303.4	110.1	1639.4
吉　林	56.0	25.0	42.7	317.0
黑龙江	40.0	30.0	93.5	1132.5
上　海	31.0	271.0	405.0	
江　苏	10.0	39.0	186.3	1058.2
浙　江	27.6		27.6	145.0
安　徽		90.0	75.0	764.5
福　建			45.0	125.0
江　西		88.5	75.6	511.3
山　东	86.0	8.8	198.0	4206.8
河　南		103.0	211.0	2427.0
湖　北	140.0		150.0	765.0
湖　南		97.3	87.1	645.0
广　东	22.0		1.1	231.0
广　西		27.0	27.0	401.0
海　南				
重　庆	1.0	80.0	75.3	211.8
四　川	144.0	174.7	65.2	1423.6
贵　州	40.0	52.0	91.4	1261.0
云　南	50.0	36.6	234.0	1734.5
西　藏				
陕　西		85.0	59.5	1752.9
甘　肃	120.0		60.0	255.0
青　海				156.0
宁　夏	10.0		14.0	449.1
新　疆	2.0	108.0	10.0	1138.2

4-2　烧碱生产企业烧碱隔膜电解槽情况

地　区	数量(台、套)	生产能力(万吨/年)				
		合计	按投产日期分			
			1980年及以前	1981～1990年	1991～2000年	2001～2008年
全　国	**14939**	**1541.9**	**56.8**	**156.3**	**503.7**	**825.1**
北　京	154	7.0	5.0		2.0	
天　津	600	36.0	10.0		12.0	14.0
河　北	457	31.5		4.0	12.0	15.5
山　西	373	41.5	4.0	8.5	4.0	25.0
内蒙古	796	70.5		6.0	12.2	52.3
辽　宁	373	24.0			16.0	8.0
吉　林	156	7.0		4.0		3.0
黑龙江	246	13.5			3.5	10.0
上　海	82	10.0	10.0			
江　苏	1908	112.7	17.0	14.3	34.1	47.3
浙　江	740	30.0	1.8	4.2	14.2	9.8
安　徽	108	7.0				7.0
福　建	588	175.5		50.0	94.1	31.4
江　西	796	30.0		4.2	12.2	13.6
山　东	3008	183.6		24.4	37.3	121.9
河　南	1038	266.9	2.5	7.6	168.8	88.0
湖　北	616	27.9			10.5	17.4
湖　南	425	31.5			8.4	26.1
广　东	106	19.0		4.0	3.0	12.0
广　西	216	10.3			8.0	2.3
海　南						
重　庆	147	7.5	0.7		4.4	2.5
四　川	1202	93.9		15.5	33.5	44.9
贵　州	21	26.0		4.0	4.0	18.0
云　南	141	4.9		1.6	1.3	2.0
西　藏						
陕　西	231	17.3		2.5	5.0	9.8
甘　肃	152	7.3	5.8	1.5		
青　海	22	1.0			1.0	
宁　夏	199	245.2			1.9	243.2
新　疆	38	0.5			0.5	

4-3 烧碱生产企业烧碱离子电解槽情况

地区	数量(台、套)	生产能力(万吨/年)				
		合计	按投产日期分			
			1980年及以前	1981～1990年	1991～2000年	2001～2008年
全国	**2117**	**1722.8**		**33.0**	**160.0**	**1529.8**
北京	22	15.5		2.0	8.0	5.5
天津	92	82.5		4.0	19.5	59.0
河北	49	33.5			5.0	28.5
山西	52	52.0			2.0	50.0
内蒙古	86	138.2			4.0	134.2
辽宁	170	50.0			33.0	17.0
吉林	12	22.2				22.2
黑龙江	5	5.0		5.0		
上海	222	66.0		15.0	15.0	36.0
江苏	173	188.3			14.5	173.8
浙江	99	80.9			5.5	75.4
安徽	28	18.0			8.0	10.0
福建	9	9.0				9.0
江西	44	12.5			2.0	10.5
山东	186	228.9			13.0	215.9
河南	125	154.1			5.0	149.1
湖北	21	40.3			3.3	37.0
湖南	423	33.5			2.0	31.5
广东	7	9.4		1.0	2.0	6.4
广西	100	22.0			6.0	16.0
海南						
重庆	6	9.0				9.0
四川	67	68.8		1.0	6.2	61.6
贵州	5	14.0				14.0
云南	14	23.0		2.0	1.0	20.0
西藏						
陕西	31	124.0			4.0	120.0
甘肃	10	43.0		3.0		40.0
青海	1	1.0				1.0
宁夏	12	88.0				88.0
新疆	46	90.2			1.0	89.2

4-4　电石生产企业内燃式电石炉情况

地 区	数量(台、套)	电石炉容量(千伏安)				
		合计	按电石炉容量分			
			6300及以下	6300~12500	12500~16500	16500及以上
全 国	**683**	**7540580**	**1048480**	**751650**	**3269950**	**2470500**
北 京						
天 津	1	2000	2000			
河 北	1	10000		10000		
山 西	96	973900	193400	144000	426500	210000
内蒙古	216	2407050	290800	144300	1433950	538000
辽 宁	8	95500		8000	87500	
吉 林						
黑龙江	3	49500				49500
上 海						
江 苏	1	6300	6300			
浙 江	2	11500	11500			
安 徽	1	2800	2800			
福 建	5	69500		16500		53000
江 西	3	41500			25000	16500
山 东						
河 南	7	51900	26900		25000	
湖 北	15	133980	30180	15300	88500	
湖 南	2	4000	4000			
广 东						
广 西	5	56200	7200		13000	36000
海 南						
重 庆	4	25100	13100	12000		
四 川	77	725600	143100	149000	200500	233000
贵 州	31	381250	54200	6550	87500	233000
云 南	22	260000	29500	60000	50500	120000
西 藏						
陕 西	52	536800	93800	37500	364000	41500
甘 肃	32	349100	27100	50500	187500	84000
青 海	2	38000			12500	25500
宁 夏	82	1079300	106300	78000	154500	740500
新 疆	15	229800	6300	20000	113500	90000

4-4 续表

地区	电石炉容量(千伏安)			
	按投产日期分			
	1980年及以前	1981～1990年	1991～2000年	2001～2008年
全国	**77600**	**159400**	**579300**	**6724280**
北京				
天津				2000
河北				10000
山西		16000	158000	799900
内蒙古	12300		71500	2323250
辽宁		25000		70500
吉林				
黑龙江		16500	33000	
上海				
江苏				6300
浙江		11500		
安徽		2800		
福建	16500	20000	16500	16500
江西	12500	16500	12500	
山东				
河南	6300		12500	33100
湖北		12500	14300	107180
湖南		2000		2000
广东				
广西	18000	3600	21600	13000
海南				
重庆	12000	5000	1800	6300
四川			143000	582600
贵州				381250
云南			6300	253700
西藏				
陕西			31300	505500
甘肃		20500	2000	326600
青海			25500	12500
宁夏		7500	29500	1042300
新疆				229800

4-5　电石生产企业密闭式电石炉情况

地　区	数量(台、套)	电石炉容量(千伏安)				
		合计	按电石炉容量分			
			6300及以下	6300～12500	12500～16500	16500及以上
全　国	**161**	**2111204**	**158600**	**311104**	**434500**	**1207000**
北　京						
天　津						
河　北						
山　西						
内蒙古	48	665600	51300	58000	108300	448000
辽　宁	2	18500	2000			16500
吉　林						
黑龙江	1	21000				21000
上　海						
江　苏						
浙　江	3	8500	8500			
安　徽	1	25000				25000
福　建	1	3200	3200			
江　西						
山　东	2	11600	5000	6600		
河　南	23	275100	31500	27600		216000
湖　北	10	179400		21900	37500	120000
湖　南	4	81000		12000		69000
广　东						
广　西						
海　南						
重　庆						
四　川	4	50000			50000	
贵　州	3	55000			25000	30000
云　南	2	38000			12500	25500
西　藏						
陕　西	19	250500	12500	41500	76500	120000
甘　肃	4	19500	19500			
青　海	8	67800	12600	30000	25200	
宁　夏	15	209000	12500	36500	69500	90500
新　疆	11	132504		77004	30000	25500

4-5 续表

地 区	电石炉容量(千伏安)			
	按投产日期分			
	1980年及以前	1981～1990年	1991～2000年	2001～2008年
全 国	**66800**	**21000**	**206500**	**1816904**
北 京				
天 津				
河 北				
山 西				
内蒙古	48800		27000	589800
辽 宁			2000	16500
吉 林				
黑龙江		21000		
上 海				
江 苏				
浙 江			8500	
安 徽			25000	
福 建				3200
江 西				
山 东				11600
河 南				275100
湖 北				179400
湖 南	18000		12000	51000
广 东				
广 西				
海 南				
重 庆				
四 川				50000
贵 州				55000
云 南				38000
西 藏				
陕 西			72000	178500
甘 肃				19500
青 海				67800
宁 夏			20000	189000
新 疆			40000	92504

4-6　黄磷生产企业电炉情况

地　区	数量 (台、套)	电炉容量(千伏安)				
		合计	按电炉容量分			
			5000以下	5000～8000	8000～20000	20000及以上
全　国	**293**	**3173045**	**32780**	**765200**	**1433815**	**941250**
北　京						
天　津						
河　北						
山　西						
内蒙古						
辽　宁						
吉　林						
黑龙江						
上　海						
江　苏						
浙　江						
安　徽						
福　建	1	5000		5000		
江　西						
山　东						
河　南	2	11200		11200		
湖　北	36	335650	10200	93200	166250	66000
湖　南	5	47800			47800	
广　东						
广　西						
海　南						
重　庆	3	17000		17000		
四　川	61	589750	14300	126500	248950	200000
贵　州	67	557680	8280	311900	237500	
云　南	118	1608965		200400	733315	675250
西　藏						
陕　西						
甘　肃						
青　海						
宁　夏						
新　疆						

4-6 续表

地 区	电炉容量(千伏安)			
	按投产日期分			
	1980年及以前	1981～1990年	1991～2000年	2001～2008年
全 国		**206450**	**1038250**	**1928345**
北 京				
天 津				
河 北				
山 西				
内蒙古				
辽 宁				
吉 林				
黑龙江				
上 海				
江 苏				
浙 江				
安 徽				
福 建			5000	
江 西				
山 东				
河 南				11200
湖 北		22550	58100	255000
湖 南			20000	27800
广 东				
广 西				
海 南				
重 庆		5000	5000	7000
四 川		3150	58350	528250
贵 州		29300	271100	257280
云 南		146450	620700	841815
西 藏				
陕 西				
甘 肃				
青 海				
宁 夏				
新 疆				

4-7　铜冶炼企业熔炼炉情况

地　区	数量（台、套）	生产能力(万吨/年)			
		合计	按设备类型分		
			铜反射熔炼炉	铜鼓风熔炼炉	富氧密闭鼓风熔炼炉
全　国	**120**	**377.3**	**5.0**	**124.8**	**42.1**
北　京					
天　津					
河　北					
山　西	3	9.0			4.0
内蒙古	9	30.0		7.5	5.0
辽　宁	7	17.7		10.0	7.7
吉　林	1	3.0		3.0	
黑龙江					
上　海					
江　苏	3	5.5		5.5	
浙　江	1	3.6			3.6
安　徽	2	36.0			
福　建					
江　西	20	60.9		10.9	
山　东	3	30.3		0.3	
河　南	9	11.9		11.9	
湖　北	2	17.0	5.0		
湖　南	22	34.4		30.4	4.0
广　东	5	16.4		16.4	
广　西	1	2.0		2.0	
海　南					
重　庆	2	2.0		2.0	
四　川	2	3.5		0.5	3.0
贵　州					
云　南	23	67.4		22.9	14.5
西　藏					
陕　西	1	0.5		0.5	
甘　肃	3	26.0		1.0	
青　海					
宁　夏					
新　疆	1	0.3			0.3

4-7 续表 1

地区	生产能力(万吨/年)				
	按设备类型分				
	铜闪速熔炼炉	铜诺兰达熔炼炉	铜艾萨熔炼炉	铜奥斯迈特熔炼炉	侧吹熔池熔炼炉
全　国	**125.0**	**12.0**	**30.0**	**27.5**	**11.0**
北　京					
天　津					
河　北					
山　西				5.0	
内蒙古				6.5	11.0
辽　宁					
吉　林					
黑龙江					
上　海					
江　苏					
浙　江					
安　徽	20.0			16.0	
福　建					
江　西	50.0				
山　东	30.0				
河　南					
湖　北		12.0			
湖　南					
广　东					
广　西					
海　南					
重　庆					
四　川					
贵　州					
云　南			30.0		
西　藏					
陕　西					
甘　肃	25.0				
青　海					
宁　夏					
新　疆					

4-7 续表 2

地 区	生产能力(万吨/年)			
	按投产日期分			
	1980年及以前	1981～1990年	1991～2000年	2001～2008年
全 国	**11.8**		**55.0**	**310.5**
北 京				
天 津				
河 北				
山 西	4.0		5.0	
内蒙古				30.0
辽 宁	2.8		1.9	13.0
吉 林				3.0
黑龙江				
上 海				
江 苏				5.5
浙 江			3.6	
安 徽			20.0	16.0
福 建				
江 西				60.9
山 东				30.3
河 南			0.4	11.5
湖 北	5.0		12.0	
湖 南			2.5	31.9
广 东				16.4
广 西				2.0
海 南				
重 庆			0.2	1.8
四 川			0.5	3.0
贵 州				
云 南			7.5	59.9
西 藏				
陕 西			0.5	
甘 肃			1.0	25.0
青 海				
宁 夏				
新 疆				0.3

4-8 铜冶炼企业吹炼炉情况

地 区	数量(台、套)	生产能力(万吨/年)							
		合计	按设备类型分			按投产日期分			
			铜卧式转炉吹炼炉	铜奥斯迈特吹炼炉	铜闪速吹炼炉	1980年及以前	1981～1990年	1991～2000年	2001～2008年
全 国	**56**	**278.7**	**252.7**	**5.0**	**21.0**			**93.5**	**185.2**
北 京									
天 津									
河 北									
山 西	1	5.0		5.0				5.0	
内蒙古	2	6.0	6.0						6.0
辽 宁	4	0.4	0.4					0.4	
吉 林									
黑龙江									
上 海									
江 苏	1	2.0	2.0						2.0
浙 江	3	3.6	3.6					3.6	
安 徽	8	80.0	80.0					48.0	32.0
福 建									
江 西	12	56.6	56.6					18.0	38.6
山 东	1	21.0			21.0				21.0
河 南									
湖 北	4	34.0	34.0					10.0	24.0
湖 南	2	2.0	2.0					1.0	1.0
广 东	1	1.5	1.5						1.5
广 西									
海 南									
重 庆									
四 川	1	3.0	3.0						3.0
贵 州									
云 南	16	63.6	63.6					7.5	56.1
西 藏									
陕 西									
甘 肃									
青 海									
宁 夏									
新 疆									

4-9　铝冶炼企业氧化铝熟料窑情况

地　区	数量(台、套)	生产能力(万吨/年)				
		合计	按投产日期分			
			1980年及以前	1981～1990年	1991～2000年	2001～2008年
全　国	**30**	**854.7**	**165.0**	**437.3**	**157.4**	**95.0**
北　京						
天　津						
河　北						
山　西	6	240.0		200.0	40.0	
内蒙古						
辽　宁						
吉　林						
黑龙江						
上　海						
江　苏						
浙　江						
安　徽						
福　建						
江　西						
山　东	8	300.7	33.0	185.3	49.4	33.0
河　南	11	281.0	132.0	44.0	60.0	45.0
湖　北						
湖　南						
广　东						
广　西						
海　南						
重　庆						
四　川						
贵　州	5	33.0		8.0	8.0	17.0
云　南						
西　藏						
陕　西						
甘　肃						
青　海						
宁　夏						
新　疆						

4-10 铝冶炼企业氧化铝焙烧窑(炉)情况

地 区	数量(台、套)	生产能力(万吨/年)				
		合计	按投产日期分			
			1980年及以前	1981～1990年	1991～2000年	2001～2008年
全 国	**57**	**2110.8**			**318.3**	**1792.5**
北 京						
天 津						
河 北						
山 西	9	380.0			80.0	300.0
内蒙古						
辽 宁						
吉 林						
黑龙江						
上 海						
江 苏						
浙 江						
安 徽						
福 建						
江 西						
山 东	19	689.0			54.0	635.0
河 南	19	745.2			126.0	619.2
湖 北						
湖 南						
广 东						
广 西	5	160.0				160.0
海 南						
重 庆	3	20.0				20.0
四 川						
贵 州	2	116.6			58.3	58.3
云 南						
西 藏						
陕 西						
甘 肃						
青 海						
宁 夏						
新 疆						

4-11　铝冶炼企业铝电解槽情况

地　区	数量(台、套)	生产能力(万吨/年)					
		合计	按电解槽电流强度分				
			100KA及以下	200KA以下	200～280KA	290～340KA	350KA以上
全　国	**27232**	**1530.2**	**176.0**	**175.2**	**589.5**	**433.2**	**151.2**
北　京							
天　津							
河　北	64	2.3		2.3			
山　西	2254	113.9	10.1	17.0	29.8	57.0	
内蒙古	1867	136.2	6.2		37.0	78.0	15.0
辽　宁	472	17.5	3.5	3.0	11.0		
吉　林	76	3.5	3.5				
黑龙江	34	0.6	0.6				
上　海							
江　苏	162	10.2			10.2		
浙　江	126	7.0			7.0		
安　徽							
福　建	112	7.5			7.5		
江　西							
山　东	2535	166.2	2.1	18.0	100.1	46.0	
河　南	5839	363.3	25.8	42.3	91.5	133.8	70.0
湖　北	1015	43.8	9.9	5.0	28.9		
湖　南	475	33.4	0.4		12.0	21.0	
广　东							
广　西	1024	60.0	1.6	16.8	41.6		
海　南							
重　庆	419	16.2	2.5	6.0	2.7		5.0
四　川	751	90.2			12.0	77.5	0.7
贵　州	2316	105.7	16.2	25.0	53.0		6.5
云　南	1001	48.7	6.0	11.6	11.1	20.0	
西　藏							
陕　西	812	30.1	14.1		16.0		
甘　肃	2224	103.2	25.0	12.3	38.9		27.0
青　海	2264	99.3	38.8		60.5		
宁　夏	1178	64.5	5.0	16.0	16.5		27.0
新　疆	212	6.9	4.7		2.2		

4-11 续表

地区	生产能力(万吨/年)			
	按投产日期分			
	1980年及以前	1981～1990年	1991～2000年	2001～2008年
全国	**15.5**	**45.8**	**178.5**	**1277.9**
北京				
天津				2.4
河北				2.3
山西		4.4	10.7	71.7
内蒙古				119.6
辽宁	0.5	21.9	15.9	6.9
吉林				3.5
黑龙江			0.6	
上海				
江苏			2.0	5.6
浙江				2.7
安徽				8.0
福建				0.2
江西				5.9
山东			13.6	56.5
河南			32.4	280.8
湖北	9.0		5.0	10.4
湖南			11.6	106.5
广东			1.1	
广西	6.0	1.5	24.5	75.1
海南				
重庆			2.5	11.2
四川			4.7	82.6
贵州		8.0	16.0	53.5
云南			22.6	180.0
西藏				
陕西			2.2	42.3
甘肃		8.1	8.7	63.6
青海			4.4	35.1
宁夏				48.0
新疆		1.9		3.6

4-12 铅、锌冶炼企业铅鼓风炉(含ISP工艺)情况

地 区	数量(台、套)	生产能力(万吨/年)				
		合计	按投产日期分			
			1980年及以前	1981～1990年	1991～2000年	2001～2008年
全 国	**375**	**900.8**	**3.0**	**4.1**	**75.7**	**456.9**
北 京						
天 津						
河 北						
山 西	1	3.0				3.0
内蒙古	41	28.2			1.0	27.2
辽 宁	12	11.2				11.1
吉 林						
黑龙江	1	0.6				0.6
上 海	1	3.0			3.0	
江 苏	13	30.7			19.6	11.1
浙 江						
安 徽	3	5.0				5.0
福 建	1	1.2				1.2
江 西	14	31.1		0.1	0.2	30.8
山 东	4	2.0				2.0
河 南	27	104.2			10.0	94.2
湖 北	8	9.3			0.8	8.5
湖 南	143	438.2		4.0	13.4	59.6
广 东	7	32.5				32.5
广 西	30	39.5			15.4	24.1
海 南						
重 庆	2	1.0			1.0	
四 川	4	4.4				4.4
贵 州	1	0.4			0.4	
云 南	45	90.9	3.0		10.9	77.1
西 藏						
陕 西	4	12.0				12.0
甘 肃	3	31.3				31.3
青 海	1	1.0				1.0
宁 夏	8	17.9				17.9
新 疆	1	2.3				2.3

4-13 铅、锌冶炼企业铅烧结炉(含ISP工艺)情况

地 区	数量(台、套)	生产能力(万吨/年)				
		合计	按投产日期分			
			1980年及以前	1981~1990年	1991~2000年	2001~2008年
全 国	**298**	**393.2**			**120.2**	**273.1**
北 京						
天 津						
河 北						
山 西						
内蒙古	8	1.0			1.0	
辽 宁	7	18.0			2.0	16.0
吉 林						
黑龙江						
上 海						
江 苏	1	1.0				1.0
浙 江						
安 徽						
福 建	1	1.2				1.2
江 西	4	4.0				4.0
山 东	4	4.8				4.8
河 南	10	77.5			16.0	61.5
湖 北						
湖 南	127	61.0			17.9	43.1
广 东	3	55.5				55.5
广 西	53	87.2			81.5	5.7
海 南						
重 庆	5	5.0				5.0
四 川						
贵 州	5	1.8			1.8	
云 南	62	10.0				10.0
西 藏						
陕 西	3	43.2				43.2
甘 肃	2	7.0				7.0
青 海						
宁 夏	3	15.0				15.0
新 疆						

4-14　铅、锌冶炼企业铅艾萨炉情况

地区	数量(台、套)	生产能力(万吨/年)				
		合计	按投产日期分			
			1980年及以前	1981～1990年	1991～2000年	2001～2008年
全　国	**1**	**3.7**				**3.7**
北　京						
天　津						
河　北						
山　西						
内蒙古						
辽　宁						
吉　林						
黑龙江						
上　海						
江　苏						
浙　江						
安　徽						
福　建						
江　西						
山　东						
河　南						
湖　北						
湖　南						
广　东						
广　西						
海　南						
重　庆						
四　川						
贵　州						
云　南	1	3.7				3.7
西　藏						
陕　西						
甘　肃						
青　海						
宁　夏						
新　疆						

4-15 铅、锌冶炼企业铅富氧底吹炉情况

地区	数量(台、套)	生产能力(万吨/年)				
		合计	按投产日期分			
			1980年及以前	1981～1990年	1991～2000年	2001～2008年
全国	**18**	**88.3**			**1.0**	**87.3**
北京						
天津						
河北						
山西						
内蒙古	2	10.2				10.2
辽宁	1	1.0			1.0	
吉林						
黑龙江						
上海						
江苏						
浙江						
安徽	2	8.0				8.0
福建						
江西	1	3.5				3.5
山东						
河南	6	39.0				39.0
湖北						
湖南	3	5.6				5.6
广东						
广西						
海南						
重庆						
四川						
贵州						
云南	2	18.0				18.0
西藏						
陕西	1	3.0				3.0
甘肃						
青海						
宁夏						
新疆						

4-16　铅、锌冶炼企业铅卡而多炉情况

地区	数量(台、套)	生产能力(万吨/年)				
		合计	按投产日期分			
			1980年及以前	1981～1990年	1991～2000年	2001～2008年
全　国	**1**	**5.0**				**5.0**
北　京						
天　津						
河　北						
山　西						
内蒙古						
辽　宁						
吉　林						
黑龙江						
上　海						
江　苏						
浙　江						
安　徽						
福　建						
江　西						
山　东						
河　南						
湖　北						
湖　南						
广　东						
广　西						
海　南						
重　庆						
四　川						
贵　州						
云　南						
西　藏						
陕　西						
甘　肃						
青　海	1	5.0				5.0
宁　夏						
新　疆						

4-17 铅、锌冶炼企业炼锌竖罐(蒸馏炉)情况

地区	数量(台、套)	生产能力(万吨/年)				
		合计	按投产日期分			
			1980年及以前	1981～1990年	1991～2000年	2001～2008年
全国	**15357**	**1066.6**	**0.6**	**18.9**	**17.2**	**105.0**
北京						
天津	9	2.4				2.4
河北						
山西	406	13.5				2.7
内蒙古	876	40.6				
辽宁	765	73.7	0.5	18.9	0.2	
吉林						
黑龙江						
上海						
江苏	50	16.6				0.2
浙江	224	6.6				2.0
安徽						
福建	6	0.2				0.2
江西	22	3.7				1.4
山东						
河南	1221	40.9			0.3	3.1
湖北	62	10.0	0.1			
湖南	2036	168.6			4.0	18.0
广东	156	5.4				
广西	1557	173.5			8.5	18.4
海南						
重庆	37	0.6				0.2
四川	1401	39.4				1.1
贵州	136	16.5			1.0	10.7
云南	4364	343.7			2.0	21.7
西藏						
陕西	998	58.4			1.2	11.4
甘肃	646	39.6				11.5
青海	380	10.9				
宁夏	3	0.5				
新疆	2	1.6				

4-18　铅、锌冶炼企业锌湿法冶炼回转窑情况

地　区	数量(台、套)	生产能力(万吨/年)				
		合计	按投产日期分			
			1980年及以前	1981～1990年	1991～2000年	2001～2008年
全　国	**215**	**291.8**	**6.0**	**3.5**	**33.2**	**249.1**
北　京						
天　津						
河　北						
山　西						
内蒙古	3	10.3				10.3
辽　宁	6	18.1			13.0	5.1
吉　林						
黑龙江						
上　海						
江　苏	15	7.4			2.0	5.4
浙　江	1	0.7				0.7
安　徽						
福　建						
江　西	1	1.0				1.0
山　东						
河　南	6	6.6				6.6
湖　北	1	0.5				0.5
湖　南	46	44.7			1.6	43.1
广　东	2	1.1			1.1	
广　西	60	51.8	6.0	1.5	1.0	43.3
海　南						
重　庆						
四　川	20	8.0			4.7	3.3
贵　州	2	1.2				1.2
云　南	31	119.6			8.0	111.6
西　藏						
陕　西	9	14.8			1.0	13.8
甘　肃	9	4.7		2.0	0.5	2.2
青　海	2	0.7			0.3	0.4
宁　夏						
新　疆	1	0.8				0.8

4-19 铅、锌冶炼企业锌电解槽情况

地区	数量(台、套)	生产能力(万吨/年)				
		合计	按投产日期分			
			1980年及以前	1981～1990年	1991～2000年	2001～2008年
全国	**14658**	**322.5**	**4.7**	**2.0**	**53.7**	**262.1**
北京						
天津						
河北						
山西	400	10.8			2.0	8.8
内蒙古	870	20.1			2.1	18.0
辽宁	730	18.0			10.0	8.0
吉林						
黑龙江						
上海						
江苏	18	1.7			0.2	1.5
浙江	210	3.3			1.3	2.0
安徽						
福建						
江西	5	0.2				0.2
山东						
河南	1204	24.3				24.3
湖北						
湖南	1927	57.1			12.5	44.6
广东	152	3.2				3.2
广西	1417	33.1		1.0	4.1	28.0
海南						
重庆	36	0.4				0.4
四川	1359	22.3	1.0		8.0	13.3
贵州	107	2.5			1.4	1.1
云南	4262	80.7	3.7		8.6	68.5
西藏						
陕西	957	16.2		1.0	2.6	12.6
甘肃	625	18.7			0.1	18.6
青海	376	9.5			1.0	8.5
宁夏	3	0.5				0.5
新疆						

4-20　水泥生产企业水泥窑炉情况

地　区	数量(台、套)	生产能力(万吨/年)				
		合计	按设备类型分			
			立窑	新型干法回转窑	预热器回转窑	立波尔回转窑(半干法)
全　国	**6838**	**152117.8**	**55941.7**	**83039.8**	**8883.1**	**481.6**
北　京	20	1206.8		1145.0	44.8	
天　津	11	284.4	56.8	184.6		
河　北	388	8782.2	4018.2	4462.3	229.0	
山　西	226	3655.1	1584.6	1841.7	160.8	24.0
内蒙古	111	3732.4	713.5	2218.3	527.7	185.0
辽　宁	179	4602.6	1221.6	2811.0	335.4	9.6
吉　林	76	3246.9	322.1	2485.8	199.0	
黑龙江	77	1670.0	361.5	1001.0	235.0	
上　海	5	181.0		70.0	111.0	
江　苏	148	7232.1	2130.9	4711.2	359.0	
浙　江	106	7467.3	26.0	6851.5	464.0	
安　徽	242	10645.0	1752.8	8101.0	699.0	26.0
福　建	289	4708.6	2672.9	1844.3	106.0	55.0
江　西	247	5093.5	1614.8	3435.2		
山　东	599	14222.3	5456.8	7733.5	1004.0	
河　南	185	8817.6	527.8	6909.5	989.0	
湖　北	243	5910.3	2023.5	3156.9	684.0	39.0
湖　南	539	8363.0	4980.0	2963.0	178.8	15.0
广　东	683	10262.6	6190.3	3358.3	615.0	
广　西	459	8883.1	4774.6	3454.6	372.0	80.0
海　南	35	728.1	278.1	450.0		
重　庆	239	3916.2	2242.2	1405.0	103.0	30.0
四　川	553	8211.2	4759.6	2515.1	324.0	
贵　州	294	3716.0	2348.0	961.2	192.5	
云　南	296	5624.5	2045.0	3173.0	105.0	8.0
西　藏	23	194.6	102.6	36.0	45.0	
陕　西	207	4909.3	1610.2	2883.9	367.2	10.0
甘　肃	147	2053.6	1137.4	743.2	85.0	
青　海	38	587.6	227.6	310.0	30.0	
宁　夏	51	1088.7	429.2	617.5		
新　疆	122	2121.2	333.3	1206.3	318.0	

4-20 续表

地区	生产能力(万吨/年)					
	按设备类型分		按投产日期分			
	中空回转窑	湿法回转窑	1980年及以前	1981～1990年	1991～2000年	2001～2008年
全　国	**1777.0**	**1995.3**	**2949.4**	**9165.1**	**38017.3**	**101986.2**
北　京	17.0			30.0	284.0	892.8
天　津		43.0		41.8	125.1	117.5
河　北	62.7	10.0	489.4	882.8	3806.8	3603.2
山　西	24.0	20.0	121.3	202.5	619.1	2712.2
内蒙古	10.0	78.0	109.0	81.9	422.5	3119.0
辽　宁	225.0		206.3	302.7	894.2	3199.5
吉　林	215.0	25.0		84.3	773.5	2389.1
黑龙江	72.5		107.5	186.5	340.0	1036.0
上　海				93.0	88.0	
江　苏	16.0	15.0	19.5	156.0	1338.9	5717.7
浙　江	45.8	80.0		25.8	246.0	7195.5
安　徽	9.0	58.0	42.4	437.0	1560.7	8605.2
福　建	1.4	29.0	99.0	255.3	1683.6	2670.6
江　西	31.5	12.0	8.0	176.6	1274.5	3634.4
山　东	18.0	10.0	150.0	734.2	4118.8	9219.3
河　南	224.3	167.0	122.3	144.0	1363.0	7188.3
湖　北	7.0		82.5	427.3	1258.5	4142.0
湖　南	65.2	161.0	235.6	481.1	2616.7	5029.6
广　东	42.0	57.0	324.6	1242.4	3931.9	4763.7
广　西	170.0	32.0	180.0	545.7	2371.2	5786.3
海　南			50.0	57.1	211.0	410.0
重　庆	29.0	107.0	52.8	208.2	1210.4	2444.8
四　川	36.0	576.5	176.0	1092.0	2556.0	4387.2
贵　州	4.3	210.0	17.0	225.1	1105.0	2368.9
云　南	106.7	186.9	45.0	236.4	1262.2	4081.0
西　藏		11.0	20.0	16.3	61.9	96.4
陕　西	38.0		60.0	360.7	1113.9	3374.8
甘　肃	32.0	56.0	100.5	278.6	635.5	1039.0
青　海		20.0	1.2	31.0	57.0	498.4
宁　夏	27.0	15.0	63.0	7.0	252.1	766.6
新　疆	247.6	16.0	66.5	121.9	435.5	1497.3

4-21　水泥生产企业磨机情况

地　区	数量(台、套)	生产能力(万吨/年)						
		合计	按设备类型分		按投产日期分			
			管磨机	立式磨机	1980年及以前	1981～1990年	1991～2000年	2001～2008年
全　国	**12796**	**299652.3**	**237087.8**	**62564.5**	**4701.2**	**16322.1**	**65457.5**	**213171.5**
北　京	105	3467.0	2729.4	737.6	84.0	198.4	921.8	2262.8
天　津	46	955.8	909.8	46.0		105.0	219.2	631.7
河　北	880	20879.4	16853.2	4026.2	264.6	1078.4	6891.8	12644.6
山　西	481	8869.6	8114.6	755.0	115.0	464.5	1340.7	6949.4
内蒙古	262	7022.6	5278.5	1744.1	148.0	46.5	1057.8	5770.3
辽　宁	524	9246.3	7387.5	1858.8	306.8	375.3	1987.5	6576.7
吉　林	178	4998.7	4448.2	550.5	102.5	263.4	955.8	3677.0
黑龙江	228	5501.6	4265.6	1236.0	270.5	905.1	706.5	3619.5
上　海	39	1048.0	1047.0	1.0	150.0	209.0	249.0	440.0
江　苏	743	22086.6	19330.6	2756.0	30.0	690.0	4473.2	16893.4
浙　江	596	21609.5	17948.6	3660.9	8.0	366.0	2536.2	18699.3
安　徽	490	13741.7	10396.7	3345.0	171.9	740.4	2240.1	10589.3
福　建	503	11857.7	9347.7	2510.0	172.5	255.9	3604.6	7824.7
江　西	376	8146.1	6021.8	2124.3	31.7	247.4	1385.8	6481.2
山　东	959	23927.6	17924.6	6003.0	327.0	1370.8	5611.5	16618.3
河　南	707	28103.3	21629.9	6473.3	414.2	626.5	4780.7	22281.9
湖　北	420	9805.6	7875.4	1930.2	179.1	831.0	1676.1	7119.4
湖　南	663	10388.0	7720.8	2667.2	400.6	659.9	2225.7	7101.8
广　东	890	16506.4	14372.6	2133.8	313.0	2261.0	5146.1	8786.3
广　西	589	12815.3	8776.8	4038.5	158.3	1126.6	3010.6	8519.8
海　南	59	1806.6	716.6	1090.0	84.0	107.0	399.6	1216.0
重　庆	408	7893.1	6062.7	1830.4	92.4	268.4	2489.4	5042.9
四　川	768	13541.5	10189.5	3352.0	184.4	1007.1	3828.5	8521.6
贵　州	400	4942.8	4294.0	648.8	148.0	426.2	1154.9	3213.7
云　南	507	10504.9	7971.8	2533.1	123.0	405.6	2058.2	7918.1
西　藏	12	122.8	122.8				46.5	76.3
陕　西	430	9843.4	7015.6	2827.8	69.0	453.5	1660.3	7660.6
甘　肃	227	3831.3	3245.3	586.0	160.0	534.8	1098.1	2038.4
青　海	41	881.0	851.0	30.0	35.0	37.0	327.0	482.0
宁　夏	93	2021.2	1581.2	440.0	102.0	30.0	412.7	1476.5
新　疆	172	3286.9	2657.9	629.0	55.8	231.5	961.7	2037.9

4-22 原油加工和石油制品生产企业常减压蒸馏装置情况

地区	数量(台、套)	生产(处理)能力(万吨/年)				
		合计	按投产日期分			
			1980年及以前	1981～1990年	1991～2000年	2001～2008年
全国	**366**	**48046.0**	**5241.5**	**3140.4**	**9883.6**	**29780.6**
北京	19	1962.0	600.0	120.0	430.0	812.0
天津	7	1184.5	300.0		380.0	504.5
河北	10	1625.0	500.0		373.0	752.0
山西						
内蒙古	9	468.0			130.0	338.0
辽宁	58	7695.1	700.0	358.4	1377.5	5259.2
吉林	10	1125.0	250.0	20.0	370.0	485.0
黑龙江	18	1935.3	250.0	550.0	886.0	249.3
上海	4	2500.0		600.0		1900.0
江苏	17	2713.0	560.0	20.0	80.0	2053.0
浙江	15	2663.3		1.0	560.0	2102.3
安徽	2	500.0	400.0		100.0	
福建	2	470.0			470.0	
江西	1	500.0				500.0
山东	71	8165.1	30.0	890.0	1015.0	6230.1
河南	12	1781.2			181.2	1600.0
湖北	5	1380.0			30.0	1350.0
湖南	3	700.0	350.0	150.0	200.0	
广东	13	3430.0	1120.0	250.0	500.0	1560.0
广西	5	260.1		30.0	60.0	170.1
海南	3	803.0				803.0
重庆						
四川	28	446.4			51.0	395.4
贵州						
云南						
西藏						
陕西	14	2174.9		1.0	691.9	1482.0
甘肃	13	1361.5	1.5		803.0	557.0
青海	1	100.0			100.0	
宁夏	6	315.0			225.0	90.0
新疆	20	1787.7	180.0	150.0	870.0	587.7

4-23　原油加工和石油制品生产企业催化裂化装置情况

地　区	数量(台、套)	生产(处理)能力(万吨/年)				
		合计	按投产日期分			
			1980年及以前	1981～1990年	1991～2000年	2001～2008年
全　国	**201**	**14444.6**	**1258.0**	**1315.0**	**4815.4**	**7056.2**
北　京	6	518.0	120.0	80.0	50.0	268.0
天　津	3	330.0	120.0		50.0	160.0
河　北	8	605.0	90.0		105.0	410.0
山　西						
内蒙古	1	90.0				90.0
辽　宁	20	2080.0		420.0	945.0	715.0
吉　林	8	545.0		250.0	95.0	200.0
黑龙江	16	936.0	40.0	26.0	715.0	155.0
上　海	4	390.0	90.0		300.0	
江　苏	11	691.0	18.0	14.0	279.0	380.0
浙　江	3	520.0			340.0	180.0
安　徽	1	140.0	140.0			
福　建	1	140.0			140.0	
江　西	2	220.0		120.0	100.0	
山　东	52	3031.0		98.0	490.0	2443.0
河　南	5	370.9			70.9	300.0
湖　北	3	240.0	120.0		120.0	
湖　南	4	410.0	120.0	100.0	130.0	60.0
广　东	6	630.0	240.0	200.0	190.0	
广　西	4	89.0		7.0	32.0	50.0
海　南	1	280.0				280.0
重　庆						
四　川	6	154.2				154.2
贵　州						
云　南						
西　藏						
陕　西	10	724.5			203.5	521.0
甘　肃	8	577.0			140.0	437.0
青　海	1	60.0			60.0	
宁　夏	7	205.0			80.0	125.0
新　疆	10	468.0	160.0		180.0	128.0

4-24 原油加工和石油制品生产企业加氢裂化装置情况

地区	数量(台、套)	生产(处理)能力(万吨/年)				
		合计	按投产日期分			
			1980年及以前	1981~1990年	1991~2000年	2001~2008年
全国	**91**	**6466.5**		**300.0**	**1181.5**	**4985.0**
北京	2	330.0			130.0	200.0
天津	2	220.0			120.0	100.0
河北	1	30.0				30.0
山西						
内蒙古	1	60.0				60.0
辽宁	8	805.0		40.0	190.0	575.0
吉林	3	140.0				140.0
黑龙江	1	120.0				120.0
上海	3	440.0		150.0		290.0
江苏	8	678.0			203.0	475.0
浙江	3	420.0			100.0	320.0
安徽						
福建	1	80.0			80.0	
江西						
山东	30	1644.0			9.0	1635.0
河南	4	105.5			100.5	5.0
湖北	3	330.0			60.0	270.0
湖南						
广东	3	350.0		110.0		240.0
广西						
海南	1	120.0				120.0
重庆						
四川	2	4.0				4.0
贵州						
云南						
西藏						
陕西	6	204.0			4.0	200.0
甘肃	1	30.0			30.0	
青海	1	15.0			15.0	
宁夏						
新疆	7	341.0			140.0	201.0

4-25　原油加工和石油制品生产企业催化重整装置情况

地　区	数量(台、套)	生产(处理)能力(万吨/年)				
		合计	按投产日期分			
			1980年及以前	1981～1990年	1991～2000年	2001～2008年
全　国	**78**	**3226.4**	**65.0**	**155.0**	**938.0**	**2068.3**
北　京	2	75.0	15.0		60.0	
天　津	1	30.0				30.0
河　北	4	150.0			15.0	135.0
山　西						
内蒙古	1	20.0				20.0
辽　宁	10	582.4			60.0	522.3
吉　林	3	46.0				46.0
黑龙江	3	90.0			60.0	30.0
上　海	3	142.0		50.0	12.0	80.0
江　苏	5	328.0		15.0	200.0	113.0
浙　江	5	323.0			120.0	203.0
安　徽	1	20.0			20.0	
福　建	1	30.0			30.0	
江　西	1	30.0		30.0		
山　东	11	425.0			36.0	389.0
河　南	1	70.0				70.0
湖　北	2	55.0			25.0	30.0
湖　南	1	50.0	50.0			
广　东	5	283.0		40.0	73.0	170.0
广　西	2	2.0				2.0
海　南	1	120.0				120.0
重　庆						
四　川	1					
贵　州						
云　南						
西　藏						
陕　西	4	90.0			60.0	30.0
甘　肃	2	68.0			60.0	8.0
青　海	1	15.0			15.0	
宁　夏	1	15.0				15.0
新　疆	6	167.0		20.0	92.0	55.0

4-26 原油加工和石油制品生产企业聚丙烯装置情况

地区	数量(台、套)	生产(处理)能力(万吨/年)				
		合计	按投产日期分			
			1980年及以前	1981～1990年	1991～2000年	2001～2008年
全国	**100**	**774.8**	**20.5**	**45.0**	**292.3**	**417.0**
北京	5	41.5	11.5	2.0	28.0	
天津	3	8.0		2.0		6.0
河北	14	47.9	4.0		22.9	21.0
山西						
内蒙古	1	2.2			2.2	
辽宁	11	58.7	5.0	2.5	12.2	39.0
吉林	1	4.0			4.0	
黑龙江	5	53.0		8.0	13.0	32.0
上海	4	65.0		10.0	10.0	45.0
江苏	8	45.0			18.5	26.5
浙江	2	20.5		0.5		20.0
安徽	1	2.5		2.5		
福建	1	12.0			12.0	
江西	1	10.0			10.0	
山东	11	96.0		7.0	11.0	78.0
河南	4	16.5			7.0	9.5
湖北	5	33.5		5.5	20.0	8.0
湖南	2	18.5			18.5	
广东	5	85.0			31.0	54.0
广西	1	3.0				3.0
海南	4	63.0			43.0	20.0
重庆						
四川						
贵州						
云南						
西藏						
陕西	1	10.0				10.0
甘肃	6	55.0			10.0	45.0
青海	1	2.0			2.0	
宁夏	1	3.0			3.0	
新疆	2	19.0		5.0	14.0	

4-27　原油加工和石油制品生产企业乙烯装置情况

地　区	数量(台、套)	生产(处理)能力(万吨/年)				
		合计	按投产日期分			
			1980年及以前	1981～1990年	1991～2000年	2001～2008年
全　国	**29**	**1018.3**	**85.5**	**150.0**	**177.5**	**605.4**
北　京	2	86.0	71.0		15.0	
天　津	1	20.0				20.0
河　北						
山　西						
内蒙古						
辽　宁	2	34.4			14.4	20.0
吉　林	2	85.0			15.0	70.0
黑龙江	2	60.0			33.0	27.0
上　海	3	174.5	14.5	70.0		90.0
江　苏	4	133.4				133.4
浙　江	1	0.1			0.1	
安　徽						
福　建						
江　西						
山　东	1	80.0		80.0		
河　南	1	18.0			18.0	
湖　北						
湖　南						
广　东	4	201.0			59.0	142.0
广　西						
海　南						
重　庆						
四　川	1	1.0			1.0	
贵　州						
云　南						
西　藏						
陕　西	1	30.0				30.0
甘　肃	2	70.0				70.0
青　海						
宁　夏						
新　疆	2	25.0			22.0	3.0

4-28 原油加工和石油制品生产企业高压聚乙烯装置情况

地 区	数量(台、套)	生产(处理)能力(万吨/年)				
		合计	按投产日期分			
			1980年及以前	1981~1990年	1991~2000年	2001~2008年
全 国	**15**	**242.8**	**25.8**	**6.0**	**33.0**	**178.0**
北 京	2	38.0	18.0			20.0
天 津						
河 北						
山 西						
内蒙古						
辽 宁	1	5.0				5.0
吉 林						
黑龙江	2	26.0		6.0		20.0
上 海	3	45.8	7.8		8.0	30.0
江 苏	1	3.0				3.0
浙 江						
安 徽						
福 建						
江 西						
山 东	1	14.0			14.0	
河 南						
湖 北						
湖 南						
广 东	3	61.0			11.0	50.0
广 西						
海 南						
重 庆						
四 川						
贵 州						
云 南						
西 藏						
陕 西	1	30.0				30.0
甘 肃	1	20.0				20.0
青 海						
宁 夏						
新 疆						

4-29　原油加工和石油制品生产企业低压聚乙烯装置情况

地区	数量(台、套)	生产(处理)能力(万吨/年)				
		合计	按投产日期分			
			1980年及以前	1981～1990年	1991～2000年	2001～2008年
全　国	**20**	**296**		**14**	**54**	**228**
北　京	3	16			15	1
天　津	1	12				12
河　北						
山　西						
内蒙古						
辽　宁	2	18			11	7
吉　林	1	30				30
黑龙江	3	22		14	8	
上　海	2	55				55
江　苏	3	45				45
浙　江						
安　徽						
福　建						
江　西						
山　东						
河　南						
湖　北						
湖　南						
广　东	2	55				55
广　西						
海　南						
重　庆						
四　川						
贵　州						
云　南						
西　藏						
陕　西	1	6				6
甘　肃	1	17				17
青　海						
宁　夏						
新　疆	1	20			20	

4-30 原油加工和石油制品生产企业顺丁橡胶装置情况

地区	数量(台、套)	生产(处理)能力(万吨/年)				
		合计	按投产日期分			
			1980年及以前	1981～1990年	1991～2000年	2001～2008年
全国	**7**	**38.6**	**12.0**		**14.6**	**12.0**
北京	1	12.0	12.0			
天津						
河北						
山西						
内蒙古						
辽宁	1	5.0			5.0	
吉林						
黑龙江						
上海	1	12.0				12.0
江苏						
浙江						
安徽						
福建						
江西						
山东	1	2.6			2.6	
河南						
湖北						
湖南	1	3.0			3.0	
广东	1	1.0			1.0	
广西						
海南						
重庆						
四川						
贵州						
云南						
西藏						
陕西						
甘肃						
青海						
宁夏						
新疆	1	3.0			3.0	

4-31　原油加工和石油制品生产企业精对苯二甲酸装置情况

地　区	数量 (台、套)	生产(处理)能力(万吨/年)				
		合计	按投产日期分			
			1980年及以前	1981～1990年	1991～2000年	2001～2008年
全　国	**19**	**846.1**		**42.5**	**130.8**	**672.8**
北　京	1	2.5		2.5		
天　津	1	34.2				34.2
河　北						
山　西						
内蒙古						
辽　宁	2	80.0			27.0	53.0
吉　林						
黑龙江						
上　海	1	40.0		40.0		
江　苏	5	266.4			96.3	170.1
浙　江	6	380.0				380.0
安　徽						
福　建						
江　西						
山　东	1	3.0				3.0
河　南	1	32.5				32.5
湖　北						
湖　南						
广　东						
广　西						
海　南						
重　庆						
四　川						
贵　州						
云　南						
西　藏						
陕　西						
甘　肃						
青　海						
宁　夏						
新　疆	1	7.5			7.5	

4-32 钢铁生产企业炼铁高炉情况

地区	数量(座)	生产能力(万吨/年)				
		合计	按有效容积分			
			200立方米以下	200(含)~400立方米	400(含)~1000立方米	1000(含)~2000立方米
全国	**1889**	**68083.1**	**4989.9**	**13114.3**	**25136.4**	**10419.2**
北京	6	547.3	0.3			139.0
天津	28	1937.0		90.0	1247.0	200.0
河北	334	16992.8	484.3	3509.7	8013.4	2341.4
山西	236	6260.6	948.6	2155.0	1931.0	906.0
内蒙古	83	2080.0	305.0	396.0	395.0	319.0
辽宁	134	5473.0	457.4	326.6	1717.6	179.0
吉林	20	813.0	80.0	426.0	55.0	90.0
黑龙江	19	645.0	94.0	70.0	394.0	87.0
上海	6	1655.0			60.0	
江苏	96	4816.6	229.0	345.0	2779.0	373.6
浙江	11	885.2	0.2		230.0	255.0
安徽	28	1905.0	61.0	275.0	389.0	100.0
福建	59	1065.9	155.4	327.0	393.5	190.0
江西	33	1244.1	90.1	303.0	331.0	520.0
山东	109	6279.8	195.8	1151.0	3105.0	1828.0
河南	68	2672.0	198.0	500.0	1143.0	429.0
湖北	41	2132.8	102.8	265.6	207.0	319.4
湖南	51	1310.4	247.4	30.0	310.0	318.0
广东	49	882.1	106.1	173.0	403.0	
广西	71	1364.1	145.1	261.0	280.0	342.0
海南	2	33.0	33.0			
重庆	15	318.8	24.1	21.0	65.0	208.7
四川	84	1715.3	188.4	546.9	403.0	423.0
贵州	70	511.3	174.0	28.4	96.9	212.0
云南	123	2061.6	266.6	1137.9	426.0	99.2
西藏						
陕西	20	598.7	27.7	105.0	246.0	220.0
甘肃	43	910.7	155.7	325.0	260.0	170.0
青海	3	115.0	15.0		100.0	
宁夏	11	244.2	29.2	95.0	120.0	
新疆	36	612.8	175.6	251.2	36.0	150.0

4-32　续表

地　区	生产能力(万吨/年)					
	按有效容积分		按投产日期分			
	2000(含)~3000立方米	3000立方米及以上	1980年及以前	1981~1990年	1991~2000年	2001~2008年
全　国	**8533.4**	**5890.0**	**2327.9**	**1027.5**	**6097.9**	**58629.8**
北　京	408.0		139.0	0.2	408.0	0.1
天　津	140.0	260.0	320.0			1617.0
河　北	1610.0	1034.0	155.3	129.0	798.0	15910.5
山　西		320.0		40.0	278.0	5942.6
内蒙古	665.0				162.5	1917.5
辽　宁	1408.4	1384.0	555.0	380.0	121.0	4417.0
吉　林	162.0				50.0	763.0
黑龙江			22.0	28.0	78.0	517.0
上　海	183.0	1412.0			918.0	737.0
江　苏	1090.0		121.5		966.5	3728.6
浙　江	400.0					885.2
安　徽	440.0	640.0		40.0	49.0	1816.0
福　建				2.9	5.1	1057.9
江　西					146.4	1097.7
山　东				60.0	495.0	5724.8
河　南	402.0		126.0	6.0	135.5	2404.5
湖　北	398.0	840.0	687.0	58.0	324.0	1063.8
湖　南	405.0			45.5	238.4	1026.5
广　东	200.0		30.0	47.3	163.0	641.9
广　西	336.0			1.5	0.3	1362.3
海　南						33.0
重　庆				100.0	11.6	207.2
四　川	154.0			85.6	217.1	1412.6
贵　州			166.1	1.5	16.3	327.4
云　南	132.0		6.0		276.0	1779.6
西　藏						
陕　西				2.0	25.2	571.5
甘　肃					180.1	730.6
青　海						115.0
宁　夏						244.2
新　疆					35.0	577.8

4-33 钢铁生产企业炼钢转炉情况

地 区	数量(座)	生产能力(万吨/年)				
		合计	按公称容积分			
			30吨以下	30(含)~50吨	50(含)~100吨	100(含)~150吨
全 国	**917**	**64899.6**	**3660.1**	**12819.3**	**20769.4**	**14818.6**
北 京	3	450.0				
天 津	20	2155.0		200.0	370.0	910.0
河 北	236	17271.7	1382.0	4065.7	5733.0	3880.0
山 西	71	4247.0	228.0	1228.0	2313.0	
内蒙古	18	1420.0	170.0	165.0	465.0	200.0
辽 宁	58	5605.5	110.0	499.7	860.1	1708.6
吉 林	14	722.5	40.0	110.0	362.5	210.0
黑龙江	2	190.0			100.0	90.0
上 海	12	2003.0			157.0	150.0
江 苏	70	4208.7	39.7	1132.0	1457.0	220.0
浙 江	25	1014.9	10.9	430.0	174.0	
安 徽	26	2182.0	10.0	590.0	580.0	415.0
福 建	28	1210.5	100.5	480.0	330.0	300.0
江 西	20	1350.0	200.0	270.0	210.0	670.0
山 东	66	6251.0	185.0	869.0	2695.0	2502.0
河 南	34	2448.0	50.0	580.0	810.0	460.0
湖 北	26	2080.0	20.0	530.0	230.0	210.0
湖 南	27	1272.0	130.0	10.0	732.0	400.0
广 东	37	1114.4	191.4	265.0	260.0	358.0
广 西	14	1360.0	10.0	240.0	300.0	360.0
海 南	4	95.0	50.0	45.0		
重 庆	8	323.0	3.0		320.0	
四 川	33	1791.7	126.7	360.0	480.0	825.0
贵 州	5	380.0	180.0			200.0
云 南	25	1310.8	385.0	120.0	805.8	
西 藏						
陕 西	9	670.0	20.0		650.0	
甘 肃	14	970.0	10.0	300.0	300.0	360.0
青 海	1	75.0			75.0	
宁 夏	3	8.0	8.0			
新 疆	8	720.0		330.0		390.0

4-33　续表

地　区	生产能力(万吨/年)					
	按公称容积分		按投产日期分			
	150(含)~200吨	200吨及以上	1980年及以前	1981~1990年	1991~2000年	2001~2008年
全　国	**7216.0**	**5616.2**	**1993.5**	**1928.0**	**7239.0**	**53739.1**
北　京		450.0		300.0	150.0	
天　津	675.0				370.0	1785.0
河　北	1225.0	986.0		81.0	1499.0	15691.7
山　西	478.0		238.0	340.0	526.0	3143.0
内蒙古		420.0			430.0	990.0
辽　宁	1460.0	967.2	932.5	543.0	860.8	3269.3
吉　林					202.5	520.0
黑龙江						190.0
上　海	220.0	1476.0			288.0	1715.0
江　苏	1360.0		395.0		1.5	3812.2
浙　江	400.0				2.5	1012.4
安　徽		587.0	98.0	204.0		1880.0
福　建					210.0	1000.5
江　西						1350.0
山　东				180.0	170.0	5901.0
河　南	548.0		200.0		80.0	2168.0
湖　北	360.0	730.0		100.0	1220.0	760.0
湖　南					155.0	1117.0
广　东	40.0				135.8	978.6
广　西	450.0				160.0	1200.0
海　南						95.0
重　庆					240.0	83.0
四　川			130.0		70.0	1591.7
贵　州				180.0		200.0
云　南					130.0	1180.8
西　藏						
陕　西					20.0	650.0
甘　肃					310.0	660.0
青　海						75.0
宁　夏					8.0	
新　疆						720.0

4-34 钢铁生产企业炼钢电弧炉情况

地区	数量(座)	生产能力(万吨/年)				
		合计	按公称容积分			
			10吨以下	10(含)~30吨	30(含)~50吨	50(含)~100吨
全国	**1321**	**14491.6**	**1113.9**	**3490.4**	**3434.2**	**3848.2**
北京	24	4.2	4.2			
天津	14	395.5	30.0	45.5	100.0	100.0
河北	42	787.9	26.4	134.5	187.0	440.0
山西	31	737.0	47.4	29.6	103.0	342.0
内蒙古	14	128.8	1.8	7.0		120.0
辽宁	57	571.8	33.6	233.7	107.5	154.0
吉林	10	202.5	1.0	20.0	20.0	161.5
黑龙江	22	364.5	4.5	109.0	33.0	193.0
上海	14	374.7		6.6	72.0	35.0
江苏	165	2298.1	152.4	318.2	515.5	582.0
浙江	137	639.8	62.5	338.3	157.0	82.0
安徽	36	331.7	16.5	170.2	45.0	100.0
福建	33	254.7	30.7	53.0	171.0	
江西	45	324.3	30.2	154.9	129.2	10.0
山东	40	680.0	38.1	305.0	26.0	311.0
河南	50	993.6	44.2	60.4	254.0	235.0
湖北	91	909.2	50.3	215.6	327.8	315.5
湖南	38	404.2	50.5	60.7		4.2
广东	119	1310.6	194.3	300.3	436.0	115.0
广西	62	709.3	59.3	488.0	162.0	
海南						
重庆	21	138.0	11.5	88.5	38.0	
四川	124	669.6	51.4	160.3	347.0	103.0
贵州	21	184.4	40.4	56.0	53.0	35.0
云南	34	457.7	6.7	101.0	110.0	180.0
西藏						
陕西	19	38.6	36.4		2.2	
甘肃	22	149.7	31.4	1.3	3.0	60.0
青海	13	88.0	33.0	15.0		40.0
宁夏	15	120.3	0.3			60.0
新疆	8	223.0	25.0	18.0	35.0	70.0

4-34　续表

地　区	生产能力(万吨/年)					
	按公称容积分		按投产日期分			
	100(含)~150吨	150吨及以上	1980年及以前	1981~1990年	1991~2000年	2001~2008年
全　国	**1830.0**	**775.0**	**124.2**	**249.0**	**3468.7**	**10649.8**
北　京						4.2
天　津		120.0			120.0	275.5
河　北			2.0	1.6	0.3	784.0
山　西		215.0			123.2	613.8
内蒙古			2.1	0.4	20.3	106.0
辽　宁	43.0		14.2	16.9	102.0	438.7
吉　林			0.8		0.2	201.5
黑龙江	25.0		5.5		127.0	232.0
上　海	61.1	200.0	6.6		151.0	217.1
江　苏	730.0		0.9	78.0	1232.8	986.4
浙　江					65.4	574.4
安　徽				3.0	17.8	310.9
福　建			0.8		56.0	197.9
江　西			25.0	40.0	10.0	249.3
山　东			0.5	1.4	218.5	459.8
河　南	400.0		0.9	0.4	220.0	772.2
湖　北			18.5	67.1	173.2	650.4
湖　南	288.9				72.2	332.0
广　东	30.0	235.0		0.9	297.2	1012.5
广　西					145.1	564.2
海　南						
重　庆				6.0	22.5	109.5
四　川	3.0	5.0	31.7	16.6	173.3	448.0
贵　州			3.0	2.2	5.1	174.1
云　南	60.0			2.7	2.5	452.5
西　藏						
陕　西			1.6	6.6	2.1	28.3
甘　肃	54.0				1.1	148.6
青　海			10.0	5.0	40.0	33.0
宁　夏	60.0					120.3
新　疆	75.0				70.0	153.0

4-35 钢铁生产企业连铸机情况

地区	数量(座)	生产能力(万吨/年)				
		合计	按投产日期分			
			1980年及以前	1981～1990年	1991～2000年	2001～2008年
全国	**1186**	**73026.4**		**1861.0**	**9148.9**	**62016.5**
北京	12	441.3		126.0	235.3	80.0
天津	31	2371.0			410.0	1961.0
河北	247	17424.6		170.0	728.0	16526.6
山西	61	3693.0		110.0	116.0	3467.0
内蒙古	19	1397.6			42.6	1355.0
辽宁	86	5772.0		580.0	1245.0	3947.0
吉林	12	767.0		27.0	135.0	605.0
黑龙江	11	690.0			90.0	600.0
上海	18	2009.0			439.0	1570.0
江苏	101	6234.0		510.0	1134.0	4590.0
浙江	38	1561.7			55.7	1506.0
安徽	30	2563.8			331.0	2232.8
福建	27	1210.0			157.0	1053.0
江西	34	1700.0			120.0	1580.0
山东	83	6760.0		60.0	752.0	5948.0
河南	51	3015.5		125.0	590.5	2300.0
湖北	47	2715.0		90.0	665.0	1960.0
湖南	26	1810.0			295.0	1515.0
广东	47	1814.6		45.0	302.3	1467.3
广西	35	1930.0				1930.0
海南	1	50.0				50.0
重庆	14	580.0			190.0	390.0
四川	51	2062.2		18.0	283.5	1760.7
贵州	20	551.5			180.0	371.5
云南	35	1375.7				1375.7
西藏						
陕西	7	370.0			10.0	360.0
甘肃	15	782.0			282.0	500.0
青海	3	110.0			20.0	90.0
宁夏	10	350.0				350.0
新疆	14	915.0			340.0	575.0

4-36　钢铁生产企业轧机(包括冷拔机)情况

地　区	数量(座)	生产能力(万吨/年)				
		合计	按投产日期分			
			1980年及以前	1981～1990年	1991～2000年	2001～2008年
全　国	**9849**	**97147.7**	**2253.8**	**2923.9**	**11680.2**	**80289.8**
北　京	129	1064.8	98.7	52.0	349.6	564.5
天　津	268	3732.4	7.0	0.5	494.4	3230.5
河　北	1195	22690.6		525.1	1453.0	20712.5
山　西	147	3535.7	185.0		147.0	3203.7
内蒙古	43	1535.5	110.0	2.5	120.0	1303.0
辽　宁	612	9073.0	408.6	460.5	1885.4	6318.5
吉　林	50	717.0	64.0	13.0	89.0	551.0
黑龙江	47	559.0	130.0	120.0	30.0	279.0
上　海	222	563.3		6.5	118.9	437.9
江　苏	2112	9235.8	68.0	500.3	1484.3	7183.2
浙　江	1950	4425.3	4.4	27.5	560.1	3833.3
安　徽	193	5715.8	17.6	275.0	530.0	4893.2
福　建	207	2152.5			319.3	1833.2
江　西	257	2038.4	190.7	50.4	201.2	1596.2
山　东	437	7613.9	2.5	241.1	831.5	6538.8
河　南	274	3471.9	100.0		497.6	2874.3
湖　北	194	3666.2	700.2	206.9	443.5	2315.6
湖　南	95	1783.9			262.0	1521.9
广　东	365	2650.1	0.4		750.8	1898.9
广　西	187	2191.7			109.0	2082.7
海　南	1	25.0				25.0
重　庆	119	738.9	71.9	2.3	104.1	560.5
四　川	432	3324.0	78.1	243.7	425.2	2577.0
贵　州	19	465.5	5.0	130.0	42.0	288.5
云　南	154	1362.5	4.8	27.6	116.4	1213.8
西　藏						
陕　西	58	765.8	5.0	8.0	2.0	750.8
甘　肃	29	1015.1		1.0	99.8	914.3
青　海	9	170.0	2.0			168.0
宁　夏	26	90.1			10.0	80.0
新　疆	18	774.0		30.0	204.0	540.0

4-37 钢铁生产企业铁合金炉情况

地区	数量(座)	生产能力(万吨/年)				
		合计	按设备类型分			
			铁合金高炉	铁合金转炉	铁合金电弧炉	铁合金矿热炉
全国	**2684**	**3468.1**	**597.4**	**34.2**	**504.1**	**2332.4**
北京						
天津	1	0.8	0.8			
河北	18	50.5	42.0	0.2	3.1	5.2
山西	107	277.2	130.0	0.5	13.3	133.4
内蒙古	403	504.8	20.0		62.4	422.4
辽宁	111	100.1	15.7	7.5	23.6	53.4
吉林	57	101.5			22.9	78.6
黑龙江	4	5.1	4.0			1.1
上海	1	0.2			0.2	
江苏	42	62.4	47.4	0.8	14.2	
浙江	16	21.9	2.5		15.7	3.8
安徽	3	10.8	10.0			0.8
福建	23	17.6	2.0		5.5	10.1
江西	18	25.6	2.1	1.8	6.6	15.2
山东	11	49.9	40.5			9.4
河南	143	249.4	91.2	1.4	18.8	138.1
湖北	14	18.0	5.5		6.4	6.2
湖南	168	243.0	57.3	7.0	87.9	90.8
广东	5	15.0	5.0		10.0	
广西	255	344.9	35.5	4.7	16.1	288.6
海南	1	1.7				1.7
重庆	37	40.2	8.0			32.2
四川	311	313.5	10.9	5.2	84.5	212.9
贵州	293	366.9	27.0	2.0	47.6	290.3
云南	153	140.5	8.8		31.7	100.0
西藏						
陕西	9	23.1	6.1		3.0	14.0
甘肃	203	151.5	23.6	3.2	6.3	118.4
青海	125	148.8			23.7	125.1
宁夏	135	165.9	1.0		0.9	164.0
新疆	17	17.4	0.6			16.8

4-37　续表

地　区	生产能力(万吨/年)			
	按投产日期分			
	1980年及以前	1981～1990年	1991～2000年	2001～2008年
全　国	**64.8**	**115.3**	**361.6**	**2926.4**
北　京				
天　津				0.8
河　北		1.0	1.5	48.0
山　西	1.0	6.8	17.4	252.0
内蒙古			27.3	477.5
辽　宁	2.6	11.8	14.1	71.7
吉　林	45.0	20.0	11.0	25.5
黑龙江				5.1
上　海				0.2
江　苏			26.0	36.5
浙　江			3.0	18.9
安　徽			6.0	4.8
福　建		1.1	2.6	14.0
江　西				25.6
山　东			16.5	33.4
河　南			12.8	236.6
湖　北		0.4	8.1	9.6
湖　南	3.2	2.3	20.8	216.7
广　东				15.0
广　西	1.5	10.4	21.2	311.9
海　南				1.7
重　庆			2.1	38.1
四　川		19.8	73.2	220.5
贵　州	7.5	12.1	22.2	325.1
云　南		3.3	15.8	121.4
西　藏				
陕　西			14.0	9.1
甘　肃	4.0	20.6	15.6	111.4
青　海		5.2	9.2	134.3
宁　夏			19.8	146.1
新　疆		0.7	1.5	15.2

4-38 电力生产企业机组设备情况一

地区	数量(台、套)	装机容量(万千瓦)					
		合计	按机组类型分				
			火电	水电	风电	核电	其他
全国	**73032**	**79702.4**	**56412.3**	**20107.5**	**823.6**	**913.6**	**1445.5**
北京	134	565.6	540.2	23.0			2.4
天津	71	749.2	748.4	0.6			0.2
河北	1144	3191.9	2936.9	154.3	61.0		39.6
山西	664	3337.5	3068.3	32.8	4.2		232.3
内蒙古	3287	4336.5	3873.2	54.2	290.0		119.2
辽宁	1224	2317.9	2107.6	143.9	61.1		5.4
吉林	966	1179.0	764.7	369.3	39.8		5.3
黑龙江	1039	1795.0	1600.9	117.6	61.0		15.5
上海	106	1639.1	1633.8		3.6		1.7
江苏	1101	5524.1	5098.2	125.0	56.0	212.0	33.0
浙江	4988	4901.7	3524.4	1025.8	7.1	306.6	37.8
安徽	681	2611.1	2413.5	181.6			16.0
福建	8507	2741.1	1433.8	1279.6	16.4		11.3
江西	4946	1316.8	913.3	391.4	3.0		9.0
山东	1371	5834.1	5528.1	100.9	37.5		167.6
河南	935	3958.0	3713.8	142.1	2.6		99.6
湖北	1957	4349.0	1341.0	2996.3	1.0		10.7
湖南	5863	2785.8	1236.2	1536.5	0.4		12.7
广东	11419	6099.3	4258.3	1194.2	29.3	395.0	222.6
广西	3558	2596.4	917.9	1658.7	0.3		19.6
海南	356	245.5	187.0	54.5	0.9		3.2
重庆	2267	1171.2	578.1	501.3			91.8
四川	6954	3906.3	1091.1	2708.9			106.3
贵州	1477	3149.6	1683.4	1456.9			9.4
云南	3125	2978.4	1020.3	1932.8	9.1		16.4
西藏	415	146.2	7.7	138.5			
陕西	882	1924.1	1591.0	246.7	0.1		86.3
甘肃	1469	1628.4	853.8	676.3	59.3		39.0
青海	352	801.6	204.9	596.8			
宁夏	249	816.6	726.9	42.6	17.7		29.4
新疆	1525	1105.2	815.8	224.6	62.3		2.5

4-38　续表

地　区	装机容量(万千瓦)			
	按投产日期分			
	1980年及以前	1981～1990年	1991～2000年	2001～2008年
全　国	**2903.7**	**5715.7**	**18761.5**	**52321.5**
北　京	108.6	50.3	189.0	217.6
天　津	10.0	59.6	328.3	351.3
河　北	153.9	299.3	1004.4	1734.2
山　西	62.4	199.1	629.8	2446.2
内蒙古	44.2	164.1	602.5	3525.7
辽　宁	227.6	369.8	757.8	962.7
吉　林	121.8	195.6	474.6	387.0
黑龙江	77.9	333.5	509.5	874.0
上　海	100.0	234.7	505.6	798.9
江　苏	32.1	315.1	994.9	4182.1
浙　江	151.2	287.4	1132.0	3331.1
安　徽	55.0	141.4	449.6	1965.1
福　建	91.5	218.5	774.1	1657.0
江　西	35.8	61.2	399.7	820.1
山　东	146.9	465.2	1204.4	4017.6
河　南	57.7	90.5	858.0	2951.9
湖　北	161.0	353.8	822.0	3012.2
湖　南	177.9	202.5	535.7	1869.6
广　东	242.4	407.0	1913.3	3536.6
广　西	98.9	133.5	430.7	1933.4
海　南	8.0	31.4	69.5	136.6
重　庆	37.7	88.3	256.5	788.6
四　川	254.7	286.5	1170.5	2194.6
贵　州	52.6	181.3	553.8	2361.9
云　南	103.6	120.3	617.5	2137.0
西　藏	2.6	3.1	49.9	90.6
陕　西	92.8	127.0	517.6	1186.7
甘　肃	116.6	75.7	389.0	1047.1
青　海	2.9	141.1	232.2	425.4
宁　夏	27.2	20.5	128.9	640.1
新　疆	48.2	58.4	260.1	738.5

注：其他发电机组包括煤矸石发电机组、垃圾发电机组和工业废料发电机组。

4-39 电力生产企业机组设备情况二
(包括煤发电机组、油发电机组、燃气发电机组)

地区	数量(台、套)	装机容量(万千瓦)				
		合计	按单台机组容量分			
			小于10万千瓦	10(含)~20万千瓦	20(含)~30万千瓦	30(含)~60万千瓦
全　国	**6417**	**56412.3**	**6729.6**	**6905.7**	**5427.6**	**19577.4**
北　京	65	540.2	95.4	103.0	270.8	71.0
天　津	67	748.4	113.5	23.5	80.0	411.4
河　北	251	2936.9	274.4	104.5	529.0	1177.0
山　西	311	3068.3	226.3	194.0	548.0	1140.0
内蒙古	280	3873.2	278.2	397.0	440.0	1258.0
辽　宁	295	2107.6	364.0	162.6	420.0	641.0
吉　林	107	764.7	155.2	100.0	263.5	246.0
黑龙江	265	1600.9	237.9	175.0	425.0	343.0
上　海	80	1633.8	89.0	297.3		627.6
江　苏	677	5098.2	894.9	548.9	110.0	1901.4
浙　江	519	3524.4	520.3	357.8	86.0	702.4
安　徽	127	2413.5	134.5	185.1	65.0	618.0
福　建	110	1433.8	91.2	129.0		433.6
江　西	88	913.3	34.3	118.0	105.0	386.0
山　东	899	5528.1	1169.1	1114.0	266.0	1881.0
河　南	281	3713.8	276.9	531.5	528.0	1225.5
湖　北	99	1341.0	128.7	22.3	126.0	456.0
湖　南	127	1236.2	81.2	12.5	40.0	492.5
广　东	580	4258.3	564.5	941.5	321.3	1253.0
广　西	87	917.9	27.5	152.4	44.0	322.0
海　南	16	187.0	43.0	78.0		66.0
重　庆	78	578.1	70.1		64.0	324.0
四　川	133	1091.1	72.1	141.0	122.0	396.0
贵　州	144	1683.4	112.0	131.4	240.0	840.0
云　南	96	1020.3	36.8	13.5	40.0	690.0
西　藏	12	7.7	7.7			
陕　西	118	1591.0	127.5	186.5	86.0	591.0
甘　肃	74	853.8	71.8	180.0	88.0	514.0
青　海	43	204.9	25.4	119.5		60.0
宁　夏	57	726.9	44.9	72.0	40.0	450.0
新　疆	331	815.8	361.8	314.0	80.0	60.0

4-39　续表

地　区	装机容量(万千瓦)					
	按单台机组容量分		按投产日期分			
	60(含)~80万千瓦	80万千瓦及以上	1980年及以前	1981~1990年	1991~2000年	2001~2008年
全　国	**16432.0**	**1340.0**	**1119.6**	**4036.9**	**13366.2**	**37889.6**
北　京			86.9	49.1	186.6	217.6
天　津	120.0		10.0	59.3	328.0	351.1
河　北	852.0		126.8	286.2	959.6	1564.3
山　西	960.0		44.0	189.8	593.7	2240.8
内蒙古	1500.0		43.4	163.7	543.3	3122.9
辽　宁	360.0	160.0	167.8	323.6	742.0	874.2
吉　林			34.9	82.4	333.2	314.2
黑龙江	420.0		69.9	329.4	433.8	767.9
上　海	240.0	380.0	100.0	234.7	505.6	793.6
江　苏	1443.0	200.0	31.8	305.1	986.9	3774.4
浙　江	1458.0	400.0	6.4	210.2	732.0	2575.9
安　徽	1411.0		22.5	129.1	425.5	1836.4
福　建	780.0		13.3	104.2	357.2	959.1
江　西	270.0		2.7	29.8	295.0	585.9
山　东	898.0	200.0	146.0	462.8	1176.0	3743.3
河　南	1152.0		30.0	69.0	810.3	2804.6
湖　北	608.0		11.5	40.1	568.8	720.6
湖　南	610.0		7.8	58.1	206.4	963.9
广　东	1178.0		25.5	305.6	1191.0	2736.2
广　西	372.0		0.5	40.0	151.8	725.6
海　南				25.0	38.0	124.0
重　庆	120.0		2.4	54.6	173.8	347.4
四　川	360.0		11.9	91.1	219.1	769.0
贵　州	360.0		5.1	140.6	186.1	1351.6
云　南	240.0		0.4	1.6	208.9	809.4
西　藏			1.0			6.8
陕　西	600.0		72.5	103.3	403.0	1012.3
甘　肃			21.1	70.3	214.7	547.7
青　海			1.2	12.4	52.9	138.4
宁　夏	120.0			20.3	125.7	580.9
新　疆			22.5	45.8	217.6	529.9

附　录

主要指标解释

主要指标解释

能源消费总量　指一定地域（行政或地理区域）内，国民经济各行业和居民家庭在一定时期消费的各种能源的总和。一般情况下，行业、企业范围内所消费的各种能源的总量，称作综合能源消费量或能源消费量。所以，能源消费总量是针对地域能源消费的总量而言的。能源消费总量在消费环节上分为三部分，即终端能源消费量、能源加工转换损失量和损失量。

(1) 终端能源消费量指一定时期内全国（地区）各行业和居民生活消费的各种能源在扣除了用于加工转换二次能源消费量和损失量以后的数量。

(2) 能源加工转换损失量指一定时期内全国（地区）投入加工转换的各种能源数量之和与产出各种能源产品之和的差额。它是观察能源在加工转换过程中损失量变化的指标。

(3) 能源损失量指一定时期内能源在输送、分配、储存过程中发生的损失和由客观原因造成的各种损失量。不包括各种气体能源放空、放散量。

能源消费量　指能源使用单位在报告期内实际消费的一次能源或二次能源的数量。就每种能源的实物消耗而言，是其消费量；如果将实际消费的各种能源折标准量相加所得到的能源消费量合计数据是企业投入消费的全部能源，没有扣除能源品种加工转换的重复因素。

工业企业能源消费量　指工业企业在工业生产和非工业生产过程中消费的各种能源。包括工业企业在生产过程中作为燃料、动力、原料、辅助材料使用的能源以及工艺用能、非生产用能。作为能源加工转换企业，还要包括能源加工转换的投入量

工业生产能源消费　是指工业企业为进行工业生产活动所消费的能源。

非工业生产能源消费　是指在工业企业能源消费中，除"工业生产能源消费"以外的能源消费，即非工业生产用能和工业企业附属的不从事工业生产活动的非独立核算单位用能。

工业企业综合能源消费量　指报告期内工业企业在工业生产活动中实际消费的各种能源的总和净值。计算综合能源消费量时，需要先将使用的各种能源折算成标准燃料后再进行计算。计算综合能源消费量方法如下：

综合能源消费量=工业生产消费的能源合计-加工转换产出能源合计-回收利用能源合计

水消费量　指企业或单位提取的、在生产经营及其他活动中消费的水。

取水总量　指工业企业从各种水源提取的，并用于工业生产活动的水量总和，包括地表水、地下水、自来水、由管道供应的未经达标处理的水、经城市污水处理厂处理后回用的中水、海水，以及企业从市场购得的其他水或水的产品(如纯净水、矿泉水、蒸汽、热水、地热水等)。取水总量包括主要工业生产用水、辅助生产(包括机修、运输、空压站等)用水和附属生产(包括厂内绿化、职工食堂、非营业的浴室及保健站、厕所等)用水；不包括非工业生产单位的用水，如厂内居民家庭用水和企业附属幼儿园、学校、对外营业的浴室、游泳池等的用水量。

地表水取水量　指企业直接采自河流、水库、湖泊等地表水源的水(包括企业采自河流、水库、湖泊用于冷却，不重复使用，又排出的水，俗称自流水)，不包括水力发电厂的发电动力用水。金额是指报告期企业消费地表水所支付的费用，计算范围与形成当地地表水价格的费用结构相一致，如水费、资源税、排水(污)费等，有哪项就计算哪项。金额不包括取水过程的成本费用，如电费、设备费用、人工费用等。如果企业使用地表水不需支付费用，则免填金额。在计算平均单位水费时，应剔除没有金额费用的水量。

地下水取水量　指企业通过自备井直接采自地下的水。金额是指报告期企业消费地下水所支付的费用，计算范围与形成当地地下水价格的费用结构相一致，如水费、资源税、排水(污)费等，有哪项就计算哪项。金额不包括取水过程的成本费用，如电费、设备费用、人工费用等。如果企业使用地下水不需支付费用，则免填金额。

自来水取水量　指地表水、地下水等经过供水企业加工处理，经认定达到自来水供水标准，通过城镇自来水管道供应的水；取水量按报告期自来水表的流量计算。金额是指报告期企业消费自来水所支付的费用，计算范围与形成当地自来水价格的费用结构相一致，如水费、资源税、排水(污)费等。

炼焦炉　指将煤转化为焦炭的工业设备。包括机械化炼焦炉和土法炼焦炉。我国自行设计的焦炉主要有：大容积焦炉、58型焦炉、66型焦炉、70型焦炉、红旗三号焦炉和两分下喷式焦炉等。

烧碱隔膜式电解槽　隔膜电解槽就是在阳极和阴极之间设置隔膜。按照所设置隔膜的位置不同，隔膜法电解槽又可分为立式和水平式两种。

立式隔膜电解槽主要由阳极室、阴极室及隔膜组成。隔膜吸附在阴极上。两室中分别有阳极、阴极。盐水连续加入阳极室。阳极液不断地从阳极室通过隔膜的孔隙流入阴极室。阴极上生成的电解液，经电解槽底部的管连续流出，氯气及氢气分别排出。

烧碱离子膜式电解槽　离子交换膜法电解槽是采用具有选择透过特性的阳离子交换膜，隔开阳极室和阴极室。由于膜本身具有阳离子选择透过性，只允许 Na+并伴随水分子透过膜向阴极移动，所以在阴室可以得到高纯度的烧碱溶液。

此法在阳极上和阴极上发生的反应与一般隔膜法相同，但烧碱溶液质量远比隔膜法为优。

离子膜电解槽有单极式和复极式两种。

电石炉 指生产电石用的高温电炉，电炉内部都有个大电极，给电极通以高压\高频的电流，使电极放电产生高温，使生石灰（CaO）和焦炭（C）在电炉（电石炉）内，通过高温反应制得电石，同时生成副产品一氧化碳（CO）。

电石炉分为内燃式和全密闭式电石炉，它们的区别在于：

内燃式电石炉，生产过程中产生的副产品 CO，在炉面上燃烧，成为含夹带粉尘的 CO2 的高温尾气排放。

全密闭式电石炉，生产过程中产生的副产品 CO 经过净化处理后加以回收利用，正常时应无尾气排放。

铜反射熔炼炉 指铜冶炼企业将铜精矿熔炼成冰铜所用的反射熔炼炉，其传热的主要方法是辐射和对流，辐射起主导作用。

铜鼓风熔炼炉 指铜冶炼企业将铜精矿熔炼成冰铜所用的鼓风熔炼炉。鼓风熔炼炉是一种具有垂直作业空间的冶金设备，熔炼过程按逆流原理进行，即炉料与燃料从炉子上部加入，垂直向下往本床移动，并从本床放出熔炼产物。鼓入炉内的空气及燃料燃烧所形成的气体从下面沿着垂直炉身通过炉内的炉料与燃料的空隙上升。

铜闪速熔炼炉 指铜冶炼企业将铜精矿熔炼成冰铜采用闪速熔炼工艺所用的闪速熔炼炉。

铜吹炼炉 指铜冶炼企业将冰铜吹炼成粗铜所用的吹炼炉。

氧化铝熟料窑 指氧化铝生产企业采用烧结法将铝土矿和纯碱、石灰按一定比例配料磨制的生料浆烧结成熟料所用的熟料窑。

氧化铝焙烧窑（炉） 指生产工艺中为使物料去除水分所用的窑（炉）。

铝电解槽 指生产电解铝所用的电解槽。

炼铁高炉 指冶炼生铁的主体设备，包括炉基、炉衬、冷却设备、炉壳、支柱及炉顶框架等。

炼钢转炉 指采用氧气顶吹转炉的炼钢炉。

电弧炉 指靠石墨电极和金属炉料之间产生的强烈电弧供热冶炼钢的设备。电弧炉可分为交流电弧炉和直流电弧炉。

连铸机 指炼钢厂采用连铸技术所用的机械装置。按铸坯轨迹分类有：立式连铸机、立弯式连铸机、多点弯曲的立弯式连铸机、带直线段弧形连铸机、弧形连铸机、多半径椭圆形连铸机、水平连铸机。

轧机 指炼钢厂用来轧制钢材的机械装置。

煤发电机组 指用煤作为燃料的发电机组。

油发电机组 指用油作为燃料的发电机组。油可以是燃料油、柴油等。

燃气发电机组 指用燃气作为燃料的发电机组。

核能发电机组 指用核燃料作为燃料的发电机组。

其他火力发电机组 指除上述以外的用其他燃料的发电机组。主要有：煤矸石、垃圾、工业废料、压差发电等。

可再生能源发电机组 指水力发电机组和风力发电机组。